OCÉANO

PRÁCTICO

DICCIONARIO
**DE LA LENGUA ESPAÑOLA
Y DE NOMBRES PROPIOS**

OCÉANO

PRÁCTICO

DICCIONARIO
**DE LA LENGUA ESPAÑOLA
Y DE NOMBRES PROPIOS**

MMXII EDITORIAL OCÉANO, S.A.
Milanesat, 21-23
EDIFICIO OCÉANO
08017 Barcelona (España)
Teléfono: 902 800 020
Fax: 932 031 079
www.oceano.com

Reservados todos los derechos. Queda rigurosamente prohibida,
sin la autorización escrita de los titulares del copyright, bajo las
sanciones establecidas en las leyes, la reproducción total o parcial
de esta obra por cualquier medio o procedimiento, comprendidos
la reprografía y el tratamiento informático, y la distribución
de ejemplares de ella mediante alquiler o préstamo públicos.

ISBN: 978-1-1234-1111-X
Impreso en España - Printed in Spain
Depósito legal: B-11111-XX

OCÉANO

Es una obra de

**GRUPO
OCEANO**

© MMII EDITORIAL OCEANO, S.A.
Milanesat, 21-23
EDIFICIO OCEANO
08017 Barcelona (España)
Teléfono: 932 802 020*
Fax: 932 041 073
www.oceano.com

ISBN 84-494-2111-X
Impreso en España - Printed in Spain
Depósito legal: B-39045-XLIV

PRESENTACIÓN

El vertiginoso proceso de cambios en que vive inmersa la sociedad actúa también en la lengua, en tanto que repertorio de signos que los hablantes establecen para su comunicación mutua. Nuevos conceptos que nacen al amparo de los avances científicos y tecnológicos, cambios impuestos por la moda, modificaciones en costumbres inveteradas, alteraciones de la realidad sociopolítica y nuevas configuraciones en el mundo de las ideas, todas estas innovaciones contribuyen a hacer de la lengua una institución viva y sujeta, por tanto, a los múltiples vaivenes que agitan el pulso de las sociedades. La respuesta de la sociedad civil a estos cambios se produce mediante la introducción de neologismos, locuciones, solecismos y cultismos, así como, apurando el viejo aforismo de «vino nuevo en odres viejos», mediante la atribución de nuevas acepciones a voces tradicionales.

En este terreno cobra especial importancia la labor de la Real Academia de la Lengua Española y las correspondientes academias de Hispanoamérica en su esforzada labor de defensa del patrimonio colectivo de la lengua española, acotando significados, buscando la adaptación correcta de los extranjerismos a las reglas de formación de la lengua española; es decir, poniendo en práctica el lema de su divisa «limpia, brilla y da esplendor». Por ello es tan importante tener al alcance de la mano un diccionario de consulta rápida que, con un formato de bolsillo, permita al estudiante o al profesional acceder de una forma instantánea a la palabra que reclama su atención, pero con la plena seguridad de que sus definiciones responden, a pesar de lo escuetas –«lo bueno si breve dos veces bueno», reza el refrán–, a la realidad del mundo actual y a la norma establecida por las instituciones responsables de la lengua española.

Este diccionario nace con el objeto de poner al alcance del lector hispanohablante un repertorio sistemático del inagotable caudal léxico de la lengua española, en el cual, junto con la precisión y claridad de las definiciones, encontrará así mismo las distintas categorías gramaticales en que puede encuadrarse una misma voz, así como el modo en que los hablantes la aplican en el mundo real.

Este diccionario se ha estructurado siguiendo un modelo de organización que toma en cuenta, a efectos de ordenación de las entradas, la raíz etimológica de las palabras; así, el lector encontrará voces homófonas que disponen de una doble o triple entrada; los cambios de categoría gramatical se especifican con el signo «•»; las plecas «‖» separan las acepciones de una misma voz, mientras que aquellas palabras derivadas que no poseen un matiz léxico singular o una acepción nueva aparecen en versalitas al final de la voz ordenatriz precedidas del símbolo «⊓». En la inevitable selección de las voces que debían formar parte del Diccionario se han tenido en cuenta dos criterios esenciales: el valor de uso de una palabra y su difusión en todo el ámbito de habla hispana, haciendo especial hincapié en las peculiaridades léxicas de los diferentes países de Latinoamérica. Por esta razón, se han eliminado entradas fácilmente deducibles aplicando las reglas sintácticas del español, como las de los adverbios terminados en -*mente* o participios cuando el significado de unos u otros corresponde totalmente a los adjetivos o verbos respectivos, así como los términos o acepciones en desuso, salvo en el caso de que su utilización reiterada por parte de los clásicos de nuestras letras los haya sancionado como parte del caudal histórico-literario del idioma. De ahí que se hayan incorporado voces y acepciones específicas del continente americano. Dada la gran cantidad de gentilicios españoles y americanos, se han introducido sólo aquellos que están directamente relacionados con una lengua viva.

Además el diccionario cuenta con una segunda parte que incluye más de 6.500 nombres propios, con países, topónimos (ríos, montañas, etc.), obras de literatura española y universales, mitos y los personajes más importantes de la historia, la política, el arte y la literatura.

Al final se ha incorporado un apéndice de prefijos y sufijos que permite al lector valorar las inmensas posibilidades de creación de nuevas palabras compuestas.

Podemos afirmar, por tanto, que el *Diccionario de la Lengua Española y de Nombres Propios* que el lector tiene en sus manos es una obra que, por su fácil consulta, la precisión de sus definiciones y la riqueza de su contenido, contribuye a conocer y perfeccionar la lengua española, patrimonio universal de los pueblos de Latinoamérica y España.

LOS EDITORES

imper.	imperativo	*Pan.*	Panamá
imperf.	imperfecto	par.	paraguayo, ya
impers.	verbo impersonal	pas.	pasivo
indef.	verbo indefinido	per.	peruano, na
indet	indeterminado	pers.	persona, personal
indic.	indicativo	*pl*	plural
infinit.	infinitivo	pob.	población
ing.	inglés	poét.	poético
interj	interjección	port.	portugués, sa
interr	interrogativo	*pos*	posesivo
intr	verbo intransitivo	pralm.	principalmente
invar	invariable	*prep*	preposición
irreg.	irregular	presid.	presidente
it.	italiano, na	pret.	pretérito
kg	kilogramo	*prnl*	pronominal
km	kilómetro	prob.	probable
km²	kilómetro cuadrado	*pron*	pronombre
l	litro	prov.	provincia
lat.	latín, latitud geográfica	puertorriq.	puertorriqueño, ña
loc	locución	r.	río
long.	longitud	*R. de la Plata*	Río de la Plata
m	sustantivo masculino	*R. Dom.*	República Dominicana
m	metro		
m²	metro cuadrado	*rec*	verbo recíproco
m³	metro cúbico	reg.	regular
m.	muerto	*relat*	relativo
máx.	máximo, ma	rep.	república
mex.	mexicano, na	rev.	revolución
Méx.	México	rom.	romano
mg	miligramo	*s*	sustantivo
mit.	mitología	S	sur
mm	milímetro	s./ss.	siglo/os
n.	nacido, neutro	salv.	salvadoreño, ña
N	norte, Newton	*Salv.*	El Salvador
np	nombre propio	SE	sudeste
NE	nordeste	seud.	seudónimo
neol.	neologismo	*sing*	singular
nic.	nicaragüense, sa	sinón.	sinónimo
Nic.	Nicaragua	sit.	situado
NO	noroeste	SO	sudoeste
nominat.	nominativo	soc.	sociedad
norteam.	norteamericano, na	subj.	subjuntivo
nor.	noruego	sup.	superlativo
núm.	número	t	tonelada
O	oeste	terr.	territorio
p	participio, partido	*tr*	verbo transitivo
pa	participio activo	ur.	uruguayo, ya
p. ant.	por antonomasia	*Ur.*	Uruguay
p. ej.	por ejemplo	ven.	venezolano, na
pp	participio pasivo	*Ven.*	Venezuela
P. Rico	Puerto Rico	vocat.	vocativo
pan.	panameño, ña	yug.	yugoslavo, va

ABREVIATURAS USADAS EN ESTE DICCIONARIO

a.C.	antes de Cristo	contr.	contracción
abrev.	abreviatura	cost.	costarricense, sa
acep.	acepción	cub.	cubano, na
act.	actualmente	d.C.	después de Cristo
acus.	acusativo	*dem*	demostrativo
adj	adjetivo	der.	derivado
adv	adverbio, adverbial	despect	despectivo
afirm.	afirmativo	*deter*	determinado
al.	alemán, na	díc.	dícese
alt.	altura	dim.	diminutivo
amb	ambiguo	dom.	Dominicano, na
Amér.	América	dpto./dptos.	departamento/os
Amér. Centr.	América Central	E	Este
Amér. Merid.	América Meridional	*Ecuad.*	Ecuador
Ant.	Antillas	ecuat.	ecuatoriano, na
ant.	antiguo, antiguamente	EE UU	Estados Unidos
antill.	antillano, na	ej.	ejemplo
ar.	árabe	escand.	escandinavo
archip.	archipiélago	esp.	español
arg.	argentino, na	est.	estado
Argent.	Argentina	estadoun.	estadounidense
art	artículo	etc.	etcétera
artist.	artístico	euf	eufemismo
aum	aumentativo	*excl*	exclamativo
austr.	austríaco, ca	exp.	expresión
barb.	barbarismo	*f*	sustantivo femenino
bol.	boliviano, na	fam	familiar, familiarmente
Bol.	Bolivia	fig	figurado
bras.	brasileño, ña	finl.	finlandés, sa
brit.	británico, ca	flam.	flamenco, ca
bulg.	búlgaro, ra	fr.	francés, frase
c.	ciudad	g	gramo
C. Rica	Costa Rica	gall.	gallego
°C	grados centígrados	gén.	género
can.	canadiense	*ger*	gerundio
cap.	capital	germ.	germánico, ca
cast.	castellano	gr.	griego
cat.	catalán	gral.	general
cg	centígramo	gralte.	generalmente
chil.	chileno, na	guat.	guatemalteco, ca
cl	centilitro	*Guat.*	Guatemala
cm	centímetro	h.	hacia
cm²	centímetro cuadrado	ha	hectárea
cm³	centímetro cúbico	hab.	habitantes
col.	colombiano, na	hol.	holandés, sa
Col.	Colombia	hom.	homónimo, ma
com. autón.	comunidad autónoma	hond.	hondureño, ña
comp.	comparativo	*Hond.*	Honduras
conj	conjunción	id.	ídem.

Diccionario de la
LENGUA ESPAÑOLA

Aa

a¹ *f* Primera letra del abecedario español y primera también de sus vocales.

a² *prep* Expresa la relación del complemento indirecto del verbo. ‖ Introduce el complemento directo de persona o cosa personificada. ‖ Denota relaciones circunstanciales de significado muy diverso. ‖ Precediendo al infinitivo, puede tener un sentido concesivo o final.

abacero, ra *m* y *f* Persona que tiene una tienda de comestibles al por menor. ❏ ABACERÍA.

ábaco *m* Cuadro de madera con diez alambres paralelos y en cada uno de ellos otras tantas bolas movibles, usado en las escuelas para enseñar el cálculo. ‖ Parte que corona el capitel.

abacorar *tr Ven.* y *P. Rico.* Hostigar, acosar. ‖ *Amér.* Acosar.

abad *m* Título que llevan los superiores de los monasterios o de ciertas colegiatas. ❏ ABACIAL.

abadejo *m* Bacalao. ‖ Reyezuelo, pájaro.

abadengo, ga *adj* Perteneciente a la dignidad o jurisdicción del abad. • *m* Territorio o bienes del abad. ‖ Poseedor de bienes abadengos.

abadesa *f* Superiora en ciertas comunidades religiosas. ‖ *Chile.* (fig) Mujer que administra el lenocinio.

abadía *f* Iglesia o monasterio regido por un abad o una abadesa. ‖ Territorio, jurisdicción y bienes del abad o la abadesa. ❏ ABADIADO.

abajadero *m* Cuesta, terreno en pendiente.

abajera *f Arg.* Pieza de montar que se coloca sobre el lomo de la cabalgadura.

abajo *adv lugar* Hacia lugar o parte inferior. ‖ En un lugar o parte inferior. ‖ En lugar posterior. ‖ En dirección a lo que está más bajo. • *interj* de desaprobación, protesta u hostilidad.

abalanzar *tr* Impulsar, inclinar hacia delante, incitar. ‖ Igualar. • *prnl* Arrojarse violentamente hacia un sitio. ‖ Decir o hacer con precipitación. ‖ *R. de la Plata.* Encabritarse el caballo.

abalar *tr* Aballar, llevar o conducir.

abalaustrado, da *adj* Balaustrado.

abaldonar *tr* Afrentar, ofender. • *prnl* Entregarse.

abalear¹ *tr* Separar del trigo, cebada, etc., ya aventados, los granzones y la paja gruesa. ❏ ABALEADOR, RA; ABALEO.

abalear² *tr Amér.* Balear, tirotear, herir o matar a balazos.

abalizar *tr* Señalar con balizas las pistas de los aeropuertos y aeródromos, o las desviaciones en las carreteras. ‖ Señalar con balizas algún paraje en aguas navegables. • *prnl* Determinar un buque su situación. ❏ ABALIZAMIENTO.

aballar¹ *tr, intr* y *prnl* Mover, trasladar. • *tr* Echar abajo, derribar. ‖ Zarandear, sacudir.

aballar² *tr* Amortiguar, desvanecer o esfumar las líneas y colores de una pintura.

aballestar *tr* Tensar un cabo.

abalorio *m* Conjunto de cuentas de vidrio agujereadas, con las cuales, ensartándolas, se hacen adornos y labores.

abaluartar *tr* Fortificar con baluartes.

abancalar *tr* Formar bancales en un terreno.

abanderado, da *pp* de abanderar. • *m* Oficial que lleva la bandera. • *m* y *f* Persona que lleva la bandera en las procesiones o festejos. ‖ (fig) Representante o paladín de una causa.

abanderar *tr* y *prnl* Matricular bajo la bandera de un estado a un buque extranjero. ‖ Proveer a un buque de los documentos que acreditan su bandera. ❏ ABANDERAMIENTO.

abandonado, da *pp* de abandonar. • *adj* Descuidado, desidioso. ‖ Sucio, desaseado. • *adj* y *s* Alumbrado, hereje.

abandonar *tr* Dejar, desamparar a una persona o cosa. || Desistir de alguna cosa emprendida ya o renunciar a ello. || Dejar un lugar. • *prnl* (fig) Dejarse dominar por los sentimientos. || Confiarse uno a una persona o cosa. || (fig) Descuidar uno sus obligaciones o su aseo. • *tr* y *prnl* Entregar, confiar el cuidado de algo a alguien o a algo que se expresa. ☐ ABANDONAMIENTO; ABANDONO.

abanicar *tr* y *prnl* Hacer aire con el abanico. ☐ ABANIQUEO; ABANIQUERO, RA; ABANIQUERÍA.

abanico *m* Instrumento para hacer o hacerse aire. || (fig) Cosa en forma de abanico. || Serie, conjunto de propuestas, opciones, etc., gralte. para elegir entre ellos. || *Ecuad*. Utensilio para avivar el fuego. ☐ ABANICAZO; ABANIQUERO, RA.

abarajar *tr* *Amér. Merid*. Recoger o recibir en el aire una cosa; parar en el aire un golpe.

abaratar *tr* y *prnl* Disminuir o bajar el precio de una cosa. ☐ ABARATAMIENTO.

abarca *f* Calzado rústico de cuero.

abarcar *tr* Ceñir con los brazos. || (fig) Ceñir, rodear, comprender. || Contener, implicar. || Alcanzar con la vista. || (fig) Tomar uno a su cargo muchas cosas a un tiempo. || *Amér*. Acaparar. || *Ecuad*. Empollar, incubar. ☐ ABARCADURA.

abarquillar *tr* y *prnl* Encorvar un cuerpo delgado y ancho, sin que llegue a formar rollo.

abarraganarse *prnl* Amancebarse. ☐ ABARRAGANAMIENTO.

abarrajado, da *pp* de abarrajar. • *adj* y *s* *Chile* y *Perú*. Pendenciero, de vida airada.

abarrajar *tr* Abarrar, atropellar. • *prnl* *Chile* y *Perú*. Encanallarse.

abarrajo *m* *Perú*. Tropezón, caída, trompicón.

abarrancar *tr* Hacer barrancos. • *intr* y *prnl* Varar, encallar. ☐ ABARRANCADERO.

abarrar *tr* Arrojar violentamente alguna cosa.

abarrotado, da *adj* Completamente lleno.

abarrotar *tr* Apretar o fortalecer con barrotes. || Llenar completamente. || *Amér*.

Abaratarse un producto, por su excesiva abundancia.

abarrote *m* Fardo pequeño que sirve para la estiba. • *m pl* *Amér*. Artículos de comercio. ☐ ABARROTADOR, RA; ABARROTERÍA; ABARROTERO, RA.

abastardar *intr* Bastardear.

abastecer *tr* y *prnl* Proveer de bastimentos o de otras cosas necesarias. ☐ ABASTECEDOR, RA; ABASTECIMIENTO.

abastero *m* *Chile*. El que compra reses vivas para vender la carne al por mayor.

abasto *m* Provisión de bastimentos, y especialmente de víveres. || *Arg*. Tienda.

abatanar *tr* Batir el paño en el batán para desengrasarlo y enfurtirlo. || (fig) Batir o golpear. • *prnl* *Amér*. Desgastarse, apelmazarse un tejido por el uso o el lavado.

abatatar *tr* y *prnl* *Amér*. Intimidar, turbar.

abatí *m* *Arg*. y *Par*. Maíz. || Bebida alcohólica destilada del maíz.

abatible *adj* Díc. de los objetos que pueden pasar de la posición vertical a la horizontal o viceversa.

abatido, da *pp* de abatir. • *adj* Abyecto, ruin, despreciable.

abatimiento *m* Acción y efecto de abatir o abatirse. || Postración física o moral de una persona.

abatir *tr* y *prnl* Derribar, echar por tierra. || (fig) Humillar. || (fig) Hacer perder el ánimo, las fuerzas, el vigor. • *tr* Hacer que baje una cosa. || Inclinar, poner tendido lo que estaba vertical.

abdicar *tr* Ceder o renunciar a una dignidad, y especialmente la de soberano. || Dejar, abandonar creencias, opiniones, etc. ☐ ABDICACIÓN; ABDICATIVO, VA.

abdomen *m* Región del cuerpo de los vertebrados que contiene las vísceras, a excepción del corazón y los pulmones. ☐ ABDOMINAL.

abducción *f* Acción de separar o sacar. || Rapto.

abductor *adj* y *s* Díc. del músculo capaz de efectuar una abducción.

abecé *m* Abecedario. || Rudimentos o principios de una ciencia o facultad.

abecedario *m* Alfabeto. || Cartel o librito para enseñar a leer. || Orden alfabético. || Abecé.

abedul *m* Árbol de hojas pequeñas, corteza plateada y ramas colgantes.

abeja *f* Insecto de color pardo oscuro, provisto de alas y aguijón, que vive en colonias y produce miel y cera. □ ABEJAR; ABEJUNO, NA.

abejaruco *m* Ave trepadora, de plumaje vistoso y pico curvo.

abejero, ra *m* y *f* Colmenero. • *m* Abejaruco. • *f* Colmenar. ‖ Toronjil.

abejón *m* Zángano, macho de la abeja. ‖ Abejorro, insecto.

abejorreo *m* Zumbido de las abejas. ‖ (fig) Rumor confuso de voces o conversaciones.

abejorro *m* Nombre común de diversos insectos himenópteros, que zumban mucho al volar. ‖ (fig) Persona de conversación pesada y molesta.

abemolar *tr* Suavizar, dulcificar la voz. ‖ Poner bemoles.

aberración *f* Extravío. ‖ Desviación respecto al tipo normal de un carácter morfológico o fisiológico.

aberrar *intr* Desviarse de la regla o forma común; extraviarse. □ ABERRANTE.

abertura *f* Acción de abrir o abrirse. ‖ Hendidura o grieta. ‖ Valle ancho entre dos montañas.

abeto *m* Árbol conífero de hoja perenne, tronco recto, ramas horizontales y copa cónica.

abicharse *prnl Arg.* y *Ur.* Agusanarse la fruta.

abiertamente *adv modo* Sin reserva, francamente. ‖ Clara, patentemente.

abierto, ta *pp irreg* de abrir. • *adj* Desembarazado, llano, raso. Díc. comúnmente del campo. ‖ Sin muro o cerco. ‖ (fig) Tolerante, comprensivo. • *m Amér.* Pequeña plantación.

abigarrado, da *pp* de abigarrar. • *adj* De varios colores, mal combinados. □ ABIGARRAMIENTO.

abigarrar *tr* Poner a una cosa varios colores mal combinados. • *prnl* Amontonarse, apretujarse cosas varias y heterogéneas.

abisal *adj* Perteneciente o relativo a la zona de los mares y océanos por debajo de los 3 000 m de profundidad. ‖ (fig) Abismal.

abismal *adj* Perteneciente al abismo. ‖ (fig) Insondable, incomprensible.

abismar *tr* y *prnl* Hundir en un abismo. ‖ (fig) Confundir, abatir. • *prnl Chile, Hond.* y *Méx.* Asombrarse, admirarse.

abismo *m* Profundidad grande, imponente y peligrosa. ‖ Infierno. ‖ (fig) Diferencia enorme. □ ABISMÁTICO, CA.

abjurar *tr e intr* Desdecirse con juramento; retractarse, renegar. □ ABJURACIÓN.

ablación *f* Acción y efecto de cortar, separar, quitar.

ablandar *tr* y *prnl* Poner blanda una cosa. ‖ (fig) Mitigar la fiereza o el enojo de alguno. • *tr* Laxar, suavizar. • *prnl* Acobardarse. □ ABLANDADOR, RA; ABLANDAMIENTO; ABLANDATIVO, VA.

ablande *m Arg.* y *Ur.* Rodaje de un automóvil.

ablativo *m* Caso de la declinación que expresa relaciones de procedencia, situación, modo, tiempo, etc.

ablución *f* Lavatorio, acción de lavarse.

abnegación *f* Altruismo que lleva a sacrificar los propios intereses.

abnegar *tr* y *prnl* Renunciar uno voluntariamente a sus deseos. □ ABNEGADO, DA.

abocar *tr* Asir con la boca. • *intr* Desembocar, ir a parar. □ ABOCAMIENTO.

abocardado, da *pp* de abocardar. • *adj* De forma semejante a la de la bocina.

abocardar *tr* Ensanchar la boca de un tubo o de un agujero.

abocelar *tr e intr* Caer de bruces. ‖ Dar a las bóvedas forma cónica. □ ABOCELADO, DA.

abocetar *tr* Ejecutar un boceto. ‖ Insinuar, apuntar vagamente. □ ABOCETADO, DA.

abochornar *tr* y *prnl* Causar bochorno el excesivo calor. ‖ (fig) Sonrojar. □ ABOCHORNADO, DA.

abocinar *tr* Dar forma de bocina. • *intr* (fam) Caer de bruces. • *prnl Chile.* Ensancharse el agujero del cubo de las ruedas. □ ABOCINAMIENTO.

abofetear *tr* Dar de bofetadas. ‖ (fig) Ultrajar, escarnecer. □ ABOFETEADOR, RA.

abogacía *f* Profesión y ejercicio del abogado. ‖ Cuerpo de abogados.

abogaderas *f pl Amér.* Argumentos capciosos o engañosos.

abogado, da *m y f* Persona licenciada en Derecho. ‖ (fig) Intercesor o medianero. ❏ ABOGADETE; ABOGADIL.

abogar *intr* Defender en juicio, por escrito o de palabra. ‖ (fig) Interceder.

abolengo o **aboliorio** *m* Ascendencia de abuelos o antepasados. ‖ Alcurnia, linaje o ascendencia ilustres.

abolir *tr* Derogar un precepto o costumbre. ❏ ABOLICIÓN.

abollar[1] *tr y prnl* Producir hundimientos en una superficie. ❏ ABOLLADURA.

abollar[2] *tr* Adornar metales o telas con bollos o relieves semiesféricos.

abombar *tr y prnl* Dar forma convexa. • *tr* (fig, fam) Asordar, aturdir, atolondrar. • *intr* Dar a la bomba. • *prnl Amér.* Empezar a corromperse una cosa. ‖ Embriagarse. ❏ ABOMBADO, DA.

abominable *adj* Digno de ser abominado. ‖ (fam) Muy malo.

abominar *tr* Condenar a personas o cosas por malas o perjudiciales. ‖ Aborrecer.

abonado, da *pp* de abonar. • *adj* Que es de fiar por su caudal o crédito. • *m y f* Persona inscrita para recibir algún servicio periódicamente. • *m* Acción y efecto de abonar la tierra.

abonador, ra *adj* Que abona. • *m y f* Persona que abona al fiador.

abonanzar *intr* Calmarse la tormenta o irse serenando el tiempo.

abonar *tr* Acreditar o calificar de bueno. ‖ Salir fiador de alguien. ‖ Pagar. ‖ Echar en la tierra laborable materias que aumenten su fertilidad. ‖ Asentar en las cuentas corrientes las partidas que corresponden al haber. • *tr y prnl* Inscribir a una persona para que pueda disfrutar de algún servicio periódicamente. • *intr* Abonanzar. ❏ ABONABLE; ABONAMIENTO.

abonero, ra *m y f Méx.* Comerciante ambulante que vende a plazos.

abono *m* Acción de abonar o abonarse. ‖ Fianza, garantía. ‖ Lote de billetes que se compran conjuntamente, y que permiten a una persona el uso periódico de algún servicio. ‖ Derecho que adquiere el que se abona. ‖ Documento en el cual consta el derecho de quien se abona. ‖ Sustancia con que se abona la tierra. ‖ Anotación de una partida en el haber.

aboquillar *tr* Poner boquilla a alguna cosa. ‖ Dar a una abertura forma abocardada.

abordaje *m* Acción de abordar. ‖ Acción u orden de asalto a una nave desde otra.

abordar *tr e intr* Rozar o chocar una embarcación con otra. • *tr* Atracar una nave. ‖ (fig) Acercarse a alguno para tratar con él un asunto. • *intr* Tomar puerto. ❏ ABORDABLE.

abordo *m* Abordaje.

aborigen *adj* Originario del suelo en que vive. • *adj y s* Díc. del primitivo morador de un país.

aborrecer *tr* Tener aversión a una persona o cosa. ‖ Dejar o abandonar algunos animales, y especialmente las aves, el nido. • *tr y prnl* Aburrir, fastidiar, molestar. ❏ ABORRECEDOR, RA; ABORRECIBLE; ABORRECIMIENTO.

aborregarse *prnl* Cubrirse el cielo de nubes blanquecinas a modo de vellones de lana. ‖ (fig) Apelotonarse la gente. ‖ (fig) Volverse gregaria, sin opinión, una persona. ‖ *Perú y R. de la Plata.* Ponerse tonto, amedrentarse. ❏ ABORREGAMIENTO.

aborricarse *prnl Amér.* Embrutecerse.

abortar *tr e intr* Expulsar un feto muerto o que todavía no está en condiciones de vivir. ‖ (fig) Fracasar, malograrse alguna cosa. • *tr* (fig) Producir alguna cosa sumamente imperfecta, monstruosa o abominable.

abortivo, va *adj* Nacido antes de tiempo. • *adj y m* Díc. de lo que induce al aborto.

aborto o **abortamiento** *m* Acción de abortar. ‖ Cosa abortada. ‖ (fig, fam) Engendro.

aborujar *tr y prnl* Hacer que una cosa forme borujos. • *prnl* Arrebujarse.

abotagarse o **abotargarse** *prnl* Hincharse el cuerpo de un animal o de una persona. ‖ (fig) Atontarse.

abotijarse *prnl* Ponerse gordo y redondo.

abotonar *tr y prnl* Cerrar una prenda de vestir u otra cosa metiendo los botones en los ojales. • *intr* Echar botones las plantas. ❏ ABOTONADOR.

abovedado, da pp de abovedar. • adj Corvo, combado.

abovedar tr Cubrir o dar forma de bóveda.

aboyar tr Poner boyas. • intr Boyar o flotar un objeto en el agua.

abra f Bahía no muy extensa. ‖ Abertura ancha entre dos montañas.

abracar tr Amér. Abarcar.

abrasar tr y prnl Reducir a brasa, quemar. • tr Calentar demasiado. ‖ Destruir, consumir. • tr y prnl (fig) Producir en una persona una pasión violenta. • intr Quemar. □ ABRASADOR, RA.

abrasión f Acción de desgastarse la superficie de un cuerpo por la acción de otro más duro.

abrasivo, va adj Perteneciente o relativo a la abrasión. • m Material duro que se usa para desgastar, rectificar, labrar o pulir por abrasión.

abrazadera f Pieza que sirve para asegurar una cosa a otra, ciñéndola.

abrazar tr y prnl Ceñir con los brazos. ‖ Estrechar entre los brazos en señal de cariño. ‖ (fig) Admitir, aceptar, seguir. • tr (fig) Comprender, contener, incluir. □ ABRAZO.

abreboca m Ecuad. y Ven. Aperitivo.

abrecartas m Plegadera larga y estrecha, adecuada para abrir sobres.

abrevadero m Lugar donde se abreva el ganado.

abrevar tr Dar de beber al ganado. ‖ (fig) Saciar. • intr y prnl Beber. □ ABREVADOR, RA.

abreviador, ra adj y m Que abrevia o compendia.

abreviar tr Acortar, reducir a menos tiempo o espacio. • tr e intr Acelerar, apresurar. • prnl C. Rica y Nic. Darse prisa. □ ABREVIACIÓN; ABREVIADO, DA; ABREVIAMIENTO.

abreviatura f Representación reducida de las palabras en la escritura con sólo una o varias de sus letras. ‖ Palabra representada en la escritura de este modo. ‖ Compendio o resumen.

abriboca adj y s Arg. Distraído, que está con la boca abierta. • f Arg. Planta tintórea.

abridor, ra adj Que abre. • m Instrumento para quitar las tapas metálicas de las botellas.

abrigadero m Abrigo, lugar defendido de los vientos. ‖ Méx. y P. Rico. Guarida de maleantes.

abrigar tr y prnl Defender, resguardar del frío. • tr (fig) Auxiliar, patrocinar, amparar. ‖ (fig) Tratándose de ideas, voliciones o afectos, tenerlos. □ ABRIGADO, DA; ABRIGADOR, RA.

abrigo m Defensa contra el frío. ‖ Prenda del traje que se pone sobre las demás y sirve para abrigar. ‖ Lugar defendido de los vientos. ‖ (fig) Auxilio, amparo. ‖ Oquedad natural poco profunda.

abril m Cuarto mes del año. • m pl (fig) Años de la primera juventud.

abrillantado, da adj Arg. Brillante. • m Operación de abrillantar.

abrillantador m Artífice que abrillanta piedras preciosas. ‖ Instrumento o sustancia con que se abrillanta.

abrillantar tr Labrar en facetas como las de los brillantes. ‖ Iluminar o dar brillantez.

abrir tr y prnl Descubrir o hacer patente lo que está cerrado u oculto. ‖ Hender, rasgar, dividir. • tr Descorrer el pestillo, quitar el cerrojo, levantar la aldaba, girar la llave, etc. ‖ Tirar hacia fuera de los cajones de una mesa o cualquier otro mueble, sin sacarlos del todo. ‖ Separar las partes del cuerpo de un animal, de una cosa o de un instrumento. ‖ Extender. ‖ Con sustantivos como agujero, ranura, canal, etc., hacer. • tr, intr y prnl Quitar o separar una cosa con que está cerrada una abertura. • intr Tratándose del tiempo, empezar a clarear o serenarse. • prnl Sincerarse, confiar una persona a otra su secreto. ‖ (fig) Amér. Huir, irse de un lugar. □ ABRIMIENTO.

abrochar tr y prnl Cerrar, ajustar con broches, corchetes, etc. ‖ Amér. Agarrar a uno para castigarlo. ‖ Ecuad. Reconvenir. □ ABROCHADOR; ABROCHADURA, ABROCHAMIENTO.

abrogar tr Abolir, revocar. □ ABROGABLE; ABROGACIÓN; ABROGATORIO, RIA.

abroncar *tr* y *prnl* (fam) Aburrir, disgustar, enfadar. • *tr* Avergonzar, abochornar. ‖ Reprender ásperamente. ‖ Abuchear.

abroquelar *tr* Maniobrar con las velas para que reciban el viento por la proa. ‖ Escudar, resguardar, defender. • *prnl* Cubrirse con el broquel.

abrótano *m* Planta arbustiva de hojas blanquecinas y finas y flores amarillas, que se emplea para hacer crecer el pelo.

abrumar *tr* Agobiar con algún grave peso. ‖ Confundir a alguien con elogios o burlas exageradas. ‖ (fig) Causar molestia. • *prnl* Llenarse de bruma la atmósfera. ❑ ABRUMADOR, RA.

abrupto, ta *adj* Escarpado, que tiene gran pendiente. ‖ Áspero, violento, rudo.

absceso *m* Acumulación de pus en los tejidos orgánicos.

abscisa *f* Una de las dos coordenadas cartesianas, la horizontal, que determinan la posición de un punto en un plano.

abscisión *f* Separación de una parte pequeña de un cuerpo hecha con un instrumento cortante. ‖ (fig) Interrupción o renuncia.

absentismo *m* Costumbre de residir el propietario fuera de la localidad en que radican sus bienes. ‖ Abandono total o parcial de un cargo, trabajo, responsabilidad, etc. ❑ ABSENTISTA.

ábside *amb* Parte del templo abovedada y semicircular, que sobresale en su fachada.

absolución *f* Acción de absolver. ‖ Resolución favorable al acusado.

absolutamente *adv* modo. De manera absoluta. • *adv* neg. No, de ningún modo.

absolutismo *m* Sistema de gobierno cuyo ejecutivo no está limitado por ningún otro poder. ❑ ABSOLUTISTA.

absoluto, ta *adj* Que excluye toda relación. ‖ Independiente, ilimitado, sin restricción alguna. ‖ (fig, fam) De genio imperioso o dominante.

absolutorio, ria *adj* Dícese del fallo que absuelve.

absolver *tr* Dar por libre de algún cargo u obligación. ‖ Remitir a un penitente sus pecados.

absorbente *pa* de absorber. • *adj* Dominante. • *adj* y *s* Que absorbe.

absorber *tr* Atraer una materia a otra incorporándola. ‖ (fig) Consumir enteramente. ‖ (fig) Atraer a sí, cautivar. ❑ ABSORBENCIA; ABSORBIBLE; ABSORCIÓN.

absortar *tr* y *prnl* Suspender, arrebatar el ánimo con alguna cosa extraordinaria.

absorto, ta *pp irreg* de absorber. • *adj* Admirado, pasmado. ‖ Enfrascado en algo.

abstemio, mia *adj* y *s* Que no bebe vino ni licores alcohólicos.

abstención *f* Abstinencia. ‖ Actitud de no participación en el ejercicio del derecho de voto.

abstener *tr* Contener, refrenar. • *prnl* Privarse de una cosa. ‖ No participar en algo a que se tiene derecho. ❑ ABSTINENTE.

abstinencia *f* Acción de abstenerse. ‖ Privación voluntaria de la satisfacción de los goces materiales. ‖ Prohibición de comer carne ciertos días.

abstracto, ta *pp irreg* de abstraer. • *adj* Dícese de las acciones o cualidades con independencia del sujeto que las realiza o posee. ‖ Dícese de las ideas o conceptos sin correspondencia material, y del sustantivo que los designa. ‖ Impreciso. ❑ ABSTRACTIVO, VA.

abstraer *tr* Separar las cualidades de un objeto para considerarlas aisladamente o para tratarlo en su pura esencia. • *prnl* Enajenarse de los objetos sensibles, no atender a ellos por entregarse a la consideración de lo que se tiene en el pensamiento. ❑ ABSTRACCIÓN.

abstraído, da *pp* de abstraer • *adj* Retirado o apartado del trato de las gentes. ‖ Absorto.

abstruso, sa *adj* Recóndito, de difícil comprensión.

absurdo, da *adj* Contrario a la razón. ‖ Extravagante, irregular. • *m* Dicho o hecho repugnante a la razón, contrario al buen sentido, disparatado. ❑ ABSURDIDAD.

abubilla *f* Ave insectívora, de pico largo y curvado hacia abajo, que posee un penacho eréctil en la cabeza.

abuchear *tr* Reprobar públicamente y de manera ruidosa. ❑ ABUCHEO.

abuelo, la *m* Respecto de una persona, padre de su padre o de su madre. ‖ (fig)

Hombre anciano. • *f* Respecto de una persona, madre de su padre o de su madre. ‖ (fig) Mujer anciana.

abulia *f* Disminución o anulación de los impulsos volitivos. ☐ ABÚLICO, CA.

abultamiento *m* Acción de abultar. ‖ Bulto.

abultar *tr* Aumentar el bulto de alguna cosa. ‖ (fig) Aumentar la cantidad, intensidad, grado, etc. • *intr* Tener o hacer bulto. ☐ ABULTADO, DA.

abundancia *f* Cualidad de abundante. ‖ Copia, gran cantidad.

abundar *intr* Haber gran cantidad de una cosa. ‖ Tener en abundancia. ☐ ABUNDANTE; ABUNDOSO, SA.

¡abur! *interj* (fam) ¡Adiós!

aburar *tr* Quemar, abrasar.

aburrarse *prnl* Embrutecerse.

aburrir *tr* Hastiar, cansar, molestar, fastidiar. ‖ Aborrecer, dejar o abandonar. • *prnl* Fastidiarse, hastiarse. ☐ ABURRIDO, DA; ABURRIDOR, RA; ABURRIMIENTO.

abusar *intr* Usar mal, excesivamente de algo o de alguien. ‖ Violar, hacer objeto de trato deshonesto a una persona de menor experiencia, fuerza o poder. • *prnl* *Guat.* y *Méx.* Estar alerta, estar listo. ☐ ABUSADOR, RA; ABUSO.

abusión *f* Abuso. ‖ Absurdo, contrasentido, engaño. ‖ Superstición, agüero.

abusivo, va *adj* Que se introduce o practica por abuso. • *adj* y *s Amér.* Abusón.

abyección *f* Bajeza, envilecimiento. ‖ Humillación.

abyecto, ta *adj* Despreciable, vil.

aca *f Arg.* Excremento.

acá *adv* lugar. Indica el lugar en que está el que habla. ‖ En este mundo o vida temporal. ‖ (fam) Designa a la persona que habla o a un grupo de personas en el cual se incluye. ‖ (fam) Señala a veces a la persona cercana al que habla ‖ Precedido de *de* o *desde* y una expresión de tiempo, denota el presente.

acabado, da *pp* de acabar. • *adj* Perfecto, completo, consumado. ‖ Malparado, destruido. • *m* Perfeccionamiento o retoque de una obra o labor.

acabalar *tr* Completar.

acabamiento *m* Efecto o cumplimiento de alguna cosa. ‖ Término, fin. ‖ Muerte.

acabar *tr* y *prnl* Dar fin a una cosa, terminarla. • *tr* Apurar, consumir. ‖ Alcanzar, conseguir. • *intr* Terminar, finalizar. ‖ Morir. ‖ Destruir. • *intr* y *prnl* Extinguirse, aniquilarse. ‖ Seguido de *de* y un infinitivo, expresa que la acción de éste se ha producido inmediatamente antes. ☐ ACABABLE.

acacharse *prnl* (fam) Agacharse.

acacia *f* Nombre común de diversas plantas de gran altura y hoja caduca. Son árboles o arbustos que suministran colorantes, resinas, etc.

academia *f* Sociedad científica, literaria o artística establecida con autoridad pública. ‖ Establecimiento en que se instruye a los que han de dedicarse a una carrera, ejercicio o profesión. ‖ Junta o reunión de los académicos. ‖ Casa donde los académicos tienen sus juntas.

académico, ca *adj* Perteneciente a las academias. ‖ Díc. de los estudios y títulos que causan efectos legales. ‖ Díc. de las obras de arte en que se observan las normas clásicas, y también de sus autores. • *m* y *f* Miembro de una academia.

acaecer *intr* Suceder, ocurrir.

acaecimiento *m* Cosa que sucede.

acahual *m Méx.* Variedad de girasol, muy común en México.

acajú *m* Árbol de hojas simples, flores pequeñas y fruto en aquenio.

acal *m Méx.* Canoa.

acalenturarse *prnl* Empezar a tener o padecer calentura.

acallar *tr* Hacer callar. ‖ (fig) Aplacar, sosegar.

acalorado, da *pp* de acalorar. • *adj* Vehemente, fogoso.

acaloramiento *m* Ardor, arrebato de calor. ‖ (fig) Acceso de una pasión violenta.

acalorar *tr* Dar o causar calor. • *prnl* (fig) Enardecerse en la conversación o disputa.

acamar *tr* y *prnl* Hacer la lluvia o el viento que se tiendan las mieses u otros vegetales.

acampanar *tr* y *prnl* Dar forma de campana.

acampar *intr*, *tr* y *prnl* Instalarse en despoblado, gralte., en tiendas de campaña. ☐ ACAMPADA.

acanalado, da *pp* de acanalar. • *adj* Díc. de lo que pasa por canal o paraje estrecho. ‖ De forma larga y abarquillada. ‖ Estriado.

acanaladura *f* Canal o estría.

acanalar *tr* Hacer canales o estrías en alguna cosa. ‖ Dar a una cosa forma de canal o teja.

acantilado, da *pp* de acantilar. • *m* Escarpa casi vertical en un terreno.

acantilar *tr* y *prnl* Echar un buque en un cantil por una mala maniobra. ‖ Dragar un fondo.

acanto *m* Planta herbácea perenne, con hojas largas y espinosas.

acantonamiento *m* Acción y efecto de acantonar. ‖ Sitio en que hay tropas acantonadas.

acantonar *tr* y *prnl* Distribuir y alojar tropas en diversos lugares.

acañaverear *tr* Herir con cañas cortadas en punta a modo de saetas.

acaparar *tr* Adquirir y acumular productos ante una amenaza de escasez o para especular. ‖ (fig) Apropiarse en todo o en gran parte de una cosa. ◻ ACAPARADOR, RA; ACAPARAMIENTO.

acápite *m* *Amér.* Párrafo, especialmente en textos legales.

acaramelar *tr* Cubrir con caramelo. • *prnl* (fig, fam) Mostrarse uno muy galante y dulce.

acardenalar *tr* Producir cardenales a uno. • *prnl* Salir en el cutis manchas de color cárdeno.

acarear *tr* Carear. ‖ Hacer cara, arrostrar. ◻ ACAREAMIENTO.

acariciar *tr* Hacer caricias. ‖ (fig) Tratar a alguno con amor y ternura. ‖ (fig) Complacerse en pensar en una cosa con deseo de conseguirla. ◻ ACARICIADOR, RA.

acarraladura *f* *Chile* y *Perú.* Carrera o línea de puntos que se sueltan en la media. ‖ *Perú.* Adelgazamiento de una tela que se desgasta por el uso.

acarralar *tr* y *prnl* Encoger un hilo o dejar un claro entre dos en los tejidos. • *prnl* Estropearse los racimos de uvas.

acarrear *tr* Transportar. ‖ (fig) Dicho de daños o desgracias, ocasionar. ◻ ACARREADIZO, ZA; ACARREAMIENTO.

acarreo *m* Acción de acarrear. ‖ Lo que un arriero trae por cuenta ajena, sólo por el porte.

acarroñar *tr* y *prnl* (fam) *Col.* Acobardar.

acartonarse *prnl* Ponerse como cartón. ‖ (fig) Quedarse enjuta una persona al envejecer. ‖ *Amér.* Adelgazar.

acaserarse *prnl* *Chile* y *Perú.* Hacerse parroquiano de una tienda. ‖ Aquerenciarse.

acaso *m* Casualidad, suceso imprevisto. • *adv* de duda. Quizá, tal vez.

acatar *tr* Tributar homenaje de sumisión y respeto. ‖ Obedecer, someterse. ‖ *Amér.* Catar, percatar. ◻ ACATABLE; ACATAMIENTO.

acatarrarse *prnl* Contraer catarro de las vías respiratorias.

acaudalar *tr* Hacer o reunir mucho caudal. ◻ ACAUDALADO, DA.

acaudillar *tr* Mandar, como jefe o caudillo. • *prnl* Tomar o elegir caudillo. ◻ ACAUDILLADOR, RA; ACAUDILLAMIENTO.

acceder *intr* Consentir en lo que otro solicita o quiere. ‖ Ceder uno en su parecer, condescender. ‖ Tener acceso o entrada a un lugar. ◻ ACCESIBLE; ACCESIONAL.

accésit *m* Recompensa inmediatamente inferior al premio en ciertos certámenes.

acceso *m* Acción de llegar o acercarse. ‖ Entrada o paso. ‖ Transferencia de información desde la memoria de una computadora a otros sectores de la misma.

accesorio, ria *adj* y *s* Que depende de lo principal. ‖ Secundario. • *m* Utensilio auxiliar o pieza de una máquina que se puede recambiar.

accidentado, da *pp* de accidentar. • *adj* Agitado, turbado, borrascoso. ‖ Hablando de terreno, escabroso, abrupto. • *m* y *f* Persona que ha sufrido un accidente.

accidental *adj* No esencial. ‖ Casual, contingente. ◻ ACCIDENTALIDAD.

accidentar *tr* Producir accidente. • *prnl* Sufrir un accidente.

accidente *m* Suceso eventual o acción de los que involuntariamente resulta daño para las personas o las cosas. ‖ Suceso eventual que altera el orden regular de las cosas. || Modificación que en su forma sufren las palabras variables.

acción f Ejercicio de una potencia. || Efecto de hacer. || Postura, ademán. || Cada una de las partes en que se considera dividido el capital de cualquier empresa. || En las obras narrativas, dramáticas y cinematográficas, sucesión de acaecimientos y peripecias que constituyen su argumento. || *Chile* y *Perú.* Boleto de una rifa. ❏ ACCIONARIO, RIA; ACCIONISTA.

accionar tr Poner en funcionamiento un mecanismo o parte de él. • intr Hacer movimientos y gestos al hablar. ❏ ACCIONAMIENTO.

acebuche m Variedad silvestre del olivo.

acechanza f Acecho, persecución cautelosa.

acechar tr Observar, aguardar cautelosamente con algún propósito. || Amenazar. ❏ ACECHADOR, RA; ACECHAMIENTO; ACECHO.

acecinar tr y prnl Salar las carnes y secarlas al humo para que se conserven. • prnl (fig) Quedarse una persona muy enjuta o delgada.

acedar tr y prnl Poner agria alguna cosa. || (fig) Desazonar, disgustar. • tr Alterar con acidez el estómago o los humores. • prnl Ponerse las plantas amarillas y enfermizas. ❏ ACEDO, DA.

acéfalo, la adj Falto de cabeza. ❏ ACEFALIA, ACEFALISMO.

aceitada f Cantidad de aceite derramada.

aceitar tr Untar, bañar con aceite.

aceite m Líquido graso de color verde amarillento, no miscible con el agua, que se obtiene por presión de la aceituna. || p. ext. Líquido graso que se extrae de diversos frutos o semillas, de órganos de algunos animales y de sustancias minerales. ❏ ACEITERO, RA.

aceitón m Aceite gordo y turbio. || Impurezas que en el fondo de las vasijas va dejando el aceite al trasegarlo.

aceitoso, sa adj Que tiene aceite. || Grasiento.

aceituna f Fruto del olivo.

aceitunero, ra m y f Persona que coge, acarrea o vende aceitunas. • m Lugar donde se guarda la aceituna.

acelerador, ra adj y s Que acelera. • m Mecanismo para variar la velocidad de un vehículo automóvil variando la cantidad de mezcla airecombustible suministrada a los cilindros.

acelerar tr y prnl Dar celeridad. • tr Aumentar la velocidad. ❏ ACELERACIÓN; ACELERAMIENTO; ACELERÓN.

acelga f Planta herbácea de tallo grueso y acanalado por el envés, y hojas grandes.

acendrar tr Purificar los metales en la cendra por la acción del fuego. || (fig) Depurar, purificar. || (fig) Dejar sin mancha ni defecto. ❏ ACENDRADO, DA; ACENDRAMIENTO.

acensar o **acensuar** tr Imponer censo sobre una finca o bien raíz.

acento m Particularidad de pronunciación con que se distingue un elemento de una sílaba, gralte. vocálico, de una palabra. || Particulares inflexiones de voz con que se diferencia una nación o prov. en el modo de hablar. || Modulación de la voz. || Sonido, tono. || (fig) Énfasis. || Tilde que se pone, en ciertos casos, sobre la vocal de la sílaba en que carga la pronunciación. Puede ser agudo (´), grave (`) y circunflejo (^). ❏ ACENTUAL.

acentuar tr Dar acento prosódico a las palabras. || Ponerles acento ortográfico. || (fig) Recalcar por medio de la pronunciación determinadas palabras. || (fig) Realzar, resaltar. • prnl (fig) Tomar cuerpo, hacerse más perceptible una cosa. ❏ ACENTUACIÓN.

acepar intr Encepar, echar raíces.

acepción f Sentido o significado en que se toma una palabra o una frase en un contexto determinado.

acepillar tr Alisar con cepillo la madera o los metales. || Limpiar, quitar polvo con un cepillo. || (fig, fam) Pulir, quitar a uno la rusticidad, instruirle. ❏ ACEPILLADO, DA; ACEPILLADURA.

aceptar tr Recibir uno lo que se le da, ofrece o encarga. || Aprobar, dar por bueno. || Admitir un desafío. || Tratándose de letras o libranzas, obligarse por escrito en ellas mismas a su pago. ❏ ACEPTABLE; ACEPTACIÓN; ACEPTADOR, RA; ACEPTO.

acequia f Zanja por donde se conduce el agua para regar u otros fines. □ ACEQUIAR; ACEQUIERO.

acera f Parte lateral de una calle destinada al paso de los peatones.

acerar tr Dar a un hierro las propiedades del acero. ‖ Dar los grabadores un baño de acero a las planchas de cobre. • tr y prnl (fig) Fortalecer, vigorizar. □ ACERACIÓN; ACERADO, DA.

acerbo, ba adj Áspero al gusto. ‖ (fig) Cruel, riguroso, desapacible. □ ACERBIDAD.

acerca adv lugar y tiempo ant. Cerca.

acercar tr y prnl Poner cerca o a menor distancia. ‖ Estar próxima a suceder una cosa. • tr Llevar a alguien o algo a un lugar.

acerico o **acerillo** m Almohadilla que sirve para clavar en ella alfileres o agujas.

acero m Aleación de hierro y carbono de gran resistencia. ‖ Arma blanca. ‖ (fig) Espada. • m pl Ánimo, brío, resolución. □ ACERÍA; ACERISTA.

acérrimo, ma adj sup. de acre. ‖ (fig) Muy fuerte, vigoroso o tenaz. □ ACÉRRIMAMENTE.

acerrojar tr Poner bajo cerrojo.

acertar tr Dar en el punto a que se dirige alguna cosa. ‖ Hallar el medio apropiado para el logro de una cosa. ‖ Adivinar. • tr e intr Encontrar, hallar. ‖ Hacer con acierto alguna cosa. • intr Seguido de la prep a y un verbo en infinitivo, suceder por casualidad lo que este último significa. □ ACERTADAMENTE; ACERTADO, DA.

acertijo m Adivinanza que se propone como pasatiempo. ‖ Cosa o afirmación problemática.

acetoso, sa adj Ácido. ‖ Perteneciente o relativo al vinagre. • f Acedera. □ ACÉTICO, CA; ACETOSIDAD.

acetrinar tr Poner de color cetrino.

acezar intr Jadear. ‖ Sentir anhelo, deseo vehemente o codicia de alguna cosa. □ ACEZANTE, ACEZO.

achabacanar tr y prnl Hacer chabacano. □ ACHABACANADO, DA; ACHABACANAMIENTO.

achacar tr Atribuir, imputar. □ ACHACABLE.

achacoso, sa adj Que padece achaque o enfermedad habitual.

achaflanar tr Dar a una esquina forma de chaflán. □ ACHAFLANADO, DA.

achamparse prnl Chile. Arraigar como la champa. ‖ Con la prep con, apropiarse.

achantar tr Acoquinar, apabullar. • prnl Abstenerse de intervenir en algún asunto por cautela o malicia.

achaparrado, da pp de achaparrar. • adj Bajo y extendido. ‖ Grueso y de poca estatura.

achaque m Indisposición o enfermedad ligera o habitual, especialmente las que acompañan a la vejez. ‖ Excusa o pretexto. • m pl C. Rica. Indisposiciones de las mujeres embarazadas. □ ACHACOSO, SA; ACHACOSIDAD.

¡achara! interj Amér. Centr. ¡Lástima!

achares m pl Celos; tormento, pena.

achatar tr y prnl Poner chata alguna cosa. □ ACHATAMIENTO.

achicar tr y prnl Disminuir el tamaño de alguna cosa. ‖ (fig) Humillar, acobardar. • tr Extraer el agua de un dique, mina, embarcación, etc. ‖ Col. Matar a alguien. □ ACHICADO, DA; ACHICADURA; ACHICAMIENTO; ACHIQUE.

achicharrar tr y prnl Freír, asar o tostar un manjar hasta que tome sabor a quemado. • tr (fig) Molestar con exceso. • prnl Experimentar un calor excesivo, quemarse. □ ACHICHARRADERO.

achichinque m Méx. El que acompaña a un superior y sigue sus órdenes ciegamente.

achicoria f Planta herbácea de hojas ásperas y de sabor amargo.

achiguarse prnl Chile y Arg. Combarse una cosa. ‖ Echar panza una persona.

achín, na m y f Amér. Centr. Buhonero.

achinado, da adj Que parece chino en el color o en las facciones.

achiquillado, da adj Aniñado.

achiquitar tr y prnl Amér. Achicar.

acholar tr y prnl Amér. Avergonzar, amilanar. □ ACHOLADO, DA.

acholole m Méx. Agua sobrante del riego y que se escurre del campo. □ ACHOLOLERA.

achucutarse *prnl Amér. Merid.* Achucuyarse. ‖ *Guat.* Marchitarse.

achucuyar *tr y prnl Amér. Merid.* Abatir, humillar, sonrojarse.

achuchar[1] *tr* (fam) Azuzar. ‖ Aplastar, estrujar con fuerza. ‖ Presionar, agobiar. ☐ ACHUCHADO, DA; ACHUCHÓN.

achuchar[2] *intr y prnl Arg. y Ur.* Tiritar, estremecerse a causa del frío o de la fiebre.

achucharrar *tr Amér.* Achuchar, aplastar. • *prnl Méx.* Encogerse, amilanarse.

achuntar *intr y tr* (fam) *Amér.* Acertar.

aciago, ga *adj* Infausto, de mal agüero.

acíbar *m* Áloe, planta y jugo amargo extraído de esta planta. ‖ (fig) Amargura, disgusto.

acibarar *tr* Echar acíbar en alguna cosa. ‖ (fig) Turbar el ánimo con algún pesar.

acicalar *tr y prnl* (fig) Adornar, arreglar esmeradamente a una persona. • *tr* Limpiar, bruñir, pralm., las armas blancas. ‖ (fig) Afinar, aguzar el espíritu. ☐ ACICALADO, DA; ACICALADOR, RA; ACICALADURA; ACICALAMIENTO.

acicate *m* Espuela con una sola punta de hierro. ‖ (fig) Incentivo.

acicatear *tr* Incitar, estimular.

acicular *adj* De figura de aguja.

acidia *f* Pereza, flojedad. ☐ ACIDIOSO, SA.

acidificar *tr* Dar propiedades ácidas a cuerpos que no las tienen. ☐ ACIDIFICACIÓN.

ácido, da *adj* Que tiene sabor agrio. ‖ (fig) Áspero, desabrido. ☐ ACIDEZ.

acierto *m* Acción y efecto de acertar. ‖ (fig) Habilidad o destreza. ‖ (fig) Tino. ‖ Casualidad.

aclamar *tr* Dar voces la multitud en honor de una persona. ☐ ACLAMACIÓN; ACLAMADOR, RA.

aclaración *f* Acción y efecto de aclarar o aclararse.

aclarar *tr y prnl* Disipar. ‖ Rebajar el color. ‖ Hacer algo menos espeso y denso. • *tr* Enjuagar, lavar la ropa con agua sola, después de jabonarla. ‖ Hacer más nítida la voz. ‖ Poner en claro, explicar. • *intr* Disiparse las nubes o la niebla. ‖ Amanecer, clarear. ☐ ACLARADOR, RA; ACLARATORIO, RIA.

aclimatar *tr y prnl* Hacer que se acostumbre un ser orgánico a vivir en un medio diferente del que le era habitual. ‖ (fig) Hacer que una cosa prospere en un lugar distinto de aquel en que tuvo su origen. ☐ ACLIMATABLE; ACLIMATACIÓN.

acné o **acne** *m* Inflamación e infección de las glándulas sebáceas.

acobardar *tr, intr y prnl* Amedrentar, causar miedo. ☐ ACOBARDAMIENTO.

acobijo *m* Montón de tierra que se apisona alrededor de las vides y de los plantones para darles estabilidad y abrigo a las raíces. ☐ ACOBIJAR.

acochambrar *tr Amér.* Ensuciar, manchar.

acocil *m* Crustáceo parecido al camarón.

acocote *m Méx.* Calabaza larga agujereada por ambos extremos para extraer por succión el aguamiel del maguey.

acodar *tr y prnl* Apoyar el codo sobre alguna parte. ☐ ACODADURA; ACODO; ACODADO, DA.

acodiciar *tr y prnl* Encender en deseo o codicia de alguna cosa.

acodillar *tr* Doblar formando codo. ‖ *Chile y Arg.* Clavar las espuelas detrás de los codillos del caballo. • *intr* Tocar el suelo con el codillo los cuadrúpedos.

acoger *tr* Admitir uno en su casa a otra persona. ‖ Dar refugio a una persona. ‖ (fig) Proteger, amparar. • *prnl* Refugiarse, ampararse. ‖ (fig) Valerse de algún pretexto para disimular alguna cosa. ‖ (fig) Admitir para sí los beneficios y derechos que conceden una ley, costumbre, uso, etc. ☐ ACOGEDIZO, ZA; ACOGEDOR, RA; ACOGIDA; ACOGIMIENTO.

acogido, da *pp* de acoger. • *m y f* Persona acogida en un establecimiento de beneficencia. • *f* Acción y efecto de acoger.

acogotar *tr* Matar con herida o golpe en el cogote. ‖ (fam) Derribar o vencer a alguien sujetándole por el cogote. ‖ (fig) Acoquinar, vencer.

acojonante *pa* de acojonar. • *adj* (fam) Asombroso, sorprendente.

acojonar *tr y prnl* Acobardar.

acolchar *tr* Poner algodón, lana, estopa o cerda entre dos telas y después bastearlas. ☐ ACOLCHADO, DA.

acolchonar *tr Amér.* Acolchar.

acolitar *intr* y *tr Amér.* Desempeñar las funciones de acólito.

acólito *m* Monaguillo. ‖ (fig) Subordinado, que sigue o acompaña constantemente a otro.

acollar *tr* Cobijar con tierra el pie de una planta, en especial de las vides.

acollonar *tr* y *prnl* Acobardar.

acomedirse *prnl Amér.* Prestarse espontáneamente a hacer un servicio o favor. □ ACOMEDIDO, DA.

acometer *tr* Embestir con ímpetu. ‖ Dicho de enfermedad, sueño, etc., aparecer repentinamente. ‖ Tentar, procurar forzar la voluntad. □ ACOMETEDOR, RA; ACOMETIDA; ACOMETIMIENTO.

acometividad *f* Agresividad. ‖ Propensión a acometer o reñir. ‖ (fig) Brío, decisión.

acomodado, da *pp* de acomodar. • *adj* Rico.

acomodador, ra *adj* Que acomoda. • *m* y *f* En los teatros, cines y otros lugares, persona encargada de indicar a los concurrentes los asientos que deben ocupar.

acomodar *tr* Colocar una cosa de modo que se ajuste o adapte a otra. ‖ Disponer, preparar o arreglar de modo conveniente. ‖ (fig) Concertar, conciliar. • *tr, intr* y *prnl* (fig) Amoldar, armonizar o ajustar a una norma. • *prnl* Avenirse, conformarse. □ ACOMODACIÓN; ACOMODADIZO, ZA; ACOMODAMIENTO; ACOMODO.

acompañado, da *pp* de acompañar. • *m Col.* Caja de ladrillo de las cañerías.

acompañamiento *m* Acción de acompañar. ‖ Conjunto de elementos de una partitura musical que proporciona una base armónica y un encuadre rítmico a la línea melódica principal.

acompañar *tr* y *prnl* Estar o ir en compañía de otro u otros. ‖ Existir una cosa junto a otra o simultáneamente con ella. ‖ Ejecutar el acompañamiento. • *tr* Participar en los sentimientos de otro. ‖ Adornar o complementar un alimento con otro. ‖ (fig) Juntar o agregar una cosa a otra; adjuntar. • *tr e intr* Hacer compañía. □ ACOMPAÑANTE; ACOMPAÑADOR, RA.

acompasado, da *pp* de acompasar. • *adj* Hecho a compás. ‖ (fig) Que, por hábito, habla o anda pausadamente y se mueve con compás. □ ACOMPASADAMENTE.

acompasar *tr* Compasar.

acomplejar *tr* Provocar a una persona una inhibición o complejo. • *prnl* Padecer algún complejo psíquico. □ ACOMPLEJADO, DA.

aconchabamiento *m Perú.* Conchabanza.

aconchabarse *prnl* (fam) Conchabarse.

aconchar *tr* y *prnl* Arrimar a un sitio una persona o cosa para defenderla de algún riesgo o acometida. • *tr Méx.* Reprender • *prnl* (fig, fam) *Chile.* Hablando de asuntos, situaciones, etc., revueltos o turbios, normalizarse, serenarse.

acondicionar *tr* Dar cierta condición o calidad. ‖ Disponer alguna cosa de manera adecuada a un fin determinado. ‖ Climatizar. □ ACONDICIONADO, DA; ACONDICIONAMIENTO.

acongojar *tr* y *prnl* Oprimir, afligir. □ ACONGOJADAMENTE; ACONGOJADOR, RA.

aconsejar *tr* Dar consejo. • *prnl* Tomar consejo o pedirlo. □ ACONSEJABLE; ACONSEJADOR, RA.

acontecer *intr* Suceder, producirse un hecho. □ ACONTECEDERO, RA.

acontecimiento *m* Suceso importante.

acopiar *tr* Reunir en cantidad de alguna cosa. □ ACOPIAMIENTO, ACOPIO.

acoplar *tr* Unir entre sí dos piezas de modo que ajusten exactamente. ‖ Ajustar una pieza al sitio donde deba colocarse. ‖ *Amér.* Unir, agregar uno o más vehículos a un tractor. • *tr* y *prnl* Procurar la unión sexual de los animales. ‖ (fig) Ajustar o unir entre sí a las personas que estaban discordes, o a las cosas en que había alguna discrepancia. □ ACOPLADOR; ACOPLADURA; ACOPLAMIENTO.

acoquinar *tr* y *prnl* (fam) Amilanar, acobardar. □ ACOQUINAMIENTO.

acorazado, da *pp* de acorazar. • *m* Buque de guerra blindado y dotado de potente artillería.

acorazar *tr* Revestir con planchas de hierro o acero.

acorcharse *prnl* Ponerse una cosa fofa como el corcho. ‖ (fig) Embotarse la sensibilidad de alguna parte del cuerpo. □ ACORCHAMIENTO.

acordar tr Determinar o resolver de común acuerdo, o por mayoría de votos. || Conciliar, componer. • tr y prnl Traer a la propia memoria; recordar. ❏ ACORDA-DO, DA; ACORDANZA.

acorde adj Conforme con alguien o algo. • m Conjunto de tres o más sonidos diferentes combinados de modo armónico.

acordeón m Instrumento musical de viento, dotado de unas lengüetas que vibran mediante la alternancia en la extensión y compresión de un fuelle. ❏ ACOR-DEONISTA.

acordonado, da pp de acordonar. || Méx. Cenceño.

acordonar tr Ajustar o sujetar con un cordón. • tr y prnl (fig) Rodear de gente algún sitio para incomunicarlo. ❏ ACOR-DONAMIENTO.

acorralar tr y prnl Encerrar el ganado en el corral. • tr Perseguir a una persona o animal hasta un lugar del que no pueda escapar. || (fig) Dejar a alguno confundido y sin tener qué responder.

acorrer tr Acudir corriendo. || Socorrer a uno.

acortar tr Hacer más corto el camino. • tr, intr y prnl Disminuir la longitud, duración o cantidad de alguna cosa.

acosar tr Perseguir, sin dar tregua ni reposo. || (fig) Importunar a alguno. ❏ ACO-SADAMENTE; ACOSADOR, RA; ACOSAMIEN-TO; ACOSO.

acosijar tr Méx. Agobiar, atosigar.

acostar tr y prnl Echar o tender a alguno para que duerma o descanse. || Arrimar o acercar. • intr Llegar a la costa. • prnl (fig, fam) Tener relaciones sexuales con una persona. ❏ ACOSTADO, DA.

acostumbrar tr Hacer adquirir costumbre de una cosa. • intr Tener costumbre de alguna cosa. • prnl Adquirir costumbre de una cosa.

acotar[1] tr Reservar el uso y aprovechamiento de un terreno, manifestándolo por medio de cotos puestos en sus lindes, o de otra manera legal. || Poner notas o acotaciones a un texto. • prnl Ponerse a salvo, entrando en los cotos de otra jurisdicción. || (fig) Ampararse en una razón o condición. ❏ ACOTACIÓN; ACOTADO, DA.

acotar[2] tr Poner cotas, en los planos topográficos, de arquitectura, croquis, etc. ❏ ACOTADO, DA.

acotejar tr Amér. Arreglar, acomodar. || Col. Estimular, favorecer. • prnl Cuba y Ecuad. Acomodarse, arreglarse con alguien. || Convivir maritalmente. || Obtener un empleo.

acoyundar tr Poner a los bueyes la coyunda.

ácrata adj y s Partidario de la supresión de toda autoridad. ❏ ACRACIA.

acre adj Áspero y picante al gusto y al olfato.

acrecentar tr y prnl Aumentar. • tr Mejorar, enriquecer, enaltecer. ❏ ACRECEN-TAMIENTO.

acrecer tr, intr y prnl Hacer mayor, aumentar. ❏ ACRECIMIENTO.

acreditación f Acción y efecto de acreditar o acreditarse. || Documento que acredita a una persona.

acreditar tr y prnl Hacer digna de crédito alguna cosa, probar su certeza o realidad. || Dar fama. • tr Dar seguridad de que alguna persona o cosa es lo que representa o parece. || Abonar; asentar una partida en el haber. • prnl Lograr fama o reputación. ❏ ACREDITADO, DA; ACREDITATIVO, VA.

acreedor, ra adj y s Díc. de la persona a la que se debe dinero.

acreencia f Amér. Deuda que uno tiene a su favor.

acrianzar tr Criar o educar. ❏ ACRIANZA-DO, DA.

acribillar tr Abrir muchos agujeros en alguna cosa. • tr y prnl (fig, fam) Molestar mucho y con frecuencia.

acrimonia f Aspereza de las cosas, especialmente al gusto o al olfato. || Desabrimiento en el carácter o en el trato.

acriollarse prnl Amér. Adquirir un extranjero los usos y costumbres de un gente del país. ❏ ACRIOLLADO, DA.

acrisolado, da pp de acrisolar. • adj Ciertas cualidades positivas humanas. || Dicho de personas, intachable, íntegro.

acrisolar tr Depurar los metales fundiéndolos en un crisol. || (fig) Purificar, apurar.

acristalar tr Poner cristales.

acritud f Acrimonia.

acrobacia f Cada uno de los ejercicios que realiza un acróbata. ‖ Cualquiera de los ejercicios de destreza que efectúa un aviador en el aire. □ ACROBÁTICO, CA.

acróbata m o f Persona que hace ejercicios de agilidad y equilibrio en espectáculos públicos.

acrofobia f Horror a las alturas.

acromático, ca adj Díc. del sistema óptico que no descompone en colores la luz refractada. □ ACROMATISMO.

acromegalia f Trastorno hormonal que se caracteriza por un desarrollo extraordinario de las extremidades.

acrónimo m Voz formada por las iniciales o siglas de varias palabras.

acta f Relación escrita de lo sucedido, tratado o acordado en una junta o reunión. ‖ Relación extendida por el notario de uno o más hechos que presencia o autoriza.

actitud f Postura del cuerpo humano. ‖ (fig) Disposición de ánimo.

activar tr Avivar, excitar, mover, acelerar. □ ACTIVACIÓN, ACTIVAMENTE.

actividad f Facultad de obrar. ‖ Conjunto de operaciones o tareas propias de una persona o entidad.

activista m o f Díc. del agitador político que interviene en la propaganda del grupo o partido al que pertenece. □ ACTIVISMO.

activo, va adj Que obra o tiene virtud de obrar. ‖ Diligente, eficaz, que obra prontamente. ‖ Se dice del verbo o de las formas verbales que expresan la realización, por el sujeto, de la acción que el verbo representa. • m Importe total del haber de una empresa, incluidos los cobros pendientes.

acto m Hecho o acción realizado por el hombre. ‖ Hecho público o solemne. ‖ Cada una de las partes prales. en que se dividen las obras escénicas.

actor m El que representa en el teatro, el cine o la televisión. ‖ (fig) El que finge con habilidad.

actriz f Mujer que representa en el teatro, el cine o la televisión. ‖ (fig) Mujer que simula con habilidad.

actual adj Presente. □ ACTUALMENTE.

actualizar tr Poner en acto. ‖ Hacer actual una cosa, darle actualidad.

actuar tr y prnl Poner en acción. • tr Absorber o asimilar, hablando de algo que se ingiere. • intr Ejercer una persona o cosa actos propios de su naturaleza. ‖ Proceder judicialmente. □ ACTUACIÓN; ACTUADO, DA.

acuache amb Méx. Compañero, compinche.

acuadrillar tr y prnl Juntar en cuadrilla. ‖ Mandar una cuadrilla. ‖ Chile. Acometer muchos a uno.

acuarela f Pintura con colores diluidos en agua. • f pl Colores con los que se realiza esta pintura. □ ACUARELISTA.

acuario m Depósito de agua donde se tiene vivos animales o vegetales acuáticos.

acuartelar tr y prnl Reunir la tropa en cuarteles o hacer que permanezca en ellos. □ ACUARTELADO, DA; ACUARTELAMIENTO.

acuático, ca adj Que vive en el agua. ‖ Perteneciente o relativo al agua.

acuchamarse prnl Ven. Apenarse, abatirse. □ ACUCHAMADO, DA.

acuchillar tr Herir o matar con cuchillo. ‖ Alisar la superficie de pisos o muebles de madera. □ ACUCHILLADO, DA.

acuciar tr Estimular, dar prisa. □ ACUCIADOR, RA; ACUCIAMIENTO.

acuclillarse prnl Ponerse en cuclillas.

acudir intr Ir uno al sitio adonde le conviene o es llamado. ‖ Ir en socorro de alguno. ‖ Venir, presentarse o sobrevenir algo. ‖ Recurrir a alguno o valerse de él. ‖ Replicar, objetar.

acueducto m Construcción para la conducción de agua que permite salvar un desnivel.

acuerdo m Resolución tomada por una o varias personas. ‖ Reflexión o madurez en la determinación de alguna cosa. ‖ Parecer, dictamen, consejo. ‖ Recuerdo o memoria de las cosas. ‖ Arg. Consejo de ministros.

acuicultura f Aprovechamiento de los recursos naturales, animales y vegetales de los medios acuáticos.

acuidad f Agudeza de los sentidos.

acuífero, ra adj Díc. de las células y de los tejidos capaces de acumular agua y perderla por desecación. ‖ Díc. de la capa o zona del terreno que contiene agua.

acuitar tr y prnl Poner en apuro o cuita, afligir.

acullá adv lugar. En la parte opuesta del que habla.

acullico m Arg., Bol. y Perú. Bola de hoja de coca que se mastica para extraer el jugo.

acumular tr Juntar y amontonar. ❏ ACUMULABLE; ACUMULACIÓN; ACUMULATIVO, VA.

acunar tr Cunear, mecer la cuna. ‖ C. Rica. Meter el niño en la cuna.

acuñar[1] tr Imprimir y sellar una pieza de metal por medio de cuño o troquel. ‖ Tratándose de la moneda, fabricarla. ❏ ACUÑACIÓN.

acuñar[2] tr Meter las cuñas. ‖ Encajar cosas.

acuoso, sa adj Abundante en agua. ‖ Parecido a ella. ❏ ACUOSIDAD.

acupuntura f Método terapéutico que consiste en introducir agujas metálicas en determinados puntos del cuerpo.

acurrucarse prnl Encogerse para resguardarse del frío o con otro objeto.

acusar tr Imputar a uno algún delito o cosa vituperable. ‖ Reconvenir, censurar, reprender. ‖ Tratándose del recibo de cartas, oficios, etc., avisarlo. ‖ Exponer en juicio los cargos contra el acusado. • tr y prnl Denunciar, delatar. • prnl Confesar, declarar uno sus culpas. ❏ ACUSACIÓN; ACUSADO, DA; ACUSADOR, RA; ACUSATORIO, RIA.

acusativo m Caso de la declinación que en algunas lenguas indica el complemento directo del verbo.

acuse m Acción y efecto de acusar o notificar la recepción de un envío.

acusetas m Col. y C. Rica. Acusón, soplón.

acusete Amér. Acusón, soplón.

acusica o **acusón, na** adj y m y f Díc. de la persona que tiene el vicio de acusar.

acústico, ca adj Perteneciente o relativo al sonido o al oído.

adagio m Uno de los aires lentos del ritmo musical. ‖ Composición musical en este aire. • adv modo Lentamente.

adalid m Caudillo de gente de guerra. ‖ (fig) Guía o cabeza de algún partido, corporación, etc.

adamar tr Cortejar, requebrar.

adán m (fig, fam) Hombre desaliñado, sucio o harapiento.

adaptar tr y prnl Acomodar, ajustar una cosa a otra. • tr Hacer que un objeto o mecanismo desempeñe funciones distintas de aquellas para las que fue construido. ‖ Modificar una obra científica, literaria, musical, etc., para que pueda difundirse entre público distinto de aquel al cual iba destinada o darle una forma diferente de la original. • prnl (fig) Dicho de personas, acomodarse, avenirse. ❏ ADAPTABILIDAD, ADAPTABLE; ADAPTACIÓN; ADAPTADOR, RA.

adarga f Escudo de cuero, ovalado o de figura de corazón.

adarve m Camino detrás del parapeto y en lo alto de una fortificación. ‖ (fig) Protección, defensa.

adecentar tr y prnl Poner decente.

adecuar tr Acomodar una cosa a otra. ❏ ADECUACIÓN; ADECUADO, DA.

adefesiero, ra adj Amér. Merid. Ridículo, extravagante. ‖ Díc. de la persona que dice o hace disparates.

adefesio m (fam) Despropósito, disparate, extravagancia. Suele emplearse en plural. ‖ (fam) Prenda de vestir o adorno ridículo. ‖ Persona fea o extravagante.

adelantado, da pp de adelantar. • adj Precoz, que despunta por su talento u otra cualidad.

adelantar tr y prnl Mover o llevar hacia adelante. ‖ (fig) Exceder a alguno, aventajarlo. • tr Acelerar, apresurar. • tr e intr Anticipar. ‖ (fig) Aumentar, mejorar. • intr Progresar en estudios, robustez, posición social, etc. • intr y prnl Andar el reloj con más velocidad que la debida. ❏ ADELANTADOR, RA; ADELANTAMIENTO.

adelante adv lugar Más allá o hacia el frente. • adv tiempo Con preposición antepuesta o siguiendo inmediatamente a algunos adverbios de esta clase, denota tiempo futuro. • interj Se usa para ordenar o permitir que alguien entre en alguna parte.

adelanto *m* Anticipo. ‖ Adelantamiento.

adelfa *f* Arbusto mediterráneo de hojas opuestas lanceoladas y flores grandes.

adelgazar *tr* y *prnl* Poner delgado. ‖ (fig) Purificar, depurar. • *intr* Ponerse delgado, enflaquecer, perder peso. □ ADELGAZA-MIENTO.

ademán *m* Movimiento o actitud del cuerpo, con que se manifiesta un afecto del ánimo. • *m pl* Modales.

además *adv cant* A más de esto o aquello.

adenda *m pl* Adiciones o complementos de una obra escrita.

adentrar *intr* Examinar a fondo o analizar un asunto. • *prnl* Penetrar en el interior de un lugar.

adentro *adv lugar.* A o en lo interior. Suele ir pospuesto a sustantivos.

adepto, ta *adj* y *s* Afiliado a alguna secta o asociación. ‖ Partidario de una persona o una idea.

aderezar *tr* y *prnl* Componer, adornar. ‖ Disponer o preparar. • *tr* Guisar, condimentar o sazonar los alimentos. ‖ (fig) Acompañar una acción con algo que le añade gracia o adorno. □ ADEREZO.

adeudar *tr* y *prnl* Meter en deudas o tener deudas. • *tr* Cargar, anotar en el debe. • *prnl* Endeudarse.

adeudo *m* Deuda u obligación de pagar. ‖ Cantidad que se ha de pagar en las aduanas por una mercancía. ‖ Acción y efecto de adeudar.

adherir *tr* Pegar una cosa a otra. • *intr* y *prnl* Pegarse una cosa con otra ‖ (fig) Abrazar un dictamen o partido. • *prnl* Utilizar, quien no lo había interpuesto, el recurso entablado por la parte contraria. □ ADHERENCIA; ADHERENTE; ADHESIÓN.

adhesivo, va *adj* y *s* Capaz de adherirse o pegarse. • *m* Sustancia que, interpuesta entre dos superficies en contacto, es capaz de unirlas.

adicción *f* Dependencia física o psíquica que crea en el organismo el consumo de drogas, sustancias psicotrópicas y estimulantes.

adición *f* Acción y efecto de añadir o agregar. ‖ Operación de sumar.

adicionar *tr* Hacer o poner adiciones. □ ADICIONADOR, RA; ADICIONAL.

adicto, ta *adj* y *s* Dedicado, muy inclinado, apegado. ‖ Unido a otro para entender en algún asunto. ‖ Díc. de la persona dominada por el uso de ciertas drogas.

adiestrar *tr* y *prnl* Hacer diestro. ‖ Enseñar, instruir. • *tr* Guiar, encaminar. □ ADIESTRADOR, RA; ADIESTRAMIENTO.

adifés *adv modo Amér. Centr.* y *Ven.* Adrede. • *adj Guat.* Difícil, costoso.

adinerado, da *pp* de adinerar. • *adj* Que tiene mucho dinero.

¡adiós! *interj* Se emplea para despedirse. ‖ Expresa decepción. • *m* Despedida.

adiposo, sa *adj* Grasiento, lleno de grasa o gordura. □ ADIPOSIDAD.

aditamento *m* Añadidura.

aditivo, va *adj* y *s* Que puede o debe añadirse. • *m* Sustancia que se agrega a otras para darles cualidades o para mejorarlas.

adivinar *tr* Predecir el futuro o descubrir las cosas ocultas, por medio de agüeros o sortilegios. ‖ Descubrir por conjeturas alguna cosa oculta o ignorada. ‖ Acertar algo por azar. ‖ Vislumbrar, distinguir. □ ADIVINABLE; ADIVINACIÓN; ADIVINADOR, RA; ADIVINATORIO, RIA; ADIVINANZA; ADIVINO, NA.

adjetivar *tr* Concordar una cosa con otra, como en la gramática el adjetivo con el sustantivo. ‖ Aplicar adjetivos. ‖ Calificar, apodar. • *tr* y *prnl* Dar a una palabra valor de adjetivo.

adjetivo, va *adj* Que dice relación a una cualidad o accidente. • *m* Parte variable de la oración que califica o determina al nombre, al *pron* o a otro *adj*. □ ADJETIVA-CIÓN; ADJETIVAL.

adjudicar *tr* Declarar que una cosa corresponde a una persona u otorgársela en satisfacción de algún derecho o crédito. • *prnl* Apropiarse uno de alguna cosa. ‖ (fig) En ciertas competiciones, obtener, ganar. □ ADJUDICACIÓN; ADJUDICADOR, RA; ADJUDICATARIO, RIA.

adjuntar *tr* Enviar junto con una carta o un escrito, notas, facturas, muestras, etc.

adjunto, ta *adj* Que va o está unido con otra cosa. • *adj* y *s* Díc. de la persona que colabora con otra o la ayuda en algún trabajo.

adminículo m Lo que sirve de ayuda para algo.

administración f Acción y efecto de administrar. ‖ Empleo y oficina del administrador.

administrar tr Gobernar, regir. ‖ Servir o ejercer algún empleo. ‖ Suministrar. • tr y prnl Tratándose de medicamentos, aplicarlos o hacerlos tomar. ‖ Graduar o dosificar el uso de alguna cosa, para obtener mayor rendimiento de ella o para que produzca un efecto superior. ☐ ADMINISTRADO, DA; ADMINISTRADOR, RA; ADMINISTRATIVO, VA.

admiración f Acción de admirar o admirarse. ‖ Signo ortográfico (¡!) usado para expresar admiración, queja o lástima.

admirar tr Causar sorpresa la vista o consideración de alguna cosa extraordinaria o inesperada. ‖ Tener en singular estimación a una persona o cosa que sobresale en algo. • tr y prnl Contemplar o considerar con sorpresa o con placer alguna cosa admirable. ☐ ADMIRABLE; ADMIRADOR, RA; ADMIRATIVO, VA.

admitir tr Recibir o dar entrada. ‖ Aceptar. ‖ Permitir o sufrir. ☐ ADMISIBLE, ADMISIBILIDAD.

admonición f Amonestación. ‖ Reconvención.

adobar tr Poner en adobo las carnes u otras cosas para sazonarlas y conservarlas. ‖ Curtir las pieles y componerlas para varios usos. ☐ ADOBADO, DA.

adobe m Masa de barro moldeada en forma de ladrillo y secada al aire.

adobo m Acción de adobar. ‖ Salsa con que se sazona el manjar. ‖ Caldo compuesto de vinagre, sal, orégano, ajos y pimentón, que sirve para sazonar y conservar las carnes y otras viandas.

adocenar tr Ordenar por docenas, o dividir en docenas alguna cosa.

adoctrinar tr Instruir a alguien en el conocimiento de una doctrina. ☐ ADOCTRINAMIENTO.

adolecer intr Caer enfermo o padecer alguna enfermedad habitual. ‖ (fig) Tratándose de afectos, pasiones, vicios o malas cualidades, tenerlos.

adolescencia f Fase del desarrollo psicofisiológico que comienza hacia los 12 años. ☐ ADOLESCENTE.

adonde adv lugar A la parte a la que vamos. ‖ En su forma interrogativa equivale a qué lugar. Se emplea con acento fonético y ortográfico. ‖ Donde. ☐ ADONDEQUIERA.

adoptar tr Prohijar. ‖ Admitir una opinión o doctrina, aprobándola o siguiéndola. ☐ ADOPCIÓN.

adoptivo, va adj Díc. de la persona adoptada. ‖ Díc. de la persona que adopta. ‖ Díc. de la persona o cosa que uno elige para tenerla por lo que realmente no es con respecto a él.

adoquín m Piedra labrada en forma de prisma para empedrados y otros usos. ‖ (fig, fam) Persona torpe e ignorante.

adoquinar tr Empedrar con adoquines.

adorar tr Reverenciar con sumo honor o respeto a un ser. ‖ Reverenciar y honrar a Dios. ‖ (fig) Amar con extremo. ☐ ADORABLE; ADORACIÓN; ADORADOR, RA.

adormecer tr y prnl Causar sueño. ‖ (fig) Calmar, sosegar. • prnl Empezar a dormirse. ‖ (fig) Entorpecerse, entumecerse. ☐ ADORMECEDOR, RA.

adormidera f Planta de flores grandes y fruto en cápsula grande.

adormilarse prnl Dormirse a medias.

adornar tr y prnl Engalanar con adornos. ‖ (fig) Concurrir en una persona ciertas cualidades o circunstancias favorables.

adorno m Lo que se pone para hermosear personas o cosas.

adosar tr Poner una cosa, por su espalda o envés, contigua o arrimada a otra.

adquirir tr Ganar, conseguir una cosa por el trabajo, compra o cambio. ☐ ADQUIRIBLE; ADQUISIDOR, RA; ADQUISITIVO, VA.

adrede adv modo De propósito, con deliberada intención.

adscribir tr Inscribir, asignar a una persona o cosa, atribuir. ☐ ADSCRIPCIÓN; ADSCRITO, TA.

adsorber tr Atraer un cuerpo y retener en su superficie moléculas o iones de otro cuerpo en estado líquido o gaseoso. ☐ ADSORCIÓN.

adstrato *m* Lengua que influye sobre otra, existiendo o no contigüidad territorial entre ellas.

aduana *f* Oficina pública, establecida generalmente en costas, fronteras y aeropuertos, para registrar los géneros y mercancías que se importan o exportan y cobrar los derechos que adeudan. ☐ ADUANERO, RA.

aducción *f* Movimiento de aproximación de un miembro al plano medio del cuerpo. ☐ ADUCTOR.

aducir *tr* Tratándose de pruebas, razones, etc., presentarlas o alegarlas. ‖ Añadir, agregar.

adueñarse *prnl* Hacerse uno dueño de una cosa o apoderarse de ella.

adular *tr* Halagar intencionadamente a alguien en exceso. ☐ ADULACIÓN; ADULADOR, RA.

adulterar *tr* y *prnl* (fig) Viciar, falsificar alguna cosa. • *intr* Cometer adulterio. ☐ ADULTERACIÓN; ADULTERADOR, RA; ADULTERANTE; ADULTERINO, NA.

adulterio *m* Mantenimiento de relaciones sexuales extramatrimoniales por parte de una persona casada.

adúltero, ra *adj* Perteneciente o relativo al adulterio o al que lo comete. ‖ (fig) Viciado, corrompido. • *adj* y *s* Que comete adulterio.

adulto, ta *adj* (fig) Llegado a su mayor crecimiento o desarrollo. • *adj* y *s* Llegado al término de la adolescencia. ‖ (fig) Que ha alcanzado cierto grado de perfección.

adumbrar *tr* Sombrear, poner sombra en un dibujo o pintura. ☐ ADUMBRACIÓN.

adusto, ta *adj* Quemado, tostado, ardiente. ‖ (fig) Austero, rígido. ‖ Seco. ☐ ADUSTEZ.

advenedizo, za *adj* Díc. de la persona de humilde linaje que, habiendo reunido cierta fortuna, pretende figurar entre gentes de más alta condición social.

advenimiento *m* Venida o llegada, especialmente si es esperada y solemne. ‖ Ascenso de un sumo pontífice o de un soberano al trono. ☐ ADVENTICIO, CIA.

adverbio *m* Parte invariable de la oración, que sirve para modificar el signifi-cado del verbo, de un nombre, de un adjetivo de otro adverbio. ☐ ADVERBIAL; ADVERBIALIZAR.

adversativo, va *adj* Que implica contrariedad de sentido; se aplica a ciertas conjunciones o adverbios y a oraciones coordinadas.

adverso, sa *adj* Contrario, enemigo, desfavorable. ‖ Opuesto materialmente a otra cosa, o colocado frente a ella. ☐ ADVERSARIO, RIA; ADVERSIDAD.

advertido, da *pp* de advertir. • *adj* Capaz, experto, avisado.

advertir *intr* y *tr* Fijar en algo la atención, reparar, observar. • *tr* Llamar la atención de uno sobre algo. ‖ Prevenir, aconsejar. ☐ ADVERTENCIA; ADVERTIMIENTO.

adyacente *adj* Indica proximidad de otra cosa.

aeración *f* Ventilación.

aéreo, a *adj* De aire. ‖ Perteneciente o relativo al aire o a la aviación. ‖ (fig) Sutil, vaporoso, sin solidez ni fundamento.

aeróbic o **aerobic** *m* Técnica gimnástica que enseña a controlar la respiración.

aerodinámico, ca *adj* Díc. de los vehículos y otros cuerpos que tienen una forma adecuada para disminuir la resistencia del aire. • *f* Parte de la física que estudia el movimiento de los gases que se hayan en su seno.

aeródromo *m* Aeropuerto.

aeroespacial *adj* Que está relacionado con la aeronáutica y la astronáutica.

aerolínea *f Amér.* Organización o compañía de transporte aéreo.

aerolito *m* Meteorito compuesto predominantemente por minerales silicatados.

aeromodelismo *m* Técnica de la construcción y prueba de modelos reducidos de aviones y otros vehículos aéreos. ☐ AEROMODELISTA.

aeromotor *m* Cualquier máquina accionada por la fuerza del viento.

aeromoza *f Amér.* Azafata de avión.

aeronáutica *f* Arte y ciencia de la navegación aérea. ☐ AERONÁUTICO, CA.

aeronaval *adj* Perteneciente a la aviación y a la marina de guerra.

aeronave *f* Vehículo que navega por el aire o por el espacio. ☐ AERONAUTA.

aeroplano *m* Avión.

aeropuerto *m* Terreno con pistas y demás instalaciones destinadas al aterrizaje y despegue de aviones.

aerosol *m* Sistema o aparato capaz de almacenar un líquido a presión y de lanzarlo en forma de partículas en suspensión.

aerostática *f* Parte de la mecánica de fluidos, que estudia los gases en reposo y el equilibrio de los cuerpos en su seno. ☐ AEROSTÁTICO, CA; AEROSTATO.

afable *adj* Agradable, dulce, suave en la conversación y el trato. ☐ AFABILIDAD; AFABLEMENTE.

afamar *tr* y *prnl* Hacer famoso, dar fama.

afán *m* Trabajo excesivo solícito y congojoso. ‖ Anhelo vehemente. ‖ Trabajo corporal. ☐ AFANOSO, SA.

afanar *intr* y *prnl* Poner mucho esfuerzo e interés en conseguir una cosa. ● *tr* (vulg) Hurtar, robar. ☐ AFANADO, DA; AFANADOR, RA.

afear *tr* y *prnl* Hacer o poner fea a una persona o cosa. ● *tr* (fig) Tachar, vituperar. ☐ AFEAMIENTO.

afección *f* Impresión que hace una cosa en otra, causando en ella alteración.

afectar *tr* Poner demasiado estudio o cuidado en la manera de hablar o en el comportamiento, de modo que pierdan sencillez y naturalidad. ‖ Fingir. ‖ Atañer, tocar. ● *tr* y *prnl* Hacer impresión una cosa en una persona, causando en ella alguna sensación. ☐ AFECTACIÓN.

afectividad *f* Desarrollo de la propensión de querer. ‖ Conjunto de los estados emocionales, sentimientos y pasiones de un individuo. ☐ AFECTIVO, VA; AFECTO.

afectuoso, sa *adj* Amoroso, cariñoso. ‖ Expresivo, vivo. ☐ AFECTUOSAMENTE; AFECTUOSIDAD.

afeitar *tr* y *prnl* Cortar el pelo de alguna parte del cuerpo, en especial el de la barba. ‖ Componer y hermosear con afeites. ☐ AFEITADO, DA.

afeite *m* Aderezo, compostura. ‖ Cosmético.

afelpar *tr* Dar a la tela que se trabaja el aspecto de felpa o recubrir con felpa. ☐ AFELPADO, DA.

afeminar *tr* y *prnl* Hacer a uno perder la energía varonil, o inclinarle a que en sus modales, acciones y aspecto se parezca a una mujer. ☐ AFEMINADO, DA; AFEMINAMIENTO.

aferente *adj* Que trae.

aferrar *tr* e *intr* Agarrar o asir fuertemente. ● *intr* y *prnl* (fig) Insistir con tenacidad en algún dictamen u opinión. ☐ AFERRADAMENTE; AFERRADO, DA; AFERRAMIENTO.

afestonado, da *adj* Adornado con festones.

afianzar *tr* Dar fianza por alguno para seguridad o resguardo de intereses o caudales. ● *tr* y *prnl* Afirmar o asegurar algo. ‖ Asir, agarrar.

afiche *m* Anuncio, cartel.

afición *f* Inclinación, afecto permanente por una persona o cosa. ‖ Ahínco, eficacia. ‖ Conjunto de aficionados a un deporte, a un espectáculo, etc. ☐ AFICIONADO, DA.

aficionar *tr* Inclinar, inducir a uno a que guste de alguna persona o cosa. ● *prnl* Prendarse de alguna persona, gustar de alguna cosa.

afiebrarse *prnl* *Amér.* Acalenturarse.

afijo, ja *adj* y *m* Morfema que se añade a la raíz de una palabra y modifica su sentido o función.

afilar *tr* Sacar filo o hacer más delgado o agudo el de un arma o instrumento. ‖ Aguzar, sacar punta. ‖ *Chile.* (vulg) Realizar el acto sexual. ● *prnl* (fig) Adelgazarse la cara, la nariz o los dedos. ‖ *Bol.* y *Méx.* Prepararse cuidadosamente para cualquier tarea. ☐ AFILADO, DA; AFILADURA.

afiliar *tr* y *prnl* Unir, asociar a alguien a una corporación, partido, etc. ☐ AFILIACIÓN.

afiligranado, da *pp* de afiligranar. ● *adj* De filigrana, o parecido a ella.

afiligranar *tr* Hacer filigrana. ‖ (fig) Pulimentar.

afín *adj* Próximo, contiguo.

afinar[1] *tr* y *prnl* Perfeccionar una cosa. ‖ Hacer fina y cortés a una persona. ● *tr* Poner en tono justo los instrumentos musicales. ‖ (fig) Ajustar al máximo la calidad, condición o precio de una cosa.

• *intr* Cantar o tocar entonando con perfección los sonidos. ❑ AFINACIÓN; AFINADOR, RA; AFINAMIENTO; AFINO.

afinar² *tr* Chile. Finalizar, acabar, terminar.

afincar *tr* y *prnl* Fijar la residencia en un lugar.

afinidad *f* Analogía o semejanza de una cosa con otra. ‖ Parentesco entre cada cónyuge y los deudos del otro.

afirmar *tr* y *prnl* Poner firme, dar firmeza. ‖ *Chile.* Dar azotes, palos, etc. • *tr* Asegurar o dar por cierta una cosa. • *prnl* Ratificarse uno en lo dicho. ❑ AFIRMACIÓN; AFIRMATIVO, VA.

aflatarse *prnl Amér. Centr.* Estar triste, afligirse. ‖ *Chile.* Sufrir un desmayo.

aflautar *tr* y *prnl* Adelgazar la voz o el sonido. ❑ AFLAUTADO, DA.

afligir *tr* y *prnl* Causar molestia o sufrimiento físico. ‖ Causar tristeza o angustia. ❑ AFLICCIÓN; AFLICTIVO, VA; AFLIGIDAMENTE.

aflojar *tr* y *prnl* Disminuir la presión o la tirantez de algo. • *tr* (fig, fam) Entregar uno dinero u otra cosa, gralte. contra su voluntad. • *intr* (fig) Perder fuerza una cosa. ❑ AFLOJAMIENTO.

aflorar *intr* Asomar a la superficie del terreno una capa o masa mineral cualquiera. ‖ (fig) Manifestarse una cualidad o estado de ánimo.

afluir *intr* Acudir en abundancia, o concurrir en gran número, a un sitio. ‖ Verter un río o un arroyo sus aguas en las de otro, en un lago o en un mar. ❑ AFLUENCIA; AFLUENTE.

afonía *f* Disminución o ausencia total de voz. ❑ AFÓNICO, CA; ÁFONO, NA.

aforar *tr* Calcular la capacidad de un recipiente.

aforismo *m* Máxima breve de carácter doctrinal. ❑ AFORÍSTICO, CA.

aforo *m* Acción y efecto de aforar. ‖ Capacidad de las localidades de un teatro u otro recinto.

afortunado, da *adj* Que tiene fortuna o buena suerte. ‖ Feliz, que hace feliz a otros. ❑ AFORTUNADAMENTE.

afrancesar *tr* Hacer tomar carácter francés o inclinación a las cosas france-

sas. • *prnl* Hacerse uno afrancesado. ❑ AFRANCESAMIENTO.

afrecharse *prnl Chile.* Enfermar un animal por haber comido demasiado afrecho.

afrecho *m* Salvado, cáscara del grano.

afrenta *f* Vergüenza y deshonor que resulta de algún dicho o hecho. ❑ AFRENTOSO, SA.

afrentar *tr* Causar afrenta. ‖ Humillar. • *prnl* Avergonzarse, sonrojarse.

africado, da *adj* y *s* Díc. del sonido cuya articulación consiste en una oclusión seguida de una fricación. • *f* Letra que representa este sonido.

africanizar *tr* y *prnl* Dar carácter africano.

afrodisiaco, ca o **afrodisíaco, ca** *adj* Díc. de la sustancia, alimentos, etc., que excita o estimula el apetito sexual.

afrontar *tr* Hacer frente a un enemigo, dificultad o peligro. ‖ Desafiar. ❑ AFRONTAMIENTO.

afrontilar *tr Méx.* Atar una res vacuna por los cuernos al poste para domarla o matarla.

afuera *adv lugar.* Fuera del sitio en que uno está. • *f pl* Alrededores de una población.

afuereño, ña *adj* y *s Amér.* Forastero.

afuetear *tr Amér.* Azotar.

agachar *tr* e *intr* (fam) Tratándose de alguna parte del cuerpo, y especialmente de la cabeza, inclinarla o bajarla. • *tr Amér.* Bajar una cosa para ponerla al alcance de alguien. • *prnl* (fam) Inclinarse o doblar las rodillas. ‖ *Amér.* Ceder, someterse. ‖ *Cuba.* Fugarse. ‖ *Méx.* Callar maliciosamente.

agalla *f* Branquia de los peces. ‖ *Amér.* Astucia, codicia. ‖ *Ecuad.* Guizque. • *f pl* (fig, fam) Ánimo esforzado.

agalludo, da *adj Amér. Merid.* y *Ant.* Ambicioso, avariento. ‖ *Amér.* Díc. de la persona animosa y resuelta.

ágape *m* Banquete, comida fraternal.

agarradera *f* Agarradero, asa. • *pl* Influencias, recomendaciones.

agarradero *m* Asa o mango. ‖ (fig, fam) Amparo o recurso con que se cuenta para conseguir una cosa.

agarrado, da pp de agarrar. • adj (fig, fam) Mezquino. • adj y m (fam) Díc. del baile en que la pareja va estrechamente enlazada.

agarrar tr Asir fuertemente con la mano o de cualquier otra manera. || Coger, tomar. || (fam) Contraer una enfermedad. || (fig) Oprimir o sorprender a una persona un apuro, contratiempo. • intr Arraigar un plantón, prender. • prnl Asirse fuertemente a una cosa. || Hablando de guisos, quemarse. || (fig, fam) Asirse, reñir. ❐ AGARRADOR, RA; AGARRO.

agarrochar tr Herir a los toros con garrocha. ❐ AGARROCHADOR, RA.

agarrón m Amér. Acción de agarrar y tirar con fuerza. || Agarrada. || (vulg) Acción de tomar a una mujer súbitamente y con fines deshonestos.

agarrotar tr Apretar una cosa fuertemente. || Estrangular con el garrote. • prnl Ponerse rígidos los miembros del cuerpo humano. ❐ AGARROTADO, DA; AGARROTAMIENTO.

agasajar tr Tratar con consideración y cariño. || Favorecer a uno con regalos o con muestras de afecto. ❐ AGASAJADO, DA; AGASAJADOR, RA; AGASAJO.

ágata f Variedad de calcedonia caracterizada por presentar una estructura en capas concéntricas de diferente coloración.

agauchar tr y prnl Amér. Merid. Hacer que una persona tome el aspecto y las costumbres propias de los gauchos. ❐ AGAUCHADO, DA.

agazapar tr (fig, fam) Agarrar o prender a alguno. • prnl (fam) Agacharse, encogerse.

agencia f Empresa destinada a gestionar asuntos ajenos o a prestar determinados servicios. || Sucursal de una empresa. || Chile. Casa de empeños. ❐ AGENCIERO, RA.

agenciar tr, intr y prnl Hacer las diligencias conducentes al logro de una cosa.

agenda f Librito o cuaderno en el que se anota lo que interesa recordar o hacer. || Relación de los temas que han de tratarse en una junta.

agente adj Que obra o tiene virtud de obrar. • adj y m Complemento de un verbo pasivo que sería sujeto en la frase activa correspondiente. • m Persona a cargo de una agencia. || Empleado subalterno de seguridad y vigilancia. || Chile. Detective.

agible adj Factible.

agigantar tr y prnl (fig) Dar a alguna cosa proporciones gigantescas.

ágil adj Ligero, pronto, expedito. || Díc. de la persona que se mueve o usa sus miembros con facilidad y soltura. ❐ AGILIDAD; ÁGILMENTE.

agilitar tr y prnl Agilizar. • tr Ecuad. Activar.

agilizar tr y prnl Hacer ágil, dar facilidad para ejecutar alguna cosa. ❐ AGILIZACIÓN.

agio m Beneficio que se obtiene del cambio de la moneda o de descontar letras, pagarés, etc. || Especulación sobre el alza y la baja de los fondos públicos. || Agiotaje.

agiotaje m Agio. || Especulación abusiva sobre valores bursálites o bienes de consumo que produce alteraciones artificiales del cambio o del precio. ❐ AGIOTADOR, RA; AGIOTISTA.

agitanar tr y prnl Dar aspecto o carácter gitano a una persona o cosa. ❐ AGITANADO, DA.

agitar tr y prnl Mover con frecuencia y violentamente alguna cosa. || (fig) Inquietar, turbar, mover el ánimo. ❐ AGITABLE; AGITACIÓN; AGITADOR, RA.

aglomerante pa de aglomerar. • adj y m Díc. de la sustancia capaz de unir fragmentos heterogéneos y dar cohesión al conjunto.

aglomerar tr y prnl Amontonar, juntar. • tr Unir fragmentos de una o varias sustancias con un aglomerante. ❐ AGLOMERACIÓN; AGLOMERADO, DA.

aglutinar tr y prnl Unir, pegar. || Unir varias cosas para formar una masa compacta mediante sustancias viscosas. ❐ AGLUTINANTE.

agnóstico, ca adj Perteneciente o relativo al agnosticismo. • adj y s Que profesa una doctrina filosófica según la cual es inaccesible al entendimiento humano toda noción de lo absoluto. ❐ AGNOSTICISMO.

agobiar *tr* y *prnl* (fig) Rendir, deprimir o abatir. ‖ (fig) Causar molestia o fatiga. ☐ AGOBIADO, DA; AGOBIO.

agolpar *tr* y *prnl* Juntar o juntarse de golpe muchas personas o animales en un lugar.

agonía *f* Angustia y congoja del moribundo. ‖ (fig) Pena o aflicción extremada. ☐ AGÓNICO.

agonizar *intr* Estar muriéndose alguna persona o animal. ‖ Extinguirse o terminarse una cosa.

agorar *tr* (fig) Predecir supersticiosamente lo futuro. ☐ AGORADOR, RA; AGORERO, RA.

agostar *tr* y *prnl* Secar el excesivo calor las plantas. • *tr* Arar o cavar la tierra en el mes de agosto para limpiarla de malas hierbas. ☐ AGOSTADERO; AGOSTAMIENTO.

agosto *m* Octavo mes del año.

agotar *tr* y *prnl* Extraer todo el líquido de un sitio. ‖ (fig) Gastar del todo, consumir. ‖ (fig) Cansar extremadamente. ☐ AGOTABLE; AGOTADOR, RA; AGOTAMIENTO.

agraciar *tr* Dar o aumentar a una persona o cosa gracia y buen parecer. ‖ Hacer o conceder alguna gracia, merced o premio. ☐ AGRACIADO, DA.

agradar *intr* y *prnl* Complacer, contentar, gustar. • *prnl* Sentir agrado o gusto. ☐ AGRADABLE.

agradecer *tr* Sentir gratitud. ‖ Mostrar gratitud o dar gracias. ‖ (fig) Corresponder una cosa al trabajo empleado en conservarla. ☐ AGRADECIDAMENTE; AGRADECIDO, DA; AGRADECIMIENTO.

agrado *m* Afabilidad. ‖ Voluntad, complacencia o gusto. ‖ *Ecuad.* Obsequio, regalo.

agrandar *tr* y *prnl* Hacer más grande alguna cosa. ☐ AGRANDAMIENTO.

agranujado, da *adj* Que tiene modales de granuja.

agrario, ria *adj* Perteneciente o relativo al campo. • *adj* y *s* Que defiende o representa los intereses de la agricultura. ☐ AGRARISMO.

agravar *tr* Aumentar el peso de alguna cosa, hacer que sea más pesada. ‖ Oprimir con gravámenes o tributos. • *tr* y *prnl* Hacer una cosa más grave o molesta.

☐ AGRAVACIÓN; AGRAVADOR, RA; AGRAVAMIENTO; AGRAVATORIO, RIA.

agraviar *tr* Hacer agravio. • *prnl* Agravarse una enfermedad. ☐ AGRAVIADOR, RA; AGRAVIAMIENTO.

agravio *m* Ofensa que se hace a uno en su dignidad o fama. ‖ Prejuicio que se hace a uno en sus derechos o intereses. ☐ AGRAVIOSO, SA.

agraz *m* Uva sin madurar. ‖ Zumo ácido que se saca de la uva no madura.

agredir *tr defect* Cometer agresión, atacar a uno para hacerle daño.

agregado, da *pp* de agregar. • Profesor numerario, con categoría inmediatamente inferior a la de catedrático. ‖ Funcionario que desempeña una tarea especial en una embajada. ☐ AGREGADURÍA.

agregar *tr* y *prnl* Unir o juntar unas personas o cosas a otras. • *tr* Decir o escribir algo sobre lo ya dicho o escrito. ‖ Destinar a alguna persona a un cuerpo u oficina o asociarla a otro empleado, pero sin darle plaza efectiva. ☐ AGREGACIÓN.

agremiar *tr* y *prnl* Reunir en gremio. ☐ AGREMIACIÓN.

agresión *f* Acto de acometer a alguno para matarlo o herirlo. ‖ Ataque armado de una nación contra otra. ☐ AGRESOR, RA.

agresivo, va *adj* Propenso a faltar al respeto, a ofender o a provocar a los demás. ‖ Que implica provocación o ataque. ☐ AGRESIVAMENTE; AGRESIVIDAD.

agreste *adj* Perteneciente al campo. ‖ Áspero, inculto. ‖ (fig) Rudo, grosero, falto de educación.

agriar *tr* y *prnl* Poner agria alguna cosa. ‖ (fig) Irritar, excitar los ánimos. ☐ AGRIADO, DA.

agricultura *f* Cultivo de la tierra. ☐ AGRÍCOLA; AGRICULTOR, RA.

agridulce *adj* y *s* Que tiene mezcla de agrio y dulce. ☐ AGRIDULCEMENTE.

agrietar *tr* y *prnl* Abrir grietas. ☐ AGRIETAMIENTO.

agrimensura *f* Arte y técnica de medir las tierras. ☐ AGRIMENSOR, RA.

agringarse *prnl Amér.* Adquirir costumbres de gringo. ☐ AGRINGADO, DA.

agrio, gria adj Ácido de sabor como el del vinagre o el vino. ‖ (fig) Áspero, desabrido. • *m pl* Cítricos.

agro *m* Tierra de labranza.

agronomía *f* Conjunto de conocimientos de diversas ciencias que rigen la práctica de la agricultura. ❑ AGRONÓMICO, CA; AGRÓNOMO.

agropecuario, ria adj Que tiene relación con la agricultura y la ganadería.

agrupar *tr* y *prnl* Reunir en grupo, apiñar. ‖ Constituir una agrupación. ❑ AGRUPABLE.

agua *f* Líquido incoloro, inodoro e insípido, compuesto por dos volúmenes de hidrógeno y uno de oxígeno, que existe en la naturaleza en estado más o menos puro y forma la lluvia. ‖ Lluvia. Se usa también en plural. • *f pl* Visos u ondulaciones de algunas telas, plumas, piedras, maderas, etc. ❑ AGUADOR, RA.

aguacate *m* Árbol tropical americano de fruto en drupa. ‖ Fruto de este árbol.

aguacero *m* Lluvia repentina, impetuosa y de poca duración. ‖ *Cuba* y *Méx*. Especie de luciérnaga.

aguachar *tr* y *prnl* Enaguachar. ‖ *Chile*. Amansarse, aquerenciarse.

aguachinangado, da adj *Cuba* y *Méx*. Díc. de la persona zalamera, que se congracia por interés. ‖ *Méx*. Díc. de la persona que imita los modales de los guachinangos.

aguachirle *f* Vino de poca graduación. ‖ (fig) Alimento líquido, licor o bebida sin fuerza ni sustancia.

aguacil *m* (vulg) Alguacil. ‖ *Arg*. y *Ur*. Libélula.

aguada *f* Tinta que se da a una pared para quitarle la excesiva blancura del enlucido de yeso. ‖ Sitio en que hay agua potable. ‖ Acción y efecto de aprovisionarse de agua. ‖ *Amér*. Abrevadero.

aguado, da *pp* de aguar. • adj *Amér*. Débil, desfallecido. ‖ *Méx*. y *Ven*. Díc. de las frutas jugosas, pero desabridas.

aguafiestas *m* o *f* Persona que turba una diversión o regocijo.

aguafuerte *m* o *f* Lámina obtenida por el grabado al agua fuerte. ❑ AGUAFUERTISTA.

aguaitar *tr* Cuidar, guardar. ‖ Acechar, vigilar, espiar. ‖ *Amér*. Aguardar. ❑ AGUAITE.

aguamanil *m* Palangana o pila destinada para lavarse las manos.

aguamarina *f* Silicato de color amarillo, verdemar o azul, apreciada en joyería.

aguamiel *f* Agua mezclada con miel. ‖ *Amér*. La preparada con la caña de azúcar o papelón.

aguantaderas *f pl* Aguante; se usa gralte. en sentido despectivo.

aguantar *tr* Reprimir, contener. ‖ Resistir con fortaleza pesos, trabajos, etc. ‖ Admitir o tolerar a disgusto algo molesto o desagradable. • *intr* y *prnl* Reprimirse. ❑ AGUANTABLE; AGUANTE.

aguar *tr* y *prnl* Mezclar agua con vino, vinagre u otro licor. ‖ (fig) Tratándose de cosas halagüeñas o alegres, turbar o interrumpir.

aguararse *prnl* *Amér*. Tomar calidad o sabor de guarapo la caña de azúcar, la fruta o un líquido.

aguardar *tr* y *prnl* Estar esperando a que llegue o suceda algo. • *tr* Creer o tener esperanza de que llegará o sucederá algo. ‖ Esperar a una persona o a una cosa. • *prnl* Detenerse, retardarse. ❑ AGUARDADA; AGUARDADOR, RA.

aguardiente *m* Bebida alcohólica que, por destilación, se obtiene de líquidos fermentados procedentes del vino, manzanas, cerezas, centeno, trigo, etc. ❑ AGUARDENTERÍA; AGUARDENTERO, RA; AGUARDENTOSO, SA.

aguasarse *prnl* *Arg*., *Chile* y *Ur*. Tomar los modales y costumbres del guaso.

aguatarse *prnl* *Chile*. Sentir pesadez en el estómago por haber bebido en exceso.

aguatinta *f* Variante de la técnica del aguafuerte, en que el ácido se aplica con un pincel.

aguayo *m* *Bol*. Pieza cuadrada de lana de colores, que las mujeres utilizan para llevar a los niños o cargar algunas cosas.

aguazal *m* Sitio bajo donde se detiene el agua de lluvia.

agudizar *tr* Hacer aguda una cosa. • *prnl* Tomar carácter agudo una enfermedad. ❑ AGUDIZACIÓN.

agudo, da *adj* Se dice de los instrumentos que tienen punta muy afilada. ‖ Sutil, perspicaz. ‖ Díc. del olor subido y del sabor penetrante. ‖ (fig) Vivo, gracioso y oportuno. ‖ (fig) Díc. de la enfermedad de rápida evolución o de un dolor vivo. • *adj* y *s* Díc. del sonido alto, en contraposición al grave. • *adj* y *s* Díc. de la palabra cuyo acento prosódico carga en la última sílaba. ☐ AGUDEZA; AGUDIZACIÓN.

agüero *m* Presagio o señal de cosa futura.

aguerrir *tr* y *prnl defect* Acostumbrar a los soldados bisoños a los peligros de la guerra. ☐ AGUERRIDO, DA.

aguijada *f* Vara larga con una punta de hierro con que los boyeros pican a la yunta. ☐ AGUIJÓN; AGUIJONAZO.

aguijar *tr* Picar con la aguijada a los bueyes, mulas, etc. ‖ (fig) Estimular, incitar. • *intr* Acelerar el paso. ☐ AGUIJADOR, RA; AGUIJADURA.

aguijonear *tr* Aguijar. ‖ (fig) Incitar, estimular, inquietar. ☐ AGUIJONEADOR, RA.

águila *f* Nombre común de diversas aves rapaces diurnas, que se caracterizan por el gran alcance de su vista, su fuerte musculatura y su vuelo rápido. ‖ (fig) Persona viva y extraordinariamente perspicaz.

aguileño, ña *adj* Díc. del rostro o nariz afilados.

aguilucho *m* Cría del águila.

aguinaldo *m* Regalo que se da en Navidad.

agüita *f Chile* y *Ecuad.* Infusión, tisana.

aguja *f* Barrita puntiaguda de metal, hueso o madera, con un ojo por donde se pasa el hilo, cuerda, etc., con que se cose, borda o teje. ‖ Tubito metálico de pequeño diámetro, que se enchufa en la jeringuilla para inyectar sustancias en el organismo. ‖ Manecilla del reloj. ‖ Buril del grabador. ‖ Especie de estilete que, recorriendo los surcos de los discos, reproduce las vibraciones inscritas en ellos. ‖ Capitel estrecho y alto.

agujerear *tr* y *prnl* Hacer uno o más agujeros a una cosa.

agujero *m* Abertura más o menos redonda en una cosa.

agujeta *f* Correa o cinta con un herrete en cada punta que sirve para atar diversas prendas. ‖ *Ecuad.* Aguja de hacer punto o tejer. ‖ *Ven.* Alfiler largo y de adorno usado por las mujeres para sujetar el sombrero. • *pl* Dolores que se sienten en los músculos después de algún ejercicio extraordinario o violento.

agusanarse *prnl* Llenarse de gusanos alguna cosa. ☐ AGUSANAMIENTO.

agutí *m* Nombre común de diversos mamíferos roedores de América del Sur, del tamaño de una liebre, con orejas y cola corta.

aguzanieves *f* Ave migratoria de cuerpo delgado y larga cola.

aguzar *tr* Hacer o sacar punta a un arma u otra cosa. ‖ Afilar. ‖ (fig) Aguijar, estimular. ☐ AGUZADERO, RA; AGUZADO, DA; AGUZADURA; AGUZAMIENTO.

¡ah! *interj* Denota gralte. pena, admiración o sorpresa.

ahechar *tr* Limpiar con harnero o criba el grano trillado. ☐ AHECHADERO; AHECHADURA; AHECHO.

ahí *adv lugar* En lugar indeterminado. ‖ En esto, o en eso.

ahijado, da *pp* de ahijar. • *m* y *f* Cualquier persona respecto de sus padrinos.

ahijar *tr* Prohijar al hijo ajeno. ‖ (fig) Atribuir o imputar a uno la obra o cosa que no ha hecho. • *intr* Procrear hijos.

ahilarse *prnl* Adelgazarse por causa de una enfermedad. ‖ Criarse débiles las plantas por falta de luz. ‖ Crecer altos, derechos y limpios de ramas los árboles.

ahínco *m* Eficacia o empeño grande con que se hace o solicita una cosa. ☐ AHINCAR.

ahitar *tr* Señalar los lindes de un terreno con hitos o mojones. • *tr* e *intr* Causar ahíto. • *prnl* Comer hasta padecer indigestión o hartarse. ☐ AHITAMIENTO; AHÍTO, TA.

ahogado, da *pp* de ahogar. • *adj* Díc. del sitio estrecho y sin ventilación. • *m* y *f* Persona que muere por asfixia, especialmente en el agua.

ahogar[1] *tr* y *prnl* Quitar la vida a uno impidiéndole la respiración. ‖ Tratándose de plantas o simientes, dañar su lozanía el exceso de agua, el apiñamiento o la acción de plantas nocivas. ‖ (fig) Extinguir, apagar. • *tr* Sumergir una cosa en agua; enriar, encharcar. • *prnl* Sentir sofocación o ahogo. • *tr, intr* y *prnl* (fig) Oprimir, acongojar, fatigar. ☐ AHOGADO, DA.

ahogar[2] *tr Amér. Merid.* Estofar o rehogar. ☐ AHOGADO.

ahogo *m* (fig) Congoja, aflicción. ‖ Opresión y fatiga en el pecho que impide respirar con libertad. ‖ (fig) Penuria, falta de recursos.

ahondar *tr* Hacer más honda una cavidad o agujero. • *tr* e *intr* (fig) Escudriñar lo más recóndito de un asunto. ☐ AHONDAMIENTO; AHONDE.

ahora *adv tiempo* En este momento, en el tiempo actual o presente. ‖ (fig) Poco tiempo ha.

ahorcar *tr* y *prnl* Quitar a uno la vida echándole un lazo al cuello y colgándole de él en la horca u otra parte. • *tr* p. ext. Colgar, suspender. ☐ AHORCABLE; AHORCADO, DA; AHORCAMIENTO.

ahorita *adv tiempo* Se usa más en América.

ahormar *tr* y *prnl* Ajustar una cosa a su horma. • *tr* (fig) Amoldar, poner en razón a alguno.

ahornar *tr* Enhornar. • *prnl* Quemarse el pan por la parte exterior y quedar crudo por dentro.

ahorquillar *tr* Afianzar con horquillas las ramas de los árboles para que no se desgajen. • *tr* y *prnl* Dar a una cosa la figura de horquilla. ☐ AHORQUILLADO, DA.

ahorrar *tr* Guardar dinero como previsión para necesidades futuras. • *tr* y *prnl* No malgastar, reservar una parte del dinero. ‖ (fig) Evitar o excusar algún trabajo, riesgo, dificultad u otra cosa. ☐ AHORRADOR, RA; AHORRATIVO, VA; AHORRO.

ahoyar *intr* Hacer hoyos. ☐ AHOYADURA.

ahuate *m Hond., Méx.* y *Nic.* Espinilla que, a modo de vello, tienen algunas plantas, como la caña de azúcar y el maíz.

ahuecar *tr* Poner hueca o cóncava alguna cosa. ‖ (fig) Dicho de la voz, hablar por afectación en tono más grave que el natural. • *prnl* (fig, fam) Hincharse, engreírse. ☐ AHUECADO, DA.

ahuesado, da *adj* De color de hueso.

ahuesar *intr* y *prnl Perú.* Perder prestigio o calidad en una profesión. • *prnl Guat.* Enflaquecer mucho una persona.

ahuevar *tr* Dar limpidez a los vinos con claras de huevo. ‖ Dar forma de huevo a algo.

ahulado *adj* y *m Amér. Centr.* y *Méx.* Tela o prenda impermeable.

ahumar *tr* Poner al humo una cosa. ‖ Someter al humo un alimento para conservarlo o darle cierto sabor. • *tr* y *prnl* Llenar de humo. • *intr* y *prnl* (fam) Emborrachar. • *prnl* Ennegrecerse una cosa con el humo.

ahunche *m Col.* Desecho, residuo.

ahusar *tr* Dar forma de huso. • *prnl* Irse adelgazando una cosa en forma de huso.

ahuyentar *tr* Hacer huir a personas o animales. ‖ (fig) Desechar una cosa que moleste o aflija.

aíllo *m Amér. Merid.* Parcialidad en que se divide una comunidad indígena, con miembros de un mismo linaje. ‖ *Perú.* Boleadoras con bolas de cobre.

airar *tr* y *prnl* Mover a ira. • *tr* Agitar, alterar violentamente. ☐ AIRADO, DA.

airbag *m* Dispositivo de seguridad de los automóviles que consiste en una bolsa que se infla de forma instantánea en caso de choque y protege a los ocupantes del golpe.

aire *m* Mezcla de gases que constituye la atmósfera de la Tierra. ‖ Viento. ‖ (fig) Apariencia de las personas o las cosas. ‖ (fig) Vanidad o engreimiento. ‖ (fig) Primor, gracia. ‖ Movimiento con que se ejecuta una obra musical.

airear *tr* Poner al aire o ventilar una cosa. ‖ (fig) Dar publicidad o actualidad a una cosa. • *prnl* Ponerse al aire para refrescarse. ☐ AIREACIÓN.

airoso, sa *adj* Se aplica al tiempo o sitio en que hace mucho aire. ‖ (fig) Díc. del que lleva a cabo una empresa con éxito o lucimiento. ☐ AIROSIDAD.

aislacionismo *m* Tendencia de un Estado a no participar en los asuntos de carácter internacionales. ☐ AISLACIONISTA.

aislado, da *pp* de aislar. • *adj* Solo, suelto, separado.

aislador, ra *adj* y *s* Que aísla. • *adj* y *m* Aplícase a los cuerpos que interceptan el paso a la electricidad, al sonido, a la luz, al calor, etc.

aislante *pa* de aislar. • *adj* Que aísla. • *adj y s* Díc. de cualquier materia que dificulta o impide la propagación de algún fenómeno.

aislar *tr* Cercar de agua por todas partes algún sitio. ‖ Impedir que un cuerpo reciba electricidad, calor, luz, ondas sonoras, etc. • *tr y prnl* (fig) Retirar a una persona del trato y comunicación de la gente. ☐ AISLABLE.

¡ajá! o **¡ajajá!** *interj* (fam) Se emplea para denotar complacencia o aprobación.

ajar *tr* Maltratar, manosear, arrugar, marchitar. • *prnl* Deslucirse una cosa o una persona por vejez o enfermedad. ☐ AJAMIENTO.

ajardinar *tr* Convertir en jardín un terreno.

ajedrez *m* Juego entre dos personas, cada una de las cuales dispone de 16 piezas movibles que se colocan sobre un tablero dividido en 64 escaques. ☐ AJEDRECISTA; AJEDREZADO, DA.

ajenjo *m* Planta perenne, compuesta, muy amarga y algo aromática. ‖ Bebida alcohólica.

ajeno, na *adj* Perteneciente a otro. ‖ Extraño, de distinta naturaleza, número, etc. ‖ (fig) Impropio o no correspondiente.

ajetrear *tr* Molestar, cansar con órdenes diversas o imponiendo trabajo excesivo. • *prnl* Fatigarse con un trabajo u ocupación. ☐ AJETREO.

ají *m* Variedad de pimiento muy picante.

ajiaceite *m* Salsa de ajos machacados y aceite.

ajiaco *m* Amér. Salsa o guiso cuyo pral. componente es el ají.

ajimez *m* Ventana arqueada dividida en el centro por una columna.

ajiseco *m* Perú. Ají picante que una vez seco se usa como condimento.

ajo *m* Planta hortense cuyo bulbo, blanco, redondo y de olor fuerte, se usa como condimento. ‖ Cada una de las partes o dientes en que está dividido el bulbo.

ajobar *tr* Llevar a cuestas, cargar con alguna cosa. ☐ AJOBO.

ajonjear *tr* Col. Mimar, acariciar. ☐ AJONJEO.

ajonjolí *m* Sésamo. ‖ Ven. Tenia del cerdo.

ajuar *m* Conjunto de muebles, enseres y ropas de uso común en la casa, en especial los que aporta la mujer al matrimonio. ‖ Canastilla, equipo de los recién nacidos. ☐ AJUARAR.

ajuiciar *tr* e *intr* Hacer que alguien tenga juicio. • *tr* Juzgar, examinar o enjuiciar. ☐ AJUICIADO, DA.

ajustado, da *pp* de ajustar. • *adj* Justo, recto.

ajustar *tr y prnl* Adaptar, acomodar o encajar una cosa con otra. ‖ Arreglar, moderar. ‖ Col. y Perú. (fam) Ahorrar, escatimar. • *tr* Concertar una cosa, como el casamiento, la paz, los pleitos. ‖ Concertar un precio. ‖ Méx. y Nic. Cumplir, completar. ‖ Amér. Central y Col. Contratar a destajo. ‖ Hacer que un saldo coincida con la realidad contable que debe reflejar una cuenta. • *intr* Venir justo, casar justamente. • *prnl* Conformar uno su opinión, voluntad o gusto con otro. ☐ AJUSTABLE.

ajuste *m* Acción y efecto de ajustar o ajustarse. ‖ Operación de dar a una pieza las dimensiones precisas para ensamblarla con otra.

ajusticiar *tr* Castigar al reo con la pena de muerte. ☐ AJUSTICIAMIENTO.

al *contr* formada por la *prep* a y el *art* el.

ala *f* Apéndice laminar que sobresale del cuerpo de ciertos animales, y que, actuando como plano de sustentación, les permite el vuelo. ‖ Parte inferior del sombrero que sobresale de la copa. ‖ Alero de tejado. ‖ Cada una de las superficies planas que, dispuestas a ambos lados del avión, sustentan el aparato en vuelo.

alabar *tr y prnl* Elogiar, encomiar. • *prnl* Jactarse o vanagloriarse de alguna cosa. ☐ ALABADOR, RA; ALABANZA.

alabarda *f* Especie de lanza con cuchilla transversal, aguda por un lado y en forma de media luna por el otro. ☐ ALABARDADO, DA; ALABARDAZO.

alabardero *m* Soldado armado de alabarda, en especial el que daba guardia de honor a los reyes de España.

alabastro *m* Piedra blanca, blanda, traslúcida y compacta, constituida por sulfato o carbonato cálcico. ❑ ALABASTRADO, DA; ALABASTRINO, NA.

alacena f Armario empotrado en el hueco de una pared, con puertas y anaqueles.

alaco m *Amér. Centr.* Trasto, harapo. ‖ (fig) *Amér. Centr.* Persona viciosa, degenerada.

alacrán m Escorpión. ‖ Cada una de las astillas con que se traban los botones de metal. ‖ Pieza del freno de los caballos que sujeta la barbada al bocado.

alacranear intr *Arg., Par.* y *Ur.* Criticar al prójimo.

alado, da adj Que tiene alas o forma de ala. ‖ (fig) Ligero, veloz.

alagar tr y prnl Llenar de lagos o charcos.

alagartarse prnl *Méx.* Apartar la bestia los cuatro remos, disminuyendo de altura. ‖ *C. Rica, Guat.* y *Nic.* Hacerse avaro u obrar con avaricia. ❑ ALAGARTADO, DA.

alalia f Pérdida del lenguaje hablado por un defecto o afección de los órganos vocales o por lesiones del sistema nervioso. ❑ ÁLALO.

alambicar tr Destilar. ‖ (fig) Examinar atentamente una cosa hasta apurar su verdadero sentido. ‖ (fig, fam) Reducir la ganancia en una mercancía. ❑ ALAMBICADO, DA.

alambique m Aparato para destilar un líquido por medio del calor. ‖ *Amér.* Fábrica de aguardiente.

alambrado, da pp de alambrar. • m Alambrera, red de alambre.

alambrar tr Cercar con alambre. ‖ Poner cencerros a una yeguada o a un hato de ganado.

alambre m Hilo de cualquier metal obtenido por trefilado o laminado.

alameda f Lugar o paseo con álamos.

álamo m Nombre de diversos árboles caducifolios de gran tamaño de la familia de las salicáceas, de hojas alternas y yemas florales.

alampar intr Picar, excitar el paladar. • prnl Tener ansia grande por una cosa.

alancear tr Dar lanzadas, herir con lanza. ‖ (fig) Zaherir. ❑ ALANCEADOR, RA.

alar m Alero de tejado.

alarde m Muestra o revista que se hacía de los soldados y de sus armas. ‖ Ostentación que se hace de alguna cosa. ‖ Visita que a los presos hace el juez. ❑ ALARDOSO, SA.

alardear intr Hacer alarde. ❑ ALARDEO.

alargar tr Extender los límites. ‖ Estirar, desencoger. ‖ Aplicar con interés la vista o el oído. ‖ Alcanzar algo y darlo a otro que está apartado. ‖ (fig) Aumentar la cantidad o número. • tr, intr y prnl Alejar, apartar. • tr y prnl Dar más longitud a una cosa. ‖ Prolongar la duración de una cosa. ‖ Retardar, diferir. • prnl Excederse en elogios, ofertas, dádivas, etc.

alarido m Grito de guerra de la tropa al entrar en batalla. ‖ Grito de dolor o pena.

alarma f Aviso a la tropa para que se prepare para la defensa o el combate. ‖ Rebato. ‖ (fig) Inquietud o sobresalto.

alarmar tr Dar alarma o avisar. • tr y prnl (fig) Asustar, inquietar. ❑ ALARMADOR, RA.

alazán, na adj y s Díc. del color rojizo parecido al de la canela. • adj y s Díc. del caballo o yegua que tiene el pelo de ese color.

alba f Amanecer. ‖ Primera luz del día, antes de salir el sol.

albacara f Recinto murado en la parte exterior de una fortaleza. ‖ Torreón saliente.

albacea m o f Persona nombrada por el testador o por el juez para cumplir la última voluntad y custodiar los bienes del finado. ❑ ALBACEAZGO.

albahaca o **albaca** f Planta de la familia de las labiadas, de hojas blanquecinas y flores amarillas.

albañilería f Arte de construir edificios u obras en que se empleen ladrillo, piedra, cemento, cal, yeso, etc. ❑ ALBAÑIL.

albar adj Blanco. • m Terreno de secano, y especialmente tierra blancuzca en altos y lomas.

albarán m Relación de mercancías que acredita la entrega de las mismas.

albarda f Pieza del aparejo de las caballerías de carga. ‖ Albardilla, lonja de tocino. ‖ *Amér. Centr., Chile.* y *Méx.* Silla de montar de cuero crudo o curtido. ❑ ALBARDERO, RA; ALBARDERÍA.

albardear tr *Amér. Centr.* y *Méx.* Domar caballos salvajes. ‖ *Amér. Centr.* y *Méx.* Molestar.

albaricoque o **albarcoque** *m* Fruto del albaricoquero.

albaricoquero o **albarcoquero** *m* Árbol de la familia las rosáceas, de hojas ovales y flores blancas, cuyo fruto es una drupa carnosa de color amarillo naranja.

albatros *m* Nombre común de diversas aves marinas de gran tamaño, que se alimentan de peces y moluscos.

albayaldar *tr* Pintar con albayalde.

albayalde *m* Carbonato básico de plomo, de color blanco, empleado como pigmento en pintura y para masillas y vidriados de cerámica.

albazo *m Amér.* Alborada, música al amanecer.

albear *intr* Mostrar blancura o blanquear. ◻ ALBICANTE.

albedrío *m* Potestad de obrar por reflexión y elección. Díc. más comúnmente *libre albedrío*. ‖ Voluntad gobernada por el apetito, antojo o capricho. ‖ Costumbre jurídica no escrita.

alberca *f* Depósito artificial de agua hecho con muros de fábrica. ‖ Poza o charca para macerar cáñamo o lino. ‖ *Méx.* Piscina.

alberchiguero *m* Variedad de melocotonero. ‖ En algunas partes, albaricoquero.

albergar *tr* Dar albergue u hospedaje. ‖ (fig) Tener sentimientos, ideas o intenciones. • *intr* y *prnl* Tomar albergue.

albergue *m* Lugar en que una persona halla hospedaje o resguardo. ‖ Edificio construido en la montaña para hospedaje de excursionistas.

albín *m* Hematites. ‖ Carmesí oscuro que se emplea para pintar al fresco.

albina *f* Laguna de agua de mar formada en las costas bajas y arenosas.

albino, na *adj* Díc. de la planta que, en vez de su color propio, lo tiene blanquecino. ‖ Díc. de la persona o animal con ciertas partes del organismo anormalmente blancas, por carecer de pigmentación. • *adj* y *s* Que padece esta anomalía congénita. ‖ *Méx.* Díc. del descendiente de morisco y europea, o de europeo y morisca. ◻ ALBINISMO.

albo, ba *adj* Blanco.

albogue *m* Especie de dulzaina. ‖ Instrumento musical rústico de viento.

albollón o **albellón** *m* Desaguadero.

albóndiga *f* Bola de carne o pescado picado y trabado con ralladuras de pan, huevos y especias. ◻ ALBONDIGUILLA.

albor *m* Albura, blancura. ‖ Luz del alba. Se usa más en plural. ‖ (fig) Principio de algo.

alborada *f* Amanecer. ‖ Acción de guerra al amanecer. ‖ Toque o música militar al alba. ‖ Composición poética o musical para cantar la mañana.

alborear *intr* Amanecer o rayar el día.

albornoz *m* Tela de estambre muy torcido y fuerte. ‖ Especie de capa con capucha usada por los árabes. ‖ Bata de tela absorbente para secarse después del baño.

alborotado, da *pp* de alborotar. • *adj* Que obra precipitadamente y sin reflexión. ‖ Excitado. ‖ Díc. del pelo revuelto. ◻ ALBOROTADAMENTE.

alborotar *tr* y *prnl* Inquietar, alterar, perturbar. ‖ Amotinar, sublevar. • *prnl* Tratándose del mar, encresparse. ‖ Alarmarse. ◻ ALBOROTADIZO; ALBOROTADOR, RA; ALBOROTOSO, A.

alboroto *m* Vocerío o estrépito. ‖ Desorden, tumulto, motín. ‖ Sobresalto, inquietud. ‖ *Méx.* Alborozo, alegría. • *pl Amér. Centr.* Rosetas de maíz con azúcar o miel.

alborozar *tr* y *prnl* Causar alborozo.

alborozo *m* Muestras de gran regocijo, placer o alegría.

albriciar *tr* Dar una noticia agradable.

albricias *f pl* Regalo que se da por una buena noticia. • *interj* Expresa júbilo.

albufera *f* Laguna de agua salobre, separada del mar por un cordón litoral.

albugíneo, a *adj* Enteramente blanco.

álbum *m* Conjunto de hojas encuadernadas o libro donde se coleccionan fotografías, sellos, cromos, etc.

albumen *m* Solución acuosa de albúminas que rodea la yema de los huevos, destinada a nutrir el embrión. Se denomina comúnmente *clara*.

albúmina *f* Cualquiera de las proteínas naturales, solubles en agua, presentes en las células animales y vegetales y en diversos líquidos orgánicos. ◻ ALBUMINOSO, SA.

albuminar tr Preparar con albúmina los papeles o placas para la fotografía.

albura f Blancura perfecta. ‖ Clara de huevo.

alcachofa f Planta hortense de tallo estriado, hojas algo espinosas y cabezuelas comestibles. ‖ Pieza agujereada por donde sale el agua de forma dispersa en las regaderas y duchas. ❑ ALCACHOFADO, DA; ALCACHOFAL.

alcachofar tr Abrir como una alcachofa. • tr y prnl (fig) Engreír, hinchar.

alcachofero, ra adj Se dice del vegetal que echa alcachofas.

alcahuete, ta m y f Persona que actúa como mediadora o encubridora de relaciones amorosas irregulares. ‖ (fig, fam) Persona o cosa encubridora. ‖ (fig, fam) Chismoso.

alcahuetear tr e intr Servir de alcahuete. • tr Inducir a una mujer al trato lascivo con un hombre.

alcaide m El que tenía a su cargo la guarda y defensa de un castillo o fortaleza.

alcaldada f Acción en que un alcalde abusa de su autoridad. ‖ p. ext. Cualquier acción arbitraria ejecutada por una persona con autoridad, o afectando ejercerla. ‖ Dicho o sentencia necia.

alcalde m Presidente de un ayuntamiento o término municipal y delegado del gobierno en el orden administrativo.

alcaldesa f Mujer del alcalde. ‖ Mujer que ejerce el cargo de alcalde.

alcaldía f Cargo de alcalde. ‖ Territorio de su jurisdicción. ‖ Oficina donde ejerce sus funciones.

alcalino, na adj Básico. ‖ Díc. del grupo de metales formado por el litio, sodio, potasio, rubidio, cesio y francio. ‖ Díc. de los suelos cuyo pH es superior a 7,5. ❑ ALCALINIDAD.

alcalizar tr Dar a una cosa las propiedades de los álcalis. ❑ ALCALIZACIÓN.

alcaloide m Nombre genérico de los compuestos nitrogenados presentes en muchas plantas, utilizados a menudo en terapéutica.

alcance m Seguimiento, persecución. ‖ Correo extraordinario que se envía para alcanzar al ordinario. ‖ (fig) En los periódicos, noticias recibidas a última hora. ‖ (fig) Trascendencia de una acción humana. ‖ Distancia máxima desde la que se pueden recibir las señales de un centro emisor.

alcanfor m Sustancia blanca, volátil, de olor característico que se halla en el alcanforero y otras plantas, y preserva la ropa de la polilla.

alcanforar tr Componer o mezclar con alcanfor una cosa. • prnl (fig) Amér. Disiparse, evaporarse.

alcanforero m Árbol de cuya madera se extrae alcanfor por sublimación.

alcantarilla f Paso que se deja bajo un camino o carretera para que circulen las aguas. ‖ Acueducto subterráneo o sumidero, para las aguas residuales o de lluvia. ‖ Méx. Depósito para distribución de aguas potables.

alcantarillado m Conjunto de alcantarillas.

alcantarillar tr Hacer o poner alcantarillas.

alcanzar tr Llegar a juntarse o igualarse con una persona o cosa que va delante. ‖ Llegar a percibir con los sentidos. ‖ Tocar o coger lo que está alejado. ‖ (fig) Conseguir, lograr. ‖ (fig) Tener poder, virtud o fuerza para alguna cosa. • intr Llegar hasta cierto punto o término. ‖ (fig) Tocar a uno alguna cosa o parte de ella. ‖ (fig) Ser suficiente, bastar. ❑ ALCANZABLE; ALCANZADIZO, ZA; ALCANZADO, DA.

alcaparra o **alcaparrera** f Planta cuyo fruto es una baya carnosa parecida a un higo pequeño. ❑ ALCAPARRAL; ALCAPARRADO, DA.

alcaparrón m Fruto de la alcaparra.

alcarria f Terreno alto y, por lo común, raso.

alcatifa f Tapete o alfombra fina. ‖ Broza o relleno que se echa en el suelo antes de enlosarlo o enladrillarlo.

alcatraz m Ave pelicaniforme de plumaje pardo amarillento en el dorso y blanco en el pecho. ‖ Cucurucho.

alcayota f Chile. Cidra cayote, planta.

alcazaba f Recinto fortificado, dentro de una población amurallada.

alcázar *m* Fortaleza. ‖ Palacio o residencia real.

alce *m* Mamífero que puede alcanzar más de 2 m de alt. Posee astas palmeadas y hocico colgante y es propio de los países nórdicos.

alción *m* Martín pescador.

alcista *adj* Perteneciente o relativo al alza de los valores en la Bolsa.

alcoba *f* Aposento destinado para dormir. ‖ Caja, pieza de las balanzas. ‖ Jábega, red.

alcohol *m* Líquido que contiene esencialmente etanol, obtenido por fermentación y subsiguiente destilación de zumos ricos en glucosa. ‖ p. ext. Bebida espirituosa. ‖ Cada uno de los compuestos orgánicos que contienen el grupo hidroxilo unido a un carbono por el átomo de oxígeno. ❏ ALCOHOLERO, RA.

alcoholar *tr* y *prnl* Ennegrecer con alcohol los párpados, pestañas, cejas, etc. • *tr* Lavar los ojos con alcohol u otro colirio. ‖ Obtener alcohol de una sustancia.

alcoholemia *f* Presencia de alcohol etílico en la sangre, a consecuencia de la ingestión de bebidas alcohólicas.

alcoholismo *m* Conjunto de trastornos crónicos ocasionados por la ingestión excesiva de alcohol etílico. ❏ ALCOHÓLICO, CA.

alcoholizar *tr* Hacer alcohólico un líquido por adición de alcohol. • *prnl* Contraer alcoholismo. ❏ ALCOHOLIZACIÓN.

alcorán *m* Corán. ❏ ALCORÁNICO, CA; ALCORANISTA.

alcornoque *m* Árbol de madera durísima y fruto en bellotas. • *adj* y *m* (fig) Díc. de la persona ignorante y zafia. ❏ ALCORNOCAL; ALCORNOQUEÑO, ÑA.

alcrebite o alcribite *m* Azufre.

alcubilla *f* Depósito de agua.

alcurnia *f* Ascendencia, linaje.

alcuza *f* Vasija para guardar aceite. ‖ *Amér.* Vinagreras. ❏ ALCUZADA.

aldaba *f* Pieza metálica que se pone a las puertas para llamar golpeando con ella. ‖ Pieza gralte. de hierro, fija en la pared, para atar a ella una caballería. ‖ Travesaño de metal o madera con que se aseguran las puertas. ❏ ALDABADA; ALDABAZO; ALDABÓN; ALDABONAZO.

aldea *f* Pueblo de escaso vecindario y, gralte., sin jurisdicción propia.

aldeano, na *adj* Perteneciente o relativo a la aldea. ‖ (fig) Inculto, rústico. • *adj* y *s* Natural de una aldea. ❏ ALDEANISMO.

alderredor *adv lugar.* Alrededor.

alear[1] *intr* Mover las alas. ‖ (fig) Mover los brazos a modo de alas. ‖ (fig) Cobrar fuerzas el convaleciente.

alear[2] *tr* Mezclar dos o más metales fundiéndolos. ❏ ALEACIÓN.

aleatorio, ria *adj* Perteneciente o relativo al azar. ‖ Dependiente de algún suceso fortuito.

alebrarse *prnl* Echarse en el suelo agazapándose como las liebres. ‖ (fig) Acobardarse.

alebrestarse o alebrastarse *prnl* Alebrarse. ‖ *Hond.* Enamorarse.

aleccionar *tr* y *prnl* Instruir, amaestrar. • *tr* Reprender, castigar. ❏ ALECCIONADOR, RA.

aledaño, ña *adj* Confinante, lindante. • *adj* y *m* Díc. del campo, que linda con un pueblo o con otro campo o tierra, considerándose parte accesoria de ellos. Se usa más en plural.

alegar *tr* Citar uno a favor de su propósito, como prueba, disculpa o defensa, algún hecho, dicho, etc. • *intr Amér.* Disputar, altercar. ❏ ALEGACIÓN; ALEGADOR, RA; ALEGATORIO, RIA.

alegato *m* Escrito en que expone el abogado las razones que sirven de fundamento al derecho de su cliente e impugna las del adversario. ‖ p. ext. Razonamiento o exposición, gralte. amplios, de méritos o motivos.

alegoría *f* Ficción en virtud de la cual una cosa representa o significa otra diferente. ‖ Figura que expresa, por medio de varias metáforas consecutivas, un sentido recto y otro figurado, ambos completos, a fin de dar a entender una cosa diciendo otra diferente. ❏ ALEGÓRICO, CA; ALEGORISMO.

alegorizar *tr* Interpretar alegóricamente una cosa o darle un sentido alegórico.

alegrar *tr* Causar alegría. ‖ (fig) Embellecer las cosas inanimadas. ‖ (fig) Avivar la luz o el fuego. ‖ Aflojar un cabo. ‖ Excitar el diestro al toro para que acometa. • *prnl* Recibir o sentir alegría.

alegre *adj* Poseído o lleno de alegría. ‖ Que denota alegría. ‖ Que ocasiona alegría. ‖ (fig) Aplicado a colores, vivo. ‖ (fig, fam) Ligero, arriscado, irreflexivo, frívolo. ◻ ALEGREMENTE.

alegría *f* Reacción de gozo o placer relacionada con sucesos favorables o experiencias vividas, o actitud emocional caracterizada por un tono vivencial agradable. ‖ Irresponsabilidad, ligereza.

alegrón, na *adj* y *s Amér.* Enamoradizo. ‖ *Méx.* Tercera cosecha de maíz o de cacao.

alejado, da *pp* de alejar. • *adj* Lejano, distante.

alejar *tr* y *prnl* Poner lejos. • *tr* Ahuyentar, hacer huir. ‖ (fig) Apartar de la mente ciertas ideas, pensamientos, etc. ‖ Distanciarse, discrepar. ‖ (fig) Marcharse. ◻ ALEJAMIENTO.

alelar *tr* y *prnl* Poner lelo o tonto. ◻ ALELADO, DA.

alelomorfo *adj* Díc. de lo que se presenta bajo diversas formas. ◻ ALELOMORFISMO.

aleluya Voz que se usa en la liturgia cristiana para expresar júbilo, especialmente en los oficios de Pascua. • *m* Tiempo de Pascua. • *f* Cada una de las estampitas que contienen un pliego de papel con la explicación de un hecho histórico o ficticio. ‖ (fig, fam) Persona o animal de extrema delgadez. • *interj* Se emplea para demostrar júbilo.

alemán, na *adj* y *s* De Alemania. • *m* Idioma alemán. ◻ ALEMANESCO, CA.

alentado, da *pp* de alentar. • *adj* Resistente para la fatiga. ‖ Animoso, valiente.

alentar *intr* Respirar, cobrar aliento, descansar del trabajo. • *tr* y *prnl* Animar, dar vigor. • *prnl Amér.* Mejorar, restablecerse de una enfermedad. ◻ ALENTADOR, RA.

alerce *m* Árbol caducifolio que adquiere considerable altura.

alérgeno *m* Sustancia capaz de desencadenar reacciones alérgicas. ◻ ALERGÉNICO, CA.

alergia *f* Reactividad exagerada de un organismo frente a una sustancia extraña. ◻ ALÉRGICO, CA.

alero *m* Parte inferior del tejado que sobresale de la pared y sirve para desviar de ella las aguas llovedizas. ‖ Lado, extremo. ‖ En baloncesto, jugador que se mueve por la parte externa del campo.

alerón *m* Cada una de las superficies móviles situadas en el borde de salida del ala de una aeronave, que sirven para hacer girar el aparato sobre su eje longitudinal.

alerta *adv modo* Con vigilancia y atención. • *interj* Voz que se emplea para excitar a la vigilancia. • *f* Señal o situación de alarma.

alertar *tr* Poner alerta. • *intr* Estar alerta.

alerto, ta *adj* Vigilante, cuidadoso.

aleta *f* Apéndice laminar de ciertos animales, especialmente peces y mamíferos acuáticos, empleado para la locomoción. ‖ Pieza lateral y plana que sobresale en diferentes objetos. ◻ ALETAZO; ALETEO.

aletada *f* Movimiento de las alas o aletas.

aletargar *tr* Causar letargo. • *prnl* Padecerlo.

aletear *intr* Mover las aves frecuentemente las alas sin echar a volar. ‖ Mover los peces las aletas con frecuencia cuando se los saca del agua. ‖ (fig) Cobrar aliento.

alevín *m* Pez pequeño o cría de pez, gralte. destinados a la repoblación de ríos o lagos. ‖ (fig) Principiante en una disciplina o profesión.

alevosía *f* Cautela tomada por el delincuente en la comisión de un delito para evitar riesgos. Es circunstancia agravante de la pena. ‖ Traición, perfidia. ◻ ALEVOSO, SA; ALEVOSAMENTE.

alfa *f* Primera letra del alfabeto griego.

alfabetizar *tr* Ordenar alfabéticamente. ‖ Enseñar a leer y escribir. ◻ ALFABETIZACIÓN, ALFABETIZADO, DA.

alfabeto *m* Abecedario. ‖ Cualquier conjunto de símbolos empleado en un sistema de comunicación. ◻ ALFABÉTICO, CA.

alfaguara *f* Manantial copioso que surge con violencia.

alfalfa *f* Planta de flores rojas, azules o blancas que se cultiva como forraje.

alfanumérico, ca *adj* Díc. de los lenguajes y de los sistemas de codificación mixtos, que incluyen letras, números y otros signos.

alfaque *m* Banco de arena, gralte. frente a la desembocadura de un río.

alfarería *f* Arte de fabricar vasijas de barro. ‖ Taller donde se fabrican. ❏ ALFARERO, RA.

alféizar *m* Vuelta de la pared en el corte de una puerta o ventana. ‖ Rebaje en ángulo recto que forma el telar de una puerta o ventana.

alférez *m* Oficial del ejército que sigue en categoría inferior al teniente. ‖ *Amér.* Persona que costea los gastos de una fiesta.

alfil *m* Pieza del ajedrez que se mueve diagonalmente, pudiendo recorrer de una vez todos los escaques que se hallen libres en su dirección.

alfiler *m* Clavillo de metal que sirve gralte. para sujetar una tela con otra, o un tocado. ‖ Joya más o menos preciosa, empleada para sujetar una prenda o como adorno.

alfilerar *tr* Prender algo con alfileres.

alfiletero *m* Estuche pequeño en el que se guardan alfileres y agujas. ‖ Acerico.

alfombra *f* Tejido con que se cubre el suelo para abrigo y adorno. ❏ ALFOMBRADO, DA; ALFOMBRERO, RA; ALFOMBRISTA.

alfombrar *tr* Cubrir el suelo con alfombra.

alforja *f* Especie de talega abierta por el centro y cerrada por sus extremos, los cuales forman dos bolsas en las que se guardan cosas para su transporte. Se usa más en plural.

alforjero, ra *adj* Perteneciente a las alforjas. • *m* y *f* Persona que hace o vende alforjas.

alfoz *amb* Arrabal, término o pago de un distrito, o que depende de él. ‖ Distrito con diferentes pueblos que forman una jurisdicción.

alga *f* Organismo autótrofo, provisto de pigmentos fotosintéticos, que carece de tejidos especializados y sólo puede vivir en un medio acuático.

algaida *f* Bosque lleno de matorrales espesos.

algarabía *f* Lengua árabe. ‖ (fig, fam) Lenguaje o escritura ininteligible. ‖ (fig, fam) Griterío confuso.

algarrobo *m* Árbol de gran tamaño y hoja persistente, cuyo fruto (algarroba) es una vaina azucarada.

algazara *f* Vocerío de los moros y de otras tropas al acometer al enemigo. ‖ Ruido de una o de muchas personas juntas.

álgebra *f* Parte de las matemáticas que trata de la cantidad en general, valiéndose para representarla de letras u otros símbolos. ❏ ALGEBRAICO, CA; ALGÉBRICO, CA; ALGEBRISTA.

álgido, da *adj* Muy frío. ‖ (fig) Díc. del momento o período crítico o culminante de algunos procesos orgánicos, físicos, políticos, sociales, etc. ❏ ALGIDEZ.

algo *pron indef* Designa una cosa que no se quiere o no se puede nombrar. ‖ Denota cantidad indeterminada. • *adv cant* Un poco, no completamente, hasta cierto punto.

algodón *m* Planta de la familia de las malváceas, cuyo fruto es una cápsula que contiene semillas envueltas en una borra blanca. ‖ Esta borra. ❏ ALGODONAL; ALGODONERO, RA; ALGODONOSO, SA.

algodonar *tr* Rellenar de algodón alguna cosa.

algoritmo *m* Algoritmia. ‖ Descomposición en pasos u operaciones elementales de cualquier operación de cálculo o proceso analógico para su resolución óptima. ‖ Conjunto ordenado de símbolos y procedimientos de cálculo matemático. ❏ ALGORÍTMICO, CA.

alguacil *m* El que ejecuta las órdenes de los juzgados y tribunales, o de los alcaldes. ❏ ALGUACILAZGO.

alguien *pron indet* Significa una persona cualquiera, que no se determina.

algún *adj* Apócope de alguno.

alguno, na *adj* Se aplica indeterminadamente a una persona o cosa, con respecto a varias o muchas. En frases de sentido negativo equivale a ninguno. ‖ Ni poco ni mucho; bastante. • *pron indet* Alguien.

alhaja *f* Joya. ‖ (fig) Cualquier cosa de mucho valor y estima.

alhajar *tr* Adornar con alhajas. ‖ Amueblar.

alhelí o **alelí** *m* Planta de flores sencillas o dobles, que se cultiva con fines ornamentales.

alheña *f* Arbusto de hojas lanceoladas y flores blancas en panícula.

alheñar *tr* y *prnl* Teñir con polvos de alheña. • *prnl* Arroyarse. ‖ Quemarse o anublarse las mieses.

alhóndiga *f* Mercado de granos, especialmente de trigo. ‖ Lonja. ☐ ALHONDIGUERO.

alhucema *f* Planta muy parecida al espliego.

aliáceo, a *adj* Perteneciente al ajo, o que tiene su olor o sabor.

aliado, da *pp* de aliar. • *adj* Díc. del estado, país, ejército, etc., que se une a otro para un determinado fin. • *adj* y *s* Díc. de la persona con quien uno se ha unido y coligado.

alianza *f* Acción de aliarse dos o más naciones, gobiernos o personas. ‖ Pacto o convención establecido entre varios. ‖ Parentesco contraído por casamiento. ‖ Anillo de boda.

aliar *tr* Poner de acuerdo y reunir para un fin común.

alias *adv* Por otro nombre. • *m* Apodo.

alibí *m* Coartada.

alicaído, da *adj* Caído de alas. ‖ (fig, fam) Débil, falto de fuerzas. ‖ (fig, fam) Díc. del que ha decaído del poder que antes tenía.

alicanto *m* Arbusto de flor olorosa, cultivado en América del Sur con fines ornamentales.

alicatar *tr* Azulejar. ‖ Cortar los azulejos para darles la forma conveniente. ☐ ALICATADO, DA.

alicate *m* Tenacilla para coger objetos menudos, torcer alambres o cosas parecidas. Se utiliza también en plural.

aliciente *m* Atractivo, incentivo.

alicorto, ta *adj* Que tiene las alas cortas o cortadas. ‖ (fig) De escasa imaginación o modestas aspiraciones.

alicrejo *m* Amér. Centr. Caballo viejo y muy flaco.

alicurco, ca *adj* y *s* Chile. Astuto, ladino, que inspira desconfianza.

alienación *f* Acción y efecto de alienar. ‖ Estado del sujeto en que éste se halla fuera de sí y constituye algo ajeno y extraño con relación a la realidad a la que pertenece.

alienar *tr* y *prnl* Enajenar. • *tr* Producir alienación. ☐ ALIENADO, DA; ALIENANTE.

aliento *m* Acción de alentar. ‖ Respiración. ‖ (fig) Vigor del ánimo, esfuerzo, valor. ‖ (fig) Soplo.

aligar *tr* y *prnl* Alear. ‖ Ligar, confederarse.

aligerar *tr* y *prnl* Hacer ligero o menos pesado. • *tr* Abreviar, acelerar. ‖ (fig) Aliviar, moderar.

alígero, ra *adj* Alado.

alijar[1] *tr* Aligerar la carga de una embarcación o desembarcarla toda. ‖ Transbordar o echar en tierra géneros de contrabando.

alijar[2] *tr* Alisar y pulir una cosa.

alijo *m* Acción de alijar[1]. ‖ Conjunto de géneros de contrabando.

alilaya *f* Col. Excusa frívola e inconsistente.

alimaña *f* Animal, en especial, el que resulta perjudicial a la caza menor.

alimentador, ra *adj* y *s* Que alimenta. • *m* Dispositivo, canal o conducción encargados de suministrar algún tipo de material o de energía a un sistema receptor. ☐ ALIMENTACIÓN.

alimentar *tr* y *prnl* Dar alimento, sustentar. ‖ Dar fomento y vigor a los cuerpos que necesitan de alguna sustancia para crecer y conservarse. ‖ (fig) Hablando de virtudes, vicios, pasiones, sostenerlos, fomentarlos. • *intr* Tener un alto valor nutritivo. ☐ ALIMENTADOR, RIA.

alimenticio, cia *adj* Que alimenta o tiene la propiedad de alimentar.

alimento *m* Sustancia que puede ser asimilada por el organismo proporcionándole energía para mantener sus funciones vitales. ‖ (fig) Lo que sirve para mantener la existencia de algunas cosas. • *m pl* Recursos que, por obligación legal, se dan a una persona para su sustento. ☐ ALIMENTARIO, RIA; ALIMENTOSO, SA.

alimón *m* Voz que aparece en la expresión *al alimón*, usada en el ámbito taurino para indicar la suerte del toreo realizada por dos lidiadores con un solo capote.

alindar *tr* y *prnl* Poner lindo o hermoso.

alinderar *tr* Amér. Deslindar, amojonar.

alinear *tr* y *prnl* Poner en línea recta. • *tr* Incluir a un jugador en las líneas de un equipo deportivo para un determinado partido. ☐ ALINEACIÓN.

aliñar *tr* Aderezar, adornar, componer. || *Chile*. Procurar la corrección de fracturas o luxaciones. ❑ ALIÑADO, DA; ALIÑADOR, RA; ALIÑOSO, SA.

aliño *m* Acción y efecto de aliñar o aliñarse. || Aquello con que se aliña. || Preparación para hacer una cosa. || Condimento con que se sazona la comida.

alipego *m Amér. Centr.* Comisión que se da al comprador. || *Amér. Centr.* Persona que se suma a una reunión, fiesta, junta, etc., sin ser invitado.

alisador, ra *adj y s* Que alisa. • *m* Listón que usan los cereros para alisar las velas. || *Hond.* y *Ven.* Lendrera, peine. • *f* Máquina empleada para alisar pieles, papel, telas.

alisadura *f* Acción y efecto de alisar o alisarse. • *f pl* Partes menudas que quedan de la madera, piedra u otra cosa que se ha alisado.

alisar *tr y prnl* Poner lisa una cosa.

alisios *adj y s pl* Díc. de los vientos regulares, secos y constantes, que soplan en la zona intertropical en las capas bajas de la atmósfera.

alistado, da *pp* de alistar. • *adj* Listado, que forma listas.

alistar[1] *tr y prnl* Sentar o escribir en lista a uno. • *prnl* Sentar plaza en la milicia. ❑ ALISTAMIENTO.

alistar[2] *tr y prnl* Prevenir, aprontar, disponer. • *tr C. Rica.* y *Nic.* Preparar y coser las piezas del calzado. || Avivarle la listeza. • *prnl* Espabilarse uno. || *Amér.* Acicalarse. ❑ ALISTADOR.

aliteración *f* Figura que, mediante la repetición notoria de uno o varios sonidos, o fonemas consonánticos, iguales o semejantes en una frase o enunciado, contribuye a la estructura o expresividad del verso. ❑ ALITERADO, DA.

alitranca *f Chile* y *Perú*. Retranca.

aliviar *tr* Aligerar, hacer menos pesado. || Dejar que un líquido salga por el aliviadero de un recipiente hasta que no sobrepase determinado nivel. || (fig) Apresurar una obra. • *tr y prnl* Quitar a una persona o cosa parte del peso que sobre ella carga. || (fig) Disminuir o mitigar la enfermedad. ❑ ALIVIO.

alizar *m* Friso de azulejos que adorna la parte inferior de las paredes.

aljibe *m* Cisterna. || *Col.* Pozo de agua.

aljófar *m* Perla de forma irregular y, por lo gral., pequeña.

aljofarar *tr* Cubrir o adornar con aljófar.

allá *adv lugar* Indica lugar alejado del que habla, aunque menos circunscrito que el que denota *allí*. || En el otro mundo.

allanar *tr, intr y prnl* Poner llana o lisa una cosa, en especial la superficie de un terreno. • *tr* Reducir una construcción o un terreno al nivel del suelo. || (fig) Superar una dificultad o inconveniente. || (fig) Entrar a la fuerza en casa ajena y recorrerla contra la voluntad de su dueño. ❑ ALLANADOR, RA; ALLANAMIENTO.

allegado, da *pp* de allegar. • *adj* Cercano, próximo. • *adj y s* Pariente. || *Chile*. Persona que vive en casa ajena.

allegar *tr* Recoger, juntar, reunir, agrupar. || Dar o procurar algo a alguien. || Obtener, conseguir. • *intr y prnl* Llegar a un lugar. • *prnl* Adherirse o convenir con un dictamen o idea. ❑ ALLEGADIZO, ZA; ALLEGADOR, RA; ALLEGAMIENTO.

allende *adv lugar* De la parte de allá. || Usado como *prep*, más allá de. || Además, fuera de.

allí *adv lugar* En aquel lugar. || En correlación con *aquí*, suele designar sitio indeterminado. • *adv tiempo* Entonces, en tal ocasión.

alma *f* Sustancia espiritual e inmortal, capaz de entender, querer y sentir, que informa al cuerpo humano y con él constituye la esencia del hombre. || (fig) Persona, individuo, habitante. || (fig) Sustancia o parte pral. de una cosa. || (fig) Viveza, energía. || (fig) Lo que se mete en el hueco de algunas piezas para darles solidez.

almacén *m* Casa o edificio para guardar géneros. || Establecimiento donde se venden géneros al por menor. Se usa más en plural. || *Arg.* y *Ur.* Tienda de comestibles y objetos de uso doméstico.

almacenaje *m* Derecho que se paga por guardar las cosas en un almacén.

almacenar *tr* Poner o guardar en almacén. || Reunir o guardar muchas cosas. ❑ ALMACENADO, DA; ALMACENAMIENTO.

almadraba *f* Pesca de atunes. ‖ Red o cerco de redes con que se pescan los atunes. □ ALMADRABERO, RA.

almagra *f* Almagre, óxido de hierro.

almagrar *tr* Teñir de almagre. ‖ (fig) Infamar. □ ALMAGRADURA.

almagre *m* Óxido rojo de hierro que se encuentra en estado nativo y se usa en pintura. ‖ (fig) Marca, señal. □ ALMAGRAL; ALMAGRERO, RA.

almanaque *m* Calendario de hojas sueltas en las que, además del día de la semana, se indican datos astronómicos, meteorológicos y noticias relativas a los actos religiosos y civiles.

almarbatar *tr* Ensamblar dos piezas de madera.

almarjo *m* Cualquiera de las plantas que dan barrilla. ‖ Barrilla. □ ALMARJAL.

almazara *f* Molino de aceite. □ ALMAZARERO, RA.

almeja *f* Molusco comestible que vive en los fondos arenosos litorales. □ ALMEJAR.

almena *f* Cada uno de los prismas que coronan los muros de las ant. fortalezas. □ ALMENAJE.

almenar *tr* Guarnecer o coronar de almenas.

almendra *f* Fruto del almendro. ‖ Semilla carnosa de cualquier fruto drupáceo. ‖ (fig) Diamante en forma de almendra.

almendrado, da *pp* de almendrar. • *adj* De forma de almendra. • *m* Pasta hecha con almendras, harina y miel o azúcar.

almendrilla *f* Lima rematada en forma de almendra que usan los cerrajeros. ‖ Gravilla que se emplea en las obras para el firme de las carreteras.

almendro *m* Árbol de corteza agrietada y flores blancas o rosadas, cuyo fruto en drupa es la almendra. ‖ Árbol de América, cuyos frutos encierran hasta 32 semillas oleaginosas y comestibles. □ ALMENDRAL.

almíbar *m* Azúcar disuelto en agua y espesado al fuego.

almibarar *tr* Bañar o cubrir con almíbar. ‖ (fig) Suavizar con arte y dulzura las palabras para ganar la voluntad de alguien.

almidón *m* Polisacárido que se forma en los órganos verdes de las plantas y se almacena en tubérculos, frutos, rizomas, semillas, etc., como material de reserva. □ ALMIDONERÍA.

almidonar *tr* Mojar la ropa blanca en almidón desleído en agua, y a veces cocido.

almilla *f* Jubón ajustado al cuerpo. ‖ Espiga de los maderos para ensamblar.

alminar *m* Torre de las mezquitas desde la que el almuédano convoca a los fieles en las horas de oración.

almiranta *f* Mujer de almirante. ‖ Nave del segundo jefe de una armada, escuadra o flota.

almirantazgo *m* Alto tribunal o consejo de la armada. ‖ Dignidad y jurisdicción del almirante.

almirante *m* El que desempeña en la armada cargo que equivale al de teniente general en los ejércitos de tierra.

almizclar *tr* Aderezar con almizcle.

almizcle *m* Sustancia aromática, untuosa al tacto, de sabor amargo y color pardo rojizo, que se extrae del escroto de una planta llamada almizclero. Se emplea en medicina y perfumería.

almocrí *m* Lector del Corán en las mezquitas.

almohada *f* Colchoncillo para reclinar la cabeza, o para sentarse o recostarse sobre él. ‖ Funda en que se mete este colchoncillo. □ ALMOHADADO, DA; ALMOHADAZO.

almohadilla *f* Cojín pequeño sobre el cual se cose. ‖ *Bol.* Cojincillo para borrar lo escrito en la pizarra. ‖ *Chile.* Agarrador de la plancha. ‖ Parte lateral de la voluta del capitel jónico. □ ALMOHADILLERO, RA.

almohadillar *tr* Acolchar. ‖ Labrar los sillares en forma de almohadillas.

almohadón *m* Colchón pequeño para sentarse o recostarse sobre él, o que se utiliza como adorno.

almorrana *f* Tumor sanguíneo de tipo varicoso que se forma en la parte exterior del ano o en la extremidad del intestino recto. □ ALMORRANIENTO, TA.

almorzar *intr* Tomar el almuerzo.

almotacén *m* Funcionario encargado de contrastar las pesas y medidas. ☐ ALMOTACENAZGO.

almotacenía *f* Lonja de contratación de pescado.

almuédano *m* Musulmán que, desde lo alto del alminar de una mezquita, convoca a los fieles a las cinco plegarias cotidianas.

almuerzo *m* Comida que se toma por la mañana. ‖ Comida del mediodía o de las primeras horas de la tarde. ‖ Acción de almorzar.

alocado, da *pp* de alocar. • *adj* Que tiene cosas de loco o parece loco. ‖ Díc. de acciones que revelan poca cordura o irreflexión.

alocar *tr* y *prnl* Volver loco. ‖ Causar perturbación en los sentidos, aturdir.

alocroísmo *m* Cambio o variación de color. ‖ Visión de los colores de forma distinta a como son en realidad.

alocución *f* Discurso breve dirigido por un superior a sus inferiores o súbditos.

alodial *adj* Libre de toda carga y derecho señorial. Aplícase a heredades, patrimonios.

alodio *m* Heredad o patrimonio libre.

áloe *m* Término genérico de diversas plantas de hojas grandes y carnosas y flores en racimos. Tiene aplicaciones medicinales.

alófono *adj* y *s* Díc. de las variantes de la pronunciación de un fonema, según los sonidos contiguos y su posición en la palabra.

alógeno, na *adj* Producido por la acción de un elemento o factor extraño.

aloja *f* Bebida de agua, miel y especias. ‖ *Arg.* y *Bol.* Chicha. ☐ ALOJERÍA.

alojar *tr, intr* y *prnl* Hospedar o aposentar. ‖ Colocar una cosa dentro de otra, y especialmente en cavidad adecuada. ☐ ALOJADO, DA.

alomar *tr* Arar la tierra formando lomos o caballones entre los surcos. ‖ Desarrollar la fuerza de los lomos de un caballo.

alomorfo o **alomorfema** *m* Variante combinatoria de un morfema, en función del contexto.

alón, na *adj Amér.* Aludo. • *adj* y *m Chile.* Díc. del sombrero de alas grandes. • *m* Ala entera de ave, sin las plumas.

alondra *f* Ave de plumaje pardo rojizo, cola ahorquillada y pico subcónico.

alongar *tr* Alargar. • *tr* y *prnl* Alejar, distanciar. ☐ ALONGADO, DA; ALONGAMIENTO.

alopecia *f* Caída o pérdida del pelo.

alpaca[1] *f* Artiodáctilo de cuello largo, cabeza pequeña y pelaje de color variado, propio de las regiones elevadas de los Andes. ‖ (fig) Pelo de este animal. ‖ (fig) Tejido hecho con este pelo. ‖ (fig) Tela gruesa de algodón abrillantado.

alpaca[2] *f* Aleación de cobre, níquel y cinc, también denominada plata alemana y metal blanco.

alpamato *m* Arbusto de Argentina, de hoja aromática, que se toma en infusión.

alpargata *f* Calzado de lona con suela de esparto o cáñamo que se asegura por simple ajuste o con cintas. ☐ ALPARGATADO, DA; ALPARGATAR; ALPARGATERÍA; ALPARGATERO, RA.

alpargatilla *m* o *f* (fig, fam) Persona que con astucia influye en otra para conseguir alguna cosa.

alpestre *adj* Alpino. ‖ (fig) Montañoso, áspero. ‖ Díc. de las plantas que viven a gran altitud.

alpinismo *m* Deporte que consiste en escalar cumbres de altas montañas. ☐ ALPINISTA.

alpino, na *adj* Perteneciente o relativo a los Alpes, y p. ext., a las montañas altas.

alpiste *m* Planta con inflorescencia en forma de panoja oval, cuyas semillas, menudas, se emplean como alimento de pájaros.

alquería *f* Casa para la labranza lejos del poblado. ‖ Conjunto de dichas casas.

alquilar *tr* Dar a otro una cosa, o prestársela, para que use de ella por el tiempo determinado, mediante el pago de la cantidad convenida. ‖ Tomar de otro una cosa para usarla de la misma manera. • *prnl* Ponerse a servir a otro por cierto estipendio. ☐ ALQUILABLE; ALQUILADOR, RA.

alquiler *m* Acción de alquilar. ‖ Precio en que se alquila una cosa.

alquimia f Química primitiva que se proponía objetivos como hallar la piedra filosofal o la panacea universal, para curar todos los males. ☐ ALQUÍMICO, CA; ALQUIMISTA.

alquitarar tr Destilar en alambiques.

alquitrán m Sustancia untuosa, de color negro o pardo oscuro, que se obtiene de la destilación de materias orgánicas.

alquitranar tr Untar o cubrir de alquitrán. ☐ ALQUITRANADO, DA.

alrededor adv lugar Denota la situación de personas o cosas que circundan a otras, o la dirección en que se mueven. • adv cant (fam) Cerca.

alta f Declaración del médico de que un enfermo ya está sano. || Documento que certifica la entrada de un militar en servicio activo. || Acto en que el contribuyente declara a la Hacienda el ejercicio de industrias o profesiones sujetas a impuesto.

altanería f Altura, región alta del aire. || Vuelo de algunas aves. || Cetrería. || (fig) Altivez, soberbia.

altanero, ra adj Díc. de las aves de rapiña de alto vuelo. ☐ ALTANERAMENTE.

altar m Monumento dispuesto para inmolar la víctima y ofrecer el sacrificio. || En el culto católico, ara o piedra consagrada sobre la que se extienden los corporales para celebrar la misa.

altavoz m Aparato que transforma la energía de la señal eléctrica suministrada por un amplificador en energía acústica.

altear tr Ecuad. Elevar, dar mayor altura. || Arg. y Par. Ordenar a alguien detenerse. • intr Chile. Subir a un árbol para otear. • prnl Elevarse un terreno.

alteración f Acción y efecto de alterar o alterarse. || Alboroto, tumulto. || Altercado, disputa. || Modificación en la composición química de una roca.

alterar tr y prnl Cambiar la esencia o forma de una cosa. || Perturbar, trastornar, inquietar. || Estropear, descomponer. ☐ ALTERABILIDAD; ALTERABLE; ALTERADIZO, ZA; ALTERADOR, RA.

altercar intr y prnl Disputar, porfiar. ☐ ALTERCACIÓN; ALTERCADO, DA.

alternador m Máquina dinamoeléctrica que produce corriente alterna.

alternar tr Variar las acciones diciendo o haciendo cosas de forma sucesiva y repetida. • intr Hacer o decir una cosa, o desempeñar un cargo varias personas por turno. || Tener trato amistoso, hacer vida social. || Practicar el alterne. ☐ ALTERNABLE; ALTERNACIÓN; ALTERNANCIA.

alternativa f Opción entre dos o más cosas. || Acción o derecho para ejecutar una cosa o gozar de ella alternando con otra. || Posibilidad, propuesta. || Ceremonia por la que un espada de cartel autoriza a un matador principiante para matar toros.

alternativo, va adj Que se dice, hace o sucede con alternación.

alterne m En ciertos bares, salas de fiesta etc., acción de incitar las empleadas a los clientes a hacer gasto, por lo que cobran un porcentaje.

alterno, na adj Alternativo. || Dicho de días, meses, años, etc. uno sí y otro no. || Díc. de las hojas y otros órganos vegetales situados alternativamente a ambos lados de un tallo o rama.

alteza f Altura. || (fig) Elevación, sublimidad, excelencia.

altibajos m pl (fam) Desigualdades o altos y bajos de un terreno. || (fig, fam) Alternancia de sucesos prósperos y adversos o cambios de estado sucesivos en un orden de cosas.

altillano m Amér. Merid. Altiplanicie.

altillo m Cerrillo o sitio algo elevado. || Construcción elevada en el interior de un local, para un mayor aprovechamiento del espacio. || Arg. y Ecuad. Desván. || Perú. Entresuelo.

altiplanicie f Meseta de gran extensión y altitud.

altiplano m Altiplanicie situada entre montañas.

altisonante adj Altamente sonoro. Díc. del lenguaje o estilo muy sonoro y elevado, y de quien lo emplea. ☐ ALTISONANCIA.

altitud f Altura. || Altura de un punto respecto al nivel del mar.

altivez o **altiveza** f Orgullo, soberbia.

altivo, va adj Orgulloso, soberbio. || Díc. de las cosas erguidas o elevadas. ☐ ALTIVAMENTE.

alto¹, ta *adj* Levantado, elevado sobre la tierra. ‖ De gran estatura. ‖ Díc. de la calle, el pueblo o país que está más elevado con respecto a otro o de los habitantes de éstos. ‖ (fig) Dicho del precio, caro o subido. ‖ (fig) Fuerte, que se oye a gran distancia. • *m* Altura, dimensión de los cuerpos. ‖ *Amér.* Montón, pila. • *m pl Amér.* Piso o pisos superiores de una casa, por contraposición a la planta baja. • *adv lugar* En lugar o parte superior.

alto² *m* Detención o parada en la marcha de la tropa y, p. ext., interrupción de una actividad. ‖ Voz con que se ordena a alguien detenerse.

altoparlante *m Amér.* Altavoz.

altorrelieve *m* Relieve que sobresale más de la mitad de su bulto del plano de fondo.

altozano *m* Monte de poca altura e aislado en terreno llano.

altramuz *m* Planta de flores blancas y fruto en legumbre de grano menudo y achatado.

altruismo *m* Preocupación por el bienestar de los demás, aun a costa del propio. ☐ ALTRUISTA.

altura *f* Dimensión de los cuerpos perpendicular a su base, y considerada por encima de ésta. ‖ Región del aire a cierta elevación sobre la tierra. ‖ Cumbre de los montes o parajes altos. ‖ Altitud con relación al nivel del mar. • *f pl* Cielo.

alubia *f* Judía.

alucinación *f* Acción de alucinar o alucinarse. ‖ Trastorno psicosensorial que consiste en una percepción sin objeto, vivida con convicción de realidad.

alucinante *adj* Impresionante, asombroso.

alucinar *tr* Ofuscar, seducir o engañar. • *tr y prnl* Sorprender, asombrar. • *intr* Padecer alucinaciones. • *prnl* Confundirse, desvariar. ☐ ALUCINADOR, RA; ALUCINE; ALUCINATORIO, RIA.

alucinógeno, na *adj y s* Díc. de la sustancia capaz de provocar alucinaciones.

alud *m* Masa de nieve y hielo que se desprende por su propio peso y se precipita por la pendiente arrastrando materiales detríticos.

aludir *intr* Referirse a una persona o cosa sin nombrarla o sin expresar que se habla de ella.

alumbrado, da *pp* de alumbrar o alumbrarse. ‖ (fig) Ebrio. • *m* Conjunto de luces que alumbran un pueblo o lugar.

alumbramiento *m* Acción y efecto de alumbrar o llenar de luz. ‖ (fig) Parto. ‖ Búsqueda y conducción a flor de tierra de una corriente o vena acuífera subterránea. ‖ Expulsión de la placenta y membranas, en la fase final del parto.

alumbrar *tr* e *intr* Llenar de luz y claridad. ‖ Parir la mujer. ‖ (fig) Disipar la oscuridad y el error. ‖ (fig) Ilustrar, enseñar. • *tr y prnl* Aplicado a las facultades intelectuales, iluminar, inspirar. • *prnl* (fam) Embriagarse. ☐ ALUMBRADOR, RA; ALUMBRANTE.

aluminio *m* Metal de color blanco argénteo, ligero, blando, dúctil, resistente a la corrosión y buen conductor.

aluminosis *f* Degradación de las características físicas del hormigón provocada por un envejecimiento anormal resultado de la alteración de los componentes del cemento aluminoso, proceso que se acelera en contacto con el agua.

alumnado *m* Conjunto de alumnos de un centro docente.

alumno, na *m y f* Persona educada desde su niñez por alguno, respecto de éste. ‖ Cualquier discípulo, respecto de su maestro, de la materia que aprende o de la clase, colegio o universidad donde estudia.

alunizar *intr* Posarse sobre la superficie de la Luna una nave espacial o uno de sus tripulantes. ☐ ALUNIZAJE.

alusión *f* Acción de aludir. ‖ Figura que consiste en aludir a algo o a alguien conocido sin nombrarlo. ☐ ALUSIVO, VA.

aluvión *m* Avenida fuerte de agua, inundación. ‖ (fig) Cantidad grande de personas o cosas agolpadas. ☐ ALUVIAL, ALUVIONAMIENTO.

aluzar *tr Amér. Centr.* Alumbrar, llenar de luz.

álveo *m* Lecho de un río, lago, laguna, etc.

alveolar *adj* Perteneciente, relativo o semejante a los alveolos. • *adj y f* Díc. del fonema que se articula acercando o aplicando la lengua a los alveolos de los incisivos superiores.

alveolo o **alvéolo** *m* Celdilla del panal. || (fig) Cavidad, hueco, depresión. || Cavidad del tejido pulmonar en que termina una ramificación bronquial. ☐ ALVEOLADO, DA.

alza *f* Aumento del precio de una cosa. || Subida de las cotizaciones de los valores bursátiles.

alzada *f* Altura, elevación, estatura.

alzado, da *pp* de alzar. • *adj* Díc. de la persona que quiebra fraudulentamente. || Díc. del precio que se fija en determinada cantidad. || Rebelde, sublevado.

alzamiento *m* Acción y efecto de alzar. || Puja que se hace en una subasta. || Levantamiento o rebelión. || Quiebra fraudulenta.

alzar *tr* Levantar, mover hacia arriba. || Construir, edificar. || Recoger, guardar u ocultar una cosa. || En los juegos de naipes, cortar la baraja. || Erigir, instituir. || Elevar un precio. || Esforzar la voz. • *tr* y *prnl* Rebelar, sublevar. • *prnl* Amér. Fugarse y hacerse montaraz el animal doméstico. || Apelar, recurrir a juez o tribunal superior.

alzo *m* Amér. Centr. Robo, hurto. || Amér. Centr. Tratándose de gallos, pelea victoriosa.

ama *f* Cabeza o señora de la casa o familia. || Dueña, poseedora. || Criada pral. de una casa. || Mujer que amamanta a una criatura ajena.

amable *adj* Digno de ser amado. || Afable, complaciente. ☐ AMABILIDAD; AMABILÍSIMO, MA.

amachinarse *prnl* Amér. Amancebarse. || Guat. y Pan. Abatirse, acobardarse.

amado, da *pp* de amar. • *m* y *f* Persona amada.

amadrigar *tr* (fig) Albergar, alojar. || Proteger, cuidar. • *prnl* Meterse en la madriguera. || (fig) Retraerse. || Acogerse, refugiarse.

amaestrado, da *pp* de amaestrar. • *adj* Dispuesto con arte y astucia. ☐ AMAESTRADAMENTE.

amaestrar *tr* y *prnl* Enseñar, adiestrar. || Domar a un animal. ☐ AMAESTRADOR, RA.

amagar *tr* e *intr* Dejar ver la intención de ejecutar alguna cosa. || Manifestarse los primeros síntomas de una enfermedad. • *tr* y *prnl* (fam) Ocultarse, esconderse. ☐ AMAGO.

amainar *tr* Recoger las velas de una embarcación. • *intr* Aflojar o perder su fuerza el viento. • *tr* e *intr* (fig) Aflojar en un deseo. ☐ AMAINE.

amalgama *f* Aleación del mercurio con otro metal. || (fig) Unión o mezcla de cosas heterogéneas.

amalgamar *tr* y *prnl* Alear el mercurio con otro u otros metales para formar amalgamas. ☐ AMALGAMACIÓN; AMALGAMIENTO.

amamantar *tr* Dar de mamar.

amancay, amancaya o **amancayo** *m* Nombre de diversas especies de azucena o narciso silvestres que crecen en los Andes.

amancebamiento *m* Situación de cohabitar hombre y mujer sin estar casados. || Adulterio del marido.

amancebarse *prnl* Unirse en amancebamiento.

amancillar *tr* Manchar, deslustrar la fama o linaje. || Deslucir, afear, ajar.

amanecer *intr* Empezar a aparecer la luz del día. || (fig) Manifestarse algo por primera vez.

amanerarse *tr* y *prnl* Reiterar mecánicamente un artista o escritor recursos o rasgos estilísticos, que le apartan de la naturalidad. || Dar una persona afectación a su modo de accionar, hablar, etc. ☐ AMANERADO, DA; AMANERAMIENTO.

amanita *f* Nombre común a diversos hongos, entre los que se incluyen diversas especies venenosas.

amansador, ra *adj* y *s* Que amansa. • *f* Arg. Palenque donde se amarran los potros para desbravarlos. || (fig) Arg. y Ur. Antesala, espera prolongada.

amansar *tr* y *prnl* Hacer manso a un animal, domesticarlo. || (fig) Sosegar, apaciguar, mitigar. • *intr* Apaciguarse, amainar algo.

amante *pa* de amar. • *adj* Díc. de las cosas en que se manifiesta el amor o que se refieren a él. • *adj* y *s* Que ama. • *m* o *f* Persona con la que, sin estar casado, se mantienen relaciones sexuales. • *m pl* Hombre y mujer que se aman.

amanuense *m* o *f* Persona que escribe al dictado. ‖ Escribiente. ‖ Copista.

amañar *tr* Preparar o disponer algo con engaño. • *prnl* Darse maña. ‖ Adaptarse.

amapola *f* Planta de flores rojas, que crece espontánea en los sembrados.

amar *tr* Tener amor a personas, animales o cosas. ☐ AMADOR, RA; AMATIVO, VA; AMATORIO, RIA.

amarar *intr* Posarse en el agua un hidroavión.

amargar *intr* y *prnl* Tener una cosa sabor o gusto desagradable al paladar. • *tr* y *prnl* (fig) Causar aflicción. ‖ Sentir una persona resentimiento por frustraciones, disgustos, etc.

amargo, ga *adj* Que amarga. ‖ (fig) Áspero y de genio desabrido. ‖ *Arg.* Mate sin azúcar.

amargor *m* Sabor o gusto amargo. ‖ (fig) Aflicción, disgusto.

amargura *f* Amargor, sabor o gusto amargo. ‖ (fig) Tristeza, disgusto. ‖ (fig) Frustración, resentimiento.

amarillear *intr* Mostrar una cosa color amarillo. ‖ Ir tomando color amarillo. ‖ Palidecer.

amarillo, lla *adj* y *s* Díc. del tercer color del espectro solar, entre el verde y el anaranjado. ‖ (fig) Díc. de la prensa sensacionalista. ‖ Díc. de las organizaciones obreras al servicio de la patronal. • *m* Pigmento o colorante empleado para obtener este color.• *f* (fig, fam) Moneda de oro, en especial la onza. ☐ AMARILLENTO, TA.

amarra *f* Correa que se coloca a los caballos para que no puedan levantar la cabeza. ‖ Lo que sirve para ligar, atar o sujetar. • *pl* (fig, fam) Protección, apoyo.

amarradero *m* Poste, pilar o argolla donde se amarra alguna cosa.

amarrado, da *adj Chile.* Díc. de la persona poco expedita en sus movimientos o acciones.

amarraje *m* Impuesto que se paga por el amarre de un buque en un puerto.

amarrar *tr* Atar y asegurar por medio de cuerdas, maromas, cadenas, etc. ‖ Sujetar

el buque en el puerto o en cualquier fondeadero por medio de anclas y cadenas o cables. ‖ *Amér.* Concertar, pactar. • *prnl Nic.* y *Salv.* Casarse. ‖ *Amér.* Embriagarse. ☐ AMARRE.

amartelar *tr* y *prnl* Enamorar.

amasar *tr* Formar o hacer masa, mezclando harina, yeso, tierra u otra materia semejante con agua u otro líquido. ‖ (fig) Reunir, acumular fortuna o bienes. • *tr* y *prnl* Unir, amalgamar. ☐ AMASADERO; AMASADURA.

amasijo *m* Amasadura. ‖ Acción de disponer las cosas necesarias para amasar. ‖ (fig, fam) Embrollo, confusión. ‖ (fig, fam) Intriga.

amateur *adj* y *s* Aficionado, no profesional; se aplica sobre todo al deporte o a los deportistas.

amatista *f* Variedad de cuarzo transparente, de color púrpura a violeta, usada como gema.

amazacotado, da *adj* Pesado, denso, apelmazado. ‖ (fig) Díc. del estilo o las obras artísticas, recargado, confuso.

amazona *f* Mujer de una de las razas guerreras que ant. se suponía que existieron en los tiempos heroicos. ‖ (fig) Mujer que monta a caballo.

amazónico, ca *adj* Perteneciente a las amazonas o propio de ellas. ‖ Relativo al río Amazonas o a su cuenca.

ámbar *m* Resina fósil procedente de coníferas, traslúcida y de color amarillento, que arde fácilmente, con buen olor. ‖ Perfume delicado.

ambición *f* Pasión por conseguir poder, honras, dignidades o fama. ☐ AMBICIOSO, SA.

ambicionar *tr* Desear ardientemente una cosa.

ambidextro, tra o **ambidiestro, tra** *adj* y *s* Díc. de la persona que usa con igual soltura la mano izquierda que la derecha.

ambientador *m* Sustancia que se emplea para perfumar el ambiente. ‖ Envase que la contiene.

ambientar *tr* Enmarcar una obra literaria en un medio social, época o lugar determinados. ‖ Proporcionar un ambiente adecuado a un acto o suceso. • *tr* y *prnl* Adaptar o acostumbrar a una persona a un medio desconocido.

ambiente *adj* Díc. del fluido que rodea un cuerpo. • *m* Condiciones o circunstancias, físicas, sociales, etc. de un lugar, una colectividad o una época. ‖ Grupo, estrato o sector social. ‖ *Arg.* y *Chile.* Habitación. ◻ AMBIENTAL.

ambiguo, gua *adj* Que puede admitir distintas interpretaciones. ‖ Incierto, dudoso. ‖ Díc. de quien no define sus opiniones. ◻ AMBIGUAMENTE.

ámbito *m* Contorno o perímetro de un espacio o lugar. ‖ Espacio comprendido dentro de límites determinados. ‖ Círculo, medio en que uno se desenvuelve. ‖ (fig) Espacio configurado por las cuestiones de una o varias actividades o disciplinas.

ambivalencia *f* Condición de lo que se presta a dos interpretaciones opuestas. ‖ Coexistencia de dos sentimientos o emociones opuestos. ◻ AMBIVALENTE.

ambos, bas *adj pl* El uno y el otro; los dos.

ambrosía o **ambrosia** *f* Manjar o alimento de los dioses. ‖ (fig) Cosa deleitosa al espíritu. ‖ (fig) Manjar o bebida de gusto delicado. ◻ AMBROSÍACO, CA O AMBROSIACO, CA.

ambulancia *f* Hospital móvil de campaña, que presta los primeros auxilios a los heridos. ‖ Vehículo destinado al transporte de heridos o enfermos.

ambulante *adj* Perteneciente o relativo a la ambulancia. ‖ Que va de un lugar a otro sin tener asiento fijo.

ambulatorio, ria *adj* Díc. de la enfermedad que no obliga a guardar cama o de su tratamiento. ‖ Relativo a la práctica de andar. • *m* Dispensario.

ameba *f* Rizópodo que carece de membrana rígida y se desplaza mediante seudópodos.

amelcochar *tr* y *prnl* Amér. Dar a un dulce el punto espeso de la melcocha. • *prnl* (fig) Cuba y Méx. Mostrarse meloso y dulzón en exceso.

amén[1] *m* Voz que se dice al fin de las oraciones cristianas. ‖ Úsase para manifestar aquiescencia o vivo deseo de que tenga efecto lo que se dice.

amén[2] *adv modo* Excepto, a excepción. • *adv cant* A más, además.

amenazar *tr* Dar a entender con actos o palabras que se quiere hacer algún mal a otro. ◻ AMENAZA; AMENAZADOR, RA; AMENAZANTE.

amenizar *tr* Hacer ameno un sitio o una cosa.

ameno, na *adj* Grato, deleitable, placentero. ◻ AMENAMENTE; AMENIDAD.

americanismo *m* Calidad o condición de americano. ‖ Carácter genuinamente americano. ‖ Apego o admiración por las cosas de América o dedicación a su estudio. ‖ Vocablo, giro o rasgo lingüístico de una lengua indígena de América, o propio del español hablado en este continente. ◻ AMERICANISTA; AMERICANIZAR.

americano, na *adj* y *s* De América. • *f* Chaqueta de caballero.

amerindio, dia *adj* Perteneciente o relativo a los indígenas americanos. • *adj* y *s* Díc. de los individuos integrantes de los pueblos aborígenes de América.

ameritar *tr* y *prnl* Amér. Dar méritos. • *intr* Amér. Merecer, contraer méritos. ◻ AMERITADO, DA.

amestizado, da *adj* Semejante al mestizo.

ametrallador, ra *adj* Que ametralla. • *f* Arma de fuego automática de gran velocidad de tiro.

ametrallar *tr* Disparar metralla contra el enemigo. ‖ Disparar con ametralladora. ‖ (fig) Acosar verbalmente.

amianto *m* Mineral que se presenta en fibras blancas y flexibles.

amigabilidad *f* Disposición natural para contraer amistades.

amigable *adj* Afable y que convida a la amistad. ‖ Dicho de cosas, amistoso. ‖ (fig) Que tiene unión o conformidad con otra cosa.

amígdala *f* Nombre de una serie de órganos en forma de almendra, en especial cada uno de los dos órganos situados en el istmo de las fauces. ◻ AMIGDALITIS.

amigo, ga *adj* y *s* Que tiene amistad. • *adj* Amistoso. ‖ (fig) Aficionado o inclinado a algo. • *m* y *f* Amante, querido.

amigote *m aum* fam de amigo. ‖ (desp) Compañero habitual de francachelas y diversiones.

amilanado, da *pp* de amilanar. • *adj* Cobarde, pusilánime.

amilanar *tr* (fig) Intimidar, amedrentar. ‖ (fig) Desanimar. • *prnl* Abatirse, desalentarse.

amillonado, da *adj* Muy rico o acaudalado.

aminoácido *m* Compuesto en cuya molécula existen una función amínica y una función carboxílica.

aminorar *tr* Minorar, reducir. ❏ AMINORACIÓN.

amistad *f* Afecto personal, puro y desinteresado. ‖ Merced, favor. • *f pl* Personas con las que se tiene amistad.

amistar *tr* y *prnl* Unir en amistad. ‖ Reconciliar a los enemistados.

amistoso, sa *adj* Perteneciente o relativo a la amistad. ‖ Díc. del encuentro deportivo que no es de competición.

amnesia *f* Pérdida parcial o total de la memoria. ❏ AMNÉSICO, CA.

amnistía *f* Extinción total de la pena y sus efectos por quitar al acto penalizado su carácter punible. Generalmente se aplica a delitos de carácter político.

amnistiar *tr* Conceder amnistía.

amo *m* Cabeza o señor de la casa o familia. ‖ Dueño o poseedor de una cosa. ‖ El que tiene uno o más criados, respecto de ellos.

amodorrarse *prnl* Caer en modorra.

amojonar *tr* Señalar con mojones los linderos de una propiedad o de un término jurisdiccional. ❏ AMOJONADOR; AMOJONAMIENTO.

amol *m Guat.* y *Hond.* Jaboncillo.

amolar *tr* Sacar corte o punta a un arma o instrumento en la muela. ‖ (fig) Adelgazar, enflaquecer. ‖ Alisar, rectificar o labrar algo con la muela. • *tr* y *prnl* (fig, fam) Fastidiar, molestar.

amoldar *tr* y *prnl* Ajustar una cosa al molde. ‖ (fig) p. ext. Acomodar, reducir a la forma propia o conveniente. ‖ (fig) Ajustar la conducta a una pauta determinada u obrar según las circunstancias. ❏ AMOLDABLE; AMOLDADOR, RA.

amollar *intr* Ceder, aflojar, desistir.

amollentar *tr* Ablandar o hacer muelle una cosa.

amonal *m* Explosivo compuesto por una mezcla de nitrato amónico y aluminio en polvo.

amonarse *prnl* (fam) Embriagarse.

amonestación *f* Acción y efecto de amonestar. Notificación pública en la iglesia de los nombres de los que se van a casar u ordenar.

amonestar *tr* Hacer presente una cosa para que se considere, procure o evite. ‖ Advertir, prevenir, reprender. • *prnl* Ser amonestado, hacerse amonestar. ❏ AMONESTADOR, RA.

amoníaco o **amoniaco** *m* Gas incoloro, de olor característico e irritante, y fácilmente licuable. ❏ AMONIACAL; AMÓNICO, CA.

amontar *intr* y *prnl* Huir o hacerse al monte.

amontonar *tr* y *prnl* Poner unas cosas sobre otras sin orden ni concierto. ‖ Apiñar personas o animales. • *tr* Juntar, reunir, allegar cosas en abundancia. • *prnl* Tratándose de sucesos, sobrevenir muchos en corto tiempo. ‖ (fig, fam) Irritarse, exacerbarse. ❏ AMONTONADOR, RA.

amor *m* Afecto por el cual busca el ánimo el bien verdadero o imaginado, y apetece gozarlo. ‖ Pasión que atrae un sexo hacia el otro. ‖ Persona amada. ‖ Esmero con que se trabaja una obra deleitándose en ella.

amoral *adj* Díc. de la persona carente o indiferente respecto al sentido moral. ‖ Díc. de las obras y acciones humanas en que se prescinde del fin moral. ❏ AMORALIDAD.

amordazar *tr* Poner mordaza. ‖ (fig) Impedir a alguien expresarse libremente. ❏ AMORDAZADOR, RA; AMORDAZAMIENTO.

amorfo, fa *adj* Sin forma regular o bien determinada. ‖ Díc. de los minerales que carecen de estructura cristalina. ❏ AMORFIA.

amorochado *adj Ven.* Adosado, junto.

amoroso, sa *adj* Que siente amor. ‖ Que denota o manifiesta amor. ‖ (fig) Blando, fácil de labrar o cultivar. ‖ (fig) Templado, apacible.

amorrar *intr* y *prnl* (fam) Bajar o inclinar la cabeza, obstinándose en no hablar. • *prnl* Aplicar los labios o morros a una fuente o a un líquido para beber.

amortajar *tr* Poner la mortaja a un difunto. ‖ p. ext. Cubrir, envolver. ☐ AMORTA-JADOR, RA.

amortecer *tr* e *intr* Amortiguar. • *prnl* Desmayarse. ☐ AMORTECIMIENTO.

amortiguador, ra *adj* Que amortigua. • *m* Dispositivo destinado a disminuir el efecto de un choque o sacudida, la intensidad de un sonido o las vibraciones de una máquina.

amortiguar *tr* y *prnl* (fig) Hacer menos intensa, eficaz o violenta una cosa. • *tr* (fig) Hablando de colores, templarlos, disminuir su viveza. ☐ AMORTIGUACIÓN; AMORTIGUAMIENTO.

amortizar *tr* Pasar los bienes a manos muertas. ‖ Redimir o extinguir el capital de un censo o deuda. ‖ Recuperar o compensar los fondos invertidos en una empresa. ‖ Refiriéndose a objetos adquiridos, terminar de pagarlos, usarlos mucho o sacarles provecho. ☐ AMORTIZABLE; AMORTIZACIÓN.

amotinar *tr* y *prnl* Alzar en motín a la multitud. ‖ (fig) Perturbar, inquietar. • *prnl* Rebelarse. ☐ AMOTINADOR, RA; AMOTINAMIENTO.

amover *tr* Remover, destituir. ☐ AMOVI-BLE.

amparar *tr* Favorecer, proteger. ‖ Chile. Llenar las condiciones con que se adquiere el derecho de beneficiar una mina. • *prnl* Valerse del favor o protección de alguno. ‖ Defenderse, guarecerse. ☐ AMPARADOR, RA; AMPARAMIENTO; AMPARO.

amperaje *m* Intensidad de una corriente eléctrica expresada en amperes.

ampere o **amperio** *m* Unidad de intensidad de corriente eléctrica en el Sistema Internacional de unidades.

amperímetro *m* Instrumento para medir la intensidad de una corriente eléctrica.

ampliar *tr* Extender, dilatar. ‖ Reproducir fotografías, planos, etc., en tamaño mayor del original. ‖ (fig) Profundizar. ☐ AMPLIABLE; AMPLIATIVO, VA; AMPLIA-CIÓN; AMPLIADOR, RA.

amplificador, ra *adj* y *s* Que amplifica. • *m* Aparato o conjunto de ellos que puede aumentar la amplitud o intensidad de una magnitud física.

amplificar *tr* Ampliar, extender, dilatar. ☐ AMPLIFICACIÓN; AMPLIFICATIVO, VA.

amplio, plia *adj* Extenso, dilatado, espacioso. ‖ Holgado, flojo, no apretado.

amplitud *f* Extensión, dilatación. ‖ (fig) Capacidad de comprensión intelectual o moral.

ampolla *f* Burbuja que se forma en el agua cuando hierve o cuando llueve con fuerza. ‖ Vasija de vidrio de cuello largo y estrecho, y de cuerpo ancho y redondo en la parte inferior.

ampuloso, sa *adj* Hinchado y redundante. Dícese generalmente, del lenguaje o del estilo. ☐ AMPULOSIDAD.

amputar *tr* Cortar en derredor o quitar del todo. ‖ Cortar y separar enteramente del cuerpo un miembro o una porción de él. ☐ AMPUTACIÓN.

amuchar *tr* (fam) Amér. Multiplicar, aumentar.

amueblar *tr* Dotar de muebles un espacio.

amuermar, da *adj* Deprimido, abatido. ‖ Aburrido, hastiado.

amuleto *m* Objeto portátil al que se atribuye virtud para alejar un mal o propiciar un bien.

anabolizante *adj* y *s* Díc. de las sustancias que favorecen la biosíntesis de las proteínas corporales.

anaconda *f* Ofidio de gran longitud que vive a orillas de los ríos y se alimenta de aves y pequeños mamíferos.

anacoreta *m* o *f* Persona que vive en lugar solitario, entregada a la contemplación y a la penitencia. ☐ ANACORÉTI-CO, CA.

anacreóntico, ca *adj* Propio y característico del poeta gr. Anacreonte. • *adj* y *f* Díc. de la composición poética de carácter hedonístico.

anacronismo *m* Error de cronología que consiste en situar un hecho, uso, personaje, etc. en época distinta a la que corresponde. ‖ Objeto en desuso. ☐ ANACRÓNI-CO, CA.

ánade *amb* Pato.

anáfora *f* Tipo de deixis, propio de ciertas palabras, que consiste en hacer referencia a un término de la frase ya enunciado. ‖ Repetición de una o varias palabras al comienzo de los versos o frases que forman un período. ☐ ANAFÓRICO, CA.

anafrodisia *f* Disminución, carencia o falta del apetito venéreo o sexual.

anafrodita *adj* y *s* Díc. de quien se abstiene de placeres sexuales.

anagliptografía *f* Sistema de escritura en relieve para uso de invidentes.

anagogía *f* Interpretación simbólica que se hace de la Sagrada Escritura. ‖ Elevación del alma en la contemplación de las cosas divinas. ☐ ANAGÓGICO, CA.

anagrama *m* Trasposición de las letras de una palabra o sentencia, de que resulta otra distinta. ‖ p. ext. Símbolo o emblema. ☐ ANAGRAMÁTICO, CA; ANAGRAMATISTA.

anal[1] *adj* Relativo al ano.

anal[2] *adj* De periodicidad anual. • *m pl* Relación de sucesos agrupados por años. ‖ Publicación periódica en la que se recogen noticias y artículos sobre un campo de la cultura, la ciencia y la técnica. ☐ ANALÍSTICO, CA.

analepsia *f* Restablecimiento de las fuerzas después de una enfermedad. ☐ ANALÉPTICO, CA.

analfabetismo *m* Situación de la persona que no sabe leer ni escribir la lengua que habla y, por tanto, no es capaz de comprender un texto. ‖ Falta de instrucción elemental en un país; incultura. ☐ ANALFABETO, TA.

analgesia *f* Falta o supresión de la sensibilidad al dolor.

analgésico, ca *adj* Perteneciente o relativo a la analgesia. • *m* Díc. del fármaco que disminuye o inhibe el dolor sin alterar las otras sensaciones nerviosas ni la conciencia.

análisis *m* Distinción y separación de las partes de un todo hasta llegar a conocer sus principios o elementos. ‖ (fig) Examen de una obra, un escrito u otra realidad susceptible de estudio. ‖ Examen químico o bacteriológico de los líquidos o tejidos orgánicos para establecer un diagnóstico. ☐ ANALISTA.

analítico, ca *adj* Perteneciente o relativo al análisis. ‖ Que procede descomponiendo o que pasa del todo a las partes. ☐ ANALÍTICAMENTE.

analizar *tr* Hacer el análisis de alguna cosa.

analogía *f* Relación de semejanza entre cosas distintas. ‖ Razonamiento basado en la existencia de atributos semejantes en seres o cosas diferentes. ‖ Parte de la gramática que trata de los accidentes y propiedades de las palabras consideradas aisladamente. ☐ ANALOGISMO; ANÁLOGO, GA.

analógico, ca *adj* Análogo. ‖ Perteneciente o relativo a la analogía. ‖ Díc. de los modelos que representan las propiedades reales de un sistema reproduciendo su estructura con otros elementos. ☐ ANALÓGICAMENTE.

ananá o **ananás** *m* Planta de flores de color morado y fruto grande en forma de piña, carnoso, amarillento y suculento.

anaplastia *f* Cirugía plástica.

anaquel *m* Cada una de las tablas puestas horizontalmente en los muros, armarios, alacenas, etc., para colocar sobre ellas objetos. ☐ ANAQUELERÍA.

anarquía *f* Falta de todo gobierno en un estado. ‖ (fig) Desorden, confusión por ausencia o flaqueza de la autoridad pública. ‖ por ext. Desconcierto, barullo. ☐ ANÁRQUICO, CA; ANARQUISTA.

anarquizar *tr* Propagar el anarquismo. • *prnl* Caer en la anarquía. ☐ ANARQUIZANTE.

anartria *f* Trastorno del lenguaje consistente en la imposibilidad de articular los sonidos.

anástrofe *f* Hipérbaton consistente en posponer la preposición al nombre que rige.

anatema *amb* Excomunión. ‖ Imprecación.

anatematizar *tr* Imponer el anatema. ‖ Maldecir a alguno. ‖ (fig) Reprobar o condenar por mala a una persona o cosa. ☐ ANATEMATIZADOR, RA.

anatomía f Ciencia que estudia la morfología y la estructura de los seres vivos y las relaciones entre los órganos que los constituyen. ‖ Disección o separación de las partes de un organismo animal o vegetal. ❑ ANATOMISTA.

anatómico, ca adj Perteneciente o relativo a la anatomía. ‖ Díc. de un objeto construido para que se adapte o ajuste perfectamente al cuerpo humano o a alguna de sus partes.

anatomizar tr Hacer la anatomía de un organismo. ‖ Señalar en las figuras los huesos y músculos de manera que se distingan bien.

anca f Cada una de las dos mitades laterales de la parte posterior de las caballerías y otros animales. ‖ (fam) Nalga.

ancestral adj Perteneciente o relativo a los antepasados. ‖ Tradicional y de origen remoto.

ancheta f Cantidad pequeña de mercancías que una persona lleva a vender. ‖ Amér. Negocio, bicoca, simpleza.

anchi m Arg. y Chile. Salvado tostado que se come hervido con agua, limón y azúcar, o remojado. ‖ Perú. Residuo farináceo usado para preparar la chicha.

ancho, cha adj Que tiene más o menos anchura. ‖ Que tiene anchura excesiva. ‖ Holgado, amplio. ‖ (fig) Desembarazado, laxo. ‖ (fig) De gran tamaño, importancia o intensidad. • m Anchura. ❑ ANCHUROSO, SA.

anchoa f Boquerón, pez.

anchura f Latitud, una de las dos dimensiones prales. de un plano, o una de las tres de los cuerpos. ‖ Amplitud. ‖ Holgura. ‖ (fig) Libertad, desenvoltura. ❑ ANCHAMENTE.

ancianidad f Último período de la vida humana.

anciano, na adj y s Díc. de la persona que tiene muchos años.

ancla f Instrumento de hierro forjado, en forma de arpón o anzuelo doble, que, pendiente de una cadena, sirve para fondear una nave.

ancladero m Fondeadero.

anclar o **ancorar** intr Soltar el ancla una nave para quedar fija en un punto. • tr (fig) Sujetar algo firmemente al suelo o a otro lugar. • prnl (fig) Arraigar en un lugar o aferrarse a una idea o actitud. ❑ ANCLAJE.

ancón m Ensenada pequeña para fondear. ‖ Méx. Rincón.

áncora f Ancla. ‖ Pieza del escape de un reloj mecánico que transforma el movimiento circular de las ruedas en movimiento alternativo del oscilador. ❑ ANCORERÍA; ANCORERO.

andadero, ra adj Díc. del sitio por donde se puede andar fácilmente. ‖ Andador, que anda. • f pl Aparato para que el niño aprenda a andar.

andado, da pp de andar. • adj Usado o algo gastado. ‖ Amér. Centr. Modo de andar. • f Hond. y Méx. Paseo largo.

andador, ra adj y s Díc. del que anda mucho o con velocidad. ‖ Senda por donde, en las huertas, se anda fuera de los cuadros. ‖ Andaderas. • m pl Tirantes que sirven para sostener al niño cuando aprende a andar.

andaluz, za adj y s De Andalucía. • m Variedad de la lengua esp. hablada en Andalucía.

andamio m Armazón de tablones para colocarse encima y trabajar en la construcción o reparación de edificios. ‖ Tablado que se pone en sitios públicos para ver un espectáculo.

andana f Orden de cosas puestas en fila.

andanada f Andana, orden de cosas en línea. ‖ Descarga simultánea de todas las baterías de uno de los costados de un buque. ‖ Localidad cubierta y con gradas en las plazas de toros. ‖ (fig, fam) Reconvención agria y severa.

andancia f Amér. Andanza, buena o mala suerte. ‖ Andancio.

andanza f Acción de recorrer azarosamente diversos lugares. ‖ Suerte, buena o mala. • f pl Visicitudes, peripecias, lances.

andar intr y prnl Ir de un lugar a otro dando pasos. ‖ (fam) Seguido de la prep en, poner o meter las manos o los dedos en una cosa. • intr Funcionar un artefacto o máquina. ‖ Hablando del tiempo, pasar, correr. ‖ Seguido de las preposiciones con o sin y algunos nombres, tener o padecer lo que el nombre significa, o al contrario. ‖ Seguido de la *prep a* y de nombres en *pl*, como *golpes, cuchilladas, tiros*, darlos. ‖ Con la *prep en*, seguida de un número que indique años, estar a punto de cumplirlos. ‖ Con la *prep en*, estar mezclado en un asunto. ‖ (fam) Traer entre manos, manejar. • *prnl* Seguido de la *prep a* y otro verbo, ocuparse en, o disponerse a, ejecutar la acción de lo que expresa el verbo. ❒ ANDARIEGO, GA; ANDARÍN, NA.

andarivel *m* Maroma tendida entre las dos orillas de un río o canal para cruzar las embarcaciones menores ayudándose con las manos. ‖ Cuerdas o líneas que delimitan las pistas al nadador o al corredor. • *pl Amér.* Adornos excesivos, gralte. femeninos.

andén *m* Corredor o sitio destinado para andar. ‖ Pretil, parapeto, antepecho. ‖ En las estaciones de ferrocarril, especie de acera a lo largo de la vía. ‖ En los puertos de mar, espacio de terreno sobre el muelle. ‖ Acera de un puente. ‖ *Col., Guat.* y *Hond.* Acera de calle. • *m pl Amér.* Bancal, terreno de labranza.

andrajo *m* Pedazo o jirón de ropa muy usada. ‖ (fig) Persona o cosa despreciable. ❒ ANDRAJOSO, SA.

androceo *m* Órgano masculino de la flor, formado por los estambres.

andrógeno, na *adj* y *m* Díc. de las hormonas responsables del desarrollo y conservación de los caracteres sexuales masculinos. ❒ ANDROGÉNESIS; ANDROPAUSIA; ANDROSTERONA.

andrógino, na *adj* Monoico. ‖ Díc. de los animales hermafroditas que tienen fecundación cruzada. ‖ Díc. del individuo del sexo masculino que presenta caracteres morfológicos propios del sexo femenino.

androide *m* Autómata con figura de hombre.

andrómina *f* (fam) Embuste, trola. Se usa más en plural.

anécdota *f* Breve relato de un suceso significativo o curioso a fin de ilustrar o entretener. ‖ Suceso circunstancial e irrelevante. ❒ ANECDOTARIO; ANECDÓTICO, CA; ANECDOTISMO; ANECDOTISTA.

anegar *tr* y *prnl* Ahogar a uno sumergiéndolo en el agua. ‖ Inundar. • *tr* Abrumar. • *prnl* Naufragar. ❒ ANEGACIÓN; ANEGAMIENTO.

anejo, ja *adj* y *s* Unido o agregado a una persona o cosa, con dependencia o relación respecto de ella. • *adj* Propio, inherente, concerniente. • *m* Libro que se edita como complemento de una revista científica.

anemia *f* Disminución del contenido de hemoglobina de la sangre, acompañado o no de un descenso del número de hematíes. ❒ ANÉMICO, CA.

anemófilo, la *adj* Díc. de las plantas en las que la diseminación del polen se hace por medio del viento.

anémona o **anemona** o **anemone** *f* Nombre común de diversas plantas herbáceas, de hojas divididas, alternas, y flores gralte. solitarias.

anestesia *f* Pérdida total o parcial de la sensibilidad a causa de una enfermedad o provocada por un anestésico.

anestesiar *tr* Privar total o parcialmente de la sensibilidad por medio de un anestésico. ❒ ANESTÉSICO,CA; ANESTESISTA.

aneurisma *amb* Dilatación anormal localizada de una arteria.

anexar *tr* Unir o agregar una cosa a otra con dependencia de ella.

anexionar *tr* y *prnl* Anexar; en especial incorporar un territorio o un estado a otro convirtiéndolo en dependiente. ❒ ANEXIÓN; ANEXIONISMO.

anexo, xa *adj* y *s* Anejo. • *m pl* Partes accesorias de un órgano o estructura pral. ❒ ANEXITIS.

anfetamina *f* Fármaco que provoca euforia, disminución del sueño y reducción de la sensación de hambre y fatiga.

anfibología *f* Ambigüedad que deriva del uso de palabras o frases con doble sentido o interpretación. ❒ ANFIBOLÓGICO, CA.

anfipróstilo *m* Edificio con pórtico y columnas en dos de sus fachadas.

anfiteatro *m* En la arquitectura romana, edificio de forma redonda u oval con gradas alrededor, donde se celebraban espectáculos públicos. ‖ Conjunto de asientos en gradería que suele haber en aulas, cines y teatros.

anfitrión, na *m* y *f* (fig, fam) Persona que tiene convidados a su mesa o a su casa. ‖ p. ext. Persona o entidad que recibe en su país o en su sede invitados o visitantes.

ánfora *f* Jarra alta y estrecha, de cuello largo y con dos asas, terminada en punta, muy usada por los ant. griegos y romanos. ‖ *Amér.* Urna para votaciones.

angarillar *tr* Poner angarillas a una cabalgadura.

angarillas *f pl* Andas. ‖ Dispositivo provisto de grandes bolsas de esparto para transportar productos frágiles, especialmente en caballerías. ‖ Aguaderas. ‖ Vinagreras. ❏ ANGARILLADA.

angarrio *m Col.* y *Ven.* Persona o animal flaco y desmedrado.

ángel *m* En diversas religiones, espíritu al servicio de Dios. ‖ Espíritu celeste perteneciente al último de los nueve coros. ‖ (fig) Persona dulce y bondadosa.

angélico, ca *adj* Perteneciente o relativo a los ángeles. ‖ (fig) Parecido a los ángeles por su hermosura, candor o inocencia. ❏ ANGELICAL; ANGÉLICO, CA.

angelito *m* Ángel pequeño. ‖ (fig) Niño de muy tierna edad. ‖ Se aplica a las personas mayores que simulan inocencia; buena pieza, truhán.

ángelus *m* Oración en honor del misterio de la Encarnación. ‖ Toque de campana con que se anuncia el rezo de esta oración.

angina *f* Inflamación del istmo de las fauces, en especial de las amígdalas, y de las zonas contiguas a ellas. Se usa más en plural. ❏ ANGINOSO, SA.

anglicanismo *m* Conjunto de las doctrinas de la iglesia reformada de Inglaterra. ❏ ANGLICANO, NA.

anglicismo *m* Giro o modo de hablar propio de la lengua inglesa. ‖ Vocablo o giro de esta lengua usado en otra. ❏ ANGLICISTA.

angloamericano, na *adj* Perteneciente a ingleses y norteamericanos. ● *adj* y *s* Díc. del individuo de origen inglés, nacido en América. ‖ Estadounidense.

anglófono, na *adj* y *s* Que habla inglés.

anglohablante *adj* y *s* Díc. de la persona, comunidad o país que tiene como lengua materna el inglés.

angora *adj* y *s* Díc. del gato, conejo o cabra originarios de Angora, caracterizados por su pelo largo y sedoso. ● *f* Lana de pelo sedoso y abundante.

angostar *tr, intr* y *prnl* Hacer angosto, estrechar. ❏ ANGOSTO, TA; ANGOSTAMENTE.

angostura[1] *f* Calidad de angosto. ‖ Estrechura o paso estrecho. ‖ (fig) Estrechez intelectual o moral.

angostura[2] *f* Corteza de ciertos árboles que se usa en medicina y en la elaboración de licores.

anguila *f* Pez de cuerpo serpentiforme cubierto de una sustancia viscosa y aleta dorsal que se prolonga hasta la cola.

angula *f* Última forma de la larva de la anguila. Su carne es muy estimada.

angular[1] *adj* Perteneciente o relativo al ángulo. ‖ De figura de ángulo. ❏ ANGULARMENTE.

angular[2] *tr* Dar forma de ángulo.

ángulo *m* Región de un plano comprendida entre dos semirrectas que parten de un mismo punto. ‖ Rincón entre dos paredes. ‖ Esquina o arista. ‖ (fig) Aspecto, punto de vista. ❏ ANGULADO, DA; ANGULOSO, SA.

angustia *f* Aflicción, congoja, ansiedad. ‖ Temor opresivo sin causa precisa. ‖ Aprieto. ‖ Dolor, sufrimiento. ‖ Náusea. ❏ ANGUSTIOSO, SA.

angustiado, da *pp* de angustiar. ● *adj* Que implica o expresa angustia. ‖ Apocado, miserable. ‖ Pusilánime.

angustiar *tr* y *prnl* Causar angustia, afligir, acongojar.

anhelar *intr* y *tr* Tener ansia o deseo vehemente de conseguir una cosa. ● *tr* (fig) Expeler. ● *intr* Respirar con dificultad. ❏ ANHELACIÓN; ANHELANTE.

anhelo *m* Deseo vehemente.

anheloso, sa *adj* Díc. de la respiración frecuente y fatigosa. ‖ Que tiene o siente anhelo.

anidar *intr* y *prnl* Hacer nido las aves o vivir en él. ‖ (fig) Morar, habitar. ● *tr* (fig) Abrigar, acoger. ● *intr* Hallarse o existir

algo en una persona o cosa. □ ANIDA-
CIÓN; ANIDAMIENTO.

anilla f Cada uno de los anillos que sirven
para colocar colgaduras o cortinas. || En
los cigarros, vitola. || Aro con un número
de referencia que se coloca en la pata de
un ave para estudiar sus migraciones. • f
pl Par de aros pendientes de cuerdas en
los que se hacen ejercicios gimnásticos.

anillar tr Dar forma de anillo. || Sujetar
con anillos. || Poner anillas en las patas de
las aves. || (fig) Ceñir o rodear una cosa.
□ ANILLADO, DA; ANILLAMIENTO.

anillo m Aro que se lleva como adorno en
los dedos de la mano. || Rizo del cabello.
|| Redondel de la plaza de toros. || Anilla
para las aves. || Cada uno de los círculos
que forman el tronco de un árbol. || Cada
una de las bandas en que ciertos animales
tienen dividido el cuerpo.

ánima f Alma. || Alma del purgatorio. || (fig)
Hueco del cañón de un arma de fuego.

animación f Acción y efecto de animar.
|| Viveza, expresión en las acciones o pa-
labras. || Alegría, bullicio. || Técnica para
dar la sensación de movimiento a imágenes dibujadas.

animado, da pp de animar. • adj Dotado
de alma. || Alegre, divertido. || Concurri-
do. || Dotado de movimiento. □ ANIMA-
DAMENTE.

animador, ra adj y s Que anima. • m y f
Artista o presentador que ameniza fiestas
o espectáculos. || Experto en técnicas de
animación.

animadversión f Enemistad, ojeriza.
|| Crítica o advertencia severa.

animal[1] m Ser orgánico que vive, siente y
se mueve por propio impulso. || Ser ani-
mado privado de razón. || Méx. y Perú.
Bicho, sabandija. □ ANIMALIDAD.

animal[2] adj Perteneciente o relativo al
animal[1]. || Perteneciente o relativo a la
parte sensitiva de un ser vivo, a diferencia
de la parte racional o espiritual. • adj y s
(fig) Díc. de la persona de comportamiento grosero o muy ignorante.

animalizar tr y prnl Convertir los alimentos, particularmente los vegetales, en materia apta para la nutrición. • prnl Embrutecerse.

animar tr Vivificar el alma al cuerpo. || In-
fundir energía moral a uno. || Excitar a
una acción. || En obras de arte, hacer que
parezcan dotadas de vida. || Dotar de mo-
vimiento a cosas inanimadas. • prnl Co-
brar ánimo y esfuerzo. || Atreverse, deci-
dirse.

anímico, ca adj Psíquico.

animismo m Doctrina que considera al
alma como principio de acción de los fe-
nómenos vitales. || Atribución de espíri-
tu a todas las cosas. || Culto a los espíritus
entre los pueblos primitivos. □ ANIMISTA.

ánimo m Alma o espíritu, principio de la
actividad humana. || Valor, esfuerzo, ener-
gía. || Intención, voluntad. • ¡á.! interj Se
utiliza para alentar a alguien. □ ANIMO-
SO, SA.

animosidad f Aversión, ojeriza.

aniñado, da pp de aniñarse. • adj Díc.
del que en su aspecto, acciones o carácter
se parece a los niños. || Chile. Mujeriego.

aniñarse prnl Comportarse como un
niño.

aniquilar tr y prnl Reducir a la nada.
|| (fig) Destruir o arruinar enteramente. ||
(fig) Hacer perder el ánimo. || (fig) Exte-
nuar, agotar. • prnl (fig) Deteriorarse mucho una cosa, como la salud o la hacienda. □ ANIQUILACIÓN; ANIQUILADOR, RA.

anís m Planta de flores blancas, frutos
ovoidales y semillas menudas y aromáticas. □ ANISAL; ANISAR.

aniversario, ria adj Anual. • m Día en
que se cumplen años de algún suceso.

ano m Orificio externo del recto que da
salida a las heces fecales.

anoche adv tiempo En la noche de ayer.

anochecer[1] intr Empezar a faltar la luz
del día, venir la noche. || Llegar o estar en
un paraje o condición determinados, al
empezar la noche.

anochecer[2] m Tiempo durante el cual
anochece.

anodinia f Ausencia de dolor.

anodino, na adj Insignificante, ineficaz,
insustancial.

ánodo m Electrodo positivo. □ ANÓDI-
CO, CA.

anomalía f Irregularidad, discrepancia de
una regla. || Particularidad orgánica que

presenta un individuo con respecto a la mayoría de los de su especie. □ ANÓMALO, LA.

anonadar *tr* y *prnl* Reducir a la nada. ‖ (fig) Humillar, abatir. • *tr* (fig) Apocar. □ ANONADACIÓN.

anónimo, ma *adj* Díc. de la obra literaria, pictórica, etc., cuyo autor se desconoce. • *adj* y *m* Dícese del autor cuyo nombre no es conocido. • *m* Escrito en que no se expresa el nombre del autor. ‖ Carta no firmada, por lo general injuriosa o calumniosa. • *m* y *f* Díc. de la compañía o sociedad que se forma por acciones, con responsabilidad circunscrita al capital que éstas representan. □ ANONIMATO; ANONIMIA.

anopsia *f* Ceguera.

anorak *m* Chaquetón impermeable, gralte. con capucha.

anorexia *f* Falta o disminución anormal del apetito. □ ANORÉXICO, CA.

anormal *adj* Que accidentalmente se halla fuera de su natural estado o de las condiciones que le son inherentes. ‖ Infrecuente. • *m* o *f* Persona cuyo desarrollo es inferior al que corresponde a su edad. □ ANORMALIDAD.

anotar *tr* Poner notas en un escrito, cuenta o libro. ‖ Hacer anotación en un registro público. ‖ En deportes, marcar tantos. □ ANOTADOR, RA.

anovulatorio, a *adj* Falto de ovulación. • *adj* y *m* Díc. de los fármacos que impiden la ovulación. Se emplean con fines terapéuticos y anticonceptivos. □ ANOVULACIÓN.

anquilosar *tr* Producir anquilosis. • *prnl* (fig) Detenerse una cosa en su progreso.

ánsar *m* Ave de pico cónico y muy fuerte en la base, tarsos robustos y patas rojizas. ‖ Ganso. □ ANSARINO, NA.

ansia *f* Congoja o fatiga que causa en el cuerpo inquietud o agitación violenta. ‖ Angustia o aflicción del ánimo. ‖ Náusea. ‖ Anhelo.

ansiar *tr* Desear con ansia. • *prnl* Llenarse de ansia.

ansioso, sa *adj* Acompañado de ansias o congojas grandes. ‖ Que tiene ansia o deseo vehemente de alguna cosa.

anta *f* Menhir. ‖ Pilastra empotrada en un muro.

antagonismo *m* Contrariedad, oposición sustancial o habitual en doctrinas y opiniones.

antagonista *m* o *f* Persona o cosa opuesta o contraria a otra. ‖ El principal personaje que se opone al protagonista en el conflicto esencial de una obra literaria, cinematográfica, etc.

antaño *adv* En el año que precedió al corriente. ‖ p. ext. En tiempo antiguo.

antártico, ca *adj* Perteneciente, cercano o relativo al polo antártico. ‖ p. ext. Meridional.

ante[1] *m* Alce. ‖ Búfalo. ‖ Piel de algunos animales, gralte. del ante, adobada y curtida. □ ANTERO, RA.

ante[2] *m* Plato o entrante anterior a la comida o cena. ‖ *Amér. Centr.* Almíbar de harina de garbanzos, fríjoles, etc. ‖ *Méx.* Postre de bizcocho a base de coco. ‖ *Perú.* Bebida de frutas.

anteanoche *adv tiempo* En la noche de anteayer.

anteayer *adv tiempo* En el día que precedió inmediatamente al de ayer.

antebrazo *m* Parte del brazo desde el codo hasta la muñeca.

antecámara *f* Pieza delante de la sala o salas prales. de un palacio o casa grande.

antecedente *pa* de anteceder. • *adj* Que antecede. • *m* Acción, dicho o circunstancia anterior, que sirve para juzgar hechos posteriores.

anteceder *tr* Preceder.

antecesor, ra *adj* Anterior en tiempo. • *m* y *f* Persona que precedió a otra en una dignidad, cargo, etc. • *m* Antepasado, ascendiente.

antediluviano, na *adj* Anterior al diluvio universal. ‖ (fig) Antiquísimo.

antelación *f* Anticipación con que, en orden al tiempo, sucede una cosa respecto a otra.

antelar *tr* Ecuad. y *Méx.* Anticipar.

antellevar *tr* Méx. Atropellar.

antemano *adv tiempo* Con anticipación. Suele usarse con la *prep de.*

antemeridiano, na adj Antes de mediodía.

antena f Dispositivo para emitir o captar ondas electromagnéticas. ‖ Cada uno de los apéndices cefálicos articulados, de diversos animales, que albergan estructuras sensoriales.

antenoche adv tiempo Anteanoche.

antenombre m Calificativo del nombre propio, como don, san.

anteojero, ra adj amb Persona que hace o vende anteojos. • f Caja en que se guardan anteojos.

anteojo m Instrumento provisto de un objetivo y un ocular que permite obtener imágenes aumentadas de objetos lejanos.

antepasado, da adj Dicho de tiempo, anterior a otro tiempo pasado ya. • m Abuelo o ascendiente. Suele usarse en plural.

antepecho m Correa ancha y acolchada que se coloca delante del pecho de las caballerías. ‖ Méx. Tablero que se pone en la parte alta de las ventanas para disminuir la abertura de las hojas movibles.

antepenúltimo, ma adj Inmediatamente anterior al penúltimo.

anteponer tr y prnl Poner delante. ‖ Preferir.

anteportada f Hoja que precede a la portada de un libro.

anteproyecto m Conjunto de trabajos preliminares para redactar el proyecto de una obra técnica. ‖ Redacción provisional y sucinta de una ley, programa, etc.

antepuerta f Repostero que se pone delante de una puerta.

antepuerto m Terreno elevado que en las cordilleras precede al puerto. ‖ Zona contigua a un puerto donde los buques aguardan.

anterior adj Que precede en lugar o tiempo.

anterógrado, da adj Que se mueve o se extiende hacia adelante.

antes adv tiempo y lugar Denota prioridad o preferencia de tiempo o lugar. Se antepone con frecuencia a las partículas de y que.

antesala f Pieza delante de la sala de una casa.

antetítulo m Titular secundario de un periódico que precede al principal.

antiacadémico, ca adj Que va contra la influencia del academicismo.

antiaéreo, a adj Perteneciente o relativo a la defensa contra aeronaves militares.

antiatómico, ca adj Que protege de los efectos de las radiaciones radiactivas. ‖ Antinuclear.

antibiótico, ca adj y m Díc. de sustancias naturales o sintéticas que destruyen microorganismos o inhiben su desarrollo.

anticanceroso, sa adj y m Díc. de los tratamientos administrados contra el cáncer.

anticiclón m Área de alta presión en la que el viento circula alrededor del centro de máxima presión.

anticipado, da adj Avanzado, precoz.

anticipar tr Hacer que ocurra una cosa antes del tiempo regular o señalado. ‖ Amér. Prever. • prnl Adelantarse una persona a otra en la ejecución de algo. ◻ ANTICIPACIÓN; ANTICIPADOR, RA.

anticipo m Acción de anticipar. ‖ Pago parcial a cuenta de una cantidad debida.

anticlímax m Disminución de los términos de una gradación, que conlleva un descenso de la tensión.

anticlinal adj y m Díc. de los pliegues convexos hacia arriba.

anticoncepción f Conjunto de prácticas destinadas a impedir la concepción.

anticonceptivo, va adj y m Díc. de sustancias y medios usados para impedir la fecundación.

anticonstitucional adj Contrario a la constitución o ley fundamental de un estado.

anticuado, da adj Que hace mucho tiempo que no se usa, pasado de moda.

anticuario m El conocedor de las cosas antiguas.

anticuerpo m Sustancia defensiva producida en el organismo para destruir o neutralizar un antígeno.

antidepresivo, va adj y m Díc. de los productos farmacéuticos que se emplean para combatir los estados de depresión.

antidoping adj Dícese de los reglamentos destinados a evitar el uso de estimulantes y anabolizantes por parte de los deportistas.

antídoto m Contraveneno, sustancia capaz de contrarrestar la acción de un tóxico.

antieconómico, ca adj No rentable.

antiestético, ca adj Contrario a la estética.

antifaz m Velo o máscara con que se cubre las facciones que rodean los ojos.

antifernal adj Dícese de los bienes dados por el marido a la mujer en compensación de la dote.

antífona f Breve pasaje que se canta o reza antes y después de los salmos y de los cánticos. ☐ ANTIFONAL.

antífrasis f Tropo de pensamiento que consiste en designar lo contrario de lo que se debiera decir.

antígeno m Sustancia que al introducirse en un organismo provoca una respuesta inmunitaria. ☐ ANTIGÉNICO, CA.

antigualla f Obra u objeto de arte de antigüedad remota. ‖ (desp) Cosa pasada de moda.

antigüedad f Calidad de antiguo. • f pl Monumentos u objetos artísticos de tiempo antiguo.

antiguo, gua adj Que existe desde hace mucho tiempo. ‖ Aplícase a la persona que lleva bastante tiempo en un empleo o profesión. • adj y s Anticuado, pasado de moda. • m Cualquiera de los modelos legados por el arte griego y romano. ☐ ANTIQUÍSIMO, MA.

antihéroe m En una obra de ficción, personaje que asume, aunque desempeña las funciones narrativas propias del héroe tradicional, difiere en su apariencia y valores.

antihistamínico, ca adj y m Dícese de los medicamentos que inhiben la producción de histamina en el organismo o contrarrestan sus efectos.

antilogía f Contradicción entre dos textos.

antílope m Mamífero rumiante de cornamenta persistente y costumbres gregarias.

antimisil adj y m Misil o sistema defensivo para interceptar y destruir otro misil.

antineoplásico, ca adj y m Anticanceroso.

antiniebla adj Que hace posible la visión a través de la niebla.

antinomia f Contradicción entre dos leyes o dos preceptos de una misma ley.

antinuclear adj Que se opone a la energía y las armas nucleares.

antipapa m El que no está canónicamente elegido Papa y pretende ser reconocido como tal. ☐ ANTIPAPADO.

antiparras f pl (fam) Anteojos, gafas.

antipatía f Repugnancia natural que se siente hacia una persona, animal o cosa.

antipatizar intr Amér. Sentir aversión contra algo o alguien.

antipendio m Velo, tapiz o frontal que tapa los soportes y la parte delantera del altar entre la mesa y el suelo.

antiperístasis f Acción de dos cualidades contrarias, una de las cuales excita por su oposición el vigor de la otra.

antipirético, ca adj y m Dícese del medicamento eficaz contra la fiebre.

antípoda adj y s Dícese de cualquier habitante del globo terrestre con respecto a otro que more en lugar diametralmente opuesto.

antipopular adj Contrario a los gustos o intereses de la opinión pública.

antirradar adj y m Dícese de los medios y técnicas para anular o reducir la efectividad del radar.

antirrobo adj y s Dícese del dispositivo de seguridad cuyo objeto es impedir el robo.

antisemitismo m Doctrina y actuación hostiles a los judíos.

antisepsia f Conjunto de métodos para combatir las enfermedades infecciosas.

antiséptico, ca adj y m Dícese del procedimiento para destruir gérmenes patógenos.

antisísmico, ca adj Dícese de los métodos para fortalecer la resistencia de los edificios a los seísmos, y de estos mismos edificios o construcciones.

antisuero m Suero procedente de un animal al que se inyectó una toxina para que desarrollase un anticuerpo específico frente a ella.

antitanque adj Contracarro.

antitérmico, ca adj Que protege o aísla del calor. • adj y m Antipirético.

antítesis f Oposición o contrariedad de dos juicios o afirmaciones. ‖ (fig) Persona o cosa opuesta en sus condiciones a otra.

antitóxico, ca adj y m Díc. de las sustancias que contrarrestan los efectos de un veneno.

antitusígeno, na adj y m Díc. del fármaco eficaz para calmar la tos.

antivirus adj y m Díc. del programa de computación que detecta la presencia de virus y los anula.

antófago, ga adj Díc. del animal que pralm. se alimenta de flores.

antojarse prnl Hacerse objeto de vehemente deseo una cosa. || Considerarse como probable una cosa.

antojitos m Méx. Aperitivo, tapa.

antojo m Deseo vivo y pasajero provocado por capricho o el que suelen tener las mujeres cuando están preñadas. || Juicio hecho sin bastante examen. || Mancha o lunar naturales en la piel.

antología f Selección de fragmentos o pasajes de obras literarias o musicales. □ ANTOLÓGICO, CA; ANTÓLOGO, GA.

antónimo, ma adj y m Díc. de las palabras que expresan ideas contrarias. □ ANTONIMIA.

antonomasia f Sinécdoque que consiste en poner el nombre apelativo o un adjetivo por el propio, o viceversa.

antorcha f Hacha, vela grande y gruesa.

antracita f Carbón natural con bajo contenido en materias volátiles.

antracosis f Neumoconiosis producida por el polvo del carbón.

antro m Cueva, gruta. || (fig) Establecimiento, vivienda, etc., de mal aspecto o reputación.

antropofagia f Práctica de comer carne humana. □ ANTROPÓFAGO, GA.

antropoide adj y s Díc. de los animales que por sus caracteres morfológicos externos se asemejan al hombre.

antropología f Estudio del hombre y de la diversidad biológica, cultural y social de los grupos humanos en el espacio y el tiempo. □ ANTROPOLÓGICO, CA; ANTROPÓLOGO, GA.

antropomorfismo m Atribución de características humanas a seres no humanos. □ ANTROPOMÓRFICO, CA.

antropomorfo, fa adj Que tiene forma o apariencia humana.

antropónimo m Nombre propio de persona.

antuvión m (fam) Golpe o acometimiento repentino. || (fig) El que da el golpe anticipado.

anual adj Que sucede o se repite cada año. || Que dura un año. □ ANUALMENTE.

anualidad f Calidad de anual. || Importe de una renta o carga periódica.

anuario m Libro o revista que se publica cada año como guía en ciertas materias o de determinadas profesiones.

anublar tr y prnl Ocultar las nubes el azul del cielo o la luz del Sol o la Luna.

anudar tr y prnl Hacer uno o más nudos.

anuencia f Consentimiento, conformidad.

anuente adj Que consiente.

anular[1] adj Perteneciente o relativo al anillo. • adj y s Díc. del cuarto dedo de la mano.

anular[2] tr Dar por nulo o dejar sin fuerzas un precepto, disposición, etc. • tr y prnl (fig) Incapacitar, desautorizar a uno. • prnl (fig) Retraerse, humillarse o postergarse. □ ANULACIÓN.

anunciación f Acción de anunciar. || p. ant. Según la tradición católica, anuncio que el arcángel san Gabriel trajo a la Virgen María del misterio de la Encarnación.

anunciar tr Dar noticia o aviso de una cosa; publicar, hacer saber. || Pronosticar. || Hacer saber el nombre de un visitante a la persona por quien desea ser recibido. || Dar a conocer a través de un medio de difusión la existencia y cualidades de un producto, servicio, etc., con fines de propaganda comercial. □ ANUNCIADOR, RA; ANUNCIANTE.

anuncio m Acción y efecto de anunciar. || Conjunto de palabras, signos, imágenes, etc., con que se anuncia algo.

anuo, nua adj En Anual.

anverso m En las monedas y medallas, haz que se considera pral. por llevar el busto de una persona o por otro motivo.

anzolar tr Poner anzuelos. □ ANZOLERO, RA.

anzuelo m Arponcillo de hierro u otro metal, que sirve para pescar.

añada f Discurso o tiempo de un año. || Cosecha de cada año y especialmente la de vino.

añadido, da *pp* de añadir. • *m* Añadidura. || Postizo.

añadidura *f* Lo que se añade a alguna cosa.

añadir *tr* Agregar, incorporar una cosa a otra.

añafea *f* Papel de estraza.

añafil *m* Trompeta recta morisca.

añagaza *f* Señuelo para coger aves. || (fig) Artificio para atraer con engaño.

añal *adj* Anual. • *adj* y *s* Díc. del cordero, becerro o cabrito de un año.

añascar *tr* (fam) Juntar o recoger poco a poco cosas menudas y de poco valor.

añejar *tr* y *prnl* Hacer añejo. • *prnl* Mejorarse o deteriorarse los alimentos, vinos, etc., con el transcurso del tiempo. ❏ AÑEJADO, DA.

añejo, ja *adj* Díc. de ciertas cosas que tienen uno o más años. || (fig, fam) Que tiene mucho tiempo. ❏ AÑEJEZ.

añicos *m pl* Pedazos en que se divide alguna cosa al romperse.

añil *adj* y *m* Díc. del color comprendido entre el azul y el violeta. • *adj* De color añil. ❏ AÑILERÍA.

añilar *tr* Dar o teñir de añil.

añino, na *adj* y *m* Añal, dicho del cordero. • *m pl* Pieles no tundidas de corderos de un año o menos. || Lana de corderos. ❏ AÑINERO.

año *m* Período de doce meses.

añojo, ja *m* y *f* Becerro o cordero de un año.

añoranza *f* Soledad o pesar por la ausencia de una persona o cosa.

añorar *tr* e *intr* Recordar con pena la ausencia o pérdida de una persona o cosa muy querida.

añoso, sa *adj* De muchos años.

añublar *tr* y *prnl* Anublar.

añublo *m* Honguillo parático que ataca las cañas, hojas y espigas de los cereales.

añudar *tr* y *prnl* Anudar.

añusgarse *prnl* Atragantarse, estrecharse el tragadero.

aojar *tr* Ojear, espantar la caza.

aorta *f* Arteria pral. del aparato circulatorio de los vertebrados.

aovado, da *pp* de aovar. • *adj* De forma de huevo.

aovar *intr* Poner huevos las aves y otros animales. • *tr* Dar forma de huevo a algo.

aovillarse *prnl* (fig) Encogerse mucho.

apabullar *tr* (fam) Confundir, intimidar.

apacentar *tr* Dar pasto a los ganados.

apacible *adj* Manso, dulce y agradable.

apaciguar *tr* y *prnl* Pacificar, sosegar.

apadrinar *tr* Acompañar como padrino a una persona. || (fig) Patrocinar, proteger. • *prnl* Ampararse, valerse, acogerse.

apagado, da *pp* de apagar. • *adj* De genio sosegado y apocado. || Tratándose del color, el brillo, etc., amortiguado, poco vivo.

apagador, ra *adj* y *s* Que apaga. • *m* Méx. Interruptor de corriente eléctrica.

apagar *tr* y *prnl* Extinguir el fuego o la luz. || Aplacar, disipar, extinguir. || Interrumpir el funcionamiento de un aparato desconectándolo de su fuente de energía. • *prnl* Marchitarse, perder vigor, brillo, etc.

apagón *m* Interrupción pasajera del suministro de energía eléctrica.

apaisado, da *adj* De más anchura que altura.

apalabrar *tr* y *prnl* Concertar de palabra una cosa.

apalancar *tr* Levantar, mover una cosa con palanca. • *prnl* (fam) Acomodarse en un sitio.

apalastrarse *prnl* Amér. Centr. y Col. Desvanecerse, debilitarse, extenuarse.

apalear *tr* Dar golpes con un palo u otra cosa semejante. || Sacudir ropas, alfombras.

apanalado, da *adj* Con celdillas como el panal.

apanar *tr* Perú. Empanar.

apandar *tr* (fam) Pillar, guardar, hurtar.

apandillar *tr* y *prnl* Hacer pandilla.

apantanar *tr* y *prnl* Llenar de agua un terreno.

apañado, da *pp* de apañar. • *adj* (fig) Hábil, mañoso. || (fig, fam) Adecuado, a propósito.

apañar *tr* Asir o coger con la mano. || Apoderarse de una cosa, capciosa e ilícitamente. || Acicalar, asear, ataviar. || Aderezar, condimentar. || Remendar ocomponer. || Amér. Encubrir, proteger. • *prnl* (fam) Darse maña para hacer algo.

apaño *m* Acción y efecto de apañar o apañarse. || (fam) Compostura o remiendo. || (fam) Maña o habilidad para hacer algo. || (fam) Lío, enredo.

apañuscar *tr* (fam) Apretar entre las manos una cosa, ajándola. || Tomar algo ilícitamente.

aparador *adj* y *s* Que apara calzado. • *m* Mueble donde se guarda lo necesario para el servicio de la mesa. || Escaparate.

aparadorista *m* o *f Amér.* Escaparatista.

aparar *tr* Poner las manos, la capa, falda, etc., para coger alguna cosa. || Coser las diferentes piezas de que se compone el zapato. • *tr* y *prnl* Disponer, adornar.

apararse *prnl* Prepararse. || Adornarse.

aparatero, ra *adj Chile.* Aparatoso.

aparato *m* Pompa, ostentación. || Conjunto de instrumentos para hacer experimentos u operaciones. || Conjunto de los que deciden la política de un partido o gobierno.

aparatoso, sa *adj* Que tiene mucho aparato u ostentación. || Que exagera mucho. ❏ APARATOSIDAD.

aparcacoches *m* o *f* Persona que en los establecimientos públicos se encarga de aparcar los vehículos de los clientes.

aparcamiento *m* Acción y efecto de aparcar cualquier vehículo. || Lugar destinado a este efecto.

aparcar *tr* Colocar en un campamento el material de guerra. || Dejar un vehículo en un lugar público señalado para tal fin.

aparcería *f* Contrato temporal por el que el dueño de una finca rústica la cede a alguien para su explotación a cambio de una parte de los beneficios.

aparcero, ra *amb* Persona que tiene aparcería con otra u otras.

apareamiento *m* Acción y efecto de aparear o aparearse. || Fase de la reproducción sexual que precede al acoplamiento.

aparear *tr* Arreglar o ajustar una cosa con otra, de forma que queden iguales. • *tr* y *prnl* Juntar animales de distinto sexo para que críen.

aparecer *intr* y *prnl* Manifestarse, dejarse ver. || Hallarse lo que estaba perdido u oculto.

aparecido, da *pp* de aparecer. • *m* Espectro de un difunto.

aparejador, ra *adj* y *s* Que apareja. • *m* y *f* Técnico de la construcción de edificios que supervisa la marcha de las obras.

aparejar *tr* y *prnl* Preparar, prevenir, disponer. || Vestir con esmero, adornar. || Formar parejas. • *tr* Poner el aparejo a las caballerías. || Poner a un buque su aparejo.

aparejo *m* Prevención de lo necesario para un fin. || Arreo para montar o cargar las caballerías.

aparentar *tr* Manifestar o dar a entender lo que no es o no hay.

aparente *adj* Que parece y no es. || Conveniente, oportuno, adecuado. || Vistoso o de buena apariencia.

aparición *f* Acción y efecto de aparecer o aparecerse. || Visión de un ser sobrenatural.

apariencia *f* Aspecto exterior de una persona o cosa.

aparragarse *prnl Chile y Hond.* Achaparrarse.

aparrar *tr* Hacer que un árbol extienda sus ramas en dirección horizontal.

aparta *f Chile. y Méx.* Selección de reses.

apartadero *m* En las vías de comunicación, lugar para que puedan apartarse los vehículos y animales y quede libre el paso.

apartadizo, za *adj* Que se aparta o huye del trato de la gente.

apartado, da *pp* de apartar. • *adj* Retirado, remoto. || *Nic.* Huraño. • *m* Lugar de correos destinado a la correspondencia.

apartamento *m* Habitación, vivienda pequeña.

apartamiento *m* Acción y efecto de apartar o apartarse. || Lugar apartado. || Apartamento.

apartar *tr* y *prnl* Separar. || Alejar, retirar. || Seleccionar las lanas.

aparte *adv lugar* En otro sitio. || A distancia, desde lejos. || Separata.

aparvar *tr* Disponer la mies para trillarla.

apasionado, da *pp* de apasionar. • *adj* Poseído de alguna pasión o afecto.

apasionar *tr* y *prnl* Causar, excitar una pasión. • *tr* Atormentar, afligir. ❏ APASIONAMIENTO.

apatía f Falta de vigor, indecisión. ‖ Impasibilidad.

apátrida adj y s Que carece de patria.

apeadero m Punto del camino en que los viajeros pueden apearse y descansar. ‖ Estación secundaria donde pueden subir o bajar los pasajeros.

apear tr y prnl Bajar de una caballería o vehículo. ◻ APEAMIENTO.

apechar intr (fig) Apechugar.

apechugar intr Dar o empujar con el pecho. ‖ (fig, fam) Cargar con una obligación o circunstancia ingrata o no deseada. • prnl Apretujarse.

apedazar tr Despedazar. ‖ Remendar.

apedrear tr Tirar piedras a una persona o cosa. ‖ Matar a pedradas. • impers Caer pedrisco.

apegarse prnl Cobrar apego.

apego m Afición o inclinación particular.

apelar intr Recurrir a juez o tribunal superior para que revoque, enmiende o anule la sentencia dada por el inferior. ◻ APELACIÓN.

apelativo, va adj y s Dícese de lo que apellida o califica a alguien o algo.

apellar tr Curtir manualmente una piel.

apellidar prnl Tener nombre o apellido.

apellido m Nombre de familia con que se distinguen las personas. ‖ Sobrenombre o mote.

apellinarse prnl Chile. Apergaminarse.

apelmazar tr y prnl Hacer que una cosa esté menos esponjosa o hueca.

apelotonar tr y prnl Formar pelotones.

apenar tr y prnl Causar pena, afligir. • prnl Amér. Sentir vergüenza.

apenas adv modo Escasamente, sólo. ‖ Casi no. • adv tiempo Luego que, al punto que. • conj En cuanto, al punto que.

apéndice m Cosa adjunta o añadida a otra, con respecto a la cual es de importancia secundaria. ‖ Suplemento al final de una obra. ‖ Miembro de un vertebrado o expansión articulada de un artrópodo.

apendicitis f Inflamación del apéndice cecal.

apensionar tr Pensionar. • prnl Amér. Merid. y Méx. Entristecerse, apesadumbrarse.

apeo m Acción y efecto de apear. ‖ Instrumento jurídico que acredita el deslinde y demarcación.

apercibimiento m Acción de apercibir o apercibirse. ‖ Corrección disciplinaria.

apercibir[1] tr Amonestar, advertir.

apercibir[2] tr y prnl Percibir, caer en la cuenta.

apergaminarse prnl (fig, fam) Acartonarse.

aperitivo, va adj y m Que abre el apetito. • m Colación de bebidas y manjares ligeros que se toma antes de una comida.

apero m Conjunto de instrumentos y cosas necesarias para la labranza.

aperrear tr Echar perros a alguien para que lo despedacen. ‖ Pan. Ofender verbalmente a alguien. ◻ APERREO.

apersogar tr Atar un animal para que no huya. ‖ Venez. Atar cosas juntas.

apersonarse prnl Personarse. ‖ Comparecer como parte o representante en un pleito.

apertura f Acción de abrir. ‖ Tratándose de asambleas, corporaciones, etc., acto de dar, o volver a dar, principio a sus funciones. ‖ Tratándose de testamentos cerrados, acto de sacarlos de sus pliegos y darles publicidad.

apesadumbrar tr y prnl Causar pesadumbre.

apesarar tr y prnl Apesadumbrar, afligir. • prnl Chile. Arrepentirse. ◻ APESARAMIENTO.

apestar tr y prnl Causar, comunicar la peste. • intr Despedir mal olor. ◻ APESTOSO, SA.

apestillar tr y prnl Cerrar con pestillo. ‖ tr Asir a uno para que no pueda escaparse. ‖ Arg. Apremiar.

apetecer tr y prnl Tener gana, desear algo. • intr Gustar, agradar una cosa. ◻ APETECIBLE.

apetencia f Apetito, gana de comer. ‖ Ansia, anhelo, deseo o necesidad de algo.

apetito m Gana de comer.

apetitoso, sa adj Que excita el apetito o deseo.

apiadar tr Causar piedad. • prnl Tener piedad.

apianar *tr* y *prnl* Disminuir la intensidad de la voz.

apical *adj* Perteneciente o relativo al ápice. • *adj* y *f* Díc. de los fonemas que se pronuncian con la punta de la lengua acercada al paladar, como la *l* o la *t*.

ápice *m* Extremo superior o punta de una cosa. || (fig) Parte pequeñísima.

apichonado, da *adj* (fam) *Chile*. Enamorado.

apicultura *f* Cría y cuidado de las abejas.

apilar *tr* Amontonar, poner en pila o montón.

apilonar *tr Amér*. Apilar.

apimplarse *prnl* (fam) Emborracharse.

apimpollarse *prnl* Echar pimpollos las plantas.

apiñado, da *pp* de apiñar. • *adj* De forma de piña.

apiñar *tr* y *prnl* Agrupar personas o cosas.

apio *m* Planta hortense de hojas divididas, flores en umbelas, fruto en aquenio, tallo fistuloso y raíz carnosa.

apiolar *tr* (fig) Prender a una persona.

apiparse *prnl* (fam) Hartarse de comer o beber.

apisonador, ra *adj* y *s* Que apisona. • *f* Máquina automóvil utilizada para alisar el firme de las carreteras.

apisonar *tr* Apretar la tierra, grava, etc.

apitonar *intr* Echar pitones los animales que crían cuernos.

apizarrado, da *adj* De color negro azulado.

aplacar *tr* y *prnl* Amansar, suavizar, mitigar.

aplacer *intr* y *prnl* Agradar, contentar.

aplacerado, da *adj* Díc. del fondo del mar arenoso y poco profundo.

aplanador, ra *adj* y *s* Que aplana. • *f Amér*. Apisonadora.

aplanar *tr* Allanar, poner llano. || (fig, fam) Dejar a uno pasmado.

aplastante *pa* de aplastar. • *adj* Abrumador, terminante, definitivo.

aplastar *tr* y *prnl* Deformar una cosa aplanándola. || *Arg.* y *Ur.* Reventar a un caballo. • *tr* (fig) Dejar a uno confuso, apabullar. || (fig) Vencer, derrotar, humillar. ☐ APLASTAMIENTO.

aplatanar *tr* y *prnl* Causar indolencia o restar actividad a alguien. • *prnl* Entre-

garse a la indolencia o inactividad. ☐ APLATANADO.

aplaudir *tr* Palmotear en señal de aprobación. || Celebrar con palabras u otras demostraciones a personas o cosas. ☐ APLAUSO.

aplazado, da *pp* de aplazar. • *adj* y *s Amér*. Suspenso, dicho de un examen.

aplazar *tr* Convocar, emplazar. || Diferir, retardar. || *Amér*. Suspender a un examinando. • *prnl R. Dom.* Amancebarse. ☐ APLAZABLE.

aplicación *f* Acción y efecto de aplicar o aplicarse. || Ornamentación sobrepuesta. || (fig) Esmero, diligencia con que se hace alguna cosa, en especial el estudio. || Programa escrito específicamente para un uso determinado.

aplicado, da *pp* de aplicar. • *adj* Que muestra aplicación o esmero, en especial en el estudio.

aplicar *tr* Poner una cosa sobre otra o en contacto con otra. || (fig) Referir a un caso particular lo que se ha dicho en general o de otro. • *prnl* (fig) Poner esmero en ejecutar algo. ☐ APLICABLE; APLICABILIDAD.

aplique *m* Pieza del decorado teatral. || Lámpara adosada a la pared.

aplomar *tr* y *prnl* Hacer mayor el peso de una cosa. • *tr* (fig) Dar peso, aplomo o gravedad a las palabras. || Poner las cosas verticalmente.

aplomo *m* Gravedad, serenidad, circunspección. || Verticalidad.

apnea *f* Suspensión temporal del acto respiratorio.

apocado, da *pp* de apocar. • *adj* (fig) De poco ánimo o espíritu. || (fig) Vil o de baja condición.

apocalipsis *m* Libro que trata de revelar el destino último de la humanidad. || Fin del mundo.

apocalíptico, ca *adj* (fig) Misterioso, enigmático. || (fig) Terrorífico, espantoso.

apocar *tr* Reducir a poco alguna cantidad. • *tr* y *prnl* (fig) Humillar, abatir. ☐ APOCADOR, RA.

apocopar *tr* Cometer apócope.

apócope *f* Pérdida de los elementos finales de una palabra.

apócrifo, fa adj Fabuloso, supuesto o fingido. ‖ Díc. de todo escrito de dudosa autenticidad, autoría u origen.

apodar tr Poner o decir apodos.

apoderado, da pp de apoderar. • adj y s Díc. de la persona que tiene poderes de otra para representarla y proceder en su nombre.

apoderar tr Dar poder una persona a otra para que pueda representarla en un juicio o fuera de él.

apodíctico, ca adj Díc. de los enunciados que no admiten contradicción.

apodo m Nombre que se da a una persona, tomado de sus defectos corporales o de otra circunstancia. ☐ APODADOR, RA.

ápodo, da adj Díc. del animal que carece de patas.

apófisis f Parte saliente de un hueso que sirve para la articulación o la inserción muscular.

apofonía f Variación en el vocalismo de un elemento que interviene en la formación de palabras.

apogeo m Punto culminante, plenitud.

apógrafo m Copia de un escrito original.

apolillar tr y prnl Roer o destruir la polilla las ropas u otras cosas. ☐ APOLILLADO; APOLILLAMIENTO.

apoliticismo m Carencia de carácter o de significación política. ☐ APOLÍTICO, CA.

apologético, ca adj Perteneciente o relativo a la apología. • f Parte de la teología que trata de demostrar la credibilidad de los dogmas de fe.

apología f Discurso en defensa o alabanza de personas o cosas. ‖ (fam) Elogio, panegírico, alabanza, defensa. ☐ APOLOGISTA.

apólogo m Fábula, composición literaria.

apoltronarse prnl Hacerse poltrón. Se usa refiriéndose a la vida sedentaria. ‖ Arrellanarse.

apoplejía f Cuadro clínico caracterizado por pérdida del conocimiento, debido a una embolia cerebral.

apoquinar tr (vulg) Pagar de mal grado.

aporcar tr Cubrir con tierra ciertas hortalizas, para que se pongan más tiernas y blancas.

aporía f Dificultad, duda.

aporreado, da pp de aporrear. • adj Arrastrado, desafortunado.

aporrear tr y prnl Dar golpes con porra o palo.

aporretado, da adj Díc. de los dedos de la mano cortos y muy gruesos.

aportadera f Recipiente de madera con agarraderos laterales para transportar uva.

aportar tr Llevar, conducir, traer. ‖ Contribuir, añadir, dar. ☐ APORTACIÓN.

aporte m Acción y efecto de aportar. ‖ Lo que se aporta. ‖ (fig) Contribución, participación.

aportillar tr Abrir un boquete en un muro o pared para entrar. ‖ Romper una cosa unida.

aposentar tr Dar habitación y hospedaje.

aposento m Cuarto o pieza de una casa. ‖ Posada, hospedaje.

aposición f Determinación, explicativa o especificativa, de un sustantivo por yuxtaposición de otro sustantivo. ☐ APOSITIVO, VA.

aposta adv modo Adrede.

apostadero m Lugar donde hay gente apostada.

apostar[1] tr Hacer una apuesta. • intr Competir, rivalizar. ‖ Elegir o depositar la confianza en una persona, idea o iniciativa.

apostar[2] tr y prnl Poner a una o más personas en determinado lugar para algún fin.

apostatar intr Negar la fe recibida en el bautismo. ☐ APOSTASÍA.

apostema f Postema, absceso.

apostemar tr Hacer o causar postemas. • prnl Llenarse de postemas.

apostilla f Acotación que interpreta, aclara o completa un texto.

apostillar tr Poner apostillas.

apostillarse prnl Llenarse de postillas.

apóstol m Cada uno de los doce prales. discípulos de Jesucristo. ‖ p. ext. Predicador.

apostolado m Congregación de los apóstoles.

apostólico, ca adj Perteneciente o relativo a los apóstoles. ‖ Perteneciente al Papa.

apostrofar tr Dirigir apóstrofes.

apóstrofe *amb* Figura que consiste en interrumpir el discurso para dirigir la palabra a una persona o cosa personificada.

apóstrofo *m* Signo gráfico (') que indica la elisión de una vocal.

apostura *f* Gentileza, buena disposición en la persona. || Actitud, ademán, aspecto.

apotegma *m* Sentencia breve atribuida a algún personaje ilustre.

apotema *f* Perpendicular trazada desde el centro de un polígono regular a uno de sus lados.

apoteosis *f* (fig) Glorificación, ensalzamiento de una persona por una colectividad. || (fig) Parte final de un espectáculo.

apoyadura *f* Flujo de leche en los pechos de las hembras cuando dan de mamar.

apoyar *tr* Hacer que una cosa descanse sobre otra. || (fig) Favorecer, patrocinar.

apoyatura *f* Apoyo.

apoyo *m* Lo que sirve para sostener. || (fig) Protección, auxilio o favor. || (fig) Fundamento.

apozarse *prnl* Col. y Chile. Rebalsarse.

apreciable *adj* Capaz de ser apreciado o tasado. || (fig) Digno de aprecio. ❏ APRECIABILIDAD.

apreciación *f* Acción y efecto de poner precio a las cosas. || Acción y efecto de apreciar, reducir a cálculo o medida la magnitud de las cosas.

apreciar *tr* Poner precio a las cosas vendibles. || (fig) Reconocer y estimar el mérito de las personas o de las cosas. ❏ APRECIO.

apreciativo, va *adj* Perteneciente a la estimación que se hace de alguna persona o cosa.

aprehender *tr* Coger, asir, prender a una persona o cosa. || Conocer algo, sin afirmar ni negar nada acerca de ello. ❏ APREHENSIÓN.

aprehensivo, va *adj* Perteneciente a la facultad mental de aprehender. || Que es capaz o perspicaz para aprehender las cosas.

apremiar *tr* Dar prisa. || Oprimir, apretar. || Obligar a uno con autoridad a que haga alguna cosa.

apremio *m* Acción de apremiar. || Mandamiento de autoridad judicial o gubernativa. || Recargo de impuestos por causa de demora en el pago.

aprender *tr* Adquirir el conocimiento de alguna cosa por medio del estudio o la experiencia.

aprendiz, za *m* y *f* Persona que aprende algún arte u oficio.

aprendizaje *m* Acción de aprender algún arte u oficio. || Tiempo que se emplea en ello.

aprensar *tr* Prensar.

aprensión *f* Aprehensión. || Temor vago y mal definido. || Miramiento, delicadeza, reparo. || Ocurrencia, genialidad, fantasía.

aprensivo, va *adj* y *s* Que tiene aprensión. || Que exagera la gravedad de su dolencia o enfermedad.

apresar *tr* Hacer presa con las garras o colmillos. || Tomar por fuerza alguna nave. || Aprisionar. ❏ APRESAMIENTO.

aprestar *tr* y *prnl* Aparejar, disponer lo necesario para alguna cosa. • *tr* Dar los últimos toques a un género antes de ponerlo a la venta.

apresto *m* Prevención, preparación para alguna cosa. || Acción y efecto de aprestar las telas.

apresurar *tr* y *prnl* Dar prisa, acelerar.

apretado, da *pp* de apretar. • *adj* (fig) Arduo, peligroso.

apretar *tr* Estrechar algo contra el pecho o ceñir con la mano o los brazos con fuerza, comprimir. || Coger una cosa entre otra u otras. || Venir los vestidos u otras prendas muy ajustadas.

apretón *m* Apretadura muy fuerte y rápida.

apretujar *tr* (fam) Apretar mucho o reiteradamente. ❏ APRETUJÓN.

apretura *f* Opresión causada por la excesiva afluencia de gente. || Escasez de víveres.

aprieto *m* Apretura, opresión. || (fig) Conflicto, apuro.

aprisa *adv modo* Con celeridad o prontitud.

apriscar *tr* y *prnl* Recoger el ganado en el aprisco.

aprisco *m* Paraje donde los pastores recogen el ganado para resguardarlo de la intemperie.

aprobado, da pp de aprobar. • m En exámenes, calificación mínima de aptitud o idoneidad en la materia objeto de aquéllos.

aprobar tr Calificar o dar por bueno o suficiente algo o alguien. ‖ Obtener el aprobado en una asignatura o examen.

aprontar tr Prevenir, disponer con prontitud.

apropiado, da pp de apropiar. • adj Acomodado para el fin a que se destina.

apropiar tr Aplicar a cada cosa lo que le es propio y más conveniente. • prnl Tomar para sí alguna cosa. ☐ APROPIACIÓN.

apropincuarse prnl Acercarse.

aprovechado, da pp de aprovechar. • adj Díc. del que saca beneficio de las circunstancias.

aprovechar tr Emplear útilmente alguna cosa. • intr Servir de provecho alguna cosa. • intr y prnl Hablando de la virtud, estudios, artes, etc., adelantar en ellos. • prnl Sacar provecho de alguna cosa. ☐ APROVECHABLE.

aprovisionar tr Abastecer.

aproximado, da adj Aproximativo.

aproximar tr y prnl Arrimar, acercar. ‖ Obtener un resultado tan cercano al exacto como sea necesario para un determinado objetivo. ☐ APROXIMACIÓN.

aproximativo, va adj Que se aproxima o acerca más o menos al valor exacto.

ápside m Cada uno de los extremos del eje mayor de la órbita de un astro.

aptar tr Ajustar, acomodar, adaptar.

áptero, ra adj Que carece de alas.

aptitud f Cualidad que hace que un objeto sea apto para cierto fin.

apto, ta adj Idóneo, a propósito para hacer alguna cosa.

apuesta f Acción y efecto de apostar dinero u otra cosa. ‖ Cosa que se apuesta.

apuesto, ta adj Ataviado, adornado. ‖ Gallardo.

apuntación f Acción de apuntar. ‖ Notación, escritura musical.

apuntado, da pp de apuntar. • adj Que hace puntas por las extremidades.

apuntador, ra adj y s Que apunta. • m o f Persona que en el teatro va apuntando a los actores lo que han de decir. ‖ Traspunte.

apuntalar tr Poner puntales. ‖ (fig) Sostener, afirmar. • tr y prnl C. Rica. Tomar un refrigerio.

apuntar tr Asestar un arma arrojadiza o de fuego. ‖ Señalar hacia un sitio u objeto determinado. ‖ Tomar nota por escrito de alguna cosa. ‖ (fig) Señalar o indicar. ‖ (fig) Insinuar o tocar ligeramente algún asunto o cosa.

apunte m Acción de apuntar. ‖ Dibujo ligero que sirve para dar idea de alguna cosa o recordar la forma o disposición de algún objeto.

apuntillar tr Rematar al toro con la puntilla.

apuñalar tr Dar puñaladas.

apurado, da pp de apurar. • adj Pobre, falto de lo necesario.

apurar tr Purificar una cosa separando lo extraño que tenga. ‖ Acabar o agotar. • prnl Amér. Apresurarse. ☐ APURADO, DA; APURE.

apuro m Aprieto, escasez grande.

apurón, na adj Que apremia con frecuencia.

aquejar tr (fig) Acongojar, fatigar.

aquejoso, sa adj Afligido, acongojado.

aquel, lla, llo pron dem y adj dem Designa lo que está lejos del que habla y de quien se habla.

aquelarre m Reunión nocturna de brujos.

aquende adv lugar De la parte de acá.

aquenio m Fruto seco, indehiscente, con el pericarpio no soldado a la semilla.

aquí adv lugar En este lugar. ‖ A este lugar. • adv tiempo Ahora, en el tiempo presente.

aquiescencia f Ascenso, consentimiento.

aquiescente adj Que consiente, permite.

aquietar tr y prnl Sosegar, apaciguar.

aquilatar tr Examinar y graduar los quilates del oro y de las perlas y piedras preciosas.

aquilón m Norte, polo ártico. ‖ Viento que sopla de esta región. ☐ AQUILONAL.

ara f Altar en que se ofrecen sacrificios. ‖ Piedra consagrada para celebrar el sacrificio de la misa.

árabe adj y s Natural de Arabia. • m Idioma árabe, lengua semítica del grupo sudoccidental.

arabesco, ca adj Arábigo. • m Dibujo de adorno compuesto de tracerías, follajes, cintas y roleos, que se emplea gralte. en frisos, zócalos y cenefas.

arabizar intr Imitar o difundir la lengua, estilo o costumbres árabes. ☐ ARABIZACIÓN.

arada f Acción de arar. ‖ Porción de tierra que puede arar en un día una yunta.

arado m Máquina agrícola, movida por fuerza animal o mecánica, utilizada para labrar la tierra.

aragonés, sa adj y s De Aragón. • m Variedad del castellano que se habla en Aragón.

arambel m Colgadura de trozos de paño que se emplea para adorno o cobertura.

arana f Embuste, trampa, estafa.

arancel m Tarifa oficial que fija los derechos que se han de pagar en varios ramos. ‖ Tasa, valoración, norma, ley. ☐ ARANCELARIO.

arandela f Pieza anular plana interpuesta entre dos superficies de unión para obtener una junta hermética. ‖ Anillo metálico usado en las máquinas para evitar el roce entre dos piezas.

aranero, ra adj y s Embustero, tramposo.

araña f Animal que segrega un hilo sedoso y tiene cuatro pares de patas y un abdomen abultado. ‖ Candelabro de varios brazos.

arañar tr y prnl Raspar, herir ligeramente la piel con las uñas o con algún objeto punzante.

arañazo m Herida superficial hecha en la piel.

arañuela f dim de araña. ‖ Arañuelo.

arar tr Remover la tierra abriendo surcos con el arado. ‖ (fig) Arrugar; hacer rayas parecidas a los surcos. ☐ ARABLE; ARADOR, RA.

araucanismo m Voz de origen mapuche propia del esp. hablado en Chile.

araucano, na o **arauco, ca** adj y s Natural de Araucanía, Chile. • m Lengua amerindia hablada por el pueblo araucano.

arbitrable adj Que pende del arbitrio.

arbitramento o **arbitramiento** m Acción o facultad de dar sentencia arbitral.

arbitrar tr Proceder uno libremente, según su facultad y arbitrio. ‖ Hacer que se observen las reglas de un deporte. ☐ ARBITRAJE.

arbitrariedad f Acto contrario a la razón o las leyes, dictado por el capricho.

arbitrario, ria adj Que depende del arbitrio. ‖ Que incluye arbitrariedad.

arbitrio m Facultad de adoptar una resolución. ‖ Voluntad no gobernada por la razón, sino por el capricho.

árbitro, a adj y s Díc. del que puede obrar con independencia de otro. • m y f Persona que cuida de la aplicación del reglamento. ☐ ARBITRAL.

árbol m Planta vivaz de tronco leñoso, que gralte. se ramifica a cierta alt. del suelo, formando una copa. ‖ Representación de una oración en forma de á. que contiene diversos símbolos categoriales. ‖ Palo de un buque. ‖ Eje metálico utilizado para transmitir o transformar un movimiento.

arbolado, da adj Díc. del sitio poblado de árboles. • m Conjunto de árboles.

arboladura f Conjunto de palos, vergas, masteleros, antenas, picos, botavaras y botalones de un velero.

arbolar tr Enarbolar. • intr y prnl Elevarse mucho las olas del mar.

arboleda f Sitio poblado de árboles, gralte. sombrío y ameno.

arborecer o **arbolecer** intr Crecer los árboles.

arborescencia f Crecimiento o calidad de las plantas arborescentes.

arborescente adj Que semeja un árbol.

arboricultura f Cultivo de los árboles. ‖ Enseñanza relativa al modo de cultivarlos.

arborizar tr Poblar de árboles un terreno.

arbotante m Arco que traspasa el empuje de un arco o bóveda a un contrafuerte.

arbusto m Planta perenne, de tallo leñoso ramificado desde la base, que alcanza poca altura. ☐ ARBUSTIVO, VA.

arca f Caja, gralte. de madera, sin forrar y con tapa llana. ‖ Caja para guardar dinero.

arcabucear tr Tirar arcabuzazos. ‖ Matar a una persona con una descarga de arcabucería.

arcabucería f Tropa armada de arcabuces. ‖ Fuego de arcabuces. ‖ Conjunto de arcabuces.

arcabucero m Soldado armado de arcabuz. ‖ Fabricante de arcabuces.

arcabuco m Monte muy espeso.

arcabuz m Ant. arma de fuego, de carga por la boca, que se disparaba prendiendo la pólvora mediante una mecha.

arcada f ARQ. Conjunto o serie de arcos de fábrica, especialmente en los puentes. ‖ Soportales.

arcaduz m Caño por donde se conduce el agua.

arcaico, ca adj Relativo al arcaísmo. ‖ Muy antiguo. ‖ Díc. de las primeras fases de una cultura o arte.

arcaísmo m Cualidad de arcaico. ‖ Voz o frase anticuadas.

arcaizante pa de arcaizar. • adj Díc. de lo que posee rasgos arcaicos o poco evolucionados.

arcaizar intr Usar arcaísmos. • tr Dar carácter de antigua a una lengua, empleando arcaísmos.

arcángel m Espíritu angélico perteneciente al octavo coro. ☐ ARCANGÉLICAL.

arcano, na adj y s Secreto, reservado. ‖ Cada uno de los naipes del tarot.

arcar tr Arquear, dar figura de arco.

arcatura f Arcada figurada, pralm. la voladiza.

arce m Nombre común de ciertos árboles de ramas opuestas, hojas simples y lobuladas, flores pequeñas y fruto de dos sámaras unidas. Su madera es muy dura.

arcén m Orilla o margen, en especial el reservado en la calzada para los peatones y vehículos no automóviles.

archidiácono m Arcediano. ☐ ARCHIDIÓCESIS.

archiducado m Dignidad de archiduque. ‖ Territorio perteneciente al archiduque. ☐ ARCHIDUCAL.

archiduque, esa m y f Dignidad de los príncipes de la casa de Austria.

archimandrita m En la Iglesia Ortodoxa, dignidad eclesiástica inferior a la de obispo.

archipámpano m (fam) Persona que ejerce gran dignidad o autoridad imaginaria.

archipiélago m Parte del mar poblada de islas.

archivador, ra adj y s Que archiva. • m Mueble, caja o carpeta destinados a guardar documentos, fichas, papeles, etc.

archivar tr Guardar documentos en un archivo. ‖ (fig) Dar por finalizado un expediente o un asunto, o dejar de ocuparse de él.

archivo m Local en que se custodian documentos. ‖ Conjunto de estos documentos. ‖ Fichero. ☐ ARCHIVERO, RA; ARCHIVÍSTICO, CA; ARCHIVOLOGÍA.

archivolta o **arquivolta** f Conjunto de molduras que decoran un arco.

arcilla f Roca sedimentaria que manifiesta propiedades plásticas.

arcillar tr Mejorar las tierras silíceas echándoles arcilla o greda.

arcionar tr e intr Col. y Méx. Sujetar el jinete al arzón de la silla una res.

arcipreste m Dignidad en las iglesias catedrales. ‖ Presbítero que tiene atribuciones sobre los curas e iglesias de un territorio. ☐ ARCIPRESTADO; ARCIPRESTAL; ARCIPRESTAZGO.

arco m Porción continua de una curva. ‖ Arma sujeta por los extremos con una cuerda y que sirve para disparar flechas. ‖ Estructura que recibe cargas y las transmite a pilares o columnas, salvando un espacio llamado luz. ‖ Vara delgada, doblada en sus extremos, con que se frota las cuerdas de varios instrumentos de música para hacerlas vibrar.

arcón m Arca grande.

ardentía f Ardor. ‖ Pirosis.

arder intr Estar encendido. ‖ Experimentar ardor alguna parte del cuerpo. ‖ (fig) y poét. Resplandecer. • tr y prnl Abrasar, quemar.

ardid m Artificio empleado para el logro de algún intento.

ardido, da adj Valiente, denodado. ‖ Amér. Irritado, ofendido.

ardiente pa de arder. • adj Que arde, causa ardor o parece que abrasa. ‖ Apasionado, vehemente. ‖ Chile. y Perú. Rijoso, lujurioso.

ardilla f Mamífero roedor de cuerpo esbelto y cola larga, que vive en los árboles.

ardor[1] *m* Calor grande. ‖ Sensación de calor o rubor en el cuerpo, en especial en el estómago. ‖ (fig) Enardecimiento de los afectos y pasiones. ☐ ARDION-DO, DA.

ardor[2] *m* Ardimiento, intrepidez, denuedo.

ardora *f* Fosforescencia del mar que indica la presencia de sardinas.

ardoroso, sa *adj* Que tiene ardor. ‖ (fig) Ardiente, vigoroso.

arduo, dua *adj* Muy difícil. ☐ ARDUIDAD.

área *f* Porción de una superficie. ‖ Zona marcada de un terreno de juego. ‖ Medida de superficie, que equivale a 100 m².

arefacción *f* Acción y efecto de secar o secarse.

arel *m* Criba grande para limpiar el trigo.

arelar *tr* Limpiar el trigo con arel.

arena *f* Roca sedimentaria no compactada constituida por fragmentos de tamaño comprendido entre 1/16 mm y 2 mm. ‖ (fig) Lugar del combate o lucha. ‖ (fig) Redondel de la plaza de toros.

arenal *m* Suelo de arena movediza. ‖ Extensión grande de terreno arenoso.

arenar *tr* Enarenar. ‖ Refregar con arena.

arencar *tr* Curar sardinas al modo de los arenques.

arenero, ra *m* y *f* Persona que vende arena. • *m* Depósito en que las locomotoras llevan arena para soltarla sobre los carriles y aumentar la adherencia.

arenga *f* Discurso, por lo general solemne y elevado, pronunciado con el fin de enardecer los ánimos.

arengar *intr* y *tr* Decir en público una arenga. ☐ ARENGADOR, RA.

arenícola *adj* y *m* o *f* Que vive en la arena.

arenífero, ra *adj* Que contiene arena.

arenilla *f* Arena menuda. • *f pl* Salitre reducido a granos menudos que se emplea en la fabricación de la pólvora. ‖ Finos cálculos que aparecen en el sedimento urinario.

arenisco, ca *adj* Que tiene mezcla de arena.

arenoso, sa o **arenáceo, a** *adj* Que tiene arena o abunda en ella. ‖ Parecido a la arena.

arenque *m* Pez teleósteo, parecido a la sardina. Se consume fresco, salado o ahumado. ☐ ARENQUERO, RA.

areola o **aréola** *f* Pequeña corona circular que rodea a algunas estructuras. ‖ Porción del iris que bordea la pupila del ojo. ☐ AREOLAR.

arequipa *f Amér.* Cierto postre de leche.

arete *m dim* de aro. ‖ Pendiente, zarcillo.

arfar *intr* Cabecear la nave. ☐ ARFADA.

argadijo *m* Argadillo. ‖ Argamandijo.

argadillo *m* Devanadera. ‖ Armazón con que se forma la parte inferior del cuerpo de algunas imágenes.

argado *m* Enredo, embuste. ‖ Dificultad.

argalia *f* Algalia, instrumento quirúrgico.

argamandel *m* Andrajo, jirón de ropa.

argamandijo *m* (fam) Conjunto de cosas menudas, destinadas a algún fin.

argamasa *f* Mortero, mezcla de cal, arena y agua empleada en construcción.

argamasar *tr* Hacer argamasa. ‖ Trabar o unir con argamasa los materiales de construcción.

árganas *f pl* Alforjas. ☐ ARGUENERO.

argayar *impers* Desprenderse argayos.

argayo[1] *m* Tierra y piedras que se desprenden y caen deslizándose por la ladera de un monte.

argayo[2] *m* Prenda de abrigo de paño burdo que solían llevar los dominicos.

argentado, da *pp* de argentar. • *adj* Plateado, bañado de plata.

argentán *m* Alpaca, aleación.

argentar *tr* Platear. ‖ Guarnecer alguna cosa con plata. ☐ ARGENTADOR.

argentario o **argentero** *m* Platero.

argénteo, a *adj* De plata. ‖ Bañado de plata.

argentería *f* Bordadura brillante de plata u oro.

argentífero, ra *adj* Que contiene plata.

argentinizar *tr* Dar carácter argentino.

argentino, na *adj* Argénteo. ‖ (fig) Que suena como la plata o de manera semejante.

argentoso, sa *adj* Que tiene mezcla de plata.

argiloso, sa *adj* Arcilloso.

argolla *f* Aro grueso de hierro, que sirve para amarre o de asidero. ‖ *Amér. Merid.*

Anillo de boda, alianza. || *C. Rica* y *Perú.* Camarilla.

argos *m* (fig) Persona muy vigilante.

argot *m* Lenguaje especial entre personas de un mismo oficio o actividad. || (fam) Jerga.

argucia *f* Argumento falso presentado con agudeza.

árguenas *f pl* Angarillas. || *Chile.* Árganas.

argüir *tr* Sacar en claro, deducir como consecuencia natural. || Echar en cara, acusar. ❑ ARGÜIDOR, RA.

argumentar *tr* Argüir, sacar en claro. • *intr* y *prnl* Poner argumentos contra alguna opinión o contra quien la sostiene. ❑ ARGUMENTADOR, RA; ARGUMENTAR; ARGUMENTISTA.

argumento *m* Razonamiento que se emplea para demostrar una proposición, o para convencer a otro de aquello que se afirma o se niega. || Asunto de que trata una obra literaria, discurso, etc. ❑ ARGUMENTAL; ARGUMENTATIVO, VA.

aria *f* Composición musical sobre cierto número de versos para que la cante una sola voz.

aricar *tr* Arar muy superficialmente. ❑ ARICADO.

aridecer *tr, intr* y *prnl* Hacer árida alguna cosa.

árido, da *adj* Seco, estéril. ❑ ARIDEZ.

aries *m* Primer signo o parte del Zodíaco.

arillo *m* Arete, zarcillo.

arimez *m* Adorno en algunos edificios.

ario, ria *adj* Relativo o perteneciente a los arios y a sus descendientes. • *f* Nombre de una supuesta raza a la que se atribuyen cualidades superiores a la de las demás.

arisblanco, ca *adj* De aristas o raspas blancas.

ariscarse *prnl* Enojarse, ponerse arisco.

arisco, ca *adj* Áspero, intratable, receloso.

arisnegro, gra *adj* De aristas o raspas negras.

arista *f* Filamento áspero del cascabillo que envuelve el grano de trigo y el de otras gramíneas. || Borde de un sillar, madero o cualquier otro sólido, convenientemente labrado. ❑ ARISTADO, DA; ARISTOSO, SA.

aristarco *m* (fig) Crítico entendido, pero excesivamente severo.

aristocracia *f* Gobierno en el que solamente ejercen el poder las personas más notables del Estado. || Clase noble de una nación. ❑ ARISTOCRÁTICO, CA.

aristócrata *m* y *f* Individuo de la aristocracia.

aristocratizar *tr* y *prnl* Dar carácter aristocrático.

aritmética *f* Parte de las matemáticas que trata de los números y de las operaciones que se efectúan con ellos. ❑ ARITMÉTICO, CA.

aritmógrafo *m* Regla circular de cálculo.

aritmomancia *f* Arte de adivinación por medio de números.

arito *m Amér.* Arete, pendiente.

arlar *tr* Poner las frutas en arlos o colgajos.

arlequín *m* Personaje cómico de la antigua comedia italiana, que llevaba mascarilla negra y traje de cuadros de distintos colores. ❑ ARLEQUINESCO, CA.

arlequinada *f* Acción o ademán ridículo.

arlo *m* Agracejo, arbusto. || Colgajo de frutos.

arma *f* Instrumento, medio o máquina destinado a atacar o a defenderse.

armable *adj* Que puede o debe ser dotado de armas. || Díc. de cualquier objeto en piezas separadas que puede ser montado fácilmente.

armada *f* Conjunto de fuerzas navales de un estado. || *Amér. Merid.* Forma en que se dispone el lazo para lanzarlo.

armadía *f* Conjunto de vigas o maderos unidos con otros en forma plana, para poderlos conducir fácilmente a flote.

armadillo *m* Mamífero desdentado, de América Meridional, parecido al cerdo.

armado, da *pp* de armar. • *adj* Provisto de armas.

armador *m* El que por su cuenta arma y equipa una embarcación para fines comerciales.

armadura *f* Conjunto de armas de hierro con que se vestían los que habían de combatir. || Pieza o conjunto de piezas unidas unas con otras, con las que se arma alguna cosa. || Esqueleto de los vertebrados.

armamento *m* Prevención de todo lo necesario para la guerra. ‖ Conjunto de armas para el servicio de un cuerpo militar.

armar *tr* y *prnl* Vestir o poner a uno armas ofensivas o defensivas. ‖ Proveer de armas. ‖ Preparar para la guerra. ‖ (fig, fam) Disponer, fraguar alguna cosa. • *tr* Juntar entre sí las piezas de que se compone un mueble, artefacto, etcétera.

armario *m* Mueble en que se guardan libros, ropas u otros objetos.

armatoste *m* Cualquier máquina o mueble tosco, pesado y mal hecho.

armazón *amb* Armadura, pieza sobre la que se arma una cosa. ‖ Acción y efecto de juntar entre sí las piezas de que se compone un mueble.

armenio, nia *adj* y *s* De Armenia. • *m* Grupo de lenguas de la familia indoeuropea habladas por los armenios.

armería *f* Edificio en que se guardan diferentes tipos de armas. ‖ Tienda en que se venden.

armero *m* Fabricante o vendedor de armas. ‖ El que está encargado de custodiar, limpiar o de tener dispuestas las armas.

armilla *f* Espira de la columna arquitectónica.

armiñado, da *adj* Semejante en la blancura a la piel del armiño.

armiño *m* Mamífero carnívoro, de piel muy suave y delicada, parda en verano y blanca en invierno, excepto la punta de la cola, que es negra.

armisticio *m* Suspensión de hostilidades pactada entre pueblos o ejércitos beligerantes.

armonía *f* Combinación de sonidos simultáneos y diferentes, pero acordes. ‖ Acertada combinación de palabras, acentos y pausas del lenguaje que hace que resulten gratos al oído. ‖ (fig) Amistad y buena relación. □ ARMÓNICO, CA.

armónica *f* Instrumento formado por lengüetas metálicas fijadas en las dos caras de una placa de metal, que se ponen en vibración al soplar o aspirar a través de unos agujeros.

armonio o **armónium** *m* Instrumento musical de teclado al cual se da el aire por medio de un fuelle accionado por dos pedales.

armonioso, sa *adj* Sonoro y agradable al oído. ‖ (fig) Que tiene armonía o correspondencia.

armonizar *tr* Poner en armonía o hacer que no discierdan o se rechacen dos o más partes de un todo. □ ARMONIZACIÓN; ARMONIZADOR, RA.

arnés *m* Conjunto de armas defensivas • *m pl* Arreos, guarniciones de las caballerías.

aro *m* Pieza rígida en forma de circunferencia. ‖ Juguete en forma de aro. ‖ *Amér.* Arete.

aroma *m* Perfume, olor muy agradable.

aromático, ca o **aromoso** *adj* Que tiene aroma u olor agradable.

aromatizar o **aromar** *tr* Dar o comunicar aroma a alguna cosa. □ AROMATIZACIÓN; AROMATIZANTE.

arpa *f* Instrumento musical, de forma triangular, con cuerdas verticales que se tocan con ambas manos. ‖ *Amér.* Persona o animal flacos.

arpado, da *pp* de arpar. • *adj* Que remata en dientecillos como la sierra.

arpadura *f* Arañazo o rasguño.

arpar *tr* Arañar o rasgar con las uñas. • *prnl Col.* Llenarse, cundir.

arpear *intr* Efectuar el caballo, al moverse, una reacción precipitada con una u otra pierna, y a veces con las dos. • *tr* (fig) *Arg.* Robar, hurtar.

arpía *f* Ave fabulosa con el rostro y busto de mujer y el resto del cuerpo de ave de rapiña. ‖ (fig, fam) Persona codiciosa que con arte o maña saca cuanto puede.

arpillera *f* Tejido fuerte de yute o estopa, empleado para sacos y para embalar fardos.

arpón *m* Utensilio de pesca consistente en una barra provista en su extremo de una púa que hiere y otras vueltas hacia atrás, para que hagan presa. □ ARPONADO.

arponar o **arponear** *tr* Cazar o pescar con arpón. • *intr* Manejar el arpón con destreza.

arponero *m* El que fabrica arpones. ‖ El que pesca o caza con arpón. ‖ Ballenero.

arquear[1] *tr* En el obraje de paños, sacudir la lana con un arco. • *tr* y *prnl* Dar figura de arco. • *intr* Nausear.

arquear[2] *tr* Medir la capacidad de una embarcación. ☐ ARQUEADOR; ARQUEAJE.

arqueo *m* Recuento de las existencias de caja.

arqueología *f* Ciencia que estudia los restos de las civilizaciones antiguas. ☐ ARQUEÓLOGO, GA.

arqueológico, ca *adj* Perteneciente o relativo a la arqueología. || (fig) Antiguo, sin importancia actual.

arquero[1] *m* Cajero de una tesorería.

arquero[2] *m* Soldado armado con arco y flechas. || *Amér.* Portero, jugador que, en algunos deportes, defiende la meta de su equipo.

arqueta *f* Arca pequeña.

arquetipo *m* Modelo prototipo de una obra material o intelectual. || Idea ejemplar de las cosas, modelo ideal. ☐ ARQUETÍPICO, CA.

arquibanco *m* Banco con respaldo o sin él.

arquimesa *f* Mueble con tablero de mesa y varios compartimientos o cajones.

arquitecto, ta *m* y *f* El que se dedica a la arquitectura.

arquitectura *f* Arte y ciencia de proyectar y construir edificios. ☐ ARQUITECTÓNICO, CA.

arquitrabe *m* Parte inferior de un entablamiento que descansa directamente sobre los capiteles.

arrabal *m* Barrio fuera del recinto de la población.

arrabalero, ra *adj* y *s* Habitante de un arrabal. || (fig, fam) Díc. de la persona que da muestra de mala educación.

arracada *f* Pendiente con adorno colgante.

arracimado, da *pp* de arracimarse. • *adj* En racimo.

arracimarse *prnl* Unirse algunas cosas en figura de racimo.

arraigado, da *pp* de arraigar. • *adj* Que posee bienes raíces. • *m* Amarradura de un cabo.

arraigar *tr* Fijar y afirmar a alguien en una virtud, vicio, costumbre, posesión, etc. || *Amér.* Notificar judicialmente a una persona que no salga de la población, bajo cierta pena. • *intr* y *prnl* Echar o criar raíces. • *prnl* Establecerse de manera fija en un sitio, adquiriendo en él bienes. ☐ ARRAIGANTE.

arraigo *m* Acción y efecto de arraigar o arraigarse. || Bienes raíces. || Encepe.

arramblar *tr* Dejar un río o torrente cubierto de arena el suelo después de una avenida.

arrancada *f* Partida o salida violenta. || Comienzo del movimiento de una máquina.

arrancadera *f* Esquila grande que llevan los mansos para levantar y guiar el ganado.

arrancadero *m* Punto desde donde se echa a correr.

arrancado, da *pp* de arrancar. • *adj* (fig, fam) Arruinado, pobre.

arrancar *tr* Sacar de raíz. || Sacar con violencia una cosa del lugar a que está adherida o sujeta, o de que forma parte. • *intr* Partir de carrera para seguir corriendo. || (fig) Provenir, traer origen. • *prnl* (fig, fam) Empezar a hacer algo de modo inesperado. ☐ ARRANCADURA.

arranchar[1] *tr* Dicho de la costa o de un bajo, etc., pasar muy cerca de ellos.

arranchar[2] *tr* *Amér. Merid.* Arrebatar, quitar.

arranque *m* Acción y efecto de arrancar. || (fig) Ímpetu de cólera u otro afecto. || (fig) Ocurrencia que no se esperaba. || Acción de poner en marcha un motor o mecanismo.

arranquera *f* *Cuba, Méx.* y *P. Rico.* Pobreza.

arrapar *tr* Arrebatar.

arrapiezo *m* Harapo, andrajo.

arrapo *m* Harapo, andrajo. || Pizca.

arrasado, da *pp* de arrasar. • *adj* De la calidad del raso, o parecido a él.

arrasar *tr* Allanar la superficie de alguna cosa. || Echar por tierra, destruir. || Rasar, igualar con el rasero. ☐ ARRASAMIENTO.

arrastradero *m* Camino por donde se hace, en el monte, el arrastre de maderas.

arrastradizo, za *adj* Que se lleva o puede llevarse a rastras. || Que ha sido trillado.

arrastrado, da *pp* de arrastrar. • *adj* Díc. del juego de naipes en que es obligatorio servir a la carta jugada. || (fig, fam) Pobre, desastrado.

arrastrar *tr* Llevar a una persona o cosa por el suelo, tirando de ella. || Llevar o mover rasando el suelo u otra superficie • *prnl* (fig) Humillarse vilmente. ❐ ARRASTRAMIENTO; ARRASTRE.

arratonado, da *adj* Comido o roído de ratones.

arrayán *m* Mirto. ❐ ARRAYANAL.

¡arre! *interj* Voz que se emplea para arrear a las bestias.

arreada *f Amér. Merid.* y *Méx.* Robo de ganado. || *Amér. Merid.* Reclutamiento.

arreado, da *adj Amér.* Flojo o cansado para el trabajo.

arrear[1] *tr* Estimular a las bestias para que echen a andar, sigan caminando, o aviven el paso. || *Arg.* y *Méx.* Llevarse violenta o furtivamente ganado ajeno.

arrear[2] *tr* Poner arreos, adornar.

arrear[3] *tr* Dar seguidos tiros, golpes, etc.

arrebañar *tr* Rebañar. ❐ ARREBAÑADOR, RA; ARREBAÑADURA.

arrebatado, da *pp* de arrebatar. • *adj* Precipitado e impetuoso.

arrebatamiento *m* Acción de arrebatar o arrebatarse. || Éxtasis.

arrebatar *tr* Quitar o tomar alguna cosa con violencia y fuerza. • *tr* y *prnl* (fig) Conmover poderosamente excitando alguna pasión o afecto. • *prnl* Enfurecerse, dejarse llevar de alguna pasión. ❐ ARREBATADIZO, ZA; ARREBATADOR, RA; ARREBATANTE.

arrebato *m* Furor. || Arrebatamiento. || *Bol.* Enfermedad súbita y grave.

arrebatoso, sa *adj* Pronto, repentino.

arrebol *m* Color rojo de las nubes sobre las que inciden los rayos del Sol durante su puesta.

arrebolar *tr* y *prnl* Poner de color de arrebol.

arrebolera *f* Salserilla o tacita en que se ponía el colorete.

arrebozar *tr* y *prnl* Rebozar. ❐ ARREBOZO.

arrebujar *tr* Coger mal y sin orden alguna cosa flexible, como ropa, lienzo, etc. • *tr* y *prnl* Cubrir bien y envolver con la ropa de la cama.

arrecho, cha *adj* Tieso, erguido. || Animoso.

arrechuchar *tr* Empujar.

arrechucho *m* (fam) Arranque de cólera o de rapidez. || (fam) Indisposición pasajera.

arreciar *tr* y *prnl* Dar fuerza y vigor. • *intr* Cobrar fuerza, vigor o gordura. • *intr* y *prnl* Hacerse cada vez más recia, fuerte o violenta una cosa.

arrecife *m* Calzada, camino empedrado. || *R. Dom.* Costa peñascosa, acantilado, farallón. || Banco o bajío en el mar.

arrecirse *prnl* Entumecerse por el frío.

arredrar *tr* y *prnl* Apartar, separar. || (fig) Retraer. || (fig) Amedrentar, atemorizar. ❐ ARREDRAMIENTO.

arredro *adv lugar* Atrás, detrás o hacia atrás.

arregazado, da *pp* de arregazar. • *adj* (fig) Que tiene la punta hacia arriba.

arregazar *tr* y *prnl* Recoger las faldas hacia el regazo.

arreglado, da *pp* de arreglar. • *adj* Sujeto a regla. || (fig) Ordenado y moderado.

arreglar *tr* Componer, ordenar, concertar. || (fam) En frases en futuro, se usa como amenaza. || *Chile.* Capar los gatos. || *Cuba* y *Méx.* Preparar los gallos para una pelea. • *tr* y *prnl* Acicalar.

arreglo *m* Acción de arreglar. || Avenencia, conciliación. || Transformación de una obra musical para poder interpretarla con instrumentos o voces distintos a los originales. ❐ ARREGLADOR, RA.

arreico, ca *adj* Díc. de las regiones sin circulación regular de agua.

arrejacar *tr* Romper la costra del terreno de los sembrados.

arrelingarse *prnl Arg.* Resolverse, decidirse a hacer una cosa. || *Chile.* Acicalarse.

arrellanarse *prnl* Ensancharse y extenderse en el asiento con toda comodidad y regalo.

arremangado, da *pp* de arremangar. • *adj* (fig) Levantado o vuelto hacia arriba.

arremangar *tr* y *prnl* Remangar. ❐ ARREMANGO.

arremansarse *prnl Amér.* Estancarse.

arrematar *tr* (fam) Rematar, dar fin a una cosa.

arremedar *tr* Remedar.

arremeter *intr* Acometer con ímpetu y furia. ‖ Arrojarse con presteza. ‖ (fig, fam) Chocar, disonar u ofender a la vista alguna cosa. ❑ ARREMETEDOR, RA; ARREMETIDA.

arremolinarse *prnl* Amontonarse o apiñarse.

arrendador, ra *m y f* Persona que da en arrendamiento alguna cosa. ‖ Arrendatario.

arrendajo (fig) Imitación o copia imperfecta de una cosa.

arrendamiento o **arrendación** *m* Acción de arrendar¹. ‖ Precio en que se arrienda. ❑ ARRENDATICIO, CIA.

arrendar¹ *tr* Alquilar, ceder o adquirir temporalmente servicios mediante el pago de una renta. ❑ ARRENDANTE; ARRENDATARIO.

arrendar² *tr* Atar y asegurar por las riendas una caballería. ‖ Enseñar al caballo a que obedezca la rienda. ‖ (fig) Sujetar. ‖ *Cuba.* Acollar. ‖ *Méx.* Tomar una dirección.

arrendar³ *tr* Remedar la voz o las acciones de alguno.

arrepentimiento *m* Pesar de haber hecho alguna cosa.

arrequive *m* Labor o guarnición que se ponía en el borde del vestido.

arrestado, da *pp* de arrestar. • *adj* Audaz.

arrestar *tr* Detener, poner preso. ❑ ARRESTO.

arretranca *f Amér.* Retranca, freno.

arrezagar *tr y prnl* Arremangar. ‖ Alzar, mover de abajo arriba.

arria *f* Recua de caballerías.

arriada¹ *f* Riada.

arriada² *f* Acción de arriar una vela o cabo.

arriar¹ *tr* Bajar las velas o las banderas que están izadas. ‖ Aflojar o soltar un cabo, cadena, etcétera.

arriar² *tr y prnl* Inundar, arroyar.

arriate *m* Parterre estrecho para plantas de adorno junto a las paredes de los jardines.

arriba *adv lugar* A lo alto, hacia lo alto. ‖ En lo alto, en la parte alta. ‖ En los escritos, antes o antecedentemente. • *interj*

Sirve para ordenar a alguno que se levante, o suba, o para estimularlo a recobrar ánimos.

arribar *intr* Llegar la nave al puerto en que termina su viaje. ‖ Llegar la nave a un puerto a que tenga que dirigirse para evitar algún peligro o remediar alguna necesidad. • *intr y prnl* Llegar por tierra a cualquier paraje. ❑ ARRIBADA.

arribazón *m* Afluencia de peces a las costas.

arribismo *m* Ambición, deseo de triunfo.

arribista *m o f* Oportunista. ‖ Advenedizo.

arriendo *m* Arrendamiento.

arriero *m* El que trajina con bestias de carga. ❑ ARRIERAJE; ARRIERÍA.

arriesgado, da *pp* de arriesgar. • *adj* Aventurado, peligroso. ‖ Osado, imprudente.

arriesgar *tr y prnl* Poner a riesgo.

arrimadero *m* Cosa en que se puede estibar o a que uno puede arrimarse.

arrimadizo, za *adj* Hecho para arrimarlo a alguna parte.

arrimado, da *pp* de arrimar. • *m y f Amér.* Persona que vive en casa ajena. ‖ *P. Rico.* Aparcero.

arrimar *tr* (fig) Con ciertos nombres, dejar la profesión, ejercicio, etc., simbolizados por ellos. • *tr y prnl* Poner una cosa junto a otra. • *prnl* Apoyarse sobre alguna cosa, para descansar sostenerse. ‖ (fig) Acogerse a la protección de alguien o de algo. ❑ ARRIMADURA.

arrimo *m* Acción y efecto de arrimar o arrimarse. ‖ Proximidad, cercanía. ‖ *R. Dom.* Amancebamiento.

arrinconado, da *pp* de arrinconar. • *adj* Apartado, retirado. ‖ (fig) Desatendido, olvidado.

arrinconamiento *m* Recogimiento o retiro.

arrinconar *tr* Poner alguna cosa en un rincón o lugar retirado. ‖ (fig) Acosar a uno hasta que halle obstáculo para seguir retrocediendo. ‖ (fig) Privar a uno del cargo o favor que gozaba.

arriostrar *tr* Riostrar.

arriscado, da *pp* de arriscar. • *adj* Lleno de riscos. ‖ Atrevido. ‖ *Amér.* Remangado.

arriscar *tr Col., Chile* y *Méx.* Levantar, poner hacia arriba una cosa, remangarla, encumbrarla. • *prnl Salv.* y *Perú.* Vestir con lujo o afectado aliño.

arritmia *f* Falta de ritmo regular. ‖ Alteración del ritmo normal de las contracciones cardíacas. ❏ ARRÍTMICO, CA.

arrizar *tr* Aferrar a la verga una parte de las velas para que tomen menos viento.

arrizófito, ta *adj* y *m* Díc. de la planta que carece de raíces.

arroba *f* Peso que equivale a 11,5 kg.

arrobar[1] *tr* Embelesar, cautivar. • *prnl* Enajenarse. ❏ ARROBADIZO, ZA.

arrobar[2] *tr* ant. Pesar o medir por arrobas.

arrobo *m* Arrobamiento, éxtasis.

arrocabe *m* Adorno a manera de friso.

arrocero, ra *adj* Perteneciente o relativo al arroz. • *m* y *f* Persona que cultiva arroz.

arrochelarse *prnl Col.* Alborotarse el caballo, resistirse a seguir su marcha.

arrocinar *tr* y *prnl* (fig, fam) Embrutecer.

arrodalado, da *adj* Manchado de rodales.

arrodear *tr* e *intr* Rodear.

arrodelarse *prnl* Cubrirse de rodela.

arrodillada *f Chile.* Genuflexión.

arrodillar *tr* Hacer que uno hinque la rodilla o ambas rodillas. • *intr* y *prnl* Ponerse de rodillas.

arrogante *pa* de arrogar. • *adj* Que arroga. ‖ Altanero. ‖ Valiente. ‖ Gallardo. ❏ ARROGANCIA.

arrogar *tr* Adoptar o recibir como hijo al huérfano o al emancipado. • *prnl* Atribuirse jurisdicción, facultad, etc. ❏ ARROGACIÓN.

arrojado, da *pp* de arrojar. • *adj* (fig) Resuelto.

arrojar *tr* Impeler con violencia una cosa. ‖ Echar. • *prnl* Precipitarse con violencia de arriba abajo. ❏ ARROJADIZO, ZA.

arrojo *m* Osadía, intrepidez.

arrollado, da *pp* de arrollar. • *m Chile.* Carne de puerco cocida y dispuesta en forma de rollo.

arrollar[1] *tr* Envolver una cosa en forma de rollo. ‖ Atropellar un vehículo a una persona, animal o cosa. ‖ (fig) Derrotar al enemigo. ❏ ARROLLABLE; ARROLLADOR, RA; ARROLLAMIENTO.

arrollar[2] *tr* (fig) Cunear, mecer al niño en la cuna o en los brazos.

arromadizar *tr* Causar romadizo.

arromanzar *tr* Poner en romance.

arromar *tr* y *prnl* Poner roma alguna cosa.

arromper *tr* (fam) Romper o roturar.

arronzar *intr* Caer el buque a sotavento.

arropar[1] *tr Col.* Aceptar prontamente un negocio. • *tr* y *prnl* Cubrir o abrigar con ropa. ❏ ARROPAMIENTO.

arropar[2] *tr* Echar arrope al vino.

arrope *m* Jarabe concentrado. ‖ *Amér. Merid.* Dulce de tuna, algarrobillo y otros frutos.

arrostrar *tr* Hacer cara, resistir, sin dar muestra de cobardía, a las calamidades o peligros. • *tr* e *intr* Sufrir o tolerar a una persona o cosa desagradable.

arroyada o **arroyadero** *f* Valle por donde corre un arroyo. ‖ Surco o hendedura que hace en él. ‖ Desbordamiento de un arroyo. ‖ Escurrentía de las aguas de la lluvia por el suelo.

arroyar *tr* y *prnl* Formar la lluvia arroyadas o surcos en la tierra. • *tr* Formar arroyos.

arroyo *m* Curso de agua permanente, de escaso caudal y corta longitud. ‖ Cauce por donde corre. ‖ *Amér. Merid.* Río de corta extensión, aunque navegable.

arroz *m* Planta que se cría en terrenos muy húmedos, y cuyo fruto es un grano oval y harinoso, blanco después de descascarillado. ❏ ARROZAL.

arruchar *tr* Pelar, dejar sin dinero. • *prnl Col.* Encogerse, ovillarse.

arrufar *tr* Dar arrufadura al buque en su construcción. • *intr* Hacer arrufadura. • *prnl Ven.* Irritarse.

arruga *f* Pliegue que se forma en la piel, en la ropa o en cualquier tela o cosa flexible.

arrugar *tr* Con el complemento directo *frente, ceño, entrecejo,* y siendo el sujeto nombre de persona, mostrar en el semblante preocupación, ira o enojo. • *tr* y *prnl* Hacer arrugas. • *prnl* Encogerse. ❏ ARRUGABLE; ARRUGAMIENTO.

arruinar *tr* y *prnl* Causar ruina. ‖ (fig) Destruir, ocasionar grave daño. ❏ ARRUINADOR.

arrullar *tr* Atraer con arrullos el palomo o el tórtolo a la hembra, o al contrario.

arrumaco *m* (fam) Demostración de cariño.

arrumar *tr* Distribuir y colocar la carga en un buque. || *Chile y Ecuad.* Amontonar, poner en rimero. • *prnl* Cargarse de nubes el horizonte.

arrumbar[1] *tr* Retirar una cosa por inútil. || Desechar, abandonar o dejar fuera de uso. || (fig) Arrollar a uno en la conversación, obligándolo a callar. || (fig) Arrinconar a uno, no hacerle caso. ⬜ ARRUMBADOR, RA.

arrumbar[2] *tr* Determinar la dirección que sigue una costa. || Hacer coincidir dos o más objetos en un solo rumbo. • *intr* Fijar el rumbo. • *prnl* Marearse.

arrunflar *tr y prnl* En los juegos de naipes, juntar muchas cartas de un mismo palo.

arsenal *m* Astillero. || Almacén general de armas y otros efectos de guerra.

arte *amb* Virtud, disposición o industria para hacer alguna cosa. || Acto o facultad mediante el cual, valiéndose de la materia, de la imagen o del sonido, el hombre imita o expresa lo material o lo inmaterial, y crea copiando o fantaseando. || Conjunto de preceptos y reglas necesarios para hacer bien alguna cosa. || Cautela, maña, astucia. || Con los *adj* **buen** o **mal** antepuestos, buena o mala disposición personal de alguno.

artefacto *m* Obra mecánica hecha según arte. || Máquina, aparato, dispositivo. || Armatoste.

artejo *m* Nudillo del dedo.

arteria *f* Cada uno de los vasos que llevan la sangre desde el corazón a los capilares de cualquier parte del cuerpo. || (fig) Calle importante y de mucho tráfico de una población.

artería *f* Amaño, astucia.

arterial *adj* Perteneciente o relativo a las arterias. || Díc. de la sangre rica en oxígeno.

arteriosclerosis *f* Endurecimiento o lesión degenerativa de las paredes arteriales. ⬜ ARTERIOESCLERÓTICO, CA.

arterioso, sa *adj* Arterial. || Abundante en arterias. || Que tiene estructura de arteria.

artero, ra *adj* Disimulado, astuto.

artesa *f* Recipiente de madera que se emplea para amasar pan.

artesanado *m* Artesanía, clase social de artesanos.

artesanal *adj* Artesano, perteneciente o relativo a la artesanía.

artesanía *f* Arte u obra de los artesanos.

artesano, na *m y f* Persona que ejerce un oficio manual por su cuenta.

artesón *m* Artesa que sirve en las cocinas para fregar. || Cada uno de los adornos con molduras y un florón en el centro, que se ponen en los techos y bóvedas. || Artesonado.

artesonado, da *adj* Adornado con artesones.

artesonar *tr* Adornar con artesones.

artético, ca *adj* Díc. del que padece dolores en las articulaciones.

articulación *f* Acción de articular o articularse. || Enlace de dos piezas de una máquina o instrumento. || Pronunciación clara y distinta de las palabras. || Unión de un hueso con otro.

articulado, da *pp* de articular. • *adj* Que tiene articulaciones. • *m* Conjunto de los artículos de un tratado, ley, etcétera.

articular[1] *adj* Perteneciente o relativo a la articulación o a las articulaciones.

articular[2] *tr y prnl* Unir, enlazar. • *tr* Pronunciar clara y distintamente. || Dar a los órganos de la palabra la disposición que requiere cada uno de los sonidos del lenguaje.

articulatorio, ria *adj* Relativo a la articulación del lenguaje.

articulista *m o f* Persona que escribe artículos.

artículo *m* Artejo. || Una de las partes en que suelen dividirse los escritos. || Cada una de las divisiones de un diccionario encabezada por distinta palabra. || Cada una de las disposiciones numeradas de un tratado, ley, etc. || Cualquiera de los escritos de mayor extensión que se insertan en los periódicos o revistas. || Mercancía, cosa con que se comercia. || Parte de la oración gramatical que precede al nombre, determina su género y número y concuerda siempre con él.

artífice *m* o *f* Artista. || Persona que ejecuta una obra mecánica. || (fig) Autor.

artificial *adj* No natural, ficticio.

artificiero *m* Artillero encargado de los explosivos.

artificio *m* Arte o habilidad con que está hecha alguna cosa. || Predominio de la elaboración artística sobre la naturaleza. || Artefacto.

artificioso, sa *adj* Hecho con artificio o arte.

artillado, da *pp* de artillar. • *m* Artillería de un buque o de una plaza de guerra.

artillar *tr* Armar de artillería las fortalezas o las naves.

artillería *f* Arte de construir y usar las armas, máquinas y municiones de guerra. || Conjunto de cañones, morteros y otro armamento que tiene una plaza, un ejército o un buque. || Cuerpo militar destinado a este servicio.

artillero, ra *adj* Perteneciente o relativo a la artillería. • *m* Individuo que sirve en la artillería del ejército o de la armada.

artilugio *m* (desp) Mecanismo artificioso, pero de poca importancia.

artimaña *f* Trampa para cazar. || (fam) Artificio, astucia para engañar a uno, o para otro fin.

artista *m* o *f* Persona que ejercita alguna de las bellas artes o está bien dotada para su cultivo. || Intérprete de una obra musical. || Actor.

artístico, ca *adj* Perteneciente a las artes.

artrópodo, da *adj* y *m* Díc. de los invertebrados con apéndices provistos de piezas articuladas.

arzobispado *m* Dignidad de arzobispo. || Territorio en que el arzobispo ejerce su jurisdicción. || Edificio u oficina donde funciona la curia arzobispal.

arzobispo *m* Jefe de los obispos de una provincia eclesiástica. ◻ ARZOBISPAL.

as *m* Carta que en cada palo de la baraja de naipes lleva el número uno. || Punto único señalado en una de las seis caras del dado. || (fig) Persona que sobresale

de manera notable en algún oficio o profesión.

asa *f* Parte que sobresale del cuerpo de una vasija, cesta, etc., y sirve para asirla.

asacar *tr* Sacar, inventar. || Fingir, pretextar.

asadero, ra *adj* A propósito para ser asado. • *m* Lugar donde hace mucho calor.

asado, da *pp* de asar. • *m* Carne asada.

asador, ra *m* y *f* Persona que se dedica a asar. • *m* Varilla en que se clava y se pone al fuego lo que se quiere asar. || Aparato o mecanismo para asar.

asadura *f* Conjunto de las entrañas del animal.

asaetear *tr* Disparar saetas contra alguien.

asalariado, da *pp* de asalariar. • *adj* y *s* Que percibe un salario por su trabajo.

asalariar *tr* Señalar salario a una persona.

asalmonado, da *adj* Salmonado. || De color rosa pálido.

asaltar *tr* Acometer una plaza o fortaleza para entrar en ella. || Acometer repentinamente y por sorpresa a las personas. || (fig) Ocurrir de pronto la muerte, un pensamiento, etc.

asalto *m* Acción y efecto de asaltar. || Cada una de las partes o tiempos de que consta un combate de boxeo.

asamblea *f* Reunión numerosa de personas convocadas para algún fin. || Cuerpo político deliberante, como el congreso o el senado. ◻ ASAMBLEÍSTA.

asar *tr* Exponer un manjar crudo a la acción del fuego o del calor para hacerlo comestible. || (fig) Tostar, abrasar. • *prnl* (fig) Sentir mucho calor.

asaz *adv cant* Bastante, harto, muy.

ascalonia *f* Chalote, especie de cebolla.

ascáride *f* Gusano parásito de ciertos mamíferos y del hombre.

ascendencia *f* Serie de ascendientes o antecesores de una persona. || p. ext. Linaje.

ascendente *pa* de ascender. • *m* En astrología, punto de la elíptica en que se inicia la primera casa celeste, al observar el cielo para realizar una predicción.

ascender *intr* Subir de un sitio bajo a otro más alto. || (fig) Adelantar en empleo o dignidad. • *tr* Dar o conceder un ascenso. || Importar una cuenta.

ascendiente *pa* de ascender. • *adj* Que asciende. • *m* o *f* Padre, madre, o cualquiera de los abuelos, de quien desciende una persona.

ascensión *f* Acción de ascender. || Escalada a una montaña.

ascensionista *m* o *f* Persona que asciende a puntos muy elevados de las montañas.

ascenso *m* Subida a lugar más alto. || (fig) Promoción a mayor dignidad o empleo.

ascensor *m* Aparato para trasladar personas de unos a otros pisos. || Montacargas.

asceta *m* o *f* Persona que hace vida ascética.

ascético, ca *adj* Que se dedica a la práctica y ejercicio de la perfección espiritual.

ascetismo *m* Profesión, o doctrina de la vida ascética. Consiste en el perfeccionamiento moral mediante la renuncia a los placeres terrenales.

asco *m* Alteración del estómago causada por la repugnancia que se tiene a alguna cosa y que incita a la náusea y el vómito. || (fig) Impresión desagradable causada por alguna cosa que repugna. || Esta misma cosa.

ascosidad *f* Podre o inmundicia que mueve al asco.

ascua *f* Pedazo de cualquier materia sólida y combustible que por acción del fuego está incandescente, sin dar llama.

aseado, da *pp* de asear. • *adj* Limpio.

asear *tr* Poner limpia y ordenada una cosa. • *prnl* Lavarse, peinarse y ponerse ropa limpia.

asechamiento *m* Asechanza.

asechanza o **asecho** *m* f Engaño o artificio para hacer daño a otro. Se usa más en plural.

asechar *tr* Poner o armar asechanzas.

asedar *tr* Poner suave como la seda.

asediar *tr* Sitiar. || (fig) Importunar a uno sin descanso. ❏ ASEDIADOR, RA; ASEDIO.

aseguración *f* Seguro, contrato.

asegurado, da *pp* de asegurar. • *adj* y *s* Díc. de la persona que ha contratado un seguro.

asegurador, ra *adj* y *s* Que asegura. || Díc. de la persona o empresa que asegura riesgos ajenos.

aseguramiento *m* Acción y efecto de asegurar. || Seguro, salvoconducto.

asegurar *tr* Establecer, fijar sólidamente. || Dar garantía o prenda que haga cierto el cumplimiento de una obligación. || Poner a cubierto un bien propio, la vida de uno, etc., de pérdida o destrucción por causas fortuitas mediante el pago de una prima, para recibir indemnización en caso de siniestro. • *tr* y *prnl* Preservar de daño a las personas y las cosas. • *prnl* Suscribir un contrato de seguro. ❏ ASEGURABLE.

aseidad *f* Atributo de Dios, por el cual existe por sí mismo y por su propia naturaleza.

asemejar *tr* Hacer una cosa con semejanza a otra. • *tr* y *prnl* Representar una cosa como semejante a otra. • *intr* Tener semejanza.

asendereado, da *pp* de asenderear. • *adj* (fig) Agobiado de trabajos o adversidades.

asenderear *tr* Hacer sendas o senderos. || Perseguir a uno haciéndole andar fugitivo por los senderos.

asentaderas *f pl* (fam) Nalgas.

asentado, da *pp* de asentar. • *adj* Sentado, juicioso. || (fig) Estable, permanente.

asentador, ra *m* y *f* Persona que asienta. || Persona que contrata al por mayor víveres para un mercado público.

asentamiento *m* Acción y efecto de asentar o asentarse. || Establecimiento, lugar donde se ejerce una profesión. || Instalación provisional de colonos en tierras destinadas a expropiarse.

asentar *tr* y *prnl* Sentar en una silla, banco, etc. || Colocar a uno en determinado lugar o asiento, en señal de posesión de algún empleo o cargo. • *tr* Situar, fundar. || Ajustar un convenio o tratado. || Anotar alguna cosa, para que conste. • *prnl* Establecerse en un pueblo o paraje.

asentimiento *m* Asenso. || Consentimiento.

asentir *intr* Admitir una cosa que otro ya ha propuesto antes. ❏ ASENSO.

asentista *m* o *f* Persona que contrata el suministro de víveres a diversos colectivos.

aseo *m* Limpieza. ‖ Esmero, cuidado. ‖ Apostura, gentileza, buena disposición.

asépalo, la *adj* Que carece de sépalos.

asepsia *f* Ausencia completa de microorganismos vivos, patógenos o no, en un medio determinado. □ ASÉPTICO, CA.

asequible *adj* Que puede conseguirse o alcanzarse.

aserción *f* Acción y efecto de afirmar, o dar por cierta una cosa.

aserenar *tr* y *prnl* Serenar.

aseriarse *prnl* Ponerse serio.

aserradero *m* Lugar donde se asierra la madera.

aserrado, da *pp* de aserrar. • *adj* Que tiene dientes como la sierra. ‖ Díc. de la hoja cuyo borde tiene dientes inclinados hacia su punta.

aserradura *f* Corte que hace la sierra.

aserrar *tr* Serrar.

aserrío *m* Col. y Pan. Aserradero.

aserruchar *tr* Amér. Cortar con serrucho.

asertar *tr* Afirmar, asegurar, aseverar. □ ASERTO; ASERTOR, RA.

asertivo, va *adj* Afirmativo, aseverativo.

asertorio *adj* Afirmativo.

asesar *tr* Hacer que uno adquiera cordura.

asesinar *tr* Matar alevosamente o por precio, o con premeditación. □ ASESINO, NA.

asesinato *m* Delito contra las personas consistente en la muerte de una por otra.

asesorar *tr* Dar consejo o dictamen. • *prnl* Tomar consejo una persona de otra. □ ASESOR, RA; ASESORAMIENTO.

asesoría *f* Oficio de asesor.

asestar *tr* Dirigir un arma hacia el objeto que se quiere amenazar u ofender con ella. □ ASESTADURA.

aseverar *tr* Afirmar o asegurar lo que se dice.

aseverativo, va *adj* Que asevera o afirma.

asexuado, da *adj* Que carece de sexo.

asexual *adj* Sin sexo; ambiguo, indeterminado.

asfaltar *tr* Revestir de asfalto. □ ASFALTADO.

asfalto *m* Mezcla de hidrocarburos, de color negruzco, muy viscosa, que suele emplearse en pavimentos y revestimiento de muros. ‖ (fig) Carretera. □ ASFÁLTICO, CA.

asfigmia *f* Ausencia del pulso.

asfixia *f* Ahogo.

asfixiar *tr* y *prnl* Producir asfixia.

así *adv modo* De esta o de esa manera.

asibilar *tr* Hacer sibilante un sonido.

asidera *f* Arg., Méx. y Ur. Argolla afianzada en la cincha del caballo y en la cual se sujeta el lazo.

asidero *m* Parte por donde se ase alguna cosa.

asiduidad *f* Frecuencia, puntualidad o aplicación constante a una cosa.

asiduo, dua *adj* Frecuente, puntual, perseverante.

asiento *m* Silla, banco u otra cosa destinada para sentarse en ella. ‖ Lugar que se tiene en un tribunal o junta. ‖ Anotación en un libro de contabilidad.

asignación *f* Acción de asignar. ‖ Cantidad señalada por sueldo o por otro concepto.

asignar *tr* Señalar lo que corresponde a una persona o cosa. □ ASIGNABLE.

asignatario, ria *m* y *f* Amér. Persona a quien se asigna la herencia o el legado.

asignatura *f* Cada una de las materias que forman un plan académico de estudios.

asilado, da *pp* de asilar. • *m* y *f* Acogido a un establecimiento de beneficencia.

asilar *tr* Dar asilo. • *tr* y *prnl* Albergar en un asilo. • *prnl* Tomar asilo en algún lugar.

asilo *m* Establecimiento benéfico en que se asiste a los menesterosos. ‖ Acción de dar albergue uno en su casa a otro. ‖ Lugar privilegiado de refugio para los perseguidos.

asimetría *f* Falta de simetría.

asimétrico, ca *adj* Que no guarda simetría.

asimilar *tr* y *prnl* Asemejar, comparar. ‖ Alterar la articulación de un sonido del habla asemejándolo a otro inmediato o cercano mediante la substitución de uno o varios caracteres propios de aquél por otros de éste. • *tr* Conceder a los individuos de una profesión derechos iguales a los que tienen los individuos de otra. ‖ (fig) Comprender lo que se aprende; incorporarlo a los conocimientos previos. • *prnl* Parecerse. ☐ ASIMILABLE; ASIMILACIÓN.

asimilativo, va o **asimilador, ra** *adj* Díc. de lo que tiene fuerza para hacer semejante una cosa a otra.

asimismo *adv modo* De este o del mismo modo. ‖ También.

asíndeton *m* Figura que consiste en omitir conjunciones para dar vivacidad al concepto.

asir *tr* Tomar, coger, prender. • *intr* Tratándose de plantas, arraigar. • *prnl* Agarrarse de alguna cosa.

asistencia *f* Acción de asistir o presencia actual. ‖ Acción de prestar socorro, favor o ayuda. ‖ Conjunto de personas que están presentes en un acto. ‖ *Col.* Casa de comidas. ‖ *Chile.* Casa de socorro. ‖ *Méx.* Pieza destinada para recibir las visitas de confianza. ☐ ASISTENCIAL.

asistenta *f* Mujer que hace de criada en una casa sin residir en ella.

asistir *tr* Acompañar a alguno en un acto público. ‖ Servir en algunas cosas o interinamente. ‖ Socorrer, favorecer, ayudar. ☐ ASISTENTE.

asma *f* Enfermedad de los pulmones que se manifiesta por accesos de disnea respiratoria y emisión de ruidos sibilantes. ☐ ASMÁTICO, CA.

asna *f* Hembra del asno. • *f pl* Costaneras, maderos que cargan sobre la viga principal.

asnal *adj* Perteneciente o relativo al asno. ‖ (fam) Bestial o brutal.

asnear *intr* Hablar o actuar de manera necia.

asnería o **asnada** *f* (fam) Conjunto de asnos. ‖ (fig, fam) Necedad, tontería.

asno *m* Animal doméstico, más pequeño que el caballo, que se usa como bestia de carga y tiro. • *adj* y *m* (fig) Persona ruda y de muy poco entendimiento. ☐ ASNINO, NA.

asociación *f* Acción de asociar o asociarse. ‖ Conjunto de cosas asociadas. ‖ Grupo de personas formado para realizar un fin común.

asociado, da *pp* de asociar. • *adj* y *s* Díc. de la persona que acompaña a otra en alguna comisión o encargo. • *m* y *f* Persona que forma parte de una asociación o compañía.

asocial *adj* Que no se integra socialmente.

asociar *tr* Juntar personas o cosas para cooperar a determinado fin común. ‖ Establecer una relación entre ideas, imágenes, hechos, etc. • *prnl* Juntarse, reunirse para algún fin.

asociativo, va *adj* Capaz de asociar.

asocio *m Amér.* Asociación, compañía.

asolanar *tr* y *prnl* Dañar el viento solano alguna cosa, como frutas, mieses, etc.

asolapar *tr* Asentar una teja, losa, etc., sobre otra, de modo que sólo cubra parte de ella.

asolar[1] *tr* Poner por el suelo, destruir, arruinar, arrasar. • *prnl* Tratándose de líquidos, posarse. ☐ ASOLADOR, RA; ASOLAMIENTO.

asolar[2] *tr* y *prnl* Secar los campos, o echar a perder sus frutos, el calor, la sequía, etc.

asoldar *tr* y *prnl* Tomar a sueldo, asalariar.

asoleada *f Col.*, *Chile.* y *Guat.* Insolación.

asoleado, da *pp* de asolear. • *adj Amér. Centr.* Torpe, rudo. • *f Amér.* Insolación.

asolear *tr* Tener al sol una cosa por algún tiempo. • *prnl* Acalorarse tomando el sol. ☐ ASOLEO.

asomada *f* Acción y efecto de manifestarse o dejarse ver por poco tiempo. ‖ Paraje desde el cual se empieza a ver algún sitio o lugar.

asomagado, da *adj Ecuad.* Soñoliento.

asomar *intr* Empezar a mostrarse. ‖ Dejar entrever.

asombradizo, za *adj* Espantadizo.

asombrar *tr* Hacer sombra una cosa a otra. ‖ Obscurecer un color mezclándolo con otro. • *tr* y *prnl* (fig) Causar gran admiración.

asombro *m* Susto, espanto. ‖ Gran admiración. ‖ Persona o cosa asombrosa.

asombroso, sa *adj* Que causa asombro o gran admiración.

asomo *m* Acción de asomar o asomarse. ‖ Indicio o señal de alguna cosa. ‖ Sospecha.

asonada *f* Reunión numerosa para conseguir con violencia un fin, por lo común político.

asonancia *f* Correspondencia de un sonido con otro.

asonantar *intr* Ser una palabra asonante de otra. ‖ Incurrir en el vicio de la asonancia.

asonante *adj y s* Que asuena o hace asonancia. ◻ ASONÁNTICO, CA.

asonar *intr* Hacer asonancia o convenir un sonido con otro.

asordar *tr* Ensordecer a alguno con ruido o con voces, de manera que no oiga.

asotanar *tr* Excavar en el suelo de un edificio para construir en él sótanos o bodegas.

aspa *f* Conjunto de dos maderos atravesados en forma de. ‖ Aparato exterior del molino de viento, que forma una cruz y cuyo giro mueve el molino. ‖ Cada uno de los brazos de este aparato. ‖ *Arg.* y *Ur.* Asta, cuerno vacuno.

aspado, da *pp* de aspar. • *adj* Que tiene forma de aspa.

aspador, ra *adj y s* Que aspa. • *m* Aspadera.

aspar *tr* Hacer madeja el hilo en la aspadera. ‖ Clavar en un aspa a una persona.

aspaventar *tr* Atemorizar, asustar o espantar.

aspaviento *m* Demostración excesiva o afectada de espanto, admiración o sentimiento.

aspecto *m* Apariencia de las personas y los objetos a la vista. ‖ Orientación de un edificio.

asperear *intr* Tener sabor áspero.

aspereza *f* Calidad de áspero. ‖ Desigualdad del terreno, que lo hace escabroso y difícil para caminar por él.

asperjar o **asperger** *tr* Hisopear. ‖ Rociar, esparcir en menudas gotas un líquido.

aspermo, ma *adj* Que carece de semillas.

áspero[1] *m* Aspro.

áspero[2]**, ra** *adj* No suave al tacto por tener la superficie desigual. ‖ Escabroso.

aspersor *m* Dispositivo destinado a rociar o esparcir un líquido a presión.

áspid *m* Víbora muy venenosa.

aspillera *f* Abertura larga y estrecha en un muro, para disparar por ella.

aspillerar *tr* Hacer aspilleras.

aspiración *f* Acción y efecto de aspirar. ‖ Sonido del lenguaje que resulta de una fuerte emisión de aliento.

aspirado, da *pp* de aspirar. • *adj* Díc. del sonido que se pronuncia emitiendo con cierta fuerza el aire de la garganta, como la *h* alemana y la *j* castellana. • *adj y f* Díc. de la letra que representa este sonido.

aspirador, ra *adj* Que aspira el aire. • *m* y *f* Electrodoméstico que sirve para limpiar el polvo, absorbiéndolo.

aspirante *pa* de aspirar. • *adj y s* Que aspira. • *m* o *f* Persona que pretende un empleo o título.

aspirar *tr* Atraer el aire exterior a los pulmones. ‖ Pretender algún empleo u otra cosa.

asquear *tr* e *intr* Sentir asco de alguna cosa.

asquerosidad *f* Suciedad que produce una sensación de asco.

asqueroso, sa *adj* Que causa asco. ‖ Que tiene asco. ‖ (fam) Muy sucio.

asta *f* Cuerno de un animal.

astenia *f* Falta de fuerza, agotamiento físico.

asténico, ca *adj* Perteneciente a la astenia. • *adj y s* Que la padece.

asterisco *m* Signo ortográfico (*) que se emplea como llamada para las notas añadidas al texto o para otros usos convencionales.

asteroide *adj* De figura de estrella. • *m* Cada uno de los planetas telescópicos.

astigmatismo *m* Aberración del ojo o de un sistema óptico por la cual la imagen de un punto no es otro punto. ◻ ASTIGMÁTICO, CA.

astil *m* Mango de las hachas, azadas, picos e instrumentos semejantes. ‖ Varilla de la saeta. ‖ Barra horizontal, de cuyos extremos penden los platillos de la balanza.

astilla *f* Fragmento que salta de un trozo de madera partido toscamente. ◻ ASTILLÓN.

astillar *tr* Hacer astillas. ◻ ASTILLABLE.

astillero *m* Instalación donde se construyen y reparan buques. ‖ Depósito de maderos.

astracán *m* Piel de cordero nonato o recién nacido, muy fina y con el pelo rizado. ‖ Tejido rizado de lana o de pelo de cabra.

astrágalo *m* Tragacanto, planta. ‖ Taba, hueso corto en la parte superior y media del tarso.

astringir *tr* Estrechar, contraer alguna sustancia los tejidos orgánicos. ‖ (fig) Sujetar, obligar, constreñir. ◻ ASTRICCIÓN; ASTRINGENTE.

astro *m* Cuerpo celeste, que posee forma bien determinada, como las estrellas, planetas, satélites y cometas. ‖ p. ext. Cualquier objeto celeste. ‖ (fig) Persona que destaca en su medio.

astrofísica *f* Rama de la astronomía que estudia los fenómenos físicos y la composición de los cuerpos celestes y de la materia interestelar. ◻ ASTROFÍSICO, CA.

astrolabio *m* Instrumento antiguo para medir la altura de los astros.

astrología *f* Estudio de los astros, con cuya observación e interpretación se pretende predecir el futuro. ◻ ASTROLÓGICO, CA; ASTRÓLOGO,GA.

astronauta *m* o *f* Persona que tripula o navega a bordo de una astronave.

astronáutica *f* Ciencia y técnica de los viajes por los espacios interplanetarios, interestelares e intergalácticos. ◻ ASTRONÁUTICO, CA.

astronave *f* Vehículo espacial capaz de viajar por el espacio interplanetario.

astronomía *f* Ciencia que estudia los cuerpos celestes. ◻ ASTRÓNOMO, MA.

astronómico, ca *adj* Perteneciente o relativo a la astronomía. ‖ (fig, fam) Díc. de las cantidades que se consideran extraordinariamente grandes.

astroso, sa *adj* Infausto, desgraciado.

astucia *f* Calidad de astuto. ‖ Ardid para lograr un intento.

asturiano, na *adj* y *s* De Asturias. • *adj* y *m* Díc. de la variedad asturiana del dialecto romance asturleonés.

astuto, ta *adj* Hábil para engañar o evitar el engaño o lograr artificiosamente cualquier fin.

asuana *f Perú*. Vasija para guardar la chicha.

asueto *m* Vacación por un día o una tarde, y especialmente la que se da a los estudiantes.

asumir *tr* Atraer a sí, tomar para sí. ‖ Hacerse cargo, responsabilizarse de algo, aceptarlo. ‖ *Amér.* Suponer, dar por sentado.

asunción *f* Acción y efecto de asumir. ‖ p. ant. En la religión católica, acto de ser elevada por Dios la Virgen Santísima desde la tierra al cielo en cuerpo y alma.

asunto, ta *pp irreg* de asumir. • *m* Materia de que se trata. ‖ Tema o argumento de una obra. ‖ Negocio, ocupación, quehacer. ‖ Aventura amorosa que se mantiene en secreto.

asustar *tr* y *prnl* Dar o causar susto. ‖ Producir desagrado o escándalo. ◻ ASUSTADIZO.

atabal *m* Timbal. ◻ ATABALEJO; ATABALETE.

atacar[1] *tr* Meter y apretar el taco en un arma de fuego, mina o barreno.

atacar[2] *tr* Acometer, embestir. ‖ (fig) Impugnar, refutar, contradecir. ‖ (fig) Tratándose del sueño, enfermedades, etc., acometer, venir repentinamente. ◻ ATACABLE; ATACANTE; ATAQUE.

atadijo *m* (fam) Lío pequeño y mal hecho.

atado, da *pp* de atar. • *m* Conjunto de cosas atadas. ‖ *Amér.* Cajetilla o paquete de cigarrillos.

atadura *f* Acción y efecto de atar. ‖ Cosa con que se ata. ‖ (fig) Unión o enlace.

atafagar *tr* y *prnl* Sofocar, aturdir, especialmente con olores fuertes. ◻ ATAFAGO.

atajador, ra *adj* y *s* Que ataja. • *m Chile.* El que guía la recua.

atajar *intr* Ir por el atajo. • *tr* Salir al encuentro por algún atajo. ‖ Cortar o dividir algún sitio o terreno por medio de un tabique, un cancel, etc. ‖ Señalar en un escrito la parte que se ha de omitir al leerlo, recitarlo o copiarlo. ‖ Impedir el curso de alguna cosa. ◻ ATAJADA; ATAJAMIENTO.

atajo *m* Senda por donde se abrevia el camino. ‖ Separación o división de alguna cosa. ‖ Acción y efecto de atajar un escrito. ‖ (fig) Procedimiento o medio rápido.

atalaya *f* Torre, gralte. en lugar alto, para atalayar. ‖ Altura desde donde se descubre mucho espacio de tierra o de mar.

atalayar *tr* Registrar el campo o el mar desde una altura, para dar aviso de lo que se descubre. • *tr y prnl* (fig) Espiar las acciones de otros. ◻ ATALAYADOR, RA.

atañer *intr* Corresponder, tocar o pertenecer. ◻ ATAÑEDERO, RA.

atar *tr* Unir o sujetar con ligaduras o nudos. ‖ (fig) Impedir o quitar el movimiento. ‖ (fig) Juntar, relacionar, conciliar. • *prnl* (fig) Ceñirse a una cosa o materia determinada. ◻ ATADOR, RA.

atarantar *tr y prnl* Causar aturdimiento, turbar los sentidos. • *prnl Chile.* Atropellarse, lanzarse, precipitarse. ◻ ATARANTAMIENTO.

ataraxia *f* Imperturbabilidad del ánimo.

ataráxico, ca *adj* Perteneciente o relativo a la ataraxia. • *adj y s* Tranquilizante.

atarazana *f* Arsenal en que se reparan embarcaciones.

atardecer *m* Último período de la tarde.

atarear *tr* Poner o señalar tarea. • *prnl* Entregarse mucho al trabajo.

atarragar *tr y prnl Amér.* Atiborrar de comida.

atarugar *tr* Asegurar un ensamblado con tarugos, cuñas o clavijas. • *tr y prnl* (fig, fam) Hacer callar a alguno, dejándole sin saber qué responder. • *prnl* (fig, fam) Atragantarse. ◻ ATARUGAMIENTO.

atascar *tr* Tapar con tascos las aberturas que hay entre las tablas. ‖ (fig) Detener, impedir a alguno que prosiga lo comenzado. • *tr y prnl* Obstruir u obturar un conducto con alguna cosa. • *prnl* (fam) Quedarse detenido por algún obstáculo, no pasar adelante.

atasco *m* Impedimento que no permite el paso. ‖ Obstrucción de un conducto

‖ Embotellamiento, congestión de vehículos. ◻ ATASCAMIENTO.

ataúd *m* Caja, gralte. de madera, donde se pone el cadáver para llevarlo a enterrar.

ataviar *tr y prnl* Componer, asear, adornar.

atavío *m* Compostura y adorno. ‖ (fig) Vestido.

atavismo *m* Semejanza con los abuelos. ‖ (fig) Comportamiento instintivo, bárbaro, ancestral. ◻ ATÁXICO, CA.

ataxia *f* Perturbación de las funciones del sistema nervioso. ◻ ATÁXICO, CA.

ateísmo *m* Doctrina que niega la existencia de cualquier ser superior o sobrenatural.

atemorizar *tr y prnl* Causar temor.

atemperar *tr y prnl* Moderar, templar. ‖ Acomodar una cosa a otra. ◻ ATEMPERACIÓN.

atenacear *tr* Arrancar con tenazas pedazos de carne a una persona. ‖ (fig) Torturar.

atenazar *tr* Atenacear. ‖ Apretar los dientes por la ira o el dolor. ◻ ATENAZADOR.

atención *f* Acción de atender. ‖ Capacidad de concentrar la actividad psíquica sobre un determinado objeto. ‖ Cortesía, urbanidad.

atender *intr y tr* Acoger favorablemente o satisfacer un deseo, ruego o mandato. ‖ Aplicar voluntariamente el entendimiento a un objeto. • *tr* Aguardar, esperar.

ateneísta *m o f* Socio de un ateneo.

ateneo *m* Asociación cultural, gralte. científica o literaria. ‖ Local en donde se reúnen sus socios.

atenerse *prnl* Adherirse a una persona o cosa. ‖ Ajustarse uno en sus acciones a alguna cosa.

atentado, da *pp* de atentar. • *m* Procedimiento abusivo de cualquier autoridad. ‖ Agresión contra la vida o la integridad física o moral de una persona.

atentar *tr* Ejecutar una cosa contra el orden que previenen las leyes. ‖ Cometer atentado. ‖ *Chile.* Tentar, examinar o reconocer por medio del tacto. ◻ ATENTATORIO, RIA.

atento, ta *pp irreg* de atender. • *adj* Que tiene fija la atención en alguna cosa. ‖ Cortés.

atenuante *pa* de atenuar. • *adj* Que atenúa. • *adj* y *f* Cada uno de los hechos tipificados que disminuyen la responsabilidad penal del comitente.

atenuar *tr* Poner tenue o delgada alguna cosa. ‖ (fig) Minorar. ☐ ATENUACIÓN; ATENUADOR.

ateo, a *adj* y *s* Que niega la existencia de Dios.

aterir *tr defect* y *prnl* Pasmar de frío. ☐ ATERIDO, DA; ATERIMIENTO.

aterraje *m* Acción consistente en la llegada de una aeronave a tierra o de un barco a la costa.

aterramiento *m* Aumento del depósito de tierras, limo o arena en el fondo de un paraje. ‖ Terror. ‖ Humillación, abatimiento.

aterrar[1] *tr* Bajar al suelo. ‖ Derribar, abatir. ‖ Cubrir con tierra. ‖ *Méx.* Aporcar. • *tr* y *prnl* *Amér. Centr.* y *Méx.* Azolvar. • *intr* Llegar a tierra. ‖ Aterrizar. ☐ ATERRADA.

aterrar[2] *tr* y *prnl* Causar o provocar terror. ☐ ATERRADOR, RA.

aterrizar *intr* Tomar tierra un pasajero o tripulante de un aparato volador. ‖ Posarse en tierra dicho aparato. ‖ (fig, fam) Caer al suelo. ☐ ATERRIZAJE.

aterrorizar *tr* y *prnl* Causar terror.

atesorar *tr* Reunir y guardar dinero o cosas de valor. ‖ (fig) Tener muy buenas cualidades.

atestado, da *pp* de atestar. • *m* Documento oficial en que se hace constar como cierta alguna cosa. • *pl* Testimoniales.

atestar[1] *tr* Henchir una cosa hueca, apretando lo que se mete en ella. ‖ Meter una cosa en otra. ‖ Meter excesivo número de personas o cosas en un lugar. • *tr* y *prnl* (fig, fam) Atracar, hartar. ☐ ATESTAMIENTO.

atestar[2] *intr* Dar con la cabeza. ‖ (fig) Porfiar.

atestiguar *tr* Deponer, declarar, afirmar como testigo alguna cosa. ☐ ATESTIGUACIÓN.

atezar *tr* Poner liso, terso o lustroso. • *tr* y *prnl* Ennegrecer. ☐ ATEZADO, DA; ATEZAMIENTO.

atiborrar *tr* Llenar alguna cosa de borra, apretándola de modo que quede repleta.

‖ (fig) Henchir con exceso alguna cosa. • *tr* y *prnl* (fig, fam) Atracar[1] de comida. ‖ (fig) Llenar la cabeza de lecturas, ideas, etc.

ático *m* Último piso de un edificio.

atildado, da *pp* de atildar. • *adj* Pulcro, elegante.

atildar *tr* Poner tildes a las letras. ‖ (fig) Reparar, censurar. • *tr* y *prnl* (fig) Componer, asear. ☐ ATILDADURA; ATILDAMIENTO.

atinar *intr* Encontrar lo que se busca a tiento, sin ver el objeto. ‖ Acertar a dar en el blanco.

atingir *tr* *Amér.* Estar relacionada una cosa con otra. ‖ *Perú.* Oprimir, tiranizar. ☐ ATINGIDO, DA.

atípico, ca *adj* Que no posee ni pertenece a un tipo conocido. ☐ ATIPICIDAD.

atisbar *tr* Mirar, observar con cuidado. • *tr* y *prnl* (fig) Vislumbrar, intuir. ☐ ATISBADOR, RA; ATISBADURA.

atisbo *m* Atisbadura. ‖ Vislumbre, conjetura.

¡atiza! *interj* (fam) Indica sorpresa.

atizar *tr* Remover el fuego o añadirle combustible para que arda más. ‖ (fig, fam) Con voces expresivas de golpes, daño o de instrumentos o armas, darlos. • *tr* y *prnl* Sin complemento directo expreso, golpear, zurrar, dar. ☐ ATIZADERO, RA; ATIZADOR.

atlas *m* Colección de mapas encuadernados en un volumen.

atleta *m* o *f* Persona que practica ejercicios o deportes que requieren fuerza, agilidad, velocidad, etc.

atlético, ca *adj* Perteneciente o relativo al atleta o a los juegos públicos o ejercicios propios de él.

atletismo *m* Conjunto de pruebas corporales que se hacen en las instalaciones apropiadas.

atmósfera o **atmosfera** *f* Envoltura gaseosa que rodea un astro; p. ant., la de la Tierra. ‖ Fluido gaseoso que está comprendido en un espacio, habitación, recipiente. ‖ (fig) Prevención favorable o adversa, a una persona o cosa. ☐ ATMOSFÉRICO, CA.

atolladero *m* Atascadero.

atollar *intr* y *prnl* Dar en un atolladero. • *prnl* (fig, fam) Atascarse, quedarse detenido por algún obstáculo.

atolón *m* Arrecife coralino de forma anular que contiene en su zona central una laguna.

atolondrado, da *pp* de atolondrar. • *adj* (fig) Que procede sin reflexión.

atolondrar *tr* y *prnl* Aturdir, turbar los sentidos.

atómico, ca *adj* Perteneciente o relativo al átomo. ‖ Que utiliza la energía producida por la desintegración del átomo.

atomizar *tr* Dividir en partes sumamente pequeñas. ‖ Pulverizar, especialmente un líquido. ☐ ATOMIZACIÓN.

átomo *m* Estructura que forma la unidad básica de todo elemento. ‖ (fig) Cualquier cosa muy pequeña.

atónito, ta *adj* Estupefacto, pasmado.

átono, na *adj* Dícese de los sonidos, vocales, sílabas o palabras que se pronuncian sin acento prosódico.

atontado, da *pp* de atontar. • *adj* Dícese de la persona tonta o que no sabe cómo conducirse.

atontar *tr* y *prnl* Aturdir o atolondrar.

atontolinar *tr* y *prnl* (fig, fam) Atontar.

atorar *tr*, *intr* y *prnl* Atascar, obstruir. • *prnl* Atragantarse. ☐ ATORAMIENTO.

atormentar *tr* y *prnl* Causar dolor o molestia corporal. ‖ (fig) Causar aflicción, disgusto o enfado. ☐ ATORMENTADOR, RA; ATORMENTAMIENTO.

atornasolado, da *adj* Tornasolado.

atornillador *m* Destornillador.

atornillar *tr* Introducir un tornillo haciéndolo girar alrededor de su eje. ‖ Presionar, obligar a una conducta determinada.

atortolar *tr* y *prnl* (fam) Aturdir, confundir o acobardar. • *prnl* Enamorarse.

atosigar[1] *tr* Emponzoñar con tósigo o veneno.

atosigar[2] *tr* y *prnl* Inquietar, acuciar con exigencias o preocupaciones. ‖ (fig) Fatigar u oprimir a alguno, dándole prisa para que haga una cosa. ☐ ATOSIGADOR, RA; ATOSIGAMIENTO.

atrabancar *tr* e *intr* Pasar o saltar deprisa, salvar obstáculos. • *prnl* (fig) Encontrarse en un lío o dificultad. ☐ ATRABANCO.

atracadero *m* Lugar donde pueden arrimarse a tierra las embarcaciones menores.

atracador, ra *amb* Persona que atraca o saltea.

atracar[1] *tr* y *prnl* (fam) Hacer comer y beber con exceso, hartar. ☐ ATRACÓN.

atracar[2] *tr* e *intr* Arrimar unas embarcaciones a otras, o a tierra. • *tr* Acercar, arrimar. ‖ Asaltar con propósito de robo. ‖ *Amér.* Agarrar, asir. ‖ *Chile* y *Méx.* Golpear, zurrar. • *prnl* *Chile* y *Perú.* Manifestarse conforme con la opinión de otra persona. ☐ ATRACADA; ATRACO.

atracción *f* Acción de atraer. ‖ Fuerza para atraer. • *pl* Diversiones o espectáculos que forman parte de un mismo programa.

atractivo, va *adj* Que atrae. ‖ Que gana o inclina la voluntad. • *m* Cualidad física o moral que atrae a otros.

atraer *tr* Traer hacia sí alguna cosa. ‖ (fig) Provocar una persona o cosa en alguien afecto, cariño o deseo de trato o posesión. ☐ ATRAÍBLE; ATRAIMIENTO; ATRAYENTE.

atragantar *tr* y *prnl* No poder tragar algo que se atraviesa en la garganta produciendo ahogos. ‖ (fig) Causar fastidio o enfado. • *prnl* (fig, fam) Turbarse en la conversación. ‖ (fig, fam) Resultarle a alguien una persona o una cosa antipática. ☐ ATRAGANTAMIENTO.

atrancar *tr* Asegurar la puerta por dentro con una tranca. • *tr* y *prnl* Atascar, obstruir. • *intr* (fig, fam) Leer muy deprisa, saltando algunas palabras.

atrapamoscas *m* Planta carnívora, cuyas hojas son capaces de retener los insectos que se posan en las mismas.

atrapar *tr* (fam) Coger al que huye o va deprisa. ‖ (fam) Coger alguna cosa. ‖ (fig, fam) Conseguir alguna cosa de provecho.

atraque[1] *m* Acción de atracar el hueco por el cual se ha introducido un explosivo.

atraque[2] *m* Dícese de la operación que consiste en acercar o arrimar el costado de una embarcación a cualquier objeto, ya sea fijo o móvil. ‖ Maniobra que consiste en la aproximación de dos ingenios espaciales y su posterior conexión.

atrás *adv lugar* Hacia la parte que está a las espaldas de uno. ‖ En la zona posterior a aquella en que está situado lo que se toma como punto de referencia. ‖ En la parte opuesta a la fachada de un edificio o local. ‖ Detrás. • *interj* Se usa para mandar retroceder a alguno.

atrasar *tr* y *prnl* Retardar. • *intr* y *prnl* Señalar el reloj tiempo que ya ha pasado, o no marchar con la debida velocidad. • *prnl* (fig) Quedarse atrás.

atraso *m* Efecto de atrasar o atrasarse. ‖ Falta o insuficiencia de desarrollo en la civilización o en las costumbres. • *m pl* Pagas o rentas vencidas y no cobradas.

atravesado, da *pp* de atravesar. • *adj* Que no mira derecho y tiene los ojos un poco vueltos.

atravesar *tr* Poner una cosa de modo que pase de una parte a otra. ‖ Pasar un objeto sobre otro o hallarse puesto sobre él oblicuamente. ‖ Poner delante algo que impida el paso o haga caer. ‖ (fig) Pasar circunstancialmente por una situación favorable o desfavorable. • *prnl* Atragantarse, sentir repulsión o antipatía.

atreverse *prnl* Determinarse a algo arriesgado. ‖ Insolentarse. ‖ (fig) Llegar a competir u ofender. ❑ ATREVIDO, DA; ATREVIMIENTO.

atrezo o **atrezzo** *m* Conjunto de accesorios que completan el decorado de una escena. ❑ ATREZZISTA.

atribuir *tr* y *prnl* Aplicar, a veces sin conocimiento seguro, hechos o cualidades a alguna persona o cosa. • *tr* Señalar o asignar una cosa a alguno de su competencia. ❑ ATRIBUCIÓN.

atribular *tr* Causar tribulación.

atributivo, va *adj* Que indica o enuncia una cualidad o atributo. ‖ Perteneciente o relativo al atributo de la oración. ‖ Dícese de los verbos que forman parte del predicado nominal. ‖ Dícese de la oración gramatical simple, de predicado nominal.

atributo *m* Cada una de las cualidades o propiedades de un ser. ‖ Lo que se enuncia de un sujeto. ‖ Predicado nominal.

atril *m* Mueble en forma de plano inclinado que sirve para sostener en él libros o papeles.

atrincherar *tr* Fortificar una posición militar con atrincheramientos. • *prnl* Ponerse en trincheras a cubierto del enemigo. ‖ (fig) Resguardarse detrás de algo. ‖ (fig) Obstinarse. ❑ ATRINCHERAMIENTO.

atrio *m* En las iglesias, patio amplio rodeado de pórticos. ‖ Zaguán.

atrocidad *f* Crueldad grande. ‖ (fam) Exceso, demasía. ‖ (fam) Dicho o hecho muy necio o temerario. ‖ (fam) Error o disparate grave.

atrofia *f* Falta de desarrollo de cualquier parte del cuerpo. ‖ Disminución del tamaño o de la funcionalidad de un órgano, sistema, tejido o parte de un organismo. ❑ ATRÓFICO, CA.

atrofiar *tr* Producir atrofia. • *prnl* Padecer atrofia.

atronar *tr* Producir un ruido muy potente. ‖ Aturdir con un ruido ensordecedor. ❑ ATRONADOR, RA; ATRONAMIENTO.

atropellado, da *pp* de atropellar. • *adj* Que habla u obra con precipitación.

atropellar *tr* Pasar precipitadamente por encima de alguna persona, especialmente con una caballería o vehículo. ‖ (fig) Proceder sin respeto a los derechos de alguien, a las leyes convencionales, usos sociales, etc. ‖ (fig) Hacer una cosa precipitadamente. • *prnl* (fig) Apresurarse demasiado en las obras o palabras. ❑ ATROPELLADOR, RA; ATROPELLO.

atroz *adj* Fiero, cruel, inhumano. ‖ Enorme, grave. ‖ (fam) Muy grande. ❑ ATROZMENTE.

atuendo *m* Aparato, ostentación. ‖ Atavío, vestido.

atufar *tr* y *prnl* Intoxicar o envenenar con el tufo, emanación gaseosa. ‖ (fig) Enfadar, enojar. • *prnl* Recibir o tomar tufo. ‖ Avinagrarse el vino. ❑ ATUFADO, DA.

atufo *m* Enfado o enojo. ❑ ATUFAMIENTO.

atún *m* Pez de unos tres metros de largo, negro azulado por encima y gris plateado por debajo. ❑ ATUNERO, RA.

aturdimiento *m* Perturbación de los sentidos por efecto de un golpe, ruido extraordinario, etc. ‖ (fig) Falta de serenidad y desembarazo.

aturdir *tr* y *prnl* Causar aturdimiento. ‖ (fig) Confundir, desconcertar, pasmar. ☐ ATURDIDO, DA; ATURDIDOR, RA.

aturrullar o **aturullar** *tr* y *prnl* (fam) Confundir a uno, turbarle, aturdirle. ☐ ATURULLAMIENTO.

atusar *tr* Recortar e igualar el pelo con tijeras. • *prnl* Acicalarse. ☐ ATUSADOR, RA.

auca *f* Oca, ave.

audacia *f* Osadía, atrevimiento.

audaz *adj* Osado, atrevido.

audible *adj* Que se puede oír. ☐ AUDIBILIDAD.

audición *f* Acto de oír. ‖ Concierto, recital o lectura en público.

audiencia *f* Acto de recibir un soberano, jefe de Estado o persona importante a alguien para escuchar lo que tenga que decirle. ‖ Auditorio. ‖ Sesión ante un tribunal durante la cual los litigantes pueden exponer sus argumentos. ‖ Tribunal de justicia. ‖ Edificio en que se reúne.

audífono *m* Aparato usado por los sordos para percibir mejor los sonidos. ‖ *Amér.* Auricular del teléfono.

audiovisual *adj* Relativo al oído y a la vista. ‖ Procedimientos de información, y secundariamente de educación de imágenes y sonidos, como los cinematográfica, la radiotelefonía, la televisión, etc.

auditar *tr* Examinar la gestión económica de una entidad a fin de comprobar si se ajusta a lo establecido por ley o costumbre. ☐ AUDITOR, RA.

auditivo, va *adj* Que tiene virtud para oír. ‖ Perteneciente al órgano del oído. • *m* Auricular.

auditorio[1] o **auditórium** *m* Concurso de oyentes. ‖ Sala destinada a conciertos, recitales, conferencias, coloquios, etc.

auditorio[2], **ria** *adj* Auditivo, que tiene virtud para oír. ‖ Auditivo, perteneciente al oído.

auge *m* Elevación grande en dignidad o fortuna. ‖ Apogeo.

augurar *tr* Agorar, pronosticar. ☐ AUGUR; AUGURACIÓN; AUGURADOR; AUGURANTE.

augurio *m* Presagio, anuncio, indicio de algo futuro.

augusto, ta *adj* Díc. de lo que infunde o merece gran respeto y veneración por su majestad y excelencia. • *m* Payaso que en los circos forma pareja con el clown.

aula *f* Sala destinada a dar clases en una universidad u otro centro de enseñanza.

aullar *intr* Dar aullidos. ☐ AULLADOR, RA; AULLANTE.

aullido o **aúllo** *m* Voz quejosa y prolongada del lobo, el perro y otros animales.

aumentar *tr*, *intr* y *prnl* Acrecentar, dar mayor extensión a alguna cosa. ☐ AUMENTABLE; AUMENTADOR, RA; AUMENTANTE.

aumentativo, va *adj* Que aumenta. ‖ Díc. de los sufijos que aumentan la magnitud del significado de la palabra a la que se unen. • *m* Palabra formada con uno o más sufijos aumentativos.

aumento *m* Acrecentamiento de una cosa.

aun *adv modo* No obstante, sin embargo; hasta, también, inclusive, con negación, siquiera. • *conj conces* Aunque.

aún *adv tiempo* Todavía, hasta un momento determinado.

aunar *tr* y *prnl* Unir, confederar para algún fin. ‖ Unificar. ☐ AUNABLE.

aunque *conj advers* Pero, a pesar de. • *conj conces* Denota oposición, a pesar de la cual puede ser, ocurrir o hacerse alguna cosa.

aupar *tr* y *prnl* Levantar o subir a una persona. ‖ (fig) Ensalzar, enaltecer, alabar, encomiar.

aura *f* Hálito, aliento, soplo. ‖ (fig) Atmósfera inmaterial que rodea ciertos cuerpos.

áureo, a *adj* De oro; parecido al oro, dorado.

aureola o **auréola** *f* Círculo luminoso, que suele colocarse detrás de la cabeza de las imágenes religiosas. ‖ (fig) Gloria que alcanza una persona por sus méritos o virtudes.

áurico, ca *adj* De oro.

aurícula *f* Cada una de las dos cavidades de la parte anterior del corazón, que reciben sangre traída por las venas. ‖ Pabellón de la oreja.

auricular *adj* Perteneciente o relativo al oído. • *adj* y *s* Dedo auricular, meñique. • *m* Pieza de ciertos aparatos que sirve para escuchar.

aurífero, ra *adj* Que lleva o contiene oro.

aurígero, ra *adj* Aurífero.

aurora *f* Luz sonrosada que precede inmediatamente a la salida del sol. ❑ AURORAL.

auscultar *tr* Aplicar el oído, directamente o a través del estetoscopio, a ciertos puntos del cuerpo humano para explorar las cavidades del pecho o del vientre. ❑ AUSCULTACIÓN.

ausencia *f* Acción y efecto de ausentarse o estar ausente. ‖ Tiempo en que alguno está ausente. ‖ Falta o privación de alguna cosa.

ausentar *tr* Hacer que alguno parta o se aleje de un lugar. • *prnl* Separarse de la población en que se reside. ❑ AUSENTADO, DA; AUSENTE.

auspiciar *tr* Presagiar, adivinar, favorecer.

auspicio *m* Agüero. ‖ Protección, favor. • *pl* Señales que en el comienzo de un negocio parecen presagiar su buena o mala terminación.

austero, ra *adj* Agrio, áspero al gusto. ‖ Retirado, mortificado y penitente. ‖ Que obra y vive con rigidez y severidad. ❑ AUSTERIDAD.

austral *adj* Perteneciente al austro, y en general al polo y el hemisferio sur. • *m* Unidad monetaria de Argentina.

austro *m* Viento que sopla de la parte del Sur. ‖ Sur, punto cardinal.

autarquía[1] *f* Condición o calidad del ser que no necesita de otro para su propia subsistencia.

autarquía[2] *f* Independencia económica de un estado. ❑ AUTÁRQUICO, CA.

autenticar *tr* Autorizar o legalizar alguna cosa. ‖ Acreditar, dar fama. ❑ AUTENTICACIÓN.

auténtico, ca *adj* Acreditado de cierto y positivo. ‖ Autorizado o legalizado; que hace fe pública. ❑ AUTENTICIDAD.

autentificar *tr* Autenticar.

autismo *m* Polarización de la vida psíquica hacia el mundo interior del enfermo, con el consiguiente desinterés por su mundo exterior. ❑ AUTISTA; AUTÍSTICO, CA.

auto[1] *m* Una de las formas de resolución judicial. ‖ Composición dramática breve en la que intervienen personajes bíblicos o alegóricos. • *pl* Conjunto de actuaciones o piezas de un procedimiento judicial.

auto[2] *m* abrev. de automóvil.

autobiografía *f* Vida de una persona, escrita por ella misma. ❑ AUTOBIOGRÁFICO, CA.; AUTOBIÓGRAFO, FA.

autobús *m* Gran vehículo automóvil de transporte público urbano destinado al transporte de pasajeros.

autocar *m* Gran vehículo automóvil para el transporte interurbano de pasajeros.

autocracia *f* Sistema político en el que el gobernante recibe los poderes de sí mismo y no reconoce ninguna limitación a su autoridad. ❑ AUTÓCRATA; AUTOCRÁTICO, CA.

autóctono, na *adj* y *s* Originario del país en que vive. ❑ AUTOCTONÍA.

autodeterminación *f* Libre decisión de los pobladores de un territorio acerca de su futuro estatuto político.

autodidacto, ta *adj* y *s* Que se instruye por sí mismo, sin auxilio de maestro.

autodirigido, da *adj* y *m* Díc. de la aeronave, nave espacial o proyectil autopropulsado capaz de corregir su trayectoria respecto de una trayectoria preestablecida.

autoescuela *f* Escuela especializada en la formación del automovilista.

autoestima *f* Valoración de uno mismo.

autogestión *f* Gestión de una empresa por los mismos trabajadores a través de órganos elegidos por ellos mismos.

autogiro *m* Aparato provisto de una hélice horizontal formada por grandes palas, articuladas en un eje vertical, y dispuestas para que giren por la acción del viento.

autogobierno *m* Sistema de administración interna de algunas posesiones de un país que han conseguido la autonomía.

autógrafo, fa *adj* y *m* Aplícase a lo escrito de mano de su mismo autor.

autómata *m* Máquina que imita la figura y los movimientos de un ser animado.

‖ (fig, fam) Persona estúpida o excesivamente débil, que se deja dirigir por otra.

automático, ca *adj* Que se produce indefectiblemente en determinadas circunstancias. ‖ (fig) Maquinal o indeliberado. • *adj* y *s* Díc. de los mecanismos que funcionan en todo o en parte por sí solos. ◻ AUTOMATICIDAD.

automatismo *m* Ejecución de actos diversos sin participación de la voluntad. ‖ Sistema automático.

automatizar *tr* Utilizar en la industria máquinas o aparatos automáticos que sustituyen, total o parcialmente, el concurso de los operadores humanos. ◻ AUTOMATIZACIÓN.

automoción *f* Facultad de lo que se mueve por sí mismo. ‖ Estudio de las máquinas que se desplazan por la acción de un motor y particularmente los automóviles. ‖ Sector de la industria relativa al automóvil.

automotor, ra o **automotriz** *adj* Díc. de los aparatos que funcionan por sus propios mecanismos.

automóvil *adj* Que se mueve por sí mismo. • *m* Vehículo terrestre provisto de un motor o de una turbina de gas que desarrolla la fuerza propulsora necesaria para desplazarse.

automovilismo *m* Conjunto de conocimientos teóricos y prácticos acerca de cuanto se refiere al automóvil. ‖ Empleo del automóvil con finalidad deportiva. ◻ AUTOMOVILÍSTICO, CA.

automovilista *m* o *f* Persona que conduce un automóvil.

autonomía *f* Potestad que dentro del Estado pueden gozar municipios, provincias, regiones u otras de sus entidades, mediante normas y órganos de gobierno propios. ‖ Máximo recorrido que puede efectuar un vehículo terrestre, marítimo o aéreo, sin necesidad de reposar. ◻ AUTONÓMICO, CA; AUTÓNOMO, MA.

autopista *f* Vía concebida y construida para la circulación rápida de automóviles.

autopropulsado, da *adj* Díc. del aparato que se mueve por sus propios medios o del proyectil que avanza gracias sus motores a reacción.

autopropulsión *f* Acción de trasladarse una máquina, proyectil o vehículo por su propia fuerza motriz.

autopsia *f* Examen anatómicopatológico de un cadáver con el fin de determinar las causas de la muerte.

autor, ra *m* y *f* El que es causa de alguna cosa, o la inventa. ‖ Persona que ha hecho alguna obra científica, literaria o artística. ‖ Causante. ◻ AUTORÍA.

autoridad *f* Carácter o representación de una persona por su empleo, mérito o nacimiento. ‖ Potestad, facultad.

autoritario, ria *adj* Que se funda en la autoridad. • *adj* y *s* Díc. de la persona que tiende a imponer su criterio.

autoritarismo *m* Sistema político basado en la sumisión incondicional a la autoridad y en su imposición arbitraria. ‖ Abuso que de su autoridad hace la persona investida con ella.

autorizar *tr* Dar a uno facultad para hacer alguna cosa. ‖ Confirmar, comprobar una cosa con autoridad, texto o sentencia de algún autor. ‖ Aprobar o abonar. ‖ Permitir. ◻ AUTORIZACIÓN; AUTORIZADOR, RA.

autorretrato *m* Retrato de una persona hecho por ella misma.

autoservicio *m* Sistema de venta en el que se disponen los artículos al alcance del comprador, el cual va tomando los que le interesan y los paga al salir del establecimiento.

autosoma *m* Cada uno de los cromosomas, a excepción de los sexuales o heterocromosomas, de una célula, organismo o especie.

autostop *m* Sistema de viajar en automóviles a los que se para en la carretera. ◻ AUTOSTOPISTA.

autosuficiente *adj* Suficiente, que habla o actúa con suficiencia. • *adj* y *s* Díc. de la persona, país, empresa, etc., que se basta a sí mismo.

autovía *f* Tren automotor. • *f* Carretera de circulación rápida semejante, en parte, a las autopistas.

auxiliar[1] *adj* y *s* Que auxilia. ‖ Intervención de un verbo en la formación de los tiempos compuestos de otro. • *amb* Funcionario técnico o administrativo de categoría subalterna. □ AUXILIADOR, RA; AU-XILIANTE; AUXILIARÍA.

auxiliar[2] tr Dar auxilio. ‖ Intervenir un verbo en la formación de los tiempos compuestos de otro.

auxilio m Ayuda, socorro, amparo.

aval m Firma que se pone al pie de una letra u otro documento de crédito, para responder de su pago en caso de no efectuarlo la persona obligada a él.

avalancha f Alud. ‖ (fig) Tropel, irrupción.

avalar tr Garantizar por medio de aval. □ AVALADOR, RA; AVALISTA.

avalorar tr Dar valor o precio a alguna cosa. ‖ Aumentar el valor o la estimación de una cosa.

avance m Acción de avanzar, mover o prolongar hacia adelante e ir hacia adelante. ‖ Anticipo de dinero. ‖ Anticipo o adelanto de una noticia.

avanzada f Partida de soldados destacada para observar de cerca al enemigo y precaver sorpresas.

avanzadilla f Puesto militar que se adelanta a la avanzada.

avanzado, da pp de avanzar. • adj y s Aplícase a todo lo que se distingue por su audacia o novedad. ‖ Progresista, revolucionario.

avanzar tr Mover o prolongar hacia adelante. • intr y prnl Ir hacia adelante. • intr (fig) Adelantar, progresar o mejorar en la acción, condición o estado. ‖ Proponer, anticipar.

avaricia f Afán de poseer y adquirir riquezas para atesorarlas. □ AVARICIOSO, SA; AVARIENTO; AVARO, RA.

avasallar tr Sujetar, rendir o someter a obediencia. ‖ (fig) Atropellar, actuar a despecho de los derechos ajenos. • prnl Hacerse súbdito de algún rey o señor. □ AVASALLADOR, RA; AVASALLAMIENTO.

avatar m Vicisitud, cambio. Se usa más en plural.

ave f Animal vertebrado, ovíparo, de respiración pulmonar y sangre caliente, pico córneo, cuerpo cubierto de plumas, y con dos patas y dos alas.

avecinar tr y prnl Acercar. ‖ Avecindar.

avecindar tr Inscribir a alguien como vecino de una población. • prnl Establecerse en una población en calidad de vecino.

avellana f Fruto del avellano; de corteza dura, delgada y de color de canela, dentro de la cual hay una carne blanca y aceitosa.

avellano m Arbusto con hojas anchas, acorazonadas en la base, pecioladas y aserradas por el margen. ‖ Madera de este árbol. □ AVELLANAR.

avemaría f Oración que empieza con la salutación del arcángel Gabriel a María. ‖ Cada una de las cuentas pequeñas del rosario.

avena f Planta que se cultiva por su grano harinoso y como forraje. ‖ Grano de esta planta. □ AVENADO, DA; AVENAL; AVENÍCEO.

avenar tr Dar salida a las aguas muertas, o a la excesiva humedad de los terrenos, por medio de zanjas o cañerías. □ AVENAMIENTO.

avenencia f Convenio, transacción. ‖ Conformidad y unión.

avenida f Creciente impetuosa de un río o arroyo. ‖ Vía ancha con árboles a los lados.

avenir tr y prnl Concordar, ajustar las partes discordes. • intr Suceder, efectuarse un hecho. • prnl Componerse o entenderse bien con alguna persona o cosa. □ AVENIBLE; AVENIENTE.

aventajar tr y prnl Adelantar, poner en mejor estado, conceder alguna ventaja o preeminencia. ‖ Mejorar a uno o ponerlo en mejor estado. • tr Anteponer, preferir. • intr Llevar ventaja.

aventar tr Hacer o echar aire a alguna cosa.

aventón m Méx. Empujón.

aventura f Suceso extraordinario. ‖ Empresa desconocida, azarosa o arriesgada. ‖ Relación amorosa breve entre un hombre y una mujer. ‖ Empresa de resultado incierto.

aventurar tr y prnl Arriesgar, poner en peligro. • tr Decir alguna cosa atrevida o de la que se tiene duda o recelo. □ AVENTURADO, DA.

aventurero, ra adj y s Que busca aventuras.

avergonzar *tr* Causar vergüenza. ‖ (fig) Superar en perfección o dejar atrás a una cosa. • *prnl* Tener vergüenza o sentirla.

avería *f* Daño que padecen las mercaderías o géneros así como los aparatos, dispositivos y máquinas.

averiar *tr* y *prnl* Ocasionar avería en un mecanismo, objeto, vehículo, etc. • *prnl* Echarse a perder o estropearse parcialmente una cosa.

averiguar *tr* Inquirir, indagar, investigar. • *intr Amér.* Disputar o pelear. ❒ AVERIGUABLE; AVERIGUACIÓN, AVERIGUADOR, RA.

averío *m* Conjunto de aves de corral.

averno *m* poét. Infierno.

aversión *f* Repugnancia que se tiene a alguna persona o cosa.

avestruz *m* Ave corredora de plumaje pardo rojizo y largas patas. Vive en zonas pantanosas, entre los cañaverales.

avezar *tr* y *prnl* Acostumbrar.

aviación *f* Locomoción aérea por medio de aparatos más pesados que el aire. ‖ Cuerpo militar que utiliza este medio de locomoción.

aviador[1], **ra** *adj* y *s* Díc. de la persona que gobierna un aparato de aviación. • *m* Individuo que presta servicio en la aviación militar.

aviador[2], **ra** *adj* y *s* Que avía, dispone o prepara una cosa.

aviar *tr* Prevenir o disponer alguna cosa para el camino. ‖ Aderezar la comida. ‖ (fam) Despachar, apresurar y avivar la ejecución de lo que se está haciendo.

aviario, ria o **aviar** *adj* Perteneciente o relativo a las aves. • *m* Colección de aves para exhibirlas o para su estudio. ‖ Local donde se exhiben aves.

avicultura *f* Rama de la zootecnia que se ocupa de la cría de aves con vistas al aprovechamiento de sus productos. ❒ AVÍCOLA; AVICULTOR, RA.

avidez *f* Ansia, codicia.

ávido, da *adj* Ansioso, codicioso.

avieso, sa *adj* Torcido, fuera de regla. ‖ (fig) Maligno, inclinado a hacer mal.

avifauna *f* Conjunto de las aves de un país o región. ❒ AVIFÁUNICO, CA.

avinagrar *tr* y *prnl* Poner aceda o agria una cosa. ‖ Acetificar. ❒ AVINAGRADO, DA.

avío *m* Prevención, apresto. • *m pl* (fam) Utensilios necesarios para alguna cosa.

avión *m* Vehículo aéreo más pesado que el aire, cuya sustentación se debe a fuerzas que se originan durante su desplazamiento.

avioneta *f* Avión pequeño y de poca potencia, propulsado por uno o varios motores.

avisado, da *pp* de avisar. • *adj* Prudente, discreto, sagaz.

avisar *tr* Dar noticia de algún hecho. ‖ Advertir o aconsejar. ‖ Llamar a alguien para que preste un servicio. ‖ Prevenir a uno de alguna cosa.

aviso *m* Noticia dada a alguno. ‖ Indicio, señal. ‖ Advertencia, consejo. ‖ *Amér.* Anuncio.

avispa *f* Insecto provisto de aguijón, de color negro con anillos amarillos o rojos.

avispar *tr* Avivar con látigo u otro instrumento a las caballerías. • *tr* y *prnl* (fig, fam) Hacer despierto y avisado a alguien.

avispero *m* Panal que fabrican las avispas. ‖ Conjunto de avispas.

avistar *tr* Alcanzar con la vista alguna cosa.

avitaminosis *f* Carencia o escasez de vitaminas.

avivar *tr* Dar viveza, excitar, animar. ‖ (fig) Encender, acalorar.

avizorar *tr* Acechar. ❒ AVIZOR.

avulsión *f* Extirpación. ❒ AVULSIVO, VA.

avutarda *f* Ave de color rojo manchado de negro y de vuelo corto y pesado.

axial o **axil** *adj* Concerniente al eje.

axila *f* Región situada en la parte superoexterna del tórax del hombre, bajo la raíz del brazo.

axioma *m* Proposición que se establece sin demostración y que, con otros, permite deducir, según determinadas reglas, un conjunto de enunciados.

axiomático, ca *adj* Incontrovertible, evidente. • *f* Conjunto de axiomas en que se basa un sistema teórico.

axiomatizar *tr* Construir la axiomática de una ciencia. ☐ AXIOMATIZACIÓN.

¡ay! *interj* Expresa aflicción o dolor. • *m* Suspiro, quejido.

ayatollah *m* Título honorífico otorgado a los principales jefes del Islam chiíta.

ayer *adv tiempo* En el día que precedió inmediatamente al de hoy. ‖ (fig) Poco tiempo ha. ‖ (fig) En tiempo pasado. • *m* Tiempo pasado.

ayo, aya *m y f* Persona que se encargaba del cuidado y educación de los niños.

ayuda *f* Acción y efecto de ayudar. ‖ Cosa que sirve para ayudar. ‖ Persona o cosa que ayuda. ‖ Lavativa.

ayudante *pa* de ayudar. • *adj* Que ayuda. • *amb* Funcionario, militar o profesor que trabaja bajo las órdenes de un superior. ☐ AYUDANTÍA.

ayudar *tr* Prestar cooperación. ‖ p. ext. Auxiliar, socorrer. • *prnl* Hacer un esfuerzo, poner los medios para el logro de una cosa.

ayunar *intr* Abstenerse total o parcialmente de comer o beber. ☐ AYUNADOR, RA; AYUNANTE; AYUNO.

ayuntamiento *m* Acción y efecto de ayuntar o ayuntarse. ‖ Junta, reunión de personas para tratar de algún asunto. ‖ Corporación compuesta por un alcalde y varios concejales para la administración de los intereses de un municipio. ‖ Casa consistorial. ‖ Cópula, coito.

ayuntar *tr* Juntar. ☐ AYUNTADOR, RA.

azabache *m* Variedad dura y compacta de lignito, susceptible de ser tallado.

azada *f* Instrumento que consta de una pala de hierro y un mango.

azadón *m* Instrumento que se distingue de la azada en que la pala cuadrangular es algo curva y más larga que ancha. ‖ Azada.

azafata *f* Empleada que en los aviones atiende a los pasajeros. ‖ Empleada que atiende o acompaña viajeros o visitantes en viajes, reuniones, congresos, etc.

azafrán *m* Planta con bulbos sólidos, estilo filiforme y estigma de color rojo anaranjado. ‖ Estigma de las flores de esta planta.

azahar *m* Flor del naranjo, del limonero, del cidro y de otras plantas, que es blanda y muy olorosa.

azalea *f* Árbol de hermosas flores que contienen una sustancia venenosa.

azanca *f* Manantial de agua subterránea.

azar *m* Casualidad, caso fortuito. ‖ Desgracia imprevista.

azarar *tr y prnl* Conturbar, sobresaltar, avergonzar. • *prnl* Ruborizarse, sonrojarse.

azaroso, sa *adj* Abundante en riesgo, peligros o percances. ‖ Turbado, temeroso.

azerbaijano, na *adj y s* De Azerbaiján. • *m* Lengua oficial de Azerbaiján.

azeuxis *f* Hiato, encuentro de dos vocales que se pronuncian en sílabas diferentes.

ázimo *adj* Díc. del pan que se ha hecho sin poner levadura en la masa.

azoar *tr y prnl* Nitrogenar.

azogar *tr* Cubrir con mercurio alguna cosa. • *prnl* Contraer la enfermedad producida por la absorción de los vapores de mercurio. ‖ (fig, fam) Aturdirse, turbarse. ☐ AZOGADO, DA; AZOGAMIENTO.

azogue *m* Mercurio.

azolvar *tr y prnl* Cegar con alguna cosa un conducto.

azoospermia *f* Ausencia de espermatozoides en el semen o falta de vitalidad de los mismos.

azor *m* Ave de plumaje gris sucio en el dorso y blanco barrado en el vientre.

azorar *tr* Asustar, perseguir o alcanzar el azor a las aves. • *tr y prnl* (fig) Conturbar, sobresaltar, avergonzar. ☐ AZORAMIENTO; AZORANTE.

azoro *m* Amér. Azoramiento. ‖ Amér. Centr. Fantasma, duende.

azorrar *tr* Cargar excesivamente un buque, de forma que cale más de lo debido o que se incline más hacia una banda que hacia la otra.

azotado, da *pp* de azotar. • *adj* De varios colores unidos confusamente y sin orden. ‖ Chile. Atigrado, acebrado. • *m* Reo castigado con pena de azotes.

azotaina *f* (fam) Zurra de azotes.

azotar *tr y prnl* Dar azotes. • *tr* Dar golpes con la cola o las alas. ‖ (fig) Causar daños muy graves. • *prnl Amér. Merid.* Arrojarse al agua. ⬚ AZOTADOR, RA; AZOTAMIENTO.

azotazo *m* Golpe grande dado con el azote. ‖ Manotazo en las nalgas.

azote *m* Instrumento de suplicio formado con cuerdas anudadas y a veces erizadas de puntas, con que se castigaba a los delincuentes. ‖ Vara, vergajo o tira de cuero que sirve para azotar. ‖ Azotazo. ‖ (fig) Calamidad, castigo grande.

azotea *f* Cubierta llana de un edificio, dispuesta para poder andar por ella. ‖ *Arg.* Casa de adobe con techo plano.

azúcar *amb* Sustancia sólida, blanca, cristalina, de sabor dulce, muy soluble en agua y difícilmente soluble en alcohol.

azucarado, da *pp* de azucarar. • *adj* Semejante al azúcar en el gusto. ‖ (fig, fam) Blando, afable y meloso en las palabras.

azucarar *tr* Bañar con azúcar. ‖ Endulzar con azúcar. ‖ (fig, fam) Suavizar y endulzar alguna cosa. • *prnl* Bañar con almíbar.

azucarera *f* Vasija para poner azúcar en la mesa.

azucarería *f Cuba* y *Méx.* Tienda en que se vende azucar al por menor.

azucarero, ra *adj* Perteneciente o relativo al azúcar. • *m* Persona técnica en la fabricación de azúcar. ‖ Vasija para azúcar.

azucena *f* Planta de tallo alto y flores terminales grandes, por lo común blancas y muy olorosas. ‖ Flor de esta planta. ‖ Persona o cosa pura o blanca.

azud *m* o *f* Máquina con que se saca agua de los ríos para regar los campos. ‖ Presa hecha para tomar agua de los ríos.

azufrado, da *pp* de azufrar. • *adj* Sulfuroso. ‖ Parecido en el color al azufre. • *m* Acción de azufrar las vides.

azufrar *tr* Echar azufre en alguna cosa. ‖ Impregnar de azufre. ‖ Sahumar con él. ⬚ AZUFRAMIENTO.

azufre *m* Elemento de carácter no metálico y color amarillo, quebradizo e insípido, se usa para fabricar ácido sulfúrico, como insecticida, etc. ⬚ AZUFRERO, RA; AZUFROSO, SA.

azul *adj y s* Quinto color del espectro solar, puro, comprendido entre el verde y el violeta • *m* El cielo, el espacio. ‖ Pasta de añil.

azular *tr* Dar o teñir de azul. ⬚ AZULADO, DA.

azulear *intr* Mostrar alguna cosa el color azul que tiene. ‖ Tirar a azul.

azulejo *m* Placa de cerámica vidriada, de varios colores, que sirve comúnmente para la decoración de zócalos, suelos o frisos. ⬚ AZULEJERÍA; AZULEJERO, RA.

azulete *m* Tono azulado que se da a la ropa lavada. ‖ Polvo añil usado para ello.

azulón, na *adj y m* De color azul intenso.

azumagarse *prnl Chile.* Enmohecerse.

azuquero *m Amér.* Azucarera.

azurumbarse *prnl Amér.* Aturdirse, atolondrarse.

azuzar *tr* Incitar a un animal para que embista. ‖ (fig) Irritar, estimular. ⬚ AZUZADOR, RA.

Bb

b f Segunda letra del abecedario español y primera de sus consonantes. Su nombre es *be*. || La *b* es bilabial sonora, oclusiva en posición inical o después de nasal, y fricativa, por lo general, en cualquier otra posición.

baba f Líquido espeso y pegajoso que segregan por la superficie del cuerpo las babosas y otros moluscos terrestres. || Saliva de los mamíferos cuando fluye de la boca.

babada f Babilla, región de las extremidades de los cuadrúpedos. || Barro que se forma en los campos a consecuencia del deshielo.

babaza f Baba que segregan algunos animales y plantas. || Babosa, molusco gasterópodo.

babeador m *Ecuad.* Babero.

babear *intr* Echar baba. || (fig, fam) Obsequiar a alguien con excesivo rendimiento. □ BABEO.

babel *amb* (fig, fam) Lugar en que hay gran desorden y confusión. || (fig, fam) Desorden y confusión.

babero m Pedazo de lienzo u otra materia que se pone a los niños pendiente del cuello y sobre el pecho. || Bata que usan los muchachos.

babi m (fam) Babero, bata.

babieca *adj* y *s* (fam) Persona boba.

babilla f En los cuadrúpedos, región de las extremidades posteriores formada por los músculos y tendones que articulan el fémur con la tibia y la rótula.

bable m Dialecto que se habla en algunos valles de Asturias (España).

babor m Lado izquierdo de la embarcación, mirando de popa a proa.

babosa f Molusco gasterópodo, sin concha, que segrega en su marcha una baba clara y pegajosa.

babosear *tr* Llenar de babas. • *intr* (fig, fam) Babear, obsequiar a una mujer. □ BABOSEO.

baboso, sa *adj* y *s* Que echa muchas babas. || (fig, fam) Enamoradizo. || (fig, fam) Aplícase al que no tiene edad y condiciones para lo que hace, dice o intenta. || *Amér.* Bobo, tonto, simple.

babucha f Zapato sin tacón ni talón. || *Méx.* Especie de zapato de pala alta, cerrada con un cordón. □ BABUCHERO, RA.

baca f Parte superior de las diligencias y automóviles dispuesta para transportar los equipajes.

bacalao m Pez que llega a tener más de un metro de largo, con el cuerpo cilíndrico y la cabeza muy grande. Es comestible, y se conserva salado y prensado. □ BACALADERO, RA.

bacanal *adj* Perteneciente al dios Baco. • f (fig) Orgía con mucho desorden y tumulto. • *pl* Fiestas en honor del dios Baco.

bacaray m *Arg.* y *Perú.* Ternero nonato.

bacarrá o **bacará** m Juego de naipes en que juega el banquero contra los puntos.

baccáceo, a o **bacciforme** *adj* Díc. del fruto cuya apariencia es de baya.

bacelar m Parral, conjunto de parras.

bache m Depresión en una carretera o camino que produce sacudidas en los vehículos. || Desigualdad de presión atmosférica que provoca un momentáneo descenso del avión.

bachiller m o f Persona que ha cursado satisfactoriamente la segunda enseñanza. • *adj* y *s* (fig, fam) Persona que habla mucho y pretende saberlo todo. □ BACHILLERATO.

bachillerar *tr* Dar el grado de bachiller. • *prnl* Tomar el grado de bachiller. □ BACHILLERAMIENTO.

bachillerear *intr* (fam) Hablar mucho e impertinentemente. □ BACHILLERÍA.

bacía f Vasija, pieza cóncava. || La de metal que usan los barberos para remojar la barba.

bacilar *adj* De forma alargada, en bastón. ‖ Perteneciente o relativo a los bacilos.

bacillar *m* Bacelar. ‖ Viña nueva.

bacilo *m* Bacteria de forma alargada, como un pequeño bastón, que suele tener carácter patógeno. ☐ BACILIFORME; BACILOSIS.

bacín *m* Vaso de barro vidriado, alto y cilíndrico, que sirve para recibir los excrementos.

bacinada *f* Inmundicia arrojada del bacín. ‖ (fig, fam) Acción indigna y despreciable.

backup *m* En computación, copia de seguridad.

bacón *m* Panceta ahumada y salada.

bacteria *f* Microorganismo microscópico de organización procariota, perteneciente a la división de los esquizomicetes. ☐ BACTERIANO, NA.

bacteriología *f* Parte de la microbiología que estudia las bacterias. ☐ BACTERIÓLOGO, GA.

báculo *m* Cayado. ‖ (fig) Alivio, apoyo.

badajear *intr* (fig, fam) Hablar mucho y neciamente.

badajo *m* Pieza que pende en el interior de las campanas, cencerros y esquilas y con la cual se golpean éstas para hacerlas sonar. ‖ (fig, fam) Persona habladora y necia. ☐ BADAJADA; BADAJAZO.

badana *f* Piel curtida de carnero u oveja.

badén *m* Zanja que forma en el terreno el paso de las aguas de lluvia. ‖ Cauce enlosado o empedrado, que se hace en una carretera para dar paso a un corto caudal de agua.

bádminton o **badminton** *m* Juego de origen asiático, de reglamento similar al tenis.

bafle *m* Dispositivo que facilita la mejor difusión y calidad del sonido de un altavoz.

bagaje *m* Conjunto de cosas que acompañan a alguien que se traslada de lugar. ‖ Equipaje. ‖ (fig) Caudal, riqueza intelectual.

bagatela *f* Insignificancia, cosa de poco valor o importancia.

bagre *m* Pez sin escamas, pardo por los lados y blanquecino por el vientre, de cabeza muy grande, hocico obtuso, y con barbillas.

bagualada *f* *Arg.* Manada de caballos. ‖ *Arg.* Burrada, necedad.

¡bah! *interj* con que se denota incredulidad o desdén.

bahía *f* Entrada de mar en la costa, menor que el golfo, y que puede servir de abrigo a las embarcaciones.

bailable *adj* y *m* Díc. de la música compuesta para bailar.

bailar *intr* Mover el cuerpo con ritmo, o siguiendo el compás de la música.

baile *m* Acción de bailar. ‖ Cada una de las formas de bailar adaptadas a un gén. de música. ‖ Fiesta en que se baila. ☐ BAILÓN, NA.

bailotear *intr* Bailar mucho, y en especial sin gracia ni formalidad. ☐ BAILOTEO.

baja *f* Disminución del precio y estimación de una cosa. ‖ Pérdida o falta de un individuo. ‖ Documento que acredita la falta de un individuo. ‖ Cese de una persona en un empleo, profesión, etcétera.

bajada *f* Acción de bajar. ‖ Camino o senda por donde se baja desde alguna parte.

bajamar *f* Retroceso o descenso del nivel del mar durante las mareas. ‖ Tiempo que dura.

bajante *adj* y *f* Que baja. • *m* Cañería vertical que conduce las aguas de lluvia y residuales de un edificio hasta las cloacas. ‖ *Amér.* Descenso del nivel de las aguas.

bajar *intr* y *prnl* Ir desde un lugar a otro que esté más bajo. • *intr* Disminuir alguna cosa. • *tr* Poner alguna cosa en lugar inferior al que estaba. • *tr, intr* y *prnl* Apear de una caballería o carruaje. • *tr* y *prnl* (fig) Humillar, abatir. • *prnl* Inclinarse uno hacia el suelo. ☐ BAJAMIENTO.

bajativo *m* *Chile.* Copa de algún licor que se bebe después de las comidas. ‖ *Ur.* Tisana.

bajel *m* Buque, barco.

bajelero *m* Dueño, patrón o fletador de un bajel.

bajeza *f* Acción indigna. ‖ (fig) Condición de humildad o inferioridad.

bajío *m* Banco de arena. ‖ *Amér.* Terreno bajo.

bajo, ja *adj* De poca alt. ‖ Díc. de lo que está en lugar inferior respecto de otras cosas de la misma clase. ‖ (fig) Dicho del precio de las cosas, corto, poco considerable. • *m* La más grave de las voces humanas, o el instrumento que produce los sonidos más graves de la escala. • *m pl* Piso bajo de las casas que tienen dos o más. • *adv lugar* Abajo. • *adv modo* En voz baja o que apenas se oiga. • *prep* Debajo de.

bajón *m* Instrumento musical semejante al fagot. ‖ Bajonista. ‖ (fig, fam) Notable disminución en el caudal, la salud, etcétera. ❑ BAJONAZO; BAJONISTA.

bajorrelieve *m* Relieve en el que las figuras sobresalen poco del material que le sirve de fondo.

bajura *f* Falta de elevación.

bala *f* Proyectil de las armas de fuego. ‖ Confite de azúcar redondo y liso. ‖ Fardo comprimido y atado de una mercancía.

balacear *tr Amér.* Disparar, tirotear.

balacera *f Amér.* Tiroteo.

balada *f* Balata. ‖ Composición poética en la que se relatan sucesos legendarios o románticos, transmitida por vía oral. ‖ Forma musical muy antigua con acompañamiento libre.

baladí *adj* De poca importancia.

baladrar *intr* Dar baladros.

baladro *m* Alarido o voz espantosa. ❑ BALADRERO, RA.

balalaica *f* Instrumento musical, especie de laúd, empleado en la música popular rusa.

balance *m* Movimiento que hace un cuerpo, inclinándose de un lado a otro. ‖ Estudio comparativo de los hechos favorables y desfavorables de una situación. ‖ Valoración del activo y del pasivo, referida a un instante dado, cuyo objeto es la representación y medida de la situación patrimonial.

balancear *intr* y *prnl* Dar o hacer balances. ‖ Díc. más tratándose de naves. • *tr* Igualar o poner en equilibrio, contrapesar. ❑ BALANCEO.

balancín *m* Madero paralelo al eje de las ruedas delanteras de un carruaje, fijo en su promedio a la tijera y por los extremos a los del eje mismo, con dos hierros que se llaman guardapolvos. ‖ Mecedora.

balandra *f* Embarcación pequeña con cubierta y solo un palo.

balandro *m* Balandra pequeña que se emplea en competiciones deportivas. ❑ BALANDRISTA.

bálano o **balano** *m* Glande. ‖ Bellota, fruto.

balanza *f* Instrumento que sirve para medir masas. ‖ Libra, constelación y signo zodiacal. ‖ Balance.

balar *intr* Dar balidos. ❑ BALADOR, RA.

balata *f* Árbol de unos 30 m que segrega un látex. ‖ Goma natural obtenida de ese látex que se usa como correaje de maquinarias y para embalar.

balausta *f* Fruto carnoso, dividido en celdillas de un modo irregular, como la granada.

balaustre o **balaústre** *m* Cada una de las columnitas que con los barandales forman las barandillas de balcones, azoteas, corredores y escaleras. ❑ BALAUSTRADA; BALAUSTRADO, DA; BALAUSTRAL.

balay *m Amér.* Cesta de mimbre o carrizo. ‖ *Col.* Cedazo de bejuco. ‖ *Cuba* y *R. Dom.* Plato de madera con que se avienta el arroz.

balazo *m* Impacto o herida de bala.

balboa *m* Unidad monetaria de Panamá.

balbucear *intr* Balbucir. ❑ BALBUCEO.

balbucir *intr* Hablar o leer con pronunciación dificultosa y vacilante, trastocando a veces las letras o las sílabas. ❑ BALBUCENCIA.

balcón *m* Hueco abierto desde el suelo de la habitación, con barandilla por lo común saliente. ‖ Esta barandilla. ‖ (fig) Miranda.

balconaje *m* Conjunto de balcones de un edificio.

balda *f* Anaquel de armario o alacena.

baldado, da *pp* de baldar. • *adj* Cansado, fatigado.

baldadura o **baldamiento** *f* Impedimento físico de algún miembro.

baldar *tr* y *prnl* Impedir o privar una enfermedad o accidente el uso de los miembros o de alguno de ellos. ‖ (fig) Causar a uno gran contrariedad.

balde *m* Cubo para sacar y transportar agua, sobre todo en las embarcaciones. ‖ Recipiente parecido destinado a otros usos. ❑ BALDAZO.

baldear *tr* Regar con baldes. ‖ Achicar con baldes el agua de una excavación. ❏ BALDEO.

baldío, a *adj* y *m* Aplícase a la tierra o terreno que ni se labra ni está adehesado, y también a los solares yermos. • *adj* Vano. ‖ Vagabundo. ‖ Díc. de lo que resulta inútil.

baldo, da *adj* y *m* Falto, arruinado. ‖ Díc. de la espiga que ha granado bien.

baldonar o **baldonear** *tr* Injuriar a alguno de palabra en su cara. ❏ BALDONADOR, RA; BALDONAMIENTO.

baldosa *f* Placa de barro cocido, gralte. cuadrada o rectangular, que se emplea para solar.

baldosar *tr* Embaldosar. ❏ BALDOSADOR.

baldosín *m* Baldosa pequeña y muy fina.

baldrufa *f* Perinola, peonza pequeña.

balear[1] *adj* y *s* De las islas Baleares. • *m* Variedad de la lengua catalana que se habla en las islas Baleares.

balear[2] *tr* *Amér.* Herir o matar con bala. ❏ BALEADOR, RA; BALEO.

balido *m* Voz onomatopéyica del carnero, el cordero, la oveja, la cabra, el gamo y el ciervo.

balín *m dim* de bala. ‖ Bala de menor calibre que la ordinaria de fusil.

balística *f* Rama de la cinemática que estudia el movimiento de los proyectiles, cohetes y misiles y las condiciones que lo determinan. ❏ BALÍSTICO, CA.

balitar o **balitear** *intr* Balar con frecuencia.

baliza *f* Señal fija o flotante, que se coloca para marcar la entrada de los puertos y los lugares peligrosos. ‖ Balizaje. ❏ BALICERO.

balizaje *m* Derecho de puerto. ‖ Sistema de balizas de un puerto o de un campo de aviación.

balizar *tr* Señalar con balizas. ❏ BALIZAMIENTO.

ballena *f* Mamífero cetáceo que llega a alcanzar hasta más de 30 metros y 150 t de peso. ‖ Cada una de las láminas que tiene la ballena en la mandíbula superior, y que, cortadas en tiras, tienen diversos usos. ‖ (fig, fam) Persona muy gorda. ❏ BALLENERO, RA.

ballenato *m* Cría de la ballena.

ballesta *f* Arma portátil ant., para disparar flechas, saetas y bodoques. ‖ Cada uno de los muelles que forma parte del sistema de suspensión de los vehículos. ❏ BALLESTADA; BALLESTAZO.

ballestear *tr* Tirar con la ballesta. ‖ Flexionar ligeramente las piernas.

ballestería *f* Arte de la caza mayor. ‖ Conjunto de ballestas. ‖ Gente armada de ellas.

ballet *m* Representación de danza y pantomima, acompañada de música, que sigue gralte. un argumento y unas especificaciones coreográficas. ‖ Música de esta danza.

balneario, ria *adj* Perteneciente o relativo a los baños públicos. • *m* Edificio con baños medicinales.

balompié *m* Fútbol. ❏ BALOMPÉDICO, CA.

balón *m aum* de bala. ‖ Fardo grande de mercancías. ‖ Pelota grande recubierta de cuero, usada en varios juegos. ‖ *Col., Chile* y *Perú.* Bombona de metal para gases. ❏ BALONAZO.

baloncesto *m* Juego de pelota por equipos, que consiste en introducir el balón con la mano en la canasta correspondiente. ❏ BALONCESTISTA.

balonmano *m* Juego de pelota parecido al fútbol en el que sólo se emplean las manos, salvo el portero.

balonvolea *m* Juego en el que participan seis jugadores en cada uno de los equipos que lanzan el balón por encima de una red.

balota *f* Bolilla para votar.

balsa[1] *f* Hueco del terreno que se llena de agua, charca.

balsa[2] *f* Conjunto de maderos unidos unos con otros, que forman una plataforma flotante y que se usa para navegar. ‖ Árbol de América Central. ‖ Madera proporcionada por este árbol. ❏ BALSERO.

bálsamo *m* Sustancia resinosa, aromática y fluida, que exudan ciertos árboles. ‖ Medicamento compuesto de sustancias aromáticas. ‖ (fig) Consuelo, alivio. ❏ BALSÁMICO, CA.

balsear *tr* Pasar en balsas los ríos.

báltico, ca *adj* y *s* Perteneciente o relativo al mar Báltico y a las regiones circundantes. • *m* Grupo de lenguas indoeuropeas asentadas en la ribera del Báltico: el antiguo prusiano, el lituano y el letón.

baluarte *m* Obra de la fortificación de figura pentagonal, que sobresale en la parte exterior de una muralla. || (fig) Amparo y defensa.

balumba o **baluma** *f* Bulto que hacen muchas cosas juntas. || Conjunto desordenado y excesivo de cosas. || *Amér.* Aparato para pescar.

balumbo *m* Lo que abulta mucho y embaraza más por su volumen que por su peso.

bamba *f* Bambarria, acierto casual. || Bollo redondo, gralte. relleno. || Ritmo bailable iberoamericano. • *pl* Calzado ligero y flexible, adecuado para la práctica deportiva.

bambador *m* *Hond.* Faja que, sujeta a la frente, sirve para llevar grandes pesos.

bambalear *intr* y *prnl* Bambolear. || (fig) No estar segura alguna cosa.

bambalina *f* Cada una de las tiras de lienzo pintado que cuelgan del telar del teatro y figuran cielos, techos, etc.

bambanear *intr* y *prnl* Bambonear. || Estar vacilante o muy perplejo.

bambolear *intr* y *prnl* Balancearse, oscilar, moverse una persona o cosa de un lado a otro sin dejar su sitio. ☐ BAMBOLEO; BAMBONEO.

bambolla *f* Burbuja, ampolla, vejiga. || (fig) Cosa fofa, abultada, y de poco valor. || (fam) Boato.

bambú *m* Planta originaria de la India, con tallo leñoso que llega a más de 20 metros de alt. ☐ BAMBUNADA.

banal *adj* Trivial, común, insustancial. ☐ BANALIDAD.

banana *f* *Amér.* Plátano. || *Col.* Nombre de unos determinados confites.

banano *m* Plátano, planta musácea. || *Amér. Centr.* Fruta, variedad de plátano, que se come cruda. || Cambur. ☐ BANANERO, RA.

banasta *f* Cesto de mimbres o listas de madera delgadas y entretejidas. ☐ BANASTERO, RA.

banca¹ *f* Asiento de madera, sin respaldo. || Mesa en lugar público, y donde se tienen las frutas y otras cosas que se venden. || *Amér.* Banco, asiento de madera.

banca² *f* Conjunto de instituciones que tienen por objeto básico facilitar la financiación de las actividades económicas. || (fig) Conjunto de bancos o banqueros. ☐ BANCARIO, RIA.

bancada *f* *Amér. Merid.* Conjunto de los legisladores de un mismo partido. || Trozo de obra. || Basamento firme para una máquina o conjunto de ellas.

bancal *m* En los terrenos pendientes, rellano de tierra que se aprovecha para algún cultivo. || Pedazo de tierra dispuesto para plantar legumbres, vides, olivos o árboles frutales. ☐ BANCALERO.

bancarrota *f* Quiebra comercial. || (fig) Desastre, hundimiento, descrédito.

banco¹ *m* Asiento en el que pueden sentarse varias personas. || Tablero grueso y pesado que sirve de mesa de trabajo en carpintería y otros oficios. || Bajo que se prolonga en una gran extensión. || Conjunto de peces que se desplazan juntos en gran número.

banco² *m* Institución pública de crédito. || Establecimiento donde se conservan y almacenan órganos humanos para cubrir necesidades quirúrgicas, de investigación, etc.

banda¹ *f* Cinta ancha que se lleva cruzada sobre el pecho como insignia de alguna orden o cargo, o como dispositivo honorífico.

banda² *f* Porción de gente armada. || Gente que favorece y sigue el partido de alguno. || Bandada. || Conjunto musical formado por instrumentos de viento y percusión.

bandada *f* Número crecido de aves que vuelan juntas. || por ext. Conjunto de peces.

bandazo *m* Tumbo o balance violento que da una embarcación.

bandear *tr* Hacer que las campanas oscilen para que toquen al ser golpeadas por el badajo. || *Amér.* Cruzar un río. ☐ BANDEO.

bandeja *f* Recipiente plano o algo cóncavo, en el cual se sirve comida, bebidas u otras cosas,

bandera *f* Pedazo de tela, gralte. rectangular, sujeto a un palo o mástil, que según su color o dibujo constituye la insignia de una nación u otra colectividad. || Nacionalidad a que pertenecen los buques mercantes que la ostentan.

banderazo m *Méx.* Bajada de bandera.

bandería f Bando o parcialidad.

banderilla f Palo delgado armado de una lengüeta de hierro en uno de sus extremos que usan los toreros para clavarlo en el cerviguillo de los toros. || (fig) Tapa de aperitivo.

banderillear tr Poner banderillas a los toros.

banderillero m Torero que pone banderillas.

banderín m dim de bandera. || Cabo o soldado que sirve de guía a la infantería en sus ejercicios.

banderola f Bandera pequeña, como de 30 cm en cuadro y con asta, que tiene varios usos en la milicia, en la topografía y en la marina.

bandido, da adj y s Fugitivo de la justicia llamado por bando. • m Bandolero, salteador de caminos. || Estafador.

bando m Edicto o mandato solemne. || Acto de publicarlo. || Facción, partido, parcialidad. || Bandada. || Banco de peces.

bandolera f Correa que se cruza por el pecho y espalda y sirve para colgar un arma de fuego, cartera, etc.

bandolerismo o **bandidaje** m Existencia continuada de bandoleros en una comarca. || Actividad de los bandoleros.

bandolero m Ladrón, salteador de caminos. || (fig) Persona perversa.

bandolina o **bandola** f Instrumento pequeño de cuatro cuerdas y cuerpo curvado. ☐ BANDOLINISTA.

bandolón m Instrumento musical que tiene forma de bandurria, pero del tamaño de una guitarra. ☐ BANDOLONISTA.

bandoneón m Variedad de acordeón de origen al., muy popular en Argentina y Uruguay, y típico acompañante del tango.

bandurria f Instrumento musical de cuerda que suele tener 12 cuerdas pareadas y el mástil con 14 trastes. ☐ BANDURRISTA.

banjo m Instrumento musical parecido a la guitarra, cuya caja sonora está constituida por un pellejo.

banqueo m Desmonte de un terreno en planos escalonados.

banquero m El que se dedica a operaciones bancarias o dirige un banco.

banqueta f Asiento o banco sin respaldo. || Banquillo muy bajo para poner los pies. || *Guat.* y *Méx.* Acera de la calle.

banquete m Comida a que concurren muchas personas para celebrar algún acontecimiento. || Comida espléndida.

banquillo m dim de banco. || Asiento en que se coloca el procesado ante el tribunal. || Lugar de espera de los jugadores reservas y entrenadores, fuera de juego.

bañadera f *Amér.* Bañera. || *Arg.* Autocar descubierto. || *Ur.* Autocar viejo de alquiler.

bañador, ra adj y s Que baña. • m Traje para bañarse.

bañar tr y prnl Meter el cuerpo o una parte de él en un líquido, para lavarlo, refrescarlo o con fines medicinales. • tr Sumergir una cosa en un líquido. • tr Tocar algún lugar el agua del mar, de un río, etc. || Cubrir un objeto con una o varias capas de otra sustancia.

bañera f Pila que sirve para bañarse.

bañista m o f Persona que acude a una playa o balneario para bañarse.

baño m Acción y efecto de bañar o bañarse. || Acción y efecto de someter el cuerpo al influjo de un agente físico. || Servicio, retrete. || Capa de materia extraña con que queda cubierta la cosa bañada. • pl Balneario de aguas medicinales.

baobab m Árbol de 9 a 10 m de alt. cuya corteza se usa en la fabricación de papel y telas, y su fruto, carnoso, es comestible.

baptismo m Rama del protestantismo cuya idea esencial es que el bautismo sólo debe ser administrado a los adultos. ☐ BAPTISTA.

baptisterio m Sitio donde está la pila bautismal. || Pila bautismal. || Edificio próximo a un templo, donde se administraba el bautismo.

baquelita f Resina sintética incombustible y aislante.

baqueta f Vara delgada para atacar las armas de fuego y desembarazar su ánima. || Varilla que usan los picadores para el manejo de los caballos. • pl Palillos con que se toca el tambor. □ BAQUETAZO.

baquetear tr Ejecutar el castigo de baquetas. ‖ Molestar mucho. ‖ (fig) Adiestrar, ejercitar. ‖ Amér. (fig, fam) Tratar a la baqueta a alguien. □ BAQUETEADO, DA; BAQUETEO.

bar m Establecimiento donde pueden tomarse bebidas.

barahúnda o **baraúnda** f Ruido y confusión grande.

baraja f Conjunto de naipes que sirve para varios juegos.

barajar tr En el juego de naipes, mezclarlos unos con otros antes de repartirlos. ‖ En las reflexiones que preceden a una resolución, considerar las varias posibilidades que pueden darse. • tr y prnl (fig) Mezclar y revolver unas personas o cosas con otras. □ BARAJADA; BARAJADURA; BARAJE.

baranda f Barandilla. ‖ Borde que tienen las mesas de billar.

barandilla f o **barandal** m Antepecho del balcón, escalera, etc., compuesto de balaustres y de los barandales que los sujetan.

barata f Baratura. ‖ Trueque, cambio. ‖ Venta fingida, mohatra. ‖ Méx. Venta a bajo precio. □ BARATADOR, RA.

baratear tr Dar una cosa por menos de su precio ordinario. ‖ Regatear.

baratería f Engaño, fraude en compras, ventas o trueques.

baratija f Cosa menuda y de poco valor.

baratillo m Conjunto de cosas de poco precio, que se ponen a la venta en un lugar público. ‖ Puesto o tenderete en que se venden. □ BARATILLERO, RA.

barato, ta adj Vendido o comprado a bajo precio. • m Venta de efectos a bajo precio con el fin de despacharlos pronto. • adv modo Por poco precio.

baratura f Bajo precio de las cosas vendibles.

barba f Parte de la cara, debajo de la boca. ‖ Pelo que nace en esta parte de la cara y en las mejillas. • f pl Prolongaciones filiformes situadas a ambos lados del raquis de las plumas de las aves. □ BARBADO, DA.

barbacoa o **barbacuá** f Parrilla para asar carne o pescado al aire libre. ‖ Amér. Especie de camastro. ‖ Amér. Zarzo o tablado en lo alto de las casas, donde se guardan granos, frutos, etc.

barbada f Quijada inferior de las caballerías. ‖ Cadenilla o hierro corvo que se pone a las caballerías por debajo de la barba.

barbar intr Echar barbas el hombre. ‖ Criar las abejas. ‖ Echar raíces las plantas.

barbaridad f Calidad de bárbaro. ‖ Necedad, estupidez. ‖ Atrocidad, exceso, demasía. ‖ (fig, fam) Cantidad grande o excesiva.

barbarie f (fig) Rusticidad, falta de cultura. ‖ (fig) Fiereza, crueldad.

barbarismo m Falta de lenguaje, que consiste en pronunciar o escribir mal las palabras, o en emplear vocablos impropios. ‖ (fig) Barbaridad, dicho o hecho temerario. ‖ (fig, fam) Barbarie. ‖ Extranjerismo no incorporado.

barbarizar tr Usar barbarismos. • intr Decir barbaridades.

bárbaro, ra adj y s Díc. del individuo de uno de los pueblos que en el siglo v abatieron el imperio romano. • adj (fig) Arrojado, temerario. ‖ (fig) Inculto, grosero, tosco. ‖ (fig) Muy grande.

barbear tr Llegar con la barba a cierta altura. ‖ Afeitar la barba o el bigote. ‖ (fig) Méx. Adular. • intr Trabajar el barbero en su oficio.

barbechar tr Arar la tierra disponiéndola para la siembra. ‖ Arar la tierra para que se meteorice y descanse. □ BARBECHADA; BARBECHERA.

barbecho m Tierra de labor que no se siembra durante uno a más años. ‖ Acción de barbechar. ‖ Haza arada para sembrar después.

barbera f Mujer del barbero. ‖ Amér. Navaja de afeitar.

barbería f Tienda del barbero. ‖ Oficio de barbero. ‖ Sala o pieza destinada para servicios de barbero o peluquero.

barbero, ra adj Perteneciente al barbero. ‖ Méx. Adulador. • m El que tiene por oficio afeitar la barba y cortar el pelo.

barbilampiño *adj* Díc. del varón adulto que no tiene barba o la tiene muy escasa.

barbilla *f* Remate de la barba, mentón. ‖ Papada. • *m pl Col.* Hombre de barba escasa.

barbiponiente *adj* (fam) Díc. del joven a quien empieza a salir la barba. ‖ (fig, fam) Principiante.

barbitúrico, ca *adj* Díc. del ácido usado en medicamentos de propiedades hipnóticas. • *m* Cualquiera de las sustancias derivadas del ácido barbitúrico que actúan como sedantes del sistema nervioso.

barbo *m* Pez de río oscuro por el lomo y blanquecino por el vientre.

barbotar *intr y prnl* Barbotear, mascullar.

barbote *m* Babera de la armadura antigua. ‖ *Arg.* Barrita que, embutida en el labio inferior, llevaban como insignia algunos indios.

barbotear *intr* Barbullar, mascullar. ☐ BARBOTEO.

barbudo, da *adj* Que tiene muchas barbas.

barbullar *intr* (fam) Hablar atropelladamente y a borbotones. ☐ BARBULLÓN, NA.

barca *f* Embarcación pequeña para pescar o navegar cerca de la costa o en los ríos.

barcada *f* Carga que lleva una barca en cada viaje. ‖ Cada viaje de una barca.

barcaje *m* Transporte de efectos en una barca. ‖ Cantidad que se paga por pasar de una a otra parte del río en una barca.

barcaza *f* Lanchón para transportar carga de los buques a tierra, o viceversa.

barco *m* Vehículo de madera, hierro u otro material, dispuesto para flotar y deslizarse por el agua. ‖ Barranco poco profundo. ‖ (fig, fam) *Méx.* Profesor poco exigente.

barda *f* Antigua armadura para los caballos. ‖ Cubierta de paja, broza, etc., que se pone sobre las tapias.

bardar *tr* Poner bardas a los vallados o tapias.

bardaje *m* Sodomita paciente.

bardo[1] *m* Poeta líricoheroico de un país.

bardo[2] *m* Barro. ‖ Vallado de leña, cañas o espinos. ‖ Vivar de conejos.

baremo *m* Libro o tabla de cuencas ajustadas. ‖ Lista o repertorio de tarifas. ‖ Escala ponderada para valorar una prueba. ☐ BAREMACIÓN.

baricentro *m* Centro de gravedad de un cuerpo. ‖ Punto donde se cortan las medianas de un triángulo.

bario *m* Metal alcalinotérreo de color blanco argentino, cristalino.

barisfera *f* Núcleo central del globo terrestre.

barítono *m* Voz media entre la de tenor y la de bajo.

barlovento *m* Parte de donde viene el viento.

barman *m* Empleado que en los bares prepara y sirve las consumiciones.

barniz *m* Disolución de sustancias resinosas en un líquido volátil; se extiende sobre los objetos, para preservarlos de la acción de la atmósfera o del polvo, y para que adquieran lustre. ‖ Baño que se da en crudo al barro, loza y porcelana, y que se vitrifica con la cocción.

barnizar *tr* Dar un baño de barniz. ☐ BARNIZADO; BARNIZADOR, RA; BARNIZADURA.

barómetro *m* Instrumento que sirve para determinar la presión atmosférica. ‖ (fig) Cualquier cosa que se considera índice de un determinado proceso o estado. ☐ BAROMÉTRICO, CA.

barón *m* Título nobiliario, de rango variable según los países.

baronesa *f* Mujer del barón. ‖ Mujer que goza una baronía.

baronía *f* Dignidad de barón. ‖ Lugar sobre el que recae este título o en que ejercía jurisdicción un barón.

barquear *tr* Atravesar en barca un río o lago. • *intr* Utilizar los botes o lanchas para trasladarse de un punto a otro.

barquero, ra *m y f* Persona que dirige la barca.

barquilla *f* Molde para hacer pasteles. ‖ Cesto en que van los tripulantes de un globo.

barquillo *m* Hoja delgada de pasta hecha con harina sin levadura y azúcar o miel, a la que se da forma de canuto. ☐ BARQUILLERO, RA.

barra f Pieza de metal u otra materia, de forma gralte. prismática o cilíndrica y mucho más larga que gruesa. ‖ Rollo de oro, plata u otro metal sin labrar. ‖ Pieza de pan que tiene forma alargada. ‖ La que suelen tener los bares y otros establecimientos semejantes a lo largo del mostrador; y de aquí el mismo mostrador. ‖ Depósito emergido de arenas marinas que aparece cerrando entrantes del mar en algunas zonas costeras.

barrabás m (fig, fam) Persona traviesa o díscola. ☐ BARRABASADA.

barraca f Vivienda pequeña, de construcción precaria y endeble, levantada sin planos y al margen de las ordenanzas municipales. ‖ Vivienda rústica. ‖ Amér. Edificio grande usado para almacén. ☐ BARRAQUERO, RA.

barracón m aum de barraca, caseta tosca.

barragana f Concubina.

barranca o **barranquera** f Barranco.

barranco m Despeñadero, precipicio. ‖ Hendidura profunda producida en la tierra por las corrientes de las aguas o por otras causas. ☐ BARRANCAL; BARRANCOSO, SA.

barranquismo m Típico fenómeno urbanístico de las grandes c. caracterizado por la aparición de grandes núcleos de barracas que no disponen de las mínimas condiciones exigibles de habitabilidad. ☐ BARRAQUISTA.

barrar tr Embarrar.

barredero, ra adj (fig) Que arrastra o se lleva cuanto encuentra.

barrena f Instrumento que sirve para taladrar o hacer agujeros en madera, metal u otro cuerpo duro. ☐ BARRENERO.

barrenar tr Abrir agujeros con barrena o barreno en algún cuerpo. ‖ (fig) Impedirle a uno maliciosamente el logro de alguna cosa. ‖ (fig) Hablando de leyes, derechos, etc., violarlos.

barreno m Barrena grande. ‖ Agujero que se hace con la barrena. ‖ Agujero relleno de pólvora u otra materia explosiva, en una roca o en una obra de fábrica, para hacerla volar.

barreño adj De barro. • m Recipiente de barro cocido o de otros materiales que sirve para fregar y para otros usos semejantes.

barrer tr Quitar del suelo con la escoba el polvo, la basura, etc. ‖ (fig) Recorrer un espacio mediante un instrumento adecuado para observar o registrar aquello que se pretende. ‖ (fig) Quitar, hacer desaparecer. ☐ BARREDOR, RA; BARREDURA; BARRENDERO, RA.

barrera f Valla para separar, cercar u obstaculizar el paso.

barrero m Alfarero. ‖ Sitio del que se saca barro. ‖ Barrizal.

barretina f Gorro catalán.

barriada f Barrio. ‖ Arrabal, barrio pobre.

barrica f Tonel mediano que sirve para diferentes usos. ☐ BARRIQUERÍA.

barricada f Parapeto hecho con adoquines, automóviles volcados, u otros obstáculos para estorbar el paso del enemigo.

barrida f Chile. Barrido, o barredura.

barrido, da pp de barrer. • m Acción de barrer. ‖ Proceso por el que un dispositivo explora sistemáticamente un área o un espacio reconociéndolos punto por punto para transformar la imagen de cada uno de ellos en señales eléctricas transmisibles a distancia.

barriga f Vientre, cavidad abdominal de los vertebrados. ‖ (fig) Conjunto de vísceras. ‖ (fig) Parte media abultada de una vasija. ‖ (fig) Comba que hace una pared. ☐ BARRIGUDO, DA.

barrigón, na adj (fam) Barrigudo. ‖ m Cuba. Niño de corta edad.

barril m Vasija de madera que sirve para conservar y transportar licores y géneros. ‖ Unidad estadoun. de capacidad. ☐ BARRILAJE; BARRILAMEN; BARRILERÍA; BARRILERO.

barrilete m Instrumento de hierro para asegurar sobre el banco los materiales que se trabajan. ‖ Pieza cilíndrica y móvil del revólver, en la que se colocan los cartuchos.

barrilla f Planta que crece en terrenos salados, y de cuyas cenizas se obtiene la sosa. ‖ Estas mismas cenizas. ‖ Bol. y Perú. Cobre nativo. ☐ BARRILLERO, RA; BARRILLAR.

barrio *m* Cada una de las partes en que se dividen las c. y pueblos grandes. ‖ Arrabal. ‖ Caserío dependiente de otra pob., aunque esté apartado de ella. ❑ BARRIAL.

barriobajero, ra *adj* Propio de los barrios bajos. ‖ Que vive en los barrios bajos. ‖ Inadecuado, desgarrado en el comportamiento o en el hablar.

barro[1] *m* Masa que resulta de la unión de tierra y agua. ‖ Lodo que se forma en las calles cuando llueve. ‖ Cualquier vasija u objeto de cerámica o alfarería. ❑ BARRIZAL; BARROSO, SA.

barro[2] *m* Cada uno de los granillos rojizos que salen en el rostro. ❑ BARROSO, SA.

barrote *m* Barra gruesa. ‖ Barra de hierro que sirve para afianzar, sostener o reforzar. ‖ Palo que se pone atravesado sobre otros palos o tablas para sostener o reforzar.

barruntar *tr* Prever, conjeturar o presentir por algún indicio. ❑ BARRUNTAMIENTO; BARRUNTO.

barrunte *m* Indicio, noticia.

bartola (a la) *m adv* (fam) Sin ningún cuidado.

bartolear *intr Chile.* Tener pereza.

bártulos *m pl* (fig) Enseres que se manejan.

barullo *m* (fam) Confusión, desorden.

barzonear *intr* Pasear sin rumbo fijo.

basa *f* Base, fundamento o apoyo. ‖ Asiento sobre el que se pone la columna en todos los órdenes arquitectónicos excepto en el dórico.

basal *adj* Relativo a la base. ‖ Sit. en la base de una formación orgánica o de una construcción.

basalto *m* Roca volcánica de color oscuro y de bastante densidad. ❑ BASÁLTICO, CA.

basamento *m* Cuerpo formado por la basa y el pedestal de la columna. ‖ por ext. Parte inferior de una fachada o edificio.

basar *tr* Asentar algo sobre una base. • *tr* y *prnl* (fig) Fundar, apoyar.

báscula *f* Balanza para medir pesos grandes.

bascular *intr* Realizar un movimiento de vaivén, oscilar.

base *f* Fundamento o apoyo pral. en que estriba o descansa alguna cosa. ‖ Conjun-

to de militantes de una organización política o sindical. ‖ Basa de una columna o estatua. ‖ Línea o superficie de una figura, que se toma como referencia para determinar la altura. ‖ Expresión que ha de elevarse a una potencia. ‖ Sustancia que combinada con un ácido forma una sal.

básico, ca *adj* Perteneciente o relativo a la base. ‖ Fundamental, esencial.

basilar *adj* Que sirve de base.

basílica *f* Iglesia notable, aunque estrictamente el término se refiere sólo a las que el Papa ha concedido cierto privilegio.

básquet *m Arg., Méx.* y *Par.* Basquetbol.

basquetbol *m Arg.* y *Par.* Baloncesto.

basset *m* Raza de perro que tiene el cuerpo muy alargado y las patas cortas.

basta *f* Hilván. ‖ Puntada hecha a trechos en el colchón, para mantener la lana repartida.

bastante *pa* de abastar. • *adj* Que basta. • *adv cant* Ni mucho ni poco, ni más ni menos de lo regular. ‖ No poco.

bastar *intr* y *prnl* Ser suficiente y proporcionado para alguna cosa. ‖ Abundar.

bastardear *intr* Degenerar un animal o planta. ‖ (fig) Aplicado a personas, apartarse en sus obras de lo que conviene a su origen.

bastardilla *f* Instrumento musical, especie de flauta. • *adj* y *f* Letra de imprenta que imita la de mano.

bastardo, da *adj* Que degenera de su origen. ‖ Ilegítimo, nacido de padres no casados. ❑ BASTARDÍA.

bastear *tr* Echar bastas.

bastidor *m* Armazón que sirve para fijar lienzos, para armar vidrieras o para decoración de escenarios teatrales. ‖ Armazón metálico que soporta la caja de un vagón, de un automóvil, estante.

bastilla *f* Doblez que se hace y asegura con puntadas a los extremos de la tela.

bastimento *m* Embarcación, barco. ‖ Provisión para sustento de una c., ejército, etc.

bastión *m* Baluarte, obra de fortificación.

basto, ta *adj* Grosero, tosco. ‖ (fig) Díc. de la persona rústica o grosera. ❑ BASTEDAD.

bastón *m* Vara por lo común con puño y contera, que sirve para apoyarse al andar, para golpear, etc. ‖ Insignia de mando o de autoridad. ❑ BASTONADA; BASTONAZO; BASTONERO.

bastoncillo *m* Galón angosto que sirve para guarnecer. ‖ Bastón, célula de la retina.

bastonear *tr* Dar golpe con bastón o palo. ❑ BASTONEO.

basura *f* Inmundicias, desechos que se recogen en las ciudades. ‖ (fig) Lo repugnante o despreciable.

basurero *m* Persona que lleva la basura al lugar destinado para echarla. ‖ Sitio en donde se amontona la basura.

bata *f* Prenda de vestir larga y cómoda usada para estar en casa. ‖ Batín usado en algunos centros de trabajo.

batacazo *m* Golpe fuerte y con estruendo que da alguna persona cuando cae. ‖ Caída inesperada de un estado o condición.

batalla *f* Combate de un ejército, armada, etc., con otro.

batallar *intr* Pelear, reñir con armas. ‖ (fig) Disputar, debatir, porfiar. ‖ (fig) Fluctuar, vacilar. ❑ BATALLADOR, RA.

batallón, na *adj* Luchador, combativo. • *m* Unidad táctica de infantería, compuesta de varias compañías.

batán *m* Máquina compuesta de gruesos mazos de madera, para golpear, desengrasar y enfurtir los paños. ❑ BATANERO.

batanar *tr* Abatanar paños. ❑ BATANADO, DA; BATANADURA.

batanear *tr* (fig, fam) Dar golpes a alguno.

batata *f* Planta de tubérculos radicales comestibles. ‖ Cada uno de los tubérculos de las raíces de esta planta. ❑ BATATAR.

bate *m* Palo grueso por un extremo, usado para jugar al béisbol.

batea *f* Bandeja o azafate.

batear *tr* e *intr* En el béisbol, dar a la pelota con el bate. ❑ BATEADOR; BATEO.

batel *m* Bote, barca pequeña. ❑ BATELERO, RA.

batería *f* Conjunto de piezas de artillería dispuestas para hacer fuego. ‖ Unidad táctica del arma de artillería, que se compone de un corto número de piezas y de los artilleros que las sirven. ‖ Acción de batir. ‖ Conjunto de instrumentos de percusión en una banda u orquesta. • *m* o *f* Persona que los toca. ‖ *Col.* Conjunto de pisones de un molino minero.

batiboleo *m* *Méx.* Bulla, batahola.

batida *f* Acción de explotar una zona buscando algo. ‖ Registro que realiza la policía por sorpresa.

batido, da *pp* de batir. • *adj* Aplícase al camino muy andado y trillado. • *m* Bebida que se hace batiendo helados, leche u otros ingredientes.

batidor, ra *adj* Que bate. • *m* y *f* Instrumento para batir, especialmente manjares, bebidas, etc. • *m* Explorador que descubre y reconoce el campo o el camino.

batiente *pa* de batir. • *adj* Que bate. • *m* Parte del cerco de las puertas y ventanas en que baten cuando se cierran. ‖ Lugar donde la mar bate el pie de una costa o de un dique.

batimetría *f* Estudio de los fondos marinos y de la distribución de los animales y plantas en sus diversas capas o zonas. ❑ BATIMÉTRICO, CA.

batintín *m* Gong.

batipelágico, ca *adj* Perteneciente o relativo a las grandes profundidades marítimas.

batir *tr* Golpear. ‖ Mover y revolver alguna cosa para que se condense o trabe, o para que se liquide o disuelva. ‖ Derrotar al enemigo. ‖ Registrar un lugar en busca de enemigos, delincuentes o sospechosos. ‖ *Arg.* y *Ur.* Delatar, denunciar. • *prnl* Combatir, pelear. ❑ ABATIMIENTO.

batiscafo *m* Nave con la que pueden explorarse las profundidades marinas.

batisfera *f* Aparato de inmersión submarina que permanece unido a un buque mediante un cable.

batista *f* Lienzo fino muy delgado.

batolito *m* Masa rocosa de grandes dimensiones formada básicamente por granito.

batracio, cia *adj* y *m* Anfibio.

batuquear *tr* *Amér.* Mover con ímpetu.

batuta *f* Vara delgada y corta con la que el director de una orquesta indica el compás.

baúl *m* Cofre, arca.

bauprés *m* Palo grueso que en la proa de los barcos sirve para asegurar los cabos del trinquete, y otros usos.

bautismo *m* Acto por el que una persona queda integrada en una confesión religiosa. ❑ BAUTISMAL.

bautista *m* El que bautiza.

bautizar *tr* Administrar el sacramento del bautismo. ‖ (fig) Poner nombre a una cosa. ‖ (fig, fam) Tratándose del vino, mezclarlo con agua. ❏ BAUTIZO.

bauxita *f* Roca sedimentaria rojiza formada por hidratos de aluminio, óxidos de hierro y silicatos de aluminio.

baya *f* Fruto carnoso y jugoso, que contiene semillas rodeadas de pulpa: como la uva, la grosella, y otros. ‖ *Chile.* Chicha de uva.

bayeta *f* Tela de lana, floja y poco tupida. ‖ Trapo de fregar el suelo.

bayo, ya *adj* y *s* De color blanco amarillento. Se aplica gralte. a los caballos.

bayoneta *f* Arma blanca complementaria del fusil, a cuyo cañón se adapta exteriormente junto a la boca. ❏ BAYONETAZO.

baza *f* Número de cartas que en ciertos juegos de naipes recoge el que gana la mano.

bazar *m* En oriente, mercado público. ‖ Tienda en que se venden productos diversos.

bazo, za *adj* De color moreno y que tira a amarillo. • *m* Órgano parecido a una glándula, situado en la parte superior izquierda del abdomen que desintegra los glóbulos rojos, dejando en libertad hemoglobina.

bazofia *f* Desechos o sobras de las comidas. ‖ Comida mala o mal hecha.

bazuca o **bazooka** *m* Arma portátil lanzagranadas contra tanques.

bazucar o **bazuquear** *tr* Revolver un líquido moviendo el recipiente en que está. ‖ Traquetear, mover o agitar.

be *f* Nombre de la letra *b.* ‖ Onomatopeya de la voz del carnero y de la oveja. • *m* Balido.

beatificar *tr* Hacer feliz a alguno. ‖ Hacer venerable una cosa. ‖ Declarar el Sumo Pontífice que alguien goza de la eterna bienaventuranza y se le puede dar culto.

beatitud *f* Bienaventuranza eterna.

beato, ta *adj* y *s* Feliz o bienaventurado. ‖ Díc. de la persona beatificada por el Sumo Pontífice. ‖ (fig) Que afecta virtud. • *m* El que viste hábito religioso sin vivir en comunidad. ‖ (fam) Persona que frecuenta mucho los templos. ❏ BEATERÍA.

bebé *m* Nene, niño muy pequeño, de pecho.

bebedero, ra *adj* Bueno para beber. • *m* Vaso en que se echa la bebida a los pájaros y aves domésticas.

bebedizo, za *adj* Potable. • *m* Bebida que se da por medicina. ‖ Bebida que se decía tener virtud para producir amor. ‖ Bebida confeccionada con veneno.

bebedor, ra *adj* Que bebe. • *adj* y *s* (fig) Que abusa de las bebidas alcohólicas.

beber *intr* y *tr* Ingerir un líquido. ‖ Brindar, beber por la felicidad de otros. • *tr* e *intr* (fig) Refiriéndose al juicio, trastornarlo u ofuscarlo. ❏ BEBESTIBLE, BEBIBLE.

bebida *f* Cualquier líquido que se bebe.

bebido, da *pp* de beber. • *adj* Que está casi embriagado.

beborrotear *intr* (fam) Beber a menudo y en poca cantidad.

beca *f* Insignia que llevaban los colegiales sobre el manto. ‖ Subvención económica para cursar estudios o ampliarlos.

becacina *f* Becada.

becada *f* Ave que anida en lugares boscosos y húmedos, con denso arbolado. Su carne es muy apreciada.

becar *tr* Sufragar o conceder a alguien una beca o estipendio para estudios. ❏ BECADO, DA; BECARIO, RIA.

becerra *f* Vaca desde que deja de mamar hasta que cumple un año. ❏ BECERRADA.

becerro *m* Toro desde que deja de mamar hasta que cumple un año. ‖ Piel del ternero curtida. ❏ BECERRIL.

bedel, la *m* y *f* En establecimientos de enseñanza, empleado encargado de mantener el orden fuera de las clases, de señalar la hora de entrada y salida de las mismas, etcétera. ❏ BEDELÍA.

beduino, na *adj* y *s* Dícese de los árabes nómadas que habitan su país originario o viven esparcidos por Siria y el África septentrional.

befa *f* Grosera expresión de desprecio.

befar *intr* Mover los caballos el befo. • *tr* Burlar, escarnecer.

befo, fa *adj* y *s* Belfo.

begonia *f* Planta perenne, originaria de América, con hojas verdes por encima y rojizas por el envés.

b

beicon m Panceta ahumada.

beige adj y m De color castaño claro.

béisbol m Juego entre dos equipos de nueve jugadores, en que éstos deben recorrer ciertos puntos o bases en combinación con el lanzamiento de una pelota.

bejuco m Nombre de diversas plantas cuyos tallos se emplean para toda clase de ligaduras y para jarcias, tejidos, muebles, bastones, etc. ☐ BEJUCAL; BEJUQUEDA.

beldad f Belleza o hermosura. ‖ Mujer muy bella.

beldar tr Aventar con el bieldo las mieses, legumbres, etcétera, para separar del grano la paja.

belén m (fig) Nacimiento en la acep. de representación del Jesucristo. ‖ (fig, fam) Sitio en que hay mucha confusión.

beleño m Planta de fruto capsular con muchas semillas pequeñas redondas y amarillentas. Toda la planta es narcótica.

belfo, fa adj y s Díc. del que tiene más grueso el labio inferior. • m Cualquiera de los dos labios del caballo y otros animales.

belicismo m Tendencia a promover conflictos armados. ☐ BELICISTA.

bélico, ca adj Perteneciente a la guerra.

belicoso, sa adj Guerrero, marcial. ‖ (fig) Agresivo, pendenciero.

beligerante adj y s Aplícase a la potencia, nación, etc., que está en guerra. Suele usarse en plural. ☐ BELIGERANCIA.

bellaco, ca adj y s Malo, pícaro, ruin. ‖ Astuto, sagaz. • adj Arg. Díc. de la cabalgadura que tiene resabios. ☐ BELLACADA, BELLAQUERÍA.

belladona f Planta herbácea muy venenosa y medicinal.

belleza f Conjunto de cualidades cuya contemplación produce deleite y admiración.

bellido, da adj Bello, agraciado, hermoso.

bello, lla adj Que tiene belleza.

bellota f Fruto de la encina, el roble y otros árboles del mismo gén.

bellotear intr Comer la bellota el ganado de cerda.

bellotero, ra m y f Persona que coge o vende bellotas. ‖ Tiempo en que se recoge la bellota y se ceban los cerdos. ‖ Cosecha de bellotas.

beluga f Delfín que vive en los mares boreales y alcanza de 3 a 5 m de longitud. ‖ El esturión gigante que vive en los mares Negro y Caspio; proporciona el caviar más apreciado.

belvedere m Mirador cubierto situado en la parte alta de un edificio.

bemba f Amér. Bembo. ‖ Perú. Hocico, jeta.

bembo m Amér. Bezo, labio grueso.

bemol adj y s Díc. de la nota alterada en un semitono por debajo de su sonido natural. • m Signo (♭) que representa esta alteración.

bemolar tr Poner bemol o bemoles.

benceno m Hidrocarburo volátil e inflamable, que se obtiene por destilación seca de la hulla.

bencina f Mezcla de hidrocarburos resultantes de la destilación del petróleo bruto o del alquitrán de hulla.

bendecir tr Alabar, ensalzar. ‖ Colmar de bienes a uno la Providencia. ‖ Invocar en favor de alguna persona o cosa la bendición divina.

bendición f Acción y efecto de bendecir. • pl Ceremonias del sacramento del matrimonio.

bendito, ta pp irreg de bendecir. • adj y s Dichoso, feliz. • adj Sencillo y de pocos alcances.

benedictino, na adj Perteneciente a la regla u orden de San Benito de Nursia.

benefactor, ra adj y s Bienhechor.

beneficencia f Virtud de hacer bien. ‖ Conjunto de servicios públicos o privados cuyo fin es socorrer a los desvalidos, pobres, etc.

beneficiado, da pp de beneficiar. • m y f Persona en beneficio de la cual se ejecuta un espectáculo público.

beneficiar tr y prnl Hacer bien. • tr Cultivar una cosa, procurando que fructifique. ‖ Amér. Descuartizar una res para venderla.

beneficiario, ria adj y s Díc. de la persona en cuyo favor se ha constituido un seguro, contrato, pensión, herencia, etc.

beneficio m Bien que se hace o se recibe. ‖ Utilidad, provecho. ‖ Diferencia entre los ingresos resultantes de las ventas de los productos y los gastos que ocasiona su producción. || *Amér.* Acción de beneficiar una res. || *Amér. Centr.* Ingenio o hacienda.

beneficioso, sa *adj* Provechoso, útil.

benéfico, ca *adj* Que hace bien. || Perteneciente o relativo a la ayuda gratuita que se presta a los necesitados.

benemérito, ta *adj* Digno de galardón.

beneplácito *m* Aprobación, permiso.

benevolencia *f* Simpatía y buena voluntad hacia las personas.

benevolente o **benévolo, la** *adj* Que tiene buena voluntad o afecto.

bengala *f* Fuego artificial que arde con luz de color.

bengalí *adj y s* Natural de Bengala. • *m* Lengua que se habla en Bangla Desh y en el estado indio de Bengala Occidental.

benigno, na *adj* Afable, benévolo. || (fig) Templado, apacible. ▢ BENIGNIDAD.

benjamín *m* (fig) Hijo menor.

benjuí *m* Resina balsámica que se obtiene de algunos árboles tropicales del gén. *Styrax.*

benzoico, ca *adj* Perteneciente o relativo al benjuí.

benzol *m* Benceno crudo.

beodez *f* Embriaguez o borrachera.

beodo, da *adj y s* Embriagado o borracho.

beorí *m* Tapir americano.

berbén *m Méx.* Loanda, escorbuto.

berberecho *m* Molusco bivalvo comestible.

berbiquí *m* Herramienta para hacer agujeros consistente en un manubrio provisto de una barrena en uno de sus extremos.

berengo, ga *adj Méx.* Bobo, cándido, tonto.

berenjena *f* Planta hortense de grandes frutos ovoidales o alargados, de piel purpúrea brillante, amarilla o roja. || Fruto de esta planta; comestible.

berenjenal *m* Sitio plantado de berenjenas. || (fig) Asunto enredado y de difícil salida.

bergamota *f* Variedad de pera muy jugosa y aromática. || Variedad de lima muy aromática.

bergamote o **bergamoto** *m* Limero que produce la bergamota. || Peral que produce la bergamota.

bergante *m* Pícaro, sinvergüenza, tunante.

bergantín *m* Velero de dos palos, trinquete y mayor, con velas cuadradas.

beriberi *m* Enfermedad debida a carencia de vitamina B_1, que se manifiesta por síntomas nerviosos, alteraciones cardiovasculares e hipoproteinemia.

berlina *f* Coche cerrado, de dos asientos comúnmente. || Automóvil de cuatro ruedas.

berlinga *f* Pértiga de madera verde para remover la masa fundida de un horno metalúrgico.

bermejo, ja *adj* Rubio, rojizo. ▢ BERMEJIZO, ZA, BERMEJÓN.

bermellón *m* Pigmento de color rojo.

bermudas *adj y m pl* Díc. de los pantalones que llegan hasta la rodilla.

bernardina *f* (fam) Mentira, fanfarronada.

bernardo, da *adj y s* Díc. del monje o monja de la orden del Cister.

berraza *f* Berrera. || Berro crecido y talludo.

berrea *f* Acción y efecto de berrear. || Brama del ciervo y otros animales en su disputa por las hembras.

berrear *intr* Dar berridos los becerros u otros animales. || Gritar, cantar o llorar desaforada o desentonadamente. ▢ BERREO.

berrendo, da *adj* Manchado de dos colores.

berrido *m* Voz del becerro y otros animales que berrean. || (fig) Grito desaforado de personas, o nota alta y desafinada al cantar.

berrín *m* Persona enojadiza.

berrinche *m* (fam) Coraje, enojo grande, y más comúnmente el de los niños.

berrinchudo, da *adj Amér.* Que se encorajina o enoja con frecuencia o por leve motivo.

berro *m* Planta crucífera que crece en lugares aguanosos. Sus hojas se comen en ensalada.

berrocal *m* Sitio lleno de berruecos graníticos.

berroqueño, ña *adj* Duro como el granito. • *f* Piedra compacta y dura, parecida al granito.

bertolecia *f* Árbol oriundo de América conocido como nuez del Brasil.

berza *f* Col, planta.

berzas *m* (fam) Persona ignorante o necia.

besamanos *m* Ceremonia durante la cual se saluda a los reyes o personas reales besándoles las manos. ‖ Modo de saludar a algunas personas.

besamel o **besamela** *f* Salsa blanca que se hace con harina, leche y manteca.

besana *f* Labor de surcos paralelos que se hacen con el arado. ‖ Primer surco que se abre en la tierra cuando se empieza a arar.

besar *tr* Tocar suavemente o acariciar una persona o cosa con los labios. ☐ BESO.

bestia *f* Animal cuadrúpedo y en especial el de carga, como la mula, etc. • *adj y s* (fig) Persona ruda e ignorante.

bestial *adj* Brutal o irracional. ‖ (fig, fam) De grandeza desmesurada, extraordinario.

bestialidad *f* Brutalidad o irracionalidad. ‖ Relación sexual que se tiene con animales.

bestializarse *prnl* Vivir u obrar como las bestias.

bestiario *m* Iconografía animalística medieval. ‖ Colección de fábulas referentes a animales.

bestséller *m* Libro que obtiene un excepcional y rápido éxito de venta.

besuquear o **besucar** *tr* (fam) Besar repetidamente. ☐ BESUCÓN, NA.

beta *f* Nombre de la segunda letra del alfabeto griego (ß).

betónica *f* Planta labiada, de hojas y raíces medicinales.

betún *m* Producto sólido, negro, que se presenta en la naturaleza o se obtiene como residuo de la destilación del alquitrán de hulla. ‖ Mezcla que se usa para poner lustroso el calzado. ☐ BETUNERO.

bey *m* Gobernador de una ciudad o región del antiguo imperio turco.

bezo *m* Labio grueso. ☐ BEZUDO, DA.

bezote *m* Adorno o arracada que usaban los indios de América en el labio inferior.

biarticulado, da *adj* Díc. del mecanismo o aparato que presenta dos articulaciones.

biauricular *adj* Perteneciente o relativo a ambos oídos.

biaxial *adj* Que tiene dos ejes.

bibelot *m* Pequeño objeto artístico o decorativo.

biberón *m* Utensilio para la lactancia artificial.

bibicho *m* Hond. Gato, mamífero.

bibijagua *f* Hormiga de la isla de Cuba, muy perjudicial para los árboles y plantas. ‖ (fig) Cuba. Persona muy laboriosa. ☐ BIBIJAGÜERO.

biblia *f* Conjunto de libros judíos y cristianos que se cree revelado por Dios. ☐ BÍBLICO, CA.

bibliobús *m* Biblioteca pública móvil instalada en un autobús.

bibliofilia *f* Pasión por los libros, y especialmente por los raros y curiosos. ☐ BIBLIÓFILO, LA.

bibliografía *f* Descripción de libros con datos acerca de sus ediciones, fechas de impresión, etc. ‖ Catálogo de libros o escritos referentes a una determinada materia. ☐ BIBLIOGRÁFICO, CA; BIBLIÓGRAFO, FA.

bibliología *f* Estudio general del libro en su aspecto histórico y técnico.

biblomanía *f* Pasión de tener muchos libros raros o pertenecientes a una especialidad, más por manía que para instruirse. ☐ BIBLIÓMANO, NA.

biblioteca *f* Local donde se tiene considerable número de libros ordenados para la lectura. ‖ Colección de libros o tratados análogos o semejantes entre sí. ☐ BIBLIOTECARIO, RIA.

biblioteconomía *f* Ciencia de la conservación, ordenación, etc., de las bibliotecas.

bicameral *adj* Díc. del sistema parlamentario de dos cámaras. ☐ BICAMERALISMO.

bicéfalo, la *adj* Que tiene dos cabezas.

bicentenario *m* Segundo centenario.

bíceps *m* Músculo que tiene por arriba dos porciones o cabezas.

bicha *f* Col. Bicho. ‖ (fam) Culebra.

biche *adj* Col. Díc. de la fruta verde, y de las personas canijas y entecas. ‖ Méx. Vacío, fofo.

bicho *m* Sabandija o animal pequeño. ‖ Bestia.

bichoco, ca *adj* y *s Amér.* Viejo y que no puede moverse con rapidez.

bici *f* Apócope fam de bicicleta.

bicicleta *f* Vehículo de dos ruedas en que el movimiento de los pies se transmite a la rueda trasera mediante una cadena.

bicoca *f* (fam) Cosa muy ventajosa y barata.

bicolor *adj* De dos colores.

bicóncavo, va *adj* Dícese del cuerpo que tiene dos superficies cóncavas opuestas.

biconvexo, xa *adj* Díc. del cuerpo que tiene dos superficies convexas opuestas.

bicoque *m Bol.* Golpe dado en la cabeza con los nudillos de los dedos.

bicorne *adj* De dos cuernos o dos puntas.

bicornio *m* Sombrero de dos picos.

bicromía *f* Impresión en dos colores.

bidé o **bidet** *m* Especie de lavabo para el aseo de las partes íntimas del cuerpo.

bidón *m* Recipiente metálico que se utiliza para envasar y transportar líquidos.

biela *f* Pieza que en las máquinas sirve para transformar el movimiento rectilíneo en rotatorio, o viceversa.

bieldo *m* Instrumento para aventar, compuesto de un mango largo y un travesaño con púas en su extremo. ◻ BIELDAR.

bien *m* Valor supremo de la moral. ‖ Utilidad, beneficio. ‖ Cualquiera de las cosas susceptibles de satisfacer necesidades humanas. • *m pl* Hacienda, riqueza. • *adv modo* Según es debido, acertadamente. ‖ Con gusto, de buena gana. ‖ Mucho, muy.

bienal *adj* Que sucede cada dos años. ‖ Que dura dos años. • *f* Exposición o concurso organizado cada dos años. ◻ BIENIO.

bienaventurado, da *adj* y *s* Que goza de Dios en el cielo. • *adj* Afortunado, feliz.

bienaventuranza *f* Vista y posesión de Dios en el cielo. ‖ Prosperidad o felicidad humana.

bienestar *m* Comodidad, vida holgada.

bienhablado, da *adj* Que habla cortésmente.

bienhechor, ra *adj* y *s* Que hace bien a otro.

bienintencionado, da *adj* Que tiene buena intención.

bienmandado, da *adj* Obediente a sus superiores.

bienoliente *adj* Fragante.

bienquerencia *f* Buena voluntad, cariño.

bienquistar *tr* y *prnl* Poner bien a una o varias personas entre sí o unas u otras.

bienteveo *m* Candelecho, choza. ‖ *Amér.* Ave insectívora, activa, vivaz y agresiva.

bienvenida *f* Llegada feliz. ‖ Parabién que se da a uno por haber llegado con felicidad.

bienvivir *intr* Vivir con holgura.

bies *m* Oblicuidad. ‖ Trozo de tela cortado, que se aplica a los bordes de prendas de vestir.

bifásico, ca *adj* Díc. del dispositivo de corriente eléctrica alterna que posee dos fases.

bife *m Amér. Merid.* Bistec. ‖ Bofetada.

bífido, da *adj* Hendido en dos partes.

bifocal *adj* Que tiene dos focos. Díc. pralm. de las lentes graduadas para corta y larga distancia.

bifronte *adj* De dos frentes o dos caras.

bifurcación *f* Punto donde se separan dos o más vías o caminos.

bifurcarse *prnl* Dividirse en dos ramales, brazos o puntas una cosa.

bigamia *f* Estado de un hombre casado con dos mujeres a un mismo tiempo, o de la mujer casada con dos hombres.

bigardía *f* Burla, fingimiento.

bigardo, da *adj* y *s* (fig) Vago, vicioso.

bigote *m* Pelo que nace sobre el labio superior. ‖ *Méx.* Croqueta.

bigotera *f* Compás pequeño.

bigotudo, da *adj* Que tiene mucho bigote.

biguá *f* Ave palmípeda de Argentina.

bigudí *m* Pinza o aguja sobre la que se arrolla el pelo para que se rice.

bija *f* Árbol de las regiones cálidas de América; de su fruto se obtiene una sustancia de color rojo que se usa en pintura y en tintorería.

bikini *m* Biquini.

bilabial *adj* Díc. del sonido en cuya pronunciación intervienen los dos labios, como los representados por las letras *b* y *p*.

bilateral *adj* Que afecta a dos aspectos de una misma cosa.

ilingüe *adj* Que habla dos lenguas. ‖ Escrito en dos idiomas.

ilingüismo *m* Uso de dos lenguas en un mismo país.

ilioso, sa *adj* Abundante en bilis. ‖ De mal genio.

ilis *f* Humor amargo segregado por el hígado.

illar *m* Juego que se ejecuta impulsando con un taco tres bolas en una mesa rectangular cubierta de un paño verde. ◻ BILLARISTA.

illetaje *m* Conjunto de billetes de teatro, tranvía, etcétera.

illete *m* Carta breve. ‖ Pequeño impreso que da derecho para entrar u ocupar asiento en alguna parte. ‖ Pequeño impreso que acredita participación en una rifa o lotería.

illetero, ra *amb* Pequeña cartera para guardar billetes de banco.

illón *m* Un millón de millones.

illonésimo, ma *adj* Ordinal y partitivo de un billón.

ilma *f Amér.* Bizma, emplasto.

ilocarse *prnl* Hallarse a un tiempo en dos lugares distintos. ‖ *Arg.* Chiflarse. ◻ BILOCACIÓN.

imano, na o **bímano, na** *adj* y *m* De dos manos. Díc. sólo del hombre.

imba *f* (fam) Chistera, sombrero de copa.

imbalete *m Méx.* Columpio. ‖ *Méx.* Palo redondo y largo que se utiliza para sujetar tejados.

imembre *adj* De dos miembros o partes.

imestral *adj* Que se repite cada dos meses. ‖ Que dura un bimestre.

imestre *adj* Bimestral. • *m* Período de dos meses.

imotor *adj* y *m* De dos motores.

inadera *f* Instrumento que sirve para binar o cavar.

inar *tr* Dar segunda reja a las tierras de labor. ‖ Hacer la segunda cava en las viñas. ◻ BINA.

inario, ria *adj* Compuesto de dos elementos.

incha *f Amér. Merid.* Huincha, cinta.

ingarrote *m Méx.* Aguardiente del binguí.

bingo *m* Cierto juego de azar parecido a la lotería.

binguí *m Méx.* Bebida que se extrae del tronco del maguey.

binocular *adj* Relativo a los dos ojos.

binóculo *m* Anteojo para ambos ojos.

binomio *m* Expresión algebraica formada por la suma o la diferencia de dos términos, llamados monomios.

binza *f* Fárfara del huevo. ‖ Película de la cebolla.

biodegradable *adj* Díc. de las sustancias que pueden ser transformadas en otras químicamente más sencillas.

biodinámica *f* Rama de la fisiología que estudia los fenómenos vitales de los organismos.

bioelectricidad *f* Conjunto de fenómenos eléctricos que se producen en los procesos biológicos. ◻ BIOELÉCTRICO, CA.

bioelemento *m* Elemento químico que entra en la composición de la materia viva.

biofísica *f* Ciencia que estudia los seres vivos mediante el uso de los métodos de la física. ◻ BIOFÍSICO, CA.

biogénesis *f* Teoría biológica que sostiene que todo ser vivo procede de otro también vivo.

biogeografía *f* Ciencia que estudia todo lo relacionado con la distribución geográfica de los seres vivos.

biografía *f* Historia de la vida de una persona. ◻ BIOGRÁFICO, CA; BIOGRAFIADO, DA; BIOGRAFIAR; BIÓGRAFO, FA.

biología *f* Ciencia que estudia los seres vivos. ◻ BIOLÓGICO, CA; BIÓLOGO, GA.

bioma *m* Conjunto de asociaciones biológicas que presentan entre sí relaciones ecológicas de nivel superior.

biomasa *f* Masa total de los componentes biológicos de un determinado ecosistema.

biombo *m* Mampara compuesta de varios bastidores unidos por medio de goznes.

biomecánica *f* Ciencia que explica la acción de los agentes físicos y mecánicos sobre los órganos de los seres vivos.

biomedicina *f* Medicina clínica basada en los principios de las ciencias naturales.

biometría f Ciencia que estudia la variabilidad de los caracteres de herencia continua de los seres vivos.

biónica f Disciplina que aplica los principios de la estructura de los sistemas biológicos a la solución de problemas técnicos.

biopsia f Examen diagnóstico, de una porción de tejido extraída de un ser vivo.

bioquímica f Ciencia que estudia la constitución y las reacciones químicas que tienen lugar en los seres vivos. ☐ BIOQUÍMICO, CA.

biorritmo m Ciclo periódico de fenómenos fisiológicos que en las personas puede traducirse en sentimientos, actitudes o estados de ánimo repetidos cada cierto tiempo.

biosfera f Conjunto de las zonas habitadas de la litosfera, atmósfera e hidrosfera y de los organismos que las ocupan.

biota f Conjunto de la fauna y la flora de una región. ☐ BIÓTICO, CA.

biotipo m Conjunto de características hereditarias de un organismo en relación con su información genética almacenada en el ADN de sus cromosomas (genotipo).

biotopo m Parte de la biosfera que posee unas características ecológicas diferenciadas que permiten la formación de una comunidad natural de especies animales y vegetales.

bipartición f División de una cosa en dos partes.

bipartido, da adj Partido en dos.

bipartito, ta adj Que consta de dos partes.

bípedo, da adj y m De dos pies.

biplano m Aeroplano cuyas cuatro alas forman dos planos de sustentación paralelos.

biplaza adj y m Díc. del vehículo de dos plazas.

biquini m Traje de baño de dos piezas.

birlar tr (fig, fam) Hurtar, quitar con malas artes. ☐ BIRLADOR, RA.

birlibirloque m Encantamiento; utilizado en la exp. por arte de b.

birlocha f Cometa, juguete de niños.

birreactor m Avión dotado de dos reactores.

birreta f Bonete cuadrangular que usan los clérigos.

birrete m Birreta. ‖ Gorro de forma prismática, coronado por una borla, distintivo de los profesores de las facultades universitarias. ‖ Gorro, bonete.

birria amb (fig) Persona o cosa de poco valor o importancia. ‖ Col. Capricho, obstinación.

bis adv cant Se emplea para dar a entender que una cosa debe repetirse o está repetida.

bisabuelo, la m y f Respecto de una persona, el padre o la madre de su abuelo o de su abuela.

bisagra f Conjunto de dos planchitas de metal articuladas entre sí, que sirve para facilitar el movimiento giratorio de las puertas y otras cosas que se abren y cierran.

bisbisar tr (fam) Musitar. ☐ BISBISEO.

biscote m Rebanada de pan tostado que se puede conservar largo tiempo.

biscuit m Bizcocho.

bisector, triz adj y s Que divide en dos partes iguales.

bisecular adj De dos siglos de duración.

bisel m Corte oblicuo en el borde de una lámina o plancha.

biselar tr Cortar en bisel.

bisemanal adj Que se hace u ocurre dos veces por semana. ☐ BISEMANARIO.

bisexual adj y s Díc. de los individuos que mantienen relaciones sexuales con individuos de sexo masculino o femenino.

bisexualidad f Condición de la persona que se siente atraída de manera semejante, por personas de uno y otro sexo.

bisiesto adj y m Díc. del año de 366 días.

bisilábico, ca o **bisílabo, ba** adj De dos sílabas.

bisnieto, ta m y f Biznieto.

bisojo, ja adj y s Díc. de la persona que tuerce la vista.

bisonte m Mamífero de gran tamaño y con una giba en la cruz. Vive en EE UU, Canadá y Polonia.

bisoñé m Peluca que cubre sólo la parte anterior de la cabeza.

bisoño, ña adj y s (fig, fam) Nuevo e inexperto en cualquier arte u oficio.

bistec o **bisté** m Lonja de carne de vaca asada en parrilla o frita.

bisturí m Instrumento quirúrgico usado para hacer incisiones.

bisutería f Industria que produce objetos de adorno, hechos de materiales no preciosos.

bit m Unidad de medida de información equivalente a la elección entre dos posibilidades igualmente probables.

bitácora f Aparato fijo en la cubierta de un buque, en el que se suspende la brújula.

bitangente adj y f En general, se dice que dos curvas son b. cuando tienen una tangente común en dos de sus puntos de intersección.

bitar tr Amarrar y asegurar la cadena del ancla a las bitas. ☐ BITA; BITADURA.

bíter m Licor alcohólico amargo, que se toma como aperitivo.

bítono m Doble impresión, en un mismo color, de un grabado o texto, acentuando más la intensidad de dicho color en una de las dos tiradas.

bitoque m Tarugo de madera con que se cierra la piquera de los toneles. ‖ (fig) *Amér.* Cánula de la jeringa. ‖ *Méx.* Grifo, llave.

bivalvo, va adj Que tiene dos valvas.

bizantino, na adj y s Natural de Bizancio. • adj (fig) Díc. de las discusiones demasiado inútiles.

bizarrear intr Ostentar bizarría u obrar con ella.

bizarría f Gallardía, valor. ‖ Generosidad, esplendor. ‖ Colorido o adorno exagerados. ☐ BIZARRO, RRA.

bizaza f Alforja de cuero.

bizbirindo, da adj *Méx.* Vivaracho, alegre.

bizco, ca adj y s Bisojo. • adj Díc. de la mirada torcida o del ojo que tiene esta mirada.

bizcochería f *Col.* y *Méx.* Tienda donde se venden bizcochos, chocolate, etc.

bizcochero, ra • m y f Persona que hace o vende bizcochos.

bizcocho m Masa compuesta de harina, huevos y azúcar, que se cuece al horno. ‖ *Col.* Pastel de crema o dulce.

bizcornear intr *Cuba* y *P. Rico.* Bizcar.

bizcorneto, ta adj *Col., Méx.* y *Ven.* Bizco.

bizna f Película que separa los cuatro gajitos de la nuez.

biznieto, ta m y f Respecto de una persona, hijo o hija de su nieto o de su nieta.

bizquear intr (fam) Torcer la vista el bizco.

blanca f Figura musical que vale la mitad de una redonda o dos negras.

blanco, ca adj De color de nieve o leche. Es el color de la luz solar, no descompuesta en los del espectro. ‖ Tratándose de la especie humana, díc. del color y de la raza europea o caucásica. • m Objeto situado lejos para ejercitar en el tiro y puntería. ‖ (fig) Fin a que se dirigen nuestros deseos o acciones. ☐ BLANCOR; BLANCURA; BLANCUZCO, CA.

blandear¹ intr y prnl Aflojar, ceder. • tr Hacer que uno cambie de parecer o propósito.

blandear² tr, intr y prnl Blandir.

blandengue adj Blando, suave. Díc. de personas.

blandir tr Mover un arma u otra cosa con movimiento vibratorio.

blando, da adj Tierno, que cede fácilmente al tacto. ‖ (fig) Suave, dulce, benigno. ☐ BLANDUCHO, CHA.

blandura f Calidad de blando. ‖ Emplasto que se aplica a los tumores para que maduren.

blanduzco, ca adj Algo blando o tierno.

blanquear tr Poner blanca una cosa. ‖ Dar una o varias manos de cal o de yeso blanco, diluidos en agua, a las paredes o techos. ‖ Ajustar a la legalidad fiscal el dinero procedente de negocios delictivos o injustificados. ☐ BLANQUEO.

blanquecer tr Bruñir el oro, la plata y otros metales.

blanquecino, na adj Que tira a blanco.

blanquillo, lla adj y s Candeal. • m *Chile* y *Perú.* Durazno de cáscara blanca. ‖ *Méx.* Huevo de gallina.

blasfemar intr Decir blasfemias. ‖ (fig) Maldecir.

blasfemia f Palabra injuriosa contra Dios o sus santos. ‖ (fig) Palabra gravemente injuriosa contra una persona. □ BLASFE-MATORIO, RIA.

blasfemo, ma adj Que contiene blasfemia. • adj y s Que dice blasfemia.

blasón m Heráldica. ‖ Escudo de armas. ‖ Honor o gloria.

blasonar tr Disponer el escudo de armas según las normas heráldicas. • intr (fig) Hacer ostentación de alguna cosa.

blasonería f Baladronada.

blasonista m o f Persona versada en heráldica.

blastoma m Tumor.

blenda m Sulfuro de cinc, que se halla en la naturaleza en cristales muy brillantes y que consitituye una de las prals. menas de este metal.

blenorragia f Inflamación infecciosa de la mucosa uretral.

blinda f Viga gruesa que constituye un cobertizo defensivo.

blindado, da pp de blindar. • adj Revestido con blindaje. • m Vehículo blindado para el transporte de personal en la zona de combate.

blindaje m Revestimiento, gralte. de acero, con que se protegen vehículos militares u otras cosas.

blindar tr Proteger exteriormente las cosas contra los efectos de las balas, el fuego, etc.

blister m Envase para manufacturados pequeños que consiste en un soporte de cartón o cartulina sobre el que va pegada una lámina de plástico transparente con cavidades en las que se alojan los distintos artículos.

bloc m Taco de hojas de papel.

blocao m Pequeña fortificación, gralte. de hormigón.

blocar tr En ciertos deportes, detener el balón el portero y sujetarlo contra el cuerpo para impedir que lo atrape un jugador del equipo contrario.

blonda f Encaje de seda.

blondo, da adj Rubio.

bloque m Trozo grande de piedra sin labrar. ‖ Edificio que comprende varias casas de la misma altura y de características semejantes. ‖ Alianza entre diversos partidos políticos.

bloquear tr Asediar. ‖ Cortar todo géne ro de comunicaciones a uno o más pue tos del país enemigo. □ BLOCAJE.

bloqueo m Acción y efecto de bloquea ‖ Asedio de una plaza, puerto, etc., me diante el corte de sus comunicacione con el exterior.

blues m Canto popular de los negros est doun., fruto del contacto cultural africar con el colonial occidental.

blusa f Prenda exterior de vestir, especia mente femenina, que cubre la parte sup rior del cuerpo.

blusón m Blusa larga y suelta.

boa f Ofidio de gran tamaño y fuerza, n es venenoso.

boardilla f Buhardilla.

boato m Ostentación en el porte exterior

bobada f Bobería.

bobear intr Hacer o decir boberías.

bobería f Dicho o hecho necio.

bobeta adj y s Arg. y Ur. Bobo.

bobina f Carrete para devanar o arroll en él hilos, alambres, etc. ‖ Cilindro c hilo conductor devanado, con diversa aplicaciones en electricidad.

bobinador, ra adj y s Que bobina. • Máquina textil para hacer bobinas.

bobinar tr Arrollar algo que tiene form de hilo alrededor de una bobina.

bobo, ba adj y s De muy corto entend miento. ‖ Excesivamente candoroso.

bobsleigh m Trineo para deslizarse ráp damente sobre pistas de hielo o nieve.

boca f Cavidad con abertura, en la par anterior de la cabeza del hombre y c muchos animales, por la cual se toma alimento. ‖ (fig) Entrada o salida. ‖ (fig Abertura, agujero.

bocacalle f Calle secundaria que afluye otra.

bocacho, cha m y f Pan. Persona que h perdido uno o varios dientes delanteros.

bocadillo m Panecillo relleno con jamó queso, tortilla, etc. ‖ Amér. Dulce de coc o de boniato. ‖ Globo en que se encierra las frases que pronuncian los personaje de las viñetas.

bocado m Porción de comida que cabe c una vez en la boca. ‖ Mordedura que s hace con los dientes.

b

bocal *m* Jarro de boca ancha.

bocamanga *f* Parte de la manga que está más cerca de la muñeca.

bocana *f* Paso estrecho de mar que sirve de entrada a una bahía o fondeadero.

bocanada *f* Cantidad de líquido que de una vez se toma en la boca o se arroja de ella. ‖ Porción de humo que se echa cuando se fuma.

bocata *m* (fam) Bocadillo, panecillo.

bocatería *f Ven.* Baladronada, fanfarria.

bocatero, ra *adj* y *s Cuba, Hond.* y *Ven.* Hablador, fanfarrón.

bocaza o bocazas *m* (fig, fam) Persona que habla lo que debería callar.

bocazo *m* Explosión que sale por la boca del barreno sin producir efecto.

bocear *intr* Bocezar.

bocel *m* Moldura lisa de sección semicircular y a veces elíptica. ‖ Cepillo utilizado por los tallistas para hacer esas molduras.

bocera *f* Lo que queda pegado a la parte exterior de los labios después de comer o beber.

bocetar *tr* Esbozar, bosquejar.

boceto *m* Borrón colorido que hacen los pintores antes de la ejecución del cuadro.

bocezar *intr* Mover los labios las bestias hacia uno y otro lado.

bocha *f* Bola de madera que sirve para tirar en el juego de bochas.

bochar *tr* En el juego de bochas, dar con una bola tirada por el aire un golpe a otra para apartarla del sitio en que está. ◻ BOCHISTA.

bochazo *m* Golpe dado con una bocha a otra.

boche *m Ven.* Bochazo. ‖ (fig, fam) *Ven.* Repulsa, desaire.

bochinche *m* Tumulto, jaleo. ◻ BOCHINCHERO, RA.

bochorno *m* Calor sofocante. ‖ Sonrojo, rubor.

bocina *f* Instrumento de forma cónica con que se amplifica el sonido. ‖ Instrumento semejante al anterior que se hace sonar en los automóviles; claxon. ‖ *Col.* y *Chile.* Trompetilla para los sordos.

bocinar *intr* Tocar la bocina, o usarla para hablar.

bocinazo *m* Ruido fuerte producido con una bocina.

bock *m* Vaso para beber cerveza.

bocón, na *adj* y *s* (fig) Bocudo. • *adj* (fig) Maldiciente, murmurador.

bocoy *m* Barril grande para envase.

boda *f* Casamiento, y fiesta con que se solemniza.

bodega *f* Lugar donde se guarda y cría el vino.

bodegón *m* Taberna. ‖ Representación de naturalezas inanimadas o cosas comestibles.

bodeguero, ra *m* y *f* Persona que tiene a su cargo la bodega. ‖ Dueño de una bodega.

bodijo *m* (fam) Boda desigual. ‖ (fam) Boda sin pompa ni ostentación.

bodoque *m* Relieve de forma redonda que sirve de adorno en algunos bordados. • *adj* y *m* (fig, fam) Persona torpe, falta de inteligencia. • *m* (fig) *Méx.* Chichón o hinchazón en cualquier parte del cuerpo.

bodorrio *m* (fam) Bodijo.

bodrio *m* Comida mala o mal guisada. ‖ (fig) Cosa que está mal hecha o de mal gusto.

bóer *adj* y *s* Díc. de los sudafricanos de origen holandés.

bofe *m* Pulmón. Se usa más en plural.

bofetada *f* Golpe que se da en el rostro con la mano abierta. ‖ *Chile.* Puñetazo.

bofetón *m* Bofetada fuerte.

boga *f* Acción de bogar o remar. ‖ (fig) Buena aceptación.

bogar *intr* Remar. • *tr Chile.* Desnatar, quitar la escoria al metal. ◻ BOGADOR, RA.

bohemio, mia *adj* y *s* Natural de Bohemia. ‖ Gitano. • *adj* Díc. de la persona de costumbres libres y vida irregular y desordenada.

bohío *m Amér.* Cabaña de ramas o cañas.

boicot *m* Interrupción voluntaria e intencionada de toda relación comercial y social con un individuo, entidad, estado, etc., para perjudicarle y obligarlo a ceder ciertas exigencias.

boicotear *tr* Realizar un boicot. ◻ BOICOTEO.

boina *f* Gorra redonda y sin visera, gralte. de una sola pieza.

boj o **boje** *m* Arbusto de madera amarilla, sumamente dura y compacta, muy apreciada para el grabado, obras de tornería y otros usos.

bojar *tr* Medir el perímetro de una isla, cabo o porción saliente de la costa. • *intr* Tener una isla, cabo, etc., un determinado perímetro.

bojeo *m* Perímetro de una isla o cabo.

bojote *m Amér.* Lío, bulto, envoltorio o paquete.

bol *m* Taza grande y sin asa.

bola *f* Cuerpo esférico de cualquier materia. ‖ (fig, fam) Embuste, mentira. ‖ *Chile.* Cometa grande y de forma redonda. ‖ *Méx.* Tumulto, riña. ‖ Rumor falso. • *pl* Canicas. ‖ *Cuba* y *Chile.* Argolla, juego.

bolada *f* Tiro de bola. ‖ *Amér.* Ganga, suerte. ‖ *Col.* Jugarreta. ‖ *Chile.* Golosina. ‖ *Perú.* Bola, rumor.

bolazo *m* Golpe de bola.

boldo *m* Arbusto originario de Chile cuyas hojas se emplean en medicina.

boleada *f Arg.* Partida de caza cuyo objeto es bolear gamos u otros animales.

boleadoras *f pl* Instrumento que se usa en América del Sur para cazar animales, compuesto de dos o tres bolas de piedra sujetas fuertemente a sendas guascas.

bolear[1] *tr Arg.* Cazar con boleadoras. • *tr* y *prnl* (fig) *Arg.* y *Ur.* Confundir, aturullar.

bolear[2] *intr* (fam) Arrojar, impeler.

bolera *f* Boliche para jugar a los bolos.

bolero[1], **ra** *adj* y *s* (fig, fam) Que dice muchas mentiras. • *m Méx.* Limpiabotas.

bolero[2], **ra** *m* Aire musical popular español. ‖ *Guat.* y *Hond.* Chistera, sombrero de copa alta.

boleta *f* Cédula de entrada. ‖ *Amér.* Papeleta para votar.

boletería *f Amér. Merid.* Despacho de billetes. ☐ BOLETERO.

boletín *m* Periódico que trata de asuntos especiales. ‖ Periódico oficial del estado, ministerio, prov., mun. o entidad autorizada, donde se insertan las disposiciones legales.

boleto *m Amér.* Billete de teatro, tren, etc. ‖ Papeleta de sorteo, quiniela, etc.

boliche *m* Bola pequeña que se usa en el juego de las bochas. ‖ *Amér.* Tienda, especialmente la dedicada al despacho y consumo de bebidas y comestibles.

bolichear *intr* En algunas partes, ocuparse en negocios de poca importancia. ‖ *Arg.* Frecuentar los bares o boliches. ☐ BOLICHEO.

bolichero, ra *m* y *f* Persona que tiene un boliche o bolera. ‖ Persona que bolichea.

bólido *m* (fig) Persona o cosa muy rápida. ‖ (fig) Vehículo muy rápido para participar en carreras.

bolígrafo *m* Instrumento para escribir con un tubo de tinta en su interior y una bolita metálica en la punta.

bolilla *f Amér. Merid.* Bola numerada usada en sorteos. ‖ *Amér. Merid.* Cada tema numerado de un programa de enseñanza.

bolillero *m Amér. Merid.* Bombo de un sorteo.

bolillo *m* Palito torneado que sirve para hacer encajes y pasamanería.

bolívar *m* Unidad monetaria de Venezuela.

bolladura *f* Abolladura.

bollar[1] *tr* Poner un sello de plomo en los tejidos para que se conozca la fábrica de donde salen.

bollar[2] *tr* Abollonar, repujar. ‖ Abollar.

bollo[1] *m* Panecillo de harina amasada con huevos, leche, etc. ‖ (fig, fam) Lío, embrollo. ☐ BOLLERÍA; BOLLERO, RA.

bollo[2] *m* (fam) Abolladura. ‖ (fig) Chichón.

bolo[1], **la** *adj Cuba.* Díc. de las aves que no tienen cola. • *m* Trozo de palo labrado en forma cónica o en otra de base plana. • *pl* Juego que consiste en derribar con una bola nueve bolos derechos.

bolo[2], **la** *adj Guat., Hond.* y *Méx.* Ebrio, borracho.

bolón *m Chile.* Piedra de tamaño mediano que se emplea en las construcciones.

bolsa[1] *f* Especie de saco que sirve para llevar o guardar alguna cosa. ‖ Arruga o pliegue. ‖ (fig) Caudal o dinero de una persona.

bolsa[2] *f* Establecimiento público en el que se reúnen los comerciantes, colegiados, banqueros, especuladores, etc., a fin de concertar o cumplir diversas operaciones mercantiles. ☐ BOLSISTA.

bolsear *tr Amér.* Robar a uno del bolsillo. || *Arg., Bol.* y *Perú.* Dar calabazas.

bolsero, ra *m* y *f* El que hace o vende bolsas. || *Chile.* Gorrón, pedigüeño.

bolsillo *m* Pequeña bolsa cosida en algunos vestidos, y que sirve para meter en ella cosas usuales. || (fig) Bolsa, dinero.

bolsiquear *tr Chile.* Registrarle a uno los bolsillos para sacarle lo que lleva en ellos.

bolso *m* Bolsillo, del dinero y de la ropa. || Bolsa de mano gralte. pequeña provista de cierre y frecuentemente de asa, usada para llevar dinero, documentos, objetos de uso personal, etc.

bomba *f* Máquina para elevar el agua u otro líquido y darle impulso en dirección determinada. || Cualquier proyectil hueco lleno de materia explosiva. || (fig) *Col.* Pompa, burbuja. || (fig, fam) *Amér.* Borrachera. || (fig) *Cuba* y *Méx.* Chistera, sombrero.

bombacha *f Arg.* Calzón o pantalón bombacho.

bombacho *adj* y *m pl* Díc. del pantalón, ancho, cuyos perniles terminan en forma de campana abierta por el costado y con botones para cerrarla.

bombardear *tr* Bombear, arrojar bombas. || Arrojar bombas desde una aeronave. ▢ BOMBARDEO.

bombardero, ra *adj* Preparado para bombardear. • *m* Avión con estas características.

bombardino *m* Instrumento musical de viento.

bombástico, ca *adj Amér.* Díc. del lenguaje ampuloso, redundante.

bombazo *m* Impacto o explosión de la bomba.

bombeador *m Arg.* Explorador.

bombear *tr* Lanzar por alto una pelota o balón haciendo que siga una trayectoria parabólica. || Sacar agua u otro líquido por medio de una bomba.

bombera *f Cuba.* Sosería.

bombero *m* El que trabaja con la bomba hidráulica. || Individuo que se encarga de apagar incendios.

bombilla *f* Recipiente de vidrio con un filamento que se pone incandescente al pa-

so de la corriente eléctrica, produciendo luz. || *Amér.* Caña o tubo delgado que termina en un ensanchamiento lleno de agujeros, para sorber el mate.

bombillo *m Amér.* Bombilla eléctrica.

bombín *m* (fam) Sombrero hongo.

bombo *m* Tambor muy grande que se toca con una maza y se emplea en las orquestas y en las bandas militares. || Caja esférica que sirve para contener números de lotería, papeletas, etc. y que se hace girar antes de sacar uno en suerte.

bombón *m* Golosina pequeña de chocolate.

bombona *f* Vasija metálica fuerte y de cierre hermético que contiene gases o líquidos a presión.

bombonera *f* Cajita para bombones.

bombonería *f* Confitería.

bonachón, na *adj* y *s* (fam) Bondadoso, amable.

bonancible *adj* Tranquilo, sereno, suave.

bonanza *f* Tiempo tranquilo o sereno en el mar, calma. || (fig) Prosperidad.

bondad *f* Calidad de bueno. || Natural inclinación a hacer el bien. || Amabilidad de carácter.

bondadoso, sa *adj* Lleno de bondad, de carácter apacible.

bonete *m* Gorro de cuatro picos, usado por los eclesiásticos y seminaristas.

bonetón *m Chile.* Juego de prendas.

bongo *m Amér. Centr.* Especie de canoa usada por los indios. || Pequeño tambor doble de origen africano; percutido con las manos.

bongó *m* Instrumento musical de percusión que consiste en un tubo de madera cubierto en su extremo superior por un cuero de chivo bien tenso.

boniato *m* Batata.

bonificar *tr* Abonar en una cuenta. || Descontar una cantidad de otra que se ha de pagar. ▢ BONIFICACIÓN.

bonito[1] *m* Pez parecido al atún, pero más pequeño; es comestible y abunda en el Atlántico y el Mediterráneo.

bonito[2]**, ta** *adj* Lindo, de cierta proporción y belleza.

bono *m* Tarjeta o vale canjeable por algún artículo. || Título de deuda pública.

bonsái *m* Planta ornamental sometida a una técnica de cultivo que impide su crecimiento.

bonzo *m* Sacerdote budista y lamaísta.

boñiga o **boñigo** *f* Excremento del ganado vacuno y caballar.

boom *m* Súbita prosperidad económica sin base real que garantice su continuidad.

boomerang *m* Bumerán.

boqueada *f* Acción de abrir la boca. Sólo se dice de los moribundos. Se usa más en plural.

boquear *intr* Abrir la boca. ‖ Estar expirando.

boquera *f* Boca que se hace en un cauce para regar las tierras. ‖ Excoriación que se forma en las comisuras de los labios.

boquerón *m* Pez muy parecido a la sardina, aunque más pequeño, que es comestible.

boquete *m* Entrada estrecha de un lugar o paraje. ‖ Brecha, agujero.

boqui *m Chile.* Enredadera cuyo tallo se emplea en la fabricación de cestos y canastos.

boquiabierto, ta *adj* Que tiene la boca abierta. ‖ (fig) Que está embobado mirando alguna cosa.

boquilla *f* Pieza pequeña y hueca que se adapta al tubo de varios instrumentos de viento y sirve para producir el sonido. ‖ Tubo pequeño, en cuya parte más ancha se pone el cigarro para fumarlo. ‖ Filtro cilíndrico que llevan los cigarrillos.

boratero, ra *adj Chile.* Perteneciente o relativo al borato. • *m Chile.* El que trabaja o comercia en borato. ‖ *f Arg.* y *Chile.* Yacimiento de borato.

borato *m* Sal del ácido bórico.

borbolla *f* Burbuja ‖ Borbollón o borbotón.

borbollar o **borbollear** *intr* Hacer borbollones el agua. ◻ BORBOLLEO.

borbollón *m* Borbotón.

borbollonear *intr* Borbollar.

borbónico, ca *adj* Perteneciente o relativo a los Borbones.

borboritar *intr* Borbotar, borbollar.

borbotar o **borbotear** *intr* Hervir o salir el agua formando borbotones. ◻ BORBOR; BORBOTEO.

borbotón *m* Erupción que hace el agua de abajo para arriba, elevándose sobre l superficie.

borda *f* Vela mayor en las galeras. ‖ Cant superior del costado de un buque.

bordada *f* Camino que hace entre dos vi radas una embarcación cuando navega.

bordado, da *pp* de bordar. • *adj* (fig Perfecto, sin faltar detalle. • *m* Acció de bordar. ‖ Labor de relieve ejecutad en tela o piel con aguja y diversas clase de hilo. ◻ BORDADURA.

bordar *tr* Adornar una tela o piel con bor dados. ‖ (fig) Ejecutar alguna cosa co primor. ◻ BORDADOR, RA.

borde[1] *m* Extremo u orilla de alguna cosa

borde[2] *adj* Aplícase a plantas y árbole silvestres. • *adj* y *s* Bastardo, ilegítimo.

bordear *intr* Andar por la orilla o borde ‖ (fig) Acercarse mucho a algo.

bordillo *m* Borde de las aceras formad por piedras largas y estrechas.

bordo *m* Lado o costado exterior de la na ve. ‖ Bordada. ‖ *Guat.* y *Méx.* Reparo d césped y estacas que forman los labrado res en los campos, con objeto de represa las aguas.

bordón *m* Bastón, con punta de hierro más alto que un hombre, como el que lle van los peregrinos. ‖ Verso quebrado qu se repite al fin de cada copla. ‖ En los ins trumentos musicales de cuerda, cualquie ra de las más gruesas que hacen el bajo.

bordonear *intr* Ir tocando la tierra con e bordón. ‖ Pulsar el bordón de la guitarr ◻ BORDONEO.

bordonero, ra *adj* y *s* Vagabundo.

boreal *adj* Perteneciente o relativo al bó reas. ‖ Septentrional.

borla *f* Conjunto de hilos o cordoncillo sujetos por un extremo y sueltos por e otro, que se emplea como adorno.

borne *m* Terminal metálico para la co nexión eléctrica de un aparato con e exterior.

bornear[1] *tr* Dar vuelta, torcer o ladea ‖ Labrar en contorno las columnas.

bornear[2] *tr* Mirar con un solo ojo par examinar si un cuerpo está en una mism línea con otro u otros, o si una superfici tiene alabeo.

borona f Mijo. ‖ Maíz. ‖ Pan de maíz. ‖ *Amér.* Migaja del pan.

borra f Parte más basta de la lana. ‖ Pelo de cabra para rellenar pelotas, cojines, etc. ‖ Pelusa de polvo que se forma en bolsillos, bajo los muebles, etc.

borrachera f Efecto de emborracharse.

borrachería f (fam) Taberna.

borrachez f Embriaguez. ‖ (fig) Turbación del juicio o de la razón.

borrachín, na adj y s Aficionado a beber.

borracho, cha adj y s Ebrio, embriagado por la bebida. • adj Que se embriaga habitualmente. • adj y m Díc. del bizcocho borracho.

borrador m Escrito sobre el que se hacen enmiendas, adiciones o supresiones, y que sirve para elaborar el definitivo. ‖ Utensilio para borrar la pizarra. ‖ *Amér.* Goma de borrar.

borraja f Planta de tallo cubierto de pelos ásperos y punzantes. Es comestible y su flor se empleaba como sudorífero.

borrajear tr Escribir sin asunto determinado. ‖ Emborronar.

borrar tr Hacer rayas sobre lo escrito, para que no pueda leerse o para dar a entender que no sirve. • tr y prnl (fig) Desvanecer, quitar, hacer que desaparezca una cosa. ☐ BORRADURA.

borrasca f Tempestad, tormenta o temporal fuerte. ‖ (fig) Riesgo, peligro.

borrascoso, sa adj Que causa borrascas.

borrego, ga m y f Cordero o cordera de uno a dos años. • adj y s (fig, fam) Muy dócil o ignorante. • m pl Nubes pequeñas. ☐ BORREGUIL.

borrica f Asna. • adj y f (fig, fam) Persona terca.

borricada f Conjunto o multitud de borricos. ‖ (fig, fam) Necedad, tontería.

borrico m Asno. • adj y s (fig) Persona muy necia, asno. ☐ BORRICAL; BORRIQUEÑO, ÑA.

borriquete m Armazón que sirve a los carpinteros para apoyar en ella la madera que labran.

borrón m Gota de tinta que cae, o mancha de tinta que se hace en el papel. ‖ (fig) Imperfección que desluce o afea. ‖ (fig) Acción indigna.

borronear tr Borrajear.

borroso, sa adj Lleno de borra. ‖ (fig) Que no se distingue con claridad. ☐ BORROSIDAD.

boruga f *Cuba.* Requesón que se bate con azúcar y se toma como refresco.

borujo m Burujo, bulto pequeño. ‖ Masa que resulta del hueso de la aceituna después de molida y exprimida.

boruquiento, ta adj *Méx.* Bullicioso, alegre.

borusca f Seroja, hojarasca.

boscaje m Bosque de corta extensión.

boscoso, sa adj Que tiene bosques.

bosque m Conjunto de árboles y matas bastante juntos en un terreno.

bosquejar tr Pintar o modelar, sin definir los contornos ni dar la última mano a la obra.

bosquejo m Boceto, esbozo, esquema.

bosta f Excremento del ganado.

bostear intr *Arg. y Chile.* Excretar los animales.

bostezar intr Inspirar lenta y profundamente, abriendo mucho la boca. ☐ BOSTEZADOR, RA; BOSTEZO.

bota[1] f Cuero pequeño cosido por sus bordes, que remata en un cuello con brocal por donde se llena de vino y se bebe.

bota[2] f Calzado que resguarda el pie y parte de la pierna.

botada f *Amér.* Despedida.

botador, ra adj Que bota. • adj y s *Amér.* Manirroto, derrochador. • m Palo largo con que se hace fuerza en la arena para impulsar una embarcación.

botadura f Acto de echar al agua un buque.

botana f Remiendo que se pone en los agujeros de los odres para que no se salga el líquido. ‖ *Col. y Cuba.* Vaina de cuero que se pone a los gallos de pelea en los espolones.

botánica f Ciencia que estudia los vegetales. ☐ BOTÁNICO, CA.

botar tr Arrojar o echar fuera con violencia. ‖ Echar al agua un buque. ‖ Dar saltos. ‖ *Amér.* Arrojar, echar. ‖ *Amér.* Malgastar.

botarate adj y m (fam) Hombre de poco juicio.

botavara *f* Palo horizontal que sirve para cazar la vela cangreja.

bote[1] *m* Salto que se da al botar.

bote[2] *m* Recipiente pequeño, gralte. cilíndrico, que se utiliza para guardar cosas muy diversas.

bote[3] *m* Barco pequeño, de remo y sin cubierta.

botella *f* Recipiente gralte. cilíndrico y de cuello estrecho, que sirve para contener líquidos. ❑ BOTELLAZO; BOTELLÍN; BOTELLERÍA.

botellero *m* El que fabrica botellas o comercia con ellas. ‖ Recipiente para contener o transportar botellas.

botellón *m* Botella grande. ‖ *Méx.* Damajuana.

botero *m* El que hace o vende botas o pellejos para vino, aceite, etc. ❑ BOTERÍA.

botica *f* Farmacia. ❑ BOTICARIO, RIA.

botija *f* Vasija de barro mediana, redonda y de cuello corto y estrecho. ❑ BOTIJERO, RA.

botijo *m* Vasija de barro, barriguda, con asa, boca y pitón para beber.

botillería *f* *Chile.* Comercio de venta de vinos o licores embotellados.

botillo *m* Pellejo pequeño para llevar vino.

botín[1] *m* Polaina de paño, cuero, lana, etc.

botín[2] *m* Producto de cualquier robo o fechoría.

botina *f* Calzado que pasa algo del tobillo.

botinería *f* Taller donde se hacen botines.

botiquín *m* Habitación, armario o recipiente portátil donde se guardan medicamentos para casos de urgencia.

boto[1] *m* Cuero pequeño para echar vino u otro líquido.

boto[2], **ta** *adj* Romo, obtuso. ‖ (fig) Rudo o torpe.

botón *m* Pieza pequeña de metal, madera, plástico, etc., forrada de tela o sin forrar, que se pone en los vestidos para abrocharlos. ‖ Resalto de forma cilíndrica o esférica que se atornilla en algún objeto, para que sirva de tirador, asidero, etc. ❑ BOTONADURA; BOTONERÍA.

botones *m* Muchacho que sirve en hoteles y otros establecimientos para llevar los recados u otras comisiones que se le encarguen.

bototo *m* *Amér.* Calabaza para llevar agua.

bou *m* Pesca en que dos barcas, apartadas una de la otra, tiran de la red, arrastrándola por el fondo. ‖ Barca destinada a este arte de pesca.

boutique *f* Tienda de modas.

bóveda *f* Estructura de perfil arqueado destinada a cubrir un espacio comprendido entre muros y varios pilares. ‖ Cripta.

bovedilla *f* Bóveda pequeña entre viga y viga del techo de una habitación.

box *m* Departamento separado, en una cuadra, para un caballo. ‖ *Méx.* Boxeo.

boxeador *m* El que se dedica al boxeo; púgil.

boxear *tr* Practicar el boxeo.

boxeo *m* Lucha deportiva basada en la utilización reglamentaria de los puños contra un adversario. ❑ BOXÍSTICO, CA.

bóxer *adj* y *m* Raza de perros de mediano tamaño usados para vigilancia.

boya *f* Cuerpo flotante sujeto al fondo del mar, de un lago, etc., que se coloca como señal para indicar un sitio peligroso o un objeto sumergido.

boyacense *adj* y *s* Natural de Boyacá.

boyada *f* Manada de bueyes y vacas.

boyante *adj* (fig) Que tiene fortuna o felicidad creciente.

boyar *intr* Volver a flotar la embarcación que ha estado en seco.

boyera o **boyeriza** *f* Corral donde se recogen los bueyes. ❑ BOYERIZO O BOYERO.

boy scout *m* Niño afiliado a cierta sociedad educativa y deportiva.

boza *f* Pedazo de cuerda que por medio de las vueltas que da al calabrote, cadena, etc., que trabaja, impide que se escurra.

bozal *m* Objeto que se pone en el hocico de algunos animales para impedirles morder, comer o mamar. ‖ *Amér.* Bozo, cuerda.

bozo *m* Vello que apunta sobre el labio superior antes de nacer la barba. ‖ Cuerda que se echa a las caballerías sobre la boca.

braceada *f* Movimiento de brazos.

braceaje *m* Profundidad del mar en un punto determinado, medida en brazas.

bracear *intr* Mover repetidamente los brazos. ‖ Nadar sacando los brazos fuera del agua y volteándolos hacia delante. ☐ BRACEO; BRACISTA.

bracero *m* Peón, jornalero.

bráctea *f* Hoja modificada, que nace en el pedúnculo de las flores.

braga[1] *f* Prenda interior femenina, que cubre desde la cintura hasta el arranque de los muslos. Se usa más en plural.

braga[2] *f* Cuerda con que se ciñe un objeto para suspenderlo en el aire.

bragado, da *adj* Aplícase al buey y a otros animales que tienen la bragadura de diferente color que el resto del cuerpo. ‖ (fig, fam) Aplícase a la persona enérgica y firme.

bragadura *f* Entrepiernas del hombre o del animal. ‖ Parte de las bragas que da ensanche al juego de los muslos.

bragazas *adj y m* (fig, fam) Hombre que se deja dominar con facilidad.

braguero *m* Aparato o vendaje para contener las hernias. ‖ *Méx.* Cuerda que a modo de cincha rodea el cuerpo del toro, y de la cual se ase el que lo monta a pelo.

bragueta *f* Abertura delantera del pantalón.

braguetazo (dar) (fig, fam) Casarse un hombre pobre con mujer rica.

braille *m* Sistema de escritura y lectura para ciegos, creado por Louis Braille.

brama *f* Celo de los ciervos y de otros animales salvajes, y también la temporada en que ocurre.

bramadero *m Amér.* Poste al que se amarran los animales para herrarlos, domesticarlos o matarlos.

bramante *m* Hilo gordo o cordel delgado hecho de cáñamo. • *m* Brabante.

bramar *intr* Dar bramidos. ‖ (fig) Manifestar uno con gritos y violencia la ira de que está poseído. ‖ Hacer ruido estrepitoso el viento, el mar, etc. ☐ BRAMADOR, RA.

bramido *m* Voz del toro y de otros animales salvajes. ‖ (fig) Grito de cólera. ‖ (fig) Ruido grande producido por el aire, el mar, etc.

brandy *m* Coñac.

branquia *f* Órgano respiratorio de la mayoría de los animales acuáticos; agalla.

braquial *adj* Perteneciente o relativo al brazo.

braquicéfalo, la *adj y s* Díc. de la persona cuyo cráneo es casi redondo. ☐ BRAQUICEFALIA.

braquigrafía *f* Taquigrafía.

brasa *f* Trozo incandescente de carbón, madera u otra materia combustible y sólida.

brasear *tr* Asar ciertos alimentos directamente sobre la brasa.

brasero *m* Recipiente de metal en el que se hace lumbre para calentarse. ‖ *Mex.* Hogar de la cocina.

brasmología *f* Tratado que versa acerca del flujo y del reflujo del mar.

bravata *f* Amenaza proferida con arrogancia.

bravear *intr* Fanfarronear o bravuconear.

braveza *f* Bravura. ‖ Ímpetu del mar, del viento, etcétera.

bravío, a *adj* Feroz, indómito, salvaje. ‖ (fig) Se dice de los árboles y plantas silvestres.

bravo, va *adj* Valiente, esforzado. ‖ Hablando de animales, fiero o feroz. ‖ Aplícase al mar cuando está alborotado y embravecido.

bravucón, na *adj y s* (fam) Valiente sólo en la apariencia, fanfarrón. ☐ BRAVUCONADA; BRAVUCONERÍA.

bravura *f* Fiereza de los brutos. ‖ Esfuerzo o valentía de las personas. ‖ Bravata.

braza *f* Medida de longitud equivalente a 1,6718 m. ‖ Modalidad de natación.

brazada *f* Movimiento que se hace con los brazos extendiéndolos y recogiéndolos alternativamente. ‖ *Col., Chile* y *Ven.* Braza, medida de longitud.

brazal *m* Tira de tela que ciñe el brazo izquierdo por encima del codo y que sirve de distintivo.

brazalete *m* Aro de metal o de otra materia, que rodea el brazo por más arriba de la muñeca y se usa como adorno.

brazo *m* Miembro del cuerpo que comprende desde el hombro a la extremidad de la mano. ‖ Parte de ese miembro desde el hombro hasta el codo. ‖ Cada una de las patas delanteras de los cuadrúpedos.

brazolargo *m Amér.* Mono araña.

brazuelo *m* Parte de las patas delanteras de los cuadrúpedos entre el codo y la rodilla.

brea f Líquido denso, negro, y de olor característico, también llamado alquitrán de hulla.

brear tr (fam) Maltratar, molestar.

brebaje m Bebida desagradable compuesta por varios ingredientes.

brecha f Abertura hecha en una pared o muro. ‖ Herida.

brécol m Variedad de col.

bregar intr Luchar, reñir unos con otros. ‖ Ajetrearse, trabajar afanosamente. ☐ BREGA.

breña f Tierra quebrada entre peñas y poblada de maleza. ☐ BREÑAL; BREÑAR; BREÑOSO, SA.

breque m Amér. Freno del ferrocarril.

brequero m Amér. Guardafrenos.

brete m Cepo de hierro que sirve para sujetar los pies a los reos. ‖ (fig) Aprieto o situación apurada. ‖ Arg. y Ur. En las estancias, estaciones ferroviarias y mataderos, pasadizo para enfilar el ganado.

bretón, na adj y s Natural de Bretaña. • m Lengua céltica que hablan los habitantes de Bretaña.

breva f Primer fruto que da la higuera. ‖ (fig) Ventaja lograda por alguno. ‖ Cuba y Salv. Tabaco para mascar.

breve adj De corta extensión o duración.

brevedad f Corta extensión o duración de una cosa, acción o suceso.

brevete m Membrete.

breviario m Libro que contiene el rezo eclesiástico de todo el año.

brezo m Arbusto de madera dura y raíces gruesas que sirven para hacer carbón de fragua. ☐ BREZAL.

bribón, na adj y s Haragán, dado a la burla. ‖ Pícaro, bellaco. ☐ BRIBONADA; BRIBONERÍA.

bribonear intr Hacer vida de bribón. ‖ Hacer bribonadas.

bricolaje m Arte de fabricar o arreglar muebles u otros enseres domésticos en casa.

brida f Freno del caballo con las riendas y el correaje que sirve para sujetarlo a la cabeza del animal.

bridge m Juego de naipes, practicado por parejas y con baraja francesa.

brigada f Unidad militar formada por dos o más regimientos o por cuatro o seis batallones. • m Grado de la jerarquía militar, entre los de sargento y oficial.

brigadier m General de brigada.

brillante pa de brillar. • adj Que brilla. ‖ (fig) Admirable o sobresaliente. • m Diamante que se presenta tallado y pulido.

brillantina f Cosmético para dar brillo al cabello.

brillar intr Resplandecer, despedir rayos luminosos. ‖ (fig) Sobresalir en talento, hermosura, etc. ☐ BRILLADOR, RA.

brillazón m Arg., Bol. y Ur. Espejismo.

brillo m Lustre o resplandor. ‖ (fig) Lucimiento, gloria, brillantez.

brincar intr Dar brincos o saltos. ☐ BRINCADOR, RA.

brinco m Movimiento que se hace levantando los pies con ligereza.

brindar intr Manifestar, al ir a beber vino u otro licor, el bien que se desea a personas o cosas. • intr y tr Ofrecer voluntariamente a uno alguna cosa, convidarle con ella.

brindis m Acción de brindar al beber.

brío m Energía, pujanza. ‖ (fig) Espíritu, resolución. ☐ BRIOSO, SA.

briol m Cada uno de los cabos que sirven para cargar o recoger las velas.

briqueta f Conglomerado de carbón u otra materia en forma de ladrillo.

brisa f Viento periódico y local que se debe a un diferente calentamiento de grandes masas rocosas o acuáticas. ‖ Viento suave.

brisera f Amér. Guardabrisa, fanal.

británico, ca adj Perteneciente o relativo a los pueblos celtas que se establecieron en Gran Bretaña. • m Lengua céltica introducida en Gran Bretaña por los pueblos celtas.

brizna f Trozo muy fino y ligero de cualquier cosa. ☐ BRIZNOSO, SA.

broca f Barrena de boca cónica que se usa con las máquinas de taladrar.

brocado m Tela de seda entretejida con oro o plata.

brocal m Antepecho que rodea la boca de un pozo. ‖ Cerco de madera que se pone a la boca de la bota.

brocha f Escobilla de cerda atada al extremo de un mango, que sirve para diversos usos.

brochada f Brochazo.

brochado, da adj Aplícase a los tejidos de seda que tienen alguna labor de oro o plata.

brochazo m Cada pasada de la brocha sobre la superficie que se pinta.

broche m Conjunto de dos piezas, una de las cuales engancha o encaja en la otra. ‖ Joya o adorno. ‖ Chile. Instrumento de metal, en forma de tenacilla, que sirve para unir papeles. • pl Ecuad. Gemelos de camisa.

brocheta f Broqueta.

bróculi m Brécol.

broma f Bulla, diversión. ‖ Chanza, burla. ☐ BROMAZO.

bromatología f Ciencia que estudia los alimentos y la nutrición. ☐ BROMATÓLOGO, GA.

bromear intr y prnl Usar de bromas o chanzas.

bromista adj y s Aficionado a dar bromas.

bronca f (fam) Riña o disputa ruidosa. ‖ Reprensión áspera. ‖ Manifestación colectiva y ruidosa de desagrado en un espectáculo público.

bronce m Aleación de cobre y estaño, de color amarillento rojizo, muy tenaz y sonoro.

bronceador, ra adj Que broncea. • m Sustancia cosmética que produce o favorece el moreno de la piel.

broncear tr Dar color de bronce. • tr y prnl Tostar el cutis al sol. ☐ BRONCEADO, DA.

broncería f Conjunto de piezas de bronce.

broncíneo, a adj De bronce. ‖ Parecido a él.

broncista m Persona que trabaja en bronce.

bronco, ca adj Tosco, sin desbastar. ‖ (fig) Díc. de la voz y de los instrumentos de música que tienen sonido desagradable y áspero.

bronconeumonía f Inflamación de la mucosa bronquial y del parénquima pulmonar.

bronquear tr Reprender con dureza, reñir.

bronquina f (fam) Pendencia, riña.

bronquio m Cada uno de los conductos que conectan la tráquea con los pulmones. ☐ BRONQUIAL; BRONQUITIS.

bronquiolo o bronquíolo m Última ramificación de los bronquios.

brontofobia f Temor patológico a los truenos, relámpagos y tempestades.

brontosaurio m Uno de los grandes reptiles dinosaurios fósiles de tamaño gigantesco, que vivieron en la era secundaria.

broquel m Escudo pequeño.

broqueta f Aguja o varilla en que se ensartan pedazos de carne u otro manjar, para asarlos.

brotar intr Nacer o salir la planta de la tierra. ‖ Manar el agua de los manantiales. ‖ (fig) Tratándose de viruelas, granos, etc., salir al cutis.

brote m Pimpollo o renuevo que empieza a desarrollarse. ‖ Manifestación repentina de una enfermedad o una epidemia.

broza f Conjunto de hojas, ramas y otros despojos de las plantas.

bruja f Mujer que, según la superstición, tiene pacto con el diablo. ‖ (fig, fam) Mujer fea y vieja.

brujería f Actividades extraordinarias a las que se dedican los brujos y las brujas.

brujo¹ m Hombre de quien se dice que tiene pacto con el diablo, como las brujas. ‖ Hechicero en determinadas culturas.

brujo², ja adj Perverso o de malas intenciones. ‖ Que cautiva o atrae. ‖ Chile. Falso. ‖ Cuba, Méx. y P. Rico. Empobrecido, sin dinero.

brújula f Instrumento que señala la dirección nortesur magnética.

brujulear tr (fig, fam) Procurar por varios medios y con diligencia el logro de algún propósito.

bruma f Niebla, y especialmente la que se forma sobre el mar. ☐ BRUMAL; BRUMOSA, SA.

brumo m Cera blanca y purificada con que se da el último baño a cirios y velas.

bruno¹ m Ciruela negra que se coge en el norte de España. ‖ Árbol que la da.

bruno², na adj De color negro u oscuro.

bruñir *tr* Sacar lustre o brillo a una cosa; como metal, piedra, etc. || *Amér.* Fastidiar, molestar. ❏ BRUÑIDO, DA; BRUÑIDURA.

bruño *m* Bruno, ciruela.

brusco, ca *adj* Áspero, desapacible. || Rápido, repentino, pronto. ❏ BRUSQUEDAD.

brutal *adj* Cruel, violento. || (fig, fam) Enorme, colosal.

brutalidad *f* Calidad de bruto. || (fig) Incapacidad o falta de razón.

bruteza *f* Brutalidad. || Tosquedad.

bruto, ta *adj y s* Necio, incapaz, que obra como falto de razón. • *adj* Vicioso, torpe, o desarreglado en sus costumbres.

bruza *f* Cepillo de cerdas muy espesas y fuertes, que sirve para limpiar las caballerías, los moldes de imprenta, etc.

bruzar *tr* Limpiar con la bruza.

búa *f* Postilla o tumorcillo que sale en el cuerpo.

buba *f* Tumor blando que se presenta de ordinario en la región inguinal y también a veces en las axilas y en el cuello.

bubón *m* Inflamación de un ganglio linfático, especialmente de la axila o ingle. ❏ BUBÓNICO, CA.

bucal *adj* Perteneciente o relativo a la boca.

bucanero *m* Corsario que en los ss. XVII y XVIII se entregaba al saqueo de las posesiones de Ultramar.

bucare o **búcare** *m* Árbol, originario de la América tropical, que se cultiva para ornamento y para dar sombra en las plantaciones de café y de cacao.

búcaro *m* Vasija hecha con la arcilla del mismo nombre, usada especialmente para servir agua.

bucear *intr* Nadar bajo el agua. || (fig) Explorar en algún asunto. ❏ BUCEO.

buche *m* Bolsa membranosa de las aves que comunica con el esófago, en la cual se reblandece el alimento. || En algunos animales cuadrúpedos, estómago. || Porción de líquido que cabe en la boca.

buchinche *m* Cuchitril. || *Cuba.* Café o taberna de aspecto pobre.

bucle *m* Rizo de cabello en forma helicoidal.

bucólico, ca *adj* Aplícase al gén. poético que canta la vida pastoril y campes-

tre. || Perteneciente o relativo a este género de poesía.

budare *m Ven.* Plato de barro o de hierro que se utiliza para cocer el pan de maíz.

budín *m* Plato de dulce que se prepara con bizcocho o pan deshecho en leche y azúcar y frutas secas, cocido todo al baño María.

budismo *m* Doctrina filosófica y religiosa, derivada del brahmanismo, fundada en la India en el s. VI a.C. por el buda Gotana. ❏ BÚDICO, CA.

buen *adj* Apócope de bueno.

buenaventura *f* Buena suerte. || Adivinación supersticiosa que hacen las gitanas de la suerte de las personas.

buenazo, za *adj y s* Díc. de la persona pacífica o de buen natural.

bueno, na *adj* Que tiene bondad en su género. || Útil y conveniente. || Sano. || Usado como *adv* denota aprobación, sorpresa, etc., o equivale a basta o no más.

buey *m* Toro al que se castra con el fin de emplearlo en el trabajo del campo y como animal de tiro. Muerto, se aprovecha en su totalidad.

bufa *f* Burla, bufonada.

búfalo *m* Rumiante del mismo gén. que el toro, de cuernos vueltos hacia atrás.

bufanda *f* Prenda para abrigar el cuello.

bufar *intr* Resoplar con furor el toro, el caballo y otros animales. || (fig, fam) Manifestar el hombre su enojo, de un modo semejante.

bufé o **bufet** *m* Mesa cubierta de manjares y bebidas en cenas frías, cócteles o reuniones. || Mueble en que se guarda el servicio de mesa.

bufeo *m Arg.* y *Perú.* Delfín, cetáceo.

bufete *m* Mesa de escribir, con cajones. || (fig) Despacho de un abogado. || *Nic.* Mueble para guardar utensilios de cocina.

bufido *m* Voz del animal que bufa. || (fig, fam) Expresión de enojo o enfado.

bufo, fa *adj* Cómico, jocoso, grotesco.

bufón, na *m y f* Persona que vivía en palacio y se dedicaba a hacer reír a los reyes y cortesanos.

bufonada *f* Dicho o hecho propio de bufón. || Chanza satírica.

buganvilla f Arbusto ornamental de hojas ovales de color rojo morado y flores pequeñas.

bugle m Instrumento musical de viento.

buharda o **buhardilla** f Ventana en el tejado de una casa. || Desván.

búho m Ave rapaz nocturna de ojos grandes y colocados en la parte anterior de la cabeza, sobre la cual tiene dos penachos de plumas que parecen orejas. || (fig, fam) Persona huraña.

buhonería f Mercancías de poco valor.

buhonero m El que lleva o vende cosas de buhonería.

buido, da adj Aguzado, afilado. || Acanalado o con estrías.

buitre m Ave rapaz, de gran tamaño, que se alimenta de carne muerta. || (fig) Persona tacaña y ambiciosa.

buitrear intr Chile. Cazar buitres.

buitrero, ra adj Perteneciente al buitre. • m Cazador de buitres.

buitrón m Arte de pesca en forma de cono en cuya boca hay otro más corto, dirigido hacia adentro. || Amér. Horno de manga para fundir minerales argentíferos.

buja f Méx. Buje.

bujarda f Herramienta de acero, a modo de martillo.

buje m Arg. Cojinete de una sola pieza.

bujería f Caja de madera. || Pomo para perfumes.

bujía f Vela de cera blanca. || En los motores de explosión, dispositivo que produce la chispa eléctrica que enciende la mezcla explosiva.

bula f Documento pontificio relativo a materia de fe o de interés general que suele llevar un sello de plomo con forma de bola.

bulbo m Ensanchamiento del tallo de algunas plantas que después de seca la planta puede dar lugar a otra nueva. ❐ BULBOSO, SA.

buldog m Raza de perros de gran tamaño, rechonchos y de nariz chata.

bulerías f pl Cante y baile popular andaluz de ritmo vivo que se acompaña con palmoteo.

bulevar m Paseo público o calle ancha y, generalmente, con árboles.

búlgaro, ra adj y s Natural de Bulgaria. • m Lengua hablada en este país europeo.

bulimia f Voracidad, hambre insaciable acompañada de un trastorno psíquico. ❐ BULÍMICO, CA.

bulla f Ruido confuso de voces, gritos y risas. || Concurrencia de mucha gente.

bullanga f Tumulto, bulla. ❐ BULLANGUERO, RA.

bullarengue m Cuba. Cosa fingida o postiza.

bulldog m Buldog.

bullicio m Bulla, ruido confuso. || Alboroto o tumulto. ❐ BULLICIOSO, SA.

bullir intr Hervir el agua u otro líquido. || Agitarse una cosa con movimiento parecido al del agua que hierve.

bullón m Botón grueso de metal para guarnecer las cubiertas de los libros grandes.

bulo m Noticia falsa propalada con algún fin.

bulto m Volumen o tamaño de cualquier cosa. || Fardo, baúl, maleta, etc. || Amér. Cartapacio, vademécum.

bumerán o **bumerang** m Arma arrojadiza de madera que lanzada con movimiento giratorio puede volver al punto de partida.

bungaló o **bungalow** m Casa pequeña de una sola planta que se suele construir en parajes destinados al descanso.

búnker m Casamata, refugio fortificado.

buñolería f Tienda en que se hacen y venden buñuelos.

buñuelo m Masa de harina batida y frita en aceite, que queda como hueca. ❐ BUÑOLERO, RA.

buque m Barco de gran tamaño para navegaciones importantes.

buqué m Aroma del vino. || Ramillete.

burbuja f Glóbulo de aire u otro gas.

burbujear intr Hacer burbujas. ❐ BURBUJEO.

burdel m Casa de prostitución.

burdeos adj Color rojo violáceo.

burdo, da adj Tosco, grosero.

burgo m Aldea o población muy pequeña.

burgomaestre m Primer magistrado municipal de algunas c. de Alemania, Países Bajos, etc.

burgués, sa *adj* Perteneciente al burgo o al burgués. • *adj* y *s* Díc. de la persona que disfruta, sin inquietudes ni preocupaciones, de una posición económica acomodada.

burguesía *f* Conjunto de burgueses o ciudadanos de las clases acomodadas.

buril *m* Instrumento de acero usado para grabar metales.

burilar *tr* Grabar con el buril. ☐ BURILADURA.

burla *f* Acción o palabras con que se procura ridiculizar a alguien. ‖ Chanza. ‖ Engaño.

burladero *m* Trozo de valla que se pone delante de las barreras para refugiarse detrás de él.

burlador, ra *adj* y *s* Que burla. • *m* Libertino habitual que hace gala de deshonrar a las mujeres.

burlar *tr* y *prnl* Chasquear. • *tr* Engañar, hacer creer lo que no es verdad.

burlesco, ca *adj* (fam) Festivo, jocoso, sin formalidad, que implica burla o chanza.

burlón, na *adj* y *s* Inclinado a decir burlas o hacerlas. • *adj* Que implica o denota burla.

buró *m* Escritorio.

burocracia *f* Conjunto de funciones y trámites destinados a la ejecución de una decisión administrativa. ☐ BURÓCRATA; BUROCRÁTICO, CA; BUROCRATIZAR.

burra *f* Hembra del burro. • *adj* y *f* (fig) Mujer ignorante. • *f* (fig, fam) Mujer laboriosa.

burrada *f* Manada de burros. ‖ (fig, fam) Necedad.

burro *m* Asno. ‖ (fig, fam) Persona de poco entendimiento. ‖ (fig) *Méx.* Escalera de tijera.

bursátil *adj* Concerniente a la bolsa comercial y a los valores cotizables.

burujo *m* Pella que se forma en la lana, en el engrudo, etc. ‖ Borujo

burundanga *f* *Amér.* Morondanga.

bus *m* (fam) Autobús.

busca *f* Búsqueda, acción de buscar. ‖ Tropa de cazadores y perros, que corre el monte para levantar la caza. ☐ BUSCADA.

buscapersonas *m* Instrumento portátil que se utiliza para recibir mensajes a distancia.

buscapiés *m* Cohete que, una vez encendido, corre por el suelo.

buscapleitos *m* o *f* Picapleitos.

buscar *tr* Hacer gestiones para encontrar algo. ‖ Irritar, provocar. ☐ BUSCADOR, RA.

buscavidas *m* o *f* (fam) Persona curiosa en averiguar las vidas ajenas. ‖ (fig, fam) Persona diligente en buscarse por cualquier medio lícito el modo de vivir.

buscón, na *adj* y *s* Que busca. ‖ Díc. de la persona que hurta o estafa. • *f* Ramera.

búsqueda *f* Busca, acción de buscar. ‖ Investigación científica.

busquillo *m* (fam) *Chile* y *Perú.* Buscavidas, persona diligente en buscar el modo de vivir.

busto *m* Escultura o pintura de la cabeza y de la parte superior del tórax.

butaca *f* Silla de brazos con el respaldo inclinado hacia atrás. ‖ Asiento de teatro.

butanero, ra *adj* Relativo al butano. • *adj* y *s* Que sirve para su transporte. • *m* Persona que reparte bombonas de butano.

butano *m* Hidrocarburo de cuatro carbonos que se encuentra en el petróleo y gas natural.

buten (de) (fam) De primera, de lo mejor.

butifarra *f* Cierto embutido que se come tierno. ‖ *Perú.* Pan dentro del cual se pone un trozo de jamón y un poco de ensalada.

butiro *m* Instrumento para medir la cantidad de materias grasas de la leche.

buzamiento *m* Ángulo diedro que forma el plano de un estrato con la horizontal.

buzo *m* El que, provisto o no de escafandra, trabaja sumergido en el agua.

buzón *m* Conducto por donde desaguan los estanques. ‖ Agujero por donde se echan las cartas para el correo. ‖ por ext. Caja o recepción donde caen los papeles echados por el b.

by-pass *m* En cirugía, injerto de vena o vaso que une dos puntos de una arteria.

byte *m* Conjunto de 8 bits característico del tamaño de celda en la memoria de una microcomputadora. También se denomina octeto.

Cc

c f Tercera letra del alfabeto español y segunda de sus consonantes. Su nombre es *ce*. Ante las vocales *e*, *i* se pronuncia como *z*. En cualquier otra posición se pronuncia con articulación velar, oclusiva y sorda (como *k*). ‖ Con una pequeña vírgula debajo, cedilla. ‖ Número romano equivalente a cien.

cabal *adj* Ajustado a peso, medida o precio. ‖ Honrado, sensato. • *adv modo* Cabalmente.

cábala f Tradición oral que entre los judíos explicaba el sentido de los libros del Antiguo Testamento. ‖ (fig) Cálculo supersticioso para adivinar una cosa. ☐ CABALISTA; CABALÍSTICO, CA.

cabalgadura f Bestia en que se cabalga o se puede cabalgar. ‖ Bestia de carga.

cabalgar *tr* e *intr* Subir o montar a caballo. • *tr* Cubrir el caballo u otro animal a su hembra. ‖ (fig) Poner una cosa sobre otra.

cabalgata f Conjunto de jinetes, caballos y carruajes que desfilan con ocasión de una fiesta.

caballa f Pez comestible de color azul y verde con rayas negras en el lomo.

caballada f Manada de caballos.

caballaje m Acción de cubrir el caballo o el burro a la hembra.

caballeresco, ca *adj* Propio de caballero. ‖ Perteneciente o relativo a la caballería de la Edad Media.

caballería f Cualquier équido que se utiliza como montura; se llama *mayor* si es mula o caballo, y *menor* si es borrico. ‖ Cuerpo del ejército formado por soldados a caballo y modernamente, motorizados. ‖ Nombre de ciertas órdenes militares. ‖ Clase formada por los caballeros. ‖ Institución militar feudal.

caballeriza f Sitio destinado para estancia de caballos y bestias de carga. ‖ Conjunto de caballos o mulas de una caballeriza.

caballerizo m El que cuida de la caballeriza.

caballero, ra *adj* Que cabalga. • *m* Hidalgo de calificada nobleza. ‖ El que se porta con nobleza y generosidad. ‖ Señor, término de cortesía.

caballeroso, sa *adj* Propio de un caballero, por su nobleza, generosidad, etc. ☐ CABALLEROSIDAD.

caballete m Línea de un tejado, de la cual arrancan dos vertientes. ‖ Potro de tortura. ‖ Madero horizontal apoyado por cada extremo en otros dos, que sirve para distintos usos. ‖ Armazón de madera en el que se coloca el cuadro.

caballista m o f El que entiende de caballos. ‖ El que monta bien a caballo.

caballito m Méx. Pieza de tela con que se cubren los pañales de los niños pequeños. • *pl* Tiovivo.

caballo m Mamífero ungulado de la familia de los équidos. Se domestica con facilidad y es muy inteligente. ‖ En la jerga de la delincuencia, heroína. ☐ CABALLAR; CABALLUNO, NA.

cabaña f Caseta tosca, hecha en el campo, generalmente de palos entretejidos con cañas y cubierta de ramas, paja o hierbas. ‖ Conjunto de los ganados de una provincia, región, país, etcétera. ☐ CABAÑERO, RA; CABAÑIL.

cabaret o **cabaré** m Local público donde se bebe, se baila y se representan diversos espectáculos, pralm. de noche.

cabaretero, ra *adj* Perteneciente o relativo al cabaret. • *adj* y f Díc. de la mujer que trabaja en un cabaret.

cabás m Cesto que usan las mujeres para llevar sus compras. ‖ Maletín pequeño.

cabe *prep* Cerca de, junto a.

cabecear *intr* Mover la cabeza de un lado a otro o de arriba abajo. ‖ Inclinar la cabeza hacia el pecho cuando uno, de pie o sentado, se va durmiendo. ‖ Chile. Formar las puntas o cabezas de los cigarros. || En viticultura, formar de varias clases de vinos uno solo. □ CABECEAMIENTO; CABECEO.

cabecera f Principio o parte pral. de algunas cosas. || Parte pral. de un sitio en que se juntan varias personas. || Origen de un río. || Población pral. de un territorio o distrito. || Adorno en la cabeza de una página, capítulo o parte de un impreso.

cabecilla m o f Jefe de rebeldes. || p. ext. El que capitanea cualquier grupo.

cabellera f El pelo de la cabeza, especialmente cuando es largo. || Cola luminosa de los cometas.

cabello m Cada uno de los pelos de la cabeza. || Conjunto de todos ellos. • pl Barbas de la mazorca de maíz. □ CABELLUDO, DA.

caber intr Poder contenerse una cosa dentro de otra. || Ser posible o natural. • tr Coger, tener capacidad.

cabestrante m Cabrestante.

cabestrar tr Echar cabestros a las bestias que andan sueltas.

cabestrear intr Seguir dócilmente la bestia al que la lleva del cabestro.

cabestrillo m Vendaje que se sujeta al cuello para sostener una mano o brazo lesionados.

cabestro m Ramal que se ata a la cabeza de la caballería para llevarla o asegurarla. || Buey manso que sirve de guía en las toradas. □ CABESTRERÍA; CABESTRERO, RA.

cabeza f Parte principal o superior de una cosa. || Parte superior del cuerpo del hombre y superior o anterior de los animales en la que suelen estar situados la boca y los órganos de los sentidos. || Cráneo. || Longitud de la cabeza de un caballo. || Parte opuesta a la punta del clavo, donde se dan los golpes para clavarlo. || (fig) Juicio, capacidad, talento. || (fig) Res. || (fig) Capital, población principal de un sitio. • m Jefe que gobierna o acaudilla una comunidad, corporación o muchedumbre. || Jefe de una familia que vive reunida.

cabezada f Golpe dado con la cabeza. || Cada movimiento que hace con la cabeza el que, sin estar acostado, se va durmiendo. || Correaje que ciñe y sujeta la cabeza de una caballería. || Ecuad. y Par. Arzón de la silla de montar. || Arg., Cuba y Méx. Cabecera de un río.

cabezal m Almohada. || Vendaje que se pone sobre las heridas. || Órgano de las máquinas-herramienta en el que van montados los elementos encargados de transmitir el movimiento del motor al eje.

cabezo m Cerro alto o cumbre de una montaña.

cabezón, na adj (fam) Cabezudo, de cabeza grande. || (fig) Terco, obstinado.

cabezonada f (fam) Acción propia de persona terca u obstinada.

cabezota f aum de cabeza. || Cabeza grande. • adj y s (fig, fam) Persona testaruda.

cabezudo, da adj Que tiene grande la cabeza. || (fig, fam) Terco, obstinado. • m Figura de enano de gran cabeza que en algunas fiestas suele llevarse con los gigantones.

cabida f Espacio o capacidad que tiene una cosa para contener otra. || Extensión superficial de un terreno o heredad.

cabila f Tribu de beduinos o de beréberes. □ CABILEÑO, ÑA.

cabildante m Amér. Merid. Regidor o concejal.

cabildear intr Gestionar con maña para ganar partidarios en un cuerpo colegiado o corporación. □ CABILDEO; CABILDERO, RA.

cabildo m Comunidad de eclesiásticos capitulares de una iglesia. || Ayuntamiento, corporación compuesta de un alcalde y varios concejales. || Junta celebrada por un cabildo.

cabillo m Pezón de la hoja, flor o fruto de las plantas.

cabina f Pequeño departamento, gralte. aislado, para usos muy diversos. || Locutorio telefónico. || Recinto aislado de un cine, sala de conferencias, etc., donde están los aparatos de proyección. || Departamento en los aviones para la tripulación y para los pasajeros, y en otros vehículos para el conductor.

cabinera f Col. Azafata de avión.

cabizbajo, ja adj Que tiene la cabeza inclinada hacia abajo, por preocupación, abatimiento o vergüenza.

cable *m* Maroma gruesa. ‖ (fam) Cablegrama. ‖ Hilo metálico para la conducción de la electricidad y para la telegrafía y telefonía subterránea o submarina.

cablear *tr* Unir mediante cables las diferentes partes de un sistema o aparato eléctrico. ◻ CABLEADO.

cablegrama *m* Telegrama transmitido por cable submarino. ◻ CABLEGRAFIAR; CABLEGRÁFICO, CA.

cabo *m* Cualquiera de los extremos de las cosas. ‖ Porción de tierra que penetra en el mar. ‖ Cuerda. ‖ Individuo de la clase tropa, inmediatamente superior al soldado de primera. • *pl* Asunto, tema.

caboclo *adj* y *s* En Brasil, mestizo de indio y blanco.

cabotaje *m* Navegación y tráfico marítimo a lo largo de la costa.

cabra *f* Mamífero rumiante, de la familia bóvidos. Tiene cuernos curvados hacia atrás, retorcidos en hélice. ‖ Hembra de esta especie, algo menor que el macho y según las razas, carente de cuernos. ‖ *Col.*, y *Cuba*. Brocha de pintar. ‖ *Chile*. (fam) Muchacha. ◻ CABRÍO, A; CABRUNO, NA.

cabrear *tr* y *prnl* Molestar, enfadar, irritar. • *tr Chile*. Ir saltando y brincando. ◻ CABREO.

cabrerizo, za *adj* Perteneciente o relativo a las cabras. • *m* Cabrero, pastor de cabras.

cabrero, ra *m* y *f* Pastor de cabras.

cabrestante *m* Torno colocado verticalmente que se emplea para mover grandes pesos.

cabria *f* Aparato elevador de cargas constituido por un trípode de cuyo vértice pende un aparejo de cables, cadena o cuerdas, o la polea del cable de un cabrestante anclado al suelo.

cabrilla *f* Pez de color azul oscuro, de unos 20 cm de largo, común en las costas europeas. • *pl* Manchas que se hacen en las piernas por permanecer mucho tiempo cerca del fuego. ‖ Pequeñas olas blancas y espumosas que se levantan en el mar, cuando éste empieza a agitarse.

cabrillear *intr* Formarse cabrillas en el mar. ‖ Rielar la luz. ◻ CABRILLEO.

cabrío, a *adj* Perteneciente a las cabras. • *m* Rebaño de cabras.

cabriola *f* Salto que se da en la danza, cruzando varias veces los pies en el aire ‖ (fig) Voltereta en el aire. ◻ CABRIOLAR.

cabriolé *m* Especie de carruaje sin cubierta o silla volante. ‖ Automóvil convertible.

cabritilla *f* Piel curtida de cualquier animal pequeño, como cabrito, cordero, etcétera.

cabrito *m* Cría de la cabra, desde que nace hasta que deja de mamar. ‖ (fig, fam) Aplicado a personas, cabrón.

cabro *m* Macho de la cabra. ‖ *Bol.*, *Chile* y *Ecuad.* Niño, jovencillo.

cabrón *m* Macho de la cabra. • *adj* y *m*, (fig, fam) El que consiente el adulterio de su mujer. ‖ (fig, fam) El que aguanta cobardemente agravios e impertinencias. ‖ (fig, fam) El que hace cabronadas o malas pasadas. ◻ CABRONADA.

caca *f* (fam) Excremento humano, y especialmente el de los niños pequeños.

cacahuate, cacahué o **cacahuey** *m* Cacahuete.

cacahuete *m* Planta de flores amarillas y fruto con cáscara y semillas comestibles. ‖ Fruto y semilla de esta planta. ◻ CACAHUETERO, RA.

cacao *m* Árbol cuyo fruto es una vaina que contiene semillas que se emplean como principal ingrediente del chocolate. ‖ Semilla de este árbol. ◻ CACAHUAL; CACAHUETERO; CACAOTAL.

cacaraña *f* Cada uno de los hoyos o señales que hay en el rostro de una persona.

cacarañar *tr Guat.* Ocasionar cacarañas la viruela. ‖ *Méx.* Pellizcar una cosa blanda dejándola llena de hoyos. ◻ CACARAÑADO, DA.

cacarear *intr* Dar voces repetidas el gallo o la gallina. • *tr* (fig, fam) Ponderar con exceso las cosas propias. ◻ CACAREADOR, RA; CACAREO.

cacastle o **cacaxtle** *m Guat.* y *Méx.* Armazón de madera para llevar algo a cuestas. ‖ *Guat.* y *Méx.* Esqueleto de los vertebrados.

cacatúa *f* Ave de pico robusto y muy encorvado, plumaje blanco y penacho plumoso en la cabeza.

cacería f Partida de caza. ‖ Conjunto de animales muertos en la caza. ‖ Cuadro que representa una caza.

cacerola f Vasija de metal, porcelana, etc., de figura cilíndrica, con asas o mango, la cual sirve para cocer y guisar.

cacerolada f Golpe dado con una cacerola. ‖ Manifestación de protesta en la que se hace ruido golpeando cacerolas.

cacha f Cada una de las dos chapas que cubren, o de las dos piezas que forman el mango de las navajas y de algunos cuchillos. Se usa más en plural. ‖ (fam) Nalga.

cachaco, ca m y f P. Rico. Nombre que se da a los esp. residentes en la isla. • m Col. Hombre joven, servicial y caballeroso. ‖ Col., Ecuad. y Ven. Lechuguino, petimetre. ‖ Perú. Policía.

cachafaz adj (fam) Amér. Merid. Pícaro.

cachalote m Cetáceo que posee una gran cabeza y una boca relativamente pequeña.

cachano m (fam) El diablo.

cachañero, ra adj y s Chile. Que hace burla o fisga.

cachar[1] tr Hacer cachos o pedazos una cosa.

cachar[2] tr Amér. Cornear, dar cornadas.

cachar[3] tr (vulg) Arg., Nic. y Ur. Asir, coger. ‖ Amér. Centr. Conseguir, obtener. ‖ Amér. Centr. Robar, hurtar. ‖ Amér. Centr. Burlar, ridiculizar. ‖ Arg. y Chile. Sorprender a alguien. ◻ CACHADA; CACHADOR, RA.

cachar[4] tr Amér. Coger al vuelo la pelota que un jugador lanza a otro.

cacharpas f pl Amér. Merid. Trebejos, trastos de poco valor. ◻ CACHARPERO.

cacharpearse prnl Chile. Engalanarse.

cacharro m Vasija tosca o de cualquier clase. ‖ Máquina o instrumento viejo o estropeado. ◻ CHACHARRERÍA; CACHARRERO, RA.

cachaza f (fam) Lentitud y sosiego en el modo de hablar o de obrar. ‖ Col. Espuma. ‖ Col. y Ecuad. (fig) Desvergüenza. ◻ CACHAZUDO, DA.

cachear tr Registrar a gente sospechosa para quitarle las armas u objetos que pueda llevar ocultos. ‖ Chile. Acornear, amurcar. ◻ CACHEO.

cachemir m o **cachemira** f Casimir, tejido de pelo de cabra y, a veces, lana.

cacheñé m Chile. Bufanda.

cachera f Ropa de lana muy tosca.

cachería f Arg., Guat. y Salv. Comercio o tienda al por menor.

cachetada f Amér. Bofetada.

cachete m Golpe que con el puño cerrado se da en la cabeza o en la cara. ‖ Carrillo de la cara, y especialmente el abultado. ‖ Cachetero, puñal.

cachetear tr En algunas partes, dar cachetes. ‖ Chile. Comer mucho y a gusto.

cachetero m Puñal corto y agudo. ‖ Col. Peso fuerte.

cachetina f Riña a cachetes. ‖ Azotaina, tunda.

cachetón, na adj Col., Chile y Méx. Cachetudo.

cachetudo, da adj Carrilludo, que tiene abultados los carrillos.

cachicán m Capataz de una hacienda de labranza. • adj y m, (fig, fam) Hombre astuto.

cachifollar tr (fam) Humillar, apabullar.

cachimba f Pipa para fumar.

cachimbo m Amér. Cachimba, pipa. ‖ Perú. Músico de una banda. ‖ Perú. Estudiante del primer curso de universidad.

cachiporra f Palo con un extremo muy abultado. ‖ p. ext. Cualquier palo que sirve para pegar. • m Chile. Farsante, vanidoso.

cachivache m (desp) Vasija, utensilio, instrumento. Se usa más en plural. ‖ Trasto, chisme. Se usa más en plural.

cacho[1] m Pedazo pequeño de alguna cosa. ‖ Arg., Par. y Ur. Racimo de bananas.

cacho[2] m Amér. Cuerno de los animales. ‖ Chile y Guat. Cuerna o aliara. ‖ Chile. Objeto inservible.

cacho[3], **cha** adj Gacho, encorvado.

cachón m Ola de mar que rompe en la playa y hace espuma. Se usa más en plural.

cachondearse prnl (fam) Burlarse, guasearse.

cachondeo m Acción y efecto de cachondearse. ‖ (fam) Desbarajuste, juerga, guirigay.

cachondez f Apetito sexual. ‖ Diversión.

cachondo, da adj Díc. del animal que está en celo. ‖ (fig, fam) Aplícase a la persona dominada por el apetito sexual. ‖ (fig, fam) Burlón, alegre.

cachorro, rra *m* y *f* Perro de poco tiempo. ‖ Hijo pequeño de otros mamíferos; como león, tigre, etcétera.

cachucha *f* Bote o lanchilla. ‖ Especie de gorra.

cachupín, na o **cachopín, na** *m* y *f* (desp) Español que se establece en América.

cachupinada *f* (fig, fam) Fiesta de gente cursi.

cacica *f* Mujer del cacique.

cacicada *f* Acción arbitraria propia de un cacique o de quien se comporta de forma semejante.

cacicazgo o **cacicato** *m* Dignidad de cacique o de cacica. ‖ Territorio que posee el cacique o la cacica. ‖ (fam) Autoridad o poder del cacique.

cacique *m* Jefe en algunas tribus indias de Amér. Centr. y del Sur. ‖ (fig, fam) Persona que en un pueblo o comunidad ejerce influencia abusiva. ❏ CACIQUIL.

caciquear *intr* (fam) Intervenir en un asunto abusando de la autoridad, influencia o valimiento. ❏ CACIQUISMO.

caco *m* Ladrón que roba con destreza. ‖ (fam) Hombre cobarde y de poca resolución.

cacofonía *f* Repetición frecuente de unas mismas letras o sílabas. ❏ CACOFÓNICO, CA.

cacografía *f* Ortografía viciosa e incorrecta.

cacto o **cactus** *m* Nombre de diversas plantas vasculares, crasas y perennes, con tallo redondo, cubierto de espinas o pelos, donde se almacena gran cantidad de agua.

cacumen *m* (fam) Agudeza, perspicacia.

cacuminal *adj* Díc. del sonido que se articula con la lengua elevada hacia los alveolos superiores o el paladar.

cada¹ *m* Enebro.

cada² *adj* que sirve para designar separadamente una o más personas o cosas con relación a otras de su especie. ‖ Se usa como *adj* ponderativo en ciertas frases gralte. elípticas.

cadalso *m* Tablado que se levanta para un acto solemne. ‖ El que se levanta para la ejecución de la pena de muerte, patíbulo.

cadáver *m* Cuerpo orgánico después de la muerte. ❏ CADAVÉRICO, CA.

caddie o **cadi** *m* El que lleva los palos y pelotas del jugador de golf.

cadena *f* Conjunto de muchos eslabones enlazados entre sí por los extremos. ‖ Cuerda de galeotes o presidiarios que iban a cumplir la pena que se les había impuesto. ‖ (fig) Sujeción que causa una pasión vehemente o una obligación. ‖ (fig) Continuación de sucesos. ‖ (fig) Conjunto de tiendas, instalaciones, etc., de la misma especie o función, pertenecientes a una misma empresa. ‖ Conjunto de transmisores de radio o televisión que emiten el mismo programa. ‖ (fig) Conjunto de instalaciones, para la fabricación o montaje de un producto industrial. ‖ Pena aflictiva, de gravedad variable, según el código vigente.

cadencia *f* Serie de sonidos o movimientos que se sucede de un modo regular. ‖ Proporcionada distribución de los acentos y de las pausas, en la prosa o verso. ‖ Inflexión de la voz al final de una frase. ‖ Medida del sonido, que regla el movimiento de quien danza. ❏ CADENCIOSO, SA.

cadeneta *f* Labor que se hace con hilo, lana o seda, en figura de cadena delgada.

cadente *adj* Que amenaza ruina o está próximo a caer o destruirse. ‖ Cadencioso.

cadera *f* Cada una de las dos partes salientes formadas a los lados del cuerpo por los huesos superiores de la pelvis.

cadete *m* o *f* Alumno de una academia militar. ‖ *Arg.* y *Bol.* Meritorio o aprendiz de comercio.

cadi *m* Especie de palmera del Ecuador, cuyas enormes hojas se usan para el techado de las casas, y cuyo fruto es la tagua.

cadí *m* Entre musulmanes, juez que entiende en las causas civiles. ❏ CADIAZGO.

caducar *intr* Chochear. ‖ Perder su fuerza una ley, testamento, etc. ‖ (fig) Arruinarse o acabarse alguna cosa por ant. y gastada. ❑ CADUCIDAD.

caducifolio, a *adj* Díc. de los árboles y arbustos de hoja caduca.

caduco, ca *adj* Decrépito, muy anciano. ‖ Perecedero, poco durable. ❑ CADUCIDAD.

caedizo, za *adj* Que cae fácilmente, que amenaza caerse.

caer *intr* y *prnl* Venir un cuerpo de arriba abajo por la acción de su propio peso. ‖ Perder un cuerpo el equilibrio hasta dar en tierra. ‖ Desprenderse una cosa del lugar a que estaba adherida. • *intr* Seguido de la *prep* de y del nombre de alguna parte del cuerpo, venir al suelo dando en él con la parte nombrada. ‖ (fig) Venir impensadamente a encontrarse en alguna desgracia o peligro. ‖ (fig) Tratándose de operaciones del entendimiento, venir en conocimiento, llegar a comprender. ‖ (fig) Cumplirse los plazos en que empiezan a devengarse los réditos. ‖ (fig) Tocar a alguno una alhaja, empleo o suerte. ‖ (fig) Estar situado en alguna parte o cerca de ella. ‖ (fig) Venir o sentar bien o mal. ‖ (fig) Hablando del sol, del día, de la tarde, etc., acercarse a su ocaso o a su fin. • *prnl* (fig) Desconsolarse, afligirse, descaecer.

café *m* Cafeto. ‖ Semilla tostada del cafeto, y bebida que se extrae de ella. ‖ Establecimiento público donde se vende c., además de otras bebidas, y que suele ser centro de reuniones y tertulias. ‖ (fig, fam) *Amér. Merid.* Reprimenda. ❑ CAFETAL; CAFETALERO, RA.

cafeína *f* Alcaloide blanco que se obtiene de las semillas y hojas del café, del té y de otros vegetales.

cafetería *f* Local público donde se sirven cafés.

cafetero, ra *adj* Perteneciente o relativo al café. • *m* y *f* Persona que en los cafetales coge la simiente durante la cosecha. ‖ Dueño de un café.

cafetín *m* Café, establecimiento de poca importancia.

cafeto *m* Planta originaria de Abisinia, de flores blanquecinas; su fruto contiene las semillas de las que se extrae el café. ❑ CAFETAL.

cafila *f* (fam) Conjunto o multitud de gentes, animales o cosas.

cafre *adj* y *s* (fig) Bárbaro y cruel. ‖ (fig) Salvaje.

cagachín *m* Mosquito pequeño y de color rojizo.

cagada *f* Acción de cagar. ‖ Excremento. ‖ (fig, fam) Acción contraria a la que corresponde hacer en un asunto. ‖ (fig, fam) Error.

cagadero o **cagatorio** *m* Lugar donde se defeca o caga.

cagado, da *pp* de cagar. • *adj* (fig, fam) Cobarde, pusilánime.

cagalera *f* (fam) Diarrea.

caganido o **caganidos** *m* El último pájaro de la pollada. ‖ (fig) El último hijo de una familia.

cagar *intr*, *tr* y *prnl* Descargar el vientre de excremento. • *tr* (fig, fam) Manchar, deslucir, echar a perder alguna cosa. • *prnl* Acobardarse.

cagarruta *f* Cada una de las porciones del excremento del ganado menor y de ciervos, gamos, conejos y liebres.

cagatinta o **cagatintas** *m* (fam) (desp) Oficinista.

cagón, na *adj* y *s* Que hace de vientre muchas veces. ‖ (fig, fam) Díc. de la persona muy medrosa y cobarde.

caguama *f* Tortuga marina propia de las costas tropicales de América.

cagueta *adj* y *s* Díc. de la persona pusilánime, cobarde.

cahíz *m* Medida de capacidad para áridos, de distinta cabida según las regiones. ‖ Cahizada.

cahizada *f* Porción de terreno que se puede sembrar con un cahíz de grano.

cahuín *m* *Chile.* Comilona, borrachera.

caí *m* Nombre de distintas especies de monos propios de Sudamérica, de talla media, cuerpo robusto y cola prensil.

caída *f* Acción y efecto de caer. ‖ Declive de alguna cosa, como el de una cuesta a un llano. ‖ Lo que cuelga de alto abajo quedando pendiente, como tapices, cortinas, etc.

caído, da *pp* de caer. • *adj* Desfallecido, amilanado. • *adj* y *s* Muerto por una causa política o en la guerra. ❑ CAIMIENTO.

caigua f Planta indígena del Perú, cuyos frutos, rellenos de carne picada, constituyen un plato usual en aquel país.

caimán m Reptil saurio, propio de los ríos de Amér., parecido al cocodrilo. ‖ (fig) Persona que con astucia y disimulo procura salir con sus intentos.

caimito m Árbol de América Central. Existen diversas especies de las que se aprovechan sus frutos. ‖ Fruto de estos árboles. ☐ CAIMITAL.

caique m Barca muy ligera que se usa en los mares de Levante.

cairel m Cerco de cabellera postiza que imita el pelo natural. ‖ Guarnición que queda colgando a los extremos de algunas ropas, a modo de fleco. ‖ Méx. Rizo de pelo. ☐ CAIRELAR.

caite m Amér. Centr. Cacle, sandalia.

caja f Recipiente que sirve para guardar o transportar en él alguna cosa. ‖ Ataúd. ‖ Oficina o dependencia de cualquier entidad pública o privada, destinada a percibir cobros, realizar pagos y recibir valores en depósito. ‖ Cualquier forma de dinero ampliamente aceptado, generalmente en la forma de metálico o billetes de curso legal. ‖ Cuenta de los libros de contabilidad llamados Diario y Mayor.

cajel adj y f Se dice de una variedad de naranja producida por injerto de naranjo dulce sobre agrio.

cajero, ra m y f Persona que hace cajas. ‖ Persona que está al cuidado de la caja en un banco, establecimiento comercial, etc.

cajeta f Amér. Cierto tipo de dulce. ‖ C. Rica y Méx. Caja redonda con tapa, que se usa para echar postres y jaleas.

cajete m Guat., Méx. y Salv. Cazuela o escudilla de barro.

cajetilla f Paquete de cigarrillos.

cajetín m Sello de mano con que en determinados papeles de las oficinas y en títulos negociables se estampan diversas anotaciones.

cajista m o f Obrero tipográfico que compone lo que se ha de imprimir.

cajón m aum de caja. ‖ Caja grande. ‖ Caja movible de los armarios, mesas y otros muebles. ‖ Chile. Cañada larga por cuyo fondo corre algún río o arroyo. ‖ Amér. Comercio, tienda de abacería.

cajonera f Conjunto de cajones. ☐ CAJONERÍA.

cajonero m Amér. Dueño de un cajón o tienda.

cajonga f Hond. Tortilla de maíz mal molido.

cajuela f Méx. Maletero del automóvil.

cake m Bizcocho relleno de pasas y frutas.

cal f Óxido de calcio, sustancia blanca, ligera, cáustica y alcalina, que mezclada con arena, forma la argamasa o mortero.

cala¹ f Acción y efecto de calar un melón u otras frutas semejantes. ‖ Parte más baja en el interior de un buque. ‖ Lugar distante de la costa, propio para pescar con anzuelo.

cala² f Ensenada pequeña.

calabacear tr (fig, fam) Dar calabazas, desairar a un pretendiente.

calabacera f Planta anual con tallos rastreros muy largos, hojas anchas y flores amarillas, cuyo fruto es la calabaza.

calabacín m Calabacita cilíndrica de corteza verde y carne blanca.

calabaza f Fruto de las calabaceras. ‖ (fig, fam) Persona inepta y muy ignorante. ‖ (fig, fam) Suspenso, mala nota en un examen académico.

calabazo m Calabaza, fruto de la calabacera. ‖ Calabacín. ‖ Cuba. Güiro, instrumento musical. ‖ Calabaza, buque pesado.

calabobos m (fam) Lluvia menuda y continua.

calabozo¹ m Lugar seguro donde se encierra a determinados presos. ‖ Aposento de cárcel, comisaría, cuartel, etc., para incomunicar a los presos o arrestados.

calabozo² Instrumento para podar y desmochar árboles.

calada f Acción y efecto de calar un líquido. ‖ Vuelo rápido del ave de rapiña. ‖ Chupada que se da a un cigarro, cigarrillo, etc.

caladero m Sitio a propósito para calar las redes de pesca.

calado m Labor que se hace con aguja en alguna tela, sacando o juntando hilos.

‖ Profundidad que alcanza en el agua la parte sumergida de un barco.

calador, ra m y f Persona que cala o realiza trabajos de calado. ‖ *Amér.* Punzón con que se abren sacos y barriles sin que se note. • f *Ven.* Piragua grande.

caladre m Calandria, pájaro.

calafatear tr Cerrar las junturas de las maderas de las naves con estopa y brea. ‖ por ext. Cerrar o tapar otras junturas. ❏ CALAFATE.

calaguasca f *Col.* Aguardiente.

calalú m *Cuba.* Cierto potaje de verduras. ‖ *Cuba.* Planta que produce una legumbre con la que se aderezan el calalú. ‖ *Salv.* Quingombó.

calamar m Molusco comestible, de cuerpo alargado, con diez tentáculos.

calambre m Contracción espasmódica, involuntaria, dolorosa y transitoria de un músculo o grupo de ellos. ‖ Estremecimiento producido por una descarga eléctrica de baja intensidad.

calambur m Equívoco, juego de palabras.

calamidad f Desgracia o infortunio que alcanza a muchas personas. ‖ Persona muy torpe o incapaz de realizar bien las cosas.

calamitoso, sa adj Que causa calamidades o es propio de ellas. ‖ Infeliz, desdichado.

cálamo m Especie de flauta antigua. ‖ Palmera de tallos altos, delgados y flexibles, que se emplean en labores de cestería y en ebanistería (cañas de India).

calamocha f Ocre amarillo de color muy bajo.

calamón m Clavo de cabeza en forma de botón, que se usa para tapizar o adornar.

calamorra adj Dícese de la oveja que tiene lana en la cara. • f (fam) Cabeza humana.

calamorro m *Chile.* Calzado tosco.

calandra f Adorno metálico que suele cubrir el radiador de los coches.

calandrajo m (fam) Jirón que cuelga del vestido. ‖ (fam) Trapo viejo. ‖ (fig, fam) Persona ridícula y despreciable.

calandrar tr Pasar el papel o la tela por la calandria, a fin de satinarlos. ❏ CALANDRADO.

calandria[1] f Alondra, ave. • m o f (fam) Persona que se finge enferma para tener lecho y comida en un hospital.

calandria[2] f Máquina constituida por cilindros de ejes paralelos y separación regulable, que giran en sentidos opuestos.

calaña[1] f Muestra, modelo, patrón, forma. ‖ (fig) Índole, calidad, naturaleza de una persona o cosa.

calaña[2] f Abanico ordinario con varillaje de caña.

calapé m *Amér.* Tortuga asada en su concha.

calar[1] adj Calizo. • m Lugar en que abunda la piedra caliza.

calar[2] tr Penetrar un líquido en un cuerpo permeable. ‖ Atravesar un instrumento, como espada, barrena, etc., otro cuerpo de una parte a otra. ‖ (fig, fam) Tratándose de personas, conocer sus cualidades o intenciones. • tr y prnl Dicho de la gorra, el sombrero, etc., ponérselos haciéndolos entrar mucho en la cabeza. • prnl Detenerse un motor cuando no tiene la potencia necesaria para vencer las resistencias pasivas que se oponen a su funcionamiento.

calato, ta adj *Perú.* Desnudo, en cueros.

calavera f Esqueleto de la cabeza. • m (fig) Hombre poco juicioso y de vida irregular.

calaverada f (fam) Acción propia de un calavera.

calavernario m Osario.

calcáneo m Hueso corto, situado en la parte posterior del pie, que forma el talón.

calcañar o **calcañal** m Parte posterior de la planta del pie.

calcar tr Sacar copia de un dibujo, inscripción o relieve por contacto del original con el papel o la tela a que han de ser trasladados. ‖ (fig) Imitar, copiar o reproducir con exactitud y a veces servilmente. ❏ CALCADO; CALCADOR, RA.

calcáreo, a adj Que tiene cal.

calce m Llanta de las carruajes. ‖ Cuña o alza que se introduce para ensanchar el espacio entre dos cuerpos. ‖ *Amér. Centr.* y *Méx.* Pie de un documento.

calceta f Media. ‖ Tejido de punto.

calcetero, ra m y f Persona que hace o vende géneros de punto.

calcetín m dim de calceta, media. ‖ Prenda de punto que cubre el pie y parte de la pierna.

calcha f Chile. Cerneja del caballo. Se usa más en plural. ‖ Chile. Pelusa o pluma que tienen algunas aves en los tarsos. ‖ Arg. y Chile. Conjunto de las ropas de vestir y cama de los trabajadores.

calchona f Chile. Ser fantástico y maléfico. ‖ Chile. Bruja. ‖ Chile. Mujer vieja.

calcificar tr Producir por medios artificiales carbonato de cal. • tr y prnl Fijar las sales de calcio en un tejido orgánico. ☐ CALCIFICACIÓN.

calcina f Hormigón, mezcla.

calcinar tr Reducir a cal viva los minerales calcáreos, por medio del calor.

calcio m Metal blanco y muy blando, de gran importancia para el buen funcionamiento del cuerpo humano. ☐ CÁLCICO, CA.

calco m Copia de un dibujo, escrito o relieve, por contacto del original con el papel o tela en que ha de quedar fijado.

calcografía f Sistema utilizado para grabar planchas de materiales metálicos, especialmente las de cobre. ☐ CALCOGRAFIAR; CALCOGRÁFICO, CA; CALCÓGRAFO, FA.

calcomanía f Procedimiento que consiste en pasar de un papel a objetos diversos imágenes coloreadas. ‖ Imagen obtenida por este medio.

calculador, ra adj y s Que calcula. • adj (fig) Interesado, egoísta. • adj y f Díc. de la máquina que ejecuta automáticamente operaciones de cálculo.

calcular tr Hacer cálculos. ‖ (fig) Conjeturar, prever. ☐ CALCULACIÓN.

calculista adj y s Proyectista.

cálculo m Operación con la que se determina el valor de una cantidad cuya relación con la de otra u otras dadas se conoce. ‖ Conjetura. ‖ Reflexión, prudencia. ‖ Concreción anormal que se forma en la vejiga, los riñones y la vesícula biliar. ☐ CALCULATORIO, RIA.

calda f Acción y efecto de caldear. • pl Baño de aguas minerales calientes.

caldario m En las termas romanas, sala donde se tomaban baños de vapor.

caldera f Recipiente metálico dotado de una fuente de calor, donde se calienta el agua que circula por el sistema de calefacción de un edificio. ‖ Arg. Cafetera, tetera y vasija para hacer el mate.

calderería f Oficio de calderero. ‖ Tienda donde se hacen o venden obras de calderero.

calderero m El que hace o vende obras de calderería. ‖ Operario que cuida una caldera.

calderilla f Conjunto de monedas de valor inferior al de la unidad monetaria.

calderón m Caldera grande. ‖ Signo ortográfico usado antiguamente como el párrafo.

caldo m Líquido que resulta de cocer en agua la vianda. ‖ Méx. El jugo o guarapo de la caña.

calduda f Chile. Empanada caldosa de huevos, pasas, aceitunas, etc.

calé m Gitano de raza.

calefacción f Acción y efecto de calentar o calentarse. ‖ Conjunto de aparatos e instalaciones que realizan esta operación.

calefactor m El que construye, instala o repara aparatos de calefacción. • adj y m Díc. de ciertos aparatos de calefacción.

caleidoscopio m Calidoscopio.

calendario m Sistema de división del tiempo que lo agrupa en distintos intervalos (días, semanas, meses, años).

caléndula f Planta compuesta, de jardín, con flores amarillentas o anaranjadas.

calentador, ra adj Que calienta. • m Recipiente con lumbre, agua, vapor o corriente eléctrica, que sirve para calentar la cama, el baño, etc.

calentar tr y prnl Hacer subir la temperatura. • tr (fig) Avivar o dar calor a una cosa, para que se haga con más celeridad. ‖ (fig, fam) Pegar, golpear. ☐ CALENTAMIENTO.

calentura f Fiebre. ‖ Cuba. Descomposición por fermentación lenta que sufre el tabaco apilado.

calenturiento, ta adj y s Díc. del que tiene indicios de calentura. ‖ Chile. Tísico.

calesera f Chaqueta con adornos. • pl Cante popular andaluz.

calesita f Arg. y Ur. Tiovivo.

caleta f dim de cala. ‖ Cala, ensenada pequeña.

caletero m Ven. Trabajador que pertenece a la caleta, gremio.

caletre m (fam) Tino, discernimiento, capacidad.

calibrar tr Medir o reconocer el calibre de las armas de fuego o el de otros tubos. ‖ (fig) Medir el talento, cualidades, etc., de uno o la importancia de un asunto. ‖ Ajustar un instrumento de medida a fin de que tenga la precisión deseada. ❏ CALIBRACIÓN; CALIBRADOR.

calibre m Diámetro interior de las armas de fuego. ‖ Diámetro interior de muchos objetos huecos.

calicanto m Obra de mampostería.

calicata f Reconocimiento del subsuelo mediante sonda o barrena.

caliche m Piedrecilla que introducida por descuido en el barro, se calcina al cocerlo. ‖ En los melones y otras frutas, maca. ‖ Bol., Chile y Perú. Nitrato de sosa, salitre de sosa o nitrato cúbico. ‖ Bol., Chile y Perú. Calichera.

calichera f Chile. Yacimiento de caliche; terreno en que hay caliche.

calículo m Conjunto de apéndices foliáceos caliciformes que rodea el cáliz de algunas flores.

calidad f Manera de ser de una persona o cosa. ‖ Carácter, genio, índole. ‖ Condición o requisito que se pone en un contrato. ‖ (fig) Importancia o cualidad de una cosa.

cálido, da adj Que da calor. ‖ Caluroso.

calidoscopio m Instrumento óptico compuesto por tres espejos dispuestos en ángulo, que multiplican simétricamente la imagen de varios objetos de colores colocados entre ellos.

caliente adj Que tiene calor. ‖ (fig) Acalorado, vivo, si se trata de disputas, riñas, etc. • adj y s Que está excitado sexualmente.

califa m Título de los musulmanes que sucedieron a Mahoma en la jefatura de la comunidad islámica. ❏ CALIFAL.

califato m Dignidad de califa. ‖ Estructura políticoreligiosa del Islam basada en la autoridad del califa.

calificar tr Apreciar o determinar las calidades o circunstancias de una persona o cosa. • tr y prnl Valorar algo según una escala. • tr Dar o poner nota a un alumno. ‖ (fig) Ennoblecer, ilustrar, acreditar una persona o cosa. ❏ CALIFICACIÓN; CALIFICADO, DA; CALIFICADOR, RA.

calificativo, va adj Que califica. • adj y s Díc. del adjetivo que denota alguna calidad del sustantivo; también se aplica a las frases u oraciones que realizan idéntica función.

calígine f Niebla, oscuridad, tenebrosidad.

caligrafía f Arte de escribir con letra hermosa. ❏ CALIGRAFIAR; CALIGRÁFICO, CA; CALÍGRAFO, FA.

calilla f Amér. Persona molesta y pesada. ‖ (fam) Amér. Molestia, pejiguera. ‖ Chile. Deuda.

calima[1] f Calina, bruma. ❏ CALIMOSO, SA.

calima[2] f Conjunto de corchos enfilados usados para los mismos fines que una boya.

calimba f Amér. Hierro con que se marca a los animales. ❏ CALIMBAR.

calina f Neblina. ❏ CALINOSO, SA.

calípedes m Perezoso, mamífero.

calipso m Baile y ritmo propio de las Antillas menores.

cáliz m Vaso que sirve en la misa para echar el vino que ha de consagrar el sacerdote. ‖ Cubierta externa de las flores completas, casi siempre verde y de la misma naturaleza que las hojas. ❏ CALICINAL.

calizo, za adj Que contiene cal. • f Roca sedimentaria formada por carbonato de calcio.

calma f Estado de la atmósfera cuando no hay viento. ‖ (fig) Paz, tranquilidad.

calmante pa de calmar. • adj Que calma.

calmar tr y prnl Sosegar, adormecer, templar.

calmil m Méx. Tierra sembrada junto a la casa del labrador.

calmo, ma adj Díc. del terreno o tierra erial sin árboles ni matas. ‖ Que está en descanso.

caló m Lenguaje de los gitanos esp.

calor *m* Manifestación de la energía a cuyas variaciones se deben ciertos fenómenos, especialmente la dilatación y contracción y el cambio de estado de los cuerpos. || Aumento extraordinario de temperatura que experimenta el cuerpo animal, por causas fisiológicas o morbosas. ☐ CALÓRICO, CA.

caloría *f* Unidad de medida de la cantidad de calor.

caloricidad *f* Propiedad vital por la que los animales conservan casi todos un calor superior al del ambiente en que viven.

calorífero, ra *adj* Que conduce y propaga el calor. • *m* Aparato de calefacción. || Calientapiés.

calorífico, ca *adj* Que produce o distribuye calor.

calorífugo, ga *adj* Que se opone a la transmisión del calor. || Incombustible.

calostro *m* Primera secreción mamaria de la hembra, poco antes o después del parto.

calote *m Arg.* Engaño o trampa. ☐ CALOTEAR.

caloyo *m* Cordero o cabrito recién nacido.

calpul *m Guat.* Reunión, conciliábulo. || *Hond.* Montículo que señala los ant. pueblos de indios aborígenes.

calquín *m Arg.* Variedad mediana del águila, que vive en los Andes patagónicos.

calucha *f* Corteza interior del coco, almendra o nuez.

caluma *f Perú.* Cada una de las gargantas de los Andes. || *Perú.* Lugar de indios.

calumnia *f* Acusación falsa, hecha maliciosamente para causar daño. ☐ CALUMNIAR.

calungo *m Col.* Perro de pelo crespo.

caluroso, sa *adj* Que tiene calor. || (fig) Vivo, ardiente.

calva *f* Parte de la cabeza de la que se ha caído el pelo.

calvario *m* Vía crucis. || (fig, fam) Serie o sucesión de adversidades y sufrimientos.

calvatrueno *m* (fam) Calva grande que coge toda la cabeza. || (fig, fam) Calavera, hombre de poco juicio.

calvero *m* Claro en un bosque o arboleda.

calvicie *f* Falta de pelo en la cabeza.

calvinismo *m* Doctrina de los seguidores del reformador Calvino. ☐ CALVINISTA.

calvo, va *adj* y *s* Que ha perdido el pelo de la cabeza. || Tratándose del terreno, pelado, sin vegetación alguna.

calza *f* Pantalón. || Cuña con que se calza. || (fam) Media.

calzada *f* Camino empedrado y ancho. || Parte de la calle comprendida entre dos aceras.

calzado, da *adj* Que usa zapatos. || Díc. del pájaro que tiene pelo o plumas hasta los pies. • *m* Todo lo que cubre o adorna el pie y la pierna.

calzador *m* Utensilio con el que se ayuda a que el pie entre en el zapato. || *Arg.* y *Bol.* Lapicero, instrumento en que se pone el lápiz.

calzar *tr* y *prnl* Cubrir el pie, y algunas veces la pierna, con el calzado. || Tratándose de guantes, espuelas, etcétera, usarlos o llevarlos puestos. • *tr* Poner calces.

calzón *m* Prenda de vestir del hombre, que cubre desde la cintura hasta las rodillas. Úsase más en *pl.* || Pantalón. || *Méx.* Enfermedad de la caña de azúcar.

calzonazos *m* (fig, fam) Hombre que se deja dominar, particularmente por su mujer.

calzoncillos *m pl* Prenda interior de hombre, que puede cubrir desde la cintura hasta la ingle, la mitad de los muslos o los tobillos.

calzoneras *f pl Méx.* Pantalón abotonado de arriba abajo por ambos costados.

calla *f Amér.* Palo puntiagudo usado para sacar plantas con sus raíces y abrir hoyos para sembrar.

callado, da *pp* de callar. • *adj* Silencioso, reservado. || Dícese de lo hecho con silencio o reserva.

callampa *f Chile.* Seta, hongo. || (fig, fam) *Chile.* Sombrero de fieltro. || *Chile.* Choza, caseta en un arrabal.

callar *intr* y *prnl* No hablar, guardar silencio una persona. || Cesar de hablar. || Cesar de llorar, de gritar, de cantar, de tocar un instrumento musical, de meter bulla o ruido. || Abstenerse de manifestar lo que se siente o se sabe. • *tr* y *prnl* Omitir, pasar algo en silencio.

calle *f* Camino entre casas o edificios en una población. ‖ Moradores de una calle o de las calles en general. ‖ Espacio por donde debe ir un atleta o nadador durante una competición deportiva. ❑ CALLEJA; CALLEJUELA.

callejear *intr* Deambular, vagar por las calles. ❑ CALLEJEO.

callejero, ra *adj* Que gusta de callejear. • *m* Guía de calles de una ciudad.

callejón *m* Calleja, callejuela. ‖ *Perú.* Casa de vecindad con habitaciones situadas a lo largo de un pasadizo.

callista *m* o *f* Persona que se dedica a cortar o extirpar y curar dolencias de los pies.

callo *m* Dureza que por roce o presión se llega a formar en los pies, manos, rodillas, etc. • *pl* Pedazos del estómago de la vaca, ternera o carnero, que se comen guisados. ❑ CALLOSO, SA.

callosidad *f* Dureza menos profunda que el callo. • *pl* Durezas de algunas úlceras crónicas.

cama *f* Mueble que se usa especialmente para dormir, descansar, yacer, etc. ‖ Plaza para un hospital o sanatorio.

camachuelo *m* Pardillo, pájaro.

camada *f* Crías de algunos mamíferos que se paren de una vez. ‖ Conjunto de ciertas cosas extendidas horizontalmente.

camafeo *m* Figura tallada de relieve en ónice u otra piedra dura y preciosa.

camagua *adj Amér. Centr.* y *Méx.* Díc. del maíz que empieza a madurar. • *f Sal.* Elote.

camal *m* Cabestro de cáñamo o cabezón con que se ata la bestia. ‖ *Bol.* y *Perú.* Matadero de reses.

camalara *f Cuba.* Árbol silvestre, de buena madera amarillo verdosa.

camaleón *m* Reptil saurio de cuerpo comprimido lateralmente y cola prensil. ‖ (fig, fam) Persona que cambia con facilidad de parecer o creencias. ‖ *Bol.* Iguana. ‖ *Cuba.* Chipojo, lagarto verde. ‖ *C. Rica.* Pequeña ave de rapiña. ❑ CAMALEÓNICO, CA.

camalero *m Perú.* Matarife. ‖ *Perú.* Traficante en carnes.

camalote *m* Planta acuática que se cría en los grandes ríos de Amér. Merid.

camambú *m Amér.* Planta silvestre, de flor amarilla y fruta blanca y muy dulce.

camamila *f* Camomila.

camanchaca *f Chile* y *Perú.* Niebla espesa y baja.

camándula *f* Camáldula. ‖ Rosario de uno o tres dieces. ‖ (fig, fam) Hipocresía, astucia.

cámara *f* Sala o pieza pral. de una casa. ‖ Ayuntamiento, junta. ‖ Nombre que se da a distintos tipos de órganos representativos o de gobierno. ‖ Tomavistas de cine o televisión. ‖ Máquina de fotografiar.

camarada *m* o *f* Compañero y amigo. ‖ En ciertos partidos, correligionario. ❑ CAMARADERÍA.

camarero, ra *m* y *f* Persona que sirve en un bar, café o establecimiento análogo.

camareta *f Arg., Bol., Chile* y *Perú.* Mortero usado en las fiestas populares para disparar bombas de estruendo. ‖ Alojamiento de los guardias marinas en los buques de guerra.

camareto *m Cuba.* Planta parecida al aje.

camarico *m* (fig, fam) *Chile.* Lugar preferido de una persona. ‖ (fig, fam) *Chile.* Enredo amoroso.

camarilla *f* Conjunto de personas que influyen subrepticiamente en los asuntos del Estado y, por ext., en otras cosas. ❑ CAMARILLESCO, CA.

camarín *m* Capilla pequeña colocada algo detrás de un altar y en la cual se venera alguna imagen. ‖ En los teatros, cada uno de los cuartos donde los actores se visten.

camarina *f* Arbusto parecido al brezo.

camarón *m* Crustáceo marino comestible parecido a la gamba pero más pequeño. ‖ *C. Rica.* Propina o gratificación. ‖ *Perú.* Camaleón, persona que muda con facilidad de opiniones. ‖ *R. Dom.* Persona que lleva en secreto noticias.

camaronear *intr Perú.* Mudar de opinión o bando por interés. ‖ *Méx.* Pescar camarones.

camarote *m* En los barcos, cabina donde se duerme.

camarotero *m Amér.* Camarero que sirve en los barcos.

camarroya *f* Achicoria silvestre.

camastro m (desp) Lecho pobre.

camayo m Perú. Capataz de una hacienda.

cambado, da o **cambeto, ta** adj Amér. Estevado o patizambo.

cambalache m (fam) Trueque de objetos de poco valor. ‖ Arg. Prendería. ◻ CAMBALACHEAR.

cambar tr Arg. y Ven. Combar, encorvar.

cámbara f Centolla.

cambiador, ra adj Que cambia. ‖ Chile y Méx. Guardagujas.

cambiante pa de cambiar. • adj Que cambia. • m Variedad de colores o visos que hace la luz en algunos cuerpos.

cambiar tr Tomar o hacer tomar, en vez de lo que se tiene, algo que lo sustituya. Se usa también como prnl y con la prep de como intr. ‖ Dar o tomar valores o monedas por sus equivalentes. ‖ Intercambiar cosas materiales, especialmente por razones de amistad. ‖ Intercambiar algunas acciones, como ideas, palabras, miradas, risas. • intr En los vehículos de motor, pasar de una marcha o velocidad a otra. • intr y prnl Mudar o alterar una persona o cosa su condición o apariencia física o moral. • prnl Mudarse de ropa. ‖ Mudarse de casa.

cambiario, ria adj Relativo al negocio del cambio o a la letra de cambio.

cambiavía m Col., Cuba y Méx. Guardagujas.

cambija f Depósito de agua elevado sobre las cañerías que lo conducen.

cambíbora f P. Rico. Hoyo profundo en la tierra, que no se distingue al estar cubierto de vegetación y resulta peligroso.

cambín m Nasa de junco para pescar, semejante a un sombrero redondo.

cambio m Acción y efecto de cambiar. ‖ Dinero menudo. ‖ Tanto que se abona o cobra, según los casos, sobre el valor de una letra de cambio. ‖ Precio de cotización de los valores mercantiles.

cambista m o f Persona que cambia dinero o que tiene una casa de banca.

cambray m Especie de lienzo blanco muy fino.

cambrún m Col. Cierta clase de tela de lana.

cambucho m Chile. Cucurucho. ‖ Chile. Cesta o canasto en que se echan los papeles inútiles, se guarda la ropa sucia, etc. ‖ Chile. Chiribitil, tabuco, tugurio. ‖ Chile. Funda o forro de paja que se pone a las botellas para que no se quiebren.

cambuj m Mascarilla o antifaz.

cambujo, ja adj Tratándose de caballerías menores, morcillo, casi negro. ‖ Méx. Díc. del ave que tiene negras la pluma y la carne. • adj y s Méx. Díc. del descendiente de zambaigo y china, o de chino y zambaiga.

cambullón m Amér. Enredo, trampa, cambalache de mal género. ‖ Chile. Cosa hecha por confabulación de algunos, con engaño o malicia, para alterar la vida social o política. ◻ CAMBULLONERO, RA.

cambutera f Cuba. Bejuco silvestre con una flor roja en forma de estrella.

cambuto, ta adj Perú. Pequeño, rechoncho.

camelar tr (fam) Galantear, requebrar. ‖ (fam) Seducir, engañar adulando. ‖ Méx. Ver, mirar, acechar. ◻ CAMELADOR, RA.

camélido, da adj Díc. de una familia de mamíferos rumiantes a la que pertenecen el camello y el dromedario.

camelo m (fam) Galanteo. ‖ Apariencia engañosa. ◻ CAMELISTA; CAMELÍSTICO, CA.

camelote m Tejido fuerte e impermeable.

camella[1] f Gamella, artesa para que coman los animales. ‖ Gamella, arco del yugo.

camella[2] f Hembra del camello. ‖ Camellón, lomo de tierra entre dos surcos.

camellero m El que cuida de los camellos o trafica con ellos.

camello m Mamífero rumiante oriundo del Asia central, con el cuello largo, la cabeza pequeña y dos gibas en el dorso. ‖ (fig, fam) Pequeño traficante de drogas, el que la distribuye entre los consumidores.

camena f Musa, deidad de la poesía. ◻ CAMENAL.

camerá f Col. Especie de conejo silvestre.

cameraman m Operador, encargado de manejar la cámara cinematográfica.

camerino m Camarín.

camíbar *m C. Rica* y *Nic.* Copayero, árbol. ‖ *C. Rica* y *Nic.* Bálsamo de copaiba.

camilucho, cha *adj* y *s Arg.* Díc. del indio jornalero del campo.

camilla *f* Mesa armada con unos bastidores plegadizos y un tablero de quita y pon, debajo de la cual hay un enrejado y una tarima para brasero y que suele cubrirse con un tapete que llega hasta el suelo. ‖ Cama pequeña y portátil para transportar heridos o enfermos.

camillero *m* El que se dedica a transportar heridos o enfermos en camilla.

caminante *pa* de caminar. • *m* o *f* Persona que viaja caminando. • *Chile. m* Ave parecida a la alondra.

caminar *tr* Andar determinada distancia.

caminata *f* Paseo o recorrido largo y fatigoso.

caminero, ra *adj* Relativo al camino.

camino *m* Tierra hollada por donde se transita habitualmente.

camión *m* Vehículo automóvil grande y robusto, de cuatro o más ruedas, que se usa pralm. para transportar cargas pesadas. ‖ En algunas partes, autobús.

camionaje *m* Servicio de transportes hecho con camión. ‖ Precio de este servicio.

camionero, ra *m* y *f* Persona que conduce un camión.

camioneta *f* Vehículo automóvil menor que el camión y que sirve para el transporte de toda clase de mercancías. ‖ En algunas partes, autobús interurbano.

camisa *f* Prenda de vestir de tejido ligero, más o menos ceñida al torso y abrochada por delante. ‖ Telilla con que están inmediatamente cubiertos algunos frutos, legumbres y granos. ‖ Epidermis de los ofidios que se desprende periódicamente. □ CAMISERO, RA.

camiseta *f* Prenda interior, ajustada y sin cuello, gralte. de punto, que va en contacto directo con la piel.

camisola *f* Camisa de hombre o de mujer cuyo cuello y pechera bordados quedan a la vista.

camisón *m* Camisa larga que usan las mujeres para dormir. ‖ *Amér.* Camisa de mujer. ‖ *Col., Chile* y *Ven.* Vestido, traje de mujer, excepto cuando es de seda negra.

camomila *f* Manzanilla, la hierba y su flor.

camón *m* Trono real portátil que se colocaba junto al presbiterio.

camorra *f* (fam) Riña o pendencia. □ CAMORREAR; CAMORRERO, RA; CAMORRISTA.

camote *m Amér.* Batata u otro bulbo. ‖ (fig) *Amér.* Enamoramiento. ‖ (fig, fam) *Amér.* Amante, querida. ‖ (fig) *Amér.* Mentira, bola. ‖ (fig) *Méx.* Bribón, desvergonzado. ‖ (fig) *Salv.* Verdugón, cardenal. ‖ (fig) *Ecuad.* y *Méx.* Persona tonta.

camotear *intr Méx.* Andar vagando sin acertar con lo que se busca.

camotillo *m Chile* y *Perú.* Dulce de camote machacado. ‖ *Méx.* Madera de color violado, veteada de negro.

campa *adj* Díc. de la tierra que carece de arbolado, y por lo común sólo sirve para la siembra de cereales.

campamento *m* Acción de acampar. ‖ Lugar en despoblado donde se establecen temporalmente fuerzas del ejército, resguardadas de la intemperie bajo tiendas de campaña o barracas. ‖ Instalaciones provisionales donde se acampa.

campana *f* Instrumento de bronce en forma de copa, que suena al ser golpeada por un badajo que tiene en su interior.

campanada *f* Golpe que da el badajo en la campana. ‖ Sonido que hace. ‖ (fig) Escándalo o novedad ruidosa.

campanario *m* Torre de iglesia donde se colocan las campanas.

campanear *intr* Tocar las campanas. • *intr* y *prnl* (fig) Oscilar, balancear, contonear.

campanero *m* Fundidor de campanas. ‖ El que toca las campanas en la iglesia.

campanil *adj* Díc. del bronce o metal de campanas. • *m* Campanario, torre.

campanilla *f* Campana pequeña, manual, como las que se usan en ceremonias religiosas o en las casas para llamar desde la puerta.

campano *m* Cencerro. ‖ Esquila.

campante *pa* de campar. • *adj* Que campa o sobresale. ‖ (fam) Ufano, satisfecho.

campanudo, da *adj* Que tiene forma de campana.

campaña f Campo llano sin montes ni aspereza. ‖ Esfuerzos de índole diversa que se aplican a conseguir un fin determinado. ‖ *Amér.* Campo o terreno fuera de poblado. ‖ Período de operaciones de un buque o de una escuadra.

campañista m *Chile.* Pastor.

campar *intr* Sobresalir, aventajar. ‖ Acampar.

campear *intr* Salir a pacer los animales domésticos, o andar por el campo los que son salvajes. ‖ Verdear ya las sementeras. ‖ Campar, sobresalir. ‖ *Chile* y *R. de la Plata.* Salir al campo en busca de alguna persona, animal o cosa.

campechano, na *adj* (fam) Franco, dispuesto para cualquier broma o diversión. ‖ (fam) Dadivoso. ‖ (fam) Afable, sencillo, que se comporta sin ceremonias ni formulismos. ‖ *Cuba* y *Méx.* Mezcla de distintos licores o de comidas. ‖ *Ven.* Hamaca. ‖ *Ven.* Prostituta.

campeón, na m y f Persona o equipo que obtiene la primacía en una competición deportiva.

campeonato m Competición deportiva en la que se disputa el título de campeón. ‖ Preeminencia o primacía obtenida en las luchas deportivas.

campero, ra *adj* Relativo al campo o propio para andar por él. ‖ *R. de la Plata.* Aplícase a la persona que es muy práctica en el campo, así como en las operaciones y usos peculiares de las estancias. • m *Col.* Automóvil de todo terreno. • f *Arg.* y *Chile.* Chaqueta de uso informal.

campesinado m Conjunto de los campesinos.

campesino, na *adj* Perteneciente al campo.• *adj* y *s* Que vive y trabaja en él.

campestre *adj* Campesino, perteneciente al campo. ‖ Díc. de las reuniones o actividades que tienen lugar en el campo.

camping m Actividad deportiva que consiste en acampar al aire libre. ‖ Terreno reservado al camping.

campiña f Espacio grande de tierra llana de labor.

campirano, na *adj* *C. Rica.* Patán, rústico. • *adj* y *s* *Méx.* Campesino. ‖ *Méx.* En-

tendido en las faenas del campo, especialmente en la doma de animales.

campista m *Amér. Min.* Arrendador de una mina. • m o f Persona que practica el camping.

campo m Terreno extenso fuera de poblado. ‖ Tierra de cultivo. ‖ En contraposición a sierra monte, campiña. ‖ (fig) Asunto, ámbito de una actividad. ‖ Terreno de juego o lugar en que se celebra un encuentro deportivo.

camposanto m Campo santo, cementerio.

campus m *invar* Conjunto formado por los edificios y zonas verdes de una ciudad universitaria.

camuflar *tr* y *prnl* (fig) Disimular una cosa dándole aspecto de otra. □ CAMUFLAJE.

camuliano, na *adj* *Hond.* Díc. de la fruta que empieza a madurar.

can m Perro, animal. ‖ Gatillo de las armas de fuego.

cana[1] f Cabello que se ha vuelto blanco.

cana[2] f (vulg) *Col., Chile, Perú* y *Ur.* Cárcel.

canaca m *Chile.* Nombre (desp) que se da al individuo de raza amarilla. ‖ *Chile.* Dueño de un burdel.

canacuate m *Méx.* Serpiente acuática de gran tamaño.

canal *amb* Cauce artificial de agua. ‖ Parte más profunda y limpia de la entrada de un puerto. ‖ Estrecho marítimo. ‖ Margen de frecuencias entre cuyos límites se realiza una transmisión radioeléctrica.

canalete m Remo de pala muy ancha, generalmente postiza y ovalada, con el cual se boga, y sirve al mismo tiempo para gobernar las canoas.

canalizar *tr* Abrir canales. ‖ Regularizar el cauce o la corriente de un río o arroyo.

canalizo m Canal estrecho entre islas o bajos.

canalón m Conducto que recibe y vierte el agua de los tejados.

canalla f (fig, fam) Chusma, gente ruin. • m (fig, fam) Hombre despreciable, de actuación vil.

canana f Cinto dispuesto para llevar cartuchos.

canapé *m* Diván, sofá. ‖ Aperitivo consistente en una rebanadita de pan sobre la que se extienden o colocan otras viandas.

canaria *f* Hembra del canario.

canaricultura *f* Arte de criar canarios.

canario, ria *adj* y *s* Natural de las islas Canarias. • *m* Pájaro originario de las islas Canarias, de plumaje amarillo, verdoso o blanquecino.

canasta *f* Cesto de mimbres, ancho de boca, que suele tener dos asas. ‖ Juego de naipes que se practica con dos barajas fr. entre dos bandos de jugadores. ‖ En el juego del baloncesto, aro metálico del que prende una red sin fondo. ◻ CANASTERO, RA.

canastilla *f* Cestilla de mimbres en que se tienen pequeños objetos de uso doméstico. ‖ Ropa preparada para el niño que va a nacer.

canasto *m* Canasta de forma cilíndrica y boca estrecha.

cancán[1] *m* Baile de escenario muy movido que se puso de moda en París hacia 1830.

cancán[2] *m* C. Rica. Especie de loro que no aprende a hablar.

cáncana *f* Banquillo en que se hacía sentar a los alumnos como castigo.

cancanear *intr* (fam) Vagar o pasear sin objeto determinado. ‖ Col., C. Rica y Méx. Tartajear, tartamudear. ◻ CANCANEO.

cáncano *m* Piojo.

cancel *m* Reja o armazón que divide espacios de una sala o habitación.

cancela *f* Verja baja que cierra el paso en algunas entradas cuando están abiertas las puertas.

cancelar *tr* Anular, hacer ineficaz un instrumento público, una inscripción en registro, una nota o una obligación que tenía autoridad o fuerza.

cancelaría *f* Tribunal romano, por donde se despachan las gracias apostólicas.

cáncer *m* Tumor maligno que destruye los tejidos. ◻ CANCERÍGENO, NA; CANCERÓLOGO, GA; CANCEROSO, SA.

cancerar *intr* y *prnl* Tomar carácter canceroso un tumor.

cancerbero *m* (fig) Portero. ‖ Guardameta.

cancha *f* Terreno destinado a la práctica de algunos deportes: baloncesto, tenis, etc. ‖ Amér. Merid. En general, terreno, espacio, local o sitio llano y despejado. ‖ Corral o cercado espacioso para depositar ciertos objetos. ‖ Hipódromo.

canchamina *f* Chile. Cancha cercada en una mina para recoger el mineral y escogerlo.

canchear *intr* Amér. Merid. Holgazanear.

cancho *m* Peñasco o piedra grande. ◻ CANCHAL.

cancilla *f* Puerta en forma de verja que cierra los huertos, corrales o jardines.

canciller *m* Empleado auxiliar en las embajadas, legaciones, consulados y agencias diplomáticas y consulares. ‖ Magistrado supremo en algunos países. ‖ Funcionario de alta jerarquía.

cancillería *f* Oficio de canciller. ‖ Oficina especial en las embajadas, legaciones, consulados y agencias diplomáticas y consulares.

canción *f* Composición en verso que se puede cantar o hecha a propósito para que se le pueda poner música. ‖ Música con que se canta esta composición.

cancionero *m* Colección de canciones, por lo común de diversos autores.

canco *f* Chile. Especie de olla hecha de greda. ‖ Chile. Maceta, tiesto. ‖ Bol. Nalga. • *pl* Chile. Caderas anchas en la mujer.

cancro *m* Cáncer, tumor maligno.

cancroideo, a *adj* Que tiene aspecto de cáncer o cancro.

candado *m* Cerradura suelta contenida en una caja de metal que, por medio de anillos de metal, asegura puertas, ventanas, cofres, etc. ‖ Col. Perilla de la barba.

cándalo *m* Rama o tronco seco.

cande o **candi** *adj* Díc. de una forma de azúcar.

candeal o **candial** *adj* Díc. del pan, harina y trigo de primera calidad. ‖ Arg. y Par. Una clase de bebida dulce a base de huevos y leche.

candela[1] *f* Vela para alumbrarse. ‖ Candelero en que se pone la vela. ‖ (fam) Lumbre, brasa.

candela[2] *f* Flor del castaño.

candelabro *m* Candelero de dos o más brazos, que se sustenta sobre su pie o se sujeta a la pared.

candelario, ria *adj* (fam) *Perú.* Tonto.

candelejón *adj y m* (fam) *Amér.* Bobo, cándido.

candelero *m* Utensilio que sirve para sostener la vela o candela.

candelilla *f* Instrumento flexible y cilíndrico que se introduce en la uretra, recto, etc., para explorar. ‖ *C. Rica, Chile* y *Hond.* Luciérnaga. ‖ *Chile.* Fuego fatuo. Se usa más en plural.

candelizo *m* (fam) Carámbano de hielo.

candente *adj* Díc. del cuerpo, gralte. metal, cuando se enrojece o blanquea por la acción del calor. ‖ (fig) Díc. del asunto de interés actual y vivo. ☐ CANDENCIA.

candidato, ta *m y f* Persona que pretende alguna dignidad, honor o cargo. ‖ Persona propuesta, o indicada para una dignidad o un cargo, aunque no lo solicite.

candidatura *f* Reunión de candidatos a un empleo. ‖ Aspiración a cualquier honor o cargo o a la propuesta para él.

cándido *adj* Blanco. ‖ Sencillo, sin malicia.

candil *m* Utensilio para alumbrar, formado por un recipiente por cuyo borde asoma el extremo de una mecha que queda sumergida en el aceite contenido en el recipiente.

candilazo *m* Golpe dado con un candil.

candileja *f* Vaso interior del candil. • *pl* Línea de luces en el proscenio del teatro.

candilejo *m* Candileja.

candinga *f Chile.* Majadería. ‖ *Hond.* Chanfaina, enredo, baturrillo. ‖ *Méx.* Diablo.

candiota *f* Barril que sirve para llevar o tener vino u otro licor. ‖ Vasija de barro empegada por dentro y con una espita por la parte inferior; sirve para tener vino. ☐ CANDIOTERA; CANDIOTERO, RA.

candombe *m* Cierto baile de ritmo muy vivo, de procedencia africana, muy popular en diversos países de América del Sur. ‖ (fig, fam) *Arg.* y *Ur.* Desorden, confusión.

candonga *f* (fam) Broma, burla. ‖ (fam) Mula de tiro. ‖ *Hond.* Lienzo en dobleces

con que se faja el vientre a los recién nacidos. • *pl Col.* Pendientes, arracadas.

candongo, ga *adj y s* (fam) Zalamero y astuto.

candor *m* Suma blancura. ‖ (fig) Sinceridad, sencillez y pureza del ánimo. ☐ CANDOROSO, SA.

caneca *f* Frasco cilíndrico de barro vidriado, que sirve para contener ginebra u otros licores. ‖ *Ven.* y *Méx.* Botella de cerveza. ‖ *Arg.* Vasija o balde de madera.

caneco, ca *adj Bol.* Ebrio, achispado.

canela *f* Corteza de las ramas del canelo, usada como condimento. ‖ (fig, fam) Cosa muy fina y exquisita. ‖ *Col.* Fuerza, vigor.

canelero *m* Canelo, árbol de la canela.

canelillo *m C. Rica.* Canelo, madera.

canelita *f* Especie de roca meteórica.

canelo, la *adj* De color de canela. • *m* Árbol tropical de corteza aromática.

canelón[1] *m* Labor tubular de pasamanería, como la de las flechas de las charreteras. ‖ *Méx.* Cachada que se da con un trompo en otro. ‖ *Ven.* Rizo hecho en el pelo.

canelón[2] *m* Rollo de pasta de harina relleno de carne, pescado, etc., y también la pasta preparada para hacerlo.

canesú *m* Cuerpo de vestido de mujer, corto y sin mangas.

canga[1] *f* Yunta. ‖ Arado para una sola caballería.

canga[2] *Amér.* Mineral de hierro con arcilla.

cangagua *f Ecuad.* Tierra que se usa para hacer adobes.

cangalla *m o f Col.* Persona o animal enflaquecidos. ‖ *Amér.* Persona cobarde, pusilánime y despreciable.

cangallar *tr Chile.* Robar en las minas metales o piedras metalíferas. ‖ (fig) *Chile.* Defraudar al fisco.

cangilón *m* Recipiente grande de barro o metal, en forma de cántaro, para contener líquidos, y a veces para medirlos.

cangre *m Cuba.* Trozo del tallo de la yuca destinado a la reproducción.

cangrejal *m R. de la Plata.* Terreno pantanoso e intransitable por la abundancia de ciertos cangrejillos negruzcos que en él se crían.

cangrejero 138

cangrejero, ra *m y f* Persona que se dedica a coger o vender cangrejos.

cangrejo *m* Tipo de crustáceo de tamaño mediano o grande, marino o de agua dulce, alguna de cuyas especies es comestible. ‖ Verga que tiene en uno de sus extremos una boca semicircular por donde ajusta con el palo del buque.

cangro *m Col., Guat. y Méx.* Cáncer, tumor.

canguil *m Ecuad.* Maíz pequeño y muy estimado, del cual hay varias especies.

canguro *m* Mamífero marsupial herbívoro, que anda a saltos y vive en Australia y Nueva Guinea. ‖ Persona que se dedica a cuidar niños en sus domicilios.

caníbal *adj y s* Antropófago. ‖ (fig) Díc. del hombre cruel y feroz. ❏ CANIBALISMO.

canica *f* Juego de niños que se hace con bolitas de barro, vidrio u otra materia dura.

caniche *adj y s* Díc. de una raza de perros de compañía, inteligentes y hábiles.

canicie *f* Color cano del pelo.

canijo, ja *adj y s* (fam) Débil y enfermizo.

canilla *f* Cualquiera de los huesos largos de la pierna o del brazo. ‖ *Col.* Pantorrilla. ‖ (fig) *Méx.* Fuerza física.

canino, na *adj* Relativo al can. ‖ Aplícase a las propiedades que tienen semejanza con las del perro. • *m* Colmillo, diente.

canjear *tr* Hacer cambio, trueque o sustitución. ❏ CANJE; CANJEABLE.

cano, na *adj* Lleno de canas. ‖ (fig) Anciano.

canoa *f* Embarcación de remo muy estrecha, hecha ordinariamente de una pieza, sin quilla y sin diferencia de forma entre proa y popa. ‖ *Amér.* Canal de madera u otra materia para conducir el agua. ‖ *Amér.* Artesa para comer el ganado.

canódromo *m* Lugar convenientemente preparado para las carreras de galgos.

canon *m* Regla o precepto. ‖ Decisión o regla establecida en algún concilio de la Iglesia sobre el dogma o la disciplina. ‖ Catálogo o lista. ‖ Tipo de las proporciones humanas tomado como base por los artistas. ‖ Prestación pecuniaria periódica que grava una concesión.

canónico, ca *adj* Realizado según los sagrados cánones y demás disposiciones eclesiásticas.

canónigo *m* El que obtiene y desempeña una canonjía. ❏ CANONICAL.

canonizar *tr* Declarar solemnemente el Papa la santidad de un fiel. ‖ (fig) Calificar de bueno. ❏ CANONIZABLE; CANONIZACIÓN.

canonjía *f* o **canonicato** *m* Prebenda del canónigo.

cansar *tr y prnl* Causar fatiga. ‖ (fig) Enfadar, molestar, aburrir. ❏ CANSADO, DA; CANSANCIO.

cansino, na *adj* Lento, perezoso. ‖ Molesto, enfadoso. ‖ Que revela cansancio.

cantable *adj* Que se puede cantar. ‖ *Mús.* Que se canta despacio.

cantador, ra *m y f* Persona que canta coplas populares.

cantal *m* Canto de piedra. ‖ Cantizal. ❏ CANTALINOSO, SA.

cantaleta *f* Canción burlesca. ❏ CANTALETEAR.

cantante *pa* de cantar. • *adj* Que canta. • *m o f* Persona cuya profesión consiste en cantar y actuar para otros.

cantaor, ra. *m y f* Cantante de flamenco.

cantar[1] *tr* e *intr* Formar con la voz sonidos melodiosos y variados; aplícase a personas y animales, esp. las aves. • *intr* Rechinar y sonar las piezas de las máquinas. ‖ (fig, fam) Descubrir o confesar lo secreto. ‖ (fig, fam) Dicho de algunas partes del cuerpo, oler mal.

cantar[2] *m* Copla o breve composición poética puesta en música para cantarse, o adaptable a alguno de los aires populares.

cantarano o **canterano** *m* Mueble la mitad cómoda y la mitad escritorio.

cantarín, na *adj* Muy aficionado a cantar. ‖ Díc. de sonidos suaves y agradables.

cántaro *m* Vasija grande de barro, ancha de barriga y estrecha de pie y cuello, gralte. con una o dos asas.

cantata *f* Composición poética, escrita para que se ponga en música y se cante.

cantatriz *f* Cantante de profesión.

cantautor, ra *m y f* Cantante solista, autor de la letra y música de sus composiciones.

cante *m* Canto, especialmente el popular.

cantear *tr* Labrar los cantos de una tabla, piedra u otro material. ‖ Poner de canto los ladrillos. ◻ CANTEADO, DA.

cantera *f* Sitio de donde se saca piedra, greda u otro material análogo para obras varias.

cantería *f* Arte de labrar las piedras para las construcciones. ‖ Obra hecha de piedra labrada.

cantero *m* El que labra las piedras para las construcciones. ‖ *Amér.* Cuadro de un jardín.

canticio *m* (fam) Canto frecuente y molesto.

cántico *m* Cada una de las composiciones poéticas de los libros sagrados y los litúrgicos.

cantidad *f* Todo lo que es capaz de medirse o numerarse. ‖ Porción grande de alguna cosa. • *adv* (fam) Mucho.

cantiga o **cántiga** *f* Composición poética de la lírica medieval.

cantil *m* Sitio o lugar que forma escalón en la costa o en el fondo del mar.

cantilena o **cantinela** *f* Cantar, copla. ‖ (fig, fam) Repetición molesta e importuna de alguna cosa.

cantimpla *adj* y *s R. de la Plata.* Tonto.

cantimplora *f* Vasija de metal, que sirve para enfriar el agua. ‖ Recipiente aplanado, gralte. de aluminio, para llevar la bebida. ‖ *Guat.* Papera.

cantina *f* Puesto público en que se venden bebidas y algunos comestibles. ‖ *Méx.* Una tipo de alforjas, en las que se lleva comida.

cantinero, ra *m* y *f* Persona que tiene o cuida una cantina.

canto¹ *m* Acción y efecto de cantar. ‖ Arte de cantar.

canto² *m* Extremidad o lado de cualquier parte o sitio. ‖ Extremidad, punta, esquina o remate de alguna cosa. ‖ Cantón, esquina.

cantón¹ *m* Esquina de las paredes de una casa. ‖ División administrativa de ciertos países.

cantón² *m Méx.* Tela de algodón que imita al cachemir y tiene los mismos usos.

cantonada *f* Cantón, esquina de un edificio.

cantonar *tr* y *prnl* Acantonar.

cantonear *intr* Vagar ociosamente. ◻ CANTONEO.

cantonera *f* Pieza que se pone en las esquinas de libros, muebles y otros objetos, como refuerzo o adorno. ‖ Rinconera, mesilla.

cantor, ra *adj* Que tiene por oficio cantar. ‖ *f* (fam) *Chile.* Bacín, bacinilla.

canturía *f* Ejercicio de cantar. ‖ Canto monótono.

canturrear o **canturriar** *intr* (fam) Cantar a media voz. ◻ CANTURREO.

cantuta *f Amér. Merid.* Clavellina.

cánula *f* Caña pequeña. ‖ Tubo corto que se emplea en diferentes operaciones de cirugía.

canutero *m* Cañutero. ‖ *Amér.* Mango de la pluma de escribir.

canuto *m* En las cañas, parte que media entre nudo y nudo. ‖ (fam) Porro, cigarrillo de hachís o marihuana. ‖ *Amér.* Mango de la pluma de escribir.

caña *f* Tallo de las plantas gramíneas, por lo común hueco y nudoso. ‖ Canilla del brazo o de la pierna. ‖ Vaso alto y estrecho que se usa para beber vino o cerveza.

cañada *f* Espacio de tierra entre dos alturas poco distantes entre sí. ‖ Vía para los ganados trashumantes.

cañaduz *f* En algunas partes, caña de azúcar.

cañahua o **cañihua** *f Perú.* Especie de mijo, del que, fermentado, se hace chicha.

cañahueca *m* o *f* Persona muy habladora. • *f Bol.* Cañaheja.

cañal o **cañar** *m* Cañaveral. ‖ Cerco de cañas que se hace en los ríos para pescar.

cañamazo *m* Estopa de cáñamo. ‖ Tela tosca de cáñamo. ‖ Tela de tejido ralo, dispuesta para bordar en ella con seda o lana de colores.

cañamiel *f* Caña de azúcar.

cañamiza *f* Agramiza, residuo de la caña de cáñamo o lino quebrantada.

cáñamo *m* Planta que se cultiva y prepara como el lino. ‖ *Amér.* Nombre que se da a varias plantas textiles. ‖ *C. Rica, Chile* y *Hond.* Bramante, cordel delgado. ‖ Abacá, fibra textil.

cañamón *m* Simiente del cáñamo.

cañavera *f* Carrizo, planta gramínea.

cañaveral *m* Sitio poblado de cañas.

cañazo *m* Golpe dado con una caña. ‖ *Amér.* Aguardiente de caña.

cañería *f* Tubería, gralte. de plomo, hierro o cobre, que sirve para conducir agua o gas.

cañí *adj* De raza gitana.

cañinque *adj Amér.* Enclenque.

cañiza *adj* Se dice de la madera que tiene la veta a lo largo. • *f* Especie de lienzo.

cañizal o **cañizar** *m* Cañaveral.

cañizo *m* Tejido hecho con cañas partidas longitudinalmente y sujetas con bramante, usado para hacer armazones, tejados, etcétera.

caño *m* Tubo corto. ‖ En el órgano, conducto del aire que produce el sonido. ‖ Chorro, líquido que sale de un orificio.

cañón *m* Pieza hueca y larga. ‖ Parte córnea y hueca de la pluma del ave. ‖ Pieza de artillería. ‖ Paso estrecho entre montañas. ‖ *Col.* Tronco de un árbol. ‖ *Méx.* Cañada. ‖ *Perú.* Camino.

cañonera *f* Tronera, abertura para disparar el cañón. ‖ *Amér.* Pistolera.

cañonería *f* Conjunto de cañones de artillería.

cañota *f* Carrizo, planta.

cañutillo *m* Cuenta de vidrio alargada y muy fina que se emplea en trabajos de pasamanería. ‖ Hilo de oro o de plata rizado para bordar.

caoba *f* o **caobo** *m* Árbol de América, con tronco recto y grueso, cuya madera es muy estimada en ebanistería.

caolín *m* Arcilla de aspecto terroso y de color blanco que se origina por alteración de rocas ricas en feldespatos y que se emplea en la fabricación de porcelanas finas. ❒ CAOLINIZACIÓN.

caos *m* (fig) Confusión, desorden. ❒ CAÓTICO, CA.

capa *f* Prenda de abrigo sin mangas que cubre desde el cuello, ensanchándose gradualmente hacia la parte inferior. ‖ Estrato, terreno sedimentario.

capacho *m* Espuerta de juncos o mimbres. ‖ Media sera de esparto que sirve para varios usos.

capacidad *f* Espacio vacío de alguna cosa, suficiente para contener otra u otras. ‖ Extensión o espacio de algún sitio o local. ‖ (fig) Talento o disposición para comprender bien las cosas.

capacitar *tr* y *prnl* Hacer a uno apto, habilitarle para alguna cosa. ❒ CAPACITACIÓN.

capar *tr* Extirpar o inutilizar los órganos genitales. ‖ (fig) Disminuir o cercenar. ❒ CAPADOR.

caparazón *m* Cubierta que se pone al caballo de montar para tapar la silla o protegerle de la lluvia. ‖ Envoltura rígida que protege el cuerpo de crustáceos, tortugas, etc.

caparra[1] *f* Garrapata. ‖ (fig) Persona pesada e insistente.

caparra[2] *f* Señal, cantidad que se adelanta en algunos contratos.

capataz *m* El que dirige cierto número de operarios.

capaz *adj* Que tiene ámbito o espacio suficiente para recibir o contener en sí otra cosa. ‖ Grande o espacioso. ‖ (fig) Apto, proporcionado, suficiente para alguna cosa determinada. ‖ (fig) De buen talento, instruido, diestro. ‖ Apto legalmente para una cosa.

capazo *m* Espuerta grande de esparto o de palma.

capcioso, sa *adj* Díc. de las palabras, doctrinas, proposiciones, etc., falsas o engañosas.

capear *tr* Hacer suertes con la capa al toro o novillo. ‖ (fig, fam) Entretener a uno con engaños o evasivas. ‖ (fig, fam) Eludir un compromiso o trabajo ingratos. ‖ Sortear el mal tiempo con adecuadas maniobras. ❒ CAPEADOR; CAPEO.

capelo *m* Sombrero rojo de los cardenales.

capellada *f* Puntera, contrafuerte. ‖ Remiendo que se echa en la pala a los zapatos rotos.

capellán *m* Sacerdote que dice misa en una capilla privada y está a sueldo de una corporación o de un particular.

capellanía *f* Fundación en la cual ciertos bienes quedan sujetos al cumplimiento de misas.

caperuza *f* Bonete que remata en punta inclinada hacia atrás.

capi *m Amér. Merid.* Maíz. || *Chile.* Vaina de simiente, como el fréjol, cuando está tierna.

capia *f Arg., Col. y Perú.* Variedad de maíz blanco y muy dulce. || *Arg. y Col.* Dulce de maíz.

capicúa *m* Número que se lee lo mismo de derecha a izquierda que de izquierda a derecha.

capigorra, capigorrista o capigorrón *adj y s* Ocioso y holgazán.

capilar *adj* Perteneciente o relativo al cabello. || Díc. de los fenómenos producidos por la capilaridad. • *adj y m* Tubo de radio interior muy pequeño. || Cada uno de los vasos sanguíneos que comunican las arteriolas con las vénulas.

capilaridad *f* Calidad de capilar. || Fenómeno que consiste en la elevación o el descenso del nivel de un líquido en el interior de un tubo capilar sumergido parcialmente en dicho líquido.

capilla *f* Edificio contiguo a una iglesia, o parte integrante de ella, con altar y advocación particular. || (fig, fam) Pequeño grupo de adictos a uno o a una idea.

capillo *m* Vestidura de tela blanca que se pone en la cabeza de los niños al bautizarlos.

capirotazo *m* Golpe que se da gralte. en la cabeza.

capitación *f* Reparto de contribuciones y tributos por cabezas. || Impuesto que se paga por persona, sin atención a sus capitales e ingresos.

capital *adj* Tocante o perteneciente a la cabeza. || Aplícase a los siete pecados o vicios que son cabeza u origen de otros. || Dícese de la población pral. y cabeza de un estado, prov. o distrito. || (fig) Pral. o muy grande. || Dícese de la letra mayúscula. • *m* Hacienda, caudal, patrimonio. ☐ CAPITALINO, NA.

capitalidad *f* Calidad de ser una población cabeza o cap. de partido, de provincia, etcétera.

capitalismo *m* Sistema económico y político basado en el predominio del capital como factor de producción y creador de riqueza.

capitalista *adj* Propio del capital o del capitalismo. • *m y f* Persona acaudalada. || Persona que coopera con su capital a uno o más negocios, en oposición al que contribuye con su trabajo.

capitalizar *tr* Convertir en capital. || (fig) Convertir en beneficioso determinado hecho por parte de una persona u organización. ☐ CAPITALIZACIÓN.

capitán *m* Oficial del ejército, a quien reglamentariamente corresponde el mando de una compañía, escuadrón, batería o unidad similar. || Jefe de un grupo de gente, equipo deportivo, etc. ☐ CAPITANEAR.

capitanía *f* Empleo de capitán. || Compañía de soldados, con sus oficiales subalternos, mandada por un capitán.

capitel *m* Parte superior de la columna, que la corona con figura y ornamentación.

capitolio *m* Edificio majestuoso y elevado.

capitoste *m y f* (desp) Cabecilla de una entidad económica, institución política, etc.

capitulación *f* Convenio, pacto. || Convenio en que se estipula la rendición de un ejército, plaza o punto fortificado.

capitular *intr* Pactar, hacer algún ajuste o concierto. || Entregarse una plaza de guerra o un cuerpo de tropas bajo determinadas condiciones.

capitulear *intr Chile y Perú.* Cabildear.

capítulo *m* Junta que celebran los canónigos y clérigos para las elecciones de prelados y para otros asuntos. || Cada una de las divisiones importantes que se hacen en un libro o escrito.

capo *m* Jefe de una mafia. || *Arg. y Ur.* Persona que está al mando o que es muy competente.

capó *m* Cubierta del motor de un automóvil o avión. || Cubierta del maletero o portaequipajes de los coches.

capón *adj y m* Díc. del hombre y del animal castrado. • *m* Pollo que se castra cuando es pequeño y se ceba. ☐ CAPONAR.

caporal *m* El que está al mando de un grupo de gente. || *Amér.* Capataz de una estancia de ganado. || Cabo de escuadra.

capota *f* Cubierta plegadiza que llevan algunos carruajes y automóviles.

capote *m* Capa con mangas y con menos vuelo que la capa común. ‖ Especie de gabán ceñido al cuerpo y con largos faldones.

capotear *tr* Capear al toro de lidia. ‖ (fig) Capear, entretener con engaños. ❑ CAPOTEO.

caprario, ria *adj* Perteneciente o relativo a la cabra.

capricho *m* Deseo irreflexivo. ‖ Antojo. ‖ Obra de arte llena de ingenio e imaginación.

capricornio *m* Signo y constelación zodiacales.

cápsula *f* Casquete metálico con que se cierran herméticamente las botellas después de llenas y taponadas con corcho. ‖ En las armas de fuego, cilindro metálico hueco que contiene el fulminante. ‖ Membrana en forma de saco cerrado, que se encuentra en las articulaciones y en otras partes del cuerpo. ‖ Habitáculo hermético donde se coloca la tripulación, instrumentos de investigación y control, etc. ‖ Envoltura insípida y soluble de ciertos medicamentos desagradables al paladar. ❑ CAPSULAR.

captar *tr* Percibir por los sentidos. ‖ Recibir imágenes, ondas, etc. ‖ Darse cuenta, percatarse de algo. ‖ Entender, comprender. ❑ CAPTACIÓN; CAPTADOR, RA; CAPTATORIO, RIA.

captor, ra *adj* Que capta. • *adj y s* Que captura. ‖ *Amér.* En términos jurídicos, el que hace una presa marítima.

capturar *tr* Prender, apresar. ‖ Cazar o pescar. ❑ CAPTURA.

capucha *f* Especie de capilla unida a varias prendas de vestir. ‖ Capucho.

capuchón *m* Capucha grande. ‖ Prepucio. ‖ Cubierta de la pluma estilográfica, bolígrafo, etcétera.

capuera *f Arg.* y *Par.* Terreno desbrozado, esp. el ganado a la selva para la agricultura.

capullo *m* Envoltura en la que se encierran algunas orugas para transformarse en mariposas. ‖ Yema floral cuando está próxima a abrirse. ‖ (fig, fam) Glande. • *adj y s* (fig, fam) Estúpido, necio.

capuz *m* Capucho. ‖ Cierta capa o capote antiguo. ‖ Chapuz, acción de chapuzar.

caqui *m* Tela de algodón o de lana, cuyo color va desde el amarillo ocre al verde gris. • *adj y m* Díc. del color de esta tela.

cara *f* Parte anterior de la cabeza, desde el principio de la frente hasta la punta de la barba, en las personas y algunos animales. ‖ Semblante, expresión del rostro. ‖ Fachada o frente de alguna cosa. ‖ Anverso de las monedas. ‖ (fig) Desfachatez. ‖ Cada plano de un ángulo diedro o poliedro. ‖ Cada una de las superficies que forman o limitan un poliedro. • *adv* lugar. Hacia.

cárabe *m* Ámbar.

carabela *f* Embarcación ligera, larga y angosta, con una sola cubierta con tres palos, tres velas latinas, y algunas vergas de cruz.

carabina *f* Arma de fuego, portátil, menor que el fusil. ‖ (fig, fam) Mujer que hacía de acompañante de una joven.

carabinero *m* Soldado que usaba carabina. ‖ Soldado destinado a la persecución del contrabando.

caracho, cha *adj* De color violáceo.

caracol *m* Molusco gasterópodo, de concha en forma de espiral; de sus varias especies, algunas son comestibles, unas son terrestres, otras de aguas dulces y otras marinas. ‖ Una de las tres cavidades que constituyen el laberinto del oído.

caracola *f* Molusco marino, de gran tamaño; su concha vacía puede utilizarse a manera de trompeta.

carácter *m* Señal o marca que se imprime, pinta o esculpe en alguna cosa. ‖ Estilo o forma de los signos de la escritura ‖ Modo de ser peculiar y privativo de cada persona. • *pl* Letras de imprenta.

característico, ca *adj* Perteneciente o relativo al carácter. • *adj y f* Aplícase a la cualidad que da carácter o sirve para distinguir una persona o cosa de sus semejantes.

caracterizar *tr* Determinar los atributos peculiares de una persona o cosa, de modo que claramente se distinga de las demás. • *prnl* Pintarse la cara o vestirse e actor conforme al tipo o figura que ha de representar. □ CARACTERIZACIÓN; CARACTERIZADO, DA.

caracú *m Amér.* Hueso con tuétano que se echa en algunos guisos.

carado, da *adj* Con los *adv bien* o *mal*, que tiene buena o mala cara.

caradura *adj* y *s* Desvergonzado, descarado, cínico.

caraguatá *f Amér.* Especie de pita. ‖ *Amér.* Filamento producido por esta planta textil.

carajillo *m* Bebida compuesta de café y un licor, gralte. coñac, anís o ron.

carajo *m* Pene; es voz malsonante.

caramañola o **caramayola** *f Arg.* y *Chile.* Cantimplora.

carambola *f* Lance del juego de billar en que la bola atacada toca a otras dos. ‖ (fig, fam) Enredo, embuste. □ CARAMBOLEAR; CARAMBOLISTA; CARAMBOLERO, RA.

caramelear *tr* (fig, fam) *Col.* Dilatar con engaños la solución de un asunto. □ CARAMELEO.

caramelo *m* Pasta de azúcar, hecho almíbar al fuego, y endurecido sin cristalizar al enfriarse. □ CARAMELIZAR.

caramera *f Ven.* Dentadura mal ordenada.

caramillo *m* Montón mal hecho. ‖ (fig) Chisme, enredo, embuste. □ CARAMILLOSO, SA.

caramujo *m* Rosal silvestre.

carancho *m Perú.* Búho, ave rapaz nocturna.

carantoña *f* (fig, fam) Mujer vieja, fea y muy pintada. • *pl* (fam) Halagos y caricias que se hacen a una para conseguir de él alguna cosa. □ CARANTOÑERO, RA.

caraña *f* Resina medicinal de ciertos árboles americanos. ‖ *Amér.* Nombre que reciben estos mismos árboles.

carapacho *m* Caparazón que cubre las tortugas, los cangrejos y otros animales.

carate *m* o **caratea** *f* Especie de sarna, común en algunos países de América.

carátula *f* Careta, máscara o mascarilla. ‖ Portada o cubierta de un libro o de los estuches de discos, cintas de vídeo, etc. ‖ *Méx.* Esfera del reloj. □ CARATULADO, DA; CARATULAR.

caravana *f* Conjunto de personas, animales o vehículos que viajan juntos. ‖ Hilera de vehículos que se forma en una carretera cuando el tráfico es muy intenso. ‖ Vehículo acondicionado para vivir en él, que suele ser remolcado por un automóvil.

¡caray! *interj* ¡Caramba!

cárbaso *m* Variedad de lino muy delgado.

carbón *m* Materia sólida, ligera, negra y muy combustible, que resulta de la combustión, de la destilación incompleta de la leña o de la descomposición natural incompleta de otros cuerpos orgánicos. □ CARBONAR; CARBONERÍA; CARBONERO, RA; CARBONOSO, SA.

carbonada *f* Cantidad grande de carbón que se echa de una vez en la hornilla. ‖ *Arg., Chile* y *Perú.* Guisado nacional, compuesto de carne frita, rebanadas de choclos, zapallo, papas y arroz.

carbonado *m* Diamante negro.

carboncillo *m* Palillo de brezo, sauce u otra madera ligera, que, carbonizado, sirve para dibujar.

carbonear *tr* Hacer carbón de leña. □ CARBONEO.

carbonera *f* Pila de leña cubierta de arcilla, que quema con combustión incompleta por falta de oxígeno, para obtener carbón vegetal. ‖ *Chile.* Parte del ténder en que va el carbón.

carbonilla *f* Carbón mineral menudo que, como residuo, suele quedar al mover y trasladar el grueso.

carbonizar *tr* y *prnl* Reducir a carbón un cuerpo orgánico. • *tr* Destilar carbón, madera u otras sustancias orgánicas. □ CARBONIZACIÓN.

carbono *m* Elemento químico que se encuentra libre en la naturaleza, cristalizado (diamante, grafito) o amorfo (carbones minerales). □ CARBÓNICO, CA.

carburador, ra *adj* Que carbura. • *m* Dispositivo de los automóviles que mezcla la gasolina con el aire.

carburante *m* Mezcla de hidrocarburos que se emplea en los motores de explosión o de combustión interna.

carburar *tr m* Mezclar los gases o el aire atmosférico con los carburantes líquidos, para hacerlos combustibles o detonantes. ❏ CARBURACIÓN.

carca *adj* y *s* (fam) Muy conservador.

carcajada *f* Risa impetuosa y ruidosa.

carcamal *adj* y *m* (fam) Dícese de la persona decrépita y achacosa.

carcasa *f* En la técnica de las construcciones mecánicas, estructura exterior gralte. compuesta por vigas.

cárcava *f* Zanja grande que suelen hacer las avenidas de agua. ‖ Zanja o foso.

carcavuezo *m* Hoyo profundo en la tierra.

cárcel *f* Edificio destinado a tener encerrados a los presos, que han de cumplir penas cortas o preventivas. ❏ CARCELARIO, RIA; CARCELERO, RA.

carcinoma *m* Tumor de naturaleza cancerosa. ❏ CARCINOMATOSO, SA.

carcoma *f* Insecto muy pequeño y de color oscuro, cuya larva roe y taladra la madera.

carda *f* Acción y efecto de cardar. ‖ Máquina utilizada en la ind. textil para separar completamente las fibras entre sí.

cardador, ra *m* y *f* Persona que carda la lana.

cardán *m* Suspensión articulada, por la que un cuerpo se mantiene horizontal.

cardar *tr* Preparar con la carda una materia textil para el hilado. ‖ Sacar suavemente el pelo con la carda a los paños y felpas. ❏ CARDA; CARDADO, DA; CARDADURA.

cardenal[1] *m* Cada uno de los prelados que componen el Sacro Colegio.

cardenal[2] *m* Equimosis, mancha en la piel por un golpe.

cardenillo *m* Mezcla venenosa de acetatos básicos de cobre.

cardiaco, ca o **cardíaco, ca** *adj* Perteneciente o relativo al corazón. • *adj* y *s* Que padece del corazón.

cardialgia *f* Dolor agudo que se siente en el cardias y oprime el corazón. ❏ CARDIÁLGICO, CA.

cardias *m* Orificio esofágico del estómago; boca del estómago.

cardinal *adj* Principal, fundamental. ‖ Cada una de las cuatro partes que dividen el horizonte en otras tantas partes iguales. ‖ Díc. del adjetivo numeral que expresa exclusivamente el número, la cantidad. • *m* Expresión del número de elementos de un conjunto.

cardiógrafo *m* Aparato que mide y registra los movimientos del corazón. ❏ CARDIOGRAMA.

cardiología *f* Parte de la medicina que trata de los conocimientos relativos al corazón y sus funciones. ❏ CARDIÓLOGO, GA.

cardiopatía *f* Nombre genérico de las enfermedades del corazón. ❏ CARDIÓPATA.

cardiovascular *adj* Perteneciente o relativo al corazón y a los vasos sanguíneos.

cardo *m* Nombre común de varias plantas espinosas con flores agrupadas en capítulos. ‖ (fig) Persona de extremada fealdad. ❏ CARDIZAL.

cardume o **cardumen** *m* Banco, conjunto de peces. ‖ *Chile.* Multitud o abundancia de cosas.

careador *adj* Díc. del perro empleado para carear o guiar las ovejas.

carear *tr* Poner una o varias personas en presencia de otra u otras, para comprobar la veracidad de sus afirmaciones. ❏ CAREO.

carecer *intr* Tener falta de alguna cosa. ❏ CARECIMIENTO; CARENCIAL; CARENTE.

carena *f* Casco, en especial los fondos, de una embarcación.

carenar *tr* Reparar el casco de un barco. ‖ Revestir una motocicleta u otro vehículo con piezas de fibra de vidrio o plástico que mejoran su aerodinámica y su apariencia. ❏ CARENADO, DA; CARENADURA.

carencia *f* Falta o privación de determinadas cosas. ‖ Falta de determinadas sustancias, esp. vitaminas, debida a la alimentación.

carero, ra *adj* (fam) Díc. de la persona que acostumbra a vender caro.

carestía *f* Precio alto. ‖ Falta o escasez de alguna cosa.

careta *f* Máscara o mascarilla de cartón u otra materia para cubrir la cara.

carey *m* Tortuga de mar, muy apreciada por su concha. ‖ Materia córnea que se obtiene de las conchas del carey y otros objetos.

carga f Acción y efecto de cargar. ‖ Cosa que hace peso sobre otra. ‖ Cosa transportada. ‖ Unidad de medida de algunos productos forestales, como leña, carbón, etc. ‖ (fig) Gravamen de la propiedad, gralte. en la inmueble. ‖ Embestida o ataque contra manifestantes o grupos de personas.

cargado, da pp de cargar. • adj Díc. del tiempo o de la atmósfera bochornosa. ‖ Fuerte, espeso, saturado, como el café.

cargador, ra adj Que carga. • m El que embarca las mercancías para que sean transportadas. ‖ Amér. Mozo de cordel.

cargamento m Conjunto de mercancías que se transportan.

cargante pa de cargar. • adj Que carga o molesta.

cargar tr Poner o echar peso sobre una persona o una bestia. ‖ Embarcar o poner en un vehículo mercancías para transportarlas. ‖ Poner una carga o repuesto. ‖ Anotar en las cuentas corrientes las partidas que corresponden al debe. ‖ Acometer con fuerza y vigor a los enemigos. ‖ intr (fig) Con la prep sobre, hacer a uno responsable de culpas o defectos ajenos. • prnl Matar a una persona o animal. ‖ Suspender a alguien en un examen.

cargareme m Recibo.

cargazón f Cargamento. ‖ Pesadez de cabeza, estómago, etc. ‖ Arg. Obra mal terminada. ‖ Arg. y Chile. Abundancia de frutos en los árboles y otras plantas.

cargo m Acción o peso. ‖ En las cuentas, conjunto de cantidades que uno ha recibido o que anota en el debe. ‖ (fig) Dignidad, empleo, oficio.

cargoso, sa adj Pesado, grave, fatigoso. ‖ Molesto, gravoso. ☐ CARGOSEAR.

carguero, ra adj Que lleva carga. • m Buque de carga. ‖ Arg. Bestia de carga.

cari adj Arg. y Chile. Díc. del color pardo claro o plomizo. ‖ Chile. Pimienta de la India.

caria f Fuste o caña de la columna.

cariacontecido, da adj (fam) Que muestra en el semblante pena, turbación o sobresalto.

cariátide f Estatua de mujer con traje talar, y que sirve de columna o pilastra.

caribú m Mamífero que habita en la tundra ártica canadiense.

caricato m Bajo cantante que en la ópera hace los papeles de bufo. ‖ Amér. Caricatura.

caricatura f Figura ridícula en que se deforman las facciones y el aspecto de alguna persona. ‖ Amér. Cortometraje de dibujos animados. ☐ CARICATURAR; CARICATURISTA; CARICATURIZAR.

caricia f Roce suave y agradable. ‖ Halago, agasajo, demostración amorosa.

caridad f Sentimiento compasivo hacia los que padecen infortunio. ☐ CARITATIVO, VA.

caries f Proceso destructivo del diente, por acción de ciertas bacterias.

carilampiño, ña adj Sin barba, barbilampiño.

carillón m Grupo de campanas en una misma torre que producen un sonido armónico.

carimbo m o **carimba** f Bol. y Perú. Calimba, hierro para marcar las reses. ☐ CARIMBAR.

cariño m Afecto, amor. ‖ Expresión y señal de dicho sentimiento. ☐ CARIÑOSO, SA.

cariparejo, ja adj (fam) Se dice de la persona cuyo semblante es inmutable.

caripelado m Col. Especie de mono.

carisma m Conjunto de cualidades que dan un atractivo especial a una persona. ☐ CARISMÁTICO, CA.

cariz m Aspecto de la atmósfera. ‖ (fig, fam) Aspecto que presenta un asunto.

carmenar tr y prnl Desenredar, desenmarañar y limpiar el cabello, la lana o la seda. ☐ CARMENADOR; CARMENADURA.

carmesí adj y s Aplícase al color de grana dado por el quermes animal y a lo que es de este color. ‖ Polvo de color de la grana quermes. ‖ Tela de seda roja.

carmín m Producto de color rojo intenso que se saca pralm. de la cochinilla. ‖ Este mismo color. ☐ CARMÍNEO, A; CARMINOSO, SA.

carnada f Cebo para pescar o cazar.

carnadura f Musculatura, robustez, abundancia de carnes. ‖ Encarnadura.

carnal adj Perteneciente a la carne. ‖ Sensual o lascivo. ‖ Perteneciente a la lujuria.

|| Díc. de los parientes colaterales en primer grado. □ CARNALIDAD.

carnaval *m* Los tres días que preceden al miércoles de ceniza. || Fiesta popular que se celebra en tales días.

carnaza *f* Carnada, cebo.

carne *f* Masa de musculatura estriada en el hombre y los animales, que incluye gralte. tejido conjuntivo y grasa. || Musculatura de vaca, ternera, cerdo, cordero y carnero, usada por el hombre para su nutrición. □ CÁRNICO, CA; CARNIFORME; CARNOSO, SA.

carné o **carnet** *m* Tarjeta o documentación de identidad, acreditación, etc.

carnear *tr Amér.* Matar y descuartizar las reses, para aprovechar su carne. || (fig) *Chile.* Engañar a uno perjudicándole en sus intereses. || *Méx.* Herir y matar con arma blanca. □ CARNEADA.

carnero[1] *m* Mamífero de cuernos huecos, angulosos y arrollados en espiral, lana espesa, blanca, negra o rojiza y pezuña hendida. || Macho de la oveja. || *Arg., Chile* y *Perú.* Persona sin voluntad propia. □ CARNERADA; CARNERAJE; CARNERERO; CARNERIL; CARNERUNO, NA.

carnero[2] *m* Lugar donde se echan los cadáveres. || Osario.

carnestolendas *f pl* Carnaval.

carnicería o **carnecería** *f* Tienda donde se vende carne al por menor. || Mortandad de gente causada por la guerra u otra gran catástrofe.

carnicero, ra *adj* y *s* Carnívoro. • *adj* (fig) Cruel, sanguinario, inhumano. • *m* y *f* Persona que vende carne.

carnosidad *f* Carne superflua que crece en una llaga. || Carne irregular que sobresale en alguna parte del cuerpo. || Gordura extremada.

caro, ra *adj* Que excede mucho de valor o estimación regular. || Subido de precio.

caroñoso, sa *adj* Aplícase a las caballerías que tienen mataduras.

carosis *f* Coma profundo.

carota *f aum* de cara. || Cara muy grande y redondeada. || *com* (fig, fam) Caradura.

caroteno o **carotina** *m* Pigmento de color amarillo o rojo anaranjado que se encuentra en verduras y hortalizas.

carótida *f* Cada una de las dos arterias que por uno y otro lado del cuello llevan la sangre a la cabeza.

carpa[1] *f* Pez de agua dulce, con el dorso verdoso y el vientre amarillo, boca pequeña, escamas grandes y una sola aleta dorsal.

carpa[2] *f* Toldo de circo. || *Amér. Merid.* Toldo, tenderete de feria. || *Chile, Méx.* y *Perú.* Tienda de campaña. || *Arg.* y *Ur.* Tienda de playa.

carpanta *f* (fam) Hambre violenta. || *Méx.* Pandilla de gente alegre y maleante.

carpe *m* Hojaranzo, variedad de jara. □ CARPEDAL.

carpeta *f* Especie de cartera para escribir sobre ella y guardar papeles. || *Arg.* y *Ur.* Tapete.

carpincho *m* Roedor anfibio que vive en América del Sur, a orillas de los ríos y lagunas.

carpintería *f* Taller en donde trabaja el carpintero. || Oficio de carpintero.

carpintero *m* El que por oficio hace muebles sencillos y otros trabajos de madera.

carpir *tr Amér.* Limpiar o escardar la tierra. • *tr* y *prnl* Dejar a uno pasmado. □ CARPIDOR.

carpo *m* Conjunto de los huesos de la muñeca. □ CARPIANO, NA.

carpófago, ga *adj* Díc. del animal cuya alimentación base está constituida por frutos.

carraca[1] *f* Antigua nave de transporte de grandes dimensiones. || Barco viejo y lento.

carraca[2] *f* Instrumento de madera que produce un ruido seco y desagradable. || *Col.* Mandíbula o quijada seca de algunos animales.

carraco, ca *adj* y *s* (fam) Díc. del viejo achacoso. • *m Col.* Aura, ave.

carramplón *m Col.* Instrumento musical rústico. || *Col.* Clavos salientes que se ponen en las suelas de las botas. || *Col., Ven.* y *Méx.* Fusil.

carrasca[1] *f* o **carrasco** *m* Árbol parecido a la encina, pero de menor tamaño. □ CARRASCOSO, SA; CARRASQUEÑO, ÑA.

carrasca[2] *f Col.* Instrumento musical primitivo.

carrascal o **carrasco** *m Amér*. Extensión grande de terreno con vegetación leñosa y piedras.

carraspear *intr* Toser ligeramente para aclarar la garganta.

carrasposo, sa *adj* Díc de la persona que padece carraspera. ‖ *Amér*. Díc. de lo que es áspero al tacto.

carrera *f* Paso rápido del hombre o del animal, para trasladarse de un sitio a otro. ‖ Sitio destinado expresamente para correr. ‖ Recorrido de un vehículo de alquiler. ‖ Certamen de velocidad. ‖ (fig) Línea de puntos que se sueltan en la media o en otro tejido análogo. ‖ Conjunto de estudios que habilitan para el ejercicio de una profesión. • *pl* Concurso hípico.

carreta *f* Carro de dos ruedas, largo, estrecho y más bajo que el ordinario, cuyo plano se forma de tres o cinco maderos, y el de en medio más largo, que sirve de lanza, donde se sujeta el yugo. ☐ CARRETADA; CARRETERÍA; CARRETERO, RA; CARRETERIL.

carrete *m* Cilindro taladrado por el eje, con bordes en sus bases, en el que se arrollan hilo, alambre, cordel, etc.

carretear *tr* Conducir una cosa en carreta o carro.

carretela *f* Coche de cuatro asientos con caja poco profunda y cubierta plegadiza. ‖ *Chile*. Vehículo de dos ruedas para acarrear bultos. ‖ *Chile*. Ómnibus.

carretera *f* Camino público, ancho y espacioso, pavimentado, destinado al paso de vehículos.

carretilla *f* Carro pequeño de mano, con una rueda en la parte anterior y en la posterior dos pies para descansarlo. ‖ *Amér*. Carro común de menores dimensiones que la carreta. ‖ *Arg*. y *Chile*. Quijada, mandíbula. ‖ *Arg*. Fruto del trébol. ☐ CARRETILLERO.

carretón *m* Carro pequeño. ‖ Armazón con una rueda, en donde lleva el afilador las piedras y un pequeño recipiente con agua. ☐ CARRETONERO.

carricoche *m* (desp) Coche viejo o destartalado.

carriel *m Col., Ecuad.* y *Ven*. Garniel, maletín de cuero. ‖ *C. Rica*. Bolsa de viaje

con varios compartimientos para papeles y dinero.

carril *m* Surco que hacen en la tierra las ruedas. ‖ Cada una de las guías fijas sobre las que se mueve un mecanismo o vehículo especialmente adaptado para desplazarse sobre raíles. ‖ En las vías públicas, cada banda longitudinal destinada al tránsito de una sola fila de vehículos.

carrilano *m Chile*. Operario del ferrocarril. ‖ *Chile*. Ladrón, bandolero.

carrilera *f* Carril que forman las ruedas.

carrillo *m* Parte carnosa de la cara, debajo de la mejilla. ‖ Garrucha o polea.

carriola *f* Cama baja o tarima con ruedas.

carrizo *m* Planta gramínea, de raíz larga, tallo alto, hojas lanceoladas y flores en panículas grandes. ☐ CARRIZAL.

carro *m* Carruaje, comúnmente de dos ruedas, con lanza o varas para poder enganchar el tiro, y cuya armazón consiste en un bastidor con listones o cuerdas para sostener la carga, y varales o tablas en los costados y frentes para sujetarla. ‖ En las máquinas de escribir, pieza móvil en que va montado el papel, sobre un rodillo. ‖ Carro de combate. ‖ *Amér*. Automóvil.

carrocería *f* Parte de los vehículos que se apoya sobre el bastidor y sirve de envolvente de los restantes elementos. ☐ CARROCERO; CARROZAR.

carromato *m* Carro con dos varas para enganchar una caballería o más en reata, con bolsas para la carga y un toldo de lona.

carroña *f* Carne corrompida. ‖ (fig) Persona, idea o cosa ruin y despreciable. ☐ CARROÑAR; CARROÑERA, RA; CARROÑO, ÑA; CARROÑOSO, SA.

carroza *f* Coche grande, lujosamente adornado.

carruaje *m* Vehículo formado por una armazón de madera o hierro, montada sobre ruedas. ☐ CARRUAJERO.

carruata *f* Especie de pita americana, cuya fibra, muy resistente, se usa para hacer cuerdas.

carrusel *m* Espectáculo en el que varios jinetes ejecutan vistosas evoluciones. ‖ Tiovivo.

carta *f* Escrito de carácter privado que una persona envía a otra, gralte. en sobre cerrado. ‖ Cada uno de los naipes de la baraja. ‖ Constitución escrita de un Estado. ‖ Mapa geográfico. ‖ Lista de manjares y bebidas que se pueden tomar en un restaurante o lugar análogo. ☐ CARTERO, RA; CARTERÍA.

cartabón m Instrumento en forma de triángulo rectángulo isósceles que se emplea en el dibujo lineal.

cartapacio m Cuaderno para escribir o tomar apuntes. ‖ Carpeta.

cartear intr Jugar las cartas. • prnl Escribirse dos personas. ☐ CARTEO.

cartel m Papel, impreso o manuscrito, que se coloca en un lugar público con objeto de anunciar alguna cosa.

cártel o **cartel** m Acuerdo entre varias empresas para regular la producción, la venta o los precios. ‖ Agrupación de personas que persiguen fines ilícitos, aplicado especialmente a los grupos de narcotraficantes.

cartelera f Armazón para fijar carteles o anuncios públicos. ‖ Sección de los periódicos donde aparecen los anuncios de espectáculos.

cartelero, ra adj Díc. del espectáculo, autor, etc., que tiene cartel o atrae al público.

cárter m Caja metálica que sirve de protección a elementos móviles del motor o de recipiente para contener el aceite de lubricación.

cartera f Utensilio semejante a las tapas de un libro, con varios compartimentos para llevar billetes, documentos, tarjetas de visita, etc., que cabe en el bolsillo. ‖ Utensilio de igual forma y mayores dimensiones que la cartera de bolsillo, para guardar documentos, libros, etc. ‖ Cargo y funciones de un ministro. ‖ Conjunto de valores o efectos comerciales que forman parte del activo de un comerciante o una empresa.

carterista m o f Ladrón de carteras de bolsillo.

cartesiano, na adj Perteneciente o relativo al sistema de referencia que, en un espacio, permite establecer una correspondencia biyectiva entre sus puntos y un conjunto de pares, ternas, etc., ordenados de números reales.

cartílago m Tejido de sostén formado por células de morfología variable separadas por una sustancia fundamental sólida, constituida básicamente por colágeno. ☐ CARTILAGÍNEO, A; CARTILAGINOSO, SA.

cartilla f Cuaderno pequeño, impreso, que contiene las letras del alfabeto y los primeros rudimentos para aprender a leer.

cartografía f Arte y técnica que, con la ayuda de las ciencias geográficas y sus afines tiene por objeto la elaboración de mapas. ☐ CARTOGRAFIAR; CARTOGRÁFICO, CA; CARTÓGRAFO, FA.

cartomancia o **cartomancía** f Arte vano y supersticioso de adivinar lo futuro por medio de los naipes. ☐ CARTOMÁNTICO, CA.

cartón m Conjunto de varias hojas sobrepuestas de pasta de papel que forman una sola hoja gruesa. ‖ Amér. Dibujos animados.

cartucho m Carga de pólvora y proyectil, o de pólvora únicamente, envuelta en un tubo metálico o de cartón. ‖ Pieza o dispositivo que contiene el material con el que se recargan ciertos aparatos o máquinas, como la tinta de estilográficas, impresoras, etc. ☐ CARTUCHERA.

cartulina f Cartón delgado o papel grueso, gralte. terso, que se usa para tarjetas, diplomas y cosas análogas.

carvallo o **carvajo** m Roble, árbol.

casa f Edificio destinado a vivienda. ‖ Piso o parte de una casa, en que vive un individuo o una familia. ‖ Descendencia o linaje que tiene un mismo apellido, y viene del mismo origen. ‖ Establecimiento industrial o mercantil.

casabe m Torta.

casaca f Vestidura de mangas anchas que llegan hasta la muñeca, con faldones y ceñida al cuerpo. ‖ Col. Frac.

casación f Acción y efecto de casar, anular. ‖ Anulación de una sentencia.

casadero, ra adj Que está en la edad de casarse.

casal m Casería, casa de campo. ‖ En algunas partes, pareja de macho y hembra.

casamentero, ra adj y s Díc. de la persona muy aficionada a arreglar casamientos.

casar[1] *tr* Anular, abrogar, derogar.

casar[2] *tr* Dar fe del matrimonio un sacerdote o la autoridad civil. ‖ (fig) Unir o juntar una cosa con otra. ❑ CASADO, DA; CASAMIENTO.

casca *f* Hollejo de la uva después de pisada y exprimida. ‖ Corteza de ciertos árboles que se usa para curtir las pieles.

cascabel *m* Bolita hueca de metal, con orificios y un trozo de hierro o latón en su interior, que produce un sonido agradable.

cascada *f* Salto de agua debido a un brusco desnivel en el cauce de un río.

cascado, da *pp* de cascar. • *adj* (fig, fam) Aplícase a la persona o cosa que se halla muy trabajada o gastada.

cascajo *m* Guijo, fragmentos de piedra y de otras cosas que se quiebran. ❑ CASCAJOSO, SA.

cascalote *m* Árbol americano, muy alto y grueso, cuyo fruto se emplea para curtir, y también en medicina como astringente.

cascanueces *m* Instrumento que sirve para partir nueces.

cascar *tr* (fam) Pegar, golpear. • *tr* y *prnl* Quebrantar, romper una cosa quebradiza. ‖ (fig) y (fam) Quebrantar la salud de uno. • *tr* e *intr* (fam) Charlar. • *intr* (fig, fam) Morir. ❑ CASCADURA; CASCAMIENTO.

cáscara *f* Corteza o cubierta exterior de los huevos, frutas, árboles y otras cosas.

cascarón *m* Cáscara de huevo de cualquier ave, y más particularmente la rota por el pollo al salir de él. ‖ *Amér. Merid.* Árbol parecido al alcornoque.

cascarrabias *m* o *f* (fam) Persona que se enoja fácilmente.

cascaruleta *f* (fam) Ruido que se hace en los dientes, dándose golpes con la mano en la barbilla.

casco *m* Cobertura de metal, fibra, etc., que protege la cabeza de soldados, motoristas, etc. ‖ Recipiente, especialmente botella, destinado a contener un líquido. ‖ Cuerpo de un barco sin la arboladura, maquinaria, etc. ‖ En las bestias caballares, uña del pie o de la mano, que se corta y alisa para sentar la herradura. ‖ Núcleo de una población edificado con continuidad.

cascote *m* Escombro, fragmento de una edificación.

caseación *f* Acción de cuajarse la leche.

caseico, ca o caseoso, sa *adj* Perteneciente o relativo al queso. ‖ Semejante a él.

caseína *f* Sustancia proteínica de la leche, que unida a la manteca forma el queso.

casería *f* Casa aislada en el campo, con edificios dependientes y fincas rústicas unidas o cercanas a ellas.

caserío *m* Conjunto de casas. ‖ Casería.

casero, ra *adj* Que se hace o cría en casa. ‖ Dic. de la persona muy dada a permanecer en casa. • *m* y *f* Dueño de alguna casa, que la alquila a otro.

caserón *m* Casa muy grande y destartalada.

caseta *f* Construcción pequeña que se emplea para algún servicio pero no para habitarla.

casi *adv cant* Cerca de, poco menos de, aproximadamente, con corta diferencia, por poco. ‖ También se usa repetido.

casia *f* Arbusto parecido a la acacia con hojas compuestas y semillas negras y duras.

casilla *f* Caseta, especialmente la que se destina a un vigilante. ‖ Despacho de billetes de los teatros, ventanilla. ‖ *Amér.* Apartado postal.

casillero *m* Mueble con varias divisiones, para tener clasificados papeles u otros objetos.

casino *m* Centro de recreo donde se reúnen personas que desean conversar, jugar, organizar actividad culturales, etc. ‖ Establecimiento de juego.

caso *m* Suceso, acontecimiento. ‖ Lance, ocasión o coyuntura. ‖ Asunto de que se trata o que se propone para consultar a alguno. ‖ Tratándose de enfermedades epidémicas, cada una de las invasiones individuales. ‖ Variación morfológica del sustantivo, *adj*, artículo y *pron* de las lenguas de flexión.

casorio *m* (fam) Casamiento hecho sin juicio ni consideración, o de poco lucimiento.

caspa *f* Escamillas blancuzcas que se forman en el cuero cabelludo. ❑ CASPOSO, SA.

caspera f Lendrera, peine espeso.

caspicias f pl (fam) Resto, sobras de ningún valor.

casquero m Persona que se dedica a la venta de tripas o callos. ☐ CASQUERÍA.

casquete m Pieza de la armadura que cubría y defendía la parte superior de la cabeza. || Cairel, cabellera postiza.

casquillo m Hierro de la saeta o flecha. || Cartucho metálico vacío. || Parte metálica de la bombilla eléctrica que se ajusta o enrosca al portalámparas.

casquivano, na adj (fam) Alegre, atolondrado.

cassette o **casete** amb Magnetófono de cassettes. || Cajita que contiene una cinta magnética, virgen o grabada, que puede pasar de una bobina a otra.

casta f Generación o linaje. || Parte de los habitantes de un país que forma clase especial, sin mezclarse con las demás.

castaña f Fruto del castaño, del tamaño de la nuez y cubierto de una cáscara correosa de color pardo oscuro. || Especie de moño que con el pelo se hacen las mujeres en la parte posterior de la cabeza. || (fig, fam) Borrachera. || (fig, fam) Bofetada. || (fig, fam) Golpe, choque. || Méx. Barril pequeño.

castañeta f Castañuela, instrumento que acompaña el baile. || Chile. Pez de color azul apizarrado por el dorso y plateado por el vientre. || Moña de los toreros.

castañetazo m Golpe recio que se da con las castañuelas, o con los dedos.

castañeteado m Sonido que se hace con las castañuelas.

castañetear tr Tocar las castañuelas. • intr Hacer un ruido característico los dientes al chocar los de una mandíbula contra los de otra por efectos del frío, miedo, etc.

castaño, ña adj y m De color de la cáscara de la castaña. • m Árbol con tronco grueso, copa ancha y redonda, hojas grandes, flores blancas y frutos parecidos al erizo, y cuya simiente es la castaña. || Madera de este árbol. ☐ CASTAÑAL; CASTAÑAR; CASTAÑERO, RA.

castañuela f Instrumento musical de percusión, hecho de madera dura o de mar-

fil, compuesto de dos mitades cóncavas que juntas, forman la figura de una castaña.

castellanía f Territorio independiente con leyes propias y jurisdicción separada para el gobierno de sus pueblos.

castellanismo m Dicho o modo de hablar privativo de las prov. castellanas.

castellanizar tr Dar forma castellana a un vocablo de otro idioma.

castellano, na adj y s Natural de Castilla. • m Lengua oficial de España y de los países latinoamericanos de ant. colonización española. || Señor de un castillo || Alcaide o gobernador de un castillo.

casticismo m Amor o afición a lo castizo, tanto en el idioma como en las costumbres, usos y modales. ☐ CASTICISTA.

castigador, ra adj y s Que castiga. || (fig fam) Que castiga o enamora fácilmente.

castigar tr Imponer algún castigo.

castigo m Pena que se impone al que ha cometido un delito o falta.

castillejo m Carrito en el que se pone a los niños pequeños para que aprendan a andar.

castillo m Edificio fortificado con murallas, baluartes, fosos y otras obras. || Parte de la cubierta alta o pral. del buque, comprendida entre el palo trinquete y la proa.

castizo, za adj De buen origen y casta || Aplícase al lenguaje puro y sin mezcla de voces ni giros extraños. ☐ CASTICIDAD

casto, ta adj Puro, honesto. ☐ CASTIDAD

castor m Mamífero roedor de cuerpo grueso, cubierto de pelo castaño muy fino, patas cortas, y cola aplastada, oval y escamosa.

castrar tr Capar, extirpar o inutilizar las glándulas genitales. ☐ CASTRA; CASTRACIÓN; CASTRADO, DA; CASTRADOR.

castrense adj Perteneciente o relativo al ejército y al estado o profesión militar.

casual adj Que sucede por casualidad.

casualidad f Combinación de circunstancias que no se pueden prever ni evitar.

casuarina f Árbol de Australia, Java y Madagascar. Sus hojas son parecidas a las plumas del casuario.

casuario m Ave corredora de gran tamaño, de color negro o gris; presenta un casco óseo y carnosidades azules o rojas en la cabeza.

casuística f Parte de la teología moral, que trata de los casos de conciencia. ‖ Conjunto de casos particulares en cualquier materia. ❑ CASUISTA.

casuístico, ca adj Perteneciente o relativo al casuista o a la casuística. ‖ Díc. de las disposiciones legales que rigen casos especiales y no tienen aplicación genérica.

casulla f Vestidura sagrada que se pone al sacerdote sobre las demás que sirven para celebrar la misa, es una pieza alargada.

cata f Amér. Nombre por el que se conocen diversas especies de cotorras, pericos y loros.

catabre o **catabro** m Col. y Ven. Vasija de calabaza en que se lleva el grano para sembrar.

cataclismo m Trastorno de grandes proporciones, como por ejemplo un terremoto o hundimiento. ‖ (fig) Gran trastorno en el orden social o político.

catacumbas f pl Subterráneos en los cuales los primitivos cristianos, especialmente en Roma, enterraban sus muertos y practicaban las ceremonias del culto.

catadura f Acción y efecto de catar. ‖ Gesto o semblante; se usa gralte. con los calificativos mala, fea, etc. ‖ (fam) Aspecto de una cosa.

catalán, na adj y s Natural de Cataluña. • m Lengua romance vernácula hablada en Cataluña, Baleares, la mayor parte del País Valenciano, Andorra, la Cataluña norte o fr., la franja oriental de Aragón, la zona murciana de Carche y la ciudad it. de Alguer (Cerdeña).

catalejo m Anteojo de larga distancia.

catalepsia f Estado psicopatológico, producido de repente, que inmoviliza el cuerpo en cualquier postura en que se ponga y suspende las sensaciones. ❑ CATALÉPTICO, CA.

catalizador m Agente o sustancia capaz de acelerar o retardar una reacción. ❑ CATÁLISIS; CATALÍTICO.

catalogar tr Formar catálogo de libros, documentos, etc., registrándolos ordenadamente. ‖ (fig) Incluir en una clase o definición. ❑ CATALOGACIÓN; CATALOGADOR, RA.

catálogo m Relación ordenada de objetos, relacionados entre sí; suele incluir una breve definición de cada elemento.

catamarán m Embarcación de vela que consta de dos cascos paralelos, unidos entre sí.

catanga f Arg. Escarabajo, insecto. ‖ Col. Nasa, arte de pesca. ‖ Bol. Carrito tirado por un caballo para el transporte de frutas.

cataplasma f Masa plástica y plana que contiene productos medicinales y que se aplica como calmante o emoliente. ‖ (fig, fam) Persona pesada y fastidiosa.

catapulta f Máquina bélica ant., utilizada en los asedios para arrojar piedras, flechas y otros objetos. ‖ Dispositivo de lanzamiento de aviones desde pistas cortas, que les proporciona una velocidad suficiente para el despegue.

catapultar tr Lanzar violentamente. ‖ (fig) Dar impulso decisivo o súbito a una empresa, actividad, etc.

catar tr Probar, gustar alguna cosa para examinar su sabor o sazón. • tr y prnl Usado ant. como sinónimo de mirar, en casi todas sus acepciones. ❑ CATA; CATADOR, RA.

catarata f Cascada o salto grande de agua. ‖ Opacidad del cristalino del ojo que produce la ceguera. • pl Lluvia copiosa.

catarro m Inflamación aguda o crónica de las membranas mucosas con aumento de la secreción habitual de moco. ❑ CATARRAL.

catarsis f Sentimiento de liberación o purificación producto de una vivencia originada por alguna obra de arte. ❑ CATÁRTICO, CA.

catastro m Censo y padrón estadístico de las fincas rústicas y urbanas. ❑ CATASTRAL.

catástrofe f (fig) Suceso infausto que altera gravemente el orden regular de las cosas. ‖ (fig) Hiperbólicamente se aplica a cosas que son de mala calidad o resultan mal, producen mala impresión etc. ❑ CATASTRÓFICO, CA; CATASTROFISMO.

catatán *m* (fam) *Chile*. Castigo corporal.

catatar *tr Amér*. Fascinar, hechizar.

catear[1] *tr* Buscar, descubrir, espiar. || *Amér*. Reconocer los terrenos en busca de alguna veta minera. || *Amér*. Allanar la casa de alguno. || *Arg*. y *Chile*. Espiar, acechar. ☐ CATA; CATEADA; CATEADOR, RA; CATEO.

catear[2] *tr* (fig, fam) Suspender en los exámenes a un alumno. ☐ CATE; CATEADA.

catecismo *m* Libro que contiene la explicación de la doctrina cristiana. || Obra que, redactada en preguntas y respuestas, contiene la exposición sucinta de alguna ciencia o arte.

catecúmeno, na *m* y *f* Persona que se está instruyendo en la doctrina católica, con el fin de recibir el bautismo. || p. ext. Neófito de cualquier religión.

cátedra *f* Asiento elevado, desde donde el maestro da lección a los discípulos. || Aula. || Empleo y ejercicio del catedrático. || (fig) Facultad o materia particular que enseña un catedrático. ☐ CATEDRÁTICO, CA; CÁTEDRO.

catedral *f* Iglesia designada como sede del obispo o del arzobispo y, por ello, la pral. de una diócesis. ☐ CATEDRALICIO, CIA.

categoría *f* (fig) Cada jerarquía o grado de una profesión o carrera. || (fig) Condición social de unas personas respecto de las demás. || (fig) Clase de objetos semejantes. || (fig) Importancia de las personas o cosas con respecto de la clasificación establecida acerca de ellas. || (fig) Uno de los diferentes elementos de clasificación que suelen usarse en las ciencias.

categórico, ca *adj* Claro, preciso, que afirma o niega rotundamente.

catenaria *f* Curva de equilibrio de un hilo flexible suspendido por sus extremos bajo la única acción de la gravedad. || Sistema de cable aéreo que alimenta de corriente eléctrica a un vehículo.

catequismo o **catequesis** *m* Ejercicio de instruir en cosas pertenecientes a la religión. || Arte de instruir por medio de preguntas y respuestas. ☐ CATEQUISTA; CATEQUÍSTICO, CA.

catequizar *tr* Instruir en la doctrina católica. || Persuadir a alguien hábilmente para que haga cierta cosa. ☐ CATEQUIZACIÓN; CATEQUIZADOR.

catering *m* Servicio de suministro de comidas y bebidas preparadas a aviones, colegios, etc. || Empresas que prestan este servicio.

caterva *f* Muchedumbre, multitud de cosas o personas.

catete *m Chile*. Demonio.

catéter *m* Sonda, tienta para exploración. || Tubo cilíndrico quirúrgico utilizado para evacuar líquido de una cavidad del cuerpo o para distender un conducto. ☐ CATETERISMO.

cateto[1] *m* Cada uno de los dos lados que forman el ángulo recto en un triángulo rectángulo.

cateto[2]**, ta** *adj* y *s* Lugareño, palurdo.

catilinaria *f* (fig) Escrito o discurso vehemente dirigido contra alguna persona.

catimbao *m Chile* y *Perú*. Máscara o figurón que sale en la procesión del Corpus. || *Chile*. Payaso.

catinga *f Amér*. Olor desagradable que desprenden algunas personas, animales o plantas. ☐ CATINGOSO, SA; CATINGUDO, DA.

catire o **catiro, ra** *adj Amér*. Díc. del individuo rubio, en especial del que tiene el pelo rojizo y ojos verdosos y amarillentos, por lo común hijo de blanco y mulata, o viceversa.

catitear *intr Arg*. Oscilar o mover la cabeza los ancianos. || (fig) Andar escaso de dinero.

catizumba *f Amér. Centr*. Multitud, gentío.

catleya *f* Planta de América tropical, de flores de gran belleza.

catoche *m* (fam) *Méx*. Mal humor, displicencia.

cátodo *m* Polo negativo de un generador de electricidad o de una batería eléctrica. ☐ CATÓDICO, CA.

catolicismo *m* Creencia de la iglesia católica. || Comunidad y gremio universal de los que pertenecen a la iglesia católica.

católico, ca *adj* Universal, que comprende y es común a todos. • *adj* y *s* Que profesa la religión católica. ☐ CATOLICIDAD.

catolizar *tr* y *prnl* Convertir a la fe católica. • *tr* e *intr* Predicarla, propagarla.

catoptromancia o **catoptromancía** *f* Arte de adivinar por medio de un espejo.

catorce *adj* Diez más cuatro. ‖ Décimo cuarto. Aplicado a los días de mes se emplea como *s m.* • *m* Conjunto de signos con que se representa el número catorce.

catorceavo, va o **catorzavo, va** *adj* y *s* Díc. de cada una de las 14 partes iguales en que se divide un todo.

catorro *m Méx*. Golpe, encuentro muy violento y su efecto. □ CATORRAZO.

catraca *f Méx*. Ave muy semejante al faisán.

catre *m* Cama ligera para una sola persona. ‖ (fam) Cama, lecho. ‖ *Arg*. Balsa, conjunto de maderos que flotan.

catrín, na *adj* y *s Amér. Centr*. Díc. de la persona que pone excesiva atención a su arreglo personal.

catrintre *m Chile*. Queso hecho de leche desnatada. ‖ *Chile*. Pobre mal vestido.

catuto *m Chile*. Cierto pan de forma cilíndrica, hecho de trigo machacado y cocido.

cauba *f* Arbolito espinoso propio de Argentina, que sirve de adorno y cuya madera se usa en ebanistería.

caucásico, ca *adj* Aplícase a la raza blanca o indoeuropea, por suponerla oriunda del Cáucaso. ‖ Díc. de las lenguas que se hablaron o se hablan en el Cáucaso.

cauce *m* Lecho de los ríos y arroyos. ‖ (fig) Dirección natural o lógica de las cosas o sucesos.

cauch *m Amér. Centr*. Canapé, diván.

cauchar *tr* Impermeabilizar o reforzar con caucho.

caucho *m* Látex producido por numerosas plantas tropicales, que después de coagulado es una masa impermeable muy elástica. ‖ *Ven*. Neumático de los automóviles, motocicletas, bicicletas, etc. ‖ *Ven*. Prenda que se usa para resguardarse de la lluvia. □ CAUCHERO, RA.

caución *f* Prevención, precaución o cautela.

caucionar *tr* Dar caución.

caudal *adj* Caudaloso, de mucha agua. ‖ Perteneciente o relativo a la cola. • *m* Hacienda, bienes de cualquier especie, y más comúnmente dinero. ‖ (fig) Abundancia de cosas que no sean hacienda o caudal.

caudaloso, sa *adj* De mucha agua.

caudillaje *m* Mando o gobierno de un caudillo. ‖ *Amér*. Caciquismo. ‖ *Chile*. Tiranía.

caudillismo *m* Sistema de mando o gobierno basado en la vinculación personal no representativa.

caudillo *m* El que, como cabeza, guía y manda la gente de guerra. ‖ El que dirige algún gremio, comunidad o cuerpo.

cauje *m Ecuad*. Caimito, árbol.

cauque *m* (fig) *Chile*. Persona lista y viva.

causa *f* Lo que se considera como fundamento u origen de algo. ‖ Motivo o razón para obrar. ‖ Interés o partido. ‖ Litigio, pleito. ‖ Proceso criminal que se instruye de oficio o a instancia de parte.

causal *adj* Díc. de la relación de causa que existe entre dos o más hechos, ideas, etc. ‖ Dícese de la oración subordinada que contiene la causa de lo expresado en la principal.

causalidad *f* Causa, origen, principio. ‖ Ley en virtud de la cual se producen efectos. ‖ Relación que existe entre causa y efecto.

causar *tr* Producir la causa su efecto. • *tr* y *prnl* Ser causa, razón y motivo de que suceda una cosa. ‖ p. ext. Ser ocasión o darla para que suceda una cosa. □ CAUSACIÓN; CAUSADOR, RA; CAUSANTE.

causear *intr Chile*. Tomar el causeo; merendar. ‖ *Chile*. Comer a deshora fiambres. • *tr* (fig) *Chile*. Vencer con facilidad a una persona.

causeo *m Chile*. Comida que se hace fuera de horas.

cáustico, ca *adj* Díc. de toda sustancia que ataca y destruye los tejidos de los seres vivos. ‖ (fig) Mordaz, agresivo. • *adj* y *m* Aplícase al medicamento que desorganiza los tejidos como si los quemase, produciendo una escara. • *m* Vejigatorio.

cautela *f* Precaución y reserva con que se procede. ‖ Astucia, maña y sutileza para engañar a otros.

cautelar *tr* Prevenir, precaver. • *prnl* Precaverse, recelarse. • *adj* Preventivo. ‖ Díc. de las medidas que se toman para prevenir la consecución de un determinado fin o precaver lo que pueda dificultarlo. ☐ CAUTELOSO, SA.

cauterizar *tr* Restañar la sangre, castrar las heridas y curar otras dolencias con el cauterio. ‖ (fig) Corregir con aspereza o rigor algún vicio. ‖ (fig) Calificar o tildar con alguna nota. ☐ CAUTERIZACIÓN; CAUTERIZADOR, RA.

cautivador, ra *adj* Que cautiva. ‖ (fig) Bello, hermoso.

cautivar *tr* Aprisionar al enemigo en la guerra, privándole de libertad. ‖ (fig) Atraer, ganar. ‖ (fig) Ejercer irresistible influencia en el ánimo por medio de atractivo físico o moral.

cautividad o **cautiverio** *f* Situación del individuo o grupo privados de libertad. Se aplica tanto a personas como a animales.

cautivo, va *adj* y *s* Prisionero de guerra. ‖ (fig) Atraído por una persona o cosa.

cauto, ta *adj* Que obra con sagacidad o precaución.

cava[1] *adj* y *f* Díc. de cada una de las dos venas que van a parar a la aurícula derecha del corazón.

cava[2] *f* Acción de cavar; y más comúnmente, la labor que se hace en las viñas, cavándolas.

cava[3] *f* Subterráneo abovedado que sirve para conservar los vinos. • *m* Vino espumoso producido en Cataluña.

cavar *tr* Levantar y mover la tierra con la azada, azadón u otro instrumento semejante. • *intr* Ahondar, penetrar. ‖ (fig) Pensar con intención o profundamente en alguna cosa. ☐ CAVADURA.

caverna *f* Cavidad natural subterránea o entre rocas. ‖ Cavidad que se forma después de la evacuación del pus de un absceso o por el reblandecimiento de una masa tuberculosa. ☐ CAVERNARIO, RIA.

cavernícola *adj* y *s* Que vive en las cavernas. ‖ (desp) (fig, fam) Retrógrado, reaccionario.

cavernosidad *f* Oquedad, hueco natural de la tierra, cueva. Se usa más en plural.

cavernoso, sa *adj* Perteneciente, relativo o semejante a la caverna. ‖ Aplícase a la voz, a la tos o al sonido broncos. ‖ Que tiene muchas cavernas.

caví *m* Raíz seca y guisada de la oca, planta del Perú.

caviar o **cavial** *m* Huevas de esturión que se comen frescas o se salan y prensan para su posterior consumo; es un manjar muy apreciado.

cavidad *f* Espacio hueco dentro de un cuerpo cualquiera.

cavilar *tr* Pensar mucho en alguna cosa. ☐ CAVILACIÓN.

cavilosidad *f* Aprensión infundada, juicio poco meditado.

caviloso, sa *adj* Que se deja preocupar de alguna idea, dándole excesiva importancia y deduciendo consecuencias imaginarias.

cayado *m* Palo o bastón corvo por la parte superior, usado especialmente por los pastores.

cayena *f* Especia muy picante extraída del guindillo de Indias.

cayo *m* Cualquiera de los islotes llanos y arenosos del mar de las Antillas y del golfo de México.

cayote *m* Chayote, fruto de la chayotera. ‖ Díc. de la cidra, planta con la que se prepara el cabello de ángel.

caza *f* Acción de cazar. ‖ Animales que se cazan. ‖ Alcance, seguimiento, persecución. ‖ Avión de guerra maniobrable y veloz destinado a interceptar o derribar los aviones enemigos.

cazabombardero *m* Avión cuya característica pral. es su capacidad portadora de armas para batir objetivos tácticos.

cazador, ra *adj* y *s* Que caza. • *adj* Díc. de los animales que por instinto persiguen y cazan otros animales. • *f* Chaqueta de corte deportivo, por lo general ajustada a la cintura y provista de cremallera.

cazadotes *m* Díc. del que trata de casarse con una mujer rica.

cazalla *f* Aguardiente muy seco y de alta graduación.

cazar *tr* Perseguir la caza para matarla. ‖ (fig, fam) Adquirir con destreza alguna cosa difícil o que no se esperaba. ‖ (fig, fam) Cautivar la voluntad de alguno con halagos o engaños. ‖ (fig, fam) Captar las cosas con rapidez.

cazasubmarino m Buque de guerra destinado a la persecución y destrucción de submarinos.

cazcalear intr (fam) Andar de una parte a otra aparentando mucha actividad, pero sin hacer nada concreto.

cazo m Utensilio de cocina, vasija metálica o de otro material, por lo común semiesférica.

cazoletear intr Cucharetear, entrometerse.

cazuela f Vasija por lo común redonda y de barro, más ancha que honda, que sirve para guisar. ‖ Guisado que se hace en ella.

cazurro, rra adj y s (fam) Díc. de la persona de pocas palabras aparentemente ignorante, pero pícara y astuta. ‖ Torpe, zafio. ◻ CAZURREAR; CAZURRERÍA.

ce f Nombre de la letra c.

ceanoto m Planta espinosa que vive en América y Oceanía, y se usaba contra la sífilis y la disentería; llamada también té de Jersey.

cebada f Planta herbácea anual, parecida al trigo, usada en la fabricación de cerveza. ◻ CEBADAZO, ZA.

cebadar tr Dar cebada a las bestias.

cebado, da pp de cebar. • adj Amér. Díc. de la fiera que por haber probado carne humana, es más temible. • m Operación que consiste en llenar una bomba hidráulica y su tubo de aspiración para facilitar el funcionamiento inicial de la misma, ya sea de un modo natural o artificial.

cebador, ra adj Que ceba. • m Frasquito en que se llevaba la pólvora para cebar las armas de fuego.

cebar tr Dar y echar cebo a los animales. ‖ (fig) Poner en las armas, proyectiles huecos, torpedos y barrenos, el cebo necesario para inflamarlos. ‖ (fig) Hablando de máquinas o aparatos, ponerlos en condiciones para empezar a funcionar. ‖ Amér. Merid. Preparar el mate para tomarlo. • tr y prnl (fig) Fomentar o alimentar un afecto o pasión. ‖ (fig) Encarnizarse, ensañarse. ◻ CEBADURA.

cebiche m Amér. Guiso de pescado o marisco crudo con limón y ají.

cebo m Comida que se da a los animales para alimentarlos, engordarlos o atraerlos. ‖ Porción de materia explosiva que se coloca en determinados puntos de las armas de fuego, los proyectiles huecos, los torpedos y los barrenos, para producir, al inflamarse, la explosión de la carga.

cebolla f Planta hortense de bulbo comestible. Se cultiva por su valor gastronómico y farmacéutico. ‖ Cepa o bulbo de esta planta.

cebollar m Sitio sembrado de cebollas.

cebolleta f Planta muy parecida a la cebolla, con el bulbo pequeño y parte de las hojas comestibles. ‖ Cebolla común que, después del invierno, se vuelve a plantar y se come tierna antes de florecer.

cebollino m Sementero de cebollas, cuando están en sazón para ser transplantadas. ‖ (fig) Hombre torpe e ignorante.

cebollón, na m y f Chile. Solterón. • m Variedad de cebolla, menos picante que la común.

cebolludo, da adj Bulboso.

cebra f Mamífero africano parecido al asno o al caballo, según las especies; tiene el pelo listado transversalmente de negro y blanco amarillento.

cebú m Mamífero bóvido, caracterizado por la giba adiposa que tiene sobre el lomo.

ceca f Casa donde se labra moneda. ‖ Arg. Cruz, reverso de la moneda.

cecear intr Pronunciar la s con articulación igual o semejante a la de la c ante e, i, o a la de la z. ◻ CECEO; CECEOSO, SA.

cecesmil m Hond. Plantío de maíz temprano.

cecina f Carne salada, enjuta y seca al aire, al sol o al humo. ‖ Arg. y Par. Tira de carne de vacuno delgada, seca y sin sal. ‖ Chile. Embutido de carne.

cecografía f Escritura y modo de escribir de los ciegos.

cecógrafo m Aparato con que escriben los ciegos.

cedacear intr Aplicado a la vista, disminuir, oscurecerse.

cedazo m Utensilio formado por una tela metálica o de tejido, sujeta por un aro, que se utiliza para cribar. ‖ Cierta red grande para pescar. ☐ CEDACERÍA.

ceder tr Dar, transferir, traspasar a otro una cosa, acción o derecho. • intr Rendirse, sujetarse. ‖ Disminuir, mitigarse.

cedilla f Letra de la antigua escritura castellana (ç).

cedro m Árbol de la clase coníferas. Puede vivir más de dos mil años, y su madera, de color más claro que la del caoba, es aromática. ‖ Madera de este árbol. ☐ CEDRÍA; CEDRINO, NA.

cedrón m Planta propia de Amér. meridional, con frutos en drupa, denominados huevos de pavo o nueces de cedrón.

cédula f Escrito o documento. ‖ Documento en que se reconoce una deuda u otra obligación.

cedular tr Amér. Expedir una cédula de identidad.

cedulón m (fam) Edicto o anuncio que se fija en sitios públicos. ‖ (fig) Pasquín.

cefalalgia f Dolor de cabeza. ☐ CEFALÁLGICO, CA.

cefalea f Cefalalgia violenta y tenaz que afecta a cualquier parte de la cabeza, jaqueca.

cefálico, ca adj Perteneciente a la cabeza.

cefalitis f Encefalitis; inflamación de la cabeza.

cefalópodo adj y s Díc. de los moluscos marinos que tienen la cabeza rodeada de tentáculos a propósito para la natación, como el pulpo, el argonauta y el calamar.

cefalorraquídeo, da adj Relativo a la cabeza y a la médula espinal.

cegajoso, sa o **cegatoso, sa** adj y s Que habitualmente tienen cargados y llorosos los ojos.

cegar intr Perder enteramente la vista. • tr Quitar la vista a alguno. • tr e intr (fig) Ofuscar el entendimiento, turbar o extinguir la luz de la razón. • tr y prnl Cerrar, tapar alguna cosa que antes estaba hueca o abierta. ‖ Deslumbrar.

cegato, ta adj y s (fam) Corto de vista, o de vista escasa.

cegatón, na adj y s Amér. Cegato.

cegesimal adj Díc. del sistema que tiene por unidades fundamentales el centímetro (longitud), el gramo (masa) y el segundo (tiempo).

ceguera f Pérdida total de la vista. Puede ser congénita, o causada por enfermedad o por traumatismo.

ceiba f Árbol americano de tronco grueso y gran altura. ‖ Alga en forma de cinta que se cría en el océano.

ceja f Parte prominente y curvilínea cubierta de pelo, sobre la cuenca del ojo. ‖ (fig) Parte que sobresale un poco en algunas cosas.

cejar intr Retroceder, andar hacia atrás. ‖ (fig) Aflojar o ceder en un asunto o discusión.

cejijunto, ta adj Que tiene las cejas muy pobladas de pelo y casi juntas. ‖ (fig) Ceñudo.

cejo m Niebla que suele levantarse sobre los ríos y arroyos después de salir el sol.

celado, da pp de celar, encubrir. • adj Oculto, encubierto. • f Emboscada de gente armada. ‖ Engaño, trampa.

celador, ra adj Que cela o vigila. • m y f Vigilante destinado por la autoridad. ☐ CELADURÍA.

celaje m Aspecto que presenta el cielo cuando hay nubes y de varios matices. Se usa más en plural. ‖ (fig) Presagio de lo que se espera o desea.

celar[1] tr Procurar con particular cuidado el cumplimiento y observancia de las leyes, estatutos u otras obligaciones o encargos. ‖ Tener celos de una persona amada.

celar[2] tr y prnl Encubrir, ocultar.

celda f Aposento destinado al religioso o religiosa en su convento. ‖ Cada uno de los aposentos donde se encierra a los presos en las cárceles celulares. ‖ Celdilla de los panales.

celdilla f Cada una de las casillas de que se componen los panales de las abejas, avispas y otros insectos. ‖ (fig) Nicho, hueco practicado en un muro. ‖ Célula, cavidad pequeña.

celebrante pa de celebrar. • adj Que celebra. • m Sacerdote que dice la misa.

celebrar *tr* Alabar, exaltar a una persona o cosa. ‖ Hacer solemnemente alguna ceremonia o acto. • *tr* e *intr* Decir misa. ☐ CELEBRACIÓN; CELEBRADOR, RA.

célebre *adj* Famoso, que tiene fama. ‖ Chistoso o excéntrico.

celebridad *f* Fama, renombre que tiene una persona o cosa. ‖ Persona famosa.

célere *adj* Pronto, rápido, veloz. ☐ CELERIDAD.

celescopio *m* Aparato que sirve para iluminar las cavidades de un cuerpo orgánico.

celeste *adj* Perteneciente al cielo. • *adj* y *m* Se aplica al color azul claro.

celestial *adj* Perteneciente al cielo o paraíso. ‖ (fig) Perfecto, delicioso. ☐ CÉLICO, CA.

celestina *f* (fig) Alcahueta. ☐ CELESTINEAR; CELESTINESCO, CA.

celfo *m* Cefo, mamífero.

celiaco, ca o **celíaco, ca** *adj* Perteneciente o relativo al vientre o a los intestinos. ‖ Perteneciente o relativo a la celiaca, enfermedad.

celibato *m* Estado de la persona que no ha contraído matrimonio. ‖ Díc. especialmente de dicho estado referido a los sacerdotes católicos. ‖ (fam) Hombre célibe.

célibe *adj* y *s* Persona que no se ha casado.

celo *m* Cuidado que se pone en el cumplimiento del deber. ‖ Recelo que inspira el bien ajeno. ‖ Aparición periódica del instinto sexual y reproductor en numerosas especies de animales, particularmente en los mamíferos. • *pl* Inquietud y envidia producidas por la relación afectiva de la persona amada con otra persona.

celofán *m* o **celofana** *f* Material plástico obtenido a partir de la celulosa; se presenta en forma de hojas flexibles, transparentes, gralte. incoloras, impermeable a líquidos y gases; se usa para embalaje o envoltura.

celosía *f* Enrejado de pequeños listones que se pone en las ventanas para ver sin ser visto. ‖ Celotipia.

celoso, sa *adj* Que tiene celo o celos. ‖ Receloso. ☐ CELOTIPIA.

celsitud Elevación, grandeza, excelencia de alguna persona o cosa.

célula *f* Pequeña celda, cavidad o seno. ‖ Unidad anatómica, fisiológica y genética de todos los seres vivos eucariotas. ‖ Unidad elemental de una estructura. ‖ Grupo organizado y reducido de militantes de un partido político. ‖ Elemento constitutivo esencial de un conjunto administrativo. ☐ CELULADO, DA.

celular *adj* Perteneciente o relativo a las células. ‖ Díc. del establecimiento carcelario donde existen celdas para incomunicar a los presos. ‖ Díc. del coche con compartimentos para incomunicar a los presos o detenidos que se trasladan en él.

celulitis *f* Afección del tejido conjuntivo y graso subcutáneo, que se localiza preferentemente en los muslos y nalgas.

celuloide *m* Disolución sólida de nitrocelulosa en alcanfor. Es un plástico casi transparente. Se ha utilizado en la ind., especialmente para la fabricación de películas fotográficas.

celulosa *f* Cuerpo sólido insoluble en el agua, el alcohol y el éter, perteneciente al grupo químico de los hidratos de carbono, que forma casi totalmente la membrana envolvente de las células vegetales. ☐ CELULÓSICO, CA.

cementerio *m* Terreno destinado a enterrar cadáveres. ‖ Lugar al que van a morir ciertos animales. ‖ Lugar en que se depositan vehículos inservibles.

cemento *m* Materia pulverulenta que, amasada con agua, se endurece y sirve para unir cuerpos sólidos. ☐ CEMENTOSO, SA.

cena *f* Comida que se toma por la noche. ‖ Acción de cenar. ‖ Cualquier representación de la última cena de Jesucristo.

cenáculo *m* Sala en que Jesús celebró la última cena. ‖ (fig) Reunión poco numerosa de personas que profesan las mismas ideas, y más comúnmente de literatos o artistas.

cenador, ra *adj* y *s* Que cena. • *m* Espacio, comúnmente redondo, que suele haber en los jardines, cercado y vestido de plantas trepadoras, parras o árboles.

cenaduría f Méx. Fonda en que sirven comidas por la noche.

cenagoso, sa adj Lleno de cieno.

cenar intr Tomar la cena.

cenceño, ña adj Delgado o enjuto.

cencerrada f (fam) Ruido desagradable que se hace con cencerros, cuernos y otras cosas para burlarse de los viudos la primera noche de sus nuevas bodas.

cencerrear intr Hacer ruido insistentemente con cencerros. || (fig, fam) Tocar mal un instrumento musical o tocarlo destemplado. ☐ CENCERREO.

cencerro m Campanilla cilíndrica, por lo general de hierro o cobre, que suele atarse al pescuezo de las reses. ☐ CENCERRIL.

cendal m Tela de seda o lino muy delgada y transparente. || Humeral, vestidura sacerdotal. ☐ CENDALÍ.

cenefa f Lista sobrepuesta o tejida en los bordes de las cortinas, doseles, pañuelos, etc.

cenestesia f Sensación general que tenemos de la existencia de nuestro cuerpo, con independencia de los sentidos. ☐ CENESTÉSICA, CA.

cenicero m Sitio donde se recoge o echa la ceniza. || Recipiente donde el fumador deja las colillas y la ceniza.

ceniciento, ta adj De color de ceniza. • f Persona o cosa injustamente postergada, desconsiderada o despreciada.

cenit m Punto de intersección de la bóveda celeste con la vertical que pasa por el observador. || (fig) Punto culminante o apogeo de algo. ☐ CENITAL.

ceniza f Residuo sólido, gralte. pulverulento, que queda después de una combustión completa. || Cenicilla. || (fig) Restos de un cadáver. Se usa más en plural.

cenizoso, sa adj Que tiene ceniza. || Cubierto de ceniza. || Ceniciento.

cenobio m Monasterio. ☐ CENOBIAL.

cenobita m o f Persona que profesa la vida monástica. ☐ CENOBÍTICO, CA; CENOBITISMO.

cenote m Laguna, depósito natural de agua alimentado por una corriente subterránea.

censar tr Incluir o registrar en el censo. • intr Hacer el censo o empadronamiento de los habitantes de algún lugar.

censatario, ria o **censuario, ria** adj y s Díc. de la persona obligada a pagar los réditos de un censo.

censo m Padrón o lista de la pob. o riqueza de una nación o pueblo. || Contribución o tributo que entre los ant. romanos se pagaba por cabeza. || Registro general de ciudadanos con derecho de sufragio activo.

censor, ra adj y s Que censura. • m y f Persona que realiza un censo. || Funcionario encargado oficialmente de la censura de los impresos, obras literarias, películas, etc., o de los medios de información social. ☐ CENSORIO, RIA; CENSUAL.

censualista m o f Persona a cuyo favor se impone o está impuesto un censo, o la que tiene derecho a percibir sus réditos.

censura f Crítica, detracción. || Intervención que ejerce el censor gubernativo en obras literarias, películas, medios de comunicación social, etc. ☐ CENSORIO, RIA.

censurar tr Corregir, reprobar o notar por mala alguna cosa. || Hacer la censura de un escrito, película, etc., y tachar o suprimir uno o más fragmentos. ☐ CENSURABLE.

centauro m Monstruo de la mitología gr., mitad hombre y mitad caballo.

centavo, va adj y m Centésimo. • m Centésima parte del peso en países latinoamericanos, y del dólar en EE UU.

centella f Rayo de poca intensidad. || Chispa de fuego. || (fig) Persona o cosa muy veloz. || Chile. Ranúnculo.

centellear intr Despedir destellos rápidos y vivos. ☐ CENTELLEANTE; CENTELLEO.

centena f Conjunto de cien unidades.

centenario, ria adj Pertenece a la centena. • adj y s Díc. de la persona que tiene alrededor de cien años. • m Tiempo de cien años.

centeno m Planta anual que se emplea como forraje y para el alimento humano. || Simiente de esta planta.

centesimal adj Aplícase a la fracción, escala, etc., dividida en cien partes iguales, y a cada una de estas partes.

centésimo, ma adj Que sigue inmediatamente en orden al o a lo nonagésimo nono. • *adj* y *s* Díc. de cada una de las cien partes iguales en que se divide un todo.

centígrado, da *adj* Díc. de la escala dividida en cien grados, y de los termómetros que se ajustan a ella. ‖ Díc. de cada uno de estos grados.

centímetro *m* Medida de longitud que es la centésima parte de un metro.

céntimo, ma *adj* Centésima parte de un todo.

centinela *amb* Soldado que hace la guardia.

centollo *m* Crustáceo marino, de caparazón casi redondo cubierto de pelos y tubérculos ganchudos, y con cinco pares de patas largas y vellosas.

centrado, da *adj* Que tiene centro. ‖ Que se halla en el centro de algo. ‖ Que está en su elemento.

central *adj* Perteneciente al centro. ‖ Que está en el centro. • *f* Oficina donde están reunidos o centralizados varios servicios públicos de una misma clase. ‖ *Cuba* y *P. Rico.* Ingenio o fábrica de azúcar.

centralita *f* Central telefónica, automática o manual, instalada en el domicilio de un abonado.

centralizar *tr* y *prnl* Reunir varias cosas en un centro común, o hacerlas depender de un único poder central. • *tr* Asumir el poder público facultades atribuidas a organismos locales. ❑ CENTRALISMO; CENTRALISTA; CENTRALIZACIÓN.

centrar *tr* Determinar el punto céntrico de una superficie o de un volumen. ‖ Colocar una cosa de modo que su centro coincida con el de otra. • *tr* y *prnl* Dirigir la acción o atención hacia un objeto determinado.

centrifugar *tr* Someter una cosa a la acción de la fuerza centrífuga. ‖ Escurrir la ropa en una máquina que aprovecha esa fuerza. ❑ CENTRIFUGACIÓN; CENTRIFUGADO, DA; CENTRIFUGADOR.

centrífugo, ga *adj* Que aleja del centro.

centrípeto, ta *adj* Que atrae, dirige o impele hacia el centro.

centro *m* Punto del círculo, del cual equidistan todos los de la circunferencia correspondiente. ‖ Punto donde sue-

len reunirse los miembros de una sociedad o corporación. ‖ (fig) El punto o las calles más concurridas de una población. ‖ *Hond.* y *Méx.* Chaleco. ❑ CÉNTRICO, CA.

centroamericano, na *adj* y *s* Natural de Centroamérica. ‖ Perteneciente o relativo a esta parte del Nuevo Mundo.

centuplicar *tr* y *prnl* Hacer cien veces mayor una cosa.

céntuplo, pla *adj* y *m* Díc. del producto de la multiplicación por 100 de una cantidad cualquiera.

centuria *f* Número de cien años, siglo. ‖ En la ant. milicia romana, compañía de cien hombres.

centurión *m* Jefe de una centuria en la ant. milicia romana.

ceñido, da *pp* de ceñir. • *adj* (fig) Moderado y reducido en sus gastos.

ceñir *tr* Rodear, ajustar o apretar la cintura, el cuerpo, el vestido u otra cosa. ‖ Cerrar o rodear una cosa a otra. • *prnl* (fig) Moderarse o reducirse en los gastos, en las palabras, etc. ‖ (fig) Amoldarse, concretarse a una ocupación o trabajo. ❑ CEÑIDOR; CEÑIDURA; CEÑIMIENTO.

ceño *m* Demostración o señal de enfado o enojo, que se hace arrugando la frente.

ceñudo, da *adj* Díc. de la persona que tiene ceño o sobrecejo y que lo arruga.

cepa *f* Parte del tronco de cualquier árbol o planta, que está dentro de tierra y unida a las raíces. ‖ Tronco de la vid, y por extensión toda la planta. ‖ (fig) Tronco u origen de una familia o linaje. ‖ *Méx.* Foso, hoyo casi siempre grande.

cepillar *tr* Acepillar. • *tr* y *prnl* (fig, fam) Adular, lisonjear. • *tr* (fig, fam) Desplumar, robar. • *tr* y *prnl* (fig, fam) Quitar a uno de en medio o resolver un asunto con rapidez.

cepillo *m* Cepo para recoger donativos. ‖ Instrumento de madera, plástico u otro material en una de cuyas superficies van sujetos pequeños manojos de cerdas que forman un conjunto espeso.

cepo *m* Gajo o rama de árbol. ‖ Trampa para cazar lobos u otros animales, formada por un dispositivo que se cierra aprisionando al animal cuando lo toca.

‖ p. ext. Instrumento que sirve para inmovilizar automóviles aparcados en zona prohibida.

ceporro *m* Cepa vieja que se arranca para la lumbre. ‖ (fig) Persona poco inteligente, ignorante.

cequión *m Chile.* Canal o acequia grande.

cera *f* Sustancia sólida que segregan las abejas para formar las celdillas de los panales. ‖ Sustancia parecida que elaboran algunas plantas. ❏ CEROSO, SA.

ceración *f* Operación de fundir metales.

cerámica *f* Arte de fabricar vasijas y otros objetos de barro, loza y porcelana, de todas clases y calidades. ‖ Objeto de esa clase. ❏ CERÁMICO, CA; CERAMISTA.

cerasta o **cerastas** *f* Víbora con una especie de pequeños cuernos sobre los ojos.

cerbatana *f* Canuto largo que sirve para lanzar, soplando, pequeños proyectiles. ‖ Trompetilla usada por los sordos.

cerca[1] *f* Vallado, tapia o muro que se pone alrededor de algún sitio, heredad o casa para su resguardo o división.

cerca[2] *adv lugar y tiempo* Próxima o inmediatamente. Anteediendo a nombre o *pron* a que se refiera, pide la *prep de.*

cercado, da *pp* de cercar. • *m* Huerto, prado u otro sitio rodeado de valla, tapia u otra cosa para su resguardo. ‖ Cerca, valla o tapia. ‖ *Perú.* División territorial que comprende la cap. de un estado o prov. y los pueblos que de aquélla dependen.

cercanía *f* Calidad de cercano. ‖ Contorno, alrededores. Se usa más en plural.

cercano, na *adj* Próximo, inmediato.

cercar *tr* Rodear o circunvalar un sitio con vallado, tapia o muro. ‖ Poner cerco o sitio a una plaza, c. o fortaleza. ‖ Rodear mucha gente a una persona o cosa.

cercenar *tr* Cortar las extremidades de alguna cosa. ‖ Disminuir o acortar. ❏ CERCENADURA.

cerchar *tr* Acodar la vid. ‖ Doblar o curvar una cosa.

cerciorar *tr y prnl* Asegurar a alguno la verdad de una cosa. Se usa más como *prnl* y con la *prep de.*

cerco *m* Lo que ciñe o rodea. ‖ Aro de cuba, de rueda y de otros objetos. ‖ Asedio

que pone un ejército, rodeando una plaza o c. para combatirla. ‖ Marco que rodea alguna cosa.

cerda *f* Pelo grueso, duro y largo que tienen las caballerías en la cola y crines, y el del cuerpo del cerdo y jabalí. ‖ Hembra del cerdo.

cerdada *f* Piara de cerdos. ‖ (fig) Acción innoble.

cerdamen *m* Manojo de cerdas atadas y dispuestas para hacer brochas, cepillos, etc.

cerdear *tr* Cortar las crines a las caballerías.

cerdo *m* Mamífero de cuerpo grueso y hocico chato, que vive en domesticidad y el hombre aprovecha de manera muy completa. ‖ (fig, fam) Hombre sucio.

cereal *adj y s* Díc. de las plantas gramíneas cuyas semillas producen harina y sirven de alimento al hombre y a algunos animales.

cerebelo *m* Formación nerviosa del encéfalo, ubicada en la parte posterior del cráneo, entre el cerebro y el bulbo. ❏ CEREBELOSO, SA.

cerebral *adj* Perteneciente o relativo al cerebro. ‖ (fig) Intelectual, en oposición a emocional; imaginario, en oposición a vivido.

cerebro *m* Engrosamiento superior del cordón nervioso de un animal. ‖ (fig) Cabeza, en su parte superior, y también entendimiento. ❏ CEREBRAL.

cerecilla *f* Guindilla, pimiento muy picante.

ceremonia *f* Acto público o privado celebrado con solemnidad y según ciertas normas establecidas.

ceremonial *adj* Perteneciente o relativo al uso de las ceremonias. • *m* Serie o conjunto de formalidades para cualquier acto público o solemne.

cereza *f* Fruto del cerezo. ‖ *C. Rica.* Fruta empalagosa y muy distinta de la europea.

cerezo *m* Árbol cuyo fruto es una drupa pequeña, roja y dulce. ❏ CEREZAL.

cerilla *f* Vela de cera, muy delgada y larga, que se usaba para alumbrar. ‖ Palito, trozo de papel enrollado con fósforo u otra sustancia química inflamable en un extremo, que sirve para encender. ‖ Cerumen. ❏ CERILLERO, RA.

cerne adj Sólido y duro, dicho de las maderas. • m Parte más dura y sana del tronco de los árboles.

cernedera f Marco de madera del tamaño de la artesa, sobre el cual se pone un cedazo para cerner la harina.

cernedero m Delantal para no ensuciarse la ropa al cerner. ‖ Lugar expresamente destinado para cerner la harina.

cerner o **cernir** tr Separar con el cedazo la harina del salvado a las partes gruesas de cualquier otra materia pulverizada. ‖ (fig) Atalayar, observar, examinar. ‖ (fig) Depurar, afinar los pensamientos y las acciones. • intr (fig) Llover suave y menudo. • prnl Andar contoneándose.

cernícalo m Ave rapaz, común en España, con cabeza abultada, pico y uñas negros.

cero m El menor de los números naturales. Puede definirse también como el cardinal del conjunto vacío. ‖ Signo con que se representa el cero. ‖ En aparatos semejantes al termómetro, punto desde el cual se cuentan los grados y otras fracciones de medida.

cerorrinco m Ave de rapiña parecida al halcón, que vive en América.

cerquita adv lugar y tiempo Méx. Muy cerca, a poca distancia.

cerradero m Parte de la cerradura, en la cual penetra el pestillo. ‖ Cordones con que se cierran y abren las bolsas y bolsillos.

cerrado, da pp de cerrar. • adj (fig) Con algunos sustantivos significa estricto, rígido, terminante. ‖ (fig) Díc. del acento o pronunciación que presentan rasgos nacionales o locales muy marcados, generalmente con dificultad para la comprensión. ‖ (fig) Díc. del cielo o de la atmósfera cuando se presentan muy cargados de nubes. ‖ (fig, fam) Aplícase a la persona muy callada, introvertida o torpe de entendimiento. • m Cercado.

cerradura f Mecanismo de metal que se fija en puertas, cajones, etc., y sirve para cerrarlos por medio de uno o más pestillos que se hacen jugar con la llave.

cerrajería f Oficio de cerrajero. ‖ Taller y tienda donde se fabrican o venden cerraduras y otros instrumentos de hierro.

cerrajero m El que hace cerraduras, llaves, candados, cerrojos y otras cosas de hierro.

cerrar tr Asegurar con cerradura, pasador, pestillo, cerrojo, tranca u otro instrumento, una puerta, ventana, tapa, etc., para impedir que se abra. ‖ Encajar en su marco la hoja o las hojas de una puerta, ventana, balcón, etcétera, de manera que impidan el paso del aire o de la luz. ‖ Hacer que el interior de un edificio, recinto, receptáculo, etc., quede incomunicado con el exterior. ‖ Cercar, vallar, rodear. ‖ Tratándose de cartas, paquetes, cubiertas y cosa semejante, disponerlos y pegarlos de modo que no sea posible ver lo que contengan, ni abrirlos, sin despegarlos o romperlos por alguna parte. ‖ (fig) Concluir ciertas cosas o ponerles término. ‖ Refiriéndose a locales en que ciertas personas practican ordinariamente su profesión, cesar en el ejercicio de ella. ‖ Tratándose de gente que camina formando hilera o columna, ir detrás o en último lugar. • tr y prnl Encerrar, meter a alguien o algo en parte de la que no pueda salir. • prnl Refiriéndose al cielo, a la atmósfera, al horizonte, etc., encapotarse. ❏ CERRAMIENTO.

cerrazón f Oscuridad grande que suele preceder a las tempestades, cubriéndose el cielo de nubes muy negras. ‖ Arg. Niebla espesa que dificulta la visibilidad. ‖ Incapacidad de comprender algo.

cerrejón m Cerro pequeño.

cerrero, ra adj Cerril. ‖ (fig) Arg., Perú y P. Rico. Tratándose de personas, inculto, brusco. ‖ Méx. y Ven. Díc. de lo que es amargo.

cerril adj Aplícase al terreno áspero y escabroso. ‖ Díc. del ganado mular, caballar o vacuno no domado. ‖ (fig, fam) Que se obstina tercamente en una actitud. ❏ CERRILIDAD; CERRILISMO.

cerrillada f Col. y Perú. Cordillera de poca altura.

cerro m Cuello o pescuezo del animal. ‖ Espinazo o lomo. ‖ Elevación de tierra aislada y de menor altura que la montaña.

cerrojazo m Acción de echar el cerrojo recia y bruscamente.

cerrojillo o **cerrojito** m Herreruelo, pájaro.

cerrojo m Barreta de hierro con manija, por lo común en forma de T, movible entre dos armellas, que cierra una puerta o ventana.

certamen m (fig) Función literaria en que se argumenta o disputa sobre algún asunto, comúnmente poético. ‖ (fig) Concurso literario, artístico o científico.

certero, ra adj Diestro y seguro en tirar. ‖ Seguro, acertado. ‖ Cierto, bien informado.

certeza f Conocimiento seguro y claro de alguna cosa. ‖ Firme convencimiento de una cosa, sin temor a errar. ❑ CERTIDUMBRE; CERTITUD.

certificar tr Asegurar, afirmar, dar por cierta alguna cosa. ‖ Tratándose de cartas o paquetes remitidos por el correo, obtener, mediante pago, un certificado o resguardo con que se pueda acreditar haberlos remitido. ❑ CERTIFICABLE; CERTIFICACIÓN; CERTIFICADO, DA; CERTIFICATORIO, RIA.

cerumen m Cera de los oídos.

cervato m Ciervo menor de seis meses.

cerveza f Bebida alcohólica y carbónica, obtenida pralm. de malta de cebada, agua y lúpulo mediante fermentación con levaduras. ❑ CERVECEO; CERVECERÍA; CERVECERO, RA.

cervino, na o **cervuno, na** adj Perteneciente al ciervo. ‖ Parecido a él.

cerviz f Parte dorsal del cuello, que en el hombre y en la mayoría de los mamíferos consta de siete vértebras, varios músculos y la piel. ❑ CERVICAL.

cesar intr Suspenderse, o acabarse una cosa. ‖ Dejar de desempeñar empleo o cargo. ‖ Dejar de hacer lo que se está haciendo. ❑ CESAMIENTO; CESANTE.

césar m Emperador, entre los romanos. ❑ CESÁREO, A; CESARIANO, A.

cesárea f Operación que consiste en extraer el feto practicando una incisión baja en la pared del abdomen y luego en la musculatura uterina.

cese m Orden por la cual un funcionario deja de desempeñar el cargo que ejercía.

cesión f Renuncia de alguna cosa, posesión, acción o derecho, que una persona hace a favor de otra.

césped o **céspede** m Hierba menuda y tupida que cubre el suelo.

cesta f Utensilio portátil, de mimbres, juncos, cañas, varillas de sauce u otra materia flexible, para transportar o guardar alguna cosa. ‖ Aro de hierro del que cuelga una red por donde tiene que pasar la pelota en el juego del baloncesto. ‖ Tanto conseguido en este juego. ❑ CESTERÍA; CESTERO, RA.

cesto m Cesta grande.

cetáceo, a adj y m Dic. de mamíferos pisciformes, marinos, casi todos de gran tamaño, que tienen las aberturas nasales en lo alto de la cabeza; las extremidades anteriores se han transformado en aletas, mientras que las posteriores han desaparecido.

cetrería f Arte de criar, domesticar, enseñar y curar los halcones y demás aves que servían para la caza de volatería. ❑ CETRERO.

cetrino, na adj Aplícase al color amarillo verdoso. ‖ Compuesto con cidra o que participa de sus cualidades. ‖ (fig) Melancólico y adusto.

cetro m Bastón de mando, insignia del poder supremo. ‖ Vara de plata que usan algunos dignatarios de la Iglesia. ‖ (fig) Reinado.

chabacano, na adj Sin arte o grosero y de mal gusto. ❑ CHABACANADA; CHABACANERÍA.

chabela f Bol. Bebida hecha mezclando vino y chicha.

chabola f Choza o caseta en el campo.

chaca f Chile. Variedad de molusco comestible.

chacal m Mamífero carnívoro, parecido al lobo y a la zorra.

chacanear intr Chile. Espolear con fuerza a la cabalgadura. ‖ (fig) Chile. Importunar.

chácara[1] f Amér. Chacra, alquería. ❑ CHACARERO, RA.

chácara[2] m Col. Monedero.

chacha f (fam) Niñera. ‖ Por ext. Sirvienta.

chachalaca f Méx. Especie de gallina. ‖ s y adj (fig) Méx. Persona locuaz.

cháchara f (fam) Abundancia de palabras o expresiones inútiles. ‖ Conversación frívola.

chachi adj Chanchi, estupendo, muy bueno.

chacina f Cecina, carne salada. ‖ Carne de puerco adobada, de la que se suelen hacer chorizos y otros embutidos. ❑ CHACINERÍA; CHACINERO, RA.

chaco m Amér. Merid. Vasta extensión de tierra sin explorar.

chacota f Bulla y alegría mezclada de chanzas y carcajadas, con que se celebra alguna cosa. ❑ CHACOTEAR, CHACOTEO, CHACOTERO, RA.

chacra f Amér. Alquería o granja, no muy grande, en la que suelen cultivarse hortalizas.

chafalote m Amér. Chafarote. ‖ Bol. Caballo pesado. • adj Arg. Ordinario, grosero.

chafar tr y prnl Aplastar lo que está erguido o levantado. • tr Arrugar y deslucir la ropa, maltratándola.

chafarote m Alfanje corto y ancho.

chafarrinar tr Deslucir una cosa con borrones o manchas. ❑ CHAFARRINADA.

chafirro m C. Rica. Cuchillo, machete.

chaflán m Plano largo y estrecho que, en lugar de esquina, une dos paramentos o superficies que forman ángulo.

chagolla f Méx. Moneda falsa o muy gastada.

chagorra f Méx. Mujer muy humilde.

chagra m Ecuad. Campesino. • f Col. Chacra, alquería.

chaguala f Col. Pendiente que los indios llevaban en la nariz. ‖ Col. Zapato viejo. ‖ Col. Chirlo. ‖ Méx. Chancleta.

chaguar tr Arg. Ordeñar. ‖ Arg. Exprimir una cosa para quitar el líquido que contiene.

chagüe, chagüite o **chahuite** m Amér. Centr. Lodazal, pantano.

chagüiscle, chahuiscle o **chahuistle** f Méx. Roya, enfermedad del maíz. • m Méx. Cualquier plaga dañina.

chal m Paño de seda, lana, etc., mucho más largo que ancho, y que, puesto en los hombros, sirve a las mujeres como abrigo o adorno.

chala f Arg. Dinero. ‖ Amér. Merid. Envoltura de la mazorca del maíz.

chalán m Col. y Perú. Picador, domador de caballos. ❑ CHALANEAR; CHALANEO.

chalana f Embarcación menor para transportes en parajes de poco fondo.

chalar tr y prnl Enloquecer, alelar. ‖ Enamorar. ❑ CHALADO, DA; CHALADURA.

chalchihuite m Méx. Especie de esmeralda basta. ‖ Salv. y Guat. Cachivache, baratija.

chaleco m Prenda de vestir, sin mangas.

chalina f Arg. y Col. Rebozo angosto que usan las mujeres a modo de boa.

chaludo, da adj Arg. Que tiene mucha chala o dinero.

chalupa f Embarcación pequeña, que suele tener cubierta y dos palos para velas. ‖ Méx. Torta de maíz, pequeña y ovalada, con algún condimento por encima.

chamaco, ca m y f Méx. Niño, muchacho.

chamagoso, sa adj Méx. Mugriento, astroso.

chamal m Arg., Bol. y Chile. Paño que usan los indios araucanos como pantalones. ‖ Chile. Manta de las indias en la misma región.

chamán m Persona que, tras un aprendizaje, accede a poderes magicorreligiosos, de índole animista. ❑ CHAMANISMO.

chamanto m Chile. Manto de fina lana que usan los campesinos.

chamarilero, ra m y f Persona que se dedica a comprar y vender trastos viejos. ❑ CHAMARILEAR.

chamarra f Vestidura de jerga o paño burdo, parecida a la zamarra. ‖ Amér. Centr. Engaño, fraude. ‖ Amér. Centr. Manta de lana que sirve de poncho y de colcha.

chamarrear intr Amér. Engañar.

chamarreta f Casaquilla que no ajusta al cuerpo, larga hasta poco más abajo de la cintura, abierta por delante, redonda y con mangas.

chamba[1] f (fam) Chiripa. ‖ Méx. Trabajo eventual.

chamba[2] f Col. y Ven. Zanja o vallado que sirve para limitar los predios.

chambear tr*Col.* Cortar, afeitar. • *intr Méx.* Cambiar, trabajar.

chambón, na *adj* (fam) Díc. de la persona poco hábil. ‖ Que consigue las cosas por chiripa. ◻ CHAMBONADA, CHAMBONEAR.

chamicado, da *adj Chile* y *Perú.* Díc. de la persona taciturna, y también de la que está perturbada por la embriaguez.

chamicera *f* Pedazo de monte quemado, con restos de leña ennegrecida.

chamizo *m* Choza cubierta de hierba. ‖ (fig, fam) Tugurio sórdido de gente de mal vivir.

champa *f Chile.* Raigambre, tepe, cepellón. ‖ *Amér. Merid.* Adobe.

champán o **champaña** *m* Vino espumoso, blanco o rosado, que se fabrica en la región fr. de Champaña. ◻ CHAMPANIZAR.

champear *tr Chile, Ecuad.* y *Perú.* Tapar o cerrar con césped o tepes una presa o portillo.

champiñón *m* Nombre común de una seta comestible, de color blanco pardusco, laminillas negruscas y pie engrosado.

champú *m* Loción para lavar el cabello.

chamuchina *f* Cosa de poco valor. ‖ *Amér.* Populacho.

chamuscar *tr* y *prnl* Quemar una cosa por la parte exterior. ◻ CHAMUSCADO, DA.

chamusco *m* o **chamusquina** *f* Acción y efecto de chamuscar o chamuscarse.

chanca *f* Chancla. ‖ Zueco. ‖ Pequeña ind. de salazón de pescado.

chancar *tr Amér.* Triturar. ‖ *Chile* y *Perú.* Golpear, maltratar. ‖ *Chile* y *Ecuad.* Hacer mal, o a medias, una cosa.

chancero, ra *adj* Que acostumbra a bromear.

chanchi *adj* (fam) Estupendo o muy bueno.

chancho, cha *m* y *f Amér.* Cerdo. • *adj Amér.* Sucio, desaseado. ◻ CHANCHADA, CHANCHERÍA, CHANCHERO, RA.

chancla *f* Zapato viejo cuyo talón está ya caído o aplastado por el mucho uso. ‖ Chancleta.

chancleta *f* Chinela sin talón, o chinela o zapato con el talón doblado, que suele usarse en casa.

chanclo *m* Especie de sandalia de madera o suela gruesa, que sirve para preservar de la humedad o del lodo.

chancro *m* Lesión cutánea de tipo ulceroso, con bordes bien delimitados, típica de ciertas enfermedades venéreas.

chándal *m* Conjunto de pantalón y jersey o chaqueta que se usa para hacer deporte.

chanfle *m Amér.* Chaflán. ‖ *Arg.* Chófer, policía. ‖ *Arg.* Golpe o corte oblicuo.

changa *f* (fam) Trato, trueque o negocio de poca importancia. ‖ *Arg., Bol.* y *U* Ocupación y servicio que presta el changador. ‖ En algunas partes, chanza, burla, broma, chuscada.

changar *tr* Romper, descomponer, destrozar.

chango, ga *adj* y *s Chile.* Díc. de la persona torpe y fastidiosa. ‖ *P. Rico, R. Dom* y *Ven.* Bromista, guasón. ‖ *Arg., Bol. Méx.* Niño, muchacho.

changuear *intr Col., Cuba* y *P. Rico* Bromear.

changüí *m* (fam) Chasco, engaño. Se usa más con el verbo *dar*. ‖ *Arg.* (fam) Ventaja u oportunidad, especialmente en el juego.

chantaje *m* Amenaza de pública difamación o daño semejante que se hace contra alguno, a fin de obtener de él dinero u otro provecho. ◻ CHANTAJEAR; CHANTAJISTA.

chantar *tr* Vestir o poner. ‖ Clavar, hincar. ‖ Fijar o poner derecha una cosa.

chantillí o **chantilly** *m* Crema de nata batida y azucarada.

chanza *f* Dicho festivo y gracioso. ‖ Burla amable, sin malicia. ◻ CHANCEAR.

¡chao! *interj* (fam) Adiós, hasta luego.

chapa *f* Hoja o lámina de metal, madera u otra materia. ‖ Tapa metálica, con corcho en su interior, que cierra herméticamente las botellas. ◻ CHAPADO, DA.

chapalear *intr* Chapotear, sonar el agua agitada por los pies y las manos. ◻ CHAPALEO.

chapar *tr* Chapear, cubrir con chapas.

chaparrear *intr* Llover reciamente.

chaparro, rra *adj* y *s* (fig, fam) Díc. de la persona rechoncha. • *m* Mata de encina o roble, de muchas ramas y poca altura.

chaparrón m Lluvia muy intensa de corta duración.

chapear tr Cubrir, adornar o guarnecer con chapas. ☐ CHAPEADO, DA.

chapecar tr Chile. Trenzar. ‖ Chile. Enristrar, hacer ristras con ajos o cebollas.

chapela f Boina de gran vuelo.

chapeta f Mancha de color encendido que suele salir en las mejillas.

chapetonar intr Amér. Obrar inesperadamente.

chapín m Antiguo calzado femenino de corcho, forrado de cordobán.

chapinismo m Amér. Centr. Vocablo o modo de hablar propio de Guatemala.

chapista m o f Persona que trabaja la chapa de metal, y especialmente las carrocerías de los automóviles. ☐ CHAPISTERÍA.

chapitel m Remate de las torres que se levanta en figura piramidal. ‖ Capitel.

chapola f Col. Mariposa.

chapotear intr Sonar el agua batida por los pies y las manos.

chapurrar o **chapurrear** tr e intr Hablar mal o con dificultad un idioma.

chapuz o **chapuza** f Obra o labor de poca importancia. ‖ Obra mal hecha. ☐ CHAPUCERÍA; CHAPUCERO, RA.

chapuzar tr, intr y prnl Meter a uno de cabeza en el agua. ☐ CHAPUZÓN.

chaqué m Prenda masculina de etiqueta; es como una chaqueta que, a partir de la cintura, se abre hacia atrás, formando faldones.

chaqueta f Prenda exterior de vestir, con mangas, que se ajusta al cuerpo y pasa poco de la cintura. ‖ Americana.

chaquetear intr Mudar interesadamente de opinión. ☐ CHAQUETEO; CHAQUETERO, RA.

charada f Acertijo que consiste en adivinar una palabra a partir de algunas pistas sobre su significado y de las palabras que se pueden formar con sus sílabas.

charanga f Música militar que consta sólo de instrumentos de viento; por ext., cualquier música similar. ‖ Pequeña banda de música.

charango m Especie de bandurria pequeña, de cinco cuerdas y sonidos muy agudos, que usan los indios del Perú.

charape m Méx. Bebida fermentada hecha con pulque, panocha, miel, clavo y canela.

charca f o **charco** m Agua detenida en un hoyo o cavidad de la tierra o del piso.

charcutería f Tienda donde se venden productos derivados del cerdo y alimentos selectos. ☐ CHARCUTERO, RA.

charla f (fam) Acción de charlar. ‖ Disertación oral o conferencia. ☐ CHARLISTA.

charlar intr (fam) Hablar mucho y sin ninguna utilidad. ‖ (fam) Conversar.

charlatán, na adj y s Que habla mucho y sin sustancia. ‖ Indiscreto.

charlestón m Danza de origen norteam. muy popular a finales de los años veinte.

charlón, na adj y s Ecuad. Charlatán, hablador.

charlotada f Festejo taurino bufo. ‖ Actuación pública, colectiva, grotesca o ridícula.

charnela f Bisagra de puertas, ventanas, etcétera.

charol[1] m Barniz muy lustroso y permanente, que conserva su brillo y se adhiere perfectamente a la superficie del cuerpo a que se aplica.

charol[2] m o **charola** f Amér. Bandeja. ‖ Amér. Díc. del ojo grande y feo.

charque o **charqui** m Amér. Tasajo, carne salada.

charquear tr Amér. Acecinar la carne. ‖ (fam) Arg. Herir o matar a una persona.

charquicán m Amér. Guiso hecho con charqui, ají, patatas, judías y otros ingredientes.

charrán adj y s Pillo, tunante. ☐ CHARRANADA.

charretera f Divisa militar de oro, plata o seda, en forma de pala, que se sujeta sobre el hombro y de la cual pende un fleco.

charro, rra adj y s Aldeano de Salamanca. ‖ (fig) Basto y rústico. • m Méx. Jinete que viste chaqueta bordada, pantalón ajustado, camisa blanca y sombrero de ala ancha y copa cónica.

chárter adj Dícese del vuelo fletado al margen de los vuelos regulares.

chasca f Leña menuda que procede de la limpia de los árboles o arbustos. ‖ Amér. Greña, maraña, vedija.

chascar *intr* Dar chasquidos. • *tr* Triturar, ronzar.

chascarrillo *m* (fam) Anécdota ligera, cuentecillo agudo o frase de sentido equívoco y gracioso.

chasco *m* Burla que se hace a alguno.

chasis *m* Armazón, caja del coche.

chasparrear *tr* Amér. Chamuscar.

chasquear *tr* Dar chasco o zumba. ‖ Producir un chasquido con el látigo o con la lengua. • *intr* Dar chasquidos la madera u otra cosa cuando se abre por su sequedad.

chasqui o **chasque** *m* Amér. Merid. Mensajero, emisario.

chasquido *m* Sonido del látigo o la honda cuando se sacuden en el aire. ‖ Ruido seco producido con la lengua al separarla muy rápidamente del paladar.

chatarra *f* Hierro viejo. ‖ Restos metálicos procedentes del desguace de barcos, maquinaria, etc. ‖ Escoria que deja el mineral de hierro. ❏ CHATARRERÍA, CHATARRERO, RA.

chatear *tr* Tomar chatos de vino. ❏ CHATEO.

chato, ta *adj* y *s* Que tiene la nariz poco prominente y como aplastada. • *adj* Díc. también de la nariz que tiene esta figura.

¡chau! *interj* R. de la Plata. ¡Adiós!

chaucha *f* Arg. y Ur. Judía verde. ‖ Chile. Moneda de veinte centavos. ‖ Chile. Patata temprana o menuda.

chauchera *f* Chile y Ecuad. Portamonedas.

chaval, la *m* y *f* (fam) Niño o joven. • *f* (fam) Novia.

chavea *m* (fam) Chiquillo, muchacho.

chaveta *f* Clavo hendido en casi toda su longitud, que, introducido por el agujero de un hierro o madero, se remacha separando las dos mitades de su punta. ‖ Clavija o pasador que se pone en el agujero de una barra e impide que se salgan las piezas que la barra sujeta.

chavo *m* Ochavo, moneda de escaso valor.

chaya *f* Amér. Burlas y juegos de los días de carnaval. ❏ CHAYAR; CHAYERO, RA.

chayotada *f* (fam) Guat. Tontería, desatino.

¡che! *Arg., Bol.* y *Ur.* interj con que se llama.

cheche *m* P. Rico. Jefe.

chécheres *m pl* Amér. Cachivaches.

checo, ca *adj* y *s* Natural de Bohemia y Moravia, o de la ant. Checoslovaquia. • *m* Lengua de los checos, una de las lenguas eslavas.

chelo *m* Violonchelo.

chencha *adj* Méx. Haragán, holgazán.

chepa *f* (fam) Corcova, joroba. ❏ CHEPUDO, DA.

cheque *m* Documento en forma de mandato de pago, por medio del cual alguien puede retirar, por sí o por un tercero, la totalidad o parte de los fondos que tiene disponibles en un banco.

chequear *intr* Amér. Girar cheques. ‖ Amér. Controlar, cotejar, revisar.

chequeo *m* Inspección, examen detallado, especialmente médico. ‖ Amér. Control.

chero, ra *adj* y *s* Salv. Amigo, compañero.

cheuto, ta *adj* Chile. Se aplica a la persona que tiene el labio partido o deformado.

cheviot o **chevió** *m* Lana de cordero de Escocia.

chía *f* Semilla de una especie de salvia, con la que en México se prepara un refresco sabroso y muy popular.

chiba *f* Col. y Ven. Mochila.

chibolo, la *m* y *f* Amér. Cuerpo redondo y pequeño; chichón.

chibuquí *m* Pipa que usan los turcos para fumar, cuyo tubo suele ser largo y recto.

chic *adj* y *m* Díc. de una cosa o persona que tiene gracia o elegancia, o que va a la moda.

chicano, na *adj* y *s* Díc. de los individuos de la minoría de origen mex. afincada en EE UU.

chicar *intr* Arg. Mascar tabaco.

chicarrón, na *adj* y *s* (fam) Díc. de la persona de corta edad muy crecida o desarrollada.

chicha[1] *f* (fam) Carne comestible.

chicha[2] *f* Bebida alcohólica que resulta de la fermentación del maíz, uvas u otros frutos, en agua azucarada, y que se usa en América. ❏ CHICHERÍA; CHICHERO, RA.

chícharo *m* Guisante, garbanzo, judía.

chicharra *f* Cigarra, insecto. ‖ Juguete

que hace un ruido tan desapacible como el canto de la cigarra. || (fig, fam) Persona muy habladora.

chicharrón m Residuo de las pellas del cerdo, después de derretida la manteca. || (fig, fam) Persona muy tostada por el sol.

chiche m Amér. Juguete. || Chile. Objeto de bisutería. || Sal., Guat. y Méx. Pecho, mama de la nodriza. • adj Amér. Pequeño, bonito.

chichear intr y tr Sisear. ◻ CHICHEO.

chichi adj Amér. Centr. Fácil.

chichirimico m Amér. Juego de muchachos parecido a la rata.

chichisbeo m Obsequio continuado de un hombre a una mujer. || Hombre galanteador. || Coqueteo.

chichito m (fam) Niño pequeño. || (fam) Criollo, hispanoamericano.

chicholo m R. de la Plata. Un tipo de dulce envuelto en chala.

chichón m Hematoma subcutáneo de la cabeza, especialmente en la frente, producido por una contusión.

chichonera f Gorro con armadura adecuada, para preservar a los niños de golpes en la cabeza. || Col. Tumulto callejero.

chicle o **chiclé** m Goma de mascar perfumada.

chico, ca adj Pequeño o de poco tamaño. • adj y s Niño, adolescente. • m y f En el trato de confianza llámase así a personas de no corta edad. • m Muchacho que hace recados y ayuda en trabajos varios de oficinas, comercios, etc. • f Criada, asistenta.

chicoleo m (fam) Requiebro, frase galante que se dice a una mujer. ◻ CHICOLEAR.

chicote m (fig) Cigarro puro o su colilla. || Amér. Látigo.

chiffonier m Cómoda repleta de cajones, que es más alta que ancha.

chiflar intr Silbar. • tr y prnl Mofar, hacer burla o escarnio en público. • prnl (fam) Perder uno la energía de las facultades mentales. || (fam) Tener sorbido el seso por una persona o cosa. ◻ CHIFLADO, DA; CHIFLADURA.

chiflo m o **chifla** f Especie de silbato. ◻ CHIFLIDO.

chiflón m Amér Merid. Viento colado, o corriente muy sutil de aire. || Méx. Canal por donde sale el agua con fuerza.

chigua o **chihua** f Amér. Cesto hecho con cuerdas de forma oval y boca de madera. Sirve para usos domésticos.

chihuahua adj y s Díc. de una raza de perros muy pequeños, oriundos de México.

chilaba f Especie de túnica con capucha usada en el N de África.

chilaca f Méx. Variedad del chile, poco picante.

chilaquil m Méx. Sombrero de fieltro, viejo y mugriento.

chilar m Sitio poblado de chiles.

chilate m Amér. Centr. Bebida común, hecha con chile, maíz tostado y cacao.

chilchote m Méx. Una especie de ají o chile muy picante.

chilco m Chile. Fucsia silvestre.

chile m Ají, pimiento. || **ch. chipotle.** Méx. Chile secado al humo.

chilico m Col. Especie de pato.

chilicote m Arg. Especie de ciervo.

chilillo m Amér. Látigo. || Méx. Fruto en agraz del calzo.

chilindrina f (fam) Cosa de poca importancia. || (fam) Anécdota ligera, chiste picante.

chilindrón m Guiso de carne con una salsa a base de tomate y pimiento. || Hond. Chirca.

chilinguear tr Col. Columpiar, mecer.

chillar intr Dar chillidos. || Chirriar.

chillido m Sonido inarticulado de la voz, agudo y desapacible.

chillo m Amér. Centr. Deuda.

chillón, na adj y s (fam) Que chilla mucho. • adj Díc. de todo sonido agudo y desagradable. || (fig) Aplícase a los colores excesivamente vivos o mal combinados.

chilote m Méx. Bebida que se hace con pulque y chile.

chilpe m Ecuad. Hoja seca de maíz. • pl Chile. Andrajos, trastos, trebejos.

chiltepe m Guat. Chile silvestre, pequeño y rojo, de uso medicinal.

chimar tr Méx. Fastidiar.

chimba f Chile y Perú. Banda de un río opuesta a aquella en que se está. || Chile.

Barrio menor de un pueblo cortado en dos por un río.

chimenea f Conducto para dar salida al humo que resulta de la combustión. ‖ Hogar o fogón para guisar o calentarse, con su cañón o conducto por donde salga el humo.

chimiscol[1] m *C. Rica.* Aguardiente de caña.

chimiscol[2] m *Amér. Centr.* y *Méx.* Lío, cuento, chisme. ☐ CHIMISCOLEAR; CHIMISCOLERO, RA.

chimpancé m Mamífero africano del orden primates, de pelo negro y boca y orejas grandes, que posee notable inteligencia.

chimuela m o f *Méx.* Persona desdentada.

china f Piedra pequeña.

chinaca f *Méx.* Gente desharrapada y miserable.

chinacate m *Méx.* Gallo sin plumas. ‖ *Méx.* Hombre del pueblo. ‖ *Méx.* Murciélago.

chinama f *Guat.* Choza de pajas y tejamaniles.

chinana f (fam) *Méx.* Supositorio. ‖ (fam) *Méx.* Molestia.

chincha f *Amér.* Chinche.

chinchar tr y prnl Molestar, fastidiar.

chinche f Insecto de color rojo oscuro y cuerpo muy aplastado, que chupa la sangre humana. • s y adj (fig, fam) Persona chinchosa.

chincheta f Clavito metálico de cabeza grande, que sirve para sujetar algo.

chinchilla f Mamífero roedor de América Meridional, parecido a la ardilla, pero con pelaje gris, de una finura y suavidad extraordinarias.

chinchinear tr *Amér. Centr.* Acariciar, mimar.

chinchorrero, ra adj (fig, fam) Que se emplea en chismes y cuentos con impertinencia y pesadez. ☐ CHINCHORREAR; CHINCHORRERÍA.

chinchorro m Red de pesca semejante a la jábega, aunque menor. ‖ Embarcación de remos, muy chica y la menor de a bordo.

chinchulines m pl *Bol., Ecuad.* y *Arg.* Tripas de vaca que se comen asadas.

chincualón m *Méx.* Préstamo que se hace al obrero a cuenta de su paga semanal.

chiné adj Díc. de cierta clase de telas rameadas o de varios colores combinados.

chinela f Calzado a modo de zapato, sin talón, de suela ligera, y que por lo común sólo se usa dentro de casa.

chinero m Armario o alacena en que se guardan piezas de china o de porcelana, cristal, etcétera.

chinga f *C. Rica.* Colilla. ‖ *Ven.* Borrachera.

chingar tr (fam) Beber, embriagarse ‖ Importunar, molestar. • intr (fam) Fornicar. • prnl Embriagarse. ‖ *Amér. Merid.* Fracasar, frustrarse alguna cosa.

chingo, ga adj *Amér. Centr.* Díc. del animal rabón. ‖ *C. Rica.* Desnudo, en paños menores.

chino[1]**, na** adj y s Natural de China. • m Lengua hablada por los chinos. ☐ CHINESCO, CA.

chino[2]**, na** adj y s *Amér.* Díc. de la persona de rasgos aindiados. ‖ *Amér.* Díc. del descendiente de india y zambo o de indio y zamba. • m y f *Amér. Merid.* Sirviente. ‖ *Amér. Merid.* Calificativo ora cariñoso, ora despectivo. • f *Amér. Centr.* Aya, niñera.

chip m Pequeña sección de material semiconductor, generalmente silicio, que forma el sustrato sobre el que se fabrican uno o varios circuitos integrados.

chipe m (fam) *Chile.* Dinero. Se usa más en plural.

chipé f Verdad, bondad.

chipichipi m *Méx.* Llovizna.

chipilo, la adj *Méx.* Niño o niña pequeños.

chipirón m Calamar pequeño.

chipote m *Amér. Centr.* Manotada, porrazo.

chiquear tr *Amér. Centr.* Contonearse al andar. ‖ *Cuba* y *Méx.* Mimar, acariciar con exceso, especialmente de palabra o por escrito.

chiquero m Pocilga. ‖ Compartimento del toril.

chiquigüite o **chiquihuite** m *Guat.* y *Méx.* Cesto o canasta de mimbres sin asas.

chiquilicuatro m (fam) Chisgarabís.

chiquillo, lla adj y s Chico, niño, muchacho. ❑ CHIQUILLADA; CHIQUILLERÍA.

chira f C. Rica. Espata del plátano. ‖ Col. Jirón. ‖ Salv. Llaga.

chirajo m Amér. Trastos.

chirapa f Bol. Andrajo, trapo o jirón de ropa. ‖ Perú. Lluvia con sol.

chiribita f Chispa, partícula pequeña y encendida. • pl (fam) Partículas que, vagando en el interior de los ojos, ofuscan la vista.

chiribitil m Desván, rincón o escondrijo bajo y estrecho. ‖ (fam) Pieza o cuarto muy pequeño.

chiricatana f Ecuad. Poncho de tela basta.

chirigota f (fam) Cuchufleta, burla.

chirimbaina f Tarambana.

chirimbolo m (fam) Cualquier pequeño objeto de forma extraña que no tiene denominación concreta.

chirimía f Instrumento musical de viento. • m o f (fig, fam) Guat. Persona que habla mucho y con voz desagradable y atiplada.

chirinada f Arg. Fracaso, especialmente el de una asonada política.

chiringuito m Establecimiento, gralte. en forma de quiosco, en que se sirven bebidas y comidas simples. Suele estar sit. en playas, parques, etc.

chirinola f Reyerta, pendencia. ‖ Disputa, discusión.

chiripa f En el juego de billar, suerte favorable que se gana por casualidad. ‖ (fig, fam) Casualidad favorable. ❑ CHIRIPEAR; CHIRIPERO, RA.

chiripá m Arg. Pañal que se pone a los niños.

chirle adj (fam) Insípido, insustancial. • m Sirle, excremento del ganado.

chirlear intr Ecuad. Cantar los pájaros al amanecer.

chirlo m Herida prolongada en la cara, como la que hace la cuchillada. ‖ Señal o cicatriz que deja una vez curada. ‖ Mirlo, pájaro.

chirona f (fam) Cárcel, prisión. Se usa en expresiones como meter o estar en ch.

chiroso, sa adj Amér. Astroso.

chirote m (fig) Perú. Persona ruda o de cortos alcances.

chirotear intr Callejear.

chirriado, da adj Col. Gracioso, salado.

chirriar o chirrear intr Dar sonido agudo una sustancia al penetrarla un calor intenso; como cuando se fríe tocino o se echa pan en aceite hirviendo. ‖ (fig, fam) Cantar desentonadamente. ❑ CHIRRIDO.

chirrichote adj y s Necio, presumido, vanidoso.

chirrión m Carro fuerte de dos ruedas y eje móvil, que chirría mucho cuando anda. ‖ Amér. Látigo o rebenque fuerte hecho de cuero.

chirusa o chiruza f Amér. Moza del pueblo, de poca instrucción.

chis interj para hacer callar o llamar a uno.

chiscón m Tabuco, habitación pequeña.

chisgarabís m (fam) Zascandil, mequetrefe.

chisgo m (fam) Méx. Gracia, donaire.

chisguete m (fam) Trago o corta cantidad de vino que se bebe.

chisme[1] m Noticia verdadera o falsa con que se pretende indisponer a unas personas con otras o murmura de alguna. ❑ CHISMORREAR; CHISMOSO, SA.

chisme[2] m (fam) Baratija o trasto pequeño.

chispa f Partícula pequeña encendida que salta de la lumbre, del hierro herido por el pedernal, etc. ‖ Partícula pequeña de cualquier cosa. ‖ (fig) Penetración, viveza de ingenio.

chispazo m Acción de saltar la chispa de fuego o la eléctrica.

chispear intr Echar chispas. ‖ Relucir o brillar.

chisquero m Encendedor de bolsillo.

chist interj Chis.

chistar intr Prorrumpir en alguna voz o hacer ademán de hablar. Se usa más en negación.

chiste m Dicho agudo y gracioso. ‖ Frase, dibujo, etc., de carácter cómico.

chistera f (fig, fam) Sombrero de copa alta.

chistu m Instrumento musical de viento.

chistulari *m* El que acompaña con el chistu y el tamboril las danzas populares vascas.

chita *f* Astrágalo, hueso del pie.

chito *m* Pieza de madera o de otra cosa, sobre la que se pone el dinero en el juego de la chita.

chito o **chitón** *interj* para imponer silencio.

chivar *tr* y *prnl* Amér. Fastidiar, molestar, engañar. • *prnl* (fam) Irse de la lengua; decir algo que perjudica a otro.

chivarras *f pl* Méx. Calzones de cuero peludo.

chivatada *f* o **chivatazo** *m* (fam) Acción propia del chivato, soplón.

chivato, ta *m* y *f* (fam) Soplón. • *m* Chivo mayor de seis meses y menor de un año. ‖ Aparato, que suele ser electrónico, que advierte de una anormalidad o llama la atención sobre algo.

chivo, va *m* y *f* Cría de la cabra, desde que no mama hasta que llega a la edad de procrear. • *f* Amér. Perilla, barba. ‖ Amér. Centr. Manta o colcha.

chocante *pa* de chocar. • *adj* Que causa extrañeza. ‖ Gracioso.

chocar *intr* Encontrarse violentamente una cosa con otra. ‖ (fig) Pelear, combatir. ‖ (fig) Causar extrañeza o enfado.

chochar o **chochear** *intr* Tener debilitadas las facultades mentales por efecto de la edad. ☐ CHOCHERA; CHOCHEZ.

chocho, cha *adj* Que chochea. ‖ (fig, fam) Lelo de puro cariño. • *m* Altramuz, fruto de él.

chochocol *m* Méx. Tinaja, vasija grande.

choclo Amér. Merid. Mazorca tierna de maíz.

choclón, na *adj* Entremetido. ‖ Desaliñado.

choco, ca *adj* Chile. Rufo, de pelo ensortijado. ‖ Chile. Díc. del que le falta un miembro. • *m* Bol. Sombrero de copa. ‖ Jibia pequeña. ‖ Amér. Merid. Perro ordinario.

chocolate *m* Pasta hecha con cacao y azúcar molidos, a la que se añade canela o vainilla.

chocoyo *m* Hond. Mazorca de maíz.

chófer o **chofer** *m* Conductor, persona que conduce un vehículo automóvil.

chola *f* (fam) Cabeza. ‖ Entendimiento, juicio.

cholco, ca *adj* Guat. y Salv. Mellado.

chollo *m* (fam) Ganga, bicoca.

cholo, la *adj* y *s* Amér. Díc., especialmente en el ámbito andino, del indígena aculturado y del mestizo.

chomba o **chompa** *f* Amér. Jersey.

chongo *m* Méx. Moño de pelo. ‖ Guar. Rizo de pelo. ‖ Méx. Chanza, broma.

chontal *adj* Amér. Díc. de la persona rústica e inculta.

chope *m* Chile. Palo con un extremo plano para usos del campo. ‖ Chile y Perú. Puñetazo.

chopo *m* Álamo, en especial, álamo negro, la más común de las variedades cultivadas.

choque[1] *m* Encuentro violento de una cosa con otra. ‖ (fig) Contienda, disputa, riña o desazón con una o más personas.

choque[2] *m* Impresión o emoción fuerte.

choquezuela *f* Rótula de la rodilla.

chorbo, ba *m* y *f* (fam) Persona, especialmente si es joven.

chorizo[1] *m* Pedazo corto de tripa lleno de carne picada, regularmente de puerco adobada con pimentón y curada. ☐ CHORICERO, RA.

chorizo[2] *m* (vulg) Ladronzuelo, y por ext. maleante. ☐ CHORIZAR.

chorote *m* Ven. Especie de chocolate con el cacao cocido en agua y endulzado con papelón.

choroy *m* Chile. Especie de papagayo. Anda en bandadas y perjudica los sembrados.

chorra *f* (fam) Suerte, casualidad. ‖ Vulgarmente, miembro viril.

chorrada *f* (fam) Tontería, estupidez.

chorreado, da *adj* Amér. Sucio, manchado. • *f* Pequeña cantidad de líquido que se vierte a chorro.

chorrear *intr* Caer un líquido formando chorro. ‖ Salir el líquido lentamente y goteando. ☐ CHORREADURA; CHORREAR; CHORREO.

chorrera *f* Lugar por donde cae una corta porción de agua o de otro líquido. ‖ Señal que el agua deja por donde ha corrido.

chorrillo *m* (fig, fam) Acción continua de recibir o gastar una cosa.

chorro *m* Porción de líquido o de gas, que sale por una parte estrecha con alguna fuerza. ‖ Por ext. Caída sucesiva de cosas iguales y menudas.

chota *m* o *f Cuba* y *P. Rico.* Soplón, delator. ‖ *P. Rico.* Inepto, pusilánime.

chotearse *prnl* Burlarse de alguien. ❏ CHOTEO.

chotis *m* Baile por parejas muy popular en España, especialmente en Madrid, desde fines del s. XIX.

choto, ta *m* y *f* Cría de la cabra mientras mama. ‖ En algunas partes, ternero o ternera.

chotuno, na *adj* Relativo al ganado cabrío que mama. ‖ Díc. de los corderos flacos y enfermizos.

choza *f* Cabaña formada de estacas y cubierta de ramas o paja. ‖ Cabaña, casa tosca y pobre.

chozo *m* Choza pequeña.

christmas o **crismas** *m* Tarjeta para felicitar las navidades.

chuascle *m Méx.* Engaño. ‖ *Méx.* Trampa, artificio para cazar.

chubasco *m* Chaparrón o aguacero repentino, con mucho viento.

chubasquero *m* Impermeable, sobretodo.

chucán, na *adj Guat.* y *Hond.* Bufón, gracioso. ❏ CHUCANEAR.

chúcaro, ra *adj Amér.* Arisco, bravío. Díc. pralm. del ganado aún no desbravado.

chuco, ca *adj Amér. Centr.* Fermentado, podrido.

chucua *f Col.* Lodazal, pantano.

chucuto, ta *adj Ven.* Rabón.

chuchada *f Amér. Centr.* Engaño, estafa.

chuchería *f* Cosa de poca importancia, pero pulida y delicada.

chucho *Amér.* Escalofrío. ‖ *Chile* y *R. de la Plata.* Fiebre palúdica. ‖ (fam) *Arg.* y *Ur.* Miedo.

chueco, ca *adj Amér. Merid.* Estevado, patituerto.

chufla o **chufleta** *f* (fam) Cuchufleta. ❏ CHUFLETEAR.

chuico *m Chile.* Damajuana.

chulear *tr* Explotar a una prostituta • *tr* y *prnl* Burlarse de alguien con gracia y chispa. • *intr* y *prnl* Presumir, especialmente de valiente.

chulería *f* Cierto aire o gracia en las palabras o ademanes. ‖ Dicho o hecho jactancioso.

chuleta *f* Cada una de las costillas de buey, ternera, cordero o cerdo destinadas al consumo, con su carne correspondiente. ‖ (fig, fam) Bofetada. ‖ (fig, fam) Papelito con apuntes que llevan los estudiantes a los exámenes para consultarlo con disimulo.

chulo, la *adj* y *s* Que hace y dice las cosas con chulería. • *m* y *f* Persona de ciertos barrios populares de Madrid que se distingue por su lenguaje y modales desenfadados. • *adj* (fam) Bonito, estupendo.

chumbar *tr Arg.* Azuzar. ‖ *Bol.* Disparar con bala.

chumbe *m Amér.* Ceñidor o faja.

chungo, ga *adj* (fam) De mal aspecto, feo. • *f* Burla.

chungarse o **chunguearse** *prnl* (fam) Burlarse. ❏ CHUNGUEO.

chuño *m Amér.* Fécula de la patata y de otros tubérculos.

chupa *f* (fam) Chaqueta tipo cazadora, esp. la que se usa para ir en moto.

chupar *tr* e *intr* Sacar o atraer con los labios el jugo o la sustancia de una cosa. ‖ Absorber los vegetales el agua o la humedad. ‖ (fig, fam) Absorber. • *prnl* Irse enflaqueciendo o desmedrando. ❏ CHUPADA; CHUPADO, DA.

chupatintas *m* (desp) Oficinista de poca categoría.

chupete *m* Pieza de goma elástica en forma de pezón que se pone en el biberón.

chupinazo *m* Disparo hecho con una especie de mortero en los fuegos artificiales, cuya carga son candelillas. ‖ (fam) En fútbol y otros deportes, disparo potente.

chupito *m* (fam) Sorbito de bebida alcohólica.

chupón, na *adj* (fig, fam) Que chupa. • *adj* y *s* Que saca dinero u otro beneficio con astucia y engaño. • *m Amér.* Biberón.

chupóptero, ra *m* y *f* (fam) Persona que, sin trabajar, disfruta uno o más sueldos.

churrascado, da *adj* Quemado.

churrasco *m Amér. Merid.* Carne asada a la parrilla.

churre *m* (fam) Pringue que escurre de una cosa grasa.

churrete *m* Mancha que ensucia la cara, las manos u otra parte visible del cuerpo.

churria *f Col.* Chiripa. || *Méx.* Mancha que presenta una forma alargada.

churriana *f* Vulgarmente, ramera.

churrigueresco, ca *adj* (fig) Charro, recargado, de mal gusto.

churro *m* Masa de harina y agua, de forma cilíndrica estriada, que se fríe en aceite. ❑ CHURRERÍA; CHURRERO.

churruscar *tr y prnl* Dejar que se queme una cosa, como el pan, el guisado, etc.

churrusco *adj Col.* y *Pan.* Crespo, ensortijado.

churumbel *m* (fam) Niño.

chuscada *f* Dicho gracioso y basto; chiste ordinario.

chusco, ca *adj y s* Que tiene gracia, donaire y picardía. || *Perú.* Díc. de los animales que no son de raza, sino cruzados. • *m* Pedazo de pan, mendrugo o panecillo.

chusma *f* Conjunto de gente soez.

chusquisa *f Chile* y *Perú.* Prostituta.

chutar *tr* Lanzar el balón de un puntapié. ❑ CHUT; CHUTE.

chuza *f Méx.* Lance en el juego del boliche y en el del billar, que consiste en derribar todos los palos de una vez y con sólo una bola.

chuzo *m* Palo armado con un pincho de hierro, que se usa para defenderse y ofender. || *Chile.* Barra de hierro cilíndrica y puntiaguda, que se usa para abrir suelos.

chuzón, na *adj y s* Astuto, recatado, difícil de engañar. ❑ CHUZONADA; CHUZONERÍA.

cián *m* Color azul verdoso, complementario del rojo, uno de los considerados como fundamentales en el tecnicolor.

ciático, ca *adj* Perteneciente a la cadera. • *f* Inflamación del nervio ciático, provoca un dolor localizado en la nalga, cara posterior del muslo, cara externa de la pierna y borde y dorso del pie.

ciberespacio *m* Espacio virtual configurado por una red computacional y creado por medios cibernéticos.

cibernética *f* Ciencia que estudia los automatismos, funciones de fiscalización y comunicación, tanto del comportamiento humano y animal como de los sistemas electromecánicos de cualquier tipo que pueden sustituir a aquéllos. ❑ CIBERNÉTICO, CA.

cicatero, ra *adj y s* Mezquino, ruin, miserable, que escatima lo que debe dar. • *adj* Que da importancia a pequeñas cosas o se ofende por ellas. ❑ CICATEAR; CICATERÍA.

cicatriz *f* Masa formada por fibras conjuntivas, que aparece como fase final de la curación de una herida o de un proceso inflamatorio. || (fig) Impresión que queda en el ánimo por algún sentimiento pasado. ❑ CICATRIZAL.

cicatrizar *tr, intr y prnl* Completar la curación de las llagas o heridas, hasta que queden bien cerradas. ❑ CICATRIZACIÓN; CICATRIZANTE.

cicerón *m* (fig) Orador elocuente.

cicerone *m* Persona que enseña y explica las curiosidades de una localidad, edificio, etc.

ciclán *adj y s* Que tiene un solo testículo. • *m* Borrego cuyos testículos no salen al exterior.

ciclar *tr* Abrillantar las piedras preciosas.

cíclico, ca *adj* Perteneciente o relativo al ciclo. || Aplícase a la enseñanza o instrucción gradual.

ciclismo *m* Deporte de los aficionados a la bicicleta. ❑ CICLISTA.

ciclo *m* Período de tiempo o cierto número de años que, acabados, se vuelven a contar otra vez. || Serie de fases por que pasa un fenómeno periódico hasta que se reproduce una fase anterior. || Serie de actos culturales relacionados entre sí.

ciclomotor *m* Bicicleta provista de un motor auxiliar de pequeña cilindrada, o motocicleta que lleva un motor de poca potencia.

ciclón *m* Masa de aire caliente rodeada de otra de aire frío que se traslada a gran velocidad con movimiento rotacional. ❑ CICLONAL; CICLÓNICO, CA.

cíclope o **ciclope** *m* Gigante de la mitología griega con un solo ojo en medio de la frente.

ciclópeo, a *adj* Perteneciente o relativo a los cíclopes. || Aplícase a ciertas construcciones antiquísimas hechas con enormes piedras sin argamasa. || (fig) Gigantesco, de gran tamaño.

ciclorama *m* Panorama, vista pintada en un cilindro. || Superficie cóncava situada al fondo de un escenario teatral, sobre la que se proyectan imágenes.

ciclostil o **ciclostilo** *m* Máquina rotativa que sirve para copiar muchas veces un escrito o dibujo por medio de una tinta especial sobre una plancha gelatinosa.

ciclotrón *m* Acelerador de partículas elementales que, por la acción combinada de un campo eléctrico y otro magnético, comunica una trayectoria circular a las mismas.

cicuta *f* Hierba muy venenosa con tallo hueco y muy ramoso en lo alto, y hojas blandas y fétidas.

cid *m* (fig) Hombre fuerte y valiente. ❏ CIDIANO, NA.

cidro *m* Árbol con tronco liso y ramoso, cuyo fruto es la cidra.

ciego, ga *adj* y *s* Privado de la vista. • *adj* (fig) Poseído con vehemencia de alguna pasión. || (fig) Ofuscado, alucinado. || Díc. del conducto o vano obstruido o tapiado. • *m* Primera porción del intestino grueso.

cielo *m* Espacio en el cual se mueven los astros. || Parte del espacio que parece formar una bóveda por encima de la Tierra. || Atmósfera. || Clima o temple. || Gloria o bienaventuranza. || (fig) Dios o su providencia. Se usa también en plural. || (fig) Parte superior que cubre algunas cosas.

ciempiés *m* Artrópodo terrestre de cuerpo alargado, dividido en numerosos segmentos, cada uno de los cuales lleva un par de patas.

cien *adj* Apócope de ciento. Úsase siempre antes de sustantivo. || Con sentido ponderativo, expresa una cantidad indeterminada, equivalente a *muchos, muchas*.

ciénaga *f* Lugar o paraje lleno de cieno o pantanoso.

ciencia *f* Tipo de conocimiento sistemático y articulado que aspira a formular, mediante lenguajes apropiados y rigurosos, las leyes que rigen los fenómenos relativos a un determinado sector de la realidad. || (fig) Saber o erudición. || (fig) Habilidad, maestría, conjunto de conocimientos en cualquier cosa. ❏ CIENTÍFICO, CA.

cieno *m* Lodo blando que forma depósito en ríos, en lagunas o en sitios bajos y húmedos. ❏ CIENOSO, SA.

cientifismo *m* Teoría según la cual las cosas se pueden conocer mediante la ciencia como son realmente, y la investigación científica basta para satisfacer las necesidades de la inteligencia humana. ❏ CIENTIFISTA.

ciento *adj* Diez veces diez. || Centésimo. • *m* Signo o conjunto de signos con que se representa el número cien. || Centena.

cierre *m* Acción y efecto de cerrar o cerrarse. || Lo que sirve para cerrar. || Dispositivo que sirve para juntar y mantener unidas ciertas partes separadas, gralte. de algunas prendas de vestir. || Clausura temporal de tiendas y otros establecimientos mercantiles.

cierro *m* Cierre, acción y efecto de cerrar. || *Chile.* Cerca, tapia o vallado. || *Chile.* Sobre en que se ponen las cartas y otros papeles.

cierto, ta *adj* Conocido como verdadero, seguro, indubitable. || Se usa algunas veces en sentido indeterminado. || Sabedor, seguro de la verdad de algún hecho. • *adv* afirmación. Ciertamente.

cierva *f* Hembra del ciervo.

ciervo *m* Mamífero rumiante, esbelto y de patas largas; el macho está armado de cuernos estriados, macizos y ramosos.

cierzo *m* Viento septentrional más o menos inclinado a levante o a poniente, según la situación geográfica de la región en que sopla.

cifra *f* Número, signo con que se representa. || Escritura en que se usan signos, guarismos o letras convencionales, y que sólo puede comprenderse conociendo la clave.

cifrado, da pp de cifrar. • adj Díc. del sistema convencional de lenguaje escrito, empleado en transmisiones secretas.

cifrar tr Escribir en cifra. • tr y prnl (fig) Compendiar, reducir muchas cosas a una, o un discurso a pocas palabras. • tr (fig) Seguido de la prep en, reducir exclusivamente a cosa, persona o idea determinadas lo que procede de varias causas.

cigala f Crustáceo marino de color rosado y caparazón duro, parecido al bogavante, pero, gralte., de menor tamaño.

cigarra f Insecto de color verdoso amarillento y abdomen cónico, en cuya extremidad tienen los machos un órgano sonoro que emite un penetrante chirrido.

cigarrera f Mujer que hace o vende cigarros. ‖ Caja o mueblecillo en que se tienen a la vista cigarros puros. ‖ Petaca de bolsillo.

cigarrillo m Cigarro pequeño de picadura envuelta en un papel de fumar.

cigarro m Rollo de hojas de tabaco preparado para fumar. ‖ (fam) Cigarrillo.

cigoto o **zigoto** m Célula huevo resultante de la fusión de dos gametos, uno masculino y otro femenino.

ciguaraya f Árbol perenne originario de América Central.

cigüeña f Ave migradora de gran tamaño, cuello largo, alas negras y patas largas y rojas, lo mismo que el pico.

cigüeñal m Cigonal. ‖ Eje que transforma el movimiento alternativo de las bielas de un motor en movimiento circular.

cilanco m Charco que deja un río en la orilla al retirar sus aguas, o en el fondo cuando se ha secado.

cilantro m Hierba aromática medicinal.

cilicio m Faja de cerdas o de cadenillas de hierro con puntas, ceñida al cuerpo junto a la carne, que se usa para mortificarse.

cilindrada f Capacidad de los cilindros de un motor de explosión cuando el tiempo de admisión llega al máximo.

cilindrar tr Comprimir con el cilindro o rodillo. ☐ CILINDRADO, DA.

cilindro m Sólido limitado por una superficie cilíndrica cerrada y dos planos que forman sus bases. ‖ Pieza de la máquina que, girando sobre el molde o sobre el papel, hace la impresión. ‖ Tubo en que se mueve el émbolo de una máquina. ☐ CILÍNDRICO, CA.

cilio m Filamento vibrátil de ciertos protozoos y otras células animales, cuya función se relaciona con el movimiento. ☐ CILIAR.

cima f Lo más alto de los montes, cerros y collados. ‖ (fig) Culminación, ápice, punto más elevado, grado máximo, de una cosa, proceso, cualidad, etc.

cimarrón, na adj y s Amér. Decíase del esclavo que huía al monte buscando la libertad. ‖ R. de la Plata. Díc. del mate amargo, o sea sin azúcar. • adj Amér. Díc. del animal doméstico que huye al campo y se hace montaraz.

cimarronada f Amér. Manada de animales cimarrones. ‖ Amér. Rebelión de esclavos. ‖ Amér. Reunión y asiento de esclavos cimarrones.

cimba f Bol. y Perú. Trenza, crizneja.

cimbado m Bol. Látigo trenzado, chicote.

címbalo m Cimbalillo, campana pequeña. ‖ Instrumento musical de percusión muy popular, usado con frecuencia por los gitanos. ☐ CIMBALERO; CIMBALISTA.

cimborio o **cimborrio** m Cuerpo cilíndrico que sirve de base a la cúpula y descansa inmediatamente sobre los arcos. ‖ Cúpula en forma redondeada que cubre ciertos edificios.

cimbra f Armazón de madera que sostiene la superficie convexa sobre la cual se van colocando las dovelas de una bóveda o arco.

cimbrar o **cimbrear** tr y prnl Hacer vibrar en el aire una vara flexible u otra cosa semejante, agarrándola por un extremo. ‖ Colocar las cimbras en una obra. ☐ CIMBRADO, DA; CIMBREANTE; CIMBREO.

cimbreño, ña adj Aplícase a la vara que se cimbrea. ‖ (fig) Díc. también de la persona delgada que mueve el talle con soltura y facilidad.

cimbrón m Ecuad. Punzada, dolor agudo. ‖ Arg., Col. y C. Rica. Tirón súbito del lazo u otra cuerda.

cimbronazo m Cintarazo. ‖ Arg., Col. y C. Rica. Estremecimiento nervioso muy fuerte.

cimentar *tr* Echar o poner los cimientos de un edificio u obra. ‖ (fig) Establecer los principios de cosas o disciplinas intelectuales o espirituales. ◻ CIMENTACIÓN; CIMENTADO, DA; CIMENTADOR, RA.

cimiento *m* Parte del edificio que está debajo de tierra y sobre el que se apoya toda la construcción. Se usa más en plural. ‖ (fig) Principio y raíz de alguna cosa.

cimpa *f Perú.* Crizneja, trenza.

cinc *m* Metal de color blanco azulado y brillo intenso, blando y de estructura laminosa.

cincel *m* Herramienta con boca acerada y recta de doble bisel, que sirve para labrar a golpe de martillo piedras y metales.

cincelar *tr* Labrar, grabar con cincel en piedras o metales. ◻ CINCELADO, DA; CINCELADOR, RA; CINCELADURA.

cinco *adj* Cuatro y uno. ‖ Quinto. Aplicado a los días del mes, también se usa como *s.* • *m* Signo o cifra con que se representa el número cinco. ‖ Guitarrilla venezolana de cinco cuerdas.

cincoenrama *f* Hierba de raíz medicinal y hojas compuestas de cinco hojuelas.

cincuenta *adj* Cinco veces diez. ‖ Quincuagésimo. • *m* Signo o conjunto de signos con que se representa el número cincuenta.

cincuentena *f* Conjunto de 50 unidades homogéneas.

cincuentenario, ria *s* Conmemoración del día en que se cumplen cincuenta años de algún suceso.

cincuentón, na *adj y s* Díc. de la persona que tiene entre cincuenta y cincuenta y nueve años.

cine *m* (fam) Cinematógrafo. ‖ Técnica, arte o ind. de representación del movimiento por medio del cinematógrafo. ‖ Aparato proyector que reproduce imágenes. ‖ Local destinado a la proyección de películas.

cineasta *m o f* Persona que interviene en la realización de una película cinematográfica.

cineclub *m* Asociación privada dedicada a la divulgación de la cultura cinematográfica.

cinéfilo, la *adj y s* Aficionado al cine.

cinegética *f* Arte de la caza. ◻ CINEGÉTICO, CA.

cinemascope *m* Marca registrada de un procedimiento fotográfico que permite registrar sobre una película estándar imágenes de campo superior al normal, y su posterior proyección sobre una pantalla rectangular de formato especial.

cinemateca *f* Filmoteca, organismo que se ocupa de la conservación de películas y de otros documentos relacionados con el cine.

cinematografía *f* Arte, técnica e ind. del cine. ◻ CINEMATOGRÁFICO, CA.

cinematografiar *tr* Filmar.

cinematógrafo *m* Aparato óptico en el cual, haciendo pasar rápidamente muchas imágenes fotográficas que representan otros tantos momentos consecutivos de una acción determinada, se produce la impresión del movimiento. ‖ Edificio público en que se exhiben las películas cinematográficas.

cinerama *m* Marca registrada de un procedimiento cinematográfico consistente en la utilización de tres películas contiguas que, mediante otros tantos proyectores, se reproducen sobre una pantalla cóncava.

cinerario, ria *adj* Cinéreo. ‖ Destinado a contener cenizas de cadáveres.

cinéreo, a *adj* Ceniciento.

cinesia *f* Movimiento. ‖ Mareo producido por ciertos movimientos, como los de un barco, tren, avión o coche.

cinético, ca *adj* Perteneciente o relativo al movimiento. • *f* Rama de la mecánica que estudia el movimiento introduciendo el concepto de masa en la cinemática.

cínico, ca *adj y s* Díc. del que actúa en contra de sus principios éticos y alardea de su modo de proceder como forma de autojustificación. ‖ Impúdico, procaz.

cinismo *m* Desvergüenza en defender o practicar acciones o doctrinas vituperables. ‖ Afectación de desaseo y grosería. ‖ Impudencia, obscenidad descarada.

cinta *f* Tejido largo y estrecho que sirve para atar, ceñir o adornar. ‖ por ext. Tira de cualquier otra materia y de la misma forma. ‖ Red de cáñamo fuerte, para pescar atunes. ‖ Película cinematográfica. ‖ Dispositivo formado por una banda metálica o plástica que, movida automáticamente, traslada mercancías, equipajes, etc. ◻ CINTEADO, DA; CINTERÍA.

cinto, ta *pp irreg* de ceñir. • *m* Cinturón. ‖ Cintura, parte estrecha del cuerpo.

cintura *f* Parte más estrecha del cuerpo humano, por encima de las caderas. ‖ Cinto o ceñidor.

cinturilla *f* Cinta de tela que se pone en la cintura de los vestidos, especialmente en las faldas.

cinturón *m aum* de cintura. ‖ Cinta de cuero o de tejido recio que se usa sobre el vestido o el pantalón para ceñirlo o sujetarlo. ‖ Serie de cosas que rodean a otra.

cipe *adj Amér. Centr.* Díc. del niño que se cría canijo durante la lactancia. • *m Salv.* Resina.

cipo *m* Pilastra o trozo de columna erigido en memoria de alguna persona difunta. ‖ Poste en los caminos, para indicar la dirección o la distancia. ‖ Hito, mojón.

cipote *m* Mojón de piedra. ‖ (fam) Miembro viril. ‖ *Salv.* y *Hond.* Chiquillo, pilluelo.

ciprés *m* Árbol de tronco recto, ramas erguidas y copa espesa y cónica. ‖ Madera de cualquiera de las especies de este árbol. ◻ CIPRESAL; CIPRESINO, NA.

circe *f* (fig) Mujer astuta y engañosa.

circo *m* Edificio u otro local, con gradería para los espectadores y en medio un espacio circular, donde se ejecutan ejercicios ecuestres y gimnásticos, se exhiben animales amaestrados, se practican juegos malabares, actúan payasos, etc. ◻ CIRCENSE.

circonio *m* Metal muy raro que se presenta en forma de polvo coherente y negro.

circuito *m* Terreno comprendido dentro de un perímetro cualquiera. ‖ Itinerario, recorrido de una carrera, viaje, de la sangre, etc. ‖ Conjunto de elementos eléctricos o electrónicos conectados mediante conductores adecuados. ‖ Trayecto en curva cerrada, previamente fijado para carreras de automóviles, motocicletas, bicicletas, etc.

circulación *f* Acción de circular. ‖ Ordenación del tráfico. ◻ CIRCULATORIO, RIA.

circular[1] *adj* Perteneciente al círculo. ‖ De figura de círculo. • *f* Cada una de las cartas o avisos iguales dirigidos a diversas personas para darles conocimiento de alguna cosa.

circular[2] *intr* Andar o moverse en derredor. ‖ Ir y venir. ‖ Correr o pasar alguna cosa de unas personas a otras. ◻ CIRCULANTE.

círculo *m* Área o superficie plana limitada por una circunferencia. ‖ Círculo de recreo, club. ‖ Agrupación de personas, que en general posee un carácter político, económico o científico.

circuncidar *tr* Cortar circularmente una porción del prepucio. ‖ (fig) Cercenar, quitar alguna cosa. ◻ CIRCUNCISO.

circundar *tr* Cercar, rodear. ◻ CIRCUNDANTE.

circunferencia *f* Curva plana, lugar geométrico de los puntos que equidistan de uno dado llamado centro de la c. ◻ CIRCUNFERENCIAL.

circunflejo *adj y s* Díc. del acento ortográfico que en algunas lenguas indica la desaparición de una consonante o se usa con carácter diacrítico.

circunloquio *m* Rodeo de palabras para dar a entender alguna cosa que hubiera podido expresarse más brevemente.

circunnavegar *tr* Navegar alrededor. ‖ Dar un buque la vuelta al mundo. ◻ CIRCUNNAVEGACIÓN.

circunscribir *tr* Reducir a ciertos límites o términos alguna cosa. ‖ Formar una figura de modo que otra quede dentro de ella, tocando a todas las líneas o superficies que la limitan, o teniendo en ella todos sus vértices. • *prnl* Ceñirse, concretarse a una ocupación. ◻ CIRCUNSCRITO, TA.

circunscripción *f* Acción y efecto de circunscribirse. ‖ División administrativa, militar, electoral o eclesiástica de un territorio.

circunspecto, ta *adj* Cuerdo, prudente. ‖ Serio, grave, respetable. ◻ CIRCUNSPECCIÓN.

circunstancia *f* Accidente de tiempo, lugar, modo, etc., que está unido a la sustancia de algún hecho o dicho. ‖ Calidad o requisito.

circunstancial *adj* Que implica o denota alguna circunstancia o depende de ella.

circunstanciar *tr* Determinar las circunstancias de algo.

circunvalar *tr* Cercar, ceñir, rodear una ciudad, fortaleza, etc. ❒ CIRCUNVALA-CIÓN.

cirílico, ca *adj* Díc. del alfabeto usado en ruso y otras lenguas eslavas y orientales.

cirio *m* Vela de cera de un pabilo, larga y gruesa.

cirro *m* Zarcillo de la vid. ‖ Tentáculo de ciertos crustáceos, muy delgado y con barbillas laterales. ❒ CIRROSO, SA.

cirrosis *f* Proceso degenerativo de un órgano que origina su trastorno funcional. Las vísceras más frecuentemente afectadas son el hígado y los riñones. ❒ CIRRÓTICO, CA.

ciruela *f* Fruto del ciruelo; existen muchas variedades.

ciruelo *m* Árbol de hojas dentadas y fruto en drupa jugosa. • *adj* y *s* (fig, fam) Hombre muy necio o incapaz.

cirugía *f* Parte de la medicina, que tiene por objeto curar las enfermedades por medio de operaciones hechas con instrumentos adecuados. ❒ CIRUJANO, NA.

ciscar *tr* (fam) Ensuciar alguna cosa. • *prnl* Cagarse.

cisípedo *adj* Que tiene el pie dividido en dedos.

cisma *m* División o separación en el seno de una iglesia, religión o comunidad. Usábase también como *f.* ‖ p. ext. Discordia, desavenencia. ❒ CISMÁTICO.

cisne *m* Ave de plumaje blanco o negro, cuello muy largo y flexible y alas grandes. ‖ (fig) Poeta o músico excelente.

cisterna *f* Depósito gralte. subterráneo donde se recoge y guarda agua procedente de la lluvia o de algún manantial. ‖ Depósito de agua de un retrete o urinario. ‖ En aposición tras un nombre que designa un vehículo o nave, significa que éstos están destinados al transporte de líquidos.

cístico, ca *adj* Perteneciente o relativo a la vesícula biliar.

cisura *f* Rotura o abertura sutil que se hace en cualquier cosa. ‖ Herida que hace el sangrador en la vena.

cita *f* Día, hora y lugar en que convienen encontrarse dos personas. ‖ Nota que se alega para prueba de lo que se dice o refiere.

citación *f* Acción de citar. ‖ Diligencia mediante la que se comunica a uno la cita de un juez.

citar *tr* Avisar a uno señalándole día, hora y lugar para tratar de algún asunto. ‖ Referir los autores, textos o lugares que se alegan en comprobación de lo que se dice o escribe. ‖ Notificar, hacer saber a una persona el emplazamiento o llamamiento del juez.

cítara *f* Instrumento musical más pequeño que la guitarra con tres órdenes de cuerdas.

citerior *adj* Situado de la parte de acá.

citología *f* Parte de la biología que estudia el proceso de formación y el comportamiento de la célula. ❒ CITÓLOGO, GA.

citoplasma *m* Parte del protoplasma que en la célula rodea al núcleo. ❒ CITOPLAS-MÁTICO, CA.

cítrico, ca *adj* Perteneciente o relativo al limón. • *m pl* Agrios, frutos como el limón, la naranja, la piña, etcétera. ❒ CITRÍCOLA.

citricultura *f* Cultivo de los agrios o cítricos.

ciudad *f* Núcleo urbano, de pob. densa. Constituye un complejo demográfico, económico, sociológico y político formado por una pob. que ejerce una serie de actividades no directamente vinculadas con la agricultura.

ciudadanía *f* Calidad y derecho de ciudadano. ‖ Conjunto de los ciudadanos de un pueblo o nación. ‖ Civismo.

ciudadano, na *adj* y *s* Natural o vecino de una ciudad. • *adj* Perteneciente a la ciudad o de sus habitantes. • *m* y *f* El que está en posesión de los derechos que le permiten tomar parte en el gobierno de un país.

ciudadela *f* Recinto de fortificación permanente en el interior de una plaza, que sirve para dominarla o de último refugio a su guarnición.

cívico, ca *adj* Civil, ciudadano. ‖ Patriótico. ‖ Perteneciente o relativo al civismo.

civil *adj* Ciudadano, perteneciente a la ciudad. ‖ Sociable, atento. ‖ Díc. de la persona que no es militar. ‖ Díc. de las disposiciones que emanan de las potestades laicas, en oposición a las que proceden de la Iglesia. • *m* (fam) Individuo de la guardia civil.

civilización *f* Acción y efecto de civilizar o civilizarse. ‖ Conjunto de ideas, costumbres y prácticas artísticas que configuran el estado de desarrollo material y social de un pueblo, de un grupo étnico o del conjunto de la humanidad.

civilizar *tr y prnl* Sacar del estado salvaje a pueblos o personas. ‖ Educar, ilustrar.

civismo *m* Serie de cualidades que caracterizan al buen ciudadano. ‖ (fig) Cortesía, educación.

cizalla *f* Máquina que sirve para cortar planchas de metal. ‖ Especie de guillotina que sirve para cortar cartones y cartulinas.

cizaña *f* Planta anual, de la familia de las gramíneas, con hojas estrechas. ‖ (fig) Cualquier cosa que daña a otra, maleándola o echándola a perder. ‖ (fig) Disensión o enemistad.

cizañar *tr* Sembrar o meter cizaña; enemistar. ◻ CIZAÑERO, RA; CIZAÑOSO, SA.

clachique *m Méx.* Pulque sin fermentar.

clacota *f* o **clacote** *m Méx.* Tumorcillo o divieso.

clamar *intr* Quejarse a gritos, pidiendo ayuda. ‖ Hablar con vehemencia o de manera grave y solemne.

clamor *m* Grito vehemente. ‖ Grito de dolor o queja. ‖ Conjunto de voces de la gente pidiendo algo o expresando entusiasmo, indignación, etc. ‖ Toque de campanas por los difuntos.

clamorear *tr* Gritar, suplicar, quejarse. • *intr* Doblar, tocar a muerto las campanas.

clamoroso, sa *adj* Díc. de los acontecimientos acogidos con manifestaciones ruidosas, gralte. de entusiasmo o aprobación, por un público numeroso. ‖ Vocinglero.

clan *m* Grupo de parientes de filiación unilateral, sea paterna o materna. ‖ (desp)

Camarilla, grupo de personas unidas por los mismos intereses.

clandestino, na *adj* Secreto, oculto. Aplícase gralte. a lo que se hace o se dice secretamente por temor a la ley o para eludirla. ◻ CLANDESTINIDAD.

clapa *f Méx.* Ricino.

claqué *f* Baile moderno, caracterizado por el zapateo que se hace con zapatos reforzados con chapas metálicas en la punta y el tacón.

clara *f* Materia blanquecina, líquida y transparente que rodea la yema del huevo. ‖ Parte de la cabeza que clarea por falta de pelo.

claraboya *f* Ventana abierta en el techo o en la parte alta de las paredes.

clarear *tr* Dar claridad. • *intr* Empezar a amanecer. ‖ Irse abriendo y disipando el nublado. ‖ *Méx.* Atravesar de un balazo. • *prnl* Transparentarse.

clarecer *intr* Amanecer.

clarete *adj y s* Vino clarete.

claridad *f* Calidad de claro. ‖ Efecto que causa la luz iluminando un espacio, de modo que se distinga lo que hay en él.

clarificar *tr* Iluminar, alumbrar. ‖ Aclarar alguna cosa. ‖ Poner claro, limpio, lo que estaba denso, turbio o espeso. ◻ CLARIFICACIÓN; CLARIFICATIVO, VA.

clarín *m* Instrumento musical de viento, de metal, semejante a la trompeta, pero más pequeño y de sonidos más agudos. ‖ *Chile.* Guisante de olor.

clarinete *m* Instrumento musical de viento. ‖ Clarinetista.

clarinetista *m* o *f* Persona que toca el clarinete.

clarividencia *f* Facultad de comprender y discernir claramente las cosas. ‖ Penetración, perspicacia. ‖ Percepción de fenómenos paranormales, adivinación del futuro. ◻ CLARIVIDENTE.

claro, ra *adj* Bañado de luz. ‖ Que se distingue bien. ‖ Limpio, puro, despejado. ‖ Transparente y terso; como el agua, el cristal, etc. ‖ Se aplica a las cosas líquidas mezcladas con algunos ingredientes, que no están muy trabadas ni espesas. ‖ De color poco subido. ‖ Inteligible, fácil de comprender. ‖ Evidente, cierto, manifiesto. ‖ Díc. del tiempo, día, noche, etc., en que está el cielo despejado. • *m* Abertura a modo de claraboya, por donde entra luz. • *adv modo* Claramente.

claroscuro *m* Conveniente distribución de la luz y de las sombras en un cuadro.

clase *f* Totalidad de un conjunto de objetos, individuos, sucesos, datos, fenómenos, etc., que se distinguen de otros por algún rasgo peculiar. ‖ Conjunto de personas que en una formación social dada, desempeñan igual o parecido papel en la producción económica de bienes, y llevan a cabo una práctica social y política homogénea. ‖ Conjunto de estudiantes que reciben un mismo grado de enseñanza. ‖ Aula. ‖ Distinción, personalidad. ‖ Categoría, grupo taxonómico comprendido entre la división o tipo y el orden.

clásico, ca *adj* y *s* Díc. de todo estilo, autor o época que recibe un reconocimiento universal, por cuanto se le considera indiscutible o modélico en su especialidad o en su momento; p. ant., se llama c. la cultura grecolatina.

clasificación *f* Acción y efecto de clasificar. ‖ Ordenación de elementos en varias clases fundándose en ciertos rasgos diferenciadores previamente determinados.

clasificado, da *pp* de clasificar. • *adj* Dicho de un documento o una información, secreto, reservado. • *m* Anuncio por líneas o por palabras en la prensa periódica.

clasificador, ra *adj* y *s* Que clasifica. • *m* Mueble de despacho con varios departamentos para guardar papeles.

clasificar *tr* Ordenar o disponer por clases. • *prnl* Obtener determinado puesto en una competición.

clasismo *m* Parcialidad por determinada clase social; actitud despectiva o injusta respecto de las clases inferiores. ◻ CLASISTA.

claudicar *intr* (fig) Fallar por flaqueza moral en la observancia de los propios principios o normas de conducta. ‖ (fig) Realizar concesiones ante las presiones insistentes. ◻ CLAUDICACIÓN.

claustro *m* Galería que cerca el patio pral. de una iglesia o convento. ‖ Junta que interviene en el gobierno de ciertos centros docentes, normalmente de enseñanza media o superior. ‖ Conjunto de profesores de un centro oficial de enseñanza. ‖ Reunión de los miembros de un claustro. ‖ (fig) Estado monástico. ◻ CLAUSTRAL.

claustrofobia *f* Fobia a los espacios cerrados. ◻ CLAUSTROFÓBICO, CA.

cláusula *f* Cada una de las disposiciones de un contrato, tratado, testamento o cualquier otro documento análogo, público o particular.

clausular *tr* Poner fin a lo que se estaba diciendo. ‖ Poner cláusulas a un contrato.

clausura *f* En los conventos, recinto interior donde no pueden entrar personas ajenas a la comunidad, según dictan ciertas reglas. ‖ Obligación que tienen las personas religiosas de no salir de cierto recinto y prohibición a las seglares de entrar en él. ‖ Acto solemne con que se terminan o suspenden las deliberaciones de un congreso, un tribunal, etcétera.

clausurar *tr* Cerrar un congreso, sesión, tribunal.

clavado, da *adj* Guarnecido o armado con clavos. ‖ Fijo, puntual. ‖ (fig) Pintiparado, adecuado, con exactitud. ‖ Idéntico, muy semejante a otro. • *m* Méx. En natación, salto del ángel realizado desde considerable altura.

clavar *tr* Introducir un clavo u otra cosa aguda, a fuerza de golpes, en un cuerpo. ‖ Asegurar con clavos una cosa en otra. ‖ (fig) Fijar, parar, poner. ‖ (fig, fam) Perjudicar a uno cobrándole más de lo justo.• *tr* y *prnl* Introducir una cosa puntiaguda.

clavazón *f* Conjunto de clavos puestos en alguna cosa, o preparados para ponerlos.

clave *m* Clavicémbalo. • *f* Código de signos convenidos para escribir en cifra, o de cualesquiera otros distintos de los conocidos o usuales. ‖ Noticia o idea por la cual se hace comprensible algo que era enigmático. ‖ Piedra con que se cierra el arco o bóveda. ‖ Signo que se pone al principio del pentagrama para determinar el nombre de las notas.

clavel *m* Planta con tallos nudosos y delgados, de diversos colores en las gamas del rojo, rosa, amarillo, morado y blanco. ‖ Flor de esta planta.

clavellina f Clavel, principalmente el de flores sencillas.

clavero[1] m Árbol tropical cuyos capullos son los clavos de especia.

clavero[2]**, ra** m y f Llavero, persona a quien se confían llaves. ❑ CLAVERÍA.

clavetear tr Guarnecer o adornar con clavos de oro, plata u otro metal alguna cosa. ❑ CLAVETEO.

clavicémbalo o **clavecín** m Instrumento musical parecido exteriormente al piano de media cola, con dos teclados. ❑ CLAVECINISTA; CLAVICEMBALISTA.

clavicordio m Antiguo instrumento musical de cuerdas de alambre con teclado.

clavícula f Hueso par largo y curvo que se articula con el esternón y la escápula. ❑ CLAVICULADO, DA; CLAVICULAR.

clavija f Trozo de madera, metal o de otra materia que se encaja en un taladro hecho al efecto en una pieza sólida para sujetar alguna cosa, para tensar las cuerdas de un instrumento musical, etc. ‖ Pieza de material aislante con dos varillas metálicas que se introducen en las hembrillas de un enchufe para establecer la conexión eléctrica.

clavo m Pieza de hierro larga y delgada, con cabeza y punta, que sirve para fijarla en alguna parte, o para asegurar una cosa a otra. Los hay de varias formas y tamaños. ‖ Capullo seco de la flor del clavero.

claxon m Bocina eléctrica de los automóviles.

clazol m Méx. Bagazo de la caña, estiércol.

clemencia f Virtud que modera el rigor de la justicia. ❑ CLEMENTE.

cleptomanía f Propensión morbosa al hurto, caracterizada por una lucha angustiosa contra el deseo de robo, la ejecución del mismo y un alivio consecutivo. ❑ CLEPTOMANÍACO, CA; CLEPTÓMANO, NA.

clerecía f Clero, conjunto de clérigos. ‖ Oficio u ocupación de clérigos.

clerical adj Perteneciente al clérigo. ‖ Acusadamente afecto al clero y a sus directrices.

clericato m o **clericatura** f Estado o dignidad del clérigo secular.

clérigo m El que ha recibido las órdenes sagradas. ‖ El que tiene la primera tonsura.

clero m Conjunto de clérigos. ‖ Clase sacerdotal en la iglesia católica.

clic m Presión suave que se hace sobre el botón de un mecanismo, especialmente el del ratón de la computadora. ❑ CLICAR.

cliché m Plancha metálica en la que se ha grabado una composición o imagen, para su impresión tipográfica. ‖ Negativo de una fotografía. ‖ Lugar común; expresión que a fuerza de repetirse se ha convertido en un tópico.

cliente m o f Respecto del que ejerce alguna profesión, persona que utiliza sus servicios. ‖ p. ext. Parroquiano de una tienda.

clientela f Clientelismo. ‖ Conjunto de los clientes de un establecimiento comercial.

clima m Condiciones o estado medio de la atmósfera sobre un área y en un período de tiempo determinado, indicando también su variabilidad. ‖ Ambiente que rodea a una persona. ‖ País, región. ❑ CLIMÁTICO, CA.

climaterio m Período de la menopausia y de la andropausia. ‖ Período en el transcurso de la vida, durante el cual el organismo sufre un cambio radical, con la declinación de la actividad sexual.

climatizar tr Crear en un espacio limitado las condiciones de temperatura y humedad del aire, y a veces presión. ❑ CLIMATIZACIÓN; CLIMATIZADOR.

climatología f Ciencia que estudia los climas. ‖ Conjunto de las condiciones propias de un determinado clima. ❑ CLIMATOLÓGICO, CA.

clímax m Gradación, en el tono y sentido de las palabras del discurso. ‖ Punto más alto o culminación de un proceso. ‖ Momento del orgasmo. ‖ Momento culminante de un poema o de una acción dramática.

clínico, ca adj y s Perteneciente a la clínica o enseñanza práctica de la medicina. • m y f Persona consagrada al ejercicio práctico de la medicina. • m Hospital clínico. • f Parte práctica de la enseñanza de la medicina.

clip o **clipe** *m* Sujetapapeles de alambre u otro material. || Especie de horquilla para sujetar el pelo.

clíper *m* Velero de arboladura muy alta y casco alargado y estrecho en los extremos, muy empleado en el s. XIX.

clisar *tr* Reproducir con planchas de metal la composición de imprenta o grabados en relieve. ❏ CLISADO.

clitómetro *m* Instrumento que se emplea en la medición de las pendientes del terreno.

clítoris *m* Pequeño órgano eréctil de gran excitabilidad sexual, situado en la parte elevada de la vulva.

cloaca *f* Conducto por donde van las aguas sucias o las inmundicias de las poblaciones. || (fig) Lugar sucio, inmundo. || Porción final, ensanchada y dilatable, del intestino de las aves.

clon[1] *m* Payaso que representa el papel de tonto y actúa formando pareja con el augusto. || p. ext. Cualquier payaso.

clon[2] *m* Conjunto de los descendientes de un solo organismo, que puede ser vegetal o animal. || Conjunto de fragmentos idénticos de ácido desoxirribonucleico obtenidos a partir de una misma secuencia original.

clonar *tr* Producir clones. ❏ CLONACIÓN.

clónico, ca *adj* Relativo al clon. || Relativo al clono.

clono *m* Serie de contracciones rítmicas e involuntarias debidas a una hiperexcitabilidad refleja.

cloque *m* Bichero, croque. || Garfio enastado que sirve para enganchar los atunes en las almadrabas.

cloquear *intr* Hacer clo, clo la gallina clueca. ❏ CLOQUEO.

cloración *f* Tratamiento con cloro de las aguas para hacerlas potables o mejorar sus condiciones higiénicas.

cloro *m* Gas amarillo verdoso, irritante, dos veces y media más pesado que el aire y algo soluble en agua. ❏ CLÓRICO, CA.

clorofila *f* Pigmento verde de los vegetales, que desempeña un papel esencial en la fotosíntesis. ❏ CLOROFÍLICO, CA.

cloroformizar *tr* Anestesiar con cloroformo. ❏ CLOROFORMIZACIÓN.

cloroformo *m* Sustancia líquida, densa e insoluble en agua, de olor característico y sabor dulce; se ha usado en medicina como anestésico por inhalación. ❏ CLOROFÓRMICO, CA.

clorurar *tr* Transformar una sustancia en cloruro.

cloruro *m* Sal de ácido clorhídrico. Sal común.

clóset *Amér.* Armario empotrado.

clown *m* Clon, payaso.

club o **clube** *m* Asociación voluntaria de personas en torno a unos fines comunes de carácter profesional, cultural, deportivo, político.

clueco, ca *adj y s* Aplícase a la gallina y otras aves cuando se echan sobre los huevos para empollarlos. ❏ CLOQUERA.

coa *f* Palo aguzado y endurecido al fuego, de que se valían los indios americanos para labrar la tierra. || *Méx.* Pala fuerte con mango largo en su mismo plano que se usa como azada.

coacción *f* Fuerza o violencia que se hace a una persona para que ejecute alguna cosa contra su voluntad. ❏ COACCIONAR.

coacervar *tr* Juntar o amontonar.

coactivo, va *adj* Que tiene fuerza de apremiar u obligar. ❏ COACTIVIDAD.

coadjutor, ra *m y f* Persona que ayuda a otra en sus funciones. || Eclesiástico que ayuda al párroco. ❏ COADJUTORÍA.

coadunar *tr y prnl* Unir, mezclar e incorporar unas cosas con otras. ❏ COADUNACIÓN.

coadyutorio, ria *adj* Que ayuda o auxilia.

coadyuvar *tr* Contribuir, asistir o ayudar a la consecución de alguna cosa. ❏ COADYUVANTE.

coagulación *f* Acción y efecto de coagular o coagularse. || Fenómeno de solidificación de la sangre, en determinadas condiciones, gralte. en contacto con el aire atmosférico.

coagular *tr y prnl* Cuajar, solidificar lo líquido, como la leche, la sangre, etc. ❏ COAGULANTE.

coágulo *m* Producto de la precipitación de una suspensión. En la leche se forma por precipitación de la albúmina, y en la sangre por la formación de redes de fibrina. || Grumo extraído de un líquido coagulado. || Masa coagulada.

coala *m* Marsupial australiano, parecido al osezno.

coalescencia *f* Propiedad de unirse las cosas.

coalición *f* Confederación, liga, unión. □ COALICIONISTA.

coartada *f* Demostración por parte del acusado de que en el momento de cometerse el delito imputado se hallaba en un lugar distinto al escenario donde se produjo.

coartar *tr* Limitar, restringir, no conceder enteramente alguna cosa. || Obligar a algo. □ COARTADOR, RA.

coautor, ra *m* y *f* Autor o autora con otro u otros de una obra de arte, literaria, etcétera.

coaxial *adj* Que tiene el mismo eje que otro cuerpo.

coba *f* (fam) Embuste gracioso. || Halago o adulación.

cobalto *m* Metal blanco rojizo, duro y tan difícil de fundir como el hierro. □ COBÁLTICO, CA.

cobarde *adj* y *s* Pusilánime, sin valor ni espíritu. • *adj* Hecho con cobardía.

cobardear *intr* Tener o mostrar cobardía.

cobardía *f* Falta de ánimo y valor.

cobaya Roedor de pequeño tamaño, llamado también *conejillo de Indias*.

cobertizo *m* Tejado que sale fuera de la pared y sirve para guarecerse de la lluvia.

cobertor *m* Colcha. || Manta o cobertera de abrigo para la cama.

cobertura *f* Cubierta, lo que sirve para cubrir. || Acción de cubrir.

cobija *f* Cubierta que se pone sobre una cosa para taparla. || *Amér.* Manta para abrigarse. || *Amér.* Ropa de cama, y especialmente la de abrigo. || *Ven.* Nombre de una palma.

cobijar *tr* y *prnl* Cubrir o tapar. || (fig) Albergar, dar albergue. □ COBIJAMIENTO; COBIJO.

cobijera *f* Encubridora, alcahueta. || *Ven.* Mujer provocativa y audaz.

cobista *m* o *f* (fam) Adulador.

cobla *f* Copla, composición poética trovadoresca. || En Cataluña, conjunto de músicos, gralte. once, que interpretan sardanas y otros aires populares.

cobra *f* Serpiente venenosa de los países tropicales y sumamente dañina.

cobradero, ra *adj* Que se ha de cobrar o puede cobrarse.

cobrador, ra *m* y *f* Persona que cobra recibos, cuotas, etc. || Persona que cobra el importe del trayecto en vehículos de transporte público.

cobranza *f* o **cobro** *m* Acción y efecto de cobrar. || Exacción o recolección de caudales y frutos. □ COBRATORIO, RIA.

cobrar *tr* Percibir uno la cantidad que otro le debe. || Recuperar. || Tratándose de ciertos efectos o movimientos del ánimo, tomar o sentir. || Adquirir. || En montería, recoger las reses y piezas que se han herido o muerto. • *prnl* Recuperarse, volver en sí.

cobre *m* Metal de color rojo pardo, brillante, maleable y dúctil, más duro que el oro y la plata. Aleado con el estaño forma el bronce.

cobrear *tr* Recubrir un metal con una capa de cobre. □ COBREADO, DA; COBREÑO, ÑA.

cobrizo, za *adj* Aplícase al mineral que contiene cobre. || Parecido al cobre en el color.

coca[1] *f* Arbusto indígena del Perú, de cuyas hojas se extrae la cocaína. || Hoja de este arbusto.

coca[2] *f* Torta, masa de harina cocida en forma plana.

coca[3] *f* Abrev. coloq. de cocaína.

cocacho *m* Coscorrón. • *adj Perú.* Díc de una variedad de fríjoles.

cocada *f* Dulce de coco y azúcar. || *Bol.* y *Col.* Especie de turrón.

cocaína *f* Alcaloide obtenido de las hojas de la coca. Tiene acción directa sobre el sistema nervioso central, por lo que actúa como droga capaz de crear hábito.

cocainomanía *f* Hábito morboso de intoxicarse con cocaína. □ COCAINÓMANO, NA.

cocal[1] *m Perú.* Sitio donde se crían o cultivan los árboles que producen la coca.

cocal[2] *m Amér.* Cocotal.

cocarar *tr* Proveer y abastecer de cocaína americana.

coccinela *f* Insecto coleóptero de pequeño tamaño y cuerpo hemisférico con puntos negros.

cóccix *m* Hueso impar que forma la terminación de la columna vertebral, propio de los vertebrados que carecen de cola. ▢ COCCÍGEO, A.

cocear *intr* Dar o tirar coces. ‖ (fig, fam) Resistir, no querer convenir alguna cosa. ▢ COCEADOR, RA; COCEADURA.

cocedor *m* Maestro u operario que en ciertas industrias se ocupa en la cocción o concentración de un producto. ‖ Cocedero, pieza o lugar en que se cuece alguna cosa.

cocer *tr* Mantener un alimento crudo en agua hirviente para hacerlo comestible. ‖ Someter una cosa a la acción del fuego para que adquiera determinadas propiedades. • *intr* Hervir un líquido. ‖ Fermentar o hervir sin fuego un líquido; como el vino. ▢ COCCIÓN, COCEDURA.

cocha *f Perú.* Espacio grande y despejado, pampa. ‖ *Chile y Ecuad.* Laguna, charco.

cochama *f Col.* Pez grueso del río Magdalena.

cochambre *amb* (fam) Cosa puerca, grasienta y de mal olor. ▢ COCHAMBRERÍA; COCHAMBROSO, SA.

cochayuyo *m Amér. Merid.* Alga marina comestible de talo en forma de cinta.

coche *m* Carruaje de cuatro ruedas de tracción animal, con una caja, dentro de la cual hay asiento para dos o más personas. ‖ Vehículo automóvil destinado al transporte de personas, gralte. de cuatro ruedas y cuya cabida no es superior a nueve personas. ‖ Vagón de ferrocarril o de metro para pasajeros.

cochear *intr* Gobernar o guiar los animales que tiran del coche. • *intr y prnl* Andar con frecuencia en coche.

cochera *adj* Díc. de la puerta grande por donde pueden pasar los carruajes. • *f* Sitio donde se guardan los coches.

cochero *m* El que tiene por oficio conducir los caballos o mulas que tiran del coche.

cochinada *f* (fig, fam) Porquería, suciedad. ‖ (fig, fam) Acción indecorosa, baja, grosera.

cochinilla *f* Insecto que vive parásito en las plantas, especialmente en el nopal.

cochinillo *m* Cochino o cerdo de leche.

cochino, na *m y f* Cerdo. ‖ Cerdo cebado que se destina a la matanza. ‖ (fig, fam) Persona cicatera, tacaña o miserable. • *adj y s* (fam) Díc. de la persona muy sucia y desaseada.

cochitril *m* (fam) Pocilga. ‖ (fig, fam) Habitación pequeña y desaseada.

cochizo *m* Parte más rica de una mina.

cocho, cha *pp irreg* de cocer. • *adj* Cocido. ‖ *Col.* Crudo. ‖ *Chile.* Mazamorra de harina.

cochura *f* Cocción. ‖ Masa o porción de pan que se ha amasado para cocer.

cociente *m* Resultado que se obtiene dividiendo una cantidad por otra, el cual expresa cuántas veces está contenido el divisor en el dividendo.

cocina *f* Lugar de la casa donde se prepara la comida. ‖ Aparato que proporciona calor para guisar. ‖ (fig) Arte o manera especial de guisar de cada país y de cada cocinero.

cocinar *tr e intr* Guisar, preparar los alimentos con el fuego. • *intr* (fam) Meterse uno en lo que no le importa. ▢ COCINERO, RA.

cocinería *f Chile y Perú.* Casa de comidas.

cocktail *m* Cóctel.

coco[1] *m* Cocotero, árbol americano de la familia de las palmas. ‖ Fruto de este árbol, con dos cortezas y el tamaño de un melón pequeño.

coco[2] *m* Fantasma que se figura para meter miedo a los niños. ‖ (fam) Gesto, mueca.

cocobolo *m* Árbol de América cuya madera, encarnada, muy preciosa, dura y pesada, se emplea en carpintería y ebanistería. ‖ Madera de este árbol.

cococha *f* Parte carnosa muy gustosa de la barbilla o mejilla de peces como la merluza.

cocodrilo *m* Reptil anfibio cuyo cuerpo, cubierto de escamas durísimas, es de color verdoso oscuro.

cocolera f Méx. Especie de tórtola.

cocolía f Méx. Ojeriza, antipatía. ‖ P. Rico. Cangrejo de mar.

cocoliche m Arg. y Ur. Jerga híbrida y grotesca que hablan ciertos inmigrantes it. mezclando su habla con el español. • m y f Arg. y Ur. Italiano que habla de este modo.

cocoliste m Méx. Cualquier enfermedad epidémica. ‖ Méx. Tifus, tabardillo.

cócora adj y s (fam) Díc. de la persona que resulta molesta e impertinente.

cocorota f (fam) Cabeza humana. ‖ Coronilla.

cóctel o **coctel** m Bebida compuesta de diversos licores, jugo de frutas, etc., con hielo triturado. ‖ Reunión o fiesta en que se toman cócteles u otras bebidas.

coctelera f Recipiente para hacer cócteles.

cocuma f Perú. Mazorca de maíz asada.

coda f Repetición final de una pieza bailable.

codal adj Que consta de un codo. ‖ Que tiene medida o figura de codo. • m Pieza de la armadura ant., que cubría y defendía el codo.

codeador, ra adj y s Amér. Merid. Pedigüeño.

codear intr Mover los codos, o dar golpes con ellos frecuentemente. • prnl (fig) Tratarse de igual a igual una persona con otra. ☐ CODEO.

codeína f Alcaloide que se extrae del opio y se usa como calmante.

codera f Remiendo o refuerzo que se pone en el codo de una prenda.

códice m Manuscrito ant. en forma de libro. En sentido estricto, se dice de estos libros cuando son anteriores a la invención de la imprenta.

codicia f Deseo exagerado de poseer dinero, riquezas u otras cosas consideradas buenas.

codiciar tr Desear con ansia las riquezas u otras cosas. ☐ CODICIABLE; CODICIOSO.

codicilo m Escrito en el que una persona declara su última voluntad, al margen de las formalidades legales de los testamentos. ☐ CODICILAR.

codificar tr Hacer o formar un cuerpo de leyes metódico y sistemático. ‖ Formular un mensaje siguiendo las reglas de un có-

digo. ☐ CODIFICABLE; CODIFICACIÓN; C DIFICADOR, RA.

código m Cuerpo de leyes dispuestas s gún un plan metódico y sistemático. ‖ R copilación de las leyes o estatutos de país. ‖ p. ant. El de Justiniano. ‖ Sistem de signos y de reglas que permite form lar y comprender un mensaje. ‖ (fig) Co junto de reglas o normas sobre cualqui materia.

codillo m En los animales cuadrúpedo coyuntura del brazo próxima al pech ‖ Parte comprendida desde esta coyuntu hasta la rodilla.

codo m Parte posterior y prominente de articulación del brazo con el antebraz ‖ Codillo de los cuadrúpedos. ‖ Trozo tubo doblado en ángulo o en arco, q sirve para variar la dirección recta de l cañerías o tuberías.

codoñate m Dulce de membrillo.

codorniz f Ave de paso, semejante a u perdiz, cuya carne es muy apreciada.

coeficiencia f Acción de dos o más ca sas para producir un efecto.

coeficiente adj Que juntamente con ot cosa produce un efecto. • m Número en general, factor que, escrito a la i quierda e inmediatamente antes de monomio, hace oficio de multiplicad ‖ Cociente.

coendú m Amér. Merid. Puerco espín hábitos arborícolas.

coercer tr Contener, refrenar, sujeta ☐ COERCIBLE; COERCIBILIDAD; COERCIÓ COERCITIVO, VA.

coetáneo, a adj y s Aplícase a las pers nas y a algunas cosas que viven o coinc den en una misma edad o tiempo. ‖ De misma edad. ‖ p. ext. Contemporáneo.

coevo, va adj Díc. de las cosas que exi tieron a un mismo tiempo.

coexistir intr Existir una persona o cosa la vez que otra. ☐ COEXISTENCIA; COEXI TENTE.

cofia f Red, gorra o tocado con que las m jeres se recogían el pelo. ‖ Prenda femer na de cabeza, gralte. blanca y de peque tamaño, que usan enfermeras, camarera criadas, etc., como complemento de uniforme.

ofrade m o f Miembro de una cofradía o hermandad.

ofradía f Asociación devota de personas para un fin religioso, como por ejemplo atender al culto de un santo determinado.

ofre m Baúl de tamaño variable para guardar ropa, joyas u otros objetos. ❏ COFRERO, RA.

ogedero, ra adj Dispuesto o a punto de ser cogido. • m Mango o parte por donde se coge una cosa. • f Nombre de diversos instrumentos que sirven para coger o recoger ciertas cosas.

ogedor, ra adj y s Que coge. • m Utensilio en forma de paleta que sirve para recoger la basura, el carbón, la ceniza, etc.

oger tr y prnl Asir, agarrar o tomar. • tr Recoger los frutos de la tierra. || Tener capacidad o hueco para contener cierta cantidad de cosas. || Ocupar cierto espacio. || Captar una emisión de radio o televisión. || Contraer una enfermedad. || Alcanzar al que o a lo que va delante. || Prender, apresar. || Entender, comprender. • intr Caber. Amér. Copular. ❏ COGEDURA.

ogienda f Col. y Ven. Cosecha.

ogitativo, va adj Que tiene facultad de pensar.

ognación f Parentesco de consanguinidad por la línea femenina entre los descendientes de un tronco común. || p. ext. Cualquier parentesco. ❏ COGNATICIO, CIA.

ognado, da adj Semejante, parecido. • m y f Pariente por cognación.

ognición f Acción y efecto de conocer, conocimiento. ❏ COGNITIVO, VA.

ognoscitivo, va adj Díc. de lo que es capaz de conocer.

ogollo m Parte interior y más apretada de la lechuga, la berza y otras hortalizas. || (fig) Meollo, centro o núcleo de una cosa.

ogote m Parte superior y posterior del cuello.

ogotudo, da adj Díc. de la persona que tiene excesivamente grueso el cogote. || (fig, fam) Díc. de la persona muy altiva u orgullosa. • m y f Amér. Nuevo rico.

ohabitación f Acción de cohabitar. || Simultaneidad en el ejercicio del poder de

un presidente de la República y un gobierno de tendencia opuesta.

cohabitar tr Habitar conjuntamente con otro u otros. • intr Hacer vida marital el hombre y la mujer. || Realizar el acto sexual.

cohechar tr Sobornar a un funcionario público. || Dar a la tierra la última vuelta antes de sembrarla. ❏ COHECHADOR, RA; COHECHO.

coherencia f Conexión, relación o unión de unas cosas, ideas, actitudes, etc. con otras.

cohesión f Acción y efecto de reunirse o adherirse las cosas entre sí o la materia de que están formadas. || Enlace, unión de dos cosas. || Fuerza de atracción que las mantiene unidas. ❏ COHESIVO, VA.

cohete m Artificio pirotécnico que consiste en un cartucho con pólvora y otros explosivos, que explota en el aire produciendo diversos efectos luminosos. || Aparato de vuelo que se desplaza a causa de la fuerza de reacción que se origina al expulsar parcialmente su masa. || Méx. Borrachera. || Méx. Lío, enredo.

cohibido, da pp de cohibir. • adj Tímido, amedrentado.

cohibir tr y prnl Refrenar, reprimir, contener. ❏ COHIBICIÓN.

cohorte f (fig) Conjunto, muchedumbre, serie.

coihue m Variedad de jara pequeña propia de los Andes patagónicos.

coihué m Arg. y Perú. Árbol de madera parecida a la del roble.

coima[1] f Manceba.

coima[2] f Lo que cobra el dueño del garito. || Arg. y Chile. Dinero con que se soborna. ❏ COIMEAR.

coincidir intr Convenir una cosa con otra; ser conforme con ella. || Ocurrir dos o más cosas a un mismo tiempo; convenir en el modo, ocasión u otras circunstancias. || Ajustarse una cosa con otra. || Concurrir simultáneamente dos o más personas en un mismo lugar. || Estar de acuerdo en algo. ❏ COINCIDENCIA; COINCIDENTE.

coitar intr Realizar el coito, copular.

coito m Cópula o ayuntamiento carnal.

cojear *intr* Andar con irregularidad a causa de algún defecto en la pierna. ‖ (fig, fam) No obrar como es debido. ‖ Ir poco preparado en un trabajo, estudios, etc.

cojera *f* Accidente o defecto que impide andar con regularidad.

cojín *m* Almohadón que sirve para sentarse, arrodillarse o apoyarse sobre él cómodamente.

cojinete *m dim* de cojín. ‖ Almohadilla para coser. ‖ Pieza de hierro con que se sujetan los carriles a las traviesas. ‖ Dispositivo mecánico que sirve de apoyo y guía a un eje en movimiento.

cojitranco, ca *adj y s* (desp) Cojo.

cojo, ja *adj y s* Aplícase a la persona o animal que cojea. ‖ Díc. de la persona o animal a quien falta una pierna o un pie, o tiene perdido el uso de cualquiera de estos miembros. • *adj* Díc. del pie o pierna que tiene este defecto. ‖ (fig) Dícese de los muebles cuyas patas no asientan bien en el suelo. • *f* Mujer de mala vida.

cojolite *m Méx.* Especie de faisán.

cojón *m* Testículo. Se usa más en plural. ‖ (fig, fam) Valor o desfachatez.

cojonudo, da *adj* (fam) Estupendo, extraordinario.

cojudo, da *adj* Díc. del animal no castrado. ‖ *Amér.* Tonto, bobo.

col *f* Planta hortense, con hojas radicales muy anchas, de la que existen muchas variedades comestibles.

cola[1] *f* Parte posterior del cuerpo de algunos animales. ‖ Punta o extremidad posterior de alguna cosa, por oposición a cabeza o principio. ‖ Apéndice prolongado que se une a alguna cosa. ‖ Hilera de personas que esperan su vez. ‖ Último lugar en una clasificación. ‖ Parte posterior extrema de un avión.

cola[2] *f* Nombre con que se designa cualquier pasta o líquido que tiene propiedades adherentes.

cola[3] *f* Árbol de África ecuatorial, cuyas semillas, de acción tónica y estimulante, son usadas en medicina y en la fabricación de bebidas.

colaborador, ra *m y f* Compañero en la formación de alguna obra, especialmente literaria, musical, etc. ‖ Persona que es-

cribe habitualmente en un periódico s pertenecer a la plantilla de redactores.

colaborar *intr* Contribuir con un dona vo. ‖ Contribuir, ayudar con otros al log de algún fin. ◻ COLABORACIÓN.

colación *f* Acto de conferir un benefic eclesiástico, un grado universitario, etc Cotejo que se hace de una cosa con otr ‖ Comida ligera. ‖ *Amér.* Dulce de ma de distintas formas, recubierto de azúca

colacionar *tr* Cotejar. ‖ Hacer la colaci de un beneficio eclesiástico.

colada *f* Acción y efecto de colar un líqu do, la ropa, etc. ‖ Ropa colada. ‖ Lava periódico de la ropa de la casa. ‖ Paso garganta muy angosto entre montañas *Ecuad.* y *Perú.* Especie de mazamori ‖ Extracción de la masa fundida en horno.

coladera *f* Pequeño colador para licore ‖ *Méx.* Sumidero con agujeros.

coladero *m* Colador, utensilio. ‖ Cami o paso estrecho. ‖ (fig) Centro docen curso, asignatura o examen que se cara terizan por la facilidad con que se obti nen buenas calificaciones.

colador *m* Utensilio formado por una la, tela metálica o plancha con agujero que sirve para colar líquidos.

colage *m* Técnica pictórica consistente pegar sobre lienzo o tabla materiales versos.

colágeno, na *adj* Perteneciente o rela vo al colágeno. • *m* Proteína fibrosa q constituye el componente fundamen de la sustancia intersticial de los tejid conectivos animales, como el cartilag noso y el óseo.

colapsar *tr* Producir colapso. • *intr* D crecer o disminuir intensamente una ac vidad cualquiera. • *intr* y *prnl* Sufrir c lapso o caer en él.

colapso *m* Estado de postración extrem y depresión repentina, con debilitamien de la actividad cardíaca. ‖ (fig) Paraliz ción brusca de una actividad cualquiera

colar *tr* Pasar un líquido por cedazo o c lador. ‖ Blanquear la ropa después de l vada, metiéndola en lejía caliente. • *in* Pasar por un lugar o paraje estrech ‖ (fam) Pasar una cosa en virtud de eng ño o artificio. • *prnl* (fam) Introducirse en un sitio subrepticiamente, sin pagar la entrada o saltándose la vez en la cola. || (fam) Equivocarse, meter la pata. || (fam) Estar muy enamorado. ❒ COLADURA; COLATIVO, VA.

olateral *adj* Díc. de las cosas que están a uno y otro lado de otra principal. • *adj y s* Díc. del pariente que no lo es por línea recta.

olcha *f* Cobertura de cama de tela gruesa.

olchar *tr* Acolchar las telas. ❒ COLCHADO, DA; COLCHADURA.

olchón *m* Especie de saco, relleno de lana o de otra materia esponjosa o blanda, o hecho con muelles, que se coloca sobre el somier de la cama. ❒ COLCHONERÍA; COLCHONERO, RA.

olchoneta *f* Cojín largo y delgado que se pone encima del asiento de un sofá, de un banco o de otro mueble semejante. || Colchón de aire impermeable, que flota en el agua, y se usa en piscinas, en la playa, etc. || Colchón sobre el que se hacen ejercicios de gimnasia.

olear *intr* Mover con frecuencia la cola. • *tr* Sujetar la res por la cola, por lo común cuando embiste al picador caído. || *Chile*. Suspender un examen. ❒ COLEADURA; COLEO.

olección *f* Conjunto de cosas, por lo común de una misma clase y que se han reunido intencionadamente.

oleccionar *tr* Formar colección.

oleccionismo *m* Afición a formar colecciones. ❒ COLECCIONISTA.

olecta *f* Recaudación de donativos.

olectar *tr* Recaudar, o recoger.

olectividad *f* Conjunto de personas reunidas o concertadas para un fin. || Comunidad humana.

olectivizar *tr* Transformar evolutiva o coactivamente los bienes individuales en colectivos. ❒ COLECTIVIZACIÓN.

olectivo, va *adj* Formado por varias personas o cosas. || Díc. de lo que ha sido hecho o creado por varias personas. • *m* *Arg., Bol. y Perú.* Autobús o microbús.

olector, ra *adj* Que recoge. • *m y f* Recaudador. • *m* Alcantarilla principal.

colega *m o f* Compañero en un colegio, iglesia, corporación, profesión, etc. || (fam) Amigo.

colegiado, da *pp* de colegiarse. • *adj* Díc. del individuo que pertenece a una corporación que forma colegio. • *m* Árbitro.

colegial, la *adj y s* Perteneciente o relativo al colegio, centro de enseñanza o corporación. • *adj* (fam) Díc. de la persona joven e inexperta.

colegiarse *prnl* Inscribirse en un colegio profesional. ❒ COLEGIACIÓN.

colegiata *f* Iglesia colegial.

colegiatura *f* Beca o plaza en un colegio.

colegio *m* Establecimiento de enseñanza para niños y jóvenes. || Asociación oficial integrada por personas pertenecientes a la misma profesión, que representa y defiende sus intereses colectivos.

colegir *tr* Juntar, unir las cosas sueltas y esparcidas. || Inferir, deducir una cosa de otra.

cólera *f* Bilis. || (fig) Ira, enojo, enfado. • *m* Enfermedad infecciosa caracterizada por vómitos, deposiciones fluidas y frecuentes y violentos dolores intestinales.

colérico, ca *adj* Perteneciente a la cólera, ira, o que participa de ella. || Perteneciente al cólera, enfermedad. || Que se deja llevar fácilmente de la ira o cólera.

colesterol *m* Sustancia grasa, que es un alcohol esteroídico, presente en casi todos los tejidos animales.

coleta *f* Cabello recogido y envuelto en una cinta y colgado sobre la espalda. || (fig, fam) Adición breve a lo escrito o hablado.

coletazo *m* Golpe dado con la cola. || (fig) Manifestación de algo que se está acabando.

coletilla *f* Coleta, adición hecha para salvar alguna omisión o esclarecer un punto oscuro.

colgadizo, za *m* Tejadillo saliente de una pared.

colgado, da *pp* de colgar. • *adj* (fam) Díc. de la persona burlada o frustrada en sus esperanzas o deseos. || Contingente, incierto.

colgador *m* Percha o cosa adecuada para colgar algo.

colgante *pa* de colgar. • *adj* y *s* Que cuelga. • *m* Joya o adorno colgante. ‖ Festón, adorno.

colgar *tr* Suspender, poner una cosa pendiente de otra, de modo que llegue al suelo. ‖ Adornar, con colgaduras y tapices. ‖ Abandonar o renunciar a una profesión o actividad. ‖ (fig) Imputar, achacar. • *tr* e *intr* Colocar el auricular del teléfono en su sitio de forma que quede interrumpida la comunicación telefónica. • *tr* y *prnl* Suspenderse una persona de algo de forma que penda en el aire. ‖ (fig, fam) Ahorcar. • *prnl* Adquirir gran dependencia de una persona o cosa, en particular de las drogas. ☐ COLGAMIENTO.

colibrí *m* Ave americana de tamaño muy pequeño y plumaje vistoso.

cólico, ca *adj* Perteneciente al intestino colon. • *m* Dolor de colon y, en general, de la cavidad abdominal, que se presenta en accesos. ‖ Dolor agudo e intenso debido a contracciones espasmódicas de un órgano hueco.

colicuar *tr* y *prnl* Derretir, o hacer líquidas a la vez dos o más sustancias sólidas o crasas. ☐ COLICUACIÓN; COLICUATIVO, VA.

colidir *tr* Chocar con una oposición física o moral.

coliflor *f* Variedad cultivada de la col.

coligarse *prnl* Unirse, confederarse unos con otros para algún fin. ☐ COLIGACIÓN; COLIGADO, DA; COLIGADURA; COLIGAMIENTO.

colilla *f* Punta del cigarro o cigarrillo que se tira.

colimar *tr* Obtener un haz de rayos paralelos a partir de un foco luminoso. ‖ Alinear los elementos constituyentes de un sistema óptico. ☐ COLIMACIÓN; COLIMADOR.

colimba *m* (fam) *Arg*. El soldado durante el servicio militar obligatorio. • *f* (fam) *Arg*. Servicio militar.

colina *f* Elevación natural de terreno, menor que una montaña.

colindar *intr* Lindar entre sí dos o más fincas, términos municipales, etc. ☐ COLINDANTE.

colirio *m* Medicamento líquido o pasto que se emplea para el tratamiento de tra tornos oculares o palpebrales.

coliseo *m* Sala de gran tamaño destina a acoger espectáculos públicos. ‖ *Ecua* Recinto cerrado para algunos juegos d portivos.

colisión *f* Choque de dos cuerpos. ‖ (fi Oposición o pugna de ideas, principios intereses. ☐ COLISIONAR.

colista *adj* y *s* Díc. del que está en la co especialmente del que ocupa el último l gar, en una clasificación deportiva.

collada *f* Collado de una sierra. ‖ Dur ción larga de un mismo viento.

collado *m* Cerro, elevación de poca alt ra. ‖ Depresión suave por donde se pue pasar fácilmente de un lado a otro de u sierra.

collage *m* Técnica pictórica que consis en aplicar sobre una superficie materia y objetos diversos mediante un adhesiv

collar *m* Adorno que se lleva alrededor d cuello. ‖ Insignia de algunas magistrat ras, dignidades y órdenes de caballer ‖ Aro que se pone al cuello de algun animales. ‖ Faja de plumas que ciert aves tienen alrededor del cuello, y que distingue por su color.

collarín *m* Alzacuello de los eclesiástico ‖ Aparato ortopédico que sujeta el cue y sirve para inmovilizar las vértebras ce vicales.

collera *f* (fig) Cadena de presidiaric ‖ *Amér*. Pareja. ‖ *Amér*. Yunta de animale

collie *m* Perro pastor escocés.

collón, na *adj* y *s* (fam) Cobarde, pusi nime, sin valor ni espíritu. ☐ COLLONAD COLLONERÍA.

colmado, da *pp* de colmar. • *adj* Abu dante, copioso, completo. • *m* Tienda comestibles.

colmar *tr* Llenar un recipiente hasta m arriba de su borde. ‖ Dar con abundanc • *tr* y *prnl* Satisfacer plenamente.

colmatar *tr* Rellenar una cuenca o depr sión por arrastre de materiales sedime tarios. ‖ p. ext. Rellenar una oqued cualquiera. ☐ COLMATACIÓN.

colmena *f* Alojamiento de un enjamb de abejas. ☐ COLMENERO, RA.

colmenar *m* Lugar donde están las colmenas.

colmillo *m* Diente agudo y fuerte, colocado en cada uno de los lados de las hileras que forman los dientes incisivos, entre el último de éstos y la primera muela. ‖ Cada uno de los dos dientes incisivos prolongados en forma de cuerno, que tienen los elefantes en la mandíbula superior. ☐ COLMILLADA; COLMILLAR; COLMILLAZO.

colmo *m* (fig, fam) Lo que sobrepasa toda precisión o cálculo, o lo que rebasa el límite de lo tolerable.

colobo *m* Amér. Mono de cuerpo delgado y cola muy larga, con espesa crin negra.

colocar *tr* y *prnl* Poner a una persona o cosa en su debido lugar. ‖ (fig) Proporcionar un empleo o colocación a alguien. ‖ (fig, fam) Tomar alcohol o drogas para sentir sus efectos eufóricos, alucinógenos, etc. • *tr* Hablando de dinero, invertirlo. ☐ COLOCACIÓN.

colocho, cha *adj* y *s* Amér. Centr. Dícese de la persona que tiene el pelo rizado. • *m* Amér. Centr. Viruta.

colofón *m* Nota que a veces se pone al final de un libro para indicar el nombre del impresor y el lugar y la fecha de la impresión. ‖ (fig) Complemento que se añade a una obra literaria, musical, etc. ‖ (fig) Complemento final de una cosa.

colombicultura *f* Arte de criar y fomentar la reproducción de palomas. ‖ Colombofilia, deporte.

colombino, na *adj* Perteneciente o relativo a Cristóbal Colón, su vida y su época.

colombofilia *f* Cría y educación de palomas mensajeras. ‖ Desarrollo de esta afición en forma deportiva.

colon *m* Segunda porción del intestino grueso, entre el ciego y el recto.

colonato *m* Sistema de explotación de las tierras por medio de colonos.

colonche *m* Méx. Aguardiente de tuna.

colonia[1] *f* Conjunto de personas que salen de un país para establecerse en otro. ‖ País o lugar donde se establece esta gente. ‖ Agrupación de animales pequeños que viven juntos en gran número. ‖ Grupo de niños que pasan juntos sus vacaciones. ‖ Barrio nuevo junto a un centro urbano.

colonia[2] *f* Agua de Colonia, perfume ligero y fresco.

coloniaje *m* Amér. Tiempo durante el cual varios países americanos fueron colonias españolas.

colonial *adj* Perteneciente o relativo a la colonia. ‖ Ultramarino.

colonialismo *m* Tendencia imperialista a la expansión colonial y a la conservación de las colonias. ☐ COLONIALISTA.

colonizar *tr* Formar o establecer colonia en un país. ☐ COLONIZACIÓN; COLONIZADOR, RA.

colono *m* El que habita en una colonia. ‖ Labrador que cultiva y labra una heredad por arrendamiento y suele vivir en ella.

coloquial *adj* Perteneciente o relativo al coloquio. ‖ Díc. del lenguaje propio de la conversación.

coloquio *m* Conferencia o plática entre dos o más personas. ‖ Gén. de composición literaria, prosaica o poética, en forma de diálogo. ‖ Col. Sainete que se representa en una plaza pública.

color *amb* Impresión que los rayos de luz reflejados por un cuerpo producen al incidir en la retina del ojo. ‖ Sustancia preparada para pintar o para dar a las cosas un tinte determinado. • *pl* Señales distintivas adoptadas por un país, asociación, equipo deportivo, etc.

coloración *f* Acción y efecto de colorar o colorear. ‖ Color que toma o se da a una cosa. ‖ Tonalidad del color de una cosa, influida por factores como luz, intensidad, etc.

colorado, da *adj* Que tiene color. ‖ Que por naturaleza o arte tiene color más o menos rojo, como la sangre arterial. • *m* Por antonomasia, el color rojo.

colorante *pa* de colorar. • *adj* Que colora. • *m* Cualquier sustancia capaz de teñir o colorear un material.

colorar *tr* Dar color o teñir alguna cosa.

colorear *tr* Colorar, dar color. ‖ (fig) Dar apariencia de razón o de verdad a lo que no la tiene. ‖ Disimular una mala acción. • *intr* Empezar a madurar un fruto. • *intr* y *prnl* Tirar a colorado.

colorete *m* Cosmético de tonos rojizos, en forma de polvos o crema, que se aplica en las mejillas.

colorido *m* Disposición y grado de intensidad de los diversos colores de una pintura.

colorín *m* Jilguero. ‖ Color vivo y sobresaliente.

colorinche *m Arg.* Combinación de colores chillones que resulta ridícula.

colorir *tr* Dar color. ‖ (fig) Colorear, pretextar. • *intr* Tener o tomar color una cosa naturalmente.

colosal *adj* Perteneciente o relativo al coloso. ‖ (fig) De tamaño o importancia extraordinarios. ‖ (fig, fam) Buenísimo, extraordinario.

coloso *m* Estatua de una magnitud extraordinaria. ‖ (fig) Persona o cosa que por sus cualidades sobresale muchísimo.

coludir *intr* Pactar en daño de tercero.

columbario *m* En los cementerios, lugar donde se guardan las urnas cinerarias.

columbino, na *adj* Perteneciente a la paloma, o semejante a ella.

columbrar *tr* Divisar, ver desde lejos una cosa, sin distinguirla bien.

columelar *adj y m* Díc. de los dientes caninos.

columna *f* Apoyo de forma gralte. cilíndrica, de mucha más altura que diámetro, que sirve para sostener techumbres u otras partes de la fábrica o adornar edificios o muebles. ‖ En impresos o manuscritos, cualquiera de las partes en que suelen dividirse las planas por medio de un blanco o línea que las separa de arriba abajo.

columnata *f* Serie de columnas que sostienen o adornan un edificio.

columnista *m o f* Redactor de una columna fija en un periódico.

columpiar *tr y prnl* Mecer o imprimir un movimiento de balanceo a cualquier cosa.

columpio *m* Asiento suspendido entre dos cuerdas para mecerse. ‖ *Cuba.* Mecedora.

colusión *f* Acuerdo entre varios con ánimo de coludir, perjudicar a alguien. ❑ COLUSORIO, RIA.

colza *f* Nombre vulgar de algunas variedades de nabo y colinabo, que se cultiva a fin de extraer aceite de sus semillas.

coma[1] *f* Signo ortográfico (,) que sirve para indicar la división de las frases miembros más cortos de la oración o d período, y que también se emplea en ari mética para separar los enteros de la fracciones decimales.

coma[2] *m* Estado de sopor profundo co abolición del conocimiento, sensibilida y movilidad, que aparece en el curso d ciertas enfermedades o después de u traumatismo grave. ❑ COMATOSO, SA.

comadre *f* Partera. ‖ La madrina de un ñ ño con relación al padrino y a los padre ‖ (fam) Alcahueta, celestina. ‖ (fam) Veci na y amiga muy íntima.

comadrear *intr* (fam) Chismear, murmu rar, en especial las mujeres. ❑ COM DREO; COMADRERO, RA.

comadreja *f* Mamífero carnívoro no turno, de unos 25 cm de largo, de colc pardo rojizo por el lomo y blanco p debajo.

comadrona *f* Mujer reconocida oficia mente para asistir a las parturientas. ‖ P extensión, partera.

comal *m Méx.* Disco de barro o met muy delgado y con bordes que se usa p ra cocer las tortillas de maíz, o tostar ca o cacao.

comalido, da *adj* Enfermizo.

comandancia *f* Empleo de comandant ‖ Prov. o comarca que está sujeta en militar a un comandante. ‖ Edificio, cua tel o dpto. donde se hallan las oficinas d aquel cargo.

comandante *m* Jefe militar de categor comprendida entre las de capitán y t niente coronel.

comandar *tr* Mandar un ejército, ur plaza, etc.

comandita *adj* Díc. de la sociedad c mercial en que parte de los socios sum nistran los fondos sin participar en la ge tión de la misma. ❑ COMANDITARIO, RIA

comanditar *tr* Aportar los fondos neces rios para una empresa comercial o indu trial, sin contraer obligación mercantil a guna.

...omando *m* Mando militar. ‖ Pequeño grupo de tropas de choque.

...omarca *f* División territorial definida por sus rasgos físicos o por determinadas características humanas e históricas. ☐ COMARCAL.

...omba *f* Inflexión de cuerpos sólidos cuando se encorvan; como maderos, barras, etc. ‖ Juego de niños.

...ombar *tr* y *prnl* Torcer, encorvar una cosa, como la madera o el hierro. ☐ COMBADURA.

...ombate *m* Pelea entre personas o animales. ‖ Acción bélica o pelea en que intervienen fuerzas militares de alguna importancia. ‖ (fig) Agitación del espíritu. ‖ (fig) Contradicción, pugna.

...ombatiente *pa* de combatir. • *adj* Que combate. • *m* o *f* Cada uno de los soldados que componen un ejército.

...ombatir *intr* y *prnl* Pelear. • *tr* Acometer, embestir. ‖ Atacar, reprimir, refrenar lo que se considera un mal o daño; oponerse a su difusión. ‖ (fig) Contradecir, impugnar. ☐ COMBATIBLE; COMBATIDOR, RA.

...ombativo, va *adj* Inclinado al combate. ‖ Inclinado a la polémica. ☐ COMBATIVIDAD.

...ombés *m* Espacio descubierto, ámbito.

...ombinación *f* Acción y efecto de combinar o combinarse. ‖ Arreglo y disposición ordenada de varias cosas análogas. ‖ Prenda de vestir que usan las mujeres por encima de la ropa interior. ‖ Mezcla de bebidas alcohólicas, cóctel.

...ombinado, da *pp* de combinar. • *adj* Que combina varias cosas para cumplir una sola función. • *m* Cuerpo que resulta de una combinación. ‖ Cóctel.

...ombinador *m* Dispositivo que de forma mecanicoeléctrica regula el paso de un tren a lo largo de un determinado itinerario.

...ombinar *tr* Unir cosas diversas, de manera que formen un compuesto o agregado. • *tr* y *prnl* (fig) Armonizar una cosa con otra.

...ombinatorio, ria *adj* Perteneciente o relativo a la combinación. ‖ Díc. de los números que representan las combinaciones de *n* elementos tomados de *m* en *m*.

combo, ba *adj* Díc. de lo que está combado. • *m* Tronco o piedra grande sobre el que se asientan las cubas. ‖ *Amér.* Mazo, almádana. ‖ *Chile.* Puñetazo.

comburente *adj* y *m* Que hace entrar en combustión o la activa, como el oxígeno.

combustible *adj* Que puede arder. ‖ Que arde con facilidad. • *m* Sustancia que, al combinarse con el oxígeno u otro oxidante, arde fácilmente, dando lugar a una combustión. ‖ Carburante que hace funcionar un vehículo, un aparato, etc. ☐ COMBUSTIBILIDAD.

combustión *f* Acción y efecto de arder o quemar. ‖ Combinación de un cuerpo combustible con otro comburente. ‖ Tercer tiempo del funcionamiento de un motor de explosión, en el ciclo de cuatro tiempos.

comedero, ra *adj* Que se puede comer. • *m* Vasija o cajón donde se echa la comida a las aves y otros animales.

comedia *f* Obra dramática, en prosa o verso, que pretende divertir y cuyo final es feliz. ‖ Teatro, edificio. ‖ (fig) Farsa o fingimiento. ☐ COMEDIÓGRAFO, FA.

comediante, ta *m* y *f* Actor o actriz. ‖ (fig) Persona que para algún fin aparenta lo que no siente en realidad.

comedido, da *adj* Cortés, prudente, moderado.

comedirse *prnl* Arreglarse, moderarse, contenerse. ‖ *Amér.* Ofrecerse para algo.

comedor, ra *adj* Que come mucho. • *m* Pieza destinada para comer. ‖ Mobiliario de esta pieza.

comejenera *f* Lugar donde se cría comején. ‖ (fig, fam) *Ven.* Lugar donde se reúnen gentes de mal vivir.

comendador *m* Caballero que tiene encomienda en alguna de las órdenes militares o de caballeros.

comendatorio, ria *adj* Díc. de los textos, papeles y cartas de recomendación.

comendero *m* Persona a quien se daba en encomienda alguna villa o lugar, o tenía en ellos algún derecho concedido por los reyes.

comensal *m* o *f* Persona que vive a la mesa y expensas de otra. ‖ Cada una de las personas que comen en una misma mesa.

comentar *tr* Aclarar un escrito. ‖ (fam) Hacer comentarios. ❑ COMENTADOR, RA.

comentario *m* Escrito que sirve de explicación y aclaración de una obra, para que se entienda más fácilmente. ‖ Explicación hablada que apoya una transmisión televisiva. ‖ (fam) Conversación sobre alguna persona, por lo general acompañada de murmuración.

comentarista *m* o *f* Persona que escribe comentarios. ‖ En radio y televisión, persona que comenta las noticias de actualidad o las retransmisiones.

comenzar *tr* Empezar una cosa. • *intr* Empezar, tener una cosa principio. ❑ COMIENZO.

comer *tr* e *intr* Masticar y desmenuzar el alimento en la boca y pasarlo al estómago. • *tr* (fig) Gastar, consumir, desbaratar la hacienda, el caudal, etc. ‖ (fig) Sentir comezón física o moral. ‖ (fig) Gastar, corroer, consumir. ‖ (fig) Hablando del color, ponerlo la luz desvaído.

comercial *adj* Perteneciente al comercio y a los comerciantes. ‖ Que tiene fácil aceptación en el mercado que le es propio.

comercializar *tr* Dar a un producto industrial, agrícola, etc., condiciones y organización comerciales para su venta.

comerciante *pa* de comerciar. • *adj* Que comercia.

comerciar *tr* Negociar comprando y vendiendo o permutando géneros. ‖ (fig) Tratar unas personas con otras. ❑ COMERCIABLE.

comercio *m* Negociación que se hace comprando y vendiendo o permutando géneros. ‖ Tienda, almacén, establecimiento comercial.

comestible *adj* Que se puede comer. • *m* Todo género de alimentos o víveres.

cometa *m* Astro que describe alrededor del Sol una órbita muy excéntrica acompañada de un rastro luminoso llamado cola. • *f* Juguete de papel o tela y cañas, que se hace volar aprovechando las corrientes de aire.

cometer *tr* Hablando de culpas, yerros, faltas, etc., caer, incurrir en ellas.

cometido *m* Comisión, encargo, trabajo. ‖ p. ext. Incumbencia, obligación moral.

comezón *f* Picazón que se padece en alguna parte del cuerpo o en todo él. ‖ (fig) Desazón interior que ocasiona deseo o apetito de alguna cosa mientr no se logra.

cómic *m* Serie de viñetas gráficas que n rran una historia cómica, de aventura etc., combinando ilustración y texto.

comicastro *m* Mal cómico.

comicidad *f* Carácter cómico.

comicios *m pl* Reuniones y actos elect rales. ❑ COMICIAL.

cómico, ca *adj* Perteneciente o relativo la comedia. ‖ Gracioso. ‖ Aplícase al a tor que representa papeles jocosos. • *m f* Comediante.

comida *f* Alimento. ‖ Acción de come ‖ Alimento que se toma al mediodía o pr meras horas de la tarde.

comidilla *f* (fam) Gusto, complacenc especial que alguien tiene en cosas de genio e inclinación. ‖ (fig, fam) Ter preferido en alguna murmuración o co versación satírica.

comillas *f pl* Signo ortográfico (, `` o "...") que se pone al principio y al fin las frases incluidas como citadas o ejer plos en impresos o manuscritos, y tar bién, a veces, al principio de todos l renglones que estas frases ocupan.

comilón, na *adj* y *s* (fam) Que come mu cho o desordenadamente. • *f* (fam) Com da, cena o merienda en que hay muc abundancia.

cominear *intr* Entremeterse en men dencias y cominerías. ❑ COMINERÍA; C MINERO, RA.

comino *m* Hierba cuyos frutos contien pequeñas semillas usadas como cond mento.

comisar *tr* Decomisar.

comisaría *f* o **comisariato** *m* Emple del comisario. ‖ Oficina del comisario.

comisario *m* Persona que desempeña cargo o una función especial por con sión o delegación de una autoridad sup rior. ‖ *Amér.* Inspector de policía.

comisión *f* Acción de cometer. ‖ Encar que una persona da a otra para que ha alguna cosa. ‖ Conjunto de personas e cargadas para entender en algún asunt

‖ Cantidad que uno cobra por ejecutar algún encargo o vender mercancías por cuenta ajena.

comisionar *tr* Encargar a alguien una comisión.

comisionista *m o f* Persona que se dedica a vender por cuenta de otro, cobrando a cambio una comisión.

comisorio, ria *adj* Obligatorio o válido por determinado tiempo, o aplazado para cierto día.

comisura *f* Punto de unión de ciertas partes similares del cuerpo; como los labios y los párpados. ‖ Sutura de los huesos del cráneo.

comité *m* Comisión de personas, gralte. elegidas en asamblea y que negocian determinados asuntos en nombre de aquélla.

comitiva *f* Acompañamiento de personas.

como *adv modo* De qué modo o manera; o del modo o la manera que. ‖ En sentido comparativo denota idea de equivalencia, semejanza o igualdad, y significa gralte. el modo o la manera que, o a modo o manera de. ‖ Según, conforme. ‖ En calidad de. ‖ Empléase como *conj* copulativa, equivaliendo a *que*. ‖ Hace también oficio de *conj* condicional, equivaliendo a *si*. ‖ Toma también carácter de *conj causal*.

cómoda *f* Mueble con tablero de mesa de tres o cuatro cajones que ocupan todo el frente y sirven para guardar ropa.

comodidad *f* Calidad de cómodo. ‖ Conveniencia, conjunto de cosas necesarias para vivir a gusto y con descanso. ‖ Utilidad.

comodín *m* En algunos juegos de naipes, carta que tiene el valor que le otorga el que la posee. ‖ (fig) Lo que se hace servir para fines diversos, según conviene al que lo usa. • *adj* y *m Amér.* Comodón.

cómodo, da *adj* Conveniente, oportuno, acomodado, fácil, proporcionado.

comodón, na *adj* (fam) Díc. del que es amante de la comodidad y regalo.

compactar *tr* Hacer compacta una cosa. ❐ COMPACTACIÓN.

compacto, ta *adj* Díc. de los cuerpos de textura apretada y poco porosa. ‖ (fig) Apretado, apiñado. • *m* Disco compacto,

que contiene material auditivo o visual; se reproduce con un lector láser. ❐ COMPACIDAD.

compadecer *tr* Compartir la desgracia ajena, sentirla como propia o dolerse de ella. • *tr* y *prnl* Inspirar a una persona lástima o pena la desgracia de otra.

compadraje *m* o **compadrería** *f* Unión, amistad entre compadres.

compadrar *intr* Contraer compadrazgo. ‖ Hacerse compadre o amigo.

compadrazgo *m* Conexión o afinidad que contrae con los padres de una criatura el padrino.

compadre *m* Padrino del niño respecto de los padres y la madrina de éste. ‖ En algunas partes, amigo o conocido. • *adj* y *s Arg.* Chulo, fanfarrón.

compadrear *intr* Tratarse de manera familiar.

compaginar *tr* y *prnl* Poner en buen orden cosas que tienen alguna conexión o relación mutua. ‖ Ajustar las galeradas para formar páginas. • *prnl* (fig) Corresponder o conformarse bien una cosa con otra. ❐ COMPAGINACIÓN; COMPAGINADO, DA; COMPAGINADOR.

compañerismo *m* Vínculo que existe entre compañeros. ‖ Armonía y buena correspondencia entre ellos.

compañero, ra *m* y *f* Persona que acompaña a otra para algún fin. ‖ En los colegios, centros de trabajo, etc., cada uno de los individuos que hay en ellos. ‖ Persona con la que se convive maritalmente, sin estar casados.

compañía *f* Efecto de acompañar. ‖ Persona o personas que acompañan a otra u otras. ‖ Sociedad o junta de varias personas unidas para un mismo fin. ‖ Cuerpo de actores formado para representar en un teatro. ‖ Sociedad de hombres de negocios.

comparar *tr* Fijar la atención en dos o más objetos para descubrir sus relaciones o valorar sus diferencias o semejanzas. ‖ Cotejar. ❐ COMPARABLE; COMPARACIÓN; COMPARANZA.

comparativo, va *adj* Díc. de lo que compara o sirve para hacer comparación de una cosa con otra. • *adj* y *s* Grado de significación del adjetivo.

comparecer *intr* Presentarse uno en algún lugar donde ha sido llamado o convocado. ☐ COMPARECENCIA; COMPARECIENTE.

comparsa *f* Acompañamiento, conjunto de personas que en las representaciones teatrales figuran y no hablan. ☐ COMPARSERÍA.

compartimentar *tr* Proyectar o efectuar la subdivisión estanca de un buque o de un espacio análogo. ☐ COMPARTIMENTACIÓN; COMPARTIMIENTO.

compartir *tr* Repartir, dividir, distribuir las cosas en partes. ‖ Participar uno en alguna cosa. ☐ COMPARTIDOR, RA.

compás *m* Instrumento formado por dos brazos agudos unidos en su extremidad superior por un eje para que puedan abrirse o cerrarse. Sirve para trazar curvas y tomar distancias. ‖ Brújula. ‖ Ritmo o cadencia de una pieza musical.

compasar *tr* Medir con el compás. ‖ (fig) Arreglar, medir, proporcionar las cosas de modo que ni sobren ni falten. ☐ COMPASADO, DA.

compasear *tr* Compasar, marcar los compases en la notación musical. ☐ COMPASEO.

compasión *f* Sentimiento de lástima hacia el mal o desgracia que sufre alguien.

compasivo, va *adj* Que tiene compasión. ‖ Que fácilmente se mueve a compasión. ‖ p. ext. Díc. también de las pasiones y sentimientos.

compatible *adj* Que tiene aptitud o proporción para unirse o concurrir en un mismo lugar o sujeto. ‖ Díc. de las máquinas que trabajan con un mismo código interno. ☐ COMPATIBILIDAD.

compatriota *m* o *f* Persona de la misma patria que otra.

compeler *tr* Obligar a uno, con fuerza o por autoridad, a que haga lo que no quiere.

compendio *m* Síntesis de lo más importante de una exposición oral o escrita. ☐ COMPENDIAR; COMPENDIOSO, SA; COMPENDIZAR.

compenetrarse *prnl* Penetrar las partículas de una sustancia entre las de otra, o recíprocamente. ‖ (fig) Identificarse las personas en ideas y sentimientos. ☐ COM PENETRACIÓN.

compensar *tr, intr* y *prnl* Igualar e opuesto sentido el efecto de una cosa co el de otra. • *tr* y *prnl* Dar alguna cosa hacer un beneficio en resarcimiento d daño, perjuicio o disgusto que se ha ca sado. ☐ COMPENSACIÓN; COMPENSADO COMPENSATORIO, RIA.

competencia *f* Disputa o contienda ent dos o más sujetos sobre alguna cosa. ‖ R validad. ‖ Aptitud, idoneidad.

competente *adj* Adecuado, convenient ‖ Apto, idóneo. ‖ Díc. de la persona q domina una técnica, una disciplina, etc.

competer *intr* Pertenecer, tocar o incur bir a uno alguna cosa.

competición *f* Competencia. ‖ Certam deportivo.

competir *intr* Contender dos o más pers nas aspirando a una misma cosa. ☐ CO PETIDOR, RA; COMPETITIVO, VA.

compilación *f* Acción de compilar. ‖ C lección de varias noticias, leyes o ma rias. ‖ Operación que consiste en introc cir el programa fuente a la computado bajo el control del compilador y produ otro programa de salida, conocido cor programa objeto. ☐ COMPILATORIO, RIA

compilador, ra *adj* y *s* Que compi • *adj* y *m* Díc. del programa para comp tadora que traduce una información crita en lenguaje simbólico al lenguaje máquina.

compilar *tr* Reunir en una sola obra tractos de otros libros o documentos. ‖ una computadora, traducir un lengu simbólico al lenguaje de máquina.

compinche *m* o *f* (fam) Amigo, camara

complacencia *f* Satisfacción, placer contento que resulta de alguna cosa.

complacer *tr* Acceder uno a lo que c desea y puede serle útil o agrada • *prnl* Alegrarse y tener satisfacción alguna cosa. ☐ COMPLACIENTE.

complacido, da *pp* de complacer. • Contento, satisfecho.

complaciente *pa* de complacer. • *adj* (complace o se complace. ‖ Prope a complacer. ‖ Lisonjero, cortés, ina gente.

omplejidad f Calidad de complejo o de complicado.

omplejo, ja adj Díc. de lo que se compone de elementos diversos. || Complicado, difícil.

omplementar tr y prnl Dar complemento a una cosa. □ COMPLEMENTARIO, RIA.

omplemento m Lo que hace falta agregar a una cosa para completarla.

ompletar tr Integrar, hacer cabal una cosa. || Hacerla perfecta, en su clase.

ompleto, ta adj Lleno, cabal. || Acabado.

omplexión f Constitución, naturaleza y relación de los sistemas orgánicos de cada individuo. □ COMPLEXIONAL.

omplicación f Embrollo, dificultad.

omplicado, da pp de complicar. • adj Enmarañado, de difícil comprensión.

omplicar tr Mezclar, unir cosas entre sí diversas. • tr y prnl (fig) Enredar, dificultar.

ómplice m o f Participante o asociado en crimen o culpa imputable a dos o más personas. □ COMPLICIDAD.

omplot o **compló** m (fam) Confabulación entre dos o más personas contra otra u otras.

omponedor, ra m y f Persona que compone. • m Amér. Curandero.

omponenda f Arreglo o transacción de carácter inmoral.

omponente pa de componer. • adj y m Elemento que compone o entra en la composición de un todo.

omponer tr Formar de varias cosas una, juntándolas y colocándolas con cierto modo y orden. || Ordenar, concretar, reparar lo desordenado, descompuesto o roto. || Adornar una cosa. || Amér. Restituir a su lugar los huesos dislocados. • intr Producir obras musicales.

omportable adj Soportable, tolerable.

omportamiento m Conducta, manera de comportarse.

omportar tr (fig) Sufrir, tolerar. • prnl Portarse.

omposición f Acción y efecto de componer. || Obra científica, literaria o musical. || Ejercicio de redacción que se pone a los estudiantes.

compositivo, va adj Aplícase a las preposiciones o partículas con que se forman voces compuestas.

compositor, ra adj y s Que compone. || Que hace composiciones musicales.

compostura f Construcción de un todo que consta de varias partes. || Reparo de una cosa descompuesta, o rota. || Modestia, mesura y circunspección.

compota f Dulce de fruta cocida con agua y azúcar. □ COMPOTERA.

compra f Acción y efecto de comprar. || Conjunto de los comestibles que se compran para el gasto diario de las casas. || Cualquier objeto comprado.

comprar tr Adquirir algo por dinero. || Sobornar. □ COMPRABLE.

compraventa f Contrato por el que una persona se obliga a transmitir a otra el dominio de una cosa, mediante una cantidad de dinero.

comprehender tr Comprender.

comprehensivo, va adj Comprensivo.

comprender tr Abrazar, ceñir, rodear por todas partes una cosa. || Entender, alcanzar, penetrar. || Encontrar justificados o naturales los actos o sentimientos de otros.• tr y prnl Contener, incluir en sí alguna cosa. □ COMPRENSIBLE; COMPRENSIÓN.

comprensivo, va adj Que tiene facultad o capacidad de comprender o entender una cosa. || Díc. de la persona o actitud tolerante.

compresa f Lienzo fino o gasa esterilizada, que se emplea para cubrir heridas, etcétera.

compresible adj Que se puede comprimir o reducir a menor volumen. □ COMPRESIBILIDAD.

compresión f Acción y efecto de comprimir. || Acción que ejerce una fuerza exterior sobre un cuerpo, reduciendo el volumen de éste.

compresor adj y s Que comprime. || Máquina para comprimir gases a presión superior a la atmosférica.

comprimido, da pp de comprimir. • adj y s Aplastado. • m Pastilla pequeña que se obtiene por compresión de sus ingredientes previamente reducidos a polvo.

comprimir *tr* y *prnl* Oprimir, apretar, estrechar, reducir a menor volumen. ‖ Reprimir y contener. ☐ COMPRESIVO, VA.

comprobante *pa* de comprobar. • *adj* Que comprueba. • *m* Se denomina así al recibo o cualquier otro tipo de documento que se utiliza para verificar la realización de un contrato (compraventa, depósito).

comprobar *tr* Verificar, confirmar una cosa cotejándola con otra o repitiendo las demostraciones que la prueban y acreditan como cierta. ☐ COMPROBACIÓN; COMPROBATORIO, RIA.

comprometedor, ra *adj* y *s* (fam) Díc. de la persona o cosa que compromete, o pone en riesgo.

comprometer *tr* y *prnl* Poner de común acuerdo en manos de un tercero la determinación de la diferencia, pleito, etc., sobre que se contiende. ‖ Exponer a alguno, ponerle a riesgo en una acción o caso aventurado. ‖ Constituir a uno en una obligación; hacerle responsable de alguna cosa. ☐ COMPROMETIMIENTO.

comprometido, da *pp* de comprometer. • *adj* Que está en riesgo, apuro o situación dificultosa.

compromisario *adj* Persona a la que confían otras la solución de un conflicto. • *m* Representante de los electores primarios para votar en elecciones de segundo o ulterior grado.

compromiso *m* Convenio entre litigantes, por el cual confían a un tercero el arbitraje de su diferencia. ‖ Obligación contraída, palabra dada, fe empeñada. ‖ Noviazgo y tiempo que dura. ‖ Dificultad, embarazo, empeño.

compuerta *f* Plancha fuerte encajada en correderas laterales, por las que puede deslizarse verticalmente. Se coloca en los canales, diques, portillos de presa, etc., para graduar o cortar el paso del agua.

compuesto, ta *pp irreg* de componer. • *adj* Formado por varias partes. ‖ Aplícase al vocablo formado por composición de dos o más voces simples. ‖ Díc. de los tiempos de un verbo que se conjugan con el participio pasado precedido de un auxiliar. • *m* Agregado de varias cosas que componen un todo.

compulsa *f* Acción y efecto de com-
sar. ‖ Copia o traslado de una escri
instrumento o autos, que se cotejan co
original para certificar su fidelidad.

compulsar *tr* Examinar dos o más d
mentos, cotejándolos o comparánd
entre sí. ‖ Sacar compulsas. ‖ *Amér.* C
peler. ☐ COMPULSACIÓN.

compulsión *f* Apremio y fuerza que,
mandato de autoridad, se hace a «
compeliéndole a que ejecute alguna c

compulsivo, va *adj* Que tiene virtu
compeler. ‖ Que muestra apremio o c
pulsión en su conducta.

compunción *f* Sentimiento o dolor
haber cometido un pecado.

compungido, da *adj* Atribulado, d
rido.

compungir *tr* Mover a compunc
• *prnl* Contristarse o dolerse uno de
guna culpa o pecado propio, o de
aflicción ajena.

computación *f* Cómputo. ‖ *Amér.* In
mática, conjunto de disciplinas y técn
desarrolladas para el tratamiento auto
tico de la información mediante máqu
computadoras (hardware) que funcio
con distintos programas (software).

computador, ra *adj* y *s* Que compu
calcula. ‖ Calculador o calculadora. •
Amér. Ordenador, máquina para el pro
samiento de datos.

computar *tr* Calcular una cosa por nú
ros, como años, edades, etc.

computarizar o **computadorizar** *tr*
meter datos al tratamiento de una com
tadora para su proceso.

comulgar *tr* Dar la sagrada comuni
• *intr* Recibirla. ‖ Coincidir con otro
ideas o sentimientos.

común *adj* Díc. de lo que pertenece a
do el mundo. ‖ Corriente, general. ‖
dinario, vulgar, frecuente y muy sabi
‖ Bajo, de inferior clase y desprecial
• *m* Toda la gente de cualquier pr
pueblo o ciudad. ‖ Comunidad; gen
lidad de personas. ‖ Retrete.

comuna *f Amér.* Municipio. ‖ Conju
de personas que viven en comunida
al margen de los convencionalismos
ciales.

comunal adj Común. ‖ Díc. del patrimonio de un municipio. • m Común, conjunto de habitantes de un pueblo o lugar.

comunero, ra adj Popular, agradable. • m pl Pueblos que tienen comunidad de pastos.

comunicable adj Que se puede comunicar. ‖ Sociable, tratable. ❑ COMUNICABILIDAD.

comunicación f Acción y efecto de comunicar o comunicarse. ‖ Trato, correspondencia entre dos o más personas. ‖ Unión que se establece entre ciertas cosas. ‖ Oficio, escrito en que se comunica algo. ‖ Cualquier medio de enlace como caminos, canales, vías, etc. • pl Correos, telégrafos, teléfonos, etc.

comunicado, da pp de comunicar. • m Nota, declaración o parte que se comunica para conocimiento público.

comunicador, ra adj Que comunica o sirve para comunicar. • adj y s Díc. de la persona dotada para sintonizar fácilmente con la gente.

comunicar tr Hacer a otro partícipe de lo que uno tiene. ‖ Descubrir, manifestar o hacer saber a uno alguna cosa. • tr y prnl Conversar, tratar con alguno de palabra o por escrito.

comunicativo, va adj Que tiene aptitud o inclinación o propensión natural a comunicar a otro lo que posee. ❑ COMUNICATIVIDAD.

comunidad f Calidad de común, propio de todos. ‖ Junta o congregación de personas que viven unidas y bajo ciertas reglas; como los conventos. ❑ COMUNITARIO.

comunión f Participación en lo común. ‖ En la iglesia católica, acto de recibir los fieles la eucaristía.

comunismo m Sistema social basado en la colectivización de los bienes de producción y en la distribución de los bienes de consumo según las necesidades de los individuos. ❑ COMUNISTA.

con prep que significa el medio, modo o instrumento que sirve para hacer alguna cosa. ‖ En ciertas loc., aunque. ‖ Juntamente y en compañía.

conato m Empeño y esfuerzo en la ejecución de una cosa. ‖ Propensión, tendencia, propósito. ‖ Intento de delito. ‖ Acto que se inicia y no se acaba. ❑ CONATIVO, VA.

concadenar o **concatenar** tr Unir o enlazar varias cosas entre sí. ❑ CONCATENACIÓN.

concavidad f Calidad de cóncavo. ‖ Parte o sitio cóncavo.

cóncavo, va adj Que tiene la superficie más deprimida en el centro que por los bordes.

concebir intr y tr Quedar preñada la hembra. ‖ (fig) Formar idea.

conceder tr Dar, otorgar.

concejal, la m y f Individuo de un concejo o ayuntamiento. ❑ CONCEJALÍA.

concejo m Ayuntamiento, casa y corporación municipales. ‖ Municipio. ‖ Sesión celebrada por los individuos de un concejo.

concelebrar tr Celebrar varios sacerdotes juntamente una misa u otra función litúrgica.

concentración f Acción y efecto de concentrar o concentrarse. ‖ Reunión de un número considerable de personas para manifestar públicamente su conformidad o disconformidad con algo. ‖ Densidad de pob. en determinada área, según su distribución. ‖ En una disolución, relación entre la cantidad de soluto y la de disolución o de disolvente.

concentrado, da pp de concentrar. • adj Internado en el centro de una cosa. ‖ Dícese de lo que contiene menor proporción de agua de la que suele tener.

concentrar tr y prnl (fig) Reunir en un centro o punto lo que estaba separado. ‖ Reunirse varias o muchas personas en un mismo lugar, obedeciendo a una misma motivación. ‖ Fijar la atención, la mirada, el pensamiento, etc., sobre algo, con intensidad. • prnl Reconcentrarse.

concéntrico, ca adj Díc. de las figuras y de los sólidos que tienen un mismo centro.

concepción f Acción y efecto de concebir. ‖ Por excelencia, la de la Virgen María.

conceptear intr Usar frecuentemente conceptos agudos e ingeniosos.

conceptible adj Que se puede concebir o imaginar. ‖ Conceptuoso.

conceptivo, va adj Que puede concebir.

concepto m Representación simbólica, generalmente por medio del lenguaje, de una idea abstracta y general. ‖ Crédito en que se tiene a una persona o cosa. ☐ CONCEPTUAL.

conceptuar tr Formar concepto de una cosa.

conceptuoso, sa adj Sentencioso, agudo, lleno de conceptos.

concernir intr Atañer, tocar o pertenecer.

concertar tr Componer, ordenar, arreglar las partes de una cosa, o varias cosas. ‖ Ajustar, tratar del precio de una cosa. ☐ CONCERTANTE.

concertina f Acordeón de figura hexagonal u octogonal, de fuelle muy largo y teclados cantantes en ambas caras o cubiertas.

concertista m o f Músico que toca en un concierto en calidad de solista.

concesión f Acción y efecto de conceder. ‖ Otorgamiento gubernativo a favor de particulares o de empresas para el disfrute de una explotación. ‖ Otorgamiento que una empresa hace a otra, o a un particular, de vender sus productos en una población o país distinto. ☐ CONCESIONARIO, RIA.

concesivo, va adj Que se concede y no puede concederse. ‖ Díc. también de la conjunción que une la oración subordinada c. con la principal.

concha f Parte exterior y dura que cubre el cuerpo de muchos moluscos y crustáceos. ‖ Ostra. ‖ (fig, fam) Amér. Vulva, coño. Es voz malsonante.

conchabar tr Unir, juntar, asociar. • tr y prnl Amér. Contratar a alguno para un servicio de orden inferior, gralte. doméstico. • prnl Unirse dos o más personas entre sí para algún fin. ☐ CONCHABAMIENTO; CONCHABANZA.

conchudo, da adj Díc. del animal cubierto de conchas. ‖ (fig, fam) Astuto, cauteloso, sagaz. ‖ Amér. Sinvergüenza.

conciencia f Sentimiento interior por el cual una persona reconoce sus propias acciones. ‖ Conocimiento, noción interior del bien que debemos hacer y del mal que debemos evitar.

concienzudo, da adj Díc. de la persona que hace las cosas con mucho detenimiento o conciencia.

concierto m Buen orden y disposición de las cosas. ‖ Ajuste o convenio entre dos o más personas o entidades sobre alguna cosa. ‖ Función de música, en que se ejecutan composiciones sueltas. ‖ Composición musical para diversos instrumentos, en que uno o varios actúan permanentemente como solistas.

conciliable adj Que puede conciliarse, componer o ser compatible con alguna cosa.

conciliábulo m Concilio no convocado por autoridad legítima. ‖ (fig) Junta para tratar de una cosa que es o se presume ilícita, o que va en perjuicio de alguien.

conciliación f Acción y efecto de conciliar. ‖ Acto de comparecencia de las partes litigantes ante el juez, para lograr un acuerdo y evitar un litigio.

conciliar adj Perteneciente a los concilios. • tr Poner de acuerdo. ☐ CONCILIADOR, RA.

concilio m Junta o congreso de los obispos para deliberar y decidir sobre las materias de dogmas y disciplina.

concisión f Brevedad en el modo de expresar los conceptos. ☐ CONCISO, SA.

concitar tr Instigar contra otro, promover discordias.

conciudadano, na m y f Cada uno de los ciudadanos de una misma ciudad, respecto de los demás.

conclave o **cónclave** m Lugar donde se reúnen los cardenales en asamblea para elegir Papa. ‖ Esta misma asamblea.

concluir tr y prnl Acabar o finalizar una cosa. ‖ Determinar y resolver sobre todo lo que se ha tratado. ‖ Inferir. • tr Rematar minuciosamente una obra. ☐ CONCLUSIVO, VA; CONCLUSO, SA.

conclusión f Acción y efecto de concluir o concluirse. ‖ Fin y determinación de una cosa.

concomitante pa de concomitar. • adj Que acompaña a otra cosa u obra con ella.

concomitar tr Acompañar una cosa a otra, u obrar juntamente con ella. ☐ CONCOMITANCIA.

concordador, ra *adj* y *s* Que concuerda, apacigua y modera.

concordancia *f* Correspondencia o conformidad de cualquier cosa con otra. || Conformidad de accidentes entre dos o más palabras variables.

concordar *tr* Poner de acuerdo lo que no lo está. • *tr* e *intr* Formar concordancia gramatical. • *intr* Convenir una cosa con otra.

concordato *m* Trato o convenio sobre asuntos eclesiásticos, que el gobierno de un Estado hace con la Santa Sede. ☐ CONCORDATORIO, RIA.

concordia *f* Conformidad, unión de voluntades. || Ajuste o convenio entre personas que contienden o litigan.

concreción *f* Acción y efecto de concretar. || Acumulación de varias partículas en una masa sólida. || Cálculo.

concretar *tr* Combinar, concordar algunas cosas. || Reducir a lo más esencial la materia sobre la que se habla o escribe.

concreto, ta *adj* Díc. de cualquier objeto considerado en sí mismo, con exclusión de cuanto pueda serle extraño o accesorio. • *m* Concreción.

concubina *f* Mujer que vive y cohabita con un hombre como si éste fuera su marido.

concubinato *m* Vida que hacen el hombre y la mujer que habitan juntos sin estar casados.

conculcar *tr* Hollar, pisotear. || Infringir.

concuñado, da *m* y *f* Hermano o hermana de una de dos personas unidas en matrimonio respecto de las hermanas o hermanos de la otra.

concupiscencia *f* Deseo y goce de placeres, especialmente de los sexuales. ☐ CONCUPISCENTE.

concupiscible *adj* Deseable.

concurrencia *f* Reunión de varias personas. || Simultaneidad de varios sucesos.

concurrido, da *pp* de concurrir. • *adj* Díc. de lugares, espectáculos, etc., adonde concurre mucha gente.

concurrir *intr* Juntarse en un mismo lugar o tiempo diferentes personas, sucesos o cosas. || Tomar parte en un concurso.

concursar *tr* Declarar el estado de insolvencia de una persona que tiene acreedores. || Concurrir, tomar parte en un concurso. ☐ CONCURSANTE.

concurso *m* Reunión, concurrencia de gente. || Oposición que se hace a algún cargo o dignidad. || Competición o prueba entre varios participantes para alcanzar un premio.

condado *m* Dignidad honorífica de conde. || Territorio o lugar a que se refiere el título nobiliario de conde y sobre el cual éste ejercía señorío.

conde *m* Título de nobleza, entre el de marqués y vizconde. ☐ CONDAL.

condecoración *f* Acción y efecto de condecorar. || Cruz, venera u otra insignia semejante de honor y distinción.

condecorar *tr* Conceder una condecoración.

condena *f* Parte de la sentencia que dicta un juez o tribunal, en la cual se impone la pena al acusado de un delito.

condenar *tr* Pronunciar el juez sentencia imponiendo al reo la pena correspondiente o decretando contra un litigante en el juicio civil. ☐ CONDENACIÓN; CONDENADO, DA.

condenatorio, ria *adj* Que contiene condena o puede motivarla.

condensación *f* Acción y efecto de condensar o condensarse. || Proceso de condensar o hacer más compacto. || Licuefacción de gases y vapores por aumento de presión o sustracción de calor.

condensar *tr* Convertir un vapor en líquido. || (fig) Reducir a menor extensión un escrito o discurso sin quitarle nada de lo esencial. • *tr* y *prnl* Reducir una cosa a menor volumen y darle más consistencia si es líquida. ☐ CONDENSABLE; CONDENSADOR, RA; CONDENSATIVO, VA.

condesa *f* Mujer del conde, o la que por sí heredó y obtuvo un condado.

condescender *intr* Acomodarse por bondad al gusto y voluntad de otro. ☐ CONDESCENDENCIA; CONDESCENDIENTE.

condición *f* Índole, naturaleza o propiedad de las cosas. || Estado, situación especial en que se halla una persona. || Calidad o circunstancia con que se hace o promete una cosa. || Circunstancia.

condicional adj Que incluye y lleva consigo una condición o requisito. || Díc. de la oración, o conj o loc. conj que introduce una condición.

condicionamiento m Acción y efecto de condicionar. || Limitación, restricciones.

condicionar intr Convenir una cosa con otra. • tr Hacer depender una cosa de alguna condición. ❏ CONDICIONANTE.

condimentar tr Sazonar los manjares. ❏ CONDIMENTACIÓN.

condimento m Lo que sirve para sazonar la comida y darle buen sabor.

condiscípulo, la m y f Persona que estudia o ha estudiado con otra u otras bajo la dirección de un mismo maestro.

condolecerse o **condolerse** prnl Compadecerse de lo que otro siente o padece.

condolencia f Participación en el pesar ajeno. || Pésame.

condominio m Dominio de una cosa que pertenece en común a dos o más personas.

condón m Preservativo de material elástico con que se cubre el miembro viril durante el coito.

condonar tr Perdonar o remitir una pena o deuda. ❏ CONDONACIÓN.

cóndor m Ave diurna, especie de buitre. Habita en los Andes. || Moneda de oro de Colombia, Chile y Ecuador.

conducción f Acción y efecto de conducir, llevar o guiar una cosa. || Conjunto de conductos dispuestos para el paso de algún fluido.

conducir tr Llevar, transportar de una parte a otra. || Guiar o dirigir hacia un sitio. || Dirigir, mandar. • tr e intr Guiar un vehículo automóvil. • intr Convenir, ser a propósito para algún fin. • prnl Proceder de una determinada manera. ❏ CONDUCIBLE; CONDUCTIVO, VA.

conducta f Acción o forma particular del comportamiento humano y animal frente a un estímulo o situación determinados.

conductividad f Propiedad de un cuerpo de facilitar la conducción o propagación

del calor, la electricidad, etc., a través de su propia masa.

conducto m Canal, tubo comúnmente cubierto, que sirve para dar paso y salida a las aguas y otras cosas.

conductor, ra adj y s Que conduce. || Aplícase a los cuerpos susceptibles de transmitir el calor y la electricidad.

conectar tr Combinar con el movimiento de una máquina el de un aparato dependiente de ella. || Poner en contacto, unir. || Enchufar un aparato o máquina a la corriente eléctrica. ❏ CONECTADOR, RA.

conectivo, va adj Que une partes de un mismo aparato o sistema.

coneja f Hembra del conejo.

conejera f Madriguera donde se crían conejos. || (fig, fam) Casa donde se suele juntar mucha gente de mal vivir.

conejillo de Indias m Mamífero parecido al conejo, pero más pequeño. || (fig, fam) Individuo en quien se experimenta algo.

conejo m Mamífero muy prolífico del orden de los roedores, de orejas largas. Se domestica fácilmente, su carne es comestible. ❏ CONEJUNO, NA.

conexión f Enlace, trabazón, concatenación de una cosa con otra. || Unión de dos circuitos.

conexionar tr y prnl Enlazar, ligar.

conexivo, va adj Aplícase a la cosa que está enlazada o relacionada con otra.

confabular intr Conferir, tratar una cosa entre dos o más personas. • prnl Ponerse de acuerdo dos o más personas para perjudicar a uno. ❏ CONFABULACIÓN; CONFABULADOR, RA.

confección f Acción y efecto de confeccionar bebidas, medicamentos, perfumes, prendas de vestir, etc.

confeccionar tr Hacer, preparar, componer, acabar, tratándose de obras materiales.

confederación f Alianza, liga, unión o pacto entre algunas personas, naciones o estados. || Conjunto de personas o de estados confederados. ❏ CONFEDERADO, DA; CONFEDERATIVO, VA.

confederar tr y prnl Hacer alianza, liga o unión o pacto entre varios.

conferencia f Reunión de varias personas para tratar un asunto. ‖ Lección o disertación pública. ‖ Reunión de representantes de gobiernos o estados para tratar asuntos internacionales. ‖ Conversación telefónica interurbana.

conferenciar intr Tratar en conferencia varias personas sobre algún asunto. ☐ CONFERENCIANTE.

conferir tr Conceder, asignar a uno dignidad, empleo, facultades o derechos. ‖ Atribuir una cualidad.

confesar tr y prnl Manifestar o aseverar uno sus hechos, ideas o sentimientos. ‖ Reconocer y declarar uno, obligado por algún motivo, lo que sin ello no reconocería ni declararía. ☐ CONFESANTE.

confesión f Declaración que uno hace de lo que sabe, espontáneamente o preguntado por otro. ‖ Declaración, al confesor, de los pecados que uno ha cometido.

confesional adj y s Perteneciente a una confesión religiosa.

confeso, sa adj Díc. del que ha confesado su delito o culpa.

confesonario m Mueble dentro del cual se coloca el sacerdote para oír las confesiones en la iglesia.

confeti m Pedacitos de papel de color que arrojan las personas en algunas fiestas populares.

confiable adj Aplícase a la persona en quien se puede confiar. ☐ CONFIABILIDAD.

confiado, da adj Crédulo, imprevisor.

confianza f Esperanza firme que se tiene de una persona o cosa. ‖ Ánimo, aliento y vigor para obrar. ‖ Familiaridad en el trato.

confiar intr Esperar con firmeza y seguridad. • tr Encargar o poner al cuidado de uno algún asunto. ‖ Depositar en uno, sin más seguridad que la buena fe y la opinión que de él se tiene.

confidencia f Revelación secreta, noticia reservada.

confidencial adj Que se hace o se dice en confianza o con seguridad recíproca entre dos o más personas.

confidente, ta adj Fiel, seguro, de confianza. • m Canapé de dos asientos. • m y f Persona a quien otra confía sus secretos

o le encarga la ejecución de cosas reservadas. ‖ Delator.

configuración f Disposición de las partes o elementos que componen un cuerpo u objeto y le dan su peculiar figura.

configurar tr y prnl Dar determinada figura o forma a una cosa o a un conjunto de elementos.

confín adj Que confina con otro punto o lugar. • m Límite, raya, término. ‖ Horizonte.

confinar intr Lindar, estar contiguo o inmediato a otro territorio, mar, río, etc. • tr Desterrar a uno. • intr y prnl Encerrar, recluir. ☐ CONFINACIÓN; CONFINADO, DA; CONFINAMIENTO.

confirmación f Acción y efecto de confirmar. ‖ Nueva prueba de la verdad y certeza de un suceso, dictamen u otra cosa. ‖ Rito de iniciación en muchas Iglesias, y uno de los siete sacramentos de la católica, apostólica y romana. ☐ CONFIRMADO, DA.

confirmando, da m y f Persona que va a recibir el sacramento de la confirmación.

confiscar tr Privar el Estado de los bienes patrimoniales a una persona o institución y aplicarlos al fisco. ‖ Apoderarse la policía de algo. ☐ CONFISCABLE; CONFISCACIÓN; CONFISCADO, DA; CONFISCATORIO, RIA.

confitar tr Cubrir con baño de azúcar las frutas o cocerlas en almíbar para conservarlas.

confitería f Establecimiento donde se hacen o venden dulces.

confitura f Fruta u otra cosa confitada.

conflagración f Incendio, fuego grande. ‖ (fig) Perturbación repentina y violenta de pueblos o naciones, especialmente a causa de la guerra.

conflagrar tr Inflamar, incendiar, quemar alguna cosa.

conflictivo, va adj Que origina conflicto. ‖ Díc. del tiempo, circunstancias, lugar, etc., en que hay conflicto. ☐ CONFLICTIVIDAD.

conflicto m Colisión u oposición de intereses, derechos, pretensiones, etc. ‖ Lo más recio de un combate. ‖ (fig) Angustia interior.

confluencia f Acción de confluir. ‖ Lugar donde confluyen los ríos o los caminos.

confluir intr Juntarse dos o más ríos u otras corrientes de agua en un mismo lugar. ‖ (fig) Concurrir en un sitio mucha gente que viene de diversas partes. ☐ CONFLUENTE.

conformación f Colocación, distribución de las partes que forman una cosa.

conformar tr, intr y prnl Ajustar, concordar una cosa con otra. • prnl Sujetarse uno voluntariamente a hacer o sufrir una cosa que le desagrada. ☐ CONFORMISMO.

conforme adj Igual, proporcionado, correspondiente. ‖ Acorde con otro en un mismo dictamen. ‖ Resignado y paciente en las adversidades. • adv modo Denota relaciones de conformidad, correspondencia.

conformidad f Semejanza entre dos personas. ‖ Igualdad, correspondencia de una cosa con otra. ‖ Unión, concordia y buena correspondencia entre dos o más personas. ‖ Tolerancia y sufrimiento en las adversidades.

conformista adj y s Que acepta fácilmente las normas establecidas. ‖ Díc. del que en Inglaterra está conforme con la religión oficial del Estado. ☐ CONFORMISMO.

confort m Comodidad.

confortable adj Que conforta, alienta. ‖ Se aplica a lo que produce comodidad. ☐ CONFORTABILIDAD.

confortar tr y prnl Dar vigor, espíritu y fuerza. ‖ Animar, alentar, consolar al afligido. ☐ CONFORTACIÓN; CONFORTANTE; CONFORTATIVO, VA.

confraternidad f Hermandad de parentesco o por amistad íntima. ‖ Vínculo que establece.

confraternizar intr Fraternizar, establecer buenas relaciones.

confrontar tr Carear una persona con otra. ‖ Cotejar una cosa con otra, y especialmente escritos. • tr y prnl (fig) Congeniar una persona con otra. • intr Confinar, lindar. ☐ CONFRONTACIÓN.

confundir intr Equivocar, perturbar, desordenar una cosa. ‖ Desaparecer un contorno o perfil. ‖ (fig) Turbar a uno de manera que no acierte a explicarse. ☐ CONFUNDIMIENTO.

confusión f Acción y efecto de confundir. ‖ Falta de orden, de concierto y de claridad. ‖ (fig) Perplejidad, desasosiego. ‖ Acción de tomar una cosa por otra.

confusionismo m Confusión y oscuridad en las ideas o en el lenguaje.

confuso, sa pp irreg de confundir. • adj Mezclado, revuelto. ‖ Oscuro, dudoso. ‖ Poco perceptible, difícil de distinguir. ‖ (fig) Turbado, temeroso.

confutar tr Impugnar de modo convincente la opinión contraria. ☐ CONFUTACIÓN.

conga f Cuba. Baile de carácter popular de origen africano.

congelación f Acción y efecto de congelar o congelarse. ‖ Procedimiento de conservación prolongada de productos perecederos o alterables, por medio del frío.

congelador, ra adj Que congela. • m Compartimiento de congelación en una nevera.

congelar tr y prnl Solidificar o endurecer un líquido sometiéndolo a la acción del frío. • tr Someter a muy baja temperatura alimentos para que se conserven en buenas condiciones hasta el momento de su consumo. ‖ Declarar inmodificables los salarios o los precios.

congénere adj y s Del mismo género, de un mismo origen o de la propia derivación.

congeniar intr Tener dos o más personas genio, carácter o inclinaciones que concuerdan fácilmente.

congénito, ta adj Que se engendra juntamente con otra cosa. ‖ Connatural.

congestión f Aglomeración excesiva en un lugar de personas o vehículos, que causa obstrucciones. ☐ CONGESTIVO, VA.

congestionar tr Producir congestión. • prnl Acumularse más o menos rápidamente la sangre en una parte del cuerpo.

conglomerado, da pp de conglomerar. • m Efecto de conglomerar. ‖ Masa detrítica formada por consolidación y cementación de gravas y guijarros. ‖ Masa compacta de materiales unidos artificialmente.

conglomerar *tr* Aglomerar. • *prnl* Unirse o agruparse fragmentos o corpúsculos de una misma o de diversas sustancias con tal coherencia que resulte una masa compacta. ☐ CONGLOMERACIÓN; CONGLOMERANTE.

conglutinar *tr* Aglutinar. ‖ Unir, pegar una cosa con otra.

congoja *f* Desmayo, fatiga, angustia y aflicción. ☐ CONGOJAR; CONGOJOSO, SA.

congola *f Col.* Pipa de fumar.

congosto *m* Pequeño desfiladero abierto por un río a través de rocas duras.

congraciar *tr* y *prnl* Conseguir la benevolencia o el afecto de alguna cosa. ☐ CONGRACIADOR, RA; CONGRACIAMIENTO.

congratular *tr* y *prnl* Felicitar. ☐ CONGRATULACIÓN.

congregación *f* Junta para tratar de uno o más asuntos. ‖ En algunas órdenes regulares, capítulo, junta de clérigos o religiosos. ☐ CONGREGANTE, TA.

congregar *tr* y *prnl* Juntar, reunir.

congresal *m* o *f Amér.* Congresista.

congresista *m* o *f* Miembro de un congreso científico, económico, etc.

congreso *m* Junta o reunión de varias personas para deliberar sobre algún asunto científico, político, etc. ‖ En algunos países, asamblea nacional.

congrio *m* Pez de cuerpo gris oscuro, casi cilíndrico, y de carne blanca, comestible.

congruencia *f* Conveniencia, coherencia, relación lógica, oportunidad.

congruente *adj* Conveniente, oportuno. ‖ Coherente, lógico.

congruo, grua *adj* Congruente, conveniente, oportuno.

conhortar *tr* Consolar. ☐ CONHORTE.

cónico, ca *adj* Perteneciente al cono. ‖ De forma de cono.

conífero, ra *adj* y *s* Aplícase a árboles y arbustos de hojas lineales y persistentes.

conjetura *f* Juicio probable que se forma de las cosas o acaecimientos por las señales o indicios que de él se tienen. ☐ CONJETURAL.

conjeturar *tr* Formar juicio probable de una cosa por indicios y observaciones.

conjugación *f* Acción y efecto de conjugar. ‖ Serie ordenada de todas las voces de varia inflexión con que el verbo expresa sus diferentes modos, tiempos, números y personas. En castellano hay tres clases de conjugaciones.

conjugar *tr* Enlazar o coordinar. ‖ Escribir o decir un verbo con sus distintas inflexiones de modo, tiempo, número y persona.

conjunción *f* Junta, unión. ‖ Parte de la oración o clase de palabras que sirven para unir dos frases o miembros de ellas.

conjuntar *tr* y *prnl* Lograr una actuación de conjunto armoniosa y homogénea en equipos deportivos, orquestas, etc. ☐ CONJUNTADO, DA.

conjuntiva *f* Membrana mucosa que cubre la parte anterior del globo del ojo, excepto la córnea. ☐ CONJUNTIVAL; CONJUNTIVITIS.

conjuntivo, va *adj* Que junta y une una cosa con otra. ‖ Perteneciente o relativo a la conjunción. ‖ Díc. de un tejido, de unión o conectivo, formado por células gralte. estrelladas y por fibras.

conjunto, ta *adj* Unido o contiguo a otra cosa. • *m* Reunión de varias personas o cosas que forman un todo.

conjura o **conjuración** *f* Acuerdo secreto entre varias personas para llevar a cabo una acción determinada contra un Estado u otra autoridad. ☐ CONJURADO, DA.

conjurar *intr* y *prnl* Ligarse con otro, mediante juramento, para algún fin. • *tr* Juramentar.

conjuro *m* Acción y efecto de conjurar, exorcizar. ‖ Imprecación o sortilegio de los magos y hechiceros.

conllevar *tr* Ayudar a uno a sufrir un trabajo o penalidad.

conmemoración *f* Memoria o recuerdo que se hace de una persona o cosa.

conmemorar *tr* Hacer memoria o conmemoración. ☐ CONMEMORATIVO, VA; CONMEMORATORIO, RIA.

conmensurable *adj* Sujeto a medida o valuación. ☐ CONMENSURABILIDAD.

conmensurar *tr* Medir con igualdad o debida proporción. ☐ CONMENSURATIVO, VA.

conmigo Ablativo *sing* del *pron pers* de 1.ª pers. en gén. masculino y femenino.

conminar *tr* Amenazar con daños o castigos.

conminatorio, ria *adj* y *s* Aplícase al juramento con que se conmina a alguien.

conmiseración *f* Compasión que uno tiene del mal de otro. ☐ CONMISERATIVO, VA.

conmoción *f* Sacudida, perturbación del ánimo o del cuerpo. ‖ Tumulto, levantamiento, alteración de un Estado, prov. o pueblo.

conmocionar *tr* y *prnl* Producir conmoción.

conmover *tr* y *prnl* Perturbar, inquietar, alterar. ‖ Enternecer, mover a compasión. ☐ CONMOVEDOR.

conmutación *f* Trueque, cambio o permuta que se hace de una cosa por otra.

conmutar *tr* Trocar, cambiar, permutar una cosa por otra. ☐ CONMUTABLE; CONMUTADOR, RA.

conmutativo, va *adj* Concerniente al cambio.

connatural *adj* Propio o conforme a la naturaleza del ser viviente.

connaturalizarse *prnl* Acostumbrarse uno a aquellas cosas a que antes no estaba acostumbrado. ☐ CONNATURALIZACIÓN.

connivencia *f* Disimulo o tolerancia en el superior acerca de las transgresiones que cometen sus súbditos. ‖ Confabulación. ☐ CONNIVENTE.

connotación *f* Acción y efecto de connotar. ‖ Parentesco en grado remoto. ‖ Valor significativo secundario de una palabra.

connotar *tr* Hacer relación. ‖ Significar la palabra varias ideas, una pral. y las demás complementarias. ☐ CONNOTADO, DA.

cono *m* Sólido limitado por una superficie cónica. ‖ Cualquier objeto de forma cónica.

conocedor, ra *adj* y *s* Avezado por práctica o estudio a penetrar y discernir la naturaleza y propiedades de una cosa. • *adj* Experto, entendido en una materia.

conocer *tr* Averiguar por el ejercicio de las facultades intelectuales la naturaleza, cualidades y relaciones de las cosas. ‖ Entender en un asunto con facultad legítima para ello. ‖ (fig) Tener una persona contacto sexual con otra. • *tr* y *prnl* Tener trato y comunicación con alguno. • *prnl* Juzgar justamente de sí propio. ☐ CONOCIBLE.

conocido, da *adj* Distinguido, acreditado, ilustre. • *m* y *f* Persona con quien se tiene trato o comunicación, pero no amistad.

conocimiento *m* Acción y efecto de conocer. ‖ Entendimiento, inteligencia, razón natural. • *pl* Ciencia, sabiduría.

conoideo, a *adj* Que tiene figura cónica.

conque *conj* ilativa con la cual se enuncia una consecuencia natural de lo que acaba de decirse.

conquista *f* Acción y efecto de conquistar. ‖ Persona o cosa conquistada.

conquistar *tr* Adquirir por la fuerza de las armas. ‖ (fig) Ganar la voluntad de una persona. ‖ Enamorar. ☐ CONQUISTABLE; CONQUISTADOR, RA.

conrear *tr* Preparar una cosa mediante cierta manipulación, como el cultivo de la tierra. ☐ CONREO.

consabido, da *adj* Aplícase a la persona o cosa de que ya se ha tratado anteriormente, y así no es menester nombrarla.

consagrado, da *adj* Que ha recibido la consagración religiosa. ‖ Dedicado. ‖ Destinado.

consagrar *tr* Hacer sagrada a una persona o cosa. ‖ Pronunciar con intención el sacerdote las palabras de la consagración sobre la debida materia. ‖ (fig) Dedicar, destinar. ☐ CONSAGRACIÓN; CONSAGRATORIO, RIA.

consanguinidad *f* Parentesco de las personas que descienden de un mismo tronco: padre, hermano, nieto. ☐ CONSANGUÍNEO, NEA.

consciencia *f* Conciencia.

consciente *adj* Que siente, piensa, quiere y obra con cabal conocimiento y plena posesión de sí mismo.

conscripción *f* Amér. Reclutamiento.

consecuencia *f* Hecho o acontecimiento que se sigue o resulta de otro.

consecuente *adj* Que sigue en orden respecto de una cosa, o está situado o colocado a su continuación. ‖ Díc. de la persona cuya conducta guarda correspondencia lógica con los principios que profesa.

consecutivo, va *adj* Que se sigue a otra cosa inmediatamente o es consecuencia de ella. ‖ Dícese de la conjunción o *loc. conj* que expresa relación de consecuencia.

conseguir *tr* Alcanzar, obtener, lograr lo que se pretende o desea. ☐ CONSECUCIÓN.

consejería *f* Lugar, oficina, sede, etc. de un consejo, corporación consultiva, administrativa o de gobierno.

consejero, ra *m y f* Persona que aconseja o sirve para aconsejar.

consejo *m* Parecer o dictamen que se da o toma para hacer o no hacer una cosa. ‖ Corporación consultiva encargada de informar al gobierno sobre determinada materia de la administración pública.

consenso *m* Asenso, consentimiento de todas las personas que componen una corporación.

consensuar *tr* Adoptar una decisión de común acuerdo entre dos o más partes.

consentido, da *pp* de consentir. • *adj y m* Díc. del marido que sufre la infidelidad de su mujer. • *adj y s* Aplícase a la persona mimada con exceso.

consentidor, ra *adj y s* Que consiente que se haga una cosa. • *adj* Que mima excesivamente.

consentir *tr* Permitir una cosa o condescender en que se haga. ‖ Ser excesivamente indulgente con los niños. ☐ CONSENTIMIENTO.

conserje *m o f* Persona que tiene a su cuidado la custodia y limpieza de una casa, o establecimiento público.

conserjería *f* Oficio y empleo de conserje. ‖ Habitación que el conserje ocupa en el edificio que está a su cuidado.

conserva *f* Sustancia alimenticia conservada en un recipiente herméticamente cerrado, o en vinagre, de manera que se pueda guardar mucho tiempo.

conservador, ra *adj y s* Que conserva. ‖ Díc. de las personas o asociaciones políticas partidarias de mantener el orden político y social establecido, y reacias a las reformas. • *m y f* Técnico encargado de la conservación de los fondos de un museo o archivo.

conservadurismo *m* Actitud de los que son contrarios a los cambios políticos y sociales.

conservar *tr y prnl* Mantener una cosa o cuidar de su permanencia. • *tr* Hablando de costumbres, virtudes y cosas semejantes, continuar la práctica de ellas. ☐ CONSERVACIÓN.

conservatismo *m Amér.* Conservadurismo.

conservatorio, ria *adj* Que contiene y conserva alguna cosa o algunas cosas. • *m* Establecimiento, grate. oficial, en que se enseñan ciertas artes, en especial la música.

considerable *adj* Digno de consideración. ‖ Grande, cuantioso.

considerado, da *pp* de considerar. • *adj* Que tiene por costumbre obrar con meditación y reflexión. ‖ Que recibe de los demás muestras de atención y respeto.

considerando *m* Cada una de las razones esenciales que preceden y sirven de apoyo al precepto de una ley, fallo, dictamen, etc.

considerar *tr* Pensar, meditar, reflexionar una cosa con atención y cuidado. ‖ Tratar a una persona con respeto. • *tr y prnl* Juzgar, estimar. ☐ CONSIDERACIÓN.

consigna *f* En agrupaciones políticas, sindicales, etc., orden que una persona u organismo dirigente da a los subordinados o afiliados. ‖ En las estaciones de ferrocarril, aeropuertos, etc., lugar en que los viajeros pueden depositar temporalmente equipajes, paquetes, etc.

consignar *tr* Señalar y destinar el rédito de una finca o efecto para el pago de una cantidad o renta que se debe o se constituye. ‖ Entregar por vía de depósito una cosa. ‖ Enviar las mercancías a manos de un corresponsal. ☐ CONSIGNACIÓN.

consignatario *m* El que recibe en depósito, por auto judicial, el dinero que otro consigna. ‖ Destinatario de un buque, un cargamento o una partida de mercaderías.

consigo Ablativo *sing* y *pl* de la forma reflexiva *se, sí,* del *pron pers* de 3.ª pers. en gén. masculino y femenino.

consiguiente *adj* Que depende y se deduce de otra cosa.

consistencia *f* Duración, estabilidad, solidez.

consistente *pa* de consistir. • *adj* Que consiste. || Que tiene consistencia.

consistir *intr* Estribar, estar fundada una cosa en otra. || Ser efecto de una causa.

consistorio *m* En algunas partes, ayuntamiento. ☐ CONSISTORIAL.

consola *f* Mesa hecha para estar arrimada a la pared.

consolador, ra *adj y s* Que consuela. • *m* Instrumento usado para masturbarse; suele estar hecho a imitación del pene y puede disponer de un sistema de vibración.

consolar *tr y prnl* Aliviar la pena o aflicción de uno. ☐ CONSOLACIÓN.

consolidar *tr* Dar firmeza y solidez a una cosa. || (fig) Asegurar del todo, afianzar más y más una cosa; como la amistad, la alianza, etc. ☐ CONSOLIDACIÓN; CONSOLIDADO, DA.

consomé *m* Caldo concentrado y clarificado que se prepara a partir de un caldo base.

consonancia *f* Cualidad de aquellos sonidos que, oídos simultáneamente, producen efecto agradable. ☐ CONSONÁNTICO, CA.

consonante *adj y s* Díc. de cualquier voz con respecto a otra de la misma consonancia. • *adj y f* Díc. de la articulación de un sonido que se produce al hablar a su paso por la laringe y la boca. || Díc. de la letra que corresponde a alguno de estos sonidos. ☐ CONSONÁNTICO.

consonantismo *m* Sistema de consonantes de una lengua o dialecto.

consonar *intr* Formar consonancia. || (fig) Tener algunas cosas igualdad, conformidad o relación entre sí.

consorcio *m* Participación y comunión de una misma suerte con uno o varios. || Unión o compañía de los que viven juntos.

consorte *m o f* Marido respecto de la mujer, y mujer respecto del marido.

conspicuo, cua *adj* Ilustre, visible, sobresaliente.

conspirar *intr* Unirse algunos contra su su perior o soberano. || Aliarse contra un par cular para hacerle daño. ☐ CONSPIRACIÓ CONSPIRADOR, RA.

constancia[1] *f* Calidad de constante, pe sistente. || Firmeza y perseverancia.

constancia[2] *f* Certeza, exactitud de a gún hecho o dicho. || Acción y efecto c hacer constar alguna cosa de maner fehaciente.

constante *adj* Que tiene constancia, pe severancia. || Dicho de las cosas, persi tente, durable. || Frecuente, continuo. • Función que adopta un mismo valor e cualquier punto.

constar *intr* Ser cierta y manifiesta un cosa. ☐ CONSTANTE.

constatar *intr* Comprobar un hecho, est blecer su veracidad, dar constancia de é ☐ CONSTATACIÓN.

constelación *f* Conjunto de estrellas qu aparecen como un grupo autónomo al o servador.

constelado, da *pp* de constelar. • *adj* E trellado, lleno de estrellas.

constelar *tr* Cubrir, llenar.

consternar *tr y prnl* Causar a alguie abatimiento, disgusto, pena. ☐ CONSTER NACIÓN.

constipado, da *pp* de constipar. • *m* Ca tarro, resfriado.

constipar *tr* Cerrar y apretar los poro impidiendo la transpiración. • *prnl* Ac tarrarse.

constitución *f* Acción y efecto de const tuir. || Esencia y calidades de una cos que la constituyen como tal y la diferer cian de las demás. || Ley fundamental d la organización de un Estado.

constitucional *adj* Perteneciente a l constitución de un Estado. • *adj y s* Adic to a ella. || Propio de la constitución de u individuo o perteneciente a ella. ☐ CONS TITUCIONALIDAD.

constituir *tr* Formar, componer. || Organi zar. • *tr y prnl* Establecer, ordenar.

constitutivo, va *adj y m* Díc. de lo qu constituye una cosa en su ser y la distin gue de otra.

constituyente *pa* de constituir. • *adj y r* Que constituye o establece. • *adj y f p*

Díc. de las Cortes convocadas para elaborar o reformar la constitución del Estado.

constreñir *tr* Obligar, precisar. ‖ Coartar, cohibir. ‖ Apretar y cerrar. ☐ CONSTREÑIMIENTO; CONSTRICTIVO, VA; CONSTRICTOR, RA; CONSTRINGENTE.

constricción *f* Encogimiento, acción de encoger. ‖ Sensación de opresión.

construcción *f* Acción y efecto de construir. ‖ Arte de construir. ‖ Tratándose de edificios, obra construida. ‖ Ordenamiento y disposición de las palabras en la oración y las oraciones en el periodo.

constructivo, va *adj* Díc. de lo que construye o sirve para construir, por oposición a lo que destruye.

construir *tr* Fabricar, erigir, edificar y hacer de nuevo una cosa. Aplícase también a cosas inmateriales. ☐ CONSTRUCTOR, RA.

consuegro, gra *m* y *f* Padre o madre de una de dos personas unidas en matrimonio, respecto del padre o madre de la otra.

consuelo *m* Descanso y alivio de la pena. ‖ Gozo, alegría.

consuetudinario, ria *adj* Díc. de lo que es de costumbre.

cónsul *m* o *f* Persona que está encargada en una ciudad extranjera de la protección y defensa de las personas e intereses de los súbditos del país que representa. ☐ CONSULAR.

consulado *m* Cargo de cónsul de un Estado. ‖ Territorio o distrito en que un cónsul ejerce su autoridad. ‖ Casa u oficina en que se despacha el cónsul.

consulta *f* Acción y efecto de consultar. ‖ Visita del médico en su despacho. ‖ Ese mismo despacho; consultorio. ‖ Conferencia entre abogados, médicos u otras personas para resolver alguna cosa.

consultar *tr* Tratar y discurrir con una o varias personas sobre lo que se debe hacer en un asunto. ‖ Pedir parecer, dictamen o consejo. ‖ Someter una duda o un caso a la consideración de otro. ‖ Buscar datos en libros, ficheros, etc.

consultivo, va *adj* Que debe consultarse. ‖ Díc. de las juntas o corporaciones establecidas para ser consultadas por los que gobiernan.

consultor, ra *adj* y *s* Que da su parecer, consultado sobre algún asunto. ‖ Que consulta. • *m* y *f* Persona que presta sus servicios profesionales asesorando a terceros en las áreas de su especialidad. ☐ CONSULTORÍA.

consultorio *m* Establecimiento privado donde se despachan informes o consultas sobre materias técnicas. ‖ Local en el que el médico recibe y atiende a sus pacientes.

consumar *tr* Llevar a cabo enteramente. ☐ CONSUMACIÓN; CONSUMADO, DA.

consumición *f* Consumo, gasto. ‖ Lo que se consume en un café o bar.

consumido, da *pp* de consumir. • *adj* (fam) Muy flaco, extenuado y macilento.

consumidor, ra *adj* y *s* Que consume. ‖ Díc. de la persona o colectivo que hace uso de los bienes y servicios generados en el proceso productivo.

consumir *tr* y *prnl* Destruir, extinguir. ‖ (fig, fam) Desazonar, apurar, afligir. ‖ *Amér. Centr.* Sumergir, zambullir. • *tr* Gastar. ‖ Tomar bebidas o alimentos en un establecimiento público.

consumo *m* Acción y efecto de consumir. ‖ Cantidad de combustible gastado por un motor, o un vehículo, para poder funcionar durante un tiempo o trayecto determinado.

consustancial *adj* Que es de la misma sustancia. ☐ CONSUSTANCIALIDAD.

contabilidad *f* Calidad de contable. ‖ Ciencia que se dedica a la captación, representación y medida de los hechos contables, en un periodo determinado, con el fin de obtener un estado general de cuentas. ‖ Conjunto de cuentas de una sociedad u organismo público.

contabilizar *tr* Apuntar una partida o cantidad en los libros de cuentas.

contable *adj* Que puede ser contado. ‖ Perteneciente o relativo a la contabilidad. • *m* o *f* Persona que lleva una contabilidad.

contactar *intr* Establecer contacto o comunicación.

contacto *m* Acción y efecto de tocarse dos o más cosas. ‖ Conexión entre dos partes de un circuito. ‖ *Amér.* Interruptor automático de la luz. ‖ (fig) Relación o trato entre dos o más personas o entidades.

contado, da *pp* de contar. • *adj* Raro, escaso. ‖ Determinado, señalado.

contador, ra *adj* y *s* Que cuenta. • *m* El que tiene por oficio llevar las cuentas de una empresa. ‖ Aparato destinado a medir el volumen de agua o de gas que pasa por una cañería, o la cantidad de electricidad que recorre un circuito. ❑ CONTADURÍA.

contagiar *tr* y *prnl* Comunicar o transmitir a otro u otros una enfermedad contagiosa. ‖ (fig) Comunicar a otro estados de ánimo, costumbres.

contagio *m* Transmisión, directa o indirecta, de una enfermedad infecciosa.

contagioso, sa *adj* Aplícase a las enfermedades que se transmiten y comunican por contagio. ‖ (fig) Díc. de los vicios y costumbres que se pegan o comunican con el trato. ❑ CONTAGIOSIDAD.

container *m* Contenedor. ‖ Díc. del recipiente de grandes dimensiones y con un dispositivo para facilitar su carga, descarga y transporte mediante camiones o grúas especiales.

contaminación *f* Acción y efecto de contaminar o contaminarse. ‖ Inclusión, en el medio ambiente o en los animales, o sustancias químicas o radiactivas, nocivas al hombre.

contaminar *tr* Alterar la pureza de los alimentos, las aguas, el aire, etc., con gérmenes patógenos o sustancias nocivas para la salud. • *tr* y *prnl* Contagiar, infectar.

contar *tr* Numerar o computar las cosas considerándolas como unidades homogéneas. ‖ Referir un suceso. ‖ Tener en cuenta, considerar. • *intr* Hacer, formar cuentas según reglas de aritmética. ‖ Importar, ser de consideración.

contemplar *tr* Poner la atención en alguna cosa material o espiritual. ‖ Complacer a una persona. ❑ CONTEMPLACIÓN; CONTEMPLADOR, RA.

contemplativo, va *adj* Perteneciente a la contemplación. ‖ Que contempla. ‖ Que acostumbra meditar intensamente. ‖ Que acostumbra complacer a otros.

contemporáneo, a *adj* y *s* Existente al mismo tiempo que otra persona o cosa. ‖ Relativo o perteneciente a la época actual. ❑ CONTEMPORANEIDAD.

contemporizar *intr* Acomodarse uno al gusto o parecer ajeno por algún fin particular. ❑ CONTEMPORIZACIÓN; CONTEMPORIZADOR, RA.

contencioso, sa *adj* Díc. del que por costumbre disputa o contradice todo lo que otros afirman. ‖ Aplícase a las materias sobre las que se contiende en juicio, o a la forma en que se litiga.

contender *intr* Lidiar, pelear, batallar. ❑ CONTENDIENTE.

contenedor[1] *m* Recipiente o embalaje metálico, normalmente de grandes dimensiones, usado para almacenar y transportar mercancías.

contenedor, ra[2] *adj* Que contiene.

contenencia *f* Parada o suspensión que hacen a veces en el aire algunas aves, especialmente las de rapiña. ‖ Paso de lado, en el cual parece que se contiene o detiene el que danza.

contener *tr* y *prnl* Llevar o encerrar dentro de sí una cosa a otra. ‖ Reprimir o suspender el movimiento o impulso de un cuerpo. ‖ (fig) Reprimir o moderar una pasión. ❑ CONTENCIÓN.

contenido, da *pp* de contener. • *adj* Que se conduce con moderación y templanza. • *m* Lo que se contiene dentro de una cosa. ‖ Tabla de materias o índice de una obra.

contentar *tr* Satisfacer el gusto o las aspiraciones de uno. • *tr* y *prnl* *Amér.* Reconciliar. • *prnl* Darse por contento, quedar contento.

contento, ta *adj* Alegre, satisfecho. • *m* Alegría, satisfacción.

conteo *m* Cálculo, valoración.

contertuliano, na o **contertulio, lia** *m* y *f* Persona que concurre con otras en una tertulia.

contestador *m* Aparato que atiende automáticamente las llamadas telefónicas en ausencia del abonado.

contestar *tr* Responder a lo que se pregunta, se habla o se escribe. ‖ Impugnar, negar. ‖ Replicar. • *intr* Oponerse o protestar, a veces violentamente. ‖ *Méx.* Discutir, conversar. ☐ CONTESTACIÓN.

contestatario, ria *adj* y *s* Que contesta, impugna o está en desacuerdo.

contexto *m* Entorno ling. del cual depende el sentido de una palabra, frase o expresión. ‖ Medio que rodea a un objeto o a un individuo sobre los que influye íntimamente. ☐ CONTEXTUAL.

contextuar *tr* Acreditar con textos.

contextura *f* Compaginación, disposición y unión respectiva de las partes que juntas componen un todo. ‖ Contexto.

contienda *f* Pelea, disputa, altercado con armas o con razones.

contigo Ablativo *sing* del *pron pers* de 2.ª persona, en gén. masculino y femenino.

contigüidad *f* Inmediación de una cosa a otra.

contiguo, gua *adj* Que está tocando a otra cosa.

continencia *f* Virtud que modera los placeres, especialmente los sexuales. ‖ Acción de contener.

continente *pa* de contener. • *adj* Que contiene. ‖ Díc. de la persona que posee y practica la virtud de la continencia. • *m* Cosa que contiene en sí a otra. ‖ Cada una de las grandes extensiones de tierra que se hallan separadas por los océanos. ☐ CONTINENTAL.

contingencia *f* Posibilidad de que una cosa suceda o no suceda. ‖ Cosa que puede suceder o no suceder. ‖ Riesgo.

contingente *adj* Que puede suceder o no suceder. • *m* Contingencia. ‖ Parte proporcional con que uno contribuye en unión de otros para un mismo fin. ‖ Leva.

continuar *tr* Proseguir uno lo comenzado. • *intr* Durar, permanecer. • *prnl* Extenderse. ☐ CONTINUACIÓN; CONTINUADOR, RA.

continuidad *f* Calidad de continuo. ‖ Unión natural que tienen entre sí las partes del continuo.

continuismo *m* En política, situación que un régimen, un gobierno o las personas que detentan el poder prolongan indefinidamente, y no existe ni intención ni indicios de cambio, renovación o reformas. ☐ CONTINUISTA.

continuo, nua *adj* Que dura, obra, se hace o se extiende sin interrupción o brusquedades.

contlapache *m* *Méx.* Compinche, encubridor. ☐ CONTLAPACHEAR.

contonearse *prnl* Hacer al andar movimientos afectados con los hombros y caderas.

contorcerse *prnl* Hacer contorsiones o ademanes.

contornar o **contornear** *tr* Dar vueltas alrededor o en contorno de un paraje o sitio. ‖ Perfilar, hacer los contornos o perfiles de una figura. ☐ CONTORNEO.

contorno *m* Territorio o conjunto de parajes de que está rodeado un lugar o una población. ‖ Conjunto de las líneas que limitan una figura o composición.

contorsión *f* Actitud forzada, movimiento irregular y convulsivo que procede, ya de un dolor repentino, ya de otra causa física o moral.

contorsionarse *prnl* Hacer contorsiones voluntaria o involuntariamente.

contorsionista *m* o *f* Persona que ejecuta contorsiones difíciles en los circos.

contra *prep* con que se denota la oposición y contrariedad de una cosa con otra. Tiene uso como *pref* en voces compuestas. ‖ Enfrente. ‖ Hacia. • *m* Concepto opuesto o contrario a otro. • *f* (fam) Dificultad, inconveniente.

contraatacar *tr* Efectuar un contraataque.

contraataque *m* Reacción ofensiva contra el avance del enemigo.

contrabajo *m* El más grave de los instrumentos de cuerda y arco. Posee cuatro cuerdas. ‖ Persona que toca este instrumento.

contrabando *m* Comercio o producción de géneros prohibidos por las leyes a los productores y comerciantes particulares. ☐ CONTRABANDEAR; CONTRABANDISTA.

contracción *f* Acción y efecto de contraer o contraerse. ‖ Proceso de acortamiento de los músculos por acción de un impulso nervioso que supera el umbral de intensidad. || Metaplasmo que consiste en hacer una sola palabra de dos. || Sinéresis.

contracepción f Anticoncepción, limitación voluntaria de la fecundidad usando métodos anticonceptivos. ❏ CONTRACEPTIVO, VA.

contrachapado o **contraplacado** adj y s Díc. del tablero formado por varias capas finas de madera, encoladas a presión y con fibras entrecruzadas. ❏ CONTRACHAPAR.

contráctil adj Capaz de contraerse con facilidad. ❏ CONTRACTILIDAD.

contractual adj Procedente del contrato o derivado de él.

contractura f Contracción involuntaria, duradera o permanente, de uno o más grupos musculares; es dolorosa.

contradecir tr y prnl Decir uno lo contrario de lo que otro afirma, o negar lo que da por cierto. • prnl Obrar de forma opuesta a lo que se dice o se piensa. ❏ CONTRADICCIÓN; CONTRADICTOR, RA.

contraer tr Estrechar, juntar una cosa con otra. || Tratándose de costumbres, vicios, deudas, etc., adquirirlos. || Amér. Trabajar con decisión. || Reducir a menor tamaño.

contraespionaje m Servicio de seguridad encargado de descubrir y reprimir la actuación de los espías enemigos.

contrafuego m Fuego que se prende a una parte del bosque, en la dirección en que progresa el incendio, a fin de crear un vacío que impida su adelanto.

contragolpe m Conmoción que experimenta una parte del organismo por el traumatismo de otra situada lejos del foco traumático. || Contraataque rápido y hecho por sorpresa.

contrahecho, cha adj y s Que tiene torcido o corcovado el cuerpo.

contraindicar tr Disuadir de la utilidad de un remedio que por otra parte parece conveniente. ❏ CONTRAINDICACIÓN.

contraluz f Vista o aspecto de las cosas desde el lado opuesto a la luz. || Fotografía realizada con el foco luminoso situado detrás del objeto.

contramaestre m En algunas fábricas y talleres, vigilante que dirige a los oficia-

les y obreros. || Oficial de mar que dirige la marinería bajo las órdenes del oficial.

contranatural adj Contrario al orden de la naturaleza.

contraofensiva f Ofensiva para contrarrestar la del enemigo.

contraorden f Orden con que se revoca otra que antes se ha dado.

contrapartida f Asiento que se hace para corregir algún error o equivocación cometido en la contabilidad por partida doble.

contrapelo, (a) Contra la inclinación o dirección natural del pelo. || (fig, fam) Contra el curso o modo natural de una cosa cualquiera.

contrapesar tr Servir de contrapeso. || (fig) Igualar, compensar una cosa con otra.

contrapeso m Peso que se pone a la parte contraria de otro para que queden iguales o en equilibrio. || Chile. Inquietud.

contraponer tr Comparar o cotejar una cosa con otra contraria o diversa. • tr y prnl Oponer.

contraportada f Página anterior a la portada. || Parte opuesta a la portada.

contraprestación f Para cada parte contratante, prestación con la que la otra parte corresponde a la suya.

contraproducente adj Díc. del dicho o acto cuyos efectos son opuestos a la intención con que se profiere o ejecuta.

contrapuntar o **contrapuntear** tr Cantar de contrapunto.• intr Amér. Competir, rivalizar. • tr y prnl (fig) Decir una persona a otra palabras o expresiones picantes.

contrapunto m Concordancia armoniosa de voces contrapuestas. || Amér. Desafío de dos o más poetas populares.

contrariar tr Oponerse a las palabras, acciones o voluntad de otro. || Causar despecho. || Oponerse a algo.

contrariedad f Oposición que tiene una cosa con otra. || Accidente que impide o retarda el logro de un deseo.

contrario, ria adj y f Opuesto a una cosa. • adj (fig) Que daña o perjudica. • m y f Persona que lucha, contiende o está en oposición con otra. • m Impedimento, embarazo, contradicción.

contrarreloj *adj* y *f* En ciclismo, díc. de la carrera en que los participantes salen a intervalos y se clasifican según el tiempo invertido en alcanzar la meta.

contrarrestar *tr* Resistir, hacer frente y oposición. ‖ Volver la pelota desde la parte del saque. ❏ CONTRARRESTO.

contrarrevolución *f* Movimiento político destinado a combatir una revolución. ❏ CONTRARREVOLUCIONARIO, RIA.

contrasentido *m* Sentido contrario al natural. ‖ Deducción opuesta a los antecedentes. ‖ Dislate, despropósito, necedad.

contraseña *f* Seña reservada que se dan unas personas a otras para entenderse entre sí. ‖ Palabra reservada que, además del santo y seña, se da en la orden del día.

contrastar *tr* Resistir, hacer frente. ‖ Ensayar o comprobar y fijar la ley, peso y valor de las monedas o de otros objetos de oro o plata, y sellar estos últimos con la marca del contraste.

contraste *m* Acción y efecto de contrastar. ‖ Oposición, contraposición o diferencia notable que existe entre personas o cosas.

contrata *f* Escritura con que se asegura un contrato. ‖ Contrato.

contratar *tr* Pactar, comerciar, hacer contratos o contratas. • *tr* y *prnl* Ajustar, mediante convenio, algún servicio. ❏ CONTRATACIÓN.

contratiempo *m* Accidente inesperado.

contratista *m* o *f* Persona que por contrata ejecuta una obra o se ocupa de un servicio.

contrato *m* Pacto establecido con ciertas formalidades entre dos o más personas, en virtud del cual se obligan recíprocamente a ciertas cosas. ‖ Documento en que se consigna.

contravenir *tr* Obrar en contra de lo que está mandado. ❏ CONTRAVENCIÓN; CONTRAVENTOR, RA.

contraventana *f* Puerta que interiormente cierra sobre la vidriera.

contrayente *pa* de contraer. • *adj* y *s* Que contrae. Se aplica casi únicamente a la persona que contrae matrimonio.

contrecho, cha *adj* Baldado, tullido.

contribución *f* Acción de contribuir. ‖ Pago que están obligados a hacer los ciudadanos para contribuir a sostener los gastos del Estado, la prov. o el municipio. ❏ CONTRIBUTIVO, VA.

contribuir *tr* Dar o pagar cada uno la cuota que le cabe por un impuesto o repartimiento. ‖ Concurrir voluntariamente con una cantidad para determinado fin. ‖ (fig) Ayudar y concurrir con otros al logro de algún fin.

contribuyente *pa* de contribuir. • *adj* y *s* Que contribuye. Se usa especialmente para designar al que paga contribución al Estado.

contrición *f* Dolor profundo de haber ofendido a Dios.

contrincante *m* o *f* Cada uno de los que forman parte de una misma trinca en las oposiciones. ‖ Competidor, rival.

control *m* Comprobación, inspección, intervención, registro. ‖ Dominio, supremacía.

controlar *tr* Comprobar, revisar, intervenir. • *tr* y *prnl* Contener, reprimir.

controvertir *intr* y *tr* Discutir extensa y detenidamente sobre una materia. ❏ CONTROVERSIA; CONTROVERSISTA; CONTROVERTIDO, DA.

contubernio *m* Cohabitación ilícita. ‖ (fig) Alianza vituperable.

contumaz *adj* Rebelde, porfiado y tenaz en mantener un error. ❏ CONTUMACIA.

contundente *adj* Aplícase al instrumento y al acto que producen contusión. ‖ (fig) Que produce gran impresión en el ánimo, convenciéndolo. ❏ CONTUNDENCIA.

conturbar *tr* y *prnl* Alterar, turbar, inquietar.

contusión *f* Daño que recibe alguna parte del cuerpo por golpe que no causa herida exterior. ❏ CONTUSIONAR.

conurbación *f* Agrupación urbana con solución de continuidad, de varios núcleos de población.

convalecer o **convalescer** *intr* Recobrar las fuerzas perdidas por enfermedad. ❏ CONVALECENCIA; CONVALECIENTE O CONVALESCIENTE.

convalidar *tr* Confirmar, revalidar. ‖ En un establecimiento docente, dar por válidos estudios realizados en otro. ❏ CONVALIDACIÓN

convencer *tr* y *prnl* Precisar a uno con razones eficaces a que mude de dictamen o abandone el que seguía. ☐ CONVENCIMIENTO; CONVINCENTE.

convencido, da *adj* Persuadido, de buena fe.

convención *f* Ajuste y concierto entre dos o más personas o entidades. ‖ Asamblea de los representantes de un país, que asume todos los poderes.

convencional *adj* Perteneciente al convenio o pacto. ‖ Que resulta o se establece en virtud de precedentes o de costumbres.

convencionalismo *m* Conjunto de opiniones o procedimientos basados en ideas falsas que, por comodidad y conveniencia social, se tienen como verdaderas. ☐ CONVENCIONALISTA.

conveniente *adj* Dócil o que se conviene fácilmente con los demás. ‖ Tratándose del precio, razonable, moderado. ‖ Conveniente.

convenido, da *adv modo* Que expresa conformidad o consentimiento.

conveniencia *f* Correlación y conformidad entre dos cosas distintas. ‖ Utilidad, provecho.

conveniente *adj* Útil, oportuno, provechoso. ‖ Conforme, concorde. ‖ Decente, proporcionado.

convenio *m* Ajuste, convención. ‖ Pacto, acuerdo. ‖ Texto que recoge este acuerdo.

convenir *intr* Ser de un mismo parecer y dar un mismo dictamen.

convento *m* Casa o monasterio en que viven los religiosos o religiosas bajo las reglas de su instituto. ☐ CONVENTUAL.

converger o **convergir** *intr* Dirigirse dos o más líneas a unirse en un punto. ‖ (fig) Concurrir al mismo fin los dictámenes, opiniones o ideas de dos o más personas. ☐ CONVERGENCIA; CONVERGENTE.

conversación *f* Acción y efecto de hablar familiarmente una o varias personas con otra u otras. ‖ Concurrencia o compañía. ☐ CONVERSACIONAL.

conversador, ra *adj* y *s* Díc. de la persona que sabe hacer amena e interesante la conversación.

conversar *intr* Hablar una o varias personas con otra u otras.

converso, sa *adj* y *s* Díc. de los moros y judíos convertidos al catolicismo.

convertible *adj* Que puede convertirse. ‖ Que puede cambiarse por otros títulos o valores. • *m* Automóvil descapotable. ☐ CONVERTIBILIDAD.

convertir *tr* y *prnl* Mudar o volver una cosa en otra. ‖ Hacer cambiar de religión, parecer u opinión. ☐ CONVERSIÓN; CONVERSOR, RA; CONVERTIDOR, RA.

convexo, xa *adj* Que tiene, respecto del que mira, la superficie más prominente en el medio que en los extremos. ☐ CONVEXIDAD.

convicción *f* Convencimiento. ‖ Idea religiosa, ética o política fuertemente adherida a uno. Se usa más en plural.

convicto, ta *adj* Díc. del reo a quien legalmente se ha probado su delito.

convidar *tr* Rogar una persona a otra que la acompañe a comer, beber u otra cosa que le resultaría agradable. ‖ (fig) Mover, incitar.

convite *m* Acción y efecto de convidar. ‖ Función y especialmente comida o banquete a que es uno convidado.

convivir *intr* Vivir en compañía de otro u otros, cohabitar. ☐ CONVIVENCIA; CONVIVIENTE.

convocar *tr* Citar, llamar a varias personas para que concurran a lugar o acto determinado.

convocatoria *f* Anuncio o escrito con que se convoca.

convoy *m* Escolta o guardia que se destina para llevar con seguridad y resguardo alguna cosa por mar o por tierra.

convulsión *f* Contracción espasmódica involuntaria, de naturaleza patológica, de los músculos voluntarios. ‖ (fig) Agitación violenta de tipo político o social que trastorna la normalidad de la vida colectiva. ☐ CONVULSIVO, VA.

convulsionar *tr* Producir convulsiones. ‖ Conmover, agitar, trastornar. ☐ CONVULSIONANTE.

convulso, sa *adj* Atacado de convulsiones. ‖ (fig) Díc. del que se halla muy excitado.

cónyuge Consorte, el marido con respecto a su esposa, y viceversa. ☐ CONYUGAL.

coña f (fam) Chunga, guasa. ‖ (fam) Cosa molesta. ☐ COÑEARSE.

coñá o **coñac** m Aguardiente de graduación alcohólica muy elevada, obtenido por la destilación de vinos en toneles de roble.

coñazo m (vulg) Persona o cosa latosa, insoportable.

coño m Vulva.

coñón, na adj y s (fam) Bromista, burlón, guasón.

cooperar tr Obrar juntamente con otro u otros para un mismo fin. ☐ COOPERACIÓN; COOPERADOR, RA; COOPERATIVO, VA.

cooperativa f Sociedad formada por productores o consumidores para vender, comprar o defender sus intereses en común, sin intermediarios.

cooperativismo m Movimiento socioeconómico basado en la asociación voluntaria de productores o consumidores. ☐ COOPERATIVISTA.

coordenado, da adj y f Díc. de cada uno de las líneas o planos de referencia que sirven para determinar la posición de un punto.

coordinar tr Disponer cosas metódicamente. ‖ Concertar medios, esfuerzos, etc. para una acción o empresa común. ☐ COORDINACIÓN; COORDINADOR, RA; COORDINATIVO, VA.

copa f Vaso con pie para beber. Se hace de varios tamaños, materias y figuras. ‖ Todo el líquido que cabe en una copa. ‖ Conjunto de ramas y hojas que forman la parte superior de un árbol. ‖ Parte hueca del sombrero, en que entra la cabeza. ‖ Premio que se concede en algunos certámenes deportivos. ‖ Competición deportiva para lograr este premio.

copal adj y m Aplícase a una resina casi incolora, muy dura y sin olor ni sabor, que se emplea en barnices duros de buena calidad.

copar tr Hacer en los juegos de azar una apuesta equivalente a todo el dinero con que responde la banca. ‖ (fig) Conseguir en una elección todos los puestos. ‖ (fig) Apoderarse de todos los puestos, existencias, etc., de un lugar.

cope m Parte más espesa de la red de pescar.

copear intr Vender por copas las bebidas. ‖ Tomar copas. ☐ COPEO.

copela f Vaso de figura de cono truncado, hecho con cenizas de huesos calcinados, y donde se ensayan y purifican los minerales de oro o plata.

copero[1] m El que tenía por oficio traer la copa y dar de beber a su señor. ‖ Mueble que se usa para contener las copas en que se sirven licores.

copero[2], **ra** adj Perteneciente o relativo a la copa deportiva, o a la competición para ganarla.

copete m Pelo que se trae levantado sobre la frente. ‖ Moño o penacho de plumas que tienen algunas aves en lo alto de la cabeza, como la abubilla, la cogujada y el pavo real. ‖ (fig) Atrevimiento, altanería, presuntuosidad.

copetín m Amér. Trago de licor o aperitivo. ‖ Arg. Cóctel.

copetón, na adj Amér. Copetudo. ‖ Ven. Cobarde. • f Méx. Mujer elegante.

copetudo, da adj Que tiene copete. ‖ (fig, fam) Díc. del que hace vanidad de su nacimiento o de otras circunstancias que le distinguen.

copia f Muchedumbre o abundancia de una cosa. ‖ Traslado o reproducción de un escrito. ‖ Imitación del estilo o de la obra de otro.

copiador, ra adj y s Que copia. • f Aparato que se usa para obtener copias de negativos fotográficos o de originales, mediante el empleo de materiales sensibles diversos.

copiar tr Escribir en una parte lo que está escrito en otra. ‖ Escribir lo que dice otro en un discurso seguido. ‖ Sacar copia de una obra de pintura o escultura. ‖ Imitar o reflejar.

copiloto m Piloto auxiliar.

copión, na adj Díc. de la persona que copia lo que hace, dice o escribe otra.

copioso, sa adj Abundante, numeroso, cuantioso. ☐ COPIOSIDAD.

copista m o f Persona que se dedica a copiar especialmente de obras de arte o de manuscritos. ☐ COPISTERÍA.

copla *f* Combinación métrica o estrofa. ‖ Composición poética que sirve de letra en las canciones populares. ◻ COPLERO, RA.

coplear *intr* Hacer, decir o cantar coplas.

copo *m* Mechón o porción de cáñamo, lana, lino, algodón u otra materia que está en disposición de hilarse. ‖ Cada una de las porciones de nieve trabada que caen cuando nieva. ‖ *Arg.* y *Ur.* Acumulación de nubes. ‖ *Col.* Copa del árbol.

copra *f* Médula del coco de la palma.

coprofagia *f* Tendencia patológica a comer excrementos. ◻ COPRÓFAGO, GA.

copto, ta *adj* y *s* Cristiano de Egipto. • *m* Idioma ant. de los egipcios, que se conserva en la liturgia propia del rito copto.

copucha *f* (fam) *Chile.* Vejiga que sirve para uso doméstico. ‖ *Chile.* Mentira, embuste.

cópula *f* Atadura, ligamiento de una cosa con otra. ‖ Unión sexual. ◻ COPULACIÓN.

copular *intr* y *prnl* Unirse sexualmente el macho y la hembra de los animales superiores.

copulativo, va *adj* Que ata, liga y junta una cosa con otra. ‖ Díc. del verbo que sirve de nexo entre el sujeto y un atributo. • *adj* y *f* Dícese de las conjunciones que unen dos términos o dos oraciones independientes.

copyright *m* Derecho del autor o de su concesionario para explotar una obra literaria, científica o artística durante un período determinado de tiempo.

coque *m* Materia carbonosa sólida y de color gris, resultante de la destilación del carbón.

coquear *intr* *Bol.* y *Perú.* Extraer, masticándolas en la boca, el jugo de las hojas de coca. ◻ COQUERO, RA.

coquera *f* Cajón para guardar el coque. ◻ COQUERÍA.

coquetear *intr* Tratar de agradar con medios estudiados. ‖ En el juego amoroso, dar señales sin comprometerse. ◻ COQUETEO; COQUETERÍA, COQUETÓN, NA.

coqueto, ta *adj* y *s* Díc. de la persona, especialmente de la mujer, presumida que se preocupa en exceso de su arreglo personal y de agradar a los demás.

coquilla *f* Molde metálico utilizado en fundición.

coquino *m* Árbol de madera laborable y fruto comestible del cual suele hacerse compota.

coquito *m* Ave americana parecida a la tórtola.

coquizar *tr* Transformar la hulla u otro carbón en coque por acción del calor en atmósfera cerrada. ◻ COQUIZACIÓN.

cora *f* División territorial poco extensa, entre los árabes.

coracero *m* Soldado de caballería armado de coraza. ‖ (fig, fam) Cigarro puro de tabaco muy fuerte y de mala calidad.

coracha *f* Saco de cuero que servía para transportar productos americanos, como tabaco, cacao, mate, etc.

coraje *m* Impetuosa decisión y esfuerzo del ánimo; valor. ‖ Irritación, ira.

corajina *f* (fam) Arrebato de ira.

corajudo, da *adj* Colérico, que fácilmente se encoleriza. ‖ Valeroso, esforzado, valiente.

coral[1] *m* Celentéreo que vive en colonias cuyos individuos están unidos entre sí por un polípero calcáreo y ramificado de color rojo y rosado. ‖ Este polípero pulimentado para su uso en joyería.

coral[2] *adj* Perteneciente al coro. • *m* Composición vocal armonizada a cuatro voces, de ritmo lento y carácter religioso.

coralífero, ra *adj* Que tiene corales. Se aplica al fondo del mar, a las rocas, islas, etcétera.

coralígeno, na *adj* Que produce coral.

coralillo *m* Serpiente muy delgada y con anillos rojos, amarillos y negros alternativamente, propia de Amér. Merid. y muy venenosa.

coralino, na *adj* De coral o parecido a él.

corambre *f* Conjunto de cueros o pellejos. ◻ CORAMBRERO, RA.

corambrero *m* El que trata y comercia en corambre.

Corán *npm* Libro sagrado de los musulmanes, que contiene las revelaciones de Dios al profeta Mahoma. ◻ CORÁNICO, CA.

corana *f* Hoz que usan algunos indios de América.

coraza f Armadura de hierro o acero, compuesta de peto y espaldar. ‖ (fig) Protección, defensa.

corazón m Órgano central del aparato circulatorio de todos los vertebrados y muchos invertebrados; es un músculo hueco que bombea la sangre. ‖ El tercer dedo de la mano. ‖ (fig) Ánimo, valor. ‖ (fig) Voluntad, amor. ‖ (fig) Centro de alguna cosa. ‖ Apelativo cariñoso entre personas.

corazonada f Impulso espontáneo que mueve a ejecutar cierta acción. ‖ Presentimiento.

corbata f Tira de tela que se anuda alrededor del cuello como adorno.

corbatín m Corbata corta que sólo da una vuelta al cuello y se ajusta por detrás con un broche, o por delante con un lazo sin caídas.

corbeta f Embarcación de guerra semejante a la fragata, aunque más pequeña.

corcel m Caballo ligero, pero de mucha alzada, que se usaba en torneos y batallas.

corchar tr Encorchar, tapar con corcho botellas o vasijas.

corchea f Figura o nota musical cuyo valor es la mitad de una negra.

corchera f Pieza de corcho o madera que usan los pescadores para arrollar cordeles y sedales. ‖ Cuerda con flotadores que delimita las calles en las competiciones de natación.

corcheta f Hembra en que entra el macho de un corchete.

corchete m Especie de broche compuesto de un macho en forma de gancho y una hembra, que sirve para abrochar alguna cosa. ‖ Signo ([ ] o { }) que, colocado vertical u horizontalmente, abraza dos o más guarismos, palabras o renglones en lo manuscrito o impreso, o dos o más pentagramas en la música.

corcho m Parte exterior de la corteza del alcornoque y de algunos árboles, constituida por estratos de tejido suberoso. ‖ Tapón de corcho.

¡córcholis! interj de extrañeza, contrariedad.

corcova f Corvadura anómala de la columna vertebral, o del pecho, o de ambos a la vez.

corcovar tr Encorvar o hacer que una cosa tenga corcova. ◻ CORCOVADO, DA.

corcovo m Salto que dan algunos animales encorvando el lomo.

corcuncho, cha adj Amér. Centr. Jorobado.

cordada f Grupo de alpinistas que realizan la escalada unidos por una cuerda.

cordal m Pieza colocada en la parte inferior de la tapa de los instrumentos de cuerda, que sirve para atar éstas por el cabo opuesto al que se sujeta en las clavijas.

cordel m Cuerda delgada. ◻ CORDELERO, RA.

cordelería f Oficio de cordelero. ‖ Sitio donde se hacen cordeles. ‖ Tienda donde se venden.

corderil o **corderino, na** adj Perteneciente al cordero.

cordero, ra m y f Cría de oveja, que no pasa de un año. • m (fig) Persona mansa y dócil.

cordial adj Que tiene virtud para fortalecer el corazón. ‖ Afectuoso, de corazón. ◻ CORDIALIDAD.

cordiforme adj Que tiene forma de corazón.

cordillera f Conjunto de montañas enlazadas entre sí y que han tenido su origen durante una misma orogénesis.

cordobán m Piel curtida de macho cabrío o de cabra. ◻ CORDOBANERO, RA.

cordón m Cuerda, por lo común redonda, de seda, lino, lana u otro material más fino que el esparto. ‖ Serie de personas o cosas colocadas a cierta distancia para vigilar o proteger. ◻ CORDONERO, RA.

cordoncillo m Cada una de las listas o rayas angostas y algo abultadas que forma el tejido en algunas telas. ‖ Cierta labor que se hace en el canto de las monedas.

cordura f Prudencia, juicio, calidad de cuerdo.

coreano, na adj y s Natural de Corea. • m Lengua hablada en este país.

corear tr Acompañar o embellecer con coros una composición musical. ‖ (fig) Aclamar, aplaudir. ‖ (fig) Cantar o hablar varias personas a la vez.

coreografía f Arte de componer bailes. ‖ En general, arte de la danza. ‖ Conjunto de pasos y figuras de un espectáculo de danza o baile. ◻ COREOGRÁFICO, CA; COREÓGRAFO, FA.

corí m Amér. Curiel, conejillo de Indias.

coriáceo, a adj Parecido al cuero.

coriana f Col. Cobertor o manta.

corifeo m (fig) El que es seguido de otros en una opinión, secta o partido.

corindón m Óxido de aluminio; es el mineral más duro después del diamante. Entre sus variedades destacan el zafiro y el rubí.

corista m o f Persona que canta formando parte del coro. • f Mujer que forma parte del coro de revistas o espectáculos musicales.

corladura f Cierto barniz que, dado sobre una pieza plateada y bruñida, la hace parecer dorada.

corlar o **corlear** tr Dar corladura.

cormorán m Cuervo marino.

cornada f Golpe dado por un animal con la punta del cuerno. ‖ Herida que puede producir dicho golpe. ◻ CORNEAR.

cornal m Coyunda, correa o soga con que se uncen los bueyes.

cornalina o **cornelina** f Ágata rojiza o que tiene el mismo color de la sangre.

cornamenta f Cuernos de algunos cuadrúpedos como el toro, la vaca, el venado y otros.

cornamusa f Trompeta larga de metal, cuyo tubo forma una rosca y tiene muy ancho el pabellón.

córnea f Capa transparente y dura, de forma abombada, que forma parte de la porción anterior de la capa externa del globo ocular.

corneja f Pájaro que se diferencia del cuervo por ser de menor tamaño y por su pico.

córneo, a adj De cuerno o parecido a él.

córner m En fútbol, saque de esquina.

corneta f Instrumento músico de viento, semejante al clarín, aunque mayor y de sonidos más graves.

cornete m Cada uno de los pequeños hu(e)sos en forma de concha situados en el in(terior de las fosas nasales.

cornetín m Instrumento músico de meta(l)

corneto, ta adj Amér. Patizambo.

cornezuelo m Hongo muy tóxico, den(o)minado también garrón.

cornisa f Coronamiento compuesto d(e) molduras, o cuerpo voladizo con moldu(ras), que sirve de remate a otro. ‖ Rema(te) similar en un pedestal, edificio o habita(ción). ◻ CORNISAMIENTO.

corno m Nombre común de los instru(mentos de la familia del oboe.

cornucopia f Vaso en figura de cuern(o) rebosante de frutas y flores, que entre lo(s) gr. y romanos simbolizaba la abundanci(a).

cornudo, da adj Que tiene cuernos. • a(dj) y m (fig) Díc. del marido cuya mujer h(a) faltado a la fidelidad conyugal.

cornúpeta adj y s Díc. de la res brava d(e) lidia.

coro m Conjunto de personas que ca(n)tan; particularmente si lo hacen de ma(nera habitual o profesionalmente. ‖ Pie(za musical que cantan. ‖ Rezo y cant(o) religiosos.

corografía f Descripción de un país, d(e) una región o de una provincia. ◻ CORO(GRÁFICO, CA; CORÓGRAFO, FA.

coroides f Membrana del globo ocula(r) situada entre la esclerótica y la retin(a) ◻ COROIDEO, A.

corola f Parte de la flor formada por e(l) conjunto de los pétalos.

corona f Cerco de ramas, flores, meta(l) etc., con que se ciñe la cabeza como se(ñal de premio, galardón, recompensa o(dignidad real. ‖ Coronilla. ‖ Unidad mo(netaria en Dinamarca, Islandia, Norueg(a) y Suecia. ‖ (fig) Reino, monarquía. ‖ (fig) Coronamiento, fin de una obra.

coronación f Acto de coronar o coronar(se un soberano. ‖ Coronamiento, fin d(e) una obra y adorno que lo indica.

coronamento o **coronamiento** m Fi(n) de una obra. ‖ Adorno que remata la par(te) superior de un edificio y le sirve como d(e) corona.

coronar tr y prnl Poner la corona a al(guien, en especial a un rey. ‖ (fig) Perfec(

cionar, completar una obra. || *Amér.* Poner cuernos, ser infiel al cónyuge.

coronario, ria *adj* Perteneciente a la corona. || Díc. de las arterias que llevan la sangre al corazón. • *f* Rueda de los relojes que manda la aguja de los segunderos.

coronel *m* Jefe militar que manda un regimiento; grado inmediatamente superior al teniente coronel, e inferior al general de brigada. || *Cuba.* Cometa grande. ◻ CORONELÍA.

coronilla *f* Parte superior y posterior de la cabeza. || *Arg.* Árbol del que se extrae una tintura roja algo oscura y cuya madera se emplea para hacer carbón.

coronta *f Amér. Merid.* Carozo del maíz.

corotos *m pl Amér.* Trastos, trebejos.

corpiño *m* Almilla o jubón sin mangas.

corporación *f* Entidad constituida con fines de interés público y a la que, gralte., se le reconoce personalidad jurídica. || *Amér.* Compañía o sociedad anónima. || Nombre con el que se designa a las grandes empresas que actúan bajo un mando único. ◻ CORPORATIVO, VA.

corporativismo *m* Sistema de organización social basado en organismos públicos cuya característica pral. es la de englobar a los ciudadanos por profesiones. ◻ CORPORATIVISTA.

corporeizar o **corporificar** *tr* y *prnl* Hacer corpóreo, materializar.

corpóreo, a *adj* Que tiene cuerpo. || Corporal, perteneciente al cuerpo. ◻ CORPOREIDAD; CORPORALIDAD.

corpulencia *f* Grandeza y magnitud de un cuerpo natural o artificial. ◻ CORPULENTO, TA.

corpus *m* Recopilación de textos jurídicos, literarios, lingüísticos, etc. • *np m* Corpus Christi, fiesta católica en honor de la eucaristía. ◻ CORPUSCULAR.

corpúsculo *m* Cuerpo muy pequeño, partícula, elemento. || Nombre genérico de una pequeña estructura, de forma esferoidal, incluida en un conjunto organizado.

corral *m* Sitio cerrado y descubierto, en las casas o en el campo, donde se guardan los animales. || Patio donde tenían lugar representaciones teatrales. || *Amér.* Granja donde se crían cerdos.

corralero, ra *adj* Perteneciente o relativo al corral. • *m* y *f* Persona que tiene corral donde seca y amontona el estiércol.

correa *f* Tira de cuero que sirve para ceñir. || Cinturón. || Órgano flexible para transmitir un movimiento entre dos ejes rotativos.

correaje *m* Conjunto de correas que hay en una cosa.

correcaminos *m* Ave de América del Norte, notable por ser capaz de correr a gran velocidad.

corrección *f* Acción y efecto de corregir. || Reprensión o censura de un delito, falta o defecto. || Alteración o cambio que se hace en las obras escritas o de otro género, para mejorarlas.

correccional *adj* Díc. de lo que conduce a la corrección. • *m* Reformatorio para menores.

correcto, ta *pp irreg* de corregir. • *adj* Libre de errores o defectos, conforme a las reglas. || Cortés o atento.

corrector, ra *adj* y *s* Que corrige. • *m* y *f* Persona encargada de corregir textos en las distintas fases de su edición.

corredero, ra *adj* Díc. de las puertas o ventanas que para abrirse se deslizan sobre carriles o ranuras. • *f* Ranura o carril por donde resbala una pieza. || *Arg.* Rápido de río.

corredizo, za *adj* Que se desata o se corre con facilidad, como lazada o nudo.

corredor, ra *adj* y *s* Que corre mucho. • *m* y *f* Persona que practica la carrera en competiciones deportivas. || Persona que por oficio interviene en transacciones comerciales. • *m* Pasillo de una casa.

corredura *f* Lo que rebosa en la medida de los líquidos.

correduría *f* Oficio o ejercicio de corredor.

corregente *adj* y *s* Que tiene o ejerce la regencia juntamente con otro. ◻ CORREGENCIA.

corregidor, ra *adj* Que corrige • *m* Funcionario real que desempeñaba funciones judiciales y gubernativas. ◻ CORREGIMIENTO.

corregir *tr* Enmendar lo errado. || Advertir, reprender. || Revisar los ejercicios de los alumnos y señalar los errores que han cometido. || (fig) Disminuir o quitar un defecto físico. ☐ CORRECTIVO, VA; CORREGIBLE.

correlación f Analogía o relación recíproca entre dos o más cosas, o series de cosas. ☐ CORRELATIVO, VA.

correligionario, ria adj y s Que profesa la misma religión que otro.

correntada f Amér. Corriente impetuosa de agua desbordada. ☐ CORRENTÍO.

correntoso, sa adj Amér. Díc. del río o curso de agua de corriente muy rápida.

correo m El que tiene por oficio llevar y traer la correspondencia de un lugar a otro. || Servicio público que tiene por objeto el transporte de la correspondencia oficial y privada, del envío de mercancías, de giros, etc. || Sitio donde se recibe y da la correspondencia. || Conjunto de la correspondencia que se despacha o recibe.

correoso, sa adj Que fácilmente se doblega y extiende sin romperse. || (fig) Díc. del pan y otros alimentos cuando se mastican con dificultad.

correr intr Caminar con velocidad. || Hacer algo con mucha rapidez. || Intervenir en una carrera. || Moverse progresivamente de una parte a otra los fluidos y líquidos, como el aire, el agua, el aceite, etc. || Hablando de los ríos, dilatarse y extenderse muchas leguas. || Tratándose del tiempo, transcurrir, tener curso. • tr Estar expuesto a contingencias o peligros. • tr y prnl Hacer que una cosa pase o se deslice de un lado a otro.

correría f Incursión armada en tierra enemiga.

correspondencia f Acción y efecto de corresponder o corresponderse. || Comunicación entre ciudades o vehículos. || Correo, conjunto de cartas que se reciben o se expiden.

corresponder intr Pagar con igualdad, afectos, beneficios o agasajos. || Tocar o pertenecer. • intr y prnl Tener proporción o relación una cosa con otra. • prnl Comunicarse por escrito una persona con otra. ☐ CORRESPONDIENTE.

corresponsal m o f Persona que trabaja para un medio de comunicación desde otra localidad o un país extranjero, en-

viando crónicas y noticias de actualidad. ☐ CORRESPONSALÍA.

corretaje m Comisión que recibe por s[u] trabajo el corredor comercial.

corretear intr (fam) Correr en varias d[i]recciones dentro de limitado espaci[o] || Amér. Perseguir a alguien. ☐ CORRETE[O] CORRETERO, RA.

correvedile o **correveidile** m o f (fam[)] Persona que lleva y trae cuentos y chi[s] mes.

corrido, da pp de correr. • adj Que exc[ede] de un poco del peso o de la medida q[ue] se trata. || (fig) Avergonzado, confundid[o] || (fam) Aplícase a la persona de mu[n] do, experimentada y astuta. • m Canci[ón] popular mex.; especie de balada acomp[a] ñada de guitarras o arpa.

corriente pa de correr. • adj Que corr[e] || Díc. de la semana, del mes, del año del siglo actual o que va transcurrien[do] || Admitido o autorizado por el uso c[o] mún o por la costumbre. || Aplicado al e[s] tilo, fluido, suelto, fácil. • f Movimien[to] de masas líquidas o gaseosas.

corro m Cerco que forma la gente para h[a] blar, para solazarse, etc. || Espacio circ[u] lar o casi circular.

corroborar tr y prnl (fig) Dar may[or] fuerza a la razón, al argumento o a [la] opinión aducidos, con nuevos racio[ci] nios o datos. ☐ CORROBORACIÓN; CORR[O] BORATIVO, VA.

corroer tr y prnl Desgastar lentamen[te] una cosa como royéndola.

corromper tr y prnl Echar a perder, d[e] pravar, alterar, podrir. || (fig) Viciar, pe[r] vertir. • tr Sobornar a cualquier person[a] con dádivas o de otra manera. ☐ CORRU[P] TELA; CORRUPTIBILIDAD; CORRUPTIVO, V[A] CORRUPTOR, RA.

corrosión f Acción y efecto de corroer corroerse. || Erosión debida a agentes qu[í] micos.

corrosivo, va adj Díc. de lo que corroe tiene virtud de corroer. || (fig) Mordaz, i[n] cisivo, hiriente.

corrupción f Acción y efecto de corrom[per] per o corromperse. || (fig) Vicio o abus[o] introducido en las cosas no materiale[s] || Soborno.

corrupto, ta *pp irreg* de corromper. • *adj* Que está corrompido.

corrusco *m* (fam) Pedazo de pan frito.

corsario, ria *adj* y *s* Díc. del que manda una embarcación armada en corso con patente de su gobierno. • *m* Pirata.

corsé *m* Prenda interior, armada de ballenas, con la que se ciñen el cuerpo algunas mujeres. □ CORSETERÍA; CORSETERO, RA.

corso, sa *adj* y *s* Natural de Córcega. • *m* Dialecto it. que se habla en Córcega.

corta *f* Acción de cortar árboles, arbustos y otras plantas en los bosques.

cortacésped *m* Máquina para cortar e igualar el césped.

cortacircuitos *m* Aparato que automáticamente interrumpe la corriente eléctrica cuando es excesiva o peligrosa.

cortada *f Amér*. Cortadura, herida.

cortadera *f* Cuña de acero sujeta a un mango, que sirve para cortar a golpe de macho o martillo las barras de hierro candente. || *Amér. Merid*. Planta de hojas largas, angostas y aplanadas, cuyos bordes cortan como una navaja.

cortado, da *pp* de cortar. • *adj* Ajustado, proporcionado. || Turbado, avergonzado. • *m* Café con algo de leche.

cortador, ra *adj* Que corta. • *m* y *f* El que en las sastrerías, zapaterías, talleres de costura y otros semejantes, corta los trajes o piezas que se fabrica.

cortadura *f* Separación o división hecha en un cuerpo continuo por instrumento o cosa cortante. || Paso entre montañas.

cortafuego *m* Vereda ancha que se deja en los sembrados y montes para que no se propaguen los incendios.

cortapapeles *m* Plegadera, cuchillo para cortar papel.

cortapisa *f* (fig) Condición o restricción con que se concede o se posee una cosa.

cortaplumas *m* Navaja pequeña.

cortapuros *m* Utensilio que sirve para cortar la punta de los cigarros puros.

cortar *tr* Dividir una cosa o separar sus partes con algún instrumento, como cuchillo, tijeras, espada, etc. || Separar o dividir una cosa en dos porciones. || Atajar, detener, impedir el curso o paso a las co-

sas. || Acortar distancias, tomando un atajo, por ejemplo. || (fig) Suspender, interrumpir. Dícese principalmente de una conversación o plática. • *prnl* Turbarse, faltar a uno palabras por causa de la turbación. || Separarse los elementos que debían formar un todo en la leche, salsa, crema, etc.

cortaúñas *m* Especie de tenacillas, con la boca curvada hacia dentro, para cortarse las uñas.

corte[1] *f* Filo de instrumento con que se corta y taja. || Acción y efecto de cortar. || Cortadura. || Cantidad de tela o cuero necesaria y bastante para hacer un vestido, un pantalón, un calzado, etc. || *Chile*. Servicio por el que se recibe una compensación económica.

corte[2] *f* Población donde habitualmente reside un soberano. || Conjunto de todas las personas que componen la familia y comitiva del rey. || Por ext. Séquito, comitiva, acompañamiento. || *Amér*. Tribunal de justicia. • *pl* En España, poder legislativo, compuesto por el Senado y el Congreso.

cortejar *tr* Galantear, requebrar, obsequiar a una mujer. □ CORTEJO.

cortés *adj* Atento, comedido, afable, urbano.

cortesano, na *adj* Perteneciente o relativo a la corte. • *m* Persona que sirve al rey en la corte. • *f* Prostituta.

cortesía *f* Demostración o acto con que se manifiesta la atención, respeto o afecto que tiene una persona a otra. || Conjunto de reglas o normas que rigen el trato social. || En las cartas, expresiones de obsequio y urbanidad que se ponen antes de la firma.

corteza *f* Parte exterior del árbol que lo cubre desde sus raíces hasta la extremidad de sus ramas. || Parte exterior y dura de algunas frutas y otras cosas. □ CORTICAL.

corticoide *m* Nombre genérico de las hormonas segregadas por la corteza de las glándulas suprarrenales.

cortijo *m* Finca agrícola andaluza que consta de tierra y casa de labor. □ CORTIJERO, RA.

cortina f Paño grande con que se cubren y adornan las puertas, ventanas, etc. ‖ (fig) Lo que encubre y oculta algo. ❏ CORTINAJE.

cortisona f Hormona producida en la corteza suprarrenal o la sustancia sintetizada artificialmente para su uso terapéutico.

corto, ta adj Díc. de las cosas que tienen poca extensión o longitud. ‖ De poca duración o entidad. ‖ Escaso o defectuoso. ‖ (fig) Tímido, encogido. ‖ (fig) De escaso talento o poca instrucción.

cortocircuito m Circuito producido accidentalmente por contacto entre los conductores sin que la corriente pase por la resistencia y que produce una descarga.

cortometraje m Película de imprecisa longitud, pero siempre inferior a los 1 500 metros.

corvadura f Parte por donde se tuerce, dobla o encorva una cosa. ‖ Curvatura. ❏ CORVA.

corvar tr Encorvar.

corvejón m Articulación de los cuadrúpedos situada entre la parte inferior de la pierna y superior de la caña. ‖ Espolón de los gallos.

corvinero m Ecuad. Matón, asesino.

corvo, va adj Curvo. • f Parte de la pierna opuesta a la rodilla. ‖ Amér. Cierto tipo de machete.

cosa f Todo lo que tiene entidad, ya sea corporal o espiritual, natural o artificial, real o abstracta. ‖ En oraciones negativas, nada. ‖ Asunto, temática. ‖ Idea, acción o dicho. ‖ En contraposición a persona o sujeto, el objeto de las relaciones jurídicas.

cosaco, ca adj y s Díc. del individuo de los pueblos nómadas o seminómadas instalados, desde el s. XII, en el S de Rusia.

coscacho m Amér. Coscorrón. ❏ COSCACHEAR.

coscolino, na adj Méx. Arisco, descontentadizo. ‖ Méx. Travieso, inquieto. • f Méx. Mujer de malas costumbres.

coscorrón m Golpe en la cabeza, que no produce sangre.

cosecha f Conjunto de frutos que se recogen de la tierra. ‖ Temporada en que se recogen los frutos.

cosechador, ra adj y s Que cosecha. • f Máquina que siega la mies, limpia y envasa el grano y empaca o amontona la paja.

cosechar intr y tr Hacer la cosecha. ‖ (fig) Ganarse o atraerse simpatías, aplausos, odios.

cosedor, ra adj Que cose o que sirve para coser.

coseno adj y m En un triángulo rectángulo, c. de un ángulo agudo es la razón que existe entre el lado contiguo a este ángulo y la hipotenusa.

coser tr Unir con hilo, gralte. enhebrado en la aguja, dos o más pedazos de tela, cuero u otra materia. ‖ Hacer dobladillos, pespuntes y otras labores de aguja. ❏ COSIDO, DA.

cosiaca f Amér. Cosa insignificante.

cosificar tr Considerar una idea, facultad o persona como si fuera un objeto. ❏ COSIFICACIÓN.

cosijo m Guat., Méx. y Nic. Disgusto, desazón.

cosmético, ca adj y m Díc. de los productos que se usan para embellecer la piel o el pelo. • f Arte de aplicar estos preparados.

cósmico, ca adj Perteneciente o relativo al universo.

cosmogonía f Parte de la astronomía que estudia la formación y origen del universo. ❏ COSMOGÓNICO, CA; COSMOGONISTA.

cosmografía f Descripción astronómica del mundo, o astronomía descriptiva. ❏ COSMOGRÁFICO, CA; COSMÓGRAFO, FA.

cosmología f Conocimiento de las leyes generales que rigen el mundo físico. ❏ COSMOLÓGICO, CA; COSMÓLOGO, GA

cosmonauta m o f Astronauta.

cosmopolita adj y s Díc. de la persona que considera a todo el mundo como patria suya, y de la que ha vivido en muchos países o ha viajado mucho. ‖ Díc. de lo que es común a todos los países o a la mayoría de ellos. ❏ COSMOPOLITISMO.

cosmos m Mundo, universo.

coso m Plaza de toros. ‖ Calle pral. en algunas poblaciones.

cosquillas f pl Sensación nerviosa que se experimenta en ciertas partes del cuerpo cuando son tocadas ligeramente. ☐ COS-QUILLEAR; COSQUILLEO; COSQUILLOSO, SA.

costa[1] *f* Cantidad que se da o se paga por una cosa. • *pl* Gastos judiciales.

costa[2] *f* Orilla del mar o de los ríos, lagos, etcétera, y tierra que está cerca de ella. ☐ COSTEÑO, ÑA.

costado *m* Cada una de las dos partes laterales del torso humano. ‖ Flanco de un ejército. ☐ COSTAL; COSTALADA.

costanero, ra *adj* Que está en cuesta. ‖ Perteneciente o relativo a la costa, orilla del mar. • *f Arg.* Paseo marítimo.

costar *intr* Estar en venta una cosa por determinado precio. ‖ (fig) Causar y ocasionar una cosa desvelo, perjuicio, etc.

coste *m* Precio o cantidad que se paga por algo.

costear[1] *tr* Pagar los gastos ocasionados por alguna cosa.

costear[2] *tr* Navegar todo el tiempo sin perder de vista la costa.

costilla *f* Cada uno de los huesos largos y arqueados dispuestos horizontalmente a lo largo del tórax. ‖ Chuleta, costilla de res con carne. ☐ COSTILLAR.

costo *m* Coste, precio que cuesta algo. ☐ COSTOSO, SA.

costra *f* Capa exterior que se endurece sobre una cosa húmeda o blanda. ‖ Postilla de las llagas o granos.

costumbre *f* Hábito adquirido por la repetición de actos de la misma especie. ‖ Práctica muy usada y repetida que ha adquirido fuerza de precepto.

costumbrismo *m* Género que describe con realismo las costumbres típicas. ☐ COSTUMBRISTA.

costura *f* Acción y efecto de coser. ‖ Toda labor que está cosiéndose y se halla sin acabar. ‖ Serie de puntadas que une dos piezas cosidas. ☐ COSTURERA; COSTURERO.

cota *f* Cuota. ‖ Acotación. ‖ Número que en los planos topográficos indica la alt. de un punto sobre el nivel del mar o sobre otro plano de nivel. ‖ Esta misma altura.

cotarro *m* (fig, fam) Reunión de gentes en especial cuando reina el bullicio y la animación.

cotejar *tr* Comparar una cosa con otra u otras. ☐ COTEJO.

cotidiano, na *adj* Diario, de todos los días. ☐ COTIDIANIDAD.

cotiledón o **cotiledon** *m* Parte de la semilla, que en muchas especies de plantas rodea al embrión y le proporciona el alimento que necesita para su desarrollo. ☐ COTILEDÓNEO.

cotilla *m* o *f* (fam) Persona chismosa y que le gusta murmurar.

cotillear *intr* (fam) Chismorrear. ☐ COTILLEO.

cotillo *m* Parte del martillo y otras herramientas, que sirve para golpear.

cotillón *m* Fiesta y baile con que se termina una fiesta en un día señalado.

cotizar *tr* Pagar una cuota, contribuir a escote, etc. • *tr* e *intr* Publicar en alta voz en la Bolsa el precio de los valores y acciones. ☐ COTIZACIÓN; COTIZADO, DA.

coto[1] *m* Terreno acotado. ‖ Término, límite.

coto[2] *m Amér. Merid.* Bocio o papera. ☐ COTOSO, SA; COTUDO, DA.

cotón *m* Tela de algodón estampada de colores.

cotona *f Amér.* Camiseta fuerte de algodón. ‖ *Méx.* Chaqueta de gamuza.

cotorra *f* Ave americana parecida al papagayo, de cabeza grande y pico fuerte y ganchudo. ‖ (fig, fam) Persona habladora y chismosa.

cotorrear *intr* Hablar con exceso. ☐ COTORREO.

cotúa *f Ven.* Cuervo marino.

cotuza *f Salv.* y *Guat.* Agutí, roedor.

country *adj* Díc. de la música campera norteamericana.

covacha *f* Cueva pequeña. ‖ Vivienda pequeña y pobre. ‖ *Ecuad.* Tienda de comestibles.

covadera *f Chile* y *Perú.* Espacio de tierra de donde se extrae guano.

cover-girl *f* Modelo de fotógrafo para portadas de revistas ilustradas.

cow-boy *m* Vaquero de los ranchos norteamericanos.

coxal *adj* Perteneciente a la cadera. • *m* Hueso plano de la pelvis, compuesto por el ilion, isquion y pubis.

coxis *m* Cóccix.

coyote *m* Mamífero carnívoro parecido al lobo, de orejas y hocico más puntiagudos. ‖ (fig) *Méx.* Persona que hace trámites para otros.

coyuntura *f* Articulación o trabazón movible de un hueso con otro. ‖ Oportunidad para alguna cosa. ‖ Combinación de los factores y circunstancias que constituyen un hecho, situación, etcétera. ❑ COYUNTURAL.

coz *f* Sacudimiento violento que hacen las bestias con alguna de las patas.

crack o **crac** *m* Hundimiento de un sistema económico, y más especialmente de los valores bursátiles, tras un alza espectacular y artificiosa. ‖ En el fútbol y otros deportes, el jugador estrella del equipo. ‖ Droga dura derivada de la cocaína, que se fuma.

crampón *m* Especie de suela con puntas que se utiliza para caminar sobre nieve o hielo.

cráneo *m* Caja ósea en que está contenido el encéfalo. ❑ CRANEAL; CRANEANO, NA.

crápula *f* Embriaguez. ‖ (fig) Disipación, libertinaje. ‖ *com* Persona viciosa y libertina. ❑ CRAPULOSO, SA.

craso, sa *adj* Grueso, gordo. ‖ (fig) Unido a ciertos sustantivos, indisculpable.

cráter *m* Boca por donde los volcanes arrojan humo, ceniza, lava, fango u otras materias.

crawl *adj* y *m* Crol, estilo de natación.

creación *f* Acto de crear. ‖ Lo creado. ‖ Obra literaria o artística original.

crear *tr* Producir algo de la nada. ‖ (fig) Instituir un nuevo empleo o dignidad. ‖ Inventar. ‖ (fig) Producir una obra, imitar, formar, componer. ❑ CREADOR, RA; CREATIVIDAD; CREATIVO, VA.

crecedero, ra *adj* Que está en aptitud de crecer.

crecer *intr* Aumentar de tamaño los cuerpos naturales. ‖ Adquirir aumento algunas cosas. ‖ *prnl* Tomar uno mayor autoridad, importancia o atrevimiento. ❑ CRECES; CRECIMIENTO.

crecido, da *pp* de crecer. ‖ (fig) Grande o numeroso. ‖ *f* Aumento de caudal de una corriente de agua.

creciente *pa* de crecer. ‖ *adj* Que crece. ‖ *m* Figura que representa una luna en su primer cuarto, y con las puntas hacia arriba. ‖ *f* Crecida.

credencial *adj* Que acredita. ‖ *f* Documento que sirve para que un empleado público pueda tomar posesión de su plaza.

crédito *m* Asenso. ‖ Derecho que uno tiene a recibir de otro alguna cosa, por lo común dinero. ‖ Reputación, fama o autoridad.

credo *m* Oración de la fe cristiana en la cual se contienen los prales. artículos de ella. ‖ (fig) Conjunto de doctrinas comunes a una colectividad.

crédulo, la *adj* Que cree ligera o fácilmente. ❑ CREDULIDAD.

creencia *f* Firme asentimiento y conformidad con alguna cosa. ‖ Religión, secta.

creer *tr* Tener por cierta una cosa que el entendimiento no alcanza o que no está comprobada o demostrada. ‖ Tener fe religiosa. ‖ *tr* y *prnl* Tener una cosa por verosímil o probable. ❑ CREDIBILIDAD; CREÍBLE; CREYENTE.

creído, da *pp* de creer. ‖ *adj* Díc. de la persona vanidosa y pagada de sí misma.

crema *adj* Díc. del color blanco amarillento. ‖ *f* Nata de la leche. ‖ Preparación cosmética untuosa usada para el cuidado del cutis. ‖ Pasta para limpiar y dar brillo a la piel del calzado. ‖ Sopa espesa. ❑ CREMOSO, SA.

cremación *f* Incineración de cadáveres. ❑ CREMATORIO.

cremallera *f* Barra metálica con dientes para engranar con un piñón y convertir un movimiento circular en rectilíneo, o viceversa. ‖ Cierre de prendas de vestir, marroquinería, etc.

crematística *f* Economía política. ‖ Interés pecuniario de un negocio. ❑ CREMATÍSTICO, CA.

cremería *f Arg.* Quesería, mantequería.

crencha *f* Raya que divide el cabello en dos partes, echando una a un lado y otra al otro.

crepé *m* Caucho esponjoso empleado en las suelas de los zapatos. ‖ Tejido de lino o algodón de superficie rugosa.

crepitar *intr* Hacer ruido semejante a los chasquidos de la leña que arde. ❏ CREPITACIÓN.

crepúsculo *m* Fenómeno atmosférico causado por la reflexión de la luz del Sol en las capas superiores de la atmósfera. ‖ (fig) Decadencia. ❏ CREPUSCULAR.

crescendo *adv modo* y *m* En una partitura, indicación de un aumento gradual en la intensidad del sonido.

crespo, pa *adj* Ensortijado o rizado. Díc. del cabello que naturalmente forma rizos o sortijillas. ‖ (fig) Irritado o alterado.

crespón *m* Tela de seda ondulada. ‖ Tira de tela negra usada en señal de luto.

cresta *f* Carnosidad roja que tiene sobre la cabeza el gallo y algunas otras aves. ‖ (fig) Cumbre peñascosa de una montaña. ‖ Cima de un ola, generalmente coronada de espuma. ❏ CRESTADO, DA; CRESTERÍA.

cretácico, ca o cretáceo, a *adj* y *s* Díc. del tercer y último periodo de la era secundaria, comprendido entre el jurásico y el paleoceno.

cretinismo *m* Enfermedad congénita que detiene el desarrollo físico y mental.

cretino, na *adj* y *s* Que padece de cretinismo. ‖ (fig) Estúpido, necio.

cría *f* Acción y efecto de criar a los hombres y a los animales. ‖ Niño o animal mientras se está criando.

criadero *m* Lugar adonde se trasplantan, para que se críen, los árboles o plantas. ‖ Lugar destinado para la cría de los animales.

criadilla *f* En los animales de matadero, testículo.

criado, da *pp* de criar. • *m* y *f* Persona que sirve por un salario y que se emplea en el servicio doméstico.

criador, ra *m* y *f* Persona que tiene a su cargo o por oficio criar animales, como caballos, perros, gallinas, etc. ‖ Vinicultor.

criandera *f* Amér. Nodriza.

crianza *f* Época de la lactancia. ‖ Urbanidad, cortesía; suele usarse con los *adj* buena o mala.

criar *tr* Crear, dar principio a la existencia de una cosa. • *tr* y *prnl* Engendrar, crear algo con medios humanos. ‖ Alimentar la madre al niño o las hembras de los animales a sus crías. ‖ Alimentar, cuidar animales o plantas. ‖ Someter un vino, después de la fermentación, a ciertos cuidados.

criatura *f* Toda cosa criada. ‖ Niño recién nacido.

criba *f* Utensilio que consiste en un aro al que va sujeto un fondo de material agujereado, que sirve para cribar. ‖ Cualquiera de los aparatos mecánicos que se emplean en agricultura con este fin.

cribar *f* Pasar una semilla, un mineral u otra materia por la criba para separar las partes menudas de las gruesas. ❏ CRIBADO, DA.

crimen *m* Delito grave. ‖ (fam) Asesinato. ‖ (fig, fam) Cosa muy mal hecha o deplorable. ❏ CRIMINALIDAD.

criminal *adj* Perteneciente al crimen o constitutivo de crimen. ‖ Díc. de las leyes, acciones, etc., destinadas a perseguir y castigar los crímenes o delitos. • *adj* y *s* Individuo que comete crímenes.

criminalista *adj* y *s* Dícese del abogado especializado en derecho penal. ‖ Tratadista sobre materias criminales o penales.

criminología *f* Ciencia que estudia el crimen, sus causas y repercusiones. ❏ CRIMINOLÓGICO, CA.

crin *f* Conjunto de cerdas que tienen algunos animales en la parte superior del cuello. Se usa más en plural. ❏ CRINERA.

crío, a *m* (fam) Niño o niña que se está criando.

criollo, lla *adj* y *s* Díc. del hijo de europeos, nacido en cualquier otra parte del mundo. ‖ Díc. de los iberoamericanos descendientes de europeos. ❏ CRIOLLISMO.

cripta *f* Lugar subterráneo en que se acostumbra enterrar a los muertos. ‖ Piso subterráneo destinado al culto en una iglesia.

criptógamo, ma *adj* y *f* Díc. de la planta que carece de flores.

criptografía *f* Arte de escribir con clave secreta o de un modo enigmático. ❏ CRIPTOGRÁFICO, CA; CRIPTOGRAMA.

criquet o críquet *m* Juego de pelota al aire libre, de origen inglés, que se practica con mazos de madera entre dos equipos de once jugadores.

crisálida f Insecto joven que ha pasado del estado de larva y se prepara para su última metamorfosis.

crisantemo m Planta perenne con flores reunidas en cabezuelas, de colores variados, pero frecuentemente moradas. ‖ Flor de esta planta.

crisis f Cambio brusco en el curso de los acontecimientos, tanto en sentido favorable como adverso. ‖ Manifestación aguda en el curso de una enfermedad.

crismas m Christmas, tarjeta para felicitar las navidades.

crisol m Vaso que se emplea para fundir una materia a temperatura muy elevada

crispar tr y prnl Causar contracción repetina y pasajera en el tejido muscular. ‖ (fig) Irritar, enojar. ❏ CRISPACIÓN; CRISPAMIENTO.

cristal m Forma poliédrica natural que puede adquirir una sustancia con estructura cristalina. ‖ Vidrio incoloro y transparente, compuesto por sílice, óxido de plomo y potasa. ‖ (fig) Espejo.

cristalería f Establecimiento donde se fabrican o venden objetos de cristal. ‖ Conjunto de estos mismos objetos.

cristalero, ra m y f Persona que trabaja en cristal, que lo vende o que lo instala. • f Armario con cristales. ‖ Cierre o puerta de cristales.

cristalino, na adj De cristal. ‖ Parecido al cristal. • m Cuerpo de forma lenticular, situado detrás de la pupila del ojo.

cristalizar tr Hacer tomar forma cristalina, mediante operaciones adecuadas, a ciertas sustancias. • intr y prnl Tomar algunas sustancias la forma cristalina. ❏ CRISTALIZACIÓN; CRISTALIZADO, DA.

cristalografía f Ciencia que estudia la materia cristalina. ❏ CRISTALOGRÁFICO, CA.

cristiandad f Conjunto de los fieles que profesan la religión cristiana.

cristianismo m Religión cristiana, basada en las doctrinas de Jesucristo y sus discípulos.

cristianizar tr Evangelizar, convertir al cristianismo.

cristiano, na adj y s Dícese de la persona que profesa la religión de Cristo.

Cristo npm El Hijo de Dios, hecho hombre. ‖ Crucifijo.

criterio m Norma para conocer la verdad. ‖ Juicio o discernimiento. ‖ Opinión, parecer.

criticar tr Juzgar una obra literaria, artística, etc. ‖ Censurar las acciones o conducta de alguno.

crítico, ca adj Perteneciente a la crítica. ‖ Perteneciente y relativo a la crisis. Dícese del estado, momento, punto, etc., en que ésta se produce. • m Persona que juzga una obra literaria, artística, etc. • f Juicio que se da sobre un acontecimiento, obra literaria, etc. ‖ Conjunto de críticos. ‖ Censura.

criticón, na adj y s (fam) Que todo lo critica.

crizneja f Trenza de cabellos.

croar intr Cantar la rana.

croata adj y s Natural de Croacia. • m Idioma, variedad del servocroata.

crocante adj Dic. de ciertas pastas cocidas o fritas, que crujen al mascarlas. • m Guirlache.

croché o **crochet** m Labor de ganchillo.

croissant m Bollo de pasta algo hojaldrada en forma de media luna.

crol m Estilo de natación considerado el más rápido de cuantos se practican. Los brazos realizan un movimiento circular alternado y las piernas se mueven de arriba abajo.

cromar tr Dar un baño de cromo a los objetos metálicos para darles mayor dureza superficial o conferirles un brillo duradero. ❏ CROMADO, DA.

cromático, ca adj Relativo al color ‖ Aplícase a uno de los tres gén. del sistema musical, y es el que procede por semitonos. ❏ CROMATISMO.

cromatina f Sustancia que existe en el núcleo de las células formada en su mayor parte por ADN y proteínas; contiene la información genética de los individuos.

cromo m Estampa con figuras de colores, especialmente la destinada a juegos y colecciones infantiles.

cromosoma m Elemento del interior del núcleo, que desempeña un papel impor tante en la división celular y en la transmisión de caracteres hereditarios. ❑ CROMOSÓMICO, CA.

cromotipografía f Arte de imprimir en colores. ❑ CROMOTIPOGRÁFICO, CA.

crónico, ca adj Aplícase a las enfermedades largas o dolencias habituales. ‖ Que viene de tiempo atrás. • f Historia en que se observa el orden de los tiempos. ‖ Artículo periodístico sobre temas de actualidad. ❑ CRONICIDAD; CRONICÓN; CRONISTA.

crono m En las pruebas de velocidad, díc. del tiempo medido con cronómetro.

cronología f Ciencia que tiene por objeto determinar el orden y fechas de los sucesos históricos. ‖ Ordenamiento de sucesos según sus fechas. ‖ Manera de computar los tiempos. ❑ CRONOLÓGICO.

cronómetro m Reloj de precisión para medir fracciones de tiempo muy pequeñas. ❑ CRONOMETRADOR, RA; CRONOMETRAJE; CRONOMETRAR; CRONOMÉTRICO, CA.

croquet m Juego consistente en impulsar, con ayuda de una maza, una bola y pasar, con el menor número posible de golpes, bajo unos aros dispuestos de determinada forma.

croquis m Diseño ligero que se hace a ojo y sin valerse de instrumentos geométricos.

crótalo m Instrumento musical de percusión semejante a las castañuelas.

crotorar intr Producir la cigüeña el ruido peculiar de su pico.

cruce m Acción de cruzar o de cruzarse. ‖ Punto donde se cortan mutuamente dos líneas. ‖ Paso destinado a los peatones. ‖ Interferencia en una comunicación telefónica o telegráfica.

crucería f Sistema constructivo propio del estilo gótico, en que la bóveda se logra con el cruce de arcos diagonales, llamados nervios u ojivas. ‖ Nervios que refuerzan la intersección de las bóvedas.

crucero m Espacio en que se cruzan la nave mayor de una iglesia y la que la atraviesa. ‖ Viaje de placer por mar. ‖ Buque de guerra de gran velocidad y radio de acción, dotado de fuerte armamento.

crucial adj (fig) Díc. del momento, situación, etc., decisivo.

crucificar tr Fijar o clavar en una cruz a una persona. ‖ (fig, fam) Sacrificar, perjudicar.

crucifijo m Efigie o imagen de Cristo crucificado.

crucifixión f Acción y efecto de crucificar. ‖ p. ant. Suplicio de Cristo en la cruz.

cruciforme adj De forma de cruz.

crucigrama m Pasatiempo que consiste en llenar con letras huecos de unas casillas, de manera que leídas en sentido vertical u horizontal forman determinadas palabras cuyo significado se sugiere. ❑ CRUCIGRAMISTA.

crudeza f Calidad o estado de algunas cosas que no tienen la suavidad o sazón necesaria.

crudo, da adj Dícese de aquellos comestibles que no están preparados por la acción del fuego o lo están de manera insuficiente. ‖ Se aplica a la fruta que no está en sazón. ‖ Díc. del color parecido al de la seda cruda y al de la lana sin blanquear. ‖ (fig) Cruel, despiadado. ‖ (fig) Díc. de las obras literarias, cinematográficas, etc., que abordan los temas de forma muy realista, sin eludir aspectos desagradables. • m Petróleo sin refinar.

cruel adj Que se deleita en hacer mal a un ser viviente. ‖ (fig) Insufrible, excesivo. ❑ CRUELDAD.

cruento, ta adj Sangriento.

crujía f Pasillo largo de algunos edificios que da acceso a las piezas que hay a los lados.

crujir intr Hacer cierto ruido algunos cuerpos al romperse, doblarse, etc. ❑ CRUJIDO; CRUJIENTE.

crupié o **crupier** m En las casas de juego, el que, por cuenta de la empresa, dirige las partidas y canta los números que han salido.

crustáceo adj y m Aplícase a los animales articulados de respiración branquial, que tienen el cuerpo cubierto por un caparazón.

cruz f Figura formada de dos líneas que se atraviesan o cortan perpendicularmente. ‖ Insignia y señal de cristiano. ‖ Distintivo de muchas órdenes religiosas, militares y civiles. ‖ (fig) Peso, carga o trabajo.

cruza f Amér. Cruce de los animales.

cruzada f Expedición militar contra los musulmanes, que predicaba el sumo pontífice, concediendo indulgencias a los que a ella concurriesen.

cruzado, da adj y m Díc. del que tomaba la insignia de la cruz, alistándose para alguna cruzada. ‖ Díc. del animal nacido de padres de distintas castas. • m Unidad monetaria de Brasil.

cruzamiento m Acción y efecto de cruzar. ‖ Unión entre individuos de distinta raza.

cruzar tr Atravesar una cosa sobre otra en forma de cruz. ‖ Atravesar un camino, campo, calle, etc., pasando de una parte a otra. ‖ Juntar hembras y machos de distintas castas. ‖ Intercambiar miradas, palabras, sonrisas, etc. • prnl Pasar por un punto o camino dos personas o cosas en dirección opuesta.

cuácara f (fam) Col. Levita de vestir. ‖ (fam) Chile. Blusa o chaqueta.

cuache, cha adj y s Amér. Centr. Gemelo de un mismo parto.

cuaco m Harina de la raíz de la yuca. ‖ (fam) Méx. Matalón, rocín.

cuaderna f Cada una de las piezas curvas que encajan en la quilla del buque y desde allí arrancan, en dos ramas simétricas, formando como las costillas del casco.

cuadernillo m Conjunto de cinco pliegos de papel.

cuaderno m Conjunto o agregado de algunos pliegos de papel, doblados y cosidos en forma de libro.

cuadra f Caballeriza. ‖ Conjunto de caballos, gralte. de carreras, que suele llevar el nombre del dueño. ‖ Lugar muy sucio y desordenado. ‖ Amér. Manzana de casas.

cuadrado, da adj y m Aplícase al cuadrilátero cuyos lados y ángulos son iguales. • adj Díc. del cuerpo prismático de sección cuadrada. ‖ (fig) Perfecto, cabal. ‖ Producto que resulta de multiplicar una cantidad por sí misma. • f Nota musical que vale dos compases mayores.

cuadragenario, ria adj De cuarenta años.

cuadragésimo, ma adj Que ocupa por orden el número cuarenta. • adj y s Díc. de cada una de las 40 partes iguales en que se divide un todo.

cuadrangular adj Que tiene cuatro ángulos.

cuadrante m Cuarta parte de un círculo limitada por dos radios perpendiculares. ‖ Instrumento compuesto de un cuarto de círculo graduado, con anteojos, para medir ángulos. ‖ Cada una de las cuatro partes en que se consideran divididos el horizonte y la rosa náutica.

cuadrar tr Dar a una cosa figura de cuadrado. ‖ Tratándose de cuentas, balances, etc., hacer que coincidan los totales del Debe y el Haber. • prnl Ponerse una persona en posición erguida y con los pies formando escuadra.

cuadrícula f Conjunto de los cuadrados que resultan de cortarse perpendicularmente dos series de rectas paralelas. ⛝ CUADRICULAR.

cuadrienio m Tiempo y espacio de cuatro años. ⛝ CUADRIENAL.

cuadriga f Tiro de cuatro caballos enganchados de frente.

cuadrilátero, ra adj Que tiene cuatro lados. • m Polígono de cuatro lados. ‖ En boxeo, ring.

cuadrilla f Reunión de personas para el desempeño de algunos oficios o para ciertos fines. ‖ Cada una de las compañías, distinguida de las demás por sus colores y divisas en ciertas fiestas públicas. ‖ Conjunto de los toreros que, en la corrida, asisten al matador.

cuadrillazo m Chile. Agresión de varias personas contra uno.

cuadrivio m En la Edad Media, conjunto de las cuatro artes matemáticas: aritmética, música, geometría y astrología o astronomía.

cuadro, dra adj y m De figura cuadrada. • m Rectángulo. ‖ Lienzo de pintura. ‖ Marco, cerco que guarnece algunas cosas. ‖ Cada una de las partes en que se divide la acción teatral y que exige cambio de decoración. ‖ Descripción muy viva y animada.

cuadrúpedo *adj* y *s* Aplícase al animal de cuatro pies. □ CUADRUPEDAL.

cuádruple o **cuádruplo, pla** *adj* y *s* Que contiene un número cuatro veces exactamente.

cuadruplicar *tr* Multiplicar por cuatro una cantidad. □ CUADRUPLICACIÓN.

cuajado, da *pp* de cuajar. • *adj* (fig, fam) Inmóvil y como paralizado por el asombro que produce alguna cosa. • *f* Parte sólida y grasa de la leche que se separa del suero por la acción del calor y que se toma como alimento.

cuajar[1] *m* Última de las cuatro cavidades en que se divide el estómago de los rumiantes.

cuajar[2] *tr* y *prnl* Unir y trabar las partes de un líquido, para convertirlo en sólido. • *intr* Formar la nieve y el agua superficies sólidas. • *intr* y *prnl* (fig, fam) Lograrse, tener efecto una cosa. □ CUAJADURA.

cuajo *m* Materia existente en el cuajar de los rumiantes que aún no pacen, y sirve para cuajar la leche. ‖ (fig, fam) Calma, lentitud.

cual *pron rel* que con esta sola forma conviene en sing. a los gén. *m*, *f* y *n* y que en plural hace *cuales*. ‖ Puede construirse con el *art* determinado en todas sus formas, y entonces equivale al *pron* de su misma clase *que*. ‖ Se emplea con acento en frases de sentido interrogativo o dubitativo. ‖ Empléase como *pron indet* cuando, repetido de una manera disyuntiva, designa personas o cosas sin nombrarlas ni determinarlas. • *adv modo* Así como, de igual manera que. ‖ En sentido ponderativo o de encarecimiento, *de qué modo*.

cualidad *f* Cada una de las circunstancias o caracteres, naturales o adquiridos, que distinguen a las personas o cosas.

cualificar *tr* Atribuir o apreciar cualidades.

cualitativo, va *adj* Que denota cualidad.

cualquier *pron indet* Cualquiera. Se emplea siempre antepuesto al nombre.

cualquiera *pron indet* Una persona indeterminada, alguno, sea el que fuere. Antepónese y pospónese al nombre y al verbo.

cuan *adv cant* que se usa para encarecer la significación del adjetivo, el participio y otras partes de la oración, excepto el verbo, precediéndolas siempre.

cuando *adv tiempo* En el tiempo, en el punto, en la ocasión en que. ‖ En sentido interrogativo y también refiriéndose a verbo anteriormente expresado, equivale a *en qué tiempo*. ‖ En caso de que, o si. • *conj* Se usa como *conj advers* con la significación de *aunque*. ‖ Toma así mismo carácter de *conj*, equivaliendo a *puesto que*. ‖ Empléase también como *conj distrib*, equivaliendo a *unas veces* y *otras veces*.

cuantía *f* Cantidad, porción de algo.

cuantidad *f* Cantidad.

cuantificar *tr* Expresar numéricamente una magnitud. □ CUANTIFICACIÓN; CUANTIFICADOR, RA.

cuantioso, sa *adj* Grande en cantidad o número.

cuanto[1] *m* Cantidad elemental de energía, proporcional a la frecuencia de la radiación a la que pertenece. □ CUÁNTICO, CA.

cuanto[2], **ta** *adj* Que incluye cantidad indeterminada. Es correlativo de *tanto*. ‖ Todo lo que. • *adv modo* En cuanto. • *adv cant* En qué grado o manera, hasta qué punto, qué cantidad. ‖ Empleado con verbos expresivos de tiempo, denota duración. □ CUANTITATIVO, VA.

cuarenta *adj* Cuatro veces diez.

cuarentena *f* Tiempo de cuarenta días, meses o años. ‖ Intervalo de tiempo que permanecen privados de comunicación, los que vienen de lugares con epidemia.

cuarentón, na *adj* y *s* Díc. de la persona que tiene cuarenta años cumplidos.

cuaresma *f* Tiempo de abstinencia para los católicos, entre el miércoles de Ceniza y las Pascuas de Resurrección. □ CUARESMAL.

cuarta *f* Cada una de las cuatro partes iguales en que se divide un todo. ‖ Palmo, medida de longitud. ‖ *Méx.* Látigo corto para las caballerías. ‖ *Arg.* Soga para tirar de un vehículo averiado.

cuartear *tr* Partir o dividir una cosa en cuartas partes. ‖ Descuartizar. • *intr Ven.*

Contemporizar entre dos partidos que se enfrentan. • *prnl* Henderse, rajarse, agrietarse una pared.

cuartel *m* Cuarta parte de una cosa. ‖ Cada uno de los puestos o sitios en que se reparte y acuartela el ejército cuando está en campaña o en el sitio de una plaza, y se distribuye por regimientos. ‖ Edificio destinado para alojamiento de la tropa.

cuartelero, ra *adj y s* Perteneciente o relativo al cuartel. • *f* Copla propia de los soldados. • *m* Marinero especialmente destinado a cuidar de los equipajes.

cuartería *f* Cuba y Chile. Casa de vecindad.

cuarterón[1], na *adj y s* Nacido en América de mestizo y española, o de español y mestiza.

cuarterón[2], na *m* Cuarta, cada una de las cuatro partes iguales en que se divide un todo. ‖ Cuarta parte de una libra.

cuarteta *f* Combinación métrica que consta de cuatro versos octosílabos, de los cuales asonantan el segundo y el último.

cuarteto *m* Combinación métrica de cuatro versos de arte mayor que suelen rimar ABBA. ‖ Conjunto de cuatro voces o instrumentos.

cuartilla *f* Cuarta parte de un pliego de papel.

cuarto, ta *adj y s* Que sigue inmediatamente en orden al o a el tercero. ‖ Díc. de cada una de las cuatro partes iguales en que se divide un todo. • *m* Habitación, aposento. ‖ Cada una de las cuatro partes en que se divide la hora. • *m pl* Miembros del cuerpo del animal robusto y fornido. ‖ (fig, fam) Dinero, moneda.

cuarzo *m* Mineral formado por sílice, uno de los componentes del granito.

cuasi *adv cant* Casi.

cuaternario, ria *adj y s* Que consta de cuatro unidades, números o elementos. ‖ Díc. de la última era en que se divide la historia geológica de la Tierra.

cuatezón, na *adj Méx.* Díc. del animal que, debiendo tener cuernos, carece de ellos.

cuatreño, ña *adj* Díc. del novillo o novilla que tiene cuatro años y no ha cumplido cinco.

cuatrerear *tr Arg.* Robar, hurtar.

cuatrero *adj y s* Díc. del ladrón de ganado.

cuatridimensional *adj* Que tiene cuatro dimensiones.

cuatrienio *m* Cuadrienio.

cuatrillizo, za *adj y s* Díc. de cada uno de los hermanos nacidos de un parto cuádruple.

cuatrimestre *adj* Que dura cuatro meses. • *m* Espacio de cuatro meses. ❑ CUATRIMESTRAL.

cuatrimotor *m* Avión de cuatro motores.

cuatro *adj* Tres y uno. • *m* Signo o cifra con que se representa el número cuatro. ‖ *Méx.* Disparate.

cuatrocientos, tas *adj* Cuatro veces ciento. ‖ Cuadringentésimo. • *m* Conjunto de signos con que se representa el número cuatrocientos.

cuba *f* Recipiente de madera, que sirve para contener agua, vino, aceite y otros líquidos. ‖ (fig) Todo el líquido que cabe en una cuba.

cubertería *f* Conjunto de cucharas, tenedores, cuchillos, etc. para el servicio de mesa.

cubeta *f* Recipiente, por lo común rectangular, de porcelana, vidrio u otras materias, muy usado en operaciones químicas, y especialmente en las fotográficas.

cubicar *tr* Medir el volumen de un cuerpo o la capacidad de un hueco, para apreciarlos en unidades cúbicas.

cúbico, ca *adj* Perteneciente al cubo. ‖ De figura de cubo geométrico. ‖ Díc. de la raíz tercera de una cantidad.

cubículo *m* Aposento, alcoba.

cubierto, ta *pp irreg* de cubrir. • *m* Servicio de mesa que se coloca a cada uno de los que han de comer. ‖ Juego compuesto de cuchara, tenedor y cuchillo ‖ Comida que se da en las fondas a una persona, por precio determinado. ‖ Aquello que cubre algo para taparlo o resguardarlo. ‖ Tapa de los libros. ‖ Cada una de las partes que dividen las es tancias de un barco y en especial el piso superior, que se encuentra a la intemperie, al aire libre.

cubil m Sitio donde los animales se recogen para dormir. ‖ Cauce de las aguas corrientes.

cubilete m Vaso más ancho por la boca que por la base, que se usa como molde. ‖ Vaso que ordinariamente se hace de cuerno, y sirve para menear los dados.

cubismo m Escuela y teoría estética aplicable a las artes plásticas, que se caracteriza por la imitación, empleo y predominio de figuras geométricas. ❑ CUBISTA.

cubito m Trozo pequeño de hielo, generalmente en forma de cubo, que se añade a las bebidas para enfriarlas. ❑ CUBITERA.

cúbito m Hueso que, junto con el radio, forma el antebrazo. ❑ CUBITAL.

cubo[1] m Vaso de madera, metal u otra materia, por lo general en forma de cono truncado, con un asa para facilitar su transporte.

cubo[2] m Tercera potencia de un monomio o número, que se obtiene multiplicando estas cantidades dos veces por sí mismas. ‖ Poliedro regular limitado por seis cuadrados iguales.

cubrecama f Sobrecama.

cubrepiés m Manta o colcha pequeña que se pone a los pies de la cama.

cubrir tr y prnl Ocultar y tapar una cosa con otra. • tr Juntarse el macho con la hembra para fecundarla. ‖ Poner el techo a un edificio, o techarlo. ‖ Defender un puesto militar. ‖ Ocupar, completar. ‖ (fig) Pagar o satisfacer una deuda o alcance, gastos, etc. • prnl Ponerse el sombrero, la gorra, etc.

cucamba adj Hond. Pusilánime, cobarde. ‖ Perú. Díc. de la mujer bajita y regordeta.

cucamonas f pl (fam) Carantoñas.

cucaña f Palo largo, untado de jabón o de grasa, por el cual se ha de trepar o andar para coger como premio un objeto atado a su extremidad.

cucaracha f Insecto nocturno y corredor, de color negro por encima y rojizo por debajo. Se esconde en los sitios húmedos y oscuros.

cucarro adj y s Chile. Borracho.

cuchatela f (fam) Col. Dolencia fingida.

cuchara f Instrumento que se compone de una palita cóncava y un mango, y que sirve para llevar a la boca las cosas líquidas, blandas o menudas. ‖ Cucharada.

cucharada f Porción que cabe en una cuchara.

cucharetear intr (fig, fam) Meterse o mezclarse sin necesidad en los negocios ajenos.

cucharilla f Cuchara pequeña. ‖ Lámina de metal colocada en un anzuelo y que, al girar, emite unos destellos que atraen a los peces.

cucharón m Cacillo con mango o cuchara grande, que sirve para repartir ciertos manjares en la mesa.

cuché adj Díc. del papel de impresión cubierto de una capa de caolín satinada.

cuchichear intr Hablar en voz baja o al oído a uno, de modo que otros no se enteren. ❑ CUCHICHEO.

cuchilla f Instrumento compuesto de una hoja muy ancha de hierro acerado que sirve para cortar. ‖ Cuchillo grande. ‖ Hoja de afeitar.

cuchillada f Golpe de cuchillo, espada u otra arma de corte. ‖ Herida que de este golpe resulta.

cuchillo m Instrumento formado por una hoja de hierro acerado y de un corte solo, con mango de metal, madera u otra cosa. ❑ CUCHILLERÍA; CUCHILLERO, RA.

cuchipanda f (fam) Comilona, franca- chela.

cuchitril m Cochitril.

cucho, cha adj y s Méx. Que tiene labio leporino. ‖ Salv. Jorobado.

cuchubal m Amér. Confabulación.

cuchufleta f (fam) Dicho o palabras de zumba o chanza. ❑ CUCHUFLETEAR; CU- CHUFLETERO, RA.

cuchugo m Amér. Cada una de las dos cajas de cuero que suelen llevarse en el arzón de la silla de montar. Se usa más en plural.

cuclillas (en) m adv Agachado de forma que las asentaderas se acerquen al suelo o descansen en los calcañares.

cuclillo *m* Ave trepadora de cola larga y negra y alas puntiagudas cuya hembra pone los huevos en los nidos de otras aves.

cuco, ca *adj* (fam) Pulido, mono. • *adj y s* (fig, fam) Taimado y astuto, que ante todo mira por su medro o comodidad.

cucú *m* Canto del cuclillo. ‖ Reloj de madera en que al dar las horas, aparece un cuclillo.

cucuche (a) *m adv Amér.* A horcajadas.

cucufato *m Bol.* y *Perú.* Santurrón, beato.

cuculí *m y f Chile* y *Perú.* Especie de paloma silvestre de color ceniza.

cucurucho *m* Papel o cartón arrollado en forma cónica. Sirve para contener confites u otras cosas menudas.

cuello *m* Parte del cuerpo que une la cabeza con el tronco. ‖ Parte superior y más angosta de una vasija. ‖ Tira de tela unida a la parte superior de los vestidos, para cubrir más o menos el pescuezo. ‖ Alzacuello. ❏ CUELLICORTO, TA.

cuenca *f* Cavidad en que está cada uno de los ojos. ‖ Territorio en cuyo subsuelo abunda un determinado mineral. ‖ Territorio cuyas aguas afluyen todas a un mismo río, lago o mar.

cuenco *m* Vaso de barro, hondo y ancho, y sin borde o labio. ‖ Concavidad, sitio cóncavo.

cuenta *f* Acción y efecto de contar. ‖ Cálculo y operación aritmética. ‖ Razón, satisfacción de alguna cosa. ‖ Cada una de las bolitas ensartadas que componen un rosario, collar, etc.

cuentagotas *m* Utensilio, gralte. de cristal y goma, para verter un líquido gota a gota.

cuentahílos *m* Lente de gran aumento que sirve para contar los hilos de un tejido, las líneas o puntos de un grabado, etc.

cuentista *adj y s* (fam) Que tiene la costumbre de llevar cuentos o chismes de una parte a otra. ‖ Persona que suele narrar o escribir cuentos.

cuento *m* Narración breve escrita en prosa. ‖ Fábula o conseja que se cuenta a los muchachos para divertirlos. ‖ Mentira, pretexto. ‖ (fam) Chisme o enredo que se cuenta a un persona para ponerla mal con otra.

cuerda *f* Conjunto de hilos de lino, cáñamo, cerda u otra materia semejante, que torcidos forman un solo cuerpo más o menos grueso, largo y flexible. ‖ Hilo de tripa o metal, que se emplea en muchos instrumentos musicales. ‖ Muelle o resorte que hace funcionar el reloj u otro mecanismo. ‖ Cordel. ‖ Cuerda que como medida se usa en las operaciones.

cuerdo, da *adj y s* Que está en su juicio. ‖ Prudente, que reflexiona antes de determinar.

cuerear *tr Amér. Merid.* Ocuparse en las faenas de la cuereada. ‖ *Amér. Merid.* Azotar.

cuerna *f* Cuerno de res vacuna que se utiliza como vaso. ‖ Cornamenta.

cuerno *m* Prolongación ósea cubierta por una capa epidérmica o por una vaina dura y consistente, que tienen algunos animales en la región frontal. ‖ Antena de los animales articulados. ‖ Instrumento musical de viento, que tiene el sonido como de trompa.

cuero *m* Piel de los animales. ‖ Esta misma piel, después de curtida y preparada para los diferentes usos a que se aplica en la industria.

cuerpo *m* Lo que tiene extensión limitada y produce impresión en nuestros sentidos por calidades que le son propias. ‖ En el hombre y en los animales, materia orgánica que constituye sus diferentes partes. ‖ Tronco del cuerpo. ‖ Conjunto de lo que se dice en la obra escrita o el libro, con excepción de los índices y preliminares. ‖ Grueso de los tejidos, papel, chapas, y otras cosas semejantes. ‖ Cadáver. ‖ Conjunto de personas que forman un pueblo.

cuervo *m* Ave carnívora, de plumaje negro, pico robusto y extremidades fuertes.

cuesco *m* Hueso de la fruta. ‖ (fam) Pedo ruidoso.

cuesta *f* Terreno en pendiente.

cuestión *f* Pregunta que se hace o propone para averiguar la verdad de una cosa controvertiéndola. ‖ Gresca, riña. ‖ Punto o materia dudosos o discutibles. ❏ CUESTIONABLE.

cuestionar *tr* Controvertir un punto dudoso.

cuestionario *m* Libro que trata de cuestiones o que sólo tiene cuestiones. ‖ Lista de cuestiones o preguntas que se proponen con cualquier fin.

cuestor *m* Magistrado romano que tenía funciones de carácter fiscal principalmente. ‖ El que demanda o pide limosna para el prójimo.

cueva *f* Cavidad subterránea más o menos extensa, ya natural, ya construida artificialmente.

cuévano *m* Cesto grande y hondo, tejido de mimbre, que sirve para llevar la uva en el tiempo de la vendimia, y para transportar cosas.

cuico, ca *adj* Voz con que en diversos puntos de América se designa a los naturales de otras regiones.

cuidado *m* Solicitud y atención para hacer bien alguna cosa. ‖ Dependencia o negocio que está a cargo de uno. ‖ Recelo, sobresalto, temor, preocupación.

cuidadoso, sa *adj* Solícito y diligente en ejecutar con exactitud una cosa. ‖ Atento, vigilante.

cuidar *tr* Poner diligencia, atención y solicitud en la ejecución de una cosa. ‖ Asistir, guardar, conservar. Seguido de la *prep de*, tiene valor intransitivo. • *prnl* Mirar uno por su salud, darse buena vida.

cuita¹ *f* Trabajo, aflicción, desventura.

cuita² *f Amér. Centr.* Estiércol de las aves.

cuitado, da Afligido, desventurado. ‖ (fig) Apocado, de poca resolución o ánimo.

culata *f* Anca, parte posterior de una caballería. ‖ En los coches, pieza que se acopla en la parte superior del bloque de los motores de combustión interna y que limita la cámara de combustión de los cilindros. ‖ Parte posterior de la caja de las armas portátiles; sirve para apoyarlas en el hombro del tirador. ❑ CULATAZO.

culebra *f* Reptil ofidio, de cuerpo cilíndrico y cabeza aplastada.

culebrear *intr* Andar formando eses, y pasándose de un lado a otro. ❑ CULEBREO.

culebrina *f* Pieza de artillería, larga y de poco calibre.

culebrón *m* Telenovela sumamente larga y de acentuado carácter melodramático.

culequera *f Amér.* Enamoramiento.

culero, ra *adj* Perezoso, que hace las cosas después que todos. • *f* Remiendo en los pantalones sobre la parte de las nalgas.

culinario, ria *adj* Perteneciente o relativo a la cocina o al arte de cocinar.

culminar *intr* Llegar una cosa al grado más elevado, significativo o extremado que puede tener. • *tr* Dar fin o cima a una tarea. ❑ CULMINACIÓN; CULMINANTE.

culo *m* Nalgas, carne mollar que, en las personas y ciertos animales, está situada entre el final del espinazo y el nacimiento del muslo. ‖ Ano. ‖ (fig) Extremidad inferior o posterior de una cosa. ‖ (fig, fam) Escasa porción de líquido que queda en el fondo de un recipiente. ❑ CULÓN, NA.

culpa *f* Falta más o menos grave, cometida a sabiendas y voluntariamente. ‖ Causa, responsabilidad de una acción o suceso. ❑ CULPABILIDAD; CULPABLE.

culpado, da *pp* de culpar. • *adj y s* Que ha cometido culpa.

culpar *tr y prnl* Atribuir la culpa. ❑ CULPACIÓN.

culteranismo *m* Estilo literario del s. XVII, cuyo máx. representante es Góngora, caracterizado por la profusión de metáforas, latinismos léxicos y sintácticos, etc. ❑ CULTERANO, NA.

cultismo *m* Culteranismo. ‖ Palabra culta o erudita.

cultivar *tr* Dar a la tierra y las plantas las labores necesarias para que fructifiquen. ‖ (fig) Hablando del conocimiento, del trato o de la amistad, poner todos los medios necesarios para mantenerlos y estrecharlos. ‖ (fig) Ejercitar el talento, la memoria u otras facultades. ❑ CULTIVADOR; CULTIVO.

culto, ta *adj* Díc. de la tierra y plantas cultivadas. ‖ (fig) Dotado de las calidades que provienen de la cultura o instrucción. • *m* Conjunto de actos, ceremonias y objetos que manifiesta los sentimientos religiosos de un individuo o comunidad. ‖ p. ext. Admiración afectuosa de que son objeto algunas cosas.

cultura f Desarrollo intelectual o artístico. || Civilización. ❏ CULTURAL; CULTURIZAR.

culturismo m Práctica de ejercicios destinados a desarrollar la musculatura. ❏ CULTURISTA.

cumbia f Amér. Danza y ritmo popular, de origen africano.

cumbre f Cima o parte superior de un monte. || (fig) La mayor elevación de una cosa.

cumpleaños m Aniversario del nacimiento de una persona.

cumplidero, ra adj Díc. de los plazos que se han de cumplir a cierto tiempo.

cumplido, da pp de cumplir. • adj Lleno, cabal. || Acabado, perfecto. || Hablando de ciertas cosas, largo o abundante. || Exacto en todos los cumplimientos, atenciones y muestras de urbanidad para con los otros.

cumplimentar tr Dar parabién o hacer vista de cumplimiento a uno, con motivo de algún acaecimiento próspero o adverso. || Poner en ejecución los despachos u órdenes superiores.

cumplimiento m Acción y efecto de cumplir o cumplirse. || Cumplido, obsequio.

cumplir tr Ejecutar, llevar a efecto. || Dicho de la edad, llegar a tener aquella que se indica. • intr Hacer uno aquello que debe o a que está obligado. || Convenir, importar. • intr y prnl Ser el tiempo o día en que termina una obligación, empeño, plazo, etcétera. • prnl Realizarse. ❏ CUMPLIDOR, RA.

cúmulo m Montón, junta de muchas cosas puestas unas sobre otras. || Nube densa de desarrollo vertical, de base plana y cima en forma de cúpula.

cuna f Camita para niños, con borde alto y dispuesta para poderla mecer. || (fig) Patria o lugar del nacimiento de alguno. || (fig) Estirpe, familia o linaje. || (fig) Origen o principio de una cosa.

cundir intr Extenderse hacia todas partes una cosa. Díc. comúnmente de los líquidos y en especial del aceite. || Dar mucho de sí una cosa; aumentarse su volumen. || (fig) Hablando de cosas inmateriales, extenderse, propagarse.

cuneiforme adj Que tiene forma de cuña. || Díc. de la escritura realizada mediante signos en forma de cuña para la represen tación práctica de las lenguas sumeria acadia.

cuneta f Zanja de desagüe que se hace e medio de los fosos secos de las fortifica ciones.

cuña f Pieza de madera o metal termina da en ángulo diedro, muy agudo. Sirv para hender o dividir cuerpos sólidos, pa ra ajustar o apretar uno con otro, par calzarlos o para llenar alguna raja o hue co. || Cualquier objeto que se emple para estos mismos fines.

cuñado, da m y f Hermano o herman del marido respecto de la mujer, y vice versa.

cuño m Troquel con que se sellan las mo nedas, medallas y otras cosas análogas || Impresión o señal que deja este sello.

cuota f Parte o porción fija y determinad o para determinarse. || Pago en metálic mediante el cual se permitía a los recluta gozar de ciertas ventajas y reducción d plazo en el servicio militar. || Cantida que paga el miembro de una sociedad.

cupé m Berlina, coche.

cuplé m Copla, canción, tonadilla. ❏ CU PLETISTA.

cupo m Cuota, parte asignada o repartid a un pueblo o a un particular en cualquie impuesto, empréstito o servicio. || Col Méx. y Pan. Cabida.

cupón m Cada una de las partes de un do cumento de la deuda pública o de un sociedad de crédito, que periódicament se van cortando para presentarlas al co bro de los intereses vencidos.

cúpula f Bóveda en forma de una media esfera con que suele cubrirse todo un edi ficio o parte de él. || Dirección, jefatura.

cuquero m Pícaro, astuto, taimado. ❏ CU QUERÍA.

cura m (fam) Sacerdote católico. • f Trata miento específico a que se somete un en fermo. || Utilización de varias sustancia y materiales en el tratamiento de una he rida o lesión; estas mismas sustancias materiales.

curaca m Amér. Merid. Cacique.

curado, da pp de curar. • adj Endurecido seco. || Acostumbrado, curtido.

curandero, ra m y f Persona que hace de médico sin serlo. ☐ CURANDERÍA; CURANDERISMO.

curar intr y prnl Sanar, recobrar la salud. • tr Disponer lo necesario para la curación de un enfermo. ‖ Hablando de las carnes y pescados, prepararlos por medio de la sal, el humo, etc. ‖ (fig) Sanar las dolencias o pasiones del alma.

curativo, va adj Díc. de lo que sirve para curar. • f Método curativo.

curato m Cargo espiritual del cura de almas. ‖ Parroquia, territorio que comprende.

curda o **curdela** f (fam) Borrachera.

curia f Tribunal donde se tratan los negocios contenciosos. ‖ Conjunto de abogados, escribanos, procuradores y empleados en la administración de justicia. ☐ CURIAL.

curiosear intr Ocuparse en averiguar lo que otros hacen o dicen.

curiosidad f Deseo de saber y averiguar alguna cosa.

curioso¹, sa adj y s Que tiene curiosidad. • adj Que excita la curiosidad.

curioso², sa m Amér. Curandero.

curiquingue m Ecuad. Ave sagrada de los incas.

currar o **currelar** tr (fam) Trabajar.

currículo o **currículum** m Plan de estudios.

currículum vitae m Conjunto de datos relativos a la situación personal, profesional o laboral del candidato a un trabajo.

curro m (fam) Trabajo.

curry m Mezcla de especias de la India.

cursar tr Seguir un curso en un establecimiento de enseñanza. ‖ Dar curso a una solicitud, instancia, expediente, etc.

cursi adj y s (fam) Dícese de la persona que presume de fina y elegante sin serlo. ☐ CURSILADA; CURSILERÍA.

cursillo m Curso breve para completar la preparación, actualizar los conocimientos o facilitar la readaptación profesional.

cursivo, va adj y s Dícese de la letra manuscrita de trazado rápido, inclinada a la derecha, y del carácter tipográfico que imita la manuscrita.

curso m Dirección o carrera. ‖ En las universidades y escuelas públicas, tiempo

señalado en cada año para asistir a oír las lecciones.

cursor m Pieza pequeña que se desliza a lo largo de otra mayor en algunos aparatos.

curtido, da pp de curtir. • m Acción de someter al a piel a un tratamiento adecuado para evitar su putrefacción y dotarla de suavidad.

curtir tr Adobar, aderezar las pieles. • tr y prnl (fig) Endurecer o tostar, el sol o el aire, el cutis de las personas que andan a la intemperie. ☐ CURTIDOR, RA; CURTIDURÍA.

curva f Línea curva. ‖ Tramo curvo de una carretera, camino, etc. ☐ CURVADO, DA.

curvar tr y prnl Encorvar, doblar y torcer una cosa poniéndola curva.

curvilíneo, a adj Que se compone de líneas curvas.

curvo, va adj y s Díc. de todo límite entre dos superficies contiguas que se va apartando de la dirección recta sin formar ángulos.

cusca f Col. Borrachera. ‖ Méx. Prostituta.

cuscurro m Cantero de pan, pequeño y muy cocido.

cúspide f Cumbre puntiaguda de los montes. ‖ Remate superior de alguna cosa, que tiende a formar punta. ☐ CUSPIDAL.

custodia f Acción y efecto de custodiar. ‖ Persona encargada de custodiar a un preso.

custodiar tr Guardar o proteger con cuidado y vigilancia. ☐ CUSTODIO.

cúter m Cuchilla provista de un mango.

cutí m Tela de lienzo usada comúnmente para cubiertas de colchones.

cutícula f Película, piel delgada y delicada. ‖ Epidermis. ☐ CUTICULAR.

cutis m Piel, en esp. la del rostro, que cubre el cuerpo humano. ‖ Dermis. ☐ CUTÁNEO, A.

cutre adj Miserable, descuidado o de mala calidad. • f Chile. Piojo de las gallinas. ☐ CUTREZ.

cuyo, ya pron rel que hace en plural cuyos, cuyas. Tiene también carácter de posesivo.

Dd

d *f* Cuarta letra del abecedario español y tercera de sus consonantes. Su nombre es *de*.

daca *contr* Da, o dame, acá.

dactilado, da *adj* Que tiene figura semejante a la del dedo.

dactilar *adj* Digital.

dáctilo *m* Pie de la poesía gr. y latina, compuesto de tres sílabas: la primera, larga, y las otras dos, breves.

dactilografía *f* Mecanografía. ☐ DACTILOGRÁFICO, CA.

dactilógrafo, fa *m* y *f* Mecanógrafo.

dactilología *f* Lenguaje digital que emplean los sordomudos. ☐ DACTILOLÓGICO, CA.

dactiloscopia *f* Estudio de las impresiones digitales, utilizadas para la identificación de las personas. ☐ DACTILOSCÓPICO, CA; DACTILOSCOPISTA.

dacha *f* Finca de recreo en Rusia.

dadaísmo *m* Movimiento artístico que entre 1915-22 se desarrolló en Europa y EE UU.

dádiva *f* Cosa que se da graciosamente. ☐ DADIVOSIDAD; DADIVOSO, SA.

dado[1] *m* Pieza cúbica en cuyas caras hay señalados puntos desde uno hasta seis, y que sirve para varios juegos de azar.

dado[2] *pp* de dar.

dador, ra *adj* y *s* Que da. • *m* El que libra la letra de cambio.

daga *f* Arma blanca ant., de hoja corta y fina, parecida a la espada.

daguerrotipia *f* Primer procedimiento fotográfico, que consiste en fijar imágenes, recogidas con la cámara oscura, sobre una placa plateada, que ha sido previamente sensibilizada mediante vapores de yodo.

daguerrotipo *m* Daguerrotipia. ‖ Aparato que se empleaba en este método.

dalai-lama *m* Título del jefe supremo del Estado y del budismo tibetano, al que se considera como la reencarnación de una divinidad.

dálmata *adj* y *s* Díc. de una raza de perro de compañía, conocido por su bello pelaje blanco y manchado de negro.

daltonismo *m* Anomalía en la visión de los colores, que se caracteriza por la confusión o la ceguera de los colores rojo y verde. ☐ DALTONIANO, NA; DALTÓNICO, CA.

dama *f* Mujer noble o distinguida. ‖ Mujer galanteada o pretendida de un hombre. ‖ Señoras al servicio de una reina o princesa. ‖ En el juego del ajedrez, reina.

damajuana *f* Botellón grande de cuerpo abultado y cuello estrecho, cubierto gralte. de mimbre.

damasco *m* Tela fuerte de seda o lana y con dibujos formados con el tejido.

damasquinado, da *pp* de damasquinar. • *adj* y *s* Embutir metales finos en ranuras abiertas en piezas de hierro, cobre o acero. ☐ DAMASQUINADOR, RA.

damasquinar *tr* Hacer labores de adorno en armas y otros objetos de hierro, cobre y acero.

damisela *f* Moza bonita, alegre y que presume de dama.

damnificado, da *pp* de damnificar. • *adj* y *s* Díc. de las personas o cosas que han sufrido grave daño de carácter colectivo.

damnificar *tr* Causar daño. ☐ DAMNIFICADOR, RA.

dancing *m* Sala de baile.

dandi o **dandy** *m* Hombre elegante y que viste a la moda. ☐ DANDISMO.

danés, sa *adj* y *s* Natural de Dinamarca. • *m* Lengua germánica hablada en este país.

dango *m* Ave marina que vive en los mares cálidos y templados, se alimenta de peces e interviene en la formación del guano.

dantesco, ca *adj* Que inspira terror y espanto.

danza *f* Acción de danzar. ‖ Conjunto de movimientos que forman una pieza completa de baile. ‖ (fig, fam) Enredo, asunto poco claro. ◻ DANZANTE.

danzar *tr* e *intr* Bailar, hacer movimientos a compás. • *intr* Moverse una cosa con aceleración, bullendo y saltando.

danzarín, na *m* y *f* Persona que danza con destreza.

dañado, da *pp* de dañar. • *adj* Estropeado.

dañar *tr* y *prnl* Causar detrimento, perjuicio, menoscabo, dolor o molestia. ◻ DAÑADOR, RA; DAÑINO, NA; DAÑOSO, SA.

daño *m* Perjuicio, daño. ‖ Dolor físico o moral causado por alguien o algo.

dar *tr* Donar. ‖ Entregar. ‖ Conferir, proveer en alguno un empleo u oficio. ‖ Conceder, otorgar. ‖ Producir. ‖ Impartir una lección, conferencia o charla. ‖ Tratándose de enhorabuena, pésame, etc., comunicarlos o hacerlos saber. ‖ Accionar el mecanismo que hace fluir el agua, el gas, la electricidad, etcétera. ‖ Tratándose de bailes, banquetes, etc., obsequiar con ellos una o varias personas a otras. • *tr* e *intr* Sonar en el reloj sucesivamente las campanadas correspondientes a la hora que sea. • *tr* y *prnl* Seguido de la *prep por*, suponer, declarar, considerar. ‖ Producir, dar fruto la tierra. • *intr* Junto con algunas voces regidas por la *prep en*, acertar, atinar. ‖ Estar situada una cosa, mirar, hacia ésta o la otra parte. ‖ (fig) Caer, incurrir. • *prnl* Entregarse, ceder en la resistencia que se hacía. ‖ Seguido de la *prep a* y de un nombre o un verbo en infinitivo, entregarse con ahínco o por vicio a lo que este nombre o verbo signifique, o ejecutar viva o reiteradamente la acción del verbo. ‖ Seguido de la *prep por*, juzgarse o considerarse en algún estado, en peligro o con inmediación a él.

dardo *m* Arma arrojadiza semejante a una lanza pequeña y delgada, que se tira con la mano. ‖ (fig) Dicho satírico o agresivo y molesto.

dársena *f* Parte más resguardada de un puerto, en la que fondean las embarcaciones para la carga y descarga.

data *f* Nota o indicación del lugar y tiempo en que se hace o sucede una cosa, y especialmente la que se pone al principio o al fin de una carta u otro documento. ‖ Partida o partidas que en una cuenta componen el descargo de lo recibido.

datar *tr* Poner la data. • *tr* y *prnl* Poner en las cuentas lo correspondiente a la data. • *intr* Haber tenido principio una cosa en el tiempo que se determina. ◻ DATACIÓN.

dátil *m* Fruto comestible de la palmera datilera. • *pl* (fig, fam) Los dedos de la mano.

dativo *m* Uno de los casos de la declinación, que hace en la oración oficio de complemento indirecto; generalmente va precedido de las *prep a* y *para*.

dato *m* Antecedente necesario para llegar al conocimiento exacto de una cosa. ‖ Representación de una información de manera adecuada para ser procesada por la computadora.

de[1] *f* Nombre de la letra *d*.

de[2] *prep* Denota posesión o pertenencia. ‖ Explica el modo de hacer varias cosas, de suceder otras, etc. ‖ Manifiesta de dónde son, vienen o salen las cosas o las personas. ‖ Sirve para denotar la materia de que está hecha una cosa. ‖ Indica también el asunto o materia de que se trata. ‖ Expresa la naturaleza, condición o cualidad de personas o cosas. ‖ Algunas veces se usa para regir infinitivos.

deambular *intr* Andar, caminar sin dirección determinada; pasear.

deán *m* El que hace de cabeza del cabildo después del prelado, y lo preside en las iglesias catedrales.

debacle *f* Catástrofe, ruina, desastre.

debajo *adv lugar* En lugar o puesto inferior, respecto de otro superior. ‖ (fig) Con sumisión o sujeción a personas o cosas.

debatir *tr* Altercar, contender, discutir, disputar sobre una cosa. • *prnl* Agitarse, forcejear, sacudirse. ◻ DEBATE.

debe *m* Una de las dos partes, la de la izquierda, en que se dividen las cuentas corrientes.

deber[1] *m* Obligación de una persona por las leyes o normas sociales, laborales, religiosas, políticas, etc. • *pl* Trabajo escolar para hacer en casa.

deber² *tr* Con un verbo en *inf*, estar obligado a hacer lo que el verbo expresa. ‖ p. ext. Cumplir obligaciones nacidas de respeto, gratitud u otros motivos. • *tr* y *prnl* Tener por causa, ser consecuencia de.

débil *adj* y *s* De poco vigor o de poca fuerza o resistencia.

debilidad *f* Falta de vigor o fuerza física. ‖ Afecto, cariño.

debilitar *tr* y *prnl* Disminuir la fuerza, el vigor o el poder de una persona o cosa. ❏ DEBILITACIÓN; DEBILITAMIENTO.

débito *m* Deuda.

debut *m* Estreno de un espectáculo; presentación de un artista, escritor, músico, etc. ❏ DEBUTANTE; DEBUTAR.

década *f* Serie de diez. ‖ Periodo de diez años.

decadencia *f* Acción y efecto de decaer. ‖ Declinación, ruina, desintegración de una cultura, imperio, etc.

decaedro *m* Poliedro de diez caras.

decaer *intr* Ir a menos; perder una persona o cosa alguna parte de las condiciones o propiedades que constituían su fuerza, bondad, importancia o valor. ❏ DECADENTE; DECAÍDO, DA.

decágono, na *adj* y *m* Aplícase al polígono de diez lados. ❏ DECAGONAL.

decagramo *m* Unidad de peso que equivale a diez gramos.

decaimiento *m* Decadencia.

decalitro *m* Medida de capacidad que equivale a diez litros.

decálogo *m* Conjunto de diez reglas, consejos, etc., que se consideran necesarias para hacer bien una cosa.

decámetro *m* Medida de longitud que equivale a diez metros.

decano, na *adj* y *s* Miembro más ant. de una comunidad, cuerpo, junta, etc. ‖ Persona que con título de tal es nombrada para presidir una corporación o una facultad universitaria. ❏ DECANATO.

decantar *tr* Inclinar suavemente una vasija sobre otra para que caiga el líquido contenido en la primera sin que salga el poso. • *prnl* (fig) Inclinarse, tomar partido. ❏ DECANTACIÓN.

decapar *intr* Quitar las capas de óxido, pintura, barniz, etc., de una superficie.

decapitar *tr* Cortar la cabeza. ❏ DECAPITACIÓN.

decápodo, da *adj* y *m* Dícese de los crustáceos o de los moluscos que poseen cinco pares de patas.

decasílabo, ba *adj* y *s* De diez sílabas.

decatlón *m* Competición atlética olímpica que consta de diez pruebas.

decelerar *tr* Reducir la velocidad de un móvil. ❏ DECELERACIÓN.

decena *f* Conjunto de diez unidades.

decenal *adj* Que sucede o se repite cada decenio.

decencia *f* Aseo, compostura y adorno correspondiente a cada persona o cosa.

decenio *m* Periodo de diez años.

deceno, na *adj* Décimo, que sigue en orden al noveno.

decente *adj* Honesto, justo, debido. ‖ Conforme a la moral sexual. ‖ Digno. ‖ De buena calidad o en cantidad suficiente.

decepción *f* Engaño. ‖ Pesar causado por un desengaño. ❏ DECEPCIONAR.

deceso *m* Muerte natural o civil.

decibel o decibelio *m* Unidad de medida para expresar la intensidad de un sonido.

decidido, da *pp* de decidir • *adj* Resuelto, terminante, aplicado a cosas; audaz, valeroso, dicho de personas.

decidir *tr* Cortar la dificultad, formar juicio definitivo sobre algo dudoso o contestable. • *tr* y *prnl* Resolver, tomar determinación de algo. ❏ DECISIVO, VA; DECISORIO, RIA.

decidor, ra *adj* Que dice. • *adj* y *s* Que habla con facilidad y gracia.

deciduo, a *adj* Caduco. • *f* Placenta.

decigramo *m* Peso que equivale a la décima parte de un gramo.

decilitro *m* Medida de capacidad que equivale a la décima parte de un litro.

décima *f* Cada una de las diez partes iguales en que se divide un todo. ‖ Diezmo.

decimal *adj* Aplícase a cada una de las diez partes iguales en que se divide una cantidad. ‖ Díc. del sistema métrico de pesas y medidas, cuyas unidades son múltiplos o divisores de diez con respecto a la pral. de cada clase. ‖ Aplícase al sistema de numeración, cuya base es diez.

decímetro *m* Medida de longitud que equivale a la décima parte de un metro.

décimo, ma *adj* Que sigue inmediatamente en orden al o a lo noveno.

decimoctavo, va *adj* Que sigue inmediatamente en orden al o a lo decimoséptimo.

decimocuarto, ta *adj* Que sigue inmediatamente en orden al o a lo decimotercio.

decimonono, na *adj* Que sigue inmediatamente en orden al o a lo decimoctavo.

decimonoveno, na *adj* Decimonono.

decimoquinto, ta *adj* Que sigue inmediatamente en orden al o a lo decimocuarto.

decimoséptimo, ma *adj* Que sigue inmediatamente en orden al o a lo decimosexto.

decimosexto, ta *adj* Que sigue inmediatamente en orden al o a lo decimoquinto.

decimotercero, ra o **decimotercio, a** *adj* Que sigue inmediatamente en orden al o a lo duodécimo.

decir¹ *m* Dicho, palabra. ‖ Dicho notable por la sentencia, por la oportunidad o por otro motivo.

decir² *tr* Asegurar, opinar. ‖ Nombrar o llamar. ‖ (fig) Denotar una cosa o dar muestras de ella.

decisión *f* Determinación, resolución que se toma o se da en una cosa ante la que existen dos o más alternativas. ‖ Firmeza de carácter. ‖ Resolución judicial.

declamación *f* Acción de declamar. ‖ Oración escrita o dicha con el fin de ejercitarse en las reglas de la retórica.

declamar *tr* e *intr* Recitar la prosa o el verso con la entonación, los ademanes y el gesto convenientes. • *intr* Orar en público. ☐ DECLAMATORIO, RIA.

declaración *f* Acción y efecto de declarar o declararse. ‖ Manifestación o explicación de lo que otro u otros dudan o ignoran.

declarante *pa* de declarar. • *adj* Que declara. • *m* o *f* Persona que declara ante el juez.

declarar *tr* Manifestar o explicar lo que está oculto o no se entiende bien. ‖ Determinar, decidir los juzgadores. ‖ Manifestar en las aduanas la cantidad y la naturaleza de las mercancías sujetas a impuestos. • *intr* Manifestar los testigos o el reo ante el juez, la policía, etc., lo que saben acerca de los hechos que se les pregunta.

declinación *f* Acción y efecto de declinar. ‖ Distancia de un astro al ecuador, que equivale en la esfera celeste a lo que en nuestro globo se llama latitud. ‖ Serie ordenada de los casos gramaticales.

declinar *tr* Renunciar, no aceptar cortésmente una invitación. • *intr* Inclinarse hacia abajo o hacia un lado u otro. ‖ (fig) Decaer, menguar, ir perdiendo en salud, inteligencia, riqueza, lozanía, etc. ☐ DECLINABLE.

declive *m* Pendiente, cuesta o inclinación del terreno o de la superficie de otra cosa.

decolorante *pa* de decolorar. • *adj* y *s* Que decolora. • *m* Agente físico o químico que elimina o atenúa los colores de un cuerpo.

decolorar *tr* y *prnl* Quitar el color. ☐ DECOLORACIÓN.

decomisar *tr* Declarar que una cosa ha caído en decomiso.

decomiso *m* Pena en que incurre el que comercia en géneros prohibidos, consistente en la pérdida de los mismos.

decoración *f* Acción y efecto de decorar. ‖ Cosa que decora. ‖ Conjunto de telones, bambalinas y trastos con que se adorna un lugar o en la representación de un espectáculo teatral.

decorado, da *pp* de decorar. • *m* Decoración, particularmente de un espectáculo teatral.

decorador, ra *m* y *f* Persona que se dedica profesionalmente a la decoración.

decorar *tr* Adornar, hermosear una cosa o un sitio. ☐ DECORATIVO, VA.

decoro *m* Honor, respeto que se debe a una persona por su nacimiento o dignidad. ‖ Circunspección, gravedad. ‖ Honestidad, recato. ‖ Honra, estimación. ☐ DECOROSO, SA.

decrecer *intr* Menguar, disminuir.

decrepitar *intr* Crepitar por la acción del fuego.

decrépito, ta *adj* y *s* Aplícase a la edad muy avanzada y a la persona que por su vejez suele tener muy disminuidas sus facultades físicas y mentales. ❒ DECRE-PITUD.

decrescendo *m* y *adv modo* Debilitación gradual de la intensidad del sonido.

decretar *tr* Resolver, deliberar, decidir la persona que tiene autoridad o facultades para ello. ‖ Anotar marginalmente de manera sucinta el curso o respuesta que se ha de dar normalmente a un escrito. ‖ Determinar el juez sobre las medidas que se deben tomar como resultado de un juicio.

decreto *m* Resolución, decisión o determinación de una autoridad sobre cualquier materia o negocio.

decúbito *m* Posición que toman las personas o los animales cuando se echan en el suelo o en la cama, etc.

décuplo, pla *adj* y *m* Que contiene un número diez veces exactamente.

decurso *m* Sucesión o continuación del tiempo.

dechado *m* Ejemplar, muestra, modelo.

dedada *f* Porción que con el dedo se puede tomar de una cosa que no es del todo líquida.

dedal *m* Utensilio de costura que se ajusta al dedo y sirve para empujar la aguja, sin riesgo de herirse, cuando se cose. ‖ Dedil.

dédalo *m* Laberinto, lugar o cosa confusos y enmarañados.

dedicar *tr* Consagrar, destinar una cosa al culto o también a un fin o uso profano. ‖ Dirigir a una persona, a modo de obsequio, un objeto cualquiera, y pralm. una obra literaria o artística. • *tr* y *prnl* Emplear, destinar, aplicar. ❒ DEDICACIÓN.

dedicatoria *f* Carta o nota dirigida a la persona a quien se dedica una obra.

dedil *m* Funda que se pone en los dedos para protegerlos, o para otros fines.

dedo *m* Cada una de las cinco partes prolongadas en que terminan la mano y el pie del hombre y, en el mismo o menor número, de muchos animales.

deducción *f* Acción y efecto de deducir. ‖ Derivación, acción de sacar una cosa de otra o parte de ella. ‖ Método por el cual se procede lógicamente de lo universal a lo particular.

deducir *tr* Sacar consecuencias de un principio, proposición o supuesto. ‖ Rebajar, descontar alguna partida de una cantidad.

defecar *tr* e *intr* Expeler los excrementos. ❒ DEFECACIÓN.

defección *f* Acción de separarse con deslealtad uno o más individuos de la causa o de la parcialidad a que pertenecían.

defectivo, va *adj* Defectuoso. • *adj* y *s* Díc. del verbo cuya conjugación no es completa.

defecto *m* Carencia de las cualidades propias y naturales de una cosa. ❒ DEFEC-TUOSO, SA.

defender *tr* Mantener, conservar, sostener una cosa contra el dictamen ajeno. ‖ Vedar, prohibir. ‖ Abogar en favor de uno. • *tr* y *prnl* Amparar, librar, proteger. ❒ DEFENDIBLE; DEFENDIDO, DA.

defenestrar *tr* Arrojar a alguien por la ventana. ‖ (fig) Destituir a alguien de un puesto o cargo.

defensa *f* Acción y efecto de defender o defenderse. ‖ Arma, instrumento u otra cosa con que uno se defiende en un peligro. ‖ Razón o motivo que se alega en juicio para contradecir o desvirtuar la acción del demandante.

defensiva *f* Situación o estado del que sólo trata de defenderse.

defensor, ra *adj* y *s* Que defiende o protege. • *m* Persona que en juicio está encargada de la defensa del acusado.

deferencia *f* Adhesión al dictamen o proceder ajeno, por respeto o por excesiva moderación. ‖ (fig) Muestra de respeto o de cortesía.

deferente *adj* Que conduce hacia el exterior.

deficiencia *f* Defecto o imperfección. ‖ Escasez o falta de algo.

deficiente *adj* Falto o incompleto.

déficit *m* Descubierto que se produce en una cuenta, balance, etc., cuando los gastos son mayores que los ingresos. ‖ p. ext. Falta de algo que se considera necesario. ❒ DEFICITARIO, RIA.

definición *f* Acción y efecto de definir. ‖ Proposición que expone con claridad y exactitud los caracteres genéricos y diferenciales de una cosa material o inmaterial. ‖ Decisión o determinación de una duda, pleito o contienda, por autoridad legítima. ‖ Declaración de cada uno de los vocablos, modos y frases que contiene un diccionario.

definir *tr* Fijar con claridad, exactitud y precisión la significación de una palabra o la naturaleza de una cosa. • *tr* y *prnl* Expresar claramente una actitud, opinión, etc. ❏ DEFINIDO, DA; DEFINIDOR, RA.

definitorio, ria *adj* Que define.

deflación *f* Situación económica en la que se produce un descenso general de los precios.

deflagrar *intr* Arder una sustancia súbitamente con llama y sin que se produzca una explosión.

deforestar *tr* Eliminar las plantas forestales de un terreno. ❏ DEFORESTACIÓN.

deformación *f* Acción y efecto de deformar o deformarse.

deformar *tr* Hacer deforme una cosa. • *tr* y *prnl* Alterar la forma de algo. ❏ DEFORMADOR, RA; DEFORMIDAD.

deforme *adj* Desproporcionado o irregular en la forma.

defraudar *tr* Privar a uno, con abuso de su confianza o con infidelidad a las obligaciones propias, de lo que le toca de derecho. ‖ Eludir o burlar el pago de los impuestos o contribuciones.

defunción *f* Muerte.

degeneración *f* Acción y efecto de degenerar. ‖ Alteración grave de la estructura de un cuerpo.

degenerado, da *pp* de degenerar. • *adj* y *s* Vicioso, pervertido.

degenerar *intr* Decaer, declinar, no corresponder una persona o cosa a su primera calidad o estado. ‖ (fig) Decaer uno de la ant. nobleza de sus antepasados; no corresponder a las virtudes de sus mayores.

deglutir *tr* e *intr* Tragar los alimentos y, en general, hacer pasar de la boca al estómago cualquier sustancia sólida o líquida. ❏ DEGLUCIÓN.

degolladero *m* Parte del cuello por donde se degüella al animal. ‖ Sitio destinado para degollar las reses.

degolladura *f* Herida o cortadura que se hace en la garganta o el cuello.

degollar *tr* Cortar la garganta o el cuello a una persona o a un animal. ‖ (fig) Representar los actores mal o con impropiedad una obra dramática. ❏ DEGOLLACIÓN; DEGOLLADO, DA; DEGOLLADOR, RA; DEGÜELLO.

degollina *f* (fam) Matanza, mortandad. ‖ (fam) Abundancia de suspensos en un examen.

degradar *tr* Deponer a una persona de las dignidades, honores, empleo y privilegios que tiene. ‖ Disminuir el tamaño y viveza del color de las figuras de un cuadro, según la distancia a que se suponen colocadas. ‖ Disminuir, en general de manera progresiva, las características de alguna cosa. • *tr* y *prnl* Humillar, rebajar, envilecer. ❏ DEGRADADO, DA; DEGRADANTE.

degustar *tr* Probar o catar alimentos o bebidas para valorar su sabor. ❏ DEGUSTACIÓN.

dehesa *f* Tierra gralte. acotada y por lo común destinada a pastos. ❏ DEHESERO.

deíctico, ca *adj* Perteneciente o relativo a la deixis. • *m* Elemento gramatical que realiza una deixis.

deidad *f* Ser divino o esencia divina. ‖ Cada uno de los dioses paganos.

deificar *tr* Divinizar, hacer o suponer divina una persona o cosa. ‖ (fig) Ensalzar excesivamente a una persona.

deixis *f* Denotación que se hace mediante ciertos elementos lingüísticos, que muestran (*este, esa*), que indican una persona (*yo, vosotros*); un lugar (*allí, arriba*); un tiempo (*ayer, ahora*).

dejación *f* Acción y efecto de dejar. ‖ Cesión, desistimiento, abandono de bienes.

dejadez *f* Pereza, negligencia, incuria.

dejado, da *pp* de dejar. • *adj* Flojo y negligente, que no cuida de su conveniencia o aseo. • *f* En ciertos juegos de pelota, suerte de devolverla con poca fuerza junto a la red o pared, para que el contrario no la recoja.

dejar *tr* Soltar una cosa; retirarse o apartarse de ella. ‖ Omitir. ‖ Valer, producir ganancia. ‖ Desamparar, abandonar. ‖ Faltar, ausentarse. ‖ Como verbo auxiliar, unido a algunos participios pasivos, explica una prevención acerca de lo que el participio significa. ‖ Como verbo auxiliar, construido con algunos *pp* y *adj*, indica un resultado. ‖ No inquietar, ni molestar. ‖ (fam) Prestar. • *prnl* Descuidarse, abandonarse.

deje *m* Acento peculiar del habla de determinada región.

dejo *m* Dejación, acción y efecto de dejar. ‖ Deje o acento peculiar del habla. ‖ Gusto o sabor que queda de la comida o bebida.

del *contr* de la preposición *de* y el artículo *el*.

delación *f* Acusación, denuncia.

delantal *m* Prenda que, atada a la cintura, usan las mujeres para cubrir la delantera de la falda y no mancharse.

delante *adv lugar* Con prioridad de lugar, en la parte anterior, o en sitio detrás del cual está una persona o cosa. ‖ Enfrente. • *prep* A la vista, en presencia.

delantero, ra *adj* Que está o va delante. • *m* y *f* En algunos deportes, cada uno de los jugadores que están en la línea de ataque. • *f* Parte anterior de una cosa.

delatar *tr* Revelar a la autoridad un delito, designando el autor para que sea castigado. ❏ DELATOR, RA.

delco *m* En los motores de explosión, dispositivo de encendido eléctrico que distribuye la corriente de alta tensión a las bujías.

delegación *f* Acción y efecto de delegar. ‖ Cargo y oficina de delegado. ‖ Conjunto de delegados.

delegar *tr* Dar una persona a otra la jurisdicción que tiene por su dignidad u oficio, para que haga sus veces o conferirle su representación. ❏ DELEGADO, DA.

delegatario, ria *adj Col.* Díc. de la persona que recibe del pueblo o de sus representantes el encargo de ejercer determinadas funciones.

deleitar *tr* y *prnl* Producir deleite.

deleite *m* Placer del ánimo. ‖ Placer sensual muy agradable. ❏ DELEITABLE; DELEITACIÓN.

deletéreo, a *adj* Mortífero, venenoso.

deletrear *intr* Pronunciar separadamente las letras de cada sílaba, las sílabas de cada palabra y luego la palabra entera. ❏ DELETREO.

deleznable *adj* Que se rompe, disgrega o deshace fácilmente.

delfín *m* Mamífero cetáceo, de cabeza voluminosa, ojos pequeños, boca muy grande, hocico delgado y agudo, y una sola abertura nasal encima de los ojos, por la que puede arrojar con fuerza el agua que traga.

delgado, da *adj* Flaco, cenceño, de pocas carnes, de poco grueso. ‖ Tenue, de poco espesor. ❏ DELGADEZ; DELGADUCHO, CHA.

deliberado, da *pp* de deliberar. • *adj* Voluntario, intencionado, hecho de propósito.

deliberar *intr* Considerar atenta y detenidamente el pro y el contra de nuestras decisiones, antes de cumplirlas o realizarlas. ❏ DELIBERACIÓN; DELIBERANTE.

delicadeza *f* Finura. ‖ Atención y exquisito miramiento con las personas o las cosas, en las obras o en las palabras. ‖ Ternura, suavidad.

delicado, da *adj* Fino, atento, tierno. ‖ Débil, flaco, enfermizo. ‖ Quebradizo, fácil de deteriorarse. ‖ Sabroso. ❏ DELICADUCHO, CHA.

delicia *f* Placer, agrado. ‖ Aquello que lo causa. ❏ DELICIOSO, SA.

delictivo, va *adj* Perteneciente o relativo al delito. ‖ Que implica delito.

delimitar *tr* Fijar los límites de una cosa en sentido material o moral. ❏ DELIMITACIÓN.

delincuencia *f* Calidad de delincuente. ‖ Conjunto de delitos.

delincuente *pa* de delinquir. • *adj* y *s* Que delinque.

delineante *m* o *f* Persona dedicada a trazar planos.

delinear *tr* Trazar las líneas de una figura.

delinquir *intr* Cometer delitos.

delirar *intr* Desvariar, tener perturbada la razón por una enfermedad o una pasión violenta. ‖ (fig) Decir o hacer despropósitos o disparates.

delirio *m* Desorden o perturbación de la razón o de la fantasía, originado por una enfermedad. ‖ (fig) Despropósito, disparate.

delito *m* Culpa, crimen, quebrantamiento de la ley. ‖ Acción u omisión voluntaria, castigada por la ley con pena grave.

delta *m* Depósito de aluviones fluviales originado en la desembocadura de los grandes ríos, en mares u océanos con mareas débiles.

demacrarse *tr* y *prnl* Perder carnes, enflaquecer por causa física o moral. ❑ DEMACRADO, DA.

demagogia *f* Actitud política oportunista del que ofrece soluciones utópicas, irreales y engañosas al pueblo con el fin de obtener su apoyo. ❑ DEMAGÓGICO, CA; DEMAGOGO, GA.

demanda *f* Súplica, solicitud. ‖ Búsqueda. ‖ Escrito en que se ejercitan en juicio una o varias acciones civiles. ‖ Para un precio dado, cantidad de un bien o servicio que los sujetos económicos están dispuestos a adquirir.

demandado, da *pp* de demandar. • *m* y *f* Persona a quien se pide una cosa en juicio.

demandar *tr* Pedir, rogar. ‖ Apetecer, desear. ‖ Preguntar. ‖ Hacer cargo de una cosa. ‖ Entablar demanda judicial. ❑ DEMANDANTE.

demarcación *f* Acción y efecto de demarcar. ‖ Terreno demarcado. ‖ En una división territorial, parte comprendida en cada jurisdicción.

demarcar *tr* Delinear, señalar los límites o confines de un país o terreno.

demás *adj* Precedido de los *art lo, la, los, las,* lo otro, la otra, los otros o los restantes, las otras. En plural se usa muchas veces sin *art.* • *adv cant* Además.

demasía *f* Exceso, abundancia mayor de lo necesario o conveniente.

demasiado, da *adj* Que es en demasía, o tiene demasía. • *adv cant* En demasía.

demencia *f* Pérdida progresiva de las diversas funciones de la razón. ❑ DEMENCIAL.

demente *adj* y *s* Loco, falto de juicio.

demérito *m* Falta de mérito. ‖ Acción por la cual se desmerece.

democracia *f* Sistema de gobierno en el que la soberanía pertenece al pueblo, designando y controlando a sus gobernantes, elegidos libremente. ❑ DEMÓCRATA; DEMOCRÁTICO, CA; DEMOCRATIZAR.

demografía *f* Parte de la estadística, que trata de los habitantes de un país, según sus profesiones, edades, etc. ❑ DEMOGRÁFICO, CA; DEMÓGRAFO, FA.

demoler *tr* Deshacer, derribar, arruinar. ❑ DEMOLEDOR, RA; DEMOLICIÓN.

demoníaco, ca *adj* Perteneciente o relativo al demonio. • *adj* y *s* Endemoniado.

demonio *m* Diablo. ‖ Espíritu intermedio entre los dioses y los hombres, de origen divino.

demontre *interj* (*fam*) que expresa sorpresa.

demora *f* Tardanza, dilación. ‖ Tardanza en el cumplimiento de una obligación desde que es exigible.

demorar *tr* y *prnl* Retardar. • *intr* Detenerse o hacer mansión en una parte.

demostración *f* Acción y efecto de demostrar. ‖ Manifestación externa de sentimientos o intenciones.

demostrar *tr* Manifestar, declarar. ‖ Probar mediante cualquier género de demostración.

demostrativo, va *adj* Díc. de lo que demuestra. • *adj* y *s* Díc. del *adj* que determina el nombre, agregándole una idea de demostración. ‖ Díc. del *pron* que sustituye al nombre incluyendo además la idea de designación.

demudar *tr* Mudar, variar. ‖ Alterar, disfrazar, desfigurar. • *prnl* Cambiarse repentinamente el color, el gesto o la exp. del semblante. ❑ DEMUDACIÓN.

denegar *tr* No conceder lo que se pide o solicita. ❑ DENEGACIÓN.

dengue *m* Melindre, delicadeza afectada.

denigrar *tr* Deslustrar, ofender la opinión o fama de una persona. ‖ Injuriar, agraviar de palabra u obra. ❑ DENIGRACIÓN; DENIGRATIVO, VA; DENIGRATORIO, RIA.

denodado, da *adj* Intrépido, esforzado, atrevido.

denominación f Nombre, título o renombre con que se distinguen las personas y las cosas.

denominador, ra adj y s Que denomina. • m Elemento de una fracción que indica en cuántas partes iguales se divide la unidad.

denominar tr y prnl Nombrar, señalar o distinguir con un título particular a algunas personas o cosas.

denostar tr Injuriar gravemente, infamar de palabra. ☐ DENOSTADOR, RA; DENOSTOSO, SA.

denotación f Propiedad que tiene un concepto de poder ser aplicado a otros conceptos incluidos en su significado.

denotar tr Indicar, anunciar, significar. ☐ DENOTATIVO, VA.

densidad f Calidad de denso. ‖ Relación entre la masa y el volumen de un cuerpo.

densificar tr y prnl Aumentar la densidad de una cosa.

denso, sa adj Compacto apretado, en contraposición a ralo o flojo. ‖ Craso, espeso. ‖ (fig) Oscuro, confuso.

dentado, da adj Que tiene dientes o puntas parecidas a ellos.

dentadura f Conjunto de dientes, muelas y colmillos de una persona o un animal.

dental[1] m Palo donde se encaja la reja del arado.

dental[2] adj Perteneciente o relativo a los dientes. ‖ Díc. de la consonante cuya articulación requiere que la lengua toque en los dientes.

dentellada f Acción y efecto de clavar los dientes en algo.

dentera f Sensación desagradable que se experimenta en los dientes al comer sustancias agrias, oír ciertos ruidos desapacibles o tocar determinados cuerpos.

dentición f Proceso de formación de los dientes. ‖ Tiempo en que esto ocurre.

dentífrico, ca adj y s m Díc. de los polvos, pastas, aguas, etc., que se usan para limpiar y mantener sana la dentadura.

dentina f Sustancia dura que forma la capa más interna de los dientes de los vertebrados.

dentista adj y s Díc. del médico dedicado a conservar la dentadura, curar sus enfermedades y reponer artificialmente sus faltas.

dentistería f C. Rica y Amér. Merid. Consultorio de dentista. ‖ C. Rica y Amér. Merid. Odontología.

dentro adv lugar y tiempo A o en la parte interior de un espacio o término real o imaginario.

dentudo, da adj y s Que tiene dientes desproporcionados.

denuedo m Brío, valor, intrepidez.

denuesto m Injuria grave, de palabra o por escrito.

denunciar tr Noticiar, avisar. ‖ Pronosticar. ‖ Promulgar, publicar solemnemente. ‖ Participar o declarar oficialmente el estado ilegal o irregular de una cosa. ‖ (fig) Delatar. ‖ Dar a la autoridad parte o noticia de un daño hecho, con designación, o no, del culpable. ☐ DENUNCIA; DENUNCIANTE.

deparar tr Suministrar, proporcionar, conceder. ‖ Poner delante, presentar.

departamento m Cada una de las partes en que se divide un territorio, un edificio, un vehículo, una caja, etc. ‖ División administrativa mayor de Francia y de diversos países del centro y sur de América. ‖ Ministerio o ramo de la administración pública. ‖ En las universidades, unidad de docencia e investigación. ‖ Amér. Merid. Apartamento. ☐ DEPARTAMENTAL.

departir intr Hablar, conversar.

depauperar tr Empobrecer. • tr y prnl Debilitar, extenuar. ☐ DEPAUPERACIÓN.

dependencia f Subordinación, reconocimiento de mayor poder o autoridad. ‖ Oficina, pública o privada, dependiente de otra superior. ‖ Adicción. ‖ Espacio dedicado a los servicios de una casa.

depender intr Estar subordinado a una autoridad o jurisdicción. ‖ Estar o quedar al arbitrio de una persona o cosa; venir de ella como de su principio, o estar conexa una cosa con otra, o seguirse a ella.

dependienta f Empleada que atiende a los clientes en las tiendas.

dependiente pa de depender. • adj Que depende. • m Empleado que atiende a los clientes en las tiendas.

depilar *tr* y *prnl* Arrancar el pelo o vello superfluo, o producir su caída por medio de sustancias depilatorias o por otros medios.

deplorable *adj* Lamentable, penoso.

deplorar *tr* Sentir pena por un suceso.

deponer *tr* Dejar, separar, apartar de sí. ‖ Privar a una persona de su empleo, o degradarla de los honores o dignidad que tenía. ‖ Bajar o quitar una cosa del lugar en que está. ‖ *Méx.* y *Amér. Centr.* Vomitar. ‖ Declarar ante una autoridad judicial. • *intr* Evacuar el vientre.

deportar *tr* Desterrar a uno la autoridad judicial a un punto determinado, del que no puede salir como castigo. ❑ DEPORTACIÓN.

deporte *m* Recreo, pasatiempo, placer, diversión. ‖ Ejercicio físico, por lo común al aire libre, practicado individualmente o por equipos, para superar una marca o vencer al adversario, con sujeción a ciertas reglas. ❑ DEPORTISMO; DEPORTIVIDAD.

deportista *s* y *adj* Persona aficionada a los deportes. ‖ Persona que por afición o profesionalmente practica algún deporte.

deportivo, va *adj* Perteneciente o relativo al deporte. ‖ Que se ajusta a las normas de comportamiento generalmente admitidas en cualquier deporte.

deposición[1] *f* Exposición o declaración que se hace de una cosa. ‖ Privación o degradación de empleo o dignidad.

deposición[2] *f* Acción y efecto de deponer. ‖ Evacuación de vientre.

depositar *tr* Poner bienes o cosas de valor bajo la custodia o entidad que queda obligada a responder de ellas. ‖ Entregar, confiar a uno una cosa amigablemente y sobre su palabra. ‖ Colocar algo en sitio determinado y por tiempo indefinido. • *prnl* Separarse de un líquido una materia que está en suspensión, cayendo al fondo. ❑ DEPOSITARÍA.

depositario, ria *adj* Perteneciente al depósito. ‖ (fig) Que contiene o encierra una cosa. • *m* y *f* Persona o entidad en quien se deposita una cosa.

depósito *m* Acción y efecto de depositar. ‖ Cosa depositada. ‖ Lugar donde se deposita. ‖ Recipiente donde se almacena líquido.

depravado, da *pp* de depravar. • *adj* y *s* Malvado. ‖ Pervertido, muy vicioso, desenfrenado en las costumbres.

depravar *tr* y *prnl* Viciar, corromper, pralm. a personas. ❑ DEPRAVACIÓN; DEPRAVADOR, RA.

deprecación *f* Ruego, petición. ‖ Figura que consiste en dirigir un ruego o súplica ferviente.

deprecar *tr* y *prnl* Rogar, pedir, suplicar.

depreciación *f* Disminución del valor o precio de una cosa. ❑ DEPRECIAR.

depredación *f* Acción y efecto de depredar. ‖ Malversación o exacción injusta por abuso de autoridad o de confianza.

depredador *m* El que depreda. ‖ Díc. del animal cuya alimentación se realiza mediante la caza de presas vivas.

depredar *tr* Robar, saquear con violencia y destrozo. ‖ Cazar para su subsistencia algunos animales a otros de distinta especie.

depresión *f* Acción y efecto de deprimir o deprimirse. ‖ Zona hundida de la corteza terrestre, de origen tectónico. ‖ Fase del ciclo económico en que desciende de la producción total, la tasa de empleo y otros indicadores de la actividad económica.

depresivo, va *adj* Díc. de lo que deprime el ánimo.

deprimir *tr* Disminuir el volumen de un cuerpo por medio de la presión. ‖ Hundir alguna parte de un cuerpo. • *tr* y *prnl* (fig) Humillar, abatir, rebajar las cualidades de una persona. ‖ Producir decaimiento del ánimo. ❑ DEPRESOR, RA; DEPRIMIDO, DA.

deprisa *adv modo* Con celeridad, presteza o prontitud.

depurador, ra *adj* y *s* Que depura. • *f* Aparato o instalación que se utiliza para depurar o limpiar las aguas.

depurar *tr* y *prnl* Limpiar, purificar. • *tr* Rehabilitar en el ejercicio de un cargo al que por motivos políticos o morales estaba separado o en suspenso. ‖ Someter a un funcionario a expediente para sancionar su conducta política. ❑ DEPURACIÓN.

depurativo, va *adj* y *s* Dícese del remedio o fármaco que elimina del organismo las sustancias tóxicas, tanto si son de origen interno como externo.

derbi *m* Encuentro de fútbol entre dos equipos de la misma c. o de c. próximas.

derechazo *m* En boxeo, golpe dado con la mano derecha.

derecho, cha *adj* Recto, igual, seguido, sin torcerse a un lado ni a otro. ‖ Erguido, levantado, no encorvado. ‖ Que cae o mira hacia la mano derecha, a está al lado de ella. • *m* Facultad natural del hombre para hacer legítimamente lo que conduce a los fines de su vida. ‖ Facultad de hacer o exigir todo aquello que la ley o la autoridad establece en nuestro favor, o que el dueño de una cosa nos permite en ella. • *f* Mano derecha. ‖ Hablando de colectividades políticas, la parte más moderada o conservadora. • *pl* Tanto que se paga con arreglo a arancel, por la introducción de una mercancía o por otro hecho designado por la ley.

derechura *f* Calidad de derecho.

deriva *f* Abatimiento o desvío de la nave de su rumbo por efecto del viento, del mar o de la corriente.

derivación *f* Descendencia, deducción. ‖ Acción de sacar o separar una parte del todo, o de su origen y principio. ‖ Pérdida de fluido en una línea eléctrica, pralm. por la acción de la humedad ambiente. ‖ Procedimiento por el cual se forman vocablos ampliando o alterando la estructura o significación de otros que se llaman primitivos.

derivado, da *pp* de derivar. • *adj* y *m* Aplícase al vocablo formado por derivación. ‖ Díc. del producto que se obtiene de otro.

derivar *tr* Encaminar, conducir una cosa de una parte a otra. ‖ Traer una palabra de cierta raíz. • *intr* y *prnl* Traer su origen de alguna cosa. • *intr* Abatir, desviarse el buque de su rumbo por efecto del viento o de las corrientes.

dermatitis o **dermitis** *f* Inflamación de la piel.

dermatología *f* Rama de la medicina que trata de las enfermedades de la piel. ❏ DERMATOLÓGICO, CA; DERMATÓLOGO, GA.

dermis *f* Capa intermedia de la piel, entre la epidermis y la hipodermis. ❏ DÉRMICO, CA.

derogar *tr* Abolir, anular una cosa establecida como ley o costumbre. ‖ Destruir, reformar. ❏ DEROGACIÓN; DEROGADOR, RA; DEROGATORIO, RIA.

derrama *f* Contribución temporal o extraordinaria.

derramar *tr* y *prnl* Verter, esparcir cosas líquidas o menudas. ‖ Repartir, distribuir entre los vecinos de un pueblo los impuestos u otros gastos que les corresponde pagar.

derrame *m* Acción y efecto de derramar. ‖ Porción de líquido o de semilla que se desperdicia al tiempo de medirlos. ‖ Acumulación anormal de un líquido en una cavidad, o salida del mismo fuera del cuerpo.

derrapar *intr* Patinar, resbalar las ruedas de un vehículo. ❏ DERRAPE.

derredor *m* Circuito o contorno de un objeto.

derrengado, da *pp* de derrengar. • *adj* Torcido. ‖ (fig) Muy cansado.

derrengar *tr* y *prnl* Descaderar, lastimar gravemente el espinazo de un animal o la columna vertebral de una persona, por la zona de los riñones. ‖ Cansar mucho.

derretir *tr* y *prnl* Liquidar, disolver por medio del calor una cosa sólida, congelada o pastosa. ‖ (fig, fam) Enamorarse con prontitud y facilidad. ❏ DERRETIDO, DA.

derribar *tr* Arruinar, demoler, echar a tierra casas, muros o cualesquiera edificios. ‖ Tirar contra la tierra; hacer dar en el suelo a una persona, animal o cosa.

derribo *m* Acción y efecto de derribar, echar a tierra o demoler. ‖ Conjunto de materiales que se sacan de la demolición.

derrick *m* Torre metálica elevadora del petróleo.

derrocadero *m* Sitio peñascoso y de muchas rocas, de donde hay peligro de caer y precipitarse.

derrocar *tr* Despeñar, precipitar desde una peña o roca. ‖ (fig) Derribar, arrojar a una persona, grupo, cuerpo, etc., del estado o posición que tiene; aplícase pralm. a un gobierno, clase social o régimen político. ❏ DERROCAMIENTO.

derrochar *tr* Malgastar, despilfarrar. ‖ (fig, fam) Tener algo bueno en gran cantidad. ❑ DERROCHE.

derrota *f* Acción y efecto de derrotar. ‖ Resultado desfavorable de una batalla, competición deportiva, elección, etc.

derrotar *tr* Disipar, romper, destrozar hacienda, muebles o vestidos. ‖ Arruinar a uno en la salud o en los bienes. ‖ Vencer el ejército, bando o equipo contrario.

derrotero *m* Rumbo que sigue un barco.

derrubio *m* Depósito rocoso detrítico originado por erosión y desmantelamiento de los relieves.

derruir *tr* Derribar, destruir, arruinar un edificio.

derrumbadero o **derrumbe** *m* Despeñadero, precipicio. ‖ (fig) Riesgo, peligro.

derrumbar *tr* y *prnl* Precipitar, despeñar. ❑ DERRUMBAMIENTO.

des *prep insep* Denota negación, oposición, privación o exceso.

desabastecer *tr* Desproveer, dejar de surtir a una persona o a un pueblo de las provisiones necesarias, o impedir que lleguen donde las esperan o necesitan.

desaborido, da *adj* Sin sabor. ‖ Sin sustancia. • *adj* y *s* (fig, fam) Aplícase a la persona de carácter indiferente o sosa.

desabotonar *tr* y *prnl* Sacar los botones de los ojales.

desabrido, da *adj* Desagradable por falta de sabor o con un sabor que no satisface. ‖ Tratándose del tiempo, destemplado, desigual.

desabrigar *tr* y *prnl* Descubrir, desarropar, quitar el abrigo. ‖ (fig) Desamparar.

desabrimiento *m* Falta de sabor, sazón o buen gusto en la fruta u otro manjar. ‖ (fig) Dureza de genio, aspereza en el trato.

desabrochar *tr* y *prnl* Desasir los broches, botones u otro cierre con que se ajusta cualquier tipo de ropa.

desacato o **desacatamiento** *m* Delito contra la autoridad, que consiste en proferir amenazas contra ella, de hecho o de palabra. ‖ Falta del debido respeto a los superiores. ❑ DESACATAR.

desacelerar *tr* Retardar, retrasar, quitar celeridad. ❑ DESACELERACIÓN.

desacierto *m* Equivocación, error, desatino. ❑ DESACERTAR.

desacomodar *tr* Privar de la comodidad. • *tr* y *prnl* Quitar la conveniencia, empleo u ocupación. ❑ DESACOMODADO, DA; DESACOMODO.

desaconsejado, da *adj* y *s* Que obra sin consejo ni prudencia y sólo por capricho.

desaconsejar *tr* Disuadir, persuadir a uno de lo contrario de lo que tiene meditado o resuelto.

desacorde *adj* Díc. de lo que no iguala, conforma o concuerda con otra cosa.

desacostumbrar *tr* y *prnl* Perder la costumbre que uno tiene. ❑ DESACOSTUMBRADO, DA.

desacotar[1] *tr* Levantar, quitar el coto, dejar libre lo que estaba acotado.

desacotar[2] *tr* Apartarse del concierto o cosa que se está tratando.

desacreditar *tr* y *prnl* Disminuir o quitar la reputación de una persona, o el valor y la estimación de una cosa. ❑ DESACREDITADOR, RA.

desactivar *tr* Eliminar la potencia propia de un agente o proceso fisicoquímico, de un plan económico, etc. ‖ Tratándose de un artefacto o ingenio explosivo, inutilizar los dispositivos que lo harían estallar. ❑ DESACTIVACIÓN.

desacuerdo *m* Discordia o disconformidad en los dictámenes o acciones. ‖ Error, desacierto.

desafección *f* Mala voluntad.

desafecto, ta *adj* Que no siente estima. ‖ Opuesto, contrario. • *m* Malquerencia.

desafiar *tr* Retar, provocar a singular combate, batalla o pelea. ‖ Competir con uno en cosas que requieren fuerza, agilidad o destreza.

desafinar *intr* y *prnl* Desviarse algo la voz o el instrumento del punto de la perfecta entonación. • *intr* (fig, fam) Decir en una conversación una cosa indiscreta o inoportuna.

desafío *m* Acción y efecto de desafiar. ‖ Rivalidad, competencia, reto.

desaforado, da *pp* de desaforar. • *adj* (fig) Grande con exceso, desmedido, fuera de lo común.

desaforar tr Quebrantar los fueros y privilegios que comprenden a uno. • prnl Descomponerse, atreverse, descomedirse.

desafortunado, da adj Sin fortuna. ‖ Inoportuno.

desafuero m Acto violento contra la ley.

desagradar intr y prnl Disgustar, fastidiar, causar desagrado. ❏ DESAGRADABLE.

desagradecer tr No corresponder debidamente al beneficio recibido. ❏ DESAGRADECIDO, DA.

desagrado m Disgusto, descontento. ‖ Expresión, en el trato o en el semblante, del disgusto que nos causa una persona o cosa.

desagraviar tr y prnl Borrar o reparar el agravio hecho, dando al ofendido satisfacción cumplida.

desaguadero m Conducto o canal por donde se da salida a las aguas.

desaguar tr Extraer, echar el agua de un sitio o lugar. • intr Entrar los ríos en el mar, desembocar en él.

desagüe m Acción y efecto de desaguar o desaguarse. ‖ Desaguadero para la salida de las aguas. ‖ Cloaca.

desaguisado m Agravio, denuesto, acción descomedida.

desahogado, da pp de desahogar. • adj Descarado, descocado. ‖ Aplícase al lugar en que no hay excesiva cantidad de cosas o apretura de personas. ‖ (fig, fam) Díc. del que vive con desahogo económico.

desahogar tr Dilatar el ánimo a uno; aliviarle en sus trabajos, aflicciones o necesidades. • tr y prnl Aliviar el ánimo de la pasión, fatiga o cuidado que le oprime. ‖ Salir de apuros económicos. ‖ Decir una persona a otra el sentimiento o queja que tiene de ella.

desahogo m Alivio de la pena, trabajo o aflicción. ‖ Ensanche, dilatación, esparcimiento.

desahuciar tr Desesperar los médicos de la salud de un enfermo. ‖ Despedir al inquilino o arrendatario mediante acción legal.

desahucio m Acción y efecto de desahuciar, despedir a un inquilino.

desairado, da pp de desairar. • adj Que carece de gala, garbo y donaire.

desairar tr Humillar, desatender a una persona.

desajustar tr Desconcertar una cosa de otra. • prnl No ajustarse a lo convenido. ❏ DESAJUSTE.

desalado, da adj Ansioso, acelerado.

desalar tr Quitar la sal a una cosa, como a la cecina, al pescado salado, etc.

desalarse prnl (fig) Andar o correr con suma aceleración. ‖ (fig) Sentir vehemente anhelo por conseguir algo.

desalentar tr y prnl (fig) Quitar el ánimo, desmoralizar. ❏ DESALENTADOR, RA.

desaliento m Decaimiento del ánimo, falta de vigor o de esfuerzo.

desalinización f Potabilización del agua del mar por eliminación de la sal.

desaliñar tr y prnl Descomponer, ajar el adorno, atavío o compostura.

desaliño m Desaseo, descompostura, falta de aliño. ❏ DESALIÑADO, DA.

desalmado, da pp de desalmar. • adj Falto de conciencia. ‖ Cruel, inhumano.

desalmar tr y prnl (fig) Quitar la fuerza y virtud a algo. • prnl (fig) Desalar.

desalojar tr Sacar o hacer salir de un lugar a una persona o cosa.

desamarrar tr y prnl Quitar las amarras. ‖ (fig) Desasir, desviar, apartar.

desamor m Mala correspondencia de uno al afecto de otro.

desamorar tr y prnl Hacer perder el amor.

desamortizar tr Dejar libres los bienes amortizados. ❏ DESAMORTIZABLE; DESAMORTIZACIÓN.

desamparar tr Abandonar, dejar sin amparo ni favor a la persona o cosa que lo pide o necesita. ❏ DESAMPARO.

desamueblar tr Dejar sin muebles.

desandar tr Retroceder, volver atrás en el camino ya andado.

desangelado, da adj Sin ángel o simpatía.

desangrar tr Sacar la sangre, en gran cantidad, a una persona o a un animal. ‖ (fig) Arruinar, empobrecer, desplumar. • prnl Perder mucha sangre.

desanimar *tr* y *prnl* Desalentar, quitar ánimos. ◻ DESANIMACIÓN; DESANIMADO, DA; DESÁNIMO.

desanudar *tr* Deshacer o desatar el nudo. ‖ (fig) Desenredar, desenmarañar.

desapacible *adj* Que causa disgusto o enfado, o es desagradable a los sentidos.

desaparecer *tr* y *prnl* Ocultar, quitar de delante una cosa. • *intr* Quitarse de la vista una persona o cosa, por lo común con rapidez. ◻ DESAPARICIÓN.

desapasionado, da *pp* de desapasionar. • *adj* Falto de pasión, imparcial.

desapasionar *prnl* y *tr* Quitar, desarraigar la pasión que se tiene a una persona o cosa.

desapegarse *prnl* (fig) Apartarse, desprenderse del afecto o afición a una persona o cosa. ◻ DESAPEGO.

desapercibido, da *adj* Desprevenido, desprovisto de lo necesario. ‖ Inadvertido.

desaprensión *f* Falta de aprensión o de escrúpulos. ◻ DESAPRENSIVO, VA.

desaprobar *tr* Reprobar, no asentir a una cosa. ◻ DESAPROBACIÓN.

desaprovechar *tr* No obtener el máximo rendimiento de una cosa. ‖ Omitir una acción, dejar pasar una oportunidad. ◻ DESAPROVECHADO, DA; DESAPROVECHAMIENTO.

desarmado, da *pp* de desarmar. • *adj* Desprovisto de armas. ‖ p. ext. Que no tiene argumentos para replicar.

desarmador *m* Méx. Destornillador.

desarmar *tr* Quitar o hacer entregar a una persona, tropa, etc. ‖ Desunir, separar las piezas de que se compone una cosa. ‖ (fig) Dejar a uno en situación de incapacidad para replicar o reaccionar.

desarme *m* Reducción o supresión de armamento que las naciones proponen con el fin de evitar la guerra.

desarraigar *tr* y *prnl* Arrancar de raíz un árbol o una planta. ‖ (fig) Extinguirse una pasión, una costumbre o un vicio. ‖ (fig) Desterrar a uno de donde vive o tiene su domicilio. ◻ DESARRAIGO.

desarrapado, da *adj* Desharrapado.

desarreglar *tr* y *prnl* Trastornar, desordenar, sacar de regla. ◻ DESARREGLO.

desarrollar *tr* (fig) Explicar una teoría, plan, idea, etc., con todos sus detalles. • *tr* y *prnl* Extender una cosa que está arrollada. ‖ Hacer que crezca y llegue a su perfección y complejidad un organismo. ‖ (fig) Aumentar la importancia, valor, riqueza, etc., de algo. • *prnl* Suceder una cosa de la manera o en el lugar que se expresa. ◻ DESARROLLABLE.

desarrollo *m* Acción y efecto de desarrollar o desarrollarse.

desarticular *tr* y *prnl* (fig) Separar las piezas de una máquina o artefacto. • *tr* (fig) Desorganizar la autoridad una conspiración, una pandilla de malhechores u otra confabulación, deteniendo a los individuos que la forman o a los principales de ellos. ◻ DESARTICULACIÓN.

desasear *tr* Quitar el aseo, limpieza o compostura. ◻ DESASEADO, DA; DESASEO.

desasir *tr* y *prnl* Soltar, desprender lo asido. • *prnl* (fig) Desprenderse de una cosa.

desasistir *tr* Desamparar.

desasosegar *tr* y *prnl* Privar de sosiego. ◻ DESASOSIEGO.

desastrado, da *adj* y *s* Sucio, abandonado.

desastre *m* Desgracia, suceso lamentable. ‖ (fig) De calidad deficiente, falta de habilidad, etc.

desastroso, sa *adj* Desastrado, desdichado. ‖ (fig) Muy malo.

desatado, da *pp* de desatar. • *adj* (fig) Que procede sin freno, desordenadamente.

desatar *tr* y *prnl* Soltar lo que está atado. • *prnl* (fig) Excederse en hablar. ‖ (fig) Proceder desordenadamente. ‖ (fig) Perder el encogimiento o extrañeza. ‖ (fig) Desencadenarse, soltarse con furia alguna fuerza física o moral.

desatascar *tr* Dejar libre un conducto obstruido. ‖ (fig) Sacar a uno de la dificultad en que se halla y de la que no puede salir por sí mismo. • *tr* y *prnl* Sacar del atascadero. ◻ DESATASCO.

desatención *f* Falta de atención. ‖ Descortesía, falta de respeto.

desatender *tr* No prestar atención a lo que se dice o se hace. ‖ No hacer caso o aprecio de una persona o cosa.

desatento, ta adj Distraído. • adj y s Descortés.

desatino m Falta de tino, tiento o acierto. ‖ Locura, despropósito o error. ❏ DESATINAR.

desatrancar tr Quitar a la puerta la tranca u otra cosa que impide abrirla. ‖ Desatrampar un pozo, una fuente, un conducto, etc. ❏ DESATRANCO.

desautorizar tr y prnl Quitar autoridad, poder, crédito o estimación. ❏ DESAUTORIZACIÓN; DESAUTORIZADO, DA.

desavenencia f Oposición, discordia, contrariedad.

desavenir tr y prnl Indisponer, faltar la armonía entre dos personas. ❏ DESAVENIDO, DA.

desavío m Trastorno, incomodidad.

desavisado, da adj y s Inadvertido, ignorante.

desayunar tr, intr y prnl Tomar el desayuno. • prnl (fig) Hablando de un suceso, tener la primera noticia sobre él.

desayuno m Alimento ligero que se toma por la mañana antes que ningún otro.

desazón f (fig) Disgusto, pesadumbre. ‖ (fig) Molestia, mala disposición en la salud. ❏ DESAZONAR.

desbancar tr Ganar al banquero, los que paran o apuntan, todo el fondo de dinero que puso de contado para jugar con ellos. ‖ Usurpar, sustituir a alguien en un puesto y ocuparlo.

desbandarse prnl Desparramarse, huir en desorden. ❏ DESBANDADA.

desbarajustar tr Desordenar, transformar. ❏ DESBARAJUSTE.

desbaratar tr Deshacer o arruinar una cosa. ‖ Malgastar los bienes. ❏ DESBARATADO, DA.

desbarbar tr y prnl (fam) Afeitar la barba.

desbarrancadero m Amér. Despeñadero.

desbarrancar tr y prnl Amér. Causar ruina.

desbarrar intr Decir o hacer disparates.

desbastador m Herramienta para desbastar.

desbastar tr Quitar las partes más bastas a una cosa que se haya de labrar. • tr y prnl (fig) Refinar.

desbocar tr Quitar o romper la boca a una cosa. • prnl Hacerse una caballería insensible a la acción del freno y dispararse. ‖ (fig) Desvergonzarse, prorrumpir en denuestos. ‖ Abrirse más de lo normal el cuello o las mangas de un vestido. ❏ DESBOCAMIENTO.

desbordar intr y prnl Salir de los bordes, derramarse. • prnl Exaltarse las pasiones, sentimientos, vicios, etcétera. ❏ DESBORDAMIENTO; DESBORDANTE.

desbravar[1] tr Amansar, domar. • intr y prnl Perder o deponer parte de la bravura. ‖ (fig) Desahogar el ímpetu de la cólera. ❏ DESBRAVADOR.

desbravar[2] intr y prnl Perder su fuerza un licor.

desbriznar tr Reducir a briznas, desmenuzar una cosa. ‖ Quitar la brizna a las legumbres.

desbrozar tr Quitar la broza, desembarazar, limpiar. ❏ DESBROCE; DESBROZO.

descabalar tr y prnl Quitar o perder algunas de las partes o piezas precisas para constituir una cosa completa o cabal. ❏ DESCABALAMIENTO.

descabalgar intr Desmontar, bajar de una caballería el que va montado en ella.

descabellado, da pp de descabellar. • adj (fig) Disparatado, absurdo.

descabellar tr Matar instantáneamente al toro, con la espada o con la puntilla. ❏ DESCABELLO.

descabezado, da pp de descabezar. • adj y s No razonable. ‖ Distraído, desmemoriado.

descabezar tr Quitar o cortar la cabeza. ‖ Deshacer el padrón que han hecho los pueblos.

descabullirse prnl Escabullirse. ‖ (fig) Huir de una dificultad con sutileza.

descachar tr Amér. Descornar.

descacharrar tr Romper o estropear algo. • tr y prnl Hacer reír a carcajadas.

descafeinar tr Eliminar la mayor parte de la cafeína del café. ❏ DESCAFEINADO, DA.

descalabrado, da pp de descalabrar. • adj y s (fig) Que ha salido mal parado en una disputa.

descalabrar *tr* y *prnl* Herir a uno en la cabeza. ‖ (fig) Causar daño o perjuicio. ❏ DESCALABRADURA.

descalabro *m* Contratiempo, infortunio, daño.

descalcificar *tr* y *prnl* Eliminar las sales cálcicas en los huesos u otros tejidos orgánicos. ❏ DESCALCIFICACIÓN.

descalificar *tr* Desconceptuar, inhabilitar. ‖ Excluir a uno de cualquier prueba o competición. ❏ DESCALIFICACIÓN.

descalzar *tr* y *prnl* Quitar el calzado. ‖ Quitar uno o más calzos.

descalzo, za *pp irreg* de descalzar. • *adj* Que lleva los pies desnudos. ‖ (fig) Falto de recursos, sin bienes de la fortuna.

descamar *tr* Quitar las escamas a los peces. • *prnl* Caerse la piel en forma de escamillas.

descaminar *tr* y *prnl* Sacar o apartar a uno del camino que debe seguir, o hacer de modo que lo yerre. ‖ (fig) Apartar a uno de un buen propósito.

descamisado, da *adj* (fam) Sin camisa.

descampado, da *adj* y *m* Díc. del terreno o paraje libre de malezas y espesuras.

descansar *intr* Cesar en el trabajo, reposar, reparar las fuerzas con la quietud. ‖ Reposar, dormir. ‖ Estar sin cultivo, uno o más años, la tierra de labor. ‖ Estar enterrado. ‖ Asentar o apoyar una cosa sobre otra. ❏ DESCANSADO, DA.

descansillo *m* Espacio llano entre dos tramos de escalera.

descanso *m* Quietud, reposo o pausa en el trabajo o fatiga. ‖ Causa de alivio en la fatiga. ‖ Descansillo. ‖ Intermedio en el desarrollo de un espectáculo, audición o sesión.

descapitalizar *tr* y *prnl* Dejar a una entidad, empresa, banco, etc., sin los fondos o recursos que poseía. ❏ DESCAPITALIZACIÓN.

descapotable *adj* y *m* Díc. del automóvil cerrado que puede transformarse en coche descubierto de manera relativamente fácil.

descarado, da *adj* y *s* Que habla u obra con desvergüenza, sin pudor ni respeto.

descararse *prnl* Hablar u obrar con descaro.

descarga *f* Acción y efecto de descargar. ‖ Serie de disparos efectuados simultáneamente. ‖ Paso de corriente de un conductor a otro.

descargadero *m* Sitio destinado para descargar.

descargar *tr* Quitar o aliviar la carga. ‖ Disparar las armas de fuego. ‖ (fig) Exonerar a uno de un cargo u obligación. • *tr* e *intr* Dicho de golpes, darlos con violencia. • *intr* Deshacerse una nube y caer en forma de lluvia o granizo. • *prnl* Rechazar alguien los cargos o acusaciones que se le hacen. ❏ DESCARGA; DESCARGAMIENTO.

descargo *m* Acción de descargar o quitar la carga. ‖ Data o salida que en las cuentas se contrapone al cargo o entrada.

descarnado, da *pp* de descarnar. • *adj* (fig) Díc. de los asuntos crudos o desagradables expuestos sin paliativos.

descarnar *tr* y *prnl* Quitar el hueso a la carne. ‖ (fig) Quitar parte de una cosa o desmoronarla. ❏ DESCARNADOR, RA; DESCARNADURA.

descaro *m* Desvergüenza, atrevimiento.

descarozar *tr* *Amér.* Quitar el hueso a la fruta.

descarriar *tr* Apartar a uno del carril, echarlo fuera de él. • *tr* y *prnl* Apartar del rebaño cierto número de reses. • *prnl* (fig) Apartarse de la conducta recta. ❏ DESCARRÍO.

descarrilar *intr* Salir fuera del carril. Se usa en trenes, tranvías, etc. ❏ DESCARRILAMIENTO.

descartar *tr* Desechar una cosa o apartarla de sí. ‖ Prescindir en una elección de determinadas personas o cosas. ❏ DESCARTE.

descasar *tr* Declarar nulo el matrimonio. • *tr* y *prnl* (fig) Turbar o descomponer la disposición de cosas que casaban bien. ❏ DESCASAMIENTO.

descascar *tr* Descascarar. • *prnl* Romperse o hacerse cascos una cosa.

descascarar *tr* Quitar la cáscara.

descastado, da *pp* de descastar. • *adj* y *s* Que manifiesta poco cariño a los parientes.

descebar *tr* Quitar el cebo.

descendencia f Conjunto de hijos, nietos y demás generaciones sucesivas por línea recta descendiente. ‖ Casta, linaje.

descender intr Bajar, pasando de un lugar alto a otro bajo. ‖ Proceder de un mismo principio o persona común, que es el cabeza de familia.

descendiente pa de descender. • m o f Hijo, nieto o cualquier persona que descienda de otra.

descenso m Acción y efecto de descender. ‖ Bajada. ‖ Acción de descender por la ladera de una montaña esquiando.

descentralizar tr Transferir a diversas entidades regionales o locales, o a otras corporaciones u oficios, parte de la autoridad que antes ejercía el gobierno supremo del Estado. ☐ DESCENTRALIZACIÓN; DESCENTRALIZADOR, RA.

descentrar tr y prnl Sacar una cosa de su centro. ‖ Sacar a uno de su ambiente. ☐ DESCENTRADO, DA; DESCENTRAMIENTO.

descepar f tr Arrancar de raíz los árboles o plantas que tienen cepa.

descercar tr Derribar o quitar una cerca. ‖ Levantar el cerco. ☐ DESCERCO.

descerebrar tr Producir la inactividad funcional del cerebro. ☐ DESCEREBRACIÓN.

descerrajar tr Arrancar o violentar la cerradura de una puerta, cofre, escritorio, etcétera.

descifrar tr Averiguar el sentido de lo que está escrito en cifra, o en caracteres desconocidos, sirviéndose, o no, de clave. ‖ (fig) Aclarar lo oscuro intrincado y de difícil comprensión. ☐ DESCIFRABLE.

desclavar tr Arrancar o quitar los clavos. ☐ DESCLAVADOR.

descocarse prnl (fam) Manifestar demasiada libertad y desenvoltura.

descoco m (fam) Descaro, desvergüenza.

descodificar tr Aplicar inversamente a un mensaje codificado las reglas de su código para obtener la forma primitiva del mensaje. ☐ DESCODIFICACIÓN; DESCODIFICADOR, RA.

descolgar tr Bajar lo que está colgado. ‖ Bajar o dejar caer poco a poco una cosa, pendiente de cuerda, cadena o cinta. ‖ Levantar el auricular de un teléfono. • tr y prnl En ciclismo y otros deportes, quedarse atrás un competidor respecto a los demás. • prnl Echarse de alto abajo, escurriéndose por una cuerda u otra cosa.

descolocar tr y prnl Quitar o separar a alguna persona o cosa del lugar que ocupa. ☐ DESCOLOCADO, DA.

descolonización f Supresión de la condición colonial de un territorio. ‖ p. ext. Proceso que lleva a la independencia política de los pueblos colonizados. ☐ DESCOLONIZAR.

descolorido, da adj De color pálido, o bajo en su línea.

descombrar tr Desembarazar un lugar de cosas o materiales que estorban. ☐ DESCOMBRO.

descomedido, da adj Excesivo, desproporcionado. • adj y s Descortés.

descompaginar tr Descomponer, desordenar.

descompasarse prnl Descomedirse. ‖ Perder el compás.

descompensar tr y prnl Hacer perder la compensación.

descomponer tr Separar las diversas partes que forman un compuesto. ‖ (fig) Indisponer los ánimos. • tr y prnl Desordenar y desbaratar. ‖ Corromperse, entrar o hallarse un cuerpo en estado de putrefacción. • prnl Perder la buena disposición para la salud.

descomposición f Proceso por el que un conjunto se divide o se transforma en partes más simples. ‖ (fam) Diarrea.

descompostura f Descomposición. ‖ Desaseo, desaliño.

descompresor, ra adj Que descomprime. • adj y m Díc. de un aparato que sirve para disminuir la presión de un fluido.

descomprimir tr Disminuir la compresión en un cuerpo o espacio cerrado ☐ DESCOMPRESIÓN.

descomunal adj Extraordinario, enorme

desconcentrar tr y prnl Perder concentración. ☐ DESCONCENTRACIÓN.

desconcertar tr y prnl Pervertir, descomponer el orden, concierto y composición de una cosa. • prnl Desavenirse la personas o cosas que estaban acordes ☐ DESCONCERTADO, DA.

desconchabar *tr* *Chile. Guat.* y *Méx.* Descoyuntar.

desconchar *tr* y *prnl* Quitar a una pared o muro parte de su enlucido o revestimiento.

desconcierto *m* (fig) Desorden, desavenencia, descomposición. ‖ (fig) Falta de modo y medida en las acciones o palabras.

desconectar *tr* Suprimir una conexión. ‖ Interrumpir o suprimir el enlace o comunicación eléctrica entre dos aparatos o con la línea general. □ DESCONEXIÓN.

desconfiar *intr* No confiar, tener poca seguridad o esperanza. □ DESCONFIADO, DA; DESCONFIANZA.

descongelar *tr* Hacer que cese la congelación de una cosa. ‖ (fig) Hacer que cese el bloqueo a un capital, sueldo, etc., que estaba inmovilizado. □ DESCONGELACIÓN.

descongestionar *tr* y *prnl* Disminuir o quitar la congestión. □ DESCONGESTIÓN.

desconocer *tr* No recordar la idea que se tuvo de una cosa, haberla olvidado. ‖ No reconocer a una persona o cosa. □ DESCONOCIMIENTO.

desconocido, da *pp* de desconocer. • *adj* Ignorado. ‖ Muy cambiado, irreconocible.

desconsolar *tr* y *prnl* Privar de consuelo, afligir. □ DESCONSOLADO, DA; DESCONSOLADOR, RA.

desconsuelo *m* Angustia y aflicción profunda.

descontaminar *tr* Eliminar o disminuir la contaminación. □ DESCONTAMINACIÓN.

descontar *tr* Rebajar una cantidad de alguna cosa. ‖ Abonar al contado una letra u otro documento de pago.

descontento, ta *pp irreg* de descontentar. • *m* Disgusto o desagrado. □ DESCONTENTAR.

descontrol *m* Falta de control o de orden.

descontrolarse *prnl* Perder el control o dominio de sí mismo. ‖ Perder un aparato su ritmo normal.

desconvocar *tr* Anular una convocatoria, huelga, reunión, etc. □ DESCONVOCATORIA.

descorazonar *tr* y *prnl* (fig) Desanimar, acobardar, amilanar a alguien.

descorchar *tr* Quitar o arrancar el corcho al alcornoque. ‖ Sacar el corcho que cierra una botella u otra vasija. □ DESCORCHADOR, DESCORCHE.

descornar *tr* y *prnl* Quitar, arrancar los cuernos a un animal. • *prnl* (fig, fam) Descalabazarse.

descorrer *tr* Volver uno a correr el espacio que antes había corrido. ‖ Plegar o reunir lo que estaba antes estirado.

descortés *adj* y *s* Falto de cortesía. □ DESCORTESÍA.

descortezar *tr* y *prnl* Quitar la corteza al árbol, al pan o a otra cosa. □ DESCORTEZADOR, RA.

descoser *tr* y *prnl* Soltar, cortar, desprender, las puntadas de las cosas que estaban cosidas.

descosido, da *pp* de descoser. • *adj* Dícese del que habla lo que convenía tener oculto. • *m* Parte descosida en una prenda de vestir o de cualquier otro uso.

descoyuntar *tr* y *prnl* Desencajar los huesos de su lugar. □ DESCOYUNTAMIENTO.

descrédito *m* Disminución o pérdida de la reputación de las personas, o estima de las cosas.

descreído, da *pp* de descreer. • *adj* Incrédulo, falto de fe, sin creencia.

descremado, da *pp* de descremar. • *adj* Díc. de la sustancia a la que se ha quitado la crema. • *m* Acción y efecto de descremar.

describir *tr* Delinear, dibujar, representar una cosa. ‖ Representar personas o cosas por medio del lenguaje, refiriendo o explicando sus distintas partes, cualidades o circunstancias. □ DESCRIPCIÓN.

descuadernar *tr* y *prnl* Desencuadernar. ‖ (fig) Desbaratar, descomponer.

descuadrar *intr* No cuadrar las cuentas. ‖ *P. Rico.* Desagradar, no gustar. □ DESCUADRE.

descuajaringar o **descuajeringar** *tr* y *prnl* Desvencijar, desunir, desconcertar alguna cosa. ‖ *Amér.* Descuidárse en el aseo y en el vestir. • *prnl* (fam) Relajarse las partes del cuerpo por efecto del cansancio. □ DESCUAJARINGADO, DA.

descuartizar *tr* Dividir un cuerpo haciéndolo cuartos. ☐ DESCUARTIZAMIENTO.

descubierto, ta *pp irreg* de descubrir. • *adj* Con los verbos *andar, estar* y otros semejantes, llevar la cabeza destocada. ‖ Con los verbos *estar, quedar* y otros semejantes, expuesto uno a graves y motivados cargos o reconvenciones. • *m* Déficit.

descubrimiento *m* Hallazgo, encuentro, manifestación de lo que estaba oculto o secreto, o era desconocido.

descubrir *tr* Manifestar, hacer patente. ‖ Destapar lo que estaba tapado o cubierto. ‖ Hallar lo que estaba ignorado o escondido. ‖ Venir en conocimiento de una cosa que se ignoraba. ‖ Inventar, crear. • *prnl* Quitarse de la cabeza el sombrero, gorra, etc. ☐ DESCUBRIDOR, RA.

descuento *m* Acción y efecto de descontar. ‖ Rebaja, compensación de una parte de la deuda.

descuerar *tr* Amér. Desollar, quitar la piel.

descuidar *tr* Distraer la atención de uno para cogerle desprevenido. • *intr* y *prnl* No cuidar de las cosas, o no poner en ellas la atención o diligencia debida. • *prnl* Dejar de tener puesta la atención en algo. ☐ DESCUIDADO, DA.

descuidero, ra *adj* y *s* Se aplica al ratero que suele hurtar aprovechándose del descuido de su víctima.

descuido *m* Omisión, falta de cuidado. ‖ Olvido, inadvertencia. ‖ Desliz.

desde *prep* Denota el punto, en tiempo o lugar, de que procede, se origina o ha de empezar a contarse una cosa, un hecho o una distancia. ‖ Después de.

desdecir *intr* (fig) Degenerar una cosa o persona de su origen, educación o clase. ‖ (fig) No convenir, no conformarse una cosa con otra. • *prnl* Retractarse de lo dicho.

desdén *m* Indiferencia y despego que denotan menosprecio.

desdentado, da *adj* Que carece de dientes.

desdeñar *tr* Tratar con desdén a una persona o cosa. • *prnl* Tener a menos el hacer o decir una cosa, juzgándola por indecorosa. ☐ DESDEÑABLE; DESDEÑADO, DA; DESDEÑOSO, SA.

desdibujado, da *pp* de desdibujar. • *adj* Díc. del dibujo defectuoso.

desdibujarse *prnl* Perder una cosa la claridad y precisión de sus perfiles o contornos.

desdicha *f* Desgracia, adversidad y motivo de aflicción. ‖ Pobreza suma, miseria, necesidad.

desdichado, da *adj* y *s* Desgraciado, que padece desgracias o tiene mala suerte. • *adj* (fig, fam) Infeliz, sin malicia, pusilánime.

desdoblar *tr* y *prnl* Extender una cosa que estaba doblada. ‖ (fig) Formar dos o más cosas por separación de los elementos que suelen estar juntos en otra. ☐ DESDOBLAMIENTO.

desear *tr* Aspirar con vehemencia al conocimiento, posesión o disfrute de una cosa. ‖ Anhelar que acontezca o deje de acontecer algún suceso. ‖ Querer sexualmente a alguien. ☐ DESEABLE.

desecar *tr* y *prnl* Secar, extraer la humedad. ☐ DESECACIÓN; DESECADOR, RA; DESECANTE.

desechar *tr* Excluir, reprobar. ‖ Menospreciar, desestimar. ‖ Deponer, apartar de sí una pesar, temor, sospecha o mal pensamiento.

desecho *m* Lo que queda después de haber escogido lo mejor y más útil de una cosa. ‖ Cosa que no sirve.

desembalar *tr* Deshacer el embalaje. ☐ DESEMBALAJE.

desembalsar *tr* Dar salida al agua contenida en un embalse, o a parte de ella. ☐ DESEMBALSE.

desembarazar *tr* Evacuar, desocupar. • *tr* y *prnl* Quitar el impedimento que se opone a una cosa. • *prnl* (fig) Separar uno de sí lo que le estorba o incomoda para conseguir un fin. ☐ DESEMBARAZO.

desembarcar *tr* Sacar de la nave y poner en tierra lo embarcado. • *intr* y *prnl* Salir de una embarcación. ☐ DESEMBARCO; DESEMBARQUE.

desembargar *tr* Alzar el embargo o secuestro. ☐ DESEMBARGO.

desembarrancar *tr* e *intr* Sacar a flote la nave que está varada.

desembocadura *f* Paraje por donde un río, un canal, etc., desemboca en otro, en el mar o en un lago. ‖ Desembocadero, abertura o paso de una parte a otra.

desembocar *intr* Entrar, desaguar un río, un canal, etc., en otro, en el mar o en un lago. ‖ Tener una calle salida a otra, a una plaza o a otro lugar. ‖ (fig) Terminar, tener un desenlace.

desembolsar *tr* (fig) Pagar o entregar una cantidad de dinero. ◻ DESEMBOLSO.

desembragar *tr apl* Desconectar del eje motor un mecanismo. ◻ DESEMBRAGUE.

desembrollar *tr* (fam) Desenredar, aclarar.

desembuchar *tr* Echar o expeler las aves lo que tienen en el buche. ‖ (fig, fam) Decir uno todo cuanto sabe y tenía callado.

desemejante *adj* Diferente, no semejante.

desempacar *tr* Sacar las mercancías de las pacas en que van. ‖ *Amér.* Deshacer el equipaje.

desempacho *m* (fig) Desahogo, desenfado.

desempañar *tr* Limpiar el cristal o cualquier otra cosa lustrosa que estaba empañada.

desempaquetar *tr* Desenvolver lo que estaba en uno o más paquetes.

desemparejar *tr* y *prnl* Desigualar lo que estaba o iba igual y parejo.

desempatar *tr* Deshacer el empate que había entre ciertas cosas. ◻ DESEMPATE.

desempedrar *tr* Desencajar o arrancar las piedras de un empedrado.

desempeñar *tr* Recuperar lo que se tenía empeñado. ‖ Cumplir, hacer aquello a que uno está obligado por razón de cargo, oficio, etc. ● *tr* y *prnl* Libertar a uno de los empeños o deudas que tenía contraídos.

desempleo *m* Paro forzoso. ◻ DESEMPLEADO, DA.

desempolvar *tr* y *prnl* Quitar el polvo. ‖ Traer a la memoria o a la consideración algo que estuvo mucho tiempo olvidado.

desencadenar *tr* Quitar la cadena al que está armado con ella. ● *tr* y *prnl* Originar, provocar o dar rienda suelta a movimientos de ánimo, hechos o series de hechos, gralte. apasionados o violentos. ◻ DESENCADENAMIENTO.

desencajar *tr* y *prnl* Sacar de su lugar una cosa que está encajada. ● *prnl* Desfigurarse, descomponerse el semblante por enfermedad o por pasión del ánimo. ◻ DESENCAJAMIENTO.

desencaminar *tr* Descaminar, sacar a uno del camino. ‖ Sacarle de un propósito.

desencantar *tr* y *prnl* Deshacer el encanto. ‖ Decepcionar, desilusionar. ◻ DESENCANTO.

desencapotar *tr* (fig, fam) Descubrir, manifestar. ● *prnl* (fig) Tratándose del cielo, despejarse.

desencerrar *tr* Abrir lo que estaba cerrado.

desenchufar *tr* Separar o desacoplar lo que está enchufado.

desencolar *tr* y *prnl* Despegar lo que estaba pegado con cola. ◻ DESENCOLADURA.

desenconar *tr* y *prnl* Mitigar, templar, quitar la inflamación o encendimiento.

desenfadado, da *pp* de desenfadar. ● *adj* Libre, desenvuelto.

desenfadar *tr* y *prnl* Desenojar, quitar el enfado.

desenfado *m* Desenvoltura en el comportamiento o lenguaje. ‖ Diversión o desahogo del ánimo.

desenfocar *tr* (fig) Desviarse del tema o no ver con claridad un asunto o negocio. ● *tr* y *prnl* Enfocar imperfectamente.

desenfrenar *tr* Quitar el freno a las caballerías. ● *prnl* Entregarse desordenadamente a un vicio. ‖ (fig) Desencadenarse alguna fuerza bruta. ◻ DESENFRENADO, DA; DESENFRENO.

desenfundar *tr* Quitar la funda a una cosa o sacarla de ella.

desenganchar *tr* y *prnl* Soltar, desprender una cosa que está enganchada. ◻ DESENGANCHE.

desengañar *tr* (fig) Quitar esperanzas o ilusiones. ● *tr* y *prnl* Hacer reconocer el engaño o el error. ◻ DESENGAÑADO, DA; DESENGAÑO.

desengarzar tr y prnl Deshacer el engarce; desprender lo que está engarzado y unido.

desengranar tr Quitar o soltar el engranaje de alguna cosa con otra.

desengrasar tr Quitar la grasa. ‖ Limpiar de materias grasas la superficie de una pieza metálica. ❑ DESENGRASADO, DA; DESENGRASE.

desenlace m Acción y efecto de desenlazar o desenlazarse. ‖ Final de un suceso, narración u obra dramática, en que se resuelve su trama.

desenlazar tr y prnl Desatar los lazos; desasir y soltar lo que está atado con ellos.

desenmarañar tr Desenredar, deshacer el enredo o maraña.

desenmascarar tr y prnl Quitar la máscara. ‖ Descubrir los verdaderos sentimientos, intenciones, etcétera, que una persona procura ocultar a los demás.

desenmohecer tr Limpiar, quitar el moho.

desenredar tr Deshacer el enredo. ‖ (fig) Poner en orden y sin confusión cosas que estaban desordenadas. • prnl (fig) Salir de una dificultad, empeño o lance. ❑ DESENREDO.

desenroscar tr Sacar dando vueltas un tornillo u otra pieza introducida en una rosca. • tr y prnl Deshacer lo enroscado.

desensillar tr Quitar la silla a una caballería.

desentenderse prnl Fingir que no se entiende una cosa; afectar ignorancia. ‖ Prescindir de un asunto o negocio.

desenterrar tr Exhumar, sacar lo que está debajo de tierra. ‖ (fig) Tratar de algún asunto o negocio que se tenía olvidado. ❑ DESENTERRAMIENTO.

desentoldar tr Quitar los toldos.

desentonar tr Abatir el entono de uno o humillar su orgullo. ‖ Subir o bajar la entonación de la voz de un instrumento más de lo que le corresponde.

desentono m Desproporción en el tono de la voz. ‖ Descomedimiento en el modo de hablar.

desentorpecer tr y prnl Sacudir la torpeza o el pasmo.

desentrampar tr y prnl (fam) Desempeñar, libertar al que está empeñado.

desentrañar tr (fig) Averiguar, penetrar lo más dificultoso y recóndito de una materia.

desentrenar tr y prnl Perder el entrenamiento o práctica adquiridos. ❑ DESENTRENO.

desentumecer tr y prnl Hacer que un miembro entorpecido recobre su agilidad y soltura. ❑ DESENTUMECIMIENTO.

desenvainar tr Sacar de la vaina la espada u otra arma blanca.

desenvoltura f Garbo, facilidad y gracia en los movimientos. ‖ (fig) Desvergüenza, falta de recato.

desenvolver tr (fig) Descifrar, aclarar. • tr y prnl Desarrollar, o deshacer lo envuelto o arrollado. • prnl (fig) Obrar con maña y habilidad. ❑ DESENVOLVIMIENTO.

desenvuelto, ta pp irreg de desenvolver. • adj (fig) Que tiene desenvoltura.

deseo m Acción y efecto de desear. ‖ Cosa deseada. ❑ DESEOSO, SA.

desequilibrado, da pp de desequilibrar. • adj Que ha perdido el equilibrio mental.

desequilibrar tr y prnl Hacer perder el equilibrio.

desequilibrio m Falta de equilibrio.

desertar intr (fig) Abandonar una causa, partido, etc. • tr y prnl Abandonar un soldado sus obligaciones militares.

desértico, ca adj Desierto, despoblado. ‖ Dícese de lo que es propio, perteneciente o relativo al desierto.

desertización f Acción y efecto de desertizar. ‖ Progresiva depauperación de un terreno, hasta la aridez total.

desertizar tr y prnl Convertir en desierto.

desesperación o **desesperanza** f Pérdida total de la esperanza. ‖ (fig) Cólera, despecho o enojo.

desesperado, da pp de desesperar. • adj y s Poseído por la desesperación.

desesperanzar tr Quitar la esperanza. • prnl Quedarse sin esperanza.

desesperar tr, intr y prnl Desesperanzar. • tr y prnl (fam) Impacientar, exasperar. • prnl Sentir o mostrar disgusto.

desestabilizar *tr* y *prnl* Comprometer o perturbar la estabilidad, pralm. económica, política o social. □ DESESTABILIZADOR, RA.

desestimar *tr* Tener en poco aprecio. ‖ Denegar, desechar. □ DESESTIMA; DESESTIMACIÓN.

desfachatez *f* (fam) Descaro, desvergüenza.

desfalcar *tr* Tomar para sí un caudal que se custodia. □ DESFALCO.

desfallecer *tr* Causar desfallecimiento o disminuir las fuerzas. • *intr* Desmayarse, debilitarse. □ DESFALLECIMIENTO.

desfase *m* Acción y efecto de desfasar. ‖ Diferencia de fase. ‖ (fig) Falta de correspondencia respecto a las condiciones del momento. □ DESFASAR.

desfavorable *adj* Poco favorable, perjudicial.

desfavorecer *tr* Dejar de favorecer a uno, desairarle. ‖ Afear, no sentar bien algo.

desfigurar *tr* Disfrazar y encubrir con apariencia diferente el propio semblante, la intención u otra cosa. • *tr* y *prnl* Deformar o cambiar el aspecto de una persona o cosa. • *prnl* Inmutarse por un accidente o por alguna pasión del ánimo. □ DESFIGURACIÓN; DESFIGURAMIENTO.

desfiladero *m* Paso estrecho entre montañas.

desfilar *intr* Marchar gente en fila. ‖ (fam) Salir varios, uno tras otro, de alguna parte. □ DESFILE.

desflorar *tr* Ajar, quitar el lustre. ‖ Desvirgar. ‖ (fig) Tratar superficialmente un asunto. □ DESFLORACIÓN.

desfogar *tr* Dar salida al fuego. • *tr* y *prnl* (fig) Manifestar con vehemencia una pasión. □ DESFOGUE.

desfondar *tr* Arar profundamente la tierra. ‖ Perder el fondo o empuje. • *tr* y *prnl* Romper el fondo de algo.

desgaire *m* Desaliño, descuido en el vestir, andar, etc., gralte. afectado.

desgajadura *f* Rotura de la rama cuando lleva consigo parte del tronco.

desgajar *tr* y *prnl* Desgarrar con violencia la rama del tronco de donde nace. • *tr* Despedazar, romper una cosa unida.

desgalichado, da *adj* (fam) Desaliñado.

desgana *f* o **desgano** *m* Falta de apetito ‖ (fig) Falta de interés, tedio. □ DESGANADO, DA.

desgañitarse *prnl* (fam) Esforzarse uno violentamente, gritando o voceando.

desgañotar *tr* *Amér.* Cortar el gaznate.

desgarbado, da *adj* Falto de garbo.

desgarrado, da *pp* de desgarrar. • *adj* Roto, hecho jirones. • *adj* y *s* Que procede licenciosamente y con escándalo.

desgarrar *tr* y *prnl* Rasgarse, romper. ‖ Causar pena o despertar profunda compasión. □ DESGARRAMIENTO; DESGARRÓN.

desgarro *m* Rotura o rompimiento. ‖ (fig) Arrojo, desvergüenza, descaro. ‖ *Amér.* Esputo.

desgastar *tr* y *prnl* Quitar o consumir poco a poco por el uso o el roce parte de una cosa. • *prnl* (fig) Perder fuerza, vigor o poder. □ DESGASTE.

desglosar *tr* Separar un escrito de otros. ‖ Examinar un asunto separando cada una de sus partes. □ DESGLOSE.

desgobernar *tr* Deshacer, perturbar y confundir el buen orden del gobierno. ‖ Descuidarse el timonero en el gobierno del timón. □ DESGOBERNADO, DA.

desgobierno *m* Desorden, falta de gobierno.

desgracia *f* Suerte adversa. ‖ Motivo de aflicción originado por un acontecimiento contrario a lo que convenía o se deseaba. ‖ Pérdida de gracia, favor o valimiento.

desgraciado, da *pp* de desgraciar. • *adj* y *s* Que padece una desgracia. ‖ Desafortunado. • *adj* Falto de gracia y atractivo. ‖ *Amér.* Insulto grave.

desgraciar *tr* y *prnl* Echar a perder a una persona o cosa, o impedir su desarrollo.

desgranar *tr* y *prnl* Sacar el grano de una cosa. • *prnl* Soltarse las piezas ensartadas. □ DESGRANADO, DA; DESGRANADOR; DESGRANE.

desgravar *tr* Rebajar los impuestos que debe pagar una persona o que gravan algo. □ DESGRAVACIÓN.

desgreñar *tr* y *prnl* Descomponer los cabellos. • *prnl* Andar a la greña. □ DESGREÑADO, DA.

desguanzarse *prnl Amér. Centr.* y *Méx.* Cansarse mucho, desfallecer.

desguañangado, da *adj Chile.* Desarreglado.

desguarnecer *tr* Quitar la guarnición que servía de adorno. ‖ Quitar las guarniciones a los animales de tiro.

desguazar *tr* Desbaratar o deshacer un buque, total o parcialmente. ‖ Desmontar o deshacer cualquier estructura, especialmente automóviles. □ DESGUACE.

deshabillé *m* Salto de cama, bata de casa.

deshabitado, da *pp* de deshabitar. • *adj* Díc. del edificio o lugar que estuvo habitado y ya no lo está.

deshabitar *tr* Dejar de vivir en un lugar o casa. ‖ Dejar sin habitantes una pob. o un territorio.

deshabituar *tr* y *prnl* Hacer a uno perder el hábito que tenía. □ DESHABITUACIÓN.

deshacer *tr* Dividir, partir, despedazar. ‖ Desleír en cosa líquida la que no lo es. ‖ (fig) Alterar, descomponer un tratado o negocio. • *prnl* (fig) Afligirse mucho, consumirse, estar sumamente impaciente o inquieto.

desharrapado, da *adj* y *s* Andrajoso, roto y lleno de harapos.

deshecho, cha *pp irreg* de deshacer. • *m Col.* Desecho, atajo.

deshelar *tr* y *prnl* Licuar lo que está helado. □ DESHIELO.

desheredar *tr* Excluir a uno de la herencia forzosa. □ DESHEREDADO, DA.

desherrar *tr* y *prnl* Quitar las herraduras a una caballería.

deshidratar *tr* y *prnl* Privar a un cuerpo o a un organismo del agua que contiene. □ DESHIDRATACIÓN; DESHIDRATADOR, RA; DESHIDRATANTE.

deshilar *tr* Sacar hilos de un tejido; destejar una tela por la orilla. ‖ (fig) Reducir a hilos una cosa. □ DESHILADO.

deshilvanar *tr* y *prnl* Quitar los hilvanes.

deshinchar *tr* Quitar la hinchazón. ‖ (fig) Desahogar la cólera o el enojo. • *prnl* (fig, fam) Deponer la presunción.

deshojar *tr* y *prnl* Quitar las hojas a una planta o los pétalos a una flor.

deshoje *m* Caída de las hojas de las plantas.

deshollinador, ra *adj* y *s* Que deshollina. • *m* Escoba de palo muy largo, que suele cubrirse con un paño, para deshollinar techos y paredes.

deshollinar *tr* Limpiar las chimeneas de hollín. □ DESHOLLINADOR, RA.

deshonesto, ta *adj* Indecente, falto de honestidad.

deshonor *m* Pérdida del honor. ‖ Afrenta.

deshonra *f* Pérdida de la honra. ‖ Cosa deshonrosa. ‖ Desacato, falta de respeto.

deshonrar *tr* y *prnl* Quitar la honra. • *tr* Hacer que una mujer pierda su virginidad.

deshonroso, sa *adj* Afrentoso, poco decente.

deshora *f* Tiempo inoportuno, no conveniente.

deshuesar *tr* Quitar los huesos. □ DESHUESADOR.

deshumanizar *tr* Privar de carácter humano alguna cosa. □ DESHUMANIZACIÓN.

deshumedecer *tr* y *prnl* Desecar, quitar la humedad.

desiderata *f* Relación de cosas deseadas.

desiderativo, va *adj* Que expresa o indica deseo.

desidia *f* Negligencia, dejadez. □ DESIDIOSO, SA.

desierto, ta *adj* Despoblado, solo, inhabitado. ‖ Aplícase a la subasta, concurso o certamen en que nadie toma parte o en que ningún participante obtiene la adjudicación. • *m* Lugar seco, estéril y casi siempre arenoso.

designar *tr* Formar designio o propósito. ‖ Señalar o destinar una persona o cosa para determinado fin. ‖ Denominar, indicar. □ DESIGNACIÓN; DESIGNATIVO, VA.

designio *m* Pensamiento, o propósito del entendimiento, aceptado por la voluntad.

desigual *adj* Que no es igual. ‖ Barrancoso, que no es llano. ‖ (fig) Arduo, grande, dificultoso. ‖ (fig) Inconstante, vario.

desigualar *tr* Hacer a una persona o cosa desigual a otra. • *prnl* Adelantarse, aventajarse.

desigualdad *f* Calidad de desigual. ‖ Cada una de las eminencias o depresiones de un terreno o de la superficie de un cuerpo.

desilusión *f* Acción y efecto de desilusionar. ‖ Carencia o pérdida de las ilusiones. ‖ Desengaño.

desilusionar *tr* Hacer perder a uno las ilusiones.

desincrustar *tr* Eliminar las incrustaciones. ❏ DESINCRUSTANTE.

desinencia *f* Morfema flexivo de una palabra. ❏ DESINENCIAL.

desinfectar o **desinficionar** *tr* y *prnl* Destruir los agentes nocivos que causan infección. ❏ DESINFECCIÓN; DESINFECTANTE.

desinflamar *tr* y *prnl* Quitar la inflamación de lo que estaba hinchado o inflamado.

desinflar *tr* y *prnl* Sacar el aire o gas de un cuerpo inflado. ‖ (fig) Desanimar, desilusionar rápidamente.

desinformar *tr* Dar información intencionadamente manipulada. ❏ DESINFORMACIÓN.

desinhibir *tr* y *prnl* Prescindir de inhibiciones, comportándose con espontaneidad.

desintegrar *tr* y *prnl* Descomponer un todo por separación de los elementos que lo integran.

desinterés *m* Desapego y desprendimiento de todo provecho personal, próximo o remoto.

desinteresado, da *pp* de desinteresar. • *adj* Desprendido, apartado del interés.

desintoxicar *tr* y *prnl* Combatir la intoxicación o sus efectos. ❏ DESINTOXICACIÓN.

desistir *intr* Apartarse de una empresa o intento empezado a ejecutar. ❏ DESISTIMIENTO.

desjarretar *tr* Cortar las piernas por el jarrete. ‖ (fig, fam) Debilitar y dejar sin fuerzas a uno.

desjuntar *tr* y *prnl* Dividir, separar, apartar.

deslavazado, da *adj* Falto de fuerza o vigor. ‖ Sin unión entre sus partes.

desleal *adj* y *s* Que obra sin lealtad.

deslechar *tr* Col. Ordeñar. ❏ DESLECHO.

desleír *tr* y *prnl* Disolver y desunir las partes de algunos cuerpos por medio de un líquido. ❏ DESLEIDURA; DESLEIMIENTO.

deslenguado, da *adj* (fam) Desvergonzado, desbocado, malhablado. ❏ DESLENGUARSE.

desliar *tr* y *prnl* Deshacer el lío.

desligar *tr* y *prnl* Desatar, soltar las ligaduras. ‖ Separar, independizar, desunir. • *tr* (fig) Dispensar de la obligación contraída.

deslindar *tr* Señalar y distinguir los términos de un lugar, prov. o heredad. ‖ (fig) Aclarar una cosa.

desliz *m* Acción y efecto de deslizar o deslizarse. ‖ Falta que se comete por flaqueza o inadvertencia.

deslizar *intr* y *prnl* Irse los pies por encima de una superficie lisa o mojada; correrse con celeridad un cuerpo sobre otro liso o mojado. • *prnl* (fig) Escaparse, evadirse. ‖ (fig) Caer en una flaqueza o error. ❏ DESLIZABLE; DESLIZADIZO, ZA; DESLIZAMIENTO.

deslomar *tr* y *prnl* Romper o maltratar los lomos. • *prnl* (fig) Trabajar o esforzarse mucho. ❏ DESLOMADURA.

deslucir *tr* y *prnl* Quitar la gracia, atractivo o lustre a algo. ‖ (fig) Desacreditar. ❏ DESLUCIDO, DA.

deslumbrar *tr* Ofuscar la vista o confundirla con la excesiva luz. ‖ (fig) Dejar a uno confuso. • *tr* (fig) Producir impresión con estudiado exceso de lujo. ❏ DESLUMBRADOR, RA; DESLUMBRAMIENTO.

deslustrar *tr* Quitar el lustre. ‖ (fig) Deslucir, difamar.

desmadejar *tr* y *prnl* (fig) Causar flojedad en el cuerpo. ❏ DESMADEJAMIENTO.

desmadrar *tr* Separar de la madre las crías del ganado. • *prnl* (fig, fam) Perder el control.

desmalezar *tr* Amér. Limpiar de maleza.

desmamar *tr* Destetar.

desmán *m* Exceso, desorden, tropelía.

desmanchar *tr* y *prnl* Amér. Apartarse de la gente con la cual se va. • *prnl* Amér. Salirse de la manada un animal.

desmandar *tr* Revocar la orden o mandato. • *prnl* Descomedirse, propasarse.

desmantelado, da *pp* de desmantelar. • *adj* Díc. de la casa mal cuidada o despojada de muebles.

desmantelar *tr* Echar por tierra y arruinar los muros y fortificaciones de una plaza. ‖ (fig) Desamparar, abandonar o desabrigar una casa.

desmañado, da *adj* y *s* Falto de maña y habilidad. ☐ DESMAÑA, DESMAÑO.

desmaquillar *tr* y *prnl* Quitar de la cara el maquillaje u otras sustancias cosméticas. ☐ DESMAQUILLADOR, RA.

desmarcar *tr* Eliminar una marca. • *prnl* Desplazarse un jugador para burlar la vigilancia del adversario que le marca.

desmayar *tr* Causar desmayo. • *intr* (fig) Perder el valor, desfallecer el ánimo, acobardarse. • *prnl* Perder el sentido y el conocimiento.

desmayo *m* Desaliento, desfallecimiento de las fuerzas, privación de sentido.

desmedido, da *pp* de desmedirse. • *adj* Desproporcionado; falto de medida.

desmedirse *prnl* Desmandarse, excederse.

desmejorar *tr* y *prnl* Hacer perder el lustre y perfección. • *intr* y *prnl* Ir perdiendo la salud.

desmelenar *tr* y *prnl* Descomponer y desordenar el cabello. • *prnl* (fig) Soltarse, desinhibirse.

desmembrar *tr* Dividir y apartar los miembros del cuerpo. • *tr* y *prnl* (fig) Separar, dividir una cosa de otra. ☐ DESMEMBRACIÓN.

desmemoriado, da *pp* de desmemoriarse. • *adj* y *s* Torpe o falto de memoria.

desmentir *tr* Decir a uno que miente. ‖ Sostener o demostrar la falsedad de un dicho o hecho. ☐ DESMENTIDO, DA.

desmenuzar *tr* y *prnl* Deshacer una cosa dividiéndola en partes menudas. ‖ (fig) Examinar una cosa detalladamente. ☐ DESMENUZABLE.

desmerecer *tr* Hacerse indigno de premio o alabanza. • *intr* Perder una cosa parte de su mérito o valor. ‖ Ser una cosa inferior a otra.

desmesurado, da *pp* de desmesurar. • *adj* Excesivo, mayor de lo común.

desmesurar *tr* Desarreglar, descomponer. • *prnl* Descomedirse, excederse. ☐ DESMESURA.

desmigajar *tr* y *prnl* Hacer migajas una cosa.

desmigar *tr* Deshacer el pan para hacer migas.

desmilitarizar *tr* Quitar el carácter militar a una persona o cosa. ‖ Desguarnecer de tropas e instalaciones militares un país, región, territorio, etcétera. ☐ DESMILITARIZACIÓN.

desmitificar *tr* Disminuir o eliminar el sentido mítico que se atribuye a una persona o cosa. ☐ DESMITIFICACIÓN.

desmochar *tr* Quitar, cortar, arrancar o desgajar la parte superior de una cosa, dejándola mocha. ☐ DESMOCHE.

desmontar¹ *tr* Cortar en un monte o en parte de él los árboles o matas. ‖ Rebajar un terreno.

desmontar² *tr* Desarmar, desunir, separar las piezas de una cosa. • *tr, intr* y *prnl* Bajar a uno de una caballería o de otra cosa. ☐ DESMONTADURA; DESMONTAJE.

desmonte *m* Acción y efecto de desmontar¹. ‖ Paraje de terreno desmontado. ‖ *Amér.* Mineral pobre amontonado en la boca de una mina.

desmoralizar *tr* y *prnl* Hacer perder a alguien la moral o buenas costumbres. ‖ Desanimar, desalentar. ☐ DESMORALIZADOR, RA.

desmoronar *tr* y *prnl* Deshacer, disgregar una materia poco a poco. ‖ Deshacerse las sustancias sin cohesión. • *prnl* (fig) Decaer, perder algo poco a poco su fuerza.

desmotivar *tr* Desalentar, disuadir. ☐ DESMOTIVACIÓN; DESMOTIVADO, DA.

desmovilizar *tr* Licenciar a las personas o a las tropas movilizadas. ☐ DESMOVILIZACIÓN.

desnatar *tr* Quitar la nata a la leche o a otros líquidos. ☐ DESNATADORA.

desnaturalizado, da *pp* de desnaturalizar. • *adj* y *s* Que falta a los deberes que la naturaleza impone a padres, hijos, hermanos, etc.

desnaturalizar *tr* y *prnl* Variar la forma, propiedades o condiciones de una cosa.

desnivel *m* Falta de nivel. ‖ Diferencia de alturas entre dos o más puntos.

desnivelar *tr* y *prnl* Hacer que una o más cosas dejen de estar niveladas. ‖ Desequilibrar.

desnucar *tr* y *prnl* Desarticular los huesos de la nuca. ‖ Matar a una persona o animal por un golpe en la nuca. ❑ DESNUCAMIENTO.

desnuclearización *f* Reducción o eliminación de armas nucleares de un territorio.

desnudar *tr* y *prnl* Quitar todo el vestido o parte de él. • *tr* (fig) Despojar una cosa de lo que la cubre o adorna. ❑ DESNUDAMIENTO.

desnudismo *m* Nudismo. ❑ DESNUDEZ.

desnudo, da *adj* Sin vestido. ‖ (fig) Muy mal vestido e indecente. ‖ (fig) Falto o despojado de lo que cubre o adorna. ‖ (fig) Patente, claro.

desnutrición *f* Depauperación fisiológica a causa de una alimentación deficiente. ❑ DESNUTRIDO, DA.

desobedecer *tr* No hacer uno lo que le ordenan las leyes o los superiores. ❑ DESOBEDIENCIA.

desobstruir *tr* Quitar las obstrucciones. ‖ Desembarazar, desocupar. ❑ DESOBSTRUCCIÓN.

desocupación *f* Falta de ocupación, ociosidad. ‖ *Amér.* Paro forzoso, desempleo.

desocupar *tr* Desembarazar un lugar, dejarlo libre y sin impedimento. ‖ Sacar lo que hay dentro de alguna cosa. • *prnl Amér.* Parir, dar a luz.

desodorante *m* Producto utilizado para suprimir el olor corporal o de un recinto.

desoír *tr* Desatender, dejar de oír.

desojar *tr* y *prnl* Quebrar o romper el ojo de un instrumento, como el de la aguja, la azada, etc.

desolar *tr* Asolar, derruir. • *prnl* (fig) Afligirse, angustiarse con extremo. ❑ DESOLACIÓN; DESOLADOR, RA.

desolladero *m* Sitio donde desuellan reses.

desollar *tr* Quitar la piel del cuerpo de un animal. ‖ Criticar con crueldad. ❑ DESOLLADURA.

desorbitar *tr* y *prnl* Sacar un cuerpo de su órbita. ‖ (fig) Exagerar, conceder demasiada importancia a una cosa. ❑ DESORBITADO, DA.

desorden o **desordenamiento** *m* Confusión, falta de orden. ‖ Alboroto del orden público.

desordenado, da *pp* de desordenar. • *adj* Que no tiene orden; que procede sin él. ‖ Díc. de lo que sale del orden o ley moral.

desordenar *tr* y *prnl* Alterar el orden o buen concierto de una cosa.

desorejar *tr* Cortar las orejas.

desorganizar *tr* y *prnl* Desordenar en sumo grado, rompiendo las relaciones existentes entre las diferentes partes. ❑ DESORGANIZACIÓN.

desorientar *tr* y *prnl* Hacer perder la orientación. ‖ (fig) Confundir, ofuscar, extraviar.

desovar *intr* Soltar las hembras de los peces y de los anfibios sus huevos o huevas. ❑ DESOVE.

desoxidar *tr* Limpiar un metal del óxido que lo mancha. • *tr* y *prnl* Desoxigenar.

desoxigenar *tr* y *prnl* Quitar el oxígeno a una sustancia con la cual estaba combinado. ❑ DESOXIGENACIÓN; DESOXIGENANTE.

despabilado, da *pp* de despabilar. • *adj* Díc. del que está completamente despierto y del que se halla desvelado. ‖ (fig) Despejado.

despabilar *tr* Quitar la pavesa o la parte ya quemada del pabilo o mecha. • *tr* y *prnl* (fig) Avivar y ejercitar el entendimiento o el ingenio. • *prnl* (fig) Sacudirse el sueño o la pereza.

despachaderas *f pl* (fam) Modo áspero de responder.

despachador *m Amér.* En las minas, operario que llena las vasijas de extracción en las cortaduras.

despachar *tr* Abreviar y concluir un negocio u otra cosa. ‖ Resolver y determinar las causas y negocios. ‖ Vender los géneros o mercaderías. ‖ Despedir, apartar de sí a una persona. ‖ (fig, fam) Matar.

despacho *m* Acción y efecto de despachar. ‖ Aposento o conjunto de aposentos de una casa destinados para despachar los negocios o para el estudio. ‖ Cualquiera de las comunicaciones escritas entre el gobierno y sus representantes. || Expediente, resolución, determinación.

despachurrar *tr* y *prnl* (fam) Aplastar o reventar una cosa apretándola con fuerza.

despacio *adv modo* Poco a poco, lentamente. • *adv tiempo* Por tiempo dilatado.

despajar *tr* Apartar la paja del grano. ❏ DESPAJADURA; DESPAJO.

despampanar *pa* de despampanar. • *adj* Que deja pasmado por su presencia.

despampanar *tr* Quitar los pámpanos a las vides. || (fig, fam) Desconcertar. • *intr* (fig) Desahogarse alguien diciendo lo que siente.

despanzurrar *tr* y *prnl* (fam) Romper la panza, despachurrar, reventar. ❏ DESPANZURRAMIENTO.

desparpajo *m* (fam) Facilidad en hablar u obrar. || (fam) *Amér. Centr.* Desorden, desbarajuste.

desparramar *tr* y *prnl* Esparcir, por muchas partes lo que estaba junto. • *tr* (fig) Disipar la hacienda. || *Amér.* Divulgar una noticia. • *prnl* Distraerse, esparcirse. ❏ DESPARRAMO.

despatarrar *tr* y *prnl* (fam) Abrir excesivamente las piernas. || (fam) Llenar de miedo o asombro. • *prnl* Caerse al suelo, abierto de piernas.

despaturrar *tr* y *prnl Col., Chile* y *Ven.* Despatarrar.

despavorido, da *pp* de despavorir. • *adj* Lleno de pavor. ❏ DESPAVORIR.

despecho *m* Disgusto causado por un desprecio o desengaño que condiciona el modo de proceder. || Desesperación.

despechugar *tr* Quitar la pechuga a un ave. • *prnl* (fig, fam) Llevar el pecho descubierto una persona. ❏ DESPECHUGADURA.

despectivo, va *adj* Despreciativo. • *adj* y *s* Aplícase a la palabra que incluye en su significación idea de menosprecio.

despedazar *tr* y *prnl* Hacer pedazos. • *tr* (fig) Maltratar alguna cosa material.

despedir *tr* Soltar, desprender, arrojar una cosa. || Acompañar por cortesía al que sale de un lugar. || (fig) Difundir o esparcir. • *tr* y *prnl* Quitar a uno la ocupación, empleo o servicio. ❏ DESPEDIDA.

despegado, da *pp* de despegar. • *adj* (fig, fam) De trato desabrido. || (fig, fam) Poco cariñoso.

despegar *tr* y *prnl* Apartar dos cosas que están pegadas o muy ligadas. • *intr* Separarse del suelo, agua o cubierta un barco, avión, helicóptero, cohete, etc., al iniciar el vuelo. ❏ DESPEGABLE; DESPEGADOR, RA; DESPEGADURA.

despegue *m* Acción y efecto de despegar un avión, helicóptero, cohete, etc.

despeinar *tr* y *prnl* Deshacer el peinado. || Enmarañar o desordenar el pelo.

despejado, da *pp* de despejar. • *adj* Desenfadado. || Espacioso, ancho. || Sin nubes.

despejar *tr* Desembarazar o desocupar un sitio o espacio. || (fig) Aclarar, poner en claro. || Separar por medio de cálculo una incógnita, de las otras cantidades que la acompañan en una ecuación. || En algunos deportes, alejar la pelota de la meta propia. ❏ DESPEJE.

despellejar *tr* y *prnl* Quitar el pellejo, desollar. • *tr* (fig) Murmurar ferozmente de uno.

despelotarse *prnl* (fam) Desnudarse. || (fam) Alborotarse, perder el tino o la formalidad.

despeluzar *tr* y *prnl* Desordenar el pelo de la cabeza, de la felpa, etc. || Erizar el cabello.

despensa *f* Lugar de la casa, donde se guardan las cosas comestibles. || *Méx.* Lugar bien asegurado que se destina en las minas para guardar los minerales ricos. ❏ DESPENSERO, RA.

despeñadero, ra *m* Precipicio, lugar desde donde es fácil despeñarse.

despeñar *tr* y *prnl* Precipitar y arrojar a una persona o cosa desde un precipicio, pendiente o altura.

despepitar *tr* Quitar las pepitas de algún fruto.

despepitarse *prnl* Hablar o gritar con vehemencia o con enojo.

despercudir *tr Amér.* Limpiar lo que está percudido. • *tr* y *prnl Amér.* Despabilar a uno.

desperdiciar *tr* Malbaratar, emplear mal una cosa, como el dinero, la comida, etc.

desperdicio *m* Residuo que no se aprovecha.

desperdigar *tr* y *prnl* Separar, desunir.

desperezarse *prnl* Estirar los miembros para sacudir la pereza o entumecimiento.

desperfecto *m* Leve deterioro. ‖ Falta, defecto.

despersonalizar *tr* Separar conscientemente un problema, opinión, etc., de las características del hablante o actuante. ❑ DESPERSONALIZACIÓN.

despertador, ra *adj* Que despierta. • *m* Reloj que, a la hora que se le marca, hace sonar una campana.

despertar *tr* y *prnl* Cortar el sueño al que está durmiendo. • *tr* (fig) Traer a la memoria una cosa ya olvidada. • *intr* Dejar de dormir. ‖ (fig) Espabilarse.

despiadado, da *adj* Cruel, inhumano.

despido *m* Acción y efecto de despedir a una persona de un empleo. ‖ Indemnización cobrada por ello.

despierto, ta *pp irreg* de despertar. • *adj* (fig) Avisado, vivo.

despiezar *tr* Descomponer un todo en sus piezas o partes integrantes. ❑ DESPIECE.

despilfarrar *tr* Consumir el caudal en gastos desarreglados, derrochar. ❑ DESPILFARRO.

despintar *tr* (fig) Desfigurar y desvanecer un asunto. ‖ (fig, fam) *Chile*. Apartar, tratándose de los ojos o de la mirada. • *tr* y *prnl* Borrar o raer lo pintado. • *prnl* Borrarse fácilmente los colores de que están teñidas las cosas.

despiojar *tr* y *prnl* Quitar los piojos.

despiporre *m* (fam) Lo máximo en desorden, diversión, etc.

despistado, da *pp* de despistar. • *adj* y *s* Díc. de la persona que no está al tanto de lo que se habla o trata.

despistar *tr* e *intr* Hacer perder la pista. • *intr* (fig) Fingir, disimular. • *prnl* Extraviarse, perder el rumbo. ‖ (fig) Andar desorientado o desconcertado en un asunto.

despiste *m* Calidad de despistado. ‖ (fam) Desorientación, distracción. ‖ (fam) Error, fallo.

desplantar *tr* Arrancar de raíz un árbol o planta.

desplante *m* Dicho o acto lleno de arrogancia.

desplatar *tr* Separar la plata que se halla mezclada con otro metal. ❑ DESPLATACIÓN.

desplayado *m Arg*. Playa de arena que deja descubierta el mar en la marea baja.

desplazado, da *pp* de desplazar. • *adj* Que no está adaptado al sitio en el que se encuentra.

desplazar *tr* Quitar a una persona o cosa de un lugar para ponerla en otro. • *prnl* Trasladarse, ir de un lugar a otro. ❑ DESPLAZAMIENTO.

desplegar *tr* (fig) Ejercitar una actividad o manifestar una cualidad. • *tr* y *prnl* Extender, desdoblar. ❑ DESPLEGADURA; DESPLIEGUE.

desplomar *tr* Hacer que una cosa pierda la posición vertical. ‖ *Ven*. Regañar, reprender. • *prnl* Perder la posición vertical una cosa, especialmente un edificio. ‖ Caerse repentinamente sin vida o sin conocimiento una persona. ❑ DESPLOME.

desplumar *tr* y *prnl* Quitar las plumas al ave. • *tr* (fig) Pelar, dejar a uno sin dinero. ❑ DESPLUMADURA; DESPLUME.

despoblación *f*, **despoblamiento** o **despueble** *m* Falta total o parcial de la gente que poblaba un lugar.

despoblado *m* Desierto, sitio no poblado.

despoblar *tr* y *prnl* Reducir a yermo o desierto lo que estaba habitado, o hacer que disminuya considerablemente la población de un lugar. • *tr* (fig) Despojar un sitio de lo que hay en él.

despojar *tr* Privar a uno de lo que goza y tiene; desposeerle de ello mediante un acto violento. • *prnl* Desnudarse. ‖ Desposeerse de una cosa voluntariamente.

despojo *m* Acción y efecto de despojar o despojarse. ‖ Botín del vencedor. ‖ Vientre, asaduras, cabezas y manos de las reses muertas. ‖ Restos mortales, cadáver.

despolarizar *tr* Destruir o interrumpir el estado de polarización. ❑ DESPOLARIZACIÓN.

despolitizar *tr* Quitar a una persona o cosa su carácter político. ❑ DESPOLITIZACIÓN.

despopularizar tr y prnl Privar a una persona, doctrina o partido de la popularidad que tenía.

desportillar tr y prnl Romper el borde de una cosa, haciendo en él una mella o portillo.

desposado, da pp de desposar. • adj y s Recién casado.

desposar tr Unir en matrimonio. • prnl Contraer esponsales. ‖ Contraer matrimonio.

desposeer tr Privar a uno de lo que posee. • prnl Renunciar alguno a lo que posee.

desposeído, da pp de desposeer. • adj y m Pobre, desheredado. Se usa más en plural.

desposorio m Promesa mutua de contraer matrimonio. ‖ Casamiento, boda.

despostar tr Amér. Merid. Descuartizar a un animal.

déspota m o f Persona que gobierna sin sujeción a ley alguna. ‖ (fig) Persona que abusa de su poder o autoridad. ☐ DESPÓTICO, CA.

despotizar tr Amér. Merid. Gobernar o tratar despóticamente, tiranizar.

despotricar intr y prnl (fam) Hablar sin consideración ni reparo, criticando a las personas e instituciones. ☐ DESPOTRIQUE.

despreciar tr Desestimar y tener en poco. ‖ Desairar o desdeñar. • prnl Desdeñarse.

desprecio m Desestimación, falta de aprecio. ‖ Desaire, desdén. ☐ DESPRECIABLE.

desprender tr y prnl Desunir, desatar lo que estaba fijo o unido. ‖ Echar de sí alguna cosa. ‖ Amér. Rico. Desabrochar, desabotonar. • prnl (fig) Deducirse, inferirse. ☐ DESPRENDIDO.

desprendimiento m Acción de desprenderse una cosa o parte de ella. ‖ (fig) Largueza, desinterés.

despreocupación f Estado del ánimo cuando nada hay en él que le impide juzgar recta o imparcialmente las cosas. ‖ Negligencia.

despreocuparse prnl Salir o librarse de una preocupación. ‖ Desentenderse, descuidar.

desprestigiar tr y prnl Quitar el prestigio.

desprevenido, da adj Desproveído, falto de lo necesario. ‖ No preparado para una cosa.

desprivatizar tr Convertir en pública una empresa privada o una sociedad anónima.

desproporcionar tr Quitar la proporción a una cosa. ☐ DESPROPORCIÓN; DESPROPORCIONADO, DA.

despropósito m Dicho o hecho fuera de sentido o conveniencia.

desproveer tr Despojar a uno de sus provisiones.

desprovisto, ta pp irreg de desproveer. • adj Falto de lo necesario.

después adv de tiempo y lugar Denota posterioridad en tiempo, lugar o situación. Suele anteponerse a las partículas de y que. ‖ Hablando del tiempo o de sus divisiones, suele emplearse como adj, en cuyo caso equivale a siguiente o posterior.

despuntar tr y prnl Quitar o gastar la punta. • intr Empezar a brotar y entallecer las plantas y los árboles. ‖ (fig) Empezar a manifestarse una cosa. ☐ DESPUNTADURA; DESPUNTE.

desquiciar tr y prnl Desencajar o sacar de quicio una cosa. ‖ Descomponer una cosa. ‖ Trastornar, descomponer, exasperar a uno.

desquicio m Guat. y R. de la Plata. Desorden, barullo.

desquitar tr y prnl Restaurar la pérdida sufrida. ‖ (fig) Vengarse de un pesar, disgusto, o mala obra que se ha recibido de otro. ☐ DESQUITE.

desratizar tr Exterminar las ratas y ratones.

desriñonar tr y prnl Lastimar los riñones a causa de un esfuerzo.

desriscar tr y prnl Chile y P. Rico. Precipitar algo desde un risco o peña.

desrizar tr y prnl Deshacer los rizos.

destacar tr y prnl Separar del cuerpo pral. una porción de tropa. • tr, intr y prnl Poner de relieve los méritos y cualidades de uno.

destajar tr Ecuad. y Méx. Cortar, despedazar.

destajo m Obra u ocupación que se ajusta por un tanto alzado. ☐ DESTAJISTA.

destanteo m Méx. Desorientación, confusión.

destapar tr Quitar la tapa o tapón. • tr y prnl (fig) Descubrir lo tapado, quitando la cubierta. • intr Méx. Huir a caballo, o escaparse una caballería.

destape m Acción y efecto de destapar. ‖ (fam) Desnudo en las obras teatrales o cinematográficas.

destartalado, da adj y s Descompuesto, desproporcionado y sin orden.

destello m Acción de destellar. ‖ Resplandor vivo y efímero; ráfaga de luz.

destemplado, da pp de destemplar. • adj Falto de temple o de mesura. ‖ Que siente destemplanza. ‖ Dícese del tiempo desagradable, desapacible.

destemplar tr Alterar la armonía, el buen orden o concierto de una cosa. • tr y prnl Destruir la concordancia o armonía con que están templados los instrumentos musicales. • prnl y (fig) Perder la moderación. ‖ Amér. Sentir dentera. ☐ DESTEMPLANZA; DESTEMPLE.

desteñir tr, intr y prnl Quitar el tinte; borrar o apagar los colores.

desternillarse prnl (fig) Reírse mucho, sin poder contenerse.

desterrar tr Echar a uno por castigo de un territorio o lugar. ‖ (fig) Deponer o apartar de sí. • prnl Expatriarse. ☐ DESTIERRO.

destetar tr y prnl Hacer que dejen de mamar el niño o las crías de los animales. ☐ DESTETE.

destiempo (a) m adv Fuera de tiempo, sin oportunidad.

destiladera f Instrumento para destilar.

destilar tr e intr Separar por medio de calor, en alambiques u otros vasos, una sustancia volátil de otras más fijas, enfriando luego su vapor para reducirla nuevamente a líquido. • tr y prnl Filtrar. ☐ DESTILACIÓN; DESTILADOR, RA.

destilería f Instalación donde se destila alcohol.

destinar tr Señalar o determinar una cosa para algún fin o efecto. ‖ Designar la ocupación o empleo en que ha de servir una persona. ‖ Dirigir un envío a determinada persona o a cierto lugar. ☐ DESTINADO, DA; DESTINACIÓN.

destino m Hado, suerte. ‖ Encadenamiento de los sucesos considerado como necesario y fatal. ‖ Consignación o aplicación de una cosa para determinado fin. ‖ Lugar al que se dirige una persona o cosa, o al que se envía algo.

destituir tr Separar a uno de su cargo o empleo. ☐ DESTITUCIÓN; DESTITUIBLE.

destorlongo m Méx. Despilfarro.

destornillador m Instrumento que sirve para destornillar y atornillar.

destornillar tr Sacar un tornillo dándole vueltas.

destorrentarse prnl Amér. Perder el tino, desorientarse.

destrabar tr y prnl Quitar las trabas. ‖ Desprender o apartar una cosa de otra.

destral m Hacha pequeña.

destreza f Habilidad, arte, primor o propiedad con que se hace una cosa.

destripar tr Quitar o sacar las tripas. ‖ (fig) Sacar el interior de una cosa. ‖ (fig) Despachurrar, reventar. • intr (fam) Méx. Abandonar los estudios. ☐ DESTRIPAMIENTO.

destripaterrones m (fig, fam) Gañán, trabajador del campo.

destronar tr Destituir a un rey. ‖ (fig) Quitar a uno su preponderancia. ☐ DESTRONAMIENTO.

destroncar tr Cortar, tronchar un árbol por el tronco.

destrozar tr y prnl Despedazar, hacer trozos una cosa. • tr (fig) Estropear, deteriorar. ‖ (fig) Causar gran quebranto físico o moral. ☐ DESTROZADOR, RA; DESTROZO.

destrozón, na adj y s (fig) Que destroza demasiado la ropa, los zapatos, etc.

destrucción f Acción y efecto de destruir. ‖ Ruina, pérdida grande y casi irreparable.

destructor, ra adj y s Que destruye. • m Buque de guerra de pequeño tamaño y muy veloz, equipado con armamentos de toda clase.

destruir tr y prnl Destrozar una cosa material. • tr (fig) Inutilizar una cosa no material.

desuncir tr Quitar el yugo a las bestias.

desunir tr y prnl Apartar, separar una cosa de otra. ‖ (fig) Introducir discordia entre los que estaban en buenas relaciones. ❑ DESUNIÓN.

desurtido, da adj Amér. Sin surtido.

desusado, da pp de desusar. • adj Desacostumbrado, insólito. ‖ Que ha dejado de usarse.

desusar prnl y tr Desacostumbrar, perder o dejar el uso.

desuso m Falta de uso de una cosa. ‖ Falta de aplicación de una ley en vigor.

desustanciar tr y prnl Quitar la fuerza y vigor a una cosa sacándole la sustancia.

desvaído, da adj Que ha perdido la fuerza o el vigor; adelgazado, disminuido. ‖ Díc. del color bajo y como disipado.

desvalido, da adj y s Desamparado.

desvalijar tr Quitar o robar el contenido de una maleta o valija. ‖ (fig) Despojar a uno del dinero o bienes mediante robo, engaño, juego, etc.

desvalorizar tr Desvalorar. • tr y prnl Perder valor una moneda fiduciaria con respecto al patrón oro. ❑ DESVALORIZACIÓN.

desván m Parte más alta de la casa, inmediata al tejado.

desvanecer tr y prnl Disgregar o difundir las partículas de un cuerpo en otro. ‖ Turbarse la cabeza por un vahído; perder el sentido. • tr Quitar de la mente una idea, un recuerdo, etc. • prnl Evaporarse la parte volátil de una cosa. ❑ DESVANECIMIENTO.

desvariar intr Delirar, decir locuras.

desvarío m Dicho o hecho fuera de concierto. ‖ Accidente que sobreviene a algunos enfermos, de perder la razón y delirar.

desvelar[1] tr y prnl Impedir el sueño, no dejar dormir. • prnl (fig) Poner gran cuidado y atención en lo que uno tiene a su cargo o desea hacer o conseguir. ❑ DESVELAMIENTO; DESVELO.

desvelar[2] tr Descubrir, poner de manifiesto.

desvencijar tr y prnl Aflojar, desunir, desconcertar las partes de una cosa que estaban y debían estar unidas.

desventaja f Mengua o perjuicio que se nota por comparación. ‖ Inconveniente.

desventura f Desgracia, suerte adversa, desdicha.

desventurado, da adj Desgraciado; desafortunado. • adj y s Cuitado, apocado.

desvergonzado, da pp de desvergonzarse. • adj y s Que habla u obra con desvergüenza.

desvergüenza f Falta de vergüenza, insolencia. ‖ Dicho o hecho impúdico o insolente.

desvestir tr y prnl Desnudar.

desviación f Acción y efecto de desviar o desviarse. ‖ Tramo de una carretera que se aparta de la general. ‖ Cosa anormal o aberrante.

desviar tr y prnl Alejar, separar de su lugar o camino una persona o cosa. ‖ (fig) Apartar a uno de la intención en que estaba.

desvincular tr Anular un vínculo. ‖ Arg. y Chile. Desamortizar.

desvío m Acción y efecto de desviar. ‖ (fig) Despego, desagrado. ‖ Vía que se aparta de otra principal. ‖ Arg. y Chile. Apartadero de una línea férrea.

desvirgar tr Quitar la virginidad a una doncella.

desvirtuar tr y prnl Quitar la virtud, sustancia o vigor.

desvivirse prnl Mostrar incesante y vivo interés, solicitud o amor por una persona o cosa.

desyemar tr Quitar las yemas a las plantas.

detallar tr Tratar, referir una cosa por menor, con detalles. ‖ Vender al por menor.

detalle m Pormenor, particularidad. ‖ Cosa que completa un todo, pero que no le es indispensable. ‖ Cortesía, atención.

detallista adj Que cuida mucho de los detalles, meticuloso. • m o f Comerciante que vende al por menor.

detectar tr Poner de manifiesto, utilizando medios adecuados, lo que no puede ser observado directamente. ‖ Descubrir.

detective m o f Agente de policía secreta.

detector m Aparato, sistema, etc., que detecta las ondas electromagnéticas, las radiaciones eléctricas, la presencia de armas ofensivas, etc.

detener *tr* y *prnl* Suspender una cosa, obstaculizar su avance. ‖ Arrestar, poner en prisión. • *prnl* Entretenerse. ◻ DETENCIÓN.

detenido, da *pp* de detener. • *adj* Minucioso. • *adj* y *s* Embarazoso, de poca resolución. ‖ Escaso, miserable. ‖ Preso o en prisión.

detentar *tr* Retener uno sin derecho lo que no le pertenece.

detergente *pa* de deterger. • *m* Sustancia que limpia como el jabón.

deterger *tr* Limpiar una úlcera o herida. ‖ Limpiar un objeto sin producir abrasión ni corrosión.

deteriorar *tr* y *prnl* Estropear, echar a perder una cosa. ◻ DETERIORACIÓN; DETERIORO.

determinación *f* Acción y efecto de determinar o determinarse. ‖ Osadía, valor.

determinado, da *pp* de determinar. • *adj* Díc. del artículo que determina el nombre al que va unido: *el, la, lo, los, las.*

determinante *pa* determinar. • *adj* Que determina. • *m* Palabra que determina el sustantivo, como los artículos, los adjetivos demostrativos, posesivos, indefinidos y numerales.

determinar *tr* Fijar los términos de una cosa. ‖ Distinguir, discernir. ‖ Señalar, fijar una cosa para algún efecto. ‖ Tomar una resolución. • *tr* y *prnl* Tomar resolución. ◻ DETERMINABLE.

detestable *adj* Abominable, execrable.

detestar *tr* Aborrecer, odiar. ◻ DETESTACIÓN.

detonador, ra *adj* Que hace detonar. • *m* Artificio con fulminante capaz de provocar el estallido de una carga explosiva.

detonante *pa* de detonar. • *adj* Que detona. • *m* Sustancia o mezcla que puede producir detonación.

detonar *tr* Iniciar una explosión o un estallido. ‖ Llamar la atención, causar asombro. • *intr* Dar estampido o trueno. ◻ DETONACIÓN.

detractor, ra *adj* y *s* Disconforme, adversario.

detraer *tr* y *prnl* Restar, sustraer, apartar o desviar. ‖ (fig) Infamar, denigrar la honra ajena.

detrás *adv lugar* En la parte posterior, o con posterioridad de lugar, o en sitio delante del cual está una persona o cosa. ‖ (fig) En ausencia.

detrimento *m* Daño material o moral.

deuda *f* Obligación que uno tiene de pagar, o reintegrar a otro una cosa, o de cumplir un deber. ‖ Pecado, culpa u ofensa.

deudor, ra *adj* y *s* Que debe, o está obligado a satisfacer una deuda. • *adj* Díc. de la cuenta en que se ha de anotar una cantidad en el debe.

devaluar *tr* y *prnl* Disminuir el valor de una cosa, en especial una moneda. ◻ DEVALUACIÓN.

devanadera *f* Instrumento giratorio en que se colocan las madejas para devanarlas.

devanar *tr* Arrollar hilo en ovillo o carrete. • *prnl Cuba* y *Méx.* Retorcerse de risa, dolor, etc.

devanear *intr* Decir o hacer devaneos o disparates, delirar. ◻ DEVANEADOR, RA.

devaneo *m* Amorío de carácter pasajero. ‖ Entretenimiento.

devastar *tr* Destruir, arrasar, asolar. ‖ p. ext. Destruir una cosa material. ◻ DEVASTACIÓN; DEVASTADOR, RA.

develar *tr* Quitar o descorrer el velo. ‖ Desvelar.

devengar *tr* Adquirir derecho o retribución por razón de trabajo, servicio u otro título.

devengo *m* Cantidad devengada.

devenir[1] *intr* Sobrevenir, acaecer. ‖ Llegar a ser. Se usa gralte. con la *prep de*.

devenir[2] *m* Forma de aprehensión de la realidad concebida como cambio o movimiento.

devoción *f* Amor, veneración y fervor religiosos. ‖ (fig) Inclinación, afición especial.

devolver *tr* Volver una cosa al estado o situación que tenía. ‖ Restituirla a la persona que la poseía. ‖ Corresponder a un favor o a un agravio. ‖ (fam) Vomitar. • *prnl Amér.* Volverse, regresar.

devorar *tr* Tragar con ansia y apresuradamente. ‖ (fig) Consumir, destruir. ◻ DEVORADOR, RA.

devoto, ta *adj* y *s* Dedicado con fervor a obras de piedad y religión. • *m* Objeto de la devoción de uno.

deyección *f* Conjunto de materias arrojadas por un volcán o desprendidas de una montaña.

día *m* Tiempo que emplea la Tierra en dar una vuelta sobre sí misma. ‖ Tiempo que dura la claridad del Sol sobre el horizonte.

diabetes *f* Enfermedad que se caracteriza por una concentración muy elevada de glucosa en la sangre. ◻ DIABÉTICO, CA.

diabla *f* (fam, fest) Diablo hembra. ‖ Máquina para cardar la lana o el algodón. ‖ En los teatros, batería de luces que cuelga del peine, entre bambalinas.

diablesa *f* (fam) Diablo hembra.

diablillo *m* (fig, fam) Persona traviesa.

diablo *m* En el cristianismo, ángel arrojado por Dios al infierno. ‖ (fig) Persona que tiene mal genio, o es muy traviesa y temeraria. ‖ (fig) Persona astuta, que tiene sutileza y maña.

diablura *f* Travesura de escasa importancia.

diabólico, ca *adj* Perteneciente o relativo al diablo. ‖ (fig, fam) Excesivamente malo.

diácono *m* Ministro eclesiástico que ha recibido la orden inmediata inferior al sacerdocio.

diacrítico, ca *adj* Aplícase a los signos ortográficos que sirven para dar a una letra algún valor especial.

diacronía *f* Desarrollo o sucesión de hechos a través del tiempo.

diacrónico, ca *adj* Díc. de los fenómenos que tienen lugar a través del tiempo, así como de los estudios referentes a ellos.

diadema *f* Adorno femenino de cabeza, en forma de media corona abierta por detrás. ‖ Aureola en forma de corona.

diáfano, na *adj* Díc. del cuerpo a través del cual pasa la luz casi en su totalidad. ‖ (fig) Claro, limpio.

diafonía *f* Perturbación electromagnética producida en un canal de comunicación (p. ej., telefónico) por el acoplamiento de éste con otro.

diafragma *m* Tabique musculoso que separa la cavidad torácica de la del abdomen. ‖ Separación, gralte. movible, que intercepta la comunicación entre dos partes de un aparato o de una máquina. ‖ Dispositivo de las cámaras fotográficas que regula el paso de la luz. ◻ DIAFRAGMÁTICO, CA.

diafragmar *tr* Regular la abertura del diafragma.

diagnosis *f* Conocimiento de los signos de las enfermedades. ◻ DIAGNOSTICAR.

diagnóstico, ca *adj* Perteneciente o relativo a la diagnosis. • *m* Conjunto de signos que sirven para fijar el carácter peculiar de una enfermedad. ‖ Resultado de diagnosticar algo.

diagonal *adj* y *f* En un polígono, segmento de recta que une dos vértices cualesquiera no consecutivos, en un poliedro los que no están en una misma cara.

diagrama *m* Representación gráfica que sirve para poner de manifiesto las relaciones entre dos o más magnitudes.

dial *m* Superficie graduada sobre la que se mueve un indicador que mide una magnitud.

dialéctica *f* En sentido general, arte de razonar o de analizar la realidad. ‖ Impulso natural del ánimo, que lo sostiene y guía en la investigación de la verdad. ◻ DIALÉCTICO, CA.

dialecto *m* Variedad que adopta una lengua en una determinada área geográfica.

dialectología *f* Parte de la lingüística que estudia los dialectos, su origen, reglas y evolución.

diálisis *f* Proceso de separación de las partículas que se hallan en disolucione cuyo disolvente es de menores dimensiones moleculares. ◻ DIALÍTICO, CA.

dialogar o **dialogizar** *tr* Escribir una cosa en forma de diálogo. • *intr* Hablar el diálogo.

diálogo *m* Conversación entre dos o más personas. ‖ Obra literaria en que se finge una plática o controversia. ‖ Discusión debate. ◻ DIALOGAL.

diamante *m* Carbono puro cristalizado es el más brillante y duro de los minerales.

diámetro *m* La mayor de las cuerdas de una circunferencia. □ DIAMETRAL; DIAMÉTRICA, CA.

diana *f* Toque militar al amanecer. ‖ Centro de un blanco de tiro.

diantre *m* (fam) Eufemismo por diablo.

diapasón *m* Frecuencia patrón o altura absoluta de un sonido, que sirve de referencia para regular otros sonidos y el acorde estable de los instrumentos.

diaporama *m* Técnica audiovisual que consiste en la proyección simultánea de diapositivas.

diapositiva *f* Fotografía positiva, sobre cristal o película transparente, destinada a la proyección.

diariero, ra *m* y *f Amér.* Vendedor de diarios.

diario, ria *adj* Correspondiente a todos los días. • *m* Libro en que se recogen día a día reflexiones, sucesos, impresiones, etcétera. ‖ Periódico que se publica todos los días. • *adv Amér.* Diariamente.

diarismo *m Amér.* Periodismo.

diarrea *f* Desarreglo intestinal que consiste en evacuaciones frecuentes, líquidas o muy fluidas.

diáspora *f* Dispersión de los judíos, y p. ext., de otros grupos humanos, por el mundo.

diástole *f* Movimiento de dilatación del corazón y de las arterias, cuando la sangre penetra en su cavidad. □ DIASTÓLICO, CA.

diastrofismo *m* Término con que se designan los procesos que deforman las capas de la corteza terrestre.

diatónico, ca *adj* Díc. de la escala musical que presenta una sucesión de cinco tonos y dos semitonos.

dibujar *tr* y *prnl* Delinear en una superficie, y sombrear imitando la figura de un cuerpo. ‖ (fig) Describir, representar. □ DIBUJANTE.

dibujo *m* Arte de dibujar. ‖ Figura o tema dibujado. ‖ Proporción que debe tener en sus partes y medidas la figura del objeto que se dibuja o pinta.

dicción *f* Palabra. ‖ Manera de hablar o escribir.

diccionario *m* Libro en que, por orden alfabético, se contienen y explican todas las palabras de uno o más idiomas, o las de una ciencia, facultad o materia determinada. □ DICCIONARISTA.

dicha *f* Felicidad. ‖ Suerte feliz.

dicharachero, ra *adj* y *s* (fam) Propenso a prodigar dichos agudos y oportunos.

dicharacho *m* (fam) Dicho demasiado vulgar, o poco decente.

dicho, cha *pp* irreg de decir. • *m* Palabra o conjunto de palabras con que se expresa oralmente un concepto cabal. ‖ Máxima. ‖ Ocurrencia chistosa y oportuna.

dichoso, sa *adj* Feliz. ‖ Díc. de lo que incluye o trae consigo dicha. ‖ (fam) Enfadoso, molesto, malhumorado.

diciembre *m* Duodécimo y último mes del año.

dicotiledón o **dicotiledóneo, a** *adj* y *s* Díc. del vegetal cuyo embrión tiene dos cotiledones.

dicotomía *f* Método de clasificación en que las divisiones y subdivisiones sólo tienen dos partes.

dicromático, ca *adj* Que tiene dos colores.

dictado *m* Título o sobrenombre que se da a una persona. ‖ Acción de dictar para que otro escriba. ‖ Texto que se escribe al dictado. • *pl* (fig) Inspiraciones o preceptos de la razón o la conciencia.

dictador, ra *adj* y *s* Que ordena o da la pauta a seguir. • *m* El que asume todos los poderes de un Estado. ‖ (fig) Persona que abusa de su autoridad o trata con dureza a los demás.

dictadura *f* Dignidad y cargo de dictador. ‖ Concentración de todos los poderes en un solo individuo o institución.

dictáfono *m* Aparato que graba y reproduce la voz.

dictamen *m* Opinión y juicio que se forma o emite sobre una cosa. □ DICTAMINAR.

dictar *tr* Decir algo para que otro lo vaya escribiendo. ‖ *Amér.* Dicho de clases, conferencias, etc., impartirlas.

dictatorial *adj* Dictatorio. ‖ (fig) Dicho de poder, absoluto, arbitrario, no sujeto a las leyes.

didáctico, ca *adj* Perteneciente o relativo a la enseñanza; adecuado para enseñar. • *f* Rama de la pedagogía.

didáctilo, la *adj* Que tiene dos dedos.

diecinueve *adj y s* Diez y nueve. • *m* Cifra o signo con que se representa.

dieciocho *adj y s* Diez y ocho. • *m* Cifra o signo con que se representa.

dieciséis *adj y s* Diez y seis. • *m* Cifra o signo con que se representa.

diecisiete *adj y s* Diez y siete. • *m* Cifra o signo con que se representa.

diedro *adj y m* Díc. del ángulo formado por dos planos que se cortan.

dieléctrico, ca *adj* Dícese del medio no conductor a través del cual puede ejercerse la inducción eléctrica.

diente *m* Cada uno de los huesos que, encajados en las mandíbulas del hombre y de muchos animales, sirven para triturar los alimentos. ‖ Cada una de las puntas o resaltos que presentan algunas cosas.

diéresis *f* Figura de dicción y licencia poética que consiste en pronunciar separadamente las vocales que forman un diptongo, haciendo de una sílaba dos. ‖ Signo ortográfico que se pone sobre la ü de las sílabas *gue, gui*, para indicar que esta letra debe pronunciarse.

diesel *m* Automóvil provisto de motor Diesel. ‖ *Amér.* Aceite pesado, gasoil.

diestro, tra *adj* Aplícase a lo que cae o mira a mano derecha. ‖ Hábil, experto en un arte u oficio. • *f* Mano derecha.

dieta[1] *f* Régimen de alimentación de un individuo. ‖ Privación completa de comer, ayuno.

dieta[2] *f* Nombre dado a las asambleas o congresos legislativos de algunos estados confederados. ‖ Retribución que percibe diariamente un funcionario o un trabajador por cuenta ajena, por la prestación de servicios extraordinarios.

dietario *m* Libro en que se denotan los ingresos y gastos diarios de una casa.

dietético, ca *adj* Perteneciente a la dieta. • *f* Ciencia que estudia los regímenes alimenticios y sus relaciones con el metabolismo.

diez *adj* Nueve y uno. • *adj y s* Décimo. • *m* Signo o conjunto de signos con que se representa.

diezmar *tr* Sacar de diez uno. ‖ (fig) Causar gran mortandad en un país las enfermedades, la guerra o cualquier otra calamidad.

deizmilésimo, ma *adj y s* Díc. de cada una de las diez mil partes iguales en que se divide un todo.

diezmo *m* Antiguo tributo que se pagaba a la Iglesia o la corona.

difamar *tr* Desacreditar a uno propagando cosas contra su buena opinión y fama.

diferencia *f* Cualidad o accidente por el cual una cosa se distingue de otra. ‖ Controversia o disputa. ❑ DIFERENCIACIÓN.

diferencial *adj* Perteneciente a la diferencia de las cosas. • *f* Para una función producto de su derivada por el incremento de la variable independiente.

diferenciar *tr* Hacer distinción, conoce la diversidad de las cosas; dar a cad una su correspondiente y legítimo valo• *prnl* Diferir, distinguirse una persona cosa de otra. ❑ DIFERENCIACIÓN.

diferente *adj* Diverso, desigual. • *ac modo* De modo distinto.

diferido, da *adj* Aplazado, retardado.

diferir *tr* Dilatar, retardar o suspender ejecución de una cosa. • *intr* Distinguirs una cosa de otra o ser diferente.

difícil *adj* Que no se logra, ejecuta o e tiende sin mucho trabajo. ‖ Díc. de persona poco tratable, de carácter cor plicado.

dificultad *f* Inconveniente o contraried que impide conseguir, ejecutar o entend bien y pronto una cosa.

dificultar *tr* Poner dificultades para realización de alguna cosa o hacerla m original.

dificultoso, sa *adj* Difícil, lleno de co plicaciones. ‖ (fig, fam) Dicho del se blante, cara, figura, etc., extraño y defe tuoso.

difracción *f* Desviación del rayo lumi so al rozar el borde de un cuerpo opa❑ DIFRACTAR.

difteria *f* Enfermedad infecciosa agud las vías respiratorias superiores. Se racteriza por la formación de falsas membranas en las mucosas, comúnmente en la garganta.

difuminar *tr* Desvanecer o esfuminar las líneas o colores con el difumino. ‖ (fig) Hacer perder la claridad o la intensidad.

difumino *m* Rollito de papel o de piel suave, terminado en punta, que sirve para esfumar.

difundir *tr* (fig) Divulgar, propagar noticias, conocimientos, actitudes, costumbres, modas, etc. • *tr* y *prnl* Extender, derramar.

difunto, ta *adj* y *s* Díc. de la persona muerta.

difusión *f* Acción y efecto de difundir o difundirse. ‖ Extensión, dilatación viciosa en lo hablado o escrito.

difuso, sa *pp irreg* de difundir. • *adj* Ancho, dilatado. ‖ Vago, impreciso.

digerir *tr* Convertir en el aparato digestivo los alimentos en sustancia propia para la nutrición. ‖ (fig) Sufrir o llevar con paciencia una desgracia o una ofensa. ☐ DIGESTIBILIDAD; DIGESTIÓN.

digestivo, va *adj* Díc. de las operaciones y de las partes del organismo que atañen a la digestión. • *adj* y *m* Díc. de la sustancia que facilita la digestión.

digitación *f* Técnica de los dedos para la ejecución de los instrumentos musicales.

digital *adj* Perteneciente o relativo a los dedos. ‖ Díc. del aparato o instrumento de medida que la representa con números dígitos.

digitalizar *tr* Expresar información en forma de sucesión de dígitos para su tratamiento mediante computadora. ☐ DIGITALIZACIÓN.

dígito *adj* y *m* Díc. del número que puede expresarse con un solo guarismo.

diglosia *f* Bilingüismo.

dignarse *prnl* Consentir, en hacer una cosa.

dignatario *m* Persona investida de una dignidad.

dignidad *f* Calidad de digno. ‖ Excelencia, realce. ‖ Gravedad y decoro de las personas en la manera de comportarse.

dignificar *tr* y *prnl* Hacer digna o presentar como tal a una persona o cosa. ☐ DIGNIFICACIÓN.

digno, na *adj* Que merece algo, en sentido favorable o adverso. ‖ Proporcionado al mérito y condición de una persona o cosa.

dígrafo *m* Signo ortográfico compuesto de dos letras (como el grupo *ch* o *ll* en cast.) para representar un fonema.

digresión *f* Parte de un discurso extraño al asunto.

dilacerar *tr* (fig) Lastimar la honra, el orgullo, etc. • *tr* y *prnl* Desgarrar la carne de una persona o animal.

dilación *f* Demora o detención de una cosa por algún tiempo.

dilapidar *tr* Malgastar, disipar los bienes.

dilatar *tr* Aumentar el tamaño de algo, generalmente debido a una elevación de la temperatura. • *tr* y *prnl* Extender, alargar y hacer mayor una cosa, o que ocupe más lugar o tiempo. ‖ Diferir, retardar. • *intr* y *prnl* Tardar, demorar. ☐ DILATACIÓN; DILATADO, DA; DILATADOR, RA.

dilema *m* Argumento formado de dos proposiciones contrarias que conducen necesariamente a la misma conclusión. ‖ Duda o disyuntiva entre dos cosas.

diligencia *f* Cuidado en ejecutar una cosa. ‖ Trámite administrativo y escrito que lo constata. ‖ Actuación del secretario judicial en un procedimiento de su competencia.

diligenciar *tr* Poner los medios necesarios para el logro de una solicitud.

diligente *adj* Pronto, presto, ligero en el obrar.

dilogía *f* Ambigüedad, doble sentido, equívoco.

dilucidar *tr* Aclarar un asunto, explicar.

diluir *tr* y *prnl* Desleír. ‖ Añadir líquido en las disoluciones. ☐ DILUCIÓN; DILUYENTE; DILUYENTE.

diluviar *intr* Llover copiosamente.

diluvio *m* Inundación de la tierra o de una parte de ella, precedida de copiosas lluvias. ‖ (fig, fam) Gran abundancia de una cosa.

d

dimanar *intr* Proceder el agua de sus manantiales. ‖ (fig) Provenir y tener origen una cosa de otra.

dimensión *f* Número que indica los posibles grados de libertad existentes en el movimiento de un punto en un espacio. ‖ Cada una de las magnitudes homogéneas fundamentales (espacio, masa, tiempo). ☐ DIMENSIONAL.

dimes y diretes *loc.* (fam) Habladurías entre dos o más personas.

diminutivo *adj* y *m* Aplícase a los vocablos a los que se ha añadido un sufijo que denota disminución o afectividad.

diminuto, ta *adj* Excesivamente pequeño.

dimitir *tr* Renunciar voluntariamente a un cargo o empleo.

dimorfismo *m* Fenómeno por el que individuos de una misma especie presentan caracteres distintos.

dina *f* Unidad de fuerza en el sistema cegesimal.

dinámico, ca *adj* Perteneciente o relativo a la dinámica. ‖ (fig, fam) Activo, diligente. • *f* Parte de la mecánica que estudia las fuerzas en relación con los efectos que producen.

dinamismo *m* Energía, cualidad o actividad de la persona dinámica.

dinamita *f* Mezcla explosiva formada por nitroglicerina y un cuerpo muy poroso. ☐ DINAMITAR.

dinamo o **dínamo** *f* Máquina que transforma la energía mecánica en energía eléctrica.

dinamómetro *m* Aparato para medir las fuerzas mecánicas. ☐ DINAMOMETRÍA.

dinar *m* Unidad del sistema monetario de algunos países árabes.

dinastía *f* Serie de reyes pertenecientes a una familia.

dinero *m* Moneda. ‖ (fig, fam) Caudal, fortuna. ☐ DINERADA; DINERAL; DINERA-RIO, RIA.

dingo *m* Perro salvaje, de color castaño, que vive en Australia y se domestica con dificultad. Llamado también *perro mudo* porque no ladra.

dinosaurio *adj* y *m* Díc. de reptiles fósiles de la era secundaria, gigantescos,

de cabeza pequeña, cuello largo, cola robusta y larga y extremidades posteriores.

dintel *m* Parte superior de las puertas, ventanas y otros huecos, que carga sobre las jambas.

diñar *tr* Dar, entregar.

diócesi o **diócesis** *f* Distrito en que ejerce jurisdicción espiritual un prelado. ☐ DIOCESANO,NA.

diodo *m* Componente que consiste en dos electrodos de polaridad opuesta y cuya función es dejar pasar la corriente únicamente en un sentido.

dioptría *f* Unidad de potencia de una lente.

diorama *m* Panorama que se hace con lienzos o papeles transparentes y pintados por las dos caras, que permite ver dos imágenes diferentes.

dios *m* En la mayor parte de las religiones, ser supremo, creador del mundo. ‖ Deidad pagana.

diosa *f* Deidad femenina.

dióxido *m* Compuesto cuya molécula está formada por dos átomos de oxígeno y uno de otro elemento.

diplodoco *m* Dinosaurio de la era secundaria, herbívoro y de gran tamaño.

diploma *m* Documento autorizado con sello y armas de un soberano, cuyo original queda archivado. ‖ Título o credencial que expide una corporación para acreditar un grado académico, premio, etc.

diplomacia *f* Ciencia de los intereses y relaciones oficiales entre naciones. ‖ Conjunto de personas y organismos que intervienen en esas relaciones. ‖ (fig, fam) Disimulo, astucia. ☐ DIPLOMÁTICO, CA.

diplomar *tr* Conceder a uno un diploma facultativo o de aptitud. • *prnl* Obtener, graduarse. ☐ DIPLOMADO, DA.

diplomática *f* Arte que enseña las reglas para conocer y distinguir los diplomas y otros documentos de valor histórico.

dipneo, a *adj* y *m* Díc. del animal dotado de respiración branquial y pulmonar.

díptero *adj* Dícese del edificio que tiene dos costados salientes; se aplica también a la estatua que tiene dos alas. • *adj* y *m* Dícese de los insectos que se caracterizan por poseer un solo par de alas.

díptico *m* Cuadro o bajorrelieve formado con dos tableros plegables que se abren y cierran como las tapas de un libro.

diptongo *m* Conjunto de dos vocales que forman una sola sílaba. ❑ DIPTONGACIÓN; DIPTONGAR.

diputación *f* Conjunto de diputados, ejercicio y duración de su cargo.

diputado, da *pp* de diputar. • *m* y *f* Persona nombrada por un cuerpo para representarle.

diputar *tr* Destinar, señalar o elegir una persona o cosa para algún fin. ‖ Elegir un cuerpo a uno o más de sus individuos para que lo representen en algún acto.

dique *m* Muro artificial hecho para contener las aguas. ‖ Cavidad revestida de fábrica, situada en la orilla de una dársena en la cual entran los buques para limpiar o carenar, y que puede quedar en seco.

diquelar *tr* Comprender, entender.

dirección *f* Acción y efecto de dirigir o dirigirse. ‖ Camino o rumbo que un cuerpo sigue en su movimiento. ‖ Consejo, enseñanza y preceptos con que se encamina a uno. ‖ Conjunto de personas encargadas de dirigir una sociedad. ‖ Señas, indicación del domicilio de una persona o entidad.

directivo, va *adj* y *s* Que puede dirigir. • *f* Mesa o junta de gobierno de una corporación, sociedad, etcétera. • *m* y *f* Persona que forma parte de ella.

directo, ta *adj* Derecho o en línea recta. Díc. de lo que va de una parte a otra sin detenerse en los puntos intermedios. Sin intermediarios.

director, ra *adj* y *s* Que dirige. • *m* y *f* Persona que dirige una administración, establecimiento, compañía, película, orquesta, etc.

directorio, ria *adj* Dícese de lo que es a propósito para dirigir. • *m* Lo que sirve de norma. ‖ Junta directiva de ciertas asociaciones, partidos, etcétera.

directriz *f* Conjunto de instrucciones o normas generales para la ejecución de alguna cosa.

dirham *m* Unidad monetaria de Marruecos y de los Emiratos Árabes Unidos.

dirigible *adj* Que puede ser dirigido. • *m* Globo dirigible. ❑ DIRIGIBILIDAD.

dirigir *tr* Poner a una carta, fardo, caja, etc. las señas que indiquen a dónde y a quién se ha de enviar. ‖ Guiar, encaminar. ‖ (fig) Encaminar la intención y las operaciones a determinado fin. ‖ Gobernar, regir; dar reglas para el manejo de una dependencia, empresa o pretensión. ‖ Aplicar a determinada persona un dicho o un hecho. ‖ Marcar una orientación artística a los componentes de un espectáculo u obra. • *tr* y *prnl* Decir o escribir algo a una o más personas. ❑ DIRIGENTE.

dirimir *tr* Deshacer, disolver, desunir. ‖ Ajustar, concluir o acabar una controversia. ❑ DIRIMENTE; DIRIMIBLE.

discar *tr Arg.* y *Ur.* Marcar, formar un número en el teléfono.

discernir *tr* Distinguir y diferenciar una cosa de otra. ‖ Encargar de oficio el juez a uno la tutela de un menor, u otro cargo. ❑ DISCERNIBLE; DISCERNIDOR, RA; DISCERNIMIENTO.

disciplina *f* Acción y efecto de disciplinar. ‖ Doctrina, instrucción de una persona en la moral. ‖ Conjunto de leyes y reglamentos que rigen determinados cuerpos, instituciones o profesiones. ‖ Arte, facultad o ciencia. ‖ Asignatura. ❑ DISCIPLINADO, DA.

disciplinar *tr* Enseñar a uno su profesión, dándole lecciones de la misma. ‖ Hacer guardar la disciplina.

disciplinario, ria *adj* Relativo o perteneciente a la disciplina. ‖ Aplícase al régimen que establece subordinación y arreglo, así como a cualquiera de las penas que se imponen por vía de corrección.

discípulo, la *m* y *f* Persona que aprende una doctrina del maestro a cuya enseñanza se entrega, o que cursa en una escuela.

disco *m* Lámina circular de cualquier materia. ‖ La de metal o madera que se utiliza en atletismo. ‖ Placa circular de materia plástica en la que se graba el sonido para que luego pueda reproducirse. ‖ Señal luminosa que se utiliza para regular el tráfico.

discografía f Arte de impresionar discos fonográficos. ‖ Enumeración de las obras grabadas de un autor, tema u obra. ❑ DISCOGRÁFICO, CA.

díscolo, la adj y s Avieso, indócil.

disconformidad f Diferencia de unas cosas respecto a otras en cuanto a su esencia, forma o finalidad.

discontinuo, nua adj Interrumpido, intermitente o no continuo. ‖ Díc. de la función que no presenta continuidad. ❑ DISCONTINUIDAD.

discordancia f Contrariedad, diversidad, disconformidad. ‖ Falta de armonía.

discordar intr Ser opuestas, desavenidas o diferentes entre sí dos o más cosas. ‖ No estar acordes las voces o los instrumentos. ❑ DISCORDANTE, DISCORDE.

discordia f Desavenencia de voluntades.

discoteca f Colección de discos musicales o sonoros. ‖ Local público donde se puede escuchar música y bailar. ❑ DISCOTEQUERO, RA.

discreción f Sensatez para formar juicio, y tacto para hablar u obrar. ‖ Don de expresarse con agudeza, ingenio y oportunidad.

discrecional adj Que se hace libremente.

discrepar intr Desdecir una cosa de otra, diferenciarse, ser desigual. ‖ Disentir una persona del parecer o de la conducta de otra. ❑ DISCREPANCIA.

discretear intr (fam) Cuchichear. ❑ DISCRETEO.

discreto, ta adj Que incluye o denota discreción. ‖ Que no sobresale en ningún aspecto, regular. • adj y s Dotado de discreción.

discriminar tr Diferenciar una cosa de otra. ‖ Dar trato de inferioridad a una persona o colectividad. ❑ DISCRIMINACIÓN; DISCRIMINANTE; DISCRIMINATORIA, RIA.

disculpa f Razón que se da y causa que se alega para excusarse o liberarse de una culpa.

disculpar tr y prnl Dar razones que descarguen de una culpa. • tr Perdonar, justificar.

discurrir tr Inventar una cosa. • intr Andar, caminar, correr por diversas partes y lugares. ‖ Correr, transcurrir. ‖ Correr un líquido. ‖ (fig) Reflexionar, pensar acerca de una cosa, platicar de ella.

discursivo, va adj Dado a discurrir.

discurso m Acto de la facultad discursiva. ‖ Uso de razón. ‖ Reflexión, raciocinio sobre algunos antecedentes o principios. ‖ Serie de las palabras y frases empleadas para manifestar lo que se piensa o siente. ‖ Razonamiento de alguna extensión dirigido por una persona a otra u otras. ‖ Escrito de no mucha extensión, o tratado, en que se discurre sobre una materia para enseñar o persuadir.

discutir tr Examinar atenta y particularmente una materia, asunto o cuestión entre varias personas. • intr y tr Contender, y alegar razones contra el parecer de otra persona. ❑ DISCUSIÓN; DISCUTIBLE; DISCUTIDOR, RA.

disecar tr Preparar los animales muertos para que conserven la apariencia de vivos. ‖ Preparar una planta para que, después de seca, se conserve. ❑ DISECACIÓN; DISECADOR, RA.

disección f Acción y efecto de disecar. ‖ (fig) Examen o análisis pormenorizado de una cosa.

diseminar tr y prnl Sembrar, esparcir. ❑ DISEMINACIÓN; DISEMINADOR, RA.

disentería f Enfermedad infecciosa caracterizada por lesiones inflamatorias ulcerosas y gangrenosas del intestino. ❑ DISENTÉRICO, CA.

disentir intr No ajustarse al sentir o parecer de otro; opinar de modo distinto. ❑ DISENSIÓN; DISENSO; DISENTIMIENTO.

diseño m Trazo, dibujo, delineación de un edificio, etc. ‖ Proyecto, plan. ❑ DISEÑADOR, RA; DISEÑAR.

disertar intr Razonar, discurrir detenida y metódicamente sobre alguna materia. ❑ DISERTACIÓN; DISERTADOR, RA.

disfasia f Anomalía en el lenguaje causada por una lesión cerebral.

disfraz m Lo que se usa para desfigurar una cosa con el fin de que no sea conocida. ‖ Traje de máscara.

disfrazar *tr* y *prnl* Desfigurar la forma natural de las personas o de las cosas, para que no sean conocidas. ‖ (fig) Disimular, desfigurar con palabras y exp. lo que se siente. ❏ DISFRAZ.

disfrutar *tr* Percibir o gozar los productos y utilidades de una cosa. • *tr* e *intr* Aprovecharse del favor, protección o amistad de uno. • *intr* Gozar, sentir placer. ❏ DISFRUTE.

disfunción *f* Alteración cuantitativa o cualitativa de una función orgánica.

disgregar *tr* y *prnl* Separar, desunir, apartar lo que estaba unido. ❏ DISGREGACIÓN.

disgustar *tr* y *prnl* Causar disgusto. • *prnl* Enfadarse uno con otro. ❏ DISGUSTADO, DA; DISGUSTO.

disidir *intr* Separarse de una creencia u opinión. ❏ DISIDENCIA; DISIDENTE.

disimilitud *f* Desemejanza.

disimular *tr* Disfrazar u ocultar una cosa, para que parezca distinta de lo que es. • *tr* e *intr* Encubrir con astucia la intención. ‖ Fingir desconocimiento o ignorancia de una cosa. ‖ Disfrazar, desfigurar las cosas, representándolas con artificio distintas de lo que son. ❏ DISIMULACIÓN; DISIMULADO, DA; DISIMULO.

disipación *f* Acción y efecto de disipar o disiparse. ‖ Conducta de una persona entregada enteramente a las diversiones.

disipar *tr* Desperdiciar, malgastar. • *tr* y *prnl* Esparcir y desvanecer las partes que forman por aglomeraciones un cuerpo. • *prnl* Evaporarse. ❏ DISIPADO, DA; DISIPANTE.

dislalia *f* Dificultad de articular las palabras.

dislate *m* Disparate, locura.

dislexia *f* Incapacidad parcial de leer comprendiendo lo que se lee o dificultad en la lectura. ❏ DISLÉXICO, CA.

dislocar *tr* y *prnl* Sacar una cosa de su lugar, especialmente huesos y articulaciones. • *tr* Torcer un argumento o razón. ‖ (fig) Provocar entusiasmo o deseo vehemente. ❏ DISLOCACIÓN; DISLOCADURA.

disloque *m* (fam) El colmo, gran desbarajuste.

dismenorrea *f* Menstruación dolorosa o difícil.

disminuido, da *pp* de disminuir. • *adj* y *s* Díc. de la persona minusválida.

disminuir *tr*, *intr* y *prnl* Hacer menor la extensión, la intensidad o número de alguna cosa. ❏ DISMINUCIÓN.

disnea *f* Dificultad para respirar. ❏ DISNEICO, CA.

disociar *tr* y *prnl* Separar una cosa de otra a que estaba unida. ‖ Separar los diversos componentes de una sustancia. ❏ DISOCIACIÓN.

disolución *f* Acción y efecto de disolver. ‖ Compuesto que resulta de disolver cualquier sustancia en un líquido. ‖ (fig) Relajación de vida y costumbres.

disoluto, ta *adj* y *s* Licencioso, entregado a los vicios.

disolver *tr* y *prnl* Desunir, separar las partículas o moléculas de un cuerpo sólido o espeso, por medio de un líquido en el cual se incorporan. ‖ Separar, desunir las cosas que estaban unidas de cualquier modo. ‖ Deshacer, destruir, aniquilar. ❏ DISOLUBILIDAD; DISOLUBLE; DISOLUTIVO, VA; DISOLVENTE.

disonancia *f* Sonido desagradable. ‖ (fig) Falta de la conformidad o proporción que deben tener algunas cosas.

disonar *intr* Sonar desacopladamente; faltar a la consonancia y armonía. ‖ (fig) Discrepar; discordar. ‖ (fig) Parecer mal y extraña una cosa. ❏ DISONANTE.

dispar *adj* Desigual, diferente. ❏ DISPARIDAD.

disparada *f Amér*. Fuga precipitada.

disparar *tr* Hacer que un arma despida su carga. ‖ Hacer funcionar un disparador. • *tr* e *intr* Despedir el arma su carga. • *tr* y *prnl* Arrojar o despedir con violencia una cosa. • *intr* y *prnl* Partir o correr sin dirección y precipitadamente lo que tiene movimiento natural o artificial. • *prnl* Hablar u obrar con extraordinaria violencia y sin razón. ‖ Crecer desmesuradamente una cosa. ❏ DISPARADOR, RA; DISPARO.

disparate *m* Hecho o dicho disparatado. ‖ (fam) Atrocidad, demasía. ❏ DISPARATADO, DA; DISPARATAR.

dispendio m Gasto excesivo, por lo general innecesario. ☐ DISPENDIOSO, SA.

dispensar tr Dar, conceder, distribuir. ‖ Expender un medicamento. ‖ Absolver de falta leve, disculpar. • tr y prnl Eximir de una obligación. ☐ DISPENSA; DISPENSABLE; DISPENSADOR, RA.

dispensario m Establecimiento clínico para enfermos no internados.

dispersar tr y prnl Separar y diseminar lo que estaba o debía estar reunido. ‖ Desplegar en orden abierto de guerrilla una fuerza. ☐ DISPERSIÓN; DISPERSIVO, VA; DISPERSO, SA.

displasia f Anomalía en el desarrollo de una parte u órgano del cuerpo. ☐ DISPLÁSICO, CA.

displicencia f Desagrado e indiferencia en el trato. ‖ Desaliento en la ejecución de un hecho, por desconfiar de su éxito. ☐ DISPLICENTE.

disponer tr Deliberar, mandar lo que ha de hacerse.• tr y prnl Colocar, poner las cosas en orden y situación conveniente. ‖ Preparar, prevenir. • intr Valerse de una persona o cosa, tenerla o utilizarla por suya. ☐ DISPONIBILIDAD; DISPOSICIÓN.

disponible adj Díc. de todo aquello de que se puede disponer libremente. ‖ Aplícase a la situación del militar o funcionario que espera ser destinado inmediatamente.

dispositivo m Mecanismo o artificio dispuesto para obtener un resultado automático.

dispuesto, ta pp irreg de disponer. ‖ adj Gallardo, apuesto. ‖ Hábil, despejado.

disputa f Acción y efecto de disputar. ‖ Altercado.

disputar tr Debatir. • tr e intr Porfiar y altercar. ‖ Ejercitarse los estudiantes discutiendo. • tr y prnl Contender, emular con otro para alcanzar o defender alguna cosa. ☐ DISPUTA; DISPUTABLE; DISPUTADOR, RA.

dísquete m Disco magnético portátil, de capacidad reducida, utilizado para almacenar información.

disquetera f Dispositivo donde se inserta el disquete para su grabación o lectura.

disquisición f Examen riguroso que se hace de alguna cosa, considerando cada una de sus partes.

distancia f Espacio o intervalo de lugar o de tiempo que media entre dos cosas o sucesos. ‖ (fig) Diferencia notable entre unas cosas y otras. ‖ Alejamiento, desvío, desafecto entre personas. ☐ DISTANCIAMIENTO.

distanciar tr y prnl Separar, apartar, poner a distancia. • prnl Desunir o separar moralmente a las personas el desafecto, las ideas, gustos, etcétera.

distar intr Estar apartada una cosa de otra cierto espacio de lugar o de tiempo. ‖ (fig) Diferenciarse una cosa de otra. ☐ DISTANTE.

distender tr Aflojar, relajar. • tr y prnl Causar una tensión violenta en los tejidos, membranas, etc. ☐ DISTENSIBLE; DISTENSIÓN.

dístico m Estrofa que consta de dos versos.

distingo m Reparo, restricción, distinción sutil.

distinguido, da pp de distinguir. • adj Ilustre, notable. ‖ De aspecto o maneras no vulgares.

distinguir tr Conocer la diferencia que hay de unas cosas a otras. ‖ Otorgar a uno alguna dignidad, prerrogativa, etc. • tr y prnl Hacer que una cosa se diferencie de otra por medio de una particularidad, señal, divisa, etc. • prnl Descollar, sobresalir entre otros. ☐ DISTINCIÓN; DISTINGUIBLE; DISTINTIVO, VA.

distinto, ta adj Que no es lo mismo. ‖ Que no es parecido; que tiene diferentes cualidades.

distorsión f Acción y efecto de distorsionar. ‖ Alteración que un circuito provoca en una señal que lo atraviesa. ‖ Esguince.

distorsionar tr Torcer o deformar algo. ☐ DISTORSIÓN; DIS

distraer tr y prnl Divertir, apartar, desviar, alejar; entretener, recrear. ‖ Apartar la atención de una persona del objeto a que la aplicaba o a que debía aplicarla. ‖ Apartar a uno de la vida virtuosa y honesta. • tr Tratándose de fondos, malversarlos, defraudarlos. ☐ DISTRACCIÓN; DISTRAÍDO, DA.

distribuir *tr* Dividir una cosa entre varios, designando lo que a cada uno corresponde. ‖ Entregar una mercancía a los vendedores y distribuidores. • *tr* y *prnl* Dar a cada cosa su oportuna colocación o destino conveniente. ☐ DISTRIBUCIÓN; DISTRIBUIDOR, RA; DISTRIBUTIVO, VA.

distrito *m* Cada una de las partes en que se divide una prov., pob. o territorio. ‖ Nombre que en algunos países tiene la unidad administrativa mayor.

disturbio *m* Alteración, desorden.

disuadir *tr* Inducir a uno con razones a mudar de dictamen o de propósito. ☐ DISUASIÓN; DISUASIVO, VA; DISUASORIO, RIA.

disyuntivo, va *adj* Díc. de lo que tiene la cualidad de desunir o separar. ‖ Díc. de la conjunción que uniendo palabras o frases separa las ideas, como *o*, *ni*. • *f* Alternativa entre dos cosas por una de las cuales hay que optar. ☐ DISYUNCIÓN.

dita *f Amér.* Deuda, obligación de pagar.

ditirambo *m* En la Grecia antigua, canto en honor de Dioniso. ‖ (fig) Alabanza exagerada.

diuca *f Arg.* y *Chile.* Pájaro de pequeño tamaño y color gris apizarrado, que canta al amanecer.

diuresis *f* Aumento en la secreción y excreción de orina. ☐ DIURÉTICO, CA.

diurno, na *adj* Perteneciente al día.

divagar *intr* Vagar, andar a la ventura. ‖ Separarse del asunto de que se trata. ☐ DIVAGACIÓN; DIVAGADOR, RA.

diván *m* Banco con brazos o sin ellos, por lo común sin respaldo, y con almohadones sueltos, en el que una persona puede tenderse.

divergir *intr* Irse apartando sucesivamente unas de otras, dos o más líneas o superficies. ‖ (fig) Discordar, discrepar. ☐ DIVERGENCIA; DIVERGENTE.

diversidad *f* Variedad, desemejanza, diferencia.

diversificar *tr* y *prnl* Convertir en múltiple y diverso lo que era uniforme y único. ☐ DIVERSIFICACIÓN; DIVERSIFORME.

diversión *f* Acción y efecto de divertir o divertirse. ‖ Recreo, pasatiempo, solaz. ☐ DIVERSIVO, VA.

diverso, sa *adj* De distinta naturaleza, especie, número, figura, etcétera. ‖ Desemejante. • *pl* Varios.

divertido, da *pp* de divertir. • *adj* Alegre, festivo y de buen humor. ‖ Que divierte. ‖ *Arg., Chile, Guat.* y *Perú.* Ebrio, achispado.

divertir *tr* y *prnl* Entretener, recrear. ‖ Apartar, desviar, alejar. • *tr* Atraer o desviar un humor hacia otra parte.

dividendo *m* Cantidad que ha de dividirse por otra. ‖ Parte de los beneficios de una sociedad anónima que se reparte entre sus socios accionistas. ‖ *Chile.* Plazo, cuota.

dividir *tr* (fig) Distribuir, repartir entre varios. ‖ (fig) Desunir los ánimos y voluntades, introduciendo discordia. • *tr* y *prnl* Partir, separar en partes. • *prnl* Separarse uno de la compañía o amistad de otro. ☐ DIVISO, SA.

divinidad *f* Naturaleza divina y esencia del ser de Dios en cuanto Dios. ‖ (fig) Persona o cosa dotada de gran hermosura.

divinizar *tr* Hacer o suponer divina a una persona o cosa. ‖ (fig) Ensalzar desmedidamente. ☐ DIVINIZACIÓN.

divino, na *adj* Perteneciente a Dios o a los dioses. ‖ Extraordinario, muy bueno.

divisa *f* Señal exterior para distinguir personas, grados u otras cosas. ‖ Dinero de un país extranjero.

divisar *tr* Ver, percibir, aunque confusamente, un objeto.

división *f* Acción y efecto de dividir, separar o repartir. ‖ (fig) Discordia, desunión. ‖ Operación de dividir. ‖ Parte de un cuerpo de ejército, compuesta de brigadas de varias armas con servicios auxiliares. ☐ DIVISIBILIDAD; DIVISIBLE; DIVISIONAL; DIVISIONARIO, RIA.

divisor, ra *adj* Que divide. • *adj* y *s* Submúltiplo.

divisorio, ria *adj* Díc. de lo que sirve para dividir o separar. • *adj* y *f* Díc. de la línea que señala los límites entre partes, grandes o pequeñas, de la superficie del globo terrestre.

divo, va *s* Cantante de ópera o de zarzuela, de sobresaliente mérito. ‖ Persona afamada. ☐ DIVISMO.

divorciar *tr* y *prnl* Separar por sentencia legal a dos casados.

divorcio *m* Disolución del contrato de matrimonio mediante sentencia legal. || *Col.* Cárcel de mujeres.

divulgar *tr* y *prnl* Publicar, extender, poner al alcance del público una cosa. ❑ DIVULGABLE; DIVULGACIÓN; DIVULGADOR, RA; DIVULGATIVO, VA.

do *m* Primera voz de la escala musical.

dobermann *adj* y *s* Díc. de una raza de perros obtenida mediante selección.

dobladillo *m* Pliegue que como remate se hace a la ropa en los bordes para evitar que se deshilache. ❑ DOBLADILLAR.

doblar *tr* Aumentar una cosa, haciéndola otro tanto más de lo que era. || Tratándose de un cabo, promontorio, punta, etc., pasar la embarcación por delante y ponerse al otro lado. || Sustituir las palabras de un actor por las de otro y que, acompasando su dicción a los gestos de dicho actor, habla en la misma lengua que éste o en otra diferente. || (fig, fam) Causarle a uno gran quebranto. || Hacer un actor dos papeles en una misma obra. || Caer el toro agonizante al final de la lidia. • *tr, intr* y *prnl* Volver una cosa sobre otra. • *tr* y *prnl* Torcer una cosa encorvándola. • *intr* Tocar a muerto. • *intr* y *prnl* (fig) Ceder a la persuasión. ❑ DOBLADOR, RA; DOBLADURA; DOBLAJE; DOBLAMIENTO; DOBLEZ.

doble *adj* Díc. de la cosa que va acompañada de otra semejante y que juntas sirven para el mismo fin. || Fornido y rehecho de miembros. || (fig) Simulado, artificioso, nada sincero. • *adj* y *m* Duplo. • *m* Doblez, parte que se dobla y señal que queda. || Actor secundario que, en pasajes peligrosos, sustituye al protagonista de la película. || Persona tan parecida a otra que puede sustituirla o pasar por ella.

doblegar *tr* y *prnl* Doblar o torcer encorvando. || (fig) Hacer a uno que desista de un propósito y se preste a otro. ❑ DOBLEGABLE; DOBLEGADIZO, ZA; DOBLEGAMIENTO.

doblete *adj* Entre doble y sencillo. • *m* En filología, cada una de dos palabras que tienen un mismo origen etimológico.

doce *adj* Diez y dos. || Duodécimo, que sigue en orden al undécimo. • *m* Conjunto de signos con que se representa el número doce.

doceavo, va *adj* y *s* Duodécimo.

docena *f* Conjunto de doce cosas iguales.

docencia *f* Enseñanza.

docente *adj* y *s* Que enseña. • *adj* Perteneciente o relativo a la enseñanza.

dócil *adj* Suave, apacible. || Obediente. || Díc. del metal, piedra u otra cosa que se deja labrar con facilidad. ❑ DOCILIDAD.

docto, ta *adj* y *s* Que a fuerza de estudios ha adquirido más conocimientos que los comunes u ordinarios. ❑ DOCTITUD.

doctor, ra *m* y *f* Persona que ha recibido el último grado académico que confiere una universidad. || Persona muy sabia en cualquier arte o ciencia. || En lenguaje usual, médico, aunque no tenga el grado académico de doctor.

doctorado *m* Grado de doctor. || Estudios necesarios para obtener este grado. ❑ DOCTORAL; DOCTORAMIENTO.

doctrina *f* Enseñanza que se da para instrucción de uno. || Ciencia o sabiduría. || Conjunto de opiniones de una escuela literaria, jurídica o filosófica, o de una determinada religión. ❑ DOCTRINAL; DOCTRINARIO, RIA.

documentación *f* Acción y efecto de documentar. || Conjunto de documentos que sirven para este fin. || Documento oficial o conjunto de ellos, que sirven para la identificación personal o para acreditar algo.

documental *adj* Que se funda en documentos, o se refiere a ellos. • *adj* y *s* Díc. de las películas que representan, con propósito informativo o pedagógico, hechos tomados de la realidad.

documentalista *m* o *f* Persona que se dedica a hacer cine documental. || Persona que tiene como oficio la preparación y elaboración de toda clase de datos bibliográficos, informes, noticias, etc., sobre una determinada materia.

documentar *tr* Probar, justificar la verdad de una cosa con documentos. • *tr* y *prnl* Instruir o informar a uno acerca de las noticias y pruebas que atañen a un asunto. ❏ DOCUMENTADO, DA.

documento *m* Diploma, carta, relación u otro escrito que ilustra acerca de algún hecho, pralm. de los históricos. ‖ Escrito donde se prueba o acredita una cosa.

dodecaedro *m* Poliedro que tiene doce caras.

dodecafonía *f* Sistema atonal en que se usan los 12 intervalos cromáticos en que se divide la escala. ❏ DODECAFÓNICO, CA; DODECAFONISMO.

dodecágono, na *adj* y *m* Díc. del polígono de doce ángulos y doce lados.

dodecasílabo, ba *adj* De doce sílabas. • *m* Verso de doce sílabas.

dogma *m* Punto fundamental de una doctrina religiosa o filosófica. ‖ Fundamento o puntos capitales de todo sistema, ciencia o doctrina. ❏ DOGMATISMO.

dogmático, ca *adj* Perteneciente a los dogmas de la religión. ‖ Dícese del autor que trata de los dogmas. • *adj* y *s* Aplícase a quien profesa el dogmatismo. ‖ Inflexible, que mantiene sus opiniones como verdades inconcusas.

dogmatizar *tr* e *intr* Enseñar dogmas. • *tr* Afirmar con presunción, como innegables, principios sujetos a examen y contradicción.

dogo, ga *adj* y *s* Díc. del perro alano. • *m* Perro grande, de pelo corto y hocico chato.

dólar *m* Unidad monetaria de Estados Unidos y de otros países vinculados a la economía estadounidense.

dolencia *f* Indisposición, achaque; enfermedad.

doler *intr* Padecer, sufrir. ‖ Causar repugnancia o sentimiento el hacer una cosa o pasar por ella. • *prnl* Arrepentirse de haber hecho una cosa. ‖ Quejarse.

dolmen *m* Monumento megalítico funerario propio de la Prehistoria, formado por grandes piedras verticales que sostienen a una o varias en posición horizontal. ❏ DOLMÉNICO, CA.

dolo *m* Engaño, fraude, simulación. ‖ Voluntad de cometer un acto a sabiendas de su carácter delictivo. ❏ DOLOSO, SA.

dolomita *f* Carbonato de calcio y magnesio, incoloro o diversamente coloreado.

dolor *m* Sensación molesta de una parte del cuerpo. ‖ Sentimiento, pena, congoja. ‖ Pesar y arrepentimiento por haber hecho u omitido una acción o una cosa. ❏ DOLORIDO, DA; DOLOROSO, SA.

domar *tr* Amansar y hacer dócil al animal. ‖ (fig) Sujetar, reprimir. ‖ Domesticar, hacer tratable una persona que no lo es. ‖ (fig) Dar flexibilidad y holgura a una cosa. ❏ DOMA; DOMABLE; DOMADOR, RA; DOMADURA.

dombo *m* Domo.

domeñar *tr* Someter, sujetar y rendir.

domesticar *tr* Acostumbrar a la compañía del hombre al animal fiero y salvaje. • *tr* y *prnl* (fig) Hacer tratable a una persona que no lo es; moderar la aspereza de carácter. ❏ DOMESTICABLE; DOMESTICACIÓN.

doméstico, ca *adj* Perteneciente o relativo a la casa u hogar. ‖ Aplícase al animal que se cría en la compañía del hombre, a diferencia del que se cría salvaje. • *adj* y *s* Díc. del criado que sirve en una casa.

domiciliar *tr* Dar domicilio. ‖ Autorizar pagos o cobros con cargo o abono a una cuenta abierta en una entidad bancaria. ‖ *Méx.* Escribir en un sobre la dirección. • *prnl* Establecer, fijar su domicilio en un lugar.

domicilio *m* Morada fija y permanente. ‖ Lugar en el que legalmente se considera establecida una persona o entidad para el cumplimiento de sus obligaciones y el ejercicio de sus derechos. ‖ Sede de una entidad. ❏ DOMICILIACIÓN; DOMICILIARIO, RIA.

dominar *tr* Tener domino sobre cosas o personas. ‖ Sujetar, contener, reprimir. ‖ (fig) Poseer a fondo una ciencia o arte. ‖ Divisar una extensión considerable de terreno desde una altura. • *tr* e *intr* Sobresalir un monte, edificio, etc., entre otros; ser más alto que ellos. • *prnl* Reprimirse, ejercer dominio sobre sí mismo. ❏ DOMINACIÓN; DOMINADOR; RA; DOMINANTE.

domingo *m* Séptimo día de la semana civil y primero de la litúrgica cristiana. ❏ DOMINICAL.

dominguejo *m* Dominguillo. ‖ *Chile, Perú* y *Ven.* Persona insignificante, pobre diablo.

dominguero, ra *adj* (fam) Que se suele usar en domingo. • *adj* y *s* Aplícase a la persona que acostumbra a acicalarse y divertirse solamente los domingos o días de fiesta. ‖ Díc. del conductor que sólo utiliza el automóvil los domingos.

dominico, ca *adj* y *s* Díc. del religioso de la orden fundada por Santo Domingo.

dominio *m* Poder que uno tiene de usar y disponer libremente de lo suyo. ‖ Poder o ascendiente que se ejerce sobre otra u otras personas. ‖ Territorios sujetos a un Estado. Se usa más en plural. ‖ Buen conocimiento de una ciencia, idioma o arte. ‖ Derecho de propiedad. ‖ Territorio donde se habla una lengua o dialecto.

dominó *m* Juego que se hace con 28 fichas rectangulares, con la cara dividida en dos cuadrados, cada uno de los cuales lleva marcados de uno a seis puntos, o no lleva ninguno. ‖ Conjunto de estas fichas.

domo *m* Cúpula, bóveda en forma de media esfera.

don[1] *m* Dádiva o regalo. ‖ Cualquiera de los bienes naturales o sobrenaturales que tenemos. ‖ Gracia especial o habilidad para hacer una cosa.

don[2] *m* Tratamiento de respeto que se antepone a los nombres propios masculinos.

dona *f Chile.* Don, regalo y, más especialmente, legado testamentario.

donaire *m* Discreción y gracia en lo que se dice. ‖ Gallardía, gentileza y agilidad airosa de cuerpo para andar, bailar, etc. ❑ DONAIROSO, SA.

donante *pa* de donar. • *adj* y *s* Que dona. ‖ Dícese de las personas que ceden algunos de sus órganos, sangre, etc., para que, en caso de muerte, les sean trasplantados a otras personas que los necesitan.

donar *tr* Ceder de forma gratuita una cosa. ❑ DONACIÓN; DONADO, DA; DONANTE; DONATIVO.

donatario *m* Persona a quien se hace la donación.

doncel *m* Adolescente, joven. ‖ Hombre que no ha conocido mujer.

doncella *f* Mujer que no ha conocido varón. ‖ Muchacha. ‖ Criada. ❑ DONCELLERÍA; DONCELLEZ.

donde *adv lugar* En un lugar. Cuando es interrogativo o dubitativo se escribe con tilde. ‖ A veces toma carácter de *pron rel* y equivale a *en que* o *en el, la, lo, que o cual.* ‖ Lo cual. ‖ Adonde. • *prep* En casa de, en el sitio de.

donjuán *m* Hombre seductor. ❑ DONJUANESCO, CA; DONJUANISMO.

donoso, sa *adj* Que tiene donaire y gracia. ❑ DONOSURA.

doña *f* Tratamiento de respeto que se aplica a las mujeres, el cual precede a su nombre propio.

dopar *intr* y *prnl* Administrar fármacos o sustancias estimulantes para potenciar artificialmente el rendimiento. ❑ DOPAJE.

doquier o **doquiera** *adv lugar* En cualquier parte.

dorada *f* Pez marino comestible, de color negro azulado y con una mancha dorada entre los ojos.

doradillo, lla *adj Arg.* y *C. Rica.* Aplícase a la caballería de color melado brillante.

dorar *tr* Cubrir con oro la superficie de una cosa. ‖ Dar el color del oro a una cosa. ‖ (fig) Paliar, encubrir con apariencia agradable las acciones malas o las noticias desagradables. • *tr* y *prnl* (fig) Tostar ligeramente una cosa de comer. ❑ DORADO, DA; DORADURA.

dórico, ca *adj* Aplícase al más ant. de los órdenes arquitectónicos griegos.

dormida *f* Acción de dormir, especialmente pasando la noche. ‖ *C. Rica* y *Chile.* Lugar donde se pernocta.

dormilona *f* Arete, pendiente con un brillante o una perla. Se usa más en plural. ‖ Butaca para dormir la siesta. ‖ *Amér. Centr.* y *Cuba.* Sensitiva, planta. ‖ *Ven.* Camisa femenina de dormir.

dormir *tr, intr* y *prnl* Permanecer el hombre o el animal en estado de reposo con suspensión de la actividad de los sentidos y de todo movimiento voluntario. • *tr* Hacer que alguien se duerma.

• *intr* Pernoctar. ‖ (fig) Con la *prep sobre*, y tratándose de cosas que den qué pensar, tomarse tiempo para meditar o discurrir sobre ellas. • *intr* y *prnl* (fig) Descuidarse. ‖ (fig) Sosegarse o apaciguarse lo que estaba inquieto o alterado. • *prnl* (fig) Adormecerse un miembro. ☐ DORMIDERA; DORMIDERO, RA; DORMILÓN, NA.

dormitar *intr* Estar medio dormido.

dormitorio *m* Pieza acondicionada para dormir en ella. ‖ Conjunto de los muebles de esta pieza.

dorsal *adj* Perteneciente o relativo al dorso, espalda o lomo. • *m* Trozo de tela con un número que se cose en la camiseta de los deportistas para distinguirlos de los demás.

dorso *m* Revés o espalda de alguna cosa.

dos *adj* Uno y uno. ‖ Segundo, que sigue en orden al primero. • *m* Signo o conjunto de signos con que se representa el número dos.

doscientos, tas *adj pl* Dos veces ciento. • *m* Conjunto de signos con que se representa el número doscientos.

dosel *m* Mueble de adorno, que a cierta alt. resguarda el sitial o el altar. ‖ Antepuerta o tapiz.

dosificar *tr* Dividir o graduar las dosis de un medicamento. ‖ Graduar la cantidad o porción de otras cosas. ☐ DOSIFICADOR, RA.

dosis *f* Toma de medicina que se da al enfermo cada vez. ‖ (fig) Cantidad o porción de una cosa cualquiera, material o inmaterial.

dossier *m* Expediente, conjunto de documentos referidos a un asunto.

dotar *tr* Señalar dote a la mujer que va a contraer matrimonio o a profesar en una orden religiosa. ‖ Asignar sueldo o haber a un empleo o cargo cualquiera. ‖ Dar a una cosa alguna propiedad o cualidad ventajosa. Se usa gralte. con la *prep de*. ☐ DOTACIÓN; DOTADO, DA.

dote *amb* Conjunto de bienes que lleva la mujer al matrimonio. Úsase comúnmente como *f*. • *f* Excelencia, prenda, calidad apreciable de una persona. Se usa más en plural. ☐ DOTAL.

draconiano, na *adj* Concerniente a Dracón. ‖ (fig) Aplícase a las leyes o disposiciones excesivamente severas.

draga *f* Máquina excavadora destinada a extraer escombros y materiales diversos que se hallan bajo las aguas. ‖ Barco que lleva esta máquina.

dragaminas *m* Buque de poco calado destinado a anular la acción de las minas.

dragar *tr* Ahondar o limpiar con draga los puertos de mar, los ríos, etc. ☐ DRAGADO, DA.

dragón *m* Animal mitológico, parecido a una serpiente con pies y alas, de singular voracidad. ‖ Especie de lagarto caracterizado por las expansiones de su piel, que forma a los lados del abdomen una especie de paracaídas, que ayuda a los saltos del animal.

dragona *f* Hembra del dragón. ‖ Charretera.

dragonear *intr* *Amér.* Ejercer un cargo sin tener títulos para ello. ‖ *Amér.* Alardear. ‖ *Amér.* Enamorar, cortejar.

drama *m* Pieza de teatro cuyo tema puede ser a la vez cómico y trágico. ‖ Gén. literario que comprende las obras escritas para ser representadas. ‖ (fig) Suceso o situación en la vida real en que ocurren desgracias.

dramático, ca *adj* Perteneciente o relativo al drama. ‖ (fig) Teatral, afectado. • *f* Arte que enseña a componer obras dramáticas. ‖ Poesía dramática, uno de los tres prales. gén. en que se divide la poesía. ☐ DRAMATISMO.

dramatizar *tr* Dar forma y características dramáticas. ‖ Exagerar con apariencias afectadas o dramáticas. ☐ DRAMATIZABLE; DRAMATIZACIÓN; DRAMATURGIA; DRAMATURGO.

drapear *tr* y *prnl* Colocar o plegar los paños de vestidura. ☐ DRAPEADO, DA.

draque *m* *Amér. Merid.* Bebida compuesta de agua, aguardiente, azúcar y nuez moscada.

drástico, ca *adj* (fig) Riguroso, enérgico.

drenar *tr* Arenar, desaguar un terreno. ‖ Asegurar la salida de líquidos, gralte. anormales, de alguna parte del cuerpo. ☐ DRENAJE.

driblar *tr* e *intr* En el fútbol y otros deportes, regatear al adversario.

droga *f* Nombre genérico de ciertas sustancias minerales, vegetales o animales, que se emplean en la medicina, en la ind. o en las bellas artes. ‖ Sustancia o preparado medicamentoso de efecto estimulante, deprimente, narcótico o alucinógeno, que puede producir hábito. ‖ *Chile, Méx.* y *Perú.* Deuda, trampa.

drogadicción *f* Hábito del consumidor de droga, que le provoca una dependencia psicológica y fisiológica. ❑ DROGADICTO, TA.

drogar *tr* Administrar una droga estimulante, deprimente o narcótica. ❑ DROGADO, DA; DROGATA; DROGOTA.

droguería *f* Tienda en que se venden pinturas y toda clase de artículos de limpieza.

dromedario *m* Camello de una sola giba, de pelo corto, lanudo y de color canela.

drugstore *m* Establecimiento comercial abierto prácticamente sin interrupción, en el que se venden artículos muy diversos y se ofrecen numerosos servicios complementarios.

druida *m* Sacerdote de la religión celta. ❑ DRUÍDICO, CA; DRUIDISMO.

drupa *f* Pericarpio carnoso de ciertos frutos, sin valvas o ventallas y con una nuez dentro. ❑ DRUPÁCEO, A.

dual *adj* Díc. de lo que consta de dos partes, normalmente relacionadas entre sí. ❑ DUALIDAD.

dualismo *m* Creencia religiosa de ciertos pueblos ant. que consistía en considerar el universo como formado y mantenido por el concurso de dos principios igualmente necesarios y eternos. ‖ Cualidad de dual. ❑ DUALISTA.

dubitación *f* Duda. ‖ Figura en la que el hablante manifiesta duda o perplejidad acerca de lo que debe decir o hacer. DUBITABLE; DUBITATIVO, VA.

ducado *m* Título o dignidad de duque. ‖ Territorio o lugar sobre el que recaía este título.

duce *m* Conductor, jefe. ‖ Nombre que dieron los fascistas italianos a Mussolini.

ducentésimo, ma *adj* Que sigue inmediatamente en orden al o a lo centésimo nonagésimo nono. • *adj* y *s* Díc. de cada una de las doscientas partes iguales en que se divide un todo.

ducha *f* Acción y efecto de duchar o ducharse. ‖ Chorro de agua que se hace caer sobre el cuerpo para refrescarlo o limpiarlo. ‖ Aparato que sirve para ello.

duchar *tr* y *prnl* Dar una ducha.

ducho, cha *adj* Experimentado, diestro.

dúctil *adj* Díc. de los metales que admiten grandes deformaciones mecánicas en frío sin llegar a romperse. ‖ p. ext. Maleable. ‖ (fig) Acomodadizo, que se aviene a todo. ❑ DUCTILIDAD.

dudar *tr* Dar poco crédito a una cosa que se oye. • *intr* Desconfiar, sospechar de una cosa o persona. • *intr* y *prnl* Estar el ánimo perplejo entre juicios contradictorios, sin decidirse por ninguno de ellos. ❑ DUDA; DUDABLE; DUDOSO, SA.

duelo¹ *m* Combate o pelea entre dos, precediendo desafío o reto. ❑ DUELISTA.

duelo² *m* Dolor, lástima, aflicción o sentimiento. ‖ Demostraciones que se hacen para manifestar el sentimiento que se tiene por la muerte de alguien.

duende *m* Especie de diablillo que según se cree causa trastornos en las casas. ‖ Encanto o gracia que tiene una persona o cosa.

dueño, ña *m* y *f* Persona que tiene o posee dominio sobre alguna cosa. ‖ El amo de la casa respecto a sus criados.

dulce *adj* Que causa cierta sensación suave y agradable al paladar, como la miel, el azúcar, etc. ‖ Que no es agrio o salobre, comparado con otras cosas de la misma especie. ‖ Díc. del hierro libre de impurezas que se trabaja con facilidad. ‖ (fig) Naturalmente afable, complaciente, dócil. ‖ *Amér. Centr.* Papelón, azúcar moreno. ❑ DULCERA; DULZONAR; DULZURA.

dulcería *f* Confitería.

dulcificar *tr* (fig) Mitigar la acerbidad, acrimonia, etc., de una cosa material o inmaterial. • *tr* y *prnl* Volver dulce una cosa. ❑ DULCIFICACIÓN.

dulzaina *f* Instrumento musical de viento, parecido a la chirimía, pero más corto y de tonos más altos.

dulzaino, na o **dulzón, na** *adj* (fam) De sabor dulce, pero desagradable y empalagoso.

duna *f* Colina de arena movediza que en los desiertos y playas forma y empuja el viento.

dúo *m* Composición que se canta o se toca entre dos.

duodécimo, ma *adj* Que sigue inmediatamente en orden al o a lo undécimo. • *adj* y *s* Díc. de cada una de las doce partes iguales en que se divide un todo.

duodeno *m* Porción inicial del intestino delgado situada en la parte superior y posterior de la cavidad abdominal. ☐ DUODENAL.

dúplex *adj* y *s* Díc. de lo que consta de dos elementos, que hace doble función, etc. • *m* Piso cuyas habitaciones se disponen en dos niveles superpuestos.

duplicado *m* Segundo documento o escrito que se expide del mismo tenor que el primero, por si éste se pierde o se necesitan dos.

duplicar *tr* Multiplicar por dos una cantidad. ‖ Contestar el demandado a la réplica del actor. • *tr* y *prnl* Hacer doble una cosa. ☐ DÚPLICA; DUPLICACIÓN; DUPLICATIVO, VA; DUPLICIDAD.

duplo, pla *adj* y *m* Que contiene un número dos veces exactamente.

duque *m* Título nobiliario inferior al de príncipe y superior al de marqués. ☐ DUCAL.

duquesa *f* Mujer que por sí posee un estado que lleva anejo el título ducal. ‖ Esposa del duque.

duración *f* Tiempo que dura una cosa o que transcurre entre el comienzo y el fin de un proceso. ☐ DURATIVO, VA.

duramadre o **duramáter** *f* La más externa y gruesa de las tres meninges que envuelven el encéfalo y la médula espinal.

durante *pa* de durar. • *prep* Denota simultaneidad de un acontecimiento con otro.

durar *intr* Continuar siendo. ‖ Subsistir, permanecer. ☐ DURABILIDAD; DURACIÓN; DURADERO, RA.

dureza *f* Calidad de duro. ‖ Callosidad que se hace en algunas partes del cuerpo. ‖ Resistencia que opone un mineral a ser rayado por otro.

duro, ra *adj* Díc. del cuerpo resistente, que no se presta a recibir nueva forma. ‖ (fig) Que soporta o resiste bien la fatiga. ‖ Áspero, falto de suavidad. ‖ (fig) Riguroso, difícil de tolerar. ‖ (fig) Violento, cruel. ‖ (fig) Terco y obstinado.

duty-free *m* Establecimiento comercial en el que se venden artículos libres de impuestos.

dux *m* Príncipe o magistrado supremo en las repúblicas de Venecia y Génova.

DVD *m* Formato de disco gráfico digital que permite grabar grandes cantidades de información.

Ee

e¹ *f* Quinta letra del abecedario esp., y segunda de las vocales.

e² *conj cop* Se usa en vez de la *y*, para evitar el hiato, antes de las palabras que empiezan por *i* o *hi*.

¡ea! *interj* Se emplea para denotar alguna resolución de la voluntad, o para animar, estimular o excitar. Se usa también repetida.

ebanista *m* El que tiene por oficio trabajar el ébano y otras maderas finas. □ EBANISTERÍA.

ébano *m* Árbol exótico de tronco grueso; su madera maciza y negra es muy apreciada para la fabricación de muebles.

ebonita *f* Caucho vulcanizado.

eborario, ria *adj* De marfil o relativo al marfil.

ebriedad *f* Embriaguez.

ebrio, bria *adj* y *s* Embriagado, borracho. ‖ (fig) Ciego, arrebatado por una pasión.

ebrioso, sa *adj* y *s* Que se embriaga fácilmente.

ebullición *f* Vaporización de la masa de un líquido que se produce al igualarse su presión de vapor con la presión exterior que actúa sobre la superficie libre del líquido. ‖ (fig) Agitación.

ebullómetro o **ebulloscopio** *m* Aparato para medir el punto de ebullición de un líquido.

ebúrneo, a *adj* De marfil, o parecido a él.

eccema *m* Afección cutánea inflamatoria, con aparición de vesículas y desarrollo de escamas y costras. □ ECCEMATIZACIÓN; ECCEMATOSO, SA.

echar *tr* Hacer que una cosa vaya a parar a alguna parte, dándole impulso. ‖ Despedir de sí una cosa. ‖ Hacer que una cosa caiga en sitio determinado. ‖ Hacer salir a uno de algún lugar; apartarle con violencia, por desprecio, castigo, etc. ‖ Poner. ‖ Tratándose de llaves, cerrojos, pestillos, etc., darles el movimiento necesario para cerrar. ‖ Imponer o cargar. ‖ Atribuir una acción a cierto fin. ‖ Remitir una cosa a la suerte. ‖ Dar, repartir. ‖ Suponer o conjeturar el precio, edad, etc., que nos son desconocidos. ‖ Tratándose de comedias u otros espectáculos, representar o ejecutar. • *tr* e *intr* Brotar y arrojar las plantas sus raíces, hojas, flores y frutos. • *tr* y *prnl* Inclinar, reclinar o recostarse. ‖ Seguido de la *prep a*, y un infinitivo de otro verbo, unas veces significa dar principio a la acción de este verbo, y otras ser causa o motivo de ella. • *prnl* Arrojarse, tirarse. ‖ Tenderse o acostarse. □ ECHADO, DA; ECHAMIENTO.

echarpe *m* Chal, mantón.

echón, na *adj Ven.* Fanfarrón, petulante.

echona *f Arg.* y *Chile.* Hoz para segar.

echonería *f Ven.* Jactancia, fanfarronada.

eclecticismo *m* Modo de juzgar u obrar en el que se adopta una postura intermedia, y no una externa o bien definida. □ ECLÉCTICO, CA.

eclesial *adj* Perteneciente o relativo a la comunidad cristiana o Iglesia de todos los fieles.

eclesiástico, ca *adj* Perteneciente o relativo a la Iglesia, y en particular a los clérigos. • *m* Clérigo, sacerdote.

eclipsar *tr* Causar un astro el eclipse de otro. • *tr* y *prnl* (fig) Oscurecer, deslucir. ‖ *prnl* (fig) Evadirse, desaparecer una persona o cosa.

eclipse *m* Ocultación transitoria y total, parcial o anular de un astro, o pérdida de su luz prestada, por interposición de otro cuerpo celeste.

eclíptica *f* Círculo máximo resultante de la intersección del plano de la órbita aparente del Sol.

eclosión *f* Brote, nacimiento, aparición.

eclosionar *intr* Abrirse un capullo de flor, una crisálida o un huevo.

eco *m* Repetición de un sonido reflejado en un cuerpo duro. ‖ Sonido que se percibe débil y confusamente.

ecografía *f* Técnica de exploración del interior del cuerpo humano mediante ondas electromagnéticas o acústicas. ‖ Imagen que se obtiene por este método.

ecología *f* Ciencia que estudia las relaciones existentes entre los seres vivientes y el medio en que viven. ❏ ECOLÓGICO, CA; ECOLOGISTA.

ecologismo *m* Denominación genérica de los movimientos de defensa de la conservación del medio ambiente natural.

economato *m* Almacén creado por un establecimiento privado para que su personal pueda comprar en él en condiciones ventajosas.

economía *f* Administración ordenada y prudente de los bienes. ‖ Riqueza pública, conjunto de actividades de una colectividad humana. ‖ Ahorro de trabajo, tiempo y dinero.

económico, ca *adj* Perteneciente o relativo a la economía. ‖ Ahorrador. ‖ Poco costoso.

economizar *tr* Ahorrar, guardar para más adelante. ❏ ECONOMIZADOR, RA.

ecosistema *m* Conjunto de organismos vivientes y sustancias inertes que actúan recíprocamente intercambiando materiales.

ecosonda *m* Aparato para estudiar las profundidades del mar y detectar bancos de peces.

ectoplasma *m* Zona externa del citoplasma, gralte. más densa y granular que el endoplasma, que se puede apreciar en algunas células.

ecu *m* Unidad monetaria de la Comunidad Europea.

ecuación *f* Igualdad en la que interviene uno o más términos no determinados, llamados incógnitas.

ecuador *m* Nombre que se da a determinados círculos imaginarios. ❏ ECUATORIAL.

ecualizador *m* Dispositivo que en los equipos de alta fidelidad sirve para amplificar las bajas frecuencias y atenuar las altas.

ecuanimidad *f* Igualdad y constancia de ánimo. ‖ Imparcialidad. ❏ ECUÁNIME.

ecuatorianismo *m* Vocablo o giro propio y privativo del lenguaje de los ecuatorianos.

ecuestre *adj* Perteneciente o relativo al caballo. ‖ Que representa un personaje a caballo.

ecuménico, ca *adj* Que se extiende a todo el mundo. ‖ Díc. de los concilios generales en los que se convoca a todos los obispos del mundo.

ecumenismo *m* Tendencia o movimiento que intenta la restauración de la unidad de todas las iglesias cristianas.

eczema *m* Eccema.

edad *f* Tiempo que una persona ha vivido, a contar desde que nació. ‖ Duración de una cosa desde su comienzo. ‖ Cada uno de los períodos en que se considera dividida la vida humana. ‖ Gran período de tiempo en que, desde distintos puntos de vista, se considera dividida la historia.

edáfico, ca *adj* Perteneciente o relativo al suelo.

edafología *f* Ciencia que tiene como objeto el estudio del suelo, entendiendo como tal la capa de la corteza terrestre que sirve de soporte a la vegetación. ❏ EDAFÓLOGO, GA.

edecán *m* Ayudante de campo. ‖ (fig, fam) Auxiliar, acompañante, correveidile.

edema *m* Tumefacción de la piel, ocasionada por la serosidad infiltrada en el tejido celular.

edén *m* Paraíso terrestre. ‖ (fig) Lugar muy ameno y delicioso. ❏ EDÉNICO, CA.

edición *f* Impresión o estampación de una obra o escrito para su publicación. ‖ Conjunto de ejemplares de una obra impresos de una sola vez sobre el mismo molde. ‖ Texto de una obra preparado con criterios filológicos.

edicto *m* Mandato, ordenanza o decreto.

edificación *f* Acción y efecto de edificar. ‖ Conjunto de edificios.

edificar *tr* Fabricar, hacer un edificio o mandarlo construir. ‖ (fig) Incitar a la virtud con el ejemplo. ❏ EDIFICABLE; EDIFICADOR, RA.

edificio *m* Construcción generalmente grande para vivienda u otros usos.

edil, la *m* y *f* Concejal, miembro de un ayuntamiento.

editar *tr* Publicar por medio de la imprenta o por cualquier medio de reproducción gráfica, una obra, folleto, mapa, etc.

editor, ra *adj* Que edita. • *m* y *f* Persona que publica una obra literaria, un disco, un periódico, etc., multiplicando los ejemplares.

editorial *adj* Perteneciente o relativo a editores o ediciones. • *m* Artículo de fondo no firmado. • *f* Empresa editora.

edredón *m* Almohadón relleno con plumas, que se emplea como cobertor.

educación *f* Acción y efecto de educar. ‖ Cortesía, urbanidad. ‖ Proceso mediante el cual una persona desarrolla su capacidad física o intelectual. ❏ EDUCABLE; EDUCACIONAL; EDUCADO, DA; EDUCADOR, RA.

educar *tr* Dirigir, enseñar, encaminar. ‖ Desarrollar las facultades intelectuales, físicas y morales del niño. ‖ Perfeccionar los sentidos. ‖ Enseñar urbanidad y cortesía. ❏ EDUCATIVO, VA.

edulcorar *tr* Endulzar. ❏ EDULCORACIÓN; EDULCORANTE.

efe *f* Nombre de la letra *f*.

efebo *m* Mancebo, adolescente.

efectismo *m* Afán de producir, ante todo, gran efecto en el público.

efectista *adj* Díc. del que busca ante todo producir fuerte efecto o impresión en el ánimo.

efectivo, va *adj* Real y verdadero, en oposición a lo quimérico, dudoso o nominal. • *m* Dinero contante, o dinero efectivo. • *m pl* Número de hombres que componen una unidad táctica.

efecto *m* Resultado de la acción de una causa. ‖ Impresión hecha en el ánimo. ‖ Movimiento giratorio que se da a una bola, pelota, etc., al impulsarla, y que la hace desviarse de su trayectoria normal. • *pl* Bienes, muebles, enseres. ❏ EFECTIVIDAD.

efectuar *tr* Ejecutar una cosa. • *prnl* Cumplirse, hacerse efectiva una cosa.

efeméride *f* Acontecimiento notable que se recuerda en cualquier aniversario del mismo. • *f pl* Sucesos notables ocurridos en diferentes épocas pero un número exacto de años antes de un día determinado.

eferente *adj* Que conduce fuera de.

efervescencia *f* Aparición tumultuosa de burbujas de gas en el seno de un líquido. ‖ (fig) Agitación, ardor, acaloramiento de los ánimos. ❏ EFERVESCENTE.

eficaz *adj* Activo, fervoroso, poderoso para obrar. ‖ Que logra hacer efectivo un propósito. ❏ EFICACIA.

eficiencia *f* Virtud y facultad para lograr un efecto determinado. ‖ Eficacia en el cargo o trabajo. ❏ EFICIENTE.

efigie *f* Imagen, representación de una persona real y verdadera. ‖ (fig) Personificación, representación viva de cosa ideal.

efímero, ra *adj* Que tiene la duración de un solo día. ‖ Pasajero, de corta duración.

efluvio *m* Emanación que se exhala del cuerpo del hombre y de los animales. ‖ Emanación, irradiación.

efugio *m* Salida, recurso para sortear una dificultad.

efusión *f* Derramamiento de un líquido, y más comúnmente de la sangre. ‖ (fig) Expansión e intensidad en los afectos generosos o alegres del ánimo. ‖ Salida de gases a través de aberturas pequeñas. ❏ EFUSIVO, VA.

égida o **egida** *f* (fig) Protección, defensa.

egiptología *f* Estudio de la civilización del antiguo Egipto. ❏ EGIPTÓLOGO, GA.

égloga *f* Composición poética del género bucólico. ❏ EGLÓGICO, CA.

ego *m* El ser individual ‖ En el psicoanálisis de Freud, instancia psíquica que se reconoce como el *yo*.

egocentrismo *m* Exagerada exaltación de la propia personalidad. ❏ EGOCÉNTRICO, CA.

egoísmo *m* Inmoderado y excesivo amor que uno tiene a sí mismo y que le hace atender desmedidamente a su propio interés. ❏ EGOÍSTA.

egolatría *f* Culto, adoración, amor excesivo de uno mismo. ❏ EGÓLATRA; EGOLÁTRICO, CA.

egotismo m Egocentrismo. ☐ EGOTISTA.

egregio, gia adj Insigne, ilustre.

egresar intr Amér. Salir de un establecimiento de educación después de haber terminado los estudios correspondientes. ☐ EGRESO.

¡eh! interj Se emplea para preguntar, llamar, despreciar, reprender o advertir.

eje m Varilla que atraviesa un cuerpo giratorio y le sirve de sostén en el movimiento. ‖ (fig) Idea fundamental en un raciocinio; tema predominante en un escrito o discurso; sostén pral. de una empresa. ‖ Viga de acero en cuyos extremos se montan las ruedas. ‖ Diámetro principal de una curva.

ejecución f Acción y efecto de ejecutar. ‖ Manera de ejecutar o hacer alguna cosa. ‖ Procedimiento judicial con embargo y venta de bienes para pago de deudas.

ejecutar tr Poner por obra una cosa. ‖ Ajusticiar, dar muerte al reo condenado a ella. ‖ Desempeñar con arte alguna cosa. ‖ Reclamar una deuda por vía o procedimiento ejecutivo. ☐ EJECUTABLE; EJECUTANTE; EJECUTOR, RA.

ejecutivo, va adj Que no da espera ni permite que se difiera a otro tiempo la ejecución. • m y f Persona que tiene cargo directivo en una empresa. • f Junta directiva de una asociación.

ejecutoria f Título o diploma de nobleza. ‖ (fig) Timbre, acción que ennoblece. ‖ Sentencia que ha alcanzado la firmeza de cosa juzgada.

ejemplar adj Que sirve de ejemplo o que merece ser puesto como ejemplo. • m Original, prototipo. ‖ Cada uno de los escritos, impresos, grabados, etc., sacados de un mismo original. ‖ Cada uno de los individuos de una especie o de un gén. ‖ Caso que sirve o debe servir de escarmiento. ☐ EJEMPLARIDAD.

ejemplificar tr Demostrar o autorizar con ejemplos lo que se dice. ☐ EJEMPLIFICACIÓN.

ejemplo m Caso o hecho sucedido en otro tiempo, que se propone y refiere, o para que se imite y siga, siendo bueno, o para que se evite, siendo malo. ‖ Acción o conducta de uno, que puede mover o inclinar a otros a que la imiten. ‖ Hecho o texto que se cita para ilustrar o autorizar un aserto.

ejercer tr e intr Practicar los actos propios de un oficio, facultad, virtud, etcétera.

ejercicio m Acción de ejercer o ejercitarse. ‖ Paseo y otro esfuerzo corporal cualquiera, para conservar la salud o recobrarla. ‖ Tiempo durante el cual rige una ley de presupuestos. ‖ Período, gralte. un año, al final del cual se efectúa la regularización del libro de cuentas y el balance.

ejercitar tr Dedicarse al ejercicio de un arte, oficio o profesión. ‖ Hacer que uno aprenda una cosa mediante la práctica. • prnl Repetir muchos actos para adiestrarse en la ejecución de una cosa. ☐ EJERCITACIÓN; EJERCITANTE.

ejército m Conjunto numeroso de fuerzas militares, unidas en un cuerpo a las órdenes de un general. ‖ Conjunto de las fuerzas aéreas o terrestres de una nación.

ejido m Campo común de todos los vecinos de un pueblo donde se reúne el ganado o se establecen las eras.

ejote m Amér. Centr. y Méx. Vaina del frijol cuando está tierna.

él, ella, ellos, ellas pron pers de 3ª pers. en gén. m y f singular y plural. Sin prep es sujeto; con ella se usa en los casos oblicuos.

el art det en gén. m y núm. singular.

elaborar tr Preparar un producto por medio de un trabajo adecuado. ☐ ELABORACIÓN.

elasticidad f Calidad de elástico. ‖ Una de las propiedades generales de los cuerpos en virtud de la cual recobran su extensión y figura primitivas tan pronto como cesa la acción de la fuerza que las alteraba.

elástico, ca adj Dícese del cuerpo que puede recobrar más o menos completamente su figura y extensión cuando cesa la acción de la causa que las modificaba. ‖ (fig) Acomodaticio, que puede ajustarse a muy distintas circunstancias. • m Tejido que tiene elasticidad.

elativo adj y m Superlativo absoluto.

ele[1] f Nombre de la letra l.

¡ele!² *interj* Manifiesta asentimiento, a veces irónico, a algo o alguien.

elección *f* Acción y efecto de elegir. ‖ Nombramiento que regularmente se hace por votos, para algún cargo, comisión, etc. ‖ Deliberación, libertad para obrar. • *pl* Emisión de votos para elegir cargos políticos. ☐ ELECTIVO, VA; ELECTORAL.

electivo, va *adj* Que se hace o se da por elección.

electo, ta *pp irreg* de elegir. • *m* El elegido o nombrado para una dignidad, empleo, etc., mientras no toma posesión.

elector, ra *adj* y *s* Que elige o tiene potestad o derecho de elegir.

electorado *m* Conjunto de electores.

electricidad *f* Una de las formas de la energía. Se debe al movimiento de electrones y se produce por frotamiento de dos cuerpos o por una acción mecánica, calorífica, etc.

electricista *adj* y *s* Perito en las aplicaciones de la electricidad. • *m* o *f* Obrero especializado en instalaciones eléctricas.

eléctrico, ca *adj* Que tiene o comunica electricidad. ‖ Perteneciente a ella.

electrificar *tr* Sustituir cualquier forma de energía empleada en máquinas o instalaciones, por la energía eléctrica. ‖ Proveer de electricidad un país, una zona. ☐ ELECTRIFICACIÓN.

electrizar *tr* y *prnl* Comunicar o producir la electricidad en un cuerpo.

electrocardiografía *f* Parte de la medicina que estudia la obtención e interpretación de los electrocardiogramas.

electrocardiograma *m* Gráfico de la actividad eléctrica del corazón.

electrochoque *m* Método terapéutico que consiste en el paso a través del cerebro de una corriente eléctrica.

electrocutar *tr* y *prnl* Matar por medio de una corriente o descarga eléctrica. ☐ ELECTROCUCIÓN.

electrodinámica *f* Parte de la física que estudia los fenómenos y leyes de la electricidad en movimiento. ☐ ELECTRODINÁMICO, CA.

electrodo o eléctrodo *m* Cada uno de los dos conductores utilizados en una electrólisis.

electrodoméstico *m* Aparato eléctrico o electrónico que se utiliza en el hogar.

electroencefalógrafo *m* Aparato que registra la actividad eléctrica del encéfalo.

electroencefalograma *m* Gráfico obtenido con un electroencefalógrafo.

electrógeno, na *adj* Que engendra electricidad. • *m* Generador eléctrico.

electroimán *m* Pieza de hierro dulce imantada por la acción de una corriente eléctrica.

electrólisis *f* Descomposición de una sustancia por medio de la corriente eléctrica. ☐ ELECTROLÍTICO, CA.

electrólito *m* Sustancia que disuelta en agua la hace conductora de la electricidad.

electrolizar *tr* Descomponer un cuerpo por electrólisis. ☐ ELECTROLIZACIÓN.

electromagnetismo *m* Parte de la electricidad que trata de las cargas y corrientes eléctricas y sus interacciones a través de los campos eléctricos y magnéticos. ☐ ELECTROMAGNÉTICO, CA.

electromecánica *f* Técnica de las máquinas y dispositivos mecánicos que funcionan eléctricamente.

electrometalurgia *f* Conjunto de todos los procedimientos metalúrgicos que utilizan como fuente de energía térmica aquella que deriva de la corriente eléctrica.

electromotriz *adj* Díc. de la fuerza que origina la corriente eléctrica producida por un generador.

electrón *m* Partícula elemental, eléctricamente negativa, constituyente de la corteza de los átomos.

electrónica *f* Ciencia que estudia dispositivos basados en el movimiento de los electrones libres en el vacío, gases o semiconductores, cuando dichos electrones están sometidos a la acción de los campos electromagnéticos. ☐ ELECTRÓNICO, CA.

electroquímica *f* Parte de la física que trata de las leyes referentes a la producción de la electricidad por combinaciones químicas.

electroscopio *m* Aparato que sirve para poner de manifiesto la presencia de cargas eléctricas.

electroshock *m* Electrochoque.

electrostática *f* Parte de la electricidad que se ocupa del estudio de las acciones entre cargas eléctricas en reposo.

electrotecnia *f* Estudio de las aplicaciones técnicas de la electricidad.

electroterapia *f* Empleo de la electricidad en el tratamiento de las enfermedades.

electrotermia *f* Producción de calor mediante la electricidad.

elefante *m* Mamífero de gran tamaño que tiene una larga trompa formada por la nariz y el labio superior.

elefantiasis *f* Síndrome caracterizado por el aumento de algunas partes del cuerpo, especialmente de las extremidades inferiores y de los órganos genitales externos.

elegante *adj* Dotado de gracia, nobleza y sencillez; airoso, de buen gusto. • *adj* y *s* Díc. de la persona que viste con entera sujeción a la moda, y también de los trajes o cosas arregladas a ella. ☐ ELEGANCIA.

elegía *f* Composición poética del género lírico, en que se lamenta la muerte de una persona o acontecimiento desgraciado. ☐ ELEGIACO, CA.

elegir *tr* Escoger, preferir a una persona o cosa para un fin. ‖ Nombrar por elección para un cargo o dignidad. ☐ ELEGIBLE; ELEGIDO, DA.

elementado, da *adj* *Col.* y *Chile.* Distraído.

elemental *adj* Perteneciente o relativo al elemento. ‖ (fig) Fundamental. ‖ Obvio, evidente.

elemento *m* Sustancia constituida por átomos de iguales propiedades químicas, por lo que es imposible por métodos químicos descomponerla en otras más sencillas. ‖ Fundamento, móvil o parte integrante de una cosa. ‖ Individuo valorado positiva o negativamente para una acción conjunta. • *pl* Fundamentos y primeros principios de las ciencias y artes. ‖ (fig) Medios, recursos.

elenco *m* Catálogo, índice. ‖ Nómina de una compañía de teatro o de circo.

elepé *m* Disco musical de larga duración.

elevado, da *adj* Alto. ‖ (fig) Sublime.

elevador *m* *Amér.* Ascensor o montacargas.

elevalunas *m* Mecanismo para subir o bajar los cristales de las ventanillas de los automóviles.

elevar *tr* y *prnl* Alzar o levantar una cosa. • *tr* (fig) Levantar, impulsar hacia cosas altas; esforzar. • *tr* y *prnl* (fig) Colocar a uno en un puesto honorífico. • *prnl* (fig) Transportarse, enajenarse, quedar fuera de sí. ‖ (fig) Envanecerse, engreírse. ☐ ELEVACIÓN; ELEVAMIENTO.

elidir *tr* Suprimir la vocal con que acaba una palabra cuando lo que sigue empieza con otra vocal. ☐ ELISIÓN.

eliminar *tr* Quitar, separar una cosa; prescindir de ella. ‖ Expeler una sustancia nociva al organismo. • *tr* y *prnl* Alejar. ☐ ELIMINACIÓN.

eliminatorio, ria *adj* Que elimina, que sirve para eliminar. • *f* En campeonatos o concursos, competición selectiva.

elipse *f* Curva cerrada que resulta de cortar un cono circular por un plano que encuentra a todas las generatrices del mismo lado del vértice. ☐ ELÍPTICO, CA.

elipsis *f* Figura de construcción que consiste en omitir en la oración una o más palabras, sin alterar su sentido.

elite *f* Hablando de colectividades, minoría intelectual, científica o política que gralte. goza de poder de decisión, o de influencia fuera de su esfera normal de competencia. ☐ ELITISTA.

elitismo *m* Sistema favorecedor de las elites.

elitista *adj* Partidario de una elite o del predominio de las elites.

elixir o **elíxir** *m* Licor compuesto de diferentes sustancias medicinales, disueltas, por lo regular, en alcohol. ‖ (fig) Medicamento o remedio maravilloso.

elocución *f* Manera de hacer uso de la palabra para expresar los conceptos.

elocuencia *f* Facultad de hablar o escribir de modo eficaz para deleitar y persuadir.

|| Eficacia para persuadir y conmover que tienen las palabras, los gestos o ademanes. ☐ ELOCUENTE.

elogio *m* Alabanza de las buenas prendas y mérito de una persona o cosa. ☐ ELOGIAR.

elucidar *tr* Poner en claro, dilucidar.

elucubrar *tr* Lucubrar. ☐ ELUCUBRACIÓN.

eludir *tr* Esquivar uno la dificultad, o salir de ella con algún artificio. ☐ ELUSIÓN; ELUSIVO, VA.

eluvión *m* Conjunto de fragmentos de roca, disgregados por los agentes atmosféricos, que permanecen en el mismo lugar de su formación.

e-mail *m* Correo electrónico, sistema electrónico de comunicación a través de una computadora. || Mensaje transmitido a través de este sistema.

emanar *intr* Proceder, traer origen y principio una cosa de otra. || Desprenderse de los cuerpos las sustancias volátiles. ☐ EMANACIÓN.

emancipar *tr* y *prnl* Libertar de la patria potestad, de la tutela o de la servidumbre. • *prnl* (fig) Salir de la sujeción en que se estaba.

emascular *tr* Castrar, capar.

embadurnar *tr* y *prnl* Untar, embarrar, manchar.

embajada *f* Mensaje para tratar algún asunto de importancia. || Cargo de embajador. || Casa en que reside el embajador.

embajador, ra *m* y *f* Agente diplomático que representa a su país en una nación extranjera. || (fig) Emisario, mensajero. • *f* Mujer del embajador.

embalar[1] *tr* Hacer balas o colocar convenientemente dentro de cubiertas los objetos que han de transportarse. ☐ EMBALAJE.

embalar[2] *tr* y *prnl* Hacer que adquiera gran velocidad un motor desprovisto de regulación automática, cuando se suprime la carga. • *prnl* (fig) Dejarse llevar por un afán, deseo, sentimiento, etcétera.

embaldosado *m* Pavimento solado con baldosas. || Operación de embaldosar.

embaldosar *tr* Solar con baldosas.

embalsamar *tr* Llenar de sustancias balsámicas u olorosas las cavidades de los cadáveres para evitar su descomposición. • *tr* y *prnl* Perfumar, aromatizar. ☐ EMBALSAMAMIENTO.

embalsar *tr* y *prnl* Meter en balsa. || Rebalsar.

embalse *m* Acción y efecto de embalsar o embalsarse. || Balsa artificial donde se acopian las aguas de un río o arroyo.

embanastar *tr* Meter una cosa en la banasta.

embancarse *prnl* Méx. Entre fundidores de metales, pegarse a las paredes del horno los materiales escoriados. || Chile y Ecuad. Cegarse un río, lago, etc., por los terrenos de aluvión.

embarazar *tr* Impedir, retardar una cosa • *tr* y *prnl* Dejar encinta a una mujer. • *prnl* Hallarse impedido con cualquier embarazo. ☐ EMBARAZADO, DA; EMBARAZO; EMBARAZOSO, SA.

embarcación *f* Barco. || Embarco. || Tiempo que dura la navegación de una parte a otra.

embarcadero *m* Muelle. || Lugar o artefacto, fijo, destinado para embarcar.

embarcar *tr* Meter personas, mercancías, etc., en una embarcación. • *tr* y *prnl* (fig) Hacer que uno intervenga en una empresa difícil o arriesgada. ☐ EMBARCO; EMBARQUE.

embargar *tr* Embarazar, impedir, detener. || (fig) Suspender, paralizar. || Retener los bienes de una persona, por mandamiento judicial, para que pueda responder de deudas.

embargo *m* Retención, traba o secuestro de bienes por mandamiento de un juez competente. || Prohibición del comercio o transporte de armas.

embarrancar *intr* y *tr* Encallar un buque en el fondo. • *prnl* Atascarse en un barranco o atolladero. || (fig) Atascarse en una dificultad.

embarrar *tr* y *prnl* Untar y cubrir con barro. || Amér. Central y Méx. Complicar a uno en un asunto sucio. || Amér. Calumniar.

embarullar *tr* (fam) Confundir, mezclar una cosa con otra. • *tr* y *prnl* (fam) Confundir a uno.

embastecer intr Engrosar, engordar.
• prnl Ponerse basto o tosco.

embate o **embatada** m Golpe impetuoso de mar. || Acometida impetuosa.

embaucar tr Engañar, alucinar, prevaleciéndose de la inexperiencia o del candor del engañado. ❏ EMBAUCADOR, RA; EMBAUCAMIENTO.

embaular tr Meter dentro de un baúl. || (fig, fam) Comer con ansia, engullir. ❏ EMBAULLADO, DA.

embebecer tr Entretener, divertir, embelesar. • prnl Quedar embelesado o pasmado. ❏ EMBEBECIMIENTO.

embeber tr Absorber un cuerpo sólido otro en estado líquido. || Empapar, impregnar. || (fig) Incorporar, agregar una cosa a otra. • intr Encogerse, apretarse. • prnl (fig) Embebecerse. || (fig) Instruirse

embeleco m Embuste, engaño. ❏ EMBELECAR.

embelesar tr y prnl Suspender, arrebatar, cautivar los sentidos. ❏ EMBELESO.

embellecer tr y prnl Dar belleza a una persona o cosa. ❏ EMBELLECEDOR, RA.

emberrenchinarse o **emberrincharse** prnl (fam) Encolerizarse. Díc. comúnmente de los niños.

embestir tr Venir con ímpetu sobre una persona o cosa para apoderarse de ella o causarle daño. • intr (fig, fam) Arremeter, chocar a la vista alguna cosa. ❏ EMBESTIDA; EMBESTIDURA.

embetunar tr Cubrir una cosa con betún.

embijar tr Hond. y Méx. Ensuciar, manchar, embarrar. ❏ EMBIJADO, DA.

emblandecer tr y prnl Ablandar. • prnl (fig) Condescender, compadecerse.

emblanquecer tr Poner blanca alguna cosa.

emblema m y f Cualquier cosa que es representación simbólica de otra. ❏ EMBLEMÁTICO, CA.

embobar tr Causar a alguien gran admiración. • prnl Quedarse uno suspenso, admirado. ❏ EMBOBAMIENTO.

embobinar tr Bobinar.

embocadura f Acción y efecto de embocar una cosa por una parte estrecha. || Boquilla de un instrumento. || Hablando de

vinos, gusto o sabor. || Paraje por donde los buques pueden penetrar en los ríos que desaguan en el mar. || (fig) Col. y Nic. Madera, buena disposición.

embocar tr Meter por la boca una cosa. || (fam) Comer mucho y deprisa, engullir. • tr y prnl Entrar por una parte estrecha.

embochinchar tr y prnl Amér. Merid. Promover un bochinche, alborotar.

embolado, da pp de embolar. • adj y m Díc. del toro al que se le colocan bolas en las puntas de los cuernos. • m (fig, fam) Artificio engañoso.

embolador m Col. Limpiabotas.

embolar[1] tr Poner bolas de madera en las puntas de los cuernos del toro para que no pueda herir con ellos.

embolar[2] tr Dar bola o betún al calzado.

embolatar tr Col. Enredar, enmarañar, embrollar. || Col. Perderse, extraviarse.

embolia f Obstrucción de una arteria o vena por un émbolo, es decir, por todo cuerpo extraño circulante por la sangre.

émbolo m Pieza cilíndrica o discoidal ajustada a un cilindro por el que se desliza con movimiento oscilatorio.

embolsar tr Guardar una cosa en la bolsa. • tr y prnl Cobrar. ❏ EMBOLSO.

embonar tr Cuba, Ecuad. y Méx. Empalmar. || Forrar exteriormente con tablones el casco de un buque. ❏ EMBONO.

emboquillar tr Poner boquillas a los cigarrillos de papel. || Preparar la entrada de una galería o de un túnel.

emborrachar tr Causar embriaguez. • tr y prnl Atontar, perturbar, adormecer. • prnl Beber vino u otro licor hasta perder el uso de la razón.

emborrascar tr y prnl Alterar. • prnl Hacerse borrascoso, dicho del tiempo. || Arg., Hond. y Méx. Tratándose de minas, perderse la veta.

emborronar tr Llenar de borrones un papel. || (fig) Escribir deprisa, desaliñadamente.

emboscar tr y prnl Poner encubierta una partida de gente para una operación militar. • prnl Entrarse u ocultarse entre el ramaje. ❏ EMBOSCADA; EMBOSCADURA.

embotar tr y prnl Engrosar los filos y puntas de las armas y otros instrumentos cortantes. • *tr* (fig) Debilitar, hacer menos activa y eficaz una cosa. ❏ EMBOTADURA; EMBOTAMIENTO.

embotellamiento *m* Acción y efecto de embotellar. ‖ Congestión de vehículos.

embotellar *tr* Echar líquido en botellas. ❏ EMBOTELLADO; EMBOTELLADOR, RA.

embozar o **embozalar** *tr* y *prnl* Cubrir la parte inferior del rostro. • *tr* (fig) Disfrazar, ocultar con palabras o con acciones una cosa para que no se entienda fácilmente.

embozo *m* Doblez de la sábana por la parte que toca la cara.

embragar *tr* Hacer que un eje participe del movimiento de otro por medio de un mecanismo adecuado. ❏ EMBRAGUE.

embravecer *tr* y *prnl* Irritar, enfurecer. • *tr* (fig) Rehacerse y robustecerse las plantas.

embrear *tr* Untar con brea. ❏ EMBREADO, DA.

embriagar *tr* Causar embriaguez. • *tr* y *prnl* Atontar, perturbar, adormecer. ‖ (fig) Enajenar. • *prnl* Perder el dominio de sí mismo por beber en exceso.

embriaguez *f* Intoxicación aguda producida por la ingestión de alcohol etílico.

embridar *tr* Poner la brida a las caballerías. ‖ (fig) Sujetar, someter, refrenar.

embriogenia *f* Formación y desarrollo del embrión. ❏ EMBRIOGÉNESIS; EMBRIOGÉNICO, CA.

embrión *m* Germen de un ser vivo, desde la fecundación del óvulo hasta que es capaz de vida autónoma. ‖ (fig) Principio, informe todavía, de una cosa. ❏ EMBRIONARIO, RIA.

embrocar *tr* Vaciar una vasija en otra • *tr* y *prnl* Hond. y Méx. Poner boca abajo una vasija o un plato, o por ext., cualquier cosa.

embrollar *tr* y *prnl* Enredar, confundir las cosas. ❏ EMBROLLO; EMBROLLÓN, NA.

embromar *tr* Meter broma y gresca. ‖ Engañar a uno con trapacerías. ‖ Usar de chanzas con uno para por diversión. ‖ *Amér.* Fastidiar, molestar. • *tr*, *intr* y *prnl* Chile y Méx. Detener, hacer perder el tiempo. • *tr* y *prnl* Amér. Perjudicar, ocasionar un daño moral o material.

embroncarse *prnl Arg.* Enojarse, enfadarse, airarse.

embrujar *tr* Hechizar, trastornar a uno el juicio o la salud con prácticas supersticiosas. ‖ Ejercer sobre alguien gran ascendiente gracias al atractivo personal. ❏ EMBRUJAMIENTO; EMBRUJO.

embrutecer *tr* y *prnl* Entorpecer y casi privar a uno del uso de la razón. ❏ EMBRUTECIMIENTO.

embuchado, da *pp* de embuchar. • *m* Tripa llena con carne de cerdo picada y que, según su tamaño y los condimentos que lleva, recibe varios nombres. ‖ (fig, fam) Asunto o negocio revestido de una apariencia engañosa. ‖ (fig, fam) Enojo disimulado.

embuchar *tr* Embutir carne picada en un buche o tripa de animal. ‖ (fam) Comer mucho y casi sin mascar.

embudo *m* Instrumento hueco de figura de cono y rematado en un canuto, que sirve para trasvasar líquidos. ‖ (fig) Engaño, enredo. ❏ EMBUDAR; EMBUDISTA.

emburujar *tr* y *prnl* (fam) Aborujar, hacer en una cosa se formen burujos. • *prnl Amér.* Arrebujarse, cubrirse bien el cuerpo.

embuste *m* Mentira disfrazada con artificio. • *pl* Alhajas de poco valor. ❏ EMBUSTERO, RA.

embutido, da *pp* de embutir. • *m* Acción y efecto de embutir. ‖ Embuchado de cerdo. ‖ Tripa con otra clase de relleno. ‖ *Amér.* Entredós de bordado o de encaje.

embutir *tr* Hacer embutidos. ‖ Llenar, meter una cosa dentro de otra y apretarla. ‖ (fig) Instruir. • *tr* y *prnl* (fig) Incluir, colocar una cosa dentro de otra.

eme *f* Nombre de la letra *m*.

emergencia *f* Acción y efecto de emerger. ‖ Ocurrencia, accidente que sobreviene.

emergente *adj* Que nace, sale y tiene principio de otra cosa.

emerger *intr* Brotar, salir el agua u otro líquido. ❏ EMERGENTE.

emérito, ta *adj* Díc. de la persona que se ha retirado de un empleo o cargo y disfruta algún premio por sus buenos servicios.

emersión f Aparición de un cuerpo que estaba sumergido en un fluido.

emigración f Acción de emigrar. ‖ Conjunto de emigrantes. ‖ Desplazamiento de pob. desde el lugar de origen a otro distinto, por diversas causas.

emigrar intr Ausentarse temporalmente del propio país para hacer en otro determinadas faenas. ‖ Abandonar la residencia habitual, trasladándose a otra dentro del propio país, en busca de mejores medios de vida. ‖ Cambiar periódicamente de clima o localidad algunas especies animales. ◻ EMIGRANTE; EMIGRATORIO, RIA.

eminencia f Altura o elevación del terreno. ‖ Título de honor que se da a los cardenales. ‖ Persona eminente en su línea.

eminente adj Alto, elevado. ‖ (fig) Que sobresale entre los de su clase.

emir m Príncipe de una comunidad islámica.

emirato m Dignidad de emir. ‖ Territorio gobernado por un emir.

emisario, ria m y f Mensajero que se envía para indagar lo que se desea saber, para comunicar a alguien una cosa o para establecer contactos secretos. • m Curso de agua que nace en un lago o que da salida a sus aguas.

emitir tr Arrojar, exhalar o echar hacia fuera una cosa. ‖ Poner en circulación papel moneda, efectos públicos, etc. ‖ Dar, manifestar, hacer público. ‖ Lanzar ondas hertzianas para transmitir señales, música, etc. ◻ EMISIÓN; EMISOR, RA.

emoción f Estado afectivo intenso y breve. ◻ EMOCIONAL; EMOTIVO, VA.

emocionar tr y prnl Conmover el ánimo, causar emoción.

emoliente adj y s Díc. de la sustancia usada para ablandar o suavizar la piel y las mucosas.

emolumento m Gaje, utilidad o propina que corresponde a un cargo o empleo. Se usa más en plural.

empacar tr Empaquetar, encajonar. ‖ Obstinarse. ◻ EMPACADOR, RA.

empachar tr y prnl Estorbar, embarazar. ‖ Indigestar. ◻ EMPACHADO, DA; EMPACHO; EMPACHOSO, SA.

empadrarse prnl Encariñarse con exceso el niño con su padre o su madre.

empadronar tr y prnl Inscribir en un padrón. ◻ EMPADRONAMIENTO.

empajar tr Cubrir o rellenar con paja.

empalagar tr y prnl Causar hastío un manjar, especialmente si es dulce. ‖ (fig) Fastidiar. ◻ EMPALAGOSO.

empalar tr En el juego de pelota, dar a ésta acertadamente con la pala.

empalidecer intr Palidecer.

empalizada f Estacada, obra hecha de estacas.

empalmar tr Juntar dos cosas, ingiriéndolas o entrelazándolas de modo que queden a continuación una de otra. ‖ (fig) Ligar o combinar planes, ideas, acciones, etc. • intr Unirse o combinarse un tren, coche, carretera, etc., con otro. ‖ Seguir o suceder una cosa a continuación de otra. ◻ EMPALME.

empamparse prnl Amér. Merid. Extraviarse.

empanada f Carne, pescado u otro manjar cubierto con pan o masa, y cocido después en el horno o frito. ‖ (fig) Acción y efecto de ocultar o enredar fraudulentamente alguna cosa.

empanar tr Cubrir un alimento con masa o pan, para cocerlo en el horno. ‖ Rebozar con pan rallado un manjar para freírlo.

empantanar tr y prnl Llenar de agua un terreno, dejándolo hecho un pantano. ‖ Detener el curso de un asunto.

empañar tr Envolver a las criaturas en pañales. • tr y prnl Quitar la tersura, brillo o diafanidad. ‖ (fig) Oscurecer la fama de una persona. ◻ EMPAÑADO, DA; EMPAÑAMIENTO.

empañetar tr Amér. Enlucir las paredes.

empapar tr y prnl Humedecer una cosa de modo que quede enteramente penetrada de un líquido. ‖ Penetrar un líquido los poros o huecos de un cuerpo. • prnl (fig) Imbuirse de un afecto, idea o doctrina. ◻ EMPAPAMIENTO.

empapelar tr Forrar de papel una superficie. ‖ (fig, fam) Formar causa criminal a uno. ◻ EMPAPELADO, DA.

empaque *m* (fam) Catadura, aire de una persona. ‖ Seriedad con algo de afectación. ‖ *Amér.* Descaro, desfachatez.

empaquetar *tr* Formar paquetes, meter las cosas en paquetes. ‖ (fig) Acomodar o acomodarse en un recinto un número excesivo de personas. ❏ EMPAQUETADO, DA.

emparamar *tr* y *prnl Col.* y *Ven.* Aterir, helar.

emparchar *tr* y *prnl* Llenar de parches una cosa.

emparedar *tr* y *prnl* Encerrar a una persona entre paredes, sin comunicación alguna. • *tr* Ocultar alguna cosa entre paredes. ❏ EMPAREDADO, DA; EMPAREDAMIENTO.

emparejar *tr* y *prnl* Formar una pareja. • *tr* Poner una cosa a nivel de otra. • *intr* Ser igual o pareja una cosa con otra. ❏ EMPAREJAMIENTO.

emparentar *intr* Contraer parentesco por vía de casamiento. ‖ Tener una cosa relación de afinidad o semejanza con otra.

emparrado *m* Conjunto de los vástagos y hojas de una o más parras que, sostenidas con una armazón, forman cubierta. ❏ EMPARRAR.

emparrillado *m* Enrejado de barras para afirmar los cimientos en terrenos flojos.

emparvar *tr* Poner en parva las mieses.

empastar[1] *tr* Cubrir de pasta una cosa. ‖ Encuadernar en pasta los libros. ‖ Rellenar con pasta el hueco producido por la caries en los dientes. ❏ EMPASTADOR; EMPASTE.

empastar[2] *tr* y *prnl Amér.* Empradizar un terreno.

empatar *tr* Obtener dos o más contrincantes el mismo número de votos o de puntos en un concurso, oposición o competición de cualquier tipo. ‖ Suspender el curso de una resolución. ‖ *Amér.* Empalmar dos cosas. ❏ EMPATE.

empatía *f* Capacidad de sentir y comprender las emociones ajenas como propias mediante un proceso de identificación con el otro.

empavesar *tr* Engalanar una embarcación con banderas y gallardetes. ❏ EMPAVESADO, DA.

empavonar *tr* Pavonar. ‖ *Col.* y *P. Rico.* Untar, pringar.

empecatado, da *adj* De extremada travesura, incorregible. ‖ Desdichado.

empecinar *tr* Untar de pecina o de pez alguna cosa. • *prnl* Obstinarse, aferrarse, encapricharse. ❏ EMPECINADO; EMPECINAMIENTO.

empedarse *prnl R. de la Plata.* Emborracharse.

empedernido, da *adj* (fig) Insensible, duro de corazón. ‖ (fig, fam) Mucho, en grado sumo.

empedrado, da *adj* (fig) Aplícase al cielo cuando se cubre de nubes pequeñas que se tocan unas con otras. • *m* Pavimento formado artificialmente de piedras.

empeine *m* Parte superior del pie, que está entre la caña de la pierna y el principio de los dedos. ‖ Parte de la bota desde la caña a la pala.

empellón *m* Empujón recio que se da con el cuerpo.

empelotarse *prnl* Desnudarse, quedarse en pelota.

empeñado, da *pp* de empeñar. • *adj* Dicho de disputas, acalorado, reñido.

empeñar *tr* Dar o dejar una cosa en prenda para seguridad de la satisfacción o pago. • *tr* y *prnl* Precisar, obligar. ‖ Empezar, trabarse una lucha. • *prnl* Endeudarse, entramparse. ‖ Insistir con tesón en una cosa. ❏ EMPEÑO.

empeorar *tr* Poner o volver peor. • *intr* y *prnl* Ponerse peor. ❏ EMPEORAMIENTO.

empequeñecer *tr* Minorar alguna cosa, o amenguar su importancia. ❏ EMPEQUEÑECIMIENTO.

emperador *m* Título de mayor dignidad dado a ciertos soberanos. ‖ Pez espada.

emperatriz *f* Mujer del emperador. ‖ Soberana de un imperio.

emperchado *m* Cerca formada por enrejados de maderas verdes.

emperejilar *tr* y *prnl* (fam) Adornar a una persona con profusión y esmero. ❏ EMPERIFOLLAR.

emperezar *intr* y *prnl* Dejarse dominar por la pereza.

empergaminar *tr* Cubrir o forrar con pergamino.

emperifollar *tr* y *prnl* Emperejilar.

empero *conj advers.* Pero. ‖ Sin embargo.

emperrarse *prnl* (fam) Obstinarse, empeñarse en no ceder. ❏ EMPERRAMIENTO; EMPERRO.

empezar *tr* Comenzar, dar principio a una cosa. ‖ Iniciar el uso o consumo de ella. • *intr* Tener principio una cosa. ❏ EMPIECE.

empicarse *prnl* Aficionarse demasiado.

empilcharse *prnl Arg.* y *Ur.* Vestirse.

empinar *tr* Enderezar y levantar en alto. ‖ Inclinar mucho una vasija para beber. • *tr* e *intr* (fig, fam) Beber mucho. • *prnl* Ponerse uno sobre las puntas de los pies. ❏ EMPINADO, DA; EMPINAMIENTO.

empiparse *prnl Chile, Ecuad.* y *P. Rico.* Apiparse, ahitarse. ❏ EMPIPADA.

empíreo, a *adj* Díc. del cielo o paraíso. ‖ Perteneciente al cielo espiritual. ‖ (fig) Celestial, supremo, divino.

empírico, ca *adj* Relativo a la experiencia o fundado en ella. • *adj* y *s* Que procede exclusivamente a través de la práctica.

empirismo *m* Sistema que propugna la experiencia como exclusivo origen de todo conocimiento humano. ❏ EMPIRISTA.

empitonar *tr* Alcanzar la res al lidiador cogiéndolo con los pitones.

empizarrar *tr* Cubrir un techo con pizarras.

emplastecer *tr* Igualar con emplaste la superficie que se va pintar. ❏ EMPLASTE.

emplasto *m* Preparado a base de una sustancia reblandecida por el calor y esparcida sobre un paño, con fines terapéuticos. Su empleo ha caído en desuso. ‖ (fig, fam) Parche, pegote.

emplazar[1] *tr* Citar a una persona en determinado tiempo y lugar para que dé razón de algo. ‖ Citar al demandado con señalamiento del plazo dentro del cual necesitará comparecer en el juicio.

emplazar[2] *tr* Poner una cosa en determinado lugar. ❏ EMPLAZAMIENTO.

emplear *tr* y *prnl* Ocupar a uno encargándole un negocio, comisión o puesto. • *tr* Destinar a uno al servicio público. ‖ Gastar, consumir, ocupar. ‖ Usar. ❏ EMPLEADO, DA; EMPLEO.

emplomar *tr* Cubrir, asegurar o soldar una cosa con plomo. ‖ Poner sellos de plomo a una cosa. ‖ *Arg.* y *Ur.* Empastar un diente o muela. ❏ EMPLOMADURA.

emplumar *tr* Poner plumas a algo. ‖ *Ecuad.* y *Ven.* Enviar a uno a algún sitio de castigo. • *intr* Emplumecer. ‖ *Amér. Merid.* Fugarse, huir.

emplumecer *intr* Echar plumas las aves.

empobrecer *tr* Hacer que uno venga al estado de pobreza. • *intr* y *prnl* Decaer, venir a menos una cosa material o inmaterial. ❏ EMPOBRECIMIENTO.

empollar *tr* y *prnl* Calentar el ave los huevos, poniéndose sobre ellos para sacar pollos. ‖ Entre estudiantes, preparar mucho las lecciones. ❏ EMPOLLÓN.

empolvar *tr* Echar o poner polvo sobre algo. • *prnl* Cubrirse de polvo.

emponchado, da *adj Arg., Ecuad.* y *Perú.* Díc. del que está cubierto con el poncho.

emponzoñar *tr* y *prnl* Dar ponzoña a uno o inficionar una cosa con ponzoña. ‖ (fig) Inficionar, echar a perder, dañar. ❏ EMPONZOÑAMIENTO.

empopar *intr* Calar mucho de popa un buque. • *intr* y *prnl* Volver la popa al viento, a la marea o a cualquier objeto. ❏ EMPOPADA.

emporcar *tr* y *prnl* Ensuciar, llenar de porquería.

emporio *m* Centro comercial donde concurre gente de diversos países.

empotrar *tr* Meter una cosa en la pared o en el suelo, asegurándola con fábrica.

empotrerar *tr Amér.* Herbajar, meter el ganado en el potrero.

empozar *tr* y *prnl* Meter o echar en un pozo. • *intr Amér.* Quedar el agua detenida en el terreno formando pozas o charcos.

emprender *tr* Acometer y comenzar una obra o empresa. ‖ (fam) Con nombres de personas regidos de las *prep a* o *con*, acometer a uno para importunarle, reprenderle, suplicarle o reñir con él. ❏ EMPRENDEDOR, RA.

empreñar *tr* y *prnl* Hacer concebir a la hembra. ‖ (fig, fam) Causar molestias a una persona.

empresa f Acción dificultosa que valerosamente se comienza. ‖ Sociedad mercantil o industrial fundada para llevar a cabo negocios. ◻ EMPRESARIAL.

empresariado m Conjunto de empresas o de empresarios.

empresario, ria m y f Persona que por concesión o por contrata ejecuta una obra o explota un servicio público. ‖ Persona que explota un espectáculo o diversión.

empréstito m Préstamo que toma el Estado o una corporación. ‖ Cantidad así prestada.

empujada f Ven. Empujón.

empujar tr Hacer fuerza contra una cosa para moverla, sostenerla o rechazarla. ‖ (fig) Hacer que uno salga del puesto u oficio en que se halla. ‖ (fig) Hacer presión, influir, intrigar para conseguir alguna cosa. ◻ EMPUJE.

empujón m Impulso que se da con fuerza para apartar o mover a una persona o cosa. ‖ Avance rápido que se da a una obra.

empuñar tr Asir por el puño una cosa. ‖ Asir una cosa abarcándola estrechamente con la mano. ‖ (fig) Lograr un empleo o puesto. ‖ Chile. Cerrar la mano para presentar el puño. ◻ EMPUÑADURA.

emular tr y prnl Imitar las acciones de otro procurando igualarle y aun excederle. ◻ EMULACIÓN; ÉMULO, LA.

emulsión f Líquido que contiene en suspensión partículas muy pequeñas de otro líquido que no llegan a formar una verdadera disolución.

emulsionar tr Hacer que una sustancia, por lo general grasa, adquiera el estado de emulsión.

en prep Indica en qué lugar, tiempo o modo se determinan las acciones de los verbos a que se refiere. ‖ Algunas veces, *sobre*. ‖ Seguida de un infinitivo, *por*. ‖ Unida a un gerundio, *luego que, después que*. ‖ prep insep que equivale a *in*. ‖ prep insep que significa *dentro de*.

enagua f Prenda de vestir femenina que se lleva debajo de la falda exterior. Se usa más en plural.

enajenación f Acción y efecto de enajenar o enajenarse. ‖ (fig) Distraccion, falta de atención, embelesamiento.

enajenar tr y prnl Pasar o transmitir a otro el dominio de una cosa. • tr (fig) Sacar a uno fuera de sí. • prnl Desposeerse, privarse de algo. ◻ ENAJENADO, DA.

enaltecer tr y prnl Ensalzar. ◻ ENALTECIMIENTO.

enamorar tr Excitar en uno la pasión del amor. ‖ Decir requiebros. • prnl Prendarse de amor de una persona. ◻ ENAMORADO, DA; ENAMORADOR, RA; ENAMORAMIENTO.

enancarse prnl Amér. Montar a las ancas. ‖ Amér. Meterse uno donde no le llaman.

enanchar tr (fam) Ensanchar.

enano, na adj (fig) Díc. de lo que es diminuto en su especie. • m y f Persona de extraordinaria pequeñez. ◻ ENANISMO.

enarbolar tr Levantar en alto. • prnl Encabritarse. ‖ Enfadarse, enfurecerse.

enarcar tr y prnl Arquear, poner en arco. • prnl Méx. Encabritarse el caballo.

enardecer tr y prnl (fig) Excitar o avivar una pasión del ánimo, una pugna o disputa, etc.

enarenar tr y prnl Echar arena o cubrir con ella.

enastar tr Poner el mango o asta a un arma o instrumento. ◻ ENASTADO, DA.

enastilar tr Poner astil a una herramienta.

encabalgamiento m Armazón de maderos cruzados donde se apoya alguna cosa.

encabalgar intr Descansar una cosa sobre otra.

encaballar tr Colocar una pieza de modo que se sostenga sobre la extremidad de otra.

encabestrar tr Poner el cabestro a los animales. ‖ Hacer que las reses bravas sigan a los cabestros.

encabezar tr Registrar, poner en matrícula a uno. ‖ Iniciar una suscripción o lista. ‖ Poner el encabezamiento de un escrito. ◻ ENCABEZAMIENTO.

encabritarse prnl Empinarse el caballo, levantando las manos. ‖ (fig) Tratándose de embarcaciones, aeroplanos, automóviles, etc., levantarse la parte anterior o delantera.

encabronar tr y prnl Encolerizar.

encachar *tr* Hacer un encachado. ‖ Poner las cachas a un cuchillo, navaja, etc.

encadenar *tr* Ligar y atar con cadena. • *tr* y *prnl* (fig) Trabar y unir unas cosas con otras. • *tr* (fig) Dejar a uno sin movimiento y sin acción. ◻ ENCADENAMIENTO.

encajadura *f* Acción de encajar una cosa en otra. ‖ Encaje, hueco donde encaja una cosa.

encajar *tr* Meter una cosa dentro de otra ajustadamente. ‖ Hacer entrar ajustada y con fuerza una cosa en otra, apretándola para que no se salga o caiga fácilmente. • *tr* e *intr* Venir al caso. Se usa frecuentemente con el *adv* bien.

encaje *m* Acción de encajar una cosa en otra. ‖ Sitio o hueco en que se encaja una cosa. ‖ Ajuste de dos piezas que cierran o se adaptan entre sí. ‖ Cierto tejido calado y con dibujos.

encajonar *tr* Meter y guardar una cosa dentro de uno o más cajones. • *tr* y *prnl* Meter en un sitio angosto. • *prnl* Correr el río, o el arroyo, por una angostura. ◻ ENCAJONAMIENTO.

encalabozar *tr* (fam) Poner o meter a alguien en un calabozo.

encalabrinar *tr* y *prnl* Excitar, irritar. • *prnl* (fam) Empeñarse en una cosa sin darse a razones.

encalar *tr* Blanquear con cal una cosa. ‖ Meter en cal alguna cosa. ◻ ENCALADO; ENCALADURA.

encallar *intr* Dar la embarcación en arena o piedras, quedando en ellas sin movimiento. ‖ (fig) No poder salir adelante en un negocio o empresa. ◻ ENCALLADURA.

encallecer *intr* y *prnl* Criar callos o endurecerse las carne a manera de callo.

encallejonar *tr* y *prnl* Meter una cosa por un callejón, o por cualquier parte estrecha.

encalmar *tr* y *prnl* Tranquilizar, serenar. • *prnl* Tratándose del tiempo o del viento, quedar en calma.

encamar *tr* Tender o echar una cosa en el suelo. • *prnl* Echarse o meterse en la cama por enfermedad.

encaminar *tr* Poner en camino, enseñar el camino. • *tr* y *prnl* Dirigir hacia un punto determinado. • *tr* (fig) Enderezar la intención a un fin determinado. ◻ ENCAMINAMIENTO.

encamotarse *prnl* (fam) *Amér.* Enamorarse.

encampanar *tr* *P. Rico* y *Ven.* Elevar, encumbrar. ◻ ENCAMPANADO, DA.

encanallar *tr* y *prnl* Corromper, envilecer. ◻ ENCALLAMIENTO.

encandelillar *tr* *Amér.* Sobrehilar una tela. • *tr* y *prnl* *Amér.* Encandilar, deslumbrar.

encandilar *tr* y *prnl* Deslumbrar acercando mucho a los ojos el candil u otra luz. ‖ (fig) Deslumbrar, alucinar con apariencias. ‖ Despertar o excitar el sentimiento o deseo amoroso. ◻ ENCANDILADO, DA.

encanecer *intr* Ponerse cano. ‖ (fig) Envejecer.

encanijado, da *adj* *Ecuad.* Aterido, arrecido.

encanijar *tr* y *prnl* Poner flaco y enfermizo.

encantar *tr* Obrar maravillas por medio de fórmulas y conjuros mágicos. ‖ (fig) Cautivar la atención con la hermosura, la gracia, la simpatía o el talento. ◻ ENCANTADO, DA; ENCANTADOR, RA; ENCANTAMIENTO.

encante *m* Subasta judicial de bienes procedentes de un embargo o sucesión intestada. ‖ p. ext. En algunas partes, lugar donde se vende y se compra toda clase de objetos usados.

encanto *m* Cosa que suspende o embelesa. • *pl* Atractivos físicos.

encantusar *tr* (fam) Engatusar.

encañar¹ *tr* Hacer pasar el agua por encañados o conductos.

encañar² *tr* Poner cañas para sostener las plantas. • *intr* y *prnl* Empezar a formar caña los tallos tiernos de los cereales.

encañizada *f* Atajadizo que se hace con cañas en las aguas. ‖ Enrejado de cañas.

encañizar *tr* Poner cañizos a los gusanos de seda. ‖ Cubrir con cañizos una bovedilla u otra cosa cualquiera. ◻ ENCAÑIZADO.

encañonar *tr* Dirigir o encaminar una cosa para que entre por un cañón. ‖ Hacer correr las aguas de un río por un cauce cerrado con bóveda o por una tubería. ‖ Asestar o dirigir un arma de fuego contra una persona o cosa.

encapotar *tr* y *prnl* Cubrir con el capote. ‖ Cubrirse el cielo de nubes oscuras. ‖ Bajar el caballo la cabeza demasiado, arrimando al pecho la boca. ‖ Cubrir un coche con la capota.

encapricharse *prnl* Empeñarse uno en conseguir su capricho. ‖ Cobrar o tener capricho por una persona o cosa.

encapsular *tr* Meter o encerrar en una cápsula o cápsulas.

encapuchar *tr* y *prnl* Cubrir o tapar con capucha. ☐ ENCAPUCHADO, DA.

encaramar *tr* y *prnl* Levantar o subir a una persona o cosa a lugar dificultoso de alcanzar. ‖ (fig, fam) Colocar en puestos altos y honoríficos.

encarar *intr* y *prnl* Ponerse uno cara a cara, enfrente y cerca de otro. • *tr* Apuntar un arma, dirigir a alguna parte la puntería. • *tr* y *prnl* (fig) Hacer frente a un problema o dificultad. ☐ ENCARADO, DA; ENCARAMIENTO.

encarcelar *tr* Poner a uno preso en la cárcel. ☐ ENCARCELAMIENTO.

encarecer *tr*, *intr* y *prnl* Aumentar o subir el precio de una cosa; hacerla cara. ‖ Recomendar con empeño. ☐ ENCARECEDOR, RA; ENCARECIMIENTO.

encargar *tr* y *prnl* Encomendar, poner una cosa al cuidado de uno. • *tr* Recomendar, aconsejar, prevenir. ‖ Pedir que se traiga o envíe de otro lugar alguna cosa. ☐ ENCARGADO, DA; ENCARGO.

encariñar *tr* y *prnl* Aficionar, despertar o excitar cariño.

encarnado, da *pp* de encarnar. • *adj* y *s* De color de carne. ‖ Colorado, rojo.

encarnadura *f* Disposición de los tejidos del cuerpo vivo para cicatrizar o reparar sus lesiones.

encarnar *intr* Revestir una sustancia espiritual, una idea, etc., de un cuerpo de carne. Díc. pralm. del acto de hacerse hombre el Verbo divino. ‖ Criar carne cuando se va mejorando y sanando una herida. ‖ (fig) Hacer fuerte impresión en el ánimo una cosa o especie. • *tr* (fig) Personificar,

representar alguna idea, doctrina, etc. ‖ (fig) Representar un personaje de una obra dramática.

encarnecer *intr* Tomar carnes; hacerse más corpulento y grueso.

encarnizar *tr* Cebar un perro en la carne de otro animal para que se haga fiero. • *tr* y *prnl* (fig) Encruelecer, irritar, enfurecer. • *prnl* (fig) Mostrarse cruel contra una persona. ☐ ENCARNIZADO, DA; ENCARNIZAMIENTO.

encaro *m* Acción de encarar o apuntar un arma. ‖ Escopeta corta, especie de trabuco.

encarpetar *tr* Guardar papeles en carpetas. ‖ *Amér.* Dejar detenido un expediente.

encarrilar *tr* Encaminar, dirigir y enderezar una cosa. ‖ Colocar sobre los carriles o rieles un vehículo descarrilado.

encarroñar *tr* y *prnl* Corromper una cosa.

encartar *tr* Proscribir a un reo constituido en rebeldía. ‖ Llamar a juicio por edictos y pregones. ‖ Incluir a uno en los padrones. ☐ ENCARTADO, DA; ENCARTAMIENTO; ENCARTE.

encartonar *tr* Poner cartones o resguardar con cartones una cosa. ☐ ENCARTONADOR.

encartuchar *tr* y *prnl Amér.* Enrollar una cosa en forma de cucurucho.

encasillar *tr* Poner en casillas. ‖ Clasificar personas o cosas distribuyéndolas en sus sitios correspondientes. ☐ ENCASILLADO, DA.

encasquetar *tr* y *prnl* Encajar bien en la cabeza el sombrero. • *tr* (fig) Encajar. • *prnl* Metérsele a uno algo en la cabeza obstinadamente.

encasquillarse *prnl* Dicho de las armas automáticas, atascarse ‖ P. ext., quedarse atascado cualquier mecanismo.

encastar *tr* Mejorar una raza o casta de animales. • *intr* Procrear, hacer casta.

encastillar *tr* Armar un castillejo para la construcción de una obra. • *prnl* (fig) Obstinarse uno en su parecer.

encastrar *tr* Encajar, empotrar.

encausar *tr* Formar causa a uno; proceder contra él judicialmente.

encauzar tr Abrir un cauce. ‖ (fig) Encaminar, dirigir por buen camino. ☐ ENCAUZAMIENTO.

encebollar tr Echar cebolla en abundancia a un manjar. ☐ ENCEBOLLADO, DA.

encéfalo m Parte anterior del sistema nervioso central de los vertebrados, contenida en la cavidad craneal. ☐ ENCEFÁLICO, CA.

encefalograma m Percepción radiográfica de las cavidades ventriculares del encéfalo.

enceguecer tr Cegar, privar de la visión. • tr y prnl (fig) Cegar, ofuscar el entendimiento.

encelar tr Dar celos. • prnl Concebir celos de una persona. ‖ Estar en celo un animal.

enceldar tr y prnl Encerrar en una celda.

encella f Molde para quesos y requesones.

encenagarse prnl Meterse en el cieno. ‖ Ensuciarse, mancharse con cieno. ‖ (fig) Entregarse a los vicios. ☐ ENCENAGADO, DA.

encendedor, ra adj y s Que enciende. • m Aparato que sirve para encender.

encender tr y prnl Iniciar la combustión de algo. ‖ (fig) Tratándose de guerras, suscitar, ocasionar. ‖ (fig) Incitar, inflamar, enardecer. • tr Incendiar. ‖ Conectar un circuito eléctrico. ☐ ENCENDIDO, DA.

encerado, da pp de encerar. • adj De color de cera. • m Tablero pintado de negro u otro color, usado para escribir en él con tizas.

encerar tr Aderezar con cera alguna cosa. ☐ ENCERADORA; ENCERAMIENTO.

encerradero m Sitio donde se recoge el ganado.

encerrar tr Meter a una persona o cosa en parte de que no pueda salir. ‖ (fig) Incluir, contener. ☐ ENCIERRO.

encerrona f (fam) Situación, preparada de antemano, en que se coloca a una persona para obligarla a que haga algo. ‖ Lidia de toros en privado.

encestar tr Poner, recoger algo en una cesta; particularmente en el juego del baloncesto. ☐ ENCESTADOR; ENCESTE.

enchapar tr Chapear, cubrir con chapas.

encharcar tr y prnl Cubrir de agua una parte de terreno que queda como si fuera un charco. ☐ ENCHARCAMIENTO.

enchilada f Guat. y Méx. Torta de maíz aderezada con chile y rellena de diversos manjares.

enchilar tr Amér. Centr. Aderezar con chile. • tr y prnl (fig) Méx. Picar, molestar, irritar.

enchironar tr (fam) Meter a uno en chirona, encarcelar.

enchivarse prnl Col. y Ecuad. Encolerizarse.

enchuecar tr y prnl (fam) Chile y Méx. Torcer, encorvar.

enchufar tr e intr Ajustar la boca de un caño en la de otro. ‖ Establecer una conexión eléctrica mediante un enchufe. ‖ (fam, desp) Proporcionar un cargo, empleo o situación ventajosos atendiendo a recomendaciones o influencias. ☐ ENCHUFISMO, ENCHUFISTA.

enchufe m Parte de un caño o tubo que penetra en otro. ‖ (fig, fam) Cargo, empleo o situación ventajosos que se logran por recomendación o influencia.

enchularse prnl Hacer vida de chulo o rufián.

encía f Tejido fibroso denso recubierto por mucosa que cubre los arcos dentarios y se adhiere al cuello de los dientes.

encíclica f Carta que el Papa dirige a todos los obispos del orbe católico.

enciclopedia f Conjunto de todas las ciencias. ‖ Obra en que se trata de muchas ciencias. ‖ Enciclopedismo. ☐ ENCICLOPÉDICO, CA.

enciclopedismo m Conjunto de doctrinas profesadas por los autores de la *Enciclopedia* publicada en Francia a mediados del siglo XVIII. ☐ ENCICLOPEDISTA.

encima adv lugar En lugar o puesto superior respecto de otro inferior. • adv cant Además, sobre otra cosa.

encimero, ra adj Que está o se pone encima. • f Arg. Pieza con una argolla para sujetar a los animales cogidos con lazo.

encina f Árbol que tiene por fruto las bellotas, dulces o amargas según la variedad, y su madera es muy dura y compacta. ☐ ENCINAR.

encinta *adj* Embarazada.

encintar *tr* Adornar, engalanar con cintas. ‖ Poner las cintas de una acera. ❐ ENCINTADO, DA.

encismar *tr* Poner cisma o discordia entre los miembros de una familia, corporación o comunidad.

encizañar *tr* Cizañar. ❐ ENCIZAÑADOR, RA.

enclaustrar *tr* y *prnl* Encerrar en un claustro. ‖ (fig) Meter, esconder en un paraje oculto.

enclavar *tr* Asegurar con clavos. ‖ (fig) Traspasar, atravesar de parte a parte. ‖ (fig, fam) Engañar a uno. ❐ ENCLAVACIÓN; ENCLAVADO, DA.

enclave *m* Territorio o grupo humano incluido en otro mayor o de distintas características. ‖ Penetración lingüística en un territorio de idioma diferente.

enclavijar *tr* Poner las clavijas a un instrumento.

enclenque *adj* y *s* Falto de salud, enfermizo.

enclítico, ca *adj* y *s* Díc. de la partícula o parte de la oración que se liga con el vocablo precedente, formando con él una sola palabra.

encobar *intr* y *prnl* Echarse las aves y animales ovíparos sobre los huevos para empollarlos.

encocorar *tr* y *prnl* (fam) Fastidiar, molestar.

encofrado, da *pp* de encofrar. • *m* Molde hecho con tableros en el que se vacía el hormigón hasta que fragua y se desmonta después.

encofrar *tr* Colocar bastidores para mantener las tierras en las galerías de las minas, o para hacer el vaciado de una moldura. ‖ Formar un encofrado. ❐ ENCOFRADOR.

encoger *tr* y *prnl* Retirar contrayendo. Díc. ordinariamente del cuerpo y de sus miembros. ‖ (fig) Apocar el ánimo. • *intr* Disminuir lo largo y ancho de algunas telas o ropas.

encogido, da *pp* de encoger. • *adj* y *s* (fig) Corto de ánimo, apocado.

encolado, da *pp* de encolar. • *adj* (fig) Chile y Méx. Gomoso, pisaverde, vanidoso. ‖ Operación de encolar.

encolar *tr* Pegar con cola una cosa. ‖ Clarificar vinos. ‖ Dar la encoladura a las superficies que han de pintarse al temple. ❐ ENCOLADOR, RA; ENCOLADURA; ENCOLAMIENTO.

encolerizar *tr* y *prnl* Hacer que uno se ponga colérico.

encomendar *tr* Encargar a uno que haga alguna cosa o que cuide de ella o de una persona. ‖ Dar encomienda, hacer comendador a uno.

encomiar *tr* Alabar con encarecimiento a una persona o cosa. ❐ ENCOMIASTA; ENCOMIÁSTICO, CA; ENCOMIO.

encomienda *f* Acción y efecto de encomendar. ‖ Dignidad de algunos caballeros de las órdenes militares. ‖ Territorio y rentas de esta dignidad. ‖ Recomendación, elogio. ‖ Amparo, custodia. ‖ *Amér.* Paquete postal.

enconar *tr* y *prnl* Inflamar, empeorar la llaga o parte lastimada del cuerpo. ‖ (fig) Irritar, exasperar el ánimo contra uno. ‖ Cargar la conciencia con alguna mala acción. ❐ ENCONAMIENTO, ENCONO.

encontrar *tr* Dar con una persona o cosa que se estaba buscando. • *intr* Tropezar uno con otro. ‖ Hallarse y concurrir juntas a un mismo lugar dos o más personas. ‖ Hallarse, estar. ❐ ENCONTRADO, DA.

encontronazo *m* Golpe que da una cosa con otra cuando una de ellas, o las dos, van impelidas y se encuentran. ‖ Encuentro sorprendente.

encopetado, da *adj* (fig) Que presume demasiado de sí.

encorajinar *tr* y *prnl* Encolerizar a alguien, hacer que tome una corajina.

encorchar *tr* Poner tapones de corcho a las botellas. ❐ ENCORCHADOR, RA.

encorchetar *tr* Poner corchetes. ‖ Sujetar con ellos la ropa u otra cosa.

encordar *tr* Poner cuerdas a los instrumentos de música. • *prnl* En escalada, unirse con la cuerda de seguridad los escaladores. ❐ ENCORDADURA.

encornadura *f* Forma o disposición de los cuernos en el toro, ciervo, etc. ‖ Cornamenta.

encorralar *tr* Meter ganado en el corral.

encorsetar *tr* y *prnl* Poner corsé, especialmente cuando se ciñe mucho.

encorvar *tr* y *prnl* Doblar una cosa poniéndola curva. • *prnl* (fig) Inclinarse, ladearse, aficionarse sin razón a una parte más que a otra. ☐ ENCORVADURA; ENCORVAMIENTO.

encostrar *tr* Cubrir con costra una cosa. • *intr* y *prnl* Formar costra una cosa.

encrespar *tr* y *prnl* Ensortijar, rizar; se usa especialmente hablando del cabello. ‖ Enfurecer, agitar. ‖ Producir grandes olas en el mar. ☐ ENCRESPADURA; ENCRESPAMIENTO.

encrestado, da *pp* de encrestar. • *adj* (fig) Ensoberbecido, levantado, altivo.

encrestarse *prnl* Poner las aves tiesa la cresta.

encrucijada *f* Paraje en donde se cruzan dos o más calles o caminos. ‖ (fig) Alternativa, opción.

encuadernar *tr* Juntar y coser varios pliegos o cuadernos y ponerles cubiertas. ☐ ENCUADERNACIÓN; ENCUADERNADOR, RA.

encuadrar *tr* Encerrar en un marco. ‖ (fig) Encerrar o incluir dentro de sí una cosa. ‖ Realizar el encuadre de las imágenes. ‖ Colocar a alguien en alguna organización.

encuadre *m* Acción de orientar la cámara de manera que el visor delimite exactamente el campo que se desea abarcar. ‖ Este mismo campo.

encuartar *tr* Amér. Enganchar a un vehículo, para ayuda, otra yunta o caballería. • *prnl* Méx. Enredarse en un negocio.

encubierto, ta *pp* *irreg* de encubrir. • *f* Fraude, ocultación dolosa.

encubrir *tr* y *prnl* Ocultar una cosa o no manifestarla. ‖ Hacerse responsable de encubrimiento de un delito. ☐ ENCUBRIDOR, RA; ENCUBRIMIENTO.

encuentro *m* Acto de coincidir en un punto dos o más cosas, por lo común, chocando una con otra. ‖ Acto de encontrarse o hallarse dos o más personas. ‖ Oposición, contradicción. ‖ Competición deportiva, especialmente entre dos equipos. ‖ Choque, por lo general inesperado, de las tropas combatientes.

encuesta *f* Averiguación o pesquisa. ‖ Acopio de datos referentes a estados de opinión. ☐ ENCUESTADOR, RA; ENCUESTAR.

encumbrar *tr* y *prnl* Levantar en alto. ‖ (fig) Ensalzar, engrandecer a una persona. • *prnl* Envanecerse, ensoberbecerse. ☐ ENCUMBRADO, DA; ENCUMBRAMIENTO.

encurrucarse *prnl* Amér. Acurrucarse.

encurtir *tr* Conservar en vinagre ciertos frutos o legumbres. ☐ ENCURTIDO, DA.

ende (por) *m adv* Por tanto.

endeble *adj* Débil, de poca resistencia.

endecágono, na *adj* y *m* Aplícase al polígono de 11 ángulos y 11 lados.

endecasílabo, ba *adj* y *s* De once sílabas. • *m* Verso de once sílabas.

endecha *f* Canción triste.

endemia *f* Enfermedad que afecta permanentemente o en épocas fijas, a un país o región.

endémico, ca *adj* (fig) Díc. de actos o sucesos que se repiten frecuentemente en un país. ‖ Perteneciente o relativo a la endemia. ‖ En ecología, díc. de cualquier planta o animal confinado en un determinado país o región.

endemoniado, da *pp* de endemoniar. • *adj* y *s* Poseído del demonio. • *adj* (fig, fam) Sumamente perverso, malo o nocivo.

endemoniar *tr* Introducir los demonios en el cuerpo de una persona. • *tr* y *prnl* (fig, fam) Irritar, encolerizar a uno.

endentar *tr* Encajar una cosa en otra, como los dientes y los piñones de las ruedas. ‖ Poner dientes a una rueda.

enderezar *tr* y *prnl* Poner derecho lo que está torcido. ‖ (fig) Gobernar bien; poner en buen estado una cosa. ‖ Enmendar, corregir. • *prnl* (fig) Disponerse, encaminarse a lograr un intento. ☐ ENDEREZADO, DA.

endeudarse *prnl* Llenarse de deudas. ‖ Reconocerse obligado.

endiablado, da *adj* (fig, fam) Endemoniado, perverso. ☐ ENDIABLAR.

endibia o **endivia** *f* Escarola, especie de achicoria con un sabor ligeramente amargo.

endilgar *tr* (fam) Encaminar, dirigir, facilitar. ‖ Encajar, endosar a otro algo desagradable o impertinente.

endiñar *tr* Dar o asestar un golpe.

endiosar *tr* Elevar a uno a la divinidad. • *prnl* (fig) Erguirse, ensoberbecerse.

endocardio *m* Membrana serosa que tapiza las cavidades del corazón.

endocarpio *m* Capa interna de las tres que forman el pericarpio de los frutos.

endocrino, na *adj* Perteneciente o relativo a las hormonas o a las secreciones internas.

endocrinología *f* Ciencia biológica que estudia la formación, función y efecto de las glándulas endocrinas. ❏ ENDOCRINÓLOGO, GA.

endodoncia *f* Tratamiento de la pieza dentaria.

endogamia *f* Costumbre o práctica de contraer matrimonio personas de ascendencia común.

endógeno, na *adj* Que origina o nace en el interior, como la célula que se forma dentro de otra. ‖ Que se origina por causas internas.

endometrio *m* Mucosa que reviste la cavidad interna del útero.

endomingarse *prnl* Vestirse con la ropa de fiesta.

endosar *tr* Ceder a favor de otro un documento de crédito. ‖ (fig) Trasladar a uno una carga, trabajo o cosa no apetecible. ❏ ENDOSATARIO, RIA; ENDOSE; ENDOSO.

endoscopio *m* Nombre genérico de varios aparatos que sirven para explorar cavidades internas del organismo.

endospermo *m* Tejido del embrión de las plantas con flores que le sirve de alimento.

endotelio *m* Tejido que reviste interiormente las paredes de algunas cavidades orgánicas que no comunican con el exterior. ❏ ENDOTELIAL.

endovenoso, sa *adj* Intravenoso.

endrino, na *adj* De color negro azulado, parecido al de la endrina. • *m* Ciruelo silvestre de flores blancas y fruto en drupa.

endrogarse *prnl Chile, Méx.* y *Perú.* Entramparse, contraer deudas.

endulzar *tr* y *prnl* Poner dulce una cosa. ‖ (fig) Suavizar, hacer llevadero un trabajo, disgusto o incomodidad.

endurecer *tr* y *prnl* Poner dura una cosa. ‖ (fig) Robustecer los cuerpos; hacerlos más aptos para el trabajo y la fatiga. • *prnl* Obstinarse en el rigor.

ene *f* Nombre de la letra *n*.

eneágono *adj* y *m* Díc. del polígono de nueve ángulos y nueve lados.

eneasílabo, ba *adj* y *s* De nueve sílabas.

enebro *m* Arbusto de flores escamosas, de color pardo rojizo, y fruto en bayas esféricas negro azuladas.

eneldo *m* Planta herbácea con hojas divididas en tiras estrechas y flores amarillas dispuestas en círculo.

enema *f* Inyección de un líquido en el recto, unas veces con objeto evacuador (lavativa), otras con el de alimentar al paciente y otras con fines terapéuticos.

enemigo, ga *adj* Contrario, opuesto. • *y f* El que tiene mala voluntad a otro y le desea o hace mal. • *m* El contrario en la guerra.

enemistad *f* Aversión u odio manifiesto que existe entre dos o más personas.

enemistar *tr* y *prnl* Hacer a uno enemigo de otro, o hacer perder la amistad.

eneolítico, ca *adj* Relativo al periodo de transición entre la edad de la piedra pulimentada y la del bronce.

energético, ca *adj* Perteneciente o relativo a la energía. • *f* Ciencia que trata de la energía.

energía *f* Eficacia, virtud para obrar. ‖ Fuerza de voluntad, tesón en la actividad. ‖ Capacidad de un sistema para realizar un trabajo. ❏ ENÉRGICO, CA.

enero *m* Primer mes del año. Tiene 31 días.

enervar *tr* y *prnl* Debilitar, quitar las fuerzas. ‖ (fig) Debilitar la fuerza de las razones o argumentos. ❏ ENERVACIÓN; ENERVAMIENTO.

enésimo, ma *adj* Díc. del número indeterminado de veces que se repite una cosa.

enfadadizo, za *adj* Fácil de enfadarse.

enfadar *tr* y *prnl* Causar enfado.

enfado *m* Impresión desagradable y molesta que hacen en el ánimo algunas personas. ‖ Enojo, disgusto.

enfaenado, da *adj* Metido en faena.

enfaldado *adj* Díc. del varón, sobre todo del niño, demasiado apegado a la madre.

enfangar *tr* y *prnl* Cubrir de fango una cosa o meterla en él. • *prnl* (fig, fam) Mezclarse en negocios innobles y vergonzosos.

énfasis *m* Fuerza de expresión o de entonación con que se quiere realzar la importancia de lo que se dice o se lee. ❑ ENFÁTICO, CA.

enfatizar *intr* Expresarse con énfasis. • *tr* Poner énfasis en la expresión de alguna cosa.

enfermar *intr* y *prnl* Contraer enfermedad el hombre o el animal. • *tr* Causar enfermedad. ‖ (fig) Debilitar, quitar firmeza, menoscabar, invalidar.

enfermedad *f* Alteración de la salud. ‖ (fig) Alteración en la fisiología del cuerpo vegetal. ‖ (fig) Pasión o alteración en lo moral o espiritual.

enfermería *f* Local o dependencia para enfermos o heridos.

enfermero, ra *m* y *f* Persona destinada para la asistencia o cuidado de los enfermos.

enfermizo, za *adj* Que tiene poca salud; que enferma con frecuencia. ‖ Propio de un enfermo.

enfermo, ma *adj* y *s* Que padece enfermedad. • *adj* Enfermizo.

enfervorizar *tr* y *prnl* Infundir buen ánimo, fervor, celo ardiente.

enfiestarse *prnl Amér.* Estar de fiesta, divertirse.

enfilar *tr* Poner en fila varias cosas. ‖ Dirigir la vista, en determinada dirección. • *intr* Dirigirse a un lugar determinado. ❑ ENFILACIÓN.

enfisema *m* Tumefacción en el tejido pulmonar, en el celular o en la piel.

enflaquecer *tr* Poner flaco a uno. ‖ (fig) Debilitar, enervar.

enfocar *tr* Hacer que la imagen de un objeto producida en el foco de una lente se recoja con claridad sobre un plano u objeto determinado. ‖ (fig) Plantear un asunto, tema, etc.

enfoscado, da *pp* de enfoscar. • *m* Operación de enfoscar un muro. ‖ Capa de mortero con que está guarnecido un muro.

enfoscar *tr* Tapar los agujeros de una pared. ‖ Guarnecer con mortero un muro.

enfrascado, da *pp* de enfrascarse. • *adj* Embebido en cualquier trabajo o quehacer.

enfrascar *tr* Meter en frascos algunas cosas. • *prnl* Entregarse alguien a una cosa con gran interés y atención. ❑ ENFRASCAMIENTO.

enfrentar *tr*, *intr* y *prnl* Afrontar, poner frente a frente personas, cosas, ideas, etc. • *tr* y *prnl* Afrontar, hacer frente, oponer.

enfrente *adv lugar* A la parte opuesta, en punto que mira a otro, o que está delante de otro. • *adv modo* En contra, en pugna.

enfriar *tr*, *intr* y *prnl* Poner o hacer que se ponga fría una cosa. • *tr* y *prnl* (fig) Entibiar los afectos, templar la fuerza y el ardor de las pasiones. • *tr Méx.* y *P. Rico.* Matar. • *prnl* Quedarse fría una persona. ❑ ENFRIAMIENTO.

enfunchar *tr* y *prnl Cuba* y *P. Rico.* Enojar.

enfundar *tr* Poner una cosa dentro de su funda.

enfurecer *tr* y *prnl* Irritar a uno, o ponerle furioso. • *prnl* Alborotarse, alterarse.

enfurruñarse *prnl* (fam) Enfadarse ligeramente. ‖ (fam) Encapotarse el cielo.

engalanar *tr* y *prnl* Poner galana una cosa, adornar.

engallado, da *pp* de engallar. • *adj* (fig) Erguido, derecho. ‖ (fig) Altanero, soberbio.

engallar *tr* Levantar el cuello. • *prnl* Erguirse, estirarse. ‖ (fig) Comportarse con arrogancia, adoptar una actitud retadora. ❑ ENGALLAMIENTO.

enganchar *tr*, *intr* y *prnl* Agarrar una cosa con gancho o colgarla de él. • *tr* e *intr* Poner las caballerías en los carruajes de manera que puedan tirar de ellos. • *tr* (fig, fam) Atraer a uno con arte. • *prnl* Sentar plaza de soldado. ❑ ENGANCHE; ENGANCHÓN.

engañar *tr* Dar a la mentira apariencia de verdad. ‖ Inducir a otro a creer y tener por cierto lo que no lo es. ‖ Engatusar. • *prnl*

Equivocarse. ‖ Faltar a la fidelidad conyugal. ❑ ENGAÑADOR, RA; ENGAÑOSO, SA.

engañifa f (fam) Engaño artificioso con apariencia de utilidad.

engaño m Falta de verdad, falsedad. ‖ Cualquier arte o armadijo para pescar.

engarabitar intr y prnl Trepar, subir a lo alto.

engarrotar tr y prnl Causar entumecimiento de los miembros el frío.

engarzar tr Trabar una cosa con otra u otras, formando cadena, por medio de hilo de metal. ‖ Rizar el pelo. ‖ Engastar. ❑ ENGARCE.

engastar tr Encajar y embutir una cosa en otra; especialmente una piedra preciosa en un soporte de metal. ❑ ENGASTE.

engatusar tr (fam) Ganar la voluntad de uno con halagos. ❑ ENGATUSADOR, RA; ENGATUSAMIENTO.

engendrar tr Procrear, propagar la propia especie. • tr y prnl (fig) Causar, ocasionar, formar.

engendro m Feto. ‖ Criatura deforme y monstruosa. ‖ (fig) Plan, designio u obra intelectual mal concebidos.

englobar tr Incluir o considerar reunidas varias cosas en una sola.

engolado, da pp de engolar. • adj Díc. de la voz, articulación o acento que tiene resonancia en el fondo de la boca o en la garganta. ‖ (fig) Díc. del hablar afectadamente. ‖ Fatuo. ❑ ENGOLAMIENTO; ENGOLAR.

engolfarse prnl Ocuparse intensamente en algo.

engolosinar tr Excitar el deseo de uno con algún atractivo. • prnl Aficionarse, tomar gusto a una cosa.

engomado, da pp de engomar. • adj Chile. Peripuesto, acicalado.

engomar tr Impregnar y untar la goma.

engorda f Chile y Méx. Engorde, ceba. ‖ Chile y Méx. Conjunto de animales que se ceban.

engordar tr Dar mucho de comer para poner gordo.• intr (fig, fam) Hacerse rico. • intr y prnl Ponerse gordo, crecer en gordura. ❑ ENGORDE.

engorro m Embarazo, impedimento, molestia.

engoznar tr Clavar goznes o encajar en un gozne.

engranaje m Efecto de engranar. ‖ Conjunto de los dientes de una máquina.

engranar intr Encajar los dientes de una rueda. ‖ (fig) Enlazar, trabar.

engrandecer tr Aumentar, hacer grande una cosa. ‖ Alabar, exagerar.

engrapadora f Grapadora.

engrapar tr Grapar.

engrasar tr Dar sustancia y crasitud a una cosa. ‖ Untar partes de una máquina con sustancias lubrificantes para disminuir el rozamiento. • tr y prnl Untar, manchar con grasa. ❑ ENGRASACIÓN; ENGRASADOR, RA, ENGRASE.

engreído, da pp de engreír. • adj Díc. de la persona demasiado convencida de su valer.

engreír tr y prnl Envanecer. ‖ Amér. Encariñar, aficionar. ❑ ENGREIMIENTO.

engrescar tr y prnl Incitar a riña, enzarzar.

engringarse prnl Amér. Seguir uno las costumbres de los gringos o extranjeros.

engrosar tr y prnl Hacer gruesa y más corpulenta una cosa. • tr (fig) Aumentar el número de una colectividad. • intr Ponerse gordo.

enguantar tr y prnl Cubrir la mano con el guante.

enguatar tr Entretelar con manta de algodón en rama.

engullir tr e intr Tragar la comida atropelladamente y sin mascarla.

engurruñar tr y prnl Arrugar, encoger. • prnl Encogerse uno, entristecerse.

enharinar tr y prnl Manchar de harina; cubrir con ella la superficie de una cosa.

enhebrar tr Pasar la hebra por el ojo de una aguja o por el agujero de las cuentas, perlas, etc. ‖ (fig, fam) Decir seguidas muchas cosas sin orden ni concierto.

enhestar tr y prnl Levantar en alto, poner derecha y levantada una cosa.

enhiesto, ta pp irreg de enhestar. • adj Levantado, derecho.

enhilar tr Enhebrar. ‖ (fig) Ordenar, colocar en su debido lugar las ideas de un escrito o discurso. ‖ (fig) Dirigir o encaminar con orden una cosa.

enhorabuena f Felicitación. • adv modo Con bien, con felicidad.

enhoramala adv modo que se emplea para denotar disgusto, enfado o desaprobación.

enigma m Dicho o conjunto de palabras de sentido encubierto para que sea muy difícil entenderlo. ‖ por extensión. Dicho o cosa que difícilmente puede entenderse o interpretarse. ❒ ENIGMÁTICO, CA.

enjabonar tr Jabonar. ‖ (fig, fam) Dar jabón, adular. ‖ (fig) Reprender a uno, increparle. ❒ ENJABONADO, DA; ENJABONADURA.

enjaezar tr Poner los jaeces a las caballerías.

enjalbegar tr Blanquear las paredes.

enjalma f Especie de aparejo de bestia de carga, a modo de albardilla. ❒ ENJALMAR.

enjambrar tr Coger las abejas que andan esparcidas, o los enjambres que están fuera de las colmenas. ‖ Sacar un enjambre de una colmena. • intr Separarse de la colmena alguna porción de abejas con su reina.

enjambre m Conjunto de abejas, con su reina. ‖ (fig) Muchedumbre de personas o cosas que van juntas.

enjaretado, da pp de enjaretar. • m Tablero formado de tabloncillos a modo de enrejado.

enjaretar tr Hacer pasar por una jareta una cinta. ‖ (fig, fam) Hacer o decir algo sin intermisión, atropelladamente. ‖ Hacer deprisa unas cosas.

enjaular tr Poner dentro de la jaula. ‖ (fig, fam) Meter en la cárcel.

enjoyar tr y prnl Adornar con joyas. • tr (fig) Adornar, hermosear, enriquecer.

enjuagar tr y prnl Limpiar la boca y dentadura con agua u otro licor. • tr Aclarar y limpiar con agua lo que se ha jabonado o fregado. ❒ ENJUAGADURA.

enjuague m Acción de enjuagar. ‖ Agua u otro licor que sirve para enjuagar.

enjugar tr Quitar la humedad a una cosa, secarla. • tr y prnl Limpiar la humedad que echa de sí el cuerpo. ‖ (fig) Cancelar, extinguir una deuda o un déficit.

enjuiciar tr (fig) Someter una cuestión a examen o juicio. ‖ Sujetar a uno a juicio. ❒ ENJUICIAMIENTO.

enjundia f Gordura que las aves tienen en la overa. ‖ (fig) Lo más sustancioso e importante de alguna cosa no material.

enjuta f Cada uno de los triángulos que deja en un cuadrado el círculo inscrito en él.

enjuto, ta pp irreg de enjugar. • adj Delgado, seco.

enlace m Acción de enlazar. ‖ Unión, conexión de una cosa con otra. ‖ Dicho de los trenes, empalme. ‖ (fig) Parentesco, casamiento. ‖ Persona que sirve para que por su mediación se comuniquen otras entre sí.

enladrillar tr Cubrir con ladrillos el pavimento. ❒ ENLADRILLADO, DA.

enlanado, da adj Cubierto o lleno de lana.

enlatar tr Meter alguna cosa en cajas o botes de hojalata.

enlazar tr Coger o juntar una cosa con lazos. • tr y prnl Dar enlace o trabazón a unas cosas con otras. • prnl (fig) Unirse las familias por medio de casamientos.

enlobreguecer tr y prnl Oscurecer, poner lóbrego.

enlodar tr y prnl Manchar o cubrir con lodo. ‖ (fig) Manchar, infamar.

enloquecer tr (fig) Hacer perder el juicio a uno. • intr Volverse loco, perder el juicio. ‖ (fam) Gustar exageradamente algo. ❒ ENLOQUECEDOR, RA; ENLOQUECIMIENTO.

enlosar tr Cubrir el suelo con losas unidas y ordenadas. ❒ ENLOSADO, DA.

enlucir tr Poner una capa de yeso o mezcla a las paredes, techos o fachadas de los edificios. ‖ Dar brillo. ❒ ENLUCIDO, DA.

enlutar tr y prnl Cubrir de luto. • tr (fig) Entristecer, afligir.

enmaderar tr Cubrir con madera. ‖ Construir el maderamen de un edificio. ❒ ENMADERADO, DA.

enmadrarse prnl Encariñarse excesivamente el hijo con la madre.

enmarañar tr y prnl Enredar, revolver una cosa. ‖ (fig) Confundir, enredar un asunto.

enmarcar *tr* Encuadrar, encerrar en un marco.

enmascarar *tr* y *prnl* Cubrir el rostro con máscara. ‖ (fig) Encubrir, disfrazar. ❑ ENMASCARADO, DA; ENMASCARAMIENTO.

enmasillar *tr* Cubrir con masilla grietas o agujeros. ‖ Sujetar con masilla los cristales a sus marcos.

enmelar *tr* Untar con miel. ‖ Hacer miel las abejas. ‖ (fig) Endulzar.

enmendar *tr* y *prnl* Corregir, quitar defectos. • *tr* Proponer una alternativa, total o parcial, a un texto ya redactado. ❑ ENMIENDA.

enmohecer *tr* y *prnl* Cubrir de moho una cosa. • *prnl* (fig) Inutilizarse, caer en desuso.

enmudecer *tr* Hacer callar. • *intr* Quedar mudo, perder el habla. ‖ (fig) Guardar uno silencio, callarse. ❑ ENMUDECIMIENTO.

ennegrecer *tr* y *prnl* Teñir de negro, poner negro. ‖ Enturbiar, oscurecer. • *prnl* (fig) Ponerse muy oscuro, nublarse el cielo.

ennoblecer *tr* (fig) Adornar, enriquecer. ‖ (fig) Ilustrar, realzar y dar esplendor.

enojar *tr* y *prnl* Causar enojo. • *tr* Molestar, desazonar. ❑ ENOJADIZO, ZA.

enojo *m* Ira, cólera. ‖ Molestia, pesar, trabajo.

enojoso, sa *adj* Que causa enojo, enfado.

enología *f* Conjunto de conocimientos relativos a los vinos. ❑ ENOLÓGICO, CA; ENÓLOGO, GA.

enorgullecer *tr* y *prnl* Llenar de orgullo.

enorme *adj* Desmedido, excesivo.

enormidad *f* Exceso, tamaño desmedido. ‖ (fig) Despropósito, desatino.

enquiciar *tr* y *prnl* Poner la puerta, ventana u otra cosa en su quicio. • *tr* Poner en orden.

enquistarse *prnl* Formarse un quiste. ‖ Encajarse, introducirse. ❑ ENQUISTADO, DA.

enrabiar *tr* y *prnl* Encolerizar.

enraizar *intr* Arraigar, echar raíces.

enramada *f* Conjunto de ramas espesas y entrelazadas. ‖ Adorno formado de ramas de árboles. ‖ Cobertizo hecho de ramas.

enramar *tr* Adornar o cubrir con ramas.

enranciar *tr* y *prnl* Poner o hacer rancia una cosa.

enrarecer *tr* y *prnl* Dilatar un cuerpo gaseoso haciéndolo menos denso. ‖ Contaminar el aire.

enrasar *tr* e *intr* Hacer que quede plana y lisa la superficie de una obra.

enrazar *tr* Col. Cruzar animales o mezclarse personas.

enredadera *adj* y *s* Díc. de las plantas de tallo voluble o trepador.

enredar *tr* Prender con red. ‖ Meter discordia o cizaña. • *tr* y *prnl* Enlazar, entretejer, enmarañar una cosa con otra. • *prn* Sobrevenir dificultades y complicacione en un asunto.

enredo *m* Entrecruzamiento de hilos otras cosas flexibles. ‖ (fig) Travesura inquietud. ‖ (fig) Engaño, mentira que ocasiona disturbios.

enredoso, sa *adj* Lleno de enredos y di ficultades. ‖ *Chile* y *Méx.* Enredado chismoso.

enrejado *m* Conjunto de rejas. ‖ Especi de celosía, hecha de cañas o varas entre tejidas.

enrejar *tr* Poner rejas en los huecos de u edificio.

enrevesado, da *adj* Complicado, difíci

enriquecer *tr* (fig) Adornar, engrandece ‖ Prosperar notablemente un país, un empresa, etcétera. • *intr* y *prnl* Hacers uno rico. ❑ ENRIQUECIMIENTO.

enriscar *tr* (fig) Levantar, elevar. • *pr* Guarecerse, meterse entre riscos y peña cos. ❑ ENRISCADO, DA; ENRISCAMIENTO.

enristrar[1] *tr* Poner la lanza en el rist ‖ (fig) Ir derecho hacia una parte. ❑ E RISTRE.

enristrar[2] *tr* Hacer ristras. ❑ ENRISTRE.

enrojecer *tr* y *prnl* Poner roja una co con el calor o el fuego. ‖ Encenderse rostro. • *tr* Dar color rojo. ❑ ENROJE MIENTO.

enrolar *tr* y *prnl* Inscribir un individuo el rol o lista de tripulantes de un ba mercante. • *prnl* Alistarse en el ejércit otra organización.

enrollar *tr* Arrollar, poner en forma de llo. • *prnl* Liarse en un asunto. ‖ Exte derse mucho al hablar o escribir.

enronquecer *tr* y *prnl* Poner ronco a uno.

enroscar *tr* y *prnl* Torcer, doblar en redondo; poner en forma de rosca una cosa. • *tr* Introducir una cosa a vuelta de rosca. ❑ ENROSCADURA.

enrudecer *tr* y *prnl* Hacer rudo a uno; entorpecerle el entendimiento.

ensacar *tr* Meter algo en un saco.

ensaimada *f* Bollo formado por una tira de pasta hojaldrada revuelta en espiral, típica repostería de Mallorca.

ensalada *f* Hortaliza aderezada con sal, aceite, vinagre, etc. ‖ (fig) Mezcla confusa de cosas sin conexión. ❑ ENSALADERA.

ensalivar *tr* y *prnl* Llenar o empapar de saliva.

ensalmar *tr* Componer los huesos dislocados o rotos. ‖ Curar con ensalmos.

ensalmo *m* Modo supersticioso de curar con palabras mágicas.

ensalzar *tr* Engrandecer, exaltar. • *tr* y *prnl* Alabar, elogiar. ❑ ENSALZAMIENTO.

ensamblar *tr* Unir, juntar. ❑ ENSAMBLAJE.

ensanchar *tr* Extender, dilatar la anchura de una cosa. • *intr* y *prnl* (fig) Desvanecerse.

ensanche *m* Dilatación, extensión. ‖ Terreno dedicado a nuevas edificaciones en las afueras de una población, y conjunto de los edificios que en ese terreno se han construido.

ensangrentar *tr* y *prnl* Manchar o teñir con sangre. • *prnl* (fig) Irritarse mucho en una disputa.

ensañar *tr* Irritar, enfurecer. • *prnl* Causar daño a quien ya no puede defenderse.

ensartar *tr* Pasar por un hilo, alambre, etc., varias cosas. ‖ Enhebrar. ‖ Espetar, atravesar, introducir.

ensayar *tr* Probar, reconocer una cosa antes de usar de ella. ‖ Amaestrar, adiestrar.

ensayo *m* Acción y efecto de ensayar. ‖ Escrito en prosa, de carácter didáctico y subjetivo, sin pretensiones doctrinales. ❑ ENSAYISTA.

enseguida *m adv* En seguida.

ensenada *f* Recodo que forma seno, entrando el mar en la tierra.

enseña *f* Insignia o estandarte.

enseñanza *f* Acción y efecto de enseñar. ‖ Sistema y método de dar instrucción. ‖ Ejemplo, acción o suceso que sirve de experiencia.

enseñar *tr* Instruir. ‖ Dar advertencia, ejemplo o escarmiento. ‖ Indicar, dar señas de una cosa. ‖ Mostrar o exponer una cosa, para que sea vista y apreciada. • *prnl* Acostumbrarse, habituarse a una cosa. ❑ ENSEÑADO, DA.

enseñorear *tr* y *prnl* Hacerse señor y dueño de una cosa. ❑ ENSEÑOREAMIENTO.

enseres *m pl* Utensilios, muebles, instrumentos necesarios en una casa o profesión.

ensillar *tr* Poner la silla a la caballería.

ensimismado, da *adj* Pensativo, absorto.

ensimismarse *prnl* Abstraerse. ‖ *Col.*, *Chile* y *Ecuad.* Envanecerse. ❑ ENSIMISMAMIENTO.

ensoberbecer *tr* y *prnl* Causar o excitar soberbia en alguno. • *prnl* (fig) Agitarse el mar; alterarse, encresparse las olas.

ensombrecer *tr* Oscurecer, cubrir de sombras. • *prnl* (fig) Entristecerse, ponerse melancólico.

ensoñar *intr* y *tr* Tener ensueños, fantasías.

ensopar *tr* Hacer sopa con el pan. • *tr* y *prnl* *Amér.* Empapar, poner hecho una sopa.

ensordecer *tr* Causar sordera. ‖ Convertir una consonante sonora en sorda. • *intr* Contraer sordera, quedarse sordo. ‖ Callar, no responder. ❑ ENSORDECEDOR, RA; ENSORDECIMIENTO.

ensortijar *tr* y *prnl* Rizar, encrespar el cabello, hilo, etc. ‖ Poner un aro de hierro atravesando la nariz de un animal.

ensuciar *tr* y *prnl* Manchar, poner sucia una cosa. • *tr* (fig) Manchar, deslustrar. • *prnl* Hacer las necesidades corporales en la cama o en los vestidos.

ensueño *m* Cosa que se sueña. ‖ Ilusión, fantasía.

entablado, da *pp* de entablar. • *m* Suelo formado de tablas.

entablar *tr* Cubrir, cercar o asegurar con tablas una cosa. ‖ Entablillar. ‖ Disponer, emprender. || Dar comienzo a alguna cosa. ❏ ENTABLE.

entablillar tr Sujetar con tablillas y vendaje.

entablón, na adj Perú. Díc. de quien pretende imponer sus caprichos a los demás.

entablonada f Amér. Bravata, fanfarronada.

entalegar tr Meter una cosa en talegos. || Atesorar dinero.

entallar[1] tr Hacer una incisión en el tronco de algunos árboles para extraer la resina. || Hacer cortes en una pieza de madera para ensamblarla con otra. ❏ ENTALLADURA.

entallar[2] tr Formar el talle de un vestido. • intr y prnl Venir bien o mal el vestido al talle.

entallecer intr y prnl Echar tallos las plantas y árboles.

entarimar tr Cubrir el suelo con tablas o tarimas.

ente m Lo que es, existe o puede existir. || (fam) Sujeto ridículo.

enteco, ca adj Enfermizo, débil, flaco.

entelequia f Cosa real que lleva en sí el principio de su acción y que tiende por sí misma a su fin propio. || Cosa irreal.

entendederas f pl (fam) Entendimiento.

entender tr Tener idea clara de las cosas; comprenderlas. || Saber con perfección una cosa. || Conocer, penetrar. || Discurrir, inferir, deducir. || Creer, pensar, juzgar. • prnl Conocerse, comprenderse a sí mismo. || Tener hombre y mujer alguna relación de carácter amoroso oculto. ❏ ENTENDEDOR, RA.

entendido, da pp de entender. • adj y m Sabio, docto, perito, diestro.

entendimiento m Facultad de comprender. || Juicio, sentido común. || Razón humana.

entenebrecer tr y prnl Oscurecer.

entente f Trato secreto, convenio, pacto, concierto entre naciones.

enterado, da pp de enterar. • adj Sabelotodo.

enterar tr Informar, instruir, notificar. || Arg. y Chile. Completar, integrar una cantidad. || Amér. Pagar, entregar dinero.

entereza f Integridad, perfección. || (fig) Integridad, rectitud en la administración de justicia. || (fig) Fortaleza, firmeza de ánimo.

enterizo, za adj Entero. || De una sola pieza.

enternecer tr y prnl Ablandar, poner tierna una cosa. || (fig) Inspirar ternura, por compasión u otro motivo. ❏ ENTERNECIMIENTO.

entero, ra adj Cabal, cumplido, sin falta alguna. || (fig, fam) Díc. del que tiene entereza o firmeza de ánimo. || (fig) Robusto, sano. || Guat. y Perú. Idéntico, parecidísimo. || Díc. de la hoja cuyo borde no presenta senos ni fisuras. • m Unidad de medida de los cambios bursátiles. || Amér. Entrega de dinero.

enterrador, ra adj Que entierra. • m Sepulturero.

enterramiento m Entierro. || Sepulcro.

enterrar tr Poner debajo de tierra. || Dar sepultura a un cadáver. || (fig) Olvidar o arrinconar alguna cosa. || (fig) Hacer desaparecer una cosa debajo de otra.

enterratorio m Arg. y Chile. Cementerio.

entibar intr Estribar. • tr Apuntalar con maderas las excavaciones. ❏ ENTIBACIÓN, ENTIBADOR.

entibiar tr y prnl Poner tibio un líquido, darle un grado de calor moderado. • (fig) Templar, quitar fuerza a los afectos y pasiones.

entidad f Lo que constituye la esencia o forma de una cosa. || Ente o ser. || Valor, importancia de una cosa. || Colectividad considerada como unidad.

entierro m Acción y efecto de enterrar. || Actos que se celebran y comitiva que acompaña al cadáver.

entintar tr Untar o teñir con tinta. || (fig) Teñir, dar color.

entizar tr Amér. Dar tiza al taco de billar.

entoldar tr Cubrir con toldos. • prnl Nublarse. ❏ ENTOLDADO, DA; ENTOLDAMIENTO.

entomófilo, la adj Aficionado a los insectos.

entomología f Parte de la zoología que estudia los insectos. ❏ ENTOMÓLOGO, Ga.

entonación f Acción y efecto de entonar. ‖ Inflexión de la voz según el sentido de lo que se dice, la emoción que se expresa y el estilo o acento en que se habla.

entonar tr e intr Cantar ajustado al tono. • tr Dar determinado tono a la voz. ‖ Armonizar los colores. • prnl Desvanecerse, engreírse.

entonces adv tiempo En aquel tiempo u ocasión. • adv modo En tal caso, siendo así.

entontar tr y prnl Amér. Entontecer.

entontecer tr Poner a uno tonto. • intr y prnl Volverse tonto. ☐ ENTONTECIMIENTO.

entorchado, da pp de entorchar. • m Bordado en oro o plata, que como distintivo llevan en el uniforme altos funcionarios.

entorchar tr Retorcer varias telas y formar de ellas antorchas.

entornar tr Volver la puerta o la ventana hacia donde se cierra. ‖ Díc. también de los ojos cuando no se cierran por completo.

entorno m Ambiente, lo que rodea a alguien o algo.

entorpecer tr y prnl Poner torpe. ‖ (fig) Turbar, oscurecer el entedimiento, el espíritu, el ingenio.

entrada f Espacio por donde se entra a alguna parte. ‖ En un diccionario, cada uno de los términos que se definen. ‖ Billete que sirve para entrar en una sala de espectáculos. ‖ Principio de oración, libro, etc. ‖ Cada uno de los platos que se sirven antes del plato principal. ‖ Información o datos que se introducen en un ordenador.

entramado, da m Armazón que sirve para dar forma a un edificio en construcción. ☐ ENTRAMAR.

entrampar tr (fig) Engañar artificiosamente. ‖ (fig, fam) Enredar un negocio. • prnl (fig, fam) Empeñarse, endeudarse tomando empréstitos.

entrante pa de entrar. • adj y s Que entra. • m Manjar, o conjunto de ellos, que se toma antes del plato pral. de una comida.

entraña f Cada uno de los órganos contenidos en las prales. cavidades del cuerpo. ‖ Lo más íntimo o esencial de una cosa o asunto. • pl (fig) Lo más oculto y escondido.

entrañable adj Íntimo, muy afectuoso.

entrañar tr y prnl Introducir en lo más hondo. • tr Contener, llevar dentro de sí. • prnl Unirse, estrecharse de todo corazón con uno.

entrar intr Ir o pasar de fuera adentro. ‖ Pasar por una parte para introducirse en otra. ‖ Encajar o poderse meter una cosa en otra, o dentro de otra. ‖ Penetrar o introducirse. ‖ (fig) Empezar a formar parte de una corporación. ‖ (fig) Empezar una etapa, periodo, etc. ‖ (fig) Tratándose de usos o costumbres, seguirlos, adoptarlos. ‖ (fig) Junto con la preposición a y el infinitivo de otros verbos, dar principio a la acción de ellos. ‖ (fig) Seguido de la prep en y de un nombre, empezar a sentir lo que este nombre signifique. ‖ (fig) Seguido de la prep en y de voces significativas de edad, empezar a estar en la que se mencione. • tr Meter una cosa en un lugar. ‖ (fig) Acometer o influir en el ánimo de uno.

entre prep Denota situación o estado en medio de dos o más cosas o acciones. ‖ Dentro de, en lo interior. ‖ Expresa estado intermedio. ‖ En el número de. ‖ Como uno de. ‖ Expresa también situación o calidad intermedia.

entreabrir tr y prnl Abrir un poco o a medias.

entreacto m Intermedio en una representación dramática.

entrecalle f Separación entre dos molduras.

entrecano, na adj Díc. del cabello o barba a medio encanecer.

entrecavar tr Cavar ligeramente.

entrecejo m Espacio que hay entre las cejas. ‖ (fig) Ceño, sobrecejo.

entrecerrar tr Cerrar a medias.

entrechocar tr y prnl Chocar dos cosas una con otra.

entrecomillar tr Poner entre comillas.

entrecortar tr Cortar una cosa sin acabar de dividirla. ☐ ENTRECORTADO, DA; ENTRECORTADURA.

entrecruzar *tr* y *prnl* Cruzar dos o más cosas entre sí, entrelazar.

entrecubierta *f pl* Espacio que hay entre las cubiertas de una embarcación.

entredía *m Ecuad.* Piscolabis.

entredicho, cha *m* (fig) Duda acerca del honor, virtud, etc., de alguien.

entredós *m* Tira bordada o de encaje que se cose entre dos telas.

entrega *f* Acción y efecto de entregar o entregarse. ‖ Cada uno de los cuadernos impresos en que se divide y expende un libro que se publica por partes.

entregar *tr* Poner en poder de otro. • *prnl* Ponerse en manos de uno, sometiéndose a su dirección o arbitrio. ‖ Dedicarse enteramente a una cosa. ‖ Declararse vencido o sin fuerzas para continuar un empeño o trabajo. ☐ ENTREGADO, DA; ENTREGAMIENTO.

entreguerras (de) *loc.* Díc. del período de paz entre dos guerras sucesivas.

entrelazar *tr* y *prnl* Enlazar, entretejer una cosa con otra. ☐ ENTRELAZAMIENTO.

entrelinear *tr* Escribir algo que se intercala entre dos líneas.

entremedias *adv* tiempo y *lugar* Entre uno y otro tiempo, espacio, lugar o cosa.

entremés *m* Cualquiera de los manjares que ponen en las mesas para picar de ellos mientras se sirven los platos.

entremeter *tr* Meter una cosa entre otras. • *prnl* Meterse uno donde no le llaman. ☐ ENTREMETIDO, DA; ENTREMETIMIENTO.

entremezclar *tr* Mezclar una cosa con otra sin confundirlas.

entrenar *tr* y *prnl* Adiestrar, preparar o prepararse para algo. ☐ ENTRENADOR, RA; ENTRENAMIENTO.

entreoír *tr* Oír una cosa sin percibirla bien o entenderla del todo.

entrepaño *m* Parte de pared comprendida entre dos pilastras, dos columnas o dos huecos. ‖ Anaquel del estante o de la alacena.

entrepiernas *f pl* Parte interior de los muslos.

entreplanta *f* Entrepiso de establecimientos, tiendas, oficinas, etc.

entrepuente *m* Entrecubierta.

entresacar *tr* Sacar unas cosas de entre otras. ‖ Aclarar un monte, cortando algunos árboles, o espaciar las plantas que han nacido muy juntas.

entresijo *m* Mesenterio. ‖ (fig) Cosa oculta.

entresuelo *m* Piso entre el bajo y el principal de una casa.

entretanto *adv tiempo* Entre tanto. Se usa también como *s* precedido del *art* el o de un demostrativo.

entretecho *m Chile.* Desván, sobrado.

entretejer *tr* Meter en la tela que se teje hilos diferentes para que hagan distinta labor. ‖ Trabar y enlazar una cosa con otra.

entretela *f* Lienzo que como refuerzo se pone entre la tela y el forro de una prenda de vestir. • *pl* (fig, fam) Lo íntimo del corazón.

entretener *tr* y *prnl* Tener a uno detenido y en espera. • *tr* Hacer menos molesta y más llevadera una cosa. ‖ Dar largas, con pretextos, al despacho de un asunto. • *prnl* Divertirse. ☐ ENTRETENIDO, DA; ENTRETENIMIENTO. ☐

entretiempo *m* Tiempo de primavera y otoño.

entrever *tr* Ver confusamente una cosa. ‖ Conjeturarla, sospecharla, adivinarla.

entreverado, da *pp* de entreverar. • *ad[...]* Que tiene interpoladas cosas varias o ve[...] tas. • *m Ven.* Asadura de cordero o de ca[...] brito.

entreverar *tr* Mezclar, introducir un[...] cosa entre otras. • *prnl Arg.* Mezclars[...] desordenadamente personas, animales [...] cosas.

entrevero *m Arg.* y *Chile.* Confusió[...] desorden.

entrevía *f* Espacio libre que queda entr[...] dos rieles o vías.

entrevista *f* Encuentro convenido entr[...] dos o más personas para tratar de u[...] asunto, etc.

entrevistar *tr* Mantener una entrevista [...] trabajo, periodística, etc. • *prnl* Tener un[...] entrevista con una persona. ☐ ENTREVI[...] TADOR, RA.

entristecer *tr* Causar tristeza. ‖ Poner a[...] pecto triste. • *prnl* Ponerse triste y mela[...] cólico. ☐ ENTRISTECIMIENTO.

entrompar *prnl* (fam) Embriagarse. ‖ *Amér.* Enfadarse.

entroncar *tr* Afirmar el parentesco de una persona con el tronco o linaje de otra. • *intr* Tener, o contraer, parestesco con un linaje o persona. • *tr y prnl Cuba, Méx.* y *P. Rico.* Empalmar dos líneas de transporte.

entronizar *tr* Colocar en el trono. ‖ (fig) Ensalzar a uno; colocarle en alto estado. • *prnl* (fig) Engreírse, envanecerse.

entubar *tr* Poner tubos en alguna cosa. ‖ Intubar.

entuerto *m* Tuerto o agravio. • *pl* Dolores de vientre que suelen sobrevenir a las mujeres poco después del parto.

entumecer *tr y prnl* Impedir, entorpecer el movimiento de un miembro o nervio. ◻ ENTUMECIMIENTO.

entunarse *prnl Col., Guat.* y *Hond.* Pincharse.

enturbiar *tr y prnl* Hacer o poner turbia una cosa. ‖ (fig) Turbar, alterar el orden.

entusiasmar *tr y prnl* Infundir entusiasmo. ‖ Gustar mucho.

entusiasmo *m* Inspiración fogosa y arrebatada del escritor o del artista. ‖ Exaltación y fogosidad del ánimo, excitado por cosa que le admire o cautive. ◻ ENTUSIASTA; ENTUSIÁSTICO, CA.

enumeración *f* Expresión sucesiva y ordenada de las partes de que consta un todo. ‖ Cómputo o cuenta numeral de las cosas.

enumerar *tr* Hacer enumeración de las cosas.

enunciado, da *pp* de enunciar. • *m* Enunciación. ‖ Oración o secuencia de oraciones gramaticales. ‖ Palabras con que se enuncia el teorema que se va a demostrar, el problema que se va a resolver, etcétera.

enunciar *tr* Expresar uno breve y sencillamente una idea. ‖ Indicar los datos de un problema. ◻ ENUNCIATIVO, VA; ENUNCIACIÓN.

envainar *tr* Meter en la vaina una arma blanca.

envalentar *tr Chile* y *Col.* Envalentonar.

envalentonar *tr* Infundir valentía o más bien arrogancia.

envanecer *tr y prnl* Infundir soberbia o vanagloria a uno.

envarado, da *pp* de envarar. • *adj y s* (fig) Díc. de la persona estirada, orgullosa.

envarar *tr y prnl* Entorpecer, impedir el movimiento de un miembro. ◻ ENVARAMIENTO.

envasar *tr* Echar un líquido en una vasija. ‖ (fig) Beber con exceso. ◻ ENVASADOR.

envase *m* Acción y efecto de envasar. ‖ Recipiente o vasija en que se conservan y transportan ciertos géneros.

envegarse *prnl Chile.* Empantanarse, tener exceso de humedad un terreno.

envejecer *tr* Hacer vieja a una persona o cosa. • *intr y prnl* Hacerse vieja o ant. una persona o cosa. • *intr* Durar, permanecer por mucho tiempo. ◻ ENVEJECIDO, DA; ENVEJECIMIENTO.

envelope *m Amér.* Sobre de cartas.

envenenar *tr y prnl* Emponzoñar, inficionar con veneno. • *tr* (fig) Interpretar en mal sentido las palabras o acciones. ◻ ENVENENAMIENTO.

envergadura *f* Distancia entre las puntas de las alas de un ave cuando están completamente abiertas. ‖ (fig) Importancia, fuste, prestigio.

envero *m* Color que toman las uvas y otras frutas cuando empiezan a madurar. ‖ Uva que ha tomado este color.

envés *m* Parte opuesta a la cara de cualquier cosa.

enviar *tr* Hacer que una persona vaya a alguna parte. ‖ Hacer que una cosa se dirija o sea llevada a alguna parte. ◻ ENVIADO, DA.

enviciar *tr* Corromper con un vicio. • *intr* Echar las plantas muchas hojas y poco fruto. • *prnl* Aficionarse demasiado a una cosa.

envidar *tr* Hacer envite a uno en el juego.

envidia *f* Tristeza o pesar del bien ajeno. ‖ Emulación, deseo honesto.

envidiable *adj* Digno de ser deseado.

envidiar *tr* Tener envidia, sentir el bien ajeno. ‖ (fig) Desear, apetecer algo que tienen otros. ◻ ENVIDIOSO, SA.

envilecer *tr* Hacer vil y despreciable una cosa. ‖ Hacer que descienda el valor, ley o peso de una moneda.

envinado, da adj Méx. De color de vino.

envío m Acción y efecto de enviar. ‖ Remesa.

envión m Empujón.

enviscar tr Azuzar. ‖ (fig) Irritar, enconar los ánimos.

envite m Apuesta que se hace en algunos juegos. ‖ (fig) Ofrecimiento de una cosa.

enviudar intr Quedar viudo o viuda.

envoltorio m Lío. ‖ Envoltura.

envoltura f Capa exterior que cubre una cosa.

envolver tr Cubrir una cosa parcial o totalmente, rodeándola y ciñéndola con algo. ‖ Arrollar o devanar un hilo, cinta, etc., en alguna cosa. ‖ (fig) En una disputa, dejar a uno cortado sin salida. • tr y prnl (fig) Mezclar o complicar a uno en un asunto. ☐ ENVOLVENTE; ENVOLVIMIENTO; ENVUELTO, TA.

enyesar tr Tapar o acomodar con yeso. ‖ Agregar yeso a alguna cosa. ‖ Escayolar. ☐ ENYESADO, DA.

enzacatarse prnl Amér. Llenarse los campos de zacate y de otras malezas.

enzarzar tr Poner zarzas en una cosa o cubrirla de ellas. • tr y prnl (fig) Sembrar discordias. ‖ (fig) Meterse en negocios arduos y de salida dificultosa. ‖ (fig) Reñir, pelearse.

enzima f Fermento de origen biológico y naturaleza proteica que actúa como catalizador en las reacciones bioquímicas de los organismos.

eñe f Nombre de la letra ñ.

eólico, ca adj Perteneciente o relativo a Eolo. ‖ Producido o accionado por el viento.

eón m En el gnosticismo, cada una de las inteligencias eternas emanadas de la divinidad suprema.

¡epa! interj Amér. ¡Hola! ‖ Chile. interj Usada para animar.

epanadiplosis f Figura que consiste en repetir al fin de una cláusula o frase el mismo vocablo con que empieza.

epatar tr Suscitar la admiración o el asombro de alguien. Es galicismo.

epéntesis f Metaplasma que consiste en añadir una letra en medio de un vocablo.

epicarpio m Capa que, a modo de protección, rodea los frutos de muchas plantas.

epicentro m Centro del área de perturbación de un fenómeno sísmico que cae sobre el hipocentro.

épico, ca adj Perteneciente o relativo a la epopeya o a la poesía heroica. • f Gén. Literario, en verso, cuyas obras reciben el nombre de epopeyas.

epidemia f Enfermedad infecciosa que se propaga por un país, acometiendo al mismo tiempo a gran número de personas. ☐ EPIDÉMICO, CA.

epidermis f Membrana exterior que forma la parte externa de la piel. ☐ EPIDÉRMICO, CA.

epifanía f Festividad que celebra la Iglesia el 6 de enero, y que también se llama de la Adoración de los Reyes.

epifonema f Exclamación o reflexión que resume lo que anteriormente se ha dicho.

epiglotis f Cartílago sujeto a la parte posterior de la lengua, el cual tapa la glotis al tiempo de la deglución.

epígrafe m Resumen, cita o sentencia que suele ponerse a la cabeza de una obra científica o literaria, o de cada uno de los capítulos o divisiones. ‖ Inscripción en piedra, metal, etc.

epigrafía f Ciencia cuyo objeto es conocer e interpretar las inscripciones. ☐ EPIGRÁFICO, CA.

epigrama m Inscripción en piedra o metal. ‖ (fig) Pensamiento mordaz o satírico expresado con brevedad y agudeza. ☐ EPIGRAMÁTICO, CA.

epilepsia f Síndrome cerebral crónico que se manifiesta con desvanecimientos seguidos de convulsiones.

epílogo m Recapitulación de todo lo dicho en una composición literaria. ‖ (fig) Conjunto o compendio.

episcopado m Dignidad de obispo. ‖ Conjunto de obispos.

episcopal adj Perteneciente o relativo al obispo. • m Libro en que se contienen las ceremonias y oficios propios de los obispos.

episcopio m Aparato para la proyección de objetos opacos, fotografías, impresos.

episodio *m* Acción secundaria de la pral., pero enlazada con ella en un poema o en una novela. ‖ Cada una de las acciones parciales o partes integrantes de la acción principal. ‖ Hecho o suceso poco importante.

epistemología *f* Estudio crítico del conocimiento científico.

epístola *f* Carta misiva que se escribe a los ausentes. ‖ Cada uno de los escritos, pertenecientes al gén. epistolar, escritos por un apóstol e incluidos en el Nuevo Testamento.

epistolario *m* Libro que contiene una colección de cartas o epístolas de un autor.

epitafio *m* Inscripción o frase dedicada a un difunto.

epitalamio *m* Composición lírica en celebración de una boda. ◻ EPITALÁMICO, CA.

epitelio *m* Tejido tenue que cubre exteriormente las mucosas y glándulas del cuerpo. ◻ EPITELIAL.

epíteto *m* Adjetivo que expresa una característica principal o propia del nombre al que acompaña.

epítome *m* Resumen o compendio de una obra extensa, que expone lo básico de una materia.

época *f* Era, fecha histórica que se utiliza para cómputos cronológicos. ‖ Temporada de considerable duración.

epodo *m* Último verso de la estancia repetido muchas veces.

epónimo, ma *adj* Que da nombre a un pueblo, a una tribu, a un período, etc.

epopeya *f* Poema narrativo extenso, que refiere acciones heroicas de carácter nacional.

epsilon *f* Nombre de la *e* breve del alfabeto griego.

equiangular *adj* Díc. de la figura cuyos ángulos son iguales.

equidad *f* Igualdad de ánimo. ‖ Justicia natural por oposición a la letra de la ley positiva. ‖ Moderación en el precio de las cosas. ◻ EQUITATIVO, VA.

equidistar *tr* Hallarse una o más cosas a igual distancia de otra determinada, o entre sí. ◻ EQUIDISTANCIA.

equido, da *adj* Díc. de animales que se caracterizan por poseer los dedos de las patas reducidos a uno, grande y grueso, adaptado a la carrera.

equilátero, ra *adj* Aplícase a las figuras, en particular al triángulo, cuyos lados son iguales.

equilibrado, da *pp* de equilibrar. • *adj* (fig) Ecuánime, sensato, prudente.

equilibrar *tr* y *prnl* Poner en equilibrio. • *tr* (fig) Hacer que una cosa no exceda a otra, manteniéndolas proporcionalmente iguales.

equilibrio *m* Estado de un cuerpo o sistema cuando la resultante de las fuerzas que actúan sobre él es nula. ‖ Peso que es igual a otro peso y le contrarresta. ‖ (fig) Ecuanimidad, mesura. ◻ EQUILIBRISTA.

equino, na *adj* Perteneciente o relativo al caballo. • *m* Animal de la especie equina.

equinoccio *m* Cada uno de los dos puntos de intersección de la eclíptica con el ecuador celeste. ◻ EQUINOCCIAL.

equipaje *m* Conjunto de las cosas que se llevan en los viajes. ‖ Tripulación.

equipal *m* Méx. Silla de varas entretejidas, con el asiento y el respaldo de cuero o mimbre.

equipar *tr* y *prnl* Proveer a uno de las cosas necesarias para su uso. ‖ Proveer a una nave de gente, víveres, municiones y todo lo necesario para su avío y defensa. ◻ EQUIPAMIENTO.

equiparar *tr* Comparar una cosa con otra.

equipo *m* Acción y efecto de equipar. ‖ Grupo de operarios organizado para un servicio determinado. ‖ Cada uno de los grupos que se disputan el triunfo en ciertos deportes; bando. ‖ Colección de utensilios, instrumentos y aparatos especiales para un trabajo.

equis *f* Nombre de la letra *x*, y del signo de la incógnita en los cálculos. • *adj* Designa un número desconocido o indiferente.

equitación *f* Arte de montar y manejar bien el caballo. ‖ Acción y deporte de montar a caballo.

equivalente *adj* y *s* Que equivale a otra cosa. • *adj* Aplícase a las figuras o sólidos que tienen igual área o volumen y distinta forma.

equivaler *intr* Ser igual una cosa a otra en el valor, potencia o eficacia. □ EQUIVALENCIA.

equivocación *f* Acción y efecto de equivocar o equivocarse. ‖ Cosa hecha equivocadamente.

equivocar *tr* y *prnl* Tener o tomar una cosa por otra, juzgando u obrando muy desacertadamente. • *intr* Usar de equívocos, hablando o escribiendo.

equívoco, ca *adj* Que puede entenderse en varios sentidos o dar ocasión a juicios diversos. • *m* Palabra cuya significación conviene a diferentes cosas. ‖ Confusión, error.

era[1] *f* Punto fijo y fecha determinada de un suceso, desde el cual se empiezan a contar los años. ‖ Unidad cronogeológica de primer orden en que se dividen los tiempos geológicos.

era[2] *f* Espacio de tierra limpia y firme donde se trillan las mieses.

eral, la *m* y *f* Res vacuna de más de un año y que no pasa de dos.

erario *m* Tesoro público.

ere *f* Nombre de la letra *r* en su sonido suave.

erebo *m* Infierno, también llamado averno.

erección *f* Acción y efecto de levantar, enderezar o ponerse rígida una cosa. ‖ Enderezamiento del pene o clítoris producida por el aflujo de sangre.

eréctil *adj* Que tiene la facultad de levantarse, enderezarse o ponerse rígido. □ ERECTILIDAD.

erecto, ta *adj* Erguido, rígido.

eremita *m* Ermitaño de los primeros tiempos del cristianismo.

erg *m* Suelo desértico y arenoso de relieve ondulado.

ergio *m* Unidad de trabajo en el sistema CGS.

ergonomía *f* Estudio de datos biológicos y tecnológicos aplicados a problemas de mutua adaptación entre el hombre y la máquina.

ergotismo[1] *m* Intoxicación aguda o crónica producida por el cornezuelo del centeno.

ergotismo[2] *m* Sistema de los ergotistas.

erguir *tr* Levantar y poner derecha una cosa. • *prnl* Levantarse o ponerse derecho. ‖ (fig) Engreírse, ensoberbecerse. □ ERGUIMIENTO.

erial *adj* y *m* Aplícase a la tierra o campo sin labrar.

erigir *tr* Fundar, instituir o levantar. • *tr* y *prnl* Constituir a una persona o cosa con un carácter que antes no tenía. □ ERECTOR, RA.

erisipela *f* Inflamación superficial de la piel, que se manifiesta por su color encendido y va comúnmente acompañada de fiebre.

eritema *m* Enrojecimiento congestivo y temporal de la piel.

erizar *tr* y *prnl* Levantar, poner rígida y tiesa una cosa, como las púas del erizo.

erizo *m* Mamífero insectívoro, con el dorso y los costados cubiertos de púas agudas, la cabeza pequeña, las patas y la cola muy cortas.

ermita *f* Capilla o santuario situado por lo común en despoblado.

ermitaño, ña *m* y *f* Persona que vive en la ermita y cuida de ella. • *m* El que vive en soledad.

erógeno, na *adj* Díc. de las zonas o partes del cuerpo más sensibles a la excitación sexual.

eros *m* Conjunto de tendencias y deseos sexuales.

erosión *f* Desgaste producido en la superficie de un cuerpo por la fricción continua de otro. ‖ Conjunto de procesos que causan variaciones en el relieve de la superficie terrestre. ‖ (fig) Desgaste de prestigio o influencia que pueden sufrir una persona, una institución, etc. □ EROSIONAR; EROSIVO, VA.

erotema *f* Interrogación retórica.

erótico, ca *adj* Perteneciente o relativo al amor sensual. ‖ Que excita el apetito sexual. • *f* Aquello por lo que algo resulta muy excitante o atrayente.

erotismo *m* Amor sensual, gusto por las satisfacciones sexuales. ‖ Cualidad de erótico.

erradicar *tr* Arrancar de raíz.

errante *pa* de errar. • *adj* Que yerra. ‖ Que anda de una parte a otra sin tener asiento fijo.

errar *tr* e *intr* No acertar; equivocarse. • *tr* Faltar, no cumplir con lo que se debe. • *intr* Andar vagando de una parte a otra.

errata *f* Equivocación material cometida en lo impreso o lo manuscrito.

errático, ca *adj* Vagabundo, sin domicilio cierto.

erre *f* Nombre de la letra *r* en su sonido fuerte.

erróneo, a *adj* Que contiene error.

error *m* Concepto equivocado o juicio falso. ‖ Acción desacertada o equivocada. ‖ Diferencia en el peso, medida, etc., con respecto a lo que se pesa o mide.

eructar *intr* Expeler con ruido por la boca los gases del estómago. ❑ ERUCTO.

erudición *f* Conocimiento profundo adquirido mediante el estudio sobre una o varias materias. ❑ ERUDITO, TA.

erupción *f* Aparición y desarrollo en la piel o las mucosas de granos, manchas o vesículas. ‖ Emisión repentina y violenta de lavas, gases, etcétera, a través de un cráter volcánico. ❑ ERUPTIVO, VA.

es *prep* inseparable que, lo mismo que *ex*, denota fuera o más allá; privación; atenuación del significado del término simple.

esbelto, ta *adj* Gallardo, delgado, alto y de elegante figura. ❑ ESBELTEZ.

esbirro *m* Alguacil, policía. ‖ El que tiene por oficio prender a las personas. ‖ (fig) Secuaz a sueldo o movido por interés.

esbozo *m* Bosquejo, boceto. ‖ Bosquejo sin perfilar y no acabado. ❑ ESBOZAR.

escabechar *tr* Echar en escabeche. ‖ (fig, fam) Matar violentamente, por lo común con arma blanca. ‖ (fig, fam) Suspender un examen.

escabeche *m* Salsa con vinagre, hojas de laurel y otros ingredientes, para conservar los pescados y otros manjares. ‖ *Chile.* Encurtido.

escabechina *f* (fig) Gran destrozo, estrago. ‖ (fig, fam) Abundancia de suspensos en un examen.

escabel *m* Tarima pequeña para que descansen los pies. ‖ Asiento pequeño sin respaldo.

escabroso, sa *adj* Desigual, lleno de embarazos. ‖ (fig) Incómodo, embarazoso. ❑ ESCABROSIDAD.

escabullirse *prnl* Irse o escaparse de entre las manos. ‖ (fig) Huir de una dificultad con sutileza.

escachar *tr* Cascar, aplastar, despachurrar.

escacharrar *tr* y *prnl* Romper un cacharro. ‖ (fig) Malograr, estropear una cosa.

escafandra *f* Equipo individual que garantiza las condiciones necesarias para el desarrollo de la actividad vital y que permite mantener la capacidad de trabajo en un ambiente distinto del normal.

escafoides *adj* y *s* Díc. del hueso más externo y grueso de la fila primera del carpo o del hueso del pie situado delante del astrágalo.

escala *f* Escalera de mano. ‖ Sucesión ordenada de cosas distintas, pero de la misma especie. ‖ Relación existente entre una longitud y su representación sobre un mapa, plano o fotografía. ‖ (fig) Importancia mayor o menor de un asunto, negocio, etc. ‖ Lugar o puerto adonde tocan de ordinario las embarcaciones. ‖ Sucesión diatónica de las siete notas musicales.

escalabrar *tr* y *prnl* Descalabrar.

escalada *f* Acción y efecto de escalar una fortaleza. ‖ Deporte que consiste en trepar por pronunciadas pendientes de roca o hielo.

escalador, ra *adj* y *s* Que escala. • *m* y *f* Deportista que practica la escalada.

escalafón *m* Lista de los individuos de una corporación, clasificados según su grado, antigüedad, etc.

escálamo *m* Estaca fijada en el borde de una embarcación, a la cual se ata el remo.

escalar *tr* Entrar en una plaza fuerte u otro lugar valiéndose de escalas. ‖ Subir, trepar por una pendiente o una altura.

escaldado, da *pp* de escaldar. • *adj* (fam) Escarmentado, receloso.

escaldar *tr* Bañar con agua hirviendo una cosa. ‖ Abrasar con fuego una cosa, poniéndola al rojo. • *prnl* Escocerse la piel. ❑ ESCALDADURA.

escaleno *adj* y *m* Díc. del triángulo que tiene los tres lados desiguales.

escalera *f* Serie de escalones que sirve para subir y bajar. ‖ Reunión de naipes de valor correlativo.

escalerilla *f* Escalera de corto número de escalones.

escalfar *tr* Cocer en un líquido hirviendo los huevos sin la cáscara. • *tr* y *prnl* Cocer el pan con demasiado fuego, de tal modo que resulte olivado. ❑ ESCALFADO, DA.

escalivada *f* Plato compuesto de pimientos, berengenas y otras hortalizas asadas.

escalmo *m* Escálamo. ‖ Cuña que sirve para calzar o apretar algunas piezas de una máquina.

escalofriante *adj* Pavoroso, sorprendente.

escalofrío *m* Indisposición del cuerpo, con estremecimiento y sensación de frío y calor.

escalón *m* Peldaño. ‖ (fig) Grado a que se asciende en dignidad.

escalonar *tr* y *prnl* Situar ordenadamente personas o cosas de trecho en trecho.

escalpelo *m* Bisturí de mango fijo usado pralm. en las disecciones anatómicas.

escama *f* Membrana córnea, delgada y en forma de escudete, que, imbricada con otras muchas de su clase, suele cubrir la piel de peces y reptiles. ‖ (fig) Recelo, desconfianza.

escamar *tr* Quitar las escamas a los peces. • *tr* y *prnl* (fig, fam) Causar recelo o desconfianza. ❑ ESCAMADURA.

escamón, na *adj* Receloso, desconfiado, que se escama.

escamondar *tr* Limpiar los árboles quitándoles las ramas inútiles. ‖ (fig) Quitar a una cosa lo superfluo y dañoso. ❑ ESCAMONDA; ESCAMONDO.

escamotear *tr* (fig) Robar una cosa con agilidad y astucia. ‖ (fig) Hacer desaparecer de un modo arbitrario algún asunto o dificultad. ❑ ESCAMOTEO.

escampada *f* (fam) Tiempo durante el cual deja de llover en un día lluvioso.

escampado, da *adj* Descampado.

escampar *intr* Cesar de llover. ‖ *Amér.* Guarecerse de la lluvia.

escanciar *tr* Echar el vino; servirlo en las mesas y convites. • *intr* Beber vino. ❑ ESCANCIA.

escandalera *f* (fam) Escándalo, alboroto grande.

escandalizar *tr* y *prnl* Causar escándalo. • *prnl* Excandecerse, enojarse.

escandallo *m* Parte de la sonda que sirve para reconocer la profundidad del mar. ‖ Procedimiento para determinar el valor, peso o calidad de un conjunto de cosas tomando al azar una muestra de ellas.

escándalo *m* Conducta, acción o situación inmoral o intolerable y rechazo que provoca. ‖ Alboroto, tumulto, ruido.

escandaloso, sa *adj* y *s* Que causa escándalo. ‖ Ruidoso, revoltoso, inquieto.

escandinavo, va *adj* y *s* Natural de Escandinavia. • *adj* Díc. de las lenguas germánicas del grupo septentrional.

escáner *m* Aparato que se utiliza para la exploración del cuerpo humano mediante rayos X, con el fin de obtener diferentes imágenes de una misma región corporal. ‖ Aparato conectado a una computadora para digitalizar textos o imágenes, o para explorar el interior de un objeto. ❑ ESCANEAR.

escantillón *m* Regla o patrón que sirve para trazar las líneas y fijar las dimensiones según las cuales se han de labrar las piezas.

escaño *m* Banco grande con respaldo. ‖ Asiento de cada diputado en el Congreso, de cada senador en el Senado, etc.

escapar *tr* Librar, sacar de un trabajo, mal o peligro. • *intr* y *prnl* Salir de un encierro o un peligro; como de una prisión, una enfermedad, etc. ‖ Salir uno deprisa y ocultamente. • *prnl* e *intr* Quedar fuera del dominio o influencia de alguna persona o cosa. ❑ ESCAPADA; ESCAPAMIENTO.

escaparate *m* Hueco en la fachada de algunas tiendas, con cristales en la parte exterior, para colocar en él muestras de los géneros. ‖ *Amér.* Armario.

escaparatista *m* o *f* Persona especializada en exponer artísticamente géneros en los escaparates.

escapatoria f Acción y efecto de evadirse y escaparse. ‖ (fam) Excusa y modo de evadirse uno del aprieto en que se halla.

escape m Acción de escapar. ‖ Fuga de un gas o de un líquido. ‖ En los motores de explosión, salida de gases quemados dentro del cilindro.

escápula f Omóplato. ▢ ESCAPULAR.

escapulario m Distintivo de algunas órdenes religiosas que consiste en una tira de tela que cuelga sobre el pecho y la espalda.

escaque m Cada una de las casillas en que se divide el tablero de ajedrez y el del juego de damas.

escaquearse prnl (fam) Eludir una tarea u obligación. ▢ ESCAQUEADO, DA.

escarabajear intr Andar y bullir desordenadamente. ‖ (fig, fam) Punzar y molestar un cuidado o disgusto. ▢ ESCARABAJEO.

escarabajo m Cualquiera de las especies de insectos coleópteros, en especial los de cuerpo y patas cortas.

escaramuza f Refriega de poca importancia sostenida especialmente por las avanzadas de los ejércitos. ‖ (fig) Riña o discusión de poca importancia.

escarapela f Divisa hecha de cintas de colores, fruncidas alrededor de un punto.

escarapelar intr Reñir unos con otros. ‖ Col. Ajar, manosear. • prnl Méx. y Perú. Ponérsele a uno carne de gallina.

escarbadientes m Mondadientes.

escarbar tr Rayar o remover repetidamente la superficie de la tierra. ‖ Hurgar algo con los dedos en otra cosa.

escarcela f Especie de bolsa pendiente de la cintura. ‖ Mochila del cazador, hecha de red.

escarceo m Movimiento en la superficie del mar. ‖ (fig) Rodeo, divagación.

escarcha f Rocío de la noche congelado.

escarchar tr Preparar confituras de modo que el azúcar cristalice en lo exterior como si fuese escarcha. • intr Congelarse el rocío que cae en las noches frías.

escarda f Acción y efecto de escardar. ‖ Azada pequeña para escardar.

escardar tr Arrancar las hierbas malas de los sembrados. ‖ (fig) Apartar lo malo de lo bueno.

escariar tr Agrandar o redondear un agujero abierto en metal mediante el escariador.

escarlata f Color carmesí fino, menos subido que el de la grana. ‖ Tela de este color.

escarlatina f Enfermedad infectocontagiosa de origen bacteriano y carácter epidémico.

escarmentar tr Corregir con rigor al que ha errado, para que se enmiende. • intr Tomar enseñanza de lo que uno ha visto y experimentado. ▢ ESCARMIENTO.

escarnecer tr Hacer mofa y burla de otro.

escarola f Planta herbácea con hojas rizadas que se comen crudas o aliñadas en ensalada. ▢ ESCAROLADO, DA.

escarpa f Cincel.

escarpado, da adj Que tiene escarpa o gran pendiente. ‖ Díc. de las alturas que tienen subidas y bajadas muy peligrosas.

escarpadura f Escarpa, declive.

escarpe m Declive áspero, brusco del terreno.

escarpelo m Escalpelo. ‖ Especie de lima que usan los carpinteros y escultores para limpiar y raspar.

escarpia f Clavo con cabeza acodillada.

escarpiador m Horquilla de hierro con que se afianza una tubería a la pared.

escarpín m Calzado interior, para abrigo del pie, que se coloca encima de la media o del calcetín. ‖ Arg. y Ur. Zapatito de lana que usan los niños de corta edad y los adultos para dormir.

escasear tr Ahorrar, excusar. • intr Faltar, estar escaso.

escasez f Poquedad, mengua de una cosa. ‖ Pobreza o falta de lo necesario para subsistir.

escaso, sa adj Corto, poco, limitado. ‖ Falto, corto, no cabal.

escatimar tr Cercenar, escasear lo que se ha de dar.

escatología[1] f Conjunto de creencias y doctrinas referentes a la vida de ultratumba.

escatología[2] f Tratado de las cosas excrementicias. ▢ ESCATOLÓGICO, CA.

escayola f Yeso calcinado, amasado en agua; se emplea para sacar moldes, reforzar vendas y gasas, etc. ‖ Estuco. ❑ ESCA-YOLISTA.

escayolar f Endurecer las vendas con escayola a fin de que mantengan en una misma posición los huesos rotos o dislocados.

escena f Sitio o parte del teatro en que se representa la obra dramática o cualquier otro espectáculo teatral. ‖ Cada una de las partes en que se divide el acto de la obra dramática. ‖ (fig) Suceso o manifestación de la vida real digno de atención. ❑ ESCÉNICO, CA.

escenario m Parte del teatro dispuesta convenientemente para que en ella se puedan colocar las decoraciones y representar. ‖ (fig) Lugar en que ocurre un suceso.

escenificar tr Dar forma dramática a una obra literaria para ponerla en escena.

escenografía f Arte y técnica de disponer los elementos decorativos de la escena para apoyar y subrayar la acción teatral. ‖ Conjunto de decorados de una obra teatral.

escepticismo m Incredulidad o duda acerca de la verdad o eficacia de alguna cosa. ❑ ESCÉPTICO, CA.

escindir tr y prnl Cortar, dividir, separar.

escisión f Rompimiento, desavenencia. ‖ Proceso de división celular muy general en los microorganismos.

esclarecer tr Iluminar. ‖ (fig) Ennoblecer, ilustrar, hacer claro y famoso a uno. ‖ (fig) Iluminar, ilustrar el entendimiento. ‖ (fig) Poner en claro un asunto. • intr Amanecer. ❑ ESCLARECIDO, DA; ESCLARE-CIMIENTO.

esclavitud f Estado de esclavo. ‖ (fig) Congregación en que varias personas se ejercitan en actos de devoción. ‖ (fig) Sujeción excesiva por la cual se ve sometida una persona.

esclavizar tr Hacer esclavo a uno. ‖ (fig) Tener a uno muy sujeto y dominado.

esclavo, va adj y s Dícese del hombre o la mujer que por estar bajo el dominio de otro carece de libertad. ‖ (fig) Some-

tido rigurosa o fuertemente a deber, pasión, afecto, vicio, etc., que priva de libertad.

esclerosis f Endurecimiento de un órgano o tejido, por proliferación de elementos conjuntivos.

esclerótica f Capa externa del globo ocular.

esclusa f Recinto de fábrica, con puertas de entrada y salida, que se construye en un canal de navegación para que los barcos puedan pasar de un tramo a otro de diferente nivel.

escoba f Utensilio para barrer que tiene un manojo de ramas flexibles o de diversos filamentos, atado al extremo de un palo o caña.

escobajo m Raspa que queda del racimo después de quitarle las uvas.

escobero, ra m y f Persona que hace escobas o las vende. • f Retama común.

escobeta f Escobilla, cepillo. ‖ Méx. Escobilla de raíz de zacatón, corta y recia. ‖ Méx. Mechón que sale en el papo a los pavos viejos.

escobilla f Cepillo para limpiar. ‖ Escobita formada de cerdas o de alambre de que se usa para limpiar.

escobillar tr Limpiar con la escobilla, cepillar. ‖ Amér. En algunos bailes, batir el suelo con los pies con movimientos rápidos.

escobillón m Instrumento compuesto de un palo largo, que tiene en uno de sus extremos un cilindro con cerdas puestas alrededor.

escobón m Escoba que se pone en un palo largo, para barrer y deshollinar.

escocer intr Producirse una sensación muy desagradable, parecida a la quemadura. ‖ (fig) Producirse en el ánimo una impresión molesta o amarga. • prnl Ponerse irritadas y rubicundas algunas partes del cuerpo. ❑ ESCOCEDURA.

escocés, sa adj y s Natural de Escocia. • m Dialecto céltico hablado en Escocia.

escocia f Moldura de perfil cóncavo, cuya sección se compone de dos arcos de circunferencia de distinto radio, tangentes entre sí.

escoda f Instrumento de hierro, a manera de martillo, con corte en ambos lados, para labrar piedras y picar paredes.

escodar tr Labrar las piedras con la escoda.

escofina f Lima, de dientes gruesos y triangulares, muy usada para desbastar.

escoger tr Tomar una o más personas o cosas entre otras. ❏ ESCOGIDO, DA; ESCOGIMIENTO.

escogida f Cuba. Tarea de separar las distintas clases de tabaco. || Cuba. Local donde se hace esa tarea y reunión de operarios a ella dedicados.

escolanía f Conjunto de escolanos.

escolano m Niño que, en algunos monasterios, se educa pralm. para el canto.

escolapio, pia adj Perteneciente a la orden de las Escuelas Pías.

escolar adj Perteneciente al estudiante o a la escuela. • m o f Alumno que asiste a alguna escuela, pralm. si es de enseñanza elemental.

escolaridad f Conjunto de cursos que un estudiante sigue en un establecimiento docente.

escolarizar tr Proporcionar la enseñanza declarada obligatoria a una persona.

escolero, ra m y f Perú. Escolar, alumno.

escolio m Nota explicativa de un texto.

escollar intr Arg. Tropezar en un escollo la embarcación. || (fig) Arg. y Chile. Malograrse un propósito por haber tropezado con algún inconveniente.

escollera f Dique formado por piedras tiradas al agua, para proteger una obra de la acción de las olas o de las corrientes.

escollo m Peñasco que está a flor de agua o poco visible. || (fig) Dificultad, obstáculo.

escolta f Partida de soldados o embarcación destinada a escoltar. || Acompañamiento en señal de reverencia.

escoltar tr Convoyar a una persona o cosa para que camine sin riesgo.

escombrar tr Desembarazar de escombros o de estorbos. || (fig) Desembarazar, limpiar.

escombrera f Conjunto de escombros o desechos. || Sitio donde se echan los escombros.

escombro m Desecho, broza y cascote que queda de una obra de albañilería o de un edificio derribado.

escomerse prnl Irse desgastando una cosa sólida.

esconder tr y prnl Encubrir, ocultar, retirar una cosa a un sitio secreto.

escondidas o **escondidillas (a)** m adv Ocultamente, sin ser visto.

escondite m Escondrijo. || Juego de muchachos, en el que unos se esconden y otros buscan a los escondidos.

escondrijo m Lugar oculto y retirado, propio para esconder alguna cosa.

escopeta f Arma de fuego portátil con uno o dos cañones, con los mecanismos de carga y descarga montados en una caja de madera. ❏ ESCOPETEAR; ESCOPETERO.

escopetazo m Tiro que sale de la escopeta. || Herida hecha con este tiro. || (fig) Noticia o hecho desagradable, súbito e inesperado.

escopetear tr Hacer repetidos disparos de escopeta. • prnl (fig, fam) Dirigirse dos o más personas alternativamente cumplidos o insultos. ❏ ESCOPETEO.

escoplo m Herramienta de hierro acerado, con mango de madera y boca formada por un bisel.

escora f Línea que une los puntos de mayor anchura de las cuadernas de un buque. || Inclinación de un buque.

escorar tr Apuntalar con escoras. • intr Inclinarse un buque por la fuerza del viento.

escorbuto m Enfermedad carencial, producida por la falta de vitamina C.

escoria f Sustancia vítrea que sobrenada en el crisol de los hornos de fundir metales. || Lava esponjosa de los volcanes. || (fig) Cosa vil, desechada. ❏ ESCORIAL.

escorpión m Insecto que tiene el abdomen dividido en una parte ancha y otra a modo de cola acabada en un aguijón. || Octavo signo del Zodíaco, que el Sol recorre aparentemente al mediar el otoño.

escorrentía f Corriente de agua que se vierte al rebasar un depósito o cauce. || Aliviadero.

escorzar tr Representar, acortándolas, según las reglas de la perspectiva, las cosas que se extienden en sentido perpendicular u oblicuo al plano del papel o lienzo sobre que se pinta.

escorzo m Acción y efecto de escorzar. ‖ Figura o figura escorzada.

escotadura f Corte hecho en una prenda de vestir por la parte del cuello. ‖ En los teatros, abertura grande que se hace en el tablado para las tramoyas. ‖ Cortadura que parece alterar la forma completa de una cosa.

escote[1] m Escotadura de un vestido. ‖ Parte del busto que queda descubierto por estar escotado el vestido. ▢ ESCOTAR.

escote[2] m Parte o cuota que cabe a cada uno por razón del gasto hecho en común por varias personas. ▢ ESCOTAR.

escotilla f Cada una de las aberturas que hay en las cubiertas para el servicio del buque.

escotillón m Trampa cerradiza en el suelo, especialmente la que hay en los escenarios.

escozor m Sensación dolorosa, como la que produce el efecto de una quemadura. ‖ (fig) Sentimiento causado en el ánimo por una pena o desazón.

escribana f Mujer del escribano. ‖ *Arg., Par.* y *Ur.* Mujer que ejerce la escribanía.

escribanía f Oficio del escribano. ‖ Oficina del escribano. ‖ Papelera o escritorio.

escribano m Nombre ant. del notario, vigente en algunos países de América. ‖ Secretario.

escribiente m o f Persona que tiene por oficio copiar o poner en limpio lo que se le dicta.

escribir tr Representar las palabras o las ideas con letras u otros signos. ‖ Trazar las notas y demás signos de la música. ‖ Componer libros, discursos, etc.

escrito, ta pp irreg de escribir. • m Carta o cualquier papel manuscrito. ‖ Obra o composición científica o literaria.

escritor, ra m y f Persona que escribe. ‖ Autor de obras escritas o impresas.

escritorio m Mueble cerrado, con divisiones en su parte inferior para guardar papeles.

escritura f Acción y efecto de escribir. ‖ Documento escrito. ‖ Instrumento público, firmado en presencia de testigos por la persona que lo otorga, de todo lo cual da fe el notario.

escriturar tr Hacer constar con escritura pública y en forma legal un otorgamiento o un hecho.

escroto m Bolsa destinada a albergar y proteger el testículo.

escrúpulo m Duda o recelo que trae inquieto y desasosegado el ánimo. ‖ Escrupulosidad.

escrupulosidad f Exactitud en el estricto cumplimiento de lo que uno emprende o toma a su cargo.

escrupuloso, sa adj y s Que padece o tiene escrúpulos. • adj (fig) Exacto, minucioso.

escrutar tr Escudriñar, examinar cuidadosamente, explorar. ‖ Reconocer y computar los votos que para elecciones se han dado secretamente. ▢ ESCRUTADOR, RA; ESCRUTINIO.

escuadra f Instrumento de figura de triángulo rectángulo, o compuesto solamente de dos reglas que forman ángulo recto. ‖ Cada una de las cuadrillas que se forman de algún concurso de gente. ‖ Conjunto de buques mercantes o de guerra.

escuadrar tr Disponer un objeto de modo que sus caras planas formen entre sí ángulos rectos.

escuadrilla f Determinado número de aviones que realizan un mismo vuelo dirigidos por un jefe.

escuadrón m Unidad de caballería mandada gralte. por un capitán. ‖ Unidad aérea equiparable al batallón.

escuálido, da adj Flaco, macilento.

escucha f Acción de escuchar. ‖ Centinela que se adelanta de noche para observar de cerca los movimientos de los enemigos.

escuchar tr Aplicar el oído para oír. ‖ Prestar atención a lo que se oye. ‖ Dar oídos, atender a un aviso, consejo o sugerencia. • prnl Hablar o recitar con pausas afectadas.

escuchimizado, da adj Muy flaco y débil.

escudar *tr* y *prnl* Amparar y resguardar con el escudo, oponiéndose al golpe del contrario. • *tr* (fig) Resguardar y defender a una persona del peligro que le está amenazando.

escudería *f* Conjunto de automóviles de un mismo equipo de carreras.

escudero *m* Paje o sirviente que llevaba el escudo al caballero en tanto que no usaba de él.

escudilla *f* Vasija ancha y de forma de una media esfera.

escudo *m* Arma defensiva para cubrirse y resguardarse de las ofensivas, que se llevaba en el brazo izquierdo.‖ Unidad monetaria de Portugal y Chile. ‖ (fig) Amparo, defensa.

escudriñar *tr* Examinar y averiguar cuidadosamente una cosa y sus circunstancias.

escuela *f* Establecimiento público donde se da a los niños la instrucción primaria. ‖ Establecimiento público donde se da cualquier género de instrucción. ‖ Método, estilo o gusto peculiar de cada maestro para enseñar. ‖ Doctrina, principios y sistema de un autor. ‖ (fig) Lo que en algún modo alecciona o da ejemplo y experiencia.

escuelante *m* o *f* Col., Méx. y Ven. Escolar.

escuelero, ra *adj* y *s* Arg. Escolar. • *m* y *f* (fam) *Amér.* Maestro de escuela.

escuerzo *m* Sapo. ‖ (fig, fam) Persona flaca y desmedrada.

escueto, ta *adj* Descubierto, libre, desembarazado. ‖ Sin adornos, estricto.

esculpir *tr* Labrar a mano una obra de escultura.

escultismo *m* Movimiento juvenil que tiene por objeto la educación integral del individuo por medio de la autoformación y el contacto con la naturaleza.

escultura *f* Arte de modelar, tallar y esculpir, representando figuras de bulto. ‖ Obra hecha por el escultor. ❑ ESCULTOR, RA; ESCULTÓRICO, CA.

escultural *adj* Perteneciente o relativo a la escultura. ‖ Que participa de alguno de los caracteres bellos de la estatua.

escupidera *f* Recipiente para escupir en él.

escupidor, ra *adj* y *s* Que escupe con mucha frecuencia. • *m Ecuad.* y *P. Rico.* Escupidera. ‖ *Col.* Ruedo, baleo.

escupir *intr* Arrojar saliva por la boca. • *tr* Arrojar por la boca algo como escupiendo. ‖ (fig) Echar de sí con desprecio una cosa. ❑ ESCUPITAJO.

escurreplatos *m* Utensilio de cocina que sirve para escurrir los platos, vasos, etc., recién lavados.

escurrido, da *pp* de escurrir. • *adj* Estrecho de caderas. ‖ *Méx.* y *P. Rico.* Corrido, avergonzado.

escurridor *m* Colador de agujeros grandes en donde se echan los alimentos para que escurran el líquido en que están empapados. ‖ Escurreplatos.

escurriduras o **escurrimbres** *f pl* Últimas gotas de un líquido que han quedado en la vasija.

escurrir *tr* Apurar las últimas gotas de un líquido que han quedado en una vasija. • *tr* y *prnl* Hacer que una cosa empapada en líquido despida la parte que quedaba detenida. • *intr* Destilar y caer gota a gota.

escusado, da *adj* Reservado. • *m* Retrete.

esdrújulo, la *adj* y *s* Aplícase al vocablo acentuado en la antepenúltima sílaba.

ese[1] *f* Nombre de la letra *s*. ‖ Eslabón de cadena que tiene la figura de una ese.

ese[2]**, sa, so, sos, sas** Formas del *pron dem* en los tres gén. *m*, *f* y *n* y en ambos núm. *sing* y *pl* Hacen oficio de *adj* cuando van unidos al nombre. Cuando hacen oficio de *s*., el *m* y *f* se escriben con acento. ‖ *Esa* designa la ciudad en que está la persona a quien nos dirigimos por escrito. ‖ *Eso* equivale a veces a *lo mismo*.

esencia *f* Naturaleza de las cosas. ‖ Lo permanente e invariable en ellas. ‖ Sustancia volátil, de olor intenso, extraída de ciertos vegetales. ❑ ESENCIERO.

esencial *adj* Perteneciente a la esencia. ‖ Sustancial, principal, imprescindible.

esfera *f* Lugar geométrico de los puntos del espacio que equidistan de otro interior llamado centro. ‖ Plano en el que giran las manecillas del reloj. ‖ (fig) Espacio a que se extiende o alcanza la acción o influjo de algo.

esférico, ca *adj* Perteneciente a la esfera o que tiene su figura. □ ESFERICIDAD.

esferográfica *f* Amér. Merid. Bolígrafo.

esferoide *m* Cuerpo de forma parecida a la esfera. □ ESFEROIDAL.

esfinge *amb* Animal fabuloso, con cabeza, cuello y pecho de mujer, y cuerpo y pies de león. ‖ Mariposa crepuscular.

esfínter *m* Músculo en forma de anillo con que se abre y cierra el orificio de una cavidad del cuerpo.

esforzado, da *pp* de esforzar. • *adj* Valiente, animoso, alentado, de gran corazón y espíritu.

esfuerzo *m* Empleo enérgico de la fuerza física. ‖ Empleo enérgico del vigor o actividad del ánimo. ‖ Ánimo, vigor, valor. □ ESFORZAR.

esfumar *tr* Difuminar. ‖ Rebajar los tonos de una composición, logrando cierto aspecto de vaguedad y lejanía. • *prnl* (fig) Disiparse, desvanecerse.

esgrafiar *tr* Hacer dibujos con el grafio sobre una superficie estofada, de manera que al rascar la capa exterior aparezca el color que está debajo. □ ESGRAFIADO, DA.

esgrima *f* Arte de manejar la espada y otras armas blancas y deporte basado en este mismo arte.

esgrimir *tr* Practicar la esgrima. ‖ (fig) Usar de una cosa como arma para lograr algún intento.

esguince *m* Ademán hecho con el cuerpo, hurtándolo para evitar un golpe. ‖ Distensión o rotura de un ligamento o de las fibras musculares próximas a una articulación.

eslabón *m* Pieza en forma de anillo o de otra curva cerrada que enlazada con otras forma cadena.

eslabonar *tr* Unir unos eslabones con otros formando cadena. • *tr* y *prnl* (fig) Enlazar o encadenar las partes de un discurso o unas cosas con otras.

eslalon *m* Competición de esquí a lo largo de un trazado con pasos obligados.

eslavo, va *adj* Aplícase a un pueblo ant. que se extendió pralm. por el NO de Eu-

ropa. • *m* Lengua de los ant. eslavos y cada una de las que de ella se derivan, como la rusa y la polaca.

eslogan *m* Fórmula publicitaria para anunciar un producto. ‖ Lema, consigna.

eslora *f* Longitud de la nave desde la popa a la roda por la parte de adentro.

eslovaco, ca *adj* y *s* De Eslovaquia • *m* Lengua oficial de Eslovaquia.

esloveno, na *adj* y *s* De Eslovenia. • *m* Lengua eslava meridional hablada por dicho pueblo.

esmaltar *tr* Cubrir con esmalte. ‖ (fig) Adornar, ilustrar. □ ESMALTADO, DA.

esmalte *m* Barniz vítreo que por medio de la fusión se adhiere a la porcelana, loza, metales, etc. ‖ Objeto cubierto o adornado de esmalte.

esmeralda *f* Piedra fina, más dura que el cuarzo, teñida de verde por el óxido de cromo.

esmerar *tr* Pulir, limpiar. • *prnl* Poner sumo cuidado en ser cabal y perfecto.

esmeril *m* Roca negruzca compuesta de corindón, mica y óxido de hierro. Raya a todos los cuerpos, excepto el diamante.

esmerilar *tr* Pulir algo o deslustrar el vidrio con esmeril o con otra sustancia. □ ESMERILADO.

esmero *m* Sumo cuidado y atención diligente en hacer las cosas.

esmirriado, da *adj* Flaco, raquítico.

esmoquin *m* Prenda masculina de etiqueta a modo de chaqueta sin faldones.

esnifar *tr* Aspirar por la nariz droga en polvo. □ ESNIFADA.

esnob *adj* y *s* Díc. de la persona que adopta las ideas y costumbres que están de moda. □ ESNOBISMO.

esófago *m* Conducto musculomembranoso que forma parte del largo tubo digestivo y se extiende desde la faringe hasta el estómago.

esotérico, ca *adj* Oculto, reservado.

espabilar *tr* Despabilar.

espachurrar *tr* Despachurrar.

espaciador *m* En una máquina de escribir o computadora, tecla que, al pulsarla, deja un espacio en blanco.

espaciar *tr* Poner espacio entre las cosas. ‖ Esparcir, divulgar. ‖ Separar las dicciones, las letras o los renglones con espacios o con regletas.

espacio *m* Continente de todos los objetos sensibles que coexisten. ‖ Capacidad de terreno, sitio o lugar. ‖ Transcurso de tiempo. ‖ Distancia entre dos o más cuerpos. ‖ Separación que hay entre las rayas del pentagrama. ❑ ESPACIAL.

espacioso, sa *adj* Ancho, dilatado, vasto. ‖ Lento, pausado, flemático. ❑ ESPACIOSIDAD.

espada *f* Arma blanca larga, recta, aguda y cortante, con guarnición y empuñadura. • *pl* Uno de los cuatro palos de la baraja española.

espadachín *m* El que sabe manejar muy bien la espada.

espadaña *f* Hierba de tallo largo, con una mazorca cilíndrica al extremo. Sus hojas se emplean en cestería.

espadín *m* Espada de hoja muy estrecha que se usa como prenda de ciertos uniformes.

espadón[1] *m* (fam) Personaje de elevada jerarquía en la milicia o en otras clases sociales.

espadón[2] *m* Hombre castrado o eunuco.

espagueti *m* Pasta alimenticia de harina de trigo en forma de cilindros más largos y gruesos que los fideos.

espalda *f* Parte posterior del cuerpo humano, desde los hombros hasta la cintura. ‖ Modalidad de natación.

espaldar *m* Respaldo de una silla o banco. ‖ Espalda, parte posterior del cuerpo. ‖ Enrejado sobrepuesto a una pared para que por él trepen y se extiendan ciertas plantas, como jazmines, rosales, etcétera.

espaldarazo *m* Admisión de alguno como igual en un grupo o profesión. ‖ (fig) Reconocimiento de la competencia o habilidad de alguien.

espaldera *f* Espaldar para plantas. ‖ Serie de barras paralelas adosadas a la pared para ejecutar ejercicios gimnásticos.

espaldilla *f* Omóplato. ‖ Cuarto delantero de algunas reses.

espalera *f* Espaldar para plantas.

espantadizo, za *adj* Que fácilmente se espanta.

espantador, ra *adj* Que espanta. ‖ *Col.* Espantadizo. Díc. del caballo.

espantajo *m* Lo que se pone en un lugar para espantar. ‖ (fig) Cualquier cosa que por su representación o figura infunde vano temor. ‖ (fig, fam) Persona molesta y despreciable.

espantapájaros *m* Espantajo que se pone en los sembrados para ahuyentar los pájaros.

espantar *tr* e *intr* Causar espanto, dar susto. • *prnl* Admirarse, maravillarse. ‖ Sentir espanto, asustarse.

espanto *m* Terror, asombro, consternación. ‖ Amenaza o demostración con que se infunde miedo. ‖ *Amér.* Fantasma, aparecido. Se usa más en plural. ❑ ESPANTOSO, SA.

español, la *adj* Perteneciente o relativo a España.• *m* Lengua románica hablada en España, en muchas naciones de Latinoamérica y en otras partes del mundo.

españolada *f* Acción, obra literaria o espectáculo que exagera o deforma las peculiaridades de lo español.

españolear *intr* Hacer una propaganda exagerada de España.

españolizar *tr* Dar carácter español. ‖ Dar forma esp. a un vocablo o expresión de otro idioma. • *prnl* Tomar carácter español.

esparadrapo *m* Tira de tela cubierta por una cara de un emplasto adherente usado para sujetar vendajes, cubrir heridas, etc.

esparavel *m* Red redonda para pescar en los ríos y parajes de poco fondo.

esparcimiento *m* Acción y efecto de esparcir o esparcirse. ‖ Diversión, recreo, desahogo.

esparcir *tr* y *prnl* Separar, extender lo que está junto o amontonado. ‖ (fig) Divulgar, publicar, extender una noticia.

espárrago *m* Brote de la esparraguera, de forma alargada y color blanco, y cabezuelas comestibles. ❑ ESPARRAGUERA.

esparrancarse *prnl* (fam) Abrirse de piernas, separarlas.

esparto *m* Planta gramínea, de hojas arrolladas sobre sí y a lo largo, que se usan para la fabricación de sogas, esteras, etc. ❑ ESPARTERÍA.

espasmo *m* Enfriamiento. ‖ Contracción muscular involuntaria. ☐ ESPASMÓDI-CO, CA.

espatarrarse *prnl* (fam) Despatarrarse.

espato *m* Cualquier mineral de estructura laminar. ☐ ESPÁTICO, CA.

espátula *f* Paleta, gralte. pequeña, con bordes afilados y mango largo. ☐ ESPATU-LADO, DA.

especia *f* Cualquiera de las sustancias aromáticas de origen vegetal con que se sazonan los manjares y guisados. ☐ ESPE-CIERÍA.

especial *adj* Singular o particular, que se diferencia de lo común, ordinario o general. ‖ Muy adecuado o propio para algún efecto.

especialidad *f* Particularidad, singularidad. ‖ Rama de una ciencia, arte o actividad a la cual se dedica una persona. ☐ ESPECIALISTA.

especializar *intr* y *prnl* Cultivar con especialidad una rama determinada de una ciencia o de un arte. • *intr* Limitar una cosa a un uso o fin determinado. ☐ ESPE-CIALIZACIÓN.

especie *f* Conjunto de cosas semejantes entre sí por tener uno o varios caracteres comunes. ‖ Imagen o idea de un objeto que se representa en el intelecto. ‖ Categoría taxonómica que agrupa al conjunto de seres que presentan las mismas características.

especiero, ra *m* y *f* Persona que comercia en especias. ‖ Armarito con varios cajones para guardar las especias.

especificar *tr* Explicar, declarar con individualidad una cosa. ‖ Fijar o determinar de modo preciso. ☐ ESPECIFICACIÓN.

especificativo, va *adj* Que tiene virtud para precisar, determinar o declarar con individualidad una cosa o noción.

específico, ca *adj* Que caracteriza y distingue una especie o una sustancia de otra. • *m* Medicamento especialmente apropiado para tratar una enfermedad determinada. ☐ ESPECIFICIDAD.

espécimen *m* Muestra, modelo, señal.

espectacular *adj* Que tiene caracteres propios de espectáculo público. ‖ Aparatoso, ostentoso.

espectáculo *m* Función o diversión pública celebrada en un lugar en que se congrega la gente para presenciarla. ‖ Aquello que se ofrece a la vista o a la contemplación intelectual y es capaz de atraer la atención. ‖ Acción que causa escándalo o gran extrañeza. ☐ ESPECTA-CULARIDAD; ESPECTADOR.

espectro *m* Imagen, fantasma, por lo común horrible, que se presenta a los ojos o a la fantasía. ☐ ESPECTRAL.

espectrógrafo *m* Aparato capaz de analizar un sonido y descomponerlo en otros, con lo que proporciona su espectro. ☐ ES-PECTROGRAFÍA.

espectroscopia *f* y Técnica que estudia la producción y observación de los espectros visibles. ☐ ESPECTROSCOPIO.

especulación *f* Acción y efecto de especular[2]. ‖ Operación comercial o financiera que se practica con ánimo de obtener lucro rápidamente. ☐ ESPECULATIVO, VA.

especular[1] *adj* Perteneciente o relativo a un espejo. ‖ Semejante a un espejo.

especular[2] *tr* Registrar, mirar con atención una cosa. ‖ (fig) Meditar, contemplar, reflexionar. • *intr* Comerciar, traficar. ‖ Procurar provecho o ganancia fuera del tráfico mercantil.

espejarse *prnl* (fig) Reflejarse como la imagen en un espejo.

espejear *intr* Relucir o resplandecer.

espejismo *m* Ilusión debida a la reflexión total de la luz cuando atraviesa capas de aire de densidad distinta, con lo cual los objetos lejanos dan una imagen invertida. ‖ (fig) Ilusión de la imaginación.

espejo *m* Sistema constituido por una superficie lisa y pulimentada en la que se reflejan los rayos luminosos. ‖ (fig) Aquello en que se ve una cosa como retratada. ‖ (fig) Modelo o dechado digno de estudio e imitación.

espejuelo *m* Yeso cristalizado en láminas brillantes. ‖ Ventana, rosetón o claraboya por lo general con calados de cantería y cerrada con placas de yeso transparente. ‖ Hoja de talco. • *pl* Cristales que se ponen en los anteojos.

espeleología *f* Disciplina que trata del estudio de las cavidades naturales subterráneas. ☐ ESPELEOLÓGICO, CA; ESPELEÓLOGO, GA.

espelucar tr y prnl Amér. Despeluzar, desordenar el pelo.

espeluznar tr y prnl Despeluzar el pelo. || Espantar, causar horror. ☐ ESPELUZNANTE; ESPELUZNO.

esperanto m Idioma creado con idea de que pudiese servir como lengua universal.

esperanza f Estado de ánimo en el cual se nos presenta como posible lo que deseamos.

esperanzar tr Dar esperanza. • intr y prnl Tener esperanza.

esperar tr Tener esperanza de conseguir lo que se desea. || Permanecer en un sitio a donde se cree que ha de ir alguna persona o en donde se presume que ha de ocurrir alguna cosa. || Ser inminente o estar inmediata alguna cosa. • tr e intr Creer que ha de suceder alguna cosa, especialmente si es favorable. • prnl Prever, ver probable una cosa. ☐ ESPERA.

esperma amb Semen, líquido blanquecino que eyaculan los animales machos durante el acto sexual. ☐ ESPERMÁTICO, CA.

espermatozoide m Célula sexual masculina capaz de fecundar el óvulo para dar lugar al huevo, del que surgirá un nuevo ser.

espermicida adj y s Díc. de las sustancias anticonceptivas que provocan la muerte de los espermatozoides.

espernada f Remate de la cadena, que suele consistir en un eslabón abierto, para engancharlo en una argolla.

esperpento m (fam) Persona o cosa notable por su fealdad, desaliño o mala traza. || Gén. creado por Ramón del Valle-Inclán, en el que se deforma sistemáticamente la realidad, recargando sus rasgos grotescos y absurdos. ☐ ESPERPÉNTICO.

espesar tr Condensar lo líquido. || Unir, apretar una cosa con otra, haciéndola más tupida. • prnl Juntarse, unirse y apretarse.

espeso, sa adj Díc. de la sustancia fluida que tiene mucha densidad o condensación. || Díc. de las cosas que están muy juntas. || (fig) De difícil comprensión. ☐ ESPESURA.

espesor m Grosor. || Cualidad de espeso.

espetar tr Atravesar con el asador. || Atravesar, clavar un instrumento puntiagudo. || (fig, fam) Decir a uno de palabra o por escrito alguna cosa, causándole sorpresa o molestia. • prnl Ponerse tieso, afectando gravedad.

espía m o f Persona que se encuentra al servicio de una organización o gobierno, cuya misión es obtener información secreta.

espiar tr Ejercer la función propia de espía.

espichar intr (fam) Morir. || Amér. Discursear, arengar.

espiche m Arma o instrumento puntiagudo.

espiga f Conjunto de flores o frutos dispuestos a lo largo de un tallo común, como en el trigo y el espliego. || Extremo de un madero cuyo espesor se ha disminuido para que encaje en un hueco.

espigar tr Coger las espigas que han quedado en el rastrojo. • tr e intr (fig) Tomar de uno o más libros, rebuscando acá y allá, ciertos datos. • intr Empezar los panes y otras semillas a echar espigas. • prnl Crecer notablemente una persona. ☐ ESPIGADO, DA.

espigón m Aguijón, palo aguzado para aguijar. || Macizo saliente que se construye a la orilla de un río o en la costa del mar.

espiguear intr Méx. Mover el caballo la cola.

espina f Formación dura que suele encontrarse en las plantas adaptadas a los lugares secos. || Astilla pequeña y puntiaguda. || Cada una de las piezas óseas largas, delgadas y puntiagudas que forman parte del esqueleto de muchos peces. || (fig) Pesar íntimo y duradero. ☐ ESPINAL; ESPINOSO, SA.

espinaca f Planta con hojas radicales, estrechas y suaves que, hervida, se consume como verdura.

espinar[1] m Sitio poblado de espinos.

espinar[2] tr, intr y prnl Punzar, herir con espinas.

espinazo m Eje del neuroesqueleto de los animales vertebrados, situado a lo largo de la línea media dorsal del cuerpo. ☐ ESPINAL.

espineta f Clavicordio pequeño, de una sola cuerda en cada orden.

espingarda f Cañón de artillería mayor que el falconete. ‖ Escopeta muy larga que usaban los árabes.

espinilla f Parte anterior de la tibia. ‖ Especie de barrillo que aparece en la piel.

espino m Planta arbustiva de ramas espinosas, propia de las zonas montañosas.

espinoso, sa adj Que tiene espinas. ‖ (fig) Arduo, difícil, intrincado.

espinudo, da adj Amér. Espinoso.

espionaje m Acción de espiar.

espira f Cada una de las vueltas de una hélice o de una espiral.

espiral adj Perteneciente a la espira. • f Curva engendrada por un punto que gira alrededor de otro mientras se acerca o se aleja de él en una dirección determinada.

espirar tr Exhalar buen o mal olor. • tr e intr Expeler el aire aspirado. ◻ ESPIRACIÓN.

espiritismo m Creencia que afirma la posibilidad de comunicar con los espíritus de los muertos. ◻ ESPIRITISTA.

espíritu m Ser inmaterial y dotado de razón. ‖ Alma racional. ‖ Don sobrenatural. ‖ Ciencia mística, virtud. ‖ Ánimo, valor. ‖ Vivacidad, ingenio. ‖ Demonio. ‖ Vapor que exhala un licor o un cuerpo. ‖ (fig) Principio generador, carácter íntimo, esencia de una cosa. ◻ ESPIRITUALIDAD.

espiritual adj y s Perteneciente o relativo al espíritu. ‖ No apegado a lo mundano. • m Canto religioso nacido entre la población negra del sur de Estados Unidos.

espiritualizar tr Hacer espiritual a una persona por medio de la gracia. ‖ Figurarse o considerar como espiritual lo que de suyo es corpóreo. ‖ Reducir algunos bienes por autoridad legítima a la condición de eclesiásticos. ◻ ESPIRITUALISMO; ESPIRITUALISTA.

espirómetro m Aparato para medir la capacidad respiratoria pulmonar.

espita f Canuto que se mete en el agujero de la cuba u otra vasija para que salga por él su contenido.

esplendidez f Abundancia, largueza.

espléndido, da adj Magnífico, ostentoso.

esplendor m Resplandor. ‖ (fig) Lustre, nobleza. ‖ (fig) Auge, apogeo.

esplendoroso, sa adj Muy brillante, resplandeciente. ‖ Que resulta impresionante por su espectacular belleza o grandeza.

esplénico, ca adj Perteneciente o relativo al bazo.

esplenio m Músculo par, largo y plano que une las vértebras cervicales con la cabeza.

espliego m Planta muy aromática con flores azules en espiga.

espolear tr Picar con la espuela a la cabalgadura. ‖ (fig) Avivar, estimular a uno. ◻ ESPOLEADURA; ESPOLEO.

espoleta[1] f Dispositivo que se coloca en la boquilla de las bombas, granadas y torpedos, para dar fuego a su carga.

espoleta[2] f Horquilla que forman las claviculas del ave.

espolón m Apófisis ósea que tienen en el tarso varias especies de aves (gallos, faisanes, etc.). ‖ Tajamar de un puente. ‖ Malecón que suele hacerse a orillas de los ríos o del mar para contener las aguas. ‖ Prominencia córnea que tiene las caballerías en la parte posterior de los menudillos. ◻ ESPOLONAZO; ESPUELAZO.

espolvorear tr Esparcir sobre una cosa otra hecha polvo.

espondeo m Pie de la poesía gr. y lat. compuesto de dos sílabas largas.

esponja f Cualquiera de los animales que tienen el cuerpo perforado por un enorme número de poros. ‖ Todo cuerpo que, por su elasticidad, porosidad y suavidad, sirve como utensilio de limpieza similar a las e. auténticas. ‖ (fig) El que con maña atrae y chupa la sustancia o bienes de otro. ◻ ESPONJERA; ESPONJOSO; SA.

esponjar tr Ahuecar, hacer más poroso un cuerpo. • prnl (fig) Engreírse, envanecerse.

esponsales m pl Mutua promesa de casarse que se hacen y aceptan el varón y la mujer.

espontáneo, a adj Voluntario y de propio movimiento. ‖ Que se produce sin cultivo y sin cuidados del hombre. • m y…

Espectador que en un momento dado interviene por propia iniciativa en un espectáculo, especialmente en una corrida de toros. ☐ ESPONTANEIDAD.

espora f Célula que, sin necesidad de unirse con otro elemento análogo para formar un cigoto, es capaz de formar una nueva planta.

esporádico, ca adj Díc. de lo que es ocasional, aislado.

esportear tr Echar, llevar con espuertas una cosa de un paraje a otro.

esporular intr Formar esporas ciertas plantas o ciertas bacterias. ☐ ESPORULACIÓN.

esporrondingarse prnl Amér. Tirar la casa por la ventana.

esposar tr Sujetar a uno con esposas.

esposas f pl Manillas de hierro con que se sujeta a los reos por las muñecas.

esposo, sa m y f Persona que ha contraído esponsales. ‖ Persona casada. • f Amér. Anillo.

espuela f Espiga de metal terminada comúnmente en una rodajita con puntas que se ajusta al calcañar para picar la cabalgadura. ‖ (fig) Aviso, estímulo. ‖ Amér. Garrón o espolón de las aves. ‖ Arg. y Chile. Espoleta de las aves.

espuelear tr Amér. Espolear.

espuerta f Especie de cesta de esparto, palma u otra materia con dos asas pequeñas.

espulgar tr y prnl Limpiar de pulgas o piojos. ‖ (fig) Examinar, reconocer una cosa con cuidado y por partes. ☐ ESPULGO.

espuma f Conjunto de burbujas que se forman en la superficie de los líquidos. ☐ ESPUMOSO, SA.

espumadera f Paleta circular llena de agujeros, con que se saca la espuma de un líquido.

espumajear intr Arrojar o echar espumajos.

espumar tr Quitar la espuma de un licor. • intr Hacer espuma.

espurio, ria adj Bastardo. ‖ (fig) Falso.

espurear o **espurriar** tr Rociar una cosa con un líquido expelido por la boca.

esputo m Secreción de la mucosa bronquial inflamada que se arroja por medio de un golpe de tos.

esqueje m Fragmento de raíz, tallo u hoja capaz de reproducir asexualmente toda la planta.

esquela f Carta breve. ‖ Aviso de la muerte de una persona que se publica en un periódico.

esqueleto m Sistema orgánico de soporte de los animales. ‖ (fig, fam) Sujeto muy flaco. ‖ (fig) Amér. Modelo o patrón impreso con blancos que se rellenan a mano. ‖ (fig) Chile. Bosquejo de una obra literaria. ☐ ESQUELÉTICO, CA.

esquema m Representación gráfica y simbólica de algo. ‖ Conjunto de temas o puntos que se van a tratar, de actos previstos, etc., sin entrar en detalles. ☐ ESQUEMÁTICO, CA.

esquematizar tr Representar una cosa en forma esquemática. ☐ ESQUEMATIZACIÓN.

esquí m Especie de patín alargado y estrecho, que se usa para deslizarse sobre la nieve o el agua. ‖ Deporte practicado sobre estos patines.

esquiar intr Patinar, deslizarse con esquís. ☐ ESQUIADOR, RA.

esquife m Bote que se arría desde un buque para saltar a tierra. ‖ Embarcación muy larga y estrecha propia para regatas.

esquila¹ f Cencerro en forma de campana. ‖ Campana pequeña.

esquila² f Acción y efecto de esquilar animales.

esquilar tr Cortar con la tijera el pelo, vellón o lana de los ganados y otros animales. ☐ ESQUILADOR, RA; ESQUILEO.

esquilmar tr Coger el fruto de las haciendas, heredades y ganados. ‖ Chupar con exceso las plantas el jugo de la tierra. ‖ (fig) Empobrecer. ☐ ESQUILMO.

esquimal adj y m Díc. del individuo de un pueblo que habita en la costa ártica americana, Groenlandia y Asia.

esquina f Ángulo exterior formado por el encuentro de dos superficies.

esquinar tr e intr Hacer o formar esquina. ‖ Escuadrar un madero. • tr y prnl (fig) Poner a mal, indisponer. ☐ ESQUINADO, DA.

esquirol *m* Obrero que sustituye a un huelguista o que no sigue las consignas de la huelga.

esquite *m Amér. Centr. y Méx.* Rosetas de maíz.

esquivar *tr* Evitar, rehusar. • *prnl* Retraerse, retirarse, excusarse. ❏ ESQUIVO, VA.

esquizofrenia *f* Trastorno de la personalidad caracterizado por la escisión de las funciones afectivas e intelectivas. ❏ ESQUIZOFRÉNICO, CA.

estabilidad *f* Cualidad de estable y firme en el espacio; permanencia, duración en el tiempo. ‖ Propiedad por la cual un vehículo tiende a recuperar su posición de equilibrio.

estabilizar *tr* Dar a alguna cosa estabilidad. ‖ Fijar y garantizar oficialmente el valor de una moneda circulante a fin de evitar las oscilaciones del cambio. ❏ ESTABILIZADOR, RA.

estable *adj* Constante, firme, permanente.

establecer *tr* Fundar, instituir. ‖ Formular un principio, pensamiento, etc., de carácter general. ‖ Ordenar, mandar. • *prnl* Avecindarse. ‖ Abrir un establecimiento mercantil.

establecimiento *m* Ley, ordenanza, estatuto. ‖ Fundación, institución. ‖ Lugar donde habitualmente se ejerce una industria o profesión.

establo *m* Lugar cubierto en que se encierra ganado. ‖ (fig, fam) Lugar muy sucio.

estabular *tr* Criar y mantener el ganado en establos. ❏ ESTABULACIÓN.

estaca *f* Palo con punta en un extremo para fijarlo en tierra, pared u otra parte. ‖ Garrote, palo grueso. ❏ ESTACADA.

estacar *tr* Fijar en la tierra una estaca y atar a ella una bestia. ‖ Señalar en el terreno con estacas una línea. • *prnl* (fig) Quedarse inmóvil y tieso a manera de estaca.

estacazo *m* Golpe dado con estaca o garrote.

estación *f* Cada uno de los cuatro períodos en que se divide el año. ‖ Tiempo, temporada. ‖ Sitio donde habitualmente hacen parada los trenes. ‖ Punto y oficina donde se expiden y reciben despachos de telecomunicación. ‖ Centro que recoge, analiza y observa fenómenos naturales o artificiales. ❏ ESTACIONAL.

estacionamiento *m* Acción y efecto de estacionar o estacionarse. ‖ Lugar o recinto reservado para estacionar vehículos.

estacionar *tr* y *prnl* Situar en un lugar, colocar. • *prnl* Quedarse estacionario, estancarse.

estacionario, ria *adj* (fig) Díc. de lo que permanece en el mismo estado o situación, sin adelanto ni retroceso.

estadía *f* Detención, estancia. ‖ Tiempo que permanece el modelo ante el pintor o escultor. ‖ Cada uno de los días que transcurren después del plazo estipulado para la carga y descarga de un buque mercante, por los cuales se ha de pagar un tanto de indemnización.

estadio *m* Recinto con graderías para distintas competiciones deportivas. ‖ Fase, período relativamente corto.

estadística *f* Censo o recuento de la pob., de los recursos naturales e industriales o de cualquier otra manifestación de un estado, prov., clase, etc. ‖ Rama de las matemáticas aplicadas que se ocupa de establecer leyes generales, válidas para un todo, a partir de datos correspondientes a muestras extraídas de ese todo. ❏ ESTADISTA; ESTADÍSTICO, CA.

estado *m* Situación en que se encuentra una persona o cosa. ‖ Clase o condición a la cual está sujeta la vida de cada uno. ‖ Unidad política organizada.

estafar *tr* Pedir o sacar dinero o cosas de valor con artificios y engaños, y con ánimo de no pagar. ❏ ESTAFA; ESTAFADOR, RA.

estafermo *m* Persona que está parada y como embobada y sin acción. ‖ (fig, fam) Persona de aspecto ridículo.

estafeta *f* Casa u oficina del correo.

estafilococo *m* Nombre dado a ciertas bacterias de forma redondeada, que se agrupan como en racimo.

estalactita *f* Concreción calcárea que suele hallarse pendiente del techo de las cavernas, donde se filtran lentamente aguas con carbonato de cal en disolución.

•stalagmita *f* Estalactita invertida que se forma en el suelo.

•stalinismo *m* Sistema político basado en las teorías de Stalin y sus partidarios. ☐ ESTALINISTA.

•stallar *intr* Henderse o reventar de golpe una cosa, con chasquido. || (fig) Sobrevenir, ocurrir violentamente alguna cosa. || (fig) Sentir y manifestar repentina y violentamente una pasión o afecto del ánimo. ☐ ESTALLIDO.

•stambrar *tr* Torcer la lana y hacerla estambre.

•stambre *m* Parte del vellón de lana que se compone de hebras largas. || Hilo formado con estas hebras. || Órgano sexual masculino de algunas plantas. ☐ ESTAMINAL.

•stamento *m* Grupo social integrado por las personas que tienen una misma situación jurídica y unos mismos privilegios. ☐ ESTAMENTAL.

•stampa *f* Efigie o figura impresa. || (fig) Figura total de una persona o animal.

•stampado, da *pp* de estampar. • *adj* y *s* Aplícase a varios tejidos en que se forman y estampan diferentes labores o dibujos. • *m* Acción y efecto de estampar.

•stampar *tr* Imprimir, sacar en estampa. || Prensar una chapa metálica sobre un molde de acero, grabado en hueco, de manera que en ella se forme relieve por un lado, quedando hundido por el opuesto. || (fam) Arrojar a una persona o cosa o hacerla chocar contra algo. || (fig) Imprimir algo en el ánimo. ☐ ESTAMPACIÓN.

•stampida *f* Estampido. || Carrera rápida e impetuosa que emprende una persona, animal o conjunto de animales.

•stampilla *f* Especie de sello en le trero para estampar en ciertos documentos. || *Amér.* Sello de correos o fiscal.

•stampillar *tr* Marcar con una estampilla o sello.

•stancar *tr* y *prnl* Detener el curso de una cosa. || (fig) Suspender la marcha de un negocio, asunto, etc. • *tr* Prohibir el curso libre de determinada mercancía. ☐ ESTANCAMIENTO.

•stancia *f* Mansión, habitación y asiento en un lugar. || Permanencia durante cier-

to tiempo en un lugar determinado. || Estrofa. || *Amér.* Hacienda de campo destinada al cultivo y especialmente a la ganadería. || *Cuba* y *Venez.* Casa de campo con huerta y próxima a la ciudad, quinta.

estanco, ca *adj* Que no hace agua por sus costuras. || Sitio donde se venden géneros estancados, especialmente sellos, tabaco y cerillas. || *Ecuad.* Aguardentería. ☐ ESTANQUERO.

estándar *m* Tipo, modelo, patrón, nivel.

estandarizar *tr* Tipificar, ajustar a un tipo, modelo o norma. ☐ ESTANDARIZACIÓN.

estandarte *m* Insignia o bandera que usan algunas corporaciones civiles o religiosas.

estannífero, ra *adj* Que contiene estaño.

estanque *m* Receptáculo de agua construido para proveer el riego, criar peces, etcétera.

estanquillo *m* *Méx.* Tenducho. || *Ecuad.* Taberna donde se venden licores y aguardiente.

estante *m* Armario con anaqueles y sin puertas, que sirve para colocar libros, papeles u otras cosas. || *Amér.* Madero incorruptible que hincado en el suelo da sostén al armazón de las casas en las ciudades tropicales. ☐ ESTANTERÍA.

estañar *tr* Recubrir con estaño ciertas piezas metálicas para evitar su corrosión superficial. || Soldar una cosa con estaño. ☐ ESTAÑADURA.

estaño *m* Metal de color blanco, duro, brillante y dúctil, usado en aleaciones como bronce, etc.

estaquear *tr* *Amér.* Estirar un cuerpo entre estacas. ☐ ESTAQUEADA.

estar *intr* y *prnl* Existir, hallarse con cierta permanencia en un lugar, situación, condición, etc. • *intr* Tratándose de prendas de vestir, sentar o caer bien o mal. • *prnl* Detenerse o tardarse en alguna cosa o en alguna parte. || Junto con algunos *adj*, sentir o tener actualmente la calidad que ellos significan. || Correr tal o cual día. || Tener un determinado precio. || Junto con la *prep con* seguida de un nombre de persona, vivir en compañía de esta persona. || Junto con la *prep de*, estar ejecutando una cosa o entendiendo en ella. || Junto con la *prep de* y algunos nombres, ejecutar lo que ellos significan o hallarse en disposición próxima para ello. || Junto con la *prep por* y el infinitivo de algunos verbos, no haberse ejecutado aún, o haberse dejado de ejecutar, lo que los verbos significan. || Junto con la *prep por* y el infinitivo de algunos verbos, hallarse uno casi determinado a hacer alguna cosa.

estasis *f* Detención de las materias líquidas en alguna parte del cuerpo.

estatal *adj* Perteneciente o relativo al Estado.

estática *f* Parte de la mecánica que estudia las leyes del equilibrio. || Conjunto de estas leyes.

estático, ca *adj* Perteneciente o relativo a la estática. || Que permanece en un mismo estado, sin mudanza en él. || (fig) Dícese del que se queda parado de asombro o de emoción. □ ESTATISMO.

estatificar *tr* Poner bajo la administración o intervención del Estado.

estatua *f* Figura de bulto que puede estar labrada sobre materiales muy diversos.

estatuaria *f* Arte de hacer estatuas.

estatuario, ria *adj* Perteneciente a la estatuaria. || Adecuado para una estatua.

estatuir *tr* Establecer, determinar. || Demostrar, asentar como verdad un hecho.

estatura *f* Altura de una persona desde los pies a la cabeza.

estatuto *m* Regla que tiene fuerza de ley. || por ext. Cualquier ordenamiento eficaz para obligar, como contrato, disposición testamentaria, etc. || Régimen jurídico al cual están sometidas las personas o las cosas, en relación con la nacionalidad o el territorio. □ ESTATUTARIO, RIA.

estay *m* Cabo que sujeta la cabeza de un mástil al pie del más inmediato.

este¹ *m* Oriente, levante.

este², esta, esto, estos, estas Formas del *pron dem* en los tres gén. *m*, *f* y *n*, y en *sing* y *pl*. Hacen el oficio de adjetivos cuando van unidos al nombre. Cuando hacen oficio de *s*, el *m* y el *f* se escriben con tilde si dan lugar a anfibología. || Ésta designa la pos. en que está la persona que se dirige a otra por escrito.

esteatita *f* Variedad de talco de color gri o verde.

estefanote *m* Col., P. Rico y Ven. Plant que se cultiva en los jardines por sus her mosas flores, de color blanco mate.

estela¹ *f* Señal o rastro que deja tras sí e la superficie del agua una embarcación otro cuerpo en movimiento, o el que dej en el aire un cuerpo luminoso en movi miento.

estela² *f* Monumento conmemorativo que se erige sobre el suelo en forma de lápi da, pedestal.

estelar *adj* Perteneciente o relativo a la estrellas. || Extraordinario, de gran cate goría.

estenocardia *f* Angina de pecho.

estenografía *f* Taquigrafía.

estentóreo, a *adj* Muy fuerte, ruidoso o retumbante, aplicado al acento o a la voz.

estepa *f* Llanura muy extensa, caracteri zada por la rareza y discontinuidad de la vegetación. Se encuentra en regiones de clima extremado, con escasas precipita ciones. □ ESTEPARIO, RIA.

éster *m* Cuerpo que resulta de la combina ción de un ácido y de un alcohol.

estera *f* Tejido grueso de esparto, juncos palma, etc., o formado por varias pleitas cosidas, que sirve para cubrir el suelo de las habitaciones.

esterar *tr* Cubrir los suelos con esteras.

estercolar *tr* Echar estiércol en las tie rras. • *intr* Echar de sí la bestia el excre mento. □ ESTERCOLADURA; ESTERCOLA MIENTO.

estercolero *m* Mozo que recoge el estiér col. || Lugar donde se recoge el estiércol.

estéreo *adj* Apócope de estereofónico.

estereofonía *f* Técnica de grabación y reproducción de sonidos, a los que se proporciona relieve acústico, perspectiva auditiva o sensación de profundidad. □ ESTEREOFÓNICO, CA.

estereografía *f* Arte de representar los sólidos en un plano.

estereometría *f* Parte de la geometría que trata de la medida de los sólidos.

estereoscopio *m* Aparato que, por me dio de dos fotografías de un mismo objeto tomadas desde distintos ángulos, permite ver el objeto en relieve. ❑ ESTEREOS-CÓPICO, CA.

estereotipado, da *pp* de estereotipar. • *adj* (fig) Díc. de los gestos, fórmulas, expresiones, etc., que se repiten sin variación.

estereotipar *tr* Fundir en una plancha por medio del vaciado la composición de un molde formado con caracteres móviles. ‖ Imprimir con esas planchas.

estereotipia *f* Sistema de impresión que usa planchas curvadas y en relieve, donde cada página está fundida en una pieza. ‖ Taller donde se estereotipa. ‖ Repetición involuntaria e intempestiva de un gesto, acción o palabra. ❑ ESTEREOTÍPICO, CA.

estereotipo *m* Cliché de imprenta. ‖ (fig) Opinión o concepción muy simplificada de algo o alguien.

estéril *adj* Que no da fruto, o no produce nada. ‖ (fig) Díc. del año en que la cosecha es muy escasa. • *m* Parte inútil del subsuelo. ❑ ESTERILIDAD.

esterilizar *tr* y *prnl* Hacer estéril lo que antes no lo era. • *tr* Destruir los gérmenes patógenos del agua, etc. ❑ ESTERILIZACIÓN; ESTERILIZADOR.

esternón *m* Hueso plano, impar y medio, situado en la parte anterior del tórax.

estero *m* Terreno inmediato a la orilla de una ría, por el cual se extienden las aguas de las mareas. ‖ *Arg.* Terreno bajo pantanoso, intransitable, que suele llenarse de agua y que abunda en plantas acuáticas. ‖ *Chile.* Arroyo, riachuelo.

esteroide *adj* y *m* Díc. de ciertas sustancias orgánicas de naturaleza lipídica, como la progesterona, la testosterona y la hormona folicular. ❑ ESTEROIDICO, CA.

estertor *m* Ruido que en los moribundos produce el paso del aire por las mucosidades acumuladas en la laringe, tráquea y bronquios.

estesudeste *m* Punto del horizonte entre el este y el sudeste, a igual distancia entre ambos. ‖ Viento que sopla de esta parte.

esteta *m* o *f* Persona entendida en estética. ‖ Persona de gustos refinados en arte.

esteticismo *m* Reducción del conjunto de los valores humanos a la categoría estética.

estético, ca *adj* Perteneciente a la estética y a la apreciación de la belleza. ‖ Artístico, de bello aspecto. • *m* y *f* Esteta. • *f* Ciencia que trata de la belleza y de la teoría filosófica del arte.

estetoscopia *f* Exploración de los órganos contenidos en la cavidad del pecho, por medio del estetoscopio.

estetoscopio *m* Aparato utilizado en medicina para auscultar.

estevado, da *adj* y *s* Que tiene las piernas torcidas en arco.

estiaje *m* Nivel más bajo o caudal mínimo que en ciertas épocas del año tienen las aguas de un río, estero, laguna, etcétera.

estibar *tr* Apretar cosas sueltas para que ocupen el menor espacio posible. ‖ Distribuir convenientemente todos los pesos del buque. ❑ ESTIBA; ESTIBADOR.

estiércol *m* Excremento de cualquier animal. ‖ Materias orgánicas podridas que se destinan al abono de las tierras.

estigma *m* Marca o señal en el cuerpo. ‖ Marca impuesta con hierro candente. ‖ (fig) Desdoro, afrenta, mala fama. ‖ Cuerpo glanduloso, colocado en la parte superior del pistilo. ‖ Cada una de las pequeñas aberturas que tienen en el abdomen los insectos para respirar.

estigmatizar *tr* Marcar a uno con hierro candente. ‖ Imprimir milagrosamente a una persona las llagas de Cristo. ‖ (fig) Afrentar.

estilar *tr* e *intr* Usar, estar de moda.

estilete *m* Estilo pequeño, punzón. ‖ Puñal de hoja muy estrecha y aguda.

estilista *m* o *f* Escritor que se distingue por lo esmerado y elegante de su estilo. ❑ ESTILISMO.

estilística *f* Estudio del estilo o de la expresión lingüística en general.

estilístico, ca *adj* Perteneciente o relativo al estilo del que habla o escribe.

estilizar *tr* Interpretar convencionalmente la forma de un objeto haciendo resaltar tan sólo sus rasgos más característicos. • *tr* y *prnl* (fig) Adelgazar, afinar. ❑ ESTILIZACIÓN.

estilo m Modo, manera, forma. ‖ Uso, práctica, costumbre, moda. ‖ Manera de escribir o de hablar peculiar y privativa de un escritor o de un orador. ‖ Carácter propio que da a sus obras el artista. ‖ Punzón con el cual escribían los antiguos en tablas enceradas.

estilográfico, ca adj Díc. de la pluma que escribe con la tinta de un depósito que lleva en el mango. • f Pluma estilográfica.

estima f Consideración y aprecio que se hace de una persona o cosa.

estimar tr Apreciar, poner precio, evaluar las cosas. ‖ Juzgar, creer. • tr y prnl Hacer aprecio y estimación de una persona o cosa. ◻ ESTIMABLE; ESTIMACIÓN; ESTIMADOR, RA; ESTIMATIVO, VA.

estimulante pa de estimular. • adj y s Díc. de la sustancia que facilita o aumenta alguna actividad o función orgánica.

estimular tr Aguijonear, picar, punzar. ‖ (fig) Incitar, excitar con viveza a la ejecución de una cosa, o avivar una actividad, operación o función. • prnl Administrarse una droga para aumentar la propia capacidad de acción. ◻ ESTÍMULO.

estío m Verano.

estipendio m Remuneración que se da a una persona por su trabajo y servicio.

estípite m Pilastra en forma de pirámide truncada, con la base menor hacia abajo.

estiptiquez f Amér. Estreñimiento.

estípula f Apéndice foliáceo colocado en los lados del peciolo y que suele tener una función protectora.

estipulación f Convenio verbal. ‖ Cada una de las disposiciones de un documento público o particular.

estipular tr Hacer contrato verbal. ‖ Convenir, concertar, acordar.

estirado, da pp de estirar. • adj (fig) Que afecta gravedad o esmero en su traje. ‖ (fig) Entonado y orgulloso en su trato con los demás. • m Acción y efecto de estirar.

estirar tr y prnl Alargar, dilatar una cosa, extendiéndola con fuerza para que dé de sí. • tr Planchar ligeramente la ropa blanca para quitarle las arrugas. ‖ (fig) Ha-

blando del dinero, gastarlo con cuidado para que dure más. • intr y prnl Crecer una persona. • prnl Desplegar o mover brazos o piernas para desentumecerlos. ◻ ESTIRAMIENTO.

estirón m Acción con que uno estira o arranca con fuerza una cosa. ‖ Crecimiento rápido en altura.

estirpe f Raíz y tronco de una familia o linaje.

estival adj Perteneciente al estío.

estocada f Golpe que se tira de punta con la espada o estoque. ‖ Herida que resulta de él.

estocástico, ca adj Perteneciente o relativo al azar.

estofa f (fig) Calidad, clase.

estofado¹, da pp de estofar¹. • m Guiso de carne o pescado condimentado con aceite, vino, ajo, etc., cocido todo a fuego lento.

estofado², da pp de estofar². • m Acción de estofar².

estofar¹ tr Hacer el guiso llamado estofado¹.

estofar² tr Labrar a manera de bordado. ‖ Dar de blanco a las esculturas en madera que se han de dorar. ◻ ESTOFO.

estoicismo m Escuela filosófica fundada por Zenón en Atenas. ‖ (fig) Fortaleza o dominio sobre la propia sensibilidad o ante una desgracia. ◻ ESTOICO, CA.

estola f Vestidura amplia y larga de los griegos y romanos adornada con una franja que ceñía la cintura y caía por detrás hasta el suelo.

estólido, da adj y s Bobo, estúpido. ◻ ESTOLIDEZ.

estolón m Vástago rastrero que echa a trechos raíces que producen nuevas plantas.

estoma m Cada una de las pequeñísimas aberturas que hay en la epidermis de las hojas de los vegetales.

estomacal adj Perteneciente al estómago. • adj y s Que aprovecha al estómago.

estomagar tr Empachar, afectar. ‖ (fam) Causar fastidio o enfado.

estómago m Víscera hueca, situada a continuación del esófago, en la que se hace la quimificación de los alimentos.

estomático, ca *adj* Perteneciente o relativo a la boca de las personas.

estomatología *f* Parte de la medicina que estudia la boca y sus enfermedades. ❑ ESTOMATÓLOGO, GA.

estopa *f* Parte basta o gruesa del lino o del cáñamo, que queda en el rastrillo cuando se peina. || Reboba o pelo que aparece en algunas maderas al trabajarlas.

estoque *m* Espada angosta, que sólo puede herir con la punta. || Espada para matar toros en la lidia.

estoquear *tr* Herir de punta con espada o estoque. ❑ ESTOQUEADOR.

estor *m* Cortina transparente que cubre el hueco de una puerta o balcón.

estorbar *tr* Poner obstáculo a la ejecución de una cosa. || (fig) Molestar, incomodar. ❑ ESTORBADOR, RA; ESTORBO.

estornino *m* Ave de cola corta, cabeza pequeña y cuerpo con plumaje negro de reflejos verdes.

estornudar *intr* Arrojar con estrépito por la nariz y la boca el aire de los pulmones. ❑ ESTORNUDO.

estrabismo *m* Disposición viciosa de los ojos por la cual los dos ejes visuales no se dirigen a la vez a un mismo objetivo. ❑ ESTRÁBICO, CA.

estrado *m* Tarima cubierta con alfombra sobre la cual se pone el trono real o la mesa presidencial en actos solemnes. • *pl* Salas de tribunales, donde los jueces oyen y sentencian los pleitos.

estrafalario, ria *adj y s* (fam) Desaliñado en el vestido o en el porte. || (fig, fam) Extravagante en el modo de pensar o en las acciones.

estragar *tr y prnl* Viciar, corromper. • *tr* Causar estrago. ❑ ESTRAGADOR, RA; ESTRAGAMIENTO.

estrago *m* Daño hecho en guerra; matanza de gente. || Daño, ruina, asolamiento.

estragón *m* Planta herbácea de gran tamaño cuyas hojas, aromáticas y picantes, se usan como condimento.

estrambote *m* Conjunto de versos que suele añadirse al fin de una combinación métrica.

estrambótico, ca *adj* (fam) Extravagante.

estrangular *tr y prnl* Ahogar oprimiendo el cuello hasta impedir la respiración. • *tr* (fig) Dificultar o impedir el paso por una vía o conducto. • *tr y prnl* Interceptar la comunicación de una parte del cuerpo por medio de presión o ligadura. ❑ ESTRANGULACIÓN; ESTRANGULADOR, RA; ESTRANGULAMIENTO.

estraperlo *m* (fam) Sobreprecio con que se obtienen ilícitamente artículos o servicios sujetos a tasa. || (fam) Chanchullo. ❑ ESTRAPERLEAR; ESTRAPERLISTA.

estratagema *f* Ardid de guerra, engaño. || (fig) Astucia, engaño artificioso.

estratega *m o f* Persona versada en estrategia.

estrategia *f* Arte de dirigir las operaciones militares. || (fig) Arte, traza para dirigir un asunto. ❑ ESTRATÉGICO, CA.

estratificar *tr y prnl* Disponer en estratos.

estratigrafía *f* Parte de la geología, que estudia la disposición y caracteres de las rocas estratificadas. || Estudio de los estratos arqueológicos, históricos, lingüísticos, sociales, etc.

estrato *m* Capa rocosa que constituye los terrenos sedimentarios. || Cada una de las capas superpuestas en yacimientos de fósiles, restos arqueológicos, etc. || Capa o nivel de una sociedad. ❑ ESTRATIFICACIÓN.

estratosfera *f* Zona superior de la atmósfera. ❑ ESTRATOSFÉRICO, CA.

estrave *m* Remate de la quilla del navío, que va en línea curva hacia la proa.

estrechar *tr* Reducir a menor ancho o espacio una cosa. || (fig) Precisar a uno, contra su voluntad, a que haga o diga alguna cosa. • *prnl* Ceñirse, recogerse, apretarse. || (fig) Unirse y enlazarse una persona a otra con mayor intimidad. ❑ ESTRECHAMIENTO.

estrechez *f* Escasez de anchura. || Escasez de tiempo. || (fig) Aprieto. || (fig) Falta de lo necesario para subsistir.

estrecho, cha *adj* Que tiene poca anchura. || Apretado. || (fig) Díc. del parentesco cercano y de la amistad íntima. • *m* Paso angosto entre dos tierras por el cual se comunica un mar con otro.

estregar *tr* y *prnl* Frotar con fuerza una cosa sobre otra para dar a ésta calor, limpieza, tersura, etc. ❑ ESTREGADURA; ESTREGAMIENTO.

estrella *f* Cuerpo celeste que brilla con luz propia. ‖ Objeto de figura de estrella. ‖ (fig) Signo, hado o destino. ‖ (fig) Persona que sobresale en su profesión por sus dotes excepcionales.

estrellado, da *adj* De forma de estrella. ‖ Díc. del caballo que tiene una estrella en la frente.

estrellamar *f* Animal invertebrado de cuerpo comprimido, en forma de una estrella de cinco puntas.

estrellar *tr* y *prnl* Llenar de estrellas. ‖ (fam) Arrojar con violencia una cosa contra otra haciéndola pedazos. • *tr* Dicho de los huevos, freírlos. • *prnl* Quedar malparado o matarse por efecto de un choque violento. ‖ (fig) Fracasar en una pretensión por tropezar contra un obstáculo insuperable.

estremecer *tr* Conmover, hacer temblar. ‖ (fig) Ocasionar alteración o sobresalto en el ánimo. • *prnl* Temblar con movimiento agitado y repentino. ❑ ESTREMECEDOR, RA; ESTREMECIMIENTO.

estrenar *tr* Hacer uso por primera vez de una cosa. ‖ Tratándose de ciertos espectáculos públicos, representarlos o ejecutarlos por primera vez. • *prnl* Empezar uno a desempeñar un empleo, oficio, encargo, etc., o darse a conocer por vez primera en el ejercicio de un arte, facultad o profesión. ❑ ESTRENO.

estreñimiento *m* Retardo del tránsito y evacuación de las materias fecales.

estreñir *tr* y *prnl* Producir estreñimiento. ❑ ESTREÑIDO, DA.

estrépito *m* Ruido considerable, estruendo. ‖ (fig) Ostentación en la realización de algo. ❑ ESTREPITOSO, SA.

estreptococo *m* Nombre dado a algunos microbios de forma redondeada que se agrupan en forma de cadenita. ❑ ESTREPTOCÓCICO, CA.

estreptomicina *f* Antibiótico que posee acción contra la tuberculosis.

estrés *m* Situación de un individuo, o de alguno de sus órganos o aparatos, que,

por exigir de ellos un rendimiento superior al normal, los pone en riesgo próximo de enfermar. ❑ ESTRESANTE.

estría *f* Surco que se suele labrar en algunas columnas o pilastras de arriba abajo. ‖ Cada una de las líneas claras que aparecen en la piel, debidas a un estiramiento excesivo. ❑ ESTRIACIÓN, ESTRIAR.

estribación *f* Estribo o ramal de montañas que se desprende de una cordillera.

estribar *intr* Descansar el peso de una cosa en otra sólida y firme. ‖ (fig) Fundarse, apoyarse.

estribillo *m* Expresión en verso que se repite después de cada estrofa en algunas composiciones líricas. ‖ Bordón, muletilla.

estribo *m* Pieza de metal, madera o cuero en que el jinete apoya los pies cuando va montado. ‖ Especie de escalón que sirve para subir o bajar de los carruajes. ‖ Contrafuerte. ‖ Estribación. ‖ Uno de los huesecillos del oído medio.

estribor *m* Costado derecho del navío mirando de popa a proa.

estricnina *f* Alcaloide que se extrae de determinados vegetales, como la nuez vómica, y es un veneno muy activo.

estricote *m* Ven. Vida desordenada o licenciosa.

estricto, ta *adj* Estrecho, ajustado enteramente a la necesidad o a la ley. ❑ ESTRICTEZ.

estridente *adj* Aplícase al sonido agudo, desapacible y chirriante. ‖ Que causa ruido. ❑ ESTRIDENCIA.

estrilar *intr* Arg. Enfadarse, rabiar.

estro *m* Ardoroso y eficaz estímulo con que se inflaman, al componer sus obras, los poetas y artistas. ‖ Período de celo o ardor sexual de los mamíferos. ‖ Moscardón.

estrofa *f* Cualquiera de las partes compuestas del mismo número de versos y ordenadas de modo igual, de que constan algunas composiciones poéticas. ❑ ESTRÓFICO, CA.

estrógeno, na *adj* y *m* Díc. de las sustancias bioquímicas que estimulan la aparición de las peculiaridades corporales de la mujer.

estropajo m Planta cuyo fruto desecado se usa como esponja. ‖ Porción de esparto machacado, que sirve para fregar. ‖ (fig) Desecho, persona o cosa inútil o despreciable.

estropajoso, sa adj (fig, fam) Aplícase a la lengua o persona que pronuncia las palabras de manera confusa. ‖ (fig, fam) Aplícase a las cosas que son fibrosas y ásperas.

estropear tr y prnl Maltratar a uno, dejándole lisiado. ‖ Maltratar o deteriorar una cosa. • tr Echar a perder, malograr cualquier asunto.

estropicio m (fam) Destrozo, rotura estrepitosa, por lo común impremeditada. ‖ por ext. Trastorno ruidoso de escasas consecuencias.

estructura f Organización de partes dispuestas y ordenadas de tal manera que el todo resultante posee ciertas características de cohesión y permanencia. ‖ Armadura que sirve de sustentación a un edificio. ‖ Disposición de los átomos en las moléculas. ◻ ESTRUCTURAL.

estructuralismo m Método de investigación común a diversas ciencias humanas que persigue la aprehensión de la realidad a través de su estructura. ◻ ESTRUCTURALISTA.

estructurar tr Distribuir, ordenar las partes de una obra o de un cuerpo. ◻ ESTRUCTURACIÓN.

estruendo m Ruido grande. ‖ (fig) Confusión, bullicio. ‖ (fig) Aparato, pompa.

estrujar tr Apretar una cosa para sacarle el zumo. ‖ Apretar a uno y comprimirle fuerte y violentamente. ‖ (fig, fam) Agotar; sacar todo el partido posible. ◻ ESTRUJAMIENTO; ESTRUJÓN.

estuario m Desembocadura de un río de gran anchura.

estucar tr Dar a una cosa con estuco o blanquearla con él. ◻ ESTUCADO; ESTUCADOR.

estuche m Caja o envoltura para guardar y proteger algún objeto, gralte. delicado.

estuco m Masa de yeso blanco y agua de cola.

estudiado, da adj Fingido, afectado.

estudiante adj y s Que estudia. • m o f Persona que está cursando estudios, particularmente de grado medio o superior.

estudiantina f Grupo de estudiantes que salen tocando varios instrumentos por las calles para divertirse o para recaudar dinero.

estudiar tr Ejercitar el entendimiento para comprender o aprender algo. • tr e intr Cursar en las universidades o en otros centros de enseñanza.

estudio m Esfuerzo que pone el entendimiento aplicándose a conocer y comprender alguna cosa. ‖ Obra en que un autor estudia una cuestión. ‖ Pieza donde estudian y trabajan los que profesan las letras o las artes. ‖ Apartamento, en general no muy grande, utilizado como lugar de estudio. ‖ (fig) Aplicación, maña, habilidad. ‖ Dibujo o pintura que se hace como preparación o tanteo para otra obra principal.

estufa f Aparato o dispositivo que sirve para calentar las habitaciones. ‖ Aparato que se utiliza para secar o mantener caliente algo.

estulticia f Necedad, tontería. ◻ ESTULTO, TA.

estupefacción f Pasmo o estupor. ◻ ESTUPEFACTO, TA.

estupefaciente m Sustancia narcótica que, en dosis elevadas, puede causar sopor y es capaz de crear hábito y sensación de dependencia, como la morfina, la cocaína, etc.

estupendo, da adj Admirable, asombroso.

estúpido, da adj y s Necio, falto de inteligencia. ‖ Díc. de los dichos o hechos propios de un estúpido. ◻ ESTUPIDEZ.

estupor m Disminución de las funciones intelectuales, generalmente acompañada de rigidez muscular. ‖ (fig) Asombro, pasmo.

estupro m Violación de una menor, logrado con abuso de confianza o engaño.

esturión m Pez de mar, de carne comestible; con sus huevas se prepara el caviar.

eta *f* Nombre de la *e* larga del alfabeto griego.

etalaje *m* Parte de la cavidad de la cuba de los hornos altos.

etano *m* Hidrocarburo formado por dos átomos de carbono y seis de hidrógeno.

etapa *f* Cada uno de los lugares en que se hace un alto en un viaje o marcha. ‖ (fig) Época o avance parcial en el desarrollo de una acción.

etarra *adj* y *s* Perteneciente o relativo a la organización terrorista ETA.

etcétera *f* Voz con que se sustituye la parte final de una exposición o enumeración.

éter *m* poét. Cielo, bóveda celeste. ‖ Fluido hipotético, invisible, imponderable y elástico, que se suponía llenaba todo el espacio. ‖ Nombre genérico aplicado a compuestos alcohólicos, muy ligeros y volátiles. ❏ ETÉREO, A.

eternidad *f* Cualidad de eterno. ‖ El tiempo considerado como extensión sin principio ni fin. ‖ Espacio de tiempo muy largo.

eternizar *tr* y *prnl* Hacer durar o prolongar demasiado una cosa. • *tr* Perpetuar la duración de una cosa.

eterno, na *adj* Díc. de lo que está fuera de la acción del tiempo, de lo que no tiene principio ni fin, lo cual sólo es aplicable propiamente al Ser divino. ‖ Que no tiene fin.

ética *f* Parte de la filosofía que trata de los actos humanos. ❏ ÉTICO, CA.

etileno *m* Gas incoloro de sabor dulce y olor agradable, que con el aire forma una mezcla explosiva. Es un compuesto esencial en la ind. química orgánica.

etílico, ca *adj* Díc. de los compuestos derivados del etano. ‖ (fig) Alcohólico. ❏ ETILISMO.

étimo *m* Palabra de la que procede etimológicamente un término.

etimología *f* Origen de las palabras, razón de su existencia, de su significación y de su forma. ‖ Parte de la gramática que estudia aisladamente estos aspectos de las palabras. ❏ ETIMOLÓGICO, CA; ETIMOLOGISTA; ETIMÓLOGO, GA.

etiología *f* Estudio de las causas de las cosas. ‖ Parte de la medicina que estudia las causas de las enfermedades. ❏ ETIOLÓGICO, CA.

etiqueta *f* Ceremonial que se debe observar en las casas reales y en los actos públicos solemnes. ‖ por ext. Ceremonia en la manera de tratarse. ‖ Marbete, rótulo. ❏ ETIQUETADOR, ETIQUETAR.

etnia *f* Agrupación natural que comparte un origen, lengua, religión y cultura propios.

etnografía *f* Ciencia que tiene por objeto el estudio y descripción de las razas o los pueblos. ❏ ETNOGRÁFICO, CA; ETNÓGRAFO, FA.

etnología *f* Ciencia que estudia las razas y los pueblos. ❏ ETNOLÓGICO, CA; ETNÓLOGO, GA.

etología *f* Ciencia que estudia el comportamiento animal en relación con el medio ambiental.

etopeya *f* Descripción del carácter, acciones y costumbres de una persona.

eucalipto *m* Árbol de gran tamaño, de cuyas hojas se extraen sustancias utilizadas para preparados farmacéuticos.

eucaristía *f* Sacramento mediante el cual, según la doctrina católica, el pan y el vino se convierten en cuerpo y sangre de Cristo por las palabras que pronuncia el sacerdote, durante la celebración de la misa.

eufemismo *m* Modo de evitar una palabra desagradable para el hablante, sustituyéndola por otra más suave. ❏ EUFEMÍSTICO, CA.

eufonía *f* Sonoridad agradable de la palabra y de la frase. ❏ EUFÓNICO, CA.

euforia *f* Exaltación del estado de ánimo que se traduce en alegría y optimismo expansivos. ❏ EUFÓRICO, CA.

eugenesia *f* Aplicación de las leyes biológicas de la herencia al perfeccionamiento de la especie humana. ❏ EUGENÉSICO, CA.

eunuco *m* Hombre privado de glándulas genitales, que se destinaba a la custodia de los harenes en Oriente.

¡eureka! Interjec. Expresa alegría cuando se halla o descubre algo que se busca con afán.

euro[1] *m* Viento que sopla de oriente.

euro[2] *m* Unidad monetaria común a los Estados de la Unión Europea.

euroasiático, ca *adj* y *s* Perteneciente o relativo a Europa y Asia.

eurodiputado, da *m* y *f* Diputado del parlamento de la Unión Europea.

europeísmo *m* Doctrina que propugna la unidad económica, política o cultural de las naciones europeas. ❏ EUROPEÍSTA.

eurovisión *f* Conjunto de circuitos de imagen y sonido que posibilita el intercambio de programas, comunicaciones, etc. entre los países europeos asociados.

euscalduna *m* o *f* Persona que habla vascuence. ● *adj* Vasco.

eusquera *m* Vascuence, lengua de los vascos. ● *adj* Perteneciente o relativo a dicha lengua.

eutanasia *f* Provocación de la muerte de un enfermo incurable, para poner fin a sus sufrimientos físicos. ❏ EUTANÁSICO, CA.

evacuar *tr* Desocupar alguna cosa. ‖ Expeler un ser orgánico humores o excrementos. ‖ Cumplir un trámite. ‖ Sacar, extraer los humores viciados del cuerpo humano. ❏ EVACUACIÓN.

evadir *tr* y *prnl* Evitar un daño o peligro inminente; eludir con arte o astucia una dificultad prevista. ● *prnl* Fugarse, escaparse.

evaluar *tr* Señalar el valor de una cosa. ‖ Estimar, apreciar, calcular el valor de una cosa. ‖ Comprobar el rendimiento escolar de un alumno. ❏ EVALUACIÓN; EVALUADOR, RA.

evanescente *adj* Que se desvanece o esfuma.

evangelio *m* Doctrina de Jesucristo. ‖ Libro que la contiene. ‖ Capítulo tomado de uno de los cuatro libros de los evangelistas. ‖ (fig, fam) Verdad indiscutible. ❏ EVANGÉLICO, CA; EVANGELISTA.

evangelizar *tr* Predicar el Evangelio. ❏ EVANGELIZACIÓN; EVANGELIZADOR, RA.

evaporación *f* Fenómeno que tiene lugar en la superficie de los líquidos a cualquier temperatura, y consistente en su transformación lenta al estado gaseoso.

evaporar *tr* y *prnl* Convertir en vapor un líquido. ‖ (fig) Disipar, desvanecer. ● *prnl* (fig) Fugarse, desaparecer sin ser notado. ❏ EVAPORABLE; EVAPORADOR.

evasión *f* Recurso para evadir una dificultad. ‖ Acción y efecto de evadirse de un lugar.

evasiva *f* Efugio para eludir alguna dificultad.

evasivo, va *adj* Que incluye una evasiva o la favorece. ● *f* Medio para eludir una dificultad.

evento *m* Acontecimiento, suceso imprevisto.

eventual *adj* Sujeto a cualquier evento o contingencia. ‖ Aplícase al trabajador que no goza de situación fija en la plantilla de una empresa. ❏ EVENTUALIDAD.

evidencia *f* Certeza manifiesta y tan perceptible de una cosa, que nadie puede racionalmente dudar de ella.

evidente *adj* Cierto, claro, patente. ‖ Se usa como expresión de asentimiento.

evitar *tr* Apartar algún daño; precaver, impedir que suceda. ‖ Excusar, huir de incurrir en algo. ❏ EVITABLE; EVITACIÓN.

evo *m* Duración de las cosas eternas.

evocar *tr* Llamar, hacer aparecer. ‖ (fig) Traer alguna cosa a la memoria. ❏ EVOCABLE; EVOCACIÓN; EVOCADOR, RA; EVOCATIVO, VA.

evolucionar *intr* Desenvolverse los organismos o las cosas, pasando de un estado a otro. ‖ Mudar de conducta o de actitud. ❏ EVOLUCIÓN; EVOLUTIVO, VA.

evolucionismo *m* Doctrina según la cual los seres vivos actuales proceden, a través de cambios más o menos lentos a lo largo de los tiempos geológicos, de antecesores comunes.

ex *prep* que antepuesta a nombres de dignidades o cargos, y a nombres o adjetivos de persona, indica que ésta ha dejado de ser lo que aquéllos significan. En este caso se escribe separada. ‖ Forma parte de las locuciones latinas usadas en español.

ex libris *m* Viñeta o pequeño grabado que se pega en el reverso de la tapa de los libros, en el cual consta el nombre del dueño o el de la biblioteca a que pertenece el libro.

exabrupto m Dicho o ademán inconveniente e inesperado.

exacerbar tr y prnl Irritar, causar muy grave enfado. ‖ Agravar o avivar una enfermedad, una pasión, una molestia, etc. ❑ EXACERBACIÓN.

exactitud f Puntualidad y fidelidad en la ejecución de una cosa.

exacto, ta adj Puntual, fiel y cabal.

exagerar tr Encarecer, dar proporciones excesivas a algo. ❑ EXAGERACIÓN; EXAGERADO, DA.

exaltar tr Elevar a una persona o cosa a mayor auge o dignidad. ‖ (fig) Realzar el mérito o circunstancias de uno con demasiado encarecimiento. • prnl Dejarse arrebatar de una pasión, perdiendo la moderación y la calma. ❑ EXALTADO, DA; EXALTADOR, RA.

examen m Indagación que se hace acerca de las cualidades y circunstancias que presenta una cosa o un hecho. ‖ Prueba a que se somete el candidato a un grado o empleo.

examinando, da m y f Persona que se presenta a examen.

examinar tr Inquirir, investigar con diligencia y cuidado una cosa. ‖ Reconocer la calidad de una cosa, viendo si contiene algún defecto o error. • tr y prnl Juzgar la suficiencia, aptitud o conocimientos de una persona, generalmente en los estudios, por medio de pruebas determinadas. ❑ EXAMINADOR, RA.

exangüe adj Desangrado, falto de sangre. ‖ (fig) Sin ningunas fuerzas, aniquilado. ‖ (fig) Muerto.

exánime adj Sin señales de vida. ‖ (fig) Sumamente debilitado.

exantema m Erupción de la piel, de color rojo. ❑ EXANTEMÁTICO, CA.

exasperar tr y prnl (fig) Irritar, enfurecer, dar gran motivo de enojo. ❑ EXASPERACIÓN; EXASPERADOR, RA.

excandecer tr y prnl Encender en cólera a uno, irritarle. ❑ EXCANDECENCIA.

excarcelar tr y prnl Poner en libertad al preso, por mandamiento judicial. ❑ EXCARCELACIÓN.

excavar tr Hacer hoyo o cavidad. ❑ EXCAVACIÓN; EXCAVADOR, RA.

excedente pa de exceder. • adj Excesivo. • adj y m Sobrante. ‖ Se dice del empleado público que temporalmente deja de ejercer un cargo.

exceder tr Ser una persona o cosa más grande o aventajada que otra con que se compara en alguna línea. • intr y prnl Propasarse, ir más allá de lo lícito o razonable. ❑ EXCEDENCIA.

excelencia f Superior calidad o bondad. ‖ Tratamiento de respeto que se da a algunas personas.

excelente adj Que sobresale en bondad, mérito o estimación.

excelentísimo, ma adj Díc. del tratamiento con que se habla a la persona a quien corresponde este honor.

excelso, sa adj Muy elevado, alto, eminente. ‖ (fig) De singular excelencia. ❑ EXCELSITUD.

excéntrico, ca adj De carácter raro, extravagante. ‖ Que está fuera del centro o que tiene un centro diferente. ❑ EXCENTRICIDAD.

excepción f Acción y efecto de exceptuar. ‖ Cosa que se aparta de la regla o condición general de las demás de su especie.

excepcional adj Que constituye una excepción u ocurre rara vez.

excepto adv modo A excepción de, fuera de, menos.

exceptuar tr y prnl Excluir a una persona o cosa de la generalidad de lo que se trata o de la regla común. ❑ EXCEPTUACIÓN.

exceso m Parte que excede y pasa más allá de la medida o regla. ‖ Lo que sale en cualquier línea de los límites de lo ordinario o de lo lícito. ‖ Aquello en que una cosa excede a otra. ‖ Abuso, delito o crimen. Se usa mucho en plural. ❑ EXCESIVO, VA.

excipiente m Sustancia que se añade a una preparación farmacéutica para darle forma, sabor, consistencia, etc.

excitante pa de excitar. • adj y m Que excita. • m Agente que produce una excitación de las funciones vitales o de las del cerebro.

excitar tr Mover, estimular. • prnl Animarse por el enojo, el entusiasmo, la alegría, etc. ❑ EXCITABLE; EXCITACIÓN; EXCITATIVO, VA.

exclamar *intr* y *tr* Emitir palabras con fuerza o vehemencia para expresar un vivo afecto o movimiento del ánimo, o para dar vigor y eficacia a lo que se dice. ❑ EXCLAMACIÓN; EXCLAMATIVO, VA.

excluir *tr* Echar a una persona o cosa fuera del lugar que ocupaba. ‖ Descartar, rechazar o negar la posibilidad de alguna cosa. ❑ EXCLUIBLE; EXCLUSIÓN; EXCLUSIVO, VA; EXCLUYENTE.

exclusiva *f* Privilegio de hacer algo que no les está permitido a los demás. ‖ Noticia conseguida por un solo medio de información, que se reserva los derechos de difusión.

exclusive *adv modo* Con exclusión. ‖ Sin tener en cuenta el término que se menciona como límite de una serie.

excombatiente *adj* y *s* Que peleó bajo alguna bandera militar o por alguna causa política.

excomulgar *tr* Apartar la autoridad eclesiástica competente a alguien de la comunión de los fieles y del uso de los sacramentos. ‖ (fig, fam) Declarar a una persona fuera de un grupo. ❑ EXCOMULGADO, DA; EXCOMULGADOR; EXCOMUNIÓN.

excoriar *tr* y *prnl* Gastar o arrancar la capa más externa de la piel. ❑ EXCORIACIÓN.

excrecencia *f* Crecimiento parcial y externo de un órgano de un vegetal o de un animal.

excremento *m* Residuos del alimento, que, después de hecha la digestión, despide el cuerpo. ❑ EXCREMENTAR; EXCREMENTICIO, CIA.

excretar *intr* Expeler el excremento. ‖ Expeler las sustancias elaboradas por las glándulas. ❑ EXCRECIÓN; EXCRETOR, RA; EXCRETORIO, RIA.

exculpar *tr* y *prnl* Descargar a uno de culpa. ❑ EXCULPACIÓN.

excursión *f* Recorrido breve con fin recreativo fuera del lugar donde se vive habitualmente. ‖ Excursión. ❑ EXCURSIONISMO; EXCURSIONISTA.

excusa *f* Acción y efecto de excusar o excusarse. ‖ Motivo de disculpa. ‖ Excepción o descargo.

excusado¹, da *adj* Escusado.

excusado², da *pp* de excusar. ● *adj* Superfluo e inútil.

excusar *tr* y *prnl* Exponer y alegar causas o razones para sacar libre a uno de la culpa que se le imputa. ‖ Rehusar hacer una cosa. ● *tr* Evitar, impedir, precaver que una cosa perjudicial se ejecute o suceda. ‖ Eximir y libertar del pago de tributos o de un servicio personal. ‖ Junto con infinitivo, poder evitar, poder dejar de hacer lo que éste significa. ❑ EXCUSABLE; EXCUSO.

execrar *tr* Condenar y maldecir. ‖ Aborrecer, detestar. ‖ Vituperar o reprobar severamente. ❑ EXECRATORIO, RIA.

exégesis o **exegesis** *f* Explicación, interpretación, especialmente de los libros de la Sagrada Escritura. ❑ EXEGÉTICO, CA.

exégeta o **exegeta** *m* Intérprete o expositor de un texto, especialmente de la Sagrada Escritura.

exención *f* Efecto de eximir. ‖ Libertad que uno goza para eximirse de alguna obligación.

exento, ta *pp irreg* de eximir. ● *adj* Libre, desembarazado de una cosa.

exequátur *m* Autorización que otorga el jefe de un estado a los agentes extranjeros para que en su territorio puedan ejercer las funciones propias de sus cargos.

exequias *f pl* Honras fúnebres.

exfoliar *tr* y *prnl* Dividir una cosa en láminas o escamas. ❑ EXFOLIACIÓN; EXFOLIADOR, RA.

exhalación *f* Acción y efecto de exhalar o exhalarse. ‖ Estrella fugaz.

exhalar *tr* Despedir gases, vapores u olores. ‖ (fig) Lanzar suspiros, quejas, etc.

exhaustivo, va *adj* Que agota o apura por completo.

exhausto, ta *adj* Enteramente apurado y agotado.

exhibicionismo *m* Deseo de exhibirse o llamar la atención. ‖ Deseo obsesivo de mostrar los órganos genitales propios a personas del otro sexo o en público. ❑ EXHIBICIONISTA.

exhibir *tr* y *prnl* Manifestar, mostrar en público. ● *tr* Lucir, mostrar con orgullo.

|| *Méx.* Pagar una cantidad. || Presentar documentos ante quien corresponda. ☐ EXHIBICIÓN.

exhortación *f* Acción de exhortar. || Advertencia o aviso. || Plática o sermón familiar.

exhortar *tr* Inducir a uno con palabras, razones y ruegos a que haga o deje de hacer alguna cosa. ☐ EXHORTATIVO, VA; EXHORTO.

exhumar *tr* Desenterrar un cadáver o restos humanos. || (fig) Desenterrar, sacar a la luz lo perdido u olvidado. ☐ EXHUMACIÓN.

exigente *pa* de exigir. • *adj* Que exige. • *adj y s* Díc. en especial del que exige caprichosa o despóticamente.

exigir *tr* Cobrar, sacar de uno por autoridad pública dinero u otra cosa. || (fig) Pedir una cosa algún requisito necesario para que se haga. || (fig) Demandar imperiosamente. ☐ EXIGENCIA; EXIGIBLE.

exiguo, gua *adj* Insuficiente, escaso.

exiliar *tr* Expulsar a uno de un territorio. • *prnl* Expatriarse, gralte. por motivos políticos. ☐ EXILIADO, DA.

exilio *m* Efecto de estar exiliada una persona. || Lugar en que vive el exiliado.

eximio, mia *adj* Muy excelente.

eximir *tr y prnl* Librar de cargas, cuidados, culpas, etc. ☐ EXIMENTE.

existencia *f* Acto de existir. || Vida del hombre. • *pl* Cosas que no han tenido aún la salida o empleo a que están destinadas.

existencialismo *m* Movimiento filosófico contemporáneo que sitúa la existencia del hombre concreto en el primer plano de su reflexión. ☐ EXISTENCIALISTA.

existir *intr* Tener realidad algo. || Tener vida. || Haber, estar, hallarse. ☐ EXISTENCIAL.

éxito *m* Fin o terminación de un negocio o dependencia. || Resultado feliz de un negocio, actuación, etc. || Buena aceptación que tiene una persona o cosa. ☐ EXITOSO, SA.

éxodo *m* Emigración de un pueblo.

exogamia *f* Práctica de contraer matrimonio con cónyuge de distinta tribu o ascendencia. || Cubrimiento de hembra por macho de distinta especie. ☐ EXOGÁMICO, CA.

exógeno, na *adj* Que se origina en el exterior de una cosa.

exonerar *tr y prnl* Aliviar, descargar de peso u obligación. • *tr* Privar o destituir a alguno de un empleo. ☐ EXONERACIÓN.

exorbitante *pa* de exorbitar. • *adj* Excesivo.

exorbitar *tr* Exagerar.

exorcismo *m* Conjuro contra el espíritu maligno.

exorcista *m o f* Que hace exorcismos.

exorcizar *tr* Usar de exorcismos contra el espíritu maligno.

exordio *m* Introducción, preámbulo de una obra o discurso.

exosfera *f* Última capa de la atmósfera terrestre.

exotérico, ca *adj* Común, accesible para el vulgo; lo contrario de esotérico.

exotérmico, ca *adj* Díc. de todo proceso físico o reacción química que tiene lugar con desprendimiento de calor.

exótico, ca *adj* Extranjero. || Extraño, chocante, extravagante. ☐ EXOTISMO.

expandir *tr y prnl* Extender, dilatar, ensanchar. ☐ EXPANSIVO, VA.

expansión *f* Acción y efecto de extenderse o dilatarse. || (fig) Acción de desahogar al exterior de un modo efusivo cualquier afecto o pensamiento. || Fase del ciclo económico que se caracteriza por una utilización intensiva de las fuerzas productivas, aumento de la producción y una sensación de prosperidad general.

expansionar *tr* Expandir, dilatar, ensanchar. • *prnl* Desahogarse. || Divertirse, distraerse. || Dilatarse un vapor o gas. ☐ EXPANSIONISMO.

expatriar *tr* Hacer salir de la patria. • *prn* Abandonar uno su patria. ☐ EXPATRIACIÓN; EXPATRIADO, DA.

expectación *f* Intensidad con que se espera una cosa. ☐ EXPECTANTE.

expectativa *f* Esperanza de conseguir una cosa, si se depara la oportunidad que se desea.

expectorar *tr* Arrojar por la boca las flemas y secreciones que se depositan en los órganos respiratorios. □ EXPECTORACIÓN; EXPECTORANTE.

expedición *f* Acción y efecto de expedir. ‖ Viaje o marcha de un grupo de personas para realizar una empresa en punto distante.

expedientar *tr* Someter a expediente a alguien.

expediente *m* Negocio que se sigue sin juicio contradictorio en los tribunales. ‖ Conjunto de todos los papeles correspondientes a un asunto o negocio. ‖ Desembarazo y prontitud en el manejo de los negocios.

expedir *tr* Dar curso a las causas y negocios. ‖ Despachar, extender por escrito un documento. ‖ Pronunciar un auto. ‖ Remitir, enviar. • *tr* y *prnl Amér. Merid.* Manejarse en asuntos o actividades. □ EXPEDICIONARIO, RIA.

expeditivo, va *adj* Con eficacia y rapidez.

expendeduría *f* Tienda en que se vende al por menor tabaco u otros efectos.

expender *tr* Gastar, hacer expensas. ‖ Vender efectos de propiedad ajena por encargo de su dueño. ‖ Vender al menudeo.

expendio *m Arg., Méx.* y *Perú.* Expedición, venta al menudeo. ‖ *Méx.* Expendeduría.

expensas *f pl* Gastos, costas.

experiencia *f* Enseñanza que se adquiere con el uso o la práctica. ‖ Experimento. ‖ Proceso de adaptación que el contacto con la realidad impone al sujeto. □ EXPERIMENTAL.

experimentar *tr* Probar y examinar prácticamente una cosa. ‖ Hacer operaciones destinadas a descubrir, comprobar o demostrar determinados fenómenos o principios científicos. □ EXPERIMENTACIÓN; EXPERIMENTADO, DA; EXPERIMENTADOR, RA; EXPERIMENTO.

experto, ta *adj* Práctico, hábil, experimentado. • *m* y *f* Perito.

expiar *tr* Borrar las culpas por medio de algún sacrificio. ‖ (fig) Padecer las consecuencias de desaciertos o de malos procederes. ‖ (fig) Purificar una cosa profanada. □ EXPIACIÓN; EXPIATIVO, VA; EXPIATORIO, RIA.

expirar *intr* Morir, acabar la vida. ‖ Acabarse, fenecer una cosa. □ EXPIRACIÓN.

explanada *f* Espacio de terreno allanado.

explanar *tr* Allanar, poner llana una superficie. ‖ (fig) Declarar, explicar.

explayar *tr* y *prnl* Ensanchar, extender. • *prnl* (fig) Difundirse, dilatarse, extenderse. ‖ (fig) Esparcirse, irse a divertir al campo.

explicación *f* Declaración o exposición de cualquier materia para que se haga más perceptible. ‖ Manifestación o revelación de la causa o motivo de alguna cosa.

explicar *tr* y *prnl* Hablar sobre una cosa para hacerla comprender o conocer a otros. ‖ Enseñar, dar clases. ‖ Justificar, exculpar palabras o acciones, declarando que no hubo en ellas intención de agravio para otra persona. • *prnl* Hacerse entender. □ EXPLICABLE; EXPLICADOR, RA; EXPLICATIVO, VA.

explícito, ta *adj* Que expresa clara y determinadamente una cosa. □ EXPLICITAR; EXPLICITUD.

exploración *f* Acción y efecto de reconocer, examinar o registrar una cosa o un lugar. ‖ Conjunto de técnicas empleadas para determinar la naturaleza de una enfermedad. ‖ Misión.

explorar *tr* Reconocer o averiguar con diligencia una cosa o lugar. □ EXPLORADOR, RA.

explosión *f* Reacción química violenta, con gran desprendimiento de calor y emisión de gases, que se desarrolla en un brevísimo lapso de tiempo. ‖ Estallido. ‖ (fig) Manifestación violenta de ciertos afectos del ánimo. □ EXPLOSIONAR; EXPLOSIVO, VA.

explotación *f* Acción y efecto de explotar. ‖ Conjunto de unidades de producción de un bien. ‖ Utilización de los recursos naturales para sacar el máx. beneficio económico.

explotar[1] *tr* Extraer de las minas la riqueza que contienen. ‖ (fig) Sacar utilidad de un negocio o ind. en provecho propio. ‖ (fig) Aprovecharse de algo. ☐ EXPLOTABLE.

explotar² intr Estallar, reventar, hacer explosión.

expoliar tr Despojar con violencia o con iniquidad. ☐ EXPOLIACIÓN; EXPOLIADOR, RA; EXPOLIO.

exponente pa de exponer. • adj y s Que expone. • m Prototipo. ‖ Número o expresión que denota la potencia a que se ha de elevar otro número u otra expresión.

exponer tr Poner de manifiesto. ‖ Presentar una cosa, exhibirla. ‖ Declarar, interpretar el sentido genuino de una palabra, texto o doctrina difícil de entender. • tr y prnl Arriesgar, poner una cosa en contingencia de perderse o dañarse.

exportación f Acción y efecto de exportar. ‖ Conjunto de mercancías que se exportan.

exportar tr Enviar géneros del propio país a otro. ☐ EXPORTADOR, RA.

exposición f Acción y efecto de exponer. ‖ Representación que se hace por escrito, pidiendo o reclamando una cosa. ‖ Tiempo durante el cual se expone a la luz una placa fotográfica.

expósito, ta adj y s Díc. del recién nacido abandonado en un establecimiento benéfico.

expositor, ra adj y s Que interpreta, expone y declara una cosa. • m y f Persona que concurre a una exposición pública con objetos de su propiedad o industria.

expresar tr Manifestar con palabras lo que uno quiere dar a entender. • prnl Darse a entender por medio de la palabra o de otra manera.

expresión f Palabra o locución; todo lo que manifiesta los sentimientos del hablante. ‖ Efecto de expresar algo sin palabras.

expresionismo m Movimiento estético que se caracteriza por la expresión anímica del arte frente a la sensorialidad del impresionismo. ☐ EXPRESIONISTA.

expresivo, va adj Díc. de la persona que manifiesta con gran viveza lo que siente o piensa. ‖ Característico, típico. ‖ Que

constituye un indicio de algo. ‖ Cariñoso afectuoso. ☐ EXPRESIVIDAD.

expreso, sa pp irreg de expresar. • ad Claro, patente, especificado. • m Tren ex preso. ‖ Correo extraordinario, despacha do con una noticia o aviso determinado • adv modo Ex profeso, con particular in tento.

exprimidor m Instrumento que sirve pa ra exprimir una fruta a fin de extraer s zumo.

exprimir tr Extraer el zumo o líquido de una cosa apretándola o retorciéndola. (fig) Estrujar, agotar una cosa.

expropiar tr Desposeer legalmente de una cosa a su propietario, dándole e cambio, por lo común, una indemniza ción. ☐ EXPROPIACIÓN.

expugnar tr Tomar por asalto una c., pla za, castillo, etc. ☐ EXPUGNACIÓN.

expulsar tr Echar a alguien de un sitio. Hacer que salga una cosa de algún sitio ☐ EXPULSIÓN.

expurgar tr Limpiar o purificar una cosa ‖ (fig) Tachar algún pasaje de un libro impreso por orden de la autoridad com petente.

exquisito, ta adj De singular invención calidad, belleza, gusto, sabor, etc. ☐ EX QUISITEZ.

extasiar tr y prnl Embelesar.

éxtasis m Estado de un individuo que se halla como fuera del mundo sensible. Estado del alma, caracterizado por ciert unión mística con Dios y por una suspen sión del ejercicio de los sentidos. ☐ EX TÁTICO, CA; EXTATISMO.

extender tr y prnl Abrir, desdoblar, desa rrugar una cosa para que se muestre en toda su extensión. ‖ Esparcir, desparra mar lo que está amontonado o junto ‖ Hacer llegar una cosa a muchos sitios. Ampliar una explicación, texto, etc • prnl Ocupar cierta porción de terreno Díc. de los montes, llanuras, etc. ‖ Ocu par cierta cantidad de tiempo, durar ‖ (fig) Propagarse. ☐ EXTENSIBILIDAD; EX TENSIBLE; EXTENSIVO, VA.

extensión f Acción y efecto de extender ‖ Espacio ocupado por un cuerpo. ‖ Tra tando del significado de las palabras, am pliación del mismo a otro concepto relacionado con el originario.

extenuar *tr* y *prnl* Enflaquecer, debilitar. ❏ EXTENUACIÓN; EXTENUATIVO, VA.

exterior *adj* Que está por la parte de afuera. ‖ Relativo a otros países. • *m* Superficie externa de los cuerpos. ‖ Traza, porte de una persona. • *pl* Escenas de una película rodadas al aire libre. ❏ EXTERIORIDAD.

exteriorizar *tr* y *prnl* Hacer patente, revelar o mostrar algo al exterior. ❏ EXTERIORIZACIÓN.

exterminar *tr* (fig) Destruir totalmente una especie de cosas. ‖ (fig) Desolar, devastar por fuerza de armas. ❏ EXTERMINACIÓN; EXTERMINIO.

externo, na *adj* Díc. de lo que obra o se manifiesta al exterior. ‖ Díc. de quien no come ni duerme en el lugar de estudio o trabajo.

extinguir *tr* y *prnl* Apagar, hacer que cese el fuego o la luz. ‖ Hacer que cesen o se acaben del todo ciertas cosas. ❏ EXTINCIÓN; EXTINTIVO, VA; EXTINTO, TA.

extintor, ra *adj* Que extingue. • *m* Aparato para extinguir incendios.

extirpar *tr* Arrancar de cuajo o de raíz. ‖ (fig) Acabar del todo con una cosa. ‖ Erradicar o separar quirúrgicamente una parte del organismo. ❏ EXTIRPACIÓN; EXTIRPADOR, RA.

extorsionar *tr* Usurpar, arrebatar por la fuerza. ‖ Causar perjuicio o daño. ❏ EXTORSIÓN.

extra *prep insep* que significa *fuera de*. • *adj* (fam) Extraordinario, óptimo. • *m* (fam) Gaje, plus.

extracción *f* Acción y efecto de extraer. ‖ Acción de sacar a la superficie los materiales arrancados en la mina. ‖ Origen, linaje. ‖ Intervención para extraer cuerpos extraños o partes orgánicas.

extracto *m* Resumen de un escrito. ‖ Sustancia resultante de la evaporación de ciertas disoluciones. ❏ EXTRACTAR.

extractor, ra *adj* y *s* Que sirve para extraer. • *m* Aparato que expulsa el aire contenido en un recipiente o habitación.

extraditar *tr* Entregar al reo refugiado en un país a las autoridades de otro que lo reclama. ❏ EXTRADICIÓN.

extraer *tr* Sacar. ‖ Tratándose de raíces, averiguar cuáles son las de una cantidad dada.

extralimitarse *tr* y *prnl* (fig) Excederse en el uso de facultades o atribuciones; abusar de la benevolencia ajena.

extramuros *adv lugar* Fuera del recinto de una ciudad, villa o lugar.

extranjería *f* Calidad y condición del extranjero residente en un país. ‖ Sistema o conjunto de normas reguladoras de la condición y los intereses de los extranjeros en un país.

extranjerismo *m* Afición desmedida a las costumbres extranjeras. ‖ Voz, frase o giro que un idioma toma de otro.

extranjero, ra *adj* y *s* Natural de una nación con respecto a los naturales de cualquier otra. • *m* Toda nación que no es la propia.

extrañar *tr* y *prnl* Desterrar a un país extranjero. ‖ Apartar, privar a uno del trato y comunicación que se tenía con él. ‖ Sorprender, producir extrañeza. • *tr* Encontrar extraña una cosa o sentir su falta. ❏ EXTRAÑACIÓN.

extraño, ña *adj* y *s* De nación, familia o profesión distinta de la que se nombra o sobrentiende. • *adj* Raro, singular, extravagante. ‖ Díc. de lo que es ajeno a la naturaleza o condición de una cosa de la cual forma parte. ‖ Que no tiene parte en una cosa. ❏ EXTRAÑEZA.

extraordinario, ria *adj* Fuera del orden o regla natural común. • *m* Número de un periódico que se publica por algún motivo especial.

extrapolar *tr* Generalizar, sacar una conclusión de datos fragmentarios. ❏ EXTRAPOLACIÓN.

extrarradio *m* Parte o zona, la más exterior del término municipal, que rodea un casco urbano.

extraterrestre *adj* Díc. de lo que pertenece al espacio exterior de la Tierra, o procede de él. • *adj* y *s* Díc. de objetos o seres supuestamente venidos desde el espacio exterior de la Tierra.

extraterritorial *adj* Díc. de lo que está o se considera fuera del territorio de la propia jurisdicción. ❏ EXTRATERRITORIALIDAD.

extravagante *adj* Que se hace o dice fuera del orden o común modo de obrar. ❑ EXTRAVAGANCIA.

extravasarse *prnl* Salirse un líquido de su vaso. Particularmente, la sangre de los vasos sanguíneos. ❑ EXTRAVASIÓN.

extraversión *f* Propensión a salir hacia fuera, a interesarse por lo exterior, que caracteriza un cierto tipo de personalidad. ❑ EXTRAVERTIDO, DA.

extraviado, da *pp* de extraviar. • *adj* De costumbres desordenadas. ‖ Díc. de la persona que anda perdida.

extraviar *tr* y *prnl* Hacer perder el camino. ‖ Poner una cosa en otro lugar que el que debía ocupar. ‖ Hablando de la vista o de la mirada, no fijarla en objeto determinado. • *prnl* No encontrarse una cosa en su sitio e ignorarse su paradero. ❑ EXTRAVÍO.

extremado, da *pp* de extremar. • *adj* Sumamente bueno o malo en su género. ‖ Exagerado, que sale de lo normal.

extremar *tr* Llevar una cosa al extremo. • *prnl* Poner esmero en la ejecución de una cosa.

extremaunción *f* Uno de los sacramentos de la Iglesia que el sacerdote administra a los fieles que se hallan en peligro inminente de morir.

extremidad *f* Parte extrema o última de una cosa. ‖ Cabeza, pies, manos y cola de los animales. • *pl* Parte distal de un organismo.

extremismo *m* Inclinación a adoptar en política ideas extremas. ❑ EXTREMISTA.

extremo, ma *adj* Último. ‖ Aplícase a lo más intenso, elevado o activo de una cosa. ‖ Distante. ‖ Desemejante. • *m* Parte primera o última de una cosa. ‖ Punto último a que puede llegar una cosa. • *pl* Manifestaciones exageradas y vehementes.

extrínseco, ca *adj* Externo, no esencial a la naturaleza de una cosa, sino adquirido o superpuesto a ella.

extroversión *f* Vicio de conformación de un órgano que se vuelve hacia la parte exterior. ❑ EXTROVERTIDO, DA.

exuberancia *f* Abundancia grande, plenitud y riqueza excesiva. ❑ EXUBERANTE.

exudar *intr* y *tr* Salir un líquido fuera de sus vasos o continentes propios. ❑ EXUDACIÓN; EXUDADO, DA.

exultación *f* Demostración de gran gozo.

exultar *intr* Mostrar alegría con gran excitación.

exvoto *m* Don u ofrenda dedicada a la divinidad en agradecimiento de un beneficio recibido.

eyacular *tr* Expeler, evacuar. ‖ Lanzar con rapidez y fuerza el contenido de un órgano, cavidad o depósito. Particularmente, el contenido de los testículos. ❑ EYACULACIÓN.

eyección *f* Expulsión de una materia destinada a ser eliminada.

eyectar *tr* Proyectar al exterior. ‖ (fam) Expulsar.

Ff

f f Sexta letra del alfabeto español y cuarta de sus consonantes; su nombre es *efe*.

fa m Cuarta nota de la escala musical.

fábrica f Fabricación. ‖ Establecimiento donde se halla el equipo industrial destinado a la producción o transformación de mercancías. ‖ Cualquier construcción o parte de ella hecha con piedra o ladrillo y argamasa.

fabricante pa de fabricar. • adj y s Que fabrica. • m Propietario o gerente de una fábrica.

fabricar tr Transformar materias primas en productos semielaborados o éstos en productos finales mediante la tecnología adecuada. ‖ Construir un edificio, un dique, un muro o cosa análoga. ☐ FABRICACIÓN.

fabril adj Perteneciente a las fábricas o a sus operarios.

fábula f Rumor, hablilla. ‖ Relación falsa, carente de todo fundamento. ‖ Suceso o acción ficticia que se narra o se representa para deleitar. ‖ Composición en que por medio de una ficción alegórica y de la representación de personas y de personificaciones de seres irracionales o de una enseñanza. ‖ Cualquiera de las ficciones de la mitología.

fabular tr Inventar cosas fabulosas. ‖ Inventar, imaginar tramas o argumentos. ☐ FABULACIÓN; FABULADOR, RA; FABULARIO; FABULESCO, CA; FABULISTA.

fabuloso, sa adj Díc. de relatos, personas o cosas maravillosas y fantásticas. ‖ (fig) Extraordinario, excesivo, increíble.

faca f Cuchillo corvo de grandes dimensiones y muy puntiagudo, que suele llevarse envainado. ☐ FACÓN.

facción f Conjunto de gente amotinada o rebelada. ‖ Grupo que apoya o sigue el partido de alguno. ‖ Cualquiera de las partes del rostro humano. Se usa más en plural. ☐ FACCIOSO, SA.

faceta f Cada una de las caras o lados de un cuerpo poliédrico, cuando son pequeñas. ‖ (fig) Cada uno de los aspectos que se pueden considerar en un asunto.

faceto, ta adj Méx. Que quiere ser chistoso, pero no tiene gracia. ‖ Méx. Presuntuoso.

facha f (fam) Traza, figura, aspecto. • m y f (fam) Mamarracho, adefesio. ‖ Chile. Jactancia. ‖ Méx. Disfraz. ‖ (fam) Fascista.

fachada f Paramento exterior de un edificio, gralte. el principal. ‖ (fig, fam) Presencia, aspecto.

fachendear intr (fam) Hacer ostentación vanidosa. ☐ FACHENDA; FACHENDOSO, SA.

facial adj Perteneciente o relativo al rostro.

fácil adj Que se puede hacer sin mucho trabajo. ‖ Probable. ‖ Aplicado a la mujer, frágil, liviana.

facilidad f Cualidad de fácil. ‖ Disposición para hacer una cosa sin gran trabajo. ‖ Ligereza, demasiada condescendencia. ‖ Oportunidad para hacer algo.

facilitar tr Hacer fácil o posible la ejecución de una cosa o la consecución de un fin. ‖ Proporcionar o entregar. ☐ FACILITACIÓN.

facistol m Atril grande de las iglesias. • adj Cuba y Ven. Engreído, pedante.

facsímil o **facsímile** adj y m Perfecta imitación o reproducción de una forma, escrito, dibujo, etc. ☐ FACSIMILAR.

factible adj Que se puede hacer. ☐ FACTIBILIDAD.

fáctico, ca adj Perteneciente o relativo a los hechos. ‖ Basado en hechos o limitado a ellos.

factor m Empleado que en las estaciones de ferrocarriles cuida de la recepción, expedición y entrega de los equipajes, mercancías, etc. ‖ (fig) Elemento, concausa. ‖ Cada uno de los elementos que forman un producto. || Causa determinante o condición necesaria de un acontecimiento o cambio social. ❑ FACTORIAL.

factoría f Empleo y oficina del factor. || Establecimiento de comercio, especialmente el sit. en país colonial. || Fábrica o complejo industrial.

factura f Relación de los objetos o artículos comprendidos en una venta, remesa u otra operación de comercio. || Cuenta detallada de cada una de estas operaciones. || Modo en que algo está hecho.

facturar tr Extender las facturas. || Registrar en las estaciones de ferrocarriles equipajes o mercancías para que sean remitidos a su destino. ❑ FACTURACIÓN.

facultad f Aptitud, potencia física o moral. || Poder, derecho, para hacer alguna cosa. || Ciencia o arte. || Cada una de las grandes divisiones de una universidad, correspondiente a una rama del saber, y en la que se dan enseñanzas de una carrera determinada o de varias carreras afines. || Licencia o permiso.

facultar tr Conceder facultades a uno para hacer alguna cosa.

facultativo, va adj Perteneciente a una facultad. || Perteneciente a la facultad o poder que uno tiene para hacer alguna cosa. || Díc. del que profesa una facultad. || Potestativo. • m y f Médico o cirujano.

facundia f Afluencia, facilidad en el hablar. ❑ FACUNDO, DA.

fado m Canción popular portuguesa, sentimental y melancólica.

faena f Trabajo corporal. || (fig) Trabajo mental. || Quehacer. Se usa más en plural. || Guat. y Méx. Trabajo que se hace en una hacienda en horas extraordinarias. || Mala pasada. || En la plaza, las que efectúa el diestro durante la lidia, y pralm. la brega con la muleta, preliminar de la estocada.

faenar tr Arg. Matar reses y descuartizarlas o prepararlas para el consumo. • intr Pescar.

fagocitar tr Englobar una célula a otros microorganismos para destruirlos o digerirlos. ❑ FAGOCITOSIS.

fagocito m Célula capaz de fagocitar.

fagot m Instrumento de viento que se ▮ con una boquilla de caña puesta en ur del encorvado. ❑ FAGOTISTA.

faisán m Ave galliforme de cola larga, yos machos presentan un plumaje r vistoso.

faja f Tira de tela con que se rodea el c po por la cintura, dándole varias vuel || Cualquier lista mucho más larga que cha. || Tira de papel que en vez de se se pone a los impresos que se han de viar de una parte a otra. || Insignia pr de algunos cargos.

fajar tr y prnl Rodear o envolver con una parte del cuerpo. || Amér. Pe a uno, golpearlo. || P. Rico y R. Dom. dir dinero prestado. ❑ FAJADURA; F MIENTO.

fajilla f Amér. Centr. y Méx. Faja que pone a los impresos.

fajina f Conjunto de haces de mies que pone en las eras. || Leña ligera para cender.

fajo m Haz o atado. • pl Conjunto de r con que se viste a los niños recién cidos.

falacia f Engaño o mentira con que se tenta dañar a otro. || Error o argume falso.

falange f Cuerpo de tropas numero || (fig) Conjunto numeroso de perso unidas para un mismo fin. || Cada de los huesos de los dedos. ❑ FAL GIANO, NA.

falaz adj Díc. de la persona que tiene vicio de la falacia. || Aplícase a tod que halaga y atrae con falsas aparienc

falca f Cuña de madera o metal, en for de ángulo diedro y agudo. || Col. Ce que se pone como suplemento a las ¡ las. Se usa más en plural.

falcar tr Asegurar con cuñas. ❑ FAL DO, DA.

falce f Hoz o cuchillo corvo.

falciforme adj Que tiene forma de hoz

falconete m Pieza artillera de peque calibre, especie de culebrina.

falda f Parte de toda ropa talar desde cintura abajo. Se usa más en plu || Cada una de las partes de una pre de vestir que cae suelta. || Cobertura que se viste una mesa camilla. ‖ Carne de la res que cuelga de las agujas. ‖ (fig) Parte baja o inferior de los montes o sierras.

faldellín m Falda corta. ‖ Refajo.

faldeo m *Arg.*, *Chile* y *Cuba*. Faldas de un monte.

faldero, ra adj Perteneciente o relativo a la falda. ‖ (fig) Aficionado a estar entre mujeres.

faldón m Falda suelta al aire. ‖ Parte inferior de alguna ropa, colgadura, etc. ‖ Vertiente triangular de un tejado.

falencia f Error que se padece en asegurar una cosa. ‖ *Amér.* Quiebra de un comerciante.

falible adj Que puede engañarse o engañar. ‖ Que puede faltar o fallar. ⬚ FALIBILIDAD.

falla[1] f Defecto, falta. ‖ Fractura en una masa rocosa a lo largo de la cual se producen desplazamientos de los bloques originarios.

falla[2] En la Comunidad Valenciana, conjunto de figuras de madera y cartón, de carácter burlesco, que se queman públicamente por las fiestas de San José. • pl Periodo durante el cual se celebran estos festejos. ⬚ FALLERO, RA.

fallar[1] tr Decidir un litigio o proceso.

fallar[2] intr Frustrarse o salir fallida una cosa. ‖ Perder una cosa su resistencia.

fallecer intr Morir. ‖ Acabarse una cosa. ⬚ FALLECEDERO, RA; FALLECIMIENTO.

fallido, da pp de fallir. • adj Frustrado.

fallir intr Faltar una cosa. ‖ Errar. ‖ Engañar.

fallo[1] m Sentencia definitiva del juez. ‖ Por extensión, decisión tomada por persona competente sobre cualquier asunto disputado.

fallo[2] m Falta o error. ‖ Frustración, resultado de lo que falta.

falo m Miembro viril, pene. ⬚ FÁLICO, CA.

falondres (de) m adv *Cuba* y *Ven.* De golpe, de repente.

falsario, ria adj y s Que falsea una cosa. ‖ Que acostumbra a mentir o hacer falsedades.

falsear tr Adulterar, corromper o contrahacer una cosa. ‖ Romper o penetrar la

armadura. • intr Perder una cosa su resistencia. ‖ Disonar una cuerda de un instrumento. ⬚ FALSEAMIENTO.

falsedad f Falta de autenticidad. ‖ Cualquiera de las mutaciones u ocultaciones de la verdad.

falsete m Voz más aguda que la natural.

falsificar tr Falsear o adulterar. ‖ Fabricar una cosa falsa o falta de ley. ⬚ FALSIFICACIÓN; FALSIFICADOR, RA.

falsilla f Hoja de papel con líneas muy señaladas, que se pone debajo de otra para que aquéllas sirvan de guía.

falso, sa adj Engañoso, fingido, simulado. ‖ Falsario. ‖ Díc. de la caballería que cocea aun sin hostigarla. ‖ Díc. de la moneda que maliciosamente se hace imitando la legítima. ‖ *Chile.* Cobarde. • adj y s Incierto y contrario a la verdad. • m *Méx.* Falso testimonio.

falta f Privación de algo necesario o útil. ‖ Supresión de la regla en la mujer, principalmente durante el embarazo. ‖ Error en una manifestación oral o escrita. ‖ En ciertos deportes, caída de la pelota fuera de los límites señalados, y también cualquier acción contra lo que establece el reglamento.

faltar intr No existir una cosa que debiera haber. ‖ Consumirse, fallecer. ‖ No corresponder una cosa al efecto que se esperaba de ella. ‖ No acudir a una cita u obligación. ‖ Hallarse ausente una persona del sitio en que suele estar. ‖ No cumplir uno con lo que debe. ‖ Tener que transcurrir el tiempo que se indica para la realización de un acto. ⬚ FALTÓN.

falto, ta adj Defectuoso o necesitado de alguna cosa. ‖ Escaso, mezquino.

falúa f Embarcación menor con carroza.

falucho m Embarcación costanera con una vela latina. ‖ *Arg.* Sombrero de dos picos.

fama f Circunstancia de ser alguien o algo muy conocido ‖ Opinión que las gentes tienen de una persona. ⬚ FAMOSO, SA.

famélico, ca adj Hambriento.

familia f Grupo de personas emparentadas entre sí que viven juntas. ‖ Conjunto de ascendientes, descendientes, colaterales y afines de un linaje. ‖ Parentela inmediata de uno. ‖ Prole. ‖ Conjunto de individuos que tienen alguna condición común. ‖ Categoría taxonómica, usada en botánica y zoología, que agrupa a todos los gén. que presentan características semejantes.

familiar adj Perteneciente a la familia. ‖ Aplicado al trato, llano y sin ceremonia. ‖ Aplicado a voces, frases, lenguaje, estilo, etc., natural, sencillo. ‖ Díc. de cada uno de los caracteres normales o patológicos, orgánicos o psíquicos que presentan varios individuos por herencia. • adj y m Perteneciente a la familia, cuando se aplica a personas. ‖ El que tiene trato frecuente y de confianza con uno.

familiaridad f Naturalidad y confianza con que algunas personas se tratan entre sí.

familiarizar tr Hacer familiar o común una cosa. • prnl Adaptarse, acostumbrarse.

fámulo, la m y f (fam) Criado, doméstico.

fan m o f Admirador entusiasta de una persona o gran aficionado a una cosa. Su pl es fans.

fanal m Farol grande que sirve de señal nocturna en puertos, naves, etc.

fanático, ca adj y s Que defiende con apasionamiento una creencia, una causa, etc. ‖ Exaltado, intolerante. ☐ FANATISMO; FANATIZAR.

fandango m Baile esp., de movimiento vivo y tres tiempos, que se baila con castañuelas.

fané adj Lacio, ajado, estropeado, sobado.

fanega f Medida de capacidad para áridos que equivale a unos 55 litros y medio. ‖ Porción de granos, legumbres y semillas que cabe en esta medida.

fanfarria f (fam) Baladronada, jactancia. ‖ Conjunto musical ruidoso, basado en instrumentos de metal.

fanfarrón, na adj y s Que se precia y hace alarde de lo que no es, y en particular de valiente. ‖ Bravucón, chulo, matón. ☐ FANFARRONADA; FANFARRONEAR; FANFARRONERÍA.

fango m Lodo que se forma con los sedimentos térreos en los sitios donde hay agua detenida. ‖ (fig) Vilipendio, degradación que cae sobre alguien. ☐ FANGOSO, SA.

fantasear intr Dejar correr la fantasía o imaginación. ‖ Preciarse vanamente. • tr Imaginar algo fantástico. ☐ FANTASEADOR, RA.

fantasía f Facultad que tiene la mente de imaginar o inventar cosas inexistentes. ‖ Imagen formada por la fantasía. ‖ Ficción, cuento, novela. ‖ Adorno que es imitación de una joya. ‖ (fam) Presunción, entorno. ☐ FANTASIOSO, SA; FANTÁSTICO, CA.

fantasma m Visión quimérica, como la de los sueños o de la imaginación calenturienta. ‖ Imagen de una persona muerta que según ciertas tradiciones se aparece a los vivos. ‖ (fig) Persona entonada, grave y presuntuosa. • f Espantajo o persona disfrazada para asustar a la gente. ☐ FANTASMAL; FANTASMÓN, NA.

fantasmagoría f Arte de representar figuras por medio de una ilusión óptica. ‖ (fig) Ilusión de los sentidos desprovista de realidad. ☐ FANTASMAGÓRICO, CA.

fantástico, ca adj Quimérico, fingido que no tiene realidad. ‖ Perteneciente a la fantasía. ‖ Magnífico, maravilloso.

fantoche m Títere, muñeco. ‖ (fig) Persona ridículamente presumida, de poco juicio o de aspecto grotesco. ☐ FANTOCHADA.

fañoso, sa adj Amér. Gangoso, que habla con una pronunciación nasal oscura.

faquir m Santón mahometano que vive de limosna y practica determinados ejercicios ascéticos. ‖ Artista de circo cuyo espectáculo consiste en infligirse espectaculares mortificaciones de apariencia extraordinaria.

faradio m Unidad de capacidad eléctrica en el Sistema Internacional.

faralá m Volante que adorna los vestidos u otros ropajes. ‖ (fam) Adorno excesivo y de mal gusto.

farallón m Roca alta y cortada a pico que sobresale en el mar y alguna vez en tierra firme.

farándula f Profesión de los cómicos. ‖ Una de las varias compañías que antiguamente formaban los cómicos y que andaba representando por los pueblos.

farandulero, ra m y f Persona que recita comedias. • adj y s (fig, fam) Charlatán.

...raón m Soberano del ant. Egipto.

...raónico, ca adj Perteneciente o relativo a los faraones. || Grandioso, fastuoso.

...rdar tr y prnl Surtir y abastecer a uno, sobre todo de ropa. • intr (fam) Lucir una prenda de vestir. || (fam) Presumir, jactarse. ◻ FARDÓN, NA.

...rdo m Paquete, bulto, lío de ropa u otra cosa. ◻ FARDA; FARDAJE; FARDERÍA.

...rfallón, na adj y s (fam) Farfullero, chapucero.

...rfara f Membrana que tienen los huevos por la parte interior de la cáscara.

...rfolla f Espata o envoltura de las panojas del maíz, mijo y panizo. || (fig) Cosa de mucha apariencia y de poca entidad.

...rfullar tr (fam) Hablar muy deprisa y atropelladamente. || Balbucir, mascullar, tartamudear. || (fig, fam) Hacer una cosa con atropellamiento y confusión. ◻ FARFULLA; FARFULLADOR, RA; FARFULLERO, RA.

...ria m y f Cigarro ordinario hecho con tripa de hebra larga.

...ringe f Porción del tubo digestivo de los animales comprendida entre la cavidad bucal y el esófago o el estómago. ◻ FARINGITIS.

...riña f Amér. Harina gruesa de mandioca.

...riñera f Arg. y Ur. Cuchillo de gran tamaño.

...riseo m Miembro de una tendencia religiosa del judaísmo que se caracteriza por una observancia rigurosa y formal de la Ley mosaica. || (fig) Hombre hipócrita. ◻ FARISAICO, CA.

...rmacia f Ciencia que enseña a preparar y combinar productos naturales o artificiales, como remedios de las enfermedades y para conservar la salud. || Profesión de esta ciencia. || Botica, laboratorio y despacho del farmacéutico.

...rmaco m Medicamento.

...rmacología f Ciencia que estudia las sustancias medicamentosas desde el punto de vista de su acción dinámica y fisiológica. ◻ FARMACOLÓGICO, CA; FARMACÓLOGO, GA.

...ro m Torre alta en las costas, con luz en su parte superior, para que sirva de señal a los navegantes. || Farol potente. || Cada uno de los focos delanteros de los vehículos de automoción.

farol m Caja formada de vidrios o de otra materia transparente, y dentro de la cual se pone luz para que alumbre. || Farola de una sola luz. || (fig, fam) Fachenda. || (fig) Acción con la que uno se luce mucho.

farola f Farol grande, propio para iluminar las calles. || Fanal de los puertos.

farolazo m Golpe dado con un farol. || Amér. Centr. y Méx. Trago de licor.

farolear intr (fam) Presumir o fanfarronear. ◻ FAROLEO; FAROLERÍA.

farolillo m Farol hecho con papeles de colores, que sirve de adorno en verbenas o fiestas.

farra f Juerga, jarana, parranda. || Arg. y Ur. Burla. ◻ FARRISTA.

fárrago m Conjunto de cosas superfluas, inconexas y mal ordenadas. ◻ FARRAGOSO, SA.

farrear intr Amér. Merid. Andar de farra o de parranda.

farruco, ca adj (fam) Valiente, impávido. || Terco, obstinado. • f Variedad de cante flamenco.

farsa f Pieza cómica, breve. || Compañía de farsantes. || (desp) Obra dramática, chabacana y grotesca. || (fig) Enredo, tramoya para engañar.

farsante, ta m y f Comediante. • adj y s (fig, fam) Díc. de la persona que finge lo que no siente o pretende pasar por lo que no es.

farsantear intr Chile. Hablar, obrar o comportarse como un farsante.

fascículo m Entrega, cada una de las partes que sucesivamente se van publicando de un libro u obra gráfica; cuaderno. || Haz de fibras musculares. ◻ FASCICULADO, DA.

fascinar tr Hacer mal de ojo. || (fig) Engañar, alucinar, ofuscar. || (fig) Atraer irresistiblemente. ◻ FASCINACIÓN; FASCINANTE.

fascismo Movimiento político y social, fundado en Italia por B. Mussolini, que defiende un Estado totalitario, corporativo e imperialista. ◻ FASCISTA.

fase f Cada uno de los distintos estados sucesivos de un fenómeno natural o histórico, o de una doctrina, negocio, etc. ‖ Cada uno de los distintos aspectos que presentan la Luna y algunos planetas. ‖ Cada una de las distintas componentes primarias de una corriente alterna.

fastidiar tr (fig) Enfadar, disgustar o ser molesto a alguien. ‖ (fam) Ocasionar daño moral o material. • prnl Aguantarse, sufrir algo con paciencia.

fastidio m Disgusto o desazón que causa la comida en el estómago. ‖ (fig) Enfado, cansancio, aburrimiento. ❒ FASTIDIOSO, SA.

fasto, ta adj y s Díc. del día, año, etc., venturoso. • m Fausto, lujo.

fastos m pl Anales o serie de sucesos relatados de manera cronológica.

fastuoso, sa adj Ostentoso, amigo del lujo. ❒ FASTUOSIDAD.

fatal adj Determinado por el hado o destino. ‖ Desgraciado, infeliz. ‖ Malo. • adv Rematadamente mal. ❒ FATALIDAD.

fatalismo m Teoría según la cual todo sucede por las determinaciones del destino. ❒ FATALISTA.

fatídico, ca adj Que anuncia o pronostica el porvenir, gralte. desgraciado.

fatiga f Agitación duradera, cansancio intenso. ‖ Molestia ocasionada por la respiración frecuente o difícil. ‖ (fig) Molestia, penalidad.

fatigar tr y prnl Causar fatiga. • tr Vejar o molestar. ❒ FATIGADOR, RA; FATIGOSO, SA.

fatuo, tua adj y s Falto de razón o de entendimiento; necio. ‖ Díc. de quien está lleno de presunción o vanidad infundada y ridícula.

fauces f pl Parte posterior de la boca de los mamíferos, que se extiende desde el velo del paladar hasta el principio del esófago. ❒ FAUCAL.

fauna f Conjunto de especies animales que habitan en determinados ambientes y territorios. ❒ FÁUNICO, CA.

fausto, ta adj Feliz, afortunado.

favela f Amér. Barraca, chabola.

favor m Ayuda, socorro que se concede a uno. ‖ Honra, beneficio. ‖ Méx. Seguido de la prep de y un infinit., equivale a hazme, hágame el f. de.

favorable adj Conveniente. ‖ Propicio, conforme.

favorecer tr Ayudar, amparar, socorrer a uno. ‖ Dar o hacer un favor. ‖ Mejorar el aspecto o apariencia de alguien o algo. ❒ FAVORECEDOR, RA.

favoritismo m Preferencia dada al favor sobre el mérito o la equidad.

favorito, ta adj Que es con preferencia estimado. • adj y s Díc. del probable ganador en una competición o similar.

fax m Telefax.

faz f Rostro o cara. ‖ Vista o lado de una cosa. ‖ Anverso de las monedas y medallas.

fe f La primera de las tres virtudes teologales. ‖ Conjunto de creencias de un grupo de personas. ‖ Confianza, buen concepto que se tiene de una persona o cosa. ‖ Seguridad, aseveración de que una cosa es cierta.

fealdad f Cualidad de feo. ‖ (fig) Acción indigna.

febrero m Segundo mes del año, que en los comunes tiene veintiocho días y en los bisiestos veintinueve.

febrífugo, ga adj y m Díc. de los fármacos que eliminan o reducen la fiebre.

febril adj Perteneciente a la fiebre. ‖ (fig) Ardoroso, desasosegado.

fecal adj Perteneciente o relativo al excremento intestinal.

fecha f Data, indicación de tiempo. ‖ Cada día transcurrido. ‖ Tiempo o momento actual.

fechar tr Poner fecha a un escrito. ‖ Determinar la fecha de un documento, obra de arte, etc.

fechoría f Mala acción. ‖ Travesura.

fécula f Tejido nutritivo de reserva, sustancia que lo forma, que se halla en ciertos tallos engrosados, como los tubérculos.

fecundar tr Hacer fecunda o productiva una cosa. ‖ Unirse el elemento reproductor masculino al femenino para dar origen a un nuevo ser. ❒ FECUNDACIÓN; FECUNDATIVO, VA; FECUNDIDAD.

fecundizar *tr* Actuar sobre una cosa para hacerla susceptible de producir o de admitir fecundación. □ FECUNDIZACIÓN; FECUNDIZADOR, RA.

fecundo, da *adj* Que produce o se reproduce por los medios naturales. || Fértil, abundante.

federación *f* Acción de federar. || Organismo, entidad o estado resultantes de dicha acción. || Estado federal. || Poder central del mismo. || Organismo oficial a cuyo cargo se encuentra un deporte o el deporte en general. □ FEDERATIVO, VA.

federalismo *m* Sistema basado en el reparto de poder y competencias entre una entidad estatal central y otras voluntariamente subordinadas a ésta, pero con amplio margen de actuación. □ FEDERALISTA.

federar *tr* y *prnl* Hacer alianza o pacto entre varios con objeto de formar federación.

fehaciente *adj* Que hace fe en juicio. || Que prueba de manera cierta.

feldespato *m* Sustancia mineral, menos dura que el cuarzo, que forma parte de muchas rocas ígneas, como el granito. □ FELDESPÁTICO, CA.

felicidad *f* Estado del ánimo que se complace en la posesión de un bien. || Satisfacción, contento. || Suerte feliz.

felicitación *f* Acción de felicitar. || Escrito o medio con que se felicita.

felicitar *tr* y *prnl* Manifestar a una persona la satisfacción que se experimenta con motivo de algún suceso favorable para ella.

félido, da *adj* y *m* Díc. del mamífero carnívoro de uñas retráctiles y hocico corto.

feligrés, sa *m* y *f* Persona que pertenece a determinada parroquia. || (fam) Cliente.

felino, na *adj* Perteneciente o relativo al gato.

feliz *adj* Que tiene o goza felicidad. || Que ocasiona felicidad. || Favorable.

felonía *f* Deslealtad, traición. □ FELÓN, NA.

felpa *f* Tejido que tiene pelo por el haz. || (fig, fam) Paliza o rapapolvo.

felpudo, da *adj* Que parece de felpa. • *m* Esterilla afelpada que se coloca ordinariamente a la entrada de las casas.

femenino, na *adj* Propio de la mujer. || Que posee los rasgos propios de la feminidad. || Díc. del ser dotado de órganos para ser fecundado. || Perteneciente al gén. femenino.

fémina *f* Mujer, persona del sexo femenino.

feminidad *f* Cualidad de femenino.

feminismo *m* Movimiento politicosocial que persigue la emancipación definitiva de la mujer luchando por la igualdad de derechos entre los sexos. □ FEMINISTA.

fémur *m* Hueso del muslo. □ FEMORAL.

fenecer *intr* Morir o fallecer. || Acabarse, terminarse o tener fin una cosa. □ FENECIMIENTO.

fénix *m* Ave fabulosa, que se dice es única y que renace de sus cenizas. || Persona que destaca sobre las demás en algún aspecto.

fenol *m* Compuesto orgánico que se obtiene del benceno.

fenomenal *adj* (fam) Tremendo, muy grande. || Estupendo, admirable.

fenómeno *m* Toda apariencia o manifestación, tanto del orden material como del espiritual. || Cosa extraordinaria y sorprendente. || (fam) Persona o animal monstruoso. || (fam) Persona sobresaliente en su línea. • *adj* (fig, fam) Magnífico, sensacional. □ FENOMÉNICO, CA.

fenotipo *m* Conjunto de caracteres hereditarios que se manifiestan a nivel externo y que vienen condicionados por el genotipo o conjunto de genes. □ FENOTÍPICO, CA.

feo, a *adj* Que carece de belleza y hermosura. || (fig) Que causa horror, desagrado o aversión. || (fig) De aspecto malo o desfavorable. • *m* (fam) Desaire manifiesto, grosero.

féretro *m* Caja o andas en que se llevan a enterrar los difuntos.

feria *f* Mercado que se celebra al aire libre en fechas señaladas. || Conjunto de instalaciones de diversión que, en determinadas fiestas, se montan en las poblaciones. || *Méx.* Dinero menudo. □ FERIAL; FERIANTE.

feriar *tr* Comprar o vender en una feria.

fermentar *intr* Producirse un proceso químico por la acción de un fermento, que aparece íntegramente al final de la serie de reacciones químicas sin haberse modificado. ‖ (fig) Agitarse o alterarse los ánimos. ❏ FERMENTABLE; FERMENTACIÓN; FERMENTADO, DA.

fermento *m* Sustancia orgánica que hace fermentar a otras. ‖ (fig) Causa o motivo de alteración de los ánimos.

feróstico, ca *adj* (fam) Irritable y díscolo.

feroz *adj* Que obra con ferocidad y dureza. ‖ (fam) Tremendo, aplicado a sensaciones molestas. ❏ FEROCIDAD.

férreo, a *adj* De hierro o que tiene sus propiedades. ‖ (fig) Perteneciente al siglo o edad de hierro. ‖ (fig) Duro, tenaz.

ferrería *f* Herrería.

ferretería *f* Comercio de hierro. ‖ Conjunto de objetos de hierro que se venden en las ferreterías. ‖ *Amér.* Quincallería. ❏ FERRETERO, RA.

ferrocarril *m* Camino con dos filas de barras de hierro paralelas, sobre las cuales ruedan los trenes. ‖ Tren, serie de vagones, unidos a una locomotora, que circulan por aquel camino.

ferrocarrilero, ra *adj Amér.* Ferroviario.

ferroso, sa *adj* Aplícase a las combinaciones del hierro en las que este metal es divalente.

ferrovial *adj* Ferroviario.

ferroviario, ria *adj* Perteneciente o relativo a las vías férreas. • *m* Empleado de ferrocarriles.

ferruginoso, sa *adj* Díc. del mineral, agua o medicamento que contiene hierro.

ferry *m* Embarcación destinada al transporte de ferrocarriles y modernamente también al transporte de automóviles.

fértil *adj* Productivo, rico. ‖ (fig) Díc. del año en que la tierra produce abundantes frutos, y p. ext., del ingenio. ‖ (fig) Aplicado a personas o animales, capaz de reproducirse. ❏ FERTILIDAD; FERTILIZABLE; FERTILIZADOR, RA.

fertilizante *pa* de fertilizar. • *adj* Que fertiliza. • *m* Sustancia que se adiciona al terreno con objeto de aumentar su productividad.

fertilizar *tr* Fecundizar la tierra, disponiéndola para que dé abundantes frutos.

férula *f* Tablilla flexible y resistente que se emplea en el tratamiento de las fracturas.

ferviente *adj* (fig) Que muestra fervor.

fervor *m* Calor intenso. ‖ (fig) Celo ardiente hacia las cosas de piedad y religión. ‖ (fig) Eficacia suma con que se hace una cosa. ❏ FERVOROSO, SA.

festejada *f* (fam) *Méx.* Zurra, paliza.

festejar *tr* Celebrar algo con fiestas. ‖ Obsequiar, agasajar a alguien. ‖ Cortejar a una mujer. • *prnl* Divertirse, recrearse.

festejo *m* Acción y efecto de festejar. ‖ Acción de galantear a una mujer. • *pl* Actos públicos que se realizan en las fiestas populares.

festín *m* Banquete espléndido.

festival *m* Fiesta, especialmente musical. ‖ Conjunto de representaciones dedicadas a un artista o arte.

festividad *f* Fiesta o solemnidad con que se celebra una cosa.

festivo, va *adj* Chistoso, agudo. ‖ Alegre, humorístico. ‖ Solemne, digno de celebrarse.

festón *m* Guirnalda de flores, frutas y hojas. ‖ Cualquier bordado, dibujo u otro adorno en forma de ondas o puntas.

festonear *tr* Adornar con festón.

fetiche *m* Ídolo u objeto que representa una divinidad dotada de poderes cósmicos, en las religiones tradicionales no monoteístas.

fetichismo *m* Culto a los fetiches. ‖ (fig) Idolatría, veneración excesiva. ‖ Estado en que un objeto inanimado queda asociado a situaciones emocionales relacionadas con la excitación y el deseo sexual. ❏ FETICHISTA.

fetidez *f* Hediondez, pestilencia. ❏ FÉTIDO, DA.

feto *m* Producto de la concepción de una hembra vivípara, desde que pasa el período embrionario hasta el momento del parto. ‖ Este mismo producto abortado. ‖ (fig, fam) Ser feo o deforme. ❏ FETAL.

feudal *adj* Perteneciente o relativo a la organización política y social fundada en los feudos, y al tiempo de la Edad Media.

feudalismo *m* Sistema feudal de gobierno y de organización de la propiedad. ‖ Época feudal.

feudo *m* Contrato por el cual un rey o un noble concedía tierras o rentas en usufructo, obligándose el que las recibía a guardar fidelidad de vasallo. ‖ Territorio dado en feudo. ☐ FEUDATARIO, RIA.

fez *m* Gorro de fieltro rojo, en forma de cono truncado, usado por los moros y los turcos.

fiable *adj* Díc. de la persona a quien se puede fiar. ‖ Díc. de los datos, previsiones, etc., que merecen confianza. ☐ FIABILIDAD.

fiador, ra *m* y *f* Persona que fía una mercancía al venderla. ‖ Persona que fía a otra para la seguridad de aquello a que está obligada.

fiambre *adj* y *m* Que después de asado o cocido se ha dejado enfriar para no comerlo caliente. • *m* (fig, fam) Cadáver.

fiambrera *f* Cacerola, ordinariamente cilíndrica y con tapa bien ajustada, que sirve para llevar la comida fuera de casa. ‖ *Arg.* Fresquera.

fiambrería *f Arg.* y *Ur.* Tienda donde se venden o preparan fiambres.

fianza *f* Obligación que uno contrae de hacer aquello a que otro se ha obligado si éste no lo cumple. ‖ Prenda que da el contratante en seguridad del cumplimiento de su obligación.

fiar *tr* Asegurar uno que otro cumplirá lo que promete, o pagará lo que debe, obligándose, en caso de que no lo haga, a satisfacer por él. ‖ Vender sin tomar el precio de contado. • *intr* Confiar en una persona.

fiasco *m* Fracaso, chasco.

fibra *f* Cada uno de los elementos alargados y delgados que forman los tejidos orgánicos animales o vegetales. ‖ Filamento natural u obtenido por procedimiento químico y de uso en la ind. textil. ‖ (fig) Vigor, energía. ☐ FIBROSO, SA.

fibroma *m* Tumor benigno del tejido conjuntivo.

fíbula *f* Hebilla a manera de imperdible.

ficción *f* Acción de fingir. ‖ Cosa fingida o imaginada. ‖ Invención literaria.

ficha *f* Cada una de las piezas que se usan en determinados juegos. ‖ Hoja de papel o cartulina para anotar datos y guardarlos

de manera ordenada. ‖ Pieza de cartón, o plástico que se usa para anotar las entradas y salidas del trabajo.

fichaje *m* Acción y efecto de fichar, contratar a un jugador, deportista o técnico. ‖ p. ext. Obtención de los servicios de una persona.

fichar *tr* Anotar en fichas datos de interés. ‖ (fig, fam) Refiriéndose a una persona, ponerla en el número de aquellas que se miran con desconfianza. • *intr* Comprometerse uno a actuar como jugador o como técnico en algún club o entidad deportiva. ‖ Marcar en una ficha la hora de entrada o salida en el trabajo.

fichero *m* Caja o mueble donde se pueden guardar ordenadamente las fichas o cédulas.

ficticio, cia *adj* Fingido o fabuloso.

fideicomiso o **fideicomiso** *m* Donación de una herencia a una persona para que haga con ella lo que se le encarga. ‖ Territorio colocado temporalmente por la ONU bajo la administración de una potencia, con el compromiso de favorecer su evolución hacia la autodeterminación.

fidedigno, na *adj* Digno de fe y crédito.

fidelidad *f* Lealtad. ‖ Exactitud en la ejecución de una cosa.

fideo *m* Pasta de harina, en forma de hilo, que sirve para sopa. ‖ (fig, fam) Persona muy delgada.

fiebre *f* Síntoma de enfermedad, que consiste en la elevación de la temperatura del cuerpo y una mayor frecuencia del pulso y de la respiración. ‖ (fig) Gran excitación o agitación.

fiel *adj* Que cumple sus compromisos y es constante en su amistad, simpatía, etc. ‖ Exacto, conforme a la verdad. • *adj* y *s* Creyente de alguna religión, y que cumple con sus normas.

fieltro *m* Especie de paño no tejido que resulta de conglomerar borra, lana o pelo.

fiera *f* Carnívoro, felino. ‖ Animal indómito y carnicero. ‖ (fig) Persona cruel o violenta.

fiero, ra *adj* Perteneciente o relativo a las fieras. ‖ Agreste o intratable. ‖ (fig) Horroroso, terrible. ☐ FIEREZA.

fierro *m Amér.* Hierro. || *Amér.* Marca para el ganado.

fiesta *f* Alegría o diversión. || Reunión de gente para divertirse. || Conjunto de actos extraordinarios con que se celebra un acontecimiento. || (fam) Chanza, broma. || Día en el que están cerrados los establecimientos públicos.

fifiriche *adj Amér. Centr.* Raquítico, flaco, enclenque. || Petimetre.

figón *m* Casa de poca categoría, donde se guisan y venden normalmente cosas de comer.

figura *f* Forma exterior de un cuerpo por la cual se diferencia de otro. || Estatua o pintura que representa el cuerpo de un hombre o animal. || Cualquiera de los tres naipes de cada palo, que representan rey, caballo y sota. || Personaje, celebridad. || Cosa que representa o significa otra. || Espacio cerrado por líneas o superficies.

figurado, da *pp* de figurar. • *adj* Díc. del sentido en que se toman las palabras para que denoten idea diversa de la que literalmente significan.

figurante *adj* Que figura. • *m y f* Comparsa de teatro. || Persona que forma parte de la figuración de una película.

figurar *tr* Delinear y formar la figura de una cosa. || Aparentar, fingir. • *intr* Formar parte de un número determinado de personas o cosas. || Tener autoridad y representación. • *prnl* Imaginarse, fantasear. ◻ FIGURACIÓN.

figurativo, va *adj* Que es o sirve de representación o figura de otra cosa. || Díc. del arte y de los artistas que representan figuras de la realidad externa y concreta.

figurín *m* Dibujo o modelo pequeño para los trajes y adornos de moda. || (fig) Persona vestida con elegancia afectada. || Revista de modas.

fijación *f* Acción de fijar. || Persistencia o manía muy persistente.

fijador, ra *adj* Que fija. • *m* Preparación cosmética que se usa para asentar el cabello.

fijar *tr* Clavar, asegurar un cuerpo en otro. || Determinar, precisar de un modo cier-

to. • *tr y prnl* Hacer fija o estable alguna cosa. • *prnl* Determinarse, resolverse.

fijo, ja *pp irreg* de fijar. • *adj* Firme, asegurado. || Permanente y no expuesto a movimiento o alteración.

fila *f* Orden que guardan varias personas o cosas colocadas en línea. || (fam) Tirria, antipatía. • *pl* Fuerzas militares. || (fig) Bando, facción.

filamento *m* Hilo delgado, de cualquier sustancia. || Hilo metálico destinado a soportar altas temperaturas en válvulas electrónicas y lámparas de incandescencia. ◻ FILAMENTOSO, SA.

filantropía *f* Amor al género humano. ◻ FILANTRÓPICO, CA; FILANTROPISMO; FILÁNTROPO.

filarmonía *f* Afición a la música. ◻ FILARMÓNICO, CA.

filatelia *f* Afición a coleccionar y estudiar sellos de correos. ◻ FILATÉLICO, CA; FILATELISTA.

filatería *f* Palabrería con que se intenta engañar.

filete *m* Miembro de moldura, a modo de lista larga y angosta. || Línea fina que sirve de adorno en un dibujo. || Loncha de carne magra o de pescado limpio de raspas. || Espiral saliente del tornillo.

filetear *tr* Adornar con filetes.

filfa *f* (fam) Mentira, noticia falsa.

filiación *f* Documento en que constan los datos personales de un individuo. || Procedencia de los hijos respecto a los padres. || Circunstancia de pertenecer a un partido político.

filial *adj* Perteneciente al hijo. • *adj y* Díc. de la empresa que depende de otra llamada sociedad madre, pero que posee personalidad jurídica propia.

filiar *tr* Tomar la filiación a uno.

filibustero *m* Pirata del siglo XVII que operaba en las Antillas.

filiforme *adj* Que tiene forma o apariencia de hilo.

filigrana *f* Trabajo de orfebrería realizado con hilos de oro o plata unidos y soldados con gran perfección y delicadez. || (fig) Cosa fina y delicada. || Marca transparente hecha en el papel al tiempo de fabricarlo. ◻ FILIGRANISTA.

ípica f Invectiva, censura violenta.

ipina f *Cuba*. Chaqueta de dril, sin solapas, que visten los hombres.

m o **filme** *m* Película cinematográfica. ❒ FÍLMICO, CA.

mar *tr* Tomar o impresionar escenas, paisajes, personas o cosas en movimiento en na película. ❒ FILMACIÓN; FILMADOR, RA.

mografía f Conocimiento de filmes o nicrofilmes. ‖ Relación de películas de n mismo director, productor, género, tcétera.

noteca f Lugar donde se guardan los ilmes para su estudio. ‖ Colección de films.

o *m* Arista o borde agudo de un instru- nento cortante. ‖ *Arg*. Persona que afila flirtea.

ogenia f Historia del origen y desarro- lo evolutivo de las especies biológicas.

ología f Ciencia que estudia una cultura través de su lengua y literatura. ❒ FILO- ÓGICO, CA; FILÓLOGO, GA.

ón *m* Masa metalífera o pétrea que relle- a una ant. quiebra de las rocas de un erreno. ‖ (fig) Materia, negocio del que e espera sacar gran provecho.

osofar *intr* Discurrir acerca de una co- a con razones filosóficas. ❒ FILOSOFA- OR, RA.

osofía f Ciencia que trata de la esencia, ropiedades, causas y efectos de las co- as naturales. ‖ Sistema filosófico. ‖ Cualquier conjunto sistemático de pen- amientos de esta clase. ‖ (fig) Fortaleza serenidad de ánimo para soportar los ontratiempos. ❒ FILOSÓFICO, CA.

ósofo, fa *m* Persona que se dedica al studio de la filosofía o que la profesa.

oxera f Insecto parecido al pulgón, que taca las hojas y raíces de la vid. ‖ En- ermedad producida en la vid por este nsecto.

trar *tr* Hacer pasar un líquido por un iltro[1]. ‖ Seleccionar datos o caracteres ara configurar una información. ‖ Co- unicar a alguien indebidamente infor- nación secreta o confidencial. • *intr* Pe- etrar un líquido a través de otro cuerpo ólido. ❒ FILTRACIÓN; FILTRADO, DA; FIL- RADOR, RA.

filtro[1] Materia porosa a través de la cual se hace pasar un líquido para clarificarlo. ‖ Pantalla que se interpone al paso de la luz para excluir ciertos rayos, dejando pasar otros.

filtro[2] *m* Bebida o pócima con que se pretendía conciliar el amor de una persona.

fimosis f Estrechez congénita de la abertura del prepucio, que impide descubrir el glande.

fin *amb* Término o consumación de una cosa. • *m* Objeto o motivo con que se ejecuta una cosa. ❒ FINALIDAD.

final *adj* Que remata o perfecciona una cosa. • *m* Fin y remate de una cosa. • *f* Última y decisiva competición en un concurso.

finalista *adj* y *s* Cada uno de los que llegan a la prueba final en una competición, elección o concurso.

finalizar *tr* Concluir una obra. • *intr* Extinguirse o acabarse una cosa.

financiar *tr* Sufragar los gastos de una actividad, obra, etc. ❒ FINANCIACIÓN.

financiero, ra *adj* Perteneciente a la hacienda pública o a las cuestiones bancarias y bursátiles. • *m* Hombre entendido en asuntos de hacienda pública, o de banca.

finanzas f *pl* Caudales, bienes. ‖ Hacienda pública.

finar *intr* Fallecer, morir. ❒ FINADO, DA.

finca f Propiedad inmueble.

finés, sa o **finlandés, sa** *adj* Natural de Finlandia. • *m* Lengua ugrofinesa hablada por el pueblo homónimo.

fineza f Delicadeza y primor. ‖ Acción o dicho con que uno da a entender el amor que profesa por otro.

fingir *tr* y *prnl* Dar a entender lo que no es cierto. ‖ Dar existencia ideal a lo que realmente no la tiene. ❒ FINGIDO, DA.

finiquitar *tr* Saldar una cuenta. ‖ (fig, fam) Acabar, rematar.

finiquito *m* Remate o saldo de una cuenta. ‖ Certificación que recibe el asalariado cuando finaliza su relación laboral con la empresa.

finisecular *adj* Perteneciente o relativo al fin de un siglo determinado.

finito, ta adj Que tiene fin o límite. ☐ FI-NITUD.

fino, na adj Delicado y de buena calidad en su especie. ‖ Delgado, sutil. ‖ Educado, cortés. ‖ Suave, terso. ‖ Tratándose de metales, muy depurado o acendrado. • adj y m Díc. del vino de jerez muy seco y de color muy pálido. ☐ FINURA.

finolis adj y s (fig) Díc. de la persona que afecta finura y delicadeza.

finta f Ademán o amago que se hace con intención de engañar a uno. ☐ FINTAR.

fiordo m Golfo estrecho y profundo, entre montañas de laderas abruptas, formado por los glaciares durante el período cuaternario.

firma f Nombre y apellido, o título de una persona, que ésta pone con rúbrica o sin ella al pie de un escrito. ‖ Conjunto de documentos que se presenta a un jefe para que los firme. ‖ Empresa, razón social o casa comercial.

firmamento m Bóveda celeste.

firmar tr Poner uno su firma.

firme adj Estable, fuerte. ‖ (fig) Entero, constante, que no se deja dominar. • m Capa sólida de terreno, sobre la que se puede cimentar. • adv modo Con firmeza. ☐ FIRMEZA.

fiscal adj Perteneciente al fisco o al oficio de fiscal. • m Funcionario que representa y ejerce el ministerio público en los tribunales de justicia. ‖ Persona que juzga severamente las acciones de alguien.

fiscalía f Empleo y oficina del fiscal.

fiscalizar tr Hacer el oficio de fiscal. ‖ (fig) Criticar y traer a juicio las acciones u obras de otros. ☐ FISCALIZABLE; FISCALIZACIÓN; FISCALIZADOR, RA.

fisco m Tesoro público. ‖ Entidad encargada de recaudar los impuestos.

fisgar tr Indagar sin discreción cosas ajenas. • intr y prnl Burlarse de uno diestra y disimuladamente. ☐ FISGADOR, RA; FISGÓN, NA.

fisgonear tr Fisgar por costumbre. ☐ FISGONEO.

física f Ciencia cuyo objetivo es explicar los fenómenos naturales relativos a la materia y a la energía, así como las leyes que los rigen.

físico, ca adj Perteneciente a la física. • m y f Persona que profesa la física. • m Aspecto de una persona.

fisicoquímica f Parte de las ciencias naturales que estudia los fenómenos naturales comunes a la física y la química.

fisiocracia f Sistema económico que atribuía exclusivamente a la agricultura y a la tierra el origen de la riqueza. ☐ FISIÓCRATA.

fisiología f Ciencia biológica que estudia el funcionamiento de los seres vivos, en lo que respecta a sus funciones vitales. ☐ FISIOLÓGICO, CA; FISIÓLOGO, GA.

fisión f Escisión del núcleo de un átomo, con la consiguiente liberación de energía, al bombardearlo con neutrones. ☐ FISIONAR.

fisionomía o **fisonomía** Aspecto particular del rostro de una persona. ‖ (fig) Aspecto exterior de las cosas. ☐ FISONÓMICO, CA.

fisioterapia f Tratamiento de determinadas enfermedades o incapacidades utilizando medios físicos, como el agua, aire, calor, masajes, electricidad y ejercicio. ☐ FISIOTERAPÉUTICO, CA; FISIOTERÁPICO, CA.

fisonomista adj y s Aplícase al que tiene facilidad natural para recordar y distinguir a las personas por su fisonomía.

fístula f Conducto anormal, ulcerado y estrecho, que se abre en la piel o en las membranas mucosas. ☐ FISTULAR.

fisura f Fractura longitudinal de un hueso. ‖ Cualquier hendidura en un organismo o cosa.

fitófago, ga adj y s Díc. del animal que se alimenta de sustancias vegetales.

fitología f Botánica.

fitoplancton m Conjunto de algas microscópicas que viven en la superficie de las aguas dulces y marinas.

flabelo m Abanico grande con mango largo.

flaccidez o **flacidez** f Calidad de flácido. ‖ Laxitud, debilidad muscular, flojedad.

fláccido, da o **flácido** adj Flaco, flojo.

flaco, ca adj Díc. de la persona o animal de pocas carnes. ‖ (fig) Flojo, sin fuerza

flemón

para resistir. • *m* Defecto moral o afición predominante de las personas. ☐ FLACURA.

flagelado, da *pp* de flagelar. • *adj* y *m* Díc. de animales provistos de flagelos.

flagelar *tr* y *prnl* Maltratar con azotes. ☐ FLAGELACIÓN; FLAGELADOR, RA; FLAGELANTE.

flagelo *m* Azote o instrumento destinado para azotar. ‖ Azote, calamidad. ‖ Cada una de las prolongaciones finas y móviles que tienen algunos microorganismos y que les sirven para cambiar de posición y de lugar.

flagrante *adj* Que se está ejecutando actualmente, o es de tal evidencia que no necesita pruebas.

flama *f* Llama. ‖ Reverberación de la llama.

flamante *adj* Resplandeciente. ‖ Nuevo en una línea o clase. ‖ Acabado de hacer o de estrenar.

flamear *intr* Despedir llamas. ‖ Someter algo a la acción de una llama. ‖ (fig) Ondear una bandera movida por el viento, sin llegar a desplegarse por completo. ‖ Quemar alcohol u otro líquido inflamable en superficies que se quieren esterilizar.

flamenco[1], ca *adj* y *s* De Flandes. • *m* Idioma flamenco, que se hablaba en Flandes. ‖ Ave de patas y cuello muy largo, que se agrupa en bandadas para migrar y nidificar.

flamenco[2], ca *adj* y *s* Que tiene aire de chulo, valentón y pendenciero. • *m* Exp. musical que parte de canciones y danzas populares andaluzas. ☐ FLAMENCOLOGÍA; FLAMENQUERÍA.

flamígero, ra *adj* Que arroja o despide llamas, o imita su figura. • *adj* y *m* Último período de la evolución del arte gótico en el s. XV.

flan *m* Plato de dulce que se hace mezclando yemas de huevo, leche y azúcar, en un molde.

flanco *m* Cada una de las dos partes laterales de un cuerpo considerado de frente. ‖ Costado, lado, cadera de un animal.

flanquear *tr* Estar colocado al flanco o lado de una cosa. ‖ Proteger los propios flancos o amenazar los flancos del adversario. ☐ FLANQUEADOR, RA; FLANQUEO.

flaquear *intr* Estar a punto de fallar la resistencia física o moral de algo o de alguien. ‖ (fig) Decaer de ánimo, aflojar en una acción.

flaqueza *f* Extenuación, mengua de carnes. ‖ (fig) Debilidad, falta de vigor. ‖ Acción reprensible cometida por debilidad.

flash o **flas** *m* Dispositivo luminoso que permite obtener destellos de luz muy intensa, empleado para efectuar fotografías de noche o en lugares escasamente iluminados. ‖ (fig) En periodismo, noticia importante de última hora.

flashback *m* Técnica narrativa que inserta en la acción presente evocaciones del pasado.

flato *m* Acumulación molesta de gases en el tubo digestivo. ‖ *Amér.* Melancolía, murria. ☐ FLATOSO, SA; FLATULENCIA; FLATULENTO, TA.

flauta *f* Instrumento musical de viento, en forma de tubo, con embocadura y con agujeros circulares. • *m* Flautista.

flauteado, da *adj* De sonido semejante al de la flauta, sobre todo referido a la voz dulce y delicada.

flautista *m* o *f* Persona que toca la flauta.

flecha *f* Arma arrojadiza que se dispara con un arco. ‖ Indicador de dirección.

flechar *tr* Estirar la cuerda del arco, colocando en él la flecha para arrojarla. • *tr* y *prnl* (fig, fam) Enamorar súbitamente a alguien.

flechazo *m* Golpe o herida causados con la flecha. ‖ (fig, fam) Amor que repentinamente se concibe o se inspira.

fleco *m* Adorno compuesto por una serie de hilos o cordoncillos colgantes. ‖ Flequillo del pelo. ‖ (fig) Borde de una tela deshilachada por el uso.

fleje *m* Tira de chapa de hierro con que se hacen aros para embalar. ‖ Pieza alargada y curva que sirve para muelles o resortes.

flema *f* (fig) Tardanza, lentitud. tranquilidad. ‖ Mucosidad que se arroja por la boca. ☐ FLEMÁTICO, CA; FLEMOSO, SA.

flemón *m* Inflamación del tejido conjuntivo laxo, especialmente el de las encías.

flequillo *m* Porción de cabello que a manera de fleco se deja caer sobre la frente.

fletar *tr* Alquilar la nave o alguna parte de ella para conducir personas o mercaderías. • *tr* y *prnl* Embarcar mercaderías o personas en una bestia de carga, carro o carruaje. • *prnl Méx.* Encargarse a disgusto de un trabajo pesado. ❑ FLETADOR, RA; FLETAMENTO.

flete *m* Precio estipulado por el alquiler de la nave o de una parte de ella. ‖ Carga de un buque, avión, etc.

fletero, ra *adj Amér.* Aplícase a la embarcación, carro u otro vehículo que se alquila para transporte de personas o mercaderías. • *m Amér.* El que cobra el precio del transporte.

flexibilizar *tr* y *prnl* Hacer flexible alguna cosa, darle flexibilidad.

flexible *adj* Que tiene disposición para doblarse fácilmente. ‖ (fig) Que tiene disposición a ceder o acomodarse fácilmente al dictamen o resolución de otro. • *m* Conductor eléctrico de hilos de cobre recubierto de una capa aisladora, que se usa en instalaciones eléctricas. ❑ FLEXIBILIDAD.

flexión *f* Acción y efecto de doblar. ‖ Alteración que experimentan las voces conjugables y las declinables con el cambio de desinencias. ❑ FLEXIONAL.

flexionar *tr* Hacer flexiones con el cuerpo o con algún miembro.

flexivo, va *adj* Perteneciente o relativo a la flexión gramatical. ‖ Que tiene flexión gramatical.

flexo *m* Lámpara de mesa con brazo flexible.

flexor, ra *adj* Que dobla o hace que una cosa se doble con movimiento de flexión.

flirtear *intr* Practicar el flirteo.

flirteo *m* Relación amorosa superficial y pasajera.

flojear *intr* Obrar con pereza y descuido. ‖ Flaquear.

flojedad o **flojera** *f* Debilidad y flaqueza en alguna cosa. ‖ (fig) Pereza, negligencia, descuido.

flojo, ja *adj* Mal atado, poco apretado o poco tirante. ‖ Que no tiene mucha actividad, fortaleza o vigor. • *adj* y *s* (fig) Perezoso, negligente.

flor *f* Conjunto de los órganos de la reproducción de las plantas, por lo general de formas y colores vistosos y con aroma. ‖ (fig) Lo mejor y más escogido de una cosa. ‖ Piropo, requiebro. ❑ FLORAL.

flora *f* Conjunto de las plantas de un país, región, etc. ‖ Obra que las enumera y describe. ‖ Conjunto de los vegetales vivos adaptados a un medio determinado.

floración *f* Proceso de desarrollo de las flores.

florear *tr* Adornar con flores. • *intr* Tocar dos o tres cuerdas de la guitarra con tres dedos sucesivamente sin parar, formando así un sonido continuado. ‖ *Amér.* Florecer, brotar las flores.

florecer *tr* e *intr* Dar flores las plantas. • *intr* (fig) Prosperar, crecer en riqueza o reputación. ‖ (fig) Existir una persona o cosa insigne en un tiempo o época determinada. • *prnl* Hablando de algunas cosas, como el queso, pan, etc., ponerse mohosas. ❑ FLORECIDO, DA; FLORECIENTE.

floreo *m* Acción de florear. ‖ (fig) Conversación vana y de pasatiempo.

florero *m* Vaso para poner flores.

floresta *f* Terreno frondoso y poblado de árboles.

florete *m* Esgrima con espadín.

floricultura *f* Cultivo de las flores. ‖ Arte que lo enseña. ❑ FLORICULTOR, RA.

florido, da *adj* Que tiene flores. ‖ (fig) Díc. de lo más escogido de una cosa. ‖ (fig) Díc. del lenguaje o estilo adornado con galas retóricas.

florín *m* Unidad monetaria de los Países Bajos.

florista *m* o *f* Persona que fabrica flores artificiales. ‖ Persona que vende flores.

floritura *f* Adorno en el canto, y en otras cosas.

florón *m* Adorno hecho a manera de flor muy grande, que se pone en el centro de los techos de las habitaciones, etc.

flota *f* Conjunto de barcos mercantes de un país o de una compañía naviera. ‖ Conjunto de aparatos de aviación para un servicio determinado. ‖ Conjunto de vehículos de una empresa. ‖ (fig) *Col.* Fanfarronada.

flotación o **flotadura** f Acción y efecto de flotar. ‖ Método empleado para separar los minerales, antes de utilizarlos, de los detritos de rocas y de otros minerales que llevan mezclados.

flotador, ra adj Que flota en un líquido. • m Salvavidas.

flotar intr Mantenerse en la superficie de un líquido sin sumergirse. ‖ Sostenerse en el seno de un fluido de carácter aeriforme. ‖ (fig) Haber en el ambiente algo inmaterial que influye en el ánimo. ❒ FLOTABLE; FLOTANTE; FLOTE.

fluctuar intr Vacilar un cuerpo sobre las aguas por el movimiento agitado de ellas. ‖ (fig) Estar a riesgo de perderse y arruinarse una cosa. ‖ (fig) Vacilar o dudar en la resolución de una cosa. ‖ Oscilar el curso de la moneda. ❒ FLUCTUACIÓN.

fluido adj y m Díc. de la sustancia que presenta la propiedad de que una porción de la misma puede desplazarse respecto a otra; esto es, puede fluir. • adj (fig) Tratándose del lenguaje o estilo, corriente y fácil. • m Corriente eléctrica. ❒ FLUIDEZ.

fluir intr Correr un líquido.

flujo m Acción y efecto de fluir. ‖ Movimiento ascendente de la marea. ‖ Derrame abundante de un líquido o secreción orgánica.

flúor m Elemento químico de olor desagradable y color amarillo verdoso.

fluorescencia f Propiedad que tienen algunos cuerpos de emitir luz en ciertas condiciones.

fluorescente adj Perteneciente o relativo a la fluorescencia. • adj y m Díc. del tubo de vidrio que, por las descargas eléctricas que tienen lugar en él, emite luz.

fluvial adj Perteneciente a los ríos.

fobia f Temor patológico angustioso y obsesivo, que se observa en las neurosis, especialmente en las obsesivas.

foca f Mamífero carnívoro, con la cabeza de pelo gris y las extremidades adaptadas a un régimen de vida preferentemente marino.

foco m Punto en donde convergen cosas de distintas procedencias. ‖ Lámpara que tiene una luz muy potente. ‖ (fig) Lugar

real o imaginario en que se concentra una cosa o idea con toda su fuerza y eficacia, y desde el cual se propaga o ejerce influencia. ❒ FOCAL.

fofo, fa adj Esponjoso y de poca consistencia.

fogata f Fuego que levanta mucha llama.

fogón m Sitio adecuado en las cocinas para hacer fuego y guisar. ‖ En las calderas de las máquinas de vapor, lugar donde se quema el combustible. ‖ Amér. Fogata u hornillo rústico.

fogonazo m Llamarada momentánea.

fogonero m El que cuida del fogón en las máquinas de vapor.

fogosidad f Entusiasmo, viveza e ímpetu. ❒ FOGOSO, SA.

foguear tr Limpiar un arma cargándola con poca pólvora y disparándola. ‖ Acostumbrar a las personas o caballos al fuego del combate. • prnl (fig) Acostumbrar a alguien a las penalidades y trabajos de un estado u ocupación. ❒ FOGUEO.

foiegras m Pasta hecha de hígado de ganso, oca, cerdo, etc.

folclor o **folclore** m Conjunto de las tradiciones, creencias y costumbres de un pueblo o grupo étnicocultural. ❒ FOLCLÓRICO, CA; FOLCLORISTA.

folía f Canto popular de las islas Canarias que se acompaña con la guitarra.

foliación o **foliatura** f Acción y efecto de foliar[1]. ‖ Acción de echar hojas las plantas.

foliar[1] tr Numerar los folios del libro o cuaderno.

foliar[2] adj Perteneciente a la hoja.

folículo m Saco membranoso que rodea y protege distintos órganos. ‖ Fruto simple compuesto por un solo carpelo que se abre por la línea de sutura.

folio m Hoja del libro o cuaderno. ‖ Tamaño de papel igual a la mitad de un pliego.

folíolo o **foliolo** m Cada una de las hojuelas de una hoja compuesta.

follaje m Conjunto de hojas de los árboles y otras plantas.‖ (fig) Adorno complicado y de mal gusto. ‖ Exceso de palabras.

follar tr, intr (vulg) Realizar el acto sexual. ‖ (fig) Fastidiar, molestar.

folletín m Novela de intriga o pieza teatral con sucesos dramáticos o sorprendentes que se publicaba por entregas. || Suceso increíble o exagerado. ☐ FOLLETINESCO, CA.

folleto *m* Publicación impresa, no periódica y de corta extensión. || Impreso de propaganda.

follón *m* Alboroto, discusión tumultuosa.

fomentar *tr* Aumentar la actividad de una cosa. || (fig) Excitar, impulsar o proteger una cosa. ☐ FOMENTACIÓN; FOMENTADOR, RA.

fomento *m* Acción de fomentar. || Medicamento líquido que se aplica exteriormente con paños.

fonación *f* Emisión de sonidos por los seres vivos, y en el hombre capacidad de articular y emitir palabras. ☐ FÓNICO, CA.

fonda *f* Establecimiento público donde se da hospedaje y se sirven comidas. || *Chile* y *Perú*. Puesto o cantina en que se despachan comidas y bebidas.

fondeadero *m* Paraje de profundidad suficiente para que la embarcación pueda dar fondo.

fondear *tr* Reconocer el fondo del agua. || (fig) Examinar con cuidado una cosa hasta llegar a sus principios. • *tr* e *intr* Asegurar una embarcación o cualquier otro cuerpo flotante por medio de anclas o grandes pesos. • *prnl Amér.* Enriquecerse. ☐ FONDEO.

fondero, ra *m* y *f Amér.* Fondista, persona que regenta una fonda.

fondista[1] *m* o *f* Persona que regenta o tiene a su cargo una fonda u hostal.

fondista[2] *m* o *f* Atleta que participa en carreras de largo recorrido.

fondo *m* Parte inferior de una cosa hueca. || Hablando del mar, de los ríos o estanques, superficie sólida sobre la cual está el agua. || Profundidad. || Color o superficie sobre el que se pinta, dibuja, borda, etc. || Conjunto de libros que posee una librería o una biblioteca. || Cantidad de dinero. || (fig) Lo principal y esencial de una cosa.

fondón, na *adj* (fam) Díc. de la persona que, a causa de su gordura, ha perdido agilidad.

fonema *m* La más pequeña unidad fonológica de una lengua, es decir, todo sonido articulado internacional cuya sustitución por otro f. implica forzosamente un cambio de significado en esa lengua. ☐ FONEMÁTICO, CA.

fonético, ca *adj* y *s* Perteneciente a l voz humana o al sonido en general. || Aplícase a todo alfabeto o escritura cuyos elementos o letras representan sonidos. • *f* Parte de la lingüística que estudia los sonidos del lenguaje hablado y su evolución, aunque sólo desde el punto de vista físico y fisiológico. ☐ FONETISMO; FONETISTA.

fono *m Arg., Bol.* y *Chile.* Auricular telefónico.

fonógrafo *m* Aparato que registra y reproduce sonidos mediante un procedimiento mecánico.

fonología *f* Rama de la lingüística que estudia los elementos fónicos. ☐ FONOLÓGICO, CA; FONÓLOGO, GA.

fonómetro *m* Aparato para medir la intensidad de los sonidos.

fonoteca *f* Colección o archivo de documentos sonoros de todo tipo.

fontanela *f* Cada uno de los espacio membranosos que hay en el cráne humano y de muchos animales antes d su osificación.

fontanería *f* Técnica del fontanero || Conjunto de conductos por donde se di rige y distribuye el agua. || Estableci miento y taller del fontanero.

fontanero, ra *m* y *f* Persona que instala arregla conducciones de agua, grifos, etc

footing *m* Ejercicio físico consistente e carreras cortas a paso moderado.

foque *m* Nombre de todas las velas trian gulares que se orientan y amuran sobre e bauprés.

forajido, da *adj* y *s* Díc. del malhecho que anda habitualmente fuera de pobla do, huyendo la justicia.

foral *adj* Perteneciente o relativo al fuero.

foráneo, a *adj* Forastero, extraño.

forastero, ra *adj* Que es o viene de fuer del lugar. • *adj* y *s* (fig) Extraño, ajeno.

forcejar o **forcejear** *intr* Hacer fuerz para vencer alguna resistencia. || (fig) Re sistir, contradecir tenazmente. ❏ FORCE-JEO; FORCEJO.

fórceps *m* Instrumento utilizado para extraer el feto de las vías genitales, en partos dificultosos.

forense *adj* Perteneciente al foro, al derecho o a la administración de justicia. • *adj* y *s* Díc. del especialista designado por la ley para asistir en las actuaciones judiciales como perito.

forestar *tr* Poblar un terreno con plantas forestales. ❏ FORESTACIÓN.

forfait *m* Contrato en el que se fija por anticipado el precio de una o más prestaciones.

forja *f* Fragua donde se reduce a metal el mineral de hierro. ‖ Acción y efecto de forjar.

forjar *tr* Dar la primera forma con el martillo a cualquier pieza de metal. ‖ Revocar toscamente con yeso de rasilla los espacios que hay entre viga y viga. ‖ (fig) Inventar, fabricar. ‖ (fig) Crear algo con esfuerzo. ❏ FORJADO, DA; FORJADURA.

forma *f* Figura o determinación exterior de la materia. ‖ Apariencia externa de una cosa. ‖ Manera y modo de proceder una cosa. ‖ Molde en que se vacía y forma alguna cosa. ‖ Aptitud, modo y disposición de hacer una cosa. ‖ Cualidades de estilo o modo de expresar las ideas. • *pl* Configuración del cuerpo humano.

formación *f* Acción y efecto de formar. ‖ Reunión ordenada de un cuerpo de tropas para revistas y otros actos de servicio.

formal *adj* Perteneciente a la forma. ‖ Que tiene formalidad. ‖ Aplícase a la persona seria.

formalidad *f* Exactitud, puntualidad y consecuencia en las acciones. ‖ Cada uno de los requisitos que se han de observar para ejecutar una acción. ‖ Seriedad, compostura.

formalismo *m* Rigurosa aplicación y servancia en la enseñanza o en la indagación científica, del método recomendado por alguna escuela. ‖ Tendencia a ocuparse pralm. de los caracteres formales de lo real. ❏ FORMALISTA.

formalizar *tr* Dar la última forma a una cosa. ‖ Revestir una cosa de los requisitos legales. ‖ Dar carácter de seriedad a lo que hasta entonces no tenía. ❏ FORMALIZACIÓN.

formar *tr* Dar forma. ‖ Juntar y congregar diferentes personas o cosas. ‖ Poner en orden las tropas o soldados. ‖ Educar, adiestrar. • *prnl* Adquirir una persona más o menos desarrollo, aptitud o habilidad en lo físico o en lo moral. ❏ FORMADOR, RA; FORMATIVO, VA.

formatear *tr* En computación, dar un formato o presentación a un documento. ‖ Dar formato a un disco. ❏ FORMATEO.

formato *m* Tamaño de un libro, un impreso, una fotografía, etc. ‖ En computación, disposición en que se presentan los datos.

formica o **fórmica** *f* Nombre de una marca registrada que designa cierto tipo de material plástico para revestimiento de maderas.

fórmico *adj* Díc. del ácido metanoico.

formidable *adj* Muy temible y que infunde asombro. ‖ Muy grande. ‖ Magnífico.

formol *m* Disolución acuosa de formaldehído, que tiene propiedades desinfectantes.

fórmula *f* Medio práctico propuesto para resolver un asunto controvertido o ejecutar una cosa difícil. ‖ Receta del médico, o receta para confeccionar alguna cosa. ‖ Resultado de tipo general, expresado por medio de símb. matemáticos. ‖ Representación simbólica de la molécula de una sustancia. ‖ Categoría de automóviles deportivos de potencia semejante.

formular *tr* Exponer algo mediante una fórmula. ‖ Recetar. ‖ Exponer, manifestar. ❏ FORMULACIÓN.

formulario, ria *adj* Relativo o perteneciente a las fórmulas. ‖ Díc. de lo que se hace por fórmula, cubriendo las apariencias. • *m* Libro o escrito en que se contienen fórmulas que se han de observar para la petición, expedición o ejecución de algunas cosas.

fornicar *intr* y *tr* Tener ayuntamiento o cópula carnal fuera del matrimonio. ❏ FORNICACIÓN.

fornido, da *adj* Robusto y de mucho hueso. ‖ (fig) Recio, fuerte.

fornitura *f* Conjunto de botones, adornos, etc., usados en la confección de prendas de vestir.

foro *m* Sitio en que los tribunales oyen y determinan las causas. ‖ Reunión para discutir asuntos de actualidad ante un auditorio que a veces interviene en la discusión. ‖ Parte del escenario opuesta a la embocadura.

forraje *m* Verde que se da al ganado. ‖ p. ext. Pienso de cualquier clase. ‖ Acción de forrajear.

forrajear *tr* Segar o coger el forraje.

forrajero, ra *adj* Díc. de las plantas, o de las partes de éstas, que sirven para forraje.

forrar *tr* Poner forro a una cosa. • *prnl* (fam) Enriquecerse. ‖ Hartarse, atiborrarse.

forro *m* Abrigo, resguardo o cubierta con que se reviste una cosa por la parte interior o exterior.

fortachón, na *adj* y *s* (fam) Corpulento, fuerte.

fortalecer *tr* y *prnl* Hacer más fuerte o vigoroso. ❑ FORTALECEDOR, RA; FORTALECIMIENTO.

fortaleza *f* Fuerza y vigor. ‖ Recinto fortificado.

fortificar *tr* Dar vigor y fuerza material o moral. • *tr* y *prnl* Hacer fuerte con obras de defensa un pueblo o un sitio cualquiera, para que pueda resistir los ataques del enemigo. ❑ FORTIFICACIÓN; FORTIFICADOR, RA.

fortuito, ta *adj* Que sucede casualmente.

fortuna *f* Suerte favorable. ‖ Encadenamiento de los sucesos, considerado como fortuito. ‖ Éxito, aceptación rápida. ‖ Hacienda, capital.

forúnculo *m* Inflamación infecciosa en la piel, muy dolorosa y con pus.

forzado, da *pp* de forzar. • *adj* Ocupado o forzoso. ‖ No espontáneo. • *m* Galeote.

forzar *tr* Hacer fuerza o violencia. ‖ Violar a alguien. ‖ Tomar u ocupar por fuerza. ‖ Deformar. • *tr* y *prnl* (fig) Obligar a que se ejecute una cosa. ❑ FORZAMIENTO.

forzoso, sa *adj* Inevitable, necesario, obligado.

fosa *f* Sepultura, enterramiento. ‖ Excavación profunda alrededor de una fortaleza ‖ Depresión alargada en el fondo de los océanos. ‖ Cavidad del cuerpo humano.

fosco, ca *adj* Hosco. ‖ De color oscuro • *f* Oscuridad de la atmósfera.

fosfatar *tr* Abonar con fosfato las tierras de labranza. ‖ Combinar fosfatos con otras sustancias. ❑ FOSFATADO, DA.

fosfato *m* Sal de un ácido fosfórico, que se utiliza como abono. ❑ FOSFÁTICO, CA.

fosforecer o **fosforescer** *intr* Manifestar fosforescencia o luminiscencia.

fosforescencia *f* Luminiscencia producida por una causa excitante y que persiste más o menos cuando desaparece dicha causa.

fósforo *m* Elemento químico constituyente de los organismos vegetales y animales. ‖ Cerilla. ❑ FOSFÓRICO, CA; FOSFOROSO, SA.

fósil *adj* y *s* Dícese de los restos mineralizados de un organismo que se encuentran en las rocas de la corteza terrestre. ‖ (fig fam) Viejo, anticuado.

fosilizarse *prnl* Convertirse en fósil un cuerpo orgánico. ‖ (fig, fam) Encasillarse en una situación, trabajo, etc., sin evolucionar. ❑ FOSILIZACIÓN.

foso *m* En los teatros, piso inferior del escenario. ‖ Excavación profunda que circunda una fortaleza.

foto *f* Apócope de fotografía.

fotocomposición *f* Sistema de composición que proyecta sobre una película fotosensible los caracteres gráficos.

fotocopia *f* Reproducción de imágenes obtenidas directamente sobre el papel. ❑ FOTOCOPIADOR, RA; FOTOCOPIAR.

fotoelectricidad *f* Electricidad producida por la acción de la luz u otras radiaciones electromagnéticas sobre ciertas sustancias.

fotofobia *f* Imposibilidad de tolerar la luz.

fotogénico, ca *adj* Díc. de aquello que tiene buenas condiciones para ser reproducido por la fotografía.

fotograbado *m* Procedimiento fotográfico para reproducir letras o imágenes sobre planchas metálicas que sirven luego para la impresión tipográfica. ‖ Plancha grabada con este procedimiento, y lámina impresa con ella. ❏ FOTOGRABADOR, RA; FOTOGRABAR.

fotografía f Procedimiento de producción de las imágenes que se forman sobre materias sensibles a la luz. ‖ Imagen obtenida por ese medio. ‖ (fig) Reproducción, descripción o representación que por su fidelidad al original se asemeja a la fotografía. ❏ FOTOGRAFIAR; FOTOGRÁFICO, CA; FOTÓGRAFO, FA.

fotograma m Cualquiera de las imágenes que constituyen una película cinematográfica.

fotolito m Cliché fotográfico que reproduce el original sobre película o soporte transparente.

fotómetro m Instrumento utilizado para medir la intensidad de un foco luminoso, por comparación con otro que se toma como unidad.

fotomontaje m Procedimiento consistente en yuxtaponer fotografías para obtener un conjunto armónico, que se emplea con fines decorativos y publicitarios.

fotonovela f Narración constituida por una sucesión de fotografías, acompañadas de trozos de diálogo, con pie o globo, a la manera de los cómics, y de tema normalmente amoroso melodramático.

fotosensible adj Sensible a las radiaciones luminosas.

fotosfera f Capa solar de la cual procede prácticamente la totalidad de la radiación electromagnética visible en luz blanca.

fotosíntesis f Conjunto de reacciones que, mediante la energía de las radiaciones luminosas, conducen a la formación de principios inmediatos y oxígeno a partir de dióxido de carbono y agua. ❏ FOTOSINTÉTICO, CA.

fototeca f Archivo de fotografías.

fototerapia f Método de curación de las enfermedades por la acción de la luz.

fototropismo m Respuesta de crecimiento de los vegetales respecto al estímulo de la luz.

foxterrier m Perro de raza ing., tamaño mediano y pelo corto, utilizado para la caza.

frac o **fraque** m Chaqueta masculina de ceremonia que por delante llega a la cintura y por detrás tiene dos faldones largos.

fracasar intr (fig) Frustrarse. ‖ Tener un resultado adverso en un negocio.

fracaso m Caída o ruina de una cosa con estrépito y rompimiento. ‖ (fig) Malogro, fallo.

fracción f División de una cosa en partes. ‖ Cada una de las partes o porciones de un todo con relación a él. ‖ Número quebrado. ❏ FRACCIONARIO, RIA.

fraccionar tr y prnl Dividir una cosa en partes o fracciones. ❏ FRACCIONAMIENTO.

fractura f Acción y efecto de fracturar. ‖ Lugar por donde se fractura o rompe un cuerpo. ‖ Rotura de un hueso. ‖ Falla. ‖ Superficie de rotura de un mineral.

fracturar tr y prnl Romper o quebrantar con esfuerzo una cosa.

fragancia f Olor suave y delicioso. ❏ FRAGANTE.

fragata f Ant. velero de guerra. ‖ Actualmente, pequeño buque de guerra con misiones de patrulla y escolta.

frágil adj Quebradizo, y que con facilidad se hace pedazos. ‖ (fig) De naturaleza débil. ‖ (fig) Caduco y perecedero. ❏ FRAGILIDAD.

fragmentar tr y prnl Fraccionar, reducir a fragmentos. ❏ FRAGMENTACIÓN.

fragmentario, ria adj Perteneciente o relativo al fragmento. ‖ Incompleto, no acabado.

fragmento m Parte o porción pequeña de algunas cosas quebradas o partidas. ‖ (fig) Trozo de una obra literaria o musical. ‖ (fig) Parte conservada de un libro o escrito.

fragor m Ruido, estruendo. ❏ FRAGOROSO, SA.

fragoso, sa adj Áspero, intrincado. ‖ Ruidoso, estrepitoso. ❏ FRAGOSIDAD.

fragua f Hogar para calentar las piezas antes del forjado. ‖ Taller donde está el horno y se trabaja el hierro a golpes de martillo.

fraguar tr Forjar metales. ‖ (fig) Maquinar una conspiración, un lío, embuste, etc.

• *intr* Endurecerse un conglomerado, como cal, yeso o cemento. ❑ FRAGUADO, DA; FRAGUADOR, RA.

fraile *m* Nombre que se da a los religiosos de ciertas órdenes.

frambuesa *f* Fruto del frambueso, parecido en la forma a la zarzamora, y de sabor agridulce.

frambueso *m* Planta con las hojas verdes por encima y blancas por el envés, cuyo fruto es la frambuesa.

francachela *f* (fam) Comida a la que concurren varias personas con ánimo de divertirse. ‖ Juerga, reunión alegre y desordenada.

francés, sa *adj y s* Natural de Francia. • *m* Lengua románica que se habla en Francia.

franciscano, na *adj y s* Díc. del religioso de la orden fundada por san Francisco de Asís.

francmasonería *f* Masonería.

franco, ca *adj y s* Liberal, generoso, elegante. ‖ Simpático. ‖ Sincero. ‖ Libre, exento o que no paga. ‖ Patente, claro. ‖ Francés. • *m* Unidad monetaria de Francia, Suiza, Bélgica, Luxemburgo y los países africanos de la Comunidad Francófona.

francófilo, la *adj* Que simpatiza con Francia o con los franceses.

francotirador, ra *m y f* Tirador aislado. ‖ (fig) Persona que actúa aisladamente en cualquier actividad.

franela *f* Tejido de lana o algodón, ligeramente batanado.

frangollón, na *adj Amér.* Díc. de quien hace deprisa o mal una cosa.

franja *f* Guarnición tejida de hilo de oro, plata, etc. , que sirve para adornar los vestidos u otras cosas. ‖ Faja, lista o tira en general.

frankfurt *m* Bocadillo caliente de salchicha de Francfort, con mostaza.

franklin *m* Unidad de carga eléctrica en el sistema electrostático cegesimal.

franquear *tr* Liberar, exceptuar a uno de una contribución. ‖ Desembarazar, quitar los impedimentos que estorban; abrir camino. ‖ Pagar en sellos el porte por el correo. • *prnl* Descubrir uno su interior a otro. ❑ FRANQUEAMIENTO.

franqueo *m* Acción y efecto de franquear. ‖ Cantidad que se paga en sellos por el porte del correo.

franqueza *f* Libertad, exención. ‖ Generosidad. ‖ (fig) Sinceridad. ‖ Confianza.

franquía *f* Situación en la cual un buque tiene paso franco para hacerse a la mar o tomar determinado rumbo.

franquicia *f* Exención que se concede a una persona para no pagar derechos de correo o de aduanas.

franquismo *m* Movimiento político y social de tendencia totalitaria, iniciado en España en 1936 y vigente hasta la muerte del general Franco en 1975. ❑ FRANQUISTA.

frasco *m* Vaso de cuello recogido, hecho de vidrio u otra materia.

frase *f* Unidad mínima de comunicación con autonomía sintáctica. ‖ Conjunto de palabras que forman sentido, pero que no llegan a constituir una oración. ‖ Locución.

frasear *tr e intr* Formar frases. ‖ Cantar o ejecutar una pieza musical con nitidez. ❑ FRASEO.

fraseología *f* Modo de ordenar las frases, característico de cada escritor. ‖ Conjunto de frases hechas, locuciones, modismos, refranes, etc., de una lengua. ❑ FRASEOLÓGICO, CA.

fraternal *adj* Propio de hermanos.

fraternidad *f* Unión y buena correspondencia entre hermanos o entre los que se tratan como tales. ❑ FRATERNO, NA.

fraternizar *intr* Iniciar o sostener entre sí una relación muy afectuosa personas que no son hermanos. ‖ Tratarse amistosamente.

fratría *f* Sociedad íntima, hermandad, cofradía.

fratricidio *m* Muerte de una persona, ejecutada por su propio hermano. ❑ FRATRICIDA.

fraude *m* Engaño mediante el cual alguien perjudica a otro y se beneficia a sí mismo. ❑ FRAUDULENCIA; FRAUDULENTO, TA.

fray *m* Apócope de fraile, que se usa precediendo al nombre de los religiosos de ciertas órdenes.

frazada *f* Manta peluda que se echa sobre la cama.

freático, ca *adj* Relativo a las aguas acumuladas en el subsuelo. ‖ Díc. de la capa del subsuelo que contiene estas aguas.

frecuencia *f* Repetición a menudo de un acto o suceso. ‖ Cantidad de veces que se repite. ◻ FRECUENTE.

frecuentar *tr* Repetir un acto a menudo. ‖ Concurrir con frecuencia a un lugar o tratar con frecuencia a alguien. ◻ FRECUENTACIÓN.

frecuentativo *adj y s* Díc. del verbo que denota acción reiterada, como *golpear*, *hojear*.

fregadero *m* Pila o recipiente que se halla en la cocina para fregar los cacharros.

fregado *pp* de fregar. ● *adj Arg.* y *Chile.* Majadero, enfadoso. ‖ *Méx.* Bellaco, perverso. ● *m* Acción y efecto de fregar. ‖ (fig, fam) Enredo. ‖ Discusión o contienda.

fregar *tr* Restregar con fuerza una cosa con otra. ‖ Limpiar y lavar con jabón y agua caliente las vasijas restregándolas con el estropajo. ● *tr y prnl* (fig, fam) *Amér.* Fastidiar, jorobar.

fregona *f* Criada que sirve en la cocina y friega. Se usa gralte. en sentido despectivo. ‖ Utensilio para fregar el suelo, que consta de un palo, en uno de cuyos extremos hay un dispositivo para fregar.

fregotear *tr* (fam) Fregar deprisa y mal.

freidora *f* Electrodoméstico usado para freír.

freiduría *f* Tienda donde se venden viandas fritas, especialmente pescado.

freír *tr y prnl* Guisar un alimento poniéndolo al fuego en una sartén con aceite o grasa. ‖ (fig) Mortificar, exasperar. ◻ FREIDURA.

fréjol *m* Judía, planta y legumbre comestible.

frenar *tr* Moderar o parar con el freno el movimiento de un vehículo o máquina. ‖ (fig) Contener, moderar el ímpetu o la actividad.

frenazo *m* Acción de frenar súbita y violentamente.

frenesí *m* Delirio. ‖ (fig) Violenta exaltación del ánimo.

frenético, ca *adj* Poseído de frenesí. ‖ Furioso.

frenillo *m* Membrana que sujeta la lengua por la línea media de la parte inferior. ‖ Ligamento que sujeta el prepucio al glande. ‖ *Amér. Centr.* Cada uno de los tirantes que lleva la cometa, y que convergen en la cuerda que la sujeta.

freno *m* Aparato que sirve en las máquinas y vehículos para moderar o detener el movimiento. ‖ Instrumento de hierro, que se ajusta a la boca de las caballerías y sirve para sujetarlas y gobernarlas. ‖ (fig) Sujeción que se pone a uno para moderar sus acciones.

frenopatía *f* Parte de la medicina que estudia las enfermedades mentales. ◻ FRENÓPATA.

frente *f* Parte superior de la cara entre las sienes, comprendida desde encima de los ojos hasta que empieza la vuelta del cráneo. ‖ Parte delantera de una cosa. ● *m* Extensión o línea de territorio continuo en que combaten los ejércitos con cierta permanencia o duración. ‖ Coalición entre partidos políticos u organizaciones sindicales. ● *amb* Fachada o lo primero que se ofrece a la vista en un edificio u otra cosa. ● *adv lugar* En lugar opuesto.

fresa¹ *f* Planta de tallos rastreros y fruto casi redondo, rojo y fragante. ‖ Fruto de esta planta. ● *adj y s* Díc. de lo que tiene color rojo semejante al de este fruto. ◻ FRESAL.

fresa² *f* Herramienta rotatoria de corte múltiple, usada en las máquinas fresadoras.

fresador, ra *adj* Que fresa. ● *adj y f* Díc. de la máquinaherramienta que sirve para fresar metales. ● *adj y m* Díc. del operario que trabaja con una fresadora.

fresar *tr* Mecanizar metales por medio de la herramienta llamada fresa o de la máquina fresadora. ◻ FRESADO, DA.

frescales *m o f* (fam) Fresco, caradura.

fresco, ca *adj* Moderadamente frío. ‖ Reciente, acabado de hacer, coger, suceder, etc. ‖ (fig) De aspecto sano y de buen color. ● *adj* (fig, fam) Desvergonzado, que no siente escrúpulos. ‖ Frescura, calidad de fresco. ‖ Temperatura de frío moderado. || Técnica pictórica que consiste en aplicar sobre una superficie húmeda colores disueltos en agua. || *Amér.* Refresco, bebida fría. • *f* Frescor de las primeras horas de la mañana o del atardecer en tiempo caluroso. ◻ FRESCOR; FRESCURA.

fresno *m* Árbol de tronco grueso, hojas caducas y frutos en sámara.

fresón *m* Fruto semejante a la fresa pero de tamaño mucho mayor y sabor más ácido.

fresquera *f* Especie de jaula, que se coloca en sitio ventilado para conservar frescos algunos comestibles. || *Arg.* Frigorífico casero.

fresquería *f Amér.* Tienda donde se despachan refrescos.

freza *f* Desove. || Surco que dejan ciertos peces cuando se restriegan contra la tierra del fondo para desovar. || Tiempo del desove. ◻ FREZAR.

frialdad *f* Sensación que proviene de la falta de calor. || (fig) Indiferencia, poco interés.

fricativo, va *adj* Díc. de los sonidos o letras consonantes, como *f, s, z, j,* cuya articulación, permitiendo una salida continua de aire aspirado, hace que éste salga con cierta fricción o roce en los órganos bucales.

fricción *f* Acción y efecto de friccionar. || Rozamiento entre superficies de dos cuerpos que están en contacto. • *pl* (fig) Desavenencias.

friccionar *tr* Dar fricciones o friegas.

friega *f* Remedio que se hace restregando alguna parte del cuerpo. || *Col.* y *C. Rica.* Molestia, fastidio. || *Chile.* Tunda, zurra.

frigidez *f* Sensación de falta de calor. || Ausencia de deseo o goce sexual. ◻ FRÍGIDO, DA.

frigoría *f* Unidad utilizada en la ind. frigorífica y que equivale a la absorción de una kilocaloría.

frigorífico, ca *adj* Que produce artificialmente gran descenso de temperatura. • *adj* y *m* Díc. de las cámaras o espacios enfriados artificialmente para conservar frutas, carnes, etc. • *m* Nevera, electrodoméstico con refrigeración eléctrica o química para guardar alimentos.

fríjol o **frijol** *m* Fréjol, judía.

fringa *f Hond.* Manta, capote de monte.

frío, a *adj* Se aplica a los cuerpos cuya temperatura es apreciablemente inferior a la ordinaria del ambiente. || Díc. de los colores que producen un efecto sedante, como el azul, verde, etc. || (fig) Indiferente, poco afectivo. || Tranquilo, calculador, inmutable. • *m* Disminución notable de calor. || Sensación física que produce.

friolero, ra *adj* Muy sensible al frío. • *f* (fam) irónico. Gran cantidad de una cosa, especialmente dinero.

frisa *f* Pañete, paño de inferior calidad. || *Amér. Merid.* Pelo de algunas telas, como el de la felpa.

frisar *tr* Levantar y retorcer los pelillos de algún tejido. • *intr* Congeniar, confrontar. || (fig) Aproximarse a la cantidad, número o edad expresada. ◻ FRISADOR, RA; FRISADURA.

friso *m* Parte del cornisamento que media entre el arquitrabe y la cornisa. || Faja que suele pintarse o ponerse de otro material en la parte superior o inferior de las paredes.

frisón, na *adj* y *s* Natural de Frisia. • *m* Lengua germánica hablada por los frisones.

fritada *f* Conjunto de cosas fritas. || Guiso parecido al pisto.

fritanga *f* Fritada, especialmente la abundante en grasa. || *Amér.* Fritada de carne y asadura.

fritar *tr Arg.* y *Col.* Freír alimentos.

frito, ta *pp irreg* de freír. • *adj* (fam) Exasperado. • *m* Cualquier manjar frito.

fritura *f* Conjunto de cosas fritas.

frívolo, la *adj* Ligero, veleidoso. || Fútil y de poca sustancia. ◻ FRIVOLIDAD.

fronda o **fronde** *f* Hoja de una planta. • *pl* Conjunto de hojas o ramas que forman espesura.

frondío, día *adj Col.* Malhumorado, displicente. || *Col.* y *Méx.* Sucio, desaseado.

frondoso, sa *adj* Abundante de hojas y ramas. || Abundante en árboles que forman espesura. ◻ FRONDA; FRONDOSIDAD.

frontal *adj* Perteneciente o relativo a la frente o a la parte delantera de alguna cosa. • *adj* y *m* Díc. del hueso impar, en forma de concha, que forma el esqueleto de la frente.

frontera *f* Confín de un estado. ‖ (fig) Barrera, límite. Se usa más en plural.

fronterizo, za *adj* Que está o sirve en la frontera. ‖ Díc. del territorio que tiene frontera común con otro que se menciona.

frontis *m* Fachada o frontispicio. ‖ Muro del frontón contra el que se lanza la pelota.

frontispicio *m* Fachada o delantera de un edificio, libro, etcétera. ‖ Frontón, remate de una fachada.

frontón *m* Pared contra la cual se lanza la pelota en algunos juegos. ‖ Edificio o sitio dispuesto para jugar a la pelota vasca. ‖ Remate triangular de una fachada o de un pórtico.

frotar *tr* y *prnl* Pasar muchas veces una cosa sobre otra con fuerza. ◻ FROTACIÓN; FROTADURA.

fructificar *intr* Dar fruto los árboles. ‖ (fig) Producir utilidad una cosa. ◻ FRUCTÍFERO, RA.

frugal *adj* Parco en comer y beber. ‖ Aplícase también a las cosas en que se manifiesta esa parquedad. ◻ FRUGALIDAD.

frugívoro, ra *adj* y *s* Aplícase al animal que se alimenta de frutos.

fruición *f* Goce muy vivo en el bien que uno posee. ‖ Complacencia, goce en general.

frunce *m* Pliegue, arruga pequeña que se hace en el papel, piel, etcétera.

fruncido, da *pp* de fruncir. • *m* Conjunto de frunces de una tela.

fruncir *tr* Arrugar la frente y las cejas en señal de disgusto o de ira. ‖ Recoger una tela haciendo en ella unas arrugas pequeñas. ‖ (fig) Estrechar y recoger una cosa. • *prnl* Simular modestia y recogimiento. ◻ FRUNCIMIENTO.

fruslería *f* Cosa de poco valor o entidad. ‖ (fig, fam) Dicho o hecho de poca sustancia.

frustrar *tr* Privar a uno de lo que espera-ba. • *tr* y *prnl* Dejar sin efecto, malograr un intento. ◻ FRUSTRACIÓN.

fruta *f* Fruto de ciertos vegetales comestibles, de sabor agradable y apariencia, en general, vistosa. ◻ FRUTERÍA.

frutal *adj* y *s* Díc. de los vegetales en general y de los árboles en particular que producen frutos comestibles.

frutería *f* *Amér.* Conjunto de frutos.

frutero, ra *adj* Que sirve para llevar o para contener fruta. • *m* y *f* Persona que vende fruta. • *m* Plato para servir la fruta.

fruticultura *f* Parte de la agricultura o botánica práctica, que estudia las condiciones y técnicas de mejoramiento genético y cultivo de las plantas frutales. ◻ FRUTÍCOLA.

fruto *m* Órgano de la planta producto de la fecundación del ovario, que contiene las semillas. ‖ p. ext. El hijo que se está formando en el seno de una mujer. ‖ Cualquier producción de la tierra que rinde alguna utilidad. ‖ (fig) Utilidad y provecho.

fu *adj* Onomatopeya del bufido del gato. • *interj* de desprecio.

fucsia *f* Arbusto de flores de color rojo oscuro. Es originario de América Central y Meridional. • *adj* y *f* Díc. del color rojo o rosa subido.

fuego *m* Calor y luz producidos por la combustión. ‖ Materia encendida en brasa o llama. ‖ Incendio. ‖ Hoguera para avisar. ‖ Efecto de disparar las armas de fuego. ‖ (fig) Casa u hogar. ‖ (fig) Encendimiento de sangre con señales exteriores. ‖ (fig) Ardor que excitan algunas pasiones del ánimo, como el amor, la ira, etcétera.

fuel *m* Combustible líquido que se obtiene como residuo en la destilación del petróleo.

fuelle *m* Instrumento para recoger aire y lanzarlo con dirección determinada. ‖ Arruga del vestido. ‖ Pieza plegable en los lados de los bolsos, carteras, etc., para regular su capacidad.

fuente *f* Manantial de agua, que brota de la tierra. ‖ Aparato o artificio con que se hace salir el agua. ‖ Construcción que sirve para que salga el agua por uno o muchos caños dispuestos en él. ‖ Pila bautismal. ‖ Plato grande que se usa para servir la comida. || (fig) Principio o fundamento de una cosa. || (fig) Obra o materiales que sirven de información o inspiración a un autor.

fuera *adv* de *lugar* y *tiempo* A o en la parte exterior de cualquier espacio o término real o imaginario.

fueraborda *amb* Motor que va fuera del casco.

fuero *m* Jurisdicción, poder. || Nombre de algunas compilaciones de leyes. || Cada uno de los privilegios y exenciones que se conceden a una prov., c. o persona. || (fig) Privilegio. || (fig, fam) Arrogancia, presunción. || Se usa más en plural.

fuerte *adj* Que tiene fuerza y resistencia. || Robusto y que tiene grandes fuerzas. || Animoso, varonil. || Duro. || Áspero, fragoso. || Aplícase a una unidad monetaria que no sufre fluctuaciones en los cambios. || (fig) Grande, eficaz y que tiene fuerza para persuadir. || Díc. de la forma que tiene el acento en el radical. • *m* Fortaleza, recinto fortificado. || (fig) Aquello a que una persona tiene más afición o en que más sobresale. Se suele usar con el verbo *ser*. • *adv modo* Con fuerza.

fuerza *f* Vigor, robustez y capacidad para mover una cosa que tenga peso o haga resistencia. || Aplicación del poder físico o moral. || Capacidad para soportar un peso o resistir un impulso. || Virtud y eficacia natural que las cosas tienen en sí. || Acto de obligar a uno a hacer una cosa. || Estado más vigoroso de una cosa. || Magnitud vectorial que al actuar sobre un cuerpo produce una aceleración. || Corriente eléctrica para uso industrial o doméstico. • *pl* Tropa o gente de guerra y demás aprestos militares.

fuetazo o **fuete** *m Amér*. Latigazo.

fuga *f* Huida apresurada, evasión. || Salida accidental de un fluido. || Composición que gira sobre un tema y su contrapunto, repetidos con cierto artificio por diferentes tonos.

fugarse *prnl* Escaparse, huir, evadirse.

fugaz *adj* Que con velocidad huye y desaparece. || (fig) De muy corta duración. ❑ FUGACIDAD.

fugitivo, va *adj* y *s* Que anda huyendo y escondiéndose. • *adj* Que pasa muy aprisa.

fuguillas *m* (fam) Hombre de genio vivo.

fulano, na *m* y *f* Voz con que se suple el nombre de una persona, cuando se ignora o no se quiere expresar. || Persona indeterminada. • *f* Prostituta.

fular *m* Tela fina de seda. || Pañuelo para el cuello o bufanda de esa tela u otra semejante.

fulero, ra *adj* (fam) Chapucero, inaceptable. || Díc. de la persona falsa, embustera o charlatana y sin seso.

fulgor *m* Resplandor y brillantez con luz propia. ❑ FULGUROSO, SA.

fulgurante *pa* de fulgurar. • *adj* Que fulgura. || Díc. del dolor muy vivo. || (fig) Rápido, oportuno.

fulgurar *intr* Brillar, resplandecer.

fulminante *pa* de fulminar. • *adj* Que fulmina. || Súbito, muy rápido y de efecto inmediato. • *adj* y *m* Díc. del explosivo muy sensible empleado como generador de la explosión detonante.

fulminar *tr* Arrojar rayos. || Dar muerte los rayos eléctricos. || (fig) Arrojar bombas y balas. || Causar muerte repentina una enfermedad. || Dejar rendida o muy impresionada una persona con una mirada de ira, amor, o con una voz airada. || Dictar o imponer sentencias, excomuniones, etc. ❑ FULMINACIÓN.

full *m* En el juego de póquer, tener un jugador una pareja y un trío.

fullería *f* Trampa y engaño en el juego. || (fig) Astucia, treta. ❑ FULLERO, RA.

fulltime *adv modo* Con plena dedicación.

fumadero *m* Local destinado a los fumadores.

fumar *intr* Echar o despedir humo. || (fig, fam) *Amér*. Dominar a uno, chafarle, sobrepujarle. • *tr* e *intr* Aspirar y despedir el humo del tabaco, opio, anís, etc. • *prnl* (fig, fam) Gastar, consumir indebidamente. || (fig, fam) Dejar de acudir, a una obligación. ❑ FUMABLE; FUMADOR, RA.

fumarada *f* Porción de humo que sale de una vez. || Porción de tabaco que cabe en la pipa.

fumarola f Emisión de gases a elevada temperatura a través de las fisuras y grietas de una zona relacionada con un aparato volcánico.

fumífero, ra adj Que echa o despide humo.

fumigar tr Desinfectar por medio de humo, gas o vapores adecuados. ‖ Combatir las plagas de insectos y otros organismos nocivos por este medio. □ FUMIGACIÓN; FUMIGADOR, RA.

fumista m El que hace, vende o arregla cocinas, chimeneas o estufas. □ FUMISTERÍA.

funámbulo, la m y f Acróbata que realiza ejercicios en la cuerda o el alambre.

funche m Amér. Especie de gachas de harina de maíz.

función f Capacidad de acción, o acción propia de los seres vivos y de sus órganos, máquinas o instrumentos. ‖ Acción y ejercicio de un empleo, facultad u oficio. ‖ Acto público al que concurre mucha gente. ‖ Representación de un espectáculo. ‖ Papel que desempeña un término en la estructura del enunciado. ‖ Regla matemática entre dos conjuntos que asigna a cada miembro del primero otro miembro del segundo. □ FUNCIONALISMO; FUNCIONALISTA.

funcional adj Perteneciente o relativo a las funciones. ‖ Díc. de todo aquello en cuyo diseño u organización se ha atendido a la facilidad, utilidad y comodidad de su empleo.

funcionar intr Ejecutar una persona, máquina, etc., las funciones que le son propias.

funcionario, ria m y f Empleado del Estado, que desempeña funciones públicas, y que tiene responsabilidades de orden administrativo. □ FUNCIONARIAL.

funda f Cubierta con que se envuelve una cosa para resguardarla.

fundación f Acción y efecto de fundar. ‖ Principio, establecimiento y origen de una cosa. ‖ Entidad benéfica o cultural constituida y sostenida con los bienes de un particular cuya voluntad continúa y cumple. □ FUNDACIONAL.

fundamental adj Que sirve de fundamento o es lo pral. en una cosa.

fundamentalismo m Movimiento político y social que persigue la instauración de un orden teocrático esencialista y milenarista, contrario a los valores del pluralismo en la sociedad.

fundamentar tr Echar los fundamentos o cimientos a un edificio. ‖ (fig) Establecer, asegurar y hacer firme una cosa. □ FUNDAMENTACIÓN.

fundamento m Principio o cimiento en que se funda un edificio u otra cosa. ‖ Razón pral. o motivo con que se pretende afianzar y asegurar una cosa. ‖ (fig) Raíz y origen en que estriba una cosa no material. • pl Primeras nociones de alguna ciencia, arte o técnica.

fundar tr Edificar materialmente. ‖ Establecer, crear. • tr y prnl Estribar, armar alguna cosa material sobre otra. ‖ (fig) Apoyar con motivos y razones eficaces o con discursos una cosa. □ FUNDADOR, RA.

fundición f Acción y efecto de fundir o fundirse. ‖ Fábrica en que se funden metales. ‖ Hierro colado. ‖ Conjunto de todos los moldes o letras de una clase para imprimir.

fundido, da pp de fundir. • adj Derretido. • m Transición gradual de un plano a otro durante su proyección en la pantalla, o de un sonido a otro en el altavoz.

fundillos m pl Chile. Calzón.

fundir tr, intr y prnl Derretir y licuar los metales, los minerales u otros cuerpos sólidos. • prnl (fig) Unirse intereses, ideas o partidos que anteriormente estaban en pugna. • tr y prnl Dejar de funcionar un artefacto eléctrico por haberse soltado o quemado el hilo de la resistencia. ‖ (fig, fam) Amér. Arruinarse, hundirse. □ FUNDIBLE; FUNDIDOR, RA.

fundo m Finca rústica.

fúnebre adj Relativo a los difuntos. ‖ (fig) Muy triste, funesto.

funeral adj Perteneciente al entierro o a las exequias fúnebres. • m Pompa y solemnidad con que se hace un entierro.

funerario, ria adj Perteneciente al entierro o a las exequias. • f Empresa que se encarga de proveer las cajas, coches fúnebres y demás objetos usados en los entierros.

funesto, ta *adj* Aciago, que es origen de pesares. ‖ Triste y desgraciado.

fungible *adj* Que se consume con el uso.

fungicida o **funguicida** *adj* y *m* Díc. del producto que destruye los hongos.

fungir *intr* Desempeñar un empleo o cargo.

funicular *adj* y *m* Vehículo diseñado para el transporte en montaña, donde deben salvarse grandes pendientes, que se propulsa por un cable accionado por un motor eléctrico.

furcia *f* (desp) Prostituta.

furgón *m* Vagón de ferrocarril en que se transportan equipajes, mercancías, etcétera.

furgoneta *f* Vehículo automóvil cubierto destinado al reparto de mercancías.

furia *f* Ira exaltada. ‖ Acceso de demencia. ‖ (fig) Persona muy colérica. ‖ (fig) Prisa y vehemencia con que se ejecuta alguna cosa.

furibundo, da *adj* Airado, muy propenso a enfurecerse. ‖ Que denota furor.

furioso, sa *adj* Poseído de furia. ‖ Loco de atar. ‖ (fig) Violento, terrible.

furor *m* Cólera, ira exaltada. ‖ (fig) Arrebatamiento, entusiasmo del poeta cuando compone. ‖ (fig) Furia, agitación violenta. ‖ Momento de mayor intensidad de una moda o costumbre.

furris *adj* (fam) *Méx.* y *Ven.* Malo o mal hecho.

furtivo, va *adj* Que se hace a escondidas. • *adj* y *m* Que caza o pesca sin permiso.

fusa *f* Nota cuyo valor es la mitad de la semicorchea.

fuselaje *m* En los aviones y planeadores, conjunto de elementos portantes.

fusible *adj* Que puede fundirse. • *m* Hilo o chapa metálica, fácil de fundirse, que se coloca en algunas partes de las instalaciones eléctricas para que, cuando la corriente sea excesiva, la interrumpa fundiéndose.

fusil *m* Arma de fuego portátil. ⊡ FUSILAZO.

fusilar *tr* Ejecutar a una persona con una descarga de fusilería. ‖ (fig, fam) Copiar trozos o ideas de un original sin citar el nombre del autor. ⊡ FUSILAMIENTO.

fusión *f* Acción y efecto de fundir o fundirse. ‖ Fenómeno que consiste en la transformación de un sólido en líquido por acción del calor. ‖ (fig) Unión de intereses, ideas, partidos, etc.

fusionar *tr* y *prnl* Producir una fusión, unir intereses encontrados, o partidos separados.

fusta *f* Vara flexible o látigo largo y delgado.

fuste *m* Madera de los árboles. ‖ Vara, palo largo. ‖ (fig) Fundamento de un discurso, negocio, etc. ‖ Parte de la columna que media entre el capitel y la basa.

fustigar *tr* Dar azotes. ‖ (fig) Censurar con dureza.

fútbol o **futbol** *m* Deporte entre dos equipos de once jugadores que, con el pie y según determinadas reglas, deben introducir el balón en la portería contraria. ⊡ FUTBOLÍSTICO, CA.

futbolín *m* Juego de salón en el que figurillas accionadas mecánicamente remedan un partido de fútbol.

futbolista *m* o *f* Jugador de fútbol.

futesa *f* Fruslería, nadería.

fútil *adj* De poca importancia o poco serio. ⊡ FUTILIDAD.

futón *m* Colchón pleglabe japonés que se tiende sobre el suelo.

futre *m* *Amér.* Lechuguino o petimetre.

futurismo *m* Actividad espiritual, cultural, etc., orientada hacia el futuro. ‖ Movimiento literario y artístico surgido en Italia en 1909 y que pretendía revolucionar el pensamiento, el arte, el lenguaje, etc. ⊡ FUTURISTA.

futuro, ra *adj* y *s* Que está por venir. • *m* y *f* (fam) Persona que tiene un compromiso formal con otra del sexo opuesto. ‖ Tiempo verbal con el cual se expresa una acción que ha de realizarse en un tiempo que aún está por llegar. ⊡ FUTURIDAD.

futurología *f* Conjunto de los estudios encaminados a predecir científicamente el futuro.

Gg

g *f* Séptima letra y quinta consonante del alfabeto español.

gabacho, cha *adj* y *s* Díc. de los naturales de algunos pueblos de las faldas de los Pirineos. ‖ (fam, desp) Francés.

gabán *m* Abrigo, sobretodo.

gabardina *f* Sobretodo de tela impermeable. ‖ Tela de tejido diagonal muy tupido.

gabarra *f* Barcaza utilizada para transporte, carga y descarga en los puertos y en navegación fluvial.

gabela *f* Tributo, impuesto. ‖ (fig) Carga, gravamen. ‖ *Amér.* Provecho, ventaja.

gabinete *m* Habitación menor que la sala, donde se reciben visitas de confianza. ‖ Ministerio. ‖ Consejo de ministros.

gacela *f* Mamífero rumiante de cuerpo y patas gráciles, pelaje leonado claro y cuernos de forma variable, más largos en el macho.

gaceta *f* Periódico en que se dan noticias de algún ramo especial.

gacetilla *f* Parte de un periódico destinada a la inserción de noticias cortas.

gacha *f* Cualquier masa muy blanda. ‖ *Col.* y *Ven.* Cuenco, escudilla de loza. • *pl* Comida compuesta de harina cocida con agua y sal, la cual se aodereza con leche, miel, etc.

gacho, cha *adj* Encorvado.

gachupín *m* Español que iba a establecerse en América.

gaélico, ca *adj* y *s* Aplícase a las variantes del idioma céltico de Irlanda y Escocia.

gafa *f* Grapa de metal. • *pl* Instrumento óptico compuesto de dos cristales o lentes montados en una armadura, que se sujeta a las orejas con dos gafas o enganches.

gafar *tr* Arrebatar una cosa con las uñas o con un instrumento corvo. ‖ Componer con gafas o grapas los objetos rotos. • *tr* e *intr* (fam) Dar mala suerte.

gafe *m* (fam) Aguafiestas, que trae mala suerte.

gafo, fa *adj* y *s* Que tiene encorvados y sin movimiento los dedos de manos o pies.

gag *m* Situación cómica e inesperada en cine, variedades, etcétera.

gaguear *intr Amér.* Tartamudear.

gaita *f* Instrumento musical de viento formado por un odre y tres tubos con agujeros como la flauta. ‖ (fig, fam) Cosa desagradable, fastidiosa o molesta. ⊐ GAITERO, RA.

gaje *m* Salario, emolumento que corresponde a un destino o empleo. Se usa más en plural.

gajo *m* Rama desprendida del árbol. ‖ Cada grupo de uvas en que se divide el racimo. ‖ Racimo apiñado de cualquier fruta. ‖ Cada división interior de ciertas frutas. ⊐ GAJOSO, SA.

gala *f* Vestido suntuoso y lucido. ‖ Fiesta en la que se exige vestido de esta clase.

galáctico, ca *adj* Perteneciente o relativo a las galaxias, especialmente a la Vía Láctea.

galactosa *f* Azúcar de la lactosa que se halla presente en la leche.

galán *m* Hombre de buen semblante, bien proporcionado y airoso. ‖ El que galantea a una mujer. ‖ El que en el teatro hace alguno de los prals. papeles serios.

galano, na *adj* Vestido, adornado o dispuesto con gusto. ‖ (fig) Elegante, gallardo.

galante *adj* Atento, obsequioso, especialmente con las damas.

galantear *tr* Ser galante con una mujer. ‖ Pretender algo de una persona y ser amable con ella. ⊐ GALANTEADOR; GALANTEO.

galantería *f* Cualidad de galante. ‖ Gracia y elegancia que se advierte en algunas cosas.

galápago m Reptil parecido a la tortuga, de vida acuática, con extremidades largas y dedos unidos por una membrana.

galardón m Premio o recompensa por los méritos o servicios. ❑ GALARDONAR.

galaxia f Inmenso conjunto de astros, nebulosas, etc., del que forman parte nuestro sistema solar y todas las estrellas visibles, incluido las que integran la Vía Láctea.

galbana f (fam) Pereza, desidia.

galeato adj Aplícase al prólogo de una obra, en que se la defiende de los reparos que se le han puesto o se le pueden poner.

galena f Mineral compuesto de azufre y plomo, de color gris y brillo metálico.

galeno[1] m (fam) Médico.

galeno[2], **na** adj Díc. del viento o brisa suave.

galeón m Bajel grande de vela, parecido a la galera y con tres o cuatro palos, usado antiguamente por la marina mercante.

galeote m El que remaba forzado en las galeras.

galera f Embarcación de vela latina y remo, usada con fines militares. ‖ *Amér. Centr.* y *Méx.* Cobertizo, tinglado. ‖ *Amér. Merid.* Sombrero de copa. ‖ Tabla rectangular que sirve para poner las líneas de letras que va componiendo el cajista. ‖ Crustáceo parecido al camarón.

galerada f Trozo de composición que se ponía en una galera. ‖ Prueba de la composición.

galería f Habitación espaciosa y cubierta, con muchas ventanas. ‖ Corredor descubierto o con vidrieras, que da luz a las piezas interiores en las casas particulares. ‖ Sala donde se exponen obras de arte. ‖ Camino que se hace en las minas y otras obras subterráneas. ‖ *pl* Tienda o almacén de cierta importancia.

galerna f Viento del NO, súbito y borrascoso, en el Cantábrico.

galerno m Galerna.

galés, sa adj y s Natural de Gales. ● m Idioma hablado en el país de Gales.

galga f Instrumento de precisión para efectuar mediciones.

galgo, ga adj y m Díc. del perro de cuerpo esbelto y patas largas, especialmente dotado para las carreras. ❑ GALGUEÑO, ÑA.

galguear intr *Amér.* Ir de un sitio a otro buscando qué comer; sentir mucho apetito.

galicismo m Vocablo o giro de la lengua francesa empleado en español.

galimatías m (fam) Lenguaje oscuro. ‖ (fig, fam) Confusión, enredo.

galio m Metal de color blanco argentino. Se usa para termómetros de altas temperaturas.

galiparla f Lenguaje de los que emplean en castellano voces y giros afrancesados.

galladura f Pinta como de sangre que se halla en la yema del huevo fecundado.

gallardear intr y *prnl* Ostentar bizarría y desembarazo en hacer algunas cosas.

gallardete m Banderín largo y triangular.

gallardía f Buena presencia. ‖ Resolución y ánimo para acometer las empresas.

gallardo, da adj Que muestra gallardía. ‖ Valiente, bravo.

gallear tr Cubrir el gallo a las gallinas. ● intr (fig, fam) Presumir, creerse el mejor. ❑ GALLEO.

gallego, ga adj y s Natural de Galicia. ● m Lengua románica hablada en Galicia.

gallegoportugués, sa adj y m Díc. de la lengua hablada en Galicia y Portugal.

galleguismo m Palabra o expresión propia del idioma gallego. ‖ Amor a Galicia y a los usos gallegos.

gallera f Gallinero en que se crían los gallos de pelea. ‖ Edificio para las riñas de gallos. ❑ GALLERO.

galleta f Bizcocho. ‖ Pasta compuesta de harina, azúcar y otras sustancias, que se cuece al horno. ‖ (fam) Bofetada. ❑ GALLETERO.

galliforme adj Díc. de las aves corredoras con escasa capacidad de vuelo.

gallina f Hembra del gallo; se diferencia de éste por su menor tamaño, cresta más corta y ausencia de espolones. ● m y f (fig, fam) Persona cobarde. ❑ GALLINERÍA.

gallinero, ra adj y s Persona que trata en gallinas. ● m Lugar donde las aves de corral se crían y se recogen a dormir. || Conjunto de gallinas. || Paraíso de las salas de cine o de teatro. || (fig) Lugar donde hay mucho griterío.

gallito m (fig) El que sobresale y hace papel en alguna parte. || (fig) Matón. || *Cuba.* Ave con cresta y espolones en las alas.

gallo m Ave galliforme de cabeza adornada por una cresta roja y carnosa, y tarsos armados de espolones. || Pez marino comestible. || (fig) El que todo lo quiere mandar o disponer a su voluntad. || (fig, fam) Nota falsa que inadvertidamente emite el que canta o habla. • *adj* y m *Amér.* Díc. del hombre fuerte, valiente.

galo, la *adj* y s De la Galia. • m Ant. lengua céltica de las Galias.

galón[1] m Tejido fuerte y estrecho, a manera de cinta. || Distintivo que llevan en el brazo o en la bocamanga diferentes clases del ejército. ☐ GALONEAR.

galón[2] m Medida de capacidad para los líquidos usada en Gran Bretaña y EE UU; equivale a unos cuatro litros y medio.

galopante *pa* de galopar. • *adj* Que galopa. || (fig) Aplícase a las enfermedades que causan la muerte rápidamente.

galopar *intr* Ir el caballo a galope. || Cabalgar en caballo que va a galope.

galope m Paso más veloz del caballo. ☐ GALOPADA.

galopín m Muchacho desharrapado y sucio. || Granuja, truhán.

galvanismo m Propiedad de excitar, por medio de corrientes eléctricas, movimientos en los nervios y músculos de animales vivos o muertos.

galvanizar *tr* Aplicar el galvanismo a un animal vivo o muerto. || Aplicar una capa de metal sobre otro. ☐ GALVANIZACIÓN; GALVANIZADO.

galvanómetro m Aparato destinado a detectar o medir las corrientes eléctricas débiles, es decir, de poca intensidad.

galvanoplastia f Técnica de reproducción de objetos, por electrodeposición, a partir de moldes. ☐ GALVANOPLÁSTICO, CA.

gama f Escala musical. || (fig) Gradación.

gamada *adj* y f Se dice de la cruz que tiene los brazos en forma de gamma mayúscula.

gamba f Crustáceo algo menor que el langostino. || *Col.* Bamba, o parte saliente de la raíz de un árbol.

gamberro, rra *adj* y s Grosero, incivil. ☐ GAMBERRADA; GAMBERRISMO.

gambeta f Movimiento especial que se hace con las piernas al danzar. || Corveta. || *Amér.* En el fútbol, regate.

gambeto m Capote que llegaba hasta media pierna. • *adj Amér. Centr.* De cuernos gachos.

gameto m Cada una de las dos células que, en la reproducción sexual, se fusionan originando el cigoto.

gamezno m Cría de gamo.

gamitar *intr* Balar el gamo, o imitar su balido. ☐ GAMITIDO.

gamma f Tercera letra del alfabeto gr. que corresponde a la *ge* castellana.

gamo m Mamífero rumiante de pelaje pardo rojizo y cornamenta ramificada y plana en el macho.

gamonal m *Amér.* Cacique de pueblo.

gamuza f Especie de antílope del tamaño de una cabra grande y fuertes patas adaptadas al salto. || Piel curtida de este animal. || Tejido de lana o algodón que la imita.

gana f Deseo, apetito, propensión natural.

ganadear *intr Guat.* Negociar con ganado.

ganadería f Conjunto de ganados de un país, una región o una hacienda.

ganadero, ra m y f Dueño de ganados, que trata con ellos. || El que cuida del ganado.

ganado, da *adj* Díc. del que gana. • m Conjunto de animales domésticos que se apacientan y andan juntos.

ganancia f Acción y efecto de ganar. || Diferencia positiva entre el precio de venta y el de coste de un artículo. || *Guat.* y *Méx.* Propina. ☐ GANANCIAL; GANANCIOSO, SA.

ganapán m Hombre que se gana la vida llevando cargas o recados.

ganar *tr* Adquirir caudal o aumentarlo. || Captarse la voluntad de una persona.

g

• *tr* e *intr* Obtener la victoria. • *tr* y *prnl* Lograr o adquirir una cosa. ❏ GANADOR, RA.

ganchillo *m* Aguja de gancho. ‖ Labor o acción de trabajar con aguja de gancho.

gancho *m* Instrumento corvo y por lo común puntiagudo en uno o ambos extremos, que sirve para prender, agarrar o colgar una cosa. ‖ (fig, fam) El que tiene facilidad para atraer clientes. ‖ *Amér.* Horquilla para sujetar el pelo.

gandido, da *adj Amér.* Comilón, glotón.

gandul, la *adj* y *s* (fam) Tunante, vago, holgazán. ❏ GANDULEAR; GANDULERÍA.

ganga[1] *f* (fig) Cosa apreciable que se adquiere a poca costa o con poco trabajo.

ganga[2] *f* Mineral de un filón que no es útil para la explotación industrial y que acompaña a otro de valor económico.

ganglio *m* Nudo o abultamiento que se halla en los nervios o en los vasos linfáticos. ❏ GANGLIONAR.

gangrena *f* Muerte local o necrosis de un tejido, acompañada de putrefacción. ❏ GANGRENOSO.

gángster *m* o *f* Miembro de una banda u organización criminal. ‖ (fig) Estafador, pistolero, malhechor. ❏ GANGSTERISMO.

ganguear *intr* Hablar con resonancia nasal producida por cualquier defecto en los conductos de la nariz. ❏ GANGOSO, SA.

gánguil *m* Barco de pesca, con dos proas y una vela latina. ‖ Barco destinado a verter en alta mar el fango, arena, etc., que extrae la draga.

ganso, sa *m* y *f* Ánsar, ave palmípeda. • *adj* y *s* (fig) Persona perezosa, lenta o indolente.

ganzúa *f* Alambre fuerte y doblado por una punta, a modo de garfio, para abrir sin llaves las cerraduras. ‖ (fig, fam) Ladrón muy hábil.

gañán *m* Mozo de labranza. ‖ (fig) Hombre fuerte y tosco.

gañil *m* Garguero, gaznate. • *pl* Agallas de los peces.

gañir *intr* Aullar el perro y otros animales con gritos agudos y repetidos cuando los maltratan. ❏ GAÑIDO.

gañón o **gañote** *m* (fam) Gaznate.

garabatear *intr* Echar los garabatos para agarrar una cosa. • *intr* y *tr* Trazar garabatos con la pluma. ‖ (fig, fam) Andar con rodeos.

garabato *m* Gancho, instrumento. ‖ Trazo dibujado, sin tratar de representar nada. ‖ Palabrota. ❏ *Amér.* Horca, instrumento de labranza. • *pl* Escritura mal trazada.

garaje *m* Local destinado a guardar automóviles.

garambaina *f* Adorno de mal gusto. • *pl* Visajes o ademanes ridículos.

garandumba *f Amér. Merid.* Embarcación grande a manera de balsa.

garante *adj* y *s* Que da garantía.

garantía *f* Acción y efecto de afianzar lo estipulado. ‖ Fianza, prenda. ‖ Cosa que asegura y protege contra algún riesgo o necesidad.

garantir *tr* Garantizar.

garantizar *tr* Dar garantía. ❏ GARANTIZADOR, RA.

garañón *m* Asno, caballo o camello macho destinado a la reproducción.

garapiña *f* Estado del líquido que se solidifica formando grumos. ‖ *Amér.* Bebida hecha de la corteza de la piña o con jugo de naranja.

garapiñar *tr* Bañar golosinas en el almíbar que forma grumos.

garapito *m* Insecto oblongo, de boca puntiaguda, que vive en las aguas estancadas.

garatusa *f* (fam) Caricia, halago o adulación.

garbancero, ra *adj* Referente al garbanzo. • *m* y *f* (fig, fam) Persona tosca, grosera. ‖ (desp) *Méx.* Sirviente.

garbanzo *m* Planta herbácea con fruto en vaina, con una o dos semillas amarillentas, comestibles. ❏ GARBANZAL.

garbeo *m* Paseo, acción de pasearse.

garbino *m* Viento del Sudoeste.

garbo *m* Agilidad, desenvoltura en los movimientos del cuerpo. ‖ (fig) Cierta gracia y perfección que se da a las cosas. ❏ GARBOSO, SA.

garbón *m* Macho de la perdiz.

gardenia *f* Planta arbustiva de tallos espinosos y flores solitarias, grandes, blancas, de olor agradable.

gareta *f P. Rico.* Alboroto, pendencia.

garfio *m* Gancho de hierro para agarrar algún objeto. ❑ GARFEAR.

gargajear *intr* Arrojar gargajos por la boca. ❑ GARGAJEADA; GARGAJEO; GARGAJOSO, SA.

gargajo *m* Flema, mucosidad que se expele por la garganta.

garganta *f* Parte anterior del cuello. ‖ Voz del cantante. ‖ (fig) Desfiladero, estrechura de montes, ríos u otros parajes. ‖ (fig) Cuello, parte más estrecha y delgada de un cuerpo.

gargantear *intr* Cantar haciendo gorgoritos o quiebros con la garganta. ❑ GARGANTEO.

gargantilla *f* Collar corto. ‖ Cuenta de collar.

gárgara *f* Acción de mantener un líquido en la garganta, con la boca hacia arriba y expulsando aire para moverlo, como enjuagatorio. Se usa más en plural. ❑ GARGARISMO; GARGARIZAR.

gárgaro *m Ven.* Juego del escondite.

gárgola *f* Caño de desagüe decorativo colocado en los tejados para verter las aguas pluviales. Frecuentemente representa animales y seres fantásticos.

garguero *m* Gaznate, parte superior de la tráquea o toda ella.

garita *f* Torrecilla o casilla de madera para abrigo de centinelas, etcétera.

garitea *f Bol.* y *Ecuad.* Embarcación de casco plano, similar a la chalupa.

garito *m* Lugar clandestino de juegos de azar. ‖ Ganancia que se saca de la casa del juego.

garla *f* (fam) Charla.

garlar *intr* (fam) Hablar mucho y sin discreción. ❑ GARLADOR, RA; GARLERO, RA.

garlito *m* Especie de nasa, a modo de buitrón. ‖ (fig, fam) Trampa, celada.

garlopa *f* Cepillo largo y con puño.

garnacha *f* Variedad de uva negra rojiza, muy dulce. ‖ Vino de esta uva.

garnatada *f Col.*, *P. Rico* y *R. Dom.* Bofetada.

garnucho *m Méx.* Capirotazo, papirote.

garoso, sa *adj Col.* y *Ven.* Hambriento, comilón.

garra *f* Mano o pie del animal, cuando están armados de uñas corvas, fuertes y agudas. ‖ (fig) Mano del hombre. ‖ *Arg.* y *Méx.* Extremidad del cuero por donde se afianza en las estacas al estirarlo.

garrafa *f* Vasija ancha y redonda, que remata en un cuello largo y angosto. ‖ *Arg.* Bombona metálica para gases o líquidos volátiles.

garrafal *adj* (fig) Exorbitante, muy grande.

garrafiñar *tr* (fam) Quitar una cosa agarrándola.

garrapata *f* Ácaro que vive parásito sobre ciertos animales, chupándoles la sangre.

garrapatero *m Col.* y *Ecuad.* Ave de pico corvo que se alimenta de garrapatas.

garrapato *m* Rasgo caprichoso e irregular hecho con la pluma.

garrapiñar *tr* Garrafiñar. ‖ Garapiñar.

garrapo, pa *adj y s* (fam) Avaricioso, tacaño.

garrear *intr Arg.* Vivir a expensas de otros. • *tr Arg.* Robar.

garrido, da *adj* Apuesto, hermoso.

garrocha *f* Vara que en la extremidad tiene un hierro pequeño con un arponcillo. ‖ Vara larga para picar toros. ❑ GARROCHAZO.

garrón *m* Espolón de ave. ‖ Extremo de la pata de algunos animales, por donde se cuelgan después de muertos. ‖ Gancho que queda al romperse una rama de árbol. ‖ *Arg.* Corvejón.

garronear *tr Arg.* Dar con el garrón. ‖ *Arg.* Pedir.

garrota *f* Garrote.

garrote *m* Palo grueso y fuerte, utilizado como bastón, arma, etc. ‖ Estaca. ‖ Ligadura fuerte, retorciendo la cuerda con un palo. ‖ Procedimiento de ejecutar a los condenados comprimiéndoles la garganta. ‖ *Méx.* Freno del coche. ❑ GARROTAZO.

garrotero, ra *adj Cuba.* y *Chile.* Tacaño. ‖ *Ecuad.* y *Chile.* Valentón. ‖ *Méx.* Guardafrenos. • *f Col.* Paliza a garrotazos.

garrucha *f* Polea, utensilio para elevar pesos.

gárrulo, la *adj* Aplícase al ave que canta o chirría mucho. ‖ (fig) Díc. de la persona charlatana.

garúa *f* En algunas partes, llovizna. ‖ *P. Rico.* Pelea, alboroto.

garufa f *Arg.* Fiesta, parranda, jolgorio.

garza f Ave zancuda de cuello alargado y silueta esbelta.

garzo, za adj De color azulado.

garzón m Joven o mozo bien dispuesto.

gas m Estado de agregación de la materia caracterizada por la débil fuerza de cohesión existente entre sus moléculas. ‖ *Amér. Centr.* Petróleo. • *m pl* Los del estómago o intestinos, producidos por fermentación. ❏ GASEOSO.

gasa f Tela de seda o hilo muy suave y transparente. ‖ Banda de tejido muy ralo que, esterilizada o impregnada de sustancias medicamentosas, se usa en medicina y cirugía para curas o apósitos.

gasear tr Someter un organismo o una sustancia a la acción de uno o más gases.

gaseiforme adj Que se halla en estado de gas.

gaseoducto o **gasoducto** m Conducto para transporte de combustible gaseoso.

gasificar tr Hacer que un combustible sólido o líquido pase al estado de gas. ‖ Disolver gas carbónico en agua. ❏ GASIFICACIÓN.

gasógeno m Aparato productor de gases combustibles partiendo de combustibles sólidos.

gasoil o **gasoil** m Mezcla de hidrocarburos obtenida por destilación de crudos de petróleo. Se emplea como combustible para motores.

gasóleo m Gasoil.

gasolina f Mezcla de hidrocarburos; es un líquido incoloro, volátil e inflamable.

gasolinera f Depósito y establecimiento de gasolina para la venta al público.

gasómetro m Recipiente destinado a almacenar gas industrial a presión constante.

gaspalear intr *P. Rico.* Hacer movimientos precipitados con brazos y piernas.

gastador, ra adj y s Que gasta mucho dinero. ‖ Cada uno de los soldados que hay en cada batallón destinados pralm. a franquear el paso en las marchas.

gastar tr Expender o emplear el dinero en una cosa. ‖ Tener habitualmente. ‖ Usar, poseer, llevar. • *tr* y *prnl* Destruir, consumir, acabar. ‖ Deteriorar una cosa. ❏ GASTO.

gasterópodo, da adj y m Aplíc. a los moluscos terrestres o acuáticos que tienen en el vientre un pie carnoso con el que se arrastran.

gástrico, ca adj Perteneciente al estómago.

gastritis f Inflamación de la mucosa gástrica.

gastroduodenal adj Relativo al estómago y al duodeno.

gastrointestinal adj Perteneciente o relativo al estómago y a los intestinos.

gastronomía f Conjunto de conocimientos y actividades relacionadas con el buen comer. ❏ GASTRONÓMICO, CA; GASTRÓNOMO, MA.

gata f Hembra del gato. ‖ (fig) Nubecilla que se pega a los montes.

gatas (a) m adv Ponerse a andar con pies y manos en el suelo. ‖ *Arg.* Apenas, casi.

gatear intr Trepar igual que los gatos. ‖ (fam) Andar a gatas. ‖ *Amér.* Andar en amoríos clandestinos.

gatera f Agujero en la pared, tejado o puerta para que puedan pasar los gatos. ‖ Agujero circular por el cual sale la cadena.

gatillo m Tenazas que se emplean para extraer muelas y dientes. ‖ Disparador de las armas de fuego. ‖ (fig, fam) Muchacho ratero.

gato m Mamífero carnívoro doméstico, de la (fam) de los félidos. ‖ Máquina compuesta de un engranaje de piñón y cremallera, que sirve para levantar grandes pesos a poca altura. ‖ Instrumento de hierro que sirve para agarrar fuertemente la madera. ‖ (fig, fam) Ladrón, ratero. ‖ (fig, fam) Hombre sagaz, astuto. ‖ (fig, fam) Madrileño. ‖ *Méx.* Propina. ‖ *Méx.* Sirviente. ‖ *Ven.* Sífilis. ❏ GATESCO, CA; GATUNO, NA.

gatuperio m Mezcla de diversas sustancias incoherentes. ‖ (fig) y fam Embrollo, intriga.

gauchear intr *Arg.* Practicar el gauch... sus costumbres. ‖ *Arg.* Andar errante.

gaucho, cha adj y s Díc. del hombre na... tural de las pampas del Río de la Plata e... la Argentina, Uruguay y Río Grande d... Sul. ‖ Relativo o perteneciente a es...

gauchos. ‖ *Arg.* y *Chile*. Buen jinete. ‖ (fig) *Arg.* Grosero, zafio. ‖ (fig) *Arg.* y *Chile*. Astuto. □ GAUCHESCO, CA.

gavera f *Col.*, *Méx.* y *Ven.* Gradilla o galápago para fabricar tejas o ladrillos. ‖ *Perú.* Tapial. ‖ *Col.* Aparato de madera con varios compartimientos, donde se enfría y espesa la miel de cañas.

gaveta f Cajón corredizo que hay en los escritorios.

gavia f Zanja que se abre en la tierra para desagüe o linde de propiedades. ‖ Vela que se coloca en el mastelero mayor, y p. ext., cada una de las velas correspondientes en los otros dos masteleros.

gavial m Reptil parecido al cocodrilo que puede alcanzar hasta 7 m de longitud.

gaviar intr *Cuba.* Brotar la espiga del maíz y otras plantas semejantes.

gavilán m Ave rapaz de pequeño tamaño. Vive en toda Europa, frecuentando los terrenos boscosos con espacios abiertos.

gavilla f Fajo, haz de sarmientos, cañas, mieses, etc. ‖ (fig) Cuadrilla de gente poco recomendable.

gavillero m Lugar en que se juntan y amontonan las gavillas. ‖ *Chile.* Jornalero que con el bieldo echa las gavillas al carro.

gaviota f Ave acuática de plumaje blanco, alas largas y pico largo y ganchudo que se alimenta de peces.

gay adj Término adoptado por algunos movimientos de carácter homosexual, que luchan por la supresión de las discriminaciones de todo tipo que afectan a las personas cuya sexualidad no se ajusta al patrón establecido. • adj y s Homosexual.

gayo, ya adj Alegre, vistoso.

gaza f *Amér.* Lazo que se forma y se asegura en el extremo de un cabo.

gazapina f (fam) Junta de truhanes y gente ordinaria. ‖ (fam) Pendencia, alboroto.

gazapo[1] m Conejo nuevo. ‖ (fig, fam) Hombre astuto.

gazapo[2] m (fig, fam) Disparate, yerro, errata.

gazmiar tr Golosinear. • prnl (fam) Quejarse, resentirse.

gazmoñero, ra o **gazmoño, ña** adj y s Mojigato, escrupuloso sincera o simuladamente en las cosas de moral. □ GAZMOÑADA; GAZMOÑERÍA.

gaznápiro, ra adj y s Palurdo, simplón, torpe, que se queda embobado con cualquier cosa.

gaznate m Garganta.

gaznatear intr *Col.* Abofetear.

gazpacho m Sopa, gralte. fría, que se hace con pedacitos de pan y con aceite, vinagre, sal, ajo, cebolla y otros aditamentos. ‖ *Hond.* Heces.

gazuza f (fam) Hambre. ‖ *C. Rica.* Algazara.

ge f Nombre de la letra g.

géiser m Fuente termal intermitente en forma de surtidor, de origen volcánico, que emite agua y vapor de agua.

geisha f Joven japonesa dedicada al entretenimiento de los hombres.

gel m Sistema coloidal de dos fases, una sólida y otra líquida, como la gelatina. ‖ Producto cosmético en estado de g.

gelatina f Sustancia coloidal, sólida, incolora y transparente cuando está pura; inodora, insípida y de gran coherencia. □ GELATINOSO, SA.

gélido, da adj Helado o muy frío.

gema f Piedra preciosa usada para ornamentación por su belleza, brillo, etc. ‖ Yema o botón en los vegetales.

gemación f Primer desarrollo de la gema o botón. ‖ Reproducción asexual de algunos vertebrados por yemas que aparecen y se desarrollan sobre el individuo madre, hasta independizarse.

gemelo, la adj y s Díc. de los hermanos nacidos de un mismo parto. ‖ Aplícase ordinariamente a los elementos iguales de diversos órdenes. • adj y m Músculo de la parte posterior de la pierna constituido por dos haces. ‖ Anteojos.

geminado, da pp de geminar. • adj Partido, dividido. ‖ Doble o dispuesto en par.

geminar tr Duplicar, repetir. • intr Producirse una geminación. □ GEMINACIÓN.

géminis m Tercer signo y constelación del Zodíaco.

gemir intr Expresar con sonido y voz lastimera la pena y dolor. ‖ (fig) Aullar algunos animales, o sonar algunas cosas con semejanza al gemido del hombre. ❏ GEMIDO; GEMIDOR, RA.

gemología f Ciencia que estudia las propiedades y características de las gemas. ❏ GEMOLÓGICO, CA; GEMÓLOGO, GA.

gen m Unidad de acción, mutación y recombinación del material genético, que es responsable de los caracteres hereditarios. ❏ GÉNICO, CA.

genciana f Planta gencianácea que se emplea en medicina como tónica y febrífuga.

gendarme m En algunos países, agente de policía.

genealogía f Serie de progenitores y ascendientes de cada individuo. ‖ Escrito que la contiene.

generación f Acción y efecto de engendrar, procrear. ‖ Acción de generar, producir. ‖ Sucesión de descendientes en línea recta. ‖ Conjunto de personas de similar edad. ‖ Conjunto de artistas o escritores que tienen caracteres comunes. ‖ Casta, especie. ❏ GENERACIONAL.

generador, ra adj y s Que engendra o genera. • adj Díc. de la línea o de la figura que por su movimiento engendran, respectivamente, una figura o un sólido geométrico. En esta acepción el adj f es generatriz. • m Máquina que proporciona energía eléctrica.

general adj Común y esencial a todos los individuos que constituyen un todo, o a muchos objetos, aunque sean de naturaleza diferente. ‖ Vago, impreciso. ‖ Vasto, amplio. ‖ Jefe perteneciente a las jerarquías superiores del ejército, de la aviación y de algunos cuerpos de la armada.

generala f Mujer del general. ‖ Toque para que las fuerzas de una guarnición o campo se pongan sobre las armas.

generalidad f Mayoría de los individuos u objetos que componen una clase o todo. ‖ Vaguedad o falta de precisión en lo que se dice o escribe.

generalizar tr y prnl Hacer pública o común una cosa. • tr Abstraer lo que es común y esencial a muchas cosas, para formar un concepto general que las comprenda todas.

generar tr Producir. ‖ Procrear.

generativo, va adj Díc. de lo que tiene virtud de generar. • adj y f Gramática generativa.

genérico, ca adj Común a muchas especies. ‖ Perteneciente al género.

género m Especie, conjunto de cosas, animales o plantas que tienen caracteres comunes. ‖ Clase o manera. ‖ Mercancía. ‖ Accidente gramatical que clasifica a los sustantivos en categorías.

generoso, sa adj y s Magnánimo, de buenos sentimientos. ‖ Dadivoso, desinteresado. ❏ GENEROSIDAD.

génesis f Origen o principio de una cosa.

genética f Ciencia biológica que estudia la variabilidad y la herencia de los seres vivos. ‖ Estudio de los orígenes de la sociedad humana. ❏ GENÉTICO, CA; GENETISTA.

genial adj Propio del genio. ‖ Placentero, que causa alegría. ‖ Gracioso, ocurrente. ‖ Magnífico.

genialidad f Acción original o extravagante.

genio m Índole o inclinación según la cual dirige uno comúnmente sus acciones. ‖ Facultad para crear o inventar. ‖ (fig) Sujeto dotado de esta facultad.

genital adj Que sirve para la generación. ‖ Relativo a los órganos reproductores. • m pl Órganos sexuales externos.

genitivo m Uno de los casos de la declinación que denota relación de propiedad, posesión o pertenencia.

genocidio m Exterminio de un grupo social por motivos raciales, religiosos o políticos.

genoma m Conjunto de los cromosomas que se hallan en un núcleo, célula o individuo.

genotipo m Conjunto de todos los factores hereditarios o genes que los organismos reciben de sus padres por medio de los gametos.

gente f Conjunto de personas. ‖ (fam) Familia, parentela. ‖ Amér. Persona decente. ‖ (fam) Vulgo, gente popular.

gentil adj y s Idólatra o pagano. ‖ Brioso, galán, gracioso. ‖ Amable, cortés.

gentileza *f* Gallardía, buen aire y disposición de cuerpo; garbo. ‖ Urbanidad, cortesía.

gentilicio, cia *adj* Perteneciente a las gentes o naciones. ‖ Relativo al linaje o familia.

gentío *m* Muchedumbre.

gentleman *m* Caballero de educación distinguida.

gentuza *f* (desp) Gente despreciable.

genuflexión *f* Inclinación hecha doblando la rodilla, como señal de reverencia.

genuino, na *adj* Auténtico, puro, propio, legítimo.

geocéntrico, ca *adj* Perteneciente o relativo al centro de la Tierra.

geodesia *f* Ciencia que estudia la forma geométrica y las dimensiones de la Tierra.

geodinámica *f* Ciencia geológica que estudia los procesos y fenómenos que modifican la estructura de las capas de la corteza terrestre.

geofísica *f* Parte de la geología que estudia la física terrestre. ❏ GEOFÍSICO, CA.

geografía *f* Ciencia que trata de la descripción de la Tierra. ❏ GEOGRÁFICO, CA; GEÓGRAFO, FA.

geología *f* Ciencia que trata de la forma exterior e interior del globo terrestre; de la naturaleza de las materias que lo componen y de su formación. ❏ GEOLÓGICO, CA; GEÓLOGO, GA.

geomagnetismo *m* Conjunto de fenómenos relativos a las propiedades magnéticas de la Tierra.

geometría *f* Parte de las matemáticas que trata de las propiedades y medida de la extensión.

geométrico, ca *adj* Perteneciente o relativo a la geometría. ‖ (fig) Muy exacto.

geopolítica *f* Teoría que considera la vida e historia de los pueblos estrechamente condicionada por el territorio, y que trata de demostrar la existencia de fuerzas históricas y geográficas que determinan el curso de la historia.

geoquímica *f* Rama de la geología que estudia la distribución de los elementos químicos de la Tierra. ❏ GEOQUÍMICO, CA.

geotectónico, ca *adj* Relativo a la forma y estructura de las rocas de la corteza terrestre.

geotermia *f* Rama de la geofísica que trata de los fenómenos térmicos del interior de la Tierra.

geranio *m* Planta muy cultivada en los jardines, con flores en umbela.

gerente *m* o *f* El que dirige los negocios en una sociedad o empresa mercantil. ❏ GERENCIA.

geriatría *f* Parte de la medicina que estudia la vejez y los medios para curar las enfermedades propias de ésta. ❏ GERIATRA, GERIÁTRICO, CA.

gerifalte *m* Halcón grande que se utilizó en la cetrería. ‖ (fig) Persona que sobresale en cualquier línea.

germanía *f* Argot de ladrones y rufianes esp. de los ss. XVI y XVII.

germánico, ca *adj* Perteneciente o relativo a la Germania. ‖ Perteneciente o relativo a Alemania o a sus habitantes. • *adj* y *m* Dícese de la lengua indoeuropea que hablaron los pueblos germanos.

germanismo *m* Vocablo o giro de la lengua alemana empleado en otra.

germanizar *tr* y *prnl* Hacer tomar el carácter germánico, o inclinación a las cosas germánicas.

germanófilo, la *adj* y *s* Que simpatiza con Alemania o con los alemanes.

germen *m* Principio básico e indiferenciado de un organismo o una parte de él. ‖ Embrión de una planta. ‖ Microorganismo capaz de originar una enfermedad. ‖ (fig) Origen, principio de una cosa material o moral.

germicida *adj* y *m* Díc. de lo que destruye gérmenes.

germinar *intr* Brotar y comenzar a crecer las plantas. ‖ (fig) Brotar, desarrollarse algo no material. ❏ GERMINACIÓN; GERMINADOR, RA.

gerontología *f* Ciencia que estudia la vejez y los fenómenos que la acompañan.

gerundio *m* Forma verbal invariable de modo infinitivo que denota la idea del verbo en abstracto y, por lo común, tiene carácter adverbial.

gesta f Conjunto de hechos memorables de algún personaje o pueblo.

gestación f Proceso durante el cual se desarrolla el embrión y el feto de los mamíferos vivíparos, en el interior de la madre. || (fig) Período en el cual se está elaborando algo.

gestar tr Llevar el embrión o feto la hembra hasta el momento del parto. • prnl (fig) Desarrollarse cosas no materiales.

gesticular intr Hacer gestos.

gestionar tr Hacer diligencias para lograr un negocio o fin. ❑ GESTIÓN.

gesto m Exp. del rostro o de las manos con que se expresan los diversos estados de ánimo. || Mueca. || Semblante, cara. || Acto o hecho.

gestor, ra adj y s Que gestiona. • m Miembro de una sociedad mercantil que participa en la administración de ésta. ❑ GESTORÍA.

giba f Corcova, joroba. || (fig, fam) Molestia.

gibar tr Corcovar. || (fig, fam) Fastidiar, molestar.

gibón m Mamífero arborícola caracterizado por unas largas extremidades anteriores que le permiten, en posición erecta, tocar el suelo con las manos cerradas.

gigabyte f En computación, medida equivalente a 1 024 megabytes.

gigante, ta adj Gigantesco. • m y f El que excede mucho en estatura a la generalidad de los demás. || Gigantón, figura grotesca de algunas fiestas. || Ser mitológico de tamaño y aspecto monstruoso.

gigantesco, ca adj Perteneciente o relativo a los gigantes. || (fig) Muy sobresaliente en su línea.

gigantismo m Anomalía caracterizada por un exceso de crecimiento.

gigantón, na m y f Cada una de las figuras gigantescas de los desfiles populares.

gigoló m Joven amante de una mujer rica y de edad madura que le protege económicamente.

gilipollas adj y s (fam) Díc. de la persona que hace o dice tonterías. ❑ GILIPOLLEZ.

gimnasia f Técnica para desarrollar y dar flexibilidad al cuerpo por medio de ciertos ejercicios. ❑ GIMNASTA; GIMNÁSTICO, CA.

gimnasio m Lugar destinado a ejercicios gimnásticos.

gimotear intr (fam) Gemir con frecuencia. || Hacer los gestos y suspiros del llanto sin llegar a él. ❑ GIMOTEO.

ginebra f Bebida alcohólica aromatizada con bayas de enebro.

gineceo m Órgano femenino de la flor.

ginecología f Parte de la medicina que trata de las enfermedades propias de la mujer. ❑ GINECOLÓGICO, CA; GINECÓLOGO, GA.

gingival adj Relativo a las encías.

gin-tonic m Bebida preparada con ginebra y tónica.

gira f Excursión o viaje, volviendo al punto de partida. || Serie de actuaciones sucesivas de una compañía teatral o de un artista en diferentes localidades.

girador, ra adj Que gira. || Que hace girar. • m El que expide una letra de cambio.

girándula f Rueda llena de cohetes que gira despidiéndolos.

girar intr y tr Moverse circularmente. || (fig) Desarrollarse una conversación, negocio, trato, etc., en torno a un tema o interés dado. || Desviarse o torcer la dirección inicial. || Expedir una orden de pago, en especial una letra de cambio. • tr Enviar dinero a través del servicio de correos o de telégrafos. ❑ GIRATORIO, RIA.

girasol m Planta anual oriunda del Perú, con flores terminales, grandes, amarillas, y fruto con muchas semillas negruzcas comestibles.

giro m Acción y efecto de girar. || Tratándose del lenguaje, estructura especial de la frase, o manera de estar ordenadas las palabras para expresar un concepto. || Movimiento o transferencia de dinero por medio de letras, libranzas, etcétera.

girola f Nave que rodea el ábside en la arquitectura románica y gótica.

girómetro m Aparato para medir la velocidad de rotación de una máquina. || Instrumento que señala los cambios de rumbo de un avión.

gitanear intr (fig) Halagar o engañar para conseguir algo.

gitano, na adj y s Díc. de cada uno de los individuos de ciertos pueblos nómadas que, procedentes de la India, se establecieron en el N de África, Europa y América. • adj Propio de los gitanos o parecido a ellos. || (fig) Que tie ne gracia y arte para ganarse las voluntades de otros. || Díc. del comerciante que realiza negocios sucios o que estafa. • m Caló, lengua hablada por los gitanos. ❑ GITANERÍA; GITANISMO.

glaciación f Período durante el cual, debido al enfriamiento general del clima, extensas zonas de la superficie terrestre quedan cubiertas por grandes casquetes glaciares y por glaciares de montaña.

glacial adj Helado, muy frío. || Aplícase a las tierras y mares que están en las zonas glaciales.

glaciar m Masa considerable de hielo en las montañas. • adj Relativo a los glaciares.

gladiador m El que en los juegos públicos de los romanos luchaba contra otro hombre o contra una fiera para diversión de los espectadores.

gladiolo o **gladíolo** m Planta bulbosa ornamental con hojas largas en forma de espada y flores rojas.

glande m Bálano, extremidad del pene.

glándula f Cualquiera de los órganos que sirven para la elaboración y secreción de sustancias indispensables para el organismo o que deben ser eliminadas. ❑ GLANDULAR.

glasear tr Dar brillo a la superficie de algunas cosas, como al papel, a algunos manjares, etc. ❑ GLASÉ; GLASEADO, DA.

glauco, ca adj Verde claro.

glaucoma m Afección del ojo caracterizada por aumento de la presión intraocular, disminución del campo visual, etc., pudiéndose llegar a la ceguera.

gleba f Terrón que se levanta con el arado.

glicerina f Líquido alcohólico, incoloro, espeso y dulce, que se encuentra en muchas de las grasas y aceites naturales.

glíptica f Arte de grabar las piedras finas y también los cuños destinados a la impresión de monedas y medallas.

global adj Tomado en conjunto.

globo m Cuerpo esférico. || Especie de fanal de cristal con que se cubre una luz. || Tierra, planeta.

globular adj De figura de glóbulo. || Compuesto de glóbulos. || Relativo a los hematíes.

globulina f Proteína que forma parte de la composición de la sangre y de la leche.

glóbulo m Corpúsculo esférico que aparece en algunos líquidos orgánicos: sangre, leche, etc.

gloria f Bienaventuranza. || Reputación, fama. || Cosa que produce gran placer. || Grandeza, esplendor. • m Cántico o rezo de la misa.

gloriar tr Glorificar. || Amér. Echar licor en el café o en refrescos. • prnl Preciarse, jactarse.

glorieta f Cenador de un jardín. || Plaza donde desembocan varias calles o alamedas.

glorificación f Acción y efecto de glorificar. || Alabanza que se da a una cosa digna de honor o aprecio.

glorificar tr Ensalzar o alabar a Dios. || Alabar exageradamente a alguien. • prnl Gloriarse.

glorioso, sa adj Digno de honor y alabanza. || Se aplica a las cosas o seres celestiales.

glosa f Explicación o comentario de un texto. || Cierta composición poética en que se repiten unos versos al final de las estrofas.

glosar tr Hacer, poner o escribir glosas.

glosario m Catálogo o vocabulario de palabras, con su explicación.

glotis f Abertura de la laringe entre las cuerdas vocales inferiores. ❑ GLÓTICO, CA.

glotón, na adj y s Que come en exceso y con ansia. ❑ GLOTONERÍA.

glotonear intr Comer glotonamente. ❑ GLOTONERÍA.

glucemia f Concentración de glucosa en la sangre, y más especialmente cuando excede de lo normal.

glucómetro m Aparato para medir la cantidad de azúcar que tiene un líquido.

glucosa f Monosacárido que se encuentra en ciertos frutos y en la sangre. Normalmente, la orina contiene indicios de ella, más abundantes en los diabéticos.

g

glucosuria f Presencia de glucosa en la orina.

gluten m Sustancia de reserva proteica de los vegetales formada en su mayor parte por glutelinas. ‖ Cualquier sustancia pegajosa que puede servir para unir una cosa a otra.

glúteo, a adj Perteneciente o relativo a las nalgas. • m Díc. de los tres músculos situados en la parte posterior de la pelvis ósea.

glutinoso, sa adj Pegajoso y que tiene virtud para pegar una cosa con otra. ◻ GLUTINOSIDAD.

gnómico, ca adj y s Sentencioso. Se aplica a la poesía con preceptos morales, sentencias o máximas, y a sus autores.

gnomo m Ser fantástico, enano y barbudo, que habita en el interior de la tierra, en los bosques, y conoce tesoros escondidos.

gnoseología f Doctrina o teoría del conocimiento. ◻ GNOSEOLÓGICO, CA.

gnosis f Conocimiento de las verdades religiosas, adquirido por revelación.

gnosticismo m Doctrina filosófica de los primeros siglos de la Iglesia, mezcla de la cristiana con creencias judaicas y orientales. ◻ GNÓSTICO, CA.

gobernación f Gobierno, acción y efecto de gobernar. ‖ Ejercicio del gobierno.

gobernador, ra adj y s Que gobierna. • m y f Jefe superior de una prov., c. o territorio. • f (fam) Mujer del gobernador.

gobernalle m Timón de la nave.

gobernanta f Mujer encargada de la administración o régimen interior en una casa o institución. ‖ Mujer encargada de la servidumbre y el orden en un hotel. ‖ Arg. Institutriz, aya.

gobernante adj Que gobierna. • m y f Persona que gobierna un país o forma parte de un gobierno.

gobernar tr e intr Mandar con autoridad o regir una cosa. • tr y prnl Guiar y dirigir. ‖ Arg. Castigar a los hijos. • intr Obedecer el buque al timón.

gobiernista adj Amér. Gubernamental.

gobierno m Acción y efecto de gobernar. ‖ Forma política. ‖ Conjunto de los ministros de un Estado. ‖ Docilidad de la nave al timón. ◻ GOBERNATIVO, VA.

goce m Acción y efecto de gozar o disfrutar una cosa. ‖ Placer, particularmente el sexual.

gofio m En algunas partes, harina gruesa de maíz, trigo o cebada tostada.

gol m En ciertos juegos y deportes, tanto que se obtiene al introducir la pelota en la meta contraria.

gola f Garganta de una persona. ‖ Canal por donde entran los buques en ciertos puertos.

golear tr En fútbol y otros deportes, marcar muchos goles al equipo contrario.

goleta f Velero pequeño y ligero, de dos o tres palos y bordas poco elevadas.

golf m Deporte de origen escocés, que consiste en impeler con diferentes palos una pelota para introducirla en una serie de agujeros. ◻ GOLFISTA.

golfo[1] m Gran porción de mar que se interna en la tierra entre dos cabos.

golfo[2], **fa** m y f Pilluelo, vagabundo. • m Holgazán, juerguista. • f Prostituta. ◻ GOLFERÍA.

gollería f Manjar exquisito y delicado. ‖ (fig, fam) Delicadeza, superfluidad.

gollete m Parte superior del cuello, por donde se une a la cabeza. ‖ Cuello estrecho que tienen algunas vasijas.

golletear tr Col. y Ven. Asir por el gollete.

golletero, ra adj Méx. Regateador.

golondrina f Ave de pico negro y corto, cuerpo negro azulado por encima y blanco por debajo, y cola larga y muy ahorquillada. ‖ En algunos lugares, barca pequeña de motor para viajeros. ‖ Chile Carro para mudanzas.

golondrino m Pollo de la golondrina. ‖ Forúnculo en el sobaco.

golosina f Manjar exquisito, gralte. dulce, pero de poco alimento. ‖ Deseo o apetito de una cosa. ‖ (fig) Cosa más agradable que útil.

golosinar o **golosinear** intr Comer golosinas.

goloso, sa adj y s Aficionado a comer golosinas. ‖ Apetitoso o codiciable.

olpe m Choque violento de dos cuerpos. || Efecto del mismo choque. || Multitud, copia o abundancia de una cosa. || Suceso repentino. || Ocurrencia. || Latido del corazón. || (fig) Disgusto. || (fig) Admiración, sorpresa. || (fig) Postura al juego con la cual se acierta. || *Méx.* Mazo de hierro.

olpear *tr* e *intr* Dar repetidos golpes a alguien o algo. ☐ GOLPEADURA; GOLPEO.

olpetear *tr* e *intr* Golpear viva y continuamente. ☐ GOLPETEO.

olpismo m Actitud favorable a los golpes de Estado. || Actividad de los golpistas. ☐ GOLPISTA.

olpiza f *Amér.* Paliza, zurra.

oma f Sustancia viscosa que fluye de diversos vegetales. || Tira o banda de goma elástica a modo de cinta. || (fam) Preservativo. || *Amér. Centr.* Malestar que se experimenta después de una borrachera. || *Arg.* Neumático.

omina f Producto capilar, fijador del cabello.

omorresina f Jugo lechoso que fluye de varias plantas y participa en las propiedades de las gomas y de las resinas.

omoso, sa *adj* Que tiene goma o se parece a ella. • m Petimetre. ☐ GOMOSIDAD.

ónada f Órgano del aparato reproductor de los animales, en el que se forman y liberan los gametos. Las g. que producen óvulos reciben el nombre de ovarios, y las que producen espermatozoides, el de testículos.

óndola f Embarcación típica veneciana, larga, esbelta y con la proa y la popa elevadas. || *Col.* y *Chile.* Ómnibus. ☐ GONDOLERO.

ong o **gongo** m Instrumento de percusión formado por un disco que se coloca suspendido y se toca golpeándolo con una maza.

onococo m Bacteria productora de la gonorrea o blenorragia. ☐ GONOCOCIA.

onorrea f Flujo mucoso de la uretra producido por la blenorragia.

orbetear *intr Méx.* Picotear el caballo.

ordo, da *adj* Que tiene muchas carnes. || Muy abultado y corpulento. || Basto. || Que excede del grosor corriente en su clase. • m Sebo o manteca de la carne del animal. ☐ GORDINFLÓN, NA.

gordura f Grasa, tejido adiposo que existe entre los órganos. || Abundancia de carnes y grasas en las personas y animales. || *Arg.* y *P. Rico.* Crema de leche.

gorgoritear *intr* (fam) Hacer quiebros con la voz en la garganta.

gorgorito m (fam) Quiebro que se hace con la voz en la garganta. Se usa más en plural.

gorgotear *intr* Producir gorgoteo. ☐ GORGOR.

gorgoteo m Ruido producido por el movimiento de un líquido o un gas en el interior de alguna cavidad.

gorguera f Adorno del cuello de lienzo plegado y alechugado.

gorigori m (fam) Voz con que vulgarmente se alude al canto lúgubre de los entierros.

gorila m Mamífero primate antropoide, de gran tamaño, que habita en el África tropical. || (fam) Guardaespaldas.

gorja f Garganta.

gorra f Prenda que sirve para cubrir la cabeza, sin ala y con visera.

gorrear *intr* (fam) Comer, vivir de gorra. || *Ecuad.* Chicolear. • *tr Chile.* Hacer cornudo a uno.

gorrinera f Pocilga, cochiquera.

gorrino, na m y f Cerdo pequeño. || (fig) Persona desaseada o indecente. ☐ GORRINERÍA.

gorrión m Nombre asignado a diversas especies de pájaros de pequeño tamaño que se alimentan de granos y también de insectos.

gorro m Pieza redonda, de tela o de punto, para cubrir y abrigar la cabeza.

gorrón, na *adj* y *s* Que tiene por hábito comer, vivir o divertirse a costa ajena. ☐ GORRONERÍA.

gota f Partícula esferoidal que se desprende de la masa de un líquido. || p. ext. Pequeña cantidad de líquido. || Enfermedad que causa hinchazón muy dolorosa en ciertas articulaciones.

gotear *intr* Caer un líquido gota a gota. || Comenzar a llover gotas espaciadas. || (fig) Dar o recibir una cosa poco a poco. ☐ GOTEO.

gotera f Filtración de agua de lluvia a través de un techo o pared.

gotero m Aparato con que se administran medicamentos por vía intravenosa. ‖ *Amér.* Cuentagotas.

gótico, ca adj Perteneciente o relativo a los godos. • adj y s Dícese del arte que en la Europa Occ. se desarrolló por evolución del románico desde el s. XII hasta el Renacimiento. • m Lengua hablada por los godos.

gourmet m o f Persona aficionada a comer bien y entendida en vinos y manjares.

gozar intr y prnl Experimentar mucho gozo o placer. • tr e intr Tener algo útil o beneficioso. • tr Poseer sexualmente a alguien.

gozne m Bisagra.

gozo m Sentimiento de alegría y placer experimentado con algo que impresiona vivamente los sentidos, la sensibilidad afectiva o la artística. • pl Composición poética en loor de la Virgen.

gozoso, sa adj Que siente gozo. ‖ Que se celebra con gozo.

grabación f Acción de grabar un sonido en disco, cinta, etc.

grabado m Técnica artística para reproducir un dibujo en algún material, y cuya finalidad es la multiplicación gráfica.

grabar tr Señalar con incisión o abrir y labrar en hueco o en relieve sobre una superficie de piedra, metal, madera, etc. • tr y prnl (fig) Fijar una impresión profundamente en el ánimo. • tr Registrar los sonidos por medio de un disco, cinta magnetofónica u otro procedimiento. ❑ GRABADOR, RA; GRABADORA.

gracejada f *Amér. Centr.* Payasada, bufonada.

gracia f Benevolencia. ‖ Ayuda sobrenatural concedida por Dios a los hombres. ‖ Don natural que hace agradable a la persona que lo tiene. ‖ Elegancia, armonía. ‖ Beneficio, concesión gratuita. ‖ Chiste, dicho agudo. ‖ Perdón, indulto que concede el rey.

grácil adj Sutil, delgado o menudo. ❑ GRACILIDAD.

gracioso, sa adj Aplícase a la persona o cosa que tiene gracia o que resulta chistosa y aguda. • m y f Actor dramático que tiene el papel de hacer reír; en el teatro español, contrafigura del galán.

grada¹ f Peldaño. ‖ Asiento a manera de escalón corrido. • pl Conjunto de estos asientos en anfiteatros o estadios. ‖ *Amér.* Atrio, espacio ante un edificio. ❑ GRADADO, DA.

grada² f Instrumento para allanar la tierra después de arada.

gradación f Serie de cosas ordenadas gradualmente. ‖ Período armónico musical que va subiendo de grado en grado.

graderío, a m y f Conjunto o serie de gradas. • m Público que lo ocupa.

grado¹ m Cada una de las generaciones que marcan el parentesco entre las personas. ‖ Nombre de los títulos de ciertos estudios. ‖ (fig) Cada uno de los diversos estados, valores o calidades que, en relación de menor a mayor, puede tener una cosa. ‖ Unidad de medida de ciertos valores físicos, como la temperatura. ‖ Cada una de las diferentes instancias que pue de tener un pleito.

grado² m Voluntad, gusto.

graduación f Acción y efecto de gradua o de graduarse. ‖ Número de grados qu tiene una cosa o la proporción de cierto componentes. ‖ Categoría de un militar.

graduado, da pp de graduar. • adj y Díc. del que ha alcanzado un grado un versitario.

gradual adj Que está por grados o va d grado en grado.

graduar tr Dar a una cosa el grado o cal dad que le corresponde. ‖ Dividir y orde nar una cosa en una serie de estados co rrelativos. ‖ Conceder grado o grados. • y prnl En la enseñanza, dar un grado título.

grafía f Conjunto de letras o signos que emplea para representar sonidos.

gráfico, ca adj Perteneciente o relativo la escritura. ‖ (fig) Díc. del modo de h blar que expone las cosas con la mism claridad que si estuvieran dibujadas. • y f Dibujo esquemático y lineal de u máquina, edificio, etc.

grafismo *m* Cada una de las particularidades de la letra de una persona. || Conjunto de técnicas artísticas y tipográficas en el campo de la comunicación visual escrita o pictórica.

grafista *m o f* Diseñador gráfico.

grafito[1] *m* Mineral de textura compacta, color negro agrisado, lustre metálico y compuesto por carbono cristalizado en el sistema hexagonal, que se utiliza para fabricar minas de lapiceros, crisoles refractarios y otras aplicaciones industriales.

grafito[2] *m* Letrero o dibujo trazado o grabado en paredes de carácter popular.

grafología *f* Técnica de interpretación del carácter de una persona a través del estudio de su escritura. ❏ GRAFÓLOGO, GA.

gragea *f* Píldora, pequeña porción de materia medicamentosa.

graja *f* Ave parecida al cuervo, de color negro brillante, con la cara y el pico claros.

grajo *m* Graja, ave. || *Amér.* Olor desagradable que se desprende del sudor. || *Col.* Escarabajo hediondo y nauseabundo. ❏ GRAJUNO, NA.

gramaje *m* Peso del papel o del cartón, expresado en gramos por metro cuadrado.

gramática *f* Ciencia que describe sistemáticamente y en su totalidad el lenguaje o las lenguas. || En sentido más restringido, disciplina que atiende a los aspectos sintácticos y morfológicos del lenguaje o de las lenguas. ❏ GRAMATICAL; GRAMÁTICO, CA.

gramináceo, a *adj y f* Aplícase a plantas que tienen tallos cilíndricos, con nudos, flores dispuestas en espigas o en panojas, y grano seco cubierto por las escamas de la flor; como las cereales.

gramo *m* Unidad de masa en el sistema cegesimal, igual a la milésima parte del kilogramo masa patrón.

gramófono *m* Aparato que reproduce el sonido grabado previamente sobre un disco.

gran *adj* Apócope de grande. Sólo se usa en singular, antepuesto al *s.* || Principal o primero en una clase.

grana *f* Cochinilla, insecto. || Excrecencia que la cochinilla forma en la coscoja y que, exprimida, produce color rojo. || Color rojo obtenido de este modo.

granada *f* Fruto del granado. || Globo lleno de pólvora, con una espoleta atada con un mixto inflamable.

granadero *m* Soldado que por su elevada estatura se escogía para arrojar granadas de mano. || (fig, fam) Persona muy alta.

granado *m* Árbol espinoso, con flores rojas y con los pétalos algo doblados, y cuyo fruto es la granada. ❏ GRANADINO, NA.

granado, da *adj* (fig) Notable, señalado, ilustre y principal. || (fig) Maduro, experto.

granar *intr* Formarse y crecer el grano de algunos frutos. ❏ GRANAZÓN.

granate *m* Mineral del grupo de los granates. || Color rojo oscuro.

grande *adj* Que excede a lo común y regular. Aplicado a cosas no corpóreas, fuerte, intenso. || Importante, famoso. || *Méx.* De cierta edad.

grandeza *f* Cualidad de grande. || Bondad, generosidad. || Dignidad de grande de España. ❏ GRANDIOSIDAD.

grandilocuencia *f* Elocuencia muy elevada. || Estilo ampuloso. ❏ GRANDILOCUENTE.

grandioso, sa *adj* Sobresaliente, magnífico.

graneado, da *pp* de granear. • *adj* Reducido a grano. || Salpicado de pintas.

granel (a) *m adv* Manera de vender una cosa, sin envasar ni empaquetar. || Manera de vender cosas menudas, sin medirlas, o contarlas con exactitud.

granero *m* Sitio en donde se guarda el grano. || (fig) Territorio muy abundante en grano.

granito *m* Roca compacta y dura, compuesta de feldespato, cuarzo y mica. ❏ GRANÍTICO, CA.

granívoro, ra *adj* Aplícase a los animales que se alimentan de grano.

granizado, da *pp* de granizar. • *m* Refresco que se elabora con hielo machacado al que se agrega alguna esencia o jugo de fruta. • *f* Precipitación abundante de granizo.

granizar *intr* Caer granizo.

granizo *m* Precipitación atmosférica constituida por agua congelada según formas redondeadas, que se origina en las nubes tormentosas.

granja *f* Hacienda de campo, con caserío, huerta y establo. ‖ Lugar destinado a la cría de aves y otros animales de corral. ❏ GRANJERO, RA.

granjear *tr* y *prnl* Adquirir, conseguir, captar. • *tr* Chile. Estafar, hurtar. • *intr* Avanzar.

granjería *f* Beneficio de las haciendas de campo. ‖ (fig) Ganancia que se obtiene negociando.

grano *m* Semilla de los cereales o de otras plantas. ‖ Cada una de las semillas o frutos que con otros iguales forma un agregado. ‖ Porción o parte menuda de otras cosas. ‖ Especie de tumorcillo.

granuja *m* y *f* Persona que engaña, comete fraudes, etc. • *m* (fam) Golfo, sinvergüenza. ❏ GRANUJADA; GRANUJERÍA.

granulado, da *pp* de granular. • *adj* Granular, en forma de granos.

granular¹ *adj* Que presenta granos o granulaciones. ❏ GRANULOSO, SA.

granular² *tr* Reducir a granillos una masa. • *prnl* Cubrirse de granos pequeños alguna parte del cuerpo.

gránulo *m* Grano pequeño.

granza *f* Residuo que queda de las semillas cuando se avientan y acriban. ‖ Carbón mineral de características reglamentadas en cuanto a tamaño de sus trozos (15 a 25 mm).

grapa *f* Pieza de hierro u otro metal, cuyos dos extremos, doblados y aguzados, se clavan para unir o sujetar dos tablas u otras cosas. ‖ *Arg*. Especie de anisado o ginebra.

grapar *tr* Sujetar gralte. papeles, con grapa de hierro u otro metal. ❏ GRAPADOR, RA.

grasa *f* Manteca, unto o sebo de un animal. ‖ Mugre o suciedad de la ropa. ‖ Lubricante graso. ‖ Sustancia elaborada por los animales y vegetales, que se encuentra, respectivamente, en el tejido adiposo y en las semillas de ciertas plantas. ❏ GRASIENTO; GRASO, SA.

gratificación *f* Acción y efecto de gratificar. ‖ Propina, recompensa pecuniaria.

gratificar *tr* Recompensar con una gratificación. ‖ Dar gusto, complacer.

gratinar *tr* Hacer que un alimento se tueste por encima del horno.

gratis *adv modo* De balde, sin tener que pagar.

gratitud *f* Sentimiento por el cual nos consideramos obligados a agradecer el favor recibido.

grato, ta *adj* Gustoso, agradable. ‖ *Bol*. y *Chile*. Agradecido, fórmula para dar las gracias.

gratuito, ta *adj* De balde, sin pagar. ‖ Infundado, arbitrario. ❏ GRATUIDAD.

grava *f* Conjunto de guijas, pequeñas piedras. ‖ Piedra machacada con que se cubre y allana el piso de los caminos.

gravamen *m* Carga, obligación que pesa sobre alguno. ‖ Impuesto, servidumbre, etc., que pesa sobre una finca o una renta.

gravar *tr* Imponer una carga o gravamen. ❏ GRAVATIVO, VA.

grave *adj* Grande, de mucha importancia. ‖ Aplícase al que está enfermo de cuidado. ‖ Serio; que causa respeto. ‖ Díc. de estilo que se distingue por su decoro y nobleza. ‖ Díc. del sonido hueco y bajo. ‖ Aplícase a la palabra cuyo acento prosódico carga en su penúltima sílaba.

gravedad *f* Atracción que se manifiesta entre un cuerpo celeste y los situados en su superficie o cerca de ella. ‖ Cualidad o estado de grave. ‖ Seriedad, dignidad, solemnidad.

gravera *f* Yacimiento de grava.

gravidez *f* Preñez, gestación.

grávido, da *adj* Cargado, lleno. ‖ Díc. de la mujer encinta.

gravímetro *m* Instrumento para determinar el peso específico de los cuerpos.

gravitación *f* Acción y efecto de gravitar. ‖ Fenómeno que se manifiesta mediante la fuerza de atracción que existe entre dos masas cualesquiera. ❏ GRAVITATORIO, RIA.

gravitar *intr* Moverse un cuerpo por atracción gravitatoria de otro cuerpo. ‖ Descansar o hacer fuerza un cuerpo sobre otro. ‖ (fig) Cargar.

graznido *m* Voz de algunas aves; como el cuervo, el grajo, el ganso, etc. ❑ GRAZ- NAR.

grecolatino, na *adj* Perteneciente o relativo a gr. y latinos.

grecorromano, na *adj* Perteneciente a gr. y romanos, o propio de los dos pueblos.

gregario, ria *adj* Díc. del que está en compañía de otros sin distinción. ‖ (fig) Díc. del que sigue servilmente las ideas o iniciativas ajenas.

gregoriano, na *adj* Dícese del canto litúrgico reformado por el papa Gregorio I. ‖ Díc. del calendario reformado por Gregorio XIII.

greguería *f* Término creado por Ramón Gómez de la Serna para designar un gén. de su invención que puede definirse como concepto personal, sublimado y agudo de algo real.

grelo *m* Nabiza tierna y comestible de los tallos de nabo.

gremialismo *m* Tendencia a formar gremios, o al predominio de los gremios. ‖ Doctrina que propugna esta tendencia.

gremio *m* Corporación formada por los maestros, oficiales y aprendices de una misma profesión u oficio, regida por ordenanzas o estatutos especiales. ❑ GRE- MIAL; GREMIALISTA.

greña *f* Cabellera revuelta y desarreglada. Se usa más en plural.

gres *m* Pasta cerámica opaca, de estructura vitrificada, formada por arcilla y arena de cuarzo.

gresca *f* Ruido de personas que se divierten, discuten o riñen. ‖ Riña, pendencia.

grey *f* Rebaño. ‖ (fig) Conjunto de individuos que tienen algún carácter común.

grial *m* Vaso sagrado identificado con la literatura medieval con el cáliz de la Última Cena.

griego, ga *adj* y *s* Natural de Grecia. • *m* Lengua griega.

grieta *f* Hendidura o abertura alargada y estrecha producida en una materia. ‖ Hendidura poco profunda en la piel. ❑ GRIETADO, DA.

grifa *f* Marihuana.

grifería *f* Conjunto de grifos o llaves. ‖ Tienda donde se venden.

grifo, fa *adj* y *m Méx.* Díc. de la persona intoxicada con marihuana, y a veces del borracho. • *m* Animal fabuloso, de medio cuerpo arriba águila, y de medio cuerpo abajo león. ‖ Llave para cerrar o dar salida a un líquido.

grill *m* Parrilla. ‖ Fuego situado en la parte superior de los hornos de gas domésticos.

grillarse *prnl* Entallecer el trigo, las cebollas, ajos, etc. ‖ (fig, fam) Alelarse, volverse chiflado.

grillete *m* Arco de hierro con dos agujeros, por los cuales se pasa un perno que sirve para asegurar una cadena al pie de un presidiario.

grillo, lla *m* y *f* Insecto de color negro rojizo. El macho produce un sonido agudo y monótono con el roce de los élitros.

grima *f* Desazón, disgusto, horror que causa una cosa. ‖ *Chile.* Grisma. ❑ GRI- MOSO, SA.

gringo, ga *adj* y *s Amér.* Norteamericano.

gripa *f Col.* y *Ur.* Gripe o catarro.

gripe *f* Enfermedad infectocontagiosa de origen vírico, de carácter epidémico o pandémico, con manifestaciones variadas, especialmente catarrales. ❑ GRIPAL; GRIPOSO, SA.

gris *adj* y *s* Díc. del color que resulta de la mezcla del blanco y negro. ‖ (fig) Triste, lánguido, apagado. • *m* (fam) Viento frío.

grisáceo, a *adj* De color que tira a gris.

grisma *f Chile, Guat.* y *Hond.* Gota, pizca, brizna.

grisú *m* Mezcla explosiva de metano y aire que se desprende en las minas de carbón.

gritadera *f Amér.* Gritería, grita.

gritar *intr* Levantar la voz más de lo acostumbrado. • *tr* e *intr* Manifestar desaprobación y desagrado en forma ruidosa. ❑ GRITA.

griterío *m* o **gritería** *f* Confusión de voces altas y desentonadas.

grito *m* Sonido inarticulado, palabra o exp. proferidos con fuerza y violencia. ‖ Manifestación vehemente de un sentimiento general.

gritonear *intr Perú.* Gritar mucho.

grogui *adj* Díc. del boxeador tambaleante, casi sin conocimiento. ‖ p. ext. Atontado.

grosella *f* Fruto del grosellero, que es una baya globosa de la que se obtienen productos dulces.

grosellero *m* Arbusto de gran altura y hojas alternas, cuyo fruto es la grosella.

grosero, ra *adj* Basto, ordinario, tosco. • *adj y s* Descortés, que no tiene educación. ‖ GROSERÍA.

grosor *m* Espesor de un cuerpo.

grotesco, ca *adj* Ridículo y extravagante. ‖ Irregular, grosero y de mal gusto.

grúa *f* Aparato para elevar cargas y transportarlas a cortas distancias. ‖ Vehículo automóvil provisto de g. para remolcar otro.

grueso, sa *adj* Corpulento y abultado. ‖ Que excede de lo regular. ‖ (fig) Aplícase al entendimiento poco agudo. • *m* Corpulencia o cuerpo de una cosa. ‖ Parte pral. y más fuerte de un todo. ‖ Espesor de una cosa.

grulla *f* Ave zancuda de gran tamaño, de distribución casi cosmopolita y, en general, migradora. ‖ *Méx.* Persona lista, astuta.

grumete *m* Muchacho que aprende el oficio de marinero ayudando a la tripulación en sus faenas.

grumo *m* Parte de una sustancia que se coagula. ‖ Conjunto de cosas apretadas. ‖ Yema de los árboles. ☐ GRUMOSO, SA.

gruñir *intr* Dar gruñidos. ‖ (fig) Mostrar disgusto murmurando entre dientes. ‖ Chirriar, rechinar una cosa. ☐ GRUÑIDO; GRUÑIMIENTO.

grupa *f* Parte posterior del dorso de una caballería, por delante del nacimiento de la cola.

grupo *m* Conjunto de personas o cosas situadas en un mismo lugar o que tienen características comunes. ‖ Conjunto de figuras o personas pintadas, esculpidas o retratadas. ‖ En una frase, conjunto de palabras con una unidad en el sentido, la sintaxis o el ritmo.

grupúsculo *m* Nombre con el que se designa a grupos políticos, especialmente de izquierda, activos pero de escasa fuerza numérica.

gruta *f* Cavidad subterránea en riscos y peñas, sea natural o artificial.

guabucho *m P. Rico.* Chichón.

guaca *f Bol. y Perú.* Sepulcro de los ant. indios. ‖ *Amér.* Tesoro escondido o enterrado. ‖ *Amér.* Hucha o alcancía. ‖ *Ven.* Úlcera grande.

guacal *m Amér. Centr.* Árbol que produce frutos redondos de pericarpio leñoso, los cuales, partidos por la mitad y extraída la pulpa, se utilizan como vasijas. ‖ *Amér.* Especie de cesta o jaula formada de varillas de madera, que se utiliza para el transporte de loza, cristal, frutas, etcétera.

guacamayo *m* Ave propia de América del Sur, de mayor tamaño que los restantes loros, y con el plumaje muy vistoso.

guacamal o **guacamole** *m Amér. Centr.* Ensalada de aguacate.

guacamote *m Méx.* Yuca, especie de mandioca.

guacanco *m Arg.* Garrote.

guacarnaco, ca *adj Amér.* Rudo, tonto.

guachacay *m Chile.* Aguardiente.

guachachear *tr Bol.* Empujar.

guachada *f Col.* Vulgaridad.

guachafita *f Ven.* Casa de juego, garito. ‖ *Amér.* Desorden, algazara. ‖ *P. Rico* Burla.

guachamarón *m Ven.* Valiente, pendenciero.

guachapear *intr Chile.* Hurtar, arrebatar.

guache[1] *m Col. y Ven.* Hombre villano canalla.

guache[2] *m* Pintura a la aguada.

guachear *intr Col.* Portarse como un guache.

guachimán *m Amér.* Vigilante, guardián.

guachinango, ga *adj Amér. Centr.* Astuto, zalamero. ‖ *Cuba.* Mexicano.

guacho, cha *adj Amér.* Díc. de la crí que ha perdido la madre. • *adj y s Amér.* Huérfano.

guaco *m Amér.* Objeto de cerámica qu se encuentra en las guacas.

guadamací o **guadamacil** *m Cuer* adobado y adornado con dibujos de pi tura o relieve. ☐ GUADAMACILERÍA; GUA DAMACILERO.

guadaña *f* Instrumento para segar a ras de tierra, formado por una cuchilla puntiaguda, menos corva y más ancha que la de la hoz.

guadañar *tr* Segar con la guadaña. ☐ GUADAÑADOR, RA; GUADAÑERO; GUADAÑIL.

guadapero *m* Peral silvestre.

guadua *f Amér.* Especie de bambú muy grueso y alto usado para la construcción de casas.

guafa *f Ven.* Cerca hecha de bambúes.

guagua[1] *f* Chuchería. ‖ En algunas partes, ómnibus de servicio público.

guagua[2] *f Amér.* Niño de teta.

guaguá *m Guat.* Fantasma, coco.

guaguatear *tr Chile y Guat.* Amamantar, criar. ‖ Llevar una criatura en brazos.

guaico *m Amér.* Hondonada, barrizal.

guáimara *f Ven.* Mujer varonil y descarada.

guaina *adj y m Chile.* Joven, mozo.

guaipín *m Amér. Merid.* Capotillo para abrigarse el cuello y los hombros.

guaira *f Amér. Centr.* Especie de flauta de varios tubos que usan los indios.

guairo *m* Embarcación chica y con dos velas.

guajada *f Méx.* Tontería, torpeza, sandez.

guajiro, ra *m y f* Campesino de la isla de Cuba. • *f Cuba.* Cierto canto popular campesino.

guajolote *m Méx.* Pavo, ave. • *adj y m* Tonto.

gualambear *tr Col.* Arruinar a uno.

gualdera *f* Cada uno de los tablones laterales que son parte pral. de algunas armazones.

gualdrapa *f* Cobertura larga que cubre las ancas de la cabalgadura.

gualdrapero *m* Que anda vestido de andrajos.

gualeta *f Chile.* Aleta, orejera.

gualicho *m Ar. y Ur.* Hechizo dañino.

gualve *m Chile.* Terreno pantanoso.

guama *f Amér.* (fig) Mentira. ‖ *Col. y Ven.* Fruto del guamo. ‖ *Col.* Guamo. ‖ *Col.* Calamidad. ‖ *Ven.* Chasco pesado.

guamazo *m C. Rica y Méx.* Manotazo.

guambía *f Col. y Ven.* Especie de mochila.

guambiar *tr Salv.* Zurrar, castigar.

guamil *m Hond.* Planta que brota en las tierras roturadas sin sembrar.

guamo *m* Árbol americano que se planta para dar sombra en los cafetales.

guampa *f Amér. Merid.* Asta del animal vacuno.

guamparo *m Chile.* Vaso de cuerno.

guampo *m Chile.* Embarcación pequeña hecha de un tronco de árbol.

guanaco, ca *m y f* Mamífero parecido a la llama que habita en los Andes meridionales. Su carne y su piel son muy estimadas. ‖ (fig) *Amér. Centr. y Merid.* Tonto, simple.

guanajo *m Ant.* Pavo, tonto.

guanaquear *intr Chile.* Cazar, guanacos.

guanachaquear *intr Perú.* Burlar la vigilancia y entrar en una sala de espectáculos.

guando *m Amér.* Andas, parihuela, camilla.

guanera *f* Sitio o paraje donde se encuentra acumulado en grandes cantidades el guano.

guano *m* Excrementos de aves marinas que son frecuentes en las zonas costeras de América del Sur. Se usa como abono. ‖ Abono mineral fabricado a imitación del guano. ☐ GUANERO, RA.

guantada *f* o **guantazo** *m* Bofetada, golpe que se da con la mano abierta.

guante *m* Prenda para la mano y de la misma forma que ésta. ‖ *Chile.* Disciplinas para azotar.

guantear *tr Chile y Méx.* Dar guantadas. ☐ GUANTERÍA.

guantero, ra *m y f* Persona que hace o vende guantes. • *f* Caja del salpicadero de los automóviles para guardar guantes y otros objetos.

guapango *m Méx.* Fandango, baile popular.

guapear *intr* (fam) Ostentar valor en los peligros. ‖ (fam) Hacer alarde de algo. ‖ Fanfarronear.

guapo, pa *adj y s* (fam) Animoso, valiente. • *adj* (fam) Ostentoso en el modo de vestir. ‖ (fam) Bien parecido. • *m* Fanfarrón, bravucón. ‖ Galán que festeja a una mujer. ☐ GUAPETÓN, NA; GUAPURA.

guaquear tr Amér. Centr. Hacer excavaciones en busca de objetos arqueológicos precolombinos.

guaracha f Amér. Baile semejante al zapateado.

guaragua f Amér. Contoneo y rodeo.

guáramo m Ven. Valor, pujanza o bajeza.

guarango, ga adj Amér. Merid. Sucio, zarrapastroso. ‖ Arg. y Chile. Incivil, mal educado.

guaraní adj y s Díc. del individuo de una raza que se extiende desde el Orinoco al Río de la Plata. • m Lengua guaraní. ‖ Unidad monetaria del Paraguay.

guarapo m Jugo de la caña dulce exprimida que, por vaporización, produce el azúcar. ‖ Bebida fermentada hecha con este jugo.

guarapón m Amér. Sombrero de ala ancha.

guaraquero m Amér. Ladrón.

guarda m o f Persona que tiene a su cargo y cuidado la conservación de una cosa. • f Acción de guardar, conservar o defender. ‖ Tutela. ‖ Observancia y cumplimiento de un mandato. ‖ Cualquiera de las dos hojas de papel blanco que ponen los encuadernadores al principio y al fin de los libros. Se usa más en plural.

guardabarrera m o f Persona que en las líneas de ferrocarriles custodia un paso a nivel.

guardabarros m Cada una de las chapas que van sobre las ruedas de los vehículos para evitar las salpicaduras.

guardabosque o **guardabosques** m Guarda de un bosque.

guardacoches m Persona que aparca y vigila los automóviles a la puerta de algunos establecimientos.

guardacostas m Buque utilizado para defender las costas y perseguir el contrabando.

guardaespaldas m Persona que acompaña asiduamente a otra con la misión de protegerla.

guardafrenos m Empleado que tiene a su cargo en los trenes de ferrocarriles el manejo de los frenos.

guardaganado m Arg. Foso cubierto por travesaños paralelos en la entrada de las estancias para impedir el paso del ganado.

guardameta m Portero de un equipo de fútbol.

guardamonte m En las armas de fuego, pieza de metal sobre el disparador para protegerlo.

guardamuebles m Local destinado a guardar muebles. ‖ Empleado que cuida de los muebles.

guardapolvo m Resguardo que se pone encima de una cosa para preservarla del polvo. ‖ Tejadillo voladizo construido sobre un balcón, para desviar las aguas llovedizas.

guardar tr Cuidar, vigilar algo. ‖ Observar y cumplir lo que cada uno debe por obligación. ‖ Preservar una persona o cosa del daño que le puede sobrevenir. ‖ (fig) Tener con alguien respeto, atenciones, etc. ‖ Reservar algo para alguien. • tr e intr Conservar o retener una cosa. • prnl Recelarse y precaverse de un riesgo.

guardarropa m Armario donde se guarda la ropa. • m o f Encargado del guardarropa.

guardarropía f En el teatro, conjunto de trajes y de efectos necesarios para las representaciones escénicas. ‖ En un local público, lugar donde se guardan prendas de vestir y otros efectos.

guardarruedas m Guardacantón, poste de piedra.

guardería f Establecimiento para el cuidado de los niños en las horas de trabajo de sus padres.

guardia f Acción de guardar. ‖ Defensa, custodia, protección. ‖ Nombre de ciertos cuerpos armados. • m Individuo de uno de estos cuerpos.

guardián, na m y f Persona que guarda una cosa y cuida de ella. • m Oficial encargado de las embarcaciones menores y de los cables o amarras.

guardilla f Buhardilla. ‖ Habitación contigua al tejado.

guare m Ecuad. Tipo de timón usado para balsas de río.

guarear tr Ven. Atalayar. • prnl Amér. Centr. Embriagarse.

guarecer *tr* Acoger a uno; ponerle a cubierto. • *prnl* Refugiarse en alguna parte.

guarero, ra *adj Guat.* Persona que gusta de tomar guaro, aguardiente.

guargüero *m* (fam) *Amér.* Gaznate, garganta.

guaricha *f Amér.* Hembra, mujer. ‖ (desp) *Col., Ecuad.* y *Ven.* Ramera, mujerzuela.

guarida *f* Cueva o espesura donde se recogen y guarecen los animales. ‖ Amparo o refugio para librarse de un daño o peligro. ‖ Refugio habitual de gente, especialmente maleante.

guarigua *f Ven.* Embrollo, embuste.

guarín *m* Lechoncillo, el último nacido en una lechigada.

guarnecer *tr* Poner en un sitio accesorios, complementos o adornos. ‖ Colgar, vestir o adornar. ‖ Dotar, proveer o equipar. ‖ Colocar fuerzas en una plaza.

guarnición *f* Adorno de vestidos, colgaduras y cosas semejantes. ‖ Tropa que defiende una plaza. ‖ Acompañamiento de verdura que se sirve con los platos de carne o pescado. • *pl* Conjunto de correajes que se colocan a las caballerías. ☐ GUARNICIONERÍA; GUARNICIONERO, RA.

guarnir *tr* Guarnecer. ‖ Colocar convenientemente los cuadernales de un aparejo.

guaro *m Amér. Centr.* Aguardiente de caña.

guarrada *f* Acción sucia o cochina. ‖ (fig) Acción injusta o desaprensiva de que se hace víctima a una persona. ☐ GUARRERÍA.

guarro, rra *m* y *f* Cerdo, animal. • *adj* y *s* (fig, fam) Persona sucia y desaliñada. ‖ (fig, fam) Persona ruin y despreciable.

guarrús *m Ven.* Bebida extraída del arroz.

guasa *f* (fam) Falta de gracia, sosería. ‖ (fam) Chanza, burla.

guasábara *f Col.* y *P. Rico.* Motín, algarada.

guasanga *f Amér.* Bulla, algazara.

guasca *f Amér. Merid.* Ramal de cuero o cuerda que sirve de rienda o de látigo.

guasearse *prnl* Usar repetidamente de guasas o chanzas.

guasicama *m* o *f Col.* y *Ecuad.* Criado indígena.

guaso, sa *m* y *f Chile.* Rústico, campesino. • *adj* (fig) *Amér.* Tosco, grosero.

guasón, na *adj* y *s* (fam) Que tiene guasa. ‖ (fam) Burlón, bromista.

guasqueado, da *adj Ur.* Curtido, experimentado.

guasquear *tr Amér.* Pegar con guasca. • *prnl Ur.* Incomodarse sin motivo.

guata¹ *f* Algodón en rama laminado que se emplea con fines sanitarios y en sastrería.

guata² *f* (fam) *Amér.* Barriga, panza. ‖ *Bol.* Cordel.

guataco, ca *adj Hond.* Regordete, rechoncho.

guate¹ *m Amér. Centr.* Malojo, maíz tierno que se emplea como forraje. ☐ GUATAL.

guate², **ta** *adj Salv.* Mellizo, gemelo.

guateado, da *adj* Acolchado con guata.

guatearse *prnl Chile.* Formar barriga, guata.

guateque *m* Fiesta casera en que se baila y se merienda.

guau Onomatopeya con que se representa la voz del perro.

¡guay! *adj* (fam) Estupendo, magnífico.

guayaba *f* Fruto del guayabo del mismo tamaño y figura de una pera mediana.

guayabear *intr* (fam) Frecuentar muchachas jóvenes. ‖ *Arg.* Mentir. • *tr Guat.* Besar.

guayabo¹ *m* Árbol leñoso de América que tiene por fruto la guayaba.

guayabo² *m* (fam) Muchacha joven y atractiva.

guayaca *f Amér. Merid.* Bolsa, talega hecha de piel de cabrito. ‖ (fig) Amuleto.

guayacán o **guayaco** *m* Palo santo, caqui.

guayuco *m Col.* y *Ven.* Taparrabo, pampanilla.

guazapa *f Guat.* y *Hond.* Perinola, juguete.

gubernativo, va *adj* Concerniente al gobierno.

gubernista *adj* y *s Amér.* Adicto a la política gubernamental.

güecho *m Amér. Centr.* Bocio, tumor indoloro.

guedeja *f* Cabellera larga. ‖ Melena del león.

guepardo *m* Carnívoro parecido al leopardo, que vive en Asia y África.

guerra *f* Lucha armada entre dos o más países. ‖ Pugna, disidencia entre dos o más personas. ‖ Toda especie de lucha y combate. ◻ GUERREAR.

guerrera *f* Chaqueta de uniforme militar ajustada y abrochada desde el cuello.

guerrero, ra *adj* Relativo a la guerra. ‖ Que guerrea. • *m* Soldado.

guerrilla *f* Formación militar en orden abierto. ‖ Táctica de combate que consiste en el hostigamiento del enemigo por pequeños grupos armados. ‖ Partida de paisanos que acosa y molesta al enemigo. ◻ GUERRILLERO, RA.

gueto *m* Barrio habitado por judíos o reservado para ellos con carácter de obligatoriedad. ‖ p. ext. Barrio en el que se ven obligados a vivir personas de cualquier minoría social.

guía *m* o *f* Persona que conduce y enseña a otra el camino. ‖ (fig) Persona que enseña y dirige a otra. • *f* Lo que en sentido figurado dirige o encamina. ‖ Tratado en que se dan preceptos para orientar en cosas. ‖ Lista impresa de datos referentes a determinada materia. ‖ Sarmiento o vara que se deja en cepas y árboles para dirigirlos. ‖ Pieza o cuerda que en las máquinas y otros aparatos sirve para obligar a otra pieza a que siga su movimiento un camino determinado.

guiar *tr* Ir delante mostrando el camino. ‖ Hacer que una pieza de una máquina u otro aparato siga su movimiento un determinado camino. ‖ Conducir un vehículo. • *intr* Comenzar a echar tallo una planta, tallecer. • *prnl* Dejarse uno dirigir por alguien o por algo. ◻ GUIADOR, RA.

güicoy *m Guat.* y *Hond.* Especie de calabaza.

guija *f* Piedra pequeña y redonda que se encuentra en las orillas de los ríos y arroyos.

guijarro *m* Canto rodado, fragmento rocoso. ◻ GUIJARRAL; GUIJARRAZO.

güiliche *m Costa Rica.* El hijo menor.

güiligüiste *m Amér. Centr.* Peso duro.

guilindujes *m pl Hond.* Arreos con adornos colgantes.

guilla *f* Cosecha copiosa y abundante.

guillame *m* Cepillo estrecho de carpintero.

guillarse *prnl* Irse o huirse. ‖ Chiflarse, perder la cabeza. ◻ GUILLADURA.

guillatún *m Chile.* Ceremonia de los araucanos para pedir lluvia o bonanza.

guillote *m* Cosechero o usufructuario.

guillotina *f* Máquina inventada en Francia para decapitar a los condenados a muerte. ‖ Máquina de cortar papel. ◻ GUILLOTINAR.

güilón, na *adj Amér.* Cobarde, huidizo.

güinche *m Amér.* Guía, cabestrante.

guinda[1] *f* Fruto del guindo.

guinda[2] *f* Altura total de la arboladura de un buque.

guindar *tr* y *prnl* Subir una cosa y colocarla en alto. • *tr* (fam) Robar.

guindilla *f* Fruto del guindillo de Indias. ‖ Pimiento pequeño y encarnado, que pica mucho.

guindillo de Indias *m* Planta de pequeño tamaño, que se cultiva en los jardines.

guindo *m* Árbol parecido al cerezo, del que puede distinguirse por ser las hojas más pequeñas y el fruto más redondo y comúnmente ácido.

guiñapo *m* Andrajo o trapo roto, viejo o deslucido. ‖ (fig) Persona andrajosa. ‖ (fig) Persona envilecida, degradada. ‖ Persona débil.

guiñar *tr* Cerrar un ojo momentáneamente quedando el otro abierto. ‖ Dar guiñadas el buque. ‖ *Guat.* Tirar con fuerza. ◻ GUIÑADA; GUIÑO.

guiñol *m* Representación teatral por medio de títeres movidos con los dedos.

guiñoso, sa *adj Ven.* Díc. de lo que comunica mala suerte.

guión *m* Cruz que va delante del prelado de la comunidad con insignia propia. ‖ Argumento de una obra cinematográfica, radiofónica o televisiva, expuesto con lo necesario para su realización. ‖ (fig) El que va delante, enseña y amaestra a alguno. ‖ Signo ortográfico () que va al fin de renglón que termina con una palabra incompleta que continúa en la línea siguiente.

guionista m o f Autor de un guión de cine, radio, televisión, etc.

guipar tr (fam) Ver, percibir, descubrir.

guirigay m (fam) Lenguaje ininteligible. ‖ Griterío.

guirlache m Turrón de almendras tostadas y caramelo.

guirnalda f Corona abierta, de flores, hierbas, ramas, papel, etc., con que se ciñe la cabeza o se adorna algo.

guisa f Modo, manera.

guisado, da pp de guisar. • m Guiso preparado con salsa, después de rehogado el manjar.

guisante m Planta leguminosa, con fruto en vaina, que contiene diversas semillas esféricas. ‖ Semilla de esta planta. ▢ GUISANTAL; GUISO.

guisar tr Preparar los alimentos, especialmente haciéndolos cocer en una salsa después de rehogados. ‖ (fig) Ordenar, aderezar una cosa.

guita[1] f Cuerda delgada de cáñamo.

guita[2] f (fam) Dinero. ‖ Caudal, hacienda, bien.

guitar tr Coser con guita.

guitarra f Instrumento musical de seis cuerdas que se pulsan con los dedos de la mano derecha, mientras las pisan los de la izquierda donde conviene al tono. ▢ GUITARRAZO; GUITARRERÍA; GUITARRERO, RA; GUITARRESCO, CA; GUITARRISTA.

gula f Exceso en la comida o bebida, y apetito desordenado de comer y beber.

gules m pl Color rojo característico de la heráldica.

gulusmear intr Golosinear, andar oliendo lo que se guisa. ▢ GULUSMERO, RA.

gumía f Arma blanca morisca, especie de daga encorvada.

gurdo, da m R. Dom. Moneda nacional.

gurguciar intr (fam) Amér. Centr. Averiguar.

gurí, sa m y f Arg. Muchachito indio.

guripa m (fam) Golfo, vagabundo. ‖ (fam) Soldado. ‖ Guardia, persona que mantiene el orden.

gurrumino, na adj (fam) Ruin, desmedrado. • m y f Méx. Chiquillo, niño. • f Ecuad., Guat. y Méx. Cansera, molestia. ‖ Col. Tristeza.

guru o **gurú** m Maestro espiritual que enseña los principios básicos de la fe en la India y la adecuada ejecución de los actos rituales.

gurullo m Pella de lana, masa, engrudo, etcétera.

gusano m Nombre vulgar de las larvas de muchos insectos, como las orugas de ciertas mariposas. ‖ Lombriz. ‖ (fig) Hombre humilde y abatido. ▢ GUSANERA.

gusarapo, pa m y f Cualquiera de los animales, de forma de gusanos, que se crían en los líquidos.

gustar tr Sentir y percibir en el paladar el sabor de las cosas. • intr Agradar una cosa; parecer bien. ‖ Desear, querer y gozar una cosa.

gustillo m Regusto, sabor difícil de determinar de alguna cosa o no propio de ella.

gusto m Sentido que permite distinguir el sabor de las cosas. ‖ Sabor, sensación que se experimenta con dicho sentido. ‖ Placer o deleite. ‖ Propia voluntad o determinación. ‖ Facultad de sentir o apreciar lo bello. ‖ Manera de apreciar las cosas cada persona. ‖ Capricho, antojo. ▢ GUSTAZO.

gustoso, sa adj Sabroso. ‖ Que hace con gusto una cosa. ‖ Agradable, que causa gusto.

gutural adj Perteneciente o relativo a la garganta. ‖ Se aplica al sonido articulado en la garganta.

guzla f Instrumento de música de una sola cuerda y en forma de guitarra.

Hh

h *f* Octava letra del abecedario esp. y sexta de sus consonantes. Su nombre es hache, y actualmente no tiene sonido.

haba *f* Planta, leguminosa, con flores amariposadas, blancas o róseas y fruto en vaina. || Fruto y semilla de esta planta. || Simiente de ciertos frutos; como el café, cacao, etc. || Roncha, bultillo en la piel. ❏ HABAR.

habanero, ra *adj y s* Indiano, emigrante enriquecido. • *f* Baile originario de La Habana.

habano, na *adj* Perteneciente a La Habana, y por ext., a la isla de Cuba. Díc. más especialmente del tabaco.

haber[1] *m* Conjunto de bienes y derechos de una persona natural o jurídica. || Una de las dos partes en que se divide un libro contable. || (fig) Cualidades positivas en una persona o cosa.

haber[2] *tr* Verbo auxiliar que sirve para conjugar otros verbos en los tiempos compuestos. || *impers* Se usa sólo en 3ª pers. del sing. y en el infinitivo. || Acaecer, ocurrir. || Estar realmente en alguna parte. || Hallarse o existir.

habichuela *f* Judía, alubia.

hábil *adj* Aplicado a personas, con capacidad para algo. || Apto para una cosa. ❏ HABILIDAD.

habilitado, da *m y f* Encargado de los intereses de un cuerpo o sociedad. || *Amér.* Comerciante comanditado por otra persona.

habilitar *tr* Hacer a una persona o cosa hábil o apta. || Dar a uno el capital necesario para que pueda negociar por sí. || Dar a las personas capacidad civil o de representación y a las cosas aptitud legal. || *Cuba.* Fastidiar. • *tr y prnl* Facilitar a uno lo que necesita. ❏ HABILITACIÓN; HABILITADOR, RA.

habitación *f* Edificio o parte de él que se destina para habitarlo. || Cualquiera de los aposentos de la casa, especialmente el dormitorio. || Acción y efecto de habitar. ❏ HABITÁCULO.

habitante *m* El que habita en un sitio.

habitar *tr* e *intr* Vivir, morar. ❏ HABITABLE.

hábitat *m* Conjunto de factores ambientales en los que vive, de un modo natural, una determinada especie animal o vegetal.

hábito *m* Modo especial de proceder o conducirse, adquirido por repetición de los mismos actos. || Vestido o traje que se lleva en cumplimiento de un voto.

habitual *adj* Que se hace o posee por hábito.

habituar *tr y prnl* Acostumbrar o hacer que uno se acostumbre a una cosa. ❏ HABITUACIÓN.

habla *f* Facultad de hablar. || Acción de hablar. || Acto individual del ejercicio del lenguaje, en contraposición a lengua. || Idioma, lenguaje.

hablador, ra *adj y s* Que habla demasiado. • *adj Méx.* Valentón. || *Méx.* Mentiroso.

habladuría *f* (fam) Chisme, murmuración. Se usa mucho en plural.

hablar *intr* Articular palabras para darse a entender. || Conversar. || Pronunciar un discurso. || Expresarse de uno u otro modo. || Dirigir la palabra a una persona. || (fig) Murmurar o criticar. • *tr* Conocer un idioma, emplearlo. || Decir. • *prnl* Comunicarse, tratarse de palabra una persona con otra.

hacendado, da *adj y s* Que tiene hacienda en bienes raíces. || *Arg. y Chile.* Díc. del estanciero que se dedica a la cría de ganado.

hacendoso, sa *adj* Diligente en las faenas domésticas.

hacer *tr* Producir una cosa material o intelectual; darle el primer ser. || Fabricar formar. ‖ Causar, ocasionar. ‖ Disponer, arreglar. ‖ Junto con algunos nombres, significa la acción que indican éstos. ‖ Con nombre o *pron pers* en acusativo, creer o suponer. • *tr* y *prnl* Ejecutar, realizar. ‖ Con las preps. *con* o *de*, proveer. • *tr* e *intr* Ejercer, representar, actuar. ‖ Procurar, intentar. • *intr* y *prnl* Fingirse uno lo que no es. • *prnl* Volverse, transformarse. ‖ *impers* Presentarse el tiempo o estado atmosférico. ‖ Haber transcurrido cierto tiempo.

hacia *prep* que expresa dirección. ‖ *prep* temporal. Alrededor de, cerca de.

hacienda *f* Finca agrícola. ‖ Bienes y riquezas que uno tiene. ‖ Trabajos domésticos. Se usa más en plural. ‖ Ministerio de Hacienda.

hacinar *tr* Poner los haces unos sobre otros formando hacina. • *tr* y *prnl* (fig) Amontonar, acumular, juntar sin orden. ❑ HACINAMIENTO.

hacha *f* Herramienta cortante compuesta por una pala unida a un mango. ❑ HACHAZO.

hache *f* Nombre de la letra *h*.

hachís *m* Sustancia extraída del cáñamo índico. Estupefaciente activo, del que se extrae la marihuana.

hachón *m* Vela grande de cera.

hada *f* Ser fantástico que se representa en forma de mujer, y al que se atribuyen poderes sobrenaturales.

hado *m* Destino. ‖ Lo que nos sucede en el transcurso del tiempo. ‖ Orden de causas que necesariamente producen un efecto.

hagiografía *f* Historia de las vidas de los santos. ❑ HAGIOGRÁFICO, CA; HAGIÓGRAFO.

hala! *interj* Se emplea para infundir aliento o para meter prisa.

halagar *tr* Dar a uno muestras de afecto. ‖ (fig) Agradar, deleitar. ‖ Dar motivo de satisfacción. ❑ HALAGO; HALAGÜEÑO, ÑA.

halar *tr* Tirar de un cabo, lona, remo, etc.

halcón *m* Ave rapaz de pequeño tamaño y plumaje pardo leonado.

hale! *interj* ¡Hala!

halibut *m* Pez propio de los mares fríos. De su hígado se extrae el aceite de este nombre.

halita *f* Sal gema o sal común.

hálito *m* Aliento que sale por la boca. ‖ Soplo suave y apacible del aire.

halo *m* Fenómeno óptico atmosférico consistente en un anillo luminoso, gralte. concéntrico con el Sol o la Luna. ‖ Círculo de luz difusa en torno de un cuerpo luminoso. ‖ (fig) Brillo que da la fama o el prestigio.

haltera *f* Aparato gimnástico, formado por una barra metálica con discos o bolas pesadas en sus extremos.

halterofilia *f* Deporte olímpico de levantamiento de pesos y halteras. ❑ HALTERÓFILO, LA.

hall *m* Vestíbulo, zaguán.

hallar *tr* Dar con una persona o cosa sin buscarla. ‖ Encontrar lo que se busca. ‖ Inventar. ‖ Ver, observar, notar. ‖ Averiguar. • *prnl* Estar presente. ❑ HALLADO, DA; HALLAZGO.

hamaca *f* Tira ancha de lona, tejido fuerte o red que, colgada horizontalmente por sus extremos, sirve de cama y columpio, o bien como vehículo.

hambre *f* Sensación interna que hace desear la comida. ‖ Insatisfacción de la necesidad de comer. ‖ Escasez de alimentos. ‖ (fig) Deseo ardiente de una cosa. ❑ HAMBREAR.

hambriento, ta *adj* y *s* Que tiene mucha hambre. • *adj* (fig) Deseoso.

hambruna *f* (fam) Hambre grande.

hambrusia *f* (fam) *Amér.* Hambre.

hamburguesa *f* Tortita de carne picada, aderezada con diversos ingredientes, frita o asada. ❑ HAMBURGUESERÍA.

hampa *f* Género de vida de gente maleante, pícaros y rufianes. ‖ p. ext. Gente que se dedica a negocios ilícitos en cualquier sitio o época.

hampón *adj* y *s* Que vive del delito. ‖ Bravucón.

hámster *m* Mamífero roedor europeo de pequeño tamaño.

handicap *m* En competiciones deportivas, compensación de las desigualdades de los participantes para nivelar las posibilidades de triunfo. ‖ (fig) Condición o circunstancia desventajosa.

hangar *m* Estructura cubierta destinada a guarecer aviones.

h

happening m Vocablo ing. que designa una manifestación semiteatral en la que los participantes, actoresespectadores, se desenvuelven con plena libertad.

haragán, na adj y s Gandul, holgazán, que rehúye el trabajo. ☐ HARAGANEAR.

harapo m Andrajo. ☐ HARAPOSO, SA.

haraquiri m En Japón, suicidio ritual que consiste en abrirse el vientre con un tajo con una espada.

hardware m Soporte físico o conjunto de elementos mecánicos o electrónicos de una computadora o equipo de computación.

harén o **harem** m Departamento de las casas de los musulmanes en que viven las mujeres. ‖ Conjunto de estas mujeres.

harina f Producto alimenticio obtenido de moler los granos de cereales, especialmente del trigo, o de las semillas de diversas leguminosas. ‖ Polvo procedente de algunos tubérculos secos y molidos. ☐ HARINOSO, SA.

harinear intr Ven. Llover con gotas muy menudas.

harmonía f Armonía.

harnero m Criba. ☐ HARNEAR.

hartar tr, intr y prnl Saciar el apetito de comer o beber. • tr (fig) Satisfacer el gusto o deseo de una cosa. • tr y prnl (fig) Fastidiar, cansar.

hartazgo o **hartazón** m Exceso cometido tomando o haciendo algo.

harto, ta adj y s Lleno, saciado. ‖ Cansado.

hartón, na adj Amér. Centr. Glotón.

hasta prep que sirve para expresar el término o fin de una cosa. ‖ conj cop, significando también o aun.

hastiar tr y prnl Causar hastío, disgusto o aburrimiento. ☐ HASTÍO.

hatajador m Méx. El que guía la recua.

hatajo m Pequeño grupo de ganado. ‖ (desp) Grupo de personas o cosas.

hato m Ropa y pequeño ajuar de uso personal. ‖ Cierto número de ganado mayor o menor. ‖ Cuba y Ven. Hacienda destinada a la cría de ganado. ‖ (fig) Conjunto de cosas, o de personas despreciables.

haya f Árbol que crece hasta treinta metros de alto; su madera es de color blanco rojizo, ligera y resistente. ☐ HAYAL, HAYEDO.

hayuco m Fruto del haya.

haz[1] m Porción atada de mieses, lino, leña u otras cosas semejantes. ‖ Conjunto de partículas o rayos luminosos de un mismo origen, que se propagan sin dispersión.

haz[2] f Cara o rostro. ‖ (fig) Cara exterior del paño o de cualquier tela y de otras cosas, y especialmente la opuesta al envés.

hazaña f Acción de mucho valor o esfuerzo.

hazmerreír m (fam) Persona ridícula y extravagante.

he Forma impersonal del verbo haber, que junto con los adv aquí y allí, o con los pron me, te, la, le, lo, las, los, sirve para señalar o mostrar una persona o cosa.

heavy m Modalidad de música rock de ritmo enérgico y repetitivo y voces estridentes. • m o f Aficionado a este tipo de música.

hebilla f Pieza de metal para ajustar y unir las orejas de los zapatos, las correas, cintas, etc.

hebra f Porción de hilo que se mete por el ojo de una aguja para coser. ‖ Estigma de la flor del azafrán. ‖ Tabaco cortado en filamentos. ‖ Filamento de las materias textiles.

hebraísmo m Profesión de la ley de Moisés. ‖ Giro propio de la lengua hebrea.

hebreo, a adj y s Díc. del que profesa la ley de Moisés. • m Lengua de los hebreos. ☐ HEBRAICO, CA; HEBRAÍSMO; HEBRAÍSTA; HEBRAIZANTE.

hecatombe f Cualquier sacrificio solemne en que es grande el número de víctimas. ‖ (fig) Matanza, mortandad de personas.

hechicería f Conjunto de prácticas mágicas mediante las cuales se pretende dominar sucesos y acontecimientos, someter la voluntad ajena o influir en el destino. ‖ Acto mágico de hechizar. ☐ HECHICERO, RA.

echizar *tr* Ejercer un maleficio sobre alguien por medio de la hechicería. ‖ (fig) Despertar una persona o cosa admiración, afecto o deseo.

echizo *m* Cualquier práctica supersticiosa que usan los hechiceros para intentar el logro de sus fines. ‖ (fig) Atractivo o encanto intenso que posee una persona o cosa.

echo, cha *adj* Perfecto, maduro. ‖ Con los *adv* bien o mal, y aplicado a personas o animales, significa conformado. ‖ Aceptado, resuelto. • *m* Acción u obra. ‖ Suceso, acontecimiento. ‖ Asunto o materia de que se trata.

echor, ra *m* y *f Chile* y *Ecuad.* Malhechor. • *m Amér.* Garañón, caballo semental.

echura *f* Acción y efecto de hacer. ‖ Acción y efecto de confeccionar una prenda de vestir. ‖ Forma exterior que se da a las cosas. ‖ (fig) Persona a quien se debe su empleo, dignidad y fortuna. ‖ *Chile.* Acción de invitar a uno a beber.

ectárea *f* Medida de superficie equivalente a 100 áreas y a 10 000 m².

ectogramo *m* Medida de peso, que contiene 100 g.

ectolitro *m* Medida de capacidad, que contiene 100 l.

ectómetro *m* Medida de longitud, que contiene 100 m.

eder *intr* Despedir un olor muy malo y penetrante. ‖ (fig) Enfadar, cansar, ser intolerable.

ediondo, da *adj* Que despide hedor. ‖ (fig) Molesto, insufrible. ‖ (fig) Repugnante física o moralmente. ☐ HEDIONDEZ.

edonismo *m* Doctrina ética que identifica el bien con el placer y que propugna evitar todo dolor. ☐ HEDONISTA; HEDONÍSTICO, CA.

edor *m* Olor desagradable, que gralte. proviene de sustancias orgánicas en descomposición.

egemonía *f* Supremacía política, cultural, económica o militar de un Estado sobre otro u otros. ‖ p. ext. Superioridad en cualquier línea. ☐ HEGEMÓNICO, CA.

égira o **héjira** *f* Era de los mahometanos, que se cuenta desde el 15 de julio de 622, día de la huida de Mahoma de la Meca a Medina.

helada *f* Congelación de los líquidos, producida por el descenso de la temperatura.

helado, da *pp* de helar. • *adj* Muy frío. ‖ (fig) Suspenso, atónito, pasmado. ‖ (fig) Esquivo, desdeñoso. • *m* Postre o refresco compuesto de productos lácteos, azúcar y otros ingredientes que se somete a un proceso de congelación. ☐ HELADERÍA; HELADERO, RA.

helar *tr*, *intr* y *prnl* Congelar, cuajar, coagular o endurecer un líquido por la pérdida de calor. • *tr* (fig) Dejar a uno suspenso y pasmado. • *prnl* Ponerse una persona o cosa muy fría o yerta. ☐ HELAMIENTO.

helecho *m* Nombre común de distintas plantas que viven en lugares húmedos y sombríos. ☐ HELECHAL.

helenismo *m* Período de la cultura gr. posterior al reinado de Alejandro Magno. ‖ Influencia ejercida por la civilización griega. ☐ HELENÍSTICO, CA.

hélice *f* Mecanismo constituido por un número variable de aspas o palas que al girar alrededor de un eje producen una fuerza propulsora.

helicoidal *adj* En figura de hélice.

helicóptero *m* Aeronave sustentada y propulsada por una gran hélice de plano horizontal, que le permite elevarse y descender verticalmente.

helio *m* Gas que se desprende de los cuerpos radiactivos y se encuentra en la atmósfera y en yacimientos petrolíferos.

heliocéntrico, ca *adj* Se dice del sistema de coordenadas con centro en el Sol. ‖ Díc. de los sistemas cosmológicos que consideran al Sol como centro del Universo.

heliografía *f* Descripción del Sol. ‖ Fotografía de este astro. ☐ HELIOGRÁFICO, CA; HELIÓGRAFO.

heliomotor *m* Aparato que sirve para transformar la energía solar en energía mecánica.

helioterapia *f* Tratamiento de ciertas enfermedades mediante baños de sol.

heliotropismo *m* Fenómeno que ofrecen ciertas plantas de dirigir sus flores, sus tallos o sus hojas hacia el Sol.

heliotropo *m* Planta de flores pequeñas, azuladas, en espigas y vueltas todas al mismo lado.

helipuerto *m* Aeropuerto para uso exclusivo de helicópteros.

helminto *m* Gusano intestinal que parasita al hombre y los animales.

helor *m* Frío intenso y penetrante.

hematíe *m* Glóbulo rojo de la sangre. Se usa más en plural.

hematología *f* Parte de la medicina que estudia la sangre.

hematoma *m* Derrame de sangre en el interior de los tejidos orgánicos, producido por la rotura de uno o varios vasos.

hembra *f* Individuo del sexo femenino. ‖ Mujer. ‖ Planta que da frutos. ‖ (fig) Pieza que tiene un hueco por donde otra se introduce y encaja.

hembraje *m Amér. Merid.* Conjunto de las hembras de un ganado.

hembrilla *f* Piececita pequeña en que otra se introduce o asegura. ‖ Armella, anillo. ‖ *Ecuad.* Embrión, germen.

hemeroteca *f* Biblioteca en la que principalmente se guardan a disposición del público diarios y otras publicaciones periódicas.

hemiciclo *m* Semicírculo. ‖ Espacio central del salón de sesiones del Congreso de los Diputados.

hemiplejía o **hemiplejia** *f* Parálisis de todo un lado del cuerpo. ❑ HEMIPLÉJICO, CA.

hemisferio *m* Mitad de la esfera terrestre, dividida por el Ecuador o un meridiano. ‖ Cada una de las mitades de una esfera dividida por el plano que pase por su centro. ❑ HEMISFÉRICO, CA.

hemodiálisis *f* Método de depuración de la sangre por medio de un riñón artificial.

hemofilia *f* Enfermedad sanguínea caracterizada por la disminución del poder de coagulación de la sangre. ❑ HEMOFÍLICO, CA.

hemoglobina *f* Pigmento que da color a la sangre, contenido en los hematíes de todos los vertebrados y disuelto en el plasma sanguíneo de algunos invertebrados.

hemograma *m* Relación del número, proporción y variación de los leucocitos y hematíes contenidos en la sangre.

hemólisis *f* Proceso de degeneración, muerte y solubilización de los glóbulos rojos contenidos en la sangre.

hemopatía *f* Enfermedad de la sangre.

hemorragia *f* Flujo de sangre de cualquier parte del cuerpo. ❑ HEMORRÁGICO, CA.

hemorroide *f* Almorrana, variz de las venas del ano. ❑ HEMORROIDAL.

henal *m* Henil.

henar *m* Campo de heno.

henchir *tr* Ocupar con alguna cosa un espacio vacío. ‖ (fig) Colmar a uno de favores o de daños y ofensas. • *prnl* Hartarse de comida. ❑ HENCHIDOR, RA; HENCHIDURA; HENCHIMIENTO.

hendedura *f* Hendidura.

hender *tr* y *prnl* Abrir o rajar un cuerpo sólido sin dividirlo del todo. ‖ (fig) Atravesar o cortar un fluido. ❑ HENDEDOR, RA; HENDIMIENTO.

hendidura *f* Abertura o grieta producida por un corte, rotura, etcétera.

hendir *tr* Hender.

henequén *m* Pita, planta.

henil *m* Lugar donde se guarda el heno.

heno *m* Nombre común de las especies de plantas, gralte. gramíneas, que forman la vegetación propia de los prados. ‖ Hierba segada, seca, para alimento del ganado.

hepático, ca *adj* y *s* Que padece del hígado. • *adj* Perteneciente a esta víscera.

hepatitis *f* Inflamación del hígado.

heptacordo *m* Gama o escala usual compuesta de las siete notas *do, re, mi, fa, sol, la, si.*

heptaedro *m* Sólido terminado por siete caras.

heptágono, na *adj* y *s* Aplícase al polígono de siete lados. ❑ HEPTAGONAL.

heptámetro *adj* y *s* Díc. del verso que consta de siete pies.

heptasílabo, ba *adj* y *s* Que consta de siete sílabas.

heráldica f Ciencia del blasón, arte de componer, interpretar y descubrir los escudos. ❑ HERÁLDICO, CA; HERALDISTA.

herbáceo, a adj Que tiene la naturaleza o calidades de la hierba.

herbaje m Conjunto de hierbas de los prados y dehesas.

herbario, ria adj Perteneciente o relativo a las hierbas y plantas. • m Colección de plantas secas y clasificadas, usadas como material para el estudio de la botánica.

herbazal m Sitio poblado de hierbas.

herbero m Esófago del animal rumiante.

herbicida adj y s Díc. del producto químico que destruye plantas.

herbívoro, ra adj Díc. de aquellos animales que se alimentan de vegetales.

herbolario, ria m y f Persona que se dedica a recoger hierbas y plantas medicinales para venderlas. • m Tienda donde se venden plantas medicinales.

herboristería f Tienda donde se venden plantas medicinales.

herborizar intr Recoger plantas para estudiarlas o coleccionarlas. ❑ HERBORIZACIÓN.

hércules m Hombre de mucha fuerza. ❑ HERCÚLEO, A.

heredad f Porción de terreno cultivado perteneciente a un mismo dueño.

heredar tr Suceder por disposición testamentaria o legal en los bienes y acciones que tenía uno al tiempo de su muerte. ‖ Recibir los seres vivos determinados caracteres biológicos que tienen sus progenitores. ❑ HEREDADO, DA; HEREDITARIO, RIA.

heredero, ra adj y s Díc. de la persona a quien pertenece una herencia. • adj (fig) Que tiene ciertos caracteres o inclinaciones de sus padres.

hereje m o f Cristiano que en materia de fe profesa doctrinas contrarias a la Iglesia católica.

herejía f Doctrina que la Iglesia considera contraria a la fe católica. ‖ (fig) Sentencia errónea contra los principios de una ciencia o arte. ‖ (fig) Palabra gravemente injuriosa contra uno.

herencia f Bienes, derechos o cualquier otra cosa que se hereda.

heresiarca m Autor de una herejía.

herida f Lesión traumática con solución de continuidad de la piel. ‖ (fig) Ofensa, agravio.

herido, da pp de herir. • adj y s Con el adv mal, gravemente herido. • m Chile. Zanja para los cimientos.

herir tr Producir una herida a una persona o animal. ‖ (fig) Mover, excitar en el ánimo alguna pasión o sentimiento. ‖ (fig) Ofender, agraviar.

hermafrodita adj Que tiene los dos sexos.

hermanado, da pp de hermanar. • adj (fig) Igual y uniforme en todo a una cosa.

hermanar tr y prnl Unir, uniformar. ‖ Hacer a uno hermano de otro en sentido espiritual.

hermanastro, tra m y f Hijo de uno de los dos consortes con respecto al hijo del otro.

hermandad f Relación de parentesco que hay entre hermanos. ‖ (fig) Amistad íntima. ‖ (fig) Cofradía, congregación de devotos. ‖ Liga o confederación.

hermano, na m y f Persona que con respecto a otra tiene los mismos padres, o solamente el mismo padre o la misma madre. ‖ (fig) Persona admitida por una comunidad religiosa a participar de ciertos privilegios. • m (fig) C. Rica. Aparecido, espectro.

hermenéutica f Arte de interpretar los textos sagrados. ❑ HERMENEUTA; HERMENÉUTICO, CA.

hermético, ca adj Díc. de lo que cierra una abertura de modo que no permita pasar el aire ni otra materia gaseosa. ‖ (fig) Impenetrable, cerrado. ‖ (fig) Secreto, muy reservado. ❑ HERMETICIDAD; HERMETISMO.

hermoso, sa adj Dotado de hermosura. ‖ Grandioso, excelente y perfecto en su línea. ‖ Despejado, apacible y sereno.

hermosura f Belleza de las cosas que pueden ser percibidas por el oído o por la vista.

hernia f Salida de vísceras abdominales a través de algún orificio preexistente en la pared abdominal. ❑ HERNIADO, DA; HERNIARIO, RIA.

h

herniarse *prnl* Sufrir una hernia. ‖ (fig, fam) Realizar un gran esfuerzo.

héroe *m* Persona que ha realizado una acción que requería mucho valor. ‖ Personaje pral. de una obra literaria o de una aventura.

heroicidad *f* Calidad de héroe. ‖ Acción heroica.

heroico, ca *adj* Aplícase a las personas famosas por sus hazañas o virtudes, y, p. ext., díc. también de las acciones.

heroína[1] *f* Mujer ilustre y famosa por sus grandes hechos. ‖ Protagonista de una obra literaria.

heroína[2] *f* Droga derivada de la morfina, con propiedades sedantes y narcóticas.

heroinomanía *f* Toxicomanía debida a la heroína.

heroinómano, na *adj y s* Díc. de la persona adicta a la heroína.

herpes o herpe *amb* Erupción cutánea acompañada de escozor y debida al agrupamiento de pequeñas ampollas que, cuando se rompen, forman costras o escamas.

herrada *f* Cubo de madera con grandes aros de hierro.

herradero *m* Acción y efecto de marcar con el hierro los ganados.

herradura *f* Hierro que se clava a las caballerías en los cascos.

herraje *m* Conjunto de piezas metálicas con que se guarnece o asegura algo. ‖ *Arg.* Herradura que se pone a las bestias.

herramienta *f* Cualquier instrumento empleado, manualmente o por medio de máquinas accionadoras, en trabajos artesanales o industriales. ‖ Conjunto de estos instrumentos.

herrar *tr* Poner las herraduras a las caballerías. ‖ Marcar con un hierro candente los ganados. ☐ HERRADO; HERRADOR, RA.

herrería *f* Oficio y taller del herrero.

herrero *m* Artesano que trabaja el hierro en un pequeño taller.

herrete *m* Cabo de alambre que se pone a los cordones, cintas, etc., para que entren fácilmente por los ojetes. ‖ *Amér.* Aparato para herrar.

herrumbre *f* Óxido de hierro formado por la acción del aire húmedo sobre di-

cho metal. ‖ Gusto o sabor que toman de hierro algunas cosas, como las aguas. ☐ HERRUMBRAR; HERRUMBROSO, SA.

hertz *m* Unidad de frecuencia correspondiente a un período de 1 segundo.

hervidero *m* Movimiento y ruido que hacen los líquidos cuando hierven. ‖ (fig) Manantial donde surge el agua con burbujas gaseosas. ‖ (fig) Muchedumbre de personas o de animales.

hervir *tr e intr* Poner o ponerse un líquido en la fase de ebullición. • *intr* (fig) Con la *prep en* y ciertos nombres, abundar en las cosas significadas por ellos. ☐ HERVIDO, DA.

hervor *m* Acción y efecto de hervir.

heteróclito, ta *adj* Irregular, extraño.

heterodoxo, xa *adj y s* Que es contrario o se aparta de lo comúnmente admitido como válido en el aspecto doctrinal o moral.

heterogéneo, a *adj* Compuesto de partes de diversa naturaleza.

heteronimia *f* Procedencia de distintos étimos en palabras de significado muy próximo. ☐ HETERÓNIMO.

heterosexual *adj y s* Por oposición a homosexual, díc. de la relación erótica entre individuos de diferente sexo.

heterótrofo, fa *adj y m* Díc. del organismo viviente que para su alimentación necesita de las materias orgánicas sintetizadas por otros organismos.

hético, ca *adj y s* Tísico. • *adj y s* (fig) Muy flaco.

heurística *f* Parte de la historia que se ocupa de la investigación documental. ☐ HEURÍSTICO, CA.

hevea *f* Planta del caucho.

hexaedro *m* Sólido de seis caras.

hexágono, na *adj y m* Díc. del polígono de seis ángulos y seis lados. ☐ HEXAGONAL.

hexámetro *m* Verso de la poesía gr. y latina que consta de seis pies.

hexasílabo, ba *adj y s* De seis sílabas.

hez *f* Poso o sedimento de algunos líquidos. Se usa más en plural. ‖ (fig) Desecho. • *f* Excrementos o residuos de la digestión.

hiato *m* Encuentro de dos vocales que se pronuncian en sílabas distintas.

hibernación f Estado de letargo de ciertos animales durante el invierno.

hibernal adj Relativo al invierno.

hibernar intr Pasar el invierno en estado latente.

hibridación f Producción de seres híbridos.

híbrido, da adj y s Aplícase al animal o al vegetal que procede de dos individuos de distinta especie. • adj (fig) Díc. de todo lo que es producto de elementos de distinta naturaleza.

hidalgo, ga m y f Persona noble, pero sin título. • adj Perteneciente a un hidalgo. ‖ Noble generoso. ❏ HIDALGUÍA.

hidra f Pólipo de agua dulce cuyo cuerpo consiste en un saco tubular cerrado por una extremidad y con varios tentáculos en la otra.

hidrácido m Ácido compuesto de hidrógeno y un halógeno.

hidratar tr y prnl Combinar una sustancia con el agua. • tr Restablecer el grado de humedad normal en la piel. ❏ HIDRATACIÓN.

hidrato m Producto resultante de la combinación de una sustancia química con el agua.

hidráulica f Parte de la mecánica que estudia los líquidos. ‖ Técnica de la conducción, contenido y elevamiento de las aguas.

hidroavión m Aeroplano con flotadores que le permiten posarse y despegar en el agua.

hidrocarburo m Compuesto orgánico que contiene carbono e hidrógeno únicamente.

hidrocefalia f Hidropesía de la cabeza. ❏ HIDROCÉFALO, LA.

hidrodinámica f Parte de la física que estudia el movimiento de los fluidos.

hidroelectricidad f Energía eléctrica obtenida por fuerza hidráulica. ❏ HIDROELÉCTRICO, CA.

hidrófana f Ópalo que adquiere transparencia dentro del agua.

hidrófilo, la adj Dícese de la sustancia que absorbe el agua con gran facilidad. • adj y m Dícese de los organismos que habitan en ambientes húmedos.

hidrofobia f Aversión al agua.

hidrófugo, ga adj y m Díc. de las sustancias que evitan la humedad o las filtraciones.

hidrogenar tr Combinar una sustancia química con hidrógeno.

hidrógeno m Gas inodoro, incoloro e insípido, que combinado con el oxígeno produce el agua.

hidrogeología f Ciencia que estudia las aguas subterráneas.

hidrografía f Conjunto de mares y aguas corrientes de un país o de una zona. ❏ HIDROGRÁFICO, CA; HIDRÓGRAFO, FA.

hidrólisis f Descomposición de un compuesto químico por la acción del agua.

hidrología f Ciencia que estudia las aguas superficiales. ❏ HIDROLÓGICO, CA.

hidrometría f Parte de la hidrodinámica, que trata del modo de medir el caudal, la velocidad o la presión de los líquidos en movimiento. ❏ HIDROMÉTRICO, CA.

hidropesía f Acumulación de líquido seroso en una cavidad o tejido celular. ❏ HIDRÓPICO, CA.

hidroplano m Hidroavión que a medida que aumenta la velocidad navega fuera del agua.

hidrosfera f Conjunto de aguas superficiales de la corteza terrestre.

hidrosoluble adj Que es soluble en el agua.

hidrostática f Parte de la mecánica que estudia los fluidos en equilibrio. ❏ HIDROSTÁTICO, CA.

hidroterapia f Tratamiento de las enfermedades mediante la aplicación del agua.

hidrotermal adj Díc. del fenómeno en el que el agente pral. es el agua a elevada temperatura y con gran cantidad de sustancias en disolución.

hidróxido m Compuesto químico que contiene en su molécula el grupo hidroxilo.

hidroxilo m Radical formado por un átomo de hidrógeno y otro de oxígeno.

hidruro m Combinación del hidrógeno con un metal.

hiedra f Arbusto trepador de flores amarillentas y frutos de color negro.

hiel *f* Bilis. ‖ (fig) Amargura, aspereza. • *pl* (fig) Trabajos, adversidades, disgustos.

hielo *m* Estado sólido y cristalino que adquiere el agua cuando llega a 0 °C. ‖ Acción de helar o helarse.

hiena *f* Mamífero carnívoro que se alimenta de carroña. ‖ (fig) Persona cruel e inhumana.

hierático, ca *adj* Perteneciente o relativo a las cosas sagradas o a los sacerdotes. ‖ (fig) Díc. también del estilo o ademán que tiene o afecta solemnidad extrema.

hierba *f* Cualquiera de las plantas de pequeño porte, anuales o perennes, de tallo tierno. ‖ Conjunto de muchas hierbas que nacen en un terreno. ‖ Nombre dado a algunas drogas, especialmente a la marihuana.

hierbabuena *f* Planta de olor agradable que se emplea como condimento.

hierra *f* Amér. Acción y efecto de marcar los ganados con el hierro.

hierro *m* Metal de color gris plateado, dúctil y tenaz, muy abundante en la naturaleza. ‖ Instrumento de este material con que se realiza la operación de marcar.

higa *f* Gesto despreciativo con el puño. ‖ (fig) Burla o desprecio.

hígado *m* Víscera digestiva de gran tamaño y de funciones muy complejas, que se encuentra en todos los vertebrados. ‖ (fig) Ánimo, valentía.

higiene *f* Parte de la medicina que trata de las normas de conservación de la salud. ‖ (fig) Limpieza, aseo. ❏ HIGIÉNICO, CA.

higienista *adj y s* Díc. de la persona dedicada al estudio de la higiene.

higienizar *tr* Disponer o preparar una cosa conforme a las prescripciones de la higiene.

higo *m* Fruto de la higuera, blando y dulce, que se toma como postre. ‖ (fig) Cosa insignificante.

higrometría *f* Parte de la meteorología que se ocupa de los métodos de determinación de la humedad atmosférica. ❏ HIGRÓMETRO.

higroscopia *f* Higrometría.

higrostato *m* Aparato destinado a mantener un determinado grado de humedad en un ambiente.

higuera *f* Planta arbórea de gran porte, propia de la región mediterránea. Sus frutos son la breva y el higo. ❏ HIGUERAL.

hijastro, tra *m y f* Respecto de uno de los cónyuges, hijo o hija que el otro ha tenido de un matrimonio anterior.

hijear *intr* Amér. Ahijar, retoñar.

hijillo *m* Hond. Emancipación de los cadáveres.

hijo, ja *m y f* Persona o animal, respecto de su padre o de su madre. ‖ (fig) Cualquier persona con respecto a la localidad o país donde ha nacido. • *m* Tallo tierno o retoño de una planta.

hijuela *f* Cosa aneja o subordinada a otra principal. ‖ Documento donde se reseñan los bienes que tocan en una participación a uno de los herederos. ‖ Chile. Fundo rústico que se forma de la división de otro mayor.

hijuelar *tr* Chile. Dividir un fundo en hijuelas.

hilacha *f* Pedazo de hilo que se desprende de una tela. ‖ Porción insignificante de alguna cosa. ‖ Resto, residuo. ❏ HILACHENTO, TA; HILACHOSO, SA.

hilada *f* Formación en línea. ‖ Serie horizontal de ladrillos que se van poniendo en un edificio.

hilado, da *pp* de hilar. • *m* Acción y efecto de hilar. ‖ Fibra textil reducida a hilo.

hilar *tr* Reducir a hilo una fibra textil. ‖ Sacar de sí algunos insectos la hebra para formar el capullo. ‖ (fig) Discurrir, trazar o inferir unas cosas de otras. ❏ HILADOR, RA; HILANDERÍA; HILANDERO, RA.

hilarante *adj* Que inspira alegría.

hilaridad *f* Risa ruidosa y prolongada.

hilatura *f* Proceso de conversión de fibras textiles sueltas en hilos. • *pl* Manufactura de hilados.

hilaza *f* Hilado, fibra textil reducida a hilo.

hilera *f* Orden o formación en línea de un número de personas o cosas. ‖ Herramienta para producir alambre o hilo metálico partiendo de material laminado.

hilo *m* Hebra larga y delgada que se forma mediante la hilatura de materias textiles.

‖ Alambre muy delgado. ‖ (fig) Chorro muy delgado de un líquido.

hilván *m* Costura de puntadas largas con que se une y prepara lo que se ha de coser después. ‖ *Chile.* Hilo que se emplea para hilvanar.

hilvanar *tr* Unir con hilvanes lo que se ha de coser después. ‖ (fig) Enlazar o coordinar ideas, frases, etc.

himen *m* Repliegue membranoso que se sitúa entre el conducto vaginal externo y el vestíbulo de la vagina.

himeneo *m* Boda o casamiento.

himno *m* Composición lírica que expresa sentimientos inspirados en algo digno de alabanza.

hincada *f Cuba.* Acción y efecto de hincar o fijar una cosa. ‖ *Chile.* Genuflexión.

hincapié *m* Acción de hincar el pie para hacer fuerza o para apoyarse.

hincar *tr* Introducir o clavar una cosa en otra.• *prnl* Arrodillarse. ❏ HINCADURA.

hincha *f* (fam) Odio o enemistad. • *m y f* Partidario fanático de un equipo de fútbol.

hinchado, da *pp* de hinchar. • *adj* Díc. del lenguaje, estilo, etc., grandilocuente, enfático. • *f* Conjunto de hinchas.

hinchahuevos *adj y s Arg., Chile y Ur.* Díc. de la persona cargante o molesta.

hinchar *tr y prnl* Hacer que aumente de volumen algún objeto, llenándolo de aire u otra cosa. ‖ (fig) Aumentar el agua de un río, arroyo, etc.• *tr* (fig) Exagerar. ❏ HINCHAZÓN.

hindi *m* Lengua hablada en la India.

hindú *adj y s* Natural de la India.

hinduismo *m* Religión predominante en la India.

hiniesta *f* Retama.

hinojo[1] *m* Planta de flores pequeñas y amarillas, que desprende un olor agradable y se usa como condimento.

hinojo[2] *m* Rodilla. Se usa más en plural.

hipar *intr* Tener hipo. ‖ Gimotear.

hipérbaton *m* Figura de construcción consistente en invertir el orden lógico en que deben colocarse las palabras.

hipérbola *f* Curva cónica, que es el lugar geométrico de los puntos del plano cuya diferencia de distancias a dos puntos fijos, llamados focos, es constante en valor absoluto.

hipérbole *f* Figura que consiste en aumentar o disminuir excesivamente la verdad de aquello de que se habla. ❏ HIPERBÓLICO, CA.

hiperestesia *f* Sensibilidad excesiva y dolorosa.

hipermercado *m* Gran supermercado con precios relativamente bajos.

hipermetropía *f* Defecto de la visión que impide ver bien de cerca. ❏ HIPERMÉTROPE.

hipersensibilidad *f* Sensibilidad mayor que la normal.

hipersensible *adj* Que es muy sensible a estímulos afectivos o emocionales.

hipertensión *f* Aumento del tono o tensión arterial en general. ❏ HIPERTENSO, SA.

hipertermia *f* Aumento de la temperatura del cuerpo.

hipertrofia *f* Aumento excesivo del volumen de un órgano. ❏ HIPERTRÓFICO, CA.

hípico, ca *adj* Perteneciente o relativo al caballo y a la equitación. • *f* Deporte ecuestre.

hipnosis *f* Estado de semiconsciencia, inducido artificialmente, en el que existe un aumento del automatismo y de las manifestaciones del inconsciente. ❏ HIPNÓTICO, CA; HIPNOTISMO.

hipnotizar *tr* Producir hipnosis. ‖ (fig) Fascinar a alguien. ❏ HIPNOTIZACIÓN.

hipo *m* Ruido gutural explosivo provocado por contracción del diafragma. ❏ HIPOSO, SA.

hipocampo *m* Caballito de mar.

hipocentro *m* Punto del interior de la corteza terrestre en el que se origina un movimiento sísmico o terremoto.

hipocondría *f* Trastorno mental caracterizado por la preocupación obsesiva por la propia salud. ❏ HIPOCONDRÍACO, CA.

hipocorístico, ca *adj* Díc. de los nombres que en forma diminutiva, abreviada o infantil se usan como designaciones cariñosas, familiares o eufemísticas.

hipócrita *adj y s* Que finge o aparenta lo que no es o lo que no siente. ❏ HIPOCRESÍA.

hipodérmico, ca *adj* Que está o se pone debajo de la piel.

hipódromo *m* Recinto destinado para competiciones hípicas, especialmente carreras.

hipófisis *f* Glándula de secreción interna, situada en la base del encéfalo, que regula el funcionamiento de otras glándulas.

hipogastrio *m* Región inferior del abdomen.

hipoglucemia *f* Disminución de la concentración de glucosa en la sangre por debajo de los límites normales.

hipopótamo *m* Mamífero acuático de aspecto rechoncho, patas cortas y hocico redondo, que vive semisumergido en los ríos africanos.

hipotálamo *m* Porción central del encéfalo destinada a la regulación de las prals. funciones de la vida vegetativa.

hipoteca *f* Gravamen sobre bienes inmuebles por el que quedan adscritos como garantía de una obligación con que se garantiza el pago de un crédito.

hipotecar *tr* Gravar bienes inmuebles con una hipoteca. ‖ (fig) Poner en peligro una cosa con alguna acción.

hipotensión *f* Tensión muy baja de la sangre en el aparato circulatorio. ☐ HIPOTENSO, SA.

hipotenusa *f* Lado mayor de un triángulo rectángulo, opuesto al ángulo recto.

hipotermia *f* Descenso de la temperatura del cuerpo por debajo de lo normal.

hipótesis *f* Suposición de una cosa, sea posible o imposible, para sacar de ella una consecuencia. ☐ HIPOTÉTICO, CA.

hirsuto, ta *adj* Díc. del pelo disperso y duro y de lo que está cubierto de pelo de esta clase o de púas o espinas.

hisopo *m* Mata muy olorosa usada en medicina y perfumería. ‖ Aspersorio para el agua bendita. ‖ *Amér.* Brocha, escobón.

hispánico, ca *adj* Español, perteneciente o relativo a España.

hispanidad *f* Carácter genérico de los pueblos de lengua y cultura españolas. ‖ Conjunto y comunidad de los pueblos hispánicos.

hispanismo *m* Palabra española que ha llegado a formar parte del léxico de otro idioma. ‖ Estudio sobre aspectos culturales y sociales de España. ☐ HISPANISTA.

hispanizar *tr* y *prnl* Dar a una persona o cosa carácter hispánico.

hispano, na *adj* Hispánico. • *adj* y *s* Español. ‖ Hispanoamericano.

hispanoamericano, na *adj* y *s* Natural de Hispanoamérica.

hispanoárabe *adj* y *s* Hispanomusulmán.

hispanófilo, la *adj* y *s* Dícese del extranjero aficionado a la cultura, historia y costumbres de España.

hispanohablante *adj* y *s* Díc. de la persona, comunidad o país que tiene como lengua materna el español.

hispanomusulmán, na *adj* y *s* Natural de la España musulmana.

histamina *f* Sustancia orgánica que provoca un descenso en la tensión arterial y activa la secreción.

histeria o **histerismo** *m* Enfermedad nerviosa, caracterizada por una variedad de síntomas, pralm. funcionales, y a veces por ataques convulsivos. ‖ Estado pasajero de excitación nerviosa. ☐ HISTÉRICO, CA.

histograma *m* Gráfico para representar estadísticas.

histología *f* Parte de la anatomía, que trata del estudio microscópico de los tejidos orgánicos. ☐ HISTOLÓGICO, CA; HISTÓLOGO, GA.

historia *f* Conocimiento del pasado de la humanidad, desde la aparición del ser humano hasta nuestros días. ‖ Conjunto de los sucesos referidos por los historiadores. ‖ Obra histórica. ‖ (fig) Fábula o narración inventada. ‖ (fig, fam) Cuento, enredo. ☐ HISTORIADOR, RA; HISTORICIDAD; HISTORIÓGRAFO, FA.

historiado, da *adj* (fig, fam) Recargado de adornos o de colores mal combinados.

historial *adj* Perteneciente a la historia. • *m* Reseña circunstanciada de los antecedentes de algo o alguien.

historiar *tr* Componer, contar o escribir historias. ‖ Exponer las vicisitudes por que ha pasado una persona o cosa. ‖ (fam) *Amér.* Complicar, confundir, enmarañar.

histórico, ca *adj* Perteneciente a la historia. ‖ Digno de figurar en la historia por su trascendencia.

historieta *f* Cuento breve y divertido, anécdota. ‖ Cómic, historia breve ilustrada.

historiografía *f* Arte de escribir la historia. ‖ Estudio biográfico y crítico de los escritos sobre historia y de sus fuentes, y de los autores que han tratado de estas materias. ❑ HISTORIOGRÁFICO, CA; HISTORIÓGRAFO, FA.

histrión *m* El que representaba disfrazado en la comedia o tragedia antigua. ‖ Actor teatral. ❑ HISTRIÓNICO, CA; HISTRIONISMO.

hit *m* Referido a grabaciones musicales, triunfo, éxito.

hito *m* Mojón o poste de piedra.

hobby *m* Afición o pasatiempo.

hocicar *tr* Levantar la tierra con el hocico. • *intr* Dar de hocicos en algo o contra algo.

hocico *m* Parte más o menos prolongada de la cabeza de algunos animales, en que se hallan la boca y la nariz. ‖ (fig, fam) Cara de una persona.

hockey *m* Juego entre dos equipos en que cada jugador tiene un palo de extremo curvo (*stick*) que utiliza para jugar la pelota.

hogaño *adv* tiempo (fam) En este año, en el año presente. ‖ p. ext. En esta época.

hogar *m* Sitio donde se coloca la lumbre en las cocinas, chimeneas, hornos de fundición, etc. ‖ (fig) Casa o domicilio. ‖ (fig) Vida de familia. ❑ HOGAREÑO, ÑA.

hoguera *f* Fuego encendido en el suelo y al aire libre.

hoja *f* Órgano laminar que nace en la extremidad de los tallos y ramas de los vegetales, cuya función pral. es realizar la fotosíntesis. ‖ Pétalo. ‖ Lámina delgada de cualquier materia. ‖ En los libros y cuadernos, cada una de las partes iguales que resultan al doblar el papel para formar el pliego. ‖ Laminilla delgada, a manera de escama, que se levanta en los metales al tiempo de batirlos. ‖ Cuchilla de las armas blancas y herramientas. ‖ En las puertas, ventanas, etc., cada una de las partes que se abren y se cierran.

hojalata *f* Chapa de hierro o acero bañada de estaño. ❑ HOJALATERÍA; HOJALATERO, RA.

hojaldra *f Amér*. Hojaldre.

hojaldrar *tr* Dar a la masa forma de hojaldre.

hojaldre *m* Pasta amasada con manteca que, cocida al horno, forma hojas delgadas superpuestas.

hojarasca *f* Conjunto de las hojas que han caído de los árboles.

hojear *tr* Mover o pasar ligeramente las hojas de un libro. ‖ Pasar las hojas de un libro leyendo deprisa algunos pasajes.

¡hola! *interj* Se emplea para saludar familiarmente.

holandés, sa *adj* y *s* De Holanda. • *m* Idioma hablado en Holanda.

holding *m* Monopolio en forma de sociedad anónima cuyo objetivo es controlar otras empresas por medio de acciones.

holgado, da *pp* de holgar. • *adj* Ancho y sobrado para lo que ha de contener. ‖ (fig) Díc. del que tiene más de lo que precisa para vivir.

holganza *f* Descanso, quietud, reposo.

holgar *intr* Descansar, no trabajar. • *intr* y *prnl* Alegrarse de una cosa. • *prnl* Divertirse.

holgazán, na *adj* y *s* Aplícase a la persona vagabunda y ociosa, que no quiere trabajar.

holgazanear *tr* Estar voluntariamente ocioso, o trabajando muy poco. ❑ HOLGAZANERÍA.

holgura *f* Anchura excesiva. ‖ Espacio vacío que queda entre dos piezas que han de encajar una en otra. ‖ Desahogo, bienestar económico.

hollar *tr* Pisar con los pies. ‖ (fig) Abatir, humillar. ❑ HOLLADURA.

hollejo *m* Piel delgada que cubre algunas frutas leguminosas.

hollín *m* Sustancia negra formada por carbono impuro firmemente pulverizado.

hollinar *tr Chile*. Cubrir de hollín.

holocausto *m* Gran matanza de seres humanos.

holografía *f* Procedimiento para conseguir una imagen con sensación de relieve.

hológrafo, fa *adj* y *m* Díc. del testamento de puño y letra del testador. ‖ Autógrafo.

hombre *m* y Animal racional clasificado desde el punto de vista zoológico como mamífero del orden de los primates. ‖ Especie humana, en general. ‖ Varón. ‖ Marido, esposo. ☐ HOMBRADA; HOMBRUNO, NA.

hombrear *intr* Querer el joven parecer hombre hecho. ‖ *Méx.* Díc. de la mujer a la que le gustan las ocupaciones u oficios de los hombres. ‖ *Col.* y *Méx.* Proteger, ayudar.

hombrera *f* Adorno de algunos vestidos y uniformes en la parte correspondiente a los hombros.

hombría *f* Calidad de hombre. ‖ Entereza, valor.

hombro *m* Parte del cuerpo humano comprendida entre el cuello y la articulación del omóplato con el húmero. ‖ Parte del vestido, chaqueta, etc. que cubre toda esta zona.

homenaje *m* Juramento solemne de fidelidad que se hacía antiguamente a un rey o señor. ‖ Acto o serie de actos que se celebran en honor de una persona.

homenajear *tr* Rendir homenaje a alguien. ☐ HOMENAJEADO, DA.

homeopatía *f* Sistema terapéutico que consiste en curar las enfermedades mediante sustancias cuyos efectos son semejantes a los síntomas que se quieren combatir. ☐ HOMEÓPATA.

homeóstasis u **homeostasis** *f* Tendencia de los seres vivos a presentar una relativa constancia en las composiciones y las propiedades de su medio interno.

homicida *adj* y *s* Que ocasiona la muerte de una persona.

homicidio *m* Muerte causada a una persona por otra.

homilía *f* Discurso dirigido a los fieles sobre materias religiosas u otras que afectan a la comunidad.

homínido, da *adj* y *m* Díc. del individuo de la familia de mamíferos primates, que cuenta con una sola especie superviviente, el hombre.

homófono, na *adj* Díc. de las palabras que se pronuncian igual, pero que tienen diferente significado.

homogeneizar *tr* Transformar en homogéneo un compuesto o mezcla de elementos.

homogéneo, a *adj* Perteneciente a un mismo género. ‖ Díc. del conjunto cuyos elementos son de igual naturaleza o condición.

homógrafo, fa *adj* Díc. de las palabras de distinta significación que se escriben igual.

homologar *tr* Registrar y autorizar oficial o privadamente una determinada técnica o producto, un aparato, etc. ‖ Registrar y confirmar un organismo autorizado el resultado de una prueba deportiva. ☐ HOMOLOGACIÓN.

homólogo, ga *adj* y *s* Díc. de la persona que se halla en las mismas condiciones de vida, trabajo, etc., que otra. • *adj* Díc. de los órganos de los animales o vegetales de especies diferentes que tienen el mismo origen embriológico, sin tener necesariamente la misma forma o función.

homónimo, ma *adj* y *s* Díc. de las palabras que siendo iguales por su forma tienen distinta significación. • *adj* Persona que tiene el mismo nombre que otra. ☐ HOMONIMIA.

homosexual *adj* y *s* Díc. del individuo que experimenta inclinación erótica hacia las personas de su propio sexo. • *adj* Díc. de la relación erótica entre individuos del mismo sexo. ☐ HOMOSEXUALIDAD.

honda *f* Tira de una materia flexible, como el cuero, para disparar piedras a distancia.

hondo, da *adj* Que tiene profundidad. ‖ Aplícase a la parte del terreno que está más baja que todo lo circundante. ‖ (fig) Profundo, alto o recóndito. ‖ Tratándose de sentimientos, intenso.

hondonada *f* Espacio de terreno hondo.

hondura *f* Profundidad de una cosa.

honesto, ta *adj* Decente o decoroso. ‖ Recto, honrado.

hongo *m* Cualquiera de las plantas carentes de clorofila que viven sobre materias orgánicas en descomposición o parásitas de vegetales o animales.

honor m Cualidad que impulsa al hombre a comportarse de modo que merezca la consideración y respeto de la gente. ‖ Honestidad. ‖ Dignidad, cargo o empleo.

honorable adj Respetable, digno. ❏ HONORABILIDAD.

honorario, ria adj Que sirve para honrar a uno. • m Retribución percibida como sueldo en las profesiones liberales.

honra f Dignidad, conducta intachable. • pl Honras fúnebres, oficio solemne por los difuntos.

honradez f Proceder recto, propio de la persona honrada. ❏ HONROSO, SA.

honrado, da pp de honrar. • adj Que procede con honradez.

honrar tr Respetar a una persona. ‖ Enaltecer o premiar su mérito. ❏ HONRAMIENTO.

hontanar m Sitio en que nacen fuentes o manantiales.

hopear intr Menear la cola los animales, especialmente la zorra cuando la siguen. ‖ (fig) Callejear. ‖ Ven. Llamar a gritos.

hopo m Rabo o cola de algunos animales con mucho pelo o lana.

hora f Intervalo de tiempo equivalente a una veinticuatroava parte del día. ‖ Momento oportuno y determinado para una cosa. ‖ Momento determinado del día.

horadar tr Agujerear una cosa atravesándola de parte a parte. ❏ HORADACIÓN.

horario, ria adj Perteneciente o relativo a las horas. • m Saetilla o mano de reloj que señala las horas.

horca f Aparato formado por una barra horizontal, sostenida por otras verticales, y de la que cuelga una cuerda para ahorcar a los reos condenados. ‖ Palo que remata en dos o más púas y que se utiliza para diversas tareas agrícolas.

horcajadas (a) m adv Postura del que se monta en una caballería o se sienta en cualquier sitio, echando una pierna por cada lado.

horchata f Bebida refrescante hecha con el jugo de chufas, almendras, etc., mezclado con agua y azúcar. ❏ HORCHATERÍA; HORCHATERO, RA.

horda f Grupo de gente que actúa sin disciplina ni moderación.

horero m (fam) Amér. Horario de reloj.

horizontal adj Que está en el horizonte o paralelo a él. • adj y s Dícese de la línea, disposición o dirección que va de derecha a izquierda o viceversa. ❏ HORIZONTALIDAD.

horizonte m Línea que limita la superficie terrestre a que alcanza la vista del observador, y en la cual parece que se junta el cielo con la tierra. ‖ (fig) Conjunto de posibilidades o perspectivas que se ofrecen en un asunto o materia.

horma f Molde con que se fabrica o forma una cosa, como el usado por los zapateros.

hormiga f Insecto de pequeño tamaño, color oscuro y desprovisto de alas, que vive en sociedades y construye galerías subterráneas.

hormigón[1] m Mezcla compuesta de piedras menudas y mortero de cemento y arena.

hormigón[2] m Enfermedad del ganado vacuno.

hormigonera adj y f Dícese de una máquina que sirve para fabricar hormigón[1].

hormigueo m Sensación, en alguna parte del cuerpo, semejante a la que producirían las hormigas corriendo por él. ‖ (fig) Desazón, física o moral. ❏ HORMIGUEAR.

hormiguero m Comunidad de hormigas y lugar donde éstas se crían y se alojan. ‖ (fig) Lugar en que hay mucha gente puesta en movimiento.

hormiguilla f Cosquilleo, picazón.

hormiguillar tr Amér. Revolver el mineral argentífero con el magistral y la sal común.

hormilla f Pieza circular, de madera u otra materia, que forrada forma un botón.

hormona f Sustancia segregada por las glándulas de secreción interna y que, regula la mayor parte de los mecanismos metabólicos. ❏ HORMONAL.

hornacina f Hueco en forma de arco para colocar una estatua, un jarrón o un altar.

hornada f Cantidad de pan u otras cosas que se cuece de una vez en el horno.

hornaguero, ra adj Flojo, holgado, espacioso.

hornalla f Perú. Horno grande. ‖ P. Rico. Cenicero de un horno. ‖ Ven. Hogar, fogón.

hornazo m Torta guarnecida de huevos que se cuece en el horno.

hornilla f Hueco hecho en los hogares con una rejuela horizontal para sostener la lumbre.

hornillo m Utensilio pequeño y gralte. portátil para cocinar o calentar alimentos.

horno m Parte de los fogones de las cocinas que sirve para asar o calentar viandas. ‖ Lugar donde hace mucho calor. ‖ Tahona en que se cuece y vende pan. ❑ HORNEAR; HORNERO, RA.

horóscopo m Predicción del futuro que aguarda a personas, países, etc., realizada por los astrólogos a partir de la posición relativa de los astros del sistema solar y de los signos del Zodiaco, en un momento dado.

horqueta f Horca para usos agrícolas. ‖ Parte del árbol donde se juntan formando ángulo agudo el tronco y una rama. ‖ Amér. División de un camino en dos.

horquilla f Horqueta. ‖ Alfiler doblado que se emplea para sujetar. ‖ Nombre dado a numerosas piezas mecánicas que recuerdan la forma de una horca.

horrendo, da adj Horrible.

hórreo m Granero o lugar donde se recogen los granos.

horrero m El que tiene a su cuidado trojes de trigo, y los distribuye y reparte.

horrible adj Que causa horror. ‖ Muy feo. ‖ Muy grande o intenso. ❑ HORRIBILIDAD.

horripilar tr y prnl Hacer que se ericen los cabellos. ‖ Causar horror y espanto. ❑ HORRIPILACIÓN; HORRIPILANTE.

horrísono, na adj Díc. de lo que con su sonido causa horror y espanto.

horro, rra adj Díc. del esclavo que alcanza la libertad. ‖ Libre, desembarazado.

horror m Miedo causado por una cosa terrible y espantosa. ‖ Aversión profunda hacia alguien o algo. ‖ (fig) Atrocidad, enormidad. Se usa más en plural. ❑ HORRORIZAR.

horroroso, sa adj Que causa horror. ‖ (fam) Muy feo, muy grande, etc.

hortaliza f Planta comestible que se cultiva en los huertos.

hortelano, na adj Perteneciente a huertas. • m y f El que por oficio cuida y cultiva huertas.

hortensia f Planta herbácea con hojas ovaladas, dentadas, flores de color rosa, violetas o azules, agrupadas en cimas, y fruto en cápsula.

hortera adj y s (fam) Ordinario, basto, grosero. ❑ HORTERADA.

horticultura f Ciencia biológica que trata del cultivo y mejora genética de las hortalizas. ❑ HORTICULTOR, RA.

hosco, ca adj Ceñudo, áspero e intratable. ‖ Dícese del tiempo, lugar, etc., amenazador, desagradable.

hospedaje m Acción de hospedar. ‖ Cantidad que se paga por estar de huésped.

hospedar tr y prnl Recibir uno en su casa huéspedes. • prnl Instalarse como huésped en una casa, hotel, etc. ❑ HOSPEDERO, RA.

hospedería f Casa destinada al alojamiento. ‖ Hospedaje, alojamiento.

hospiciano, na adj y s Díc. del niño asilado en un hospicio.

hospicio m Casa para albergar pobres. ‖ Asilo en que se da mantenimiento y educación a niños pobres, abandonados o huérfanos.

hospital m Establecimiento destinado al diagnóstico y tratamiento de enfermos, donde se practica también la investigación y la enseñanza.

hospitalario, ria adj Aplíc. a la persona, comunidad, etc., que alberga a extranjeros y necesitados. ‖ Perteneciente o relativo al hospital para enfermos. ❑ HOSPITALIDAD.

hospitalizar tr Ingresar en un hospital o clínica a un enfermo. ❑ HOSPITALIZACIÓN.

hostal m Hostería, establecimiento donde se da alojamiento.

hostelería f Ind. que se ocupa de ofrecer a huéspedes y viajeros alojamiento, comida y otros servicios mediante pago. ❑ HOSTELERO, RA.

hostería f Casa donde, pagando, se da de comer y alojamiento.

hostia f Hoja redonda y delgada de pan ázimo, que se hace para el sacrificio de la misa. ‖ (vulg) Golpe, bofetada, caída aparatosa, etc. ❐ HOSTIARIO.

hostigar tr Azotar, castigar con látigo. ‖ (fig) Perseguir, molestar a uno. ❐ HOSTIGAMIENTO.

hostil adj Contrario o enemigo.

hostilidad f Calidad de hostil. ‖ Acción hostil. ‖ Agresión armada que desencadena un Estado o grupo armado.

hostilizar tr Hacer daño a enemigos. ‖ Atacar o molestar a alguien con insistencia.

hotel m Establecimiento de hostelería de mayor categoría que la fonda. ❐ HOTELERO, RA.

hovercraft m Vehículo que se desplaza sobre un medio sólido o líquido.

hoy adv tiempo En este día, en el día presente.

hoya f Concavidad grande formada en la tierra. ‖ Hoyo para enterrar un cadáver, sepultura.

hoyar intr Cuba y Chile. Abrir hoyos para plantar.

hoyo m Concavidad natural o artificial de la tierra o de alguna superficie. ‖ Sepultura.

hoyuelo m Hoyo en el centro de la barba y también el que se forma en la mejilla de algunas personas al sonreír.

hoz f Instrumento de hoja acerada y corva, que sirve para segar.

hozada f Golpe dado con la hoz.

hozar tr Mover y levantar la tierra con el hocico como hacen el puerco y el jabalí.

huacamole m Méx. Guacamole, ensalada de aguacate.

huachar tr Ecuad. Arar, hacer surcos.

huaco m Guaco, objeto de cerámica precolombina.

huaico m Perú. Torrentera, avenida. ‖ Chile. Hondonada.

huambra m Ecuad. y Perú. Muchacho.

hucha f Alcancía, caja pequeña o recipiente, gralte. cerrado y con una ranura, para guardar dinero. ‖ (fig) Ahorros.

hueco, ca adj y s Cóncavo o vacío. • adj Díc. de lo que tiene sonido retumbante y profundo. ‖ Mullido y esponjoso. • m Intervalo de tiempo o lugar. ‖ (fig, fam) Empleo o puesto vacante. ‖ Abertura en un muro, para servir de puerta, ventana, etcétera.

huecograbado m Procedimiento para obtener fotograbados en hueco que puedan imprimirse en máquinas rotativas. ‖ Grabado que se obtiene por ese procedimiento.

huecú m Chile. Sitio cenagoso y cubierto de hierba.

huelga m Cesación voluntaria en el trabajo de los obreros de una empresa, ramo, país, etcétera, con el fin de conseguir concesiones económicas, políticas o sindicales. ❐ HUELGUISTA; HUELGUÍSTICO, CA.

huelgo m Aliento, respiración, resuello.

huella f Señal que deja el pie en la tierra que pisa. ‖ Rostro, señal, vestigio.

huérfano, na adj y s Díc. de la persona que carece de uno de los padres o de ambos.

huero, ra adj (fig) Vano, vacío y sin sustancia.

huerta f Terreno de regadío destinado al cultivo de hortalizas y árboles frutales.

huertano, na adj y s Díc. del habitante de huertas, comarcas de regadío.

huerto m Sitio de corta extensión en que se plantan verduras, legumbres y árboles frutales.

huesera f Chile. Osario.

hueso m Cualquiera de las piezas resistentes y duras que constituyen el esqueleto de la mayoría de los vertebrados. ‖ Endocarpio leñoso de las drupas, en el que se contiene la semilla. ‖ (fig) Persona de carácter desagradable o de trato difícil. • pl Restos mortales de una persona. ‖ Méx. p. ext. Empleo. ❐ HUESUDO, DA.

huésped, da m y f Persona alojada en casa ajena. ‖ Persona que hospeda en su casa a uno.

hueste f Ejército en campaña.

hueva f Masa que forman los huevecillos de ciertos pescados, encerrada en una bolsa oval.

huevada f (fam) Chile y Perú. Disparate, bobada. ‖ Guat. y P. Rico. Conjunto de huevos.

huevo *m* Célula rodeada de reserva nutritiva y de cubiertas protectoras producida por las hembras de los animales ovíparos, la cual, de ser fecundada, da lugar al embrión. ‖ (fam) Testículo. ❏ HUEVERÍA; HUEVERO, RA.

huidizo, za *adj* Que huye. ‖ Fugaz.

huiliento, ta *adj Chile.* Andrajoso, harapiento.

huillón, na *adj Amér.* Que huye, huidizo.

huincha *f Chile.* Cinta de lana o de algodón. ‖ *Chile.* Cinta para medir distancias cortas.

huipil *m Amér. Centr.* Camisa de mujer.

huir *intr* y *prnl* Marcharse rápidamente de un lugar para evitar un peligro. • *intr* Transcurrir velozmente el tiempo. ‖ Alejarse velozmente una cosa. • *intr* y *tr* Apartarse de alguien o evitar algo molesto o perjudicial. ❏ HUIDA.

huiro *m Bol.* y *Perú.* Tallo de maíz verde.

huisachar *intr Amér. Centr.* Pleitear, litigar.

huisache *m Guat.* Picapleitos. ‖ *Méx.* Escribiente.

hule *m* Caucho o goma elástica. ‖ Tela pintada al óleo y barnizada para que resulte impermeable.

hulero *m Amér. Centr.* Trabajador que recoge el hule o goma elástica.

hulla *f* Combustible mineral sólido procedente de la fosilización de sedimentos vegetales.

humanidad *f* Naturaleza humana. ‖ Gén. humano. ‖ Bondad, compasión hacia los otros. ‖ (fam) Corpulencia, gordura. • *pl* Estudio y conocimiento del conjunto de disciplinas que no tienen una aplicación práctica inmediata (filosofía, literatura, historia).

humanismo *m* Cultivo y conocimiento de las humanidades. ❏ HUMANISTA; HUMANÍSTICO, CA.

humanitario, ria *adj* Humano, caritativo.

humanizar *tr* Hacer a alguien o algo humano, familiar o afable.

humano, na *adj* Perteneciente al hombre o propio de él. ‖ (fig) Aplícase a la persona que se solidariza con las desgracias de sus semejantes. • *m pl* Conjunto de todos los hombres.

humarada o **humareda** *f* Abundancia de humo.

humear *intr* Arrojar una cosa vaho que se parece al humo. • *tr Amér.* Fumigar.

humedad *f* Calidad o estado de húmedo. ‖ Cantidad de vapor acuoso contenida en alguna sustancia.

humedecer *tr* y *prnl* Producir o causar humedad en alguna cosa, mojarla. ❏ HUMECTACIÓN.

húmedo, da *adj* Ligeramente impregnado de agua o de otro líquido. ‖ Se aplica al clima, país, etcétera, con una elevada humedad atmosférica. ❏ HUMEDAL.

húmero *m* Hueso del brazo entre el hombro y el codo. ❏ HUMERAL.

humidificar *tr* Transmitir humedad al ambiente.

humildad *f* Ausencia completa de orgullo.

humilde *adj* Que tiene humildad. ‖ (fig) Que vive pobremente.

humillar *tr* Bajar, inclinar una parte del cuerpo en señal de acatamiento. ‖ (fig) Abatir el orgullo y altivez de uno. • *prnl* Hacer actos de humildad. ❏ HUMILLACIÓN; HUMILLANTE.

humita *f Amér.* Pasta de maíz tierno rallado, mezclado con ají y otros condimentos.

humo *m* Producto gaseoso de combustión incompleta. ‖ Vapor que exhala cualquier cosa que fermenta. • *pl* (fig) Vanidad, presunción.

humor *m* (fig) Disposición de ánimo habitual o pasajera. ‖ Cualidad consistente en saber descubrir y mostrar los aspectos cómicos y ridículos de personas o situaciones. ❏ HUMORISMO; HUMORÍSTICO.

humorada *f* Dicho o hecho festivo, caprichoso o extravagante.

humorista *adj* y *Díc.* del que habla, escribe, dibuja o considera las cosas con humor. ‖ Díc. de la persona que, en los espectáculos, divierte al público con sus chistes o ironías.

humus *m* Materia orgánica del suelo procedente de la descomposición, por fermentación o putrefacción, de los restos vegetales y animales.

hunco m Bol. Poncho de lana sin flecos.

hundir tr Sumir, meter en lo hondo. ‖ (fig) Abrumar, abatir. ‖ (fig) Confundir a uno, vencerle con razones. • prnl (fig) Haber disensiones y alborotos en alguna parte. ☐ HUNDIDO, DA; HUNDIMIENTO.

húngaro, ra adj y s de Hungría. • m Lengua que se habla en Hungría.

hura f Agujero pequeño, madriguera.

huracán m Masa de viento tropical. ‖ Viento de fuerza extraordinaria. ‖ (fig) Persona muy impetuosa. ☐ HURACANADO, DA.

huraño, ña adj Que rehúye el trato o la conversación con las personas. ☐ HURAÑÍA.

hurgar tr Menear o remover insistentemente una cosa. ‖ (fig) Fisgar, meterse en los asuntos de los otros.

hurgón m Instrumento de hierro para remover y atizar la lumbre.

hurguillas m o f Persona bullidora e inquieta.

hurón m Mamífero carnívoro de cuerpo esbelto y hábitos agresivos, que se emplea como auxiliar en la caza del conejo.

huronear intr Cazar con hurón. ‖ (fig, fam) Procurar saber y escudriñar cuanto pasa.

huronera f Madriguera del hurón. ‖ (fig, fam) Guarida, lugar en que uno está escondido.

¡hurra! interj Se usa para expresar alegría y satisfacción o excitar el entusiamo.

hurtadillas (a) v m adv Furtivamente; sin que nadie lo note.

hurtar tr Robar sin intimidación ni violencia.

hurto m Acción de hurtar. ‖ Cosa hurtada.

húsar m Soldado de caballería ligera.

husillo m Barra cilíndrica de hierro o acero para transmitir movimiento a las piezas de algunas máquinas.

husmear tr Rastrear con el olfato una cosa. ‖ (fig, fam) Curiosear, fisgonear.

huso m Instrumento manual que sirve para hilar torciendo la hebra y devanando en él lo hilado.

¡huy! interj Denota asombro, melindre o dolor físico agudo. Se usa también repetida.

huyuyo, ya adj (fam) Amér. Huraño, arisco.

Ii

i *f* Novena letra del alfabeto esp., y tercera de sus vocales. ‖ Letra numeral que tiene el valor de uno en la numeración romana.

ibérico, ca *adj* y *s* Perteneciente o relativo a Iberia o a la península Ibérica.

ibero, ra o **íbero, ra** *adj* y *s* Díc. de individuos de unos antiguos pueblos de la península Ibérica. • *m* Lengua hablada por los ant. iberos.

iberoamericano, na *adj* y *s* Perteneciente o relativo a los países del continente americano. • *adj* Relativo a estos países y a España y Portugal.

ibis *f* Ave de plumaje blanco, excepto la cabeza, cuello, cola y extremidades de las alas, donde es negro.

iceberg *m* Témpano o masa flotante de hielo en los mares polares, originado por fragmentación del frente de un glaciar.

icono o **ícono** *m* Imagen, gralte. religiosa, pintada o grabada en plancha de madera, oro, etc. ‖ Signo que mantiene una relación de semejanza con el objeto representado.

iconoclasta *adj* y *s* Enemigo del culto a las imágenes sagradas. ‖ p. ext. Se aplica a quien no respeta los valores tradicionales.

iconografía *f* Descripción de obras propias de las artes plásticas. ‖ Colección de imágenes o retratos. ❒ ICONOGRÁFICO, CA.

iconoscopio *m* Lente divergente usada para enfocar las imágenes.

icosaedro *m* Poliedro regular limitado por veinte caras planas, que son triángulos.

ictericia *f* Síndrome caracterizado por un exceso de pigmentos biliares que impregnan la piel y las mucosas, dándoles una coloración amarillenta.

ictiófago, ga *adj* y *s* Que se alimenta de peces.

ictiología *f* Parte de la zoología que trata de los peces. ❒ ICTIOLÓGICO, CA; ICTIÓLOGO, GA.

ida *f* Acción de ir de un lugar a otro.

idea *f* Conocimiento o aprehensión intuitiva de una cosa. ‖ Imagen o representación que del objeto percibido queda en la mente. ‖ Plan y disposición que se ordena en la fantasía para la formación de una obra. ‖ Intención de hacer una cosa. ‖ Concepto o juicio formado de una persona o cosa. ‖ Ingenio para inventar y trazar una cosa. ‖ Parte sustancial de una teoría. ‖ Ocurrencia o hallazgo. • *pl* Convicciones, opiniones.

ideal *adj* Perteneciente o relativo a la idea. ‖ Que sólo existe en la imaginación. ‖ Excelente, perfecto en su línea. ❒ IDEALIDAD.

idealismo *m* Tendencia a idealizar las cosas dejándose influir más por ideales que por consideraciones prácticas. ❒ IDEALISTA.

idealizar *tr* Elevar las cosas sobre la realidad sensible por medio de la inteligencia o la fantasía. ❒ IDEALIZACIÓN; IDEALIZADOR, RA.

idear *tr* Discurrir, pensar. ‖ Trazar, inventar.

ideario *m* Repertorio de las ideas básicas de un individuo, escuela, partido, colectividad, etc.

idéntico, ca *adj* Muy parecido, semejante.

identidad *f* Cualidad de idéntico. ‖ Conjunto de circunstancias que determinan quién y qué es una persona, y que la diferencian de las demás.

identificar *tr* Reconocer si una persona o cosa es la misma que se supone o se busca. • *prnl* Sentir una cosa como propia. ❒ IDENTIFICABLE; IDENTIFICACIÓN.

ideología *f* Conjunto de ideas, creencias y módulos del pensamiento que caracterizan a un grupo, clase, etc. ❑ IDEOLÓGI-CO, CA; IDEÓLOGO, GA.

idilio *m* Coloquio amoroso y, p. ext., episodio o aventura amorosa. ❑ IDÍLICO, CA.

idioma *m* Lengua de un país. ❑ IDIOMÁTICO, CA.

idiosincrasia *f* Disposición característica de cada individuo para reaccionar ante las impresiones que recibe. ‖ p. ext. Se aplica así mismo a los pueblos, etnias, naciones, grupos, etcétera. ❑ IDIOSINCRÁSICO, CA.

idiota *adj* y *s* Dícese de la persona que padece retraso mental grave. ‖ Poco inteligente, tonto. ❑ IDIOTEZ; IDIOTIZAR.

idiotismo *m* Ignorancia. ‖ Locución propia de una lengua, pero anómala dentro de su sistema gramatical.

ido, da *pp* de ir. • *adj* Dícese de la persona que está falta de juicio. ‖ Distraído, lelo.

idolatrar *tr* Adorar ídolos. • *tr* e *intr* (fig) Amar excesivamente a una persona o cosa. ❑ IDÓLATRA; IDOLATRÍA; IDOLÁTRICO, CA.

ídolo *m* Imagen a la que se rinde culto. ‖ (fig) Persona o cosa excesivamente amada.

idóneo, a *adj* Que tiene disposición o aptitud para una cosa. ❑ IDONEIDAD.

iglesia *f* Conjunto del clero y pueblo de un país en donde el cristianismo tiene adeptos. ‖ Conjunto de sus fieles. ‖ Templo cristiano.

iglú *m* Vivienda invernal de los esquimales, construida con bloques de hielo.

ignaro, ra *adj* Ignorante.

ígneo, a *adj* De fuego o que tiene alguna de sus cualidades.

ignición *f* Estado de un cuerpo que arde o está incandescente. ‖ Encendido de un motor.

ignífugo, ga *adj* Que disminuye o anula la combustibilidad de los cuerpos.

ignominia *f* Afrenta pública. ❑ IGNOMINIOSO, SA.

ignorancia *f* Falta de instrucción o de conocimientos sobre algo, general o particular.

ignorar *tr* No saber algo o no tener noticia de ello. ‖ Desentenderse de algo o de alguien. ❑ IGNORANTE; IGNOTO, TA.

igual *adj* De la misma naturaleza, forma, cantidad o calidad de otra cosa. ‖ Muy parecido o semejante. ‖ Constante, no variable. ‖ Dícese de las figuras que, superpuestas, coinciden con toda exactitud. • *adj* y *s* De la misma clase o condición. • *m* Signo de la igualdad (=).

iguala *f* Acción y efecto de igualar o igualarse. ‖ Remuneración o cosa que se da en virtud de ajuste.

igualar *tr* y *prnl* Poner al igual con otra o una persona o cosa. • *tr* (fig) Juzgar sin diferencia, o estimar a uno y tenerle en la misma opinión o afecto que a otro. ‖ Alisar una superficie • *intr* y *prnl* Ser una cosa igual a otra. ❑ IGUALACIÓN; IGUALATORIO, RIA; IGUALAMIENTO.

igualdad *f* Relación existente entre dos cosas iguales.

iguana *f* Reptil de gran tamaño, propio de las zonas tropicales y subtropicales de América.

iguanodonte *m* Reptil dinosaurio de gran tamaño, que caminaba erguido sobre las patas posteriores.

ijada *f* Cualquiera de las dos cavidades simétricamente colocadas entre las costillas falsas y los huesos de las caderas.

ikurriña *f* Nombre de la bandera vasca.

ilación *f* Acción y efecto de inferir una cosa de otra. ‖ Enlace de las partes de un discurso, razonamiento. ❑ ILATIVO, VA.

ilegal *adj* Contrario a la ley. ❑ ILEGALIDAD.

ilegible *adj* Que no puede o no debe leerse. ❑ ILEGIBILIDAD.

ilegitimar *tr* Privar del carácter de legítimo.

ilegítimo, ma *adj* No legítimo. ‖ Ilegal.

íleon[1] *m* Parte final del intestino delgado.

íleon[2] *m* Ilion.

ileso, sa *adj* Que no ha recibido lesión o daño.

iletrado, da *adj* Falto de cultura, ignorante.

ilícito, ta *adj* No permitido legal ni moralmente. ❑ ILICITUD.

ilimitado, da *adj* Que no tiene límites.

ilion *m* Hueso de la cadera.

ilógico, ca *adj* Que carece de lógica.

iluminación f Acción y efecto de iluminar. ‖ Conjunto de luces dispuestas para alumbrar algo. ‖ Miniatura que adorna los manuscritos.

iluminar tr Alumbrar, dar luz o bañar de resplandor. ‖ Adornar con muchas luces. ‖ (fig) Alumbrar, ilustrar, enseñar. ⃞ ILUMINADO, DA; ILUMINATIVO, VA.

ilusión f Falsa percepción de un objeto a causa de una errónea interpretación de las sensaciones. ‖ Esperanza carente de fundamento. ‖ Alegría, satisfacción.

ilusionar tr Hacer que uno se forje ilusiones. ‖ Despertar esperanzas muy atractivas. • *prnl* Forjarse ilusiones.

ilusionista m o f Artista que produce efectos ilusorios mediante juegos de manos, trucos, etc. ⃞ ILUSIONISMO.

ilusivo, va adj Falso, engañoso.

iluso, sa adj y s Engañado, seducido, preocupado. ‖ Propenso a ilusionarse, soñador.

ilusorio, ria adj Capaz de engañar.

ilustración f Acción y efecto de ilustrar o ilustrarse. ‖ Representación gráfica que complementa y explica un texto.

ilustrar tr Aclarar algo mediante palabras, imágenes o otro modo. ‖ Adornar un impreso con láminas o grabados alusivos al texto. ⃞ ILUSTRADO, DA; ILUSTRADOR, RA; ILUSTRATIVO, VA.

ilustre adj De distinguida prosapia, casa, origen, etc. ‖ Insigne, célebre. ‖ Título de dignidad.

ilustrísimo, ma adj sup. de *ilustre*. Se aplica como tratamiento a ciertas personas por razón de su cargo o dignidad.

imagen f Representación grabada, pintada, dibujada o esculpida de una persona o cosa. ‖ Figura, representación, semejanza y apariencia de una cosa. ‖ Palabra o exp. que sugiere algo con lo que tiene cierta relación o analogía. ‖ Reproducción mental de un objeto a través de los sentidos.

imaginación f Facultad de reproducir mentalmente objetos y de crear y combinar imágenes mentales de algo no percibido antes o inexistente. ‖ Sospecha sin fundamento.

imaginar tr y *prnl* Representar en la mente la imagen de algo, crearla o inventarla en la imaginación. ‖ Presumir, sospechar.

imaginario, ria adj Que sólo tiene existencia en la imaginación.

imaginativo, va adj Relativo a la imaginación. ‖ Que continuamente imagina • *f* Facultad de imaginar.

imaginería f Bordado que imita la pintura. ‖ Arte de bordar en imaginería. ‖ Talla o pintura de imágenes sagradas.

imago f Resultado de la última metamorfosis del insecto.

imán[1] m Cuerpo que atrae al hierro, bien por naturaleza, bien por propiedades adquiridas.

imán[2] m Guía, jefe y modelo espiritual, y a veces político, de una comunidad musulmana.

imantar tr y *prnl* Comunicar a un cuerpo propiedades magnéticas. ⃞ IMANACIÓN.

imbatible adj Que no puede ser batido ni derrotado. ⃞ IMBATIBILIDAD.

imbécil adj y s Alelado, escaso de razón. ‖ Tonto, majadero. ⃞ IMBECILIDAD.

imberbe adj Díc. del que todavía no tiene barba.

imbornal m Agujero por donde se vacía el agua de lluvia de los terrados.

imborrable adj Que no se puede borrar.

imbricar tr Sobreponer parcialmente una serie de cosas. ⃞ IMBRICACIÓN, IMBRICADO, DA.

imbuir tr Infundir, persuadir, inculcar.

imbunchar tr *Chile*. Hechizar, embrujar. ‖ *Chile*. Estafar, robar con cierta habilidad.

imitación f Acción y efecto de imitar. ‖ p. ext. Producto hecho para sustituir a otro en ciertos usos.

imitar tr Ejecutar una cosa a ejemplo o semejanza de otra. ‖ Parecerse, asemejarse una cosa a otra. ⃞ IMITABLE; IMITADO, DA; IMITADOR, RA; IMITATIVO, VA.

impaciencia f Intranquilidad, falta de paciencia. ‖ Exasperación, irritación. ⃞ IMPACIENTAR; IMPACIENTE.

impacto m Choque de un proyectil u otra cosa contra algo. ‖ Huella producida por este choque. ‖ (fig) Golpe emocional producido por una noticia desconcertante.

impagable adj Que no se puede pagar. ‖ Inapreciable.

impagado, da *adj* y *m* Que no se ha pagado. ‖ Dic. del efecto mercantil, pasado su día de vencimiento.

impago *m* Omisión del pago de una deuda vencida.

impalpable *adj* Que no produce sensación al tacto. ‖ (fig) Ligero, sutil.

impar *adj* Que no tiene par o igual. ‖ Dic. de los números enteros que no son divisibles por 2.

imparcial *adj* y *s* Que juzga o procede con imparcialidad. ‖ Que no se adhiere a ningún partido, independiente. ❏ IMPARCIALIDAD.

impartir *tr* Repartir, comunicar, dar.

impasible *adj* Indiferente, imperturbable. ❏ IMPASIBILIDAD.

impasse *m* Atolladero, callejón sin salida.

impávido, da *adj* Libre de pavor; sereno ante el peligro, impertérrito. ❏ IMPAVIDEZ.

impecable *adj* Incapaz de pecar. ‖ (fig) Intachable, perfecto. ❏ IMPECABILIDAD.

impedido, da *pp* de impedir. • *adj* y *s* Dic. de la persona que no puede moverse por incapacidad física.

impedimento *m* Obstáculo. ‖ Cualquiera de las circunstancias que hacen ilícito o nulo el matrimonio.

impedir *tr* Estorbar, imposibilitar la ejecución de una cosa. ❏ IMPEDIDOR, RA; IMPEDIMENTA.

impeler *tr* Incitar, estimular.

impenetrable *adj* Que no puede penetrar. ‖ (fig) Que no puede ser conocido o descubierto.

impenitencia *f* Obstinación en el pecado. ❏ IMPENITENTE.

impensable *adj* Que no se puede racionalmente pensar; absurdo.

impensado, da *adj* Se aplica a las cosas que suceden sin pensar en ellas o sin esperarlas.

impepinable *adj* (fam) Cierto, indiscutible.

imperar *intr* Ejercer la dignidad imperial. ‖ Mandar, dominar. ❏ IMPERANTE.

imperativo, va *adj* y *m* Que impera o manda. • *adj* Dícese del modo verbal que expresa mandato.

imperceptible *adj* Que no se puede percibir.

imperdible *adj* Que no puede perderse. • *m* Alfiler que se abrocha de modo que no pueda abrirse fácilmente.

imperdonable *adj* Que no se puede perdonar.

imperecedero, ra *adj* Que no perece.

imperfección *f* Falta de perfección.

imperfectivo, va *adj* Dic. de los verbos o de las formas o exp. verbales que enuncian la acción como no terminada.

imperfecto, ta *adj* No perfecto. • *adj* y *m* Dic. de una forma gramatical del futuro y del pretérito del verbo.

imperial *adj* Del emperador o el imperio.

imperialismo *m* Sistema y doctrina que defiende la dominación política o económica de un país sobre otro u otros.

impericia *f* Falta de pericia o habilidad.

imperio *m* Acción de imperar o mandar con autoridad. ‖ Dignidad, cargo, ejercicio de emperador. ‖ Estados sujetos a un emperador. ‖ p. ext. Organización política constituida por un Estado central poderoso y varias dependencias.

imperioso, sa *adj* Autoritario. ‖ Que es necesario o indispensable.

impermeable *adj* Que no puede ser atravesado por agua u otro líquido. • *m* Sobretodo hecho con tela impermeable. ❏ IMPERMEABILIDAD.

impersonal *adj* Que no pertenece ni se aplica a una persona en particular. ‖ Dic. de una clase de verbos. ❏ IMPERSONALIDAD.

impertérrito, ta *adj* Dic. de aquel a quien no se asusta fácilmente o a quien nada intimida.

impertinente *adj* y *s* Que no viene al caso, inoportuno. ❏ IMPERTINENCIA.

imperturbable *adj* Que no se perturba.

impetrar *tr* Implorar, suplicar.

ímpetu *m* Movimiento acelerado y violento. ‖ (fig) Brío o energía con que se realiza algo.

impetuoso, sa *adj* Que tiene ímpetu. ‖ Precipitado, apasionado. ❏ IMPETUOSIDAD.

impío, a *adj* y *s* Falto de piedad. ❏ IMPIEDAD.

implacable *adj* Que no se puede aplacar o calmar. ☐ IMPLACABILIDAD.

implantación *f* Acción y efecto de implantar. ‖ Fijación, inserción o injerto de un órgano en otro.

implantar *tr* Colocar, injertar. • *tr* y *prnl* Establecer y poner en ejecución doctrinas nuevas, instituciones, prácticas, etc.

implemento *m* Utensilio. ‖ Complemento directo.

implicación *f* Acción y efecto de implicar. ‖ Relación o repercusión que entraña una cosa.

implicar *tr* y *prnl* Envolver, enredar. • *tr* (fig) Contener, llevar en sí, significar.

implícito, ta *adj* Díc. de aquello que se considera incluido en una proposición sin que necesariamente se exprese.

implorar *tr* Pedir con ruegos o lágrimas una cosa. ☐ IMPLORACIÓN; IMPLORADOR, RA.

implosión *f* Acción de romperse hacia dentro con estruendo las paredes de una cavidad en cuyo interior existe una presión inferior a la exterior. ‖ Disminución brusca del tamaño de un astro. ‖ Modo de articulación propio de las consonantes implosivas.

implosivo, va *adj* Perteneciente o relativo a la implosión. • *adj* y *f* Díc. de la articulación o sonido oclusivo que por ser final de sílaba, como la *p* de *apto* o la *c* de *néctar*, termina sin la abertura súbita de las consonantes explosivas.

impoluto, ta *adj* (fig) Limpio, sin manchar.

imponderable *adj* Que no puede pesarse. ‖ (fig) Que excede a toda ponderación.

imponente *pa* de imponer. • *adj* y *s* Que impone. • *adj* Magnífico, estupendo.

imponer *tr* Poner carga, obligación u otra cosa. ‖ Ponerle a uno un nombre. ‖ Poner dinero a rédito o en depósito. • *tr* e *intr* Infundir respeto, miedo o asombro. • *prnl* Hacer uno valer su autoridad o poderío.

imponible *adj* Que se puede gravar con impuesto.

impopular *adj* Que no es grato a la mayoría.

importación *f* Entrada de productos extranjeros.

importancia *f* Calidad de lo que importa o conviene. ‖ Que tiene valor, interés o categoría.

importante *pa* de importar. • *adj* Que importa.

importar *intr* Convenir, interesar, hacer al caso, ser de mucha entidad o consecuencia. • *tr* Introducir en un país géneros, artículos, costumbres, etcétera, extranjeros. ☐ IMPORTABLE; IMPORTADOR, RA.

importe *m* Cuantía de un precio, crédito, deuda.

importunar *tr* Incomodar o molestar con una pretensión o solicitud. ☐ IMPORTUNACIÓN.

importuno, na *adj* Inoportuno. ‖ Molesto.

imposibilidad *f* Falta de posibilidad para existir una cosa o para hacerla.

imposibilitado, da *pp* de imposibilitar. • *adj* Tullido, privado de movimiento.

imposibilitar *tr* Quitar la posibilidad de ejecutar o conseguir una cosa.

imposible *adj* y *s* No posible. ‖ Sumamente difícil. ‖ *adj* Inaguantable, enfadoso, intratable.

imposición *f* Acción de imponer o imponerse. ‖ Carga u obligación que se impone.

impositivo, va *adj* Que se impone. ‖ Perteneciente o relativo a los impuestos.

imposta *f* Hilada de sillares en que se asienta un arco.

impostar *tr* Fijar la voz en las cuerdas vocales para emitir el sonido en su plenitud sin vacilación ni temblor. ☐ IMPOSTACIÓN.

impostor, ra *adj* y *s* Que finge o engaña con apariencia de verdad. ☐ IMPOSTURA.

impotente *adj* Que no tiene potencia. • *adj* y *s* Díc. del varón incapaz de realizar el acto sexual completo. ☐ IMPOTENCIA.

impracticable *adj* Que no se puede practicar.

imprecar *tr* Proferir palabras que expresan el deseo manifiesto de que alguien reciba mal o daño. ☐ IMPRECACIÓN.

impreciso, sa *adj* No preciso, vago, indefinido.

impulsar

impredecible *adj* Que no se puede predecir.

impregnar *tr* Empapar una cosa porosa hasta que ya no admita más líquido. ‖ (fig) Influir profundamente. ❐ IMPREGNABLE; IMPREGNACIÓN.

impremeditado, da *adj* No premeditado. ‖ Irreflexivo.

imprenta *f* Arte de imprimir. ‖ Taller donde se imprime. ‖ Impresión, forma de letra con que está impresa una obra.

imprentar *tr Chile*. Planchar. ‖ *Chile*. Proyectar.

imprescindible *adj* Díc. de aquello de que no se puede prescindir.

impresentable *adj* Que no es digno de presentarse o de ser presentado.

impresión *f* Acción y efecto de imprimir. ‖ Marca que una cosa deja en otra al presionar sobre ella. ‖ (fig) Efecto producido sobre los sentidos o sobre el espíritu.

impresionar *tr* y *prml* Fijar por medio de la persuasión en el ánimo de otro una idea, sentimiento, etc., o hacer que la conciba con fuerza y viveza. ‖ Conmover hondamente.

impresionismo *m* Movimiento esencialmente pictórico que nació en Francia en la segunda mitad del siglo XIX.

impreso, sa *pp irreg* de imprimir. • *m* Libro, folleto. ‖ Formulario con espacios en blanco para llenar en la realización de trámites.

impresor, ra *adj* Que imprime. • *m* y *f* Persona que tiene una imprenta. • *f* Dispositivo periférico de una computadora, que convierte los caracteres digitales en información escrita.

imprevisible *adj* Que no se puede prever.

imprevisto, ta *adj* y *s* No previsto. • *m pl* En lenguaje administrativo, gastos no previstos para los que no existe crédito habilitado.

imprimar *tr* Preparar con los ingredientes necesarios las cosas que han de ser pintadas o teñidas. ❐ IMPRIMACIÓN.

imprimir *tr* Señalar en el papel o en una materia semejante los textos u otros caracteres gráficos, mediante procedimientos adecuados. ‖ p. ext. Confeccionar una obra impresa. ‖ Estampar un sello u otra

cosa en papel, tela o masa por medio de la presión. ‖ (fig) Fijar algo en el ánimo de alguien.

improbable *adj* No probable. ❐ IMPROBABILIDAD.

improbar *tr Amér*. Desaprobar.

ímprobo, ba *adj* Falto de probidad, malvado.

improcedente *adj* No conforme a derecho. ‖ Inadecuado, extemporáneo. ❐ IMPROCEDENCIA.

improductivo, va *adj* Díc. de lo que no produce.

impronta *f* Reproducción de imágenes en hueco o de relieve, realizada en cualquier materia blanda. ‖ Estilo, carácter peculiar.

impronunciable *adj* Imposible de pronunciar o de muy difícil pronunciación.

improperio *m* Injuria grave de palabra.

impropiedad *f* Falta de propiedad en el uso de las palabras. ‖ Cualidad de impropio.

impropio, pia *adj* Que no tiene las cualidades convenientes según las circunstancias.

improrrogable *adj* Que no se puede prorrogar.

improvisar *tr* Hacer una cosa pronto, sin estudio ni preparación alguna. ‖ Realizar algo para lo que no se estaba preparado; solventar un problema que se presenta sin esperarlo. ❐ IMPROVISACIÓN; IMPROVISADOR, RA.

imprudencia *f* Falta de prudencia. ‖ Acción o dicho imprudente. ❐ IMPRUDENTE.

impúber *adj* y *s* Que no ha llegado aún a la pubertad.

impudor *m* Falta de pudor y de honestidad. ‖ Cinismo. ❐ IMPUDICIA; IMPÚDICO, CA.

impuesto *pp irreg* de imponer. • *m* Contribución con que el Estado grava los bienes de individuos y empresas y su trabajo, para sufragar los gastos públicos. ‖ Tributo, carga.

impugnar *tr* Combatir, refutar. ‖ Interponer un recurso contra una resolución judicial. ❐ IMPUGNACIÓN; IMPUGNANTE; IMPUGNATIVO, VA.

impulsar *tr* Empujar para producir movimiento. ‖ Promover una acción. ❐ IMPULSOR, RA.

impulsivo, va adj Díc. del que, llevado de un impulso afectivo, habla o procede sin reflexión ni cautela. ☐ IMPULSIVIDAD.

impulso m Acción y efecto de impeler o impulsar. ‖ Instigación, sugestión. ‖ Producto de la intensidad de la fuerza por su tiempo de duración. ‖ Deseo, arrebato.

impune adj Que queda sin castigo.

impureza o **impuridad** f Condición de lo que es impuro. ‖ Mezcla de partículas extrañas a un cuerpo o materia. ‖ Falta de pureza; obscenidad.

impuro, ra adj No puro.

imputar tr Atribuir a otro una culpa, delito o acción. ‖ Dar cierto destino a una cantidad de dinero. ☐ IMPUTABLE; IMPUTACIÓN.

inabarcable adj Que no puede abarcarse.

inabordable adj Que no se puede abordar.

inacabable adj Que no se puede acabar.

inaccesible adj No accesible. ☐ INACCESIBILIDAD.

inacción f Falta de acción, ociosidad, inercia.

inaceptable adj Que no se puede aceptar.

inactividad f Falta de actividad o de diligencia.

inactivo, va adj Sin actividad o movimiento.

inadaptable adj No adaptable.

inadaptado, da adj y s Díc. del individuo no integrado al medio en que vive. ☐ INADAPTACIÓN.

inadecuado, da adj No adecuado.

inadmisible adj No admisible.

inadvertencia f Falta de advertencia. ‖ Descuido, imprevisión.

inadvertido, da adj No advertido o notado.

inalcanzable adj Que no se puede alcanzar.

inalterable adj Que no se puede alterar.

inamovible adj Que no es movible.

inane adj Vano, fútil, inútil. ☐ INANIDAD.

inanimado, da adj Que no tiene vida.

inapelable adj Se aplica a la sentencia o fallo que no se puede apelar. ‖ (fig) Irremediable.

inapetencia f Falta de apetito. ☐ INAPETENTE.

inaplazable adj Que no se puede aplazar.

inapreciable adj Que no se puede apreciar.

inaprensible adj Que no se puede coger.

inaprensivo, va adj Que no tiene aprensión.

inarmónico, ca adj Falto de armonía.

inarrugable adj Que no se arruga con el uso.

inarticulado, da adj No articulado.

inasequible adj No asequible.

inasible adj Que no se puede asir o coger.

inasistencia f Falta de asistencia. ☐ INASISTENTE.

inatacable adj Que no puede ser atacado.

inaudible adj Que no se puede oír.

inaudito, ta adj Nunca oído. ‖ (fig) Inconcebible.

inaugurar tr Dar principio a una cosa con cierta solemnidad. ‖ Abrir un establecimiento público. ☐ INAUGURACIÓN; INAUGURAL.

inca adj y s Díc. del grupo étnico que creó un importante imperio en los tiempos inmediatamente anteriores a la conquista española. • m Nombre del soberano que lo gobernaba.

incalculable adj Que no se puede calcular.

incalificable adj Que no se puede calificar.

incandescente adj Dícese del cuerpo que se convierte en blanco luminoso por la acción del calor.

incansable adj Incapaz de cansarse.

incapacidad f Falta de capacidad para hacer, recibir o aprender una cosa. ‖ Insuficiencia legal, total o parcial para ejercer ciertos derechos y contraer determinadas obligaciones.

incapacitar tr Decretar la falta de capacidad civil de personas mayores de edad.

incapaz adj Que no tiene capacidad o aptitud para una cosa. ‖ (fig) Falto de talento. ‖ Que carece de aptitud legal para una cosa determinada.

incasable adj Se aplica a la persona que difícilmente podrá casarse.

incautarse prnl Tomar posesión un tribunal, u otra autoridad competente, de bienes particulares. ☐ INCAUTACIÓN.

incauto, ta *adj* Que no tiene cautela. • *adj y s* Ingenuo, cándido, falto de malicia.

incendiar *tr y prnl* Provocar un incendio.

incendiario, ria *adj y s* Díc. del que voluntariamente provoca un incendio. || Que incendia o que puede provocar un incendio.

incendio *m* Fuego grande que se propaga y causa estragos. || (fig) Pasión vehemente e impetuosa, como el amor o la ira.

incensario *m* Braserillo con cadenillas y tapa, que sirve para echar incienso.

incentivar *tr* Estimular.

incentivo, va *adj y m* Que mueve o excita a desear o hacer una cosa. || Prima que se ofrece a una persona para mejorar su rendimiento.

incertidumbre *f* Falta de certidumbre, duda.

incesante *adj* Que no cesa.

incesto *m* Relación sexual entre parientes de los grados en que está prohibido el matrimonio.

incidencia *f* Lo que sucede en el curso de un asunto y que está relacionado con él. || Número de casos o repercusión de ellos en algo.

incidental *adj* Díc. de lo que sobreviene en algún asunto o tiene alguna relación con él.

incidente *adj y m* Que sobreviene en el curso de un asunto o negocio y tiene con éste algún enlace. || Disputa, riña, pelea.

incidir[1] *intr* Caer o incurrir en una falta, error, etc. || Sobrevenir, ocurrir. || Repercutir, influir.

incidir[2] *tr* Cortar, romper, hendir.

incienso *m* Mezcla de sustancias resinosas que al arder despiden buen olor.

incierto, ta *adj* No cierto o no verdadero.

incinerar *tr* Reducir una cosa a cenizas, especialmente un cadáver. ❐ INCINERADOR, RA.

incipiente *adj* Que empieza.

incisión *f* Hendidura que se hace en algunos cuerpos con instrumento cortante.

incisivo, va *adj* Apto para abrir o cortar. || (fig) Punzante, mordaz. • *adj y m* Díc. de los dientes mediales de la mandíbula de los mamíferos.

inciso, sa *adj* Cortado, dicho del estilo. • *m* Oración breve intercalada en el contexto y relacionada con él.

incitar *tr* Estimular a uno para que ejecute una cosa. ❐ INCITACIÓN; INCITADOR, RA; INCITANTE.

incivil *adj* Falto de civilidad o cultura. || Grosero, mal educado. ❐ INCIVILIDAD.

inclasificable *adj* Que no se puede clasificar.

inclemencia *f* Falta de clemencia. || (fig) Rigor de la estación, especialmente en el invierno. ❐ INCLEMENTE.

inclinación *f* Acción y efecto de inclinar o inclinarse. || (fig) Afecto, amor, propensión a una cosa. || Dirección que una línea o una superficie tiene con relación a otra.

inclinar *tr y prnl* Torcer, ladear. || Apartar una cosa de su posición perpendicular a otra o al horizonte. • *tr* (fig) Persuadir a uno a que actúe de cierta manera.

ínclito, ta *adj* Ilustre, esclarecido, afamado.

incluir *tr* Poner una cosa dentro de otra o dentro de sus límites. || Contener una cosa a otra, o llevarla implícita. ❐ INCLUSIÓN.

inclusa *f* Hospicio, orfanato.

inclusive *adv modo* Con inclusión.

incluso, sa *pp irreg* de incluir. Se usa sólo como *adj*. • *adv modo* Con inclusión de. • *prep y conj* Hasta, aun.

incoar *tr* Comenzar una cosa, especialmente un proceso, pleito, etc. ❐ INCOACIÓN.

incoativo, va *adj* Que denota el principio de una acción.

incógnito, ta *adj* No conocido. • *m* Hecho de ocultar su identidad una persona.

incognoscible *adj* Que no se puede conocer.

incoherencia *f* Falta de coherencia. || Relación de palabras carentes de significado lógico.

incoherente *adj* Carente de unidad, trabazón y relación lógica.

incoloro, ra *adj* Que carece de color.

incólume *adj* Sano, sin lesión ni menoscabo.

incombustible *adj* Que no puede quemarse.

incomible *adj* Que no se puede comer.

incomodar *tr* y *prnl* Causar incomodidad. ‖ Enfadar, molestar. ❒ INCOMODADOR, RA.

incomodidad *f* Falta de comodidad. ‖ Molestia.

incomparable *adj* Que no admite comparación.

incomparecencia *f* Falta de asistencia a un acto o lugar al que hay obligación de comparecer.

incompatibilidad *f* Cualidad de incompatible. ‖ Impedimento o tacha legal para desempeñar dos o más cargos a la vez.

incompatible *adj* No compatible con otra persona o cosa.

incompetencia *f* Falta de competencia.

incompetente *adj* y *s* No competente.

incompleto, ta *adj* No completo.

incomprendido, da *adj* y *s* Dícese de aquella persona que no es comprendida por los demás.

incomprensible *adj* Que no se puede comprender.

incomprensión *f* Falta de comprensión.

incomunicable *adj* Que no se puede comunicar.

incomunicación *f* Acción y efecto de incomunicar o incomunicarse. ‖ Aislamiento temporal de procesados o de testigos.

incomunicar *tr* Aislar, dejar incomunicadas a personas o cosas. • *prnl* Aislarse, negarse al trato con otras personas. ❒ INCOMUNICADO, DA.

inconcebible *adj* Que no puede concebirse.

inconciliable *adj* Que no se puede conciliar.

inconcluso, sa *adj* Inacabado.

inconcreto, ta *adj* Vago, impreciso.

incondicional *adj* Absoluto, sin restricción. • *m* o *f* Persona adepta a otra o a una idea, sin limitación o condición ninguna.

inconexo, xa *adj* Que no tiene conexión con una cosa. ❒ INCONEXIÓN.

inconfesable *adj* Díc. de lo que por ser vergonzoso no puede confesarse.

inconforme o **inconformista** *adj* Persona que mantiene una actitud contraria a lo establecido en el orden político, social, moral, estético, etcétera. ‖ Disconforme. ❒ INCONFORMISMO.

inconfundible *adj* No confundible.

incongruencia *f* Falta de congruencia. ‖ Cosa incongruente.

incongruente *adj* No congruente, inoportuno.

inconmensurable *adj* Dícese de aquello que no ha sido medido. ‖ (fam) Enorme, que por su gran magnitud no puede medirse. ❒ INCONMENSURABILIDAD.

inconmovible *adj* Que no se puede conmover o alterar.

inconsciencia *f* Estado del individuo que ha perdido la facultad de percibir los estímulos externos y de controlar los propios actos y reacciones. ‖ Falta de conciencia.

inconsciente *adj* y *s* No consciente, que actúa sin reflexión ni prudencia. ‖ Que no está consciente; desmayado, aturdido.

inconsecuencia *f* Falta de consecuencia en lo que se dice o hace.

inconsecuente *adj* y *s* Que no se sigue o deduce de otra cosa. ‖ Que procede con inconsecuencia.

inconsideración *f* Falta de consideración y reflexión. ❒ INCONSIDERADO, DA.

inconsistencia *f* Falta de consistencia.

inconsolable *adj* Que no puede consolarse.

inconstancia *f* Falta de estabilidad y permanencia de una cosa.

inconstitucional *adj* Opuesto a la constitución.

incontable *adj* Que no puede contarse ‖ Muy difícil de contar, numerosísimo.

incontaminado, da *adj* No contaminado.

incontenible *adj* Que no se puede contener o refrenar.

incontestable *adj* Que no se puede impugnar ni dudar con fundamento. ❒ INCONTESTABILIDAD.

incontinencia *f* Falta de continencia. ‖ Emisión involuntaria de orina o de materias fecales.

incontrastable *adj* Que no se puede contrastar.

incontrolable *adj* Que no se puede controlar.

incontrolado, da *adj* y *s* Que actúa o funciona sin control, orden, disciplina o sujeción.

inconveniencia *f* Calidad de inconveniente. ‖ Despropósito.

inconveniente *adj* No conveniente. • *m* Impedimento u obstáculo para hacer una cosa.

incordiar *tr* Molestar, agobiar, importunar.

incordio *m* Persona o cosa molesta.

incorporar *tr* Agregar, unir dos o más cosas, para que formen un todo y un cuerpo entre sí. • *tr* y *prnl* Levantar la mitad superior del cuerpo cuando se está echado para quedar sentado. • *prnl* Entrar a formar parte de una asociación, grupo, etc. ❏ INCORPORACIÓN.

incorrección *f* Cualidad de incorrecto. ‖ Dicho o hecho incorrecto.

incorrecto, ta *adj* No correcto.

incorregible *adj* No corregible. ‖ Díc. de las personas a las que no se puede corregir o disuadir de sus malas costumbres.

incorruptible *adj* No corruptible. ‖ (fig) Muy poco propenso a pervertirse. ‖ Muy difícil de pervertir.

incorrupto, ta *adj* Que está sin corromperse.

incredibilidad *f* Imposibilidad para que sea creída una cosa.

incredulidad *f* Repugnancia o dificultad en creer una cosa. ‖ Falta de fe religiosa.

incrédulo, la *adj* y *s* Falto de fe religiosa. ‖ Que no cree fácilmente.

increíble *adj* Que no puede creerse. ‖ (fig) Muy difícil de creer.

incrementar *tr* y *prnl* Aumentar, acrecentar.

incremento *m* Aumento, acrecentamiento. ‖ Parte aumentada.

increpar *tr* Reprender, reñir. ‖ Insultar a alguien. ❏ INCREPACIÓN; INCREPADOR, RA.

incriminar *tr* Acusar de algún crimen o delito. ‖ Imputar a alguien un delito o falta. ‖ Exagerar un delito, culpa o defecto. ❏ INCRIMINACIÓN.

incruento, ta *adj* No sangriento.

incrustación *f* Acción de incrustar. ‖ Cosa incrustada.

incrustar *tr* Embutir en una superficie lisa y dura piedras, metales, maderas, etc., formando dibujos. • *tr* y *prnl* (fig) Fijar una idea con firmeza.

incubación *f* Acción y efecto de incubar. ‖ Período comprendido entre la penetración del agente infeccioso en un organismo y la aparición de la síntomas que caracterizan una determinada enfermedad infecciosa. ‖ Proceso de cuidado de los huevos desde su puesta hasta su eclosión.

incubadora *f* Aparato utilizado para el cuidado de los niños prematuros, que precisan de condiciones adecuadas para el desarrollo de sus funciones orgánicas.

incubar *tr* Calentar el ave con su cuerpo los huevos para que salgan las crías. • *prnl* (fig) Comenzar a desarrollarse una enfermedad.

incuestionable *adj* No cuestionable.

inculcar *tr* Infundir en el ánimo de uno, una idea, un concepto, etc. ❏ INCULCACIÓN; INCULCADOR, RA.

inculpar *tr* Culpar, acusar a uno de una cosa. ❏ INCULPABLE; INCULPACIÓN.

inculto, ta *adj* Que no tiene cultivo ni labor. ‖ (fig) Carente de cultura e instrucción.

incultura *f* Falta de cultivo o de cultura.

incumbencia *f* Acción, asunto, etc., que corresponde a alguien.

incumbir *intr* Estar a cargo de uno una cosa.

incumplimiento *m* Falta de cumplimiento.

incumplir *tr* No llevar a efecto, dejar de cumplir.

incunable *adj* y *m* Aplícase a las ediciones hechas desde la invención de la imprenta hasta el s. XVI.

incurable *adj* y *s* Que no se puede curar o no puede sanar.

incuria *f* Poco cuidado, negligencia.

incurrir *intr* Con la *prep* en y un *s* que signifique culpa, error, o castigo, ejecutar la acción o hacerse merecedor de la pena expresada por el *s.* ‖ Con la misma *prep* y un *s* que signifique sentimiento desfavorable, como odio, ira, desprecio, etc., causarlo, merecerlo, atraérselo.

incursión f Acción de incurrir. ‖ Correría de guerra.

indagar tr Averiguar, investigar. ☐ INDAGACIÓN.

indagatoria f Declaración tomada, sin exigirle juramento, al presunto culpable de un hecho que se está investigando.

indebido, da adj Que no es obligatorio ni exigible. ‖ Ilícito, injusto.

indecencia f Falta de decencia o modestia.

indecente adj No decente, indecoroso.

indecisión f Irresolución, dificultad en decidirse.

indeciso, sa adj Díc. de la cosa sobre la cual no ha caído resolución. ‖ Perplejo, dudoso.

indeclinable adj Que tiene que hacerse o cumplirse. ‖ Aplícase a las partes de la oración que no se declinan.

indecoro m Falta de decoro.

indecoroso, sa adj Que carece de decoro, o lo ofende.

indefectible adj Inevitable, obligatorio.

indefensión f Falta de defensa; situación del que está indefenso.

indefenso, sa adj Que carece de medios de defensa, o está sin ella. ☐ INDEFENDIBLE.

indefinido, da adj No definido. ‖ Que no tiene límites precisos. ‖ Díc. de la proposición que no tiene signos que la determinen.

indeleble adj Que no se puede borrar o quitar.

indelicadeza f Falto de delicadeza, de cortesía.

indemne adj Exento de daño.

indemnizar tr y prnl Resarcir de un daño o perjuicio. ☐ INDEMNIZACIÓN.

indemostrable adj No demostrable.

independencia f Falta de dependencia. ‖ Libertad, autonomía, y especialmente la de un Estado que no depende de otro.

independiente adj Que no tiene dependencia, que no depende de otro. ‖ Dícese de la cosa que no tiene relación con otra. ‖ Autónomo.

independizar tr y prnl Dar la independencia a un país, a una persona o cosa.

indescifrable adj Que no se puede descifrar.

indescriptible adj Que no se puede describir.

indeseable adj y s Díc. de la persona cuyo trato no es recomendable. • adj Indigno de ser deseado.

indestructible adj Que no se puede destruir.

indeterminable adj Que no se puede determinar. ‖ Que no se resuelve a una cosa.

indeterminación f Falta de determinación o precisión en una cosa, o de resolución en una persona.

indeterminado, da adj No determinado. ‖ Díc. de lo que no es concreto ni definido. ‖ Díc. de determinados artículos y pron que no concretan el objeto al que aluden.

indiada f Amér. Muchedumbre de indios.

indiano, na adj y s Natural, pero no originario de América, o sea de las Indias Occidentales. ‖ Díc. también del que vuelve rico de América.

indicación f Acción y efecto de indicar. ‖ Lo que se usa para indicar. ‖ Chile. Propuesta o consulta.

indicar tr Dar a entender o significar una cosa con señales. ☐ INDICADOR, RA.

indicativo, va adj Que indica o sirve para indicar. • adj y m Díc. del modo del verbo que expresa certeza y realidad.

índice adj y s Díc. del segundo dedo de la mano. • m Indicio o señal de una cosa ‖ Lista o enumeración breve y por orden de libros, capítulos o cosas notables. ‖ Número o letra que se coloca en la abertura del signo radical y sirve para indicar el grado de la raíz.

indiciar tr Dar indicios. ‖ Sospechar. ‖ Dar a entender algo. ☐ INDICIADOR, RA.

indicio m Fenómeno que permite conocer o inferir la existencia de otro no percibido. ‖ Primera manifestación de una cosa.

indiferenciado, da adj Que no se diferencia o que no posee caracteres diferenciados.

indiferente adj No determinado por sí una cosa más que a otra. ‖ Que no importa que sea o se haga de una o de otra for ma. ‖ Que no demuestra afecto o interés. ☐ INDIFERENCIA.

indígena *adj* y *s* Natural del país en que vive; autóctono. ‖ *Amér.* Indio o mestizo no asimilado.

indigente *adj* y *s* Falto de medios para vivir.

indigestarse *prnl* No sentar bien un manjar o comida. ‖ (fig, fam) No agradarle a uno alguien.

indigestión *f* Falta de digestión. ‖ Indisposición que se padece por no haber digerido normalmente los alimentos.

indigesto, ta *adj* Que no se digiere o se digiere con dificultad. ‖ (fig) Confuso, sin el orden que le corresponde. ‖ (fig) Áspero, difícil en el trato.

indignar *tr* y *prnl* Irritar, enfadar vehementemente a uno. ☐ INDIGNACIÓN.

indignidad *f* Cualidad de indigno. ‖ Perversidad.

indigno, na *adj* Que no corresponde a las circunstancias de un sujeto, o es inferior a la calidad y mérito de la persona con quien se trata.

índigo *m* Colorante de tinta azul estable a la luz y al lavado.

indino, na *adj* (fam) Díc. de la persona traviesa o descarada. ‖ *Amér.* Pillo, bribón.

indio, dia *adj* y *s* Natural de la India. ‖ Aplícase al indígena de América precolombina y a sus descendientes.

indirecto, ta *adj* Que no va rectamente a un fin, aunque se encamine a él.

indisciplina *f* Falta de disciplina.

indisciplinarse *prnl* Quebrantar la disciplina. ☐ INDISCIPLINABLE, INDISCIPLINADO, DA.

indiscreción *f* Falta de discreción y de prudencia. ‖ (fig) Dicho o hecho indiscreto.

indiscreto, ta *adj* y *s* Que obra sin discreción. • *adj* Que se hace sin discreción.

indiscutible *adj* No discutible.

indisoluble *adj* Que no se puede disolver.

indispensable *adj* Que no se puede dispensar. ‖ Que es necesario o muy regular que suceda.

indisponer *tr* y *prnl* Privar de la disposición conveniente, o quitar la preparación necesaria para una cosa. ‖ Poner a mal a las personas, enemistar, malquistar.

indisposición *f* Falta de disposición y de preparación para una cosa. ‖ Malestar, enfermedad leve. ☐ INDISPUESTO, TA.

indistinguible *adj* Que no se puede distinguir. ‖ (fig) Muy difícil de distinguir.

indistinto, ta *adj* Que no se distingue de otra cosa. ‖ Que no se percibe distintamente.

individual *adj* Perteneciente o relativo al individuo. ‖ Propio y característico de una cosa.

individualidad *f* Calidad de una persona o cosa, por la cual se da a conocer o se singulariza.

individualismo *m* Aislamiento y egoísmo de cada cual, en los afectos, en los intereses, etc. ‖ Sistema que considera al individuo como fundamento y fin de todas las leyes y relaciones morales y políticas. ☐ INDIVIDUALISTA.

individualizar *tr* Especificar una cosa. ‖ Determinar individuos comprendidos en la especie.

individuo, dua *adj* Que no puede ser dividido. • *m* Ser organizado, respecto de la especie a que pertenece. ‖ Persona considerada por separado dentro de una colectividad.

indivisible *adj* Que no puede ser dividido. ‖ Díc. de la cosa que no admite división. ☐ INDIVISIBILIDAD.

indivisión *f* Carencia de división. ‖ Estado de condominio o de comunidad de bienes entre dos o más partícipes.

indiviso, sa *adj* y *s* No separado o dividido en partes.

indocto, ta *adj* y *s* Ignorante, inculto.

indocumentado, da *adj* y *s* Díc. de quien carece de documento para acreditar su personalidad. ‖ Ignorante, inculto.

índole *f* Condición e inclinación natural propia de cada uno. ‖ Naturaleza y condición de las cosas.

indolente *adj* Que no se afecta o conmueve. ‖ Flojo, perezoso. ‖ Insensible.

indomesticable *adj* Que no se puede o se deja domesticar.

indómito, ta *adj* Que no se puede o no se deja domar. ‖ (fig) Difícil de sujetar o reprimir.

indubitado, da *adj* Cierto y que no admite duda.

inducción *f* Acción y efecto de inducir. ‖ Modo de razonar que consiste en sacar de los hechos particulares una ley general. ◻ INDUCTIVO, VA.

inducir *tr* Instigar, mover a uno. ‖ Razonar, partiendo de los hechos para llegar a una conclusión general. ‖ Producir un cuerpo electrizado fenómenos eléctricos en otro situado a cierta distancia de él. ‖ *Amér.* Provocar.

inductor, ra *adj* y *s* Que induce. Díc. especialmente del que induce a otro a cometer un delito. • *m* Dispositivo o circuito que crea un campo magnético a su alrededor y bajo cuya influencia está el inducido.

indudable *adj* Que no puede dudarse. ‖ Claro.

indulgencia *f* Facilidad de perdonar o disimular las culpas o de conceder gracias.

indulgente *adj* Benévolo, poco severo con las faltas u obligaciones de los demás.

indultar *tr* Perdonar a uno el todo o parte de la pena que tiene impuesta, o conmutarla por otra.

indulto *m* Gracia otorgada a los condenados por sentencia firme, por la que se les remite la pena o se les conmuta por otra de menor gravedad.

indumentaria *f* Conjunto de todas las prendas de vestir.

industria *f* Aplicación del trabajo humano a la transformación de primeras materias hasta hacerlas útiles para la satisfacción de necesidades. ‖ Conjunto de instalaciones para efectuar dichas actividades. ◻ INDUSTRIAL.

industrializar *tr* Dar carácter industrial a algo. ‖ Dar predominio a la industrialización en la estructura económica de un país.

industriar *tr* Instruir, adiestrar, enseñar. • *prnl* Ingeniarse, sabérselas componer.

inédito, ta *adj* y *s* Escrito y no publicado.

inefable o inenarrable *adj* Que c[on] palabras no se puede explicar. ◻ INEF[A]BILIDAD.

ineficacia *f* Falta de eficacia y activida[d] ◻ INEFICAZ.

ineludible *adj* Que no se puede eludir.

inepto, ta *adj* No apto ni a propósito pa[ra] algo. • *adj* y *s* Necio o incapaz.

inequívoco, ca *adj* Que no admite du[da] o equivocación.

inercia *f* Propiedad de la materia por [la] cual tiende a permanecer en su estado [de] reposo.

inerte *adj* Sin actividad o movimie[nto] propio. ‖ Flojo, desidioso.

inescrutable *adj* Que no se puede sab[er] ni averiguar.

inesperado, da *adj* Que sucede sin [es]perarse.

inestabilidad *f* Falta de estabilidad. ‖ [Si]tuación del sistema económico en que [to]das las magnitudes tienden a aleja[rse] cada vez más de la posición equilibra[da] en que se hallaban.

inestable *adj* No estable, que no es [se]guro.

inestimable *adj* Que posee demasia[do] valor para ser debidamente apreciad[o]. ◻ INESTIMABILIDAD.

inevitable o inexorable *adj* Que no [se] puede evitar.

inexacto, ta *adj* Que no tiene exactitu[d].

inexcusable *adj* Que no se puede exc[u]sar o eludir con pretextos. ‖ Que no tie[ne] disculpa.

inexistente *adj* Que carece de existe[n]cia. ‖ (fig) Que aunque existe se con[si]dera nulo.

inexpresivo, va *adj* Que carece de [ex]presión o es incapaz de expresarse.

inexpugnable *adj* Que no se puede co[n]quistar por la fuerza de las armas.

inextinguible *adj* No extinguible. ‖ (f[ig]) De perpetua o muy larga duración.

infalible *adj* Que no se puede engañ[ar,] equivocarse o fallar. ‖ Seguro, cierto.

infalsificable *adj* Que no se puede fal[si]ficar.

infamar *tr* y *prnl* Difamar, ofender o de[s]creditar a alguien. ◻ INFAMACIÓN; IN[FA]MADOR, RA.

ínfame *adj y s* Que carece de honra, crédito y estimación. • *adj* Díc. de las acciones indignas, vergonzosas, etcétera.

infamia *f* Descrédito, deshonra.

infancia *f* Primera etapa en el desarrollo físico e intelectual de un ser humano, que dura hasta la pubertad.

infanta *f* Niña de corta edad. || Cualquiera de las hijas legítimas del rey, nacidas después del príncipe o de la princesa.

infante *m* Niño de corta edad. || Cualquiera de los hijos varones y legítimos del rey, nacidos después del príncipe o de la princesa. || Soldado que sirve a pie.

infantería *f* Tropa que sirve o combate a pie en la milicia.

infanticidio *m* Muerte dada violentamente a un niño. ❑ INFANTICIDA.

infantil *adj* Perteneciente a la infancia. || (fig) Inocente, cándido, inofensivo.

infarto *m* Hinchazón u obstrucción de un órgano o parte del cuerpo, lo que provoca la interrupción del aporte sanguíneo.

infatigable *adj* Incansable.

infatuar *tr y prnl* Volver a uno fatuo, engreírle.

infección *f* Penetración y desarrollo de agentes patógenos en los tejidos orgánicos de un huésped, ocasionándole efectos nocivos.

infeccionar *tr* Causar infección.

infectar *tr y prnl* Causar infección en un organismo, o transmitirla éste a otro.

infecto, ta *adj* Infectado, contagiado, corrompido. || Sucio, repugnante.

infecundo, da *adj* No fecundo.

infeliz *adj y s* De suerte adversa, no feliz.

inferior *adj* Que está debajo de otra cosa o más bajo que ella. || Que es menos que otra cosa en su calidad o en su cantidad.

inferioridad *f* Cualidad de inferior. || Complejo psíquico en el que abundan las vivencias de insuficiencia.

inferir *tr* Sacar consecuencia o deducir una cosa de otra.

infernar *tr y prnl* Ocasionar a uno la pena del infierno o su condenación. || (fig) Inquietar, irritar.

infestar *tr y prnl* Inficionar, apestar. • *tr* Causar daños y estragos con hostilidades y correrías. ❑ INFESTACIÓN.

infibular *tr* Ponerle a un animal un anillo o cualquier otro obstáculo en los órganos genitales para impedir el coito. ❑ INFIBULACIÓN.

inficionar *tr y prnl* Infectar. || Envenenar.

infidelidad *f* Falta de fidelidad, deslealtad.

infiel *adj* Falto de fidelidad; desleal.

infiernillo *m* Fogón pequeño con lamparilla de alcohol.

infierno *m* Según la religión cristiana, lugar donde sufren castigo eterno las almas caídas en pecado mortal. || (fig, fam) Lugar en que hay mucho alboroto y discordia. || (fig, fam) Situación desgraciada o adversa. ❑ INFERNAL.

infiltrar *tr y prnl* Introducir suavemente un líquido entre los poros de un sólido. • *prnl* (fig) Penetrar subrepticiamente en territorio enemigo. || Introducirse en un partido político, corporación, etc., para espionaje, sabotaje, etc. ❑ INFILTRACIÓN.

ínfimo, ma *adj* Que en su situación está muy bajo. || En el orden y graduación de las cosas, díc. de la que es última y menos que las demás.

infinidad *f* Cualidad de infinito. || (fig) Gran número de cosas o personas.

infinitivo *m* Modo del verbo que no expresa por sí mismo número ni persona ni tiempo determinados.

infinito, ta *adj y s* Que no tiene fin. || Muy numeroso y grande. • *adv* modo Excesivamente, muchísimo. ❑ INFINITUD.

infirmar *tr* Anular una cosa, invalidarla.

inflación *f* Tendencia al desequilibrio de una economía, caracterizada por el aumento general de los precios. ❑ INFLACIONARIO, RIA.

inflamación *f* Acción y efecto de inflamar o inflamarse. || Reacción local del organismo frente a la agresión de un agente exterior, que puede ser físico, químico o bacteriano.

inflamar *tr y prnl* Encender una cosa levantando llama. • *prnl* Producirse inflamación, alteración patológica. ❑ INFLAMABLE.

inflar *tr y prnl* Hinchar una cosa con aire u otra sustancia aeriforme. • *tr* (fig) Exagerar, abultar hechos, noticias.

inflexibilidad *f* Cualidad de inflexible. ‖ (fig) Que no se conmueve ni se doblega.

inflexible *adj* Incapaz de torcerse o doblarse. ‖ (fig) Que por su firmeza y constancia no desiste de su propósito.

inflexión *f* Cambio de tono o de acento en la voz. ‖ Desviación.

infligir *tr* Causar daño o imponer una pena o castigo corporal.

inflorescencia *f* Conjunto de las ramificaciones florales de una planta.

influenciar *tr* Influir. ☐ INFLUENCIABLE.

influir *tr* e *intr* Producir una cosa sobre otra ciertos efectos. ‖ (fig) Ejercer una persona o cosa predominio o fuerza moral en el ánimo. ‖ (fig) Contribuir al éxito de un negocio. ☐ INFLUENCIA.

influjo *m* Influencia. ‖ Flujo de la marea.

influyente *pa* de influir. • *adj* Que influye. ‖ Que goza de influencia y poder.

información *f* Acción y efecto de informar o informarse. ‖ Oficina donde se informa. ‖ Averiguación jurídica de un hecho o delito. ‖ Conjunto de noticias, informes o datos.

informador, ra *adj* y *s* Que informa. • *m* y *f* Periodista de cualquier medio de difusión.

informal *adj* Que no guarda las formas y reglas prevenidas. • *adj* y *s* Aplícase también a la persona que en su porte y conducta no observa la conveniente gravedad y puntualidad.

informar *tr* y *prnl* Comunicar, dar noticia de una cosa. • *tr* Dar forma sustancial a una cosa. • *intr* Dictaminar. ‖ Hablar en estrados los fiscales y los abogados. ☐ INFORMANTE.

informática *f* Computación. ☐ INFORMÁTICO, CA.

informativo, va *adj* Díc. de lo que informa o sirve para dar noticia de una cosa. ‖ Que da forma a una cosa.

informatizar *tr* Aplicar e implementar los procesos y los métodos de la informática a un negocio, proyecto, etc. ☐ INFORMATIZACIÓN.

informe *m* Acción y efecto de informar o dictaminar. ‖ Conjunto de datos acerca de una persona o asunto determinados. ‖ Exposición oral que hace el letrado o el fiscal ante el tribunal que ha de fallar el proceso.

infortunio *m* Suerte desdichada. ‖ Estado desgraciado en que se encuentra una persona.

infracción *f* Quebrantamiento de un tratado o norma. ☐ INFRACTOR, RA.

infraestructura *f* Parte de una construcción que está bajo el nivel del suelo. ‖ Conjunto de servicios básicos para el funcionamiento de una organización.

infranqueable *adj* Imposible o difícil de franquear o desembarazar de los impedimentos que estorban el paso.

infrarrojo, ja *adj* y *s* Díc. de la radiación del espectro luminoso que se encuentra más allá del rojo visible y es de mayor longitud de onda.

infravalorar *tr* Atribuir a alguien o a algo valor inferior al que tiene.

infrecuente *adj* Que no es frecuente.

infringir *tr* Quebrantar leyes, órdenes, etc.

infructífero, ra *adj* Que no produce fruto.

infructuoso, sa *adj* Ineficaz, inútil para algún fin. ☐ INFRUCTUOSIDAD.

infundado, da *adj* Que carece de fundamento real o racional.

infundio *m* Mentira, patraña, embuste.

infundir *tr* Provocar cierto estado de ánimo, sentimiento o impulso moral.

infusible *adj* Que no puede fundirse o derretirse. ☐ INFUSIBILIDAD.

infusión *f* Acción y efecto de infundir. ‖ Bebida que se obtiene de diversos frutos o hierbas aromáticas, como té, café, manzanilla, etc., introduciéndolos en agua hirviendo.

infuso, sa *pp irreg* de infundir. • *adj* Díc. de los conocimientos o dones que se poseen naturalmente o por la gracia divina.

ingeniar *tr* Trazar o inventar ingeniosamente.

ingeniería *f* Conjunto de conocimientos y técnicas que permiten aplicar el saber científico a la utilización de la materia y de las fuentes de energía. ‖ Profesión y ejercicio del ingeniero. ☐ INGENIERO, R.

ingenio *m* Facultad del hombre para discurrir o inventar con facilidad. ‖ Maña y artificio de uno para conseguir lo que desea. ‖ *Amér.* Plantación de caña de azúcar

ingenioso, sa *adj* Que tiene ingenio.

ingénito, ta *adj* No engendrado.

ingente *adj* Muy grande.

ingenuidad *f* Sinceridad, candor, buena fe.

ingenuo, nua *adj* Sincero, candoroso.

ingerir *tr* Introducir algo en el estómago pasando por la boca. ☐ INGESTIÓN.

ingle *f* Región del cuerpo donde converge cada una de las extremidades inferiores con el tronco.

ingobernable *adj* Que no se puede gobernar.

ingratitud *f* Desagradecimiento.

ingrato, ta *adj* Desagradecido. ‖ Díc. de lo que no compensa el trabajo que cuesta.

ingrávido, da *adj* Díc. de los cuerpos no sometidos a la gravedad. ‖ Sin peso, leve.

ingrediente *m* Cualquier cosa que entra en la composición de una mezcla.

ingresar *intr* Entrar en un lugar. ‖ Entrar a formar parte de una corporación, sociedad, empresa, etc. ‖ Entrar en un establecimiento sanitario para recibir tratamiento. • *tr* Hacer una imposición de dinero en un banco o caja.

ingreso *m* Acción de ingresar. ‖ Espacio por donde se entra. ‖ Prueba que se realiza para iniciar unos estudios. ‖ Cantidad de dinero que se percibe con regularidad.

inhábil *adj* Falto de habilidad, talento o instrucción. ‖ Que no tiene las cualidades y condiciones necesarias para hacer una cosa.

inhabilitar *tr* Declarar a uno inhábil o incapaz de ejercer u obtener cargos públicos, o de ejercitar derechos civiles o políticos. • *tr* y *prnl* Imposibilitar para una cosa. ☐ INHABILITACIÓN.

inhabitable *adj* No habitable; que no puede habilitarse.

inhalador *m* Aparato para inhalar.

inhalar *tr* Aspirar, con un fin terapéutico, ciertos vapores o líquidos pulverizados. ☐ INHALACIÓN.

inherencia *f* Unión de cosas inseparables por su naturaleza, o que sólo se pueden separar mentalmente.

inherente *adj* Que por su naturaleza está de tal manera unido a otra cosa, que no se puede separar de ella. Úsase con la *prep a*.

inhibir *tr* Impedir o reprimir el ejercicio de facultades o hábitos. ‖ Decretar que un juez no prosiga en el conocimiento de una causa por no ser de su competencia. • *tr* y *prnl* Suspender transitoriamente una función o actividad del organismo mediante la acción de un estímulo adecuado. ☐ INHIBICIÓN.

inhóspito, ta *adj* Desagradable, que no ofrece seguridad o abrigo.

inhumano, na *adj* Falto de humanidad, cruel.

inhumar *tr* Enterrar un cadáver. ☐ INHUMACIÓN.

iniciado, da *pp* de iniciar. • *adj* y *s* Díc. del que comparte el conocimiento de una cosa secreta.

inicial *adj* Perteneciente al origen o principio de las cosas. • *adj* y *s* Díc. de la primera letra de una palabra, capítulo, etc.

iniciar *tr* Empezar una acción o actividad. ‖ Admitir a uno a la participación de una ceremonia o cosa secreta; dársela a conocer, descubrirla. ☐ INICIACIÓN; INICIADOR, RA.

iniciativa *f* Idea que sirve para iniciar o hacer una cosa. ‖ Derecho de hacer una propuesta.

inicio *m* Comienzo, principio.

inicuo, cua *adj* Contrario a la equidad. ‖ Malvado, injusto.

inigualable *adj* Que no puede ser igualado.

ininterrumpido, da *adj* Continuado.

iniquidad *f* Maldad, injusticia grande.

injerirse *prnl* Entremeterse. ☐ INJERENCIA.

injertar *tr* Introducir en la rama o tronco de una planta una rama de otra para que brote. ‖ Implantar sobre un cuerpo humano o animal partes tomadas de otra región del mismo individuo o de otro. ☐ INJERTA.

injerto, ta *pp irreg* de injertar. • *m* Parte de una planta, que se implanta en una hendidura practicada en otro vegetal, de modo que los tejidos de uno y otro estén en contacto.

injuria *f* Agravio, ofensa.

injuriar *tr* Ultrajar, ofender. ‖ Dañar. ☐ INJURIADOR, RA; INJURIAMIENTO; INJURIOSO, SA.

injusticia *f* Acción contraria a la justicia.

injustificable *adj* Que no se puede justificar.

injusto, ta *adj* y *s* No justo o equitativo.

inmaculado, da *adj* Que no tiene mancha.

inmadurez *f* Falta de madurez.

inmanente *adj* Díc. de lo que es inherente a algún ser o va unido de un modo inseparable a su esencia. ❑ INMANENCIA.

inmaterial *adj* No material. ❑ INMATERIALIDAD.

inmediación *f* Cualidad de inmediato. • *pl* Proximidades o alrededores de un lugar.

inmediato, ta *adj* Contiguo o muy cercano.

inmedicable *adj* (fig) Que no se puede curar.

inmejorable *adj* Que no se puede mejorar.

inmemorable *adj* Aplícase a aquello de cuyo comienzo no hay memoria.

inmemorial *adj* Tan antiguo, que no hay memoria de cuándo empezó.

inmensidad *f* Infinidad en la extensión.

inmenso, sa *adj* Que no tiene medida.

inmensurable *adj* Que no puede medirse.

inmersión *f* Acción de introducir o introducirse una cosa en un líquido.

inmerso, sa *adj* Sumergido.

inmigrante • *adj* y *s* Díc. del que se ha establecido en un país, procedente de otro.

inmigrar *intr* Llegar a un país para establecerse en él los naturales de otro. ❑ INMIGRACIÓN.

inminente *adj* Que amenaza o está para suceder prontamente. ❑ INMINENCIA.

inmiscuir *tr* Poner una sustancia en otra para que resulte una mezcla. • *prnl* (fig) Entremeterse en un asunto o negocio.

inmobiliario, ria *adj* Perteneciente a cosas inmuebles. • *f* Empresa que se dedica a la construcción y a la compraventa o arrendamiento de edificios.

inmoble *adj* Inmóvil. || Que no se mueve.

inmolar *tr* Sacrificar, degollando una víctima. || Ofrecer sacrificios a la divinidad. ❑ INMOLACIÓN; INMOLADOR, RA.

inmoral *adj* Que se opone a la moral o a las buenas costumbres.

inmoralidad *f* Falta de moralidad, desarreglo en las costumbres. || Acción inmoral.

inmortal *adj* No mortal. || (fig) Que dura tiempo indefinido.

inmortalidad *f* Cualidad de inmortal.

inmortalizar *tr* y *prnl* Hacer perpetua una cosa en la memoria de los hombres.

inmoto, ta *adj* Que no se mueve.

inmóvil *adj* Que no se mueve. || (fig) Firme, invariable. ❑ INMOVILIDAD.

inmovilizado *m* Conjunto de bienes patrimoniales de carácter permanente y gastos amortizables de una empresa.

inmovilizar *tr* Hacer que una cosa quede inmóvil. || Invertir un caudal en bienes de lenta o difícil realización. • *prnl* Quedarse o permanecer inmóvil. ❑ INMOVILIZACIÓN.

inmueble *adj* y *m* Díc. de aquellos bienes que la ley considera no muebles, como tierras, edificios, construcciones, etc. • *m* Edificio de varios pisos.

inmundicia *f* Suciedad, basura.

inmundo, da *adj* Muy sucio. || (fig) Impuro.

inmune *adj* Exento de ciertos oficios, cargos, gravámenes o penas. || No atacable por ciertas enfermedades.

inmunidad *f* Cualidad de inmune. || Privilegio de que gozan determinadas personas a causa de las particulares funciones o cargos que desempeñan.

inmunizar *tr* Hacer inmune. ❑ INMUNIZACIÓN; INMUNIZADOR, RA; INMUNIZANTE.

inmunodeficiencia *f* Estado patológico del organismo, caracterizado por una disminución funcional de los linfocitos o de alguna de sus actividades específicas.

inmunología *f* Parte de la medicina que estudia los fenómenos relativos a la inmunidad. ❑ INMUNOLÓGICO, CA.

inmutable *adj* No mudable. || Que no siente o no manifiesta alteración del ánimo.

inmutar *tr* Alterar o variar una cosa.

innato, ta *adj* Connatural y como nacido con el mismo sujeto.

innoble *adj* Que no es noble.

innovación f Acción y efecto de innovar. || Creación o modificación de un producto, y su introducción en el mercado.

innovar tr Cambiar las cosas, introduciendo novedades. ☐ INNOVADOR, RA.

innumerabilidad f Muchedumbre grande y excesiva. || Cualidad de no numerable.

innumerable adj Que no se puede reducir a número. || Que no es numerable.

innúmero, ra adj Que no se puede reducir a número.

inocencia f Estado del que está limpio de culpa. || Exención de toda culpa. || Candor, simplicidad, sencillez.

inocentada f (fam) Broma o chasco que se da a uno en el día de los Santos Inocentes.

inocente adj y s Libre de culpa. || Cándido, fácil de engañar.

inocular tr y prnl Comunicar por medios artificiales una enfermedad contagiosa. || (fig) Pervertir, contagiar. ☐ INOCULACIÓN; INOCULADOR, RA.

inocuo, cua adj Que no hace daño. ☐ INOCUIDAD.

inodoro, ra adj Que no tiene olor. • m Taza de retrete provista de sifón.

inofensivo, va adj Incapaz de ofender. || (fig) Que no puede causar daño ni molestia.

inoperante adj No operante, ineficaz.

inopia f Indigencia, pobreza, ignorancia.

inopinado, da adj Que sucede sin haber pensado en ello, o sin esperarlo.

inorgánico, ca adj Díc. de cualquier cuerpo sin órganos para la vida, como los minerales.

inoxidable adj Que no se puede oxidar.

input m Conjunto de señales o datos que se introducen en una computadora o sistema computacional.

inquebrantable adj Que persiste sin quebranto, o no puede quebrantarse.

inquietar tr y prnl Quitar el sosiego, preocupar. ☐ INQUIETANTE.

inquieto, ta adj Que no está quieto o es intranquilo. || Propenso a promover o efectuar cambios.

inquietud f Falta de quietud, desasosiego, desazón. || Alboroto, conmoción.

inquilinaje m Chile. Inquilinato. || Chile. Conjunto de inquilinos.

inquilinato m Arriendo de una casa o de parte de ella. || Derecho que adquiere el inquilino en la casa arrendada. || Arg., Col. y Ur. Casa de vecindad.

inquilino, na m y f Persona que ha tomado una casa o parte de ella en alquiler para habitarla. || Chile. Colono, labrador. || Amér. Habitante.

inquinar tr y prnl Manchar algo, contagiar.

inquirir tr Indagar o examinar cuidadosamente una cosa. ☐ INQUISITIVO, VA; INQUISITORIO, RIA.

inquisición f Acción y efecto de inquirir. || Tribunal eclesiástico, establecido para inquirir y castigar los delitos contra la fe. ☐ INQUISIDOR, RA; INQUISITORIAL.

insaciable adj Que no se puede saciar o hartar.

insalubre adj Malsano, dañoso a la salud.

insanable adj Que no puede sanar, incurable.

insano, na adj Loco, demente. || Malsano.

insatisfacción f Falta de satisfacción.

insatisfactorio, ria adj Que no satisface.

insatisfecho, cha adj No satisfecho.

inscribir tr Grabar letreros en metal, piedra u otra materia. || Tomar razón, en algún registro, de documentos o declaraciones. ☐ INSCRIBIBLE.

inscripción f Conjunto de caracteres grabados en piedra, metal, etc. || Anotación o asiento en el gran libro de la deuda pública.

inscrito, ta pp irreg de inscribir. • adj Díc. del polígono y del poliedro cuyos vértices son puntos de una superficie esférica, respectivamente.

insecticida adj y m Dícese del producto para matar insectos.

insectívoro, ra adj y s Díc. de los animales que pralm. se alimentan de insectos.

insecto adj y m Díc. de los artrópodos dotados de mandíbulas y antenas, tres pares de patas y, gralte., dos pares de alas.

inseguridad f Falta de seguridad.

inseguro, ra adj Falto de seguridad.

inseminación f Conjunto de procesos por los que el semen llega al óvulo, tras la cópula sexual.

inseminar tr Hacer llegar el semen al óvulo mediante una técnica de inseminación.

insensatez f Necedad, falta de sentido o razón. ‖ Dicho o hecho insensato.

insensato, ta adj y s Tonto, fatuo, sin sentido.

insensibilizar tr y prnl Quitar la sensibilidad o privar a uno de ella.

insensible adj Que carece de sensibilidad. ‖ Imperceptible.

inseparable adj Que no se puede separar. ‖ (fig) Díc. de las personas estrechamente unidas con vínculos de amistad o de amor.

inserir tr Insertar. ▢ INSERCIÓN.

insertar tr Incluir una cosa en otra, especialmente un texto en otro. ‖ Dar cabida a un escrito en las columnas de un periódico.

insidia f Asechanza. Úsase más en plural. ‖ Dicho o acción para hacer daño a otro.

insidioso, sa adj y s Que arma asechanzas. ‖ Malicioso o dañino con apariencias inofensivas.

insigne adj Célebre, famoso.

insignia f Señal o distintivo honorífico. ‖ Pendón, estandarte.

insignificancia f Pequeñez, inutilidad.

insignificante adj Baladí, pequeño, poco importante, despreciable.

insinuar tr Dar a entender una cosa, no haciendo más que indicarla ligeramente. ▢ INSINUACIÓN; INSINUADOR, RA.

insípido, da adj Falto de sabor. ‖ (fig) Falto de espíritu, gracia o viveza. ▢ INSIPIDEZ.

insipiente adj y s Falto de sabiduría o de juicio.

insistencia f Reiteración, porfía.

insistir intr Instar reiteradamente. ‖ Mantenerse firme en una cosa.

insobornable adj Que no puede ser sobornado. ‖ Que no se deja llevar por ninguna influencia ajena.

insociable o **insocial** adj Que no es sociable; que no busca el trato con los demás o lo rehúye. ▢ INSOCIABILIDAD.

insolar tr Poner al sol una cosa. • prnl Enfermar por demasiado ardor del sol o por excesiva exposición a él. ▢ INSOLACIÓN.

insolencia f Atrevimiento, descaro. ‖ Dicho o hecho ofensivo e insultante.

insolentar tr y prnl Hacer a uno insolente y atrevido. ‖ Mostrarse insolente.

insolente adj y s Que comete insolencia. • adj Orgulloso, soberbio, desvergonzado.

insólito, ta adj No común ni ordinario.

insoluble adj Que no puede disolverse ni diluirse. ‖ Que no se puede resolver o aclarar.

insolvente adj y s Que no tiene con qué pagar.

insomne adj Que no duerme, desvelado.

insomnio m Trastorno del sueño.

insondable adj Que no se puede sondear. ‖ (fig) Que no se puede averiguar o saber a fondo.

insonorizar tr Acondicionar un lugar para aislarlo acústicamente. ▢ INSONORIZACIÓN.

insoportable adj Insufrible, intolerante.

insostenible adj Que no se puede sostener. ‖ (fig) Que no se puede defender con razones.

inspeccionar tr Examinar, reconocer atentamente una cosa. ▢ INSPECCIÓN.

inspector, ra adj y s Que por oficio examina y controla una cosa. • m y f Empleado público o particular que tiene a su cargo la inspección y vigilancia del ramo a que pertenece.

inspirar tr e intr Aspirar, hacer penetrar aire en los pulmones. • tr (fig) Infundir en el ánimo afectos, ideas, designios, etc. ‖ (fig) Sugerir ideas creadoras. • prnl (fig) Sentir inspiración creadora. ▢ INSPIRACIÓN; INSPIRADOR, RA.

instalación f Conjunto de aparatos, máquinas, conducciones, etc., dispuestos para un fin determinado.

instalar tr y prnl Poner a uno en posesión de un empleo o beneficio. ‖ Colocar en su debido lugar. • tr Colocar en un lugar o edificio los aparatos y accesorios que en él se hayan de utilizar. ▢ INSTALADOR, RA.

instancia f Acción y efecto de instar. ‖ Memorial, solicitud.

instantáneo, a adj Que sólo dura un instante. ‖ Díc. de los alimentos que no necesitan otra preparación que disolverlos en un líquido, calentarlos, etc.

instante m Porción brevísima de tiempo.

instaurar tr Establecer, fundar, instituir. ‖ Renovar, restaurar. ☐ INSTAURACIÓN.

instigar tr Incitar o inducir a uno a que haga una cosa. ☐ INSTIGACIÓN; INSTIGADOR, RA.

instintivo, va adj Que es obra o efecto del instinto, y no del juicio o la reflexión.

instinto m Conjunto de pautas de reacción que determina a los animales a una acción dirigida a la conservación o a la reproducción de la especie. ☐ INSTINTIVO, VA.

institución f Acción y efecto de instituir. ‖ Establecimiento o fundación de una cosa. ‖ Cosa establecida o fundada. ‖ Organismo que desempeña una función de interés público. ☐ INSTITUCIONAL.

institucionalizar tr y prnl Convertir algo en institucional.

instituir tr Establecer algo de nuevo. ☐ INSTITUYENTE; INSTITUIDOR, RA.

instituto m Corporación científica, literaria, benéfica, etc. ‖ Establecimiento dedicado a la investigación científica o a la enseñanza.

institutriz f Mujer encargada de la educación de uno o varios niños, en el hogar doméstico.

instrucción f Acción de instruir o instruirse. ‖ Caudal de conocimientos adquiridos. ‖ Curso que sigue un proceso o expediente que se está instruyendo. ‖ Conjunto de reglas para ejecutar algo o para el manejo de algo.

instruido, da pp de instruir. • adj Que tiene un buen caudal de conocimientos adquiridos.

instruir tr Enseñar. ‖ Comunicar ideas, conocimientos o doctrinas. ‖ Formalizar un proceso o expediente conforme a las reglas de derecho. ☐ INSTRUCTIVO, VA; INSTRUCTOR, RA.

instrumental adj Perteneciente o relativo al instrumento. ‖ Que sirve de instrumento o tiene función de tal.

instrumentar tr Arreglar una composición para varios instrumentos. ‖ Proporcionar al cirujano los instrumentos que precisa en una intervención. ☐ INSTRUMENTACIÓN.

instrumentista m o f Músico de instrumento. ‖ Persona encargada del instrumental quirúrgico.

instrumento m Objeto que sirve para un trabajo o una operación. ‖ Utensilio, herramienta, aparato o máquina. ‖ Aparato que sirve para la producción de sonidos musicales.

insubordinación f Falta de subordinación.

insubordinar tr Inducir a la insubordinación. • prnl Quebrantar la subordinación, sublevarse, levantarse. ☐ INSUBORDINACIÓN; INSUBORDINADO, DA.

insuficiencia f Falta de suficiencia. ‖ Inferioridad, incapacidad.

insuficiente adj No suficiente.

insuflar tr Introducir en un órgano o en una cavidad aire o una sustancia pulverizada, especialmente con fines terapéuticos. ☐ INSUFLACIÓN.

ínsula f Isla.

insulano, na o **insular** adj Isleño.

insulina f Hormona que segrega el páncreas. ‖ Medicamento hecho con esta sustancia para combatir la diabetes.

insulso, sa adj Insípido, falto de sabor.

insultar tr Ofender a uno provocándole con palabras o acciones. ☐ INSULTADOR, RA; INSULTANTE.

insulto m Acción y efecto de insultar. ‖ Palabra o exp. empleada para insultar.

insumergible adj No sumergible.

insumisión f Falta de sumisión. ‖ Negativa a realizar el servicio militar. ☐ INSUMISO, SA.

insurgente adj y s Levantado o sublevado.

insurreccionar tr Sublevar, levantar. • prnl Alzarse, sublevarse contra las autoridades.

insurrecto, ta adj y s Levantado contra la autoridad pública; rebelde.

insustancial o **insubstancial** adj De poca o ninguna sustancia.

intacto, ta adj No tocado o palpado. ‖ (fig) Que no ha padecido alteración o deterioro.

intangible *adj* Que no debe o no puede tocarse. ❏ INTANGIBILIDAD.

integrado, da *pp* de integrar. • *adj* Díc. del circuito en el que todos sus componentes e interconexiones se realizan simultáneamente sobre la misma plaquita de sílice.

integral *adj* Total, completo, global. • *f* Resultado de integrar una expresión diferencial.

integrante *pa* de integrar. • *adj* Que integra. ‖ Integral, dicho de las partes que componen un todo.

integrar *tr* Formar las partes un todo. ‖ Completar un todo con las partes que faltaban. ‖ Entrar a formar parte de un todo. ‖ Determinar una expresión o cantidad de la que se conoce la diferencial. • *prnl* Incorporarse a un grupo para formar parte de él. ❏ INTEGRACIÓN; INTEGRACIONISTA.

íntegro, gra *adj* Completo. ‖ (fig) Recto, honrado, intachable. ❏ INTEGRIDAD.

intelección *f* Acción y efecto de entender.

intelectivo, va *adj* Que tiene virtud de entender. • *f* Facultad de entender.

intelecto *m* Entendimiento, inteligencia, facultad con que piensa el hombre.

intelectual *adj* Perteneciente o relativo al entendimiento. ‖ Espiritual o sin cuerpo. • *adj y s* Díc. de la persona dedicada a trabajos que requieren de modo especial el empleo de la inteligencia. ❏ INTELECTUALIDAD.

inteligencia *f* Facultad de comprender, de conocer. ‖ Aptitud para establecer relaciones entre las percepciones sensoriales o para abstraer y asociar conceptos. ‖ Habilidad, destreza.

inteligente *adj* Sabio, instruido. ‖ Hábil. ‖ Dotado de facultad intelectiva.

inteligible *adj* Que puede ser entendido. ‖ Que se oye clara y distintamente. ❏ INTELIGIBILIDAD.

intemperancia *f* Falta de templanza.

intemperante *adj* Destemplado o falto de templanza.

intemperie *f* Destemplanza y desigualdad del tiempo.

intempestivo, va *adj* Que es fuera de tiempo y razón.

intemporal *adj* Independiente del curso del tiempo. ❏ INTEMPORALIDAD.

intención *f* Determinación de la voluntad en orden a un fin. ‖ Deseo, voluntad. ‖ Cautelosa advertencia con que uno habla o procede. ❏ INTENCIONADO, DA.

intendencia *f* Dirección y gobierno de una cosa. ‖ Cuerpo del ejercito destinado al aprovisionamiento de las tropas. ‖ *Col.* División administrativa de categoría intermedia entre la de dpto. y comisaría.

intendente *m* Jefe superior económico. ‖ En el ejército y en la marina, jefe superior de los servicios de administración.

intensidad *f* (fig) Vehemencia de los sentimientos. ‖ Término genérico que se utiliza para expresar el valor de ciertas magnitudes.

intensificar *tr y prnl* Hacer que una cosa adquiera mayor intensidad de la que tenía. ❏ INTENSIFICACIÓN.

intensivo, va *adj* Que intensifica. ‖ Díc. de un determinado tipo de cultivo de la tierra. ‖ Aplícase a un determinado horario o jornada laborales.

intenso, sa *adj* Muy vehemente y vivo.

intentar *tr* Tener intención de hacer una cosa. ‖ Iniciar la ejecución de la misma. ❏ INTENTO.

intentona *f* (fam) Intento temerario.

interacción *f* Acción que se ejerce recíprocamente entre dos o más objetos agentes, fuerzas, etc. ❏ INTERACCIONAR INTERACTIVO, VA.

interactivo, va *adj* Que procede por interacción. • *adj y m* Díc. de los programas que permiten establecer un diálogo entre el usuario y la computadora.

intercadencia *f* Desigualdad defectuosa en el lenguaje, estilo, etc. ❏ INTERCADENTE.

intercalar¹ *adj* Interpuesto, injerido.

intercalar² *tr* Interponer o poner una cosa entre otras. ❏ INTERCALACIÓN; INTERCALADURA.

intercambiar *tr* Cambiar mutuamente.

intercambio *m* Acción y efecto de intercambiar. ‖ Reciprocidad de consideraciones y servicios entre corporaciones análogas de diversos países.

interceder *intr* Rogar por otro para alcanzarle una gracia o librarle de un mal. □ INTERCESIÓN.

interceptar *tr* Apoderarse de una cosa antes que llegue al lugar o a la persona a que se destina.

intercomunicación *f* Comunicación recíproca. ‖ Comunicación interna, especialmente telefónica. □ INTERCOMUNICADOR.

intercontinental *adj* Que llega de uno a otro continente.

intercostal *adj* Que está entre dos costillas.

interdental *adj* Díc. del sonido articulado entre los dientes.

interdependencia *f* Dependencia recíproca.

interdicto *m* Entredicho.

interdigital *adj* Díc. de cualquiera de las membranas que se hallan entre los dedos.

interdisciplinario, ria *adj* Díc. de los estudios u otras actividades que establecen relaciones entre varias disciplinas o varias ciencias.

interés *m* Provecho, utilidad, ganancia. ‖ Valor que en sí tiene una cosa. • *pl* Bienes de fortuna. ‖ Conveniencia o necesidad de carácter colectivo. □ INTERESADO, DA.

interesado, da *pp* de interesar. • *adj* y *s* Que se deja llevar excesivamente del interés, o sólo se mueve por él.

interesante *adj* Que interesa o que es digno de interés.

interesar *intr* Ser motivo de interés. • *tr* Cautivar la atención y el ánimo con lo que se dice o escribe. ‖ Inspirar afecto o interés.

interestatal *adj* Perteneciente a las relaciones de dos o más estados.

interfecto, ta *adj* y *s* Díc. de la persona que ha muerto violentamente.

interferir *tr* y *prnl* Cruzar, interponer algo en el camino de una cosa o en una acción. • *tr* e *intr* Causar interferencia. • *intr* Introducirse en la recepción de una señal extraña y perturbadora. □ INTERFERENCIA.

interfono *m* Instalación para la intercomunicación telefónica en el interior de un edificio.

ínterin *adv tiempo* Entretanto o mientras.

interior *adj* Que está de la parte de adentro. ‖ Que está muy adentro. ‖ Propio de la nación y no del extranjero. • *m* Parte central de un país en oposición a las zonas costeras o fronterizas. • *pl* Entrañas. ‖ Secuencias rodadas con decorados que representan espacios cerrados.

interiorismo *m* Acondicionamiento decorativo de los espacios interiores de la arquitectura.

interjección *f* Voz que expresa alguna impresión súbita, como asombro, sorpresa, dolor, enfado, etc. □ INTERJECTIVO, VA.

interlínea *f* Espacio que queda entre dos líneas escritas o impresas. ‖ Regleta. □ INTERLINEAR.

interlocutor, ra *m* y *f* Cada una de las personas que toman parte en un diálogo.

interludio *m* Breve fragmento musical que sirve de introducción o de intermedio.

intermediar *intr* Mediar, existir una cosa en medio de otras.

intermedio, dia *adj* Que está en medio de los extremos de lugar o tiempo. • *m* Espacio que hay de un tiempo a otro o de una acción a otra. ‖ Divertimento musical intercalado en una obra dramática.

interminable *adj* Que no tiene término o fin. ‖ Que cansa o aburre.

intermitente *adj* Que se interrumpe o cesa y prosigue o se repite. □ INTERMITENCIA.

internacional *adj* Perteneciente o relativo a dos o más naciones. • *npf* Himno revolucionario. □ INTERNACIONALIDAD.

internacionalizar *tr* Someter a la autoridad conjunta de varias naciones o de un organismo que las represente, territorios o asuntos que dependían de la autoridad de un solo estado.

internado *m* Condición del alumno interno. ‖ Conjunto de alumnos internos. ‖ Establecimiento donde viven alumnos u otras personas internas.

internar *tr* Recluir a alguien en un establecimiento, como hospital, prisión, etc. • *prnl* Penetrar o avanzar hacia adentro en un lugar.

internauta *m* o *f* Persona que utiliza la red de internet.

internet *f* Unión mundial de las redes de computación, formada por millones de computadoras que pueden comunicarse entre sí a través de un protocolo común.

internista *adj* y *s* Díc. del médico especialista en medicina interna.

interno, na *adj* Interior. • *adj* y *s* Díc. del alumno que vive dentro de un establecimiento de enseñanza.

interpelar *tr* Implorar el auxilio o recurrir a uno solicitando su amparo y protección.

interpolar *tr* Poner una cosa entre otras. ‖ Introducir palabras o frases en obras y escritos ajenos. ☐ INTERPOLACIÓN.

interponer *tr* y *prnl* Poner algo entre cosas o entre personas.

interpretar *tr* Explicar el sentido de una cosa, sobre todo el de textos faltos de claridad. ‖ Comprender y expresar el asunto o materia de que se trata. ‖ Representar una obra de teatro o ejecutar una composición musical o un baile con propósito coreográfico. ☐ INTERPRETABLE; INTERPRETACIÓN; INTERPRETADOR, RA.

intérprete *m* o *f* Persona que interpreta. ‖ Persona que traduce de una lengua a otra. ‖ Actor que representa un papel.

interrelación *f* Correspondencia mutua entre personas, cosas o fenómenos.

interrogación *f* Pregunta. ‖ Signo ortográfico (¿?) que se pone al principio y fin de palabra o cláusula interrogativa.

interrogante *adj* y *s* Que interroga. • *m* Signo de la interrogación.

interrogar *tr* Preguntar, inquirir.

interrogativo, va *adj* Que implica o denota interrogación.

interrogatorio *m* Procedimiento de instrucción que consiste en formular una serie de preguntas al presunto autor de un delito o infracción.

interrumpir *tr* Cortar la continuación de una acción en el lugar o en el tiempo. ☐ INTERRUPCIÓN.

interruptor, ra *adj* Que interrumpe. • *adj* y *m* Díc. de un elemento, básico en cualquier circuito, que se utiliza para abrir o cerrar el paso a la corriente eléctrica.

intersección *f* Encuentro de dos líneas, de dos superficies o de dos sólidos que recíprocamente se cortan, y punto, línea o superficie que resulta de dicho encuentro.

intersticio *m* Espacio pequeño que media entre dos cuerpos o entre dos partes de un mismo cuerpo. ‖ Intervalo de lugar o tiempo.

interurbano, na *adj* Díc. de las relaciones y servicios de comunicación existentes entre dos ciudades.

intervalo *m* Distancia entre dos puntos o tiempo entre dos períodos.

intervención *f* Acción y efecto de intervenir. ‖ Operación quirúrgica.

intervenir *intr* Tomar parte en un asunto. ‖ Interponer uno su autoridad. ‖ Interceder o mediar por uno. ‖ Sobrevenir, acontecer. • *tr* Realizar una operación quirúrgica. ‖ Inspeccionar algo la autoridad competente.

interventor, ra *adj* y *s* Que interviene. • *m* y *f* Empleado que autoriza y fiscaliza ciertas operaciones a fin de que se hagan con legalidad.

interviú *amb* Entrevista, acción y efecto de entrevistar. Úsase más como *f*.

intervocálico, ca *adj* Díc. de la consonante que se halla entre letras vocales.

intestino, na *adj* Interno, interior. • *m* Víscera tubular del sistema digestivo en la cavidad abdominal, que se prolonga desde el estómago hasta el ano. ☐ INTESTINAL.

intimar *tr* Notificar, hacer saber una cosa, especialmente con autoridad o fuerza para ser obedecido. ☐ INTIMACIÓN.

intimidad *f* Amistad íntima. ‖ Vida privada de una persona.

intimidar *tr* y *prnl* Causar o infundir miedo. • *prnl* Entrarle o acometerle a uno miedo.

íntimo, ma *adj* Lo más interior o interno. ‖ Aplícase a la amistad muy estrecha y amigo de confianza.

intocable *adj* y *s* Que no se puede tocar.

intolerable *adj* Que no se puede tolerar.

intolerancia *f* Actitud cerrada y violenta frente a las personas que expresan opiniones o creencias diferentes. ☐ INTOLERANTE.

intoxicar *tr* y *prnl* Inficionar con sustancias tóxicas, envenenar. ‖ (fig, fam) Abusar o hacer uso excesivo de algo.

intranquilizar *tr* y *prnl* Quitar la tranquilidad, desasosegar. ☐ INTRANQUILIZADOR, RA.

intranquilo, la *adj* Falto de tranquilidad.

intransferible *adj* No transferible.

intransigencia *f* Condición del que no transige en sus gustos, hábitos, etc.

intransigente *adj* Que no transige, que no hace concesiones.

intransitable *adj* Aplícase al lugar o sitio por donde no se puede transitar.

intransitivo *adj* Díc. del verbo que no tiene complemento directo. ☐ INTRANSITIVIDAD.

intraocular *adj* Perteneciente o relativo al interior del ojo.

intrascendente *adj* No trascendente.

intratable *adj* No tratable ni manejable. ‖ (fig) Insociable, de mal carácter. ☐ INTRATABILIDAD.

intravenoso, sa *adj* Díc. de lo que está o se pone dentro de una vena.

intrepidez *f* Arrojo, valor en los peligros.

intrépido, da *adj* Que no teme los peligros.

intriga *f* Acción que se ejecuta con astucia y ocultamente, para conseguir un fin. ‖ Enredo, embrollo.

intrigar *intr* Emplear intrigas, usar de ellas. • *tr* Provocar viva curiosidad una cosa.

intrincar *tr* y *prnl* Enredar o enmarañar una cosa. ☐ INTRINCABLE; INTRINCACIÓN.

intrínseco, ca *adj* Íntimo, esencial.

introducción *f* Acción y efecto de introducir o introducirse. ‖ Preámbulo de un libro o discurso. ‖ (fig) Entrada y trato familiar con una persona.

introducir *tr* Dar entrada a una persona en un lugar. ‖ Meter una cosa en otra. ‖ (fig) Hacer que uno sea recibido en un lugar, o granjearle el trato, la amistad, etc., de otra persona. ☐ INTRODUCTOR, RA; INTRODUCTORIO, RIA.

intromisión *f* Acción y efecto de entrometer o entrometerse.

introversión *f* Acción y efecto de penetrar dentro de sí mismo, abstrayéndose de los sentidos. ☐ INTROVERSO, SA.

introvertido, da *adj* y *s* Díc. del individuo con tendencia a concentrarse en su propio mundo interior.

intrusión *f* Acción de introducirse sin derecho en un sitio. ☐ INTRUSIVO, VA.

intruso, sa *adj* Que se ha introducido sin derecho. • *adj* y *s* Detentador de alguna cosa alcanzada por intrusión.

intubar *tr* Introducir una cánula o sonda en un conducto o cavidad. ☐ INTUBACIÓN.

intuición *f* Modo de conocimiento en que el objeto es captado por el entendimiento sin necesidad de razonamiento.

intuir *tr* Percibir clara e instantáneamente una idea sin el proceso de razonamiento.

intuitivo, va *adj* Perteneciente a la intuición. ‖ Que tiene facilidad para ella.

inundación *f* Acción y efecto de inundar o inundarse. ‖ (fig) Multitud excesiva de una cosa.

inundar *tr* y *prnl* Cubrir el agua u otro líquido un lugar al desbordarse del cauce o continente en que está. ‖ (fig) Llenar con exceso, saturar. ☐ INUNDADO, DA.

inusitado, da *adj* No usado.

inútil *adj* No útil. • *adj* y *s* Díc. de la persona incapaz para trabajar o moverse, por algún impedimento físico. ☐ INUTILIDAD; INUTILIZACIÓN.

inutilizar *tr* y *prnl* Hacer inútil o nula una cosa.

invadir *tr* Acometer, entrar por fuerza en un lugar. ‖ (fig) Entrar injustificadamente en funciones ajenas. ☐ INVASIÓN; INVASOR, RA.

invaginar *tr* Doblar los bordes de un tubo o de una vejiga, haciendo que se introduzcan en el interior del mismo. ☐ INVAGINACIÓN.

invalidar *tr* Hacer inválida, nula o de ningún valor y efecto una cosa. ☐ INVALIDACIÓN.

inválido, da *adj* y *s* Que no tiene fuerza ni vigor. ‖ (fig) Nulo y de ningún valor por no tener las condiciones que exigen las leyes. • *adj* y *s* Díc. de la persona que adolece de un defecto físico o mental, ya sea congénito, ya adquirido, que le impide o dificulta alguna de sus actividades. ☐ INVALIDEZ.

invariable *adj* Que no padece o no puede padecer variación. ❑ INVARIABILIDAD.

invencible *adj* Que no puede ser vencido. ❑ INVENCIBILIDAD.

invención *f* Acción y efecto de inventar. ‖ Cosa inventada. ‖ Hallazgo. ‖ Engaño, ficción.

inventar *tr* Hallar o descubrir una cosa nueva o no conocida. ‖ Contar hechos falsos. ❑ INVENTIVO, VA; INVENTO; INVENTOR, RA.

inventariar *tr* Hacer o incluir en un inventario.

inventario *m* Relación de los bienes muebles de una persona, o de los que se encuentran en una casa.

invernáculo *m* Lugar abrigado artificialmente para defender las plantas de la acción del frío.

invernada *f* Estación de invierno. ‖ *Amér.* Invernadero. ‖ *Ven.* Aguacero.

invernadero *m* Sitio a propósito para pasar el invierno, y destinado a este fin. ‖ Lugar protegido donde se cultivan plantas en condiciones ambientales adecuadas.

invernal *adj* Perteneciente al invierno.

invernar *intr* Pasar el invierno en una parte. ‖ *Amér.* Pastar el ganado en invernadas.

invernazo *m aum* de invierno. • *m P. Rico y R. Dom.* Período de lluvias, de julio a septiembre.

inverosímil *adj* Que no tiene apariencia de verdad. ❑ INVEROSIMILITUD.

inversión *f* Acción y efecto de invertir. ‖ Homosexualidad. ‖ Cambio en el orden regular de una frase o en el significado de los conceptos. ‖ Empleo de capital en la producción general de bienes o en el aumento de la reserva de bienes productivos. ❑ INVERSIONISTA.

inverso, sa *pp irreg* de invertir. • *adj* Alterado, trastornado.

inversor, ra *adj y s* Que invierte. • *adj y m* Díc. del mecanismo que permite cambiar el sentido de giro de un árbol de motor.

invertebrado, da *adj y s* Dícese del animal que carece de columna vertebral.

invertir *tr* Cambiar el orden, la dirección o la disposición de algo por su contrario. ‖ Hablando de caudales, emplearlos, gastarlos, colocarlos. ‖ Emplear o gastar dinero en aplicaciones productivas. ‖ Ocupar el tiempo en hacer algo. ❑ INVERSOR.

investidura *f* Acción de investir. ‖ Carácter que se adquiere con la toma de posesión de ciertos cargos o dignidades.

investigar *tr* Hacer diligencias para descubrir una cosa. ❑ INVESTIGACIÓN; INVESTIGADOR, RA.

investir *tr* Conferir una dignidad o cargo importante. Se usa con las *prep con* o *de.*

inveterado, da *adj* Antiguo, arraigado.

inviable *adj* Díc. de lo que no tiene posibilidades de llevarse a cabo. ❑ INVIABILIDAD.

invicto, ta *adj* No vencido.

invidencia *f* Falta de visión. ❑ INVIDENTE

invierno *m* Estación del año que sigue al otoño y precede a la primavera.

inviolabilidad *f* Cualidad de inviolable. ‖ Protección especial de la que disfrutan determinadas personas.

inviolable *adj* Que no se puede violar o profanar. ‖ Que goza de la prerrogativa de inviolabilidad.

invisible *adj* Que no puede ser visto. ‖ (*fam*) Se aplica a cosas demasiado pequeñas. ❑ INVISIBILIDAD.

invitado, da *pp* de invitar. • *m y f* Persona que ha recibido invitación.

invitar *tr* Llamar a uno para un convite o para asistir a algún acto. ‖ Incitar, estimular. ‖ Dar alojamiento gratuito. ❑ INVITACIÓN.

invocar *tr* Pedir auxilio o ayuda a alguien. ‖ Acogerse a una ley, costumbre o razón, exponerla, alegarla. ❑ INVOCADOR, RA.

involución *f* Proceso de regresión o desaparición de un órgano, tejido o estructura.

involucionar *intr* Retroceder, volver atrás un proceso biológico, político, cultural, etcétera.

involucrar *tr* Incluir o mezclar en los discursos o escritos cuestiones o asuntos extraños al objeto de aquéllos. • *tr y prnl* Complicar a alguien en un asunto comprometiéndolo.

vulnerable (fig) Que no resulta afectado por lo que se hace o dice de él. ☐ INVULNERABILIDAD.

yectable *adj* y *m* Díc. de la sustancia o medicamento preparados para usarlos en inyecciones.

yectar *tr* Introducir a presión un fluido en un cuerpo o en una cavidad. ☐ INYECCIÓN.

yector *m* Dispositivo mecánico que se utiliza para inyectar.

n *m* Átomo o grupo de átomos que ha perdido o adquirido uno o más electrones y, por tanto, posee una o más cargas elementales, positivas o negativas. ☐ IÓNICO, CA.

nizar *tr* y *prnl* Disociar una molécula en iones o convertir un átomo o molécula en ion. ☐ IONIZACIÓN.

intr y *prnl* Moverse de un lugar hacia otro. • *intr* Sentar una cosa bien o mal a alguien o a algo. ☐ Caminar de acá para allá. ‖ Dirigirse, llevar o conducir a un lugar apartado del que habla. ‖ Extenderse una cosa de un punto a otro. • *prnl* Estarse muriendo. ‖ Salirse un líquido insensiblemente del vaso o cosa donde está, rezumar. ‖ Deslizarse, perder el equilibrio. ‖ Desaparecer, gastarse o consumirse una cosa.

a *f* Enfado muy violento en que se pierde el dominio sobre sí mismo y se cometen violencias de palabra o de obra.

acundia *f* Propensión a la ira.

acundo, da *adj* y *s* Propenso a la ira.

ascible *adj* Propenso a irritarse. ☐ IRASCIBILIDAD.

ibú *m* (fam) *Arg.* Aura, ave de rapiña.

idiscente *adj* Que muestra o refleja los colores del iris. ‖ p. ext. Díc. de lo que brilla o produce destellos.

is *m* Arco iris. ‖ Ópalo transparente con hermosos reflejos y colores en su interior. ‖ Membrana circular, diversamente coloreada, situada en la parte anterior del ojo, entre la córnea y el cristalino.

isar *intr* Presentar un cuerpo franjas variadas o reflejos de luz, con todos los colores del arco iris, o algunos de ellos. ☐ IRISACIÓN.

landa *f* Cierto tejido de lana y algodón. ‖ Cierta tela fina de lino.

irlandés, sa *adj* y *s* Natural de Irlanda. • *m* Lengua céltica hablada por los irlandeses.

ironía *f* Burla fina y disimulada. ‖ Figura que consiste en dar a entender lo contrario de lo que se dice.

irónico, ca *adj* Que denota o implica ironía.

ironizar *tr* y *prnl* Hablar con ironía, ridiculizar.

irracional *adj* y *s* Que carece de razón. • *adj* Opuesto a la razón o que va fuera de ella. ‖ Díc. de los núm. reales que no pueden expresarse en forma fraccionaria.

irradiar *tr* Emitir irradiación. ‖ Someter un cuerpo a la acción de una irradiación lumínica, calorífica, etc. ‖ (fig) Emanar, propagar, reflejar. ☐ IRRADIACIÓN; IRRADIADOR, RA.

irrazonable *adj* No razonable.

irreal *adj* No real, falto de realidad.

irreconciliable *adj* Aplícase al que no quiere volver a la paz y amistad con otro.

irredento, ta *adj* Que permanece sin redimir. Díc. especialmente del territorio que una nación pretende anexionarse por razones históricas, de lengua, raza u otras.

irreducible *adj* Que no se puede reducir.

irreflexivo, va *adj* y *s* Que no reflexiona. • *adj* Que se dice o hace sin reflexionar.

irregular *adj* Que está fuera de regla, contrario a ella. ‖ Que no sucede ordinariamente.

irregularidad *f* Cualidad de irregular. ‖ (fig, fam) Malversación, cohecho u otra inmoralidad en la administración pública o en la privada.

irrelevante *adj* Que carece de importancia o significación. ☐ IRRELEVANCIA.

irreligioso, sa *adj* y *s* Falto de religión. • *adj* Que se opone al espíritu de la religión.

irremisible *adj* Que no se puede perdonar.

irrepetible *adj* Extraordinario, que no puede repetirse.

irresistible *adj* Que no se puede resistir. ‖ (fig, fam) Díc. de la persona de mucho atractivo y simpatía.

irresoluble *adj* Díc. de lo que no se puede resolver o determinar.

irresoluto, ta adj y s Que carece de resolución, indeciso.

irrespetuoso, sa adj No respetuoso.

irrespirable adj Que no puede respirarse. ‖ Que difícilmente puede respirarse.

irresponsable adj y s Díc. de la persona a quien no se puede exigir responsabilidad, por su edad, capacidad mental, falta de relación con el hecho que se le imputa, etcétera.

irreverencia f Falta de reverencia. ‖ Dicho o hecho irreverente.

irreverente adj y s Contrario a la reverencia o respeto debido.

irrigación f Acción de rociar o regar un órgano o tejido del cuerpo. ‖ Acción de suministrar agua en grandes cantidades a un terreno de cultivo.

irrigar tr Rociar con un líquido alguna parte del cuerpo. ‖ Aplicar el riego a un terreno. ‖ Llevar la sangre a los tejidos a través de los vasos.

irrisible adj Digno de risa y desprecio.

irrisión f Burla insultante. ‖ (fam) Persona o cosa que es objeto de esta burla.

irrisorio, ria adj Que mueve o provoca a risa y burla. ‖ Insignificante, muy pequeño.

irritable adj Capaz de irritación. ‖ Capaz de reaccionar a un estímulo. ‖ Exageradamente sensible a los estímulos. ❑ IRRITABILIDAD.

irritación f Acción y efecto de irritar o irritarse. ‖ Estado de un órgano, o una parte del cuerpo, fuertemente excitado y que presenta, como consecuencia, lesiones inflamatorias.

irritador, ra adj y s Que irrita vivamente.

irritar tr y prnl Hacer sentir ira. ‖ Incitar, aumentar. ‖ Provocar algo en el cuerpo escozor o enrojecimiento.

irrogar tr y prnl Tratándose de perjuicios o daños, causar, ocasionar. ❑ IRROGACIÓN.

irruir tr Acometer con ímpetu, invadir un lugar.

irrumpir intr Entrar violentamente en un sitio.

irrupción f Acometimiento impetuoso e impensado. ‖ Invasión.

isagoge f Introducción, exordio.

isangas f pl Perú. Especie de nasas para pescar camarones. ‖ Arg. Espuertas.

iscle m Méx. Algodón, pelusa que tienen algunos vegetales.

isidro, dra m y f En Madrid, campesino, forastero, paleto.

isla f Porción de tierra rodeada enteramente de agua. ‖ Manzana de casas.

islam m Islamismo. ‖ Conjunto de todos los hombres y pueblos que siguen la fe musulmana. ❑ ISLÁMICO, CA.

islamismo m Conjunto de dogmas y preceptos que constituyen la religión transmitida por Dios al profeta Mahoma.

islamizar tr Difundir la religión y costumbres islámicas. • intr y prnl Adoptarlas.

islario m Descripción de las islas de un mar, continente o nación. ‖ Mapa en que están representadas.

isleño, ña adj y s Natural de una isla. • adj Perteneciente o relativo a una isla.

isleo m Isla pequeña junto a otra mayor.

isleta f Arg. Grupo de árboles aislados en medio de una llanura.

islote m Isla pequeña y despoblada. ‖ Peñasco muy grande, rodeado de mar.

isobárico, ca adj Aplícase a los lugares de igual presión atmosférica.

isóbaro, ra o **isobaro, ra** adj y f Díc. de la línea imaginaria que en un mapa une los puntos de la Tierra que tienen la misma presión atmosférica.

isobasa f Curva que une todos los puntos de un estrato determinado, sit. a la misma altitud.

isoclino, na adj y f Díc. de la línea que es el lugar geométrico de los puntos de la superficie terrestre que presentan una misma inclinación magnética.

isocromático, ca adj Que es igualmente sensible a los colores del espectro.

isócrono, na adj De igual duración.

isodáctilo, la adj Que tiene los dedos iguales.

isófono, na adj Del mismo sonido.

isógono, na adj Díc. de las figuras o cuerpos cuyos ángulos correspondientes son iguales.

isómero, ra adj y m Díc. del compuesto que posee igual fórmula empírica que otro, pero cuyas propiedades son distintas. ❏ ISOMETRÍA.

isomorfismo *m* Cualidad de isomorfo. ‖ Semejanza de rasgos estructurales entre los planos fónico y semántico de una lengua.

isomorfo, fa *adj* Aplícase a los cuerpos de diferente composición química e igual forma cristalina, y que pueden cristalizar asociados.

isoperímetro, tra *adj* Aplícase a las figuras que siendo diferentes tienen igual perímetro.

isósceles *adj* Díc. del triángulo, y también del trapecio, que tiene dos lados iguales.

isostasia *f* Condición ideal de equilibrio a la que tienden los distintos bloques de la corteza terrestre. ❏ ISOSTÁTICO, CA.

isosilábico, ca Díc. de los versos, palabras, etc., que tienen el mismo número de sílabas. ❏ ISOSILABISMO.

isotera *f* Curva para la representación cartográfica de los puntos de la Tierra de igual temperatura media estival.

isotérmico, ca *adj* Díc. del proceso en que la temperatura permanece constante.

isotermo, ma *adj* y *s* Díc. del proceso que tiene lugar a temperatura constante.

isotónico, ca *adj* Díc. de las soluciones que a la misma temperatura tienen igual presión osmótica.

isotropía *f* Fenómeno por el que determinados cuerpos o materias presentan una o más propiedades que no dependen de la dirección en que se miden. ❏ ISÓTROPO, PA.

istmeño, ña *adj* y *s* Natural de un istmo. • *adj* Perteneciente o relativo a un istmo.

istmo *m* Lengua de tierra que une dos continentes o una península con un continente. ‖ Estrechamiento entre dos órganos o dos cavidades. ❏ ÍSTMICO, CA.

italianista *m* o *f* Persona versada en la lengua y cultura italianas.

italianizar *tr* y *prnl* Hacer tomar carácter italiano, o inclinación a las cosas italianas.

italiano, na *adj* y *s* Natural de Italia. • *m* Lengua italiana, que deriva del latín.

ítem *adv* lat. Se usa para hacer distinción de artículos y capítulos en un texto y también para indicar una adición. • *m* (fig) Cada uno de dichos artículos o capítulos.

iterable *adj* Capaz de repetirse.

iterar *tr* Repetir. ❏ ITERACIÓN.

iterativo, va *adj* Que tiene la condición de repetirse o reiterarse.

itinerante *adj* Ambulante.

itinerario, ria *adj* Perteneciente a caminos. • *m* Descripción de un camino, expresando los lugares por donde se ha de transitar. ‖ Ruta que se sigue para llegar a un lugar. ‖ Guía de viaje.

izaga *m* Lugar en donde hay muchos juncos.

izar *tr* Hacer subir alguna cosa tirando de la cuerda de que está colgada.

izquierdista *adj* Perteneciente o relativo a la izquierda política. • *m* o *f* Partidario de la izquierda, en política.

izquierdo, da *adj* Que está situado en el mismo lado del corazón en el hombre. ‖ por extensión, que cae o mira hacia ese mismo lado. ‖ Dícese de lo que está situado hacia esa parte del cuerpo de un observador. ‖ Zurdo. ‖ Torcido, no recto. • *f* Mano izquierda.

Jj

j f Décima letra del abecedario esp. y séptima de sus consonantes. Su nombre es *jota* y su articulación es velar, sorda y fricativa. ‖ Símb. del julio.

¡ja! *interj* con que se manifiesta la risa.

jaba f *Amér.* Especie de cajón de forma enrejada para transportar loza. ‖ (fig) *Ven.* Miseria, inopia.

jabalcón m Madero ensamblado en uno vertical para apear otro horizontal o inclinado.

jabalconar *tr* Formar con jabalcones el tendido del tejado. ‖ Sostener con jabalcones un vano o voladizo.

jabalí m Mamífero parecido a un cerdo salvaje que se alimenta de raíces, bulbos, hongos, etc., perjudicando a veces los cultivos.

jabalina[1] f Hembra del jabalí.

jabalina[2] f Instrumento en forma de lanza que lanzan los atletas en las competiciones deportivas.

jabardo m Enjambre pequeño que se separa de una colmena. ‖ (fig, fam) Jabardillo, aglomeración de gente.

jabato, ta *adj* y *s* Valiente, osado, atrevido. • m Cachorro del jabalí.

jábega[1] o **jábeca** f Red de pesca muy larga, que se recoge desde tierra.

jábega[2] f Embarcación más pequeña que el jabeque y que sirve para pescar.

jabeque m Embarcación de tres palos, con velas latinas.

jabera f Tonada popular andaluza en compás de tres por ocho.

jabino m Variedad enana del enebro.

jabladera f Herramienta que usa el tonelero.

jabón m Pasta soluble que resulta de la combinación química de un álcali con los ácidos grasos; es soluble en agua y sirve comúnmente para lavar. ‖ *P. Rico* y *Arg.* Susto. ‖ (fig, fam) Zurra de palos. □ JABONERÍA; JABONERO, RA.

jabonado, da *pp* de jabonar. • m Acció y efecto de jabonar. ‖ Conjunto de rop blanca que se ha de jabonar o se ha jabo nado. • f *Méx.* Reprimenda.

jabonar *tr* Fregar o estregar la ropa otras cosas con jabón y agua para lava las, emblanquecerlas o ablandarlas. • *tr prnl* Limpiar el cuerpo con agua y jabó □ JABONADOR, RA; JABONADURA.

jaboncillo m Pastilla de jabón aromati zada. ‖ *Chile.* Jabón en polvo o disuel que se usa para rasurarse o hacerse barba.

jaboneta f o **jabonete** m Pastilla de j bón aromatizada.

jabonoso, sa *adj* Que es de jabón o naturaleza de jabón.

jaca f Yegua, hembra del caballo. ‖ (fi fam) Mujer hermosa. ‖ *Arg.* Gallo combate. ‖ *Perú.* Yegua de poca alzada.

jacal m *Méx.* Colgadizo, cobertizo.

jácara f Romance alegre en que se cue tan hechos de la vida de rufianes y ma hechores.

jacarandoso, sa *adj* (fam) Donairos alegre, desenvuelto.

jacarear *intr* Cantar jácaras. ‖ (fig, fan Andar por las calles cantando y haciend ruido.

jacarero m Persona que anda por las c lles cantando jácaras. ‖ (fig, fam) Aleg de genio.

jácaro, ra *adj* Perteneciente o relativo guapo y baladrón. • m El guapo y bal drón, rufián.

jácena f Viga maestra.

jacerina f Cota de malla.

jacinto m Planta de flores olorosas, bla cas, azules, róseas o amarillentas, en e piga.

jaco[1] m Cota de malla de manga corta.

jaco[2] m Caballo pequeño y poco apre ciado.

jactancia f Alabanza propia presuntuosa

jactarse *prnl* Alabarse presuntuosamente. □ JACTANCIOSO, SA.

jáculo *m* Dardo, arma arrojadiza.

jade *m* Piedra muy dura, tenaz y de aspecto jabonoso que se considera semipreciosa.

jadear *intr* Respirar con dificultad. □ JADEO.

jaén *adj* y *s* Dícese de una variedad de uva, blanca y de hollejo grueso y duro.

jaez *m* Cualquier adorno que se pone a las caballerías. Se usa más en plural.

jaezar *tr* Enjaezar, poner los jaeces a las bestias.

jaguar *m* Mamífero félido carnicero, parecido a la pantera, que vive en América.

jaguareté *m* Amér. Jaguar.

jagüey *m* Cuba. Bejuco que crece enlazándose con otro árbol. ‖ Amér. Balsa, pozo o zanja llena de agua. ‖ (fig) Cuba. Persona desleal.

jaharrar *tr* Cubrir con una capa de yeso o mortero el paramento de una pared. □ JAHARRO.

jaiba *f Amér.* Cangrejo de río y de mar. • *m* o *f Amér.* Persona astuta, lista. ‖ Cuba. Persona perezosa.

¡ja, ja, ja! *interj* con que se denota la risa.

¡jajay! *interj* Expresa burla o risa.

jalar *tr* (fam) Halar, tirar de una cuerda. ‖ (fam) Tirar, atraer. ‖ Amér. Centr. Hacer el amor. ‖ Comer con apetito. • *prnl Amér.* Emborracharse. • *prnl* e *intr Amér.* Largarse, irse.

jalbegar *tr* Enjalbegar. • *tr* y *prnl* (fig) Afeitar o componer el rostro con afeites.

jalda *f* Falda, prenda de vestir. ‖ P. Rico. Falda o parte baja de un monte o sierra.

jalde *adj* Color amarillo subido de tono.

jalea *f* Conserva transparente y gelatinosa hecha con zumos de frutos.

jalear *tr* Llamar a los perros a voces para animarlos a seguir la caza. ‖ (fam) Chile. Importunar, molestar; burlarse, mofarse.

jaleco *m* Jubón de paño, usado por los turcos, cuyas mangas no llegaban más que a los codos.

jaleo *m* Acción y efecto de jalear. ‖ Cierto baile popular andaluz. ‖ (fam) Diversión bulliciosa.

jalera *f Cuba.* Borrachera.

jaletina *f* Especie de jalea fina y transparente.

jalisco, ca *adj Méx.* Ebrio, borracho.

jallo, lla *adj Méx.* Presumido, quisquilloso.

jalonar *tr* Señalar algo con jalones. ‖ (fig) Determinar, marcar. □ JALONAMIENTO.

jaloque *m* Sudeste, viento.

jamaica *f Méx.* Especie de feria que se celebra para reunir dinero con un fin benéfico.

jamar *tr* y *prnl* (fam) Tomar alimento, comer.

jamás *adv tiempo* Nunca.

jambar *tr Hond.* y *Méx.* Comer.

jámbico, ca *adj* Yámbico.

jamelgo *m* (fam) Caballo flaco y desgarbado.

jamerdana *f* Lugar donde se arrojan los excrementos de las reses en el matadero.

jamerdar *tr* Limpiar los vientres de las reses.

jamete *m* Rica tela de seda, que solía entretejerse de oro.

jamiche *f Col.* Montón de materiales destrozados. ‖ Col. Cascajo o piedras menudas.

jámila *f* Líquido fétido de las aceitunas.

jamón *m* Carne curada de la pierna del cerdo.

jamona *adj* (fam) Aplícase a la mujer que ha pasado de la juventud, especialmente si es gruesa. ‖ (fam) Díc. de la mujer bien formada.

jamoncillo *m Méx.* Dulce de leche.

jámparo *m Col.* Chalupa, bote.

jamurar *tr* Achicar el agua.

jándalo, la *adj* y *s* (fam) Andaluz. • *m* Persona que ha estado en Andalucía y vuelve con la pronunciación y hábitos de aquella tierra.

jangada *f* (fam) Tontería, estupidez.

japonés, sa *adj* y *s* Natural de Japón. • *m* Lengua hablada en Japón.

jaque *m* Lance del ajedrez en que un jugador, mediante el movimiento de una pieza, amenaza directamente al rey del otro, con obligación de avisarlo.

jaquecoso, sa *adj* (fig) Fastidioso, cargante.

jaquel *m* Escaque del blasón.

jaquelado, da adj Dividido en escaques. ‖ Díc. de las piedras preciosas labradas con facetas cuadradas.

jaquero m Peine pequeño antiguo.

jáquima f Cabezada de cordel, que hace de cabestro. ‖ *Amér.* Borrachera.

jaquimazo m Golpe dado con la jáquima.

jaquimero m El que hace o vende jáquimas.

jara f Palo puntiagudo y endurecido al fuego, que se usaba como arma arrojadiza.

jarabe m Bebida compuesta por azúcar cocida en agua, a la que se añaden zumos refrescantes o sustancias medicinales.

jaracatal m *Guat.* Abundancia, multitud.

jaraíz m Lagar.

jaral m Sitio poblado de jaras. ‖ (fig) Lo que está muy enredado o intrincado.

jarana f (fam) Diversión bulliciosa. ‖ (fam) Pendencia, tumulto. ‖ (fam) Trampa, engaño. ‖ *Amér. Centr.* Deuda. ‖ *Amér. Centr.* Baile popular.

jaranear intr (fam) Andar en jaranas. ‖ *Amér. Centr.* Estafar. ‖ *Cuba* y *Chile.* Bromear.

jaranero, ra adj Aficionado a jaranas. ‖ *Amér. Centr.* Tramposo.

jarano adj y s Díc. del sombrero de fieltro blanco, falda ancha y bajo de copa.

jaratar tr *Ecuad.* Cercar.

jarazo m Golpe dado con la jara. ‖ Herida que produce.

jardear tr *Col.* Arrear al ganado.

jardín m Terreno en donde se cultivan plantas, en especial ornamentales.

jardinería f Arte de cultivar los jardines.

jardinero, ra m y f Persona que por oficio se dedica a cuidar y cultivar un jardín.

jarearse prnl *Méx.* Morirse de hambre. ‖ *Méx.* Huirse, evadirse. ‖ *Méx.* Bambolearse.

jareta f Dobladillo que se hace en la ropa y por el que se introduce una cinta o cordón.

jaretón m Dobladillo muy ancho.

jarifo, fa adj Adornado o vistoso.

jaro[1] m Mancha espesa propia de los bosques bajos.

jaro[2]**, ra** adj y s Díc. del animal que tiene el pelo rojizo, y especialmente del cerdo y jabalí.

jarocho, cha adj y s Natural u originario de la ciudad mex. de Veracruz. ‖ Díc. de la persona de modales bruscos y algo insolentes. • m y f *Méx.* Campesino de la costa de Veracruz.

jaropar tr (fam) Dar a uno muchos jaropes. ‖ Medicinar.

jarope m Jarabe. ‖ (fig, fam) Bebida de sabor desagradable.

jaropeo m (fam) Uso frecuente de jaropes.

jaroso, sa adj Lleno o poblado de jaras.

jarra f Vasija con cuello y boca anchos y una o más asas. ‖ Líquido que contiene esta vasija.

jarrero, ra m y f Persona que hace o vende jarros. ‖ Persona que tiene a su cargo las jarras de bebidas.

jarrete m Corva de la rodilla. ‖ Corvejón de los cuadrúpedos. ‖ *Col.* Talón.

jarretera f Liga con que se ata la media o el calzón por el jarrete.

jarro m Vasija a manera de jarra y con sólo un asa. ‖ Cantidad de líquido que cabe en ella.

jarrón m Pieza arquitectónica ornamental en forma de jarro. ‖ Vaso artísticamente labrado con fin decorativo.

jaspia f *Guat.* El sustento diario.

jaspiar tr *Guat.* Comer.

jaspón m Mármol de grano grueso.

jato, ta m y f Ternero, ra.

¡jau! interj Voz para animar e incitar a algunos animales, especialmente a los toros.

jauja f Lugar o situación en que se supone hay prosperidad y abundancia.

jaula f Caja de madera, alambres, etc., para encerrar animales. ‖ (fig, fam) Prisión, cárcel. ◻ JAULERO, RA.

jauría f Conjunto de perros que cazan dirigidos por el mismo perrero.

jayán, na m y f Persona de gran estatura y de muchas fuerzas.

jazmín m Arbusto de flores muy olorosas, que se cultiva como planta de jardín. ‖ Flor de este arbusto.

jazz m Gén. musical afroamericano.

jebe m Alumbre, sulfato. ‖ *Amér.* Goma elástica.

jeep m Vehículo ligero para todo terreno con tracción en las cuatro ruedas. ‖ Todo terreno.

jefa *f* Superiora de un cuerpo u oficio.

jefatura *f* Cargo de jefe. ‖ Ejercicio de este cargo. ‖ Sede de cierto tipo de organismos.

jefe *m* Persona que tiene a otras bajo sus órdenes.

jeito *m* Red usada en el Atlántico para la pesca de la anchoa y la sardina.

¡je, je, je! *interj* con que se denota la risa.

jeme *m* Distancia que hay entre los extremos de los dedos pulgar e índice, cuando están separados al máximo. Sirve de medida.

jemesía *f* Celosía.

jemiquear *intr* Chile. Jeremiquear.

jenabe *o* **jenable** *m* Mostaza, planta.

jengibre *m* Planta de la India, cuyo rizoma, de olor aromático, se utiliza en medicina y como especia.

jeniquén *m* Amér. Pita, planta; henequén.

jeque *m* Entre los musulmanes, caudillo.

jera *f* Regalo, comida exquisita.

jerapellina *f* Vestido viejo o andrajoso.

jerarca *m* Superior en la jerarquía eclesiástica.

jerarquía *f* Orden o grado de las distintas personas o cosas de un conjunto. ‖ Cada una de las categorías de una organización.

jerarquizar *tr* Organizar jerárquicamente algo.

jeremiada *f* Lamentación exagerada. □ JEREMÍACO, CA.

jeremiquear *intr* Amér. Lloriquear, gimotear.

jerez *m* Vino blanco de fina calidad, gralte. seco y de alta graduación alcohólica, producido en la zona de Andalucía (España).

jerga[1] *f* Tela de lana gruesa y tosca. ‖ Jergón, colchón de paja o de hierba seca.

jerga[2] *f* Conjunto de palabras de procedencia muy diversa, gralte. no aceptadas por el diccionario académico, incorporadas al lenguaje familiar y vulgar de casi todas las capas sociales.

jergal *adj* Propio de la jerga[2].

jergón *m* Colchón de paja sin bastas. ‖ (fig, fam) Vestido mal hecho y poco ajustado al cuerpo. ‖ (fig, fam) Persona gruesa y perezosa.

jerguilla *f* Tela delgada que se parece en el tejido a la jerga.

jeribeque *m* Guiño, gesto, mueca.

jerigonza *f* Lenguaje especialmente usado por los individuos de ciertos grupos sociales.

jeringa *f* Instrumento que sirve para aspirar o impeler ciertos líquidos.

jeringar *tr* y *prnl* Inyectar algo por medio de una jeringa. ‖ (fig, fam) Molestar, perjudicar.

jeringazo *m* Acción de arrojar el líquido introducido en la jeringa. ‖ Líquido así arrojado.

jeringuear *tr* Amér. Jeringar, fastidiar.

jeringuilla *f* Jeringa pequeña que sirve para poner inyecciones.

jeroglífico, ca *adj* Díc. de la escritura en la que no se representan las palabras con signos fonéticos o alfabéticos, sino mediante figuras o símbolos.

jerpa *f* Sarmiento estéril que echan las vides junto al tronco.

jersey *m* Prenda de vestir de punto, que cubre de los hombros a la cintura y se ciñe más o menos al cuerpo.

jesuita *adj* y *m* Dícese del religioso de la Compañía de Jesús.

jeta *f* Boca saliente por su configuración o por tener los labios muy abultados. ‖ (fam) Cara o parte anterior de la cabeza. ‖ Hocico del cerdo.

jetudo, da *adj* Que tiene la jeta grande.

jibe *m* Cuba. Cedazo o tamiz.

jibia *f* Sepia, molusco cefalópodo parecido al calamar, provisto de un hueso calcáreo interno.

jibión *m* Pieza caliza de la jibia.

jicaque *adj* Guat. y Hond. Cerril o inculto.

jícara *f* Méx. Taza pequeña. ‖ Amér. Vasija pequeña de calabaza. ‖ Guat. Fruto del jícaro.

jicarazo *m* Golpe dado con una jícara.

jicotea *f* Cuba. Tortuga acuática.

jifa *f* Desperdicio que se tira en el matadero al descuartizar las reses.

jiferada *f* Golpe dado con el jifero.

jifería *f* Oficio de matar y desollar las reses.

jifero, ra *adj* Perteneciente al matadero. ‖ (fig, fam) Sucio, soez. • *m* Cuchillo con que matan las reses. ‖ Oficial que mata las reses.

jigote m Pierna de cordero guisada. ‖ Guisado de carne.

jiguilete m Jiquilete, cierta especie de añil.

¡ji, ji, ji! interj con que se denota la risa.

jijona[1] f Variedad de trigo álaga.

jijona[2] m Turrón de almendras que se elabora en la c. alicantina de Jijona (España).

jilguera f Hembra del jilguero.

jilguero m Pájaro de vistoso plumaje negro y amarillo y armonioso canto.

jilibioso, sa adj Chile. Díc. de la persona que se queja o llora sin motivo.

jilote m Amér. Centr. y Méx. Mazorca de maíz, cuando sus granos no han cuajado aún.

jilotear intr Méx. Empezar a cuajar el maíz.

jimagua adj Cuba. Gemelo, mellizo.

jimelga f Refuerzo de madera que se da a los palos, vergas, etc.

jimio, mia m y f Mono, simio.

jiné m Col. Cada una de las tres piedras con que se forma el hogar en las casas de campo.

jinestada f Salsa de leche, harina de arroz, especias, dátiles y otros ingredientes.

jineta f Mamífero carnicero que segrega una sustancia untuosa llamada algalia la cual esparce una fetidez insoportable.

jinete m El que cabalga. ‖ El que es diestro en la equitación.

jineteada f Arg. Acción y efecto de jinetear. ‖ Arg. Fiesta de campo donde los jinetes exhiben su destreza.

jinetear intr Andar a caballo. • tr Amér. Domar caballos cerriles. ‖ (fig) Méx. Tardar en pagar un dinero con el fin de sacar ganancias. • prnl Col. y Méx. Montarse y asegurarse en la silla.

jinglar intr Dar gritos de regocijo.

jiña f Chile. Cosa muy pequeña. ‖ Cuba. Excremento humano.

jiote m Amér. Cent. y Méx. Empeine, enfermedad cutánea.

jipa f Col. Sombrero de jipijapa.

jipato, ta adj Amér. Pálido, de color amarillento. ‖ Cuba. Díc. de las frutas que han perdido su peculiar sustancia.

jipiar intr Hipar, gemir, gimotear.

jipijapa f Tira fina, flexible y muy tenaz, que se saca de las hojas del bombonaje, y se emplea en América meridional para tejer sombreros, petacas y diversos objetos muy apreciados.

jipío m Grito, quejido o lamento dentro del cante flamenco.

jira[1] f Pedazo algo grande y largo que se corta o rasga de una tela.

jira[2] f Merienda o banquete campestre entre amigos.

jirafa f Mamífero rumiante africano de cuello largo y esbelto, y extremidades abdominales bastante más cortas que las torácicas.

jíride f Lirio hediondo.

jirón m Pedazo desgarrado del vestido o de otra ropa. ‖ (fig) Cualquier cosa que se ha separado de otra, desgarrándose. ‖ Pendón que remata en punta. ‖ Perú. Vía urbana compuesta de varias calles o tramos entre esquinas.

jironado, da adj Roto, hecho jirones. ‖ Díc. del escudo dividido en ocho jirones.

jirpear tr Hacer alrededor de las vides un hoyo donde quede detenida el agua procedente del riego o de la lluvia.

jitomate m Méx. Especie de tomate muy rojo.

¡jo! interj Expresa fastidio, sorpresa, admiración, protesta, etcétera.

job m (fig) Hombre que tiene mucha paciencia.

jockey m Jinete profesional que monta caballos de carreras.

jocó m Chimpancé.

jocoque m Méx. Leche cortada; nata agria. ‖ Méx. Preparación alimenticia hecha con esta leche, semejante al yogur.

jocoserio, ria adj Que participa de lo serio y de lo jocoso.

jocosidad f Calidad de jocoso. ‖ Chiste, donaire.

jocoso, sa adj Gracioso, chistoso, alegr

joder intr y tr (fam) Realizar el coito, fornicar. • tr, intr y prnl (fam) Fastidiar, i cordiar, importunar. • *tr* y *prnl* (fam) Romper, estropear.

jofaina *f* Vasija de gran diámetro y poca profundidad, que sirve pralm. para lavarse la cara y las manos.

jojoto, ta *m Ven*. Díc. del fruto verde, que no está en sazón. • *m Ven*. Fruto del maíz tierno.

joker *m* En el juego de naipes, comodín.

jolgorio *m* (fam) Diversión bulliciosa.

¡jolín! *interj* Expresa enfado, admiración, sorpresa, alegría, etc.

jollín *m* (fam) Gresca, jolgorio.

jolote *m Amér*. Uno de los nombres del pavo.

joma *f Méx*. Joroba.

jomar *tr Méx*. Jorobar, encorvar.

jondo *adj* Cante hondo o flamenco.

jonjabar *tr* (fam) Engatusar, lisonjear.

jonuco *Méx*. Chiribitil, cuarto oscuro.

jopo *m* Cola de mucho pelo, hopo. || *Arg*. Copete.

jordán *m* (fig) Lo que remoza y purifica.

jorfe *m* Muro de sostenimiento de tierras.

jorguín, na *m* y *f* Persona que hace hechicerías.

jornada *f* Camino que se anda regularmente en un día de viaje. || Todo el camino o viaje. || Expedición militar. || Tiempo de duración del trabajo diario de los trabajadores. || (fig) Tiempo que dura la vida del hombre.

jornal *m* Remuneración ganada por cada día de trabajo. || Este mismo trabajo.

jornalero, ra *m* y *f* Persona que trabaja para otra a cambio de un jornal.

joroba *f* Corcova, chepa. || (fig, fam) Impertinencia y molestia enfadosa. ❑ JOROBADO.

jorobar *tr* y *prnl* (fig) Fastidiar, molestar.

jorongo *m Méx*. Poncho, especie de capote.

joropear *intr Col*. y *Ven*. Bailar el joropo.

joropo *m Ven*. Música y danza popular ven., de zapateo y diversas figuras, que se ha extendido a diversos países vecinos.

jota¹ *f* Nombre de la letra *j*. || Cosa mínima. Se usa siempre con negación.

jota² *f* Baile popular aragonés, y de otras regiones de España, de movimiento rápido y alegre. || Copla y música de este baile.

jota³ *f Amér*. Ojota, sandalia.

jota⁴ *f* Potaje de bledos, borrajas y otras verduras.

jotero, ra *m* y *f* Persona que canta, baila o compone jotas².

joven *adj* y *s* De poca edad. || Díc. del animal que aún no ha alcanzado la madurez sexual. • *m* o *f* Persona que está en la juventud.

jovenzuelo, la *adj* (desp) Joven.

jovial *adj* Alegre, festivo, apacible. ❑ JOVIALIDAD.

joya *f* Objeto de adorno o de uso hecho de materiales ricos, pralm. de metales y piedras preciosas. || Persona de valor extraordinario o de muy buenas cualidades.

joyel *m* Joya pequeña.

joyería *f* Trato y comercio de joyas. || Tienda donde se venden. || Taller en que se hacen.

joyero, ra *m* y *f* Persona que hace o vende joyas. • *m* Estuche para guardar joyas.

joyolina *f* (fam) *Guat*. Cárcel.

juan *m Méx*. y *Bol*. Soldado, militar sin ninguna graduación.

juanete *m* Pómulo muy abultado. || Hueso del nacimiento del dedo grueso del pie, cuando sobresale demasiado. • *pl Hond*. Caderas.

juanillo *m Perú*. Propina, soborno.

juay *m Méx*. Cuchillo.

juba *f* Aljuba, especie de gabán morisco.

jubilación *f* Acción y efecto de jubilar o jubilarse. || Pensión que recibe el jubilado.

jubilar¹ *adj* Perteneciente o relativo al jubileo.

jubilar² *tr* Eximir del servicio, por razón de ancianidad o imposibilidad física, a un funcionario o empleado, al que se otorga una pensión vitalicia. || p. ext. Dispensar a una persona de ejercicios o cuidados que practicaba o le incumbían. • *prnl Col*. Venir a menos. || *Ven*. Hacer novillos.

jubileo *m* Entre los cristianos, indulgencia plenaria concedida por el Papa en ciertos tiempos y en algunas ocasiones. || (fig) Concurrencia frecuente de muchas personas en algún sitio.

júbilo *m* Alegría muy intensa . ❑ JUBILO-SO, SA.

jubo *m* Culebra pequeña, muy común en Cuba.

jubón *m* Vestidura que cubre los hombros hasta la cintura, ceñida y ajustada al cuerpo.

judaico, ca *adj* Perteneciente o relativo a los judíos.

judaísmo *m* Hebraísmo, religión de los judíos.

judeoespañol, la *adj* Perteneciente o relativo a los judíos españoles o sefardíes. Modalidad del idioma castellano hablada por estos judíos.

judería *f* Barrio en que habitaban los judíos en la Edad Media, y en el Occidente europeo.

judía *f* Planta herbácea de tallo largo, con frutos en legumbre alargada comestible, al igual que sus semillas. ‖ Fruto y semillas de estas plantas.

judiada *f* (fam) Acción mala, faena, trastada.

judiar *m* Tierra sembrada de judías.

judicatura *f* Ejercicio de juzgar. ‖ Tiempo que dura. ‖ Cuerpo formado por los jueces de un país.

judicial *adj* Perteneciente al juicio, a la administración de justicia o a la judicatura.

judío, a *adj y s* Hebreo, israelita. • *adj* Díc. del que profesa el judaísmo.

judión *m* Variedad de judía, de hoja mayor y más redonda y con las vainas más anchas.

judo *m* Yudo.

juego *m* Acción y efecto de jugar. ‖ Ejercicio recreativo sometido a determinadas reglas y convenciones, que se practica con ánimo de diversión. ‖ Disposición con que están unidas dos cosas, de suerte que sin separarse puedan tener movimiento. ‖ El mismo movimiento.

juerga *f* (fam) Holgorio, jarana, diversión bulliciosa de varias personas.

juerguista *adj y s* Aficionado a divertirse.

jueves *m* Cuarto día de la semana civil.

juey *m* P. Rico. Cangrejo de tierra. ‖ P. Rico. Persona codiciosa, avara.

juez *m o f* Persona que tiene autoridad y potestad para juzgar y sentenciar. ‖ En las justas públicas y certámenes literarios, persona que cuida de que se observen las leyes impuestas en ellos. ‖ Persona nombrada para resolver una duda.

jueza *f* (fam) Mujer del juez. ‖ Mujer que desempeña el cargo de juez.

jugada *f* Acción de jugar el jugador cada vez que le toca. ‖ Lance de juego que de este acto se origina. ‖ (fig) Acción mala e inesperada, treta.

jugadera *f* Lanzadera.

jugador, ra *adj y s* Que juega. ‖ Que tiene el vicio de jugar. ‖ Que es muy diestro en jugar.

jugar *intr* Hacer algo con el solo fin de entretenerse o divertirse. ‖ Travesear, retozar. ‖ Tomar parte en uno de los juegos sometidos a reglas por vicio o con fin de ganar dinero. • *tr y prnl* Arriesgar, aventurar.

jugarreta *f* (fam) Jugada mal hecha. ‖ (fig, fam) Mala pasada, engaño.

juglar *adj y s* Chistoso, picaresco. • *m* Artista ambulante de la Edad Media, que se ganaba la vida recitando poemas, tocando instrumentos musicales o ejecutando acrobacias. ‖ Trovador, poeta. ❑ JUGLA-RESCO, CA.

jugo *m* Zumo de sustancias animales o vegetales. ‖ (fig) Lo útil y sustancial de cualquier cosa.

jugoso, sa *adj* Que tiene jugo. ‖ (fig) Sustancioso. ‖ (fig) Valioso, estimable.

juguete *m* Objeto que sirve como entretenimiento y para juegos infantiles.

juguetear *intr* Entretenerse con algo o jugando y retozando. ❑ JUGUETEO.

juguetería *f* Comercio de juguetes. ‖ Tienda donde se venden.

juguetero, ra *m y f* Persona que hace y vende juguetes.

juguetón, na *adj* Se aplica a la persona o animal aficionados a jugar y retozar.

juicio *m* Facultad del entendimiento. ‖ Operación del entendimiento, que consiste en comparar dos ideas para conocer sus relaciones. ‖ Estado de la sana razón como opuesto a locura o delirio. ‖ Opinión, parecer o dictamen.

juicioso, sa *adj* y *s* Que tiene juicio. • *adj* Hecho con juicio.

julepe *m* Poción de aguas destiladas, jarabes y otras materias medicinales. ‖ (fig) *Amér.* Susto, miedo. ‖ *Amér.* Trabajo, fatiga.

julio[1] *m* Séptimo mes del año, que consta de treinta y un días.

julio[2] Fís. Unidad de trabajo en el sistema Giorgi.

julo *m* Res o caballería que va delante de las demás en el ganado o la recua.

jumar *tr* (fam) *Arg.* Fumar. • *prnl* (fam) Emborracharse.

jumel *m* Variedad de algodón en rama.

jumento *m* Asno, burro, pollino.

jumera o **juma** *f* (fam) Borrachera, embriaguez.

juncal *adj* Perteneciente, relativo o parecido al junco. • *m* Juncar.

juncar *m* Sitio poblado de junqueras.

juncia *f* Planta medicinal y de rizoma oloroso.

juncial *m* Sitio poblado de juncias.

junciera *f* Vaso de barro, con tapa agujereada, para que salga el olor de las hierbas o raíces aromáticas que se ponen dentro de él en infusión con vinagre.

juncino, na *adj* De juncos o compuesto con ellos.

junco[1] *m* Planta herbácea de tallos flexibles que, una vez secos, sirven para labores de entrelazo y cestería.

junco[2] *m* Pequeña embarcación de madera utilizada en Extremo Oriente.

jungla *f* Selva, terreno cubierto de vegetación muy espesa.

junio *m* Sexto mes del año, que consta de treinta días.

júnior *m* Categoría que encuadra a los deportistas jóvenes y que varía según el deporte.

junquera *f* Junco, planta.

junta *f* Unión de dos o más cosas. ‖ Conjunto de los individuos nombrados para dirigir los asuntos de una colectividad. ‖ Empalme, costura.

juntar *tr* Unir unas cosas con otras. ‖ Acumular, acopiar o reunir en cantidad. • *prnl* Acompañarse, andar con uno. ‖ Vivir maritalmente un hombre y una mujer sin estar casados.

juntero, ra *adj* y *s* Perteneciente a una junta o delegado en ella.

junto, ta *pp irreg* de juntar. • *adj* Unido, cercano. ‖ Que obra o que es a la vez juntamente con otro, a la vez o al mismo tiempo que él.

juntura *f* Parte o lugar en que se juntan y unen dos o más cosas.

jupa *f* *Amér. Centr.* Calabaza redonda.

jura *f* Acción de jurar solemnemente la sumisión a ciertos preceptos u obligaciones. ‖ Juramento.

jurado, da *pp* de jurar. • *adj* Que ha prestado juramento al encargarse del desempeño de su función u oficio. • *m* Cuerpo colegiado no profesional ni permanente cuyo cometido es determinar y declarar el hecho justiciable o la culpabilidad del acusado.

juramentar *tr* Tomar juramento a uno. • *prnl* Obligarse con juramento.

juramento *m* Afirmación o negación solemne de una cosa. ‖ Blasfemia o reniego.

jurar *tr* Afirmar o negar solemnemente una cosa. ‖ Someterse solemnemente a los preceptos constitucionales de un país, estatutos de las órdenes religiosas, etc. • *intr* Blasfemar, renegar. ☐ JURANTE.

jurel *m* Pez marino de carne poco apreciada como alimento.

jurero, ra *adj* y *s* *Chile* y *Perú.* Testigo falso.

juridicidad *f* Cualidad de jurídico. ‖ Tendencia al predominio de las soluciones de estricto derecho en los asuntos políticos y sociales.

jurídico, ca *adj* Que atañe al derecho, o se ajusta a él.

jurisconsulto, ta *m* y *f* Persona facultada por un título universitario para aconsejar e intervenir en cuestiones de derecho.

jurisdicción *f* Autoridad de alguien para gobernar y hacer ejecutar las leyes o para aplicarlas en juicio. ‖ Término de un lugar. ‖ Territorio en que un juez ejerce sus facultades.

jurisprudencia *f* Ciencia del derecho. ‖ Enseñanza doctrinal que dimana de las decisiones o fallos de autoridades gubernativas o judiciales.

jurista *m o f* Persona que estudia o profesa la ciencia del derecho.

juro *m* Derecho perpetuo de propiedad.

jurunguear *tr Ven.* Molestar.

jurutungo *m P. Rico.* Lugar lejano.

justicia *f* Orden de convivencia humana que consiste en la igualdad de todos los miembros de la comunidad, tanto en la sumisión a las leyes entre ellos vigentes como en el reparto de los bienes comunes. ‖ Comportamiento justo. ‖ Equidad, rectitud. ‖ Conjunto de órganos que constituyen el poder jurisdiccional del Estado, cuya misión es la aplicación de las leyes.

justiciable *adj* Sujeto a ley o castigo.

justiciar *tr* Condenar, sentenciar.

justiciero, ra *adj* Que observa y hace observar estrictamente la justicia.

justificación *f* Acción y efecto de justificar. ‖ Aquello con que uno se justifica. ‖ Prueba de una cosa mediante razones, testigos y documentos.

justificado, da *pp* de justificar. • *adj* Conforme a justicia y razón. ‖ Que obra según justicia y razón.

justificador, ra *adj* Que justifica. • *m* El que santifica, santificador.

justificar *tr* Probar una cosa con razones, testigos y documentos. ‖ Rectificar o hacer justa una cosa. • *tr y prnl* Probar la inocencia de uno. ‖ Igualar el largo de las líneas compuestas.

justificativo, va *adj* Que sirve para justificar una cosa.

justipreciar *tr* Apreciar o tasar una cosa.

justo, ta *adj y s* Díc. del que obra según la moral y la ley. ‖ Que respeta plenamente los principios de la religión. • *adj* Díc. de lo que está de acuerdo con los principios de la moral o de la ley. ‖ Exacto, que no tiene en número, peso o medida ni más ni menos que lo que debe tener.

juventud *f* Período de la vida humana que media entre la pubertad y se extiende hasta los comienzos de la edad adulta. ‖ Conjunto de jóvenes. ‖ Primeros tiempos de alguna cosa. ‖ Energía, vigor, frescura. ❒ JUVENIL.

¡juy! *interj* ¡Huy!

juyaca *f* Artificio de madera seca para encender fuego mediante frotación.

juzgado *m* Conjunto de jueces de un tribunal. ‖ Tribunal de un solo juez. ‖ Término o territorio de su jurisdicción. ‖ Sitio donde se juzga.

juzgar *tr* Deliberar, quien tiene autoridad para ello, acerca de la culpabilidad de uno, o de la razón que le asiste, y sentenciar lo procedente. ‖ Formar juicio sobre una cosa o persona.

Kk

k *f* Undécima letra del abecedario esp. y octava de sus consonantes. Su nombre es *ka* y su articulación es velar, oclusiva y sorda. Se emplea en voces de procedencia extranjera.

ka *f* Nombre de la letra *k*.

kaftén *m Arg.* Alcahuete.

káiser *m* Título de algunos emperadores de Alemania.

kaolín *m* Caolín.

kárate *m* Modalidad de lucha japonesa, basada en golpes secos realizados con el borde de la mano, los codos o los pies.

kart *m* Vehículo monoplaza, provisto de un motor de dos tiempos, que carece de suspensión, diferencial y carrocería.

karting *m* Carrera de karts.

katiusca *f* Bota de goma, gralte. alta, que sirve para protegerse del agua.

kelvin *m* En el sistema internacional, unidad de temperatura absoluta.

kif *m* Quif, preparado de cáñamo.

kifi *m* Hachís.

kilo *m* Forma abreviada de kilogramo.

kilocaloría *f* Unidad que tiene 1 000 calorías.

kilociclo *m* Unidad de frecuencia en un movimiento periódico, equivalente a mil ciclos u oscilaciones por segundo.

kilogramo *m* Unidad de masa en el sistema Giorgi.

kilohercio *m* Mil hercios.

kilolitro *m* Medida de capacidad que tiene mil litros, o sea un metro cúbico.

kilometraje *m* Acción de kilometrar. ‖ Distancia medida en kilómetros.

kilometrar *tr* Señalar las distancias, medidas en kilómetros, con postes, mojones, etcétera.

kilométrico, ca *adj* Perteneciente o relativo al kilómetro. ‖ (fig) De larga duración. • *m* Billete de ferrocarril que permite viajar un determinado número de kilómetros en un plazo dado.

kilómetro *m* Medida de longitud que equivale a mil metros.

kilopond o kilopondio *m* Unidad de fuerza en el sistema técnico.

kilovatio *m* Unidad de potencia equivalente a mil vatios.

kilovatio-hora *m* Unidad de energía. Equivale al trabajo realizado en una hora por un motor que desarrolla una potencia constante de un kilovatio.

kimono *m* Túnica usada en Japón.

kiosco *m* Quiosco.

kirieleisón *m* (fam) Canto de los entierros y oficio de difuntos.

kirsch *m* Aguardiente obtenido por destilación del zumo fermentado de cerezas.

klistrón *m* Tubo electrónico para frecuencias muy elevadas.

koala *m* Mamífero trepador de Australia, llamado también oso marsupial.

kril *m* Conjunto de varias especies de crustáceos marinos, que integran el zooplancton.

kudú *m* Antílope africano caracterizado por sus largos cuernos y por su pelaje gris o leonado.

k

Ll

l *f* Decimosegunda letra del abecedario esp., y novena de sus consonantes. ‖ Símb. del litro.

la[1] *art* determinado en gén. femenino y núm. singular. ‖ acus. del *pron pers* de 3ª pers. en gén. femenino y núm. singular.

la[2] *m* Sexta nota de la escala musical.

laberinto *m* Lugar formado por calles, encrucijadas y plazas, dispuesto de modo que sea difícil encontrar la salida. ‖ (fig) Cosa confusa y enredada. ❏ LABERÍNTICO, CA.

labia *f* (fam) Habilidad para decir cosas agradables o convencer con palabras.

labiada *adj* Díc. de la planta que tiene la corola dividida en dos partes en forma de labios.

labial *adj* Perteneciente a los labios. ‖ Díc. de la consonante cuya pronunciación depende pralm. de los labios.

labializar *tr* Dar carácter labial a un sonido. ❏ LABIALIZACIÓN.

lábil *adj* Que resbala o se desliza fácilmente. ‖ Frágil, caduco, débil. ❏ LABILIDAD.

labio *m* Cada uno de los dos repliegues carnosos y móviles de la boca de los mamíferos. ‖ (fig) Borde de ciertas cosas. ‖ (fig) Órgano del habla. También se usa en plural.

labiodental *adj y f* Díc. de la consonante cuyo punto de articulación se sitúa donde inciden el labio inferior y el borde de los incisivos superiores.

labor *f* Trabajo. ‖ Trabajo de cosido, bordado o tejido, realizado a mano o a máquina. ‖ Labranza.

laborable *adj* Que se puede laborar o trabajar. ‖ Dícese del día no festivo.

laboral *adj* Perteneciente o relativo al trabajo.

laboralista *adj y s* Díc. del abogado especializado en derecho laboral.

laborar *tr* Labrar. • *intr* Gestionar o intrigar con algún designio. ❏ LABORANTE.

laboratorio *m* Local preparado para realizar en él experimentos o análisis químicos, o para elaborar medicamentos u otros productos químicos.

laborear *tr* Labrar o trabajar una cosa. ‖ Hacer excavaciones en una mina.

laboriosidad *f* Aplicación o inclinación al trabajo.

laborioso, sa *adj* Trabajador, aficionado al trabajo. ‖ Trabajoso, penoso.

labrada *f* Tierra arada, barbechada y dispuesta para sembrarla al año siguiente.

labrado, da *pp* de labrar. • *adj* Aplícase a las telas o géneros que tienen alguna labor. • *m* Acción y efecto de labrar.

labrador, ra *adj y s* Que labra la tierra. • *m y f* Persona que posee hacienda de campo y la cultiva por su cuenta.

labranza *m* Cultivo de los campos. ‖ Hacienda de campo o tierras de labor.

labrar *tr* Trabajar en un oficio. ‖ Trabajar una materia. ‖ Cultivar la tierra. ‖ Arar. ‖ Coser o bordar. • *intr* (fig) Causar fuerte y duradera impresión en el ánimo una cosa. ❏ LABRA.

labriego, ga *m y f* Persona que vive en el campo, dedicada a las faenas de la tierra.

laca *f* Látex que se extrae, mediante incisión, de ciertos árboles y arbustos de Extremo Oriente. ‖ Materia resinosa que se usa en la fabricación de barnices, lacre, masillas y cementos. ‖ Sustancia líquida e incolora que se emplea para fijar el peinado.

lacar *tr* Barnizar un objeto con laca.

lacayo *m* Criado de librea. ‖ (fig) Persona aduladora o servil.

lacear *tr* Adornar con lazos. ‖ Atar con lazos. ‖ Coger con lazo los animales. ‖ *Arg.* Azotar con el lazo. ❏ LACEADOR.

lacerado, da *pp* de lacerar. • *adj* Infeliz, desdichado.

lacerar *tr* y *prnl* Lastimar, golpear, magullar, herir. • *tr* (fig) Dañar, vulnerar. • *intr* Padecer, pasar trabajos. ☐ LACERACIÓN.

lacero *m* Persona diestra en manejar el lazo para apresar ciertos animales.

lacha *f* (fam) Vergüenza, pundonor.

lachear *tr* Chile. Galantear.

lacho, cha *adj* y *s* Chile. Galante, enamorado.

lacio, cia *adj* Marchito, ajado. || Flojo, decaído, sin vigor. || Díc. del cabello que cae sin formar ondas ni rizos.

lacón *m* Brazuelo del cerdo, y especialmente su carne curada.

lacónico, ca *adj* Breve, conciso, compendioso. || Que habla o escribe de esta manera. ☐ LACONISMO.

lacra *f* Huella de una enfermedad o achaque.

lacrar *tr* Cerrar con lacre.

lacre *m* Mezcla sólida que se usa para cerrar y sellar cartas, documentos, botellas, etc. || Cuba. Especie de cera de la abeja criolla. • *adj* (fig) De color rojo.

lacrimal *adj* Perteneciente o relativo a las lágrimas.

lacrimógeno, na *adj* Que produce lagrimeo; aplícase especialmente a ciertos gases.

lactancia *f* Acción de mamar. || Alimentación del recién nacido con leche.

lactante *pa* de lactar. • *adj* y *s* Que mama o que se halla en el período de lactancia.

lactar *tr* Amamantar. || Criar con leche.

lacteado, da *adj* Mezclado con leche.

lácteo, a *adj* Perteneciente o relativo a la leche. || Parecido a la leche.

lactescente *adj* Que tiene aspecto de leche.

lacticinoso, sa *adj* Lechoso, lácteo.

láctico *adj* Perteneciente o relativo a la leche.

lactosa o **lactina** *f* Azúcar compuesto por glucosa y galactosa, que se encuentra en la leche de los mamíferos.

lacustre *adj* Perteneciente o relativo a los lagos.

ladear *tr*, *intr* y *prnl* Inclinar y torcer una cosa hacia un lado. • *intr* Andar por las laderas. • *prnl* (fig) Inclinarse a una cosa;

dejarse llevar por ella. || (fig, fam) Chile. Enamorarse. || Arg. Pervertirse. ☐ LADEADO, DA; LADEO.

ladera *f* Declive de un monte o de una altura.

ladilla *f* Insecto parásito que vive en las partes vellosas del cuerpo humano.

ladino, na *adj* Decíase del que hablaba con facilidad alguna o algunas lenguas además de la propia. || (fig) Astuto, sagaz. • *adj* y *s* Amér. Centr. y Méx. Díc. del hijo de blanco e india.

lado *m* Parte del cuerpo de la persona o del animal, comprendida entre el brazo y el hueso de la cadera. || Parte lateral. || Cada una de las dos caras que posee una cosa. || (fig) Cada uno de los aspectos por que se puede considerar una persona o cosa. || Cada una de las líneas que limitan un polígono.

ladra *f* Acción de ladrar. || Conjunto de ladridos que se oyen a cada encuentro de los perros con una pieza de caza.

ladrar *intr* Dar ladridos el perro. || (fig, fam) Amenazar sin acometer. || (fig, fam) Insultar o criticar ásperamente a alguien. || (fig, fam) Hablar de un modo desagradable. ☐ LADRADOR, RA.

ladrido *m* Voz que emite el perro.

ladrillo *m* Material elaborado con tierra arcillosa amasada con agua, modelada y cocida en hornos especiales. ☐ LADRILLERO, RA; LADRILLOSO, SA.

ladrón, na *adj* y *s* Que hurta o roba. || Cualquier dispositivo empleado para sustraer o desviar el caudal de un fluido. || Enchufe que se adapta al casquillo de una lámpara para tomar corriente.

ladronesco, ca *adj* (fam) Perteneciente a los ladrones. • *f* (fam) Conjunto de ladrones.

lagar *m* Sitio donde se estruja o prensa la uva, la manzana o la aceituna para obtener el mosto, la sidra o el aceite. ☐ LAGARERO.

lagarta *f* Hembra del lagarto. || Oruga de la encina. || (fig, fam) Mujer astuta, pícara, taimada. || Prostituta.

lagartado, da *adj* Semejante en el color a la piel del lagarto.

lagartear *tr* Chile. Coger a uno por los músculos de los brazos con instrumento adecuado o con ambas manos, y apretárselos con el fin de atormentarlo o vencerlo en la lucha.

lagartija f Reptil de pequeño tamaño que vive en los huecos de las paredes.

lagarto m Reptil de mediano tamaño, sumamente ágil e inofensivo. ‖ (fig, fam) Hombre astuto, taimado. ‖ *Amér*. Caimán.

lago m Masa de agua dulce o salada que ocupa una zona deprimida de la corteza terrestre.

lágrima f Cada una de las gotas segregadas por la glándula lagrimal y vertida fuera del globo ocular. Suele usarse en plural. ‖ Adorno de forma de gota. • *pl* (fig) Pesadumbres, adversidades.

lagrimal *adj* Aplícase a los órganos de secreción y excreción de las lágrimas.

lagrimear *intr* Segregar lágrimas los ojos. ‖ Llorar con frecuencia y facilidad.

lagrimeo m Acción de lagrimear. ‖ Flujo de lágrimas.

lagrimoso, sa *adj* Aplícase a los ojos tiernos y húmedos y a la persona o animal que los tiene en tal estado. ‖ Que mueve a llanto.

laguna f Depósito natural de agua, de menores dimensiones que el lago. ‖ (fig) Omisión en un texto o en un trabajo. ‖ (fig) Fallo en la memoria.

lagunoso, sa *adj* Abundante en lagunas.

laicado m En el cuerpo de la iglesia católica, la condición y el conjunto de los fieles no clérigos.

laicizar *tr* Hacer laico o independiente de toda influencia religiosa. ❒ LAICIZACIÓN.

laico, ca *adj* y *s* Lego, o que no tiene órdenes clericales. • *adj* Díc. de la escuela o enseñanza en que se prescinde de la instrucción religiosa.

laísmo m Empleo incorrecto de las formas *la* o *las* del *pron ella* para el dativo. ❒ LAÍSTA.

lama¹ f Cieno blando y oscuro propio del fondo de los mares, ríos y lugares con agua estancada. ‖ Prado. ‖ *Amér*. Musgo.

lama² m Patriarca de la iglesia tibetana.

lamat m En la religión de los mayas, nombre del octavo día ritual.

lamber *tr Amér*. Lamer.

lambeta *adj Arg*. Adulador.

lambido, da *adj Amér. Centr.* y *Méx*. Relamido. ‖ *Ecuad.* y *Col*. Descarado.

lambón, na *adj Col*. Adulador, soplón.

lambrija f Lombriz. ‖ (fig, fam) Persona muy flaca.

lambrucear *intr* Arrebañar, apurar lo que queda en un plato. ❒ LAMBRUCIO, CIA.

lameculos m o f (vulg) Adulón, persona servil.

lamentable *adj* Que merece ser sentido o es digno de llorarse. ‖ Aplicado al estado o aspecto de una persona o cosa, estropeado, maltrecho.

lamentación f Acción de lamentarse. ‖ Palabras o exp. con que alguien se lamenta de una cosa. ‖ Lamento, queja de dolor o pena.

lamentar *tr, intr* y *prnl* Sentir una cosa con llanto, sollozos u otras demostraciones de dolor. • *tr* Sentir pena, contrariedad o arrepentimiento por alguna cosa. ❒ LAMENTADOR, RA.

lamento m Lamentación, queja, llanto.

lameplatos m o f (fig, fam) Persona golosa. ‖ (fig, fam) Persona que se alimenta de sobras.

lamer *tr* y *prnl* Pasar repetidas veces la lengua por una cosa. • *tr* (fig) Tocar suavemente una cosa. ❒ LAMEDURA.

lamido, da *pp* de lamer. • *adj* (fig) Díc. de la persona flaca, y de la muy pulida y limpia. ‖ (fig) Relamido, afectado, demasiado pulcro.

lamín m Golosina.

lámina f Hoja o plancha delgada de un metal o de una materia cualquiera. ‖ Plancha grabada. ‖ Porción de cualquier materia extendida y de poco grosor.

laminación f Acción y efecto de laminar. ‖ Método para obtener planchas, chapas y perfiles metálicos.

laminador, ra *adj* Que lamina. • *adj* y *s* Díc. de la máquina que lleva a cabo la operación de laminación.

laminar¹ *tr* Tirar láminas, planchas o barras con el laminador. ‖ Guarnecer con láminas.

laminar² *tr* Lamer, golosear.

lamiscar *tr* (fam) Lamer aprisa y con ansia.

lampa f C. Rica, Chile y Perú. Azada, laya.

lampadario m Candelabro que se sustenta sobre un pie y está provisto en su parte superior de dos o más brazos con sendas lámparas.

lampalagua adj y s Arg. Tragón, glotón. • f Boa acuática de América.

lampar tr e intr Afectar la boca con una sensación de ardor. • prnl Tener ansiedad por el logro de una cosa.

lámpara f Utensilio para obtener luz artificial, cualquiera que sea su medio. || Cuerpo que despide luz.

lamparero, ra m y f Persona que hace, vende o tiene cuidado de las lámparas.

lamparón m Mancha de aceite en la ropa. || Tumefacción en el cuello.

lampear tr Chile y Perú. Remover la tierra con la lampa.

lampiño, ña adj Dícese del hombre que no tiene barba. || Que tiene poco pelo o vello.

lamprea f Pez de cuerpo cilíndrico y oblongo, liso y viscoso, de carne muy estimada.

lampreado, da pp de lamprear. • m Guiso chileno. || Guat. Tunda de lampreazos.

lamprear tr Guisar una vianda. || Guat. Azotar.

lampreazo m Latigazo.

lampuguera f Arte de pesca mixto hecha de nasas y red de cerco.

lana f Pelo de las ovejas y los carneros que se hila y sirve para hacer paño y otros tejidos. || Hilo de lana. • m Amér. Centr. Persona de baja condición social. || Amér. Centr. Tramposo. • f pl Méx. Dinero.

lanado, da adj Que tiene pelusa o vello. • f Instrumento para limpiar el alma de las piezas de artillería.

lanar adj Dícese del ganado o la res que tiene lana.

lance m Acción y efecto de lanzar o arrojar. || Acción de echar la red para pescar. || Pesca que se saca de una vez. || Encuentro, riña. || Chile. Regate.

lancear tr Alancear, herir con lanza.

lanceolado, da o **lanceado, da** adj De figura semejante a la punta de una lanza.

lancera f Armero para colocar las lanzas.

lancero m Soldado que pelea con lanza. || El que hace o labra lanzas. • pl Baile de figuras, muy parecido al rigodón. || Música de este baile.

lanceta f Instrumento de acero de doble filo y punta muy aguda, usado para sangrar, vacunar y abrir tumores. || Amér. Aguijón. ❏ LANCETADA; LANCETAZO.

lancha f Bote, embarcación de vela y remo, o de vapor o motor, que llevan a bordo los buques para su servicio. || Embarcación de pequeño calado para el transporte de pasajeros en el interior de los puertos o en la cercanía de las costas. || (fam) Ecuad. Niebla, helada, escarcha.

lanchaje m Transporte de mercancías en lanchas, y flete que se paga por ello.

lancinante pa de lancinar. • adj Dícese del dolor muy agudo.

lancinar tr y prnl Punzar, desgarrar la carne.

landa f Llanura arenosa donde sólo crecen matorrales y hierbas.

landó m Coche de cuatro ruedas, con capota delantera y trasera, tirado por caballos.

landre f Tumor del tamaño de una bellota, que se forma en el cuello, los sobacos o las ingles.

lanero, ra adj Perteneciente o relativo a la lana. • m y f Persona que trata en lanas.

langosta f Crustáceo de tamaño relativamente grande, y cuyo abdomen es muy apreciado como alimento. || Insecto saltador, de cuerpo alargado, que se multiplica rápidamente y puede convertirse en una plaga para los cultivos.

langostín o **langostino** m Crustáceo marino de cuerpo comprimido, cola muy prolongada, patas pequeñas y caparazón poco consistente, cuya carne es muy apreciada.

languidecer intr Adolecer de languidez. || Desanimarse.

languidez f Flaqueza, debilidad. || Falta de espíritu, valor o energía.

lánguido, da adj Flaco, débil, fatigado. || Falto de ánimo o alegría, abatido.

languso, sa adj Méx. Astuto, sagaz. || Méx. Larguirucho.

lanificación *f* o **lanificio** *m* Arte de labrar la lana. ‖ Obra hecha de lana.

lanilla *f* Pelillo que le queda al paño por el haz. ‖ Tejido de lana fina.

lanolina *f* Sustancia cerosa y transparente, análoga a las grasas, que se extrae de la lana, y se emplea en cosméticos y pomadas.

lantaca *f* Especie de culebrina, arma de fuego.

lanudo, da *adj* Que tiene mucha lana o vello. ‖ (fig) *Ecuad.* y *Ven.* Díc. de la persona tosca y grosera.

lanza *f* Arma ofensiva compuesta de una asta y de un hierro puntiagudo y cortante. ‖ Soldado de a pie o a caballo que usaba esta arma.

lanzada *f* Golpe que se da con la lanza. ‖ Herida hecha con la lanza.

lanzadera *f* En la fabricación de tejidos, dispositivo que coloca las hiladas transversales a través de la urdimbre por medio de un movimiento alternativo horizontal. ‖ Pieza de forma abarquillada que tienen las máquinas de coser. ‖ (fig, fam) Persona inquieta.

lanzado, da *pp* de lanzar. • *adj* Muy veloz. ‖ Emprendido con mucho ánimo. ‖ Impetuoso, fogoso, decidido. • *m* En la pesca con caña, acción de lanzar el cebo a distancia.

lanzador, ra *adj* y *s* Que lanza o arroja. • *m* Lanzadera espacial.

lanzamiento *m* Acción de lanzar una cosa. ‖ Operación consistente en hacer partir un cohete, un proyectil o una aeronave mediante algún sistema de propulsión. ‖ En ciertos juegos de pelota, acción de lanzarla para castigar una falta.

lanzar *tr* y *prnl* Arrojar. ‖ Hacer partir un cohete, un proyectil o una aeronave. • *tr* Despojar a uno de la posesión o tenencia de alguna cosa. ‖ (fig) Proferir, exhalar. • *prnl* Emprender una acción con decisión o irreflexión.

laña *f* Grapa que sirve para unir dos piezas.

lañar *tr* Trabar, unir con lañas una cosa. ‖ Abrir el pescado para salarlo.

lapa¹ *f* Molusco comestible, de concha cónica, que vive asido fuertemente a las piedras de las costas. ‖ (fig) Persona pegajosa e inoportuna.

lapa² *f* *Amér. Merid.* Paca, mamífero roedor.

lápida *f* Piedra llana en que ordinariamente se pone una inscripción.

lapidar *tr* Apedrear, matar a pedradas. ‖ *Amér.* Labrar piedras preciosas. ◻ LAPIDACIÓN.

lapidario, ria *adj* Perteneciente a las piedras preciosas. ‖ Perteneciente a las inscripciones en lápidas. ‖ Díc. del enunciado que, por su concisión y solemnidad, merece ser grabado en una lápida.

lapidificar *tr* y *prnl* Convertir en piedra. ◻ LAPIDIFICACIÓN; LAPIDÍFICO, CA.

lápiz *m* Nombre genérico de varias sustancias minerales que sirven para dibujar. ‖ Barrita de grafito envuelta en madera.

lapón, na *adj* y *s* De Laponia. • *m* Lengua perteneciente al grupo ugrofinés, hablada por los lapones.

lapso *m* Curso de un intervalo de tiempo.

lapsus *m* Falta o equivocación cometida por descuido.

laque *m* *Amér.* Arma formada de una bola de metal sujeta a una correa boleadora.

laqueado, da *pp* de laquear. • *adj* Cubierto o barnizado de laca.

laquear¹ *tr* Barnizar con laca.

laquear² *tr* *Chile.* Coger o derribar a un animal valiéndose del laque.

lardear o **ladar** *tr* Untar con lardo o grasa. ‖ Pringar, echar a uno pringue hirviendo.

lardero *adj* Díc. del jueves inmediato a las carnestolendas.

lardo *m* Lo gordo del tocino. ‖ Grasa de los animales. ◻ LARDOSO, SA.

largar *tr* Soltar, dejar libre. ‖ Aflojar. ‖ (fam) Soltar una bofetada, un golpe. ‖ (fig) Contar lo que no se debe, o decir lo inoportuno o pesado. ‖ (fam) Despedir, echar a alguien. • *prnl* (fam) Irse uno con presteza o disimulo. ‖ *Amér.* Comenzar a hacer algo de súbito.

largo, ga *adj* Que tiene más o menos longitud. ‖ Que dura mucho tiempo. ‖ Díc. de la persona alta. ‖ (fig, fam) Astuto, listo. ‖ (fig) Dilatado, extenso. ‖ (fig) Pronto, expedito. ‖ Aplicado a una cantidad, que excede de lo que realmente se dice. • *m* Longitud. ‖ Dilación, retraso.

largometraje *m* Película cinematográfica cuya proyección dura más de una hora.

laringe *f* En los vertebrados, órgano que comunica por un lado con la faringe y por el otro con la tráquea; es el órgano de la fonación en los mamíferos. ☐ LARÍN-GEO, A; LARINGITIS.

larva *f* Fase del desarrollo de algunos animales, comprendida entre la salida del huevo y el estado adulto. ‖ Animal que se halla en la fase larvaria.

las Forma del *art* determinado en gén. femenino y núm. plural.

lascar *tr* Aflojar o arriar muy poco a poco un cabo. ‖ *Méx.* Lastimar.

lascivo, va *adj* y *s* Se aplica a la persona habitual y exageradamente dominada por el deseo sexual. ☐ LASCIVIA.

láser *m* Dispositivo electrónico que amplifica extraordinariamente un haz de luz monocromática y coherente. ‖ Este mismo haz o fuente de luz.

laserdisc *m* Disco digital capaz de almacenar sonidos e imágenes, que se reproducen mediante lectura óptica o por medio del láser.

lasitud *f* Cansancio, falta de vigor y de fuerzas.

laso, sa *adj* Flojo, macilento.

lástima *f* Compasión. ‖ Objeto que provoca compasión. ‖ Quejido, expresión lastimera. ‖ Cualquier cosa que cause disgusto.

lastimar *tr* y *prnl* Herir o hacer daño. • *tr* (fig) Ofender. • *prnl* Quejarse, dar muestras de dolor y sentimiento. ☐ LASTIMA-DURA.

lastimero, ra *adj* Que produce lástima o compasión. ‖ Que hiere o hace daño.

lastrar *tr* Poner el lastre a la embarcación. • *tr* y *prnl* (fig) Afirmar una cosa cargándola de peso.

lastre *m* Carga muerta que llevan los barcos, globos o dirigibles, para mantener la estabilidad y controlar su flotabilidad o impulso ascensorial. ‖ (fig) Algo que impide moverse con libertad.

lata *f* Madero de menor tamaño que el cuartón. ‖ Tabla delgada sobre la cual se

aseguran las tejas. ‖ Hoja de lata. ‖ Envase hecho de hojalata. ‖ Todo lo que causa disgusto y hastío por prolijo o impertinente. ‖ *Amér. Centr.* Mequetrefe.

latear *tr Chile.* Molestar con un discurso.

latencia *f* Cualidad o condición de latente. ‖ Período de inactividad aparente de algunos animales y plantas. ‖ Período de incubación de una enfermedad.

latente *adj* Oculto y escondido.

lateral *adj* Perteneciente o que está al lado de una cosa. ‖ (fig) Que no viene por línea recta.

lateralidad *f* Predominio funcional de un lado del cuerpo humano sobre el otro.

látex *m* Sustancia lechosa y blanquecina de origen vegetal que se utiliza para la obtención de diversas materias de interés industrial, como el caucho.

latido *m* Golpe que la contracción y dilatación cardíaca produce en los tejidos orgánicos.

latifundio *m* Finca rústica de gran extensión.

latifundismo *m* Tipo de distribución de la propiedad de la tierra caracterizado por el predominio de los latifundios.

latifundista *m* o *f* Persona que posee uno o varios latifundios.

latigazo *m* Golpe dado con el látigo. ‖ Chasquido del látigo. ‖ (fig) Represión áspera.

látigo *m* Azote de cuero, largo y delgado. ‖ *Chile.* Meta o término en las carreras de caballos. ‖ *Perú.* Jinete.

latiguear *intr* Dar chasquidos con el látigo. ‖ *Amér.* Azotar, dar latigazos. ☐ LATI-GUEO.

latín *m* Lengua indoeuropea del Lacio, del grupo itálico y hablada por los ant. romanos, de la cual se deriva el español.

latinidad *f* Condición o carácter de lo latino. ‖ Tradición cultural latina. ‖ Conjunto de pueblos que hablan el latín. ‖ Conjunto de pueblos de origen latino.

latinismo *m* Giro propio de la lengua latina. ‖ Empleo de tales giros en otro idioma.

latinista *m* o *f* Persona que cultiva la lengua y literatura latinas.

latinizar *tr* Dar forma latina a voces de otra lengua. ‖ Introducir la cultura latina en algún lugar. ❏ LATINIZACIÓN.

latino, na *adj* y *s* Natural del Lacio o de cualquiera de los pueblos de que era metrópoli la ant. Roma. • *adj* Perteneciente a ellos.

latinoamericano, na *adj* Perteneciente o relativo a los países de América que fueron colonizados por naciones latinas: España, Portugal o Francia. • *m* y *f* Oriundo o habitante de estos países.

latir *intr* Dar latidos el perro. ‖ Ladrar. ‖ Dar latidos el corazón, las arterias y, a veces, los capilares. • *tr* e *intr Méx*. Tener un presentimiento.

latitud *f* Anchura. ‖ La menor de las dos dimensiones que tienen las cosas o figuras planas. ‖ Distancia de un lugar al ecuador. ❏ LATITUDINAL.

lato, ta *adj* Dilatado, extendido.

latón *m* Aleación de cobre y cinc en proporciones variables. ‖ *Bol*. y *Col*. Sable o chafarote.

latría *f* Culto y adoración que sólo se debe a Dios. ❏ LATRÉUTICO, CA.

latrocinio *m* Robo o fraude.

lauca o **laucadura** *f Chile*. Peladura o alopecia.

laucha *f Arg*. y *Chile*. Especie de ratón pequeño. ‖ *Arg*. y *Ur*. Hombre listo. ‖ *Col*. Boqueado.

laúd *m* Instrumento musical de cuerda. ‖ Embarcación pequeña del Mediterráneo.

laudable *adj* Digno de alabanza.

láudano *m* Extracto de opio.

laudatorio, ria *adj* Que alaba o contiene alabanza.

laude[1] o **lauda** *f* Lápida sepulcral.

laude[2] *f pl* Una de las partes del oficio divino, que se dice después de maitines.

laureado, da *pp* de laurear. • *adj* y *f* Que ha sido recompensado con honor y gloria.

laureando *m* Graduando, que recibe un grado en la universidad.

laurear *tr* Coronar con laurel. ‖ (fig) Premiar, honrar.

laurel *m* Árbol de hojas lanceoladas y aromáticas, que se utilizan como condimento y tienen propiedades carminativas y estimulantes. ❏ LÁUREO, A.

láureo, a *adj* De laurel, o de hoja de laurel.

laurífero, ra *adj* Que produce laurel.

lauro *m* Laurel, árbol. ‖ (fig) Gloria, triunfo.

lava *f* Material rocoso fundido, originado en zonas profundas de la corteza terrestre y que alcanza la superficie debido a las erupciones volcánicas.

lavabo *m* Recipiente, gralte. de porcelana, provisto de pie y grifo, utilizado para lavarse. ‖ Cuarto dispuesto para la limpieza y el aseo personales. ‖ p. ext. Retrete.

lavadero *m* Lugar en que se lava la ropa. ‖ *Amér*. Paraje del lecho de un río o arroyo, donde se recogen arenas auríferas y se lavan allí mismo agitándolas en una batea.

lavado, da *pp* de lavar. • *m* Acción y efecto de lavar. ‖ Pintura a la aguada hecha con un solo color.

lavador, ra *adj* y *s* Que lava. • *m* Instrumento de hierro para limpiar las armas de fuego. • *adj* y *f* Díc. de la máquina para lavar ropa.

lavanda *f* Planta labiada que presenta flores en espiga muy aromáticas. ‖ Perfume que se extrae de estas mismas plantas.

lavandería *f* Establecimiento comercial para el lavado de la ropa.

lavandero, ra *m* y *f* Persona que tiene por oficio lavar la ropa.

lavandina *f Arg., Par*. y *Ur*. Lejía.

lavaplatos o **lavavajillas** *amb* Máquina para lavar los platos. • *m* o *f* Persona que tiene por oficio lavar los platos. • *m Col*., *Chile* y *Méx*. Fregadero.

lavar *tr* y *prnl* Limpiar una cosa con agua u otro líquido. • *tr* Dar color con aguada a un dibujo. ‖ Purificar los minerales por medio del agua. ❏ LAVADURA.

lavativa *f* Líquido que se introduce por el ano con fines terapéuticos o para provocar la defecación. ‖ Enema.

lavatorio *m* Acción de lavar o lavarse. ‖ Ceremonia que hace el sacerdote católico en la misa lavándose los dedos. ‖ *Amér*. Lavabo.

laxante *pa* de laxar. • *adj* Que laxa. • Medicamento o sustancia que estimula evacuación intestinal en caso de padecer estreñimiento.

laxar *tr* y *prnl* Aflojar, disminuir la tensión de una cosa. || Favorecer la evacuación intestinal. ◻ LAXACIÓN; LAXAMIENTO; LAXATIVO, VA.

laxo, xa *adj* Flojo o que no tiene la tensión que naturalmente debe tener. || (fig) Relajado, libre. ◻ LAXIDAD; LAXITUD.

lazar *tr* Coger o sujetar con lazo. || *Méx.* Enlazar.

lazareto *m* Lugar donde se somete a cuarentena a los viajeros sospechosos de haber adquirido una enfermedad contagiosa. || Hospital de leprosos.

lazarillo *m* Muchacho que guía y dirige a un ciego.

lázaro *m* Pobre andrajoso.

lazo *m* Atadura o nudo de cintas u otro material semejante que sirve de adorno. || Lazada. || Cuerda o trenza con una lazada corrediza en uno de sus extremos, que sirve para sujetar toros, caballos, etcétera. || (fig) Trampa, acechanza. || (fig) Vínculo, obligación.

lazulita *f* Fosfato de alúmina, de color azul, componente del lapislázuli.

le Dativo del *pron pers* de 3ª pers. en gén. masculino o femenino y núm. singular.

leal *adj* y *s* Que guarda a personas o cosas fidelidad. || Fiel en el desempeño de un cargo.

lealtad *f* Cumplimiento de lo que exigen las leyes de la fidelidad y el honor. || Amor o gratitud que muestran al hombre algunos animales.

leasing *m* Contrato de arrendamiento de bienes de equipo entre una empresa financiera y una sociedad mercantil, con opción a comprar o a devolver los bienes arrendados por la empresa arrendataria al cabo de cierto tiempo.

lebrato *m* Liebre nueva o de poco tiempo.

lebrel, la *adj* y *m* Díc. de una variedad de perro de labio superior y orejas caídas, muy apto para la caza de la liebre.

lebrero, ra *adj* Aficionado a las cacerías o carreras de liebres.

lebrillo *m* Vasija más ancha por el borde que por el fondo, y que sirve para lavar ropa y para otros usos.

lección *f* Lectura. || Comprensión de un texto. || Conjunto de conocimientos teóricos o prácticos impartidos por el maestro en una sola vez. || Discurso que en las oposiciones a cátedras, beneficios eclesiásticos, etcétera, se expone públicamente.

leccionario *m* Libro de coro que contiene las lecciones de maitines.

lechal *adj* y *m* Aplícase al animal de cría que mama, y en especial al cordero. • *adj* Aplícase a las plantas y frutos que tienen un zumo blanco semejante a la leche.

leche *f* Líquido blanco segregado por las glándulas mamarias de las hembras de los mamíferos, que sirve de alimento para las crías. || Jugo blanco que se extrae de algunas semillas. || (fig) Semen. || (fig) Humor, estado de ánimo. || (fig) Suerte, fortuna. || (fig) Índole, carácter.

lechecillas *f pl* Mollejas de cabrito, cordero, etc. || Asadura, entrañas del animal.

lechería *f* Sitio o puesto donde se vende leche.

lechero, ra *adj* Que contiene leche o tiene algunas de sus propiedades. • *m* y *f* Persona que vende leche. • *f* Vasija en que se transporta la leche. || *Arg.* Vaca lechera.

lecho *m* Cama para descanso y sueño. || (fig) Madre de río, o terreno por donde corren sus aguas. || (fig) Porción de algunas cosas que están extendidas horizontalmente sobre otras.

lechón *m* Cochinillo que todavía mama. • *m* y *adj* (fig, fam) Hombre sucio, puerco, desaseado.

lechoso, sa *adj* Que tiene apariencia de leche. || Aplícase a las plantas y frutos que tienen un jugo blanco semejante a la leche.

lechuga *f* Planta compuesta, cultivada en huerta, cuyas hojas se comen en ensalada.

lechuguilla *f* Lechuga silvestre.

lechuguino *m* (fig, fam) Joven que se compone mucho y sigue rigurosamente la moda.

lechuza *f* Ave rapaz nocturna, de cara redonda y plumaje blanco y dorado.

lechuzo, za adj y s Díc. del muleto que no tiene un año.

lectivo, va adj Díc. del tiempo y días en que se imparten clases en establecimientos de enseñanza.

lector, ra adj y s Que lee. • m y f En la enseñanza de idiomas modernos, profesor auxiliar nativo que enseña su lengua materna. || En las empresas editoriales, especialista que lee los originales recibidos y asesora sobre su redacción y contenido. • m Aparato para leer microfichas y microfilmes.

lectura f Acción de leer. || Obra o cosa leída. || Variante de una o más palabras de un texto. || Disertación o exposición sobre un tema sorteado en concurso de oposiciones.

leer tr Pasar la vista por lo escrito o impreso, para conocer su contenido. || Interpretar un texto. || Descifrar una partitura musical. || (fig) Adivinar lo que sucede en el interior de una persona.

legación f Cargo que da un gobierno a un individuo para que le represente cerca de otro gobierno extranjero. || Casa u oficina del legado.

legado[1] m Individuo que una autoridad eclesiástica o civil envía a otra para tratar un negocio.

legado[2] m Manda que deja un testador a una o varias personas. || p. ext. Lo que se deja o transmite a sus sucesores.

legajar tr Amér. Reunir en legajos.

legajo m Conjunto de papeles reunidos por tratar de una misma materia.

legal adj Prescrito por ley y conforme a ella. || Fiel en el cumplimiento de su cargo. □ LEGALISTA.

legalidad f Cualidad de legal. || Régimen político estatuido por la ley.

legalizar tr Dar estado legal a una cosa. || Comprobar y certificar la autenticidad de un documento o una firma. □ LEGALIZACIÓN.

legaña f Humor viscoso de los párpados y que se coagula en sus ángulos.

legañoso, sa adj y s Que tiene muchas legañas.

legar tr Dejar una persona a otra alguna manda en su testamento. || Enviar a uno de legado o con una legacía. || (fig) Transmitir ideas, artes, etc.

legatario, ria m y f Persona natural o jurídica beneficiada por un legado.

legendario, ria adj Perteneciente o relativo a las leyendas. || Popularizado por la tradición. • m Libro de vidas de santos.

legible o **leíble** adj Que se puede leer.

legión f Nombre que suele darse a ciertos cuerpos especiales de tropas. □ LEGIONARIO, RIA.

legislación f Conjunto de leyes por las cuales se gobierna un estado, o una materia determinada. || Ciencia de las leyes.

legislar intr y tr Dar, hacer o establecer leyes. □ LEGISLABLE; LEGISLADOR, RA.

legislativo, va adj Aplícase al derecho de hacer leyes. || Aplícase al cuerpo o código de leyes. || Autorizado por una ley.

legislatura f Tiempo durante el cual funcionan los cuerpos legislativos o las comisiones parlamentarias formadas a tal efecto. || Arg., Méx. y Perú. Asamblea legislativa. || Méx. Cámara de diputados de la nación y cámara local.

legista m o f Profesor de jurisprudencia. || El que estudia jurisprudencia.

legitimar tr Convertir algo en legítimo. || Justificar la verdad de una cosa o la calidad de una persona o cosa conforme a las leyes. || Conseguir la titularidad activa en un juicio o proceso. || Hacer legítimo a un hijo que no lo era. || Habilitar a una persona para un oficio o empleo. □ LEGITIMACIÓN, LEGITIMADOR, RA.

legítimo, ma adj Conforme a las leyes. || Lícito, justo. || Genuino y verdadero en cualquier línea. || Díc. del hijo nacido de unión conyugal consagrada por la ley. • f Porción de la herencia de que el testador no puede disponer libremente, por asignarla la ley a determinados herederos. □ LEGITIMIDAD.

lego, ga adj y s Que no tiene órdenes clericales. • m En los conventos de religiosos, el que siendo profeso no tiene opción a las sagradas órdenes.

legra f Instrumento que se emplea para legrar. || Cuchilla de acero con el extremo libre encorvado y cortante y mango de madera, que sirve para labrar ciertos objetos como escudillas, cucharas de madera, etcétera.

legrar *tr* Raspar con la legra la superficie de los huesos o una superficie mucosa, como la del útero. ☐ LEGRACIÓN; LEGRADO; LEGRADURA.

legua *f* Medida de longitud que equivale a 5 572,7 m. ☐ LEGUARIO, RIA.

legumbre *f* Fruto o semilla que crece en vainas. ‖ Hortaliza.

leído, da *pp* de leer. • *adj* Díc. del que ha l. mucho y es hombre de mucha erudición. • *f* Lectura, acción de leer.

leísmo *m* Empleo de la forma *le*, originariamente complemento indirecto para cualquier gén., en función de complemento directo referido a persona masculina. ☐ LEÍSTA.

leitmotiv *m* Término con el que se designa un tema básico de una composición poética o musical, que se repite insistentemente. ‖ Por extensión, tema principal en torno al cual se desarrolla una obra, discurso, conversación, etcétera.

lejanía *f* Parte remota o distante de un lugar, de un paisaje o de una vista panorámica.

lejano, na *adj* Distante, apartado.

lejía *f* Solución acuosa de sodio, potasio y compuestos clorados, empleada como desinfectante y para blanquear la ropa.

lejos *adv lugar* y *tiempo* A gran distancia; en lugar o tiempo distante o remoto. • *m* Vista o aspecto que tiene una persona o cosa mirada desde cierta distancia.

lele *adj Amér. Centr.* y *Chile.* Lelo.

lelo, la *adj* y *s* Fatuo, simple y como pasmado.

lema *m* Argumento breve, sobre el asunto de la obra, que precede a ciertas obras literarias. ‖ (fig) Norma que regula la conducta de alguien. ‖ Contraseña escrita en pliegos cerrados, usada en los concursos para evitar que el nombre del concursante influya sobre el fallo del jurado. ‖ Divisa.

lempo, pa *adj Col.* Grande, desproporcionado.

lencería *f* Lugar donde en colegios, hospitales, etc., se guarda la ropa blanca. ‖ Ropa interior femenina y tienda donde se vende.

lenco, ca *adj Hond.* Tartamudo.

lendrera *f* Peine de púas finas y espesas.

leneas *f pl* Fiestas religiosas atenienses, celebradas en el Leneo en honor de Baco.

lengua *f* Órgano muscular situado en la cavidad de la boca de los vertebrados y que sirve para gustar, deglutir y articular los sonidos de la voz. ‖ Cada una de las distintas manifestaciones que el lenguaje adopta en las diferentes comunidades humanas.

lenguado *m* Pez de cuerpo oblongo y comprimido, cuya carne es muy apreciada.

lenguaje *m* Conjunto sistemático de signos que permite la comunicación. ‖ Facultad de expresarse. ‖ Manera de expresarse. ‖ Estilo de hablar y escribir. ‖ (fig) Conjunto de señales que dan a entender una cosa. ‖ Notación con la que se escribe un programa de computadora.

lengüeta *f dim* de lengua. ‖ Epiglotis, lámina cartilaginosa que tapa el orificio de la laringe. ‖ Fiel de la balanza. ‖ Tira de piel que suelen tener los zapatos por debajo de los cordones. ‖ Espiga prolongada a lo largo del canto de una tabla para que encaje en la ranura de otra. • *adj Amér.* Charlatán.

lengüetada o **lengüetazo** *f* Acción de tomar o de lamer una cosa con la lengua.

lengüetear *intr Hond.* Hablar mucho y sin sustancia. • *tr* Lamer.

lenguón, na *adj Méx.* Atrevido en el hablar.

lenificar *tr* Suavizar, ablandar. ☐ LENIFICACIÓN.

lenitivo, va o **lenificativo, va** *adj* Que tiene virtud de ablandar y suavizar. • *m* Medicamento que sirve para ablandar o suavizar.

lente *amb* Medio óptico, gralte. de vidrio, limitado por dos dioptrios de los que al menos uno es curvo. Úsase más como *f*. • *m pl* Anteojos o gafas.

lenteja *f* Planta leguminosa, cuyas semillas son alimenticias y muy nutritivas. ‖ Fruto de esta planta.

lentejuela f Laminilla redonda de metal con la que se hacen bordados.

lentificar tr Imprimir lentitud a alguna operación o proceso, disminuir su velocidad.

lentilla f Lente de contacto que se adapta a la córnea del ojo.

lentitud f Cualidad de lento. ‖ Tardanza o espacio con que se ejecuta una cosa.

lento, ta adj Pausado en el movimiento o en la operación, que va despacio. ‖ Poco vigoroso y eficaz.

leña f Conjunto de ramas, matas y trozos de tronco, destinados a hacer fuego. ‖ (fig, fam) Castigo, paliza.

leñador, ra m y f Persona cuyo oficio es cortar leña. ‖ El que vende leña, leñero.

leñazo m (fam) Garrotazo.

leñero m El que vende leña. ‖ Sitio para guardar leña.

leño m Trozo de árbol después de cortado y limpio de ramas. ‖ Parte sólida de los árboles bajo la corteza. ❑ LEÑOSO, SA.

león m Mamífero de cabeza grande, dientes y uñas muy fuertes, y cola larga. El macho se distingue por una larga melena que le cubre la nuca y el cuello. ‖ (fig) Hombre audaz, imperioso y valiente.

leona f Hembra del león. ‖ (fig) Mujer audaz, imperiosa y valiente.

leonado, da adj De color rubio rojizo, semejante al del pelo del león.

leonera f Lugar en que se tienen encerrados los leones. ‖ (fig, fam) Casa de juego. ‖ (fig, fam) Habitación desarreglada, desordenada.

leonino, na adj Perteneciente o relativo al león. ‖ Díc. del contrato oneroso en que toda la ventaja o ganancia se atribuye a una de las partes, sin equitativa conmutación entre éstas.

leopardo m Mamífero carnívoro de pelaje leonado claro con manchas negras, que en algunas variedades es totalmente negro.

leotardo m Especie de medias que llegan hasta la cintura.

lépero, ra adj y s Amér. Centr. y Méx. Díc. del individuo grosero y desagradable. ‖ Cuba. Astuto.

leperuza f Méx. Pelandusca.

lepidio m Planta perenne cuyas hojas se emplean contra el escorbuto y el mal de piedra.

lepisma f Insecto nocturno, originario de América, que roe el cuero, el papel y el azúcar.

leporino, na adj Perteneciente o relativo a la liebre.

lepra f Proceso infeccioso crónico que se presenta en forma de manchas blancas, con pérdida de sensibilidad.

leproso, sa adj y s Que padece lepra.

lerdear intr Amér. Centr. y Arg. Tardar, hacer algo con lentitud, moverse con pesadez o torpeza; retardarse, llegar tarde.

lerdo, da adj Pesado y torpe en el andar. Díc. más comúnmente de las bestias.

les Dativo del pron pers de 3ª pers. en gén. masculino o femenino y núm. plural.

lesbianismo m Nombre que reciben las prácticas homosexuales entre mujeres.

lesbiana f Mujer homosexual.

lesear intr Chile. Tontear, necear.

lesera f Chile. Tontería, simpleza.

lesión f Daño corporal causado por una herida, golpe o enfermedad. ‖ (fig) Cualquier daño o perjuicio. ‖ Perjuicio causado en un contrato.

lesionar tr y prnl Causar lesión.

lesivo, va adj Que causa o puede causar lesión, daño o perjuicio.

leso, sa adj Agraviado, lastimado, ofendido. ‖ Hablando del juicio, el entendimiento, trastornado, pervertido.

letal adj Mortífero, capaz de ocasionar la muerte. ❑ LETALIDAD.

letanía f En la religión católica, rogativa súplica que se hace a Dios. También se usa en plural. ‖ (fig, fam) Lista, retahíla enumeración seguida de muchos nombres o locuciones.

letargo m Síntoma de varias enfermedades caracterizado por un estado de somnolencia profunda y prolongada. ‖ (fig) Torpeza, modorra, insensibilidad, enajenamiento del ánimo. ‖ Tipo especial de hibernación de algunos mamíferos algunos o de las zonas polares, como mecanismo de defensa frente a las condiciones ambientales. ❑ LETÁRGICO, CA; LETARGOSO, SA.

tón, na *adj* y *s* Natural de Letonia. • *m* Lengua indoeuropea del grupo báltico, hablada en Letonia.

tra *f* Cada uno de los signos gráficos que corresponden a un sonido o fonema de la lengua. ‖ Cada uno de estos sonidos. ‖ Cada pieza con la que se imprime una letra o un signo. ‖ Especie de romance corto, cuyos primeros versos se suelen glosar. ‖ Letra de cambio. • *pl* Saber, conocimientos humanos en general.

trado, da *adj* Sabio, docto o instruido. • *m* y *f* Abogado, perito titulado en derecho.

rero *m* Palabra o conjunto de palabras escritas para hacer saber o publicar una cosa.

trina *f* Retrete, lugar destinado en las casas para evacuar los excrementos. ‖ (fig) Cosa que parece sucia y asquerosa.

rista *m* o *f* Persona que hace letras para canciones.

ucemia *f* Enfermedad de la sangre caracterizada por la proliferación maligna de glóbulos blancos en la médula ósea y en los ganglios linfáticos.

ucocito *m* Glóbulo blanco de la sangre.

ucoma *f* Manchita blanca en la córnea que causa la disminución del campo visual.

udar *tr* Dar fermento a la masa con la levadura. • *prnl* Fermentar la masa con levadura.

udo, da *adj* Aplícase a la masa o pan fermentado con levadura.

va *f* Salida de las embarcaciones del puerto. ‖ Enganche de gente para el servicio del ejército. ‖ Acción de levarse o irse. ‖ *Amér.* Levita. ‖ *Amér Centr.* Engaño, treta.

vada *f* En la cría de gusanos de seda, porción de éstos, que se alza y muda de una parte a otra.

vadizo, za *adj* Que se levanta o puede levantar con algún artificio, quitándolo y volviéndolo a poner, o levantándolo y volviéndolo a dejar caer.

vador *m* El que leva. ‖ Álabe de una rueda.

vadura *f* Nombre genérico de ciertos hongos que provocan la fermentación de

los hidratos de carbono. ‖ Masa constituida pralm. por estos microorganismos y capaz de hacer fermentar el cuerpo con que se la mezcla.

levantado, da *pp* de levantar. • *f* Acción de levantarse, o dejar la cama.

levantador, ra *adj* y *s* Que levanta. ‖ Amotinador, sedicioso.

levantamiento *m* Acción y efecto de levantar o levantarse. ‖ Sedición, alboroto popular.

levantar *tr* y *prnl* Mover de abajo hacia arriba una cosa. ‖ Poner una cosa en lugar más alto. ‖ Poner derecho o en posición vertical lo inclinado. ‖ Mover, ahuyentar, hacer que salte la caza del sitio en que estaba. ‖ Rebelar, sublevar. ‖ Dirigir hacia arriba los ojos, la mirada, etc. ‖ Quitar una cosa de donde está. ‖ Construir, edificar. ‖ (fig) Dar mayor fuerza a la voz. ‖ (fig) Hacer que cesen ciertas penas o prohibiciones. • *prnl* Sobresalir, elevarse sobre una superficie o plano. ‖ Comenzar a alterarse el viento.

levante *m* Oriente, punto por donde sale el Sol. ‖ Viento que sopla de la parte oriental. ‖ Países de la parte oriental del Mediterráneo.

levantino, na *adj* y *s* Natural de Levante. • *adj* Perteneciente a la parte oriental del Mediterráneo.

levantisco, ca *adj* y *s* De Levante. • *adj* Inquieto y turbulento.

levar *tr* Recoger el ancla.

leve *adj* Ligero, de poco peso. ‖ (fig) De poca importancia. ❏ LEVEDAD.

levigar *tr* Desleír en agua una materia pulverizada para separar sus componentes según su densidad. ❏ LEVIGACIÓN.

levitación *f* Sensación alucinatoria de elevarse en el aire o flotar en él. ‖ Suspensión en el aire de un cuerpo u objeto, atribuida a fuerzas ocultas.

lexema *f* Unidad léxica mínima, que carece de morfemas, o resulta de haber prescindido de ellos, y que posee un significado definible por el diccionario, no por la gramática.

lexicalizar *tr* y *prnl* Convertir en uso léxico general el que antes era figurado. ❏ LEXICALIZACIÓN.

léxico, ca adj Perteneciente al vocabulario de una lengua. • m Conjunto de palabras, locuciones, etc., de una lengua. ‖ Diccionario de la lengua gr. y, p. ext., de cualquier otra lengua. ‖ Caudal de voces, modismos y giros de un autor.

lexicografía f Técnica de componer léxicos o diccionarios. ❑ LEXICOGRÁFICO, CA.

lexicología f Estudio de las unidades léxicas de una lengua y de las relaciones que se establecen entre ellas. ❑ LEXICOLÓGICO, CA; LEXICÓLOGO, GA.

ley f Regla y norma constante e invariable de las cosas. ‖ Precepto dictado por la suprema autoridad, en que se manda o prohíbe una cosa. ‖ Religión, culto a la divinidad. ‖ Lealtad, fidelidad. ‖ Proporción en que un metal noble entra en una aleación. ‖ Conjunto de las leyes, o cuerpo del derecho civil.

leyenda f Acción de leer. ‖ Obra que se lee. ‖ Relación de sucesos que tienen más de maravillosos que de verdaderos.

lezna f Instrumento de que usan los zapateros y otros artesanos para agujerear, coser y despuntar. ‖ Herramienta para esmerilar.

lía f Soga de esparto machacada, tejida como trenza, para atar y asegurar los fardos, cargas y otras cosas.

liana f Nombre de diversas plantas trepadoras, delgadas y alargadas, propias de las selvas tropicales.

liar tr Atar y asegurar los fardos y cargas con lías. ‖ Hablando de cigarrillos, formarlos envolviendo la picadura en el papel de fumar. • tr y prnl (fig, fam) Engañar a uno, envolverlo en un compromiso. ‖ Seguido de la prep a y un infinitivo, ponerse a ejecutar con vehemencia lo que éste significa. • prnl Amancebarse.

libamen m Ofrenda en el sacrificio.

libar tr Chupar suavemente el jugo de una cosa. ‖ Chupar los insectos el néctar de las flores. ‖ Hacer la libación para el sacrificio.

libatorio m Vaso para las libaciones.

libelar tr Hacer peticiones o memoriales.

libelista m o f Autor de uno o varios libelos o escritos satíricos e infamatorios.

libelo m Escrito sarcástico que sale a la luz para denigrar a una persona, una teoría o una obra; suele ser anónimo o firmado bajo seudónimo. ‖ Petición o memorial.

libélula f Insecto de vistoso colorido, tórax robusto, abdomen estilizado y dos pares de alas membranosas, transparentes y de gran tamaño.

liberación f Acción de poner en libertad. ‖ Chile. Parto.

liberado, da pp de liberar. • adj Desembarazado de una obligación, pena, etc.

liberal adj Que obra con liberalidad. ‖ Expedito, pronto para ejecutar cualquier cosa. ‖ Díc. de ciertas profesiones, como medicina, abogacía, etc., que se ejercen en libre competencia. • adj y s Que profesa doctrinas favorables a la libertad política en los estados. ‖ Partidario del liberalismo.

liberalidad f Virtud moral que consiste en distribuir generosamente los bienes sin esperar recompensa. ‖ Generosidad, desprendimiento. ‖ Disposición a favor de alguien sin ninguna prestación suya.

liberalismo m Ideas que profesan los partidarios del sistema liberal. ‖ Corriente ideológica que en lo político defiende la primacía del individuo y la sociedad civil frente al Estado, y en lo económico la no intervención del Estado en el libre juego del mercado.

liberalizar tr y prnl Hacer liberal en el orden político a una persona o cosa, ‖ privatizar un sector de la economía gestionado por el Estado. ❑ LIBERALIZACIÓN.

liberar tr y prnl Libertar, eximir a uno de una obligación. • tr Poner en libertad a quien está preso o atado.

libertad f Facultad humana de determinar los propios actos. ‖ Estado o condición del que no es esclavo. ‖ Estado del que no está preso. ‖ Falta de sujeción y subordinación. ‖ Facultad que se disfruta en las naciones bien gobernadas, de hacer y decir cuanto no se oponga a las leyes ni a las buenas costumbres.

libertado, da pp de libertar. • adj Osado, atrevido. ‖ Libre, sin sujeción.

libertar *tr* Poner en libertad o soltar al que está atado, preso o sujeto físicamente. • *tr* y *prnl* Librar a uno de una atadura moral u obligación que podría tener. ❏ LIBERTADOR, RA.

libertario, ria *adj* Anarquista, díc. de la persona que defiende la libertad absoluta, la supresión de todo gobierno y toda ley.

libertinaje *m* Desenfreno en las obras o en las palabras. ‖ Falta de respeto a la religión.

libertino, na *adj* y *s* Aplícase a la persona entregada al libertinaje.

liberto, ta *m* y *f* Esclavo a quien se ha dado libertad.

libidine o **libido** *f* Término que representa la fuerza con que se manifiesta el instinto sexual, extendido el concepto de sexualidad a toda forma de aspiración al placer y a todas las emociones sentimentales. ❏ LIBIDINOSO, SA.

libra *f* Medida de peso anglosajona. ‖ Unidad monetaria de varios estados modernos. • *npf* Séptimo signo del Zodíaco.

librador, ra *adj* y *s* Que libra o liberta.

libramiento *m* Acción y efecto de librar. ‖ Orden que se da por escrito para que uno pague.

libranza *f* Orden de pago que una persona da a otra para que liquide cierta cantidad a una tercera. ❏ LIBRANCISTA.

librar *tr* y *prnl* Sacar o preservar a uno de una dificultad, mal o peligro. • *tr* Poner confianza en una persona. ‖ Con ciertos sustantivos, dar o expedir lo que éstos significan. ‖ Eximir de una obligación. • *intr* (fam) Disfrutar los empleados de su día de descanso. ‖ Parir la mujer. ‖ Echar la placenta la mujer que está de parto.

libratorio *m* Locutorio de los conventos y cárceles.

libre *adj* Que tiene facultad para obrar o no obrar. ‖ Que no es esclavo. ‖ Que no está preso. ‖ Atrevido, irrespetuoso, referido a conducta o lenguaje. ‖ Suelto, no sujeto. ‖ Exento, privilegiado, dispensado. ‖ Soltero. ‖ Independiente. ‖ Aplicado a un espacio o lugar, no ocupado.

librea *f* Traje de uniforme con levita que llevan algunos empleados y criados.

librecambio *m* Sistema que propugna el libre comercio entre las naciones. ❏ LIBRECAMBISMO; LIBRECAMBISTA.

librepensamiento *m* Doctrina que reclama para la razón individual independencia absoluta de todo criterio sobrenatural en materia religiosa. ❏ LIBREPENSADOR, RA.

librera *f* *Guat.* y *Pan.* Librería, mueble con estantería para colocar libros.

librería *f* Biblioteca, local en que se tienen libros o conjunto de éstos. ‖ Tienda donde se venden libros. ‖ Mueble con estantes para colocar libros. ‖ *Arg.* Comercio donde se vende papel y material de escritorio.

librero, ra *m* y *f* Persona que tiene por oficio vender libros.

libreta *f* Cuaderno destinado a escribir en él anotaciones o cuentas. ‖ La que expide una caja de ahorros.

libretista *m* o *f* Autor de libretos.

libreto *m* Texto de una obra musical escénica, como ópera, zarzuela, oratorio, etcétera.

libro *m* Conjunto de hojas manuscritas o impresas, reunidas y ordenadas para la lectura. ‖ Libreto. ‖ (fig) Contribución o impuesto. ‖ (fig) Objeto que instruye.

licantropía *f* Trastorno de la personalidad que induce a un individuo a creerse convertido en lobo y a imitar los aullidos de este animal. ❏ LICÁNTROPO, PA.

licencia *f* Facultad o permiso para hacer una cosa. ‖ Permiso oficial otorgado a un particular para importar o exportar determinada cantidad de mercancías. ‖ Documento en que consta la l. ‖ Abusiva libertad en decir u obrar. ‖ Grado de licenciado.

licenciado, da *pp* de licenciar. • *adj* Díc. de la persona que se precia de entendida. ‖ Dado por libre. • *m* y *f* Persona que ha obtenido en una facultad universitaria el grado que la habilita para ejercerla.

licenciar *tr* Dar permiso o licencia. ‖ Despedir a uno. ‖ Conferir el grado de licenciado. ‖ Dar a los soldados su licencia absoluta. • *prnl* Tomar el grado de licenciado.

licenciatura f Grado de licenciado. ‖ Acto de recibirlo. ‖ Estudios necesarios para obtener este grado.

licencioso, sa adj Libre, atrevido, disoluto.

liceo m Nombre que reciben ciertas sociedades literarias o de recreo. ‖ En algunos países, instituto de enseñanza media.

licitar tr Ofrecer precio por una cosa en subasta o almoneda. ‖ Amér. Vender en pública subasta. ☐ LICITACIÓN; LICITADOR, RA.

lícito, ta adj Justo, permitido, según justicia y razón. ‖ Que es de la ley o calidad debida.

licor m Cuerpo líquido. ‖ Bebida espiritosa obtenida por destilación, maceración o mezcla de diversas sustancias, y compuesta de alcohol, agua, azúcar y esencias aromáticas variadas. ☐ LICORERÍA; LICORISTA.

licorera f Botella que se utiliza para guardar licores.

licuador, ra adj Que licúa. • adj y s Díc. del aparato que sirve para licuar frutas u otros alimentos.

licuar tr y prnl Convertir en líquido. ‖ Fundir un metal sin que se derritan las demás materias con que se encuentra combinado. ☐ LICUABLE; LICUACIÓN.

licuefacción f Fenómeno por el cual un gas pasa al estado líquido.

lid f Combate, pelea. ‖ (fig) Disputa.

líder m o f Impulsor o iniciador de una conducta social. ‖ Dirigente, jefe con la aceptación voluntaria de sus seguidores. ‖ El que encabeza la clasificación de una competición deportiva.

liderato m Condición de líder o ejercicio de sus actividades.

liderazgo m Liderato. ‖ Situación de dominio ejercido por una empresa, producto o sector económico en sus ámbitos respectivos.

lidiar intr Batallar, pelear. • tr e intr (fig) Hacer frente a uno, oponérsele. • tr Burlar al toro luchando con él y esquivando sus acometidas hasta darle muerte según determinadas reglas. ☐ LIDIA; LIDIADOR, RA.

liebre f Mamífero con largas patas, adaptadas a la carrera y al salto, y con orejas también largas. ‖ (fig, fam) Hombre tímido y cobarde.

lienzo m Tela de lino, cáñamo o algodón ‖ Tela preparada para pintar sobre ella ‖ Pintura hecha sobre lienzo. ‖ Amér. Trozo de cerca.

liga[1] f Cinta o banda de tejido elástico con que se aseguran las medias. ‖ Aleación. Confederación, alianza entre estados ‖ Competición en que cada uno de los equipos ha de jugar con todos los demás de su categoría.

liga[2] f Muérdago, planta.

ligadura f Vuelta que se da apretando una cosa con liga[1] u otra atadura. ‖ Acción y efecto de ligar o unir. ‖ (fig) Sujeción con que una cosa está unida a otra. ‖ Operación por la que se suspende la circulación de un vaso sanguíneo mediante un hilo.

ligamento m Acción de ligar. ‖ Cordón fibroso que liga los huesos de las articulaciones. ‖ Pliegue membranoso que enlaza un órgano del cuerpo de un animal. ☐ LIGAMENTOSO, SA.

ligar tr Atar. ‖ Alear metales. ‖ Unir o enlazar. • tr y prnl (fig) Obligar, mover, impulsar a cumplir algo. ‖ Ganar la voluntad de uno mediante dádivas. • intr (fig, fam) Entablar relaciones amorosas pasajeras • prnl Confederarse, unirse para algún fin. ☐ LIGACIÓN.

ligazón f Unión, trabazón, enlace de una cosa con otra.

ligerear intr Chile. Andar deprisa o despachar algo con ligereza.

ligereza f Presteza, agilidad. ‖ (fig) Inconstancia, volubilidad. ‖ (fig) Hecho o dicho de alguna importancia, pero inflexivo.

ligero, ra adj Que pesa poco. ‖ Ágil, veloz. ‖ Leve, de poca importancia y consideración. ‖ (fig) Hablando de alimentos que se digieren fácilmente. ‖ Díc. de las categorías de boxeo.

lignario, ria adj De madera o perteneciente a ella.

lignificar tr Dar contextura de madera • prnl En el proceso de desarrollo de u chas plantas, pasar de la consistencia herbácea a la leñosa. ❑ LIGNIFICACIÓN.

lignito *m* Carbón mineral fósil de mediana calidad.

ligón[1] *m* Legón, especie de azada.

ligón[2], **na** *adj y s* (fam) Que liga o flirtea mucho.

liguano, na *adj Chile.* Aplícase a una raza de carneros de lana gruesa y larga.

ligue *m* (fam) Relación amorosa pasajera. ‖ (fam) Persona con la que se mantiene esta relación.

liguero, ra *adj* Perteneciente a la liga deportiva. • *m* Especie de cinturón o faja estrecha a la que se sujeta el extremo superior de las ligas de las mujeres.

lija *f* Pez marino de piel rasposa y cabeza roma. ‖ Piel seca de este pez o de otro, que se emplea para limpiar y pulir metales y maderas. ‖ Papel de lija, papel con polvos o arenillas de vidrio que sirve para pulir madera o metales.

lijar *tr* Alisar y pulir una cosa con lija.

lila *f* Arbusto de hojas acorazonadas y flores pequeñas, de color morado y aromáticas. ‖ Flor de este arbusto. • *m* Color morado claro.

lilaila *f* Vocerío de los moros.

lile *adj y s Chile.* Débil, de poco ánimo.

liliputiense *adj y s* fig. Díc. de la persona extremadamente pequeña y endeble.

liliquear *intr Chile.* Tiritar.

lima[1] *f* Fruto del limero. ‖ Limero, árbol.

lima[2] *f* Herramienta de acero templado que se utiliza para desgastar y alisar materiales duros. ‖ Cualquier instrumento semejante que sirve para pulir. ‖ Acción de limar.

limaco *m* Limaza, babosa.

limador, ra *adj* Que lima o que sirve para limar. • *adj y s* Díc. del operario cuyo oficio es limar.

limar *tr* Cortar o alisar los metales, la madera, etc., con la lima[2]. ‖ (fig) Pulir una obra. ‖ (fig) Cercenar alguna cosa material o inmaterial. ❑ LIMADURA.

limbo *m* Lugar adonde, según la doctrina cristiana, van las almas de los que, antes del uso de la razón, mueren sin el bautismo.

limen *m* poét. Umbral. ‖ Paso primero o entrada al conocimiento de una materia.

limero, ra *m y f* Persona que vende limas[2]. • *m* Árbol de tronco liso y ramoso, y flores blanquecinas y olorosas, cuyo fruto es la lima[1].

limícola *adj y s* Díc. de los organismos que viven en el limo, barro o lodo. • *f pl* Díc. de las aves que frecuentan los lugares encharcados o fangosos.

liminar *adj* Relativo al umbral. ‖ (fig) Que sirve de prólogo o proemio, preliminar.

limitado, da *pp* de limitar. • *adj* Díc. del que tiene corto entendimiento. • *pl* Pocos.

limitar *tr* Poner límites a una acción o a una cosa, como un terreno. ‖ (fig) Poner límites a la jurisdicción de una autoridad o a los derechos de una persona. • *tr y prnl* (fig) Acortar, restringir. • *intr* Lindar, estar contiguos dos terrenos. • *prnl* (fig) Ajustarse alguien a algo en sus acciones. ❑ LIMITABLE; LIMITACIÓN; LIMITADOR, RA.

limitativo, va *adj* Que limita, cercena o reduce. ‖ Díc. de los derechos reales que cercenan el dominio pleno, como el censo o la servidumbre.

límite *m* Término, confín, lindero entre dos entidades políticas o administrativas. ‖ Línea, punto o momento que señala la separación entre dos cosas, materiales o inmateriales. ‖ (fig) Fin, término. ‖ Valor al que tiende una función o una sucesión.

limítrofe *adj* Confinante, aledaño, vecino.

limo *m* Lodo o légamo. ❑ LIMOSO, SA.

limón *m* Fruto del limonero, de color amarillo y pulpa ácida comestible. ‖ Limonero, árbol.

limonero, ra *m y f* Persona que vende limones. • *m* Planta con hojas oblongas, flores fragantes y frutos en hesperidio (limones) comestibles y ricos en vitamina C y ácido cítrico.

limosna *f* Lo que se da para socorrer una necesidad.

limosnear *intr* Pordiosear, mendigar.

limosnero, ra *adj* Caritativo; que da limosna con frecuencia. • *m y f Amér.* Mendigo, pordiosero.

limpiabotas o **limpia** *m* El que por oficio limpia y lustra botas y zapatos.

limpiadera f Cepillo de carpintero. ‖ Aguijada para limpiar el arado.

limpiaparabrisas m Mecanismo que se adapta a la parte exterior del parabrisas y que aparta la lluvia o la nieve que cae sobre aquél.

limpiar tr y prnl Quitar la suciedad de una cosa. • tr Quitar las escamas y espinas del pescado, o las vainas y hojas secas de las legumbres y hortalizas. ‖ (fig) Purificar. ‖ (fig) Podar. ‖ Méx. Castigar, azotar. ‖ Arg. Matar. ❏ LIMPIADA; LIMPIADURA.

límpido, da adj Limpio, puro, sin mancha.

limpieza f Cualidad de limpio. ‖ Acción y efecto de limpiar o limpiarse. ‖ (fig) Pureza, castidad. ‖ (fig) Integridad, honradez.

limpio, pia adj Que no tiene mancha o suciedad. ‖ Que no tiene mezcla de otra cosa. ‖ Aseado y pulcro. ‖ (fig, fam) Con referencia a una contienda, díc. de golpes, disparos, etc., que se han cambiado entre los adversarios sin hacer uso de otros medios. • adv modo Limpiamente.

limusina f Automóvil gralte. lujoso, de cuatro puertas y a veces con un cristal de separación entre el asiento delantero y el espacio reservado a los pasajeros, donde puede haber asientos suplementarios plegables.

linaje m Ascendencia o descendencia de cualquier familia. ‖ (fig) Clase o condición de una cosa. • pl Personas nobles.

lince m Mamífero carnívoro muy parecido al gato montés. ‖ El que tiene vista aguda. ‖ (fig) Persona aguda, sagaz.

lincear tr (fig, fam) Descubrir o notar lo que difícilmente puede verse.

linchar tr Castigar, usualmente con la muerte, sin proceso y tumultuariamente, a un sospechoso. ❏ LINCHAMIENTO.

lindar intr Estar contiguos dos territorios, terrenos o fincas. ‖ (fig) Estar algo muy próximo a lo que se expresa.

linde amb Límite, término o línea que separa o divide.

lindero, ra adj Que linda con una cosa. • f Linde, o conjunto de los lindes de un terreno.

lindeza f Cualidad de lindo. ‖ Hecho o dicho gracioso. • pl Insultos o improperios

lindo, da adj Hermoso, agradable a la vista.

línea f Conjunto de puntos que resulta de la intersección de dos superficies. ‖ Ray en un cuerpo cualquiera. ‖ Sucesión d palabras o caracteres escritos o impresos, renglón. ‖ Vía terrestre, marítim o aérea. ‖ Servicio regular de vehículo que recorren un itinerario determinado ‖ (fig) Hablando de persona, figura esbelta y armoniosa. ‖ (fig) Conducta comportamiento. ‖ (fig) Dirección, tendencia, orientación o estilo de un artist o de un arte.

lineal adj Perteneciente a la línea. ‖ Aplí case al dibujo que se representa por me dio de líneas solamente. ❏ LINEALIDAD.

linear adj Lineal.

linfa f Nombre común de algunos líquido orgánicos de los seres vivos. ‖ Pus d cierta viruela de las vacas y virus con venientemente preparado para inocula ciones; vacuna. ‖ Agua. ❏ LINFOIDE.

linfático, ca adj y s Que lleva o abund en linfa. • adj Perteneciente o relativo este líquido.

linfocito m Leucocito de pequeño tamañ

lingote m Bloque metálico sólido qu resulta de las fundiciones de hierro acero, plata, oro, platino o aleaciones obtenidos por diferentes procedimien tos. ‖ Cada una de las barras de hierr que sirven para balancear la estiba e los buques.

lingotera f Molde en el que se vacía e metal líquido para obtener lingotes.

lingual adj Perteneciente a la lengua. adj Díc. de los fonemas en cuya articu lación interviene la lengua principal mente.

lingüística f Ciencia que se ocupa de l descripción y explicación de los hecho del lenguaje. ❏ LINGÜISTA; LINGÜÍSTI CO, CA.

linimento o **linimiento** m Preparado far macéutico a base de aceites y bálsamos.

lino m Planta herbácea de hojas muy finas flores de diversos colores y fruto en cáp sula. ‖ Materia textil que se saca de los ta llos de las plantas del lino. || Tela hecha de lino. || (fig) Vela de la nave. || *Arg*. Linaza. ❒ LINERO, RA.

linotipia *f* Máquina de componer de la cual sale la línea en una sola pieza. ❒ LINOTIPISTA.

lintel *m* Dintel de puertas y ventanas.

linterna *f* Farol fácil de llevar en la mano. || Lamparilla portátil que funciona con pilas. || Torrecilla con ventanales que remata torres, tejados o cúpulas. || Faro de las costas.

linternón *m* Farol de popa.

lío *m* Ropa u otras cosas atadas. || (fig, fam) Embrollo. || (fig, fam) Barullo, gresca, desorden. || Relaciones sexuales habituales con una persona, fuera del matrimonio.

liofilizar *tr* Separar el agua de una sustancia, o de una disolución, mediante congelación y posterior sublimación a presión reducida del hielo formado, para dar lugar a un material esponjoso que se disuelve posteriormente con facilidad. ❒ LIOFILIZACIÓN.

lioso, sa *adj* (fam) Embrollador. || Que trata de indisponer a unas personas con otras. || Díc. de las cosas cuando están embrolladas.

lipa *f* (fam) *Ven*. Barriga.

lipegüe *m Amér. Centr*. Alipego, lo que se da por añadidura.

lipidia *f Cuba* y *Méx*. Impertinencia, majadería. || *Cuba*. Obstinación. || *Chile*. Indigestión.

lípido *m* Cualquiera de los compuestos orgánicos que funcionan gralte. a modo de sustancias energéticas de reserva.

lipoideo, a *adj* Díc. de toda sustancia que tiene aspecto de grasa.

lipotimia *f* Pérdida súbita y pasajera del conocimiento por déficit de la irrigación cerebral.

iquen *m* Planta constituida por la asociación simbiótica de una especie de hongos y otra de algas.

iquidación *f* Acción y efecto de liquidar o liquidarse. || Venta al por menor, con gran rebaja de precios.

iquidar *tr* y *prnl* Hacer líquida una cosa sólida o gaseosa. || (fig) Poner término a

una cosa o a un estado de cosas. || Vender con rebaja una o más mercancías hasta agotar las existencias. || (fig, fam) Desembarazarse de alguien, matándolo. ❒ LIQUIDABLE; LIQUIDADOR, RA.

liquidez *f* Cualidad de líquido. || Grado de convertibilidad en dinero de cualquier elemento patrimonial.

líquido, da *adj* y *m* Díc. de un estado de la materia caracterizado por tener volumen propio, adaptarse a la forma de la vasija que la contiene, poder fluir y pasar al estado de vapor a cualquier temperatura. • *adj* y *f* Díc. de la consonante que, precedida de una muda y seguida de una vocal, forma sílaba con ellas.

liquilique *m Col*. y *Ven*. Blusa de tela de algodón, más o menos basta, que se abrocha desde el cuello.

liquiriche *adj Bol*. Enclenque, raquítico.

lira[1] *f Ant*. instrumento de cuerda compuesto de caja de resonancia y un número variable de cuerdas.

lira[2] Unidad monetaria de Italia.

lírico, ca *adj* Perteneciente a la lira[1] o a la poesía propia para el canto. || Aplícase al gén. de poesía en que el poeta canta sus propios afectos e ideas. || Díc. de las obras musicales y cantables que se adaptan a la acción teatral de un libreto, como la ópera, la opereta y la zarzuela.

lirio *m* Planta herbácea, gralte. provista de rizoma, con flores en racimos y fruto en cápsula.

lirismo *m* Cualidad de lírico, inspiración lírica.

lirón[1] *m* Mamífero roedor del tamaño de una ardilla que vive en los bosques de Asia y Europa. || (fig) Persona dormilona.

lirón[2] *m* Almez, árbol. || Fruto del almez.

lis *f* Lirio. || Forma de esta flor.

lisa *f* Pez marino de cuerpo grueso y grandes escamas.

lisiar *tr* y *prnl* Producir lesión en alguna parte del cuerpo. ❒ LISIADO, DA.

lisis *f* Remisión gradual y favorable de una enfermedad.

liso, sa *adj* Igual, sin aspereza; sin adornos. || Díc. de las telas sin labrar ni adornar, y de las de un solo color. || *Amér*. Desvergonzado.

lisonja f Alabanza o atención que se dedica a una persona, a veces interesadamente.

lisonjear tr Adular. • tr y prnl Dar motivo de envanecimiento. ‖ (fig) Deleitar, agradar.

lisonjero, ra o **lisonjeador, ra** adj y s Que lisonjea. • adj (fig) Que agrada y deleita.

lista f Tira de tela, papel, etc. ‖ Catálogo, relación ordenada de personas, datos, cosas, etc.

listado, da o **listeado, da** pp de listar. • adj Que forma o tiene listas.

listar tr Alistar[1], sentar o escribir en lista.

listeza f Cualidad de listo; prontitud, sagacidad, habilidad.

listín m Lista pequeña o extractada de otra más extensa.

listo, ta adj Diligente, hábil, mañoso. ‖ Inteligente. ‖ Dispuesto, preparado. • adj y s Sagaz, avisado.

listón m Barra colocada horizontalmente sobre dos soportes para marcar la altura que se ha de saltar en las pruebas atléticas de salto de altura.

listonar tr Hacer un entablado de listones.

lisura f Igualdad y tersura de la superficie de una cosa. ‖ (fig) Ingenuidad, sinceridad.

litera f Vehículo sin ruedas y con dos varas laterales, que es llevado por hombres o caballerías. ‖ Cada una de las camas que se colocan una encima de otra.

literal adj Conforme a la letra del texto, o al sentido exacto y propio. ‖ Que reproduce fielmente lo que se ha dicho o escrito. ❏ LITERALIDAD.

literato, ta adj y s Aplícase a la persona entendida en literatura. • m y f Escritor, persona que escribe por profesión.

literatura f Arte que emplea como instrumento la palabra. ‖ Estudio o tratado que versa sobre este arte. ❏ LITERARIO, RIA.

lítico, ca adj Perteneciente o relativo a la piedra.

litigar tr Pleitear, disputar en juicio. • intr (fig) Disputar o reñir. ❏ LITIGACIÓN; LITIGANTE.

litigio m Pleito, altercado en juicio. ‖ (fig) Disputa.

litigioso, sa adj Díc. de lo que está en pleito y de lo que está en duda y se disputa. ‖ Propenso a entablar pleitos y litigios.

litio m Metal alcalino, de color plateado y el más ligero de todos los metales.

litófago, ga adj Aplícase a los moluscos que perforan las rocas y hacen en ellas su habitación.

litografía f Procedimiento para dibujar o grabar en piedra preparada al efecto escritos, dibujos y grabados, mediante impresión de lo dibujado o grabado. ‖ Cada una de las láminas obtenidas por este procedimiento. ❏ LITOGRÁFICO, CA; LITÓGRAFO, FA.

litografiar tr Imprimir mediante los procedimientos de la litografía.

litología f Parte de la geología que trata las rocas sedimentarias. ❏ LITÓLOGO, GA.

litoral adj Perteneciente a la orilla o costa del mar. • m Costa de un país o territorio. ‖ Arg., Par. y Ur. Orilla o franja de tierra al lado de los ríos.

litosfera f Capa superficial rocosa de la Tierra, a la que corrientemente se denomina corteza terrestre.

lítotes o **litotes** f Atenuación, figura que consiste en no expresar todo lo que se quiere dar a entender, dejando que quien escucha se dé cuenta de la intención del hablante.

litre m Chile. Árbol de frutos pequeños y dulces, de los cuales se hace chicha.

litro m Unidad métrica de capacidad que sirve indistintamente para líquidos y áridos, y que representa el volumen que ocupa 1 kg de agua.

lituano, na adj y s Natural de Lituania. • m Lengua báltica hablada en Lituania.

liturgia f Conjunto de ritos que acompañan a la celebración de una ceremonia religiosa. ❏ LITÚRGICO, CA; LITURGISTA.

liudar intr Amér. Echar levadura a la masa del pan, leudar.

liudo, da adj Amér. Flojo, laxo. ‖ Leudo; díc. de la masa de pan fermentada con levadura.

liviandad f Cualidad de liviano.

liviano, na adj Ligero, de poco peso. ‖ (fig) Fácil, inconstante, que muda con facilidad de ideología.

ívido, da adj Amoratado, que tira a morado. ‖ Aplicado a personas, muy pálido. ⬜ LIVIDEZ.

iza Terreno dispuesto para la lucha. ‖ Combate.

izo m Hilo fuerte que sirve de urdimbre para ciertos tejidos. Se usa más en plural.

laga f Úlcera de las personas y animales.

lagar tr Hacer o causar llagas.

lama[1] f Fenómeno luminoso. ‖ (fig) Sentimiento muy vivo y ardiente.

lama[2] f Mamífero propio de Sudamérica, domesticable, del cual los nativos aprovechan su capacidad de carga, su carne y su lana. ‖ *Ecuad.* Oveja.

lamada f Acción y efecto de llamar. ‖ Palabra, voz, sonido, etc., con que se llama. ‖ Comunicación telefónica.

lamar tr Dar voces a uno o hacer ademanes para que venga o para advertirle alguna cosa. ‖ Convocar. ‖ Designar con una palabra. ‖ Hacer sonar un timbre. ‖ Utilizar el teléfono. • *prnl* Nombrarse, tener tal o cual nombre o apellido.

lamarada f Llama que se levanta del fuego y se apaga pronto. ‖ Encendimiento repentino y momentáneo del rostro.

lamativo, va adj (fig) Aplícase a lo que llama la atención exageradamente.

lamear intr Escupir llamas. ⬜ LLAMEANTE.

lanero, ra m y f Habitante de las llanuras.

lano, na adj Igual y extendido, sin altos ni bajos. ‖ Liso o plano. ‖ (fig) Díc. del estilo sincero y carente de adornos. ‖ (fig) Claro, evidente. ‖ (fig) Aplicado a las palabras, grave, con el acento prosódico en la penúltima sílaba.

lanta f Cerco metálico de las ruedas de automóviles, bicicletas, etc., en el que van encajados los neumáticos.

lanto m Efusión de lágrimas acompañada frecuentemente de lamentos y sollozos. ‖ *Cuba.* Canto melancólico popular.

lanura f Terreno uniforme y dilatado.

lave f Instrumento metálico con guardas que se acomodan a las de una cerradura y que sirve para poder abrirla o cerrarla. ‖ Herramienta que se utiliza para apretar o aflojar tuercas. ‖ Instrumento que sirve para facilitar o impedir el paso de un fluido por un conducto. ‖ Instrumento de metal que sirve para dar cuerda a los relojes. ‖ Cuña con la cual se asegura la unión de dos piezas de madera o de hierro. ‖ (fig) Medio para descubrir lo oculto o secreto, clave. ‖ Clave de pentagrama.

llavear tr *Par.* Cerrar con llave.

llavero, ra m y f Persona que tiene a su cargo la custodia de las llaves de una iglesia, cárcel, etc. • m Anillo o cadenita en que se guardan las llaves.

llegar intr Alcanzar el fin o término de un desplazamiento. ‖ Tocar, alcanzar una cosa. ‖ Venir el tiempo de ser o hacerse una cosa. ‖ En las carreras atléticas, alcanzar la línea de meta. ⬜ LLEGADA.

llenar tr y *prnl* Ocupar por completo con alguna cosa un espacio vacío. • tr Ocupar enteramente las personas un recinto. ‖ (fig) Parecer bien, satisfacer una cosa. ‖ (fig) Fecundar el macho a la hembra. ‖ (fig) Colmar abundantemente. • *prnl* (fam) Hartarse de comida.

lleno, na adj Ocupado completamente por otra cosa. ‖ Dicho de personas, gordo. ‖ Que tiene abundancia de algo. • m Gran concurrencia en un espectáculo.

llevadero, ra adj Fácil de sufrir, tolerable.

llevar tr Transportar una cosa de una parte a otra. ‖ Guiar, dirigir. ‖ Tener, estar provisto de alguna cosa. ‖ Traer puesto el vestido, la ropa, etc., o en los bolsillos dinero, papeles u otra cosa. ‖ Lograr, conseguir. ‖ Tratándose del caballo o de un vehículo, manejarlo. ‖ Tener en arrendamiento una finca. ‖ Encargarse, correr con algo. • *prnl* Quitar una cosa a alguien con violencia o furia. ‖ Estar de moda. ⬜ LLEVA; LLEVADA; LLEVADOR, RA.

llorar tr e intr Derramar lágrimas. ‖ (fig) Caer el licor gota a gota o destilar. • intr Fluir un humor por los ojos. • tr (fig) Sentir vivamente una cosa. ⬜ LLORADOR, RA; LLORO; LLOROSO, A.

llorica m o f (fam) Persona que llora con frecuencia y por cualquier motivo.

lloriquear intr Llorar débil y monótonamente. ⬜ LLORIQUEO.

llorón, na adj Perteneciente o relativo al llanto. • f Plañidera. • m y f Penacho de plumas largas, flexibles y colgantes como las ramas de un sauce llorón.

llover intr y tr Caer agua de las nubes. ‖ (fig) Caer sobre uno con abundancia una cosa.

llovizar intr impers Caer de las nubes gotas menudas. ☐ LLOVIZNA.

lluvia f Acción de llover. ‖ Agua que cae de la atmósfera. ‖ (fig) Afluencia de muchas cosas al mismo tiempo o seguidas. ‖ Chile. Ducha, aparato, agua y acción de ducharse.

lluvioso, sa adj Aplícase al tiempo o al país en que son frecuentes las lluvias.

lo art determinado, en gén. neutro. ‖ Acusativo del pron pers de 3ª pers., en gén. masculino o neutro y núm. singular.

loa f Acción y efecto de loar. ‖ En el teatro clásico, prólogo, discurso con que solía darse principio a la función. ‖ Poema dramático de breve extensión en que se celebra a una persona o un acontecimiento fausto.

loable adj Digno de alabanza.

loar tr Alabar. ☐ LOADOR, RA.

loba¹ f Hembra del lobo. ‖ Lomo no removido por el arado, entre surco y surco.

loba² f Sotana, vestidura de eclesiásticos.

lobear intr Arg. Cazar lobos marinos.

lobero, ra adj Perteneciente o relativo a los lobos. • m Cazador de lobos.

lobezno m Lobo pequeño.

lobina f Róbalo.

lobinio m Perro salvaje americano del tamaño de un zorro, que vive en América del Sur.

lobo¹, **ba** m Mamífero carnívoro de pelaje pardo, a veces algo rojizo; caza y vive agrupado en manadas que mantienen una jerarquía social bastante estricta. ☐ LOBUNO, NA.

lobo², **ba** adj y s Méx. Hijo de negro e india, o al contrario; zambo. • adj Chile. Arisco, huraño.

lóbrego, ga adj Oscuro, tenebroso. ‖ (fig) Triste.

lobreguez f Oscuridad.

lobulado, da adj De figura de lóbulo. ‖ Que tiene lóbulos.

lóbulo m Cada una de las partes, a maner[a] de ondas, que sobresalen en el borde d[e] una cosa.

local adj Perteneciente al lugar. ‖ Munic[i]pal o provincial, por oposición a gener[al] o nacional. • m Sitio o lugar cerrado [y] cubierto.

localidad f Lugar o población. ‖ Local, s[i]tio. ‖ Plaza o asiento en los locales des[]tinados a espectáculos públicos.

localismo m Cualidad de local. ‖ Preferen[]cia por una determinada pob. o comarca.

localista adj Relativo al localismo. • a[dj] y s Díc. del escritor que cultiva temas l[o]cales.

localizar tr y prnl Fijar, encerrar en lím[i]tes determinados. ‖ Determinar el lug[ar] en que se halla una persona o cosa. ☐ L[O]CALIZACIÓN; LOCALIZADOR, RA.

locatario, ria m y f Arrendatario, perso[na] que toma en arriendo.

locativo adj y m Díc. del caso de la dec[li]nación que expresa la relación de lug[ar] algo sucede y análogamente el tiemp[o] o algo sucede.

locería f Amér. Alfarería.

loción f Producto para la limpieza del ca[]bello o el aseo corporal.

loco¹ m Chile. Molusco de carne sabros[a] pero dura, que se come guisado.

loco², **ca** adj y s Que ha perdido la razó[n] ‖ Imprudente, arriesgado. ‖ Díc. de la brú[]jula cuando por causas accidentales pier[de] de la propiedad de señalar el norte mag[]nético.

locomoción f Traslación de un punto [a] otro.

locomotor, ra adj Propio para la locomo[]ción. • f Máquina motriz que arrastra lo[s] vagones de un tren a lo largo de raíle[s] o guías para la levitación magnética.

locro m Amér. Guisado de carne, patata[s] o maíz y otros ingredientes.

locuaz adj Que habla mucho o demasia[]do. ☐ LOCUACIDAD.

locución f Modo de hablar. ‖ Conjunt[o] habitual de palabras que tienen unidad d[e] significado. ‖ Frase.

locura f Privación del juicio o del uso d[e] la razón. ‖ Acción imprudente o insen[]sata.

locutor, ra *m* y *f* Persona que habla ante el micrófono o las estaciones de radio o televisión para dar avisos, noticias, programas, etc.

locutorio *m* Departamento que se destina en los conventos y en las cárceles para que los visitantes puedan hablar con las monjas o los presos. ‖ Cabina individual de teléfono público. ‖ Local adecuado para realizar una audición transmitida por radio.

lodazal o **lodazar** *m* Sitio o paraje lleno de lodo.

lodo *m* Barro que forma el agua de las lluvias al mezclarse con la tierra.

lodoso, sa *adj* Lleno de lodo.

lodra *f* Nutria.

logaritmo *m* Exponente al que es necesario elevar una cantidad positiva para que resulte un número determinado. ◻ LOGARITMACIÓN; LOGARÍTMICO, CA.

lógica *f* Ciencia formal que tiene por objeto el estudio de las leyes, los modos y las formas del conocimiento científico. ‖ Razonamiento, método. ◻ LOGICAL; LÓGICO, CA.

logística *f* Técnica que estudia los métodos de transporte y avituallamiento de las tropas en campaña. ‖ Aprovisionamiento. ‖ Lógica que emplea el método y el simbolismo de las matemáticas. ◻ LOGÍSTICO, CA.

logomaquia *f* Discusión o disputa basada en un desacuerdo puramente verbal.

logopedia *f* Técnica terapéutica que trata de corregir las deficiencias y trastornos del lenguaje. ◻ LOGOPEDA.

logotipo *m* Distintivo característico que, mediante letras, abreviaturas, símbolos, etcétera, singulariza una marca, un nombre de empresa o un producto.

logrado, da *pp* de lograr. • *adj* Bien hecho o que ha salido bien.

lograr *tr* Conseguir o alcanzar lo que se intenta o desea. • *prnl* Llegar a su perfección una cosa.

logrero, ra *m* y *f* Persona que presta dinero con interés muy alto. • *m* *Amér.* Persona que procura lucrarse por cualquier medio.

logro *m* Acción y efecto de lograr.

loica *f* Pájaro algo mayor que el estornino, que vive en la zona del sur de Chile y Argentina.

loma o **lomada** *f* Elevación del terreno, suave y prolongada. ◻ LOMAJE.

lombriz *f* Gusano segmentado que vive en la capa superficial del suelo, donde excava galerías y se alimenta de la materia orgánica contenida en la tierra.

lomillo *m* Labor de costura o bordado hecha con dos puntadas cruzadas. ‖ *Amér.* Bastos del apero. • *pl* Aparejo de las caballerías de carga.

lomo *m* Parte inferior y central de la espalda. ‖ En los cuadrúpedos, todo el espinazo. ‖ Cada una de las dos piezas de la carne de cerdo o de vacuno sit. junto al espinazo o bajo las costillas. ‖ Parte del libro opuesta al corte de las hojas en la cual se pone el rótulo. ‖ En los instrumentos cortantes, parte opuesta al filo. • *pl* Las costillas.

lona *f* Tela fuerte de algodón o cáñamo, para velas, toldos y otros usos.

lonco *m* *Chile.* Cuello o pescuezo.

longaniza *f* Pedazo de tripa angosta rellena de carne de cerdo picada y adobada.

longevo, va *adj* Muy anciano o de larga edad. ◻ LONGEVIDAD.

longitud *f* La mayor de las dos dimensiones prales. que tienen las cosas o figuras planas. ‖ Dimensión que expresa el valor de una distancia. ‖ Distancia de un lugar respecto al primer meridiano, calculada en grados sobre el ecuador.

longitudinal *adj* Perteneciente a la longitud. ‖ Hecho o colocado en el sentido o dirección de la longitud.

longo, ga *m* y *f* *Ecuad.* Indio joven.

lonja[1] *f* Cosa larga, ancha y poco gruesa, que se corta o separa de otra.

lonja[2] *f* Edificio público donde se juntan mercaderes y comerciantes para sus tratos y comercios. ‖ Tienda donde se vendía cacao, azúcar y otros géneros ultramarinos.

lonjear *tr* *Arg.* Rapar el pelo a un cuero para convertirlo en lonja[1]. ‖ (fam) *Arg.* Azotar.

lontananza *f* Fondo de un cuadro, sección más alejada del plano principal.

loquería *f Amér.* Manicomio.

loquero, ra *m* y *f* Persona empleada de un manicomio. • *m (fam) Amér.* Locura.

loquincho, cha *adj* (fam) *Arg.* Medio loco.

lora *f Amér.* Loro o papagayo. || *Chile.* Hembra del loro. || *Ven.* Úlcera o llaga. || (fig, fam) *Amér.* Mujer charlatana.

loro *m* Ave de plumaje multicolor, en el que predomina el verde, que se mantiene en cautividad por su belleza y su habilidad para imitar la voz humana. || (fig, fam) Persona que habla mucho. || (fig, fam) Persona muy fea y vieja. || *Chile.* Individuo enviado con disimulo para averiguar una cosa. || *Chile.* Orinal de enfermo.

los Forma del *art det* en gén. m y núm. pl.

losa *f* Piedra llana y de poco grueso, casi siempre labrada, que sirve para solar y otros usos. || (fig) Sepulcro de cadáver.

losado, da *pp* de losar. • *m* Suelo cubierto de losas, enlosado.

losar *tr* Enlosar.

lote *m* Cada una de las partes en que se divide un todo que se ha de distribuir entre varias personas. || Cada una de las parcelas en que se divide un terreno destinado a la edificación. || Conjunto de objetos que se venden juntos.

lotear *tr* Dividir en lotes un terreno. ☐ LOTEO.

lotería *f* Juego público en que se premian con diversas cantidades varios billetes sacados a la suerte entre un gran número de ellos que se ponen en venta. || Casa en que se despachan los billetes de lotería. || (fig) Cosa incierta o azarosa.

loto *m* Planta herbácea acuática con hojas redondeadas, cóncavas, flores grandes y fragantes de color blanco y semillas comestibles. ☐ LOTIFORME.

loza *f* Barro fino, cocido y barnizado, de que están hechos los platos, tazas, jícaras, etcétera.

lozanear *intr* y *prnl* Ostentar lozanía. • *intr* Obrar con ella.

lozanía *f* Aspecto de verdor y frondosidad en las plantas. ☐ LOZANO, NA.

lubina *f* Róbalo, pez marino de carne muy apreciada.

lubricar *tr* Hacer lúbrica o resbaladiza una cosa. ☐ LUBRICACIÓN; LUBRICADOR, RA; LUBRICANTE; LUBRICATIVO, VA.

lúbrico, ca *adj* Resbaladizo. || (fig) Propenso a la lujuria. || (fig) Lascivo, lujurioso. ☐ LUBRICIDAD.

lubrificar *tr* Lubricar. ☐ LUBRIFICANTE.

lucerna *f* Araña grande para alumbrar. || Abertura alta de una habitación que da ventilación y luz. || Milano, pez marino.

lucero *m* El planeta Venus, al que comúnmente llaman la estrella de Venus. || Cualquier astro de los que aparecen más grandes y brillantes. || Postigo o cuarterón de las ventanas, por donde entra la luz. || (fig) Lustre, esplendor.

lucha *f* Combate, lid, disputa. || Pelea cuerpo a cuerpo entre dos o más contendientes. || Conjunto de técnicas para combatir las plagas.

luchador, ra *m* y *f* Persona que lucha. || El que se dedica profesionalmente a algún deporte de lucha.

luchar *intr* Contender dos personas a brazo partido. || Pelear, combatir. || (fig) Disputar, bregar, abrirse paso en la vida.

luche *m* Chile.* Alga marina comestible.

lucidez *f* Calidad de lúcido.

lucido, da *pp* de lucir. • *adj* Que hace o desempeña las cosas con gracia, liberalidad y esplendor. || Bien ejecutado, brillante.

lúcido, da Claro en el razonamiento, en el estilo, etcétera. ☐ LUCIDEZ.

luciérnaga *f* Insecto coleóptero, también llamado gusano de luz, de color blanco verdoso fosforecente.

lucifer *npm* En la tradición judeocristiana, nombre propio del príncipe de los ángeles rebeldes. • *m* (fig) Hombre soberbio, encolerizado y maligno. ☐ LUCIFERINO, NA.

lucífero, ra *adj* Resplandeciente, luminoso, que da luz. • *m* El lucero de la mañana.

lucio *m* Pez de agua dulce que vive en la zona septentrional de Eurasia; es un voraz depredador.

lucir *intr* Brillar, resplandecer. || Iluminar, comunicar luz y claridad. || *Amér.* Tener un buen aspecto exterior. • *intr* y *prn* (fig) Sobresalir, aventajar. • *prnl* Vestirse y adornarse con esmero. ❏ LUCIDOR, RA; LUCIMIENTO.

lucrar *tr* Lograr lo que se desea. • *prnl* Sacar provecho de un negocio o encargo.

lucrativo, va *adj* Que produce utilidad y ganancia.

lucro *m* Ganancia o provecho que se saca de una cosa. ❏ LUCROSO, SA.

luctuoso, sa *adj* Causante de tristeza o dolor.

lucubración *f* Acción y efecto de lucubrar. ‖ Obra o producto de la meditación o el estudio.

lucubrar *tr* Trabajar velando y con aplicación en obras de ingenio.

lúdico, ca o **lúdrico, ca** *adj* Perteneciente o relativo al juego.

ludir *tr* Frotar, restregar una cosa con otra. ❏ LUDIMIENTO.

lúe o **lúes** *f* Sífilis. ❏ LUÉTICO, CA.

luego *adv tiempo* Prontamente, sin dilación. ‖ Después de este tiempo o momento. • *conj ilativa* Denota la deducción o consecuencia inferida de un antecedente.

lugar *m* Espacio ocupado o que puede ser ocupado por un cuerpo cualquiera. ‖ Sitio o paraje. ‖ Ciudad, villa o aldea. ‖ Puesto, empleo, dignidad, oficio o ministerio.

lugareño, ña *adj y s* Natural de un lugar o población pequeña.

lugarteniente *m* El que goza de autoridad y poder para sustituir a otro en un cargo. ❏ LUGARTENENCIA.

lugre *m* Embarcación pequeña, con tres palos, velas al tercio y gavias volantes.

lúgubre *adj* Fúnebre, sombrío.

lujación *f* Luxación, dislocación de un hueso.

lujar *tr* Bruñir, alisar, especialmente la suela del calzado y sus bordes. ‖ *Amér.* Dar lustre al calzado.

lujo *m* Ostentación de riqueza, suntuosidad. ‖ Lo que resulta demasiado costoso en dinero, tiempo, etcétera. ‖ Abundancia de algo que resulta excesivo. ❏ LUJOSO, SA.

lujuria *f* Deseo sexual vicioso. ‖ Exceso o demasía en algunas cosas. ❏ LUJURIOSO, SA.

lujuriante *pa* de lujuriar. • *adj* Muy lozano, vicioso, exuberante.

lujuriar *intr* Abusar de los placeres sexuales. ‖ Aparearse los animales.

lulo *m Chile.* Envoltorio, lío o paquete, no grande y de forma cilíndrica. ‖ *Chile.* Rizo del pelo en la frente.

lumbago *m* Proceso doloroso en la musculatura lumbar.

lumbar *adj* Perteneciente a los lomos y caderas.

lumbral *m* Escalón de la puerta de entrada de una casa.

lumbre *f* Materia combustible encendida. ‖ Fuego encendido para guisar o calentarse. ‖ Parte anterior de la herradura. ‖ Espacio que una puerta, tronera, etc., deja franco a la entrada de la luz. ‖ Esplendor, lucimiento.

lumbrera *f* Cuerpo que despide luz. ‖ Abertura, o caño que proporciona luz o ventilación. ‖ (fig) Persona insigne y esclarecida. ‖ *Méx.* Palco. • *pl* (fig) Los ojos.

lumbrerada *f* Lumbre grande con llamas.

lumbroso, sa *adj* Que despide luz.

luminancia *f* Cantidad de luz emitida por un foco de luz no puntual.

luminar *m* Cualquiera de los astros que despiden luz y claridad. ‖ (fig) Lumbrera, persona muy inteligente.

luminaria *f* Luz que se pone en ventanas, torres y calles como adorno y en señal de fiesta. Se usa más en plural. ‖ Luz que arde en las iglesias delante del altar.

lumínico, ca *adj* Perteneciente o relativo a la luz. • *m* Principio o agente hipotético de los fenómenos de la luz.

luminoso, sa *adj* Que despide luz. ‖ Aplicado a ideas, brillante, muy claro. ❏ LUMINOSIDAD.

luminotecnia *f* Técnica de la iluminación con luz artificial, para fines industriales o artísticos. ❏ LUMINOTÉCNICO, CA.

lumpen o **lumpenproletariado** *m* Proletariado miserable. ‖ Estrato social formado por las capas más pobres de la sociedad.

luna *f* Astro, satélite de la Tierra. ‖ Lunación. ‖ Espejo. ‖ Luneta de las gafas. ❏ LUNAR.

lunación f Día lunar.

lunado, da adj Que tiene figura o forma de media luna.

lunar m Pequeña mancha en el rostro u otra parte del cuerpo, producida por una acumulación de pigmento en la piel.

lunarejo, ja adj y s Amér. Díc. de la persona que tiene uno o más lunares en la cara.

lunario, ria adj Perteneciente o relativo a las lunaciones. • m Almanaque, calendario.

lunático, ca adj y s Que padece locura por intervalos.

lunch m Comida ligera que se ofrece a los invitados a una fiesta o celebración. || Almuerzo.

lunes m Primer día de la semana civil, segundo de la litúrgica.

luneta f Cristal o vidrio de las gafas. || En los teatros, butaca frente al escenario en la planta inferior. || Bocateja, primera teja junto al alero.

lunfa m Arg. Apócope de lunfardo.

lunfardo m Arg. Ratero, ladrón. || Arg. Chulo, rufián. || Lenguaje de delincuentes, propio de Buenos Aires y sus alrededores, y que se ha extendido a la lengua popular. ☐ LUNFARDISMO.

lupa f Lente convergente que da una imagen aumentada de los objetos que se colocan entre ella y su foco.

lupanar m Prostíbulo ☐ LUPANARIO, RIA.

lupino, na adj Perteneciente o relativo al lobo. • m Altramuz, planta.

lúpulo m Planta con hojas opuestas y lanceoladas, y flores con sexos separados. Contiene una sustancia amarillenta usada para dar aroma a la cerveza.

lusitano, na adj y s Díc. del individuo de un pueblo que habitaba la Lusitania. • Natural de Portugal. || Perteneciente o relativo a Portugal.

lustrador m Arg. y Nic. Limpiabotas.

lustrar tr Purificar con sacrificios y ceremonias las cosas que se creen impuras. || Dar lustre a una cosa. ☐ LUSTRACIÓN.

lustre m Brillo de las cosas tersas o bruñidas. || Betún, sustancia usada para dar brillo. || (fig) Distinción, nobleza. || (fig) Esplendor, gloria.

lustrina f Tela vistosa, tejida de seda con oro o plata.

lustro m Período de tiempo que abarca cinco años.

lustroso, sa adj Que tiene lustre. || De aspecto robusto y sano por el color y la tersura de la piel.

lúteo, a adj De color amarillo.

luteranismo m Forma de protestantismo derivada de las doctrinas de Lutero. || Comunidad de quienes profesan las doctrinas de Lutero. ☐ LUTERANO, NA.

luto m Signo exterior de duelo en ropas, adornos y otros objetos. || Vestido negro que se usa por la muerte de alguien. || Dolor, aflicción.

luxación f Pérdida de contacto entre las superficies articulares de dos huesos, que se acompaña de distensión de los ligamentos.

luxemburgués, sa adj y s De Luxemburgo. • m Variante idiomática del alemán, con abundantes elementos neerlandeses y franceses, oficial en Luxemburgo.

luz f Energía radiante que un observador percibe a través de las sensaciones visuales. || Cualquiera de las radiaciones del espectro solar. || Claridad que irradian los cuerpos en combustión, ignición o incandescencia. || (fig) Modelo, persona o cosa, capaz de ilustrar y guiar. || (fig) Día, o tiempo que dura la claridad del Sol. || Ventana o tronera. Se usa más en plural. • pl (fig) Ilustración, cultura.

lycra f Tejido sintético elástico que se usa generalmente en la confección de prendas de vestir.

Mm

m *f* Decimotercera letra del abecedario esp., y décima de sus consonantes. Su nombre es eme. || Abreviatura de masculino.

mabinga *f Cuba* y *Méx.* Estiércol.

mabita *m* y *f Ven.* Persona desafortunada que tiene desgracia con todo. || *Ven.* Mal de ojo.

macabro, bra *adj* Díc. de lo que participa de lo feo y repulsivo de la muerte.

macaco, ca *adj Amér.* Feo, deforme. • *m* y *f* Mono de tamaño mediano o pequeño y cola corta.

macagua *f* Ave rapaz diurna de los bosques de la América Meridional. || *Ven.* Serpiente venenosa que vive en las regiones cálidas.

macal *m Méx.* Tubérculo semejante a la yuca.

macana *f* Arma ofensiva, a manera de machete, usada por los indios americanos. || (fig) Artículo de comercio que por su deterioro o falta de novedad queda sin fácil salida. || (fig) *Amér.* Disparate.

macanear *tr Amér.* Hacer o decir macanas. || *Arg.* Hacer mal alguna cosa. • *intr Hond.* Trabajar con asiduidad. || *Col.* y *Ven.* Manejar un asunto.

macanudo, da *adj* (fam) Estupendo, magnífico. || *Chile.* Grande, abultado.

macaquear *intr Arg.* Hacer gestos de macaco. • *tr Amér. Centr.* Robar.

macareo *m* Aumento brusco del nivel del mar en rías y estuarios, que se produce al avanzar la marea ascendente.

macarra *m* Proxeneta.

macarrón *m* Pasta alimenticia hecha con la parte exterior del grano del trigo a la que se da forma tubular. Se usa más en plural.

macear *tr* Dar golpes con el mazo o la maza. • *intr* (fig) Machacar, porfiar. ☐ MACEO.

macedonia *f* Ensalada de frutas.

macerar *tr* Ablandar una cosa, estrujándola o manteniéndola sumergida en un líquido. • *tr* y *prnl* (fig) Mortificar el cuerpo. ☐ MACERACIÓN.

macero *m* El que lleva la maza delante de las corporaciones o personas que usan esta señal de dignidad.

maceta *f* Tiesto de barro cocido para criar plantas. || *Chile.* Ramillete, mazo de flores.

macetero *m* Soporte para colocar macetas.

macha *f Amér.* Marimacho. || *Arg.* Broma, burla.

machacante *m* Soldado destinado a servir a un sargento. || (fam) Duro, moneda.

machacar *tr* Golpear una cosa para romperla o deformarla. || Reducir una cosa sólida a fragmentos. • *intr* Insistir importuna y pesadamente sobre una cosa. ☐ MACHACA; MACHACADOR, RA; MACHAQUEO.

machacón, na *adj* y *s* Importuno, pesado, que repite una cosa. ☐ MACHACONERÍA.

machango, ga *adj Chile.* Machacón. • *m Amér.* Especie de mono. || *Cuba.* Díc. de la persona de modales torpes y groseros.

machaquear *intr Amér.* Machacar, majar.

machar *tr* Machacar. • *prnl Amér. Merid.* Emborracharse.

machete *m* Arma más corta que la espada. || *Amér. Centr.* Cuchillo grande de diversas formas para cortar la caña. || *Arg.* Chuleta.

machetear *tr* Golpear con el machete. || *Col.* Porfiar. || *Méx.* Estudiar mucho.

machetero *m* El que se abre paso en la espesura con un machete. || El que en las plantaciones de azúcar corta las cañas.

machihembrar *tr* Ensamblar dos piezas de madera a caja y espiga o a ranura y lengüeta.

machincuepa *f Méx.* Voltereta.

machismo *m* Actitud de prepotencia de los varones respecto a las mujeres. ☐ MACHISTA.

macho[1] *m* Animal del sexo masculino. || Mulo. || Parte del corchete que se engancha en la hembra. || (fig) En los artefactos, pieza que entra dentro de otra. • *adj* y *m* (fig) Hombre necio. || Hombre bien plantado y valiente.

macho[2] *m* Mazo grande para forjar el hierro.

machón *m* Macho, o pilar de fábrica.

machorro, rra *adj* Estéril, infructífero.

machota *f* (fam) Mujer hombruna, marimacho.

machote *m* (fam) Hombre vigoroso, bien plantado, valiente.

machucar *tr* Golpear, causar contusiones. || Machacar. ▢ MACHUCADURA; MACHUCÓN.

machucho, cha *adj* Sosegado, juicioso. || Viejo.

machusca *f* (fam) *Bol.* Mujer jamona.

macilento, ta *adj* Flaco, descolorido, triste.

macillo *m* Pieza del piano con la cual, a impulso de la tecla, se hiere la cuerda correspondiente.

macizar *tr* Rellenar un hueco con material bien apretado.

macizo, za *adj* y *m* Lleno, sin huecos, sólido. • *adj* Díc. de la persona de carnes duras y consistentes. • *m* Grupo de alturas o montañas.

macollar *intr* y *prnl* Amacollar, formar macolla las plantas.

macote *adj Arg.* Grandote, muy grande.

macramé *m* Labor manual consistente en un trabajo de calados a base de nudos y trenzados con cordel.

macrobiótico, ca *f* Parte de la medicina profiláctica que estudia los medios de prolongar la vida humana. • *adj* Dícese de la alimentación tendente a este mismo fin.

macrocosmo o **macrocosmos** *m* El universo, especialmente considerado como un ser semejante al hombre.

macroeconomía *f* Estudio de las actividades económicas por grandes conjuntos: renta nacional, precios, salarios, consumo, etc.

macroscópico, ca *adj* Lo que se ve a simple vista, sin auxilio del microscopio.

macsura *f* Recinto reservado en una mezquita para el califa o el imán.

macuache *m* Indio mexicano que no ha recibido instrucción alguna. || (fig) *Méx.* Bruto, animal.

macuco *adj Chile.* Cuco, taimado, astuto. • *m Arg.* y *Col.* Muchacho grandullón.

mácula *f* Mancha. || Cosa que deslustra. || (fig, fam) Engaño, trampa. || Cada una de las partes oscuras que se observan en el disco del Sol.

macular *tr* Manchar una cosa.

macurca *f Chile.* Agujetas.

macuto *m* Mochila. || Cesto que usan los pobres en Venezuela para recoger las limosnas.

madama *f* fr. Voz de tratamiento, de origen fr., equivalente a señora.

madeja *f* Porción de hilo, lana, seda, etcétera, recogida en vueltas iguales sin soporte. || (fig) Mata de pelo.

madera *f* Parte sólida de los árboles cubierta por la corteza. || Trozo de madera. || (fig, fam) Talento o disposición de una persona para una actividad.

maderada *f* Conjunto de maderos que se transporta por un río.

maderaje o **maderamen** *m* Conjunto de maderas que entran en una construcción.

maderero, ra *adj* Perteneciente a la ind. de la madera. • *m* El que trata en maderas.

madero *m* Pieza larga de madera cortada a escuadra o en rollo.

madona *f* Voz con la que se designa las representaciones pictóricas y escultóricas de la Virgen María.

madrastra *f* Respecto de los hijos tenidos por un hombre en el anterior matrimonio, esposa de dicho hombre.

madre *f* Hembra que ha parido. || Hembra respecto a su hijo o hijos. || Título que se da a las religiosas. || (fig) Causa u origen de donde proviene una cosa. || (fig) Cuna de una cosa. || Alcantarilla o cloaca maestra.

madrero, ra *adj* (fam) Díc. del que est muy encariñado con su madre.

madreselva *f* Planta arbustiva de rama lampiñas hojas elípticas, flores olorosas frutos en baya.

madrigal m Composición poética, generalmente corta, de contenido amoroso e idílico. ☐ MADRIGALISTA.

madriguera f Albergue de un animal, gralte. excavado en el suelo. ‖ (fig) Sitio oculto en que se refugia gente maleante.

madrina f Mujer que asiste a otra persona al recibir ésta el sacramento del bautismo, de la confirmación, etc. ‖ (fig) La que favorece o protege a otra persona. ‖ Amér. Manada pequeña de ganado manso que sirve para guiar al bravío.

madrinazgo m Acto de asistir como madrina.

madroño m Arbusto de hojas perennes, flores blancas y frutos en baya de color naranja y sabor dulzón. ‖ Fruto de este árbol. ☐ MADROÑAL.

madrugada f Alba, principio del día.

madrugar intr Levantarse al amanecer o muy temprano. ‖ (fig) Ganar tiempo a otros en un asunto. ☐ MADRUGADOR, RA.

madurar tr Dar sazón a los frutos. ‖ (fig) Meditar una idea, un proyecto, etc. ‖ (fig) Crecer en edad y juicio. ☐ MADURACIÓN; MADURATIVO.

madurez f Sazón de los frutos. ‖ (fig) Sensatez o prudencia con que una persona actúa. ‖ Edad de la persona que ha alcanzado ya su plenitud y no ha llegado a la vejez.

maduro, ra adj Que está en sazón. ‖ (fig) Prudente, juicioso. ‖ Dicho de personas, entrado en años.

maestre m Superior de cualquiera de las órdenes militares. ☐ MAESTRAZGO.

maestría f Habilidad o destreza en enseñar o ejecutar una cosa. ‖ Título de maestro.

maestro, tra adj Díc. de la obra de relevante mérito entre las de su clase. ‖ Díc. de las cosas que enseñan o aleccionan. ‖ (fig) Díc. del animal amaestrado. • m y f Persona que enseña una ciencia técnica u oficio. • m El que es entendido y hábil en una materia. ‖ Compositor de música.

mafia f Organización clandestina de criminales.

magacín m Revista ilustrada. ‖ Espacio de televisión en que se tratan muchos temas inconexos y mezclados.

magancear intr Col. y Chile. Haraganear, remolonear.

maganzón, na adj y s Amér. Holgazán.

magdalena f Bollo pequeño de masa de harina y huevo. ‖ (fig) Mujer penitente o muy arrepentida de sus pecados.

magenta adj y m Díc. del color carmesí oscuro.

magia f Arte o ciencia oculta con que se pretende producir, valiéndose de ciertos actos o palabras, o con la intervención de espíritus, efectos o fenómenos extraordinarios, contrarios a las leyes naturales. ‖ (fig) Encanto o atractivo con que una persona o cosa deleita y suspende. ☐ MÁGICA.

mágico, ca adj Perteneciente o relativo a la magia. ‖ Maravilloso, estupendo.

magisterio m Tarea propia del maestro de cualquier persona que imparte enseñanzas. ‖ Cargo o profesión de maestro. ‖ (fig) Gravedad afectada en hablar o en hacer una cosa. ☐ MAGISTERIAL.

magistrado m Persona que desempeña algún cargo civil de importancia en el gobierno de un país. ‖ Juez o funcionario superior de justicia.

magistral adj Perteneciente al ejercicio del magisterio. ‖ Díc. de lo bien hecho o de lo que se hace con maestría.

magistratura f Oficio y dignidad de magistrado.

magma m Masa formada de minerales fundidos y de gases disueltos, que se encuentran en el interior de la corteza terrestre.

magnanimidad f Grandeza de ánimo; generosidad. ☐ MAGNÁNIMO, MA.

magnate m Persona que ocupa una elevada posición social por su poder, su riqueza o su influencia.

magnesio m Metal blanco plateado, muy ligero, maleable, pero poco dúctil y poco resistente a la corrosión. ☐ MAGNÉSICO, CA.

magnetismo m Propiedad que poseen ciertos minerales de hierro de atraer las limaduras de hierro. ☐ MAGNÉTICO, CA.

magnetizar tr Comunicar a un cuerpo propiedades magnéticas. ‖ (fig) Hipnotizar. ‖ (fig) Deslumbrar, fascinar. ☐ MAGNETIZACIÓN.

magnetófono *m* Aparato que registra y reproduce sonidos por medio de hilos metálicos o sustancias ferromagnéticas especiales.

magnetómetro *m* Instrumento destinado a medir la intensidad de un campo magnético.

magnetoscopio *m* Aparato empleado para registrar y reproducir imágenes usando como soporte una cinta magnética.

magnicidio *m* Muerte violenta dada a un jefe de Estado o a una persona relevante del gobierno. ❒ MAGNICIDA.

magnificar *tr* y *prnl* Engrandecer, ensalzar.

magnificencia *f* Generosidad, liberalidad. ‖ Disposición para grandes empresas. ‖ Ostentación, grandeza.

magnífico, ca *adj* Espléndido, suntuoso. ‖ Excelente, admirable.

magnitud *f* Tamaño de un cuerpo. ‖ Toda propiedad de los cuerpos que puede ser medida. ‖ (fig) Grandeza o excelencia de una cosa.

magno, na *adj* Grande, ilustre, digno. Se aplica como epíteto a algunos personajes históricos. ‖ Grandioso, magnífico.

magnolia *f* Planta arbustiva que presenta flores hermafroditas de gran tamaño, con pétalos blancos. ‖ Flor de este árbol.

mago, ga *adj* y *s* Persona que practica la magia. ‖ Dícese de los tres reyes que fueron a adorar a Jesús recién nacido.

magrear *tr* (fig, fam) Manosear, palpar, sobar lascivamente. ❒ MAGREO.

magro, gra *adj* Flaco o enjuto y con poca o ninguna grasa. • *m* (fam) Carne magra del cerdo.

maguey *m* *Cuba* y *Méx.* Pita, planta.

magullar *tr* y *prnl* Causar a un cuerpo orgánico contusiones, pero no heridas, comprimiéndolo o golpeándolo violentamente. ❒ MAGULLADURA; MAGULLAMIENTO.

mahometano, na *adj* y *s* Que profesa la religión de Mahoma. ‖ Perteneciente o relativo a Mahoma o a su religión. ❒ MAHOMÉTICO, CA.

mahometizar *intr* Profesar el mahometismo.

mahonesa *f* Mayonesa, salsa que se hac batiendo aceite crudo, yema de huevo, sa y vinagre.

maillot *m* Traje de baño femenino. ‖ Ca miseta deportiva elástica de ciclista.

maitines *m pl* Primera de las horas canó nicas, que se reza antes de amanecer.

maíz *m* Planta herbácea que produce una mazorcas, con granos gruesos y amar llos, que se emplean en alimentació ❒ MAIZAL.

majada *f* Lugar o paraje donde se recog de noche el ganado y se albergan los pas tores.

majaderear *tr* e *intr* (fam) *Amér.* Impor tunar, molestar.

majadero, ra *adj* y *s* (fig) Necio, inopor tuno, pedante. ❒ MAJADERÍA.

majado, da *pp* de majar. • *adj* *Chile.* Dí del trigo o maíz que remojado en agu caliente se tritura y se come guisado d distintas maneras.

majar *tr* Machacar. ‖ (fig, fam) Molesta importunar, cansar. ❒ MAJADURA; MAJA MIENTO.

majareta o **majara** *m* o *f* Persona suma mente distraída, chiflada.

majarete *m* *P. Rico.* Desorden, barullo.

majestad *f* Calidad que constituye un cosa grave, sublime y capaz de infundi admiración y respeto. ‖ Título que se da Dios, y también a emperadores y reyes ❒ MAJESTUOSO, SA.

majo, ja *adj* Bonito, vistoso, guapo, sim pático, cariñoso, etc. ‖ Chulo, bravucón.

mal[1] *adj* Apócope de malo, precediendo un sustantivo masculino. • *m* Lo contra rio al bien, lo malo. ‖ Daño o defensa ‖ Desgracia, calamidad. ‖ Enfermedad dolencia.

mal[2] *adv modo* Contrariamente a lo que e debido; sin razón; de mala manera. ‖ Di fícilmente. ‖ Insuficientemente o poco.

malabarismo *m* Práctica de ejercicios d habilidad realizados con diversos obje tos. ‖ Arte de manejar conceptos par deslumbrar al oyente o al lector. ❒ MALA BARISTA.

malaca *f* *Méx.* Peinado hecho de dos tren zas que, cruzando por encima de la ca beza, se aseguran sobre la frente.

malacología *f* Parte de la zoología que trata de los moluscos. ☐ MALACOLÓGICO, CA.

malacrianza *f* *Amér.* Mala educación, descortesía.

malagana *f* (fam) Desfallecimiento, desmayo.

malambo *m* *Arg.* Baile popular propio del gaucho.

malandanza *f* Mala fortuna, desgracia.

malandrín, na *adj* y *s* Pillo, granuja.

malaquita *f* Carbonato básico de cobre, de color verde y brillo vítreo.

malar *adj* Perteneciente a la mejilla. • *adj* y *m* Pómulo.

malaria *f* Paludismo.

malasombra *m* o *f* Persona patosa, inoportuna.

malaventurado, da *adj* Infeliz, desgraciado.

malayo, ya *adj* y *s* De Malasia. • *m* Lengua malaya.

malbaratar *tr* Vender a bajo precio. || Disipar o malgastar la fortuna. ☐ MALBARATADOR, RA.

malcasar *tr* y *prnl* Realizar un casamiento desacertado. ☐ MALCASADO, DA.

malcomido, da *pp* de malcomer. • *adj* Poco alimentado.

malcriar *tr* Educar mal a los hijos, condescendiendo demasiado con sus gustos y caprichos. ☐ MALCRIADO, DA.

maldad *f* Cualidad de malo. || Acción mala que acostumbra a ser injusta.

maldecir *tr* Echar maldiciones. || Quejarse de algo. • *intr* Criticar, hablar mal de alguien.

maldición *f* Imprecación contra una persona o cosa, y particularmente deseo de que le ocurra algún daño.

maldito, ta *pp irreg* de maldecir. • *adj* Perverso, de malas costumbres e intenciones.

maleable *adj* Díc. del metal que puede reducirse a chapas delgadas. || (fig) Dócil. ☐ MALEABILIDAD.

maleante *pa* de malear. • *adj* Que malea o daña. • *adj* y *s* Burlador, maligno. || Delincuente.

malear *tr* y *prnl* Dañar, echar a perder una cosa. || (fig) Pervertir conscientemente uno a otro. ☐ MALEADOR, RA.

malecón *m* Murallón que protege contra las crecidas de mares o ríos y que en ocasiones sirve de embarcadero o muelle.

maledicencia *f* Acción de maldecir, calumniar, murmurar.

maleducado, da *adj* y *s* Malcriado, descortés.

maleficiar *tr* Causar daño. || Trastornar a uno con prácticas supersticiosas, hechizar. ☐ MALEFICENCIA; MALÉFICO, CA.

maleficio *m* Hechizo con que se pretende causar un daño.

malemplear *tr* y *prnl* Malgastar, desperdiciar.

malentender *tr* Entender o interpretar equivocadamente. ☐ MALENTENDIDO, DA.

malestar *m* Indisposición o incomodidad imprecisa. || (fig) Inquietud moral.

maleta[1] *f* Caja pequeña de cuero, madera u otro material que se emplea para llevar objetos en los viajes. || *Amér.* Lío de ropa.

maleta[2] *m* (fam) El que practica con torpeza o desacierto su profesión.

malevo, va *adj* *Arg.* y *Bol.* Malévolo.

malevolencia *f* Mala intención, deseo de perjudicar. ☐ MALÉVOLO, LA.

maleza *f* Abundancia de hierbas malas en los sembrados. || Espesura de arbustos.

malformación *f* Desviación del desarrollo, adquirida o congénita, que causa alguna anomalía o deformidad en quien la padece.

malgastar *tr* Derrochar, desperdiciar una cosa. ☐ MALGASTADOR, RA.

malhablado, da *adj* y *s* Desvergonzado o atrevido en el hablar.

malhechor, ra *adj* y *s* Delincuente, en especial el que comete delitos habitualmente.

malherir *tr* Herir gravemente.

malhumorar *tr* y *prnl* Poner a uno de mal humor. ☐ MALHUMOR.

malicia *f* Maldad, calidad de malo. || Inclinación a hacer mal. || Perversidad. || Intención maléfica. || Propensión a pensar mal. || Penetración, sagacidad. ☐ MALICIOSO, SA.

maliciar *tr* y *prnl* Sospechar, recelar algo con malicia.

maligno, na *adj* y *s* Propenso a pensar u obrar mal. || De índole perniciosa. ☐ MALIGNIDAD.

malla *f* Cada uno de los cuadriláteros que constituyen el tejido de la red. ‖ Tejido semejante al de la malla de la red. ‖ *Amér.* Traje de baño.

malmandado, da *adj* y *s* Desobediente.

malo, la *adj* Que perjudica o no es como se desea o conviene. ‖ Dañoso o nocivo para la salud. ‖ Enfermo. ‖ Desagradable, molesto. ‖ (fam) Travieso, enredador. ‖ Deslucido, deteriorado. ‖ Persona inclinada a hacer mal o a desearlo. ‖ Utilizado en el artículo neutro *lo* y el verbo *ser* significa lo que puede ofrecer dificultad, o representar un obstáculo para algún fin.

malograr *tr* No aprovechar una cosa. • *prnl* Frustrarse lo que se esperaba conseguir. ‖ No llegar una persona o cosa a su natural desarrollo. ❑ MALOGRADO, DA; MALOGRO.

maloliente *adj* Que exhala mal olor.

malparado, da *pp* de malparar. • *adj* Que ha sufrido un daño importante. ❑ MALPARAR.

malqueda *m* o *f* (fam) Persona que no cumple su palabra.

malquerer *tr* Tener antipatía o mala voluntad a una persona o cosa.

malquistar *tr* y *prnl* Enemistar a una persona con otra.

malsonante *adj* Que suena mal. ‖ Díc. de la palabra o exp. inconveniente o grosera.

malta *f* Cebada que se ha hecho germinar siguiendo métodos artificiales.

maltear *tr* Convertir la cebada u otro cereal en malta. ❑ MALTEADO.

maltés, sa *adj* y *s* Natural de Malta. • *m* Variedad del ár. hablada en la isla de Malta.

maltón, na *adj Amér.* Jovencito.

maltosa *f* Azúcar que se produce de la sacarificación incompleta del almidón.

maltraer *tr* Maltratar, injuriar.

maltratar *tr* y *prnl* Tratar mal a uno de palabra u obra. ‖ Menoscabar, echar a perder.

maltrecho, cha *adj* Maltratado, malparado.

malura *f Chile.* Malestar, desazón.

malva *f* Nombre común de varias especies de plantas herbáceas entre las que desta-

ca la *m* común, de raíz fibrosa, hojas acorazonadas y flores de color violeta.

malvado, da *adj* y *s* Muy malo, perverso.

malvasía *f* Uva muy dulce y fragante. ‖ Vino dulce que se hace de esta uva.

malvavisco *m* Planta herbácea muy común en la península Ibérica; tiene aplicaciones medicinales.

malvender *tr* Vender a bajo precio, con poca o ninguna ganancia.

malversar *tr* Sustraer o gastar indebidamente los fondos públicos el encargado de su administración. ❑ MALVERSACIÓN; MALVERSADOR, RA.

malvivir *intr* Vivir estrechamente o con dificultades.

mama *f* Órgano glandular que se desarrolla, gralte. en número par, en las hembras de los mamíferos, y cuya secreción, la leche, sirve para nutrir a los recién nacidos. ❑ MAMARIO, RIA.

mamá *f* (fam) Madre.

mamada *f* (fam) Acción de mamar. ‖ Cantidad de leche que se mama de una vez. ‖ *Arg.* y *Ur.* Embriaguez, borrachera.

mamadera *f* Instrumento para descargar los pechos de las mujeres en el período de la lactancia. ‖ *Amér.* Biberón. ‖ *Cuba* y *P. Rico.* Tetilla del biberón.

mamar *tr* Chupar la leche de los pechos. ‖ (fig) Aprender algo en la infancia. • *prnl* Emborracharse. ❑ MAMADOR, RA.

mamarracho *m* (fam) Persona que viste o se comporta de manera ridícula o extravagante. ‖ Cosa ridícula, grotesca. ‖ Persona informal o despreciable.

mambo *m* Tipo de baile de origen cubano.

mamella *f* Cada uno de los apéndices largos y ovalados que cuelgan del cuello de algunos animales, particularmente las cabras.

mamengue *adj Arg.* Apocado, tonto.

mamerto, ta *adj Ecuad.* Apocado, tonto.

mamífero, ra *adj* y *m* Díc. de los animales superiores que se caracterizan por amamantar a sus crías, tener la piel cubierta de pelo y la sangre caliente.

mamografía *f* Radiografía de la mama de la mujer.

mamón, na *adj* y *s* Que todavía está mamando. ‖ Que mama mucho. ‖ (fam) Bobo, estúpido.

mamotreto *m* (fig, fam) Libro o legajo muy abultado. ‖ (fam) Armatoste, objeto grande y embarazoso.

mampara *f* Cancel movible hecho con un bastidor de madera o metal, cubierto gralte. de piel, tela, plástico o vidrio.

mampato, ta *adj* Chile. Díc. del animal de piernas cortas.

mamplora *adj* Amér. Centr. Hermafrodita.

mampostería *f* Obra de albañilería a base de piedras pequeñas unidas con argamasa.

mampuesto *m* Piedra sin labrar que puede colocar en una obra con la mano y sólo sirve para relleno.

mamut *m* Especie de elefante fósil que vivió en las regiones de clima frío durante la época cuaternaria.

mana *f* Col. Manantial.

maná *m* En el Antiguo Testamento, alimento llovido del cielo que permitió a los israelitas sobrevivir durante su éxodo por el desierto. ‖ (fig) Bienes que se reciben gratuitamente y de modo inesperado.

manada *f* Rebaño de ganado que está al cuidado de un pastor. ‖ Grupo grande de gentes.

mánager *m* El que dirige un negocio, un establecimiento, etc. ‖ Representante de un cantante, de un deportista profesional, etcétera.

manantial *m* Afloramiento en superficie de un manto acuífero subterráneo. ‖ (fig) Origen y principio de donde proviene una cosa.

manar *intr* y *tr* Brotar de una parte un líquido. • *intr* (fig) Fluir con abundancia y naturalidad.

manatí *m* Mamífero que vive permanentemente en el agua; suele limitarse a las costas, pero a veces remonta los estuarios de los ríos.

manazas *m* o *f* (fam) Persona torpe.

mancar *tr* y *prnl* Dejar manco. ‖ Lastimar, lisiar.

manceba *f* Concubina.

mancebía *f* Casa pública de prostitución.

mancebo *m* Muchacho. ‖ Oficial, dependiente, empleado de un establecimiento.

mancha *f* Señal que una cosa hace en un cuerpo, ensuciándolo o echándola a perder. ‖ (fig) Deshonra, ofensa.

manchar *tr* y *prnl* Poner sucia o manchada una cosa. ‖ (fig) Ser causa de deshonor o vergüenza.

mancillar *tr* y *prnl* Manchar el honor, la fama, etcétera. ❑ MANCILLA.

manco, ca *adj* y *s* Que le falta un brazo o mano, o tiene perdido el uso de cualquiera de estos miembros. ‖ (fig) Defectuoso.

mancomún (de) *m adv* De acuerdo dos o más personas, o en unión de ellas.

mancomunar *tr* y *prnl* Unir personas, fuerzas o capital para un fin. ‖ Obligar a dos o más personas de mancomún a pagar o ejecutar una cosa, entre todas y por partes.

mancomunidad *f* Corporación y entidad legalmente constituida por agrupación de municipios, provincias o naciones.

manda *f* Oferta. ‖ Legado de un testamento.

mandado *m* Compra, recado. ‖ (fam) Persona que no es responsable de un hecho por ser meramente el ejecutor de las órdenes de un superior.

mandamás *m* o *f* (fam) Persona que asume funciones de mando.

mandamiento *m* Precepto u orden de un superior a un inferior. ‖ Cada uno de los preceptos del Decálogo y de la Iglesia. ‖ Orden judicial en la que se manda la ejecución de una cosa.

mandanga *f* Pachorra, flema, indolencia.

mandar *tr* Ordenar el superior al súbdito; imponer un precepto. ‖ Enviar. ‖ Encargar. ‖ Amér. Dar, tirar, arrojar. ‖ Amér. Hacer ejecutar, servirse. • *tr* e *intr* Regir, gobernar.

mandarín *m* Nombre dado por los europeos a los funcionarios imperiales chinos. ‖ Dialecto chino hablado en la zona septentrional de China.

mandarina *f* Fruto comestible del mandarino.

mandarino *m* Planta arbustiva de flores blancas y perfumadas y fruto anaranjado.

mandatario *m* Persona que acepta de otra el encargo de representarlo personalmente. ‖ En política, el que por elección ocupa un cargo en el gobierno de un país.

mandato *m* Orden o precepto. ‖ Desempeño y duración de un cargo.

mandíbula *f* Cada una de las piezas duras que rodean la boca del hombre y de ciertos animales y que sirven para la prensión y trituración de los alimentos.

mandil *m* Delantal grande, especialmente si es de cuero o de tela muy fuerte. ‖ Delantal.

mandilón *m* (fig, fam) Pusilánime, cobarde.

mandioca *f* Planta herbácea tropical cuyas raíces tuberosas contienen una fécula llamada tapioca.

mando *m* Autoridad y poder que tiene el superior sobre sus súbditos. ‖ Botón, llave u otro artificio que actúa sobre un mecanismo para iniciar, suspender o regular su funcionamiento.

mandolina *f* Instrumento músico, generalmente de cuatro o más cuerdas pareadas, parecido al laúd, de cuerpo curvado.

mandón, na *adj y s* Que manda más de lo que le toca. • *m* Capataz de mina en América.

mandrágora *f* Planta que carece de tallo y tiene una flor única. Posee acción narcótica.

mandria *adj y s* Apocado y de escaso o ningún valor.

mandril[1] *m* Mono africano de pelaje gris oscuro con tonos amarillentos, nalgas y hocico rojos, que llega a alcanzar más de 1 m de largo.

mandril[2] *m* Elemento para fijar la pieza o la herramienta en las máquinas-herramienta.

mandubí *m Arg.* Maní, cacahuete.

manducar *intr* (fam) Comer, tomar alimento. ◻ MANDUCA; MANDUCACIÓN.

manecilla *f* Broche con que se cierran algunas cosas. ‖ Saetilla que en el reloj y en otros instrumentos sirve para señalar las horas, los minutos, etcétera.

manejar *tr* Traer entre las manos una cosa. ‖ Gobernar los caballos. ‖ *Amér.* Conducir un automóvil. • *tr y prnl* (fig) Gobernar, dirigir. • *prnl* Adquirir agilidad después de haber tenido algún impedimento. ◻ MANEJO.

manera *f* Modo con que se ejecuta u ocurre una cosa. ‖ Modales de una persona. Se usa en plural. ‖ Astucia, artificio.

manflorita *m Amér.* Hermafrodita. ‖ *Amér.* Afeminado.

manga *f* Parte del vestido en que se mete el brazo. ‖ Parte del eje de un carruaje, donde entra y voltea la rueda. ‖ Tubo largo, que se adapta a las bombas o bocas de riego, para aspirar o para dirigir el agua. ‖ Esparavel. ‖ Tela de forma cónica provista de un pico de metal u otro material duro que se utiliza en repostería para decorar. ‖ *Arg. y Ven.* Multitud.

mangajo *m Perú.* Hombre fácil de manejar.

manganear *tr* Echar manganas o lazos. ‖ *Ven.* Mangonear.

manganeso *m* Metal brillante de color gris claro y duro; es muy abundante en la naturaleza. Se usa en la fabricación del acero.

manganeta *f Hond.* Manganilla, engaño.

mangangá *m Amér. Merid.* Abejón muy zumbador. ‖ *Amér. Merid.* Fastidioso.

mangante *pa* de mangar. • *adj* Que manga. • *m o f* Sablista. ‖ Sinvergüenza, persona despreciable. ◻ MANGANCIA.

manganzón, na *adj y s Amér.* Holgazán.

mangar *tr* Pedir, mendigar. ‖ (fam) Hurtar, robar.

manglar *m* Formación vegetal típica de los países tropicales y subtropicales, formada por plantas leñosas litorales en las albuferas, ensenadas, cenagales, etc.

mango[1] *m* Parte por donde se coge con la mano un instrumento o utensilio para usar de él.

mango[2] *m* Planta arbórea de gran porte que produce unos frutos carnosos, fibrosos, dulces y aromáticos.

mangonear *intr* (fam) Entremeterse o intervenir una persona en cosas que no le incumben. ‖ (fam) Mandar. ‖ *Méx.* Robar.

mangosta *m* Pequeño mamífero carnívoro de cuerpo alargado y esbelto, y hocico puntiagudo.

mangrullo *m Arg.* Atalaya.

anguear *intr Amér.* Espantar la caza hacia los cazadores. ‖ (fig, fam) Atraer con engaños y halagos.

anguera *f* Manga de las bocas de riego.

anguito *m* Rollo o bolsa de piel que se usa para llevar abrigadas las manos. ‖ Media manga de punto.

anguruyú *m* Pez de río de Argentina, Brasil y Paraguay, de color barroso, cabeza enorme sin escamas y muy saproso.

aní *m* Cacahuete, planta.

anía *f* Estado de exaltación psíquica caracterizado por la obsesión morbosa de una idea. ‖ Extravagancia, preocupación caprichosa por un tema o cosa determinada. ‖ (fam) Mala voluntad contra otro, ojeriza. ❐ MANÍACO, CA; MANIÁTICO, CA.

aniatar *tr* Atar las manos.

anicomio *m* Establecimiento sanitario destinado a la observación y tratamiento adecuado de los enfermos mentales.

anicuro, ra *m* y *f* Persona que tiene el oficio de cuidar las manos, y pralm. las uñas.

anido, da *pp* de manir. • *adj* Sobado, pasado de sazón, ajado. ‖ Trillado.

anifestación *f* Acción de manifestar o manifestarse. ‖ Método de lucha empleado por un grupo social cuyos miembros expresan colectivamente en la calle sus reivindicaciones a fin de movilizar en su favor a la opinión pública.

anifestar *tr* y *prnl* Declarar, dar a conocer. ‖ Descubrir, poner a la vista. • *prnl* Organizar o tomar parte en una manifestación pública. ❐ MANIFESTADOR, RA; MANIFESTANTE.

anifiesto, ta *adj* Descubierto, patente, claro. • *m* Declaración de principios o exposición de las ideas básicas de una persona o grupo, redactada para informar a la opinión pública.

anigua *f Amér.* Terreno cubierto de maezas.

anija *f* Mango de ciertos utensilios y herramientas.

anilla *f* Pulsera o brazalete. ‖ Mango, mecanismo para abrir puertas o manejar herramientas.

manillar *m* Pieza de la bicicleta o de la motocicleta en la que el conductor apoya las manos para dirigir la máquina.

maniobra *f* Cualquier operación material que se ejecuta con las manos. ‖ (fig) Acción que se lleva a cabo con habilidad para conseguir un determinado fin. ‖ Técnica de gobernar las embarcaciones. • *pl* Ejercicio táctico militar. ‖ Operaciones que se hacen con otros vehículos para cambiar de rumbo o de posición.

maniobrar *intr* Ejecutar maniobras. ❐ MANIOBRERO, RA.

manipular *tr* Operar con las manos. ‖ (fig, fam) Manejar uno los asuntos a su modo, o mezclarse en los ajenos. ❐ MANIPULACIÓN; MANIPULADOR; MANIPULANTE; MANIPULEO.

maniqueísmo *m* Secta fundada por Mani en el s. III d.C. cuyo principio fundamental es el dualismo u oposición irreductible de dos principios divinos, el bien y el mal. ❐ MANIQUEO, A.

maniquí *m* Figura de forma humana utilizada como modelo pictórico o escultórico, o para probar prendas de ropa. • *m* o *f* Modelo, persona que exhibe prendas de vestir. ‖ (fig, fam) Persona débil de carácter que se deja gobernar por los demás.

manir *tr* Hacer que las carnes y algunos manjares se pongan más tiernos antes de guisarlos.

manirroto, ta *adj* y *s* Demasiado liberal y dadivoso.

manito *m Méx.* Amigo, término afectuoso.

manivela *f* Extremo acodado de un eje, que sirve para hacerlo girar.

manjar *m* Cualquier comestible. ‖ Comida especialmente apetitosa.

mano *f* Órgano prensil del cuerpo humano, que comprende desde la muñeca inclusive hasta la punta de los dedos, desarrollado en las extremidades. ‖ Cualquier tipo de extremidad en la que exista un dedo pulgar que pueda oponerse a los restantes. ‖ Majadero, maza para moler o desmenuzar una cosa. ‖ Capa de color, barniz, etc. ‖ En el juego, el primero en orden de los que juegan. ‖ (fig) Medio para hacer o alcanzar una cosa. ‖ (fig) La mujer pretendida por esposa. ‖ (fig) Habilidad, destreza. ‖ (fig) Poder, mando, facultades. ‖ (fig) Auxilio, socorro. ‖ *Amér.* Conjunto de cierto número de cosas. ‖ *Amér.* Aventura, lance.

manojo *m* Hacecillo de hierbas o de otras cosas que se pueden coger con la mano, sobresaliendo de ella.

manómetro *m* Instrumento destinado a la medición de presiones en gases o líquidos. ❑ MANOMÉTRICO, CA.

manopla *f* Guante sin separaciones para los dedos, salvo el pulgar. ‖ Guante para restregar y lavarse el cuerpo.

manosear *tr* Tocar repetidamente una cosa. ❑ MANOSEADOR, RA; MANOSEO.

manotear *tr* Dar golpes con las manos. • *intr* Mover las manos para dar mayor fuerza a lo que se habla, o para mostrar un sentimiento. ‖ *Arg.* Robar. ❑ MANOTEO.

manquedad *f* Falta de mano o brazo. ‖ (fig) Falta o defecto.

mansalva (a) *m adv* Sin ningún peligro; sobre seguro.

mansión *f* Morada, albergue. ‖ Casa suntuosa.

manso, sa *adj* Benigno y suave. ‖ Aplícase a los animales que no son bravos. ‖ (fig) Apacible, sosegado. ❑ MANSEDUMBRE.

manta *f* Prenda de lana o algodón, de forma rectangular, que sirve para abrigar. ‖ *Méx.* Tela ordinaria de algodón. ‖ *Arg.* Poncho.

mantear *tr* Lanzar varias veces al aire a una persona o un pelele, con una manta sostenida entre varios. ‖ *Arg.* Maltratar entre varios a uno. ❑ MANTEADOR, RA; MANTEAMIENTO; MANTEO.

manteca *f* Grasa de los animales, en especial la del cerdo, y producto fabricado a partir de ella. ‖ Sustancia grasa de la leche.

mantecado *m* Bollo amasado con manteca de cerdo. ‖ Helado.

mantel *m* Cubierta, gralte. de tela, con que se cubre la mesa de comer.

mantelería *f* Juego de mantel y servilletas.

mantener *tr* y *prnl* Proveer a uno del alimento necesario. • *tr* Conservar una cosa. ‖ Proseguir en lo que se está ejecutando. ‖ Defender una opinión o sistema• *prnl* No variar de estado o resolución. ‖ (fig) Fomentarse, alimentarse. ❑ MANTENENCIA.

mantenido, da *pp* de mantener. • *m* y Persona que vive a expensas de otra.

mantequilla *f* Sustancia blanda y grasque se extrae de la leche de vaca. ❑ MANTEQUERÍA; MANTEQUERO.

mantequillera *f* *Amér.* Mantequera, vasija.

mantilla *f* Prenda de mujer para cubrir lacabeza. ‖ Cualquiera de las piezas coque se envuelve por encima de los pañales a los niños recién nacidos.

mantillo *m* Capa superior del suelo, formada en gran parte por la descomposición de materias orgánicas. ‖ Abono quresulta de la fermentación y putrefaccióndel estiércol.

mantis *f* Insecto dotado de patas anterio res características y prensadoras, colas que caza insectos, base de su alimentación.

manto *m* Prenda amplia a modo de capa‖ Velo grande que cubre hasta la cintura.(fig) Lo que encubre y oculta una cosa‖ Capa de mineral que yace casi horizontalmente.

mantón *m* Pañuelo grande, y gralte. dabrigo.

manual *adj* Que se ejecuta con las manos‖ Casero, de fácil ejecución. • *m* Libro eque se recoge y resume lo fundamentalde una asignatura o ciencia. ❑ MANUALIDAD.

manubrio *m* Empuñadura o pieza empleada para dar vueltas a una rueda, eje, etc.

manufactura *f* Producción artesana‖ Producción fabril para cuya fabricación se ha empleado maquinaria. ‖ Fábrica, taller. ❑ MANUFACTURAR; MANUFACTURERO, RA.

manufacturado, da *pp* de manufactura• *adj* Díc. del producto que resulta de latransformación industrial de ciertas materias primas.

manumitir *tr* Dar libertad al esclavo❑ MANUMISIÓN; MANUMISO, SA; MANUMISOR, RA.

manuscrito, ta *adj* Escrito a mano. • *m* Libro escrito a mano por un escritor o persona célebre.

manutención *f* Acción de mantener o mantenerse.

manyar *tr Arg.* y *Chile.* Comer.

manzana *f* Fruto del manzano, de forma globosa algo hundida por los extremos del eje. ‖ En las poblaciones, conjunto aislado de varias casas contiguas. ‖ *Amér.* Nuez o prominencia de la garganta. ◻ MANZANAL; MANZANAR.

manzanilla *f* Planta herbácea con tallo muy ramificado, hojas partidas, flores blancas con el centro amarillo y frutos en aquenio, espontánea en toda España. ‖ Flor de esta planta e infusión digestiva que se elabora con ella.

manzanillo *m* Árbol de tronco delgado, del que se obtiene un látex blanquecino.

manzano *m* Planta arbórea con ramas espinosas, hojas ovaladas terminadas en punta; flores rosadas y frutos en pomo comestibles, llamados manzanas.

maña *f* Destreza, habilidad. ‖ Astucia, treta. ‖ Vicio o mala costumbre. Se usa más en plural.

mañana *f* Tiempo que transcurre desde que amanece hasta mediodía. ‖ Intervalo de tiempo desde la medianoche hasta el mediodía. • *m* Tiempo futuro próximo a nosotros. • *adv tiempo* En el día que seguirá inmediatamente al de hoy. ‖ (fig) En tiempo venidero. ◻ MAÑANERO, RA.

mañanitas *f pl Méx.* Composición musical breve.

mañerear *intr Arg.* Obrar, proceder con maña.

maño, ña *m* y *f* (fig, fam) De Aragón. ‖ En Aragón y Chile, apelativo cariñoso.

mapa *m* Representación geográfica de la Tierra o parte de ella en una superficie plana.

mapache *m* Mamífero carnívoro de pelaje espeso y cola muy poblada, que vive en América del Norte.

mapamundi *m* Mapa que representa la superficie de la Tierra dividida en dos hemisferios.

maqueta *f* Reproducción a escala reducida de una construcción, máquina, obra arquitectónica, etc. ‖ Modelo de una página hecho a base de pegar las galeradas y grabados. ◻ MAQUETISTA.

maquiavélico, ca *adj* Perteneciente al maquiavelismo. ‖ (fig) Hábil para conseguir algo con astucia y falsedad.

maquillar *tr* y *prnl* Aplicar cosméticos al rostro para resaltar sus cualidades estéticas y disimular sus imperfecciones. ‖ Caracterizar, componer su fisonomía el actor. ◻ MAQUILLADOR, RA; MAQUILLAJE.

máquina *f* Conjunto de elementos destinados a recibir y transformar energía. ‖ Por antonomasia, locomotora del tren. ‖ Tramoya del teatro para las transformaciones de la escena. ◻ MAQUINAL; MAQUINISTA.

maquinación *f* Intriga, asechanza, trama.

maquinar *tr* Urdir, tramar ocultamente algo, generalmente contra alguien. ◻ MAQUINADOR, RA.

maquinaria *f* Conjunto de máquinas para un fin determinado. ‖ Mecanismo que da movimiento a un artefacto.

maquinismo *m* Empleo predominante de las máquinas para sustituir la mano de obra en el proceso productivo.

maquis *m* o *f* Persona que, huida a los montes, vive en rebeldía y oposición armada al sistema político establecido.

mar *amb* Masa de agua salada que separa las tierras emergidas y constituye la mayor parte de la superficie de la Tierra. ‖ Cada una de las partes en que se considera dividida. ‖ (fig) Abundancia extraordinaria de alguna cosa.

marabunta *f* Migraciones masivas de hormigas, que devoran a su paso todo lo que encuentran. ‖ (fig) Conjunto de gente alborotada y tumultuosa.

maraca *m* Instrumento musical guaraní compuesto de una calabaza seca, atravesada por un palo que sirve de mango, llena de semillas o piedrecitas.

maracayá *m Amér.* Mamífero carnívoro, félido, oriundo de Colombia y Ecuador.

maraña *f* Maleza, matorrales. ‖ (fig) Enredo de los hilos o del cabello. ‖ Embrollo, enredo, lío.

marañón m Árbol americano de mediana altura; flores en racimo y fruto en forma de pera, con almendras comestibles.

marasmo m Último grado de extenuación del organismo. ‖ (fig) Paralización en lo moral o en lo físico.

maratón m Carrera atlética de gran fondo, incluida en el programa olímpico. ‖ p. ext. Otras competiciones deportivas de resistencia.

maravilla f Suceso o cosa extraordinarios que causan admiración. ‖ Admiración, acción de admirar.

maravillar tr Causar admiración. • prnl Ver con admiración. ❏ MARAVILLOSO, SA.

marbete m Cédula que se adhiere a las piezas de tela, cajas, botellas, bultos de equipaje, etc., y en que se suele indicar la marca de fábrica, el contenido, el precio, etcétera.

marca f Prov., distrito fronterizo. ‖ Acción de marcar. ‖ Señal hecha en una persona, animal o cosa, para distinguirla de otra o indicar calidad o pertenencia. ‖ El mejor resultado técnico homologado en el ejercicio de un deporte.

marcado, da pp de marcar. • adj Notable, manifiesto, perceptible.

marcador, ra adj y s Que marca. • m Aparato en que se marcan los tantos o puntos que consigue un equipo o un jugador.

marcaje m Acción y efecto de marcar a un jugador contrario.

marcapaso o **marcapasos** m Aparato mediante el cual una corriente eléctrica estimula rítmicamente el músculo cardíaco.

marcar tr Poner la marca a una cosa o persona. ‖ (fig) Señalar. ‖ Actuar sobre alguien o algo dejándole huella moral. ‖ Señalar el reloj la hora o indicar un aparato cantidades o magnitudes. ‖ Dar indicio de alguna cosa. ‖ Señalar con el teléfono los números de otro para comunicar con él. ‖ Tratándose de géneros de comercio, poner en ellos la indicación de su precio. ‖ En el fútbol y algunos otros deportes, conseguir tantos metiendo la pelota en la meta contraria.

marcha f Acción de marchar. ‖ Desplazamiento a pie de personas con algún fin. ‖ Desarrollo de un proyecto o empresa. ‖ En el cambio de velocidades de un vehículo, cualquiera de las posiciones motrices. ‖ Pieza de música destinada a indicar el paso reglamentario de la tropa.

marchamo m Marca que se pone en los fardos o bultos en las aduanas, como señal de que están reconocidos.

marchante[1] adj Mercantil. • m o f Traficante o comerciante.

marchante[2], ta m y f Amér. Parroquiano de una tienda.

marchar intr y prnl Caminar, hacer viaje, ir o partir de un lugar. • intr Andar, funcionar un artefacto. ‖ (fig) Funcionar, desenvolverse una cosa.

marchitar tr y prnl Ajar, quitar el jugo y frescura a las hierbas, flores y otras cosas. ‖ (fig) Enflaquecer, quitar el vigor. ❏ MARCHITABLE; MARCHITAMIENTO; MARCHITEZ; MARCHITO, TA.

marchoso, sa adj y s Juerguista, calavera.

marcial adj Perteneciente a la guerra. ‖ Perteneciente a los militares. ‖ (fig) Varonil, franco.

marciano, na adj Relativo al planeta Marte. • m y f Supuesto habitante del planeta Marte.

marco m Moneda oficial de Alemania y de Finlandia. ‖ Cerco que rodea o ciñe algunas cosas. ‖ Pórtico en el que se fijan las bisagras de las puertas. ‖ (fig) Lugar en que se desarrolla una acción.

marea f Movimiento periódico de elevación y descenso del nivel del océano debido a la atracción gravitatoria ejercida por la Luna, y en menor grado por el Sol, sobre la Tierra.

marear tr Dirigir una embarcación en el mar. • tr e intr (fig, fam) Enfadar, molestar. • prnl Sentir mareo. ‖ Amér. Pasarse el color de una tecla.

marejada f Movimiento tumultuoso de grandes olas, aunque no haya borrasca.

maremoto m Serie de grandes olas marinas originadas por los desplazamientos de agua provocados por movimientos sísmicos.

mareo *m* Sensación de malestar que se manifiesta con náuseas y vómitos, sudor, etc. ‖ (fig, fam) Molestia, ajetreo.

marfil *m* Sustancia ósea y dura de los colmillos superiores de los elefantes y, p. ext., de otros animales. ‖ Sustancia dura fundamental de los dientes, cubierta por el esmalte.

marga *f* Roca sedimentaria clásica, de grano fino, que contiene notables proporciones de carbonatos, y se utiliza para elaborar cemento.

margarina *f* Emulsión muy concentrada de grasas vegetales, que se emplea como sucedáneo de la mantequilla.

margarita *f* Molusco marino con concha ovalada y larga. ‖ Planta herbácea con hojas en roseta, flores agrupadas en capítulos solitarios y frutos en aquenio, que se planta en los jardines por su vistosidad y colorido.

margen *amb* Extremidad y orilla de una cosa. ‖ Espacio que queda en blanco a cada uno de los lados de una página manuscrita o impresa. ‖ Beneficio en una venta o negocio.

marginado, da *pp* de marginar. • *m* y *f* Persona que vive fuera de la sociedad y de sus reglas.

marginal *adj* Perteneciente al margen. ‖ Que está al margen. ‖ De importancia secundaria. ‖ (fig) Díc. de las personas o grupos que viven y actúan fuera de las normas sociales comúnmente admitidas.

marginar *tr* Apostillar. ‖ Dejar márgenes en el papel en que se escribe. ‖ (fig) Prescindir o hacer caso omiso de alguien o algo. ‖ (fig) Poner o dejar a una persona o grupo en condiciones sociales de inferioridad. ☐ MARGINACIÓN.

mariachi *m* Música popular mex., típica del estado de Jalisco. ‖ Cada uno de los instrumentistas que ejecuta esta música.

marica *m* (fig, fam) Hombre afeminado u homosexual.

maricón *adj* y *m* (fig, fam) Marica. ‖ Insulto grosero que se usa con o sin significado preciso. ☐ MARICONADA.

mariconera *f* (fam) Pequeño bolso de hombre.

maridar *intr* Casar, contraer matrimonio. ‖ Hacer vida marital sin estar casados. • *tr* (fig) Unir o enlazar. ☐ MARIDAJE.

marido *m* Hombre casado, con respecto a su mujer.

mariguana o **marihuana** *f* Droga blanda que se obtiene del cáñamo indio, cultivado en las zonas tropicales y cálidas. Produce euforia y alucinaciones, así como cierto estado apático.

marimacho *m* (fam) Mujer que en su corpulencia o acciones parece hombre.

marimandona *f* Mujer mandona y dominante.

marimba *f* Especie de tambor africano. ‖ Instrumento musical en que se percuten listones de madera, como en el xilófono.

marimorena *f* (fam) Camorra, riña, pendencia.

marina *f* Conjunto de los buques de una nación. ‖ Conjunto de las personas que sirven en la marina de guerra. ‖ Parte de tierra junto al mar. ‖ Cuadro o pintura que representa el mar. ‖ Arte que enseña a navegar.

marinar *tr* Dar cierta sazón al pescado para conservarlo. ‖ Dejar en remojo en una salsa pescados o carnes antes de cocinarlos.

marine *f* Soldado de infantería de marina de Estados Unidos y Reino Unido.

marinear *intr* Trabajar como marino.

marinera *f* Especie de blusa que llevan los marineros. ‖ *Chile, Ecuad.* y *Perú.* Baile popular.

marinería *f* Profesión de hombre de mar. ‖ Conjunto de marineros.

marinero, ra *adj* Díc. del buque que obedece a las maniobras con facilidad. ‖ Díc. también de lo que pertenece a la marina o a los marineros. • *m* Hombre de mar que sirve en las maniobras de las embarcaciones. ☐ MARINESCO, CA.

marino, na *adj* Perteneciente al mar. • *m* ‖ El que sirve en la marina.

marioneta *f* Fantoche, títere que se mueve por medio de hilos. ‖ (fig) Persona que se deja manejar dócilmente. • *pl* Teatro representado con marionetas.

mariposa *f* Insecto volador que se caracteriza por presentar dos pares de alas membranosas de vistosos colores. • *adj* y *s* Dícese del estilo de natación en que los brazos se mueven simultáneamente hacia delante, mientras las piernas se mueven juntas arriba y abajo. • *m* Hombre afeminado, mariquita.

mariposear *intr* (fig) Variar con frecuencia de aficiones y caprichos. ‖ (fig) Cortejar el hombre a varias mujeres.

mariquita[1] *f* Insecto que se distingue por sus élitros rojos o amarillos con puntos negros. • *m* (fam) Hombre afeminado u homosexual.

mariquita[2] *f Arg.* Danza popular.

marisabidilla *f* (fam) Mujer que presume de sabia ante los demás sin serlo.

mariscal *m* Máx. dignidad militar en los ejércitos de numerosos países.

mariscar *tr* Coger mariscos.

marisco *m* Invertebrado marino, pralm. molusco, aunque también se aplica tal designación a los crustáceos comestibles. □ MARISCADA; MARISCADOR, RA; MARISQUERÍA.

marisma *f* Terreno bajo que inundan las aguas del mar. □ MARISMEÑO, ÑA.

marista *adj* y *s* Díc. de los miembros de ciertas congregaciones religiosas fundadas bajo la advocación de la Virgen María.

marital *adj* Perteneciente al marido o a la vida conyugal.

maritata *f Chile.* Cedazo de tela metálica usado en los establecimientos mineros.

marítimo, ma *adj* Perteneciente o relativo al mar.

marjal *m* Terreno bajo y pantanoso.

marketing *m* Mercadotecnia.

marlo *m Amér.* Espiga de maíz desgranada.

marmita *f* Olla de metal, con tapadera ajustada y una o dos asas.

mármol *m* Roca constituida esencialmente por calcita y dolomita, de fácil pulimentación y de uso ornamental. ‖ (fig) Obra artística de mármol. □ MARMOLERÍA; MARMOLISTA.

marmóreo, a *adj* De mármol o parecido a él.

marmota *f* Mamífero roedor de cuerpo robusto que pasa el invierno aletargado. ‖ (fig) Persona que duerme mucho.

marojo *m* Hojas inútiles que sólo se aprovechan para el ganado.

maroma *f* Cuerda gruesa de esparto o cáñamo. ‖ *Amér.* Ejercicios de acrobacia.

maromear *intr Amér.* Hacer ejercicios de acrobacia. ‖ *Amér. f* Mecerse en una hamaca.

marqués, sa *m* y *f* Título de honor o de dignidad de categoría inferior al de duque y superior al de conde. □ MARQUESADO.

marquesina *f* Cubierta que se pone sobre la tienda de campaña para guardarse de la lluvia. ‖ Alero colocado a la entrada de algunos edificios.

marquetería *f* Ebanistería, trabajo con maderas finas.

marra *f* Falta de una cosa donde debiera estar.

marrajo, ja *adj* Aplícase al toro o buey que no arremete sino a golpe seguro. ‖ (fig) Sagaz e hipócrita. ‖ *Méx.* Tacaño.

marranada *f* (fig, fam) Suciedad moral, acción indecorosa o grosera. □ MARRANERÍA.

marranear *tr* Ensuciar, emporcar. ‖ *Col.* Engañar. • *intr* Comportarse indignamente.

marrano, na *m* Puerco, cerdo. • *adj* y *m* (fig, fam) Díc. del hombre sucio o de mal proceder.

marrar *intr* y *tr* Faltar, errar. • *tr.*(fig) Desviarse de lo recto.

marrazo *m* Hacha de dos bocas. ‖ *Méx.* Machete.

marrón[1] *adj* y *m* De color castaño.

marrón[2] *m Amér.* Martillo grande de hierro.

marroquinería *f* Industria de artículos de piel, cueros o imitación, etc. ‖ Taller donde se fabrican o tienda donde se venden.

marrullería *f* Astucia con que, halagando a uno, se pretende engañarle. □ MARRULLERO, RA.

marsellés, sa *adj* Natural de Marsella. • *f* Himno nacional fr.

marsupial *adj* y *s* Díc. de los mamíferos cuyas hembras incuban a sus crías en la bolsa ventral o marsupio.

marsupio *m* Bolsa abdominal que poseen casi todos los marsupiales. Puede abrirse hacia delante o hacia atrás y en él se encuentran las mamas.

marta f Mamífero carnívoro de patas cortas y pelo espeso y suave de color castaño. Vive en los bosques europeos. ‖ Piel de este animal.

martajar tr Amér. Quebrar el maíz en la piedra.

Marte npm Cuarto planeta del sistema solar por su alejamiento del Sol, y primer planeta exterior.

martes m Segundo día de la semana civil.

martillar o **martillear** tr Batir y dar golpes con el martillo. • tr y prnl (fig) Oprimir, atormentar.

martillazo m Golpe fuerte dado con el martillo.

martillero m Amér. El que vende en subasta.

martillo m Herramienta compuesta por una cabeza de acero templado y un mango, gralte. de madera que se introduce en la cabeza por un agujero llamado *ojo*. Se utiliza para golpear. ‖ Pieza que en las armas de fuego a pistón golpea el percutor.

martineta f Arg. Perdiz de las pampas.

martinete m Mazo pequeño que hiere la cuerda del piano. ‖ Martillo, de potencia inferior al pilón, cuyo movimiento se obtiene mecánicamente.

martingala f Artimaña, artificio para engañar.

mártir m y f Persona que ha muerto por mantenerse fiel a una religión o a unas ideas. ‖ (fig) Persona que sufre padecimientos por alguna causa.

martirio m Muerte o tormentos padecidos por mantener un ideal, una religión u otra causa. ‖ (fig) Cualquier padecimiento largo y muy penoso.

martirizar tr Hacer sufrir martirio. • tr y prnl (fig) Afligir, atormentar.

marxismo m Conjunto de las ideas filosóficas y sociales elaboradas por Karl Marx y por las corrientes del pensamiento posteriores que se definen vinculadas a aquéllas. ☐ MARXISTA.

marzo m Tercer mes del año, según nuestro cómputo. Tiene 31 días.

mas conj advers Pero. ‖ Sino.

más adv comp con que se denota la idea de exceso, aumento o superioridad en comparación expresa o sobrentendida. ‖ Denota a veces aumento indeterminado de cantidad expresa. ‖ Denota idea de preferencia. • m Signo de la suma o adición (+).

masa f Propiedad fundamental de la materia, definida clásicamente como . ‖ Mezcla que resulta de la incorporación de un líquido con una materia pulverizada. ‖ La que se forma con harina, agua y levadura, para hacer el pan. ‖ Volumen, conjunto. ‖ (fig) Muchedumbre o conjunto numeroso de personas.

masacrar tr Asesinar, matar en masa y con suma crueldad. ☐ MASACRE.

masaje m Manipulación de diversas partes del cuerpo con fines terapéuticos, mediante el frotamiento. ☐ MASAJISTA.

mascada f Arg. Porción de tabaco que se toma de una vez en la boca para mascarlo.

mascar tr Partir y desmenuzar la comida con la dentadura. ‖ (fig, fam) Mascullar.

máscara f Figura de cartón, plástico, tela o alambre, con que una persona puede taparse el rostro para no ser conocida. ‖ Careta que se usa para impedir la entrada de gases nocivos en las vías respiratorias. ‖ (fig) Pretexto, disfraz. ☐ MASCARADA.

mascarilla f Máscara que sólo cubre el rostro desde la frente hasta el labio superior. ‖ Aparato que facilita la inhalación de oxígeno, gases anestésicos, etc. ‖ En cosmética, preparado utilizado a modo de máscara para los cuidados estéticos de la cara y del cuello.

mascón m Hond. Estropajo.

mascota f Persona, animal o cosa que sirve de talismán, que trae buena suerte.

masculinización f Fenómeno biológico que provoca en un animal hembra la aparición de caracteres sexuales secundarios propios del sexo masculino.

masculino, na adj Que está dotado de órganos para fecundar. ‖ Propio del varón. ‖ Gén. masculino. ☐ MASCULINIDAD; MASCULINIZAR.

mascullar tr (fam) Hablar entre dientes o pronunciar mal las palabras.

masera f Artesa grande que sirve para amasar.

masía f Casa de campo.

masificar tr y prnl Hacer multitudinario algo que no lo era. □ MASIFICACIÓN.

masilla f Pasta hecha de tiza y aceite de linaza, que se usa para sujetar los cristales, tapar agujeros, etc.

masivo, va adj Díc. de la dosis de un medicamento cuando se aplica cerca del límite máx. de tolerancia del organismo. ‖ (fig) Díc. de lo que se aplica en gran cantidad. ‖ Perteneciente o relativo a las masas humanas; hecho por ellas.

masón, na m y f Francmasón, miembro de una asociación secreta que usa símb. tomados de la albañilería.

masonería f Francmasonería. □ MASÓNICO, CA.

masoquismo m Trastorno psicosexual en el que se obtiene el placer orgásmico a través del dolor físico y de diversas humillaciones. ‖ p. ext. Complacencia en el dolor propio. □ MASOQUISTA.

mass media m pl Comunicación de masas, conjunto de técnicas modernas que permiten a un actor social dirigirse a un público muy numeroso: prensa, cine, televisión, etc.

mastaba f Tumba egipcia en forma de pirámide truncada.

mastectomía f Extirpación de la glándula mamaria.

mastelero m Palo menor que se pone sobre cada uno de los mayores del barco.

masticador, ra adj Que mastica. • adj Dícese del aparato bucal apto para la masticación, y del animal que tiene este aparato. ‖ Dícese de los músculos que intervienen en la masticación.

masticar tr Mascar, desmenuzar la comida con los dientes. ‖ (fig) Rumiar o meditar. □ MASTICACIÓN.

mastigador m Filete de tres anillas sueltas que se pone al caballo para excitarle la salivación y el apetito.

mástil m Palo de una embarcación. ‖ Mastelero. ‖ Palo derecho que sirve para mantener una cosa. ‖ Parte más estrecha de la guitarra y de otros instrumentos de cuerda, situada sobre el mango.

mastín adj y m Díc. de un perro de gran tamaño y robustez y pelaje normalmente largo.

mástique m Pasta de yeso mate y agua de cola que sirve para igualar las superficies que se han de pintar.

mastodonte m Mamífero fósil parecido al mamut. ‖ (fig, fam) Persona o cosa de gran tamaño.

mastranzo m Planta labiada, aromática, que crece junto a las corrientes de agua.

mastuerzo m Planta hortense, de olor desagradable. ‖ Berro. • adj y s (fig) Díc. del hombre necio, torpe.

masturbación f Estimulación de los órganos genitales o de zonas erógenas con la mano o por otro medio para proporcionar goce sexual.

masturbar tr y prnl Proporcionarse solitariamente goce sexual.

mata f Planta herbácea o arbusto de poca altura. ‖ Matorral. ‖ Méx. y Ven. Monte pequeño.

matacán m Veneno para perros. ‖ Obra voladiza en lo alto de un muro, de una torre o de una puerta fortificada.

matacandil m Planta de flores amarillas, común en terrenos algo húmedos.

matachín m Jifero, el que mata las reses. ‖ (fig, fam) Hombre pendenciero, camorrista.

matadero m Sitio donde se mata el ganado para el abastecimiento público. ‖ (fam) Amér. Picadero, cuarto de soltero.

matador, ra adj y s Que mata. ‖ (fig, fam) Feo, de mal gusto. ‖ Espada, torero.

matalahúva f Anís, la planta y su semilla.

matalón, na adj y s Díc. de la caballería flaca y que rara vez se halla libre de mataduras.

matambre m Arg. Capa de carne y grasa que se saca de entre el cuero y el costillar de los animales vacunos. ‖ Arg. Fiambre hecho por lo común con esa capa de carne, rellena y adobada.

matamoscas m Instrumento o sustancia para matar moscas.

matancero m Amér. Matarife, jifero.

matanza f Acción de matar. ‖ Mortandad de personas ejecutada en una batalla, asalto, etc. ‖ Operación de matar los cerdos y de preparar y adobar la carne. ‖ Conjunto de los embutidos que se hacen al matar el cerdo.

matar tr y prnl Quitar la vida. • tr Hablando de la cal o el yeso, quitarles la fuerza echándoles agua. ‖ En los juegos de cartas, echar una superior a la que ha tirado el contrario. ‖ Apagar el brillo de los metales. ‖ Tratándose de aristas, vértices, etc., redondearlos o achaflanarlos. ‖ (fig) Incomodar, fastidiar. ‖ (fig) Estrechar, violentar. ‖ (fig) Extinguir, aniquilar. ‖ Rebajar un color o tono. • prnl (fig) Trabajar con afán y sin descanso.

matarife m Jifero, el que mata las reses.

matarratas adj y s Sustancia propia para matar ratas. • m (fam) Aguardiente de ínfima calidad y muy fuerte.

matasanos m (fig, fam) Curandero o mal médico.

matasellos m Estampilla con que se inutilizan los sellos de las cartas.

matasiete m (fig, fam) Fanfarrón, hombre que presume de valiente.

matasuegras m Objeto de broma consistente en un tubo enroscado de papel que se extiende bruscamente al soplar por un extremo.

matate m Amér. Red en forma de bolsa.

matazón f Amér. Matanza.

match m Competición deportiva entre dos personas o equipos.

mate[1] adj Amortiguado, sin brillo.

mate[2] m Lance final del juego del ajedrez. ‖ En baloncesto, canasta que se obtiene introduciendo la pelota sin lanzamiento a distancia.

mate[3] m Arbusto originario de Sudamérica. ‖ Hojas de mate, secas y empaquetadas e infusión que se prepara con ellas. ‖ Amér. Calabaza que, seca y vaciada, sirve para preparar y servir esta infusión.

matear intr Amér. Merid. Tomar la infusión llamada mate. ❑ MATEADA.

matemática f Ciencia que estudia las magnitudes numéricas y espaciales y las relaciones que se establecen entre ellas.

matemático, ca adj Perteneciente o relativo a las matemáticas. ‖ (fig) Exacto, preciso. • m y f Persona que se dedica al estudio de las matemáticas.

materia f Sustancia que compone los cuerpos físicos. ‖ (fig) Cualquier punto o negocio de que se trata. ‖ Asunto de que se compone una obra literaria, científica, etc.

material adj Perteneciente o relativo a la materia. ‖ Opuesto a lo espiritual. ‖ Opuesto a la forma. ‖ Elemento que entra como ingrediente en algunos compuestos. ‖ Cualquiera de las materias que se necesitan para una obra, o el conjunto de ellas. Se usa más en plural. ‖ Conjunto de máquinas, herramientas, etc., necesarias para el desempeño de un servicio o el ejercicio de una profesión. ‖ Arg. Adobe.

materialismo m Doctrina según la cual la materia constituye el principio de toda realidad. ‖ Tendencia a dar importancia primordial a los intereses materiales. ❑ MATERIALISTA.

materializar tr Presentar algo espiritual de manera que sea percibido por los sentidos. • tr y prnl Hacer posible o realizar una idea o proyecto.

maternal adj Materno.

maternidad f Estado o calidad de madre. ‖ Establecimiento donde se atiende a las parturientas.

materno, na adj Perteneciente a la madre.

matinal adj Perteneciente o relativo a la mañana. • f Sesión o espectáculo que se realiza por la mañana.

matiné f Matinal, espectáculo.

matiz m Unión de diversos colores mezclados con proporción en las pinturas, bordados y otras cosas. ‖ Cada uno de los grados de un color o entre dos colores. ‖ Rasgo característico de una obra literaria.

matizar tr Juntar con proporción diversos colores. ‖ (fig) Exponer o expresar los distintos aspectos de una cosa. ❑ MATIZACIÓN.

matojo m Matorral. ‖ Amér. Retoño de un árbol cortado.

matorral m Terreno sin cultivar lleno de matas y malezas. ‖ Conjunto espeso de matas.

matraca f Instrumento de madera que produce un ruido seco y desapacible. ‖ (fig, fam) Burla y chasco.

matraquear intr (fam) Hacer ruido con la matraca. ‖ (fig, fam) Importunar, fastidiar.

matraz *m* Recipiente de vidrio muy usado en los laboratorios de química.

matrero, ra *adj* Astuto, experimentado. ‖ Suspicaz, receloso. ‖ *Amér.* Bandido, bandolero, vagabundo. ‖ *Col.*, *Ecuad.* y *Hond.* Marrajo, toro malicioso.

matriarcado *m* Forma de organización social en la que las mujeres poseen la autoridad política y familiar. ☐ MA-TRIARCAL.

matricidio *m* Delito de matar uno a su madre.

matrícula *f* Lista de los nombres de las personas que están inscritas en una organización. ‖ Inscripción en un centro de enseñanza. ‖ Placa de los vehículos automóviles que indica su número de registro.

matricular *tr* y *prnl* Inscribir o hacer inscribir el nombre de uno en la matrícula.

matrimoniar *intr* y *prnl* Casarse.

matrimonio *m* Institución social en forma de contrato, que constituye la forma reconocida de casamiento o constitución de una familia. ‖ (fam) Marido y mujer. ☐ MATRIMONIAL.

matriz *f* Útero, víscera hueca, situada en el interior de la pelvis de la mujer y de las hembras de los mamíferos, y destinada a contener el feto hasta el momento del parto. ‖ Molde de cualquier clase con que se da la forma a una cosa. ‖ Piezas de la linotipia que llevan grabadas una letra o signo y que convenientemente reunidas forman la línea. ‖ Parte del talonario que queda al cortar o separar los talones. ‖ (fig) Principal, materna, generadora.

matrona *f* Madre de familia, respetable y de alguna edad. ‖ Mujer que asiste en los partos.

matucho, cha *adj Chile.* Hábil y astuto para los negocios. • *m Chile.* El demonio.

maturrango, ga *adj* y *s Amér.* Díc. del mal jinete.

matusalén *m* (fig) Hombre de mucha edad.

matute *m* Introducción de gén. de contrabando. ‖ Gén. así introducido. ☐ MATUTEAR.

matutino, na *adj* Perteneciente o relativo a las horas de la mañana. ‖ Que ocurre o se hace por la mañana. • *adj* y *m* Díc. del diario que aparece por las mañanas.

maula *f* Cosa inútil. ‖ Engaño. • *m* o *f* (fig, fam) Persona tramposa o mala pagadora. ‖ (fig, fam) Persona perezosa.

maullar *intr* Dar maullidos el gato.

maullido *m* Voz del gato.

máuser *m* Especie de fusil de repetición.

mausoleo *m* Sepulcro suntuoso.

maxilar *adj* Perteneciente o relativo a la mandíbula.

máxima *f* Regla o proposición gralte. admitida en una determinada materia por los estudiosos de ella. ‖ Pensamiento moral muy breve.

máxime *adv modo* En primer lugar.

maximizar *tr* Buscar el máximo de una función.

máximo, ma *adj* Díc. de lo que es tan grande en su especie, que no lo hay mayor ni igual. • *m* Límite superior o extremo a que puede llegar una cosa. ☐ MÁXIMUM.

maxwell *m* Unidad de flujo magnético en el sistema CGS (cegesimal).

maya *adj* y *s* Díc. de individuos pertenecientes a un grupo étnico que habita desde época precolombina una amplia zona de América Central. • *m* Lengua hablada por los mayas.

mayar *intr* Maullar.

mayestático, ca *adj* Propio de la majestad.

mayo *m* Quinto mes del año, según nuestro cómputo; tiene treinta y un días.

mayólica *f* Loza común con esmalte metálico.

mayonesa *adj* y *f* Salsa que se hace batiendo aceite crudo y yema de huevo.

mayor *adj* Que excede a una cosa en cantidad o calidad. ‖ Díc. de la persona entrada en años. ‖ Que tiene más edad. • *m* Superior o jefe. ‖ Oficial primero de una secretaría u oficina. ‖ En algunos países, militar con grado equivalente al de comandante. • *pl* Antepasados.

mayoral *m* Pastor principal que cuida de los rebaños. ‖ En las cuadrillas de obreros, el capataz.

mayorazgo *m* Institución del derecho civil que tiene por objeto perpetuar en la (fam) la propiedad de ciertos bienes. ‖ Conjunto de estos bienes.

mayordomo, ma *m* y *f* Criado principal de una casa o hacienda. ‖ *Perú.* Criado. ☐ MAYORDOMÍA.

mayoría *f* Edad que la ley fija para tener uno plena responsabilidad jurídica de sí y de sus bienes. ‖ El mayor número, la mayor parte. ‖ Mayor número de votos iguales en una votación. ☐ MAYORITARIO, RIA.

mayorista *m* o *f* Comerciante que vende al por mayor. • *adj* Aplícase al comercio en que se vende o compra al por mayor.

mayúsculo, la *adj* Algo mayor que lo ordinario en su especie. ‖ Díc. de la letra de mayor tamaño y distinta figura, por regla general, que la minúscula.

maza *f* Arma de hierro o madera, a modo de bastón, y con el extremo más grueso. ‖ Insignia que llevan los maceros. ‖ Pieza que se utiliza para golpear algunos instrumentos. ‖ Martillo para desbastar la piedra o el mármol.

mazacote *m* Masa espesa y pegajosa. ‖ (fig) Cualquier objeto de arte mal terminado y en el cual se ha procurado más la solidez que la elegancia.

mazapán *m* Pasta hecha con almendras molidas y azúcar y cocida al horno.

mazazo *m* Golpe dado con maza o mazo. ‖ (fig) Emoción fuerte debida a algo inesperado.

mazmorra *f* Prisión subterránea.

mazo *m* Martillo grande de madera.

mazorca *f* Espiga densa y apretada, como la del maíz o del cacao.

mazurca *f* Danza popular polaca. ‖ Música de esta danza.

me Dativo o acusativo del *pron pers* de 1ª pers. en gén. masculino o femenino y núm. singular.

meada *f* (fam) Orina que se expele de una vez. ‖ Sitio que moja o señal que hace una meada.

meandro *m* Curva en el cauce de un río o valle. ‖ Adorno de líneas sinuosas y repetidas.

mear *intr, tr* y *prnl* Orinar.

meca *f* (fig) Lugar que se considera centro o capital de algo.

mecánico, ca *adj* Perteneciente a la mecánica. ‖ Que se ejecuta por un mecanismo o máquina. ‖ Díc. de los actos o movimientos realizados instintivamente o por costumbre. ‖ Se aplica a los oficios o trabajos que exigen más habilidad manual que intelectual. • *m* Obrero dedicado al manejo y arreglo de las máquinas. • *f* Parte de la física que estudia las fuerzas y los efectos que producen. ‖ Aparato o resorte interior que da movimiento a un ingenio o artefacto.

mecanismo *m* Estructura de un cuerpo y combinación de sus partes constitutivas.

mecanizar *tr* Implantar el uso de máquinas en operaciones industriales, administrativas, militares, etc. ‖ (fig) Dar la regularidad de una máquina a las acciones humanas. ☐ MECANIZACIÓN; MECANIZADO, DA.

mecano *m* Juguete compuesto de piezas metálicas que se pueden montar y desmontar.

mecanografía *f* Arte de escribir a máquina. ☐ MECANOGRÁFICO, CA; MECANÓGRAFO, FA.

mecanografiar *tr* Escribir a máquina.

mecanoterapia *f* Empleo de aparatos especiales para producir movimientos activos o pasivos en el cuerpo humano, con objeto de curar o aliviar ciertas enfermedades.

mecate *m Amér. Centr.* y *Méx.* Bramante, cordel o cuerda de pita.

mecedor, ra *adj* Que mece o sirve para mecer. • *m* Instrumento de madera que sirve para mover líquidos. • *f* Silla de brazos cuyos pies descansan sobre dos arcos o terminan en forma circular, en la cual puede mecerse el que se sienta.

mecenas *m* o *f* (fig) Protector de las letras y las artes. ☐ MECENAZGO.

mecer *tr* Menear y mover un líquido de una parte a otra, para que se mezcle o incorpore. • *tr* y *prnl* Mover una cosa compasadamente de un lado a otro sin que mude de lugar, como la cuna de los niños. ☐ MECEDURA.

mecha *f* Cuerda retorcida o cinta de filamentos combustibles, que se pone en las piqueras o mecheros de algunos aparatos

m

del alumbrado y en el interior de las velas y bujías. ‖ Tubo relleno de pólvora, utilizado para dar fuego a minas y barrenos. ‖ Lonjilla de tocino gordo o cualquier otro ingrediente que se utiliza como relleno para la carne, las aves, etcétera. ‖ Porción o mechón de pelo.

mechar tr Introducir mechas de tocino gordo en la carne de las aves o en otras viandas.

mechero m Canutillo que contiene la mecha para alumbrar. ‖ Boquilla de los aparatos de alumbrado. ‖ Encendedor de bolsillo.

mechificar intr Amér. Merid. Burlarse, mofarse.

mechón m Porción de pelos, hebras o hilos, separada de un conjunto de la misma clase.

mechonear tr y prnl Amér. Mesar, desgreñarse el cabello.

meco, ca adj Méx. Díc. de ciertos animales cuando tienen color bermejo con mezcla de negro. • m y f Méx. Indio salvaje.

mecual m Méx. Raíz extraída del maguey.

medalla f Pieza de metal acuñada con alguna figura, símbolo o emblema. ‖ Distinción honorífica o premio.

medallón m Bajorrelieve de figura redonda o elíptica. ‖ Joya en forma de cajita donde se guarda una fotografía o cualquier recuerdo.

médano m Duna. ‖ Montón de arena casi a flor de agua. ⬚ MEDANOSO, SA.

media f Prenda de punto que cubre el pie y la pierna hasta la rodilla o más arriba. ‖ Amér. Calcetín.

mediacaña f Moldura cóncava, cuyo perfil es, gralte., un semicírculo. ‖ Listón de madera con algunas molduras, con el cual se guarnecen las orillas de las colgaduras de las salas, frisos, etc.

mediagua f Amér. Techo cuya superficie tiene un solo declive para la caída de las aguas.

medialuna f Cualquier cosa en forma de media luna. ‖ Pan o bollo en forma de media luna. ‖ Símb. de los musulmanes.

mediana f En un triángulo cualquiera, cada una de las rectas que unen un vértice con el punto medio del lado opuesto.

medianería f Pared común a dos casas contiguas. ‖ Amér. Aparcería.

medianero, ra adj Díc. de la cosa que está en medio de otras dos. • adj y s Díc. de la persona que media e intercede para que otra consiga una cosa o para un arreglo o trato.

medianía f Término medio entre dos extremos. ‖ (fig) Persona que carece de prendas relevantes.

mediano, na adj De calidad intermedia. ‖ Moderado; ni muy grande ni muy pequeño.

medianoche f Las doce de la noche, hora que señala el final de un día y el inicio del siguiente.

mediar intr Llegar a la mitad de algo. ‖ Interceder en favor de uno. ‖ Interponerse entre dos o más que riñen o contienden, procurando reconciliarlos. ‖ Dicho del tiempo, pasar, transcurrir. ⬚ MEDIACIÓN; MEDIADOR, RA; MEDIANTE.

mediatizar tr Influir decisivamente en los asuntos de otro, llegando a modificar su opinión o actitud. ⬚ MEDIATIZACIÓN.

mediatriz f Recta perpendicular al punto medio de un segmento.

medicación f Medicar con un fin terapéutico determinado. ‖ Conjunto de medicamentos y medios curativos que tienden a un mismo fin.

medicamento m Sustancia o preparado que se administra con fines terapéuticos.

medicar tr y prnl Administrar medicinas.

medicina f Ciencia y arte de lograr el diagnóstico, curación y prevención de las enfermedades. ‖ Medicamento. ⬚ MEDICINAL.

médico, ca adj Perteneciente o relativo a la medicina. • m y f Persona que ha sido legalmente autorizada para enseñar y ejercer la medicina.

medida f Acción y efecto de medir. ‖ Expresión del resultado de una medición. ‖ Cualquiera de las unidades que se emplea para medir longitudes, áreas o volúmenes. ‖ Disposición, prevención. Se emplea más en plural. ‖ Grado, intensidad. ‖ Cordura, prudencia.

medidor, ra adj y s Que mide una cosa. • m Amér. Contador de agua, gas o electricidad.

medieval o **medioeval** adj Perteneciente o relativo a la Edad Media. ❑ MEDIEVALISTA.

medievo o **medioevo** m Edad Media.

medio, dia adj Igual a la mitad de una cosa. ‖ Díc. de lo que está entre dos extremos. • m Parte que en una cosa equidista de sus extremos. ‖ Diligencia o acción conveniente para conseguir alguna cosa. ‖ Elemento en que vive o se mueve una persona, animal o cosa. • m pl Caudal, rentas o hacienda que uno posee o goza. • adv modo No del todo, no enteramente. Con verbos en infinitivo va precedido de la prep a.

mediocre adj De calidad media. ‖ Bastante malo. ❑ MEDIOCRIDAD.

mediodía m Hora en que está el Sol en el punto más alto de su elevación sobre el horizonte. ‖ Mitad del día. ‖ Sur, punto cardinal.

medir tr Determinar la longitud, extensión, volumen o capacidad de alguna cosa. ‖ (fig) Igualar y comparar una cosa no material con otra. • prnl (fig) Moderarse en decir o ejecutar una cosa.

meditabundo, da adj Que medita o reflexiona en silencio.

meditar tr Aplicar el pensamiento a la consideración de una cosa. ❑ MEDITACIÓN.

mediterráneo, a adj Perteneciente o relativo al mar Mediterráneo, o a los territorios que baña.

médium m o f Persona que se supone utilizada por los espíritus para comunicarse a través de ella con los que los invocan.

medrar intr Crecer bien los animales y plantas. ‖ (fig) Mejorar uno de fortuna aumentando sus bienes, reputación, etc. ❑ MEDRO.

medroso, sa adj y s Temeroso, que tiene miedo por cualquier motivo. ‖ Que causa miedo.

medula o **médula** f Sustancia grasa, blanquecina o amarillenta, que se halla dentro de algunos huesos de los animales. ‖ (fig) Sustancia pral. de una cosa no material. ❑ MEDULAR.

medusa f Fase pelágica y móvil en el ciclo biológico de muchos animales de simetría radiada.

mefítico, ca adj Díc. del aire o gas que, al respirarse, puede ser perjudicial.

megabyte m En computación, medida equivalente a un millón de bytes.

megafonía f Técnica que se ocupa de los aparatos e instalaciones precisos para aumentar el volumen del sonido.

megáfono m Aparato para amplificar la voz.

megalito m Monumento prehistórico formado por uno o más bloques de piedra.

megalomanía f Manía o delirio de grandezas. ❑ MEGALÓMANO, NA.

megalópolis f Ciudad gigantesca.

megatón m Fuerza explosiva igual a un millón de toneladas de trinitrolueno.

meiosis o **meyosis** f Proceso de reducción cromática, en la que se reduce a la mitad el número de cromosomas o gametos.

mejana f Isleta en un río.

mejicanismo m Mexicanismo.

mejicano, na adj y s Mexicano.

mejilla f Cada una de las partes más carnosas de la cara, debajo de los ojos.

mejillón m Molusco comestible marino, protegido por una concha negroazulada.

mejor adj comp de bueno. Superior a otra cosa y que la sobrepasa en alguna de sus cualidades. • adv modo comp. de bien. Más bien o menos mal. ‖ Antes o más, denotando idea de preferencia.

mejora f Acción y efecto de mejorar. ‖ Cambio hecho en una cosa, por lo que resulta notablemente mejorada. ‖ Puja o aumento que se pone al precio de una cosa.

mejorana f Planta herbácea que se usa en medicina popular por sus propiedades antiespasmódicas.

mejorar tr Hacer que algo sea mejor de lo que era. • intr y prnl Ir recobrando la salud perdida; restablecerse. ‖ Ponerse el tiempo más favorable o benigno. ‖ Ponerse en lugar o grado ventajoso respecto del que antes se tenía. ❑ MEJORABLE; MEJORAMIENTO.

mejoría f Mejora, cambio hecho en una cosa de manera que resulta mejorada. ‖ Alivio en una dolencia, padecimiento o enfermedad.

mejunje m Cosmético, medicamento o bebida formados por la mezcla de varios ingredientes.

melancolía f Tristeza, acompañada gralte. de nostalgia. ❏ MELANCÓLICO, CA.

melanina f Pigmento de tono oscuro presente en las células de los vertebrados, que produce la coloración de la piel y el cabello.

melar intr Dar la segunda cochura al zumo de la caña, hasta que adquiere una consistencia semejante a la de la miel. • intr y tr Melificar. || Ecuad. Ganar dinero fácilmente.

melaza f Residuo que queda tras la cristalización de un azúcar.

melena f Cabellera larga y suelta. || Crin del león. ❏ MELENUDO, DA.

melenera f Parte superior del testuz de los bueyes, en la cual se asienta el yugo.

melero m Persona que vende miel. || Sitio o paraje donde se guarda la miel.

melífero, ra adj Que lleva o tiene miel.

melificar tr e intr Elaborar las abejas la miel.

melifluo, a adj (fig) Amable con afectación. ❏ MELIFLUIDAD.

melindre m Fruta de sartén, hecha con miel y harina. || (fig) Delicadeza afectada en palabras, acciones y ademanes. ❏ MELINDROSO, SA.

melindrear intr Hacer melindres en la expresión o ademanes.

melisa f Toronjil, planta.

mella o **melladura** f Rotura o hendidura en el filo de un arma o herramienta, o en el borde de un objeto. || (fig) Menoscabo, merma.

mellar tr y prnl Hacer mellas. || (fig) Menoscabar, disminuir una cosa no material. ❏ MELLADO, DA.

mellizo, za adj y s Gemelo, nacido del mismo parto. • adj Igual a otra cosa.

melocotón m Melocotonero. || Fruto de este árbol.

melocotonero m Planta arbustiva con frutos en drupa pubescente, redondeada, grande, con un único surco lateral, de color amarillento rojizo y pulpa jugosa, conocidos con el nombre de melocotones.

melodía f Composición vocal o instrumental, con acompañamiento. || Cualidad del canto por la cual resulta agradable al oído. ❏ MELÓDICO, CA.

melodioso, sa adj Dotado de melodía, dulce y agradable al oído.

melodrama m Drama puesto en música; ópera. || Obra teatral, cinematográfica o literaria en que se exageran los aspectos sentimentales y patéticos. ❏ MELODRAMÁTICO, CA.

melómano, na m y f Persona muy aficionada a la música. ❏ MELOMANÍA.

melón adj (fig, fam) Persona torpe, inepta. • m Planta herbácea con tallos largos y rastreros, hojas dentadas y flores amarillas. || Fruto del mismo nombre con la superficie rugosa, verde o amarillenta, comestible. ❏ MELONAR.

meloso, sa adj De calidad o naturaleza de miel. || (fig) Blando y suave. ❏ MELOSIDAD.

membrana f Piel delgada o tejido que presenta forma laminar y es de consistencia blanda. || Conjunto de material más o menos grueso que rodea la célula. ❏ MEMBRANOSO, SA.

membrete m Nombre o título de una persona o corporación puesto a la cabeza del papel de escribir.

membrillero m Membrillo, planta.

membrillo m Arbusto de fruto amarillo, muy aromático y carne áspera. || Fruto de este arbusto.

membrudo, da adj Fornido y robusto.

memez f Simpleza, bobada.

memo, ma adj y s Tonto, simple, mentecato.

memorable adj Digno de ser recordado.

memorándum o **memorando** m Librito de notas. || Comunicación diplomática en que se apunta algo que debe ser tenido en cuenta en una negociación. || Chile. Resguardo bancario.

memoria f Facultad de recordar cosas pasadas. || Recuerdo. || Estudio o disertación escrita, sobre alguna materia. || En computación, dispositivo electrónico capaz de almacenar información y restituirla a petición del usuario. • pl Relaciones de ciertos acontecimientos.

memorial *m* Libro de notas. ‖ Escrito en que se solicita un favor, alegando los méritos o motivos.

memorizar *tr* Fijar en la memoria alguna cosa, aprender de memoria. ☐ MEMORIZACIÓN.

mena *f* Mineral metalífero tal como se extrae del criadero, y del cual puede obtenerse económicamente un metal.

menaje *m* Conjunto de muebles, utensilios y ropas de una casa.

mención *f* Recuerdo o memoria que se hace de una persona o cosa, nombrándola, contándola o refiriéndola.

mencionar *tr* Hacer mención de una persona.

menda *pron pers* (fam) El que habla. Se usa con el verbo en 3ª pers. • *m* Uno, uno cualquiera.

mendaz *adj y s* Mentiroso. ☐ MENDECIDAD.

mendicante *adj y s* Que mendiga.

mendigar *tr* e *intr* Pedir limosna de puerta en puerta. • *tr* (fig) Solicitar el favor de uno humillándose. ☐ MENDICIDAD.

mendigo, ga *m y f* Persona que habitualmente pide limosna.

mendrugo *m* Pedazo de pan duro o desechado. • *adj* (fig) Rudo, tonto, zoquete.

menear *tr y prnl* Mover una cosa de una parte a otra. • *tr* (fig) Manejar, dirigir una dependencia o negocio. • *prnl* (fig, fam) Hacer con prontitud una cosa.

meneo *m* Acción de menear o menearse. ‖ (fig, fam) Vapuleo, tunda.

menester *m* Falta o necesidad de una cosa. ‖ Ocupación. • *pl* Herramientas.

menesteroso, sa *adj y s* Falto, necesitado.

menestra *f* Guisado compuesto con diferentes hortalizas y trozos pequeños de carne o jamón.

menestral, la *m y f* Persona que tiene un oficio mecánico.

mengano, na *m y f* Voz que se usa en la misma acepción que *fulano* y *zutano*, y con la que se designa a una persona cualquiera.

mengua *f* Acción y efecto de menguar. ‖ Escasez de una cosa. ‖ (fig) Descrédito, deshonra.

menguado, da *pp* de menguar. • *adj y s* Cobarde, pusilánime. ‖ Tonto, falto de juicio.

menguar *intr* Disminuirse o irse consumiendo física o moralmente una cosa. ‖ Hablando de la Luna, disminuir la parte iluminada del astro, visible desde la Tierra. • *tr* Disminuir, amenguar. ☐ MENGUAMIENTO; MENGUANTE.

menhir *m* Monumento megalítico formado por una gran piedra clavada verticalmente en el suelo.

meninge *f* Cada una de las cubiertas membranosas que recubren el encéfalo y la médula espinal. ☐ MENÍNGEO, A; MENINGOCOCO.

meningitis *f* Inflamación de las meninges. ☐ MENINGÍTICO, CA.

menisco *m* Órgano fibrocartilaginoso de ciertas articulaciones y especialmente de la rodilla.

menopausia *f* Fin de la menstruación en la mujer y época en que esto se produce. ☐ MENOPÁUSICO, CA.

menor *adj comp* de pequeño. Más pequeño en cualquier aspecto material. • *adj y s* Menor de edad.

menorragia *f* Menstruación excesiva en cantidad o en duración. ☐ MENORRÁGICO, CA.

menos *adv comp* con que se denota la idea de falta, disminución, restricción o inferioridad en comparación expresa o sobrentendida. Se une al nombre, al *adj*, al verbo, a otros *adv* y a modos adverbiales, y cuando la comparación se expresa se utiliza con la *conj que*. Puede tener función de sustantivo. • *m* Signo matemático de sustracción o resta, que se representa por una rayita horizontal (–). • *adv modo* Excepto.

menoscabar *tr y prnl* Disminuir las cosas, quitándoles una parte; acortarlas, reducirlas a menos. ‖ (fig) Causar mengua o descrédito en la honra o en la fama. ☐ MENOSCABO.

menospreciar *tr* Tener una cosa o a una persona en menor consideración de lo que realmente merece. ‖ Despreciar, desdeñar.

menosprecio *m* Escaso aprecio. ‖ Desdén.

mensaje m Recado de palabra que envía una persona a otra. ‖ Aportación religiosa, moral, intelectual o estética de una persona, doctrina u obra; doctrina o tesis transmitida por una obra intelectual o artística. ☐ MENSAJERÍA.

mensajero, ra adj Díc. de lo que anuncia la llegada de algo. • m y f Persona que lleva un recado, despacho o noticia a otra.

menso, sa adj y s Méx. Tonto, pesado, bobo.

menstruación f Fenómeno propio del sexo femenino, que consiste en la expulsión periódica del óvulo no fecundado y en una hemorragia producida por la rotura de capilares de la mucosa. ☐ MENSTRUAR; MENSTRUO.

mensual adj Que sucede cada mes. ‖ Que dura un mes.

mensualidad f Sueldo o salario de un mes. ‖ Cantidad que se paga por meses.

mensura f Medida.

mensurar tr Medir. ☐ MENSURACIÓN.

menta f Hierbabuena.

mentalidad f Modo de pensar que caracteriza a una persona, a un grupo, a un pueblo, etc.

mentalizar tr y prnl Preparar o predisponer la mente de alguien de modo determinado. ☐ MENTALIZACIÓN.

mentar tr Nombrar o mencionar una cosa.

mente f Potencia intelectual del alma. ‖ Intención, propósito, voluntad. ☐ MENTAL.

mentecato, ta adj y s Tonto, bobo. ‖ De escaso juicio y entendimiento. ☐ MENTECATEZ.

mentidero m (fam) Sitio donde se reúne alguna gente para conversar y criticar.

mentir intr Decir o manifestar lo contrario de lo que se sabe, cree o piensa.

mentira f Expresión o manifestación contraria a lo que se sabe, cree o piensa.

mentiroso, sa adj y s Que tiene costumbre de mentir. ‖ Engañoso, aparente, fingido.

mentol m Sustancia incolora, de olor y sabor fuertes, y de poder antiséptico, constituyente pral. de la esencia de menta. ☐ MENTOLADO, DA.

mentón m Barbilla o prominencia de la mandíbula inferior.

menú m Conjunto de platos que constituyen una comida. ‖ Carta del día donde se relacionan las comidas, postres y bebidas. ‖ Comida a precio fijo que ofrecen los restaurantes, con posibilidad limitada de elección.

menuco m Chile. Pantano.

menudear tr e intr Ocurrir una cosa con frecuencia. ‖ Amér. Vender al por menor.

menudencia f Cosa de poco aprecio y estimación.

menudillos m pl Interior de las aves, que se reduce a higadillo, molleja, sangre, madrecilla y yemas.

menudo, da adj Pequeño, chico. ‖ Despreciable, de poca importancia. ‖ Aplícase al dinero en monedas pequeñas. ‖ En fr. exclamativas, toma a veces sentido ponderativo.

meñique adj y s Díc. del dedo más pequeño de la mano.

meollo m Sesos. ‖ Médula. ‖ (fig) Sustancia o lo más pral. de una cosa. ‖ (fig) Inteligencia.

mequetrefe m (fam) Persona entrometida y de poca formalidad.

mequiote m Méx. Bohordo, tallo del maguey.

mercadear intr Comerciar. ☐ MERCADEO.

mercader m Comerciante. ☐ MERCADERIL.

mercadería f Mercancía.

mercado m Lugar donde se venden y compran mercancías. ‖ Sitio público destinado permanentemente, o en días señalados, para vender, comprar o permutar géneros o mercancías. ‖ Conjunto de consumidores capaces de comprar un producto o servicio.

mercadotecnia f Conjunto de principios y prácticas que buscan el aumento del comercio, especialmente de la demanda, y estudio de los procedimientos y recursos tendentes a este fin.

mercancía f Trato de vender y comprar comerciando en géneros. ‖ Cualquier género vendible.

mercante adj Mercantil. • adj y m Se dice del barco que transporta mercancías.

mercantil *adj* Perteneciente o relativo al mercader, a la mercancía o al comercio.

mercantilismo *m* Sistema económico, vigente en los siglos XVII y XVIII, que atiende en primer término al desarrollo del comercio, pralm. al de exportación, con intervención del Estado, y considera la posesión de metales preciosos como signo característico de riqueza. □ MERCANTILISTA.

mercar *tr* y *prnl* Comprar. □ MERCA.

merced *f* Premio o galardón que se da por el trabajo. ‖ Cosa, honor, perdón, etc., concedidos a alguien por un soberano. ‖ Tratamiento o título de cortesía, que actualmente se corresponde con el *usted*.

mercenario, ria *adj* y *s* Aplícase a la tropa que sirve en la guerra a un gobierno extranjero por una retribución. ‖ Asalariado.

mercería *f* Comercio de artículos para costura. ‖ Tienda en que se venden.

mercurio *npm* El planeta más cercano al Sol. • *m* Es el único metal líquido a temperatura ordinaria. Su mena más importante es el cinabrio o sulfuro rojo. □ MERCÚRICO, CA.

merecer *tr* Hacerse uno digno de premio o de castigo. ‖ Tener cierto grado o estimación una cosa. • *intr* Hacer méritos, ser digno de premio. □ MERECEDOR, RA; MERECIDO, DA.

merendar *tr* e *intr* Tomar la merienda. • *prnl* (fig, fam) Vencer o dominar a otro en una pelea o competición. □ MERENDERO.

merengue *m* Dulce, por lo común de forma ovalada, hecho con claras de huevo y azúcar y cocido al horno. ‖ *Arg., Par.* y *Ur.* Lío, desorden, trifulca. ‖ (fig) *Col.* y *Chile.* Persona de complexión delicada. ‖ *Amér. Centr.* Danza popular.

meretriz *f* Prostituta, ramera, mujer pública. □ MERETRICIO, CIA.

meridiano, na *adj* Perteneciente o relativo a la hora del mediodía. ‖ (fig) Clarísimo, muy luminoso. • *adj* y *s* Díc. de la línea que es el lugar geométrico de los puntos de una superficie que tienen igual long. (geográfica o celeste).

meridional *adj* Perteneciente o relativo al sur o mediodía.

merienda *f* Comida ligera que se hace por la tarde antes de la cena. ‖ En algunas partes, comida que se toma al mediodía.

mérito *m* Circunstancia, cualidad o acción por la que alguien merece cierta cosa deseable. ‖ Valor de las cosas debido al trabajo o habilidad puestos en ellas.

meritorio, ria *adj* Digno de premio o galardón.

merla *f* Mirlo, pájaro.

merláchico, ca *adj* *Méx.* Pálido, enfermo.

merluza *f* Pez de grandes aletas, cuya carne es muy apreciada. Sus crías son las pescadillas.

mermar *intr* y *prnl* Bajar o disminuir una cosa o una parte. • *tr* Quitar a uno parte de cierta cantidad que le corresponde. □ MERMA.

mermelada *f* Conserva de frutas con miel o azúcar.

mero[1] *m* Pez de gran tamaño, de piel parduzca, con manchas blancas y carne muy apreciada.

mero[2]**, ra** *adj* Puro, simple y que no tiene mezcla de otra cosa. ‖ Insignificante, sin importancia. ‖ *Méx.* y *Hond.* Mismo. ‖ *Méx.* Exacto, puntual.

merodear *intr* Vagar por el campo viviendo de lo que se coge o roba. □ MERODEADOR, RA; MERODEO.

mes *m* Cada una de las doce partes en que se divide el año. ‖ Mensualidad, sueldo de un mes.

mesa *f* Mueble que se compone de una tabla lisa sostenida por uno o varios pies, y que sirve para comer, escribir, jugar u otros usos. ‖ En las asambleas políticas y otras corporaciones, conjunto de las personas que las dirigen. ‖ Terreno elevado y llano, de gran extensión, rodeado de valles o barrancos.

mesada *f* Porción de dinero u otra cosa que se da o paga todos los meses.

mesar *tr* y *prnl* Arrancar los cabellos o barbas con las manos. □ MESADURA.

meseta *f* Llanura situada a cierta altura sobre el nivel del mar. ‖ Descansillo de una escalera. □ MESETARIO, RIA; MESETEÑO, ÑA.

m

mesías *npm* El Hijo de Dios prometido por los profetas al pueblo hebreo. • *m* (fig) Persona real o imaginaria en cuyo advenimiento hay puesta confianza inmotivada o desmedida. ☐ MESIÁNICO, CA; MESIANISMO.

mesita *f* Mesa pequeña.

mesoamericano, na *adj* Perteneciente o relativo a Mesoamérica, región cuyos límites se encuentran entre una línea que corre al norte de la capital de México, y otra que corta América Central por Honduras y Nicaragua.

mesocracia *f* Forma de gobierno en la que predomina la clase media. || (fig) Burguesía. ☐ MESOCRÁTICO, CA.

mesón[1] *m* Establecimiento público donde se da hospedaje y se sirven comidas. || *Chile*. Mostrador de una cantina. ☐ MESONERO, RA.

mesón[2] *m* Cada una de las partículas efímeras producidas en ciertas reacciones nucleares.

mesosfera *f* Capa de la atmósfera terrestre comprendida entre la estratosfera y la ionosfera.

mesotórax *m* Parte media del pecho. || Segmento medio del tórax de los insectos.

mesotrofia *f* Propiedad de las aguas de lagos con poca transparencia y escasa profundidad.

mestizaje *m* Cruzamiento de razas diferentes. || Conjunto de los individuos que resultan de este cruzamiento. || (fig) Mezcla de culturas distintas.

mestizar *tr* Mezclar las castas por el ayuntamiento o cópula de individuos que no pertenecen a una misma.

mestizo, za *adj* y *s* Díc de la persona nacida de padres de distinta raza. || Híbrido.

mesura *f* Gravedad y compostura en la actitud y el semblante. || Demostración exterior de sumisión y respeto. || Moderación, comedimiento.

mesurar *tr* Infundir mesura. • *prnl* Contenerse, moderarse. ☐ MESURADO, DA.

meta *f* Término señalado a una carrera. || (fig) Fin a que se dirigen las acciones o deseos de una persona. || En ciertos deportes, portería o guardameta.

metabolismo *m* Conjunto de modificaciones que sufre una sustancia desde su entrada en el interior de un organismo hasta su transformación final. ☐ METABÓLICO, CA.

metacarpo *m* Conjunto de cinco huesos (metacarpianos) del esqueleto de la mano humana. ☐ METACARPIANO, NA.

metacrilato *m* Sal o éster del ácido metacrílico. || p. ext. Se da este nombre a los plásticos, gralte. rígidos y transparentes.

metafísica *f* Estudio del ser en cuanto tal, y de sus propiedades, principios y causas primeras. || (fig) Modo de discurrir con demasiada sutileza en cualquier materia. || (fig) Lo que así se discurre. ☐ METAFÍSICO, CA.

metáfora *f* Tropo que consiste en trasladar el sentido recto de las voces a otro figurado, en virtud de una comparación tácita. ☐ METAFÓRICO, CA.

metaforizar *tr* Usar metáforas o alegorías.

metal *m* Elemento o cuerpo simple que presenta características físicas y químicas particulares que dependen de su estructura atómica y su naturaleza. || (fig) Timbre de la voz.

metalenguaje *m* Lenguaje empleado para estudiar las propiedades del mismo o de otro lenguaje.

metálico, ca *adj* De metal, o perteneciente a él. • *m* Artífice que trata y trabaja en metales. || Dinero en oro, plata u otro metal. || Dinero en general.

metalífero, ra *adj* Que contiene metal.

metalizar *tr* Hacer que un cuerpo adquiera propiedades metálicas. • *prnl* Convertirse una cosa en metal o impregnarse de él. || (fig) Interesarse desmesuradamente por el dinero. ☐ METALIZACIÓN.

metalurgia *f* Arte de beneficiar los minerales y de extraer los metales que contienen, para que sean elaborados. || Conjunto de industrias, en particular las pesadas, dedicadas a la elaboración de metales. ☐ METALÚRGICO, CA.

metamorfosear *tr* y *prnl* Transformar.

metamorfosis *f* Transformación de una cosa en otra. || Conjunto de transformaciones que sufren ciertos animales desde que nacen hasta su conversión en adultos.

metano *adj* y *m* Dícese de un gas incoloro, inodoro e insípido, que con el aire forma mezclas explosivas (grisú).

metástasis *f* Reproducción de una enfermedad en órganos distintos de aquel en que se presentó primero.

metatarso *m* Conjunto de cinco huesos (metatarsianos) del esqueleto del pie, que se articulan posteriormente con la segunda hilera de huesos del tarso, y anteriormente con las primeras falanges de los dedos del pie.

metátesis *f* Trastrueque de sonidos dentro de una palabra, a causa de ser atraídos o repelidos por otros sonidos.

metatizar *tr* Pronunciar o escribir una palabra cambiando de lugar uno o más de sus sonidos.

meteco *adj* y *s* Extranjero o forastero. ‖ No natural.

meteorismo *m* Abultamiento del vientre por gases acumulados en el tubo digestivo, pralm. en el intestino.

meteorito *m* Cuerpo sólido del sistema solar, de tamaño relativamente pequeño, que se mueve según una órbita elíptica alrededor del Sol.

meteorización *f* Conjunto de cambios físicos y químicos producidos en las rocas y en los relieves de la superficie terrestre por acción de los agentes atmosféricos.

meteorizar *tr* Causar meteorismo. • *prnl* Recibir la tierra la influencia de los meteoros.

meteoro o **metéoro** *m* Cualquiera de los fenómenos atmosféricos. ❏ METEÓRICO, CA; METEOROLÓGICO, CA.

meteorología *f* Ciencia que estudia la atmósfera y los fenómenos producidos en ella y relacionados con el tiempo atmosférico, a fin de predecirlo y controlarlo. ❏ METEOROLÓGICO, CA; METEORÓLOGO, GA.

meter *tr* y *prnl* Introducir o incluir una cosa dentro de otra o en alguna parte. ‖ Apretar las cosas en poco espacio. ‖ Poner. ‖ Dicho de las velas, cargarlas y aferrarlas. • *prnl* Introducirse en una parte sin ser llamado. ❏ METIDA.

meticuloso, sa *adj* Escrupuloso, concienzudo. ❏ METICULOSIDAD.

metido, da *pp* de meter. • *adj* Abundante en algo. ‖ *Amér.* Entrometido. • *m* Puñetazo. ‖ Tela sobrante que suele dejarse metida en las costuras de una prenda de ropa.

metodismo *m* Doctrina de una secta de protestantes que afecta gran rigidez de principios. ❏ METODISTA.

metodizar *tr* Poner orden y método en una cosa.

método *m* Procedimiento para alcanzar un determinado fin. ‖ En pedagogía, sistema que se adopta para enseñar o educar. ‖ Procedimiento que se sigue en las ciencias para hallar la verdad y enseñarla; es de dos maneras: analítico y sintético. ❏ METÓDICO, CA.

metodología *f* Ciencia del método. ‖ Conjunto de métodos que se siguen en una investigación científica o en una exposición doctrinal.

metonimia *f* Tropo que consiste en designar una cosa con el nombre de otra tomando el efecto por la causa o viceversa.

metraje *m* Longitud de una película cinematográfica.

metralla *f* Munición menuda con que se cargan las piezas de artillería. ‖ Fragmentos en que se descompone un proyectil al estallar.

metralleta *f* Arma de fuego portátil de repetición.

métrica *f* Arte que trata de la medida de los versos, de sus clases y de las combinaciones que con ellos pueden formarse.

métrico, ca *adj* Perteneciente o relativo al metro[1] o medida del verso.

metrificar *tr* e *intr* Versificar. ❏ METRIFICACIÓN.

metro[1] *m* Verso, con relación a la medida correspondiente a cada especie de versos. ‖ Unidad fundamental de longitud.

metro[2] *m* Apócope de metropolitano.

metrópoli *f* Ciudad pral., cabeza de provincia o Estado. ‖ Iglesia arzobispal que tiene dependientes otras sufragáneas. ‖ La nación, respecto de sus colonias.

metropolitano, na *adj* Perteneciente o relativo a la metrópoli. • *m* Tranvía o ferrocarril utilizado en las grandes ciudades.

meublé *m* Casa de citas.

mexicanismo *m* Palabra o expresión propia de México.

mezcal *m* *Méx.* Variedad de pita. ‖ *Méx.* Aguardiente que se saca de esta planta.

mezcalina *f* Principio activo que se extrae del mezcal. A dosis tóxicas produce convulsiones que pueden llevar a la parálisis respiratoria. Provoca alucinaciones visuales.

mezcla *f* Acción y efecto de mezclar o mezclarse. ‖ Agregación de varias sustancias o cuerpos que no tienen entre sí acción química.

mezclar *tr* y *prnl* Juntar, incorporar una cosa con otra. • *tr* Desordenar lo que ya estaba en orden. ❑ MEZCLADURA; MEZCLADO, DA; MEZCLADOR, RA.

mezcolanza *f* (fam) Mezcla extraña y confusa, y algunas veces ridícula.

mezquinar *intr* *Amér.* Obrar con mezquindad.

mezquino, na *adj* Avaro, miserable. ‖ Pequeño, diminuto. ‖ Desdichado, infeliz. • *m* *Col.*, *Hond.* y *Méx.* Verruga. ❑ MEZQUINDAD.

mezquita *f* Edificio que los mahometanos destinan para la oración y las ceremonias religiosas.

mi[1] *m* Tercera nota de la escala musical.

mi[2] *pron pos.* Apócope de mío, mía.

mí Forma de genitivo, dativo y acusativo del *pron pers* de 1ª pers. en gén. masculino o femenino y núm. singular. Se usa siempre con preposición.

miau Onomatopeya del maúllo del gato. • *m* Maullido.

mica *f* Mineral del grupo micas. • *f pl* Grupo de minerales de la clase silicatos, caracterizados por la facilidad con la que pueden separarse en capas flexibles y elásticas. ❑ MICÁCEO, A.

miccionar *intr* Orinar, expeler orina. ❑ MICCIÓN.

micha *f* (fam) Gata, animal.

michelín *m* (fam) Pliegue de gordura que se forma en alguna parte del cuerpo, especialmente alrededor de la cintura.

mico *m* Mono de pequeño tamaño. ‖ Nombre dado a los niños como insulto cariñoso.

micología *f* Ciencia que trata de los hongos. ❑ MICÓLOGO, GA.

micosis *f* Infección provocada por ciertos hongos en algunas partes del organismo.

micra o **micrón** *f* Unidad de longitud submúltiplo del metro, de símbolo μ.

micro *m* (fam) Apócope de micrófono.

microbio *m* Microorganismo. ❑ MICROBIANO, NA.

microbiología *f* Ciencia biológica que estudia los microorganismos. ❑ MICROBIOLÓGICO, CA.

microbús *m* Autobús de poca capacidad, que se utiliza para trayectos cortos o difíciles.

microchip *m* Chip de tamaño muy pequeño.

microcirugía *f* Cirugía realizada con micromanipuladores.

microclima *m* Conjunto de condiciones atmosféricas de un punto determinado.

microcosmos *m* El hombre, considerado como representación sintética del universo o macrocosmos. ‖ El átomo y sus partículas.

microfilmar *tr* Reproducir documentos en forma de microfilme.

microfilme *m* Película fotográfica para obtener microcopias.

micrófono *m* Instrumento utilizado en telefonía y radiotelefonía, que está destinado a recibir las ondas sonoras y transformarlas en oscilaciones eléctricas para su ampliación.

microondas *m* Horno provisto de un sistema generador de ondas electromagnéticas de alta frecuencia que sirve para cocinar, calentar y descongelar.

microprocesador *m* Circuito integrado, comúnmente llamado *chip*, con integración a gran escala; es la unidad central de proceso de una microcomputadora.

microscopio *m* Instrumento destinado a la observación de objetos muy pequeños.

microsurco *m* Ranura de los discos de fonógrafo, cuyo delgadísimo paso permite largas audiciones. • *adj* y *m* por extensión, dícese del tipo de disco.

miedo *m* Perturbación angustiosa del ánimo por un riesgo real o imaginario. ❑ MIEDOSO, SA.

miel *f* Sustancia viscosa muy dulce, de color amarillento, que las abejas elaboran con el néctar de las flores y luego depositan en las celdillas de sus panales, como alimento en reserva.

mielga *f* Horca de aventar y cargar bieldo, bieldro, etc.

mieloma *m* Proliferación de células de la médula ósea productoras de proteínas de diversa naturaleza.

miembro *m* Cualquiera de las extremidades del hombre o de los animales. ‖ Órgano copulador en el hombre y en algunos animales. ‖ Individuo que forma parte de una comunidad o corporación. ‖ Parte de una cosa separada de ella. ‖ Cualquiera de las dos cantidades de una ecuación.

mientras *adv* tiempo Durante el tiempo en que.

miércoles *m* Tercer día de la semana civil y cuarto de la semana litúrgica.

mierda *f* Excremento humano y de algunos animales. ‖ (fig, fam) Grasa, suciedad, porquería.

mies *f* Planta madura de cuya semilla se hace el pan. ‖ Tiempo de la siega y cosecha de granos.

miga *f* Migaja, porción pequeña de pan o de otra cosa. ‖ Parte interior y blanda del pan, que está cubierta por la corteza. ‖ (fig, fam) Contenido, lo esencial o pral. de algo.

migaja *f* Parte pequeña y menuda del pan, que suele saltar o desmenuzarse al partirlo. ‖ Porción pequeña de cualquier cosa.

migar *tr* Desmenuzar el pan en pedazos muy pequeños para hacer migas o cosa semejante. ‖ Echar estos pedazos en un líquido.

migración *f* Acción y efecto de pasar de un país a otro para residir en él. ‖ Desplazamiento efectuado por grupos de animales, siempre numerosos, de una a otra zona de su área de distribución.

migraña *f* Jaqueca.

migratorio, ria *adj* Que emigra. ‖ Perteneciente o relativo a la migración o emigración de personas. ‖ Perteneciente o relativo a los viajes periódicos de ciertos animales.

miguelear *tr* Amér. Centr. Enamorar, cortejar.

mijo *m* Planta herbácea con frutos en cariópsides, utilizados en la alimentación de los animales domésticos. ‖ En algunas partes, maíz.

mil *adj* Diez veces ciento. ‖ Milésimo. ‖ (fig) Díc. del número o cantidad grande indefinidamente. • *m* Signo o conjunto de signos con que se representa el número mil.

milagrear *intr* Hacer milagros.

milagro *m* Hecho que no se explica por causas naturales y que se atribuye a una intervención divina. ‖ Cualquier suceso o cosa rara, extraordinaria y maravillosa. ☐ MILAGROSO, SA.

milanesa *f* Filete de carne empanado.

milcao *m* Chile. Guiso de papas machacadas.

milenario, ria *adj* Perteneciente al número mil o al millar. • *adj* y *s* Muy antiguo. • *m* Espacio de mil años.

milenio *m* Periodo de mil años.

milenrama *f* Planta con hojas lanceoladas, flores agrupadas en capítulos blancos o rojizos, y frutos en aquenio.

milésimo, ma *adj* Que sigue inmediatamente en orden al o a lo noningentésimo nonagésimo nono. • *adj* y *s* Díc. de cada una de las mil partes iguales en que se divide un todo.

milhojas *f* Milenrama. • *m* Pastel de hojaldre relleno de merengue.

milhombres *m* (fam) Apodo que se da al hombre pequeño y bullicioso o que sirve para poco.

mili *f* (fam) Servicio militar.

milicia *f* Conjunto de actividades de la guerra y arte de su preparación y disciplinamiento de los soldados. ‖ Servicio o profesión militar. ‖ Tropa o gente de guerra. ☐ MILICIANO, NA.

milico *m* (desp) Amér. Merid. Soldado, militar.

miligramo *m* Milésima parte de un gramo.

mililitro *m* Milésima parte de un litro.

milímetro *m* Milésima parte de un metro.

militar¹ *adj* Perteneciente o relativo a la milicia o a la guerra, por contraposición a civil. • *m* El que profesa la milicia.

militar[2] *intr* Servir en la guerra o profesar la milicia. ‖ (fig) Figurar activamente en un partido o en una colectividad. ‖ (fig) Concurrir en una cosa alguna razón o circunstancia particular. ❑ MILITANCIA; MILITANTE.

militarismo *m* Predominio del elemento militar en el gobierno del Estado. ‖ Modo de pensar de quien propugna esta preponderancia. ❑ MILITARISTA.

militarizar *tr* Inculcar la disciplina o el espíritu militar. ‖ Someter a la disciplina militar a personas o agrupaciones civiles. ❑ MILITARIZACIÓN.

milla *f* Nombre de varias unidades de medida de longitud.

millar *m* Conjunto de mil unidades. ‖ Signo usado para indicar que son millares los guarismos colocados delante de él. ‖ Núm. grande indeterminado. Se usa más en plural.

millón *m* Mil millares. ‖ (fig) Núm. muy grande indeterminado.

millonario, ria *adj* Que posee un millón, o más, de unidades monetarias. • *adj* y *s* Rico, acaudalado.

millonésimo, ma *adj* y *s* Díc. de cada una del millón de partes iguales en que se divide un todo. • *adj* Que ocupa en una serie el lugar al cual preceden 999 999 lugares.

milocha *f* Cometa.

miloguate *m* Méx. Caña del maíz.

milonga *f* Arg. Tonada popular, sencilla y monótona. ‖ Fiesta familiar con baile.

milpa *f* Amér. Centr. y Méx. Maizal.

mimar *tr* Hacer caricias y halagos. ‖ Tratar con excesivo regalo y condescendencia a uno, y en especial a los niños. ❑ MIMADO, DA.

mimbre *amb* Mimbrera, arbusto. ‖ Cada una de las varitas correosas y flexibles que produce la mimbrera. ❑ MIMBRAL; MIMBREÑO, ÑA.

mimbrear *intr* y *prnl* Moverse o agitarse con flexibilidad, como el mimbre.

mimbrera *f* Arbusto cuyo tronco se puebla de ramillas largas, delgadas y flexibles.

mimesis o **mímesis** *f* Imitación que se hace de una persona para burlarse de ella.

mimetismo *m* Propiedad que poseen algunos animales y plantas de imitar aspectos y colores propios del medio en que viven, con el fin de pasar inadvertidos. ❑ MIMÉTICO, CA.

mímica *f* Arte de imitar, representar o darse a entender por medio de gestos. ❑ MÍMICO, CA

mimo[1] *m* Cariño, demostración expresiva de ternura. ‖ Condescendencia excesiva.

mimo[2] *m* Actor teatral que se vale exclusiva o preferentemente de gestos y movimientos corporales. ‖ Pantomima.

mimosa *f* Gén. de plantas exóticas, leguminosas, que comprende muchas especies.

mimoso, sa *adj* Inclinado a hacer caricias y mimos o que le agrada recibirlos.

mina *f* Criadero de minerales de útil explotación. ‖ Conjunto de excavaciones que se realizan en la superficie terrestre para extraer minerales. ‖ Barrita de grafito que va en el interior del lápiz. ‖ Artefacto explosivo. ❑ MINAL.

minador, ra *adj* Que mina. • *adj* y *m* Díc. del buque destinado a colocar minas submarinas.

minar *tr* Abrir caminos o galerías por debajo de tierra. ‖ (fig) Consumir, destruir poco a poco. ‖ Colocar minas terrestres o submarinas para impedir el avance enemigo. ❑ MINADO, DA.

minarete *m* Alminar, torre de la mezquita.

mineral *adj* Perteneciente o relativo a las sustancias naturales que forman la corteza terrestre. • *m* Elemento químico nativo o combinación química natural que forma parte de la corteza terrestre.

mineralizar *tr* y *prnl* Transformar una sustancia en mineral por acción de agentes químicos o bioquímicos. ❑ MINERALIZACIÓN.

mineralogía *f* Ciencia que estudia los minerales en sus aspectos físicos y químicos. ❑ MINERALÓGICO, CA; MINERALOGISTA.

minería *f* Arte de laborear las minas. ‖ Conjunto de la pob. activa que se dedica a este trabajo. ‖ Conjunto de las minas y explotaciones mineras de una nación o comarca.

ninero, ra *adj* Perteneciente a la minería.
• *m* El que trabaja en las minas.

ninga *f Chile y Perú.* Mingaco. ‖ (fam) Pene.

niniar *tr* Pintar miniaturas.

niniatura *f* Variedad de la pintura que tiene como característica sus pequeñas dimensiones. ‖ p. ext. Pequeñez, tamaño pequeño o reducido. ☐ MINIATURISTA.

ninifalda *f* Falda corta que queda muy por encima de las rodillas.

ninifundio *m* Finca rústica de reducida extensión. ☐ MINIFUNDISTA.

nimimizar *tr* Achicar, reducir una cosa de volumen o quitarle importancia.

mínimo, ma *adj* Díc. de lo que es tan pequeño en su especie, que no lo hay menor ni igual. ‖ Minucioso. • *m* Límite inferior, o extremo a que se puede reducir una cosa.

ninino, na *m y f* (fam) Gato o gata.

ministerio *m* Gobierno del Estado, considerado en el conjunto de los varios departamentos en que se divide. ‖ Empleo de ministro. ‖ Tiempo que dura su ejercicio. ‖ Cuerpo de ministros del Estado. ‖ Cada uno de los departamentos en que se divide la gobernación del Estado. ☐ MINISTERIAL.

ministra *f* La que, en la gobernación del Estado, ejerce la jefatura de un departamento ministerial.

ministrable *adj* Díc. de la persona en quien, sin haber sido ministro, se aprecian probabilidades y aptitud para serlo.

ministro *m* El que ministra alguna cosa. ‖ Juez que se emplea en la administración de justicia. ‖ Jefe de cada uno de los departamentos en que se divide la gobernación del Estado.

minorar *tr y prnl* Aminorar. ☐ MINORACIÓN.

minoría *f* En las juntas, asambleas, etc., conjunto de votos dados en contra de lo que opina el mayor número de los votantes. ‖ Fracción de una asamblea, partido o parlamento, que no forma parte de la mayoría. ‖ Menor edad legal de una persona. ☐ MINORITARIO, RIA.

minorista *m* Clérigo de órdenes menores.
• *m o f* Comerciante al por menor.

minucia *f* Menudencia, cosa de poco valor y entidad.

minucioso, sa *adj* Que se detiene en los menores detalles. ☐ MINUCIOSIDAD.

minuendo *m* Primer término de una sustracción, del que se resta el sustraendo para obtener la diferencia.

minúsculo, la *adj* De muy pequeñas dimensiones o de muy poca entidad. • *adj y f* Díc. de la letra de menor tamaño que la mayúscula.

minusvalía *f* Disminución o detrimento del valor de una cosa.

minusválido, da *adj y s* Díc. de la persona que no puede valerse a plena capacidad de sus facultades físicas o mentales.

minusvalorar *tr* Subestimar, valorar alguna cosa menos de lo debido.

minuta *f* Borrador que se hace de un contrato u otra cosa, anotando las cláusulas o partes esenciales. ‖ Cuenta que de sus honorarios o derechos presentan los abogados y curiales.

minutero *m* Manecilla que señala los minutos en el reloj.

minuto, ta *m* Cada una de las sesenta partes iguales en que se divide un grado de círculo. ‖ Cada una de las sesenta partes iguales en que se divide una hora.

mío, a *adj pos* de 1ª pers.

miocardio *m* Parte musculosa del corazón de los vertebrados, situada entre el pericardio y el endocardio. ☐ MIOCARDITIS.

miope *adj y s* Que padece miopía. ‖ (fig) Falto de perspicacia y agudeza.

miopía *f* Defecto óptico caracterizado por la falta de visión clara de objetos distantes.

miquilo *m Arg. y Bol.* Nutria, mamífero.

mira *f* Toda pieza que en ciertos instrumentos sirve para dirigir la vista a un punto. ‖ (fig) Intención. Se usa más en plural. ‖ Regla graduada que se coloca verticalmente en los puntos del terreno que se quiere nivelar.

mirada *f* Acción de mirar. • *adj* Modo de mirar.

mirado, da *pp* de mirar. • *adj* Díc. de la persona que obra con miramientos y de la persona cauta y reflexiva. ‖ Merecedor de buen o mal concepto.

mirador, ra adj Que mira. • m Corredor, galería, pabellón o terrado desde el cual se contempla un paisaje.

miraguano m Palmera de poca alt., que crece en las regiones cálidas de América y Oceanía y cuyo fruto es una baya llena de una materia semejante al algodón, pero más fina, que se emplea para rellenar almohadas.

miramiento m Acción de mirar o considerar una cosa. || Respeto y circunspección que se debe observar en la ejecución de una cosa.

miranda f Paraje alto desde el cual se descubre gran extensión de terreno.

mirar tr y prnl Aplicar la vista en un objeto. • tr Tener un fin u objeto. || Observar las acciones de uno. || Revisar, registrar. || (fig) Pensar, juzgar. || Indagar, buscar una cosa; informarse de ella.

mirífico, ca adj Admirable, maravilloso.

mirilla f Abertura en el suelo o en la pared que corresponde al portal o a la escalera de la casa, para observar quién es la persona que llama a la puerta.

mirística f Árbol de la India, cuya semilla es la nuez moscada.

mirlarse prnl (fam) Entonarse afectando gravedad e importancia. ❐ MIRLAMIENTO.

mirlo m Pájaro de unos 25 cm de largo, que se alimenta de frutos, semillas e insectos, se domestica con facilidad, y aprende gralte. a repetir sonidos y aun la voz humana.

mirón, na adj y s Que mira, y en especial, que mira demasiado o con curiosidad. || Dícese del que, sin jugar, presencia una partida de juego.

mirra f Gomorresina en forma de lágrimas, amarga, aromática, roja, semitransparente y frágil.

mirria f Amér. Pizca, pedacito.

misa f Oficio pral. de la liturgia católica, consistente en un sacrificio que recuerda simbólicamente el de la Cruz.

misal adj y m Díc. del libro que contiene las ceremonias, oraciones y textos para la celebración de la misa.

misántropo, pa m y f Persona que rehúye o siente aversión por el trato humano. ❐ MISANTROPÍA; MISANTRÓPICO, CA.

misar intr (fam) Decir misa. || (fam) Oír misa.

miscelánea f Mezcla de cosas diversas. || Obra o escrito en que se tratan muchas materias inconexas y mezcladas.

miserable adj Desdichado, infeliz. || Avariento, mezquino. || Muy pobre, necesitado.

miserear intr (fam) Portarse como miserable.

miserere m Salmo cincuenta, que empieza con esta palabra.

miseria f Desgracia, trabajo, infortunio. || Estrechez, falta de lo necesario para el sustento u otra cosa; pobreza extremada. || Avaricia, tacañería.

misericordia f Inclinación del ánimo a compadecerse de las penalidades y miserias ajenas. || Virtud que impulsa a perdonar. ❐ MISERICORDIOSO, SA.

mísero, ra adj Desdichado, infeliz. || Abatido, sin fuerza. || Avariento, tacaño. || De pequeño valor.

misia o **misiá** f Amér. Tratamiento de cortesía equivalente a señora.

misil o **mísil** m Cohete o proyectil autopropulsado o dirigido, al que gralte. se asigna un objetivo militar o astronáutico.

misión f Acción de enviar. || Cometido, cosa encomendada a alguien. || Casa, iglesia o centro de los misioneros. || Expedición científica por lugares poco explorados. ❐ MISIONAL.

misionar intr Predicar o dar misiones.

misionero, ra adj Perteneciente o relativo a la misión evangélica. • m Eclesiástico o laico que predica una misión o evangeliza en países de mayoría no cristiana.

misivo, va adj y f Díc. del mesaje o carta que se envía a alguien.

mismo, ma adj Denota identidad. || Semejante o igual. || Se añade a los pron pers y algunos adv para dar más energía a lo que se dice.

misoginia f Aversión u odio a las mujeres.

misógino, na adj y s Que siente aversión por las mujeres y evita su trato.

misterio m En la religión cristiana, cosa inaccesible a la razón y que es objeto de fe. || Cosa arcana o muy recóndita, que no se puede comprender o explicar. ‖ Cada uno de los pasos de la vida, pasión y muerte de Jesucristo, cuando se consideran por separado.

misterioso, sa *adj* Que encierra misterio. ‖ Díc. de la persona que acostumbra a actuar de manera enigmática.

mística *f* Parte de la teología, que estudia la unión del hombre con Dios a través de su contemplación. ‖ Experiencia de lo divino. ‖ Expresión literaria de esta experiencia.

misticismo *m* Doctrina religiosa que enseña la comunicación directa entre el hombre y la divinidad, en la visión intuitiva o en el éxtasis.

místico, ca *adj y s* Misterioso, que encierra misterio. • *adj* Perteneciente a la mística. ‖ Que escribe o trata de mística.

mistificar *tr* Engañar, embaucar. ‖ Falsear, falsificar. ☐ MISTIFICACIÓN.

mistral *adj y m* Viento frío y seco que sopla del norte en las costas del Mediterráneo.

mita *f* En la América esp., repartimiento forzado de los indios para efectuar determinados trabajos.

mitad *f* Cada una de las dos partes iguales en que se divide un todo. ‖ Medio o parte que en una cosa equidista de sus extremos.

miticultura *f* Cultivo industrial del mejillón y otras especies afines.

mitificar *tr y prnl* Convertir en mito. ☐ MITIFICACIÓN.

mitigar *tr y prnl* Moderar, disminuir o suavizar una cosa rigurosa o áspera. ☐ MITIGACIÓN; MITIGATIVO, VA; MITIGATORIO, RIA.

mitin *m* Reunión donde se discuten públicamente asuntos políticos o sociales.

mito *m* Fábula, ficción alegórica, especialmente en materia religiosa. ‖ Persona o cosa rodeada de extraordinaria estima. ☐ MÍTICO, CA.

mitología *f* Ciencia de los mitos, de su origen, significación y desarrollo. ‖ Conjunto de mitos que conforman la base de muchas culturas y civilizaciones. ☐ MITOLÓGICO, CA.

mitosis *f* División celular indirecta que consta de dos procesos muy diferencia-

dos: la división nuclear y la del resto de las estructuras citológicas. ☐ MITÓTICO, CA.

mitote *m* Especie de baile de los indios mexicanos. ‖ *Amér.* Fiesta casera.

mitra *f* Toca alta y apuntada con que en las grandes solemnidades se cubren la cabeza los obispos y otras jerarquías eclesiásticas. ‖ (fig) Dignidad de obispo.

mitrar *intr* (fam) Obtener un obispado.

mixoma *m* Tumor de los tejidos mucosos.

mixtificar *tr* Mistificar. ☐ MIXTIFICACIÓN.

mixto, ta *adj* Mezclado e incorporado con una cosa. ‖ Dicho de un animal o vegetal, mestizo. • *adj y m* Compuesto de varios simples. • *m* Cerilla, fósforo.

mixtura *f* Mezcla o incorporación de varias cosas. ‖ Pan de varias semillas. ‖ Poción compuesta de varios ingredientes.

mízcalo *m* Nízcalo, hongo comestible.

mnemotecnia *f* Arte que procura por medio de varias reglas aumentar el poder y alcance de la memoria. ‖ Método por medio del cual se forma una memoria artificial. ☐ MNEMOTÉCNICO.

mobiliario, ria *adj* Mueble. Aplícase, por lo común, a los efectos públicos al portador o transferibles por endoso. • *m* Conjunto de muebles de una casa, oficina, etcétera.

moblaje *m* Conjunto de muebles de una casa.

moca *m* Café de muy buena calidad.

mocar *tr y prnl* Sonar, limpiar los mocos.

mocasín *m* Calzado que usan los indios, hecho de piel sin curtir. ‖ Calzado moderno a imitación del anterior.

mocear *intr* Ejecutar acciones propias de gente moza.

mocedad *f* Época de la vida humana desde la pubertad hasta la edad adulta.

mocerío *m* Conjunto de gente moza.

mocezuelo *m Méx.* y *Ven.* Convulsiones que suelen tener los recién nacidos.

mochales *adj* (fam) Díc. de la persona chiflada o medio loca.

mocheta *f* Extremo grueso y romo opuesto a la parte punzante o cortante de ciertas herramientas; como azadones, hachas, etc.

mochila *f* Especie de bolsa, gralte. de lona o plástico, que se lleva a la espalda y se sujeta a los hombros por medio de correas. ‖ Caja forrada de cuero que usan los soldados para llevar el equipo. ‖ *Méx.* Maleta.

mocho, cha *adj* Díc. de aquello a lo que falta la punta o la debida terminación. ‖ (fig, fam) Pelado o con el pelo cortado. • *adj y s Méx.* Conservador en política.

mochuelo *m* Ave rapaz nocturna de pequeño tamaño y cabeza redonda. ‖ (fig, fam) Asunto o trabajo difícil o enojoso del que nadie quiere encargarse.

moción *f* Acción y efecto de moverse o ser movido. ‖ (fig) Alteración del ánimo que se mueve hacia una cosa. ‖ Proposición que se hace o sugiere en una junta que delibera.

mocionar *tr Amér.* Presentar una moción.

moco *m* Sustancia líquida o semisólida, viscosa, segregada por las glándulas mucosas, y especialmente la que fluye por la nariz. ‖ Materia pegajosa y medio fluida que forma grumos dentro de un líquido.

mocoso, sa *adj* Que tiene las narices llenas de mocos. • *adj y s* (fig) Se aplica despectivamente a los niños o jóvenes para expresar su atrevimiento o inexperiencia.

moda *f* Conjunto de cánones, periódicamente modificables, de la forma y los usos del vestir.

modalidad *f* Modo de ser o de manifestarse una cosa.

modelar *tr* Formar de cera, barro u otra materia una figura o adorno. • *prnl* (fig) Ajustarse a un modelo.

modelo *m* Ejemplar o forma que se sigue en la ejecución de una obra artística o en otra cosa. ‖ Reproducción ideal y concreta de un objeto o de un fenómeno con fines de estudio y experimentación. • *m o f* Persona que posa para artistas. • *m* Prenda de vestir, o conjunto combinado de ellas. ◻ MODÉLICO, CA; MODELISTA.

modem *m* Dispositivo electrónico que convierte datos en señales y viceversa, para poder transmitirlos a través de una línea telefónica.

moderación *f* Acción de moderar o moderarse. ‖ Cordura, templanza en las palabras o acciones.

moderado, da *pp* de moderar. • *adj* Que tiene moderación. ‖ Que guarda el medio entre los extremos.

moderador, ra *adj* Que modera. • *m* Persona que preside o dirige un debate.

moderar *tr y prnl* Ajustar una cosa evitando el exceso. ◻ MODERATIVO, VA.

modernismo *m* Afición excesiva a las cosas modernas. ◻ MODERNISTA.

modernizar *tr* Dar forma o aspecto modernos a cosas antiguas. ◻ MODERNIZACIÓN.

moderno, na *adj* Perteneciente al tiempo del que se habla o época reciente. ‖ Contrapuesto a lo clásico. ◻ MODERNIDAD.

modestia *f* Cualidad de modesto, humilde. ‖ Recato de uno en su porte y en la estimación que muestra de sí mismo. ‖ Honestidad, decencia. ‖ Pobreza, escasez de medios. ◻ MODESTO, TA.

módico, ca *adj* Moderado, limitado. ◻ MODICIDAD.

modificar *tr y prnl* Transformar o cambiar una cosa mudando alguno de sus accidentes. ◻ MODIFICACIÓN; MODIFICATIVA; MODIFICATORIO, RIA.

modismo *m* Frase hecha propia de una lengua o dialecto, o típica de una región determinada.

modista *m o f* Persona que tiene por oficio hacer a medida trajes y otras prendas de vestir para señoras.

modistería *f Amér.* Tienda de modas.

modisto *m* Hombre que hace vestidos para señora.

modo *m* Forma variable y determinada que puede recibir o no un ser sin que cambie su esencia. ‖ Urbanidad, decencia en el porte o trato. Se usa más en plural. ‖ Forma de hacer una cosa. ‖ Cada una de las distintas maneras de manifestarse la significación del verbo.

modorra *f* Sueño muy pesado.

modorrar *tr* Causar modorra.

modular *tr* Variar de modos en el habla o en el canto, dando con afinación y suavidad los tonos correspondientes. ‖ Variar el valor de la amplitud, frecuencia o fase

una onda portadora en función de una
al electromagnética para su transmi-
n radiada. ☐ MODULACIÓN.

ulo *m* Dimensión que convencional-
nte se toma como unidad de medida,
más en general, todo lo que sirve de
rma o regla. || Pieza o conjunto de pie-
que se repiten en la construcción de
a cosa. ☐ MODULAR.

a *f* Burla y escarnio que se hace de
a persona o cosa con palabras o seña-
exteriores.

eta *f* Cualquiera de los gases pernicio-
s que se desprenden de las minas y
os sitios subterráneos, ordinariamente
ácido carbónico o un carburo de hidró-
no. || Mamífero carnívoro que al verse
rseguido despide un líquido oleoso, de
or repugnante.

flete *m* (fam) Carrillo muy grueso y
rnoso.

fletudo, da *adj* Que tiene mofletes.

go *m* Col. y Chile. Moho.

golla *f* Col. Moyuelo. || Chile. Ganga.

gollar *tr* Bol. Trampear.

gollón *m* Entremetimiento de uno
onde no lo llaman o no es convidado.

gón, na *adj* Díc. de la res vacuna que
ual falta una asta, o la tiene rota por
a punta.

gote *m* Montículo aislado, de forma
ónica y rematado en punta roma. || Haci-
a o montón de haces en forma piramidal.

hada *f* Mojada, medida agraria.

hín *m* Mueca o gesto.

hína *f* Enojo, disgusto, tristeza. || Re-
erta.

híno, na *adj* Triste, melancólico dis-
gustado. || Díc. del macho o mula hijo de
aballo y burra. • *adj* y *s* Díc. de las caba-
lerías y reses vacunas que tienen el pelo,
y sobre todo el hocico, de color muy negro. • *m* Rabilargo, pájaro.

oho *m* Hongo filamentoso, generalmente microscópico, que forma colonias ve-
losas y pulverulentas sobre sustancias
orgánicas en descomposición. || Capa que
se forma en la superficie de un cuerpo
metálico por alteración química de su
materia; como la herrumbre o el cardenillo. ☐ MOHOSO, SA.

mohosearse *prnl Amér.* Enmohecerse.

moisés *m* Cuna portátil de mimbre, lona
u otra materia, provista de asas para su
traslado.

mojama *f* Cecina de atún.

mojar *tr* y *prnl* Humedecer una cosa con
agua u otro líquido. • *tr.*(fig, fam) Dar de
puñaladas a uno. ☐ MOJADA; MOJADO, DA;
MOJADURA.

mojicón *m* Especie de bizcocho cortado
en trozos pequeños. || Bollo fino que se
usa para tomar chocolate. || (fam) Golpe
que se da en la cara con el puño.

mojiganga *f* Fiesta pública con disfraces
y máscaras. || Obrilla dramática muy bre-
ve para hacer reír. || (fig) Burla, broma.

mojigato, ta *adj* y *s* Díc. de la persona
que afecta exagerada moralidad o recato.
|| Díc. de la persona que aparenta humil-
dad o timidez para conseguir sus propósitos. ☐ MOJIGATERÍA.

mojón *m* Señal permanente para fijar los
linderos de propiedades, términos y fron-
teras. || p. ext. Señal que se coloca en des-
poblado para que sirva de guía. || Porción
compacta de excremento humano que se
expele de una vez.

mol *m* Número de gramos de una sustancia,
igual al que expresa su peso molecular.

molar *adj* Perteneciente o relativo a la
muela. || Apto para moler. || Relativo al
mol. • *adj* y *m* Dícese de cada uno de los
últimos dientes posteriores a los premolares y cuya función es la de triturar los
alimentos.

moldar *tr* Ajustar a un molde. || Hacer
molduras en una cosa.

moldavo, va *adj* Natural de Moldavia.
• *m* Variedad del rumano hablado por los
moldavos.

molde *m* Pieza en la que se hace en hueco
la figura que en sólido quiere darse a la
materia fundida, que en él se vacía. ||
Cualquier instrumento que sirve para estampar o dar forma o cuerpo a una cosa.

moldear *tr* Hacer molduras en una cosa.
|| Sacar el molde de una figura. || Vaciar
por medio de un molde. ☐ MOLDEADO,
DA; MOLDEADOR, RA.

moldura *f* Parte saliente de perfil uniforme, que sirve para adornar obras de ar-

quitectura o de carpintería. ‖ *Ecuad.* Marco de un cuadro.

moldurar *tr* Hacer molduras en una cosa.

mole[1] *f* Cosa de gran bulto o corpulencia. ‖ Corpulencia o bulto grande.

mole[2] *m Méx.* Guisado de carne.

molécula *f* Asociación de átomos, eléctricamente neutra, que forma una estructura estable. ☐ MOLECULAR.

moledor, ra *adj y s* Que muele. ‖ (fig, fam) Dícese de la persona necia que cansa o fatiga con su pesadez.

moler *tr* Quebrantar un cuerpo, reduciéndolo a menudísimas partes o a polvo. ‖ *Cuba.* Exprimir la caña de azúcar en el trapiche. ‖ (fig) Cansar o fatigar mucho materialmente. ‖ (fig) Destruir, maltratar. ☐ MOLEDURA; MOLIENTE.

molestar *tr y prnl* Causar molestia.

molestia *f* Fatiga, perturbación. ‖ Fastidio, inquietud del ánimo. ‖ Desazón por un daño físico leve.

molesto, ta *adj* Que causa molestia o incomodidad. ‖ (fig) Que la siente.

molibdeno *m* Metal blanco, muy duro y maleable, que se usa para fabricar aceros especiales.

molicie *f* Calidad de blando. ‖ (fig) Excesiva comodidad y regalo en el modo de vivir.

molienda *f* Acción de moler. ‖ Porción de caña de azúcar, trigo, aceituna, etcétera, que se muele de una vez. ‖ Temporada que dura la operación de moler la aceituna o la caña de azúcar. ‖ (fig, fam) Molimiento, molestia.

molificar *tr y prnl* Ablandar o suavizar. ☐ MOLIFICACIÓN; MOLIFICATIVO, VA; MOLITIVO, VA.

molinero, ra *adj* Perteneciente al molino o a la molinería. • *m y f* Persona que tiene a su cargo un molino. ‖ Persona que trabaja en él.

molinete *m* Ruedecilla con aspas que se pone en las vidrieras de una habitación para que girando renueve el aire de ésta. ‖ Juguete que consiste en una varilla en cuya punta hay una cruz o una estrella de papel que giran movidos por el viento. ‖ *Méx.* Girándula, rueda de cohetes.

molino *m* Máquina para moler. ‖ Ca〈...〉 edificio en que hay un molino. ‖ (fig〈...〉 sona inquieta y bulliciosa. ☐ MOLI〈...〉 MOLINERÍA; MOLINILLO.

molla *f* Parte carnosa o blanda de un c〈...〉 po orgánico. ☐ MOLLEJA.

mollar *adj* Blando y fácil de partir. ‖ ●〈...〉 Díc. de las cosas que dan mucho pr〈...〉 cho con poco esfuerzo.

molle *m Amér. Centr. y Merid.* Árbol〈...〉 mediano tamaño que tiene hojas frag〈...〉 tes, flores en espigas y frutos rojizos.

mollear *intr* Ceder una cosa a la fue〈...〉 o presión. ‖ Doblarse por su blandura.

molleja *f dim* de molla. ‖ Apéndice car〈...〉 so, formado ordinariamente por infa〈...〉 de las glándulas. ‖ Estómago muscular〈...〉 las aves.

mollera *f* Parte más alta del casco de〈...〉 cabeza junto a la comisura coronal. ‖ ●〈...〉 Caletre, seso. ‖ Fontanela situada en〈...〉 parte más alta de la frente.

molo *m Chile.* Malecón.

molotera *f Guat. y Hond.* Molote, pe〈...〉 tera.

moluscos *m* Tipo de animales inve〈...〉 tebrados que se caracterizan por su cu〈...〉 po blando, en general no segmentado〈...〉 recubierto por una concha.

momentáneo, nea *adj* Que dura sólo 〈...〉 momento.

momento *m* Porción de tiempo muy b〈...〉 ve en relación con otra. ‖ Instante, po〈...〉 ción brevísima de tiempo.

momia *f* Cadáver que se deseca con 〈...〉 transcurso del tiempo sin entrar en putr〈...〉 facción. ‖ (fig) Persona delgada y dem〈...〉 crada.

momificar *tr y prnl* Convertir en mom〈...〉 un cadáver. ☐ MOMIFICACIÓN.

mona *f* Hembra del mono. ‖ (fig, fan〈...〉 Persona que hace las cosas por imitar 〈...〉 otra. ‖ (fig, fam) Persona ebria. ‖ *Chil〈...〉* Maniquí para vestido de mujer.

monacal *adj* Perteneciente o relativo a lo〈...〉 monjes.

monacato *m* Estado o profesión d〈...〉 monje. ‖ Institución monástica. ☐ MO〈...〉 NAQUISMO.

monada *f* Acción propia de mono. ‖ Ges〈...〉 to o figura afectada. ‖ Cosa pequeña, deli〈...〉

cada y primorosa. ‖ (fig) Halago, zalamería. ‖ (fig) Acción graciosa de los niños.

monago o **monaguillo** *m* Niño que ayuda a misa y hace otros servicios en la iglesia.

monarca *m* Príncipe soberano de un Estado.

monarquía *f* Estado regido por un monarca. ‖ Forma de gobierno en que la jefatura del Estado es asumida y ejercida vitaliciamente por una sola persona, llamada rey, monarca o soberano.

monárquico, ca *adj y s* Partidario de la monarquía. • *adj* Perteneciente o relativo al monarca o a la monarquía. ▢ MONARQUISMO.

monasterio *m* Casa o convento donde viven en comunidad los monjes. ▢ MONASTERIAL; MONÁSTICO, CA.

mondadientes *m* Instrumento pequeño y rematado en punta, que sirve para limpiar los dientes y sacar lo que se mete entre ellos.

mondadura *f* Acción y efecto de mondar. ‖ Despojo, cáscara o desperdicio de las cosas que se mondan. Se usa más en plural.

mondar *tr* Limpiar una cosa quitándole lo superfluo o extraño que está mezclado con ella. ‖ Podar, escamondar. ‖ Quitar la cáscara a las frutas, etc. ‖ Cortar a uno el pelo. ‖ (fig, fam) Azotar, apalear. • *prnl* (fig, fam) Partirse. ▢ MONDA.

mondo, da *adj* Limpio y libre de cosas superfluas, mezcladas o añadidas.

mondón *m* Tronco de árbol sin corteza.

mondongo *m* Intestinos y panza de las reses, y especialmente los del cerdo. ‖ Manjares preparados para rellenar las tripas y hacer embutidos. ▢ MONDONGUERÍA; MONDONGUERO, RA.

monear *intr* (fam) Hacer monadas. ‖ *Chile y Arg.* Presumir, envanecerse.

moneda *f* Pieza de metal, acuñada con el busto del soberano o el sello del gobierno que tiene la prerrogativa de fabricarla, y que sirve de medida común para el precio de las cosas y para facilitar los cambios. ‖ (fig, fam) Dinero, caudal. ‖ Conjunto de billetes y metal representativo del dinero circulante en cada país. ▢ MONETARIO, RIA.

monedero *m* Bolsita para llevar monedas en el bolsillo. ‖ El que fabrica moneda.

monema *m* Cada uno de los términos que integran un sintagma. ‖ Mínima unidad significativa.

monería *f* Monada, acción de mono. ‖ (fig) Gesto o acción graciosa de los niños.

monesco, ca *adj* (fam) Propio de los monos o parecido a sus gestos.

monetizar *tr* Dar curso legal como moneda a billetes de banco. ‖ Amonedar, acuñar moneda.

mongol, la *adj y s* Natural de Mongolia. • *m* Grupo de lenguas hablado por los pueblos mongoles.

mongolismo *m* Síndrome congénito caracterizado por un retraso mental y unos rasgos faciales que recuerdan a los de los mongoles. ▢ MONGÓLICO, CA.

moni *m* (fam) *Amér.* Dinero.

moniato *m* Vulgarismo por boniato.

monición *f* Consejo que se da o advertencia que se hace a uno.

monigote *m* Lego de convento. ‖ (fig, fam) Persona ignorante. ‖ (fig, fam) Muñeco o figura ridícula hecha de trapo o cosa semejante.

monitor¹, ra *m y f* Persona encargada de la enseñanza y la práctica de algunas disciplinas o deportes. • *m* El que amonesta o avisa.

monitor² *m* Aparato que revela la presencia de las radiaciones y da una idea de su intensidad. ‖ Aparato de televisión empleado en los estudios de grabación o de emisión para actores y locutores.

monitorio, ria *adj y s* Díc. de lo que sirve para avisar y de la persona que lo hace.

monja *f* Miembro de una orden religiosa femenina. ▢ MONJIL; MONJÍO.

monje *m* Solitario o anacoreta. ‖ Individuo de alguna orden religiosa que está sujeto a una regla común, y vive en monasterios.

mono, na *adj* (fig, fam) Bonito, atractivo, gracioso. • *m* Nombre genérico que se aplica a cualquiera de los miembros del orden primates. ‖ (fig) Persona que hace gestos parecidos a los del mono. ‖ (fig) Traje de faena que usan algunos trabajadores.

monobloc adj y m Díc. de un aparato, edificio u objeto hecho de una sola pieza.

monocolor adj De un solo color. ‖ Díc. de la colectividad formada por personas de una misma tendencia, especialmente política.

monóculo, la adj y s Que tiene un solo ojo. • m Lente para un solo ojo.

monocultivo m Sistema de explotación agrícola mediante el cual se procede a trabajar un terreno para que dé un solo producto.

monógamo, ma adj y s Casado con una sola mujer. ‖ Que se ha casado una sola vez. ❏ MONOGAMIA.

monografía f Tratado o estudio sobre un tema específico o particular. ❏ MONOGRÁFICO, CA.

monolito m Monumento de piedra tallado en una sola pieza. ❏ MONOLÍTICO, CA.

monologar intr Recitar soliloquios o monólogos.

monólogo m Soliloquio. ‖ Especie de obra dramática en que habla un solo personaje.

monomanía f Delirio o locura parcial por la que una idea se convierte en obsesiva para la persona que la sufre. ❏ MONOMANIÁTICO, CA.

monomio m Exp. algebraica en la que no intervienen signos de suma o diferencia.

monopatín m Juguete consistente en una tabla relativamente larga sobre ruedas, con la que se deslizan los niños tras impulsarse con un pie contra el suelo.

monoplaza adj y m Díc. de los vehículos de una sola plaza.

monopolio m Privilegio exclusivo de un individuo o grupo para vender o explotar un bien determinado en un territorio concreto. ‖ (fig) Posesión exclusiva. ❏ MONOPOLISTA.

monopolizar tr Adquirir o atribuirse uno el exclusivo aprovechamiento de una ind., facultad o negocio. ‖ (fig) Acaparar exclusivamente la atención. ❏ MONOPOLIZACIÓN.

monorraíl adj y m Díc. de todo vehículo automotor que se desplaza a lo largo de un solo camino de rodadura o carril, aéreo o no.

monosílabo, ba adj y m Dícese de la palabra que consta de una sola sílaba.

monospermo, ma adj Aplícase al fruto que sólo contiene una semilla.

monoteísmo m Doctrina teológica de las religiones basadas en la existencia de un solo Dios. ❏ MONOTEÍSTA.

monotonía f Uniformidad, igualdad de tono en el que habla, en la voz, en la música, etc. ‖ (fig) Falta de variedad. ❏ MONÓTONO, NA.

monovalente adj Díc. de los átomos de una sola valencia, o de los grupos atómicos que tienen una valencia libre.

monseñor m Título de honor que se da en algunos países a prelados y dignatarios eclesiásticos y a algunos nobles.

monserga f (fam) Lenguaje confuso y embrollado. ‖ Pretensión o petición fastidiosa o pesada.

monstruo m Ser configurado de manera distinta al orden regular de la naturaleza. ‖ Cosa excesivamente grande o extraordinaria. ‖ (fig) Persona dotada de grandes cualidades para el ejercicio de una actividad. ❏ MONSTRUOSO, SA.

monstruosidad f Anomalía propia del monstruo. ‖ Excesiva fealdad o desproporción en lo físico o en lo moral. ‖ Hecho monstruoso.

monta f Acción y efecto de montar. ‖ Acaballadero. ‖ Suma de varias partidas.

montacargas m Ascensor para elevar pesos.

montada f Desveno del freno. ‖ Amér. Centr. y Méx. Policía de a caballo.

montador, ra m y f El que monta. ‖ Operario especializado en el montaje de máquinas o aparatos. • m Poyo a la puerta de una casa, para montar fácilmente en las caballerías.

montaje m Acción y efecto de montar alguna cosa. ‖ Conjunto de operaciones que hay que efectuar para unir de forma estable las piezas que constituyen un objeto compuesto cualquiera. ‖ Operación de seleccionar, ordenar y unir los planos de una película.

montaña f Prominencia del suelo, que se eleva y domina el terreno circundante (fig) Dificultad, cuestión difícil de resolver. ❏ MONTAÑOSO, SA.

ontañismo m Práctica del excursionismo y de los deportes de montaña. ❏ ONTAÑERO, RA.

ontar intr y prnl Ponerse encima de na cosa. • tr, intr y prnl Subir en una abalgadura. ‖ En las cuentas, importar na cantidad total. ‖ Cubrir el macho la hembra. ‖ Armar las piezas de un parato o máquina. ‖ Batir las claras de uevo o la nata. ‖ Poner en una casa todo o necesario para habitarla. ‖ Tratándose e piedras preciosas, engastar. ‖ Seleccionar y ajustar los diversos elementos de na filmación para obtener la copia definitiva de la película. ❏ MONTADURA; MONANTE.

ontaraz adj Que anda o está hecho a ndar por los montes o se ha criado en llos.

ontazgo m Tributo que se paga por el ránsito de ganado por un monte.

onte m Gran elevación natural de tereno. ‖ Tierra cubierta de árboles o arustos. ‖ (fig) Gran dificultad. ‖ Banca, uego. ‖ Méx. Pasto.

ontear tr Buscar y perseguir la caza en os montes, u ojearla hacia un sitio donde a esperan los cazadores. ❏ MONTEA; MONTERO, RA.

ontepío m Depósito de dinero, de los lescuentos hechos a los individuos de un uerpo, o de otras contribuciones de los nismos, para socorrer a sus viudas y uérfanos. ‖ Establecimiento fundado on este objeto.

ontera f Prenda para abrigo de la cabea, que gralte. se hace de paño. ‖ Gorra que lleva el torero. ‖ Cubierta de cristales obre un patio, galería, etc.

ontería f Caza mayor. ‖ Arte de cazar.

ontés adj Que anda, está o se cría en el nonte. ❏ MONTESINO, NA.

ontículo m Monte pequeño.

ontón m Conjunto de cosas puestas sin rden unas encima de otras. ‖ Chile. Casillejo, juego de niños. ‖ (fig, fam) Núm. considerable.

ontonera f Amér. Tropa de jinetes insurectos.

montubio, bia adj Ecuad. y Perú. Díc. del campesino de la costa.

montura f Cabalgadura, bestia en que se cabalga. ‖ Conjunto de los arreos de una caballería de silla. ‖ Montaje, acción y efecto de montar. ‖ Armadura en que se colocan los cristales de las gafas.

monumental adj Perteneciente o relativo al monumento. ‖ (fig, fam) Muy grande. ❏ MONUMENTALIDAD; MONUMENTALIZAR.

monumento m Obra de arquitectura, escultura o grabado, realizada para perpetuar el recuerdo de una persona o hecho memorable. ‖ p. ext. Construcción que posee valor artístico, arqueológico, histórico, etc. ‖ Obra científica, artística o literaria que se hace memorable por su mérito excepcional. ‖ Sepulcro.

monzón m Viento periódico que sopla en ciertos mares, particularmente en el océano Índico.

moña f (fig) Embriaguez, borrachera.

moño m Conjunto de pelo arrollado y sujeto detrás, encima o a los lados de la cabeza. ‖ Chile. Copete del cabello.

moquear intr Echar mocos.

moqueo m Secreción nasal abundante.

moqueta f Tela de lana, cuya trama es de cáñamo, y de la cual se hacen alfombras y tapices.

moquete m Puñetazo dado en el rostro, especialmente en las narices.

moquetear[1] intr (fam) Moquear frecuentemente.

moquetear[2] tr Dar moquetes.

moquitear intr Moquear, especialmente llorando.

mora f Dilación o tardanza en cumplir una obligación.

morada f Casa o habitación. ‖ Estancia de asiento.

morado, da adj y s De color entre carmín y azul.

morador, ra adj y s Que habita o mora en un sitio.

moral[1] adj Perteneciente o relativo a las costumbres o a las reglas de conducta. ‖ Que no concierne al orden jurídico sino a la conciencia personal. • f Ética. ‖ Estado de ánimo.

m

moral² *m* Planta con hojas acorazonadas y denticuladas y frutos reunidos en infrutescencias (moras), carnosos y de color rojo.

moraleja *f* Enseñanza moral que se deduce de una fábula o cuento y que se condensa al final de ellos.

moralidad *f* Actitud, comportamiento o ideas acordes con el código moral de una sociedad.

moralizar *tr* y *prnl* Reformar las costumbres, adecuándolas a las normas morales. • *intr* Discurrir sobre un asunto haciendo reflexiones morales. ☐ MORALIZACIÓN; MORALISTA.

morar *intr* Habitar, residir en un lugar.

moratoria *f* Plazo que se otorga para solventar una deuda vencida.

morbididad o **morbilidad** *f* Proporción de personas que enferman en un sitio y tiempo. || Estudio de los efectos de una enfermedad en una población.

morbo *m* Enfermedad. || (fig) Interés malsano por personas o cosas, o atracción hacia acontecimientos desagradables. ☐ MORBOSIDAD.

morboso, sa *adj* Enfermo. || Que causa enfermedad o concierne a ella. || Que revela un estado físico o psíquico insano. • *adj* y *s* Que manifiesta inclinación al morbo.

morcal *m* Tripa gruesa para embutidos. || Embutidos hechos con esta tripa.

morcella *f* Chispa que salta centelleando del pabilo de una luz.

morcilla *f* Trozo de tripa rellena de sangre cocida y condimentada con cebolla y especias. || (fig, fam) Añadidura de palabras o cláusulas de su invención que hacen los actores en sus papeles. || (fig) *Cuba*. Mentira. ☐ MORCILLERO, RA.

morcillo *m* Parte alta, carnosa, de las patas de los bovinos.

mordaz *adj* Que corroe o tiene actividad corrosiva. || (fig) Que hiere u ofende con ironía o intención punzante. || (fig) Propenso a murmurar o criticar con acritud. ☐ MORDACIDAD.

mordaza *f* Instrumento que se pone en la boca para impedir hablar. || Máquina que detiene e impide la salida de la cadena del ancla.

mordedura *f* Acción de morder. || Her ocasionada al morder.

mordente *m* Sustancia que se emplea ra fijar los colores.

morder *tr* Asir y apretar con los dien una cosa clavándolos en ella. || Mordic ☐ MORDIMIENTO; MORDEDOR, RA.

mordicar *tr* Picar o punzar como m diendo.

mordiscar *tr* Morder algo repetidame y con fuerza. || Picar o punzar como m diendo.

mordisco *m* Mordedura, acción y efe de morder. || Mordedura leve. || Ped que se saca de una cosa al morder || (fig) Parte que se saca de un asunto negocio.

mordisquear *tr* Morder repetidame con poca fuerza o sacando partes pequ ñas.

morena *f* Pez de cuerpo largo y deprir do lateralmente. Su mordedura es en oc siones fatal, pues su saliva es tóxica.

moreno, na *adj* Aplícase al color oscu que tira a negro. || Hablando del color cuerpo, el menos claro en la raza blanc • *adj* y *s* (fig, fam) Negro, persona de e ta raza. || (fam) *Cuba*. Mulato. ☐ M RENEZ.

morera *f* Planta con hojas acorazonada enteras o aserradas. De sus hojas se a menta la larva de la mariposa de la se ☐ MORERAL.

morfema *m* Unidad morfológica mínim

morfina *f* Alcaloide que se obtiene d opio. Su acción más conspicua es analg sica, pero a dosis mayores que las fisio gicas produce efectos perjudiciales (co vulsiones, coma, etc.).

morfología *f* Ciencia que tiene por obje el estudio y la descripción de los caract res somáticos de las especies vegetal y animales. || Ciencia que estudia las f mas externas del relieve terrestre. || Par de la gramática que trata de la forma las palabras y, por ello, también del m fema. ☐ MORFOLÓGICO, CA.

morfosintaxis *f* Parte de la gramáti que agrupa las tradicionales morfolog y sintaxis, estudiándolas como un todo.

morgue *f* Depósito judicial de cadávere

moribundo, da *adj* y *s* Que está muriendo o muy cercano a morir.

moriche *m* Árbol de la América intertropical, de cuyo tronco se saca un licor azucarado potable y una fécula alimenticia.
‖ Pájaro americano, domesticable, de pluma negra y luciente y muy estimado por
su canto.

morir *intr* y *prnl* Acabar la vida. ‖ (fig)
Sentir violentamente algún afecto, pasión
u otra cosa. • *intr* (fig) Llegar cualquier
cosa a su término. ‖ (fig) Cesar una cosa
en su curso o acción. • *prnl* (fig) Quedarse insensible un miembro del cuerpo.

morisco, ca *adj* Moruno, moro. • *adj* y *s*
Dícese de los moros que durante el tiempo de la Reconquista de España se que-
daron en ella bautizados. • *adj* y *s* *Méx.*
Dícese del descendiente de mulato y europea.

morlaco *m* Dícese del toro grande.
‖ *Amér.* Patacón, peso duro.

mormonismo *m* Nombre vulgar de la
Iglesia de Jesucristo de los Santos del
Último Día. ‖ Conjunto de máximas y ri-
tos de esta secta. ❐ MORMÓN, NA; MOR-
MÓNICO, CA.

moro, ra *adj* y *s* Natural del África septentrional. ‖ p. ext. Mahometano. • *adj* (fig,
fam) Díc. del que no ha sido bautizado.

morocho, cha *adj* y *m* Díc. de una variedad americana de maíz. • *adj* (fig, fam)
Amér. Tratándose de personas, robusto,
bien conservado. ‖ (fig) *Arg., Chile* y *Ur.*
Moreno.

morondanga *f* (fam) Mezcla de cosas
inútiles y de poca entidad.

moronga *f Amér. Centr.* y *Méx.* Morcilla.

morosidad *f* Lentitud, demora.

moroso, sa *adj* Que incurre en morosidad. ‖ Que la denota o implica. • *adj* y *s*
Que retrasa en un pago o en la devolución de una cosa.

morral *m* Talego que contiene el pienso y
se cuelga de la cabeza a las bestias, para
que coman cuando no están en el pesebre. ‖ (fig, fam) Hombre zote y grosero.

morrear *intr* rec. y (fam) Besar apasiona-
damente en la boca. ❐ MORREO.

morrillo *m* Porción carnosa que tienen las
reses en la parte superior y anterior del
cuello. ‖ (fam) p. ext. Cogote abultado.
‖ Canto rodado.

morriña *f* Comalia, hidropesía de las ovejas y otros animales. ‖ (fig, fam) Tristeza
o melancolía, especialmente la nostalgia
de la tierra natal.

morro *m* Parte de la cabeza de algunos
animales en que están la nariz y la boca.
‖ Saliente que forman los labios abultados o gruesos. ‖ Cualquier cosa redonda
de figura semejante a la de la cabeza.
❐ MORRUDO, DA.

morrocotudo, da *adj* (fam) De mucha
importancia o dificultad. ‖ *Méx.* Grande,
formidable.

morrocoy o **morrocoyo** *m* Galápago
americano, muy común en Cuba.

morrón *adj* Díc. de una variedad de pimiento más grueso que el de las otras
castas.

morronguear *intr Amér.* Chupar o beber.

morroñoso, sa *adj Amér. Centr.* Áspero,
rugoso. ‖ *Perú.* Mal desarrollado, débil,
raquítico.

morsa *f* Mamífero pinnípedo de la familia
odobénidos, que vive en los mares árticos
y subárticos.

morse *adj* y *m* Díc. del alfabeto convencional a base de puntos y rayas, empleado en telegrafía.

mortaja *f* Vestidura en que se envuelve el
cadáver para el sepulcro. ‖ (fig) *Amér.*
Hoja de papel con que se lía el tabaco del
cigarrillo.

mortal *adj* Que ha de morir. • *adj* y *s*
p. ant. Díc. del hombre. • *adj* Que ocasiona o puede ocasionar muerte espiritual
o corporal. ‖ Que tiene apariencias de
muerto. ‖ (fig) Fatigoso, abrumador.

mortalidad *f* Calidad de mortal. ‖ Cantidad de individuos de una pob. que mueren por unidad de tiempo.

mortandad *f* Multitud de muertes causa-
das por epidemias, cataclismos, peste o
guerra.

mortecino, na *adj* (fig) Apagado y sin
vigor. ‖ (fig) Que está casi muriendo
o apagándose.

mortero *m* Utensilio a manera de vaso,
que sirve para machacar en él especias,
semillas, drogas, etc. ‖ Pieza de artillería

destinada a lanzar bombas. ‖ Piedra plana y circular de los molinos de aceite, para moler la aceituna. ‖ Argamasa.

mortífero, ra *adj* Que ocasiona o puede ocasionar la muerte.

mortificar *tr* y *prnl* Privar de vitalidad alguna parte del cuerpo. ‖ (fig) Atormentar o molestar mucho a alguien física o moralmente. ☐ MORTIFICACIÓN.

mortual *f Amér. Centr.* y *Méx.* Sucesión, bienes heredados.

mortuorio, ria *adj* Perteneciente o relativo al muerto o a las honras que por él se hacen. • *m* Preparativos para enterrar a los muertos.

morugo, ga *adj* Díc. de la persona taciturna.

mórula *f* Primer estado del desarrollo embrionario de los animales.

mosaico, ca *adj* y *m* Obra taraceada de piedras o vidrios de varios colores, empleada en pavimentación o en decoración.

mosca *f* Insecto que pertenece al orden dípteros y que se caracteriza por sus cortas antenas y su aparato bucal de tipo lamedorchupador. ‖ Pelo que nace al hombre entre el labio inferior y el comienzo de la barba. ‖ (fig, fam) Persona molesta, impertinente y pesada. ☐ MOSQUIL; MOSQUINO, NA.

moscar *tr* Hacer una muesca.

moscardón *m* Mosca cuyas larvas se crían en el estómago de algunos mamíferos, pralm. caballos y asnos. ‖ Especie de mosca zumbadora. ‖ Especie de avispa grande, avispón.

moscatel *adj* y *s* Díc. de una variedad de uva de grano redondo y muy dulce. ‖ Aplícase también al viñedo que la produce y al vino que se hace de ella.

mosconear *tr* Molestar con impertinencia y pesadez. • *intr* Insistir para lograr un propósito, fingiendo ignorancia. ☐ MOSCONEO.

mosqueado, da *adj* Sembrado de pintas. ‖ (fig) Que está receloso.

mosquear *tr* y *prnl* Ahuyentar las moscas. • *tr* y (fig) Responder con enfado, como picado por algo. • *prnl* (fig) Resentirse uno por el dicho de otro, tomándolo como ofensa. ☐ MOSQUEO.

mosquero *m* Ramo o haz de hierba que se cuelga del techo para recoger las moscas y matarlas. ‖ *Amér.* Gran cantidad de moscas.

mosquete *m* Arma de fuego ant., que se disparaba apoyándola sobre una horquilla. ‖ *Méx.* Patio del teatro.

mosquetear *intr Arg.* y *Bol.* Curiosear.

mosquetero *m* Soldado armado de mosquete. ‖ En los corrales de comedias, el que las veía de pie desde la parte posterior del patio.

mosquetón *m* Carabina corta. ‖ Anilla que se abre y cierra mediante un muelle.

mosquitera *f* o **mosquitero** *m* Colgadura de cama hecha de gasa, para impedir que entren los mosquitos.

mosquito *m* Insecto díptero, de cuerpo delgado, alas estrechas y antenas largas, filiformes o plumosas. ‖ Larva de la langosta.

mostacho *m* Bigote del hombre. ‖ (fig, fam) Mancha o chafarrinada en el rostro.

mostaza *f* Planta arbustiva de la familia de las crucíferas, cuyas semillas son rubefacientes y se usan en medicina popular. ‖ Salsa que se hace de esta semilla. ‖ Mostacilla, munición. ☐ MOSTAZAL.

mostear *intr* Destilar las uvas el mosto. ‖ Llevar o echar el mosto en las cubas.

mosto *m* Zumo exprimido de la uva, antes de fermentar y hacerse vino.

mostrador, ra *adj* y *s* Que muestra. • *m* Mesa o tablero que hay en las tiendas, bares y otros establecimientos análogos para presentar los géneros o para servir lo que piden los clientes.

mostrar *tr* Exponer a la vista una cosa, señalarla para que se vea. ‖ Explicar una cosa o convencer de su certidumbre. ‖ Hacer patente un afecto o sentimiento • *prnl* Portarse uno como corresponde a su dignidad, o darse a conocer de alguna manera. ☐ MOSTRABLE.

mota *f* Nudillo o granillo que se forma en el paño. ‖ (fig) Defecto de poca entidad ‖ *Méx.* Mariguana, planta.

mote¹ *m* Apodo que se da a las personas ‖ *Chile.* Error gramatical en un escrito.

mote² *m* *Méx.* Maíz desgranado y cocido co sal.

motear *tr* Salpicar de motas una tela. ‖ *Amér. Merid.* Preparar o comer mote².

motejar *tr* Censurar las acciones de uno con motes o apodos. ☐ MOTEJO.

motel *m* Hotel situado junto a una autopista o carretera.

motete¹ *m* Breve composición musical religiosa para una o dos voces.

motete² *m Amér.* Atado, lío, envoltorio.

motilar *tr* Cortar el pelo o raparlo.

motín *m* Tumulto sedicioso provocado por una multitud activa que tiene un objetivo común.

motivar *tr* Dar motivo para una cosa. ‖ Explicar la razón o motivo que se ha tenido para hacer una cosa. ‖ Preparar mentalmente una acción. ☐ MOTIVACIÓN.

motivo, va *adj* Que mueve o tiene virtud para mover. • *m* Impulso que induce a una acción consciente y voluntaria. ‖ Elemento ornamental. ‖ Fase melódica que constituye la base temática de una composición musical. • *pl Chile*. Melindres femeninos.

moto *f* Abreviación de motocicleta.

motocicleta *f* Vehículo de dos ruedas propulsadas por un motor de explosión rápida.

motociclismo *m* Deporte que comprende diversas pruebas de competición desarrolladas con motocicletas.

motociclista *m* o *f* Persona que gobierna una motocicleta.

motocross *m* Carrera motociclista que se disputa en un terreno accidentado.

motor, ra *adj* y *s* Que produce movimiento.

motorista *m* o *f* Persona que conduce una motocicleta.

motorizar *tr* y *prnl* Dotar de medios mecánicos de tracción o transporte a un ejército, ind., etc. ☐ MOTORIZACIÓN.

motricidad *f* Acción del sistema nervioso central, que determina la contracción muscular.

motriz *adj* y *f* Que mueve.

movedizo, za *adj* Fácil de ser movido. ‖ Inseguro, que no está firme. ‖ (fig) Inconstante.

mover *tr* y *prnl* Hacer que un cuerpo deje el lugar que ocupa y pase a ocupar otro.

‖ (fig) Alterar, conmover. ‖ (fig) Suscitar, promover. ‖ Iniciar o activar un asunto. • *prnl* Darse prisa. ‖ Realizar gestiones para conseguir algo. ☐ MOVEDOR, RA; MOVICIÓN.

movible *adj* Que por sí puede moverse, o es capaz de recibir movimiento por impulso ajeno.

movido, da *pp* de mover. • *adj* Dícese del lapso de tiempo ajetreado, muy activo. ‖ Dícese de lo que ha transcurrido o se ha desarrollado con agitación o con incidencias imprevistas. ‖ *Guat.* y *Hond.* Enteco, raquítico. • *m* Acción de abortar el feto, aborto.

móvil *adj* y *s* Que por sí puede moverse. ‖ Que no tiene estabilidad o permanencia. • *m* Lo que mueve material o moralmente a realizar cierta acción. ‖ Cuerpo en movimiento.

movilizar *tr* y *prnl* Poner en actividad o movimiento tropas, etc. • *tr* Convocar, incorporar a filas, poner en pie de guerra tropas u otros elementos militares. ☐ MOVILIZACIÓN.

movimiento *m* Acción y efecto de mover o moverse. ‖ Cambio de posición de un cuerpo con respecto a otro. ‖ En los cómputos mercantiles cuenta durante un tiempo determinado. ‖ (fig) Alteración, inquietud. ‖ Desarrollo y propagación de una tendencia religiosa, política, social, estética, etc., de carácter innovador. ‖ Cada una de las partes en las que se divide una sinfonía o una sonata.

moviola *f* Aparato empleado en el montaje de películas para poner en fase las imágenes y la banda sonora.

moya *m Chile.* Fulano, o Perico el de los palotes.

moyote *m Méx.* Mosquito.

moza *f* Sirvienta doméstica u hostelera. ‖ Pala con que las lavanderas golpean la ropa.

mozárabe *adj* y *s* Aplícase al cristiano que vivió antiguamente entre los moros de España y mezclado con ellos. ‖ Perteneciente o relativo a los mozárabes y a su arte.

mozo, za *adj* y *s* Joven. ‖ Soltero, célibe. • *adj* Mocero. • *m* Hombre que sirve en las casas o al público en oficios humildes. ‖ Individuo sometido a servicio militar, desde que es alistado hasta que ingresa en la caja de reclutamiento.

mozón, na *adj Perú.* Bromista, burlón.

mu Onomatopeya con que se representa la voz del toro y de la vaca. • *m* Mugido.

mucamo, ma *m y f Amér.* Criado, servidor.

muchachear *intr* Hacer o ejecutar cosas propias de muchachos.

muchacho, cha *m y f* Niño o niña que no ha llegado a la adolescencia. ‖ Mozo o moza que sirve de criado. • *adj y s* (fam) Persona que se halla en la mocedad.

muchedumbre *f* Reunión de gran núm. de personas o de cosas.

muchitanga *f Perú.* Populacho.

mucho, cha *adj* Abundante, numeroso, o que excede a lo ordinario o preciso. • *adv cant* Con abundancia, en gran cantidad.

muco *m Bol.* Maíz mascado que se hace fermentar para fabricar la chicha.

mucosidad *f* Secreción viscosa producida por las membranas mucosas.

mucoso, sa *adj* Semejante al moco. ‖ Que tiene mucosidad o la produce.

mucre *adj Chile.* Acre, áspero, astringente.

múcura *m Bol., Col. y Ven.* Ánfora de barro usada para tomar agua de los ríos y conservarla fresca. ‖ *Col.* Tonto, inhábil.

muda *f* Acción de mudar una cosa. ‖ Proceso mediante el cual un animal sustituye su tegumento por otro nuevo.

mudanza *f* Acción y efecto de mudar o mudarse. ‖ Traslación que se hace de una casa o de una habitación a otra.

mudar *tr* Dar o tomar otro ser o naturaleza, otro estado, figura, lugar, etc. ‖ Dejar una cosa que antes se tenía, y tomar en su lugar otra. ‖ Efectuar una ave la muda de la pluma. ‖ Soltar periódicamente la epidermis y producir otra nueva, como lo hacen los gusanos de seda, las culebras y algunos otros animales. ‖ Efectuar un muchacho la muda de la voz. • *tr e intr* (fig) Variar, cambiar. • *prnl* (fam) Irse uno del lugar, sitio o concurrencia en que estaba.

mudéjar *adj y s* Díc. del mahometano que residía como súbdito en los reinos de España, durante la Reconquista. • *adj* Díc. del estilo arquitectónico.

mudez *f* Imposibilidad física de hablar.

mudo, da *adj y s* Privado físicamente de la facultad de hablar. • *adj* Muy silencioso o callado.

mueblar *tr* Amueblar, dotar de muebles una estancia, casa, oficina, etcétera.

mueble *m* Cada uno de los enseres, efectos o alhajas que sirven para la comodidad o adorno en las casas. ❏ MUEBLAJE; MUEBLERÍA.

mueca *f* Contorsión del rostro, gralte. burlesca.

muela *f* Cada uno de los dientes posteriores a los caninos; hay ocho premolares y doce molares. ‖ Unidad de medida que sirve para apreciar la cantidad de agua que llevan las acequias. ‖ Piedra de asperón en forma de disco, que, haciéndola girar, se usa para afilar cualquier clase de herramientas. ‖ (fig) Rueda o corro.

muelle[1] *adj* Delicado, suave, blando. ‖ Inclinado a los placeres sensuales. • *m* Pieza elástica deformable por la acción de fuerzas exteriores y capaz de recuperar su estado inicial al cesar aquéllas.

muelle[2] *m* Construcción hecha en la orilla del mar o de un río navegable para facilitar el embarque y desembarque de cosas y personas. ‖ Andén alto en las estaciones de ferrocarril.

muenda *f Col.* Zurra, paliza, tunda.

muera *f* Sal de cocina.

muérdago *m* Planta lorantácea que vive parásita sobre los troncos y ramas de los árboles.

muérgano *m Col.* Objeto inútil, antigualla.

muergo *m* Navaja, molusco.

muerte *f* Cesación de la vida. ‖ Homicidio. ‖ Figura del esqueleto humano como símb. de la muerte. ‖ (fig) Destrucción, aniquilamiento, ruina.

muerto, ta *pp irreg* de morir. ‖ (fam) Se usa con significación transitiva, como si procediese del verbo *matar.* • *adj y s* Que está sin vida. ‖ (fig) Apagado, desvaído, poco activo o marchito. Díc. especialmente de los colores.

mueso *m* Porción de comida que cabe de una vez en la boca.

muestra *f* Trozo de tela, o porción de un producto o mercancía, que sirve para co nocer la calidad del género. ‖ Parte o modelo que se ha de copiar o imitar. ‖ Parte o porción extraída de un conjunto por métodos que permiten considerarla como representativa del mismo. ‖ En estadística, fracción elegida de modo que sus parámetros se ajusten a los de la población. ‖ (fig) Señal, indicio, demostración o prueba de una cosa.

muestrario m Conjunto de muestras de una mercancía.

muestreo m Acción de escoger muestras representativas de la calidad o condiciones medias de un todo.

muflón m Carnero salvaje del sur de Europa.

muga f Mojón, término o límite.

mugar intr Desovar. ‖ Fecundar las huevas.

mugido m Voz de las reses vacunas.

mugir intr Dar mugidos la res vacuna. ‖ (fig) Producir ruido el viento o el mar.

mugre f Grasa o suciedad.

mugriento, ta adj Lleno de mugre.

mujer f Persona del sexo femenino. ‖ La que ha llegado a la edad de la pubertad. ‖ La casada, con relación al marido.

mujeriego, ga adj Mujeril. • adj y s Díc. del hombre dado a mujeres.

mujeril adj Perteneciente o relativo a la mujer. ‖ Adamado, afeminado.

mujerzuela f Mujer de poco valer. ‖ Mujer que se ha echado a la vida, prostituta.

mula f Hija de asno y yegua o de caballo y burra; es casi siempre estéril. ‖ Méx. Mercancía invendible. ‖ (fig, fam) Persona fuerte y resistente en el trabajo.

muladar m Lugar donde se echa el estiércol o basura de las casas.

muladí adj y s Díc. del cristiano que, a raíz de la dominación ár. en España, se convirtió al islamismo.

mulato, ta adj y s Aplícase a la persona que ha nacido de negra y blanco o de blanca y negro, con características somáticas comunes a ambas razas. • adj De color moreno. ‖ p. ext. Díc. de lo que es moreno en su línea.

muleta f Bastón con travesaño en un extremo que se coloca debajo del sobaco para apoyarse al andar. ‖ Palo del que cuelga un paño de color encarnado, que el torero utiliza para engañar al toro de lidia. ❑ MULETAZO.

muletilla f Muleta de torero. ‖ (fig) Voz o frase que se repite mucho por hábito.

mullido, da pp de mullir. • m Material blando con que se rellenan cojines, colchones, asientos, etcétera.

mullir tr Esponjar la cosa para que esté blanda y suave.

mulo m Cuadrúpedo, hijo de asno y yegua o de caballo y asna. ‖ (fig, fam) Mula, persona fuerte y vigorosa.

multa f Pena pecuniaria impuesta por la autoridad policial, gubernativa o judicial al autor de un delito o falta.

multar tr Imponer a alguien una multa.

multicolor adj De muchos colores.

multicopiar tr Reproducir en copias por medio de multicopista. ❑ MULTICOPIADO, DA.

multicopista adj y f Díc. de una máquina que sirve para reproducir en serie documentos, dibujos, etc., a partir de un clisé u hoja especial.

multifamiliar adj y s Amér. Edificio de viviendas.

multilateral adj Perteneciente o relativo a varios lados, partes o aspectos.

multinacional adj Relativo a varias naciones.

multípara adj Díc. de la hembra que tiene varios hijos de un solo parto. ‖ Díc. de la mujer que ha tenido más de un parto.

múltiple adj Que no es simple. ‖ Vario, de muchas maneras.

multiplicar tr, intr y prnl Aumentar algo en número considerable. • tr Hallar el producto de dos factores. • prnl Afanarse, intentar realizar diversas cosas a un tiempo. ❑ MULTIPLICACIÓN; MULTIPLICADOR; MULTIPLICATIVO, VA.

multiplicidad f Calidad de múltiple. ‖ Multitud, abundancia excesiva de algunos hechos.

múltiplo, pla adj y s Díc. del número o cantidad que contiene a otra varias veces exactamente.

multitud f Núm. grande de personas o cosas. ‖ (fig) El común de la gente popular, vulgo. ❑ MULTITUDINARIO, RIA.

mundano, na adj Perteneciente o relativo al mundo. ‖ Díc. de la persona que atiende demasiado a las cosas materiales del mundo. ‖ Que frecuenta las fiestas y reuniones de la buena sociedad. ❑ MUNDANAL; MUNDANERÍA.

mundial adj Perteneciente o relativo a todo el mundo. ‖ Campeonato en el que pueden participar todos los países del mundo.

mundillo m Conjunto o círculo de personas y amistades entre las que uno se desenvuelve o con las que convive. ‖ Almohadilla cilíndrica que usan las mujeres para hacer encaje.

mundo m Conjunto de todo lo que existe. ‖ Planeta Tierra. ‖ Totalidad de los hombres; género humano. ‖ Sociedad humana. ‖ Esfera con que se representa el globo terráqueo.

mundología f Experiencia y habilidad para tratar a la gente y saberse desenvolver.

munición f Pertrechos y bastimentos necesarios en un ejército o en una plaza de guerra. ‖ Carga que se pone en las armas de fuego.

municionar tr Proveer de municiones una plaza o a los soldados para su defensa o manutención.

municipal adj Perteneciente o relativo al municipio. • m Individuo de la guardia municipal.

municipalidad f Municipio, ayuntamiento de una población.

municipalizar tr Asignar al municipio un servicio público que estaba a cargo de empresas privadas. ❑ MUNICIPALIZACIÓN.

municipio m Conjunto de habitantes de un término jurisdiccional, regido por un ayuntamiento. ‖ El mismo ayuntamiento. ‖ El término municipal.

munido, da adj Arg. y Chile. Defendido, fortificado; armado, prevenido.

munificencia f Generosidad espléndida.

muñeca f Región de la extremidad superior del hombre, en donde se articula la mano con el antebrazo. ‖ Figura de niña o de mujer, que sirve de juguete. ‖ R. de la Plata. Habilidad o influencia para tener algo. ‖ (fig, fam) Mujer joven, atractiva y ordinariamente frívola y presumida.

muñeco m Figura de niño o de hombre hecha de pasta, madera, trapos u otra cosa. ‖ (fig, fam) Hombre de poco carácter.

muñequear intr Jugar las muñecas meneando la mano. • tr Arg. y Par. Mover las influencias para conseguir algo.

muñir tr Convocar a las juntas o a otra cosa. ‖ Concertar, disponer, manejar. ❑ MUÑIDOR.

muño m Chile. Bolsa de harina de trigo o maíz tostado que se lleva en los viajes largos para comerla con sal y ají.

muñón m Parte de un miembro cortado que permanece adherida al cuerpo.

mural adj Perteneciente o relativo al muro. • adj y m Díc. de las pinturas hechas o aplicadas sobre un muro.

muralla f Muro u obra defensiva que rodea una plaza fuerte o protege un territorio.

murar tr Cercar y guarnecer con un muro una ciudad, fortaleza o recinto. ‖ Cazar el gato a los ratones.

murciano, na adj y s Natural de Murcia. • adj Perteneciente o relativo a esta c., prov. o com. autón. de España.

murciélago m Mamífero provisto de membranas en las extremidades anteriores que le sirven para volar. Es insectívoro y nocturno.

murcielaguina f Estiércol de los murciélagos. Es uno de los abonos más apreciados.

murga f Jugo fétido de cierto tipo de aceituna.

murgón m Esguín, cría del salmón.

murmujear tr e intr (fig, fam) Murmurar o hablar quedo.

murmullo m Ruido que se hace hablando cuando no se percibe lo que se dice. ‖ Ruido continuado y suave de algunas cosas.

murmurar o **murmullar** intr Hacer ruido suave y apacible la corriente de las aguas u otras cosas. • tr e intr (fig) Hablar entredientes, manifestando queja o disgusto por alguna cosa. ‖ (fig, fam) Conversar en perjuicio de un ausente, censurando sus acciones. ❑ MURMURACIÓN; MURMURADOR, RA; MURMUREO.

muro m Pared o tapia. ‖ Muralla.

murria f (fam) Tristeza, melancolía o aflicción.

murrio, rria *adj* Que tiene murria o tristeza.

mus *m* Cierto juego de naipes y de envite.

musa *f* Cada una de las diosas que presidían las ciencias y las artes. ‖ (fig) Inspiración del poeta. ‖ (fig) Poesía.

musaraña *f* Pequeño mamífero semejante a un raton. ‖ p. ext. Cualquier sabandija, insecto o animal pequeño. ‖ (fig, fam) *Chile y Nic.* Ademán grotesco, gesticulación ridícula.

musculación *f Amér.* Musculatura.

muscular *adj* Perteneciente o relativo a los músculos. ‖ Díc. del tejido formado por células contráctiles que asegura la locomoción, la prensión y los movimientos viscerales.

musculatura *f* Conjunto y disposición de los músculos.

músculo *m* Parte del cuerpo del animal compuesta pralm. de fibras carnosas, que es el instrumento inmediato del movimiento. ❑ MUSCULOSO, SA.

muselina *f* Tela de algodón, lana, seda, etc., fina y poco tupida.

museo *m* Lugar donde se conservan y exhiben públicamente colecciones de obras de arte, objetos de valor histórico, científico o técnico, etc. ‖ p. ext. Lugar en el que hay muchas obras de arte. ❑ MUSEÍSTICO, CA.

museografía *f* Estudio de la construcción, organización, catalogación, instalación e historia de los museos. ❑ MUSEÓGRAFO, FA.

musgo *m* Cada una de las plantas criptógamas que crecen en lugares sombríos, sobre las piedras, cortezas de árboles, el suelo y aun dentro del agua. ❑ MUSGOSO, SA.

música *f* Melodía y armonía, y las dos combinadas. ‖ Sucesión de sonidos modulados para recrear el oído. ‖ Arte de componer. ‖ Composición musical. ‖ p. ext. Cualquier sonido agradable al oído. ❑ MUSICALIDAD.

musical *adj* Perteneciente o relativo a la música. • *adj y s* Género de películas que tiene su equivalente en la opereta teatral.

músico, ca *adj* Perteneciente o relativo a la música. • *m y f* Persona que profesa el arte de la música. ‖ La que toca algún instrumento.

musicología *f* Estudio científico de la teoría y de la historia de la música. ❑ MUSICÓLOGO, GA.

musitar *tr e intr* Susurrar o hablar entre dientes.

muslime o **muslim** *adj y s* Musulmán.

muslo *m* Parte de la pierna, desde la juntura de las caderas hasta la rodilla.

mustiar *tr y prnl* Marchitar.

mustio, tia *adj* Lánguido, marchito. Díc. especialmente de las plantas, flores y hojas. ‖ Melancólico, triste.

musulmán, na *adj y s* Que profesa la religión de Mahoma.

mutación *f* Acción y efecto de mudar o mudarse. ‖ Cualquiera de las alteraciones producidas en la estructura o en el número de los genes o de los cromosomas de un organismo vivo, que se transmiten a los descendientes por herencia.

mutante *pa* de mutar. • *adj* Que muda. • *m* Organismo producido por mutación. ‖ Descendencia de un organismo mutante.

mutar *tr y prnl* Mudar, transformar. • *tr* Mudar.

mutilar *tr y prnl* Cortar o cercenar una parte del cuerpo. ❑ MUTILACIÓN; MUTILADO, DA.

mutis *m* Voz que emplea el apuntador en la representación teatral, o el autor en sus acotaciones, para indicar que un actor debe retirarse de la escena. ‖ (fam) Voz que se emplea para imponer silencio.

mutismo *m* Silencio voluntario o impuesto.

mutualidad *f* Calidad de mutual. ‖ Régimen de prestaciones mutuas, que sirve de base a determinadas asociaciones. ‖ Denominación que suelen adoptar algunas de estas asociaciones. ❑ MUTUALISMO; MUTUALISTA.

mutuo, tua *adj y s* Aplícase a lo que recíprocamente se hace entre dos o más personas.

muy *adv* que se antepone a nombres adjetivados, adjetivos, participios, adverbios y modos adverbiales, para denotar en ellos grado superlativo de significación.

Nn

n *f* Decimocuarta letra del abecedario esp. Su nombre es *ene*. Su articulación es nasal, oclusiva y sonora. ‖ Con mayúscula, abreviatura de norte.

nabo *m* Planta anual, crucífera, de raíz carnosa, comestible, ahusada, blanca o amarillenta. ‖ Raíz de esta planta. ‖ Cualquier raíz gruesa y pral. ‖ (fig) Tronco de la cola de las caballerías.

nácar *m* Sustancia dura, de color blanco argénteo que forma la capa interna del caparazón de muchos moluscos. ☐ NACARADO, DA; NACARINO, NA.

nacatamal *m Amér. Centr.* y *Méx.* Tamal relleno de carne de cerdo.

nacer *intr* Salir el animal del vientre materno. ‖ Salir del huevo un animal ovíparo. ‖ Empezar a salir un vegetal de su semilla. ‖ (fig) Aparecer un astro en el horizonte. ‖ (fig) Originarse, tomar principio una cosa de otra. ‖ (fig) Junto con las preposiciones *a* o *para*, tener propensión natural o estar destinada a un fin.

nacido, da *pp* de nacer. • *adj* y *s* Díc. de cualquiera de los seres humanos que han pasado, o de los que al presente existen. Se usa más en plural.

naciente *pa* de nacer. • *adj* Que nace. • *m* Oriente, punto cardinal.

nacimiento *m* Acción y efecto de nacer. ‖ Representación plástica de la venida al mundo de Jesucristo en Belén.

nación *f* Grupo humano unido por vínculos especiales de homogeneidad cultural, histórica, política, económica y lingüística.

nacional *adj* y *s* Natural de una nación, en contraposición a extranjero. • *adj* Perteneciente o relativo a una nación.

nacionalidad *f* Condición y carácter peculiar de los pueblos e individuos de una nación.

nacionalismo *m* Apego de los naturales de una nación a ella y a cuanto le pertenece. ‖ Doctrina que exalta en todos los órdenes la personalidad nacional completa.

nacionalizar *tr* y *prnl* Naturalizar en un país personas o cosas de otro. • *tr* Hacer que pasen a depender del Estado propiedades industriales o servicios explotados por los particulares. ☐ NACIONALIZACIÓN.

nacionalsocialismo o **nazismo** *m* Movimiento político al. fundado por Adolf Hitler, que afirmaba la vocación de los pueblos germánicos al dominio universal, en virtud de la superioridad de la raza aria. ☐ NACIONALSOCIALISTA; NAZI.

naco *m Amér. Centr.* Cobarde. ‖ *Col.* Puré de patata.

nada *f* El no ser, o la carencia absoluta de todo ser. • *pron indet* Ninguna cosa. • *adv neg* De ninguna manera, de ningún modo.

nadador, ra *adj* y *s* Que nada. • *m* y *f* Persona diestra en nadar o que practica la natación como deporte.

nadar *intr* Sostenerse y avanzar en el agua por medio de ciertos movimientos de los miembros.

nadería *f* Cosa de poca entidad o importancia.

nadie *pron indef* Ninguna persona.

nafta *f* Fracción ligera del petróleo natural, que se obtiene en la destilación de la gasolina. ‖ *Amér.* Gasolina.

naftalina *f* Hidrocarburo sólido, procedente del alquitrán de la hulla, usado como desinfectante.

nagual *m Amér. Centr.* y *Méx.* Brujo, hechicero.

nahua *adj* y *s* Díc. de individuos de varios grupos étnicos amerindios, que habitaron el Altiplano mexicano y part. de Amér. Centr. antes de la conquista de los esp.

náhuatl *adj* y *m* Lengua hablada por los pueblos nahuas.

nailon *m* Material sintético que se usa en la fabricación de género de punto y tejidos diversos.

naipe *m* Cada una de las cartulinas rectangulares que, cubiertas de un dibujo uniforme por una cara, llevan pintados en la otra cierto número de objetos, o una de las tres figuras de cada uno de los cuatro palos de la baraja.

nalga *f* Cada una de las dos porciones carnosas redondeadas que forman el trasero del hombre y de algunos animales. Se usa más en plural.

nalgar *adj* Perteneciente o relativo a las nalgas.

nalguear *intr* Mover de forma exagerada las nalgas al andar. • *tr C. Rica* y *Méx.* Dar nalgadas, golpear a alguien en las nalgas.

nana *f* (fam) Abuela. ǁ Canto con que se duerme a los niños. ǁ *Méx.* Niñera. ǁ *Méx.* Nodriza. ǁ Pieza de vestir en forma de saco, abierto por delante, con que se abriga a los niños pequeños.

nanacate *m Méx.* Hongo, seta.

nanita *f Guat.* Abuela.

nansa *f* Nasa de pescar. ǁ Estanque pequeño para tener peces.

napa *f* Piel de algunos animales, especialmente después de curtida. ǁ Producto sintético que imita esta piel.

napias *f pl* (fam) Narices.

naranja *f* Fruto del naranjo, de forma globosa, corteza rojiza y pulpa jugosa. • *m* Color anaranjado. ❑ NARANJERO, RA.

naranjada *f* Bebida hecha de zumo de naranja, agua y azúcar. ǁ (fig, fam) Dicho o hecho grosero.

naranjal *m* Sitio plantado de naranjos.

naranjillo *m Ecuad.* Planta solanácea de fruto comestible.

naranjo *m* Árbol rutáceo, originario del Asia, cuya flor es el azahar y cuyo fruto es la naranja.

narcisismo *m* Admiración preferente de sí mismo. ❑ NARCISISTA.

narciso[1] *m* Planta herbácea que se cultiva en los jardines por la belleza de sus flores. ǁ Flor de esta planta.

narciso[2] (fig) Persona muy satisfecha de sí misma y exageradamente preocupada por su aspecto exterior.

narcótico, ca *adj* y *m* Díc. de la sustancia química como el cloroformo, el opio, la belladona, etc., que ejerce una acción más o menos intensa sobre el sistema nervioso central en orden al impedimento de las funciones propias del encéfalo y de la médula espinal.

narcotismo *m* Estado de adormecimiento, que procede del uso de los narcóticos.

narcotizar *tr* y *prnl* Producir narcotismo. ǁ Suministrar un narcótico. ❑ NARCOTIZACIÓN.

narcotráfico *m* Comercio ilegal de drogas tóxicas en grandes cantidades u operaciones financieras y económicas que lo fomentan. ❑ NARCOTRAFICANTE.

nardo *m* Planta liliácea, de flores blancas, muy olorosas, que se cultiva en los jardines y se emplea en perfumería.

narigón, na *adj* y *s* Narigudo. • *m aum* de nariz. ǁ Agujero en la ternilla de la nariz.

narigudo, da *adj* y *s* De nariz grande. • *adj* De forma de nariz.

nariz *f* Órgano facial prominente de ciertos mamíferos, en el cual se halla alojado el sentido del olfato. ǁ Facción saliente del rostro humano, entre la frente y la boca, con dos orificios que comunican con la membrana pituitaria y el aparato de la respiración. Úsase más en plural. ǁ (fig) Sentido del olfato.

narizotas *m* o *f* Persona que tiene narices grandes. Úsase gralte. como insulto.

narración *f* Acción de narrar. ǁ Cosa narrada. ǁ Parte del discurso retórico en que se refieren los hechos para esclarecimiento del asunto de que se trata.

narrar *tr* Contar, referir lo sucedido, o un hecho o historia ficticios. ❑ NARRABLE; NARRADOR, RA.

narrativo, va *adj* Perteneciente o relativo a la narración. • *f* Género literario que se constituye la novela, la novela corta y el cuento.

nasa *f* Arte de pesca, formada por un cilindro de juncos, alambres, plásticos, etc., con una especie de embudo dirigido adentro en una de sus bases. ‖ Cesta de boca estrecha que llevan los pescadores para echar la pesca.

nasal *adj* Perteneciente o relativo a la nariz. ‖ Díc. del sonido en cuya pronunciación la corriente espirada sale total o parcialmente por la nariz. • *adj* y *s* Díc. de la letra que representa este sonido, como la *n*. ☐ NASALIDAD.

nasalizar *tr* Hacer nasal, o pronunciar como tal, un sonido o letra. ☐ NASALIZACIÓN.

nata *f* Sustancia espesa, un tanto amarillenta, que forma una capa sobre la leche que se deja en reposo. ‖ (fig) Lo principal y más estimado en cualquier línea. • *pl* Natillas.

natación *f* Acción y efecto de nadar. ‖ Práctica y deporte de nadar. ☐ NATATORIO, RIA.

natal *adj* Perteneciente al nacimiento, o al país en que uno ha nacido.

natalicio, cia *adj* y *m* Perteneciente al día del nacimiento.

natalidad *f* Número proporcional de nacimientos en población y tiempo determinados.

Natividad *npf* Nacimiento, y especialmente el de Jesucristo, el de la Virgen María y el de san Juan Bautista. ‖ Tiempo inmediato al día de Navidad.

nativo, va *adj* Que nace naturalmente. • *adj* y *s* Natural, nacido en el lugar de que se trata.

nato, ta *pp irreg* de nacer. • *adj* Aplícase al título honorífico o al cargo que está anejo a un empleo o a la calidad de un sujeto.

natural *adj* Perteneciente a la naturaleza o conforme a la calidad o propiedad de las cosas. ‖ Hecho con verdad, sin artificio, mezcla ni composición alguna. ‖ Ingenuo y sin doblez en su modo de proceder. ‖ Díc. también de las cosas que imitan a la naturaleza con propiedad. • *adj* y *s* Nativo, originario de un pueblo o nación. • *m* Genio, índole, temperamento, complexión o inclinación propia de cada uno.

naturaleza *f* Esencia y propiedad características de cada ser. ‖ Conjunto, orden y disposición de todas las entidades que componen el universo. ‖ Virtud, calidad o propiedad de las cosas. ‖ Índole, temperamento. ‖ Especie, género, clase. ‖ Complexión o temperamento de cada individuo.

naturalidad *f* Cualidad de natural. ‖ Sencillez. ‖ Conformidad de las cosas con las leyes ordinarias y comunes.

naturalismo *m* Sistema que atribuye todas las cosas a la naturaleza como primer principio. ‖ Escuela literaria del siglo XIX. ☐ NATURALISTA.

naturalizar *tr* Conceder oficialmente a un extranjero los derechos y privilegios de los naturales del país en que obtiene esta gracia. • *prnl* Adquirir los derechos y deberes de los naturales de un país. ☐ NATURALIZACIÓN.

naturismo *m* Doctrina que preconiza el empleo de los agentes naturales para conservar la salud y curar las enfermedades. ☐ NATURISTA.

naufragar *intr* Irse a pique o perderse la embarcación. ‖ (fig) Perderse o salir mal un intento o negocio.

naufragio *m* Pérdida o ruina de la embarcación en el mar o en río o lago navegables. ‖ (fig) Pérdida grande; desgracia o desastre. ☐ NÁUFRAGO, GA.

náusea *f* Sensación que indica el deseo inminente de vomitar, o a veces, acompaña al vómito. ‖ (fig) Repugnancia o aversión que causa una cosa. Se usa más en plural. ☐ NAUSEABUNDO, DA.

nauta *m* Hombre de mar, marinero.

náutico, ca *adj* Perteneciente o relativo a la navegación. • *f* Arte o ciencia de la navegación.

nava *f* Tierra baja y llana, sit. gralte. entre montañas.

navaja *f* Cuchillo cuya hoja puede doblarse sobre el mango para que el filo quede guardado entre dos cachas. ‖ Molusco acéfalo, de dos valvas simétricas.

navajero, ra *adj* y *s* Que usa la navaja con propósitos delictivos. • *m* y *f* Persona que tiene por oficio fabricar navajas.

navajudo, da *adj* *Méx.* Marrullero, taimado.

navarro, rra adj y s Natural de Navarra. • adj Perteneciente a esta región de España.

nave f Barco, embarcación. ‖ Cada uno de los espacios que entre muros o filas de arcadas se extienden a lo largo de las iglesias u otros edificios. ☐ NAVAL.

navegable adj Díc. del río, lago, canal, etc., donde se puede navegar. ☐ NAVEGABILIDAD.

navegación f Acción de navegar. ‖ Viaje que se hace con la nave. ‖ Tiempo que éste dura. ‖ Náutica.

navegar tr e intr Hacer viaje en una embarcación o nave. • intr Hacer viaje por aire en globo, avión u otro vehículo. ☐ NAVEGADOR, RA; NAVEGANTE.

naveta f Nave pequeña. ‖ Construcción prehistórica de las islas Baleares, con forma de nave invertida.

navicular adj De forma abarquillada.

Navidad npf Natividad de Jesucristo. ‖ Día en que se celebra. ‖ Tiempo inmediato a este día.

naviero, ra adj Perteneciente o relativo a las naves o a la navegación. • m Dueño de un navío u otra embarcación capaz de navegar en alta mar.

navío m Barco de grandes dimensiones.

nazareno, na adj y s Natural de Nazaret. • m Penitente que en las procesiones de Semana Santa va vestido con túnica. ‖ Árbol americano, cuya madera, cocida en agua, da un tinte amarillo muy duradero.

nebí o **neblí** m Halcón común de plumaje gris oscuro, que vive en las regiones agrestes y cubiertas de matorral de Europa y Asia.

nebladura f Daño que la niebla causa a los sembrados. ‖ Modorra del ganado.

neblina f Niebla espesa y baja. ‖ Enturbiamiento de la atmósfera por humo, gases u otras causas.

neblinear intr Chile. Llovìznar.

nebulosa f Materia cósmica u objeto astronómico difuso, exterior al sistema solar; gralte., se trata de una nube interestelar de gas o polvo. ☐ NEBULAR.

nebuloso, sa adj Que abunda en nieblas, o está cubierto de ellas. ‖ Oscurecido por las nubes. ‖ (fig) Difícil de comprender. ☐ NEBULOSIDAD.

necesario, ria adj Que forzosa o inevitablemente ha de ser o suceder. ‖ Que es menester indispensablemente, o hace falta para un fin.

neceser m Caja o estuche con diversos objetos de tocador, costura, etc.

necesidad f Todo aquello a lo cual es imposible sustraerse, faltar o resisitir. ‖ Carencia de las cosas que son menester para la conservación de la vida. ‖ Falta continuada de alimento que hace desfallecer. ‖ Evacuación de orina o excrementos.

necesitar tr Obligar a alguien a ejecutar una cosa. • tr e intr Haber menester de una persona o cosa. ☐ NECESITADO, DA.

necio, cia adj y s Ignorante, que no sabe lo que podía o debía saber. ☐ NECEDAD.

necrofagia f Acción de comer cadáveres o carroña. ☐ NECRÓFAGO, GA.

necrofilia f Afición por la muerte o por algunos de sus aspectos. ‖ Atracción sexual hacia los cadáveres.

necrología f Noticia o biografía de una persona muerta hace poco tiempo. ☐ NECROLÓGICO, CA.

necrópolis f Cementerio de gran extensión, en que abundan los monumentos fúnebres.

necrosis f Muerte de algunos elementos celulares en el interior de un cuerpo vivo que, cuando tiene lugar en un tejido superficial, puede ocasionar su gangrena.

néctar m Cualquier licor exquisito. ‖ Sustancia líquida, más o menos viscosa, azucarada y aromática que se encuentra en las flores y que chupan determinados insectos.

neerlandés, sa adj y s Natural de los Países Bajos. • m Lengua germánica hablada en los Países Bajos.

nefando, da adj Indigno, torpe, del que no se puede hablar sin repugnancia u horror.

nefasto, ta adj Funesto, fatal. ‖ Aplicado a un día o a cualquier otra división de tiempo, triste, funesto, ominoso.

nefrítico, ca adj Renal, perteneciente o relativo a los riñones. • adj y s Que padece de nefritis.

nefritis f Inflamación de los riñones.

nefrología f Rama de la medicina que se ocupa del riñón y de sus enfermedades. ❑ NEFROLÓGICO, CA; NEFRÓLOGO, GA.

negación f Acción y efecto de negar. ‖ Carencia o falta total de una cosa. ‖ Partícula o voz que sirve para negar.

negado, da pp de negar. • adj y s Incapaz o totalmente inepto para una cosa.

negar tr Decir que algo no existe, no es verdad, o que no es como otro cree o afirma. ‖ Decir que no a lo que se pretende o se pide, o no concederlo. ‖ Prohibir o vedar, impedir o estorbar.

negativo, va adj Que contiene negación o contradicción. ‖ Perteneciente o relativo a la negación. • adj y s Díc. de las imágenes fotográficas, radiográficas, etc., que ofrecen invertidos los claros y oscuros, o los colores complementarios, de aquello que reproducen. • f Repulsa o no concesión de lo que se pide.

negligencia f Descuido, omisión. ‖ Falto de aplicación. ❑ NEGLIGENTE.

negociado, da pp de negociar. • m Cada una de las dependencias que, en una organización administrativa, está destinada para despachar determinadas clases de asuntos. ‖ Negocio. ‖ Amér. Merid. Negocio ilegítimo y escandaloso.

negociante pa de negociar. Que negocia. • m Comerciante.

negociar intr Tratar y comerciar, comprando y vendiendo o cambiando géneros, mercancías o valores para aumentar el caudal. • intr y tr Tratar asuntos públicos o privados procurando su total resolución. ❑ NEGOCIABLE; NEGOCIACIÓN; NEGOCIADOR, RA.

negocio m Cualquier ocupación, quehacer, empleo o trabajo. ‖ Utilidad o interés que se logra en lo que se trata, comercia o pretende. ‖ Local en que se negocia o comercia.

negrear intr Mostrar una cosa color negro o negruzco. ‖ Tirar a negro, ennegrecerse.

negrero, ra adj y s Dedicado a la trata de negros. • m y f Persona de condición dura, cruel, para sus subordinados.

negrito, ta adj y s Aplícase a pesonas de raza negra. • m Pájaro de la isla de Cuba, del tamaño del canario pero de color negro.

negritud f Conjunto de valores espirituales y culturales atribuidos a la raza negra.

negro, gra adj y s De color totalmente oscuro, como el carbón, y en realidad falto de todo color. ‖ Dícese del individuo de una raza de piel negra o muy oscura. • adj Oscuro u oscurecido y deslucido. • m y f Col., Cuba y Chile. Voz de cariño que se usa entre personas que se quieren bien. • m El que trabaja anónimamente para lucimiento y provecho de otro, sobre todo en trabajos literarios. • f Nota cuya duración es la mitad de una blanca.

negroide adj y s Díc. del individuo o etnia que presenta algunos de los caracteres de la raza negra o de su cultura.

negus m Título ostentado por los antiguos soberanos de Etiopía.

neja f Chile. Nesga. ‖ Méx. Tortilla hecha de maíz cocido.

nema f Cierre o sello de una carta.

nemoroso, sa adj poét. Perteneciente o relativo al bosque. ‖ Cubierto de bosques.

nemotecnia f Mnemotecnia.

nemotécnica f Mnemotécnica.

nene, na m y f (fam) Niño pequeño. ‖ Suele usarse como expresión de cariño.

neneque m Hond. Persona muy débil que no puede valerse por sí misma.

nenúfar m Planta acuática, de flores blancas o amarillas y hojas enteras y casi redondas, que flotan en la superficie del agua.

neocapitalismo m Término que se utiliza para destacar la evolución experimentada por el capitalismo clásico en las sociedades industriales más avanzadas.

neoclasicismo m Nombre que recibe el movimiento artístico y literario surgido a mediados del s. XVIII como reacción al barroco. ❑ NEOCLÁSICO, CA.

neocolonialismo m Predominio e influencia sobre los países descolonizados por parte de los países desarrollados.

neófito, ta m y f Persona recientemente adherida a una causa, o incorporada a una colectividad.

neoimpresionismo *m* Tendencia pictórica francesa que corresponde a la generación inmediatamente posterior a la de los impresionistas (1880). También recibe el nombre de puntillismo. ☐ NEOIMPRESIONISTA.

neolatino, na *adj* Que procede o deriva de los latinos o de la lengua latina.

neoliberalismo *m* Escuela de pensamiento económico que defiende la no intervención del Estado.

neolítico, ca *adj* y *m* Perteneciente o relativo a la edad de la piedra pulimentada.

neologismo *m* Vocablo, acepción o giro nuevo en un idioma. ☐ NEOLÓGICO, CA.

neón *m* Gas noble que posee gran conductividad eléctrica, por lo que se utiliza en la fabricación de tubos fluorescentes.

neorrealismo *m* Movimiento cinematográfico it., desarrollado en la segunda mitad de los años 40, cuya principal característica es el reflejo de la realidad cotidiana en sus aspectos más dramáticos de la posguerra. ☐ NEORREALISTA.

nepotismo *m* Desmedida preferencia que algunos dan a sus parientes para los favores o empleos públicos.

neptúneo, a *adj* poét. Perteneciente o relativo al dios romano Neptuno o al mar.

neptuno *npm* Planeta del sistema solar, cuatro veces mayor que la Tierra y distante del Sol treinta veces más que ella.

nerón *m* (fig) Hombre muy cruel.

nervadura *f* Moldura saliente. ‖ Conjunto de los nervios de una hoja.

nervio *m* Asociación o fascículo de fibras nerviosas que se disponen paralelamente y en el mismo sentido. ‖ Haz fibroso que, en forma de hilo o cordoncillo, corre a lo largo de las hojas de las plantas por su envés. ‖ Cada una de las cuerdas que se colocan al través en el lomo de un libro para encuadernarlo. ‖ (fig) Fuerza y vigor mental.

nerviosismo *m* Estado pasajero de excitación nerviosa.

nervioso, sa *adj* Que tiene nervios. ‖ Perteneciente o relativo a los nervios. ‖ Díc. de la persona inquieta y que se mueve mucho.

nervudo, da *adj* Que tiene fuertes y robustos nervios.

nervura *f* Conjunto de nervios de un libro encuadernado.

nesga *f* (fig) Pieza de cualquier cosa, cortada o formada en figura triangular y unida con otras. ☐ NESGADO, DA.

neto, ta *adj* Limpio y puro. ‖ Se aplica al peso de una mercancía que resulta después de descontar embalajes, envases, etc. ‖ Se aplica también a la cantidad de dinero que corresponde exclusivamente al concepto de que se trata, sin contar gastos de envío, impuestos, etc.

neumático, ca *adj* Aplícase a varios aparatos destinados a operar con el aire. • *m* Bandaje de goma, lleno de aire, que se aplica alrededor de la llantas de la mayoría de los vehículos.

neumología *f* Estudio de las enfermedades de las vías respiratorias. ☐ NEUMÓLOGO, GA.

neumonía *f* Inflamación del tejido pulmonar.

neumotórax *m* Enfermedad que se origina por la entrada del aire pulmonar en la cavidad de la pleura.

neuralgia *f* Padecimiento cuyo principal síntoma es un dolor vivo a lo largo de un nervio y de sus ramificaciones. ☐ NEURÁLGICO, CA.

neurastenia *f* Conjunto de estados nerviosos, mal definidos, característicos por síntomas muy diversos, como la tristeza, el cansancio, el temor y la emotividad. ☐ NEURASTÉNICO, CA.

neurología *f* Parte de la medicina que se ocupa del sistema nervioso en su aspecto anatómico, fisiológico y patológico. ☐ NEURÓLOGO, GA.

neurona *f* Célula capaz de producir y conducir los impulsos del sistema nervioso.

neuropsiquiatría *f* Ciencia médica que estudia las alteraciones nerviosas consideradas desde un punto de vista neurológico y psiquiátrico.

neurosis *f* Afección funcional por la que la persona afectada reacciona de un modo anómalo y erróneo ante los conflictos que se plantean a su Yo. ☐ NEURÓTICO, CA.

n

neutral *adj* y *s* Que no es ni de uno ni de otro; que entre dos partes que contienden, permanece sin inclinarse a ninguna de ellas. ‖ Hablando de una nación o un Estado, que no interviene en un conflicto armado. ☐ NEUTRALIDAD; NEUTRALISMO.

neutralizar *tr* y *prnl* Hacer neutral. ‖ (fig) Debilitar el efecto de una causa, por la concurrencia de otra diferente u opuesta. • *tr* Hacer neutra una sustancia o su disolución. ☐ NEUTRALIZACIÓN.

neutro, tra *adj* Indiferente en política o que se abstiene de intervenir en ella. ‖ Díc. del conductor cuya carga eléctrica es nula. ‖ Perteneciente al gén. neutro. ‖ Díc. del compuesto que no tiene carácter ácido ni básico, y p. ext., del líquido en que está disuelto.

neutrón *m* Partícula elemental del núcleo atómico, de carga eléctrica nula, cuya masa es aproximadamente igual a la del protón.

nevada *f* Acción y efecto de nevar. ‖ Porción o cantidad de nieve que ha caído de una vez y sin interrupción sobre la tierra.

nevado, da *pp* de nevar. • *adj* Cubierto de nieve. ‖ *R. de la Plata.* Dícese del vacuno colorado con manchitas blancas. • *m* *Amér.* Montaña elevada, cubierta de nieves perpetuas.

nevar *intr* Caer la nieve. • *tr* (fig) Poner blanca una cosa, dándole este color o esparciendo sobre ella cosas blancas.

nevasca *f* Ventisca de nieve.

nevazón *f* *Arg., Chile* y *Ecuad.* Nevasca.

nevera *f* Sitio en que se guarda o conserva nieve. ‖ Armario revestido con una materia aislante y provisto de un aparato frigorífico, movido eléctricamente, para el enfriamiento o conservación de alimentos y bebidas.

nevero *m* Paraje de las montañas elevadas, donde se conserva la nieve todo el año.

nevisca *f* Nevada ligera de copos menudos. ☐ NEVISCAR.

newton *m* Unidad de fuerza en el sistema Giorgi.

nexo *m* Nudo, unión o vínculo de una cosa con otra.

ni *conj cop* que, enlazando palabras o frases y precedida o seguida de otra, denota negación.

nicho *m* Concavidad formada para colocar, en los cementerios o criptas, un cadáver.

nicotina *f* Alcaloide líquido extraído de las hojas del tabaco.

nicotinismo o **nicotismo** *m* Trastornos morbosos causados por el abuso del tabaco. ☐ NICÓTICO, CA.

nictalopía *f* Anormalidad visual que se caracteriza por una visión más perfecta de noche que de día. ☐ NICTÁLOPE.

nidación *f* Proceso mediante el cual el embrión de los mamíferos placentarios se fija en el útero para proseguir su desarrollo.

nidada *f* Conjunto de los huevos puestos en el nido.

nidal *m* Lugar señalado donde la gallina u otra ave doméstica va a poner sus huevos.

nidificar *intr* Hacer nidos las aves u otros animales. ☐ NIDIFICACIÓN.

nido *m* Receptáculo cuyo fin es albergar temporalmente la puesta y las crías de ciertos animales. ‖ Sitio donde se acude con frecuencia. ‖ Principio o fundamento de una cosa. ‖ (fig) Casa, hogar.

niebla *f* Nube en contacto con la tierra o el mar y que enturbia la atmósfera, que se forma al existir una diferencia notable de temperatura entre el aire y la superficie terrestre o marina con la que está en contacto. ‖ (fig) Confusión u oscuridad en algún asunto.

niel *m* Labor en hueco sobre metales preciosos, rellena con un esmalte negro hecho de plata y plomo fundidos con azufre.

nielar *tr* Adornar con nieles. ☐ NIELADO, DA.

nieto, ta *m* y *f* Respecto de una persona, hijo de su hijo.

nieve *f* Precipitación en estado sólido de vapor de agua de la atmósfera, condensado durante la caída o ya en el suelo. ‖ Nevada, cantidad de nieve caída. ‖ *Amér.* Helado, postre.

night-club *m* Sala de fiestas, cabaret.

igromancia o **nigromancía** f Arte de adivinar el futuro evocando a los muertos. ‖ (fam) Magia negra o diabólica. ❑ NIGROMANTE; NIGROMÁNTICO, CA.

igua f Insecto americano parecido a la pulga, pero mucho más pequeño y de trompa más larga.

ihilismo m Doctrina que niega los valores de la realidad o de la posibilidad de conocerla. ❑ NIHILISTA.

ilón m Nailon.

imbo m Aureola, disco luminoso de la cabeza de las imágenes. ‖ Corona o círculo formado por cúmulos tan confundidos, que presentan un aspecto casi uniforme.

imio, mia adj Pequeño, insignificante. ❑ NIMIEDAD.

infa f Cualquiera de las fabulosas deidades de las aguas, bosques, selvas, etc., llamadas con varios nombres, como dríada, nereida, etc. ‖ Insecto que ha pasado ya del estado de larva y prepara su última metamorfosis.

infomanía f Exacerbación de las necesidades sexuales de la mujer. ❑ NINFÓMANA.

ingún adj indef Apócope de ninguno. No se emplea sino antepuesto a s masculinos.

inguno, na adj Ni uno solo. • pron indef Ninguna persona, nadie.

iñato, ta adj y s Díc. del joven inexperto. ‖ (desp) Se aplica al jovenzuelo petulante y presuntuoso.

iñería f Acción de niños, o propia de ellos. ‖ (fig) Dicho o hecho de poca entidad o sustancia. ‖ Poquedad o cortedad de las cosas, que las hace poco estimadas de los hombres.

iñero, ra adj Que gusta de niños o de niñerías. • f Criada que cuida de los niños.

iñez f Periodo de la vida humana, que se extiende desde el nacimiento hasta la adolescencia.

iño, ña adj y s Que se halla en la niñez. ‖ p. ext. Que tiene pocos años. ‖ (fig) De poca experiencia. • m Amér. Tratamiento que se da a personas de más consideración social. Se usa mucho ante nombres propios. • f Pupila del ojo.

níquel m Metal de color blanco argentino, maleable y resistente, que se usa pralm. en la preparación de aleaciones.

niquelar tr Cubrir con un baño de níquel otro metal.

nirvana m En el budismo, bienaventuranza obtenida por la absorción e incorporación del individuo en la esencia divina.

níscalo m Nombre común a algunas especies de hongos comestibles.

níspero m Planta con ramas espinosas; hojas lanceoladas; flores blancas, y frutos ovalados. ‖ Fruto de esta planta.

nítido, da adj Limpio, terso, claro, puro, resplandeciente. ‖ Preciso. ❑ NITIDEZ.

nitrato m Compuesto derivado de la combinación del ácido nítrico con un radical.

nítrico, ca adj Perteneciente o relativo al nitro o al nitrógeno. • adj y m Díc. del ácido soluble en agua que se presenta en estado líquido.

nitrito m Sal formada por la combinación del ácido nitroso con una base.

nitro m Nitrato potásico que se encuentra en forma de agujas o de polvillo blanquecino sobre la superficie de los terrenos húmedos y salados.

nitrogenado, da pp de nitrogenar. • adj Que contiene nitrógeno.

nitrogenar tr Añadir nitrógeno mediante una reacción química.

nitrógeno m Gas incoloro, inodoro e insípido, que constituye las cuatro quintas partes del aire atmosférico.

nitroglicerina f Éster trinítrico, resultado de la acción del ácido nítrico sobre cada uno de los grupos alcohólicos de la glicerina.

nival adj Perteneciente o relativo a la nieve.

nivel m Altura o grado de elevación de una línea o plano horizontales. ‖ Instrumento destinado a medir el desnivel entre dos puntos. ‖ (fig) Altura que una persona o cosa alcanza, o a que está colocada.

nivelar tr Echar el nivel para ver las condiciones de horizontalización. ‖ Poner un plano en la posición horizontal. ‖ p. ext. Poner a la misma altura dos o más cosas. • tr y prnl (fig) Igualar una cosa con otra. ❑ NIVELACIÓN; NIVELADOR, RA.

níveo, a adj De nieve o semejante a ella.

no adv neg que se emplea respondiendo a una pregunta. || En una frase, se aplica al verbo para indicar la falta de lo significado por él. || Precediendo a nombres abstractos, indica la inexistencia de lo designado por esos nombres. || En sentido interrogativo, suele emplearse para solicitar una contestación afirmativa.

nobiliario, ria adj Perteneciente o relativo a la nobleza o a los nobles.

noble adj y s Díc. de la persona que por nacimiento o por decisión de un soberano posee título nobiliario y goza de los privilegios que el mismo le confiere. • adj Preclaro, ilustre.

nobleza f Cualidad de noble. || Conjunto o cuerpo de los nobles de un Estado o de una región.

noche f Tiempo comprendido entre la puesta y la salida del Sol. || Oscuridad que hay durante este tiempo. || (fig) Confusión, oscuridad o tristeza.

Nochebuena npf Noche de vigilia de Navidad.

nocherniego, ga adj Noctámbulo.

nochero m Chile y Ur. Vigilante nocturno.

Nochevieja npf Última noche del año.

noción f Conocimiento o idea que se tiene de una cosa. || Conocimiento elemental. ☐ NOCIONAL.

nocivo, va adj Dañoso, perjudicial. ☐ NOCIVIDAD.

noctámbulo, la adj Que anda vagando durante la noche. ☐ NOCTAMBULISMO.

nocturnidad f Cualidad o condición de nocturno. || Circunstancia agravante de ciertos delitos.

nocturno, na adj Perteneciente o relativo a la noche, o que se hace en ella. || Aplícase a los animales que de día están ocultos y buscan alimento durante la noche, y a las plantas cuyas flores sólo se abren de noche.

nodo m Cada uno de los extremos del diámetro de la esfera celeste según el cual se cortan los planos de dos órbitas dadas. Uno de los dos planos puede ser el de la eclíptica o el del ecuador.

nodriza f Ama de cría. || Aplícase, en aposición, al buque o avión que sirve par abastecer de combustible a otro u otros.

nódulo m Concreción de poco volumen.

nogal m Árbol de gran tamaño, con tronco robusto y copa grande y redondeada hojas dentadas y de olor aromático; flores blanquecinas, y por fruto la nuez.

nogalina f Colorante obtenido de la cáscara de la nuez, usado para oscurecer maderas.

noguera f Nogal, árbol. ☐ NOGUERAL.

nómada adj y s Díc. del individuo o grupo humano que se desplaza continuamente a fin de asegurar su subsistencia ☐ NOMADISMO.

nomás adv Arg., Méx. y Ven. No más, solamente. || Arg. y Ven. Apenas, precisamente.

nombradía f Fama, reputación.

nombrar tr Decir el nombre de una persona o cosa. || Hacer mención particular gralte. honorífica, de persona o cosa || Elegir o señalar a uno para un cargo empleo u otra cosa. ☐ NOMBRADO; NOMBRAMIENTO; NOMINACIÓN.

nombre m Palabra con que son designados los objetos físicos, psíquicos o ideales. || Título de una cosa por el cual es conocida. || Fama, reputación, crédito. Apodo, mote. || Categoría de palabras que comprende el n. sustantivo y el adjetivo.

nomenclátor m Catálogo de nombres de pueblos, sujetos, de voces de una ciencia etcétera.

nomenclatura f Conjunto de las voces técnicas propias de una ciencia o arte.

nomeolvides f Flor de la raspilla. || Pulsera de metal con una placa a propósito para poner en ella alguna inscripción.

nómina f Lista o catálogo de nombres de personas o cosas. || Relación nominal de los individuos que en una oficina pública o particular han de percibir haberes, justificando con su firma haberlo percibido. || Esos haberes.

nominal adj Perteneciente al nombre || Que es o existe sólo de nombre por que en realidad le falta todo o una parte.

nominalismo m Sistema que niega la realidad objetiva de los universales, conside rándolos como meras convenciones o nombres. ❏ NOMINALISTA.

ominar tr Dar nombre a una persona o cosa.

ominativo, va adj Aplícase a los títulos e inscripciones, ya del Estado, ya de sociedades mercantiles, que han de extenderse a nombre o a favor de alguien. • m Caso de la declinación que designa el sujeto de la significación del verbo.

non adj y s Impar. • m pl Negación repetida de una cosa.

onada f Cosa de insignificante valor.

onagenario, ria adj y s Que ha cumplido la edad de noventa años y no llega a la de cien.

onagésimo, ma adj y s Que ocupa por orden el número noventa. || Díc. de cada una de las 90 partes iguales en que se divide un todo.

onato, ta adj No nacido naturalmente, sino sacado del claustro materno.

onio m Forma castellanizada de nonius.

onius m Dispositivo empleado para efectuar medidas de precisión.

ono, na adj Noveno, que sigue al octavo.

opalito m Méx. Hoja tierna de tuna que suele comerse guisada.

oque m Pequeño estanque donde se ponen a curtir las pieles. || Arg., Bol. y Ur. Recipiente, de cuero o de madera, destinado a la elaboración del vino, o a la conservación y transporte de líquidos.

oquear tr e intr En el boxeo, dejar al adversario fuera de combate.

ordeste m Punto del horizonte entre el norte y el este, a igual distancia de ambos. || Viento que sopla de esta parte.

órdico, ca adj Perteneciente o relativo a los pueblos del norte de Europa. • m Grupo de las lenguas germánicas del norte; como el noruego, el sueco y el danés.

oria f Máquina compuesta gralte. de dos grandes ruedas, una horizontal movida con una palanca a la que va sujeta una caballería, y otra vertical que engrana en la primera y que hace subir los cangilones llenos de agua.

orma f Escuadra para arreglar y ajustar los maderos, piedras y otras cosas. || (fig)

Regla sobre la manera como se debe hacer o está establecido que se haga una determinada cosa.

normal adj Dícese de lo que se halla en su estado natural. || Que sirve de norma o regla. || Dícese de lo que por su naturaleza, forma o magnitud se ajusta a ciertas normas fijadas de antemano.

normalizar tr Regularizar o poner en buen orden lo que no lo estaba. || Hacer que una cosa sea normal.

normar tr Amér. Establecer normas.

normativo, va adj Que sirve de norma. • f Conjunto de normas aplicables a una determinada materia o actividad.

nornordeste m Punto del horizonte entre el norte y el nordeste, a igual distancia de ambos. || Viento que sopla de esta parte.

nornoroeste m Punto del horizonte entre el norte y el noroeste, a igual distancia de ambos. || Viento que sopla de esta parte.

noroeste m Punto del horizonte entre el norte y el oeste, a igual distancia de ambos. || Viento que sopla de esta parte.

norte m Polo ártico. || Lugar de la Tierra o de la esfera celeste que cae del lado del polo ártico, respecto de otro con el cual se compara. || Punto cardinal del horizonte, que cae frente a un observador a cuya derecha esté el oriente. || Viento que sopla de esta parte. || (fig) Meta, aspiración.

norteño, ña adj Perteneciente o relativo al norte. || Que está sit. en la parte norte de un país.

nortino, na adj y s Chile y Perú. Habitante de las provincias del norte del país.

noruego, ga adj y s Natural de Noruega. • m Idioma de Noruega.

nos Forma del dativo y acus. pl del pron pers. de 1ª pers. en los gén. masculino y femenino.

nosotros, tras Nominativos m y f del pron pers. de 1ª pers. en núm. pl. Con prep empléase también en los casos oblicuos.

nostalgia f Pena de verse ausente de la patria o de los deudos o amigos. || (fig) Tristeza melancólica que causa el recuerdo de algún bien perdido. ❏ NOSTÁLGICO, CA.

nota f Marca o señal que se pone en una cosa para darla a conocer. || Reparo que se hace a un libro o escrito, que por lo regular se suele poner en los márgenes. || Cada una de las calificaciones que se conceden en un examen. || Cualquiera de los signos que usan los músicos para representar los sonidos. || Factura, cuenta.

notable adj Digno de nota, reparo o atención. || Díc. de lo que es grande y excesivo, por lo cual se destaca en su línea. • adj y s Una de las calificaciones usadas en los centros de enseñanza. ◻ NOTABILIDAD.

notación f Sistema de signos convencionales adoptados por una ciencia o disciplina.

notar tr Señalar una cosa para que se conozca o se advierta. || Reparar, observar o advertir. || Apuntar brevemente una cosa. || Poner notas, advertencias o reparos a los escritos o libros. || Percibir una sensación o darse cuenta de ella.

notaría f Oficio de notario. || Oficina donde despacha el notario.

notariado, da adj Díc. de lo que está autorizado ante notario o abonado con fe notarial. • m Carrera, profesión o ejercicio de notario.

notario m Funcionario público autorizado para dar fe de los contratos, testamentos y otros actos extrajudiciales. ◻ NOTARIAL.

noticia f Noción, conocimiento. || Contenido de una comunicación antes desconocida. ◻ NOTICIERO, RA.

noticiario m Programa de radio o televisión en el que se transmiten noticias.

notificar tr Hacer saber una resolución de la autoridad con las formalidades preceptuadas para el caso. || p. ext. Dar extrajudicialmente, con propósito cierto, noticia de una cosa. ◻ NOTIFICACIÓN; NOTIFICATIVO, VA.

notorio, ria adj Público y sabido de todos. || Evidente, claro. ◻ NOTORIEDAD.

nova adj y f Dícese de la estrella fija de poco brillo que debido a una explosión aumenta bruscamente y de modo muy notable su luminosidad.

noval adj Aplícase a la tierra que se cul tiva de nuevo.

novatada f Burla, vejamen o molestia hechas por los miembros de una cole tividad a los recién llegados.

novato, ta adj y s Nuevo o principiante.

novecientos, tas adj Nueve veces cient

novedad f Cualidad de nuevo. || Cos nueva. || Mutación, cambio que se intro duce o surge en una cosa. || Ocurrenci reciente, noticia.

novel adj y s Nuevo, principiante o sin ex periencia en las cosas. Se aplica sól a personas.

novela f Obra literaria en prosa en la qu se narra una acción fingida en todo o e parte, y cuyo fin es causar placer estétic a los lectores. ◻ NOVELERO, RA; NOVELES CO; NOVELISTA.

novelar tr Repetir un suceso con forma apariencia de novela. • intr Compone o escribir novelas. ◻ NOVELABLE; NOVE LÍSTICO, CA.

novelería f Afición a fábulas o novela a leerlas o a escribirlas.

novelística f Tratado histórico o pre ceptivo de la novela. || Literatura nove lesca.

novenario m Espacio de nueve días qu se emplea en los pésames, lutos y devo ciones entre los parientes inmediatos d un difunto.

noveno, na adj Que sigue inmediatamen te en orden al o a lo octavo. • adj y s Díc de cada una de las nueve partes iguale en que se divide un todo.

noventa adj Nueve veces diez. || Nona gésimo, ordinal. • m Conjunto de signo con que se representa el núm. noventa.

noventón, na adj y s Nonagenario.

noviazgo m Condición o estado de novi o novia. || Tiempo que dura.

noviciado m Tiempo destinado a la pro bación en las religiones, antes de profe sar.

novicio, cia m y f Persona que no ha pro fesado todavía en la religión cuyo hábit ha tomado.

noviembre m Undécimo mes del año.

novillada f Conjunto de novillos. || Lidi o corrida de novillos.

ovillero, ra *m* y *f* Persona que cuida de los novillos. ‖ Lidiador de novillos.

ovillo, lla *m* y *f* Res vacuna de dos a tres años, en especial cuando no está domada.

ovilunio *m* Fase de luna nueva.

ovio, via *m* y *f* La que está próxima a casarse. ‖ La que mantiene relaciones amorosas con propósito de matrimonio.

ubarrón *m* Nube grande y densa separada de las otras.

ube *f* Aglomeración de diminutas gotas de agua y de cristales de hielo suspendidos a diferentes alt. en las capas bajas de la atmósfera, por lo general en la troposfera. ‖ Agrupación de cosas, como el polvo, gran núm. de aves o insectos que oscurece el Sol, a semejanza de las nubes. ‖ (fig) Abundancia, multitud de una cosa.

úbil *adj* Díc. de la persona que ha llegado a la edad apta para el matrimonio, y más propiamente de la mujer. ☐ NUBILIDAD.

ublado, da *pp* de nublar. • *m* Nube, especialmente la que amenaza tempestad. ‖ (fig) Multitud, abundancia, exceso de cosas que caen o se ven reunidas.

ublar *tr* y *prnl* Anublar.

uca *f* Parte alta de la cerviz, correspondiente al lugar en que se une el espinazo con la cabeza.

uclear *adj* Perteneciente o relativo al núcleo. ‖ Perteneciente o relativo al núcleo de los átomos. ‖ Que emplea energía nuclear.

úcleo *m* (fig) Parte o punto central de alguna cosa material o inmaterial. ‖ Parte más densa y luminosa de un astro. ‖ Parte central del átomo que contiene la mayor porción de su masa y posee una carga eléctrica positiva correspondiente al núm. atómico del respectivo cuerpo simple. ‖ Elemento fundamental de una unidad compuesta. ‖ Almendra o parte mollar de los frutos que, como la nuez, tienen cáscara dura. ☐ NUCLEICO, CA.

ucleolo o **nucléolo** *m* Corpúsculo diminuto, único o múltiple, sit. en el interior del núcleo celular.

nucleótido *m* Compuesto orgánico constituido por una base nitrogenada, un azúcar y ácido fosfórico.

nudillo *m* Parte exterior de cualquiera de las articulaciones de los dedos de la mano.

nudismo *m* Actitud o práctica de aquellos que sostienen que la desnudez completa es conveniente para un perfecto equilibrio físico e incluso moral. ☐ NUDISTA.

nudo *m* Lazo que se estrecha y cierra de modo que con dificultad puede soltarse por sí solo, y cuanto más se tira de cualquiera de los dos cabos, más se aprieta. ‖ En los árboles y plantas, parte del tronco por la cual salen las ramas, las hojas, etc. ‖ Trabazón de los sucesos que preceden al desenlace en la novela. ‖ (fig) Unión, lazo, vínculo.

nuera *f* Respecto de una persona, mujer de su hijo.

nuestro, tra *pron pos* de 1ª pers. en gén. *m* y *f* Con la terminación del primero de estos dos gén. en *sing*, empléase también como *n. Nuestro, nuestra* conciertan en gén. con la persona o cosa poseída, que ha de estar en *sing*, y se refieren a dos o más poseedores.

nueve *adj* Ocho más uno. ‖ Noveno, ordinal. • *m* Signo o cifra con que se representa este número.

nuevo, va *adj* Recién hecho o fabricado. ‖ Que se ve o se oye por primera vez. ‖ Distinto o diferente de lo aprendido antes. • *f* Noticia de una cosa que no se ha dicho o no se ha oído antes.

nuez *f* Fruto del nogal. ‖ Prominencia que forma el cartílago tiroides en la parte anterior del cuello del varón adulto.

nulo, a *adj* Falto de valor y fuerza para obligar o tener efecto, por ser contrario a las leyes o defectuoso en la forma. ‖ Incapaz, física o moralmente, para una cosa. ☐ NULIDAD.

numerador, ra *adj* Que numera. • *adj* y *s* Díc. de los dispositivos usados para numerar.

numerar *tr* Contar según el orden creciente de los núm. naturales. ‖ Expresar numéricamente una cantidad. ‖ Marcar con números. ☐ NUMERABLE; NUMERACIÓN.

numerario, ria *adj* Del núm. o perteneciente a él. • *adj* y *s* Díc. del individuo que forma parte con carácter fijo del núm. de los que componen determinada corporación. • *m* Moneda acuñada o dinero en efectivo.

numérico, ca *adj* Perteneciente o relativo a los números. ‖ Compuesto o ejecutado con ellos.

número *m* Expresión de la cantidad computada con relación a una unidad. ‖ Signo o conjunto de signos con que se representa. ‖ Cantidad de personas o cosas de determinada especie. ‖ Referido a publicaciones periódicas, cada una de las hojas o cuadernos correspondientes a distinta fecha de edición, en la serie cronológica respectiva. ‖ Billete de lotería o de una rifa. ‖ Acción extravagante o inconveniente con que se llama la atención. ‖ Accidente gramatical que expresa si las palabras se refieren a una sola persona o cosa o a más de una. ❑ NUMERAL.

numeroso, sa *adj* Que incluye gran núm. o muchedumbre de cosas. • *m pl* Muchos. ❑ NUMEROSIDAD.

numismática *f* Ciencia que trata del conocimiento de las monedas y medallas, pralm. de las antiguas. ❑ NUMISMÁTICO, CA.

nunca *adv* tiempo En ningún tiempo. ‖ Ninguna vez.

nuncio *m* Representante diplomático del Papa, que ejerce, además, como legado, ciertas facultades pontificias. ‖ (fig) Anuncio o señal. ❑ NUNCIATURA.

nupcialidad *f* Índice de nupcias o matrimonios, que se obtiene al dividir el número anual de matrimonios por el total de habitantes de una población.

nupcias *f pl* Casamiento, boda. ❑ NUPCIAL.

nutación *f* Movimiento terrestre que se compone con el de precesión y que consiste en un movimiento oscilatorio de los polos terrestres alrededor de posiciones medias.

nutria *f* Mamífero carnívoro de pelaje denso y suave. Vive en las aguas dulces de toda Europa, donde se alimenta de peces.

nutrición *f* Acción y efecto de nutrir o nutrirse. ‖ Conjunto de reacciones físicas y químicas que, a partir de los alimentos ingeridos desde el exterior o bien de sus componentes, tienden a suministrar la energía vital necesaria para los organismos.

nutrido, da *pp* de nutrir. • *adj* (fig) Lleno, abundante.

nutrir *tr* y *prnl* Proporcionar alimentos a un organismo vivo. • *tr* (fig) Aumentar o dar nuevas fuerzas en cualquier línea, pero especialmente en lo moral. ‖ (fig) Llenar. ❑ NUTRITIVO, VA.

Ññ

ñ *f* Decimoquinta letra del abecedario esp. y duodécima de sus consonantes. Su nombre es *eñe*.

ña *f* En algunas partes de América, tratamiento vulgar que se da a las mujeres.

ñácara *f Amér. Centr.* Úlcera, llaga.

ñaco *m Chile.* Gachas o puches.

ñandú *m* Ave corredora, parecida al avestruz, propia de las regiones meridionales de Sudamérica.

ñanga *adj* y *f Amér.* Tierra pantanosa, fango.

ñaña *f Chile.* Niñera. ‖ *Arg.* y *Chile.* Hermana mayor.

ñaño, ña *m* y. *f Perú.* Niño. • *adj Col.* Consentido, mimado en demasía. ‖ *Ecuad.* y *Perú.* Unido por amistad íntima. • *m Arg.* y *Chile.* Hermano mayor.

ñapa *f Amér. Centr.* y *Merid.* Añadidura, yapa.

ñapango, ga *adj Col.* Mestizo, mulato.

ñaque *m* Conjunto o montón de cosas inútiles.

ñaruso, sa *adj Ecuad.* Díc. de la persona picada de viruelas.

ñato, ta *adj Amér.* De nariz corta y aplastada, chato. ‖ *Arg.* Feo. ‖ Felón, perverso.

ñecla *f Chile.* Cometa pequeña.

ñeque *adj C. Rica* y *Nic.* Fuerte, vigoroso. • *m Chile, Ecuad.* y *Perú.* Fuerza, energía. ‖ *Perú.* Valor, coraje.

ñoco, ca *adj* y *s Amér.* Díc. de la persona a quien le falta un dedo o una mano.

ñoño, ña *adj* (fam) Dícese de la persona sumamente apocada y de corto ingenio.

ñu *m* Antílope de África oriental y meridional, de aspecto parecido al de un buey.

ñuto, ta *adj* y *s Amér.* Dícese de la carne blanda o que ha sido ablandada a golpes. • *m Perú.* Añicos, trizas, polvo.

ñ

Oo

o¹ *f* Decimocuarta letra del abecedario esp., y cuarta de sus vocales.

o² *conj disyunt* Denota diferencia, separación o alternativa entre dos o más personas, cosas o ideas. ‖ Denota además idea de equivalencia, significando *o sea,* o *lo que es lo mismo.*

oasis *m* Sitio con vegetación y a veces con manantiales, que se encuentra aislado en medio de los desiertos.

obcecación *f* Ofuscación tenaz y persistente.

obcecar *tr* y *prnl* Cegar, deslumbrar u ofuscar.

obedecer *tr* Cumplir la voluntad de quien manda. • *intr* (fig) Tener origen una cosa, proceder. ❏ OBEDECEDOR, RA; OBEDIENTE; OBEDECIMIENTO.

obediencia *m* Acción de obedecer. ‖ Cualidad del que obedece.

obelisco *m* Pilar muy alto, de cuatro caras iguales con un poco convergentes, y terminado por una punta piramidal achatada.

obertura *f* Composición instrumental que da principio a una ópera, oratorio u otra composición lírica.

obeso, sa *adj* Díc. de la persona que tiene excesiva gordura. ❏ OBESIDAD.

óbice *m* Obstáculo, embarazo, estorbo.

obispado *m* Dignidad y cargo de obispo. ‖ Territorio bajo la jurisdicción de un obispo.

obispo *m* Prelado superior de una diócesis, a cuyo cargo está la cura espiritual y la dirección y el gobierno eclesiástico de los diocesanos.

óbito *m* Fallecimiento de una persona.

obituario *m* Libro parroquial en que se anotan las partidas de defunción y de entierro.

objeción *f* Razón que se propone o dificultad que se presenta en contrario de una opinión o designio, o para impugnar una proposición.

objetar *tr* Oponer reparo a una opinión o designio; proponer una razón contraria a lo que se ha dicho o intentado. • *intr* Acogerse a la objeción de conciencia. ❏ OBJETANTE.

objetivar *tr* Dar carácter objetivo a una idea o sentimiento. ❏ OBJETIVACIÓN.

objetivo, va *adj* Perteneciente o relativo al objeto en sí y no a nuestra manera de pensar o de sentir. ‖ Desinteresado, desapasionado. ‖ Díc. de lo que existe realmente, fuera del sujeto que lo conoce. • *m* Sistema óptico que capta la luz procedente del objeto y la dirige a un ocular o la proyecta sobre una pantalla o una película fotosensible. ‖ Objeto, fin o intento. ❏ OBJETIVIDAD.

objeto *m* Todo lo que puede ser materia de conocimiento o sensibilidad de parte del sujeto, incluso este mismo. ‖ Propósito, objetivo. ‖ Materia y sujeto de una ciencia. ‖ Cosa.

objetor, ra *adj* y *s* Que objeta.

oblación *f* Ofrenda y sacrificio que se hace a Dios. ❏ OBLATIVO, VA.

oblea *f* Hoja delgada de pan ázimo de la que se sacan las hostias y las formas.

oblicuángulo *adj* Díc. del polígono o del poliedro que no tiene ningún ángulo recto.

oblicuo, cua *adj* Sesgado, inclinado al través o desviado de la horizontal. ‖ Díc. del plano o recta que forma con otro u otra un ángulo no recto. ❏ OBLICUIDAD.

obligación *f* Aquello que alguien está obligado a hacer. ‖ Imposición o exigencia moral que debe regir la voluntad libre. ‖ Responsabilidad que alguien tiene que atender. ‖ Documento notarial o privado en que se reconoce una deuda o se promete su pago u otra prestación o entrega.

obligado, da *pp* de obligar. • *adj* Díc. de lo que es forzoso realizar por imposición moral, legal, social, etc. • *m* y *f* Persona que ha contraído legalmente una obligación a favor de otra.

obligar *tr* Hacer que alguien realice o cumpla una determinada cosa, sirviéndose para ello de la autoridad o de la coacción. ‖ Hacer fuerza en una cosa para conseguir un efecto. • *prnl* Comprometerse a cumplir una cosa.

obligatorio, ria *adj* Díc. de lo que obliga a su cumplimiento y ejecución. ❑ OBLIGATORIEDAD.

obliterar *tr* y *prnl* Obstruir o cerrar un conducto o cavidad de un organismo. ❑ OBLITERACIÓN.

oblongo, ga *adj* Más largo que ancho.

obnubilar *tr* y *prnl* Anublar, oscurecer, ofuscar. ❑ OBNUBILACIÓN.

oboe *m* Instrumento musical de viento.

óbolo *m* Cantidad exigua con que se contribuye para un fin determinado.

obra *f* Cosa hecha o producida por un agente. ‖ Cualquier producción del entendimiento en ciencias, letras o artes, y con particularidad la que es de alguna importancia. ‖ Edificio en construcción.

obrador, ra *adj* y *s* Que obra. • *m* Taller, lugar de obras manuales.

obrar *tr* Hacer una obra, trabajar en ella. ‖ Ejecutar una cosa no material. ‖ Causar o hacer efecto una cosa. • *intr* Exonerar el vientre.

obrero, ra *adj* Perteneciente o relativo al trabajador. • *adj* y *s* Que trabaja. • *m* y *f* Trabajador manual retribuido. • *f* Casta estéril de ciertos insectos sociales, que lleva a cabo la mayor parte de las tareas de la comunidad. ❑ OBRERISMO; OBRERISTA.

obsceno, na *adj* Impúdico, torpe, ofensivo al pudor. ❑ OBSCENIDAD.

obscurecer *tr* y *prnl* Oscurecer.

obscuridad *f* Oscuridad.

obscuro, ra *adj* y *s* Oscuro.

obsequiar *tr* Agasajar a uno con atenciones, servicios o regalos. ❑ OBSEQUIADOR, RA.

obsequio *m* Regalo, dádiva.

obsequioso, sa *adj* Dispuesto a obsequiar, agasajar a alguien. ‖ Complaciente, afable.

observación *f* Acción y efecto de observar. ‖ Facultad de observar. ‖ Advertencia, objeción que se hace sobre alguna cosa o sobre el comportamiento de alguien.

observador, ra *adj* y *s* Que observa, o tiene facultades para ello. • *m* y *f* Persona que recibe el encargo de observar una determinada situación existente en un país o región a fin de elaborar un informe sobre la misma.

observancia *f* Cumplimiento exacto y puntual de lo que se manda ejecutar.

observar *tr* Examinar atentamente. ‖ Guardar y cumplir exactamente lo que se manda u ordena. ‖ Advertir, reparar. ‖ Mirar con atención y recato, atisbar. ❑ OBSERVABLE; OBSERVANTE.

observatorio *m* Lugar o posición que sirve para hacer observaciones.

obsesión *f* Díc. de toda idea, palabra o imagen que se impone a la conciencia a través del juego espontáneo del automatismo psicológico. ❑ OBSESIONAR; OBSESIVO, VA; OBSESO, SA.

obsoleto, ta *adj* Anticuado, pasado de moda.

obstaculizar *tr* Estorbar, poner obstáculos.

obstáculo *m* Impedimento, embarazo, inconveniente. ‖ En algunos deportes, cada una de las dificultades que presenta una pista.

obstar *intr* Impedir, estorbar, hacer contradicción y repugnancia.

obstetricia *f* Rama de la medicina que trata del embarazo, el parto y el puerperio. ❑ OBSTÉTRICO.

obstinación *f* Pertinacia, porfía, terquedad.

obstinarse *prnl* Mantenerse uno en su resolución y tema. ❑ OBSTINADO, DA.

obstrucción *f* Acción y efecto de obstruir u obstruirse una cosa. ‖ En asambleas políticas u otros cuerpos deliberantes, táctica enderezada a impedir o retardar los acuerdos. ❑ OBSTRUCCIONISMO.

obstruir *tr* Estorbar el paso, cerrar un conducto o camino. ‖ Impedir una acción. • *prnl* Cerrarse o taparse un agujero, grieta, conducto, etc.

o

obtener *tr* Alcanzar, lograr una cosa que se merece, solicita o pretende. ‖ Fabricar o extraer un material o un producto a partir de otro.

obturador, ra *adj* y *s* Díc. de lo que sirve para obturar. • *m* Dispositivo mecánico que, en las cámaras fotográficas, sirve para regular el tiempo de exposición.

obturar *tr* Tapar o cerrar una abertura o conducto introduciendo o aplicando un cuerpo. ☐ OBTURACIÓN.

obtuso, sa *adj* Romo, sin punta. ‖ (fig) Torpe. ‖ Díc. de cualquier ángulo mayor que un recto.

obús *m* Pieza de artillería de menor longitud que el cañón en relación a su calibre.

obviar *tr* Evitar, rehuir, apartar y quitar de en medio obstáculos o inconvenientes.

obvio, via *adj* Muy claro o evidente.

oca *f* Ave palmípeda de gran tamaño, plumaje blanco o gris ceniza, y pico característico. ‖ Juego consistente en sesenta y tres casillas en espiral pintadas sobre un cartón o tabla.

ocasión *f* Oportunidad o comodidad de tiempo o lugar, que se ofrece para ejecutar o conseguir una cosa. ☐ OCASIONAL.

ocasionar *tr* Ser causa o motivo para que suceda una cosa.

ocaso *m* Puesta de Sol, y en general, de cualquier astro al transponer el horizonte. ‖ (fig) Decadencia, declive.

occidente *npm* Punto cardinal del horizonte, por donde se pone el Sol en los días equinocciales. ‖ Lugar de la Tierra o de la esfera celeste que, respecto de otro con el cual se compara, cae hacia donde se pone el Sol. ☐ OCCIDENTAL.

occipucio *m* Parte de la cabeza por donde ésta se une con las vértebras del cuello. ☐ OCCIPITAL.

occiso, sa *adj* Muerto violentamente.

occitano, na *adj* y *s* Natural de Occitania. • *m* Oc, lengua del *s* de Francia.

océano *m* Masa de agua salada que ocupa grandes extensiones de la superficie terrestre.

oceanografía *f* Ciencia que estudia los mares y sus fenómenos, así como la fauna y flora marinas. ☐ OCEANOGRÁFICO, CA; OCEANÓGRAFO, FA.

ocelo *m* Ojo simple de los artrópodos, en especial de los insectos.

ocelote *m* Mamífero felino de pelo suave, brillante y con dibujos de varios matices.

ochavón, na *adj* *Cuba*. Mestizo de blanco y cuarterona o de cuarterón y blanca.

ochenta *adj* Ocho veces diez. ‖ Octogésimo, ordinal. • *m* Conjunto de signos con que se representa el número ochenta.

ochentavo, va *adj* Octogésimo; díc. de cada una de las 80 partes en que se divide un todo.

ochentón, na *adj* (fam) Octogenario.

ocho *adj* Siete y uno. ‖ Octavo, ordinal. • *m* Signo o cifra con que se representa el número ocho. ‖ Carta o naipe que tiene ocho señales.

ochocientos, tas *adj* Ocho veces ciento. ‖ Octingentésimo, ordinal. • *m* Conjunto de signos para representar el núm. ochocientos.

ocio *m* Cesación del trabajo, inacción o total omisión de la actividad. ‖ Tiempo libre de una persona.

ociosidad *f* Permanencia en el ocio, inactividad.

ocioso, sa *adj* y *s* Díc. de la persona que está sin trabajo o sin hacer alguna cosa. ‖ Desocupado o exento de hacer cosa que le obligue.

ocluir *tr* y *prnl* Cerrar un conducto de modo que no se pueda abrir naturalmente.

oclusión *f* Acción y efecto de ocluir u ocluirse. ‖ Cierre completo del canal vocal de una articulación.

oclusivo, va *adj* Que produce oclusión. ‖ Díc. del sonido en cuya articulación los órganos de la palabra forman en algún punto del canal vocal un contacto que interrumpe la salida del aire espirado.

ocote *m* *Méx.* Especie de pino muy resinoso, cuya madera se emplea para alumbrar.

ocre *m* Nombre de algunas variedades terrosas de minerales coloreadas de amarillo a rojo. • *adj* y *m* Dícese del color amarillo pardusco semejante al de este mineral.

octaedro m Poliedro regular de ocho caras, que son otros tantos triángulos.

octágono, na adj y m Aplícase al polígono de ocho ángulos y ocho lados. ☐ OCTOGONAL.

octanaje m Número de octanos de un carburante.

octano m Unidad en que se expresa el poder antidetonante de la gasolina o de otros carburantes que se toma como base.

octavilla f Octava parte de un pliego de papel. ‖ Volante de propaganda de pequeño tamaño.

octavo, va adj Que sigue inmediatamente en orden al o a lo séptimo. • adj y s Díc. de cada una de las ocho partes iguales en que se divide un todo. • f Período de ocho días de duración de una fiesta eclesiástica. ‖ Estrofa de ocho versos.

octeto m Composición para ocho instrumentos u ocho voces.

octingentésimo, ma adj Que ocupa por orden el número ochocientos. • adj y s Dícese de cada una de las 800 partes iguales en que se divide un todo.

octogenario, ria adj y s Que ha cumplido la edad de ochenta años y no llega a la de noventa.

octogésimo, ma adj Que ocupa por orden el número ochenta. • adj y s Díc. de cada una de las 80 partes iguales en que se divide un todo.

octógono, na adj y m Díc. del polígono de ocho lados y ocho ángulos. ☐ OCTOGONAL.

octosílabo, ba adj De ocho sílabas. • m Verso que consta de ocho sílabas. ☐ OCTOSILÁBICO, CA.

octubre m Décimo mes del año (31 días).

óctuple adj Que contiene ocho veces una cantidad.

ocular adj Perteneciente a los ojos o que se hace por medio de ellos.

oculista m o f Especialista en las enfermedades de los ojos.

ocultar tr y prnl Esconder, tapar, disfrazar, encubrir a la vista. ‖ Callar intencionalmente alguna cosa. ☐ OCULTACIÓN; OCULTADOR, RA.

ocultismo m Conjunto de los conocimientos esotéricos y prácticas mágicas destinadas a penetrar y dominar los secretos de la naturaleza. ☐ OCULTISTA.

oculto, ta adj Escondido, ignorado, que no se da a conocer ni se deja ver ni sentir.

ocupación f Acción y efecto de ocupar. ‖ Trabajo o cuidado que impide emplear el tiempo en otra cosa. ‖ Empleo, oficio o dignidad, etc.

ocupar tr Tomar posesión, apoderarse de una cosa. ‖ Obtener, gozar un empleo, dignidad. ‖ Llenar un espacio o lugar. • prnl Asumir la responsabilidad de un asunto, encargarse de él. ☐ OCUPANTE.

ocurrencia f Pensamiento, dicho agudo u original que ocurre a la imaginación.

ocurrente adj Ingenioso, original.

ocurrir intr Acaecer, acontecer, suceder una cosa. • intr y prnl Venir repentinamente al pensamiento una idea.

oda f Composición lírica caracterizada por su lenguaje entusiasta y elevado, así como por la gran variedad de temas que trata.

odiar tr Tener odio.

odio m Antipatía y aversión hacia alguna cosa o persona cuyo mal se desea.

odioso, sa adj Digno de odio.

odisea f (fig) Viaje largo y en el cual abundan las aventuras adversas y favorables al viajero.

odómetro m Aparato que cuenta los pasos o la distancia recorridos por un vehículo.

odontología f Estudio de los dientes y del tratamiento de sus dolencias. ☐ ODONTÓLOGO, GA.

odorífero adj Que huele muy bien, que tiene agradable olor o fragancia.

odre m Cuero, gralte. de cabra, que sirve para contener líquidos, como vino o aceite.

oesnoroeste m Punto del horizonte entre el oeste y el noroeste, a igual distancia de ambos. ‖ Viento que sopla de esta parte.

oeste npm Occidente, punto cardinal. • m Viento que sopla de esta parte.

oesudoeste m Punto del horizonte entre el oeste y el sudoeste, a igual distancia de ambos. ‖ Viento que sopla de esta parte.

o

ofender *tr* Injuriar de palabra o denostar. ‖ Fastidiar, molestar. • *prnl* Picarse o enfadarse por un dicho o hecho. ☐ OFENDIDO, DA; OFENSA; OFENSOR, RA.

ofensivo, va *adj* Que ofende o puede ofender. • *f* Acción y efecto de atacar.

oferta *f* Acción y efecto de ofertar. ‖ Promesa que se hace de dar, cumplir o ejecutar una cosa. ‖ Venta de artículos a precios rebajados. ‖ Conjunto de bienes o mercancías que se presentan en el mercado con un precio dado y en un momento determinado.

ofertar *tr* Ofrecer mercancías a la venta. ‖ *Amér.* Ofrecer, prometer algo.

oficial *adj* Que es de oficio, que procede de la autoridad derivada del Estado. ‖ Dícese de lo que está reconocido públicamente por una autoridad. • *m* Militar que posee un grado o empleo, desde alférez hasta capitán inclusive.

oficiala *f* La que se ocupa o trabaja en un oficio. ‖ La que en un oficio manual ha terminado el aprendizaje y no es maestra todavía.

oficialía *f* Empleo de oficial de contaduría, secretaría o cosa semejante.

oficialidad *f* Conjunto de oficiales de un ejército. ‖ Carácter o calidad de lo que es oficial.

oficialismo *m* Conjunto de hombres de un gobierno. ☐ OFICIALISTA.

oficiante *m* El que oficia en las iglesias; preste.

oficiar *tr* Ayudar a cantar las misas y demás oficios divinos. • *intr* (fig, fam) Seguido de la preposición *de,* obrar con el carácter que seguidamente se determina.

oficina *f* Sitio donde se realizan tareas administrativas, burocráticas, etc. ☐ OFICINESCO, CA; OFICINISTA.

oficio *m* Ocupación habitual. ‖ Cargo, ministerio. ‖ Profesión de algún arte mecánica. ‖ Función propia de alguna cosa. ‖ Acción o gestión en beneficio o en daño de alguno.

oficioso, sa *adj* Díc. de la persona solícita en cumplir con su deber. ‖ Que se entremete en oficio o negocio que no le incumbe. ‖ Provechoso, eficaz para determinado fin. ‖ En diplomacia, se aplica a la mediación de una tercera potencia que practica diligencias en pro de la armonía entre otras.

ofidio *adj* y *m* Díc. de reptiles sin extremidades, con boca dilatable y cuerpo largo y estrecho revestido de epidermis escamosa que se muda todos los años.

ofimática *f* Conjunto de técnicas electrónicas e informáticas que se emplean para automatizar, agilizar y simplificar los trabajos de oficina.

ofrecer *tr* Prometer, obligarse uno a dar, hacer o decir algo. ‖ Presentar y dar voluntariamente una cosa. ‖ Presentar, manifestar. ‖ Dedicar o consagrar a Dios o a un santo la obra buena que se hace; un objeto piadoso, y también el daño que se recibe o padece. • *prnl* Entregarse voluntariamente a otro para ejecutar alguna cosa. ☐ OFRECIMIENTO.

ofrenda *f* Don que se dedica a Dios o a los santos, para implorar su auxilio, pedir una cosa o cumplir un voto.

ofrendar *tr* Contribuir con dinero u otros dones para un fin.

oftalmia u **oftalmía** *f* Inflamación de los ojos.

oftálmico, ca *adj* Perteneciente o relativo a los ojos. ‖ Perteneciente o relativo a la oftalmía.

oftalmología *f* Parte de la patología, que trata de las enfermedades de los ojos. ☐ OFTALMOLÓGICO, CA; OFTALMÓLOGO, GA.

ofuscar *tr* y *prnl* Deslumbrar, turbar la vista. ‖ (fig) Trastornar algo la mente, confundir las ideas. ☐ OFUSCACIÓN; OFUSCAMIENTO.

ogro *m* Gigante que, según las creencias populares, se alimentaba de carne humana.

¡oh! *interj* que se usa para manifestar asombro, pena o alegría.

ohm *m* Unidad de resistencia eléctrica en el sistema Giorgi.

ohmio *m* Castellanización de ohm.

oída *f* Acción y efecto de oír.

oído *m* Sentido que permite percibir los sonidos. ‖ Cada uno de los órganos que sirven para la audición. ‖ Aptitud para percibir y reproducir con exactitud los temas y melodías musicales.

oír *tr* Percibir con el oído los sonidos. ‖ Atender los ruegos, súplicas o avisos de uno. ‖ Hacerse uno cargo, o darse por enterado, de aquello de que le hablan.

ojal *m* Hendedura reforzada en sus bordes y a propósito para abrochar un botón, una muletilla u otra cosa semejante. ‖ Agujero que atraviesa de parte a parte algunas cosas.

¡ojalá! *interj* con que se denota vivo deseo de que suceda una cosa.

ojeada *f* Mirada pronta y ligera.

ojear[1] *tr* Dirigir los ojos y mirar con atención a determinada parte.

ojear[2] *tr* Espantar la caza, acosándola hasta que llega al sitio donde se le ha de tirar o coger con redes, lazos, etc. ‖ (fig) Espantar y ahuyentar de cualquier suerte. ❑ OJEADOR; OJEO.

ojén *m* Aguardiente preparado con anís y azúcar.

ojera *f* Mancha más o menos lívida, perenne o accidental, alrededor de la base del párpado inferior. Se usa más en plural. ❑ OJEROSO, SA.

ojeriza *f* Enojo y mala voluntad contra uno.

ojete *m dim* de ojo. ‖ Abertura pequeña y redonda para meter por ella un cordón o cualquier otra cosa que afiance. ‖ (fam) Ano.

ojiva *f* Figura formada por dos arcos de círculo iguales que se cortan formando un ángulo. ‖ Arco que tiene esta figura. ❑ OJIVAL.

ojo *m* Órgano de la visión en el hombre y en los animales. ‖ Abertura o agujero de algunas cosas. ‖ Atención, cuidado o advertencia que se pone en una cosa.

ojota *f Amér.* Calzado a manera de sandalia, hecho de cuero o de filamento vegetal.

okapi *m* Mamífero rumiante de un metro y medio de alto, patas anteriores más largas que las posteriores, y cuello largo.

ola *f* Onda de gran amplitud que se forma en la superficie de las aguas. ‖ Fenómeno atmosférico que produce variación repentina en la temperatura de un lugar. ❑ OLEAJE.

¡olé! *interj* con que se anima y aplaude.

oleada *f* Embate y golpe de la ola. ‖ (fig) Movimiento impetuoso de mucha gente apiñada.

oleaginoso, sa *adj* Oleoso, aceitoso.

oleicultura *f* Arte de cultivar el olivo y mejorar la producción del aceite. ❑ OLEICULTOR, RA.

óleo *m* Pintura hecha al ó., gralte. sobre lienzo.

oleoducto *m* Tubería superficial, subterránea o submarina, provista de bombas y otros aparatos para conducir el petróleo a larga distancia.

oleoso, sa *adj* Aceitoso. ❑ OLEOSIDAD.

oler *tr* Percibir los olores. ‖ (fig) Inquirir con curiosidad lo que hacen otros, para aprovecharse de ello. • *intr* Exhalar o producir un olor.

olfatear *tr* Oler con ahínco y persistentemente. ‖ (fig, fam) Indagar, averiguar con viva curiosidad y empeño. ❑ OLFATEO.

olfato *m* Sentido con que los seres animados perciben los olores. ‖ (fig) Sagacidad para descubrir o entender lo que está encubierto. ❑ OLFATIVO, VA; OLFATORIO, RIA.

oligarquía *f* Forma de gobierno en la cual el poder supremo lo ejerce un reducido número de personas pertenecientes a una misma clase social. ❑ OLIGÁRQUICO, CA.

oligoceno *adj y m* Díc. del tercer período de la era terciaria, comprendido entre el eoceno y el mioceno.

oligoelemento *m* Todo elemento químico que es indispensable, en pequeñísimas cantidades, para el crecimiento y el ciclo reproductivo de las plantas y de los animales.

oligofrenia *f* Deficiencia mental congénita.

oligopolio *m* Aprovechamiento de alguna industria o comercio por un reducido número de empresas.

olimpiada u **olimpíada** *f* Competición universal de juegos atléticos que se celebra modernamente cada cuatro años en lugar fijado de antemano.

olímpico, ca *adj* Perteneciente o relativo al Olimpo. ‖ Perteneciente o relativo a los juegos de las olimpiadas.

olimpo *npm* Morada de los dioses del paganismo.

oliscar *tr* Olisquear.

olisquear *tr* Oler una cosa. ‖ (fig) Husmear.

oliva *f* Olivo, árbol. ‖ Aceituna.

olivar *m* Sitio plantado de olivos.

olivarda *f* Planta de tronco leñoso con hojas pobladas de pelillos glandulosos que segregan una especie de resina viscosa.

olivarero, ra *adj y s* Que se dedica al cultivo del olivo.

olivero *m* Sitio donde se coloca la oliva en la recolección hasta que se lleva al trujal.

olivicultura *f* Cultivo y mejoramiento del olivo. ☐ OLIVÍCOLA; OLIVICULTOR, RA.

olivo *m* Árbol de tronco grueso y torcido; hojas puntiagudas, verdes y lustrosas por el haz y blanquecinas por el envés; flores blancas, pequeñas, y por fruto la aceituna, de la que se extrae el aceite común.

olla *f* Vasija redonda de barro o metal, con cuello y boca anchos y con una o dos asas, que sirve para cocer manjares, calentar agua, etc.

olma *f* Olmo muy corpulento y frondoso.

olmo *m* Árbol de tronco robusto y derecho, de corteza gruesa, copa ancha y espesa. Es buen árbol de sombra y de excelente madera.

ológrafo, fa *adj y m* Díc. del testamento de puño y letra del testador.

olor *m* Impresión que los efluvios de los cuerpos producen en el olfato. ‖ Lo que es capaz de producir esa impresión.

oloroso, sa *adj* Que exhala de sí fragancia.

olote *m Amér. Centr. y Méx.* Mazorca de maíz después de desgranada.

olvidadizo, za *adj* Que con facilidad se olvida de las cosas. ‖ (fig) Desagradecido.

olvidado, da *pp* de olvidar. • *adj* Díc. del que olvida. ‖ Olvidadizo, desagradecido.

olvidar *tr y prnl* Dejar de tener en la memoria lo que se tenía o debía tener. ‖ Dejar de tener en el afecto o afición a una persona o cosa. ☐ OLVIDADIZO, ZA; OLVIDADO, DA; OLVIDO.

ombligo *m* Cicatriz redonda y arrugada que se forma en medio del vientre, después de romperse y secarse el cordón umbilical. ‖ (fig) Medio o centro de cualquier cosa.

ombliguero *m* Venda que se pone a los niños recién nacidos para sujetar el pañito o cabezal que cubre el ombligo.

ombudsman *m* Defensor del pueblo.

omega *f* Última letra del alfabeto gr., equivalente a la *o* larga. ‖ (fig) Final de una cosa.

ómicron *f* Letra del alfabeto gr., correspondiente a una *o* breve.

ominoso, sa *adj* Azaroso, de mal agüero. ‖ Abominable.

omitir *tr* Abstenerse o dejar de hacer una cosa. • *tr y prnl* Silenciar una cosa. ☐ OMISIÓN; OMISO, SA; OMITIBLE.

ómnibus *m* Vehículo, coche de gran capacidad, que sirve para transportar personas.

omnímodo, da *adj* Que lo comprende todo.

omnipotencia *f* Poder omnímodo. ☐ OMNIPOTENTE.

omnipresencia *f* Capacidad de estar en todas partes al mismo tiempo. ☐ OMNIPRESENTE.

omnisapiente *adj* Que tiene omnisciencia. ‖ (fig) Díc. del que tiene sabiduría o conocimiento de muchas cosas.

omnisciencia *f* Conocimiento de todas las cosas reales y posibles. ☐ OMNISCIENTE.

omnívoro, ra *adj y m* Díc. del animal que se alimenta de todo tipo de sustancias orgánicas.

omóplato u **omoplato** *m* Cada uno de los dos huesos anchos, casi planos y sit. a uno y otro lado de la espalda, donde se articulan los húmeros y las clavículas.

once *adj* Diez y uno. ‖ Undécimo, ordinal. • *m* Conjunto de signos con que se representa el núm. once. ‖ Equipo de fútbol.

onceavo, va *adj y s* Undécimo, partitivo.

onceno, na *adj y s* Undécimo.

oncología *f* Parte de la medicina, que trata de los tumores. ☐ ONCOLÓGICO, CA; ONCÓLOGO, GA.

onda *f* Perturbación que se propaga, desde un punto de un medio, a otros del mismo medio. ‖ Movimiento que se propaga en un fluido. ‖ Cada una de las curvas, a manera de eses, que se forman natural o artificialmente en algunas cosas flexibles.

ondear *intr* Hacer ondas el agua impelida por el aire. ‖ Moverse otras cosas en el aire formando ondas. □ ONDEADO, DA; ONDEO.

ondulación *f* Acción y efecto de ondular. ‖ Formación en ondas de una cosa.

ondular *intr* Moverse una cosa formando giros en figura de eses como las banderas agitadas por el viento. • *tr* Hacer ondas en el pelo.

ondulatorio, ria *adj* Que se extiende en forma de ondulaciones. ‖ Que ondula, ondulante.

oneroso, sa *adj* Pesado o molesto. ‖ Que incluye conmutación de prestaciones recíprocas, a diferencia de lo que se adquiere a título lucrativo.

ónice u **ónix** *f* Variedad de ágata, con franjas circulares concéntricas de diversas tonalidades, que se emplea en joyería.

onírico, ca *adj* Perteneciente o relativo a los sueños.

oniromancia u **oniromancía** *f* Adivinación del porvenir mediante la interpretación de los sueños.

onomancia u **onomancía** *f* Adivinación del porvenir por medio del nombre de una persona.

onomástico, ca *adj* Perteneciente o relativo a los nombres y especialmente a los propios. • *f* Día en que una persona celebra su santo.

onomatopeya *f* Imitación del sonido de una cosa en el vocablo que se forma para significarla.

ontogénesis u **ontogenia** *f* Conjunto de los fenómenos de desarrollo y diferenciación del individuo a partir del periodo embrionario. □ ONTOGÉNICO, CA.

ontología *f* Parte de la metafísica que estudia el ser en general así como sus propiedades. □ ONTOLÓGICO, CA; ONTÓLOGO, GA.

onza *f* Mamífero carnívoro, semejante a la pantera.

onzavo, va *adj* Onceavo.

oosfera *f* Gameto femenino o célula sexual femenina de los vegetales.

opa[1] *adj* y *s Amér. Merid.* Tonto, idiota.

opa[2] *f* Operación financiera realizada por un grupo económico.

opaco, ca *adj* Que impide el paso de la luz, a diferencia de diáfano. ‖ Oscuro, sombrío.

opalescente *adj* Semejante al ópalo o irisado como él.

ópalo *m* Óxido silícico hidratado; incoloro, blanco o con muy diversas coloraciones; brillo de vítreo a céreo; transparente o traslúcido.

opción *f* Libertad o facultad de elegir. ‖ La elección misma. ‖ Derecho que se tiene a un oficio, dignidad, etc. □ OPCIONAL.

open *m* Competición deportiva en la que pueden participar todas las categorías.

ópera *f* Poema dramático cantado, con acompañamiento orquestal. ‖ Gén. formado por esta clase de obras.

operable *adj* Que puede obrarse o es factible. ‖ Que puede ser operado.

operación *f* Acción y efecto de operar. ‖ Negociación o contrato sobre valores o mercaderías. ‖ Intervención quirúrgica. □ OPERACIONAL.

operador, ra *adj* y *s* Que opera. • *m* y *f* Técnico encargado de la parte fotográfica del rodaje. ‖ Técnico encargado de proyectar la película.

operar *tr* y *prnl* Realizar, llevar a cabo algo. ‖ Ejecutar sobre el cuerpo del hombre o animal, con ayuda de instrumentos adecuados, diversos actos curativos. • *intr* Producir las cosas el efecto para el cual se destinan. ‖ Negociar, especular, realizar acciones comerciales de compra, venta, etc. ‖ Realizar operaciones matemáticas.

operario, ria *m* y *f* Obrero, trabajador manual.

operativo, va *adj* Díc. de lo que obra y hace su efecto. ‖ En tecnología, capaz de operar, puesto en acción.

opérculo *m* Pieza que, a modo de tapadera, sirve para cerrar ciertas aberturas.

o

opereta f Gén. teatral ligero, gralte. de carácter satírico o paródico.

opilación f Obstrucción en general. ☐ OPILAR.

opilar f Obstrucción en general. ☐ OPILAR.

opimo, ma adj Rico, fértil, abundante.

opinar intr Formar o tener opinión. • tr e intr Expresar las opiniones de palabra o por escrito.

opinión f Juicio o parecer que se forma de una cosa cuestionable. ‖ Fama, reputación.

opio m Resultado de la desecación del jugo que se hace fluir por incisiones de las cabezas de adormideras verdes. ☐ OPIÁCEO.

opíparo, ra adj Díc. del banquete o la comida copiosa y espléndida.

oponente adj y s Que opone o se opone, y en especial díc. de la persona que sostiene una determinada opinión en contra de otra.

oponer tr y prnl Utilizar una cosa contra otra para estorbar o impedir su efecto. • prnl Ser una cosa contraria a otra. ‖ Estar una cosa sit. o colocada enfrente de otra.

oportunidad f Cualidad de oportuno. ‖ Conveniencia de tiempo y de lugar.

oportunismo m Acomodación al juego de las circunstancias, para extraer de ellas el máx. beneficio, sin tener en cuenta principios ni convicciones. ☐ OPORTUNISTA.

oportuno, na adj Que se hace o sucede en tiempo a propósito y cuando conviene.

oposición f Acción y efecto de oponer u oponerse. ‖ Disposición de algunas cosas, de modo que estén unas frente a otras. ‖ Contrariedad de una cosa respecto a otra. ‖ Procedimiento selectivo consistente en una serie de ejercicios en que los aspirantes a un puesto de trabajo muestran su respectiva competencia, juzgada por un tribunal. Se usa más en plural.

opositar intr Hacer oposiciones a un cargo o empleo.

opositor, ra m y f Persona que se opone a otra en cualquier materia. ‖ Aspirante a un empleo, que se ha de proveer por oposición o concurso.

opresor, ra adj Que oprime. • adj y s Que abusa de su poder o autoridad sobre alguien.

oprimir tr Ejercer presión sobre una cosa. ‖ (fig) Someter por la violencia a una persona, grupo, pueblo, nación, etc., imponiéndole una situación que ha de aceptar forzosamente. ☐ OPRESIÓN; OPRESIVO, VA.

oprobio m Ignominia, afrenta, deshonra.

optar tr e intr Escoger una cosa entre varias. • tr Intentar entrar en la dignidad, empleo u otra cosa a que se tiene derecho.

optativo, va adj Que pende de opción o la admite.

óptico, ca adj Perteneciente o relativo a la óptica. • m y f Comerciante o especialista en artículos de óptica. • f Rama de la física que estudia los fenómenos relativos a la visión y a la propagación de la luz.

optimar u **optimizar** tr Buscar la mejor manera de realizar una actividad. ☐ OPTIMACIÓN.

optimismo m Propensión a ver y juzgar las cosas en su aspecto más favorable. ☐ OPTIMISTA.

óptimo, ma adj sup. de bueno. Sumamente bueno; que no puede ser mejor.

opuesto, ta pp irreg de oponer. • adj Enemigo o contrario. ‖ Díc. de las hojas enfrentadas e insertadas en un mismo nudo del tallo.

opugnar tr Asaltar o combatir una plaza o ejército. ‖ Contradecir o repugnar. ☐ OPUGNACIÓN; OPUGNADOR.

opulencia f Abundancia, riqueza. ☐ OPULENTO, TA.

opus m Obra, especialmente musical.

opúsculo m Obra de carácter científico o literario que tiene poca extensión.

oquedad f Espacio que en un cuerpo sólido queda vacío, natural o artificialmente.

oquedal m Monte sólo de árboles.

ora conj distrib aféresis de ahora.

oración f Acción de orar. ‖ Súplica o ruego que se hace a Dios y a los santos. ‖ Unidad funcional del discurso, simple, autónoma y cerrada en sí misma. ☐ ORACIONAL.

ráculo *m* Respuesta que da un dios por sí o por sus ministros. ‖ (fig) Persona a quien todos escuchan con respeto y veneración por su mucha sabiduría.

rador, ra *m* y *f* Persona que ejerce la oratoria.

ral *adj* Expresado con la boca o con la palabra a diferencia de escrito.

rangután *m* Mamífero primate que puede alcanzar los 2 m de alt., con cabeza gruesa, cuerpo robusto y brazos y manos muy desarrollados.

rar *intr* Hablar en público. ‖ Hacer oración a Dios, oral o mentalmente.

rate *m* o *f* Persona que ha perdido el juicio.

ratoria *f* Arte de hablar con elocuencia; de deleitar y conmover por medio de la palabra.

ratorio[1] *m* Capilla privada de una casa particular donde se celebra la misa.

ratorio[2]**, ria** *adj* Perteneciente o relativo a la oratoria, a la elocuencia o al orador.

rbe *m* Esfera celeste o terrestre. ‖ Mundo, conjunto de todas las cosas creadas.

rbicular *adj* Redondo o circular.

rbita *f* Cuenca del ojo. ‖ Trayectoria seguida por un cuerpo celeste en torno a un centro de atracción. ‖ (fig) Esfera, ámbito. ⬜ ORBITAL; ORBITARIO, RIA.

rca *f* Cetáceo con cabeza redondeada, boca con dientes cónicos, aletas pectorales muy largas; cola de más de un metro de anchura; color azul oscuro por el lomo y blanco por el vientre.

rden *amb* Colocación de las cosas en el lugar que les corresponde. ‖ Concierto, buena disposición de las cosas entre sí. ‖ Regla o modo que se observa para hacer las cosas. ‖ Serie o sucesión de las cosas. • *f* Instituto religioso aprobado por el Papa y cuyos individuos viven bajo las reglas establecidas por su fundador o por sus reformadores. ‖ Mandato que se debe obedecer, observar y ejecutar.

rdenación *f* Acción y efecto de ordenar u ordenarse. ‖ Colocación de las cosas en el lugar que les corresponde. ‖ Regla que se observa para hacer las cosas.

ordenado, da *pp* de ordenar. • *adj* Díc. de la persona que guarda método en sus acciones.

ordenador *m* Jefe de una ordenación de pagos. ‖ Computadora.

ordenamiento *m* Acción y efecto de ordenar. ‖ Ley u ordenanza que da el superior para que se observe una cosa.

ordenanza *f* La que está hecha para el régimen de los militares y buen gobierno en las tropas, o para el de una ciudad o comunidad. • *m* Empleado subalterno que en ciertas oficinas tiene el especial encargo de llevar órdenes. • *m* o *f* Soldado que está a las órdenes de un superior para su servicio personal.

ordenar *tr* Poner en orden, concierto y buena disposición una cosa. ‖ Mandar y prevenir que se haga una cosa. ‖ Encaminar y dirigir a un fin. ‖ Conferir las órdenes a uno. • *prnl* Recibir las órdenes sagradas.

ordeñador, ra *adj* y *s* Que ordeña. • *f* Aparato para ordeñar las vacas.

ordeñar *tr* Extraer la leche exprimiendo la ubre. ‖ (fig, fam) Obtener el máximo provecho posible de algo o alguien. ⬜ ORDEÑO.

ordinal *adj* Perteneciente o relativo al orden. • *adj* y *m* Número ordinal.

ordinariez *f* Falta de urbanidad y cultura. ‖ Acción o expresión grosera.

ordinario, ria *adj* Común, corriente. ‖ Plebeyo. ‖ Bajo, basto, vulgar y de poca estimación. ‖ Que no tiene grado o distinción en su línea. • *adj* y *s* Díc. del gasto de cada día que tiene uno en su casa, y también de lo que acostumbra comer.

orear *tr* y *prnl* Dar en una cosa el aire para que se seque o se le quite la humedad o el olor que ha contraído. • *prnl* Salir uno a tomar el aire.

orégano *m* Planta herbácea vivaz, de tallos vellosos, hojas pequeñas, flores purpúreas en espigas y fruto seco.

oreja *f* Oído. ‖ Órgano externo del sentido del oído, situado a ambos lados de la cabeza.

orejar *tr* *Amér.* Escuchar con disimulo.

orejear *intr* Mover las orejas un animal. ‖ *Arg., Guat.* y *Hond.* Dar tirones de oreja.

o

orejera f Cada una de las dos piezas de la gorra o montera que cubren las orejas y se atan debajo de la barba.

orejero, ra adj Arg. Chismoso. ‖ Col. Díc. de la bestia que empina las orejas. ‖ Col. Malicioso.

orejón, na adj Orejudo, que tiene orejas grandes. • m Pedazo de melocotón, albaricoque o pera en forma de cinta secado al aire y al sol.

orejudo, da adj Que tiene orejas grandes o largas.

oreo m Soplo del aire que da suavemente en una cosa. ‖ Acción y efecto de orear u orearse.

orfanato u **orfelinato** m Asilo de huérfanos.

orfandad f Estado de huérfano. ‖ Pensión que disfrutan algunos huérfanos.

orfebre m El que labra objetos artísticos de oro o plata y otros metales preciosos.

orfebrería f Arte de trabajar los metales preciosos.

orfeón m Sociedad de cantantes en coro.

orfeonista m o f Componente de un orfeón.

organdí m Tela blanca de algodón muy fina y transparente.

orgánico, ca adj Aplícase al cuerpo que está con disposición o aptitud para vivir. ‖ Que tiene armonía y consonancia. ‖ Formado por órganos. ‖ Perteneciente o relativo a los órganos.

organigrama m Sinopsis o esquema que expresa gráficamente la organización de una entidad determinada.

organillo m Órgano pequeño que se hace sonar por medio de un cilindro movido por un manubrio, y encerrado en un cajón portátil.

organismo m Ser viviente. ‖ (fig) Conjunto de oficinas, dependencias o empleos que forman un cuerpo o una institución.

organización f Acción y efecto de organizar u organizarse. ‖ Disposición, orden. ‖ Organismo, conjunto de oficinas, dependencias, etc., de una institución.

organizar tr Establecer o reformar algo para lograr un fin, coordinando los medios y las personas adecuados. ‖ Poner algo en orden. ‖ Preparar alguna cosa disponiendo lo necesario. ❒ ORGANIZADO, DA; ORGANIZADOR, RA.

órgano m Parte de un organismo vivo que constituye una unidad desde el punto de vista funcional y estructural. ‖ Instrumento de viento, con teclado y pedales. ‖ (fig) Medio o conducto que pone en comunicación dos cosas.

organografía f Parte de la biología que estudia los órganos animales o vegetales. ❒ ORGANOGRÁFICO, CA.

organología f Organografía. ‖ Ciencia que estudia los instrumentos musicales.

orgasmo m Culminación del placer sexual. ‖ Exaltación de la vitalidad de un órgano.

orgía u **orgía** f Festín en que se come y bebe inmoderadamente, y se cometen otros excesos. ‖ (fig) Satisfacción viciosa de apetitos o pasiones desenfrenadas. ❒ ORGIÁSTICO, CA.

orgullo m Arrogancia, vanidad. ‖ Satisfacción por algo que uno considera digno de mérito. ❒ ORGULLOSO, SA.

orientación f Acción y efecto de orientar u orientarse. ‖ (fig) Dirección, tendencia. ❒ ORIENTADOR, RA.

oriental adj y s Natural de oriente. • adj Que está situado en el oriente.

orientalismo m Conocimiento de la civilización y costumbres de los pueblos orientales. ❒ ORIENTALISTA.

orientar tr y prnl Informar a alguien sobre algo. ‖ (fig) Dirigir una persona, cosa o acción hacia un fin determinado. • tr Colocar una cosa en posición determinada respecto a los puntos cardinales. ‖ Determinar la posición o dirección de una cosa con respecto a un punto cardinal.

oriente m Lugar de la Tierra o de la esfera celeste que, respecto de otro con el cual se compara, cae hacia donde sale el sol.

orificio m Boca o agujero.

oriflama f Estandarte, pendón o bandera de colores que se despliega al viento.

origen m Principio, nacimiento, manantial, raíz y causa de una cosa. ‖ Ascendencia o familia. ‖ (fig) Principio, motivo o causa moral de una cosa.

original adj Perteneciente o relativo al origen. ‖ Díc. de la obra científica, artística, literaria o de cualquier otro gén. producida directamente por su autor sin ser copia, imitación o traducción de otra. • m Manuscrito o impreso que se da a imprenta para que con arreglo a él se haga la impresión de una obra. ☐ ORIGINALIDAD.

originar tr Ser instrumento, motivo, principio u origen de una cosa. • prnl Traer una cosa su principio u origen de otra.

originario, ria adj Que da origen a una persona o cosa. ‖ Que trae su origen de algún lugar, persona o cosa.

orilla f Término, límite o extremo de la extensión superficial de algunas cosas. ‖ Límite de la tierra que la separa del mar, lago, río, etc.

orillar tr (fig) Concluir, ordenar, desenredar un asunto. • intr y prnl Arrimarse a las orillas.

orillo m Orilla del paño, la cual regularmente se hace de la lana más basta, y de uno o más colores.

orín[1] m Óxido que recubre la superficie de las piezas de hierro expuestas al aire húmedo o al agua.

orín[2] m Orina. Se usa más en plural.

orina f Líquido excrementicio secretado por los riñones, que pasando por la vejiga, es expelido por la uretra.

orinal m Recipiente para recoger la orina y otros excrementos humanos.

orinar intr y prnl Expeler la orina. • tr Expeler por la uretra algún otro líquido.

oriundo, da adj Originario, que tiene cierto origen o ascendiente. ☐ ORIUNDEZ.

orla f Orilla de paños, telas, vestidos u otras cosas, con algún adorno que la distingue.

orlar tr Adornar una cosa con orlas.

ornamentar tr Adornar, engalanar con adornos. ☐ ORNAMENTACIÓN.

ornamento m Adorno, compostura, atavío que hace vistosa una cosa.

ornar tr y prnl Engalanar con adornos, adornar.

ornato m Adorno, atavío, aparato.

ornitología f Parte de la zoología que trata del estudio de las aves. ☐ ORNITOLÓGICO, CA; ORNITÓLOGO, GA.

ornitorrinco m Mamífero del tamaño de un conejo, de cabeza casi redonda cuya boca se asemeja al pico de un pato.

oro m Metal amarillo, el más dúctil y maleable de todos, que se encuentra siempre nativo en la naturaleza. ‖ Joyas y otros adornos femeninos de este metal. ‖ (fig) Caudal, riquezas.

orogénesis f Conjunto de procesos mediante los cuales se originan las cordilleras de montaña. ☐ OROGÉNICO, CA.

orografía f Parte de la geografía física, que trata de la descripción de las montañas. ‖ Conjunto de montes de una comarca, región, país, etc. ☐ OROGRÁFICO, CA.

orondo, da adj (fig, fam) Lleno de presunción y muy contento de sí mismo. ‖ (fig, fam) Gordo.

orónimo m Nombre de cordillera, montaña, colina, etc.

oropel m Lámina de latón que imita al oro. ‖ (fig) Cosa de poco valor y mucha apariencia.

orquesta u **orquestra** f Conjunto instrumental. ‖ Lugar destinado para los músicos, y comprendido entre la escena y las butacas.

orquestar tr Instrumentar para orquesta. ☐ ORQUESTACIÓN; ORQUESTAL.

orquestina f Orquesta de pocos instrumentos dedicada a ejecutar música bailable.

orquídea f Flor de una planta muy apreciada en jardinería por su belleza.

ortiga f Planta de flores verdosas, cuyas hojas segregan un líquido urente.

ortigal m Terreno cubierto de ortigas.

ortodoncia f Rama de la odontología que procura corregir las malformaciones y defectos de la dentadura.

ortodoxia f Rectitud dogmática o conformidad con el dogma de una religión.

ortodoxo, xa adj y s Conforme con el dogma de una religión. • adj p. ext. Conforme con la doctrina tradicional en cualquier dominio.

ortoedro *m* Prisma cuadrangular cuyas caras y bases son rectángulos, y sus cuatro aristas laterales son perpendiculares a las bases.

ortoepía *f* Arte de pronunciar correctamente.

ortofonía *f* Corrección de los defectos de la voz y de la pronunciación.

ortogonal *adj* Díc. de lo que está en ángulo recto. ☐ ORTOGONALIDAD.

ortografía *f* Parte de la gramática que enseña a escribir correctamente una lengua. ☐ ORTOGRÁFICO, CA; ORTÓGRAFO, FA.

ortología *f* Arte de pronunciar correctamente y, en sentido más general, de hablar con propiedad. ☐ ORTOLÓGICO, CA; ORTÓLOGO, GA.

ortopedia *f* Arte de corregir o de evitar las deformaciones del cuerpo humano, por medio de ciertos aparatos o de ejercicios corporales. ☐ ORTOPEDA; ORTOPÉDICO, CA; ORTOPEDISTA.

oruga *f* Planta herbácea cuyas hojas se usan como condimento por su sabor picante. ‖ Larva de los insectos lepidópteros (mariposas), vermiforme, con doce anillos casi iguales y de colores muy variados.

orujo *m* Hollejo de la uva, después de exprimida y sacada toda la sustancia.

orza *f* Vasija vidriada de barro, alta y sin asas, para guardar conserva.

orzar *intr* Inclinar la proa hacia la parte de donde viene el viento. ☐ ORZA.

orzaya *f* Niñera.

orzuelo *m* Divieso pequeño que nace en el borde de uno de los párpados.

os Dativo y acusativo del *pron* de 2ª pers. en gén. masculino o femenino y núm. *pl.* No admite *prep* y puede usarse como sufijo.

osa *f* Hembra del oso.

osadía *f* Atrevimiento, audacia, resolución. ☐ OSADO, DA.

osamenta *f* Esqueleto del hombre y de los animales. ‖ Los huesos sueltos del esqueleto.

osar *tr* e *intr* Atreverse.

osario u **osero** *m* Cualquier lugar donde se hallan enterrados huesos.

oscilador *m* Dispositivo, aparato o sistema que sirve para producir oscilacione eléctricas o mecánicas.

oscilar *intr* Moverse alternativamente u cuerpo a un lado y a otro de su posició de equilibrio. ☐ OSCILACIÓN; OSCILANTE.

oscilatorio, ria *adj* Aplícase al mov miento de los cuerpos que oscilan, y a s aptitud o disposición para oscilar.

oscurantismo *m* Oposición sistemátic a la difusión de la instrucción entre la clases populares. ☐ OSCURANTISTA.

oscurecer *tr* Privar de luz y claridad. (fig) Disminuir la estimación y esplen dor de las cosas; deslustrarlas y abati las. ‖ Ofuscar la razón, alterando y con fundiendo la realidad de las cosas. ▪ OSCURECIMIENTO.

oscuridad *f* Falta de claridad para perc bir las cosas. ‖ Densidad muy sombrí como la de los bosques cerrados.

oscuro, ra *adj* Que carece de luz o clar dad. • *adj* y *s* Dícese del color casi negr y del que se contrapone a otro más clar de su misma especie.

óseo, a *adj* Perteneciente o relativo hueso.

osera *f* Guarida del oso.

osezno *m* Cachorro del oso.

osificarse *prnl* Convertirse en hueso adquirir la consistencia de tal una mater orgánica. ☐ OSIFICACIÓN.

osmio *m* Metal de color gris, semejant al platino, fácilmente atacable por lo ácidos.

ósmosis u **osmosis** *f* (fig) Penetració influencia recíproca. ☐ OSMÓTICO, CA.

oso *m* Mamífero plantígrado de gra tamaño, de cuerpo pesado y macizo revestido de abundante pelaje. ☐ OSU NO, NA.

ososo, sa *adj* Perteneciente o relativo oso. ‖ Que tiene hueso o huesos.

osteítis *f* Inflamación de los huesos.

ostensible *adj* Que puede manifestars o mostrarse. ‖ Manifiesto, patente, claro

ostensión *f* Manifestación de una cosa.

ostentación *f* Acción y efecto de os tentar. ‖ Jactancia y vanagloria. ‖ Mag nificencia exterior y visible. ☐ OSTEN TATIVO, VA.

ostentar *tr* Mostrar o hacer patente una cosa. ‖ Hacer gala de grandeza, lucimiento y boato.

ostentoso, sa *adj* Magnífico y digno de verse.

osteología *f* Parte de la anatomía que trata de los huesos. ❏ OSTEOLÓGICO, CA.

osteólogo, ga *m* y *f* Especialista en las enfermedades de los huesos.

ostra *f* Molusco comestible y muy apreciado. Se caracteriza por su gruesa concha, de superficie irregular y rugosa.

ostracismo *m* (fig) Exclusión voluntaria o forzosa de los oficios públicos.

ostro¹ *m* Cualquiera de los moluscos cuya tinta servía para dar a las telas color de púrpura. ‖ (fig) Color o tinte de púrpura.

ostro² *m* Viento del Sur, austro. ‖ Sur, punto cardinal.

ostugo *m* Rincón. ‖ Porción pequeñísima.

osudo, da *adj* De mucho hueso, huesudo.

otario, ria *adj* Arg. y Ur. Tonto, necio.

otear *tr* Registrar desde una alt. lo que está abajo. ‖ Escudriñar o registrar con cuidado.

otero *m* Cerro aislado que domina un llano.

otitis *f* Inflamación del órgano del oído.

oto *m* Especie de lechuza grande, autillo².

otoba *f* Árbol cuyo fruto es muy parecido a la nuez moscada.

otoñada *f* Tiempo o estación del otoño. ‖ Otoño. ‖ Sazón de la tierra en el otoño.

otoñal *adj* Propio del otoño o perteneciente a él. • *adj* y *s* Díc. de la persona que se halla en el otoño de la vida.

otoñar *intr* Pasar el otoño.

otoño *m* Estación del año comprendida entre el equinoccio del mismo nombre y el solsticio de invierno. ‖ Período de la vida humana en que ésta declina de la plenitud hacia la vejez.

otorgar *tr* Consentir, condescender o conceder una cosa que se pide o se pregunta. ‖ Hacer merced y gracia de una cosa. ❏ OTORGAMIENTO; OTORGANTE.

otorrinolaringología *f* Parte de la medicina que trata de las enfermedades del oído, nariz y laringe. ❏ OTORRINOLARINGÓLOGO, GA.

otro, tra *adj* y *s* Aplícase a la persona o cosa distinta de aquella de que se habla. ‖ Se usa muchas veces para explicar la suma semejanza entre dos cosas o personas distintas.

otrora *adv tiempo* En otro tiempo.

otrosí *adv cant* Demás de esto, además. Se usa por lo común en lenguaje forense. • *m* Cada una de las peticiones o pretensiones que se ponen después de la principal.

output *m* En computación, término que se utiliza para determinar todos los procesos de salida de datos hacia un periférico.

ova *f* Nombre común a diversas especies de algas. Úsase más en plural.

ovación *f* Aplauso ruidoso que colectivamente se tributa a una persona o cosa.

ovacionar *tr* Aclamar, tributar una ovación.

ovalar *tr* Dar a una cosa figura de óvalo.

óvalo *m* Curva plana, convexa y cerrada, que no se corta a sí misma y cuya tangente varía con continuidad al hacerlo el punto de tangencia sobre la curva. ❏ OVAL; OVALADO, DA.

ovar *intr* Poner huevos, aovar.

ovario *m* Parte del pistilo de las flores femeninas o hermafroditas. ‖ Glándula sexual femenina. ❏ OVÁRICO, CA; OVARIOTOMÍA.

ovas *f pl* Huevecillos juntos de algunos peces.

oveja *f* Mamífero rumiante del que se obtiene lana y leche. El macho es el carnero, y la cría, el cordero. ‖ Amér. Merid. Llama, animal.

ovejería *f* Amér. Merid. Ganado ovejuno y hacienda que lo cría. ‖ Chile. Crianza de ovejas.

overa *f* Glándula sexual femenina u ovario de las aves.

overbooking *m* En hoteles, aviones, etc., contratación por encima del número de plazas disponibles.

overear *tr* Amér. Dorar o tostar al fuego.

óvido *adj* y *s* Ovino.

ovillar *intr* Hacer ovillos. • *prnl* Encogerse y recogerse haciéndose un ovillo.

ovillo *m* Bola o lío que se forma devanando hilo. ‖ (fig) Cosa enredada y de figura redonda. ‖ (fig) Montón o multitud confusa de cosas, sin trabazón ni arte.

ovino, na *adj* Se aplica al ganado lanar. • *m* Animal ovino.

ovni *m* Ingenio volante de origen misterioso, al que algunos conceden origen extraterrestre.

ovíparo, ra *adj* y *s* Díc. del animal que pone huevos.

ovo *m* Ornamento ovalado.

ovoide *adj* y *s* De figura de huevo. • *m* Conglomerado de carbón u otra sustancia que tiene dicha forma. ☐ OVOIDEO, A.

ovovivíparo, ra *adj* y *m* Díc. del animal que realiza su desarrollo embrionario en el interior del cuerpo de la madre, pero sin nutrirse a sus expensas, sino agotando las reservas alimenticias contenidas en el vitelo del huevo.

ovulación *f* Liberación del óvulo por parte del correspondiente folículo de Graaf del ovario.

ovular[1] *adj* Perteneciente o relativo al óvulo o a la ovulación.

ovular[2] *intr* Realizar la ovulación.

óvulo *m* Célula sexual femenina, originada en el ovario con un ritmo de unos 28 días. ‖ Estructura de los vegetales en forma de saco.

óvulo *m* Célula sexual femenina, originada en el ovario con un ritmo de unos 28 días. ‖ Estructura de los vegetales en forma de saco, contenida en el ovario, que a su vez contiene los gametos femeninos.

oxalme *m* Salmuera con vinagre.

oxear u **osear** *tr* Espantar o ahuyentar a la caza y a las aves domésticas, o a algunos insectos.

oxiacanta *f* Espino, arbusto.

oxidante *pa* de oxidar. • *adj* y *m* Díc. de toda sustancia (molécula o ion) que en una reacción es susceptible de aceptar electrones cedidos por otra sustancia, que se llama reductor.

oxidar *tr* y *prnl* Transformar una sustancia por la acción del oxígeno o de un oxidante. ☐ OXIDABLE; OXIDACIÓN.

óxido *m* Producto que resulta de la combinación del oxígeno con un elemento.

oxigenado, da *pp* de oxigenar. • *adj* Que contiene oxígeno.

oxigenar *tr* y *prnl* Combinar el oxígeno formando óxidos. • *prnl* (fig) Airearse, respirar el aire libre. ☐ OXIGENACIÓN.

oxígeno *m* Metaloide gaseoso, esencial para la respiración, algo más pesado que el aire y parte integrante de él, del agua, de los óxidos, de casi todos los ácidos y de la mayoría de las sustancias orgánicas.

oxipétalo *m* Planta trepadora del Brasil, de hojas acorazonadas y flores azules dispuestas en racimo.

oxítono, na *adj* y *s* Agudo, que carga el acento en la última sílaba.

oyamel *m* *Méx.* Árbol de madera blanca semejante al abeto.

oyente *pa* de oír. • *adj* y *s* Que oye. • *m* Asistente a una clase, no matriculado como alumno oficial.

ozono *m* Estado alotrópico del oxígeno, producido por la electricidad, de cuya acción resulta un gas muy oxidante, estable sólo a temperaturas muy altas.

ozonómetro *m* Reactivo preparado para graduar el ozono en el aire.

Pp

p f Decimoséptima letra del abecedario esp. y decimotercera de sus consonantes. Su nombre es *pe*, y su articulación es bilabial, oclusiva y sorda.

pabellón *m* Cada una de las construcciones o edificios que forman parte de un conjunto, como los de una exposición, ciudad universitaria, hospital, cuartel, etc. ‖ Cada una de las habitaciones donde se alojan en los cuarteles los jefes y oficiales. ‖ (fig) Nación a que pertenecen las naves mercantes.

pábulo *m* Comida, alimento para la subsistencia o conservación. ‖ (fig) Cualquier sustento o mantenimiento en las cosas inmateriales.

paca[1] *f* Mamífero roedor, de pelaje espeso y lacio, pardo por el lomo y rojizo por el resto. Es propio de América del Sur y su carne es muy estimada.

paca[2] *f* Fardo o lío, especialmente de lana o de algodón en rama.

pacana *f* Planta arbórea de América del Norte que se cultiva como ornamental.

pacato, ta *adj* y *s* De condición pacífica, tranquila y moderada. ‖ Mojigato, pudoroso.

pacer *tr* e *intr* Comer el ganado la hierba en los campos, prados, montes y dehesas.

pacha *f Nic.* Biberón. ‖ *Nic.* Botella pequeña y aplanada que se usa corrientemente para llevar licor.

pachá *m* Bajá.

pachacho, cha *adj Chile.* Díc. de la persona o animal de piernas demasiado cortas.

pachanga *f* Danza originaria de Cuba.

pachanguero, ra *adj* Díc. de un espectáculo, de una fiesta y especialmente de una música fácil, pegadiza y de carácter bullicioso.

pacho, cha *adj* Indolente. ‖ *Méx.* y *Nic.* Flaco, aplastado.

pachorra *f* (fam) Flema, tardanza, indolencia.

pachucho, cha *adj* Pasado de puro maduro.

pachulí *m* Planta muy olorosa, de cuyos tallos y hojas se obtiene un perfume muy usado. ‖ Perfume de esta planta.

paciencia *f* Virtud que consiste en sufrir sin perturbación del ánimo los infortunios y trabajos.

paciente *adj* Que sufre y tolera los trabajos y adversidades sin perturbación del ánimo.

pacienzudo, da *adj* Que tiene mucha paciencia.

pacificación *f* Acción y efecto de pacificar. ‖ Convenio entre los estados para poner fin a una guerra.

pacificar *tr* Establecer la paz donde había guerra y discordia.

pacífico, ca *adj* Quieto, sosegado y amigo de paz.

pacifismo *m* Conjunto de doctrinas encaminadas a mantener la paz entre las naciones. ❏ PACIFISTA.

paco *m* Paca, animal. ‖ *Amér.* Mineral de plata con ganga ferruginosa. ‖ Llama, animal.

pactar *tr* Asentar, poner condiciones o conseguir estipulaciones para concluir un negocio u otra cosa entre partes, obligándose mutuamente a su observancia.

pactismo *m* Actitud y práctica políticas de la persona, movimiento, organización, etc., que concibe el pacto como método más adecuado para conseguir sus objetivos. ❏ PACTISTA.

pacto *m* Concierto o asiento en que se convienen dos o más personas o entidades que se obligan a su observancia.

padecer *tr* e *intr* Sentir física y corporalmente un daño, dolor, enfermedad, pena o castigo.

padecimiento m Acción de padecer o sufrir daño, injuria, enfermedad, etc.

padrastro m Marido de la madre, respecto de los hijos habidos antes por ella.

padrazo m Padre muy indulgente con sus hijos.

padre m Varón o macho que ha engendrado. ‖ Varón o macho, respecto de sus hijos. ‖ Principal y cabeza de una descendencia, familia o pueblo. ‖ Religioso o sacerdote, en señal de veneración y respeto.

padrear intr Parecerse uno a su padre en las facciones o en las costumbres.

padrinazgo m Acto de asistir como padrino a un bautismo o a una función pública.

padrino m El que tiene, presenta o asiste a otra persona en determinados sacramentos. ‖ Protector, persona que protege o ayuda a otra en sus aspiraciones.

padrón m Nómina de los vecinos moradores de un pueblo. ‖ Columna con una lápida o inscripción que recuerda un suceso.

padrote m Amér. Macho destinado en el ganado para la procreación. ‖ Méx. Administrador de un prostíbulo. ‖ Rufián.

paella f Plato de arroz seco, con mariscos, pescado, carne, legumbres, etc.

paellera f Recipiente en que se prepara la paella.

¡paf! Voz onomatopéyica con que se expresa el ruido que hace una persona o cosa al caer o chocar contra algún objeto.

paga f Acción de pagar o satisfacer una cosa. ‖ Satisfacción de la culpa o yerro mediante la pena correspondiente. ‖ Sueldo de un empleado.

pagadero, ra adj Que se ha de pagar y satisfacer a cierto tiempo señalado.

pagado, da pp de pagar. • adj Ufano, satisfecho de alguna cosa.

pagador, ra adj y s Que paga. • m Persona encargada por el Estado, una corporación o un particular, de satisfacer sueldos, pensiones, créditos, etc.

paganismo m Religión de los gentiles o paganos. ‖ Conjunto de los gentiles.

paganizar intr Profesar el paganismo. • tr y prnl Introducir el paganismo o

elementos paganos en las costumbre creencias, etc.

pagano[1] m (fam) El que paga. Por lo c mún, se da este nombre al pagador quien otros abusan, y al que sufre perju cio por culpa ajena.

pagano[2]**, na** adj y s Aplícase a los ído tras y politeístas, y aun a todo infiel bautizado.

pagar tr Dar o satisfacer aquello que debe. ‖ Adeudar derechos los géneros q se introducen.

pagaré m Documento que obliga al pag de una cantidad en un tiempo determ nado.

pagel m Pez rojizo por el lomo y plateac por el vientre. Su carne es blanca, come tible y bastante estimada.

página f Cada una de las dos planas de hoja de un libro o cuaderno.

paginar tr Numerar páginas o planas.

pago[1] m Entrega de lo que se debe.

pago[2] m Distrito determinado de tierras heredades, especialmente de viñas u ol vares.

pagoda f Templo budista en varios pu blos orientales, especialmente India, Ch na y Japón.

paidología f Ciencia que estudia el des rrollo físico e intelectual del niño. ◻ PA DOLÓGICO, CA.

paila f Vasija grande de metal redonda poco profunda. ‖ Amér. Sartén, vasij ‖ Nic. Machete para cortar la caña de az car.

pailero, ra m y f Ecuad. y Méx. Perso que hace, compone o vende pailas; calde rero. • m Nic. Operario que corta la caí de azúcar sirviéndose de la paila o m chete.

paipay m Abanico de palma, en forma pala.

país m Nación, región, provincia o ter torio.

paisaje m Extensión de terreno que se desde un sitio. ‖ Extensión de terrer considerada en su aspecto artístico.

paisajista adj y s Díc. del pintor de pa sajes.

paisajístico, ca adj Perteneciente o rel tivo al paisaje en su aspecto artístico.

paisanaje *m* Conjunto de paisanos.

paisano, na *adj* y *s* Que es del mismo país, prov. o lugar que otro. • *m* y *f* Campesino, habitante del campo.

paja *f* Caña de trigo, cebada, centeno y otras gramíneas, después de seca y separada del grano. ‖ (fam) Masturbación.

pajar *m* Sitio o lugar donde se guarda la paja.

pájara *f* Pájaro, ave pequeña. ‖ En ciclismo, bajón físico súbito que impide al corredor mantener el ritmo de la carrera.

pajarear *intr* Cazar pájaros. ‖ (fig) Andar vagando.

pajarera *f* Jaula grande.

pajarería *f* Abundancia de pájaros. ‖ Tienda donde se venden pájaros.

pajarero, ra *adj* Relativo o perteneciente a los pájaros. ‖ (fam) Díc. de la persona excesivamente alegre y chancera. • *m* y *f* Persona que se emplea en cazar, criar o vender pájaros.

pajarilla *f* Aguileña, planta. ‖ Bazo del cerdo.

pajarita *f* Pájara de papel. ‖ Tipo de corbata.

pájaro *m* Cualquiera de las aves terrestres, voladoras, con pico recto, tarsos cortos y delgados, y tamaño gralte. pequeño.

pajarota o **pajarotada** *f* (fam) Noticia que se reputa falsa y engañosa.

pajarraco *m* (desp) Pájaro grande desconocido, o cuyo nombre no se sabe.

paje *m* Criado cuyo ejercicio era acompañar a sus amos, asistir en las antesalas, servir a la mesa y otros menesteres domésticos.

pajero, ra *m* y *f* Persona que conduce o lleva paja a vender de un lugar a otro.

pajizo, za *adj* Hecho o cubierto de paja. ‖ Del mismo color que la paja.

pajolero, ra *adj* Díc. de toda cosa despreciable y molesta para la persona que habla.

pala *f* Instrumento compuesto de una tabla de madera o una plancha metálica, rectangular o redondeada, y un mango cilíndrico más o menos largo.

palabra *f* Sonido o conjunto de sonidos articulados que expresan una idea. ‖ Representación gráfica de estos sonidos.

‖ Facultad de hablar. ‖ Aptitud oratoria. ‖ Empeño que hace uno de su fe y probidad en testimonio de la certeza de lo que refiere o asegura. ‖ Promesa u oferta.

palabreo *m* Acción y efecto de hablar mucho.

palabrería o **palabrerío** *f* Abundancia de palabras vanas y ociosas.

palabrero, ra *adj* y *s* Que habla mucho. ‖ Que ofrece fácilmente no cumpliendo nada.

palabrota *f* (desp) Dicho ofensivo o grosero.

palacete *m* Casa de recreo construida y alhajada como un palacio, pero más pequeña.

palaciego, ga *adj* Perteneciente o relativo al palacio. • *adj* y *s* Díc. del que servía o asistía en palacio y sabía sus estilos y modas.

palacio *m* Casa destinada para residencia de los reyes. ‖ Cualquier casa suntuosa, destinada a habitación de grandes personajes, o para las juntas de corporaciones elevadas. ‖ Casa solariega de una familia noble. ▢ PALATINO, NA.

palada *f* Porción que la pala puede coger de una vez.

paladar *m* Techo de la cavidad bucal, que se extiende desde los alveolos hasta la úvula. ‖ (fig) Gusto y sabor que se percibe en los manjares. ▢ PALATINO, NA.

paladear *tr* y *prnl* Tomar poco a poco el gusto de una cosa. • *tr* Limpiar la boca o el paladar a los animales para que apetezcan el alimento.

paladín *m* Caballero fuerte y valeroso que se distingue por sus hazañas bélicas. ‖ (fig) Defensor denodado de alguna persona o causa.

paladino, na *adj* Público, claro y patente.

palafito *m* Vivienda primitiva gralte. lacustre, construida sobre estacas o pies derechos.

palafrén *m* Caballo manso en que solían montar las damas, y muchas veces los reyes y príncipes, para hacer sus entradas.

palafrenero *m* Criado que lleva del freno el caballo. ‖ Mozo de caballos.

palanca *f* Cuerpo rígido con un punto fijo (fulcro), que se emplea para vencer una

p

fuerza (resistencia) por medio de otra (potencia) que se aplica a un punto de aquélla.

palangana *f* Jofaina. • *adj* y *s* (fig) *Arg.* y *Perú.* Fanfarrón, pedante.

palanganear *intr Arg.* y *Perú.* Fanfarronear.

palangre *m* Aparejo de pesca que se emplea en lugares de mucha profundidad.

palangrero *m* Barco de pesca con palangre.

palanquear *tr* Mover una cosa con palanca.

palanquera *f* Valla de madera.

palanqueta *f dim* de palanca. ‖ Barreta de hierro que sirve para forzar las puertas o las cerraduras.

palanquín[1] *m* Ganapán o mozo de cordel que lleva cargas de una parte a otra. ‖ (fam) Ladrón.

palanquín[2] *m* Especie de andas usadas en Oriente para llevar en ellas a las personas importantes.

palatal *adj* Perteneciente o relativo al paladar. ‖ Díc. del sonido que se articula en cualquier punto del paladar.

palatalizar *tr, intr* y *prnl* Dar a un fonema o sonido articulación palatal.

palatinado *m* Dignidad o título de uno de los príncipes palatinos de Alemania.

palco *m* En los teatros y otros lugares de recreo, localidad independiente con balcón.

palenque *m* Valla de madera o estacada que se hace para la defensa de un puesto.

paleoantropología *f* Ciencia que estudia los restos fósiles del hombre para fijar cronológicamente su línea evolutiva.

paleocristiano, na *adj* y *s* Díc. del arte de los primeros cristianos.

paleografía *f* Arte de leer la escritura y signos de los libros y documentos antiguos.

paleolítico, ca *adj* Perteneciente o relativo al período paleolítico. • *adj* y *m* Díc. del primer estadio cultural de la humanidad.

paleólogo, ga *adj* y *s* Que conoce los idiomas antiguos.

paleontografía *f* Descripción de los seres orgánicos cuyos restos se encuentran fosilizados. ❐ PALEONTOGRÁFICO, CA.

paleontología *f* Ciencia que estudia los seres existentes en épocas geológicas pasadas, o las muestras de su actividad, cuyos restos se encuentran fosilizados en las rocas de la corteza terrestre. ❐ PALEONTÓLOGO, GA.

paleozoico, ca *adj* y *m* Díc. del primero de los grandes períodos en que se divide la historia geológica de la Tierra.

palero *m* El que hace o vende palas.

palestra *f* Lugar donde antiguamente se lucha.

paleta *f dim* de pala. ‖ Tabla con un agujero por donde el pintor mete el dedo pulgar izquierdo y en la cual tiene ordenados los colores. ‖ Herramienta triangular, con mango de madera, empleada por los albañiles para manejar el mortero.

paletada *f* Porción que la paleta puede coger de una vez. ‖ Golpe que se da con la paleta. ‖ Trabajo que hace el albañil cada vez que aplica el material con la paleta.

paletear *intr* Remar mal, metiendo y sacando la pala del remo en el agua sin adelantar nada. ❐ PALETEO.

paletilla *f* Omóplato.

paleto, ta *adj* y *s* (fig) Díc. de la persona rústica y zafia. ‖ Aplícase a la persona falta de trato social. ❐ PALETERÍA.

paletó *m* Gabán de paño grueso, largo y entallado, pero sin faldas, como el levitón.

paletón *m* Parte de la llave en que se forman los dientes y guardas.

palia *f* Cortina que se pone delante del sagrario en que está reservado el Santísimo.

paliar *tr* Mitigar la violencia de ciertas enfermedades, especialmente de las crónicas e incurables. ‖ (fig) Disculpar, justificar una cosa.

paliativo, va *adj* y *m* Díc. del tratamiento destinado a suprimir los síntomas penosos de una enfermedad sin actuar directamente sobre ella.

paliatorio, ra *adj* Capaz de encubrir o disimular una cosa.

palidecer *intr* Ponerse pálido.

pálido, da *adj* Amarillo, macilento o descaecido de su color natural. ‖ Desvaído, descolorido.

aliducho, cha *adj* Díc. de la persona de quebrado color.

alier *m* Cada una de las dos mitades en que se divide el eje de las ruedas motrices de algunos vehículos automóviles.

alillo *m* Varilla, por la parte inferior aguda y por la superior redonda y hueca, donde se encaja la aguja para hacer media y se afirman en la cintura. ‖ Mondadientes de madera. ‖ (fig) Persona muy delgada. ❐ PALILLERO, RA.

alimpsesto *m* Manuscrito ant. que conserva huellas de una escritura anterior borrada artificialmente.

alíndromo *m* Palabra o frase que se lee igual de izquierda a derecha que de derecha a izquierda.

alingenesia *f* Renacimiento de los seres.

alinodia *f* Retractación de lo que se había dicho.

alio *m* Especie de dosel colocado sobre cuatro o más varas largas, que sirve en las procesiones para que el sacerdote que lleva en sus manos el Santísimo o una imagen, vaya debajo de él.

alique *m* (fam) Conversación de poca importancia.

alisandro *m* Madera preciosa utilizada en la ebanistería de lujo.

aliza *f* Zurra de golpes dados con un palo.

alizada *f* Empalizada.

allador *m* Amér. Cantor popular errante.

allar o **pallaquear** *tr* Entresacar o escoger la parte metálica o más rica de los minerales.

alma *f* Palmera. ‖ Hoja de la palmera. ‖ Parte inferior y algo cóncava de la mano, desde la muñeca hasta los dedos. ‖ (fig) Mano del hombre. • *pl* Palmadas de aplauso.

almada *f* Golpe dado con la palma de la mano.

almar[1] *adj* Díc. de las cosas de palma. ‖ Perteneciente a la palma de la mano o a la palma del casco de los animales. ‖ Perteneciente al palmo o que consta de un palmo.

almar[2] *intr* (fam) Morir una persona.

almarés *m* Relación de vencedores o premiados en una competición o festival.

palmario, ria *adj* Claro, patente.

palmatoria *f* Palmeta. ‖ Especie de candelero bajo, con mango, y pie generalmente en forma de platillo.

palmeado, da *pp* de palmear. • *adj* Díc. de los dedos de aquellos animales que los tienen unidos entre sí por una membrana.

palmear *intr* Dar golpes a alguna cosa con la palma de la mano o palmadas, especialmente en señal de regocijo o aplauso. ❐ PALMEO.

palmera *f* Árbol de tronco en general esbelto, áspero y sin ramificar, hojas en forma de penacho terminal, flores en racimo y frutos en drupa, en algunas especies comestibles.

palmiche *m* Cuba. Tela ligera para trajes masculinos.

palmípedo, da *adj* y *s* Díc. del animal que tiene las patas palmeadas.

palmito[1] *m* Planta con tronco escaso, hojas dispuestas en forma de abanico y frutos en drupilanio. Sus frutos y cogollos son comestibles. ‖ Cogollo de esta planta.

palmito[2] *m* (fig, fam) Cara de mujer. ‖ (fig, fam) Talle esbelto de una mujer.

palmo *m* Palmo cuadrado, unidad de superficie utilizada habitualmente para la medición de terrenos y solares.

palmotear *intr* Golpear una con otra las palmas de las manos. ❐ PALMOTEO.

palo *m* Trozo de madera, mucho más largo que grueso, gralte. cilíndrico y manejable. ‖ Golpe que se da con un palo. ‖ Cada una de las cuatro series en que se divide la baraja de naipes.

paloma *f* Nombre de diversas aves columbiformes, de tronco corto y grueso, pico débil y largo, alas largas y puntiagudas, y dedos sin membrana interdigital. ‖ (fig) Persona de genio apacible y quieto.

palomar *m* Lugar donde se recogen y crían las palomas.

palomariega *adj* Díc. de la paloma criada en el palomar.

palometa *f* Pez comestible, parecido al jurel, aunque algo mayor. ‖ Japuta, pez. ‖ Palomilla, armazón triangular para sostener algo.

palomilla[1] *f* Armazón en forma de triángulo rectángulo, que sirve para sostener tablas, estantes u otras cosas. ‖ Pieza con una muesca en que descansa y gira un eje, chumacera. ‖ Tuerca con dos prolongaciones laterales para poder apoyar los dedos y darle vueltas más fácilmente.

palomilla² f (fig, fam) *Amér.* Plebe, gentuza. • m o f *Perú.* Muchacho travieso y callejero.

palomino m Pollo de la paloma brava.

palomita f Roseta de maíz tostado reventado.

palomo m Macho de la paloma. ‖ Paloma torcaz.

palote m Palo mediano, como las baquetas con que se tocan los tambores.

palpable *adj* Que puede tocarse con las manos.

palpación f Acción y efecto de palpar. ‖ Método exploratorio que se practica aplicando los dedos o toda la mano sobre las partes externas del cuerpo o las cavidades accesibles.

palpar *tr* Tocar con las manos para percibir por el tacto.

palpitación f Acción y efecto de palpitar. ‖ Movimiento interior, involuntario y trémulo de algunas partes del cuerpo.

palpitar *intr* Contraerse y dilatarse alternativamente el corazón. ‖ Aumentarse la palpitación natural del corazón por un afecto del ánimo.

pálpito m Presentimiento, corazonada.

palta f *Amér.* Aguacate, fruto.

palto m *Amér.* Aguacate, árbol.

palúdico, ca *adj* Palustre, perteneciente a una laguna o pantano. • *adj* y *s* Díc. de la persona que padece paludismo.

paludismo m Enfermedad infecciosa, endémica en los países tropicales, producida por un protozoo, y transmitida por el mosquito anopheles.

palurdo, da *adj* y *s* Tosco, grosero.

palustre¹ m Paleta de albañil.

palustre² *adj* Perteneciente a un pantano.

pamela f Sombrero femenino de paja.

pamema f y (fam) Hecho o dicho fútil e insignificante, al que se ha querido dar importancia.

pampa f Cualquiera de las llanuras extensas de la América Meridional que no tienen vegetación arbórea.

pámpana f Hoja de la vid.

pampanada f Zumo que se saca de le pámpanos, semejante al agraz.

pampanaje m Abundancia de pámpano.

pampanilla f Taparrabos de pámpana tela.

pámpano m Nombre que se suele aplic a las hojas recortadas y de grandes d mensiones.

pampear *intr* *Amér. Merid.* Recorrer pampa.

pampero, ra *adj* Natural o perteneciere a las pampas. • *adj* y *s* Dícese del vien impetuoso y frío que sopla en la regió de las pampas.

pampino, na *adj* Díc. de la persona q trabaja en la pampa salitrera.

pamplina f Álsine, planta. ‖ (fig, fam) C sa de poca entidad, fundamento o utilida

pampón m *Perú.* Corral grande.

pampringada f Pringada. ‖ (fig, fam) Ce sa de poca sustancia o fuera de propósit

pan m Porción de masa de harina y ag que, después de fermentada y cocida e el horno, sirve de alimento al hombr entendiéndose que es de trigo cuando r se expresa el grano de que se hace. ☐ P NADERO, RA.

pana f Tela gruesa semejante en el tejic al terciopelo.

panacea f Medicamento a que se atribuy eficacia para curar diversas enfermed des. ‖ (fig) Solución general para cua quier mal.

panadería f Oficio de panadero. ‖ Siti donde se hace o vende pan.

panafricanismo m Doctrina política qu tiende a la realización de la unidad de l pueblos africanos.

panal m Estructura de cera provista c celdillas hexagonales que sirve a las abe jas como depósito de miel y polen, y ce mo criadero para las larvas.

panamericanismo m Tendencia o asp ración de los pueblos americanos a la e: trecha colaboración económica, polític y cultural entre los estados del Nuev Mundo.

panarabismo m Movimiento que pre pugna la solidaridad, cooperación e inclu sive la unificación de los países árabes.

panarra m (fam) Hombre simple, tonto.

panca f Amér. Hoja que cubre la mazorca del maíz.

pancarta f Pergamino que contiene copiados varios documentos.

panceta f Hoja de tocino entreverada con magro.

pancho, cha adj Tranquilo, inalterado. ‖ Satisfecho con algo.

páncreas m Órgano situado transversalmente en la cavidad abdominal. Segrega el jugo pancreático que contribuye a la digestión intestinal de los alimentos. ☐ PANCREÁTICO, CA.

pancromático, ca adj Díc. de las emulsiones cuya sensibilidad es aproximadamente la misma para todos los colores.

panda f Cada una de las galerías de un claustro. ‖ Pandilla que forman algunas personas para hacer daño. ‖ Reunión de gente para divertirse. • m Mamífero carnívoro que vive en los bosques de montaña del Himalaya y de China.

pandear intr y prnl Torcerse una cosa encorvándose, especialmente en el medio. Díc. de las paredes, vigas y otras cosas. ☐ PANDEO.

pandemónium m (fig, fam) Lugar en que hay mucho ruido y confusión.

pandera f Pandero.

pandereta f dim de pandera. ‖ Pandero que tiene sonajas o cascabeles.

pandero m Instrumento musical de percusión. ‖ (fig, fam) Culo.

pandilla f Liga o unión. ‖ Grupo de amigos.

pandillero, ra adj y s Díc. de la persona que forma pandillas.

pando, da adj Que pandea. ‖ Díc. de lo que se mueve lentamente, como los ríos cuando van por tierra llana. ‖ Poco profundo, de poco fondo.

pandorga f Cometa, juguete de muchachos. ‖ Vientre, barriga, panza.

panecillo m Pan pequeño. ‖ Mollete esponjado que se usa pralm. para el desayuno.

panegírico, ca adj Perteneciente o relativo a la oración o discurso en alabanza de una persona.

panel m Cada uno de los compartimientos en que para su ornamentación se dividen los lienzos de pared, las hojas de puertas, etc. ‖ Elemento prefabricado que se usa para hacer divisiones verticales en el interior o exterior de los edificios.

panera f Troje o cámara donde se guardan los cereales, el pan o la harina.

panero[1] m Canasta redonda que sirve en las tahonas para echar el pan que se va sacando del horno. ‖ Ruedo, estera pequeña y redonda.

panero[2]**, ra** adj Díc. de la persona que gusta de comer mucho pan.

panetela f Cigarro puro largo y delgado.

paneuropeísmo m Tendencia o doctrina que aspira a la aproximación política, económica y cultural de los países de Europa.

pánfilo, la adj y s Muy pausado, flojo.

panfletario, ria adj Díc. del estilo propio de los panfletos. • m y f Panfletista.

panfleto m Libelo difamatorio. ‖ Opúsculo de carácter agresivo. ☐ PANFLETISTA.

pangermanismo m Ideología y movimiento político tendente a reunir bajo una misma autoridad a los pueblos de origen germánico.

pangolín m Mamífero desdentado, parecido al lagarto, y que tiene el cuerpo cubierto de escamas duras y puntiagudas.

paniaguado m Servidor de una casa, que recibe habitación, alimento y salario.

pánico m Miedo grande o temor muy intenso.

panícula f Panoja o espiga de flores.

paniculado, da adj En forma de panícula.

panículo m Capa o acumulación de tejido adiposo situado debajo de la piel de los vertebrados.

panificar tr Convertir la harina en pan. ☐ PANIFICADOR, RA.

panislamismo m Doctrina política que aspira a la agrupación de todo el mundo islámico.

panléxico m Diccionario muy extenso que abarca tecnicismos, regionalismos, etcétera.

panoja f Mazorca del maíz, del panizo o del mijo. ‖ Racimo de uvas u otra fruta.

panoli *adj* y *s* (fam) Díc. de la persona simple y sin voluntad.

panorama *m* Paisaje muy dilatado que se contempla desde un punto determinado de observación. ‖ (fig) Perspectiva, visión de conjunto o a distancia.

panorámico, ca *adj* Perteneciente o relativo al panorama. • *f* Panorama, vista de un horizonte muy dilatado. ‖ Amplio movimiento de la cámara, sin desplazamiento.

pantagruélico, ca *adj* Hablando de comidas, díc. de las cantidades excesivas.

pantalla *f* Lámina o mampara que canaliza o reduce la intensidad de un foco luminoso, calorífico o radiactivo. ‖ Superficie sobre la que se proyectan imágenes fotográficas, cinematográficas, etc.

pantalón *m* Prenda de vestir que se ciñe al cuerpo en la cintura y baja cubriendo total o parcialmente, y por separado, ambas piernas. Se usa más en plural. ‖ Prenda interior femenina. ☐ PANTALONERO, RA.

pantanal *f* Tierra pantanosa.

pantano *m* Hondonada donde se recogen y se detienen las aguas, con fondo más o menos cenagoso.

pantanoso, sa *adj* Díc. del terreno donde hay pantanos. ‖ Díc. del terreno donde abundan charcos y cenagales.

panteísmo *m* Sistema de los que creen que la totalidad del universo es el único Dios.

panteón *m* Monumento funerario. ‖ *Amér.* Cementerio.

pantera *f* Leopardo cuyas manchas circulares de la piel son todas anilladas.

pantocrátor *m* En el arte bizantino y románico, representación del Salvador sentado, bendiciendo, y encuadrado en una curva cerrada en forma de almendra.

pantomima *f* Representación teatral en que la palabra se sustituye por gestos y actitudes.

pantoque *m* Parte casi plana del casco de un barco, que forma el fondo junto a la quilla.

pantorrilla *f* Masa formada por los músculos gemelos en la cara posterior de la pierna, bajo la corva. ‖ por ext. Pierna gruesa.

pantufla *f* o **pantuflo** *m* Calzado, especie de chinela o zapato sin orejas ni talón, que para mayor comodidad su usa en casa.

panty *m* Prenda femenina consistente en un par de medias unidas a modo de leotardo.

panza *f* Barriga o vientre. Aplícase comúnmente al muy abultado. ☐ PANZÓN, NA; PANZUDO, DA.

panzada *f* Golpe que se da con la panza. ‖ (fam) Hartazgo o atracón.

pañal *m* Tira de celulosa absorbente que se pone a los niños pequeños o a las personas mayores que sufren de incontinencia de orina.

pañería *f* Comercio o tienda de paños.

paño *m* Tela de lana muy tupida y con pelo corto. ‖ Tela de diversas clases de hilos. ‖ Ancho de una tela cuando varias piezas de ella se cosen unas al lado de otras. ☐ PAÑERO, RA.

pañoleta *f* Prenda de vestir femenina, de forma triangular, que se lleva sobre los hombros.

pañosa *f* (fam) Capa de paño. ‖ Capa que usan los toreros.

pañuelo *m* Pedazo de tela para diferentes usos.

papa[1] *m* Sumo Pontífice romano, vicario de Cristo y sucesor de san Pedro como cabeza visible de la Iglesia católica. ‖ (fam) Papá.

papa[2] *f* Patata, planta. ‖ Patata, tubérculo.

papá *m* (fam) Padre de uno o varios hijos • *pl* El padre y la madre.

papachar *tr Méx.* Hacer papachos.

papacho *m Méx.* Caricia, en especial la que se hace con las manos.

papada *f* Abultamiento carnoso anormal que se forma debajo de la barba, o entre ella y el cuello.

papadilla *f* Parte de carne que hay debajo de la barba.

papado *m* Dignidad de papa[1]. ‖ Tiempo que dura. ‖ Conjunto de los papas.

papafigo *m* Pájaro de plumaje de color pardo verdoso en la espalda, alas y cola.

papagaya *f* Hembra del papagayo.

papagayo *m* Ave prensora, de pico fuerte, grueso y muy encorvado.

apal[1] *adj* Perteneciente o relativo al papa[1].

apal[2] *m Amér.* Terreno sembrado de papas.

apalina *f* Gorra o birrete con dos puntas, que cubre las orejas. ‖ Cofia de mujer de tela ligera.

apanatas *m* (fig, fam) Hombre simple y crédulo o demasiado cándido y fácil de engañar.

apar *tr* Comer cosas blandas sin mascar.

aparrucha *f* (fam) Noticia falsa y desatinada de un suceso, esparcida entre el vulgo.

apaya *f* Fruto del papayo, cuya parte blanda es semejante a la del melón, amarilla y dulce. ‖ (fam) *Amér.* Partes sexuales femeninas.

apear *intr* Balbucir, tartamudear, hablar sin sentido.

apel *m* Hoja delgada formada pralm. por fibras de celulosa prensadas, a las que se añaden otras sustancias cuya naturaleza y proporción varían según los distintos usos a que se destina. ‖ Personaje de la obra dramática representado por el actor. ⌐ PAPELERO, RA.

apelear *intr* Revolver papeles buscando en ellos una noticia u otra cosa.

apeleo *m* Acción o efecto de papelear o revolver papeles. ‖ Exceso de trámites en la resolución de un asunto.

apelera *f* Cesto para echar los papeles inútiles. ‖ Fábrica de papel.

apelería *f* Tienda en que se vende papel y objetos de escritorio.

apeleta *f* Cédula. ‖ Impreso en el que se hace constar la calificación obtenida en un examen.

apelillo *m dim* de papel. ‖ Cigarro de papel.

apelina *f* Tela muy delgada, de urdimbre de seda fina con trama de seda basta.

apera *f* Inflamación del tiroides, bocio. ‖ Inflamación de las glándulas de la saliva.

apila *f* Cada una de las pequeñas prominencias cónicas que tienen ciertos órganos de algunos vegetales.

apilonáceo, a *adj* De figura de mariposa.

apilla *f* Comida muy triturada que se da a los niños o personas enfermas.

papiro *m* Planta herbácea indígena de Oriente, con hojas largas y cañas cilíndricas terminadas por un penacho de espigas con muchas flores pequeñas y verdosas. ‖ Lámina sacada del tallo de esta planta y que empleaban los antiguos para escribir en ella.

papiroflexia *f* Plegado de papel para obtener figuras diversas.

papirología *f* Ciencia auxiliar de la historia que se aplica al estudio de los papiros.

papismo *m* Nombre que los protestantes y cismáticos dan a la Iglesia católica, a sus organismos y doctrinas.

papista *adj* y *s* Nombre que algunos protestantes y ortodoxos dan al católico romano porque obedece al Papa.

papo *m* Parte abultada del animal entre la barba y el cuello. ‖ Buche de las aves.

páprika *m* Variedad de pimentón muy fuerte, originaria de Hungría.

pápula *f* Tumorcillo eruptivo que se presenta en la piel, sin pus ni serosidad.

paquear *tr* Disparar como los moros pacos.

paquebote o **paquebot** *m* Embarcación que lleva la correspondencia pública, y generalmente pasajeros, de un puerto a otro.

paquete[1] *m* Lío o envoltorio bien dispuesto y no muy abultado de cosas de una misma o distinta clase. ‖ (fig) Persona que, en una motocicleta, acompaña al conductor.

paquete[2]**, ta** *adj Arg.* Díc. de la persona bien vestida y de las casas o locales bien puestos.

paquetería[1] *f* Género menudo de comercio que se guarda o vende en paquetes.

paquetería[2] *f Amér. Merid.* Compuesto en el vestir o en el arreglo de casas o locales.

paquidermia *f* Espesamiento de la piel por causas diversas, como edemas o inflamaciones crónicas.

paquidermo *adj* y *m* Díc. del mamífero de piel muy gruesa y dura, como el elefante y el jabalí.

par *adj* Igual o semejante totalmente. ‖ Dícese del órgano que corresponde simétricamente a otro igual. ‖ Dícese del núm. que es exactamente divisible por dos.

para *prep* con que se denota el fin o término a que se encamina una acción. ‖ Hacia, denotando el lugar que es el final de un viaje o movimiento o la situación de aquél. ‖ Se usa indicando el lugar o tiempo a que se difiere o determina el ejecutar una cosa o finalizarla. ‖ Se usa también determinando el uso para que conviene o puede darse a una cosa. ‖ Se usa como partícula adversativa, significando el estado en que se halla actualmente una cosa, contraponiéndolo a lo que se quiere aplicar o se dice de ella.

parabién *m* Felicitación.

parábola *f* Narración de un suceso fingido, de la que se deduce, por comparación o semejanza, una verdad importante o una enseñanza moral. ‖ Curva abierta, simétrica respecto a un eje, con un solo foco, y que resulta de cortar un cono circular recto por un plano paralelo a una generatriz que cortará a todas las otras en una sola hoja del cono.

parabólico, ca *adj* Perteneciente o relativo a la parábola, o que incluye ficción doctrinal. • *adj* y *s* Díc. de la antena de televisión que permite captar emisoras situadas a gran distancia.

parabolizar *tr* e *intr* Representar, ejemplificar, simbolizar.

parabrisas *m* Bastidor con vidrio que lleva el automóvil en su parte delantera para resguardar a los viajeros del aire.

paraca *m* (fam) Paracaidista. • *f* Chile. Viento muy fuerte del Pacífico.

paracaídas *m* Artefacto hecho de tela fuerte que al extenderse en el aire toma la forma de una sombrilla grande. Se usa para moderar la velocidad de caída de las personas u objetos que se arrojan desde las aeronaves.

paracaidismo *m* Técnica de descenso con paracaídas desde aviones en vuelo.

paracaidista *m* o *f* Persona diestra en el manejo del paracaídas.

parachoques *m* Pieza que tienen incorporados los automóviles para amortiguar los efectos de los choques.

parada *f* Acción de parar o detenerse. ‖ Lugar o sitio donde se para. ‖ Fin o término del movimiento de una cosa, especialmente de la carrera. ‖ Lugar en que se detienen los vehículos destinados a transportes públicos y donde esperan los pasajeros.

paradero *m* Lugar o sitio donde se para o se va a parar. ‖ (fig) Fin o término de una cosa.

paradigma *m* Ejemplo o ejemplar. ‖ Conjunto de formas que sirven de modelo en los diversos tipos de flexión. ❏ PARADIGMÁTICO, CA.

paradina *f* Monte bajo de pasto, donde suele haber corrales para el ganado lanar.

parado, da *pp* de parar. • *adj* Remiso, tímido o flojo en palabras o movimientos. ‖ Desocupado.

paradoja *f* Idea extraña u opuesta a la común opinión y al sentir de los hombres. ‖ Razonamiento aparentemente correcto del que se deduce una conclusión falsa o contradictoria. ‖ Figura que consiste en emplear exp. o fr. que envuelven contradicción. ❏ PARADÓJICO, CA.

parador, ra *adj* Que para o se para. • *m* Mesón.

paraestatal *adj* Díc. de las instituciones organismos y centros que, por delegación estatal, cooperan a los fines del Estado sin formar parte de la administración pública.

parafasia *f* Trastorno del lenguaje, caracterizado por la sustitución o alteración de las palabras.

parafernales *adj pl* Díc. de los bienes que lleva la mujer al matrimonio fuera de la dote.

parafernalia *f* Conjunto de ritos o de cosas que rodean determinados actos ceremonias.

parafrasear *tr* Hacer la paráfrasis de un texto o escrito.

paráfrasis *f* Explicación o interpretación amplificativa de un texto para ilustrarlo o hacerlo más claro o inteligible.

parágrafo *m* Párrafo.

paraguas *m* Utensilio portátil para resguardarse de la lluvia.

paraguatán *m Amér. Centr.* Árbol de madera rosada, que admite pulimento y de cuya corteza se hace una tinta roja.

araguay *m* Papagayo del Paraguay, de plumaje verde manchado de diversos colores vivos. ‖ *Perú*. Penacho morado de la espiga del maíz.

aragüería *f* Tienda de paraguas.

aragüero, ra *m* y *f* Persona que hace o vende paraguas. • *m* Mueble para colocar paraguas o bastones.

araíso *m* Lugar donde Dios puso a Adán. ‖ (fig) Cualquier sitio o lugar muy ameno. ‖ Piso más alto de algunos teatros. ☐ PARADISIACO, CA; PARADISÍACO, CA.

araje *m* Lugar, sitio.

arajismo *m* Mueca, gesticulación exagerada.

aralelas *f pl* Barras en que se hacen ejercicios gimnásticos.

aralelepípedo *m* Poliedro limitado por seis caras paralelas dos a dos, que son paralelogramos.

aralelismo *m* Calidad de paralelo o continuada igualdad de distancia entre líneas y planos.

aralelo, la *adj* y *f* Díc. de las rectas o planos equidistantes entre sí y que por más que se prolonguen no pueden encontrarse.

aralelogramo *m* Polígono de cuatro lados paralelos dos a dos, y por ello iguales a dos.

aralipsis *f* Preterición, figura que consiste en aparentar que se quiere omitir una cosa.

arálisis *f* Privación o disminución del movimiento de una o varias partes del cuerpo. ☐ PARALÍTICO, CA.

aralización *f* (fig) Detención que experimenta una cosa dotada de acción o de movimiento.

aralizar *tr* y *prnl* Causar parálisis. ‖ (fig) Detener.

aramento *m* Adorno o atavío con que se cubre una cosa. ‖ Adornos del altar.

aramera *f* Región o territorio donde abundan los páramos.

arámetro *m* Variable que, en una familia de elementos, sirve para identificar cada uno de ellos mediante su valor numérico.

aramilitar *adj* Díc. de ciertas organizaciones civiles con estructura y disciplina que imitan las del ejército.

páramo *m* Terreno yermo, raso y desabrigado.

parangón *m* Comparación o semejanza.

parangonar *tr* Hacer comparación de una cosa con otra.

paraninfo *m* Salón de actos académicos en algunas universidades.

paranoia *f* Perturbación mental fijada en una idea o en un orden de ideas. ☐ PARANOICO, CA.

paranormal *adj* Díc. de los fenómenos y problemas que estudia la parapsicología.

parapara *f Ven*. Fruto del paraparo.

paraparo *m Ven*. Árbol cuya corteza y parte exterior del fruto pueden usarse sustituyendo al jabón.

parapetarse *tr* y *prnl* Resguardarse con parapetos u otra cosa que supla la falta de éstos.

parapeto *m* Pared o baranda que se pone para evitar caídas en los puentes, escaleras, etcétera.

paraplejía o paraplejia *f* Parálisis de la mitad inferior del cuerpo. ☐ PARAPLÉJICO, CA.

parapsicología *f* Estudios de los fenómenos y comportamientos psicológicos.

parar *intr* y *prnl* Cesar en el movimiento o en la acción; no pasar adelante en ella. • *intr* Ir a dar a un término o llegar al fin. • *tr* Detener el movimiento o acción de uno. ‖ Prevenir o preparar.

pararrayos o pararrayo *m* Dispositivo que se coloca sobre los edificios o los buques para preservarlos de los efectos de la electricidad de las nubes.

parasitar *tr* Invadir un organismo y vivir a sus expensas.

parasiticida *adj* Díc. de la sustancia que se emplea para destruir los parásitos.

parasitismo *m* Fenómeno de relación entre seres vivos de distintas especies, en el cual uno de ellos se beneficia directamente del otro, que no obtiene ninguna ventaja de esta asociación.

parásito, ta o parasito, ta *adj* y *m* Díc. de los seres que viven a expensas de otros.

parasol *m* Quitasol, sombrilla.

parata f Bancal pequeño y estrecho, formado en un terreno pendiente, cortándolo y allanándolo, para sembrar o hacer plantaciones en él.

paratifoidea f Enfermedad infecciosa semejante al tifus.

paratiroides adj y f Díc. de cada una de las cuatro glándulas endocrinas, situadas dos encima y dos debajo de la tiroides.

parca f (fig) La muerte.

parcela f Porción pequeña de terreno, de ordinario sobrante de otra mayor que se ha comprado, expropiado o adjudicado.

parcelar tr Medir, señalar las parcelas para el catastro. ☐ PARCELACIÓN.

parche m Pedazo de tela, papel, piel, etc., que se pega sobre una cosa.

parcial adj Relativo a una parte del todo. || No cabal o completo. • m Examen que el alumno hace de una parte de la asignatura.

parcialidad f Unión de algunos que se confederan para un fin, separándose del común y formando cuerpo aparte.

parco, ca adj Corto, escaso o moderado en el uso y concesión de las cosas.

pardear intr Sobresalir el color pardo.

pardela f Ave acuática, palmípeda, parecida a la gaviota, pero más grande.

pardilla f Pardillo, ave.

pardillo, lla adj y s Díc. de la persona incauta que se deja estafar fácilmente. • m Ave paseriforme de pequeño tamaño y plumaje pardo verdoso.

pardisco, ca adj Pardusco.

pardo, da adj Del color que resulta de la mezcla del rojo, negro y amarillo o naranja.

pardusco, ca adj De color que tira a pardo.

pareado, da pp de parear. • adj Díc. de los dos versos que riman entre sí.

parear tr Juntar, igualar dos cosas comparándolas entre sí.

parecer[1] m Opinión, juicio o dictamen. || Orden de las facciones del rostro y disposición del cuerpo.

parecer[2] intr Aparecer o dejarse ver alguna cosa. || Opinar, creer. || Tener determinada apariencia o aspecto.

parecido, da pp de parecer. • adj Díc. del que se parece a otro. • m Semejanza.

pared f Obra de fábrica levantada a p[lo]mo, con grueso, longitud y alt. proporc[io]nados para cerrar un espacio o soste[ner] las techumbres.

paredón m aum de pared. || Lugar don[de] se fusila a los condenados a muerte, gr[eneralmen]te. junto a un muro o pared.

pareja f Conjunto de dos personas o c[o]sas que tienen alguna correlación o s[e]mejanza.

parejero, ra adj y s Amér. Vanidoso, p[re]sumido. • adj Ven. Díc. de quien procu[ra] andar siempre acompañado de algu[na] persona calificada.

parejo, ja adj Igual o semejante. || Lis[o], llano.

paremia f Refrán, proverbio, adagio, se[n]tencia.

paremiología f Tratado de refranes.

parental adj Perteneciente a los padres [o] parientes. • adj y s Dícese de lo que se refiere a uno o a ambos progenitores.

parentesco m Vínculo, conexión, enla[ce] por consanguinidad o afinidad.

paréntesis m Oración o frase incidenta[l] sin enlace necesario con los dem[ás] miembros del período, cuyo sentido i[n]terrumpe y no altera. || Signo ortográfi[co] () en que suele encerrarse esta oraci[ón] o frase.

pareo[1] m Acción y efecto de parear o u[nir] una cosa con otra.

pareo[2] m Pañuelo grande que usan l[as] mujeres para cubrirse el cuerpo.

paria m o f Individuo de la casta ínfima [de] los indios que siguen la ley de Brahma.

parias f pl Tributo que pagaba un prínci[pe] a otro en reconocimiento de superiori[dad].

parición f Tiempo de parir el ganado.

parida f (fig, fam) Tontería, idea ridícul[a].

paridad f Comparación de una cosa c[on] otra por ejemplo o símil.

paridera adj Díc. de la hembra fecun[da] de cualquier especie.

paridora adj Díc. de la hembra muy f[e]cunda.

pariente, ta adj y s Respecto de una pe[r]sona, dícese de cada uno de los asce[n]dientes, descendientes y colaterales de [la] misma familia, por consanguinidad o a[fi]nidad.

parietal adj Perteneciente o relativo a la pared, especialmente la de una cavidad o conducto del organismo. • adj y m Díc. del hueso plano, par, que forma la parte media de la bóveda craneana.

parihuela f Cama portátil o camilla.

paripé m (fam) Ficción, simulación, engaño.

parir tr e intr Expeler en tiempo oportuno, la hembra de cualquier especie vivípara, el feto que tenía concebido. • tr (fig) Salir a la luz o al público lo que estaba oculto o ignorado.

paritorio m Sala de una maternidad donde tiene lugar el parto.

parla f Labia. || Verbosidad insustancial.

parlamentar intr Hablar o conversar unos con otros. || Tratar de ajustes; capitular para llevar a cabo la rendición de una fuerza o plaza o para llevar a buen término un contrato.

parlamentario, ria adj Perteneciente al parlamento judicial o político. • m y f Persona que va a parlamentar. || Ministro o individuo de un parlamento.

parlamentarismo m Sistema de organización política en el que el parlamento ejerce el poder legislativo y fiscaliza la actuación del gobierno, cuyos miembros son responsables ante él.

parlamento m Cámara o asamblea legislativa, nacional o provincial. || Razonamiento u oración que se dirigía a un congreso o junta.

parlanchín, na adj y s (fam) Que habla mucho.

parlar tr e intr Hablar con desembarazo o expedición. • intr Hablar mucho y sin sustancia.

parlotear intr (fam) Hablar mucho y sin sustancia unos con otros, por diversión o pasatiempo.

parmesano m Queso de pasta dura, originario de la llanura de Lombardía en Italia.

parné m (fam) Hacienda, caudal, bienes.

paro m Acción y efecto de parar, cesar un movimiento o acción. || Huelga. || Situación del que se encuentra privado de trabajo.

parodia f Imitación burlesca de una obra literaria seria. || Cualquier imitación burlesca de una cosa seria. ❒ PARÓDICO, CA; PARODISTA.

parodiar tr Hacer una parodia.

paronomasia f Semejanza entre dos o más vocablos que no se diferencian sino por la vocal acentuada en cada uno de ellos.

parótida f Cada una de las dos glándulas salivales situadas debajo del oído y detrás de la mandíbula inferior. ❒ PAROTIDITIS.

paroxismo m Fase de una enfermedad en que los síntomas se manifiestan en su máx. agudeza.

parpadear intr Abrir y cerrar repetidamente los párpados.

parpado m Cada uno de los dos repliegues músculomembranosos, móviles, que recubren por delante el globo ocular.

parque m Jardín extenso, con arbolado, en el interior o al lado de una ciudad. || Zonas destinadas para el aparcamiento transitorio de automóviles y otros vehículos.

parqué m Entarimado de maderas finas, convenientemente ensambladas, formando dibujos geométricos.

parquedad f Sobriedad.

parquímetro m Máquina destinada a regular mediante pago el tiempo de estacionamiento de los vehículos en la vía pública.

parra f Vid, en especial la que está levantada artificialmente y extiende mucho sus vástagos. || Amér. Centr. Especie de bejuco que destila un agua que beben los caminantes.

parrafada f (fam) Conversación detenida y confidencial. || (fam) Trozo largo y pesado de charla o conversación.

parrafear intr Hablar excesivamente y sin sustancia. ❒ PARRAFEO.

párrafo m Cada una de las divisiones de un escrito señaladas por la letra mayúscula al principio del renglón y punto y aparte al final del trozo de escritura.

parral m Conjunto de parras sostenidas con armazón de madera u otro artificio. || Sitio donde hay parras. || Viña que se ha quedado sin podar y cría muchos vástagos.

parranda f (fam) Juerga bulliciosa, especialmente la que se hace yendo de un sitio a otro.

parrandear intr Ir o andar de parranda. ❏ PARRANDEO; PARRANDERO, RA.

parrandista m o f Individuo de una parranda.

parrar intr Extender mucho sus ramas los árboles y plantas, al modo de las parras.

parricidio m Delito cometido por el que mata a su ascendiente o descendiente, directos o colaterales, o a su cónyuge. ❏ PARRICIDA.

parrilla f Utensilio de cocina formado de una rejilla de hierro con mango y pies, y a propósito para poner en la lumbre lo que se ha de asar o tostar. También se usa en plural.

párroco adj y m Cura que tiene una feligresía.

parroquia f Iglesia en que se administran los sacramentos a los fieles de una feligresía y se les atiende espiritualmente. ‖ Ven. En el Distrito Federal, división administrativa que equivale al municipio. ❏ PARROQUIAL.

parroquiano, na adj y s Perteneciente a determinada parroquia. • m y f Cliente fijo de una tienda, establecimiento público, etcétera.

parsimonia f Frugalidad y moderación en los gastos. ‖ Circunspección, templanza. ‖ Flema. ❏ PARSIMONIOSO, SA.

parte f Porcion indeterminada de un todo. ‖ Porción que le corresponde a uno en cualquier comunidad o distribución. ‖ Sitio o lugar. ‖ Cada una de las divisiones prals. comprensivas de otras menores, que suele haber en una obra científica o literaria.

partear tr Asistir el facultativo o la comadre a la mujer que está de parto.

partener m o f Persona que forma pareja con otra, especialmente en un espectáculo.

parterre m Cuadro de un jardín adornado con césped y flores.

partición f División o repartimiento que se hace entre algunas personas, de hacienda, herencia o cosa semejante.

participación f Acción y efecto de participar. ‖ Aviso o noticia que se da a uno. ‖ Cada fracción que se hace de un décimo de lotería, para jugar cantidades inferiores a la mínima oficial.

participar intr Tomar uno parte en una cosa. ‖ Recibir una parte de algo. ‖ Compartir, tener algo en común con otro u otros.

partícipe adj y s Que tiene parte en una cosa.

participio m Forma del verbo, llamado así porque en sus varias aplicaciones participa, ya de la índole del verbo, ya de la del adjetivo. ❏ PARTICIPAL.

partícula f Parte pequeña. ‖ Cada uno de los corpúsculos materiales que constituyen el átomo.

particular adj Propio y privativo de una persona o cosa, o que le pertenece con singularidad. ‖ Especial, extraordinario, o pocas veces visto en su línea. ‖ Singular o individual, como contrapuesto a universal o general. • m Punto o materia de que se trata.

particularidad f Singularidad, especialidad, individualidad. ‖ Distinción que en el trato o cariño se hace de una persona respecto de otras.

particularizar tr Expresar una cosa con todas sus circunstancias y particularidades.

partida f Acción de partir o salir de un punto. ‖ Registro o asiento de bautismo, confirmación, matrimonio o entierro, que se escribe en los libros de las parroquias o del registro civil. ‖ Copia certificada de alguno de estos registros. ‖ Conjunto de personas de ciertos trabajos u oficios.

partidario, ria adj y s Que sigue un partido o bando, o entra en él.

partidismo m Adhesión o sometimiento a las opiniones e intereses de un partido, anteponiéndolos a los generales.

partido, da pp de partir. • adj Dícese del escudo, pieza o animal heráldico dividido de arriba abajo en dos partes iguales. • m Parcialidad o coligación entre todos los que siguen una misma opinión o interés. ‖ Trato, convenio o concierto.

partir *tr* Dividir una cosa en dos o más partes. ‖ Hender, rajar. ‖ Repartir o distribuir una cosa entre varios.

partisano, na *m* y *f* Miembro de un grupo armado de gente civil.

partitivo, va *adj* Que puede partirse o dividirse. ‖ Díc. del nombre y del adjetivo numeral que expresan división de un todo en partes.

partitura *f* Texto completo de una obra musical.

parto *m* Acción de parir. ‖ El ser que ha nacido.

parturienta *adj* y *f* Aplícase a la mujer que está de parto o recién parida.

parva *f* Parvedad, corta porción de alimento. ‖ Mies tendida en la era para trillarla, o después de trillada, antes de separar el grano.

parvada *f* Conjunto de pollos recién nacidos.

parvedad *f* Pequeñez, poquedad, cortedad.

parvificar *tr* Amenguar el tamaño de alguna cosa. • *tr* y *prnl* Empequeñecer, escasear.

parvulario *m* Lugar donde se cuida y educa a los párvulos.

parvulez *f* Pequeñez, poquedad.

párvulo, la *adj* De muy corta edad. • *adj* y *s* Niño.

pasa *f* Uva seca enjugada naturalmente en la vid, o artificialmente al sol, o por medio de algunos productos químicos.

pasable *adj* Que se puede pasar. ‖ Aceptable.

pasacalle *m* Marcha popular de compás muy vivo.

pasada *f* Acción de pasar de una parte a otra. ‖ Acción y efecto de planchar ligeramente. ‖ Acción y efecto de dar un último repaso a un trabajo cualquiera. ‖ Paso geométrico.

pasadero, ra *adj* Que se suele pasar con facilidad. ‖ Medianamente bueno de salud. ‖ Díc. de la cosa que es tolerable y puede pasar, aunque tenga defecto o tacha.

pasadizo *m* Paso estrecho que en las casas o calles sirve para ir de una parte a otra atajando camino.

pasado, da *pp* de pasar. • *adj* Se dice del período de tiempo anterior al presente. • *m* Tiempo que pasó; cosas que sucedieron en él. ‖ Pretérito, tiempo verbal.

pasador, ra *adj* y *s* Que pasa de una parte a otra. Díc. frecuentemente del que pasa contrabando de un país a otro. • *m* Aguja grande que se usa para sujetar o recoger el pelo.

pasaje *m* Acción de pasar de una parte a otra. ‖ Precio que se paga en los viajes marítimos y aéreos por el transporte de una o más personas. ‖ Totalidad de los viajeros que van en un mismo buque o en un mismo avión.

pasajero, ra *adj* Se aplica al lugar o sitio por donde pasa continuamente mucha gente. • *adj* y *s* Que pasa o va de camino de un lugar a otro. • *m* y *f* Persona que, sin pertenecer a la tripulación, viaja en un barco, avión o transporte público.

pasamanería *f* Obra o fábrica de pasamanos.

pasamano *m* Género de galón o trencilla, cordones, borlas, flecos y demás adornos de oro, plata, seda, algodón o lana, que se hace y sirve para guarnecer y adornar los vestidos y otras cosas. ‖ Listón que se coloca sobre las barandillas. ☐ PASAMANE- RO, RA.

pasamontañas *m* Montera que puede cubrir toda la cabeza hasta el cuello, salvo el rostro o, por lo menos, los ojos y la nariz, y que se usa para defenderse del frío.

pasante *pa* de pasar. • *adj* Que pasa. • *m* o *f* Persona que trabaja como auxiliar junto a un abogado, al tiempo que adquiere práctica.

pasaportar *tr* Dar o expedir pasaporte. ‖ Despedir a alguien, echarlo de donde está.

pasaporte *m* Documento que permite el paso libre y seguro de un pueblo o país a otro.

pasar *tr* Llevar, conducir de un lugar a otro. ‖ Cruzar de una parte a otra. ‖ Enviar, transmitir. ‖ En determinados deportes, enviar el balón o la pelota a un compañero de equipo. ‖ Junto con ciertos nombres que indican un punto limitado o determinado, ir más allá de él. ‖ Penetrar o traspasar. ‖ Hablando de géneros prohibidos o que adeudan derechos, introducirlos o extraerlos sin registro.

pasarela f Puente pequeño o provisional. ‖ Pasillo estrecho y algo elevado, destinado al desfile de artistas, modelos, etc.

pasatiempo m Diversión y entretenimiento en que se pasa el rato.

Pascua npf En la Iglesia católica, fiesta de la Resurrección. ‖ Cualquiera de las solemnidades del nacimiento de Cristo, de la adoración de los Reyes Magos y de la venida del Espíritu Santo. • pl Tiempo desde Navidad hasta el día de Reyes inclusive. ◻ PASCUAL.

pascuala (la) f (fam) Guat. y Méx. Masturbación.

pase[1] m Acción y efecto de pasar. ‖ Acción y efecto de pasar en el juego. ‖ Cada una de las veces que el torero, después de haber llamado o citado al toro con la muleta, lo deja pasar, sin intentar clavarle la espada. ‖ Finta, ademán o amago de golpe para engañar.

pase[2] m Licencia por escrito para pasar algunos géneros de un lugar a otro, para transitar por algún sitio, para penetrar en un local, para viajar gratuitamente, etc.

pasear tr, intr y prnl Ir andando por distracción o por higiene. • tr Hacer pasear. ‖ (fig) Llevar una cosa de una parte a otra, o hacerla ver acá y allá.

paseo m Acción de pasear o pasearse. ‖ Lugar o sitio público para pasearse.

pasible adj Que puede o es capaz de padecer. ◻ PASIBILIDAD.

pasiega f Nodriza, ama de cría.

pasillo m Pieza de paso, larga y angosta, de cualquier edificio. ‖ Cada una de las puntadas largas sobre las que se forman los ojales y ciertos bordados.

pasión f Acción de padecer. ‖ p. ant. La de Cristo. ‖ Lo contrario a la acción. ‖ Estado pasivo en el sujeto. ‖ Cualquier perturbación o afecto intenso que domina sobre la razón y la voluntad.

pasionaria f Planta originaria del Brasil, con tallos ramosos y trepadores, hojas pecioladas, flores olorosas y fruto amarillo. ‖ Granadilla, flor de esta planta.

pasito m dim de paso. • adv modo Con gran tiento, blandamente. ‖ En voz baja.

pasitrote m Aire más rápido que el paso y más cómodo que el trote, que adoptan, con frecuencia, los asnos.

pasivo, va adj Aplícase al sujeto que recibe la acción del agente, sin cooperar con ella. ‖ Aplícase al que deja obrar a los otros, sin hacer por sí cosa alguna. ‖ Aplícase al haber o pensión que disfrutan algunas personas en virtud de servicios que prestaron o del derecho ganado con ellos y que les fue transmitido.

pasmado, da pp de pasmar. • adj Díc. de la persona alelada, absorta o distraída.

pasmar tr y prnl Enfriar mucho o bruscamente. ‖ Hablando de las plantas, helarlas hasta secarlas y abrasarlas. ‖ Ocasionar suspensión o pérdida de los sentidos y del movimiento. • tr, intr y prnl (fig) Asombrar en extremo.

pasmarota o **pasmarotada** f (fam) Cualquiera de los ademanes con que se aparenta la enfermedad del pasmo u otra. ‖ (fam) Cualquiera de los ademanes con que se aparenta admiración o extrañeza de una cosa que no lo merece.

pasmarote o **pasmón, na** m y f (fam) Persona embobada o pasmada por pequeña cosa.

pasmo m Efecto de un enfriamiento que se manifiesta por romadizo, dolor de huesos y otras molestias. ‖ Rigidez y tensión convulsiva de los músculos.

pasmoso, sa adj (fig) Que causa pasmo o gran admiración y asombro.

paso[1] m Movimiento de cada uno de los pies para desplazarse de una parte a otra. ‖ Longitud comprendida entre el talón del pie adelantado y el talón del que queda atrás. ‖ Escalón o peldaño. ‖ Acción de pasar. ‖ Lugar o sitio por donde se pasa de una parte a otra. ‖ Diligencia que se hace en solicitud de una cosa. ‖ Efigie o grupo que representa un suceso de la pasión de Cristo, y se saca en procesión por la Semana Santa. ‖ Cada una de las mudanzas de los bailes.

paso[2], **sa** adj Díc. de la fruta que se extiende al sol para secarse, y también de la desecada por cualquier otro procedimiento.

pasodoble *m* Música a cuyo compás puede llevar la tropa el paso ordinario. ‖ Baile que se ejecuta al compás de esta música.

pasota *m* o *f* Persona, gralte. joven, que muestra desinterés o despreocupación por todo aquello que le rodea. ☐ PASOTISMO.

paspa *f Amér.* Escamilla que se levanta de la epidermis en el rostro o las manos.

paspartú *m* Marco de cartón o madera para fotografías, dibujos, etc.

pasquín *m* Escrito anónimo que se fija en sitio público, con expresiones satíricas contra el gobierno o contra una persona particular.

pasquinada *f* Dicho agudo y satírico que se divulga.

pasquinar *tr* Satirizar con pasquines o pasquinadas.

password *m* En computación, código de acceso que se debe proporcionar a un sistema operativo o a un procedimiento para tener acceso a él.

pasta *f* Masa hecha de una o diversas cosas machacadas. ‖ Masa trabajada con manteca o aceite y otras cosas, que sirve para hacer pasteles, hojaldres, empanadas, etcétera. ‖ Pieza pequeña compuesta con masa de harina y otros ingredientes, recubierta a veces con mermelada, chocolate, etc. ‖ Masa de harina de que se hacen fideos, tallarines, etc., y también cada uno de estos productos. ‖ (fam) Dinero.

pastar *tr* Llevar o conducir el ganado al pasto. • *intr* Pacer, comer el ganado el pasto.

pastear *intr* Pastar. • *tr* Pastar.

pastel *m* Masa cocida al horno, de harina y manteca, en que ordinariamente se envuelve crema o dulce, y a veces carne o pescado. ‖ Lápiz compuesto de una materia colorante y agua de goma. ‖ Pintura al pastel.

pastelear *intr* (fig, fam) Contemporizar por miras interesadas. ☐ PASTELEO.

pastelería *f* Establecimiento donde se hacen pasteles o pastas. ☐ PASTELERO, RA.

pastelón *m Chile.* Loseta grande de cemento utilizada para pavimentar.

pasteurizar *tr* Elevar la temperatura de un alimento líquido a un nivel inferior al de su punto de ebullición durante un corto tiempo, enfriándolo después rápidamente, con el fin de destruir los microorganismos sin alterar la composición y cualidades del líquido. ☐ PASTEURIZACIÓN.

pastiche *m* Mezcla discordante de elementos.

pastilla *f* Porción de pasta de distinta forma, tamaño y materia, en general pequeña y cuadrangular o redonda.

pastillero *m* Estuche para guardar pastillas.

pastines *m pl Arg.* y *Ur.* Pasta para sopa.

pastizal *m* Terreno de abundante pasto.

pasto *m* Acción de pastar. ‖ Hierba que el ganado pace en el mismo terreno donde se cría. ‖ Cualquier cosa que sirve para el sustento del animal. ‖ Sitio en que pasta el ganado.

pastor, ra *m* y *f* Persona que guarda, guía y apacienta el ganado. Por lo común se entiende el de ovejas. • *m* Eclesiástico que tiene súbditos y cuida de ellos. ☐ PASTORIL.

pastoral *adj* Propio o característico de los pastores. ‖ Perteneciente a los prelados.

pastorear *tr* Llevar los ganados al campo y cuidar de ellos mientras pacen.

pastoso, sa *adj* Se aplica a las cosas que son suaves y blandas al tacto, a semejanza de la masa.

pastura *f* Pasto o hierba de que se alimentan los animales.

pasturaje *m* Lugar de pasto abierto o común.

pasudo, da *adj* y *s Méx.* y *Ven.* Díc. del pelo ensortijado como el de los negros, y de la persona que tiene este pelo.

pata *f* Pie y pierna de los animales. ‖ Pie, base o apoyo de algo. ‖ Hembra del pato. ‖ (fam) Pierna de una persona.

patada *f* Golpe dado con la planta del pie o con lo llano de la pata del animal.

patalear *intr* Mover las piernas o las patas violentamente y con ligereza.

pataleo *m* Acción de patalear. ‖ Ruido hecho con las patas o con los pies.

pataleta *f* (fam) Convulsión, especialmente cuando se cree que es fingida.

p

patán *m* (fam) Aldeano o rústico. • *adj y s* (fig, fam) Díc. del hombre zafio y tosco.

patanería *f* (fam) Grosería, rustiquez, simpleza.

patarata *f* Cosa ridícula y despreciable.

patasca *f Arg.* Guiso de cerdo cocido con maíz. ‖ *Perú.* Disputa, pendencia.

patata *f* Planta herbácea anual, originaria de América, con tallos ramosos y raíces fibrosas que en sus extremos llevan gruesos tubérculos redondeados, muy feculentos, que constituyen uno de los alimentos más útiles para el hombre. ❑ PATATAL; PATATAR; PATATERO, RA.

patatús *m* (fam) Desmayo, lipotimia.

patay *m Amér. Merid.* Pasta seca elaborada con el fruto del algarrobo.

paté *m* Pasta elaborada a base de carne o hígado picado, generalmente de aves o de cerdo.

patear *tr* (fam) Dar golpes con los pies. ‖ Mostrar el público su desaprobación de un discurso, pieza teatral u otro espectáculo golpeando con los pies en el suelo.

patena *f* Lámina o medalla grande, con una imagen esculpida, que se pone al pecho, y la usan para adorno las labradoras.

patentar *tr* Conceder y expedir patentes. ‖ Obtenerlas, tratándose de la propiedad industrial.

patente *adj* Manifiesto visible. ‖ (fig) Claro, perceptible. • *f* Documento expedido por la hacienda pública, que acredita haber satisfecho determinada persona la cantidad que la ley exige para el ejercicio de algunas profesiones o industrias. ‖ por ext. Cualquier testimonio que acredita una cualidad o mérito. ❑ PATENCIA.

patentizar *tr* Hacer patente o manifiesta una cosa.

páter *m* (fam) Sacerdote.

pátera *f* Plato llano, utilizado en la antigüedad en ciertos ritos y sacrificios.

paternal *adj* Propio del afecto, cariño o solicitud de padre.

paternidad *f* Calidad de padre.

paterno, na *adj* Perteneciente al padre, o propio suyo, o derivado de él.

patético, ca *adj* Díc. de lo que es capaz de conmover e impresionar o de producir sentimientos profundos, en especial de lor, tristeza o melancolía. ❑ PATETISMO.

patibulario, ria *adj* Que por su repug nante aspecto o aviesa condición produ ce horror y espanto. ‖ Perteneciente o re lativo al patíbulo.

patíbulo *m* Tablado o lugar en que se eje cuta la pena de muerte.

patidifuso, sa *adj* (fig, fam) Que se que da parado de asombro.

patilla *f* Parte que se añade a una cosa, co el fin de que esta pueda sujetarse a otra ‖ Porción de barba que se deja crecer e cada uno de los dos carrillos.

patilludo, da *adj* Que tiene patillas espe sas y largas.

patín *m* Aparato para patinar que consist en una plancha adaptable a la suela de calzado que lleva una especie de cuchill o dos pares de ruedas, según sirva para i sobre el hielo o sobre un pavimento dur liso y muy llano. ‖ Embarcación deporti va formada por dos flotadores unidos po tablas.

pátina *f* Especie de barniz duro, de colo aceitunado y reluciente, que por la acció de la humedad se forma en los objeto ant. de bronce.

patinaje *m* Acción de patinar, deslizarse ‖ Práctica de este ejercicio como deporte

patinar[1] *intr* Deslizarse con patines sobr el hielo o sobre un pavimento duro, llan y muy liso.

patinar[2] *tr* Dar pátina a un objeto.

patinazo *m* Acción y efecto de patina bruscamente una o más ruedas de un co che. ‖ (fig, fam) Desliz notable en que in curre una persona.

patinete *m* Juguete consistente en una plancha larga y estrecha, montada sobr dos o tres ruedas a poca alt. del suelo provista de una guía y un manillar de lanteros.

patio *m* Espacio cerrado con paredes o galerías, que en las casas y otros edificio se deja al descubierto.

patitieso, sa *adj* (fam) Díc. del que, por un accidente repentino, se queda sin sen tido ni movimiento en las piernas o pies.

patituerto, ta *adj* Que tiene torcidas las piernas o patas. ‖ (fig, fam) Dícese de lo que se desvía de la línea que debe seguir, por estar mal hecho o torcido.

patizambo, ba *adj y s* Que tiene las piernas torcidas hacia fuera y junta mucho las rodillas.

pato *m* Ave palmípeda con el pico más ancho en la punta que en la base, y en ésta más ancho que alto; su cuello es corto, al igual que los tarsos, por lo que andan con dificultad.

patochada *f* Disparate, despropósito.

patógeno, na *adj y m* Dícese de los elementos y medios que originan y desarrollan las enfermedades.

patología *f* Parte de la medicina que estudia la naturaleza de las enfermedades. ☐ PATOLÓGICO, CA; PATÓLOGO, GA.

patoso, sa *adj* Dícese de la persona que, sin serlo, presume de chistosa y aguda. ‖ Díc. de la persona inhábil o desmañada.

patraña *f* Mentira o noticia inventada. ☐ PATRAÑERO, RA.

patria *f* Tierra natal o adoptiva a la que se pertenece por vínculos afectivos, históricos o jurídicos.

patriarca *m* Título de dignidad de algunos obispos de iglesias prals., como las de Alejandría, Jerusalén y Constantinopla. ‖ (fig) Persona que por su edad y sabiduría ejerce autoridad moral en una familia o en una colectividad.

patriarcado *m* Dignidad de patriarca. ‖ Territorio de la jurisdicción de un patriarca. ‖ Tiempo que dura la dignidad de un patriarca. ‖ Gobierno o autoridad del patriarca.

patriarcal *adj* Perteneciente o relativo al patriarca y a su autoridad y gobierno. ‖ (fig) Díc. de la autoridad y gobierno ejercidos con sencillez y benevolencia. • *f* Iglesia del patriarca.

patrilinealismo *m* Transmisión del nombre, la filiación, la propiedad y la herencia por la línea masculina.

patrimonial *adj* Perteneciente al patrimonio. ‖ Perteneciente a uno por razón de su patria, padre o antepasados.

patrimonio *m* Hacienda que una persona ha heredado de sus ascendientes. ‖ (fig) Conjunto de bienes propios adquiridos por cualquier título.

patrio, tria *adj* Perteneciente a la patria. ‖ Perteneciente al padre o que proviene de él.

patriota *m o f* Persona que tiene amor a su patria y procura todo su bien.

patriotero, ra *adj y s* (fam) Que alardea excesiva e inoportunamente de patriotismo.

patriótico, ca *adj* Perteneciente al patriota o a la patria.

patriotismo *m* Amor a la patria. ‖ Sentimiento y conducta propios del patriota.

patrocinar *tr* Defender, proteger, amparar, favorecer. ‖ Sufragar una empresa, con fines publicitarios, los gastos de una actividad cultural. ☐ PATROCINADOR, RA.

patrocinio *m* Amparo, protección, auxilio.

patrón, na *m y f* Defensor, protector. ‖ El que tiene cargo de patronato. ‖ Santo titular de una iglesia. ‖ Dueño de la casa donde uno se aloja. ‖ Amo, señor.

patronal *adj* Perteneciente o relativo al patrono o al patronato. • *f* Colectividad de los patronos.

patronato o **patronazgo** *m* Derecho, poder o facultad que tiene el patrono o patronos. ‖ Corporación que forman los patronos. ‖ Junta o consejo encargados de representar y administrar una fundación, un instituto benéfico o docente, etc.

patronear *tr* Ejercer el cargo de patrón en una embarcación.

patrono, na *m y f* Defensor, protector, amparador. ‖ El que tiene derecho o cargo de patronato. ‖ Persona que emplea obreros.

patrulla *f* Partida de soldados u otra gente armada, en corto núm., que ronda para mantener el orden y seguridad en las plazas y campamentos.

patrullar *tr* e *intr* Rondar una patrulla. ‖ Prestar servicio de patrulla a los buques o aviones.

patrullero, ra *adj y s* Díc. de cualquier vehículo destinado a patrullar.

patullar *intr* Pisar con fuerza y desatentadamente.

paúl *m* Sitio pantanoso cubierto de hierbas.

paular *m* Pantano o atolladero.

paulatino, na *adj* Que procede u obra despacio o lentamente.

pauperismo *m* Situación permanente de pobreza en una parte de la sociedad de un país.

paupérrimo, ma *adj* sup. de pobre.

pausa *f* Breve interrupción del movimiento, acción o ejercicio. ‖ Tardanza, lentitud.

pausado, da *pp* de pausar. • *adj* Que obra con pausa o lentitud. ‖ Que se ejecuta o sucede de este modo. • *adv modo* Con pausa.

pausar *tr* e *intr* Interrumpir, o retardar un movimiento, ejercicio o acción.

pauta *f* Instrumento para rayar el papel en que se aprende a escribir. Se llama también así la raya o conjunto de rayas hechas con este instrumento. ‖ (fig) Esquema común de comportamiento en una pluralidad de personas.

pautar *tr* Rayar el papel con la pauta. ‖ (fig) Determinar el modo de ejecutar una acción. ‖ Señalar en el papel las rayas necesarias para escribir las notas musicales.

pava *f* Hembra del pavo.

pavada *f* Manada de pavos.

pavear *tr Arg., Par.* y *Ur.* Cometer o decir pavadas, tonterías o estupideces. ‖ *Arg.* y *Chile.* Pelar la pava. ‖ *Chile* y *Perú.* Burlarse. ‖ *Ecuad.* y *Pan.* Faltar a clase los muchachos.

pavero, ra *m* y *f* Persona que cuida de las manadas de pavos o anda vendiéndolos. ‖ (fig, fam) Persona presumida.

pávido, da *adj* Tímido, medroso o lleno de pavor.

pavimentar *tr* Solar, revestir el suelo con ladrillos u otros elementos. ❑ PAVIMENTACIÓN.

pavimento *m* Suelo, piso artificial.

pavo *m* Ave gallinácea, oriunda de América del Norte, con plumaje pardo verdoso y cabeza y cuello cubiertos de carúnculas rojas, así como la membrana eréctil que lleva encima del pico.

pavonada *f* (fam) Paseo breve u otra diversión semejante, que se toma por poco tiempo.

pavonar *tr* Dar al hierro o al acero una capa para que no se oxiden.

pavonear *intr* y *prnl* Hacer uno vana ostentación de su gallardía o de otras prendas.

pavor o **pavura** *m* Temor, con espanto o sobresalto. ❑ PAVOROSO, SA.

pavorido da *adj* Despavorido, lleno de pavor.

payacate *m Méx.* Pañuelo grande, pañuelo de nariz.

payada *f Amér. Merid.* Canto del payador.

payador *m Amér.* Cantor popular errante.

payasada *f* Acción o dicho propios de payaso. ‖ (fig) Acción ridícula o poco seria.

payaso, sa *m* y *f* Artista que actúa en espectáculos circenses y provoca la risa en medio de sus palabras, atuendo, acciones y gestos.

payés, sa *m* y *f* Campesino o campesina de Cataluña o de las islas Baleares.

payo, ya *adj* y *m* Aldeano. ‖ Entre los gitanos, persona no gitana. • *m* Campesino ignorante.

paz *f* Situación y relación mutua de quienes no están en guerra. ‖ Pública tranquilidad y quietud de los estados, en contraposición a la guerra o a la turbulencia. ‖ Tratado o convenio que se concuerda entre las partes beligerantes para poner fin a una guerra. Se usa también en plural. ‖ Sosiego y buena correspondencia de unos con otros, especialmente en las familias, en contraposición a las disensiones, riñas y pleitos.

pazo *m* En Galicia, casa solariega, y especialmente la edificada en el campo.

pe *f* Nombre de la letra *p*.

peaje *m* Derecho de tránsito.

peal *m* Parte de la media que cubre el pie. ‖ Media sin pie que se sujeta a éste con una trabilla. ‖ (fig, fam) Persona inútil, torpe, despreciable.

peana *f* Base, apoyo o pie para colocar encima una figura u otra cosa.

peatón, na *m* y *f* Persona que va a pie.

pebete *m* Pasta hecha con polvos aromáticos, regularmente en forma de varilla, que encendida exhala un humo muy fragante.

pebetero *m* Vaso de quemar perfumes, y especialmente el que tiene cubierta agujereada.

peca f Cualquiera de las manchas pequeñas y de color pardo que suelen salir en el cutis, particularmente en la cara. ☐ PECOSO, SA.

pecado m Violación o transgresión del orden moral de origen divino o de los preceptos de la Iglesia.

pecador, ra adj y s Que peca. || Sujeto al pecado o que puede cometerlo.

pecaminoso, sa adj Perteneciente o relativo al pecado o al pecador. || (fig) Se aplica a las cosas que están o parecen contaminadas de pecado.

pecar intr Quebrantar la ley de Dios. || Faltar absolutamente a cualquier obligación y a lo que es debido y justo, o a las reglas del arte o política.

pécari m Saíno, báquira.

pecera f Vasija o globo de vidrio u otro material transparente que se llena de agua y sirve para tener a la vista uno o varios peces.

pechera f Pedazo de lienzo o paño que se pone en el pecho para abrigarlo. || Chorrera, guarnición de encaje de la camisa. || Parte de la camisa y otras prendas de vestir, que cubre el pecho.

pechero m Babero para niños pequeños.

pechina f Venera, concha de peregrino.

pecho m Parte del cuerpo humano, que se extiende desde el cuello hasta el vientre, y en cuya cavidad se contienen el corazón y los pulmones.

pechón, na adj Méx. Descarado, gorrón.

pechoño, ña adj y s Arg. Santurrón.

pechuga f Pecho de ave, que está como dividido en dos, a una y otra parte del caballete. Suele usarse en plural.

pechugón, na adj y f Díc. de la mujer de pecho abultado. • adj y s Chile. Díc. de la persona de mucho empuje y resolución.

pecio m Pedazo o fragmento de la nave que ha naufragado o porción de lo que ella contiene.

peciolo o **pecíolo** m Pezón o tallito de la hoja.

pécora f Res o cabeza de ganado lanar.

pectina f Producto ternario, disuelto en el jugo de muchos frutos maduros.

pectíneo m Músculo del muslo que hace girar el fémur.

pectoral adj Perteneciente o relativo al pecho. • adj y m Útil y provechoso para el pecho. || Díce de los músculos de la parte anterolateral del tórax.

pectosa f Sustancia contenida en los frutos sin madurar.

pecuario, ria adj Perteneciente o relativo al ganado.

peculiar adj Propio o privativo de cada persona o cosa. ☐ PECULIARIDAD.

peculio m Hacienda o caudal que el padre o señor permitía al hijo o siervo para su uso y comercio.

pecunia f (fam) Moneda o dinero.

pecuniario, ria adj Perteneciente al dinero efectivo.

pedagogía f Arte de enseñar o educar a los niños. ☐ PEDAGÓGICO, CA.

pedagogo, ga m y f Persona que tiene como profesión educar a los niños.

pedal m Palanca que pone en movimiento un mecanismo oprimiéndola con el pie.

pedalada f Cada uno de los impulsos que se dan con el pie a un pedal de bicicleta.

pedalear intr Poner en movimiento un pedal. Díc. especialmente con referencia al de la bicicleta. ☐ PEDALEO.

pedáneo, a adj Díc. de las autoridades administrativas cuya jurisdicción se extiende a aldeas o pequeños núcleos de población.

pedante adj y s Aplícase al que por engreimiento se complace en hacer excesivo e inoportuno alarde de erudición, téngala o no en realidad. ☐ PEDANTERÍA; PEDANTESCO, CA.

pedantear intr Hacer, por ridículo engreimiento, inoportuno y vano alarde de erudición.

pedazo m Parte o porción de una cosa separada del todo.

pederastia f Abuso deshonesto cometido contra los niños. ☐ PEDERASTA.

pedernal m Roca sedimentaria de origen químico constituida casi exclusivamente por sílice.

pedestal m Cuerpo sólido, gralte. de figura de paralelepípedo rectangular, con basa y cornisa, que sostiene una columna, estatua, etc.

p

pedestre *adj* Que anda a pie. ‖ Díc. del deporte que consiste especialmente en andar y correr.

pediatría *f* Parte de la medicina que se ocupa de los cuidados del niño y del tratamiento de sus enfermedades. ❏ PEDIATRA; PEDIÁTRICO, CA.

pedículo *m* Pedúnculo de la hoja, flor o fruto. ‖ Tallo más o menos delgado que une una formación anormal, por ejemplo una verruga, al órgano o tejido correspondiente. ‖ Piojo, insecto.

pedicuro, ra *m* y *f* Persona experta en podología y, especialmente, en el cuidado de determinadas afecciones de los pies.

pedido, da *pp* de pedir. • *m* Acción y efecto de pedir. ‖ Encargo de géneros hecho a un fabricante o vendedor.

pedigrí *m* Genealogía de un animal de raza.

pedigüeño, ña *adj* y *s* Que pide con frecuencia.

pedimento *m* Petición. ‖ Escrito que se presenta ante un juez.

pedio, a *adj* Relativo al pie o perteneciente a él.

pedir *tr* Rogar o demandar a uno que dé o haga una cosa, de gracia o de justicia. ‖ Por antonomasia, pedir limosna. ‖ Poner precio a la mercadería el que vende. ‖ Requerir una cosa, exigirla como necesaria o conveniente. ‖ Querer, desear o apetecer.

pedo *m* Ventosidad que se expele del vientre por el ano. ‖ (fig, fam) Borrachera.

pedorrear *intr* Echar pedos repetidos.

pedorrera *f* Frecuencia de ventosidades expedidas del vientre.

pedorreta *f* Sonido que se hace con la boca, imitando el pedo.

pedrada *f* Acción de despedir o arrojar con impulso una piedra. ‖ Golpe que se da con la piedra tirada.

pedrea *f* Acción de apedrear o apedrearse. ‖ Combate a pedradas. ‖ Granizada. ‖ (fam) Conjunto de los premios menores de la lotería.

pedregal o **pedriscal** *m* Sitio o terreno cubierto casi todo él de piedras sueltas.

pedregón *m* Col. y Chile. Pedrejón.

pedregoso, sa *adj* Aplícase al terreno naturalmente cubierto de piedras.

pedrera *f* Cantera, sitio o lugar de donde se sacan las piedras.

pedrería *f* Conjunto de piedras preciosas, como diamantes, esmeraldas, rubíes, etc.

pedrero *m* Cantero, el que labra las piedras.

pedrisca *f* Granizo grueso.

pedrisco *m* Piedra o granizo muy crecido que cae de las nubes en abundancia.

pedrisquero *m* Pedrisco, granizo.

pedrusco *m* (fam) Pedazo de piedra sin labrar. ‖ (fam, desp) Joya con brillantes o piedras preciosas.

pedúnculo *m* Porción de tallo que sostiene las inflorescencias, flores o frutos.

peer *intr* y *prnl* Echar pedos.

pega *f* Acción de pegar o conglutinar una cosa con otra. ‖ Sustancia cualquiera que sirve para pegar. ‖ Obstáculo, contratiempo, dificultad que se presenta de forma imprevista.

pegadizo, za *adj* Pegajoso, que se pega. ‖ Contagioso. ‖ Que se graba en la memoria con facilidad.

pegado, da *pp* de pegar. • *m* Parche medicinal.

pegadura *f* Acción de pegar. ‖ Unión física o costura que resulta de haberse pegado una cosa con otra. ‖ Col. y Ecuad. Burla.

pegajoso, sa *adj* Que con facilidad se pega. ‖ Contagioso o que con facilidad se comunica.

pegamento *m* Sustancia propia para pegar o conglutinar.

pegar *tr* Adherir, conglutinar una cosa con otra. ‖ Unir una cosa con otra, atándola, cosiéndola, etc. ‖ Arrimar o aplicar una cosa con otra, de modo que entre las dos no quede espacio alguno. ‖ (fig) Castigar o maltratar a uno dando golpes. ‖ Dar determinados golpes. ‖ (fig) Junto con algunos nombres, tiene la significación de los verbos que de éstos se forman: *pegar voces, vocear.*

pegatina *f* (fam) Adhesivo pequeño que lleva impresa propaganda.

pegote *m* Emplasto que se hace de pez u otra cosa pegajosa. ‖ (fig) Adición inútil en una obra literaria o artística. || (fig, fam) Chapuza.

pegotear *intr* (fam) Presentarse uno en las casas a las horas de comer, sin ser invitado.

pegujal *m* (fig) Corta porción de siembra, ganado o caudal. || Pequeña porción de terreno que el dueño cede al encargado para que la cultive por su cuenta como parte de su remuneración anual. ☐ PEGUJALERO.

pegujón *m* Conjunto de lanas o pelos que se aprietan y pegan unos con otros a manera de ovillo o pelotón.

peinado, da *pp* de peinar. • *adj* (fam) Díc. del hombre que se adorna con excesivo esmero. || (fig) Díc. del estilo excesivamente cuidado. • *m* Adorno y compostura del pelo.

peinador, ra *adj* y *s* Que peina. • *m* Prenda o lienzo ajustada al cuello con que se protege el vestido del que se peina o afeita.

peinar *tr* y *prnl* Desenredar, limpiar y componer el cabello. • *tr* (fig) Desenredar o limpiar el pelo o lana de algunos animales. || (fig) Rastrear minuciosamente un territorio diversas personas en busca de alguien o algo.

peine *m* Utensilio que tiene muchos dientes espesos para limpiar y componer el pelo. || Instrumento para cardar.

peineta *f* Peine convexo que usan las mujeres por adorno o para asegurarse el cabello.

pejiguera *f* (fam) Cualquier cosa que sin traernos gran provecho nos pone en embarazo y dificultad.

peladilla *f* Almendra confitada.

pelado, da *pp* de pelar. • *adj* y *s* Díc. de la persona pobre o sin dinero. • *m* y *f* *Méx.* Persona de las capas sociales menos pudientes y de inferior cultura. • *m* Acción y efecto de cortar el cabello.

peladura *f* Acción y efecto de pelar o descortezar una cosa. || Monda, hollejo, cáscara.

pelagatos *m* (fam) Hombre de nivel económico o social bajo.

pelagoscopio *m* Aparato que sirve para estudiar el fondo del mar.

pelagra *f* Síndrome carencial producido por un déficit de vitamina B_2. ☐ PELAGROSO, SA.

pelaire *m* El que prepara la lana que ha de tejerse.

pelaje *m* Naturaleza y calidad del pelo o de la lana que tiene un animal.

pelambre *amb* Porción de pieles que se meten en un depósito de agua y cal viva para que pierdan el pelo. || Conjunto de pelo abundante en todo el cuerpo.

pelambrera *f* Porción de pelo o de vello espeso y crecido.

pelamen *m* (fam) Conjunto de pelo, pelambre.

pelanas *m* (fam) Persona inútil y despreciable.

pelandusca *f* Prostituta.

pelar *tr* y *prnl* Cortar, arrancar, quitar o raer el pelo. • *tr* Desplumar, quitar las plumas al ave. || (fig) Quitar la piel, la película o la corteza a una cosa. || (fig, fam) Dejar a uno sin dinero. || (fig) Criticar, murmurar, despellejar.

peldaño *m* Cada una de las partes de un tramo de escalera.

pelear *intr* Batallar, combatir o contender con armas. || (fig) Afanarse o trabajar por conseguir una cosa, o para vencerla o sujetarla. • *intr* y *prnl* Contender o reñir, aunque sea sin armas o sólo de palabra. • *prnl* (fig) Enfadarse, enemistarse, separarse en discordia. ☐ PELEA.

pelechar *intr* Echar los animales pelo o pluma. || Cambiar de pluma las aves.

pelele *m* Traje de punto de una pieza que se pone a los niños para dormir. || (fig, fam) Persona simple o inútil.

peleón, na *adj* Pendenciero, camorrista. • *adj* y *m* (fam) Díc. del vino muy ordinario.

peletería *f* Oficio de adobar y componer las pieles finas o de hacer con ellas prendas de abrigo o de adorno.

peletero, ra *m* y *f* Persona que tiene por oficio trabajar en pieles finas o venderlas.

peliagudo, da *adj* (fig, fam) Díc. del negocio o cosa que tiene gran dificultad en su inteligencia o resolución.

pelícano o **pelicano** *m* Ave acuática, con plumaje blanco, algo bermejo el lomo y buche, negro en las remeras y amarillento en el penacho que cubre la cabeza; pico muy largo y ancho con una membrana grande rojiza que forma una bolsa donde deposita los alimentos.

película f Piel delgada y delicada. ‖ Capa delgada que se forma sobre algunas cosas. ‖ Cinta de celuloide dispuesta para ser impresionada fotográficamente. ‖ Cinta de celuloide que contiene una serie continua de imágenes fotográficas para reproducirlas proyectándolas en una pantalla. ‖ Obra cinematográfica. ☐ PELICULAR; PELICULERO, RA.

peliculón m (fam) Película cinematográfica muy buena.

peligrar intr Estar en peligro.

peligro m Riesgo o contingencia inminente de que suceda algún mal.

peligroso, sa adj Que tiene riesgo o puede ocasionar daño. ☐ PELIGROSIDAD.

pelillo (fam) Causa o motivo muy leve de desazón, y que se debe despreciar.

pelirrojo, ja adj y s Que tiene rojo el pelo.

pella f Masa que se une y aprieta, regularmente en forma redonda. ‖ Conjunto de los tallitos de la coliflor y otras plantas semejantes, antes de florecer.

pellada f Porción de yeso o argamasa que un peón albañil puede sostener en la mano.

pelleja f Piel quitada del cuerpo del animal. ‖ (fam) Prostituta.

pellejería f Lugar donde se adoban o venden pellejos. ‖ Oficio o comercio de pellejero.

pellejo m Piel. ‖ Odre. ‖ (fig, fam) Persona ebria. ‖ Méx. y P. Rico. Prostituta vieja y fea.

pellico m Zamarra de pastor hecha con pieles finas.

pellín m (fig) Chile. Persona o cosa muy fuerte y de gran resistencia.

pellingajo m Arg. y Chile. Estropajo.

pelliza f Prenda de abrigo hecha o forrada de pieles finas. ‖ Chaqueta de abrigo con el cuello y las bocamangas reforzadas de otra tela.

pellizcar tr y prnl Asir con los dedos una pequeña porción de piel y carne, apretándola de suerte que cause dolor. • tr Tomar o quitar una pequeña cantidad de una cosa.

pellizco m Acción y efecto de pellizcar. ‖ Porción pequeña de una cosa, que se toma o se quita.

pellón m Amér. Pelleja curtida que, a modo de caparazón, forma parte del recado de montar.

pelma m o f (fam) Persona tarda en sus acciones y molesta e inoportuna.

pelmazo, za m y f Pelma.

pelo m Filamento cilíndrico que nace y crece entre los poros de la piel de los mamíferos. ‖ Conjunto de estos filamentos. ‖ Cabello. ‖ Pluma fina de las aves debajo del plumaje exterior. ‖ Vello que tienen algunas frutas, como los melocotones, en la cáscara o pellejo, y algunas plantas en hojas y tallos. ‖ (fig) Cualquier cosa mínima o de poca importancia o entidad. ☐ PELOSO, SA.

pelón, na adj y s Que no tiene pelo o tiene muy poco. ‖ (fig, fam) De escasos recursos económicos.

pelota[1] f Bola pequeña de material elástico, usada en ciertos juegos. ‖ Balón. ‖ Juego que se hace con ella. ‖ Bola de materia blanda, como nieve, barro, etc., que se amasa fácilmente. • f pl (fam) Testículos.

pelota[2] (en) m adv (fam) Desnudo, en cueros. Se usa más en plural.

pelotari m o f Persona que tiene por oficio jugar a la pelota. ‖ Jugador de pelota vasca.

pelotazo m Golpe dado con la pelota de jugar. ‖ (fam) Lingotazo.

pelotear tr Repasar y señalar las partidas de una cuenta, y cotejarlas con sus justificantes respectivos. • intr Jugar a la pelota sin hacer partido. ‖ (fig) Reñir dos o más personas entre sí. • tr e intr Amér. Merid. Pasar un río en la batea llamada pelota. ☐ PELOTEO.

pelotera f (fam) Riña, contienda o revuelta.

pelotero, ra m y f Persona que fabrica pelotas para jugar. ‖ Persona que las recoge en el juego.

pelotilla f Bolita de cera, armada de puntas de vidrio, de que usaban los disciplinantes.

pelotón[1] *m* (fig) Conjunto de personas sin orden y como en tropel. ‖ Grupo numeroso de ciclistas que, durante una carrera, marchan juntos.

pelotón[2] *m* Pequeña unidad de infantería que normalmente forma parte de una sección, y suele estar a las órdenes de un sargento o de un cabo.

peluca *f* Cabellera postiza.

peluche *m* Felpa, tejido. ‖ Juguete hecho de este tejido.

peludo, da *adj* Que tiene mucho pelo. • *m Amér.* Borrachera.

peluquero, ra *m* y *f* Persona que tiene por oficio cortar y arreglar el cabello. ‖ Dueño de una peluquería.

peluquín *m* Peluca pequeña o que sólo cubre parte de la cabeza.

pelusa *f* Pelo suave de algunas frutas. ‖ Pelo menudo que con el uso se desprende de las telas. ‖ Vello tenue que aparece en la cara de las personas y en el cuerpo de los polluelos de algunas aves.

pelvis *f* Anillo óseo en forma de bacía, que se sitúa en el extremo inferior del tronco, al que sirve de base, y encima de los miembros inferiores, en los que descansa y con los que se articula. ☐ PELVIANO, NA.

pena[1] *f* Castigo impuesto al que ha cometido un delito o falta. ‖ Aflicción o sentimiento interior grande. ‖ Dolor, tormento. ‖ Dificultad, trabajo.

pena[2] *f* Cada una de las plumas mayores del ave que, situadas en las extremidades de las alas o en el arranque de la cola, sirven pralm. para dirigir el vuelo.

penacho *m* Grupo de plumas que tienen algunas aves en la parte superior de la cabeza. ‖ Adorno de plumas que sobresale en los cascos o morriones, en el tocado de las mujeres, en la cabeza de las caballerías engalanadas, etc.

penado, da *pp* de penar. • *adj* Penoso o lleno de penas. ‖ Difícil, trabajoso. • *m* y *f* Delincuente condenado a una pena.

penal *adj* Perteneciente o relativo a la pena, o que la incluye. ‖ Perteneciente o relativo al crimen. ‖ Perteneciente o relativo a las leyes, instituciones o acciones destinadas a perseguir crímenes o delitos.

• *m* Lugar en que los penados cumplen condenas superiores a las del arresto.

penalidad *f* Trabajo, molestia, incomodidad. ‖ Calidad de aquello que puede ser penado.

penalista *adj* y *s* Díc. del jurisconsulto que se dedica con preferencia al estudio de la ciencia o derecho penal.

penalizar *tr* Imponer un castigo o sanción.

penalti *m* En algunos deportes, nombre que recibe la falta más grave.

penar *tr* Imponer pena. ‖ Señalar la ley castigo para un acto u omisión. • *intr* Padecer, sufrir, tolerar un dolor o pena.

penca *f* Parte carnosa de ciertas hojas cuando en su totalidad no lo son; como las de la berza. ‖ *Amér.* Racimo de plátanos. ‖ *C. Rica.* Borrachera.

penco *m* (fam) Caballo flaco o matalón. ‖ (fig, fam) Persona rústica, tosca e inútil.

pendejo *m* Pelo que nace en el pubis y en las ingles. ‖ (fig, fam) Hombre cobarde o pusilánime. ‖ (fig, fam) Mujer de vida licenciosa, pendón.

pendencia *f* Contienda, riña de palabras o de obras. ☐ PENDENCIAR; PENDENCIERO, RA.

pender *intr* Estar colgada, suspendida o inclinada alguna cosa. ‖ Depender. ‖ (fig) Estar por resolver o terminarse un pleito o negocio.

pendiente *adj* Que pende. ‖ (fig) Que está por resolver o terminarse. • *m* Arete con adorno colgante o sin él. ‖ Joya que llevan las mujeres colgando de las orejas. • *f* Cuesta o declive de un terreno.

péndola *f* Varilla o varillas metálicas con una lenteja u otro adorno semejante en su parte inferior y que con sus oscilaciones regula el movimiento de algunos relojes. ‖ (fig) Reloj que tiene péndola. ‖ Cualquiera de las varillas verticales que sostienen el piso de un puente colgante o tienen oficio parecido en otras obras.

pendolista *m* o *f* o **pendolario** *m* Persona que escribe con muy buena letra.

pendón *m* Insignia militar que consistía en una bandera más larga que ancha. ‖ (fig, fam) Persona de vida irregular y desenfrenada. ‖ (fig, fam) Mujer de vida licenciosa. ☐ PENDONEAR.

péndulo m Péndola del reloj. ‖ Sistema capaz de oscilar alrededor de un punto o de un eje.

pene m Órgano genital masculino.

penetración f Acción y efecto de penetrar. ‖ Inteligencia cabal de una cosa difícil. ‖ Perspicacia de ingenio, agudeza.

penetrante adj Que penetra. ‖ Profundo, que entra mucho en alguna cosa. ‖ (fig) Agudo, alto, subido o elevado, hablando de la voz, grito, etc. ‖ Díc. del humor, la intención, la ironía, etc., mordaz o incisiva.

penetrar tr Introducir un cuerpo en otro por sus poros. ‖ Introducirse en lo interior de un espacio, aunque haya dificultad o estorbo. ‖ Hacerse sentir con violencia y demasiada eficacia una cosa, como el frío, los gritos, etc.

pénfigo m Nombre genérico de ciertas afecciones cutáneas caracterizadas por la erupción de ampollas.

penicilina f Sustancia antibiótica extraída de los cultivos del moho *Penicillium*, que se usa para combatir las enfermedades producidas por ciertos microorganismos.

penillanura f Superficie de erosión originada sobre una zona de la superficie terrestre al final de un ciclo erosivo completo.

península f Porción de tierra rodeada de agua por todas partes menos por una, llamada istmo.

peninsular adj y s Natural de una península. • p. ant. Díc. de lo relativo a la península Ibérica, en oposición a lo perteneciente a las islas y tierras esp. en África.

penitencia f Sacramento de la Iglesia católica en el cual, mediante la absolución del sacerdote, se perdonan los pecados cometidos después del bautismo. ‖ Dolor y arrepentimiento que se tiene de una mala acción.

penitenciaría f Establecimiento penitenciario en que los penados sufren condenas largas de privación de libertad.

penitenciario, ria adj Relativo a la penitenciaría o penal. ‖ Aplícase a cualquiera de los sistemas adoptados para castigo y corrección de los penados, y al régimen o al servicio de los establecimientos destinados a este objeto.

penitente m o f Persona que hace penitencia. ‖ Persona que en las procesiones o rogativas públicas va vestida de túnica en señal de penitencia.

penoso, sa adj Trabajoso, que causa pena o tiene gran dificultad. ‖ Que padece una aflicción.

pensador, ra adj Que piensa. • m y f Persona que se dedica a estudios muy elevados y profundiza mucho en ellos.

pensamiento m Potencia o facultad de pensar. ‖ Acción y efecto de pensar. ‖ Idea fundamental inicial o capital de una obra cualquiera. ‖ Cada una de las ideas o sentencias notables de un escrito.

pensar tr Imaginar, considerar o discurrir. ‖ Reflexionar, examinar con cuidado una cosa para formar dictamen. ‖ Intentar o formar ánimo de hacer una cosa.

pensativo, va adj Que piensa intensamente y está absorto y embelesado.

pensil o **pénsil** adj Pendiente o colgado en el aire. • m (fig) Jardín delicioso.

pensión f Cantidad periódica, temporal o vitalicia que se asigna a alguien. ‖ Pupilaje, casa donde se reciben huéspedes mediante precio convenido.

pensionado, da adj y s Que tiene o cobra una pensión. • m Establecimiento que acoge alumnos pensionistas.

pensionar tr Conceder pensión a una persona o establecimiento. ‖ *Chile*. Molestarse.

pensionista m o f Persona que tiene derecho a percibir y cobrar una pensión. ‖ Persona que está en un colegio o casa particular y paga cierta pensión por sus alimentos y enseñanza.

pentadáctilo, la adj y s Que tiene cinco dedos.

pentaedro m Sólido que tiene cinco caras.

pentágono, na adj y m Se aplica al polígono de cinco lados y cinco ángulos.

pentagrama o **pentágrama** m Renglonadura formada con cinco rectas paralelas y equidistantes, sobre la cual se escribe la música.

pentasílabo, ba adj y s Que consta de cinco sílabas.

pentatlón m Conjunto de cinco pruebas atléticas.

pentavalente adj Que actúa con valencia cinco.

Pentecostés npm Festividad de la venida del Espíritu Santo que celebran las Iglesias cristianas cincuenta días después de la Pascua de Resurrección.

pentothal m Nombre registrado del tiopental sódico, empleado en cirugía como anestésico.

penúltimo, ma adj y s Inmediatamente anterior a lo último o postrero.

penumbra f Sombra débil entre la luz y la oscuridad, que no deja percibir dónde empieza la una o acaba la otra. || Región más clara que circunda la sombra de un objeto iluminado por una fuente no puntiforme.

penumbroso, sa adj Que está en la penumbra.

penuria f Escasez, falta de las cosas más precisas o de alguna de ellas.

peña f Piedra grande sin labrar, según la produce la naturaleza. || Monte o cerro peñascoso. || Corro o grupo de amigos o camaradas.

peñascal m Sitio cubierto de peñascos.

peñasco m Peña grande y elevada.

peñascoso, sa adj Aplícase al sitio, lugar o montaña donde hay muchos peñascos.

peñasquear tr Chile. Apedrear.

peñón m Monte peñascoso.

peón m Peatón, persona que camina o anda a pie. || Jornalero, obrero no especializado. || Cualquiera de las piezas del juego de damas o del ajedrez. || Peonza.

peonada f Obra que un peón o jornalero hace en un día. || Conjunto de peones.

peonar intr Arg. Trabajar como peón u obrero.

peonza f Juguete de madera de figura cónica y punta de metal que se arrolla una cuerda para lanzarlo y hacerle bailar.

peor adj comp de malo. De mala condición o de inferior calidad respecto a otra cosa con que se compara. • adv modo comp. de mal. Más mal, de manera más contraria a lo bueno o lo conveniente. ❏ PEORÍA.

pepinillo m dim de pepino. || Pepino todavía no desarrollado, que se adoba en vinagre.

pepino m Planta herbácea de tallo rastrero, flores amarillas y fruto carnoso del mismo nombre.

pepita f Simiente de algunas frutas. || Trozo rodado de oro y otros metales nativos.

pepito m Amér. Lechugino. || Bocadillo pequeño de carne.

pepitoria f Guisado de ave, cuya salsa tiene yema de huevo.

pepón m Sandía, fruto.

pepona f Muñeca grande de cartón o trapo.

pepsina f Fermento segregado en el hígado para facilitar la digestión de la albúmina.

pequeñez f Calidad de pequeño. || Infancia, corta edad. || Cosa de leve importancia.

pequeño, ña adj Corto, limitado. || De muy corta edad. || (fig) Corto, breve o de poca importancia, aunque no sea corpóreo.

pequinés, sa adj y s Natural de Pekín. • adj y m Díc. de una raza de perros de capricho, de pequeño tamaño y largo y suave pelaje.

per prep insep que refuerza o aumenta la significación de las voces a que se antepone.

pera f Fruto del peral, carnoso y de tamaño y forma variables.

perada f Conserva que se hace de la pera rallada. || Bebida alcohólica que se obtiene por fermentación del zumo de la pera.

peral m Árbol de hojas puntiagudas; flores blancas en corimbos y fruto en pomo llamado pera.

peralte m Lo que en la alt. de un arco, bóveda o armadura excede del semicírculo. || En las carreteras, vías férreas, etc., mayor elevación de la parte exterior de una curva en relación con la interior. ❏ PERALTADO, DA; PERALTAR.

peralto m Altura, dimensión de alto a bajo.

perborato *m* Sal de boro.

percal *m* Tela de algodón sencilla.

percalina *f* Percal de un solo color.

percán *m* Chile. Moho que, por la humedad, se forma en diversas sustancias vegetales y animales.

percance *m* Contratiempo, daño, perjuicio imprevisto.

percatar *intr* y *prnl* Advertir, considerar, cuidar.

percebe *m* Crustáceo marino que posee un largo pedúnculo dorsal con el que se fija al sustrato. Este pedúnculo es comestible y apreciado en muchas especies.

percepción *f* Acción y efecto de percibir. ‖ Aprehensión de la realidad por medio de los datos recibidos por los sentidos.

perceptible *adj* Que se puede comprender o percibir. ‖ Que se puede recibir o cobrar.

percha *f* Madero o estaca larga y delgada, que regularmente se atraviesa en otras para sostener una cosa. ‖ Pieza o mueble de madera o metal con colgaderos en que se pone ropa, sombreros u otros objetos.

perchero *m* Conjunto de perchas o lugar en que las hay. ‖ Mueble con varias perchas para colgar sombreros, abrigos, etcétera.

percherón, na *adj* y *s* Díc. del caballo o yegua perteneciente a una raza fr. originaria de la ant. región de Perche, que por su fuerza y corpulencia es muy idónea para arrastrar grandes pesos.

percibir *tr* Recibir una cosa y encargarse de ella. ‖ Recibir por uno de los sentidos las imágenes, impresiones o sensaciones externas. ‖ Comprender o conocer una cosa. ☐ PERCEPTIVO, VA; PERCEPTOR, RA; PERCIBO.

percudir *tr* Maltratar o ajar la tez o el lustre de las cosas. ‖ Penetrar la suciedad en alguna cosa.

percusión *f* Acción y efecto de percutir. ‖ Producto de la intensidad de una fuerza por el tiempo que dura su acción (impulso mecánico).

percusionista *m* o *f* Persona que ejerce o profesa el arte de tocar instrumentos de percusión.

percutir *tr* Golpear.

percutor *m* Elemento de un arma de fuego, o de un mecanismo de detonación, que tiene por misión producir el disparo al incidir violentamente en la cápsula fulminante.

perder *tr* Dejar de tener, o no hallar uno, la cosa que poseía. ‖ No conseguir lo que se espera, desea o ama. ‖ Ocasionar un daño a las cosas, desmejorándolas o desluciéndolas. ‖ Padecer un daño, ruina o disminución en lo material, inmaterial o espiritual. ‖ Junto con algunos nombres, faltar a la obligación de lo que significan o hacer una cosa en contrario. • *tr* y *prnl* (fig) No aprovecharse una cosa que podía y debía ser útil, o aplicarse mal para otro fin. • *prnl* Errar uno el camino o rumbo que llevaba. ‖ (fig) Entregarse ciegamente a los vicios.

perdición *f* Acción de perder o perderse. ‖ (fig) Ruina o daño grave en lo temporal o espiritual. ‖ (fig) Pasión desenfrenada provocada por el amor. ‖ (fig) Condenación eterna. ‖ (fig) Desarreglo en las costumbres o en el empleo de los bienes temporales.

pérdida *f* Carencia, privación de lo que se poseía. ‖ Daño o menoscabo que se recibe en una cosa. ‖ Escape de un fluido.

perdido, da *pp* de perder. • *adj* Que no tiene o no lleva destino terminado. • *m* y *f* Persona sin provecho o sin moral.

perdigón *m* Pollo de la perdiz. ‖ Cada uno de los granos de plomo que forman la munición de caza.

perdigonada *f* Tiro de perdigones. ‖ Herida que produce.

perdiguero, ra *adj* Díc. del animal que caza perdices.

perdiz *f* Ave gallinácea, de cuerpo graso, cuello corto, cabeza pequeña y plumaje de color ceniciento rojizo en las partes superiores, más vivo en la cabeza y el cuello.

perdón *m* Acción y efecto de perdonar. ‖ Remisión de la pena merecida, de la ofensa que se recibe o de alguna deuda u obligación pendiente. ‖ Indulgencia, remisión de los pecados.

perdonar *tr* Remitir la deuda, ofensa, falta, delito u otra cosa que toque al que redime. ‖ Exceptuar a uno de lo que comúnmente se hace con todos, y de la obligación que tendría por la ley general.

perdulario, ria *adj* y *s* Vicioso incorregible.

perdurar *intr* Durar mucho, mantenerse, persistir en el mismo estado. ☐ PERDURABLE.

perecedero, ra *adj* Poco durable; que ha de perecer o acabarse.

perecer *intr* Acabar, fenecer o dejar de ser. ‖ (fig) Padecer un daño, fatiga o molestia de una pasión. ‖ (fig) Tener suma pobreza; carecer de lo necesario para la manutención de la vida.

peregrinar *intr* Andar uno por tierras extrañas. ‖ Ir en romería a un santuario por devoción o voto.

peregrino, na *adj* Aplícase al que anda por tierras extrañas. ‖ Díc. de los animales o cosas que proceden de un país extraño.

perejil *m* Planta herbácea con tallos angulosos y ramificados, hojas de color verde oscuro y semillas menudas. Se cultiva mucho en las huertas, por ser un condimento muy usado.

perengano, na *m* y *f* Voz usada para aludir a una persona cuyo nombre se ignora o no se quiere expresar.

perenne *adj* Continuo, incesante, que no tiene intermisión. ‖ Que vive más de dos años.

perentoriedad *f* Calidad de perentorio.

perentorio, ria *adj* Díc. del último plazo que se concede, o de la final resolución que se toma en cualquier asunto. ‖ Urgente, apremiante.

pereza *f* Resistencia a trabajar o a cumplir las obligaciones del cargo o estado de cada uno. ‖ Lentitud en los movimientos.

perezoso, sa *adj* y *s* Negligente, descuidado o flojo en hacer lo que debe o necesita ejecutar. ‖ Que se levanta tarde de la cama, por pereza.

perfección *f* Acción de perfeccionar o perfeccionarse. ‖ Calidad de perfecto. ‖ Cosa perfecta.

perfeccionar *tr* y *prnl* Acabar enteramente una obra, dándole el mayor grado posible de bondad o excelencia. ‖ Mejorar una cosa.

perfeccionismo *m* Tendencia a mejorar indefinidamente un trabajo sin decidirse a considerarlo acabado. ☐ PERFECCIONISTA.

perfectivo, va *adj* Que da o puede dar perfección.

perfecto, ta *adj* Que tiene el mayor grado posible de bondad o excelencia en su línea.

perfidia *f* Deslealtad, traición. ☐ PÉRFIDO, DA.

perfil *m* Postura en que no se deja ver sino una sola de las dos mitades laterales del cuerpo. ‖ Conjunto de rasgos peculiares que caracterizan a una persona o cosa.

perfilado, da *pp* de perfilar. • *adj* Díc. del rostro adelgazado y largo en proporción.

perfilar *tr* Dar, presentar el perfil o sacar los perfiles a una cosa. ‖ (fig) Afinar, hacer con primor, rematar esmeradamente una cosa.

perforar *tr* Agujerear una cosa atravesándola. ‖ Agujerear una cosa atravesando alguna capa.

perfumar *tr* y *prnl* Sahumar, aromatizar una cosa, quemando materias olorosas. • *intr* Exhalar perfume, fragancia, olor agradable.

perfume *m* Sustancia aromática que puesta al fuego exhala un humo fragante y oloroso. ‖ (fig) Cualquier olor bueno o muy agradable.

perfumería *f* Tienda donde se venden perfumes. ‖ Industria química dedicada a la obtención de materias primas para los perfumes y a la elaboración de los estos.

perfumista *m* o *f* Persona que prepara o vende perfumes.

pergamino *m* Piel de la res, raída, adobada y estirada, que sirve para diferentes usos, como para escribir en ella, cubrir libros y otras cosas.

pergeñar *tr* (fam) Disponer o ejecutar una cosa con más o menos habilidad.

pergeño *m* Traza, apariencia, disposición exterior de una persona o cosa.

pérgola *f* Armazón para sostener una planta. ‖ Jardín sobre la techumbre de algunas casas.

pericarpio o **pericarpo** *m* Parte exterior del fruto de las plantas, que cubre las semillas.

pericia f Sabiduría, práctica, experiencia y habilidad en una ciencia o arte.

pericial adj Perteneciente o relativo al perito. • m Funcionario del cuerpo de aduanas.

periclitar intr Peligrar, estar en peligro.

perico m Ave parecida al papagayo, con pico róseo, ojos encarnados de contorno blanco y plumaje abigarrado. || *Col.* y *Ecuad.* Borracho. || *Méx.* Charlatán.

pericón m Abanico muy grande. || *Arg.* Baile popular de ritmo vivo.

periferia f (fig) Espacio que rodea un núcleo cualquiera.

periférico m Componente de un sistema computacional que permite la comunicación entre éste y el usuario, como el teclado, la pantalla, la impresora, etc.

perifollo m Planta herbácea que se cultiva por sus hojas aromáticas y de gusto agradable. • pl (fig, fam) Adornos en el vestido y peinado, especialmente los de mal gusto.

perifrasi o **perífrasis** f Circunlocución.

perigeo m Punto en que la Luna o un satélite artificial se hallan más próximos a la Tierra.

perihelio m Punto en que un planeta, cometa u otro objeto celeste se halla más próximo al Sol.

perilla f Adorno en figura de pera. || Porción de pelo que se deja crecer en la punta de la barba.

perillán, na m y f (fam) Persona pícara, astuta.

perímetro m Contorno de una superficie o figura. || Suma de todas las longitudes.

perineo m Espacio que media entre el ano y las partes sexuales. ☐ PERINEAL.

perinola f Peonza pequeña que baila cuando se hace girar un manguillo que tiene en la parte superior.

periódico, ca adj Que guarda un período determinado. || Que se reproduce a intervalos regulares. • m Diario, publicación que sale diariamente. ☐ PERIODICIDAD.

periodismo m Ejercicio o profesión de periodista. ☐ PERIODÍSTICO, CA.

periodista m o f Persona que compone, edita o escribe un periódico. || La que tiene por oficio escribir en periódicos.

período o **periodo** m Tiempo que una cosa tarda en volver al estado o posición que tenía al principio. || Intervalo de tiempo. || Ciclo menstrual. || Ciclo de tiempo.

periostio m Membrana fibrosa adherida a los huesos, que sirve para su nutrición y renovación.

peripecia f En el drama o cualquier otra composición, accidente imprevisto que cambia el estado de las cosas. || (fig) Accidente de esta misma clase en la vida real.

peripuesto, ta adj y f (fam) Que se aderaza y viste con demasiado esmero y afectación.

periquete m (fam) Brevísimo espacio de tiempo.

periquito m Ave de pequeño tamaño y plumaje verde o azulado.

periscopio m Dispositivo óptico constituido por un conjunto de lentes y de prismas de reflexión total que permite la observación de la visión directa. ☐ PERISCÓPICO, CA.

perista m o f Persona que compra cosas robadas.

perístasis f Tema, asunto o argumento del discurso.

peristilo m Galería de columnas que rodea un edificio o parte de él.

peritación f Trabajo o estudio que hace un perito.

peritaje m Peritación. || Estudios o carrera de perito.

peritar tr Evaluar en calidad de perito.

perito, ta adj y s Sabio, experimentado, hábil, experto en una ciencia o arte. • m y f El que en alguna materia tiene título de tal, conferido por el Estado.

peritoneo m Membrana serosa, propia de los vertebrados y de otros animales, que reviste la cavidad abdominal.

perjudicar tr y prnl Ocasionar daño o menoscabo material o moral. ☐ PERJUDICIAL.

perjuicio m Efecto de perjudicar o perjudicarse.

perjurar intr y prnl Jurar en falso. || Jurar mucho o por vicio, o por añadir al juramento.

perjurio m Juramento en falso. || Quebrantamiento de la fe jurada.

perjuro, ra *adj* y *s* Que jura en falso. ‖ Que quebranta maliciosamente el juramento que ha hecho.

perla *f* Concreción esferoidal y nacarada que se forma en ciertos moluscos, especialmente en la madreperla, y es muy apreciada en joyería. ❑ PERLERO, RA; PERLÍFERO, RA.

perlado, da *adj* Que tiene el color o el aspecto de la perla.

perlería *f* Conjunto de muchas perlas.

perlesía *f* Privación o disminución del movimiento de partes del cuerpo.

permanecer *intr* Mantenerse sin mutación en un mismo lugar, estado o calidad. ❑ PERMANENCIA.

permanente *adj* Que permanece. • *adj* y *f* (fam) Díc. de la ondulación artificial del cabello que se mantiene durante largo tiempo.

permeable *adj* Que puede ser penetrado por el agua u otro fluido. ❑ PERMEABILIDAD.

permisividad *f* Condición de permisivo. ‖ Tolerancia excesiva.

permisivo, va *adj* Que permite o consiente.

permiso *m* Licencia o consentimiento para hacer o decir una cosa.

permitir *tr* y *prnl* Dar su consentimiento, el que tenga autoridad competente, para que otros hagan o dejen de hacer una cosa. • *tr* No impedir lo que se pudiera y debiera evitar. • *prnl* Tomarse la libertad de hacer o decir una cosa. ❑ PERMISIBLE.

permutar *tr* Cambiar una cosa por otra, sin que en el cambio intervenga dinero. ‖ Variar la disposición u orden en que estaban dispuestas dos o más cosas. ❑ PERMUTA.

pernear *intr* Mover violentamente las piernas.

pernera *f* Parte del pantalón que cubre cada pierna.

pernicioso, sa *adj* Gravemente dañoso y perjudicial.

pernil *m* Anca y muslo del animal. ‖ p. ant. El del puerco.

perniquebrar *tr* y *prnl* Romper, quebrar una pierna o las dos.

pernoctar *intr* Pasar la noche en determinado lugar, fuera del propio domicilio.

pero *conj advers* con que a un concepto se contrapone otro diverso o ampliativo del anterior. ‖ Se usa a principio de cláusula sin referirse a otra anterior, sólo para dar fuerza expresiva a lo que se dice. • *m* (fam) Dificultad o reparo.

perogrullada *f* (fam) Verdad que, por sabida, es necedad el decirla. ❑ PEROGRULLESCO, CA.

perol *m* Vasija de figura semiesférica, que sirve para cocer diferentes cosas.

perola *f* Perol más pequeño que el ordinario.

peroné *m* Hueso largo y delgado de la pierna, detrás de la tibia, con la cual se articula.

perorar *intr* Pronunciar un discurso u oración.

perorata *f* Oración o razonamiento molesto o inoportuno.

peróxido *m* Óxido cuya proporción en oxígeno es superior a la normal.

perpendicular *adj* y *f* Díc. de toda recta o plano que corta a otra recta o plano según un ángulo de 90°. ❑ PERPENDICULARIDAD.

perpetrar *tr* Cometer, consumar un acto que se considera delito o culpa grave. ❑ PERPETRACIÓN.

perpetuar *tr* y *prnl* Hacer perpetua o perdurable una cosa. ‖ Dar a las cosas larga duración.

perpetuidad *f* Duración sin fin.

perpetuo, tua *adj* Que dura y permanece para siempre. ‖ Aplícase a ciertos cargos vitalicios.

perplejidad *f* Confusión, duda de lo que se debe hacer en una cosa. ❑ PERPLEJO, JA.

perra *f* Hembra del perro. ‖ (fam) Rabieta de niño.

perrería *f* Muchedumbre de perros. ‖ (fig) Mala jugada, faena. ‖ Demostración de enfado.

perrero, ra *m* y *f* Persona que cuida o tiene a su cargo los perros de caza. • *f* Lugar donde se encierran los perros callejeros.

perro *m* Mamífero doméstico de tamaño, forma y pelaje muy diversos, según las razas. Tiene el olfato muy fino y es inteligente y fiel al hombre. ‖ (fig) Persona despreciable.

persa *adj* y *s* Natural de Persia. • *m* Idioma hablado en dicha nación.

persecución *f* Acción de perseguir o insistencia en hacer o procurar daño.

persecutorio, ria *adj* Que persigue al que huye. ‖ Que molesta, fatiga o hace sufrir a otro.

perseguir *tr* Seguir al que va huyendo, con ánimo de alcanzarle. ‖ (fig) Seguir o buscar a uno en todas partes de forma continuada.

perseverancia *f* Acción y efecto de perseverar.

perseverar *intr* Mantenerse constantemente en la prosecución de lo comenzado, en una actitud o en una opinión.

persiana *f* Especie de celosía, formada de tablillas fijas o móviles colocadas de modo que dejan paso al aire y no al sol.

persignar *tr* y *prnl* Signar, hacer la señal de la cruz.

persistencia *f* Acción y efecto de persistir.

persistir *intr* Mantenerse firme o constante en una cosa. ‖ Durar por largo tiempo.

persona *f* Individuo de la especie humana. ‖ Hombre o mujer cuyo nombre se ignora o se omite. ‖ Accidente que consiste en las distintas inflexiones con que el verbo denota si el sujeto de la oración es el que habla, o aquel a quien se habla, o aquel de que se habla.

personaje *m* Persona importante o famosa.

personal *adj* Perteneciente a la persona o propio de ella. ‖ Que se refiere a una sola persona. ‖ Subjetivo. ‖ Relativo a la persona gramatical, tanto si se refiere al *pron* como a las formas verbales. • *m* Conjunto de los obreros o empleados de una empresa.

personalidad *f* Diferencia individual que constituye a cada persona y la distingue de otra. ‖ Conjunto de características o cualidades originales que destacan en al-

gunas personas. ‖ Persona destacada en una actividad o ambiente social.

personalismo *m* Tendencia a subordinar el interés común a miras personales. ☐ PERSONALISTA.

personalizar *tr* Incurrir en personalismos hablando o escribiendo. ‖ Dar carácter personal a algo.

personarse *prnl* Presentarse personalmente en una parte.

personificación *f* Acción y efecto de personificar. ‖ Prosopopeya, figura retórica.

personificar *tr* Atribuir lo que es propio de los seres humanos a animales o cosas. ‖ Atribuir a una persona determinada un suceso, sistema, opinión, etc. ‖ Representar en una persona un suceso, sistema, opinión, etc.

perspectiva *f* Arte de representar en una superficie los objetos, en la forma y disposición con que aparecen a la vista.

perspicacia *f* Agudeza de la vista. ‖ (fig) Penetración de ingenio o entendimiento.

perspicaz *adj* Díc. de la vista, la mirada, etc., muy aguda, que alcanza mucho. ‖ (fig) Aplícase al ingenio agudo y penetrante, y al que lo tiene.

perspicuo, cua *adj* Claro, transparente y terso.

persuadir *tr* y *prnl* Inducir, mover, obligar a uno con razones a creer o hacer una cosa. ☐ PERSUASIÓN; PERSUASIVA; PERSUASIVO.

pertenecer *intr* Tocar a uno o ser propia de él una cosa, o serle debida. ‖ Ser una cosa del cargo, ministerio u obligación de uno. ‖ Referirse o hacer relación una cosa a otra, o ser parte integrante de ella. ☐ PERTENECIENTE.

pertenencia *f* Acción o derecho que uno tiene a la propiedad de una cosa. ‖ Espacio o término que toca a uno por jurisdicción o propiedad.

pértiga *f* En atletismo, vara para dar mayor impulso a determinados saltos de altura.

pertinaz *adj* Obstinado, terco o muy tenaz en algo. ‖ Muy duradero o persistente.

pertinente adj Perteneciente a una cosa. ‖ Díc. de lo que viene a propósito. ❒ PERTINENCIA.

pertrechar tr Abastecer de pertrechos. • tr y prnl (fig) Disponer lo necesario para la ejecución de una cosa.

pertrechos m pl Instrumentos necesarios para cualquier operación.

perturbado, da pp de perturbar. • adj y s Díc. de la persona que tiene alteradas sus facultades mentales.

perturbar tr y prnl Inmutar, trastornar el orden y concierto de las cosas o su quietud y sosiego. ❒ PERTURBACIÓN.

peruanismo m Vocablo, giro o modo de hablar propio de los peruanos.

perverso, sa adj y s Sumamente malo, depravado en las costumbres u obligaciones de su estado. ❒ PERVERSIDAD.

pervertir tr y prnl Viciar con malas doctrinas o ejemplos las costumbres, la fe, el gusto, etc. ❒ PERVERSIÓN; PERVERTIMIENTO.

pervivir intr Seguir viviendo a pesar del tiempo o de las dificultades. ❒ PERVIVENCIA.

pesa f Pieza de determinado peso, que sirve para determinar el que tienen las cosas, equilibrándolas con ella en una balanza.

pesacartas m Balanza de un solo platillo para pesar las cartas.

pesada f Cantidad que se pesa de una vez.

pesadez f Calidad de pesado. ‖ (fig) Terquedad o impertinencia propia del que es de suyo molesto y enfadoso. ‖ (fig) Molestia, trabajo, fatiga.

pesadilla f Opresión del corazón y dificultad de respirar durante el sueño. ‖ Ensueño angustioso y tenaz.

pesado, da pp de pesar. • adj Que pesa mucho. ‖ p. ext. Muy denso. ‖ (fig) Intenso, profundo, hablando del sueño. ‖ (fig) Aburrido.

pesador, ra adj y s Que pesa.

pesadumbre f Calidad de pesado. ‖ (fig) Molestia, o desazón; padecimiento físico o moral.

pésame m Expresión del sentimiento que uno tiene por la pena o aflicción de otro.

pesar[1] m Sentimiento o dolor interior que molesta y fatiga el ánimo. ‖ Arrepentimiento. ❒ PESAROSO, SA.

pesar[2] intr Tener gravedad o peso. ‖ Tener determinado peso. ‖ Tener mucho peso.

pesca f Acción y efecto de pescar. ‖ Oficio y arte de pescar. ‖ Lo que se pesca o se ha pescado. ❒ PESCADERO, RA.

pescada f Merluza, pez.

pescadería f Sitio, puesto o tienda donde se vende pescado.

pescadilla f Cría de la merluza.

pescado m Pez comestible sacado del agua.

pescante m Pieza saliente de madera o hierro sujeta a una pared, a un poste, al costado de un buque, etc., y que sirve para sostener o colgar de ella alguna cosa. ‖ Brazo de una grúa.

pescar tr Sacar del agua peces y otros animales. ‖ Sacar alguna cosa del fondo del mar o de un río. ‖ (fig, fam) Coger a uno en las palabras o en los hechos, cuando no lo esperaba, o sin prevención. ❒ PESCADOR, RA.

pescocear tr Amér. Dar pescozones. ‖ Chile. Asir a alguien por el cuello.

pescozón m Golpe que se da con la mano en el pescuezo o en la cabeza.

pescuezo m Parte del cuerpo animal desde la nuca hasta el tronco.

pesebre m Especie de cajón donde comen las bestias. ‖ Sitio destinado para este fin.

peseta f Unidad monetaria de España.

pesetero, ra adj y s (desp) Díc. de la persona interesada sólo por la ganancia, muy aficionada al dinero; ruín, tacaño, avaricioso.

pesimismo m Tendencia a ver el aspecto negativo de los acontecimientos, personas, etc. ❒ PESIMISTA.

pésimo, ma adj sup. de malo. Sumamente malo, que no puede ser peor.

peso m Fuerza de atracción gravitatoria ejercida por un astro sobre un cuerpo. ‖ Magnitud de dicha fuerza. ‖ El que por ley o convenio debe tener una cosa. ‖ El de las pesas de una balanza. ‖ Unidad monetaria de varios países de América y de Filipinas.

pespunte *m* Labor de costura consistente en dar una puntada detrás de otra, de forma que cada una de éstas se une con el final de la anterior. ❒ PESPUNTEAR.

pesquero, ra *adj* Perteneciente o relativo a la pesca. • *adj* y *m* Díc. de las embarcaciones de pesca.

pesquis *m* (fam) Agudeza, perspicacia.

pesquisa *f* Indagación que se hace de una cosa para averiguar la realidad de ella o sus circunstancias. || *Arg.* y *Ecuad.* Policía secreta.

pestaña *f* Cada uno de los pelos que hay en los bordes de los párpados.

pestañear *intr* Mover los párpados. || (fig) Tener vida. ❒ PESTAÑEO.

peste *f* Enfermedad contagiosa que origina muchas muertes. || p. ext. Cualquier enfermedad que causa gran mortalidad. || Mal olor. || (fig) Cualquier cosa mala o de mala calidad en su línea, o que puede ocasionar daño grave. ❒ PESTILENCIA.

pesticida *m* Sustancia empleada para combatir los organismos que constituyen plagas de los cultivos, bosques, etc.

pestillo *m* Pasador con que se asegura una puerta corriéndolo a modo de cerrojo.

petaca *f* Estuche para el tabaco. || Estuche de cuero, metal u otra materia adecuada para llevar una botella pequeña y plana de licor.

pétalo *m* Hoja transformada, por lo común de bellos colores, que forma la corola de la flor.

petanca *f* Variedad del juego de bochas.

petaquear *intr* Col. Embrollar.

petar *tr* (fam) Agradar, complacer.

petardear *tr* Disparar o tirar petardos.

petardo *m* Tubo que se llena de pólvora y se ataca y liga fuertemente para que, prendiéndole fuego, produzca una gran detonación.

petate *m* Esterilla de palma, que se usa en los países cálidos para dormir sobre ella. || Lío de la cama, y la ropa de cada marinero, de cada soldado en el cuartel y de cada penado en su prisión.

petenera *f* Aire popular parecido a la malagueña, con que se cantan coplas de cuatro versos octosílabos.

petición *f* Acción de pedir. || Cláusula u oración con que se pide. || Escrito en que se pide algo.

peticionario, ria *adj* y *s* Que pide o solicita oficialmente una cosa.

petimetre, tra *m* y *f* Persona que cuida demasiado de su compostura y de seguir las modas.

petirrojo *m* Ave de pequeño tamaño y canto melodioso, cuyo nombre se debe al color rojizo de las plumas del pecho.

petiso, sa *adj* Petizo.

petizo, za *adj* Amér. Pequeño, bajo, de poca estatura. • *m* Amér. Caballo que tiene poca alzada.

peto *m* Armadura del pecho. || Adorno o vestidura que se pone en el pecho para entallarse.

pétreo, a *adj* De piedra. || Pedregoso, cubierto de piedras. || De la calidad de la piedra.

petrificar *tr* y *prnl* Convertir en piedra, o endurecer una cosa de modo que lo parezca. • (fig) Dejar a uno inmóvil de asombro, miedo, etc. ❒ PETRIFICACIÓN.

petrodólar *m* Dólar perteneciente a los excedentes monetarios de los países productores de petróleo obtenidos de la venta de crudos.

petrografía *f* Ciencia que estudia la descripción de las rocas.

petrolear *tr* Pulverizar con petróleo alguna cosa.

petróleo *m* Líquido aceitoso, de color oscuro, olor característico, más ligero que el agua, constituido por una mezcla de hidrocarburos líquidos naturales, que se encuentra gralte. almacenado en rocas del interior de la corteza terrestre. ❒ PETROLÍFERO, RA.

petrolero, ra *adj* Perteneciente o relativo al petróleo. • *m* Buque cisterna destinado al transporte de petróleo bruto o refinado.

petrología *f* Ciencia que estudia las rocas, especialmente su naturaleza y origen.

petroquímico, ca *adj* Perteneciente o relativo a la petroquímica. • *adj* y *s* Especialista en petroquímica. • *f* Ind. que utiliza el petróleo o el gas natural como materias primas para la obtención de productos químicos.

petulancia f Insolencia, atrevimiento o descaro.

petunia f Planta herbácea muy ramosa, con hojas enteras y flores grandes, olorosas y de diversos colores.

peúco m Calcetín o botita de lana para los niños de corta edad.

peyorativo, va adj Díc. de aquellas palabras o modos de expresión que indican una idea desfavorable.

pez[1] m Animal vertebrado acuático, con respiración gralte. branquial y cuerpo recubierto de escamas.

pez[2] f Sustancia viscosa, negra o muy oscura, residuo de la destilación del alquitrán, brea, petróleo bruto, etc.

pezón m Ramita que sostiene la hoja, la inflorescencia o el fruto en las plantas. ‖ Eminencia cónica, eréctil, situada en el centro de la mama de las hembras de los mamíferos y por el que las crías succionan la leche.

pezonera f Pieza redonda que usan las mujeres cuando crían.

pezuña f Uña endurecida y engrosada en que terminan los dedos de los mamíferos ungulados y en la que se apoya el peso del cuerpo.

pi f Decimosexta letra del alfabeto gr. (π), que corresponde a la que en castellano se llama _pe_. ‖ Núm. trascendente, de valor aproximado 3,1416, que representa la razón constante entre una circunferencia cualquiera y su diámetro.

piadoso, sa adj Benigno, que se inclina a la piedad y conmiseración. ‖ Religioso, devoto.

piala f Arg. y Chile. Lazada que se tira a las patas de un animal para derribarlo.

piamadre o **piamáter** f La más interna de las tres membranas que constituyen las meninges.

pian, piano m adv (fam) Poco a poco, a paso lento.

piano m Instrumento músico de teclado y cuerdas percutidas. • adv modo Con sonido suave y poco intenso. ☐ PIANISTA.

pianola f Piano que puede tocarse mecánicamente por pedales o por medio de corriente eléctrica.

piar intr Emitir algunas aves, y especialmente el pollo, cierto género de sonido o voz.

piara f Manadas de cerdos.

piastra f Moneda de plata, de valor variable según los países que la usan.

pibe, ba m y f Arg. Muchacho, niño.

pica f Garrocha del picador de toros.

picacho m Punta aguda, a modo de pico, que tienen algunos montes y riscos.

picadero m Lugar o sitio donde los picadores adiestran y trabajan los caballos, y las personas aprenden a montar. ‖ (fig, fam) Lugar que se destina a entrevistas amorosas.

picado, da pp de picar. • adj Que tiene cicatrices de viruelas. • m Descenso casi vertical de un ave o avión.

picador m El que tiene el oficio de domar y adiestrar caballos. ‖ Torero de a caballo que pica con garrocha a los toros. ‖ El que tiene por oficio arrancar el mineral por medio del pico.

picadura f Acción y efecto de picar una cosa. ‖ Pinchazo. ‖ Mordedura o punzada de un ave o un insecto o de ciertos reptiles. ‖ Tabaco picado para fumar. ‖ Principio de caries.

picaflor m Pájaro mosca.

picajoso, sa adj y s Que fácilmente se pica o da por ofendido.

picana f Amér. Merid. Vara para aguijar a los bueyes.

picanear tr Amér. Merid. Aguijar a los bueyes.

picante adj Que pica o produce picor. • m (fig) Acrimonia o mordacidad en el decir. ‖ Méx. Guiso aderezado con exceso de chile.

picapedrero m Cantero, el que labra las piedras.

picapica f Polvos, hojas o pelusilla vegetales que, aplicados sobre la piel de las personas, causan una gran comezón.

picapleitos m (fam) Abogado sin pleitos, que anda buscándolos.

picaporte m Instrumento para cerrar de golpe las puertas y ventanas. ‖ Llamador, aldaba.

picar tr y prnl Herir leve y superficialmente con instrumento punzante. ‖ Corroer un metal. • tr Herir el picador al toro con la garrocha. ‖ Punzar o morder las aves, los insectos y ciertos reptiles. ‖ Morder el pez el cebo puesto en el anzuelo para pescarlo. ‖ p. ext. Acudir a un engaño o caer en él. ‖ Llamar a la puerta. • tr e intr (fig) Mover, excitar o estimular. • intr Causar o producir escozor o comezón en alguna parte del cuerpo. ‖ Calentar mucho el sol. ‖ Tomar una ligera porción de uno o varios manjares. ‖ Volar las aves veloz y verticalmente hacia tierra. • prnl Cariarse los dientes. ‖ Agitarse la superficie del mar formando olas pequeñas a impulso del viento. ‖ (fig) Enfadarse o enojarse a causa de alguna palabra o acción ofensiva.

picardear tr Enseñar a alguno a hacer o decir picardías. • intr Decirlas o ejecutarlas.

picardía f Acción baja, vileza, engaño o maldad. ‖ Travesura de muchachos, chasco, burla inocente. • m pl Camisón corto, con tirantes, hecho gralte. con tela transparente.

picaresco, ca adj Perteneciente o relativo a los pícaros. ‖ Aplícase a las producciones literarias en que se pinta la vida de los pícaros. • f Subgénero literario formado por las novelas picarescas.

pícaro, ra adj y s Bajo, ruin, doloso, falto de honra y vergüenza. ‖ Astuto, taimado. • m y f Tipo de persona descarada, traviesa, bufona y de mal vivir, protagonista de la novela picaresca.

picarón, na adj aum de pícaro. ‖ Muy pícaro.

picatoste m Rebanadilla de pan que ha sido tostada con manteca o frita.

picaza f Urraca, ave domesticable.

picazo m Golpe que se da con la pica o con alguna cosa punzante. ‖ Señal que queda.

picazón f Desazón y molestia que causa una cosa que pica en alguna parte del cuerpo.

pícea f Árbol parecido al abeto común.

picha f (fam) Pene, miembro viril.

pichi m Vestido femenino sin mangas y escotado, cuya parte superior es, a veces, un peto con tirantes.

pichí m Arg., Chile y Ur. Pipí, pis, orina.

pichicato adj Amér. Cicatero.

pichincha f Amér. Suerte, ganga.

pichiruche m Chile. Persona insignificante.

pichón m Pollo de la paloma. ‖ (fig, fam) Nombre que suele darse a las personas del sexo masculino en señal de cariño.

pichona f (fam) Nombre que suele darse a las personas del sexo femenino en señal de cariño.

pichula f (fam) Chile y Perú. Miembro viril.

pichulear tr Chile. Engañar. ‖ Arg. y Ur. Hacer negocios de poca importancia.

pickup m Aparato destinado a convertir las oscilaciones acústicas, grabadas en un disco fonográfico, en variaciones de corriente y de tensión en un circuito eléctrico.

picnic m Comida campestre.

pico m Órgano situado junto a la boca de ciertos animales por donde toman el alimento. ‖ Parte puntiaguda que sobresale en la superficie o en el borde de alguna cosa. ‖ Herramienta de cantero, con dos puntas opuestas aguzadas, y provista de un mango largo de madera. ‖ Cúspide aguda de una montaña. ‖ Cantidad indeterminada de dinero. Se usa gralte. en sentido ponderativo. ‖ (fig, fam) Boca de una persona. ‖ (fig, fam) Elocuencia, facilidad de expresión.

picón, na adj Díc. del caballo, mulo o asno cuyos dientes incisivos superiores sobresalen de los inferiores, por lo cual no pueden cortar bien la hierba. • m Especie de carbón muy menudo hecho de ramas de encina, jara o pino, que sólo sirve para los braseros.

piconero, ra m y f El que fabrica o vende el carbón llamado picón. • m Picador de toros.

picor m Escozor que resulta en el paladar por haber comido alguna cosa picante. ‖ Picazón.

picota f Variedad de cereza que se caracteriza por su forma algo apuntada, consistencia carnosa y escasa adherencia al pedúnculo.

picotazo m Acción y efecto de picar un ave, un reptil o un insecto.

picotear *tr* Golpear o herir las aves con el pico. ‖ Picar, comer de diversas cosas y en ligeras porciones. ❑ PICOTEO.

picotón *m Amér.* Picotazo.

pictografía *f* Escritura ideográfica que consiste en dibujar los objetos que han de explicarse con palabras. ❑ PICTO-GRÁFICO, CA.

pictograma *m* Ideograma, signo de la escritura de figuras o símbolos.

pictórico, ca *adj* Perteneciente o relativo a la pintura. ‖ Adecuado para pintarlo.

picudo, da *adj* Que tiene pico. ‖ Que tiene forma de pico. ‖ (fig, fam) Aplícase a la persona que habla mucho e insustancialmente.

pidón, na *adj y s* (fam) Pedigüeño.

pie *m* Extremidad de cualquiera de los miembros inferiores del hombre, que sirve para sostener el cuerpo y andar. ‖ Parte análoga en muchos animales. ‖ Base o parte en que se apoya alguna cosa. ‖ Tallo de la planta y tronco del árbol. ‖ La planta entera. ‖ Poso, hez, sedimento. ‖ Ocasión o motivo de hacerse o decirse una cosa. • *pl* Con los adjetivos *muchos, buenos* y otros semejantes, agilidad y ligereza en el caminar.

piedad *f* Lástima, misericordia, conmiseración. ‖ Representación en pintura o escultura del dolor de la Virgen al sostener el cadáver de Cristo descendiendo de la cruz.

piedemonte *m* Área de acumulación suavemente inclinada al pie de un macizo.

piedra *f* Sustancia mineral, más o menos dura y compacta, que constituye las rocas. ‖ Trozo de roca tallado para la construcción. ‖ Piedra labrada con alguna inscripción o figura. ‖ Cálculo urinario.

piel *f* Tegumento extendido sobre el cuerpo del animal, que en los vertebrados está formado por una capa externa o epidermis y por otra interna o dermis. ‖ Cuero curtido.

piélago *m* Parte del mar, que dista mucho de la tierra. ‖ Mar.

pienso *m* Alimento seco que se da al ganado.

pierna *f* En el hombre, parte de la extremidad inferior comprendida entre la rodilla y el pie. ‖ por ext. Toda la extremidad inferior. ‖ Muslo de los cuadrúpedos y aves.

pieza *f* Pedazo o parte de una cosa. ‖ Trozo de tela con que se remienda una prenda de vestir u otro tejido. ‖ Moneda de metal. ‖ Cualquier sala o aposento de una casa. ‖ Obra dramática. ‖ Composición suelta de música vocal o instrumental.

piezoelectricidad *f* Conjunto de fenómenos eléctricos que se manifiestan en algunos cuerpos.

pífano *m* Flautín de tono muy agudo, usado en las bandas militares.

pifia *f* Golpe en falso que se da con el taco en la bola de billar o de trucos. ‖ (fig, fam) Error, descuido, paso o dicho desacertado. ❑ PIFIAR.

pigmentar *tr* Dar color a algo. • *tr y prnl* Producir coloración anormal y prolongada en la piel y otros tejidos. ❑ PIGMENTACIÓN.

pigmento *m* Sustancia natural o artificial que posee color propio por reflexión de determinadas longitudes de onda del espectro visible.

pigmeo, a *adj y s* Díc. del individuo perteneciente a un grupo racial diferenciado, que se caracteriza por su pequeña estatura, piel muy oscura y cabello lanoso y crespo.

pignorar *tr* Empeñar.

pigre *adj* Tardo, negligente, desidioso.

pijada *f* Pijotería.

pijama *m* Prenda para dormir, ligera y de tela lavable, compuesta de chaqueta o blusa y pantalón.

pije *m Chile. y Perú.* Cursi, remilgado.

pijo, ja *adj* (fam) Díc. de las personas cursis, especialmente si son jóvenes y con dinero.

pijota *f* Pescadilla.

pijotear *intr Arg., Col. y Ur.* Demorar un pago.

pijotería *f* Menudencia molesta; dicho o pretensión desagradable.

pijotero, ra *adj* Díc. despectivamente de lo que produce hastío, cansancio o molestia.

pila[1] *f* Montón, rimero o cúmulo que se hace poniendo una sobre otra las piezas o porciones de que consta una cosa.

pila² f Pieza grande de piedra o de otra materia, cóncava y profunda, donde cae o se echa el agua para varios usos. ‖ Generador de corriente eléctrica que utiliza la energía liberada en una reacción química.

pilada¹ f Pila¹, montón de cosas iguales.

pilada² f Mezcla de cal y arena que se amasa de una vez.

pilado, da adj Col. Fácil.

pilar¹ m Hito o mojón que se pone para señalar los caminos.

pilar² m Pilón, fuente pública a veces adosada a la pared. ‖ Abrevadero.

pilastra f Elemento de sostén, de sección cuadrangular, que sobresale de una pared.

pilcha f Arg., Chile y Ur. Prenda de vestir, originariamente pobre o en mal estado.

píldora f Bolita medicamentosa con un excipiente para administrar por vía oral. ‖ p. ant. Píldora anticonceptiva.

pileta f Pila de cocina o de lavar. ‖ Arg. Piscina.

pillaje m Hurto, latrocinio, rapiña.

pillar tr Hurtar, robar. ‖ Coger, agarrar o aprehender una cosa. ‖ Alcanzar o atropellar embistiendo. ‖ (fam) Coger a uno en engaño o descubrir éste. • tr y prnl Aprisionar con daño a alguien o algo.

pillería f (fam) Conjunto de pillos. ‖ (fam) Calidad de pillo. ‖ (fam) Dicho o hecho del pillo.

pillo, lla adj y s (fam) Pícaro, granuja. ‖ (fam) Sagaz, astuto.

pilón¹ m Pesa movible que pende del brazo mayor del astil de la romana, y determina el peso de las cosas, cuando se equilibra con ellas. ‖ Montón, gran cantidad.

pilón² m Receptáculo de piedra, que se construye en las fuentes, para que, cayendo el agua en él, sirva de abrevadero, lavadero, etc.

piloso, sa adj Peludo. ‖ Perteneciente o relativo al pelo.

pilotaje m Acción de pilotar. ‖ Ciencia y arte del piloto. ‖ Derecho que pagan las embarcaciones en algunos puertos y rías por los servicios de los pilotos prácticos.

pilotar tr Dirigir un buque, especialmente a la entrada o salida de puertos, barras, etc. ‖ Dirigir un automóvil, globo, avión, etc.

pilote m Estaca que se hinca en tierra para consolidar los cimientos.

piloto m Persona que gobierna y dirige un buque, avión, coche de carreras, etc.

piltrafa f Parte de carne flaca, que casi no tiene más que el pellejo. ‖ (fig, fam) Persona débil, física o moralmente.

pimentero m Planta arbustiva cuyo fruto es la pimienta. ‖ Vasija en que se pone la pimienta molida.

pimentón m Polvo que se obtiene moliendo pimientos encarnados secos.

pimienta f Fruto del pimentero. Es una baya redonda, carnosa, rojiza, que cuando se seca adquiere un color pardo o negruzco; contiene una semilla esférica, aromática, ardiente, de gusto picante y muy usada para condimento.

pimiento m Planta herbácea de tallo rastrero, hojas lanceoladas, flores blancas y frutos agudos y muy picantes, en baya hueca, que contiene numerosas semillas. ‖ Fruto de esta planta. ◻ PIMENTAL.

pimpante adj Rozagante, garboso.

pimplar tr y prnl (fam) Beber vino en exceso.

pimpollo m Pino nuevo. ‖ Árbol nuevo. ‖ Vástago o tallo nuevo de las plantas. ‖ Rosa por abrir. ‖ (fig, fam) Niño o joven que se distinguen por su belleza, donaire y gracia.

pimpón m Pingpong, juego de tenis de mesa.

pinacoteca f Galería o museo de pintura.

pináculo m Parte superior y más alta de un edificio o templo. ‖ (fig) Parte más elevada de una ciencia o de otra cosa inmaterial.

pinar m Sitio o lugar poblado de pinos.

pinariego, ga adj Perteneciente o relativo al pino.

pincel m Instrumento compuesto por un mango largo y delgado que en uno de los extremos tiene sujeto un manojo de pelos y cerdas. Se usa pralm. para pintar.

pincelada f Trazo o golpe que el pintor da con el pincel. ‖ (fig) Rasgo muy característico.

pinchadiscos *m* o *f* Persona encargada de poner los discos en una discoteca.

pinchar *tr* y *prnl* Picar, punzar o herir con una cosa aguda o punzante. ‖ Poner una inyección. • *tr* (fig) Picar, estimular. ‖ Enojar. • *intr* Sufrir una rueda un pinchazo.

pinchazo *m* Herida que se hace con algo que pincha. ‖ En un neumático, orificio por donde se produce pérdida de aire.

pinche *m* o *f* Persona que presta servicios auxiliares en la cocina.

pinchito *m* Manjar en pequeñas porciones que suele tomarse ensartado en un pincho, gralte. como aperitivo.

pincho *m* Aguijón o punta aguda de hierro u otra materia. ‖ Pinchito.

pinchulear *intr Arg.* Adornar con esmero.

pindonguear *intr* Callejear.

pineda *f* Pinar.

pinedo *m Amér. Merid.* Pinar.

pingajo *m* (fam) Jirón que está colgando de alguna parte.

pingar *intr* Pender, colgar. ‖ Gotear lo que está empapado en algún líquido. ‖ Brincar, saltar.

pingo *m* (fam) Pingajo. ‖ (fam) Mujer despreciable. • *pl* (fam) Vestidos de poco precio. ‖ (vulg) *Amér.* Miembro viril. ‖ *Méx.* El diablo.

pingorota *f* La parte más alta y aguda de las montañas y otras cosas elevadas.

pingpong *m* Pimpón, juego de tenis de mesa.

pingüe *adj* Craso, gordo. ‖ (fig) Copioso, fértil.

pingüino *m* Ave de alas cortas, vientre blanco y dorso negro, extinguida en el s. XIX, semejante al actual pájaro bobo.

pinitos *m pl* Primeros pasos que da el niño o convaleciente. ‖ (fig) Primeros pasos que se dan en un arte o ciencia.

pinnado, da *adj* Díc. de la hoja compuesta de hojuelas insertas a uno y otro lado del peciolo, como las barbas de una pluma.

pino[1] *m* Nombre común de diversos árboles resinosos, de talla mediana o grande, con tronco recto, cubierto por una corteza agrietada, y constituido por madera apreciada para numerosos usos.

pino[2]**, na** *adj* Muy pendiente o muy derecho.

pinocha *f* Hoja o rama del pino.

pinta[1] *f* Mancha o señal pequeña. ‖ Aspecto, apariencia. • *m* Sinvergüenza, desaprensivo.

pinta[2] *f* Medida cuya capacidad varía según los países.

pintada *f* Ave gallinácea; se caracteriza por su grotesca cabeza calva. Su carne es comestible y apreciada. ‖ Acción de pintar en las paredes letreros, gralte. de contenido político o social.

pintalabios *m* Barrita de pintura para los labios.

pintamonas *m* o *f* (fig, fam) Pintor de corta habilidad.

pintar *tr* Representar o figurar un objeto en una superficie, con las líneas y los colores convenientes. ‖ Cubrir con un color la superficie de las cosas. ‖ Escribir, formar la letra, y también señalar o trazar un signo ortográfico. • *intr* (fig) En frases negativas o interrogativas que envuelven negación, importar, significar, valer. • *prnl* Darse colores y afeites en el rostro, maquillarse.

pintarrajear o **pintarrajar** *tr* (fam) Manchar de varios colores y sin arte una cosa. • *prnl* Pintarse o maquillarse mucho y mal.

pintarrajo *m* (fam) Pintura mal trazada y de colores impropios.

pintarroja *f* Lija, pez muy voraz.

pintiparar *tr* (fam) Comparar una cosa con otra.

pintor, ra *m* y *f* Persona que profesa o ejercita el arte de la pintura. ‖ Persona que tiene por oficio pintar paredes, puertas, etcétera.

pintoresco, ca *adj* Se aplica a las cosas que presentan un interés pictórico. ‖ (fig) Díc. del lenguaje, estilo, etc., con que se pintan viva y animadamente las cosas.

pintura *m* Arte de pintar. ‖ Tabla, lámina o lienzo en que está pintada una cosa. ‖ La misma obra pintada. ‖ Color preparado para pintar.

pinza *f* Instrumento de diversas formas y materias cuyos extremos se aproximan para sujetar alguna cosa. ‖ Órgano prensil

p

de ciertos artrópodos, como el cangrejo, alacrán, etc. • *pl* Instrumento de metal, a manera de tenacillas, que sirve para coger o sujetar cosas menudas.

piña *f* Fruto del pino y otros árboles. Es de figura aovada y se compone de varias piezas leñosas, triangulares, colocadas en forma de escama a lo largo de un eje común, y cada una con dos piñones y rara vez uno. ‖ Ananás. ‖ (fig) Conjunto de personas o cosas unidas.

piñal *m Amér.* Plantío de piñas o ananás.

piñata *f* Olla o cosa semejante, llena de dulces, que suele colgarse del techo para que una persona con los ojos vendados, procure romperla con un palo.

piño *m* Diente. Suele usarse en plural.

piñón[1] *m* Simiente del pino. ‖ Almendra comestible de la semilla del pino piñonero.

piñón[2] *m* Rueda dentada pequeña, maciza, que gralte. engrana con otra mayor o con una cadena de transmisión.

pío[1] *m* Voz que forma el pollo de cualquier ave. También se usa esta voz para llamarlos a comer.

pío[2], **a** *adj* Devoto, inclinado a la piedad, dado al culto de la religión. ‖ Benigno, blando.

piojo *m* Insecto de color pardo amarillento, cuerpo ovalado y chato, seis patas de dos artejos y boca con tubo a manera de trompa que le sirve para chupar. Vive parásito sobre los mamíferos, de cuya sangre se alimenta.

piojoso, sa *adj y s* Que tiene muchos piojos. ‖ (fig) Miserable, mezquino. ‖ Sucio, harapiento.

piola *f* Cuerda delgada, cordel.

piolet *m* Pico ligero que se utiliza en alpinismo para afirmarse sobre la nieve o hielo.

pionco, ca *adj Chile.* Desnudo.

pionero, ra *m y f* Persona que inicia la exploración de nuevas tierras. • *adj y s* El que da los primeros pasos en alguna actividad humana.

piorrea *f* Flujo de pus, especialmente en las encías.

pipa[1] *f* Tonel que sirve para transportar o guardar vino o licores. ‖ Utensilio para

fumar, consistente en una cazoleta en que se coloca el tabaco y una caña, más o menos larga, provista de una boquilla por la que se aspira el humo.

pipa[2] *f* Pepita de las frutas.

pipero, ra *m y f* Persona que vende pipas y golosinas en la calle.

pipeta *f* Tubo de vidrio terminado en punta fina por un extremo, que sirve para trasvasar y medir pequeños volúmenes de líquidos.

pipi *m* (fam) Pipiolo. ‖ (fam) Piojo.

pipí *m* En lenguaje infantil, orina.

pipiolo, la *m y f* (fam) Principiante, novato o inexperto. ‖ (fam) Persona muy joven.

pipón, na *adj Amér.* Satisfecho, harto.

pique *m* Resentimiento, desazón, o disgusto ocasionado de una disputa u otra cosa semejante. ‖ Empeño en hacer una cosa por amor propio o por rivalidad.

piqué *m* Tela de algodón con dibujo en relieve.

piquera *f* Abertura en las colmenas para que las abejas puedan entrar o salir. ‖ Agujero de los toneles para que salga el líquido. ‖ Agujero que en la parte inferior de los altos hornos sirve para dar salida al metal fundido.

piqueta *f* Herramienta de albañilería, con mango de madera y dos bocas opuestas, una plana como de martillo y otra puntiaguda.

piquetazo *m Amér.* Picotazo, pinchazo.

piquete *m* Herida de poca importancia hecha con instrumento agudo o punzante. ‖ Agujero pequeño que se hace en las ropas u otras cosas. ‖ (fig, fam) Grupo de trabajadores que, en el transcurso de una huelga, intenta que otros le sigan. ‖ *Col.* Merienda campestre.

piquín *m Chile.* Pizca. ‖ *Perú.* Novio, galán.

pira[1] *f* Hoguera en que antiguamente se quemaban los cuerpos de los difuntos y las víctimas de los sacrificios. ‖ (fig) Hoguera.

pira[2] *f* Fuga, huida.

pirado, da *pp* de pirar. • *adj y s* (fam) Díc. de la persona alocada.

iragua f Embarcación larga y estrecha, algo mayor que la canoa, construida ahuecando un tronco de árbol. ‖ Canoa ligera.

iragüismo m Deporte de navegar en piragua, canoa o kayak. ◻ PIRAGÜISTA.

iramidal adj De figura de pirámide.

irámide f Sólido que tiene por base un polígono y cuyas caras son triángulos que se unen en un vértice. ‖ Monumento arquitectónico definido por su forma geométrica.

iraña f Pez muy voraz y carnívoro.

irar intr y prnl vulgar. Fugarse, irse.

irata f Díc. de lo que funciona o se realiza sin autorización legal. • m o f Persona que se dedica a asaltar y robar barcos en el mar y sus acciones, expediciones, etc. ◻ PIRATEAR; PIRATERÍA.

irca f Amér. Merid. Pared de piedra en seco.

irenaico, ca adj y s Natural de los montes Pirineos o que habita en ellos.

irético, ca adj Febril.

irexia f Fiebre esencial, no sintomática.

írico, ca adj Perteneciente o relativo al fuego, y especialmente a los fuegos artificiales.

iriforme adj Que tiene figura de pera.

iripi adj (fam) Borracho.

irita f Mineral de sulfuro de hierro, brillante, de color amarillo metálico y de gran dureza.

iróforo m Díc. de la sustancia que se inflama al contacto con el aire.

irogénesis f Producción de calor.

irógeno, na adj y m Que produce fiebre.

irograbado m Procedimiento para grabar o tallar la superficie de la madera por medio de un punzón incandescente.

irólisis f Descomposición de una sustancia por la acción del calor.

irología f Estudio del fuego.

iromancia o **piromancía** f Adivinación por medio de la observación de las llamas.

iromanía f Tendencia patológica a la provocación de incendios. ◻ PIRÓMANO, NA.

irómetro m Instrumento para medir temperaturas muy elevadas.

piropear tr (fam) Decir piropos.

piropo m Variedad de granate, de color rojo de fuego. ‖ (fam) Lisonja, requiebro, especialmente el dirigido a una mujer.

pirotecnia f Arte que trata de todo género de invenciones de fuego, en máquinas militares y en otros artificios para diversión y festejo. ◻ PIROTÉCNICO, CA.

piroxilina f Éster nítrico de la celulosa, más conocido como nitrocelulosa o algodón pólvora.

pirrarse prnl (fam) Desear con vehemencia una cosa.

pirueta f Cabriola, brinco que dan los que danzan. ‖ Voltereta. ◻ PIRUETEAR.

pirulí m Caramelo, gralte. de forma cónica o cilíndrica, con un palito que sirve de mango.

pis m En lenguaje infantil, pipí, orina.

pisada f Acción y efecto de pisar. ‖ Huella o señal que deja estampada el pie en la tierra. ‖ Patada.

pisapapeles m Utensilio que se pone sobre los papeles para que no se muevan.

pisar tr Poner el pie sobre alguna cosa. ‖ Apretar o estrujar una cosa con los pies o a golpe de pisón o maza. ‖ En las aves, cubrir el macho a la hembra.

pisaverde m (fig, fam) Hombre presumido.

piscicultura f Técnica de criar peces y mariscos.

piscifactoría f Establecimiento de piscicultura.

pisciforme adj De forma de pez.

piscina f Estanque para peces. ‖ Estanque de agua donde pueden bañarse a la vez diversas personas.

Piscis npm Duodécimo y último signo o parte del Zodiaco, que el Sol recorre aparentemente al terminar el invierno.

piscívoro, ra adj y s Que se alimenta de peces.

pisco m Aguardiente fabricado originalmente en Pisco (Perú).

piscolabis m (fam) Ligera refacción que se toma entre dos comidas prales.

piso m Pavimento natural o artificial de las habitaciones, calles, caminos, etc. ‖ Cada una de las plantas de un edificio que consta de varias. ‖ Conjunto de habitaciones que constituyen vivienda independiente en una casa de varios altos.

pisotear *tr* Pisar repetidamente, maltratando o ajando una cosa. || (fig) Humillar, maltratar.

pisotón *m* Pisada fuerte sobre el pie de otro.

pista *f* Huella o rastro que dejan los animales en la tierra por donde han pasado. || Sitio dedicado a las carreras y demás ejercicios, en los picaderos, circos, velódromos e hipódromos. || Espacio destinado al baile y a la actuación de artistas en algunos lugares públicos. || Camino, carretera.

pistache *m* Dulce preparado con pistacho.

pistacho *m* Fruto dulce y comestible.

pistilo *m* Órgano de las flores femeninas constituido por la soldadura en recipiente de uno o más carpelos.

pisto *m* Fritada de pimientos, tomates, huevo, cebolla o de otros manjares, picados y revueltos. || *Amér. Centr.* Dinero.

pistola *f* Arma de fuego, de corto alcance, que se puede usar con una sola mano. || Utensilio que proyecta pintura pulverizada. ◻ PISTOLERO.

pistolera *f* Estuche para la pistola.

pistoletazo *m* Disparo hecho con pistola.

pistón *m* Émbolo. || Parte o pieza central de la cápsula, donde está colocado el fulminante.

pistonudo, da *adj* (vulg) Muy bueno, estupendo.

pita[1] *f* Planta oriunda de México, que no se desarrolla hasta que tiene veinte o treinta años, pero entonces se eleva en pocos días a la alt. de seis o siete metros. || Hilo que se hace de las hojas de esta planta.

pita[2] *f* Voz que se emplea repetida para llamar a las gallinas. Se usa más en plural. || Gallina, ave.

pita[3] *f* Silbido, abucheo.

pitada *f* Sonido o golpe de pito. || Pita[3].

pitagórico, ca *adj* y *s* Que sigue la escuela, opinión o filosofía de Pitágoras.

pitanza *f* Distribución que se hace diariamente de una cosa, ya sea comestible o pecuniaria. || Ración de comida que s distribuye a los que viven en comunida o a los pobres.

pitar *intr* Tocar o sonar el pito. || (fig, fam Hablando de personas o cosas, dar el ren dimiento que de ellas se esperaba. • *t* Dar una pita[3] a alguno. || *Amér. Merio* Fumar cigarrillos.

pitecántropo *m* Mamífero del grupo ho mínidos que vivió durante el pleistocen medio.

pitido *m* Silbido del pito. || Sonido qu emiten los pájaros. || Zumbido, ruido con tinuado.

pitillera *f* Petaca para guardar pitillos.

pitillo *m* Cigarrillo. || *Cuba*. Cañutillo planta.

pítima *f* (fig, fam) Borrachera, embria guez.

pitiminí *m* Variedad de rosal, y rosa me nuda que produce.

pito *m* Flauta pequeña, como un silbato de sonido agudo. || Cigarrillo de papel || (fig, fam) Pene.

pitón[1] *m* Cuerno que empieza a salir a lo animales y punta del cuerno del toro || Tubo cónico de los botijos, porrones etc., para moderar la salida del líquido.

pitón[2] *m* Serpiente de gran tamaño propi de las zonas ecuatoriales húmedas.

pitonisa *f* Encantadora, adivinadora.

pitorrearse *prnl* Burlarse de otro. ◻ PI-TORREO.

pitote *m* Confusión, barullo.

pituita *f* Humor de las mucosas, especial mente de la nariz, moco.

pituitario, ria *adj* Que contiene pituita • *f* Glándula endocrina, formada en rea lidad por tres órganos distintos de natu raleza secretora, situada en la base del encéfalo.

pituso, sa *adj* y *s* Pequeño, gracioso, lin do, refiriéndose a niños.

piuchen *m* *Chile*. Vampiro. || *Chile*. Bo liche.

piuco, ca *adj Chile*. Huraño.

pívot *m* o *f* En baloncesto, jugador cuya misión es situarse bajo los tableros co el fin de capturar los rebotes que se produzcan.

pivotar *intr* Girar sobre un pivote.

pivote *m* Extremo inferior de un árbol vertical sobre el que gira el mismo apoyándose en un tejuelo. ‖ (fig) Punto de apoyo.

piyama *m* o *f Amér.* Pijama.

pizarra *f* Denominación genérica de diversos tipos de rocas metamórficas, de grano fino, constituidas esencialmente por cuarzo, micas y clorita. ‖ Trozo de esta roca cortado y preparado para tejar y solar. ‖ Encerado o tablero sobre el que se puede escribir o dibujar con tiza. ◻ PIZARRERO; PIZARROSO, SA.

pizarrín *m* Barrita, gralte. cilíndrica, que se usa para escribir en las pizarras.

pizarrón *m Amér.* Pizarra, encerado.

pizca *f* (fam) Porción mínima o muy pequeña de una cosa.

pizpireta *adj* (fam) Aplícase a la mujer viva, pronta y aguda.

pizza *f* Torta de masa de pan en la que se disponen diversas viandas y que luego se cuece al horno. ◻ PIZZERÍA.

pizzicato *m* Sonido que se obtiene en los instrumentos de arco pellizcando las cuerdas con los dedos.

placa *f* Plancha de metal u otra materia, en general rígida y poco gruesa. ‖ Insignia acreditativa. ‖ Letrero colocado en un lugar visible para informar, acreditar, etc. ‖ Matrícula de los vehículos.

pláceme *m* Felicitación.

placenta *f* Órgano redondeado y aplastado, intermediario durante la gestación entre la madre y el feto, que por una de sus caras, algo convexa, se adhiere a la superficie interior del útero, y por la opuesta, plana, nace el cordón umbilical. ◻ PLACENTARIO, RIA.

placentero, ra *adj* Agradable, apacible, alegre.

placer[1] *m* Banco de arena o piedra en el fondo del mar, llano y de bastante extensión.

placer[2] *m* Goce, disfrute espiritual. ‖ Satisfacción, deleite. ‖ Diversión, entretenimiento.

placer[3] *intr* Agradar o dar gusto.

plácet *m* Aprobación.

plácido, da *adj* Quieto, sosegado. ‖ Grato, apacible. ◻ PLACIDEZ.

plafón *m* Adorno en la parte central del techo de una habitación, para suspender la lámpara. ‖ Lámpara plana que se coloca pegada al techo.

plaga *f* Calamidad grande que aflige a un pueblo. ‖ Daño grave o enfermedad que sobreviene a una persona. ‖ (fig) Azote que aflige a la agricultura, como las langostas, la filoxera, etc.

plagar *tr* y *prnl* Llenar o cubrir a alguna persona o cosa de algo nocivo o no conveniente.

plagiar *tr* (fig) Copiar en lo sustancial obras ajenas, dándolas como propias. ‖ *Amér.* Secuestrar a una persona para obtener rescate.

plaguicida *adj* y *m* Díc. del agente que combate las plagas del campo.

plan *m* Altitud o nivel. ‖ Intento, proyecto, estructura. ‖ Extracto o escrito en que sumariamente se apunta una cosa. ‖ (fam) Actitud. ‖ (fam) Situación, estado de las cosas. ‖ (fig, fam) Persona con la que se mantienen relaciones sexuales pasajeras.

plana *f* Cada una de las dos caras de una hoja de papel. ‖ Ejercicio de escritura de los niños en una cara del papel en que aprenden a escribir.

plancha *f* Lámina o pedazo de metal llano y delgado. ‖ Aparato metálico, liso por su cara inferior, que en la superior tiene un asa por donde se coge para planchar la ropa. ‖ Placa de metal para asar determinados alimentos.

planchar *tr* Pasar la plancha caliente sobre la ropa o sobre otras prendas, para estirarlas, asentarlas o darles brillo. ◻ PLANCHADO; PLANCHADOR, RA.

planchazo *m* Desacierto o error.

plancton *m* Conjunto de organismos de pequeño tamaño, que viven suspendidos en el agua marina, en los ríos y en los lagos.

planeador *m* Aeroplano dotado de alas fijas, que carece de motor y avanza aprovechando las corrientes atmosféricas.

planear *tr* Trazar o formar el plan de una obra. ‖ Hacer planes o proyectos. • *intr* Volar las aves con las alas extendidas e inmóviles. ‖ Descender un avión en planeo. ◻ PLANEAMIENTO.

p

planeo m Acción y efecto de planear. ‖ Descenso de un avión sin la acción del motor y en condiciones normales.

planeta m Cada uno de los nueve cuerpos mayores que giran en torno al Sol. ‖ Satélite, astro que gira alrededor de un planeta primario.

planetario, ria adj Perteneciente o relativo a los planetas. • m Aparato que representa los planetas del sistema solar y sus movimientos. ‖ Edificio en que está instalado.

planetoide m Asteroide.

planicie f Terreno llano de alguna extensión.

planificar tr Trazar los planos para la ejecución de una obra. ‖ Hacer plan o proyecto de una acción. ☐ PLANIFICACIÓN.

planímetro m Instrumento que sirve para medir áreas de figuras planas.

planisferio m Carta en que la esfera celeste o la terrestre están representadas en un plano.

planning m Plan de trabajo que consiste en la previsión, comprobación y regulación del tiempo invertido en las distintas operaciones que comprende la fabricación de una cosa.

plano, na adj Llano, liso, sin estorbos ni tropiezos. • m Superficie determinada por tres puntos no alineados. ‖ Representación a escala en la que aparecen indicados todos los detalles de edificios, cultivos, límites y términos de las propiedades, etc. ‖ Fragmento de una película que corresponde a una sola toma de vista. ‖ (fig) Punto de vista.

planta f Parte inferior del pie, sobre la que se sostiene el cuerpo. ‖ Vegetal. ‖ Esqueje, pimpollo o vástago tierno de un árbol, arbusto o hierba, plantados o a punto de plantar. ‖ Cada uno de los pisos o altos de un edificio. ‖ Fábrica central de energía, instalación industrial; en algunos países hispanoamericanos, especialmente central eléctrica. ‖ En perspectiva, pie de la perpendicular bajada desde un punto al plano horizontal.

plantación f Acción de plantar. ‖ Conjunto de lo plantado. ‖ Gran explotación agrícola de un solo cultivo: caña de azúcar, arroz, café, etc.

plantar tr Meter en tierra una planta o un vástago, esqueje, etc., para que arraigue. ‖ Poblar de plantas un terreno. ‖ (fig) Fijar y poner derecha y enhiesta una cosa. ‖ (fig) Fundar, establecer. ‖ (fig, fam) Tratándose de golpes, darlos. ‖ (fig, fam) Dejar a uno burlado o abandonarle. • prnl (fig, fam) Ponerse de pie firme ocupando un lugar o sitio. ☐ PLANTADOR, RA.

plante m Protesta colectiva de personas que se niegan a realizar su trabajo para exigir o rechazar enérgicamente alguna cosa.

plantear tr Tantear, trazar o hacer planta de una cosa para procurar el acierto en ella. • tr y prnl (fig) Enfocar la solución de un problema, tanto si se llega a obtenerla como si no. ☐ PLANTEAMIENTO; PLANTEO.

plantel m Criadero de plantas. ‖ (fig) Establecimiento, lugar o reunión de gente, en que se forman personas hábiles o capaces en algún ramo del saber, profesión, ejercicio, etc.

plantificar tr Establecer sistemas, instituciones, reformas, etc. ‖ (fig, fam) Poner a uno en alguna parte contra su voluntad.

plantilla f Suela sobre la cual los zapateros arman el calzado. ‖ Pieza con que interiormente se cubre la planta del calzado. ‖ Plano reducido, o porción del plano total, que se saca de una obra. ‖ Conjunto de empleados y trabajadores fijos de una empresa.

plantío, a adj Aplícase a la tierra o sitio plantado o que se puede plantar.

plantón m Pimpollo o arbolito nuevo que ha de ser trasplantado. ‖ Estaca o rama de árbol plantada para que arraigue.

plañidero, ra adj Lloroso y lastimero. • f Mujer pagada que iba a llorar en los entierros.

plañir intr y prnl Gemir y llorar.

plaqueta f Elemento celular de la sangre, el de menor tamaño, redondeado u ovalado, que interviene en la coagulación de la sangre.

plasma m Parte líquida de la sangre, que contiene en suspensión los elementos sólidos componentes de ésta. ‖ Linfa privada de sus células. ☐ PLASMÁTICO, CA.

asmar tr Formar una cosa o trabajar na materia, particularmente el barro. ‖ Reflejar o expresar de una forma conreta una cosa inmaterial. • tr y prnl Maifestarse o expresarse algo de una forma eterminada. ◻ PLASMACIÓN.

asta f Cualquier cosa que está blanda aplastada. • adj y s (fig, fam) Díc. de la ersona excesivamente pesada.

ástica f Arte de plasmar o modelar fiuras.

ástico, ca adj Perteneciente a la plásica. ‖ Capaz de ser modelado. ‖ Díc. del naterial que, mediante una compresión nás o menos prolongada, puede cambiar e forma y conservar ésta de modo pernanente, a diferencia de los cuerpos eláscos. • adj y m Díc. de un gran número e materiales artificiales muy diversos, onstituidos por macromoléculas, obtenias por polimerización o policondensaión. ◻ PLASTICIDAD.

astificar tr Revestir o impregnar un obeto de material plastificante. ◻ PLASTIFIACIÓN; PLASTIFICADO, DA.

ata f Metal precioso, blanco, brillante, onoro, dúctil y maleable. Es el mejor onductor del calor y de la electricidad. (fig) Dinero en general, riqueza. ‖ Seundo premio en algunas competiciones eportivas. • adj Plateado, de color semeante al de la plata.

ataforma f Tablero horizontal, descuierto y elevado sobre el suelo, donde se olocan personas y cosas. ‖ Suelo supeior, a modo de azotea, de las torres, reuctos y otras obras. ‖ Vagón descubierto con bordes de poca alt. en sus cuatro laos. ‖ (fig) Programa o conjunto de reivindicaciones que presenta un grupo poítico, sindical, profesional, etc.

atanero, ra adj Concerniente al plátao. • m y f Plátano, banano. • m Col. El ue cultiva plátanos o negocia con su fruo. • f Platanar.

átano m Planta herbácea de grandes dimensiones, que en algunos países llaman anano. ‖ Fruto de esta planta. Es una baa alargada, con corteza lisa, algo correoa, amarilla por el exterior y fibrosa por dentro, con una pulpa feculosa, azucara-

da y aromática, comestible, sin huesos ni semillas. En algunos países americanos, se conoce con el nombre de banana. ◻ PLATANAL; PLATANAR.

platea f Patio o parte baja de los teatros.

plateado, da pp de platear. • adj De color semejante al de la plata. ‖ Bañado de plata.

platear tr Dar o cubrir de plata una cosa. ◻ PLATEADOR, RA.

plateresco, ca adj y m Díc. del estilo arquitectónico esp. del s. XVI, que utiliza elementos de la arquitectura clásica y ojival.

platero m Artífice que labra la plata. ‖ El que vende objetos labrados de plata u oro, o joyas con pedrería. ◻ PLATERÍA.

plática f Conversación. ‖ Sermón breve.

platicar tr e intr Conversar, hablar unos con otros. ‖ Conferir o tratar de un negocio o materia.

platillo m Pieza pequeña de figura semejante al plato, cualquiera que sea su uso y la materia de que esté formada. ‖ Cada una de las dos piezas en forma de plato que tiene la balanza. ‖ Instrumento de percusión constituido por dos chapas metálicas circulares que se golpean una contra otra.

platina f Parte del microscopio, en que se coloca el objeto que se quiere observar. ‖ Disco de vidrio deslustrado o de metal y perfectamente plano para que ajuste en su superficie el borde del recipiente de la máquina neumática.

platino m Metal del grupo del osmio e iridio, maleable, dúctil y de gran dureza y resistencia. Se encuentra nativo en forma de pepitas y escamitas planas.

plato m Vasija baja y redonda, con una concavidad en medio y borde comúnmente plano alrededor, que se emplea para comer en él.

plató m Cada uno de los recintos cubiertos de un estudio cinematográfico.

platónico, ca adj Perteneciente o relativo a la filosofía de Platón. ‖ Desinteresado, honesto.

platudo, da adj (fam) Amér. Rico, adinerado.

p

plausible *adj* Digno o merecedor de aplauso. ‖ Atendible, admisible, recomendable.

playa *f* Ribera del mar o de un río grande, formada de arenales en superficie casi plana.

playback *m* Sonido que se graba previamente a una actuación.

playboy *m* Hombre de vida regalada, preocupado sólo por su aspecto y por sus relaciones sociales y sentimentales.

playero, ra *adj* Perteneciente a la playa. • *adj* y *s* Díc. de las prendas de vestir apropiadas para la playa.

plaza *f* Lugar ancho y espacioso dentro de poblado al que suelen afluir varias calles. ‖ Aquel donde se venden los mantenimientos y donde se celebran las ferias, mercados y fiestas públicas. ‖ Lugar fortificado.

plazo *m* Término o tiempo señalado para una cosa. ‖ Cada parte de una cantidad pagadera en dos o más veces.

plazoleta *f* Espacio, a manera de plazuela, que suele haber en jardines y alamedas.

pleamar *f* Fin de la creciente del mar.

plebeyo, ya *adj* Propio de la plebe o perteneciente a ella. • *adj* y *s* Díc. de la persona que no es noble ni hidalga.

plebiscito *m* Consulta al voto popular directo para que apruebe o rechace una determinada propuesta. ☐ PLEBISCITARIO, RIA.

plectro *m* Palillo o púa que se emplea para tocar instrumentos de cuerda.

plegadera *f* Instrumento a manera de cuchillo, a propósito para plegar o cortar papel.

plegador, ra *adj* y *s* Que pliega. • *m* Instrumento con que se pliega una cosa.

plegamiento *m* Acción y efecto de plegar o plegarse. ‖ Efecto producido en la corteza terrestre por el movimiento conjunto de rocas sometidas a una presión lateral.

plegar *tr* y *prnl* Hacer pliegues en una cosa. • *tr* Doblar e igualar los pliegues de que se compone un libro que se ha de encuadernar. • *prnl* (fig) Doblarse, ceder, someterse.

plegaria *f* Súplica humilde y ferviente ra pedir una cosa.

pleita *f* Faja o tira de esparto trenzado varios ramales, que cosida con otras si para hacer esteras, sombreros, petac y otras cosas.

pleitear *tr* Litigar judicialmente sobre u cosa o un asunto.

pleitesía *f* Rendimiento, muestra de c tesía.

pleito *m* Contienda, diferencia, disputa, tigio judicial entre partes. ‖ Disputa, ri o pendencia doméstica o privada.

plenamar *f* Pleamar.

plenario, ria *adj* Lleno, que no le fa nada. • *m* Parte del proceso criminal q empieza cuando concluye el sumario durante el cual se exponen los carg y las defensas en forma contradictoria.

plenilunio *m* Luna llena.

plenipotenciario, ria *adj* y *s* Díc. de persona que envían los reinos y las r a los congresos o a otros Estados, con pleno poder y facultad de tratar, concl y ajustar las paces u otros intereses.

plenitud *f* Totalidad, integridad o calid de pleno. ‖ (fig) Apogeo, momento c minante de algo.

pleno, na *adj* Completo, lleno. • *m* Re nión o junta general de una corporación

plepa *f* (fam) Persona, animal o cosa q tiene muchos defectos en lo físico o en moral.

pletina *f* Pieza de hierro más ancha q gruesa, de espesor bastante reducido.

plétora *f* Exceso de sangre o de otros h mores en el cuerpo. ‖ (fig) Abundancia.

pletórico, ca *adj* Que tiene plétora de sa gre o de otros humores. ‖ Lleno, rebosan

pleura *f* Cada una de las membranas ser sas que cubren las paredes de la cavid torácica y la superficie de los pulmon ☐ PLEURAL.

pleuresía *f* Inflamación de la pleura.

plexiglás *m* Resina sintética que tiene aspecto del vidrio. ‖ Material transpare te y flexible del que se hacen telas, ta ces, etcétera.

pléyade *f* (fig) Grupo de personas señal das, especialmente en las letras, que des rrollan su actividad en la misma época.

lica f Sobre cerrado y sellado en que se conserva algún documento o noticia que no debe publicarse hasta una fecha determinada.

liego m Porción de papel de forma cuadrangular y doblada por medio. ‖ Papel o memorial que contiene las condiciones o cláusulas de un contrato.

liegue m Doblez o surco. ‖ Plegamiento.

into m Parte cuadrada inferior de la basa. ‖ Aparato gimnástico que se usa en ejercicios de salto.

lisar tr Hacer que una tela quede formando pliegues iguales y muy menudos. ❒ PLISADO, DA.

lomada f Barrita de plomo que sirve a los artífices para señalar o reglar una cosa. ‖ Pesa de plomo o de otro metal, cilíndrica o cónica, colgada de una cuerda, que sirve para señalar la línea vertical. ‖ Sonda para medir la profundidad de las aguas.

lomazo m Golpe o herida que causa el perdigón disparado con arma de fuego.

lomería f Cubierta de plomo que se pone en los edificios. ‖ Almacén o depósito de plomos.

lomero m El que trabaja o fabrica cosas de plomo. ‖ *Amér.* Fontanero.

lomizo, za adj Que tiene plomo. ‖ Parecido al plomo en alguna de sus cualidades.

lomo m Metal pesado, dúctil, maleable, blando, fusible, de color gris que tira ligeramente a azul, y con los ácidos forma sales venenosas. ‖ (fig, fam) Persona pesada y molesta. ❒ PLOMÍFERO, RA; PLOMOSO, SA.

luma f Estructura cutánea presente en el cuerpo de las aves, que integrando el plumaje, recubre totalmente la piel. ‖ Esta pieza del ave usada antiguamente para escribir. ‖ (fig) Estilo o manera de escribir. ‖ (fig) Profesión del escritor. ‖ (fig, fam) Ventosidad, pedo. ❒ PLUMADO, DA.

lumada f Acción de escribir una cosa corta. ‖ Rasgo que se hace sin levantar la pluma del papel.

lumaje m Conjunto de plumas que adornan y visten al ave.

lumazo m Colchón o almohada grande llena de pluma. ‖ Plumada.

plúmbeo, a adj De plomo. ‖ (fig) Que pesa como el plomo.

plumero m Mazo de plumas sujetas a un mango, que se usa para quitar el polvo.

plumier m Estuche o caja donde los escolares guardan sus utensilios para escribir.

plumífero, ra adj Que tiene o lleva plumas. • adj y s (desp) El que tiene por oficio escribir.

plumilla f Pluma, instrumento de metal que mojado en tinta sirve para escribir o dibujar.

plumón m Pluma muy delgada, semejante a la seda, que tienen las aves debajo del plumaje exterior. ‖ Colchón lleno de esta pluma.

plural adj Múltiplo, que se presenta en más de un aspecto.

pluralidad f Multitud grande de algunas cosas, o el mayor núm. de ellas.

pluralismo m Doctrina que preconiza la coexistencia de varias tendencias religiosas, políticas, etc. Es uno de los fundamentos de las democracias formales. ❒ PLURALISTA.

pluralizar tr Dar número pl a palabras que ordinariamente no lo tienen.

pluricelular adj Díc. de la planta o del animal formado por muchas células.

pluriempleo m Situación de la persona que tiene varios empleos, cargos, oficios, etcétera.

plurilingüe m Díc. del que habla varias lenguas.

plurivalencia f Pluralidad de valores que tiene una cosa.

plus m Gratificación o sobresueldo que por diversos motivos se paga o se percibe.

pluscuamperfecto adj y m Díc. del tiempo que anuncia que una cosa estaba ya hecha o podía estarlo cuando otra se hizo.

plusmarca f Resultado que supera a los anteriores de su misma categoría o sexo. ❒ PLUSMARQUISTA.

plusvalía f Incremento del valor de una cosa por causas extrínsecas a ella.

plutocracia f Preponderancia de los ricos en el gobierno del Estado. ❒ PLUTOCRÁTICO, CA.

p

Plutón *npm* Planeta más lejano del sistema solar, e invisible a simple vista.

plutonio *m* Elemento radiactivo artificial altamente tóxico.

pluvial *adj* Relativo a la lluvia. ‖ Díc. de los períodos de lluvia en una región determinada.

pluviometría *f* Estudio de la distribución geográfica y estacional de las lluvias.

pluviómetro *m* Aparato para medir la lluvia.

pluviosidad *f* Abundancia de precipitaciones; suele medirse por la cantidad de agua de lluvia caída durante el año en un punto determinado.

pluvioso, sa *adj* Lluvioso.

poblacho *m* (desp) Pueblo ruin y destartalado.

población *f* Acción y efecto de poblar. ‖ Número de personas que componen un pueblo, prov., nación, etc.

poblado, da *pp* de poblar. • *m* Población, ciudad, villa o lugar.

poblamiento *m* Acción y efecto de poblar. ‖ Proceso de asentamiento de un grupo humano en diversas regiones de la Tierra.

poblano, na *adj* y *s* Amér. Lugareño, campesino.

poblar *tr* e *intr* Fundar uno o más pueblos. • *tr* Ocupar con gente un sitio para que habite o trabaje en él. ‖ p. ext. Díc. de animales y cosas. • *prnl* Brotar, crecer, aumentar. ☐ POBLADOR, RA.

pobre *adj* y *s* Necesitado, menesteroso y falto de lo necesario para vivir, o que tiene con mucha escasez. • *adj* Escaso y que carece de alguna cosa para su entero complemento. ‖ (fig) Infeliz, desdichado y triste. • *m* o *f* Mendigo. ☐ POBREZA.

pobrete, ta *adj* y *s* Desdichado, infeliz, abatido. ‖ (fam) Díc. del sujeto inútil y de corta habilidad, ánimo o espíritu.

pocero *m* El que fabrica o hace pozos o trabaja en ellos. ‖ El que limpia pozos negros o cloacas.

pocho, cha *adj* Descolorido, quebrado de color. ‖ Se aplica a lo que está podrido o empieza a pudrirse. • *adj* y *s* Méx. Díc. de los individuos de origen hispánico que habitan en los Estados Unidos de Améri-

ca. • *m Méx.* Variedad del castellano, c gran núm. de palabras ing. castellaniz das, hablado por los pochos.

pocilga *f* Establo para ganado de cerc ‖ (fig, fam) Cualquier lugar hediondo asqueroso.

pocillo *m* Tinaja o vasija empotrada en tierra para recoger un líquido. ‖ Peque vasija de loza; jícara.

pócima *f* Cocimiento medicinal de mat rias vegetales. ‖ (fig) Cualquier bebi medicinal.

poción *f* Líquido que se bebe, especi mente el medicinal.

poco, ca *adj* Escaso, limitado y corto cantidad o calidad. • *m* Cantidad co o escasa. • *adv cant* Con escasez, men de lo regular o preciso.

poda *f* Acción y efecto de podar. ‖ Tiem en que se ejecuta.

podadera *f* Herramienta de corte curvo mango de madera, que se usa para poda

podar *tr* Cortar o quitar las ramas supe fluas de los árboles, vides y otras planta

podenco, ca *adj* y *s* Díc. del perro por gran vista, olfato y resistencia.

poder[1] *m* Dominio, facultad y jurisdi ción que uno tiene para mandar o ejec tar una cosa. ‖ Gobierno de un país. Fuerzas de un Estado, en especial las m litares. ‖ Fuerza, vigor, capacidad.

poder[2] *tr* Tener expedita la facultad o p tencia de hacer una cosa. ‖ Tener fac lidad, tiempo o lugar de hacer una cos • *impers* Ser contingente o posible q suceda una cosa.

poderío *m* Facultad de hacer o imped una cosa. ‖ Hacienda, bienes y riquezas

poderoso, sa *adj* y *s* Que tiene pode ‖ Muy rico; colmado de bienes de fort na. • *adj* Grande, excelente, o magnífic en su línea.

podio o **pódium** *m* Pedestal largo que se apoyan varias columnas. ‖ Tarin en la que se colocan, para recibir los tr feos, los primeros clasificados en un competición.

podología *f* Rama de la medicina que tie ne por objeto el tratamiento de las afe ciones y las deformaciones de los pie ☐ PODÓLOGO, GA.

odómetro *m* Aparato, en forma de reloj de bolsillo, que señala el núm. de pasos dados por la persona que lo lleva y la distancia recorrida.

odredumbre *f* Putrefacción o corrupción material de las cosas. ‖ Cosa podrida.

odrido, da *pp* de podrir. • *adj* (fig) Se dice de la persona o institución que está corrompida o dominada por la inmoralidad.

odrir *tr* y *prnl* Pudrir. ☐ PODRIMIENTO.

oema *m* Obra en verso, o perteneciente a la esfera de la poesía. ☐ POEMÁTICO, CA.

oemario *m* Conjunto o colección de poemas.

oesía *f* Exp. artística de la belleza o del sentimiento estético por medio de la palabra sujeta a la medida y cadencia de que resulta el verso. ‖ Arte de componer obras poéticas.

oeta *m* El que compone obras poéticas y está dotado para ello.

oético, ca *adj* Perteneciente o relativo a la poesía. ‖ Que encierra o contiene poesía. • *f* Poesía, arte de componer obras poéticas.

oetisa *f* Mujer que compone obras poéticas y está dotada para ello.

oetizar *intr* Hacer o componer versos u obras poéticas. • *tr* Embellecer alguna cosa con el encanto de la poesía; darle carácter poético.

ointer *adj* y *m* Díc. de una raza de perro de tamaño medio, de pelo corto y liso, orejas caídas y olfato muy desarrollado.

óker *m* Póquer.

olaco, ca *adj* y *s* Natural de Polonia. • *m* Lengua de los polacos.

olaina *f* Prenda de paño o cuero, que cubre la pierna hasta la rodilla y a veces se abotona o abrocha por la parte de afuera.

olar *adj* Perteneciente o relativo a los polos.

olaridad *f* Propiedad que tienen los agentes físicos de acumularse en los polos de un cuerpo y de polarizarse.

olarización *f* Acción y efecto de polarizar o polarizarse. ‖ Establecimiento de una diferencia de potencial entre dos conductores.

polarizar *tr* y *prnl* Modificar los rayos luminosos por medio de refracción o reflexión, de tal manera que queden incapaces de refractarse o reflejarse de nuevo en ciertas direcciones. • *intr* Suministrar una tensión fija a alguna parte de un aparato electrónico. ‖ (fig) Concentrar la atención o el ánimo en una cosa.

polca *f* Danza bohemia, de movimiento rápido.

pólder *m* En los Países Bajos, terreno ganado al mar y que una vez desecado se dedica al cultivo.

polea *f* Máquina simple que consiste en una rueda acanalada por la que se hace pasar una cuerda o cadena en uno de cuyos extremos actúa la potencia y en el otro la resistencia.

polémica *f* Arte que enseña los ardides con que se debe ofender y defender cualquier plaza. ☐ POLÉMICO, CA; POLEMISTA.

polemizar *intr* Sostener o entablar una polémica.

polen *m* Conjunto de granos diminutos contenidos en las anteras de las flores.

poleo *m* Planta herbácea, de hojas pequeñas y flores azuladas o moradas, que se usa en infusión como estomacal.

poliandria *f* Forma de matrimonio en la que una mujer puede estar unida a dos o más esposos reconocidos, al mismo tiempo.

polibán *m* Bañera de dimensiones reducidas, con un asiento que permite bañarse sentado.

polichinela *m* Personaje de las farsas y pantomimas italianas.

policía *f* Buen orden y observancia de las leyes. ‖ Cuerpo encargado de vigilar el mantenimiento del orden público y la seguridad de los ciudadanos en un país. • *m* o *f* Agente de policía. ☐ POLICIAL.

policiaco, ca o **policíaco, ca** *adj* Relativo o perteneciente a la policía.

policlínica *f* Establecimiento privado con distintas especialidades médicas y quirúrgicas.

policromado, da *pp* de policromar • *adj* Díc. de lo que está pintado en varios colores.

policromar *tr* Aplicar o poner diversos colores a algo, como estatuas, paredes, etc.

policromo, ma o **polícromo, ma** *adj* De varios colores. □ POLICROMÍA.

policultivo *m* Forma de cultivo que consiste en una diversificación de los mismos en una explotación agrícola.

polideportivo, va *adj* y *s* Se aplica a la instalación que permite la práctica de varios deportes.

poliedro *adj* Díc. del ángulo sólido. • *m* Figura sólida limitada por cierto número de polígonos llamados caras. □ POLIÉDRICO, CA.

poliéster *m* Polímero de un éster, que se obtiene por condensación de diácidos orgánicos con polialcoholes. Se usa en la fabricación de fibras, recubrimientos de láminas, etc.

polifacético, ca *adj* Que ofrece varias facetas o aspectos. ‖ p. ext. Se aplica a las personas de variada condición o de múltiples aptitudes.

polifagia *f* Necesidad anormal de comer. □ POLÍFAGO, GA.

polifásico, ca *adj* Que presenta varias fases sucesivas.

polifonía *f* Superposición de dos o más partes vocales o instrumentales, cuyo desarrollo es a la vez horizontal (contrapunto) y vertical (armonía).

poligamia *f* Estado o calidad de polígamo. ‖ Régimen familiar en el que una persona, de uno u otro sexo, está unida a más de un cónyuge.

polígamo, ma *adj* y *s* Díc. de la persona que practica la poligamia. ‖ por ext. Díc. de la persona que se ha casado varias veces.

poligenismo *m* Doctrina que admite variedad de orígenes en la especie humana, en contraposición al monogenismo. □ POLIGENISTA.

poliginia *f* Matrimonio de un hombre con dos o más mujeres a la vez.

polígloto, ta o **poligloto, ta** *adj* Escrito en varias lenguas. • *adj* y *s* Aplícase también a la persona versada en varias lenguas. □ POLIGLOTÍA; POLIGLOTISMO.

polígono *m* Región del plano limitada por un núm. finito de segmentos de recta (lados del p.), que se unen por sus ext mos (vértices).

poligrafía *f* Criptografía. ‖ Arte de des frar los escritos criptográficos. ‖ Cien del polígrafo. □ POLIGRÁFICO, CA; PO GRAFO, FA.

polilla *f* Mariposa nocturna pequeña y nicienta, con alas horizontales y est chas, cuya larva se alimenta de tejid pieles, papel, etc. ‖ (fig) Lo que destru insensiblemente una cosa.

polímero *m* Compuesto químico, natu o sintético, formado por polimerizac y que consiste esencialmente en unid des estructurales repetidas. □ POLIME ZACIÓN.

polimetría *f* Variedad de metros en u misma composición poética. □ POLIM TRICO, CA.

polimorfismo *m* Propiedad de los cu pos que pueden cambiar de forma sin riar su naturaleza.

polimorfo, fa *adj* Que puede tener var formas.

polinización *f* Proceso de unión del g no de polen masculino con el óvulo tuado en el interior del gineceo de flor, previo a la verdadera fecundaci □ POLINIZAR.

polinomio *m* Exp. compuesta de dos más términos algebraicos unidos por signos *más* o *menos*.

poliomielitis o **polio** *f* Grupo de enf medades, agudas o crónicas, ocasionad por lesiones en las astas anteriores o m toras de la médula espinal.

polipasto *m* Dispositivo utilizado p elevar cargas o como aparejo de tracci

polipétalo, la *adj* Díc. de las corola flores con muchos pétalos.

pólipo *m* Pulpo. ‖ Tumor pediculado se forma y crece en las membranas n cosas de diferentes cavidades.

polisemia *f* Pluralidad de significado una palabra.

polisépalo, la *adj* De muchos sépal Díc. de las flores o de sus cálices.

polisílabo, ba *adj* y *m* Aplícase a la pa bra que consta de varias sílabas.

polisíndeton *m* Figura que consiste emplear repetidamente las conjuncion

...ara dar fuerza o energía a la expresión ...e los conceptos.

olisón *m* Armazón que, atada a la cintu...a, se ponían las mujeres para que abul...asen los vestidos por detrás.

olista *adj y s* Jugador de polo.

olistilo, la *adj* Que tiene muchas co...umnas.

olitécnico, ca *adj* Que abraza muchas ...iencias o artes. • *adj y m* Díc. del centro ...e enseñanza en el que se estudian distin...as ciencias y artes.

oliteísmo *m* Doctrina religiosa que ad...nite una pluralidad de dioses. ❐ POLI... TEÍSTA.

olítica *f* Arte, doctrina u opinión refe...ente al gobierno de los Estados. || Acti...vidad de los que rigen o aspiran a regir ...os asuntos públicos. || p. ext. Arte o traza ...con que se conduce un asunto o se em...plean los medios para alcanzar un fin de...terminado.

olítico, ca *adj* Perteneciente o relativo ...a la doctrina política. || Perteneciente a la ...actividad política. || Cortés, educado. || Dic. ...del parentesco por afinidad. • *adj y s* Ver...sado en las cosas del gobierno y negocios ...del Estado.

olitiquear *intr* Intervenir o brujulear en ...política. || Tratar de política con superfi...cialidad o ligereza.

olitizar *tr y prnl* Inculcar una conciencia ...política. || Hacer que un asunto adquiera ...carácter político.

olivalente *adj* Dotado de varios valores. ... Se aplica pralm. a las vacunas y sueros ...curativos cuando poseen acción contra ...varios microbios.

óliza *f* Documento justificativo del con...rato en seguros, operaciones de bolsa y ...otras negociaciones comerciales. || Sello ...suelto con que se satisface el impuesto ...del timbre en determinados documentos.

olizón *m* El que se embarca clandesti...namente.

olizonte *m* (desp) Agente de policía.

olla *f* Gallina nueva. || (fig, fam) Mocita. ... (fig, fam) Pene. || *Amér.* Apuesta.

ollada *f* Conjunto de pollos que de una ...vez sacan las aves, particularmente las ...gallinas.

pollastre *m* (fig, fam) Pollo o polla algo crecidos. || Jovenzuelo que se las echa de hombre.

pollear *intr* Empezar un muchacho o muchacha a hacer cosas propias de los jóvenes.

pollero, ra *m y f* Persona que tiene por oficio criar o vender pollos. • *f* Lugar o sitio en que se crían los pollos. || Especie de cesto de mimbres o red, angosto de arriba y ancho de abajo, que sirve para criar los pollos y tenerlos guardados. || *Amér.* Falda externa del vestido femenino.

pollino, na *m y f* Cría del asno. || p. ext. Cualquier borrico. • *f P. Rico.* Flequillo.

pollo[1] *m* Cría que sacan de cada huevo las aves, y particularmente las gallinas. || (fig, fam) Persona de pocos años. ❐ PO-LLERÍA; POLLUELO, LA.

pollo[2] *m* (fig, fam) Esputo.

polo[1] *m* Cualquiera de los dos extremos del eje de rotación de una esfera o cuerpo redondeado. || Región contigua a un polo terrestre. || (fig) Nombre comercial de un tipo de helado. || Cada uno de los bornes del circuito de un generador, que sirven para conectar éste con el exterior.

polo[2] *m* Deporte que se practica a caballo, entre dos equipos, y que consiste en impulsar una pelota hasta la meta contraria, con un mazo. || Jersey de cuello camisero que se abrocha hasta la altura del pecho.

pololear *tr Amér.* Molestar. || *Chile.* Galantear, requebrar.

pololo *m* Pantalón corto, generalmente bombacho, que usan los niños pequeños.

polonesa *f* Danza cortesana de origen polaco, de movimiento moderado y ritmo muy marcado.

poltrón, na *adj* Flojo, perezoso. • *f* Sillón amplio y confortable, de brazos bajos.

polución *f* Emisión seminal espontánea, durante el sueño, gralte. unida a sueños de tipo erótico. || Contaminación intensa y perjudicial del aire, agua, etc., con sustancias extrañas, producida por los residuos de procesos industriales o biológicos.

poluto, ta *adj* Sucio, inmundo.

polvareda *f* Polvo que se levanta de la tierra por el viento o por otra causa cualquiera.

polvera *f* Estuche, que sirve para contener los polvos y la borla con que suelen aplicarse.

polvo *m* Parte más menuda y deshecha de la tierra muy seca, que con cualquier movimiento se levanta en el aire. || Partículas de sólidos que flotan en el aire y se posan sobre los objetos. || (fam) Coito.

pólvora *f* Explosivo inflamable compuesto generalmente de salitre, azufre y carbón. || (fig) Conjunto de fuegos artificiales.

polvoriento, ta *adj* Que tiene mucho polvo.

polvorín *m* Lugar o edificio convenientemente dispuesto para guardar la pólvora y otros explosivos.

polvorista *m* Pirotécnico.

polvorón *m* Dulce de harina, manteca y azúcar que se deshace en polvo al comerlo y es típico de Navidad.

poma *f* Casta de manzana pequeña y chata, de color verdoso y de buen gusto.

pomada *f* Preparado medicamentoso de uso externo.

pomar *m* Sitio, lugar o huerta donde hay árboles frutales, especialmente manzanos.

pomelo *m* Planta arbórea parecida al naranjo, y frutos grandes, amarillos, comestibles, de sabor agridulce, empleados frescos o en confitura. || Fruto de esta planta.

pomo *m* Pieza redondeada que sirve de tirador para puertas, armarios, etc., o como remate de algunas cosas. || Frasco pequeño para perfumes. || Extremo de la guarnición de la espada.

pompa *f* Acompañamiento suntuoso y de gran aparato, que se hace en una función ya sea de regocijo o fúnebre. || Fausto, vanidad y grandeza. || Burbuja de aire que forma el agua.

pompo, pa *adj* Col. Romo, sin filo.

pompón *m* Bola de lana, o de otro género, que se usa como adorno.

pomposo, sa *adj* Ostentoso, magnífico. || Hueco, hinchado. || (fig) Díc. del lenguaje, estilo, etc., ampuloso y grandilocuente.

pómulo *m* Hueso y prominencia de cada una de las mejillas.

ponchada[1] *f* Cantidad de ponche dispuesta para beberla juntas varias personas.

ponchada[2] *f Arg.*, *Chile* y *Ur.* Gran cantidad de cosas.

ponche *m* Bebida que se hace mezclando ron u otro licor espiritoso con agua, limón y azúcar.

poncho *m* Prenda de abrigo que consiste en una manta cuadrangular de lana tosca con una abertura en el centro, por donde pasa la cabeza, y que cuelga desde los hombros hasta la cintura.

ponderar *tr* Determinar el peso de una cosa. || (fig) Examinar con cuidado algún asunto. || Exagerar, encarecer. Contrapesar, equilibrar. ☐ PONDERABLE PONDERACIÓN; PONDERADO, DA; PONDERADOR, RA.

ponderativo, va *adj* Que pondera o en carece una cosa.

ponedero, ra *adj* Que se puede pone o está para ponerse. || Ponedor. • *m* Lugar destinado para que pongan huevos las ga llinas y otras aves.

ponedor, ra *adj* Que pone. || Díc. de la aves que ya ponen huevos.

ponencia *f* Comunicación o propuest sobre un tema concreto que se somete a examen y resolución de una asamblea. Informe o dictamen dado por el ponente

ponente *m* y *f* Persona o grupo de perso nas que realiza una ponencia.

poner *tr* y *prnl* Colocar en un sitio o lug una persona o cosa, o disponerla en el l gar o grado que debe tener. || Dedic a uno a un empleo u oficio. || Exponer uno a una cosa desagradable o mala. Con ciertos *adj* o exp. calificativas, hac adquirir a una persona la condición o e tado que estos *adj* o exp. significa || Disponer una cosa con lo que necesi para algún fin. || Contar o determin || Admitir un supuesto o hipótesis. || Ob gar a uno a que ejecute una cosa con su voluntad. || Dejar una cosa a la reso ción, arbitrio o disposición de otro. || E cribir una cosa en el papel. || Represen una obra de teatro; proyectar una pelíc la. ‖ Tratar a uno mal de palabra. ‖ Montar, establecer, instalar. ‖ Hacer que una cosa funcione; conectar. • *tr* e *intr* Soltar o deponer el huevo de las aves. • *prnl* Hablando de los astros, ocultarse debajo del horizonte.

pongo *m Amér.* Indio que hace oficios de criado. ‖ *Amér.* Indio que trabaja en una finca y que está obligado a servir al propietario a cambio de que éste le permita sembrar una fracción de su tierra. ‖ *Ecuad.* y *Perú.* Paso angosto y peligroso de un río.

poni o **póney** *m* Nombre que se da a ciertos caballos de poca alzada.

poniente *m* Occidente, punto cardinal. ‖ Viento que sopla de la parte occidental.

pontifical *adj* Perteneciente o relativo al sumo pontífice. ‖ Perteneciente o relativo a un obispo o arzobispo. ‖ Libro que contiene las ceremonias pontificales y las de las funciones episcopales.

pontificar *intr* Celebrar funciones litúrgicas con rito pontifical. ‖ (fig) Afirmar con presunción, presentando como innegables principios sujetos a examen. ‖ (fig) Exponer opiniones con tono dogmático y suficiente.

pontífice *m* p. ant. Prelado supremo de la Iglesia católica romana. ❒ PONTIFICIO, CIA.

pontón *m* Barco chato para pasar los ríos o construir puentes. ‖ Puente formado de maderos o de una sola tabla. ❒ PONTONERO.

ponzoña *f* Sustancia que tiene en sí cualidades nocivas a la salud, o destructivas de la vida.

pool *m* Asociación temporal de empresas, gralte. dentro de un mismo sector industrial, cuyo objetivo es asegurar un mercado.

pop *adj* y *s* Díc. de un tipo de música ligera y popular derivado de estilos musicales negros y de la música folclórica británica.

popa *f* Parte posterior de las naves.

pope *m* Sacerdote de la iglesia ortodoxa griega.

popocho, cha *adj Col.* Repleto, harto.

populacho *m* (desp) Lo ínfimo de la plebe.

popular *adj* Perteneciente o relativo al pueblo. ‖ Que es peculiar del pueblo o que procede de él. ‖ Propio de las clases sociales menos favorecidas. ‖ Dicho de una forma de cultura, que el pueblo considera propia y constitutiva de su tradición.

popularidad *f* Aceptación de una persona por parte del pueblo.

popularizar *tr* y *prnl* Acreditar a una persona o cosa, extender su estimación en el concepto público. ‖ Dar carácter popular a una cosa. ❒ POPULARIZACIÓN.

populismo *m* Doctrina que se propone defender los intereses del pueblo. ❒ POPULISTA.

populoso, sa *adj* Aplícase a la provincia, ciudad, villa o lugar muy poblados.

popurrí *m* Composición formada de fragmentos o temas de obras diversas.

poquedad *f* Escasez, poca cantidad de una cosa. ‖ Timidez, pusilanimidad.

póquer *m* Juego de naipes de origen norteamericano.

por *prep* con que se indica la persona agente en las oraciones en pasiva. ‖ Se junta con los nombres de lugar para determinar tránsito por ellos. ‖ Indica tiempo o lugar aproximados. ‖ En clase o calidad de. ‖ Se usa para denotar la causa. ‖ Se usa para denotar el medio de ejecutar una cosa. ‖ En lugar de. ‖ Denota multiplicación. ‖ Se pone muchas veces en lugar de la *prep* a y el verbo *traer* u otro, supliendo su significación. ‖ Con el infinitivo de algunos verbos, para.

porcelana *f* Especie de loza fina, trasparente y lustrosa. ‖ Vasija o figura de porcelana.

porcentaje *m* Tanto por ciento.

porcentual *adj* Díc. de la composición, distribución, etc., calculadas o expresadas en tantos por ciento.

porche *m* Soportal, cobertizo.

porcicultura *f* Arte de criar cerdos.

porcino, na *adj* Perteneciente al puerco.

porción *f* Cantidad separada de otra mayor. ‖ Pequeña cantidad de algo. ‖ Cada una de las partes en que se divide un todo.

pordiosear *intr* Mendigar o pedir limosna de puerta en puerta. ❏ PORDIOSEO; PORDIOSERÍA; PORDIOSERO, RA.

porfiado, da *adj* y *s* Terco, obstinado; que se mantiene con insistencia en sus puntos de vista.

porfiar *intr* Disputar obstinadamente y con tenacidad. ‖ Importunar con repetición y porfía por el logro de una cosa. ❏ PORFÍA.

pormenor *m* Reunión de circunstancias menudas y particulares de una cosa.

pormenorizar *tr* Describir o enumerar minuciosamente.

porno *adj* (fam) Apócope de pornográfico.

pornografía *f* Tratado acerca de la prostitución. ‖ Carácter obsceno de obras literarias o artísticas. ❏ PORNOGRÁFICO, CA.

poro *m* Espacio entre las moléculas de un cuerpo. ‖ Orificio, en la piel de los mamíferos, que constituye el conducto excretor de las glándulas sudoríparas. ❏ POROSIDAD; POROSO, SA.

poroto *m Amér. Merid.* Especie de alubia. ‖ *Amér. Merid.* Guiso que se hace con este vegetal.

porque *conj causal* Por causa o razón de que. ‖ *conj* final. Para que.

porqué *m* (fam) Causa, razón o motivo.

porquería *f* (fam) Suciedad, basura. ‖ (fam) Cosa sucia, vieja o rota. ‖ (fam) Acción sucia o indecente. ‖ (fam) Grosería, falta de educación. ‖ (fam) Golosina, o cualquier otra cosa comestible pero perjudicial para la salud.

porqueriza *f* Sitio o pocilga donde se crían y recogen los puercos.

porquerizo, za o **porquero, ra** m.y *f* Persona que guarda los puercos.

porra *f* Clava. ‖ Cachiporra. ‖ Arma contundente formada por un cilindro de acero revestido de caucho, con una empuñadura.

porrada *f* (fig, fam) Disparate. ‖ Conjunto o montón de cosas, cuando es muy abundante.

porrazo *m* Golpe que se da con la porra. ‖ p. ext. Cualquier golpe que se da con otro instrumento.

porreta *f* Hojas verdes del puerro. ‖ p. ext. Las primeras que brotan de los cereales.

porrillo (a) *m adv* (fam) En abundancia, copiosamente.

porro[1] *m* Puerro.

porro[2] *m* (fam) Cigarrillo hecho mezclando tabaco y alguna droga, como el hachís.

porrón *m* Vasija de vidrio, con un cuello por donde se ase y un largo pitorro en forma cónica, que arranca de la parte más abultada, cerca de la base, y que se usa para beber vino a chorro.

portaaviones *m* Buque destinado a transporte, despegue y aterrizaje de aviones.

portada *f* Ornato de arquitectura que se hace en las fachadas prals. de los edificios suntuosos. ‖ Primera plana de los libros impresos, en que se pone el título del libro, el nombre del autor y el lugar y año de la impresión.

portadilla *f* Anteportada de un libro.

portador, ra *adj* y *s* Que lleva o trae una cosa de una parte a otra. • *m* Tenedor de efectos públicos o valores comerciales.

portaequipaje o **portaequipajes** *m* Espacio que, cubierto por una tapa, suele tener los automóviles de turismo para guardar la rueda de repuesto, las herramientas y el equipaje.

portaestandarte *m* Oficial que lleva el estandarte de un regimiento de caballería.

portafolio o **portafolios** *m* Cartera, carpeta o bolsa para guardar documentos o papeles.

portafusil *m* Correa de algunas armas de fuego para echarlas a la espalda, colgándolas del hombro.

portal *m* Zaguán o primera pieza de la casa, por donde se entra a las demás, y en el cual está la puerta principal. ‖ Soportal, atrio cubierto.

portalada *f* Portada, de uno o más huecos, comúnmente monumental.

portalámpara o **portalámparas** *m* Accesorio que sostiene la bombilla eléctrica y establece el contacto entre ésta y la red.

portalibros *m* Correas en que los escolares llevan sus libros y cuadernos.

portaligas *m* Liguero, prenda interior femenina.

portallaves m Méx. y Ven. Llavero, anillo de metal para llevar las llaves.

portalón m Puerta grande de los palacios, que cierra un patio descubierto.

portaminas m Lápiz estilográfico cuyo hueco interior encierra una o varias minas de grafito.

portamonedas m Bolsita o cartera para llevar dinero suelto.

portañuela f Tira de tela con que se tapa la bragueta de los pantalones.

portaobjeto o **portaobjetos** m Pieza del microscopio, o lámina adicional del mismo en que se coloca el objeto para observarlo.

portaplumas m Mango en que se coloca la pluma metálica para escribir.

portar tr Traer el perro al cazador la pieza cobrada, herida o muerta. • prnl Con los adv bien, mal u otros parecidos, comportarse, conducirse de la manera que se indica.

portarretrato m Marco que se usa para colocar retratos en él.

portátil adj y s Movible y fácil de transportar. • m Lamparilla portátil.

portavoz m (fig) El que representa a una colectividad o lleva su voz. || (fig) Funcionario autorizado para divulgar oficiosamente la opinión del gobierno acerca de un asunto determinado.

portazgo m Derechos que se pagan por pasar por un sitio determinado de un camino.

portazo m Golpe recio que se da con la puerta, o el que ésta da movida por el viento.

porte m Acción de portear o conducir algo por un precio convenido. || Cantidad que se da o paga por llevar o transportar una cosa de un lugar a otro. || Apariencia, aspecto de una persona. || Capacidad de una cosa.

portear tr Conducir o llevar de una parte a otra una cosa por el porte o precio convenido.

portento m Cualquier cosa, acción o suceso singular que por su extrañeza o novedad causa admiración. • m o f Persona que destaca en algo de forma extraordinaria. ☐ PORTENTOSO, SA.

portería f Parte de los edificios o establecimientos públicos o particulares, desde donde el portero vigila la entrada y salida de las personas, vehículos, etc. || En el juego del fútbol u otros semejantes, marco rectangular formado por dos postes y un larguero, por el cual ha de entrar el balón o la pelota para marcar tantos.

portero, ra m y f Persona que tiene a su cuidado el guardar, cerrar y abrir las puertas, el aseo del portal o de otras habitaciones, etc. || Jugador que en algunos deportes defiende la portería de su bando.

pórtico m Sitio cubierto y con columnas que se construye delante de los edificios suntuosos.

portilla f Paso, en los cerramientos de las fincas rústicas, para carros, ganados o peatones.

portillo m Abertura que hay en las murallas, paredes o tapias. || Postigo o puerta chica en otra mayor.

portón m Puerta que separa el zaguán del resto de la casa.

portuario, ria adj Perteneciente o relativo al puerto de mar o a las obras del mismo.

portugués, sa adj y s Natural de Portugal. • m Lengua hablada en Portugal y en ant. dominios coloniales de este país.

porvenir m Suceso o tiempo futuro. || Situación futura en la vida de una persona, empresa, etcétera.

pos o **post** prep insep que significa detrás o después de. || Se usa como adv con igual significación en el m adv en pos.

posada f Lugar donde por precio se hospedan o albergan personas.

posaderas f pl Nalgas.

posadero, ra m y f Persona que tiene casa de posadas.

posar[1] intr Descansar, asentarse o reposar. • intr y prnl Hablando de las aves, detenerse después de haber volado. • prnl Depositarse en el fondo las partículas sólidas que están en suspensión en un líquido, o caer el polvo sobre las cosas o en el suelo. || Aterrizar un avión o un aparato astronáutico.

posar[2] intr Permanecer en determinada postura para retratarse o para servir de modelo.

posbélico, ca *adj* Posterior a una guerra.

posdata *f* Lo que se añade a una carta ya concluida y firmada.

pose *f* Posición, postura, actitud.

poseer *tr* Tener uno en su poder una cosa. || (fig) Tener un hombre relación sexual con una mujer.

poseído, da *pp* de poseer. • *adj* y *s* Poseso.

posesión *f* Acción y efecto de poseer. || Estado de la persona cuya voluntad se ve anulada por la influencia de un espíritu malo o demonio.

posesionar *tr* y *prnl* Poner o entrar en posesión de una cosa.

posesivo, va *adj* Perteneciente o relativo a la posesión. • *adj* y *m* Díc. del *pron* o *adj* que indica posesión.

poseso, sa *pp irreg* de poseer. • *adj* y *s* Díc. de la persona que padece posesión. || Endemoniado.

posguerra *f* Tiempo inmediato a la terminación de una guerra.

posibilidad *f* Aptitud, ocasión para ser o existir las cosas. || Aptitud o facultad para hacer o no una cosa. || Medios, caudal o hacienda de uno.

posibilitar *tr* Facilitar y hacer posible una cosa dificultosa y ardua.

posible *adj* Que puede ser o suceder; que se puede ejecutar. • *m* Posibilidad, facultad, medios disponibles para hacer algo. • *pl* Bienes, rentas o medios que uno posee o goza.

posición *f* Figura, actitud o modo en que alguno o algo está puesto. || Acción de poner. || Categoría o condición social de cada persona respecto de las demás. || Acción y efecto de suponer. || Situación o disposición. || (fig) Actitud o manera de pensar, obrar o conducirse respecto de ciertas cosas.

positivismo *m* Calidad de atenerse a lo positivo. || Sistema que admite únicamente el método experimental y rechaza toda noción a priori y todo concepto universal y absoluto. ◻ POSITIVISTA.

positivo, va *adj* Cierto, efectivo, verdadero y que no ofrece duda. || Por oposición a negativo, se aplica a lo consistente en la existencia y no en su falta. || Aplíca-

se a lo que es útil o práctico. • *adj* y *s* Prueba fotográfica que se obtiene de un negativo y que reproduce los tonos originales.

pósito *m* Instituto de carácter municipal, destinado a almacenar granos y prestarlos a los labradores y vecinos en épocas de escasez.

positrón *m* Partícula elemental con carga eléctrica igual a la del electrón, pero positiva.

posma *f* (fam) Pesadez, flema, cachaza.

poso *m* Sedimento del líquido contenido en una vasija.

posología *f* Parte de la terapéutica, que trata de las dosis en que deben administrarse los medicamentos.

posponer *tr* Poner o colocar a una persona o cosa después de otra. ◻ POSPOSICIÓN.

posta *f* Conjunto de caballerías que se apostaban en los caminos para que los tiros, los correos, etc. pudiesen ser renovados. || Casa o lugar donde están las postas.

postal *adj* Concerniente al ramo de correos. • *adj* y *f* Se aplica a la tarjeta que, con un sello de correos, se usa como carta sin sobre.

postdorsal *adj* Dícese del sonido cuya articulación se forma principalmente con la parte posterior del dorso de la lengua.

poste *m* Madero, piedra o columna puesta verticalmente como apoyo o señal.

póster *m* Cartel publicitario, de contenido vario; político, turístico, comercial, artístico, etcétera.

postergar *tr* Hacer sufrir atraso, dejar atrasada una cosa, ya sea respecto del lugar que debe ocupar, ya del tiempo en que había de tener su efecto. ◻ POSTERGACIÓN.

posteridad *f* Descendencia o generación venidera. || Fama póstuma. || El tiempo futuro.

posterior *adj* Que fue o viene después, o está o queda detrás. ◻ POSTERIORIDAD.

postigo *m* Puerta de una hoja, la cual se asegura con llave, cerrojo, picaporte, etc. || Puerta chica abierta en otra mayor.

postilla f Costra de las llagas o granos cuando se secan. ☐ POSTILLOSO, SA.

postín m Entono, boato. ☐ POSTINERO, RA.

postizo, za adj Que no es natural ni propio, sino agregado, imitado o fingido.

postmeridiano, na adj Perteneciente o relativo a la tarde, o que es después de mediodía.

postoperatorio, ria adj Perteneciente o relativo a lo que sucede con posterioridad a la operación.

postor m Licitador.

postpalatal adj Díc. del sonido para cuya pronunciación choca la raíz de la lengua contra el velo del paladar.

postración f Acción y efecto de postrar o postrarse.

postrar tr y prnl Enflaquecer, debilitar, quitar el vigor y las fuerzas. • prnl Hincarse de rodillas en señal de respeto, veneración o ruego.

postre m Fruta, dulce y otras cosas que se sirven al fin de las comidas.

postrería f Último período o últimos años de la vida. || Período último de la duración de una cosa.

postrimero, ra adj Postrero o último.

postulado, da pp de postular. • m Proposición cuya verdad se admite sin pruebas y que sirve de base en ulteriores razonamientos.

postulante, ta adj y s Que postula. • m y f Aspirante a ser admitido en una orden o congregación religiosa.

postular tr Pedir, pretender. || Pedir por la calle en una colecta. ☐ POSTULACIÓN.

póstumo, ma adj Que nace después de la muerte del padre o autor.

postura f Planta, figura, situación o modo en que está puesta una persona, animal o cosa. || Precio que el comprador ofrece por una cosa que se vende o arrienda. || (fig) Manera de actuar o de pensar.

potabilizar tr Hacer potable. ☐ POTABILIZACIÓN.

potable adj Que se puede beber. || (fig, fam) Aceptable, pasable. ☐ POTABILIDAD.

potaje m Caldo de olla u otro guisado. || (fig) Lío, desorden.

potasio m Metal alcalino, muy ligero y de brillo comparable al de la plata, aunque al aire se oxida rápidamente. ☐ POTÁSICO, CA.

pote m Vaso de barro, alto, para beber o guardar los licores y otros preparados. || Tiesto en que se plantan y tienen las flores y hierbas olorosas.

potencia f Capacidad para ejecutar una cosa o producir un efecto. || Fuerza, vigor. || Imperio, dominación. || Capacidad generativa. || Poder y fuerza de un Estado.

potencial adj Que tiene o encierra en sí potencia; perteneciente a ella. || Que puede suceder o existir. • m Fuerza o poder disponibles de determinado orden. ☐ POTENCIALIDAD.

potenciar tr Comunicar potencia a una cosa o incrementar la que ya tiene. || Impulsar, fomentar.

potentado m Cualquier persona poderosa y opulenta.

potente adj Que tiene poder, eficacia o virtud para una cosa. || Díc. del que tiene grandes riquezas.

potestad f Dominio, poder, jurisdicción o facultad que se tiene sobre una cosa. ☐ POTESTATIVO, VA.

potingue m (fam) Cualquier bebida de botica o de sabor y aspecto desagradables. • pl Productos cosméticos.

potito m Alimento envasado y preparado a modo de puré, para niños de corta edad.

potoco, ca adj y s Chile. Bajo, gordo.

potosí m (fig) Riqueza extraordinaria.

potra f Hernia de una víscera u otra parte blanda. || (fig, fam) Buena suerte.

potranca f Yegua que no pasa de tres años.

potranco m Caballo que no pasa de tres años.

potrero m El que cuida de los potros. || Amér. Finca rústica, cercada, destinada pralm. a la cría y sostenimiento de toda especie de ganado. || Amér. Parcela en una finca rústica.

potro m Caballo desde que nace hasta que muda los dientes de leche. || Aparato gimnástico formado por cuatro patas y un paralelepípedo forrado, sostenido por ellas.

poyo *m* Banco de piedra, yeso u otra materia, que suele estar arrimado a las paredes.

poza *f* Charca o concavidad en que hay agua detenida.

pozo *m* Hoyo que se hace en la tierra ahondándolo hasta encontrar vena de agua. ‖ Hoyo profundo, aunque esté seco. ‖ Sitio donde los ríos tienen mayor profundidad. ‖ *Col.* Lugar de un río apropiado para bañarse. ‖ Hoyo profundo para extraer mineral, para acceso y ventilación de las minas, etc.

pozol o **pozole** *m Méx.* Guiso de maíz tierno, carne y chile con mucho caldo. ‖ *Méx.* Bebida hecha de maíz morado y azúcar.

práctica *f* Ejercicio de cualquier arte, facultad o trabajo. ‖ Destreza adquirida con este ejercicio. ‖ Uso continuado, costumbre o estilo de una cosa. ‖ Modo o método que particularmente observa uno en sus operaciones.

practicable *adj* Que se puede practicar o poner en práctica. ‖ Transitable.

practicante *adj* Que practica. • *adj* y *s* Dícese de la persona que profesa y practica su religión. • *m* o *f* Persona que posee título para el ejercicio de la cirugía menor.

practicar *tr* Ejercitar, poner en práctica una cosa que se ha aprendido y especulado. ‖ Ejecutar, hacer, llevar a cabo. ‖ Llevar a la práctica las normas y preceptos de una determinada religión. • *tr* e *intr* Repetir algo varias veces para perfeccionarlo.

práctico, ca *adj* Perteneciente a la práctica. ‖ Que produce un beneficio o una utilidad material inmediata. ‖ Se aplica a las facultades que enseñan el modo de hacer una cosa.

pradera *f* Conjunto de prados. ‖ Prado grande.

pradería *f* Conjunto de prados.

prado *m* Tierra muy húmeda o de regadío, en la cual se deja crecer o se siembra la hierba para pasto de los ganados. ‖ Sitio ameno que sirve de paseo en algunas poblaciones. ◻ PRADEÑO, ÑA.

pragmático, ca *adj* Perteneciente o relativo al pragmatismo. • *adj* Práctico; opuesto a teórico o especulativo. • *adj* y *s* Se aplica al autor jurista que interpreta o glosa las leyes nacionales. • *f* Ley que se diferenciaba de las reales órdenes en las fórmulas de su publicación.

pragmatismo *m* Método filosófico según el cual el único criterio válido para juzgar de la verdad de toda doctrina científica, moral o religiosa se ha de fundar en sus efectos prácticos. ‖ Propensión a adaptarse a las condiciones reales. ◻ PRAGMATISTA.

praliné *m* Crema de chocolate y almendra o avellana.

praxis *f* Práctica, en oposición a teoría o teórica.

preámbulo *m* Exordio, aquello que se dice antes de dar principio a lo que se trata de narrar, probar, mandar, pedir, etc.

prebenda *f* Renta aneja a un canonicato u otro oficio eclesiástico. ‖ (fig, fam) Oficio, empleo o ministerio lucrativo y poco trabajoso.

preboste *m* Sujeto que es cabeza de una comunidad y la preside o gobierna.

precalentar *tr* Calentar previamente. ‖ Calentar una materia antes de someterla a una operación o tratamiento determinado. • *tr* y *prnl* Realizar una serie de ejercicios físicos para poner los músculos en forma antes de una competición. ◻ PRECALENTAMIENTO.

precario, ria *adj* De poca estabilidad o duración. ‖ Que no posee los medios o los recursos suficientes.

precaución *f* Reserva, cautela para cortar o prevenir inconvenientes, daño o peligro.

precaver *tr* y *prnl* Prevenir un riesgo o daño actuando con prudencia. ◻ PRECAVIDO, DA.

precedente *adj* Que precede o es anterior y primero en el orden de la colocación o de los tiempos. • *m* Antecedente, acción o circunstancia anterior que sirve para juzgar hechos posteriores.

preceder *tr* e *intr* Ir delante en tiempo, orden o lugar. • *tr* Anteceder o estar antepuesto. ‖ (fig) Tener una persona o cosa preferencia o superioridad sobre otra. ◻ PRECEDENCIA.

preceptista adj y s Díc. de la persona que da o enseña preceptos y reglas.

preceptivo, va adj Que incluye o encierra en sí preceptos. ‖ Ordenado por un precepto.

precepto m Mandato u orden que el superior hace observar y guardar al inferior o súbdito.

preceptor, ra m y f Persona que enseña.

preciado, da adj Excelente y de mucha estimación.

preciar tr Apreciar. • prnl Vanagloriarse.

precinta f Pequeña tira, por lo regular de cuero, que se pone en las esquinas de los cajones para darles firmeza. ‖ Tira de papel impreso que se aplica en las aduanas.

precintar tr Poner precinto o precinta. ‖ Asegurar los cajones poniéndoles precintas.

precinto m Acción y efecto de precintar. ‖ Ligadura sellada con que se atan a lo largo y a lo ancho cajones, baúles, paquetes, etc., a fin de que no se abran sino cuando y por quien corresponda.

precio m Valor pecuniario en que se estima una cosa. ‖ (fig) Esfuerzo que sirve de medio para conseguir una cosa.

precioso, sa adj Excelente, digno de estimación y aprecio. ‖ (fig, fam) Hermoso. ⬜ PRECIOSIDAD; PRECIOSISMO.

precipicio m Despeñadero por cuya proximidad es peligroso andar. ‖ (fig) Ruina espiritual o material.

precipitación f Acción y efecto de precipitar o precipitarse. ‖ Agua procedente de la atmósfera, que en forma sólida o líquida se deposita sobre la superficie de la Tierra.

precipitado, da adj Se dice de las cosas realizadas con mucha prisa. • m Materia que por resultado de reacciones químicas se separa del líquido en que estaba disuelta y se deposita en el fondo.

precipitar tr y prnl Despeñar, arrojar o derribar desde un lugar alto. ‖ Provocar la aceleración de unos hechos. • prnl (fig) Lanzarse irreflexivamente y sin prudencia a ejecutar o decir una cosa.

precisar tr Fijar o determinar de modo preciso. • intr Ser necesario o imprescindible. ⬜ PRECISIÓN.

preciso, sa adj Necesario, indispensable. ‖ Puntual, fijo, exacto, cierto, determinado.

preclaro, ra adj Ilustre, famoso.

precognición f Conocimiento anterior.

precolombino, na adj y s Díc. de lo relativo a América, antes de su descubrimiento por Cristóbal Colón.

preconcebir tr Pensar o planear algo antes de ejecutarse.

preconizar tr Encomiar, apoyar y defender a una persona o cosa.

precoz adj Díc. del fruto temprano, prematuro. ‖ (fig) Se aplica al niño que posee un desarrollo superior al propio de su edad. ⬜ PRECOCIDAD.

precursor, ra adj y s Que precede o va delante.

predatorio, ria adj Concerniente al acto de hacer presa. ‖ Concerniente al robo o al saqueo.

predecesor, ra m y f Persona que precedió a otra en una dignidad o cargo. ‖ Ascendiente.

predecir tr Anunciar por revelación, ciencia o conjetura, algo que ha de suceder. ⬜ PREDICCIÓN.

predestinar tr Destinar anticipadamente una cosa para un fin. ‖ Destinar y elegir Dios desde la eternidad a los que por medio de su gracia han de lograr la gloria. ⬜ PREDESTINACIÓN; PREDESTINADO, DA.

predeterminar tr Determinar o resolver con anticipación una cosa. ⬜ PREDETERMINACIÓN.

prédica f Sermón o plática.

predicable adj Digno de ser predicado.

predicado, da pp de predicar. • m Lo que se afirma del sujeto en una proposición.

predicamento m Dignidad, opinión, lugar o grado de estimación que uno ha merecido por sus obras.

predicar tr Publicar, hacer patente y clara una cosa. ‖ Pronunciar un sermón. ‖ (fig, fam) Amonestar a uno para persuadirle de algo. ⬜ PREDICACIÓN; PREDICADOR, RA.

predicativo, va adj Perteneciente al predicado o que tiene carácter de tal.

predicción f Acción y efecto de predecir. ‖ Cosa que se predice.

predilección f Cariño especial con que se distingue a una persona o cosa entre otras. ❏ PREDILECTO, TA.

predio m Hacienda o posesión inmueble.

predisponer tr y prnl Preparar, disponer anticipadamente algo o a alguien para un fin determinado. ❏ PREDISPOSICIÓN.

predominar tr e intr Prevalecer, preponderar. • tr (fig) Exceder mucho en alt. una cosa respecto de otra. ❏ PREDOMINIO.

predorsal adj Sit. en la parte anterior de la espina dorsal. ‖ Díc. del sonido en cuya articulación interviene pralm. la parte anterior del dorso de la lengua.

preeminencia f Privilegio, exención, ventaja o preferencia que goza uno respecto de otro. ❏ PREEMINENTE.

preescolar adj Perteneciente o relativo al período educacional anterior al de la enseñanza primaria.

preexistir intr Existir antes, o realmente, o con antelación de naturaleza u origen. ❏ PREEXISTENCIA.

prefabricado, da adj y m Díc. de los elementos fabricados fuera de la obra, efectuándose en ésta sólo la colocación.

prefacio m Prólogo o introducción de un libro.

prefecto m Ministro que preside y manda en un tribunal, junta o comunidad eclesiástica. ❏ PREFECTURA.

preferencia f Primacía, ventaja. ‖ Elección de una cosa o persona entre varias.

preferir tr y prnl Dar la preferencia. • tr Exceder, aventajar. ❏ PREFERIBLE.

prefigurar tr Representar anticipadamente una cosa. ❏ PREFIGURACIÓN.

prefijación f Modo de formar nuevas voces por medio de prefijos.

prefijar tr Determinar, señalar o fijar anticipadamente una cosa.

prefijo, ja pp irreg de prefijar. • adj y m Díc. del afijo que va antepuesto.

pregón m Promulgación o publicación que en voz alta se hace en los sitios públicos de una cosa que conviene que todos sepan.

pregonar tr Publicar en voz alta algo para que todos lo sepan. ‖ (fig) Alabar en público los hechos, virtudes o cualidades de una persona. ❏ PREGONERO, RA.

pregunta f Demanda o interrogación qu[e] se hace para que uno responda lo que sa[-] be de un negocio u otra cosa. • pl Interro[-] gatorio.

preguntar tr y prnl Interrogar o hace[r] preguntas a uno para que responda lo qu[e] sabe sobre un asunto. ❏ PREGUNTÓN, NA.

prehispánico, ca adj y s Díc. de la Amé[-] rica anterior a la llegada de los españoles[.]

prehistoria f Ciencia que estudia la evo[-] lución de la especie humana desde s[u] aparición hasta el descubrimiento de l[a] escritura.

prehistórico, ca adj y s Pertenecient[e] o relativo al período estudiado por l[a] prehistoria.

prejudicial adj Que requiere o pide deci[-] sión anterior y previa a la sentencia de l[o] principal.

prejuzgar tr Juzgar de las cosas antes de[l] tiempo oportuno, o sin tener de ellas caba[l] conocimiento. ❏ PREJUICIO; PREJUICIO.

prelacía f Prelatura.

prelación f Antelación o preferencia co[n] que una cosa debe ser atendida respect[o] de otra con la cual se compara.

prelado, da m y f Superior de un conven[-] to. • m Superior eclesiástico constituid[o] en una de las dignidades de la Iglesia, co[-] mo abad, obispo, arzobispo, etc.

prelatura f Dignidad y oficio de prelado.

preliminar adj y s (fig) Que antecede o s[e] antepone a una acción, a una empresa, a[ ] un litigio, a un escrito o a otra cosa.

preludiar intr y tr Ensayar antes de co[-] menzar a tocar o cantar. • tr (fig) Prepa[-] rar o iniciar una cosa.

preludio m Lo que precede y sirve de en[-] trada, preparación o principio a una cosa. ‖ Composición musical independiente, destinada a preceder la ejecución de otra[s] obras.

prematuro, ra adj Que no está en sazón. ‖ Que ocurre antes de tiempo. • adj y s Díc. del niño que nace antes del término de la gestación.

premeditar tr Pensar reflexivamente una cosa antes de ejecutarla. ❏ PREME-DITACIÓN.

premiar tr Remunerar, galardonar los méritos y servicios de uno.

premio *m* Recompensa, galardón o remuneración que se da por algún mérito o servicio. ‖ Recompensa que se otorga en rifas, sorteos o concursos.

premisa *f* (fig) Señal o indicio por donde se infiere una cosa o se viene en conocimiento de ella.

premolar *adj* y *s* Díc. de los molares que en la dentición del mamífero adulto han reemplazado a los de la primera dentición.

premonición *f* Presentimiento, presagio.

premonitorio, ria *adj* Que tiene carácter de premonición o advertencia moral.

premura *f* Aprieto, apuro, prisa, urgencia.

prenatal *adj* Que se produce antes del nacimiento.

prenda *f* Cosa que se deja como garantía de algo. ‖ Cualquiera de las partes que componen el vestido y calzado. ‖ Lo que se da o hace en señal, prueba o demostración de una cosa.

prendar *tr* Ganar la voluntad y agrado de uno. • *prnl* Aficionarse, enamorarse de una persona o cosa. ❏ PRENDAMIENTO.

prendedor *m* El que prende. ‖ Cualquier instrumento que sirve para prender.

prender *tr* Asir, agarrar, sujetar una cosa. ‖ Sujetar dos cosas entre sí, por medio de prendedor, alfiler o puntada. ‖ Asegurar a una persona privándola de la libertad, y pralm. ponerla en la cárcel por delito cometido u otra causa. • *intr* Arraigar la planta en la tierra.

prendido, da *pp* de prender. • *m* Adorno de las mujeres, especialmente el de la cabeza.

prensa *f* Máquina que sirve para comprimir. ‖ (fig) Imprenta. ‖ (fig) Conjunto de las publicaciones periódicas y especialmente las diarias. ❏ PRENSISTA.

prensar *tr* Apretar, comprimir. ❏ PRENSADO, DA.

prensil *adj* Que sirve para asir o coger.

preñar *tr* Fecundar o hacer concebir a la hembra. ‖ (fig) Llenar, henchir. ❏ PREÑADO, DA.

preñez *f* Embarazo de la mujer. ‖ Tiempo que dura.

preocupar *tr* Ocupar anticipadamente una cosa, o prevenir a uno en la adquisición de ella. ‖ (fig) Prevenir el ánimo de uno, de modo que dificulte el asentir a otra opinión. • *prnl* Estar prevenido o encaprichado en favor o en contra de una persona, opinión u otra cosa. ❏ PREOCUPACIÓN.

preoperatorio, ria *adj* Díc. del período que precede a una intervención quirúrgica.

prepalatal *adj* Se aplica al sonido que se pronuncia aplicando el dorso de la lengua a la parte anterior del paladar.

preparación *f* Acción y efecto de preparar o prepararse. ‖ Conjunto de conocimientos que se tienen sobre una determinada materia.

preparado, da *pp* de preparar. • *adj* y *s* Díc. de la droga o medicamento preparado.

preparador, ra *m* y *f* Persona que prepara. ‖ Entrenador.

preparar *tr* Prevenir, disponer y aparejar una cosa para que sirva a un efecto. ‖ Prevenir a un sujeto o disponerle para una acción futura. • *prnl* Disponerse para ejecutar una cosa o con algún otro fin determinado. ❏ PREPARATIVO, VA; PREPARATORIO, RIA.

preponderancia *f* (fig) Superioridad de crédito, consideración, autoridad, fuerza, etcétera.

preponderar *intr* (fig) Prevalecer o hacer más fuerza una opinión u otra cosa con aquella con la cual se compara.

preposición *f* Parte invariable de la oración, cuyo oficio es denotar el régimen o relación que entre sí tienen dos palabras o términos. ❏ PREPOSICIONAL.

prepotente *adj* y *s* Más poderoso que otros, o muy poderoso. ‖ Que abusa de su poder o hace alarde de él. ❏ PREPOTENCIA.

prepucio *m* Piel móvil que cubre el bálano.

prerrogativa *f* Privilegio, gracia o exención de que uno goza, debido gralte. a una dignidad, empleo o cargo, o por razones de edad u otras circunstancias.

presa *f* Acción de prender o tomar una cosa. ‖ Animal que es o puede ser cazado o pescado. ‖ Cosa apresada o robada. ‖ Acequia o zanja de regar. ‖ Muro de

p

fábrica, que se destina a la contención de las aguas o acumulación con objeto de producir energía hidroeléctrica, facilitar el regadío, abastecer de agua potable, etcétera.

presagiar *tr* Anunciar o prever una cosa, induciéndola de presagios o conjeturándola por razonable discurso.

presagio *m* Señal que indica, previene y anuncia un suceso favorable o contrario. ‖ Adivinación o conocimiento de las cosas futuras.

presbicia *f* Deficiencia total o parcial en la acomodación del ojo.

presbiterio *m* Parte de la iglesia inmediata al altar, gralte. elevada sobre el resto de la planta.

presbítero *m* Sacerdote cristiano.

prescindir *intr* Hacer abstracción de una persona o cosa; pasarla por alto, omitirla. ‖ Abstenerse, privarse de ella, evitarla.

prescribir *tr* Preceptuar, ordenar, determinar una cosa. ‖ Recetar, ordenar remedios. • *intr* Extinguirse un derecho, una acción o una responsabilidad. ❑ PRESCRIPCIÓN.

presea *f* Alhaja, joya o cosa preciosa.

presencia *f* Asistencia personal, o estado de la persona que se halla delante de otra u otras. ‖ Figura y disposición del cuerpo. ❑ PRESENCIAL.

presenciar *tr* Hallarse presente o asistir a un acontecimiento, ver algo que está ocurriendo.

presentable *adj* Que está en condiciones de presentarse o ser presentado.

presentación *f* Acción y efecto de presentar o presentarse. ‖ Aspecto exterior de algo.

presentador, ra *adj y s* Que presenta. • *m y f* Persona que presenta, especialmente un programa televisivo.

presentar *tr y prnl* Hacer manifestación de una cosa; ponerla en la presencia de uno. ‖ Dar o darse a conocer dos personas, diciendo su nombre. • *tr* Dar graciosa y voluntariamente a uno una cosa. ‖ Tener ciertas características o apariencias. ‖ Introducir a uno en la casa o en el trato de otro. ‖ Dar a conocer al público

un libro, un programa, un espectáculo, etcétera. • *prnl* Comparecer en algún lugar o acto.

presente *adj y s* Que está delante o en presencia de uno, o concurre con él en el mismo sitio. ‖ Díc. del tiempo en que actualmente está uno cuando refiere una cosa. ‖ Tiempo del verbo que expresa la realización del acontecimiento como contemporánea al momento de hablar.

presentir *tr* Antever intuitivamente lo que ha de suceder. ❑ PRESENTIMIENTO.

preservar *tr y prnl* Proteger, resguardar a una persona, animal o cosa, de algún daño o peligro. ❑ PRESERVACIÓN.

preservativo, va *adj y s* Que tiene virtud o eficacia de preservar. • *m* Funda de goma, con la que se cubre el pene durante el coito para evitar la fecundación o el contagio de enfermedades.

presidencia *f* Dignidad, empleo o cargo de presidente. ‖ Tiempo que dura el cargo. ❑ PRESIDENCIAL.

presidencialismo *m* Sistema de gobierno en que el pres. de la rep. es también primer ministro.

presidente, ta *m y f* Persona que preside. ‖ Cabeza o superior de un consejo, tribunal, junta o sociedad. ‖ En las repúblicas, el jefe del Estado, normalmente elegido por un plazo fijo.

presidiario, ria *m y f* Persona que cumple su condena en presidio.

presidio *m* Establecimiento penitenciario en que cumplen sus condenas los penados por graves delitos.

presidir *tr* Tener el primer lugar en una asamblea, corporación, junta o tribunal, o en un acto o una empresa.

presilla *f* Cordón pequeño, de seda u otra materia, en forma de lazo, con que se prende o asegura una cosa.

presión *f* Acción y efecto de apretar o comprimir. ‖ Fuerza que ejerce un cuerpo sobre cada unidad de superficie. ‖ (fig) Fuerza o coacción que se hace sobre una persona o colectividad.

presionar *tr* Ejercer presión sobre alguna persona o cosa.

preso, sa *pp* irregular de prender. • *adj y s* Díc. de la persona que sufre prisión.

prestación f Acción y efecto de prestar. ‖ Cosa o servicio exigido por una autoridad. ‖ Cosa o servicio que un contratante da o promete al otro.

prestamista m o f Persona que da dinero a préstamo.

préstamo m Dinero que el Estado o una corporación toma de los particulares con una garantía, empréstito. ‖ Dinero o valor que toma un particular para devolverlo.

prestancia f Aspecto de distinción, elegancia.

prestar tr Entregar a uno dinero u otra cosa con la obligación de restituir igual cantidad o la cosa misma. ‖ Junto con los nombres atención, paciencia, silencio, etc., tener u observar lo que estos nombres significan. ● prnl Ofrecerse, allanarse, avenirse a una cosa.

presteza f Prontitud, diligencia.

prestidigitación f Arte o habilidad para hacer juegos de manos y otros embelecos para distracción del público. ❒ PRESTIDIGITADOR.

prestigiar tr Dar prestigio o importancia.

prestigio m Realce, estimación, buen crédito. ❒ PRESTIGIOSO.

presto¹, ta adj Pronto, diligente, ligero en la ejecución de una cosa. ● adv tiempo Luego, al instante, con gran prontitud.

presto² adv modo Con movimiento muy rápido. ● m Composición musical o parte de ella que se ejecuta con este movimiento.

presumido, da pp de presumir. ● adj y s Que presume; jactancioso. ● adj Díc. de la persona que se arregla mucho.

presumir tr Sospechar, juzgar o conjeturar una cosa por tener indicios o señales para ello. ● intr Vanagloriarse, tener alto concepto de sí mismo.

presunción f Acción y efecto de presumir. ‖ Cosa que por ministerio de la ley se tiene como verdad.

presuntuoso, sa adj y s Lleno de presunción y orgullo.

presuponer tr Dar antecedentemente por sentada, cierta, notoria y constante una cosa para pasar a tratar de otra. ❒ PRESUPOSICIÓN.

presupuestar tr Hacer un presupuesto.

presupuesto, ta pp irreg de presuponer. ● m Supuesto o suposición. ‖ Cómputo anticipado del coste de una obra o de los gastos y rentas de una corporación. ‖ Cantidad de dinero calculado para hacer frente a los gastos generales de la vida cotidiana, de un viaje, etc.

presura f Opresión, congoja. ‖ Prisa, ligereza.

presuroso, sa adj Pronto, ligero, veloz.

pretencioso, sa adj Presuntuoso, presumido.

pretender tr Querer conseguir algo. ‖ Cortejar un hombre a una mujer para hacerse novios o para casarse con ella.

pretendiente adj y s Que pretende o solicita una cosa. ● m El que pretende o corteja a una mujer.

pretensión f Solicitud para conseguir una cosa que se desea. ‖ Derecho bien o mal fundado que uno juzga tener sobre una cosa.

preterir tr Hacer caso omiso de una persona o cosa.

pretérito, ta adj Díc. de lo que ya ha pasado o sucedido. ● adj y s Tiempo pretérito.

preternatural adj Que se halla fuera del ser y estado natural de una persona o cosa.

pretextar tr Valerse de un pretexto.

pretexto m Motivo o causa simulado o aparente que se alega para hacer una cosa o para excusarse de no haberla ejecutado.

pretil m Murete o vallado de piedra u otra materia, que se pone en los puentes y en otros parajes para preservar de caídas.

pretina f Correa o cinta con hebilla o broche para sujetar en la cintura ciertas prendas de ropa.

prevalecer intr Sobresalir una persona o cosa; tener alguna superioridad o ventaja entre otras. ‖ (fig) Crecer y aumentar una cosa no material.

prevaler intr Prevalecer. ● prnl Valerse o servirse de una cosa.

prevaricar intr Delinquir los funcionarios públicos dictando o proponiendo resolución de manifiesta injusticia.

prevención f Acción y efecto de prevenir. ‖ Preparación y disposición que se hace anticipadamente para evitar un ries-

p

go o ejecutar una cosa. ‖ Concepto, por lo común desfavorable, que se tiene de una persona o cosa. ‖ Acción y efecto de prevenir el juez las primeras diligencias.

prevenir tr Preparar, aparejar y disponer con anticipación las cosas necesarias para un fin. ‖ Prever, ver, conocer de antemano o con anticipación un daño o perjuicio. ‖ Precaver, evitar, estorbar o impedir una cosa. ‖ Advertir, informar o avisar a uno de una cosa. • prnl Disponer con anticipación; prepararse de antemano para una cosa. ▢ PREVENIDO, DA.

prever tr Ver con anticipación. ‖ Conocer, conjeturar por algunas señales o indicios lo que ha de suceder. ‖ Disponer o preparar medios contra futuras contingencias. ▢ PREVISOR, RA.

previo, via adj Anticipado, que va delante o que sucede primero.

previsible adj Que puede ser previsto o entra dentro de las previsiones normales.

previsión f Acción y efecto de prever. ‖ Acción de disponer lo conveniente para atender a contingencias o necesidades previsibles.

prez amb Honor, estima o consideración que se adquiere o gana con una acción gloriosa.

prieto, ta adj Ajustado, ceñido, estrecho, duro, denso. ‖ Aplícase al color muy oscuro.

prima f En algunos instrumentos de cuerda, la que es primera en orden y la más delgada de todas, que produce un sonido muy agudo. ‖ Cantidad extra de dinero que se da a alguien a modo de recompensa, estímulo, agradecimiento, etc. ‖ Precio que el asegurado paga al asegurador, de cuantía unas veces fija y otras proporcional.

primacía f Superioridad o excelencia que una cosa tiene con respecto a otra de su especie.

primado m Prelado con jurisdicción o precedencia especial sobre los arzobispos y obispos de una región, país, etc.

primar intr Prevalecer, predominar, sobresalir. ‖ Recompensar con el pago de una cantidad que se añade a la estipulada de antemano.

primario, ria adj Principal o primero e orden o grado. ‖ Primitivo, poco civi lizado.

primate adj y m Díc. de mamíferos de or ganización superior, plantígrados, con ex tremidades terminadas en cinco dedo provistos de uñas de los cuales el pulga es oponible a los demás, por lo menos e los miembros torácicos.

primavera f Estación del año, que astro nómicamente principia en el equinocci del mismo nombre y termina en el solsti cio de verano. ‖ (fig) Tiempo en que una cosa está en su mayor vigor y hermosura ▢ PRIMAVERAL.

primer adj Apóc. de primero. Se usa an tepuesto a un sustantivo masculino er singular.

primerizo, za adj y s Que hace por vez primera una cosa. • adj y f Aplícase espe cialmente a la hembra que pare por pri mera vez.

primero, ra adj y s Díc. de la persona o cosa que precede a las demás de su es pecie en orden, tiempo, lugar, situación, clase o jerarquía. • adj Excelente, grande y que sobresale y excede a otros. • adv tiempo Primeramente.

primicia f Fruto primero de cualquier cosa. ‖ Hecho que se da a conocer por primera vez.

primigenio, nia adj Primitivo, originario.

primípara f Hembra que pare por primera vez.

primitivismo m Condición, mentalidad, tendencia o actitud propia de los pueblos primitivos. ‖ Tosquedad, rudeza, elemen talidad.

primitivo, va adj Primero en su línea, o que no tiene ni toma origen de otra cosa. ‖ Perteneciente a los orígenes o primeros tiempos de alguna cosa. ‖ Rudimentario, elemental, tosco.

primo, ma adj Primero. • adj y m Díc. del núm. entero que sólo es divisible por sí mismo y por la unidad. • m y f Respecto de una persona, hijo o hija de su tío o tía. ‖ (fam) Persona incauta que se deja engañar o explotar fácilmente.

primogénito, ta adj y s Aplícase al hijo que nace primero. ▢ PRIMOGENITURA.

primor m Destreza, habilidad, esmero o excelencia en hacer o decir una cosa.

primordial adj Primitivo, primero. Aplícase al principio fundamental de cualquier cosa.

primoroso, sa adj Excelente, delicado y perfecto. ‖ Diestro, experimentado y que hace o dice con perfección alguna cosa.

princesa f Mujer del príncipe. ‖ La que posee un principado.

principado m Título o dignidad de príncipe. ‖ Territorio o lugar sobre que recae este título.

principal adj Díc. de la persona o cosa que tiene el primer lugar en estimación o importancia y se antepone y prefiere a otras. ‖ Esencial o fundamental, por oposición a accesorio. • adj y m Díc. del piso que en los edificios se halla sobre el bajo o sobre el entresuelo.

príncipe m p. ant. Hijo primogénito del rey, heredero de su corona. ‖ Individuo de familia real o imperial. ‖ Soberano de un Estado.

principesco, ca adj Díc. de lo que es o parece propio de un príncipe o princesa.

principiante, ta adj y s Que empieza a estudiar, aprender o ejercer un oficio, arte o profesión.

principiar tr y prnl Comenzar, dar principio a una cosa.

principio m Primer instante del ser de alguna cosa. ‖ Punto que se considera primero en una extensión o cosa. ‖ Base, origen, razón fundamental sobre la cual se procede discurriendo en cualquier materia. ‖ Causa, origen de algo. ‖ Norma o idea fundamental que rige el pensamiento o la conducta.

pringar tr Empapar con pringue el pan u otro alimento. • tr y prnl Manchar con pringue. • intr (fig, fam) Tomar parte en un negocio o dependencia. • prnl (fig, fam) Interesarse uno indebidamente en el caudal o negocio que maneja.

pringue amb Grasa que suelta el tocino u otra cosa semejante sometida a la acción del fuego.

prión m Proteína infecciosa involucrada en la transmisión de la encefalopatía espongiforme bovina.

prior, ra m y f Superior o superiora del convento, o segundo prelado después del abad.

priorato m Oficio, dignidad o empleo de prior o priora. ‖ Distrito o territorio en que tiene jurisdicción el prior.

prioridad f Anterioridad de una cosa respecto de otra, o en tiempo o en orden.

prisa f Prontitud o rapidez con que sucede o se ejecuta una cosa. ‖ Urgencia.

prisión f Cárcel o sitio donde se encierra a los presos.

prisionero, ra m y f Persona que está presa, generalmente por causas que no son delito. ‖ (fig) El que está como cautivo de un afecto o pasión.

prisma m Sólido limitado por dos polígonos iguales y paralelos, y por tantos paralelogramos como lados tienen dichos polígonos.

prismático, ca adj De forma de prisma. ‖ Perteneciente o relativo al prisma. • m pl Instrumento óptico que permite ver ampliados los objetos lejanos.

prístino, na adj Antiguo, primitivo, original.

privación f Acción de despojar, impedir o privar. ‖ Carencia o falta de una cosa en sujeto capaz de tenerla. ‖ Renuncia voluntaria a algo.

privado, da adj Que se ejecuta a vista de pocos, familiar y doméstico, sin formalidad ni ceremonia alguna.

privanza f Preferencia en el favor de un alto personaje.

privar tr Despojar a uno de una cosa que poseía. ‖ Destituir a uno de un empleo, ministerio, dignidad, etc. ‖ Prohibir o vedar. • tr y prnl Quitar o suspender el sentido, como sucede con un golpe violento u olor sumamente vivo. • prnl Dejar voluntariamente una cosa de gusto, interés o conveniencia.

privatizar tr Transferir una empresa o actividad pública al sector privado. ❏ PRIVATIZACIÓN.

privilegio m Gracia o prerrogativa que concede el superior, exceptuando o libertando a uno de una carga, o concediéndole una exención de que no gozan otros. ❏ PRIVILEGIADO, DA.

pro *prep* inseparable que tiene su recta significación de *por* o *en vez de* (como en *pron*), o la de *delante* en sentido (fig) (como en *proponer*); o denota más ordinariamente publicación (como en *proclamar*); continuidad de acción, impulso o movimiento hacia delante (como en *procrear*, *propasar*); negación o contradicción (como en *proscribir*); o sustitución (como en *procónsul*).

proa *f* Parte delantera del casco de una nave, con la cual corta las aguas.

probabilidad *f* Verosimilitud o fundada apariencia de verdad. ‖ Calidad de probable.

probable *adj* Verosímil, o que se funda en razón prudente. ‖ Que se puede probar. ‖ Díc. de aquello que hay buenas razones para creer que se verificará o sucederá.

probado, da *pp* de probar. • *adj* Acreditado por la experiencia.

probador, ra *adj* y *s* Que prueba. • *m* En tiendas y talleres de costura, lugar en que los clientes se prueban los trajes o vestidos.

probar *tr* Hacer examen y experimento de las cualidades de personas o cosas. ‖ Justificar, manifestar y hacer patente la certeza de un hecho o la verdad de una cosa con razones, instrumentos o testigos. ‖ Gustar una pequeña proporción de un manjar o líquido. ‖ Comer o beber alguna cosa.

probatorio, ria *adj* Que sirve para probar o averiguar la verdad de una cosa.

probeta *f* Tubo de vidrio, con pie o sin él, cerrado por un extremo y destinado a contener líquidos o gases.

probidad *f* Honradez. ☐ PROBO, BA.

problema *m* Cuestión que se trata de aclarar; proposición dudosa. ‖ Conjunto de hechos o circunstancias que dificultan la consecución de algún fin. ‖ Disgusto, preocupación.

problemático, ca *adj* Dudoso, incierto, o que se puede defender por una u otra parte.

procacidad *f* Desvergüenza, insolencia, atrevimiento. ‖ Dicho o hecho desvergonzado.

procaz *adj* Desvergonzado, indecente, grosero.

procedencia *f* Origen, principio de donde nace o se deriva una cosa. ‖ Punto de salida o escala de un barco, cuando llega a término de su viaje.

proceder[1] *m* Modo, forma y orden de portarse y gobernar uno sus acciones bien o mal.

proceder[2] *intr* Ir en realidad o figuradamente algunas personas o cosas unas tras otras guardando cierto orden. ‖ Seguirse, nacer u originarse una cosa de otra, física o moralmente. ‖ Portarse y gobernar uno sus acciones bien o mal. ‖ Ser conforme a razón, derecho, mandato, práctica o conveniencia. ☐ PROCEDENTE.

procedimiento *m* Acción de proceder. ‖ Método de ejecutar algunas cosas.

proceloso, sa *adj* Borrascoso, tempestuoso.

prócer *adj* Alto, eminente. • *m* Persona distinguida o constituida en alta dignidad.

procesado, da *pp* de procesar. • *adj* y *s* Declarado y tratado como presunto reo en un proceso criminal.

procesador *m* Elemento de un sistema informático capaz de llevar a cabo procesos.

procesar *tr* Declarar y tratar a una persona como presunto reo de delito. ‖ Someter alguna cosa a elaboración, transformación, etc. ‖ Someter datos o materiales a una serie de operaciones programadas. ☐ PROCESAMIENTO.

procesión *f* Acción de proceder una cosa de otra. ‖ Acto de ir ordenadamente de un lugar a otro muchas personas con algún fin público y solemne, por lo común religioso. ☐ PROCESIONAL.

proceso *m* Progreso, acción de ir delante. ‖ Transcurso del tiempo. ‖ Conjunto de las fases sucesivas de un fenómeno natural o de una operación artificial. ☐ PROCESAL; PROCESAMIENTO.

proclama *f* Notificación pública.

proclamación *f* Publicación de un decreto, bando o ley, que se hace solemnemente para que llegue a noticia de todos.

proclamar *tr* Publicar en alta voz una cosa para que se haga notoria a todos. ‖ Declarar solemnemente el principio o inauguración de un reinado, etc. ‖ (fig) Dar señales inequívocas de un afecto, pasión, etcétera.

proclive *adj* Inclinado o propenso a una cosa. ❏ PROCLIVIDAD.

procónsul *m* Gobernador de una prov. entre los romanos.

procrear *tr* Engendrar, multiplicar una especie. ❏ PROCREACIÓN.

procurador, ra *adj y s* Que procura. • *m y f* Persona que en virtud de poder o facultad de otro ejecuta en su nombre una cosa. ‖ Persona que, con la necesaria habilidad legal, ejerce ante los tribunales la representación de cada interesado en un juicio civil o criminal.

procuraduría *f* Oficio y cargo del procurador. ‖ Oficina donde despacha el procurador.

procurar *tr* Hacer diligencias o esfuerzos para conseguir lo que se desea. • *tr y prnl* Conseguir o adquirir algo.

prodigalidad *f* Profusión, consumo de la propia hacienda. ‖ Copia, abundancia o multitud.

prodigar *tr* Disipar, gastar pródigamente o con exceso y desperdicio una cosa. • *tr y prnl* Dar con profusión y abundancia. • *prnl* Excederse indiscretamente en la exhibición personal.

prodigio *m* Suceso extraño que excede los límites regulares de la naturaleza. ‖ Persona que posee una cualidad en grado extraordinario. ❏ PRODIGIOSO, SA.

pródigo, ga *adj y s* Disipador, gastador. • *adj* Generoso, desprendido. ‖ Que produce en abundancia.

producción *f* Acción de producir. ‖ Cosa producida. ‖ Acto o modo de producirse.

producir *tr* Engendrar, procrear, criar. Díc. propiamente de las obras de la naturaleza, y por extensión de las del entendimiento. ‖ Dar, llevar, rendir fruto los terrenos, árboles, etc. ‖ Rentar, redituar interés, utilidad o beneficio anual una cosa. ‖ (fig) Procurar, originar, ocasionar. ‖ Crear cosas o servicios con valor económico. • *prnl* Ocurrir, tener lugar. ❏ PRODUCIBLE; PRODUCTIBLE; PRODUCTIVIDAD; PRODUCTIVO, VA.

producto *m* Cosa producida. ‖ Caudal que se obtiene de una cosa que se vende, o el que ella redituá. ‖ Cantidad que resulta de una multiplicación.

productor, ra *adj y s* Que produce. • *m y f* En teatro, cine y televisión, persona que, con responsabilidad financiera y comercial, organiza la realización de una obra y aporta el capital necesario para este fin.

proemio *m* Prólogo o introducción de un discurso o de un libro. ❏ PROEMIAL.

proeza *f* Hazaña, valentía o acción valerosa.

profanar *tr* Tratar una cosa sagrada sin el debido respeto, o aplicarla a usos profanos. ‖ (fig) Deslucir, deshonrar, hacer uso indigno de cosas respetables.

profano, na *adj* Que no es sagrado ni sirve a usos sagrados, sino puramente secular. • *adj y s* Que carece de conocimientos y autoridad en una materia.

profecía *f* Don sobrenatural que consiste en conocer por inspiración divina las cosas distantes o futuras. ‖ Predicción hecha en virtud de don sobrenatural. ❏ PROFÉTICO, CA.

proferir *tr* Pronunciar, decir, articular palabras.

profesar *tr* Ejercer una ciencia, arte, oficio, etc. ‖ (fig) Sentir algún afecto, inclinación o interés y perseverar voluntariamente en ellos. • *intr* Obligarse en una orden religiosa a cumplir los votos propios de su instituto.

profesión *f* Acción y efecto de profesar. ‖ Empleo, facultad u oficio que cada uno tiene y ejerce públicamente.

profesional *adj* Perteneciente a la profesión o magisterio de ciencias y artes. • *adj y s* Persona que ejerce alguna actividad como profesión. ❏ PROFESIONALIZAR.

profeso, sa *adj y s* Díc. del religioso que ha profesado.

profesor, ra *m y f* Persona que ejerce o enseña una ciencia o arte. ❏ PROFESORADO.

profeta, tisa *m y f* Persona que posee el don de profecía.

profetizar *tr* Anunciar profecías.

profiláctico, ca *adj* Díc. del que y de lo que puede preservar la enfermedad. • *m*

Preservativo. • f Parte de la medicina que se ocupa de la prevención de las enfermedades.

profilaxis f Preservación de la enfermedad.

prófugo, ga adj y s Fugitivo. Díc. pralm. del que huye de la justicia o de otra autoridad.

profundidad f Calidad de profundo. ‖ Lugar o parte honda de una cosa. ‖ Dimensión de los cuerpos perpendicular a una superficie dada.

profundizar tr Cavar una cosa para que esté más honda. • tr e intr (fig) Discurrir, examinar o penetrar en una cosa para llegar a su perfecto conocimiento.

profundo, da adj Que tiene el fondo muy distante de la boca o borde de la cavidad. ‖ Más cavado y hondo que lo regular. ‖ (fig) Intenso, o muy vivo y eficaz. ‖ (fig) Difícil de comprender.

profuso, sa adj Abundante, copioso.

progenie f Casta, generación o familia de la cual se origina o desciende una persona.

progenitor, ra m y f Pariente en línea recta ascendente de una persona. • m pl El padre y la madre.

progenitura f Casta de que uno procede.

progesterona f Hormona sexual de naturaleza esteroide originada en el ovario.

programa m Edicto, bando a aviso público. ‖ Previa declaración de lo que se piensa hacer en alguna materia u ocasión. ‖ Sistema y distribución de las materias de un curso o asignatura. ‖ Lista más o menos detallada de las distintas partes de un trabajo, espectáculo, ceremonia, etc. ‖ Proyecto ordenado de actividades. ‖ Serie de distintas unidades temáticas que constituyen una emisión de radio o de televisión. ☐ PROGRAMÁTICO, CA.

programar tr Elaborar el programa de una actividad. ‖ Preparar ciertas máquinas por anticipado para que empiecen a funcionar en el momento previsto. ‖ Preparar los datos previos indispensables para obtener la solución de un problema mediante una calculadora electrónica, o disponer las instrucciones codificadas para un ordenador. ☐ PROGRAMACIÓN.

progre adj invar (fam) Progresista.

progresar intr Hacer progresos.

progresión f Acción de avanzar o proseguir una cosa. ‖ Cierto tipo de sucesiones numéricas.

progresista adj y s Partidario del progreso, en particular del político y social. ☐ PROGRESISMO.

progreso m Acción de ir hacia delante. ‖ Avance, adelantamiento, perfeccionamiento.

prohibir tr Vedar o impedir el uso o ejecución de una cosa. ☐ PROHIBICIÓN.

prohibitivo, va adj Díc. de lo que prohíbe. ‖ Hablando de precios, que no se pueden pagar.

prohijar tr Adoptar por hijo. ‖ (fig) Acoger como propias las opiniones o doctrinas ajenas.

prohombre m El que goza de especial consideración entre los de su clase.

prójima f (fam) Mujer de dudosa conducta. ‖ (fam) Mujer respecto al marido.

prójimo m Cualquier hombre respecto de otro.

prole f Linaje o descendencia de una persona.

prolegómeno m Tratado que se pone al principio de una obra o escrito, para establecer los fundamentos generales de la materia que se ha de tratar después.

proletariado m Clase social constituida por aquellos que no poseen los medios de producción.

proletario, ria adj (fig) Perteneciente a la clase obrera. • m y f Persona de la clase obrera.

proliferar intr Reproducirse mediante división. ‖ (fig) Multiplicarse algo abundantemente. ☐ PROLIFERACIÓN.

prolífico, ca adj Que tiene virtud de engendrar.

prolijo, ja adj Largo, dilatado con exceso.

prologar tr Escribir el prólogo de una obra.

prólogo m Discurso antepuesto a un libro, para dar noticia de la finalidad de la obra. ‖ (fig) Lo que sirve como de exordio o principio para ejecutar una cosa ☐ PROLOGUISTA.

prolongación f Acción y efecto de prolongar o prolongarse. ‖ Parte prolongada de una cosa.

prolongado, da pp de prolongar. • adj Más largo que ancho.

prolongar tr y prnl Alargar, dilatar o extender una cosa a lo largo. ❑ PROLONGAMIENTO.

promediar tr Igualar o repartir una cosa en dos partes iguales o que lo sean con poca diferencia. ‖ Determinar el promedio • intr Llegar a su mitad un intervalo de tiempo determinado.

promedio m Punto en que una cosa se divide por la mitad o casi por la mitad.

promesa f Expresión de la voluntad de dar a uno o hacer por él una cosa. ‖ Persona o cosa que promete por sus especiales cualidades.

prometer tr Obligarse a hacer, decir o dar alguna cosa. ‖ Asegurar la certeza de lo que se dice. • prnl Darse mutuamente palabra de casamiento, por sí o por tercera persona. ❑ PROMETEDOR, RA.

prometido, da pp de prometer. • m y f Novio o novia de una persona cuando tiene intención de casarse.

prominencia f Elevación de una cosa sobre lo que está alrededor o cerca de ella.

prominente adj Que se levanta sobre lo que está a su inmediación o alrededores.

promiscuo, cua adj Mezclado confusa o indiferentemente. ‖ Se dice de la persona que mantiene relaciones sexuales con otras varias, así como de su comportamiento, modo de vida, etc. ❑ PROMISCUIDAD.

promisión f Promesa de hacer o cumplir algo fijado.

promisorio, ria adj Que encierra en sí promesa.

promoción f Acción de promover. ‖ Conjunto de los individuos que al mismo tiempo han obtenido un grado, empleo o título.

promocionar tr y prnl Promover, mejorar alguien en su situación, cargo, etc.

promontorio m Altura considerable de tierra. ‖ (fig) Cualquier cosa que hace demasiado bulto y causa gran estorbo.

promover tr Iniciar o adelantar una cosa, procurando su logro. ❑ PROMOTOR.

promulgar tr Publicar una cosa solemnemente, hacerla saber a todos. ❑ PROMULGACIÓN.

prono, na adj Que está echado sobre el vientre.

pronombre m Parte de la oración que suple al nombre o lo determina. ❑ PRONOMINAL.

pronosticar tr Conocer por algunos indicios lo futuro.

pronóstico m Acción y efecto de pronosticar. ‖ Señal por donde se conjetura una cosa futura.

prontitud f Celeridad y presteza en la ejecución de algo. ‖ Viveza de genio, precipitación.

pronto, ta adj Veloz, ligero. • adv modo Presto, prontamente. • adv tiempo Oportuno o acostumbrado. • m adv De repente.

pronunciar tr Emitir y articular sonidos para hablar. ‖ Publicar la sentencia o auto. • tr y prnl (fig) Sublevar, levantar, rebelar. ❑ PRONUNCIACIÓN.

propaganda f Acción o efecto de dar a conocer una cosa con el fin de atraer adeptos o compradores.

propagandista adj y s Díc. de la persona que hace propaganda.

propagar tr y prnl Multiplicar por generación u otra vía de reproducción. ‖ (fig) Extender el conocimiento de una cosa o la afición a ella. ❑ PROPAGACIÓN.

propano adj y m Díc. de un hidrocarburo saturado de tres carbonos.

propasar tr y prnl Pasar más adelante de lo debido. • prnl Cometer un atrevimiento o faltar al respeto, pralm. a un hombre o una mujer.

propender intr Inclinarse uno a una cosa por afición u otro motivo. ❑ PROPENSIÓN.

propenso, sa adj Con inclinación o predisposición a lo que es natural a uno.

propiciar tr Ablandar, aplacar la ira de uno, haciéndole favorable, benigno y propicio. ‖ Favorecer la ejecución de algo. ❑ PROPICIACIÓN.

propicio, cia adj Benigno, inclinado a hacer bien. ‖ Favorable para que algo se logre.

p

propiedad f Derecho o facultad de disponer de una cosa con exclusión del ajeno arbitrio, y de reclamar la devolución de ella si está en poder de otro. ‖ Propio, accidente necesario e inseparable.

propietario, ria adj y s Que tiene derecho de propiedad sobre una cosa, y especialmente sobre bienes inmuebles. • adj Que tiene cargo u oficio que le pertenece.

propina f Gratificación pequeña con que se recompensa un servicio eventual.

propinar tr Ordenar, administrar una medicina. ‖ (fig) Maltratar, pegar a uno.

propio, pia adj Perteneciente a uno que tiene la facultad exclusiva de disponer de ello. ‖ Característico, peculiar de cada persona o cosa. ‖ Conveniente; adecuado. • adj y s Díc. del accidente que se sigue necesariamente o es inseparable de la naturaleza de las cosas.

proponer tr Manifestar con razones una cosa para conocimiento de uno, o para inducirle a adoptarla. • tr y prnl Determinar o hacer propósito de ejecutar o no una cosa.

proporción f Disposición, conformidad o correspondencia debida de las partes de una cosa con el todo o entre cosas relacionadas entre sí. ◻ PROPORCIONAL.

proporcionado, da pp de proporcionar. • adj Regular, competente o apto para lo que es menester. ‖ Que guarda proporción.

proporcionalidad f Conformidad de las partes con el todo o de cosas relacionadas entre sí.

proporcionar tr y prnl Disponer adecuadamente las cosas, a fin de conseguir lo que se desea. ‖ Facilitar, poner a disposición de uno lo que necesita o le conviene.

proposición f Acción y efecto de proponer. ‖ Expresión de un juicio entre dos términos, sujeto y predicado, que afirma o niega éste de aquél, o incluye o excluye el primero respecto del segundo.

propósito m Ánimo o intención de hacer o de no hacer una cosa. ‖ Objeto, mira.

propuesta f Proposición o idea que se manifiesta y ofrece a uno para un fin.

propugnar tr Defender, amparar.

propulsar tr Impeler hacia delante. ‖ Rechazar, repulsar. ◻ PROPULSA; PROPULSOR, RA.

propulsión f Acción de propulsar o impeler. ‖ Acción y efecto de propulsar o rechazar.

prórroga f Continuación de una cosa por un tiempo determinado, superior al fijado primitivamente.

prorrogar tr Continuar, dilatar, extender una cosa por tiempo determinado. ‖ Suspender, aplazar.

prorrumpir intr Salir con ímpetu una cosa.

prosa f Estructura que toma el lenguaje para expresar los conceptos, y no está sujeta a medida y cadencia determinadas.

prosapia f Ascendencia, linaje o generación de una persona.

proscribir tr Echar a uno del territorio de su patria, comúnmente por causas políticas.

proscrito, ta pp irreg de proscribir. • adj y s Desterrado.

proseguir tr Seguir, continuar, llevar adelante lo que se tenía empezado. ◻ PROSECUCIÓN.

prosélito m Persona convertida a la religión católica, y en general a cualquier religión. ◻ PROSELITISMO.

prosificar tr Poner en prosa una composición poética. ◻ PROSIFICACIÓN.

prosodia f Parte de la gramática tradicional que estudia la correcta pronunciación y acentuación.

prosopografía f Descripción del exterior de una persona o de un animal.

prospección f Exploración de posibilidades futuras basada en indicios presentes.

prospectiva f Ciencia que tiene por finalidad una previsión de futuro a través de un estudio.

prospectivo, va adj Que se refiere al futuro.

prospecto m Exposición breve que se hace al público sobre una obra, mercancía, etcétera.

prosperar tr Ocasionar prosperidad.

prosperidad f Curso favorable de las cosas; buena suerte o éxito en lo que se emprende, sucede u ocurre.

próspero, ra *adj* Favorable, propicio, venturoso.

próstata *f* Órgano glandular, propio del sexo masculino, sit. en la porción inicial de la uretra.

prostíbulo *m* Casa de prostitución.

prostitución *f* Acción y efecto de prostituir o prostituirse. ‖ Actividad a la que se dedica la persona que mantiene relaciones sexuales con otras, a cambio de dinero.

prostituir *tr* y *prnl* Entregar o inducir a alguien, especialmente a una mujer, a la prostitución; dedicarse a ella. • *prnl* (fig) Envilecerse o degradarse para obtener una ventaja material.

prostituta *f* Mujer que se dedica a la prostitución.

protagonismo *m* Condición de protagonista.

protagonista *m* o *f* Personaje pral. de la acción de una obra literaria, cinematográfica, etc. ‖ p. ext. Persona que en un suceso cualquiera tiene la parte principal.

protagonizar *tr* Representar un papel en calidad de protagonista.

protección *f* Acción y efecto de proteger. ‖ Cosa que protege.

proteccionismo *m* Política económica consistente en favorecer ciertos productos nacionales mediante la imposición de elevadas tarifas aduaneras a los productos extranjeros de la misma clase. ❏ PROTECCIONISTA.

protector, ra *adj* y *s* Que protege. • *m* En algunos deportes, pieza u objeto que cubre y protege las partes del cuerpo más expuestas a los golpes.

protectorado *m* Parte de soberanía que un Estado ejerce en territorio que no ha sido incorporado plenamente al de su nación.

proteger *tr* Amparar, defender. • *tr* y *prnl* Resguardar a una persona, animal o cosa de un posible daño o peligro, poniéndole algo encima, rodeándole, etc.

protegido, da *pp* de proteger. • *m* y *f* Favorito, ahijado.

proteico, ca *adj* Que cambia de formas o de ideas. ‖ Proteínico.

proteína *f* Sustancia orgánica formada por la unión de moléculas sencillas, llamadas aminoácidos. ❏ PROTEÍNICO, CA.

prótesis *f* Procedimiento mediante el cual se repara artificialmente la falta de un órgano o parte de él. ❏ PROTÉSICO, CA.

protesta *f* Acción y efecto de protestar. ‖ Promesa con aseveración o atestación de ejecutar o llevar a cabo alguna cosa.

protestantismo *m* Creencia religiosa de los protestantes. ‖ Conjunto de ellos.

protestar *tr* Hacer el protesto de una letra de cambio. • *intr* Expresar alguien impetuosamente su queja o disconformidad. ❏ PROTESTA.

protesto *m* Acción y efecto de protestar. ‖ Requerimiento ante notario por falta de pago de una letra de cambio.

protocolario, ria *adj* Perteneciente o relativo al protocolo. ‖ (fig) Díc. de lo que se hace con solemnidad no indispensable, pero usual.

protocolo *m* Serie ordenada de escrituras matrices y otros documentos que un notario o escribano autoriza y custodia con ciertas formalidades. ❏ PROTOCOLIZAR.

protohistoria *f* Período anterior a la historia, basado únicamente en tradiciones o inducciones.

protón *m* Partícula elemental correspondiente al núcleo atómico de carga eléctrica positiva.

protoplasma *m* Sustancia constitutiva de las células.

prototipo *m* Ejemplar original o primer molde en que se fabrica una figura u otra cosa.

protozoo *adj* y *m* Díc. de animales cuyo cuerpo consta de una sola célula.

protráctil *adj* Díc. de la lengua de algunos animales que pueden proyectarse mucho fuera de la boca, como en el camaleón.

protuberancia *f* Prominencia más o menos redonda. ❏ PROTUBERANTE.

provecho *m* Beneficio o utilidad. ‖ Adelantamiento en las ciencias, artes o virtudes.

proveedor, ra *adj* Que provee. • *m* y *f* Persona que abastece a otros de todo lo necesario.

p

proveer *tr* y *prnl* Preparar, reunir las cosas necesarias para un fin. • *tr* Suministrar o facilitar lo necesario o conveniente para un fin.

provenir *intr* Nacer, proceder, originarse una cosa de otra que se expresa. ❑ PROVENIENCIA.

provenzal *adj* Perteneciente o relativo a Provenza. • *m* Lengua de oc.

proverbial *adj* Perteneciente o relativo al proverbio o que lo incluye. || Muy notorio.

proverbio *m* Sentencia breve, adagio o refrán.

providencia *f* Disposición anticipada o prevención que conduce al logro de un fin. || Previsión o cuidado que Dios tiene de sus criaturas.

providencial *adj* Perteneciente o relativo a la providencia. || Díc. de aquello que resulta beneficioso o que evita un daño o peligro.

próvido, da *adj* Propicio, benévolo.

provincia *f* División territorial y administrativa de un Estado. ❑ PROVINCIAL.

provinciano, na *adj* y *s* Díc. del habitante de una prov., en contraposición al de la capital. || (fig, fam) Poco elegante o refinado.

provisión *f* Acción y efecto de proveer. || Conjunto de víveres u otras cosas que se tienen prevenidas para algo. Se usa más en plural.

provisional *adj* Díc. de lo que se hace, se halla o se tiene temporalmente.

provocar *tr* Excitar, incitar, inducir a uno a que ejecute una cosa. || Irritar o estimular a uno con palabras u obras para que se enoje. || Tratar de despertar deseo sexual en alguien. ❑ PROVOCACIÓN; PROVOCADOR, RA; PROVOCATIVO, VA.

proxeneta *m* o *f* Persona que favorece y procura relaciones sexuales ilícitas.

proximidad *f* Calidad de próximo. || Lugar próximo. Se usa más en plural.

próximo, ma *adj* Cercano, que dista poco. • *adj* y *s* Siguiente, inmediatamente posterior.

proyección *f* Acción y efecto de proyectar. || Imagen que por medio de un foco luminoso se fija temporalmente sobre una superficie plana.

proyectar *tr* Lanzar, dirigir hacia delante o a distancia. || Idear, trazar, disponer o proponer el plan y los medios para la ejecución de una cosa. || Formar sobre una pantalla la imagen óptica amplificada de diapositivas, películas u objetos opacos. ❑ PROYECTIVO, VA.

proyectil *m* Cuerpo que debido a la velocidad inicial con que es lanzado puede alcanzar un objetivo y producir efectos sobre él.

proyectista *m* o *f* Persona que se dedica a hacer proyectos y a facilitarlos.

proyecto *m* Designio o pensamiento de ejecutar algo. || Conjunto de escritos, cálculos y dibujos que se hacen para dar idea de cómo ha de ser y lo que ha de costar una obra de arquitectura, ingeniería, etcétera.

proyector *m* Instrumento para proyectar imágenes sobre una pantalla.

prudencia *f* Moderación en el comportamiento para acomodarlo a lo que es sensato o exento de peligro. ❑ PRUDENCIAL.

prudente *adj* Que tiene prudencia y obra con discreción.

prueba *f* Acción y efecto de probar. || Razón, argumento, con que se pretende mostrar una cosa. || Indicio o muestra de una cosa. || Ensayo o experiencia de un conjunto que se destina para un examen o análisis. || Examen que se hace para demostrar o comprobar los conocimientos o aptitudes de alguien.

prurito *m* Comezón viva y prolongada. || (fig) Empeño en hacer algo de la mejor forma posible, por amor propio.

psicoanálisis *m* Método de exploración o tratamiento de ciertas enfermedades nerviosas o mentales, basado en el análisis retrospectivo de las causas morales y afectivas que determinaron la enfermedad. ❑ PSICOANALISTA.

psicodélico, ca *adj* Perteneciente o relativo a la manifestación de elementos psíquicos que en condiciones normales están ocultos.

psicología *f* Ciencia que estudia la conducta de los seres vivos. || Manera de sentir de una persona o de un pueblo. ❑ PSICÓLOGO, GA.

sicometría f Medida de los fenómenos psíquicos.

sicomotricidad f Relación entre las funciones motoras del organismo humano y los factores psicológicos que intervienen en ellas.

sicópata m o f Enfermo psíquico afecto de psicopatía.

sicopatía f Anomalía psíquica por obra de la cual se halla patológicamente alterada la conducta social del individuo que la padece.

sicosis f Enfermedad psíquica grave. || Miedo obsesivo a algo.

sicosomático, ca adj Perteneciente o relativo a la mente y al cuerpo al mismo tiempo.

sicoterapia f Tratamiento de las enfermedades nerviosas, por medio de procedimientos psíquicos.

sique f La vida espiritual de la naturaleza humana.

siquiatría f Rama de la medicina en la que se estudian y tratan las enfermedades que afectan a la vida psíquica de la persona. ❏ PSIQUIATRA.

siquiátrico, ca adj Relativo o perteneciente a la psiquiatría. • m Hospital o clínica donde se trata a los enfermos mentales.

síquico, ca adj Relativo o perteneciente al alma o a la actividad mental.

siquismo m Conjunto de los caracteres y funciones de orden psíquico.

soriasis f Erupción cutánea en forma de placas redondas de color rojo.

úa f Cuerpo delgado y rígido que acaba en punta aguda. || Vástago de un árbol, que se introduce en otro para injertarlo. || Diente de un peine.

ub m Establecimiento donde se sirven bebidas alcohólicas y se escucha música.

úber adj y s Que ha llegado a la pubertad.

ubertad f Primera fase de la adolescencia en la cual se producen las modificaciones propias del paso de la infancia a la edad adulta.

ubescente adj Púber. || Velloso.

ubis m Parte inferior del vientre, que en la especie humana se cubre de vello en la pubertad.

publicación f Acción y efecto de publicar. || Obra literaria o artística publicada.

publicar tr Divulgar una noticia que se quiere hacer llegar a todos. || Hacer patente y manifiesta al público una cosa. || Difundir por medio de la imprenta o de otro procedimiento cualquiera un escrito, libro, etc.

publicidad f Calidad o estado de público. || Divulgación de noticias o asuntos de carácter co mercial para atraer a posibles compradores, espectadores, usuarios, etc.

publicista m o f Persona que escribe para el público, generalmente de varias materias.

publicitario, ria adj Relativo a la publicidad utilizada con fines comerciales. • m Agente de publicidad.

público, ca adj Notorio, manifiesto o sabido por todos. || Perteneciente a todo el pueblo. • m Conjunto de las personas que concurren a determinado lugar para asistir a un espectáculo o con otro fin semejante.

pucherazo m Golpe dado con un puchero. || (fam) Fraude electoral que consiste en computar votos no emitidos en una elección.

puchero m Vasija de barro o porcelana con asiento pequeño, panza abultada, cuello ancho, una sola asa junto a la boca, y que sirve para cocer la comida. || Olla, cocido español.

pucho m Amér. Merid. Punta, colilla, cabo o extremidad de alguna cosa. || Amér. Poco, cantidad muy pequeña.

pudendo, da adj Torpe, feo, que debe causar vergüenza.

pudibundez f Afectación o exageración del pudor. ❏ PUDIBUNDO, DA.

púdico, ca adj Honesto, casto, pudoroso.

pudiente adj y s Poderoso, rico, hacendado.

pudor m Honestidad, modestia, recato.

pudrir tr y prnl Hacer que una materia orgánica se altere y descomponga. ❏ PUDRICIÓN.

pueblada f Amér. Merid. Motín, tumulto.

pueblerino, na adj y s Perteneciente o relativo a un pueblo o aldea. || Palurdo, cateto.

pueblo *m* Población pequeña. ‖ Conjunto de personas de un lugar, región o país. ‖ Nación, país con gobierno independiente.

puelche *m Chile.* Viento que sopla de la cordillera de los Andes hacia poniente.

puente *m* Estructura de madera, piedra, ladrillo, cemento, que se construye sobre ríos, torrentes, brazos de mar y otros sitios para poder pasarlos. ‖ Pieza metálica, que usan los dentistas pa ra sujetar en los dientes naturales los artificiales. ‖ Día o días que entre dos festivos o sumándose a uno festivo se aprovechan para vacación.

puerco, ca *m* y *f* Cerdo, animal. • *adj* y *s* Díc. de la persona sucia y sin educación. ‖ Jabalí.

puericia *f* Edad entre la infancia y la adolescencia.

puericultura *f* Ciencia que trata del sano desarrollo del niño. ⧠ PUERICULTOR, RA.

pueril *adj* Perteneciente o relativo al niño o a la puericia. ‖ Propio de un niño. ‖ (fig) Fútil, trivial. ⧠ PUERILIDAD.

puérpera *f* Mujer recién parida.

puerperio *m* Período comprendido desde el parto hasta el retorno de la menstruación.

puerro *m* Planta herbácea cuyo bulbo se usa en el arte culinario y en medicina popular.

puerta *f* Vano de forma regular abierto en pared, cerca o verja, desde el suelo hasta la altura conveniente, para entrar y salir. ‖ (fig) Principio o entrada para entablar una pretensión u otra cosa.

puerto *m* Lugar en la costa, defendido de los vientos y dispuesto para seguridad de las naves y para las operaciones de tráfico y armamento. ‖ Garganta entre montañas. ‖ (fig) Asilo, amparo o refugio.

pues *conj causal* Denota causa, motivo o razón. ‖ Toma carácter de condicional en ciertos giros.

puesta *f* Acción y efecto de poner o ponerse. ‖ Acción de ponerse un astro. ‖ Postura, conjunto de huevos. ‖ Acción de poner huevos. ‖ Período de producción de huevos de una gallina u otra ave de corral.

puestero, ra *m.*y *f* Persona que tiene o atiende un puesto de venta. • *m Amér. Merid.* En las estancias, el encargado de cuidar el ganado en cierta parte del cam po, donde tiene casa para sí y su familia.

puesto, ta *adj* Con los *adv* bien y ma bien vestido o al contrario. • *m* Sitio o es pacio que ocupa una cosa. ‖ Lugar o para je señalado para la ejecución de una cosa ‖ Tiendecilla, gralte. ambulante. ‖ Sitio pa ra ocultarse el cazador.

¡puf! *interj* Expresa repugnancia causad por malos olores o cosas nauseabundas.

puf *m* Taburete bajo, gralte. blando.

pufo *m* (fam) Estafa, engaño, petardo.

púgil o **pugilista** *m* Boxeador. ⧠ PUG LÍSTICO, CA.

pugilato *m* Contienda o pelea a puñetazo entre dos o más hombres.

pugilismo *m* Técnica y organización d los combates entre púgiles.

pugna *f* Batalla, pelea. ‖ Oposición entr personas, naciones, bandos, etc.

pugnar *intr* Batallar, contender o pelea ‖ (fig) Porfiar con tesón, instar para el lo gro de una cosa.

puja [1] *f* Acción de pujar [1].

puja [2] *f* Acción de pujar [2]. ‖ Cantidad qu un licitador ofrece.

pujanza *f* Fuerza grande o robustez par impulsar o ejecutar una acción. ⧠ PU JANTE.

pujar [1] *tr* Hacer fuerza para pasar adelant o proseguir una acción.

pujar [2] *tr* Aumentar los licitadores el pre cio puesto a una cosa que se vende o s arrienda.

pujo *m* Falsa necesidad de evacuar e vientre o de orinar acompañada de dolo res. ‖ (fig) Gana violenta de prorrump en risa o llanto.

pulcro, cra *adj* Aseado, esmerado, cuida doso. ‖ Delicado en la conducta y el h bla. ⧠ PULCRITUD.

pulga *f* Insecto saltador, con boca chupa dora con la que absorbe la sangre d hombre o de otros animales.

pulgada *f* Doceava parte del pie, qu equivale a algo más de 23 mm.

pulgar *adj* y *m* Dedo primero y más grue so de los de la mano.

pulgón *m* Insecto cuyas hembras y larva viven parásitas sobre las hojas de ciert plantas.

pulguero, ra *adj* Que tiene pulgas. • *m* Lugar donde hay muchas pulgas. ‖ *Amér.* Calabozo.

pulguillas *m* (fig, fam) Hombre bullicioso que se resiente de todo, quisquilloso.

pulido, da *pp* de pulir. • *adj* Compuesto, bien arreglado. • *m* Acción y efecto de pulir.

pulimentar *tr* Pulir, alisar y dar lustre.

pulir *tr* Alisar o dar tersura y lustre a una cosa. ‖ Revisar, corregir algo perfeccionándolo. • *tr y prnl* (fig) Educar a alguien para que sea más refinado. ⃞ PULIDOR, RA; PULIMENTO.

pulla *f* Palabra o dicho obsceno. ‖ Dicho con que indirectamente se quiere humillar a una persona.

pullman *m* Autocar de lujo.

pullóver *m* Jersey, con mangas o sin ellas y escotado en punta, que se mete por la cabeza.

pulmón *m* Órgano de la respiración del hombre y de los vertebrados que viven o pueden vivir fuera del agua. ‖ Órgano de la respiración de ciertos arácnidos y moluscos.

pulmonía *f* Inflamación del pulmón o de una parte de él.

pulpa *f* Parte mollar de las carnes, o carne pura, sin huesos ni ternilla. ‖ Carne o parte mollar de la fruta. ‖ Médula o tuétano de las plantas leñosas.

pulpejo *m* Parte carnosa de algunos miembros del cuerpo humano y, en especial, de la palma de la mano, de la que sale el dedo pulgar.

pulpería *f* *Amér.* Tienda donde se venden diferentes géneros.

pulpeta *f* Tajada que se saca de la pulpa de la carne.

púlpito *m* Plataforma pequeña, con antepecho y tornavoz, que hay en las iglesias para la predicación.

pulpo *m* Molusco dotado de ocho fuertes tentáculos provistos de ventosas, y boca con pico córneo.

pulque *m* *Méx.* Bebida espiritosa que se obtiene haciendo fermentar el aguamiel, agave, etc.

pulsación *f* Acción de pulsar. ‖ Cada uno de los latidos de la arteria. ‖ Cada uno de los golpes o toques que se dan en el teclado de una máquina de escribir.

pulsador, ra *adj y s* Que pulsa. • *m* Llamador o botón de un timbre eléctrico.

pulsar *tr* Presionar un pulsador. ‖ Dar un toque o golpe a las teclas o cuerdas de instrumentos, mandos de alguna máquina, etcétera.

pulsera *f* Cerco de metal o de otra materia que se lleva en la muñeca para adorno u otros fines.

pulsión *f* Impulso, estímulo.

pulso *m* Latido intermitente de las arterias que se percibe en varias partes del cuerpo y especialmente en la muñeca y el cuello. ‖ Seguridad o firmeza en la mano para ejecutar una acción con acierto.

pulular *intr* Empezar a brotar y echar renuevos o vástagos un vegetal. ‖ (fig) Abundar en un paraje personas o cosas.

pulverizador *m* Aparato que pulveriza o esparce líquidos.

pulverizar *tr y prnl* Reducir a polvo una cosa. ‖ Esparcir un líquido a partículas muy tenues, a manera de polvo. ⃞ PULVERIZACIÓN.

¡pum! Voz que se usa para expresar ruido, explosión o golpe.

puma *m* Mamífero carnívoro que vive en casi toda América. Su pelaje es leonado, de color uniforme y más claro en el vientre.

puna *f* *Amér.* Tierra alta, próxima a la cordillera de los Andes. ‖ *Amér. Merid.* Angustia que se sufre en ciertos lugares elevados.

punción *f* Operación que consiste en abrir los tejidos con instrumento punzante y cortante a la vez. ⃞ PUNCIONAR.

pundonor *m* Estado en que, según la común opinión de los hombres, consiste la honra, prestigio o crédito de uno. ⃞ PUNDONOROSO, SA.

pungir *tr* Herir con un objeto puntiagudo, punzar. ‖ (fig) Herir las pasiones del ánimo. ⃞ PUNGITIVO, VA.

punible *adj* Que merece castigo.

punir *tr* Castigar a un culpado. ⃞ PUNICIÓN.

punta *f* Extremo agudo de un arma u otro instrumento. ‖ Extremo de una cosa. ‖ *Cuba*. Hoja de tabaco, de exquisito aroma y superior calidad, pero pequeña. • *pl* Encaje que forma ondas o puntas en una de sus orillas. ‖ *Amér*. Cierto número de personas o cosas.

puntada *f* Cada uno de los agujeros hechos con aguja en la tela, cuero u otra materia que se va cosiendo. ‖ Espacio que media entre dos de estos agujeros próximos entre sí.

puntal *m* Madero hincado en firme, para sostener la pared o el edificio que amenaza ruina. ‖ (fig) Apoyo, fundamento.

puntapié *m* Golpe que se da con la punta del pie.

puntazo *m* Herida hecha con la punta de un arma o de otro instrumento semejante.

puntear *tr* Marcar, señalar puntos en una superficie. ‖ Dibujar, pintar o grabar con puntos. ‖ Trazar la trayectoria de un móvil a partir de algunos de los puntos de la misma. ‖ Coser o dar puntadas. • *intr Amér*. Marchar a la cabeza de un grupo. ❒ PUNTEADO, DA; PUNTEO.

puntera *f* Parte del calcetín, de la media, del zapato, etc., que cubre la punta del pie.

puntería *f* Acción de apuntar un arma arrojadiza o de fuego. ‖ Dirección del arma apuntada. ‖ Destreza del tirador para dar en el blanco.

puntero, ra *adj* Díc. de lo más avanzado dentro de su mismo género o especie. • *m* Vara o palo largo y fino que sirve para señalar una cosa. ‖ *Arg*. y *Col*. Animal que va delante de la manada.

puntiagudo, da *adj* Que tiene aguda la punta.

puntilla *f* Encaje fino, que se utiliza como adorno en prendas de vestir. ‖ Especie de puñal corto, y especialmente el que sirve para rematar las reses.

puntillismo *m* Escuela pictórica del s. XIX, que se caracteriza por la aplicación de toques de color cortos y desunidos. ❒ PUNTILLISTA.

puntillo *m* Amor propio excesivo que se basa muchas veces en hechos nimios.

puntilloso, sa *adj* Díc. de la persona que tiene mucho puntillo.

punto *m* Señal de dimensiones poco perceptibles que se forma, natural o artificialmente, en una superficie cualquiera. ‖ Puntada que se da al coser algo, en especial una herida. ‖ Sitio, lugar de referencia. ‖ Unidad de tanteo en los concursos y en competiciones deportivas. ‖ Instante, momento. ‖ Cada uno de los asuntos o materias diferentes de que se trata en un sermón, discurso, conferencia, etc. ‖ Nota ortográfica que se pone sobre la *i* y la *j*. ‖ Signo ortográfico (.) con que se indica el fin del sentido gramatical y lógico de un período o de una sola oración. Se coloca también después de toda abreviatura.

puntuación *f* Acción y efecto de puntuar. ‖ Conjunto de los signos que sirven para puntuar.

puntual *adj* Pronto, diligente, exacto en hacer las cosas a su tiempo y de llegar a los sitios a la hora convenida. ‖ Conveniente, adecuado. ‖ Concreto, determinado. ❒ PUNTUALIDAD.

puntualizar *tr* Referir un suceso o describir una cosa con todas sus circunstancias.

puntuar *tr* Poner en la escritura signos ortográficos. ‖ Dar una calificación cuantitativa a una prueba o examen. • *tr* e *intr* Ganar puntos, unidad de tanteo en algunos juegos. ❒ PUNTUABLE.

punzada *f* Herida o picada de punta. ‖ (fig) Dolor agudo que suele aparecer intermitentemente.

punzante • *adj* Que punza. ‖ (fig) Hiriente, mordaz.

punzar *tr* Herir con un objeto puntiagudo. ‖ (fig) Molestar, zaherir. • *intr* Pinchar.

punzón *m* Instrumento de hierro que remata en punta. Sirve para abrir ojetes y para otros usos.

puñado *m* Porción de cualquier cosa que cabe en el puño. ‖ (fig) Pequeña cantidad.

puñal *m* Arma ofensiva de acero terminada en punta.

puñalada *f* Golpe que se da de punta con el puñal u otra arma semejante.

puñeta *f* (fam) Tontería, nimiedad.

puñetazo *m* Golpe que se da con el puño de la mano.

puñetero, ra *adj* (fam) Díc. de la persona chinchosa o de malas intenciones.

puño *m* Mano cerrada. ‖ Parte de la manga de la camisa y de otras prendas de vestir, que rodea la muñeca. ‖ Mango de algunas armas blancas, como el puñal o la daga.

pupa *f* Erupción en los labios. ‖ Postilla que queda cuando se seca un grano.

pupila *f* Abertura circular en el centro del iris, a través de la cual pasa la luz al interior del ojo.

pupilo, la *m* y *f* Persona que se hospeda en casa particular por precio ajustado. ‖ Huérfano o huérfana menor de edad, respecto de su tutor.

pupitre *m* Mueble de madera, con tapa en forma de plano inclinado, para escribir sobre él.

purasangre *adj* y *m* Caballo de una raza que es producto del árabe con las del Norte de Europa.

puré *m* Pasta que se hace de legumbres u otras cosas comestibles, cocidas y pasadas por el colador.

purera *f* Cigarrera, estuche para cigarros.

pureza *f* Calidad de puro. ‖ (fig) Castidad.

purga *f* Medicina que se toma para descargar el vientre. ‖ Eliminación de personas de un partido, organización, etc., por razones políticas.

purgante *adj* Que purga. • *adj* y *m* Díc. del fármaco que sirve para purgar.

purgar *tr* Limpiar, purificar una cosa, quitándole todo aquello que no le conviene. ‖ Sufrir con una pena o castigo lo que uno merece por su culpa o delito. • *tr* y *prnl* Dar al enfermo una medicina purgante. ☐ PURGATIVO, VA.

purgatorio, ria *m* Según la Iglesia católica, lugar o estado, donde las almas de los que mueren en gracia purgan sus culpas.

purificación *f* Acción y efecto de purificar o purificarse.

purificar *tr* y *prnl* Quitar de una cosa lo que le es extraño, dejándola en el ser y perfección que debe tener según su calidad. ☐ PURIFICATORIO, RIA.

purista *adj* Que escribe o habla con pureza.

puritanismo *m* Díc. de la exagerada escrupulosidad en el proceder.

puritano, na *adj* y *s* Díc. del individuo de un grupo reformista que propugnaba pu-

rificar la Iglesia anglicana oficial de las adherencias recibidas del catolicismo. • *adj* y *s* (fig) Díc. de la persona que real o afectadamente profesa con rigor las virtudes públicas o privadas y hace alarde de ello; rígido, austero.

puro, ra *adj* Libre y exento de toda mezcla de otra cosa. ‖ Que procede con desinterés en el desempeño de un empleo o en la administración de justicia. ‖ Casto, ajeno a la sensualidad. • *adj* y *s* Díc. de ciertos cigarros. • *adj* (fig) Solo, no acompañado de otra cosa.

púrpura *adj* y *m* Díc. del color que resulta al mezclar el rojo con el azul y de las cosas que lo tienen. ☐ PURPÚREO, A.

purpurado *m* Cardenal, prelado.

purpurina *f* Polvo finísimo de bronce o de metal blanco, que se aplica a las pinturas antes de que se sequen, para dorarlas o platearlas.

purulento, ta *adj* Que tiene pus. ☐ PURULENCIA.

pus *m* Humor que secretan accidentalmente los tejidos inflamados.

pusilánime *adj* y *s* Falto de ánimo, temeroso, apocado. ☐ PUSILANIMIDAD.

pústula *f* Lesión cutánea formada por una vesícula, llena de pus. ☐ PUSTULOSO, SA.

puta *f* Prostituta. ☐ PUTESCO, CA.

putada *f* (fam) Mala pasada.

putativo, va *adj* Reputado o tenido por padre, hermano, etc., no siéndolo.

putear *intr* (fam) Frecuentar el trato con putas. ‖ *Amér.* Injuriar. • *tr* (fig, fam) Maltratar o explotar a alguien. ☐ PUTEO.

putero *adj* (fam) Que frecuenta el trato con putas.

puto, ta *adj* que se usa como calificación denigratoria. • *m* Hombre que tiene relaciones sexuales con hombre.

putrefacción *f* Acción y efecto de pudrir o pudrirse. ‖ Podredumbre. ☐ PUTREFACTO, TA.

pútrido, da *adj* Podrido, corrompido.

putsch *m* Golpe de Estado.

puya *f* Punta acerada que en una extremidad tienen las varas o garrochas.

puyazo *m* Herida que se hace con la puya del picador.

puzzle *m* Rompecabezas, juego.

Qq

q *f* Decimoctava letra del abecedario esp., y decimocuarta de sus consonantes. Su nombre es *cu* y su sonido equivale al de *k*.

que *pron rel* que con esta sola forma conviene a los géneros masculino, femenino y neutro y a los números *sing* y *pl*. Con el artículo forma el relativo compuesto: *el que, la que, los que, las que, lo que, que*, a diferencia de la sola forma *que*, posee variación de género y número y puede construirse en concordancia con el antecedente. ‖ A veces equivale a otros *pron* precedidos de preposición. • *pron interr* Agrupado o no con un nombre sustantivo, inquiere o pondera la naturaleza, cantidad, intensidad, etc., de algo. Se emplea con acento prosódico y ortográfico. • *conj cop* cuyo oficio es introducir una oración subordinada sustantiva con funciones de sujeto o complemento directo. ‖ Se usa en vez de la copulativa *y*, pero denotando en cierto modo sentido adversativo. ‖ Se usa igualmente como *conj causal* y equivale a *porque* o *pues*.

quebrada *f* Paso entre montañas.

quebradizo, za *adj* Fácil de quebrarse. ‖ (fig) Delicado en la salud y disposición corporal.

quebrado, da *pp* de quebrar. • *adj y s* Que ha hecho bancarrota o quiebra. ‖ Díc. del número que expresa una fracción. • *adj* Aplicado a terreno, camino, etc., desigual, tortuoso.

quebrantahuesos *m* Ave rapaz cuyo nombre se debe a que posee la costumbre de arrojar sus presas desde gran altura.

quebrantar *tr* Romper, separar con violencia las partes de un todo. ‖ (fig) Traspasar, violar una ley, palabra u obligación. ‖ Disminuir las fuerzas o el brío; suavizar o templar el exceso de una cosa. • *tr y prnl* Cascar o hender una cosa; ponerla en estado de que se rompa más fácilmente.

quebranto *m* Acción y efecto de quebrantar o quebrantarse. ‖ (fig) Descaecimiento, desaliento, falta de fuerza. ‖ (fig) Dolor o pena grande.

quebrar *tr* Traspasar, violar una ley u obligación. ‖ (fig) Interrumpir o estorbar la continuación de una cosa no material. ‖ (fig) Templar, suavizar o moderar la fuerza y el rigor de una cosa. • *tr y prnl* Doblar o torcer. • *intr* (fig) Romper o entibiarse la amistad con alguien. ‖ Arruinarse una empresa o negocio. • *prnl* Hablando de cordilleras, cuestas o cosas semejantes, interrumpirse su continuidad.

quebrazón *f Amér.* Destrozo grande de objetos de vidrio y loza.

quechua o **quichua** *adj y s* Díc. del individuo de una (fam) de pueblos amerindios de la región andina. • *m* Lengua hablada por estos indios.

queda *f* Hora de la noche en que los vecinos deben recogerse en sus casas.

quedada *f* Acción de quedarse en un lugar.

quedar *intr y prnl* Estar, detenerse forzosa o voluntariamente más o menos en un paraje, con propósito de permanecer en él o de pasar a otro. • *intr* Subsistir, permanecer o restar parte de una cosa. ‖ Cesar, terminar, acabar, convenir definitivamente en una cosa. ‖ Concertar una cita. • *tr* y *prnl* Junto con la preposición *con*, retener en su poder una cosa, sea propia o ajena.

quedo, da *adj* Quieto. • *adv modo* Con voz baja o que apenas se oye. ‖ Con tiento.

quehacer *m* Ocupación, negocio. Suele usarse en plural.

queja *f* Expresión de dolor, pena o sentimiento. ‖ Resentimiento, descontento. ‖ Acusación ante juez o tribunal competente.

quejar tr Aquejar. • prnl Expresar con la voz dolor o pena. ‖ Manifestar resentimiento o disconformidad. ‖ Presentar querella.

quejido m Sonido o palabra de queja.

quejoso, sa adj y s Dícese del que tiene queja de otro.

quejumbroso, sa adj Que se queja con poco motivo, o por hábito. ‖ Díc. del tono de voz o de las palabras que se usan para quejarse.

quema f Acción y efecto de quemar o quemarse. ‖ Incendio, fuego, combustión.

quemadero, ra adj Que ha de ser quemado. • m Paraje destinado a la quema de animales muertos, basuras, desechos, etcétera.

quemado, da pp de quemar • adj (fig) Resentido o molesto. ‖ (fig) Gastado, desanimado.

quemador, ra adj y s Que quema. • m Dispositivo que regula la salida de combustible para que arda de modo controlado.

quemadura f Lesión producida en los tejidos por acción del calor en sus diversas formas.

quemar tr y prnl Abrasar o consumir con fuego. ‖ Calentar mucho. ‖ Causar ardor. • tr y prnl (fig, fam) Impacientar a uno. ‖ (fig, fam) Estar muy cerca de acertar o de hallar una cosa.

quemarropa (a) m adv Tratándose de un disparo de arma de fuego, desde muy cerca.

quemazón f Acción y efecto de quemar o quemarse. ‖ Calor excesivo. ‖ (fig, fam) Desazón moral por un deseo no logrado.

quena f Amér. Merid. Flauta de origen inca con que los habitantes de algunas comarcas andinas acompañan sus cantos.

quepis m Gorra militar ligeramente cónica y con visera horizontal.

querella f Discordia, pendencia. ‖ Acusación que toda persona con capacidad legal puede presentar, ante el juez o tribunal competente, contra una persona a la que se acusa de delito y cuya condena se solicita.

querellarse prnl Presentar querella contra uno.

querencia f Acción de amar o querer bien. ‖ Inclinación afectiva hacia algo o alguien. ☐ QUERENCIOSO, SA.

querer[1] m Cariño, amor.

querer[2] tr Desear o apetecer. ‖ Tener voluntad o determinación de ejecutar una cosa. ‖ Pretender, intentar o procurar. ‖ Ser conveniente una cosa a otra; pedirla, requerirla. ‖ Sentir amor o cariño por alguien o algo.

querido, da pp de querer. • m y f Hombre o mujer con quien se tienen relaciones amorosas ilícitas.

queroseno m Una de las fracciones del petróleo natural obtenida por refinación o destilación, destinada a la propulsión de aviones a chorro.

querubín m Espíritu celeste perteneciente al segundo coro de la suprema jerarquía angélica. ‖ (fig) Serafín, persona de singular belleza.

quesero, ra adj Perteneciente o relativo al queso. • m y f Persona que hace o vende queso. • f Lugar donde se fabrican los quesos. ‖ Vasija en que se guardan. ☐ QUESERÍA.

queso m Producto alimenticio obtenido por coagulación de la leche; su pral. constituyente es la caseína.

quetzal m Ave propia de la América tropical; plumaje suave, de color verde tornasolado y rojo. ‖ Unidad monetaria de Guatemala.

¡quia! interj (fam) con que se denota incredulidad o negación.

quicial m Madero que asegura las puertas y ventanas por medio de bisagras.

quicio m Parte de las puertas o ventanas en que entra el espigón del quicial.

quid m Esencia, razón, porqué de una cosa.

quiebra f Rotura o abertura de una cosa por alguna parte. ‖ Hendidura o abertura de la tierra en los montes o la que causan las excesivas lluvias en los valles. ‖ Pérdida de una cosa.

quiebro m Ademán que se hace con el cuerpo, como quebrándolo por la cintura.

quien pron rel que con esta sola forma conviene a los géneros masculino y fe-

q

menino, y cuyo *pl* es **quienes**. • *pron interr* y *excl* **quién**, **quiénes**, con acento prosódico y ortográfico, que en la fórmula *quién(es)... quién(es)* equivale a *unos... otros*.

quienquiera *pron indet* Persona indeterminada, alguno, sea el que fuere.

quietismo *m* Inacción, quietud, inercia.

quieto, ta *adj* Que no tiene o no hace movimiento. ‖ (fig) Detenido, que no avanza o no evoluciona. ‖ (fig) Pacífico, tranquilo.

quietud *f* Carencia de movimiento. ‖ (fig) Sosiego, reposo, descanso.

quijada *f* Cada una de las mandíbulas de los vertebrados que tienen dientes.

quijote *m* (fig) Hombre que antepone sus ideales a su conveniencia y obra desinteresada y comprometidamente en defensa de causas que considera justas, sin conseguirlo. ❏ QUIJOTADA; QUIJOTERÍA; QUIJOTESCO, CA; QUIJOTISMO.

quilate *m* Unidad de peso para el oro y las piedras preciosas.

quilificar *tr* y *prnl* Convertir en quilo el alimento.

quilla *f* Pieza que va de proa a popa por la parte más baja de un barco.

quilo[1] *m* Emulsión de consistencia casi líquida que se obtiene en el intestino por transformación digestiva del quimo. ❏ QUILOSO, SA.

quilo[2] *m* Kilo, unidad de peso.

quilombo *m* Chile y R. de la Plata. Lupanar.

quimba *f* Amér. Especie de calzado rústico.

quimbambas *f pl* Sitio lejano o impreciso.

quimera *f* (fig) Lo que se propone a la imaginación como posible o verdadero, no siéndolo. ❏ QUIMÉRICO, CA; QUIMERIZAR.

química *f* Ciencia que estudia la composición y propiedades de la materia, sus transformaciones y las correspondientes variaciones de energía.

quimificar *tr* y *prnl* Convertir el alimento en quimo. ❏ QUIMIFICACIÓN.

quimioterapia *f* Tratamiento de las enfermedades por medios químicos.

quimo *m* Especie de papilla en que se transforman los alimentos en el estómago por la digestión.

quimono *m* Túnica de origen japonés.

quina *f* Droga que se halla en la corteza de varias especies de quino.

quincalla *f* Conjunto de objetos de metal de escaso valor. ❏ QUINCALLERÍA; QUINCALLERO, RA.

quince *adj* Diez y cinco. • *adj* y *s* Decimoquinto ordinal. • *m* Conjunto de signos o cifras con que se representa el número quince.

quincena *f* Espacio de quince días. ‖ Paga que se recibe cada quince días.

quincenal *adj* Que sucede o se repite cada quincena. ‖ Que dura una quincena.

quincha *f* Amér. Merid. Tejido o trama de junco. ‖ Chile. Pared hecha de cañas y de barro.

quincuagena *f* Conjunto de cincuenta cosas de una misma especie.

quincuagenario, ria *adj* Que consta de cincuenta unidades. • *adj* y *s* Que tiene cincuenta años cumplidos.

quindenio *m* Espacio de quince años.

quiniela *f* Juego de apuestas en varios deportes como el fútbol, las carreras de caballos, etc., en la que los apostantes pronostican los resultados. ❏ QUINIELISTA.

quinientos, tas *adj* Cinco veces ciento. • *m* Signo o conjunto de signos o cifras con que se representa el número quinientos.

quinina *f* Alcaloide que se extrae de la quina.

quino *m* Árbol americano del que hay varias especies.

quinqué *m* Lámpara de petróleo y provista de un tubo de cristal que resguarda la llama.

quinquenal *adj* Que sucede o se repite cada quinquenio. ‖ Que dura un quinquenio.

quinquenio *m* Período de cinco años. ‖ Plus que incrementa cada cinco años el salario de un trabajador.

quinqui *m* o *f* Individuo perteneciente a un grupo social marginado de la sociedad por sus formas de vida.

quinta f Casa de recreo en el campo.

quintaesencia f Quinta esencia, lo más puro y refinado de alguna cosa. ❑ QUINTAESENCIAR.

quintar tr Sacar por suerte uno de cada cinco. || Sacar por suerte los nombres de los que han de servir en la tropa en clase de soldados.

quinteto m Estrofa de cinco versos de arte mayor y rima consonante.

quintilla f Estrofa de cinco versos de arte menor y rima consonante.

quintillizo, za adj Díc. de cada uno de los hermanos nacidos de un parto quíntuple.

quintín m Tela de hilo muy fina y rala que se fabricaba en Quintín, ciudad de Bretaña.

quinto, ta adj y s Que sigue inmediatamente en orden al o a lo cuarto. || Dícese de cada una de las cinco partes iguales de un todo. • m Aquel a quien toca ser soldado.

quintuplicar tr y prnl Hacer cinco veces mayor una cantidad. ❑ QUINTUPLICACIÓN.

quíntuplo, pla adj y m Que contiene un número cinco veces exactamente.

quinzavo, va adj y s Díc. de cada una de las quince partes iguales en que se divide un todo.

quiñazo m Amér. Encontronazo.

quiñón m Porción de tierra de cultivo.

quiosco m Pabellón o edificio pequeño que se sitúa en lugares públicos para la venta de periódicos, flores, etc.

quiquiriquí m Voz imitativa del canto del gallo. || (fig, fam) Persona que quiere sobresalir y gallear.

quirófano m Sala de operaciones quirúrgicas.

quiromancia o **quiromancía** f Supuesta adivinación de lo concerniente a una persona por las rayas de las manos. ❑ QUIROMÁNTICO, CA.

quirquincho m Amér. Merid. Mamífero, especie de armadillo, cuyo carapacho se utiliza para hacer charangos.

quirúrgico, ca adj Perteneciente o relativo a la cirugía.

quiscudo, da adj Amér. De pelo duro y cerdoso.

quisquilla f Reparo o dificultad de poca importancia. || Camarón, crustáceo.

quisquilloso, sa adj y s Que se para en pequeñeces. || Demasiado delicado en el trato común.

quistarse prnl Hacerse querer.

quiste m Cavidad patológica con un contenido líquido o semilíquido y un revestimiento interno gralte. epitelial.

quita f Remisión que de la deuda o parte de ella hace el acreedor al deudor.

quitación f Renta, sueldo o salario. || Quita.

quitamanchas m Producto para quitar manchas.

quitamiedos m Listón o cuerda que se coloca en lugares elevados donde hay peligro de caer y que especialmente sirve para evitar el vértigo.

quitanieves m o f Máquina que se emplea para quitar la nieve de carreteras, vías férreas, calles, etcétera.

quitanza f Recibo, carta de pago que se da al deudor cuando paga.

quitapesares m (fam) Consuelo o alivio en la pena.

quitar tr Tomar una cosa separándola y apartándola de otras, o del lugar o sitio en que estaba. || Robar, hurtar. || Impedir o estorbar. || Obstar, impedir. || Despojar o privar de una cosa. • prnl Irse, separarse de un lugar.

quitasol m Especie de paraguas para resguardarse del sol. || Parasol.

quite m Acción de quitar o estorbar. || Movimiento defensivo con que se detiene o evita el ofensivo.

quitina f Sustancia que forma parte de la cutícula de muchos invertebrados.

quizá o **quizás** adv duda Indica duda o la posibilidad de algo que se expresa.

quórum m Número de individuos necesario para que un cuerpo deliberante pueda tomar determinados acuerdos.

Rr

r *f* Decimonona letra del abecedario esp., y decimoquinta de sus consonantes. Su nombre es *erre*.

rabadán *m* Mayoral que cuida y gobierna todos los hatos de ganado de una cabaña, y manda a los zagales y pastores.

rabadilla *f* Punta del espinazo, formada por la última pieza del hueso sacro o por todas las del cóccix.

rabanero, ra *adj* (fig, fam) Díc. de los ademanes y modo de hablar ordinarios y desvergonzados. • *m* y *f* Persona que vende rábanos.

rabaniza *f* Simiente del rábano.

rábano *m* Planta herbácea que se cultiva por sus raíces comestibles. ‖ Raíz de esta planta.

rabear *intr* Menear un animal el rabo.

rabel *m* Instrumento musical parecido al laúd, con tres cuerdas solas.

rabí *m* Título con que los judíos honran a los sabios de su ley. ‖ Rabino.

rabia *f* Enfermedad producida por un virus que ataca el sistema nervioso, y que se transmite al hombre por medio de la saliva de animales rabiosos.

rabiar *intr* Padecer rabia. ‖ (fig) Padecer un fuerte dolor, que obliga a prorrumpir en quejidos o gritos. ‖ (fig) Ponerse o estar rabioso, muy enfadado.

rabicorto, ta *adj* Díc. del animal que tiene corto el rabo.

rábida o **rábita** *f* Fortaleza religiosa y militar musulmana edificada en zona fronteriza.

rabieta *f* (fig, fam) Enfado o enojo por un motivo pequeño.

rabilargo, ga *adj* Aplícase al animal que tiene largo el rabo.

rabillo *m* Peciolo. ‖ Pedúnculo. ‖ Prolongación de una cosa en forma de rabo.

rabino *m* Maestro heb. que interpreta la Sagrada Escritura. ❑ RABÍNICO, CA.

rabión *m* Corriente muy impetuosa del río.

rabioso, sa *adj* y *s* Que padece rabia. ‖ Colérico, enojado, airado. ‖ (fig) Vehemente, violento.

rabiza *f* Punta de la caña de pescar.

rabo *m* Cola, extremidad de la columna vertebral de algunos animales, especialmente la de los cuadrúpedos. ‖ Rabillo, pezón o pedúnculo de hojas y frutos. ‖ (fig, fam) Cualquier cosa que cuelga a semejanza de la cola de un animal. ‖ (desp) Pene, miembro viril.

rabón, na *adj* Díc. del animal que tiene el rabo más corto que lo ordinario, o que no lo tiene.

rabotada *f* (fam) Grosería.

rabudo, da *adj* Que tiene grande el rabo.

rábula *m* Abogado indocto y charlatán.

racanear *intr* (fam) Actuar como un rácano.

rácano, na *adj* y *s* (fam) Avaro, tacaño.

racha *f* Ráfaga de viento. ‖ Período breve en que suelen suceder cosas buenas o malas.

racheado, da *pp* de rachear. • *adj* Díc. del viento que sopla a rachas.

racial *adj* Perteneciente o relativo a la raza.

racima *f* Conjunto de racimos pequeños que no se recogen al vendimiar.

racimo *m* Porción de uvas o granos que produce la vid presos a unos piececzuelos, y éstos a un tallo que pende del sarmiento. ‖ (fig) Conjunto de cosas menudas dispuestas con alguna semejanza de racimo. ❑ RACIMADO, DA; RACIMAR; RACIMOSO, SA.

raciocinar *intr* Usar del entendimiento y la razón para conocer y juzgar. ❑ RACIOCINACIÓN.

raciocinio *m* Facultad de inferir un juicio desconocido a partir de otro u otros conocidos.

ración *f* Parte o porción alimentaria que constituye la comida de un individuo en una sola vez.

racional *adj* Perteneciente o relativo a la razón. ‖ Conforme a ella. • *adj* y *s* Dotado de razón. ☐ RACIONALIDAD.

racionalismo *m* Sistema filosófico que pone el origen de las ideas en la razón y no en la experiencia. ☐ RACIONALISTA.

racionalizar *tr* Reducir a normas o conceptos racionales. ‖ Organizar el trabajo de manera que aumente la productividad o reduzca los costos. ☐ RACIONALIZACIÓN.

racionar *tr* y *prnl* Distribuir raciones. ‖ Someter los artículos de primera necesidad a una distribución limitada en caso de escasez. ☐ RACIONAMIENTO.

racismo *m* Discriminación social practicada contra un individuo o grupo minoritario en razón del color de su piel o de su origen cultural, étnico, religioso, etc. ‖ Doctrina política que sostiene la superioridad de un grupo racial sobre los demás. ☐ RACISTA.

racor *m* Pieza metálica con dos roscas que sirve para unir tubos.

rada *f* Bahía, ensenada.

radar *m* Sistema para detectar un obstáculo alejado, y aparato utilizado para aplicar este sistema. ☐ RADARISTA.

radiación *f* Acción y efecto de irradiar. ‖ Emisión de ondas o corpúsculos materiales por parte de una fuente.

radiactividad *f* Propiedad que poseen ciertos átomos, consistentes en la desintegración de sus núcleos acompañada de la emisión de partículas atómicas y radiaciones electromagnéticas. ☐ RADIACTIVO, VA.

radiado, da *pp* de radiar. • *adj* Díc. de lo que tiene sus diversas partes sit. alrededor de un punto o de un eje; como la panoja de la avena.

radiador *m* Aparato de calefacción de forma exterior adecuada para facilitar la radiación. ‖ Aparato para refrigerar los cilindros de algunos motores de explosión.

radial *adj* Relativo al radio. ‖ Díc. de aquello que presenta una disposición parecida a los radios de una rueda.

radián *m* Unidad de medida de arcos.

radiante *adj* Que radia o irradia. • *adj* y *m* Brillante, resplandeciente. ‖ (fig) Que siente y manifiesta gozo y alegría grandes.

radiar *tr* Difundir por medio de la telefonía sin hilos noticias, discursos, música, etc. ‖ Emitir rayos de luz, calor, energía, etc., o producir la radiación de ondas o de partículas.

radical *adj* Perteneciente o relativo a la raíz. ‖ (fig) Fundamental, de raíz. ‖ Tajante, intransigente. ‖ Aplícase a las letras de una palabra que se conservan en otro u otros vocablos que de ellas proceden o se derivan. • *adj* y *s* Partidario de reformas extremas, especialmente en sentido democrático.

radicalismo *m* Conjunto de ideas y doctrinas que propugnan reformar total o parcialmente el orden político, social, científico, moral y religioso. ‖ p. ext. Modo extremado de tratar los asuntos.

radicalizar *tr* y *prnl* Hacer que alguien adopte una postura radical.

radicar *intr* y *prnl* Echar raíces. • *intr* Estar o encontrarse ciertas cosas en determinado lugar.

radícula *f* Parte del embrión de la planta, que constituye la raíz.

radio[1] *m* En una circunferencia o en una superficie esférica, distancia entre el centro y un punto cualquiera de las mismas. ‖ Varilla que une el eje de una rueda con la llanta.

radio[2] *m* Metal blanco muy radiactivo.

radio[3] *f* Emisora de radiodifusión. • *m* Apócope de radiodifusión, radiotelegrafía, etcétera.

radioaficionado, da *m* y *f* Persona que, por afición, se dedica a la emisión y recepción por radio, en bandas de frecuencias especiales.

radiocasete *m* Aparato electrónico que consta de una radio y un casete.

radiocomunicación *f* Técnica para establecer comunicación entre dos o más puntos mediante ondas electromagnéticas.

radiodifusión *f* Transmisión y difusión de programas radiados, que pueden ser hablados, musicales, etc., y grabados previamente o no.

r

radioelectricidad *f* Parte de la electrónica que trata de la generación, propagación y recepción de ondas hertzianas. ❑ RADIOELÉCTRICO, CA.

radioescucha *m* o *f* Persona que oye las emisiones radiotelefónicas y radiotelegráficas.

radiografía *f* Procedimiento para hacer fotografías por medio de los rayos X. ‖ Imagen fotográfica obtenida por este procedimiento. ❑ RADIOGRAFIAR; RADIOGRÁFICO, CA.

radiología *f* Rama de la medicina que estudia las radiaciones en sus aplicaciones al diagnóstico y al tratamiento de enfermedades. ❑ RADIOLÓGICO, CA; RADIÓLOGO, GA.

radionovela *f* Serial, obra que se difunde por radiofonía en emisiones sucesivas.

radiorreceptor *adj* y *m* Díc. del aparato o del dispositivo destinado a la recepción de señales radioeléctricas moduladas y a su transformación en señales audibles.

radioscopia *f* Método de diagnóstico basado en el examen de la imagen obtenida por el paso de rayos X a través del cuerpo. ❑ RADIOSCÓPICO, CA.

radiosonda *f* Aparato que llevan los globos sonda para poder transmitir informaciones meteorológicas.

radiotelefonía o **radiofonía** *f* Sistema de conexión telefónica mediante ondas hertzianas.

radioteléfono *m* Teléfono sin hilos.

radiotelegrafía *f* Sistema de comunicación telegráfica por medio de ondas hertzianas.

radiotelegrama *m* Telegrama transmitido por radio.

radiotelescopio *m* Instrumento que sirve para detectar las ondas radioeléctricas emitidas por los astros.

radioterapia *f* Utilización de radiaciones con fines terapéuticos. ❑ RADIOTERAPEUTA.

radiotransmisor *m* Aparato empleado para producir y enviar las ondas portadoras de señales o de sonidos.

radioyente *m* o *f* Radioescucha.

radón *m* Gas noble radiactivo.

raedura *f* Acción y efecto de raer. ‖ Parte menuda que se rae de una cosa.

raer *tr* Quitar cortando y raspando la superficie, pelos, barba, vello, etc., de una cosa, con instrumento áspero o cortante. ‖ Igualar con el rasero.

ráfaga *f* Movimiento violento del aire, que por lo común tiene poca duración. ‖ Golpe de luz vivo e instantáneo. ‖ Conjunto de proyectiles que en sucesión rapidísima lanza un arma automática.

raid *m* Incursión militar rápida en terreno enemigo.

raído, da *pp* de raer. • *adj* Díc. del vestido o de cualquier tela muy gastados por el uso.

raigambre *f* Conjunto de raíces de los vegetales, unidas y trabadas entre sí. ‖ (fig) Conjunto de antecedentes o tradiciones de alguien o algo.

raigón *m aum* de raíz. ‖ Raíz de las muelas y los dientes.

raíl o **rail** *m* Carril de las vías férreas.

raíz *f* Órgano vegetal propio de las plantas superiores, gralte. hipogeo, que sirve para fijar el organismo en el suelo y para absorber de éste el agua y las sales minerales necesarias para el metabolismo vegetal. ‖ Origen o principio de que procede una cosa. ‖ Cada uno de los valores que puede tener la incógnita de una ecuación. ‖ Radical mínimo e irreductible que comparten las palabras de una misma familia.

raja *f* Hendedura, abertura o quiebra de una cosa. ‖ Pedazo que se corta a lo largo o a lo ancho de una cosa comestible.

rajá *m* Título de los príncipes y los soberanos de la India.

rajada *f Méx.* Cobardía.

rajar[1] *tr* Dividir en rajas. • *tr* y *prnl* Hender, partir. • *prnl* (fig, fam) Volverse atrás, no cumplir la palabra dada. ‖ *Amér. Centr.* Gastar mucho.

rajar[2] *intr* (fig, fam) Decir o contar muchas mentiras, especialmente jactándose de valiente. ‖ *Amér.* Hablar mal de uno.

rajatabla (a) *m adv* De un modo absoluto.

rajón, na *adj* y *s Amér. Centr.* Fanfarrón.

rajuela f Piedra delgada y sin labrar que se emplea en obras de poca importancia.

ralea f Especie, género, calidad. ‖ (desp) Aplicado a personas, raza, casta o linaje.

ralear intr y tr Hacerse rala una cosa perdiendo la intensidad o solidez que tenía.

ralentí m Régimen más débil de un motor de explosión cuando no está acelerado.

ralentizar tr Imprimir lentitud. ❏ RALENTIZACIÓN.

rallador m Utensilio compuesto pralm. de una chapa de metal, curva y llena de agujerillos de borde saliente, que sirve para rallar.

rallar tr Desmenuzar una cosa restregándola con el rallador. ❏ RALLADURA.

rally m Competición automovilística en la que la regularidad tiene tanta importancia como la velocidad.

ralo, la adj Díc. de las cosas cuyas partes están muy separadas. ❏ RALEZA.

RAM adj y f En computación, se aplica a la memoria de acceso directo cuyo contenido puede ser modificado por el usuario.

rama[1] f Cada una de las partes que nacen del tronco o tallo pral. de la planta. ‖ (fig) Serie de personas que traen su origen de un mismo tronco. ‖ (fig) Parte secundaria de una cosa que nace o se deriva de otra cosa principal.

rama[2] **(en)** m adv con que se designa el estado de ciertas materias antes de recibir su última aplicación o manufactura.

ramadán m Noveno mes del año lunar de los musulmanes, dedicado al ayuno.

ramal m Cada uno de los cabos de que se componen las cuerdas, sogas, pleitas y trenzas. ‖ (fig) Parte o división que nace de otra principal.

ramalazo m Dolor que aguda e improvisamente acomete a lo largo de una parte del cuerpo. ‖ (fig) Leve locura.

rambla f Lecho natural de las aguas pluviales cuando caen copiosamente. ‖ En algunos lugares, paseo con andén central y árboles.

rameado, da adj Díc. del dibujo o pintura que representa ramos, especialmente en tejidos, papeles, etc.

ramera f Prostituta.

ramificación f Acción y efecto de ramificarse. ‖ (fig) Conjunto de consecuencias necesarias de algún hecho o acontecimiento.

ramificarse prnl Dividirse en ramas una cosa. ‖ Propagarse, extenderse las consecuencias de un hecho o suceso.

ramillete m Ramo pequeño de flores o hierbas olorosas formado artificialmente.

ramiza f Conjunto de ramas cortadas. ‖ Lo que se hace de ramas.

ramo m Rama de segundo orden o que sale de la rama madre. ‖ Rama cortada del árbol. ‖ Conjunto o manojo de flores, ramas o hierbas, ya sea natural, ya artificial.

ramón m Ramojo que cortan los pastores para apacentar los ganados en tiempo de nieves o de sequía.

ramonear intr Podar, cortar las puntas de las ramas de los árboles.

rampa f Plano inclinado dispuesto para subir y bajar por él. ‖ Terreno en pendiente.

rampante adj Díc. del arco y la bóveda que tiene sus impostas oblicuas o a distinto nivel.

ramplón, na adj (fig) Tosco, vulgar, chabacano.

rana f Anfibio con el dorso de color verdoso manchado de oscuro y patas muy desarrolladas y adaptadas al salto.

ranchero, ra m y f Persona que vive o trabaja en un rancho. • f Méx., Perú y Ven. Canción típica popular.

rancho m Comida que se hace para muchos en común, y que gralte. se reduce a un solo guisado. ‖ Lugar despoblado donde se albergan diversas familias o personas. ‖ Amér. Granja donde se crían caballos y otros cuadrúpedos.

rancio, cia adj Dícese del vino y de los comestibles grasientos que con el paso del tiempo adquieren sabor y olor más fuertes, mejorándose o echándose a perder.

rancla f Ecuad. Fuga, escapatoria, evasión.

randa f Especie de encaje para adornar vestidos. • m (fam) Ratero, granuja.

ranfla f Amér. Rampa, plano inclinado.

rango *m* Clase o categoría de una persona con respecto a su sit. social o profesional. || *Amér.* Situación social elevada.

ránula *f* Tumor blando que suele formarse debajo de la lengua.

ranura *f* Canal estrecho y alargado que se abre en un madero, piedra u otro material.

rapa *f* Flor del olivo.

rapacería *f* Condición del que es dado al robo o al hurto. || Robo. ❏ RAPACIDAD.

rapapolvo *m* (fam) Represión áspera.

rapar *tr* y *prnl* Rasurar o afeitar las barbas. • *tr* Cortar el pelo al rape. ❏ RAPADOR, RA; RAPADURA.

rapaz *adj* Inclinado o dado al robo, hurto o rapiña. • *adj* y *s* Díc. del ave de rapiña. • *m* Muchacho joven.

rape[1] *m* (fam) Corte de la barba hecho deprisa y sin cuidado.

rape[2] *m* Pez con cabeza redonda, aplastada, ojos colocados en la parte superior de la cabeza; cuerpo pequeño y fusiforme.

rapé *adj* y *s* Tabaco en polvo para sorberlo por las narices.

rápido, da *adj* Que se mueve, se hace o sucede a gran velocidad. • *m* Corriente fluvial cuyas aguas se deslizan a gran velocidad. ❏ RAPIDEZ.

rapiña *f* Robo, expoliación o saqueo que se ejecuta arrebatando con violencia.

rapiñar *tr* (fam) Quitar una cosa a alguien.

raposo, sa *m* y *f* Zorro, animal. || (fig, fam) Persona muy astuta. ❏ RAPOSEAR; RAPOSERÍA.

rappel *m* Técnica utilizada por los alpinistas para salvar grandes desniveles con rapidez.

rapsodia *f* Trozo de un poema épico. || Centón, obra literaria. || Pieza compuesta de trozos de temas de otras obras.

raptar *tr* Secuestrar a una persona cualquiera, por ejemplo para obtener rescate. ❏ RAPTOR, RA.

rapto *m* Acción de raptar. || Impulso súbito y violento provocado por un estado pasional. || Éxtasis, estado del alma.

raque *m* Acto de recoger los objetos perdidos en las costas por algún naufragio. ❏ RAQUEAR.

raqueta *f* Bastidor de madera, con mango y enrejado de cuerdas muy tensas, para el juego de pelota, tenis, etc.

raquis *m* Raspa o eje de una espiga. || Eje de una pluma de ave. || Columna vertebral.

raquítico, ca *adj* y *s* Que padece raquitismo. • *adj* (fig) Muy delgado y débil. || (fig) Muy pequeño o escaso.

raquitismo *m* Afección crónica de la infancia producida por la carencia de vitamina D.

rareza *f* Calidad de raro. || Cosa rara. || Acción característica de la persona extravagante.

rarificar *tr* y *prnl* Hacer menos denso un cuerpo gaseoso.

raro, ra *adj* Extraordinario, poco común o frecuente. || Escaso en su clase o especie.

ras *m* Igualdad en la superficie o la altura de las cosas.

rasante *adj* Que rasa. • *f* Línea de una calle o camino considerada en su inclinación o paralelismo respecto del plano horizontal.

rasar *tr* Igualar con el rasero. || Pasar rozando ligeramente un cuerpo con otro. ❏ RASADURA.

rascacielos *m* Edificio de gran altura y muchos pisos.

rascador *m* Cualquiera de los varios instrumentos que sirven para rascar la superficie de un metal, la piel, etc.

rascar *tr* y *prnl* Refregar o frotar fuertemente la piel con una cosa aguda o áspera, y por lo regular con las uñas. • *tr* Limpiar con rascador. ❏ RASCAMIENTO.

rascazón *f* Comezón o picazón que incita a rascarse.

rascón, na *adj* Áspero o raspante al paladar.

rasera *f* Rasero.

rasero *m* Palo cilíndrico que sirve para rasar las medidas de los áridos.

rasgado, da *pp* de rasgar. • *adj* De forma más ancha o alargada de lo normal. • *m* Rotura o rasgón de una tela.

rasgar *tr* y *prnl* Romper o hacer pedazos sin el auxilio de ningún instrumento. ❏ RASGADURA.

asgo *m* Línea o trazo que se hacen al escribir. ‖ Peculiaridad, propiedad o nota distintiva. ‖ Línea característica del rostro.

asguear *tr* Tocar la guitarra u otro instrumento rozando varias cuerdas a la vez.

asguñar *tr* Arañar o rascar con las uñas. asmillar *tr Chile y Ecuad.* Rasguñar.

aso, sa *adj* y *s* Plano, liso. • *adj* Que pasa o se mueve a poca alt. del suelo. • *m* Tela de seda muy lisa y brillante.

aspa *f* Filamento de la cáscara del grano del trigo y de otras gramíneas. ‖ Espina del pescado. ‖ *(fam) Amér.* Reproche, reprimenda.

aspado, da *pp* de raspar. • *m* Acción y efecto de raspar. ‖ Raer la superficie de los huesos o la mucosa del útero.

aspar *tr* Raer ligeramente una cosa quitándole alguna parte superficial. ‖ Producir, por lo general un tejido áspero, una sensación desagradable en la piel. • *intr Ven.* Largarse, marcharse. ☐ RASPADURA.

aspón o **rasponazo** *m* Herida superficial causada por un roce violento. ‖ *Amér.* Reconvención áspera.

asposo, sa *adj* Que tiene abundantes raspas. ‖ *(fig)* Áspero al tacto o al paladar.

asqueta *f* Planchuela de hierro que se usa para raer y limpiar superficies.

astra¹ *f* Rastrillo para recoger hierba y otras cosas. ‖ Cualquier cosa que va colgando y arrastrando.

astra² *f* Sarta de cualquier fruta seca.

astrear *tr* Seguir el rastro o buscar alguna cosa por él. ‖ *(fig)* Inquirir, averiguar una cosa. ☐ RASTREO.

astrero, ra *adj* Que va arrastrando. ‖ Aplícase a las cosas que van por el aire, pero casi tocando el suelo. ‖ *(fig)* Bajo, vil y despreciable.

astrillada *f* Todo lo que se recoge o se barre de una vez con el rastrillo o rastro. ‖ *Arg.* y *Ur.* Huella de hombre o animal en el campo.

astrillar *tr* Limpiar el lino o cáñamo de la arista y estopa. ‖ Recoger con el rastro. ‖ Limpiar de hierba con el rastrillo las calles de los parques y jardines. ☐ RASTRILLADO; RASTRILLADOR.

rastrillo *m* Tabla con muchos dientes de alambre grueso sobre los que se pasa el lino o cáñamo para apartar la estopa y separar bien las fibras. ‖ Rastro, instrumento para recoger la hierba, paja, etc.

rastro *m* Instrumento compuesto de un mango largo, cruzado en uno de sus extremos por un travesaño armado de púas que sirve para recoger hierba, paja, etc. ‖ Vestigio, señal o indicio de un acontecimiento. ‖ Matadero de reses. ‖ Señal, huella que queda de una cosa.

rastrojar *tr* Arrancar el rastrojo.

rastrojo *m* Residuo de las cañas de la mies, que queda en la tierra después de segar. ‖ El campo después de segada la mies y antes de recibir nueva labor. ☐ RASTROJAL; RASTROJERA.

rasurar *tr* y *prnl* Raer el pelo del cuerpo, en especial el de la cara. ☐ RASURA; RASURACIÓN.

rata¹ *f* Mamífero roedor de cabeza pequeña, hocico puntiagudo y cola larga. • *m (fam)* El ratero que hurta. • *m* o *f (fam)* Persona tacaña.

rata² *f* Parte proporcional. ‖ Variación por unidad de tiempo. ‖ *Col., Pan.* y *Perú.* Porcentaje.

ratear¹ *tr* Repartir proporcionalmente. ☐ RATEO.

ratear² *tr* Hurtar con destreza cosas pequeñas.

ratería *f* Hurto de cosas de poco valor. ‖ Acción de hurtarlas con maña y cautela.

ratero, ra *adj* y *s* Díc. del ladrón que hurta con habilidad y cautela cosas de poco valor.

raticida *m* Sustancia empleada para exterminar ratas y ratones.

ratificar *tr* y *prnl* Aprobar actos, palabras o escritos dándolos por valederos y ciertos.

rato *m* Intervalo de tiempo, y especialmente cuando es corto.

ratón *m* Mamífero roedor de pelaje gris pardusco.

ratonar *tr* Morder o roer los ratones una cosa.

ratonera *f* Trampa en que se cazan los ratones.

r

ratonero, ra *adj* Perteneciente o relativo a los ratones. • *f* Trampa para cazar ratones. || Madriguera de ratones.

raudal *m* Caudal de agua que corre violentamente. || (fig) Abundancia de cosas.

raudo, da *adj* Rápido, violento, precipitado.

raya[1] *f* Señal larga y estrecha que se hace o forma natural o artificialmente en un cuerpo cualquiera. || Término, confín. || Señal que resulta en la cabeza de dividir los cabellos con el peine. || Guión algo más largo que se usa para separar oraciones gramaticales incidentales o indicar el diálogo en los escritos. || En el lenguaje de la droga, dosis de cocaína. ❏ RAYOSO, SA.

raya[2] *f* Pez con cuerpo aplanado, aletas dorsales situadas en la cola y aleta caudal rudimentaria.

rayado, da *pp* de rayar. • *m* Conjunto de rayas o listas de una tela, papel, etc. || Acción y efecto de rayar.

rayano, na *adj* Que linda con una cosa. || Que está en la raya que divide dos territorios.

rayar *tr* Hacer o tirar rayas. || Tachar lo manuscrito o impreso con rayas. || Subrayar. || Estropear una superficie lisa o pulida con rayas o incisiones. • *intr* Con las voces *alba, día, luz, sol,* amanecer, alborear. || (fig) Asemejarse una cosa a otra.

rayo *m* Cada una de las líneas de propagación de la energía que parte de un foco emisor. || Línea de luz que procede de un cuerpo luminoso, y especialmente las que vienen del Sol. || (fig) Persona muy viva y pronta de ingenio. || (fig) Persona pronta y ligera en sus acciones.

rayón *m* Filamento textil obtenido artificialmente.

rayuela *f* Juego en el que tirando monedas o tejos a una raya hecha en el suelo y desde cierta distancia, gana el que la toca o el que más se acerca a ella.

raza *f* Cada uno de los grandes grupos en que se divide la especie humana en función de determinados caracteres, como el color de la piel, los rasgos faciales, etc. || Casta o linaje. || Cada uno de los grupos en que se subdividen algunas especies botánicas y zoológicas y cuyos caracteres diferenciales se perpetúan por herencia.

razia *f* Incursión de gente armada en territorio enemigo, con propósito de saqueo y pillaje.

razón *f* Facultad de discurrir. || Acto de discurrir el entendimiento. || Palabras o frases con que se expresa el discurso. || Argumento o demostración que se aduce en apoyo de alguna cosa. || Motivo o causa. || (fam) Recado, aviso.

razonable *adj* Justo, conforme a razón. || (fig) Suficiente en calidad o en cantidad.

razonamiento *m* Acción y efecto de razonar. || Serie de conceptos encaminados a demostrar una cosa o a persuadir o mover a oyentes o lectores.

razonar *intr* Deducir unas ideas de otras para llegar a ciertas conclusiones. || Hablar dando razones para probar una cosa.

re *m* Nota, la segunda de la escala de *do*.

reabrir *tr* y *prnl* Volver a abrir.

reacción *f* Acción que resiste o se opone a otra acción, obrando en sentido contrario a ella. || Forma en que alguien o algo se comporta ante un determinado estímulo. || Tendencia tradicionalista, opuesta a las innovaciones. Designa también el conjunto de sus partidarios.

reaccionar *intr* Actuar un ser por reacción de la actuación de otro, o por efecto de un estímulo. || Empezar a recobrar una la actividad fisiológica que parecía perdida. || Defenderse o rechazar un ataque o agresión. || Actuar una sustancia en combinación con otra, produciendo una o varias nuevas sustancias.

reaccionario, ria *adj* Opuesto a las innovaciones.

reacio, cia *adj* Contrario a algo, o que muestra resistencia a hacer algo.

reactivar *tr* Volver a activar. ❏ REACTIVACIÓN.

reactivo, va *adj* Que produce reacción. • *m* Sustancia empleada para descubrir la presencia de otra. ❏ REACTIVIDAD.

reactor *m* Motor de reacción. || Avión que usa motor de reacción.

readaptar *tr* y *prnl* Adaptar de nuevo. ❏ READAPTACIÓN.

readmitir *tr* Volver a admitir. ❑ READ-MISIÓN.

reafirmar *tr* y *prnl* Afirmar de nuevo.

reagrupar *tr* y *prnl* Agrupar de nuevo o de modo diferente. ❑ REAGRUPACIÓN.

reajustar *tr* Volver a ajustar. ‖ Hablando de precios, salarios, impuestos, etc., aumentarlos o disminuirlos por motivos coyunturales, económicos o políticos. ❑ REAJUSTE.

real[1] *adj* Que tiene existencia verdadera y efectiva.

real[2] *adj* Perteneciente o relativo al rey o a la realeza. ‖ (fig) Regio, suntuoso. ‖ (fig, fam) Muy bueno. • *m* Cuarta parte de la peseta.

realce *m* Adorno o labor que sobresale en la superficie de una cosa. ‖ (fig) Lustre, estimación, grandeza.

realeza *f* Dignidad real. ‖ Grandiosidad propia de un rey. ‖ Conjunto de familias reales.

realidad *f* Existencia real y efectiva de una cosa. ‖ Verdad, lo que ocurre verdaderamente. ‖ Lo que es efectivo o tiene valor práctico, en contraposición con lo fantástico o ilusorio.

realismo *m* Forma de presentar las cosas como son, sin suavizarlas ni exagerarlas de manera alguna. ‖ Sistema estético que asigna como fin a las obras artísticas o literarias la imitación fiel de la naturaleza. ❑ REALISTA.

realizar *tr* y *prnl* Efectuar, llevar a cabo algo o efectuar una acción. ‖ Dirigir una película o un programa de televisión. • *prnl* Desarrollar o cumplir una persona sus aspiraciones. ❑ REALIZACIÓN; REALIZADOR, RA.

realquilar *tr* Tomar en alquiler un local, una vivienda o parte de ella, de otra persona que a su vez la tiene arrendada. ❑ REALQUILADO, DA.

realzar *tr* y *prnl* Levantar o elevar una cosa más de lo que estaba. ‖ (fig) Resaltar o engrandecer.

reanimar *tr* y *prnl* Confortar, dar vigor, restablecer las fuerzas. ‖ Hacer que recobre el conocimiento alguien que lo ha perdido.

reanudar *tr* y *prnl* (fig) Continuar el trato, estudio, trabajo, etc., que se había interrumpido.

reaparecer *intr* Volver a aparecer o a mostrarse. ❑ REAPARICIÓN.

reargüir *tr* Argüir de nuevo sobre el mismo asunto.

rearmar *tr* y *prnl* Equipar nuevamente con armamento militar o reformar el que ya existía. ❑ REARME.

reasumir *tr* Asumir de nuevo lo que antes se había tenido, ejercido o adoptado.

reasunción *f* Acción y efecto de reasumir.

reata *f* Cuerda, tira o faja que sirve para sujetar algunas cosas. ‖ Cuerda o correa que ata y une dos o más caballerías una detrás de otra.

reavivar *tr* y *prnl* Volver a avivar, o avivar intensamente.

rebaba *f* Porción de materia sobrante que sobresale en los bordes de un objeto.

rebaja *f* Disminución, reducción o descuento. Se usa especialmente hablando de precios.

rebajar *tr* Hacer más bajo el nivel o superficie horizontal de un terreno u otro objeto. ‖ Disminuir el precio de venta de una cosa. ‖ Quedar dispensado del servicio un militar. ‖ Aclarar un color, especialmente si es oscuro. • *tr* y *prnl* (fig) Humillar, abatir. ❑ REBAJADO, DA; REBAJAMIENTO.

rebalsar *tr*, *intr* y *prnl* Detener y recoger el agua u otro líquido, de manera que haga balsa.

rebanada *f* Porción delgada, ancha y larga que se saca de una cosa, y especialmente del pan.

rebanar *tr* Hacer rebanadas una cosa. ‖ Cortar o dividir una cosa de una parte a otra.

rebañar *tr* Juntar y recoger alguna cosa sin dejar nada. ❑ REBAÑADURA.

rebaño *m* Hato grande de ganado, especialmente del lanar.

rebasar *tr* Pasar o exceder de cierto límite. ‖ En una marcha, progresión, etc., dejar atrás, adelantar.

rebatir *tr* Rechazar o contrarrestar la fuerza o violencia de uno. ‖ Impugnar, refutar. ❑ REBATIBLE; REBATIMIENTO.

rebato *m* Llamada precipitada a los vecinos de uno o más pueblos, con el fin de defenderse cuando sobreviene un peligro.

r

rebeca f Chaquetilla femenina de punto, sin cuello, abrochada por delante.

rebeco m Gamuza, especie de antílope.

rebelarse tr y prnl Sublevarse, levantarse, faltando a la obediencia debida. • prnl (fig) Oponer resistencia.

rebelde adj y s Que se rebela o subleva. • adj Que se opone resistencia.

rebeldía f Calidad de rebelde. ‖ Acción propia del rebelde. ‖ Estado procesal del que, siendo parte en un juicio, no acude al llamamiento que formalmente le hace el juez.

rebelión f Acción y efecto de rebelarse.

reblandecer tr y prnl Ablandar una cosa o ponerla tierna. ❐ REBLANDECIMIENTO.

rebobinar tr En un circuito eléctrico, sustituir el hilo de una bobina por otro. ‖ Hacer que un hilo o cinta se desenrolle de un carrete para enrollarse en otro. ❐ REBOBINADO, DA.

reborde m Saliente a lo largo del borde de una cosa. ❐ REBORDEAR.

rebosar intr y prnl Derramarse un líquido por encima de los bordes de un recipiente en que no cabe. • intr y tr (fig) Abundar con demasía una cosa. ❐ REBOSADERO.

rebotar intr Botar repetidamente un cuerpo elástico, ya sobre el terreno, ya chocando con otros cuerpos. ‖ Retroceder o cambiar de dirección un cuerpo en movimiento por haber chocado con un obstáculo. • tr Resistir un cuerpo a otro forzándole a retroceder, rechazar. ❐ REBOTACIÓN; REBOTADURA.

rebote m Acción y efecto de rebotar un cuerpo elástico. ‖ Cada uno de los botes que después del primero da el cuerpo que rebota.

rebotica f Habitación auxiliar de la farmacia, que está detrás de ella. ‖ Trastienda.

rebozar tr y prnl Cubrir casi todo el rostro con la capa o manto. • tr Bañar una vianda en huevo batido, harina, pan rallado, miel, etc.

rebozo m Modo de llevar la capa o manto cubriéndose con él el rostro. ‖ (fig) Simulación, pretexto.

rebrincar intr Brincar con mucha reiteración y alborozo.

rebrotar tr Volver a brotar las plantas. ‖ Volver a vivir o ser lo que había perecido o se había amortiguado. ❐ REBROTE.

rebudiar intr Roncar el jabalí cuando siente gente. ❐ REBUDIO.

rebujar tr Envolver o cubrir algunas cosas.

rebujo m Envoltorio desaliñado de papel o cosas semejantes.

rebullir intr y prnl Empezar a moverse lo que estaba quieto.

rebuscar tr Escudriñar o buscar con cuidado. ‖ Recoger el fruto que queda en los campos después de alzadas las cosechas, particularmente el de las viñas. ❐ REBUSCA.

rebuzno m Voz del asno. ❐ REBUZNAR.

recabar tr Alcanzar, conseguir con instancias o súplicas lo que se desea. ‖ Pedir alguien para sí lo que cree que le corresponde.

recado m Mensaje o respuesta que de palabra se da o se envía a otro. ‖ Encargo, encomienda. ‖ Conjunto de objetos necesarios para hacer ciertas cosas. ❐ RECADERO, RA.

recaer intr Caer enfermo de la misma dolencia el que estaba convaleciendo o había recobrado ya la salud. ‖ Reincidir en los vicios, errores, etc. ‖ Ser atribuida o adjudicada cierta cosa a alguien. ❐ RECAÍDA.

recalar tr y prnl Penetrar un líquido por los poros de un cuerpo seco, dejándolo húmedo o mojado. ‖ (fig) Aparecer por algún sitio una persona. • intr Llegar un buque, a la vista de un punto de la costa. ❐ RECALADA; RECALCADA.

recalcar tr Ajustar, apretar mucho una cosa con otra o sobre otra. ‖ (fig) Tratándose de palabras, decirlas con lentitud exagerada fuerza de exp. para que no dé lugar a duda. ❐ RECALCADURA.

recalcitrante adj Terco, aferrado a una opinión.

recalcitrar intr Retroceder. ‖ (fig) Resistir a obedecer una orden.

recalentar tr Volver a calentar. ‖ Calentar demasiado. • prnl Tratándose de ciertas

...rutos, como el trigo, las aceitunas, etc., echarse a perder por el excesivo calor. ☐ RECALENTAMIENTO.

recalzar tr Arrimar tierra alrededor de as plantas o árboles. || Hacer un recalzo. ☐ RECALCE.

recalzo m Reparo que se hace en los cimientos de un edificio ya construido.

recamar tr Bordar de realce. ☐ RECAMADO.

recámara f Cuarto dispuesto a continuación de la cámara, destinado para guardar los vestidos o alhajas. || En las armas de fuego, lugar donde se coloca el cartucho. | Amér. Alcoba.

recambiar tr Hacer segundo cambio o trueque. || Colocar una pieza de recambio.

recambio m Acción y efecto de recambiar. || Repuesto de piezas de una máquina, aparato o instrumento.

recapacitar tr e intr Volver a pensar en una cosa, con detenimiento.

recapitular tr Resumir sumaria y ordenadamente lo que por escrito o de palabra se ha expresado con extensión. ☐ RECAPITULACIÓN.

recargar tr Volver a cargar. || Aumentar la carga o el trabajo. || (fig) Agravar una cuota de impuesto u otra prestación que se adeuda. ☐ RECARGO.

recatado, da pp de recatar. • adj Honesto, modesto.

recatar tr y prnl Encubrir u ocultar lo que no se quiere que se vea o se sepa. • prnl Mostrar recelo en tomar una resolución. ☐ RECATA.

recatear tr Regatear, discutir el precio de una cosa.

recato m Cautela, reserva. || Honestidad, modestia.

recatón, na adj Que vende al por menor. || Que regatea el precio mucho.

recauchutar o **recauchar** tr Volver a cubrir de caucho una llanta o cubierta desgastada.

recaudación f Acción de recaudar. || Cantidad recaudada. || Oficina en que se recauda.

recaudar tr Cobrar o percibir caudales o efectos. ☐ RECAUDADOR, RA; RECAUDA-MIENTO; RECAUDATORIO, RIA.

recaudo m Recaudación, acción de recaudar.

recebar tr Echar recebo.

recebo m Arena o piedra muy menuda que se extiende sobre el firme de una carretera.

recelar tr y prnl Temer, desconfiar y sospechar. ☐ RECELAMIENTO; RECELO; RECELOSO, SA.

recensión f Noticia o reseña de una obra literaria o científica. ☐ RECENSOR, RA.

recental adj y s Díc. del cordero y del ternero lechales.

recepción f Acción y efecto de recibir. || Admisión de un empleo, oficio o sociedad. || Despacho de un hotel u otro alojamiento público, en que se atiende a los clientes que llegan. || Ceremonia en que desfilan por delante de un rey o alto personaje los representantes de ciertos cuerpos o clases. ☐ RECEPCIONISTA.

receptáculo m Cavidad susceptible de contener cualquier sustancia.

receptividad f Capacidad de recibir.

receptivo, va adj Que recibe o es capaz de recibir.

receptor, ra adj y s Que recibe. || En electrónica, acústica, óptica, etc., díc. de todo aparato o sistema capaz de recibir señales.

recesar intr Amér. Cesar temporalmente en sus actividades una corporación.

recesión f Acción o efecto de retirarse o retroceder.

recesivo, va adj Que se retira, retrocede o se desvía.

receso m Separación, apartamiento, desvío. || Amér. Suspensión, cesación, vacación.

receta f Prescripción facultativa. || Nota escrita de esta prescripción.

recetar tr Prescribir un medicamento, con expresión de su dosis, preparación y uso.

recetario m Registro o conjunto de recetas.

rechazar tr Resistir un cuerpo a otro, forzándole a retroceder en su curso o movimiento. || (fig) No aceptar a una persona. || (fig) Resistir al enemigo, obligándolo a ceder. || (fig) Contradecir lo que otro expresa. || (fig) Rehusar o denegar una petición.

r

rechazo *m* Acción y efecto de rechazar.
‖ Síndrome provocado en un organismo
por la implantación de un tejido u órgano extraño, al que el cuerpo no se adapta.

rechiflar *tr* Silbar con mucha insistencia.
• *prnl* Burlarse de alguien, ridiculizarlo.
◻ RECHIFLA.

rechinar *intr* Hacer o causar una cosa un
sonido desagradable por rozar con otra.

rechistar *intr* Decir algo e iniciar una
voz.

rechoncho, cha *adj* (fam) Díc. de la persona o animal gruesos y de poca altura.

recibí *m* Fórmula usada en documentos
para expresar que se ha recibido lo que
en ellos se declara.

recibidor, ra *adj* y *s* Que recibe. • *m* Antesala o vestíbulo.

recibimiento *m* Recepción, acción y
efecto de recibir. ‖ Acogida buena o mala
que se hace al que viene de fuera. ‖ En algunas partes, antesala. ‖ En otras, sala
principal.

recibir *tr* Tomar uno lo que le dan o le
envían. ‖ Padecer uno el daño que otro
le hace o casualmente le sucede. ‖ Admitir dentro de sí una cosa a otra. ‖ Admitir,
aceptar, aprobar una cosa. ‖ Admitir uno a
otro en su compañía o comunidad. ‖ Admitir visitas una persona. ‖ Esperar o hacer
frente al que acomete, con ánimo y resolución de resistir o rechazarle.

recibo *m* Acción y efecto de recibir.
‖ Resguardo firmado en que se declara
haber recibido dinero u otra cosa.

reciclar *tr* Someter repetidamente una
materia a un mismo ciclo, para ampliar o
incrementar los efectos de éste.

recién *adv tiempo* Recientemente. Se usa
siempre antepuesto a los *pp*

reciente *adj* Nuevo, fresco o acabado de
hacer.

recinto *m* Espacio comprendido en determinados límites.

recio, cia *adj* Fuerte, robusto, vigoroso.
‖ Duro, difícil de soportar. ‖ Hablando
del tiempo, riguroso, rígido. • *adv modo*
Con rapidez o precipitación. ◻ RECIE-
DUMBRE.

récipe *m* (fam) Receta médica. ‖ (fig, fam)
Desazón o disgusto que se da a uno.

recipiendario, ria *m* y *f* El que es recibido solemnemente en una corporación.

recipiente • *m* Cavidad o utensilio en que
puede contenerse algo.

reciprocar *tr* Hacer que dos cosas se co-
rrespondan. ‖ Responder a una acción
con otra semejante.

reciprocidad *f* Correspondencia mutua
de una persona o cosa con otra. ◻ RECÍ-
PROCO, CA.

recital *m* Audición dada por un solo artista o instrumentista.

recitar *tr* Contar o decir en voz alta un
discurso u oración. ◻ RECITACIÓN.

recitativo, va *adj* Díc. de la declamación
entre la recitación y el canto.

reclamación *f* Acción y efecto de reclamar. ‖ Oposición o contradicción que se
hace a una cosa como injusta.

reclamar *intr* Clamar contra una cosa;
oponerse a ella de palabra o por escrito.
• *tr* Clamar o llamar con repetición o insistencia. ‖ Pedir o exigir con derecho
o con instancia una cosa.

reclamo *m* Ave amaestrada que se lleva
a la caza para que con su canto atraiga
otras de su especie. ‖ Instrumento para
llamar a las aves en la caza imitando su
voz. ‖ Anuncio, propaganda.

reclinar *tr* y *prnl* Inclinar una cosa apoyándola en otra, especialmente el cuerpo o parte de él.

reclinatorio *m* Cualquier cosa dispuesta
para reclinarse.

recluir *tr* y *prnl* Encerrar o poner en reclusión.

reclusión *f* Retiro o encierro voluntario
o forzado. ◻ RECLUSO, SA; RECLUSORIO.

recluta *f* Reclutamiento. • *m* Mozo alistado voluntariamente en el ejército. ◻
RECLUTADOR.

reclutamiento *m* Acción y efecto de reclutar.

reclutar *tr* Alistar reclutas. ‖ p. ex.
Reunir gente para un propósito determinado.

recobrar *tr* Recuperar, volver a tomar o
adquirir lo que antes se tenía o poseía.
• *prnl* Recuperarse de la enajenación
del ánimo o de los sentidos, o de un accidente o enfermedad. ◻ RECOBRO.

cocer *tr* Volver a cocer. ‖ Caldear los metales para que adquieran de nuevo la ductilidad o el temple que suelen perder al trabajarlos.

cochinearse *prnl* Burlarse de alguien de forma reiterada o con cierto ensañamiento. ❒ RECOCHINEO.

codar *intr* y *prnl* Recostarse a descansar sobre el codo.

codo *m* Ángulo o revuelta que forman las calles, caminos, ríos y otras cosas, torciendo notablemente la dirección que traían.

cogedor, ra *adj* Que recoge o da acogida a uno. • *m* Pala con la que se recoge la basura o las barreduras del suelo.

coger *tr* Volver a coger; tomar por segunda vez una cosa. ‖ Coger algo que se ha caído. ‖ Ir juntando y guardando poco a poco, especialmente el dinero. ‖ Dar asilo, acoger a uno. • *tr* y *prnl* Encoger, estrechar o ceñir. ‖ Retirarse a casa.

cogida *f* Acción y efecto de recoger. ‖ Acción de ser retirada por el servicio de correos la correspondencia depositada en los buzones.

cogido, da *pp* de recoger. • *adj* Que tiene recogimiento y vive retirado del trato y comunicación de las gentes. ❒ RECOGIMIENTO.

colección *f* Acción y efecto de recolectar. ‖ Recopilación, resumen o compendio.

colectar *tr* Juntar lo disperso. ‖ Recoger la cosecha.

coleto, ta *adj* y *s* (fig) Díc. del que vive con retiro y abstracción, o viste modestamente. • *adj* (fig) Díc. del lugar retirado y solitario.

comendación *f* Acción y efecto de recomendar o recomendarse. ‖ Encargo que se hace a otro. ‖ Alabanza o elogio de un sujeto para introducirle con otro. ❒ RECOMENDABLE.

comendar *tr* Hablar o interceder por uno, elogiándolo. ‖ Aconsejar a alguien.

comenzar *tr* Volver a comenzar alguna cosa.

comerse *prnl* Concomerse.

compensa *f* Acción y efecto de recompensar. ‖ Lo que sirve para recompensar.

recompensar *tr* Compensar el daño hecho. ‖ Retribuir o remunerar un servicio. ‖ Premiar un beneficio, favor, virtud o mérito.

recomponer *tr* Componer de nuevo, reparar.

reconcentrar *tr* y *prnl* Reunir en un punto lo que estaba esparcido. • *tr* Disminuir el volumen de una cosa haciéndola más densa. • *prnl* (fig) Abstraerse, ensimismarse. ❒ RECONCENTRACIÓN; RECONCENTRAMIENTO.

reconciliar *tr* y *prnl* Volver a la amistad o atraer los ánimos desunidos. ❒ RECONCILIACIÓN.

reconcomerse *prnl* Sentir desazón o disgusto ante ciertas cosas. ❒ RECONCOMIO.

recóndito, ta *adj* Muy escondido u oculto.

reconducir *tr* Dirigir de nuevo una cosa hacia donde estaba.

reconfortar *tr* Confortar de nuevo o con energía y eficacia.

reconocer *tr* Examinar con cuidado a una persona o cosa para enterarse de su identidad, naturaleza y circunstancias. ‖ Admitir, aceptar. ‖ Confesar la gratitud debida. ‖ Distinguir de las demás personas a una, por sus rasgos propios. ‖ Examinar a una persona para averiguar el estado de su salud o para diagnosticar una presunta enfermedad. • *prnl* Tenerse uno a sí propio por lo que es en realidad. ❒ RECONOCEDOR, RA.

reconocido, da *pp* de reconocer. • *adj* Díc. del que reconoce o agradece el favor que otro le ha hecho. ‖ Díc. del que ha sido identificado.

reconocimiento *m* Acción y efecto de reconocer o reconocerse. ‖ Gratitud.

reconquistar *tr* Volver a conquistar una plaza, prov. o reino. ‖ (fig) Recuperar algo que se había perdido. ❒ RECONQUISTA.

reconsiderar *tr* Volver a considerar.

reconstituir *tr* y *prnl* Volver a constituir, rehacer. ‖ Devolver al organismo sus condiciones normales. ❒ RECONSTITUCIÓN.

reconstituyente *adj* y *m* Díc. del medicamento que tiene la virtud de reconstituir.

reconstruir *tr* Volver a construir. ‖ (fig) Evocar recuerdos o ideas para completar el conocimiento de un hecho o el concepto de una cosa.

recontar *tr* Contar o volver a contar el núm. de cosas. ‖ Referir, narrar.

reconvenir *tr* Reprender a uno por lo que ha hecho o dicho. ◻ RECONVENCIÓN.

reconversión *f* Acción y efecto de reconvertir. ‖ Proceso técnico de modernización de industrias.

reconvertir *tr* Hacer volver a su situación anterior lo que había cambiado.

recopilar *tr* Juntar en compendio, recoger o unir diversas cosas. Díc. especialmente de escritos literarios. ◻ RECOPILACIÓN.

récord *m* Marca, el mejor resultado en competiciones deportivas.

recordar *tr* e *intr* Traer a la memoria una cosa. • *tr* Semejar una cosa a otra. • *tr*, *intr* y *prnl* Mover a uno a que tenga presente una cosa de que se hizo cargo o que tomó a su cuidado. ◻ RECORDABLE; RECORDATIVO, VA.

recordatorio, ria *adj* Díc. de lo que sirve para recordar. • *m* Esquela con que se conmemora algún suceso.

recorrer *tr* Con nombre que exprese espacio o lugar, ir o transitar por él. ‖ Efectuar un trayecto. ‖ Repasar o leer ligeramente un escrito.

recorrido *m* Acción y efecto de recorrer. ‖ Espacio que ha recorrido, recorre o ha de recorrer una persona o cosa.

recortable *adj* Que se puede recortar. • *m* Papel o cartulina con dibujos para que los niños lo recorten.

recortar *tr* Cortar o cercenar lo que sobra en una cosa. ‖ Cortar el papel u otra cosa en varias figuras. ‖ Quitar una parte de una cosa. • *prnl* Dibujarse el perfil de una cosa sobre otra. ◻ RECORTE.

recoser *tr* Volver a coser. ‖ Componer, zurcir o remendar la ropa, y especialmente la blanca.

recostar *tr* y *prnl* Reclinar la parte superior del cuerpo. ‖ Inclinar una cosa sobre otra. • *prnl* Acostarse un breve período de tiempo. ◻ RECOSTADERO.

recoveco *m* Vuelta y revuelta de un ca llejón, pasillo, arroyo, etc. ‖ (fig) Rodeo que uno se vale para conseguir un fin.

recreación *f* Acción y efecto de recr o recrearse. ‖ Diversión para alivio trabajo. ◻ RECREATIVO, VA.

recrear *tr* Crear o producir de nuevo al na cosa. • *tr* y *prnl* Divertir, alegrar o leitar. ◻ RECREATIVO.

recreo *m* Acción de recrearse o divertir ‖ Suspensión de la clase para descan o jugar los escolares. ‖ Sitio o lugar a para diversión.

recriar *tr* Fomentar el desarrollo de a males criados en región distinta. ‖ (fi Dar a un ser nuevos elementos de v y fuerza para su completo desarrollo.

recriminar *tr* Reprender, censurar a persona su comportamiento. ‖ Respon a cargos o acusaciones con otros u otr ◻ RECRIMINACIÓN.

recrudecer *intr* y *prnl* Tomar nue incremento un mal después de ha empezado a remitir o ceder. ◻ RECRU DECIMIENTO.

rectal *adj* Perteneciente o relativo al int tino recto.

rectangular *adj* Que tiene forma de r tángulo. ‖ Perteneciente o relativo al á gulo recto o al rectángulo.

rectángulo, la *adj* Que tiene ángulos r tos. • *m* Paralelogramo de cuatro ángu rectos y los lados contiguos desiguales

rectificar *tr* Reducir una cosa a la exa tud que debe tener. ‖ Contradecir a u en lo que ha dicho, por considerarlo er neo. ‖ Modificar la propia opinión ya e puesta. • *prnl* Enmendar uno sus ac o su proceder.

rectilíneo, a *adj* Que se compone de neas rectas. ‖ (fig) Se aplica al carácter algunas personas exageradamente rect

rectitud *f* Calidad de recto. ‖ (fig) Calid de justo.

recto, ta *adj* Que no se inclina a un la ni a otro. ‖ (fig) Justo, severo y firme sus resoluciones. • *adj* y *f* Díc. de la lín formada por una serie de puntos en u misma dirección. • *adj* y *m* Díc. del á gulo de noventa grados. ‖ Díc. de la ú ma porción del intestino.

ector, ra adj y s Que rige o gobierna. • m y f Persona a cuyo cargo está el gobierno de una parroquia, comunidad o universidad.

ectorado m Oficio, cargo y oficina del rector.

ecua f Conjunto de animales de carga, que sirve para trajinar.

ecuadro m Compartimiento o división en forma de cuadro, en un muro u otra superficie.

ecubrir tr Volver a cubrir. ‖ Cubrir una cosa del todo. ❑ RECUBRIMIENTO.

ecuento m Cuenta o segunda enumeración que se hace de una cosa. ‖ Inventario.

ecuerdo m Memoria que se hace o aviso que se da de una cosa pasada o de que ya se habló. ‖ (fig) Cosa que se regala en testimonio de buen afecto. • pl Saludo afectuoso a un ausente por escrito o por medio de otra persona.

ecular intr Cejar o retroceder.

ecuñar tr Arrancar piedra o mineral por medio de cuñas.

ecuperar tr Volver a tomar o adquirir lo que antes se tenía. ‖ Aprobar una materia que no se había aprobado en una convocatoria anterior. • prnl Volver en sí. ❑ RECUPERACIÓN.

ecurrente adj Que recurre. ‖ Díc. de lo que vuelve a ocurrir o a aparecer, especialmente después de un intervalo. • m o f Persona que entabla o tiene entablado un recurso.

ecurrir intr Acudir a un juez o autoridad con una demanda o petición. ‖ Buscar en una persona o cosa remedio o solución de algo.

ecurso m Acción y efecto de recurrir. ‖ Medio a que se recurre para algo. • pl Bienes, medios de subsistencia.

ecusar tr Negarse a admitir o aceptar una cosa. ❑ RECUSACIÓN.

red f Aparejo hecho con hilos, cuerdas o alambres trabados en forma de mallas, que sirve para pescar, cazar, cercar, sujetar, etc. ‖ Redecilla para el pelo. ‖ (fig) Ardid, engaño. ‖ (fig) Conjunto sistemático de hilos conductores, vías de comunicación, o agencias y servicios, para determinado fin.

redacción f Acción y efecto de redactar. ‖ Texto redactado. ‖ Oficina donde se redacta. ‖ Conjunto de redactores de una editorial, periódico, etc.

redactar tr Dar forma escrita a la exp. de una cosa. ❑ REDACTOR, RA.

redada f Lance de red. ‖ Acción policial que consiste en apresar a muchas personas de una vez.

redecilla f Tejido de mallas con el que se hacen las redes. ‖ Segunda de las cuatro cavidades en que se divide el estómago de los rumiantes.

rededor m Contorno, territorio.

redención f Acción y efecto de redimir o redimirse. ‖ (fig) Remedio, recurso, refugio.

redentor, ra adj y s Que redime. • m p. ant. Jesucristo.

redil m Aprisco vallado.

redimir tr y prnl Rescatar o sacar de esclavitud al cautivo mediante precio. ‖ Librar de una obligación, o extinguirla. • tr Dejar libre una cosa hipotecada, empeñada o sujeta a otro gravamen.

redistribuir tr Distribuir algo de nuevo. ‖ Distribuir algo de forma diferente de como estaba. ❑ REDISTRIBUCIÓN.

rédito m Beneficio o renta que rinde un capital.

redituar tr Rendir, producir utilidad, periódica o renovadamente. ❑ REDITUABLE.

redoblar tr y prnl Doblar o aumentar una cosa el doble de lo que antes era. • tr Volver la punta del clavo o cosa semejante en dirección opuesta a la de su entrada. ‖ Repetir. • intr Tocar redobles en el tambor. ❑ REDOBLADURA.

redoble m Acción y efecto de redoblar. ‖ Toque de tambor que se produce golpeando rápidamente éste con los palillos.

redomado, da adj Muy cauteloso y astuto. ‖ Que tiene en alto grado la cualidad neg. que se le atribuye.

redondear tr y prnl Poner redonda una cosa. • tr Hablando de cantidades, prescindir de fracciones para completar unidades de cierto orden. ❑ REDONDEO; REDONDEZ.

redondel m (fam) Círculo y circunferencia.

redondilla f Combinación de cuatro octosílabos, de los cuales riman el primero con el último y el segundo con el tercero.

redondo, da adj De figura circular o semejante a ella. ‖ Díc. de la cantidad a la que se ha añadido o quitado una parte fraccionaria. ‖ (fig) Claro, sin rodeo. ‖ (fig) Perfecto, acabado, bien logrado. • m Pieza de carne de vacuno que está adherida a la contratapa y tiene forma cilíndrica.

reducción f Acción y efecto de reducir o reducirse. ‖ Pueblo de indígenas convertidos al cristianismo.

reducido, da pp de reducir. • adj Estrecho, pequeño, limitado.

reducir tr Volver una cosa al lugar donde antes estaba o al estado que tenía. ‖ Disminuir de tamaño, de importancia, de extensión, etc. ‖ Mudar una cosa en otra equivalente. ‖ Resumir un discurso, narración, etc. ‖ Disminuir la velocidad, especialmente de un vehículo, o la potencia de un motor. ‖ Someter, dominar. ❐ REDUCTIBLE; REDUCTOR, RA.

reducto m Obra de campaña, cerrada, que suele constar de parapeto y banquetas.

redundancia f Excesiva abundancia de cualquier cosa o en cualquier línea.

redundar intr Resultar una cosa en beneficio o daño de alguno.

reduplicar tr Aumentar una cosa al doble de lo que antes era. ❐ REDUPLICACIÓN.

reedificar tr Volver a edificar. ❐ REEDIFICACIÓN.

reeditar tr Volver a editar. ❐ REEDICIÓN.

reeducar tr Volver a enseñar el uso de los miembros u otros órganos, perdido o viciado por ciertas enfermedades. ❐ REEDUCACIÓN.

reelegir tr Volver a elegir. ❐ REELECCIÓN.

reembarcar tr y prnl Volver a embarcar.

reembolsar tr y prnl Devolver a una persona una cantidad desembolsada por ella. ❐ REEMBOLSABLE; REEMBOLSO.

reemplazar tr Sustituir una cosa por otra.

reemplazo m Acción y efecto de reemplazar. ‖ Renovación parcial del ejército activo.

reencarnar intr y prnl Volver a encarnar. ❐ REENCARNACIÓN.

reencontrar tr y prnl Volver a encontrar de nuevo a una persona o cosa. ❐ REENCUENTRO.

reenganchar tr y prnl Atraer a uno a que siente plaza de soldado ofreciéndole dinero. ❐ REENGANCHE.

reestrenar tr Volver a estrenar; díc. especialmente de películas u obras teatrales, cuando vuelven a proyectarse o representarse. ❐ REESTRENO.

reestructurar tr Modificar la estructura de una obra, proyecto, organización, etc. ❐ REESTRUCTURACIÓN.

reexportar tr Exportar lo que se había importado.

refacción f Alimento ligero que se toma para reparar las fuerzas.

refectorio m Comedor de las comunidades religiosas y algunos colegios. ❐ REFECTOLERO, RA.

referencia f Relación, dependencia o semejanza de una cosa respecto de otra. ‖ Indicación en un escrito del lugar del mismo o de otro al que se remite al lector. ‖ Noticia que se tiene sobre algo. ‖ Informe de la probidad, solvencia u otras cualidades de tercero da una persona a otra.

referendo o **referéndum** m Procedimiento jurídico por el que se someten al voto popular leyes o actos administrativos.

referir tr Dar a conocer un hecho verdadero o ficticio. • tr y prnl Poner en relación personas o cosas. • prnl Remitirse, atenerse a lo dicho o hecho. ‖ Aludir.

refinamiento m Esmero, cuidado.

refinar tr Hacer más fina o más pura una cosa. ‖ (fig) Perfeccionar una cosa. • prnl (fig) Abandonar modales toscos por otros más pulidos. ❐ REFINACIÓN; REFINADOR, RA.

refinería f Instalación industrial donde se refina un producto.

reflectar intr Reflejar la luz, el calor, etc.

reflector, ra adj y s Díc. del cuerpo que refleja. • m Aparato que lanza la luz de un foco en determinada dirección.

reflejar intr y prnl Hacer retroceder o cambiar de dirección la luz, el calor, el sonido, etc. • tr y prnl Formarse en una superficie lisa y brillante la imagen de algo. ‖ (fig) Dejarse ver una cosa en otra.

reflejo, ja *adj* Que ha sido reflejado. ‖ Díc. del movimiento, secreción, sentimiento, etc., que se produce involuntariamente como respuesta a un estímulo. • *m* Luz reflejada. • *m pl* (fig) Capacidad que tiene alguien para reaccionar rápida y eficazmente ante algo.

reflexión *f* Acción y efecto de reflejar o reflejarse. ‖ (fig) Acción y efecto de reflexionar. ‖ (fig) Advertencia, consejo. ‖ Manera de ejercerse la acción del verbo reflexivo. ❑ REFLEXIBLE.

reflexionar *intr* y *tr* Considerar nueva o detenidamente una cosa.

reflexivo, va *adj* Que refleja o reflecta. ‖ Acostumbrado a hablar y a obrar con reflexión. ‖ Díc. del verbo o de la oración en que el sujeto es a la vez agente y paciente. ‖ Díc. del *pron* que cumple función de complemento directo o indirecto (*me, te, se, nos, os*).

refluir *intr* Volver hacia atrás o hacer retroceso un líquido. ❑ REFLUJO.

reforma *f* Acción y efecto de reformar o reformarse. ‖ Movimiento religioso iniciado en el s. XVI que motivó la formación de las iglesias protestantes. ❑ REFORMABLE.

reformar *tr* Modificar algo, por lo general, con la intención de mejorarlo. • *tr* y *prnl* Corregir la conducta de una persona, haciendo que abandone comportamientos o hábitos censurables.

reformatorio, ria *adj* Que reforma. • *m* Establecimiento penitenciario de tipo correccional donde se trata de modificar la conducta de algunos jóvenes.

reformismo *m* Cada una de las tendencias o doctrinas que procuran el cambio y las mejoras graduales de una situación política, social, religiosa, etc. ❑ REFORMISTA.

reforzar *tr* Añadir nuevas fuerzas a una cosa. ‖ Fortalecer o reparar lo que padece ruina.

refractar *tr* y *prnl* Hacer que cambie de dirección un rayo luminoso. ❑ REFRACCIÓN.

refractario, ria *adj* Opuesto, rebelde a aceptar una idea, opinión o costumbre. ‖ Díc. del material sólido que resiste la acción del fuego sin cambiar de estado ni descomponerse. ❑ REFRACTIVO, VA; REFRATO, TA.

refrán *m* Dicho agudo y sentencioso de uso común.

refranero *m* Colección de refranes.

refregar *tr* y *prnl* Frotar una cosa con otra. • *tr* (fig, fam) Dar en la cara a uno con una cosa que le ofende, insistiendo en ella.

refreír *tr* Volver a freír. ‖ Freír demasiado algo.

refrenar *tr* Sujetar y reducir al caballo con el freno. • *tr* y *prnl* (fig) Contener o reprimir la fuerza o la violencia de algo. ❑ REFRENADA.

refrendar *tr* Autorizar un despacho u otro documento por medio de la firma de persona hábil para ello. ‖ Corroborar o afirmar algo. ❑ REFRENDARIO; REFRENDO.

refrescar *tr* y *prnl* Atemperar, moderar o disminuir el calor de una cosa. • *tr* (fig) Renovar, reproducir una acción. • *intr* (fig) Tomar fuerzas, vigor o aliento. • *intr* y *prnl* Tomar el fresco. ‖ Tomar una bebida para reducir el calor.

refresco *m* Bebida fría o del tiempo. ‖ Agasajo de bebidas, dulces, etc., que se da en las visitas, reuniones, etc.

refriega *f* Riña, pelea.

refrigerador, ra *adj* y *s* Díc. de los aparatos e instalaciones para refrigerar. • *m* y *f* Nevera.

refrigerar *tr* Hacer más fría una habitación u otra cosa. ‖ Enfriar en cámaras especiales, productos, etcétera, para conservarlos. ❑ REFRIGERATIVO, VA.

refrigerio *m* (fig) Alimento ligero que se toma para reparar las fuerzas.

refringir *tr* y *prnl* Refractar. ❑ REFRINGENCIA.

refuerzo *m* Reparo que se pone para fortalecer y afirmar una cosa. ‖ Socorro o ayuda que se presta en ocasión o necesidad. • *pl* Tropas que se añaden a otras para aumentar su fuerza.

refugiado, da *pp* de refugiar. • *m* y *f* Persona que por algún motivo se ve obligada a buscar refugio fuera de su país.

refugiar *tr* y *prnl* Acoger o amparar a uno, sirviéndole de resguardo y asilo.

refugio *m* Asilo, acogida o amparo. ‖ Lugar adecuado para refugiarse. ‖ Edificio situado en determinados lugares de las montañas para acoger a viajeros y excursionistas.

refulgir *intr* Resplandecer. ❏ REFULGENCIA; REFULGENTE.

refundir *tr* Volver a fundir o liquidar los metales. ‖ (fig) Dar nueva forma y disposición a una obra, discurso, etc. ‖ *Amér. Centr.* Perder, extraviar. • *tr* y *prnl* (fig) Comprender o incluir.

refunfuñar *intr* Emitir voces confusas o palabras mal articuladas o entre dientes, en señal de enojo o desagrado. ❏ REFUNFUÑO.

refutar *tr* Contradecir, rebatir con argumentos o razones lo que otros dicen. ❏ REFUTABLE; REFUTACIÓN; REFUTATORIO, RIA.

regadera *f* Recipiente portátil a propósito para regar.

regadío, a *adj* y *m* Se aplica al terreno dedicado a cultivos que se puede regar.

regalado, da *pp* de regalar. • *adj* Placentero, deleitoso. ‖ (fig, fam) Muy barato.

regalar *tr* Dar a uno, sin recibir nada a cambio, una cosa en muestra de afecto o por otro motivo. • *tr* y *prnl* Recrear o deleitar. ❏ REGALAMIENTO.

regalía *f* Preeminencia, prerrogativa que ejerce un soberano en su reino o Estado.

regaliz *m* Planta arbustiva con hojas compuestas, flores de color azul, y frutos en legumbre comprimida y terminada en punta. ‖ Rizomas de esta planta. ‖ Barrita o pastilla elaborada con el jugo de dicha raíz.

regalo *m* Dádiva que se hace voluntariamente o por costumbre. ‖ Gusto o complacencia que se recibe. ‖ Conveniencia o descanso que se procura.

regalonear *tr Arg.* y *Chile.* Mimar.

regañar *intr* Producir el perro cierto sonido, sin ladrar y mostrando los dientes.

‖ Dar muestras de enfado con palabras y gestos. • *tr* (fam) Reprender, reconvenir. ❏ REGAÑÓN, NA.

regañina *f* Reprimenda, regaño, rapapolvo.

regar *tr* Esparcir agua sobre una superficie. ‖ (fig) Esparcir, desparramar alguna cosa.

regata[1] *f* Surco por donde se conduce el agua a las eras en las huertas y jardines.

regata[2] *f* Competición deportiva entre embarcaciones de la misma clase.

regate *m* Movimiento pronto y rápido que se hace hurtando el cuerpo a una parte u otra.

regatear[1] *tr* Discutir el comprador y el vendedor el precio de una cosa. ‖ (fig, fam) Rehusar la ejecución de una cosa. ❏ REGATEO.

regatear[2] *intr* Disputar regatas las embarcaciones.

regazo *m* Cavidad de la falda desde la cintura hasta la rodilla cuando se está sentada. ‖ (fig) Cosa que recibe en sí a otra, dándole amparo, gozo o consuelo.

regencia *f* Acción de regir o gobernar. ‖ Empleo de regente. ‖ Gobierno de un país durante la minoría de edad, la incapacidad temporal o la ausencia de su soberano.

regenerar *tr* y *prnl* Dar nuevo ser a una cosa que degeneró; restablecerla o mejorarla. ‖ (fig) Hacer que una persona se aparte de un vicio. ❏ REGENERACIÓN; REGENERADOR, RA.

regentar *tr* Desempeñar temporalmente ciertos cargos o empleos. ‖ Ejercer un cargo ostentando superioridad.

regente *adj* Que rige o gobierna. • *m* o *f* Persona encargada de la regencia de un país.

regicida *adj* y *s* Díc. de la persona que mata a un soberano, o que atenta contra su vida.

regidor, ra *adj* Que rige o gobierna. • *m* y *f* Concejal. ‖ Persona que en el cine, teatro, etc., se encarga del orden de los movimientos y de los efectos escénicos.

régimen *m* Conjunto de normas que gobiernan o rigen una cosa o actividad. ‖ Sistema político por el que se rige una nación. ‖ Conjunto de normas referentes al tipo, cantidad, etc., de los alimentos que debe seguir una persona, gralte. por motivos de salud.

regimiento *m* (fam) Multitud, conjunto numeroso de personas. ‖ Unidad homogénea de cualquier arma o cuerpo militar compuesta de grupos o batallones y mandada gralte. por un coronel.

regio, gia *adj* Perteneciente o relativo al rey o a la realeza. ‖ (fig) Suntuoso, grande.

región *f* Porción del territorio determinado por caracteres étnicos o circunstancias especiales de clima, producción, topografía, administración, gobierno, etc. ❐ REGIONAL.

regionalismo *m* Amor y apego a la propia región y a sus cosas. ‖ Tendencia o doctrina según las cuales en el gobierno de un Estado debe atenderse especialmente al modo de ser y a las aspiraciones de cada región. ‖ Vocablo o giro privativo de una región determinada. ❐ REGIONALISTA.

regir *tr* Dirigir, gobernar. ‖ Guiar, conducir. ‖ Pedir una palabra tal o cual *prep*, caso de la declinación o modo verbal. • *intr* Estar vigente.

registrado, da *pp* de registrar. • *adj* Díc. de un invento, marca comercial, etc., cuando, para proteger la propiedad sobre él, ha sido inscrito en un registro oficial al respecto.

registrador, ra *adj* Que registra. ‖ Díc. del aparato que anota las indicaciones variables de su función propia. • *m y f* Persona que tiene a su cargo algún registro público.

registrar *tr* Mirar, examinar una cosa con cuidado y a fondo. ‖ Examinar algo o a alguien, minuciosamente, para encontrar lo oculto. ‖ Anotar, señalar. ‖ Inscribir mecánicamente en un disco, cilindro, cinta, etc., las diferentes fases de un fenómeno. • *prnl* Ocurrir o producirse ciertas cosas que pueden medirse.

registro *m* Acción de registrar. ‖ Lugar desde donde se puede registrar o ver algo. ‖ Protocolo notarial. ‖ Lugar y oficina en donde se registra. ‖ Asiento que queda de lo que se registra. ‖ Libro donde se apuntan noticias o datos.

regla *f* Instrumento delgado y de forma rectangular, que sirve para trazar líneas rectas o para medir la distancia entre dos puntos. ‖ Aquello que ha de cumplirse por estar así convenido por una colectividad. ‖ Precepto, principio o máxima en las ciencias o artes. ‖ Menstruación. ‖ Método de hacer una operación.

reglamentación *f* Acción y efecto de reglamentar. ‖ Conjunto de reglas.

reglamentar *tr* Sujetar a reglamento una cosa.

reglamento *m* Colección ordenada de reglas o preceptos que por autoridad competente se da para la ejecución de una ley o para el régimen de una corporación, una dependencia o un servicio. ❐ REGLAMENTARIO, RIA.

reglar *tr* Tirar o hacer líneas o rayas derechas, valiéndose de una regla o por cualquier otro medio. ‖ Reglamentar.

reglón *m* Regla grande que usan los albañiles para dejar planos los suelos y las paredes.

regocijar *tr* Causar regocijo. • *prnl* Divertirse.

regocijo *m* Alegría expansiva, júbilo.

regodearse *prnl* (fam) Complacerse con detenimiento en lo que gusta. ‖ (fam) Alegrarse con malignidad con un chasco, mala situación, etc., de otra persona. ❐ REGODEO.

regolfar *intr* y *prnl* Retroceder el agua contra su corriente, haciendo un remanso. ‖ Cambiar la dirección del viento por algún obstáculo.

regolfo *m* Vuelta o retroceso del agua o del viento contra su curso.

regordete, ta *adj* (fam) Díc. de la persona o de la parte de su cuerpo, pequeña y gruesa.

regresar *intr* Volver al lugar de donde se partió. En América, también se usa como *prnl* • *tr Amér.* Devolver o restituir. ❐ REGRESO.

regresión *f* Retroceso, en especial referido a un proceso, desarrollo, etc.

reguera *f* Conducto o canal para conducir el agua de riego.

reguero *m* Chorro o arroyo pequeño. ‖ Línea o señal continuada que queda de una cosa que se va vertiendo.

regular[1] *adj* Ajustado y conforme a la regla. ‖ Uniforme. ‖ De tamaño o condición media o inferior a ella. • *adj* y *s* Se aplica a las personas que viven bajo una regla o instituto religioso. • *m* o *f* Dícese del polígono cuyos lados y ángulos son iguales entre sí. • *adv modo* No muy bien.

regular[2] *tr* Medir, ajustar o computar una cosa por comparación o deducción. ‖ Ajustar, reglar o poner en orden una cosa. ‖ Determinar las reglas o normas a que una persona o cosa debe ajustarse. ❑ REGULADOR, RA.

regularidad *f* Calidad de regular[1]. ‖ Exacta observancia de la regla o instituto religioso.

regularizar *tr* y *prnl* Poner en orden una cosa. ❑ REGULARIZACIÓN.

regurgitar *intr* Expeler por la boca, sin esfuerzo o sacudida de vómito, sustancias sólidas o líquidas contenidas en el esófago o en el estómago. ❑ REGURGITACIÓN.

regusto *m* Gusto que queda de la comida o bebida. ‖ Sensación o evocación imprecisas, que despiertan la vivencia pretérita. ‖ Impresión de analogía que evocan algunas cosas.

rehabilitar *tr* y *prnl* Habilitar de nuevo o restituir una persona o cosa a su ant. estado. ❑ REHABILITACIÓN.

rehacer *tr* Volver a hacer lo que se había deshecho. • *tr* y *prnl* Reponer, reparar, restablecer lo disminuido o deteriorado. • *prnl* Reforzarse, fortalecerse. ‖ (fig) Serenarse, dominar una emoción.

rehén *m* Persona retenida por alguien como prenda del cumplimiento de un pacto.

rehogar *tr* Sofreír una vianda a fuego lento en aceite o manteca.

rehuir *tr*, *intr* y *prnl* Retirar, apartar una cosa como con temor, sospecha o recelo de un riesgo. ❑ REHUIDA.

rehusar *tr* Excusar, no querer o no aceptar una cosa.

reimplantar *tr* Volver a implantar. ‖ Volver a colocar un órgano que había sido

seccionado, en su lugar correspondiente. ❑ REIMPLANTACIÓN.

reimprimir *tr* Volver a imprimir, o repetir la impresión de una obra o escrito. ❑ REIMPRESIÓN.

reina *f* Esposa del rey. ‖ Mujer que gobierna un país bajo la fórmula monárquica. ‖ Pieza del juego de ajedrez, la más importante después del rey. ‖ (fig) Mujer, animal o cosa del gén. femenino, que sobresale entre las de su clase.

reinado *m* Espacio de tiempo en que gobierna un rey o reina. ‖ p. ext. Aquel en que predomina o está en auge alguna cosa.

reinar *intr* Regir un rey o príncipe un Estado. ‖ Dominar o tener predominio una persona o cosa sobre otra. ‖ (fig) Prevalecer o persistir una cosa.

reincidir *intr* Volver a caer o incurrir en un error, falta o delito. ❑ REINCIDENCIA.

reincorporar *tr* y *prnl* Volver a incorporar.

reingresar *intr* Volver a ingresar. ❑ REINGRESO.

reino *m* Territorio o estado regido o gobernado por un rey. ‖ Cualquiera de las prov. de un estado que ant. tuvieron su rey propio y privativo. ‖ Cada una de las dos grandes divisiones en que se clasifican los seres vivos.

reintegrar *tr* Restituir o satisfacer íntegramente una cosa. • *prnl* Recobrarse enteramente de lo que se había perdido, o dejado de poseer. ❑ REINTEGRACIÓN.

reintegro *m* Acción y efecto de reintegrar. ‖ Pago de un dinero o especie que se debe. ‖ En la lotería nacional, premio igual a la cantidad jugada.

reír *intr* y *prnl* Manifestar regocijo con la expresión de la mirada y con determinados movimientos de la boca y otras partes del rostro. • *tr* Celebrar con risa alguna cosa. • *prnl* Burlarse o no hacer caso de una persona o cosa.

reiterar *tr* y *prnl* Volver a decir o ejecutar; repetir una cosa. ❑ REITERACIÓN; REITERATIVO, VA.

reivindicar *tr* Exigir aquello a lo que se tiene derecho. ‖ Rehabilitar a uno en su fama o reputación. ❑ REIVINDICACIÓN; REIVINDICATORIO, RIA.

reja[1] f Instrumento de hierro, del arado, que sirve para remover y romper la tierra.

reja[2] f Conjunto de barras paralelas o entrecruzadas, a veces trabadas artísticamente, que se colocan en ventanas y diversas aberturas para seguridad o adorno.

rejilla f Celosía fija o movible, tela metálica, lámina o tabla calada, etc., que suele ponerse en algunas ventanillas, puertas, etc. ‖ p. ext. Ventanilla de confesionario. ‖ Tejido claro hecho con tiras de tallos vegetales flexibles, elásticos y resistentes. Sirve para respaldos y asientos de sillas y para otros usos.

rejo m Punta o aguijón de hierro, y p. ext., punta o aguijón de otra especie; como el de la abeja.

rejón m Barra de hierro cortante que acaba en punta. ‖ Asta de madera, con una moharra en la punta que sirve para rejonear.

rejonear tr En el toreo a caballo, herir con el rejón al toro. ❏ REJONEADOR, RA; REJONEO.

rejuvenecer tr, intr y prnl Remozar, dar a uno la fortaleza y vigor que se suelen tener en la juventud. • tr (fig) Renovar, modernizar o dar actualidad a lo desusado o postergado. ❏ REJUVENECIMIENTO.

relación f Referencia que se hace de un hecho. ‖ Finalidad de una cosa. ‖ Conexión, correspondencia de una cosa con otra. ‖ Trato, comunicación de una persona con otra. ‖ Relato o informe, de palabra o por escrito. ‖ Lista de nombres o elementos de cualquier clase. • pl Las amorosas con propósito matrimonial.

relacionar tr Hacer relación de un hecho. • tr y prnl Poner en relación personas o cosas. ❏ RELACIONAL.

relajación f Acción y efecto de relajar o relajarse. ‖ Pérdida de tensiones que sufre un material que ha estado sometido a una deformación constante.

relajar tr y prnl Aflojar, laxar o ablandar. ‖ Hacer menos severa o rigurosa la observancia de las leyes o reglas. • tr (fig) Esparcir o divertir el ánimo con algún descanso. • prnl (fig) Viciarse, estragarse en las costumbres. ❏ RELAJAMIENTO.

relajo m Desorden, falta de seriedad, barullo. ‖ Holganza, laxitud en el cumplimiento de las normas. ‖ Degradación de costumbres.

relamer tr Volver a lamer. • prnl Lamerse los labios una o muchas veces. ‖ (fig) Gloriarse o jactarse de lo que se ha ejecutado.

relamido, da pp de relamer. • adj Afectado, especialmente pulcro.

relámpago m Fenómeno luminoso que acompaña a un rayo. ‖ Se usa en aposición para denotar la rapidez, carácter repentino o brevedad de alguna cosa.

relampaguear intr impers Haber relámpagos. • intr (fig) Arrojar luz o brillar mucho con algunas intermisiones.

relanzar tr Repeler, rechazar.

relatar tr Referir o dar a conocer un hecho. ‖ Hacer relación de un proceso o pleito.

relatividad f Calidad de relativo. ‖ Conjunto de leyes y enunciados que rigen los fenómenos físicos.

relativo, va adj Que hace relación a una persona o cosa. ‖ Que no es absoluto. ‖ Díc. del pron que sirve de nexo entre dos oraciones o elementos de una oración, como que, cual, quien, cuyo.

relato m Conocimiento que se da, gralte. detallado, de un hecho. ‖ Narración, cuento.

relax m Relajamiento físico o psíquico. ‖ p. ext. Bienestar, comodidad.

releer tr Leer de nuevo o volver a leer una cosa.

relegar tr Desterrar de un lugar. ‖ (fig) Apartar, posponer. ❏ RELEGACIÓN.

relevación f Acción y efecto de relevar. ‖ Alivio o liberación de la carga que se debe llevar o de la obligación que se debe cumplir. ‖ Exención de una obligación o un requisito.

relevante adj Sobresaliente, excelente. ‖ Importante, significativo. ❏ RELEVANCIA.

relevar tr Hacer de relieve una cosa. ‖ Mudar una centinela o cuerpo de tropa que da una guardia o guarnece un puesto. ‖ p. ext. Reemplazar, sustituir a una persona. • tr y prnl Exonerar de un peso o gravamen, y también de un empleo o cargo.

relevo *m* Acción y efecto de reemplazar a una persona con otra, en cualquier empleo, cargo o actividad. ‖ Acción de reemplazar un corredor a otro de su mismo equipo en el momento de recibir de él el testigo.

relicario *m* Lugar donde se guardan las reliquias. ‖ Caja o estuche para custodiar reliquias.

relieve *m* Labor o figura que resalta sobre un plano. ‖ Conjunto de formas complejas que accidentan la superficie del globo terráqueo. ‖ (fig) Importancia o renombre de una persona o cosa.

religión *f* Conjunto de creencias, mitos o dogmas acerca de la divinidad, y de prácticas rituales para darle culto. ‖ Obligación de conciencia, cumplimiento de un deber.

religioso, sa *adj* Perteneciente o relativo a la religión o a los que la profesan. ‖ Que tiene religión, y particularmente que la profesa con celo. ‖ Fiel y exacto en el cumplimiento del deber. • *adj* y *s* Que ha tomado hábito en una orden. ◻ REGULAR; RELIGIOSIDAD.

relinchar *intr* Emitir con fuerza su voz el caballo.

relinchido o **relincho** *m* Voz del caballo.

reliquia *f* Residuo que queda de un todo. ‖ Parte del cuerpo de un santo considerado digno de veneración. ‖ (fig) Persona muy vieja o cosa ant. ‖ (fig) Vestigio de cosas pasadas.

rellano *m* Porción horizontal en que termina cada tramo de escalera. ‖ Llano que interrumpe la pendiente de un terreno.

rellenar *tr* y *prnl* Volver a llenar una cosa. ‖ Llenar enteramente. • *tr* Escribir en un impreso los datos que se piden en los espacios dejados en él. ‖ Llenar de carne picada u otros ingredientes un ave u otro manjar.

relleno, na *adj* Muy lleno. • *m* Cualquier material con que se llena algo. ‖ Acción y efecto de rellenar o rellenarse.

reloj *m* Máquina dotada de movimiento uniforme, que sirve para medir el tiempo o dividir el día en horas, minutos y segundos. ◻ RELOJERO, RA.

relojería *f* Arte de hacer relojes. ‖ Taller donde se hacen o componen relojes. ‖ Tienda donde se venden.

relucir *intr* Despedir o reflejar luz una cosa. ‖ Lucir mucho una cosa. ‖ (fig) Sobresalir por su valor o mérito.

reluctancia *f* Resistencia que ofrece un circuito al flujo magnético.

reluctante *adj* Reacio, opuesto.

relumbrar *intr* Dar viva luz una cosa o alumbrar con exceso.

remachar *tr* Machacar la punta o la cabeza del clavo previamente clavado. ‖ Percutir el extremo del roblón hasta formarle una cabeza que le sujete y afirme. ‖ Sujetar con remaches. ‖ (fig) Recalcar, afianzar lo dicho o hecho. ◻ REMACHADO, DA; REMACHADOR, RA; REMACHE.

remanente *m* Sobrante, residuo de una cosa.

remangar *tr* y *prnl* Levantar, recoger hacia arriba las mangas o la ropa. • *prnl* (fig, fam) Tomar enérgicamente una resolución.

remansarse *prnl* Detenerse o suspenderse la corriente de un líquido.

remanso *m* Detención o suspensión de la corriente del agua u otro líquido. ‖ Lugar en que esta corriente se detiene. ‖ (fig) Flema, lentitud.

remar *intr* Trabajar con el remo para impeler la embarcación en el agua. ◻ REMADOR, RA.

remarcar *tr* Volver a marcar.

rematado, da *pp* de rematar. • *adj* Díc. de la persona que se halla en tal mal estado, que es poco menos que imposible su remedio.

rematar *tr* Acabar o finalizar una cosa. ‖ Poner fin a la vida de la persona o del animal que está en trance de muerte. ‖ Afianzar la última puntada, al coser una prenda. ‖ *Amér. Merid.* Subastar. • *intr* Terminar o fenecer. • *prnl* Perderse, acabarse o destruirse una cosa. ◻ REMATAMIENTO.

remate *m* Fin o cabo, o conclusión de una cosa. ‖ Acción de rematar. ‖ Adorno que se coloca sobre la parte superior de las construcciones arquitectónicas, muebles, etc. ‖ *Amér. Merid.* Subasta.

remedar *tr* Imitar o contrahacer una cosa; hacerla semejante a otra. ‖ Seguir uno las mismas huellas y ejemplos de otro. ❑ REMEDO.

remediar *tr* y *prnl* Poner remedio al daño. ‖ Socorrer una necesidad o urgencia. • *tr* Evitar que suceda algo de que pueda derivarse algún daño o molestia.

remedio *m* Medio que se toma para reparar un daño o inconveniente. ‖ Recurso, auxilio o refugio. ‖ Lo que sirve para producir un cambio favorable en las enfermedades.

remedo *m* Imitación de una cosa, especialmente cuando no es perfecta la semejanza.

remembranza *f* Recuerdo de una cosa pasada.

rememorar *tr* Recordar, traer a la memoria. ❑ REMEMORACIÓN; REMEMORATIVO, VA.

remendar *tr* Reforzar con remiendo lo que está viejo o roto. ‖ Corregir o enmendar.

remera *adj* y *f* Dícese de cada una de las plumas grandes con que terminan las alas de las aves.

remero, ra *m* y *f* Persona que rema o que trabaja al remo.

remesa *f* Remisión que se hace de una cosa de una parte a otra. ‖ La cosa enviada en cada vez.

remeter *tr* Volver a meter. ‖ Meter más adentro.

remezón *m* *Amér.* Terremoto ligero o sacudimiento breve de la tierra.

remiendo *m* Pedazo de paño u otra tela, que se cose a lo que está viejo o roto. ‖ (fig) Composición, enmienda o añadidura que se introduce en una cosa.

remilgado, da *pp* de remilgarse. • *adj* Que afecta suma pulidez, compostura y delicadeza.

remilgo *m* Acción y ademán con que alguien muestra delicadeza, escrúpulo o repugnancia.

reminiscencia *f* Recuerdo vago.

remirar *tr* Volver a mirar con reflexión y cuidado lo que ya se había visto. • *prnl* Esmerarse en lo que se hace o resuelve.

remiso, sa *adj* Flojo, dejado o detenido en la resolución o determinación de una cosa.

remite *m* Nota que en una carta o paquete indica el nombre de quien lo envía.

remitir *tr* Enviar una cosa a determinada persona de otro lugar. ‖ Dejar, diferir o suspender. ‖ Indicar en un escrito otro lugar del mismo o de distinto escrito donde consta lo que atañe al punto tratado. • *tr*, *intr* y *prnl* Ceder o perder una cosa parte de su intensidad. • *prnl* Atenerse a lo dicho o hecho. ❑ REMISIÓN; REMISIVO, VA; REMISORIO, RIA; REMITENTE.

remo *m* Instrumento en forma de pala larga y estrecha que sirve para mover las embarcaciones haciendo fuerza en el agua.

remojar *tr* y *prnl* Empapar en agua o poner en remojo una cosa. • *tr* (fig) Convidar a beber a los amigos para celebrar algo. ❑ REMOJO; REMOJÓN.

remolacha *f* Planta herbácea con tallo erguido, hojas grandes, flores en espiga terminal, frutos en aquenio y raíces carnosas, de color morado, amarillo o blanco, comestibles, de las que se extrae azúcar.

remolcar *tr* Llevar una embarcación u otra cosa sobre el agua, tirando de ella por medio de un cabo o cuerda. ‖ Por ext. Llevar por tierra un vehículo a otro. ❑ REMOLCADOR, RA.

remoler *tr* Moler mucho una cosa. ‖ *Guat.* y *Perú.* Molestar. • *intr Chile.* (fig) Parrandear, divertirse. ❑ REMOLIMIENTO.

remolinar *intr* y *prnl* Hacer o formar remolinos una cosa.

remolinear *tr* Mover una cosa alrededor en forma de remolino.

remolino *m* Movimiento giratorio y rápido del aire, el agua, el polvo, el humo, etcétera.

remolón, na *adj* y *s* Que intenta evitar el trabajo o la realización de alguna otra cosa.

remolonear *intr* y *prnl* Rehusar moverse, detenerse en hacer una cosa, por flojedad y pereza.

remolque *m* Acción y efecto de remolcar. ‖ Cosa que se lleva remolcada por mar o tierra.

remontar tr Navegar aguas arriba en una corriente. ‖ (fig) Superar algún obstáculo o dificultad. • tr y prnl (fig) Elevar, encumbrar, sublimar. • prnl Subir en gral., ir hacia arriba, en sentido recto y (fig) ‖ Subir o volar muy alto las aves. ‖ Irritarse. ‖ (fig) Subir hasta el origen de una cosa.

remoquete m (fig) Dicho agudo y satírico.

remorder tr Morder reiteradamente. ‖ (fig) Inquietar, alterar interiormente una cosa.

remordimiento m Inquietud, pesar que queda después de ser ejecutada una mala acción.

remoto, ta adj Distante o apartado. ‖ (fig) Poco probable.

remover tr y prnl Pasar o mudar una cosa de un lugar a otro. ‖ Conmover, alterar o revolver alguna cosa o asunto olvidado. • tr Mover una cosa, agitándola, gralte. para que sus distintos elementos se mezclen. ☐ REMOVIMIENTO.

remozar tr y prnl Reformar algo dándole un aspecto más nuevo o moderno.

remudar tr y prnl Reemplazar a una persona o cosa con otra. • tr Cambiar. ‖ Mudar la ropa.

remuneración f Acción y efecto de remunerar. ‖ Lo que se da o sirve para remunerar.

remunerar tr Recompensar, premiar. ‖ Retribuir, pagar un servicio. ‖ Producir ganancia una actividad. ☐ REMUNERATIVO, VA.

renacentista adj Relativo o perteneciente al Renacimiento. • adj y s Díc. de la persona dedicada al estudio del Renacimiento.

renacer intr Volver a nacer.

renacimiento m Acción de renacer. ‖ Época que comienza a mediados del s. XV, en que se despertó en Occidente un vivo entusiasmo por el estudio de la ant. clásica gr. y latina.

renacuajo m Larva de la rana, que presenta el cuerpo dividido en una gran cabeza y una cola potente. ‖ (fig) Se aplica como epíteto cariñoso al niño pequeño y travieso.

renal adj Perteneciente o relativo a los riñones.

rencilla f Riña de palabra, desacuerdo del que queda algún encono. Se usa más en plural. ☐ RENCILLOSO, SA.

renco, ca adj y s Rengo, cojo. • adj Dícese del que tiene un solo testículo. ☐ RENCOSO.

rencor m Resentimiento arraigado y tenaz. ☐ RENCOROSO, SA.

rendibú m Acatamiento, agasajo.

rendición f Acción y efecto de rendir o rendirse.

rendido, da pp de rendir. • adj Sumiso, galante. ‖ Muy cansado.

rendija f Hendedura, raja.

rendimiento m Sumisión, humildad. ‖ Amabilidad excesiva. ‖ Producto o utilidad que da una cosa.

rendir tr Vencer, obligar al enemigo a que se entregue. ‖ Dar fruto o utilidad una persona o cosa. ‖ Dar, entregar. ‖ Amér. Cundir. ‖ Hacer con ciertas cosas actos de sumisión y respeto. • tr y prnl Sujetar, someter una cosa al dominio de uno. ‖ Cansar, fatigar, vencer.

renegar tr Negar con instancia una cosa. ‖ Detestar, abominar. • intr Pasarse de una religión o culto a otro. ‖ Blasfemar. ‖ (fig, fam) Refunfuñar. ☐ RENEGADO, DA; RENIEGO.

renegrido, da adj Díc. del color oscuro, especialmente de la piel. ‖ Ennegrecido por el humo o la suciedad.

renglón m Serie de palabras o caracteres escritos o impresos en línea recta. • pl (fig, fam) Cualquier escrito o impreso.

reno m Especie de ciervo de los países septentrionales, con astas muy ramosas lo mismo el macho que la hembra.

renombrado, da pp de renombrar. • adj Célebre, famoso.

renombre m Apellido o sobrenombre propio. ‖ Fama y celebridad.

renovar tr y prnl Hacer como de nuevo una cosa, o volverla a su primer estado. • tr Trocar una cosa vieja por otra nueva. ☐ RENOVACIÓN.

renquear intr Andar como renco, meneándose a un lado y a otro. ‖ (fig) Tener dificultades en algún negocio, quehacer, etcétera. □ RENQUEO.

enta f Beneficio anual que rinde una cosa. || Cantidad de dinero o especies que paga un arrendatario. || Ingreso, caudal, cualquier aumento de la riqueza de un sujeto.

entable adj Que produce renta suficiente o remuneradora. □ RENTABILIDAD.

entar tr e intr Producir beneficio o utilidad anualmente una cosa.

entero, ra m y f Colono que tiene en arrendamiento una posesión o finca rural.

entista m o f Persona que tiene conocimiento o práctica en materias de hacienda pública. || Persona que pralm. vive de sus rentas.

enuencia f Repugnancia que se muestra a hacer una cosa.

enuente adj Reacio, remiso. || Dificultoso, trabajoso.

enuncia f Acción de renunciar. || Instrumento o documento que contiene la renuncia.

enunciar tr Hacer dejación voluntaria, dimisión o apartamiento de una cosa que se tiene o del derecho y acción que se puede tener. || No querer admitir o aceptar una cosa. || Despreciar o abandonar. □ RENUNCIACIÓN; RENUNCIAMIENTO.

eñido, da pp de reñir. • adj Que está enemistado con otro. || Que ofrece mucha rivalidad.

eñir intr Disputar altercando de obra o de palabra. || Desavenirse, enemistarse. • tr Reprender o corregir a uno con algún rigor o amenaza. || Tratándose de desafíos, batallas, etc., ejecutarlos. □ REÑIDOR, RA; REÑIDURA.

eo m o f Persona que por haber cometido una culpa merece castigo.

eorganizar tr y prnl Organizar una cosa de manera distinta para que sea más eficaz. □ REORGANIZACIÓN; REORGANIZADOR, RA.

epantigarse prnl Arrellanarse en el asiento, y extenderse para mayor comodidad.

eparación f Acción y efecto de reparar cosas materiales mal hechas o estro-

peadas. || Desagravio de una ofensa, daño o injuria.

reparar tr Arreglar una cosa que está rota o estropeada. || Enmendar, corregir. || Desagraviar, satisfacer al ofendido. || Remediar un daño. || Restablecer las fuerzas. • intr Mirar con cuidado; notar una cosa. || Atender, considerar, reflexionar. || Pararse, o detenerse a hacer alto en una parte. • prnl Contenerse o reportarse. □ REPARAMIENTO; REPARATIVO, VA.

reparo m Restauración o remedio. || Obra que se hace para restaurar un edificio. || Advertencia, observación sobre una cosa. || Duda, dificultad.

repartir tr Distribuir una cosa dividiéndola en partes. || Entregar a personas distintas las cosas que han encargado o que deben recibir. || Dar a cada cosa oportuna colocación o destino. □ REPARTICIÓN; REPARTIMIENTO.

reparto m Acción o efecto de repartir. || Relación de los personajes de una obra dramática y de los actores que los encarnan.

repasar tr e intr Volver a pasar por un mismo sitio. • tr Volver a mirar o registrar una cosa. || Volver a estudiar una cosa. || Remendar la ropa. || Examinar una obra ya terminada, para corregir sus imperfecciones. □ REPASO.

repatriar tr, intr y prnl Hacer que uno regrese a su patria. □ REPATRIACIÓN; REPATRIADO, DA.

repecho m Cuesta bastante pendiente y no larga.

repeinado, da pp de repeinar. • adj (fig) Díc. de la persona aliñada con afectación y exceso.

repeinar tr y prnl Volver a peinar o peinar por segunda vez. || Peinar muy cuidadosamente.

repelar tr Cercenar, quitar, disminuir. || Pelar completamente una cosa.

repelente pa de repeler. • adj Que repele. || Impertinente, sabelotodo. || Repulsivo.

repeler tr Arrojar, lanzar o echar de sí una cosa con impulso o violencia. || Rechazar una idea. • tr y prnl Causar repugnacia o aversión.

r

repelo *m* Parte pequeña de cualquier cosa que se levanta contra lo natural. || (fig, fam) Repugnancia, desabrimiento que se muestra al ejecutar una cosa.

repelón *m* Tirón que se da al pelo. || *Méx.* (fig, fam) Reprensión agria.

repelús *m* Temor indefinido o repugnancia que inspira algo.

repensar *tr* Volver a pensar con detención, reflexionar.

repente *m* (fam) Movimiento súbito o no previsto. || Impulso brusco e inesperado que mueve a hacer o decir cosas del mismo tipo. ☐ REPENTINO, NA.

repentizar *tr* e *intr* Ejecutar a la primera lectura un instrumentista o un cantante piezas de música. || Improvisar.

repercusión *f* Acción y efecto de repercutir. || (fig) Circunstancia de tener mucha resonancia una cosa.

repercutir *intr* Producir eco el sonido. || (fig) Trascender, causar efecto una cosa en otra ulterior. ☐ REPERCUSIÓN.

repertorio *m* Libro abreviado en que sucintamente se hace mención de cosas notables, remitiéndose a lo que se expresa en otros escritos. || Colección o recopilación de obras o de noticias de una misma clase.

repesca *f* Examen especial para alumnos que han suspendido en la convocatoria ordinaria.

repetición *f* Acción y efecto de repetir o repetirse. || Figura que consiste en repetir expresamente palabras o conceptos.

repetidor, ra *adj* Que repite. • *adj* y *s* Díc. especialmente del alumno que repite curso o una asignatura. • *m* Aparato electrónico que recibe una señal electromagnética y la vuelve a transmitir amplificada.

repetir *tr* Volver a hacer lo que se había hecho, o decir lo que se había dicho. • *tr* e *intr* En una comida, volver a servirse de un mismo guiso. • *prnl* Volver a suceder una cosa regularmente.

repicar *tr* Picar mucho una cosa. || Volver a picar. • *tr* e *intr* Tañer o sonar repetidamente y con cierto compás las campanas.

repintar *tr* Pintar una cosa nuevamente. || Pintar sobre lo ya pintado. • *prnl* Pintarse o maquillarse mucho o muy mal.

repipi *adj* y *s* Afectado, pedante, dicho especialmente del niño.

repiquetear *tr* e *intr* Repicar con mucha viveza las campanas u otro instrumento sonoro. • *tr* Hacer ruido golpeando repetidamente sobre algo. ☐ REPIQUETEO.

repisa *f* Ménsula de más longitud que vuelo, empleada para sostener un objeto o adorno o para servir de piso a un balcón. || Estante horizontal que sirve de soporte.

replantar *tr* Volver a plantar en el sitio que ha estado plantado. || Trasplantar una planta.

replantear *tr* Trazar en el terreno la planta de una obra ya estudiada y proyectada. || Volver a plantear un asunto. ☐ REPLANTEO.

replegar *tr* Plegar o doblar muchas veces. • *tr* y *prnl* Retirarse en buen orden las tropas avanzadas. ☐ REPLIEGUE.

repleto, ta *adj* Muy lleno o tan lleno que ya no puede comer más. ☐ REPLECIÓN.

réplica *f* Acción de replicar. || Argumento con que se replica. || Copia de una obra artística que reproduce con exactitud la original.

replicar *intr* Instar o argüir contra la respuesta o argumento. • *intr* y *tr* Responder oponiéndose a lo que se dice o manda. ☐ RÉPLICA; REPLICADOR, RA; REPLICÓN, NA; REPLICATO.

repliegue *m* Pliegue doble. || Acción y efecto de replegarse las tropas.

repoblar *tr* y *prnl* Volver a poblar un lugar. • *tr* Volver a plantar árboles y otras especies vegetales en un lugar. ☐ REPOBLACIÓN.

repollo *m* Especie de col que tiene hojas firmes, comprimidas y abrazadas tan estrechamente, que forman una especie de cabeza.

reponer *tr* Volver a colocar a una persona o cosa en el empleo, cargo, lugar o estado que antes tenía. || Reemplazar lo que falta || Responder, replicar. || Volver a poner en escena una obra ya estrenada. • *prnl* Recobrar la salud o la hacienda. ☐ REPOSICIÓN.

reportaje *m* Trabajo periodístico, cinematográfico, etc., de carácter informativo, referente a un personaje, suceso o cualquier otro tema.

reportar *tr* y *prnl* Refrenar, reprimir o moderar una pasión de ánimo o al que la tiene.• *tr* Alcanzar, lograr. || Retribuir, proporcionar, recompensar. || Informar, noticiar.

reporte *m* Noticia. || Noticia malintencionada.

reportero, ra *adj* y *s* Díc. del periodista que se dedica a los reportes o noticias. ❑ REPORTERIL.

reposado, da *pp* de reposar. • *adj* Sosegado, quieto, tranquilo.

reposapiés *m* Estribera para apoyar los pies en una motocicleta.

reposar *intr* Descansar. • *intr* y *prnl* Descansar, durmiendo un breve sueño. || Estar enterrado, yacer. || Tratándose de líquidos, posarse.

reposo *m* Acción y efecto de reposar o reposarse. || Inmovilidad de un cuerpo respecto de un sistema de referencia.

repostar *tr* y *prnl* Reponer provisiones, pertrechos, combustible, etc.

repostería *f* Arte y oficio del repostero. || Productos de este arte. || Establecimiento donde se venden dulces. ❑ REPOSTERO, RA.

reprender *tr* Corregir, amonestar a alguien. ❑ REPRENDEDOR, RA; REPRENSIÓN; REPRENSOR, RA.

represa *f* Obra o construcción para contener o regular el curso de las aguas.

represalia *f* Daño infligido, especialmente al enemigo, como venganza por la injuria sufrida de él. || p. ext. El mal que un particular causa a otro, en venganza o satisfacción de un agravio.

represar *tr* y *prnl* Detener o estancar el agua corriente. || (fig) Detener, contener, reprimir.

representación *f* Acción y efecto de representar o representarse. || Obra, espectáculo, etc., que se representa. || Autoridad, dignidad. || Figura o idea que sustituye a la realidad. || Conjunto de personas que representan a una entidad, colectividad o corporación.

representante *adj* Que representa. • *m* o *f* Persona que representa a un ausente, cuerpo o comunidad.

representar *tr* y *prnl* Hacer presente una cosa con palabras o figuras que la imaginación retiene. • *tr* Recitar o ejecutar en público una obra dramática. || Sustituir a uno o hacer sus veces. || Ser imagen o símbolo de una cosa. || Aparentar una persona determinada edad. ❑ REPRESENTATIVIDAD.

representativo, va *adj* Que sirve para representar otra cosa. || Característico, que tiene condición ejemplar o de modelo.

reprimenda *f* Represión vehemente y prolija.

reprimir *tr* y *prnl* Contener, refrenar o moderar. || Contender o castigar, por lo gral. desde el poder y con el uso de la violencia, actuaciones políticas o sociales. ❑ REPRESIÓN; REPRESIVO, VA; REPRESOR, RA.

reprobar *tr* No aprobar, dar por malo. ❑ REPROBABLE; REPROBACIÓN; REPROBATORIO, RIA.

réprobo, ba *adj* y *s* Condenado a las penas eternas.

reprochar *tr* y *prnl* Reconvenir, echar en cara. ❑ REPROCHABLE.

reproche *m* Acción de reprochar. || Expresión o palabras con que se reprocha.

reproducir *tr* y *prnl* Volver a producir o producir de nuevo. || Sacar copia, en uno o en muchos ejemplares, de una obra de arte, objeto arqueológico, etcétera, por procedimientos mecánicos. • *prnl* Procrear una especie. ❑ REPRODUCCIÓN.

reproductor, ra *adj* y *s* Que reproduce. • *m* y *f* Animal destinado a mejorar su raza.

reprografía *f* Reproducción de documentos por diversos medios: fotografía, microfilme, etc.

reptar *intr* Andar arrastrándose como algunos reptiles.

reptil o **réptil** *adj* y *s* Díc. de los animales vertebrados, que por carecer de pies o por tenerlos muy cortos, caminan rozando la tierra con el vientre.

república f Forma de gobierno representativo en que el poder reside en el pueblo, personificado por un jefe supremo, el presidente. ‖ Nación que posee esta forma de gobierno.

republicano, na adj Perteneciente o relativo a la república. • adj y s Partidario de este género de gobierno.

repudiar tr Rechazar algo, no aceptarlo. ‖ Rechazar a la mujer propia. ◻ REPUDIO.

repuesto, ta pp irreg de reponer. • adj Apartado, escondido. • m Pieza o parte de un mecanismo que se tiene dispuesta para sustituir a otra, recambio.

repugnancia f Oposición o contradicción entre dos cosas. ‖ Tedio, aversión a las cosas o personas. ‖ Asco.

repugnar tr Rehusar, hacer de mala gana una cosa o admitirla con dificultad. • intr Causar aversión.

repujar tr Labrar a martillo chapas metálicas, de modo que en una de sus caras resulten figuras de relieve.

repulir tr Volver a pulir una cosa. • tr y prnl Acicalar, componer con demasiada afectación.

repulsa f Acción y efecto de repulsar. ‖ Condena enérgica de algo.

repulsar tr Desechar, repeler o despreciar una cosa. ‖ Negar lo que se pide o pretende.

repulsión f Acción y efecto de repeler. ‖ Repulsa. ‖ Repugnancia, aversión. ◻ REPULSIVO, VA.

repuntar intr Empezar el ascenso o descenso de la marea. ‖ Amér. Empezar a manifestarse una cosa. • prnl (fig, fam) Indisponerse una persona con otra. ◻ REPUNTE.

reputación f Opinión que se tiene de una persona. ‖ Fama, prestigio.

reputar tr y prnl Juzgar o hacer concepto del estado o calidad de una persona o cosa.

requebrar tr Volver a quebrar. ‖ (fig) Lisonjear a una mujer. ‖ (fig) Adular. ◻ REQUEBRADOR, RA.

requemar tr y prnl Volver a quemar. ‖ Tostar con exceso. • tr Causar en la lengua una sensación molesta de calor o picor.

requerir tr Intimar, avisar o hacer saber una cosa con autoridad pública. ‖ Necesitar. ‖ Solicitar, pretender, explicar uno su deseo o pasión amorosa. ‖ Inducir, persuadir. ◻ REQUERIMIENTO.

requesón m Masa blanca y mantecosa que se obtiene mediante la coagulación de la leche.

requiebro m Acción y efecto de requebrar. ‖ Piropo, galantería.

réquiem m Misa que se ofrece por los difuntos. ‖ Obra musical compuesta sobre este texto.

requisa f Revista o inspección de las personas o de las dependencias de un establecimiento.

requisar tr Hacer una requisición.

requisito, ta pp irreg de requerir. • m Circunstancia o condición necesaria para una cosa.

res f Cualquier animal cuadrúpedo de algunas especies domésticas o salvajes.

resabido, da pp de resaber. • adj Que se precia de entendido.

resabio m Sabor desgradable que deja una cosa. ‖ Vicio o mala costumbre.

resaca f Movimiento en retroceso de las olas que han avanzado hasta la orilla. ‖ Malestar físico pasajero, que se experimenta por haber bebido en exceso.

resalado, da adj (fig, fam) Que tiene mucha sal, gracia y donaire.

resaltar intr Sobresalir en parte un cuerpo de otro en los edificios u otras cosas. ‖ (fig) Distinguirse o destacarse mucho una cosa de otra. ◻ RESALTE; RESALTO.

resarcir tr y prnl Indemnizar, reparar, compensar un daño, perjuicio o agravio. ◻ RESARCIBLE.

resbaladizo, za adj Díc. de lo que se resbala o escurre fácilmente. ‖ (fig) Díc. de lo que expone a incurrir en algún desliz.

resbalar intr y prnl Escurrirse, deslizarse. ‖ (fig) Incurrir en un desliz. ◻ RESBALAMIENTO.

resbalón m Acción y efecto de resbalar o resbalarse. ‖ Indiscreción, desliz.

rescatar tr Recobrar por un precio concertado o mediante la fuerza, a una persona o cosa que estaba en poder de otro. • *tr* y *prnl* (fig) Libertar del trabajo o contratiempo. • *tr* (fig) Recobrar el tiempo o la ocasión perdidos. ❑ RESCATADOR, RA.

escate *m* Acción y efecto de rescatar. ‖ Dinero con que se rescata, o que se pide para ello.

escindir *tr* Dejar sin efecto un contrato u obligación. ❑ RESCINDIBLE; RESCISIÓN.

escoldo *m* Brasa menuda resguardada por la ceniza. ‖ (fig) Escozor, recelo o escrúpulo.

esecar¹ *tr* Efectuar la resección de un órgano.

esecar² *tr.* y *prnl* Secar mucho. ❑ RESECACIÓN.

eseco, ca *adj* Demasiado seco. ‖ Flaco, enjuto, de pocas carnes.

esentido, da *pp* de resentirse. • *adj* y *s* Díc. de la persona que muestra o tiene algún resentimiento.

esentirse *prnl* Empezar a flaquear o perder fuerza. ‖ (fig) Tener pesar o enojo por alguna cosa. ‖ Sentir dolor o molestia a causa de una enfermedad pasada. ❑ RESENTIMIENTO.

eseña *f* Nota que se toma de las señales más distintivas de una persona, animal o cosa para su identificación. ‖ Narración sucinta. ‖ Noticia y examen somero, de una obra literaria.

eseñar *tr* Hacer una reseña.

eserva *f* Guarda o custodia que se hace de una cosa. ‖ Prevención o cautela para no descubrir algo que se sabe o piensa. ‖ Discreción, circunspección. ‖ Acción de destinar un lugar o una cosa, de un modo exclusivo, para un uso o una persona determinados. ‖ Parte del ejército o armada de un Estado, que no está en servicio activo. ‖ Sustituto en algún equipo. • *pl* Recursos para resolver una necesidad.

eservar *tr* Guardar algo para el futuro. ‖ Destinar un lugar o una cosa, de un modo exclusivo, para uso o persona determinados. ‖ Encubrir, ocultar, callar una cosa. • *prnl* Conservarse para mejor ocasión. ❑ RESERVACIÓN.

esfriado, da *pp* de resfriar. • *m* Enfriamiento, catarro.

resfriar *tr* Enfriar. • *tr* y *prnl* (fig) Entibiar, templar el ardor o fervor. • *intr* Empezar a hacer frío. • *prnl* Contraer resfriado. ❑ RESFRIAMIENTO.

resguardar *tr* Defender. • *prnl* Prevenirse contra un daño.

resguardo *m* Guardia, seguridad que se pone en una cosa. ‖ Seguridad que por escrito se hace en las deudas o contratos.‖ Documento donde consta esta seguridad.

residencia *f* Acción y efecto de residir. ‖ Lugar en que se reside. ‖ Casa o edificio en el que se vive, en especial el lujoso.

residencial *adj* Díc. de la parte de una ciudad destinada principalmente a viviendas, donde residen las clases más acomodadas.

residir *intr* Estar establecido en un lugar. ‖ (fig) Estar en una persona cualquier cosa inmaterial; como derechos, facultades, etcétera.

residuo *m* Parte o porción que queda de un todo. ‖ Lo que resulta de la descomposición o destrucción de una cosa. ‖ Resultado de la operación de restar. ❑ RESIDUAL.

resignación *f* Conformidad y paciencia en las adversidades.

resignar *tr* Renunciar a un beneficio o entregarlo a otro. • *prnl* Conformarse.

resina *f* Sustancia sólida o de consistencia pastosa capaz de arder en contacto con el aire.

resinar *tr* Sacar resina a ciertos árboles haciendo incisiones en el tronco. ❑ RESINACIÓN.

resistencia *f* Acción y efecto de resistir o resistirse. ‖ Capacidad para resistir. ‖ Dificultad que opone un conductor al paso de una corriente. ‖ Causa que se opone a la acción de una fuerza.

resistir *tr* Tolerar, aguantar o sufrir. • *tr* y *prnl* Combatir las pasiones, deseos, etc. • *prnl* Oponerse con fuerza a lo que se expresa. ❑ RESISTIBLE; RESISTIDOR, RA.

resol *m* Reverberación del sol.

resollar *intr* Resoplar, respirar fuertemente, haciendo ruido.

resolución *f* Acción y efecto de resolver o resolverse. ‖ Ánimo, valor o arresto.

|| Decreto, providencia, auto o fallo de autoridad gubernativa o judicial.

resolutivo, va *adj* y *m* Que tiene virtud de resolver.

resoluto, ta *pp irreg* de resolver. • *adj* Díc. del que obra con decisión y firmeza.

resolutorio, ria *adj* Que tiene, motiva o denota resolución.

resolver *tr* Tomar determinación fija y decisiva. || Resumir, epilogar, recapitular. || Hallar la solución de un problema. || Llevar a efecto una resolución. • *prnl* Decidirse a decir o hacer una cosa.

resonancia *f* Prolongación del sonido, que se va disminuyendo por grados. || Sonido producido por repercusión de otro. || (fig) Gran divulgación de algo.

resonar *intr* y *tr* Hacer sonido por repercusión o sonar mucho. || (fig) Tener repercusión o importancia. ☐ RESONACIÓN; RESONADOR, RA.

resoplar *intr* Dar resoplidos.

resoplido o **resoplo** *m* Resuello fuerte.

resorte *m* Muelle. || Fuerza elástica de una cosa. || (fig) Medio para lograr un fin.

respaldar *tr* (fig) Proteger, amparar, apoyar, garantizar. • *prnl* Inclinarse de espaldas o arrimarse al respaldo de la silla o banco.

respaldo *m* Parte del asiento en que descansa la espalda. || (fig) Apoyo moral.

respe o **résped** *m* Lengua de la culebra o víbora. || Aguijón de la abeja o avispa.

respectar *tr* Tocar, pertenecer, atañer.

respectivo, va *adj* Que atañe a persona o cosa determinada.

respecto *m* Razón, relación o proporción de una cosa a otra.

respetable *adj* Digno de respeto. || Considerable, grande.

respetar *tr* Tener respeto. || Tener miramiento, consideración. ☐ RESPETABILIDAD; RESPETUOSO, SA.

respeto *m* Veneración, acatamiento que se hace a uno. || (fig) Miedo, recelo ante algo o alguien. • *pl* Manifestaciones de acatamiento que se hacen por cortesía.

respingar *intr* Sacudirse la bestia y gruñir. || (fam) Elevarse el borde de una prenda de vestir por estar mal hecha o mal colocada.

respingo *m* Acción y efecto de respinga[r]. || Sacudida violenta del cuerpo.

respingona *adj* (fam) Aplicado a la n[a]riz, que tiene la punta dirigida hac[ia] arriba.

respiradero *m* Abertura por donde ent[ra] y sale el aire. || Abertura de las cañería[s] para dar salida al aire. || (fig) Rato de de[s]canso en el trabajo.

respirar *intr* y *tr* Absorber el aire los s[e]res vivos, tomando parte de las sustancia[s] que lo componen, y expeliéndolo modifi[cado. • *intr* Exhalar, despedir de sí u[n] olor. || (fig) Animarse. || (fig) Descansa[r] salir de la opresión.

respiratorio, ria *adj* Que sirve para [la] respiración o la facilita.

respiro *m* Acción y efecto de respira[r]. || (fig) Rato de descanso en el trabajo. [||] (fig) Alivio en medio de una fatiga, pen[a] o dolor.

resplandecer *intr* Despedir rayos de lu[z] una cosa. || (fig) Sobresalir en algo. || (fig) Demostrar alegría o satisfacción el rost[ro] de alguien. ☐ RESPLANDECIMIENTO.

resplandor *m* Luz muy clara que despid[e] un cuerpo luminoso. || (fig) Brillo de a[l]gunas cosas.

responder *tr* Contestar a lo que se pre[gunta o propone. || Contestar uno al qu[e] le llama o al que toca a la puerta. || Repl[icar. • *intr* Corresponder, repetir el ec[o] || Mostrarse agradecido.

respondón, na *adj* y *s* (fam) Que tiene [el] vicio de replicar irrespetuosamente.

responsabilidad *f* Calidad de responsa[ble. || Deuda, obligación de reparar, por [sí] o por otro.

responsabilizar *tr* Hacer a una perso[na responsable de alguna cosa. • *prr* [prnl] Asumir la responsabilidad de algun[a] cosa.

responsable *adj* Obligado a respond[er] de alguna cosa o por alguna persona[.] || Díc. de la persona que pone cuidado [y] atención en lo que hace o dice. || Culpabl[e] de algo.

responso *m* Responsorio que se dice po[r] los difuntos. || (fam) Reprimenda.

responsorio *m* Ciertas preces y versícu[los que se dicen en el rezo.

respuesta f Satisfacción a una pregunta, duda o dificultad. ‖ Réplica, refutación o contradicción de lo que otro dice. ‖ Contestación a una carta o escrito.

resquebradura o **resquebrajadura** f Hendedura, grieta.

resquebrajar tr y prnl Hender ligera y superficialmente algunos cuerpos duros. ❑ RESQUEBRAJADIZO, ZA; RESQUEBRAJOSO, SA.

resquebrar intr y prnl Empezar a quebrarse, henderse o saltarse una cosa.

resquemor m Sentimiento causado por algo penoso.

resquicio m Abertura que hay entre el quicio y la puerta. ‖ p. ext. Cualquier otra hendedura pequeña.

resta f Operación que tiene por objeto hallar la diferencia entre una magnitud mayor (minuendo) y otra menor (sustraendo).

restablecer tr Volver a establecer una cosa o ponerla en el estado que tenía antes. • prnl Recuperarse de una dolencia u otro daño. ❑ RESTABLECIMIENTO.

restallar intr y tr Estallar una cosa cuando se sacude en el aire con violencia. • intr Crujir, hacer fuerte ruido.

restante adj Que resta. • m Residuo, resultado de la operación de restar.

restañar tr, intr y prnl Estancar, parar o detener el curso de un líquido.

restar tr Disminuir, cercenar. ‖ En el juego de pelota y en el tenis, devolver el saque de los contrarios o del contrario. ‖ Hallar la diferencia entre dos cantidades. • intr Faltar o quedar.

restauración f Acción y efecto de restaurar. ‖ Restablecimiento en un país de un régimen político que había sido sustituido por otro.

restaurador, ra adj y s Que restaura. ‖ Persona que tiene o dirige un restaurante. • m y f Persona que tiene por oficio restaurar pinturas, y otros objetos artísticos o valiosos.

restaurante m Establecimiento donde se sirven comidas.

restaurar tr Recuperar o recobrar. ‖ Reparar, renovar o volver a poner una cosa en el estado que antes tenía. ‖ Reparar una pintura, escultura, edificio, etc., del deterioro que ha sufrido.

restituir tr Volver una cosa a quien la tenía antes. ‖ Restablecer o poner una cosa en el estado que antes tenía. ❑ RESTITUCIÓN.

resto m Residuo, parte que queda. ‖ Acción de restar en el juego de pelota. ‖ Resultado de la operación de restar. • pl Residuos de comidas. ‖ Restos mortales.

restregar tr Estregar mucho y con ahínco. ❑ RESTREGADURA; RESTREGAMIENTO; RESTREGÓN.

restricción f Limitación o modificación. ‖ Limitación que en tiempos de escasez se impone para el racionamiento de ciertos artículos.

restrictivo, va adj Díc. de lo que tiene virtud para restringir y apretar.

restringir tr Ceñir, circunscribir, reducir a menores límites. ‖ Apretar, constreñir.

resucitar tr Volver la vida a un muerto. ‖ (fig, fam) Restablecer, renovar. • intr Volver uno a la vida. ❑ RESUCITADOR, RA.

resuello m Aliento o respiración, especialmente la violenta.

resuelto, ta pp irreg de resolver. • adj Decidido, audaz. ‖ Pronto, diligente, expedito.

resultado m Consecuencia de un hecho.

resultar intr Redundar una cosa en provecho o daño de una persona o de algún fin. ‖ Nacer, originarse o venir una cosa de otra. ‖ Llegar a ser. ‖ Tener buen o mal resultado. ‖ Resaltar o resurtir. ❑ RESULTANTE.

resumen m Acción y efecto de resumir. ‖ Exposición resumida de un asunto o materia.

resumir tr y prnl Reducir a términos breves y precisos, o considerar tan sólo lo esencial de un asunto o materia. • prnl Convertirse, resultar.

resunta f Col. Resumen.

resurgir intr Surgir de nuevo, volver a aparecer. ‖ Resucitar. ❑ RESURGIMIENTO.

resurrección f Acción de resucitar. ‖ Por excelencia, la de Jesucristo.

retablo m Conjunto o colección de figuras pintadas o de talla, que representan en serie una historia o suceso.

r

retaco, ca adj y s Díc. de la persona rechoncha y baja. • m Escopeta corta muy reforzada en la recámara.

retaguardia f Cuerpo de tropa que cubre los movimientos de un ejército. ‖ En tiempos de guerra, la zona no ocupada por los ejércitos.

retahíla f Serie de muchas cosas.

retal m Conjunto de pedazos sobrantes o desperdicios de tela, piel, metal, etc.

retama f Mata leguminosa, con muchas ramas delgadas, largas, de color verde ceniciento; hojas muy escasas; flores amarillas en racimos, y fruto en vaina. ❐ RETAMAL; RETAMAR.

retar tr Desafiar. ‖ (fam) Reprender.

retardar tr y prnl Diferir, detener, entorpecer, dilatar. ❐ RETARDADOR, RA; RETARDATIVO, VA.

retazar tr Hacer piezas o pedazos una cosa.

retazo m Retal o pedazo de una tela. ‖ p. ext. Pedazo de cualquier cosa.

retén m Repuesto que se tiene de una cosa. ‖ Tropa armada dispuesta en cuarteles para cuando las circunstancias lo requieren.

retención f Acción y efecto de retener. ‖ Parte o totalidad retenida de un sueldo. ‖ Detención o marcha muy lenta de los vehículos.

retener tr Detener, conservar, guardar en sí. ‖ Conservar en la memoria una cosa. ‖ Interrumpir el curso normal de algo. ‖ Suspender en todo o en parte el pago del salario, u otro haber que uno ha devengado. • tr y prnl Moderarse.

retentiva f Memoria, facultad de acordarse.

reticencia f Efecto de callar una cosa de aquello que se dice, pero dejándolo entender.

reticente adj Que usa reticencias. ‖ Reservado, desconfiado.

retícula f Conjunto de hilos o líneas que se ponen en un instrumento óptico para precisar la visual.

reticular adj De figura de redecilla o red.

retículo m Tejido en forma de red, en especial el filamentoso de las plantas.

retina f Membrana interior del ojo, en la cual se reciben las impresiones luminosas y se representan las imágenes de los objetos.

retintín m Sonido que deja en los oídos la campana u otro cuerpo sonoro.

retirada f Acción y efecto de retirarse. ‖ Acción de retroceder en orden, apartándose del enemigo.

retirado, da pp de retirar. • adj Distante, apartado. • adj y s Díc. del militar que deja el servicio, conservando algunos derechos. ‖ Persona jubilada.

retirar tr y prnl Apartar o separar una persona o cosa de otra o de un sitio. ‖ Obligar a uno a que se aparte, o rechazarle. ‖ (fig) Desdecirse. • prnl Apartarse o separarse del trato o amistad. ‖ Irse a casa.

retiro m Acción y efecto de retirarse. ‖ Lugar apartado y distante del bullicio de la gente. ‖ Recogimiento, abstracción. ‖ Situación del militar o trabajador retirado. ‖ Sueldo del mismo.

reto m Provocación al duelo o desafío. ‖ Acción de amenazar. ‖ Dicho o hecho con que se amenaza.

retocar tr Volver a tocar. ‖ Restaurar las pinturas deterioradas. ‖ (fig) Recorrer y dar la última mano a cualquier cosa. • tr y prnl Perfeccionar el afeite o arreglo de la mujer. ❐ RETOCADO, DA; RETOQUE.

retoñar intr Volver a echar vástagos la planta. ‖ (fig) Reproducirse una cosa.

retoño m Vástago o tallo que echa de nuevo la planta. ‖ (fig, fam) Hijo de corta edad.

retorcer tr y prnl Torcer mucho una cosa ‖ (fig) Interpretar errónea o exageradamente algo que se dice. • prnl Hacer movimientos expresivos de un fuerte dolor, un ataque de risa, etc. ❐ RETORCEDURA RETORCIÓN; RETORCIMIENTO.

retorcido, da pp de retorcer. • adj (fam Díc. de la persona de intención sinuosa ‖ Díc. del lenguaje confuso y de difícil comprensión.

retórica f Arte de dar al lenguaje eficaci para deleitar, persuadir o conmover. • p (fam) Palabrería.

etornar *tr* Devolver, restituir. • *intr* y *prnl* Volver al lugar o a la situación en que se estuvo. ❑ RETORNAMIENTO; RETORNO.

etorsión *f* Acción y efecto de retorcer. ‖ (fig) Acción de devolver a uno el mismo daño que de él ha recibido.

etortijón *m* Ensortijamiento o retorsión de una cosa.

etostar *tr* Volver a tostar una cosa. ‖ Tostarla mucho. ❑ RETOSTADO, DA.

etozar *intr* Saltar y brincar alegremente. • *intr* y *prnl* Entregarse a juegos amorosos. ❑ RETOZO; RETOZÓN, NA.

etractar *tr* y *prnl* Revocar expresamente lo que antes se ha dicho. ❑ RETRACTACIÓN.

etráctil *adj* Díc. de la pieza o parte de un todo que puede avanzar, y después, por sí misma, esconderse. ❑ RETRACTILIDAD.

etraer *tr* Volver a traer. • *tr* y *prnl* Apartar o disuadir de un intento. • *prnl* Acogerse, refugiarse. ‖ Retirarse, retroceder. ‖ Hacer vida retirada. ❑ RETRACCIÓN.

etraído, da *pp* de retraer. • *adj* Que gusta de la soledad. ‖ (fig) Poco comunicativo.

etranca *f* Correa ancha, a manera de ataharre. ‖ (fig) Intención disimulada.

etransmitir *tr* Volver a transmitir. ‖ Transmitir desde una emisora lo que se ha transmitido a ella desde otro lugar. ❑ RETRANSMISIÓN.

etrasar *tr* y *prnl* Atrasar, diferir o suspender la ejecución de una cosa. • *intr* Ir atrás o a menos en alguna cosa. ❑ RETRASADO, DA; RETRASO.

etratar *tr* Copiar, dibujar o fotografiar la figura de alguna persona o cosa. ‖ Imitar, asemejarse. • *tr* y *prnl* Hacer la descripción de la figura o del carácter de una persona.

etratería *f* Guat. y Ur. Taller del fotógrafo.

etratista *m* o *f* Persona que hace retratos.

etrato *m* Pintura o efigie que representa alguna persona o cosa. ‖ Descripción de la figura o carácter de una persona.

etrechero, ra *adj* (fam) Que con maña o disimulo trata de eludir algo.

retreparse *prnl* Echar hacia atrás la parte superior del cuerpo. ‖ Recostarse en la silla.

retreta *f* Toque que se usa para marchar en retirada y para avisar a la tropa que se recoja por la noche al cuartel. ‖ (fig, fam) *Amér.* Tanda, serie, retahíla.

retrete *m* Habitación con las instalaciones necesarias para evacuar la orina y los excrementos.

retribución *f* Recompensa o pago de una cosa.

retribuir *tr* Recompensar o pagar un servicio, favor, etc. ‖ *Amér.* Corresponder al favor o al obsequio que uno recibe. ❑ RETRIBUTIVO, VA.

retroactivo, va *adj* Que obra o tiene fuerza sobre lo pasado. ❑ RETROACTIVIDAD.

retroceder *intr* Volver hacia atrás. ‖ Detenerse ante un peligro inminente u obstáculo.

retroceso *m* Acción y efecto de retroceder. ‖ Recrudecimiento de una enfermedad.

retrógrado, da *adj* Que retrograda. • *adj* y *s* (fig) (desp) Partidario de instituciones políticas o sociales propias de tiempos pasados.

retropropulsión *f* Propulsión aplicada en sentido contrario a la velocidad para hacerla disminuir.

retrospectivo, va *adj* Que se refiere a tiempo pasado. ❑ RETROSPECCIÓN.

retrotraer *tr* y *prnl* Retroceder con la memoria a un tiempo pasado para tomarlo como punto de partida de un hecho, narración, etcétera.

retrovirus *m* Virus que contiene una molécula de ácido ribonucleico, como el virus del sida.

retrovisor *m* Espejo pequeño colocado en la parte anterior de un vehículo para que el conductor vea lo que hay detrás.

retrucar *intr* Hacer un retruque. ‖ *Arg., Perú* y *Ur.* Replicar con acierto y energía.

retruécano *m* Inversión de los términos de una proposición en otra. ‖ También suele tomarse por otros juegos de palabras.

retumbar *intr* Resonar mucho o hacer gran estruendo una cosa. ❑ RETUMBANTE; RETUMBO.

reuma o **reúma** *m* o *f* Reumatismo.

reumatismo *m* Enfermedad que se manifiesta por dolores musculares o articulares.

reunión *f* Acción y efecto de reunir o reunirse. ‖ Conjunto de personas reunidas.

reunir *tr* y *prnl* Volver a unir. ‖ Amontonar.

reválida *f* Acción y efecto de revalidarse. ‖ Examen final para obtener un título.

revalidar *tr* Ratificar, dar nuevo valor y firmeza a una cosa. • *prnl* Realizar un examen general al finalizar ciertos estudios.

revalorizar *tr* Devolver a una cosa el valor o estimación que había perdido. • *tr* y *prnl* Aumentar el valor de una cosa.

revaluar *tr* Volver a evaluar. ‖ Elevar el valor de una moneda o de otra cosa. ☐ REVALUACIÓN.

revancha *f* Desquite.

revelar *tr* y *prnl* Descubrir o manifestar lo secreto o ignorado. • *tr* Proporcionar indicios o certidumbre de algo. ‖ Manifestar Dios a los hombres lo futuro u oculto. ‖ Hacer visible la imagen impresa en la placa fotográfica. ☐ REVELABLE; REVELACIÓN; REVELADO; REVELADOR.

revender *tr* Volver a vender lo que se ha comprado. ☐ REVENDEDOR.

revenir *intr* Retornar una cosa a su estado propio. • *prnl* Consumirse una cosa poco a poco. ‖ Acedarse o avinagrarse. ☐ REVENIDO, DA.

reventa *f* Venta de entradas para un espectáculo, gralte. por un precio superior al pagado.

reventar *intr* y *prnl* Abrirse una cosa por impulso interior. • *intr* Deshacerse en espuma las olas del mar. ‖ Brotar, nacer o salir con ímpetu. ‖ (fig, fam) Estallar una pasión violentamente. • *tr* Deshacer o desbaratar una cosa aplastándola con violencia. ‖ (fig, fam) Molestar, cansar. ‖ (fig, fam) Hacer fracasar un espectáculo o acto público. ‖ (fig) Fatigar mucho con exceso de trabajo. ☐ REVENTADOR.

reventón *adj* Aplícase a ciertas cosas que revientan o que van a reventar. • *m* Acción y efecto de reventar o reventarse.

‖ (fig) Fatiga o trabajo grande. ‖ *Amé* Afloramiento a la superficie del terren᷈ de un filón o capa mineral.

reverberar *intr* Reflejarse la luz en un᷈ superficie bruñida, o el sonido en una qu᷈ no lo absorba. ☐ REVERBERACIÓN.

reverbero *m* Acción y efecto de reverbe᷈ rar. ‖ *Amér.* Cocinilla, infiernillo.

reverdecer *intr* y *tr* Cobrar nuevo verdo᷈ los campos o plantíos que estaban mus᷈ tios o secos. ‖ (fig) Renovarse o toma᷈ nuevo vigor.

reverencia *f* Respeto o veneración qu᷈ tiene una persona a otra. ‖ Inclinació᷈ del cuerpo en señal de respeto. ☐ REVE᷈ RENCIA; REVERENCIABLE.

reverenciar *tr* Respetar o venerar.

reverendo, da *adj* y *s* Se aplica com᷈ tratamiento a las dignidades eclesiásticas᷈

reversible *adj* Que puede o debe reverti᷈ ‖ Díc. de la prenda de vestir que pued᷈ usarse por el derecho o por el revés᷈ ☐ REVERSIBILIDAD.

reverso *m* Revés, espalda. ‖ En las mone᷈ das y medallas, haz opuesto al anverso.

revertir *intr* Volver una cosa al estado ᷈ condición que tuvo antes. ‖ Venir a para᷈ una cosa en otra. ‖ Volver una cosa a l᷈ propiedad del dueño que antes tuvo᷈ ☐ REVERSIÓN.

revés *m* Espalda o parte opuesta de una᷈ cosa. ‖ Golpe que se da con el dorso d᷈ la mano abierta. ‖ (fig) Infortunio, des᷈ gracia.

revesado, da *pp* de revesar. • *adj* Difícil᷈ in trincado, que con dificultad se pued᷈ entender.

revestimiento *m* Acción y efecto de re᷈ vestir. ‖ Capa con que se resguarda ᷈ adorna algo.

revestir *tr* y *prnl* Vestir una ropa sobre᷈ otra. • *tr* Cubrir con un revestimiento᷈ ‖ Disfrazar la realidad de una cosa aña᷈ diéndole adornos. ‖ (fig) Presentar una᷈ cosa determinado aspecto, cualidad o ca᷈ rácter. ‖ (fig) Engreírse o envanecerse.

revirar *tr* Torcer. • *intr* Volver a virar.

revisación o **revisada** *f* *Amér.* Revisión.

revisar *tr* Ver con atención y cuidado ‖ Someter una cosa a nuevo examen para᷈ corregirla.

revisión *tr* Acción de revisar.

revisionismo *m* Tendencia a someter a revisión metódica, doctrinas o prácticas establecidas para actualizarlas. ❑ REVISIONISTA.

revisor, ra *adj* Que revisa o examina con cuidado una cosa. • *m* En los ferrocarriles y autobuses, agente encargado de revisar y marcar los billetes de los viajeros.

revista *f* Segunda vista, o examen hecho con cuidado y diligencia. ‖ Formación de las tropas para que un general o jefe las inspeccione. ‖ Publicación periódica con escritos sobre varias materias, o sobre una sola especialmente. ‖ Espectáculo teatral de tono ligero, en el que se combinan partes habladas y musicales.

revistero, ra *m y f* Persona encargada de escribir revistas o reseñas en un periódico. ‖ Persona que actúa en el espectáculo de revista. • Mueble en donde se colocan las revistas.

revitalizar *tr* Dar nueva fuerza o consistencia a una cosa.

revivificar *tr* Vivificar, reavivar.

revivir *intr* Resucitar, volver a la vida. ‖ Volver en sí el que parecía muerto. ‖ (fig) Renovarse. ‖ Evocar, recordar. ❑ REVIVISCENCIA.

revocar *tr* Dejar sin efecto una concesión, un mandato o una resolución. ‖ Disuadir a uno de un propósito, o de una intención. ‖ Pintar de nuevo las paredes exteriores de un edificio. • *tr e intr* Hacer retroceder ciertas cosas. ❑ REVOCACIÓN; REVOCADURA; REVOCATORIO, RIA.

revolcar *tr* Derribar a uno y darle vueltas en el suelo maltratándole. ‖ (fam) Reprobar, suspender en un examen. • *prnl* Echarse sobre una cosa refregándose en ella. ❑ REVUELCO.

revolcón *m* (fam) Acción y efecto de revolcar, dar vueltas a uno. ‖ (fig, fam) Acción y efecto de vencer al adversario.

revolotear *intr* Volar dando vueltas o giros en poco espacio. ‖ Venir una cosa por el aire dando vueltas. ❑ REVOLOTEO.

revoltijo o **revoltillo** *m* Conjunto compuesto de muchas cosas, sin orden ni método. ‖ (fig) Confusión o enredo.

revoltoso, sa *adj y s* Sedicioso, alborotador, rebelde. • *adj* Travieso, enredador.

revolución *f* Acción o efecto de revolver o revolverse. ‖ Cambio violento en las instituciones políticas, económicas o sociales de una nación. ‖ p. ext. Inquietud, alboroto, sedición. ‖ (fig) Cambio rápido y profundo de cualquier cosa. ‖ Movimiento de un astro en todo el curso de su órbita. ❑ REVOLUCIONARIO, RIA.

revolucionar *tr* Provocar un estado de revolución. ‖ Imprimir más o menos revoluciones en un tiempo determinado a un cuerpo que gira o al mecanismo que produce el movimiento.

revólver *m* Arma de fuego de corto alcance provista de un tambor en el que se colocan las balas.

revolver *tr* Menear una cosa de un lado a otro; moverla alrededor o de arriba abajo. ‖ Mirar o registrar moviendo y separando algunas cosas. ‖ Inquietar, enredar. ‖ Meter en pendencia, pleito, etc. • *tr y prnl* Envolver una cosa en otra. ‖ Dar una cosa vuelta entera hasta llegar al punto de donde salió. ❑ REVOLVIMIENTO.

revoque *m* Acción y efecto de revocar las paredes. ‖ Mezcla de cal y arena u otro material análogo con que se revoca.

revuelo *m* Movimiento de muchas aves, u otras cosas, volando. ‖ (fig) Turbación o agitación. ‖ *Amér.* Salto que da el gallo en la pelea asestando el espolón al adversario y sin usar del pico.

revuelta *f* Alboroto, alteración. ‖ Riña, pendencia. ‖ Punto en que una cosa empieza a cambiar su dirección.

revuelto, ta *pp irreg* de revolver. • *adj* Dícese del líquido turbio por haberse levantado el sedimento del fondo. ‖ Dicho del estómago, alterado. ‖ Aplícase al caballo que se vuelve con presteza y docilidad en poco terreno. ‖ Revoltoso, travieso. ‖ Intrincado, difícil de entender.

revulsivo, va *adj y m* Díc. del medicamento que produce la revulsión. ‖ Díc. también de los vomitivos y purgantes.

rey *m* Monarca o príncipe soberano de un reino. ‖ Pieza principal del juego de ajedrez. ‖ Carta de la baraja, que tiene pintada la figura de un rey. ‖ (fig) Hombre, animal o cosa del género masculino, que sobresale entre los demás de su clase o especie. • *pl* Reyes magos.

reyerta *f* Contienda, riña, discusión violenta.

rezagar *tr* Dejar atrás una cosa. ‖ Atrasar, suspender la ejecución de una cosa. • *prnl* Quedarse atrás.

rezar *tr* Orar, dirigir oral o mentalmente a Dios o a los santos alabanzas o súplicas. ‖ (fam) Decir o decirse en un escrito una cosa.

rezo *m* Acción de rezar. ‖ Cosa que se reza. ‖ Oficio eclesiástico que se reza diariamente.

rezongar *intr* Gruñir, refunfuñar a lo que se manda. ❑ REZONGADOR, RA.

rezumar *tr* y *prnl* Dicho de un cuerpo, dejar pasar a través de sus poros o intersticios gotitas de algún líquido. • *prnl* (fig, fam) Traslucirse una cosa.

ría *f* Valle fluvial encajado que ha sido invadido por las aguas marinas y que queda influido por el régimen de las mareas. ‖ Ensenada amplia en la que vierten al mar aguas profundas.

riada *f* Avenida, inundación, crecida.

ribazo *m* Porción de tierra con alguna elevación y declive.

ribera *f* Margen y orilla del mar o río. ‖ p. ext. Tierra cercana a los ríos, aunque no esté a su margen. ❑ RIBEREÑO, ÑA.

ribero *m* Vallado de estacas, cascajo y céspedes que se hace a la orilla de las presas para que no se salga el agua.

ribete *m* Cinta o cosa análoga con que se adorna y refuerza la orilla del vestido, calzado, etc. • *pl* (fig) Asomo, indicio.

ribetear *tr* Poner ribetes.

ricacho, cha o **ricachón, na** *m* y *f* (desp) Persona muy rica y vulgar en su trato.

ricino *m* Planta arbustiva con tallo hueco, hojas grandes y frutos en cápsula esférica, de los cuales se extrae un aceite usado como purgante.

rico, ca *adj* y *s* Que tiene mucho dinero o bienes cuantiosos. • *adj* Abundante, opulento. ‖ Gustoso, sabroso. ‖ Muy bueno. ‖ Aplícase a las personas como expresión de cariño. ❑ RICURA.

rictus *m* Contracción de los labios que da a la boca el aspecto de la risa. ‖ (fig) Aspecto del rostro que manifiesta un estado de ánimo.

ridiculez *f* Cosa ridícula que produce risa o burla. ‖ Cosa excesivamente pequeña.

ridiculizar *tr* Burlarse de una persona o cosa.

ridículo, la *adj* Que por su rareza o extravagancia resulta cómico. ‖ Escaso, de poca estimación. ‖ Extraño, raro. • *m* Situación ridícula en que cae una persona. ‖ Ridiculez, burla.

riego *m* Acción y efecto de regar. ‖ Agua disponible para regar.

riel *m* Barra pequeña de metal en bruto. ‖ Carril de una vía férrea.

rielar *intr* poét. Brillar con luz trémula. ‖ Temblar, vibrar.

rienda *f* Cada una de las dos correas que sirve para gobernar la caballería. ‖ (fig) Moderación en acciones o palabras. • *pl* (fig) Gobierno, dirección de una cosa.

riesgo *m* Contingencia o posibilidad de un daño.

riesgoso, sa *adj* Amér. Peligroso, arriesgado.

rifa *f* Juego que consiste en sortear una cosa entre varios. ‖ Contienda, pendencia.

rifar *tr* Efectuar el juego de la rifa. • *intr* Reñir, enemistarse con uno. ❑ RIFADOR, RA.

rifle *m* Fusil rayado para imprimir un movimiento de rotación al proyectil.

rígido, da *adj* Inflexible, que no se puede doblar o torcer. ‖ (fig) Riguroso, severo. ❑ RIGIDEZ.

rigor *m* Nimia y escrupulosa severidad. ‖ Aspereza en el genio o en el trato. ‖ Intensidad, vehemencia. ‖ Propiedad y precisión.

riguroso, sa *adj* Áspero y acre. ‖ Muy severo, cruel. ‖ Extremado, duro de soportar. ‖ (fig) Exacto, preciso.

rija[1] *f* Fístula que se hace debajo del lagrimal.

rija[2] *f* Pendencia o alboroto.

rijoso, sa *adj* Pronto, dispuesto para reñir. ‖ Lujurioso, sensual.

rilar *intr* Temblar, tiritar. • *prnl* Temblar, vibrar.

rizar

rima *f* Total o parcial identidad acústica, entre dos o más versos, de los fonemas situados a partir de la última vocal acentuada.

rimar *intr* Componer en verso. • *tr* Hacer el poeta una palabra asonante o consonante de otra.

rimbombante *adj* (fig) Ostentoso, llamativo.

rimbombar *intr* Retumbar, resonar.

rímel *m* Nombre comercial de un cosmético que se aplica a las pestañas.

rincón *m* Ángulo entrante que se forma en el encuentro de dos superficies o de dos paredes. || Escondrijo o lugar retirado. || Espacio pequeño. || *Perú.* Valle angosto.

rinconera *f* Mesita, armario o estante pequeños, que se colocan en un rincón.

rinde *m Arg.* Rendimiento.

ring *m* Plataforma en que se desarrollan los combates deportivos de boxeo y lucha.

ringla o ringlera *f* Fila de cosas puestas en orden unas tras otras.

ringlero *m* Cada una de las líneas del papel pautado para aprender a escribir.

ringlete *m Col.* Rehilete, molinete. || *Amér.* Persona de mucha actividad.

rinoceronte *m* Mamífero de gran tamaño, con uno o dos cuernos sobre la nariz, patas cortas, piel gruesa desprovista de pelo.

rinofaringe *f* Porción de la faringe contigua a las fosas nasales.

rinología *f* Parte de la patología que estudia las enfermedades de las fosas nasales.

riña *f* Pelea, pendencia, reyerta.

riñón *m* Cada una de las glándulas secretorias de la orina, situadas a uno y otro lado de la columna vertebral al nivel de las lumbares. • *pl* Parte del cuerpo que corresponde a la pelvis.

río *m* Corriente de agua continua y más o menos caudalosa que va a desembocar en otra, en un lago o en el mar. || (fig) Gran abundancia de una cosa. || (fig) Afluencia de personas.

riostra *f* Pieza que, puesta oblicuamente, asegura la invariabilidad de forma en un armazón.

ripio *m* Materiales de obra de albañilería desechados que se utilizan para rellenar huecos. || Palabra superflua que se emplea con el objeto de completar el verso.

riqueza *f* Abundancia de bienes, cosas preciosas. || Abundancia de cualquier cosa.

risa *f* Movimiento de la boca y otras partes del rostro, que demuestra alegría. || Voz o sonido que acompaña a la r. || Lo que mueve a reír.

riscal *m* Sitio de muchos riscos.

risco *m* Peñasco alto y escarpado. ☐ RISCOSO, SA.

risible *adj* Capaz de reírse. || Que causa risa.

risotada *f* Carcajada, risa estrepitosa.

ríspido, da *adj* Áspero, violento, intratable.

ristra *f* Trenza hecha con los tallos de ajos y cebollas.

risueño, ña *adj* Que muestra risa. || Que con facilidad se ríe.

rítmico, ca *adj* Perteneciente al ritmo o al metro.

ritmo *m* Armoniosa combinación y sucesión de voces, cláusulas, pausas y cortes en el lenguaje poét. || Frecuencia periódica de un fenómeno.

rito¹ *m* Costumbre o ceremonia. || Conjunto de reglas establecidas para el culto y ceremonias religiosas. ☐ RITUAL.

rito² *m Chile.* Manta gruesa de hilo burdo.

ritornelo *m* Frase musical que precede o sigue al canto. || Repetición, estribillo.

ritual *adj y s* Perteneciente o relativo al rito. • *m* Conjunto de ritos de una religión o de una iglesia.

ritualismo *m* (fig) Exagerada sujeción a las normas formales establecidas, especialmente en la tramitación de asuntos oficiales.

rival *adj y s* Díc. del que contiende con otro o aspira a obtener la misma cosa que él.

rivalidad *f* Calidad de rival. || Enemistad.

rivalizar *intr* Competir.

rivera *f* Arroyo, pequeño caudal de agua continua que corre por la tierra.

rizar *tr* Formar artificialmente en el pelo ondas, bucles, etcétera. || Hacer en las telas, papel o cosa semejante muchos do-

r

bleces menudos. • *tr* y *prnl* Mover el viento la mar, formando olas pequeñas.

rizo *adj* Ensortijado naturalmente. • *m* Mechón de pelo rizado.

rizófito, ta o **rizofito, ta** *adj* y *s* Díc. del vegetal provisto de raíces.

rizoma *m* Tallo horizontal y subterráneo.

rizópodo *adj* y *s* Díc. del protozoo cuyo cuerpo es capaz de emitir seudópodos que le sirven para moverse y apoderarse de las partículas orgánicas de las que se alimenta.

rizoso, sa *adj* Dícese del pelo que tiende a rizarse naturalmente.

robalo o **róbalo** *m* Lubina.

robar *tr* Apoderarse de una cosa ajena mediante el empleo de la violencia. ‖ Tomar para sí lo ajeno de cualquier modo que sea. ‖ En algunos juegos de cartas o de dominó, tomar naipes o fichas de entre los que quedan por repartir. ‖ (fig) Atraer con eficacia el afecto.

roble *m* Árbol de tronco grueso y grandes ramas tortuosas, fruto en bellotas, amargas, y madera dura. ‖ (fig) Persona o cosa fuerte y de gran resistencia. ◻ ROBLEDA; ROBLEDAL; ROBLEDO.

robo *m* Acción y efecto de robar. ‖ Cosa robada. ‖ Delito que consiste en robar.

robot *m* Ingenio electrónico que puede ejecutar automáticamente operaciones o movimientos muy varios. ‖ Autómata.

robótica *f* Técnica que aplica la informática al diseño y empleo de aparatos que, en sustitución de personas, realizan algún trabajo.

robustecer *tr* y *prnl* Dar robustez.

robusto, ta *adj* Fuerte, vigoroso. ‖ Que tiene fuertes miembros y firme salud. ◻ ROBUSTEZ.

roca *f* Piedra, o vena de ella, muy dura y sólida. ‖ Peñasco que se levanta en la tierra o en el mar. ‖ (fig) Cosa muy dura, firme y constante.

rocadero *m* Armazón en figura de piña y que forma parte de la rueca.

rocalla *f* Conjunto de fragmentos de rocas desprendidos por la acción del tiempo o del agua, o que han saltado al labrar las piedras.

rocambolesco, ca *adj* Díc. de la serie de hechos extraordinarios o inverosímiles.

rocambor *m* *Amér. Merid.* Juego de naipes muy parecido al tresillo.

roce *m* Acción y efecto de rozar o rozarse. ‖ (fig) Trato o comunicación frecuente con algunas personas. ‖ (fig) Pequeña discusión.

rochar *tr* *Chile.* Sorprender a alguno en algo ilícito.

rociada *f* Acción y efecto de rociar. ‖ Rocío. ‖ (fig) Conjunto de cosas que se esparcen al arrojarlas.

rociar *intr impers* Caer sobre la tierra el rocío o la lluvia menuda. • *tr* Esparcir en menudas gotas un líquido. ◻ ROCIADURA; ROCIAMIENTO.

rocín *m* Caballo de mala traza y de poca alzada. ‖ Caballo de trabajo. ‖ (fig, fam) Hombre tosco e ignorante.

rocinante *m* (fig) Rocín matalón.

rocío *m* Fenómeno de condensación de vapor de agua que se origina cuando éste se halla en contacto con una superficie más fría. ‖ Lluvia corta y pasajera. ‖ (fig) Gotas menudas esparcidas sobre una cosa para humedecerla.

rococó *adj* y *s* Dícese de una variante del estilo barroco que predominó en Francia en el tiempo de Luis XV.

rocoso, sa *adj* Díc. del paraje lleno de rocas.

roda *f* Pieza gruesa y curva que forma la proa de la nave.

rodaballo *m* Pez de cuerpo aplanado, asimétrico, cabeza pequeña y ojos en el lado izquierdo. ‖ (fig, fam) Hombre astuto.

rodadizo, za *adj* Que rueda con facilidad.

rodado *m* *Arg.* y *Chile.* Cualquier vehículo de ruedas.

rodador, ra *adj* Que rueda o cae rodando. • *m* *Amér.* Mosquito que cuando se llena de sangre cae como la sanguijuela.

rodaja *f* Pieza circular y plana, de madera, metal u otra materia. ‖ Tajada circular de algunos alimentos. ‖ (fam) Rosca, carnosidad.

rodaje *m* Conjunto de ruedas. ‖ Acción de impresionar una película cinematográfica. ‖ Situación en que se halla un vehículo automóvil mientras no ha rodado la distancia inicial prescrita por su constructor.

rodapié *m* Paramento con que se cubren alrededor los pies de las camas, mesas y otros muebles. ‖ Friso, zócalo de una pared.

rodar *intr* Dar vueltas un cuerpo alrededor de su eje. ‖ Moverse una cosa por medio de ruedas. ‖ Caer dando vueltas. ‖ (fig) Ir de un lado para otro sin fijarse en sitio determinado. ‖ (fig) Suceder una cosa a otras. • *tr* Hablando de películas cinematográficas, impresionarlas o proyectarlas. ‖ Someter un mecanismo al período de rodaje.

rodear *intr* Andar alrededor. ‖ Ir por camino más largo que el ordinario. • *tr* Cercar una cosa. ‖ *Amér.* Reunir el ganado mayor en un sitio determinado, arreándolo desde los distintos lugares en donde pace. • *prnl* Revolverse, rebullirse, removerse. ◻ RODEO.

rodera *f* Carril, rodada. ‖ Camino abierto por el paso de los carros a través de los campos.

rodete *m* Rosca que con las trenzas del pelo se hacen las mujeres en la cabeza. ‖ Rosca de lienzo u otra materia que se pone en la cabeza para cargar y llevar sobre ella un peso. ‖ Chapa circular de la cerradura, que permite girar únicamente la llave. ‖ Rueda hidráulica horizontal con paletas planas.

rodilla *f* Conjunto de partes blandas y duras que forman la unión del muslo con la pierna, y la región prominente de dicho conjunto.

rodillera *f* Cualquier cosa que se pone para comodidad, defensa o adorno de la rodilla.

rodillo *m* Madero redondo y fuerte que se hace rodar por el suelo para llevar sobre él una cosa de mucho peso. ‖ Cilindro muy pesado que se hace rodar para allanar y apretar la tierra. ‖ Cilindro de madera para alisar la masa en la cocina.

rododendro *m* Arbusto ornamental de hojas perennes, de color verde intenso y flores de colores diversos.

rodrigón *m* Caña que se clava al pie de una planta y sirve para sostener sus tallos y ramas.

roedor, ra *adj* Que roe. ‖ (fig) Que conmueve o agita el ánimo. • *adj* y *s* Díc. de los mamíferos, cuyos incisivos planos son de crecimiento y desgaste continuos.

roedura *f* Acción de roer. ‖ Porción que se corta de una cosa royéndola. ‖ Señal que queda en la parte roída.

roer *tr* Raspar con los dientes la superficie de una cosa dura, arrancando parte de ella. ‖ Quitar la carne de un hueso con los dientes. ‖ (fig) Gastar poco a poco una cosa. ‖ (fig) Molestar interiormente y con frecuencia.

rogar *tr* Pedir por gracia o favor una cosa. ‖ Instar con súplicas.

rojez *f* Calidad de rojo. ‖ Mancha roja en la piel.

rojo, ja *adj* y *s* Encarnado muy vivo. • *adj* Díc. del pelo de un rubio muy vivo, casi colorado.

rol *m* Lista, nómina o catálogo. ‖ Papel, carácter, representación. ◻ ROJIZO, ZA.

rolar *intr* Dar vueltas en círculo.

ROM *adj* y *f* En computación, díc. de la memoria cuya información sólo puede ser leída y no puede ser modificada.

románico, ca *adj* y *m* Aplícase al estilo artístico que dominó en Europa durante los ss. XI, XII y parte del XIII, y especialmente a su arquitectura, caracterizada por el empleo de arcos de medio punto, bóvedas de cañón y molduras robustas. • *adj* Procedente o derivado del latín.

romanizar *tr* y *prnl* Difundir la civilización, leyes y costumbres romanas, o la lengua latina. ◻ ROMANIZACIÓN.

romano, na *adj* y *s* Natural de Roma.

romanticismo *m* Movimiento intelectual surgido en Europa occidental en la primera mitad del s. XIX, que dio lugar a diversas manifestaciones de carácter filosófico, político y artístico.

romántico, ca *adj* y *s* Perteneciente o relativo al romanticismo. ‖ Partidario del romanticismo. • *adj* Sentimental, fantástico, soñador.

romanza *f* Composición lírica, amorosa o narrativa.

rómbico, ca *adj* Que tiene forma de rombo.

rombo *m* Cuadrilátero con los cuatro lados iguales, paralelos dos a dos.

romboedro *m* Prisma oblicuo de bases y caras rombales.

romboide *m* Paralelogramo cuyos lados y ángulos opuestos son iguales dos a dos.

romería *f* Viaje o peregrinación, especialmente la que se hace por devoción a un santuario.

romero[1] *m* Planta herbácea, muy aromática, de hojas estrechas, blanquecinas por el envés; flores de color lila o blanco, y frutos en aquenios.

romero[2]**, ra** *adj* y *s* Aplícase al peregrino que va o participa en una romería o fiesta.

romo, ma *adj* Obtuso y sin punta. ‖ De nariz pequeña y poco puntiaguda.

rompecabezas *m* (fig, fam) Problema o acertijo de difícil solución. ‖ Juego que consiste en componer determinada figura combinando cierto número de pedacitos en cada uno de los cuales hay una parte de la figura.

rompedero, ra *adj* Fácil de romperse.

rompehielos *m* Buque acondicionado para abrirse camino en los mares helados.

rompenueces *m* Cascanueces. No varía en plural.

rompeolas *m* Dique avanzado en el mar, para procurar abrigo a un puerto o rada.

romper *tr* y *prnl* Separar con violencia las partes de un todo, deshaciendo su unión. ‖ Gastar, destrozar. ‖ Hacer una abertura en un cuerpo o causarla hiriéndolo. • *tr* (fig) Dividir o separar por breve tiempo la unión o continuidad de un cuerpo fluido, al atravesarlo. ‖ (fig) Interrumpir la continuidad de algo no material. ‖ (fig) Abrir espacio suficiente para pasar por un sitio obstruido. ‖ (fig) Quebrantar la observancia de la ley, contrato u otra obligación. • *intr* Reventar las olas. ‖ (fig) Empezar, tener principio. ‖ (fig) Resolverse a la ejecución de una cosa en que se hallaba dificultad. ‖ (fig) Prorrumpir o brotar. ❑ ROMPEDOR, RA; ROMPEDURA; ROMPIBLE; ROMPIMIENTO.

rompiente *m* Bajo, escollo o costa donde, cortado el curso de la corriente de un río o el de las olas, rompe y se levanta el agua.

rompope o **rompopo** *m Amér. Centr* y *Méx.* Bebida que se confecciona con aguardiente, leche, huevos, azúcar y canela.

ron *m* Licor alcohólico de olor y sabor fuertes, que se saca por destilación de una mezcla fermentada de melazas y zumo de caña de azúcar.

ronca *f* Grito que da el gamo cuando está en celo. ‖ Tiempo en que está en celo el gamo.

roncadora *f Bol.* y *Ecuad.* Espuela de rodaja muy grande, que se usa para montar a caballo.

roncar *intr* Hacer ruido bronco con la respiración cuando se duerme. ‖ Llamar el gamo a la hembra, cuando está en celo ❑ RONCADOR, RA.

roncha *f* Pápula de urticaria o producida por una picadura de insecto. ‖ Cardenal equimosis.

ronchar[1] *tr* Ronzar, mascar cosas duras. • *intr* Crujir un alimento cuando se masca.

ronchar[2] *intr* Hacer o causar ronchas en el cuerpo.

ronco, ca *adj* Que tiene o padece ronquera. ‖ Aplíc. también a la voz o sonido áspero y bronco.

ronda *f* Acción de rondar. ‖ Rondalla. ‖ En varios juegos, vuelta o suerte de todos los jugadores. ‖ (fam) Distribución de copas de vino o de cigarros a personas reunidas en corro. ‖ Patrulla destinada a rondar las calles o a recorrer los puestos exteriores de una plaza. ‖ *Arg.* y *Chile.* Juego del corro.

rondalla *f* Conjunto musical formado por hombres que van cantando y tocando por las calles.

rondar *tr* e *intr* Andar de noche vigilando una población para impedir los desórdenes. ‖ Pasear los mozos por las calles donde viven las mozas a quienes galantean. • *tr* (fig) Dar vueltas alrededor de una cosa. ‖ (fig, fam) Amagar, empezar a sentir una cosa.

ondó *m* Composición musical cuyo tema se repite o insinúa varias veces.

ondón (de) *m adv* Intrépidamente y sin reparo.

onquear *intr* Estar ronco.

onquera *f* Afección de la laringe, que cambia el timbre de la voz haciéndolo bronco y poco sonoro.

onquido *m* Ruido que se hace roncando.

onrón *m Amér. Centr.* Especie de escarabajo. || *Amér. Centr.* Bramadera, juguete.

onronear *intr* Producir el gato una especie de ronquido, en señal de satisfacción. ☐ RONRONEO.

onzal *m* Cuerda que se ata al pescuezo de las caballerías para sujetarlas o conducirlas.

onzar *tr* Comer una cosa quebradiza partiéndola ruidosamente con los dientes.

oña *f* Sarna del ganado lanar. || Porquería pegada fuertemente. || Orín de los metales. || (fig, fam) Mezquindad, roñería. • *m o f* (fig, fam) Persona roñosa, tacaña.

oñoso, sa *adj* Que tiene roña. || Puerco, sucio. || Oxidado. || (fig, fam) Tacaño.

opa *f* Cualquier prenda de tela y especialmente la que se usa para vestir.

opaje *m* Vestido, y especialmente la ropa suntuosa. || Conjunto de ropas.

opero *m* Armario o cuarto donde se guarda ropa. || Asociación benéfica destinada a distribuir ropas entre los necesitados.

opón *m* Ropa larga que regularmente se pone suelta sobre los demás vestidos.

oque[1] *m* Torre del ajedrez.

oque[2] *adj* Dormido. Se usa con los verbos *estar* o *quedarse*.

oqueda *f o* **roquedal** *m* Lugar abundante en rocas.

oquedo *m* Peñasco o roca.

oqueño, ña *adj* Aplícase al sitio o paraje lleno de rocas. || Duro como roca.

orcual *m* Mamífero parecido a la ballena, de cabeza plana y corta, aleta dorsal desarrollada y dos pectorales largas de extremos puntiagudos. Presenta de 70 a 110 surcos en la garganta y el vientre.

orro *m* (fam) Niño de pecho.

os *m* Especie de chacó pequeño, con visera.

rosa *f* Flor del rosal, notable por su belleza, la suavidad de su fragancia y su colorido. || Mancha redonda de color rosado que suele salir en el cuerpo. || *Amér.* Rosal, planta. • *m* Color rosa.

rosado[1]**, da** *adj* Aplícase al color de la rosa.

rosado[2]**, da** *adj* Díc. de la bebida helada que está a medio cuajar.

rosal *m* Planta arbustiva, de tallos espinosos, cuya flor es la rosa. || *Amér.* Rosaleda, plantío de rosales.

rosaleda *f* Sitio en que hay muchos rosales.

rosario *m* Rezo de la Iglesia, en que se conmemoran los 15 misterios de la Virgen, recitando después de cada uno un padrenuestro, diez avemarías y un gloriapatri. || (fig) Sarta, serie.

rosca *f* Resalto helicoidal en un tornillo o tuerca. || Cualquier cosa redonda y rolliza que, cerrándose, forma un círculo u óvalo, dejando en medio un espacio vacío. || Carnosidad de las personas gruesas alrededor del cuello, las muñecas y las piernas.

roscar *tr* Labrar las espiras de un tornillo.

rosco *m* Roscón o rosca de pan.

roscón *m* Bollo en forma de rosca grande.

roseta *f* Mancha rosada que se forma en las mejillas. || Arete o zarcillo adornado con una piedra preciosa a la que rodean otras más pequeñas. • *pl* Granos de maíz que al tostarse se abren en forma de flor.

rosetón *m* Ornamento circular que se pone en una ventana calada, en las iglesias góticas. || Adorno circular que se coloca en los techos.

rosicler *m* Color de la aurora.

rosquilla *f* Masa dulce en forma de rosca pequeña que se fríe y se espolvorea con azúcar.

rosticería *f Méx. y Nic.* Establecimiento donde se asan y se venden carnes.

rostrado, da *adj* Que remata en una punta semejante al pico del pájaro o al espolón de la nave.

rostro *m* Pico del ave. || Cara de las personas. || Espolón de la nave. ☐ ROSTRAL.

rotación *f* Acción y efecto de rodar. || Movimiento que efectúan los astros al girar en torno a ejes que pasan por los centros de gravedad o baricentros de sus masas. ‖ Giro.

rotacismo m Conversión de *s* en *r* en posición intervocálica.

rotar *intr* Rodar, girar.

rotativo, va *adj* Que da vueltas. • *adj y f* Díc. de la máquina de imprimir en la cual la composición no se dispone en un plano sino en un cilindro. • *m* p. ext. Periódico impreso en estas máquinas.

rotatorio, ria *adj* Que tiene movimiento circular.

roto, ta *pp irreg* de romper. • *adj y s* Andrajoso. • *m* Desgarrón en la ropa, en cualquier tejido, etc. ‖ *Chile*. Individuo de la clase más baja del pueblo. ‖ (fam) (desp) *Arg. y Perú*. Apodo con que se designa al chileno.

rotonda f Templo, edificio o sala de planta circular. ‖ Plaza circular.

rotor m Parte giratoria de una máquina electromagnética o de una turbina.

rotoso, sa *adj Amér*. Roto, desharrapado.

rótula f Hueso en la parte anterior de la articulación de la tibia con el fémur.

rotulador, ra *adj y s* Que rotula o sirve para rotular. • *m* Lápiz con punta de fieltro y depósito interior, especial para rotular.

rotular[1] *tr* Poner un rótulo a alguna cosa o en alguna parte. ❑ ROTULACIÓN; ROTULADO, DA.

rotular[2] *adj* Perteneciente o relativo a la rótula.

rótulo m Título, encabezamiento, letrero. ‖ Cartel público para dar noticia o aviso de una cosa. ❑ ROTULISTA.

rotundo, da *adj* Redondo. ‖ (fig) Aplicado al lenguaje, lleno y sonoro. ‖ (fig) Preciso y terminante. ❑ ROTUNDIDAD.

rotura f Rompimiento, acción y efecto de romper. ‖ Raja o quiebra de un cuerpo sólido.

roturar *tr* Arar por primera vez las tierras incultas o los bosques descuajados. ❑ ROTURACIÓN.

round m Asalto en una pelea de boxeo.

roya f Hongo parásito de los vegetales y enfermedad que en ellos produce.

roza f Acción y efecto de rozar. ‖ Surco o canal abierto a una pared para empotrar

tuberías, cables, etc. ‖ Tierra rozada par sembrar en ella.

rozadura f Acción y efecto de frota una cosa con otra. ‖ Herida superficia de la piel.

rozagante *adj* Aplícase a la vestidur vistosa y muy larga. ‖ (fig) Vistoso ufano.

rozamiento m Acción y efecto de roza o rozarse. ‖ Resistencia que se opone a l rotación o al deslizamiento de un cuerp sobre otro.

rozar *tr* Limpiar las tierras de las matas hierbas inútiles antes de labrarlas. ‖ Rae la superficie de una cosa. • *tr* e *intr* Pasa una cosa tocando y oprimiendo ligera mente la superficie de otra o acercándos mucho a ella. • *prnl* (fig) Tratarse o tene entre sí dos o más personas familiarida y confianza.

rúa f Calle de un pueblo. ‖ Camino ca rretero.

ruana f Tejido de lana. ‖ *Col. y Ven*. Espe cie de capote de monte o poncho.

rubéola f Enfermedad vírica febril, conta giosa, con erupción y linfadenopatía.

rubí m Variedad de corindón de color roj que está considerado como una piedr preciosa de gran valor económico.

rubial *adj* De color similar al del pel rubio.

rubicundo, da *adj* Rubio que tira a ro jo. ‖ Aplícase a la persona de buen colo y que parece gozar de buena salud. Díc. del pelo que tira a colorado. ❑ RU BICUNDEZ.

rubidio m Metal alcalino que tiene gra actividad química, por lo que se emple para eliminar los últimos vestigios d gases en los tubos de vacío y también e células fotoeléctricas.

rubiera f *Ven*. Calaverada, travesura. ‖ *l Rico*. Diversión, jira.

rubio, bia *adj y s* De color rojo claro pare cido al del oro. Díc. especialmente del ca bello de este color y de la persona que l tiene. Díc. también del tabaco que tien este color y de las labores hechas con él.

rublo m Unidad monetaria de Rusia, qu se mantiene en la mayoría de los paíse integrados en la CEI.

rubor m Color encarnado que sube al rostro; ocasionado gralte. por un sentimiento de vergüenza. ‖ (fig) Vergüenza. ❑ RUBOROSO, SA.

ruborizar tr Causar rubor o vergüenza. • prnl Teñirse de rubor una persona. ‖ (fig) Sentir vergüenza.

rúbrica f Rasgo o conjunto de rasgos de forma determinada que cada uno pone en su firma, después del nombre.

rubricar tr Poner una su rúbrica. ‖ (fig) Suscribir o dar testimonio de una cosa.

rubro m Amér. Rúbrica o rótulo.

ruca f Arg. y Chile. Choza de los indios, y, p. ext., cualquier covacha o cabaña que sirve de refugio.

rucio, cia adj y s De color pardo claro, blanquecino o canoso. Aplícase a las bestias. • adj Chile. Aplícase a la persona rubia.

rudimento m Embrión de un ser orgánico. • pl Primeros estudios de cualquier ciencia o profesión. ❑ RUDIMENTARIO, RIA.

rudo, da adj Tosco, sin pulimento. ‖ Descortés, grosero. ‖ Riguroso, impetuoso. ❑ RUDEZA.

rueca f Instrumento para hilar, compuesto de una vara delgada con un rocadero hacia la extremidad superior.

rueda f Máquina elemental, de forma circular y de pequeño espesor respecto a su diámetro, que puede girar sobre un eje. ‖ Círculo o corro formado por algunas personas o cosas. ‖ Tajada circular de ciertas frutas, carnes o pescados.

ruedo m Acción de rodar. ‖ Parte puesta alrededor de una cosa. ‖ Redondel de la plaza de toros.

ruego m Súplica, petición.

rufián m Hombre que vive a costa de las prostitutas. ‖ (fig) Hombre que se dedica al engaño o al fraude.

rufo, fa adj Rubio, rojo o bermejo. ‖ Que tiene el pelo ensortijado.

rugby m Variedad del fútbol en la que dos equipos de quince miembros cada uno se disputan la posesión de un balón ovalado. Los tantos se consiguen llevando el balón más allá de la línea de fondo del adversario o haciéndolo pasar por encima del travesaño de la portería.

rugir intr Bramar el león. ‖ (fig) Bramar una persona enojada. ‖ Crujir o rechinar, y hacer ruido fuerte. ❑ RUGIDO; RUGIDOR, RA.

rugosidad f Calidad de rugoso. ‖ Arruga.

rugoso, sa adj Que tiene arrugas, arrugado.

ruido m Sonido inarticulado y confuso más o menos fuerte. ‖ (fig) Litigio, alboroto o discordia. ‖ (fig) Novedad o extrañeza que inmuta el ánimo. ❑ RUIDOSO, SA.

ruin adj Vil, despreciable. ‖ Díc. de la persona de malas costumbres y procedimientos. ‖ Mezquino y avariento.

ruina f Acción de caer o destruirse una cosa. ‖ (fig) Pérdida grande de bienes de fortuna. ‖ (fig) Destrozo, perdición, decadencia. ❑ RUINOSO, SA.

ruiseñor m Ave de cuerpo rechoncho, caracterizada por su plumaje, oscuro y apagado, y por su canto, melodioso y variado.

rular tr e intr Rodar.

rulero m Arg. y Ur. Rulo, cilindro que se utiliza para rizar el cabello.

ruleta f Juego de azar para el que se usa una rueda horizontal giratoria dividida en treinta y seis casillas numeradas y pintadas alternativamente de negro y rojo, más una blanca con el número cero. Haciendo girar la rueda y lanzando en sentido inverso una bolita, al cesar el movimiento gana el número de la casilla donde queda la bola.

rulo m Rodillo que gira con movimientos de rotación y traslación en los molinos de aceite y en los de yeso. ‖ Rizo del cabello. ‖ Pequeño cilindro hueco al que se arrolla el cabello para rizarlo.

rulot f Carruaje grande, donde habitan los que llevan una vida errante. ‖ Remolque de automóvil acondicionado para vivienda.

rumba f Cierto baile popular y la música que le acompaña. ❑ RUMBERO, RA.

rumbantela f Cuba y Méx. Francachela, parranda.

rumbar intr Chile. Rumbear, seguir un rumbo. • tr Col. y Hond. Tirar, arrojar.

rumbear intr Amér. Orientarse, tomar el rumbo, encaminarse hacia un lugar.

r

rumbo¹ *m* Dirección considerada o trazada en el plano del horizonte. ‖ Camino que uno se propone seguir en lo que intenta o procura.

rumbo² *m* (fig, fam) Pompa, ostentación. ‖ (fig, fam) Garbo, desprendimiento. ‖ *Guat.* Parranda.

rumboso, sa *adj* (fam) Pomposo y magnífico. ‖ (fam) Desprendido, dadivoso.

rumiante *pp* de rumiar. • *adj* Que rumia. • *adj* y *m* Dícese de los mamíferos capaces de rumiación, es decir, de una doble masticación del alimento.

rumiar *tr* Masticar por segunda vez, volviéndolos a la boca, los alimentos que ya estuvieron en la panza que tienen los rumiantes. ‖ (fig, fam) Pensar con reflexión y madurez una cosa, idea, etc. ‖ (fig, fam) Refunfuñar. ❑ RUMIA; RUMIACIÓN; RUMIADURA.

rumor *m* Voz que corre entre el público. ‖ Ruido confuso de voces. ‖ Ruido sordo y continuado.

rumorear • *tr* y *prnl* Correr un rumor entre la gente.

rumoroso, sa *adj* Que causa rumor.

runa *m* Hombre indio. Se usa a veces con carácter despectivo.

runrún *m* Zumbido, ruido o sonido continuado y bronco. ‖ Ruido confuso de voces. ‖ (fam) Voz que corre entre el público.

rupestre *adj* Díc. de algunas cosas pertenecientes o relativas a las rocas, especialmente a las pinturas y dibujos prehistóricos existentes en algunas rocas y cavernas.

rupia *f* Unidad monetaria principal de diversos países asiáticos (India, Pakistán, Indonesia, Nepal) y africanos (Mauricio, Seychelles).

ruptor *m* Dispositivo electromagnético o mecánico que cierra y abre sucesivamente un circuito eléctrico. ‖ Dispositivo que, al funcionar, permite obtener la chispa de la bujía, en los motores de explosión.

ruptura *f* Acción y efecto de romper o romperse, en especial las relaciones entre personas o países.

rural *adj* Perteneciente o relativo al campo y a las labores de él. ❑ RURALISMO.

rusiente *adj* Que se pone rojo o candente con el fuego.

ruso, sa *adj* Natural de Rusia. • *m* Lengua rusa.

rústico, ca *adj* Perteneciente o relativo al campo. ‖ (fig) Tosco, grosero. • *m* Hombre que vive en el campo. ❑ RUSTICIDAD; RUSTIQUEZ.

ruta *f* Rota o derrota de un viaje. ‖ (fig) Derrotero que se toma para lograr un propósito.

rutenio *m* Metal muy parecido al osmio y del que se distingue por tener óxidos de color rojo.

rutilar *intr* Brillar como el oro, o resplandecer y despedir rayos de luz.

rutilo *m* Óxido de titanio.

rutina *f* Costumbre inveterada, hábito adquirido de hacer las cosas por mera práctica y sin razonarlas.

rutinario, ria *adj* Que se hace o practica por rutina. ‖ Díc. del que obra por mera rutina.

Ss

s f Vigésima letra del abecedario español, y decimosexta de sus consonantes. Su nombre es *ese*.

sábado m Sexto día de la semana civil.

sábalo m Pez marino, con cuerpo en forma de lanzadera, cabeza pequeña, boca grande, lomo amarillento y el resto del cuerpo blanco.

sabana f Llanura, en especial si es muy dilatada, sin vegetación arbórea.

sábana f Cada una de las dos piezas de lienzo de tamaño suficiente para cubrir la cama y colocar el cuerpo entre ambas.

sabandija f Cualquier reptil pequeño o insecto. || (fam) Persona despreciable.

sabanear intr *Amér.* Recorrer la sabana.

sabanero, ra adj y s Habitante de una sabana. • m *Amér.* Hombre encargado de sabanear.

sabanilla f Pieza de lienzo con que se cubre el altar.

sabañón m Rubicundez o hinchazón de la piel, pralm. de las manos, pies y orejas, con ardor y picazón, causada por frío excesivo.

sabático, ca adj Perteneciente o relativo al sábado. || Dícese del año de licencia con sueldo que algunas universidades conceden a su personal docente cada siete años.

sabedor, ra adj Instruido o noticioso de una cosa.

sabelotodo m o f (fam) Que presume de sabio sin serlo.

saber¹ m Conocimiento. || Ciencia o facultad.

saber² tr Conocer una cosa, o tener noticia de ella. || Ser docto en alguna cosa. || Tener habilidad para una cosa, o estar instruido y diestro en un arte o facultad. • intr Ser muy sagaz. || Tener sabor una cosa. || Sujetarse o acomodarse a una cosa.

sabidillo, lla adj y s (desp) Sabelotodo.

sabido, da pp de saber. • adj Que sabe o entiende mucho. || Díc. de lo que es habitual.

sabiduría f Conducta prudente en la vida o en los negocios. || Conocimiento profundo en ciencias, letras o artes. || Noticia, conocimiento.

sabiendas (a) m adv Con conocimiento y deliberación.

sabihondo, da adj y s (fam) Que presume de sabio sin serlo. ❏ SABIHONDEZ; SABIONDEZ.

sabina f Arbusto siempre verde, con hojas escamosas, reducidas, fruto redondo, pequeño, negro azulado, y madera roja y olorosa.

sabinilla f *Chile.* Arbusto de fruto carnoso comestible.

sabio, bia adj y s Dícese de la persona que posee sabiduría. • adj Aplícase a los animales que tienen muchas habilidades.

sabiondo, da adj y s (fam) Sabihondo.

sablazo m Golpe dado con sable. || Herida hecha con él. || (fig, fam) Acción de sablear.

sable m Arma blanca corva y por lo común de un solo corte. ❏ SABLISTA.

sablear intr (fig, fam) Dar sablazos, sacar dinero con maña. ❏ SABLEADOR, RA.

saboneta f Reloj de bolsillo cuya tapa se puede abrir apretando un muelle.

sabor m Sensación que ciertos cuerpos producen en el órgano del gusto. || (fig) Impresión que una cosa produce en el ánimo.

saborear tr Dar sabor a una cosa. • tr y prnl Percibir detenidamente y con deleite el sabor de lo que se come o se bebe. || (fig) Apreciar detenidamente y con deleite una cosa grata. ❏ SABOREO.

sabotaje m Daño o deterioro que en la maquinaria, productos, etc., se hace como procedimiento de lucha contra los patronos, contra el Estado o contra las fuerzas de ocupación en conflictos sociales o políticos. ‖ (fig) Oposición u obstrucción disimulada contra proyectos, órdenes, decisiones, ideas, etc.

sabotear tr Realizar actos de sabotaje.

sabroso, sa adj Sazonado y grato al sentido del gusto. ‖ (fig) Delicioso, gustoso.

sabueso m Variedad de perro podenco, que destaca por la finura de su olfato. ‖ (fig) Persona hábil para averiguar o encontrar cosas.

sábulo m Arena gruesa y pesada.

saburra f Secreción mucosa espesa que se acumula en las paredes del estómago. ‖ Capa blanquecina que cubre la lengua por efecto de dicha secreción. ◻ SABURRAL; SABURROSO, SA.

saca[1] f Acción y efecto de sacar. ‖ Copia autorizada de un documento protocolizado.

saca[2] f Costal muy grande de tela fuerte.

sacabocado o **sacabocados** m Instrumento que sirve para taladrar.

sacacorchos m Instrumento que sirve para quitar los tapones de corcho a las botellas.

sacacuartos m (fam) Sacadineros.

sacadinero o **sacadineros** m (fam) Espectáculo o chuchería de poco valor, pero de buena vista. • m o f (fam) Persona que tiene arte para sacar dinero al público.

sacamuelas m o f Dentista. ‖ (fig) Charlatán.

sacapuntas m Instrumento para afilar los lápices.

sacar tr Poner una cosa fuera del lugar en que estaba encerrada o contenida. ‖ Quitar, apartar a una persona o cosa del sitio o condición en que se halla. ‖ Conocer, descubrir. ‖ Hacer con fuerza o con maña que uno diga o dé una cosa. ‖ Extraer de una cosa alguno de los principios o partes que la componen. ‖ Ganar por suerte una cosa, o ganar al juego. ‖ Conseguir u obtener una cosa. ‖ Exceptuar, excluir. ‖ Mostrar, manifestar una cosa. ‖ Quitar. ‖ Citar, nombrar. ‖ Hablando de la pelota o del balón, dar a éstos el impulso inicial, sea al comienzo del partido o en los lances que así lo exijan. ‖ Tratándose de apodos, motes, faltas, etc., atribuirlos.

sacáridos m pl Ant. denominación de los hidratos de carbono, carbohidratos o glúcidos.

sacarificar tr Convertir por hidrólisis las sustancias sacarígenas en azúcar. ◻ SACARIFICACIÓN.

sacarígeno, na adj Díc. de la sustancia capaz de convertirse en azúcar.

sacarina f Polvo cristalino, blanco, inodoro, de sabor dulce y gran poder edulcorante.

sacarino, na adj Que tiene azúcar. ‖ Que se asemeja al azúcar.

sacarosa f Azúcar ordinario.

sacerdocio m Dignidad, estado, ejercicio y ministerio del sacerdote.

sacerdote m Hombre dedicado y consagrado a ofrecer sacrificios. ‖ En la religión católica, hombre que ha recibido las órdenes requeridas para celebrar la misa. ◻ SACERDOTAL.

sacerdotisa f Mujer dedicada a ofrecer sacrificios a ciertas deidades paganas.

saciar tr y prnl Satisfacer el hambre o la sed. ‖ (fig) Satisfacer plenamente ambiciones, deseos, etcétera. ◻ SACIABLE SACIEDAD.

saco m Receptáculo de tela, cuero, papel etc., por lo común de forma rectangula o cilíndrica, abierto por arriba. ‖ Vestidura tosca y áspera de paño burdo o sayal. ‖ Acción de entrar a saco, saqueo. ‖ Amér Chaqueta, americana.

sacramental adj Perteneciente a los sacramentos. ‖ (fig) Acostumbrado, consagrado por la ley o la costumbre.

sacramentar tr y prnl Convertir el pan en el cuerpo de Jesucristo en la eucaristía. • tr Administrar a un enfermo el viático y la extremaunción. ◻ SACRAMENTACIÓN.

sacramento m Signo sensible de un efecto inferior y espiritual que Dios obra en nuestras almas.

sacrificar tr Ofrecer o dar una cosa en reconocimiento de la divinidad. ‖ Matar reses para el consumo. ‖ (fig) Poner a una persona o cosa en algún riesgo o trabajo en provecho de un interés. • prnl (fig) Sujetarse con resignación a una cosa violenta o repugnante.

sacrificio *m* Acción de sacrificar. || Renuncia, penitencia.

sacrilegio *m* Lesión o profanación de cosa, persona o lugar sagrados. ❑ SACRÍLEGO, GA.

sacristán *m* El que en las iglesias tiene a su cargo ayudar al sacerdote en el servicio del altar y cuidar de la iglesia.

sacristana *f* Mujer del sacristán. || Religiosa destinada en su convento a cuidar de las cosas de la sacristía y de la iglesia.

sacristanía *f* Empleo de sacristán.

sacristía *f* Lugar, en las iglesias, donde se guardan las cosas pertenecientes al culto.

sacro, cra *adj* Sagrado. || Referente a la región en que está situado el hueso sacro, desde el lomo hasta el cóccix. • *m* Hueso sacro.

sacrosanto, ta *adj* Que reúne las cualidades de sagrado y santo.

sacudir *tr* y *prnl* Mover con brusquedad una cosa a una y otra parte. • *tr* Golpear una cosa o agitarla en el aire con violencia. || Golpear, dar golpes. • *prnl* Desembarazarse de algo que molesta o enoja. ❑ SACUDIDA.

sadismo *m* Trastorno psicosexual del que provoca su propia excitación cometiendo actos de crueldad en otra persona. || (fig) Crueldad excesiva. ❑ SÁDICO, CA.

sadomasoquismo *m* Complejo psicosexual de pulsiones agresivas dirigidas contra otro (sadismo) o contra uno mismo (masoquismo).

saeta *f* Arma arrojadiza disparada con arco. || Manecilla del reloj o de la brújula. || Copla breve y de carácter religioso que se canta en las procesiones de Semana Santa. ❑ SAETERO, RA.

saetera *f* Aspillera para disparar saetas.

safari *m* Excursión de caza mayor que se realiza en ciertas regiones africanas.

sáfico, ca *adj* Díc. de la estrofa compuesta de tres versos sáficos y uno adónico. || Aplícase también a la composición que consta de estrofas de esta clase.

saga *f* Leyenda poética de Escandinavia. || Relato novelesco de las visicitudes de dos o más generaciones de una familia.

sagaz *adj* Avisado, astuto y prudente, que prevé y previene las cosas. || Aplícase al perro que saca por el rastro la caza. ❑ SAGACIDAD.

sagita *f* Porción de recta comprendida entre el punto medio de un arco de círculo y el de su cuerda.

sagital *adj* De figura de saeta.

Sagitario *npm* Sagitarius, constelación y signo del Zodíaco. • *adj* y *s* Referido a personas, las nacidas bajo este signo del Zodíaco.

sagrado, da *adj* Perteneciente o relativo a la divinidad o a su culto. || (fig) Que por su destino o uso es digno de veneración y respeto. • *m* Lugar, que por privilegio, podía servir de refugio para los delincuentes.

sagrario *m* Parte interior del templo en que se reservan o guardan las cosas sagradas. || Lugar donde se guarda y deposita a Cristo sacramentado.

saguaipé *m* Arg., Par. y Ur. Gusano parásito que causa grandes estragos en el ganado lanar.

sah *m* Rey de Persia o del Irán.

sahariana *f* Chaqueta hecha de tejido delgado y color claro adecuada para climas cálidos.

sahariano, na *adj* Perteneciente o relativo al Sáhara.

sahumar *tr* y *prnl* Dar humo aromático a una cosa. || Chile. Dar a un objeto un baño de oro o de plata. ❑ SAHUMADOR, RA.

sahumerio *m* Acción y efecto de sahumar o sahumarse. || Humo que produce una materia aromática que se echa en el fuego.

saín *m* Grosura de algunos animales.

sainete *m* Obra dramática, de diverso carácter, gralte. cómica y de poca extensión. ❑ SAINETERO; SAINETESCO, CA; SAINETISTA.

saja o **sajadura** *f* Cortadura hecha en la carne.

sake *m* Bebida alcohólica japonesa elaborada con arroz fermentado.

sal *f* Sustancia ordinariamente blanca, cristalina, de sabor característico, muy soluble en agua, crepitante en el fuego y que se emplea para sazonar los ali-

S

mentos y conservar las carnes muertas. ‖ Compuesto químico resultante de sustituir los átomos de hidrógeno de un ácido por los radicales básicos. ‖ Cloruro sódico. ‖ (fig) Agudeza, gracia en el habla.

sala f Pieza pral. de la casa. ‖ Aposento de grandes dimensiones. ‖ Pieza donde se constituye un tribunal de justicia para celebrar audiencia.

salacidad f Inclinación vehemente a la lascivia.

salacot m Sombrero muy ligero usado en Filipinas y otros países cálidos.

saladar m Lagunajo en que se cuaja la sal en las marismas.

saladería f Arg. Ind. de salar carnes.

saladero m Casa o lugar destinado para salar carnes o pescados.

salado, da pp de salar. • adj Aplícase a los manjares que tienen más sal de la necesaria. ‖ (fig) Gracioso, chistoso. ‖ Amér. Desgraciado, infortunado. ‖ Arg. y Chile. (fig) Caro, costoso.

salamandra f Anfibio de piel lisa, de color negro intenso con manchas amarillas simétricas. ‖ Especie de calorífero de combustión lenta.

salamanquesa f Reptil saurio de cuerpo comprimido y ceniciento, piel tuberculosa y con unas laminillas debajo de la extremidad abultada de cada dedo. Vive en las grietas de los edificios y se alimenta de insectos.

salami m Embutido hecho de carne picada de vacuno y de cerdo, que se come crudo.

salar tr Echar en sal, curar con sal carnes, pescados y otras sustancias. ‖ Echar la sal conveniente a un manjar. ‖ Echar más sal de la necesaria. • tr y prnl C. Rica, Méx. y P. Rico. Desgraciar, echar a perder. ☐ SALADURA.

salario m Estipendio, paga o remuneración. ‖ En especial, cantidad de dinero con que se retribuye a los trabajadores. ☐ SALARIAL.

salaz adj Muy inclinado a la lujuria.

salazón f Acción y efecto de salar o curar con sal. ‖ Acopio de carnes o pescados salados.

salchicha f Embutido, en tripa delgada, de carne de cerdo magra y gorda, bien picada. ☐ SALCHICHERÍA.

salchichón m Embutido de jamón, tocino y pimienta en grano, prensado y curado.

salcocho m Amér. Merid. Preparación de alimento cociéndolo en agua y sal para después condimentarlo.

saldar tr Liquidar enteramente una cuenta. ‖ Vender a bajo precio una mercancía para desprenderse pronto de ella. ☐ SALDISTA.

saldo m Pago o finiquito de deuda u obligación. ‖ Cantidad que de una cuenta resulta a favor o en contra de uno. ‖ Resto de mercancías que se venden a bajo precio.

saledizo, za adj Saliente, que sobresale. • m Parte que sobresale de la pared maestra.

salero m Vaso en que se sirve la sal en la mesa. ‖ (fig, fam) Gracia, donaire.

saleroso, sa adj (fig, fam) Que tiene salero o gracia.

salesa adj y s Díc. de la religiosa que pertenece a la orden fundada por san Francisco de Sales y santa Juana Francisca Fremiot de Chantal.

salesiano, na adj y s Díc. del religioso que pertenece a la congregación fundada por san Juan Bosco.

salicilato m Sal o éster del ácido salicílico. En medicina tienen importancia los s. de sodio, de litio y de bismuto.

salida f Acción de salir o salirse. ‖ Parte por donde se sale. ‖ Parte que sobresale en alguna cosa. ‖ Despacho o venta de los géneros. ‖ Acto de comenzar una carrera o competición de velocidad. ‖ (fig) Escapatoria, pretexto. ‖ (fig, fam) Ocurrencia, dicho agudo.

salidizo m Parte del edificio que sobresale fuera de la pared maestra en la fábrica.

salido, da pp de salir. • adj Que sobresale en un cuerpo más de lo regular. ‖ Díc. de las hembras de algunos animales cuando están en celo. ‖ (fam) Se aplica a la persona excitada sexualmente.

saliente adj Que sale. • m Oriente, levante. ‖ Parte que sobresale en una cosa.

salífero, ra adj Salino.

lificar tr Convertir en sal una sustancia.

lina f Mina de sal común.

linidad f Calidad de salino. ‖ Concentración salina de un agua natural, continental o marina.

lino, na adj Que contiene sal. ‖ Que participa de los caracteres de la sal común.

lir intr y prnl Pasar de la parte de adentro a la de afuera. ‖ Apartarse, separarse de una cosa o faltar a ella. • intr Partir de un lugar a otro. ‖ Aparecer, manifestarse. Nacer, brotar. ‖ Tratándose de manchas, desaparecer. ‖ Sobresalir, estar una cosa más alta o más afuera que otra. ‖ Nacer, caer su origen una cosa de otra. ‖ Importar, costar una cosa que se compra. ‖ Tratándose de cuentas, resultar, de la oportuna operación aritmética, que están bien hechas o ajustadas. ‖ Frecuentar, por motivos amorosos o amistosos, el trato de otra persona, fuera de sus domicilios. Cesar en un oficio o cargo. ‖ Ser elegido o sacado por suerte o votación. • prnl Derramarse por una rendija o rotura el contenido de una vasija o receptáculo.

litral adj Que tiene salitre. • m Terreno en el que abunda el salitre.

litre m Nitro. ‖ Cualquier sustancia salina, especialmente la que aflora en tierras y paredes. ☐ SALITROSO, SA.

litrero, ra adj Perteneciente o relativo al salitre. • m y f Persona que trabaja en salitre o que se dedica a venderlo.

liva f Líquido alcalino, acuoso, algo viscoso, segregado por glándulas salivales, que lo vierten en la boca, y que sirve para reblandecer los alimentos, facilitar su deglución e iniciar la digestión de algunos. ☐ SALIVAL.

livajo m Salivazo.

livazo m Porción de saliva que se escupe de una vez.

lmista m El que compone o canta salmos.

lmo m Composición o cántico que contiene alabanzas a Dios.

lmodia f Canto usado en la iglesia para los salmos. ‖ (fig, fam) Canto monótono.

lmodiar intr Cantar salmodias. • tr Cantar algo con cadencia monótona.

salmón m Pez de cuerpo rollizo, cabeza apuntada, color gris azulado con alguna mancha negra en los costados, y carne rojiza muy sabrosa. • adj y m Dícese del color de la carne de este pez.

salmonella f Género de bacterias patógenas gramnegativas, agentes de diversas enfermedades infecciosas.

salmonellosis f Intoxicación causada por la Salmonella.

salmonete m Pez comestible muy abundante en el Mediterráneo.

salmuera f Agua cargada de sal. ‖ Agua que sueltan las cosas saladas.

salobre adj Que tiene sabor de alguna sal. ‖ Díc. de las aguas que tienen cierta salinidad.

saloma f Son cadencioso con que acompañan los marineros y otros operarios su faena.

salón m Sala, pieza pral. de la casa, que en ocasiones hace también de comedor. ‖ Pieza de grandes dimensiones donde celebra sus juntas alguna corporación.

salpicadero m Tablero colocado en la parte delantera de algunos carruajes para proteger de las salpicaduras al conductor. ‖ Panel de instrumentos de un automóvil.

salpicar tr e intr Esparcir en gotas pequeñas un líquido o sustancia pastosa. • tr y prnl Mojar o manchar con un líquido o sustancia pastosa que salpica. ☐ SALPICADURA.

salpicón m Fiambre de trozos de pescado o marisco condimentados con cebolla, sal y otros ingredientes. ‖ Acción y efecto de salpicar.

salpimentar tr Adobar una cosa con sal y pimienta. ‖ (fig) Amenizar, hacer sabrosa una cosa con palabras o hechos.

salpullido m Sarpullido.

salpullir tr Sarpullir.

salsa f Mezcla de varias sustancias comestibles desleídas, que se hace para aderezar la comida. ‖ (fig) Cualquier cosa que excita el gusto.

salsera f Vasija en que se sirve salsa. ‖ Salserilla.

saltador, ra adj que salta. • m y f Persona especializada en saltos gimnásticos, acrobáticos, etc. • m Cuerda para saltar.

S

saltamontes m Insecto de cabeza gruesa, de ojos prominentes, antenas finas, alas membranosas, patas anteriores cortas y muy robustas y largas las posteriores, con las cuales da grandes saltos.

saltar intr Levantarse del suelo con impulso y ligereza para dejarse caer en el mismo sitio o para pasar a otro. ‖ Arrojarse desde una altura para caer de pie. ‖ Moverse una cosa de una parte a otra, levantándose con violencia; como la pelota del suelo, la chispa de la lumbre, etc. ‖ Salir un líquido hacia arriba con ímpetu, como el agua en el surtidor. ‖ (fig) Irrumpir inesperadamente en la conversación. ‖ Salir los jugadores de fútbol o de otros deportes al campo. • tr Salvar de un salto un espacio o distancia. ‖ Pasar de una cosa a otra, sin detenerse en las intermedias. • prnl Infringir una ley.

saltarín, na adj y s Que danza o baila. ‖ (fig) Díc. del mozo inquieto y de poco juicio.

salteador, ra m y f Ladrón que roba en los despoblados o caminos.

saltear tr Asaltar, acometer, especialmente a los viajeros o caminantes para robarles. ‖ Acometer. ‖ Hacer una cosa de forma discontinua. ‖ Sofreír un manjar a fuego vivo. ◻ SALTEO.

salterio m Libro canónico del Antiguo Testamento. ‖ Instrumento musical de cuerda.

salto m Acción y efecto de saltar. ‖ Lugar que no se puede pasar sino saltando. ‖ Despeñadero muy profundo. ‖ Espacio comprendido entre el punto de donde se salta y aquel a que se llega. ‖ (fig) Tránsito de una cosa a otra, sin tocar los medios.

saltón, na adj Díc. de algunas cosas que sobresalen más de lo regular. ‖ Col. y Chile. Medio crudo.

salubre adj Saludable.

salud f Estado en que el ser orgánico ejerce normalmente todas sus funciones. • pl Actos y expresiones corteses.

saludable adj Que sirve para conservar la salud corporal. ‖ (fig) Provechoso para un fin.

saludar tr Dirigir a otro, al encontrarlo o despedirse de él, palabras corteses. ‖ Enviar saludos.

saludo m Acción y efecto de saludar.

salutación f Saludo.

salva f Saludo hecho con armas de fue; ‖ Serie de cañonazos consecutivos fogueo disparados en señal de honor o saludos.

salvación f Acción y efecto de sal' o salvarse. ‖ Consecución de la glo y bienaventuranza eternas.

salvado, da pp de salvar. • m Cáscara grano desmenuzada por la molienda.

salvador, ra adj y s Que salva. • m p. a Jesucristo.

salvaguardar tr Defender, amparar.

salvaguardia m Documento o distinti que se entrega a alguien para que no s detenido. ‖ Custodia, amparo.

salvaje adj Aplícase a las plantas silv tres y sin cultivos. ‖ Dícese del anim que no puede domesticarse. ‖ Aplícase terreno sin cultivar. ‖ (fig) Violento, controlado, irrefrenable. ‖ Dícese de l pueblos que no se han incorporado desarrollo general de la civilizació • adj y m Dícese de los individuos per necientes a estos pueblos. ◻ SALVAJADA

salvajismo m Modo de ser o de obrar p pio de los salvajes. ‖ Calidad de salvaje.

salvamanteles m Pieza que se pone la mesa debajo de las fuentes, botell vasos, etc.

salvar tr y prnl Librar de un riesgo o pe gro; poner en seguro. • tr Dar Dios gloria y bienaventuranza eterna. ‖ Exce tuar, dejar aparte, excluir una cosa de que se dice o se hace de otra u otr. ‖ Vencer un obstáculo o impedimento Recorrer una distancia. ‖ Rebasar una tura elevándose por encima de ella. • pr Alcanzar la gloria eterna. ◻ SALVAMIENT

salvavidas m Aparato con que los ná fragos pueden salvarse sobrenadando.

salvedad f Razonamiento que se empl como excusa o limitación de lo que se a decir o hacer.

salvia f Mata de hojas estrechas, arom ticas y amargas que, cocidas, se emple como sudorífico y astringente.

salvilla f Bandeja con una o varias enca; duras para asegurar las copas o taza ‖ Chile. Vinagreras.

salvo, va adj Ileso, librado de un peligro. ‖ Exceptuado, omitido.

salvoconducto m Documento expedido por una autoridad para que el que lo lleva pueda transitar sin riesgo por donde aquélla es reconocida. ‖ (fig) Libertad para hacer algo sin temor de castigo.

sámara f Fruto seco, indehiscente, con pocas semillas y pericarpio extendido a manera de ala; como el del olmo y el fresno.

samba f Baile popular brasileño, de origen africano.

sambenito m (fig) Mala nota que queda de una acción. ‖ (fig) Difamación, descrédito.

sampán m Embarcación ligera de remos o de velas, usada en Extremo Oriente para la navegación costera y fluvial.

samuray m En el antiguo sistema feudal japonés, individuo que pertenece a una clase social inferior a la de la nobleza.

san adj Apócope de santo. Se usa solamente ante nombres propios de santos, salvo los de Tomás, o Tomé, Toribio y Domingo.

sanar tr Restituir a uno la salud que había perdido. • intr Recobrar el enfermo la salud.

sanatorio m Establecimiento que recibe enfermos para el tratamiento de enfermedades que requieren cuidados especiales.

sanción f Estatuto o ley. ‖ Acto solemne por el que el jefe de Estado confirma una ley o estatuto. ‖ Pena o castigo. ‖ Mal dimanado de una culpa y que es como su castigo. ‖ Aprobación que se da a cualquier acto, uso o costumbre.

sancionar tr Dar fuerza de ley a una disposición. ‖ Aplicar una sanción o castigo.

sanco m Chile. Gachas de harina tostada.

sancocho m Vianda a medio cocer. ‖ Amér. Olla compuesta de carne, yuca y plátano.

sanctasanctórum m Parte interior y más sagrada del tabernáculo de los judíos. ‖ (fig) Lo muy reservado y misterioso.

sanctus m Parte de la misa después del prefacio y antes del canon.

sandalia f Calzado compuesto de una suela que se asegura con correas o cintas.

sándalo m Árbol muy semejante al nogal. ‖ Leño oloroso de este árbol. ‖ Esencia usada en perfumería obtenida por destilación del leño de este árbol.

sandez f Calidad de sandio. ‖ Tontería o necedad.

sandía f Planta herbácea con tallo flexible y rastrero; hojas partidas y de color verde oscuro, con fruto esférico, de corteza verde o jaspeada, y carne encarnada y dulce, con muchas pepitas negras. ‖ Fruto de esta planta. ☐ SANDIAR.

sandio, dia adj y s Tonto, necio.

sandunga f (fam) Gracia, donaire. ‖ Col., Chile y P. Rico. Jarana, parranda.

sándwich m Emparedado.

saneado, da pp de sanear. • adj Aplícase a los bienes, renta o haber que están libres de cargas o descuentos.

sanear tr Dar condiciones de salubridad a un terreno, edificio, etc. ‖ Hacer que la economía dé beneficios.

sangradera f Lanceta. ‖ Acequia de riego que se deriva de otra corriente de agua. ‖ (fig) Compuerta por donde se da salida al agua sobrante de una caz.

sangrar tr Abrir o punzar una vena y dejar salir determinada cantidad de sangre. ‖ (fig) Dar salida a un líquido en todo o en parte, abriendo conducto por donde corra. ‖ (fig, fam) Hurtar, sisar. • intr Arrojar sangre. ☐ SANGRADO, DA; SANGRADURA.

sangre f Líquido que circula por el interior de los vasos sanguíneos (arterias, venas y capilares) de los animales superiores. ‖ (fig) Linaje o parentesco.

sangría f Acción y efecto de sangrar. ‖ Bebida refrescante que se compone de agua y vino con azúcar y limón.

sangriento, ta adj Que echa sangre. ‖ Teñido de sangre o mezclado con sangre. ‖ Sanguinario.

sanguijuela f Gusano de boca chupadora, que se alimenta de la sangre que chupa a los animales a que se agarra, propiedad que se utilizó en medicina para conseguir evacuaciones sanguíneas. ‖ (fig, fam) Persona que va poco a poco sacando a uno el caudal.

S

sanguina f Lápiz rojo u oscuro fabricado con hematíes. ‖ Dibujo hecho con este lápiz.

sanguinario, ria adj Feroz, vengativo, cruel.

sanguíneo, a adj Que contiene sangre o abunda en ella. ‖ De color de sangre. ‖ Perteneciente a la sangre.

sanguino, na adj Sanguíneo. • adj y f Díc. de una variedad de naranja cuya pulpa es de color rojizo.

sanguinolento, ta adj Que echa sangre. ‖ Mezclado con sangre. ☐ SANGUINOLENCIA.

sanidad f Cualidad de sano. ‖ Cualidad de saludable. ‖ Conjunto de servicios para preservar la salud pública.

sanitario, ria adj Perteneciente o relativo a la sanidad. ‖ Perteneciente o relativo a las instalaciones higiénicas de una casa, edificio, etc. • m y f Individuo del cuerpo de sanidad militar. • pl Aparatos de higiene instalados en cuartos de baño. También se usa como adj.

sano, na adj y s Que goza de perfecta salud. • adj Seguro, sin riesgo. ‖ Saludable. ‖ (fig) Sin daño o corrupción.

sánscrito, ta adj y m Aplícase a la antigua lengua de los brahmanes, que sigue siendo la sagrada del Indostán, y a lo referente a ella.

sanseacabó Exp. (fam) con que se da por terminado un asunto.

sansón m (fig) Hombre muy forzudo.

santateresa f Nombre vulgar de la Mantis religiosa.

santería f Calidad de santero, beatería. ‖ Amér. Tienda en que se venden imágenes de santos y otros objetos religiosos.

santero, ra adj Díc. de la persona que tributa un culto exagerado o supersticioso a las imágenes. • m y f Persona que cuida de un santuario. ‖ Persona que pinta o esculpe imágenes de santos, y también la que los vende.

santiamén (en un) m adv (fig, fam) En un instante.

santidad f Calidad de santo. ‖ Tratamiento honorífico que se da al Papa.

santificar tr Hacer a uno santo por medio de la gracia. ‖ Consagrar a Dios una cosa. ☐ SANTIFICACIÓN.

santiguar tr y prnl Hacer con la mano la señal de la cruz. • prnl (fig, fam) Hacerse cruces, maravillarse.

santísimo, ma adj sup. de santo. Aplícase al Papa como tratamiento honorífico.

santo, ta adj Perfecto y libre de toda culpa. ‖ Díc. de lo que está especialmente consagrado a Dios. ‖ Aplícase a algunas cosas que traen al hombre especial provecho. • adj y s Dícese de la persona a quien la Iglesia declara tal. ‖ Aplícase a la persona de especial virtud y ejemplo. • m Imagen de un santo.

santón, na m Anacoreta musulmán. ‖ (fig, fam) Hombre hipócrita o que aparenta santidad.

santoral m Libro que contiene vidas o hechos de santos. ‖ Lista de los santos cuya festividad se commemora en cada uno de los días del año.

santuario m Templo en que se venera la imagen o reliquia de un santo de especial devoción.

santurrón, na adj y s Nimio y exagerado en los actos de devoción. ☐ SANTURRONERÍA.

saña f Furor, rabia. ‖ Intención rencorosa y cruel.

sañudo, da adj Propenso a la saña.

sapiencia f Sabiduría. ☐ SAPIENCIAL.

sapo m Anfibio con cuerpo rechoncho ojos saltones, extremidades cortas, y piel gruesa de color verde pardusco y llena de verrugas.

saponificar tr Convertir en jabón un cuerpo graso al tratarlo con óxidos metálicos. ☐ SAPONIFICACIÓN.

saprófago, ga adj Díc. de ciertos animales que se alimentan de materias orgánicas en descomposición o putrefacción.

saprófito, ta adj Díc. de las plantas que viven a expensas de sustancias orgánicas en descomposición. ‖ En bacteriología dícese de los microbios que viven en el tubo digestivo, a expensas de las materias en putrefacción. ☐ SAPROFITISMO.

saque m Acción de sacar; díc. particularmente en el juego de pelota. ‖ Sitio desde el cual se saca la pelota.

saquear tr Apoderarse violentamente los soldados de lo que hallan en un paraje

‖ (fig) Apoderarse de todo o la mayor parte de aquello que hay o se guarda en algún sitio. ☐ SAQUEO.

sarampión m Enfermedad infecciosa contagiosa, muchas veces epidémica, que se manifiesta por multitud de manchas pequeñas y rojas.

sarao m Reunión nocturna en que hay baile o música.

sarape m Méx. Especie de frazada de lana o de colcha de algodón de colores vivos, que se lleva a modo de capa.

sarasa m (fam) Hombre afeminado, marica.

sarazo, za adj Amér. Aplícase al maíz y otros frutos que empiezan a madurar.

sarcasmo m Burla sangrienta, ironía mordaz con que se insulta, desprecia, humilla o ridiculiza cruelmente a alguien.

sarcástico, ca adj Que denota sarcasmo o es concerniente a él.

sarcófago m Sepulcro, obra de piedra en que se da sepultura a un cadáver.

sarcoma m Tumor maligno del tejido conjuntivo.

sardana f Danza tradicional de Cataluña.

sardina f Pez parecido al arenque, pero de carne más delicada, cabeza menor y el cuerpo más fusiforme y de color negro azulado por encima, dorado en la cabeza y plateado en los costados y vientre.

sardinero, ra adj Perteneciente a las sardinas. • m y f Persona que vende sardinas.

sardineta f Golpe que se da en la mano con los dedos mojados en saliva.

sardo, da adj y s Natural de Cerdeña. • m Lengua hablada en la isla de Cerdeña.

sarga f Arbusto con tronco delgado, ramas mimbreras y hojas estrechas. Es común a orillas de los ríos. ☐ SARGAL.

sargazo m Alga marina de la que hay varias especies, alguna tan abundante que en el océano Atlántico cubre una gran superficie que se llama mar de los Sargazos.

sargenta f Mujer corpulenta y de dura condición.

sargento m Individuo de la clase de tropa, que tiene empleo superior al de cabo.

sari m Vestido tradicional que usan las mujeres de la India.

sarmentera f Lugar donde se guardan los sarmientos. ‖ Acción de sarmentar.

sarmentoso, sa adj Que tiene semejanza con los sarmientos.

sarmiento m Vástago de la vid, largo, delgado, flexible y nudoso.

sarna f Enfermedad contagiosa que consiste en multitud de vesículas y pústulas diseminadas por el cuerpo, producidas por el ácaro o arador, que causan viva picazón. ☐ SARNOSO, SA.

sarpullido m Erupción de la piel, leve y pasajera. ‖ Señales que dejan las picaduras de las pulgas.

sarpullir tr y prnl Levantar sarpullido.

sarracina f Pelea entre muchos, especialmente cuando es confusa o tumultuaria. ‖ p. ext. Riña o pendencia en que hay heridos o muertos.

sarro m Sedimento que dejan en las vasijas algunos líquidos que llevan sustancias en suspensión o disueltas. ‖ Sustancia amarillenta que se adhiere al esmalte de los dientes.

sarta f Serie de cosas sometidas por orden en un hilo, cuerda, etc.

sartén f Utensilio de cocina, gralte. de metal, de forma redonda y poco alto con un mango largo, que sirve para freír. ☐ SARTENAZO.

sartenada f Lo que de una vez se fríe en la sartén, o lo que cabe en ella.

sarteneja f Amér. Hendedura que se forma con la sequía en un terreno arcilloso.

sartorio m Músculo de la región anteroexterna del muslo.

sastre, tra m y f El que tiene por oficio cortar y coser trajes. ☐ SASTRERÍA.

Satanás o **Satán** npm El demonio, el diablo.

satánico, ca adj Perteneciente a Satanás; propio y característico de él. ‖ (fig) Muy perverso.

satanismo m Culto real o supuesto de Satanás. ‖ Perversidad.

satélite m Cuerpo celeste que gira alrededor de un planeta. ‖ (fig) Persona que depende de otra o la sigue y acompaña a todas partes.

satén m Tela de seda o algodón semejante al raso pero de inferior calidad.

S

satín *m* Madera americana semejante al nogal.

satinar *tr* Dar al papel o a la tela tersura y lustre por medio de la presión. ◻ SATINADO, DA; SATINADOR, RA.

sátira *f* Composición poética, o de otro gén., cuyo objeto es censurar acremente o poner en ridículo. ‖ Discurso o dicho agudo y mordaz, dirigido a este mismo fin.

satirizar *intr* Escribir sátiras. • *tr* Zaherir y motejar.

sátiro *m* (fig) Hombre lascivo. ‖ En la mitología grecorromana, monstruo con cuerpo de hombre y cuernos y patas de macho cabrío.

satisfacción *f* Acción y efecto de satisfacer o satisfacerse. ‖ Razón o acción con que se responde enteramente a una queja. ‖ Confianza o seguridad del ánimo. ‖ Cumplimiento del deseo o del gusto.

satisfacer *tr* Pagar enteramente lo que se debe. ‖ Saciar un apetito, pasión, etc. ‖ Dar solución a una duda o a una dificultad. ‖ Deshacer un agravio u ofensa. ‖ Premiar con equidad los méritos que se tienen hechos. • *prnl* Vengarse de un agravio. ‖ Conformarse con algo.

satisfactorio, ria *adj* Que puede satisfacer. ‖ Grato, próspero, favorable.

satisfecho, cha *pp irreg* de satisfacer. • *adj* Presumido, orgulloso. ‖ Complacido, contento.

sátrapa *m* (fig) Individuo que lleva una vida fastuosa o que ejerce una autoridad despótica.

saturar *tr* Combinar dos o más cuerpos en las proporciones atómicas máximas en que pueden unirse. • *tr* y *prnl* (fig) Llenar algo completamente, colmar. ‖ Impregnar de otro cuerpo un fluido hasta el punto de no poder este admitir mayor cantidad de aquel. ◻ SATURACIÓN; SATURADO, DA.

saturnal *adj* Perteneciente o rel. a Saturno. • *f* Orgía. • *pl* Fiesta en honor del dios Saturno.

Saturno Segundo planeta del sistema solar en cuanto a dimensiones.

sauce *m* Árbol de ramas erectas, hojas lanceoladas, flores sin cáliz ni corola, y fruto capsular. Es común en las orillas de los ríos.

sauceda *f* o saucedal *m* Sitio poblado de sauces.

saúco *m* Arbusto cuyos tallos contienen abundante médula blanca; tiene hojas compuestas de color verde oscuro; presenta flores blancas, y fruto en bayas negruzcas.

saudade *f* Soledad, nostalgia, añoranza.

sauna *f* Baño de calor, a muy alta temperatura, que produce una abundante sudoración, y que se toma con fines higiénicos y terapéuticos. ‖ Local donde se toman estos baños.

saurio *adj* y *m* Díc. de los reptiles que gralte. tienen cuatro extremidades cortas, mandíbulas con dientes y cuerpo largo con cola también larga y piel escamosa como el lagarto.

savia *f* Líquido que circula por los vasos de las plantas superiores y del cual toman las células las sustancias necesarias para su nutrición.

saxo, saxofón o saxofono *m* Instrumento músico de viento, de cobre, con tubo cónico y sistema de llaves parecido al oboe.

saya *f* Falda, refajo o enagua. ◻ SAYAL.

sayo *m* Prenda de vestir holgada y sin botones. ‖ (fam) Cualquier vestido amplio.

sayón *m* Verdugo, ejecutor de la justicia. ‖ Cofrade que va en las procesiones de Semana Santa vestido con una túnica larga. ‖ (fig, fam) Hombre de aspecto feroz.

sazón *f* Punto o madurez de las cosas, o estado de perfección en su línea. ‖ Ocasión, tiempo oportuno. ‖ Gusto y sabor que se percibe en los manjares.

sazonar *tr* Dar sazón al manjar. • *tr* y *prnl* Poner las cosas en la sazón, punto y madurez que deben tener. ◻ SAZONADO, DA.

scherzo *m* Movimiento de carácter vivo y brillante.

scooter *m* Motocicleta ligera, de pequeñas ruedas y con cuadro abierto para que el conductor pueda ir sentado.

se[1] Forma reflexiva del *pron pers* de 3ª pers. Se usa en dativo y acusativo. Sirve además para formar oraciones impersonales y pasivas.

se[2] Dativo *m* o *f* de *sing* o *pl* del *pron pers* de 3ª pers. en combinación con el acusativo *lo, la,* etc.

sebáceo, a *adj* Que participa de la naturaleza del sebo o se parece a él.

sebo *m* Grasa sólida y dura que se saca de los animales. || Cualquier clase de gordura.

seborrea *f* Aumento de la secreción de las glándulas sebáceas de la piel. □ SEBORREICO, CA.

seca *f* Sequía. || Período en que se secan las pústulas de ciertas erupciones cutáneas.

secadero *m* Lugar destinado para poner a secar una cosa.

secador, ra *adj* Que seca. • *m Amér. Merid.* Enjuagador de ropa. • *m* y *f* Nombre de diversos aparatos y máquinas que sirven para secar.

secano *m* Tierra de labor que no tiene riego.

secante[1] *adj* y *s* Que seca. • *m* Papel esponjoso para secar lo escrito con pluma.

secante[2] *adj* y *f* Aplíc. a las líneas o superficies que cortan a otras líneas o superficies.

secar *tr* y *prnl* Eliminar la humedad de un cuerpo, dejar o quedar seca una cosa. • *prnl* Quedarse sin agua un río, una fuente, etc. || Perder una planta su verdor, vigor o lozanía. || Enflaquecer y extenuarse una persona o un animal. □ SECADO; SECAMIENTO.

sección *f* Separación que se hace en un cuerpo sólido con instrumento o cosa cortante. || Cada una de las partes en que se divide o considera dividido un todo continuo o un conjunto de cosas. || Dibujo del perfil o figura que resultaría si se cortara un terreno, edificio, etc., por un plano con el objeto de dar a conocer su estructura o su disposición interior.

seccionar *tr* Fraccionar, dividir en varias secciones.

secesión *f* Separación de una parte de un estado para constituir un nuevo estado independiente o para asociarse a otra nación.

seco, ca *adj* Que carece de jugo o humedad. || Falto de agua. || Tratándose de las plantas, muerto. || Aplícase a las frutas de cáscara dura, y también a aquellas a las que se quita la humedad para que se conserven. || Flaco o de muy pocas carnes. || Díc. también del tiempo en que no llueve. || Áspero, poco cariñoso. || Referido al vino u otros licores, opuesto a dulce. || (fig) Díc. del golpe, fuerte, rápido y que no resuena. • *m Chile.* Coscorrón, puñetazo.

secoya *f* Secuoya.

secreción *f* Apartamiento, separación. || Acción y efecto de secretar.

secretar *tr* Salir de un tejido, órgano o glándula materias elaboradas por ellos. □ SECRETOR, RA.

secretaría *f* Cargo y oficina del secretario. || En un organismo, especialmente público, oficina donde se llevan asuntos administrativos.

secretariado *m* Secretaría, destino o cargo de secretario. || Carrera o profesión de secretario o secretaria. || Cuerpo o conjunto de secretarios.

secretario, ria *m* y *f* Persona que en una corporación, asociación u organismo se encarga de diversas tareas organizativas. || Persona al servicio de otra que gralte. se ocupa de su correspondencia y asuntos administrativos. || Máximo dirigente de algunas instituciones y partidos políticos.

secretear *intr* (fam) Hablar en secreto una persona con otra.

secreter *m* Escritorio, mueble con tablero para escribir y cajoncitos para guardar papeles.

secreto, ta *adj* Oculto o ignorado. || Callado o reservado. • *m* Lo que cuidadosamente se tiene reservado y oculto. || Reserva, sigilo. || Escondrijo que suelen tener algunos muebles.

secta *f* Conjunto de seguidores de una parcialidad religiosa o ideológica.

sectario, ria *adj* y *s* Seguidor de una secta. || Secuaz, fanático de un partido o de una idea.

sector *m* Porción de círculo comprendida entre un arco y los dos radios que pasan por sus extremos. || (fig) Parte de una colectividad que presenta caracteres peculiares.

sectorial *adj* Perteneciente o relativo a un sector de una colectividad.

S

secuaz *adj* y *s* Que sigue el partido, doctrina u opinión de otro.

secuela *f* Consecuencia o resultado de una cosa. || Transtorno o lesión que queda tras la curación de una enfermedad.

secuencia *f* Serie o sucesión de cosas que guardan entre sí cierta relación. || Sucesión no interrumpida de planos o escenas que en una película se refieren a una misma parte o aspecto del argumento. ❑ SECUENCIAL.

secuenciar *tr* Establecer una serie o sucesión de cosas que guardan entre sí cierta relación.

secuestrar *tr* Embargar judicialmente. || Retener indebidamente a una persona para exigir dinero por su rescate. || p. ext. Acción similar en que se retiene un avión, tren, etc. ❑ SECUESTRADOR, RA; SECUESTRO.

secular *adj* Seglar. || Que dura un siglo, o desde hace siglos. • *adj* y *s* Díc. del clero o sacerdote que no vive en clausura.

secularizar *tr* y *prnl* Hacer secular lo que era eclesiástico. • *tr* Autorizar a un religioso para que pueda vivir fuera de clausura. ❑ SECULARIZACIÓN.

secundar *tr* Ayudar, favorecer.

secundario, ria *adj* Segundo en orden y no pral., accesorio. • *adj* Díc. de la segunda de las grandes eras en que se divide la historia geológica de la Tierra; era mesozoica.

secuoya *f* Árbol conífero propio de América del Norte, de grandes dimensiones y majestuoso porte.

sed *f* Gana y necesidad de beber. || Necesidad de agua o humedad que tienen ciertas cosas. || (fig) Apetito o deseo ardiente de una cosa.

seda *f* Líquido viscoso, segregado por ciertas glándulas de algunas larvas de insectos, formando hebras finísimas y flexibles. || Hilo formado con varias de estas hebras producidas por el gusano de la seda, que es muy apreciado. ❑ SEDERO, RA; SEDOSO, SA.

sedal *m* Hilo que se ata por un extremo al anzuelo y por el otro a la caña de pescar.

sedante *adj* Que seda. • *adj* y *m* Nombre genérico de los medicamentos que calman el dolor o la excitación nerviosa.

sedar *tr* Sosegar, calmar. ❑ SEDACIÓN.

sede *f* Diócesis. || Lugar donde tiene su domicilio una entidad económica, literaria, deportiva, etcétera.

sedentario, ria *adj* Aplícase al oficio o vida de poco movimiento. || Díc. del pueblo o tribu asentado en algún lugar, por oposición al nómada. || Díc. del animal que durante toda su vida permanece siempre en el mismo lugar.

sedería *f* Mercadería de seda. || Conjunto de ellas. || Su tráfico. || Tienda donde se venden.

sedición *f* Alzamiento contra la autoridad, el orden público o la disciplina militar.

sedicioso, sa *adj* y *s* Díc. de la persona que promueve una sedición o toma parte en ella. || Díc. de los actos o palabras de esta persona.

sediento, ta *adj* y *s* Que tiene sed. • *adj* (fig) Aplícase a los campos, tierras, etc., que necesitan humedad. || (fig) Que desea con ansia una cosa.

sedimento *m* Materia que, habiendo estado suspendida en un líquido, se posa en el fondo por su mayor gravedad. ❑ SEDIMENTAR; SEDIMENTARIO, RIA.

seducir *tr* Persuadir a alguien con engaños para que haga cierta cosa, gralte. perjudicial. || Inducir de esta forma una persona a otra para que tenga relaciones sexuales con ella. || Cautivar el ánimo, atraer mucho. ❑ SEDUCCIÓN; SEDUCTOR, RA.

sefardí *adj* y *s* Díc. del judío oriundo de España, o del que, sin serlo, acepta las prácticas religiosas que mantienen los judíos españoles. • *m* Dialecto judeoespañol hablado por los judíos sefardíes.

segar *tr* Cortar mieses o hierba con la hoz, la guadaña o cualquier máquina a propósito. || Cortar de cualquier manera, y especialmente lo que sobresale o está más alto. || (fig) Cortar, impedir bruscamente el desarrollo de algo. ❑ SEGADA, SEGADOR, RA.

seglar *adj* y *s* Laico, que no tiene órdenes clericales.

segmentar *tr* Cortar o partir en segmentos. ❑ SEGMENTACIÓN; SEGMENTADO, DA.

egmento *m* Pedazo o parte cortada de una cosa. ‖ Parte de una recta comprendida entre dos puntos. ‖ Cada una de las partes dispuestas en serie lineal de que está formado el cuerpo de algunos animales.

egregacionista *adj* Perteneciente o relativo a la segregación racial. • *m o f* Partidario de esta segregación.

egregar *tr* Separar o apartar una cosa de otra u otras. ‖ Secretar, excretar, expeler. ‖ Aislar o separar a determinados miembros de una comunidad, por razones de raza, religión, etc. ☐ SEGREGACIÓN; SEGREGACIONISMO.

egueta *f* Sierra de marquetería. ☐ SEGUETEAR.

eguidilla *f* Composición de cuatro o de siete versos, usada particularmente en canciones populares o festivas. • *pl* Aire y baile popular español.

eguido, da *pp* de seguir. • *adj* Continuo, sucesivo. ‖ Que está en línea recta. • *adv modo* De seguida

eguir *tr* e *intr* Ir después o detrás de uno. • *tr* Dirigir la vista hacia un objeto que se mueve y mantener la visión de él. ‖ Ir en busca de una persona o cosa. ‖ Proseguir o continuar en lo empezado. ‖ Ir en compañía de uno. ‖ Cursar determinados estudios. ‖ Perseguir o molestar a uno; ir en su busca o alcance. ‖ Imitar o hacer una cosa por el ejemplo que otro ha dado de ella. ‖ Dirigir una cosa por camino o método adecuado, sin apartarse del intento. ☐ SEGUIMIENTO.

egún *prep* Conforme o con arreglo a. ‖ Con proporción o manera que. ‖ Por el modo en que. ‖ Precediendo inmediatamente a nombres o *pron pers*, significa con arreglo o conforme a lo que opinan o dicen las personas de que se trate.

egundero *m* Manecilla que señala los segundos en el reloj.

egundo, da *adj y s* Que sigue inmediatamente en orden al o a lo primero. • *m* Persona que en una institución sigue en jerarquía al jefe o principal. ‖ Cada una de las 60 partes iguales en que se divide el minuto. • *f pl* Segunda intención mostrada al hablar.

segundón *m* Hijo segundo de la casa. ‖ p. ext. Cualquier hijo no primogénito. ‖ (fig, fam) Hombre que ocupa un puesto o cargo inferior al más importante o de mayor categoría.

seguridad *f* Calidad de seguro. ‖ Fianza u obligación de indemnidad a favor de uno, regularmente en materia de intereses.

seguro, ra *adj* Libre, exento de todo daño o riesgo. ‖ Indubitable y en cierta manera infalible. ‖ Firme, que no está en peligro de faltar o caerse. • *m* Seguridad, confianza. ‖ Contrato por el cual una persona se obliga a resarcir pérdidas o daños que ocurran en las cosas que corren un riesgo. ‖ Mecanismo que impide el funcionamiento indeseado de un aparato, utensilio o máquina, o que aumenta la firmeza de un cierre.

seis *adj* Cinco y uno. • *adj y s* Sexto, ordinal. • *m* Signo o conjunto de signos con que se representa el núm. seis.

seiscientos, tas *adj* Seis veces ciento. ‖ Sexcentésimo, ordinal. • *m* Conjunto de signos con que se representa el núm. seiscientos.

seísmo *m* Movimiento vibratorio que se origina en zonas del interior de la Tierra y que se propaga en forma de ondas sísmicas.

selección *f* Acción y efecto de seleccionar. ‖ Conjunto de personas o cosas seleccionadas. ‖ Equipo formado con atletas o jugadores de distintos clubes para disputar una competición.

seleccionador, ra *adj y s* Que selecciona. • *m y f* Persona que selecciona a los deportistas que deben integrar un equipo.

seleccionar *tr* Elegir, escoger.

selectividad *f* Calidad de selectivo. ‖ Conjunto de pruebas para el acceso a la Universidad.

selectivo, va *adj* Que implica selección.

selecto, ta *adj* Lo mejor entre otras cosas de su especie.

selector, ra *adj y m* Que selecciona o clasifica. • *m* Dispositivo que en ciertos aparatos o máquinas sirve para elegir la función deseada.

selenio *m* Metaloide de color pardo rojizo y brillo metálico, que por sus propieda-

S

des fotoeléctricas tiene aplicaciones en cinematografía y televisión.

selenita *m* o *f* Habitante imaginario de la Luna. • *f* Espejuelo, yeso cristalizado.

selenografía *f* Parte de la astronomía que trata de la descripción de la Luna. □ SELENÓGRAFO, FA.

selenosis *f* Manchita blanca en las uñas.

self-service *m* Autoservicio; se aplica especialmente a ciertos restaurantes.

sellar *tr* Imprimir el sello. ‖ (fig) Estampar, dejar señalada una cosa en otra o comunicarle determinado carácter. ‖ (fig) Concluir, poner fin a una cosa. ‖ (fig) Cerrar, tapar, cubrir. □ SELLADURA.

sello *m* Utensilio que sirve para estampar las armas, divisas o cifras en él grabadas. ‖ Lo que queda estampado o impreso con el mismo sello. ‖ Trozo pequeño de papel, con timbre oficial, que se pega a ciertos documentos y a las cartas. ‖ Anillo. ‖ Carácter distintivo comunicado a una cosa. ‖ *Col., Chile* y *Perú.* Cruz o reverso de las monedas.

selva *f* Terreno extenso, inculto y muy poblado de árboles. ‖ (fig) Abundancia desordenada de una cosa; confusión. □ SELVÁTICO, CA.

semáforo *m* Aparato eléctrico de señales luminosas para regular la circulación automovilística en las ciudades. ‖ p. ext. Otros sistemas de señales ópticas.

semana *f* Serie de siete días naturales consecutivos, empezando por el lunes y acabando por el domingo. ‖ Período de siete días consecutivos. ‖ (fig) Salario ganado en una semana.

semanal *adj* Que sucede o se repite cada semana. ‖ Que dura una semana.

semanario *m* Periódico que se publica semanalmente.

semántico, ca *adj* Referente a la significación de las palabras. • *f* Parte de la lingüística que estudia el significado de las palabras.

semblante *m* Representación de algún estado de ánimo en el rostro. ‖ Rostro humano. ‖ (fig) Apariencia y representación del estado de las cosas.

semblanza *f* Bosquejo biográfico.

sembradío, a *adj* Díc. del terreno dest[i]nado o a propósito para sembrar.

sembrado, da *pp* de sembrar. • *m* Tier[ra] sembrada, hayan o no germinado las se[mi]millas.

sembrar *tr* Dispersar las semillas en [el] suelo para su posterior germinación[.] ‖ (fig) Desparramar, esparcir. ‖ (fig) Ha[ce]cer algunas cosas para que produzca[n] fruto. □ SEMBRADORA; SEMBRADURA.

semejante *adj* y *s* Que semeja o se pare[ce] a una persona o cosa. • *adj* Emplead[o] con carácter de demostrativo, equival[e] a tal. • *m* Prójimo, cualquier hombre res[pe]pecto a uno.

semejanza *f* Calidad de semejante. ‖ Símil.

semejar *intr* y *prnl* Parecerse una person[a] o cosa a otra; tener conformidad con ell[a].

semen *m* Líquido producido por las glán[-] dulas genitales masculinas compuest[o] por espermatozoides.

semental *adj* y *s* Aplícase al animal ma[-] cho que se destina a la reproducción.

sementera *f* Acción y efecto de sembra[r.] ‖ Tierra sembrada. ‖ Cosa sembrada.

semestral *adj* Que sucede o se repite ca[-] da semestre. ‖ Que dura un semestre.

semestre *m* Espacio de seis mese[s.] ‖ Renta, sueldo, etc., que se cobra o qu[e] se paga al fin de cada semestre.

semicilindro *m* Cada una de las do[s] mitades del cilindro separadas por u[n] plano que pasa por el eje. □ SEMICILÍN[-]DRICO, CA.

semicírculo *m* Cada una de las dos mita[-] des del círculo separadas por un diáme[-] tro. □ SEMICIRCULAR.

semicircunferencia *f* Cada una de la[s] dos mitades de la circunferencia.

semiconductor, ra *adj* y *s* Dícese de la[s] sustancias aislantes que se transforma[n] en conductores por la adición de determ[i-] nadas impurezas. Se emplean en la fabri[-] cación de transistores y sus derivados.

semiconserva *f* Alimentos envasado[s] en recipientes cerrados, sin previa este[-] rilización.

semiconsonante *adj* y *f* Aplícase e[n] general a las vocales *i, u,* en principi[o] de diptongo o triptongo.

semicorchea f Nota cuyo valor es la mitad de una corchea.

semicultismo m Palabra influida por el latín, o por lengua culta, que no ha realizado completamente su evolución fonética normal.

semidiámetro m Cada una de las dos mitades de un diámetro, radio.

semidiós, sa m y f Entre los ant. griegos y romanos, héroe que, por sus grandes hazañas, presentaban como descendiente de alguno de sus dioses.

semieje m Cada una de las dos mitades de un eje separadas por el centro.

semiesfera f Hemisferio.

semifinal f Cada una de las dos penúltimas competiciones del campeonato o concurso, que se gana por eliminación del contrario y no por puntos. ▢ SEMIFINALISTA.

semifusa f Nota cuyo valor es la mitad de una fusa.

semilla f Parte del fruto de los vegetales que contiene el embrión de una futura planta. ‖ (fig) Cosa que es causa u origen de que proceden otras. • pl Granos que se siembran, exceptuados el trigo y la cebada.

semillero m Sitio donde se siembran los vegetales que después han de trasplantarse. ‖ Sitio donde se conservan semillas.

seminal adj Perteneciente o relativo al semen. ‖ Perteneciente o relativo a la semilla.

seminario m Clase en que se reúne el profesor con los discípulos para realizar trabajos de investigación. ‖ Organismo docente en que, mediante el trabajo en común de maestros y discípulos, se adiestran éstos en la investigación o en la práctica de alguna disciplina. ▢ SEMINARISTA.

seminternado m Régimen educativo en que los escolares pasan el día y hacen una de sus comidas en un centro de enseñanza.

semiología f Ciencia que estudia todos los sistemas de signos.

semiótica f Parte de la medicina que trata de los signos de las enfermedades. ‖ Semiología. ▢ SEMIÓTICO, CA.

semipermeable adj Díc. del cuerpo que es permeable tan sólo para determinados fluidos.

semipesado adj y m Díc. de una determinada categoría de peso en diversos deportes, como el boxeo, la lucha o el levantamiento de pesos.

semiplano m Cada una de las dos regiones en que una recta divide el plano.

semirrecta f Cada una de las dos partes en que un punto divide a una recta.

semisótano m Vivienda o local que en parte está sit. bajo el nivel de la calzada.

semisuma f Resultado de dividir por dos una suma.

semítico, ca adj Perteneciente o relativo a los semitas. ‖ Díc. de lenguas pertenecientes a la familia lingüística camitosemítica.

semitono m Cada una de las dos partes desiguales en que se divide el intervalo de un tono.

semivocal adj y f Se aplica a las vocales i o u al final de un diptongo.

sémola f Pasta de harina de flor reducida a granos muy menudos y que se usa para sopa.

sempiterno, na adj Que durará siempre que lo tiene.

senado m Asamblea de patricios que formaba el Consejo supremo de la ant. Roma. ‖ En diversos estados modernos, cámara alta, o sea, uno de los dos cuerpos legisladores. ▢ SENATORIAL; SENATORIO, RIA.

senador, ra m y f Miembro de un senado.

senaduría f Dignidad de senador.

sencillo, lla adj Que no tiene artificio ni composición. ‖ Díc. de lo que tiene menos cuerpo que otras cosas de su especie. ‖ Que carece de lujo y adornos. ‖ Díc. del estilo que carece de artificio. ‖ Que no ofrece dificultad. ‖ Hablando de personas, natural, espontáneo. • m y adj Disco fonográfico de corta duración. • m Amér. Menudo, dinero suelto. ▢ SENCILLEZ.

senda f Camino estrecho abierto pralm. por el tránsito de peatones y ganado menor. ‖ (fig) Procedimiento para hacer algo.

sendero m Senda.

S

sendos, das adj pl Uno o una para cada cual de dos o más personas o cosas.

senectud f Ancianidad, último período de la vida del hombre.

senequismo m Norma de vida ajustada a los dictados de la moral y la filosofía de Séneca.

senil adj Perteneciente o relativo a la persona de edad avanzada en la que se advierte su decadencia física. □ SENILIDAD.

sénior adj y s Díc. del mayor edad, especialmente entre dos personas del mismo nombre. ‖ Se aplica a la categoría superior atendiendo a la edad.

seno m Concavidad o hueco. ‖ Concavidad que forma una cosa encorvada. ‖ Pecho, mama de la mujer. ‖ Matriz de la mujer y de las hembras de los mamíferos. ‖ (fig) Amparo, protección y cosa que los presta. ‖ Golfo, porción de mar que se interna en la tierra.

sensación f Impresión que las cosas producen en el alma por medio de los sentidos. ‖ Alteración producida en el ánimo por un suceso o noticia de importancia.

sensacional adj Que causa sensación. ‖ (fig) Que gusta mucho o causa impacto. □ SENSACIONALISMO.

sensato, ta adj Prudente, cuerdo, de buen juicio. □ SENSATEZ.

sensibilidad f Facultad de sentir, propia de los seres animados. ‖ Calidad de las cosas sensibles. ‖ Grado de medida de la eficacia de ciertos aparatos científicos, ópticos, etc.

sensibilizado, da pp de sensibilizar. • adj Díc. de lo que ha sido sometido a sensibilización y reacciona positivamente.

sensibilizar tr y prnl Acrecentar la sensibilidad de personas o cosas. ‖ Hacer consciente a una persona de los problemas colectivos de tipo cultural, político, social, etc. • tr Hacer sensibles a la acción de la luz ciertas materias usadas en fotografía. □ SENSIBILIZACIÓN.

sensible adj Capaz de sentir física o moralmente. ‖ Que puede ser conocido por medio de los sentidos. ‖ Perceptible, patente al entendimiento. ‖ Que causa sentimientos de pena o de dolor. ‖ Díc. de la persona que se deja llevar fácilmente del

sentimiento. ‖ Díc. de las cosas que ceden fácilmente a la acción de ciertos agentes naturales.

sensiblería f Sentimentalismo muy exagerado o fingido. □ SENSIBLERO, RA.

sensitivo, va adj Perteneciente a los sentidos. ‖ Capaz de sensibilidad. ‖ Que excita la sensibilidad.

sensor adj y m En física y en tecnología, díc. de todo órgano, instrumento o sistema capaz de percibir una señal (mecánica, acústica, etc.).

sensorial adj Perteneciente o relativo a los sentidos.

sensual adj Sensitivo, perteneciente a los sentidos. ‖ Aplícase a los gustos y deleites de los sentidos, a las cosas que nos incitan o satisfacen y a las personas aficionadas a ellos. ‖ Perteneciente al apetito carnal.

sensualidad f Calidad de sensual. ‖ Sensualismo.

sensualismo m Propensión excesiva a los placeres de los sentidos. □ SENSUALISTA.

sentada f Acción de permanecer sentada en el suelo un grupo de personas por un largo período de tiempo, con objeto de manifestar una protesta o apoyar una petición.

sentado, da pp de sentar. • adj Juicioso.

sentar tr y prnl Poner o colocar a uno en silla, banco, etc., de modo que quede apoyado y descansando sobre las nalgas. • tr (fig) Dar por supuesto o cierto algo. • intr (fig, fam) Tratándose de la comida o la bebida, recibirlas bien el estómago y digerirlas sin molestia.

sentencia f Dictamen o parecer que uno tiene o sigue. ‖ Dicho grave que encierra doctrina o moralidad. ‖ Declaración de juicio y resolución del juez.

sentenciar tr Dar o pronunciar sentencia. Condenar por sentencia en materia penal. ‖ (fig, fam) Destinar una cosa para un fin.

sentencioso, sa adj Aplícase al dicho o escrito que encierra moralidad. ‖ También se aplica al tono de la persona que habla con afectada gravedad.

sentido, da adj Que incluye o explica un sentimiento. ‖ Díc. de la persona que se resiente u ofende con facilidad. • m Cad una de las aptitudes que tiene el alma de percibir, por medio de determinados órganos corporales, las impresiones de los objetos externos. ‖ Entendimiento o inteligencia. ‖ Modo particular de entender una cosa. ‖ Razón de ser, finalidad. ‖ Significado o cada una de las distintas acepciones de las palabras. ‖ Dirección, trayectoria.

sentimental *adj y s* Que expresa o excita sentimientos afectivos. ‖ Propenso a ellos. ☐ SENTIMENTALISMO.

sentimiento *m* Acción y efecto de sentir o sentirse. ‖ Impresión que causan en el alma las cosas espirituales. ‖ Estado de ánimo afligido por un suceso triste.

sentir[1] *m* Sentimiento del ánimo. ‖ Dictamen, opinión, parecer o juicio de uno.

sentir[2] *tr* Experimentar sensaciones producidas por causas externas o internas. ‖ Oír o percibir con el sentido del oído. ‖ Experimentar una impresión, placer o dolor, corporal o espiritual. ‖ Lamentar, tener por dolorosa y mala una cosa. ‖ Juzgar, opinar. ‖ Presentir, sospechar. • *prnl* Seguido de determinados *adj*, hallarse o estar como éstos expresan. ‖ Seguido de ciertos *adj*, considerarse.

seña *f* Nota o indicio para dar a entender una cosa. ‖ Señal o signo para acordarse. • *pl* Indicación del domicilio de una persona.

señal *f* Marca o nota de las cosas para distinguirlas de otras. ‖ Signo o medio que se emplea para luego acordarse de algo. ‖ Indicio inmaterial de una cosa. ‖ Vestigio o impresión que queda de una cosa. ‖ Cicatriz. ‖ Prodigio o cosa extraordinaria. ‖ Parte del precio que se anticipa como prenda de seguridad de que se estará a lo convenido. ‖ Magnitud de naturaleza física empleada en telecomunicaciones para transmitir una información.

señalado, da *pp* de señalar. • *adj* Famoso.

señalamiento *m* Designación de día para un juicio oral o a una vista.

señalar *tr* Poner o estampar señal en una cosa para darla a conocer o distinguirla de otra. ‖ Llamar la atención hacia una persona o cosa, designándola con la mano o de otro modo. ‖ Nombrar o determinar persona, día, hora, lugar o cosa para algún fin. ‖ Hacer una herida o señal en el cuerpo. ‖ Hacer señal para dar noticia de una cosa. • *prnl* Distinguirse entre los demás.

señalizar *tr* Colocar señales indicadoras en las calles y carreteras. ☐ SEÑALIZACIÓN.

señor, ra *adj y s* Dueño de una cosa. • *adj* (fam) Noble y propio de señor. ‖ (fam) Antepuesto a algunos nombres, sirve para encarecer el significado de los mismos. • *m p. ant.* Dios. ‖ Amo con respecto a los criados. ‖ Término de cortesía que se aplica a cualquier hombre. • *f* Término de cortesía que se aplica a la mujer. ‖ Mujer, esposa.

señorear *tr* Dominar o mandar en una cosa como dueño de ella. ‖ (fig) Estar una cosa en situación superior o en mayor alt. del lugar que ocupa otra. ‖ (fig) Sujetar uno las pasiones.

señoría *f* Tratamiento que se da a las personas a quienes compete por su dignidad.

señorial *adj* Perteneciente o relativo al señorío. ‖ Majestuoso, noble.

señorío *m* Dominio o mando sobre una cosa. ‖ (fig) Gravedad en el porte o en las acciones. ‖ (fig) Conjunto de señores o personas de distinción.

señoritismo *m* Actitud de la persona de clase alta que tiende a la ociosidad y presunción.

señorito, ta *m y f* Hijo de un señor o de persona de representación. ‖ (fam) Amo, con respecto a los criados. ‖ (fam) Joven acomodado y ocioso. • *f* Tratamiento dado a la mujer soltera.

señuelo *m* Cualquier cosa que sirve para atraer las aves. ‖ (fig) Cualquier cosa que sirve para atraer o inducir, con alguna falacia. ‖ *Arg. y Bol.* Grupo de cabestros para conducir el ganado.

sépalo *m* Cada una de las divisiones del cáliz de la flor.

separación *f* Acción y efecto de separar o separarse. ‖ Interrupción de la vida conyugal.

separado, da *pp* de separar. • *adj y s* Díc. de la persona que tiene la separación matrimonial.

S

separar *tr* y *prnl* Establecer distancia, o aumentarla, entre algo o alguien y una persona, lugar o cosa que se toman como punto de referencia. • *tr* Distinguir, diferenciar. ‖ Forzar a dos o más personas o animales que riñen, para que dejen de hacerlo. • *prnl* Tomar caminos distintos personas, animales o vehículos que iban juntos por el mismo camino. ‖ Interrumpir los cónyuges la vida en común.

separata *f* Artículo o capítulo, publicado en una revista o en un libro, que se imprime y distribuye por separado.

separatismo *m* Doctrina política que propugna la separación de algún territorio.

sepelio *m* Acción de inhumar la Iglesia a los fieles.

sepia *f* Jibia, molusco. ‖ Materia colorante que se saca de la jibia.

septena *f* Conjunto de siete cosas por orden.

septenario, ria *adj* Aplícase, en general a todo lo que consta de siete elementos. • *m* Tiempo de siete días.

septenio *m* Tiempo de siete años.

septeno, na *adj* Séptimo en orden. ‖ Dícese de cada una de las siete partes de un todo.

septentrión *m* Norte, punto cardinal del horizonte. ‖ Viento del norte.

septentrional *adj* Perteneciente o relativo al septentrión. ‖ Que está en el norte.

septicemia *f* Gén. de enfermedades infecciosas debidas al paso a la sangre de diversos gérmenes patógenos. ☐ SEPTICÉMICO, CA.

séptico, ca *adj* Que produce putrefacción o es causado por ella. ‖ Que contiene gérmenes patógenos.

septiembre *m* Noveno mes de nuestro calendario. Tiene treinta días.

séptimo, ma *adj* Que ocupa por orden el número siete. • *adj* y *s* Dícese de cada una de las siete partes iguales en que se puede dividir un todo.

septingentésimo, ma *adj* Que ocupa por orden el número setecientos.

septuagenario, ria *adj* y *s* Que ha cumplido la edad de setenta años y no llega a ochenta.

septuagésimo, ma *adj* Que ocupa po[r] orden el número setenta. • *adj* y *s* Díc. d[e] cada una de las 70 partes iguales en qu[e] se divide un todo.

septuplicar *tr* y *prnl* Hacer séptima un[a] cosa; multiplicar por siete una cantidad.

sepulcro *m* Obra que se construye par[a] dar en ella sepultura al cadáver de un[a] persona. ☐ SEPULCRAL.

sepultar *tr* Enterrar un cadáver. • *tr* [y] *prnl* Sumir, esconder, ocultar alguna cos[a] como enterrándola. ☐ SEPULTURERO.

sepultura *f* Acción y efecto de sepulta[r.] ‖ Hoyo que se hace en tierra para enterra[r] un cadáver.

sequedad *f* Calidad de seco. ‖ (fig) Dich[o] o ademán áspero y duro.

sequedal o **sequeral** *m* Terreno mu[y] seco.

sequía *f* Tiempo seco de larga duración.

séquito *m* Grupo de gente que acompañ[a] y sigue a una persona.

ser[1] *m* Esencia o naturaleza. ‖ Ente, l[o] que es, existe o puede existir. ‖ Modo d[e] existir.

ser[2] Verbo sustantivo que afirma el suje[to] lo que significa el atributo. ‖ Verbo au[xiliar que sirve para la conjugación de to[dos] los verbos en la voz pasiva. • *int[r]* Haber o existir. ‖ Se utiliza para indica[r] tiempo. ‖ Con la *prep para*, servir o se[r] capaz. ‖ Suceder o acontecer.

sera *f* Espuerta grande, regularmente si[n] asas.

serenar *tr, intr* y *prnl* Aclarar, tranquiliza[r] una cosa; como el tiempo, el mar. • *tr* [y] *prnl* (fig) Templar, moderar o cesar del to[do] en el enojo o señas de ira u otra pasió[n.]

serenata *f* Música en la calle o al aire li[bre] y durante la noche, para festejar a un[a] persona.

sereno, na *adj* Claro, despejado de nube[s] o nieblas. ‖ (fig) Apacible, sosegado. • *[m]* Humedad de la atmósfera durante la no[che.] ‖ Persona que vigila las calles duran[te] la noche.

serial *m* Obra radiofónica o televisiva qu[e] se difunde en emisiones sucesivas.

seriar *tr* Poner en serie, formar series.

sericicultura o **sericultura** *f* Ind. qu[e] tiene por objeto la producción de la seda

serie *f* Conjunto de cosas relacionadas entre sí y que se suceden unas a otras. ‖ Serial, obra. ‖ Sucesión.

serigrafía *f* Procedimiento de impresión sobre muy variadas materias, empleado también para estampar tejidos.

serio, ria *adj* Grave, sentado. ‖ Severo en el semblante. ‖ Grave, importante. ‖ Contrapuesto a jocoso. ❑ SERIEDAD.

sermón *f* Discurso religioso. ‖ (fig) Amonestación o represión.

sermonear *intr* Sermonar. • *tr* Amonestar.

seroja *f* o **serojo** *m* Hojarasca seca que cae de los árboles. ‖ Residuo o desperdicio de la leña.

serosidad *f* Líquido que segregan ciertas membranas. ‖ Humor que se acumula en las ampollas de la epidermis.

seroso, sa *adj* Perteneciente o semejante al suero o a la serosidad. ‖ Que produce serosidad.

serpear *intr* Serpentear.

serpentear *intr* Moverse o extenderse, formando vueltas y tornos como la serpiente.

serpentín *m* Tubo enroscado de metal o de vidrio, que se emplea como refrigerante, para condensar vapores y enfriar lo condensado.

serpentina *f* Tira arrollada de papel que se arroja en algunas fiestas, sujetándola por un extremo para que se desenrolle. ‖ Piedra de color verdoso, casi tan dura como el mármol.

serpiente *f* Culebra, reptil de gran tamaño. ‖ (fig) El demonio.

serrado, da *pp* de serrar. • *adj* Que tiene dientecillos semejantes a los de la sierra.

serraduras *f pl* Serrín.

serrallo *m* Harén. ‖ (fig) Lugar donde se cometen graves desórdenes obscenos.

serrana *f* Composición poética parecida a la serranilla.

serranía *f* Terreno que se compone de montañas y sierras.

serranilla *f* Composición poética en versos de arte menor, cuyo argumento versa sobre el encuentro de un caballero y una pastora.

serrano, na *adj* y *s* De la sierra.

serrar *tr* Cortar o dividir con sierra la madera u otra cosa.

serrería *f* Taller mecánico para serrar madera.

serrín *m* Conjunto de partículas que se desprenden de la madera u otro material que se sierra.

serrucho *m* Sierra de hoja ancha con mango.

serventesio *m* Composición provenzal de asunto moral o político y a veces de tendencia satírica. ‖ Cuarteto que riman el primer verso con el tercero y el segundo con el cuarto.

servicial *adj* Que sirve con cuidado y diligencia. ‖ Pronto a complacer y servir a otros.

servicio *m* Acción y efecto de servir. ‖ Servicio doméstico. ‖ El que se presta siendo soldado. ‖ Obsequio en beneficio de alguien. ‖ Utilidad o provecho. ‖ Cubierto que se pone a cada comensal. ‖ Conjunto de vajilla y otras cosas, para servir la comida, el té, etc. ‖ Organización y personal destinados a cuidar intereses o satisfacer necesidades del público o de alguna entidad oficial o privada. ‖ Retrete; cuarto de baño y de aseo.

servidor, ra *m* y *f* Persona que ejerce las funciones de un criado. ‖ Persona adscrita al manejo de un arma, una maquinaria u otro artefacto. ‖ Fórmula de cortesía que suele usarse como despedida en las cartas.

servidumbre *f* Conjunto de criados que sirven en una casa. ‖ Estado o condición de siervo. ‖ Sujeción grave u obligación inexcusable.

servil *adj* Perteneciente a los siervos y criados. ‖ Humilde y de poca estimación. ‖ Rastrero, que obra con servilismo.

servilismo *m* Ciega y baja adhesión a la autoridad de uno.

servilleta *f* Pieza de tela o papel que usa cada comensal para limpiarse los labios y las manos. ❑ SERVILLETERO.

servir *intr* y *tr* Estar al servicio de otro. ‖ Ejercer un empleo o cargo propio o en lugar de otro. • *intr* Estar empleado en la ejecución de una cosa por mandato de otro, aun cuando lo que ejecute sea pena o castigo. ‖ Aprovechar, valer, ser de uso

S

o utilidad. ‖ Ser soldado en activo. • *tr* Dar culto o adoración a Dios o a los santos. ‖ Obsequiar a uno o hacer una cosa en su favor, beneficio o utilidad. • *tr* y *prnl* Hacer plato o llenar el vaso o la copa al que va a comer o beber. • *prnl* Valerse de una cosa para el uso propio de ella.

servodirección *f* Servomecanismo que se aplica en los grandes automóviles rápidos con el fin de facilitar la maniobra de la dirección.

servofreno *m* Freno accionado por la energía de la propia máquina o por otro dispositivo puesto a punto por ella y gobernado por el operador.

servomecanismo *m* Sistema electromecánico que se regula por sí mismo al detectar el error o la diferencia entre su propia actuación real y la deseada.

servomotor *m* Órgano motor que acciona los elementos mecánicos en los servomecanismos.

sesada *f* Sesos de un animal.

sésamo *m* Planta de la especie del ajonjolí y alegría.

sesear *intr* Pronunciar la *z*, o la *c*, ante *e, i*, como *s*, como en Andalucía, Canarias y América.

sesenta *adj* Seis veces diez. ‖ Sexagésimo, ordinal. • *m* Conjunto de signos con que se representa el número sesenta.

sesentón, na *adj* y *s* (fam) Sexagenario.

sesera *f* Parte de la cabeza del animal, en que están los sesos. ‖ (fig, fam) Juicio, inteligencia.

sesgar *tr* Cortar o partir en sesgo. ◻ SESGADURA.

sesgo, ga *adj* Torcido, cortado o situado oblicuamente. • *m* Oblicuidad o torcimiento de una cosa hacia un lado. ‖ p. ext. Curso o rumbo que toma un negocio.

sesión *f* Cada una de las juntas de un congreso, concilio o cualquier otra corporación. ‖ Acto, representación, proyección, etc., en que se exhibe ante el público un espectáculo, principalmente de cine.

seso *m* Cerebro, parte del encéfalo que está situada delante y encima del cerebelo. ‖ (fig) Prudencia, madurez.

sesteadero *m* Lugar donde sestea el ganado.

sestear *intr* Pasar la hora de la siesta durmiendo o descansando. ‖ Recogerse el ganado durante el día en paraje sombrío. ◻ SESTEO.

sesudo, da *adj* Que tiene seso; prudente, sensato. ◻ SESUDEZ.

set *m* En tenis, serie ininterrumpida de juegos.

seta *f* Nombre común del sombrero de los hongos superiores.

setecientos, tas *adj* Siete veces ciento. ‖ Septentigésimo, ordinal. • *m* Conjunto de signos con que se representa este número.

setenta *adj* Siete veces diez. ‖ Septingentésimo, ordinal. • *m* Conjunto de signos con que se representa el número setenta.

setentón, na *adj* y *s* (fam) Septuagenario.

setiembre *m* Septiembre.

sétimo, ma *adj* y *s* Séptimo.

seto *m* Cercado hecho de palos o varas entretejidas.

setter *m* Nombre de tres razas de perros perdigueros, de pelaje largo y de talla media.

seudónimo, ma *adj* Díc. del autor que oculta con un nombre falso el suyo verdadero. ‖ Aplíc. también a la obra de este autor. • *m* Nombre usado por un autor en vez del suyo verdadero.

seudópodo *m* Prolongación del protoplasma que sirve a las células amiboideas (amebas, glóbulos blancos, etc.) para el desplazamiento.

severo, ra *adj* Riguroso, duro en el trato o castigo. ‖ Exacto, rígido en la observancia de una ley, precepto o regla. ‖ Grave serio. ◻ SEVERIDAD.

sevillanas *f pl* Aire musical propio de Sevilla y tierras cercanas, bailable, y con el cual se cantan seguidillas.

sexagenario, ria *adj* y *s* Que ha cumplido la edad de sesenta años y no llega a setenta.

sexagesimal *adj* Aplícase al sistema de contar o subdividir de 60 en 60.

sexagésimo, ma *adj* Que ocupa por orden el número sesenta. • *adj* y *s* Díc. de cada una de las 60 partes iguales en que se divide un todo.

sex-appeal m Atracción sexual que tienen algunas personas.

sexcentésimo, ma adj Que ocupa por orden el núm. seiscientos. • adj y s Díc. de cada una de las 600 partes iguales en que se divide un todo.

sexenio m Tiempo de seis años.

sexismo m Discriminación de personas de un sexo por considerarlo inferior al otro. ☐ SEXISTA.

sexo m Condición orgánica que distingue al macho de la hembra en los seres humanos, en los animales y en las plantas. ‖ Conjunto de seres pertenecientes a un mismo sexo. ‖ Órganos sexuales. ☐ SEXUAL.

sexología f Estudio del sexo y de las cuestiones con él relacionado. ☐ SEXÓLOGO, GA.

sex-shop m Establecimiento dedicado a la venta de artículos relacionados con el sexo, especialmente de material pornográfico.

sextante m Instrumento utilizado para medir la distancia angular entre dos astros y la alt. de un astro sobre el horizonte.

sexteto m Composición poética de seis versos de arte mayor. ‖ Composición escrita para seis instrumentos o seis voces. ‖ Conjunto de estos seis instrumentos o voces.

sextilla f Combinación métrica de seis versos de arte menor.

sextina f Composición poética que consta de seis estrofas de seis versos endecasílabos cada una, y otra de tres versos.

sexto, ta adj Que sigue inmediatamente en orden al o a lo quinto. • adj y s Díc. de cada una de las seis partes iguales en que se divide un todo.

sextuplicar tr y prnl Hacer séxtupla una cosa.

séxtuplo, pla adj y s Que incluye en sí seis veces una cantidad.

sexuado, da adj Díc. de la planta o del animal que tiene órganos sexuales bien desarrollados y aptos para funcionar.

sexualidad f Conjunto de condiciones anatómicas y fisiológicas de cada sexo. ‖ Apetito sexual, propensión al placer carnal.

sexy adj Díc. de la persona dotada de mucho atractivo sexual o que lo provoca.

sha m Sah.

shock m Brusco trastorno orgánico o psicológico, gralte. causado por un trauma.

short m Pantalón muy corto.

show m Espectáculo visual, que se ofrece en un teatro, cabaret, etc., o se televisa.

showman m Animador, presentador de un show.

si¹ conj que puede denotar condición, suposición, aseveración, duda o ponderación. ‖ Introduce oraciones interrogativas indirectas, a veces con matiz de duda. ‖ Toma carácter de conj distrib, cuando se emplea repetida para contraponer una cláusula a otra. ‖ Precedida del adv como o de la conj que, se emplea en los conceptos comparativos.

si² m Séptima nota de la escala musical.

sí¹ Forma reflexiva del pron pers de 3ª pers. Funciona como complemento y lleva constantemente prep.

sí² adv afirmativo que se emplea más comúnmente respondiendo a pregunta. ‖ Se emplea con énfasis para avivar la afirmación expresada por el verbo. • m Consentimiento o permiso.

sial m Capa más superficial de la corteza terrestre, constituida por sílice y aluminio.

siamés, sa adj y s Natural del ant. Siam, hoy Thailandia. • adj y s Díc. de cada uno de los hermanos gemelos que nacen unidos por alguna parte del cuerpo. • adj Dícese de una raza de gato doméstico, de pelaje suave y corto y color beige en casi todo el cuerpo. • m Thailandés o thai, idioma siamés.

sibarita adj y s Díc. de la persona muy dada a los placeres exquisitos y al lujo. ☐ SIBARÍTICO, CA.

sibila f Mujer sabia a quien los antiguos atribuyeron espíritu profético.

sibilante adj Díc. del sonido que se pronuncia como una especie de silbido.

sibilino, na adj (fig) Misterioso, oscuro con apariencia de importante.

sicario m Asesino asalariado.

sicomoro o **sicómoro** m Árbol originario de Egipto de madera muy resistente.

sida *m* Enfermedad infecciosa producida por un virus que reduce las defensas del organismo humano.

sidecar *m* Asiento adicional apoyado en una rueda, adosado al costado de una motocicleta.

sideral *adj* Perteneciente o relativo a las estrellas o a los astros.

siderita *f* Mineral de color pardo amarillento, brillo acerado, quebradizo y algo más duro que el mármol. Es carbonato de óxido de hierro y excelente mena de la industria.

siderurgia *f* Técnica que se utiliza para extraer el hierro y trabajarlo. ☐ SIDERÚRGICO, CA.

siega *f* Acción y efecto de segar las mieses. ‖ Tiempo en que se siegan. ‖ Mieses segadas.

siembra *f* Acción y efecto de sembrar. ‖ Tiempo en que se siembra. ‖ Sembrado, tierra sembrada.

siemens *m* Unidad de medida de la conductancia eléctrica en el sistema Giorgi.

siempre *adv tiempo* En todo o en cualquier tiempo. ‖ En todo caso o cuando menos.

sien *f* Cada una de las dos regiones laterales de la cabeza, comprendidas entre la mejilla, la frente y el ojo.

sierra *f* Herramienta que consiste en una hoja de acero y con dientes agudos en su contorno, que sirve para cortar diversos materiales. ‖ Cordillera de poca extensión. ‖ Cordillera de montes o peñascos cortados.

siervo, va *m y f* Esclavo. ‖ Persona profesa en orden o comunidad religiosa de las que por humildad se denominan así.

siesta *f* Tiempo destinado para dormir o descansar después de comer.

siete *adj* Seis y uno. • *adj y s* Séptimo, ordinal. • *m* Signo o conjunto de signos con que se representa el número siete.

sietemesino, na *adj y s* Aplícase a la criatura que nace a los siete meses de engendrada.

sífilis *f* Enfermedad infecciosa de tipo venéreo ocasionada por una bacteria. ☐ SIFILÍTICO, CA.

sifón *m* Tubo encorvado que sirve para trasvasar líquidos haciéndolos pasar por un punto superior a su nivel. ‖ Botella con una tapa por la que pasa un s., cuyo tubo tiene una llave para abrir o cerrar el paso de agua cargada de ácido carbónico que aquélla contiene. ‖ Tubo doblemente acodado en que el agua detenida dentro de él impide la salida de los gases de las cañerías al exterior.

sigilo *m* Secreto que se guarda de una cosa o noticia. ‖ (fig) Silencio cauteloso. ☐ SIGILOSO, SA.

sigla *f* Letra inicial que se emplea como abrev. ‖ Rótulo que se forma con varias siglas.

siglo *m* Intervalo de tiempo de cien años. ‖ Seguido de la preposición *de* y un nombre, tiempo en que se destacó una persona o en que existió, sucedió o se inventó o descubrió una cosa muy notable.

sigma *f* Decimoctava letra del alfabeto gr. que corresponde a la que en el esp. se llama *ese*.

signar *tr* Hacer, poner o imprimir el signo. ‖ Poner uno su firma. • *tr y prnl* Hacer la señal de la cruz. ☐ SIGNATARIO, RIA.

signatario, ria *adj y s* Firmante, que firma.

signatura *f* Marca puesta en las cosas para distinguirlas de otras. ‖ Señal de números y letras que se pone a un libro o documento para indicar su colocación dentro de una biblioteca o un archivo.

significación *f* Acción y efecto de significar. ‖ Sentido de una palabra o frase.

significado, da *pp* de significar. • *adj* Conocido, importante, reputado. • *m* Significado o sentido de las palabras y frases.

significante *pp* de significar. • *adj* Que significa. • *m* Fonema o secuencia de fonemas que, asociados con un significado, constituyen un signo lingüístico.

significar *tr* Ser una palabra expresión de una idea o de una cosa material. ‖ Manifestar una cosa. • *intr* Representar, tener importancia. • *prnl* Distinguirse por alguna cualidad o circunstancia.

significativo, va adj Que da a entender con propiedad una cosa. ‖ Que tiene importancia por representar o significar algún valor.

signo m Objeto, fenómeno o acción material que, natural o convencionalmente, representa o sustituye a otro objeto, fenómeno o acción. ‖ Indicio, señal de algo. ‖ Cualquiera de los caracteres que se emplean en la escritura, en la imprenta y en música. ‖ Hado o destino de una persona. ‖ Cada una de las doce partes iguales en se que divide el Zodíaco. ‖ Señal de que se usa en los cálculos para indicar, ya la naturaleza de las cantidades, ya las operaciones que se han de ejecutar con ellas.

siguiente adj Que sigue. ‖ Ulterior, posterior.

sílaba f Sonido o sonidos articulados que constituyen un núcleo fónico entre dos depresiones sucesivas de la emisión de voz. ☐ SILÁBICO, CA.

silabación f División en sílabas, tanto en la pronunciación como en la escritura.

silabear intr y tr Ir pronunciando separadamente cada sílaba. ☐ SILABEO.

silba f Acción de silbar, en señal de desaprobación.

silbar tr e intr Dar o producir silbos o silbidos. ‖ (fig) Manifestar desagrado el público con silbidos. • intr Agitar el aire, produciendo un sonido como el silbo.

silbatina f Arg., Chile y Perú. Silba, rechifla.

silbato m Instrumento pequeño y hueco que soplando en él con fuerza suena como el silbo.

silbido m Acción y efecto de silbar.

silbo m Sonido agudo que hace el aire. ‖ Sonido agudo que resulta de hacer pasar con fuerza el aire por la boca con los labios fruncidos o con los dedos colocados en ella convenientemente. ‖ Sonido de igual clase que se hace soplando con fuerza en un cuerpo hueco, como silbato, llave, etc.

silenciador m Dispositivo que se acopla a los motores de explosión, o al cañón de algunas armas de fuego, para amortiguar el ruido.

silenciar tr Callar, pasar en silencio. ‖ Acallar, imponer silencio.

silencio m Abstención de hablar. ‖ (fig) Falta de ruido. ‖ (fig) Falta u omisión de algo por escrito.

silencioso, sa adj Que calla. ‖ Que no hace ruido.

sílex m Roca compacta constituida esencialmente por sílice.

sílfide f Mujer guapa y esbelta.

silfo m Ser fantástico, espíritu elemental del aire.

silicato m Sal o éster de los diversos ácidos silícicos.

sílice f Combinación del silicio con el oxígeno. ☐ SILÍCICO, CA.

silicio m Metaloide que se extrae de la sílice. Forma la cuarta parte de la corteza terrestre.

silicona f Nombre genérico de compuestos macromoleculares que contiene átomos de silicio.

silla f Asiento con respaldo, por lo general con cuatro patas, y en que sólo cabe una persona. ‖ Aparejo para montar a caballo.

sillar m Cada una de las piedras labradas que forman parte de una construcción de sillería.

sillería f Conjunto de sillas, sillones y canapés de una habitación.

sillero, ra m y f Persona que se dedica a hacer sillas o a venderlas.

sillín m Silla de montar ligera. ‖ Asiento que tienen la bicicleta y otros vehículos análogos.

sillón m Silla de brazos mayor y más cómoda que la ordinaria.

silo m Construcción utilizada para el almacenamiento de cereales y forrajes.

silogismo m Argumento que consta de tres proposiciones, la última de las cuales se deduce necesariamente de las otras dos.

silueta f Dibujo sacado siguiendo los contornos de la sombra de un objeto. ‖ Forma que presenta a la vista la masa de un objeto más oscuro que el fondo sobre el cual se proyecta. ‖ Perfil.

silúrico, ca adj y s Díc. de cierto terreno sedimentario, que se considera como uno de los más antiguos. • adj Perteneciente a este terreno.

silva f Colección de varias materias escritas sin orden. ‖ Combinación métrica en que alternan con los versos endecasílabos los heptasílabos. ‖ Composición poética escrita en silva.

silvestre adj Que se cría sin cultivo en selvas o campos. ‖ Inculto, agreste y rústico.

silvícola adj Que habita en la selva.

silvicultura f Cultivo de los bosques o montes. ☐ SILVICULTOR, RA.

sima f Cavidad profunda en la tierra.

simbiosis f Relación entre dos individuos perteneciente a distintas especies en la que, como resultado, ambos organismos obtienen beneficios mutuos. ☐ SIMBIÓTICO, CA.

simbolismo m Sistema de símbolos con que se representa alguna cosa. ‖ Escuela poética y artística, aparecida en Francia a finales del s. XIX, que elude nombrar los objetos y prefiere sugerirlos o evocarlos. ☐ SIMBÓLICO, CA.

simbolizar tr Servir o ser una cosa como símbolo de otra. ☐ SIMBOLIZACIÓN.

símbolo m Figura o divisa con que se representa un concepto, por alguna semejanza que el entendimiento percibe entre ambos. ‖ Letra con que convencionalmente se designa un cuerpo simple.

simbología f Estudio de los símbolos. ‖ Conjunto de símbolos.

simetría f Proporción adecuada de las partes de un todo. ‖ Armonía de posición de las partes o puntos similares unos respecto de otros, y con referencia a punto, línea o plano determinado.

simétrico, ca adj Perteneciente a la simetría. ‖ Que tiene elementos de simetría.

simiente f Semilla. ‖ Semen.

simiesco, ca adj Que se asemeja al simio.

símil m Comparación, semejanza entre dos cosas.

similar adj Que tiene semejanza o analogía con una cosa.

similitud f Semejanza, parecido.

simio m Mono, animal cuadrumano.

simonía f Compra o venta ilícita de cosas espirituales.

simpatía f Inclinación afectiva entre personas, gralte. espontánea y mutua. ‖ Modo de ser y carácter de una persona que la hacen agradable a los demás. ☐ SIMPATICÓN, NA.

simpático, ca adj Que inspira simpatía.

simpatizar intr Sentir simpatía.

simple adj Sin composición. ‖ Sencillo, sin complicaciones ni dificultades. ‖ (fig) Desabrido, falto de sazón o de sabor. • adj y s (fig) Manso, apacible. ‖ (fig) Mentecato y de poco discurso.

simpleza f Bobería, necedad.

simplicidad f Sencillez, candor. ‖ Cualidad de simple o sencillo.

simplificar tr Hacer más sencilla o más fácil una cosa. ☐ SIMPLIFICABLE; SIMPLIFICACIÓN.

simplista adj y s Que simplifica o tiende a simplificar. ☐ SIMPLISMO.

simplón, na adj y s Sencillo, ingenuo.

simposio m Conferencia o reunión en que se examina y discute determinado tema.

simulación f Acción de simular. ‖ Procedimiento que se utiliza para el estudio de problemas mecánicos de difícil solución mediante la resolución experimental.

simulacro m Imagen hecha a semejanza de una cosa o persona. ‖ Ficción, imitación. ‖ Ven. Modelo, dechado.

simulador, ra adj y s Que simula. • adj y m Instrumento que en las técnicas de simulación se utiliza en la solución experimental.

simular tr Representar una cosa, fingiendo o imitando lo que no es.

simultanear tr Realizar dos o más cosas al mismo tiempo.

simultáneo, a adj Díc. de lo que se hace u ocurre al mismo tiempo que otra cosa.

sin prep Indica carencia o falta. ‖ Fuera de o además de.

sinagoga f Casa donde se reúnen los judíos para el ejercicio de su culto.

sinalefa f Enlace de sílabas por el cual se forma una sola de la última de un vocablo que termina en vocal y de la primera del siguiente que empieza por vocal precedida o no de h muda.

sinapismo m (fig, fam) Persona o cosa que resulta molesta.

sincerarse *prnl* Hablar con sinceridad.

sinceridad *f* Sencillez, veracidad, modo de expresarse libre de fingimiento.

sincero, ra *adj* Ingenuo, veraz y sin doblez.

sinclinal *adj* y *m* Díc. del pliegue de la superficie terrestre de forma cóncava en que los estratos más antiguos envuelven a los más modernos.

síncopa *f* Metaplasmo que consiste en suprimir una o más letras en medio de un vocablo.

sincopado, da *pp* de sincopar. • *adj* Díc. del ritmo o canto que tiene notas sincopadas.

sincopar *tr* Hacer síncopa. ‖ (fig) Abreviar.

síncope *m* Pérdida súbita y momentánea del conocimiento, acompañada de la no percepción de los latidos cardíacos y de la respiración.

sincretismo *m* Sistema filosófico que trata de conciliar doctrinas diferentes. ❑ SINCRÉTICO, CA.

sincronía *f* Sincronismo, coincidencia en el tiempo. ‖ Método de análisis lingüístico que considera la lengua en un momento dado de su historia.

sincrónico, ca *adj* Dícese de las cosas que suceden al mismo tiempo.

sincronismo *m* Circunstancia de ocurrir o verificarse dos o más cosas al mismo tiempo.

sincronizar *tr* Hacer que coincidan en el tiempo dos o más movimientos o fenómenos. ❑ SINCRONIZACIÓN; SINCRONIZADOR, RA.

sindéresis *f* Capacidad natural para juzgar rectamente.

sindicado, da *pp* de sindicar. • *adj* y *s* Que pertenece a un sindicato.

sindical *adj* Perteneciente o relativo al síndico. ‖ Perteneciente o relativo al sindicato.

sindicalismo *m* Sistema de organización basado en la defensa de los intereses de la clase obrera por medio de los sindicatos.

sindicar *tr* Ligar varias personas de una misma profesión, o de intereses comunes, para formar un sindicato. • *prnl* Entrar a formar parte de un sindicato.

sindicato *m* Asociación para la defensa de intereses comunes a todos los asociados.

síndico *m* Sujeto que en un concurso de acreedores o en una quiebra es el encargado de liquidar el activo y el pasivo del deudor. ‖ Persona elegida por una corporación para cuidar de sus intereses.

síndrome *m* Conjunto de signos y síntomas que caracterizan una enfermedad.

sinécdoque *f* Tropo que consiste en alterar la significación de las palabras, para designar el todo por la parte o viceversa.

sinecura *f* Empleo o cargo retribuido que ocasiona poco o ningún trabajo.

sinéresis *f* Licencia poética que consiste en diptongar vocales pertenecientes a sílabas distintas, haciendo de dos una sola.

sinestesia *f* Sensación que se produce en una parte del cuerpo a consecuencia de un estímulo aplicado en otra parte del mismo. ‖ Tropo que consiste en unir dos imágenes o sensaciones procedentes de diferentes dominios sensoriales.

sinfín *m* Infinidad, sinnúmero.

sinfonía *f* Conjunto de voces o instrumentos que suenan a la vez. ‖ Composición instrumental para orquesta. ❑ SINFÓNICO, CA.

singalés, sa *adj* Cingalés. • *m* Lengua hablada en la isla de Ceilán.

singladura *f* Distancia recorrida por una nave en 24 horas. ‖ (fig) Rumbo, dirección.

singlar *intr* Navegar la nave con un rumbo determinado.

single *adj* y *m* Dícese del disco de corta duración.

singular *adj* Solo, sin otro de su especie. ‖ (fig) Extraordinario o raro. ‖ Categoría gramatical y morfema con el que expresamos la individualización de un objeto.

singularizar *tr* Distinguir o particularizar una cosa entre otras. ‖ Dar núm. sing. a palabras que ordinariamente no lo tienen. • *prnl* Apartarse del común. ❑ SINGULARIDAD.

sinhueso *f* (fam) Lengua.

siniestrado, da *adj* y *s* Díc. de la persona o cosa que ha padecido un siniestro.

siniestralidad *f* Índice de siniestros.

siniestro, tra adj Aplícase a la parte o sitio que está a la mano izquierda. ‖ (fig) Avieso y malintencionado. ‖ (fig) Infeliz, funesto. • m Propensión o inclinación a lo malo; vicio o dañada costumbre. Se usa más en plural. ‖ Destrucción fortuita o pérdida importante que sufren las personas o la propiedad, especialmente por muerte, incendio, etcétera. • f La mano izquierda.

sinnúmero m Número incalculable.

sino[1] m Hado, destino.

sino[2] conj adversiva con que se contrapone a un concepto negativo otro afirmativo. ‖ Denota a veces idea de excepción.

sínodo m Concilio de los obispos. ‖ Junta de ministros protestantes.

sinología f Estudio de la lengua, la literatura y las instituciones de China. ❑ SINÓLOGO, GA.

sinonimia f Circunstancia de ser sinónimos dos o más vocablos. ‖ Figura que consiste en usar adrede voces sinónimas.

sinónimo, ma adj y m Dícese de los vocablos y expresiones que tienen una misma o muy parecida significación. ❑ SINONÍMICO, CA.

sinopsis f Disposición gráfica de cosas relacionadas entre sí facilitando su visión conjunta; esquema. ‖ Sumario o resumen. ❑ SINÓPTICO, CA.

sinovia f Humor viscoso que lubrica las articulaciones óseas. ❑ SINOVIAL.

sinrazón f Acción injusta.

sinsabor m (fig) Pesar, desazón.

sintagma m Grupo de elementos lingüísticos que, en una oración, funciona como una unidad.

sintagmático, ca adj Perteneciente o relativo al sintagma. ‖ Díc. de las relaciones que se establecen entre dos o más unidades que aparecen en la oración.

sintaxis f Parte de la gramática que estudia las oraciones y sus clases y, a veces, las significaciones y funciones de las formas que trata la morfología. ❑ SINTÁCTICO, CA.

síntesis f Composición de un todo por la reunión de sus partes. ‖ Resumen, compendio. ‖ Formación de una sustancia compuesta mediante la combinación de otras simples.

sintético, ca adj Perteneciente o relativo a la síntesis. ‖ Dícese de productos obtenidos por procedimientos industriales.

sintetizador, ra adj y s Que sintetiza. • m Instrumento musical electrónico capaz de producir sonidos.

sintetizar tr Hacer síntesis. ❑ SINTETIZABLE.

sintoísmo m Antigua religión japonesa.

síntoma m Fenómeno que aparece como consecuencia de una enfermedad. ‖ (fig) Señal, indicio. ❑ SINTOMÁTICO, CA.

sintomatología f Conjunto de síntomas.

sintonía f Señal sonora, consistente en una melodía, con la que se marca el comienzo de un programa de radio o televisión.

sintónico, ca adj Sintonizado. ❑ SINTONISMO.

sintonizador, ra adj Que sintoniza. • m Sistema que permite aumentar o disminuir la longitud de onda propia del aparato receptor.

sintonizar tr Regular el circuito de un radiorreceptor para que su frecuencia coincida con la de la emisora que se desea captar. • intr (fig) Coincidir en pensamiento o sentimientos dos personas. ❑ SINTONIZACIÓN.

sinuoso, sa adj Que tiene senos, ondulaciones o recodos. ‖ (fig) Dícese del carácter de las acciones que tratan de ocultar el propósito o fin al que se dirigen. ❑ SINUOSIDAD.

sinusitis f Inflamación purulenta, aguda o crónica, de uno o más senos paranasales.

sinvergüenza adj y s Pícaro, bribón. ‖ Díc. de las personas que cometen actos ilegales en provecho propio, o que incurren en inmoralidades. ❑ SINVERGONZÓN, NA; SINVERGONZONERÍA.

sionismo m Organización de los judíos con el objetivo de recobrar Palestina como patria. ❑ SIONISTA.

siquiera conj advers. que equivale a bien que o aunque. • adv cant y modo que equivale a por lo menos y a tan solo.

sir m Entre los ingleses, título honorífico para designar a los caballeros.

sirena f Cualquiera de las ninfas marinas, con busto de mujer y cuerpo de ave o de pez. ‖ Alarma que se oye a mucha distancia, y que se emplea en los buques, automóviles, fábricas, etc., para avisar.

sirga f Maroma que sirve para tirar las redes, remolcar embarcaciones, etc.

siringa f Especie de zampoña, compuesta de varios tubos de caña que forman escala musical.

siringe f Órgano de la voz de las aves.

siroco m Viento del SE, cálido y seco.

sirte f Bajo de arena en el fondo del mar.

sirvienta f Mujer dedicada al servicio doméstico.

sirviente adj y s Que sirve. • m Servidor o criado. ‖ Persona adscrita al manejo de un arma de fuego, máquina, etcétera.

sisa f Parte que se hurta, en la compra diaria. ‖ Sesgadura hecha en la tela de las prendas de vestir.

sisal m Fibra textil obtenida de una especie de agave que se cultiva en América.

sisar tr Cometer sisa en la compra. ‖ Hacer sisas en las prendas de vestir.

sisear tr e intr Emitir repetidamente el sonido inarticulado de s y ch, por lo común para manifestar desaprobación o desagrado. ☐ SISEO.

sísmico, ca adj Perteneciente o relativo al terremoto.

sismo m Seísmo.

sismógrafo m Instrumento que registra los movimientos sísmicos.

sismología f Rama de la geología que estudia los terremotos o seísmos. ☐ SISMOLÓGICO, CA.

sistema m Conjunto de reglas relacionadas entre sí. ‖ Conjunto de cosas que ordenadamente relacionadas entre sí contribuyen a un fin. ‖ Conjunto de órganos que intervienen en alguna de las prals. funciones vegetativas.

sistemático, ca adj Que sigue o se ajusta a un sistema. ‖ Díc. de la persona que procede por principios.

sistematizar tr Organizar según un sistema.

sístole f Licencia poética que consiste en variar la posición del acento de una palabra. ‖ Período de contracción cardíaca, especialmente de los ventrículos.

sitial m Asiento de ceremonia.

sitiar tr Cercar una plaza o fortaleza para combatirla y apoderarse de ella. ‖ (fig) Acorralar.

sitio[1] m Lugar, espacio. ‖ Paraje o terreno a propósito para alguna cosa. ‖ Arg. y Chile. Solar.

sitio[2] m Acción y efecto de sitiar.

sito, ta adj Situado o fundado.

situación f Acción y efecto de situar. ‖ Disposición de algo respecto del lugar que ocupa.

situar tr y prnl Poner a una persona o cosa en determinado sitio o situación. • prnl Lograr una posición social, económica o política privilegiada. ☐ SITUADO, DA.

skateboard m Monopatín.

sketch m Breve escena, gralte. cómica, que se intercala en un programa de teatro, cine, etc.

slalom m Prueba de habilidad y velocidad en el deporte de esquí.

slip m Calzoncillos cortos.

slogan m Frase publicitaria, breve y expresiva.

snackbar m Cafetería y restaurante en el que se sirven comidas rápidas.

so prep Bajo, debajo de.

¡so! interj para que se paren las caballerías.

soasar tr Medio asar o asar ligeramente.

sobaco m Concavidad que forma el arranque del brazo con el cuerpo.

sobado, da pp de sobar. • adj (fig) Manido o muy usado.

sobajar tr Manosear. ‖ Amér. Humillar, abatir.

sobaquera f Pieza con que se refuerza el vestido por la parte del sobaco.

sobaquina f Sudor de los sobacos.

sobar tr Manosear repetidamente una cosa. ‖ (fig) Palpar, manosear a una persona. • prnl Arg. Dar masaje. ☐ SOBA; SOBO.

soberanía f Cualidad de soberano. ‖ Autoridad suprema del poder público. ‖ Excelencia.

soberano, na adj y s Que ejerce la autoridad suprema e independiente. • adj Elevado, excelente y no superado. • m y f Rey o reina.

soberbia f Orgullo y amor propio desmedidos. ‖ Exceso en la magnificencia o pompa.

S

soberbio, bia *adj* Que tiene soberbia o se deja llevar de ella. ‖ Altivo, arrogante. ‖ (fig) Alto, fuerte.

sobón, na *adj* y *s* (fam) Díc. de la persona que por sus caricias o halagos se hace fastidiosa.

sobornar *tr* Corromper a alguien con dádivas para conseguir de él una cosa.

soborno *m* Acción y efecto de sobornar. ‖ Dádiva con que se soborna.

sobra *f* Exceso en cualquier cosa. • *pl* Lo que queda después de utilizar o consumir algo.

sobradillo *m* Tejadillo sobre una ventana o un balcón.

sobrado, da *pp* de sobrar. • *adj* Demasiado, que sobra. ‖ Rico. • *m* Desván.

sobrar *intr* Haber de una cosa más de lo que se necesita. ‖ Quedar, restar. ‖ Estar de más. ☐ SOBRANTE.

sobrasada *f* Embutido grueso de carne de cerdo muy picada y sazonada con sal y pimiento molido, típico de Mallorca.

sobre[1] *prep* Encima de. ‖ Acerca de. ‖ Además de. ‖ Se usa para indicar aproximación en una cantidad o un número. ‖ Con dominio y superioridad. ‖ A o hacia.

sobre[2] *m* Cubierta de papel, en que se incluye la carta, tarjeta, etc., que ha de enviarse de una parte a otra.

sobreabundar *intr* Abundar mucho.

sobrealimentar *tr* y *prnl* Dar a uno más alimento del que necesita. ☐ SOBREALIMENTACIÓN.

sobreañadir *tr* Añadir algo con exceso.

sobreasar *tr* Volver a poner a la lumbre lo que está asado o cocido, para que se tueste.

sobrecarga *f* Exceso de carga. ‖ (fig) Molestia, pena o pasión del ánimo.

sobrecargar *tr* Cargar con exceso.

sobrecargo *m* El que en los buques mercantes lleva a su cuidado y bajo su responsabilidad el cargamento. ‖ Tripulante de avión que tiene a su cargo supervisar diversas funciones auxiliares.

sobrecoger *tr* Coger de repente y desprevenido. • *prnl* Sorprenderse, intimidarse. ☐ SOBRECOGEDOR, RA; SOBRECOGIMIENTO.

sobrecubierta *f* Segunda cubierta.

sobrecuello *m* Cuello sobrepuesto al de una prenda de vestir.

sobredicho, cha *adj* Dicho arriba o antes.

sobredorar *tr* Dorar los metales.

sobredosis *f* Dosis excesiva de una droga o sustancia alucinógena.

sobreexcitar *tr* y *prnl* Aumentar o exagerar las propiedades vitales de todo el organismo o de una de sus partes. ☐ SOBREEXCITACIÓN.

sobrefalda *f* Falda corta que se coloca como adorno sobre otra.

sobrefusión *f* Permanencia de un cuerpo en estado líquido a temperatura inferior a la de su fusión.

sobrehilar *tr* Dar puntadas sobre el borde de una tela cortada, para que no se deshilache.

sobrehumano, na *adj* Que excede a lo humano.

sobreimprimir *f* Imprimir algo sobre un texto o sobre una imagen gráfica. ☐ SOBREIMPRESIÓN.

sobrellevar *tr* Soportar con resignación una carga, molestia, desgracia o cualquier otro mal.

sobremanera *adv modo* En extremo, muchísimo, sobre manera.

sobremesa *f* Tiempo que se permanece en la mesa después de haber comido.

sobrenadar *intr* Mantenerse encima de un líquido sin hundirse.

sobrenatural *adj* Que excede a las leyes de la naturaleza. ‖ Extraordinario.

sobrenombre *m* Nombre que se añade a veces al apellido para distinguir a dos personas que tienen el mismo. ‖ Calificativo con que se distingue a una persona.

sobrentender *tr* y *prnl* Entender una cosa que no está expresada.

sobrepaga *f* Cantidad añadida a la paga ordinaria.

sobreparto *m* Tiempo que inmediatamente sigue al parto. ‖ Estado delicado de salud que suele sobrevenir después del parto.

sobrepasar *tr* Rebasar un límite, exceder de él. ‖ Superar, aventajar.

sobreponer *tr* Añadir una cosa o ponerla encima de otra. • *prnl* (fig) Dominar los impulsos del ánimo o hacerse superior a las adversidades.

sobreprecio *m* Recargo en el precio.

sobreproducción *f* Exceso de producción.

sobrepujar *tr* Exceder una cosa o persona a otra en cualquier línea.

sobrero, ra *adj* Que sobra. • *adj y s* Aplícase al toro que se tiene de reserva por si se inutiliza algún otro de los destinados a una corrida.

sobresaliente *adj y s* Que sobresale. • *m* En los exámenes, calificación máxima.

sobresalir *intr* Exceder una persona o cosa a otras en figura, tamaño, etc. ‖ Aventajarse unos a otros; distinguirse entre ellos.

sobresaltar *tr y prnl* Asustar, alarmar a uno repentinamente.

sobresalto *m* Temor o susto repentino.

sobrescribir *tr* Escribir un letrero sobre una cosa.

sobresdrújulo, la *adj y s* Aplícase a las voces que llevan un acento en la sílaba anterior a la antepenúltima.

sobreseer *tr e intr* Cesar o cerrar una instrucción sumarial; y, p. ext., dejar sin curso ulterior un procedimiento. ❑ SOBRESEIMIENTO.

sobrestante *m* Capataz de una obra.

sobrestimar *tr* Estimar algo por encima de su valor.

sobresueldo *m* Retribución que se añade al sueldo fijo.

sobretodo *m* Prenda de vestir que, a modo de gabán pero más ligera que éste, se lleva sobre el traje ordinario.

sobrevenir *intr* Suceder una cosa además o después de otra. ‖ Venir de improviso.

sobrevivir *intr* Vivir uno más que otro. ‖ (fig) Seguir vivo después de un determinado suceso o plazo. ❑ SOBREVIVIENTE.

sobrevolar *tr* Volar sobre un lugar.

sobrexceder *tr* Exceder, aventajar a otro.

sobrexcitar *tr y prnl* Sobreexcitar.

sobrino, na *m y f* Respecto de una persona, hijo o hija de su hermano o hermana, o de su primo o prima.

sobrio, bria *adj* Moderado, especialmente en comer y beber. ‖ Sin excesivos adornos. ‖ Díc. del que no está borracho. ❑ SOBRIEDAD.

socaliña *f* Ardid o maña con que se saca algo a alguien.

socapar *tr Amér.* Encubrir faltas ajenas.

socarrar *tr y prnl* Quemar o tostar ligera y superficialmente una cosa. ❑ SOCARRINA.

socarrén *m* Parte del alero del tejado que sobresale de la pared.

socarronería *f* Astucia o disimulo acompañados de burla encubierta. ❑ SOCARRÓN, NA.

socavar *tr* Excavar por debajo de alguna cosa, dejándola en falso y con riesgo de hundirse.

socavón *m* Cueva que se excava en la ladera de un cerro o monte. ‖ Hoyo, bache.

sochantre *m* Director del coro en los oficios divinos.

sociable *adj* Naturalmente inclinado al trato con otras personas. ❑ SOCIABILIDAD.

social *adj* Perteneciente o relativo a la sociedad o a las clases sociales. ‖ Perteneciente o relativo a una compañía o sociedad, o a los socios o compañeros, aliados o confederados.

socialdemocracia *f* Ideología política que propugna el tránsito del capitalismo al socialismo a través de un proceso de reformas graduales, mediante la vía parlamentaria.

socialismo *m* Sistema de organización social y económico basado en la propiedad y administración colectiva o estatal de los medios de producción. ❑ SOCIALISTA.

socializar *tr* Transferir al Estado, u otro organismo colectivo, las propiedades, industrias, etc., particulares. ❑ SOCIALIZACIÓN.

sociedad *f* Reunión mayor o menor de personas, familias, pueblos o naciones. ‖ Agrupación de individuos para un fin común.

socio, cia *m y f* Persona asociada con otra para algún fin. ‖ (fig, fam) Amigo, compañero.

sociocultural *adj* Perteneciente o relativo al estado cultural de una sociedad o grupo social.

sociolingüística *f* Disciplina que estudia las relaciones entre la lengua y la sociedad.

S

sociología f Ciencia que estudia todo lo relativo a las sociedades humanas. □ SOCIÓLOGO, GA.

socolor m Pretexto para disimular el motivo de una acción.

socorrer tr Ayudar, favorecer en un peligro o necesidad. □ SOCORREDOR, RA.

socorrido, da pp de socorrer. ● adj Dic. del que con facilidad socorre la necesidad de otro. || Práctico, que sirve para resolver una dificultad.

socorrismo m Organización y adiestramiento para prestar socorro en caso de accidente. □ SOCORRISTA.

socorro m Acción y efecto de socorrer. || Dinero, alimento u otra cosa con que se socorre.

socrático, ca adj Perteneciente o relativo a Sócrates o a su doctrina.

socucho m Amér. Rincón.

soda f Bebida de agua gaseosa que contiene ácido carbónico.

sodio m Metal alcalino, de gran actividad química, por lo que no se encuentra libre en la naturaleza; es blando y puede extenderse en hilos. □ SÓDICO, CA.

sodomía f Relación homosexual masculina. □ SODOMÍTICO, CA; SODOMIZAR.

soez adj Bajo, grosero, indigno, vil.

sofá m Asiento mullido con respaldo y brazos para dos o más personas.

sofisma m Silogismo, prueba o refutación aparentes, mediante los cuales se pretende confundir al contrario. □ SOFISTA.

sofisticado, da adj Falto de naturalidad. || (fig) Elegante, refinado. || (fig) Aplíc. a los aparatos, técnicas, etc. muy complicados. □ SOFISTICACIÓN.

sofisticar tr Adulterar, falsear algo.

sofocar tr Ahogar, impedir la respiración. || Apagar, dominar, extinguir. ● tr y prnl (fig) Abochornar, sonrojar. □ SOFOCACIÓN.

sofoco m Efecto de sofocar o sofocarse. || Sensación de calor. || (fig) Grave disgusto que se da o se recibe.

sofreír tr Freír ligeramente una cosa.

sofrenar tr Reprimir el jinete a la caballería. || (fig) Reprimir una pasión del ánimo.

sofrito m Condimento de ciertos guisos, que se hace sofriendo cebolla, ajo, tomate u otros ingredientes.

sofrología f Técnica psicoterapéutica que pretende modificar determinados estados de la vida psíquica y vegetativa. □ SOFRÓLOGO, GA.

software m En computación, conjunto de programas, sistema operativo, instrucciones, etc., que ejecuta una computadora.

soga f Cuerda gruesa de esparto.

soja f Planta herbácea, procedente de Asia, que se cultiva en por sus semillas, que proporcionan un aceite comestible.

sojuzgar tr Dominar, mandar con violencia.

sol[1] n pm Estrella luminosa, centro de nuestro sistema planetario. ● m (fig) Luz, calor o influjo del Sol. || Cualquier estrella que, como el Sol, posee un sistema planetario.

sol[2] m Nota musical, la quinta de la escala de do.

solado, da pp de solar. ● m Acción de solar. || Revestimiento de un piso con ladrillos, losas u otro material. □ SOLADURA.

solana f Sitio o paraje donde el sol da de lleno.

solanera f Sol excesivo en algún sitio. || Paraje expuesto sin resguardo a los rayos solares.

solano m Viento que sopla del lado donde nace el Sol.

solapa f Parte del vestido, correspondiente al pecho, y que suele ir doblada hacia fuera. || Prolongación lateral de la sobrecubierta de un libro, que se dobla hacia dentro.

solapado, da adj (fig) Dic. de la persona que habitualmente oculta sus intenciones, opiniones, etc., para poderlas llevar mejor a cabo.

solapar tr Poner solapas a los vestidos. || (fig) Ocultar maliciosa y cautelosamente la verdad o la intención.

solar[1] adj y s Dic. de la casa más ant. y noble. ● m Porción de terreno donde se ha edificado o que se destina a edificar en él.

solar[2] adj Perteneciente al Sol.

solar³ *tr* Revestir el suelo con ladrillos, losas u otro material.

solariego, ga *adj* y *s* Perteneciente al solar de antigüedad y nobleza. • *adj* Antiguo y noble.

solárium *m* Lugar reservado para tomar el sol.

solaz *m* Descanso, distracción.

solazar *tr* y *prnl* Dar o proporcionar solaz.

soldada *f* Sueldo, salario o estipendio.

soldadesca *f* Tropa indisciplinada que comete desmanes.

soldado *m* El que sirve en la milicia. ‖ Militar sin graduación. ❏ SOLDADESCO, CA.

soldador *m* El que tiene por oficio soldar. ‖ Instrumento con que se suelda.

soldadura *f* Acción y efecto de soldar. ‖ (fig) Reparación o corrección de una cosa.

soldar *tr* y *prnl* Pegar sólidamente dos cosas.

solear *tr* y *prnl* Tener expuesta al sol una cosa por algún tiempo.

solecismo *m* Falta de sintaxis, error cometido contra la exactitud o pureza de un idioma.

soledad *f* Carencia voluntaria o involuntaria de compañía. ‖ Pesar y melancolía que se sienten por la ausencia o pérdida de alguien.

solemne *adj* Celebrado públicamente con pompa o ceremonias extraordinarias. ‖ Formal, grave, oficial. ‖ Impresionante, majestuoso.

solemnidad *f* Calidad de solemne. ‖ Acto o ceremonia solemne. ‖ Festividad eclesiástica.

solemnizar *tr* Celebrar de manera solemne un suceso. ‖ Engrandecer o encarecer una cosa.

sóleo *m* Músculo de la pantorrilla unido a los músculos gemelos por su parte inferior para formar el tendón de Aquiles.

soler *intr* Tener por costumbre. ‖ Ser frecuente.

solera *f* Madero horizontal sobre el que descansan o se ensamblan otros. ‖ Madre o lía del vino. ‖ (fig) Carácter tradicional de las cosas, usos, costumbres, etc.

solería *f* Material que sirve para solar. ‖ Solado, revestimiento del piso.

solfa *f* Arte de solfear. ‖ Conjunto de signos con que se escribe la música. ‖ (fig, fam) Paliza.

solfatara *f* Grieta, en los terrenos volcánicos, por donde salen gases sulfurados.

solfear *tr* Cantar una composición o ejercicio musical marcando el compás y pronunciando los nombres de las notas. ❏ SOLFISTA.

solfeo *m* Acción y efecto de solfear.

solicitar *tr* Pedir o procurar obtener algo que se pretende, haciendo las diligencias necesarias. ‖ Requerir con insistencia los amores de una persona. ❏ SOLICITACIÓN; SOLICITADOR.

solícito, ta *adj* Diligente, cuidadoso.

solicitud *adj* Diligencia o instancia cuidadosa. ‖ Memorial en que se solicita algo.

solidaridad *f* Adhesión circunstancial a la causa, empresa u opinión de otro.

solidario, ria *adj* Adherido o asociado a la causa de otro. ‖ Aplícase a las obligaciones contraídas en común y a las personas que las contraen.

solidarizar *tr* y *prnl* Hacer a una persona o cosa solidaria con otra.

solideo *m* Casquete que usan ciertos eclesiásticos para cubrirse la corona.

solidificar *tr* y *prnl* Hacer sólido un cuerpo que no lo era. ❏ SOLIDIFICACIÓN.

sólido, da *adj* Firme, macizo, fuerte. • *adj* y *s* (fig) Asentado, establecido con razones fundamentales. • *adj* y *m* Aplícase al cuerpo cuyas moléculas tienen entre sí mayor cohesión que la de los líquidos. • *m* Cuerpo, objeto material de tres dimensiones. ❏ SOLIDEZ.

soliloquio *m* Reflexión en voz alta y a solas.

solio *m* Trono, silla real con dosel.

solista *m* o *f* Persona que ejecuta un solo de una pieza ya sea vocal o instrumental.

solitario, ria *adj* Desamparado, desierto. ‖ Solo o sin compañía. ‖ Que ama la soledad o vive en ella. • *m* Diamante grueso que se engasta solo en una joya. • *f* Tenia, gusano intestinal.

S

soliviantado, da pp de soliviantar. • adj Inquieto, perturbado, solícito.

soliviantar tr y prnl Inducir a una persona a rebelarse contra alguien o algo. • tr (fig) Inquietar o alterar a alguien.

sollozar intr Llorar entrecortadamente y con movimientos bruscos y temblorosos. ❑ SOLLOZO.

sólo adv modo Sin otra cosa, de modo único.

solo, la adj Único en su especie. ‖ Dicho de personas, sin compañía. ‖ Que no tiene quien le ampare o consuele. • m Composición que canta o toca una persona sola.

solomillo m En los animales de matadero, carne situada entre las costillas y el lomo.

solsticio m Época en que el Sol se halla en uno de los dos trópicos. ❑ SOLSTICIAL.

soltar tr Dejar salir involuntariamente una exp. o manifestación anímica como risa, llanto, etc. ‖ (fam) Decir con violencia o franqueza algo. • tr y prnl Dejar libre. ‖ Desasir lo que estaba sujeto. ‖ Con relación al vientre, hacerle evacuar con frecuencia. • prnl (fig) Adquirir agilidad en la ejecución de algo. ‖ (fig) Empezar a hacer algunas cosas; como hablar, andar, escribir.

soltería f Estado de soltero.

soltero, ra adj y s Que no está casado, célibe.

solterón, na adj y s Persona soltera ya entrada en años.

soltura f Acción y efecto de soltar. ‖ Agilidad, facilidad.

soluble adj Que se puede disolver o desleír. ‖ (fig) Que se puede resolver. ❑ SOLUBILIDAD.

solución f Acción y efecto de disolver. ‖ Acción y efecto de resolver una duda o dificultad. ‖ Explicación que se da a una duda. ‖ Desenlace o término de un proceso, negocio, etc. ‖ Líquido en que se halla disuelta cualquier sustancia. ‖ Cada una de las cantidades que satisfacen las condiciones de un problema o de una ecuación.

solucionar tr Resolver un asunto, hallar solución o término a un negocio.

solventar tr Pagar algo pendiente. ‖ Dar solución a un asunto difícil.

solvente adj Desempeñado de deudas. ‖ Capaz de satisfacerlas. ‖ Capaz de cumplir cuidadosa y celosamente obligación, cargo, etc. • adj y s Dícese de la sustancia que puede disolver. ❑ SOLVENCIA.

soma m La totalidad de la materia corporal de un organismo vivo.

somanta f (fam) Tunda, zurra.

somático, ca adj Dícese de lo que es material o corpóreo en un ser animado.

somatología f Tratado sobre la estructura y funcionamiento fisiológico del cuerpo humano.

sombra f Oscuridad, falta de luz. ‖ Imagen oscura que, sobre una superficie cualquiera, proyecta el contorno de un cuerpo opaco que intercepta los rayos directos de la luz. ‖ Espectro o aparición de una persona ausente o difunta. ‖ (fig) Asilo, favor. ‖ (fig, fam) Persona que sigue a otra por todas partes. ‖ (fam) Suerte, fortuna.

sombrajo m Resguardo de ramas, mimbres, esteras, etc., para hacer sombra.

sombrear tr Dar o producir sombra. ‖ Poner sombra en una pintura o dibujo. ❑ SOMBREADO, DA.

sombrerillo m Parte superior externa de algunos hongos.

sombrero m Prenda de vestir que sirve para cubrir la cabeza, y consta gralte. de copa y ala. ❑ SOMBRERERO, RA; SOMBRERERÍA.

sombrilla f Especie de paraguas, gralte. de colores vivos, para resguardarse del sol.

sombrío, a adj Dícese del lugar de poca luz en que frecuentemente hay sombra. ‖ (fig) Tétrico, melancólico.

somero, ra adj Casi encima o muy inmediato a la superficie. ‖ (fig) Ligero, superficial.

someter tr y prnl Poner a una persona, tropa o facción, gralte. por la fuerza o por la violencia, bajo la autoridad o dominio de otras. ‖ Hacer que una persona o cosa reciba o soporte cierta acción. • tr Proponer a la consideración de uno razones, reflexiones u otras ideas. ❑ SOMETIMIENTO.

sonreír

somier *m* Soporte de muelles, láminas de madera, etc., sobre el que se coloca el colchón.

somnífero, ra *adj* y *s* Que da o causa sueño.

somnolencia *f* Adormecimiento, pesadez física causada por el sueño. ‖ Ganas de dormir.

somontano, na *adj* Díc. del terreno o región sit. al pie de una montaña.

somonte *m* Terreno situado en la falda de un monte.

somorgujo *m* Ave que puede mantener durante mucho tiempo sumergida la cabeza bajo el agua.

son *m* Sonido, esp. musical, que afecta agradablemente al oído. ‖ (fig) Modo o manera.

sonado, da *pp* de sonar. • *adj* Famoso, que tiene o ha tenido gran divulgación. ‖ Díc. del boxeador que ha perdido facultades mentales como consecuencia de los golpes recibidos en los combates. ‖ (fam) p. ext. Chiflado.

sonaja *f* Par o pares de chapas de metal que, atravesadas por un alambre, se colocan en un soporte para hacerlas sonar agitándolas.

sonajero *m* Juguete con sonajas o cascabeles.

sonambulismo *m* Automatismo inconsciente que se manifiesta durante el sueño mediante actos más o menos coordinados (levantarse, caminar, etc.). ❏ SONÁMBULO, LA.

sonar[1] *intr* Hacer o causar ruido una cosa. ‖ Tener una letra valor fónico. ‖ (fam) Suscitarse vagamente en la memoria alguna cosa ya oída anteriormente. ‖ *Arg.* y *Ur.* Morir o padecer una enfermedad mental. ‖ *Arg.* y *Par.* Fracasar. • *tr* Hacer que una cosa emita un sonido. • *tr* y *prnl* Limpiar de mocos la nariz.

sonar[2] *m* Aparato que sirve para detectar la presencia de objetos sumergidos, mediante vibraciones de alta frecuencia.

sonata *f* Composición instrumental formada por tres o cuatro tiempos de vario carácter.

sonatina *f* Sonata corta de fácil ejecución.

sonda *f* Acción y efecto de sondar. ‖ Cuerda con un peso de plomo, que sirve para medir la profundidad de las aguas y explorar el fondo. ‖ Globo, avión, etc., utilizado para la observación de las altas capas de la atmósfera. ‖ Instrumento que se introduce en el organismo con fines exploratorios o terapéuticos.

sondar *tr* Echar la sonda al agua con el fin de averiguar la profundidad y la calidad del fondo. ‖ Averiguar la naturaleza del subsuelo con una sonda. ‖ Introducir en el cuerpo la sonda.

sondear *tr* Sondar. ‖ (fig) Hacer las primeras averiguaciones sobre alguien o algo. ❏ SONDEO.

soneto *m* Composición poética que consta de 14 versos distribuidos en cuatro estrofas: dos cuartetos y dos tercetos. ❏ SONETISTA.

songo, ga *adj Col.* y *Méx.* Taimado, tonto.

sonido *m* Conjunto de vibraciones que puede estimular el órgano del oído. ‖ Valor y pronunciación de las letras. ‖ Efecto de la propagación de las sondas producidas por cambios de densidad y presión en los medios materiales, y en especial el que es audible.

soniquete *m* Sonsonete.

sonómetro *m* Aparato para la medición de sonidos e intervalos musicales.

sonoridad *f* Cualidad de sonoro. ‖ Sensación auditiva que permite la calificación de los sonidos.

sonorizar *tr* Incorporar sonidos, ruidos, etc., a la banda de imágenes previamente dispuesta. ‖ Instalar equipos sonoros en lugar cerrado o abierto para obtener una buena audición. • *tr, intr* y *prnl* Dar a una articulación el carácter de la sonora con la que está en contacto. ❏ SONORIZACIÓN; SONORIZADOR, RA.

sonoro, ra *adj* Que suena o puede sonar. ‖ Que suena agradablemente. ‖ Díc. del sonido que se produce con vibración de las cuerdas vocales.

sonreír *intr* y *prnl* Reírse un poco o levemente, y sin ruido. ‖ (fig) Mostrarse favorable para uno algún asunto, suceso, esperanza, etcétera. ❏ SONRIENTE; SONRISA.

S

sonrojar *tr* y *prnl* Hacer salir los colores al rostro diciendo o haciendo algo que cause vergüenza. ☐ SONROJO.

sonrosar *tr* y *prnl* Dar o poner color rosa a algo.

sonsacar *tr* Procurar con maña que uno diga o descubra lo que sabe y reserva. ☐ SONSACAMIENTO; SONSAQUE.

sonso, sa *adj Amér.* Zonzo, soso, insulso.

sonsonete *m* Sonido repetitivo y monótono que resulta desagradable. ‖ (fig) Tonillo o modo especial en la risa o palabras, que denota desprecio o ironía.

soñador, ra *adj* Que sueña mucho. ‖ (fig) Que discurre de modo fantasioso.

soñar *tr* e *intr* Representarse en la imaginación especies o sucesos durante el sueño. ‖ (fig) Discurrir fantásticamente. • *intr* (fig) Sentir anhelo por una cosa.

soñolencia *f* Somnolencia.

sopa *f* Pedazo de pan empapado en cualquier líquido. ‖ Plato compuesto de rebanadas de pan, fécula, arroz, fideos, etc., y el caldo de la olla u otro análogo en que se han cocido. • *pl* Rebanadas de pan que se cortan para echarlas en el caldo.

sopapo *m* Golpe que se da con la mano debajo de la papada. ‖ Bofetada.

sopera *f* Vasija honda en que se sirve la sopa.

sopero, ra *adj* y *s* Díc. del plato hondo en que se come la sopa. • *adj* Díc. de la cuchara usada para comer la sopa. ‖ Dícese de la persona aficionada a comer sopa.

sopesar *tr* Levantar una cosa como para tantear el peso que tiene. ‖ (fig) Examinar con atención el pro y el contra de un asunto.

sopetear *tr* Mojar repetidas veces el pan en el caldo. ☐ SOPETEO.

sopetón *m* Golpe fuerte y repentino dado con la mano.

sopladero *m* Abertura por donde sale con fuerza el aire de las cavidades subterráneas.

soplado, da *pp* de soplar. • *m* Acción y efecto de soplar la pasta de vidrio.

soplamocos *m* (fig, fam) Golpe que se da a uno en la cara.

soplar *intr* y *tr* Despedir aire con violencia por la boca. • *intr* Arrojar aire con

algún instrumento. ‖ Correr el viento, haciéndose sentir. • *tr* Apartar con el soplo una cosa. ‖ Insuflar aire en la pasta de vidrio a fin de obtener las formas previstas. ‖ (fig) Sugerir a uno lo que debe decir y no acierta o ignora. ‖ (fig) Acusar o delatar. ☐ SOPLADOR, RA; SOPLADURA; SOPLO.

soplete *m* Aparato destinado a recibir por un extremo un flujo gaseoso que al salir por el otro se aplica a una llama para dirigirla sobre el objeto que se quiere fundir o examinar.

soplillo *m* Aventador para avivar el fuego.

soplo *m* Acción y efecto de soplar. ‖ (fig) Instante o brevísimo tiempo. ‖ (fig, fam) Aviso que se da en secreto y con cautela.

soplón, na *adj* y *s* Díc. de la persona que acusa en secreto y cautelosamente.

soponcio *m* (fam) Desmayo, congoja.

sopor *m* Modorra morbosa y persistente. ‖ Adormecimiento, somnolencia.

soporífero, ra *adj* y *s* Que mueve o inclina al sueño; propio para causarlo.

soportal *m* Espacio cubierto que en algunas casas precede a la entrada principal. ‖ Pórtico.

soportar *tr* Sostener o llevar sobre sí una carga o peso. ‖ Sufrir, tolerar.

soporte *m* Apoyo o sostén. ‖ Dispositivo para el sostenimiento de un eje. ‖ Sustancia inerte que, en proceso o preparado, sirve para fijar alguno de sus productos o reactivos.

soprano *m* La voz más aguda de las voces humanas, tiple.

sor *f* Hermana. Se usa gralte. precedido al nombre de las religiosas.

sorber *tr* Beber aspirando. ‖ (fig) Atraer hacia dentro de sí algunas cosas aunque no sean líquidas. ‖ (fig) Absorber, tragar.

sorbete *m* Refresco azucarado al que se da cierto grado de congelación pastosa. ‖ *P. Rico* y *Ur.* Cánula para sorber refrescos.

sorbo *m* Acción de sorber. ‖ Porción de líquido que se puede tomar de una vez en la boca.

sordera *f* Privación o disminución de la facultad de oír.

sórdido, da *adj* Que tiene manchas o suciedad. ‖ (fig) Mezquino, avariento. ❏ SORDIDEZ.

sordina *f* Pieza que sirve para disminuir la intensidad y variar el sonido de ciertos instrumentos.

sordo, da *adj* y *s* Que no oye, o no oye bien. • *adj* Callado, silencioso. ‖ Que suena poco o sin timbre claro. ‖ (fig) Insensible a las súplicas o al dolor ajeno. ‖ Díc. del sonido que se produce sin vibración de las cuerdas vocales. ❏ SORDEZ.

sordomudo, da *adj* y *s* Privado por sordera nativa de la facultad de hablar. ❏ SORDOMUDEZ.

sorna *f* Disimulo y burla con que se hace o se dice una cosa, ironía.

soro *m* Conjunto de esporangios de los helechos.

soroche *m* Amér. Mal de montaña.

sorprendente *adj* Que sorprende o admira. ‖ Peregrino, raro, extraordinario.

sorprender *tr* Coger desprevenido. ‖ Descubrir lo que otro ocultaba o disimulaba. • *tr* y *prnl* Conmover, maravillar con algo raro.

sorpresa *f* Acción y efecto de sorprender. ‖ Cosa que sorprende.

sortear *tr* Someter a la decisión de la suerte la adjudicación de una cosa. ‖ (fig) Evitar con maña un obstáculo, conflicto o dificultad. ❏ SORTEO.

sortija *f* Anillo, aro pequeño que se ajusta a los dedos. ‖ Rizo de cabello, en figura de anillo.

sortilegio *m* Adivinación que se hace por artes superticiosas.

SOS Señal internacional de socorro.

sosa *f* Nombre comercial del carbonato sódico.

sosaina *adj* y *s* (fam) Persona sosa.

sosegado, da *pp* de sosegar. • *adj* Quieto, tranquilo, reposado.

sosegar *tr* y *prnl* Aplacar, pacificar, aquietar. • *intr* y *prnl* Descansar, reposar.

sosería *f* Insulsez, falta de gracia y de viveza. ‖ Dicho o hecho insulso.

sosia *m* Persona tan parecida a otra que puede ser confundida con ella.

sosiego *m* Quietud, tranquilidad.

soslayar *tr* Poner una cosa ladeada para pasar una estrechura. ‖ (fig) Dejar de lado alguna dificultad.

soso, sa *adj* Que no tiene sal, o tiene poca. • *adj* y *s* (fig) Carente de gracia y viveza.

sospechar *tr* Creer o imaginar una cosa por apariencias o visos de verdad. • *tr* e *intr* Desconfiar, dudar. ❏ SOSPECHA.

sospechoso, sa *adj* Que incita o da motivo para sospechar o desconfiar.

sostén *m* Acción de sostener. ‖ Persona o cosa que sostiene. ‖ (fig) Apoyo moral, protección. ‖ Prenda interior que usan las mujeres para sostener el pecho.

sostener *tr* y *prnl* Sustentar, mantener firme una cosa. • *tr* Defender una proposición. ‖ (fig) Sufrir, tolerar. ‖ (fig) Prestar apoyo, dar aliento o auxilio. ❏ SOSTENIMIENTO.

sostenido, da *pp* de sostener. • *adj* Díc. de la nota cuya entonación excede en un semitono mayor a la de su sonido natural.

sota *f* Carta décima de cada palo de la baraja española.

sotabanco *m* Piso habitable colocado por encima de la cornisa general de la casa.

sotabarba *f* Barba que se deja crecer por debajo de la barbilla.

sotana *f* Vestidura que usan algunos eclesiásticos.

sótano *m* Parte subterránea, entre los cimientos de un edificio.

sotavento *m* Costado de la nave opuesto al barlovento.

sotechado *m* Cobertizo, techado.

soterrar *tr* Enterrar. ‖ (fig) Esconder una cosa de modo que no aparezca.

soto *m* Sitio que en las riberas o vegas está poblado de árboles y arbustos.

sotobosque *m* Vegetación leñosa que crece bajo el estrato arbustivo superior de un bosque.

spaghetti *m* Pasta alimenticia en forma de fideos largos y finos.

speaker *m* En radio y televisión, profesional encargado de presentar o comentar programas.

sprint *m* Carrera de velocidad cuya distancia es corta. ‖ Esfuerzo máximo de un corredor, especialmente al final de la carrera.

S

stand m Espacio que, en una feria o exposición, se reserva a cada uno de los participantes en la misma.

starter m Dispositivo destinado a realizar o facilitar la puesta en marcha del motor.

stick m Bastón de golf y de hockey.

stop m Voz que indica parada, o punto en telegrafía.

striptease m Espectáculo público en que una persona se desnuda lenta y sugestivamente.

su, sus Apócope de *suyo, suya, suyos, suyas*. Se usa solamente antepuesto al nombre.

suasorio, ria adj Perteneciente a la persuasión o propio para persuadir.

suave adj Liso y blando al tacto. ‖ Dulce, grato a los sentidos. ‖ (fig) Tranquilo. □ SUAVIDAD.

suavizante adj Que suaviza. Se usa también como s m., especialmente en cosmética y productos de limpieza.

suba f Arg. y Ur. Alza, subida de precios.

subafluente m Río o arroyo que desagua en un afluente.

subalterno, na adj Inferior, o que está debajo de una persona o cosa. • m y f Empleado de categoría inferior.

subarrendar tr Dar o tomar en arriendo una cosa, no del dueño ni de su administrador, sino de otro arrendatario de la misma. □ SUBARRENDADOR, RA; SUBARRENDATARIO, RIA; SUBARRIENDO.

subasta f Venta pública de bienes o alhajas que se adjudican al mejor postor.

subastar tr Vender efectos o contratar servicios, arriendos, etc., en pública subasta. □ SUBASTADOR, RA.

subcelular adj Que posee una estructura más elemental que la de la célula.

subclase f Cada uno de los grupos en que se dividen las clases de plantas y animales.

subcomisión f Grupo de individuos de una comisión que tiene un determinado cometido.

subconsciencia o **subconciencia** f Capa de la conciencia psicológica, en la que se registran ciertos contenidos y fenómenos que, reprimidos y aparentemente olvidados por el sujeto consciente, siguen no obstante determinando su conducta.

subconsciente adj y m Que se refiere a la subconsciencia, o que no llega a ser consciente.

subcostal adj Que está debajo de las costillas.

subcutáneo, a adj Que está inmediatamente debajo de la piel.

subdelegar tr Dar un delegado su potestad a otra persona. □ SUBDELEGACIÓN; SUBDELEGADO, DA.

subdesarrollo m Situación de un país o región que no alcanza determinados niveles económicos, sociales, etc. □ SUBDESARROLLADO, DA.

subdirector, ra m y f Persona que sirve a las órdenes inmediatas del director o le sustituye.

subdistinguir tr Distinguir en lo ya distinguido.

súbdito, ta adj y s Sujeto a la autoridad de un superior con obligación de obedecerle. • m y f Natural o ciudadano de un país.

subdividir tr y prnl Dividir una parte señalada por una división anterior. □ SUBDIVISIÓN.

subduplo, pla adj Aplícase al núm. o cantidad que es mitad exacta de otro u otra.

subempleo m Insuficiente utilización de la mano de obra disponible, o de la capacidad de trabajo.

subespecie f Cada uno de los grupos en que se divide una especie.

subestimar tr Estimar en menos de su valor.

subgénero m Cada uno de los grupos particulares en que se divide un género.

subido, da pp de subir. • adj Díc. del color o del olor muy fuerte o intenso. ‖ Muy elevado, que excede al término ordinario. • f Acción y efecto de subir. ‖ Lugar por donde se sube.

subíndice m Letra o núm. que se coloca a la derecha y algo más bajo a un símb. matemático.

subir intr y prnl Pasar de un sitio o lugar a otro superior o más alto. ‖ Cabalgar, montar. • intr Crecer en alt. ciertas cosas.

|| Importar una cuenta. || (fig) Aumentar en cantidad o intensidad el grado o el efecto de algo. • *tr* Recorrer yendo hacia arriba, remontar. • *tr* e *intr* Elevar la voz o el sonido de un instrumento.

súbito, ta *adj* Improvisto, repentino. || Precipitado o violento en las obras o palabras.

subjefe *m* El que hace las veces de jefe y sirve a sus órdenes.

subjetivismo *m* Doctrina que reduce la validez de los juicios al sujeto que los emite.

subjetivo, va *adj* Perteneciente o relativo al sujeto pensante y no al objeto en sí mismo. ☐ SUBJETIVIDAD.

subjuntivo, va *adj* y *m* Dícese del modo del verbo que expresa el hecho como un deseo, o como dependiente y subordinado a otro hecho.

sublevar *tr* y *prnl* Alzar en sedición o motín. • *tr* (fig) Excitar indignación, promover sentimiento de protesta. ☐ SUBLEVACIÓN; SUBLEVAMIENTO.

sublimado, da *pp* de sublimar. • *m* Sustancia obtenida por sublimación.

sublimar *tr* Engrandecer, ensalzar. • *tr* y *prnl* Pasar directamente del estado sólido al estado de vapor y viceversa. || Transformar el impulso sexual en una acción gratificadora y socialmente positiva. ☐ SUBLIMACIÓN.

sublime *adj* Excelso, eminente. ☐ SUBLIMIDAD.

subliminal *adj* Dícese de las percepciones sensoriales, u otras actividades psíquicas, de las que el sujeto no llega a tener conciencia.

sublingual *adj* Perteneciente a la región inferior de la lengua.

sublunar *adj* Que está debajo de la Luna.

submarinismo *m* Conjunto de las actividades que se realizan bajo la superficie del mar.

submarinista *adj* y *s* Que practica el submarinismo.

submarino, na *adj* Que está bajo la superficie del mar. • *m* Buque capacitado para navegar bajo el agua.

submaxilar *adj* Dícese de lo que está debajo de la mandíbula inferior.

submúltiplo *adj* y *s* Díc. de un núm. o medida contenido en un núm. entero de veces en otro.

subnormal *adj* y *s* Que es inferior a lo normal. • *adj* y *s* Díc. de la persona deficiente mental.

suboficial *m* Categoría comprendida entre las de oficial y sargento.

subordinación *f* Sujeción a la orden, mando o dominio de uno. || Relación de dependencia entre dos elementos de categoría diferente. || Relación de dependencia entre dos o más oraciones dentro de una oración compuesta.

subordinado, da *pp* de subordinar. • *adj* y *s* Díc. de la persona sujeta a otra o dependiente de ella. • *adj* y *f* Díc. de la oración que depende de otra.

subordinar *tr* y *prnl* Poner personas o cosas bajo la dependencia de otras. || Regir un elemento gramatical a otro de categoría diferente, como el sustantivo al adjetivo, etc. || Estar una oración en dependencia de otra. ☐ SUBORDINANTE.

subranquial *adj* Situado debajo de las branquias.

subrayar *tr* Señalar por debajo con una raya alguna letra, palabra o frase, para llamar la atención sobre ella. || (fig) Recalcar las palabras.

subrepticio, cia *adj* Que se hace o toma ocultamente y a escondidas. ☐ SUBREPCIÓN.

subrogar *tr* y *prnl* Sustituir o poner una persona o cosa en lugar de otra. ☐ SUBROGACIÓN.

subsanar *tr* Disculpar un desacierto o delito. || Resolver una dificultad. ☐ SUBSANACIÓN.

subsecretaría *f* Empleo de subsecretario. || Oficina del subsecretario.

subsecretario, ria *m* y *f* Persona que sustituye o auxilia al secretario. || Jefe de un departamento ministerial. ☐ SUBSECRETARÍA.

subsecuente *adj* Subsiguiente.

subseguir *intr* y *prnl* Seguir una cosa inmediatamente a otra.

subsidiar *tr* Conceder subsidio.

subsidiario, ria *adj* Que se da o se manda en socorro o subsidio de uno.

S

subsidio *m* Auxilio extraordinario. ‖ Ayuda económica oficial para atender ciertas necesidades individuales o colectivas.

subsiguiente *adj* Que subsigue. ‖ Que sigue inmediatamente a aquello que se expresa o sobreentiende.

subsistencia *f* Acción de vivir un ser humano. ‖ Permanencia de las cosas. ‖ Conjunto de medios para el sustento de la vida humana.

subsistir *intr* Permanecer, conservarse. ‖ Vivir.

subsuelo *m* Terreno que está debajo de la capa laborable superficial.

subteniente *m* Oficial de categoría inmediatamente inferior a la de teniente.

subterfugio *m* Evasiva o excusa.

subterráneo, a *adj* Que está bajo tierra.

subtitular *tr* Poner subtítulo.

subtítulo *m* Título secundario. ‖ Traducción resumida del diálogo de una película, que aparece en la parte inferior de la imagen.

subtrópico *m* Territorio de transición entre el trópico y la zona templada.

suburbano, na *adj* y *s* Aplícase al edificio, terreno o campo próximo a la ciudad.

suburbio *m* Aglomeración urbana cerca de una ciudad o dentro de su jurisdicción.

subvención *f* Acción y efecto de subvencionar. ‖ Cantidad con que se subvenciona.

subvencionar *tr* Otorgar a alguien una cantidad para que ejecute una obra o realice un servicio.

subvenir *intr* Auxiliar, amparar. ‖ Costear.

subversivo, va *adj* Capaz de subvertir, o que tiende a ello.

subvertir *tr* Trastornar, hacer que algo deje de marchar con normalidad. □ SUBVERSIÓN.

subyacer *intr* Yacer debajo de algo. ‖ (fig) Estar algo oculto tras otra cosa. □ SUBYACENTE.

subyugar *tr* y *prnl* Avasallar, sojuzgar, dominar poderosa o violentamente. □ SUBYUGACIÓN.

succionar *tr* Chupar, extraer algún jugo o cosa con los labios. ‖ Absorber. □ SUCCIÓN.

sucedáneo, a *adj* y *m* Díc. de la sustancia que, por tener propiedades parecidas a las de otra, puede reemplazarla.

suceder *intr* Ocupar el lugar de una persona o cosa. ‖ Heredar a alguien. ‖ Descender, provenir. • *impers* Producirse espontáneamente un hecho o suceso.

sucedido, da *pp* de suceder. • *m* (fam) Cosa que sucede, suceso.

sucesión *f* Acción y efecto de suceder. ‖ Prosecución, continuación ordenada de personas, cosas, sucesos, etc. ‖ Conjunto de bienes, derechos y obligaciones transmitibles a un heredero. ‖ Prole, descendencia directa.

sucesivo, va *adj* Díc. de lo que sucede o se sigue a otra cosa.

suceso *m* Cosa que sucede, especialmente cuando es de alguna importancia. ‖ Hecho delictivo o accidente desgraciado.

sucesor, ra *adj* y *s* Que sucede a uno o sobreviene en su lugar, como continuador de él.

suciedad *f* Cualidad de sucio. ‖ Inmundicia, porquería. ‖ (fig) Dicho o hecho sucio.

sucinto, ta *adj* Breve, compendioso.

sucio, cia *adj* Que tiene manchas o impurezas. ‖ Que se ensucia fácilmente. ‖ (fig) Deshonesto u obsceno en acciones o palabras.

sucre *m* Unidad monetaria de Ecuador.

súcubo *adj* y *m* Díc. del diablo que, bajo la apariencia de mujer, tiene trato carnal con un varón.

suculento, ta *adj* Sustancioso, muy nutritivo.

sucumbir *intr* Ceder, rendirse. ‖ Morir, perecer.

sucursal *adj* y *s* Díc. del establecimiento que depende de otro principal.

sud *m* Sur.

sudadera *f* Prenda de vestir que usan los deportistas para provocar el sudor.

sudamericano, na *adj* y *s* Natural de América del Sur.

sudar *intr* y *tr* Exhalar y expeler sudor • *intr* (fig) Destilar agua a través de su poros algunas cosas impregnadas de humedad. ‖ (fig, fam) Trabajar con fatiga o desvelo, física o moralmente.

sudario m Lienzo en que se envuelve un cadáver.

sudeste m Punto del horizonte, equidistante entre el s y el E. ‖ Viento que sopla de esta parte.

sudoeste m Punto del horizonte, equidistante entre el s y el O. ‖ Viento que sopla de esta parte.

sudor m Secreción propia de las glándulas sudoríparas de la piel de los vertebrados. ‖ (fig) Trabajo y fatiga.

sudorífero, ra adj y m Sudorífico.

sudorífico, ca adj y m Aplícase al medicamento que hace sudar.

sudorípara adj Dícese de cada una de las glándulas que segregan sudor.

sudoroso, sa adj Que está sudando mucho. ‖ Muy propenso a sudar.

sudsudeste m Punto del horizonte equidistante entre el s y el SO. ‖ Viento que sopla de esa parte.

sueco, ca adj y s Natural de Suecia. • m Lengua hablada en Suecia y Finlandia.

suegro, gra m y f Padre o madre del marido respecto de la mujer, o de la mujer respecto del marido.

suela f Parte del calzado que toca al suelo. ‖ Cuero vacuno curtido que se emplea para fabricar esta parte del calzado.

suelazo m (fam) Amér. Golpe dado contra el suelo.

sueldo m Salario que se percibe por un trabajo o servicio prestado.

suelo m Capa superior de la corteza terrestre, capaz de sostener vida vegetal. ‖ Piso o pavimento.

suelta f Acción y efecto de soltar.

suelto, ta pp irreg de soltar. • adj Poco compacto, disgregado. ‖ Díc. del lenguaje o del estilo, fácil, corriente. ‖ Separado y que no hace juego, ni forma con otras cosas la unión debida. ‖ Holgado, ancho. ‖ Que no está envasado o empaquetado. • adj y m Aplícase a la moneda fraccionaria.

sueño m Acto de dormir. ‖ Acto de representarse en la fantasía de uno, mientras duerme, sucesos o imágenes. ‖ Ganas de dormir. ‖ (fig) Cosa fantástica.

suero m Parte de un humor orgánico que permanece líquida después de la coagulación del mismo. ‖ Líquido plasmático obtenido de la sangre de diversos animales, se utiliza para prevenir y curar enfermedades.

suerte f Encadenamiento de los sucesos, considerado como fortuito. ‖ Circunstancia de ser, por mera casualidad, favorable o adverso a personas o cosas lo que ocurre o sucede. ‖ Suerte favorable. ‖ Azar, casualidad a que se fía la resolución de una cosa.

suertero, ra adj Amér. Feliz, afortunado.

sueste m Sudeste.

suéter m Especie de jersey de lana.

suficiencia f Capacidad, aptitud.

suficiente adj Bastante para lo que se necesita. ‖ Apto o idóneo. ‖ (fig) Pedante.

sufijo, ja adj y m Aplícase al afijo que va pospuesto.

sufragáneo, a adj Que depende de la jurisdicción y autoridad de alguno.

sufragar tr Costear, satisfacer. • intr Amér. Votar a un candidato o una propuesta, dictamen, etcétera.

sufragio m Ayuda, favor. ‖ Voto. ‖ Sistema electoral.

sufragismo m Movimiento político que propugna la concesión del derecho de sufragio a la mujer. ❐ SUFRAGISTA.

sufrido, da pp de sufrir. • adj Que sufre con resignación. ‖ Aplícase al color que disimula lo sucio.

sufrir tr Sentir físicamente un daño, dolor, enfermedad o castigo. ‖ Aguantar, tolerar. ‖ Experimentar cierto cambio, acción, etc. ❐ SUFRIBLE; SUFRIMIENTO.

sugerir tr Inspirar a alguien alguna idea. ‖ Insinuar a alguien lo que debe decir o hacer. ‖ Evocar, traer algo a la memoria. ❐ SUGERENCIA.

sugestión f Acción de sugerir. ‖ Cosa sugerida. ‖ Acción y efecto de sugestionar.

sugestionar tr Inspirar una persona a otra hipnotizada palabras o actos involuntarios.

sugestivo, va adj Que sugiere. ‖ Que suscita emoción o resulta atrayente.

S

suicida adj y s Persona que se suicida. • adj Perteneciente al suicidio. ‖ (fig) Díc. del acto o la conducta que daña o destruye al propio agente.

suicidarse prnl Quitarse la vida.

suicidio m Acción y efecto de suicidarse.

suite f Composición instrumental constituida por una serie de piezas en el mismo tono y con un ritmo binario o ternario.

sujeción f Acción de sujetar o sujetarse. ‖ Unión con que una cosa está sujeta.

sujetador, ra adj y s Que sujeta. • m Sostén, prenda interior femenina.

sujetapapeles m Instrumento para sujetar papeles.

sujetar tr y prnl Dominar o someter a alguien a obediencia o disciplina. • tr Agarrar, coger a alguien o algo con fuerza.

sujeto, ta pp irreg de sujetar. • adj Expuesto o propenso a una cosa. • m Persona innominada. ‖ Palabra o palabras que indican aquello de lo cual el verbo afirma algo.

sulfamida f Nombre común de ciertos compuestos químicos que poseen acción bacteriostática.

sulfatar tr y prnl Aplicar a las plantas, especialmente a las vides, sulfato para combatir ciertas enfermedades. □ SULFATACIÓN; SULFATADO, DA.

sulfato m Sal de ácido sulfúrico.

sulfhídrico, ca adj Díc. de un ácido, compuesto de azufre e hidrógeno.

sulfurar tr Combinar un cuerpo con el azufre. • tr y prnl (fig) Irritar, encolerizar.

sulfúreo, a adj Perteneciente o relativo al azufre. ‖ Que tiene azufre.

sulfuro m Sal del ácido sulfhídrico.

sulfuroso, sa adj Que participa de las propiedades del azufre. ‖ Que contiene azufre.

sultán m Título del emperador de los turcos. ‖ Príncipe o gobernador mahometano. □ SULTANA; SULTANATO.

suma f Acción y resultado de sumar. ‖ Agregado de muchas cosas. ‖ Lo más sustancial e importante de una cosa.

sumando m Cada una de las cantidades parciales que han de acumularse o añadirse unas a otras para formar la suma.

sumar tr Recopilar, compendiar. ‖ Reunir en una sola varias cantidades homogéneas. • prnl (fig) Agregarse o adherirse. □ SUMADOR, RA.

sumarial adj Perteneciente o relativo al sumario.

sumario, ria adj Conciso, breve. ‖ Aplícase a determinados juicios civiles en que se procede brevemente, sin algunos trámites del juicio ordinario. • m Resumen. ‖ Conjunto de actuaciones encaminadas a preparar el juicio criminal.

sumarísimo, ma adj Díc. de cierta clase de juicios a que señala la ley una tramitación brevísima.

sumergir tr y prnl Meter una cosa debajo del agua o de otro líquido. ‖ (fig) Abismar, hundir. □ SUMERGIBLE; SUMERSIÓN.

sumidero m Conducto o canal por donde se sumen las aguas.

suministrar tr Proveer a uno de algo que necesita. □ SUMINISTRADOR, RA.

suministro m Acción y efecto de suministrar. ‖ Provisión de algo que se suministra.

sumir tr y prnl Hundir o meter debajo de la tierra o del agua. ‖ (fig) Sumergirse en una idea o pensamiento.

sumisión f Acción y efecto de someter o someterse. ‖ Cualidad de sumiso.

sumiso, sa adj Obediente, subordinado. ‖ Rendido, sometido.

sumo, ma adj Supremo, altísimo, o que no tiene superior. ‖ (fig) Muy grande, enorme.

sunna f Segunda fuente de conocimiento religioso y de derecho del Islam, constituida por las frases y hechos atribuidos a Mahoma.

suntuario, ria adj Relativo o perteneciente al lujo.

suntuoso, sa adj Magnífico, grande y costoso. □ SUNTUOSIDAD.

supeditar tr Subordinar una cosa a otra. □ SUPEDITACIÓN.

súper m Supermercado.

superabundar intr Ser muy abundante. □ SUPERABUNDANCIA; SUPERABUNDANTE.

superar tr Ser superior a otra persona. ‖ Vencer obstáculos y dificultades. • prnl

Hacer alguien alguna cosa mejor que en otras ocasiones. □ SUPERACIÓN.

superávit *m* En el comercio, exceso del haber sobre el debe de cualquier cuenta.

superchería *f* Engaño, simulación, fraude.

superconductividad *f* Propiedad que presentan ciertos metales, y que consiste en la pérdida total de su resistencia eléctrica cuando son enfriados a temperaturas próximas a cero.

superconductor, ra *adj* y *m* Díc. del metal que presenta superconductividad.

superdotado, da *adj* Aplícase a la persona que posee cualidades que exceden de lo normal.

superestrato *m* Lengua que se extiende por el territorio de otra lengua, y cuyos hablantes la abandonan para adoptar esta última, legando sin embargo algunos rasgos a la lengua adoptada.

superestructura *f* Parte de una construcción que está por encima del nivel del suelo.

superficial *adj* Perteneciente o relativo a la superficie. ‖ Que está o se queda en ella. ‖ (fig) Frívolo. □ SUPERFICIALIDAD.

superficie *f* Límite o término de un cuerpo, que lo separa o distingue. ‖ Aspecto externo de una cosa. ‖ Extensión en la que sólo se consideran dos dimensiones: longitud y altitud.

superfluo, flua *adj* No necesario.

superhombre *m* Hombre, con unas cualidades extraordinarias.

superintendente *m* o *f* Persona a cuyo cargo está la dirección y cuidado de una cosa, con superioridad a las demás que sirven en ella.

superior[1] *adj* Díc. de lo que está más alto y en lugar preeminente respecto de otra cosa. ‖ (fig) De más calidad, categoría, etc., que otra persona o cosa. ‖ (fig) Excelente, muy bueno. • *adj* y *m* Díc. del que tiene otros a su cargo.

superior[2]**, ra** *m* y *f* Persona que dirige una congregación o comunidad, pralm. religiosa.

superioridad *f* Condición o calidad de superior. ‖ Persona de superior autoridad.

superlativo, va *adj* y *s* Muy grande y excelente en su línea. ‖ Díc. del adjetivo

o adverbio que expresa el grado mayor de su significación.

supermercado *m* Establecimiento de venta al por menor en el que el comprador se sirve a sí mismo.

supernova *adj* y *f* Díc. de estrellas que explotan repentinamente.

supernumerario, ria *adj* Que excede o está fuera del número establecido. • *m* y *f* Que presta sus servicios en un centro oficial sin pertenecer a la plantilla del mismo.

superponer *tr* Sobreponer. □ SUPERPOSICIÓN.

superrealismo *m* Surrealismo. □ SUPERREALISTA.

supersónico, ca *adj* Dícese de la velocidad superior a la del sonido. • *m* Avión que se mueve a dicha velocidad.

superstición *f* Creencia extraña a la fe religiosa y contraria a la razón. □ SUPERSTICIOSO, SA.

supervisar *tr* Ejercer la inspección superior en determinados casos. □ SUPERVISOR, RA.

supervivencia *f* Acción y efecto de sobrevivir.

superviviente *adj* y *s* Que sobrevive.

superyó *m* En el psicoanálisis, una de las capas de la personalidad, que gravita sobre el yo, imponiéndole prejuicios, opiniones e ideales adquiridos a través de un proceso de aprendizaje social.

supinación *f* Posición de una persona tendida boca arriba. ‖ Movimiento del antebrazo que hace volver la mano hacia arriba.

supino, na *adj* Que está tendido sobre el dorso.

suplantar *tr* Ocupar con malas artes el lugar de otro. □ SUPLANTACIÓN; SUPLANTADOR, RA.

suplementario, ria *adj* Que sirve para suplir o completar una cosa.

suplemento *m* Acción y efecto de suplir. ‖ Complemento para convertir una cosa en íntegra o perfecta. ‖ Hoja o cuaderno que publica un periódico o revista independiente del número ordinario.

suplencia *f* Acción y efecto de suplir una persona a otra. ‖ Tiempo que dura esta acción.

supletorio, ria *adj* Que suple. • *adj* y *m* Que sirve para complementar algo que falta. • *adj* y *s* Díc. del aparato telefónico conectado a la línea de otro principal.

súplica *f* Acción y efecto de suplicar. ‖ Escrito en que se suplica.

suplicar *tr* Rogar, pedir con humildad. ‖ Hacer la suplicación de una sentencia.

suplicatorio, ria *adj* Que contiene súplica. • *m* Instancia que un juez o tribunal eleva a un cuerpo legislativo, para proceder en justicia contra algún miembro de ellas. • *f* Carta u oficio que pasa un tribunal o juez a otro superior.

suplicio *m* Lesión corporal, o muerte infligida con algún castigo. ‖ (fig) Grave tormento, tortura.

suplir *tr* Completar lo que falta en una cosa o remediar la carencia de ella. ‖ Reemplazar a alguien en un cometido. ☐ SUPLENTE.

suponer *tr* Dar por sentada y existente una cosa. ‖ Implicar, significar. • *intr* Tener más o menos importancia en algo.

suposición *f* Acción y efecto de suponer. ‖ Lo que se supone o da por sentado.

supositorio *m* Forma medicamentosa sólida que se introduce por una cavidad natural del organismo (recto, vagina, uretra).

suprarrenal *adj* Situado encima de los riñones.

supremacía *f* Grado supremo en cualquier línea. ‖ Preeminencia, superioridad jerárquica.

supremo, ma *adj* Sumo, altísimo. ‖ Que no tiene superior en su línea. ‖ Último.

suprimir *tr* Hacer desaparecer. ‖ Omitir, callar. ☐ SUPRESIÓN; SUPRESOR, RA.

supuesto, ta *pp irreg* de suponer. • *m* Hipótesis, suposición.

supurar *intr* Formar o echar pus una lesión orgánica. ☐ SUPURACIÓN; SUPURATORIO, RIA.

sur *m* Punto cardinal del horizonte opuesto al N. ‖ Viento que sopla de la parte austral del horizonte.

surcar *tr* Hacer surcos en la tierra. ‖ (fig) Moverse sobre un fluido cortándolo.

surco *m* Hendedura que se hace en la tierra con el arado. ‖ Señal prolongada que deja una cosa sobre otra. ‖ Arruga en el rostro.

sureño, ña *adj* Perteneciente o relativo al sur. ‖ Que está situado en la parte sur de un país.

sureste *m* Sudeste.

surgidero *m* Sitio donde fondean las naves.

surgir *intr* Brotar el agua. ‖ Fondear la nave. ‖ (fig) Alzarse, aparecer. ☐ SURGIDOR, RA.

surmenage *m* Agotamiento o intensa fatiga producidos por un exceso de trabajo.

suroeste *m* Sudoeste.

surrealismo *m* Movimiento artístico-literario, surgido en el primer cuarto del s. XX, que intenta expresar el pensamiento o los sentimientos puros, prescindiendo de cualquier idea lógica, moral o estética. ☐ SURREALISTA.

surtidero *m* Canal por donde desaguan los estanques. ‖ Surtidor de agua.

surtido, da *pp* de surtir. • *adj* y *s* Aplícase al artículo que se ofrece como mezcla de diversas clases. • *m* Acción y efecto de surtir o surtirse.

surtidor, ra *adj* y *s* Que surte o provee. • *m* Chorro de agua que brota hacia arriba. ‖ Aparato extractor y medidor de gasolina.

surtir *tr* y *prnl* Proveer a uno de alguna cosa. • *intr* Brotar el agua, y más en particular hacia arriba. ☐ SURTIMIENTO.

susceptible *adj* Capaz de recibir modificación o impresión. ‖ Díc. de la persona que se ofende fácilmente. ☐ SUSCEPTIBILIDAD.

suscitar *tr* Promover, causar. ☐ SUSCITACIÓN.

suscribir *tr* Firmar al final de un escrito. ‖ (fig) Convenir con el dictamen de otro u otros. • *prnl* Obligarse a contribuir con otros al pago de una cantidad para cualquier obra. • *tr* y *prnl* Abonarse a una publicación periódica. ☐ SUSCRIPCIÓN; SUSCRIPTOR, RA; SUSCRITOR, RA.

susodicho, cha *adj* y *s* Mencionado con anterioridad.

suspender *tr* Levantar o detener una cosa en alto. ‖ (fig) Negar la aprobación a un examinando hasta nuevo examen.

• *tr* y *prnl* Detener por algún tiempo una acción u obra.

suspense *m* En el cine o en otra obra artística o literaria, situación emocional, gralte. angustiosa, producida por una escena dramática de desenlace diferido o indeciso.

suspensión *f* Acción y efecto de suspender o suspenderse. ‖ Sistema elástico a través del cual se apoya un artefacto sobre su asiento.

suspenso, sa *pp irreg* de suspender. • *adj* Admirado, perplejo. • *m* Nota de haber sido suspendido en un examen.

suspensores *m pl Amér.* Tirantes.

suspensorio, ria *adj* Que sirve para suspender en alto o en el aire.

suspicaz *adj* Propenso a concebir sospechas o a tener desconfianza. ❏ SUSPICACIA.

suspirar *intr* Dar suspiros. ‖ Desear con ansia una cosa o amar mucho a una persona.

suspiro *m* Aspiración lenta y prolongada seguida de una espiración que suele denotar una emoción. ‖ (fig, fam) Tiempo brevísimo.

sustancia *f* Lo más importante o esencial de una cosa. ‖ Ser, esencia de las cosas. ‖ Parte nutritiva de los alimentos.

sustancial *adj* Perteneciente o relativo a la sustancia. ‖ Muy importante, fundamental.

sustanciar *tr* Compendiar, extractar.

sustancioso, sa *adj* Que tiene valor o estimación. ‖ Que tiene virtud nutritiva.

sustantivar *tr* y *prnl* Dar valor y significación de nombre sustantivo a otra parte de la oración y aun a locuciones enteras. ❏ SUSTANTIVACIÓN.

sustantivo, va *adj* Que tiene existencia real, individual. ‖ Importante, fundamental. • *m* Nombre sustantivo. ❏ SUSTANTIVIDAD.

sustentáculo *m* Apoyo o sostén de una cosa.

sustentar *tr* y *prnl* Proveer a uno del alimento necesario. ‖ Sostener una cosa para que no se caiga o se tuerza. • *tr* Conservar una cosa en su ser o estado. ‖ Defender o sostener determinada opinión. ❏ SUSTENTACIÓN; SUSTENTADOR, RA.

sustento *m* Mantenimiento, alimento. ‖ Sostén o apoyo.

sustitución *f* Acción y efecto de sustituir. ‖ Nombramiento de heredero o legatario que se hace en reemplazo de otro nombramiento de la misma índole.

sustituir *tr* Poner a una persona o cosa en lugar de otra. ❏ SUSTITUIDOR, RA.

sustitutivo, va *adj* y *s* Que puede reemplazar a otro o a otra cosa.

sustituto, ta *m* y *f* Persona que hace las veces de otra en empleo o servicio.

susto *m* Impresión repentina de miedo o pavor. ‖ (fig) Preocupación vehemente por una adversidad o daño que se teme.

sustracción *f* Acción y efecto de sustraer o sustraerse. ‖ Operación de restar, resta.

sustraendo *m* Cantidad que se resta de otra.

sustraer *tr* Apartar, separar. ‖ Hurtar, robar. ‖ Efectuar una sustracción. • *prnl* Eludir, evitar una obligación, idea, etc.

sustrato *m* Sustancia, entidad o esencia de una cosa. ‖ Terreno situado debajo del que se está considerando. ‖ Lengua que, hablada en un lugar sobre el que se ha implantado otra lengua, se ha extinguido, pero ha legado algunos rasgos a esta última.

susurrar *tr* e *intr* Hablar quedo, produciendo un murmullo. ❏ SUSURRADOR, RA; SUSURRO.

sutil *adj* Delgado, delicado, tenue. ‖ (fig) Agudo, perspicaz.

sutileza *f* Cualidad de sutil. ‖ (fig) Dicho excesivamente agudo y falto de exactitud.

sutilidad *f* Sutileza.

sutilizar *tr* Adelgazar, atenuar. ‖ (fig) Perfeccionar ideas, conceptos, etc. ‖ (fig) Discurrir ingeniosamente.

sutura *f* Articulación inmóvil de los huesos del cráneo y de la cara. ‖ Cosido de los bordes de una solución de continuidad (herida, órgano, vaso, etc.) con el objeto de asegurar y acelerar su unión.

suturar *tr* Hacer una sutura.

suyo, ya *pron pos* de 3ª pers, *m* y *f*, en ambos números. También se emplea como sustantivo.

Tt

t f Vigésima primera letra del abecedario esp. y decimoséptima de sus consonantes.

taba f Astrágalo, hueso del pie.

tabacalero, ra adj Perteneciente o relativo al cultivo, fabricación o venta del tabaco. • adj y s Díc. de la persona que cultiva el tabaco.

tabaco m Planta herbácea que contiene el alcaloide nicotina y un principio activo oloroso (nicocianina). || Hoja de esta planta. || Cigarro puro. ◻ TABAQUISMO.

tabalear tr y prnl Menear o mecer una cosa de una parte a otra. • intr Golpear sobre una tabla o cosa semejante, imitando el toque del tambor.

tabanco m Puesto callejero. || Amér. Centr. Desván, sobrado.

tábano m Insecto de tamaño mayor que la mosca y molesto por sus picaduras.

tabaque m Cestillo pequeño de mimbre.

tabaquero, ra adj Perteneciente o relativo al tabaco. • m y f Díc. de la persona que trabaja o vende el tabaco. • f Caja para tabaco en polvo. || Amér. Petaca.

tabaquismo m Intoxicación aguda o crónica producida por el abuso del tabaco.

tabardillo m (fam) Fiebre alta producida por una insolación. || (fig, fam) Persona alocada.

tabardo m Prenda de abrigo ancha y larga, de paño tosco. || Chaquetón militar de invierno.

tabarra f Lata, cosa insistente y molesta.

tabarro m Tábano de picadura muy dolorosa.

tabasco m Ají de fruto rojo, pequeño y muy picante. || Salsa roja muy picante.

taberna f Local público, popular, en el que se venden y consumen vino y otras bebidas.

tabernáculo m Lugar donde los hebreos colocaban el arca del Testamento.

tabernario, ria adj Propio de la taberna o de las personas que la frecuentan. || (fig) Bajo, grosero.

tabernero, ra m y f Persona que vende vino en la taberna.

tabicar tr Cerrar con tabique una cosa.

tabique m Pared delgada hecha de ladrillos o adobes. || Méx. Ladrillo de base cuadrada.

tabla f Pieza de madera, plana, más larga que ancha y de poco grueso. || Lista o catálogo de cosas puestas por orden sucesivo o relacionadas entre sí. || Superficie del cuadro donde deben representarse los objetos y que se considera siempre como vertical. • pl Estado, en el juego de damas o en el ajedrez, en el cual ninguno de los jugadores puede ganar la partida. || (fig) Escenario del teatro.

tablado m Suelo plano formado de tablas. || Pavimento del escenario de un teatro.

tablar m Conjunto de tablas de huerta o de jardín.

tablazón f Agregado de tablas.

tablero m Tabla o conjunto de tablas unidas por el canto. || Tabla de una materia rígida. || Tabla cuadrada para jugar al ajedrez o a las damas. || Cuadro donde se reúnen los mandos de una máquina.

tableta f Pastilla medicinal. || Pastilla de chocolate plana y rectangular.

tablón m Tabla gruesa. || (fig, fam) Borrachera, embriaguez.

tabú m Tema que no se puede tocar.

tabulador m Dispositivo de la máquina de escribir, o del teclado de una computadora que permite empezar las líneas a diferentes distancias del margen del papel.

tabular[1] adj Que tiene forma de tabla.

tabular[2] tr Expresar por medio de tablas valores y magnitudes. || Accionar el tabulador de una máquina de escribir o de una computadora. ◻ TABULACIÓN.

taburete *m* Asiento sin brazos ni respaldo para una persona.

tacada *f* Golpe dado en el taco a la bola de billar. ‖ Serie de carambolas hechas sin perder golpe.

tacaño, ña *adj* y *s* Miserable, ruin, mezquino. ▢ TACAÑEAR; TACAÑERÍA.

tacatá *m* Andador metálico con asiento de lona y ruedecillas en las patas.

tacha *f* Falta o defecto que se halla en una persona o cosa. ‖ Clavo mayor que la tachuela común.

tachar *tr* Poner en una cosa falta o tacha. ‖ Borrar lo escrito. ‖ (fig) Culpar, censurar, notar. ▢ TACHADURA; TACHÓN.

tácito, ta *adj* Callado, silencioso. ‖ Que no se oye, sino que se supone.

taciturno, na *adj* Callado, que le molesta hablar. ‖ (fig) Triste, melancólico.

taco *m* Pedazo de madera u otra materia, corto y grueso, que se encaja en algún hueco. ‖ Vara de madera dura con la cual se impelen las bolas de billar. ‖ Calendario formado por un conjunto de hojas de papel superpuestas, una por día. ‖ (fam) Embrollo, lío. ‖ (fig, fam) Palabrota. ‖ *Amér.* Tacón.

tacómetro *m* Aparato para medir la velocidad de rotación de un eje.

tacón *m* Pieza unida a la suela del calzado en la parte del talón.

taconear *intr* Pisar causando ruido, haciendo fuerza con el tacón. ▢ TACONEO.

táctico, ca *adj* Perteneciente o relativo a la táctica. ● *m* El que sabe o practica la táctica. ● *f* Conjunto de reglas a que se ajustan en su ejecución las operaciones militares.

tacto *m* Sentido que reside en la piel, por el que se perciben las sensaciones de contacto, de presión y de temperatura. ‖ (fig) Habilidad para hablar u obrar con acierto en asuntos delicados. ‖ (fig) Tino, acierto.

tafetán *m* Tela delgada de seda, muy tupida.

tafilete *m* Cuero delgado, bruñido y lustroso.

tahona *f* Panadería, horno. ▢ TAHONERO, RA.

tahúr, ra *adj* y *s* Dícese del que se dedica al juego o hace trampas en él. ▢ TAHURESCO, CA.

taifa *f* (fig) Bando, facción.

taiga *f* Selva de subsuelo helado, propia del norte de Rusia y Siberia.

taimado, da *adj* y *s* Bellaco, astuto, disimulado.

tajada *f* Porción cortada de una cosa.

tajadera *f* Cuchilla a modo de media luna.

tajamar *m* Tablón recortado en forma curva que sirve para hender el agua cuando el buque marcha.

tajante *adj* (fig) Concluyente.

tajar *tr* Dividir una cosa en dos o más partes con instrumento cortante.

tajo *m* Corte hecho con instrumento adecuado. ‖ Trabajo, tarea que debe hacerse en un tiempo limitado. ‖ Corte casi vertical en el terreno.

tal *adj* Igual, semejante. ‖ Tanto o tan grande. ‖ Aplicado a un nombre propio, da a entender que aquel sujeto es poco conocido. ‖ También se emplea como *pron indet.* ● *adv* modo Así, de esta manera, de suerte.

tala *f* Acción y efecto de talar.

taladrar *tr* Horadar una cosa con taladro u otro instrumento semejante. ‖ (fig) Herir los oídos algún sonido agudo. ▢ TALADRADOR, RA.

taladro *m* Instrumento cortante con que se agujerea la madera u otra superficie dura.

tálamo *m* Cama de los desposados y lecho conyugal. ‖ Receptáculo de los verticilos florales.

talante *m* Modo de ejecutar una cosa. ‖ Semblante o disposición personal, o estado o calidad de las cosas. ‖ Voluntad, deseo, gusto.

talar[1] *adj* Díc. del traje que llega hasta los talones.

talar[2] *tr* Cortar por su parte más baja. ‖ Destruir, arrasar campos, casas, poblaciones, etcétera.

talasocracia *f* Supremacía marítima de un Estado sobre los restantes.

talco *m* Silicato de magnesio, de color verdoso, brillo perlado y suave y untuoso al tacto.

taled *m* Pieza de lana con que se cubren los judíos la cabeza y el cuello en sus ceremonias religiosas.

talego m Saco largo y angosto, de lienzo basto. ‖ (fig, fam) Mil pesetas.

taleguilla f Calzón del traje usado en la lidia por los toreros.

talento m Inteligencia, capacidad intelectual. ‖ Aptitud para el desempeño de una ocupación o la realización de una cosa.

talismán m Carácter, figura o imagen a la cual se atribuyen virtudes portentosas.

talla f Obra de escultura en madera. ‖ Estatura del hombre. ‖ Medida estándar de las prendas de vestir. ‖ (fig) Calidad moral o intelectual.

tallar tr Dar forma o trabajar un material. ‖ Medir la estatura de una persona.

tallarín m Pasta alimenticia hecha a base de harina de trigo amasada.

talle m Disposición del cuerpo humano. ‖ Cintura del cuerpo humano. ‖ Forma que se da al vestido, cortándolo y proporcionándolo al cuerpo.

tallecer intr Entallecer. • intr y prnl Echar tallo las semillas, bulbos o tubérculos de las plantas.

taller m Lugar en que se realizan obras manuales o artísticas.

tallo m Porción de las plantas que sirve de sustentáculo a las hojas, flores y frutos. ‖ Renuevo que ha echado una planta. ‖ Germen que ha brotado de una semilla, bulbo o tubérculo.

talludo, da adj Que ha echado tallo grande. ‖ (fig) Crecido y alto.

talo m Órgano de la planta en el que no se aprecia diferencia entre raíz, hojas y tallo.

talofito adj y s Díc. de los vegetales cuyo cuerpo vegetativo es un talo unicelular o pluricelular.

talón m Parte posterior del pie humano. ‖ Parte del calzado, que cubre el calcañar. ‖ Pulpejo del casco de una caballería. ‖ Parte de un documento que se corta de un libro o cuaderno talonario.

talonario m Libro de donde se cortan cheques, recibos, etc.

talud m Inclinación o declive del paramento de un muro o de un terreno.

tamal m Amér. Empanada de masa de harina de maíz, rellena de condimentos diversos.

tamango m Amér. Merid. Especie de abarca de cuero. ‖ Botín basto y grande.

tamaño, ña adj Tan grande o tan pequeño. ‖ Muy grande o muy pequeño, ponderando la importancia o desmesura de algo.

tamarindo m Árbol cuyo fruto, de sabor agradable, es laxante. ‖ Fruto de este árbol.

tamba f Ecuad. Paño que usan los indios para cubrirse de la cintura abajo.

tambalear intr y prnl Moverse una cosa a uno y otro lado, por falta de fuerza o de equilibrio.

tambarria f Amér. Holgorio, parranda.

tambero, ra adj Amér. Perteneciente al tambo. • m y f Amér. Persona que tiene un tambo o está encargada de él.

también adv modo Se usa para afirmar la igualdad, semejanza, conformidad o relación de una cosa con otra ya nombrada. ‖ Además.

tambo m Amér. Venta, posada. ‖ Arg. Vaquería.

tambor m Instrumento musical de percusión. ‖ Aro de madera sobre el cual se sujeta la tela que se borda.

tamborear intr Golpear acompasadamente con los dedos. ☐ TAMBOREO.

tamboril m Tambor pequeño que se lleva colgado del brazo y se toca con un solo palillo.

tamborilear intr Tocar el tamboril. ‖ Tamborear.

tamiz m Cedazo de malla tupida.

tamizar tr Pasar una cosa por un tamiz. ‖ (fig) Seleccionar, depurar.

tampoco adv neg Se usa para negar una cosa después de haberse negado otra.

tampón m Almohadilla impregnada de tinta que se emplea para entintar sellos. ‖ Rollo de celulosa que se introduce en la vagina de la mujer para que absorba el flujo menstrual.

tamtan m Tambor típico de los negros africanos. ‖ Onomat. que expresa el sonido de un tambor.

tan adv cant Se emplea delante de adj, v y adv para modificar, encareciéndola, su significación. ‖ Con comparativos denota igualdad o equivalencia.

tanda f Turno. ‖ Cada grupo en que se divide un conjunto de personas o de animales que se turnan en algún trabajo. ‖ Número indeterminado de ciertas cosas pertenecientes todas a un mismo género.

tándem m Bicicleta con dos sillines y dos juegos de pedales. ‖ (fig) Unión de dos personas para una actividad común.

tanga m Variedad de bikini, de dimensiones más reducidas.

tángana f Alboroto, escándalo.

tangente adj Que toca. • adj y f Dícese de una línea o de una superficie que toca en un punto con otra línea o superficie. ⎕ TANGENCIAL.

tangible adj Que se puede tocar. ‖ (fig) Que se puede comprobar de manera precisa.

tango m Baile argentino, de origen afrocubano y de ritmo cadencioso. ‖ Música y letra de este baile. ⎕ TANGUISTA.

tanino m Sustancia para curtir pieles, que se halla presente en la corteza de muchos árboles.

tanque m Carro de combate blindado. ‖ Vehículo cisterna en que se transporta agua u otro líquido. ‖ Depósito de agua.

tántalo m Ave de plumaje blanco, cabeza y cuello desnudos y pico encorvado.

tantear tr Medir o calcular si una determinada cantidad de una cosa es suficiente para aquello a lo que se destina. ‖ (fig) Considerar con reflexión las cosas antes de llevar a cabo una acción. ‖ (fig) Indagar el ánimo o la intención de alguien sobre un determinado asunto. • tr e intr Apuntar los tantos que se producen en el juego.

tanteo m Acción y efecto de tantear o tantearse. ‖ Núm. de tantos que se ganan en el juego.

tanto, ta adj Se aplica a cantidad o número indeterminado. • pron dem Eso, con idea de calificación o ponderación. • m Cantidad o núm. determinado de una cosa. ‖ Unidad de cuenta en algunos juegos. • m pl Núm. que se ignora o no se quiere expresar. • adv cant Hasta tal punto; tal cantidad. ‖ En sentido comparativo denota idea de equivalencia o igualdad.

tañer tr Tocar un instrumento musical.

tañido pp de tañer. • m Acción y efecto de tañer. ‖ Sonido de la campana.

taoísmo m Sistema religiosofilosófico chino fundado por Laotsé.

tapa f Pieza que cierra la parte superior de un recipiente. ‖ Cada una de las diversas capas de suela que forman el tacón de una bota. ‖ Cada una de las dos cubiertas de un libro encuadernado. ‖ Pequeñas porciones de comida que se toman con bebidas como aperitivo.

tapacubos m Tapa metálica que se adapta al cubo de una rueda y protege el buje de la misma.

tapadera f Pieza que se ajusta a la boca de alguna cavidad para cubrirla.

tapado, da pp de tapar. • m Amér. Abrigo o capa de señora o niño.

tapajuntas m Listón para tapar la juntura del marco de una puerta o ventana con la pared.

tapar tr Cubrir o cerrar lo que está descubierto o abierto. • tr y prnl Resguardarse del frío, viento, lluvia, etc., mediante la ropa u otros medios. ‖ (fig) Encubrir u ocultar un defecto o una acción reprobable de alguien.

taparrabo o **taparrabos** m Pedazo de tela con que los individuos de algunas tribus se cubren los órganos sexuales.

tapete m Alfombra pequeña. ‖ Paño que se suele poner en las mesas y otros muebles.

tapia f Pared que sirve como valla o cerca.

tapiar tr Cerrar o limitar con tapias.

tapicería f Juego de tapices. ‖ Arte y obra de tapicero. ‖ Establecimiento de tapicero. ⎕ TAPICERO, RA.

tapioca f Fécula que se saca de la raíz de la mandioca y la yuca, y se usa para sopa.

tapir m Mamífero cuyo tamaño es algo mayor que el del cerdo y posee una breve trompa.

tapiz m Paño grande, de lana o seda, que se cuelga en la pared como adorno o abrigo.

tapizar tr Cubrir con tapices. ‖ Forrar con tela los muebles o las paredes. ⎕ TAPIZADO, DA.

tapón m Pieza con que se tapan botellas, toneles y otras vasijas. ‖ p. ext. Aquello que dificulta u obstruye el paso. ‖ Acumulación de cerumen en el oído externo. ‖ (fig, fam) Persona muy gruesa y pequeña. ❏ TAPONAMIENTO.

taponar *tr.y prnl* Cerrar con un tapón un conducto u orificio. ‖ Obstruir, obstaculizar.

tapujo *m* Embozo con que uno se tapa para no ser conocido. ‖ (fig, fam) Disimulo o engaño.

taquear *tr* y *prnl Amér.* Abarrotar. ‖ *intr Amér.* Taconear, atiborrar. ‖ *Méx.* y *Perú.* Jugar al billar.

taquicardia *f* Aumento de la frecuencia cardíaca, superior a cien latidos por minuto.

taquigrafía *f* Método de escritura rápida en el que se usan caracteres y símbolos. ❏ TAQUIGRAFIAR; TAQUIGRÁFICO, CA; TAQUÍGRAFO, FA.

taquilla *f* Armario para guardar y clasificar papeles. ‖ Casillero para los billetes de teatro, ferrocarril, etc. ‖ Recaudación obtenida en cada espectáculo.

taquillero, ra *adj* (fam) Díc. del espectáculo o actor que consigue recaudar mucho dinero. • *m* y *f* Persona que se encarga de despachar los billetes en taquilla.

taquimecanografía *f* Arte de escribir en taquigrafía y en mecanografía. ❏ TAQUIMECANÓGRAFO, FA.

tara *f* Parte del peso de una mercancía que corresponde al envase. ‖ Lesión física o psíquica, por lo común grave y hereditaria.

tarabilla *m* y *f* (fam) Persona que habla mucho y sin orden ni concierto. • *f* (fig, fam) Tropel de palabras dichas de este modo.

tarabita *f* Palito que lleva la cincha en un extremo, con el que se aprieta la correa.

taracea *f* Decoración de un mueble mediante la incrustación de trocitos de madera u otros materiales formando dibujos. ❏ TARACEAR.

tarado, da *pp* de tarar. • *adj* Que padece alguna tara. • *adj* y *s* (fig, fam) Estúpido, necio.

tarambana *adj* y *s* (fam) Díc. de la persona alocada, de poco juicio.

taranta *f* Cierto baile popular. ‖ *Amér.* Repente, locura, vena.

tarantela *f* Baile napolitano de movimiento muy vivo. ‖ Música de este baile.

tarántula *f* Araña venenosa, muy común en el sur de Europa.

tarar *tr* Señalar la tara de una mercancía para averiguar el peso neto.

tararear *tr* Cantar en voz baja y sin pronunciar las palabras. ❏ TARAREO.

tararí *m* Toque de la trompeta. • *interj* (fam) Expresión burlona que demuestra incredulidad.

tarascada *f* Herida por mordedura. ‖ (fig, fam) Respuesta airada o grosera.

tardar *intr* y *prnl* Detenerse, no llegar oportunamente. ‖ Emplear un determinado tiempo en hacer algo. ❏ TARDANZA.

tarde *f* Espacio de tiempo desde el mediodía hasta el anochecer. • *adv* A hora avanzada del día o de la noche. ‖ Después del tiempo oportuno.

tardío, a *adj* Díc. de los frutos que tardan en madurar. ‖ Que sucede fuera de tiempo. ‖ Pausado, lento.

tardo, da *adj* Lento y pausado en sus acciones. ‖ Torpe, que encuentra dificultades para expresarse o comprender algo.

tardón, na *adj* y *s* (fam) Que tarda mucho o se retrasa con frecuencia.

tarea *f* Cualquier tipo de obra o trabajo.

tareco *m Amér.* Trasto, trebejo.

tarifa *f* Tabla de los precios, derechos o impuestos ‖ Precio fijado por las autoridades para los servicios públicos.

tarifar *tr* Señalar o aplicar una tarifa.

tarima *f* Plataforma de madera de escasa altura sobre el suelo.

tarjeta *f* Pieza de cartulina, pequeña y rectangular, con los datos de una persona o que lleva impreso o escrito un permiso, una invitación u otra cosa semejante.

tarjetero *m* Cartera, o lugar en ella, para llevar tarjetas de visita.

tarot *m* Juego de naipes usado para adivinar el porvenir.

tarquín *m* Légamo, cieno.

tarro *m* Vaso cilíndrico de porcelana, vidrio o de otra materia. ‖ (fig, fam) Cabeza humana.

tarso *m* Parte posterior del pie. ‖ Parte más delgada de las patas de las aves.

tarta f Pastel de forma redonda, relleno de frutas, crema u otros ingredientes.

tartaja adj y s (fam) Tartajoso, que tartamudea.

tartajear intr Hablar con articulación deficiente. ‖ Tartamudear. ❏ TARTAJEO; TARTAJOSO, SA.

tartamudear intr Hablar de forma entrecortada y repitiendo algunas sílabas. ❏ TARTAMUDEO; TARTAMUDEZ; TARTAMUDO, DA.

tartana f Carruaje de dos ruedas con toldo y asientos laterales. ‖ Embarcación menor de vela. ‖ (fam) Automóvil viejo y en mal estado.

tartera f Fiambrera.

tarugo m Pedazo de madera corto y grueso. ‖ Pedazo de pan duro, grueso e irregular. ‖ (fam) Persona inculta o corta de entendimiento.

tarumba adj fam Loco, aturdido, atolondrado.

tas m Yunque pequeño que usan los plateros.

tasa f Acción y efecto de tasar. ‖ Cantidad que se paga por la utilización o disfrute de un bien o servicio público.

tasar tr Fijar la autoridad competente el precio máximo y mínimo de una mercancía. ‖ Valorar una cosa calculando su precio. ‖ Regular o estimar la remuneración debida por un trabajo. ❏ TASACIÓN; TASADOR, RA.

tasca f Garito o casa de juego. ‖ Taberna.

tasquear intr Recorrer tascas y tabernas para tomar copas y tapas.

tata f (fam) Chacha, niñera. • m Amér. Padre.

tatarabuelo, la m y f Respecto de una persona, el padre o la madre de su bisabuelo o bisabuela.

tataranieto, ta m y f Respecto de una persona, hijo o hija de su biznieto o biznieta.

tate! interj (fam) Equivale a ¡cuidado! o poco a poco.

tatuar tr y prnl Decorar la piel con dibujos, mediante la introducción en la dermis de sustancias colorantes. ❏ TATUAJE.

taula f Monumento megalítico en forma de.

taumaturgia f Facultad de realizar prodigios.

taurino, na adj y s Perteneciente o relativo a los toros o a las corridas de toros.

tauromaquia f Técnica y arte de torear. ‖ Libro que contiene estas reglas.

tautología f Repetición inútil de un mismo pensamiento. ❏ TAUTOLÓGICO, CA.

taxativo, va adj Que limita y reduce un caso a determinadas circunstancias.

taxi m Coche de alquiler con conductor, provisto de taxímetro. ❏ TAXISTA.

taxidermia f Arte de disecar animales.

taxímetro m Aparato que en los automóviles marca la distancia recorrida y el precio. ‖ Taxi.

taxonomía f Ciencia que estudia los principios, métodos y fines de la clasificación. ❏ TAXONÓMICO, CA; TAXONOMISTA.

taza f Vasija pequeña, con asa, que se usa para tomar líquidos. ‖ Lo que cabe en ella. ‖ Receptáculo donde vacían el agua las fuentes. ‖ Receptáculo del retrete. ❏ TAZÓN.

te[1] f Nombre de la letra t.

te[2] Dativo o acusativo del pron pers de 2ª pers. en gén. masculino o femenino y número singular.

té m Nombre común de diversos arbustos propios del Extremo Oriente. ‖ Hoja seca de estos arbustos, arrollada y tostada ligeramente. ‖ Infusión en agua hirviendo de estas hojas.

tea f Antorcha formada por una astilla de madera que se impregna en resina y arde con facilidad.

teatral adj Perteneciente o relativo al teatro. ‖ Aplícase a personas o acciones que llaman deliberadamente la atención. ❏ TEATRALIDAD.

teatralizar tr Dar forma teatral o representable a un tema o asunto.

teatro m Edificio destinado a la representación de obras dramáticas. ‖ Arte de componer obras dramáticas, o de representarlas. ‖ (fig) Literatura dramática.

tebeo m Revista infantil de historietas.

techar tr Poner techo a un edificio. ❏ TECHADOR.

techo *m* Parte superior de un edificio, que lo cubre y cierra, o de cualquiera de sus estancias.

techumbre *f* Techo de un edificio.

tecla *f* Cada una de las piezas que, al ser pulsadas por los dedos, hacen sonar ciertos instrumentos musicales o mecanismos.

teclado *m* Conjunto de teclas del piano, órgano u otro instrumento o mecanismo.

teclear *intr* Mover las teclas. • *tr* (fig, fam) Probar diversos medios para conseguir algo. ❏ TECLEO.

técnica *f* Conjunto de procedimientos de que se sirve una ciencia o arte. ‖ Habilidad para aplicar esos procedimientos.

tecnicismo *m* Calidad de técnico. ‖ Término propio de una ciencia, oficio, etc.

técnico, ca *adj* Perteneciente o relativo a las aplicaciones de las ciencias y las artes. ‖ Díc. de las palabras empleadas en un arte, ciencia, oficio, etc. • *m* El que posee conocimientos especiales en una ciencia o arte.

tecnocracia *f* Forma de gobierno cuyas teorías propugnan que la dirección política y económica de los estados sea función de técnicos o especialistas. ❏ TECNÓCRATA.

tecnología *f* Conjunto de los conocimientos técnicos y científicos aplicados a la industria. ❏ TECNOLÓGICO, CA.

tectónico, ca *adj* Perteneciente a los edificios o a otras obras de arquitectura. ‖ Perteneciente o relativo a la estructura de la corteza terrestre. • *f* Parte de la geología, que trata de dicha estructura.

tedéum *m* Himno religioso de acción de gracias.

tedio *m* Aburrimiento, hastío. ❏ TEDIOSO, SA.

teflón *m* Material plástico antiadherente, muy resistente a la temperatura y a los disolventes.

tegumento *m* Tejido que recubre y protege a los animales y vegetales o bien a algunos de sus órganos. ❏ TEGUMENTARIO, RIA.

teína *f* Alcaloide del té.

teísmo *f* Creencia en un Dios personal, creador y conservador del mundo, y en su providencia.

teja *f* Pieza de barro cocido para cubrir las techumbres. ❏ TEJERÍA; TEJERO.

tejadillo *m* Tejado pequeño de una vertiente construido sobre una puerta como protección.

tejado *m* Parte superior del edificio, con frecuencia cubierta por tejas.

tejar[1] *m* Sitio donde se fabrican tejas y ladrillos.

tejar[2] *tr* Poner tejas en la cubierta de un edificio.

tejedor, ra *adj* Que teje. • *m* y *f* Persona que tiene por oficio tejer.

tejeduría *f* Arte de tejer. ‖ Taller donde se teje.

tejemaneje *m* (fam) Afán, destreza con que se hace una cosa. ‖ (fam) Manejos enredosos para algún asunto turbio.

tejer *tr* Formar la tela en el telar entrelazando en él la trama y la urdimbre. ‖ Entrelazar hilos, espartos, etc., para formar trencillas, esteras u otras cosas semejantes. ‖ Formar ciertos animales sus telas y capullos.

tejido, da *pp* de tejer. • *m* Disposición de los hilos de una tela. ‖ Cosa tejida ‖ Agrupación de células de un mismo origen que realizan una función concreta en el organismo.

tejo[1] *m* Pedazo redondo de teja que sirve para jugar. ‖ Chito, juego.

tejo[2] *m* Árbol ornamental de hojas perennes y tronco robusto; su madera se utiliza en carpintería y sus hojas tienen propiedades medicinales.

tejón *m* Mamífero carnívoro de pequeño tamaño cuyo pelo se usa para fabricar pinceles.

tejuelo *m* Etiqueta de piel o de papel para poner un rótulo.

tela *f* Cualquier obra hecha de hilos entre cruzados regularmente. ‖ Obra tejida en el telar.

telar *m* Máquina para tejer.

telaraña *f* Tela que forma la araña.

telecabina *f* Teleférico de cable único de tado de cabinas para el transporte.

telecomunicación *f* Tipo de comunicación telegráfica, telefónica o radioteligráfica entre una estación transmisora y otra receptora.

telecontrol *m* Procedimiento para controlar a distancia una magnitud de un sistema.

telediario *m* Noticiario de televisión.

teledifusión *f* Transmisión de imágenes de televisión mediante ondas electromagnéticas.

teledirigir *tr* Dirigir a distancia un aparato.

telefax *m* Sistema telefónico que permite reproducir a distancia textos, documentos, etcétera.

teleférico *m* Sistema de transporte de pequeños vehículos suspendidos en cables aéreos, y guiados asimismo por éstos.

telefilme *m* Película de cine realizada para ser transmitida por televisión.

telefonear *tr* Comunicar algo por teléfono. || Llamar a alguien por teléfono.

telefonema *m* Telegrama telefónico.

telefonía *f* Arte de construir, instalar y manejar los teléfonos.

teléfono *m* Aparato que permite transmitir a distancia toda clase de sonidos. ◻ TELEFONAZO; TELEFÓNICO, CA; TELEFONISTA.

telegrafía *f* Arte de construir, instalar o manejar los telégrafos.

telegrafiar *tr* Transmitir una comunicación por telégrafo.

telégrafo *m* Sistema de comunicación a distancia que permite transmitir mensajes con rapidez. ◻ TELEGRÁFICO, CA; TELEGRAFISTA.

telegrama *m* Despacho telegráfico. || Impreso que se envía a alguien con el texto de una comunicación telegráfica.

telele *m* (fam) Patatús, soponcio.

telemando *m* Sistema para dirigir una maniobra mecánica desde lejos. || Orden enviada por este sistema.

telemática *f* Técnica que permite combinar las posibilidades de la informática y las de los diversos sistemas de comunicación.

telemetría *f* Técnica de medición de distancias entre objetos lejanos.

telémetro *m* y Aparato para medir, desde un sitio, la distancia que hay hasta otro.

telenovela *f* Novela convertida en telefilme.

teleobjetivo *m* Objetivo especial para fotografiar objetos muy lejanos.

teleología *f* Doctrina de las causas finales.

telepatía *f* Percepción de un fenómeno ocurrido fuera del alcance de los sentidos. Díc. especialmente de la transmisión directa del pensamiento a otras persona. ◻ TELEPÁTICO, CA.

teleproceso *m* Procesamiento de datos a distancia mediante un ordenador conectado a una red con capacidad de entrada y salida.

telera *f* Pieza que hace de travesaño en un instrumento o utensilio. || *Méx.* Pan.

telescopio *m* Instrumento óptico de gran alcance que se destina a la observación astronómica. ◻ TELESCÓPICO, CA.

telesilla *f* Teleférico de cable único y sillas destinadas al transporte de personas.

telespectador, ra o **televidente** *m* y *f* Espectador de televisión.

telesquí *m* Sistema funicular que sirve para remolcar a los esquiadores.

teletexto *m* Servicio informativo que consiste en la transmisión televisiva de textos escritos.

teletipo *m* Telégrafo que realiza directamente la transmisión y recepción de mensajes.

televisar *tr* Transmitir por televisión.

televisión *f* Transmisión de imágenes ópticas a distancia, valiéndose de ondas hertzianas.

televisor *m* Aparato receptor de televisión.

télex *m* Servicio transmisor de mensajes mecanografiados mediante teletipos.

telón *m* Lienzo grande que se pone en el escenario de un teatro, de modo que pueda bajarse y subirse.

telonero, ra *adj* y *s* Díc. del artista de variedades poco importante, que actúa en primer lugar.

telúrico, ca *adj* Perteneciente o relativo a la Tierra como planeta.

tema *m* Idea que se toma por asunto de un discurso, obra de arte, etc. || Unidades de estudio en que se dividen las asignaturas, las oposiciones, etc. || Fragmento esencial de una composición con arreglo al cual se desarrolla el resto de ella.

temario m Programa, cuestionario.

temático, ca adj Perteneciente o relativo al tema • f Conjunto de temas parciales en un asunto general.

temblar intr Agitarse con movimiento frecuente e involuntario. • intr y tr (fig) Tener mucho miedo. ❏ TEMBLADERA; TEMBLOROSO, SA.

tembleque m (fam) Temblor intenso.

temblequear intr (fam) Temblar con frecuencia. ‖ (fam) Afectar temblor.

temblor m Movimiento involuntario, repetido y continuado. ‖ Terremoto.

temer tr Sentir temor de alguien o algo. ‖ Recelar. • tr y prnl Sospechar.

temerario, ria adj Imprudente, que se expone a los peligros. ‖ Que se dice, hace o piensa sin fundamento. ❏ TEMERIDAD.

temeroso, sa adj Que causa temor. ‖ Que siente temor.

temible adj Digno de ser temido.

temor m Miedo, sentimiento de inquietud o incertidumbre. ‖ Recelo de un daño futuro.

témpano m Piel extendida del pandero, tambor, etc. ‖ Pedazo de cualquier cosa dura, extendida o plana, como un bloque de hielo.

temperamental adj Perteneciente o relativo al temperamento. ‖ Enérgico, apasionado.

temperamento m Aspecto de la personalidad dependiente de los factores constitucionales de cada persona. ‖ p. ext. Carácter, forma de ser y manera de reaccionar de una persona.

temperatura f Nivel térmico de los cuerpos o del ambiente. ‖ (fam) Temperatura del cuerpo humano o de los animales.

tempestad f Fuerte tormenta. ‖ Perturbación de las aguas del mar. ‖ (fig) Alteración del ánimo de una persona.

tempestuoso, sa adj Que causa o constituye una tempestad.

templado, da pp de templar. • adj Moderado, comedido. ‖ Que no está frío ni caliente. ‖ (fam) Sereno.

templanza f Sujeción a la razón de los apetitos y de los placeres de los sentidos. ‖ Benignidad del clima. ‖ Armonía de los colores.

templar tr Calentar ligeramente algo. ‖ (fig) Moderar la cólera o enojo. ‖ Disponer la pintura de modo que no desdigan los colores. • prnl (fig) Contenerse. ‖ Amér. Merid. Enamorarse.

temple m Proceso a que se someten ciertos materiales para mejorar algunas de sus propiedades físicas. ‖ (fig) Capacidad de autocontrol en situaciones difíciles.

templete m Estructura pequeña que sirve para cobijar una imagen. ‖ Pabellón o quiosco.

templo m Edificio o lugar público destinado a un culto.

tempo m Cada uno de los diversos movimientos de una composición musical.

temporada f Espacio de tiempo formando un conjunto. ‖ Tiempo durante el cual se realiza habitualmente alguna cosa.

temporal[1] adj Perteneciente al tiempo. ‖ Que dura por algún tiempo. ‖ Secular, profano. • m Tempestad.

temporal[2] adj Relativo a la sien y a los elementos anatómicos que la componen. • adj y m Díc. del hueso par situado en la parte lateral del cráneo.

temporizador m Dispositivo electrónico que permite regular la emisión de una señal.

temporizar intr Acomodarse al gusto o parecer ajeno por respeto o por conveniencia.

tempranero, ra adj Temprano, anticipado, en especial aplicado a los frutos. • adj y s Madrugador.

temprano, na adj Adelantado, que es antes del tiempo regular. • adv tiempo En las primeras horas del día o de la noche.

tenacillas f pl Tenaza pequeña que sirve para coger terrones de azúcar, rizar el pelo, etcétera.

tenaz adj Que opone mucha resistencia a romperse o deformarse o despegarse. ‖ (fig) Firme, terco en un propósito. ❏ TENACIDAD.

tenaza f Instrumento metálico compuesto de dos brazos articulados que sirve para sujetar algo, arrancarlo o cortarlo. Se usa más en plural.

tendencia f Propensión o inclinación psicológica hacia determinados fines.

tendencioso, sa adj Que manifiesta o incluye tendencias hacia determinados fines o doctrinas.

tender tr Desdoblar, extender. ‖ Esparcir por el suelo una cosa. ‖ Extender la ropa mojada para que se seque. • intr Encaminarse alguien o algo hacia un determinado fin. • prnl Tumbarse a la larga. ⬜ TENDEDERO; TENDEDOR, RA.

tenderete m Puesto de venta al por menor, instalado al aire libre.

tendero, ra m y f Dueño de una tienda. ‖ Persona que vende al por menor.

tendido, da pp de tender. • adj Aplícase al galope fuerte del caballo o a la carrera violenta del hombre o de cualquier animal.

tendón m Estructura fibrosa que une los músculos a los huesos. ⬜ TENDINOSO, SA.

tenebroso, sa adj Oscuro, cubierto de tinieblas. ‖ (fig) Sombrío, tétrico. ‖ (fig, fam) Poco claro.

tenedor, ra m y f El que tiene o posee una cosa, en especial una letra de cambio u otro valor endosable. • m Utensilio de mesa, con dos o más púas iguales para llevar alimentos sólidos a la boca.

tenencia f Ocupación y posesión de una cosa. ‖ Cargo de teniente y lugar en que lo ejerce.

tener tr Asir o mantener asida una cosa. ‖ Poseer y gozar. ‖ Contener o comprender en sí. ‖ Poseer, abundar en una cosa. ‖ Estar en previsión de hacer una cosa u ocuparse en ella. ‖ Construido con el pron que y el infinitivo de otro verbo, expresa la trascendencia o importancia de la acción significada por el infinitivo. ‖ Con los nombres que significan tiempo, expresa la duración o edad de las cosas o personas de que se habla. ‖ Como verbo auxiliar, haber. • tr y prnl Construido con la preposición y los adjetivos poco, mucho y otros, estimar, apreciar. • prnl Afirmarse o asegurarse uno para no caer.

tenia f Gusano de color blanco, en forma de cinta, que parasita en el intestino humano.

teniente m El que ejerce el cargo o ministerio de otro. ‖ Oficial inmediatamente inferior al capitán.

tenis m Deporte consistente en lanzar con una raqueta una pelota de una a otra parte de un terreno rectangular, dividido por una red.

tenor[1] m Contenido literal de un escrito.

tenor[2] m Voz media entre la de contralto y la de barítono. ‖ Persona que tiene esta voz.

tenorio m (fig) Galanteador audaz y pendenciero.

tensar tr Poner tensa alguna cosa.

tensión f Estado producido en un cuerpo elástico por fuerzas exteriores o interiores. ‖ Voltaje de la energía eléctrica.

tenso, sa adj Que se halla en tensión.

tensor, ra adj y s Que tensa u origina tensión. • m Dispositivo que sirve para tensar.

tentación f Impulso repentino que excita a hacer una cosa mala. ‖ (fig) Sujeto que induce o persuade.

tentáculo m Apéndice móvil y blando que tienen ciertos invertebrados.

tentar tr Examinar por medio del sentido del tacto lo que no se puede ver. ‖ Instigar, inducir. ⬜ TENTADOR, RA.

tentativa f Acción con que se intenta una cosa. ‖ Principio de ejecución de un delito que no llega a realizarse.

tentempié m (fam) Refrigerio, piscolabis.

tenue adj Delicado, delgado y débil. ‖ De poca sustancia o importancia. ⬜ TENUIDAD.

teñir tr y prnl Dar a una cosa un color distinto del que tenía. ‖ tr (fig) Dar a algo una apariencia o carácter que no le son propios. ⬜ TEÑIDO, DA; TEÑIDURA.

teocracia f Sistema de gobierno en el que el poder es ejercido por los ministros o representantes de Dios. ⬜ TEOCRÁTICO, CA.

teología f Ciencia que trata de Dios y de sus atributos. ⬜ TEOLOGAL; TEOLÓGICO, CA.

teorema m Proposición matemática que afirma una verdad demostrable.

teoría f Conocimiento especulativo considerado con independencia de toda aplicación. ‖ Serie de las leyes que sirven para relacionar determinado orden de fenómenos. ⬜ TEÓRICO, CA.

teorizar tr e intr Tratar un asunto sólo en teoría.

teosofía f Doctrina de los que presumen estar iluminados por la divinidad e íntimamente unidos con ella. ❑ TEOSÓFICO, CA; TEÓSOFO.

tequila f Méx. Bebida alcohólica que se destila de una especie de agave, el maguey tequilero.

terapéutica f Parte de la medicina, que se ocupa del tratamiento de las enfermedades. ❑ TERAPEUTA; TERAPÉUTICO, CA.

tercer adj Apócope de tercero.

tercero, ra adj y s Que sigue inmediatamente en orden al o a lo segundo. ‖ Que media entre dos o más personas. ‖ Díc. de cada una de las tres partes iguales en que se divide un todo.

terceto m Combinación métrica de tres versos endecasílabos. ‖ Composición para tres voces o instrumentos.

terciado, da pp de terciar. • adj Atravesado o cruzado. ‖ De tamaño mediano.

terciar tr Poner una cosa atravesada diagonalmente o al sesgo. • intr Mediar para componer algún ajuste o discordia.

terciario, ria adj Tercero en orden o grado. • adj y m Tercero de los grandes períodos en que se divide la historia geológica de la Tierra.

tercio m Cada una de las tres partes iguales en que se divide un todo.

terciopelo m Tela velluda y tupida formada por dos urdimbres y una trama.

terco, ca adj Pertinaz, obstinado o testarudo.

tergal m Nombre registrado de diversas fibras textiles sintéticas de poliéster.

tergiversar tr Interpretar erróneamente palabras, hechos, acciones, etc. ❑ TERGIVERSACIÓN.

termal adj Perteneciente o relativo a las termas o caldas.

termas f pl Baños de aguas minerales calientes. ‖ Baños públicos de los antiguos romanos.

termes m Insecto que vive formando colonias en la madera.

térmico, ca adj Relativo o perteneciente al calor o a la temperatura.

terminal adj Final, último, que pone término a una cosa. • m Borne o hembrilla que se pone en el extremo de un conductor para facilitar las conexiones. • f Lugar que es origen y final de algún servicio de transporte.

terminante adj Que termina. ‖ Concluyente.

terminar tr Poner término a una cosa, acabarla. • intr y prnl Tener término una cosa, acabar.

término m Último punto hasta donde llega una cosa. ‖ Último momento de la existencia de algo. ‖ Mojón, límite. ‖ Porción de territorio sometido a la autoridad de un ayuntamiento. ‖ Tiempo delimitado y determinado. ‖ Palabra específica de una ciencia, arte o actividad.

terminología f Conjunto de términos o vocablos de una determinada profesión, ciencia, arte.

termita f Termes. ❑ TERMITERO, RA.

termo m Vasija de dobles paredes y provista de cierre hermético a fin de conservar la temperatura del contenido.

termodinámica f Ciencia que estudia las relaciones entre la energía y los cambios físicos de origen térmico.

termoelectricidad f Energía eléctrica producida por el calor. ❑ TERMOELÉCTRICO, CA.

termoestable adj Que no se altera fácilmente por la acción del calor.

termófilo, la adj Dícese de las especies animales o vegetales que están adaptadas a vivir en lugares de clima cálido.

termología f Parte de la física que trata del calor.

termómetro m Instrumento utilizado para medir la temperatura.

termonuclear adj Aplíc. a la reacción nuclear, que se produce a temperaturas muy elevadas.

termoquímica f Parte de la química que estudia la absorción de calor de las reacciones químicas.

termorregulación f Conjunto de mecanismos fisiológicos que permiten al organismo animal mantener un equilibrio en su temperatura interna.

ermostato o **termóstato** m Dispositivo que sirve para mantener constante una temperatura.

erna f Conjunto de tres personas propuestas para que se designe de entre ellas la que haya de desempeñar un cargo o empleo.

ernario, ria adj Compuesto de tres elementos, unidades o guarismos.

ernero, ra m y f Cría de la vaca.

erno m Conjunto de tres cosas de una misma especie.

ernura f Calidad de tierno.

erquear intr Mostrarse terco.

erquedad f Calidad o actitud de terco.

erracota f Escultura de barro cocida.

errado m Sitio de una casa, descubierto y por lo común elevado. || (fam) Cabeza.

erranova m Raza de perro de gran talla y de pelaje largo y ondulado, habitualmente negro.

erraplén m Macizo de tierra con que se rellena un hueco o que se levanta para hacer una defensa, un camino, etc.

erráqueo, a adj Compuesto de tierra y agua.

errario m Recinto adecuado para que puedan vivir en él ciertos animales.

errateniente m o f Dueño o poseedor de tierra o hacienda.

erraza f Escalón del terreno construido en las laderas de las montañas. || Terrado, cubierta plana de una casa.

erremoto m Seísmo.

errenal adj Perteneciente a la tierra, en contraposición de lo que pertenece al cielo.

erreno, na adj Perteneciente o relativo a la tierra. • m Sitio o espacio de tierra. || (fig) Campo o esfera de acción.

érreo, a adj Perteneciente o relativo a la tierra. || Parecida a ella.

errestre adj Perteneciente o relativo a la tierra.

errible adj Que causa terror. || Áspero y duro de genio. || Atroz, extraordinario.

errícola m o f Habitante de la Tierra.

errier m Raza de perros, de origen discutido, de gran variedad.

erritorial adj Perteneciente al territorio.

territorialidad f Cualidad de territorial. || Consideración especial en que se toman las cosas en cuanto están dentro del territorio de un Estado.

territorio m Extensión de tierra delimitada geográfica, política o administrativamente.

terrizo, za adj Hecho o fabricado de tierra.

terrón m Masa pequeña y suelta de tierra compacta y otras sustancias.

terror m Miedo, pavor de un mal que amenaza o de un peligro que se teme. ☐ TERRORÍFICO, CA.

terrorismo m Dominación por el terror. || Uso sistemático del terror por grupos o regímenes políticos. ☐ TERRORISTA.

terroso, sa adj Que participa de la naturaleza y propiedades de la tierra.

terruño m Terrón o trozo de tierra. || País natal. || Tierra en la que se vive.

terso, sa adj Limpio, bruñido. || Liso, sin arrugas.

tertulia f Reunión de personas que se juntan habitualmente para conversar o recrearse.

tertuliano, na adj y s Díc. del que concurre a una tertulia.

tesar tr Poner tirantes los cabos, velas y cosas semejantes.

tesauro m Diccionario, catálogo, antología.

tesina f Trabajo escrito exigido en ciertos grados inferiores al doctorado.

tesis f Proposición que se mantiene con razonamientos. || Disertación escrita que presenta el aspirante al título de doctor en una facultad.

tesitura f Altura propia de cada voz o de cada instrumento. || (fig) Actitud o disposición del ánimo.

tesón m Firmeza, constancia. ☐ TESONERÍA.

tesorería f Cargo y oficina del tesorero.

tesorero, ra m y f Persona encargada de custodiar y distribuir los caudales de una colectividad.

tesoro m Cantidad de dinero, valores u objetos preciosos, reunida y guardada. || Erario de la nación.

test m Conjunto de métodos que permiten valorar o medir las características de un individuo, un grupo, un producto o una máquina.

testa f Cabeza del hombre y de los animales. ‖ Frente o parte anterior de algunas cosas.

testado, da pp de testar. • adj Díc. de la persona que ha muerto habiendo hecho testamento.

testador, ra m y f Persona que hace testamento.

testaferro m El que presta su nombre en un negocio ajeno.

testamento m Declaración que de su última voluntad hace una persona, disponiendo de bienes y de asuntos para después de su muerte. ‖ Documento donde consta en forma legal esta declaración. ☐ TESTAMENTARÍA; TESTAMENTARIO, RIA.

testar intr Hacer testamento.

testarudo, da adj y s Obstinado, terco.

testera f Parte frontal de una cosa.

testero m Testera. ‖ Muro principal o frontal de una habitación.

testículo m Cada una de las glándulas genitales masculinas generadoras de los espermatozoides.

testificar tr Probar de oficio una cosa con referencia a testigos o a documentos auténticos. ‖ Deponer como testigo en algún acto judicial. ‖ (fig) Declarar con verdad una cosa.

testigo m o f Persona que presencia una cosa o da testimonio de ella.

testimoniar tr Testificar o servir de testigo.

testimonio m Aseveración de una cosa. ‖ Prueba de la certeza de una cosa. ☐ TESTIMONIAL.

testosterona f Hormona sexual masculina cuya función estriba en el desarrollo de los caracteres sexuales secundarios masculinos.

testuz amb Parte de la cabeza situada por delante o detrás de los cuernos en algunos animales.

teta f Mama. ‖ Leche que segregan estos órganos. ‖ Pezón de la teta.

tétanos m Enfermedad infecciosa causada por una bacilo que ataca el sistema nervioso, provoca contracciones musculares, parálisis y muerte por asfixi. ☐ TETÁNICO.

tetera[1] f Vasija con tapadera y un pitorro la cual se usa para hacer y servir el té.

tetera[2] f Amér. Tetilla, mamadera.

tetilla f Cada una de las tetas de los machos en los mamíferos. ‖ Especie de pezón que se pone al biberón para que el niño chupe.

tetina f Tetilla del biberón.

tétrada f Conjunto de cuatro seres cosas.

tetraedro m Poliedro formado por cuatro caras triangulares.

tetrágono adj y s Aplícase al polígono d cuatro lados. • m Cuadrilátero.

tetrasílabo, ba adj Verso de cuatro sí labas.

tétrico, ca adj Triste, deprimente, pe simista.

textil adj y s Díc. de la materia capaz d reducirse a hilos y ser tejida. • adj Perte neciente o relativo a los tejidos.

texto m Conjunto de palabras que consti tuyen un documento escrito. ‖ Documen to o escrito en general. ‖ Pasaje citado d una obra literaria.

textual adj Conforme con el texto o pro pio de él. ‖ (fig) Exacto, preciso.

textura f Disposición y orden de los hilo en una tela. ‖ Sensación que produce a tacto una materia.

tez f Piel del rostro humano.

ti Forma del pron pers de 2ª pers. de sin gular, que se usa para todos los comple mentos.

tía f Respecto de una persona, hermana o prima de su padre o madre.

tiara f Mitra alta usada por el Papa como insignia de su autoridad. ‖ Dignidad de Sumo Pontífice.

tibia f Hueso largo que, juntamente con el peroné, forma el esqueleto de la pierna.

tibio, bia adj Entre caliente y frío. ☐ TIBIEZA.

tiburón m Pez de cuerpo fusiforme, hendiduras branquiales, aletas caudal y dorsal y boca provista de varias filas de dientes cortantes; habita en todos los mares y es muy voraz.

ic *m* Movimiento convulsivo e involuntario, originado por la contracción de uno o varios músculos. ‖ Onomatopeya que sirve para imitar un sonido seco y poco intenso.

icket *m* Vale, cédula, billete, boleta.

ictac *m* Ruido acompasado que produce la marcha de un reloj.

iempo *m* Duración de las cosas sujetas a mudanza. ‖ Época durante la cual vive una persona o sucede algo. ‖ Oportunidad de hacer algo. ‖ Conjunto de fenómenos meteorológicos que caracterizan el estado atmosférico en cierto momento. ‖ Momento en que se realiza la acción del verbo.

ienda *f* Pabellón portátil, consistente en una cubierta de lona, tela o piel, que se extiende y monta al aire libre, sobre una armazón de palos hincados en tierra. ‖ Casa o puesto donde se vende al por menor. ‖ *Amér.* Mercería.

iento *m* Ejercicio del sentido del tacto. ‖ Pulso, seguridad en la mano. ‖ (fig) Consideración y tacto para tratar un asunto.

ierno, na *adj* Blando, delicado. ‖ (fig) Reciente, de poco tiempo. ‖ (fig) Afectuoso, cariñoso.

ierra *f* Parte superficial del globo terrestre no ocupada por el mar. ‖ Materia inorgánica desmenuzable de que se compone el suelo natural. ‖ Terreno dedicado a cultivo. ‖ Nación, región o lugar en que se ha nacido.

ieso, sa *adj* Duro, rígido y que con dificultad se dobla o rompe. ‖ Tenso, tirante.

iesto *m* Pedazo de cualquier vasija de barro. ‖ Maceta para plantas. ‖ *Chile.* Vasija.

ifón *m* Ciclón tropical propio del mar de la China, acompañado de vientos y lluvias torrenciales.

ifus *m* Enfermedad infecciosa aguda causada por una bacteria y que se caracteriza por producir fiebre alta, delirio y postración. ❏ TIFOIDEO, A.

igre, gresa *m* y *f* Mamífero carnívoro, muy feroz, de pelaje amarillento y rayado de negro. • *m Amér.* Jaguar.

tijera *f* Instrumento para cortar compuesto de dos hojas de acero, que pueden girar alrededor de un eje que las traba. Se usa más en plural.

tijereta *f* Cada uno de los zarcillos que nacen en los sarmientos de las vides. ‖ Insecto dotado de una pinza en la parte terminal del abdomen.

tila *f* Tilo. ‖ Flor del tilo. ‖ Bebida tranquilizante que se hace con flores de tilo en infusión.

tildar *tr* Poner tilde a las letras que lo necesitan. ‖ (fig) Señalar con alguna nota denigrativa a una persona.

tilde *m* o *f* Rasgo que se pone sobre algunas letras al igual que el de la *ñ* o cualquier otro signo análogo. ‖ (fig) Tacha, nota denigrativa.

tiliche *m Amér. Centr.* y *Méx.* Baratija.

tilín *m* Sonido de la campanilla.

tilingo, ga *adj Arg.* y *Méx.* Memo, lelo.

tilo *m* Árbol de hojas grandes en forma de corazón. Sus flores se utilizan en infusión y su madera es muy apreciada en ebanistería.

timar *tr* Quitar o hurtar con engaño. ‖ Engañar a otro con promesas. ❏ TIMADOR, RA; TIMO.

timba *f* (fam) Partida de juego de azar. ‖ Casa de juego. ‖ *Amér. Centr.* y *Méx.* Barriga, vientre.

timbal *m* Especie de tambor de un solo parche, con caja metálica en forma de media esfera.

timbrar *tr* Estampar un timbre o membrete.

timbre *m* Aparato de llamada o aviso, accionado por la electricidad u otro agente. ‖ Modo característico de sonar los instrumentos musicales y la voz humana. ‖ Sello.

tímido, da *adj* Díc. de la persona que se siente cohibida de actuar o hablar en presencia de otras personas con las que tiene poca confianza.

timón *m* Dispositivo orientable que existe en la popa de los barcos y aviones, destinado a controlar su dirección. ‖ (fig) Dirección o gobierno de un asunto. ❏ TIMONEAR.

timonel *m* El que gobierna el timón de la nave.

timonera adj y f Pluma grande que tienen las aves en la cola.

timorato, ta adj Tímido, indeciso, encogido.

tímpano m Membrana del oído medio. ‖ Atabal, tamboril. ‖ Instrumento musical compuesto de varias tiras desiguales de vidrio.

tina f Tinaja, vasija grande de barro. ‖ Vasija de madera, en forma de media cuba.

tinaja f Vasija grande de barro cocido, mucho más ancha por el medio que por el fondo y la boca, que sirve para guardar líquidos. ☐ TINAJERO.

tinglado m Cobertizo. ‖ Tablado armado a la ligera. ‖ (fig) Artificio, enredo, maquinación.

tiniebla f Falta de luz. Se usa más en plural. • pl (fig) Suma ignorancia y confusión.

tino m Hábito o facilidad de acertar a tientas con las cosas que se buscan. ‖ (fig) Juicio y tacto para dirigir algún asunto.

tinta f Tinte. ‖ Líquido que se utiliza para escribir o para imprimir.• pl Matices, degradaciones de color.

tinte m Acción y efecto de teñir. ‖ Color con que se tiñe. ‖ Establecimiento donde se tiñe.

tintero m Vaso en que se pone la tinta para escribir.

tintín m Sonido de la campanilla o timbre, y el que hacen al chocar los vasos, copas, etcétera.

tintinar o **tintinear** intr Producir el sonido del tintín.

tinto, ta pp irreg de teñir. • adj Díc. de la uva que tiene negro el zumo, y del vino que de ella se obtiene.

tintorera f Especie de tiburón que abunda en los mares templados de todo el mundo.

tintorería f Establecimiento donde se tiñen telas, prendas de vestir, etcétera.

tintura f Acción y efecto de teñir. ‖ Sustancia con que se tiñe. ‖ Líquido en que se ha disuelto una sustancia que le comunica color.

tiña f Grupo de afecciones parasitarias cutáneas producidas por hongos. ‖ (fig, fam) Miseria, mezquindad. ☐ TIÑOSO, SA.

tío m Respecto de una persona, herman primo de su padre o madre. ‖ Tratamien de respeto que se da al hombre casa o entrado ya en edad en algunos lugar • adj Se aplica a personas para poner alguna cualidad.

tiovivo m Recreo de feria que consiste varios asientos colocados en un círcu giratorio.

tiparraco, ca m y f Tipejo.

tipejo m Persona ridícula y despreciable

típico, ca adj Característico o represent tivo de un grupo, país, región, época, et

tipificar tr Ajustar varias cosas semejant a un tipo o norma común. ‖ Represent una persona o cosa el tipo de la espec o clase a que pertenece. ☐ TIPIFICACIÓN.

tipismo m Conjunto de caracteres o ra gos típicos.

tiple m La más aguda de las voces huma nas. • m o f Persona que tiene esta voz.

tipo m Modelo, ejemplar. ‖ Grupo personas, animales o cosas con las mi mas características. ‖ Figura o talle una persona. ‖ (fam) Persona extrañ y singular.

tipografía f Arte de reproducir textos me diante la impresión. ☐ TIPOGRÁFICO, CA.

tipología f Estudio y clasificación de t pos que se practica en diversas ciencias.

tique o **tiquet** m Vale, bono, cédula, rec bo. ‖ Amér. Billete, boleto.

tiquismiquis m pl Escrúpulos o repar vanos.

tira f Pedazo largo y angosto de tela, pape u otra cosa delgada.

tirabuzón m Sacacorchos. ‖ (fig) Rizo d cabello, largo y pendiente en espiral.

tirada f Acción de tirar. ‖ Distancia qu hay de un lugar a otro o de un tiemp a otro. ‖ Serie de cosas que se dicen o es criben de un tirón. ‖ Núm. de ejemplare de que consta una edición.

tirado, da pp de tirar. • adj Díc. de las co sas que se venden baratas o que abunda mucho. ‖ (fam) Díc. de lo que resulta fá cil. ‖ Díc. de la persona despreciable.

tirador, ra m y f Persona que tira. ‖ Perso na que estira. • m Asidero del cual se tira para cerrar una puerta, o abrir un cajór etcétera.

:iralíneas *m* Instrumento de metal que sirve para trazar líneas de tinta de diverso grosor.

:iranía *f* Gobierno ejercido por un tirano. ‖ (fig) Abuso de poder o fuerza. ☐ TIRÁNICO, CA.

:iranizar *tr* Gobernar como tirano algún Estado. ‖ (fig) Dominar tiránicamente. ☐ TIRANIZACIÓN.

:irano, no *adj y s* Aplícase a quien obtiene contra derecho el gobierno de un Estado. ‖ (fig) Dícese del que abusa de su poder.

:irante *adj* Que tira. ‖ Tenso. ‖ (fig) Dícese de las relaciones de amistad próximas a romperse. • *m* Cada una de las dos tiras que sirven para suspender de los hombros el pantalón.

:irar *tr* Despedir de la mano una cosa. ‖ Arrojar, lanzar en dirección determinada. ‖ Derribar, echar abajo. • *tr e intr* Disparar la carga de un arma de fuego, o un artificio de pólvora. • *intr* Atraer por virtud natural. ‖ Hacer fuerza para traer hacia sí o para llevar tras sí. • *prnl* Abalanzarse. ‖ Tenderse en el suelo o encima de algo.

:iritar *intr* Temblar de frío.

:iro *m* Acción y efecto de tirar. ‖ Disparo de un arma de fuego. ‖ Alcance de cualquier arma arrojadiza. ‖ Lugar donde se tira al blanco. ‖ Conjunto de caballerías que tiran de un carruaje. ‖ Corriente de aire que produce el fuego de un hogar.

:iroides *m* Glándula endocrina de los animales vertebrados, que regula el metabolismo y el crecimiento. ☐ TIROIDEO, A.

:irón *m* Acción y efecto de tirar con violencia. ‖ Robo que se hace arrebatando violentamente a alguien lo que lleva en las manos, brazos, etc.

:irotear *tr y prnl* Intercambiar disparos de fusil o arma corta. ☐ TIROTEO.

:irria *f* (fam) Manía o tema contra uno.

:isana *f* Bebida medicinal que resulta de cocer en agua ciertas hierbas.

:isis *f* Tuberculosis pulmonar. ☐ TÍSICO, CA.

:isú *m* Tela de seda entretejida con hilos de oro o de plata.

:itán *npm* (fig) Sujeto de excepcional poder, que descuella en algún aspecto. ‖ (fig) Grúa gigantesca. ☐ TITÁNICO, CA; TITANIO, NIA.

titanio *m* Metal de gran dureza y resistencia, pero de menor peso que el acero.

títere *m* Figurilla de pasta u otra materia que se mueve con alguna cuerda o artificio. ‖ (fig, fam) Sujeto de figura ridícula o muy presumido.

tití *m* Mono sudamericano, tímido y fácil de domesticar que se alimenta de pájaros e insectos.

titiritar *intr* Temblar de frío o de miedo.

titiritero, ra *m y f* Persona que maneja los títeres. ‖ Saltimbanqui.

titubear *intr* Oscilar, perdiendo la estabilidad y firmeza. ‖ (fig) Vacilar, estar indeciso. ☐ TITUBEO.

titulado, da *pp* de titular. • *m y f* Persona que posee un título académico. • *m* Persona que tiene una dignidad nobiliaria.

titular[1] *adj* Que tiene algun título. ‖ Que da su propio nombre por título a otra cosa. • *adj y s* Dícese de la persona que tiene el título o nombramiento correspondiente al cargo que ejerce. • *m* Título de una información periodística.

titular[2] *tr* Poner título o nombre a una cosa. • *intr* Obtener una persona título nobiliario. • *prnl* Obtener un título académico. ☐ TITULACIÓN.

titulillo *m* Renglón que se pone en la parte superior de la página impresa, para indicar la materia de que se trata.

título *m* Palabra o frase con que se da a conocer el asunto de un libro o de cada una de las partes o divisiones de un escrito. ‖ Testimonio dado para ejercer un empleo o profesión. ‖ Dignidad nobiliaria. ‖ Cada una de las partes principales en que suelen dividirse las leyes, reglamentos, etc.

tiza *f* Arcilla blanca que se usa para escribir en los encerados.

tiznar *tr y prnl* Manchar con tizne, hollín u otra materia semejante. ☐ TIZNADO, DA; TIZNADURA.

tizne *m o f* Humo que se pega a las sartenes y otras vasijas que han estado a la lumbre.

toalla *f* Lienzo para secarse.

toallero *m* Mueble o soporte para colgar toallas.

toba *f* Roca calcárea constituida en su mayor parte por carbonatos de calcio.

‖ (fig) Capa o corteza que producen algunas cosas.

tobera f Abertura tubular por donde entra el aire en un horno o en una forja. ‖ Elemento de paso de un fluido hacia el espacio atmosférico.

tobillero, ra adj Que llega hasta los tobillos. • f Venda generalmente elástica con la que se sujeta el tobillo en algunas lesiones de éste.

tobillo m Porción inferior de la pierna, articulada con el pie.

tobogán m Especie de trineo bajo formado por una armadura de acero montada sobre dos patines largos y cubierta por una tabla o plancha. ‖ Dispositivo deslizante para niños.

toca f Prenda de lienzo blanco que ceñida al rostro usan las monjas para cubrir la cabeza.

tocadiscos m Aparato empleado para la reproducción sonora de discos.

tocado¹, da pp de tocar. • m Prenda para cubrir la cabeza. ‖ Peinado y adorno de la cabeza en las mujeres.

tocado², da pp de tocar. • adj (fig) Medio loco, algo perturbado.

tocador Mueble con espejo u otros utensilios, para el tocado.

tocar tr Ejercitar el sentido del tacto. ‖ Hacer sonar, según arte, un instrumento. ‖ Tropezar ligeramente una cosa con otra. ‖ (fig) Tratar un asunto. • intr Caer en suerte una cosa.

tocarse prnl Cubrirse la cabeza con gorra, sombrero, etc.

tocata f Breve composición musical.

tocayo, ya m y f Respecto de una persona, otra que tiene su mismo nombre.

tocino m Capa de grasa de ciertos mamíferos, en especial del cerdo. ❏ TOCINERÍA; TOCINERO, RA.

tocología f Parte de la medicina que se ocupa de la gestación, del parto y del puerperio.

todavía adv tiempo Hasta un momento determinado desde tiempo anterior. • adv modo Con todo eso, sin embargo.

todo, da adj Díc. de lo que se considera íntegramente o en conjunto. ‖ Se usa para ponderar el exceso de alguna cali-

dad o circunstancia. • adv modo En s totalidad.

todopoderoso, sa adj Que todo puede.

toga f Prenda exterior del traje antiguo ro mano. ‖ Traje exterior que usan los ma gistrados, catedráticos, etc., encima de ordinario.

toldo m Pabellón o cubierta de tela, que s tiende para hacer sombra en algún paraje

tolerancia f Acción y efecto de tolera ‖ Respeto y consideración hacia las op niones o acciones de los demás.

tolerantismo m Opinión favorable a l tolerancia en materia religiosa.

tolerar tr Sufrir, llevar con paciencia ‖ Permitir, respetar. ‖ Soportar, aguanta ❏ TOLERANTE.

tolva f Depósito abierto por abajo, en cuy interior se vierten granos u otros cuerpo para que caigan poco a poco.

toma f Acción de tomar o recibir. ‖ Cor quista, ocupación. ‖ Porción de algun cosa, que se coge de una vez. ‖ Acción d fotografiar o de filmar algo.

tomado, da pp de tomar. • adj Díc. de l voz empañada. ‖ Amér. Borracho. • Amér. Merid. Acción de tomar.

tomar tr Coger con la mano, asir. ‖ Reci bir o aceptar. ‖ Ocupar por expungación trato o asalto una fortaleza o ciudad ‖ Contratar a una o varias personas par. que presten un servicio. ‖ Adquirir o al quilar. ‖ Quitar o hurtar. ‖ Recibir en sí lo efectos de algunas cosas. ‖ Emprende una cosa, o encargarse de un determinado asunto. ‖ Fotografiar, filmar. • tr e int Encaminarse en cierta dirección. • prn Ponerse la voz ronca.

tomate m Fruto de la tomatera. ‖ Tomate ra. ‖ (fig, fam) Barullo, lío.

tomatera f Planta herbácea con tallos ras treros, cuyos frutos son los tomates.

tomavistas m Cámara de fotografia o filmar en cine o televisión.

tómbola f Rifa o lotería organizada cor fines benéficos. ‖ Local o caseta en que se efectúa dicha rifa.

tomento m Estopa que queda del rastrilla do del lino o cáñamo. ‖ Vello corto que cubre los órganos de algunas plantas.

tomillo *m* Planta perenne muy olorosa que se utiliza como condimento y en perfumería.

tomo *m* Cada una de las partes, con paginación propia, en que suelen dividirse las obras impresas o manuscritas de cierta extensión.

tonada *f* Composición métrica para cantarse.

tonadilla *f* Tonada alegre y ligera. ☐ TONADILLERO, RA.

tonalidad *f* Sistema de sonidos que sirve de fundamento a una composición musical. ‖ Sistema de colores y tonos. ☐ TONAL.

tonel *m* Cuba o recipiente grande. ‖ (fam) Persona muy gruesa. ☐ TONELERO, RA.

tonelada *f* Unidad de masa en el sistema métrico decimal que equivale a mil kilogramos. ‖ Unidad de peso para calcular el desplazamiento de los buques.

tonelaje *f* Cabida de una embarcación, arqueo.

tonelería *f* Arte u oficio del tonelero. ‖ Taller de tonelero. ‖ Conjunto o provisión de toneles.

tonema *m* Inflexión que se produce a partir de la última sílaba acentuada.

tongo *m* Trampa realizada en competiciones deportivas consistente en que uno de los contrincantes se deja ganar por dinero.

tónico, ca *adj* y *m* Que entona o vigoriza. • *adj* Aplícase a la vocal o sílaba sobre la que recae el acento. • *f* Bebida gaseosa refrescante. ‖ Loción astringente para limpiar y refrescar el cutis.

tonificar *tr* Dar vigor o tensión al organismo.

tonillo *m* Tono monótono con que algunos hablan o leen. ‖ Dejo, acento particular de algunos individuos. ‖ Entonación enfática.

tono *m* Cualidad de los sonidos, dependiente de su frecuencia, que permite ordenarlos de graves a agudos. ‖ Volumen y fuerza de un sonido. ‖ Inflexión de la voz y modo particular de decir una cosa. ‖ Grado de intensidad de los colores. ☐ TONAL.

tonsurar *tr* Cortar el pelo o la lana a personas o animales. ‖ Dar a uno el grado preparatorio para el sacerdocio. ☐ TONSURA.

tontaina *adj* y *s* (fam) Díc. de la persona tonta.

tontear *intr* Hacer o decir tonterías. ‖ (fig, fam) Coquetear, flirtear.

tontería *f* Calidad de tonto. ‖ Dicho o hecho tonto. ‖ (fig) Nadería.

tonto, ta *adj* y *s* Falto o escaso de entendimiento. • *adj* Díc. del hecho o dicho que demuestra falta de inteligencia o discreción.

top *m* Prenda de vestir femenina que cubre desde la parte superior del pecho hasta la cintura.

topacio *m* Mineral de silicato de aluminio muy duro y resistente, de colores variados y brillo vítreo.

topar *tr* Chocar una cosa con otra. • *tr, intr* y *prnl* Hallar casualmente. • *intr* (fig) Tropezar, encontrar algún obstáculo o dificultad.

tope *m* Parte por donde una cosa puede topar con otra. ‖ Pieza que sirve para detener o limitar el movimiento de otra. ‖ Extremo al que se puede llegar en algo.

topera *f* Madriguera del topo.

topetada *f* (fam) Golpe que da uno con la cabeza en alguna cosa.

topetar *tr* e *intr* Dar con la cabeza en alguna cosa con golpe e impulso. • *tr* Topar, chocar.

tópico, ca *adj* Perteneciente a determinado lugar. ‖ Díc. del medicamento externo. ‖ Se aplica a la exp. vulgar o trivial. • *pl* Lugares comunes, principios generales.

topo *m* Mamífero insectívoro que vive en galerías por él excavadas. • *adj* y *s* (fig, fam) Díc. de la persona torpe, de cortos alcances.

topografía *f* Conjunto de particularidades que presenta un terreno en su configuración superficial. ☐ TOPOGRÁFICO, CA; TOPÓGRAFO, FA.

topología *f* Rama de las matemáticas que estudia las propiedades del espacio y de las figuras geométricas, con independencia de su forma y tamaño. ☐ TOPOLÓGICO, CA.

toponimia f Estudio del origen y significación de los nombres propios de lugar.

topónimo m Nombre propio de lugar.

toque m Acción de tocar una cosa, tentándola o palpándola. ‖ Golpe suave. ‖ Tañido de las campanas o de ciertos instrumentos, con que se anuncia alguna cosa.

toquetear tr Tocar reiteradamente y con insistencia. ☐ TOQUETEO.

toquilla f Pañuelo de punto que usan para abrigo las mujeres y los niños.

torada f Manada de toros.

tórax m Parte del cuerpo humano y de las especies zoológicas superiores comprendida entre el cuello y el abdomen. ☐ TORÁCICO, CA.

torbellino m Remolino de viento. ‖ (fig) Abundancia de cosas que ocurren a un mismo tiempo. ‖ (fig, fam) Persona viva e inquieta.

torcecuello m Ave trepadora, de color pardo jaspeado de negro y rojo.

torcer tr Desviar una cosa de su posición o dirección habitual. ‖ Dicho del gesto o del semblante, dar al rostro expresión de desagrado, enojo u hostilidad. ‖ (fig) Interpretar algo de manera equivocada. • tr, intr y prnl Desviar una cosa de la dirección que llevaba, para tomar otra. • tr y prnl Dar vueltas a una cosa sobre sí misma, de modo que tome forma helicoidal. • prnl Frustrarse un negocio que iba por buen camino. ☐ TORCEDURA.

torcida f Mecha del algodón o trapo torcido, que se pone en los velones, candiles, velas, etcétera.

torcido, da pp de torcer. • adj Que no es recto. ‖ (fig) Díc. de la persona que no obra con rectitud, y de su conducta.

tordo, da adj y s Díc. de la caballería que tiene el pelo mezclado de negro y blanco. • m Pájaro de cuerpo grueso y pico delgado y negro, que se alimenta de insectos y de frutos.

torear tr e intr Lidiar los toros en la plaza. • tr (fig) Burlarse de alguien con cierto disimulo. ☐ TOREO.

torero, ra adj (fam) Perteneciente o relativo al toreo. • m y f Persona que suele torear en las plazas. • f Chaquetilla que no pasa de la cintura.

toril m En la plaza, sitio donde se tiene encerrados los toros que han de lidiarse.

tormenta f Perturbación atmosférica vio lenta acompañada de fuerte aparato eléctrico y de abundantes precipitaciones e forma de lluvia, granizo o pedrisco ‖ (fig) Adversidad, desgracia de una per sona. ☐ TORMENTOSO, SA.

tormento m Acción y efecto de ato mentar o atormentarse. ‖ Angustia o do lor físico. ‖ (fig) Congoja o aflicció del ánimo.

tornado, da pp de tornar. • m Remolin o ráfagas de viento en rotación, de gra violencia, que se producen en la zon subtropical de América durante la pr mavera.

tornar tr Devolver una cosa. • tr y prr Cambiar la naturaleza o estado de un persona o cosa. • intr Regresar al luga de donde se partió.

tornasol m Girasol, planta. ‖ Reflejo o vi so que hace la luz en algunas telas mu tersas.

tornasolar tr y prnl Hacer o causar torna soles. ☐ TORNASOLADO, DA.

tornear tr Labrar o redondear una cos al torno. • intr Dar vueltas alrededc de algo.

torneo m Combate a caballo entre varia personas, unidas en cuadrillas. ‖ p. ex Reciben este nombre algunas compete ciones deportivas.

tornero, ra m y f Persona que trabaja e el torno. ☐ TORNERÍA.

tornillo m Pieza cilíndrica con un resalt en hélice, llamado filete o rosca, que er tra en la tuerca. ☐ TORNILLERÍA.

torniquete m Palanca que sirve par comunicar el movimiento del tirador la campanilla. ‖ Instrumento destinad a contener la hemorragia.

torno m Máquina simple que consiste e un cilindro que gira sobre su eje y qu lleva arrollada una cuerda. ‖ Máquina er que, por medio de una rueda, hace que al guna cosa dé vueltas sobre sí misma, co mo las que sirven para hilar, torcer seda devanar, hacer obras de alfarería, etc.

toro m Mamífero bóvido salvaje, que pre senta cabeza gruesa y provista de do cuernos, piel dura, pelo corto y cola larga. Se cría como animal de tiro, por su carne y piel, y para la lidia en España e Hispanoamérica. ‖ Signo del zodíaco. ‖ (fig) Hombre muy robusto y fuerte. • *m pl* Fiesta o corrida de toros.

toronja *f* Fruto comestible parecido a la naranja, aunque de tamaño bastante mayor y de corteza amarillenta.

toronjil *m* Planta herbácea con tallos rectos, hojas olorosas, flores blancas y fruto seco. Tiene propiedades medicinales.

toronjo *m* Variedad de cidro que produce las toronjas.

torpe *adj* Que no tiene movimiento libre o es tardo. ‖ Que tiene poca habilidad para realizar las cosas. ‖ Que tiene dificultades de comprensión.

torpedear *tr* Atacar un barco con torpedos.

torpedero, ra *adj y s* Díc. de la embarcación de guerra destinada a lanzar torpedos. ‖ Díc. del avión de bombardeo que ha sido adaptado para lanzar torpedos.

torpedo *m* Pez con órganos eléctricos, con los que paraliza a sus presas y agresores. ‖ Máquina de guerra provista de una carga explosiva que puede ser lanzada desde un submarino.

torpeza *f* Calidad de torpe. ‖ Acción o dicho torpe.

torrar *tr* Tostar, exponer algo al fuego hasta que tome el color dorado. ◻ TORRADO, DA.

torre *f* Construcción más alta que ancha, que sobresale de un edificio. ‖ Pieza del juego de ajedrez. ‖ Estructura metálica de gran altura utilizada para sostener los cables conductores de la energía eléctrica.

torrencial *adj* Parecido al torrente. ‖ Aplícase a las lluvias muy abundantes e intensas.

torrente *m* Corriente o avenida impetuosa de agua en tiempo de lluvias. ◻ TORRENTERA.

torreón *m* Torre grande, para defensa de una plaza o castillo.

torrezno *m* Pedazo de tocino frito o para freír.

tórrido, da *adj* Muy ardiente o caluroso.

torsión *f* Acción y efecto de torcer o torcerse. ‖ En tecnología textil, torcedura que se da a un hilado al tiempo de elaborarlo.

torso *m* Tronco del cuerpo humano. ‖ Estatua falta de cabeza, brazos y piernas.

torta *f* Masa de harina, de figura redonda, que se cuece a fuego lento. ‖ (fig, fam) Bofetada en la cara. ‖ (fam) Borrachera.

tortazo *m* (fig, fam) Bofetada.

tortícolis o **torticolis** *m* Dolor de los músculos del cuello, que origina una inclinación de la cabeza sobre un lado del cuello.

tortilla *f* Fritada de huevo batido en figura redonda o alargada. ‖ *Amér. Centr.* y *Méx.* Torta de maíz.

tortillero, ra *m y f Guat.* y *Méx.* Persona que hace o vende tortillas. • *f* (fig, fam) Lesbiana.

tórtola *f* Ave semejante a la paloma, pero de menor tamaño.

tórtolo *m* Macho de la tórtola. ‖ (fig, fam) Hombre enamorado. • *pl* (fam) Pareja de enamorados.

tortuga *f* Nombre que reciben diversos reptiles, terrestres y marinos, caracterizados por tener un caparazón óseo cubierto de placas córneas.

tortuoso, sa *adj* Que tiene vueltas y rodeos. ‖ (fig) Solapado, cauteloso. ◻ TORTUOSIDAD.

tortura *f* Acción de torturar o atormentar. ‖ (fig) Dolor, pena o aflicción grandes.

torturar *tr y prnl* Dar tortura, atormentar. ◻ TORTURADOR, RA.

torva *f* Remolino de lluvia o nieve.

torvo, va *adj* Díc. del individuo de aspecto fiero y terrible.

torzal *m* Cordoncillo delgado de seda.

tos *f* Espiración brusca y forzada del aire de los pulmones.

tosco, ca *adj* Basto, hecho con poco cuidado. • *adj y s* Rústico, grosero. ◻ TOSQUEDAD.

toser *intr* Tener y padecer tos. ◻ TOSIDURA.

tostada *f* Rebanada de pan tostado que se unta con mantequilla, mermelada, miel, etcétera.

t

tostado, da pp de tostar. • adj Díc. del color subido y oscuro.

tostador, ra adj y s Que tuesta. • m Instrumento o aparato para tostar alguna cosa.

tostar tr y prnl Poner una cosa al fuego para que lentamente vaya tomando un color dorado. || (fig) Calentar demasiado. || (fig) Curtir, broncear.

tostón m Pedazo de pan tostado empapado en aceite nuevo. || Persona pesada y molesta.

total adj General, universal. • m Suma. • adv modo En resumen, en conclusión.

totalidad f Calidad de total. || Conjunto de todas las cosas o personas que forman una clase o especie.

totalitario, ria adj Díc. de lo que incluye la totalidad de las partes o atributos de una cosa. || Perteneciente o relativo al totalitarismo.

totalitarismo m Régimen político en el que una persona o grupo político domina todos los poderes estatales.

totalizar tr Hallar la suma total de varias cantidades parciales. ☐ TOTALIZADOR, RA.

tótem m Objeto que en la mitología de algunas tribus se toma como fetiche protector. || Representación tallada o pintada de dicho objeto.

totora f Amér. Merid. Especie de anea o espadaña que se cría en terrenos pantanosos.

toxemia f Presencia en la sangre de sustancias tóxicas o de toxinas bacterianas.

tóxico, ca adj y m Díc. de las sustancias venenosas que pueden producir intoxicaciones. ☐ TOXICIDAD.

toxicomanía f Hábito de consumir drogas y dependencia patológica de las mismas. ☐ TOXICÓMANO, NA.

toxina f Sustancia de origen microbiano que daña o mata las células del organismo huésped.

tozudo, da adj Obstinado, testarudo. ☐ TOZUDEZ.

traba f Acción y efecto de trabar o triscar. || Instrumento con que se junta y sujeta una cosa con otra. || (fig) Impedimento o estorbo.

trabajado, da pp de trabajar. • adj Cansado, molido del trabajo. || Lleno de trabajos.

trabajador, ra adj Que trabaja. • m y f Jornalero, obrero.

trabajar intr Desarrollar un esfuerzo físico o intelectual en una determinada actividad. || Ejercer un oficio o profesión.

trabajo f Acción y efecto de trabajar. || Cosa producida por un agente. || Esfuerzo humano aplicado a la obtención de la riqueza, extrayéndola, obteniéndola o transformándola. || (fig) Penalidad molestia.

trabajoso, sa adj Que da o causa mucho trabajo.

trabalenguas m Palabra o locución difícil de pronunciar.

trabar tr Juntar o unir una cosa con otra. || (fig) Comenzar una batalla, contienda conversación, etc. • tr e intr Prender, agarrar o asir. • prnl Amér. Entorpecérsele a uno la lengua al hablar.

trabazón f Enlace de dos o más cosas || Espesor que se da a un líquido o masa.

trabucar tr y prnl Trastocar el buen orden o colocación que tiene alguna cosa.

trabuco m Arma de fuego más corta y de mayor calibre que la escopeta ordinaria.

traca f Serie de petardos colocados a lo largo de una cuerda y que estallan sucesivamente.

trácala f Méx. y P. Rico. Trampa, engaño.

tracalada f Amér. Multitud ruidosa.

tracción f Acción y efecto de tirar de alguna cosa para moverla o estirarla.

tracería f Decoración arquitectónica formada por figuras geométricas.

tracoma m Enfermedad infecciosa y contagiosa que produce lesiones en la conjuntiva y córnea ocular, causada por un virus.

tracto m Formación anatómica que media entre dos lugares del organismo, y que realiza una función de conducción.

tractor adj Que realiza una tracción. • adj y m Díc. del vehículo empleado para grandes esfuerzos de arrastre. ☐ TRACTORISTA.

tradición f Transmisión de noticias, composiciones literarias, costumbres, hecha de generación en generación. || Lo que se transmite de este modo. ☐ TRADICIONAL.

radicionalismo *m* Apego a las costumbres, ideas, normas, etc., del pasado.

raducción *f* Acción y efecto de traducir. || Obra del traductor. || Interpretación que se da a un texto.

raducir *tr* Expresar en una lengua lo que está escrito o se ha expresado antes en otra.

raer *tr* Conducir o trasladar una cosa al lugar en donde se habla o de que se habla. || Atraer hacia sí. || Causar, acarrear. || Llevar, tener puesta una cosa. • *tr* y *prnl* (fig) Tratar, andar haciendo una cosa.

rafagar *intr* Comerciar o negociar con dinero y mercaderías. • *tr* e *intr* Correr mundo.

ráfago *m* Actividad intensa con mucho movimiento. || Conjunto de negocios o faenas, que ocasiona mucha fatiga.

raficar *intr* Comerciar, negociar, generalmente, de una manera irregular o ilícita. ☐ TRAFICANTE.

ráfico *m* Acción de traficar. || Comunicación, tránsito y transporte de personas, equipaje o mercaderías. || Circulación de vehículos automóviles.

rafulcar *tr* Confundir, trabucar.

ragacanta *f* o **tragacanto** *m* Planta denominada también nopal. || Goma que se obtiene de este árbol.

ragaderas *f pl* Faringe, garganta. || (fig, fam) Facilidad de creer cualquier cosa. ||

ragaluz *m* Ventana abierta en un techo o en la parte superior de una pared.

ragantona *f* (fam) Comilona. || (fam) Acción de tragar haciendo fuerza.

ragaperras *adj* y *f* Díc. de las máquinas que funcionan automáticamente, mediante la introducción de una moneda.

ragar *tr* Hacer que una cosa pase de la boca al aparato digestivo. || (fig) Comer vorazmente. • *tr* y *prnl* (fig) Dar fácilmente crédito a las cosas. || (fig) Soportar o tolerar una palabra o cosa desagradable u ofensiva. || (fig) Absorber, consumir, gastar.

ragedia *f* Obra dramática, escrita en verso o en prosa y de tema serio, que tiene

un desenlace fatal. || Género dramático constituido por dichas obras. || (fig) Cualquier suceso fatal o desgraciado.

trágico, ca *adj* Perteneciente o relativo a la tragedia. || Díc. del autor de tragedias. • *adj* (fig) Infausto, muy desgraciado.

tragicomedia *f* Poema dramático que tiene al par condiciones propias de los géneros trágico y cómico. ☐ TRAGICÓMICO, CA.

trago *m* Porción de líquido que se bebe o se puede beber de una vez. || (fig, fam) Adversidad, infortunio.

tragón, na *adj* y *s* (fam) Que traga, o come mucho. ☐ TRAGONERÍA.

traición *f* Delito que se comete quebrantando la fidelidad que se debe guardar. || Delito que se comete contra la patria por los ciudadanos, o contra la disciplina por los militares.

traicionar *tr* Hacer traición. ☐ TRAICIONERO, RA.

traidor, ra *adj* y *s* Que comete traición. || Que implica o denota traición o falsedad.

tráiler *m* Remolque de un camión. || Fragmento de una película destinado a servir de publicidad de ésta.

trainera *adj* y *s* Díc. de la barca destinada a la pesca de sardinas con red.

traje *m* Vestido completo de una persona.

trajear *tr* y *prnl* Proveer de trajes a una persona. • *prnl* Vestirse de forma más elegante que lo habitual. ☐ TRAJEADO, DA.

trajinar *tr* Transportar mercancías de un lugar a otro. • *intr* Andar de un sitio a otro realizando una actividad intensa. ☐ TRAJÍN.

trama *f* Conjunto de hilos que, cruzados y enlazados con los de la urdimbre, forman una tela. || (fig) Intriga, confabulación con que se perjudica a uno. || Disposición interna, ligazón entre las partes de un asunto u otra cosa.

tramar *tr* Atravesar los hilos de la trama por entre los de la urdimbre para tejer alguna tela. || (fig) Disponer o preparar con astucia un enredo, engaño o traición.

tramitar *tr* Hacer pasar un negocio por los trámites debidos. ☐ TRAMITACIÓN.

trámite *m* Paso de una parte o cosa a otra. ‖ Cada una de las diligencias que hay que realizar en un negocio.

tramo *m* Trozo de terreno contiguo a otros y separado de ellos por una señal cualquiera. ‖ Parte de una escalera, comprendida entre dos mesetas o rellanos.

tramontana *f* Norte. ‖ Viento que sopla de esta parte.

tramoya *f* Máquina con la que en el escenario del teatro se realizan los cambios de decorados y los efectos especiales. ☐ TRAMOYISTA.

trampa *f* Artificio para cazar. ‖ Puerta en el suelo, para poner en comunicación cualquier parte de un edificio con otra inferior. ‖ Ardid, estratagema, para contravenir una ley, convenio o regla en beneficio propio.

trampear *intr* (fam) Arbitrar medios lícitos para hacer más llevadera la penuria o alguna adversidad. ‖ Ir viviendo, aunque con achaques y dificultades.

trampero *m* El que pone trampas para cazar.

trampilla *f* Ventanilla en el suelo de las habitaciones altas.

trampolín *m* Plano inclinado y elástico o plancha muy flexible que sirve para darse impulso al saltar.

tramposo, sa *adj* y *s* Embustero, mal pagador. ‖ Que hace trampas en el juego.

tranca *f* Palo grueso y fuerte. ‖ Palo grueso que se pone para seguridad de una puerta o ventana. ☐ TRANCAR; TRANCAZO.

trance *m* Momento crítico y decisivo de algún suceso o acción. ‖ Estado en que un médium muestra fenómenos que se atribuyen a magnetismo animal o espiritismo.

tranco *m* Paso largo. ‖ Umbral de la puerta.

tranquera *f* Empalizada de trancas. ‖ *Amér.* Especie de puerta hecha con trancas.

tranquilizante *adj* y *m* Díc. de los fármacos de efecto tranquilizador o sedante.

tranquilizar *tr* y *prnl* Poner tranquila a una persona o cosa.

tranquillo *m* (fig) Habilidad que se ad quiere con la práctica.

tranquilo, la *adj* Quieto, sosegado, paci fico. ☐ TRANQUILIDAD.

transacción *f* Acción y efecto de tran sigir. ‖ p. ext. Trato, convenio, negocio ☐ TRANSACCIONAL.

transalpino, na o **trasalpino, na** *ad* Díc. de las regiones situadas al otro lad de los Alpes.

transandino, na o **trasandino, na** *ad* Díc. de las regiones situadas al otro lad de los Andes.

transar *intr Amér.* Transigir, llegar a un transacción o acuerdo.

transatlántico, ca o **trasatlántico, c** *adj* Díc. de las regiones situadas al otr lado del Atlántico. • *m* Buque de pasaje ros destinado a hacer viajes largos po mares y océanos.

transbordador, ra o **trasbordador, r** *adj* Que transborda. • *m* Buque que sirv para el transporte de viajeros, mercancía y vehículos.

transbordar o **trasbordar** *tr* y *prn* Trasladar efectos o personas de una em barcación a otra. ☐ TRANSBORDO.

transcendencia o **trascendencia** Resultado, consecuencia de índole grav o muy importante.

transcendental o **trascendental** *aa* Que se comunica o extiende a otras co sas. ‖ (fig) Muy importante, valioso o in teresante.

transcender o **trascender** *intr* Empe zar a conocerse o saberse algo que per manecía oculto. ‖ Extenderse los efecto de unas cosas a otras produciéndose con secuencias.

transcribir o **trascribir** *tr* Copiar un es crito. ‖ Escribir con un sistema de caracte res lo que está escrito con otro. ☐ TRANS CRIPCIÓN.

transculturación *f* Recepción por un pueblo o grupo social de formas de cultu ra procedentes de otro.

transcurrir o **trascurrir** *intr* Pasar, co rrer. Se aplica especialmente al tiempo.

transcurso o **trascurso** *m* Paso o carre ra del tiempo. ‖ Período de tiempo que se expresa.

transepto m Crucero, espacio que comprende la nave mayor de una iglesia y la que se cruza con ella.

transeúnte adj y s Que transita o pasa por un lugar. ‖ Que está de paso, que no reside sino transitoriamente en un sitio.

transexual adj y s Díc. de la persona que se ha sometido a una intervención quirúrgica para cambiar de sexo. ❑ TRANSEXUALIDAD; TRANSEXUALISMO.

transferir o **trasferir** tr Pasar o llevar una cosa desde un lugar a otro. ‖ Renunciar en otro el derecho que se tiene sobre una cosa. ‖ Remitir fondos bancarios de una cuenta a otra. ❑ TRANSFERIBLE; TRANSFERENCIA; TRASFERENCIA.

transfigurar tr y prnl Hacer cambiar de figura a una persona o cosa. ❑ TRANSFIGURABLE.

transfixión f Acción de herir pasando de parte a parte.

transformador, ra adj y s Que transforma. • m Dispositivo electromagnético que aumenta o reduce tensiones e intensidades eléctricas manteniendo constante la potencia.

transformar tr y prnl Hacer cambiar de forma a una persona o cosa. ‖ Dar a una cosa distinto uso o función. ‖ (fig) Cambiar el modo de comportarse una persona. ❑ TRANSFORMACIÓN.

transformismo m Actividad de un transformista.

transformista adj Perteneciente o relativo al transformismo. • m o f Artista que cambia rápidamente de traje e imita tipos muy diversos.

tránsfuga m o f Persona que huye de una parte a otra. ‖ (fig) Persona que pasa de un partido a otro.

transfundir tr Echar un líquido poco a poco de un vaso en otro. ‖ Realizar una transfusión de sangre. ❑ TRANSFUSIÓN; TRANSFUSOR, RA.

transgredir tr Quebrantar, violar o no cumplir un precepto, ley o estatuto. ❑ TRANSGRESIÓN.

transición f Acción y efecto de pasar de un modo de ser o estar a otro distinto. ‖ Cambio repentino de tono y expresión.

transido, da pp de transir. • adj (fig) Fatigado, acongojado o afligido.

transigir tr e intr Ceder ante los deseos, opiniones o acciones de otra persona en contra de los propios. • tr Convenir un acuerdo ante una cuestión en disputa. ❑ TRANSIGENCIA.

transistor m Componente electrónico formado por diversos materiales semiconductores unidos entre sí, que se ha convertido en parte fundamental de los aparatos electrónicos. ‖ p. ext. Radiorreceptor provisto de transistores.

transitar intr Pasar por vías o parajes públicos.

transitivo, va adj Díc. del verbo que puede llevar complemento directo. ‖ Díc. de la oración cuyo verbo es transitivo.

tránsito m Acción de transitar. ‖ Paso, sitio por donde se pasa de un lugar a otro. ‖ Paso, movimiento, circulación de gente y vehículos por calles, carreteras, etcétera.

transitorio, ria adj Pasajero, temporal. ‖ Caduco, perecedero, fugaz. ❑ TRANSITORIEDAD.

transliterar tr Representar fonemas de una lengua con los signos alfabéticos de otra, o con signos convencionales. ❑ TRANSLITERACIÓN.

transmigrar intr Pasar a otro país para vivir en él. ‖ Pasar un alma de un cuerpo a otro, según la teoría de la metempsicosis. ❑ TRANSMIGRACIÓN.

transmisión o **trasmisión** f Acción y efecto de transmitir. ‖ Transformación y gobierno de la energía mediante mecanismos.

transmisor, ra o **trasmisor, ra** adj y s Que se transmite o puede transmitir. • m Aparato capaz de transmitir cualquier tipo de señal, ya sea eléctrica, telegráfica o telefónica.

transmitir o **trasmitir** tr Hacer llegar a alguien mensajes o noticias. ‖ Enajenar, ceder. • tr e intr Difundir una emisora de radio y televisión noticias o programas diversos.

transmudar o **trasmudar** tr y prnl Trasladar. ‖ Transmutar.

transmutar o trasmutar *tr* y *prnl* Mudar o convertir una cosa en otra. □ TRANSMUTABLE; TRANSMUTACIÓN; TRANSMUTATIVO, VA.

transoceánico, ca *adj* Que está situado al otro lado de un océano. ‖ Que atraviesa un océano.

transpacífico, ca *adj* Perteneciente o relativo a las regiones situadas al otro lado del Pacífico.

transparencia o trasparencia *f* Calidad de transparente.

transparentar o trasparentar *tr* Permitir un cuerpo que se vea a su través. • *tr* y *prnl* (fig) Percibirse una cosa aunque no se manifieste o exprese. • *intr* y *prnl* Ser transparente un cuerpo.

transparente o trasparente *adj* Díc. del cuerpo a través del cual pueden verse claramente los objetos. ‖ p. ext. Translúcido. ‖ (fig) Que se deja adivinar. □ TRANSPARENCIA; TRASPARENCIA.

transpirar o traspirar *intr* y *prnl* Exhalar sudor o vapor a través de la piel. • (fig) Destilar una cosa agua por sus poros. □ TRANSPIRACIÓN; TRASPIRACIÓN.

transpirenaico, ca *adj* Díc. de las regiones situadas al otro lado de los Pirineos.

transponer o trasponer *tr* Ocultarse del horizonte el Sol u otro astro. • *tr* y *prnl* Poner a una persona o cosa en lugar diferente del que ocupaba. ‖ Ocultarse a la vista de uno alguna persona o cosa. □ TRANSPOSICIÓN; TRASPOSICIÓN.

transportador, ra o trasportador, ra *adj* y *s* Que transporta. • *m* Círculo de metal que sirve para medir o trazar los ángulos de un dibujo geométrico.

transportar o trasportar *tr* Llevar algo de un lugar a otro. • *prnl* (fig) Enajenarse de la razón o del sentido.

transporte o trasporte *m* Acción y efecto de transportar. ‖ Vehículo o medio de llevar personas o cosas de un lugar a otro.

transversal o trasversal *adj* Que se halla o se extiende atravesado de un lado a otro. ‖ Que se aparta o desvía de la dirección principal o recta.

tranvía *m* Ferrocarril destinado al transporte de viajeros en trayectos urbanos.

trapacería *f* Artificio engañoso con que se perjudica y defrauda a una persona en alguna venta, compra, cambio, etc.

trapajoso, sa *adj* Roto, desaseado o hecho pedazos. ‖ Díc. de la lengua o de la persona que pronuncia confusamente las palabras.

trápala *f* Ruido, movimiento y confusión de gente. ‖ (fam) Embuste, engaño. • *adj* y *s* (fig, fam) Persona falsa y embustera.

trapecio *m* Palo horizontal suspendido de dos cuerdas por sus extremos y que sirve para ejercicios gimnásticos. ‖ Cuadrilátero irregular con un par de lados paralelos, llamados bases.

trapecista *m* o *f* Artista de circo que trabaja en los trapecios.

trapero, ra *m* y *f* Persona que compra y vende trapos y otros objetos usados.

trapezoide *m* Cuadrilátero irregular que no tiene ningún lado paralelo. □ TRAPEZOIDAL.

trapiche *m* Molino para extraer el jugo de algunos frutos o productos, como la caña de azúcar.

trapichear *intr* (fam) Buscar trazas para el logro de algún objeto. ‖ Comerciar al menudeo. □ TRAPICHEO; TRAPICHERO, RA.

trapisonda *f* (fam) Bulla o riña. ‖ (fam) Embrollo, enredo. □ TRAPISONDEAR; TRAPISONDISTA.

trapo *m* Pedazo de tela desechado por viejo. • *pl* (fam) Prendas de vestir.

tráquea *f* Segmento de las vías respiratorias que sigue a la laringe y termina en los bronquios. □ TRAQUEAL.

traqueotomía *f* Incisión de la tráquea, al nivel del cuello, para evitar la asfixia.

traquetear *intr* Hacer ruido, estruendo o estrépito. • *tr* Mover o agitar una cosa de una parte a otra. □ TRAQUETEO.

tras *prep* Después de, a continuación de, aplicado al espacio o al tiempo. ‖ (fig) En busca de. ‖ Detrás de, en situación posterior.

trasegar *tr* Trastornar, revolver. ‖ Mudar un líquido de un recipiente a otro. ‖ (fig, fam) Beber en cantidad vino y licores. □ TRASIEGA.

rasero, ra *adj* Que está o viene detrás. • *m* Culo. • *f* Parte de atrás o posterior de una casa, una puerta, etc.

rasfondo *m* Lo que está más allá del fondo visible de algo o detrás de la apariencia o intención de una acción humana.

rasgo *m* Duende, espíritu travieso.

rashumancia *f* Pastoreo basado en el movimiento de los rebaños de una región a otra en busca de pastos de invierno y de verano.

rashumar *intr* Realizar la trashumancia. ☐ TRASHUMANTE.

raslación *f* Acción y efecto de trasladar. ‖ Movimiento de rotación de un astro con respecto a otro.

raslador *tr y prnl* Llevar o mudar de un lugar a otro. • *tr* Hacer pasar a una persona de un puesto o cargo a otro de la misma categoría. ☐ TRASLADO.

raslaticio, cia *adj* Aplícase al sentido de un vocablo que expresa un significado distinto al de su acepción corriente.

raslúcido, da o trasluciente *adj* Díc. del cuerpo a través del cual pasa la luz, pero que no deja ver sino confusamente lo que hay detrás de él.

raslucirse *prnl* Ser traslúcido un cuerpo. • *tr y prnl* Conjeturarse una cosa.

raslumbrar *tr y prnl* Deslumbrar a alguien una luz viva.

rasluz *m* Luz que pasa a través de un cuerpo traslúcido. ‖ Luz reflejada de soslayo por la superficie de un cuerpo.

rasnochado, da *pp* de trasnochar. • *adj* (fig) Falto de novedad y de oportunidad.

rasnochar *intr* Pasar uno la noche, o gran parte de ella, velando o sin dormir.

raspapelear *tr y prnl* Confundirse, desaparecer un papel entre otros.

raspasar *tr* Pasar o llevar una cosa de un sitio a otro. ‖ Pasar a la otra parte o a la otra cara. ‖ Ceder, transferir.

raspaso *m* Acción y efecto de traspasar. ‖ Conjunto de géneros traspasados. ‖ Precio de la cesión de estos géneros o del local donde se ejerce un comercio o industria.

raspié *m* Resbalón o tropezón.

rasplantar *tr* Trasladar plantas del sitio en que están arraigadas y plantarlas en otro. ‖ Realizar un trasplante quirúrgico.

trasplante *m* Acción y efecto de trasplantar o trasplantarse. ‖ Sustitución de un órgano enfermo o dañado, o parte de él, por otro sano procedente de otro cuerpo o del mismo.

traspunte *m* Apuntador que indica a cada actor cuándo ha de salir a la escena.

trasquilar *tr* Esquilar a los animales. ‖ (fig, fam) Menoscabar una cosa. ☐ TRASQUILADURA.

trastabillar *intr* Dar traspiés o tropezones. ‖ Tambalear, titubear.

trastada *f* (fam) Mala jugada. ‖ Travesura.

trastazo *m* (fam) Golpe, porrazo.

traste *m* Cada uno de los resaltos que se colocan a trechos en el mástil de la guitarra u otros instrumentos semejantes.

trastear¹ *tr* Poner los trastes a la guitarra u otro instrumento semejante.

trastear² *tr e intr* Revolver, menear o trasladar trastos de una parte a otra. ‖ (fig) Discurrir manejando ingeniosamente los conceptos.

trastero, ra *adj y f* Díc. de la habitación destinada a guardar los trastos inútiles o que no son del uso diario.

trastienda *f* Aposento o pieza que está detrás de la tienda.

trasto *m* Cualquiera de los muebles o utensilios de una casa, especialmente inútil. ‖ (fig) Persona inútil. • *pl* Utensilios de algún arte o ejercicio.

trastornar *tr* Volver una cosa de abajo arriba o de un lado a otro. ‖ Invertir el orden regular de una cosa. ‖ (fig) Inquietar, causar disturbios. • *tr y prnl* (fig) Perturbar el sentido. ‖ (fig, fam) Enamorar profundamente a alguien. ☐ TRASTORNABLE; TRASTORNADOR, RA; TRASTORNO.

trastrocar *tr y prnl* Variar el estado, orden, sentido, etc., de una cosa.

trasudar *m* Exhalar o echar de sí trasudor.

trasudor *m* Sudor leve, ocasionado generalmente por algún miedo o ansiedad.

trasunto *m* Copia o traslado. ‖ Figura que imita una propiedad una cosa.

trasvasar *tr* Pasar un líquido de un recipiente a otro. ☐ TRASVASE.

trasverter *intr* Rebosar un líquido.

trata *f* Tráfico o comercio de seres humanos.

tratable adj Que se puede o deja tratar. || Cortés, accesible.

tratado m Ajuste o convenio entre naciones. || Escrito o discurso sobre una materia determinada. ❑ TRATADISTA.

tratamiento m Acción y efecto de tratar o tratarse. || Título de cortesía que se da a una persona. || Conjunto de medios que se emplea para curar enfermedades. || Procedimiento empleado en la elaboración de un producto.

tratante m El que se dedica a comprar géneros para revenderlos.

tratar tr Manejar una cosa. || Proceder bien o mal con una persona, de obra o de palabra. • tr e intr Examinar o discutir un asunto. • tr, intr y prnl Comunicar, relacionarse con un individuo. • intr Procurar el logro de algún fin. || Comerciar.

trato m Acción y efecto de tratar o tratarse. || Tratado, convenio. || Tratamiento de cortesía.

trauma m Traumatismo. || Choque sentimental o emoción que deja, en el individuo que lo ha sufrido, una impresión duradera y difícilmente asimilable.

traumatismo m Lesión interna o externa producida por la acción de un agente mecánico, físico o químico. ❑ TRAUMÁTICO, CA.

traumatología f Rama de la cirugía que estudia los efectos de los traumatismos y sus efectos.

través m Inclinación o torcimiento. || (fig) Desgracia, fatalidad.

travesaño m Pieza de madera, hierro u otro material que une dos partes opuestas de una cosa. || En el fútbol y otros deportes, larguero horizontal de la portería.

travesía f Camino o calle transversal. || Distancia entre dos puntos de tierra o de mar. || Viaje por mar.

travestido, da adj Disfrazado • m y f Persona que viste con ropas del sexo contrario.

travestir tr y prnl Vestir uno con la ropa propia del sexo contrario.

travestismo m Tendencia a emplear prendas de vestir propias del sexo opuesto. ❑ TRAVESTI.

travesura f Acción y efecto de travese[ar]. || Acción maligna, ingeniosa y de poc[a] importancia realizada por niños.

traviesa f Cada una de las piezas de m[a]dera, metal u hormigón que, atravesad[as] en la vía, sirven para afirmar los carriles

travieso, sa adj Atravesado o puesto [a] través. || (fig) Sutil, sagaz. || (fig) Inquie[to] y revoltoso.

trayecto m Espacio que se recorre de u[n] punto a otro. || Acción de recorrerlo.

trayectoria f Línea descrita en el espaci[o] por un punto en movimiento. || Evolució[n] que se observa en el comportamiento d[e] una persona o grupo social.

traza f Diseño, proyecto o plano de un[a] obra de construcción. || (fig) Plan pa[ra] realizar un fin.

trazado, da pp de trazar. • adj Con lo[s] adv bien o mal antepuestos, díc. de [la] persona de buena o mala conformació[n] física. || Traza o diseño para hacer u[n] edificio u otra obra. || Recorrido o dire[c]ción de un camino, canal, etcétera.

trazar tr Hacer trazos. || Diseñar la tra[za] que se ha de seguir en un edificio u otr[a] obra. || (fig) Discurrir y disponer los me[dios oportunos para el logro de una cosa.]

trazo m Delineación con que se forma [el] diseño o planta de cualquier cosa. || L[í]nea, raya.

trébol m Planta herbácea de tallos erecto[s] y ramificados, de hojas casi redondas p[e]cioladas de tres en tres y flores blanca[s] o moradas. || Uno de los palos de la bar[a]ja francesa. ❑ TREBOLAR.

trece adj Diez y tres. • adj y s Decimo[ter]cio. • m Conjunto de signos con qu[e] se representa el número trece. ❑ TRE[CENO, NA.]

treceavo, va Díc. de cada una de las tre[ce] partes en que se divide un todo.

trecho m Distancia que se recorre o qu[e] existe entre dos lugares. || Espacio d[e] tiempo existente entre dos acontec[i]mientos.

tregua f Cese temporal de hostilidade[s]. || (fig) Intermisión, descanso.

treinta adj Tres veces diez. • adj y s Tr[i]gésimo. • m Conjunto de signos con qu[e] se representa el núm. treinta.

treintavo, va adj y m Cada una de las treinta partes en que se divide un todo.

treintena f Conjunto de treinta unidades.

tremebundo, da adj Horrendo, terrible, que hace temblar.

tremedal m Terreno pantanoso, abundante en turba y cubierto de césped.

tremendo, da adj Terrible, digno de ser temido. ‖ (fig, fam) Excesivo en su línea.

trementina f Resina del pino marítimo y de otras coníferas.

tremolar tr e intr Enarbolar los pendones, banderas o estandartes, batiéndolos en el aire.

tremolina f Movimiento ruidoso del aire.

trémolo m Sucesión rápida de muchas notas iguales, de la misma duración.

trémulo, la adj Que tiembla.

tren m Medio de transporte que circula sobre raíles, compuesto por una serie de vagones y una locomotora que los arrastra.

trena f (fam) Cárcel.

trenca f Abrigo corto con capucha y con piezas alargadas a modo de botones.

treno m Canto fúnebre o lamentación por alguna desgracia.

trenza f Conjunto de tres o más ramales que se entretejen, cruzándolos alternativamente.

trenzado, da pp de trenzar. • m Trenza.

trenzar tr Hacer trenzas.

trepa[1] f Acción y efecto de trepar. • m o f (fam) Arribista.

trepa[2] f Trepado. ‖ (fam) Astucia, engaño.

trepado, da pp de trepar. • m Adorno de la orilla del vestido.

trepador, ra adj Que trepa. ‖ Aplícase a los vegetales cuyos tallos son volubles y se enrollan alrededor de diversos soportes. • adj y f Aplícase a las aves que tienen el dedo externo unido al de en medio o dirigido hacia atrás para trepar con facilidad.

trepanar tr Horadar el cráneo o cualquier otro hueso. ❑ TREPANACIÓN.

trépano m Instrumento que se usa para trepanar.

trepar tr e intr Subir a un lugar valiéndose de las extremidades. • intr Crecer las plantas agarrándose a los árboles u otros

objetos. ‖ (fig, fam) Elevarse en la escala social ambiciosamente y sin escrúpulos.

trepidar intr Temblar, estremecerse. ‖ Amér. Vacilar, dudar. ❑ TREPIDACIÓN; TREPIDANTE.

tres adj Dos y uno. • adj y s Tercero. • m Signos que representan este número.

trescientos, tas adj Tres veces ciento. ‖ Tricentésimo. • m Conjunto de signos con que se representa el núm. trescientos.

tresillo m Conjunto de sofá con dos butacas que hacen juego.

treta f Ardid, recurso sutil o ingenioso para conseguir algún intento.

tríada f Conjunto de tres seres o cosas, estrecha o especialmente vinculados entre sí.

triangular[1] adj Que tiene forma de triángulo o es semejante a él.

triangular[2] tr Disponer las piezas de una armazón, de modo que formen triángulo.

triángulo m Polígono de tres lados. ‖ Instrumento musical de percusión que consiste en una varilla metálica doblada en forma triangular.

triásico, ca adj y m Díc. del primer período de la era secundaria o mesozoica.

tribal o **tribual** adj Perteneciente o relativo a la tribu.

tribu f Cada una de las agrupaciones en que se dividen algunos pueblos primitivos. ‖ Conjunto de familias nómadas que obedecen a un jefe.

tribulación f Congoja, pena o tormento. ‖ Adversidad que padece el hombre.

tribuna f Plataforma elevada y con antepecho desde donde se habla al público. ‖ Localidad preferente en un campo deportivo.

tribunal m Lugar destinado a los jueces para administrar justicia. ‖ Conjunto de jueces ante el cual se verifican exámenes, oposiciones.

tributar tr Entregar el súbdito el dinero o tributo para las cargas y atenciones públicas. ‖ (fig) Ofrecer o manifestar algún sentimiento favorable hacia alguien. ❑ TRIBUTACIÓN.

tributario, ria adj Perteneciente o relativo al tributo. ‖ (fig) Díc. del curso de agua con relación al río o mar adonde va a parar. • adj y s Que paga tributo o está obligado a pagarlo.

tributo m Lo que se tributa. ‖ Prestación pecuniaria que el Estado exige a los sujetos adscritos a su jurisdicción.

tricentenario m Fecha en que se cumplen trescientos años de algún suceso famoso.

tricentésimo, ma adj Que ocupa por orden el número trescientos. • adj y s Díc. de cada una de las trescientas partes iguales en que se divide un todo.

tríceps adj y s Díc. del músculo que tiene tres porciones, con un único tendón terminal.

triceratops m Reptil dinosaurio que vivió durante el período cretácico. Se caracterizaba por su enorme cabeza, protegida por una coraza ósea con cuernos en su borde.

triciclo m Vehículo de tres ruedas.

tricolor adj De tres colores.

tricornio adj Sombrero que tiene el ala dura y doblada formando tres picos, especialmente el de la Guardia Civil española.

tricot m Tejido de género de punto.

tricotar tr e intr Tejer, hacer punto a mano o con máquina tejedora. ❏ TRICOTOSA.

tricotomía f Clasificación en que las divisiones y subdivisiones tienen tres partes.

tridente adj De tres dientes o puntas.

tridimensional adj De tres dimensiones.

triedro adj Que tiene tres caras.

trienal adj Que se repite cada trienio. ‖ Que dura un trienio.

trienio m Tiempo o espacio de tres años. ‖ Incremento económico de un sueldo correspondiente a cada tres años de servicio activo.

trifásico, ca adj y m Díc. de todo sistema que consta de tres fases.

trifoliado, da adj Que tiene hojas compuestas de tres foliolos.

trifolio m Trébol.

trifulca f (fig, fam) Camorra entre varias personas.

trifurcarse prnl Dividirse algo en tres ramales, brazos o puntas. ❏ TRIFURCACIÓN.

trigal m Campo sembrado de trigo.

trigésimo, ma adj Que ocupa por orden el número treinta. • adj y s Díc. de cada una de las treinta partes iguales en que se divide un todo.

triglifo o **tríglifo** m Miembro arquitectónico en forma de rectángulo y surcado por tres canales.

trigo m Planta de la familia de las gramíneas, con espigas terminales compuestas de cuatro o más carreras de granos, de los cuales, triturados, se saca el pan. ‖ Grano de esta planta.

trigonometría f Rama de la matemática que estudia las relaciones numéricas entre lados y ángulos de figuras geométricas planas o esféricas. ❏ TRIGONOMÉTRICO, CA.

trigueño, ña adj De color del trigo.

triguero, ra adj Perteneciente o relativo al trigo. ‖ Que se cría o anda entre el trigo.

trilateral adj Díc. de la relación o negociación a tres partes.

trilátero, ra adj De tres lados.

trilingüe adj Que habla tres lenguas. ‖ Escrito en tres lenguas.

trilita f Trinitrotolueno.

trilito m Monumento megalítico dolménico compuesto de tres grandes piedras, dos verticales que sostienen una tercera, horizontal.

trilla f Acción de trillar. ‖ Tiempo en que se trilla. ‖ (fig) Chile y P. Rico. Zurra, tunda, paliza.

trillado, da pp de trillar. • adj Díc. del camino muy frecuentado. ‖ (fig) Común y sabido.

trillar tr Triturar la mies y separar el grano de la paja. ‖ (fig, fam) Frecuentar y seguir una cosa continua o normalmente. ❏ TRILLADOR, RA.

trillizo, za adj y s Díc. de cada uno de los hermanos nacidos de parto triple.

trillo m Instrumento para trillar, que consiste en un tablón con cuchillas de acero. ‖ Amér. Senda formada por el tránsito.

trillón m Un millón de billones.

trilobites m Crustáceo marino fósil, con el cuerpo aplanado y dividido en tres lóbulos.

trilobulado, da *adj* Que tiene tres lóbulos.

trilocular *adj* Dividido en tres partes o cavidades.

trilogía *f* Conjunto de tres obras que tienen entre sí cierto enlace o unidad.

trimembre *adj* De tres miembros o partes.

trimensual *adj* Que sucede o se repite tres veces al mes.

trimestral *adj* Que sucede o se repite cada trimestre. || Que dura un trimestre.

trimestre *m* Tiempo de tres meses.

trimotor, ra *adj y m* Díc. del avión de tres motores.

trinar *intr* Hacer trinos. || Hacer quiebros con la voz en la garganta los pájaros o el hombre.

trinca¹ *f* Junta de tres cosas de una misma clase.

trinca² *f Méx. y P. Rico.* Borrachera.

trincar¹ *tr* Atar fuertemente. || Sujetar a uno con los brazos o las manos como amarrándolo. || Robar, tomar para sí lo ajeno. || *Amér. Centr. y Méx.* Apretar, oprimir.

trincar² *tr* (fam) Beber vino o licor.

trincha *f* Ajustador en la parte de atrás que sirve para ceñir el chaleco, el pantalón u otras prendas.

trinchar *tr* Partir en trozos la comida para servirla, especialmente los asados.

trinche *m Amér.* Tenedor de mesa.

trinchera *f* Zanja defensiva que protege al soldado del enemigo y le permite disparar. || Sobretodo, impermeable de aspecto militar.

trinchero *m* Mueble de comedor destinado a trinchar sobre él las viandas, así como para guardar los objetos que se usan en la mesa.

trineo *m* Vehículo sin ruedas y provisto de esquíes para trasladarse sobre el hielo y la nieve.

trinidad *npf* Distinción de tres personas divinas en una sola y única esencia, misterio de la religión católica.

trinitario, ria *adj y s* Díc. del religioso perteneciente a la orden de la Trinidad.

trinitrotolueno o **TNT** *m* Producto derivado del tolueno, que se fabrica en gran escala para utilizarlo como explosivo.

trino¹**, na** *adj* Que consta de tres elementos o unidades, ternario.

trino² *m* Gorjeo de los pájaros.

trinomio *m* Polinomio con tres monomios.

trinquete¹ *m* Verga mayor que se cruza sobre el palo de proa. || Vela que se larga en ella.

trinquete² *m* Frontón cerrado sin contracancha y con doble pared lateral.

trinquete³ *m* Garfio que gira por uno de sus extremos y que por el otro resbala sobre los dientes de una rueda para impedir que ésta retroceda.

trío *m* Grupo de tres personas unidas entre sí por alguna relación.

tripa *f* Conjunto de intestinos o parte de ellos. || Vientre, especialmente si es abultado. || (fig) Panza de una vasija.

tripanosoma *m* Parásito del hombre y de los mamíferos, a los que causa la enfermedad del sueño.

tripartito, ta *adj* Dividido en tres partes. ❏ TRIPARTIR.

tripería *f* Puesto donde se venden tripas o mondongos. || Conjunto de tripas.

tripero, ra *m y f* Persona que vende tripas o mondongos.

triplano *m* Aeroplano cuyas alas están formadas por tres planos rígidos superpuestos.

triple *adj y m* Dícese del número que contiene a otro tres veces exactamente. • *adj* Que consta de tres elementos, o que se compone de tres partes. ❏ TRIPLICIDAD.

triplicar *tr y prnl* Multiplicar por tres. || Hacer tres veces una misma cosa. ❏ TRIPLICACIÓN.

trípode *m* Armazón de tres pies, para sostener instrumentos geodésicos, fotográficos, etcétera.

tripón, na *adj y s* (fam) Que tiene mucha tripa.

tríptico *m* Pintura, grabado o relieve distribuido en tres hojas, unidas de modo que puedan doblarse las de los dos laterales sobre la del centro.

triptongo *m* Conjunto de tres vocales que forman una sola sílaba.

tripudo, da *adj y s* Díc. de la persona que tiene la tripa muy grande o abultada.

tripulación f Conjunto de personas que en una embarcación o en un aparato de locomoción aérea están dedicadas a su maniobra y servicio.

tripulante m o f Persona que forma parte de una tripulación.

tripular tr Dotar de tripulación a una nave. || Conducir o prestar servicio en un barco o en un avión.

triquina f Larva de un gusano que parasita en los músculos de varias especies de animales.

triquinosis f Enfermedad parasitaria causada por la triquina, que puede ocasionar la muerte.

triquiñuela f (fam) Ardid, artimaña, treta.

triquitraque m Ruido como de golpes repetidos y desordenados. || Rollo de papel en el que van envueltas pequeñas porciones de pólvora, que producen sucesivas detonaciones cuando se enciende la mecha de uno de sus extremos.

tris m Leve sonido que al quebrarse hace una cosa delicada. || Golpe ligero que produce este sonido. || (fig, fam) Porción muy pequeña.

trisar intr Cantar o chirriar la golondrina y otros pájaros.

triscador, ra adj Que trisca. • m Instrumento de acero en forma de paleta con dos o tres muescas a cada lado, para triscar los dientes de las sierras.

triscar intr Hacer ruido con los pies o dando patadas. || (fig) Retozar, hacer travesuras. • tr Enredar una cosa con otra. ☐ TRISCA.

trisemanal adj Que se repite tres veces por semana. || Que se repite o sucede cada tres semanas.

trisílabo, ba adj y s De tres sílabas.

triste adj Afligido, apesadumbrado. || De carácter o temperamento melancólico. || Que denota pesadumbre o melancolía. || Que las ocasiona. || (fig) Insignificante, insuficiente, ineficaz. • m Amér. Merid. Canción popular de tema amoroso y tono melancólico, que se acompaña con la guitarra.

tristeza f Sentimiento o estado de quien se encuentra deprimido, sin ánimo y, en ocasiones, con tendencia al llanto. || Cualidad de las cosas que muestran o producen ese sentimiento.

tristón, na adj Un poco triste.

tritón m Anfibio parecido a la salamandra, de cola larga y pronunciada cresta dorsal.

triturador, ra adj Que tritura. • f Máquina destinada a triturar rocas, minerales, etc.

triturar tr Moler, desmenuzar una materia sólida, sin reducirla a polvo. || Mascar, partir la comida con los dientes. || (fig) Moler, maltratar.

triunfal adj Perteneciente al triunfo.

triunfalismo m Optimismo exagerado. || Sobrevaloración de los propios éxitos. ☐ TRIUNFALISTA.

triunfante adj Que triunfa o implica triunfo.

triunfar intr Quedar victorioso. ☐ TRIUNFADOR, RA.

triunfo m Victoria, acción y efecto de triunfar. || Éxito en cualquier empeño. || Lo que sirve de trofeo que acredita la victoria. || Argent. y Perú. Cierta danza popular.

triunvirato m Conjunto de tres personas que dirigen algún asunto.

trivalente adj Que tiene un valor, aplicación o uso triple.

trivial adj Vulgar, sabido de todos. || (fig) Que carece de toda importancia y novedad.

trivialidad f Calidad de trivial, común. || Sabido de todos. || Que carece de importancia.

triza f Pedazo o partícula de un cuerpo.

trocar tr Permutar una cosa por otra. || Mudar, variar, alterar. || Equivocar, tomar o decir una cosa por otra. ☐ TROCAMIENTO.

trocear tr Dividir en trozos. ☐ TROCEO.

trocha f Vereda o camino angosto que sirve o no de atajo. || Camino abierto en la maleza. || Arg. Ancho de las vías férreas.

trofeo m Monumento insignia o señal de una victoria. || Despojo obtenido en la guerra. || (fig) Victoria o triunfo.

trófico, ca adj Perteneciente o relativo a la nutrición.

troglodita adj y s Que habita en cavernas. Díc. especialmente de los hombres prehistóricos.

roica o **troika** f Especie de trineo tirado por tres caballos.

roj o **troje** f Granero limitado por tabiques.

roja f Amér. Troj.

rola f (fam) Engaño, falsedad, mentira.

role m Pértiga de hierro que sirve para transmitir a los vehículos eléctricos la corriente del cable conductor. || (fam) Trolebús.

rolebús m Autobús eléctrico que no precisa carriles y toma la corriente por medio de dos troles acoplados al techo del vehículo.

romba f Chaparrón repentino y muy violento. || (fig) Cualquier hecho o suceso repentino y violento.

rombo m Coágulo intravascular que dificulta la circulación sanguínea y provoca la trombosis.

rombocito m Plaqueta de la sangre.

rombón m Instrumento músico de metal, especie de trompeta grande.

rombosis f Pat. Fenómeno que consiste en la formación de trombos en el interior de un vaso sanguíneo o del corazón.

rompa f Instrumento músico de viento, que consiste en un tubo de latón enroscado circularmente y que va ensanchándose desde la boquilla al pabellón. || Prolongación muscular, hueca y elástica del apéndice nasal de algunos animales. || (fig, fam) Borrachera.

rompada f (fam) Trompazo. || (fig, fam) Encontronazo. || (fig, fam) Puñetazo.

rompazo m Golpe dado con la trompa. || (fig) Cualquier golpe recio.

rompeta f Instrumento músico de viento, consistente en un tubo metálico que se ensancha gradualmente desde la boquilla al pabellón.

rompetazo m Sonido destemplado y excesivamente fuerte de la trompeta o de cualquier instrumento análogo.

rompetear intr (fam) Tocar la trompeta.

rompetería f Conjunto de varias trompetas.

rompetilla f Instrumento a modo de trompeta, que sirve para que los sordos perciban los sonidos.

rompetista o **trompetero** m Persona que se dedica a tocar la trompeta.

trompicar intr Tropezar repetidamente.

trompicón m Tropezón o paso tambaleante de una persona. || Porrazo o golpe fuerte.

trompo m Peón, juguete. || Peonza. || Chile y Perú. Instrumento de forma cónica, que se usa para abocardar cañerías.

trompón m Trompazo, golpe fuerte. || Narciso.

tronado, da pp de tronar. • adj Deteriorado por efecto del uso. • f Tempestad de truenos.

tronar impers Haber o sonar truenos. • intr Causar ruido o estampido. || (fig, fam) Hablar o escribir violentamente contra alguna cosa.

tronchar tr y prnl Partir o romper con violencia el tronco, tallo o ramas de un vegetal. • prnl (fig, fam) Reír hasta no poder más.

troncho m Tallo de las hortalizas. || Arg. y Ur. Mutilado. □ TRONCHUDO, DA.

tronco m Parte comprendida entre la sección transversal de una pirámide o un cono y su base. || Tallo leñoso de las plantas arbustivas y árboles. || Cuerpo humano o de cualquier animal, prescindiendo de la cabeza y extremidades. || (fig) Ascendiente común de dos o más ramas, líneas o familias.

tronera f Abertura en el costado de un buque o en el parapeto de una muralla para disparar con seguridad y acierto los cañones. || Ventana pequeña y angosta. || Cada uno de los agujeros que hay en las mesas de billar. • m o f (fig, fam) Persona desbaratada en sus acciones y palabras.

tronío m (fam) Lujo, ostentación. || (fam) Señorío, majestad.

trono m Asiento con gradas y dosel que usan los monarcas y otras personas de alta dignidad. || Lugar o sitio en que se coloca la efigie de un santo. || (fig) Dignidad de rey o soberano.

tronzar tr Dividir, quebrar o cortar en trozos.

tropa f Turba, muchedumbre de gentes. || Gente militar. || Amér. Merid. Recua de ganado. || Conjunto de sargentos, cabos y soldados.

tropel *m* Movimiento acelerado y ruidoso de varias personas o cosas. ‖ Conjunto de cosas mal ordenadas.

tropelía *f* Hecho violento y contrario a las leyes. ‖ Vejación, atropello.

tropero *m Arg.* y *Ur.* Conductor de ganado.

tropezar *intr* Dar con los pies en un estorbo que pone en peligro de caer. ‖ Detenerse una cosa por encontrar un estorbo que le impide avanzar. ‖ (fig, fam) Hallar casualmente una persona a otra.

tropezón, na *adj* (fam) Que tropieza con frecuencia. • *m* Tropiezo. ‖ (fig, fam) Pedazo pequeño de jamón u otra vianda que se mezcla con las sopas o las legumbres.

tropical *adj* Perteneciente o relativo a los trópicos. ‖ (fig) Ampuloso, frondoso.

trópico *m* Cada uno de los círculos menores de la esfera terrestre, paralelos al ecuador.

tropiezo *m* Acción y efecto de tropezar. ‖ Aquello en que se tropieza. ‖ (fig) Falta o yerro. ‖ (fig) Dificultad o impedimento en un negocio. ‖ (fig) Riña o discusión.

tropilla *f Arg.* Manada de caballos guiados por una madrina.

tropo *m* Empleo de las palabras en sentido distinto al que propiamente les corresponde, pero que tiene con éste alguna conexión.

tropopausa *f* Límite superior de la troposfera que separa esta de la estratosfera.

troposfera *f* Capa inferior de la atmósfera terrestre en la que se producen la mayor parte de los fenómenos meteorológicos que determinan el clima.

troquel *m* Molde empleado en artes gráficas, en la acuñación de monedas y medallas, etcétera.

troquelar *tr* Imprimir y sellar una pieza de metal por medio del troquel. ‖ Recortar con troquel piezas de cuero, cartón, etcétera.

trotaconventos *f* (fam) Alcahueta, tercera, celestina.

trotamundos *m* o *f* Persona aficionada a viajar y recorrer países.

trotar *intr* Ir el caballo al trote. ‖ Cabalg[ar] una persona en caballo que va al trot[e] ‖ (fig, fam) Andar mucho o con celerida[d] una persona.

trote *m* Modo de caminar de las caball[e]rías, que consiste en mover a un tiemp[o] pie y mano contrapuestos. ‖ (fig) Traba[jo] fatigoso.

trotón, na *adj* Aplícase a la caballería c[u]yo paso ordinario es el trote.

trova *f* Verso. ‖ Canción amorosa con[m]puesta o cantada por los trovadores.

trovador, ra *m* y *f* Poeta, poetisa. • Poeta provenzal de la Edad Media q[ue] escribía en lengua occitana.

trovar *tr* Imitar una composición métric[a] aplicándola a otro asunto. • *intr* Hac[er] versos. ‖ Componer trovas.

trovo *m* Composición métrica popular, g[e]neralmente de asunto amoroso.

trozo *m* Pedazo de una cosa que se cons[i]dera aparte del resto.

truca *f* Máquina para realizar efectos e[s]peciales en las películas cinematográfica[s] y de televisión.

trucaje *m* Acción y efecto de trucar. ‖ Il[u]sión óptica a fin de ofrecer al espectado[r] una imagen distinta de la que realmen[te] se ha rodado.

trucar *intr* Hacer el primer envite en e[l] juego del truque y en el del billar. • [tr] Disponer algo con ardides o trampas qu[e] produzcan el efecto deseado.

trucha[1] *f* Pez de agua dulce de carne mu[y] sabrosa. • *m* o *f* (fig, fam) *Amér.* Perso[na] astuta.

trucha[2] *f Amér. Centr.* Puesto o tenderet[e] de mercería.

truchero, ra *adj* Díc. de los ríos u otra[s] corrientes de agua en que abundan l[as] truchas. • *m* y *f* El que pesca truchas, o e[l] que las vende.

truco *m* Cada una de las mañas o habi[li]lidades que se adquieren en el ejerci[cio] de un arte, oficio o profesión. ‖ Ardi[d,] trampa, procedimiento engañoso par[a] conseguir alguna cosa. ‖ *Arg.* Juego d[e] naipes.

truculento, ta *adj* Que sobrecoge o asus[ta] por su crueldad o morbosidad. ❑ TRU[culencia.

ueno *m* Sonido producido por un relámpago. ‖ Estampido del tiro de un arma de fuego.

ueque *m* Acción y efecto de trocar o trocarse. ‖ Primitivo sistema comercial, basado en el intercambio directo de mercancías.

ufa *f* Nombre común de ciertos hongos que crecen bajo tierra. ‖ (fig) Mentira, patraña.

ufar *tr* Rellenar de trufas las aves y otros manjares, o ingerirlas en ellos. • *intr* Mentir.

uhán, na *adj* y *s* Díc. de la persona que vive engañando o estafando. ❏ TRUHANESCO, CA.

ujal *m* Prensa donde se estrujan las uvas o se exprime la aceituna. ‖ Molino de aceite.

ullo *m* Lagar con depósito inferior donde cae directamente el mosto cuando se pisa la uva.

uncar *tr* Cortar una parte a alguna cosa. ‖ (fig) Dejar incompleto el sentido de lo que se escribe o lee. ‖ (fig) Impedir que algo se realice o continúe.

ust *m* Acuerdo entre varias empresas para ejercer un monopolio sobre el mercado.

setsé *f* Mosca cuyas picaduras inoculan el tripanosoma de la enfermedad del sueño.

ú *pron pers* de 2ª pers. en gén. *m* y *f* y núm. singular.

u, tus *pron pos.* Apócope de tuyo, tuya, tuyos, tuyas. Se usa siempre antepuesto al nombre.

uba *f* Instrumento de viento, el más grave de los del grupo del metal.

tubérculo *m* Tallo subterráneo corto y engrosado, cargado de sustancias de reserva, generalmente feculentas. ‖ Protuberancia en la piel de varios animales.

tuberculosis *f* Enfermedad infecciosa, contagiosa, producida por el bacilo de Koch.

tuberculoso, sa *adj* Perteneciente o relativo al tubérculo. ‖ De forma de tubérculo. • *adj* y *s* Que tiene tubérculos. ‖ Que padece tuberculosis.

tubería *f* Conducto formado de tubos por donde se lleva el agua, los gases combustibles, etcétera. ‖ Conjunto de tubos.

tubo *m* Pieza hueca, de forma por lo común cilíndrica y generalmente abierta por ambos extremos. ‖ Elemento realizado en diversas materias destinado al transporte de fluidos.

tubular *adj* Perteneciente al tubo; que tiene su figura o está formado de tubos.

tubuloso, sa *adj* Tubular, en forma de tubo.

tucán *m* Ave trepadora americana de enorme pico, ligeramente curvado en el extremo, de vivos colores por fuera y de estructura esponjosa en su interior.

tudel *m* Tubo de latón encorvado, fijo en lo alto de algunos instrumentos musicales.

tuerca *f* Pieza con un agujero fileteado en espiral que puede ajustarse exactamente a la rosca de un espárrago o de un tornillo.

tuerto, ta *pp irreg* de torcer. • *adj* y *s* Falto de la vista en un ojo.

tueste *m* Acción y efecto de tostar.

tuétano *m* Sustancia blanca que se halla dentro de los huesos.

tufarada *f* Olor desagradable, vivo o fuerte, que se percibe de pronto.

tufo[1] *m* Emanación gaseosa que se desprende de las fermentaciones y de las combustiones imperfectas. ‖ (fam) Olor molesto que despide una persona o una cosa. • *m sing* y *pl* (fig, fam) Soberbia, orgullo.

tufo[2] *m* Cada una de las dos porciones de pelo, por lo común peinado o rizado, que caen por delante de las orejas.

tugurio *m* Choza de pastores. ‖ (fig) Habitación, vivienda o establecimiento pequeño y mezquino.

tul *m* Tejido fino y transparente de seda, algodón o hilo, que forma malla.

tulipa *f* Tulipán pequeño. ‖ Pantalla de vidrio con forma algo parecida a la de un tulipán.

tulipán *m* Planta de jardín, con raíz bulbosa y flor única, grande, globosa, de seis pétalos y hermosos colores.

tullido, da *pp* de tullir. • *adj* y *s* Que ha perdido el movimiento del cuerpo o de alguno de sus miembros.

tullir *tr* y *prnl* Dejar tullido. • *prnl* Quedarse tullido. Perder uno el uso y movimiento de su cuerpo o de un miembro de él. ☐ TULLIMIENTO.

tumba[1] *f* Sepulcro.

tumba[2] *f* Tumbo, vaivén violento. ‖ Voltereta en el aire. ‖ *Amér.* Desmonte, tala.

tumbaga *f* Aleación de oro y cobre, muy quebradiza, que se utiliza en joyería.

tumbar *tr* Hacer caer o derribar a una persona o cosa. ‖ Inclinar una cosa sin que llegue a caer por entero. • *prnl* (fam) Echarse, especialmente a dormir.

tumbo *m* Vaivén violento. ‖ Caída violenta.

tumbón, na *adj* (fam) Disimulado, socarrón. • *adj* y *s* (fam) Perezoso, holgazán. • *f* Silla con largo respaldo y con tijera que permite inclinarlo en ángulos muy abiertos.

tumefacción *f* Hinchazón de una parte del cuerpo.

tumefacto, ta *adj* Hinchado.

tumor *m* Afección morbosa que resulta del crecimiento desordenado y excesivo de una parte de las células de un órgano. ☐ TUMORAL.

tumoración *f* Inflamación producida por un tumor.

túmulo *m* Sepulcro levantado de la tierra. ‖ Montecillo artificial con que en algunos pueblos antiguos era costumbre cubrir una sepultura.

tumulto *m* Confusión, alboroto producido por una multitud.

tuna *f* Vida holgazana. ‖ Estudiantina.

tunante *adj* y *s* Pícaro, taimado.

tunda[1] *f* Acción y efecto de tundir[1] los paños.

tunda[2] *f* (fam) Acción y efecto de tundir[2] a uno a golpes.

tundidor, ra *adj* y *s* Díc. de la máquina que sirve para tundir los paños. • *m* y *f* Persona que tunde los paños.

tundir[1] *tr* Cortar o igualar con tijera el pelo de los paños. ☐ TUNDIDURA.

tundir[2] *tr* (fig, fam) Castigar dando azotes, palos o golpes.

tundra *f* Pradera casi esteparia de las regiones subpolares.

túnel *m* Paso subterráneo abierto de for artificial para facilitar la comunicaci a través de un monte, por debajo de río u otro obstáculo.

tungsteno *m* Volframio, metal de co gris de acero, difícilmente fusible.

túnica *f* Vestidura sin mangas, que usab los antiguos. ‖ Vestidura exterior amp y larga.

tuno, na *adj* y *s* Pícaro, tunante. • Componente de una tuna o grupo musi de estudiantes.

tuntún (al o al buen) *m adv* (fam) S cálculo ni reflexión o sin conocimier del asunto.

tupé *m* Cabello que cae sobre la frente.

tupido, da *pp* de tupir. • *adj* Espeso, m junto.

tupir *tr* y *prnl* Apretar mucho una co cerrando sus poros o intersticios.

turba[1] *f* Combustible fósil formado de r siduos vegetales acumulados en siti pantanosos. ‖ Estiércol mezclado con ca bón mineral, usado como combustib ☐ TURBAL; TURBERA.

turba[2] *f* Muchedumbre de gente confu y desordenada.

turbación *f* Acción y efecto de turb o turbarse. ‖ Confusión, desorden.

turbante *m* Tocado que consiste en u faja larga de tela arrollada a la cabeza.

turbar *tr* y *prnl* Alterar o conmover el e tado o curso natural de una cosa. ‖ Entu biar. ‖ (fig) Sorprender o aturdir a uno, modo que no acierte a hablar o a pros guir lo que estaba haciendo. ‖ (fig) Inte rrumpir la quietud.

turbina *f* Máquina motriz compuesta c una rueda móvil sobre la que actúa energía de un fluido propulsor.

turbio, bia *adj* Mezclado o alterado p una cosa que oscurece o quita la clar dad natural o transparencia. ‖ (fig) Dí de las circunstancias o los tiempos re vueltos, dudosos, turbulentos, azaro sos. ‖ (fig) Díc. de la visión confus poco clara. ‖ (fig) Aplicado al lengua je, locución, explicación, etc., oscur confusa.

rbomotor *m* Turbina de gas, que funciona debido a la energía potencial de un volumen de aire comprimido.

rbonada *f* Fuerte chubasco de viento y agua, acompañado de truenos, relámpagos y rayos.

rbopropulsor *m* Turborreactor en el que una turbina de gas mueve una o dos hélices mediante un reductor.

rborreactor *m* Turbina de gas que se utiliza para la propulsión de aviones a reacción. Consta de un compresor, una cámara de combustión y una tobera.

rbulencia *f* Calidad de turbio o turbulento. ‖ (fig) Confusión, alboroto o perturbación.

rbulento, ta *adj* Turbio. ‖ (fig) Confuso, alborotado y desordenado. ‖ (fig) Díc. de la persona que promueve disturbios.

rco, ca *adj y s* Natural de Turquía. ‖ Lengua hablada en este país.

írdiga *f* Tira o lista de pellejo.

rgente *adj* Abultado, elevado. ‖ Aplícase al humor que produce hinchazón. ◻ TURGENCIA.

rión *m* Vástago tierno, propio de un tallo subterráneo.

rismo *m* Afición a viajar por placer, deporte o instrucción. ‖ Automóvil. ◻ TURÍSTICO, CA.

rista *m o f* Persona que viaja por distracción y recreo.

rma *f* Testículo.

rmalina *f* Mineral cuyas variedades verdes y rojas se emplean como piedras finas.

rnar *intr* Alternar con otras personas en un beneficio o en el desempeño de un cargo. • *tr Méx.* En uso jurídico o administrativo, remitir una comunicación, expediente o actuación a otro departamento, juzgado, sala de tribunales, etcétera.

turno *m* Orden que se observa entre varias personas, para la ejecución de una cosa.

turón *m* Mamífero carnívoro, de piel color pardo oscuro con manchas blancas en el rostro y hocico puntiagudo, que despide olor fétido como mecanismo de defensa.

turquesa *f* Fosfato hidratado de cobre y aluminio, de color azul celeste o verde miel y brillo vítreo. Desde la antigüedad, se emplea como piedra ornamental de gran valor.

turrón *m* Dulce hecho de almendras, piñones, avellanas o nueces, tostado todo y mezclado con miel y azúcar.

turulato, ta *adj* (fam) Alelado, estupefacto.

tusón[1] *m* Vellón de la oveja o del carnero.

tusón[2]**, na** *m y f* Potro o potranca que no ha llegado a dos años.

tute *m* Juego de naipes carteado, parecido a la brisca, en que gana la partida el que reúne los cuatro reyes o los cuatro caballos.

tutear *tr y prnl* Hablar a uno empleando el *pron* de 2ª pers. ◻ TUTEO.

tutela *f* Autoridad que, en defecto de la paterna o materna, se confiere para cuidar de la persona y los bienes de aquel que por minoría de edad, o por otra causa, no tiene completa capacidad civil. ‖ Cargo de tutor.

tutelar[1] *tr* Ejercer la tutela.

tutelar[2] *adj* Que guía, ampara o defiende. ‖ Perteneciente a la tutela de los individuos declarados incapaces.

tutor, ra *m y f* Persona que ejerce la tutela. ‖ Persona encargada de orientar a los alumnos de un curso o asignatura. • *m y f* (fig) Defensor, protector. ◻ TUTORÍA.

tuyo, ya *pron pos* de 2ª pers. en gén. masculino y femenino y ambos números. Con la terminación del masculino, en singular, también se usa como neutro.

Uu

u¹ f Vigésima segunda letra del abecedario esp., última de sus vocales y una de las dos de sonido más débil.

u² conj, disyunt Se emplea en vez de *o* ante palabras que empiezan por esta última letra o por *ho*, para evitar el hiato.

ubicar intr y prnl Estar en determinado espacio o lugar. • tr Amér. Situar o instalar en determinado espacio o lugar. □ UBICACIÓN.

ubicuo, cua adj Que está presente a un mismo tiempo en todas partes. ‖ (fig) Se aplica a la persona muy activa que acude a muchos sitios. □ UBICUIDAD.

ubre f Cada una de las glándulas mamarias de las hembras de ciertos mamíferos.

udómetro m Pluviómetro.

¡uf! interj Denota cansancio, fastidio o sofocación. ‖ Indica también repugnancia.

ufanarse prnl Engreírse, jactarse.

ufano, na adj Arrogante, presuntuoso. ‖ (fig) Satisfecho, contento. ‖ (fig) Decidido.

¡uh! interj Denota desilusión o desdén.

ujier m Portero de estrados de un palacio o tribunal. ‖ Empleado subalterno de algunos tribunales y cuerpos del Estado.

ukelele m Guitarra de cuatro cuerdas, popular en las islas Hawai.

úlcera f Lesión de una superficie cutánea o mucosa, con pérdida de sustancia y proliferación de tejido conjuntivo. □ ULCEROSO, SA.

ulcerar tr y prnl Causar úlcera. □ ULCERACIÓN.

ulema m Doctor de la ley mahometana.

uliginoso, sa adj Aplícase a los terrenos húmedos y a las plantas que crecen en ellos.

ulmén m Chile. Entre los indios araucanos, cacique, hombre rico e influyente.

ulterior adj Que está de la parte de allá de un sitio o territorio.

ultimar tr Acabar, concluir una co[...] ‖ Amér. Matar. □ ULTIMACIÓN.

ultimátum m En el lenguaje diplomáti[...] última proposición, precisa y perento[...] que hace una potencia a otra y cuya fa[...] de aceptación ocasiona la ruptura. ‖ (fa[...] Resolución definitiva.

último, ma adj Aplícase a lo que en [...] línea no tiene otra cosa después de [...] ‖ Díc. de lo que en una serie o sucesi[...] de cosas está o se considera en el lug[...] postrero. ‖ Díc. de lo más remoto, reti[...] do o escondido.

ultra adv Además de. ‖ Antepuesta con[...] partícula inseparable a algunos adj, e[...] presa idea de exceso. • adj Díc. de [...] ideologías extremas o radicales. • a[...] y s Díc. de las personas o grupos q[...] sostienen ideas políticas de extrem[...] derecha.

ultrajar tr Injuriar, ofender gravemen[...] de palabra u obra a una persona. □ U[...] TRAJADOR, RA.

ultraje m Acción y efecto de ultrajar.

ultraligero, ra adj Muy ligero. • m Na[...] de poco peso que vuela a poca altura.

ultramar m País o países situados al ot[...] lado del mar, considerados desde el pu[...] to en que se habla. ‖ Territorios que [...] encuentran más allá del mar con respec[...] a su metrópoli.

ultramarino, na adj Que está al otro [...] do del mar. • adj y s Díc. de los géner[...] y víveres de otros continentes, en esp[...] cial de América y Asia. Se usa más [...] plural.

ultramontano, na adj Qué está m[...] allá de la otra parte de los montes. • a[...] y s Díc. de la persona reaccionaria [...] muy conservadora.

ultranza (a) m adv A todo trance, re[...] sueltamente.

ultrarrojo, ja adj Que en el espectro l[...] minoso está después del color rojo.

trasonido *m* Vibración sonora de frecuencia tan grande que no puede ser percibida por el oído humano. ❑ ULTRASÓNICO, CA.

tratumba *f* Ámbito más allá de la muerte.

travioleta *adj* Perteneciente o relativo a la parte invisible del espectro luminoso que se extiende a continuación del color violeta.

ula *f* Autillo, especie de lechuza.

ular *intr* Dar gritos o alaridos. ‖ (fig) Producir sonido el viento.

mbela *f* Grupo de flores o frutos que parten de un mismo punto sobre el pedúnculo principal.

mbilical *adj* Perteneciente al ombligo.

mbráculo *m* Cobertizo que sirve para resguardar las plantas de la fuerza del sol.

mbral *m* Parte inferior o escalón, por lo común de piedra y contrapuesto al dintel, en la puerta o entrada de una casa. ‖ (fig) Paso principal o entrada de cualquier cosa.

mbralado *m Amér. Merid.* Umbral.

mbrátil *adj* Umbroso. ‖ Que tiene sombra o apariencia de una cosa.

mbrela *f* Cuerpo gelatinoso de las medusas, en forma de sombrilla.

mbría *f* Parte de terreno, y especialmente la dera de un monte, en la que casi siempre hace sombra por estar orientada al norte.

mbrío, a *adj* Sombrío, que está en sombra.

mbroso, sa *adj* Que tiene sombra o la causa.

n, una *art indet* en gén. masculino y femenino y número sing. • *adj* Uno.

nánime *adj* Díc. del conjunto de las personas que convienen en un mismo parecer, dictamen, voluntad o sentimiento. ❑ UNANIMIDAD.

nción *f* Acción de ungir. ‖ Extremaunción.

ncir *tr* Atar al yugo bueyes, mulas u otras bestias.

ndécimo, ma *adj* Que sigue inmediatamente en orden al o a lo décimo. ‖ Díc. de cada una de las once partes iguales en que se divide un todo.

undécuplo, pla *adj y s* Que contiene un número o una cantidad once veces exactamente.

ungir *tr* Aplicar a una cosa aceite u otra materia pingüe, extendiéndola superficialmente. ‖ Signar con óleo sagrado a una persona. ❑ UNGIDO, DA; UNGIMIENTO.

ungüento *m* Todo aquello que sirve para ungir o untar.

unguiculado, da *adj y s* Que tiene los dedos terminados por uñas.

ungulado, da *adj y m* Díc. de los mamíferos que tienen unas pezuñas o cascos que recubren la última de sus falanges.

ungular *adj* Que pertenece o se refiere a la uña.

unicameral *adj* Díc. del poder legislativo formado por una sola cámara parlamentaria.

unicelular *adj* Díc. de los seres vivos que están constituidos por una sola célula.

único, ca *adj* Solo y sin otro de su especie.

unicornio *m* Animal fabuloso con cuerpo de caballo y un cuerno recto en mitad de la frente.

unidad *f* Propiedad de todo ser, en virtud de la cual no puede dividirse sin que su esencia se destruya o altere. ‖ Singularidad en número o calidad. ‖ Unión o conformidad. ‖ Magnitud que se emplea como referencia para medir, directa o indirectamente, otra de la misma clase.

unifamiliar *adj* Que corresponde o está formado por una sola familia.

unificar *tr y prnl* Hacer de muchas cosas una o un todo, uniéndolas, mezclándolas o reduciéndolas a una misma especie. ❑ UNIFICACIÓN.

uniformar *tr* Poner uniforme a los individuos de un cuerpo o comunidad. • *tr y prnl* Hacer uniformes dos o más cosas.

uniforme *adj* Díc. de dos o más cosas que tienen la misma forma. • *m* Vestido peculiar y distintivo que usan los individuos que pertenecen a un mismo cuerpo. ❑ UNIFORMIDAD.

unigénito, ta *adj* Aplícase al hijo único.

unilateral *adj* Díc. de lo que se refiere o se circunscribe solamente a una parte o a un aspecto de alguna cosa.

unión f Acción y efecto de unir o unirse. ‖ Lugar o punto en que se unen dos o más cosas. ‖ Alianza, confederación. ‖ Inmediación de una cosa a otra.

unipersonal adj Que consta de una sola persona. ‖ Que corresponde a una sola persona.

unir tr Juntar dos o más cosas entre sí, haciendo de ellas un todo. ‖ Mezclar o trabar algunas cosas entre sí, incorporándolas. ‖ Atar o juntar una cosa con otra, física o moralmente. ‖ Acercar una cosa a otra, para que formen un conjunto o concurran al mismo objeto o fin. ‖ (fig) Conformar opiniones o pareceres.

unisexual adj Díc. de los seres vivos animales o vegetales que tienen un solo sexo. ‖ Aplícase a las flores que disponen únicamente de órganos reproductores masculinos o femeninos.

unisón adj Que tiene el mismo sonido que otra cosa.

unisonancia f Concurrencia de dos o más voces o instrumentos en un mismo tono.

unisonar intr Sonar al unísono o en el mismo tono dos voces o instrumentos.

unísono, na adj Díc. de lo que tiene el mismo tono que otra cosa.

unitario, ria adj Perteneciente o relativo a la unidad. • adj y s Partidario de la unidad en materias políticas. • adj Que propende a la unidad o desea conservarla.

unitivo, va adj Que tiene virtud de unir.

univalvo, va adj Díc. de la concha de una sola pieza y del molusco que la tiene.

universal adj Que comprende o es común a todos en su especie. ‖ Que pertenece o se extiende a todo el mundo, a todos los países, a todos los tiempos. ‖ Díc de lo que es apto para ser predicado de muchos. □ UNIVERSALIDAD.

universalizar tr Hacer universal una cosa, generalizarla.

universidad f Instituto público donde se cursan las facultades y se confieren los grados correspondientes. ‖ Edificio destinado a las cátedras y oficinas de una universidad.

universitario, ria adj Perteneciente o relativo a la universidad. • m y f Profes[or] graduado o estudiante de universidad.

universo, sa m Totalidad de los cuerp[os] celestes y del espacio que les sepa[ra]. ‖ Conjunto de individuos o elementos [que] se someten a estudio estadístico.

univitelino, na adj y s Díc. de los herm[a]nos gemelos nacidos de la misma cél[ula] huevo.

unívoco, ca adj y s Díc. de lo que tie[ne] igual naturaleza o valor que otra cosa.

uno, na adj Que no está dividido en sí mismo. ‖ Dícese de la persona o cosa un[i]da física o moralmente con otra. ‖ Idén[ti]co, lo mismo. ‖ Único, solo. ‖ Se usa co[n]trapuesto a otro. • pl Algunos. • pr[on] indet que en singular significa una y en plural dos o más personas cuyo nomb[re] se ignora o no quiere decirse. • m U[ni]dad, cantidad que se toma como térmi[no] de comparación.

untar tr Aplicar y extender superficial[-]mente aceite u otra materia pingüe so[-]bre una cosa. ‖ (fig, fam) Sobornar a uno con dones o dinero. □ UNTADUR[A], UNTAMIENTO.

unto m Materia pingüe a propósito pa[ra] untar.

untoso, sa adj Craso, pingüe y pegajos[o].

untuoso, sa adj Craso, pingüe y pega[jo]so. □ UNTUOSIDAD.

untura f Acción y efecto de untar o unta[r]se. ‖ Materia con que se unta.

uña f Porción terminal, queratinizada, quitinizada, que crece en las extremi[da]des de los dedos del hombre o de las p[a]tas de los animales. ‖ Espina corva de a[l]gunas plantas. ‖ Punta corva de algun[os] instrumentos de metal.

uñada f Impresión que se hace apretan[do] una cosa con el filo de la uña.

uñero m Inflamación en la raíz de la uñ[a]. ‖ Herida que produce la uña cuando, [al] crecer viciosamente, se introduce en [la] carne.

¡upa! interj Se usa para ayudar a levant[ar] algún peso o a levantarse.

upar tr Levantar, aupar.

uranio[1] m Elemento metálico radiactiv[o] usado en la bomba atómica.

uranio², nia adj Perteneciente o relativo a los astros y al espacio celeste.

Urano npm Séptimo planeta del sistema solar.

uranografía f Parte de la astronomía que trata de la descripción de los astros.

uranometría f Parte de la astronomía que trata de la medición de las distancias celestes.

urape m Amér. Merid. Arbusto leguminoso, con tallo espinoso y flores blancas de cinco pétalos, que se usa para formar setos vivos.

urbanidad f Comportamiento en el trato social caracterizado por muestras de cortesía y educación.

urbanismo m Conjunto de conocimientos que se refieren al estudio de la creación, desarrollo, reforma y progreso de las poblaciones en orden a las necesidades materiales de la vida humana. ❏ URBANISTA; URBANÍSTICO, CA.

urbanización f Acción y efecto de urbanizar. ‖ Terreno delimitado convenientemente para construir en él un núcleo residencial.

urbanizar tr Convertir en poblado habitable una porción de terreno. • tr y prnl Hacer sociable a uno.

urbano, na adj Perteneciente a la ciudad. • m (fam) Miembro de la policía municipal.

urbe f Ciudad, especialmente la muy populosa.

urca f Embarcación grande, muy ancha por el centro, dedicada al transporte.

urdidera f Instrumento a modo de devanadera, donde se preparan los hilos para las urdimbres.

urdidor, ra adj y s Que urde. • m Urdidera.

urdimbre f Estambre urdido. ‖ Conjunto de hilos que se colocan en el telar paralelamente unos a otros para formar una tela.

urdir tr Preparar los hilos en la urdidera para pasarlos al telar. ‖ (fig) Maquinar y disponer cautelosamente una cosa contra alguno.

urea f Sustancia nitrogenada producida por los mamíferos como producto de eli-

minación del amoníaco; se halla en la sangre, orina, bilis, sudor, etc.

urente adj Que escuece, ardiente, abrasador.

uréter m Cada uno de los conductos por donde desciende la orina a la vejiga de los riñones.

uretra o **urétera** f Conducto excretor por el que se expulsa al exterior la orina contenida en la vejiga. ❏ URETRAL.

urgencia f Cualidad de urgente. ‖ Falta o necesidad apremiante de lo que es menester para algo. • f pl Sección de los hospitales donde se atiende a los enfermos y heridos graves que precisan cuidados médicos inmediatos.

urgir intr Instar una cosa a su pronta ejecución.

úrico, ca adj Perteneciente o relativo a la orina. • adj y m Dícese del ácido, poco soluble en agua, presente en la orina del hombre.

urinario, ria adj Concerniente a la orina. • m Lugar destinado para orinar y en especial el destinado para el público en calles, teatros, etc.

urna f Arquita que sirve para depositar las cédulas o números en los sorteos y en las votaciones secretas.

uro m Bóvido salvaje muy parecido al toro.

urogallo m Ave gallinácea de plumaje pardo negruzco jaspeado de gris y patas y pico negros.

urología f Parte de la medicina que estudia las enfermedades del aparato urinario. ❏ URÓLOGO, GA.

urpila f Arg. Paloma pequeña.

urraca f Pájaro que tiene plumaje blanco en el vientre y negro con reflejos metálicos en el resto del cuerpo. Se domestica con facilidad. ‖ Amér. Ave semejante al arrendajo.

ursulina adj y s Díc. de la religiosa que pertenece a la congregación agustiniana fundada por santa Ángela de Brescia, en el siglo XVI.

urticaria f Reacción alérgica caracterizada por la aparición de placas o pequeñas pápulas y acompañada de un intenso escozor.

u

urú *m Arg.* Ave de plumaje pardo semejante a la perdiz.

urucú *m Arg.* y *Méx.* Bija o achiote.

uruguayismo *m* Locución, giro o modo de hablar propio y peculiar de los uruguayos.

urunday *m Arg.* Árbol de excelente madera de color rojo oscuro.

urutaú *m Arg., Par.* y *Ur.* Pájaro nocturno, especie de lechuza.

usado, da *pp* de usar. • *adj* Gastado y deslucido por el uso.

usanza *f* Uso, costumbre, moda.

usar *tr* Hacer servir una cosa para algo. || Practicar alguna cosa habitualmente.

uso *m* Acción y efecto de usar. || Ejercicio o práctica general de una cosa. || Moda.

usted *Pron pers* de 2.ª persona usado como tratamiento de respeto o cortesía.

usual *adj* Que común o frecuentemente se usa o se practica.

usuario, ria *adj* y *s* Que se usa ordinariamente una cosa. || Díc. del que tiene derecho a usar de cierta cosa, con determinadas limitaciones.

usufructo *m* Derecho de usar de la cosa ajena y aprovecharse de todos sus frutos sin deteriorarla. || Utilidad o provecho.

usufructuar *tr* Tener o gozar el usufructo de una cosa. • *intr* Fructificar, producir utilidad alguna cosa.

usufructuario, ria *adj* y *s* Díc. de la persona que posee y disfruta una cosa. || Aplícase al que posee derecho real de usufructo sobre alguna cosa en que otro tiene nula propiedad.

usura *f* Interés que se lleva por el dinero o el género en el contrato de mutuo o préstamo. || Interés excesivo en un préstamo. ❏ USURARIO, RIA; USURERO, RA.

usurpar *tr* Quitar a uno lo que es suyo, o quedarse con ello, generalmente con violencia. ❏ USURPACIÓN; USURPADOR, RA.

usuta *f Arg., Bol.,* y *Chile.* Especie de sandalia.

utensilio *m* Lo que sirve para el uso m[anual] y frecuente en cualquier activida[d], oficio, etc. Se usa más en plural.

útero *m* Órgano genital interno femeni[no] cuya misión consiste en albergar el óvu[lo] fecundado.

útil[1] *adj* Que produce provecho, comod[idad], fruto o interés. || Que puede serv[ir] y aprovechar en algún aspecto.

útil[2] *m* Utensilio o herramienta. Se u[sa] más en plural.

utilidad *f* Calidad de útil. || Provecho, int[e]rés o beneficio que se saca de una cosa.

utilitario, ria *adj* Que antepone a todo utilidad. • *adj* y *m* Díc. del automóvil p[e]queño y práctico.

utilitarismo *m* Corriente del pensamien[to] que considera la utilidad como princip[io] de la moral.

utilizar *tr* y *prnl* Aprovecharse o servir[se] de alguna cosa.

utillaje *m* Conjunto de útiles necesari[os] para una industria.

utopía o **utopia** *f* Proyecto de sistem[a] social halagüeño, pero considerado irre[a]lizable.

utrero, ra *m* y *f* Novillo o novilla des[de] los dos años hasta cumplir los tres.

uva *f* Fruto de la vid, que es un grano m[ás] o menos redondo y jugoso, el cual na[ce] apiñado con otros formando racimos.

uvada *f* Abundancia de uva.

uve *f* Nombre de la letra *v.*

uvero, ra *adj* Perteneciente o relativo [a] las uvas. • *m* y *f* Persona que vende uvas.

uvillo *m* Arbusto trepador con flore[s] blancas o rosadas en racimos y fruto[s] anaranjados.

úvula *f* Pequeña masa de tejido muscula[r] y mucosa que cuelga del paladar bland[o]. Usualmente se conoce por *campanilla.*

uvular *adj* Perteneciente o relativo a [la] úvula. || Díc. del sonido cuyo punto de a[r]ticulación tiende hacia la zona de la úvul[a].

uxoricidio *m* Muerte causada a la muje[r] por su propio marido. ❏ UXORICIDA.

Vv

f Vigésima tercera letra del abecedario español, y décima octava de sus consonantes. Su nombre es *ve* o *uve*.

[v]aca f Hembra del toro y fundamento de la ganadería bovina. El hombre la utiliza para aprovechar su leche, su carne, su piel y su trabajo.

[v]acación f Suspensión del trabajo o del estudio por algún tiempo. Se usa más en plural.

[v]acante adj y f Aplícase al cargo, empleo o dignidad que está sin proveer.

[v]acar intr Cesar uno por algún tiempo en sus habituales negocios, estudios o trabajos. ‖ Quedar un empleo, cargo o dignidad sin persona que lo desempeñe.

[v]aciado, da pp de vaciar. • m Acción de vaciar en un molde un objeto de metal, yeso, etc. ‖ Figura o adorno de yeso, estuco, etc., que se ha formado en el molde.

[v]aciar tr Dejar vacía alguna vasija u otra cosa. ‖ Sacar, verter o arrojar el contenido de una vasija u otra cosa. ‖ Formar un objeto echando en un molde hueco metal derretido u otra materia blanda. ‖ Formar un hueco en alguna cosa. • intr Hablando de los ríos o corrientes, desaguar.

[v]aciedad f (fig) Necedad, sandez, simpleza.

[v]acilar intr Moverse indeterminadamente una cosa. ‖ Estar poco firme una cosa. ‖ (fig) Titubear, estar uno perplejo. ☐ VACILACIÓN.

[v]acío, a adj Falto de contenido. ‖ Vano, sin fruto, malogrado. ‖ Que no está ocupado por nadie. ‖ (fig) Vano, presuntuoso y falto de madurez. • m (fig) Falta, carencia o ausencia de alguna cosa o persona que se echa de menos.

[v]acuna f Cualquier virus o principio orgánico que convenientemente prepara-

do se inocula a persona o animal para preservarlos de una enfermedad determinada. ☐ VACUNACIÓN.

vacunar tr Inocular a una persona o animal un virus o principio orgánico convenientemente preparado, para preservarlos de una enfermedad determinada.

vacuno, na adj Perteneciente al ganado bovino. • m Animal bovino.

vacuo, cua adj Vacío, falto de contenido.

vadear tr Pasar un río u otra corriente de agua profunda por el vado o por cualquier otro sitio donde se pueda hacer pie. ‖ (fig) Vencer una grave dificultad. • prnl Manejarse, portarse, conducirse. ☐ VADEABLE.

vademécum m Libro breve que contiene los datos de consulta más frecuentes sobre una materia determinada.

vado m Paraje de un río con fondo firme y poco profundo por donde se puede pasar andando, cabalgando, etc. ‖ En la vía pública, parte de la acera y bordillo destinada a facilitar el acceso de vehículos.

vagabundear intr Andar vagabundo.

vagabundo, da adj y s Díc. de la persona que vive errante, sin trabajo ni domicilio fijos.

vagancia f Acción de vagar o estar sin oficio u ocupación.

vagar[1] m Tiempo libre. ‖ Lentitud, pausa.

vagar[2] intr Tener tiempo y lugar suficiente o necesario para hacer una cosa. ‖ Estar ocioso.

vagar[3] intr Andar o ir por varios lugares sin destino ni rumbo fijo.

vagido m Gemido o llanto del recién nacido.

vagina f Conducto aplanado que, en las hembras de los mamíferos, une el cuello del útero a la vulva. ☐ VAGINAL.

vago[1], **ga** adj y s Vacío, desocupado. ‖ Holgazán, perezoso, poco trabajador.

vago², **ga** *adj* Que va de un lado a otro, sin detenerse en ningún lugar. ‖ Impreciso, indeterminado. ‖ Vaporoso, ligero, indefinido.

vagón *m* Carruaje de viajeros o de mercancías y equipajes.

vagoneta *f* Vagón pequeño y descubierto para transporte.

vaguada *f* Línea que marca el fondo de un valle por donde corren las aguas de las corrientes naturales.

vaguear *intr* Holgazanear, estar, por pereza, sin trabajo.

vaguedad *f* Calidad de vago. ‖ Exp. o frase vaga.

vaharada *f* Acción y efecto de arrojar o echar el vaho o respiración.

vahear *intr* Expeler vaho o vapor.

vahído *m* Desvanecimiento, pérdida momentánea del conocimiento.

vaho *m* Vapor que despiden los cuerpos en determinadas condiciones.

vaina *f* Funda en que se encierran y guardan algunas armas o instrumentos de hoja afilada. ‖ Cáscara tierna y larga en que están encerradas algunas simientes. • *m* (fig, fam) Persona despreciable.

vainilla *f* Planta propia de América tropical, con tallos muy largos y trepadores y fruto capsular, que se emplea para aromatizar los licores, el chocolate, etcétera.

vaivén *m* Movimiento alternativo de un cuerpo que después de recorrer una línea vuelve a describirla, caminando en sentido contrario.

vajilla *f* Conjunto de platos, fuentes, vasos, tazas, etc., que se destinan al servicio de mesa.

vale *m* Documento por el que uno reconoce una deuda y obligación. ‖ Bono o tarjeta que sirve para adquirir comestibles u otros artículos de consumo. ‖ Nota firmada que se da al que ha de entregar una cosa, para que después acredite la entrega.

valedero, **ra** *adj* Que debe valer.

valencia *f* Capacidad de saturación de los radicales, que se determina por el núm. de átomos de hidrógeno con que aquéllos pueden combinarse direct[...] indirectamente.

valenciano, **na** *adj* y *s* Natural de [...] lencia. • *m* Variedad de la lengua cat[...] na que se habla en la mayor parte [...] ant. reino de Valencia.

valentía *f* Esfuerzo, vigor. ‖ Hecho o [...] zaña heroica. ‖ Acción material o in[...] terial esforzada y vigorosa que pa[...] exceder a las fuerzas naturales.

valentón, **na** *adj* y *s* Arrogante, fa[...] rrón.

valentonada o **valentona** *f* Jactan[...] o exageración del propio valor.

valer¹ *tr* Amparar, proteger, patroci[...] ‖ Producir, rendir. ‖ Tener las cosas [...] precio determinado para la compra [...] venta. ‖ Ser de naturaleza, o tener al[...] na calidad, que merezca aprecio y e[...] mación. • *prnl* Usar de una cosa [...] tiempo y ocasión, o servirse últimame[...] de ella.

valer² *m* Valor, valía.

valeriana *f* Planta herbácea, con h[...] partidas en hojuelas puntiagudas y [...] res en corimbo, que se usa como ant[...] pasmódico.

valeroso, **sa** *adj* Valiente, esforza[...] ‖ Eficaz.

valía *f* Valor o aprecio de una cosa.

validar *tr* Dar fuerza o firmeza a una c[...]

valido, **da** *pp* de valer. • *m* El que g[...] de la confianza de un soberano o gob[...] nante.

válido, **da** *adj* Que tiene validez o ca[...] cidad para producir su efecto. ☐ LIDEZ.

valiente *adj* y *s* Esforzado, animoso y [...] valor. • *adj* Eficaz y activo en su lín[...] física o moralmente. • *adj* y *s* Valent[...] bravucón.

valija *f* Maleta. ‖ Saco donde llevan [...] correspondencia los correos. ‖ El m[...] mo correo.

valijero *m* El que tiene a su cargo c[...] ducir las cartas desde una adminis[...] ción de correos a los pueblos que [...] ella dependen.

valimiento *m* Privanza o aceptac[...] particular que una persona tiene c[...] otra. ‖ Amparo, favor, protección.

...alioso, sa *adj* Que vale mucho.

...alla *f* Vallado o estacada para defensa. | Cartelera sit. en calles, carreteras, etcétera. || (fig) Obstáculo o impedimento material o moral.

...allado *m* Cerco que se levanta para defensa de un sitio e impedir la entrada en él.

...allar[1] *adj* Cerco, vallardar.

...allar[2] *tr* Cercar o cerrar un sitio con vallado.

...alle *m* Llanura de tierra entre montes o alturas.

...alona *f* Col., Ecuad. y Ven.* Crines convenientemente recortadas que cubren el cuello de las caballerías.

...alor *m* Grado de utilidad o aptitud de las cosas. || Precio, suma de dinero u otra unidad de cuenta. || Alcance de la significación o importancia de una cosa, palabra o frase. || Valentía, co raje. || Osadía, desvergüenza. • *pl* Acciones, bonos, etcétera.

...alorar *tr* Señalar precio de una cosa. || Reconocer, estimar o apreciar el valor o mérito de una persona o cosa. □ VALORACIÓN; VALORATIVO, VA.

...alquiria *f* Divinidad femenina de la mitología escandinava.

...als *m* Baile de origen al., que ejecutan las parejas con movimiento giratorio y de traslación.

...alva *f* Cada una de las piezas duras y movibles que constituyen la concha de los moluscos.

...álvula *f* Pliegue membranoso sit. en un vaso, conducto u órgano hueco, que impide el reflujo de su contenido. || Dispositivo mecánico que controla y regula el paso de un fluido por un conducto.

...ampiresa *f* Mujer que aprovecha su capacidad de seducción amorosa para lucrarse a costa de aquellos a quienes seduce. || Mujer fatal.

...ampirismo *m* Conducta de la persona que actúa como un vampiro. || Necrofilia.

...ampiro *m* Murciélago americano que se alimenta de insectos y chupa la sangre de las personas y animales dormidos. || Espectro o cadáver que, según creencia popular, va por las noches a chupar la sangre de los vivos.

vanagloria *f* Jactancia del propio valer u obrar.

vanagloriarse *prnl* Jactarse del propio valer u obrar.

vandalismo *m* Espíritu de destrucción.

vándalo *m* El que comete acciones o profesa doctrinas propias de gente salvaje y desalmada. □ VANDÁLICO, CA.

vanguardia *f* Parte de una fuerza armada, que va delante del cuerpo principal. || Avanzada de un grupo o movimiento ideológico, político, literario, artístico, etcétera.

vanguardismo *m* Escuela o tendencia artística de intención renovadora.

vanidad *f* Calidad de vano. || Fausto, pompa vana. || Palabra inútil o vana e insustancial.

vano, na *adj* Falto de realidad, sustancia o entidad. || Hueco, vacío y falto de solidez. || Inútil, infructuoso. || Arrogante, presuntuoso. • *m* Parte del muro o fábrica en que no hay apoyo para el techo o bóveda.

vapor *m* Estado gaseoso de una sustancia que se alcanza a unas condiciones características de presión y temperatura. || Buque de vapor.

vaporar *tr* y *prnl* Convertir en vapor. □ VAPORACIÓN.

vaporizar *tr* y *prnl* Pasar un líquido a la fase de vapor. □ VAPORIZACIÓN; VAPORIZADOR, RA.

vaporoso, sa *adj* Que arroja de sí vapores o los produce. || (fig) Tenue, ligero.

vapulear *tr* y *prnl* Azotar o golpear a uno. □ VAPULEAMIENTO; VAPULEO.

vaquería *f* Establecimiento donde hay vacas o se vende su leche.

vaqueriza *f* Corral o estancia donde se recoge el ganado mayor en el invierno.

vaquero, ra *adj* Propio de los pastores de ganado bovino. || Dicho de los pantalones, tejanos. • *m* y *f* Pastor de reses vacunas.

vaqueta *f* Cuero de ternera, curtido y adobado.

vaquilla *f* Chile.* Ternera de año y medio a dos años.

V

vaquillona f Arg., Chile y Nicar. Vaca de dos a tres años aún no servida.

vara f Rama delgada. ‖ Palo largo y delgado. ☐ VARAZO.

varadero m Lugar donde varan las embarcaciones para resguardarlas o para limpiar sus fondos o componerlas.

varal m Vara larga y gruesa. ‖ Cada uno de los dos palos redondos donde encajan las estacas que forman los costados de la caja en los carros.

varapalo m Palo largo a modo de vara. ‖ Golpe dado con palo o vara. ‖ (fig, fam) Daño o quebranto que uno recibe en sus intereses.

varar intr Encallar la embarcación en la costa o en las peñas, o en un banco de arena. ‖ (fig) Quedar parado o detenido un asunto. • tr Sacar a la playa y poner en seco una embarcación.

varear tr Derribar con vara los frutos de algunos árboles. ‖ Dar golpes con vara. ☐ VAREA.

vareta f Palito delgado que, untado con liga, sirve para cazar pájaros.

varetear tr Formar varetas en los tejidos.

várgano m Cada uno de los palos o estacas con los que se construye una empalizada.

variable adj Que varía. ‖ Inestable, inconstante y mudable. ☐ VARIABILIDAD; VARIACIÓN.

variado, da pp de variar. • adj Que tiene variedad.

variante • adj Que varía. • f Cada una de las diferentes formas con que se presenta algo.

variar tr Hacer que una cosa sea diferente de lo que antes era. ‖ Dar variedad.

varicela f Enfermedad contagiosa, aguda y febril, caracterizada por una erupción parecida a la de la viruela benigna.

variedad f Cualidad de vario. ‖ Diferencia dentro de la unidad. ‖ Acción y efecto de variar o variarse. • pl Espectáculo compuesto por números de atracciones musicales, coreográficas, etc.

varilla f Cada una de las tiras que forman el armazón de los abanicos, paraguas, etcétera.

varillaje m Conjunto de varillas de u silio, como abanico, paraguas, etc.

vario, ria adj Diverso o diferente. ‖ (tiene variedad o está compuesto de versos adornos o colores. • pl Algun unos cuantos.

variopinto, ta adj Que ofrece dive dad de colores o de aspecto. ‖ Multi me, mezclado.

variz f Dilatación permanente y anor de una vena. ☐ VARICOSA, SA.

varón m Persona de sexo masculi ‖ Hombre que ha llegado a la edad vi

varonil adj Perteneciente o relativo varón. ‖ Esforzado, valeroso y firme.

vasallaje m Vínculo de dependenci fidelidad que una persona tenía respe de otra.

vasallo, lla adj Sujeto a algún señor c vínculo de vasallaje. • m y f Súbdito un soberano.

vasar m Poyo o anaquel que, sob saliendo en la pared, sirve para po vasos, platos, etc.

vasco, ca adj y s Del País Vasco. • Vascuence.

vascuence adj y s Dic. de la lengua blada por parte de los naturales de E kadi, de Navarra y del territorio vas francés.

vascular adj Concerniente a los vas de las plantas o de los animales.

vaselina f Sustancia grasa que se sa de la parafina y aceites densos del p tróleo.

vasija f Toda pieza cóncava y peque que sirve para contener líquidos o co destinadas a la alimentación.

vaso m Recipiente, gralte. de forma líndrica, que sirve para beber. ‖ Estru tura gralte. tubular para la conducci de líquidos por el interior de los se vivos.

vasoconstricción f Disminución c calibre de los vasos sanguíneos.

vasodilatación f Dilatación de los v sos sanguíneos a causa de influenc nerviosa u otra.

vástago m Renuevo o brote de un árt o planta. ‖ (fig) Persona descendiente otra.

astedad f Dilatación o grandeza de una cosa.

asto, ta adj Dilatado, muy extendido.

ate m Adivino. || Poeta.

aticinar tr Pronosticar, profetizar. ◻ VATICINIO.

atio m Unidad de potencia en el sistema Giorgi. Equivale a un julio por segundo.

e f Nombre de la letra v.

ecinal adj Relativo al vecindario o a los vecinos.

ecindad f Calidad de vecino. || Conjunto de las personas que viven en una misma casa, o en varias inmediatas. || Vecindario de una población.

ecindario m Conjunto de los vecinos de una población.

ecino, na adj y s Que habita con otros en una misma pob., barrio o casa, en vivienda independiente. || Que tiene vivienda en una pob. y contribuye a las cargas o impuestos de ésta. • adj Cercano, próximo.

ector m Toda magnitud en la que, además de la cuantía, hay que considerar el punto de aplicación, la dirección y el sentido. ◻ VECTORIAL.

eda f Acción y efecto de vedar. || Espacio de tiempo en que está vedado cazar o pescar.

edado, da pp de vedar. • m Campo o sitio acotado por ley, ordenanza o mandato.

edar tr Prohibir por ley, estatuto o mandato.

edija f Mechón de lana. || Mata de pelo enredada y ensortijada.

edismo m Religión más ant. de los indios, contenida en los libros llamados Vedas.

eedor, ra adj y s Díc. del que observa con curiosidad las acciones de los otros.

ega f Tierra baja, llana y fértil, gralte. regada por un río. || Cuba. Terreno sembrado de tabaco. || Chile. Terreno muy húmedo. ◻ VEGUERO, RA.

egetación f Acción y efecto de vegetar. || Conjunto de las plantas que cubren el terreno de un país de un modo más o menos cerrado. • pl Excrecencias carnosas en la superficie de los tegumentos o de las heridas.

vegetal adj Perteneciente o relativo a las plantas. • m Ser orgánico que crece y vive, pero no muda de lugar por impulso voluntario.

vegetar intr y prnl Germinar, nutrirse, crecer y multiplicarse. || (fig) Vivir maquinalmente una persona con vida meramente orgánica.

vegetarianismo m Régimen alimentario basado exclusivamente en vegetales.

vegetariano, na adj y s Díc. de la persona que se alimenta exclusivamente de vegetales o de sustancias de origen vegetal.

vegetativo, va adj Que vegeta o tiene vigor para vegetar. || Perteneciente o relativo a las funciones de nutrición o reproducción.

vehemente adj Que se mueve con ímpetu y violencia, u obra con mucha fuerza y eficacia. || Aplícase también a las personas que sienten o se expresan con entusiasmo y pasión.

vehículo m Medio de transporte de personas o cosas. || (fig) Lo que sirve para conducir o transmitir fácilmente una cosa, material o inmaterial.

veinte adj Dos veces diez. || Vigésimo ordinal. • m Conjunto de signos o cifras con que se representa el núm. veinte.

veintena f Conjunto de veinte unidades.

veinteno, na adj Vigésimo ordinal. • adj y s Cada una de las veinte partes en que se divide un todo.

veinticinco adj Veinte y cinco. || Vigésimo quinto. • m Conjunto de signos o cifras con que se representa el núm. veinticinco.

veinticuatro adj Veinte y cuatro. || Vigésimo cuarto. • m Conjunto de signos o cifras con que se representa el núm. veinticuatro. ◻ VEINTICUATREÑO, ÑA.

veintidós adj Veinte y dos. || Vigésimo segundo. • m Conjunto de signos o cifras con que se representa el núm. veintidós. ◻ VEINTIDOSENO, NA.

veintinueve adj Veinte y nueve. || Vigésimo nono. • m Conjunto de signos o cifras con que se representa el núm. veintinueve.

veintiocho adj Veinte y ocho. ‖ Vigésimo octavo. • m Conjunto de signos o cifras con que se representa el número veintiocho.

veintiséis adj Veinte y seis. ‖ Vigésimo sexto. • m Conjunto de signos o cifras con que se representa el núm. veintiséis.

veintisiete adj Veinte y siete. ‖ Vigésimo séptimo. • m Conjunto de signos o cifras con que se representa el núm. veintisiete.

veintitrés adj Veinte y tres. ‖ Vigésimo tercio. • m Conjunto de signos o cifras con que se representa el núm. veintitrés.

veintiún adj Apócope de veintiuno.

veintiuno, na adj Veinte y uno. ‖ Vigésimo primero. • m Conjunto de signos o cifras con que se representa el núm. veintiuno.

vejamen m Acción y efecto de vejar.

vejar tr Maltratar, molestar, perseguir a uno.

vejatorio, ria adj Que veja o puede vejar.

vejestorio m (desp) Persona muy vieja.

vejez f Calidad de viejo. ‖ Senectud. ‖ Achaques, manías, actitudes propias de la edad de los viejos.

vejiga f Órgano, a manera de bolsa, que tienen los vertebrados y en el cual se deposita la orina segregada por los riñones. ‖ Ampolla de la epidermis.

vela[1] f Acción y efecto de velar. ‖ Tiempo que se vela. ‖ Romería, peregrinación, especialmente a un santuario. ‖ Cilindro de cera, sebo u otra materia crasa, con una mecha en su interior, que se usa para alumbrar.

vela[2] f Pieza de lona, triangular o cuadrangular, que se amarra a las vergas de un barco, para recibir el viento y adelantar la nave. ‖ Toldo.

velada f Reunión nocturna de varias personas para solazarse de algún modo. ‖ Fiesta musical o literaria que tiene lugar por la noche.

velador, ra adj y s Que vela. ‖ Díc. del que cuida de alguna cosa. • m Mesita de un solo pie, por lo general redonda.

veladura f Tinta transparente que se da para suavizar el tono de lo pintado.

velaje o **velamen** m Conjunto de ve de un buque.

velar[1] intr Estar sin dormir el tiem destinado ordinariamente para el sñño. ‖ (fig) Cuidar solícitamente de u cosa. • tr Asistir de noche a un enferi o pasarla con un difunto en señal duelo.

velar[2] tr y prnl Cubrir con velo. ‖ E rrarse total o parcialmente la imagen una placa o en el papel por la acción debida de la luz. • tr (fig) Cubrir, oc tar a medias una cosa, atenuarla, di mularla. ‖ Aplicar veladuras.

velar[3] adj Perteneciente o relativo al v lo del paladar. ‖ Díc. del sonido cuya a ticulación se caracteriza por la apro mación o contacto del dorso de lengua y el velo del paladar.

velarizar tr y prnl Dar articulación o sonancia velar a vocales o consonan no velares.

velatorio m Acto de velar[2] a un difun

veleidad f Voluntad antojadiza o des vano.

veleidoso, sa adj Inconstante, mudabl

velero, ra adj Díc. de la embarcació muy ligera o que navega mucho. • Embarcación impulsada por una o m velas.

veleta f Pieza de metal, en forma de sa ta, que gira alrededor de un eje vertic y que sirve para señalar la dirección c viento. • m y f (fig) Persona voluble, i constante.

vello m Pelo que sale más corto y sua que el de la cabeza y de la barba en a gunas partes del cuerpo humano. ‖ P lusilla de que están cubiertas algun frutas o plantas. ☐ VELLOSO, SA.

vellón o **vellocino** m Toda la lana un carnero u oveja que, esquilada, sa junta.

vellosidad f Abundancia de vello.

velludo, da adj Que tiene mucho vello

velo m Tejido muy ligero con que se c bre una cosa. ‖ Prenda femenina de t gasa u otra tela delgada de seda o alg dón, con la cual a veces las mujeres cubren la cabeza, el cuello o el rostr ‖ El que llevan algunas mujeres, suje por delante al sombrero, cubriéndoles el rostro. ‖ (fig) Cualquier cosa que encubre o disimula el conocimiento expreso de otra.

velocidad f Ligereza o prontitud en el movimiento. ‖ Espacio recorrido por unidad de tiempo.

velocímetro m Aparato que en un vehículo indica la velocidad de traslación de éste.

velocípedo m Vehículo formado por una especie de caballete, con dos o tres ruedas, y que se mueve con los pies el que va montado en él.

velocista m o f Deportista que participa en carreras de corto recorrido.

velódromo m Pista para carreras en bicicleta.

velomotor m Motocicleta ligera o bicicleta equipada con un motor auxiliar.

velorio[1] m Reunión con bailes, cantos y cuentos que durante la noche se celebra en las casas de los pueblos. ‖ Velatorio.

velorio[2] m Ceremonia de tomar el velo una religiosa.

veloz adj Que realiza cualquier movimiento invirtiendo muy poco tiempo.

vena f Vaso sanguíneo de paredes elásticas, muy extensible pero poco contráctil. ‖ Filón metálico. ‖ Cada uno de los hacecillos de fibras que sobresalen en el envés de las hojas de las plantas. ‖ Faja o lista de un material, que por su calidad o su color se distingue de la masa en que se halla interpuesta. ‖ Conducto natural por donde circula el agua subterránea.

venablo m Dardo o lanza corta y arrojadiza.

venada f Ataque de locura.

venado m Ciervo.

venal adj Vendible o expuesto a la venta. ‖ (fig) Que se deja sobornar con dádivas. ▢ VENALIDAD.

venático, ca adj y s (fam) Que tiene vena de loco, o ideas extravagantes.

venatorio, ria adj Perteneciente o relativo a la montería.

vencedero, ra adj Que está sujeto a vencimiento en época determinada.

vencejo[1] m Lazo o ligadura con que se ata una cosa, especialmente los haces de las mieses.

vencejo[2] m Ave de plumaje oscuro, con grandes alas, cola larga y ahorquillada, y cuerpo pequeño. El pico, ancho y corto, le permite cazar al vuelo los insectos de que se alimenta.

vencer tr Derrotar a un enemigo, obligarle a rendirse. ‖ Resultar el primero en una competición. ‖ Ser superior, aventajar. ‖ Superar las dificultades o estorbos, obrando contra ellos. ‖ Prevalecer una cosa sobre otra, aun las inmateriales. • intr Cumplirse un término o plazo. • intr y prnl Refrenar o reprimir los ímpetus del genio o de la pasión. ▢ VENCEDOR, RA.

vencimiento m Acto de vencer o de ser vencido. ‖ (fig) Inclinación o torcimiento de una cosa material. ‖ (fig) Cumplimiento del plazo de una deuda, obligación, etc.

venda f Tira de tela o gasa que sirve para ligar un miembro o para sujetar los apósitos aplicados sobre una llaga, contusión, tumor, etc.

vendaje m Apósito o cura sostenidos o ligados con vendas.

vendar tr Atar o cubrir con la venda.

vendaval m Viento fuerte que sopla del Sur, con tendencia al Oeste.

vender tr Traspasar a otro por el precio convenido la propiedad de lo que uno posee. ‖ Exponer u ofrecer al público géneros o mercancías para el que quiera comprarlas. ‖ (fig) Faltar uno a la fe, confianza o amistad que debe a otro. • prnl Dejarse sobornar. ▢ VENDEDOR, RA.

vendimia f Recolección y cosecha de la uva.

vendimiar tr Recoger el fruto de las viñas.

venencia f Cacillo de metal, con mango largo, que sirve para sacar pequeñas cantidades de vino o mosto de una cuba, tonel, etc.

veneno m Cualquier sustancia que, introducida en el cuerpo o aplicada a él en cantidad suficiente, le ocasiona la muerte o graves trastornos. ‖ (fig) Afecto de ira, rencor u otro mal sentimiento. ☐ VENENOSIDAD; VENENOSO, SA.

venera f Concha semicircular de dos valvas, una plana y otra muy convexa, rojizas por fuera y blancas por dentro.

venerable adj Digno de veneración, de respeto. ‖ Aplícase como epíteto a las personas de conocida virtud.

venerar tr Respetar en sumo grado a una persona. ‖ Dar culto a Dios, a los santos o a las cosas sagradas. ☐ VENERACIÓN.

venéreo, a adj Perteneciente o relativo al placer o al acto sexual. ‖ Díc. de las enfermedades infecciosas que se contraen por contacto sexual.

venereología f Parte de la patología que estudia las enfermedades venéreas.

venero m Manantial de agua. ‖ Raya o línea horaria en los relojes de sol. ‖ (fig) Origen y principio de donde procede una cosa. ‖ Criadero.

venganza f Satisfacción que se toma del agravio o daños recibidos.

vengar tr y prnl Tomar satisfacción de un agravio o daño. ☐ VENGADOR, RA.

vengativo, va adj Inclinado a tomar venganza de cualquier agravio.

venia f Perdón de la ofensa o culpa. ‖ Licencia pedida para ejecutar una cosa.

venial adj Díc. de lo que se opone levemente a la ley o precepto. ☐ VENIALIDAD.

venida f Acción de venir. ‖ Regreso.

venidero, ra adj Que está por venir o suceder.

venir intr Caminar una persona o moverse una cosa de allá hacia acá. ‖ Llegar una persona o cosa a donde está el que habla. ‖ Comparecer una persona ante otra. ‖ Ajustarse, acomodarse o conformarse una cosa a otra o con otra. ‖ Darse o producirse una cosa en un terreno. ‖ Acercarse o llegar el tiempo en que una cosa ha de acaecer. ‖ Manifestarse o iniciarse una cosa.

venoso, sa adj Que tiene venas. ‖ Perteneciente o relativo a la vena.

venta f Acción y efecto de vender. ‖ Contrato en virtud del cual se transfiere a dominio ajeno una cosa propia por el precio pactado. ‖ Posada en caminos o despoblados.

ventaja f Situación favorable o de superioridad de una persona o cosa respecto de otra. ‖ Excelencia o condición favorable que tiene una persona o cosa. ‖ Beneficio, provecho.

ventajear tr Amér. Aventajar, obtener ventaja. ‖ En sentido peyorativo, sacar ventaja mediante procedimientos reprobables o abusivos.

ventajero adj y s Amér. Ventajista oportunista.

ventajista adj y s Díc. de la persona que sin miramientos procura obtener ventaja en los tratos, en el juego, etc.

ventajoso, sa adj Díc. de lo que tiene ventaja o la reporta.

ventana f Abertura más o menos elevada sobre el suelo, que se deja en una pared para dar luz y ventilación. ‖ Cada uno de los orificios de la nariz.

ventanal m Ventana grande.

ventanilla f Abertura pequeña que hay en la pared o tabique de los despachos de billetes, bancos y otras oficinas para que los empleados atiendan al público.

ventanillo m Postigo pequeño de puerta o ventana. ‖ Ventana pequeña en la puerta exterior de las casas y resguardada por lo común con rejilla, para ver a la persona que llama.

ventear impers Soplar el viento o hacer aire fuerte. • tr Tomar algunos animales el viento con el olfato.

ventero, ra m y f Dueño o encargado de una venta para hospedaje de viajeros.

ventilador m Instrumento o aparato que impulsa o renueva el aire en una habitación.

ventilar tr y prnl Hacer penetrar el aire en algún sitio. • tr Agitar una cosa en el aire. ‖ Renovar el aire una pieza cerrada. ‖ (fig) Resolver o dilucidar una cuestión. ☐ VENTILACIÓN.

ventisca f Borrasca de viento, o de viento y nieve. ‖ Viento fuerte, ventarrón.

ventiscar impers Nevar con viento fuerte. ‖ Levantarse la nieve por la violencia del viento.

ventisquear impers Ventiscar.

ventisquero *m* Alt. de los montes más expuesta a las ventiscas. ‖ Sitio, en las alt. de los montes, donde se conserva la nieve y el hielo.

ventolera *f* Golpe de viento recio y poco durable. ‖ (fig, fam) Pensamiento o determinación inesperada y extravagante.

ventosa *f* Abertura que se practica para dar paso y entrada al aire. ‖ Objeto consistente en una concavidad que, al hacerse el vacío, queda adherida por presión a una superficie.

ventosear *intr* y *prnl* Expeler del cuerpo los gases intestinales.

ventosidad *f* Calidad de ventoso o flatulento. ‖ Gases intestinales, especialmente cuando se expelen.

ventoso, sa *adj* Aplícase al día o tiempo en que hace aire fuerte, y al sitio combatido por los vientos.

ventral *adj* Perteneciente o relativo al vientre.

ventrículo *m* Cada una de las cavidades del corazón de donde la sangre es expulsada al sistema arterial. ❑ VENTRICULAR.

ventrílocuo, cua *adj* y *s* Díc. de la persona que tiene la habilidad de modificar su voz de manera que parezca venir de lejos, y que imita las de otras personas o diversos sonidos.

ventrudo, da *adj* Que tiene abultado el vientre.

ventura *f* Felicidad. ‖ Contingencia o casualidad.

venturoso, sa *adj* Que tiene buena suerte.

Venus *npm* Segundo planeta del sistema solar según el orden creciente de distancias al Sol. • *f* Representación escultórica de la diosa Venus. ‖ (fig) Mujer muy hermosa. ❑ VENUSIANO, NA.

ver[1] *m* Sentido de la vista. ‖ Parecer o apariencia de las cosas.

ver[2] *tr* Percibir por los ojos la forma y color de los objetos mediante la acción de la luz. ‖ Observar, considerar, examinar con cuidado alguna cosa. ‖ Visitar a una persona. ‖ Atender o ir con cuidado en las cosas que se ejecutan. • *prnl* Es-

tar en sitio o postura a propósito para ser visto. ‖ Estar o hallarse en un sitio o lance.

vera *f* Orilla, margen.

veralca *f* Chile. Piel de guanaco.

veraneante *pa* de veranear. • *adj* y *s* Que veranea.

veranear *intr* Pasar el verano en alguna parte.

veraniego, ga *adj* Perteneciente o relativo al verano.

veranillo *m* Tiempo breve en que suele hacer calor veraniego durante el otoño.

verano *m* La estación más cálida del año, comprendida entre la primavera y el otoño.

veras *f pl* Realidad, verdad en las cosas que se dicen o hacen.

veraz *adj* Que dice o usa siempre la verdad.

verba *f* Labia, locuacidad.

verbal *adj* Díc. de lo que se refiere a la palabra, o se sirve de ella. ‖ Perteneciente o relativo al verbo. ‖ Aplícase a las palabras que se derivan de un verbo.

verbalismo *m* Propensión a fundar el razonamiento más en las palabras que en los conceptos. ❑ VERBALISTA.

verbena *f* Velada y feria popular que se celebra en algunas pob. en las noches de la víspera de festividades. ❑ VERBENERO, RA.

verberar *tr* y *prnl* Azotar, fustigar, castigar con azotes. ❑ VERBERACIÓN.

verbigracia *m* Por ejemplo.

verbo *npm* Segunda persona de la Santísima Trinidad. • *m* Parte de la oración, con variación de núm., persona, tiempo y modo, que constituye el núcleo del predicado. ‖ Sonido o sonidos que expresan una idea.

verborrea *f* (fam) Verbosidad excesiva.

verbosidad *f* Abundancia de palabras en la elocución.

verboso, sa *adj* Abundante y copioso de palabras.

verdad *f* Conformidad de las cosas con el concepto que de ellas forma la mente. ‖ Conformidad de lo que se dice con lo que se siente o se piensa. ‖ Juicio o proposición que no se puede negar racionalmente. || Veracidad.

verdasca f Vara delgada, ordinariamente verde.

verde adj y s Díc. del cuarto color del espectro visible solar, comprendido entre el amarillo y el azul. • adj Díc. de lo que aún no está maduro. || (fig) Aplícase a los primeros años de la vida y a la juventud. || (fig) Libre, indecente, obsceno. • m Conjunto de hojas de los árboles y de las plantas.

verdear prnl Mostrar una cosa el color verde que en sí tiene. || Empezar a brotar plantas en los campos o cubrirse los árboles de hojas y tallos.

verdecer intr Reverdecer, vestirse de verde la tierra o los árboles.

verdemar adj y m Díc. del color semejante al verdoso que suele tomar el mar.

verdeo m Recolección de las aceitunas antes de que maduren.

verdín m Primer color verde que tienen las hierbas o plantas que no han llegado a su sazón. || Capa verde de algunas algas, que se cría en las aguas dulces estancadas y en algunos lugares húmedos.

verdinegro, gra adj De color verde oscuro.

verdolaga f Planta de hojas carnosas y pequeño tamaño, que se consume cruda a modo de ensalada.

verdor m Color verde vivo de las plantas. || Color verde. || (fig) Edad de la mocedad o juventud.

verdoso, sa adj Que tira a verde.

verdugo m Renuevo o vástago del árbol. || Estoque muy delgado. || Azote hecho de cuero, mimbre u otra materia flexible. || Funcionario de justicia que ejecuta las penas de muerte.

verdugón m Verdugo, renuevo del árbol. || Roncha que levanta el golpe de un azote.

verduguillo Especie de roncha que suele levantarse en las hojas de algunas plantas. || Estoque muy delgado.

verdulería f Tienda o puesto de verduras.

verdulero, ra m y f Persona que vende verduras. • f (fig, fam) Mujer desvergonzada y basta.

verdura f Verdor, color verde. || Hortaliza, particularmente la de hojas verdes.

verdusco, ca adj Que tira a verde oscuro.

verecundia f Vergüenza. ☐ VERECUNDO, DA.

vereda f Camino angosto, formado comúnmente por el tránsito de peatones y ganados. || Cañada. || Amér. Merid. Acera de las calles.

veredicto m Definición sobre un hecho dictada por el jurado. || p. ext. Parecer, dictamen o juicio emitido reflexiva y autorizadamente.

verga f Miembro genital de los mamíferos. || Arco de acero de la ballesta. || Palo delgado.

vergajo m Verga del toro, que después de cortada, seca y retorcida, se usa como látigo. || Golpe dado con un vergajo.

vergel m Huerto con variedad de flores y árboles frutales.

vergonzante adj Que tiene vergüenza.

vergonzoso, sa adj Que causa vergüenza. • adj y s Que se avergüenza con facilidad.

vergüenza f Turbación del ánimo, ocasionada por alguna falta cometida, o por alguna acción deshonrosa y humillante, propia o ajena. || Pundonor, estimación de la propia honra. || Cortedad para ejecutar una cosa. • pl Genitales externos.

vericueto m Lugar o sitio áspero, alto y quebrado, por donde andar es difícil.

verídico, ca adj Que dice verdad. || Aplícase también a lo que la incluye.

verificar tr Probar que una cosa de que se dudaba es verdadera. || Comprobar o examinar la verdad de una cosa. • tr y prnl Realizar, efectuar. • prnl Salir cierto y verdadero lo que se dijo o pronosticó. ☐ VERIFICABILIDAD; VERIFICABLE; VERIFICACIÓN.

verja f Enrejado que sirve de puerta, ventana o cerca.

vermicida adj y m Vermífugo.

vermicular adj Que tiene gusanos o vermes, o los cría. || Parecido a los gusanos.

vermiforme *adj* De figura de gusano.

vermífugo, ga *adj* y *m* Díc. del fármaco o del agente capaz de expulsar los gusanos intestinales.

vermú o **vermut** *m* Licor aperitivo.

vernáculo, la *adj* Doméstico, nativo, propio del país. Díc. especialmente de la lengua.

verónica *f* Lance básico del toreo de capa.

verosímil *adj* Que tiene apariencia de verdadero. ‖ Creíble. ☐ VEROSIMILITUD.

verraco *m* Cerdo macho y adulto.

verraquear *intr* (fig, fam) Gruñir o dar señales de enfado y enojo. ‖ (fig, fam) Llorar con rabia y continuamente los niños.

verruga *f* Excrecencia cutánea de forma y tamaño variables, debida a una hipertrofia de las papilas de la dermis. ‖ Abultamiento que la acumulación de savia produce en algún punto de la superficie de una planta.

verrugoso, sa *adj* Que tiene muchas verrugas.

versado, da *pp* de versar. • *adj* Ejercitado, práctico, instruido.

versal *adj* y *s* Aplícase a la letra mayúscula.

versalita *adj* y *f* Díc. de la letra mayúscula de igual tamaño que la minúscula.

versar *intr* Con la *prep sobre* y algunas otras, o el *m adv acerca de*, tratar de tal o cual materia un libro, discurso o conversación.

versátil *adj* Que se vuelve o se puede volver fácilmente. ‖ (fig) Díc. de la persona o del carácter voluble e inconstante. ☐ VERSATILIDAD.

versículo *m* Cada una de las breves divisiones de los capítulos de ciertos libros.

versificar *intr* Componer versos. • *tr* Poner en verso.

versión *f* Traducción, acción y efecto de traducir. ‖ Modo que tiene cada uno de referir un mismo suceso. ‖ Cada una de las formas que adopta la relación de un suceso, el texto de una obra o la interpretación del tema.

verso *m* Conjunto de palabras sujetas a medida y cadencia según reglas fijas determinadas.

vértebra *f* Cada uno de los huesos cortos, articulados entre sí, que forman el espinazo de los animales vertebrados. ☐ VERTEBRAL.

vertebrado *adj* Que tiene vértebras. ‖ *adj* y *m* Díc. de los animales que se caracterizan por poseer en su esqueleto un eje óseo llamado columna vertebral.

vertedera *f* Especie de orejera que sirve para voltear la tierra levantada por el arado.

vertedero *m* Lugar por donde se vierte algo, y especialmente las basuras o escombros. ‖ Conducto por el que se arrojan a un depósito sit. a nivel inferior, basuras, desechos, etc.

vertedor, ra *adj* y *s* Que vierte. • *m* Conducto para dar salida al agua y a las inmundicias.

verter *tr* y *prnl* Derramar o vaciar líquidos y también cosas pequeñas disgregadas como sal, harina, etc. ‖ Inclinar una vasija o volverla boca abajo para vaciar su contenido. • *tr* Traducir de una lengua a otra. ☐ VERTIBLE.

vertical *adj* y *f* Perpendicular. ‖ En figuras, dibujos, escritos, impresos, etc., díc. de la línea, disposición o dirección que va de la cabeza al pie. ☐ VERTICALIDAD.

vértice *m* Punto en que concurren los dos lados de un ángulo. ‖ Punto de un polígono o poliedro en que concurren dos o más lados o aristas, respectivamente.

verticilo *m* Conjunto de tres o más ramos, hojas, flores u otros órganos, que están en un mismo plano alrededor de un tallo.

vertiente *adj* Que vierte. ‖ *amb* Declive o sitio por donde corre o puede correr el agua. • *f* (fig) Aspecto, punto de vista.

vertiginoso, sa *adj* Perteneciente o relativo al vértigo. ‖ Que causa vértigo. ‖ Que padece vértigos. ☐ VERTIGINOSIDAD.

vértigo *m* Trastorno del sentido del equilibrio caracterizado por una sensación de movimiento rotatorio del cuerpo o de las cosas que lo rodean. ‖ (fig) Apresuramiento anormal de la actividad de una persona o colectividad. ❑ VERTIGINOSO, SA.

vesania f Demencia, furia. ❑ VESÁNICO, CA.

vesical adj Perteneciente o relativo a la vejiga.

vesícula f Elevación circunscrita de la epidermis, llena de líquido seroso. ‖ Órgano en forma de saco o bolsa. ❑ VESICULAR.

vespertino, na adj Perteneciente o relativo a la tarde. ‖ Díc. de los astros que transponen el horizonte después del ocaso del Sol.

vestal adj y s Perteneciente o relativo a la diosa Vesta. ‖ Díc. de las doncellas romanas consagradas a la diosa Vesta.

vestíbulo m Atrio o portal que está a la entrada de un edificio. ‖ Sala amplia próxima a la entrada de algunos edificios. ‖ Espacio cubierto dentro de la casa, que comunica la entrada con los aposentos o con un patio.

vestido m Cubierta que se pone en el cuerpo para abrigo o adorno. ‖ Prenda de vestir exterior femenina de una sola pieza.

vestidura o **vestimenta** f Vestido.

vestigio m Huella, señal que deja el pie por donde ha pisado. ‖ Memoria o noticia de las acciones de los antiguos. ‖ Señal que queda de cosas, materiales o inmateriales.

vestir tr y prnl Cubrir con el vestido. • tr Proveer a alguien de vestido. ‖ (fig) Disfrazar o disimular artificiosamente la realidad de una cosa añadiéndole un adorno.

vestuario m Vestido, conjunto de las piezas que sirven para vestir. ‖ Conjunto de trajes necesarios para una representación escénica. ‖ En los campos de deportes, piscinas, etc., local para cambiarse de ropa.

veta f Faja o lista de una materia que por su calidad, color, etc., se distingue de la masa en que se halla interpuesta. ‖ Vena, filón metálico. ‖ Vena, lista de ciertas piedras y maderas. ‖ Cuerda o hilo. ❑ VETADO, DA; VETEADO, DA.

vetar tr Poner el veto a una proposición, acuerdo o medida.

vetear tr Señalar o pintar vetas.

veterano, na adj y s Aplícase a los militares que por haber servido mucho tiempo son expertos en las cosas de su profesión. • adj (fig) Ant. y experimentado en cualquier profesión o ejercicio.

veterinaria f Ciencia de precaver y curar las enfermedades de los animales. ❑ VETERINARIO, RIA.

veto m Derecho que tiene una persona o corporación para impedir una cosa.

vetusto, ta adj Muy ant. o de mucha edad.

vez f Alteración de las cosas por turno u orden sucesivo. ‖ Tiempo u ocasión determinada en que se ejecuta una acción.

vía f Camino terrestre, marítimo o aéreo por donde se transita. ‖ Raíl del ferrocarril. ❑ VIAL.

viable[1] adj Que puede vivir. ‖ (fig) Díc. del asunto que, por sus circunstancias, tiene probabilidades de poderse llevar a cabo. ❑ VIABILIDAD.

viable[2] adj Díc. del camino o vía por donde se puede transitar. ❑ VIABILIDAD.

viaducto m Obra a manera de puente para el paso de una carretera, calle o línea de ferrocarril sobre una hondonada.

viajante pa de viajar. • adj y s Que viaja. • m Dependiente comercial que hace viajes para negociar ventas o compras.

viajar intr Acción de trasladarse de un sitio a otro por cualquier medio de locomoción. ❑ VIAJERO, RA.

viaje m Acción y efecto de viajar. ‖ Jornada que se hace de una parte a otra. ‖ Carga o peso que se lleva de un lugar a otro de una vez. ‖ (fig, fam) Tiempo que duran las sensaciones placenteras producidas por las drogas.

vialidad f Conjunto de servicios pertenecientes a las vías públicas.

vianda f Comida que se sirve a la mesa.

viandante m o f Persona que va a pie por una vía pública, peatón. ‖ Vagabundo.

viario, ria adj Concerniente a los caminos y carreteras.

viaticar tr y prnl Administrar el viático a un enfermo.

viático m Sacramento de la Eucaristía, que se administra a los enfermos que están en peligro de muerte.

víbora f Culebra venenosa, con la cabeza cubierta de escamas pequeñas y con dos dientes huecos en la mandíbula superior, por donde vierte el veneno. ‖ (fig) Persona con malas intenciones. ☐ VIBOREZNO, NA.

vibrante pa de vibrar. • adj Que vibra. • adj Díc. del sonido o letra cuya pronunciación se caracteriza por un rápido contacto oclusivo entre los órganos de la articulación.

vibrar tr Dar un movimiento trémulo a la espada, o a otra cosa larga, delgada y elástica. ‖ p. ext. Díc. del sonido trémulo de la voz. • intr Estar sometido un cuerpo a un movimiento periódico alrededor de una posición central. ☐ VIBRACIÓN; VIBRADOR, RA; VIBRÁTIL; VIBRATORIO, RIA.

vicario, ria adj y s Que tiene el poder y facultades de otro o le sustituye. • m y f Persona que en las órdenes regulares tiene las veces y autoridad de alguno de los superiores. ☐ VICARÍA; VICARIATO.

vice Voz que sólo tiene uso en composición, y significa que la persona de quien se habla tiene las veces o autoridad de la expresada por la segunda parte del compuesto. También se usa para designar los cargos correspondientes.

vicenal adj Que sucede o se repite cada veinte años. ‖ Que dura veinte años.

vicésimo, ma adj Vigésimo, ordinal. • adj y s Cada una de las veinte partes iguales de un todo.

viceversa adv modo Al contrario, por lo contrario; cambiadas dos cosas recíprocamente. • m Cosa, dicho o acción al revés de lo que lógicamente debe ser o suceder.

viciado, da pp de viciar. • adj Díc. del aire falto de renovación contenido en un lugar cerrado.

viciar tr y prnl Dañar o corromper física o moralmente. ‖ Pervertir o corromper las buenas costumbres o modo de vida. • prnl Entregarse uno a los vicios.

vicio m Mala calidad, defecto o daño físico en las cosas. ‖ Defecto moral en las acciones. ☐ VICIOSO, SA.

vicisitud f Orden sucesivo o alternativo de alguna cosa. ‖ Alternativa de sucesos prósperos y adversos.

víctima f Persona o animal destinado al sacrificio. ‖ (fig) Persona que padece daño por culpa ajena o por causa fortuita.

victimario, ria m y f Homicida.

victo m Sustento diario.

victoria f Superioridad, ventaja o triunfo que se consigue del contrario en disputa o lid.

victorioso, sa adj y s Que ha conseguido una victoria. • adj Aplícase también a las acciones con que se consigue.

vicuña f Mamífero rumiante parecido al macho cabrío, pero con el cuello y las patas más largas, la cabeza más redonda y sin cuernos. Habita en los Andes y su cuerpo está cubierto de un pelo muy apreciado.

vid f Planta arbustiva, sarmentosa, con hojas grandes, flores agrupadas en racimos compuestos, con zarcillos, de color verdoso, y frutos en bayas globosas, verduzcas o negras.

vida f Estado de actividad de los seres orgánicos. ‖ Intervalo de tiempo que transcurre desde el nacimiento de un animal o un vegetal hasta su muerte. ‖ Modo de vivir en orden a la profesión, empleo, oficio u ocupación. ‖ Relación o historia de las acciones notables ejecutadas por una persona durante su vida.

vidente pa de ver. • adj Que ve. • m Profeta.

vídeo m Aparato que registra y reproduce electrónicamente imágenes y sonido.

videocaset m Aparato que permite registrar las imágenes y el sonido que llegan al receptor de televisión, y reproducirlas luego en dicho aparato.

videocinta f Cinta magnética en la que pueden registrarse imágenes visuales.

V

videodisco *m* Disco en el que se registran imágenes y sonido que, mediante un rayo láser, pueden ser reproducidas en una pantalla.

vidorra *f* (fam) Vida regalada.

vidriar *tr* Dar a las piezas de barro o loza un barniz que, fundido al horno, toma la transparencia y lustre del vidrio. ◻ VIDRIADO, DA.

vidriera *f* Bastidor con vidrios con que se cierran puertas y ventanas.

vidrio *m* Sustancia amorfa, es decir, no cristalizada, que por su estructura se parece a un líquido, pero cuya cohesión, a la temperatura ordinaria, es tan grande que aparenta un sólido. ‖ Cualquier pieza o vaso de vidrio. ‖ (fig) Cosa muy delicada y quebradiza. ◻ VIDRIERO, RA.

vieira *f* Molusco comestible cuya concha es la insignia de los peregrinos de Santiago. ‖ Esta concha.

viejo, ja *adj* y *s* Díc. de la persona de mucha edad. • *adj* Que ya no es joven. ‖ Que no es reciente ni nuevo. ‖ Deslucido, estropeado por el uso. • *m* y *f* (fam) Padre, madre. • *m pl* (fam) El padre y la madre.

viento *m* Corriente atmosférica de aire, que se mueve en dirección determinada y se origina por las diferencias de la temperatura de la atmósfera en distintos puntos de la superficie terrestre.

vientre *m* Cavidad del cuerpo de los animales vertebrados, en la que se contienen los órganos propios. del aparato digestivo y genitourinario. ‖ Región exterior del cuerpo, correspondiente al abdomen.

viernes *m* Quinto día de la semana civil.

viga *f* Porción horizontal de una estructura, que soporta cargas transversales. ‖ Hierro de doble T destinado en la construcción moderna a los mismos usos.

vigente *adj* Aplícase a las leyes, ordenanzas, estilos y costumbres que están en vigor y observancia. ◻ VIGENCIA.

vigesimal *adj* Aplícase al sistema de numeración en base veinte.

vigésimo, ma *adj* Que sigue inmediatamente en orden a lo decimonono. • *adj*

y *s* Díc. de cada una de las veinte part[e]s iguales en que se divide un todo.

vigía *f* Atalaya, torre. • *m* o *f* Person[a] destinada a vigilar el mar o la campiña[.]

vigilar *tr* e *intr* Velar sobre una person[a] o cosa, o atenderla exacta y cuidadosa[-] mente. ◻ VIGILANCIA; VIGILANTE.

vigilia *f* El día que antecede a cualqui[er] cosa y en cierto modo la ocasiona. ‖ Falta de sueño. ‖ Comida con abstinen[-] cia de carne.

vigor *m* Fuerza o actividad notable d[e] las cosas animadas o inanimadas. ◻ VI[-] GOROSO, SA.

vigorizar o **vigorar** *tr* y *prnl* Dar vigo[r] ‖ (fig) Animar, esforzar.

vikingo *m* Nombre aplicado a los nave[-] gantes escandinavos de los siglos VI [al] XI.

vil *adj* Bajo o despreciable. • *adj* y [s] Aplícase a la persona que falta o corres[-] ponde mal a la confianza que en ella s[e] pone. ◻ VILEZA.

vilipendiar *tr* Despreciar o tratar co[n] vilipendio.

vilipendio *m* Desprecio, denigración d[e] una persona o cosa.

villa *f* Casa de recreo sit. aisladamente e[n] el campo. ‖ Pob. que tiene algunos pri[-] vilegios con que se distingue de las al[-] deas y lugares.

villanaje *m* Gente del estado llano e[n] una villa o aldea, a distinción del estad[o] noble o hidalgo.

villancico *m* Composición poética po[-] pular que se canta en Navidad.

villanía *f* Bajeza de nacimiento, condi[-] ción o estado. ‖ (fig) Acción ruin. ‖ (fig[)] Exp. indecorosa.

villano, na *adj* y *s* Vecino del estado lla[-] no en una villa o aldea, a distinció[n] de noble o hidalgo. ‖ (fig) Rústico [o] descortés. ‖ (fig) Ruin, indigno. ◻ VI[-] LLANADA; VILLANESCO, CA.

villorrio *m* (desp) Pob. pequeña poco ur[-] banizada.

vinagre *m* Líquido agrio y astringente producido por la fermentación ácida de[l] vino.

vinagreras o **vinajeras** *f pl* Utensili[o] para el servicio de mesa, compuesto d[e] frascos para el aceite, vinagre y, a veces, otros condimentos.

vinatería f Tráfico y comercio del vino. ‖ Tienda en que se vende vino.

vincular[1] tr Sujetar o gravar los bienes a vínculo para perpetuarlos en empleo o familia determinados por el fundador. ‖ (fig) Atar o unir con vínculos una cosa a otra. ☐ VINCULACIÓN.

vincular[2] adj Perteneciente o relativo al vínculo.

vínculo m Unión o atadura de una cosa con otra. ‖ Sujeción de una propiedad, renta, derecho, etc., al perpetuo derecho de un linaje o familia.

vindicar tr y prnl Vengar. ‖ Defender, especialmente al que se halla injuriado, calumniado o injustamente criticado. ‖ Reivindicar. ☐ VINDICATIVO, VA; VINDICATORIO, RIA.

vindicta f Venganza.

vinicultura f Técnica para la elaboración de vinos. ☐ VINICULTOR, RA.

vinificación f Fermentación del mosto de la uva, o transformación del zumo de ésta en vino.

vino m Licor alcohólico que procede de la fermentación del zumo de uva. ‖ Zumo de otras cosas que fermenta al modo de las uvas. ☐ VINARIO, RIA; VINATERO, RA; VÍNICO, CA; VINÍCOLA.

vinoso, sa adj Que tiene la calidad, fuerza, propiedad o apariencia del vino. ‖ Dado al vino o que acostumbra a beberlo en exceso.

viña f Terreno plantado de muchas vides.

viñedo m Terreno plantado de vides.

viñeta f Dibujo que se pone para adorno en el principio o el fin de los libros y capítulos. ‖ Dibujo estampado en un libro, publicación, etc., gralte. humorística y con texto o comentarios.

viola f Instrumento de la misma forma que el violín, aunque algo mayor y de cuerdas más fuertes.

violación f Acción de violar. ‖ Delito contra la honestidad, que se comete al tener relación carnal con una mujer en determinados casos. ‖ Quebramiento de una norma jurídica.

violado, da pp de violar. • adj y s De color de violeta, morado claro.

violar tr Infringir o quebrantar una ley o precepto. ‖ Cometer una violación. ‖ Profanar un lugar sagrado. ☐ VIOLADOR, RA.

violencia f Cualidad de violento. ‖ Acción y efecto de violentar o violentarse. ‖ (fig) Acción violenta o contra el natural modo de proceder.

violentar tr Aplicar medios violentos a cosas o personas para vencer su resistencia. ‖ (fig) Entrar en una parte contra la voluntad de su dueño.

violento, ta adj Que está fuera de su natural estado, situación o modo. ‖ Que obra con ímpetu.

violeta o **viola** adj De color morado claro. • f Planta herbácea de flores moradas o blancas, de suave olor. ‖ Flor de esta planta.

violín m Instrumento músico de arco, que se compone de una caja de madera con dos aberturas en forma de s en la tapa. ☐ VIOLINISTA.

violón m Contrabajo, instrumento de cuerda. • m o f Persona que profesa el arte de tocar este instrumento.

violonchelo o **violoncelo** m Instrumento musical de cuerda y arco, más pequeño que el violón y de la misma forma. ☐ VIOLONCELISTA; VIOLONCHELISTA.

viperino, na o **vipéreo, a** adj Relativo a la víbora. ‖ (fig) Malintencionado, que busca hacer daño.

virago f Mujer varonil.

virar tr Cambiar el color de una reacción debido a la presencia de un indicador. • tr e intr Cambiar de rumbo o de bordada. • intr Mudar de dirección en la marcha de un automóvil. ☐ VIRADA; VIRAJE.

virgen adj y s Díc. de la persona que nunca ha tenido relaciones sexuales. • adj Aplícase a aquellas cosas que aún no han sido utilizadas.

virginal adj Perteneciente a la virgen. ‖ (fig) Puro, inmaculado.

virginidad f Estado de la persona que no ha tenido relación sexual.

V

Virgo *npf* Sexta constelación del Zodiaco. • *adj* y *s* Aplícase a todas las personas nacidas bajo este signo. • *adj* y *f* Virgen. • *m* Himen.

virguería *f* (fam) Cosa extraordinaria o hecha con suma delicadeza, buen gusto, etcétera.

virguero, ra *adj* (fam) Bonito, delicado, estupendo. ‖ (fam) Díc. de la persona que hace virguerías.

viril *adj* Varonil, perteneciente o relativo al varón. ☐ VIRILIDAD.

virilismo *m* Aparición de caracteres sexuales secundarios masculinos en la mujer.

virreina *f* Mujer del virrey. ‖ La que gobierna como virrey.

virreinato *m* Dignidad o cargo de virrey. ‖ Tiempo que dura el gobierno de un virrey. ‖ Territorio gobernado por un virrey. ☐ VIRREINAL.

virrey *m* El que con este título gobierna en nombre y con autoridad del rey. ☐ VIRREINAL.

virtual *adj* Que tiene virtud para producir un efecto, aunque no lo produce actualmente. ‖ Implícito, tácito. ☐ VIRTUALIDAD.

virtud *f* Actividad o fuerza de las cosas para producir o causar sus efectos. ‖ Integridad de ánimo y bondad de vida.

virtuosismo *m* Gran dominio de la técnica de un arte propio del virtuoso, artista que domina un instrumento, especialmente musical.

virtuoso, sa *adj* y *s* Que se ejercita en la virtud u obra según ella. ‖ Díc. de la persona dotada de talento natural para la música.

viruela *f* Enfermedad infecciosa aguda, epidémica, contagiosa, caracterizada por la erupción de gran número de pústulas.

virulento, ta *adj* Ponzoñoso, maligno, ocasionado por un virus, o que participa de su naturaleza. ‖ (fig) Díc. del estilo, escrito o discurso, extraordinariamente violento o mordaz. ☐ VIRULENCIA.

virus *m* Organismo parásito capaz, por su pequeño tamaño, de atravesar los fil-

tros bacteriológicos, y de actuar com(un agente infeccioso. ☐ VÍRICO, CA.

viruta *f* Hoja delgada que se saca al la brar la madera o los metales.

vis a vis *m adv* Frente a frente.

visado, da *pp* de visar. • *m* Acción efecto de visar la autoridad un docu mento. ‖ El mismo documento despué de dicho trámite.

visar *tr* Examinar un documento, certifi cado, etc., poniendo en ellos el vist bueno, o dándoles validez para determi nado fin o por cierto tiempo.

víscera *f* Nombre dado clásicamente todo contenido en las cavidades natura les del organismo. ‖ Entraña. ☐ VIS CERAL.

viscosa *f* Producto que se obtiene por (tratamiento químico de la celulosa.

viscosidad *f* Cualidad de viscoso ‖ Materia viscosa.

viscoso, sa *adj* Pegajoso, glutinoso.

visera *f* Ala pequeña que tienen en l parte delantera las gorras para resguar dar la vista.

visibilizar *tr* Hacer visible artificial mente lo que no puede verse a simpl(vista.

visible *adj* Que se puede ver. ‖ Tan cier to y evidente, que no admite duda ☐ VISIBILIDAD.

visillo *m* Cortinilla.

visión *f* Acción y efecto de ver. ‖ Sensa ción consciente producida por la luz que permite apreciar los objetos y sus cualidades. ‖ Alucinación, imagen irrea o sobrenatural. ‖ Opinión.

visionario, ria *adj* y *s* Díc. de la perso na que se cree cosas quiméricas o ima ginarias.

visir *m* Ministro de un soberano musul mán.

visitar *tr* Ir a ver a uno en su casa. ‖ Ir (un templo de devoción. ‖ Ir el médic(a casa del enfermo para asistirle. ☐ VI SITA; VISITACIÓN.

vislumbrar *tr* Ver un objeto confusa mente por la distancia o falta de luz ‖ (fig) Conocer imperfectamente o con jeturar por leves indicios una cosa in material.

viso *m* Altura o eminencia, sitio o lugar alto, desde donde se ve y descubre mucho terreno. ‖ Forro o prenda ligera que usan las mujeres debajo de un vestido, especialmente si es transparente. ‖ (fig) Apariencia de las cosas.

visón *m* Mamífero carnívoro que vive en los bosques del hemisferio norte y cuya apreciada piel le ha hecho objeto de una gran persecución. ‖ Piel de este animal.

visor *m* Accesorio de la máquina fotográfica, cuya finalidad es la de precisar los límites del objeto a fotografiar.

víspera *f* Día que antecede inmediatamente a otro determinado.

vista *f* Sentido corporal con que se perciben los objetos mediante la acción de la luz, visión. ‖ Visión, acción y efecto de ver. ‖ Campo que se descubre desde un punto. Se usa también en plural. ‖ Cuadro, estampa que representa un lugar o monumento, etc., tomado del natural. • *m* Empleado de aduanas a cuyo cargo está el registro de los géneros.

vistazo *m* Mirada superficial o ligera.

visto, ta *pp irreg* de ver. ‖ Fórmula con que se da por terminada la vista pública de un negocio, o se anuncia el pronunciamiento del fallo.

vistoso, sa *adj* Que atrae mucho la atención por su brillantez o apariencia ostentosa.

visual *adj* Perteneciente a la vista como instrumento o medio para ver.

visualizar *tr* Visibilizar. ‖ Representar mediante imágenes ópticas fenómenos de otro carácter. ‖ Formar en la mente una imagen visual de un concepto abstracto. ☐ VISUALIZACIÓN.

vital *adj* Perteneciente o relativo a la vida. ‖ (fig) De suma importancia o trascendencia.

vitalicio, cia *adj* Que dura desde que se obtiene hasta el fin de la vida.

vitalidad *f* Calidad de tener vida. ‖ Actividad o eficacia de las facultades vitales.

vitamina *f* Cada una de ciertas sustancias orgánicas que existen en los alimentos y que, en cantidades pequeñísimas, son necesarias para el perfecto equilibrio de las distintas funciones vitales. ☐ VITAMINADO, DA; VITAMÍNICO, CA.

vitela *f* Variedad de pergamino muy fina, blanca y flexible, fabricada con la piel de vaca o ternera.

vitelo *m* Conjunto de sustancias almacenadas dentro de un huevo para la nutrición del embrión.

viticultura *f* Cultivo de la vid. ☐ VITÍCOLA; VITICULTOR, RA; VITIVINÍCOLA.

vitivinicultura *f* Arte de cultivar la vid y de elaborar el vino. ☐ VITIVINICULTOR, RA.

vítola *f* Plantilla para calibrar balas de cañón o de fusil. ‖ Anilla de los cigarros puros.

vitorear *tr* Aplaudir o aclamar con vítores.

vitral *m* Vidrieras de colores. ‖ Vidriera grande con bastidor metálico.

vítreo, a *adj* Hecho de vidrio o que tiene sus propiedades. ‖ Parecido al vidrio.

vitrificar *tr* y *prnl* Convertir en vidrio una sustancia. ☐ VITRIFICABLE; VITRIFICACIÓN.

vitrina *f* Armario o caja con puertas o tapas de cristales, para tener objetos expuestos a la vista.

vituperar *tr* Criticar, censurar, decir mal de una persona o cosa. ☐ VITUPERACIÓN.

vituperio *m* Injuria, afrenta u oprobio que se dice a uno. ‖ Acción o circunstancia que causa afrenta o deshonra. ☐ VITUPERABLE.

viuda *f* Planta herbácea con flores de color morado que tira a negro, con las anteras blancas, y fruto seco capsular. ‖ Flor de esta planta.

viudedad *f* Pensión que recibe una viuda.

viudo, da *adj* y *s* Díc. de la persona a quien se le ha muerto su cónyuge y no ha vuelto a casarse. ☐ VIUDAL; VIUDEZ.

vivales *m* o *f* (fam) Persona vividora y desaprensiva.

vivaque o **vivac** *m* Guardia pral. en las plazas de armas. ‖ Campamento instalado al raso.

vivaracho, cha *adj* (fam) Muy vivo de genio; travieso y alegre.

V

vivaz *adj* Que vive mucho tiempo. ‖ Eficaz, vigoroso. ‖ Agudo, de pronta comprensión e ingenio. ☐ VIVACIDAD.

vivencia *f* Díc. del hecho de experimentar, de vivir algo.

víveres *m pl* Provisiones de boca de un ejército, plaza o buque. ‖ Comestibles necesarios para el alimento de las personas.

vivero *m* Terreno adonde se trasplantan desde la almáciga los arbollitos, para trasponerlos, después de recriados, a su lugar definitivo. ‖ Lugar donde se mantienen o se crían dentro del agua peces, moluscos, etc.

viveza *f* Prontitud en las acciones, o agilidad en la ejecución. ‖ Agudeza de ingenio. ‖ Esplendor y lustre de algunas cosas.

vividor, ra *adj* y *s* Díc. de la persona laboriosa que busca modos de vivir. • *m* El que vive a expensas de los demás.

vivienda *f* Morada, habitación. ‖ Modo de vivir.

vivificar *tr* Dar vida. ‖ Reanimar, fortalecer.

vivíparo, ra *adj* y *m* Díc. de las especies de animales que paren a sus crías, como los mamíferos. ☐ VIVIPARIDAD; VIVIPARISMO.

vivir *intr* Tener vida. ‖ Durar las cosas. ‖ Conducir la propia existencia de un modo determinado. Úsase con los *adv* bien o mal. • *intr* y *tr* Habitar o morar en un lugar o país. • *tr* Sentir o experimentar la impresión producida por algún hecho o acontecimiento.

vivo, va *adj* y *s* Que tiene vida. • *adj* Díc. del fuego, llama, etc., encendidos. ‖ Intenso, fuerte. ‖ Listo, que aprovecha las circunstancias. • *m* Borde, canto u orilla de alguna cosa.

vizcacha *f* Mamífero roedor semejante a la chinchilla, pero más rechoncha y de mayor tamaño.

vizcaíno, na *adj* y *s* Natural de Vizcaya. • *m* Uno de los ocho prales. dialectos del eusquera.

vocablo *m* Palabra, sonido o sonidos articulados que expresan una idea. ‖ Representación gráfica de estos sonidos.

vocabulario *m* Conjunto de palabr[as] de un idioma. ‖ Diccionario, libro [que] que se contienen. ‖ Conjunto de pa[labras] labras pertenecientes al uso de u[na] región, a una actividad determinada, un campo semántico dado, etc. ‖ L[i] bro en que se contienen. ☐ VOCABU[LARIO] LISTA.

vocación *f* Inspiración con que Dios ll[a] ma a algún estado, especialmente al [de] religión. ‖ Advocación. ‖ (fam) Inclin[a] ción a cualquier estado, profesión o c[a] rrera. ☐ VOCACIONAL.

vocal *adj* Perteneciente a la voz. ‖ Dí[c.] de lo que se expresa con la voz. • *m* o [*f*] Persona que tiene voz en un consej[o] una congregación o junta. • *f* Sonido d[el] lenguaje producido por la emisió[n] del aire, gralte. con vibración laríng[ea] y modificado en su timbre por la disti[n]ta posición de los órganos de la boc[a.] ☐ VOCÁLICO, CA.

vocalismo *m* Sistema vocálico, conju[n]to de vocales.

vocalista *m* o *f* Cantante de un grup[o] musical.

vocalizar *intr* Articular con la debid[a] distinción las vocales, consonantes y s[í] labas, de las palabras, para hacer plen[a]mente inteligible lo que se habla o s[e] canta. • *intr* y *prnl* Transformarse e[n] vocal una consonante. ☐ VOCALIZACIÓ[N;] VOCALIZADOR, RA.

vocativo *m* Caso de la declinación, qu[e] sirve únicamente para invocar, llam[ar] o nombrar a una persona o cosa perso[ni]ficada.

vocear *intr* Dar voces o gritos. • *tr* Pu[blicar o manifestar con voces una cos[a.] ‖ Llamar a uno dándole voces. ☐ V[O]CEADOR, RA.

vocería *f* o vocerío *m* Gritería, confu[]sión de voces altas y desentonadas.

vociferar *tr* Publicar ligera y jactanci[o]samente una cosa. • *intr* Vocear o d[ar] grandes voces.

vodevil *m* Comedia ligera y frívola, c[u]yo argumento se basa en la intriga y e[l] equívoco.

vodka o vodca *amb* Especie de aguar[]diente de centeno, de origen ruso.

voladizo, za adj y m Díc. de la parte de un edificio que sobresale de los planos verticales y no reposa directamente sobre un apoyo.

voladura f Acción y efecto de volar por el aire y de hacer saltar con violencia alguna cosa.

volandero, ra adj Suspenso en el aire y que se mueve fácilmente a su impulso. • adj y s (fig) Persona que no hace asiento ni se fija en ningún lugar.

volante pa de volar. • adj Que vuela. • adj Que va o se lleva de una parte a otra sin asiento fijo. • m Guarnición rizada, plegada o fruncida con que se adornan prendas de vestir o de tapicería. ‖ Rueda para regular el movimiento de una máquina motriz y transmitirlo al resto del mecanismo. ‖ Hoja de papel en el que se manda algo o se hace constar alguna cosa en términos precisos.

volar intr Ir o moverse por el aire, sosteniéndose con las alas. ‖ (fig) Elevarse en el aire y moverse de un punto a otro en un aparato de aviación. ‖ (fig) Desaparecer rápida e inesperadamente una cosa. • intr y prnl (fig) Pasar muy deprisa el tiempo. • tr (fig) Hacer saltar con violencia o elevar en el aire alguna cosa. ❑ VOLADOR, RA.

volatería f Caza de aves que se hace con otras enseñadas a este efecto. ‖ Conjunto de diversas aves.

volátil adj y s Que vuela o puede volar. • adj Aplícase a las cosas que se mueven ligeramente y andan por el aire. ‖ Aplícase a la sustancia o cuerpo que tiene la propiedad de volatilizarse. ❑ VOLATILIDAD.

volatilizar o **volatizar** tr Transformar un cuerpo sólido o líquido en vapor o gas. • prnl Disiparse una sustancia. ‖ (fig) Desaparecer. ❑ VOLATILIZABLE; VOLATILIZACIÓN.

volcán m Fisura o grieta de la corteza terrestre a través de la cual ascienden materiales rocosos fundidos y gases procedentes de zonas profundas del globo terrestre. ‖ (fig) Cualquier pasión ardiente. ❑ VOLCÁNICO, CA.

volcanismo m Conjunto de fenómenos relacionados con el ascenso del magma hacia la superficie terrestre.

volcar tr e intr Torcer o inclinar una cosa hacia un lado o totalmente, de modo que caiga o se vierta su contenido. • prnl (fig) Poner uno en favor de una persona o propósito todo cuanto puede, hasta excederse.

volear tr Golpear una cosa en el aire para impulsarla. ‖ Sembrar a voleo.

voleibol m Balonvolea.

voleo m Golpe dado en el aire a una cosa antes de que caiga al suelo. ‖ Bofetón que hace caer al suelo a quien lo recibe.

volición f Acto de la voluntad.

volquete m Vehículo automóvil con dispositivo mecánico para volcar la carga transportada.

voltaje m Diferencia de potencial entre los extremos de un conductor.

voltámetro m Aparato utilizado para medir intensidades de corriente eléctrica.

voltear tr Dar vueltas a una persona o cosa. ‖ Volver una cosa de una parte a otra hasta ponerla al revés de como estaba colocada. ❑ VOLTEO.

voltereta f Vuelta dada en el aire, especialmente la que ejecuta una persona apoyando las manos en el suelo y describiendo con su cuerpo un círculo en el aire. ‖ Vuelta, lance de varios juegos.

voltímetro m Instrumento que se usa para medir diferencias de potencial en un circuito eléctrico.

voltio o **volt** m Unidad de potencial eléctrico y de fuerza electromotriz en el sistema decimal.

voltizo, za adj Retorcido, ensortijado. ‖ (fig) Versátil, voltario.

voluble adj Que fácilmente se puede volver alrededor. ‖ (fig) De carácter inconstante, versátil. ❑ VOLUBILIDAD.

volumen m Corpulencia o bulto de una cosa. ‖ Libro, cada una de las partes en que puede ser encuadernada una obra escrita. ‖ Espacio ocupado por un cuerpo. ‖ Medida de una región tridimensional del espacio ordinario. ‖ Intensidad de una voz o del sonido producido por un instrumento.

V

volumetría f Ciencia que se ocupa de la determinación y medida de los volúmenes. ☐ VOLUMÉTRICO, CA.

voluminoso, sa adj Que tiene mucho volumen o bulto.

voluntad f Potencia del alma, que mueve a hacer o no hacer una cosa. ‖ Acto con que la potencia volitiva admite o rehúye una cosa. ‖ Amor, afición, benevolencia o afecto. ‖ Disposición o mandato de una persona.

voluntariado m Alistamiento voluntario para el servicio militar. ‖ Conjunto de los soldados voluntarios. ‖ p. ext. Conjunto de las personas que se ofrecen voluntariamente para ejercer una actividad social sin mediar ánimo de lucro.

voluntario, ria adj Díc. del acto que nace de la voluntad, y no por fuerza o necesidad extrañas a aquélla. • m y f Persona que se presta a hacer algo por propia voluntad sin que le corresponda por obligación. ☐ VOLUNTARIEDAD.

voluntarioso, sa adj Que por capricho hace siempre su voluntad. ‖ Díc. de la persona que pone voluntad y esfuerzo en lo que hace.

voluptuosidad f Complacencia en los deleites sensuales.

voluptuoso, sa adj Que inclina a la voluptuosidad, la inspira o la hace sentir. • adj y s Dado a los placeres o deleites sensuales.

voluta f Adorno en forma de espiral que en algunos capiteles parece sostener el ábaco.

volver tr Dar vuelta o vueltas a una cosa. ‖ Devolver, restituir. ‖ Poner nuevamente a una persona o cosa en el estado que antes tenía. ‖ Rehacer una prenda de vestir de modo que el revés de la tela quede al exterior como derecho. ‖ Dar el vendedor al comprador la vuelta o dinero entregado de sobra. • intr y prnl Regresar, volver al lugar de donde se salió. • prnl Girar la cabeza, el torso, o todo el cuerpo, para mirar lo que estaba a la espalda.

vomitar tr Arrojar violentamente por la boca lo contenido en el estómago. ‖ (fig,

fam) Declarar o revelar uno lo que tie[ne] secreto y se resiste a descubrir. ☐ V[Ó]MICO, CA.

vomitera o **vomitona** f Vómito grand[e]

vómito m Acción de vomitar. ‖ Lo q[ue] se vomita. ☐ VOMITIVO, VA; VOMIT[O]RIO, RIA.

vomitón, na adj (fam) Aplícase al ni[ño] de teta que vomita mucho.

vorágine f Remolino impetuoso que h[a]cen en algunos parajes las aguas. ‖ (fi[g]) Pasión desenfrenada o mezcla de sent[i]mientos muy intensos y contradictori[os] ‖ (fig) Aglomeración confusa de suc[e]sos, de gentes o de cosas en movimie[n]to. ☐ VORAGINOSO, SA.

voraz adj Aplícase al animal muy com[e]dor y al hombre que come con muc[ha] ansia. ‖ (fig) Que destruye o consum[e] rápidamente. ☐ VORACIDAD.

vórtice m Torbellino, remolino. ‖ Cent[ro] de un ciclón.

vos Tratamiento respetuoso usado ant[i]guamente en lugar de usted. ‖ Amér. S[e] usa a veces en el lenguaje popular e[n] lugar del pron pers tú.

vosear tr Dar a uno el tratamiento d[e] vos. ☐ VOSEO.

vosotros, tras m y f del pron pers. d[e] 2ª pers. en número plural.

votación f Acción y efecto de vota[r] ‖ Conjunto de votos emitidos.

votar intr y tr Hacer voto a Dios o a l[os] santos. • intr y tr Dar uno su voto o de[ci]cir su dictamen en una reunión o cuerp[o] deliberante, o en una elección de perso[o]nas. • tr Aprobar por votación. ☐ VOTA[DO]DA; VOTADOR, RA; VOTANTE.

voto m Promesa hecha a Dios, a la Vi[r]gen o a un santo. ‖ Parecer o dictame[n] que se da en una junta, en orden a la de[ci]cisión de un punto o elección de un su[je]jeto. ‖ Exvoto. ☐ VOTIVO, VA.

voz f Sonido que produce el aire expel[i]do por los pulmones al hacer vibrar la[s] cuerdas vocales. ‖ Calidad, timbre [e] intensidad de este sonido. ‖ (fig) Mú[si]sico que canta. ‖ (fig) Facultad de hablar, aunque no de votar, en un[a] asamblea. ‖ Accidente gramatical qu[e] expresa si el sujeto del verbo es agent[e] o paciente. ‖ Cada una de las líneas melódicas que forman una composición polifónica.

vozarrón *m* Voz muy fuerte y gruesa.

voznar *intr* Dar una voz bronca ciertas aves.

vudú *m* Sistema de creencias basado en la existencia de un ser supremo creador pero alejado de los hombres y practicado entre los negros de las Antillas, sobre todo en Haití, y los del Sur de EE UU. ❏ VUDUISTA.

vuduismo *m* Vudú.

vuelco *m* Acción y efecto de volcar o volcarse. ‖ Movimiento con que una cosa se vuelve o trastorna enteramente.

vuelo *m* Acción de volar. ‖ Trayecto que recorre un avión u otro aparato de navegación aérea, haciendo o no escala, desde el punto de origen al destino. ‖ Sistema de locomoción a que recurren los animales que deben desplazarse en el aire. ‖ Amplitud o extensión de una vestidura en la parte que no se ajusta al cuerpo. ‖ Parte de una construcción que sale fuera del paramento de la pared que la sostiene.

vuelta *f* Movimiento de una cosa alrededor de un punto, o girando sobre sí misma, hasta invertir su posición primera, o hasta recobrarla de nuevo. ‖ Apartamiento del camino recto. ‖ Cada una de las circunvoluciones de una cosa alrededor de otra a la cual se aplica. ‖ Devolución de una cosa a quien la tenía. ‖ Bóveda. ‖ En ciclismo y otros deportes, carrera que se divide en etapas o jornadas.

vuestro, tra, tros, tras *pron pos* de 2ª pers. Expresa la porción o pertenencia atribuida a dos o más personas, aunque en ciertos tratamientos de cortesía

y como forma de respeto puede referirse en sus cuatro formas a un solo poseedor cuando, por ficción que el uso autoriza, se da el núm. *pl* a una persona.

vulcanismo *m* Volcanismo.

vulcanizar *tr* Combinar el azufre con el caucho con objeto de conservar, tanto en frío como en caliente, su elasticidad, impermeabilidad y resistencia química. ❏ VULCANIZACIÓN.

vulcanología o **volcanología** *f* Ciencia que estudia los volcanes y su actividad. ❏ VULCANÓLOGO, GA.

vulgar *adj* Concerniente al vulgo. ‖ Común o general. ‖ Aplícase a las lenguas que se hablan actualmente, en contraposición de las lenguas sabias que les dieron origen.

vulgaridad *f* Cualidad de vulgar. ‖ Especie, dicho o hecho vulgar que carece de novedad e importancia.

vulgarismo *m* Dicho o frase especialmente usada por el vulgo.

vulgarizar *tr* y *prnl* Hacer vulgar o común una cosa. • *tr* Exponer una ciencia, o una materia técnica cualquiera, en forma fácilmente asequible al vulgo. ❏ VULGARIZACIÓN; VULGARIZADOR, RA.

vulgo *m* El común de la gente popular. ‖ Conjunto de las personas que en cada materia no conocen más que la parte superficial. • *adv modo* Vulgarmente, comúnmente.

vulnerable *adj* Que puede ser herido o recibir lesión, física o moralmente. ❏ VULNERABILIDAD.

vulnerar *tr* Transgredir, quebrantar, violar una ley o precepto. ‖ (fig) Dañar, perjudicar. ❏ VULNERACIÓN.

vulva *f* Conjunto de los órganos genitales externos de la mujer, que comprende los labios mayores y menores.

V.

Ww

w *f* Vigésima cuarta letra del abecedario esp., y décimonona de sus consonantes. Su nombre es *v doble*. No se emplea sino en voces de procedencia extranjera. ‖ Abrev. de Oeste (ing. West) en la notación internacional. ‖ Símb. del watt o vatio. ‖ Símb. del volframio.

water *m* Retrete.

water-polo o **waterpolo** *m* Deporte que se practica en piscinas rectangulares y lo juegan dos equipos de siete nadadores cada uno.

watt *m* Denominación internacional del vatio.

week-end *m* Fin de semana.

western *m* Género cinematográfico de carácter gralte. épico, inspirado en las historias y leyendas de la colonización del oeste de EE UU.

widia *f* Material de que están constituidas ciertas herramientas cuya dureza es casi igual a la del diamante.

windsurf *m* Deporte que se realiza con una plancha de poliéster, a la que van asegurados una amplia vela, una botavara y un mástil.

wombat *m* Mamífero marsupial de Australia, cuyo aspecto recuerda el de la marmota.

wólfram o **wolframio** *m* Volframio.

x *f* Vigésima quinta letra del abecedario esp., y vigésima de sus consonantes. Su nombre es *equis*.

xenofobia *f* Odio, repugnancia u hostilidad hacia los extranjeros. ☐ XENÓFOBO, BA.

xerocopia *f* Copia fotográfica obtenida por xerografía.

xerocopiar *tr* Reproducir en copias xerográficas.

xerófilo, la *adj* Díc. de las plantas y asociaciones vegetales que viven en lugares secos.

xerografía *f* Procedimiento de impresión en seco, que emplea una tinta compuesta de polvo de resina cargado de electricidad negativa, por lo que es atraído por las partes impresoras, cargadas positiva-

mente, que están contenidas en una matriz metálica. ‖ Fotocopia obtenida por este procedimiento. ☐ XEROGRÁFICO, CA.

xerografiar *tr* Reproducir texto e imágenes mediante la xerografía.

xi *f* Decimocuarta letra del alfabeto gr., que corresponde a la que en el nuestro se llama *equis*.

xifoides *adj* y *m* Díc. de la extremidad inferior del hueso esternón. ☐ XIFOIDEO, A.

xilófago, ga *adj* y *m* Díc. de los organismos que se alimentan de madera.

xilófono *m* Instrumento de percusión formado por listones de madera o metal.

xilografía *f* Arte de grabar en madera. ‖ Impresión tipográfica hecha con planchas de madera grabadas. ☐ XILOGRÁFICO, CA; XILÓGRAFO, FA.

Yy

y[1] *f* Vigésima sexta letra del abecedario esp., y vigésima primera de sus consonantes. Su nombre es *i griega* o *ye*.

y[2] *conj cop* cuyo oficio es unir palabras o cláusulas en concepto afirmativo.

ya *adv tiempo* Denota el tiempo pasado. ‖ En el tiempo presente, haciendo relación al pasado. ‖ Finalmente o últimamente.

yaacabó *m* Pájaro insectívoro de América del Sur, cuyo canto es parecido a las sílabas de su nombre.

yac, yak o **yack** *m* Bóvido de las altas montañas del Tibet, notable por las largas lanas que cubren las patas y la parte inferior del cuerpo.

yacaré *m Amér. Merid.* Caimán, reptil.

yacer *intr* Estar echada o tendida una persona. ‖ Estar un cadáver en la fosa o en el sepulcro. ‖ Tener trato carnal con una persona. ❑ YACENTE.

yachting *m* Navegación de placer, deporte náutico.

yacija *f* Lecho o cosa en que se está acostado. ‖ Sepultura.

yacimiento *m* Sitio donde se halla naturalmente una roca, un mineral o un fósil. ‖ Lugar donde se hallan restos arqueológicos.

yacio *m* Árbol de América tropical que, por incisiones hechas en el tronco, da goma elástica.

yactura *f* Quiebra, pérdida o daño recibido.

yagual *m Amér. Centr.* y *Méx.* Rodete para llevar pesos sobre la cabeza.

yang *m* En la filosofía china, concepto que representa el principio o fuerza activa o masculina.

yanqui *adj* y *s* Natural de Nueva Inglaterra, en EE UU. ‖ p. ext. Natural de esta nación.

yarda *f* Medida ing. de longitud equivalente a 91 centímetros.

yataí o **yatay** *m Arg., Par.* y *Ur.* Palmera cuyo fruto se usa para la fabricación de aguardiente y la fibra de sus hojas para tejer sombreros.

yate *m* Embarcación de gala o de recreo.

yaya *f* Abuela.

yayo *m* Abuelo.

yaz *m* Cierto género de música derivada de ritmos y melodías de los negros estadounidenses. ‖ Orquesta especializada en la ejecución de este tipo de música.

ye *f* Nombre de la letra *y*.

yedra *f* Hiedra.

yegua *f* Hembra del caballo. ‖ *Amér. Centr.* Colilla de cigarrillo.

yeguada *f* Piara de ganado caballar.

yeguato, ta *adj* y *s* Hijo o hija de asno y yegua.

yeísmo *f* Pronunciación de *elle* como *ye*. ❑ YEÍSTA.

yema *f* Renuevo que en forma de botón escamoso nace en el tallo de los vegetales. ‖ Porción central del huevo de los vertebrados ovíparos. ‖ Dulce seco compuesto de azúcar y yema de huevo de gallina.

yen *m* Unidad monetaria del Japón.

yerba *f* Hierba. ‖ *R. de la Plata.* Mate.

yerbatero, ra *adj* y *s Amér.* Díc. del médico o curandero que cura con hierbas • *adj R. de la Plata.* Perteneciente o relativo a la yerba mate o a su industria. • *m* y *f* Vendedor de hierbas o de forraje. ‖ *R. de la Plata.* Persona que se dedica al cultivo o venta de la yerba mate.

yerbera *f Arg.* Vasija en que se tiene la hierba para cebar el mate.

yermar *tr* Despoblar o dejar yermo un terreno.

yermo, ma *adj* Inhabitado. • *adj* y *s* Incultivado. • *m* Terreno inhabitado.

yerno *m* Respecto de una persona, marido de su hija.

yerro *m* Falta o delito cometido contra los preceptos o leyes. ‖ Equivocación por descuido o inadvertencia.

yérsey o **yersi** *m Amér.* Jersey. ‖ *Amér.* Tejido fino de punto.

yerto, ta *adj* Tieso, rígido o áspero.

yesca *f* Materia muy seca y preparada de suerte que cualquier chispa prenda en ella. • *pl* Lumbre o conjunto de y., eslabón y pedernal.

yeso *m* Sulfato de cal hidratado, blanco por lo común, tenaz y tan blando que se raya con la uña. Se emplea en la construcción y en la escultura. ‖ Obra de escultura vaciada en yeso. ❒ YESAR; YESERA; YESERÍA; YESERO, RA; YESOSO, SA.

yin *m* En la filosofía china, concepto fundamental que representa el principio femenino o pasivo.

yira *f Arg.* y *Ur.* Buscona, ramera.

yo *pron pers* de 1ª pers. en gén. masculino y femenino y núm. sing. • *m* Con el artículo *el*, o el posesivo, el sujeto humano en cuanto persona. ‖ Parte consciente del individuo, mediante la cual cada persona se hace cargo de su propia identidad y de sus relaciones con el mundo.

yodo *m* Metaloide de textura laminosa, de color gris negruzco y brillo metálico, que se volatiliza a temperatura poco elevada. ❒ YODADO, DA.

yoga *m* Doctrina y sistema ascético de los adeptos al brahmanismo, mediante los cuales pretenden éstos lograr la perfección espiritual y la unión beatífica. ‖ Sistemas que se practican modernamente para obtener mayor eficacia de la concentración anímica. ❒ YOGUI.

yogur *m* Producto lácteo obtenido de la fermentación de la leche.

yola *f* Embarcación estrecha y ligera.

yonqui *m* o *f* Persona adicta a las llamadas drogas duras.

yóquey o **yoqui** *m* Jinete profesional de carreras de caballos.

yoyó *m* Juguete hecho de dos discos unidos por un eje, que se hace subir y bajar a lo largo de una cuerda atada a ese mismo eje.

yuca *f* Planta de la América tropical, con flores blancas y raíz gruesa, de la que se saca harina alimenticia. ❒ YUCAL.

yudo *m* Judo. ❒ JUDOCA.

yugo *m* Instrumento de madera al cual, formando yunta, se uncen las mulas o los bueyes, y en el que va sujeta la lanza o pértigo del carro, el timón del arado, etc.

yugular *tr* Degollar, cortar el cuello. ‖ (fig) Detener súbita o rápidamente una enfermedad con medidas terapéuticas. ‖ (fig) Hablando de determinadas actividades, acabar pronto con ellas.

yungas *f pl Bol., Ecuad.* y *Perú.* Tierras cálidas que se extienden en las laderas de la cordillera andina. • *m pl* Habitantes de aquellas tierras.

yunque *m* Prisma de hierro que permite el trabajo a martillo de los metales. ‖ Huesecillo del oído medio de los mamíferos.

yunta *f* Par de bueyes, mulas u otros animales que sirven en la labor del campo o en los acarreos. ❒ YUNTERÍA.

yuruma *f Ven.* Médula de una palma con la que hacen los indios una especie de pan.

yusión *f* Mandato, precepto.

yusivo, va *adj* Díc. del término que se emplea para designar el modo subjuntivo, cuando expresa un mandato o una orden.

yute *m* Planta arbórea o arbustiva de cuya corteza se extrae una fibra textil del mismo nombre. ‖ Tejido hecho de esta materia.

yuto-azteca *f* Familia de lenguas amerindias.

yuxtaponer *tr* y *prnl* Poner una cosa junto a otra o inmediata a ella. ❒ YUXTAPOSICIÓN.

y

Zz

z f Vigésima séptima y última letra del abecedario esp. y vigésima segunda de sus consonantes. Se llama *zeta* o *zeda*.

zabordar *intr* Varar o encallar el barco en tierra. □ ZABORDA; ZABORDAMIENTO.

zafacoca f En algunas partes, riña, trifulca.

zafar[1] *tr* Adornar, embellecer, cubrir una cosa.

zafar[2] *tr* y *prnl* Desembarazar, libertar, quitar los estorbos para evitar un encuentro o riesgo. • *prnl Amér.* Dislocarse, descoyuntarse un hueso. ‖ (fig) Excusarse de hacer una cosa. ‖ (fig) Librarse de una molestia. □ ZAFADO, DA; ZAFADURA.

zafarrancho m Acción y efecto de desembarazar una parte de la embarcación, con objeto de dejarla dispuesta para determinada faena. ‖ (fig, fam) Limpieza general. ‖ (fig, fam) Riza, destrozo. ‖ (fig, fam) Riña, chamusquina.

zafio, fia *adj* Tosco, inculto, grosero. □ ZAFIEDAD.

zafiro m Corindón cristalizado de color azul.

zaga f Parte posterior de una cosa. ‖ Carga que se acomoda en la parte trasera de un vehículo. • m El postrero en el juego.

zagal m Muchacho que ha llegado a la adolescencia. ‖ Pastor joven.

zagala f Muchacha soltera. ‖ Pastora joven.

zaguán m Pieza cubierta que sirve de vestíbulo en la entrada de una casa.

zaguero, ra *adj* Que va, se queda o está atrás. • m En el fútbol y otros deportes, jugador de la línea defensiva.

zaherir *tr* Decir o hacer algo a alguien con lo que se sienta humillado o mortificado.

zahón m Especie de calzón de cuero o paño, con perniles abiertos que llegan a media pierna y se atan a los muslos.

zahondar *tr* Ahondar la tierra. • *intr* Hundirse los pies en ella.

zahorí m Persona a quien se atribuye ▪ facultad de ver lo que está oculto, espe▪ cialmente manantiales de agua sub▪ erránea.

zaino[1]**, na** *adj* Traidor, falso, poco segur▪ en el trato. ‖ Dícese de la caballería falsa▪ resabiada.

zaino[2]**, na** *adj* Aplícase al caballo ▪ yegua de pelaje castaño oscuro. ‖ Díc. de▪ ganado vacuno de color negro que no tie▪ ne ningún pelo blanco.

zalagarda f Emboscada dispuesta para pi▪ llar descuidado al enemigo. ‖ Escaramu▪ za, pelea entre jinetes.

zalama f Demostración afectada de ca▪ riño.

zalamería f Demostración de cariño afec▪ tada y empalagosa. □ ZALAMERO, RA.

zalea f Piel de oveja o carnero curtida co▪ su lana.

zalear *tr* Arrastrar o menear con facilida▪ una cosa a un lado y a otro. ‖ Espanta▪ y hacer huir a los perros y otros animales▪ □ ZALEO.

zalema f (fam) Reverencia en muestra de▪ sumisión. ‖ Zalamería.

zamarra f Prenda de vestir, especie de▪ chaqueta, hecha de piel con su lana o pe▪ lo. ‖ Piel de carnero. ‖ Pelliza.

zamarrear *tr* Sacudir a un lado y a otro la▪ res o presa que el perro, el lobo u otra fie▪ ra semejante, tiene asida con los dientes▪ para acabarla de matar. ‖ (fig, fam) Mal▪ tratar a uno. □ ZAMARRADA; ZAMARRAZO▪ ZAMARREO.

zamarrico m Alforja o zurrón hecho de▪ zalea.

zamarro m Zamarra, prenda de vestir▪ ‖ Piel de cordero. ‖ (fig, fam) Hombre▪ tosco, lerdo. ‖ (fig, fam) Hombre astuto▪ pillo. • *pl Amér.* Especie de zahones que▪ se usan para montar a caballo.

zambaigo, ga *adj* y s Zambo, hijo de ne▪ gra e indio o viceversa. ‖ *Méx.* Díc. de▪

descendiente de chino e india o de indio y china.

zambo, ba *adj* y *s* Díc. de la persona que por mala configuración tiene juntas las rodillas y separadas las piernas hacia fuera. ‖ *Amér.* Díc. del hijo de negro e india, o al contrario.

zambomba *f* Instrumento rústico musical, hueco, abierto por un extremo y cerrado por el otro con una piel muy tirante, que tiene en el centro un carrizo, el cual, frotado con la mano humedecida, produce un sonido fuerte y ronco.

zambombazo *m* Porrazo, golpazo. ‖ Explosión con mucho ruido.

zambombo *m* (fig, fam) Hombre grosero y rudo de ingenio.

zambucar *tr* (fam) Meter de pronto una cosa entre otras para que no sea vista o reconocida.

zambullir *tr* y *prnl* Meter debajo del agua de forma impetuosa y rápida. • *prnl* (fig) Esconderse o meterse en alguna parte, o cubrirse con algo. ❏ ZAMBULLIDA; ZAMBULLIDURA.

zampa *f* Cada una de las estacas que se clavan en un terreno para hacer el firme sobre el cual se va a edificar.

zampar *tr* Meter una cosa en otra deprisa y de suerte que no se vea. ‖ Comer apresuradamente y con exceso. ❏ ZAMPÓN, NA.

zampeado *m* Obra de cimentación constituida por losa de hormigón armado o de mampostería encadenada, que se utiliza para edificar sobre terrenos falsos o invadidos por las aguas. ❏ ZAMPEAR.

zampoña *f* Instrumento rústico, a modo de flauta, o compuesto de muchas flautas.

zanahoria *f* Planta con raíz fusiforme, amarilla o rojiza, jugosa y comestible. ‖ Raíz de esta planta.

zanca *f* Pierna larga de las aves desde el tarso hasta la juntura del muslo. ‖ (fig, fam) Pierna del hombre o de cualquier animal, sobre todo cuando es larga y delgada.

zancada *f* Paso más largo que el normal.

zancadilla *f* Acción de cruzar uno su pierna por detrás de la de otro, y apretar al mismo tiempo con ella para derribarlo. ‖ (fig, fam) Engaño, trampa o ardid.

zancadillear *intr* Poner a alguien la zancadilla.

zancajo *m* Hueso del pie, que forma el talón. ‖ Parte del pie donde sobresale el talón. ‖ (fig, fam) Zancarrón, hueso grande de la pierna. ‖ (fig) Parte del zapato o media, que cubre el talón, especialmente si está rota.

zancarrón *m* (fam) Cualquiera de los huesos de la pierna, despojado de carne. ‖ (fig, fam) Hueso grande y descarnado, especialmente de las extremidades. ‖ (fig, fam) Hombre flaco.

zanco *m* Cada uno de dos palos altos y dispuestos con sendas horquillas, en que se afirman y atan los pies.

zancudo, da *adj* Que tiene las zancas largas. • *adj* y *s* Díc. de las aves que tienen los tarsos muy largos de plumas, como la cigüeña y la grulla. • *m Amér.* Mosquito, insecto díptero.

zanganada *f* (fam) Hecho o dicho impertinente o inoportuno.

zanganear *intr* (fam) Andar vagando de una parte a otra sin trabajar.

zángano *m* Macho de la abeja maestra o reina. ‖ (fig, fam) Hombre holgazán que se sustenta con el sudor y trabajo ajenos. ❏ ZANGANERÍA.

zangarrear *intr* (fam) Tocar o rasguear sin arte en la guitarra.

zangolotear o **zangotear** *tr* y *prnl* (fam) Mover continua y violentamente una cosa. • *intr* (fig, fam) Moverse una persona de una parte a otra sin un propósito determinado. ❏ ZANGOLOTEO.

zangón *m* (fam) Muchacho alto, desgarbado, desvaído y ocioso u holgazán.

zanja *f* Excavación larga y angosta que se hace en la tierra para echar los cimientos, encañar las aguas, defender los sembrados o cosas semejantes.

zanjar *tr* Abrir zanjas. ‖ (fig) Resolver todas las dificultades e inconvenientes que puedan impedir el arreglo y terminación de un asunto o negocio.

zanquear *intr* Torcer las piernas al andar. ‖ Andar mucho a pie y con prisa de una parte a otra. ❏ ZANQUEAMIENTO.

zapa f Especie de pala herrada de la mitad abajo, con un corte acerado, que usan los zapadores o gastadores. ‖ Excavación de galería subterránea o la zanja al descubierto.

zapador m Soldado destinado a abrir trincheras, zanjas, etc.

zapar intr Trabajar con la zapa.

zapateado m Baile esp. que se ejecuta en compás ternario y con gracioso zapateo. ‖ Música de este baile.

zapatear tr Golpear con el zapato. ‖ Dar golpes en el suelo con los pies calzados. ☐ ZAPATEO.

zapatero, ra adj Perteneciente o relativo al zapato. • m y f Persona que hace o vende zapatos.

zapatilla f Zapato ligero y de suela muy delgada. ‖ Zapato cómodo o de abrigo para estar en casa. ‖ Uña o casco de los animales de pata hendida. ☐ ZAPATILLAZO.

zapato m Calzado que no pasa del tobillo, con la parte inferior de suela y lo demás de piel, fieltro, paño u otro tejido. ☐ ZAPATAZO; ZAPATERÍA.

zapear tr Espantar al gato con la voz zape. ‖ (fig, fam) Ahuyentar a uno.

zapote m Árbol americano de flores rojizas y fruto comestible, de forma de manzana, con carne amarillenta oscura, dulce y aguanosa. ‖ Fruto de este árbol. ☐ ZAPOTAL.

zaquear tr Trasegar líquidos de unos odres a otros. ‖ Transportar líquidos en odres.

zar m Título que tenían el emperador de Rusia y el soberano de Bulgaria.

zarabanda f Danza popular esp. de los siglos XVI y XVII. ‖ (fig) Cualquier cosa que causa ruido estrepitoso, bulla o molestia repetida.

zaragata f (fam) Pendencia, alboroto.

zaragatero, ra adj y s (fam) Bullicioso, aficionado a zaragatas.

zaranda f Criba.

zarandaja f pl (fam) Cosa menuda, sin valor, o de importancia muy secundaria.

zarandar tr Limpiar el grano o la uva, pasándolos por la zaranda. ‖ Colar el dulce con la zaranda. • tr y prnl (fig, fam) Mover una cosa con prisa, ligereza y facilidad.

zarandear tr y prnl Zarandar. • tr (fig) Ajetrear, azacanar. • prnl Contonears☐ ZARANDEO.

zarcear tr Limpiar los conductos y las ca ñerías, introduciendo en ellas zarzas la gas. • intr (fig) Andar de una parte a otr cruzando con diligencia un sitio.

zarcillo m Pendiente, arete. ‖ Señal co que se marca el ganado y que consiste e un corte que se le hace en la oreja pa que quede colgando un pedazo de ell ‖ Cada uno de los tallitos volubles qu para asirse tienen ciertas plantas trepad ras, como la vid.

zarco, ca adj De color azul claro.

zarevich m Hijo del zar.

zarigüeya f Mamífero de América, noc turno, de movimientos tardos, pero mu trepador.

zarina f Esposa del zar. ‖ Emperatriz o Rusia.

zarpa f Acción de zarpar. ‖ Mano co dedos y uñas, en ciertos animales com el león, el tigre, etc. ☐ ZARPADA; ZAR PAZO.

zarpar tr e intr Levar anclas. • intr Sal un barco del lugar donde estaba atracad o fondeado. ‖ Partir o salir embarcado.

zarrapastroso, sa o **zaparrastros** adj y s (fam) Sucio, roto y descuidad ‖ Despreciable.

zarria f Barro o lodo pegado en la par inferior de la ropa, cazcarria. ‖ Pingaj harapo.

zarza f Arbusto rosáceo, con tallos colgar tes, flores agrupadas en panojas piram dales, frutos en polidrupa (zarzamoras de color negro, comestibles. ☐ ZARCEÑ ÑA; ZARZAL; ZARZOSO, SA.

zarzagán m Cierzo muy frío, aunque n muy fuerte.

zarzamora f Fruto de la zarza. Maduro e una baya formada de granillos negro y lustrosos, semejante a la mora, per más pequeña y redonda. ‖ Zarza.

zarzaparrilla f Arbusto con tallos delga dos, trepadores, y raíces fibrosas y ca cilíndricas. ‖ Cocimiento de la raíz de es ta planta que se usa como depurativo ‖ Bebida refrescante preparada con est planta. ☐ ZARZAPARRILLAR.

zarzo m Tejido de varas, cañas o juncos, que forman una superficie plana.

zarzuela f Gén. específicamente esp. en el que alternan el canto y la declamación. ‖ Plato hecho a base de pescados y mariscos en salsa. ◻ ZARZUELERO, RA; ZARZUELISTA.

zata o **zatara** f Especie de balsa para transportes fluviales.

zeda f Nombre de la letra *z*.

zéjel m Composición estrófica de la métrica popular esp., de origen árabe.

zepelín m Globo dirigible rígido.

zeta f Zeda. ‖ Sexta letra del alfabeto griego.

zigurat m Torre escalonada de base cuadrangular, que se levantaba junto a los templos mesopotámicos.

zigzag m Serie de líneas que forman alternativamente ángulos entrantes y salientes.

zigzaguear intr Serpentear, andar en zigzag.

zipizape m (fam) Riña ruidosa o con golpes.

zloty m Unidad monetaria de Polonia.

zócalo m Cuerpo inferior de un edificio u obra, que sirve para elevar los basamentos a un mismo nivel. ‖ Friso o franja que se pinta o coloca en la parte inferior de una pared.

zoco m En Marruecos, mercado, lugar donde se celebra.

Zodiaco o **zodíaco** npm Región de la esfera celeste sit. a ambos lados de la eclíptica. Se divide en 12 partes, a las que se asignan los nombres de Aries, Tauro, Géminis, Cáncer, Leo, Virgo, Libra, Escorpión, Sagitario, Capricornio, Acuario y Piscis. • m Representación material del zodiaco. ◻ ZODIACAL.

zoilo m (fig) Crítico maligno, censurador o murmurador de las obras ajenas.

zollipar intr (fam) Dar zollipos o sollozar.

zollipo m (fam) Sollozo con hipo.

zona f Lista o faja. ‖ Extensión considerable de terreno que tiene forma de banda o franja. ‖ Extensión considerable de terreno cuyos límites están determinados por razones administrativas, políticas, etcétera. ◻ ZONAL.

zonificar tr Col. Dividir un terreno en zonas. ◻ ZONIFICACIÓN.

zonzo, za adj y s Soso, insulso, insípido. ‖ Tonto, simple. ◻ ZONCERÍA.

zoo m Parque o jardín zoológico.

zoofilia f Amor a los animales. ‖ Bestialismo.

zoología f Ciencia biológica que se ocupa del estudio de los animales.

zoológico, ca adj Perteneciente o relativo a la zoología. • m Parque o jardín en el que se tienen recluidas, para su estudio y exhibición, numerosas especies animales de las distintas faunas terrestres.

zoom m Zum.

zooplancton m Componente animal del plancton marino.

zoospora f Espora provista de cilios o flagelos motores.

zootecnia f Arte de la cría, multiplicación y mejora de los animales domésticos. ◻ ZOOTÉCNICO, CA.

zopas m o f (fam) Persona que cecea mucho.

zopenco, ca adj y s (fam) Tonto, tosco, bruto.

zopo, pa adj Díc. del pie o mano torcidos o contrahechos. ‖ Díc. de la persona que tiene torcidos o contrahechos los pies o las manos.

zoquete m Pedazo de madera corto y grueso, que queda sobrante al labrar o utilizar un madero. • adj y m (fig, fam) Persona torpe y tarda en entender.

zoquetudo, da adj Basto y mal hecho.

zorra f Hembra del zorro. ‖ (fig, fam) Persona astuta y solapada. ‖ Prostituta. ‖ (fig, fam) Borrachera, embriaguez. ◻ ZORRUNO, NA.

zorrear[1] intr Hacerse el zorro, obrar con la cautela o la astucia propias del zorro.

zorrear[2] intr Dedicarse una mujer a la prostitución. ‖ Frecuentar un hombre el trato carnal con rameras.

zorro m Mamífero carnívoro que posee una cola larga y poblada, y el hocico agudo y prominente. ‖ Piel curtida de este animal. ‖ (fig, fam) Hombre muy taimado y astuto.

zotal m Desinfectante o insecticida que se usa en establos y lugares de uso público.

zote *adj y s* Ignorante, torpe y muy tardo en aprender.

zozobrar *intr* Peligrar la embarcación por la fuerza y contraste de los vientos. • *intr* (fig) Estar en gran riesgo y muy cerca de perderse el logro de una cosa que se pretende o que ya se posee. ‖ (fig) Acongojarse y afligirse en la duda de lo que se debe ejecutar para lograr lo que se desea. ❑ ZOZOBRA.

zúa o **zuda** *f* Azul.

zueco, **zoco** o **zoclo** *m* Zapato de madera de una pieza, que usan en varios países los campesinos. ‖ Zapato de cuero con suela de corcho o de madera.

zulaque *m* Betún en pasta a propósito para tapar juntas.

zulla¹ *f* Planta leguminosa, excelente pasto para el ganado.

zulla² *f* fam Excremento humano.

zullarse *prnl* (fam) Hacer uno sus necesidades. ‖ (fam) Ventosear.

zum *m* Teleobjetivo especial a través del cual el tomavistas fijo puede conseguir un avance o retroceso rápido en la imagen. ‖ Efecto de alejamiento o acercamiento de la imagen obtenido con este dispositivo.

zumbado, **da** *pp* de zumbar. • *adj* (fig, fam) Loco, de poco juicio.

zumbar *intr* Hacer una cosa ruido o sonido continuado, seguido y bronco, como el que se produce a veces dentro del oído. • *tr* (fam) Tratándose de golpes, dar, atizar. ❑ ZUMBADOR, RA; ZUMBIDO; ZUMBO.

zumbón, **na** *adj y s* Se aplica al cencerro que lleva el cabestro. ‖ (fig, fam) Dícese del que frecuentemente anda burlándose.

zumo *m* Líquido de las hierbas, flores, frutas u otras cosas semejantes, que se saca exprimiéndolas o majándolas. ‖ (fig) Utilidad que se saca de una cosa. ❑ ZUMOSO, SA.

zuna *f* Ley tradicional de los mahometanos, sacada de los dichos y sentencias de Mahoma.

zurcido, **da** *pp* de zurcir. • *m* Unión o costura de las cosas zurcidas.

zurcir *tr* Coser la rotura de una tela, juntando los pedazos con puntadas o pasos ordenados, de modo que la unión resulte disimulada. ❑ ZURCIDERA; ZURCIDOR, RA; ZURCIDURA.

zurdo, **da** o **zoco**, **ca** *adj y s* Díc. de la persona que usa la mano o el pie izquierdos para cosas que la mayoría de las personas hacen con la mano o el pie derechos.

zurra *f* Acción de zurrar las pieles. ‖ (fig, fam) Castigo de azotes o golpes.

zurrar *tr* Curtir y adobar las pieles quitándoles el pelo. ‖ (fig, fam) Castigar a uno, especialmente con azotes o golpes. ‖ (fig, fam) Traer a uno a mal traer en una riña.

zurrarse o **zurruscarse** *prnl* Irse de vientre uno involuntariamente. ‖ (fig, fam) Estar poseído de un gran temor o miedo.

zurriago *m* o **zurriaga** *f* Látigo, tira de cuero o cuerda que se emplea para golpear. ‖ Col. Pena. ❑ ZURRIAGAR; ZURRIAGAZO.

zurrón *m* Bolsa grande de pellejo, que regularmente usan los pastores. ‖ Cualquier bolsa de cuero. ‖ Bolsa formada por las membranas que envuelven el feto y a la vez el líquido que lo rodea. ‖ Quiste.

zutano, **na** *m* y *f* (fam) Vocablos usados como complemento, y a veces en contraposición, de fulano y mengano, y con la misma significación cuando se alude a tercera persona.

DICCIONARIO DE NOMBRES PROPIOS

Aa-Zz

AALTO, *Alvar* (1898-1976) Arquitecto modernista finl. Pabellones de Finlandia en las exposiciones de París (1937) y Nueva York (1939).

AARÓN (s. XIII a.C.) Hermano de Moisés y primer sumo sacerdote hebreo.

ABAD, *Diego José* (1727-1779) Escritor mex. *Cantos épicos a la divinidad y humanidad de Dios.*

ABADÁN C. y puerto de Irán, en el golfo Pérsico; 294 100 hab.

ABADÍA Méndez, *Miguel* (1867-1947) Escritor y político col. Presid. de la rep. en 1926-1930.

ABANCAY C. del Perú, cap. del dpto. de Apurímac; 46 997 hab.

ABARBANEL, *Judas León* (1465-1521) Humanista judío; conocido como LEÓN HEBREO. *Dialoghi d'amore.*

ABASCAL y Sousa, *José Fernando* (1743-1827) Militar esp. Virrey del Perú en 1806-1816.

ABASOLO, *Mariano de* (1783-1816) Patriota mex. Participó en la conspiración de Querétaro.

ABBAT, *Per* Autor de la copia del *Cantar de Mio Cid,* hecha en 1307.

ABD al-Rahman I (731-788) Fundador del emirato de Córdoba.

ABD al-Rahman III (891-961) Fundador del califato de Córdoba.

ABELLA Caprile, *Margarita* (1901-1960) Poetisa arg. *Sonetos.*

ABIDJÁN C. de Costa de Marfil, puerto en el Atlántico; 2 534 000 hab. Cap. hasta 1983.

ABRAHAM (h. s. XX a.C.) Patriarca hebreo.

ABREU Gómez, *Ermilo* (1894-1974) Escritor mex. *La letra del espíritu.*

ABRIL de Vivero, *Xavier* (1905-1989) Poeta per. introductor del surrealismo en su país. *Descubrimiento del alba, Difícil trabajo.*

ABRUZOS Región de Italia, en los Apeninos; 10 794 km², 1 249 100 hab. Cap. L'Aquila.

ABU DHABI Uno de los Emiratos Árabes Unidos; 73 548 km², 798 000 hab. Cap., Abu Dhabi (363 000 hab.).

ABU SIMBEL Localidad del Alto Egipto. Templos de Ramsés II.

ABUJA Cap. de Nigeria; 524 000 hab.

ACAMAPICHTLI (m. 1420) Primer soberano azteca (1376-1396) en Tenochtitlán.

ACÁMBARO Mun. de México; 98 100 hab.

ACAPULCO DE JUÁREZ C. de México; 635 000 hab.

ACATENANGO Volcán de Guatemala; 3 976 m.

ACAY Cerro andino de la Argentina; 5 950 m.

ACCRA Cap. de Ghana; 1 420 100 hab.

ACEVAL, *Emilio* (1854-1931) Político par. Presid. de la rep. en 1898-1902.

ACEVEDO Díaz, *Eduardo* (1851-1921) Político y novelista ur. *Lanza y sable.*

ACEVEDO Díaz Cuevas, *Eduardo* (1882-1959) Escritor arg. *Ramón Hazaña.*

ACEVEDO Gajardo, *Remigio* (1863-1911) Compositor de óperas chil. *Caupolicán.*

ACEVEDO Gómez, *José* (1773-1817) Político col. Redactor del acta de independencia de Nueva Granada.

ACEVEDO Hernández, *Antonio* (1886-1962) Novelista chil. *Piedra azul.*

ACHÁ, *José María de* (m. 1868) Militar y político·bol. Presid. de la rep. en 1862-1864.

ACONCAGUA Cima de los Andes argentinos; 6 959 m. Es la más alta de América.

ACONCAGUA Río de Chile; 190 km.

ACOSTA, *Cecilio* (1818-1881) Escritor y jurista ven. *Cosas sabidas y cosas por saberse.*

ACOSTA, *Joaquín* (1800-1852) Político col. Intervino en el origen de la rep. de Nueva Granada.

ACOSTA, *Julio* (1872-1952) Político cost. Presid. de la rep. en 1920-1924.

ACOSTA, *Santos* (1828-1901) Político y militar col. Presid. en 1867-1868.

ACOSTA de Samper, *Soledad* (1833-1913) Escritora col. *Un hidalgo conquistador.*

ACRE Est. de Brasil; 153 698 km², 412 000 hab. Cap., Rio Branco.

ACUARIO Undécimo signo y constelación del Zodíaco.

ACUÑA, *Cristóbal de* (1597-1675) Misionero y jesuita esp., explorador del Amazonas.

ACUÑA, *Hernando de* (1520-1580) Poeta esp. *Al rey nuestro señor.*

ACUÑA, *Luis Alberto* (n. 1904) Pintor y escultor col. *Simón Bolívar.*

ACUÑA, *Manuel* (1848-1873) Poeta romántico mex. *Hojas secas.*

ACUÑA de Figueroa, *Francisco* (1791-1862) Poeta ur. *Himno nacional.*

ADAMS, *John* (1735-1826) Político estadoun. Presid. de EE UU en 1797-1800.

ADAMS, *John Quincy* (1767-1848) Político estadoun. Presid. de EE UU en 1825-1829.

ADANA C. de Turquía; 776 000 hab.

ADDIS ABEBA Cap. de Etiopía; 1 412 000 hab.

ADDISON, *Thomas* (1793-1860) Médico brit. Investigó sobre las glándulas suprarrenales.

ADELAIDA C. de Australia, cap. del est. de A. Meridional; 970 000 hab.

ADÉN C. de la República del Yemen; 285 400 hab.

ADENAUER, *Konrad* (1876-1967) Político al., demócrata-cristiano. Canciller de la Rep. Federal Alemana en 1949-1963.

ADLER, *Alfred* (1870-1937) Psicólogo austr., fundador de la «psicología individual».

ADONIS Mito griego de gran belleza, amado por Afrodita.

ADORNO, *Theodor W.* (1903-1969) Filósofo y sociólogo al. *Dialéctica de la Ilustración.*

ADOUM, *Jorge Enrique* (n. 1926) Escritor ecuat. *Ecuador amargo.*

ADRIANO, *Publio Elio* (76-138) Emp. rom., nacido en Itálica. Poeta, filósofo y artista.

ADRIANO Nombre de varios papas. • I (m. 795) Papa en 772-795. • VI (1459-1523) Papa hol. en 1522-1523. Regente de España en 1516 y 1520.

ADRIÁTICO Mar del Mediterráneo, entre las pen. Itálica y Balcánica.

AFGANISTÁN Estado de Asia central; 652 225 km², 16 922 000 hab. Cap., Kabul. *(Afganos).*

ÁFRICA Tercer continente por su extensión (más de 30 millones de km²), separado de Europa por el Mediterráneo y de Asia por el canal de Suez.

AFRODITA Diosa gr. de la belleza y el amor.

AGADIR C. y puerto de Marruecos; 110 500 hab.

AGAMENÓN Rey legendario de Argos.

AGNON, *Samuel-Yosef* (1888-1970) Escritor israelí. *La dote nupcial.* Nóbel de Literatura en 1966.

AGRA C. del N de la India; 694 200 hab.

AGRAMONTE y Loinaz, *Ignacio* (1841-1873) Patriota cub. Participó en el mov. rebelde del grito de Yara (1868).

AGRELO, *Pedro José* (1776-1846) Político arg. Redactor de la Constitución de Entre Ríos.

AGRÍCOLA, *Georg Bauer*, llamado (1490-1555) Mineralogista y geólogo al. *De re metallica.*

AGRIPINA la Mayor (h. 14 a.C. 33 d.C.) Dama rom., nieta de Augusto y madre de Calígula.

AGRIPINA la Menor (16-59) Esposa del emp. Claudio y madre de Nerón.

AGUADA Mun. de Puerto Rico; 34 300 hab.

AGUADILLA C. portuaria de Puerto Rico; 55 600 hab.

AGUASCALIENTES Est. de México; 5 589 km², 943 506 hab. Cap., Aguascalientes (643 360 hab.).

AGÜERO, *Joaquín de* (1816-1851) Patriota cub. Presid. de la Sociedad Libertadora del Camagüey.

AGUILAR, *José Gabriel* (1759-1805) Patriota per. Participó en la conspiración de Cuzco (1805).

AGUILAR Camín, *Héctor* (n. 1946) Ensayista mex. *Sonora y la Revolución mexicana.*

AGUILAR de Santillán, *Rafael* (1863-1940) Geógrafo y naturalista mex. *Cartografía mexicana.*

AGUILERA, *Demetrio* (1909-1981) Novelista ecuat. *Don Goyo.*

AGUILERA, *Francisco Vicente* (1821-1877) Uno de los jefes del mov. de indep. de Cuba.

AGUINALDO, *Emilio* (1869-1964) Político filip. Primer presid. de Filipinas en 1899-1901.

AGUIRRE, Julián (1868-1924) Compositor arg. *Aires criollos.*

AGUIRRE, Lope de (1518-1561) Conquistador esp. Participó en la expedición de El Dorado (1554).

AGUIRRE, Nataniel (1843-1898) Político, militar y escritor per. *Juan de la Rosa.*

AGUIRRE Cerda, Pedro (1879-1941) Político chil. Presid. de la rep. en 1938-1941.

AGUJAS Cabo más meridional de África.

AGUSTÍN (354-430) Santo. Adaptó las doctrinas platónicas al cristianismo. *Ciudad de Dios, De la Trinidad.*

AGUSTINI, Delmira (1886-1914) Poetisa ur. influida por Rubén Darío. *Cálices vacíos.*

AH PUCH Divinidad maya asociada al número 10.

AHUACHAPÁN Dpto. de El Salvador; 1 240 km², 313 327 hab. Cap., Ahuachapán (83 900 hab.).

AHUIZOTL Emp. azteca de México en 1486-1502.

AISÉN DEL GENERAL CARLOS IBÁÑEZ DEL CAMPO Región del S de Chile; 108 494,9 km², 82 071 hab. Cap., Coihaique.

AJACCIO C. de Francia, cap. de Córcega; 58 300 hab.

AKABA Golfo del mar Rojo, al E de la pen. del Sinaí.

AKBAR (1542-1605) Emp. mogol de la India. Creador del imperio del «Gran Mogol».

AKIHITO (n. 1933) Emperador del Japón. Sucedió a su padre Hirohito en 1989.

ALÁ En el Islam, Dios creador del mundo.

ALABAMA Est. del S de EE UU; 133 915 km², 4 041 000 hab. Cap., Montgomery.

ALAGOAS Est. del NE de Brasil; 29 107 km², 2 409 000 hab. Cap., Maceió.

ALAJUELA Prov. del N de Costa Rica; 9 753 km², 539 375 hab. Cap., Alajuela (158 276 hab.).

ALAMÁN, Lucas (1792-1853) Político e historiador mex. Creador del Partido Conservador.

ALAMEIN, El Localidad de Egipto, escenario de la victoria de las tropas británicas sobre las germanoitalianas (II Guerra Mundial).

ALARCÓN, Abel (1881-1954) Escritor bol. *Érase una vez.*

ALARCÓN, Fabián (n. 1947) Político ecuat. Presid. de la rep. entre 1997 y 1998.

ALARCÓN, Pedro Antonio de (1833-1891) Novelista esp. *El sombrero de tres picos.*

ALASKA Est. del NO de EE UU; 1 530 700 km², 550 000 hab. Cap., Juneau.

ÁLAVA, Juan de (m. 1537) Arquitecto esp. Claustro de la catedral de Santiago de Compostela.

ALBA, Fernando Álvarez de Toledo, DUQUE DE (1508-1582) General de Carlos I y Felipe II.

ALBACETE C. de España; 143 799 hab.

ALBANIA Estado del SE de Europa; 28 748 km², 3 301 000 hab. Cap., Tirana. *(Albaneses).*

ALBÉNIZ, Isaac (1860-1909) Compositor y pianista esp. *Pepita Jiménez.*

ALBERDI, Juan Bautista (1810-1884) Jurista y político arg. Luchó contra Rosas.

ALBERONI, Giulio (1664-1752) Cardenal it., ministro de Felipe V de España.

ALBERTI, Leo Battista (1404-1472) Arquitecto it. Fachada de Sta. María Novella, en Florencia.

ALBERTI, Rafael (1902-1999) Poeta esp. *Marinero en tierra.* Premio Cervantes 1984.

ALBERTO Lago de África, entre Uganda y la Rep. Dem. del Congo; 4 500 km².

ALBORNOZ, Gil Álvarez Carrillo de (1310-1367) Arzobispo de Toledo y cardenal en Aviñón.

ALBUQUERQUE, Alfonso de (1453-1515) Navegante port. Virrey de las Indias desde 1508.

ALCALÁ DE HENARES C. de España; 163 386 hab. Universidad fundada en 1508.

ALCALÁ Galiano, Antonio (1789-1865) Político y escritor esp. Prólogo a *El moro expósito* del duque de Rivas.

ALCALÁ Zamora, Niceto (1877-1949) Político esp. Presid. de la II República en 1931-1936.

ALCEDO, Antonio de (1735-1812) Geógrafo e historiador ecuat. *Diccionario geográfico-histórico de las Indias Occidentales o América.*

ALCEDO, José Bernardo (1798-1878) Compositor per. *Himno nacional.*

ALCÓN, *Alfredo* (n. 1929) Actor arg. de teatro y cine. Interpretaciones de Lorca y Martín Fierro.

ALCORCÓN C. de España; 141 465 hab.

ALCORIZA, *Luis* (1920-1992) Director de cine y guionista esp. *Los jóvenes, Presagio*.

ALCORTA, *Amancio* (1805-1862) Economista y músico arg. *Nocturno*.

ALCUINO de York (735-804) Teólogo y humanista anglosajón. *Opera didascalica*.

ALDAMA, *Juan* (1769-1811) Patriota y militar mex. Miembro de la Junta de Querétaro.

ALDAO, *Martín* (1876-1969) Novelista arg. *Torcuato Méndez*.

ALDECOA, *Ignacio* (1925-1969) Escritor esp. *Gran sol*.

ALDRIN, *Edwin Eugene* (n. 1930) Astronauta estadoun. en el primer viaje a la Luna.

ALDUNATE, *Manuel* (1815-1898) Arquitecto chil. Congreso y ayuntamiento de Valparaíso.

ALEGRÍA, *Ciro* (1909-1967) Novelista per. *Los perros hambrientos*.

ALEGRÍA, *Fernando* (n. 1918) Escritor chil. *Las noches del cazador*.

ALEIJADINHO, *Antonio Francisco Lisboa*, llamado *El* (1738-1814) Arquitecto bras. Iglesia de San Francisco de Asís de Vila Rica.

ALEIXANDRE, *Vicente* (1898-1984) Poeta esp. *La destrucción o el amor*. Nobel de Literatura en 1977.

ALEJANDRÍA C. y puerto de Egipto; 2 415 000 hab. Fundada por Alejandro Magno (332 a.C.).

ALEJANDRO Nombre de varios zares rusos. • I (1777-1825) Zar en 1801-1825. Promotor de la Santa Alianza. • II (1818-1881) Zar en 1855-1881.

ALEJANDRO Nombre de varios papas. • III (m. 1181) Papa en 1159-1181. • VI, *Rodrigo Borja* o *Borgia* (1431-1503) Papa en 1492-1503.

ALEJANDRO Magno (356-323 a.C.) Rey de Macedonia, hijo de Filipo II. Sometió Grecia y conquistó Egipto y Babilonia.

ALEKHINE, *Alexander* (1892-1946) Ajedrecista ruso, nacionalizado fr.

ALEM, *Leandro* (1844-1896) Político arg. Participó en el movimiento revolucionario de 1893.

ALEMÁN, *Arnoldo* (n. 1946) Abogado y político nic. Elegido presid. del país en 1996.

ALEMÁN, *Mateo* (1547-1615) Novelista esp. *Guzmán de Alfarache, atalaya de la vida humana*.

ALEMÁN, *Miguel* (1900-1983) Político mex., presid. de la rep. en 1946-1952.

ALEMANIA Estado de Europa central; 356 854 km², 79 800 000 hab. Cap., Berlín. *(Alemanes)*. Dividido entre la RFA y la RDA de 1949 a 1990.

ALEMBERT, *Jean Le Rond d'* (1717-1783) Matemático, físico y filósofo fr. *Redactó el Discurso preliminar de la Enciclopedia*.

ALENTEJO Región del S de Portugal.

ALENZA y Nieto, *José Leonardo* (1807-1845) Pintor esp. *El carnaval*.

ALEPO C. del N de Siria; 1 145 100 hab.

ALESSANDRI, *Arturo* (1868-1950) Político chil. Presid. entre 1920 y 1932.

ALESSANDRI, *Jorge* (1896-1986) Político chil. Presid. entre 1958 y 1964.

ALEUTIANAS, *islas* Arch. de EE UU; 37 840 km², 6 500 hab.

ALFARO, *Eloy* (1842-1912) Militar ecuat. Presid. de la rep. en 1897-1901 y 1907-1911.

ALFARO Siqueiros, *David* (1896-1974) Pintor muralista y escultor mex. Obras prales. en el Palacio de Bellas Artes.

ALFIERI, *Vittorio* (1749-1803) Dramaturgo it. *Agamenón, Antígona*.

ALFONSÍN Foulkes, *Raúl Ricardo* (n. 1926) Político arg. Presid. en 1983-1989.

ALFONSO Nombre de diversos reyes de la pen. Ibérica. • I *el Batallador* (m. 1134) Rey de Aragón y Navarra en 1104-1134. • II *el Casto* (1157-1196) Rey de Aragón y conde de Barcelona en 1162-1196. • III *el Magno* (m. 910) Rey de Asturias en 866-910. • VI *el Emperador* (1105-1157) Rey de Castilla y León en 1126-1157. Durante su reinado Portugal se independizó de León. • X *el Sabio* (1221-1284) Rey de Castilla y León en 1252-1284. *Cantigas de Santa María*.

ALFONSO Nombre de varios reyes de España. • XII (1857-1885) Rey en 1874-1885. Durante su reinado comenzó la Restauración. • XIII (1886-1941) Rey en 1902-1931. Golpe de Estado del general Miguel Primo de Rivera (1923). En 1931, se proclama la II República española.

ALFONSO I Henriques (1110-1185) Primer rey de Portugal en 1139-1185. Conquistó Lisboa y Évora.

ALHAMBRA Fortificación ár., de Granada (España). Construida (s.XIII-XV).

ALÍ (?-661) Califa ár., primo y yerno de Mahoma.

ALICANTE C. de España; 274 577 hab.

ALLEN, *Woody* (n. 1935) Director de cine estadoun. *Toma el dinero y corre, Manhattan.*

ALLENDE Mun. de México; 64 800 hab.

ALLENDE, *Isabel* (n. 1943) Novelista chil. *La casa de los espíritus, Paula.*

ALLENDE, *Salvador* (1909-1973) Político socialista chil. Presid. en 1970-1973.

ALMA-ATÁ C. de Kazakistán; 1 100 000 hab. Cap., del país entre 1991 y 1997.

ALMAFUERTE Seud. de *Pedro B. Palacios* (1854-1917) Escritor arg. *Milongas clásicas.*

ALMAGRO, *Diego de* (1475-1538) Conquistador esp. Vencido por Pizarro en la batalla de Salinas (1538). Su hijo *Diego,* llamado *el Mozo* (1518-1542) participó en el asesinato de Francisco Pizarro (1541).

ALMANZOR, *Muhammad Ibn Abu Amir al-Mafiri,* llamado (940-1002) Venció en varias victorias contra los cristianos.

ALMEIDA, *Antonio José de* (1866-1929) Político port. Presid. de la rep. en 1919-1923.

ALMEIDA Garret, *João Baptista da Silva Leitão,* VIZCONDE DE (1799-1854) Escritor y político port. *Hojas caídas.*

ALMENDROS, *Néstor* (1930-1992) Operador de cine esp. Oscar por *Días de cielo* (1978).

ALMERÍA C. de España; 170 503 hab.

ALMODÓVAR, *Pedro* (n. 1949) Director de cine esp. *Átame, Carne trémula, Todo sobre mi madre* (Oscar, 2000).

ALMONTE, *Juan Nepomuceno* (1803-1869) General y político mex. Organizó la regencia de Maximiliano en México (1862).

ALONSO, *Alicia* (n. 1920) Bailarina cub. Creadora del Ballet Nacional de Cuba.

ALONSO, *Amado* (1896-1952) Lingüista esp. nacionalizado arg. *Gramática castellana.*

ALONSO, *Dámaso* (1898-1990) Poeta y filólogo esp. Presid. de la Real Academia de la Lengua (1968-1982). *Hijos de la ira.*

ALONSO y Trelles, *José,* llamado *el Viejo Pancho* (1857-1924) Poeta ur. *Paja brava.*

ALPES Sist. montañoso más imp. de Europa.

ALPUJARRAS, *Las* Comarca esp. en las prov. de Granada y Almería. Fue centro de la sublevación de los moriscos (1568-1570), dirigida por Aben Humeya y Aben Abóo.

ALSACIA Región del NE de Francia; 8 280 km^2, 1 624 400 hab. Cap., Estrasburgo.

ALSINA, *Valentín* (1805-1869) Político y jurista arg. Redactor del Código Penal.

ALTAGRACIA, *La* Prov. de la Rep. Dominicana; 3 085 km^2, 100 400 hab. Cap., Salvaleón de Higüey.

ALTAI Sist. montañoso de Asia central. Alt. máx. 4 500 m.

ALTAMIRA Cueva cerca de Santillana del Mar (España). Pinturas rupestres del magdaleniense.

ALTAMIRANO, *Ignacio Manuel* (1834-1893) Novelista mex. *El Zarco.*

ALTAR Volcán extinguido de los Andes de Ecuador; 5 319 m.

ALTHAUS, *Clemente* (1835-1891) Poeta per. *Poesías patrióticas y religiosas.*

ALTHUSSER, *Louis* (1918-1990) Filósofo fr. Representante de la corriente marxista del s. XX.

ALTIPLANO, *El* Meseta, a más de 3 500 m de alt., en los Andes de Bolivia y Perú, en el N de Chile y en el NO de Argentina; 100 000 km^2.

ALTO ADIGIO Nombre it. del S del Tirol, incorporado a Italia después de la I Guerra Mundial.

ALTO PARAGUAY Dpto. del NO de Paraguay; 82 349 km^2, 11 816 hab. Cap., Fuerte Olimpo.

ALTO PARANÁ Dpto. del E de Paraguay; 14 895 km^2, 403 858 hab. Cap., Ciudad del Este.

ALTOLAGUIRRE, *Manuel* (1905-1959) Poeta esp. *La lenta libertad.*

ALVA Ixtlilxóchitl, *Fernando* (1575-1648) Historiador mex. *Historia chichimeca.*

ALVARADO, *Pedro de* (1485-1541) Conquistador esp. de Guatemala y El Salvador.

ALVARADO, *Salvador* (1880-1924) Militar mex. Participó en el levantamiento contra Huerta.

NP

ALVARADO Tezozómoc, *Hernando de* (1525-1600) Cronista mex. *Crónica Mexicáyotl* (náhuatl).

ÁLVAREZ, *Gregorio* (n. 1925) Militar ur. Presid. de la rep. en 1981-1985.

ÁLVAREZ, *José Sixto* (1858-1903) Escritor arg., llamado *Fray Mocho. Cuadros de la ciudad.*

ÁLVAREZ, *Juan* (1790-1867) General mex. Presid. de la rep. en 1855, renunció en 1856.

ÁLVAREZ de Cienfuegos, *Nicasio* (1764-1809) Poeta esp. *La Zoraida.*

ÁLVAREZ Lleras, *Antonio* (1892-1956) Escritor col. *Víboras sociales.*

ÁLVAREZ Quintero, *Serafín* (1871-1938) y *Joaquín* (1873-1944) Comediógrafos esp. *Malvaloca.*

ALVEAR, *Carlos de* (1789-1852) General arg. Participó en el Movimiento de Octubre de 1812.

ALVEAR, *Marcelo Torcuato de* (1868-1942) Político arg. Presid. de la rep. en 1922-1928.

ALZATE y Ramírez, *José Antonio* (1737-1799) Religioso mex. Fundó el *Diario Literario de México.*

ALZHEIMER, *Alois* (1864-1917) Neurólogo al. Estudió la demencia senil (enfermedad de A.).

AMADEO I (1845-1890) Rey de España en 1870. Tras abdicar (1873) se proclamó la I República.

AMADÍS de Gaula Libro de caballerías, de autor anónimo esp. (s. XIV).

AMADO, *Jorge* (n. 1912) Escritor y político bras. *Tierras de sinfín.*

AMADOR Guerrero, *Manuel* (1833-1909) Político pan. Primer presid. de la rep. en 1903-1909.

AMAMBAY Dpto. de Paraguay; 12 933 km², 97 158 hab. Cap., Pedro Juan Caballero.

AMAPÁ Est. de Brasil; 142 358 km², 258 000 hab. Cap., Macapá.

AMARILIS Seud. de una poetisa per. del s. XVII. *Epístola a Belardo.*

AMARILLO, *mar* Sector septentrional del mar de la China oriental.

AMARNA, *Tell el-* Lugar del Alto Egipto. Ruinas de Akhenaton (1366 a.C.).

AMAYA, *Carmen* (1913-1963) Bailarina esp. de flamenco.

AMAZONAS Río de América del Sur. El más importante del mundo por su caudal (6 480 km).

AMAZONAS Est. del NO de Brasil; 1 567 954 km², 2 141 000 hab. Cap., Manaus.

AMAZONAS Dpto. del SE de Colombia; 109 665 km², 56 339 hab. Cap., Leticia.

AMAZONAS Dpto. del N del Perú; 39 249 km², 376 300 hab. Cap., Chachapoyas.

AMAZONAS Est. del S de Venezuela; 177 617 km², 98 152 hab. Cap., Puerto Ayacucho.

AMAZONIA Región natural del N de Brasil; 3 581 180 km² y 5 893 000 hab.

AMBATO C. de Ecuador, cap. de la prov. de Tungurahua; 124 166 hab.

AMBERES C. y puerto de Bélgica; 488 400 hab.

AMBROGI, *Arturo A.* (1875-1936) Escritor salv. *Cuentos y fantasías.*

AMBROSIO (339?-397) Santo. Padre de la Iglesia.

AMEGHINO, *Florentino* (1854-1911) Naturalista arg. *La antigüedad del hombre en el Plata.*

AMENGUAL, *René* (1911-1954) Compositor chil. *Preludios.*

AMENHOTEP IV Faraón de Egipto (1369-1353 a.C.) de la XVIII dinastía. Cambió su nombre por el de Akhenaton.

AMÉRICA El segundo continente por su extensión (algo más de 42 millones de km²). • Central ⇨ Centroamérica. • del Norte Subcontinente boreal de A., que se extiende desde su extremo N hasta el istmo de Tehuantepec (México). • del Sur ⇨ Sudamérica. • Latina o Latinoamérica Conjunto de países americanos colonizados por naciones latinas.

AMÉZAGA, *Juan José* (1881-1956) Político ur., presid. de la rep. en 1943-1947.

AMIENS C. de Francia, cap. de la región Picardía; 156 100 hab.

AMÍLCAR Barca (m. 228 a.C.) General cartaginés. Dirigió la conquista de España.

AMIS, *Kingsley William* (n. 1922) Novelista y crítico brit. *Lucky Jim.*

AMMAN Cap. de Jordania; 1 333 000 hab.

AMNISTÍA Internacional Organización humanitaria creada en 1961. Nobel de la Paz en 1977.

AMÓN Dios de Egipto, venerado en Tebas.

AMOR, *Guadalupe* (n. 1920) Escritora mex. *Yo soy mi casa*.

AMORÍM, *Enrique* (1900-1960) Novelista ur. *El paisano Aguilar*.

AMPATO Grupo montañoso de la cord. Occidental de los Andes; 6 310 m.

AMPÈRE, *André-Marie* (1775-1836) Físico fr. Probó la existencia del electromagnetismo (Ley de A).

AMSTERDAM C. y cap. legislativa de los Países Bajos; 945 000 hab.

AMU-DARIA Río de Asia central; 2 540 km.

AMUNÁTEGUI, *Domingo* (1860-1946) Historiador chil. *Historia social de Chile*.

AMUNÁTEGUI, *Miguel Luis* (1828-1888) Historiador chil. *Descubrimiento y conquista de Chile*.

AMUNDSEN, *Roald* (1872-1928) Explorador nor. El primero que alcanzó el polo Sur (1911).

AMUR Río del NE de Asia; 4 500 km.

ANA Bolena (1507-1536) Reina de Inglaterra, segunda mujer de Enrique VIII.

ANA de Austria (1549-1580) Reina de España; esposa de Felipe II.

ANA Estuardo (1665-1714) Reina de Gran Bretaña e Irlanda en 1702-1714.

ANACREONTE (560-478 a.C.) Poeta lírico gr., cantor de los placeres de la vida.

ANATOLIA Pen. Asiática de Turquía, bañada por los mares Mediterráneo, Negro y Egeo.

ANAXÁGORAS de Clazomene (m. 430 a.C.) Filósofo gr. Inició la técnica de investigación experimental.

ANAXIMANDRO de Mileto (¿611-546 a.C.?) Filósofo gr. Designó el ápeiron como sustancia base del universo.

ANCASH Dpto. del Perú; 35 041 km², 1 024 600 hab. Cap., Huaraz.

ANCÍZAR, *Manuel* (1812-1882) Político col. Presid. del gobierno revolucionario en 1861.

ANCOHUMA Cumbre andina de Bolivia; 6 554 m.

ANCONA Cap. de Las Marcas; 101 300 hab.

ANDALUCÍA Com. autón. en el S de España; 87 268 km², 7 234 873 hab. Cap., Sevilla.

ANDAMÁN Arch. del golfo de Bengala (210 islas); 6 500 km², 188 700 hab.

ANDERSEN, *Hans Christian* (1805-1875) Escritor danés, conocido por sus Cuentos para niños.

ANDERSON Imbert, *Enrique* (1910-1994) Escritor arg. *Vigilia-Fuga*.

ANDES Sist. montañoso (unos 7 500 km) que atraviesa longitudinalmente el O de América del S. Los A. *Septentrionales* están formados por las cord. Occidental, Central y Oriental. Los A. *Centrales* tienen más de 4 000 m de alt. Los A. *Meridionales* forman el sector más estrecho (Aconcagua; 6 959 m).

ANDINO, *Grupo* Creado en 1969 para la unión aduanera entre Bolivia, Colombia, Chile, Ecuador y Perú. Venezuela se incorporó en 1973.

ANDORRA Estado de Europa, entre Francia y España; 453 km², 57 000 hab. Cap., Andorra la Vella (20 350 hab). *(Andorranos)*.

ANDRADE, *Mário de* (1893-1945) Poeta y musicólogo bras. *Paulicéia desvairada*.

ANDRADE, *Olegario Víctor* (1839-1882) Escritor arg. *Prometeo*.

ANDRIC, *Ivo* (1892-1975) Escritor bosnio. *La crónica de Travnik*. Nobel de Literatura en 1961.

ANDRÓMEDA Personaje mit. gr. Hija de Cefeo y Casiopea y esposa de Perseo.

ANETO Pico más alto de los Pirineos esp.; 3 404 m.

ÁNGEL, *Salto* Cascada de Venezuela. La mayor del mundo: 980 m.

ÁNGEL DE LA GUARDA Isla de México; 1 520 km².

ÁNGELES, *Los* C. de EE UU; 2 966 800 hab.

ANGÉLICO, *Guido di Pietro*, en rel. *Giovanni da Fiésole, Fra* (1387-1455) Pintor florentino. Frescos de San Marco de Florencia y del Vaticano.

ANGOLA Estado del centro-sur de África; 1 246 700 km², 10 303 000 hab. Cap., Luanda. *(Angoleños)*.

ANGOSTURA, *congreso de* Asamblea convocada por Simón Bolívar (1819), que originó la Rep. de la Gran Colombia.

ANGUILA Isla de las Pequeñas Ant.; 96 km², 7 000 hab. Cap., The Valley.

ANGULEMA, *Luis Antonio de Borbón, DUQUE DE* (1775-1844) Dirigió la expedición de los Cien Mil Hijos de San Luis en España.

NP

ANÍBAL (247-183 a.C.) General cartaginés. Inició la segunda guerra púnica y venció a los romanos.

ANICETO (m. h. 165) Santo. Papa a fines del reinado de Antonino Pío.

ANJOU Región histórica de Francia. Cap., Angers.

ANKARA Cap. de Turquía; 2 251 500 hab.

ANNAN, *Kofi* (n. 1938) Diplomático ghanés. Elegido secretario general de la ONU en 1997.

ANNAPOLIS C. de EE UU, cap. del est. de Maryland; 27 100 hab.

ANNAPURNA Pico del Himalaya; 8 078 m.

ANNUNZIO, *Gabriele d'* (1863-1938) Escritor barroco it. *El inocente*.

ANSELMO (1033-1109) Santo. Teólogo it., arzobispo de Canterbury.

ANTANANARIVO Cap. de Madagascar; 1 050 000 hab.

ANTÁRTICO Océano que rodea la Antártida. En Argentina se denomina océano Atlántico Sur.

ANTÁRTIDA Continente sit. en el polo Sur o Antártico; 14 107 637 km².

ANTÁRTIDA ARGENTINA Territorio que forma parte de una prov. arg. junto con ⇨ la Tierra del Fuego y las Islas del Atlántico Sur.

ANTÍGONA Personaje mit. gr., fruto del incesto de Edipo con su madre.

ANTIGUA GUATEMALA C. de Guatemala, cap. del dpto. de Sacatepéquez; 34 300 hab.

ANTIGUA Y BARBUDA Estado de las Antillas; 442 km², 64 000 hab. Cap., Saint John's.

ANTILLAS Conjunto de islas de América Central; 240 000 km², 30 000 000 hab. Se dividen en Grandes A. (Cuba, Haití o La Española, Puerto Rico y Jamaica) y Pequeñas A. (Barlovento y Sotavento).

ANTILLAS BRITÁNICAS Islas Caimán, Turks y Caicos, Vírgenes, Anguila y Montserrat.

ANTILLAS FRANCESAS Formadas por los dptos. fr. de ultramar: Guadalupe, cap., Basse-Terre, y Martinica, cap., Fort-de-France.

ANTILLAS NEERLANDESAS Conjunto de islas de las Pequeñas Antillas. Cap., Willemstad.

ANTIOQUIA Dpto. del N de Colombi. 63 612 km², 4 919 619 hab. Cap., Medellí

ANTISANA Volcán andino de Ecuado 5 704 m.

ANTISUYU Prov. del imperio incaico.

ANTOFAGASTA Región de Chile; 126 443 km², 407 409 hab. Cap., Angofagas (214 500 hab.).

ANTOFALLA, *volcán* Cumbre andina de A gentina; 6 100 m.

ANTONINO Pío (86-161) Emperador ron Gobernó en el apogeo de la pax roman (138-161).

ANTONIO de Padua (1159-1231) Sant port. Agustino, post. franciscano.

ANTONIONI, *Michelangelo* (n. 1912) Direc tor de cine it. *Las amigas, El grito*.

ANTÚNEZ, *Nemesio* (n. 1918) Arquitecto pintor chil. Murales en el edificio de l Naciones Unidas.

ANUBIS Dios egipcio, hijo de Neftis y Osiri

ANZOÁTEGUI Est. del NE de Venezuela 43 300 km², 1 098 691 hab. Cap., Barcelon

ANZOÁTEGUI, *José Antonio* (1789-1819 General ven. Que luchó junto a Bolívar.

AOSTA, *Valle* de Región del NO de Italia 3 264 km², 115 900 hab. Cap., Aost (36 200 hab.).

APALACHES Cadena montañosa del E d EE UU.

APENINOS Cord. que atraviesa Italia de N(a SE. Alt. máx.: Corno (2 914 m).

APIS Buey sagrado de los antiguos egipcio

APOLLINAIRE, *Guillaume* (1880-1918) Poe ta fr. *Caligramas*.

APOLO Dios gr., hijo de Zeus. Arquetipo d la belleza masculina.

APOLONIO, *Libro de* Poema cast. de mita del s. XIII, de autor anónimo.

APOLONIO de Rodas (h. 300-h. 230 a.C. Poeta gr. *Los argonautas*.

APULEYO, *Lucio* (123-180?) Escritor latino *El asno de oro*.

APULIA Región de Italia; 19 357 km² 4 031 900 hab. Cap., Bari.

APURE Río de Venezuela; 619 km.

APURE Est. del SO de Venezuela; 76 50 km², 431 922 hab. Cap., San Fernando d Apure.

APURÍMAC Dpto. del S del Perú; 20 895,7(km², 409 500 hab. Cap., Abancay.

AQUILA, *L'* C. de Italia, cap. de la región de los Abruzzos; 66 800 hab.

AQUILES Héroe mit. gr., protagonista de la Ilíada de Homero.

AQUINO, *Corazón María Cojuanco* (n. 1933) Política filipina. Presid. en 1986-1992.

AQUISGRÁN C. de Alemania; 239 800 hab.

AQUITANIA Región del S de Francia; 41 308 km², 2 795 800 hab. Cap., Burdeos.

ARABIA Pen. de Asia sudoccidental, bañada por el mar Rojo; 3 000 000 km².

ARABIA SAUDITA Estado de Asia sudoccidental; 2 153 168 km², 15 267 000 hab. Cap., Riyad. *(Saudíes)*.

ARÁBIGO, *desierto* Región de Egipto entre el valle del Nilo y el mar Rojo.

ARACAJÚ C. y puerto de Brasil, cap. del est. de Sergipe; 401 000 hab.

ARACAR Cumbre andina de Argentina; 6 086 m.

ARAFAT, *Yasser* (n. 1929) Político palestino. Presid. de la OLP. Nobel de la Paz en 1994. Primer presid. de la Autoridad Palestina, en 1996.

ARAGO, *François* (1786-1853) Físico fr. Fundó con Gay-Lussac los *Anales de química y física*.

ARAGÓN Com. autón. en el NE de España; 47 650 km², 1 189 546 hab. Cap., Zaragoza.

ARAGÓN, *Louis* (1897-1982) Escritor fr. *Las campanas de Basilea*.

ARAGUA Est. del N de Venezuela; 7 014 km², 1 427 526 hab. Cap., Maracay.

ARAGUAYA Río del Brasil; 2 640 km.

ARAL, *mar de* Gran lago salado, entre Kazakistán y Uzbekistán.

ARAMBURU, *Pedro Eugenio* (1903-1970) Político arg. Presid. provisional en 1955-1958.

ARANA Osorio, *Carlos* (n. 1918) Militar guat. Presid. en 1970-1974.

ARANA y Goiri, *Sabino* (1865-1903) Político esp., vasco, definidor del nacionalismo vasco.

ARANDAS Mun. de México; 63 000 hab.

ARANGO, *Gonzalo* (1932-1976) Escritor nadaísta col. *La consagración de la Nada*.

ARANGUREN, *José Luis López* (1909-1996) Filósofo esp. *El marxismo como moral*.

ARARAT Macizo de Armenia (Turquía); 5 165 m.

ARAUCA Río de América del Sur; 930 km.

ARAUCA Dpto. del NE de Colombia; 23 818 km², 185 882 hab. Cap., Arauca (42 829 hab.).

ARAUCANÍA, *La* Región del centro-sur de Chile; 31 858,4 km², 774 959 hab. Cap., Temuco.

ARAÚJO, *Arturo* (1878-1967) Político salv. Presid. en 1931.

ARBENZ, *Jacobo* (1914-1971) Político guat. Presid. en 1950-1954.

ARCE, *Aniceto* (1824-1906) Político bol. Presid. de la rep. en 1888-1892.

ARCE, *Manuel José* (1787-1847) Militar salv. Primer presid. de las Provincias Unidas del Centro de América en 1825-1829.

ARCINIEGAS, *Germán* (1900-1999) Escritor col. *Biografía del Caribe*.

ARCIPRESTE de Hita, *Juan Ruiz*, llamado (m. h. 1350) Poeta cast., autor del *Libro de buen amor*.

ARCIPRESTE de Talavera, *Alfonso Martínez de Toledo*, llamado (¿1398-1470?) Escritor cast. *El Corbacho*.

ARDENAS Macizo que ocupa el SE de Bélgica y Luxemburgo, y el NE de Francia; 10 000 km².

ARDITO Barletta, *Nicolás* (n. 1938) Político pan. Presid. de la rep. en 1984-1985.

AREGUÁ C. de Paraguay, cap. del dpto. Central; 6 326 hab.

ARENAL, *Concepción* (1820-1893) Escritora esp. *La cuestión social*.

ARENAS, *Braulio* (n. 1913) Poeta surrealista chil. *El mundo y su doble*.

AREQUIPA Dpto. del S del Perú; 63 345,23 km², 999 000 hab. Cap., Arequipa (629 064 hab.).

ARES Dios gr. de la guerra, hijo de Zeus.

ARÉVALO, *Juan José* (1904-1990) Político guat. Presid. de la rep. en 1944-1950.

ARÉVALO Martínez, *Rafael* (1884-1975) Escritor guat. *El hombre que parecía un caballo*.

ARGEL Cap. de Argelia; 1 721 600 hab.

ARGELIA Estado del N de África; 2 381 741 km², 25 939 000 hab. Cap., Argel. *(Argelinos)*.

NP

ARGENTINA, *República* Estado de América del Sur; 3 761 274 km², 32 609 000 hab. Cap., Buenos Aires. *(Argentinos).*

ARGENTINA, *La* Seud. de *Antonia Mercé* (1888-1936) Bailarina esp. n. en Buenos Aires.

ARGENTINA, *Imperio* (n. 1906) Cantante y actriz hispanoargentina. *Nobleza baturra.*

ARGENTINO Lago del S de Argentina; 1 415 km².

ARGUEDAS, *Alcides* (1879-1946) Escritor bol. *Raza de bronce.*

ARIADNA Personaje mit. Proporcionó a Teseo el hilo para salir del laberinto.

ARIAS, *Arnulfo* (1901-1988) Político pan. Presid. en 1940, 1949 y 1968.

ARIAS, *Juan Ángel* (1859-1927) Político hond. Presid. en 1903.

ARIAS, *Óscar* (n. 1941) Político cost. Presid. en 1986. Nobel de la Paz en 1987.

ARICA C. de Chile; 167 200 hab.

ARIES Primer signo y constelación del Zodíaco.

ARIOSTO, *Ludovico* (1474-1533) Poeta renacentista it. *Orlando furioso.*

ARÍSTIDE, *Jean-Bertrand* (n. 1953) Político de Haití. Presid. en 1990-1994 y desde 2000.

ARISTÓFANES (445-386 a.C.) Comediógrafo satírico gr. *Las nubes.*

ARISTÓTELES (384-322 a.C.) Filósofo gr. discípulo de Platón. *Metafísica.*

ARIZONA Est. del SO de EE UU; 295 260 km², 3 665 000 hab. Cap., Phoenix.

ARKANSAS Est. del S de EE UU; 137 755 km², 2 351 000 hab. Cap., Little Rock.

ARLT, *Roberto* (1900-1942) Escritor arg. *El juguete rabioso, Los siete locos.*

ARMADA Invencible Flota enviada en 1588 por Felipe II contra Inglaterra.

ARMAS Chitty, *José Antonio* (n. 1908) Escritor ven. Premio Nacional de Literatura (1961). *Retablo.*

ARMENDÁRIZ, *Pedro* (1919-1963) Actor mex.

ARMENIA Estado de Transcaucasia; 29 800 km², 3 376 000 hab. Cap., Yereván. *(Armenios).*

ARMENIA Región de Asia occidental, repartida entre Turquía, Irán y la Rep. de Armenia.

ARMENIA C. de Colombia, cap. del dpto. Quindío; 231 745 hab.

ARMSTRONG, *Louis* (1900-1971) Trompetista y cantante de jazz estadoun.

ARMSTRONG, *Neil* (n. 1930) Astronauta estadoun. Primer hombre que pisó la Luna.

ARNICHES, *Carlos* (1866-1943) Comediógrafo esp. *La señorita de Trevélez.*

AROSEMENA, *Alcibíades* (1883-1958) Político pan., presid. provisional en 1951-1952.

AROSEMENA, *Florencio Harmodio* (1872-1945) Político pan. Presid. en 1872-1945.

AROSEMENA, *Juan Demóstenes* (1879-1939) Político pan. Presid. de la rep. en 1936-1939.

AROSEMENA, *Justo* (1817-1896) Polít co col. Primer presid. constitucional de Panamá.

AROSEMENA, *Pablo* (1836-1920) Político pan. Presid. de la rep. en 1910-1912.

AROSEMENA Monroy, *Carlos J.* (n. 1919) Político ecuat. Presid. de la rep. en 1961-1963.

ARQUÍMEDES (287-212 a.C.) Matemáti co, físico e inventor gr. Autor del *Prin cipio de A.*

ARREOLA, *Juan José* (n. 1918) Escritor mex. *Varia invención, Confabulario.*

ARRHENIUS, *Svante August* (1859-1927) Químico sueco. Nobel de Química e 1903.

ARRIAGA, *Manuel José de* (1841-1917) Político port., primer presid. de la rep. e 1910.

ARROYO del Río, *Carlos Alberto* (1893-1969) Político ecuat. Presid. de la rep. e 1940-1944.

ARRUZA, *Carlos* (1920-1966) Torero mex Formó pareja con Manolete.

ARTEMISA Diosa gr., protectora de la Amazonas, guerreras y cazadoras.

ÁRTICO El más septentrional de los océanos; 14 060 000 km².

ARTIGAS Dpto. del NO de Uruguay; 11 92 km², 75 059 hab. Cap., Artigas (40 24 hab.).

ARTIGAS, *José Gervasio* (1764-1850) Prócer de la independencia uruguaya.

ARUBA Isla de las Pequeñas Antillas; 19 km², 62 000 hab. Cap., Oranjestad.

RZÚ, *Álvaro Enrique* (n. 1946) Político guat. Presid. entre 1996 y 2000.

SCASUBI, *Hilario* (1807-1875) Poeta arg. *Santos Vega, Aniceto el Gallo.*

SCÁSUBI, *Francisco Javier* (m. 1810) Patriota col. Participó en la conspiración independentista.

SDRÚBAL (270-221 a.C.) Militar cartaginés. Intervino en la ocupación de la pen. Ibérica.

SHJABAD Cap. de Turkmenistán; 356 000 hab.

SIA El continente más extenso del mundo (unos 44 millones de km²).

SIMOV, *Isaac* (1920-1992) Escritor y científico estadoun. *Yo, robot.*

SIRIA Ant. región de Asia, en la cuenca del Tigris. Actual Kurdistán iraquí.

SMARA Cap. de Eritrea; 424 500 hab.

SSAD, *Hafez al-* (1928-2000) MIlitar y político sirio. Presid. entre 1971 y 2000.

STAIRE, *Fred* (1899-1987) Bailarín y actor estadoun.

STANÁ Cap. de Kazakistán; 286 000 hab.

STRACÁN C. de Rusia; 493 000 hab.

STRADA, *Carlos* (1894-1970) Sociólogo arg. *El marxismo y las escatologías.*

STURIAS, *Principado de* Com. autón. del N de España; 10 565 km², 1 087 885 hab. Cap., Oviedo.

STURIAS, *Miguel Ángel* (1899-1974) Escritor y diplomático guat. *Leyendas de Guatemala, El señor presidente.* Nobel de Literatura en 1967.

SUÁN C. del S de Egipto; 144 700 hab. Presa sobre el Nilo (400 km de long.).

SUNCIÓN Cap. de Paraguay; 794 166 hab.

SUNCIÓN, *La* C. de Venezuela, cap. del est. de Nueva Esparta; 10 400 hab.

TACAMA Región del N de Chile; 75 573,3 km², 230 786 hab. Cap., Copiapó.

TAHUALPA (1500-1533) Inca del Perú ejecutado por Pizarro.

TAPUERCA Yacimientos arqueológicos de Burgos (España).

TATURK, *Mustafá Kemal* (1881-1938) Político turco. Primer presid. de Turquía en 1923-1938.

TENAS Cap. de Grecia; 3 027 300 hab.

TENEA Diosa gr. de la guerra, de la paz, de la sabiduría y de las artes.

ÁTICA Región histórica de Grecia, al NO del Peloponeso.

ATILA Caudillo de los hunos en 434-453.

ATITLÁN Volcán de Guatemala; 3 537 m de alt.

ATLANTA C. de EE UU, cap. del est. de Georgia; 394 000 hab. Sede los Juegos Olímpicos de 1996.

ATLÁNTICO Océano que separa Europa y África de América; 106 200 000 km².

ATLÁNTICO Dpto. del N de Colombia; 3 388 km², 1 837 468 hab. Cap., Barranquilla.

ATLÁNTIDA Dpto. del N de Honduras; 4 372 km², 329 787 hab. Cap., La Ceiba.

ATLAS Sist. montañoso del NO de África.

ATLAS Gigante gr. condenado por Zeus a sostener en sus espaldas la bóveda del cielo.

ATLIXCO Mun. de México; 72 400 hab.

ATÓN Dios egipcio. El Sol en forma de disco.

AUB, *Max* (1903-1972) Escritor esp. *Fábula verde, El laberinto mágico.*

AUCKLAND C. de Nueva Zelanda; 839 500 hab.

AUGSBURGO C. de Alemania; 244 400 hab.

AUGUSTA C. de EE UU, cap. del est. de Maine; 21 300 hab.

AUGUSTO, *Cayo Julio César Octavio* (63 a.C.-14 d.C.) Primer emperador rom. en 27-14 a.C.

AUSANGATE Cumbre andina del Perú; 6 384 m.

AUSCHWITZ Nombre al. de la c. polaca de Oswiecim, en cuyas proximidades los nazis tuvieron cuatro campos de exterminio.

AUSTEN, *Jane* (1775-1817) Novelista brit. costumbrista. *Orgullo y prejuicio.*

AUSTIN C. de EE UU, cap. del est. de Texas; 465 600 hab.

AUSTRALIA Estado de Oceanía integrado por la isla austral hom. y Tasmania; 682 300 km², 7 336 000 hab. Cap., Canberra. *(Australianos).*

AUSTRIA Estado centroeuropeo; 83 859 km², 7 823 000 hab. Cap., Viena. *(Austríacos).*

AUSTRIA-HUNGRÍA Nombre que designaba el imperio austrohúngaro en 1867.

AUVERNIA Región del centro de Francia; 26 013 km², 1 321 200 hab. Cap., Clermont-Ferrand.

NP

AVELLANEDA, Alonso Fernández de (s. XVII) Seud. del autor de *una Segunda Parte del Ingenioso hidalgo Don Quijote de la Mancha*.

AVELLANEDA, Gertrudis Gómez de (1814-1873) Poetisa cub. *La sonámbula*.

AVERROES (1126-1198) Pensador ár., nacido en Córdoba. Comentador de Aristóteles.

AVICENA (980-1037) Filósofo y médico persa.

ÁVILA C. de España; 47 187 hab.

ÁVILA Camacho, Manuel (1897-1953) Militar y político mex. Presid. de la rep. en 1940-1946.

AVIÑÓN C. Francia; 89 100 hab. Residencia de papas (1305-1378) y antipapas (1378-1408).

AXAYÁCATL Emperador azteca (1469-1481), padre de Moctezuma.

AYACUCHO Dpto. del Perú; 43 814,80 km², 517 800 hab. Cap., Ayacucho (101 600 hab).

AYALA, Eusebio (1875-1942) Político par. Presid. de la rep. en 1921-1923 y 1932-1936.

AYALA, Francisco (n. 1906) Escritor esp. *Muertes de perro*.

AYLWIN, Patricio (n. 1918) Político chil. Presid. de la rep., entre 1989 y 1994.

AYORA, Isidro (1879-1978) Político ecuat. Presid. en 1926-1931.

AZAÑA, Manuel (1880-1940) Escritor y político esp. Presid. de la rep. en 1936-1939.

AZCÁRATE, Gumersindo (1840-1917) Político y sociólogo esp., partidario del krausismo.

AZCONA, José Simón (n. 1928) Político hond. Presid. de la rep. en 1985-1990.

AZERBAIJÁN Estado de Transcaucasia; 86 600 km², 7 174 000 hab. Cap., Bakú. *(Azerbaijanos)*.

AZNAR, José María (1953) Político esp., elegido presid. del gobierno en 1996. Reelegido en 2000.

AZÓCAR, Rubén (1901-1965) Escritor chil. *Gente de la isla*.

AZOGUES C. de Ecuador, cap. de la prov. de Cañar; 21 060 hab.

AZORES Arch. port. del Atlántico; 2 335 km², 243 400 hab. Cap., Ponta Delgada.

AZORÍN Seud. de *José Martínez Ruiz* 1967) Escritor esp. *Los pueblos*.

AZOV Mar interior, entre Ucrania y meridional; 38 000 km².

AZÚA Prov. del S de la Rep. Domin 2 430 km², 189 700 hab. Cap., Az Compostela (31 481 hab.).

AZUAY Prov. del S de Ecuador; 8 124, 506 090 hab. Cap., Cuenca.

AZUELA, Mariano (1873-1952) E mex. *Los de abajo*.

AZURDUY de Padilla, Juana (1781- Coronela guerrillera de la indep. de B

B

BABAHOYO C. de Ecuador, cap. de la de Los Ríos; 50 285 hab.

BABILONIA Antigua c. de la Baja Me tamia, cap. de Imperio babilónico.

BACH, Johann Sebastian (1685- Compositor al. *Pasión según San Ma*

BACON, Francis (1561-1626) Filósofo tadista ing. *Novum Organum*.

BACON, Francis (1909-1992) Pintor e sionista irlandés. Serie de *Las cabeza*

BACON, Roger (1214-1294) Filósofo defensor del conocimiento experimen

BADAJOZ C. de España; 122 510 hab.

BADALONA C. de España; 210 987 ha

BADEN Región histórica del SO de A nia. Cap., Karlsruhe.

BADEN-POWELL, Robert (1857-1941 neral brit., fundador de los boy scouts

BADEN-WÜRTTEMBERG Est. de Al nia; 35 752 km², 9 820 000 hab. Stuttgart.

BAENA, Juan Alfonso de (1406-1454) ta hispanohebraico. *Cancionero de B*

BAEYER, Adolf von (1835-1917) Qu al. Nobel de Química en 1905.

BAEZ, Buenaventura (1810-1884) Po dom. Entre 1849 y 1878 fue varias presid.

BAEZ, Cecilio (1862-1941) Político Presid. provisional en 1905-1906.

BAEZ, Joan (n. 1941) Cantautora esta de temas políticos y de protesta.

AEZA Flores, *Alberto* (1914-1998) Poeta chil. *Isla en las islas*.

AFFIN, *Tierra de* Isla del Canadá, en el arch. Ártico; 518 000 km².

AGDAD Cap. de Irak; 3 236 000 hab.

AHAMAS Estado de las Antillas formado por el arch. hom.; 13 939 km², 259 000 hab. Cap., Nassau. *(Bahameños)*.

AHÍA Est. de Brasil; 556 978 km², 11 625 000 hab. Cap., Salvador.

AHÍA BLANCA C. de Argentina; 247 000 hab.

AHÍA HONDA Mun. de Cuba; 41 900 hab.

AHORUCO Prov. de la Rep. Dominicana; 1 376 km², 86 700 hab. Cap., Neiba.

AHREIN Estado asiático formado por el arch. hom.; 678 km², 516 000 hab. Cap., Manama.

AIKAL Lago ruso-siberiano; 31 500 km².

AJA CALIFORNIA Pen. del NO de México.

AJA CALIFORNIA Est. de México que ocupa la mitad N de la pen. hom.; 70 113 km², 2 487 700 hab. Cap., Mexicali.

AJA CALIFORNIA SUR Est. de México que ocupa la mitad S de la pen. hom.; 73 677 km², 423 515 hab. Cap., La Paz.

AKÚ Cap. y puerto de Azerbaiján; 1 693 000 hab.

AKUNIN, *Mijaíl Alexandrovich* (1814-1876) Revolucionario ruso. *Los principios de la revolución*.

ALAGUER, *Joaquín* (n. 1906) Político dom. Presid. en 1960-1962, 1966-1978 y 1986-1994.

ALBOA, *Vasco Núñez de* (1475-1517) Marino esp. Descubridor del océano Pacífico.

ALCANES Pen. mediterránea de Europa; 510 000 km².

ALDOMIR, *Alfredo* (1884-1948) Político ur. Presid. de la rep. en 1938-1943.

ALDUINO I (1930-1993) Rey de Bélgica en 1951-1993.

ALEARES Com. autón. de España, en el arch. hom.; 5 014 km², 760 379 hab. Cap., Palma de Mallorca.

ALI Isla de Indonesia; 5 561 km², 2 469 900 hab. Cap., Denpasar.

ALLADUR, *Edouard* (n. 1929) Político fr. Primer ministro en 1993-1995.

ALLAGAS, *Emilio* (1910-1954) Poeta cub. *Júbilo y fuga*.

BALLIVIÁN, *Adolfo* (1831-1874) Político bol. Presid. en 1873-1874.

BALLIVIÁN, *Hugo* Militar y político bol. Presid. en 1951-1952.

BALLIVIÁN, *José* (1805-1852) Militar y político bol. Presid. en 1843-1847.

BALMACEDA, *José Manuel* (1838-1891) Político chil. Presid. de la rep. en 1886-1891.

BALSAS Río de México; 771 km.

BALTA, *José* (1814-1872) Militar y político per. Presid. desde 1868 hasta su muerte.

BÁLTICO Mar interior del norte de Europa; 420 000 km².

BALTIMORE C. de EE UU; 2 174 000 hab.

BALZAC, *Honoré de* (1799-1850) Novelista fr. *La comedia humana*.

BAMAKO Cap. de Mali; 404 000 hab.

BANCHS, *Enrique* (1888-1968) Poeta arg. *Las barcas*.

BANDA, *La* C. de Argentina; 80 800 hab.

BANDEIRA, *Manuel* (1886-1968) Poeta bras. *Libertinaje*.

BANDUNG C. de Indonesia; 1 462 600 hab.

BANES Mun. de Cuba; 85 700 hab.

BANGALORE C. de la India; 4 086 500 hab.

BANGKOK Cap. de Thailandia; 5 018 300 hab.

BANGLA DESH Estado del S de Asia; 143 998 km², 105 000 000 hab. Cap., Dacca. *(Bengalíes)*.

BANGUI C. y cap. de la República Centroafricana; 387 100 hab.

BANÍ C. de la Rep. Dominicana, cap. de la prov. de Peravia; 36 705 hab.

BANJUL Cap. de Gambia; 110 000 hab.

BANTING, *sir Frederick Grant* (1891-1941) Médico can., descubridor de la insulina. Nobel de Medicina en 1923.

BÁNZER, *Hugo* (n. 1926) Político bol. Presid. en 1971-1978 y reelegido en 1997.

BAO-DAI (1913-1997) Emp. de Annam. Proclamó la indep. de Vietnam en 1945.

BAPTISTA, *Mariano* (1832-1907) Político bol. Presid. en 1892-1896.

BAQUERIZO Moreno, *Alfredo* (1859-1950) Político bol. Presid. en 1916-1920 y 1931-1932.

BARAHONA Prov. de la Rep. Dominicana; 2 528 km², 151 300 hab. Cap., Barahona (49 334 hab.).

BARAKALDO C. de España; 100 474 hab.

NP

BARBADOS Estado de las Pequeñas Ant.; 431 km², 258 000 hab. Cap., Bridgetown. *(Barbadenses).*

BARBARROJA Seud. del corsario turco *Jayr al-Din* (1476-1546).

BARBIERI, *Leandro,* llamado *Gato* (n. 1935) Saxofonista arg. *Tercer mundo.*

BARBIERI, *Vicente* (1903-1956) Poeta arg. *Árbol total, Corazón del oeste.*

BARBUDA Isla del grupo Sotavento, en las Antillas; 160 km².

BARCELONA C. de España, cap. de la com. autón. de Cataluña; 1 508 805 hab. Sede de los Juegos Olímpicos de 1992.

BARCELONA C. de Venezuela, cap. del est. Anzoátegui; 236 700 hab.

BARCO, *Virgilio* (1921-1997) Político col. Presid. de la rep. en 1986-1990.

BARDEEN, *John* (1908-1991) Físico estadoun. Inventor del transistor. Nobel de Física en 1956 y 1972.

BARDEM, *Juan Antonio* (n. 1922) Director de cine esp. *Cómicos.*

BARI C. de Italia, cap. de la región de Apulia; 342 300 hab.

BARILLAS, *Manuel Lisandro* (1844-1907) Político guat. Presid. en 1886-1892.

BARILOCHE, *San Carlos de* C. de Argentina; 60 300 hab.

BARINAS Est. de Venezuela; 35 200 km², 557 896 hab. Cap., Barinas (172 200 hab.).

BARLETTA, *Leónidas* (1902-1975) Escritor arg. *Los pobres.*

BARLETA, *Nicolás Ardito* (n. 1939) Político pan. Presid. de la rep. en 1984-1985.

BARNARD, *Christian* (n. 1922) Cirujano sudafricano. Realizó el primer trasplante de corazón humano.

BAROJA, *Pío* (1872-1956) Escritor esp. *El árbol de la ciencia.*

BARQUISIMETO C. de Venezuela, cap. del est. de Lara; 702 800 hab.

BARRA, *Eduardo de la* (1839-1900) Escritor chil. *Poesías líricas.*

BARRANCABERMEJA C. de Colombia; 122 700 hab.

BARRANQUILLA C. de Colombia, cap. del dpto. de Atlántico; 1 021 683 hab.

BARRAQUER, *Ignacio* (1884-1965) Oftalmólogo esp. Creó un procedimiento para operar cataratas.

BARREDA, *Ernesto Mario* (1833-1958) Escritor arg. *Prismas líricos.*

BARREIRO, *Cándido* (m. 1880) Político par. Presid. de la rep. en 1878-1880.

BARRENECHEA, *Julio* (1910-1979) Poeta chil. *El espejo del ensueño.*

BARRIE, *James Matthew* (1860-1937) Escritor escocés. *Peter Pan.*

BARRIENTOS, *René* (1919-1969) Mililtiar bol. Pesid. en 1964-1969, salvo en 1966.

BARRIOS, *Eduardo* (1884-1963) Escritor chil. *Tamarugal.*

BARRIOS, *Gerardo* (1809-1865) General salv. Presid. de la rep. en 1858-1860 y 1861-1863.

BARRIOS, *Justo Rufino* (1835-1885) Militar y político guat. Presid. de la rep. en 1873.

BARROS Arana, *Diego* (1830-1907) Historiador chil. *Historia general de Chile.*

BARROS Luco, *Ramón* (1835-1919) Político chil. Presid. de la rep. en 1910-1915.

BARTHES, *Roland* (1913-1980) Semiólogo fr. *El grado cero de la escritura.*

BARTOK, *Bela* (1881-1945) Compositor húngaro.

BARTOLOMÉ Uno de los doce apóstoles.

BARTOLOMEO della Porta, llamado *fra Bartolommeo* (1472-1517) Pintor it. *Virgen entronizada.*

BARUTA Mun. de Venezuela; 121 500 hab.

BASADRE, *Jorge* (1903-1980) Historiador y político per. *Historia de la rep. del Perú.*

BASILICATA Región de Italia; 9 992 km², 610 500 hab. Cap., Potenza.

BASORA C. de Irak; 346 500 hab.

BASSE-TERRE Cap. de la isla de Guadalupe; 13 700 hab.

BASSETERRE Cap. de San Cristóbal y Nevis; 15 700 hab.

BASTILLA Fortaleza fr. del s. XIV. El pueblo parisino la tomó el 14 de julio de 1789.

BATISTA, *Fulgencio* (1901-1973) Político y militar cub. Presid. en 1940-1944 y 1952-1959. Derrocado por Fidel Castro.

BATLLE, *Lorenzo* (1810-1887) Militar ur. Presid. de la rep. en 1868-1872.

BATLLE Berres, *Luis* (1897-1964) Político ur. Presid. de la rep. en 1946-1951 y 1954-1955.

BATLLE Ibáñez, *Jorge* (n. 1927) Político ur. Elegido presid. en 1999.

ATLLE y Ordóñez, *José* (1856-1929) Político ur. Presid. de la rep. en 1903-1907 y 1911-1915.

ATON ROUGE C. de EE UU, cap. del est. de Luisiana; 219 500 hab.

AUDELAIRE, *Charles* (1821-1867) Poeta fr. *Las flores del mal.*

AUHAUS Escuela de arte fundada en 1919 por W. Gropius en Alemania.

AVIERA Est. de Alemania; 70 554 km², 10 450 000 hab. Cap., Munich.

AYAMO C. de Cuba, cap. de la prov. de Granma; 139 000 hab.

AYAMÓN C. de P. Rico; 214 900 hab.

AYEU, *Francisco* (1734-1795) Pintor esp. Frescos del Palacio Real de Madrid.

AYLEY, *Edgar* (n. 1919) Poeta vanguardista arg. *La vigilia y el viaje.*

AZ, *Juan José* (1820-1887) Político mex. Ministro de la Gobernación en 1872-1876.

BC Siglas de la empresa estatal brit. de radiodifusión y televisión.

EAGLE Canal interoceánico del extremo meridional de América del Sur.

EATLES, *The* Conjunto musical brit., muy popular en la década de los 60.

EAUMARCHAIS, *Pierre Augustin Caron de* (1732-1799) Dramaturgo fr. *El barbero de Sevilla.*

EAUVOIR, *Simone de* (1908-1986) Escritora fr. *El segundo sexo.*

ECKETT, *Samuel* (1906-1989) Escritor irlandés. Nobel de Literatura en 1969. *Esperando a Godot.*

ECQUER, *Gustavo Adolfo* (1836-1870) Escritor romántico esp. *Rimas.*

ECQUEREL, *Antoine-Henri* (1852-1908) Físico fr. Descubrió la radiactividad. Nobel de Física en 1903.

EECHER-STOWE, *H. Elizabeth* (1811-1896) Escritora estadoun. *La cabaña del tío Tom.*

EETHOVEN, *Ludwig van* (1770-1827) Compositor al. Escribió sinfonías, conciertos y música de cámara.

EGIN, *Menahem* (1913-1992) Político israelí. Primer ministro en 1977-1983. Nobel de la Paz en 1978.

ERIN, *estrecho de* Paso de 92 km que separa Asia de América.

BEHRING, *Emil Adolf von* (1854-1917) Bacteriólogo al. Nobel de Medicina en 1901.

BEIRUT Cap. del Líbano; 938 900 hab.

BELAÚNDE Terry, *Fernando* (n. 1912) Político per. Presid. en 1963-1968 y 1980-1985.

BELÉM C. de Brasil, cap. del estado de Pará; 1 246 000 hab.

BELÉN C. de Jordania. Lugar donde nació Jesús.

BELFAST Cap. del Ulster o Irlanda del Norte; 296 900 hab.

BÉLGICA Estado de Europa occidental; 30 518 km², 9 980 000 hab. Cap., Bruselas. *(Belgas).*

BELGRADO Cap. de Yugoslavia; 1 470 100 hab.

BELGRANO, *Manuel* (1770-1820) General arg. Miembro del primer gobierno nacional.

BELICE Estado de América central; 22 965 km², 189 000 hab. Cap., Belmopán. *(Beliceños).*

BELL, *Alexander Graham* (1847-1922) Físico escocés. Inventor del teléfono.

BELLE ISLE Estrecho que separa la isla de Terranova de la pen. de Labrador.

BELLINI, *Giovanni* (1430-1516) Pintor veneciano. Mural del Diluvio y el Arca de Noé en la *Scuola Grande* de San Marcos.

BELLINI, *Vincenzo* (1801-1835) Compositor de óperas it. *Norma.*

BELLO Mun. de Colombia; 121 200 hab.

BELLO, *Andrés* (1781-1865) Escritor ven. *Gramática de la lengua castellana.*

BELLOW, *Saul* (n. 1915) Escritor estadoun. Nobel de Literatura en 1976. *La víctima.*

BELMOPAN Cap. de Belice; 2 900 hab.

BELO HORIZONTE C. de Brasil, cap. del est. de Minas Gerais; 2 049 000 hab.

BELUCHISTÁN Región semidesértica de Irán y Pakistán; 400 000 km².

BELZÚ, *Manuel Isidoro* (1808-1865) Militar bol. Presid. en 1850-1855.

BEN Bella, *Ahmed* (n. 1916) Político argelino, líder de la indep. Presid. en 1963-1965.

BEN Bella Gurión, *David* (1886-1973) Político israelí. Proclamó en 1948 el Estado de Israel.

BENACERRAF, *Baruj* (n. 1920) Inmunólogo ven. Nobel de Medicina en 1980.

NP

BENARÉS C. de la India; 708 600 hab. Centro de peregrinaje hinduista.

BENAVENTE, Jacinto (1866-1954) Dramaturgo esp. *Los intereses creados*. Nobel de Literatura en 1922.

BENAVIDES, Óscar (1876-1945) Militar per. Presid. en 1933. Anuló las elecciones de 1936 y fue presid. hasta 1939.

BENEDETTI, Mario (n. 1920) Escritor ur. *Montevideanos*.

BENELUX Unión aduanera entre Bélgica, Países Bajos y Luxemburgo, desde 1944.

BENET, Juan (1927-1993) Escritor esp. *La moviola de Eurípides*.

BENGALA, golfo de Parte del Índico, entre la India y Myanma.

BENGASI C. de Libia; 446 250 hab.

BENI Río de Bolivia; 1 600 km.

BENI Dpto. de Bolivia; 213 564 km², 276 174 hab. Cap., Trinidad.

BENIN Estado de África occidental; 112 622 km², 4 889 000 hab. Cap., Porto-Novo. (Benineses).

BEOCIA Región de la ant. Grecia. Cap.,Tebas.

BERCEO, Gonzalo de (1195?-1264?) Poeta esp. *Milagros de Nuestra Señora*.

BERENGUER Ramón I (1006-1035) Conde de Barcelona. Organizó la defensa contra los musulmanes.

BERGAMÍN, José (1897-1983) Escritor esp. *Mangas y capirotes*.

BERGEN Puerto de Noruega, cap. de la región de Hordaland; 207 300 hab.

BERGMAN, Ingmar (n. 1918) Director de cine sueco. *El séptimo sello*.

BERGSON, Henri (1859-1941) Filósofo fr. *Material y memoria*. Nobel de Literatura en 1927.

BERING, estrecho de Paso de 92 km de ancho que separa Asia de América.

BERLANGA, Luis García (n. 1921) Director de cine esp. *Bienvenido Mr. Marshall*.

BERLÍN Cap. de Alemania y del est. hom.; 889 km², 3 435 000 hab.

BERLIOZ, Héctor (1803-1869) Compositor romántico fr. *La condenación de Fausto*.

BERLUSCONI, Silvio (n. 1936) Político it. Primer ministro en 1994-1995 y desde 2001.

BERMEJO Río de Argentina y Bolivia; 1 045 km.

BERMUDAS Arch. brit. del Atlántico Unas 300 islas; 53 km², 68 000 hab. (Hamilton.

BERMÚDEZ, Juan (ss. XV-XVI) Naveg esp., descubridor de las islas Bermuda

BERNA Cap. de Suiza; 142 100 hab.

BERNABÉ Santo y apóstol cuyo nom verdadero era José.

BERNARDES, Arturo da Silva (1875-1 Político bras. Presid. de la rep. en 1 1926.

BERNÁRDEZ, Francisco Luis (1900-1 Poeta arg. *El buque*.

BERNHARDT, Sarah (1844-1923) Seuc la actriz fr. *Henriette-Rosine Bernard*.

BERNINI, Gian Lorenzo (1598-1680) Ar tecto y escultor barroco it. *Apolo y Da*

BERNSTEIN, Eduard (1850-1932) Pol al. *El socialismo teórico y el social práctico*.

BERNSTEIN, Leonard (1918-1990) Cor sitor y director de orquesta estadoun. *Side Story*.

BERRO, Bernardo Prudencio (1803-1 Político ur. Presid. de la rep. en 1 1864.

BERRUGUETE, Alonso (1488-1561) E tor y pintor esp. Sillería de la catedra Toledo.

BERTOLUCCI, Bernardo (n. 1941) Dire de cine it. *El último tango en París*.

BERTRAND, Francisco (m. 1926) Pol hond. Presid. en 1911 y en 1912-1919.

BERZELIUS, Jöns Jakob (1779-1848) (mico sueco. Creador de la química derna.

BESANÇON C. de Francia, cap. del dpto Doubs; 113 800 hab.

BESTEIRO, Julián (1870-1940) Político Presid. de las Cortes Constituyentes 1931.

BETANCOURT, Rómulo (1908-1982) Pc co ven. Presid. en 1945-1948 y en 19 1964.

BETANCUR, Belisario (n. 1923) Polí col. Presid. de la rep. en 1982-1986.

BÉTICA Prov. del Imperio romano, e S de la pen. Ibérica. Actualmente, An lucía.

BÉTICO, Sistema Conjunto montaño S de España; 650 km.

BHUTO, Alí (1928-1979) Político pakistaní. Presid. de la rep. en 1971-1973.

BHUTTO, Benazir (n. 1953) Política pakistaní. Primera ministra en 1988-1990 y en 1993-1996.

BIBLIA Conjunto de libros judíos y cristianos presuntamente revelados por Dios.

BIBLOS Puerto de la ant. Fenicia. Fue emporio del comercio del papiro.

BIELORRUSIA Estado del E de Europa; 207 600 km², 10 200 000 hab. Cap., Minsk. *(Bielorrusos).*

BIGNONE, Reynaldo (n. 1928) Militar arg. Presid. tras la guerra de las Malvinas.

BIKILA, Abebe (1932-1973) Atleta etíope, vencedor del maratón en las olimpíadas de Roma y Tokio.

BILBAO C. de España, cap. de la prov. de Vizcaya; 358 875 hab.

BILLINI, Francisco Gregorio (1844-1898) Político dom. Presid. de la rep. en 1884-1885.

BIOBÍO Río de Chile; 370-380 km.

BIOBÍO Región del centro de Chile; 36 929,3 km², 1 729 920 hab. Cap., Concepción.

BIOY Casares, Adolfo (1914-1999) Escritor arg. *La invención de Morel.*

BIRMANIA ⇨ Myanma.

BIRMINGHAM C. de Gran Bretaña; 920 400 hab.

BISMARCK Arch. de Papuasia-Nueva Guinea. Más de 100 islas.

BISMARCK, Otto von, PRÍNCIPE DE (1815-1898) Político al. Jefe del gobierno prusiano en 1862-1890.

BISSAU Cap. de Guinea-Bissau; 105 300 hab.

BIZANCIO Imperio Romano de Oriente. Cap., Constantinopla (330).

BIZET, Georges (1838-1875) Compositor de óperas fr. *Carmen.*

BJÖRNSON, Björnstjerne (1832-1910) Escritor nor. Nobel de Literatura en 1903.

BLACKETT, Patrick Maynard Stuart (1897-1974) Físico brit. Nobel de Física en 1948.

BLAIR, Tony (n. 1953) Político brit. Nombrado Primer Ministro en 1997 y reelegido en 2001.

BLANCA, cordillera Alineación montañosa de los Andes peruanos.

BLANCA de Castilla (1188-1252) Reina de Francia, esposa de Luis VII.

BLANCHARD, María (1881-1932) Pintora cubista esp. *El niño del helado.*

BLANCO Mar del NO de Rusia; 95 000 km².

BLANCO, Salvador Jorge (n. 1926) Político dom. Presid. de la rep. en 1982-1986.

BLANCO Encalada, Manuel (1790-1876) Político chil. Presid. provisional en 1826.

BLANCO Fombona, Rufino (1874-1944) Escritor modernista ven. *El hombre de hierro.*

BLANCO White Seud. de *José M.ª Blanco y Crespo* (1775-1841) Escritor esp. *Cartas de España.*

BLANCO y Erenas, Ramón, MARQUÉS DE PEÑA PLATA (1833-1906) Militar esp. Capitán general de Cuba, tuvo que entregarla a EE UU.

BLASCO Ibáñez, Vicente (1867-1928) Novelista esp. *Cañas y barro.*

BLAUE Reiter, Der *(El jinete azul)* Mov. pictórico en 1909-1914, base de los grandes «ismos».

BLÉRIOT, Louis (1872-1936) Aviador fr. Primero en cruzar el canal de la Mancha en un monoplano.

BLEST Gana, Alberto (1830-1920) Escritor chil. *Los trasplantados.*

BLOK, Aleksandr Aleksandrovich (1880-1921) Poeta simbolista ruso. *La bella dama.*

BLOOMFIELD, Leonard (1887-1949) Lingüista estructuralista estadoun. *El lenguaje.*

BLUEFIELDS C. de Nicaragua, cap. del dpto. de Zelaya; 17 000 hab.

BLUM, Léon (1872-1950) Político fr. Jefe de gobierno en 1936 y en 1946.

BOA VISTA C. de Brasil, cap. del est. de Roraima; 143 000 hab.

BOABDIL (m. 1527) Último rey de Granada en 1482-1492.

BOACO Dpto. de Nicaragua; 4 271 km², 117 900 hab. Cap., Boaco (7 800 hab.).

BOBADILLA, Emilio (1862-1921) Escritor cub. *A fuego lento.*

BOCAS DEL TORO Prov. de Panamá; 8 745,4 km², 136 604 hab. Cap., Bocas del Toro (22 622 hab.).

BOCCACCIO, Giovanni (1313-1375) Humanista it. *Decamerón.*

BOECIO, *Anicio Manlio Torcuato Severino* (480-524) Filósofo latino. *La consolación de la filosofía.*

BOGART, *Humphrey* (1899-1957) Actor estadoun. *La reina de África.*

BOGOTÁ Cap. de Colombia y del dpto. de Cundinamarca; 6 314 305 hab.

BOGRÁN, *Luis* (m. 1926) Político hond. Presid. de la rep. en 1883-1891.

BOHEMIA Región histórica que, junto con Moravia, en 1992 constituyó la Rep. Checa.

BOHR, *Niels* (1885-1962) Físico danés. Nobel de Física en 1922.

BOILEAU-DESPRÉAUX, *Nicolás* (1636-1711) Poeta fr. *Arte poética.*

BOISE CITY C. de EE UU, cap. del est. de Idaho; 125 700 hab.

BOKASSA, *Jean Bedel* (1921-1996) Militar centroafricano. Ostentó el poder entre 1966 y 1979.

BOLÍVAR Pico de Venezuela; 5 007 m.

BOLÍVAR Dpto. de Colombia; 25 978 km², 1 702 168 hab. Cap., Cartagena.

BOLÍVAR Prov. de Ecuador; 3 939,9 km², 155 088 hab. Cap., Guaranda.

BOLÍVAR Est. de Venezuela; 240 528 km², 1 240 466 hab. Cap., Ciudad Bolívar.

BOLÍVAR Mun. de Colombia; 42 700 hab.

BOLÍVAR, *Simón,* llamado *el Libertador* (1783-1830) Militar y político ven. Proclamó la II república en 1814 y fue elegido jefe de gobierno. En 1819 proclamó la Rep. de la Gran Colombia.

BOLIVIA Estado de América del Sur; 1 098 581 km², 6 420 792 hab. Cap., Sucre, gobierno en La Paz. *(Bolivianos).*

BÖLL, *Heinrich* (1917-1985) Escritor al. *Opiniones de un payaso.* Nobel de Literatura en 1972.

BOLONIA C. de Italia, cap. de la región Emilia-Romagna; 404 400 hab.

BOMBAL, *María Luisa* (1910-1980) Novelista chil. *La última niebla.*

BOMBAY C. de la India; 12 571 700 hab.

BONAIRE Isla neerlandesa de las Pequeñas Ant.; 288 km², 9 500 hab. Cap., Kralendijk.

BONAMPAK Centro arqueológico maya, en el est. de Chiapas (México).

BONAO C. de la Rep. Dominicana, cap. de la prov. de Monseñor Nouel; 30 400 hab.

BONAPARTE Familia corsa de origen ita liano. • *José* ⇨ José I Bonaparte. • *Lu* (1778-1846) Rey de Holanda, hermano d Napoleón I. • *Napoleón* ⇨ Napoleón I.

BONGO, *Omar* (n. 1935) Político gabo nense. Presid. en 1967 y reelegido e 1979.

BONIFACIO VIII (h. 1220-1303) Papa e 1294-1303. Hizo de Roma el centro de l cristiandad.

BONILLA, *Manuel* (1849-1913) Polític hond. Presid. de la rep. en 1903-1907 y e 1912-1923.

BONILLA, *Policarpo* (1858-1926) Polític hond. Presid. en 1894-1900.

BONN C. de Alemania; 291 300 hab. Cap de la ant. RFA (1949-1990).

BONNARD, *Pierre* (1867-1947) Pintor im presionista fr. *Desnudo en el baño.*

BOOLE, *George* (1815-1864) Matemátic brit. Fundador de la Álgebra de B., orige de la moderna lógica formal.

BOQUERÓN Dpto. de Paraguay; 91 669 km² 26 292 hab. Cap., Filadelfia.

BORDABERRY, *Juan María* (n. 1928) Políti co ur. Presid. de la rep. en 1972-1976.

BORGES, *Jorge Luis* (1899-1986) Escrito arg., adscrito al mov. ultraísta. Premio Cer vantes 1979. *Ficciones, El Aleph.*

BORGIA Familia romana de origen valen ciano, a la que pertenecieron *Alejandro V* papa, su hijo *César* (1476-1507) y su hij *Lucrecia* (1480-1519), célebre por sus in trigas cortesanas.

BORGOÑA Región de Francia; 31 582 km² 1 609 700 hab. Cap., Dijon.

BORJA, *Rodrigo* (n. 1935) Político ecuat Presid. de la rep. en 1988-1992.

BORN, *Max* (1882-1970) Físico al. Nobel d Física en 1954.

BORNEO Isla de Insulindia; 736 000 km² 6 950 000 hab. Una parte pertenece a Indonesia, y otra a Malaysia, excepto Brunei.

BORODIN, *Alexander* (1833-1887) Compo sitor romántico ruso. *El Príncipe Igor.*

BORRELL I (h. 875-911) Conde de Barcelo na, Gerona y Ausona, hijo de Wifredo el Velloso.

BORRERO, *Manuel María* (1883-1978) Po lítico ecuat. Presid. de la rep. en 1938.

BORRERO y Cortázar, *Antonio* (1827-1912) Político ecuat. Presid. de la rep. en 1875-1876.

BOSCÁN, *Juan* (1487-1542) Escritor esp. Con Garcilaso de la Vega, introdujo la métrica it.

BOSCH, *Jeroen Anthoniszoon van Aken*, llamado *Hieronymus* (1450-1516) Pintor flamenco. *El jardín de las delicias.*

BOSCH, *Juan* (n. 1909) Político dom. Presid. en 1963.

BOSNIA-HERZEGOVINA Estado del sur de Europa; 51 129 km², 4 400 000 hab. Cap., Sarajevo. *(Bosnios).*

BOSTON Puerto de EE UU, cap. del est. de Massachusetts; 574 300 hab.

BOTHA, *Louis* (1862-1919) General bóer, uno de los creadores de la Unión Sudafricana.

BOTHA, *Pieter Willem* (n. 1916) Político sudafricano. Presid. de la rep. en 1984-1989.

BOTSWANA Estado de África austral; 600 372 km², 1 348 000 hab. Cap., Gaborone. *(Botswanos).*

BOTTICELLI, *Sandro* (1455-1510) Pintor it. *La primavera.*

BOUCHER, *François* (1703-1770) Pintor fr. de estilo rococó. *Diana en el baño.*

BOUGAINVILLE, *Louis Antoine*, CONDE DE (1729-1811) Navegante fr.

BOYACÁ Dpto. de Colombia; 23 189 km², 1 315 579 hab. Cap., Tunja.

BOYLE, *Robert* (1627-1691) Físico ing. Dio su nombre a una ley física (ley de B. y Mariotte).

BRABANTE Región histórica, hoy dividida entre Bélgica y Países Bajos.

BRACHO, *Julio* (1909-1978) Actor de cine y teatro mex. *La mujer de todos.*

BRAGA, *Joaquim Theophilo* (1843-1924) Político y escritor port. Presid. de la rep. en 1915.

BRAHMA Dios superior del hinduismo.

BRAHMAPUTRA Río de Asia; 2 900 km.

BRAHMS, *Johannes* (1833-1897) Compositor al. Obras para piano, sinfonías y varios *lieder.*

BRAILLE, *Louis* (1809-1852) Pedagogo fr., ciego. Inventor de un alfabeto en relieve para ciegos.

BRAMANTE, *Donato d'Angelo* (1444-1514) Arquitecto it. Basílica de San Pedro, en Roma.

BRANCUSI, *Constantin* (1876-1957) Escultor rum. *La sabiduría.*

BRANDEBURGO Región de Alemania; 29 056 km², 2 580 000 hab. Cap. histórica, Berlín.

BRANDO, *Marlon* (n. 1924) Actor estadoun. *Un tranvía llamado deseo.*

BRANDT, *Karl Herbert Frahm*, llamado *Willy* (1913-1992) Político al. Canciller de la RFA en 1969-1974. Nobel de la Paz en 1971.

BRAQUE, *Georges* (1882-1963) Pintor fr. Uno de los iniciadores del cubismo.

BRASIL Estado de América del Sur; 8 511 996 km², 146 155 000 hab. Cap., Brasilia. *(Brasileños).*

BRASILIA Cap. de Brasil; 1 596 000 hab.

BRASSENS, *Georges* (1921-1981) Cantautor fr. *Le gorille.*

BRASSOV C. de Rumania; 331 200 hab.

BRATISLAVA Cap. de Eslovaquia; 435 500 hab.

BRAUN, *Karl Ferdinand* (1850-1918) Físico al. Nobel de Física en 1909, junto con Marconi por sus trabajos sobre telegrafía.

BRAUN, *Wernher von* (1912-1977) Ingeniero al. Especialista en proyectos espaciales.

BRAVO, *Juan* (m. 1521) Jefe comunero esp.

BRAVO, *Nicolás* (1803-1873) Militar y político mex. Presid. interino en 1838, en 1842-1843 y 1846.

BRAVO Murillo, *Juan* (1803-1873) Político esp. Ministro de Isabel II (1850).

BRAZ, *Wenceslao* (1880-1966) Político bras. Presid. de la rep. en 1914-1918.

BRAZZA, *Pierre Camille de*, CONDE DE SAVORGNAN (1852-1905) Explorador fr. Colonizador del actual Gabón y la Rep. del Congo.

BRAZZAVILLE Cap. de la Rep. del Congo; 480 500 hab.

BRECHT, *Bertolt* (1898-1956) Dramaturgo al. *Madre corage.*

BREDA C. de Países Bajos; 119 000 hab. Su rendición a los españoles en 1625, inspiró a Velázquez el cuadro *La rendición de Breda.*

BREL, *Jacques* (1929-1979) Cantautor belga. *Ne me quitte pas.*

NP

BREMEN Est. de Alemania; 404 km², 680 000 hab. Cap., Bremen (530 500 hab.).

BREÑA Mun. del Perú; 112 800 hab.

BRETAÑA Región histórica de Francia; 27 208 km², 2 795 600 hab. Cap., Rennes.

BRETON, *André* (1896-1966) Poeta fr. *Manifiesto del surrealismo*.

BRETON, *Tomás* (1850-1923) Compositor esp. *La verbena de la Paloma*.

BREZHNEV, *Leonid Ilich* (1906-1982) Político soviético. Presid. de la URSS en 1960-1964 y en 1977.

BRICEÑO-IRAGORRY, *Mario* (1897-1958) Escritor ven. *El conquistador español*.

BRIGHTON Puerto de Gran Bretaña; 146 100 hab.

BRISBANE C. de Australia; 1 138 000 hab.

BRISGOVIA Región histórica de Alemania; cap., Friburgo.

BRISTOL C. de Gran Bretaña; 388 000 hab.

BRITÁNICAS, islas Arch. de Europa occidental; 312 321 km².

BRNO C. de la Rep. Checa; 383 400 hab.

BROAD PEAK Pico de la India; 8 051 m.

BROCA, *Paul* (1824-1880) Neurólogo fr. Localizó en el cerebro el área del lenguaje: *centro de B.*

BROGLIE, *Maurice*, DUQUE DE (1875-1960) Físico fr. Descubrió los espectros de rayos X.

BRONTË, *Charlotte* (1816-1855) Novelista brit. *Jane Eyre*.

BRONTË, *Emily* (1818-1848) Novelista brit. *Cumbres borrascosas*.

BROOK, *Peter* (n. 1925) Director teatral brit. Versiones shakespearianas: *El rey Lear.*

BRUEGHEL, *Pieter*, llamado *el Viejo* (1528-1569) Pintor flam. *Combate naval en el puerto de Nápoles.*

BRUJAS C. de Bélgica; 118 000 hab. Monumentos medievales.

BRUM, *Baltasar* (1875-1933) Político ur. Presid. de la rep. en 1919-1923.

BRUNEI Estado de Asia; 5 765 km², 264 000 hab. Cap., Bandar Seri Begawan.

BRUNELLESCHI, *Filippo* (1377-1446) Arquitecto it. Palacio Pitti de Florencia (Italia).

BRUNET, *Marta* (1901-1967) Escritora chil. *Montaña adentro.*

BRUNO, *Giordano* (1548-1600) Filósofo it. Condenado a la hoguera por la Inquisición.

BRUSELAS Cap. de Bélgica; 982 434 hab Sede de la Unión Europea.

BRUTO, *Lucio Junio* Personaje legendario. presunto fundador de la república rom.

BRYCE Echenique, *Alfredo* (n. 1939) Escritor per. *La vida exagerada de Martín Romaña.*

BUCARAM, *Abdalá* (n. 1952) Político ecuat. Presid. de la rep. en 1996.

BUCARAMANGA C. de Colombia, cap. del dpto. de Santander; 464 583 hab.

BUCAREST Cap. de Rumania; 2 211 400 hab.

BUCHANAN, *James* (1791-1868) Político estadoun. Presid. de EE UU en 1856-1860.

BUCHNER, *Eduard* (1860-1917) Químico al. Nobel de Química en 1907.

BUCK, *Pearl S.* (1892-1973) Novelista estadoun. *La buena tierra.* Nobel de Literatura en 1938.

BUCOVINA Región de Europa oriental. Cap., Chernovtsi. La zona N es rusa y el S rumana.

BUDA Nombre dado a *Sidhartha Gautama* (560-480 a.C.), fundador del budismo.

BUDAPEST Cap. de Hungría. Resultado de la reunión de las c. de Buda y Pest; 2 072 000 hab.

BUENA ESPERANZA Cabo de la Rep. Sudafricana, en la costa atlántica.

BUENAVENTURA C. de Colombia; 165 870 hab.

BUENAVENTURA, llamado *Doctor Seráfico* (1221-1274) Santo. Teólogo it. *Itinerario de la mente a Dios.*

BUENOS AIRES Lago andino, en la frontera chileno-argentina; 400 km². La parte chilena se llama lago General Carrera.

BUENOS AIRES Prov. de Argentina; 307 571 km², 12 582 321 hab. Cap., La Plata.

BUENOS AIRES Cap. de la Rep. Argentina; 11 353 592 hab.

BUERO Vallejo, *Antonio* (1916-2000) Dramaturgo esp. *En la ardiente oscuridad.* Premio Cervantes 1986. Premio Nacional de las Letras 1996.

BUFFALO Puerto de EE UU; 1 242 800 hab. con el área metropolitana.

BUFFALO Bill Seud. de *William Frederick Cody* (1846-1917) Militar y aventurero estadoun.

BUGA C. de Colombia; 84 000 hab.

BUGANDA Región de África oriental; 61 609 km², 2 667 400 hab. Cap., Kampala.

BUJUMBURA Cap. de Burundi; 272 600 hab.

BUKOWSKI, *Charles* (1920-1994) Escritor estadoun. *La máquina de follar.*

BULGARIA Estado del SO de Europa; 110 994 km², 8 500 000 hab. Cap., Sofía. *(Búlgaros).*

BULLRICH, *Silvina* (1915-1990) Novelista arg. *La redoma del primer Ángel.*

BULNES, *Manuel* (1799-1866) Político chil. Presid. de la rep. en 1841-1851.

BUMEDIÁN, *Huari* (1925-1978) Político argelino. Presid. en 1965-1978.

BUNGE, *Mario* (n. 1919) Filósofo y científico arg. *Intuición y ciencia.*

BUÑUEL, *Luis* (1900-1983) Director de cine esp. *Un perro andaluz.*

BURGER, *Gottfried August* (1747-1794) Poeta al. del *Sturm und Drang. Leonora.*

BURGESS, *Anthony* (1917-1993) Escritor brit. *La naranja mecánica.*

BURGOS C. de España; 163 156 hab.

BURGUIBA, *Habib* (1903-2000) Político tunecino. Presid. de la rep. desde 1964. Destituido en 1987.

BURKINA FASO Estado de África occidental; 274 200 km², 9 242 000 hab. Cap., Uagadugu.

BURROUGHS, *Edgar Rice* (1875-1950) Novelista estadoun., creador de *Tarzán.*

BURSA C. de Turquía; 614 100 hab.

BURUNDI Estado centroafricano; 27 834 km², 5 600 000 hab. Cap., Bujumbura. *(Burundeses).*

BUSH, *George* (n. 1924) Político estadoun. Presid. en 1988-1992.

BUSH, *George W.* (n. 1946) Político estadoun. Presid. desde 2001.

BUSONI, *Ferruccio* (1866-1924) Compositor it. *Doctor Fausto* (ópera).

BUSTAMANTE, *Anastasio* (1780-1853) Militar y político mex. Presid. en 1830 y en 1837-1841.

BUSTAMANTE, *Carlos María* (1774-1848) Político mex. Participó en el mov. de independencia.

BUSTAMANTE, *Ricardo José* (1821-1884) Poeta bol. Autor del himno nacional.

BUSTAMANTE Rivero, *José Luis* (1894-1989) Político per. Presid. de la rep. en 1945-1948.

BUSTOS, *Juan Bautistas* (1779-1830) Militar y político arg. Luchó contra los brit. (1806-1807).

BUTÁN Estado de Asia centromeridional; 47 000 km², 1 476 000 hab. Cap., Thimpu y Punakha.

BUTENANDT, *Adolf Friedrich Johannes* (1903-1995) Químico al. Nobel de Química en 1939.

BUTLER, *Horacio* (1897-1983) Pintor arg. *La siesta.*

BUTLER, *Samuel* (1612-1680) Poeta ing. *Hundibras, El camino de toda carne.*

BUTROS Ghali, *Butros* (n. 1922) Diplomático egipcio. Secretario gral. de la ONU en 1992-1996.

BYRD, *Richard Evelyn* (1888-1957) Aviador estadoun. El primero que sobrevoló el polo Norte (1926) y el polo Sur (1929).

BYRON, *George Gordon*, LORD (1788-1824) Poeta brit. *Horas de solaz.*

C

CAACUPÉ C. de Paraguay, cap. del dpto. de La Cordillera; 12 368 hab.

CAAGUAZÚ Dpto. de Paraguay; 11 474 km², 383 319 hab. Cap., Coronel Oviedo.

CAAMAÑO, *Francisco* (1933-1973) Militar y político dom. Impuso la Constitución de 1963.

CAAMAÑO, *José María Plácido* (1838-1901) Político ecuat. Presid. de la rep. en 1884-1888.

CAAZAPÁ Dpto. de Paraguay; 9 496 km², 128 550 hab. Cap., Caazapá (3 834 hab.).

CABALLÉ, *Montserrat* (n. 1933) Soprano esp.

CABALLERO, *Bernardino* (1839-1912) Militar y político par. Presid. de la rep. en 1880-1886.

CABALLERO Calderón, *Eduardo* (n. 1910) Escritor col. *El Cristo de espaldas.*

CABAÑAS Dpto. de El Salvador; 1 104 km², 151 968 hab. Cap., Sensuntepeque.

CABAÑAS, *Trinidad* (m. 1871) Militar hond. Presid. de la rep. en 1852-1855.

CABELLO de Carbonera, *Mercedes* (1845-1909) Novelista per. *Blanca Sol.*

CABEZA de Vaca, *Álvar Núñez* (1507-1559) Conquistador esp. Gobernador del Río de la Plata.

CABO, *Ciudad de El* C. de la República Sudafricana, cap. de la prov. de El Cabo; 825 800 hab.

CABO VERDE Estado de África; 4 033 km², 341 000 hab. Cap., Praia. *(Caboverdianos).*

CABOTO, *Juan* (1450-1498) Navegante it. Fue el primero en desembarcar en América del N.

CABRAL, *José María* (1819-1899) Político dom. Presid. de la rep. en 1865 y 1866-1868.

CABRAL, *Pedro Álvares* (h. 1467-1520) Navegante port. Descubrió Brasil en 1500.

CABRERA, *Miguel* (1695-1768) Pintor mex. Fundador de la Academia de Pintura Mexicana.

CABRERA Infante, *Guillermo* (n. 1929) Escritor cub. *Tres tristes tigres.* Premio Cervantes 1997.

CACAMATZIN (h. 1494-1520) Rey de Texcoco.

CÁCERES C. de España; 77 768 hab.

CÁCERES, *Andrés Avelino* (1833-1923) Militar per. Presid. en 1886-1890 y 1894-1895.

CÁCERES, *Esther de* (1903-1971) Poetisa ur. *Cruz y éxtasis de la pasión.*

CÁCERES, *Ramón* (1868-1911) Militar dom. Presidente en 1906 y 1908.

CÁCERES Díaz de Arismendi, *Luisa* (1799-1866) Heroína de la indep. ven.

CACHEMIRA Región de Asia, sit. entre China, India, Pakistán y Afganistán; 222 800 km².

CADALSO, *José* (1741-1782) Escritor esp. *Cartas marruecas, Noches lúgubres.*

CÁDIZ C. de España; 145 595 hab.

CAEN C. de Francia, cap. de la región de Baja Normandía; 191 500 hab.

CAFARNAÚM C. de la ant. Galilea.

CAFÉ Filho, *João Fernandes* (1899-1970) Político bras. Presid. interino en 1954-1955.

CAFRUNE, *Jorge* (1938-1978) Cantante arg.

CAGLIARI C. de Italia, cap. de la isla y de la región de Cerdeña; 204 200 hab.

CAGUAS C. de Puerto Rico; 133 447 hab.

CAIMÁN Arch. antill; 259 km², 25 000 hab. Cap., Georgetown. Colonia brit.

CAIRO, *El* Cap. de Egipto; 10 000 000 hab.

CAJAMARCA Dpto. del Perú; 34 022,88 km² 1 343 500 hab. Cap., Cajamarca (92 44" hab.).

CAJIGAL de la Vega, *Francisco* (1691-1777) Militar esp. Virrey de Nueva Españ en 1760.

CALABRIA Región de Italia; 15 080 km² 2 070 200 hab. Cap., Catanzaro.

CALAIS Puerto de Francia, que enlaza co Inglaterra.

CALAMA C. de Chile; 110 400 hab.

CALANCHA, *fray Antonio de la* (1548-1654) Historiador de Indias bol.

CALASANZ, *José de* (1556-1648) Santo sa cerdote y pedagogo esp. Fundó las Escue las Pías.

CALCUTA C. de la India; 4 388 300 hab.

CALDAS Dpto. de Colombia; 7 888 km 1 002 438 hab. Cap., Manizales.

CALDERA Rodríguez, *Rafael* (n. 1916 Político ven. Presid. en 1968-1974 1993-1999.

CALDERÓN, *Armando* (n. 1948) Políti salv. Presid. de la nación entre 1994 1999.

CALDERÓN, *Fernando* (1809-1845) Dr maturgo mex. *Hernán o la vuelta d cruzado.*

CALDERÓN de la Barca, *Pedro* (160 1681) Dramaturgo esp. *La vida es sueño*

CALDERÓN Fournier, *Rafael Ángel* (1950) Político cost. Presid. de la rep. (1990-1994.

CALDERÓN Guardia, *Rafael Ángel* (190 1970) Político cost. Presid. de la rep. 1940-1944.

CALGARY C. de Canadá; 592 700 hab.

CALI C. de Colombia, cap. del dpto. de Va del Cauca; 1 783 546 hab.

CALÍCRATES (s. v. a.C.) Arquitecto Constructor, con Fidias e Ictinos, del P tenón.

CALIFORNIA Est. del SO de EE U 411 049 km², 29 760 000 hab. Cap., Sac mento.

CALÍGULA (12-41 d.C.) Emperador rom., en 37-41. Nombró cónsul a su caballo.

CALIXTO Nombre de tres papas. • l (m. 222) Santo. Papa en 217-222. • ll (1060-1124) Papa en 1119-1124. • lll (1378-1458) Papa en 1455-1458.

CALLAGHAN, James (n. 1912) Político laboralista brit. Primer ministro en 1976-1979.

CALLAO, El Prov. constitucional y c. del Perú; 146,98 km², 699 600 hab.

CALLAS, Maria Kalogeropulos (1923-1977) Soprano estadoun., de origen gr.

CALLEJA, Félix María de (1750-1820) General esp. Virrey de México en 1813.

CALLEJAS, Rafael Leonardo (n. 1943) Político hond. Presidente en 1989-1994.

CALLES, Plutarco Elías (1877-1945) Político mex. Presidente de la nación en 1924-1928.

CALMETTE, Albert (1863-1933) Médico fr., Descubridor de la vacuna antituberculosa.

CALVIN, Melvin (1911-1997) Bioquímico estadoun. Nobel de Química en 1961.

CALVINO, Jean (1509-1564) Reformador fr. Institutio christianae religionis.

CALVINO, Italo (1923-1985) Escritor it. El barón rampante.

CALVO Sotelo, Leopoldo (n. 1926) Político esp. Presid. del gobierno en 1981-1982.

CAMACHO, Arturo (1910-1982) Poeta col. Luna de arena.

CAMAGÜEY Prov de Cuba; 15 839 km², 723 000 hab. Cap., Camagüey (286 400 hab.).

CAMARGO, José Vicente (m. 1816) Héroe de la indep. bol.

CAMBACERES, Eugenio (1843-1889) Novelista arg. Sin rumbo.

CAMBOYA Estado del SE de Asia; 181 035 km², 8 781 000 hab. Cap., Phnom Penh. (Camboyanos).

CAMBRIDGE C. de Gran Bretaña; 90 400 hab. Universidad fundada en 1229.

CAMERÚN Estado de África; 475 442 km², 11 932 000 hab. Cap., Yaundé. (Cameruneses).

CAMÕES, Luis Vaz de (1524-1580) Poeta port. Os Lusíadas.

CAMPANIA Región del S de Italia; 13 595 km², 5 630 300 hab. Cap., Nápoles.

CAMPECHE Est. de México; 51 833 km², 689 656 hab. Cap., Campeche (216 735 hab.).

CAMPERO, Narciso (1815-1896) Militar bol. Presid. de la rep. de 1880 a 1884.

CAMPINAS C. de Brasil; 846 424 hab.

CAMPISTEGUY, Juan (1859-1937) Político ur. Presid. de la rep. en 1927-1931.

CAMPO, Estanislao del (1834-1880) Escritor arg. Fausto, poema gauchesco.

CAMPOAMOR, Ramón de (1817-1901) Escritor esp. El drama universal.

CAMPOBASSO C. de Italia, cap. de la región de Molisse; 50 900 hab.

CAMPOMANES, Pedro Rodríguez, CONDE DE (1723-1802) Político ilustrado esp.

CÁMPORA, Héctor José (1909-1980) Político arg. Presid. en 1973.

CAMUS, Albert (1913-1960) Escritor y filósofo fr. Nobel de Literatura en 1957. El extranjero.

CANADÁ Estado de América del Norte; 9 970 610 km², 27 300 000 hab. Cap., Ottawa. (Canadienses).

CANAL, Zona del Terr. a ambas orillas del canal de Panamá; 1 676 km², 45 000 hab.

CANALEJAS, José (1854-1912) Político liberal esp. Jefe del gobierno en 1910-1912.

CANARIAS Arch. y com. autón. de España; 7 242 km², 1 606 534 hab. Cap., Santa Cruz de Tenerife y Las Palmas de Gran Canaria.

CANBERRA Cap. de Australia; 256 000 hab.

CANCELA, Arturo (1892-1956) Escritor arg. Tres relatos porteños.

CÁNCER Cuarto signo y constelación del Zodíaco.

CANCIÓN de Roldán Epopeya anónima fr. del siglo XII.

CANDAMO, Manuel (1841-1904) Político per. Presid. de la rep. en 1903-1904.

CANDELARIA Canobio, Luis (1892-1964) Aviador arg. El primero en cruzar los Andes en 1918.

CANÉ, Luis (1897-1957) Escritor arg. Tiempo de vivir, Bailes y coplerías.

CANÉ, Miguel (1851-1905) Escritor arg. Juvenilia, Charlas literarias.

CANELONES Dpto. del S de Uruguay; 4 536 km², 443 053 hab. Cap., Canelones (19 388 hab.).

NP

CANETTI, *Elías* (1905-1994) Escritor austr., n. en Bulgaria. Nobel de Literatura en 1981. *Auto de fe.*

CANINDEYÚ Dpto. del E de Paraguay; 14 667 km², 98 826 hab. Cap., Salto del Guairá.

CANNES C. de Francia; 72 300 hab. Sede del festival de cine creado en 1946.

CANO, *Alonso* (1601-1667) Pintor y escultor barroco esp. *El milagro del pozo.*

CANOVA, *Antonio* (1757-1821) Escultor it. *Paulina Bonaparte Borghese.*

CÁNOVAS del Castillo, *Antonio* (1828-1897) Político esp. Artífice del turno de partidos en el poder.

CANTABRIA Comunidad. autón. de España; 5 289 km², 527 437 hab. Cap., Santander.

CANTÁBRICA Cordillera de España. Alt. máx.: Peña Cerredo (2 648 m).

CANTÁBRICO Mar del Atlántico, al N de España y O de Francia.

CANTAR DE MIO CID Cantar de gesta en lengua cast., compuesto h. 1140.

CANTINFLAS Seud. de *Mario Moreno* (1911-1993) Actor cómico mex. *Abajo el telón.*

CANTÓN C. de la China; 3 120 000 hab.

CANUTO Nombre de dos reyes de Dinamarca. • I *el Grande* (995-1035) Rey de Dinamarca en 1018, Inglaterra en 1017 y Noruega en 1028. • II *el Santo* (1040-1086) Rey en 1080-1086.

CAÑAR Prov. del centro de Ecuador; 3 122,1 km², 189 347 hab. Cap., Azogues.

CAÑAS, *Juan José* (1826-1918) Militar y poeta salv. *Días de días.*

CAPABLANCA, *José Raúl* (1888-1942) Ajedrecista cub. Campeón del mundo en 1921-1927.

CÁPAC Yupanqui (s. XIII) Quinto soberano inca.

CAPDEVILA, *Arturo* (1889-1967) Poeta arg. *El libro de la noche.*

CAPITAL, *El* Obra fundamental de K. Marx, editada por F. Engels en 1867-1894.

CAPOTE, *Truman* (1924-1984) Novelista estadoun. *A sangre fría.*

CAPRA, *Frank* (1897-1991) Director de cine estadoun., de origen it. *¡Qué bello es vivir!*

CAPRICORNIO Décimo signo y constelación del Zodíaco.

CAQUETÁ Río de Colombia y Brasil; 2 200 km.

CAQUETÁ Dpto. de Colombia; 88 965 km², 367 898 hab. Cap., Florencia.

CARABOBO Est. del N de Venezuela; 4 650 km², 1 992 022 hab. Cap., Valencia.

CARACALLA, *Marco Aurelio* (188-217) Emperador rom. en 211-217.

CARACAS Cap. de Venezuela; 3 796 779 hab.

CARAFFA, *Emilio* (1862-1939) Pintor arg. *El paso del Paraná por el general Urquiza.*

CARAVAGGIO, *Michelangelo Merisi*, llamado (1573-1610) Pintor it. *La Virgen muerta.*

CARAZO Dpto. del O de Nicaragua; 1 097 km², 150 000 hab. Cap., Jinotepe.

CARAZO, *Evaristo* (1822-1889) Militar nic. Presid. de la rep. en 1887-1889.

CARAZO Odio, *Rodrigo* (n. 1926) Político cost. Presid. de la rep. en 1978-1982.

CARBALLIDO, *Emilio* (n. 1925) Novelista mex. *Las visitaciones del diablo.*

CARCHI Prov. del N de Ecuador; 3 605,1 km², 141 482 hab. Cap., Tulcán.

CARCOVA, *Ernesto de la* (1867-1927) Pintor arg. *Sin pan y sin trabajo.*

CARDANO, *Gerolamo* (1501-1576) Médico, matemático y filósofo it.

CÁRDENAS C. de Cuba; 54 900 hab.

CÁRDENAS, *Adán* (1836-1916) Político nic. Presid. de la rep. en 1883-1887.

CÁRDENAS, *Lázaro* (1895-1970) Militar mex. Presid. de la nación en 1934-1940.

CARDIFF C. de Gran Bretaña, cap. del País de Gales; 260 600 hab.

CARDINALE, *Claudia* (n. 1939) Actriz it. *El gatopardo.*

CARDOSO, *Fernando Henrique* (n. 1931) Político bras. Elegido presid. en 1994 y reelegido en 1998.

CARDOSO, *Onelio Jorge* (n. 1914) Escritor realista cub. *El caballo de coral.*

CARDOZA y Aragón, *Luis* (1904-1992) Escritor surrealista guat. *Torre de Babel.*

CARDOZO, *Efraím* (1906-1973) Historiador par. *El Chaco en régimen de intendencias.*

CARDUCCI, *Giosuè* (1835-1907) Poeta it. *Odas bárbaras.* Nobel de Literatura en 1906.

CARÍAS Andino, *Tiburcio* (1876-1969) Militar hond. Presid. de la rep. en 1933-1949.

CARÍAS Reyes, *Marcos* (1905-1949) Escritor hond. *La heredad, Germinal.*

CARIBE Mar del Atlántico, entre Venezuela y Yucatán y el arch. de las Antillas.

CARLOMAGNO (768-814) Rey de los francos en 800-814 y emp. de Occidente en 800-814.

CARLOS Nombre de diversos emperadores del Imperio Romano Germánico. • IV de Luxemburgo (1316-1378) Emp. en 1355-1378. • V ⇨ Carlos I de España. • VI (1685-1740) Emp. en 1711-1740.

CARLOS I (1887-1922) Emp. de Austria en 1916-1918.

CARLOS Nombre de varios reyes de España. • I (1500-1558) Rey en 1517-1556 y emp. de Alemania en 1519-1556, como Carlos V. • II *el Hechizado* (1661-1700) Rey en 1665-1700. • III (1716-1788) Rey en 1759-1788. • IV (1748-1819) Rey en 1788-1808.

CARLOS Nombre de varios reyes de Francia. • Martel (688-741) Rey en 714-741. • VII (1403-1461) Rey en 1422-1461. • IX (1550-1574) Rey en 1560-1574. • X (1757-1836) Rey en 1824-1830.

CARLOS Nombre de dos reyes de Gran Bretaña. • I (1600-1649) Rey en 1625-1649. • II (1630-1685) Rey en 1660-1685.

CARLOS Nombre de varios reyes de Suecia. • X Gustavo (1622-1660) Rey en 1654-1660. • XI (1655-1697) Rey en 1660-1697. • XII (1682-1718) Rey en 1697-1718. • XVI Gustavo (n. 1946) Elegido Rey en 1973.

CARLOS I de Anjou (1226-1285) Rey Sicilia y Nápoles en 1266-1285.

CARLOS María Isidro (1788-1885) Hermano de Fernando VII. Provocó la guerra carlista.

CARMONA, *Antônio Óscar de Fragoso* (1869-1951) General port. Presid. en 1928.

CARNAC Aldea de Bretaña en donde se hallan alineamientos megalíticos de 2000-1400 a.C.

CARNAP, *Rudolf* (1891-1970) Filósofo al. *La estructura lógica del mundo.*

CARNER, *Josep* (1884-1970) Poeta esp. en lengua catalana. *Els fruits saborosos.*

CARO, *José Eusebio* (1817-1853) Escritor romántico col. *El ciprés.*

CARO, *Miguel Antonio* (1843-1909) Político col. Presid. de la rep. en 1894.

CARO Baroja, *Julio* (1914-1995) Historiador esp. *Las falsificaciones de la historia.*

CAROLINA DEL NORTE Est. del E de EE UU; 136 413 km², 6 629 000 hab. Cap., Raleigh.

CAROLINA DEL SUR Est. del E de EE UU; 80 582 km², 3 264 000 hab. Cap., Columbia.

CAROLINAS Arch. de Micronesia integrado en los Estados Federados de Micronesia.

CARONÍ Río de Venezuela; 925 km.

CARPACCIO, *Vittore* (1465-1526) Pintor veneciano. *Leyenda de santa Úrsula.*

CÁRPATOS Sist. montañoso alpino; alt. máx., el pico Gerlachovka (2 663 m).

CARPENTIER, *Alejo* (1904-1980) Novelista cub. *El siglo de las luces.*

CARRANZA, *Eduardo* (1913-1985) Poeta col. *Los días que ahora son sueños.*

CARRANZA, *Venustiano* (1859-1920) Político mex. Presid. de la rep en 1917-1920.

CARRASQUILLA, *Tomás* (1858-1940) Novelista costumbrista col. *Frutos de mi tierra.*

CARREL, *Alexis* (1873-1944) Fisiólogo fr. Nobel de Medicina en 1912.

CARREÑO, *María Teresa* (1853-1917) Compositora ven. *Himno nacional venezolano.*

CARRERA, *José Miguel* (1785-1821) Militar chil. Jefe de gobierno en 1812-1814.

CARRERA, *Rafael* (1814-1865) Militar guat. Presid. del país en 1844-1848 y 1851-1865.

CARRERA Andrade, *Jorge* (1903-1978) Poeta vanguardista ecuat. *Lugar de origen.*

CARRERAS, *Josep* (n. 1946) Tenor esp.

CARRIEGO, *Evaristo* (1883-1912) Poeta arg. *La canción del barrio.*

CARRILLO, *Braulio* (1800-1845) Político cost. Jefe del gobierno en 1835-1842.

CARRILLO, *Francisco* (1851-1926) Caudillo de la indep. cub.

CARRILLO, *Julián* (1875-1965) Compositor mex. *Xochimilco.*

CARRIÓN, *Alejandro* (n. 1915) Escritor ecuat. *Muerte en la isla.*

CARRIÓN, *Benjamín* (1897-1979) Escritor ecuat. *El nuevo relato ecuatoriano.*

CARRIÓN, *Jerónimo* (1812-1873) Político ecuat. Presid. de la rep. en 1865-1867.

CARROLL, *Lewis* Seud. de *C. L. Dodgson* (1832-1898) Escritor brit. *Alicia en el país de las maravillas.*

CARTAGENA C. de Colombia, cap. del dpto. de Bolívar; 661 830 hab. Llamada Cartagena de Indias.

CARTAGENA C. de España; 170 483 hab.

CARTAGO Ant. c. del N de África.

CARTAGO Prov. de Costa Rica; 3 125 km², 340 298 hab. Cap., Cartago (108 958 hab.).

CARTAGO C. de Colombia; 92 000 hab.

CARTER, *James Earl* (n. 1924) Político demócrata estadoun. Presid. en 1976-1980.

CARUSO, *Enrico* (1873-1921) Tenor it.

CASABLANCA C. de Marruecos; 2 139 200 hab.

CASACCIA, *Gabriel* (1907-1980) Escritor par. *La llaga, Los exiliados.*

CASAL, *Julián del* (1863-1893) Poeta modernista cub. *Hojas al viento.*

CASALS, *Pau* (1876-1973) Violoncelista y compositor esp. *El pesebre.*

CASANARE Dpto. de Colombia; 44 460 km², 211 329 hab. Cap., Yopal.

CASANARE Río de Colombia; 515 km.

CASANOVA, *Rafael de* (1660-1743) Político esp. Símbolo del nacionalismo catalán.

CASANOVA de Seingalt, *Giacomo* (1725-1798) Aventurero it. Célebre por sus intrigas amorosas.

CASARES, *Julio* (1877-1964) Erudito esp. *Diccionario ideológico de la lengua española.*

CASARES Quiroga, *Santiago* (1884-1950) Político esp. Jefe del gobierno en 1936.

CASAS, fray *Bartolomé de Las* (1474-1566) Escritor esp. *Historia general de las Indias.*

CASCADAS, *cordillera de* Sistema montañoso de América del Norte. Altura máx.: monte Rainier (4 392 m).

CASONA, *Alejandro* (1903-1965) Dramaturgo esp. *La dama del alba.*

CASPIO El mayor mar cerrado del mundo; 424 300 km². Sit. entre el Cáucaso y Asia central.

CASSINI, *Gian Domenico* (1625-1712) Astrónomo it. Descubrió tres satélites de Saturno.

CASTAÑEDA Castro, *Salvador* (1888-1965) Político y militar salv. Presid. en 1945-1948.

CASTELGANDOLFO Mun. de Italia. Residencia veraniega del papa.

CASTELAR, *Emilio* (1832-1899) Político esp. Presid. de la I Rep. en 1873.

CASTELLANOS, *Rosario* (1925-1973) Escritora mex. *Oficio de tinieblas.*

CASTELLÓN DE LA PLANA C. de España; 135 729 hab.

CASTELO Branco, *Camilo* (1825-1890) Novelista port. *Amor de perdición.*

CASTIGLIONE, *Baldassare de* (1478-1529) Escritor it. *El cortesano.*

CASTILLA Condado y reino medieval de la pen. Ibérica.

CASTILLA y LEÓN Com. autón. esp.; 94 193 km², 2 508 496 hab. Cap., Valladolid.

CASTILLA-LA MANCHA Com. autón. esp.; 79 230 km², 1 712 529 hab. Cap., Toledo.

CASTILLA Marquesado, *Ramón* (1796-1867) Militar per. Presid. en 1845-1851 y 1858-1862.

CASTILLO, *Francisca Josefa del* (1671-1742) Escritora col. *Los sentimientos espirituales.*

CASTILLO, *Ramón* (1873-1944) Político arg. Presid. de la rep. en 1940-1943.

CASTILLO Armas, *Carlos* (1914-1957) Militar guat. Jefe de la nación en 1954-1957.

CASTILLO y Radá, *José María del* (1776-1835) Político col. Participó en el triunvirato en 1814-1815.

CASTRO, *Américo* (1885-1972) Historiador esp. n. en Brasil. *Judíos, moros y cristianos.*

CASTRO, *Cipriano* (1858-1924) Militar y político ven. Presid. en 1899-1908.

CASTRO, *Guillen de* (1569-1613) Dramaturgo esp. *El conde Alarcos.*

CASTRO, *José María* (1818-1892) Político cost. Presid. de la rep. en 1846-1849.

CASTRO, *Julián* (s. XIX) Militar ven. Caudillo de la rev. de Marzo. Presid. en 1858-1859.

CASTRO, *Rosalía de* (1837-1885) Poetisa esp. en gallego. *Follas novas.*

CASTRO Ruz, *Fidel* (n. 1927) Político cub. En el poder desde 1959.

CATALINA Nombre de diversas reinas de Inglaterra. • de Aragón (1485-1536) Reina en 1509-1536. Primera esposa de Enrique VIII. • Howard (1522-1542) Reina en 1540-1542, quinta esposa de Enrique VIII. • Parr (1512-1548) Reina en 1543-1547, sexta esposa de Enrique VIII.

CATALINA Nombre de dos emperatrices de Rusia. • I (1684-1727) Emperatriz en 1725-1727. • II la Grande (1729-1796) Emperatriz en 1762-1796.

CATALINA de Médicis (1519-1589) Reina de Francia, esposa de Enrique II.

CATALUÑA o CATALUNYA Com. autón. del NE de España; 31 930 km², 6 090 040 hab. Cap., Barcelona.

CATAMARCA Prov. del NO de Argentina; 102 602 km², 265 571 hab. Cap., San Fernando del Valle de Catamarca.

CATANZARO C. de Italia, cap. de la región de Calabria; 96 600 hab.

CATILINA, Lucio Sergio (109-62 a.C.) Político rom. Acusado de conjura por Cicerón.

CATÓN, Marco Porcio, llamado el Censor (234-149 a.C.) Político y escritor rom.

CATÓN de Útica, Marco Porcio (95-46 a.C.) Político rom. Apoyó a Cicerón contra Catilina.

CATULO, Cayo Valerio (87-54 a.C.) Poeta lírico latino. Poemas a Lesbia.

CAUCA Río de Colombia; 1 350 km.

CAUCA Dpto. del SO de Colombia; 29 308 km², 1 127 668 hab. Cap., Popayán.

CÁUCASO Cordillera rusa que se extiende entre el mar Negro y el mar Caspio.

CAUPOLICÁN (1505-1558) Jefe araucano. Sus hazañas fueron cantadas por Ercilla en La Araucana.

CAVACO Silva, Aníbal (n. 1939) Político port. Primer ministro en 1985-1995.

CAVAFIS, Constantins (1863-1933) Poeta gr. Las Termópilas.

CAVENDISH, Henry (1731-1810) Físico brit. Determinó la composición del agua.

CAVOUR, Camillo, CONDE DE (1810-1861) Político it. Artífice de la unidad italiana.

CAYENA Cap. de la Guayana fr.; 38 100 hab.

CEARÁ Est. del NO de Brasil; 145 694 km², 6 401 000 hab. Cap., Fortaleza.

CEAUSESCU, Nicolae (1918-1989) Político rum. Presid. de la rep. en 1974-1989.

CEBALLOS, Juan Bautista (1811-1859) Político mex. Presid. del país en 1853.

CEBRIÁN y Agustín, Pedro, CONDE DE FUENCLARA (1687-1752) Político esp. Virrey de Nueva España en 1742-1746.

CEI (Comunidad de Estados Independientes) Confederación de doce ex repúblicas soviéticas cuya formación en 1991 supuso el fin de la URSS.

CEIBA, La C. de Honduras, cap. del dpto. de Atlántida; 68 764 hab.

CEILÁN Ant. nombre de ⇨ Sri Lanka.

CELA, Camilo José (n. 1916) Escritor esp. La colmena. Nobel de Literatura en 1989.

CELAYA, Gabriel Seud. de R. Gabriel Mújica Celaya (1911-1991) Poeta esp. Poesía urgente.

CÉLEBES Arch. de Indonesia; 189 216 km², 10 409 500 hab.

CÉLEBES Isla indonesia en el arch. hom.

CÉLEBES Mar del Pacífico, situ. entre las islas de Borneo, Célebes y Mindanao.

CELESTINA, La Obra teatral de Fernando de Rojas, escrita en 1500.

CELESTINO V (h. 1215-1296) Santo. Papa it. en 1294.

CÉLINE, Louis Ferdinand (1894-1961) Escritor fr. Viaje al fin de la noche.

CELSIUS, Anders (1701-1744) Físico sueco. Inventó la escala termométrica centígrada.

CENDRARS, Blaise Seud. de Frédéric Sauser (1887-1961) Escritor suizo en lengua fr. El hombre fulminado.

CENTRAL Cord. de los Andes, en Colombia; long.: 700 km; alts. máxs.: Nevado de Huila (5 750 m) y Nevado de Ruiz (5 400 m).

CENTRAL Cordillera de Costa Rica.

CENTRAL Macizo de La Española. Alt. máx.: pico Duarte (3 175 m).

CENTRAL Dpto. del centro de Paraguay; 2 465 km², 864 540 hab. Cap., Areguá.

CENTRO Región del centro de Francia; 398 151 km², 2 371 000 hab. Cap., Orleans.

CENTROAFRICANA, República Estado del centro de África; 622 436 km², 3 015 000 hab. Cap., Bangui. (Centroafricanos).

CENTROAMÉRICA Área que une los hemisferios Norte y Sur del continente americano.

NP

CEPALC (*Comisión Económica para América Latina y el Caribe*) Organismo de las Naciones Unidas fundado en 1948, con sede en Santiago de Chile.

CERDA, *Manuel Antonio de la* (m. 1829) Político nic. Jefe del Est. en 1825-1827.

CERDA Sandoval, *Gaspar de la* (1653-1697) Virrey de Nueva España en 1688-1697.

CERDEÑA Isla y región autón. de Italia; 24 090 km², 1 648 200 hab. Cap., Cagliari.

CEREZO, *Vinicio* (n. 1942) Político guat. Presid. de la rep. en 1986-1991.

CERNUDA, Luis (1904-1963) Poeta esp. *La realidad y el deseo*.

CERRO DE PASCO C. del Perú, cap. del dpto. de Pasco; 54 148 hab.

CERRO LARGO Dpto. del NO de Uruguay; 13 648 km², 82 510 hab. Cap., Melo.

CERVANTES Saavedra, *Miguel de* (1547-1616) Escritor esp. *Don Quijote de la Mancha*.

CESAR Dpto. del N de Colombia; 22 905 km², 757 096 hab. Cap., Valledupar.

CÉSAR, *Cayo Julio* (101-44 a.C.) General rom. Formó el primer triunvirato con Pompeyo y Craso en 60. *De bello gallico* y *De bello civile*.

CÉSPEDES, *Carlos Manuel de* (1819-1874) Político cub. Presid. de la rep. en 1869-1873.

CÉSPEDES y Quesada, *Carlos Manuel de* (1871-1939) Político cub. Presid. en 1933.

CESTERO, *Manuel Florentino* (1879-1926) Escritor dom. *Cuentos a Lila*.

CEUTA C. esp. en África; 18,5 km², 68 796 hab.

CEVALLOS, *Pedro Antonio* (1715-1778) Militar esp. Virrey de Río de la Plata en 1776.

CÉZANNE, *Paul* (1839-1906) Pintor fr. *Los jugadores de cartas*.

CHABAN-DELMAS, *Jacques* (n. 1915) Político fr. Primer ministro en 1969-1972.

CHACEL, *Rosa* (1898-1994) Escritora esp. *Memorias de Leticia Valle*.

CHACHACOMANI Nevado de Bolivia; 6 553 m.

CHACHANI Volcán del Perú; 6 075 m.

CHACHAPOYAS C. del Perú, cap. del dpto. de Amazonas; 15 785 hab.

CHACO Región de América del Sur de 800 000 km², entre Argentina, Bolivia y Paraguay.

CHACO Prov. del NO de Argentina; 99 633 km², 838 303 hab. Cap., Resistencia.

CHACÓN, *Lázaro* (1837-1930) Militar guat. Presid. del país en 1926-1930.

CHAD Lago del centro de África; 16 300 km².

CHAD Estado de África central; 1 284 000 km², 5 819 000 hab. Cap., N'Djamena. (*Chadianos*).

CHADLY Benjedid (n. 1929) Militar y político argelino. Presid. de la rep. en 1979-1992.

CHADWICK, *sir James* (1891-1974) Físico brit. Nobel de Física en 1935.

CHAGALL, *Marc* (1887-1985) Pintor cubista y surrealista fr., n. en Bielorrusia. *El violinista*.

CHAGRES Río de Panamá; 190 km.

CHAIKOVSKI, *Piotr Ilich* (1840-1893) Compositor ruso. *El lago de los cisnes*.

CHAIN, *Ernest* (1906-1079) Médico brit. Nobel de Medicina en 1945.

CHALATENANGO Dpto. de El Salvador; 2 016 km², 195 245 hab. Cap., Chalatenango (27 600 hab.).

CHAMBERLAIN, *Austen* (1863-1937) Político brit. Nobel de la Paz en 1925.

CHAMBERLAIN, *Neville* (1869-1940) Político conservador brit. Primer ministro en 1937-1940.

CHAMBERLAIN, *Owen* (n. 1920) Físico estadoun. Nobel de Física en 1959.

CHAMORRO, *Diego Manuel* (m. 1923) Político nic. Presid. de la rep. en 1921-1923.

CHAMORRO, *Emiliano* (1875-1966) Político nic. Presid. de la rep. en 1916-1921 y 1926.

CHAMORRO, *Frutos* (1806-1855) Militar y político nic. Presid. de la rep. en 1853-1855.

CHAMORRO, *Pedro Joaquín* (1818-1890) Político nic. Presid. de la rep. en 1874-78.

CHAMORRO, *Violeta Barrios de* (n. 1930) Política nic. Presid. del país en 1990-1996.

CHAMPAÑA-ARDENAS Región del NE de Francia; 25 606 km², 1 347 900 hab. Cap. Reims.

CHANCHAMAYO C. del Perú; 59 100 hab.

CHANDLER, *Raymond* (1888-1959) Escritor estadoun. *La dama del lago.*

CHANG Kai-shek (1887-1975) General chino. Presid. vitalicio de Taiwan en 1950-1975.

CHANIS Pinzón, *Daniel* (1892-1961) Médico y político pan. Presid. de la rep. en 1949.

CHAPALA Lago de México; 1 100 km².

CHAPÍ, *Ruperto* (1851-1909) Compositor esp. de zarzuelas. *La revoltosa.*

CHAPLIN, *Charles S. Charlot* (1889-1977) Actor y director brit. *Tiempos modernos.*

CHARI Río de África ecuatorial; 1 200 km.

CHARLES, *Ray* (n. 1930) Cantante estadoun.

CHATEAUBRIAND, *François-René*, VIZCONDE DE (1768-1848) Escritor fr. *El genio del cristianismo.*

CHAUCER, *Geoffrey* (1340-1400) Poeta ing. *Cuentos de Canterbury.*

CHÁVEZ, *Carlos* (1899-1978) Compositor mex. Fundador de la Orquesta Sinfónica de México.

CHÁVEZ, *Coroñado* (1807-1881) Político hond. Presid. interino de la rep. en 1845-1847.

CHÁVEZ, *Hugo* (n. 1954) Militar y político ven. Elegido presid. en 1998. Reelegido en 2000.

CHAZARRETA, *Andrés* (1876-1960) Compositor arg.

CHECA, *República* Estado de Europa central; 78 864 km², 10 300 000 hab. Cap., Praga. *(Checos).*

CHECOSLOVAQUIA Ant. estado de Europa, existente entre 1918-1939 y 1945-1992.

CHÉJOV, *Antón Pávlovich* (1860-1904) Dramaturgo ruso. *El tío Vania.*

CHERNIENKO, *Konstantin* (1911-1985) Político soviético. Presidente en 1984-1985.

CHETUMAL C. de México, cap. del est. de Quintana Roo; 208 404 hab.

CHIANG Tse-min (n. 1926) Político chino. Presid. de la rep. en 1993-1997.

CHIAPAS Est. del SO de México; 73 887 km², 3 920 515 hab. Cap., Tuxtla Gutiérrez.

CHIARI, *Roberto Francisco* (1905-1982) Político pan. Presid. de la rep. en 1960-1964.

CHIARI, *Rodolfo* (1869-1937) Político pan. Presid. de la rep. en 1924-1928.

CHICAGO C. de EE UU; 7 103 600 hab.

CHICAMOCHA Río de Colombia; 400 km.

CHICHÉN-ITZÁ Cap. del imperio maya en México.

CHICHICASTENANGO C. de Guatemala; 45 800 hab.

CHICLAYO C. del Perú, cap. del dpto. de Lambayeque; 393 418 hab.

CHICO DE SANTA CRUZ Río de Argentina; 600 km.

CHICOMECOATL Diosa azteca de la fertilidad.

CHIHUAHUA Est. de México; 3 047 867 km², 2 792 989 hab. Cap., Chihuahua (670 208 hab.).

CHILE Estado de América del Sur; 756 096,3 km², 13 232 000 hab. Cap., Santiago. *(Chilenos).*

CHILLÁN C. de Chile; 144 700 hab.

CHILLIDA, *Eduardo* (n. 1924) Escultor esp. *Yunques de ensueño.*

CHILPANCINGO DE LOS BRAVOS C. de México, cap. del est. de Guerrero; 192 509 hab.

CHIMALTENANGO Dpto. del centro de Guatemala; 1 979 km², 314 813 hab. Cap., Chimaltenango (26 465 hab.).

CHIMBORAZO Volcán de Ecuador; 6 310 m.

CHIMBORAZO Prov. de Ecuador; 6 569 km², 364 682 hab. Cap., Riobamba.

CHIMBOTE C. del Perú; 269 900 hab.

CHINA, *mar de la* Mar del Pacífico, que se extiende a lo largo del litoral chino.

CHINA, *República Popular de* Est. de Asia; 9 536 499 km², 1 161 320 000 hab. Cap., Pekín.

CHINANDEGA Dpto. de Nicaragua; 4 789 km², 330 500 hab. Cap., Chinandega (67 000 hab.).

CHIPRE Estado e isla de Europa; 9 251 km², 710 000 hab. Cap., Nicosia. *(Chipriotas).*

CHIQUIMULA Dpto. de Guatemala; 2 376 km², 230 767 hab. Cap., Chiquimula (62 300 hab.).

CHIQUINQUIRÁ C. de Colombia; 44 900 hab.

CHIRAC, *Jacques* (n. 1932) Político fr. Elegido presid. de la rep. en 1995.

CHIRICO, *Giorgio de* (1888-1978) Pint. metafísico it. Precursor del surrealismo.

CHIRIQUÍ Golfo y bahía de Panamá.

CHIRIQUÍ Volcán de Panamá; 3 478 m.

CHIRIQUÍ Prov. de Panamá; 8 653,3 km², 428 371 hab. Cap., David.

CHIRRIPÓ Río de Costa Rica; 100 km.

CHIRRIPÓ, *cerro* Máx. elevación de Costa Rica; 3 819 m.

CHITRÉ C. de Panamá, cap. de la prov. de Herrera; 38 579 hab.

CHOCANO, *José Santos* (1875-1934) Poeta modernista per. *Alma América*.

CHOCÓ Dpto. del NO de Colombia; 46 530 km², 406 199 hab. Cap., Quibdó.

CHOLULA DE RIVADABIA C. de México. Importantes monumentos precolombinos.

CHOLUTECA Dpto. de Honduras; 4 360 km², 394 958 hab. Cap., Choluteca (54 481 hab.).

CHOMSKY, *Noam* (n. 1918) Lingüista estadoun. Creador del transformacionalismo.

CHONTALES Dpto. de Nicaragua; 6 324 km², 129 600 hab. Cap., Juigalpa.

CHOPIN, *Frédéric* (1810-1849) Pianista y compositor pol. Símbolo del nacionalismo pol.

CHOROLQUE Nevado de Bolivia; 5 603 m.

CHORRILLOS C. del Perú; 138 700 hab.

CHRISTIAN Nombre de varios reyes de Dinamarca. • IV (1577-1648) Rey en 1588-1648. • IX (1818-1906) Rey en 1863-1906. • X (1870-1947) Rey en 1912-1947.

CHRISTIE, *Agatha* (1891-1976) Novelista policíaca brit. *Los diez negritos*.

CHRISTOPHE, *Henri* (1767-1820) Político de Haití. Presid. en 1807-1811; rey en 1811-1820.

CHU En-lai (1898-1976) Político y militar chino. Jefe del gobierno en 1949-1976.

CHUBUT Prov. del SE de Argentina; 224 686 km², 356 587 hab. Cap., Rawson.

CHUBUT Río de Argentina; 850 km.

CHUECA, *Federico* (1846-1908) Compositor de zarzuelas esp. *La Gran Vía*.

CHUMACERO, *Alí* (n. 1918) Poeta méx. *Palabras en reposo*.

CHUN Doo-Hwan (n. 1931) Militar surcoreano. Presidente de la rep. en 1980-1988.

CHUNG Hee Park (1915-1979) Militar surcoreano. Presid. de la rep. en 1963-1979.

CHUQUISACA Dpto. del S de Bolivia; 51 524 km², 453 756 hab. Cap., Sucre.

CHURCHILL Río de Canadá; 1 600 km.

CHURCHILL, *sir Winston Spencer* (1874-1965) Político brit. Primer ministro en 1940-1945 y 1951-1955. Nobel de Lit. en 1953.

CHURRIGUERA, *José Benito* (1665-1725) Escultor esp. Retablo de San Esteban.

CIA (*Central Intelligence Agency*) Servicio central de inteligencia estadoun. Creado en 1947.

CICERÓN, *Marco Tulio* (106-43 a.C.) Orador, escritor y político rom. Frustro la conjuración de Catilina. *De oratore*, *De republica*.

CID Campeador, *Rodrigo Díaz de Vivar*, llamado (1043-1099) Héroe cast. de la Reconquista.

CIEGO DE ÁVILA Prov. de Cuba; 6 910 km², 353 000 hab. Cap., Ciego de Ávila (101 600 hab.).

CIEN AÑOS, *guerra de los* Lucha sostenida entre Francia e Inglaterra de 1337 a 1453.

CIENFUEGOS Prov. de Cuba; 4 185 km², 354 000 hab. Cap., Cienfuegos (136 200 hab.).

CIERVA y Codorníu, *Juan de la* (1893-1936) Ingeniero esp. Inventor del autogiro en 1924.

CIOLKOVSKIJ, *Konstantin* (1857-1935) Físico soviético. Pionero de la astronáutica.

CISJORDANIA Región de Palestina.

CISNEROS, *Francisco Jiménez de* (1436-1517) Cardenal esp. Regente de España en 1516.

CISNEROS Betancourt, *Salvador* (1828-1914) Político cub. Presid. en 1873-1875 y 1895-1897.

CITROËN, *André* (1878-1935) Ingeniero e industrial fr.

CIUDAD BOLÍVAR C. de Venezuela, cap. del est. Bolívar; 258 100 hab.

CIUDAD DEL ESTE C. de Paraguay, cap. del dpto. Alto Paraná; 133 893 hab. Ant. Puerto Presidente Stroessner.

CIUDAD GUAYANA C. de Venezuela; 212 000 hab.

CIUDAD JUÁREZ C. de México; 797 679 hab.

CIUDAD MADERO C. de México; 159 644 hab.

CIUDAD OBREGÓN C. de México; 161 300 hab.

CIUDAD OJEDA C. de Venezuela; 88 500 hab.

CIUDAD REAL C. de España; 59 392 hab.

CIUDAD VICTORIA C. de México, cap. del est. de Tamaulipas; 282 686 hab.

CLAIR, *René* (1898-1981) Director de cine fr. *Bajo los techos de París*.

CLARA (1193-1253) Santa it. Creó las clarisas.

CLARÍN Seud. de *Leopoldo Alas* (1852-1901) Crítico y novelista esp. *La Regenta*.

CLAUDIO Nombre de dos emperadores romanos. • I, *Tiberio Claudio César Augusto Germánico* (10 a.C.-54 d.C.) Emp. en 41-54. • II *el Gótico* (214-270) Emp. en 268-270.

CLAUSIUS, *Rudolf* (1822-1888) Físico al. Introdujo el concepto de entropía.

CLAY, *Cassius*, llamado *Muhammad Alí* (n. 1942) Boxeador estadoun. Campeón mundial de los pesos pesados.

CLEMENTE Nombre de varios papas. • I (s. I) Santo. Papa en 88-97. • III (m. 1191) Papa en 1187-1191. • IV (m. 1268) Papa en 1265-1268. • V (m. 1314) Papa 1305-1314. • VI (1291-1352) Papa 1342-1352. • VII de Ginebra (1342-1394) Papa en 1378-1394. • VII de Médicis (1478-1534) Papa 1523-1534. Excomulgó a Enrique VIII. • VIII (1536-1605) Papa en 1592-1605.

CLEOPATRA VII (66-30 a.C.) Reina de Egipto en 51-30 a.C. Célebre por sus amores con César y Marco Antonio.

CLERMONT-FERRAND C. de Francia, cap. de la región de Auvernia; 254 400 hab.

CLEVELAND, *Grover* (1837-1908) Político estadoun. Presid. en 1855-1889 y 1893-1897.

CLINTON, *Bill* (n. 1946) Político demócrata estadoun. Presid. entre 1993 y 2001.

COAHUILA Est. del NO de México; 151 571 km², 2 295 808 hab. Cap., Saltillo.

COATEPEC C. de México; 61 647 hab.

COATZACOALCOS Río de México; 300 km.

COBÁN C. de Guatemala, cap. del dpto. de Alta Verapaz; 33 996 hab.

COBIJA C. de Bolivia, cap. del dpto. de Pando; 10 001 hab.

COCHABAMBA Dpto. del centro de Bolivia; 55 631 km², 1 110 205 hab. Cap., Cochabamba (407 825 hab.).

COCHINCHINA Región histórica de Vietnam.

COCLÉ Prov. de Panamá; 4 927,3 km², 197 981 hab. Cap., Penonomé.

COCO Río de Nicaragua; 750 km.

COCTEAU, *Jean* (1889-1963) Cineasta fr. *Orfeo*.

COELLO, *Augusto* (1884-1941) Político hond. Autor del himno nacional. *Canto a la bandera*.

COFRE DE PEROTE Volcán de México; 4 282 m.

COI *(Comité Olímpico Internacional)* Otorga y revisa la organización de los Juegos Olímpicos.

COJEDES Est. del centro-oeste de Venezuela; 14 800 km², 196 526 hab. Cap., San Carlos.

COJUTEPEQUE C. de El Salvador, cap. del dpto. de Cuscatlán; 43 600 hab.

COLERIDGE, *Samuel Taylor* (1772-1834) Poeta romántico brit. *Baladas líricas*.

COLHUÉ HUAPÍ Lago de Argentina; 803 km².

COLIGNY, *Gaspard de* (1519-1572) Almirante fr. Jefe del partido hugonote.

COLIMA Nevado de México; 4 330 m.

COLIMA Est. del SO de México; 5 455 km², 540 679 hab. Cap., Colima (129 454 hab.).

COLISEO Anfiteatro rom. construido en 75-80.

COLLINS, *Michael* (n. 1930) Astronauta estadoun. En 1969 participó en el primer viaje a la Luna.

COLLODI, *Carlo* Seud. de *Carlo Lorenzini* (1826-1890) Escritor it. *Pinocho*.

COLLOR de Mello, *Fernando* (n. 1949) Político bras. Presid. en 1989-1992.

COLMAN, *Narciso Ramón* (1878-1954) Escritor par. *Mil leyendas guaraníes*.

COLOLO Nevado de Bolivia; 5 915 m.

COLOMBIA Estado de América del S; 1 141 748 km², 37 654 711 hab. Cap., Bogotá. *(Colombianos)*.

COLOMBO Cap. de Sri Lanka; 623 000 hab.

COLÓN Arch. de Ecuador, también llamado Galápagos. Cap., Puerto Baquerizo Moreno.

COLÓN Dpto. del NO de Honduras; 8 248,8 km², 215 189 hab. Cap., Trujillo.

COLÓN Prov. de Panamá; 4 890,1 km², 197 802 hab. Cap., Colón (156 289 hab.).

COLÓN, *Cristóbal* (h. 1451-1506) Navegante genovés. Descubridor de América.

COLONIA Dpto. del SO de Uruguay; 6 106 km², 120 241 hab. Cap., Colonia (22 200 hab.).

COLONIA C. de Alemania; 922 300 hab.

COLONIA, *Juan de* (1410-1481) Arquitecto esp., de origen al. Torres de la catedral de Burgos.

COLORADO Río de Argentina; 1 300 km.

COLORADO Río de EE UU; 2 250 km.

COLORADO Est. del O de EE UU; 269 596 km², 3 294 000 hab. Cap., Denver.

COLT, *Samuel* (1814-1862) Inventor estadoun. Ideó el revólver colt.

COLUMBIA Río de América del N; 1 953 km.

COLUMBIA Distrito federal de EE UU; 178 km², 607 000 hab. Cap., Washington.

COLUMBUS C. de EE UU, cap. del est. de Ohio; 632 900 hab.

COMAYAGUA Dpto. de Honduras; 5 124 km², 346 083 hab. Cap., Comayagua (37 226 hab.).

COMBES, *Émile* (1835-1921) Político fr. Jefe del gobierno en 1902-1905.

COMECON *(Consejo de Ayuda Económica Mutua)* Organización económica, que agrupaba a los antiguos países socialistas. Disuelta en 1991.

COMENDADOR C. de la Rep. Dominicana, cap. de la prov. de Elías Piña; 6 000 hab.

COMMONWEALTH Régimen pol. instaurado en Inglaterra (1649), Irlanda (1650) y Escocia (1652).

CÓMODO, *Marco Aurelio* (161-192) Emperador de Roma en 180-192.

COMODORO RIVADAVIA C. de Argentina; 96 800 hab.

COMONFORT, *Ignacio* (1812-1863) Militar mex. Presid. constitucional en 1857.

COMORES Estado y arch. de África; 1 862 km², 481 000 hab. Cap., Moroni. *(Comorenses).*

COMPTON, *Arthur Holly* (1892-1962) Físico estadoun. Nobel de Física en 1927.

COMTE, *Auguste* (1798-1857) Filósofo positivista fr. *Curso de filosofía positiva.*

CONAKRY Cap. de Guinea; 763 000 hab.

CONCEPCIÓN Dpto. del Paraguay; 18 051 km², 166 946 hab. Cap., Concepción (35 485 hab.).

CONCEPCIÓN C. de Chile, cap. de la región de Biobío; 307 600 hab.

CONCEPCIÓN C. de Argentina; 61 500 hab.

CONCEPCIÓN DE LA VEGA o LA VEGA C. de la Rep. Dominicana, cap. de la prov. de La Vega; 52 132 hab.

CONCHA, *José Vicente* (1867-1929) Político col. Presid. de la rep. en 1914-1918.

CONCHALÍ C. de Chile; 171 000 hab.

CONCHOS Río de México; 587 km.

CONCORDIA C. de Argentina; 94 200 hab.

CONDE, *Carmen* (1907-1996) Escritora esp. *Las oscuras raíces.*

CONDILLAC, *Étienne Bonnot de* (1715-1780) Filósofo fr. *Tratado de las sensaciones.*

CONFEDERACIÓN Argentina Ant. nombre de la República Argentina en 1852-1862.

CONFEDERACIÓN Germánica Asociación de 38 estados al. en 1815-1816.

CONFEDERACIÓN Granadina Ant. nombre de Colombia en 1858-1862.

CONFUCIO (h. 551-479 a.C.) Filósofo chino. Creador del confucianismo.

CONGO o ZAIRE Río de África ecuatorial; 4 650 km.

CONGO, *República del* Estado de África central (ant. Congo Medio fr.); 342 000 km², 2 346 000 hab. Cap., Brazzaville. *(Congoleños).*

CONGO, *República Democrática del* Estado de África ecuatorial (ant. Congo-Kinshasa y Zaire); 2 344 885 km², 36 672 000 hab. Cap., Kinshasa. *(Congoleños).*

CONNECTICUT Estado de EE UU; 12 997 km², 3 287 000 hab. Cap., Hartford.

CONRAD, *Joseph* (1857-1924) Novelista brit., de origen pol. *Lord Jim.*

CONSEJO de Europa Creado en 1949 para promover las relaciones entre los estados democráticos europeos. Sede en Estrasburgo.

CONSTABLE, *John* (1776-1837) Pintor brit. *La catedral de Salisbury.*

CONSTANTINA C. de Argelia; 354 300 hab.

CONSTANTINO Nombre de varios emperadores de Oriente. • V (718-775) Emp. en 714-775. • VII Porfirogéneta (905-959) Emp. en 911-959. • XI Paleólogo (1405-1453) Emp. en 1449-1453.

CONSTANTINO Nombre de dos reyes de Grecia. • I (1868-1923) Rey en 1913-1917 y 1920-1922. • II (n. 1940) Rey en 1964-1973.

CONSTANTINO I *el Grande* (280-377) Emperador rom. en 306-337.

CONSTANTINOPLA Ant. cap. del Imperio bizantino (actual Istambul), fundada en 324.

CONSTANZA Lago de Europa; 540 km².

CONTADORA Isla y prov. de Panamá.

CONTADORA, *grupo* Constituido en 1983 por Colombia, México, Panamá y Venezuela para conseguir la paz en Centroamérica.

CONTRERAS, *Francisco* (1877-1932) Poeta chil.

CONVENCIÓN Nacional Asamblea fr. En 1792 abolió la monarquía y proclamó la I República.

COOK Arch. del Pacífico, sit. en Polinesia; 240,6 km², 21 300 hab. Cap., Avarua.

COOK, *James* (1728-1779) Navegante brit. Descubrió Nueva Zelanda y las islas Hawai.

COOLIDGE, *Calvin* (1872-1933) Político estadoun. Presid. en 1924-1929.

COOPER, *Gary* (1901-1961) Actor estadoun. *Solo ante el peligro.*

COPACABANA Barrio de Río de Janeiro (Brasil), famoso por sus playas.

COPÁN Dpto. del NO de Honduras; 3 203 km², 210 874 hab. Cap., Santa Rosa de Copán.

COPÁN, *Ruinas de* Localidad de Hond.; 2 300 hab. Restos mayas.

COPENHAGUE Cap. de Dinamarca; 482 900 hab.

COPÉRNICO, *Nicolás* (1473-1543) Astrónomo pol. *De revolutionibus orbium caelestium.*

COPIAPÓ Volcán de Chile; 6 052 m.

COPIAPÓ C. de Chile, cap. de la región de Atacama; 79 300 hab.

COPPOLA, *Francis Ford* (n. 1939) Director estadoun. *El padrino.*

COQUIMBO Región de Chile; 40 656,3 km², 502 460 hab. Cap., La Serena.

COQUIMBO C. de Chile; 102 600 hab.

CORAL, *mar del* Mar del Pacífico entre Australia, Nueva Guinea, islas Salomón, Nuevas Hébridas y Nueva Caledonia.

CORÁN Libro sagrado de los musulmanes.

CORBUSIER, *Charles-Edouard Jeanneret*, llamado *Le* (1887-1965) Arquitecto suizo, nacionalizado fr. Palacio de Cristal de Marsella.

CÓRCEGA Isla y región de Francia en el Mediterráneo; 8 680 km², 250 371 hab. Cap., Ajaccio.

CORCUERA, *Arturo* (n. 1935) Poeta per. *Primavera triunfante.*

CORDERO, *Juan* (1824-1884) Pintor mex. *La mujer adúltera.*

CORDERO, *Luis* (1883-1912) Político ecuat. Presid. de la rep. en 1892-1895.

CORDILLERA, *La* Dpto. de Paraguay; 4 948 km², 206 097 hab. Cap., Caacupé.

CÓRDOBA Prov. de Argentina; 165 321 km², 2 764 176 hab. Cap., Córdoba (1 179 067 hab.).

CÓRDOBA Dpto. de Colombia; 25 020 km², 1 131 785 hab. Cap., Montería.

CÓRDOBA C. de México; 120 000 hab.

CÓRDOBA C. de España; 306 248 hab.

CÓRDOBA, *Jorge* (1822-1861) Militar y político bol. Presid. de la rep. en 1855-1858.

CÓRDOVA, *Andrés F.* (1892-1983) Político ecuat. Presid. de la rep. en 1939-1940.

CÓRDOVA, *Gonzalo* (1863-1928) Político ecuat. Presid. de la rep. en 1924-1925.

CÓRDOVA, *Jorge* (1822-1861) Político bol. Presid. de la rep. en 1855-1857.

COREA Península del Extremo Oriente asiático.

COREA DEL NORTE Estado asiático; 120 538 km², 22 937 000 hab. Cap., Pyongyang. *(Norcoreanos).*

COREA DEL SUR Estado asiático; 99 237 km², 43 530 000 hab. Cap., Seúl. *(Surcoreanos).*

CORELLI, *Arcangelo* (1653-1713) Compositor it. *Concerti grossi.*

CORI, *Carl Ferdinand* (1896-1984) Bioquímico checo. Nobel de Medicina en 1947.

CORMACK Macleod, *Allan* (n. 1924) Físico estadoun. Nobel de Medicina en 1979.

CORNEILLE, *Pierre* (1606-1684) Dramaturgo fr. *El Cid, Edipo.*

CORNEJO, *José M.ª* (s. XIX) Político salv. Presid. en 1829-1832.

NP

CORO C. de Venezuela, cap. del est. Falcón; 131 200 hab.

COROMINAS, *Joan* (1905-1997) Filólogo esp.

CORONEL C. de Chile; 74 600 hab.

CORONEL Urtecho, *José* (1906-1994) Poeta nic. *La muerte del hombre símbolo.*

CORONEL OVIEDO C. de Paraguay, cap. del dpto. de Caaguazú; 38 250 hab.

COROT, *Jean Baptiste Camille* (1796-1875) Pintor fr. *Puerto de Rouen.*

CORREA, *Juan* (ss. XVI-XVII) Pintor mex. *Crucifixión.*

CORREGGIO, *Antonio Allegri*, llamalló ll (1489-1535) Pintor it. *Natividad, Dánae.*

CORRIENTES Prov. de Argentina; 88 199 km², 795 021 hab. Cap., Corrientes (267 742 hab.).

CORTÁZAR, *Julio* (1914-1984) Escritor arg. *Rayuela, La vuelta al día en ochenta mundos.*

CORTÉS Dpto. del NO de Honduras; 3 954 km², 630 799 hab. Cap., San Pedro Sula.

CORTÉS, *Hernán* (1488-1547) Conquistador esp. Inició la conquista de México.

CORTÉS Castro, *León* (1882-1946) Político cost. Presid. de la rep. en 1936-1940.

CORUÑA, A o LA CORUÑA C. de España; 243 785 hab.

COSA, *Juan de la* (h. 1449-1510) Cartógrafo esp. Acompañó a Colón en sus viajes.

COSGRAVE, *William Thomas* (1880-1965) Político irlandés. Presid. de Irlanda en 1922-1932.

COSSIGA, *Francesco* (n. 1928) Político it. Presid. de la rep. en 1985-1992.

COSTA, *Lucio* (1902-1998) Arquitecto bras.

COSTA DE MARFIL Estado de África; 322 463 km², 10 820 000 hab. Cap., Yamoussoukro.

COSTA e Gomes, *Francisco da* (n. 1914) Militar port. Presid. del país en 1974-1976.

COSTA RICA Estado centroamericano; 51 100 km², 3 125 000 hab. Cap., San José. *(Costarricenses).*

COSTA-GAVRAS, *Constantin* (n. 1933) Director de cine fr., de origen gr. Z

COTOPAXI Volcán de Ecuador; 5 790 m.

COTOPAXI Prov. de Ecuador; 6 071,9 km², 276 324 hab. Cap., Latacunga.

COTUÍ C. de la Rep. Dominicana, cap. de la prov. Sánchez Ramírez; 9 619 hab.

COTY, *René* (1882-1962) Estadista fr. Presid. en 1953-1959.

COUBERTIN, *Pierre de* (1863-1937) Pedagogo fr. Reinstaurador de los Juegos Olímpicos en 1896.

COULOMB, *Charles* (1736-1806) Físico fr. Investigó los fenómenos eléctricos.

COURBET, *Gustave* (1819-1877) Pintor fr. *Entierro en Ornans.*

COUSTEAU, *Jacques-Yves* (1910-1997) Oceanógrafo fr. Autor de documentales.

COVADONGA Valle y cueva esp., en Picos los de Europa (Asturias).

CRACOVIA C. de Polonia; 740 300 hab.

CRANACH, *Lucas, el Viejo* (1472-1553) Pintor al. *San Jerónimo, Retrato de Lutero.*

CRANACH, *Lucas, el Joven* (1515-1586) Pintor al. *Crucifixión, Retrato de un hombre.*

CRASO, *Marco Licinio* (115-53 a.C.) Cónsul rom. Formó parte del primer triunvirato.

CRAXI, *Bettino* (1934-2000) Político socialista it. Jefe de gobierno en 1983-1987.

CRESPO, *Joaquín* (1841-1898) Militar ven. Presid. de la rep. en 1884-1886 y 1893-1898.

CRETA Isla de Grecia; 8 331 km², 502 165 hab. Cap., Jania.

CRICK, *Francis Harry Compton* (n. 1916) Biólogo brit. Nobel de Medicina en 1962.

CRIMEA Pen. de Ucrania, barrera entre el mar de Azov y el mar Negro.

CRISIPO (281-208 a.C.) Filósofo gr. Discípulo de Zenón y fundador del estoicismo.

CRISÓSTOMO, *Juan* (347-407) Santo. Doctor de la Iglesia griega y obispo de Constantinopla.

CRISTIANI, *Alfredo* (n. 1947) Político salv. Presidente del país en 1989-1994.

CRISTINA de Suecia (1626-1689) Reina de Suecia en 1632-1654.

CRISTÓBAL COLÓN Pico de Colombia; 5 800 m.

CROACIA Estado del S de Europa; 56 538 km², 4 763 900 hab. Cap., Zagreb. *(Croatas).*

CROMWELL, *Oliver* (1599-1658) Político ing. Protector de Inglaterra en 1653-1658.

CRONIN, *Archibald Joseph* (1896-1981) Novelista brit. *La ciudadela.*

CROOKES, *William* (1832-1910) Científico brit. Nobel de Química en 1907.

CRUCHAGA, *Ángel* (1893-1964) Poeta vanguardista chil. *Anillo de jade.*

CRUZ, *Francisco* (m. 1895) Político hond. Presid. de la rep. en 1869-1870.

CRUZ, *Juan de la* (1542-1591) Poeta y religioso esp. *Cántico espiritual.*

CRUZ, *sor Juana Inés de la* (1651-1695) Poetisa mex. *Inundación castálida.*

CRUZ Goyeneche, *Luis de la* (1768-1828) Político chil. Primer presid. en 1818.

CRUZ Uclés, *Ramón Ernesto* (1903-1985) Político hond. Presid. de la rep. en 1971-1972.

CRUZ Roja Organismo internacional creado en Ginebra por Henri Dunant en1863.

CUADRA, *José de la* (1903-1940) Escritor ecuat. *Los monos enloquecidos.*

CUADRA, *Pablo Antonio* (n. 1912) Escritor nic. *El jaguar y la luna.*

CUAUHTÉMOC C. de México; 66 900 hab.

CUAUHTÉMOC (1497-1525) Último emp. azteca.

CUBA Isla y Estado de América Central; 110 922 km², 10 730 000 hab. Cap., La Habana. *(Cubanos).*

CUBANGO Río de África; 1 700 km.

CUBAS, *Raúl Alberto* (n. 1943) Político par. Elegido presid. en 1998, dimitió en 1999.

CÚCUTA, *San José de* C. de Colombia, cap. del dpto. de Norte de Santander; 525 465 hab.

CUÉLLAR, *José Tomás* (1830-1894) Escritor mex. *La linterna mágica.*

CUENCA C. de España; 43 733 hab.

CUENCA C. de Ecuador, cap. de la prov. de Azuay; 194 981 hab.

CUERNAVACA C. de México, cap. del est. de Morelos; 337 966 hab.

CUERVO, *Rufino José* (1844-1911) Filólogo col.

CUESTAS, *Juan Lindolfo* (1837-1905) Político ur. Presid. de la rep. en 1897-1903.

CUEVAS, *José Luis* (n. 1934) Pintor mex.

CUIABÁ C. de Brasil, cap. del est. de Matto Grosso; 401 000 hab.

CUICUILCO Ant. centro religioso de México.

CUILAPA C. de Guatemala, cap. del dpto. de Santa Rosa; 23 627 hab.

CUITLÁHUAC (1470-1520) Emperador azteca.

CUITZEO Lago de México; 48 km de longitud.

CUKOR, *George* (1899-1983) Director de cine estadoun. *Historias de Filadelfia.*

CULHUACÁN Ant. c. tolteca.

CULIACÁN C. de México, cap. del estado de Sinaloa; 744 859 hab.

CUMANÁ C. de Venezuela, cap. del est. Sucre; 227 400 hab.

CUMBRE Paso en la frontera de Chile y Argentina que supera los 3 800 m.

CUNDINAMARCA Dpto. de Colombia; 24 210 km², 8 175 108 hab. Cap., Bogotá.

CUNQUEIRO, *Álvaro* (1912-1981) Escritor esp., en lengua cast. y gallega. *Un hombre que se parecía a Orestes.*

CUPIDO Dios rom. del amor, hijo de Venus. Es el Eros griego.

CURAÇAO Isla neerlandesa en el mar Caribe; 444 km², 164 800 hab. Cap., Willemstad.

CURARAY Río del Ecuador y Perú; 600 km.

CURICÓ C. de Chile; 90 500 hab.

CURIE, *Marie* (1867-1934) y *Pierre* (1859-1906) Físicos fr. Nobel de Física en 1903 y de Química (Marie) en 1911.

CURITIBA C. de Brasil, cap. del est. de Paraná; 1 290 000 hab.

CURROS Enríquez, *Manuel* (1851-1908) Poeta esp. en gallego. *Aires da miña terra.*

CUSA, *Nicolás de* (1401-1464) Filósofo al. *De docta ignorantia.*

CUSCATLÁN Dpto. de El Salvador; 756 km², 167 290 hab. Cap., Cojutepeque.

CUSCO o **CUZCO** Dpto. del Perú; 71 891,97 km², 1103500 hab. Cap., Cusco (255 568 hab.).

CUYO Región de Argentina, que comprende las prov. de Mendoza, San Luis y San Juan.

CUYUNÍ Río de Venezuela y Guyana; 900 km.

CUZA, *Alejandro Juan* (1820-1873) Primer soberano de Rumania en 1861-1866.

CUZZANI, *Agustín* (n. 1924) Dramaturgo satírico arg. *Sempronio.*

CYRANO de Bergerac, *Savinien* (1619-1655) Escritor fr. *El pedante burlado.*

NP

D

DA ROSA, *Julio C.* (n. 1920) Escritor ur. *Tiempos de negros.*

DACCA Cap. de Bangla Desh; 3 458 602 hab.

DACKO, *David* (n. 1930) Presid. de la Rep. Centroafricana desde su indep. hasta 1981.

DADDAH, *Moktar Ould* (n. 1924) Presid. de Mauritania desde su indep. hasta 1978.

DAGUERRE, *Louis-Jacques* (1787-1851) Pintor fr.

DAJABÓN Prov. de la Rep. Dominicana; 890 km², 63 700 hab. Cap., Dajabón (8 187 hab.).

DAKAR Cap. de Senegal; 1 608 700 hab.

DAKOTA DEL NORTE Est. de EE UU; 183 119 km², 639 000 hab. Cap., Bismarck.

DAKOTA DEL SUR Est. de EE UU; 19 730 km², 696 000 hab. Cap., Pierre.

DALAI-LAMA Jefe supremo del est. y del budismo tibetano. Nobel de la Paz en 1989.

DALÍ, *Salvador* (1904-1989) Pintor surrealista esp. *Última Cena.*

DALLAS C. de EE UU; 3 655 000 hab.

DÁLMATA, *archipiélago* Islas de Croacia.

DALTON, *John* (1766-1844) Físico brit. Estudió el daltonismo.

DAMASCO Cap. de Siria; 1 251 028 hab.

DANERI, *Eugenio* (1881-1970) Pintor arg. *El Puente.*

DANLI Mun. de Honduras; 43 703 hab.

DANTE Alighieri (1265-1321) Poeta it. *Divina Comedia.*

DANTON, *Georges-Jacques* (1759-1794) Político fr. Figura destacada de la Rev. francesa de 1789.

DANUBIO Río de Europa central; 2 850 km.

DAR ES SALAAM C. de Tanzania; 851 500 hab. Cap. del país hasta 1983.

DARIÉN Serranía de Panamá y Colombia. Alt. máx.: monte Tacaracuna, 2 280 m.

DARIÉN Prov. del E de Panamá; 16 671 km², 55 538 hab. Cap., La Palma.

DARÍO I *el Grande* (m. 486 a.C.) Rey de Persia en 521-486 a.C.

DARÍO, *Rubén* Seud. de *Félix R. García Sarmiento* (1867-1916) Poeta nic. *Prosas profanas.*

DARLING Río de Australia; 2 450 km.

DARTHES, *Juan Fernando Camilo* (1889-1949) Dramaturgo arg. *La última escena.*

DARWIN, *Charles Robert* (1809-1882) Naturalista brit. Padre del evolucionismo. *El origen de las especies.*

DAUDET, *Alphonse* (1840-1897) Escritor fr. *Tartarín de Tarascón.*

DAUSSET, *Jean* (n. 1916) Médico fr. Nobel de Medicina en 1980.

DÁVALOS, *Juan Carlos* (1887-1959) Escritor arg. *Los gauchos.*

DÁVALOS, *Marcelino* (1871-1923) Dramaturgo romántico mex. *El último cuadro.*

DÁVALOS y Lissón, *Pedro* (1863-1942) Escritor per. *Historia republicana.*

DAVID C. de Panamá, cap. de la prov. de Chiriquí; 113 527 hab.

DAVID Segundo rey del pueblo de Israel.

DÁVILA, *Amparo* (n. 1928) Escritora mex. *Tiempo destrozado.*

DÁVILA, *Carlos Guillermo* (1887-1955) Político chil. Presid. de la rep. en 1932.

DÁVILA, *José Antonio* (1899-1941) Poeta puertorriq. *Vendimia.*

DÁVILA, *Miguel R.* (m. 1927) Político hond. Presidente en 1907-1911.

DÁVILA Andrade, *César* (1918-1967) Poeta ecuat. *Materia real.*

DÁVILA Miranda, *Federico* (n. 1900) Violinista arg.

DÁVILA Silva, *Ricardo* (1873-1959) Ensayista chil. *Sucinta historia de la filosofía griega.*

DAVIS, *Bette* Seud. de *Ruth Elizabeth Davis* (1908-1989) Actriz estadoun. *La loba.*

DAVIS, *Jefferson* (1808-1889) Político estadoun. Presid. de los Estados Confederados del Sur.

DAVIS, *Miles* (1926-1991) Trompetista negro estadoun. Uno de los creadores del cool jazz.

DAWES, *Charles Gates* (1865-1951) Financiero estadoun. Nobel de la Paz en 1925.

DAZA, *Hilarión* (1840-1894) Político y militar bol. Jefe de gobierno en 1876-1894.

DE LA RÚA, *Fernando* (n. 1937) Político arg. Elegido presid. en 1999.

DEAN, *James* (1931-1955) Actor estadoun. *Gigante.*

DEBALI, *Francisco José* (1791-1859) Músico brit., instalado en Uruguay. Himno nacional de Uruguay.

DEBREU, *Gerard* (n. 1921) Economista estadoun. Nobel de Economía en 1983.

DEBUSSY, *Claude* (1862-1918) Pianista y compositor fr. *Preludio a la siesta de un fauno.*

DEBYE, *Peter Joseph Wilhelm* (1884-1966) Químico hol. Nobel de Química en 1936.

DECAMERÓN, *El* Conjunto de cuentos escritos por Boccaccio en 1348-1353.

DECOUD, *José Segundo* (1848-1908) Escritor par. *La literatura en el Paraguay.*

DEFOE, *Daniel* (1660-1731) Escritor ing. *Robinson Crusoe.*

DEGAS, *Edgar* (1834-1917) Pintor impresionista fr. *La familia Bellelli.*

DELACROIX, *Eugène* (1798-1863) Pintor romántico fr. *La libertad guiando al pueblo.*

DÉLANO, *Luis Enrique* (1907-1985) Escritor chil. *El viento del rencor.*

DÉLANO, *Poli* (n. 1936) Escritor chil. *Cambio de máscara.*

DELAWARE Est. de EE UU; 5 295 km², 666 000 hab. Cap., Dover.

DELEDDA, *Grazia* (1871-1936) Escritora it. Nobel de Literatura en 1926.

DELFINO, *Augusto Mario* (1906-1961) Escritor arg. *Para olvidarse de otras guerras.*

DELFOS Ant. c. gr. Destruida por Constantino.

DELGADILLO, *Luis A.* (1887-1961) Compositor nic.

DELGADO, *José Matías* (1768-1833) Político salv. Prócer de la independencia centroamericana.

DELGADO, *Rafael* (1853-1914) Novelista mex. *Los parientes ricos.*

DELHI C. de la India; 7 174 800 hab.

DELIBES, *Miguel* (n. 1920) Escritor esp. *Los santos inocentes, El hereje.*

DELICADO, *Francisco* (s. XVI) Escritor y eclesiástico esp. *Retrato de la lozana andaluza.*

DELICIAS C. de México; 82 215 hab.

DELTA AMACURO Est. del O Venezuela; 40 200 km², 91 085 hab. Cap., Tucupita.

DELVALLE, *Eric Arturo* (n. 1937) Político pan. Presid. de la rep. en 1985-1988.

DEMARÍA, *Bernabé* (1827-1910) Pintor arg. *Las revelaciones de un manuscrito.*

DEMICHELLI, *Pedro Alberto* (1896-1982) Político ur. Presid. en 1976.

DEMÓCRITO (460-370 a.C.) Filófoso gr. Fundador de la teoría atomista.

DEMÓSTENES (384-322 a.C.) Político y orador ateniense. *Filípicas.*

DENEVI, *Marco* (1922-1998) Escritor arg. *Rosaura a las diez.*

DENVER C. de EE UU, cap. del est. de Colorado; 467 600 hab.

DÉRAIN, *André* (1880-1954) Pintor fauvista fr. *El puente de Westminster, Vista de Cagnes.*

DERKES, *Eleuterio* (1836-1883) Escritor puertorriq. *Tío Fele.*

DES MOINES C. de EE UU, cap. del est. de Iowa; 193 200 hab.

DESAGUADERO Río de Bolivia; 325 km.

DESCARTES, *René* (1596-1650) Filósofo racionalista fr. *Discurso del método.*

DESEADO Río de Argentina; 610 km.

DETROIT C. de EE UU; 1 204 000 hab.

D'HALMAR, *Augusto G. Thomson*, llamado *Augusto* (1882-1950) Escritor chil. *Los alucinados.*

DHAULAGIRI Pico del Himalaya; 8 172 m.

DI STÉFANO, *Alfredo* (n. 1926) Futbolista arg. y esp. Figura del River Plate y Real Madrid.

DÍAZ, *Leopoldo* (1862-1947) Poeta arg. *Los fuegos fatuos.*

DÍAZ, *Porfirio* (1830-1915) Militar mex. Presid. de la rep. en 1876-1880 y 1884-1911.

DÍAZ Arrieta, *Hernán* (1891-1983) Escritor chil., conocido como *Alone. La sombra inquieta.*

DÍAZ Casanueva, *Humberto* (1908-1992) Poeta chil. *Poemas para niños.*

DÍAZ Covarrubias, *Juan* (1837-1859) Novelista mex. *El diablo en México.*

DÍAZ de Solís, *Juan* (m. 1516) Navegante esp. Descubridor del Río de la Plata.

DÍAZ Mirón, *Salvador* (1853-1928) Poeta mex.

DÍAZ Ordaz, *Gustavo* (1911-1979) Político mex. Presid. de la rep. en 1964-1970.

DÍAZ Rodríguez, *Manuel* (1869-1927) Escritor modernista ven. *Sangre patricia.*

DICKENS, *Charles* (1812-1870) Novelista brit. *David Copperfield.*

DICKINSON, *Emily* (1830-1886) Poetisa estadoun.

DIDEROT, Denis (1713-1784) Filósofo fr. Director de la Enciclopedia. *Jacques el fatalista.*

DIEGO, Gerardo (1896-1987) Poeta esp. *Poemas adrede.*

DIESEL, Rudolf (1858-1913) Ingeniero al. Inventor del motor de combustión interna.

DIETRICH, Marlene Seud. de *Magdalene von Losch* (1902-1992) Actriz al. y estadoun. *El ángel azul.*

DÍEZ, José (1905-1949) Escritor per. *El gaviota.*

DÍEZ de Medina, Fernando (n. 1908) Escritor bol. *Pachakutti.*

DIJON C. de Francia, cap. de la región de Borgoña; 146 700 hab.

DINAMARCA Estado de Europa; 43 093 km², 5 154 000 hab. Cap., Copenhague. *(Daneses).*

DIOCLECIANO (245-313) Emp. rom. en 285-305.

DIÓGENES el Cínico (h. 412-h. 323 a.C.) Filósofo ateniense de la escuela cínica.

DIÓGENES Laercio (s. III) Filósofo gr. *Vidas de los filósofos.*

DIONISO Dios gr. del vino, del terror y del éxtasis; es el Baco de los rom.

DIONISO I el Viejo (470-367 a.C.) Tirano de Siracusa.

DIOUF, Abdou (n. 1935) Político senegalés. Presid. entre 1981 y 2000.

DIRAC, Paul (1902-1984) Físico brit. Nobel de Física en 1933.

DISCÉPOLO, Armando (1887-1971) Escritor dramático arg. *Mateo, Relojero.*

DISNEY, Walt (1901-1966) Cineasta estadoun. Creador de películas de dibujos animados.

DISRAELI, Benjamin, CONDE DE BEACONSFIEL (1804-1881) Político brit. de origen judío. Primer ministro en 1868 y en 1874-1880.

DIVINA Comedia, La Poema de noventa y tres cantos escrito por Dante en 1306-1321.

DJIBUTI Estado de África; 23 200 km², 541 000 hab. Cap., Djibuti (200 000 hab.).

DNIÉPER Río de Rusia, Bielorrusia y Ucrania; 2 200 km.

DODOMA Cap. de Tanzania; 203 000 hab.

DOLOMITAS Sector de los Alpes Orientales it. Alt. máx.: Marmolada (3 342 m).

DOLORES HIDALGO C. de Méxic 102 200 hab.

DOLORES, grito de Primer acto de rebeli de la indep. mex., dirigido por Migu Hidalgo.

DOMEYKO Alineación montañosa de Chile

DOMICIANO, Tito Flavio (51-96) Emp. rom (81-96).

DOMINGO, Plácido (n. 1941) Tenor esp.

DOMÍNGUEZ, Lorenzo (1901-1963) Escu tor chil. Monumentos a San Martín y O'Higgins.

DOMÍNGUEZ, Ramiro (n. 1929) Poeta pa *Ditirambo para coro y flauta.*

DOMÍNGUEZ Camargo, Hernando (160 1656) Poeta col. *Poema heroico de san I nacio de Loyola.*

DOMINICA Isla de las Pequeñas Antilla 751 km², 71 000 hab. Cap., Roseau.

DOMINICANA, República Estado centr americano en la isla de La Españòl 48 442 km², 7 013 000 hab. Cap., San Domingo. *(Dominicanos).*

DON Río de Rusia; 1 870 km.

DON Juan Tenorio Drama romántico de J sé Zorrilla escrito en verso en 1844.

DONATELLO, Donato di Betto Bardi, llama do (1386-1466) Escultor florentino. F *David.*

DONEN, Stanley (n. 1924) Director de cin estadoun. *Cantando bajo la lluvia.*

DONIZETTI, Gaetano (1797-1848) Compo sitor de óperas it. *Don Pasquale.*

DONOSO, José (1924-1996) Escritor chi *El lugar sin límites, El obsceno pájaro d la noche.*

DORÉ, Gustave (1833-1883) Litógrafo f Ilustró la *Divina Comedia* y el *Quijote.*

DORTICÓS, Osvaldo (1919-1983) Polític cub. Presid. en 1959-1976.

DORTMUND C. de Alemania; 579 700 hab.

DOS PASSOS, John (1896-1970) Novelist estadoun. *Manhattan Transfer.*

DOSTOIEVSKI, Fiódor Mijailovich (182 1881) Novelista ruso. *Crimen y castigo.*

DOVER C. de EE UU, cap. del est. de Dela ware; 27 600 hab.

DOVJENKO, Aleksandr P. (1894-1956) Di rector cinematográfico ruso. *Arsenal.*

DOYLE, sir Arthur Conan (1859-1930) Es critor brit. Creador de Sherlock Holmes.

DRÁCULA Personaje de la novela del mismo nombre, escrita en 1897 por B. Stoker.

DRAKE, *sir Francis* (1545-1596) Corsario ing.

DRESDE C. de Alemania; 519 700 hab.

DREYFUS, *Alfred* (1859-1935) Militar fr. de origen judío. Condenado injustamente por espionaje.

DROGUETT, *Carlos* (1912-1992) Escritor chil. *Sesenta muertos en la escalera.*

DRUMOND de Andrade, *Carlos* (1902-1987) Escritor bras. *Brezo de almas.*

D'SOLA, *Otto* (n. 1912) Poeta ven. *El viajero mortal.*

DUARTE Prov. de la Rep. Dominicana; 1 292 km², 259 800 hab. Cap., San Francisco de Macorís.

DUARTE, *José Napoleón* (1925-1990) Político salv. Presidente en 1980-1982 y 1984-1989.

DUARTE, *María Eva*, llamada *Evita* (1919-1952) Política arg. Esposa de Perón.

DUBAI Uno de los Emiratos Árabes Unidos; 3 750 km², 501 000 hab. Cap., Dubai (265 702 hab.).

DUBCEK, *Alexander* (1921-1992) Político checo. Protagonista de la «primavera de Praga» (1968).

DUBLÍN Cap. de la Rep. de Irlanda; 526 000 hab.

DUBY, *Georges* (1919-1996) Historiador fr. *La Europa de las catedrales.*

DUCHAMP, *Marcel* (1887-1968) Pintor cubista fr. *Desnudo bajando una escalera.*

DUEÑAS, *Francisco* (1811-1884) Político salv. Presidente en 1852-1854 y 1863-1871.

DUEÑO Colón, *Braulio* (1854-1934) Compositor puertorriq. *Misa en do mayor.*

DUERO Río de España y Portugal; 913 km.

DUMAS, *Alexandre* (1802-1870) Escritor fr. *El conde de Montecristo.*

DUMAS, *Alexandre* (1824-1895) Dramaturgo fr., hijo del anterior. *La dama de las camelias.*

DUNANT, *Henri* (1828-1910) Filántropo suizo. Fundador de la Cruz Roja. Nobel de la Paz en 1901.

DUNCAN, *Isadora* (1878-1927) Bailarina estadoun.

DUNLOP, *John Boyd* (1840-1921) Veterinario escocés. Inventó la cámara de aire.

DUQUE, *Antonio José* (1871-1902) Arquitecto col. Autor del Banco de Colombia.

DUQUE DE CAXIAS C. de Brasil; 575 600 hab.

DURÁN, *Carlos* (s. XIX) Político cost. Presid. de la rep. en 1889-1890.

DURÁN, *Miguel Custodio* (s. XVIII) Arquitecto mex. Iglesia de San Lázaro.

DURÁN, *Roberto* (n. 1951) Boxeador pan. Campeón del mundo en varios pesos.

DURÁN Ballén, *Sixto* (n. 1921) Político conservador ecuat. Presidente en 1992-1996.

DURAND, *Luis* (1895-1954) Novelista chileno. *Frontera.*

DURANGO Est. de México; 119 648 km², 1 445 922 hab. Cap., Durango (490 524 hab.).

DURÃO, *José de Santa Rita* (h. 1718-1784) Poeta bras. *Caramurú.*

DURAS, *Marguerite* (1914-1996) Novelista fr. Premio Goncourt 1984. *El amante.*

DURAZNO Dpto. del centro de Uruguay; 11 643 km², 55 716 hab. Cap., Durazno (30 609 hab.).

DURERO, *Alberto* (1471-1528) Pintor al. *Adoración de los Magos.*

DURRELL, *Lawrence* (1912-1990) Escritor brit. *El cuarteto de Alejandría.*

DÜRRENMATT, *Friedrich* (1921-1990) Escritor suizo. *La visita de la vieja dama.*

DUSHANBE Cap. de Tadjikistán; 595 000 hab.

DÜSSELDORF C. de Alemania; 565 900 hab.

DUTRA, *Enrico Gaspar* (1885-1974) Militar bras. Presid. en 1936-1942.

DUVALIER, *François*, llamado *Papa Doc* (1909-1971) Político haitiano. Presid. en 1957-1971.

DUVALIER, *Jean Claude* (n. 1951) Político haitiano, hijo de *Papa Doc.* Presid. en 1971-1986.

DVINA OCCIDENTAL Río de Europa; 1 020 km.

DVINA SEPTENTRIONAL Río de Rusia; 1 300 km.

DVORAK, *Anton* (1841-1904) Compositor checo. *Sinfonía del Nuevo Mundo.*

DYLAN, *Bob* (n. 1941) Cantautor estadoun. de origen judío.

NP

EANES, *Antonio Ramalho* (n. 1935) Político port. Presid. en 1976-1986.

EASTMAN, *George* (1854-1932) Industrial estadoun., inventor de la película fotográfica.

EBERTH, *Karl* (1835-1926) Bacteriólogo al., descubridor del bacilo del tifus.

EBRO Río de España; 928 km.

EÇA de Queirós, *José María* (1845-1900) Novelista port. *Prosas bárbaras*.

ECATEPEC Mun. de México; 216 400 hab.

ECHANDI Jiménez, *Mario* (1915-1996) Político cost. Presid. de la rep. en 1958-1962.

ECHANDÍA, *Darío* (1900-1981) Político col. Presid. de la rep. en 1943-1944.

ECHÁNOVE Trujillo, *Carlos Alberto* (n. 1907) Escritor y sociólogo mex. *Yucatán*.

ECHAVE Ibía, *Baltasar de* (1580-1660) Pintor mex. *San Mateo*.

ECHAVE Rioja, *Baltasar de* (1632-1682) Pintor mex. *Adoración de los reyes*.

ECHEGARAY, *José* (1832-1916) Dramaturgo esp. Nobel de Literatura en 1904.

ECHENIQUE, *José Rufino* (1808-1887) Militar per. Presid. de la rep. en 1851-1854.

ECHEVERRI, *Camilo Antonio* (1828-1887) Político y escritor col. *El perdón*.

ECHEVERRÍA, *Alfonso* (n. 1922) Escritor chil. *Náusicas*.

ECHEVERRÍA, *Aquileo* (1866-1909) Poeta cost. *Romances, Concherías*.

ECHEVERRÍA, *Esteban* (1805-1851) Escritor arg. *Rimas, El matadero*.

ECHEVERRÍA, *Luis* (n. 1922) Político mex. Presid. de la rep. en 1970-1976.

ECKERMANN, *Johann Peter* (1791-1854) Escritor al. *Conversaciones con Goethe*.

ECO Ninfa que languideció de pena amorosa y solo quedó el eco de su voz.

ECO, *Umberto* (n. 1932) Escritor it. *El nombre de la rosa, El péndulo de Foucault*.

ECUADOR Estado de América del Sur; 256 370 km², 9 648 000 hab. Cap. Quito. *(Ecuatorianos)*.

EDIMBURGO C. de Gran Bretaña, cap. de Escocia; 420 200 hab.

EDIPO Personaje legendario gr. Mató a su padre y casó con su madre.

EDISON, *Thomas Alva* (1847-1931) Físico estadoun. Inventó el fonógrafo y la lámpara eléctrica.

EDMONTON C. de Canadá; 574 000 hab.

EDUARDO Nombre de diversos reyes de Inglaterra. • I (1239-1307) Rey en 1272-1307. • III (1312-1377) Rey en 1327-1377. Inició la guerra de los Cien Años. • IV (1442-1483) Rey en 1461-1483.

EDWARDS, *Jorge* (1931) Escritor y diplomático chil. *Persona non grata*. Premio Cervantes en 1999.

EDWARDS Bello, *Joaquín* (1886-1968) Escritor chil. *El roto, Criollos en París*.

ÉFESO Ant. c. de Asia Menor. Templo consagrado a Artemisa.

EGEO Mar sit. entre Grecia, Creta y Turquía.

EGEO Rey mítico gr., que se arrojó al mar que tomó su nombre.

EGIPTO Estado del NE de África; 1 001 449 km², 54 688 000 hab. Cap., El Cairo *(Egipcios)*.

EGUREN, *José María* (1882-1942) Poeta per. *Simbólicos*.

EGUSQUIZA, *Juan Bautista* (1845-1898) Político par. Presid. de la rep. en 1894-1898.

EHRLICH, *Paul* (1854-1915) Biólogo al. Nobel de Medicina en 1908.

EICHELBAUM, *Samuel* (1894-1967) Escritor arg. *La mala sed*.

EIFFEL, *Gustave* (1832-1923) Ingeniero fr. Construyó la Torre Eiffel.

EIGEN, *Manfred* (n. 1927) Químico al. Nobel de Química en 1967.

EIJKMAN, *Christiaan* (1858-1930) Médico neerlandés. Nobel de Medicina en 1929.

EINAUDI, *Luigi* (1874-1961) Político it. Presid. del país en 1948-1955.

EINDHOVEN C. de Países Bajos; 374 100 hab.

EINSTEIN, *Albert* (1879-1955) Físico al. Estudió la teoría de la relatividad. Nobel de Física en 1921.

EIRE Nombre gaélico de Irlanda.

EISENHOWER, *Dwight David* (1890-1969) Militar y político republicano estadoun. Presid. del país en 1952-1960.

EISENSTEIN, *Serge* (1898-1948) Director de cine ruso. *Octubre*.

EL SALVADOR Estado de América Central; 21 040,79 km², 6 031 326 hab. Cap., San Salvador. (*Salvadoreños*).

ELBA Río de Europa central; 1165 km.

ELBA Isla it. en el mar Tirreno. En ella estuvo confinado Napoleón.

ELBRÚS Cumbre más alta de Rusia; 5 633 m.

ELBURZ Cord. del N de Irán; alt. máx.: 5 054 m.

ELCANO, *Juan Sebastián* (1476-1526) Marino esp.; el primero que dio la vuelta al mundo.

ELCHE C. de España; 191 660 hab.

ELECTRA Personaje mit. gr. que incitó a Orestes a vengar a su padre, dando muerte a su madre.

ELIADE, *Mircea* (1907-1986) Escrito rum. *El mito del eterno retorno*.

ELÍAS PIÑA Prov. de la Rep. Dominicana; 1 788 km², 23 000 hab. Cap., Comendador.

ELIOT, *Thomas Stearns* (1888-1965) Escritor estadoun. Nobel de Literatura en 1948. *Cuatro cuartetos*.

ELLESMERE Isla de Cánada, al N de Groelandia; 200 000 km².

ELLINGTON, *Edward Kennedy*, llamado *Duke* (1899-1974) Gran músico estadoun. de jazz.

ELTSIN, *Boris* ⇨ Yeltsin, Boris.

ELYTIS, *Odysseus Alepoudhelfis* (1911-1996) Poeta gr. Nobel de Literatura (1979). *María Nefeli*.

EMILIA-ROMAÑA Región del N de Italia; 22 125 km², 3 909 500 hab. Cap., Bolonia.

EMIRATOS ÁRABES UNIDOS Estado del E de Arabia; 83 600 km², 1 945 000 hab. Cap., Dubai.

EMPECINADO, *Juan Martín Díaz*, llamado *El* (1775-1825) Guerrillero esp. de la guerra de la Independencia.

EMPÉDOCLES de Agrigento (490-430 a.C.) Filósofo gr. Elaboró la teoría de los cuatro elementos.

ENCARNACIÓN C. de Paraguay, cap. del dpto. de Itapúa; 55 359 hab.

ENCICLOPEDIA, *La* Vasta obra fr. del s. XVIII, dirigida por Diderot y D'Alembert.

ENCINA, *Juan del* (1468-1529) Músico y escritor esp. *Cancionero*.

ENDARA Galimany, *Guillermo* (n. 1936) Abogado pan. Presid. de la rep. en 1989-1994.

ENEAS Héroe mitológico troyano, protagonista de la *Eneida* de Virgilio.

ENEIDA Poema épico de Virgilio sobre las hazañas de Eneas, compuesto h. 29 a.C.

ENGELS, *Friedrich* (1820-1895) Filósofo al. Seguidor de las ideas de Marx. *La situación de las clases trabajadoras en Inglaterra*.

ENRIQUE Nombre de varios emperadores de Alemania. • II *el Santo* (973-1024) Emp. en 1002-1024. Rey de Italia, y emp. en 1014. • III *el Negro* (1017-1056) Emp. en 1039-1056. • IV *el Grande* (h. 1050-1106) Emp. en 1056-1106.

ENRIQUE Nombre de varios reyes de Castilla. • II de Trastámara (1333-1379) Rey en 1369-1379. • III *el Doliente* (1379-1406) Rey en 1390-1406. • IV *el Impotente* (1425-1474) Rey en1454-1474.

ENRIQUE Nombre de varios reyes de Francia. • III (1551-1589) Rey en 1574-1589. • IV (1553-1610) Rey en 1589-1610.

ENRIQUE Nombre de varios reyes de Inglaterra. • II *Plantagenet* (1133-1189) Rey en 1154-1189. • IV de Lancaster (1367-1413) Rey en 1399-1413, fundador de la dinastía hom. • VIII (1491-1547) Rey en 1509-1547. Creador de la Iglesia anglicana.

ENRÍQUEZ, *Alberto* (1894-1962) Militar ecuat. Presidente en 1937-1938.

ENRÍQUEZ, *Carlos* (1901-1957) Pintor cub. *El rapto de las mulatas*.

ENSENADA Mun. de México; 115 400 hab.

ENTRE RÍOS Prov. de Argentina; 78 781 km², 1 022 865 hab. Cap., Paraná.

ENVIGADO C. de Colombia; 69 900 hab.

EOLIA Ant. región del NO de Asia Menor, ocupada por los eolios h. el s. XI a.C.

EOLO Dios gr. de los vientos.

EOS Personificación gr. de la aurora.

EPECUÉN Lago salado de Argentina; 400 km².

EPICURO (342-270 a.C.) Filósofo gr., para quien la felicidad es el bien en la vida.

EPIRO Ant. región gr., ribereña del mar Jónico.

ERASMO de Rotterdam, *Desiderio* (h. 1466-1536) Sacerdote y filósofo humanista hol. *Elogio de la locura*.

ERAUSO, *Catalina de*, llamada la *Monja Alférez* (15 92-1635) Aventurera esp. Se alistó en América para luchar contra los indios chilenos.

ERCILLA, *Alonso de* (1533-1594) Poeta esp. Luchó por la conquista de Chile. *La Araucana*.

EREBUS Volcán de la Antártida; 4 023 m.

ERHARD, *Ludwig* (1897-1977) Político al. Canciller en 1963-1966.

ERIE Lago de Norteamérica; 25 612 km².

ERIK Nombre de varios reyes escandinavos. • VI, *Menved* (1274-1319) Rey de Dinamarca en 1286-1319. • *de Pomerania* (1382-1459) Rey de Noruega en 1389-1442 y de Dinamarca y de Suecia en 1396-1439. • XIV (1533-1577) Rey de Suecia en 1560-1568.

ERIK *el Rojo* (940-1010) Explorador nor. Descubrió Groenlandia h. 985.

ERITREA Estado de África nordoriental; 121 143 km², 3 325 000 hab. Cap., Asmara. *(Eritreos).*

ERNST, *Max* (1891-1976) Pintor y escultor surrealista al. *Pareja zoomorfa.*

EROS Dios gr. del amor.

ERRÁZURIZ Echaurren, *Isidoro* (1835-1898) Escritor chil. *Hombres y cosas durante la guerra.*

ESCALÓN, *Pedro José* (1857-1912) Estadista salv. Presid. de la rep. en 1903-1907.

ESCANDINAVIA Península formada por Suecia y Noruega; 774 000 km².

ESCIPIÓN, *Publio Cornelio*, llamado *el Africano* (235-183 a.C.) General rom. que expulsó a los cartagineses de la pen. Ibérica.

ESCLAVOS Lago de Canadá; 28 438 km².

ESCOBAR, *Patricio* (m. 1912) Político par. Presid. de la rep. en 1886-1890.

ESCOBEDO, *Mariano* (1826-1907) General méx. Combatió la invasión de EE UU y la intervención francesa.

ESCOCIA País al N de Gran Bretaña; 78 783 km², 4 957 000 hab. Cap., Edimburgo.

ESCORPIÓN Octavo signo y constelación del Zodíaco.

ESCUINTLA Dpto. de Guatemala; 4 384 km², 592 647 hab. Cap., Escuintla (95 100 hab.).

ESLAVONIA Región de Croacia; 2 000 000 de hab.

ESLOVAQUIA Estado de Europa central; 49 036 km², 5 270 000 hab. Cap., Bratislava. *(Eslovacos).*

ESLOVENIA Estado de la pen. Balcánica; 20 251 km², 1 975 00 hab. Cap., Liubliana. *(Eslovenios).*

ESMERALDAS Prov. de Ecuador; 15 239 km², 306 628 hab. Cap., Esmeraldas (98 558 hab.).

ESMIRNA Ant. c. gr. de Asia Menor, la actual c. turca de Izmir.

ESNAOLA, *Juan Pedro* (1808-1878) Músico arg. *Himno nacional argentino.*

ESOPO (ss. VII-VI a.C.) Fabulista gr.

ESPAILLAT Prov. de la Rep. Dominicana; 974 km², 180 900 hab. Cap., Moca.

ESPAÑA Estado del S de Europa; 504 709 km², 39 669 394 hab. Cap., Madrid. *(Españoles).*

ESPAÑOLA, *La* Isla del grupo de las Grandes Antillas; 75 842 km², 11 601 000 hab. Dividida en dos Est.: Rep. Dominicana y Haití.

ESPARTA C. de Grecia; 13 000 hab. Fue la poli más poderosa de la ant. Grecia.

ESPARTACO (m. 71 a.C.) Gladiador rom. que encabezó una sublevación de esclavos.

ESPARTERO, *Baldomero*, DUQUE DE LA VICTORIA (1793-1879) General y político esp. Presidió el gobierno liberal en 1854-1856).

ESPERANZA, *La* C. de Honduras, cap. de dpto. de Intibucá; 4 017 hab.

ESPINA, *Concha* (1877-1955) Escritora esp. *La esfinge maragata.*

ESPINEL, *Vicente* (1550-1624) Escritor esp. *Vida del escudero Marcos de Obregón.*

ESPÍNOLA, *Francisco* (1901-1973) Escritor ur. *Sombras sobre la tierra.*

ESPINOSA, *Javier* (1815-1870) Político ecuat. Presid. de la rep. en 1867-1869.

ESPINOSA, *Nicolás* (s. XIX) Político salv Presid. de la rep. en 1836-1837.

ESPÍRITU SANTO Est. de Brasil; 45 737 km² 2 499 000 hab. Cap., Vitoria.

ESPRIELLA, *Ricardo de* (n. 1934) Político pan. Presid. de la rep. en 1982-84.

831EZCURRA

ESPRIU, *Salvador* (1913-1985) Escritor esp. *Cementerio de Sinera.*

ESPRONCEDA, *José de* (1808-1842) Poeta esp. *Canción del pirata, Himno al Sol.*

ESQUILACHE, *Leopoldo de Gregorio,* MARQUÉS DE (h. 1700-1785) Político siciliano. En marzo de 1766, tuvo que hacer frente al *Motín de E.*

ESQUILO (525-456 a.C.) Dramaturgo gr. *Prometeo encadenado.*

ESQUIPULAS Mun. de Guatemala, sede de dos reuniones de países centroamericanos (1986 y 1987) para acabar con la crisis regional.

ESQUIVEL, *Antonio M.ª* (1806-1857) Pintor esp. *Una lectura de Zorrilla en el estudio del pintor.*

ESQUIVEL Ibarra, *Ascensión* (1848-1927) Político cost. Presid. de la rep. en 1902-1906.

ESSEN C. de Alemania; 625 700 hab.

ESTADOS PONTIFICIOS Territorios de Italia central, ant. posesiones del papa. Anexionados a Italia en 1870.

ESTADOS UNIDOS Estado de América del Norte; 9 372 614 km², 260 341 000 hab. Cap., Washington. *(Estadounidenses).*

ESTAMBUL ⇨ Istanbul.

ESTEBAN Nombre propio de varios papas. • II (m. 757) Papa en 752-757. Considerado el creador de los Estados Pontificios. • III (m. 772) Papa en 768-772. • V (m. 891) Papa en 885-891.

ESTEBAN I *el Santo* (m. 1038) Rey de Hungría en 1000-1038. Canonizado en 1803.

ESTEBANILLO González (s. XVII) Novelista esp. *Vida y hechos de Estebanillo González, hombre de buen humor.*

ESTELÍ Dpto. del NO de Nicaragua; 2 173 km², 169 100 hab. Cap., Estelí. (30 600 hab.).

ESTIGARRIBIA, *José Félix* (1888-1940) Militar par. Presid. de la rep. en 1939.

ESTOCOLMO Cap. de Suecia; 653 500 hab.

ESTONIA Estado del N de Europa; 45 100 km², 1 582 000 hab. Cap., Tallinn. *(Estonios).*

ESTRADA, *Emilio* (1855-1911) Político ecuat. Presid. de la rep. en 1911.

ESTRADA, *Genaro* (1887-1937) Escritor mex. *Visionario de la Nueva España.*

ESTRADA, *Juan José* (1865-1947) Militar nic. Presid. de la rep. en 1910-1911.

ESTRADA Cabrera, *Manuel* (1857-1924) Político guat. Presid. de la rep. en 1898-1920.

ESTRASBURGO C. de Francia, cap. de la región de Alsacia. Sede del Consejo de Europa.

ESTUPIÑÁN, *Nelson* (n. 1915) Escritor ecuat. *Cuando los guacayanes florecían.*

ETA (*EUSKADI ta Askatasuna,* Euskadi y Libertad) Organización terrorista vasca creada en 1959.

ETIOPÍA Estado de África oriental; 1 130 139 km², 50 058 000 hab. Cap., Addis Abeba. *(Etíopes).*

ETNA Volcán activo de Sicilia; 3 340 m.

EUCLIDES (ss. IV-III a.C.) Matemático alejandrino. *Elementos.*

EUGENIO Nombre de varios papas. • III (m. 1153) Papa en 1145-1153. • IV (1383-1447) Papa en 1431-1447.

EULER, *Leonhard* (1707-1783) Matemático suizo. Enunció el *teorema de E.*

EURÍDICE Personaje mit. gr., esposa de Orfeo.

EURÍPIDES (480-405 a.C.) Poeta dramático gr. *Medea, Fedra.*

EUROPA Personaje de la mit. gr., hija de Agenor que fue raptada por Zeus.

EUROPA Continente sit. en el hemisferio boreal; unos 10,5 millones de km², 710 194 000 hab.

EUROPA, *Picos de* Macizo montañoso del N de España.

EUSTACHI o Eustaqui, *Bartolomeo* (1510-1574) Médico it. Describió una parte del oído, llamado en su honor *trompa de E.*

EVEREST Monte más alto del mundo, en el Himalaya; 8 848 m.

EXTREMADURA Com. autón. de España; 41 602 km², 1 070 244 hab. Cap., Mérida.

EXTREMO ORIENTE Sector más oriental de Asia, que comprende a China, Corea, Taiwan y Japón.

EYRE Lago salado de Australia; 8 900 km².

EZCURRA, *Juan Antonio* (1859-1905) Militar y político par. Presid. de 1902 a 1904.

FABIO Máximo, *Quinto,* llamado *Cunctator* (275-203 a.C.) Dictador rom. en 217.

FAHRENHEIT, *Daniel Gabriel* (1686-1736) Físico al. Estableció la escala Fahrenheit.

FALCÓN Est. del NO de Venezuela; 24 800 km², 632 513 hab. Cap., Coro.

FALCÓN, *Juan Crisóstomo* (1820-1870) Político ven. Presid. de la rep. en 1863-1868.

FALKLAND ⇨ Malvinas.

FALLA, *Manuel de* (1876-1946) Compositor esp. *El amor brujo.*

FALÚ, *Eduardo* (n. 1920) Compositor arg. *Romance a la muerte de Juan Lavalle.*

FAMATINA Sierra de Argentina. Máx. alt., pico Coronel Manuel Belgrano (6 250 m).

FANFANI, *Amintore* (1908-1999) Político it. Cuatro veces primer ministro en el periodo 1954-1983.

FANGIO, *Juan Manuel* (1911-1995) Automovilista arg. Cinco veces campeón de Fórmula 1.

FAO *(Food and Agriculture Organization)* Organización de la ONU para la alimentación y la agricultura. Sede en Roma.

FARNESIO, *Alessandro* (1468-1549) Papa en 1534 como Paulo III.

FARRELL, *Edelmiro Julián* (1887-1982) Militar y político arg. Presidente en 1944-1946.

FARUK I (1920-1965) Rey de Egipto en 1936-1952.

FASSBINDER, *Rainer Werner* (1946-1982) Director de cine al. *El matrimonio de María Braun.*

FÁTIMA C. de Portugal; 1 200 hab. Santuario de la Virgen.

FAULKNER, *William* (1897-1962) Novelista estadoun. Nobel de Literatura en 1949. *Santuario.*

FAUSTO Héroe de origen al., que vendió su alma al diablo a cambio del secreto de la ciencia.

FAYETTE, *Marie-Madeleine Pioche de la Vergne,* CONDESA DE La (1634-1693) Escritora fr. Precursora de la novela psicológica.

FAYSAL Nombre de dos reyes de Irak. • I (1883-1933) Rey en 1921-1933. • II (1935-1958) Rey en 1939-1958.

FAYUM, *El* C. de Egipto; 133 600 hab. Importantes ruinas grecorromanas.

FBI *(Federal Bureau of Investigation)* Policía federal de EE UU.

FEBRES Cordero, *León* (n. 1931) Político ecuat. Presid. de la rep. en 1984-1988.

FEDERICO Nombre de varios emp. de Alemania. • I Barbarroja (h. 1122-1190) Emp. en 1152-1190. • II (1194-1250) Emp. en 1212-1250.

FEDERICO Nombre de varios reyes de Prusia. • I (1657-1713) Rey en 1701-1713. • *el Grande* (1712-1786) Rey en 1740-1786. • Guillermo I *el Rey Sargento* (1688-1740) Rey en 1713-1740. • Guillermo II (1744-1797) Rey en 1786-1797. • Guillermo III (1770-1840) Rey en 1797-1840.

FEDRO (h. 15 a.C.-50 d.C.) Escritor lat. *Fábulas.*

FEIJOO, *fray Benito Jerónimo* (1676-1764) Escritor esp. *Cartas eruditas y curiosas.*

FEIRA DE SANTANA C. de Brasil; 405 848 hab.

FELIPE Santo. Uno de los doce apóstoles.

FELIPE Nombre de varios reyes de España. • II (1527-1598) Rey en 1556-1598. • III (1578-1621) Rey en 1598-1621. • IV (1605-1665) Rey en 1621-1665. • V (1683-1746) Rey en 1700-1746.

FELIPE Nombre de varios reyes de Francia. • III *el Atrevido* (1245-1285) Rey en 1270-1285. • IV *el Hermoso* (1286-1314) Rey en 1285-1314. • VI de Valois (1293-1350) Rey en 1328-1350.

FELIPE I *el Hermoso* (1478-1506) Rey de Castilla en 1504-1506.

FELIPE de Borbón y de Grecia (n. 1968) Príncipe de Asturias y heredero de la corona española.

FELIPE de Grecia (n. 1921) Príncipe consorte de Gran Bretaña, casado con Isabel II.

FELIPE, *León* (1884-1968) Poeta español. *Antología rota.*

FELIPILLO (s. XVI) Indígena per. Intérprete de Pizarro, Diego de Soto y Almagro.

FÉLIX, *María* Seud. de *María de los Ángeles F. Güereña* (n. 1914) Actriz de cine mex. *Enamorada.*

FELLINI, *Federico* (1920-1993). Director de cine it. *La dolce vita, Ocho y medio.*

ENICIA Ant. región del Mediterráneo oriental, que ocupa el Líbano.

ERMI, *Enrico* (1901-1955) Físico it. Nobel de Física en 1938.

ERNÁN Caballero Seud. de *Cecilia Böhl de Faber* (1796-1877) Novelista esp. *La gaviota.*

ERNÁN Gómez, *Fernando* (n. 1921) Actor y director de cine esp. *El viaje a ninguna parte.*

ERNÁN González (h. 930-970) Primer conde indep. de Castilla en 950-970.

ERNÁNDEZ, *Emilio*, llamado *El Indio* (1904-1986) Director y actor mex. *Flor silvestre.*

ERNÁNDEZ, *Jorge* (n. 1912) Escritor ecuat. *Los que viven por sus manos.*

ERNÁNDEZ, *Leonel* (n. 1945) Pol. dom. Presid. entre 1996 y 2000.

ERNÁNDEZ, *Macedonio* (1874-1952) Escritor modernista arg. *Papeles de Recienvenido.*

ERNÁNDEZ Alonso, *Severo* (1859-1925) Político bol. Presid. de la rep. en 1896-1899.

ERNÁNDEZ de Córdoba, *Gonzalo*, llamado *el Gran Capitán* (1453-1515) Militar esp.

ERNÁNDEZ de Lizardi, *José Joaquín* (1776-1827) Novelista mex. *El periquillo Sarniento.*

ERNÁNDEZ de Oviedo, *Gonzalo* (1478-1557) Cronista esp. *Historia general de las Indias.*

ERNÁNDEZ Moreno, *Baldomero* (1886-1950) Poeta arg. *La patria desconocida.*

ERNÁNDEZ Retamar, *Roberto* (n. 1930) Poeta cub. *Que veremos arder.*

ERNÁNDEZ Santos, *Jesús* (1926-1988) Novelista esp. *El hombre de los santos.*

ERNÁNDEZ Shaw, *Carlos* (1865-1911) Libretista de zarzuela esp. *La revoltosa.*

ERNÁNDEZ Shaw, *Guillermo* (1893-1965) Libretista de zarzuela esp. *Doña Francisquita.*

ERNANDO Nombre de diversos emp. del Imperio Romano Germánico. • **I** (1503-1564) Emp. en 1558-1564. • **II** (1578-1637) Emp. en 1619-1637. • **III** (1608-1657) Emp. en 1637-1657.

ERNANDO Nombre de varios reyes de Aragón. • **I** de Antequera (1380-1416) Rey en 1412-1416. • **II** *el Católico* (1452-1516) Rey en 1479. Se casó con Isabel de Castilla.

FERNANDO Nombre de varios reyes de Castilla y León. • **II** (1137-1188) Rey de León en 1157-1188. • **III** *el Santo* (1201-1252) Rey de Castilla en 1217-1252 y de León en 1230-1252. • **V** *el Católico* ⇨ Fernando II de Aragón.

FERNANDO Nombre de varios reyes de España. • **VI** (1713-1759) Rey en 1746-1759. • **VII** *el Deseado* (1784-1833) Rey en 1808-1833.

FERNANDO I (1703-1875) Emperador de Austria en 1835-1848.

FERNANDO DE NORONHA Arch. de Brasil, en el Atlántico; 26 km², 1 300 hab. Cap., Remedios.

FEROE Arch. de Dinamarca; 1 398 km², 45 000 hab. Cap., Thorshavn.

FERRATER, *Gabriel* (1922-1972) Poeta esp. en lengua cat. *Les dones i els dies.*

FERREIRO, *Celso Emilio* (1914-1979) Poeta esp. en lengua gallega. *Longa noite de pedra.*

FERRER, *José* (1912-1992) Actor puertorriq. Oscar en 1950 por *Cyrano de Bergerac.*

FERRER y Guardia, *Francisco* (1859-1909) Pedagogo esp. Creador de la Escuela Moderna.

FERRERA, *Francisco* (1794-1851) Militar hond. Presid. de la rep. en 1834 y 1840-1845.

FERRERI, *Marco* (n. 1928) Director de cine it. *La grande bouffe.*

FERREYRA Basso, *Juan G.* (n. 1910) Poeta arg. *Rosa de arcilla.*

FEUERBACH, *Ludwig* (1804-1872) Filósofo al.

FEZ C. de Marruecos; 448 800 hab.

FIALLO, *Fabio* (1866-1942) Poeta dom. *Primavera sentimental.*

FICHTE, *Johann Gottlieb* (1762-1814) Filósofo al. *Fundamentos de toda doctrina de la ciencia.*

FIDIAS (h. 490-431 a.C.) Escultor ateniense. *Atenea Parthenos.*

FIGUEIREDO, *João Baptista de Oliveira* (1918-1999) Militar bras. Presid. de la rep. en 1978-1985.

NP

FIGUEREDO, *Pedro* (1819-1870) Político cub. Compuso el himno nacional cubano.

FIGUERES, *José* (1907-1990) Político cost. Presid. de la rep. en 1953-1957 y 1970-1974.

FIGUERES Olsen, *José María* (n. 1954) Político cost. Presid. de la rep. en 1994-1998.

FIGUEROA, *Fernando* (1849-1912) Militar salv. Presid. de la rep. en 1907-1911.

FIGUEROA Alcorta, *José* (1860-1931) Abogado arg. Presid. en 1906-1910.

FIGUEROA Larraín, *Emiliano* (1866-1931) Político chil. Presid. de la rep. en 1925-1927.

FIJI o FIDJI Arch. y Estado de Oceanía; 18 272 km^2, 738 000 hab. Cap., Suva. *(Fidjianos).*

FILADELFIA C. de EE UU; 4 716 800 hab.

FILADELFIA C. de Paraguay, cap. del dpto. de Boquerón; 1 685 hab.

FILIPINAS Estado insular de Asia; 300 000 km^2, 62 000 000 hab. Cap., Manila. *(Filipinos).*

FILIPO II (h. 382-336 a.C.) Rey de Macedonia h. 356-336 a.C. Padre de Alejandro Magno.

FILÓN de Alejandría (h. 25 a.C.-50 d.C.) Filósofo gr.

FINLANDIA Golfo del mar Báltico.

FINLANDIA Estado del N de Europa; 338 145 km^2, 5 029 000 hab. Cap., Helsinki. *(Finlandeses).*

FIORAVANTI, *José* (1896-1977) Escultor arg. Monumento a Simón Bolívar.

FIORAVANTI, *Octavio* (1894-1970) Escultor arg. Monumento a J. de San Martín.

FITTIPALDI, *Emerson* (n. 1946) Corredor bras. Dos veces campeón de Fórmula 1.

FITZ ROY Monte de Argentina; 3 405 m.

FITZGERALD, *Francis Scott* (1896-1940) Novelista estadoun. *El gran Gatsby.*

FLANDES Región de Europa; 8 500 km^2. Se extiende por Francia, Bélgica y Países Bajos.

FLAUBERT, *Gustave* (1821-1880) Novelista fr. *Madame Bovary.*

FLEMING, *sir Alexander* (1881-1955) Bacteriólogo brit. Descubrió la penicilina. Nobel de Medicina en 1945.

FLETA, *Miguel* (1897-1938) Tenor esp.

FLORENCIA C. de Colombia, cap. del dpto. de Caquetá; 101 274 hab.

FLORENCIA C. de Italia, cap. de la regi de Toscana; 403 300 hab.

FLORES Dpto. del SO de Uruguay; 5 1 km^2, 24 900 hab. Cap., Trinidad.

FLORES C. de Guatemala, cap. del dpto. Petén; 20 200 hab.

FLORES Isla de Indonesia; 14 157 km 700 000 hab. Cap., Ende.

FLORES, *Francisco* (n. 1959) Político sal Elegido presid. en 1999.

FLORES, *Juan José* (1800-1864) Gener ecuat. Presid. de Ecuador en 1830-18 y 1839-1847.

FLORES, *Venancio* (1803-1868) Militar Presid. del país en 1854-1865 y en 186 1868.

FLORES, *Carlos Roberto* (n. 1950) Polític hond. Nombrado presid. de la rep. 1998.

FLORES Jijón, *Antonio* (1833-1912) Polí co ecuat. Presid. de la rep. en 1888-1892

FLORIANÓPOLIS C. del Brasil,'cap. del es de Santa Catarina; 255 000 hab.

FLORIDA Est. de EE UU; 151 939 km 12 938 000 hab. Cap., Tallahassee.

FLORIDA Dpto. de Uruguay; 10 417 km 66 100 hab. Cap., Florida (28 600 hab.).

FLORIT, *Eugenio* (1903-1999) Poeta cu *Trópico.*

FLYNN, *Errol* (1909-1959) Actor estadou *Robín de los bosques.*

FMI *(Fondo Monetario Internacional)* Or creado para favorecer la estabilidad mon taria.

FO, *Darío* (n. 1926) Dramaturgo it. Nobel Literatura en 1997. *Muerte accident de un anarquista.*

FONSECA Golfo de Centroamérica, entr El Salvador, Honduras y Nicaragua.

FONSECA, *Manuel Deodoro da* (1827-189 General bras. Presid. de la rep. en 1891.

FONTAINE, *Jean de la* (1621-1695) Escritc fr. *Cuentos y Fábulas.*

FONTANA, *Lucio* (1899-1968) Pintor arg.

FORD, *Gerald* (n. 1913) Político republica no estadoun. Presidente en 1974-1977.

FORD, *Henry* (1863-1947) Industrial esta doun. Fundador de la Ford Motor Com pany.

FORD, *John* (1895-1973) Director de cin estadoun. *La diligencia.*

FORMOSA Prov. de Argentina; 72 066 km², 404 367 hab. Cap., Formosa (165 700 hab.).

FORMOSA ⇨ Taiwan.

FORNER, *Raquel* (1902-1988) Pintora arg. *Ritmos.*

FORTALEZA C. de Brasil, cap. del est. de Ceará; 1 758 000 hab.

FORT-DE-FRANCE Cap. de la Martinica (Antillas francesas); 100 700 hab.

FORTUNY i Marsal, *Marià* (1838-1874) Pintor esp. *La Vicaría.*

FOUCAULT, *Michel* (1926-1984) Filósofo estructuralista fr. *Historia de la sexualidad.*

FOUQUET, *Jean* (h. 1420-h. 1477) Pintor fr. Autor del *Libro de Horas* de Étienne Chevalier.

FOURIER, *Charles* (1772-1837) Socialista francés.

FOX, *Vicente* (n. 1942) Político mex. Elegido presid. en 2000.

FRAGA, *Manuel* (n. 1922) Político esp. Elegido presid. de la Xunta de Galicia en 1990.

FRANCE, *Anatole* (1844-1924) Novelista fr. Nobel de Literatura en 1921. *La isla de los pingüinos.*

FRANCESCA, *Piero di Benedetto*, llamado *Piero della* (h. 1420-1492) Pintor renacentista it. Frescos de la iglesia de San Francisco en Arezzo.

FRANCFORT DEL MAIN C. de Alemania; 599 600 h.

FRANCIA Est. de Europa occidental; 549 000 km², 57 500 000 hab. Cap., París. *(Franceses).*

FRANCIA, *José Gaspar Rodríguez* (1766-1840) Político par. Jefe de gobierno en 1814-1840.

FRANCISCO Nombre de diversos emp. y reyes. • I de Habsburgo Lorena (1708-1765) Emp. de Alemania en 1745-1765. • II (1768-1836) Último emp. del Sacro Imperio en 1792-1806 y primer emp. de Austria en 1804-1835. • José I (1830-1916) Emp. de Austria en 1848-1916 y rey de Hungría en 1867-1916. • I (1494-1547) Rey de Francia en 1515-1547.

FRANCISCO Nombre de varios santos. • de Asís (h. 1182-1226) Fundador de los franciscanos. • de Borja (1510-1572). •

de Paula (1416-1507). • de Sales (1567-1622). • Javier (1506-1552).

FRANCISCO MORAZÁN Dpto del S de Honduras; 7 946 km², 781 601 hab. Cap., Tegucigalpa.

FRANCK, *César-Auguste* (1822-1890) Compositor belga. *Las eólides.*

FRANCO, *Itamar* (n. 1930) Político bras. Presid. en 1992-1994.

FRANCO Bahamonde, *Francisco* (1892-1975) Militar esp. Jefe del Estado en 1939-1975.

FRANCO-CONDADO Región de Francia; 16 202 km², 1 097 300 hab. Cap., Besançon.

FRANK, *Anna* (1929-1945) Joven hol., de origen judío. *Diario de Anna Frank.*

FRANKFORT C. de EE UU, cap. del est. de Kentucky; 26 000 hab.

FRANKLIN, *Benjamin* (1706-1790) Político estadoun. Redactó la declaración de indep. en 1776. Inventó el pararrayos.

FRAY BENTOS C. de Uruguay, cap. del dpto. de Río Negro; 20 400 hab.

FREETOWN Cap. de Sierra Leona; 214 400 hab.

FREI Montalva, *Eduardo* (1911-1982) Político chileno. Presid. en 1964-1970.

FREI Ruiz -Tagle, *Eduardo* (n. 1942) Político chileno. Presid. entre 1994 y 2000.

FREIRE, *Paulo* (1921-1997) Pedagogo bras. *Pedagogía del oprimido.*

FREIRE, *Ramón* (1787-1851) Militar chileno. Jefe del Estado en 1823-1827.

FREUD, *Sigmund* (1856-1939) Médico austr. Creador del psicoanálisis.

FRÍAS, *Tomás* (1805-1884) Político bol. Presid. del país en 1872-1873 y 1874-1876.

FRIEDMAN, *Milton* (n. 1912) Economista estadoun. Nobel de Economía en 1976.

FRISCH, *Ragnar* (1895-1973) Economista estadoun. Nobel de Economía en 1969.

FRIUL-VENECIA JULIA Región autónoma del NE de Italia; 7 844 km², 1 197 700 hab. Cap., Trieste.

FROMM, *Erich* (1900-1980) Psiquiatra estadoun. de origen al. *El miedo a la libertad.*

FRONDIZI, *Arturo* (1908-1995) Político arg. Presid. en 1958-1962.

NP

FRUGONI, *Emilio* (1880-1969) Poeta ur. *Los himnos.*

FUENTES, *Antonio* (s. XVIII) Dramaturgo arg. *Loa.*

FUENTES, *Carlos* (n. 1928) Escritor mex. *La muerte de Artemio Cruz.*

FUERTE OLIMPO C. de Paraguay, cap. del dpto. de Alto Paraguay; 1 532 hab.

FUERTEVENTURA Isla esp; 1 722 km², 18 200 hab. Cap., Puerto del Rosario.

FUJI YAMA Volcán del Japón; 3 776 m.

FUJIMORI, *Alberto Kenyo* (n. 1938) Político per. Elegido presid. en 1990, dimitió en 2000.

G

GABLE, *Clark* (1901-1960) Actor estadoun. *Lo que el viento se llevó.*

GABÓN Estado de África ecuatorial; 267 667 km², 1 350 000 hab. Cap., Libreville. *(Gaboneses).*

GABRIEL y Galán, *José María* (1870-1905) Poeta esp. *Extremeñas.*

al-GADDAFI, *Muammar* (n. 1942) Militar libio. Elegido jefe del Estado en 1969.

GAGARIN, *Yuri Alekséevich* (1934-1968) Cosmonauta soviético. Fue el primero en realizar un vuelo cósmico.

GAGINI, *Carlos* (1865-1925) Literato cost. *Diccionario de barbarismos.*

GAÍNZA, *Gabino* (h. 1750-h. 1825) Militar esp. Proclamó la indep. de Guatemala en 1821.

GAITANA, *La* (s. XVI) Heroína col. Dirigió la revuelta contra el conquistador Añasco.

GALA, *Antonio* (n. 1937) Escritor esp. *El manuscrito carmesí.*

GALÁPAGOS Prov. insular de Ecuador; 8 010 km², 9 785 hab. Cap., Puerto Baquerizo Moreno.

GALBRAITH, *John Kenneth* (n. 1908) Economista estadoun. *La sociedad opulenta.*

GALEANA, *Hermenegildo* (1762-1814) Patriota mex, colaborador de Morelos.

GALEANO, *Eduardo* (n. 1940) Escritor y político ur. *Vagamundo.* Fundó el Partido Socialista del Uruguay.

GALENO, *Claudio* (h. 131-h. 200) Médico gr.

GALERAS Volcán de Colombia; 4 276 m.

GALES País del O de Gran Bretaña; 20 768 km², 2 798 500 hab. Cap., Cardiff.

GALIA Nombre dado por los rom. a los países habitados por los celtas.

GALIAS, *guerra de las* Campañas realizadas por Julio César en 58 a.C.

GALICIA Com. autón. de España; 29 434 km², 2 742 622 hab. Cap., Santiago de Compostela.

GALILEA Región de Palestina.

GALILEO Galilei (1564-1642) Astrónomo it. Partidario del heliocentrismo de Copérnico. *Historia y demostraciones relativas a las manchas solares.*

GALINDO, *Sergio* (n. 1926) Escritor mex. *Nudo.*

GALITZIA Región de Europa central; 78 000 km². Repartida entre Polonia y Ucrania.

GALLEGOS Río de Argentina; 300 km.

GALLEGOS, *José Rafael de* (1784-1850) Político cost. Jefe del est. en 1833-1835 y 1845-1846.

GALLEGOS, *Rómulo* (1884-1969) Escritor ven. Presid. de la rep. en 1948. *Doña Bárbara.*

GALSWORTHY, *John* (1864-1933) Novelista brit. Nobel de Literatura en 1932. *La saga de los Forsyte.*

GALTIERI, *Leopoldo Fortunato* (n. 1926) Militar arg. Presid. en 1981-1982.

GALVÁN, *Manuel de Jesús* (1834-1911) Político y escritor dom. *Enriquillo.*

GÁLVEZ, *Bernardo de*, CONDE DE (1756-1794) Militar esp. Virrey de Nueva España en 1785-1786.

GÁLVEZ, *José de*, MARQUÉS DE LA SONORA (1720-1787) Político esp. Creó el virreinato del Río de la Plata.

GÁLVEZ, *Juan Manuel* (1887-1955) Político hond. Presid. de la rep. en 1949-1955.

GÁLVEZ, *Manuel* (1882-1962) Escritor arg. *Historia del arrabal.*

GÁLVEZ, *Mariano* (1792-1862) Político guat. Jefe de est. en 1831-1838.

GÁLVEZ, *Matías de* (1717-1784) Virrey de Nueva España en 1783-1784.

GÁLVEZ Eguskiza, *José* (1819-1866) Político per. Símbolo de la independencia.

GÁLVEZ y Alfonso, *José María* (1834-1906) Político cub. Presid. en 1898-1899.

GAMA, *José Basilio da* (1740-1795) Poeta bras. *Uruguay.*

GAMA, *Vasco de* (1469-1524) Navegante port. Virrey de la India.

GAMALIEL Churata Seud. de *Arturo Peralta* (1897-1969) Escritor per. *El pez de oro.*

GAMARRA, *Agustín* (1785-1841) Militar y político per. Presid. en 1829-1833 y 1839-1841.

GAMBIA Estado de África occidental; 11 295 km², 884 000 hab. Cap., Banjul. *(Gambianos).*

GAMBOA, *Federico* (1864-1939) Escritor naturalista mex. *Esbozos contemporáneos.*

GÁMEZ, *Rodrigo* (n. 1936) Científico cost. Descubridor del virus rayado fino del maíz.

GANDHI, *Mohandas Karamchand* (1869-1948) Político indio. Dirigió la lucha por la indep.

GANDHI, *Rajiv* (1944-1991) Político indio. Hijo de Indira. Primer ministro en 1984-1991.

GANDHI, *Shrimati Indira* (1917-1984) Política india. Hija de Nehru. Primera ministra en 1966-1977 y 1980-1984.

GANDÍA, *Enrique de* (n. 1906) Historiador arg. *Historia de las ideas políticas en la Argentina.*

GANGES Río de la India y de Bangla Desh; 2 700 km.

GANIVET, *Ángel* (1865-1898) Pensador esp. *El porvenir de España.*

GAONA, *Juan Bautista* (1846-1912) Político liberal per. Presid. de la rep. en 1904-1912.

GARAY, *Juan de* (h. 1528-1583) Colonizador esp. Fundador de Buenos Aires en 1580.

GARBO, *Greta* (1905-1990) Seud. de la actriz sueca *G. Louisa Gustaffson. Ninotchka.*

GARCI, *José Luis* (n. 1944) Realizador de cine esp. Oscar de 1982 por *Volver a empezar.*

GARCÍA Nombre de diversos reyes de Navarra. • Sánchez I (915-970) Rey en 926-970. • Sánchez III (m. 1054) Rey en 1035-1054.

• Ramírez *el Restaurador* (m. 1150) Rey en 1134-1150.

GARCÍA I (m. 914) Rey de León en 910-914.

GARCÍA I (1042-1090) Rey de Galicia en 1065-1073.

GARCÍA, *Lisardo* (1842-1937) Político ecuat. Presid. en 1905-1906.

GARCÍA Bárcena, *Rafael* (1907-1961) Escritor cub. *Redescubrimiento de Dios.*

GARCÍA Calderón, *Francisco* (1834-1905) Jurista per. Presid. en 1881.

GARCÍA Calderón, *Francisco* (1883-1953) Escritor per. *Las democracias latinas de América.*

GARCÍA Calderón, *Ventura* (1886-1959) Narrador per. *La venganza del cóndor.*

GARCÍA de Quevedo, *José Heriberto* (1819-1871) Escritor ven. *Coriolano.*

GARCÍA Godoy, *Héctor* (1921-1970) Político dom. Presid. en 1965-1966.

GARCÍA González, *Vicente* (1833-1886) Patriota cub. Presid. de la rep. en 1877-1888.

GARCÍA Granados, *Miguel* (1807-1878) Militar guat. Presid. de la rep. en 1871-1873.

GARCÍA Hortelano, *Juan* (1928-1992) Escritor esp. *Nuevas amistades.*

GARCÍA Icazbalceta, *Joaquín* (1825-1894) Historiador mex. *Vocabulario de mexicanismos.*

GARCÍA Lorca, *Federico* (1898-1936) Escritor esp. *Romancero gitano, Yerma.*

GARCÍA Márquez, *Gabriel* (n. 1928) Escritor col. Nobel de Literatura en 1982. *Cien años de soledad, El amor en los tiempos del cólera.*

GARCÍA Menocal, *Mario* (1866-1941) Político cub. Presid. de la rep. en 1913-1921.

GARCÍA Meza, *Luis* (n. 1930) Militar bol. Jefe del estado en 1980-1981.

GARCÍA Moreno, *Gabriel* (1821-1875) Político ecuat. Presid. en 1861-1865 y 1869-1875.

GARCÍA Morillo, *Roberto* (n. 1911) Compositor arg.

GARCÍA Nieto, *José* (1914-2001) Poeta esp. Premio Cervantes 1996. *Sonetos por mi hija.*

NP

GARCÍA Pérez, *Alan* (n. 1949) Abogado per. Presidente de la rep. en 1985-1990.

GARCÍA Ponce, *Juan* (n. 1932) Escritor mex. *La vida perdurable.*

GARCÍA Prieto, *Manuel*, MARQUÉS DE ALHUCEMAS (1859-1938) Político esp. Presid. del gobierno en 1912, 1917 y 1922.

GARCÍA Robles, *Alfonso* (1911-1991) Diplomático mex. Nobel de la Paz en 1982.

GARCÍA Rovira, *Custodio* (1780-1816) Patriota col.

GARCILASO de la Vega, (h. 1501-1536) Poeta renacentista esp. Autor de elegías y sonetos.

GARCILASO de la Vega, llamado *el Inca* (1539-1616) Cronista de Indias. *Historia general del Perú.*

GARDEL, *Carlos* (1887-1935) Cantante y actor arg. de origen fr. *Luces de Buenos Aires.*

GARFIELD, *James Abram* (1831-1881) Político estadoun. Presid. en 1881.

GARGALLO, *Pablo* (1881-1934) Escultor esp. *Profeta.*

GARIBALDI, *Giuseppe* (1807-1882) Militar y político it. Héroe de la unificación de Italia.

GARIBAY, *Pedro de* (1729-1815) Militar esp. Virrey de Méx. en 1808-1809.

GARMENDIA, *Salvador* (n. 1928) Escritor ven. *Los pies de barr.*

GARRASTAZU Médici, *Emilio* (1905-1985) Militar bras. Presid. en 1969-1974.

GASCA, *Pedro de la* (1485-1567) Religioso esp. Presid. de la Audiencia del Perú.

GASPAR HERNÁNDEZ Mun. de la Rep. Dominicana; 28 824 hab.

GASPERI, *Alcide de* (1881-1954) Político it. Jefe del gobierno de 1945 a 1953.

GASSER, *Herbert Spencer* (1888-1963) Fisiólogo estadoun. Nobel de Medicina en 1944.

GASSMAN, *Vittorio* (1922-2000) Actor it. *La escapada.*

GAUDÍ, *Antoni* (1852-1926) Arquitecto modernista esp., catalán. *La Pedrera.*

GAUGUIN, *Paul* (1848-1903) Pintor impresionista fr. *El oro de sus cuerpos.*

GAULLE, *Charles de* (1890-1970) General fr. Presid. en 1944-1946 y 1959-1969.

GAUSS, *Karl Friedrich* (1777-1855) Matemático al. Creador del teorema de Gauss.

GAUTIER, *Théophile* (1811-1872) Escritor fr. *Esmaltes y camafeos.*

GAVIDIA, *Francisco Antonio* (1864-1955) Poeta salv. *Pensamientos.*

GAVIRIA, *César* (n. 1947) Economista col. Presid. en 1990-1994.

GAZA Terr. de Palestina; 363 km², 493 700 hab. Cap., Gaza (40 000 hab.). Uno de los prales. centros de la *intifada.*

GDANSK C. de Polonia; 467 200 hab. Ant. Danzig.

GEISEL, *Ernesto* (1908-1996) Militar bras. Presid. en 1974-1978.

GELL-MANN, *Murray* (n. 1929) Físico estadoun. Nobel de Física en 1969.

GEMAYEL, *Amin* (n. 1942) Político libanés. Presid. en 1982-1988.

GÉMINIS Tercer signo y constelación del Zodíaco.

GENERACIÓN del 98 Grupo de escritores españoles: Valle-Inclán, Unamuno, Benavente, Baroja, Maeztu y Azorín.

GENERACIÓN del 27 Grupo de escritores españoles: Pedro Salinas, Jorge Guillén, Gerardo Diego, García Lorca, Rafael Alberti, etc.

GENERAL EUGENIO A. GARAY C. de Paraguay, cap. del dpto. de Nueva Asunción.

GENERALITAT de Cataluña Nombre del Gobierno autón. en 1931-1939 y desde 1977.

GENERALITAT de Valencia Nombre del Gobierno autón. desde 1977.

GENET, *Jean* (1910-1986) Escritor fr. *Nuestra Señora de las Flores.*

GENGIS KAN (h. 1167-1227) Fundador de imp. mongol.

GENNES, *Pierre-Gilles de* (n. 1932) Físico fr. Nobel de Física en 1991.

GÉNOVA C. de Italia, cap. de la región de Liguria; 735 600 hab.

GENOVÉS, *Juan* (n. 1930) Pintor esp. *La calle.*

GEORGETOWN Cap. de Guyana; 187 600 hab.

GEORGIA Estado del Cáucaso; 69 700 km², 5 464 000 hab. Cap., Tbilisi. (*Georgianos*).

GEORGIA Est. del SE de EE UU; 152 576 km², 6 478 000 hab. Cap., Atlanta.

GEORGIAS DEL SUR Arch. de Argentina; 3 560 km², 25 hab.

GÉRICAULT, *Théodore* (1791-1824) Pintor romántico fr. *La balsa de la Medusa*.

GERMANIA Nombre que dieron los rom. a las tierras al E del Rin.

GERÓNIMO (1829-1909) Jefe de los apaches.

GERSHWIN, *George* (1898-1937) Compositor estadoun. *Rapsodia en azul, Porgy and Bess*.

GESTAPO Policía política al. bajo el régimen nazi.

GESTIDO, *Óscar* (1901-1967) Militar ur. Presid. de la nación en 1967.

GETAFE C. de España; 143 153 hab.

GHANA Estado de África occidental; 238 538 km², 13 509 000 hab. Cap., Accra. *(Ghaneses)*.

GHIBERTI, *Lorenzo* (1378-1455) Escultor y arquitecto it. Cúpula de la catedral de Florencia.

GHIRALDO, *Alberto* (1874-1946) Dramaturgo romántico arg. *Alma gaucha*.

GIAUQUE, *William Francis* (1895-1982) Químico estadoun. Nobel de Química en 1949.

GIBRALTAR Colonia brit., situada en la península Ibérica; 6 km², 29 073 hab.

GIBRALTAR Estrecho que comunica el Mediterráneo con el Atlántico y que separa Europa de África.

GIDE, *André* (1869-1951) Escritor fr. *El inmoralista*.

GIJÓN C. de España; 264 381 hab.

GIL de Biedma, *Jaime* (1929-1990) Poeta esp. *Diario de un poeta seriamente enfermo*.

GIL Fortoul, *José* (1861-1942) Político ven. Presid. de la rep. en 1913-1914.

GILL, *Juan Bautista*, (m. 1877) Político par. Presid. de la rep. en 1874.

GINASTERA, *Alberto* (1916-1983) Compositor arg. *Bomarzo*.

GINEBRA C. de Suiza; 158 900 hab.

GINER de los Ríos, *Francisco* (1839-1915) Pedagogo esp. Fundó la Institución Libre de Enseñanza. *Estudios sobre educación*.

GINSBERG, *Allen* (1926-1997) Poeta estadoun. de la *beat generation*. *Aullido*.

GIORDANO, *Luca* (1632-1705) Pintor barroco it., llamado *Lucas Jordán*. *Juicio de París*.

GIOTTO (h. 1266-1337) Pintor it. *Vida de san Francisco*.

GIRARDOT, *Atanasio* (1791-1813) Militar col. Luchó junto a Bolívar en Venezuela.

GIRÓ, *Juan Francisco* (1791-1860) Político ur. Presid. en 1852-1853.

GIRONA o GERONA C. de España; 70 576 hab.

GIRONDO, *Oliverio* (1891-1967) Poeta arg. *Calcomanías*.

GISCARD d'Estaing, *Valéry* (n. 1926) Político fr. Presid. en 1974-1981.

GIZEH C. de Egipto; 571 300 hab. Grandes pirámides.

GLADSTONE, *William Ewart* (1809-1898) Político brit. Tres veces primer ministro entre 1868 y 1894.

GLASER, *Donald Arthur* (n. 1926) Físico estadoun. Nobel de Física en 1960.

GLASGOW C. de Gran Bretaña; 762 288 hab.

GLUCK, *Cristoph Willibald* (1714-1787) Compositor de óperas al. *Orfeo y Eurídice*.

GOBI Desierto de Asia, entre China y Mongolia; 1 000 000 km² aprox.

GODARD, *Jean-Luc* (n. 1930) Director de cine fr. *Al final de la escapada*.

GODAVARI Río de la India; 1 500 km.

GODOFREDO de Estrasburgo (m. h. 1215) Poeta medieval fr. *Tristán e Isolda*.

GODOY, *Manuel de* (1767-1851) Político esp. Primer ministro en 1792-1798 y 1800-1808.

GODOY CRUZ C. de Argentina; 80 000 hab.

GOERITZ, *Matías* (1915-1990) Arquitecto al., nacionalizado mex. Torres de la ciudad satélite de México.

GOETHE, *Johann Wolfgang* (1749-1832) Escritor al. *Fausto*.

GOGOL, *Nikolai Vasílievich* (1809-1852) Novelista ruso. *La perspectiva Nevski*.

GOIÂNIA C. de Brasil, cap. del est. de Goiás; 921 000 hab.

GOIÁS Est. del centro-O de Brasil; 340 166 km², 4 082 000 hab. Cap., Goiânia.

GOLDING, *William* (1911-1993) Escritor brit. Nobel de Literatura en 1983. *El señor de las moscas*.

GOLDSMITH, *Oliver* (1728-1774) Escritor brit. *Ciudadano del mundo*.

GOLFO, *Corriente del* Corriente cálida del Atlántico que va del golfo de México a Noruega.

GOLFO, *Guerra del* Conflicto entre Irak (que había invadido Kuwait en agosto 1990) y la fuerza multinacional dirigida por EE UU. Se inició en enero 1991 y acabó en febrero con la rendición de Irak.

GOLGI, *Camillo* (1844-1926) Médico it. Nobel de Medicina en 1906.

GOMENSORO, *Tomás* (1810-1900) Político ur. Presid. de la rep. en 1872-1873.

GOMERA, *La* Isla esp.; 354 km², 19 340 hab. Cap., San Sebastián de la Gomera.

GOMES, *Carlos* (1836-1896) Compositor de óperas bras. *Il Guarany*.

GÓMEZ, *José Miguel* (1858-1921) Político cub. Presid. de la rep. en 1909-1913.

GÓMEZ, *Juan Vicente* (1859-1935) Político ven. Tres veces presid. entre 1910-1935.

GÓMEZ, *Laureano* (1889-1965) Político col. Presid. en 1950 y 1953.

GÓMEZ Carrillo, *Enrique* (1873-1927) Escritor guat. *El Japón heroico y galante*.

GÓMEZ de Avellaneda, *Gertrudis* (1814-1873) Escritora romántica cub. *Guatimocín*.

GÓMEZ de la Serna, *Ramón* (1888-1963) Escritor esp. *Greguerías*.

GÓMEZ Pedraza, *Manuel* (1789-1851) Militar mex. Presid. en 1828.

GÓMEZ Restrepo, *Antonio* (1869-1947) Escritor col. *Historia de la literatura colombiana*.

GÓMEZ PALACIO C. de México; 110 215 hab.

GONÇALVES Dias, *Antonio* (1832-1864) Poeta romántico bras. *El que debe morir*.

GONCOURT, *Edmond* (1822-1896) Novelista fr. Escribió en colaboración con su hermano *Jules* (1830-1870) *Germinia Lacerteux*. Fundador de la Academia y premio lit. Goncourt.

GONDRA, *Manuel* (1872-1927) Político par. Presid. de la rep. en 1910 y 1920-1921.

GÓNGORA y Argote, *Luis de* (1561-1627) Poeta esp. *Fábula de Polifemo y Galatea*.

GONZAGA, *Tomás Antonio* (1744-1810) Poeta romántico bras. *Marilia de Dircea*.

GONZÁLEZ, *Juan Francisco* (1853-1933) Pintor romántico chil.

GONZÁLEZ, *Manuel* (1833-1893) Militar mex. Presid. de la rep. en 1880-1884.

GONZÁLEZ Bravo, *Luis* (1811-1871) Político esp. Presid. del gobierno en 1843-1868.

GONZÁLEZ Gamarra, *Francisco* (1890-1972) Músico per. Premio Nacional de música en 1959.

GONZÁLEZ Garza, *Roque* (1885-1962) Militar mex. Presid. de la rep. en 1915.

GONZÁLEZ León, *Adriano* (n. 1931) Escritor ven. *Hombre que daba sed*.

GONZÁLEZ Macchi, *Luis Ángel* (n. 1947) Político par. Nombrado presid. en 1999.

GONZÁLEZ Márquez, *Felipe* (n. 1942) Político socialista esp. Presid. del gobierno en 1982-1996.

GORBACHOV, *Mijail* (n. 1931) Político soviético. Nobel de la Paz en 1990. Secretario general del Partido Comunista en 1985-1991.

GORDIMER, *Nadine* (n. 1923) Novelista sudafricana. Nobel en 1991. *Hay algo, ahí fuera*.

GORGIAS (s. V-IV a.C.) Filósofo sofista gr De la naturaleza o del no ser.

GORKI, *Máximo* Seud. de *Alexei Maximovitch Piechkov* (1868-1936) Escritor ruso La madre.

GOROSTIZA, *Celestino* (1904-1967) Dramaturgo mex. *La escuela del amor*.

GOROSTIZA, *José* (1901-1973) Poeta mex *Muerte sin fin*.

GOROSTIZA, *Manuel Eduardo de* (1789-1851) Escritor mex. *Contigo, pan y ce bolla*.

GÖTEBORG C. de Suecia; 431 900 hab.

GOULART, *João Belchior* (1918-1976) Político bras. Presid. en 1961-1964.

GOUNOD, *Charles* (1818-1893) Compositor romántico fr. *Romeo y Julieta*.

GOYA y Lucientes, *Francisco de* (1746-1828) Pintor esp. *La maja desnuda*, *El dos de mayo*.

GOYTISOLO Nombre de tres hermanos escritores esp. • *José Agustín* (1928-1999) *Palabras para Julia*. • *Juan* (n. 1931) *Juan sin Tierra*. • *Luis* (n. 1935) *Fábulas*.

GOZZOLI, *Benozzo* (1420-1497) Pintor florentino. *Cortejo de los Reyes Magos.*

GRACIÁN, *Baltasar* (1601-1658) Escritor esp. *El criticón.*

GRACIAS C. de Honduras, cap. del dpto. de Lempira; 3 854 hab.

GRACIAS A DIOS Dpto. de Honduras; 16 630 km², 33 684 hab. Cap., Puerto Lempira.

GRACO, *Cayo Sempronio* (154-121 a.C.) Político romano.

GRACO, *Tiberio Sempronio* (h. 162-133 a.C.) Político romano.

GRAMSCI, *Antonio* (1891-1937) Pensador comunista it. *Cartas desde la cárcel.*

GRAN BARRERA Serie de arrecifes coralíferos en Australia; 260 000 km².

GRAN BRETAÑA E IRLANDA DEL NORTE, *Reino Unido de* Estado de Europa occidental; 244 883 km², 54 700 000 hab. Cap., Londres. *(Británicos).*

GRAN CANARIA Isla de España; 1 533 km², 520 000 hab. Cap., Las Palmas.

GRAN COLOMBIA, *República de la* Est. constituido por Simón Bolívar. Reunió a Venezuela, Ecuador y Colombia (1819-1830).

GRAN LAGO SALADO Lago de EE UU; 3 885 km².

GRANADA Est. insular americano, perteneciente a la Commonwealth; 344 km², 101 000 hab. Cap., Saint George's.

GRANADA C. de España; 245 640 hab. Palacio de La Alhambra.

GRANADA Dpto. de Nicaragua; 992 km², 162 600 hab. Cap., Granada (88 600 hab.).

GRANADA, *fray Luis de* (1504-1588) Escritor esp. *Guía de pecadores.*

GRANADOS, *Enrique* (1867-1916) Compositor esp. *Goyescas.*

GRANDE Río de Brasil; 1 050 km.

GRANDE o GRANDE DE MATAGALPA Río de Nicaragua; 555 km.

GRANDE o GUAPAY Río de Bolivia; 240 km.

GRANDE DEL NORTE o BRAVO Río de EE UU y México; 2 890 km.

GRANDES LAGOS Cuenca de Canadá y EE UU, en la que se encuentran los lagos Superior, Michigan, Hurón, Erie y Ontario.

GRANIT, *Ragnar Arthur* (1900-1991) Neurofisiólogo finl. Nobel de Medicina en 1967.

GRANJA, *La* C. de Chile; 130 274 hab.

GRANMA Prov. de Cuba; 8 400 km², 773 000 hab. Cap., Bayamo.

GRANT, *Ulysses Simpson* (1822-1885) General estadoun. Presid. en 1868-1872.

GRASS, *Günther* (n. 1929) Escritor al. *El tambor de hojalata.* Premio Nobel de Literatura en 1999.

GRAU San Martín, *Ramón* (1889-1969) Político cub. Presid. en 1933-1934 y 1944-1948.

GRAVES, *Robert Ranke* (1895-1985) Escritor brit. *Yo, Claudio.*

GRAZ C. de Austria; 243 166 hab.

GRECIA Estado de Europa meridional; 131 957 km², 10 269 000 hab. Cap., Atenas. *(Griegos).*

GRECO, *Doménicos Theotocópoulos*, llamado *El* (h. 1541-1614) Pintor cretense activo en Italia y España. *El caballero de la mano en el pecho.*

GREENE, *Graham* (1904-1991) Novelista brit. *El tercer hombre.*

GREGORIO Nombre de varios Papas. • I Magno (h. 540-h. 604) Santo. Papa en 590-604. • VII (h. 1020-1085) Santo. Papa en 1073-1085. • XIII (1502-1585) Papa en 1572-1585. • XVI (1765-1846) Papa en 1831-1846.

GRIFFITH, *David Wark* (1875-1948) Director de cine estadoun. *El nacimiento de una nación.*

GRIMM, *Jakob* (1785-1863) Escritor al. En colaboración con su hermano *Wilhelm* (1786-1859) publicó una colección de *Cuentos* infantiles.

GRIS, *Juan* Seud. de *José Victoriano González* (1887-1927) Pintor esp. *Homenaje a Picasso.*

GROENLANDIA Isla del continente americano, dependiente de Dinamarca; 2 175 600 km², unos 55 000 hab. Cap., Godthab (11 026 hab.).

GROMYKO, *Andrei* (1909-1989) Político soviético. Jefe del Estado en 1985-1988.

GROPIUS, *Walter* (1883-1969) Arquitecto al. En 1919 fundó la escuela de la Bauhaus.

NP

GROUSSAC, *Paul* (1848-1929) Escritor arg., de origen fr. *Fruto vedado.*

GROZNII C. de Rusia, cap. de la rep. autónoma de Chechenia; 341 300 hab.

GUADALAJARA C. de España; 67 108 hab.

GUADALAJARA C. de México, cap. del est. de Jalisco; 1 647 720 hab.

GUADALQUIVIR Río de España; 590 km.

GUADALUPE Isla de las Pequeñas Antillas; 1 438 km², 335 000 hab. Cap., Basse-Terre (13 656 hab.).

GUADALUPE C. de Costa Rica; 61 600 hab.

GUADALUPE C. de México; 159 930 hab.

GUADARRAMA Sierra de España; Máx. alt. Peñalara (2 430 m).

GUADIANA Río de España y Portugal; 744 km.

GUAINÍA Dpto. del SE de Colombia; 72 238 km², 23 580 hab. Cap., Puerto Inírida.

GUAIRÁ Dpto. del centro-O Paraguay; 3 846 km², 162 244 hab. Cap. Villarrica.

GUAJIRA Península y dpto. de Colombia; 20 848 km², 348 433 hab. Cap., Riohacha.

GUAL, *Pedro* (1784-1862) Político ven. Presid. de la rep. en 1861.

GUALLATIRI Volcán de Chile; 6 063 m.

GUAM La mayor de las islas Marianas (Micronesia); 549 km², 106 000 hab. Cap., Agaña.

GUANABACOA C. de Cuba, 93 190 hab.

GUANACASTE Prov. de Costa Rica;10 141 km², 242 681 hab. Cap., Liberia.

GUANAJUATO Est. de México; 30 589 km², 4 656 761 hab. Cap., Guanajuato (141 215 hab.).

GUANARE Río de Venezuela; 332 km.

GUANARE C. de Venezuela, cap. del est. Portuguesa; 64 000 hab.

GUANIPA Río de Venezuela; 340 km.

GUANOCO Lago de Venezuela; 4,50 km².

GUANTÁNAMO Prov. de Cuba; 6 221 km², 485 000 hab. Cap., Guantánamo (215 800 hab.).

GUAPORÉ Río de Brasil; 1 600 km.

GUARANDA C. de Ecuador, cap. de la prov. de Bolívar; 15 730 hab.

GUARDIA, *Ernesto de la* (n. 1904) Político pan. Presid. de la rep. en 1956-1960.

GUARDIA, *Ricardo Adolfo de la* (1899-1969) Político pan. Presid. de la rep. en 1941-1945.

GUARDIA Gutiérrez, *Tomás* (1832-1882) Político cost. Presid. en 1870-1882.

GUARDIOLA, *Santos* (h. 1812-1862) Militar hond. Presid. de la rep. en 1856-1862.

GUARESCHI, *Giovanni* (1908-1969) Escritor it. *El pequeño mundo de don Camilo.*

GUÁRICO Río de Venezuela; 362 km.

GUÁRICO Est. del centro de Venezuela; 64 986 km², 525 737 hab. Cap., San Juan de los Morros.

GUARINI, *Guarino* (1624-1663) Arquitecto it. El palacio Carignano, en Turín.

GUARULHOS C. de Brasil; 786 355 hab.

GUASAVE Mun. de México; 149 663 hab.

GUATEMALA Estado de Centroamérica; 108 889 km², 10 322 000 hab. Cap., Guatemala (1 366 848 hab.). (*Guatemaltecos*).

GUATEMALA Dpto. de Guatemala; 2 126 km², 2 188 652 hab. Cap., Guatemala.

GUAVIARE Río de Colombia; 1 350 km.

GUAVIARE Dpto. de Colombia; 42 327 km², 75 254 hab. Cap., San José del Guaviare.

GUAYANA Región natural de América del Sur. Está repartida entre Brasil, Venezuela, Surinam, Guyana y Guayana francesa.

GUAYANA ESEQUIBA Región de la Rep. de Guyana; 150 000 km².

GUAYANA FRANCESA Dpto. fr. de ultramar; 83 534 km², 115 000 hab. Cap., Cayena.

GUAYANA HOLANDESA ⇨ Surinam.

GUAYAQUIL Golfo del Pacífico, entre Ecuador y Perú.

GUAYAQUIL C. de Ecuador, cap. de la prov. de Guayas; 1 508 444 hab.

GUAYAS Río de Ecuador; 389 km.

GUAYAS Prov. del Ecuador; 20 502,5 km², 2 515 146 hab. Cap., Guayaquil.

GUAYASAMÍN, *Oswaldo* (1919-1999) Pintor expresionista ecuat. *La Iglesia.*

GUAYLLABAMBA Río de Ecuador; 230 km.

GUAYMAS C. de México; 86 900 hab.

GUAYNABO Mun. de Puerto Rico; 92 886 hab.

GÜEMES, *Juan Francisco de* (1628-1768) Militar esp. Virrey de Nueva España.

GÜEMES, *Martín* (1758-1821) Militar arg. Héroe de la independencia.

GUERRA Mundial, *Primera* (1914-1918) Conflicto armado que enfrentó a Alemania, Austria-Hungría, Turquía y Bulgaria contra los aliados (Francia, Gran Bretaña, Rusia, Japón, Italia, Rumania y EE UU).

GUERRA Mundial, *Segunda* (1939-1945) Conflicto armado que enfrentó a Alemania, Italia, Japón contra con los aliados (Francia, Gran Bretaña, URSS, EE UU).

GUERRA Junqueiro, *Abilio* (1850-1923) Poeta port. *La vejez del Padre Eterno.*

GUERRERO Est. del SO de México; 63 794 km², 3 075 083 hab. Cap., Chilpancingo.

GUERRERO, *María* (1867-1928) Actriz teatral esp.

GUERRERO, *Vicente* (1783-1831) Político mex. Presid. del país en 1829-1831.

GUERRERO y Torres, *Francisco* (s. XVIII) Arquitecto barroco mex. La capilla del Pocito.

GUEVARA, *Ernesto*, llamado *Che* (1928-1967) Revolucionario cub. de origen arg. *La guerra de guerrillas.*

GUGGIARI, *José Patricio* (1884-1957) Político per. Presid. de la rep. en 1928-1932.

GUIDO, *José María* (1910-1975) Político arg. Presid. en 1962-1963.

GUIDO y Spano, *Carlos* (1872-1918) Poeta arg. *Ecos lejanos.*

GUILARTE, *Eusebio* (1799-1849) Militar bol. Luchó junto a Bolívar. Presid. en 1847.

GUILLÉN, *Jorge* (1893-1984) Poeta esp. *Cántico.*

GUILLÉN, *Nicolás* (1902-1989) Poeta cub. *Cuba libre.*

GUILLERMO Nombre de diversos emperadores de Alemania. • I (1797-1888) Emp. en 1871-1888. • II (1859-1941) Emp. en 1888-1918.

GUILLERMO Nombre de varios reyes de los Países Bajos. • I (1772-1843) Rey en 1815-1840. • II (1792-1849) Rey en 1840-1849.

GUILLERMO Nombre de varios reyes de Inglaterra y Reino Unido. • I *el Conquistador* (h. 1027-1087) Rey en 1066-1087. • III de Nassau (1650-1702) Rey en 1689-1702. • IV (1765-1837) Rey en 1830-1837.

GUILLERMO Tell (s. XIV) Héroe de la indep. suiza.

GUIMARAES Rosa, *João* (1908-1976) Novelista bras. *Cuerpo de baile.*

GUINEA Golfo de la costa atlántica africana, entre Liberia y Gabón.

GUINEA Estado de África occidental; 245 857 km², 10 322 00 hab. Cap., Conakry. *(Guineanos).*

GUINEA-BISSAU Estado de África occidental; 36 125 km², 984 000 hab. Cap., Bissau. *(Guineanos).*

GUINEA ECUATORIAL Estado de África ecuatorial; 28 051 km², 356 000 hab. Cap., Malabo. *(Ecuatoguineanos).* Ant. Guinea Española.

GÜIRALDES, *Ricardo* (1886-1927) Escritor arg. *Don Segundo Sombra.*

GUIRIOR, *Manuel de* (1708-1788) Militar esp. Virrey de Nueva Granada.

GUIZADO, *José Ramón* (1899-1964) Político pan. Presid. de la rep. en 1955.

GULLSTRAND, *Allvar* (1862-1930) Médico sueco, Nobel de Medicina en 1911.

GURIDI, *Jesús* (1886-1961) Compositor de óperas y zarzuelas esp. *El caserío.*

GUSTAVO Nombre de algunos reyes de Suecia. • I Vasa (1496-1560) Rey en 1523-1560. • II Adolfo (1594-1632) Rey en 1611-1632. • III (1746-1792) Rey en 1771-1792. • IV Adolfo (1778-1837) Rey en 1792-1809. • V (1858-1950) Rey en 1907-1950. • VI Adolfo (1882-1973) Rey en 1950-1973.

GUTENBERG, *Johannes Gensfleisch* (h. 1394-1468) Impresor al. Inventor de la imprenta.

GUTIÉRREZ, *Eduardo* (1851-1889) Novelista arg. *Hormiga negra.*

GUTIÉRREZ, *Santos* (1820-1872) Militar col. Presid. de la rep. en 1868-1870.

GUTIÉRREZ Alea, *Tomás* (1928-1996) Director de cine cub. *Fresa y chocolate.*

GUTIÉRREZ Nájera, *Manuel* (1859-1895) Escritor mex. *Cuentos frágiles.*

GUYANA Estado de América del Sur; 214 970 km², 800 000 hab. Cap., Georgetown. *(Guyaneses).*

GUZMÁN, *Martín Luis* (1887-1977) Escritor mex. *Memorias de Pancho Villa.*

GUZMÁN Blanco, *Antonio* (1829-1898) Militar ven. Tres veces presid. en 1870-1888.

GUZMÁN DE ALFARACHE Novela picaresca de Mateo Alemán, escrita entre 1599 y 1604.

GUZMÁN Fernández, *Antonio* (1910-1982) Político liberal dom. Presid. en 1978.

NP

H

HABANA, Ciudad de La Prov. de Cuba; 724 km², 2 119 000 hab. Cap., La Habana

HABANA, La Prov. de Cuba; 5 745 km², 630 000 hab. Cap., La Habana.

HABANA, La C. de Cuba, cap. del Estado; 2 119 000 hab.

HABER, Fritz (1868-1934) Químico al. Nobel de Química en 1918.

HABYALIMANAM, Juvenal (1937-1994) Militar ruandés. Jefe del Estado en 1973-1994.

HAEDO Alineación orográfica de Uruguay.

HAENDEL, Georg Friedrich (1685-1759) Compositor barroco al. El Mesías.

HAHN, Otto (1879-1968) Químico al. Nobel de Química en 1944.

HAIFONG C. de Vietnam; 1 279 100 hab.

HAILE Selassie (1891-1975) Nombre regio del ras Tafari Makonnen, emp. de Etiopía en 1930-1974.

HAINÁN Isla de China; 37 000 km², 3 000 000 hab.

HAITÍ Estado de las Antillas, que ocupa la mitad de la isla de La Española; 27 400 km², 6 625 000 hab. Cap., Puerto Príncipe. (Haitianos).

HALFFTER Nombre de tres compositores esp. • Cristóbal (n. 1930) Concertino. • Ernesto (1905-1989) Sinfonietta. • Rodolfo (1900-1987) Obertura concertante.

HALLEY, Edmund (1656-1742) Astrónomo ing. Sinopsis de la astronomía de los cometas.

HALPERIN, Tulio (n. 1926) Historiador arg. Hispanoamérica después de la independencia.

HALS, Frans (h. 1580-1666) Pintor hol. Descartes.

HAMBURGO Est. de Alemania, conformado por la c. de Hamburgo; 755 km², 1 660 000 hab.

HAMLET Tragedia de W. Shakespeare, escrita h. 1600.

HAMMARSKJÖLD, Dag Hjalmar (1905-1961) Político sueco. Nobel de la Paz en 1961.

HAMMETT, Dashiell (1894-1961) Novelista estadoun. El halcón maltés.

HAMMURABI (1729-1686 a.C.) Rey de Babilonia, creador del Imperio babilónico.

HAMSUN, Knut Pedersen (1859-1952) Novelista nor. Nobel de Literatura en 1920. Hambre.

HANDKE, Peter (n. 1942) Escritor austr. La mujer zurda.

HANNOVER C. de Alemania; 514 000 hab.

HANOI Cap. de Vietnam; 2 570 900 hab.

HARARE Cap. de Zimbabwe; 656 000 hab.

HARBIN C. de China; 2 550 000 hab.

HARDEN, sir Arthur (1865-1940) Químico brit. Nobel de Química en 1929.

HARDING, Warren Gamaliel (1865-1923) Político estadoun. Presid. en 1920-1923.

HARDY, Oliver (1892-1957) Actor cómico estadoun. Componente del dúo Laurel & Hardy.

HARRISON, Benjamin (1833-1901) Político estadoun. Presid. en 1889-1893.

HARTMANN, Nicolai (1882-1950) Filósofo neokantiano al. Metafísica del conocimiento.

HARTZENBUSCH, Juan Eugenio (1806-1880) Dramaturgo esp. Los amantes de Teruel.

HARVEY, William (1578-1657) Médico ing. Descubridor de la circulación de la sangre.

HASÁN II (1929-1999) Rey de Marruecos desde 1961 hasta su muerte.

HATO MAYOR Prov. de la Rep. Dominicana; 1 330 km², 77 300 hab. Cap., Hato Mayor del Rey.

HATUEY (m. 1511) Cacique indígena de La Española.

HAUPTMANN, Gerhart (1862-1946) Escritor al. Nobel de Literatura en 1912. Los tejedores.

HAVEL, Vaclav (n. 1936) Político checo. Pres. de Checoslovaquia en 1989-1992. Elegido pres. de la Rep. Checa en 1993.

HAWAI Arch. de Polinesia y est. de EE UU; 16 759 km², 1 135 000 hab. Cap., Honolulú.

HAWKING, Stephen William (n. 1942) Físico brit. Historia del tiempo.

HAYA, La C. de los Países Bajos, cap. de Holanda Meridional; 443 500 hab.

HAYA de la Torre, Víctor Raúl (1895-1979) Político per. Organizador del APRA.

HAYDN, Franz Joseph (1732-1809) Compositor austr. Sinfonías londinenses.

HAYEK, *Friedrich August von* (1899-1992) Economista austr. Nobel de Economía en 1974.

HAYES, *Rutherford* (1822-1893) Político republicano estadoun. Presid. en 1877-1881.

HÉBRIDAS Islas brit., al NO de Escocia; 2 898 km², 31 500 hab. Cap., Stornoway.

HEGEL, *Georg Wilhelm Friedrich* (1770-1831) Filósofo al. *Fenomenología del espíritu*, *La ciencia de la lógica*.

HEIDEGGER, *Martin* (1889-1976) Filósofo al. *El ser y el tiempo*.

HEIDENSTAM, *Verner von* (1859-1940) Escritor sueco. Nobel de Literatura en 1916. *Carolinos*.

HEINE, *Heinrich* (1797-1856) Escritor al. *El ocaso de los dioses*.

HEISENBERG, *Werner* (1901-1976) Físico al. Nobel de Física en 1932.

HELENA Heroína gr. Su fuga con el troyano Paris provocó la guerra de Troya.

HELIODORO (s. III) Escritor gr. *Etiópicas*.

HELSINKI Cap. de Finlandia; 484 500 hab.

HELVECIA Sector de las Galias, que abarcaba aprox. la actual Suiza.

HELVETIUS, *Claude Adrien* (1715-1771) Filósofo empírico fr. *Acerca del espíritu*.

HEMINGWAY, *Ernest* (1899-1961) Novelista estadoun. Nobel de Literatura en 1954. *El viejo y el mar*.

HENDRIX, *Jimi* (1945-1970) Músico de rock estadoun.

HENRÍQUEZ Ureña, *Max* (1885-1968) Poeta dom. *Fosforescencia*.

HENRÍQUEZ Ureña, *Pedro* (1884-1946) Poeta modernista dom. *El nacimiento de Dionisio*.

HERACLES Dios gr. Hijo de Zeus.

HERACLIO I (575-480 a.C.) Emp. de Oriente en 610-641.

HERÁCLITO de Éfeso (540-480 a.C.) Filósofo gr. *Sobre la naturaleza*.

HÉRCULES Nombre latino del dios Heracles.

HEREDIA Prov. de Costa Rica; 2 656 km², 243 679 hab. Cap., Heredia (67 387 hab.).

HEREDIA, *José María de* (1842-1905) Poeta fr. de origen cub. *Los Trofeos*.

HEREDIA y Campuzano, *José María de* (1803-1839) Poeta romántico cub. *Niágara*.

HERMES Dios griego protector del comercio y mensajero de los dioses.

HERMITE Arch. de Chile, en Tierra del Fuego.

HERMOSILLO C. de México, cap. del est. de Sonora; 608 697 hab.

HERNÁNDEZ, *Daniel* (1856-1932) Pintor impresionista per. *Retrato de Simón Bolívar*.

HERNÁNDEZ, *Felisberto* (1902-1964) Escritor ur. *La casa inundada*.

HERNÁNDEZ, *José* (1834-1886) Poeta arg. *Martín Fierro*.

HERNÁNDEZ, *Miguel* (1910-1942) Poeta esp. *El rayo que no cesa*.

HERNÁNDEZ Catá, *Alfonso* (1885-1940) Escritor cub. *Los frutos ácidos*.

HERNÁNDEZ Gómez, *Manuel* (n. 1928) Pintor abstracto col.

HERNÁNDEZ Martínez, *Maximiliano* (1882-1966) Militar salv. Presid. en 1931-1944.

HERODES Nombre de tres reyes de Judea. • I el *Grande* (73 -4 a.C.) Rey en 40-4 a.C. • Agripa I (10 a.C.-44 d.C.) Rey en 41-44. • Agripa II (27-100) Rey en 50-h. 93.

HERODOTO de Halicarnaso (480-425 a.C.) Historiador gr. *Historia*.

HERRÁN, *Pedro Alcántara* (1800-1872) Militar col. Presid. de la rep. en 1841-1845.

HERRÁN, *Saturnino* (1887-1918) Pintor mex. *La criolla del mantón*.

HERRERA Prov. de Panamá; 2 340,7 km², 101 198 hab. Cap., Chitré.

HERRERA, *Carlos* (1856-1930) Político guat. Presid. en 1920-1921.

HERRERA, *Dionisio* (1783-1850) Político centroamer. Jefe del est. de Honduras en 1824-1827. Presid. de Nicaragua en 1829-1833.

HERRERA, *Ernesto*, llamado *Ginesillo de Pasamonte* (1877-1917) Dramaturgo ur. *El león ciego*.

HERRERA, *Flavio* (1899-1974) Novelista guat.

HERRERA, *Juan de* (1530-1597) Arquitecto esp. Intervino en las obras de El Escorial.

HERRERA Campíns, *Luis* (n. 1925) Político ven. Presid. en 1979-1984.

HERRERA y Reissig, *Julio* (1875-1910) Poeta modernista ur. *Las pascuas del tiempo*.

NP

HERSCHEL, sir William (1738-1822) Astrónomo brit. Descubrió el planeta Urano.

HERTZ, Heinrich (1857-1894) Físico al. Descubrió las ondas hertzianas.

HERTZOG, Enrique (1897-1980) Político bol. Presid. de la rep. en 1947-1949.

HERZOG, Werner (n. 1942) Director de cine al. *Aguirre, la cólera de Dios.*

HESÍODO (s. VIII a.C.) Poeta gr. *Los trabajos y los días.*

HESS, Víctor (1883-1964) Físico austr. Nobel de Física en 1936.

HESSE Est. del centro de Alemania; 21 114 km², 5 770 000 hab. Cap., Wiesbaden.

HESSE, Hermann (1877-1962) Novelista al. Nobel de Literatura en 1946. *El lobo estepario.*

HESTON, Charlton (n. 1921) Actor de cine estadoun. *Ben-Hur.*

HEUREAUX, Ulises (1845-1899) Militar dom. Presid. de la rep. en 1882-1884 y 1887-1889.

HEUSS, Theodor (1884-1963) Político al. Presid. de la RFA en 1949-1959.

HIDALGO Est. del centro-E de México; 20 987 km², 2 231 392 hab. Cap., Pachuca.

HIDALGO Mun. de México; 94 040 hab.

HIDALGO, Alberto (1894-1967) Poeta vanguardista per. *Panoplia lírica.*

HIDALGO, Bartolomé (1782-1822) Poeta gauchesco rioplatense. *Diálogos patrióticos.*

HIDALGO de Cisneros, Baltasar (1755-1829) Militar esp. Virrey del Río de la Plata en 1809.

HIDALGO y Costilla, Miguel (1753-1811) Sacerdote mex. Héroe de la independencia.

HIDALGO DEL PARRAL C. de México; 90 703 hab.

HIERRO Isla de España; 224 km², 5 500 hab.

HIERRO, José (n. 1922) Poeta esp. *Alegría.*

HIGHSMITH, Patricia (1921-1995) Escritora estadoun. *Extraños en un tren.*

HIGÜEY C. de la Rep. Dominicana, cap. de la prov. de La Altagracia; 35 500 hab.

HILLARY, sir Edmund Percival (n. 1919) Alpinista neozelandés. En 1953 alcanzó la cima del Everest.

HIMALAYA Cord. de Asia, de 2 800 km de long. Alt. máx.: Everest (8 848 m).

HINDENBURG, Paul von (1847-1934) Militar prusiano. Presid. del Reich en 1925-1932.

HIPARCO de Nicea (s. II a.C.) Astrónomo gr.

HIPÓCRATES de Cos (460-377 a.C.) Médico gr.

HIROHITO (1901-1989) Emperador de Japón en 1926-1989.

HIROSHIMA C. de Japón; 1 085 700 hab. Sufrió el primer bombardeo atómico.

HISPANIA Nombre latino de la pen. Ibérica.

HITCHCOCK, Alfred (1899-1980) Director de cine brit. Mago del suspense. *Psicosis.*

HITLER, Adolf (1889-1945) Político al., de origen austr. Jefe del estado en 1933-1945. En 1939 desencadenó la II Guerra Mundial al invadir Polonia.

HO CHI MINH C. de Vietnam; 3 420 000 hab.

HO Chi Minh (1890-1969) Político vietnamita. Presid. de Vietnam del Norte en 1945-1956.

HOBBES, Thomas (1588-1679) Filósofo ing. *Leviathan.*

HODGKIN, Dorothy Mary (n. 1910) Química brit. Nobel de Química en 1964.

HOFFMAN, Ernst Theodor Amadeus (1776-1822) Escritor y músico al. *Cascanueces.*

HOFMANNSTHAL, Hugo von (1874-1929) Escritor austr. *Cualquiera.*

HOGARTH, William (1697-1764) Pintor ing. *Vida de un libertino.*

HOKKAIDO Isla de Japón; 78 523 km², 5 644 000 hab. Cap., Sapporo.

HOLANDA Región de Países Bajos.

HOLBEIN, Hans, llamado el Joven (1497-1543) Pintor al. Pintor de Enrique VIII.

HÖLDERLIN, Friedrich (1770-1843) Poeta romántico al. *Cantos del destino.*

HOLGUÍN Prov. de Cuba; 9 296 km², 972 000 hab. Cap., Holguín (236 900 hab.).

HOLGUÍN, Carlos (1832-1894) Político col. Presid. de la rep. en 1888-1890 y 1890-1892.

HOLGUÍN, Jorge (1848-1928) Político col. Presid. de la rep. en 1909 y 1921-1922.

HOLIDAY, Billie (1915-1959) Cantante de *blues* estadoun.

HOLLYWOOD C. de EE UU; 185 000 hab. Centro cinematográfico del mundo.

HOMERO (s. VIII a.C.) Poeta épico gr. *Odisea.*

HONDO Río de Guatemala; 240 km.

HONDURAS Golfo del Caribe, entre la pen. de Yucatán y el litoral de honduras.

HONDURAS Estado de América Central; 112 088 km², 5 491 000 hab. Cap., Tegucigalpa. *(Hondureños).*

HONECKER, *Erich* (1912-1994) Político al. Jefe de Est. de la RDA en 1976-1989.

HONG KONG Territorio de China; 1 090 km², 5 423 000 hab. Colonia brit. entre 1841 y 1997.

HONOLULÚ C. de EE UU, cap. de Hawai; 365 200 hab.

HONORIO Nombre de tres papas. • I (m. 638) Papa en 625-638. • II (m. 1130) Papa en 1124-1130. • III (m. 1227) Papa en 1216-1227.

HONORIO, *Flavio* (384-423) Primer emp. rom. de Occidente en 395-423.

HONSHU La mayor isla de Japón; 231 090 km², 99 245 000 hab.

HOOVER, *Herbert Clark* (1874-1964) Político estadoun. Presid. en 1928-1932.

HOPKINS, *sir Frederick Gowland* (1861-1947) Bioquímico brit. Nobel de Medicina en 1929.

HORACIO Flaco, *Quinto* (65-8 a.C.) Poeta latino. *Epístola a los Pisones.*

HORNOS Cabo de América.

HORTHY de Nagybánya, *Miklós* (1868-1957) Político húngaro. Jefe de gobierno en 1920-1944.

HORUS Dios egipcio del cielo, adorado en forma de halcón.

HOSPITALET DE LLOBREGAT, L' C. de España; 255 050 hab.

HOSTOS, *Eugenio M.ª* (1839-1903) Escritor puertorriq. *Moral social.*

HOUSSAY, *Bernardo Alberto* (1887-1971) Fisiólogo arg. Nobel de Medicina en 1947.

HOUSTON C. de EE UU; 1 594 100 hab.

HOXHA, *Enver* (1908-1985) Político alb. Secret. general del Partido Comunista en 1948-1985.

HSÜN TZU (h. 312-h. 238 a.C.) Pensador chino. Fundador del confucianismo.

HU Yao-bang (1915-1989) Político chino. Secret. general del Partido Comunista en 1980-1987.

HUA Kuo-feng (n. 1921) Político chino. Jefe de gobierno en 1976-1980.

HUACHO Mun. del Perú; 79 600 hab.

HUALCÁN Nevado del Perú; 6 150 m.

HUALLAGA Río del Perú; 1 000 km.

HUANCAVELICA Dpto. del Perú; 22 131,50 km², 413 800 hab. Cap., Huancavelica (31 523 hab.).

HUANCAYO C. del Perú, cap. del dpto. de Junín; 279 839 hab.

HUANG-HO o AMARILLO Río de China; 4 845 km.

HUÁNUCO Dpto. del centro del Perú; 37 722,24 km², 717 700 hab. Cap., Huánuco (118 814 hab.).

HUARAZ C. del Perú, cap. del dpto. de Ancash; 67 538 hab.

HUASCARÁN Nevado del Perú; 6 768 m.

HUDSON Río de EE UU; 580 km.

HUDSON, *bahía de* Mar interior de Canadá.

HUEHUETENANGO Dpto. del O de Guatemala; 7 400 km², 790 183 hab. Cap., Huehuetenango (53 500 hab.).

HUELVA C. de España; 140 675 hab.

HUERTA, *Adolfo de la* (1881-1954) Político méx. Presid. de la rep. en 1920.

HUERTA, *Efraín* (1914-1982) Poeta mexicano. *Poemínimos.*

HUERTA, *Victoriano* (1845-1916) Militar mex. Presid. de la rep. en 1913-1914.

HUESCA C. de España; 45 607 hab.

HUGO, *Victor* (1802-1885) Escritor romántico fr. *Los miserables.*

HUGO Capeto (h. 941-996) Rey de Francia en 987-996, iniciador de la dinastía de los Capeto.

HUGUET, *Jaume* (h. 1414-1492) Pintor cat. *Tríptico de San Jorge.*

HUIDOBRO, *Vicente* (1893-1948) Poeta chil. *El espejo de agua.*

HUILA Nevado de Colombia; 5 750 m.

HUILA Dpto. del centro-O de Colombia; 19 890 km², 780 109 hab. Cap., Neiva.

HUIMANGUILLO Mun. de México; 70 000 hab.

HUMACAO Distr. de Puerto Rico; 1 429 km², 394 000 hab. Cap., Humacao (55 203 hab.).

HUMBERTO Nombre de dos reyes de Italia. • I (1844-1900) Rey en 1878-1900. • II (1904-1983) Rey en 1946.

HUMBOLDT Corriente fría del Pacífico paralela a las costas de Chile y Perú.

NP

HUMBOLDT, *Alexander von* (1769-1859) Geógrafo al. *Kosmos.*

HUME, *David* (1711-1776) Filósofo empirista brit. *Tratado de la naturaleza humana.*

HUNGRÍA Estado de Europa central; 93 033 km², 10 341 000 hab. Cap., Budapest. *(Húngaros).*

HURÓN Lago de América del Norte, entre EE UU y Canadá; 59 500 km².

HURTADO, *Ezequiel* (1825-1890) Militar col. Presid. en 1884.

HURTADO de Mendoza, *Diego* (1503-1575) Historiador esp. *La Guerra de Granada.*

HURTADO Larrea, *Oswaldo* (n. 1940) Político ecuat. Presid. de la rep. en 1981-1984.

HUS, *Jan* (1373-1415) Reformador religioso checo.

HUSAK, *Gustav* (1913-1991) Político checo. Presid. de la rep. en 1975-1987.

HUSAYN I (1935-1999) Rey de Jordania desde 1952.

HUSSEIN, *Saddam* (n. 1937) Militar iraquí. Elegido presid. en 1979.

HUSSERL, *Edmund* (1859-1938) Filósofo al. Fundador de la fenomenología.

HUSTON, *John* (1906-1987) Director de cine estadoun., nacionalizado irlandés. *El halcón maltés.*

HUXLEY, *Aldous* (1894-1963) Escritor inglés. *Un mundo feliz.*

HYDERABAD C. de la India; 4 280 300 hab.

I

IBAGUÉ C. de Colombia, cap. del dpto. de Tolima; 386 423 hab.

IBÁÑEZ del Campo, *Carlos* (1877-1960) Político chil. Presid. en 1927-1931 y 1952-1958.

IBARBOUROU, *Juana de* (1892-1979) Poetisa ur. *Despecho y lacería.*

IBARGÜENGOITIA, *Jorge* (1928-1983) Escritor méx. *Los conspiradores.*

IBARRA C. de Ecuador, cap. de la prov. de Imbabura; 80 991 hab.

IBÁRRURI, *Dolores*, llamada *La Pasionaria* (1895-1990) Política comunista esp.

IBÉRICA Pen. de Europa; 581 000 km². Comprende tres Est.: España, Portugal y Andorra.

IBÉRICO, *sistema* Cordillera esp. Altura máx.: Moncayo (2 313 m).

IBEROAMÉRICA o AMÉRICA LATINA Parte del continente americano colonizada por España o por Portugal.

IBIZA o *Eivissa* Isla esp.; 542 km² y 45 000 hab.

IBN Saud (1880-1953) Primer rey de Arabia Saudita en 1926.

IBSEN, *Henrik* (1828-1906) Dramaturgo noruego, *Casa de muñecas.*

ICA Dpto. del centro del Perú; 21 327,86 km², 607 600 hab. Cap., Ica (161 501 hab.).

ICAZA, *Francisco de* (1863-1925) Crítico y poeta mex. *Supercherías y errores cervantinos.*

ICAZA, *Jorge* (1906-1978) Novelista y dramaturgo ecuat. *Cholos.*

IDAHO Est. del NE EE UU; 216 432 km², 1 007 000 hab. Cap., Boise City.

IDIARTE Borda, *Juan* (1844-1897) Político ur. Presid. de la rep. en 1894.

IFNI Territorio de Marruecos; 1 500 km², 50 000 hab. Cap., Sidi Ifni. Ant. prov. esp.

IGLESIAS, *Miguel* (1822-1901) Militar per. Presid. de la rep. en 1883-1886.

IGLESIAS Posse, *Pablo* (1850-1925) Político esp. Fundador del PSOE (1879) y la UGT (1888).

IGLESIAS Villoud, *Héctor* (n. 1913) Compositor arg. *El oro del Inca.*

IGNACIO de Loyola (1491-1556) Santo esp. Fundador de la Compañía de Jesús.

IGUAZÚ Río y cataratas de Brasil; 1 320 km.

ÎLE-DE-FRANCE Región de Francia; 12 012 km², 10 661 600 hab. Cap., París.

ILI Río de China y de Kazakistán; 1 400 km.

ILLAMPÚ Nevado de Bolivia; 6 421 m.

ILLIA, *Arturo Umberto* (1900-1983) Político arg. Presid. de la rep. en 1963-1966.

ILLICH, *Iván* (n. 1926) Pedagogo austr. *Una sociedad sin escuela.*

ILLIMANI Macizo de Bolivia. Alt. máx., 6 882 m.

ILLINOIS Est. de EE UU; 145 934 km², 11 431 000 hab. Cap., Springfield.

ILLUECA, *Jorge* (n. 1918) Político pan. Presid. de la rep. en 1984.

IMBABURA Prov. de Ecuador; 4 559,3 km², 265 499 hab. Cap., Ibarra.

IMBERT, *Julio* (n. 1918) Dramaturgo arg. *La noche más larga del año.*

INAMBARI Río del Perú; 450 km.

INCA Roca (s. XIII) Soberano inca.

INCAHUASI Cerro de los Andes, entre Chile y Argentina; unos 6 600 m.

INDEPENDENCIA Prov. de la Rep. Dominicana; 1 861 km², 42 800 hab. Cap., Jimani.

INDEPENDENCIA ESPAÑOLA, *guerra de la* (1808-1814). Lucha del pueblo esp. contra la invasión de las tropas fr. de Napoleón.

INDEPENDENCIA HISPANOAMERICANA, *guerra de la* (1816-1824) Movimiento libertador de las colonias esp. de América.

INDEPENDENCIA NORTEAMERICANA, *guerra de la* (1775-1783) Lucha sostenida por los colonos brit. de América del Norte contra Inglaterra.

INDIA Estado del S de Asia; 3 287 782 km², 849 638 000 hab. Cap., Nueva Delhi. *(Indios).*

INDIANA Est. de EE UU; 93 719 km², 5 544 000 hab. Cap., Indianápolis.

INDIANÁPOLIS C. de EE UU, cap. del est. de Indiana; 731 300 hab.

INDIAS Nombre dado a los territorios esp. conquistados en Latinoamérica, basado en la creencia de Colón de haber llegado al este de América. Post. se distinguió entre las *I. Orientales* (los terr. asiáticos) y las *I. Occidentales* (las tierras americanas).

ÍNDICO Océano sit. entre Asia, África, Australia y el Antártico; 75 000 000 km².

INDIGUIRKA Río de Rusia; 1 700 km.

INDO Río de China, India y Pakistán; 3 180 km.

INDOCHINA Pen. de Asia. Está dividida entre Myanma, Thailandia, Laos, Vietnam, Camboya, Malaysia y Singapur.

INDOCHINA FRANCESA Nombre de los territorios franceses (s. XIX-1954) en Indochina: Camboya, Laos, Tonquín, Annam y Cochinchina.

INDOGANGÉTICA Extensa llanura del N de la India; 3 000 km.

INDONESIA Estado del SO de Asia; 1 529 072 km², 180 910 000 hab. Cap., Yakarta. *(Indonesios).*

INDURÁIN, *Miguel* (n. 1964) Ciclista esp. Ganador de cinco Tours de Francia, dos Giros de Italia y una medalla olímpica.

INFANTE, *Pedro* (1917-1956) Actor de cine y cantante mex. *La feria de las flores.*

INGLATERRA País de Gran Bretaña; 130 439 km², 46 161 500 hab. Cap., Londres.

INGRES, *Jean-Auguste-Dominique* (1780-1867) Pintor fr. *El baño turco.*

INÍRIDA Río de Colombia; 725 km.

INOCENCIO Nombre de varios papas. • I (m. 417) Santo. Papa en 402. • II (m. 1143) Papa en 1130-1143. • III (1160-1216) Papa en 1198-1216. • IV (1190-1254) Papa en 1243-1254. • VI (m. 1362) Papa en 1352-1362. • X (1574-1655) Papa en 1644-1655. • XI Papa en 1676-1689.

INQUISICIÓN Tribunal esclesiástico creado h. 1478 para castigar los delitos contra la fe.

INSÚA, *Alberto* (1885-1963) Novelista esp. *El negro que tenía el alma blanca.*

INTERPOL Organización Internacional de Policía Criminal, creada en 1923.

INTIBUCÁ Dpto. de Honduras; 3 072 km², 119 921 hab. Cap., La Esperanza.

IONESCO, *Eugène* (1912-1994) Dramaturgo rum. en lengua fr. *La cantante calva.*

IOWA Est. del centro de EE UU; 145 753 km², 2 777 000 hab. Cap., Des Moines.

IQUIQUE C. de Chile, cap. de la región de Tarapacá; 144 600 hab.

IQUITOS C. del Perú, cap. del dpto. de Loreto; 274 759 hab.

IRA *(Irish Republican Army)* Organización paramilitar irlandés que luchó por la independencia.

IRAK Estado de Asia occidental; 434 128 km², 17 903 000 hab. Cap., Bagdad. *(Iraquíes).*

IRÁN Estado de Asia occidental; 1 648 196 km², 56 250 000 hab. Cap., Teherán. *(Iraníes).*

IRAPUATO C. de México; 136 700 hab.

IRARRÁZABAL Alcalde, *Ramón Luis* (1809-1856) Pol. chil. Presid. de la rep. en 1844-1845.

IRAWADI Río de Myanma; 2 250 km.

IRAZÚ Volcán de Costa Rica; 3 432 m.

IRIARTE, *Tomás de* (1750-1791) Escritor esp. *Fábulas literarias.*

IRISARRI, *Antonio José de* (1786-1868) Escritor guat. *Las belemíticas.*

IRLANDA Mar comprendido entre Gran Bretaña e Irlanda.

NP

IRLANDA Isla de Europa; 84 000 km². Dividida en Rep. de Irlanda (o Eire) e Irlanda del Norte (o Ulster).

IRLANDA o EIRE Estado de Europa, sit. en la isla de Irlanda; 70 285 km², 3 523 000 hab. Cap., Dublín. (*Irlandeses*).

IRLANDA DEL NORTE o ULSTER País del Reino Unido de Gran Bretaña; 14 120 km², 1 570 000 hab. Cap., Belfast.

IRTISH Río de Rusia; 2 900 km.

ISAACS, *Jorge* (1837-1895) Escritor col. *María*.

ISABEL I *la Católica* (1451-1504) Reina de Castilla en 1474-1504.

ISABEL Nombre de varias reinas de España. • II (1830-1904) Reina en 1833-1868. • de Farnesio (1692-1766) Reina en 1714-1746. • de Portugal (1503-1539) Reina de España y emp. de Alemania en 1526-1539, esposa de Carlos I. • de Valois (1545-1568) Reina en 1559-1568.

ISABEL I (1533-1603) Reina de Inglaterra en 1558-1603.

ISABEL II (n. 1926) Reina de Gran Bretaña desde 1952.

ISIDORO (h. 560-636) Santo esp. *Etimologías*.

ISIS Diosa egipcia. Personificaba el cielo.

ISLAMABAD Cap. de Pakistán; 204 000 hab.

ISLANDIA Estado insular del NO de Europa; 102 819 km², 258 000 hab. Cap., Reykjavik. (*Islandeses*).

ISLAS DE LA BAHÍA Dpto. insular de Honduras; 261 km², 21 209 hab. Cap., Roatán.

ISÓCRATES (436-338 a.C.) Orador y político ateniense. *Panegírico*.

ISRAEL Estado de Asia occidental; 20 700 km², 4 975 000 hab. Cap., Jerusalén. (*Israelíes*).

ISTANBUL o ESTAMBUL C. de Turquía (ant. Constantinopla); 5 494 900 hab.

ISTÚRIZ, *Francisco Javier de* (1790-1871) Político esp. Tres veces jefe de gobierno en 1836-1858.

ITAGÜI C. de Colombia; 137 620 hab.

ITALIA Estado del S de Europa; 301 302 km², 56 778 100 hab. Cap., Roma. (*Italianos*).

ITAPICURU Río de Brasil; 1 650 km.

ITAPÚA Dpto. del SE de Paraguay; 16 525 km², 375 748 hab. Cap., Encarnación.

ITURBI, *José* (1895-1980) Compositor esp. *Pequeña danza española*.

ITURBIDE, *Agustín de* (1783-1824) Militar mex. Emp. de México en 1822-1823.

ITZAMNÁ Dios supremo de los mayas.

ITZCÓATL (1380-1440) Cuarto rey azteca en 1428-1440.

IVÁN Nombre de cuatro zares de Rusia. • III Vasilievich *el Grande* (1440-1505) Zar en 1462-1505. • IV Vasilievich *el Terrible* (1530-1584) Zar en 1533-1584.

IZABAL Dpto. del EN de Guatemala; 9 038 km², 287 500 hab. Cap., Puerto Barrios.

IZABAL Lago de Guatemala; 589 km².

IZALCO Volcán de El Salvador; 1 885 m.

IZÚCAR DE MATAMOROS Mun. de México; 62 860 hab.

J

JACKSON C. de EE UU, cap. del est. de Misisipí; 196 600 hab.

JACKSON, *Andrew* (1767-1845) General estadoun. Presid. en 1828-1832.

JAÉN C. de España; 107 413 hab.

JAIMES Freyre, *Ricardo* (1868-1933) Poeta bol. *Los sueños son vida*.

JAIPUR C. De la India; 1 514 400 hab.

JALAPA Dpto. del E de Guatemala; 2 063 km², 206 355 hab. Cap., Jalapa (16 908 hab.).

JALISCO Est. del centro-O de México; 80 137 km², 6 321 278 hab. Cap., Guadalajara.

JAMAICA Isla y estado del Caribe; 10 991 km², 2 344 000 hab. Cap., Kingston. (*Jamaicanos*).

JAMES, *Henry* (1843-1916) Novelista estadoun. *Retrato de una dama*.

JAMES, *William* (1842-1910) Filósofo estadoun., gran figura del pragmatismo.

JANSENIO (1585-1638) Seud. de *Cornelis Otto Jansen*, teólogo hol. *Augustinus*.

JAPÓN Estado insular de Asia; 372 819 km², 123 921 000 hab. Cap., Tokio. (*Japoneses*).

JAPÓN, *mar del* Mar sit. entre el arch. japonés y las costas de Corea y Rusia.

JARA, *Víctor* (1938-1973) Cantautor chileno.

JARAMILLO Giraldo, *Alipio* (n. 1913) Pintor col. Murales de la Universidad de Bogotá.

JARDIEL Poncela, *Enrique* (1901-1952) Novelista esp. *Amor se escribe sin h.*

JARTUM Cap. de Sudán; 557 000 hab.

JARUZELSKI, *Wojciech* (n. 1923) Militar pol. Primer ministro en 1981-1989.

JÁUREGUI, *Juan de* (1583-1641) Poeta esp. *Antídoto contra las Soledades.*

JAVA Isla de Indonesia; 126 701 km², 82 015 300 hab.

JAWARA, *David Kwesi* (n. 1924) Político de Gambia. Elegido presid. de la rep. en 1970.

JEAN, *Paul* Seud. de *Friedrich Richter* (1763-1825) Escritor romántico al. *Hesperus.*

JEFFERSON CITY C. de EE UU, cap. del est. de Misuri; 35 000 hab.

JEFFERSON, *Thomas* (1743-1826) Político estadoun. Presid. en 1801-1809.

JEHOVÁ En hebreo, Dios.

JENOFONTE (h. 430-355 a.C.) Escritor gr. *Anábasis.*

JENSEN, *Johannes Wilhelm* (1873-1950) Escritor danés. Nobel de Literatura en 1944. *Gudrun.*

JEREZ DE LA FRONTERA C. de España; 182 269 hab.

JERICÓ C. de Jordania; 13 000 hab. Una de las c. más antiguas de la historia.

JERÓNIMO (h. 342-420) Santo.

JERSEY Isla británica; 116 km², 76 100 hab. Cap., Saint-Hélier.

JERUSALÉN Cap. de Israel; 428 700 hab. C. santa y centro de peregrinación.

JESÚS o JESUCRISTO Fundador del cristianismo. Según los Evangelios fue hijo de María y concebido por obra del Espíritu Santo.

JIGUANÍ Mun. de Cuba; 75 500 hab.

JIMANÍ C. de la Rep. Dominicana, cap. de la prov. de Independencia; 2 315 hab.

JIMÉNEZ, *Enrique A.* (1888-1970) Político panameño. Presid. en 1945-1948.

JIMÉNEZ, *Juan Isidro* (1846-1919) Político dom. Presid. en 1899-1902.

JIMÉNEZ, *Juan Ramón* (1881-1958) Poeta esp. Nobel de Literatura en 1956. *Platero y yo.*

JIMÉNEZ, *Manuel* (1808-1854) Militar dom. Presid. de la rep. en 1848-1849.

JIMÉNEZ, *Ricardo* (1859-1945) Político cost. Tres veces presid. en el periodo 1910-1936.

JIMÉNEZ de Quesada, *Gonzalo* (1509-1579) Conquistador esp.

JIMÉNEZ Rueda, *Julio* (1896-1961) Escritor mex. *La caída de las flores.*

JINOTEGA Dpto. del N de Nicaragua; 9 640 km², 175 600 hab. Cap., Jinotega (12 400 hab.).

JINOTEPE C. de Nicaragua, cap. del dpto. de Carazo; 23 500 hab.

JOÃO PESSOA C. de Brasil, cap. del est. de Paraíba; 497 000 hab.

JOAQUÍN Santo. Padre de la Virgen María.

JOHANNESBURGO C. de la Rep. Sudafricana; 1 408 000 hab.

JOHNSON, *Andrew* (1808-1875) Político estadoun. Presid. en 1865-1869.

JOHNSON, *Lyndon Baines* (1908-1973) Político estadoun. Presid. en 1963-1969.

JOLIOT-CURIE, *Frédéric* (1900-1958) e *Irène* (1897-1956) Físicos fr., descubridores de la radiactividad artificial. Nobel de Química en 1935.

JOMEINI, *Ruhollah* (1900-1989) Líder religioso *(ayatollah)* iraní. En 1979 instaló una rep. islámica.

JÓNICAS, *islas* Arch. gr., en el mar Jónico.

JÓNICO Mar costero del Mediterráneo, entre Grecia e Italia.

JORDAENS, *Jacob* (1593-1678) Pintor flam. *Metamorfosis.*

JORDANIA Estado del Próximo Oriente, 97 740 km², 3 285 000 hab. Cap., Ammán. *(Jordanos).*

JORGE Nombre de varios reyes de Gran Bretaña. • III (1738-1820) Rey en 1760-1820. • IV (1762-1830) Rey en 1820-1830. • V (1865-1936) Rey en 1910-1936. • VI (1895-1952) Rey en 1936-1952.

JORGE Nombre de dos reyes de Grecia. • I (1845-1913) Rey en 1863-1913. • II (1890-1947) Rey en 1922-1923 y 1935-1947.

JORGE (s. III-IV) Santo y mártir.

JOSÉ Santo. Esposo de María.

JOSÉ Nombre dos emperadores del Imperio Germánico. • I (1678-1711) Emp. en 1705-1711. • II (1741-1790) Emp. en 1765-1780.

NP

JOSÉ I Bonaparte (1768-1844) Hermano de Napoleón. Rey de Nápoles en 1806-1808 y de España en 1808-1813.

JOSÉ de Calasanz (1556-1648) Santo. Sacerdote esp. Fundó las Escuelas Pías.

JOSPIN, Lionel (n. 1937) Político fr. Elegido Primer Ministro en 1997.

JOULE, James Prescott (1818-1889) Físico brit. Estableció la ley de Joule.

JOVELLANOS, Gaspar Melchor de (1744-1811) Político esp. Ministro de Carlos IV.

JOVELLANOS, Salvador (1833-1876) Político par. Presid. de la rep. en 1871 a 1874.

JOYCE, James (1822-1941) Escritor irl. Ulises.

JRUSCHOV, Nikita Serguéievich (1894-1971) Político soviético. Secretario del PCUS en 1953-1964.

JUAN Nombre de varios papas. • XXIII (1881-1963) Papa en 1958-1963. • Pablo I (1912-1978) Papa en 1978. • Pablo II (n. 1920) Papa desde 1978.

JUAN Nombre de varios emperadores de Bizancio. • II Comneno (1088-1143) Emp. en 1118-1143. • V Paleólogo (1332-1391) Emp. en 1341-1391. • VI Cantacuzeno (h. 1293-1383) Emp. en 1341-1355. • VIII Paleólogo (1390-1448) Emp. en 1425-1448.

JUAN Nombre de dos reyes de Aragón. • I (1350-1396) Rey en 1387-1396. • II (1398-1479) Rey en 1458-1479 y rey de Navarra en 1425-1479.

JUAN Nombre de dos reyes de Castilla. • I (1358-1390) Rey en 1379-1390. • II (1405-1454) Rey en 1406-1454.

JUAN Nombre de varios reyes de Portugal. • I el Grande (1357-1433) Rey en 1385-1433. • II el Perfecto (1455-1495) Rey en 1481-1495. • VI el Clemente (1767-1826) Rey en 1816-1826.

JUAN Nombre de varios santos. • Bautista (h. 5 a.C.-h. 30 d.C.) Bautizó a Jesús. • Dámaso (m. h. 749). • Evangelista Autor del cuarto Evangelio.

JUAN Carlos I (n. 1938) Rey de España desde 1975.

JUAN Manuel, Don (1282-1348) Escritor esp. Libro de Patronio o Conde Lucanor.

JUAN sin Tierra (1167-1216) Rey de Inglaterra en 1199-1216.

JUANA (1439-1475) Reina de Castilla en 1455-1475.

JUANA I, llamada Juana la Loca (1479-1555) Reina de Castilla en 1504-1555.

JUANA de Arco (1412-1431) Santa fr. Conocida como la Doncella de Orleáns.

JUANA Enríquez (1425-1468) Reina de Navarra en 1447-1468 y de Aragón en 1458-1468.

JUANA Seymour (1509-1537) Tercera esposa de Enrique VIII.

JUÁREZ Sierra de México. Alt. máx.: Cerro Colorado, 2 000 m.

JUÁREZ, Benito (1806-1872) Político mex. Presid. en 1859-1863 y 1867-1872.

JUÁREZ, Luis (m. 1635) Pintor mex. La oración en el huerto.

JUÁREZ Celman, Miguel (1844-1909) Político liberal arg. Presid. de la rep. en 1886-1890.

JUDAS Iscariote Apóstol que traicionó a Jesús.

JUDAS Tadeo Uno de los doce apóstoles.

JUDEA Región de Palestina.

JUIGALPA C. de Nicaragua, cap. del dpto. de Chontales; 25 600 hab.

JUIZ DE FORA C. de Brasil; 385 734 hab.

JUJUY Prov. de Argentina; 53 219 km², 513 992 hab. Cap., San Salvador de Jujuy.

JULIACA C. del Perú; 78 000 hab.

JULIANO, Flavio Claudio, llamado el Apóstata (331-363) Emp. rom. en 361-363.

JULIO Nombre de tres papas. • I (m. 352) Santo. Papa en 337-352. • II (1443-1513) Papa en 1503-1513. • III (1487-1555) Papa en 1550-1555.

JUNEAU C. de EE UU, cap. del est. de Alaska; 26 800 hab.

JUNG, Carl Gustav (1875-1961) Psiquiatra suizo. Consciente e inconsciente.

JÜNGERS, Ernst (1895-1998) Escritor al. Los acantilados de mármol.

JUNGFRAU Pico de los Alpes suizos; 4 161 m.

JUNI, Juan de (hacia 1507-1577) Escultor fr. Renacentista. Virgen de los Cuchillos.

JUNÍN Dpto. del centro d Perú; 44 409,67 km², 1 113 200 hab. Cap., Huancayo.

JUNÍN C. de Argentina; 62 500 hab.

JÚPITER Quinto planeta del sistema solar, cuya órbita está comprendida entre las de Marte y Saturno.

JÚPITER Dios rom. del cielo, el trueno y el rayo, jefe del panteón rom. Es el Zeus gr.

JURADO, *Katy* (n. 1927) Actriz mex. *Lanza rota.*

JURUÁ Río del Perú y Brasil; 1 900 km.

JUSTINIANO Nombre de dos emperadores de Oriente. • I (482-565) Emp. en 527-565. • II (669-711) Emp. en 685-695 y 705-711.

JUSTO, *Agustín Pedro* (1876-1943) Mil. y pol. arg. Presid. en 1931-1938.

JUTAÍ Río de Brasil; 1 200 km.

JUTIAPA Dpto. del SE de Guatemala; 3 219 km², 378 661 hab. Cap., Jutiapa (88 900 hab.).

JUTICALPA C. de Honduras, cap. del dpto. de Olancho; 19 622 hab.

JUTLANDIA Pen. del N de Europa. Parte continental de Dinamarca; 29 767 km², 2 348 400 hab.

JUVENAL, *Décimo Junio* (60-140) Poeta latino. *Sátiras.*

JUVENTUD Isla de Cuba, que integra el mun. especial Isla de la Juventud; 2 411 km², 71 000 hab. Cap., Nueva Gerona.

K

K 2 El segundo pico más alto del mundo, en el Himalaya; 8 611 m.

KABILA, *Laurent* (1939-2001) Líder guerrillero de la Rep. Dem. del Congo. Elegido presidente en 1997.

KABUL Cap. de Afganistán; 1 036 500 hab.

KADAR, *János* (1912-1989) Político comunista húngaro. Jefe del gobierno en 1956-1988.

KAFKA, *Franz* (1883-1924) Escritor checo en lengua al. *La metamorfosis.*

KAGEL, *Mauricio* (n. 1913) Compositor arg. *Anagramma, Match.*

KAHLO, *Frida* (1910-1954) Pintora mex., esposa de Diego Rivera. *Autorretrato.*

KAIRUÁN C. santa del Islam (Tunicia).

KALAHARI Desierto de África; 259 000 km².

KAMA Río de Rusia; 2 032 km.

KAMCHATKA Pen. de Siberia; 472 300 km², 466 000 hab.

KAMINALJUYÚ Yacimiento premaya de Guatemala.

KAMPALA Cap. de Uganda; 458 500 hab.

KAMPUCHEA Nombre de la República de Camboya de 1979 a 1989.

KANCHENJUNGA Cima del Himalaya; 8 578 m.

KANDINSKY, *Wassily* (1866-1944) Pintor abstracto ruso. *Azul cielo.*

KANPUR C. de la India; 1 481 800 hab.

KANSAS Est. del centro de EE UU; 213 098 km², 2 478 000 hab. Cap., Topeka.

KANSAS CITY C. de EE UU; 1 518 000 hab.

KANT, *Immanuel* (1724-1804) Filósofo al. *Crítica de la razón pura.*

KAOHSIUNG C. de Taiwan; 1 343 000 hab.

KARA Mar del Ártico, entre las islas de Nueva Zembla y Tierra del Norte y el litoral de Siberia.

KARACHI C. de Pakistán; 5 103 000 hab.

KARAJAN, *Herbert von* (1908-1989) Director de orquesta austr. Director de la Filarmónica de Berlín en 1953-1989.

KARAKORUM Macizo montañoso de Cachemira; Máx. alt., pico K 2 (8 611 m).

KARAMANLIS, *Konstantinos* (1907-1998) Político gr. Presid. en 1974-1985.

KARLFELDT, *Erik Axel* (1864-1931) Poeta sueco. Nobel de Literatura en 1931. *Hösthorn.*

KARNAK Conjunto monumental del ant. Egipto. Templo dedicado al dios Amón.

KARPOV, *Anatoly* (n. 1951) Ajedrecista ruso. Campeón mundial en 1975 y 1975-1985.

KASAI Río de Angola y Congo; 2 000 km.

KASPAROV, *Gari* (n. 1963) Ajedrecista ruso. Campeón mundial en numerosas ocasiones.

KASSEM, *Abd al-Karim* (1914-1963) Militar iraquí. Jefe de Gobierno en 1958-1963.

KASTLER, *Alfred* (1902-1996) Físico fr. Nobel de Física, en 1966.

KATMANDÚ Cap. del Nepal; 394 000 hab.

KAWABATA, *Yasunari* (1899-1972) Novelista japonés. Nobel de Literatura en 1968. *País de nieve.*

KAWASAKI C. de Japón; 1 088 600 hab.

KAZAKISTÁN Estado de Asia central; 2 717 300 km², 16 792 000 hab. Cap., Astaná. *(Kazakos).*

KAZÁN C. de Rusia; 1 094 000 hab.

KAZAN, *Elia* (n. 1909) Director de cine estadoun. *Un tranvía llamado deseo.*

NP

KAZANTZAKIS, *Nikos* (1885-1957) Escritor gr. *Alexis Zorba.*

KAZBEK Macizo volcánico, entre Rusia y Georgia; 5 047 m.

KEATON, *Buster* (1896-1966) Actor de cine estadoun. *El maquinista de la General.*

KEATS, *John* (1795-1821) Poeta brit. *Hyperion.*

KEKKONEN, *Urho* (1900-1986) Político finl. Presid. de la rep. de 1956 a 1981.

KELLOGG, *Frank Billings* (1856-1937) Político estadoun. Nobel de la Paz en 1929.

KELLY, *Gene* (1912-1996) Actor y director de cine estadoun. *Cantando bajo la lluvia.*

KELVIN, *lord William Thomson* (1824-1907) Físico brit. Estableció la escala de temperatura K.

KENDALL, *Edward Calvin* (1886-1972) Bioquímico estadoun. Nobel de Medicina en 1950.

KENIA Macizo de Kenia, Alt. máx. 5 199 m.

KENIA Estado de África oriental; 582 646 km², 23 183 000 hab. Cap., Nairobi. *(Keniatas).*

KENNEDY, *John Fitzgerald* (1917-1963) Político dem. estadoun. Presid. en 1960-1963.

KENTUCKY Est. de EE UU; 104 661 km², 3 685 000 hab. Cap., Frankfort.

KENYATTA, *Jomo* (1893-1978) Político de Kenia. Presid. de la rep. en 1964-1978.

KEOPS (s. XVI a.C.) Faraón egipcio.

KEPLER, *Johannes* (1571-1630) Astrónomo y matemático al. *Astronomía nova.*

KERGUELEN Arch. fr. del Índico austral.

KEROUAC, *Jack* (1922-1969) Escritor estadoun. *En el camino.*

KEYNES, *John Maynard* (1883-1946) Economista brit. *Teoría general del empleo, del interés y de la moneda.*

KGB *(Komitet gosurdarstvénnoe bezopasnosti)* Comite de seguridad de la URSS (1954-1991).

KIERKEGAARD, *Sören* (1813-1855) Filósofo existencialista danés. *El concepto de angustia.*

KIEV Cap. de Ucrania; 2 500 000 hab.

KIGALI Cap. de Ruanda; 116 000 hab.

KILIMANJARO Montaña de Tanzania. Máx. alt. de África: pico Kibo (5 895 m).

KIM Il Sung (1912-1994) Político norcoreano. Presid. de Corea del Norte en 1972-1994.

KIM Young Sam (n. 1928) Político surcoreano. Elegido presidente en 1992.

KING, *Martin Luther* (1929-1968) Pastor estadoun. de raza negra. Luchó por los derechos de las personas de color.

KINGMAN, *Eduardo* (1913-1997) Pintor y dibujante ecuat. Uno de los máximos representante del indigenismo en su país.

KINGSTON Cap. de Jamaica; 100 600 hab.

KINICH AHAU Dios maya del Sol.

KINSHASA (ant. *Leopoldville*) Cap. de la Rep. Dem. del Congo; 2 653 500 hab.

KIOTO o KYOTO C. de Japón; 1 461 100 hab.

KIPLING, *Rudyard* (1865-1936) Escritor brit. Nobel de Literatura en 1907. *El libro de la selva.*

KIRGUISISTÁN Est. de Asia central; 198.500 km², 4 422 000 hab. Cap., Pishpek. *(Kirguisos).*

KIRIBATI Est. Micronesia; 849 km², 73 000 hab. Cap., Bairiki. *(Kiribatienses).* Colonia brit. hasta 1979.

KISSINGER, *Henry* (n. 1923) Político estadoun. Nobel de la Paz en 1973.

KIVU Lago de Ruanda y Rep. Dem. del Congo; 2 650 km².

KLEE, *Paul* (1879-1940) Pintor suizo. Profesor en la Bauhaus en 1920-1931.

KLEIST, *Heinrich von* (1771-1811) Escritor romántico al. *Federico de Homburg.*

KLERK, *Frederik Willem De* (n. 1936) Político sudafricano. Presidente en 1989-1994. Propició el fin del *apartheid*. Le sucedió N. Mandela.

KLIMT, *Gustav* (1862-1918) Pintor y decorador austr. *El beso.*

KOBE C. de Japón; 1 477 400 hab.

KOCH, *Robert* (1843-1910) Bacteriólogo al. Descubrió el bacilo de la turberculosis. Nobel de Medicina en 1905.

KOESTLER, *Arthur* (1905-1983) Escritor húngaro en lengua ing. *El cero y el infinito.*

KOHL, *Helmut* (n. 1930) Político al. Canciller de la RFA desde 1983 y de la Alemania unificada entre 1990 y 1998.

KOKOSCHKA, *Oskar* (1886-1980) Pintor expresionista austr. *La novia del viento.*

KOLIMA Río de Siberia; 2 600 km.

KORDA, *Alexander* (1893-1956) Director de cine brit., n. en Hungría. *Rembrandt.*

KORNBERG, *Arthur* (n. 1918) Biólogo estadoun. Nobel de Medicina en 1959.

KOSOVO Prov. autón. de Serbia (Yugoslavia); 10 887 km², 1 989 000 hab.

KRASNO, *Rodolfo* (n. 1926) Escultor argentino.

KRAUS, *Alfredo* (1927-1999) Tenor esp., intérprete de ópera romántica y zarzuelas.

KRAUSE, *Karl Christian Friedrich* (1781-1832) Filósofo al. *El ideal de la humanidad.*

KREBS, *Hans Adolf* (1900-1981) Bioquímico al. Nobel de Medicina en 1953.

KREISKY, *Bruno* (1911-1990) Político socialista austr. Canciller en 1970-1983.

KRISHNA Octava encarnación del dios Visnú.

KRISHNAMURTI, *Jiddu* (1897-1986) Pensador religioso indio.

KROGH, *August* (1874-1949) Fisiólogo danés. Nobel de Medicina en 1920.

KUALA LUMPUR Cap. de Malasia; 937 900 hab.

KUBITSCHEK, *Juscelino* (1902-1976) Político bras. Presid. de la rep. en 1955-1960.

KUBOTTA, *Arturo* (n. 1932) Pintor per. *Casos en el mundo.*

KUBRICK, *Stanley* (1928-1999) Director de cine estadoun. *2001, una odisea del espacio.*

KUEN LUN Sistema montañoso de China. Alt. máx.: 7 546 m.

KUHN, *Rodolfo* (n. 1934) Director de cine arg. *Los jóvenes viejos.*

KUNDERA, *Milan* (n. 1929) Escritor checo. *La insoportable levedad del ser.*

KUMMING C. de China; 1 430 000 hab.

KURA Río de Armenia; 1 500 km.

KURDISTÁN Región de Asia. Repartida entre Turquía, Irak e Irán.

KUROSAWA, *Akira* (1910-1998) Director de cine japonés. *Los siete samurais.*

KUWAIT Estado de Arabia; 17 818 km², 2 241 000 hab. Cap., al-Kuwait. *(Kuwaitíes).*

L

LABNÁ Ant. c. maya del Yucatán (s. VIII d.C.).

LABRADOR Península del NE de Canadá; 1 300 000 km². Unos 20 000 hab.

LACALLE, *Luis Alberto* (n. 1941) Político ur. Presidente de la rep. en 1990-1995.

LACAN, *Jacques* (1901-1981) Psicoanalista fr. *Escritos.*

LACIO Región de Italia; 17 227 km², 5 140 400 hab. Cap., Roma.

LACLOS, *Pierre- Choderlos de* (1741-1803) Literato fr. *Relaciones peligrosas.*

LACUNZA, *Manuel* (1731-1801) Escritor chil. *La venida del Mesías en gloria y majestad.*

LADOGA El mayor lago de Europa, en el NO de Rusia; 18 400 km².

LAFORET, *Carmen* (n. 1921) Novelista esp. *Nada.*

LAFOURCADE, *Enrique* (n. 1927) Novelista chil. *Pena de muerte.*

LAGERKVIST, *Pär* (1891-1974) Escritor sueco. *El invisible.* Nobel de Literatura en 1951.

LAGERLÖF, *Selma* (1858-1940) Novelista sueca. *El maravilloso viaje de Nils Holgersson.* Nobel de Literatura en 1909.

LÁGIDA Dinastía (306-30 a.C.) fundada por Tolomeo.

LAGOS C. de Nigeria; ant. cap.; 1 068 000 hab.

LAGOS, *Los* Región del centro-sur de Chile; 66 997 km², 953 330 hab. Cap., Puerto Montt.

LAGOS, *Ricardo* (n. 1938) Político chil. Elegido presid. en 2000.

LAGRANGE, *Joseph Louis de* (1736-1813) Matemático fr. Creador de la mecánica racional.

LAGUNA, *La* C. de España; 121 769 hab.

LAHORE C. de Pakistán; 2 922 000 hab.

LAÍN Entralgo, *Pedro* (1908-2001) Escritor esp. Presid. de la Real Academia Española (1982-1987). *La generación del 98.*

LAÍNEZ, *Daniel* (1914-1959) Poeta hond. *Cristales de Bohemia, Sendas del Sol.*

LAIR, *Clara* (1895-1974) Poetisa puertorriq. *Trópico amargo.*

LAKAS, *Demetrio* (1925-1999) Político pan. Presid. de la rep. en 1972-1978.

LAM, *Wifredo* (1902-1982) Pintor expresionista cub. *Trópico de Capricornio.*

LAMARCK, *Jean-Baptiste de Monet de* (1744-1828) Naturalista fr. *Filosofía zoológica.*

LAMARTINE, *Alphonse de* (1790-1869) Poeta romántico fr. *Meditaciones poéticas, Rafael.*

LAMAS, *Andrés* (1817-1891) Historiador y político ur. *Noticia histórica sobre la república oriental del Uruguay.*

LAMBAYEQUE Dpto. del NO del Perú; 13 250 km², 935 300 hab. Cap., Chiclayo.

LAMBAYEQUE C. del Perú; 30 000 hab. Yacimientos arqueológicos.

LAMPEDUSA, *Giuseppe Thomas,* PRÍNCIPE DE (1896-1957) Escritor it. *El gatopardo.*

LANCHOU C. de China; 1 430 000 hab.

LANDAETA, *Juan José* (1780-1814) Compositor ven. Autor del himno nacional de Venezuela.

LANDALUZE, *Víctor Patricio* (1825-1889) Pintor cub. *Tipos y costumbres de la isla de Cuba.*

LANDAU, *L. Davidovich* (1908-1968) Físico soviético. *Curso de física teórica.* Nobel de Física en 1962.

LANDÍVAR, *Rafael* (1731-1793) Poeta guat. *Rusticatio mexicana.*

LANDSTEINER, *Karl* (1868-1943) Médico austr., descubridor del factor *Rh.* Nobel de Medicina en 1930.

LANG, *Fritz* (1890-1976) Director cinematográfico al. *El doctor Mabuse, Metrópolis.*

LANGE, *Norah* (1906-1972) Escritora arg. *La calle de la tarde, Cuadernos de infancia.*

LANGUEDOC Región histórica de Francia. Comprende parte de la región Languedoc-Rosellón.

LANGUEDOC-ROSELLÓN Región del S de Francia; 27 376 km², 2 115 000 hab. Cap., Montpellier.

LANÍN Volcán de los Andes; unos 3 700 m de alt.

LANSING C. de EE UU, cap. del estado de Michigan; 127 300 hab.

LANUSSE, *Alejandro Agustín* (1918-1996) Militar y político arg. Presid. de la rep. en 1971-1973.

LANZAROTE Isla esp., en las Canarias; 806 km², 29 500 hab. Cap., Arrecife.

LAOCOONTE Sacerdote troyano que se opuso a la entrada en Troya del caballo de madera.

LAOS Estado del SE de Asia, 236 800 km², 4 262 000 hab. Cap., Vientiane. *(Laosianos).*

LAO-TSÉ Filósofo chino, fundador del taoísmo.

LAPLACE, *Pierre Simon,* MARQUÉS DE (1749-1827) Astrónomo y físico fr. Formuló una teoría sobre el origen del sistema solar.

LAPONIA Región del N de Europa; entre 400 000 y 500 000 km², junto al Atlántico y al Ártico.

LARA Est. del NO de Venezuela; 19 800 km², 1270 196 hab. Cap., Barquisimeto.

LARACHE C. de Marruecos; 50 000 hab. Ruinas fenicias de Lixus.

LAREDO Bru, *Federico* (1875-1946) Político cub. Presid. de la rep. en 1936-1940.

LARGO Caballero, *Francisco* (1869-1946) Político esp. Jefe de gobierno en 1936-1937.

LARRA, *Mariano José de* (1809-1837) Escritor esp. Destacó por sus artículos periodísticos.

LARREA Alba, *Luis* (1895-1980) Militar ecuat. Presid. de la rep. en 1931.

LARRETA, *Enrique Rodríguez* (1875-1961) Novelista arg. *La gloria de don Ramiro.*

LARS, *Claudia* (1899-1975) Poetisa salv. *Estrellas en el pozo, Escuela de pájaros.*

LAS HERAS, *J. G. Gregorio de* (1780-1866) Militar y político arg. Presid. interino en 1825-1826.

LASCAUX Cueva francesa, descubierta en 1940. Pinturas rupestres.

LASSALLE, *Ferdinand* (1825-1864) Político socialista al. *Sistema de los derechos adquiridos.*

LASTARRIA, *José Victoriano* (1817-1888) Escritor romántico chil. *Recuerdos literarios.*

LATACUNGA C. de Ecuador, cap. de la prov. de Cotopaxi, 39 882 hab.

LATCHAM, *Ricardo* (1903-1965) Escritor chil. *Escalpelo, Carnet crítico.*

LATORRE, *Mariano* (1886-1955) Novelista chil., iniciador de la escuela criollista. *Zurzulita.*

LATORRE Yempen, *Lorenzo* (1840-1916) Militar ur. Presid. del país en 1876 y en 1879-1880.

LAUGERUD García, *Kjell Eugenio* (n. 1930) Militar guat. Presid. de la rep. en 1974-1978.

LAUGHTON, *Charles* (1899-1962) Actor brit. *La vida privada de Enrique VIII.*

LAUREL, *Stan* (1890-1965) Actor cinematográfico estadoun. Formó pareja con Oliver Hardy.

LAUSANA C. de Suiza; 255 900 hab.

LAUTARO (1534-1557) Caudillo araucano. Se sublevó contra los españoles en 1553.

LAUTRÉAMONT, CONDE de Seud. de *Isidore Ducasse* (1846-1870) Poeta fr. *Poesías.*

LAVAL, *Pierre* (1883-1945) Político fr. Como jefe de gobierno de Vichy, colaboró con los nazis.

LAVALLE, *Juan* (1797-1841) General arg. Luchó a las órdenes de San Martín.

LAVALLEJA Dpto. del SE de Uruguay; 10 016 km², 61 446 hab. Cap., Minas.

LAVALLEJA, *Juan Antonio* (h. 1786-1853) Militar y prócer ur., uno de los «tres tenientes de Artigas», junto a Oribe y Rivera. Presid. provisional en 1830.

LAVARDÉN, *Manuel José de* (1754-1809) Escritor arg. *Oda al Paraná.*

LAVERAN, *Alphonse* (1845-1922) Médico fr. Descubrió el parásito causante del de la malaria. Nobel de Medicina en 1907.

LAVÍN Acevedo, *Carlos* (1883-1962) Compositor chil. *Fiesta araucana.*

LAVOISIER, *Antoine-Laurent de* (1743-1794) Químico fr. Creador de la química moderna.

LAW, *John* (1671-1729) Economista escocés. Defendió el mercantilismo y la libre emisión de papel moneda.

LAWRENCE, *David Herbert* (1885-1930) Novelista brit. *El amante de Lady Chatterley.*

LAWRENCE, *Ernest Orlando* (1901-1959) Físico estadoun. Inventó el ciclotrón. Nobel de Física en 1939.

LAWRENCE, *Thomas Edward*, llamado *Lawrence de Arabia* (1888-1935) Militar y escritor brit. Atrajo a los ár. a favor de Gran Bretaña durante la I Guerra Mundial.

LAXNESS, *Halldor Kiljan* (1902-1998) Escritor isl. *Hombres libres.* Nobel de Literatura en 1955.

LAZARILLO DE TORMES Novela esp. de autor desconocido que inicia en Occidente el gén. picaresco.

LÁZARO Carreter, *Fernando* (n. 1923) Lingüista español. *Diccionario de términos filológicos.*

LÊ DUC THO (1910-1990) Político vietnamita. Fundador del partido comunista de Indochina (1929) y del Vietminh.

LEAN, *David* (1908-1991) Director de cine brit. *Doctor Zhivago.*

LEANDRO de Sevilla (m. h. 600) Santo. Arzobispo de Sevilla h. 578.

LEBRUN, *Albert* (1871-1950) Político fr. Presid. de la rep. en 1932-1940.

LECHÍN, *Juan* (n. 1912) Político y dirigente sindical bol. Dirigente de la central minera COB.

LECONTE de Lisle, *Charles-Marie* (1818-1894) Poeta fr. *Poemas bárbaros.*

LEEDS C. de Gran Bretaña; 448 500 hab.

LEFEBVRE, *Henri* (1901-1991) Filósofo marxista fr. *La crítica de la vida cotidiana.*

LEFEBVRE, *Marcel* (1905-1991) Prelado fr. Realizó ordenaciones contra la voluntad del Vaticano y fue excomulgado.

LEGANÉS Mun. de España; 174 593 hab.

LEGAZPI, *Miguel López de* (h. 1510-1572) Navegante y militar esp. Colonizador de las Filipinas.

LÉGER, *Fernand* (1881-1955) Pintor fr. de influencias impresionistas y cubistas.

LEGUÍA, *Augusto Bernardino* (1863-1932) Político per. Presid. de la rep. en 1908-1902.

LEGUIZAMÓN, *Martiniano* (1858-1935) Escritor arg. *Recuerdos de la tierra, Calandria.*

LEIBNIZ, *Gottfried Wilhelm* (1646-1716) Filósofo al. *Monadología.*

LEIPZIG C. de Alemania; 557 200 hab.

LEIVA, *Ponciano* (s. XIX) Militar hond. Presid. de la rep. en 1873-1876 y en 1891-1893.

LEIVA, *Juan Francisco*, MARQUÉS DE LEIVA Y DE LADRADA (1604-1678) Administrador colonial esp. Virrey de Nueva España en 1660-1664.

LELOIR, Luis Federico (1906-1987) Bioquímico arg. Nobel de Química en 1970.

LEMAN Lago de Suiza en la frontera con Francia; 582 km².

LEMNOS Isla de Grecia en el Egeo; 24 000 hab.

LEMOS, Pedro Antonio Fernández de Castro, CONDE DE (1632-1672) Administrador esp. Virrey del Perú (1667-1672).

LEMOSÍN Región de Francia; 16 942 km², 722 900 hab. Cap., Limoges.

LEMPA Río de América Central; 300 km.

LEMPIRA Dpto. del SO de Honduras; 4 290 km², 170 472 hab. Cap., Gracias.

LENA Río de Rusia; 4 400 km.

LENARD, Philipp Edward Anton von (1862-1947) Físico al. Nobel de Física en 1905.

LENIN, Vladimir Ilich Ulianov (1870-1924) Político y teórico social soviético. Presid. del Comisariado del Pueblo de la nueva República Socialista Soviética en 1917 e impulsor de la III Internacional.

LENNON, John (1940-1980) Cantante de *pop* brit. Uno de los componentes de los *Beatles.*

LENZ, Rodolfo (1863-1938) Filólogo chil., de origen al. Estudió las lenguas indígenas y el esp. de América.

LEÑERO, Vicente (n. 1933) Escritor mex. *La voz adolorida, Los albañiles.*

LEO Quinto signo y constelación del Zodíaco.

LEÓN Reino de España, que durante la Reconquista fue un est. independiente.

LEÓN Dpto. del O de Nicaragua; 5 423 km², 344 500 hab. Cap., León (101 000 hab.).

LEÓN C. de España; 145 242 hab. Catedral gótica.

LEÓN C. de México; 656 000 hab.

LEÓN Nombre de varios papas. • **I** *el Grande* (m. 461) Santo. Papa en 440-461. • **III** Santo. Papa en 795-816. • **IX** (1002-1054) Papa en 1048-1054. • **X** (1475-1521) Papa en 1513-1521. Fue gran mecenas del Renacimiento. • **XIII** (1810-1903) Papa en 1878-1903.

LEÓN, Carlos Augusto (n. 1914) Escritor ven. *Los pasos vivientes, A solas con la vida.*

LEÓN, fray Luis de (1527-1591) Poeta esp. *La perfecta casada, De los nombres de Cristo.*

LEÓN Felipe Seud. de *Felipe Camino Gallego* (1884-1968) Poeta esp.

LEÓN Valencia, Guillermo (1908-1971) Político col. Presid. de 1962 a 1966.

LEONARDO da Vinci (1452-1519) Pintor, escultor, arquitecto, ingeniero e inventor it. *La Gioconda, La última Cena.*

LEONE, Giovanni (n. 1908) Político it. Presid. en 1971-1978.

LEONI, Raúl (1905-1971) Político ven. Presid. de la rep. en 1964-1969.

LEÓNIDAS (m. 480 a.C.) Rey de Esparta h. 490-480 a.C. Defendió el paso de las Termópilas.

LEONTIEF, Wassily (1906-1999) Economista estadoun., de origen ruso. Nobel de Economía en 1973.

LEOPARDI, Giacomo (1798-1837) Escritor it. *Cantos del pastor errante, Epistolario.*

LEOPOLDO II (1835-1909) Rey de Bélgica en 1865-1909. Bajo su reinado, el Congo (1908) se convirtió en colonia belga.

LEOVIGILDO (m. 586) Rey visigodo de España en 573-586. Unificó política y jurídicamente el país.

LEPANTO, batalla de Combate naval entre las flotas del Imperio otomano y de la Liga Santa, compuesta por España, Venecia y el Papado (7 octubre 1571), que venció a la otomana.

LERDO de Tejada, Sebastián (1827-1889) Político mex. Ocupó la presidencia en 1872 y 1876.

LERMA, Francisco de Sandoval y Rojas, DUQUE DE (1553-1623) Político esp., valido de Felipe III. Desarrolló una política exterior pacifista.

LERMA-SANTIAGO Sistema fluvial mex. compuesto por los ríos Lerma, Grande de Santiago y el lago Chapala.

LERROUX, Alejandro (1864-1949) Político esp. Encabezó cuatro gobiernos entre 1933 y 1935.

LESBOS o **MITILENE** Isla de Grecia, en el Egeo. Cap., Mitilene.

LESOTHO Estado de África austral; 30 355 km², 1 806 000 hab. Cap., Maseru.

LESSEPS, Ferdinand, VIZCONDE DE (1805-1894) Ingeniero fr. Proyectó y realizó el canal de Suez (1869).

LETELIER Llona, *Alfonso* (n. 1912) Compositor chil. *Magdalena, Concierto para cuerdas.*

LETICIA C. de Colombia, cap. del dpto. del Amazonas; 23 180 hab.

LETONIA Estado de Europa a orillas del Báltico; 64 500 km², 2 648 000 hab. Cap., Riga. *(Letones).*

LETRÁN Conjunto monumental de Roma, residencia papal hasta 1308.

LEUCIPO (s. v a.C.) Filósofo gr. Junto con Demócrito, creó la doctrina del atomismo.

LEVERRIER, *Joseph* (1811-1877) Astrónomo fr. Demostró la existencia de Neptuno.

LEVILLIER, *Roberto* (1886-1969) Historiador arg. *Orígenes argentinos, La Argentina del s. XVI.*

LEVINGSTON, *Roberto Marcelo* (n. 1920) Militar arg. Presid. de la rep. en 1970.

LÉVI-STRAUSS, *Claude* (n. 1908) Antropólogo fr., fundador de la antropología estructural.

LÉVY-BRUHL, *Lucien* (1857-1939) Sociólogo fr. *La moral y la ciencia de las costumbres.*

LEWIS, *Jerry* (n. 1926) Actor cómico estadoun. *El profesor chiflado.*

LEWIS *Sinclair* (1885-1951) Novelista estadoun. *Babbitt.* Nobel de Literatura en 1930.

LEYTE Isla de Filipinas; 6 268 km², 1 302 600 hab.

LEZAMA Lima, *José* (1912-1976) Escritor cub. *Paradiso.*

LHASA C. de China, cap. del Tíbet; 105 000 hab. Fue residencia tradicional del Dalai Lama.

LÍBANO Estado del Próximo Oriente; 10 400 km², 2 965 000 hab. Cap., Beirut. *(Libaneses).*

LIBERIA Estado de África occidental; 111 369 km², 2 520 000 hab. Cap., Monrovia. *(Liberia-nos).*

LIBERIA C. de Costa Rica, cap. de la prov. de Guanacaste; 36 395 hab.

LIBERTAD, La Dpto. del N del Perú; 23 241 km², 1 243 500 hab. Cap., Trujillo.

LIBERTAD, La Dpto. del centro-oeste de El Salvador; 1 653 km², 522 071 hab. Cap., Nueva San Salvador o Santa Tecla.

LIBERTADOR, *El* Sobrenombre por excelencia de Simón Bolívar.

LIBERTADOR GENERAL BERNARDO O'HIGGINS Región del centro de Chile; 16 365 km², 688 385 hab. Cap., Rancagua.

LIBIA Estado del N de África; 1 775 500 km², 4 325 000 hab. Cap., Trípoli. *(Libios).*

LIBRA Séptimo signo y constelación del Zodíaco.

LIBREVILLE Cap. de Gabón; 257 000 hab.

LICANCÁBUR Volcán de los Andes, en la frontera chileno-boliviana; 5 916 m.

LICIA Ant. región del SO de Asia Menor, entre Panfilia, Caria y el mar Egeo.

LIDIA Ant. región de Asia Menor. Alcanzó su máx. esplendor bajo el rey Creso (s. VI a.C.).

LIEBIG, *Justus* (1803-1873) Químico al. *Anales de química.*

LIECHTENSTEIN Estado de Europa central; 160 km², 29 000 hab. Cap., Vaduz.

LIEJA C. de Bélgica; 211 500 hab.

LIGA Árabe Creada en 1945, reúne a 22 Estados árabes. Tiene su sede en El Cairo.

LIGURIA Región del N de Italia; 5 418 km², 1 676 300 hab. Cap., Génova.

LIHN, *Enrique* (1928-1987) Poeta chil.

LILLO, *Baldomero* (1867-1923) Escritor chil. *Sub-Terra, Sub-Sole.*

LILLO, *Eusebio* (1826-1910) Poeta chil., autor del himno nacional de su país.

LILONGWE Cap. de Malawi; 103 000 hab.

LIMA Dpto. del centro del Perú; 33 250 km², 6 707 300 hab. Cap., Lima.

LIMA Cap. del Perú y del dpto. hom.; 6 345 856 la agl. urb. Lima-Callao.

LIMARÍ Río de Chile; 200 km.

LIMAY Río de Argentina; 430 km.

LIMBOURG (s. XV) Apellido de tres miniaturistas fr. de origen flamenco, *Pol, Hennequin* y *Hermann. Las muy ricas horas del duque de Berry.*

LIMBURGO Región histórica de Europa, que en 1830 quedó dividida entre Bélgica y Países Bajos.

LIMOGES C. de Francia, cap. del Lemosín; 170 100 hab. Célebre ind. de porcelana.

LIMÓN Prov. del E de Costa Rica; 9 188 km², 219 485 hab. Cap., Limón (67 784 hab.).

LIMPOPO Río de África austral; 1 600 km.

LINARES, *José María* (1810-1861) Político bol. Primer presid. civil de Bolivia en 1857.

LINCE C. del Perú; 79 000 hab.

LINCOLN C. de EE UU, cap. del est. de Nebraska; 192 000 hab.

LINCOLN, *Abraham* (1809-1865) Político estadoun. Presid. de EE UU en 1860, en 1863 se abolió la esclavitud. Reelegido en 1864.

LINDBERGH, *Charles* (1902-1974) Aviador estadoun. En 1927 realizó la primera travesía aérea del Atlántico.

LINDO, *Hugo* (n. 1917) Escritor salv. *Aquí se cuentan cuentos.*

LINIERS, *Santiago* (1753-1810) Militar fr., al servicio de España.

LINNÉ, *Carl von* (1707-1778) Naturalista sueco, considerado el padre de la botánica moderna.

LINO (s. 1) Santo. Papa, sucesor de Pedro en 67-79.

LÍPARI Arch. de Italia; 117 km², 15 000 hab.

LIPPI, *Filippino* (h. 1457-1504) Pintor it., hijo de Filippo Lippi. *La visión de san Bernardo,* para la Trinità de Florencia.

LISBOA Cap. de Portugal; 817 600 hab.

LISCANO, *Juan* (1914-2001) Poeta ven. *Humano destino.*

LISIAS (h. 440-h. 380 a.C.) Orador gr. Apoyó la restauración de la democracia en Atenas.

LISIPO (s. IV a.C.) Escultor gr. retratista de Alejandro Magno.

LIST, *Friedrich* (1789-1846) Economista al. *Sistema nacional de economía política.*

LISTA, *Alberto* (1775-1848) Poeta neoclásico esp. *Al sueño,A la sabiduría.*

LISZT, *Franz* (1811-1886) Compositor húngaro. Obras para piano y los poemas sinfónicos.

LITTIN, *Miguel* (n. 1942) Director de cine chil. *La aventura de Miguel Littin, clandestino en Chile.*

LITTLE ROCK C. de EE UU, cap. del estado de Arkansas; 175 800 hab.

LITUANIA Estado de Europa; 65 200 km², 3 741 000 hab. Cap., Vilnius o Vilna. *(Lituanos).*

LIU Shao-shi (1905-1974) Político chino. Presid. de la rep. en 1959.

LIUBLIANA Cap. de Eslovenia 303 500 hab.

LIVERPOOL Puerto de Gran Bretaña; 510 300 hab.

LIVINGSTONE, *David* (1813-1873) Explorador escocés. Descubrió las cataratas de Victoria.

LIVONIA Región histórica en Estonia y Letonia.

LIZARDO, *Pedro Francisco* (n. 1920) Poeta ven. *Pura, encendida rosa.*

LLAIMA Volcán andino de Chile; 3 125 m.

LLANOS, *Los* Región natural de Venezuela y Colombia.

LLANQUIHUE Lago de Chile; unos 800 km².

LLEIDA C de España; 112 035 hab.

LLERAS Camargo, *Alberto* (1906-1990) Político col. Presid. en 1958-1962.

LLERAS Restrepo, *Carlos* (1908-1994) Político col. Presid. de la rep. en 1966-1970.

LLIMONA, *Josep* (1864-1934) Escultor esp. *Cristo resucitado.*

LLORENS i Artigas, *Josep* (1892-1980) Ceramista y crítico de arte esp. Murales de la UNESCO en París, aeropuerto de Barcelona.

LLOYD, *Harold* (1893-1971) Actor cómico estadoun. Intervinó en más de 200 películas.

LLULL, *Ramon* (h. 1235-1315) Filósofo y literato cat. Autor de *Ars magna* o *Ars generalis.*

LLULLAILLACO Volcán andino, en la frontera chileno-argentina; 6 739 m.

LLÚRIA, *Roger de* (h. 1250-1305) Marino siciliano. Almirante de Aragón en la expedición del rey Jaime a Sicilia.

LOA Río de Chile, el más largo del país; 440 km.

LOBEIRA, *Vasco de* (1365?-1405) Escritor port., presunto autor del *Amadís de Gaula.*

LOCKE, *John* (1632-1704) Filósofo empirista ing. *Ensayo sobre el entendimiento humano.*

LODZ C. de Polonia; 850 000 hab.

LOGROÑO C. de España, cap. de la com. autón. de La Rioja; 123 841 hab.

LOIRA Río de Francia; 1 010 km.

LOJA Prov. del S. de Ecuador; 10 793 km², 384 698 hab. Cap., Loja (94 305 hab.).

LOMBARDÍA Región del N de Italia; 23 859 km², 8 856 100 hab. Cap., Milán.

LOMBARDINI, *Manuel María* (1802-1853) Militar mex. Presid. de la rep. en 1953.

LOMBARDO Toledano, *Vicente* (1894-1969) Político mex., organizador de la Confederación de Trabajadores.

LOMBOY, *Reinaldo* (n. 1910) Escritor chil. *Ranquil.*

LOMBROSO, *Cesare* (1836-1909) Criminólogo it. Importantes estudios sobre criminología.

LOMÉ Cap. de Togo; 235 000 hab.

LONARDI, *Eduardo* (1896-1956) Militar arg. Presid. en 1955.

LONDON, *Jack* (1876-1916) Escritor estadoun. *Colmillo blanco, El lobo de los mares.*

LONDRES Cap. del Reino Unido de Gran Bretaña e Irlanda del Norte; 6 377 900 hab.

LONDRINA C. de Brasil; 389 959 hab.

LONG ISLAND Isla de EE UU. Comprende los barrios neoyorquinos de Brooklyn y Queens.

LONGFELLOW, *Henry Wadsworth* (1807-1882) Poeta estadoun. *Evangelina* y *Hiawatha.*

LONGITUDINAL o CENTRAL Valle de Chile, sit. entre la cord. de los Andes y la de la Costa.

LÓPEZ, *Carlos Antonio* (1792-1862) Político par. Presid. de la rep. en 1844-1862.

LÓPEZ, *Francisco Solano* (1827-1870) Militar y político par. Presid. de la rep. en 1862-1870.

LÓPEZ, *Ismael* (1880-1962) Escritor col. *El jardín de las Hespérides.*

LÓPEZ, *José Hilario* (1798-1869) Militar col. Ocupó la presid. de la rep. en 1849-1853.

LÓPEZ, *Vicente Fidel* (1815-1903) Historiador arg. *Historia de la República Argentina.*

LÓPEZ Arellano, *Osvaldo* (n. 1921) Militar y político hond. Fue presid. de la rep. en 1965-1975.

LÓPEZ Contreras, *Eleazar* (1883-1973) Político ven., presid. de la rep. en 1935-1941.

LÓPEZ de Ayala, *Pedro*, llamado *el Canciller de Ayala* (1332-1407) Escritor esp. *Rimado de Palacio.*

LÓPEZ de Mesa, *Luis* (1884-1967) Escritor col. *La tragedia de Nosle.*

LÓPEZ de Romaña, *Eduardo* (1847-1912) Político per. Presid. en 1899-1903.

LÓPEZ Mateos, *Adolfo* (1910-1969) Político mex. Presid. de la rep. en 1858-1864.

LÓPEZ Michelsen, *Alfonso* (n. 1914) Político col. Presid. en 1974-1978.

LÓPEZ Portillo, *José* (n. 1920) Político y jurista mex. Presid. por el PRI en 1976-1982.

LÓPEZ Pumarejo, *Alfonso* (1886-1959) Político col. Presid. en 1934-1938 y 1942-1944.

LÓPEZ Silva, *José* (1860-1925) Escritor esp. *La revoltosa* (con Fernández Shaw).

LÓPEZ Vázquez, *José Luis* (n. 1923) Actor cinematográfico esp. *Mi querida señorita.*

LÓPEZ Velarde, *Ramón* (1888-1921) Poeta mex. *La sangre devota, Zozobra.*

LÓPEZ y Fuentes, *Gregorio* (1897-1966) Novelista mex. *El indio, Milpa, potrero y monte.*

LORENA Región de Francia; 23 547 km², 2 305 800 hab. Cap., Nancy.

LORENTZ, *Hendrik Antoon* (1853-1928) Físico neerlandés. Nobel de Física en 1902.

LORENZ, *Konrad* (1903-1989) Fisiólogo austr. Nobel de Medicina en 1973.

LORENZO (h. 210-258) Santo. Diácono del papa Sixto II.

LORETO Dpto. del NE del Perú; 348 177 km², 654 100 hab. Cap., Iquitos.

LOSEY, *Joseph* (1909-1984) Director de cine estadoun. *El mensajero, Casa de muñecas.*

LOTARIO I (795-855) Emp. de Occidente y rey de Italia.

LOTI, *Pierre* (1850-1923) Escritor fr. *Pescador de Islandia.*

LOUIS, *Joe* (1914-1981) Boxeador estadoun. Varias veces campeón de los grandes pesos.

LOURDES C. de Francia. Santuario mariano.

LOVECRAFT, *Howard Philip* (1890-1937) Novelista estadoun. de ciencia-ficción. *El alquimista.*

LOWRY, *Clarence Malcolm* (1909-1957) Escritor brit. *Bajo el volcán.*

LOYNAZ, *Dulce María* (1903-1997) Poetisa cub. Premio Cervantes1992. *Poemas náufragos.*

NP

LOZANO, *Abigail* (1821-1866) Poeta romántico ven. *Oda a Bolívar.*

LOZANO Díaz, *Julio* (1885-1957) Político hond. Presid. de la rep. en 1954-1956.

LUANDA Cap. de Angola; 1 200 000 hab.

LUBITSCH, *Ernst* (1892-1947) Director de cine estadoun. de origen al. *Ninotchka, Ser o no ser.*

LUBLIN C. de Polonia; 324 100 hab.

LUCAS (s. I) Santo. Autor del tercer Evangelio.

LUCAS García, *Fernando Romeo* (n. 1925) Militar y político guat. Presid. en 1978-1982.

LUCÍA (s. IV) Santa. Patrona de los ciegos.

LUCKNOW C. de la India; 1 592 000 hab.

LUCRECIO Caro, *Tito* (98-55 a.C.) Poeta lat. *De rerum natura.*

LUGANO Lago sit. entre Suiza e Italia.

LUGO C. de España; 85 174 hab.

LUGONES, *Leopoldo* (1874-1938) Escritor arg. *Las montañas de oro, Poemas solariegos.*

LUIS Nombre de varios reyes de Francia. • IX (1214-1270) Santo. Rey en 1226-1270. • XIII *et Justo* (1601-1643) Rey en 1610-1643. • XIV *el Rey Sol* (1638-1715) Rey en 1643-1715. Quiso imponer la hegemonía fr. en Europa. • XV (1710-1774) Rey en 1715-1774. • XVI (1754-1793) Rey en 1774-1792. • Felipe (1773-1850) Rey en 1830-1848.

LUIS I (1707-1724) Rey de España en 1724 al abdicar su padre Felipe V.

LUIS I *el Piadoso* (778-840) Emperador de Occidente y rey de los francos en 814.

LUISIANA Est. del S de EE UU; 123 677 km², 4 220 000 hab. Cap., Baton Rouge.

LUJÁN C. de Argentina; 68 700 hab.

LUKÁCS, *György* (1885-1971) Filósofo húngaro. *Teoría de la novela, El joven Hegel.*

LULLY, *Jean Baptiste* (1632-1687) Compositor fr. Autor de ballets, óperas y música religiosa.

LUMIÈRE, *Louis* (1864-1948) Químico fr. Inventó con su hermano *Auguste* el cinematógrafo (1895) *Salida de la fábrica Lumière.*

LUMUMBA, *Patrice* (1925-1960) Revolucionario congoleño. En 1958 fundó el Movimiento Nacional Congoleño.

LUNA, *Álvaro de* (h. 1390-1453) Político cast., valido de Juan II.

LUNA, *Pedro de* (1328-1424) Papa con el nombre de Benedicto XIII durante el cisma de Occidente.

LUNA Pizarro, *Francisco Javier de* (1780-1855) Político y eclesiástico per. Presid. del primer Congreso Constituyente (1822).

LURIA, *Salvatore Edward* (1912-1991) Biólogo estadoun. de origen it. Nobel de Medicina en 1969.

LUSAKA Cap. de Zambia; 538 500 hab.

LUSINCHI, *Jaime* (n. 1924) Político ven. Presid. en 1984-1989.

LUSITANIA Ant. región del O de la penín. Ibérica, habitada por los lusitanos.

LUTECIA Ant. c. de la Galia romana sobre una isla del Sena.

LUTERO, *Martín* (1483-1546) Reformador al. Fue excomulgado por sus opiniones sobre la autoridad de la Biblia.

LUTHULI, *Albert John* (1898-1967) Político sudafricano de raza negra. Líder en la lucha contra el *apartheid.* Nobel de la Paz en 1960.

LUXEMBURG, *Rosa* (1876-1919) Revolucionaria al., de origen pol. *Reforma o revolución.*

LUXEMBURGO Estado de Europa occidental; 2 586 km², 385 000 hab. Cap., Luxemburgo. *(Luxemburgueses).*

LUXOR C. del Alto Egipto, junto al Nilo. Templo dedicado a Amón, construido por Amenhotep III.

LUZÁN, *Ignacio de* (1702-1754) Poeta y preceptista esp. *Poética.*

LUZÓN Isla de Filipinas, la mayor y pral. del arch.; 108 172 km², 23 900 800 hab.

LVOV C. de Ucrania; 742 000 hab.

LYALLPUR C. de Pakistán; 822 500 hab.

LYELL, *Charles* (1797-1875) Geólogo brit. *Principios de geología.*

LILY, *John* (1553-1606) Escritor ing. *Euphues.*

LYNCH, *Benito* (1880-1915) Novelista arg. *Los caranchos de la Florida.*

LYNCH, *Marta* (1925-1985) Escritora arg. *Cuentos tristes.*

LYON C. de Francia, cap. de región Ródano-Alpes; 415 487 hab.

M

MAASTRICHT C. de Países Bajos; 114 000 hab.

MACAO Ant. dependencia de Portugal, Restituida a China en 1999; 17 km², 356 000 hab.

MACAS C. de Ecuador, cap. de la prov. de Morona Santiago; 8 246 hab.

MACBETH (m. 1057) Rey de Escocia en 1040-1057.

MACEDONIA Estado de Europa; 25 713 km², 2 034 000 hab. Cap., Skopje. *(Macedonios)*.

MACEIÓ C. de Brasil, cap. del est. de Alagoas; 328 000 hab.

MACEO, *Antonio* (1845-1896) Militar cub. Uno de los caudillos independentistas.

MACHADO, *Antonio* (1875-1939) Poeta esp. *Campos de Castilla.*

MACHADO, *Gerardo* (1871-1939) Político cub. Dictador en 1925-1933.

MACHADO, *Manuel* (1874-1947) Poeta esp., hermano de Antonio. *El cante jondo.*

MACHADO de Assis, *Joaquim Maria* (1839-1908) Escritor bras. *Chrysalidas.*

MACHALA C. de Ecuador, cap. de la prov. de El Oro; 144 197 hab.

MACHÍN, *Antonio* (1901-1977) Cantante cub. *Angelitos negros.*

MACHU PICCHU Ant. ciudad inca del Perú.

MACÍAS Nguema, *Francisco* (1924-1979) Político de Guinea Ecuatorial. Presid. de la rep. en 1968-1979.

MACKENZIE Río de Canadá; 1 800 km.

MAC-MAHON, *Patrice Maurice*, CONDE DE (1808-1893) Mariscal fr. Presid. de la rep. en 1873-1879.

MACUSPANA Mun. de México; 74 200 hab.

MADAGASCAR Isla y estado del SE de África; 587 041 km², 11 494 300 hab. Cap., Antananarivo. *(Malgaches).*

MADARIAGA, *Salvador de* (1886-1978) Escritor y diplomático esp. *El semental negro.*

MADEIRA Río de Brasil; 3 300 km.

MADEIRA Arch. port. del Atlántico; 794 km², 254 000 hab. Cap., Funchal.

MADERO, *Francisco Ignacio* (1873-1913) Político mex. Presid. en 1911-1913.

MADISON C. de EE UU, cap. del est. de Wisconsin; 191 300 hab.

MADISON, *James* (1751-1836) Político estadoun. Presid. en 1809-1817.

MADRÁS C. de la India; 5 361 500 hab.

MADRAZO, *Federico de* (1815-1894) Pintor esp. *Duquesa de Alba.*

MADRE CENTROAMERICANA Sistema montañoso de América Central; máx. alt., el volcán Tajumulco (4 211 m).

MADRE DE CHIAPAS Sistema montañoso de México; máx. alt., el volcán Tacaná (4 064 m).

MADRE DE DIOS Río del Perú y Bolivia; 1 450 km.

MADRE DE DIOS Dpto. del Perú; 85 182,63 km², 74 100 hab. Cap., Puerto Maldonado.

MADRE DE OAXACA Sierra de México; máx. alt., el cerro Zempoaltepec (3 396 m).

MADRE DEL SUR Sierra de México; máx. alt., el Teotepec (3 703 m).

MADRE OCCIDENTAL Sistema montañoso de México, el mayor del país; 1 250 km.

MADRE ORIENTAL Sistema montañoso de México.

MADRID Com. autón. de España; 7 995 km², 5 022 289 hab.

MADRID C. de España, cap. de la com. autón. y del Estado; 2 866 850 hab.

MADRID, *Miguel de la* (n. 1934) Político mex. Presid. de la rep. en 1982-1988.

MADRIZ Dpto. de Nicaragua; 1 612 km², 88 700 hab. Cap., Somoto.

MADRIZ, *José* (1865-1911) Político nic. Presid. en 1909-1910.

MADURA Isla de Indonesia, al N de Java; 5 290 km², 2 000 000 hab.

MAESTRA Sierra del E de Cuba.

MAETERLINCK, *Maurice* (1862-1949) Escritor simbolista belga. Nobel de Literatura en 1911.

MAGALLANES Estr. en el S de América que comunica el Atlántico con el Pacífico.

MAGALLANES Y DE LA ANTÁRTICA CHILENA Región del S de Chile; 143 058 hab. Cap., Punta Arenas.

MAGALLANES, *Fernando de* (h. 1475-1521) Navegante port. al servicio de España.

MAGANGUÉ C. de Colombia; 64 700 hab.

MAGAÑA, *Álvaro* (1927-2001) Político salv. Presid. de la rep. en 1982-1984.

NP

MAGDALENA CONTRERAS, La Delegación de México (Distrito Federal); 75 400 hab.

MAGDALENA Río de Colombia; 1 500 km.

MAGDALENA Dpto. de Colombia; 23 188 km², 913 011 hab. Cap., Santa Marta.

MAGDALENA DEL MAR C. del Perú; 55 600 hab.

MAGREB Región del N de África integrada por Marruecos, Argelia y Tunicia.

MAGRITTE, René (1898-1967) Pintor belga. *Búsqueda del absoluto.*

MAGUNCIA C. de Alemania, cap. del estado de Renania-Palatinado; 187 400 hab.

MAHABHARATA Una de las obras más ant. de la literatura épica de la India.

MAHLER, Gustav (1860-1911) Compositor austr. *El canto de la tierra.*

MAHOMA (h. 570-632) Fundador del Islam y del imperio musulmán.

MAHUAD, Jamil (n. 1949) Político ecuat. Presid. entre 1998 y 2000.

MAIAKOWSKI, Vladimir (1893-1930) Poeta futurista soviético. *150 millones.*

MAILER, Norman (n. 1923) Novelista estadoun. *Los desnudos y los muertos.*

MAINE Est. de EE UU; 86 156 km², 1 228 000 hab. Cap., Augusta.

MAIPO Volcán de los Andes; 5 000 m.

MAIPO Río de Chile; 250 km.

MAIQUETÍA C. de Venezuela; 110 400 hab.

MAÍZ, islas del Arch. de Nicaragua, en el mar Caribe; 12 km², 2 400 hab.

MAJOR, John (n. 1943) Político brit. Primer ministro en 1990-1997.

MAKARIOS (1913-1977) Prelado y político chipriota. Presid. de la rep. en 1959-1977.

MALABO Cap. de Guinea Ecuatorial; 38 000 hab.

MALADETA Macizo de la pen. Ibérica, en los Pirineos. Máx. alt., Aneto (3 404 m).

MÁLAGA C. de España; 549 135 hab.

MALAWI Lago de Mozambique, Tanzania y Malawi; 30 800 km².

MALAWI Estado de África meridional; 118 484 km², 8 556 000 hab. Cap., Lilongwe.

MALAYO Archipiélago asiático. Dividido entre los Est. de Filipinas, Indonesia y Malaysia.

MALAYSIA Estado del SE de Asia; 329 758 km², 18 239 000 hab. Cap., Kuala Lumpur. *(Malayos).*

MALDIVAS Estado insular del S de Asia; 298 km², 222 000 hab. Cap., Male.

MALDONADO Dpto. de Uruguay; 4 793 km², 127600 hab. Cap., Maldonado (33 500 hab.).

MALDONADO, Francisco Noble esp. Uno de los comuneros de Castilla.

MALEBRANCHE, Nicolás (1638-1715) Filósofo fr. *Búsqueda de la verdad.*

MALESPÍN, Francisco (m. 1846) Militar salvadoreño. Presid. de la rep. en 1844-1845.

MALÍ Estado de África occidental; 1 240 142 km², 8 299 000 hab. Cap., Bamako.

MALINCHE Volcán de México; 4 461 m.

MALINOWSKI, Bronislaw (1884-1942) Antropólogo funcionalista brit. de origen pol.

MALLARINO, Manuel María (1802-1872) Político col. Presid. de la rep. en 1855-1857.

MALLARMÉ, Stéphane (1842-1898) Poeta fr. *La siesta de un fauno.*

MALLE, Louis (1932-1995) Director de cine fr.

MALLEA, Eduardo (1903-1982) Novelista arg. *Todo verdor perecerá.*

MALLORCA Isla de España, la mayor de las Baleares; 3 625 km², 551 200 hab.

MALRAUX, André (1901-1976) Escritor y político fr. *La condición humana.*

MALTA Estado insular del SE de Europa; 316 km², 357 000 hab. Cap., La Valetta. *(Malteses).*

MALTHUS, Thomas Robert (1766-1834) Economista brit.

MALVINAS Arch. de Argentina, sit. a unos 500 km de la costa oriental; 11 410 km², 2 100 hab.

MAMAQUILLA Madre de los incas, diosa lunar, hermana y esposa del dios solar Inti.

MAMORÉ Río de Bolivia; 1 900 km.

MAN Isla brit. en el mar de Irlanda; 588 km², 70 000 hab. Cap., Douglas.

MANABÍ Prov. de Ecuador; 18 878,8 km², 1 031 927 hab. Cap., Portoviejo.

MANAGUA Lago de Nicaragua, 1 042 km².

MANAGUA Dpto. de Nicaragua; 3 368 km², 1 026 100 hab. Cap., Managua.

MANAGUA Cap. de Nicaragua; 682 100 hab.

MANAMA Cap. de Bahrein; 122 000 hab.

MANAPIRE Río de Venezuela; 260 km.

MANAUS c. de Brasil, cap. del est. de Amazonas; 1 010 000 hab.

MANCHA, *Canal de* Canal entre Francia y Gran Bretaña; une el Atlántico con el mar del Norte.

MANCHA, *La* Región natural de España, sit. en la parte oriental de la submeseta sur.

MANCHESTER C. de Gran Bretaña, en Inglaterra, 449 100 hab.

MANCHURIA Región del NE de China; 780 000 km², 92 040 000 hab.

MANCISIDOR, *José* (1894-1956) Escritor e historiador mex. *Frontera junto al mar.*

MANCO Cápac I (finales s. XII) Rey inca. Fundador de la dinastía incaica. • Cápac II (h. 1500-1544) Último emp. inca en 1533-1544.

MANDELA, *Nelson* (n. 1918) Político sudafricano. Nobel de la Paz 1993. Presid. entre 1994-1999.

MANET, *Édouard* (1832-1883) Pintor impresionista fr. *En la barca.*

MANHATTAN Isla de Nueva York.

MANILA Cap. de Filipinas; 1 630 500 hab.

MANIZALES C. de Colombia, cap. del dpto. de Caldas; 378 887 hab.

MANKIEWICZ, *Joseph Leo* (1909-1993) Director de cine estadoun. *Eva al desnudo.*

MANN, *Thomas* (1875-1955) Escritor al. Nobel de Literatura en 1929. *Muerte en Venecia.*

MANOLO, *Manuel Martínez Hugué*, llamado (1872-1945) Escultor esp. *El torero.*

MANRIQUE, *Jorge* (h. 1440-1479) Poeta cast. *Coplas a la muerte del maestro D. Rodrigo.*

MANSILLA, *Lucio Victorio* (1831-1913) Escritor arg. *Retratos y recuerdos.*

MANTA C. de Ecuador; 125 505 hab.

MANTARO Río del Perú; 600 km.

MANTE Mun. de México; 106 400 hab.

MANTEGNA, *Andrea* (1431-1506) Pintor it. *Cristo muerto.*

MANTIQUEIRA Cadena montañosa de Brasil; alt. máx., Itatiaia o Agulhas Negras (2 787 m).

MANUEL Nombre de varios reyes bizantinos. • I Comneno (h. 1122-1180) Emp. en 1143-1180. • II Paleólogo (1348-1425) Emp. en 1391-1425.

MANZANILLO Mun. de Cuba; 105 200 hab.

MANZONI, *Alessandro* (1785-1873) Escritor romántico it. *Los novios.*

MAO C. de la Rep. Dominicana, cap. de la prov. de Valverde; 33 527 hab.

MAO Tse-tung (1893-1976) Político comunista chino. Máx. dirigente de la Rep. Popular China en 1949-1976.

MAPIMÍ, *Bolsón de* Depresión endorreica del N de México; 38 200 km².

MAPOCHO Río de Chile; 110 km.

MAPUTO Cap. de Mozambique; 755 300 hab.

MAQUIAVELO, *Niccolò* (1469-1527) Político it. *El príncipe.*

MAR CHIQUITA Laguna de Argentina; 2 000 km².

MAR DEL PLATA C. de Argentina; 457 000 hab.

MARACAIBO C. de Venezuela, cap. del est. Zulia; 1 179 400 hab.

MARACAIBO Lago del NO de Venezuela; 14 000 km².

MARACAY C. de Venezuela, cap. del est. Aragua; 525 000 hab.

MARADONA, *Diego Armando* (n. 1961) Futbolista arg. Campeón con la selección de su país (1986).

MARANHÃO Est. del NE de Brasil; 329 556 km², 5 131 000 hab. Cap., São Luis.

MARAÑÓN Río del Perú; 1 280 km.

MARAÑÓN, *Gregorio* (1887-1960) Médico esp. Fundador de la endocrinología clínica.

MARAT, *Jean-Paul* (1743-1793) Político fr. Uno de los prales. protagonistas de la Rev. francesa.

MARCELINO (m. 304) Santo. Papa en 296-304.

MARCH, *Ausias* (1397-1459) Poeta valenciano en lengua cat. *Cants de mort.*

MARCIAL, *Marco Valerio* (h. 40-h. 104) Poeta hispano, en lengua latina. *Epigramas.*

MARCO Antonio (83-30 a.C.) Gral. rom. Formó el segundo triunvirato.

MARCO Aurelio (121-180) Emp. en 161-180 y filósofo estoico rom. *Pensamientos.*

MARCONI, *Guglielmo* (1874-1937) Físico e inventor it. Nobel de Física 1909.

MARCOS (s. I) Santo. Misionero y autor del segundo Evangelio sinóptico.

MARCOS, *Fernando* (1917-1989) Político filipino. Presid. en 1965-1986.

MARCUSE, *Herbert* (1898-1979) Filósofo estadoun. de origen al. *El hombre unidimensional*.

MARECHAL, *Leopoldo* (1900-1970) Escritor arg. *El banquete de Severo Arcángelo*.

MARGARITA Isla de Venezuela; 920 km².

MARGARITA II (n. 1940) Reina de Dinamarca desde 1972.

MARÍA Nombre de varias reinas de España. • Cristina de Borbón (1806-1878) Esposa de Fernando VII. Reina en 1829-1833 y regente de España en 1833-1840. • Cristina de Habsburgo-Lorena (1858-1929) Reina en 1879-1885 y regente de España en 1885-1902.

MARÍA Antonieta (1755-1793) Reina de Francia en 1774-1793. Esposa de Luis XVI.

MARÍA I Estuardo (1542-1587) Reina de Escocia en 1542-1567 y Francia.

MARÍA Teresa (1717-1780) Archiduquesa de Austria y emp. de Alemania en 1740-1780.

MARÍA Tudor (1516-1558) Reina de Inglaterra e Irlanda en 1553-1558. Hija de Enrique VIII.

MARÍA TRINIDAD SÁNCHEZ Prov. de la Rep. Dominicana; 1 310 km², 124 200 hab. Cap., Nagua.

MARIANAO C. de Cuba; 230 000 hab.

MARIANAS SEPTENTRIONALES Conjunto de 14 islas y atolones; 477 km², 19 100 hab. Cap., Saipan.

MARINETTI, *Filippo Tommaso* (1876-1944) Poeta futurista it. *Patriotismo insecticida*.

MARIOTTE, *Edme* (1620-1684) Físico fr. Enunció la ley de M.

MARLOWE, *Christopher* (1564-1593) Dramaturgo ing. *La trágica historia del doctor Fausto*.

MÁRMARA Mar que separa Asia Menor de la Turquía europea.

MÁRMOL, *José* (1817-1871) Escritor arg. *Amalia*.

MARQUESAS, *islas* Arch. de la Polinesia fr.; 1 274 km², 6 500 hab.

MÁRQUEZ, *José Ignacio de* (1793-1880) Político col. Presid. en 1837-1841.

MARRAKECH C. de Marruecos; 439 700 hab.

MARROQUÍN, *José Manuel* (1827-1908) Político col. Presid. de la rep. en 1898 y 1900-104.

MARRUECOS Estado del NO de África; 458 730 km², 25 698 000 hab. Cap., Rabat. *(Marroquíes)*.

MARSÉ, *Juan* (n. 1933) Escritor esp. *Últimas tardes con Teresa*.

MARSELLA C. de Francia; 800 550 hab.

MARSHALL Estado insular de Oceanía; 181,3 km², 48 000 hab. Cap., Dalap-Uliga-Darrit.

MARTA (s. I) Santa.

MARTE Cuarto planeta del sistema solar por su alejamiento del Sol.

MARTE Dios rom. de la guerra.

MARTÍ, *José Julián* (1853-1895) Político y escritor cub. Héroe de la independencia. *Amistad funesta*.

MARTIN, *Archer John* (n. 1910) Químico brit. Nobel de Química en 1952.

MARTÍN *el Humano* (1356-1410) Rey de Aragón y Cerdeña en 1396-1410, y de Sicilia en 1409-1410.

MARTÍN V (1368-1431) Papa rom. en 1417-1431.

MARTÍN *Fierro* Poema narrativo de José Hernández, escrito entre 1872 y 1879.

MARTÍN Gaite, *Carmen* (1925-2000) Escritora esp. *Entre visillos*.

MARTÍN Santos, *Luis* (1924-1964) Escritor esp. *Tiempo de silencio*.

MARTÍNEZ, *Tomás* (1812-1873) Militar nic. Presid. en 1859-1863 y 1863-1867.

MARTÍNEZ de Perón, *María Estela* (n. 1931) Política arg. Viuda de Juan Domingo Perón. Presid. en 1974-1976.

MARTÍNEZ Estrada, *Ezequiel* (1895-1964) Escritor arg. *Radiografía de la Pampa*.

MARTÍNEZ Moreno, *Carlos* (1917-1986) Escritor ur. *Los aborígenes*.

MARTÍNEZ Trueba, *Andrés* (1884-1959) Político ur. Presid. en 1951-1953.

MARTINI, *Simone* (1284-1344) Pintor it. *La Anunciación*.

MARTINICA Isla de las Pequeñas Antillas; 1 128 km², 360 000 hab. Cap., Fort-de-France.

MARTORELL, Joanot (1414-1468) Escritor esp. *Tirant lo Blanch*.

MARX, *Hermanos* Actores de cine estadoun.: Leonard, *Chico* (1891-1961); Arthur, *Harpo* (1893-1964), Julius, *Groucho* (1895-1977) y Herbert, *Zeppo* (1901-1979). *Una noche en la Ópera*.

MARX, *Karl* (1818-1883) Filósofo y político al. *El Manifiesto Comunista. El capital*.

MARYLAND Est. del E de EE UU; 27 092 km², 4 781 000 hab. Cap., Annápolis.

MASACCIO, *Tommasso di Giovanni*, llamado (1401-h. 1428) Pintor renacentista it.

MASAYA Dpto. de Nicaragua; 690 km², 230 800 hab. Cap., Masaya (75 000 hab.).

MASERU Cap. de Lesotho; 100 000 hab.

MASIP, *Vicente Juan* (h. 1523-1579) Pintor esp. *Salvador Eucarístico*.

MASSACHUSETTS Est. de EE UU; 21 456 km², 6 016 000 hab. Cap., Boston.

MASSÓ, *Bartolomé* (1830-1907) Político revolucionario cub. Presid. en 1897-1898.

MASTROIANNI, *Marcello* (1923-1996) Actor de cine it. *La dolce vita, Ojos negros*.

MATA, *Gonzalo Humberto* (1904-1988) Escritor ecuat. *Galope de volcanes*.

MATA *Hari*, *Margaretha Zelle*, llamada (1876-1917) Bailarina hol. Acusada de espionaje a favor de Alemania.

MATAGALPA Dpto. de Nicaragua; 6 929 km², 322 300 hab. Cap., Matagalpa (37 000 hab.).

MATAMOROS C. de México; 186 100 hab.

MATANZAS Prov. de Cuba; 12 122 km², 596 000 hab. Cap., Matanzas (119 500 hab.).

MATARÓ C. de España; 102 018 hab.

MATEO (s. I). Santo y apostol.

MATÍAS (s. I) Santo y apostol.

MATISSE, *Henri* (1869-1954) Pintor fauvista fr. *Gran interior rojo*.

MATO GROSSO Est. de Brasil; 901 421 km², 193 000 hab. Cap., Cuiabá.

MATO GROSSO DEL SUR Est. de Brasil; 357 471 km², 1 775 000 hab. Cap., Campo Grande.

MATTA, *Roberto* (n. 1911) Pintor surrealista chileno. *Morfologías psicológicas*.

MATTO de Turner, *Clorinda* (1854-1909) Escritora costumbrista per. *Aves sin nido*.

MATURÍN C. de Venezuela, cap. del est. Monagas; 220 600 hab.

MATUSALÉN Patriarca judío. Vivió 969 años.

MATUTE, *Ana María* (n. 1926) Escritora esp. *Primera memoria*.

MAULE Río de Chile, 280 km.

MAULE Región de Chile; 30 301,7 km², 834 053 hab. Cap., Talca.

MAUNA Kea Volcán apagado de la isla de Hawai. Máx. alt. de Polinesia (4 205 m).

MAUNA Loa Volcán activo de Hawai; 4 168 m.

MAUPASSANT, *Guy de* (1850-1893) Escritor fr. *Fuerte como la muerte*.

MAURA y Montaner, *Antonio* (1853-1925) Político esp. Presid. del gobierno en 1903-1904, 1907-1909 y 1921-1922.

MAURIAC, *François* (1885-1971) Escritor fr. Nobel de Literatura en 1952. *Teresa Desqueyroux*.

MAURICIO Estado insular de África, en el Índico; 2 045 km², 1 069 000 hab. Cap., Port Louis.

MAURITANIA Estado de África; 1 030 700 km², 2 036 000 hab. Cap., Nuakchott. (*Mauritanos*).

MAUROIS, *André* (1885-1967) Seud. de *Émile Herzog*. Escritor fr. *Ariel o la vida de Shelley*.

MAXIMIANO, *Marco Aurelio Valerio* (250-310) Emperador rom. en 286-305 y 306-310.

MAXIMILIANO I (1459-1519) Archiduque de Austria y emp. de Alemania en 1493-1519.

MAXIMILIANO I (1832-1867) Emp. de México en 1864-1867.

MAXWELL, *James Clerk* (1831-1879) Físico brit.

MAYA, *Rafael* (1897-1980) Escritor col. *La vida en la sombra*.

MAYAGÜEZ Distr. de Puerto Rico; 1 300 km², 275 000 hab. Cap., Mayagüez (96 200 hab.).

MAYAPÁN C. maya de la pen. de Yucatán.

MAZARINO, *Jules* (1602-1661) Cardenal y primer ministro fr.

MAZATENANGO C. de Guatemala, cap. del dpto. de Suchitepéquez; 51 500 hab.

MAZATLÁN C. de México; 172 000 hab.

NP

MAZZINI, *Giuseppe* (1805-1872) Patriota y revolucionario it. Fundador de la Joven Italia.

MCCA *(Mercado Común Centroamericano)* Entidad económica creada en 1960. Son miembros: Costa Rica, El Salvador, Guatemala, Honduras y Nicaragua.

McKINLEY, *William* (1843-1901) Político estadoun. Presid. en 1897-1901.

McMILLAN, *Edwin Mattison* (1907-1991) Físico nuclear estadoun. Nobel de Física en 1951.

MEAD, *Margaret* (1901-1978) Antropóloga estadoun.

MECA, *La* C. de Arabia, cap. de la región de Hedjaz. Cuna del islamismo; 366 800 hab.

MECENAS, *Cayo Cilnio* (69-8 a.C.) Caballero etrusco. Protector de las artes y las letras.

MECKLEMBURGO-POMERANIA ANTERIOR Est de Alemania; 23 559 km², 1 930 000 hab. Cap., Schwerin.

MEDAN C. de Indonesia, cap. de Sumatra septentrional; 1 379 000 hab.

MEDELLÍN C. de Colombia, cap. del dpto. de Antioquía; 1 698 777 hab.

MÉDICAS, *guerras* Nombre de las tres guerras que enfrentaron a gr. y persas en el s. IV a.C.

MÉDICIS Familia florentina. Gobernó el Est. florentino desde el s. XV hasta 1737.

MEDINA C. de Arabia Saudita; 198 200 hab.

MEDINA, *José María* (m. 1878) Político hond. Presid. en 1863-1872 y 1876.

MEDINA Angarita, *Isaías* (1879-1953) Militar y político ven. Presid. de la rep. en 1941-1945.

MEDITERRÁNEO Mar que se extiende entre Europa, África y Asia; 2 505 000 km².

MEHMET II, llamado *Fatih* (1429-1481) Sultán turco en 1451-1481. Conquistó Constantinopla (1453), ciudad a la que denominó Estambul.

MEIJI, *Mutsu-Hito* (1852-1912) Emp. del Japón en 1867-1912.

MEIR, *Golda* (1898-1978) Política israelí. Primer ministro en 1969-1974.

MEJÍA, *Hipólito* (n. 1941) Político dom. Elegido presid. en 2000.

MEJÍA, *Liborio* (1792-1816) Militar y político col. Presid. en 1816.

MEJÍA Vallejo, *Manuel* (n. 1923) Escritor ven. *La tierra éramos nosotros.*

MEJICANOS C. de El Salvador; 55 600 hab.

MEKNÉS C. de Marruecos; 319 800 hab.

MEKONG Río de Asia meridional; 4 500 km.

MELANESIA Parte de Oceanía, formada por las islas de Nueva Guinea, Bismarck, d'Entrecasteaux, Luisiada, Salomón, Nuevas Hébridas, Lealtad, Nueva Caledonia y Fiji.

MELBOURNE C. de Australia; 2 866 000 hab.

MELÉNDEZ Valdés, *Juan* (1754-1817) Poeta esp. *Bodas de Camacho.*

MELGAR, *Mariano* (1791-1815) Poeta y patriota per. *Carta a Silvia.*

MELGAR Castro, *Juan Alberto* (n. 1930) Militar hond. Presid. de la rep. en 1975-1978.

MELGAREJO, *José Mariano* (1818-1871) Militar y político bol. Presid. en 1865-1871.

MELILLA C. esp., en África; 14 km², 59 576 hab.

MELIPILLA C. de Chile; 69 800 hab.

MELO C. de Uruguay, cap. del dpto. de Cerro Largo; 46 889 hab.

MELO, *José María* (1800-1860) Militar y político col. Presid. de la rep. en 1845.

MELO Neto, *João Cabral de* (n. 1920) Poeta bras. *Pedra de Sono.*

MELVILLE, *Herman* (1819-1891) Novelista estadoun. *Moby Dick.*

MEMBRIVES, *Lola* (1888-1969) Actriz arg.

MEMLING, *Hans* (h. 1433-1494) Pintor flam. de origen al. *Juicio Final.*

MENA, *Juan de* (1411-1456) Poeta esp. *El Laberinto de la Fortuna* o *Las Trescientas.*

MENA, *Pedro de* (1628-1688) Escultor esp. *La Magdalena.*

MENCHÚ, *Rigoberta* (n. 1959) Política guat. Nobel de la Paz en 1992.

MENCIO (h. 372-289 a.C.) Pensador chino, seguidor de las doctrinas confucianistas.

MENDEL, *Johann Gregor* (1822-1884) Biólogo aust. Explicó las leyes genéticas.

MENDELÉIEV, *Dmitri Ivanovich* (1834-1907) Químico ruso. Autor de la clasificación periódica de los elementos químicos.

MENDELSSOHN, *Felix* (1809-1847) Compositor al. *Sueño de una noche de verano.*

MENDES, *Murillo Monteiro* (1901-1975) Poeta bras. *Tempo e eternidade.*

MÉNDEZ, *Aparicio* (1904-1998) Político ur. Presid. de la rep. en 1976-1981.

MÉNDEZ, *Julio* (1858-1947) Médico arg., descubridor de la vacuna contra el carbunco.

MÉNDEZ Montenegro, *Julio César* (n. 1915) Político guat. Presid. de la rep. en 1966-1970.

MENDOZA Prov. de Argentina; 148 827 km², 1 414 058 hab. Cap., Mendoza (121 696 hab.).

MENDOZA, *Antonio de* (h. 1490-1552) Administrador colonial esp. Primer virrey de Nueva España en 1535.

MENDOZA, *Cristóbal* (1772-1829) Político grancolombiano. Presid. del país en 1811.

MENDOZA, *Pedro de* (h. 1487-1537) Conquistador esp. Fundador de Buenos Aires.

MENEM, *Carlos Saúl* (n. 1930) Político arg. Presid. de la rep. entre 1989 y 1999.

MENÉNDEZ, *Francisco* (1830-1890) Militar y político salv. Presid. de la rep. en 1887-1890.

MENÉNDEZ, *Manuel* (1793-1847) Político per. Presid. de la rep. en 1841-1842 y 1844-1845.

MENÉNDEZ de Avilés, *Pedro* (1519-1574) Marino esp. Gobernador de Cuba (1567).

MENÉNDEZ Pidal, *Ramón* (1869-1968) Historiador y filólogo esp. *La leyenda de los Infantes de Lara.*

MENÉNDEZ y Pelayo, *Marcelino* (1856-1912) Polígrafo esp. *Historia de los heterodoxos españoles.*

MENFIS C. egipcia, en ella se encuentran las pirámides de Cheops, Kefrén y Micerino.

MENGHISTU Hailé Mariam (n. 1939) Político y militar etíope. Jefe de estado en 1977-1991.

MENORCA Isla esp. del arch. balear; 689 km², 68 500 hab. Cap., Mahón.

MENUHIN, *Yehudi* (1916-1999) Instrumentista estadoun. Virtuoso del violín.

MERA, *Juan León* (1832-1894) Escritor ecuat. Autor de la letra del himno nacional. *Cumandá.*

MERCADO Jarrín, *Luis Edgardo* (n. 1919) Militar per. Primer ministro en 1973-1975.

MERCEDARIO Cerro de Argentina; 6 770 m.

MERCEDES C. de Uruguay, cap. del dpto. de Soriano; 37 100 hab.

MERCKX, *Eddy* (n. 1945) Ciclista belga.

MERCOSUR *(Mercado Común del Sur)* Entidad fundada en 1991 por Argentina, Brasil, Paraguay y Uruguay.

MERCURIO Primer planeta del sistema solar. Es el más próximo al Sol.

MÉRIDA Cordillera de Venezuela; máx. alt. el pico Bolívar (5 007 m).

MÉRIDA Est. de Venezuela; 11 300 km², 615 503 hab. Cap., Mérida (197 500 hab.).

MÉRIDA C. de España, cap. de la com. autón. de Extremadura; 51 830 hab.

MÉRIDA C. de México, cap. del est. de Yucatán; 703 324 hab.

MÉRIMÉE, *Prosper* (1803-1870) Escritor fr. *Carmen.*

MERIÑO, *Fernando Arturo* (1833-1906) Prelado dom. Presid. de la rep. en 1880-1882.

MERLO C. de Argentina; 292 600 hab.

MERU Volcán apagado de Tanzania; 4 565 m.

MESINA Estrecho entre Sicilia e Italia.

MESOAMÉRICA Terr. donde se desarrollaron culturas precolombinas, como la maya y la azteca.

MESOPOTAMIA Región del O de Asia, entre los r. Tigris y Éufrates.

MESOPOTAMIA Región de Argentina, sit. entre los ríos Uruguay y Paraná.

META Río de Colombia y Venezuela; 1 100 km.

META Dpto. de Colombia; 85 635 km², 397 390 hab. Cap., Villavicencio.

METGE, *Bernat* (1350?-1413) Humanista y prosista cat. *Libro de fortuna y prudencia.*

METROPOLITANA DE SANTIAGO Región del centro de Chile; 15 348, 8 km², 5 170 293 hab. Cap., Santiago.

METSYS, *Quentin* (h. 1466-1530) Pintor flam. *El cambista y su mujer.*

MEXICALI C. de México, cap. del est. de Baja California; 764 902 hab.

MÉXICO Estado de América del Norte; 1 972 547 km², 97 361 711 hab. Cap. Ciudad de México. *(Mexicanos).*

NP

MÉXICO Est. de México; 21 461 km², 13 083 359 hab. Cap., Toluca de Lerdo.

MÉXICO, *Ciudad de* C. y cap. federal de los Estados Unidos de México; 15 047 685 hab.

MÉXICO, *golfo de* Mar interior del Atlántico, sit. entre EE UU y México.

MEYERBEER, *Giacomo* (1791-1864) Compositor de óperas al. *Los hugonotes.*

MICHELSON, *Albert* (1852-1931) Físico estadoun. de origen al. Nobel de Física en 1907.

MICHIGAN Lago de EE UU; 58 016 km².

MICHIGAN Est. de EE UU; 151 586 km², 9 295 000 hab. Cap., Lansing.

MICHOACÁN Est. de México; 59 864 km², 3 979 177 hab. Cap., Morelia.

MICKIEWICZ, *Adam* (1798-1855) Poeta romántico pol. *Pan Tadeusz.*

MICRONESIA Arch. de Oceanía; comprende las islas Marianas, Palau, Carolinas, Marshall, Nauru, Gilbert y otras menores.

MICRONESIA, *Estados Federados de* Estado insular de Oceanía; 707 km², 111 000 hab. Cap., Palikir.

MIDAS Rey legendario de Frigia, que tenía el don de convertir en oro cuanto tocara.

MIDI-PYRÉNÉES Región de Francia; 45 348 km², 2 430 700 hab. Cap., Toulouse.

MIDWAY Arch. del Pacífico, al NO de las islas Hawai; 5 km², 2 300 hab. Ocupado por EE UU.

MIES van der Rohe, *Ludwig* (1886-1969) Arquitecto al. nacionalizado estadoun.

MIGUEL Santo. Uno de los tres arcángeles.

MIGUEL I de Braganza (1802-1866) Rey de Portugal en 1828-1834.

MIGUEL Ángel (*Michelangelo Buonarrotti*, 1475-1564) Escultor y pintor it. *David* y frescos de la bóveda de la Capilla Sixtina.

MIHURA, *Miguel* (1905-1978) Humorista y autor teatral esp. *Tres sombreros de copa.*

MILAGRO C. de Ecuador; 86 800 hab.

MILÁN C. de Italia, cap. de la región de Lombardía; 1 369 200 hab.

MILCÍADES (540-h. 489 a.C.) Militar y político ateniense. Venció a los persas en Maratón.

MILETO Ant. c. jónica de Asia Menor.

MILL, *John Stuart* (1806-1873) Filósofo y economista brit. *Principios de economía política.*

MILLER, *Arthur* (n. 1915) Dramaturgo estadoun. *La muerte de un viajante.*

MILLER, *Glenn* (1904-1944) Músico de jazz estadoun.

MILLER, *Henry* (1891-1980) Escritor estadoun. *Trópico de Cáncer, Trópico de Capricornio.*

MILLET, *Jean François* (1814-1875) Pintor fr. *El Ángelus.*

MILLIKAN, *Robert Andrews* (1868-1953) Físico estadoun. Nobel de Física en 1923.

MILOSEVIC, *Slobodan* (n. 1941) Político serbio. Presid. de Serbia (1989-1997) y de Yugoslavia (1997-2000).

MILOSCZ, *Czeslaw* (n. 1911) Escritor pol. Nobel de Literatura en 1980. *El poder cambia de manos.*

MILSTEIN, *César* (n. 1927) Biólogo arg., nacionalizado brit. Nobel de Medicina en 1984.

MILTON, *John* (1608-1674) Escritor ing. *El Paraíso perdido.*

MINAS C. de Uruguay, cap. del dpto. de Lavalleja; 34 600 hab.

MINAS GERAIS Est. del SE de Brasil; 586 624 km², 16 063 000 hab. Cap., Belo Horizonte.

MINATITLÁN C. de México; 112 600 hab.

MINDANAO Isla de Filipinas; 99 311 km², 10 350 000 hab.

MINDORO Isla de Filipinas al S de Luzón; 10 245 km², 669 400 hab.

MING Dinastía china fundada por Chu Yuanchang en 1368.

MINGUS, *Charles* (1922-1979) Músico de jazz estadoun. Bajista y director de orquesta.

MINNESOTA Est. del centro-N de EE UU; 218 600 km², 4 375 000 hab. Cap., Saint-Paul.

MINOS Rey de Creta. Mandó construir el célebre Laberinto, donde encerró al Minotauro.

MINOTAURO Monstruo de la mitología, mitad hombre y mitad toro.

MINSK Cap. de Bielorrusia; 1 589 000 hab.

MIQUELON Isla de América del Norte, sit. al S de Terranova. Dependencia fr.

MIRA Río de Ecuador y Colombia; 240 km.

MIRAMÓN, *Miguel* (1831-1867) General mex. Presid. de la rep. en 1859.

MIRANDA Est. del N de Venezuela; 7 950 km², 2 026 229 hab. Cap., Los Teques.

MIRANDA, *Francisco de* (1756-1816) Patriota ven. En 1810 proclamó la indep. del país.

MIRIM o MERÍN Laguna fronteriza entre Brasil y Uruguay; 2 966 km².

MIRÓ, *Gabriel* (1879-1930) Novelista modernista esp. *El obispo leproso.*

MIRÓ, *Joan* (1893-1983) Pintor expresionista esp. *Perro que ladra a la luna.*

MIRÓN (s. v a.C.) Escultor gr. *El Discóbolo.*

MISIONES Prov. del NE de Argentina; 29 801 km², 88 624 hab. Cap., Posadas.

MISIONES Dpto. del S de Paraguay; 9 556 km², 97 500 hab. Cap., San Juan Bautista.

MISISIPÍ Río de América del N, el mayor del subcontinente; 3 778 km.

MISISIPÍ Est. del SE de EE UU; 123 514 km², 2 573 000 hab. Cap., Jackson.

MISTI, *El* Volcán del Perú; 5 822 m.

MISTRAL, *Frédéric* (1830-1914) Poeta fr. Nobel de Literatura en 1904. *Mireya.*

MISTRAL, *Gabriela* Seud. de *Lucila Godoy* (1889-1957) Poetisa chil. Nobel de Literatura en 1945. *Desolación.*

MISURI Río de EE UU, afl. del Misisipí; 4 000 km.

MISURI Est. del centro-E de EE UU; 180 516 km², 5 117 000 hab. Cap., Jefferson City.

MITLA Ant. c. de México. Importantes restos zapotecas y mixtecas.

MITRE, *Bartolomé* (1821-1906) Político arg. Presid. de la rep. en 1862-1868.

MITTERRAND, *François* (1916-1996) Político fr. Presid. de la rep. en 1981-1995.

MITÚ C. de Colombia, cap. del dpto. de Vaupés; 13 253 hab.

MIXCOATL En al ant. religión mex., dios de la caza, la guerra, el septentrión y las estrellas.

MOBUTU Sese Seko (1930-1997) Militar de Zaire (Rep. Dem. del Congo). Presid. en 1965-1997.

MOCA Mun. de Puerto Rico; 32 500 hab.

MOCA C. de la Rep. Dominicana, cap. de la prov. de Espaillat; 32 926 hab.

MOCOA C. de Colombia, cap. del dpto. de Putumayo; 18 956 hab.

MOCTEZUMA I (1390-1469) Emp. de los aztecas en 1440-1469.

MOCTEZUMA II Xocoyotzin (1466-1520) Emp. de los aztecas en 1502-1520.

MODIGLIANI, *Amedeo* (1884-1920) Pintor y escultor it. *Gran desnudo echado.*

MOGADISCIO Cap. de Somalia; 400 000 hab.

MOISÉS Legislador y dirigente religioso heb., nacido en Egipto h. finales del s. XIV a.C.

MOLDAVIA Estado de Europa oriental; 33 700 km², 4 363 000 hab. Cap., Kishiniov. *(Moldavos).*

MOLIÈRE Seud. de *Jean-Baptiste Poquelin* (1622-1673) Dramaturgo fr. *Tartufo, Don Juan.*

MOLINA, *Arturo Armando* (n. 1929) Militar y político salv. Presid. de la rep. en 1972-1977.

MOLINA, *Enrique* (1910-1996) Poeta surrealista arg. *Las cosas y el delirio.*

MOLINA, *Pedro* (1777-1854) Patriota guat. Jefe de Estado en 1829-1830.

MOLINA Ureña, *José Rafael* (n. 1921) Político dom. Presid. interino de la rep. en 1965.

MOLINARI, *Ricardo* (1898-1996) Poeta vanguardista arg. *El huésped y la melancolía.*

MOLOTOV, *Viacheslav* Seud. de *Viacheslav Mijailovich Scriabin* (1890-1986) Político soviético.

MOLUCAS Arch. de Indonesia; 74 505 km², 1 411 000 hab. Cap., Ambon.

MOMBASA C. de Kenia; 341 000 hab.

MOMOTOMBO Volcán de Nicaragua; 1 280 m.

MOMPOU, *Frederic* (1893-1987) Compositor esp. *Suite compostelana.*

MÓNACO Estado del S de Europa; 1,95 km², 30 000 hab. Cap., Mónaco. *(Monegascos).*

MONAGAS Est. del NE de Venezuela; 28 900 km², 615 503 hab. Cap., Maturín.

MONAGAS, *José Gregorio* (1795-1858) Político y militar ven. Presid. en 1850-1855.

MONAGAS, *Tadeo* (1784-1868) Militar ven. Presid. en 1847-1850 y 1855-1858.

MONCADA, *José María* (1871-1945) Militar y político nic. Presid. de la rep. en 1929-1932.

MONCAYO Sierra del sistema Ibérico esp. Alt. máx.: Moncayo (2 313 m).

NP

MONCLOVA C. de México; 115 700 hab.

MONDRIAN, *Piet* (1872-1944) Pintor abstracto neerlandés.

MONET, *Claude* (1840-1926) Pintor impresionista fr. *Impresión, sol naciente.*

MONGE, *Gaspard* (1746-1818) Matemático fr. Fundador de la geometría descriptiva.

MONGE, *Luis Alberto* (n. 1925) Político cost. Presid. en 1982-1986.

MONGOLIA Estado del centro-E de Asia. 1 566 500 km², 2 140 000 hab. Cap., Ulan-Bator. *(Mongoles).*

MONIZ, *António Caetano de Abreu Freire Egas* (1874-1955) Médico port. Efectuó la primera lobotomía. Nobel de Medicina en 1949.

MONROE, *James* (1758-1831) Político estadoun. Presid. de EE UU en 1817-1825.

MONROE, *Marilyn* Seud. de *Norma Jean Baker Mortenson* (1926-1962) Actriz de cine estadoun. *Los caballeros las prefieren rubias.*

MONROVIA Cap de Liberia; 306 500 hab.

MONSEÑOR NOUEL Prov. de la Rep. Dominicana; 1 004 km², 124 000 hab. Cap., Bonao.

MONT Blanc Macizo de los Alpes; 4 807 m.

MONTAIGNE, *Michel Eyquem, SEÑOR DE* (1533-1592) Escritor moralista fr. *Ensayos.*

MONTALE, *Eugenio* (1896-1981) Poeta it. Nobel de Literatura en 1975. *Ocasiones.*

MONTALVO, *Juan* (1832-1889) Ensayista ecuat. *Siete tratados.*

MONTANA Est. del NO de EE UU; 380 848 km², 799 000 hab. Cap., Helena.

MONTAND, *Yves* (1921-1991) Cantante y actor de cine fr., n. en Italia.

MONTAÑA, *La* Región del Perú, integrada por Amazonas, Loreto, San Martín y Madre de Dios.

MONTAÑÉS, *Juan Martínez* (1568-1649) Escultor esp. *Cristo de la clemencia.*

MONTE ALBÁN Ant. c. de México. Importantes restos zapotecas.

MONTE CRISTI Prov. del NO de la Rep. Dominicana; 1 989 km², 92 000 hab. Cap., San Fernando de Monte Cristi (9 300 hab.).

MONTE PLATA Prov. de la Rep. Dominicana; 2 613 km², 173 500 hab. Cap., Monte Plata (6 500 hab.).

MONTEALEGRE, *José María* (1815-1887) Político cost. Presid. en 1859-1863.

MONTEFORTE Toledo, *Mario* (n. 1911) Novelista y político guat. *Una manera de morir.*

MONTEMAYOR, *Jorge de* (1520-1561) Escritor port. *Los siete libros de la Diana.*

MONTENEGRO Rep. federada de Yugoslavia. Cap., Podgorica (ant. Titogrado).

MONTERDE, *Francisco* (1894-1985) Escritor mex.

MONTERO, *José Pío* (m. 1927) Político par. Presid. provisional en 1918-1920.

MONTERO, *Juan Esteban* (1879-1948) Político chil. Presid. en 1931-1932.

MONTERO, *Lisardo* (1832-1905) Marino y político per. Presid. interino en 1881-1883.

MONTERREY C. del NE de México, cap. del est. de Nuevo León; 1 108 499 hab.

MONTES, *Ismael* (1861-1933) Militar y político bol. Presid. en 1904-1909 y 1913-1917.

MONTESQUIEU, *Charles Louis de Secondat, BARÓN DE* (1689-1755) Escritor y filósofo fr. *El espíritu de las leyes.*

MONTEVERDI, *Claudio* (1567-1643) Compositor de ópera it. *Orfeo.*

MONTEVIDEO Dpto. del S de Uruguay; 530 km², 1 311 976 hab. Cap., Montevideo.

MONTEVIDEO Cap. de Uruguay; 1 344 839 hab.

MONTGOMERY C. de EE UU, cap. de Alabama; 187 100 hab.

MONTGOMERY, *sir Bernard Law* (1887-1976) Mariscal brit. Vencedor del mariscal al. Rommel en El Alamein (1942).

MONTPELIER C. de EE UU, cap. del est. de Vermont; 8 200 hab.

MONTPELLIER C. de Francia, cap. de la región de Languedoc-Rosellón; 205 000 hab.

MONTREAL C. de Canadá; 980 400 hab.

MONTSERRAT Isla de las Pequeñas Antillas; 98 km², 12 000 hab. Cap., Plymouth. Colonia brit.

MONTT, *Jorge* (1846-1922) Político y militar chil. Presid. de la rep. en 1891-1896.

MONTT, *Manuel* (1809-1880) Político chil. Presid. en 1851-1861.

MONTT, *Pedro* (1849-1910) Político chil. Presid. de la rep. en 1906-1910.

MONTURIOL, *Narciso* (1819-1885) Físico esp. Inventó el primer submarino, el *Ictíneo*.

MOORE, *Henry* (1898-1986) Escultor británico.

MOQUEGUA Dpto. del S del Perú; 16 175 km², 134 100 hab. Cap., Moquegua (31 500 hab.).

MORA, *José Joaquín* (1783-1864) Escritor esp. Redactor de la constitución del Est. chil.

MORA Fernández, *Juan* (1784-1854) Político cost. Jefe de Est. en 1824-1829 y 1829-1833.

MORA Porras, *Juan Rafael* (1814-1860) Político cost. Presid. en 1850-1859.

MORAES, *Vinicius de* (1909-1980) Cantante bras.

MORAIS, *Francisco de* (h. 1500-1572) Novelista port. *Palmerín de Inglaterra.*

MORAIS, *Prudente José de* (1841-1902) Político bras. Presid. de la rep. en 1894-1898.

MORALES, *Agustín* (1810-1872) Militar y político bol. Presid. en 1871-1872.

MORALES, *Luis de* (1510-1576) Pintor esp. *La Virgen con el Niño escribiendo.*

MORALES Bermúdez, *Francisco* (n. 1921) Militar y político per. Presid. en 1975-1980.

MORALES Bermúdez, *Remigio* (1836-1894) Militar y político per. Presid. de la rep. en 1890.

MORALES Languasco, *Carlos F.* (1864-1914) Militar dom. Presid. en 1904-1906.

MORATÍN, *Leandro Fernández de* (1760-1828) Dramaturgo esp. *El sí de las niñas.*

MORAVIA, *Alberto* Seud. de *Alberto Pincherle* (1907-1990) Novelista it. *La romana.*

MORAZÁN Dpto. de El Salvador; 1 447 km², 166 772 hab. Cap., San Francisco Gotera.

MORAZÁN, *Francisco* (1792-1842) Militar centroamericano. Presid. de la Confederación Centroamericana en 1830-1834 y 1835-1839.

MORELIA C. de México, cap. del est. de Michoacán; 619 958 hab.

MORELOS Est. del centro de México; 4 941 km², 1 552 878 hab. Cap., Cuernavaca.

MORELOS y Pavón, *José M.ª* (1765-1815) Héroe de la indep. de México.

MORENA, *Sierra* Cordillera del S de España.

MORGAN, *Thomas Hunt* (1866-1945) Biólogo estadoun. Nobel de Medicina en 1933.

MORILLO, *Pablo* (1775-1837) General esp. Luchó contra los insurgentes amer.

MORÍNIGO, *Higinio* (1897-1983) Militar y político par. Presid. de la rep. en 1940-1948.

MORO, *Aldo* (1916-1978) Político it. Presid. de gobierno en 1963-1968 y 1974-1976.

MORONA Río de Ecuador y Perú; 400 km.

MORONA SANTIAGO Prov. de Ecuador; 25 690 km², 84 216 hab. Cap., Macas.

MORSE, *Samuel* (1791-1872) Inventor estadoun. Inventor del alfabeto telegráfico.

MOSCOSO, *Mireya* (n. 1946) Política pan. Elegida presid. en 1999.

MOSCÚ Cap. de Rusia; 8 406 000 hab.

MOSQUERA, *Aurelio* (1884-1939) Político ecuat. Presid. de la rep. en 1938-1939.

MOSQUERA, *Joaquín* (1787-1882) Político col. Presid. de la rep. en 1828-1930.

MOSQUERA, *Tomás Cipriano* (1798-1878) Militar col. Tres veces presid. entre 1845-1867.

MOSQUITOS, *Costa de los* Región costera de Nicaragua y Honduras, en el mar Caribe.

MÓSTOLES C. de España; 196 173 hab.

MOTAGUA Río de Guatemala; 400 km.

MOUNIER, *Emmanuel* (1905-1950) Filósofo existencialista fr. *El personalismo.*

MOYOBAMBA C. del Perú, cap. del dpto. de San Martín; 26 000 hab.

MOZAMBIQUE Estado de África sudoriental; 799 380 km², 16 084 000 hab. Cap., Maputo.

MOZART, *Wolfgang Amadeus* (1756-1791) Compositor austr. *Réquiem, La flauta mágica.*

MUBARAK, *Hosni* (n. 1928) Político egipcio. Elegido presid. de la rep. en 1981.

MUERTE, *Valle de la* Depresión de EE UU, en California, a 86 m bajo el nivel del mar.

MUERTO, *Mar* Lago salado de Palestina, a 390 m bajo el nivel del mar; 1 049 km².

NP

MUGABE, *Robert* (n. 1924) Político zimbabwés. Elegido presidente en 1980.

MUJICA Láinez, *Manuel* (1910-1984) Escritor arg. *Los ídolos.*

MULHACÉN Pico esp. de Sierra Nevada. Alt. máx. de la pen. Ibérica: 3 481 m.

MULLER, *Hermann Joseph* (1890-1967) Biólogo estadoun. Nobel de Medicina 1946.

MÜLLER, *Paul Hermann* (1899-1965) Químico suizo. Nobel de Medicina en 1948.

MUNCH, *Edvard* (1863-1944) Pintor expresionista nor. *El grito.*

MUNICH C. de Alemania, cap. del est. de Baviera; 1 267 500 hab.

MÜNSTER Región histórica del SO de Irlanda; 24 126 km², 1 019 700 hab. Cap., Cork.

MUÑOZ, *Rafael Felipe* (1899-1972) Escritor mex. *Vámonos con Pancho Villa.*

MUÑOZ Marín, *Luis* (1898-1980) Político puertorriq. Gobernador en 1948-1964.

MUÑOZ Seca, *Pedro* (1881-1936) Autor teatral esp. *La venganza de don Mendo.*

MURALLA, *Gran* Muralla china de unos 2 400 km de long., construida en el s. III a.C.

MURAT I (h. 1326-1389) Sultán otomano en 1360-1389. Extendió la hegemonía turca en Europa.

MURAT, *Joachim* (1767-1815) Militar y político fr. Rey de Nápoles en 1808-1815.

MURCIA Com. autón. de España; 11 317 km², 1 097 249 hab. Cap., Murcia (345 750 hab.).

MURENA, *Héctor Álvarez* (1923-1975) Escritor arg. *Las leyes de la noche.*

MURES Río de Rumania y Hungría; 900 km.

MURILLO, *Bartolomé Esteban* (1618-1682) Pintor barroco esp.

MURILLO Toro, *Manuel* (1816-1880) Político liberal col. Presid. en 1863-1866 y 1872-1874.

MURNAU, *Friedrich Wilhelm* (1889-1931) Cineasta al. *Nosferatu.*

MURPHY, *William Parry* (1892-1978) Médico estadoun. Nobel de Medicina en 1934.

MURRAY Río de Australia; 2 716 km.

MURRUMBIDGEE Río de Australia; 1 690 km.

MUSIL, *Robert* (1880-1942) Novelista austr. *El hombre sin atributos.*

MUSORGSKI, *Modest Petrovich* (1839-1881) Compositor ruso. *Boris Godunov.*

MUSSET, *Alfred de* (1810-1857) Escritor romántico fr. *Confesión de un hijo del siglo.*

MUSSOLINI, *Benito* (1883-1945) Político it. Fundador del Partido fascista en 1919. Duce en 1922-1943.

MUSTAFÁ II (1664-1703) Sultán otomano en 1695-1703.

al-MUTAMID, *Muhammad* (1040-1095) Rey taifa de Sevilla en 1069-1091.

MUTIS, *Álvaro* (n. 1923) Escritor col. *Suma de Magroll el gaviero.*

MYANMA (Antigua Birmania) Estado sudasiático; 678 033 km², 42 561 000 hab. Cap., Rangún.

N

NABOKOV, *Vladimir* (1899-1977) Escritor ruso, nacionalizado estadoun. *Lolita.*

NABOPOLASAR (m. 605 a.C.) Rey de Babilonia en 625-605 a.C., fundador del imperio neobabilónico.

NABUCO de Araujo, *Joaquim* (1849-1910) Escritor bras. *Abolicionismo.*

NABUCODONOSOR II (m. 562 a.C.) Rey de Babilonia en 605-562 a.C. Destruyó Jerusalén (587).

NACAOME C. de Honduras, cap. del dpto. de Valle; 9 801 hab.

NACIONES UNIDAS ⇨ ONU (Organización de las Naciones Unidas).

NAGANO C. de Japón; 347 000 hab. Sede de los Juegos Olímpicos de Invierno 1998.

NAGASAKI C. de Japón; 444 600 hab. Sufrió el primer bombardeo atómico.

NAGOYA C. y puerto de Japón; 2 154 700 hab.

NAGPUR C. de la India; 1 219 500 hab.

NAGUA C. de la Rep. Dominicana, cap. de la prov. de María Trinidad Sánchez; 19 961 hab.

NAGUIB, *Muhammad* (1902-1984) Militar egipcio. Presid. de la rep. en 1953-1954.

NAGY, *Imre* (1896-1958) Político húngaro. Presid. del gobierno en 1956.

NAHUEL HUAPÍ Lago de Argentina; 550 km².

NAIROBI Cap. de Kenia; 1 429 000 hab.

NALÉ Roxlo, *Conrado* (1898-1971) Escritor arg. *Cuentos de Chamico, Judith y las rosas.*

NAMIBIA Estado del SO de África; 824 292 km², 1 009 900 hab. Cap., Windhoek. *(Namibianos).*

NANCHANG C. de China; 1 190 000 hab.

NANCY C. de Francia, cap. de la región de Lorena; 329 400 hab. la agl. urb.

NANGA PARBAT Pico del Himalaya; 8 126 m.

NANKÍN C. de China; 2 290 000 hab. Entre 1928-1949 fue cap. de la Rep.

NANTES C. de Francia, cap. de la región de los Países del Loira; 496 100 hab.

NAO Cabo esp., en la costa mediterránea.

NAPIER o *NEPER*, *John* (1550-1617) Matemático escocés, introductor del cálculo de logaritmos.

NAPO Río de Ecuador y Perú; 855 km.

NAPO Prov. de Ecuador, en Amazonia; 33 930 km², 103 387 hab. Cap., Tena.

NAPOLEÓN Nombre de varios emperadores de Francia. • **I** Bonaparte (1769-1821) Emperador fr. en 1804-1814 y 1815, nacido en Córcega. En 1804, se proclamó emperador y rey de Italia. • **III** (1808-1873) Emperador fr. en 1852-1870. En 1848, elegido presid. de la rep.

NÁPOLES C. de Italia, cap. de la región de Campania; 1 067 400 hab.

NÁPOLES, *reino de* Ant. Est. del S de Italia creado en el s. XII. Perteneció a España hasta 1713.

NARCISO Personaje de la mit. gr. que se enamoró de sí mismo.

NARIÑO Dpto. del S de Colombia; 33 268 km², 1 234 929 hab. Cap., Pasto.

NARIÑO, *Antonio* (1765-1823) Patriota col. Bolívar lo designó vicepresid. de la Gran Colombia (1821).

NARVÁEZ, *Pánfilo de* (1470-1528) Conquistador esp. Participó en la conquista de Cuba.

NARVÁEZ, *Ramón María*, DUQUE DE VALENCIA (1800-1868) Militar esp. En 1844-1868 presidió gobiernos moderados.

NARVARTE, *Andrés* (1781-1853) Político ven. Presid. de la rep. en 1836-1837.

NASA *(National Aeronautics and Space Administration)* Organismo fundado en 1958, que se encarga de las investigaciones aeronáuticas.

NASHVILLE C. de EE UU, cap. del est. de Tennessee; 488 400 hab.

NASSAU Cap. de las Bahamas; 133 400 hab.

NASSER, *Gamal Abdel* (1918-1970) Político egipcio. Presid. en 1955, nacionalizó el canal de Suez.

NATAL C. de Brasil, cap. del est. de Rio Grande del Norte; 607 000 hab.

NATUSH Busch, *Alberto* (n. 1933) Militar bol. Presid. de la rep. en 1979.

NAURU Estado insular de Micronesia; 21 km², 8 000 hab. Cap., Yaren. *(Nauranos).*

NAVARINO Isla de Chile; 3 200 km².

NAVARRA o *NAFARROA* Comunidad foral uniprovincial de España; 10 421 km², 520 542 hab. Cap., Pamplona.

NAVARRA, *reino de* Ant. reino esp., fundado por Sancho I Garcés (905) y Sancho III (1000-1035).

NAVARRETE, *fray Manuel de* (1768-1809) Poeta mex. *Entretenimientos poéticos.*

NAVAS DE TOLOSA Aldea de Andalucía, escenario de la batalla librada el 16 julio 1212 entre los almohades y el ejército cristiano, que venció.

NAVOJOA Mun. de México; 122 390 hab.

NAVRATILOVA, *Martina* (n. 1956) Tenista checa, nacionalizada estadoun. Vencedora de varios torneos del Grand Slam.

NAYARIT Est. de México, en la costa del Pacífico; 27 621 km², 919 739 hab. Cap., Tepic.

NAZARETH C. de Israel; 39 400 hab. Según los evangelios, allí vivió Jesús.

NAZAS Río de México; 300 km.

NAZCA Civilización preincaica que se desarrolló en el N del Perú entre el 300 a.C. y 1000 d.C.

N'DJAMENA Cap. del Chad; 531 000 hab.

NEAGH, *Lough* Lago de Irlanda del Norte; 396 km². Es el mayor de las islas Británicas.

NEBRASKA Est. del centro-noroeste de EE UU; 200 350 km², 1 578 000 hab. Cap., Lincoln.

NEBRIJA, *Elio Antonio de* (1441-1522) Humanista y gramático esp. *Arte de la lengua castellana.*

NECKER, *Jacques* (1732-1804) Político fr. Fue llamado por Luis XVI para conducir las finanzas.

NECOCHEA, *Mariano* (1792-1849) Militar arg. Participó en la guerra de independencia americana.

NEDERLAND Nombre neerlandés de los Países Bajos.

NEFERTITI (s. XIV a.C.) Reina de Egipto, esposa de Amenhotep IV.

NEGRA, *cordillera* Sección occidental de los Andes peruanos; 5 187 m.

NEGRETE, *Jorge* (1911-1953) Cantante y actor mex. *Así se quiere en Jalisco, Teatro Apolo.*

NEGRÍN, *Juan* (1892-1956) Político esp. Presid. del gobierno durante la guerra civil (1937-1939).

NEGRO Río de América del Sur; 2 200 km.

NEGRO Río de Argentina; 635 km.

NEGRO Río de Uruguay; 800 km.

NEGRO, *mar* Mar interior del Mediterráneo; 413 000 km².

NEGROS Isla de Filipinas; 13 328 km², 2 749 700 hab.

NEHRU, *Sri Pandit Jawaharlal* (1889-1964) Político indio. Primer ministro del gobierno indepediente de la India (1947-1964).

NEIBA C. de la Rep. Dominicana, cap. de la prov. de Bahoruco; 13 359 hab.

NEIRA, *Juan José* (1793-1840) General col. colaborador de Bolívar.

NEIVA C. de Colombia, cap. del dpto. de Huila; 248 008 hab.

NELSON, *Horatio*, VIZCONDE DE (1758-1805) Almirante brit. Participó en la guerra de independencia estadoun.

NEOVOLCÁNICA Cordillera de México de O a E. Alt. máx: Orizaba (5 747 m).

NEPAL Estado de Asia central; 147 181 km², 19 379 000 hab. Cap., Katmandú. *(Nepaleses).*

NEPTUNO Octavo planeta del sistema solar. Es cuatro veces mayor que la Tierra.

NEPTUNO Dios de las aguas en la mit. rom.

NERÓN, *Claudio César* (37-68) Emp. rom. en 54-68. Mandó asesinar a su madre y a sus dos esposas.

NERUDA, *Jan* (1834-1891) Escritor checo. *Flores de cementerio.*

NERUDA, *Pablo* Seud. de *Neftalí Ricardo Reyes* (1904-1973) Poeta chil. *Veinte poemas de amor y una canción desesperada, Canto general.* Nobel de Literatura en 1971.

NERVI, *Pier Luigi* (1891-1979) Ingeniero y arquitecto it. Sede de la UNESCO en París.

NERVO, *Amado* (1870-1919) Poeta mex. *Jardines interiores, La amada inmóvil.*

NESS Lago de Escocia. Se cree que en sus aguas vive un monstruo.

NESTORIO (380-451) Teólogo sirio.

NETANYAHU, *Benjamin* (n. 1949) Político israelita. Primer ministro entre 1996 y 1999.

NETO, *Agostinho* (1922-1979) Político angoleño. Presidió la rep. en 1975-1979.

NETZAHUALCÓYOTL C. de México; 2 350 000 hab.

NETZAHUALCÓYOTL (1402-1472) Rey de Texcoco en 1418-1472.

NETZAHUALPILLI (1464-1515) Rey de Texcoco en 1472-1515.

NEUCHÂTEL Lago de Suiza; 216 km².

NEUQUÉN Río de Argentina; 400 km.

NEUQUÉN Prov. de Argentina; 94 078 km², 388 934 hab. Cap., Neuquén (265 050 hab.).

NEVADA Est. del O de EE UU; 286 352 km², 1 202 000 hab. Cap., Carson City.

NEVADA, *Sierra* Conjunto montañoso de España. Alt. máx.: Mulhacén (3 478 m).

NEVADA DE MÉRIDA Sierra de Venezuela. Alt. máx.: Bolívar (5 007 m).

NEVADA DEL COCUY Sierra de Colombia. Alt. máx.: 5 493 m.

NEWCASTLE C. de Australia; 251 100 hab.

NEWTON, *sir Isaac* (1642-1727) Matemático, físico y astrónomo inglés. Descubrió las leyes de la gravitación universal.

NGO Dinh Diem (1901-1963) Político vietnamita. Instauró la rep. de Vietnam del Sur (1955).

NIÁGARA Río de América del Norte, que une los lagos Erie y Ontario; 54 km. Salva el desnivel con las famosas cataratas.

NIAMEY Cap. de Níger; 360 000 hab.

IIBELUNGOS, *canción de los* Poema épico al. (h. 1200), que refiere las proezas de Sigfrido.

IICARAGUA Lago de América; 8 430 km².

IICARAGUA Estado de América central; 130 682 km², 3 745 000 hab. Cap., Managua. *(Nicaragüenses).*

IICEA Ant. c. de Asia Menor, sede de dos concilios ecuménicos (325 y 787).

IICOLÁS Nombre de varios papas rom. • I (800-867) Santo. Papa en 858-867. • II (980-1061) Papa en 1059-1061. • III (1212-1280) Papa en 1277-1280. • IV (1230-1292) Papa en 1288-1292. • V (1398-1455) Papa en 1447-1455.

IICOLÁS Nombre de varios zares rusos. • I (1796-1855) Zar en 1825-1855. Artífice de la Santa Alianza. • II (1868-1918) Zar en 1894-1917.

IICOSIA Cap. de Chipre; 161 100 hab.

IICOYA Golfo de Costa Rica, en el Pacífico.

IICOYA Península de Costa Rica, en el Pacífico.

IIEMEYER, *Óscar* (n. 1907) Arquitecto bras. Proyectó edificios públicos de la nueva c. de Brasilia.

IIEPCE, *Nicéphore* (1765-1833) Físico fr., uno de los inventores de la fotografía.

IIETZSCHE, *Friedrich* (1844-1900) Filósofo al. *Así habló Zaratustra, Genealogía moral.*

IÍGER Río de África occidental; 4 160 km.

IÍGER Estado de África occidental; 1 186 408 km², 7 984 000 hab. Cap., Niamey. *(Nigerianos).*

IIGERIA Estado de África occidental; 923 768 km², 88 515 000 hab. Cap., Abuja. *(Nigerianos).*

IIJINSKI, *Vatslav Fomich* (1890-1950) Coreógrafo y bailarín ruso. Figura pral. de los Ballets Rusos de Diaghilev.

IIKOLAIEV C. de Ucrania; 486 000 hab.

IILO Río de África. El más largo del mundo; 6 671 km.

IIMEGA C. de Países Bajos; 146 500 hab. Sede de unos tratados de paz (1678-1679) entre España, Francia, Holanda y el imperio al.

IIMES C. de Francia; 131 700 hab. Monumentos romanos.

NIMRUD Antigua c. asiria de Kalakh, fundada en el s. XIII a.C.

NIN, *Joaquín* (1883-1949) Compositor cub. para piano

NINIVE Ant. cap. del imperio asirio. Destruida en 612 a.C. por medos y caldeos.

NIÑO, *El* Fenómeno meteorológico anómalo que provoca alteraciones oceánicas y atmosféricas en todo el planeta.

NIÑO, *Pedro Alonso* (1468-1505) Navegante esp. Acompañó a Colón en su primer y tercer viajes.

NIPE Bahía de Cuba. Es la mayor del país.

NITERÓI C. y puerto de Brasil; 435 658 hab.

NITHARD, *Juan Everardo* (1607-1681) Jesuita al. Actuó de inquisidor general.

NIXON, *Richard Milhous* (1913-1994) Político republicano estadoun. Presid. en 1968 y en 1972.

NIZA C. y puerto de Francia; 437 600 hab.

NIZHNII NOVGOROD C. de Rusia; 1 399 000 hab. Hasta 1991 se denominó Gorki.

NKRUMAH, *Kwame* (1909-1972) Político ghanés. Primer presid. (1964-1966) tras la indep. del país.

NOBEL, *Alfred* (1833-1896) Químico sueco, inventor de la dinamita. Instituyó los premios anuales que llevan su nombre.

NOBOA Bejarano, *Gustavo* (n. 1937) Político ecuat. Designado presid. en 2000.

NOBOA y Arteta, *Diego* (1789-1870) Político ecuat. Presid. constitucional en 1851.

NOCHE DE SAN BARTOLOMÉ Nombre con que se conoce la matanza de hugonotes que tuvo lugar en París, en 1572, el día de san Bartolomé.

NOCHE TRISTE Nombre de la derrota de las tropas de Cortés por parte de los aztecas (30 junio de 1520).

NOÉ Patriarca bíblico, salvado por Dios del Diluvio.

NORMANDÍA Región de Francia, que abarca las regiones de Alta N. (12 317 km², 1 737 200 hab.), cap., Ruán, y Baja N. (17 589 km², 1 391 300 hab.) Cap., Caen.

NOROCCIDENTAL Planicie costera de México, al S del desierto de Sonora.

NORRISH, *R. George Wreyford* (1897-1978) Físico y químico brit. Nobel de Química en 1967.

NORTE Cabo más septentrional de Noruega.

NORTE, *canal del* Estr. que comunica el N del mar de Irlanda con el Atlántico.

NORTE, *mar del* Mar del Atlántico; 575 000 km².

NORTE CHICO Región natural de Chile.

NORTE DE SANTANDER Dpto. del centro-E de Colombia; 21 658 km², 1 139 194 hab. Cap., Cúcuta.

NORTE-PAS-DE-CALAIS Región fr.; 12 414 km², 3 965 100 hab. Cap., Lille.

NORUEGA Estado del NO de Europa; 323 877 km², 4 262 000 hab. Cap., Oslo. *(Noruegos).*

NOSTRADAMUS (1503-1566) Astrólogo fr., autor de profecías.

NOTTINGHAM C. de Gran Bretaña; 271 100 hab.

NOUAKCHOTT Cap. de Mauritania; 135 000 hab.

NOVA IGUAÇÚ C. de Brasil; 1 293 611 hab.

NOVALIS Seud. de *Friedrich von Hardenberg* (1772-1801) Poeta al. *Himnos a la noche.*

NOVO, *Salvador* (1904-1974) Escritor mex. *XX poemas, Ha vuelto Ulises.*

NOVOSIBIRSK C. de Rusia; 1 393 000 hab.

NUBIA Región del NE de África, que comprende el valle del Nilo.

NUEVA ANDALUCÍA Denominación de la zona oriental de Venezuela, durante la conquista esp.

NUEVA ASUNCIÓN Dpto. de Paraguay; 44 961 km², 300 hab. Cap., General Eugenio A. Garay.

NUEVA BRETAÑA Isla del arch. Bismarck, en Papua-Nueva Guinea; 36 519 km², 222 800 hab.

NUEVA CALEDONIA Isla de Oceanía, en la Melanesia; 19 058 km², 145 400 hab. Cap., Numea.

NUEVA DELHI Cap. de la India; 294 100 hab.

NUEVA ESPAÑA Virreinato esp. en América, fundado en 1535. Formado por cuatro audiencias: México, La Española, Nueva Galicia y Guatemala.

NUEVA ESPARTA Est. insular del NE de Venezuela; 1 150 km², 280 777 hab. Cap., L Asunción.

NUEVA GALES DEL SUR Est. del SE d Australia; 801 400 km², 5 405 100 hab Cap., Sydney.

NUEVA GERONA C. de Cuba, cap. del mur Isla de la Juventud; 58 400 hab.

NUEVA GRANADA, *República de* Denom nación de Colombia de 1831 a 1858.

NUEVA GUINEA Isla de Oceanía, sit. al N d Australia; 785 000 km², 4 000 000 hab.

NUEVA HAMPSHIRE Est. del NE d EE UU; 24 032 km², 1 109 000 hab. Cap Concord.

NUEVA INGLATERRA Nombre del ant. terr del NE de EE UU, que comprendía las co lonias inglesas.

NUEVA JERSEY Est. del NE de EE UU 20 169 km², 7 730 000 hab. Cap., Trenton

NUEVA LOJA Cap. de la prov. ecuat. de Su cumbíos; 13 165 hab.

NUEVA OCOTEPEQUE C. de Honduras cap. del dpto. de Ocotepeque; 6 979 hab.

NUEVA ORLEANS C. de EE UU; 557 50 hab.

NUEVA SAN SALVADOR o SANTA TECLA C. de El Salvador, cap. del dpto. de La Li bertad; 116 600 hab.

NUEVA SEGOVIA Dpto. del N de Nicara gua; 3 594 km², 122 100 hab. Cap., Oco tal.

NUEVA SIBERIA Arch. de Rusia en el Árti co, que separa el mar de Laptev y el de Si beria oriental.

NUEVA VIZCAYA Región mex. constituida por los est. de Durango, Chihuahua y parte de Coahuila, durante la domina ción española.

NUEVA YORK Est. del NE de EE UU 127 190 km², 17 990 000 hab. Cap., Al bany.

NUEVA YORK C. de EE UU; 7 071 000 hab. que alcanzan los 12 160 000 en el área me tropolitana.

NUEVA ZELANDA Estado insular de Ocea nía; 270 534 km², 3 460 000 hab. Cap. Wellington. *(Neozelandeses).*

NUEVA ZEMBLA Arch. de Rusia; 82 600 km².

NUEVAS HÉBRIDAS ⇨ Vanuatu.

NUEVO LAREDO C. de México; 217 912 hab.

NUEVO LEÓN Est. del NE de México; 64 555 km², 3 826 240 hab. Cap., Monterrey.

NUEVO MÉXICO Est. del SO de EE UU; 314 925 km², 1 515 000 hab. Cap., Santa Fe.

NUEVO MUNDO Pico de los Andes bol.; 6 020 m.

NUEVO SANTANDER Nombre dado al territorio mex. correspondiente al actual est. de Tamaulipas, tras su colonización (1746).

NUEVO TOLEDO Nombre dado al territorio chil. concedido a Almagro (1534).

NUMANCIA Ant. c. de España, habitada por celtíberos. Resistió a los rom. durante 20 años.

NUMIDIA Ant. región del N de África, convertida en prov. romana en época de César (46 a.C.).

NUNES, *Pedro* (h. 1492-1577) Matemático y cosmógrafo port. Se le atribuye la invención del nonio.

NÚÑEZ, *José* (s. XIX) Político nic. Presid. de Nicaragua en 1838.

NÚÑEZ, *Rafael* (1825-1894) Político col. Presid. de la rep. en 1880-1882 y 1884-1886.

NÚÑEZ de Arce, *Gaspar* (1834-1903) Escritor esp. *La última lamentación de lord Byron*.

NÚÑEZ de Cáceres, *José* (1772-1846) Político dom. En 1821 proclamó la indep. de parte occidental de la isla Dominica, con el nombre de Haití.

NÚÑEZ Vela, *Blasco* (m. 1546) Primer virrey del Perú.

NURÉIEV, *Rudolf* (1938-1993) Bailarín soviético, nacionalizado brit. *Romeo y Julieta, Manfred.*

NUREMBERG C. de Alemania; 468 300 hab. Escenario del proceso celebrado en 1945-1946, ante un tribunal internacional contra el partido nazi.

NYERERE, *Julius* (1921-1999) Político tanzanio. Presid. de la rep. en 1962-1985.

Ñ

ÑEEMBUCÚ Dpto. del S del Paraguay; 12 147 km², 69 884 hab. Cap., Pilar.

O

OAHU Isla de las Hawai; 1 549 km², 762 800 hab. Cap., Honolulú.

OAXACA Est. de México; 95 364 km², 3 432 180 hab. Cap., Oaxaca de Juárez (256 848 hab.).

OB u OBI Río de Rusia, en Siberia; 5 410 km.

OBALDÍA, *José* (1806-1889) Político col. Presid. provisional en 1854-1855.

OBANDO, *José María* (1795-1861) Militar y político col. Presid. de la rep. en 1853-1854.

OBIANG Nguema, *Teodoro* (n. 1946) Militar y político de Guinea Ecuatorial. Presid. desde 1979.

OBLIGADO, *Rafael* (1851-1920) Poeta tradicionalista arg. *Santos Vega.*

OBREGÓN, *Alejandro* (1920-1992) Pintor col. Mural del Banco de la República, en Bogotá.

OBREGÓN, *Álvaro* (1880-1928) Político y militar mex. Presid. en 1920-1924 y 1928.

OCAMPO, *Silvina* (1909-1993) Escritora arg. *Las invitadas.*

OCAMPO, *Victoria* (1891-1979) Ensayista arg. Directora de la revista *Sur.*

O'CASEY, *Sean* (1880-1964) Dramaturgo irlandés. Autor de *El pavo real, Rosas rojas para mí.*

OCCAM u OCKHAM, *Guillermo de* (h. 1298-h. 1349) Filósofo franciscano ing., precursor del laicismo y del nominalismo.

OCCIDENTAL DE LOS ANDES Cord. de América del Sur que forma la rama O de los Andes. Alt. máx.: el Huascarán (6 768 m).

OCDE *(Organización para la Cooperación y Desarrollo Económico)* Organismo creado en 1960 para favorecer la expansión económica.

OCEANÍA Parte del mundo formada por Australia y un conjunto de arch. sit. en el Pacífico.

OCÉANO Dios gr. del mar, hijo de Urano y de Gea.

OCHOA, *Severo* (1905-1993) Médico y bioquímico esp. Realizó la síntesis del ácido ribonucleico. Nobel de Medicina en 1959.

NP

OCOTAL C. de Nicaragua, cap. del dpto. de Nueva Segovia; 10 800 hab.

OCOTEPEQUE Dpto. de Honduras; 1 680 km², 71 432 hab. Cap., Nueva Ocotepeque.

OCTAVIA (h. 42-h. 62) Emperatriz rom. Esposa de Nerón, obligada a suicidarse.

OCTAVIO Nombre de Augusto, antes de ser emperador.

ODENSE C. y puerto de Dinamarca; 171 000 hab.

ODER Río de Europa; 900 km.

ODESSA C. y puerto de Ucrania; 1 126 000 hab.

ODISEA Poema épico griego, escrito por Homero.

ODOACRO (h. 434-493) Rey de los hérulos. Puso fin al imperio de Occidente (476).

O'DONNELL, *Leopoldo*, DUQUE DE TETUÁN (1809-1867) Militar esp. Al frente de Unión Liberal, accedió a poder en 1856, 1856-1863 y 1865.

ODRÍA, *Manuel* (1897-1974) Militar per. Presid. de la rep. en 1948-1956.

ODUBER Quirós, *Daniel* (1921-1991) Político cost. Presid. en 1974-1978.

OÉ, *Kenzaburo* (n. 1935) Escritor japonés. Nobel de Literatura 1994. *Una cuestión personal,*.

OEA *(Organización de Estados Americanos)* Organismo creado en 1948, con sede en Washington, para garantizar la paz del continente y promover el desarrollo de los países miembros.

OERSTED, *Hans Christian* (1777-1851) Físico danés. Descubrió el efecto de O., que representó el comienzo del electromagnetismo.

OFFENBACH, *Jacques* (1819-1880) Compositor fr., de origen al. *Los cuentos de Hoffmann.*

O'GORMAN, *Juan* (1905-1982) Arquitecto y pintor mex. *La conquista del aire.*

O'HIGGINS, *Bernardo* (1778-1842) Político chil. Proclamó la indep. de Chile en 1818.

OHIO Est. del NE de EE UU; 107 044 km², 10 847 000 hab. Cap., Columbus.

OHIO Río de EE UU, afl. del Misisipí; 1 580 km.

OHM, *Georg Simon* (1787-1854) Físico al. Se dedicó al estudió de la corriente eléctrica.

OIT *(Organización Internacional del Trabajo)* Organismo fundado en 1919 para mejorar las condiciones de trabajo.

OJEDA, *Alonso de* (h. 1470-h. 1515) Navegante y esp. Acompañó a Colón en su segundo viaje.

OJOS DEL SALADO, *cerro* Macizo de los Andes, en la frontera de Chile y Argentina.

OKA Río de Rusia, afl. del Volga; unos 1 480 km.

OKINAWA Isla de Japón, en el arch. de las Ryu-kyu; 2 263 km².

OKLAHOMA Est. de EE UU; 181 186 km², 3 146 000 hab. Cap., Oklahoma City. (447 700 hab.).

OLANCHO Dpto. del centro-O de Honduras; 24 351 km², 272 772 hab. Cap., Juticalpa.

OLAV V (1903-1991) Rey de Noruega desde 1957.

OLAVARRÍA C. de Argentina; 64 100 hab.

OLAYA Herrera, *Enrique* (1880-1937) Político col. Presid. liberal de la rep. en 1930-1934.

OLIMPIA Ant. c. del Peloponeso, en la Élide, célebre por su santuario de Zeus.

OLIMPO El más alto monte de Grecia; 2 917 m.

OLIVARES, *Gaspar de Guzmán y Pimentel*, llamado CONDE DUQUE DE (1587-1654) Político esp. Valido de Felipe IV.

OLIVIER, *sir Laurence Kerr*, (1907-1989) Actor y director de teatro y cine brit. *Enrique V, Hamlet.*

OLMEDO, *José Joaquín* (1780-1847) Patriota y poeta ecuat. *La victoria de Junín.*

OLP *(Organización para la Liberación de Palestina)* Organismo militar creado en 1964, cuyo objeto era conseguir la creación de un Est. palestino.

OLYMPIA C. de EE UU, cap. del est. de Washington; 33 800 hab.

OMÁN, *golfo de* Golfo del Índico, entre las costas de Irán y la península de Arabia.

OMÁN Estado sit. en el SE de Arabia; 212 457 km², 1 559 000 hab. Cap., Mascate. *(Omaníes).*

OMDURMAN C. de Sudán; 526 000 hab.

OMS *(Organización Mundial de la Salud)* Organismo creado en 1946, con sede en Ginebra, para mejorar las condiciones sanitarias del mundo.

ONEGA Lago del NO de Rusia; 9 610 km².

O'NEILL, *Eugene Gladstone* (1888-1953) Dramaturgo estadoun. Nobel de Literatura (1936).

ONETTI, *Juan Carlos* (1909-1994) Novelista ur. *Tierra de nadie.* Premio Cervantes 1980.

ONGANÍA, *Juan Carlos* (1914-1995) Militar arg. Presid. de la junta militar en 1966-1970.

ONSAGER, *Lars* (1903-1976) Químico nor. nacionalizado estadoun. Nobel de Química en 1968.

ONTARIO El menor de los Grandes Lagos de América del Norte; 18 941 km².

ONU (*Organización de las Naciones Unidas*) Organismo fundado en 1945 para mantener la paz y la seguridad mundiales. Sede en Nueva York.

OÑA, *Pedro de* (1570-h. 1643) Poeta chil. *Arauco domado.*

OPEP (*Organización de Países Exportadores de Petróleo*) Organismo que coordina la política petrolera de los países productores de petróleo.

OPORTO C. de Portugal; 330 200 hab.

OPPENHEIMER, *Robert* (1904-1967) Físico nuclear estadoun.

ORÁN C. y puerto de Argelia; 419 900 hab.

ORANGE Río de África meridional; 2 091 km.

ORBEGOSO, *Luis José* (1795-1847) Militar y político per. Presid. de la rep. en 1833-1835.

ORCADAS Arch. brit., al NE de Escocia. Formado por unas 80 islas; 975 km², 19 100 hab.

ORCADAS DEL SUR Archipiélago de Argentina que forma parte de la prov. de Tierra del Fuego, Antártida e Islas del Atlántico Sur: 750 km².

ORDOÑO Nombre de varios reyes de Asturias y León. • I (m. 866) Rey de Asturias [850-866]. Sometió a los vascones insurrectos. • II (m. 924) Rey de León en 914-924. Creó el reino asturleonés. • III (m. 956) Rey de Asturias, León y Galicia en 951-956. Conquistó Lisboa (955).

OREGÓN Est. del NO de EE UU; 251 419 km², 2 842 000 hab. Cap., Salem.

ORELLANA, *Francisco de* (1511-1546) Conquistador esp. Participó con Pizarro en la conquista del Perú.

ORELLANA, *José María* (1872-1926) Presid. de la rep. en 1921-1926.

ORELLANA, *Manuel María* (m. 1940) Militar y político guat. Presid. de la rep. en 1930-1931.

ORENBURGO C. de Rusia; 519 000 hab.

ORESTES En la mit. gr., hermano de Electra. Mató a su madre para vengar la muerte de su padre.

ORFEO Héroe y músico de la mit. gr. Descenció al Hades en busca de su esposa Eurícide.

ORFF, *Carl* (1895-1982) Compositor al. *Antígona.*

ORIBE, *Emilio* (1893-1975) Poeta abstracto ur.

ORIBE, *Manuel* (1796-1857) Héroe de la indep. de Uruguay. Presid. de la rep. (1835-1838).

ORIENTAL DE LOS ANDES Cord. de América del Sur, el ramal E de los Andes.

ORIENTE Conjunto de países sit. al E de la parte occidental de Europa. • Próximo O. Países sit. en Asia occidental, hasta Irán. • Extremo o Lejano O. Países del extremo oriental de Asia. • O. Medio Países asiáticos sit. entre los del Próximo y Lejano O.

ORINOCO Río de Venezuela y Colombia; 2 063 km.

ORIZABA Volcán de México. La mayor elevación del país (5 702 m).

ORIZABA C. de México; 113 516 hab.

ORLEANS C. de Francia, cap. de la región Centro; 204 600 hab.

ORLEANS, *Felipe,* DUQUE DE (1674-1723) Príncipe fr. Regente durante la minoría de Luis XV.

ORLICH Bolmarich, *Francisco José* (1907-1969) Político y militar cost. Presid. en 1962-1966.

ORMUZ Estrecho que comunica el golfo Pérsico con el de Omán.

ORO, *El* Prov. del SO de Ecuador; 5 988 km², 412 572 hab. Cap., Machala.

ORONTES Río de Asia Menor; 570 km.

OROZCO, *José Clemente* (1883-1949) Pintor mex. Pral. representante del muralismo en su país.

ORS, *Eugenio d'* (1882-1954) Escritor y filósofo esp. *Tres horas en el Museo del Prado.*

ORTEGA, *Daniel* (n. 1945) Político de Nicaragua. Presid. de la rep. en 1984-1990.

ORTEGA y Gasset, *José* (1883-1955) Filósofo positivista esp. *La rebelión de las masas.*

ORTIZ, *Adalberto* (n. 1914) Escritor ecuat. *Juyungo.*

ORTIZ, *Roberto María* (1886-1942) Político arg. Presid. de la rep. en 1938-1940.

ORTIZ Rubio, *Pascual* (1877-1963) Político mex. Presid. de la rep. en 1930-1932.

ORURO Dpto. de Bolivia; 53 588 km², 340 114 hab. Cap., Oruro (183 194 hab.).

ORWELL, *George* (1903-1950) Novelista brit. *Rebelión en la granja, 1984.*

OSAKA C. de Japón; 2 623 800 hab.

OSASCO C. de Brasil; 566 949 hab.

OSIRIS Dios más antiguo y pral. del panteón egipcio.

OSLO Cap. de Noruega; 461 127 hab.

OSORIO, *Miguel Ángel* (1883-1942) Poeta col. *Rosas Negras.*

OSORIO, *Óscar* (1910-1969) Militar y político salv. Presid. de la rep. en 1950-1956.

OSORNO C. de Chile; 117 500 hab.

OSOS, *Gran Lago de los* Lago del N de Canadá; 31 792 km².

OSPINA, *Pedro Nel* (1858-1927) Militar y político col. Presid. de la rep. en 1922-1926.

OSPINA Pérez, *Mariano* (1891-1976) Político col. Presid. de la rep. en 1946-1950.

OSPINA Rodríguez, *Mariano* (1805-1885) Político col. Presid. de la rep. en 1857-1861.

OSTRAVA C. de la Rep. Checa; 325 400 hab.

OTAN (*Organización del Tratado del Atlántico Norte*) Organismo militar creado en 1949 por los EE UU y los países de Europa occidental.

OTERO, *Blas de* (1916-1979) Poeta esp. *Ángel fieramente humano.*

OTERO Silva, *Miguel* (1908-1985) Escritor ven.

OTHON, *Manuel José* (1858-1906) Poeta mex. *El himno de los bosques, Idilio salvaje.*

OTÓN I el *Grande* (912-973) Rey de Germania [936-973] y de Italia [951-973].

OTTAWA Cap. de Canadá; 920 900 hab.

OURENSE o ORENSE C de España; 107 060 hab.

OVALLE C. de Chile; 76 100 hab.

OVANDO Candía, *Alfredo* (1919-1982) Militar bol. Presid. en 1966 y 1969 -1970.

OVIDIO Nasón, *Publio* (45 a.C.-17 d.C.) Poeta latino. *Metamorfosis.*

OVIEDO C. de España, cap. de la com. autón. Principado de Asturias; 200 049 hab.

OWENS, *Jesse* (1913-1980) Atleta estadoun., de raza negra. Cuatro medallas de oro en la Olimpiada de Berlín (1936).

OXFORD C. de Gran Bretaña; 98 500 hab. Célebre universidad (fundada en 1163).

P

PABLO (s. I) Apóstol de los gentiles.

PABLO I (1901-1964) Rey de Grecia en 1947-1964.

PABLO I Petróvich (1754-1801) Zar de Rusia en 1796-1801.

PABLO VI (1897-1978) Papa it. en 1963-1978.

PACARAIMA Sierra fronteriza entre Venezuela y Brasil. Alt. máx.: pico de Roraima (2 772 m).

PACHACAMAC Mun. del Perú; 11 171 hab. Antigua c. incaica.

PACHACAMAC Divinidad de la mitología inca.

PACHACUTÍ o PACHACUTEC Inca Yupanqui Soberano inca en 1438-1471.

PACHECO, *Alonso* (s. XVI) Conquistador esp.

PACHECO, *Gregorio* (1823-1899) Político demócrata bol. Presid. de la rep. en 1884-1888.

PACHECO, *José Emilio* (n. 1939) Escritor mex. *El viento distante.*

PACHECO Areco, *Jorge* (1920-1998) Político ur. del partido colorado. Presid. en 1967-1972.

PACHUCA DE SOTO C. de México, cap. del est. de Hidalgo; 244 688 hab.

PACÍFICO Océano sit. entre Asia y Australia, al O, y América, al E; 179 700 000 km².

PACÍFICO, *guerra del* Conflicto entre Chile y la alianza entre Perú y Bolivia (1879-1883).

PACUARE Río de Costa Rica; 105 km.

PADILLA, *Heberto* (n. 1932) Poeta cub. *El justo tiempo humano.*

PADILLA, *Juan de* (1484-1521) Noble esp., jefe de los comuneros de Castilla.

PÁEZ, *Federico* (1877-1974) Político ecuat. Presid. en 1937.

PÁEZ, *José Antonio* (1790-1873) Militar ven. Tres veces presid. de la rep. entre 1830-1863.

PAGANINI, *Niccolò* (1782-1840) Violinista y compositor it. *Caprichos.*

PAGANO, *José León* (1875-1964) Escritor arg. *A través de la España literaria.*

PAGO PAGO Cap. de Samoa estadoun.; 2 500 hab.

PAÍS VASCO o **EUSKADI** Com. autón. esp. desde 1979; 7 261 km², 2 098 055 hab. Cap., Vitoria.

PAÍSES BAJOS Estado de Europa occidental; 41 526 km², 15 100 000 hab. Cap., Amsterdam y La Haya. *(Neerlandeses).*

PAÍSES CATALANES Terr. habitados por catalanohablantes: Andorra, Cataluña, Valencia, Baleares, las comarcas orientales de Aragón, la región fr. del Rosellón y la c. it. de Alguer.

PAÍSES DEL LOIRA Región de Francia; 32 082 km², 3 059 100 hab. Cap., Nantes.

PAISIELLO o **PAESIELLO,** *Giovanni* (1740-1816) Compositor it. *El barbero de Sevilla.*

PAIVA, *Félix* (1877-1965) Político par. Presid. interino en 1937-1939.

PAKISTÁN Estado de Asia; 796 095 km², 115 520 000 hab. Cap., Islamabad. *(Pakistaníes).*

PALACIO Valdés, *Armando* (1853-1938) Novelista esp. *La aldea perdida.*

PALACIOS, *Pedro Bonifacio* (1854-1917) Poeta arg. Conocido como *Almafuerte. Lamentaciones.*

PALAFOX Mendoza, *Juan* (1600-1659) Militar esp. Virrey y obispo de México.

PALATA, *Melchor de Navarra y Rocafull,* DUQUE DE LA (1626-1691) Administrador esp. Virrey del Perú (1681-1689).

PALAU o **PALAOS** Estado insular de Oceanía; 487 km², 15 122 hab. Cap., Koror.

PALAWAN Isla de Filipinas; 14 896 km², 371 800 hab. Cap., Puerto Princesa.

PALEMBANG C. de Indonesia, en la isla de Sumatra; 787 200 hab.

PALENCIA C. de España; 78 831 hab.

PALENCIA, *Benjamín* (1902-1980) Pintor esp. *Piedras y pájaros en el Mirón.*

PALENQUE Localidad de México. Ant. c. maya.

PALERMO C. de Italia, cap. de la región de Sicilia; 698 600 hab.

PALÉS Matos, *Luis* (1898-1959) Poeta puertorriq. *Tuntún de pasa y grifería.*

PALESTINA Región del Próximo Oriente; 26 000 km², 5 000 000 hab. Su terr. está ocupado por el Est. de Israel y las zonas de Cisjordania y Gaza.

PALESTRINA, *Giovanni Pierluigi de* (h. 1525-1594) Compositor it. *Misa del papa Marcelo.*

PALLADIO, *Andrea* (1508-1580) Arquitecto renacentista it. Iglesia del Redentor, en Venecia.

PALMA, *La* Isla de España, en el arch. de las Canarias; 725 km², 72 500 hab. Cap., Santa Cruz de la Palma.

PALMA, *La* C. de Panamá, cap. de la prov. de Darién; 30 116 hab.

PALMA, *Ricardo* (1833-1919) Escritor per. *Tradiciones peruanas.*

PALMA DE MALLORCA C. de España, cap. de la com. autón. de Baleares; 304 250 hab.

PALMA DE TOCANTINS C. de Brasil, cap. del est. de Tocantins; 24 000 hab.

PALMA el Joven Seud. de *Jacopo Nigretti* (1544-1628) Pintor it. *Cristo ante Caifás.*

PALMA el Viejo Seud. de *Jacopo Nigretti* (h. 1480-1528) Pintor it. *Retrato de una mujer.*

PALMA SORIANO C. de Cuba; 55 900 hab.

PALMAS DE GRAN CANARIA, *Las* C. de España, cap. de la com. autón. de Canarias (junto con Sta. Cruz de Tenerife); 355 563 hab.

PALME, *Sven Olof* (1927-1986) Político sueco. Primer ministro en 1969-1976 y 1982-1986.

PALMIRA Ant. c. de Siria, del II milenio a.C.

PALMIRA C. de Colombia; 186 000 hab.

PAMPA, *La* Extensa planicie del centro de Argentina.

PAMPA, *La* Prov. de Argentina; 143 440 km², 269 034 hab. Cap., Santa Rosa.

PAMPEANAS Sierras de la Pampa arg. Máx. alt., Cerro General Manuel Belgrano (6 250 m).

PAMPLONA o IRUÑA C. de España, cap. de la com. autón. de Navarra; 166 277 hab.

PANAMÁ Golfo del Pacífico, al S de Panamá.

PANAMÁ Canal interoceánico que comunica el Atlántico con el Pacífico; 81 km de longitud.

PANAMÁ Estado de Centroamérica; 75 517 km², 2 631 013 hab. Cap., Panamá. (658 102 hab.) *(Panameños)*.

PANAMÁ Prov. de Panamá; 11 887,4 km², 1 232 390 hab. Cap., Panamá.

PANAMERICANA Gran ruta continental desde Alaska hasta Valparaíso y Buenos Aires.

PANDO Dpto. de Bolivia; 63 827 km², 38 072 hab. Cap., Cobija.

PANDO, *José Manuel* (1848-1917) Militar y político bol. Presid. de la rep. en 1899-1904.

PANERO, *Leopoldo* (1909-1962) Poeta español. *Escrito a cada instante.*

PANIAGUA, *Valentín* (n. 1936) Político per. Presid. interino entre 2000 y 2001.

PANTOJA de la Cruz, *Juan* (1553-1608) Pintor esp. *Ana de Austria niña.*

PÁNUCO Río de México; 600 km.

PAPALOAPÁN Río de México; 900 km.

PAPANDREU, *Andreas Georgios* (1919-1996) Político gr. Presid. en 1981-1989 y 1993-1996.

PAPANTLA Mun. de México; 97 100 hab.

PAPEETE Cap. de la Polinesia fr.; 62 700 hab.

PAPUA-NUEVA GUINEA Estado de Oceanía; 462 840 km², 3 772 000 hab. Cap., Port Moresby.

PARÁ Est. de Brasil; 1 246 833 km², 4 997 000 hab. Cap., Belém.

PARACELSO, *Theophrastus Bombastus von Hohenheim*, llamado (1493-1541) Médico suizo.

PARAGUA Río de Venezuela; 580 km.

PARAGUARÍ Dpto. del S de Paraguay; 8 705 km², 203 012 hab. Cap., Paraguarí (7 279 hab.).

PARAGUAY Río de América del Sur; 2 800 km. Recorre Brasil, Paraguay y Argentina.

PARAGUAY Estado de América del Sur; 406 752 km², 4 995 737 hab. Cap., Asunción. *(Paraguayos).*

PARAÍBA Est. del NE de Brasil; 53 958 km², 3 282 000 hab. Cap., João Pessoa.

PARAÍSO, *El* Dpto. de Honduras; 7 218 km², 244 366 hab. Cap., Yuscarán.

PARAMARIBO Cap. de Surinam; 151 500 hab.

PARANÁ Río de América del Sur; 4 500 km. Recorre Brasil, Paraguay Argentina.

PARANÁ Est. de Brasil; 199 324 km², 9 168 000 hab. Cap., Curitiba.

PARANÁ C. de Argentina, cap. de la prov. de Entre Ríos; 277 338 hab.

PARANAÍBA Río de Brasil; 957 km.

PARDO, *Manuel* (1834-1878) Político per. Presid. en 1872-1876.

PARDO Bazán, *Emilia* (1851-1921) Escritora esp. *Los pazos de Ulloa.*

PARDO y Aliaga, *Felipe* (1806-1868) Escritor per. *Una huérfana en Chorrillos.*

PARDO y Barreda, *José* (1864-1947) Político per. Presid. en 1904-1908 y 1915-1919.

PARÉ, *Ambroise* (h. 1510-1590) Cirujano fr.

PAREDES, *Mariano* (1800-1856) Militar guat. Presid. de la rep. en 1848-1851.

PAREDES y Arrillaga, *Mariano* (1797-1849) Militar mex. Presid. en 1846.

PAREJA Díez-Canseco, *Alfredo* (1908-1993) Escritor ecuat. *Don Balón de Baba.*

PARERA, *Blas* (1773-1840) Músico esp. Autor del himno nacional de Argentina.

PARIA Golfo de la costa oriental de Venezuela.

PARICUTÍN Volcán de México; 2 771 m de alt.

PARINACOTA Cerro de los Andes, en el límite de Chile y Bolivia; 6 342 m.

PARIS Gordillo, *Gabriel* (n. 1910) Militar col. Presid. de la junta militar en 1957-1958.

PARÍS C. y cap. de Francia; 2 152 400 hab. (9 318 800 hab. la agl. urb.).

PARMÉNIDES de Elea (h. 540-450 a.C.) Filósofo gr. *Sobre la naturaleza.*

PARRA, *Aquileo* (1825-1900) Político col. Presid. de la rep. en 1876-1878.

PARRA, *Nicanor* (n. 1914) Poeta chileno. *Canciones sin nombre*.

PARRA, *Teresa de la* Seud. de *Ana Teresa P. Sanojo* (1889-1936) Escritora ven. *Ifigenia*.

PARRA, *Violeta* (1917-1966) Cantautora chil.

PARTENÓN Templo del Acrópolis de Atenas.

PASCAL, *Blaise* (1623-1662) Filósofo, matemático y físico fr. *Pensamientos*.

PASCO Dpto. del Perú; 21 854 km², 282 900 hab. Cap., Cerro de Pasco.

PASCO, *nudo de* Punto en el que convergen las cord. Blanca, Negra y Central del Perú; 5 748 m.

PASCUA Isla de Chile, sit. a 3 760 km de la costa chil.; 162 km², 1 900 hab. Cap., Hanga-Roa.

PASO, *Fernando del* (n. 1935) Escritor mex. *Palinuro de México*.

PASOLINI, *Pier Paolo* (1922-1975) Cineasta it. *El Evangelio según san Mateo*.

PASTAZA Río de Ecuador y Perú; 643 km.

PASTAZA Prov. de Ecuador; 29 773 km², 41 811 hab. Cap., Puyo.

PASTERNAK, *Boris Leonidovich* (1890-1960) Escritor ruso. Nobel de Literatura en 1958.

PASTEUR, *Louis* (1822-1895) Químico y biólogo fr. Descubrió un nuevo sistema de esterilización (pasteurización).

PASTO C. de Colombia, cap. del dpto. de Nariño; 282 310 hab.

PASTRANA Arango, *Andrés* (n. 1954) Político col. Hijo de Misael Pastrana. Elegido presid. en 1998.

PASTRANA Borrero, *Misael* (1924-1997) Político col. Presid. de la rep. en 1970-1974.

PATAGONIA Región de América del Sur formada por la parte de Chile y Argentina.

PATARROYO, *Manuel Elkin* (n. 1946) Científico col. Creador de una vacuna sintética contra la malaria.

PATÍA Río de Colombia; 470 km.

PATRICIO (372-461) Santo. Patrón de Irlanda.

PATTON, *George Smith* (1885-1945) General estadoun. Héroe de la II Guerra Mundial.

PATUCA Río de Honduras; 500 km.

PAULING, *Linus Carl* (1901-1994) Químico estadoun. Nobel de Química (1954) y de la Paz (1962).

PAULO Nombre de varios papas. • I (700-767) Santo. Papa en 757-767. • III (1468-1549) Papa en 1534-1549. • IV (1476-1559) Papa en 1555-1559. • V (1552-1621) Papa en 1605-1621.

PAUSANIAS (s. II) Geógrafo gr. *Descripción de Grecia*.

PAVESE, *Cesare* (1908-1950) Escritor it. *El oficio de vivir*.

PAVÍA Rodríguez de Alburquerque, *Manuel* (1827-1895) Militar español. En 1874 dirigió el golpe de Est. que acabó con la I República.

PÁVLOV, *Ivan Petrovich* (1849-1936) Fisiólogo ruso. Descubridor del reflejo condicionado. Nobel de Medicina en 1904.

PAVLOVA, *Anna* (1885-1931) Bailarina rusa.

PAYÁN, *Eliseo* (1825-1895) Militar col. Presid. en 1887 y 1888.

PAYNO, *Manuel* (1810-1894) Diplomático y novelista mex. *El fistol del diablo*.

PAYRÓ, *Roberto* (1867-1928) Novelista arg., de estilo realista. *Pago chico*.

PAYSANDÚ Dpto. de Uruguay; 13 922 km², 103 763 hab. Cap., Paysandú (75 100 hab.).

PAZ, *Juan Carlos* (1897-1972) Compositor arg. *Música para trío*.

PAZ, *La* Dpto. de Bolivia; 133 985 km², 1 900 786 hab. Cap., La Paz.

PAZ, *La* Dpto. de Honduras; 2 331 km², 101 827 hab. Cap., La Paz (11 238 hab.).

PAZ, *La* Dpto. de El Salvador; 1 224 km², 246 147 hab. Cap., Zacatecoluca.

PAZ, *La* C. y cap. política de Bolivia; 1 115 403 hab.

PAZ, *La* C. de México, cap. del est. de Baja California Sur; 196 708 hab.

PAZ, *Octavio* (1914-1998) Escritor mex. Nobel de Literatura en 1990. *Raíz del hombre*.

PAZ Barahona, *Miguel* (m. 1937) Político hond. Presid. de la rep. en 1925-1929.

PAZ Estenssoro, *Víctor* (1907-2001) Político bol. Presid. en 1952-1956, 1960-1964 y 1985-1989.

PAZ Soldán, *Mariano Felipe* (1821-1886) Político e historiador per.

PAZ Soldán y Unanue, *Pedro* (1839-1895) Escritor per., conocido por *Juan de Arona*. *Pasada pesada en posada*.

PAZ Zamora, *Jaime* (n. 1939) Político bol. Presid. en 1989-1993.

PAZOS Kanki, *Vicente* (1779-h. 1851) Escritor y político bol. *Cartas sobre las Provincias Unidas del Río de la Plata*.

PEACE Río de Canadá; 1 700 km.

PEANO, *Giuseppe* (1858-1932) Matemático it. Definió el núm. natural por medio de axiomas.

PEARSON, *Lester Bowles* (1897-1972) Político canadiense. Nobel de la Paz en 1957.

PEÇANHA, *Nilo* (1867-1924) Político bras. Presid. en 1909-1910.

PECHORA Río de Rusia; 1 790 km.

PECOS Río de EE UU; 1 250 km.

PEDERNALES Prov. de la Rep. Dominicana; 1 011 km², 18 800 hab. Cap., Pedernales (7 880 hab.).

PEDRARIAS Dávila (h. 1440-1531) Conquistador esp.

PEDRO Uno de los apóstoles y primer papa de la Iglesia.

PEDRO Nombre de varios monarcas de Aragón. • I (h. 1070-1104) Rey en 1094-1104. • II *el Católico* (1177-1213) Rey en 1196-1213. • III *el Grande* (1240-1285) Rey en 1276-1285. • IV *el Ceremonioso* (1319-1387) Rey en 1336-1387.

PEDRO I (1798-1834) Emp. de Brasil en 1822-1831 y rey de Portugal en 1826.

PEDRO I *el Justiciero* (1320-1367) Rey de Portugal en 1357-1367.

PEDRO I Alexeievich, llamado *el Grande* (1672-1725) Zar de Rusia en 1682-1725.

PEDRO I *el Cruel* (1334-1369) Rey de Castilla y León en 1350-1369.

PEDRO JUAN CABALLERO C. de Paraguay, cap. del dpto. de Amambay; 53 601 hab.

PEIPUS Lago del NE de Europa, en la frontera entre Rusia y Estonia; 3 853 km².

PEIRCE, *Charles Sanders* (1839-1914) Filósofo estadoun. Fundador del pragmatismo.

PEIXOTO, *Floriano* (1842-1895) Militar y político bras. Presid. en 1891-1894.

PEKÍN C. y cap. de la República Popular China; 16 808 km², 10 819 407 hab.

PELAYO (m. 737) Caudillo y rey de los astures.

PELÉ Apodo de *Edson Arantes do Nascimento* (n. 1940) Futbolista bras. Obtuvo tres copas del Mundo con su selección (1958, 1962 y 1970).

PELÉE Volcán de la Martinica; 1 463 m.

PELLEGRINI, *Carlos* (1846-1906) Político arg. Presid. de la rep. en 1890-1892.

PELLICER, *Carlos* (1899-1977) Poeta vanguardista mex. *Práctica de vuelo*.

PELLICO, *Silvio* (1789-1854) Escritor romántico it. *Mis prisiones*.

PELOPONESO o MOREA Pen. de Grecia; 21 379 km², 1 012 500 hab. Cap., Patrás.

PELOTAS C. de Brasil; 290 660 hab.

PENA, *Alfonso Augusto Moreira* (1847-1909) Político bras. Presid. en 1906-1909.

PENALBA, *Alicia* (1913-1982) Escultora arg.

PENAS Golfo del S de Chile.

PENIBÉTICA Cordillera del S de España; alt máx., Pico de Mulhacén (3 481 m).

PÉNJAMO Mun. de México; 90 700 hab.

PENONOMÉ C. de Panamá, cap. de la prov. de Coclé; 67 901 hab.

PENSILVANIA Estado del NE de EE UU; 117 348 km², 11 882 000 hab. Cap., Harrisburg.

PEPINO *el Breve* (h. 715-768) Rey de los francos en 751-768.

PERAL y Caballero, *Isaac* (1851-1895) Militar y científico esp. Inventor del submarino.

PERALTA Azurdia, *Enrique* (1908-1997) Militar y político guat. Presid. en 1963-1966.

PERALTA y Barnuevo, *Pedro* (1663-1743) Polígrafo y poeta per. *Lima fundada*.

PERAVIA Prov. de la Rep. Dominicana; 1 622 km², 185 400 hab. Cap., Baní.

PERDIDO Monte esp., en los Pirineos; 3 355 m.

PEREDA, *José María de* (1883-1906) Novelista esp. *Peñas arriba*.

PEREDA Asbún, *Juan* (n. 1931) Militar y político bol. Presid. en 1978.

PEREIRA C. de Colombia, cap. del dpto. de Risaralda; 412 134 hab.

PEREIRA, *Gabriel Antonio* (1794-1861) Político ur. Presid. en 1859.

PEREIRA de Souza, *Washington Luis* (1869-1957) Político bras. Presid. en 1926-1930.

PEREIRA dos Santos, *Nelson* (n. 1928) Director de cine bras. *Vidas secas.*

PERES, *Shimon* (n. 1923) Político israelí. Primer ministro en 1984-1986 y 1995-1996. Nobel de la Paz en 1994.

PEREYRA, *Carlos* (1871-1943) Historiador mex. *La obra de España en América.*

PÉREZ, *Carlos Andrés* (n. 1922) Político ven. Presid. de la rep. en 1974-1979 y 1988-1993.

PÉREZ, *José Joaquín* (1801-1889) Político liberal chil. Presid. de la rep. en 1861-1871.

PÉREZ, *Juan Bautista* (1869-1952) Político ven. Presid. en 1929-1931.

PÉREZ Balladares, *Ernesto* (n. 1946) Político pan. Presid. del país entre 1994 y 1999.

PÉREZ Bonalde, *Juan Antonio* (1845-1892) Poeta neorromántico ven. *Estrofas.*

PÉREZ de Ayala, *Ramón* (1888-1962) Escritor esp. *Tigre Juan.*

PÉREZ de Cuéllar, *Javier* (n. 1920) Diplomático per. Secretario de las Naciones Unidas en 1981-1991.

PÉREZ Esquivel, *Adolfo* (n. 1931) Pacifista arg. Nobel de la Paz en 1980.

PÉREZ Galdós, *Benito* (1878-1910) Escritor esp. *Fortunata y Jacinta.*

PÉREZ Godoy, *Ricardo Pío* (n. 1905) Militar per. Presid. de la junta militar en 1962-1963.

PÉREZ Jiménez, *Marcos* (n. 1914) Militar ven. Presid. del régimen militar en 1953-1958.

PERI, *Jacopo* (1561-1633) Compositor it. *Dafne y Eurídice.*

PERICLES (h. 495-429 a.C.) Político ateniense. Gobernó en 443-430 a.C.

PERIJÁ o MOTILONES PERIJÁ Cordillera sit. en la frontera entre Colombia y Venezuela.

PERLAS Arch. de Panamá, en el golfo hom.

PERM C. de Rusia; 1 056 000 hab.

PERNAMBUCO Est. del NE de Brasil; 101 023 km², 7 303 000 hab. Cap., Recife.

PERÓN, *Juan Domingo* (1895-1974) Militar y político arg. Presid. en 1946-1955 y 1973-1974.

PERRAULT, *Charles* (1628-1703) Escritor fr. *Cuentos de mamá oca.*

PERRIN, *Jean-Baptiste* (1870-1942) Físico fr. Nobel de Física en 1926.

PERSIA Antiguo nombre de Irán.

PÉRSICO Golfo sit. entre Irán y la pen. Arábiga.

PERTINI, *Alessandro* (1896-1990) Político socialista it. Presid. de la rep. en 1978-1985.

PERÚ Estado del O de América del Sur; 1 285 215 km², 23 435 300 hab. Cap., Lima. *(Peruanos).*

PERÚ, *Virreinato de* Circunscripción creada en 1542. Comprendía los actuales territorios del Perú, Bolivia, Ecuador, parte de Colombia y de Chile, norte de Argentina y parte de la selva de Brasil.

PERUBOLIVIANA, *Confederación* Estado formado por Perú y Bolivia en 1837-1839.

PERUGINO, *Pietro Vannucci*, llamado *ll* (h. 1448-1523) Pintor it. *El Arcángel y Tobías.*

PESADO, *José Joaquín* (1801-1861) Literato y político mex. *Poesías.*

PESCADORES, *Islas* Arch. de Taiwan; 127 km², 105 000 hab.

PESSOA, *Epitácio da Silva* (1865-1942) Político bras. Presid. de la rep. en 1919-1923.

PESSOA, *Fernando* (1888-1935) Poeta modernista port. *Mensagem.*

PÉTAIN, *Philippe Omer* (1856-1951) Mariscal fr. Presid. del gobierno de Vichy en 1940.

PETARE C. de Venezuela; 245 300 hab.

PETÉN Dpto. del N de Guatemala; 35 854 km², 295 169 hab. Cap., Flores.

PETÉN-ITZÁ Lago de Guatemala; 99 km².

PETRA C. de Jordania, ant. cap. del reino nabateo.

PETRARCA, *Francesco* (1304-1374) Poeta y humanista it. *Cancionero.*

PETRÓPOLIS C. de Brasil; 255 251 hab.

PETTORUTI, *Emilio* (1894-1971) Pintor arg. Evolucionó del cubismo al futurismo abstracto.

PEYNADO, *Jacinto Bienvenido* (1878-1940) Político dom. Presid. en 1930.

NP

PEYROU, *Manuel* (1902-1974) Escritor arg. *La noche repetida.*

PEZA, *Juan de Dios* (1852-1910) Poeta romántico mex. *Cantos del hogar.*

PEZET, *Juan Antonio* (1810-1879) Militar y político per. Presid. en 1863-1865.

PEZUELA, *Joaquín de la* (1761-1830) Militar esp. Virrey del Perú en 1816-1821.

PHNOM PENH Cap. de Camboya; 400 000 hab.

PHOENIX C. de EE UU, cap. del est. de Arizona; 983 400 hab.

PI i Margall, *Francesc* (1824-1901) Político esp. Presid. de la I República en 1873.

PIAF, *Édith Giovanna Gassion,* llamada *Édith* (1915-1963) Cantante fr. *La vie en rose.*

PIAGET, *Jean* (1896-1980) Psicólogo suizo. *El lenguaje y el pensamiento en el niño.*

PIAMONTE Región de Italia; 25 399 km², 4 302 600 hab. Cap., Turín.

PIAUÍ Est. del NE de Brasil; 251 273 km², 2 657 000 hab. Cap., Teresina.

PIAZZOLLA, *Ástor* (1921-1992) Compositor y músico arg. *Tango en fa.*

PICABIA, *Francis* (1879-1953) Pintor dadaísta fr., de origen esp. *Máquinas irónicas.*

PICADO Michalski, *Teodoro* (1900-1960) Político cost. Presid. en 1944-1948.

PICARDÍA Región del N de Francia; 19 400 km², 1 810 700 hab. Cap., Amiens.

PICASSO, *Pablo Ruiz* (1881-1973) Pintor esp. *Les demoiselles d'Avignon, Guernica.*

PICCINNI, *Niccolò* (1728-1800) Compositor it. de óperas. *Ifigenia en Táuride.*

PICHINCHA Macizo volcánico de Ecuador.

PICHINCHA Prov. del centro-N de Ecuador; 12 914 km², 1 756 228 hab. Cap., Quito.

PICO Isla de las Azores; 433 km², 33 000 hab.

PICO della Mirandola, *Giovanni* (1463-1494) Filósofo it. *Conclusiones philosophicae, cabalisticae et theologicae.*

PICÓN Salas, *Mariano* (1901-1965) Escritor ven. *De la conquista a la independencia.*

PIERCE, *Franklin* (1804-1869) Político estadoun. Presid. de EE UU en 1853-1857.

PIERO di Cosimo, *Piero di Lorenzo,* llamado (1462-1521) Pintor florentino. *Prometeo.*

PIÉROLA, *Nicolás de* (1839-1913) Político per. Presid. en 1879-1881 y 1895-1898.

PIERRE C. de EE UU, cap. del est. de Dakota del Sur; 12 900 hab.

PILAR C. de Paraguay, cap. del dpto. de Ñeembucú; 19 151 hab.

PILATOS *Poncio* (s. I) Procurador rom. de Judea en 26-36.

PILCOMAYO Río de Bolivia, Paraguay y Argentina; 1 100 km.

PINAL, *Silvia* (n. 1932) Actriz de cine mex. *Viridiana, El ángel exterminador.*

PINAR DEL RÍO Prov. de Cuba; 10 860 km², 678 000 hab. Cap., Pinar del Río (136 300 hab.).

PÍNDARO (518-438 a.C.) El más imp. de los poetas líricos gr. *Odas triunfales.*

PINEDA, *Laureano* (s. XIX) Político nic. Presid. de la rep. en 1851-1853.

PINILLA Fábregas, *José Manuel* (1919-1979) Militar pan. Presid. militar en 1968-1970.

PINO y Rosas, *Joaquín del* (1727-1804) Militar esp. Virrey del Río de la Plata en 1801.

PINOCHET Ugarte, *Augusto* (n. 1915) Militar chil. Jefe supremo del Est. en 1974-1990.

PINTANA, *La* C. de Chile; 89 700 hab.

PINTO, *Aníbal* (1825-1884) Político chil. Presid. en 1876-1881.

PINTO, *Francisco Antonio* (1785-1858) Político chil. Presid. de la rep. en 1827-1829.

PINTO Balsemão, *Francisco* (n. 1937) Político port. Primer ministro en 1981-1983.

PINZÓN, *Martín Alonso Yáñez* (1440-1493) y *Vicente Yáñez* (m. 1519) Marinos esp. Colaboradores de C. Colón.

PIÑERA, *Virgilio* (1912-1979) Escritor cub. *El filántropo.*

PÍO Nombre de varios papas. • **IV** (1499-1565) Papa en 1559-1565. • **V** (1504-1572) Papa en 1566-1572. • **VI** (1717-1799) Papa en 1775-1799. • **VII** (1742-1823) Papa en 1800-1823. • **IX** (1792-1878) Papa en 1846-1878. • **X** (1835-1914) Papa en 1903-1914. • **XI** (1857-1939) Papa en 1922-1939. • **XII** (1876-1958) Papa en 1939-1958.

PIQUER, *Concha,* llamada *Conchita* (1908-1990) Tonadillera y actriz de cine esp.

PIRACICABA C. de Brasil; 283 630 hab.

PIRANDELLO, *Luigi* (1867-1936) Escritor it. *Seis personajes en busca de autor.* Nobel de Literatura en 1934.

PIRINEOS o PIRINEO Cordillera de la pen. Ibérica. Máx. alt., Aneto, 3 404 m.

PIRRÓN de Elis (h. 360-270 a.C.) Filósofo gr. Fundador del escepticismo clásico.

PISA C. de Italia; 104 200 hab.

PISANO, *Andrea* (1295-1349) Escultor it. Esculturas del campanile de Florencia.

PISANO, *Giovanni* (h. 1248-h. 1314) Escultor it. Catedral de Siena.

PISCIS Duodécimo signo y constelación del Zodíaco.

PISCO C. del Perú; 53 400 hab.

PISHPEK (ant. *Frunze*) Cap. de Kirguisistán; 616 000 hab.

PISSIS Volcán de los Andes arg; 6 779 m.

PITÁGORAS (ss. VI-V a.C.) Filósofo gr. Creador del *teorema de P.*

PITEAS o PYTHEAS (s. IV a.C.) Geógrafo y astrónomo gr. *Descripción del océano.*

PIURA Dpto. del Perú; 36 403 km², 1 494 300 hab. Cap., Piura (324 500 hab.).

PIZARNIK, *Alejandra* (1936-1974) Poetisa arg. *Árbol de Diana, Extracción de la piedra de la locura.*

PIZARRO, *Francisco* (1478-1541) Militar esp. Conquistó Perú.

PLA, *Josep* (1897-1981) Escritor esp. en lengua catalana y castellana. *El cuaderno gris.*

PLANCK, *Max* (1858-1947) Físico alemán. Nobel de Física en 1918.

PLATA, *La* C. de Argentina, cap. de la prov. de Buenos Aires; 542 567 hab.

PLATÓN (h. 427-347 a.C.) Filósofo gr., discípulo de Sócrates. *Apología de Sócrates, La república.*

PLAUTO, *Tito Maccio* (254-184 a.C.) Comediógrafo latino. *Amphitryo.*

PLAZA, *Juan Bautista* (1898-1965) Organista y compositor ven. *Contrapunteo puyero.*

PLAZA, *Nicanor* (1844-1918) Escultor chil. *Caupolicán.*

PLAZA, *Victorino de* (1840-1919) Político arg. Presid. de la rep. en 1914-1916.

PLAZA Gutiérrez, *Leónidas* (1866-1932) Militar y político ecuat. Presid. de la rep. en 1901-1905 y 1912-1916.

PLAZA Lasso, *Galo* (1906-1987) Político ecuat. Presid. de la rep. en 1948-1952.

PLINIO el Joven, *Cayo P. Cecilio Secundo,* llamado (61-113) Escritor latino. *Panegírico de Trajano.*

PLINIO el Viejo, *Cayo P. Secundo,* llamado (22-79) Escritor latino. *Historia natural.*

PLOTINO (205-270) Filósofo gr. *Eneadas.*

PLUTARCO (h. 50-h. 120) Escritor gr. *Vidas paralelas.*

PLUTÓN El noveno planeta y el más lejano del sistema solar.

PLUTÓN Dios griego de los infiernos.

POÁS Volcán de Costa Rica; 2 700 m.

POCATERRA, *José Rafael* (1888-1955) Escritor y político ven. *Cuentos grotescos.*

POE, *Edgar Allan* (1809-1849) Escritor estadoun. *El cuervo, El escarabajo de oro, Doble asesinato en la calle Morgue.*

POINCARÉ, *Henri* (1854-1912) Matemático, físico y filósofo fr.

POINCARÉ, *Raymond* (1860-1934) Político fr. Presid. de la rep. en 1913-1920.

POITIERS C. de Francia, cap. de la región de Poitou-Charentes; 78 900 hab.

POITOU-CHARENTES Región de Francia; 25 810 km², 1 595 100 hab. Cap., Poitiers.

POL Pot (1928-1998) Político comunista camboyano. Jefe de los khmer rojos.

POLANSKI, *Roman* (n. 1933) Director de cine polaco. *La semilla del diablo.*

POLAVIEJA, *Camilo García,* MARQUÉS DE (1838-1914) Militar esp. Capitán general de Cuba en 1890-1892 y de Filipinas en 1896-1898.

POLEO, *Héctor* (1918-1989) Pintor ven. *Los tres comisarios.*

POLICLETO (s. V a.C.) Escultor gr. Fijó el canon del cuerpo humano. *Discóforo.*

POLINESIA Región de Oceanía, formada por las islas de Tonga, Nauru, Samoa, Cook, Niue, Wallis, Phoenix, Line, Hawai, la isla de Pascua y las islas de la Polinesia fr.

POLINESIA FRANCESA Terr. fr. de ultramar, formado por las islas de la Sociedad, Marquesas, Australes, Tuamotú, Gambier y Clipperton; 4 007 km², 166 800 hab. Cap., Papeete.

POLLOCK, *Jackson* (1912-1956) Pintor estadoun. *Macho y hembra.*

NP

POLO, Marco (1254-1324) Viajero veneciano. En 1271 inició un viaje a la China.

POLOCHIC Río de Guatemala; 240 km.

POLONIA Estado de Europa; 312 685 km², 38 244 000 hab. Cap., Varsovia. (Polacos).

POMA de Ayala, Felipe Huamán (1534-1615) Cronista per. Nueva Crónica, Buen gobierno.

POMBAL, Sebastião José de Carvalho e Melo, MARQUÉS DE (1699-1782) Político port. Primer ministro de José I en 1755-1777.

POMBO, Rafael (1833-1912) Poeta col. Eva de los aires.

POMPADOUR, Jeanne Antoinette Poisson, MARQUESA DE (1721-1764) Dama fr., amante de Luis XV.

POMPEYA Ant. c. de Campania. Sepultada en el año 79 por la erupción del volcán.

POMPEYO Magno, Cneo (106 a.C.-48 a.C.) Noble rom. Formó el primer triunvirato con César y Craso.

POMPIDOU, Georges Jean Raymond (1911-1974) Político fr. Jefe de gobierno en 1962-1968 y presid. de la rep. en 1969-1974.

PONCE C. de Puerto Rico; 176 100 hab.

PONCE, Aníbal (1898-1938) Escultor arg. La vejez de Sarmiento.

PONCE, Manuel María (1882-1948) Compositor mex. Chapultepec.

PONCE de León, Juan (1460-1521) Militar esp. Conquistador de Florida.

PONCE Enríquez, Camilo (1912-1976) Político conservador ecuat. Presid. en 1956-1960.

PONIATOWSKA, Elena (n. 1933) Escritora y periodista mex. La noche de Tlatelolco.

PONTA DELGADA Cap. de las Azores, sit. en la isla de San Miguel; 21 800 hab.

PONTEVEDRA C. de España; 74 287 hab.

PONTORMO, Jacopo Carrucci, llamado Il (1494-1557) Pintor manierista it. Visitación.

POONA C. de la India; 1 203 400 hab.

POOPÓ Lago de Bolivia; 3 130 km².

POPAYÁN C. de Colombia, cap. del dpto. de Cauca; 200 989 hab.

POPE, Alexander (1688-1744) Poeta neoclásico ing. El rizo robado.

POPOCATÉPETL Volcán de México; 5 452 m.

POPOL Vuh Escrito que registra las tradiciones mitológicas de los mayas quichés.

POPPER, Karl Raimund (1902-1994) Filósofo austr. La sociedad abierta y sus enemigos.

PORFIRIO (h. 232-h. 304) Filósofo neoplatónico gr. Isagoge.

PORRAS, Belisario (1858-1942) Político pan. Presid. en 1912-1916, 1918 y 1920-1924.

PORRAS Barrenechea, Raúl (1900-1960) Historiador per. Archivo diplomático peruano.

PORT LOUIS Cap. del Est. y de la isla Mauricio; 139 400 hab.

PORT MORESBY Cap. de Papua-Nueva Guinea; 144 000 hab.

PORT SAID C. de Egipto, sit. en la entrada del canal de Suez; 342 000 hab.

PORTA, Giacomo Della (h. 1535-1602) Arquitecto it. Realizó la cúpula de San Pedro.

PORTALES, Diego (1793-1837) Político chil. Implantó un régimen dictatorial en 1835-1837.

PORTES Gil, Emilio (1891-1978) Político mex. Presid. provisional en 1928-1930.

PORTILLO, Alfonso (n. 1951) Político guat. Elegido presid. en 1999.

PORTINARI, Cándido (1903-1962) Pintor bras. Murales del palacio de la ONU en Nueva York y de la catedral de Belo Horizonte.

PÔRTO ALEGRE C. de Brasil, cap. del est. de Rio Grande do Sul; 1 263 000 hab.

PÔRTO VELHO C. de Brasil, cap. del est. de Rondônia; 286 000 hab.

PORTOCARRERO, Melchor, CONDE DE LA MONCLOVA (1639-1705) Militar esp. Virrey de Nueva España en 1686-1688 y del Perú en 1689-1705).

PORTO-NOVO Cap. de Benin; 144 000 hab.

PORTOVIEJO C. de Ecuador, cap. de la prov. de Manabí; 132 927 hab.

PORTUGAL Estado de Europa, en el O de la pen. Ibérica. Incluye los arch. de Azores y Madeira; 91 985 km², 9 600 000 hab. Cap., Lisboa. (Portugueses).

PORTUGUESA Río de Venezuela; 550 km.

PORTUGUESA Est. de Venezuela; 15 200 km², 625 576 hab. Cap., Guanare.

POSADA, *José Guadalupe* (1852-1913) Grabador mex. *Escándalo de balazos*.

POSADAS C. de Argentina, cap. de la prov. de Misiones; 219 824 hab.

POSADAS, *Gervasio Antonio de* (1757-1833) Político arg. Director supremo de las Provincias Unidas en 1814-1816.

POSEIDÓN Dios del mar.

POTOSÍ Cerro de Bolivia; 4 739 m.

POTOSÍ Dpto. de Bolivia; 118 218 km², 645 889 hab. Cap., Potosí (112 291 hab.).

POULENC, *Francis* (1899-1963) Compositor fr., del Grupo de los Seis. *Las tetas de Tiresias, Concierto campestre.*

POUND, *Ezra* (1885-1972) Poeta estadoun.

POUSSIN, *Nicolas* (1594-1665) Pintor del barroco clasicista fr. *San Mateo y el ángel.*

POVEDA Burbano, *Alfredo* (1926-1990) Militar ecuat. Presidió la junta militar en 1976-1979.

POZA RICA DE HIDALGO Mun. de México; 169 600 hab.

POZNAN C. de Polonia; 574 100 hab.

POZO COLORADO C. de Paraguay, cap. del dpto. Presidente Hayes; 3 100 hab.

POZUELOS C. de Venezuela; 80 800 hab.

PRADO, *Lo* C. de Chile; 126 500 hab.

PRADO, *Mariano* (s. XIX) Político salv. Jefe de Est. en 1826 y 1832-1833.

PRADO, *Mariano Ignacio* (1826-1901) Militar per. Presid. en 1865-1868 y 1876-1879.

PRADO, *Pedro* (1886-1952) Escritor chil. *Los pájaros errantes.*

PRADO y Ugarteche, *Manuel* (1889-1967) Político per. Presid. en 1939-1945 y 1956-1962.

PRAGA C. y cap. de la República Checa; 1 189 800 hab.

PRAIA Cap. del arch. port. de Cabo Verde, en la isla de São Tiago; 49 600 hab.

PRAT Chacón, *Arturo* (1848-1879) Marino chil. Protagonizó la gesta de Iquique durante la guerra del Pacífico.

PRAXÍTELES (390-330 a.C.) Escultor gr. *Venus de Cnido.*

PREMINGER, *Otto* (1906-1986) Director de cine austr., nacionalizado estadoun. *Laura.*

PRESIDENTE HAYES Dpto. de Paraguay; 72 907 km², 59 100 hab. Cap., Pozo Colorado.

PRESLEY, *Elvis* (1935-1977) Cantante de *rock and roll* estadoun.

PRETORIA C. y cap. administrativa de la República de Sudáfrica; 528 000 hab.

PRÉVERT, *Jacques* (1900-1977) Poeta fr. *Palabras, La lluvia y el buen tiempo.*

PRIETO, *Guillermo* (1818-1897) Escritor mex. *Musa callejera.*

PRIETO, *Joaquín* (1786-1854) Militar y político chil. Presid. de la rep. en 1831-1841.

PRIM, *Juan* (1814-1870) Militar y político esp. Capitán general de Puerto Rico en 1847. Jefe del gobierno en 1869.

PRIMO de Rivera, *José Antonio* (1903-1936) Político esp. En 1933 fundó Falange Española.

PRIMO de Rivera, *Miguel* (1870-1930) Militar y político esp. Dictador en 1923-1930.

PRÍNCIPE EDUARDO Isla de Canadá; 5 660 km², 130 000 hab. Cap., Charlottetown.

PRINZAPOLCA Río de Nicaragua; 251 km.

PRÍO Socarrás, *Carlos* (1903-1977) Político cub. Presid. en 1948-1952.

PROGRESO, *El* Dpto. del centro-este de Guatemala; 1 922 km², 115 469 hab. Cap., Guastatoya.

PROGRESO, *El* C. de Honduras; 30 400 hab.

PROMETEO Titán gr. Robó el fuego celeste y se lo dio a los hombres.

PROTÁGORAS de Abdera (h. 480-410 a.C.) Filósofo sofista gr.

PROUDHON, *Pierre-Joseph* (1809-1865) Pensador socialista libertario fr.

PROUST, *Marcel* (1871-1922) Escritor fr. *En busca del tiempo perdido.*

PROVENZA-ALPES-COSTA AZUL Región de Francia; 31 400 km², 4 257 900 hab. Cap., Marsella.

PROVIDENCE C. de EE UU, cap. del est. de Rhode Island; 160 700 hab.

PROVIDENCIA C. de Chile; 114 300 hab.

PRUD'HON, *Pierre* (1758-1823) Pintor fr. *El rapto de Psique.*

PRUSIA Antiguo estado del N de Alemania.

PUCALLPA C. del Perú, cap. del dpto. de Ucayali; 153 000 hab.

PUCARÁ C. del Perú. Imp. restos arqueológicos de los ss. III a.C.-VII d.C.

PUCCINI, *Giacomo* (1858-1924) Compositor de óperas it. *Madama Butterfly.*

PUEBLA Est. de México; 33 919 km², 5 070 346 hab. Cap., Puebla de Zaragoza (1 346 176 hab.).

PUENTE ALTO C. de Chile; 126 300 hab.

PUERTO AYACUCHO C. de Venezuela, cap. del est. Amazonas; 28 200 hab.

PUERTO BAQUERIZO MORENO Cap. de la prov. ecuat. de Galápagos, en la Isla San Cristóbal; 3 023 hab.

PUERTO BARRIOS C. de Guatemala, cap. del dpto. de Izábal; 66 000 hab.

PUERTO CABELLO C. de Venezuela; 72 100 hab.

PUERTO CARREÑO C. de Colombia, cap. del dpto. de Vichada; 6 370 hab.

PUERTO INÍRIDA C. de Colombia, cap. del dpto. de Guainía; 14 035 hab.

PUERTO LA CRUZ C. de Venezuela; 82 000 hab.

PUERTO ESPAÑA Cap. de Trinidad y Tobago; 67 900 hab.

PUERTO LEMPIRA C. de Honduras, cap. del dpto. de Gracias a Dios; 2 033 hab.

PUERTO MALDONADO C. del Perú, cap. del dpto. de Madre de Dios; 21 200 hab.

PUERTO MONTT C. de Chile, cap. de la región de Los Lagos; 120 300 hab.

PUERTO PLATA Prov. de la Rep. Dominicana; 1 881 km², 228 100 hab. Cap., Puerto Plata (45 300 hab.).

PUERTO PRÍNCIPE Cap. de Haití; 684 300 hab.

PUERTO RICO Isla de América Central y estado libre asociado a EE UU; 8 897 km², 3 522 000 hab. Cap., San Juan.

PUEYRREDÓN, *Juan Martín de* (1776-1850) Militar arg. Jefe de estado en 1816-1819.

PUIG, *Manuel* (1932-1990) Novelista arg. *El beso de la mujer araña*.

PULITZER, *Joseph* (1847-1911) Periodista estadoun., n. en Budapest. Fundador de los premios que llevan su nombre.

PUMACAHUA, *Mateo* (1736-1815) Cacique per. Luchó contra Tupac Amaru.

PUNA C. de la India; 1 203 400 hab.

PUNÁ Isla de Ecuador; 920 km².

PUNAKHA C. de Bután, cap. de invierno del país; 34 000 hab.

PÚNICAS Tres guerras que enfrentaron a cartagineses y romanos en 264-146 a.C.

PUNO Dpto. del Perú; 72 012, 27 km², 1 143 400 hab. Cap., San Carlos de Puno (91 467 hab.).

PUNTA ARENAS C. de Chile, cap. de la región de Magallanes y Antártica Chilena; 119 700 hab.

PUNTA DEL ESTE C. de Uruguay; 6 500 hab.

PUNTA GORDA Río de Nicaragua; 120 km.

PUNTARENAS Prov. de Costa Rica; 11 277 km², 338 384 hab. Cap., Puntarenas (92 360 hab.).

PURACÉ Volcán de Colombia; 4 800 m.

PURÚS Río del Perú y Brasil; 3 000 km.

PUSÁN C. de la República de Corea; 3 160 000 hab.

PUSHKIN, *Alexander Sergueievich* (1799-1837) Escritor romántico ruso. *Eugenio Oneguin*.

PUTIN, *Vladimir* (n. 1952) Político ruso. Elegido presid. en 2000.

PUTUMAYO Dpto. de Colombia; 24 885 km², 166 679 hab. Cap., Mocoa.

PUTUMAYO Río de Colombia, Ecuador, Perú y Brasil; 1 600 km.

PUYO C. de Ecuador, cap. de la prov. de Pastaza; 14 438 hab.

PYONGYANG Cap. de la Rep. Dem. Popular de Corea; 1 700 000 hab.

Q

QATAR Estado del golfo Pérsico; 11 437 km², 455 000 hab. Cap., Doha.

QIQIHAR C. de China; 1 232 000 hab.

QUEBEC C. y prov. de Canadá; 164 600 hab.

QUEMADA, *La* Yacimiento arqueológico mex.

QUENEAU, *Raymond* (1903-1976) Escritor surrealista fr. *Zazie en el metro*.

QUERÉTARO Est. de México; 11 769 km², 1 402 010 hab. Cap., Querétaro (639 839 hab.).

QUESNAY, *François* (1694-1774) Economista y médico fr. Médico de Luis XV.

QUETZALCÓATL Pral. dios náhuatl.

QUETZALTENANGO Dpto. de Guatemala; 1 951 km², 606 556 hab. Cap., Quetzaltenango (98 800 hab.).

QUEVEDO y Villegas, *Francisco de* (1580-1645) Escritor barroco esp. *La vida del Buscón.*

QUEZADA, *Armando* (n. 1902) Escultor mex. *Niños héroes.*

QUEZÓN CITY o CIUDAD QUEZÓN C. de Filipinas, en la isla de Luzón; 1 165 900 hab. Cap. del país de 1948 a 1976.

QUIBDÓ C. de Colombia, cap. del dpto. de Chocó; 113 473 hab.

QUICHÉ Dpto. de Guatemala; 8 378 km², 631 785 hab.; cap., Santa Cruz del Quiché (9 866 hab.).

QUIJOTE, *El* Novela de Miguel de Cervantes, escrita en dos partes en 1605 y 1615, y cuyo título completo es *El ingenioso hidalgo don Quijote de la Mancha.*

QUILLOTA C. de Chile; 61 300 hab.

QUILPUÉ C. de Chile; 95 300 hab.

QUINCEY, *Thomas de* (1785-1859) Escritor brit. *El asesinato considerado como una de las bellas artes.*

QUINDÍO Dpto. de Colombia; 1 845 km², 418 273 hab. Cap., Armenia.

QUINDÍO Nevado de Colombia; 5 150 m.

QUINE, *Willard van Orman* (1908-2000) Filósofo estadoun. *Lógica matemática.*

QUINN, *Anthony* (1916-2001) Actor estadoun. n. en México. *Zorba el griego.*

QUINO (n. 1932) Seud. de *Joaquín Salvador Lavado.* Dibujante arg. creador de *Mafalda.*

QUINTA NORMAL C. de Chile; 127 500 hab.

QUINTANA, *Manuel* (1836-1906) Político arg. Presid. de la rep. en 1904-1906.

QUINTANA ROO Est. de México; 50 350 km², 873 804 hab. Cap., Chetumal.

QUINTANA Roo, *Andrés* (1787-1851) Político y escritor mex. Héroe de la guerra de indep. *Dieciséis de septiembre.*

QUINTANILLA Quiroga, *Carlos* (1888-1964) Militar bol. Presid. de la rep. en 1939-1940.

QUINTILIANO, *Marco Fabio* (35-95) Retórico latino. *De institutione oratoria.*

QUIÑONES Molina, *Alfonso* (1874-1950) Político salv. Presid. de la rep. en 1923-1927.

QUIOS Isla de Grecia, en el Egeo; 904 km²; 49 000 hab.

QUIRIGUA Ant. c. maya, sit. en Guatemala.

QUIRINAL Nombre de una de las siete colinas donde se asentaba la ant. Roma.

QUIROGA, *Horacio* (1878-1937) Escritor ur. *Cuentos de amor de locura y de muerte. Anaconda.*

QUISPE Tito, *Diego* (1611-?) Pintor barroco per. *Inmaculada.*

QUITO C. de Ecuador, cap. del país y de la prov. de Pichincha; 1 100 847 hab.

QUMRÁN Región del NO del mar Muerto.

R

RA Dios solar y supremo egipcio.

RABAT Cap. de Marruecos; 518 600 hab.

RABELAIS, *François* (h. 1494-1553) Escritor fr. *Gargantúa y Pantagruel.*

RABI, *Isaac Isidor* (1898-1988) Físico estadoun., de origen austríaco. Nobel de Física en 1944.

RABIN, *Yitzhak* (1922-1995) Militar y político israelí. Primer ministro en 1974. Reelegido en 1992. Nobel de la Paz en 1994. Murió asesinado.

RACHMANINOV, *Serguéi Vasilievich* (1873-1943) Compositor ruso. Autor de conciertos para piano, sinfonías y óperas.

RACINE, *Jean* (1639-1699) Poeta dramático fr., maestro del clasicismo. *Andrómaca.*

RAFAEL Nombre popular de *Raffaello Santi* o *Sanzio* (1483-1520) Pintor y arquitecto del Renacimiento it. Frescos del Vaticano. Sustituyó a Bramante en las obras de la basílica de San Pedro.

RALEIGH C. de EE UU, cap. del est. de Carolina del Norte; 208 000 hab.

RAMAN, *sir Chandrasekhara Venkata* (1888-1970) Físico hindú. Nobel de Física en 1930.

RAMÍREZ, *Norberto* (m. 1856) Político nic. Presid. de El Salvador en 1840-1841 y de Nicaragua en 1849-1851.

RAMÍREZ, *Pedro Pablo* (1884-1962) Militar arg. Jefe del gobierno tras derrocar a Castillo en 1943-1944.

RAMÍREZ Vázquez, *Pedro* (n. 1919) Arquitecto y diseñador mex. Museo de Arte Moderno. *4.000 años de arquitectura mexicana.*

RAMIRO Nombre de varios monarcas de Aragón y León. • **I** *el Monje* (m. 1157) Rey de Aragón en 1134-1137. • **II** (m. 951) Rey de León en 931-951. • **III** (961-985) Rey de León en 966-984.

RAMÓN Berenguer Nombre de varios condes de Barcelona. • **I** *el Viejo* (h. 1024-1076) Conde en 1035-1076. Durante su reinado se promulgó el primer código feudal europeo (*Usatges*). • **III** *el Grande* (1082-1131) Conde en 1096-1131. • **IV** (1114-1162) Conde en 1131-1162 y príncipe de Aragón en 1137-1162.

RAMÓN Borrell (972-1018) Conde de Barcelona en 992-1018. Hizo frente a las incursiones musulmanas.

RAMÓN y Cajal, *Santiago* (1852-1934) Médico esp. Fundador de la histología, de la micrología y autor de la doctrina de la neurona. Nobel de Medicina en 1906.

RAMOS, *Fidel* (n. 1928) Político filipino. Elegido presid. en 1992.

RAMOS, *Graciliano* (1892-1953) Novelista bras. *Angustias.*

RAMOS, *Samuel* (1897-1959) Filósofo mex. *Historia de la filosofía en México.*

RAMOS Mejía, *José M.ª* (1842-1914) Médico y escritor arg. *La locura en la historia.*

RAMSAY, *sir William* (1852-1916) Químico escocés. Descubrió el helio. Nobel de Química en 1904.

RAMSÉS Nombre de varios faraones de Egipto. • **I** (m. 1304 a.C.) Fundador de la XIX dinastía. • **II** (h. 1301-h. 1224 a.C.) Faraón de la XIX dinastía. • **III** (1198-1166 a.C.) Segundo faraón de la XX dinastía. Mandó construir el templo de Medinet Habu y su tumba en el valle de los Reyes.

RANCAGUA C. de Chile, cap. de la región del Libertador General Bernardo O'Higgins; 189 800 hab.

RANCO Lago de Chile; 390 km².

RANGÚN Cap. y puerto de Myanma; 2 459 000 hab.

RANIERO III (n. 1923) Príncipe de Mónaco desde 1949.

RAQUEL Meller (1888-1962) Cantante y actriz esp. *El Relicario, La Violetera.*

RASPUTÍN, *Grigori Yefímovich* (1872-1916) Monje ruso con dotes proféticas. Influyó mucho en la política.

RATISBONA C. y puerto de Alemania; 126 700 hab. En 1541 sede de la Dieta, origen de un compromiso entre catól. y protestantes.

RAU *(Rep. Árabe Unida)* Estado formado el 1-II-1958 con la unión de Egipto y Siria. El 8-III-1958 Yemen se federó, formándose el *Estado Árabe Unido.*

RAVEL, *Maurice* (1875-1937) Compositor fr. *Bolero, Rapsodia española.*

RAVENA C. de Italia; 136 300 hab. Antigua cap. del imperio de Occidente (402).

RAWALPINDI C. de Pakistán; 928 000 hab.

RAWSON C. de Argentina, cap. de la prov. de Chubut; 100 132 hab.

RAY, *Nicholas* Seud. de *Raymond Nicholas Kienzle* (1911-1979) Director de cine estadoun. *Rebelde sin causa.*

RAYLEIGH, *John William Strutt* (1842-1919) Físico brit. Con Ramsay, descubrió el argón (1895). Nobel de Física en 1904.

RAYUELA Novela de Julio Cortázar (1963).

REA Silvia Personaje mit. rom., madre de Rómulo y Remo.

REAGAN, *Ronald* (n. 1911) Actor y político estadoun. Presid. en 1981-1989.

REAL, *cordillera* Conjunto montañoso oriental de los Andes, en Bolivia. Alt. pral.: Illimani (6 882).

RÉAUMUR, *René Antoine* (1683-1757) Físico y naturalista fr. Inventó una escala termométrica de 0-80 (*escala R.*).

REBULL, *Santiago* (1827-1902) Pintor mex. Murales del castillo de Chapultepec.

RECAREDO I (m. 601) Rey de los visigodos en 586-601.

RECESVINTO (m. 672) Rey de los visigodos en 653-672.

RECIFE C. y puerto de Brasil, cap. del est. de Pernambuco; 1 290 000 hab.

RECONQUISTA Término para nombrar la recuperación por parte de tropas cristianas del territorio español ocupado por los musulmanes (711-1492).

RED RIVER Río de EE UU; 2 000 km.

REDGRAVE, *Vanessa* (n. 1937) Actriz de cine y política brit. *Isadora.*

REED, *John* (1887-1920) Periodista estadoun. Testigo de la rev. mex. *Diez días que conmovieron el mundo.*

REGALADO, *Tomás* (1860-1906) Militar y político salv. Presid. de la rep. en 1899-1903.

REGIOMONTANO, *Johann Müller,* llamado (1436-1476) Astrónomo al. Fundó, en Nuremberg, el primer observatorio de Europa (1471).

REICH Por antonomasia, el Estado o imperio germ. • Primer R. o Sacro Imperio Romano Germánico (962-1806). • Segundo R. (1871-1918) Promovido por Bismarck, terminó con el advenimiento de la Rep. de Weimar. • Tercer R. (1933-1945) Fundado por Hitler.

REICHENBACH, *Hans* (1891-1953) Filósofo al. *Teoría de la probabilidad.*

REICHSTAG Dieta del Sacro Imperio Romano Germánico (s. XII), disuelta al desaparecer el Imperio en 1806 y restablecida en 1867.

REIDY, *Alfonso Eduardo* (1909-1964) Arquitecto bras. Autor del museo de Arte Moderno en Río de Janeiro.

REIMS C. de Francia, cap. de la región Champaña-Ardenas; 206 400 hab. Catedral gótica del s. XIII.

REINA, *Carlos Roberto* (n. 1925) Político hond. Presid. de la rep. en 1994-1998.

REINA, *La* C. de Chile; 89 100 hab.

REINA Barrios, *José María* (1853-1898) Militar y político guat. Presid. de la rep. en 1892-1898.

REINA ADELAIDA Arch. del S. de Chile, en el Pacífico.

REINA CARLOTA, *archipiélago de la* Arch. de Canadá (Columbia Británica), en el Pacífico.

REINO UNIDO DE GRAN BRETAÑA E IRLANDA DEL NORTE ⇨ Gran Bretaña.

REMARQUE, *Erich Maria* (1898-1970) Seud. de *Erich Paul Kramer* Novelista al. *Sin novedad en el frente.*

REMBRANDT, *Harmenszoon van Rijn* (1606-1669) Famoso pintor neerlandés del barroco. *Lección de anatomía.*

REMO Personaje mit. rom., hermano de Rómulo.

REMÓN, *José Antonio* (1908-1955) Político y militar pan. Presid. de la rep. en 1952-1955.

RENANIA Región histórica del O de Alemania, configurada por el Rin.

RENCA C. de Chile; 114 600 hab.

RENNES C. de Francia, cap. de la región de Bretaña; 245 100 hab.

RENOIR, *Jean* (1894-1979) Director de cine fr. Maestro del realismo poético. *La gran ilusión.*

RENOIR, *Pierre Auguste* (1841-1919) Pintor impresionista fr. *Bañistas secándose.*

RESISTENCIA C. de Argentina, cap. de la prov. del Chaco; 297 646 hab.

RESNAIS, *Alain* (n. 1922) Director de cine fr. *Hiroshima mon amour.*

RESTREPO, *Antonio José* (1855-1933) Escritor col. *Prosas medulares.*

RESTREPO, *Carlos E.* (1867-1937) Político col. Presid. de la rep. en 1910-1914.

RESTREPO, *José Manuel* (1781-1863) Político e historiador col. Participó en la guerra de indep. (1811-1827).

RETALHULEU Dpto. del SO de Guatemala; 1 856 km², 261 136 hab. Cap., Retalhuleu (62 500 hab.).

RETZ, *Jean François Paul de Gondi,* CARDENAL DE (1613-1679) Político y escritor fr. *Memorias.*

REUNIÓN, *Isla* Dpto. fr. de Ultramar en el arch. de las Mascareñas; 2 510 km², 525 000 hab. Cap., Saint-Denis.

REVERÓN, *Armando* (1889-1954) Pintor impresionista ven. que da nombre a una bienal de arte.

REVILLA, *Manuel de la* (1846-1881) Escritor esp. *Principios de literatura general.*

REVILLAGIGEDO Arch. de México, en el Pacífico; 107 km², 1 500 hab.

REVOLUCIÓN china Proceso antiimperialista, antifeudal y más tarde socialista, que culminó con la victoria comunista en 1949.

REVOLUCIÓN cubana (1956-1959) Proceso histórico que culminó con la instauración de un régimen socialista, tras derrocar al dictador Fulgencio Batista y Zaldívar.

REVOLUCIÓN francesa (1789-1799) Período revolucionario de la hist. fr. que puso al Antiguo Régimen.

REVOLUCIÓN mexicana (1910-1920) Periodo en que se consumó la caída del porfiriato y se consolidó la burguesía en el poder.

REVOLUCIÓN rusa Proceso revolucionario que puso fin al zarismo (1917) y consolidó el primer Estado socialista de la historia.

REVUELTAS, *José* (1914-1976) Escritor mex. *Los muros del agua.*

REY, *Fernando* (1917-1994) Actor de cine esp. *Ese oscuro objeto del deseo.*

REYES, *Alfonso* (1889-1959) Escritor mex. *Visiones de Anáhuac.*

REYES, *Salvador* (1899-1970) Escritor chil. Premio Nacional de Literatura 1967. *El matador de tiburones.*

REYES Prieto, *Rafael* (1850-1921) Militar y político col. Presid. de la rep. en 1904-1909. Instauró una dictadura.

REYKJAVIK Cap. y puerto de Islandia; 87 100 hab.

REYLES, *Carlos* (1868-1938) Escrito ur. *El embrujo de Sevilla.*

REYMONT, *Wladyslaw Stanislaw* (1867-1925) Escritor pol. *Los campesinos.* Nobel de Literatura en 1924.

REYNOLDS, *Joshua* (1723-1792) Pintor retratista brit. *Edad de la inocencia.*

REYNOSA C. de México; 206 500 hab.

REZA Pahlavi (1878-1944) Sah de Irán en 1925-1941.

REZA Pahlavi, *Muhammad* (1919-1980) Sah en 1941 y emp. de Irán en 1967.

RHODE ISLAND Est. del NE de EE UU; 3 140 km², 1 003 000 hab. Cap., Providence.

RHODES, *Cecil John* (1853-1902) Político brit. y colonizador de África.

RIAÑO, *Diego de* (m. 1534) Arquitecto esp. del plateresco. Ayuntamiento de Sevilla.

RIBALTA, *Francisco* (1564-1628) Pintor barroco esp. Retablo de Algemesí.

RIBBENTROP, *Joachim von* (1893-1946) Político al. Condenado por el tribunal de Nuremberg.

RIBEIRÃO PRETO C. de Brasil; 436 118 hab.

RIBEIRO, *Aquilino* (1885-1963) Escritor port. *El jardín de los tormentos.*

RIBEIRO, *Bernardim* (h. 1500-1552) Escritor port. *Menina e moça.*

RIBERA, *José de,* llamado *el Españoleto* (1591-1652) Pintor esp. Maestro del realismo barroco. *San Jerónimo.*

RIBEYRO, *Julio Ramón* (1929-1994) Escritor per. *Los gallinazos sin plumas.*

RICARDO Nombre de varios reyes de Inglaterra. • I *Corazón de León* (1157-1199) Rey en 1189-1199. • II (1367-1400) Rey en 1377-1399. • III (1452-1485) Último Rey de los Plantagenet en 1483-1485. Drama de Shakespeare.

RICARDO, *David* (1772-1823) Economista brit. *Principios de economía política.*

RICHARD, *Dickinson Woodruff* (1895-1973) Médico estadoun. Nobel de Medicina en 1956.

RICHARDSON, *Owen Williams* (1879-1959) Físico brit. Nobel de Física en 1928.

RICHELIEU, *Armand Jean du Plessis,* CARDENAL DE (1582-1642) Cardenal y político fr. Primer ministro de Luis XIII. Luchó contra los protestantes. Creó *l'Académie Française.*

RICHMOND C. de EE UU, cap. del est. de Virginia; 203 000 hab.

RICHTER, *Jeremias Benjamin* (1762-1807) Químico al. Descubrió la ley de los pesos equivalentes (Ley de R.).

RICHTHOFEN, *Manfred von* (1892-1918) Aviador al., considerado el mejor piloto de caza al.

RIEGO, *El* Fase cultural de la prehistoria amer. (7200-5200 a.C.), descubierta en el valle de Tehuacán, México.

RIEGO, *Rafael de* (1785-1823) Militar esp. que obligó a Fernando VII a declararse rey constitucional.

RIEMANN, *Georg Friederich Bernhard* (1826-1866) Matemático al. Introductor de la geometría elíptica o de R.

RIF Cordillera del N de Marruecos; alt. máx.: Tidighin, 2 452 m.

RIGA Puerto de Letonia, en el Báltico; 915 000 hab.

RIJEKA C. y puerto de Croacia; 158 300 hab.

RILKE, *Rainer María* (1875-1926) Poeta checo, en lengua al. *Cuadernos de Malte.*

RIMBAUD, *Arthur* (1854-1891) Poeta fr. *El barco ebrio.*

RIMSKI-KORSAKOV, *Nikolai Andreievich* (1844-1908) Compositor ruso. *Capricho español, Sherezade.*

RIN Río de Europa occidental; 1 326 km.

RÍO BRANCO C. de Brasil, cap. del est. de Acre; 197 000 hab.

RÍO BRAVO C. de México; 71 000 hab.

RÍO CUARTO C. de Argentina; 110 300 hab.

RÍO DE JANEIRO Est. del S de Brasil; 43 305 km², 13 880 000 hab. Cap., Río de Janeiro.

RÍO DE JANEIRO C. y puerto de Brasil; 5 336 000 hab. Cap. federal hasta 1960, en que Brasilia pasó a ser la cap. del país.

RÍO DE LA PLATA Estuario de América meridional, formado por la unión de los r. Paraná y Uruguay en su desembocadura; 280 km.

RÍO GALLEGOS C. de Argentina, cap. de la prov. de Santa Cruz; 79 033 hab.

RÍO GRANDE DO NORTE Est. del NE de Brasil; 53 167 km², 2 336 000 hab. Cap., Natal.

RÍO GRANDE DO SUL Est. del SE de Brasil; 280 674 km², 9 265 000 hab. Cap., Pôrto Alegre.

RÍO NEGRO Prov. de Argentina; 203 013 km², 506 796 hab. Cap., Viedma.

RÍO PIEDRAS C. de Puerto Rico; 463 300 hab.

RÍO SAN JUAN Dpto. de Nicaragua; 7 402 km², 52 200 hab. Cap., San Carlos.

RIOBAMBA C. de Ecuador, cap. de la prov. de Chimborazo; 94 505 hab.

RIOHACHA C. de Colombia, cap. del dpto. de La Guajira; 107 329 hab.

RIOJA, La Com. autón. del N de España; 5 034 km², 264 941 hab. Cap., Logroño.

RIOJA, La Prov. del N de Argentina; 89 680 km², 220 729 hab. Cap., La Rioja (106 281 hab.).

RÍOS, Los Prov. de Ecuador; 7 175 km², 527 559 hab. Cap., Babahoyo.

RÍOS Montt, Efraín (n. 1927) Militar guat. Presid. de la Junta Militar en 1982-1983.

RÍOS Morales, Juan Antonio (1888-1946) Político chil. Presid. de la rep. en 1942-1946.

RIPSTEIN, Arturo (n. 1944) Director de cine mex. Tiempo de morir.

RISARALDA Dpto. de Colombia; 4 140 km², 752 257 hab. Cap., Pereira.

RISORGIMENTO Mov. cultural y político surgido en Italia en 1815-1870 para unificar los est. it.

RITACUVA, alto de Alt. máx. de la sierra Nevada del Cocuy, en Colombia; 5 493 m.

RIVA Agüero, José Mariano de la (1783-1858) Político per. Primer presid. de la rep. en 1823.

RIVADAVIA, Bernardino (1780-1845) Político arg. Presid. de la rep. en 1826-1827. Promulgó la constitución unitaria de 1826.

RIVAROLA, Cirilo Antonio (m. 1878) Político par. Presid. de la rep. en 1870.

RIVAS Dpto. de Nicaragua; 2 190 km², 149 800 hab. Cap., Rivas (14 300 hab.).

RIVAS, Ángel de Saavedra, DUQUE DE (1791-1865) Escritor esp. Don Álvaro o la fuerza del sino.

RIVERA Dpto. de Uruguay; 9 370 km², 89 475 hab. Cap., Rivera (56 300 hab.).

RIVERA, Diego (1886-1957) Pintor mex. Murales en el palacio Nacional.

RIVERA, Fructuoso (h. 1788-1854) Militar y político ur. Primer presid. en 1830-1834.

RIVERA, José Eustasio (1889-1928) Escritor col. La Vorágine.

RIVERA Carvallo, Julio Adalberto (1921-1973) Político salv. Presid. de la rep. en 1961-1967.

RIVERA Paz, Mariano (1804-1849) Político guat. Jefe del est. en 1839.

RIYADH Cap. de Arabia Saudita; 666 800 hab.

ROA Bárcena, José María (1827-1908) Escritor mex. Poesías líricas.

ROA Bastos, Augusto (n. 1917) Escritor par. Los pies sobre el agua.

ROATÁN C. de Honduras, cap. del dpto. de Islas de la Bahía; 3 091 hab.

ROBBIA, Luca della (h. 1400-1482) Escultor florentino. Cantoría de la catedral de Florencia.

ROBERTO II el Piadoso (h. 970-1031) Rey de Francia en 996-1031, hijo de Hugues Capet.

ROBESPIERRE, Maximilien de (1758-1794) Político fr., jacobino. Fue guillotinado.

ROBIN Hood Personaje legendario ing., que vagó por los bosques de Sherwood.

ROBLES, Francisco (1811-1893) Político ecuat. Presid. de la rep. en 1857-1859.

ROBLES, Marco Aurelio (1906-1990) Político pan. Presid. de la rep. en 1964-1968.

NP

ROCA, *cabo de* Cabo de Portugal, al O de Lisboa; punto más occidental de Europa.

ROCA, *Julio Argentino* (1843-1914) Militar y político arg. Presid. en 1880-1886 y en 1898-1904.

ROCA, *Vicente Ramón* (1792-1858) Político ecuat. Presid. de la rep. en 1845-1849.

ROCAFUERTE, *Vicente* (1783-1847) Político ecuat. Presid. en 1835-1839.

ROCHA Dpto. de Uruguay; 10 551 km², 66 601 hab. Cap., Rocha (23 900 hab.).

ROCKEFELLER, *John Davison* (1839-1937) Industrial estadoun. Fundador de la *Standard Oil Company.*

ROCOSAS, *montañas* Sist. montañoso de América Septentrional.

RÓDANO Río de Europa; 812 km.

RÓDANO-ALPES Región del SE de Francia; 43 698 km², 5 350 700 hab. Cap., Saint-Étienne y Grenoble.

RODAS Isla de Grecia, en el mar Egeo; 1400 km², 67 100 hab. En ella se erigió (ss. VIII-VI a.C.) el famoso *Coloso de Rodas.*

RODIN, *Auguste* (1841-1917) Escultor fr. *El pensador, El beso.*

RODÓ, *José Enrique* (1872-1917) Escritor ur. *Motivos de Proteo.*

RODOLFO, *lago* Lago de Kenia; 10 250 km².

RODOLFO II de Habsburgo (1552-1612) Archiduque de Austria, rey de Hungría en 1572-1608, rey de Bohemia en 1575-1611 y emp. de Alemania en 1576-1612.

RODOREDA, *Mercè* (1909-1983) Escritora esp. en lengua cat. *La plaça del Diamant.*

RODRIGO, *Joaquín* (1902-1999) Compositor esp. *Concierto de Aranjuez.*

RODRIGUES Alves, *Francisco de Paula* (1848-1919) Político bras. Presid. de la rep. en 1902-1906. Reelegido en 1918.

RODRÍGUEZ, *Abelardo* (1889-1967) Militar y político mex. Presid. de la rep. en 1932-1934.

RODRÍGUEZ, *Andrés* (1923-1997) Militar par. Presid. en 1989-1993.

RODRÍGUEZ, *José Joaquín* (1838-1917) Político cost. Presid. de la rep. en 1890-1894.

RODRÍGUEZ, *Juan Manuel* (1795-1826) Político salv. Primer jefe de est. de El Salvador en 1824.

RODRÍGUEZ, *Miguel Ángel* (1940) Político cost. Elegido presid. de la rep. en enero de 1998.

RODRÍGUEZ, *Silvio* (n. 1946) Cantante cub. Uno de los creadores de la Nueva Trova.

RODRÍGUEZ, *Ventura* (1717-1785) Arquitecto esp. Palacio de Liria de Madrid.

RODRÍGUEZ Erdoiza, *Manuel* (1785-1818) Patriota chil. ParticipÓ en la victoria de Maipú (1818).

RODRÍGUEZ Galván, *Ignacio* (1816-1842) Escritor mex. *Profecía de Guatimoc.*

RODRÍGUEZ Lara, *Guillermo* (n. 1923) Militar y político ecuat. Presid. en 1972-1976.

RODRÍGUEZ Zeledón, *José Joaquín* (1838-1917) Político cost. Presid. en 1890-1894.

ROENTGEN o RÖNTGEN, *Wilhelm Konrad von* (1845-1923) Físico al. Descubrió los rayos X. Nobel de Física en 1901.

ROGERS, *Ginger* (1908-1995) Actriz y bailarina estadoun. Actuó con F. Astaire. *Sombrero de copa.*

ROIG, *Emilio* (1889-1964) Historiador cub. *Historia de La Habana.*

ROJAS, *Fernando de* (m. 1541) Escritor esp. *La Celestina.*

ROJAS, *José Antonio* (1713-1816) Patriota chil. Uno de los autores de la fracasada conspiración republicana de 1780.

ROJAS, *Manuel* (1896-1973) Escritor chil. *Hombres del Sur.*

ROJAS, *Ricardo* (1882-1957) Escritor arg. *El país de la selva.*

ROJAS Paúl, *Juan Pablo* (1829-1905) Político ven. Presid. de la rep. en 1888-1890.

ROJAS Pinilla, *Gustavo* (1900-1975) Militar y político col. En 1953 encabezó el golpe de Est. Presid. de la rep. en 1954-1957.

ROJO Río del SE asiático; 1 200 km.

ROJO, *mar* Mar que separa el continente afr. de la pen. Arábiga; 470 000 km².

ROKHÁ, *Carlos Díaz Loyola*, llamado *Pablo de* (1894-1968) Poeta chil. *Los gemidos.*

ROLDÁN o ROLANDO Héroe del ciclo legendario de Carlomagno.

RÓLDÓS, *Jaime* (1941-1981) Político ecuat. Elegido presid. en 1979.

ROLLAND, *Romain* (1886-1944) Escritor fr. *Danton.* Nobel de Literatura en 1916.

ROLLING Stones, *The* Conjunto brit. de rock, formado en 1962.

ROMA Cap. de Italia y de la región del Lacio; 2 775 250 hab.

ROMAINS, *Jules* (1885-1972) Escritor fr. *La vida unánime.*

ROMÁN y Reyes, *Víctor Manuel* (1877-1950) Político nic. Presid. de la rep. en 1947-1950.

ROMANA, *La* Prov. de la Rep. Dominicana; 558 km², 162 400 hab. Cap., La Romana (91 571 hab.).

ROMANONES, *Álvaro de Figueroa y Torres,* CONDE DE (1863-1950) Político esp. Formó gobierno en 1912 y en 1915.

ROMANOV Dinastía que reinó en Rusia en 1613-1645 y en 1894-1917.

ROMEO Y JULIETA Poema trágico de Shakespeare (1595).

ROMERO, *Carlos Humberto* (n. 1924) Militar y político salv. Presid. en 1977-1979.

ROMERO, *José Rubén* (1890-1952) Escritor mex. *La vida inútil de Pito Pérez.*

ROMERO de Torres, *Julio* (1880-1930) Pintor esp. *Musa gitana.*

ROMERO García, *Manuel Vicente* (1864-1914) Escritor ven. *Peonía.*

ROMMEL, *Erwin* (1891-1944) Mariscal al., colaborador de Hitler.

RÓMULO Según la leyenda, fundador de Roma. Hermano gemelo de Remo, a quien mató.

RÓMULO Augústulo (s. V) Último emp. rom. de Occidente.

RONCESVALLES Puerto de montaña en los Pirineos, donde Carlomagno fue derrotado (778).

RONDEAU, *José* (1773-1844) Patriota y militar ur. Director de las Provincias Unidas del Río de la Plata (1815; 1819-1820).

RONDÔNIA Est. del O de Brasil; 238 378 km², 1 021 000 hab. Cap., Pôrto Velho.

RONSARD, *Pierre de* (1524-1585) Poeta fr. Jefe de *La Pléyade. Soneto.*

ROOSEVELT, *Franklin Delano* (1882-1945) Político estadoun. Presid. en 1932-1944.

ROOSEVELT, *Theodore* (1858-1919) Político estadoun. Presid. en 1901-1908. Nobel de la Paz en 1906.

ROQUES Archipiélago de Venezuela formado por unas 45 islas.

RORAIMA Est. del N de Brasil; 225 017 km², 130 000 hab. Cap., Boa Vista.

ROSA, *monte* Macizo de los Alpes; 4 638 m.

ROSALES, *Luis* (1910-1992) Poeta esp. *Abril.*

ROSARIO C. y puerto de Argentina; 957 300 hab. Escenario de las luchas contra la política hegemónica del puerto de Buenos Aires.

ROSAS , *Juan Manuel de* (1793-1877) Militar y político arg. Gobernador de la prov. de Buenos Aires en 1829-1832 y 1835-1852.

ROSCIO, *Juan Germán* (1759-1821) Abogado y patriota ven. Vicepresid. de la rep. en 1819 y de la Gran Colombia.

ROSENBERG, *Alfred* (1893-1946) Político y filósofo al. Pral. teórico del nacionalsocialismo.

ROSENBLAT, *Ángel* (1902-1984) Lingüista ven. *Buenas y malas palabras.*

ROSETA, *Piedra de* Estela con inscripciones trilingües, origen de la egiptología moderna.

ROSSELLINI, *Roberto* (1906-1977) Director de cine it. *Roma, ciudad abierta.*

ROSSINI, *Gioacchino Antonio* (1792-1868) Compositor it. de óperas. *Otelo.*

ROSTAND, *Edmond* (1868-1918) Dramaturgo fr. *Cyrano de Bergerac.*

ROSTOV DEL DON C. de Rusia; 986 000 hab.

ROTTERDAM C. y puerto de Holanda; 554 300 hab.

ROUAULT, *Georges* (1871-1958) Pintor fr. *Cristo y los pecadores.*

ROUGET de Lisle, *Claude Joseph* (1760-1836) Poeta fr. Autor de *La Marsellesa.*

ROUSSEAU, *Henri Julien,* llamado el *Aduanero* (1844-1910) Pintor naïf fr. *La gitana dormida.*

ROUSSEAU, *Jean-Jacques* (1712-1778) Escritor y filósofo suizo. *Contrato social.*

ROUSSEL, *Albert* (1869-1937) Compositor fr. *Evocaciones.*

ROUX, *René Paul Émile* (1853-1933) Bacteriólogo fr. Uno de los fundadores de la sueroterapia moderna.

ROYO, *Arístides* (n. 1939) Político pan. Presid. de la rep. en 1978-1980.

NP

RUÁN C. y puerto de Francia, cap. de la región de la Alta Normandía; 380 200 hab.

RUANDA Estado de África central; 26 338 km², 7 165 000 hab. Cap., Kigali. *(Ruandeses)*.

RUBENS, *Pieter Paul* (1577-1640) Pintor flam., maestro del barroco. *Las tres gracias*.

RUBINSTEIN, *Anton Grigoriévich* (1829-1894) Compositor ruso de óperas (*Los Macabeos*), sinfonías y conciertos.

RUEDA, *Lope de* (h. 1505-1565) Autor teatral esp. *Las aceitunas*.

RUHR, *Cuenca del* Región de Alemania en la cuenca hullera del río hom., afl. de Rin.

RUIZ, *Nevado del* Volcán de Colombia, en la cordillera Central; 5 400 m de alt.

RUIZ Cortines, *Adolfo* (1892-1973) Político mex. Bajo su mandato (1952-1958) se otorgó el voto a las mujeres.

RUIZ de Apodaca, *Juan* (1754-1835) Marino esp. Capitán general de Cuba. Desde 1815, fue virrey de Nueva España.

RUIZ de Gamboa, *Martín* (h. 1531-h. 1593) Administrador esp. Gobernador de Chile en 1580-1583.

RUIZ Tagle, *Francisco* (m. 1860) Político chil. Presid. interino de la rep. en 1830.

RULFO, *Juan* (1918-1986) Novelista mex. *Pedro Páramo*.

RUMANIA Estado de Europa oriental; 237 500 km², 22 750 000 hab. Cap., Bucarest. *(Rumanos)*.

RUMIÑAHUI Pico de Ecuador; 4 722 m de alt.

RUMIÑAHUI (m. 1534) Consejero militar de Atahualpa. Lideró la resistencia contra los esp. (1533-1534).

RUSHDIE, *Salman* (n. 1947) Escritor angloindio. *Los versos satánicos*.

RUSIA Estado de Europa oriental y Asia, con la mayor extensión del mundo: 17 075 400 km², 148 485 000 hab. Cap., Moscú. *(Rusos)*.

RUSIÑOL, *Santiago* (1861-1931) Escritor esp., en lengua cat. *L'auca del senyor Esteve*.

RUSO-JAPONESA, *guerra* (1904-1905) Conflicto entre Rusia y Japón en los terr. de Manchuria y Corea. Venció Japón.

RUSSELL, *Bertrand* (1872-1970) Filósofo y matemático brit. *Principia Mathematica*. Nobel de Literatura en 1950.

RUTHERFORD, *lord Ernest* (1871-1937) Científico brit. Descubrió el protón. Nobe de Química en 1908.

RYUKYU Arch. de Japón; 2 263 km² 1 263 000 hab. Ocupado por EE UU después de la II Guerra Mundial, fue devuelto a Japón en 1972.

S

SÁ Carneiro, *Francisco* (1934-1980) Político port. Primer ministro en 1979-1980.

SÁ de Miranda, *Francisco* (h. 1485-1558) Poeta y humanista port. *Os Vilhalpandos*.

SAARBRÜCKEN C. de Alemania, cap. del est. del Sarre; 188 800 hab.

SAAVEDRA, *Bautista* (1870-1939) Político bol. Presid. de la rep. en 1921-1925.

SAAVEDRA, *Cornelio de* (1761-1829) Militar y arg. Presid. en 1810-1811.

SAAVEDRA Lamas, *Carlos* (1878-1959) Político arg. Nobel de la Paz en 1936.

SABA Ant. estado, sit. en la pen. Arábiga.

SABADELL C. de España; 185 798 hab.

SABANA-CAMAGÜEY Archipiélago de Cuba.

SABANETA C. de la Rep. Dominicana, cap. de la prov. de Santiago Rodríguez; 9 200 hab.

SABAT Ercasty, *Carlos* (1887-1982) Poeta ur. *Poemas del hombre*.

SÁBATO, *Ernesto* (n. 1911) Escritor arg. Premio Cervantes en 1983. *El túnel*.

SABINES, *Jaime* (1926-1999) Poeta mex. *Recuento de poemas*.

SABOGAL, *José* (1888-1956) Pintor per *Los cachimbos*.

SACASA, *Juan Bautista* (1874-1946) Político nic. Presid. en 1932-1936.

SACASA, *Roberto* (1840-?) Político nic. Presid. en 1889-1893.

SACATEPÉQUEZ Dpto. de Guatemala 465 km², 196 537 hab. Cap., Antigua.

SACHS, *Nelly* (1891-1970) Escritora al. Nobel de Literatura en 1966. *Las moradas del infierno*.

SACRAMENTO C. de EE UU, cap. del est. de California; 369 400 hab.

SACRO Imperio Romano Germánico Imperio fundado en 962 y que se prolongó hasta 1806.

SACSAHUAMÁN Fortificación inca, en Perú.

al-SADAT, *Anwar* (1918-1981) Militar egipcio. Presid. en 1970-1981. Nobel de la Paz en 1978.

SADE, *Donatien Alphonse F.*, MARQUÉS DE (1740-1814) Escritor fr. *Justina o las desgracias de la virtud.*

SÁENZ Peña, *Luis* (1822-1907) Político arg. Presid. de la rep. en 1892-1895.

SÁENZ Peña, *Roque* (1851-1914) Político arg. Presid. de la rep. en 1910-1914.

SAFO Poetisa gr. del s. VI a.C.

SAGAN, *Françoise* (n. 1935) Escritora fr. *Buenos días, tristeza.*

SAGASTA, *Práxedes Mateo* (1825-1903) Político esp. Seis veces presid. en 1871-1902.

SAGITARIO Noveno signo y constelación del Zodíaco.

SAHAGÚN, *Bernardino de* (h. 1500-1590) Historiador esp. *Historia general de las cosas de la Nueva España.*

SÁHARA Desierto de África; 8 000 000 km².

SÁHARA OCCIDENTAL Territorio occidental de África, ocupado desde 1975 por Marruecos; 266 000 km², 300 000 hab. Cap., El Aaiún.

SAIGÓN ⇨ Ho Chi Minh, Ciudad.

SAINT GEORGE'S o SAINT GEORGE Cap. del Est. antill. de Granada; 27 000 hab.

SAINT JOHN'S Cap. antill. de Antigua y Barbuda; 30 000 hab.

SAINT PAUL C. de EE UU, cap. del est. de Minnesota; 272 200 hab.

SAINT-DENIS Cap. de Reunión; 109 600 hab.

SAINT-EXUPÉRY, *Antoine de* (1900-1944) Novelista fr. *El pequeño príncipe.*

SAINT-JOHN Perse (1887-1975) Poeta fr. Nobel de Literatura en 1960. *Anábasis.*

SAINT-SAËNS, *Camille* (1835-1921) Compositor neoclásico fr. *Sansón y Dalila.*

SAINT-SIMON, *Claude Henri de Rouvroy*, CONDE DE (1760-1825) Pensador socialista fr. *El sistema industrial.*

SAINT-SIMON, *Louis de Rouvroy*, DUQUE DE (1675-1755) Político e historiador fr. *Memorias.*

SAJALIN Isla de Rusia; 87 100 km².

SAJAMA Volcán de Bolivia; 6 520 m.

SAJAROV, *Andrei Dmitrievich* (1921-1989) Físico soviético. Nobel de la Paz en 1975.

SAJONIA Est. del E de Alemania; 18 341 km², 4 770 000 hab. Cap., Dresde.

SAJONIA, *Baja* Est. del N de Alemania; 47 351 km², 7 390 000 hab. Cap., Hannover.

SAJONIA-ANHALT Est. del E de Alemania; 20 607 km², 2 880 000 hab. Cap., Magdeburgo.

SALADINO I (1138-1193) Sultán ayubí de Egipto en 1171-1193 y de Siria en 1174-1193.

SALADO Río de Argentina central; 1 200 km.

SALADO DEL NORTE Río de Argentina; 2 000 km.

SALAMÁ C. de Guatemala, cap. del dpto. de Baja Verapaz; 34 300 hab.

SALAMANCA Isla de Colombia; 250 km².

SALAMANCA C. de España; 159 225 hab.

SALAMANCA C. de México; 75 000 hab.

SALAMANCA, *Daniel* (1863-1935) Político bol. Presid. de la rep. en 1931-1934.

SALARRUÉ, *Salvador Salazar Arrué*, llamado (1899-1975) Escritor salv. *Cuentos de barro.*

SALAVARRIETA, *Policarpa* (1795-1817), llamada *la Pola.* Patriota de la indep. col.

SALAVERRY, *Carlos Augusto* (1831-1890) Poeta romántico per. *El pueblo y el tirano.*

SALAVERRY, *Felipe Santiago* (1806-1836) Militar per. Jefe supremo en 1835-1836.

SALAZAR, *Antonio de Oliveira* (1889-1970) Político port. Presid. en 1932-1968.

SALAZAR, *Vicente Lucio* (s. XIX) Político ecuat. Presid. de la rep. en 1893.

SALCANTAY Cumbre del Perú; 6 271 m de alt.

SALCEDO Prov. de la Rep. Dominicana; 494 km², 109 400 hab. Cap., Salcedo (10 316 hab.).

SALDANHA, *João Carlos d'Oliveira Daun*, DUQUE DE (1790-1870) Político port. Dirigió el gobierno tres veces en el periodo 1835-1856.

NP

SALDÍAS, *Adolfo* (1849-1914) Historiador arg. *Historia de la Confederación Argentina.*

SALEM C. de EE UU, cap. del est. de Oregón; 107 800 hab.

SÁLGAR, *Eustorgio* (1831-1885) Político col. Presid. de la rep. en 1870-1872.

SALIERI, *Antonio* (1750-1825) Compositor it. *Armida.*

SALINAS, *Francisco de* (1513-1590) Músico esp. Organista de la catedral de León.

SALINAS, *Pedro* (1892-1951) Poeta y crítico esp. *Presagios.*

SALINAS de Gortari, *Carlos* (n. 1948) Político mex. Presid. de la rep. en 1988-1994.

SALINAS GRANDES Desierto de Argentina, al O de la Pampa; 20 000 km².

SALMERÓN, *Nicolás* (1838-1908) Político esp. Presid. de la I Rep. en 1873.

SALOMÉ Princesa judía. Responsable de la muerte de san Juan Bautista.

SALOMÓN (s. x a.C.) Rey de Israel en 971-929 a.C. Hijo de David.

SALOMÓN Estado insular en Melanesia; 28 396 km², 360 000 hab. Cap., Honiara.

SALÓNICA C. de Grecia, en Macedonia; 406 000 hab.

SALT LAKE CITY C. de EE UU, cap. del est. de Utah; 160 000 hab.

SALTA Prov. de Argentina; 155 488 km², 866 771 hab. Cap., Salta (373 857 hab.).

SALTILLO C. de México, cap. del est. de Coahuila; 577 352 hab.

SALTO Dpto. del NO de Uruguay; 14 163 km², 118 100 hab. Cap., Salto (88 800 hab.).

SALTO DEL GUAIRÁ C. de Paraguay, cap. del dpto. de Canindeyú; 4 558 hab.

SALUÉN Río de Asia; 2 500 km.

SALUSTIO Nombre de *Caius Sallustius Crispus* (85-35 a.C.) Historiador latino. *La conjuración de Catilina,.*

SALVADOR C. del E de Brasil, cap. del est. de Bahía; 2 056 000 hab.

SALVALEÓN DE HIGÜEY C. de la Rep. Dominicana, cap. de La Altagracia; 35 500 hab.

SAMANÁ Prov. de la Rep. Dominicana; 989 km², 72 500 hab. Cap., Santa Bárbara de Samaná (5 000 hab.).

SAMANIEGO, *Félix M.ª de* (1745-1801) Escritor esp. Autor de las *Fábulas.*

SAMANO, *Juan de* (1754-1820) Militar esp. Virrey de Nueva Granada en 1817-1819.

SAMAR Isla de Filipinas; 13 429 km², 1 115 000 hab.

SAMARA (ant. Kuibishev) C. de Rusia; 1 250 000 hab.

SAMARANCH, *Juan Antonio* (n. 1920) Deportista y político esp. Presid. del Comité Olímpico Internacional (COI) desde 1980.

SAMARCANDA o **SAMARKANDA** C. de la rep. de Uzbekistán; 266 800 hab.

SAMARIA Ant. c. de Palestina, cap. del reino de Israel.

SAMOA Estado de Oceanía, en la Polinesia. 2 842 km², 159 000 hab. Cap., Apia.

SAMOA AMERICANA Archipiélago de EE UU, sit. en Oceanía (Polinesia); 199 km², 48 000 hab. Cap., Pago Pago.

SAMOS Isla de Grecia; 778 km², 40 500 hab.

SAMOTRACIA Isla de Grecia; 180 km², 4 000 hab.

SAMPAIO, *Jorge* (n. 1939) Político socialista port. Elegido presidente en 1996, y reelegido en 2001.

SAMPER, *Ernesto* (n. 1950) Político liberal colombiano. Presid. de la rep. entre 1994 y 1998.

SAN ANDRÉS Y PROVIDENCIA Dpto. de Colombia, en el Caribe; 44 km², 61 047 hab. Cap., San Andrés (55 125 hab.).

SAN ANTONIO C. de EE UU; 785 400 hab.

SAN ANTONIO C. de Chile; 65 000 hab.

SAN BERNARDINO C. de EE UU; 1 558 200 hab.

SAN BERNARDO C. de Chile; 148 000 hab.

SAN CARLOS C. de Venezuela, cap. del est. Cojedes; 37 900 hab.

SAN CARLOS C. de Nicaragua, cap. del dpto. de Río San Juan; 3 100 hab.

SAN CRISTÓBAL Isla de Ecuador, en el arch. de Galápagos; 520 km², 2 900 hab.

SAN CRISTÓBAL Prov. de la Rep. Dominicana; 1 243 km², 368 600 hab. Cap., San Cristóbal (58 520 hab.).

SAN CRISTÓBAL C. de Venezuela, cap. del est. Táchira; 242 167 hab.

SAN CRISTÓBAL Y NEVIS Estado insular de las Pequeñas Antillas; 269 km², 44 000 hab. Cap., Basseterre.

SAN DIEGO C. de EE UU; 875 500 hab.

SAN FELIPE C. de Venezuela, cap. del est. Yaracuy; 57 500 hab.

SAN FELIPE DE ACONCAGUA C. de Chile; 116 403 hab.

SAN FELIPE DE PUERTO PLATA C. de la Rep. Dominicana, cap. de la prov. de Puerto Plata; 45 348 hab.

SAN FERNANDO DE APURE C. de Venezuela, cap. del est. Apure; 57 300 hab.

SAN FERNANDO DEL VALLE DE CATAMARCA C. de Argentina, cap. de la prov. de Catamarca; 110 489 hab.

SAN FRANCISCO Río de Brasil; 3 000 km.

SAN FRANCISCO C. de El Salvador, cap. del dpto. de Morazán; 20 500 hab.

SAN FRANCISCO C. de EE UU; 679 000 hab.

SAN FRANCISCO DE MACORÍS C. de la Rep. Dominicana, cap. de Duarte; 64 906 hab.

SAN JORGE Canal entre Irlanda y el País de Gales; 160 km de longitud.

SAN JORGE Río de Colombia; 400 km.

SAN JOSÉ Dpto. de Uruguay; 4 992 km², 96 200 hab. Cap., San José (31 700 hab.).

SAN JOSÉ Prov. de Costa Rica; 4 960 km², 1 105 844 hab. Cap., San José.

SAN JOSÉ Cap. de Costa Rica; 305 278 hab.

SAN JOSÉ DEL GUAVIARE C. de Colombia, cap. del dpto. de Guaviare; 38 415 hab.

SAN JUAN R. de Nicaragua y Costa Rica; 200 km.

SAN JUAN Río de Colombia; 380 km.

SAN JUAN Prov. de Argentina; 89 651 km², 529 920 hab. Cap., San Juan (119 399 hab.).

SAN JUAN Prov. de la Rep. Dominicana; 3 561 km², 264 700 hab. Cap., San Juan de la Maguana (49 800 hab.).

SAN JUAN Cap. de Puerto Rico; 437 745 hab.

SAN JUAN BAUTISTA C. de Paraguay, cap. del dpto. de Misiones; 8 164 hab.

SAN JUAN DEL RÍO C. de México; 54 000 hab.

SAN JUAN-RÍO PIEDRAS Distr. de Puerto Rico; 820 000 hab. Cap., San Juan.

SAN LORENZO R. de Canadá y EE UU; 3 100 km.

SAN LORENZO Yacimiento arqueológico mex. Restos olmecas.

SAN LUIS Prov. de Argentina; 76 748 km², 2 191 712 hab. Cap., San Luis (121 146 hab.).

SAN LUIS Mun. de Cuba; 80 200 hab.

SAN LUIS POTOSÍ Est. del N de México; 62 848 km², 2 296 363 hab. Cap., San Luis Potosí (669 353 hab.).

SAN MARCOS Dpto. de Guatemala; 3 791 km², 766 950 hab. Cap., San Marcos (6 963 hab.).

SAN MARINO, *República de* Estado europeo, enclavado en terr. it.; 60,577 km², 23 000 hab. Cap., San Marino (4 200 hab.).

SAN MARTÍN u O'HIGGINS Lago fronterizo entre Argentina y Chile; 1 013 km².

SAN MARTÍN Dpto. del Perú; 51 253,31 km², 643 200 hab. Cap., Moyobamba.

SAN MARTÍN, *José Francisco de* (1778-1850) Militar arg. Héroe de la independencia.

SAN MIGUEL Dpto. de El Salvador; 2 077 km², 380 442 hab. Cap., San Miguel (182 800 hab.).

SAN MIGUEL DE TUCUMÁN C. de Argentina, cap. de la prov. de Tucumán; 473 014 hab.

SAN NICOLÁS DE LOS ARROYOS C. de Argentina; 98 500 hab.

SAN NICOLÁS DE LOS GARZA Mun. de México; 113 100 hab.

SAN PEDRO Volcán de Chile; 5 974 m de alt.

SAN PEDRO Dpto. de Paraguay; 20 002 km², 277 110 hab. Cap., San Pedro de Ycuamandyyá (4 625 hab.).

SAN PEDRO DE MACORÍS Prov. de la Rep. Dominicana; 1 166 km², 193 200 hab. Cap., San Pedro de Macorís (78 562 hab.).

SAN PEDRO SULA C. de Honduras, cap. del dpto. de Cortés; 287 350 hab.

SAN PEDRO y MIQUELÓN Dpto. fr. de ultramar, en Terranova; 242 km², 6 000 hab. Cap., San Pedro.

SAN PETERSBURGO C. de Rusia; 4 876 000 hab. Se llamó Petrogrado en 1914-1924 y Leningrado en 1924-1991.

SAN RAFAEL C. de Argentina; 71 000 hab.

SAN RAMÓN C. de Chile; 113 700 hab.

SAN ROMÁN, *Miguel de* (1802-1863) Militar y político per. Presid. en 1862.

SAN SALVADOR Dpto. de El Salvador; 886 km², 1 477 766 hab.

SAN SALVADOR C. y cap. de El Salvador; 422 600 hab.

SAN SALVADOR o WATLING Isla de las Bahamas; 80 000 hab.

SAN SALVADOR DE JUJUY C. de Argentina, cap. de Jujuy; 229 520 hab.

SAN SEBASTIÁN o DONOSTIA C. de España, cap. de la prov. de Guipúzcoa; 176 908 hab.

SAN VICENTE Dpto. de El Salvador; 1 184 km², 135 471 hab. Cap., San Vicente (45 800 hab.).

SAN VICENTE y LAS GRANADINAS Estado de las Pequeñas Antillas (la isla San Vicente y por las Granadinas Septentrionales); 388 km², 123 000 hab. Cap., Kingstown.

SANA Cap. de la Rep. de Yemen; 277 800 hab.

SÁNCHEZ, *Florencio* (1875-1910) Autor dramático ur. *La gringa.*

SÁNCHEZ, *Francisco del Rosario* (m. 1851) Patriota dom.

SÁNCHEZ Albornoz, *Claudio* (1893-1984) Político esp. Presid. de la rep. en el exilio en 1959-1970. *España, un enigma histórico.*

SÁNCHEZ Cerro, *Luis* (1894-1933) Político y militar per. Presid. en 1931-1933.

SÁNCHEZ Coello, *Alonso* (1531-1588) Pintor esp. *Isabel Clara Eugenia.*

SÁNCHEZ de Lozada, *Gonzalo* (n. 1930) Político bol. Presid. en 1993-1997.

SÁNCHEZ Elía, *Santiago* (n. 1911) Arquitecto arg. Mercado de San Cristóbal.

SÁNCHEZ Ferlosio, *Rafael* (n. 1927) Novelista esp. *El Jarama.*

SÁNCHEZ Hernández, *Fidel* (n. 1917) Militar y político salv. Presid. de la rep. en 1967-1972.

SÁNCHEZ Ramírez, *Juan* (m. 1811) Caudillo dom. Luchó contra los fr.

SÁNCHEZ RAMÍREZ Prov. de la Rep. Dominicana; 1 174 km², 139 600 hab. Cap., Cotuí.

SANCHO Nombre de diversos reyes de Castilla y León. • II el Fuerte (h. 1037-1072) Rey en 1065-1072. • IV el Bravo (1258-1295) Rey en 1284-1295.

SANCHO Nombre de varios reyes de Navarra. • I Garcés (m. 926) Rey en 905-926. • II Garcés, *Abarca* (m. 994) Rey en 970-994. • III el Mayor (h. 992-1035) Rey en 1000-1035. • IV el de Peñalén (h. 1040-1076) Rey en 1054-1076. • VI el Sabio (m. 1194) Rey en 1150-1194. • VII el Fuerte (m. 1234) Rey en 1194-1234.

SANCHO I Ramírez (1043-1094) Rey de Aragón en 1063-1094 y de Navarra en 1076-1094.

SANCHO I el Craso (h. 935-966) Rey de León en 956-966.

SANCLEMENTE, *Manuel Antonio* (1814-1902) Político conservador col. Presid. en 1898-1899.

SANCTI SPÍRITUS Prov. de Cuba; 6 775 km², 420 000 hab. Cap., Sancti Spíritus (97 500 hab.).

SAND, *George* Seud. de *Aurore Daupin* (1804-1876) Escritora fr. *El pantano del diablo.*

SANDINO, *Augusto César* (1893-1934) Patriota y revolucionario nic.

SANDOVAL, *José León* (1789-1854) Político nic. Jefe de Est. en 1845-1847.

SANDWICH, *islas* ⇨ Hawai.

SANFUENTES, *Juan Luis* (1858-1930) Político chil. Presid. de la rep. en 1915-1920.

SANGALLO Familia de arquitectos it. *Giuliano Giamberti da* (1443-1516) Basílica de San Pedro. *Antonio Giamberti* (1453-1534) llamado *el Viejo.* Castillo de Sant'Angelo. *Antonio Cordini* (1483-1546) llamado *el Joven.* Palacio Farnesio.

SANGAY Volcán de Ecuador; 5 230 m.

SANGUILY, *Manuel* (1848-1925) Patriota cub. *Un insurrecto cubano en la corte.*

SANGUINETTI, *Julio María* (n. 1936) Político ur. Presid. en 1985-1990 y 1994-2000.

SANJINÉS, *Jorge* (n. 1936) Director de cine bol. *La sangre del cóndor.*

SANROMÁ Tova de la Riva, *Jesús María* (n. 1903) Pianista puertorriq.

SANSÓN Juez de Israel. Dotado de una gran fuerza, que radicaba en sus cabellos.

SANTA Río del Perú; 328 km.

SANTA ANA Dpto. de El Salvador; 2 023 km², 451 620 hab. Cap., Santa Ana (202 300 hab.).

SANTA ANNA, *Antonio López de* (1794-1876) Militar y político mex. Cuatro veces presid. en 1833-1855.

SANTA BÁRBARA Dpto. de Honduras; 5 115 km², 267 995 hab. Cap., Santa Bárbara (10 503 hab.).

SANTA CATARINA Est. del S de Brasil; 95 318 km², 4 402 000 hab. Cap., Florianópolis.

SANTA CLARA C. de Cuba, cap. de la prov. de Villa Clara; 203 700 hab.

SANTA COLOMA DE GRAMANET o **SANTA COLOMA DE GRAMENET** Mun. de España; 123 175 hab.

SANTA CRUZ Río de Argentina; 382 km.

SANTA CRUZ Isla de las Pequeñas Antillas; 207 km², 49 700 hab.

SANTA CRUZ Prov. del S de Argentina; 243 943 km², 159 964 hab. Cap., Río Gallegos.

SANTA CRUZ Dpto. de Bolivia; 370 621 km², 1 364 389 hab. Cap., Santa Cruz de la Sierra.

SANTA CRUZ, *Andrés* (1792-1865) Militar per. Presid. del Perú en 1826-1827 y 1836-1839, presid. de Bolivia en 1829-1839. Presid. de la Confederación Peruboliviana en 1837-1839.

SANTA CRUZ DE LA SIERRA C. de Bolivia, cap. del dpto. de Santa Cruz; 697 278 hab.

SANTA CRUZ DE TENERIFE C. de España; cap. de la com. autón. de Canarias (junto con Las Palmas de Gran Canaria); 203 787 hab.

SANTA ELENA Isla brit. del Atlántico; 122 km², 6 000 hab. Cap., Jamestown.

SANTA FE Prov. de Argentina; 133 007 km², 2 797 293 hab. Cap., Santa Fe (442 214 hab.).

SANTA FE C. de EE UU, cap. del est. de Nuevo México; 55 900 hab.

SANTA ISABEL Pico de Colombia; 5 100 m.

SANTA LUCÍA Estado insular de las Pequeñas Antillas; 616 km², 151 000 hab. Cap., Castries.

SANTA LUCÍA COTZUMALGUAPA Mun. de Guatemala; 37 000 hab.

SANTA MARÍA Volcán de Guatemala; 3 772 m.

SANTA MARÍA, *Andrés de* (1860-1945) Pintor impresionista col. *El lavadero del Sena. Retrato de monseñor Carrero.*

SANTA MARÍA, *Domingo* (1825-1889) Político chil. Presid. de la rep. en 1881-1886.

SANTA MARTA C. de Colombia, cap. del dpto. de Magdalena; 279 958 hab.

SANTA ROSA Dpto. del S de Guatemala; 2 955 km², 285 456 hab. Cap., Cuilapa.

SANTA ROSA C. de Argentina, cap. de la prov. de La Pampa; 78 057 hab.

SANTA ROSA DE COPÁN C. de Honduras, cap. del dpto. de Copán; 19 680 hab.

SANTA SEDE Residencia del gobierno de la Iglesia católica.

SANTANA, *Pedro* (1801-1864) Político dom. Presid. en 1843-1861.

SANTANDER Dpto. del NE de Colombia; 30 537 km², 1 656 720 hab. Cap., Bucaramanga.

SANTANDER C. esp., cap. de la com. autón. de Cantabria; 185 410 hab.

SANTANDER, *Francisco de Paula* (1792-1840) Militar y político col. Presid. en 1819-1827 y 1832-1837.

SANTI y García, *Mario* (n. 1911) Escultor cub. Monumento funerario a José Martí.

SANTIAGO Río de Ecuador y Perú; 300 km.

SANTIAGO Río de Ecuador; 150 km.

SANTIAGO Prov. del centro-norte de la Rep. Dominicana; 3 112 km², 688 800 hab. Cap., Santiago de los Caballeros.

SANTIAGO C. y cap. de Chile y de la región Metropolitana de S.; 5 170 293 hab.

SANTIAGO, *Miguel de* (1630-1673) Pintor ecuat. *Vida de san Agustín.*

SANTIAGO DE COMPOSTELA C. de España, cap. de la com. autón. de Galicia; 93 672 hab.

SANTIAGO DE CUBA Prov. del O. de Cuba; 6 187 km², 968 000 hab. Cap., Santiago de Cuba (434 500 hab.).

SANTIAGO DE LOS CABALLEROS C. de la Rep. Dominicana, cap. de Santiago; 316 041 hab.

SANTIAGO DE SURCO C. del Perú; 147 800 hab.

SANTIAGO DE VERAGUAS C. de Panamá, cap. de la prov. de Veraguas; 66 748 hab.

SANTIAGO DEL ESTERO Prov. del centro-norte de Argentina; 136 351 km², 672 301 hab. Cap., Santiago del Estero (201 709 hab.).

SANTIAGO *el Mayor* (s. I) Uno de los doce apóstoles. Patrón de España.

SANTIAGO *el Menor* (s. I) Uno de los doce apóstoles. Obispo de Jerusalén.

SANTIAGO IXCUINTLA Mun. de México; 84 600 hab.

SANTIAGO RODRÍGUEZ Prov. del NO de la Rep. Dominicana; 1 020 km², 61 100 hab. Cap., Santiago Rodríguez (9 200 hab.).

SANTILLANA, *Íñigo López de Mendoza,* MARQUÉS DE (1398-1458) Literato esp. *Carta proemio al condestable D. Pedro de Portugal.*

SANTO ANDRÉ C. de Brasil; 615 112 hab.

SANTO DOMINGO Cap. de la Rep. Dominicana; 1 313 177 hab.

SANTO TOMÉ DE GUAYANA ⇨ Ciudad Guayana.

SANTO TOMÉ Y PRÍNCIPE, *República de* Estado insular de África, en el golfo de Guinea; 964 km², 123 000 hab. Cap., Santo Tomé (43 420 hab.).

SANTOS C. de Brasil; 428 500 hab.

SANTOS, *Eduardo* (1888-1974) Político liberal col. Presid. de la rep. en 1938-1942.

SANTOS, *José Eduardo dos* (n. 1942) Político angoleño. Elegido presidente en 1979.

SANTOS, *Los* Prov. de Panamá; 3 805,5 km², 79 935 hab. Cap., Las Tablas.

SANTOS, *Máximo* (1847-1889) Militar y político ur. Presid. de la rep. en 1882-1886.

SANTOS Atahualpa, *Juan* (1710-h. 1756) Caudillo per.

SANZ, *Miguel* (1754-1814) Patriota ven.

SÃO BERNARDO DO CAMPO C. de Brasil; 566 338 hab. Sit. en el á. metr. de São Paulo.

SÃO FRANCISCO Río de Brasil; 3 161 km.

SÃO GONÇALO C. de Brasil; 778 820 hab.

SÃO JOÃO DE MERITI C. de Brasil; 424 689 hab.

SÃO JOSÉ DOS CAMPOS C. de Brasil; 442 002 hab.

SÃO LUIS DE MARANHÃO C. de Brasil, cap. del est. de Maranhão; 996 000 hab.

SÃO MIGUEL Isla del arch. de las Azores; 747 km², 330 300 hab. Cap., Ponta Delgada.

SÃO PAULO Est. federal del SE de Brasil; 248 256 km², 32 684 000 hab. Cap., São Paulo (9 480 000 hab.).

SAPIR, *Edward* (1884-1939) Lingüista estadoun. *El lenguaje.*

SAPPORO C. de Japón; 1 671 800 hab. Sede de los Juegos Olímpicos de Invierno en 1972.

SARAGAT, *Giuseppe* (1898-1988) Político it. Presid. de la rep. en 1964-1971.

SARAJEVO Cap. de Bosnia-Herzegovina; 447 700 hab.

SARASATE, *Pablo de* (1844-1908) Violinista y compositor esp.

SARATOV C. de Rusia; 899 000 hab.

SARDUY, *Severo* (1937-1993) Novelista cub. *De dónde son los cantantes.*

SARGAZOS Mar del Atlántico Norte.

SARMIENTO, *Domingo Faustino* (1811-1888) Político y escritor arg. Presid. de la rep. en 1868-1874. *Facundo.*

SARNEY, *José* (n. 1930) Político bras. Presid. en 1985-1990.

SARRE Est. de Alemania; 2 570 km², 1 075 000 hab. Cap., Saarbrücken.

SARTO, *Andrea del* (1486-1531) Pintor florentino. *Madonna del Sacco.*

SARTRE, *Jean-Paul* (1905-1980) Pensador y escritor existencialista fr. *La náusea.*

SASKATCHEWAN Río del Canadá; 1 900 km.

SASSONE, *Felipe* (1884-1959) Periodista y dramaturgo per. *El miedo de los felices.*

SASTRE, *Alfonso* (n. 1926) Dramaturgo esp. *Escuadra hacia la muerte.*

SATURNO Sexto planeta del sistema solar, cuya órbita está comprendida entre las de Júpiter y Urano.

SATURNO Dios rom. relacionado con el cultivo de la tierra.

SAURA, *Antonio* (1930-1998) Pintor esp. *Retratos imaginarios.*

SAUSSURE, *Ferdinand de* (1857-1913) Lingüista suizo. *Curso de lingüística general.*

SAVAII Isla de Samoa, la mayor del arch.; 1 715 km², 41 500 hab.

SAVONAROLA, *Girolamo* (1452-1498) Predicador reformista it.

SAYIL Yacimiento maya en México.

SAYRI Túpac (s. XVI) Soberano inca en 1542-1558.

SAYULA-ZACOALCO Yacimiento maya en México.

SCALA Teatro de la Ópera de Milán, edificado entre 1776 y 1778.

SCARLATTI, *Alessandro* (1660-1725) Compositor de óperas it. *Mitridates Eupator.*

SCARRON, *Paul* (1610-1660) Escritor satírico fr. *La novela cómica.*

SCHAERER, *Eduardo* (1873-1941) Político par. Presid. de la rep. en 1912-1916.

SCHELER, *Max* (1874-1928) Filósofo al. *El puesto del hombre en el cosmos.*

SCHELLING, *Friedrich Wilhem Joseph* (1775-1854) Filósofo al. *Sistema del idealismo trascendental.*

SCHICK, *René* (1909-1966) Político nic. Presid. de la rep. en 1966.

SCHILLER, *Friedrich von* (1759-1805) Escritor al. *Guillermo Tell, Baladas.*

SCHLEGEL, *August Wilhelm von* (1767-1845) Filósofo y crítico literario al. *Historia de la lengua y la poesía alemanas.*

SCHLESWIG-HOLSTEIN Est. de Alemania; 15 731 km², 2 630 000 hab. Cap., Kiel.

SCHMIDT, *Helmut* (n. 1918) Político al. Canciller de la RFA en 1974-1983.

SCHÖNBERG, *Arnold* (1874-1951) Compositor austr. *La noche transfigurada.*

SCHOPENHAUER, *Arthur* (1788-1860) Filósofo al. *El mundo como voluntad y representación.*

SCHRÖDER, *Gerhard* (n. 1944) Político socialdemócrata al. Elegido canciller en 1998.

SCHRÖDINGER, *Erwin* (1887-1961) Físico austr. Nobel de Física en 1933.

SCHUBERT, *Franz Peter* (1797-1828) Compositor austr. Autor de *lieder* y sinfonías.

SCHUMANN, *Robert* (1810-1856) Compositor al. *Concierto para piano.*

SCHWEITZER, *Albert* (1875-1965) Pastor protestante y médico fr. Nobel de la Paz en 1935.

SCHWERIN C. de Alemania, cap. del estado de Mecklemburgo-Pomerania; 125 500 hab.

SCIASCIA, *Leonardo* (1921-1989) Escritor it. *El día de la lechuza.*

SCOLA, *Ettore* (n. 1931) Director de cine it. *Una jornada particular.*

SCORZA, *Manuel* (1928-1983) Novelista per. *Historia de Garabombo el invisible.*

SCOTT, *Ridley* (n. 1939) Director de cine brit. *Alien, el octavo pasajero, Blade runner.*

SCOTT, *Robert Falcon* (1868-1912) Explorador brit. En 1912 alcanzó el polo Sur.

SCOTT, *Walter* (1771-1832) Escritor escocés. *Ivanhoe.*

SEABORG, *Glenn Theodore* (1912-1999) Químico estadoun. Nobel de Química en 1951.

SEBASTIÁN (m. 288) Santo.

SEBASTOPOL C. Ucrania; 341 000 hab.

SECHURA Desierto del Perú; 10 000 km².

SEFERIS, *Giorgios* (1900-1971) Poeta gr. Nobel de Literatura en 1963. *Leyendas.*

SEGALL, *Lasar* (1891-1957) Pintor bras., de origen ruso. *Recuerdos de Vilna.*

SEGISMUNDO Nombre de tres reyes de Polonia. • **I** *Jagellón, el Viejo* (1467-1548) Rey en 1506-1548. • **II** *Augusto Jagellón* (1520-1572) Rey en 1548-1572. • **III** *Vasa* (1566-1632) Rey en 1587-1632.

SEGISMUNDO de Luxemburgo (1368-1437) Rey de Hungría en 1387-1437, rey de los romanos en 1411-1433, rey de Bohemia en 1419-1437 y emp. germánico en 1433-1437.

SEGOVIA C. España, en la com. autón. de Castilla y León; 54 287 hab.

SEGOVIA, *Andrés* (1893-1987) Guitarrista esp.

SEGUÍ, *Antonio* (n. 1934) Pintor y escultor arg.

SEGURA y Cordero, *Manuel Ascensio* (1805-1871) Escritor costumbrista per. *El resignado.*

SEIBAL Yacimiento maya en Guatemala.

SEIBO, *El* Prov. de la Rep. Dominicana; 1 659 km², 96 900 hab. Cap., Santa Cruz de El Seibo (13 500 hab.).

SEIFERT, *Iaroslav* (1901-1986) Poeta checo. Nobel de Literatura en 1984. *Los brazos de Venus.*

SELA *(Sistema Económico Latino Americano)* Organismo creado en 1975 por 25 est. de América Central.

SELENGA Río de Siberia; 1 200 km.

SELVA NEGRA Macizo del SO alemán. Alt. máx.: Feldberg (1 493 m).

SEMARANG C. de Indonesia; 1 027 000 hab.

SENA Río de Francia; 776 km.

SENDER, Ramón José (1901-1982) Novelista esp. *Réquiem por un campesino español.*

SÉNECA, Lucio Anneo (h. 3 a.C. -65 d.C.) Filósofo estoico rom. *Cartas a Lucilio.*

SENEGAL Río de África occidental; 1 700 km.

SENEGAL Estado de África; 196 722 km², 7 433 000 hab. Cap., Dakar. (*Senegaleses*).

SENGUER Río de Argentina; 338 km.

SENNA, Ayrton (1960-1994) Piloto brasileño. Tres veces campeón mundial de fórmula 1.

SENSUNTEPEQUE C. de El Salvador, cap. del dpto. de Cabañas; 38 100 hab.

SEPTENTRIONAL Altiplanicie de México sit. entre el río Bravo y la sierra Madre oriental.

SEPTENTRIONAL o SIERRA DE MONTE-CRISTI Cordillera de la Rep. Dominicana.

SEPTIMIO Severo, Lucio (146-211) Emperador rom. en 193-211.

SERBIA Rep. federada de Yugoslavia. Cap., Belgrado.

SERENA, La C. de Chile, cap. de la región de Coquimbo; 113 900 hab.

SERGIPE Est. del NE de Brasil; 21 863 km², 1 429 000 hab. Cap., Aracajú.

SERNA e Hinojosa, José de la (1770-1832) Militar esp. Virrey de Alto Perú en 1821-1824.

SERRANO, Francisco, DUQUE DE LA TORRE (1810-1885) Político esp. Presid. en 1869 y 1872-1874.

SERRANO Elías, Jorge (n. 1945) Político guat. Presid. en 1991-1993.

SERRAT, Joan Manuel (n. 1943) Cantante esp. *Mediterráneo.*

SERRATO, José (1868-1960) Político y economista ur. Presid. de la rep. en 1923-1927.

SERT, Josep Lluís (1902-1983) Arquitecto esp. Fundación Miró en Barcelona.

SERT, Josep Maria (1876-1945) Pintor esp. Sala del Consejo de la Sociedad de Naciones.

SERVET, Miguel (1511-1553) Médico esp. Descubrió la circulación de la sangre.

SEÚL C. y cap. de la República de Corea; 9 645 932 hab. Sede de los JJ OO de 1988.

SEURAT, Georges (1859-1891) Pintor fr. *Un domingo de estío en la Grande Jatte.*

SEVERO, Alejandro (208-235) Emperador rom. en 222-235.

SEVILLA C. de España, cap. de la com. autón. de Andalucía; 697 487 hab.

SEYCHELLES Arch y Estado de África, en el océano Índico; 453 km², 68 000 hab. Cap., Port Victoria.

SHAKESPEARE, William (1564-1616) Dramaturgo ing. *Romeo y Julieta, Hamlet, Otelo, Macbeth.*

SHANGHAI C. de China; 13 341 896 hab.

SHAW, George Bernard (1856-1950) Escritor irlandés. Nobel de Literatura en 1925. *Pigmalión.*

SHEFFIELD C. de Gran Bretaña; 477 000 hab.

SHELLEY, Mary (1797-1851) Escritora brit. *Frankenstein.*

SHELLEY, Percy Bysshe (1792-1822) Poeta brit. *La reina Mab.*

SHENYANG C. de China; 4 020 000 hab.

SHERIDAN, Richard (1751-1816) Dramaturgo brit. *La escuela de la maledicencia.*

SHETLAND o ZETLAND Arch. brit., sit. en el Atlántico; 1 429 km², 23 500 hab. Cap., Lerwick.

SHETLAND DEL SUR Arch. antártico que forma parte de Argentina.

SHIHKIACHUANG o SHIJIAZHUANG C. de China; 1 080 000 hab.

SHIKOKU Isla de Japón; 18 780 km², 4 195 000 h.

SHOLOJOV, Mijail (1905-1984) Escritor soviético. Nobel de Literatura en 1965. *El Don apacible.*

SIAM Ant. nombre de Thailandia.

SIAN o XIAN C. de China; 2 390 000 hab.

SIANG-KIANG Río de China; 1 150 km.

SIBELIUS, Jan (1865-1957) Compositor finlandés. *La hija de Pohjola.*

SIBERIA Región natural de la república de Rusia; 12 961 500 km², 36 667 000 hab.

SICA, Vittorio de (1901-1975) Cineasta neorrealista it. *El ladrón de bicicletas.*

SIDNEY o SYDNEY C. de Australia; 3 335 000 hab. Sede de las Olimpiadas del año 2000.

SIEGBAHN, *Kai M.* (n. 1918) Físico sueco. Nobel de Física en 1981.

SIEGBAHN, *Manne Karl* (1886-1978) Físico sueco. Nobel de Física en 1924.

SIENKIEWICZ, *Henryk* (1846-1916) Novelista pol. Nobel de Literatura en 1905. *Quo Vadis?*

SIERRA Región geográfica del Perú.

SIERRA Región geográfica de Ecuador.

SIERRA LEONA Estado de África occidental; 71 740 km², 4 260 000 hab. Cap., Freetown.

SIGÜENZA y Góngora, *Carlos de* (1645-1700) Escritor mex. *Piedad heroica de don Hernando Cortés.*

SIHANUK, *Norodom* (n. 1922) Político camboyano. Rey en 1941-1955 y en 1993-1997.

SI-KIANG Río del S de China; 1 600 km.

SILAO Mun. de México; 71 000 hab.

SILES, *Hernando* (1882-1942) Político bol. Presid. de la rep. en 1926-1930.

SILES Salinas, *Luis Adolfo* (n. 1925) Político bol. Jefe del Est. en 1969.

SILES Zuazo, *Hernán* (1914-1996) Político bol. Presid. de la rep. en 1956-1960 y 1982-1985.

SILVA, *José Asunción* (1865-1896) Poeta col. *Nocturnos.*

SILVA, *Medardo Ángel* (1898-1919) Poeta modernista ecuat. *El árbol del bien y del mal.*

SILVA Valdés, *Fernán* (1887-1975) Escritor ur. *Aguas del tiempo.*

SILVESTRE I (m. 335) Santo. Papa en 314-335.

SIMENON, *George* (1903-1989) Escritor belga en lengua fr. Creador del comisario Maigret.

SIMEÓN II (n. 1937) Rey de Bulgaria en 1943-1946. Venció en las elecciones generales de 2001.

SIMEÓN Estilita (390-459) Santo. Anacoreta sirio que vivió más de 40 años en lo alto de una columna.

SIMITIS, *Costas* (n. 1936) Político gr. Elegido Primer ministro en 1996, reelegido en 1999.

SIMMEL, *Georg* (1858-1918) Filósofo y sociólogo al. *Sociología.*

SIMON, *Claude* (n. 1913) Escritor fr. Nobel de Literatura en 1985. *La ruta de Flandes.*

SINAÍ Pen. de Egipto, entre el Mediterráneo y el mar Rojo.

SINALOA Río de México; 500 km.

SINALOA Est. de México; 58 092 km², 2 534 835 hab. Cap., Culiacán.

SINÁN, *Rogelio* (1904-1994) Escritor pan. *Plenilunio.*

SINATRA, *Frank* (1915-1998) Cantante y actor de cine estadoun. *Un día en Nueva York.*

SINCELEJO C. de Colombia, cap. del dpto. de Sucre; 148 410 hab.

SINCHI Roca (s. XIII) Emp. inca.

SINGAPUR Est. insular de Asia, sit. en el extremo S de la pen. de Malaca; 639 km², 2 763 000 hab. Cap., Singapur (1 327 500 hab.).

SIR-DARIÁ Río de Kazakistán; 2 900 km.

SIRIA Estado del Próximo Oriente; 185 180 km², 12 524 000 hab. Cap., Damasco. *(Sirios).*

SISLEY, *Alfred* (1839-1899) Pintor impresionista brit. *Camino de Sèvres.*

SITTING Bull *(Toro Sentado)* (1831-1890) Jefe dakota estadoun.

SIVORI, *Eduardo* (1847-1918) Pintor arg.

SIXTINA, *Capilla* Capilla del palacio Vaticano construida en 1473 por Giovanni de Dolci.

SIXTO Nombre de varios papas. • IV (1414-1484) Papa rom. en 1471-1484. • V (1520-1590) Papa rom. en 1585-1590.

SJAELLAND Isla del arch. danés; 7 444 km², 2 142 100 hab. Cap., Conpenhague.

SKOPIE o SKOPLIE Cap. de Macedonia; 405 900 hab.

SMETANA, *Bedrich* (1824-1884) Compositor y pianista checo. *Mi patria.*

SMITH, *Adam* (1723-1790) Economista brit. Fundador del liberalismo económico.

SMITH, *Ian Douglas* (n. 1919) Político zimbabwés, de origen brit. Proclamó la indep. en 1964.

SOARES, *Mario* (n. 1925) Político socialista port. Presid. de la rep. en 1986-1996.

SOCIEDAD Islas la Polinesia fr.; 1 647 km², 142 100 hab. Cap., Papeete.

SOCOMPA Volcán andino entre Argentina y Chile; 6 041 m.

SÓCRATES (h. 469-399 a.C.) Filósofo gr. Creador de la mayéutica.

SODDY, *sir Frederick* (1877-1956) Físico y químico brit. Nobel de Química en 1921.

SODOMA Ant. c. de Palestina. Fue destruida por una lluvia de azufre y fuego.

SOFFÍA, *José Antonio* (1843-1886) Poeta chil. *Hojas de otoño.*

SOFFICI, *Mario* (1900-1977) Actor y director de cine arg. *Rosaura a las diez.*

SOFÍA C. y cap. de Bulgaria; 1 182 900 hab.

SOFÍA de Grecia (n. 1938) Reina de España desde 1975. Esposa de Juan Carlos I.

SÓFOCLES (496-406 a.C.) Poeta trágico gr. *Electra, Edipo rey, Antígona.*

SOJO, *Vicente Emilio* (1887-1974) Compositor ven. *Misa cromática.*

SOL, *Piedra del* Calendario azteca.

SOLANAS, *Fernando* (n. 1936) Director de cine arg. *La hora de los hornos.*

SOLAR, *Alberto del* (1860-1920) Escritor chil. *El doctor Morris.*

SOLÁS, *Humberto* (n. 1942) Director de cine cub. *Lucía.*

SOLDI, *Raúl* (1905-1994) Pintor arg.

SOLEDAD C. de Colombia; 79 000 hab.

SOLIMÁN II *el Magnífico* (1495-1566) Sultán otomano en 1520-1566.

SOLÍS, *Antonio de* (1610-1686) Historiador esp. *Historia de la conquista de México.*

SOLÍS Folch de Cardona, *José* (1716-1770) Militar esp. Virrey de Nueva Granada en 1753-1761.

SOLJENITSIN, *Aleksandr I.* (n. 1918) Escritor ruso. Nobel de Literatura en 1970. *El archipiélago Gulag.*

SOLOLÁ Dpto. de Guatemala; 1 061 km², 265 902 hab. Cap., Sololá (38 000 hab.).

SOLÓN (h. 640-h. 558 a.C.) Político ateniense.

SOLÓRZANO, *Carlos* (1860-1936) Político conservador nic. Presid. en 1924-1926.

SOMALIA Estado de África oriental; 637 657 km², 4 760 000 hab. Cap., Mogadiscio. (*Somalíes*).

SOMALIA FRANCESA Ant. nombre de la República de Djibuti.

SOMOTO C. de Nicaragua, cap. del dpto. de Madriz; 6 700 hab.

SOMOZA, *Anastasio,* llamado *Tacho* (1896-1956) Militar y político nic. Presid. en 1937-1947 y 1951-1956.

SOMOZA Debayle, *Anastasio,* llamado *Tachito* (1925-1980) Militar y político nic. Presid. en 1967-1972 y 1974-1978.

SOMOZA Debayle, *Luis* (1922-1967) Político nic. Presid. de la rep. en 1956-1963.

SONDA Islas de Indonesia. Las islas más imp. son Sumatra, Java, Borneo y Célebes.

SONORA Est. del NO de México; 184 934 km², 2 213 370 hab. Cap., Hermosillo.

SONSONATE Dpto. de El Salvador; 1226 km², 354 641 hab. Cap., Sonsonate (76 200 hab.).

SORATA *Nevado de* Macizo de Bolivia, sit. al E del lago Titicaca. Alt. máx. Illampú; 6 550 m.

SOREL, *Georges* (1847-1922) Escritor revolucionario fr. *Reflexiones sobre la violencia.*

SORIA C. de España; 33 597 hab.

SORIANO Dpto. de Uruguay; 9 008 km², 81 200 hab. Cap., Mercedes.

SORIANO, *Osvaldo* (1943-1997) Escritor arg. *Una sombra ya pronto serás.*

SOROCABA C. de Brasil; 373 354 hab.

SOROLLA, *Joaquín* (1863-1923) Pintor impresionista esp. *Alegría del agua.*

SOROZÁBAL, *Pablo* (1897-1988) Compositor de zarzuelas esp. *La del manojo de rosas.*

SOSA, *Mercedes* (n. 1935) Cantante arg.

SOTARÁ Volcán de Colombia; 4 850 m.

SOTAVENTO Islas de las Pequeñas Antillas (Aruba, Curaçao, Bonaire, Los Roques, La Orchilla, La Tortuga y Margarita).

SOTAVENTO Planicie costera de México, entre la sierra Madre de Oaxaca y el golfo de México.

SOTO, *Hernando de* (1500-1542) Militar esp. Participó en la conquista del Perú en 1532.

SOTO, *Jesús Rafael* (n. 1923) Pintor ven. Decoración del edificio de la UNESCO de París.

SOTO, *Marco Aurelio* (1846-1908) Político hond. Presid. en 1876-1883.

SOTO y Alfaro, *Bernardo* (1854-1931) Político cost. Presid. de la rep. en 1885-1889.

SOTOMAYOR, *Alonso de* (m. 1610) Administrador colonial esp. Gobernador de Chile en 1581-1592.

SOUBLETTE, *Carlos* (1789-1870) Militar ven. Presid. de la rep. en 1837-1838 y 1843-1847.

SOUFFLOT, *Germain* (1713-1780) Arquitecto fr. Iglesia de Santa Genoveva, en París.

SOULOUQUE, *Faustin* (1782-1867) Político haitiano. Presid. en 1847-1849. Emp. bajo el nombre de Faustino I en 1849-1859.

SOWETO C. de la República Sudafricana; 592 600 hab. *Ghetto* negro de Johannesburgo.

SOYAPANGO C. de El Salvador; 38 600 hab.

SOYINKA, *Wole* (n. 1934) Escritor nigeriano en lengua ing. Nobel de Literatura en 1986. *El león y la joya.*

SPAAK, *Paul Henri* (1899-1972) Político belga. Secretario general de la OTAN en 1957-1961.

SPENCER, *Herbert* (1820-1903) Filósofo y sociólogo brit. *El estudio de la sociología.*

SPILIMBERGO, *Lino Eneas* (1896-1964) Pintor arg. *La planchadora.*

SPÍNOLA, *António* (1910-1996) Militar y político port. Presid. de la rep. en 1974-1975.

SPINOZA, *Baruch de* (1632-1677) Filósofo neerlandés de origen judío. *Ética demostrada según el orden geométrico.*

SPITTELLER, *Karl* (1845-1924) Escritor suizo, en lengua al. Nobel de Literatura en 1919.

SPITZBERG Arch. de Noruega, en el Ártico; 62 000 km², 3 000 hab. Cap., Longyearbyen.

SPRINGFIELD C. de EE UU, cap. del est. de Illinois; 105 200 hab.

SRI LANKA (ant. Ceilán) Estado insular de Asia; 65 610 km², 17 247 000 hab. Cap., Colombo. *(Cingaleses).*

SS Policía militarizada del partido nazi alemán. Creada en 1925 por Himmler.

STAËL, *Germaine Necker,* BARONESA DE (1766-1817) Escritora romántica fr. *Delfina y Corina.*

STALIN Seud. de *Jossif Vissarionovich Djougatchvili* (1879-1953) Político sovié-

tico. En 1922 Secretario general en 1922-1924. Máximo dirigente de la URSS en 1924-1953.

STANLEY, *sir Henry Morton* Seud. de *John Rowlands* (1841-1904) Explorador brit. Encontró a Livingstone en Tanganica en 1871.

STANLEY, *Wendell Meredith* (1904-1971) Bioquímico estadoun. Nobel de Química en 1946.

STARK, *Johannes* (1874-1957) Físico al. Nobel de Física en 1919.

STAUDINGER, *Hermann* (1881-1965) Químico al. Nobel de Química en 1953.

STEIN, *Gertrude* (1874-1946) Escritora estadoun. *Autobiografía de Alice B. Toklas.*

STEINBECK, *John* (1902-1968) Escritor estadoun. Nobel de Literatura en 1962. *Las uvas de la ira.*

STENDHAL Seud. de *Henri Beyle* (1783-1842) Escritor fr. *Rojo y negro. La cartuja de Parma.*

STEPHENSON, *George* (1781-1848) Ingeniero brit. Inventor de la locomotora de vapor.

STERN, *Otto* (1888-1970) Físico estadoun. de origen al. Nobel de Física en 1943.

STERNBERG, *Joseph von* (1894-1969) Director de cine estadoun. de origen austr. *El ángel azul.*

STEVENSON, *Robert Louis* (1850-1894) Escritor brit. *La isla del tesoro.*

STEWART, *James* (1908-1997) Actor de cine estadoun. *La ventana indiscreta.*

STONEHENGE Monumento megalítico, sit. en Inglaterra. Data de la Edad del Bronce.

STORNI, *Alfonsina* (1892-1938) Poetisa modernista arg. de origen suizo. *Languidez.*

STRAUSS, *Johann* (1825-1899) Compositor austr. *El Danubio azul.* Considerado el rey del vals.

STRAUSS, *Richard* (1864-1949) Compositor romántico al. *Don Juan, Salomé* (ópera).

STRAVINSKI, *Igor* (1882-1971) Compositor ruso, nacionalizado fr. *La consagración de la primavera.*

STRESEMANN, *Gustav* (1878-1929) Político al. Nobel de la Paz en 1926.

STRINDBERG, *Johan August* (1849-1912) Escritor sueco. *El cuarto rojo*.

STROESSNER, *Alfredo* (n. 1912) Militar par. Presid. en 1954-1989.

STUTTGART C. de Alemania, cap. del est. de Baden-Württenber; 561 000 hab.

SUÁREZ, *Francisco* (1548-1617) Filósofo y teólogo esp. *Disputaciones metafísicas*.

SUÁREZ, *Joaquín* (1781-1868) Político ur. Presid. interino de la rep. en 1839.

SUÁREZ, *Marco Fidel* (1856-1927) Político conservador col. Presid. en 1918-1921.

SUÁREZ Flammerich, *Germán* (n. 1907) Político ven. Presid. en 1950-1952.

SUÁREZ González, *Adolfo*, DUQUE DE (n. 1932) Político esp. Presid. en 1976-1981.

SUAZO Córdoba, *Roberto* (n. 1927) Político hond. Presid. de la rep. en 1982-1986.

SUBIRACHS, *Josep María* (n. 1927) Escultor esp. *Perfil*.

SUCHITEPÉQUEZ Dpto. de Guatemala; 2 510 km², 392 703 hab. Cap., Mazatenango.

SUCRE Est. de Venezuela; 11 800 km², 722 707 hab. Cap., Cumaná.

SUCRE Dpto. de Colombia; 10 917 km², 591 014 hab. Cap., Sincelejo.

SUCRE C. de Bolivia, cap. legal del país y del dpto. de Chuquisaca; 131 769 hab.

SUCRE, *Antonio José de* (1795-1830) Militar y político ven. Héroe de la independencia americana. Presid. de Bolivia en 1826-1828.

SUCUMBÍOS Prov. de Ecuador; 18 327,5 km², 76 952 hab. Cap., Nueva Loja.

SUDAFRICANA, *República* Estado del S de África; 1 224 736 km², 38 191 000 hab. Cap., Ciudad de El Cabo (legislativa) y Pretoria (administrativa). *(Sudafricanos)*.

SUDÁN, *República de* Estado del NE de África; 2 505 813 km², 25 941 000 hab. Cap., Jartum. *(Sudaneses)*.

SUE, *Eugène* (1804-1854) Novelista fr. *El judío errante*.

SUECIA Estado del N de Europa; 449 964 km², 8 642 000 hab. Cap., Estocolmo. *(Suecos)*.

SUETONIO, *Cayo* (h. 70-h. 126) Historiador latino. *Vida de los doce Césares*.

SUEZ Istmo entre el Mediterráneo y el mar Rojo, atravesado por el canal hom. (164 km).

SUIZA Estado de Europa central; 41 29; km², 6 871 000 hab. Cap., Berna. *(Sui zos)*.

SULLANA C. del Perú; 80 900 hab.

SULLY-PROUDHOMME, *René François Ar mand* (1839-1907) Poeta fr. Nobel de Li teratura en 1901. *Estancia y poemas*.

SUMATRA Isla de Indonesia; 473 606 km² 2 8016 200 hab.

SUMBA Isla indonesia en el arch. de la Son da; 11 082 km², 251 100 hab. Cap., Wain gapu.

SUMBAWA Isla indonesia en el arch. de l Sonda; 14 500 km², 507 500 hab. Cap. Raba.

SUPERIOR Lago en la frontera entre Cana dá y EE UU; 84 131 km².

SUPERVIELLE, *Jules* (1884-1960) Poeta ur en lengua fr. *Gravitaciones*.

SURABAYA C. de Indonesia, en la isla de Ja va; 2 027 900 hab.

SURCALIFORNIANA Cordillera de México.

SURESTE Planicie costera de México.

SURINAM (Guayana neerlandesa hasta 1975 Estado de América del Sur; 163 820 km² 411 000 hab. Cap., Paramaribo.

SURKANO, *Ahmed* (1901-1970) Político indonesio. Presidente de la rep. en 1945 1967.

SUROCCIDENTAL Planicie costera de México.

SUTTNER, *Bertha Kinsky*, BARONESA DE (1843-1914) Escritora austr. Nobel de la Paz en 1905.

SUVA Cap. de las islas Fiji; 54 900 hab.

SVEDBERG, *Theodor* (1884-1971) Químico sueco. Nobel en 1976.

SVERDLOVSK C. de Rusia; 1 300 000 hab.

SWAZILANDIA Estado del SE de África 17 364 km², 798 000 hab. Cap., Mbabane.

SWIFT, *Jonathan* (1667-1745) Escritor irlandés. *Los Viajes de Gulliver*.

SYNGE, *Richard Laurence Millington* (n 1914) Bioquímico brit. Nobel de Química en 1952.

SZENT-GYÖRGYI, *Albert* (1893-1986) Bioquímico húngaro. Nobel de Medicina er 1937.

SZYMBORSKA, *Wislawa* (n. 1923) Poetisa pol. Nobel de Literatura en, 1996. *El fir y el comienzo*.

T

TABASCO Est. de México; 24 661 km², 1 889 367 hab. Cap., Villahermosa.

TABLADA, *José Juan* (1870-1945) Escritor y diplomático mex. *Li-Po y otros poemas.*

TABLAS, *Las* C. de Panamá, cap. de la prov. de Los Santos; 22 116 hab.

TABRIZ C. de Irán; 598 000 hab.

TACANÁ Volcán sit. en la frontera de México y Guatemala; 4 064 m.

TÁCHIRA Est. de Venezuela; 11 100 km², 859 861 hab. Cap., San Cristóbal.

TÁCITO, *Cornelio* (55-120) Historiador latino.

TACNA Dpto. del Perú; 15 983,13 km², 246 100 hab. Cap., Tacna (74 336 hab.).

TACORA Volcán de Chile y Perú; 5 980 m.

TACUAREMBÓ Dpto. de Uruguay; 15 438 km², 84600 hab. Cap., Tacuarembó (40 500 hab.).

TADJIKISTÁN Estado de Asia central; 143 100 km², 5 359 000 hab. Cap., Dushanbe. (*Tadjikos*).

TAEGU C. de la Rep. de Corea; 1 607 500 hab.

TAFT, *William Howard* (1857-1930) Político estadoun. Presid. de EE UU en 1908-1912.

TAGLE y Portocarrero, *José Bernardo de* (1779-1825) Militar y político per. Presid. de la rep. en 1823-1824.

TAGORE, *Rabindranath* (1861-1941) Escritor indio. *Gitanjali.* Nobel de Literatura en 1913.

TAHITÍ Isla de la Polinesia francesa; 1 042 km², 84 500 hab. Cap., Papeete.

TAIFAS Reinos musulmanes surgidos en España después del califato de Córdoba.

TAINE, *Hippolyte Adolphe* (1828-1893) Filósofo e historiador fr. *Filosofía del arte.*

TAIPEH o TAIPEI Cap. de Taiwan; 2 449 700 hab.

TAIWAN Isla china del Pacífico. Máx. alt.: el Yu-shan (3 997 m). Cap., Taipeh. (*Taiwaneses*).

TAIYÜAN C. de China; 1 750 000 hab.

TAJES, *Máximo* (1852-1912) Militar y político ur. Presid. de la rep. en 1886-1890.

TAJÍN, *El* Estación arqueológica mex. (300 al 1200 de nuestra era).

TAJO Río de la pen. Ibérica; 1 007 km.

TAJUMULCO Volcán de Guatemala; 4 210 m.

TALAMANCA Cadena montañosa de Costa Rica. Alt. máx.: Chirripó Grande (3 832 m).

TALARA C. y puerto del Perú; 77 300 hab.

TALCA C. de Chile; 173 900 hab.

TALCAHUANO C. y puerto de Chile; 217 700 hab.

TALES de Mileto (h. 640-h. 546 a.C.) Filósofo y matemático gr.

TALLAHASSEE C. de EE UU, cap. del est. de Florida; 124 800 hab.

TALLEYRAND-PÉRIGORD, *Charles M. de* (1754-1838) Político fr. Jefe del gobierno en 1814-1815.

TALLINN Cap. de Estonia; 482 000 hab.

TALMUD Código del derecho civil y canónico judío.

TAMAULIPAS Est. de México; 79 829 km², 2 747 114 hab. Cap., Ciudad Victoria.

TAMAYO, *Franz* (1880-1956) Político y escritor bol. *La Prometida.*

TAMAYO, *José Luis* (1859-1947) Político ecuat. Presid. de la rep. en 1920-1924.

TAMAYO, *Rufino* (1899-1991) Pintor mex., autor de grandes murales.

TAMAYO, *Manuel* (1829-1898) Dramaturgo esp. *Un drama nuevo.*

TÁMESIS Río de Gran Bretaña; 338 km.

TAMPA C. y puerto de EE UU; 1 569 100 hab.

TAMPICO C. y puerto de México; 248 400 hab.

TANG Dinastía que reinó en China en 618-907.

TANGANICA Lago de África oriental; 32 893 km².

TÁNGER C. y puerto de Marruecos; 187 900 hab.

TANNHÄUSER (s. XIII) Trovador legendario al. Inspiró a Wagner la ópera *Tannhäuser.*

TÁNTALO Personaje de la mit. gr., condenado a sufrir hambre y sed eternas.

TANZANIA Estado de África oriental; 939 470 km², 26 353 000 hab. Cap., Dodoma. (*Tanzanos*).

TAPACHULA C. y puerto de México; 144 100 hab.

TAPAJOZ Río de Brasil; 1 980 km.

NP

TÀPIES, *Antoni* (n. 1923) Pintor esp.

TARAPACÁ Región de Chile; 58 698,1 km², 341 112 hab. Cap., Iquique.

TARAPOTO C. del Perú; 53 958 hab.

TARENTO C. de Italia; 244 500 hab.

TARIJA Dpto. de Bolivia; 37 623 km², 291 407 hab. Cap., Tarija (90 113 hab.).

TARIM Río de China; 2 000 km.

TARQUINO *el Soberbio* (s. VI a.C.) Último rey de Roma en 534-509 a.C.

TARRADELLAS, *Josep* (1899-1988) Político esp. Presid. de la *Generalitat* restaurada en 1977-1980.

TARRASA o TERRASSA Mun. de España; 163 862 hab.

TARRAGONA C. de España; 112 176 hab.

TARTESOS Ant. reino de la pen. Ibérica, centro de una cultura en la E. de los Metales.

TASHKENT C. de Uzbekistán; 2 030 000 hab.

TASMAN, *Abel Janszoon* (1603-1659) Navegante neerlandés, descubridor de Tasmania.

TASMANIA Estado insular de la federación australiana; 67 800 km², 437 300 hab. Cap., Hobart.

TASSO, *Torquato* (1544-1595) Poeta it. *Jerusalén libertada.*

TATLÍN, *Vladimir* (1885-1956) Pintor y escultor soviético, iniciador del constructivismo.

TATRA El más alto macizo de los Cárpatos. Máx. alt., Gerlachovka (2 663 m).

TAURO Segundo signo y constelación del Zodíaco.

TAURO Sistema montañoso de Asia Anterior. Máx. alt., Ala Dagh (3 734 m).

TAYLOR, *Zachary* (1784-1850) Político estadoun. Presid. de EE UU en 1849.

TBILISI C. de Georgia; 1 260 000 hab.

TEBAIDA Parte meridional del ant. Egipto; cap. Tebas. Ant. refugio de los cristianos.

TEBAS Ant. c. del Alto Egipto. En el s. XVII a.C. se convirtió en cap. de Egipto.

TEBAS C. de Grecia, ant. cap. de Beocia; 18 700 hab. Destruida por Alejandro Magno.

TECHIALOYAN, *códices* Serie de pictografías nahuas de los ss. XVI-XVII.

TECUCIZTÉCATL Dios náhuatl de la Luna, representado por un caracol.

TEGUCIGALPA Cap. de Honduras y del dpto. de Francisco Morazán; 585 686 hab.

TEHERÁN Cap. de Irán; 5 734 000 hab.

TEHUACÁN Mun. de México; 107 100 hab.

TEHUANTEPEC Istmo mex., entre el golfo de Campeche y el de Tehuantepec.

TEIDE Volcán de la isla de Tenerife (Canarias). Máx. alt. de España (3 718 m).

TEILHARD de Chardin, *Pierre* (1881-1955) Paleontólogo y filósofo fr. *El futuro del hombre.*

TEITELBOIM, *Volodia* (n. 1916) Escritor y político chil. *Hijo del salitre.*

TEIXEIRA de Pascoães, *Joaquim* (1879-1952) Escritor port. *Siempre.*

TEJADA Sorzano, *José Luis* (1881-1938) Político bol. Presid. de la rep. en 1934-1936.

TEL AVIV C. de Israel; 339 800 hab.

TELEMANN, *Georg Philipp* (1681-1767) Compositor al. *Don Quijote* (ópera).

TÉLLEZ, *Hernando* (1908-1966) Escritor col. *Bagatelas.*

TEMUCO C. de Chile, cap. de la región de La Araucanía; 239 700 hab.

TENA C. de Ecuador, cap. de la prov. de Napo; 7 873 hab.

TENAYUCA Ant. cap. chichimeca. (s. XIII-XIV).

TENERIFE Isla de España, en las Canarias; 1 928 km², 500 000 hab. Cap., Santa Cruz.

TENG Hsiao-ping (1904-1997) Político chino. Líder del régimen chino tras la muerte de Mao en 1976.

TENIENTE, *El* Yacimiento cuprífero de Chile.

TENNESSEE Est. del centro-este de EE UU; 109 152 km², 4 877 000 hab. Cap., Nashville.

TENOCH (m. h. 1369) Caudillo mex. Probable fundador de Tenochtitlán.

TENOCHTITLÁN Ant. cap. azteca, en una isla del lago de Texcoco. Arrasada por los esp. en 1519.

TEOBALDO Nombre de dos reyes de Navarra. • I *el Trovador* (1201-1253) Rey en 1234-1253. • II (1235-1270) Rey en 1253-1270.

TEÓCRITO (315-250 a.C.) Poeta gr. *Idilios.*

TEODORA (h. 500-548) Emperatriz bizantina en 527-548.

TEODORICO *el grande* (h. 454-526) Rey de los ostrogodos de Italia en 493-526.

TEODOSIO I *el Grande* (h. 347-395) Emp. rom. en 379-395.

TEODOSIO II (401-450) Emp. de Oriente en 408-450.

TEOTIHUACÁN Ant. centro religioso y ceremonial, a 51 km de Ciudad de México.

TEPATITLÁN DE MORELOS Mun. de México; 78 400 hab.

TEPIC C. de México, cap. del est. de Nayarit; 305 025 hab.

TEQUES, *Los* C. de Venezuela, cap. del est. de Miranda; 159 400 hab.

TERENCIO, *Publio* (190-159 a.C.) Comediógrafo latino. *Andria.*

TERESA de Calcuta, *Agnes Gonxha Bojaxhiu*, llamada *Madre* (1910-1997) Misionera india, de origen alb. Nobel de la Paz en 1979.

TERESA de Jesús (1515-1582) Religiosa y escritora esp. *Libro de su vida.*

TERESHKOVA, *Valentina* (n. 1937) Cosmonauta soviética, primera mujer que viajó al espacio.

TERESINA C. de Brasil, cap. del est. de Piauí; 598 000 hab.

TERRA, *Gabriel* (1873-1942) Político ur. Presid. de la rep. en 1931-1938.

TERUEL C. de España; 28 994 hab.

TESALIA Región natural e histórica de Grecia continental; 14 037 km², 695 600 hab.

TESEO Héroe de la mit. gr. que mató al Minotauro de Creta.

TESPIS (h. s. VI a.C.) Poeta gr., creador de la tragedia e inventor de la máscara.

TESTAMENTO, *Antiguo* Libro de los escritos de Moisés y los anteriores a la venida de Jesucristo.

TESTAMENTO, *Nuevo* Libro de los Evangelios y demás obras canónicas posteriores al nacimiento de Jesús.

TETUÁN C. de Marruecos, cap. del ant. protectorado esp. en 1913-1956; 200 000 hab.

TEXAS Est. del S de EE UU; 691 027 km², 16 987 000 hab. Cap., Austin. Est. mex. hasta la declaración de indep. (marzo 1836).

TEXCOCO C. de México; 11 000 hab. Antigua capital chichimeca.

THAILANDIA Estado del SE de Asia; 513 115 km², 55 884 000 hab. Cap., Bangkok. *(Thailandeses).*

THÁNATOS Genio alado de la mit. gr., personificación de la muerte.

THANT, *S'ithu U* (1901-1974) Diplomático birmano. Secretario general de la ONU en 1961-1972.

THATCHER, *Margaret Hilda* (n. 1925) Política brit. Primera ministra en 1979-1990.

THEODORAKIS, *Mikis* (n. 1925) Compositor gr. Música para películas: *Zorba el griego.*

THIERS, *Louis Adolphe* (1797-1877) Político e historiador fr. Primer presid. de la III República en 1797-1873.

THOMSON, *sir William* (1824-1907) Desde 1892 *lord Kelvin*. Físico brit. Estableció una escala teórica de temperatura *(escala K.).*

THOR Dios escandinavo del trueno y el viento.

TIAHUANACO Centro arqueológico de Bolivia. Ruinas de una ant. civilización preincaica.

TIAN SHAN Sistema montañoso de Asia central. Alt. máx., Pobedi (7 439 m).

TÍBER Río de Italia; 405 km.

TIBERIO (42 a.C.-37 d.C.) Emperador rom. en 14-37 d.C.

TÍBET Región autón. de China; 1 200 000 km², 2 196 010 hab. Cap., Lhasa.

TIBERIADES, *lago de* Ant. nombre del lago de Kinneret. Lugar donde Jesús eligió a varios apóstoles.

TIENTSIN C. y puerto de China; 11 305 km², 8 785 402 hab.

TIÉPOLO, *Giambattista* (1696-1770) Decorador it. Bóveda de la *Scuola dei Carmine,* en Venecia.

TIERRA Tercer planeta del sistema solar, en el que habitamos.

TIERRA DEL FUEGO Arch. del extremo S de América del Sur.

TIERRA DEL FUEGO, Antártida e Islas del Atlántico Sur Prov. argentina; 1 002 445 km², 69 450 hab. Cap., Ushuaia.

TIERRADENTRO Área cultural precolombina desarrollada entre los ss. VII-XV.

TIGRE C. de Argentina; 256 005 hab.

TIGRE, *El* C. de Venezuela; 73 600 hab.

NP

TIGRIS Río de Asia; 1 950 km.

TIJUANA C. de México; 742 686 hab.

TIKAL El mayor centro ceremonial maya en Guatemala. Ocho pirámides.

TIMOR Isla del arch. de la Sonda, en Indonesia; 33 925 km², 555 300 hab.

TINOCO Granados, Federico (1870-1931) Político cost. Presid. de la rep. en 1917-1919.

TINTORETTO, Jacopo Robusti, llamado (1518-1594) Pintor manierista it. *Juicio Final.*

TIRANA Cap. de Albania; 206 100 hab.

TIROL Región natural de los Alpes centrales; 20 047 km², 1 028 300 hab. Administrativamente corresponde a Austria y a Italia.

TIRÓN, Marco Tulio (104-4 a.C.) Escritor latino. *Discursos* de Cicerón.

TIRRENO Mar del Mediterráneo entre la Pen. Itálica y las islas de Córcega, Cerdeña y Sicilia.

TIRSO de Molina Seud. de *fray G. Téllez* (1571?-1648) Dramaturgo esp. *El burlador de Sevilla.*

TITÁN En mit. gr., nombre dado a los hijos de Urano y de Egea.

TITANIC Trasatlántico brit. que naufragó en su primer viaje (Gran Bretaña-EE UU) en 1912.

TITICACA Lago sit. entre Perú y Bolivia; 8 300 km².

TITO Seud. de *Josip Broz* (1892-1980) Político yug. Presid. en 1953-1980.

TITO Flavio Sabino Vespasiano (39-81) Emperador rom. en 79-81.

TITO Livio (59 a.C.-17 d.C.) Historiador rom. *Ab urbe condita libri.*

TIZIANO Vecellio (h. 1487-1576) Pintor it. *Concierto campestre.*

TLACATECUHTLI Uno de los títulos de los reyes aztecas.

TLACOPAN-TEPANOHUAYAN Ant. reino del valle de México.

TLALOC Dios nahua, señor de la lluvia, la vegetación y la fertilidad.

TLAQUEPAQUE C. de México; 337 950 hab.

TLATELOLCO C. del México prehispánico, después unida a Tenochtitlán.

TLATILCO Estación arqueológica del valle de México (1200 y 300 a.C.).

TLAXCALA Est. de México; 3 914 km², 883 630 hab. Cap., Tlaxcala (50 631 hab.).

TLAZOLTÉOTL Diosa nahua de la tierra.

TOA ALTA C. de Puerto Rico; 44 101 hab.

TOA BAJA C. de Puerto Rico; 89 454 hab.

TOBAGO Isla del Caribe; 303 km², 39 500 hab.

TOBAR Ponte, Martín (1772-1843) Político ven. Alcalde de Caracas, convocó el cabildo que proclamó la indep.

TOCANTINS Río de Brasil; 2 640 km.

TOCANTINS Est. de Brasil, 277 322 km², 966 000 hab. Cap., Palma de Tocantins (24 261 hab.).

TOCQUEVILLE, Charles Alexis Clérel de (1805-1859) Escritor fr. *La democracia en América.*

TOCUYO Río de Venezuela; 350 km.

TOGO Estado de África occidental; 56 785 km², 3 643 000 hab. Cap., Lomé. *(Togoleses).*

TOISÓN de Oro Orden de caballería creada en 1429 por Felipe III, duque de Borgoña.

TOKIO o **TOKYO** Cap. de Japón; 11 855 000 hab.

TOLEDO C. de España, cap. de la com. autón. de Castilla-La Mancha; 66 066 hab.

TOLEDO, montes de Sistema montañoso del centro de España.

TOLEDO, Alejandro (n. 1946) Político per. Elegido presid. en 2001.

TOLEDO, Francisco de, CONDE DE OROPESA (1516-1582) Administrador colonial esp. Virrey del Perú en 1568.

TOLEDO, Juan Bautista de (m. 1567) Arquitecto esp. Basílica de San Pedro de Roma.

TOLIMA Dpto. de Colombia; 23 562 km², 1 179 028 hab. Cap., Ibagué.

TOLKIEN, John Ronald Revel (1892-1973) Escritor brit. *El señor de los anillos.*

TOLOMEO Nombre de varios reyes de Egipto. • **I** Soter (367-283 a.C.) Rey en 305-283 a.C. • **II** Filadelfo (308-246 a.C.) Rey en 283-246 a.C. • **XIV** o **XIII** Dioniso **II** (m. 47 a.C.) Rey en 51-47 a.C., hermano y esposo de Cleopatra.

TOLOMEO, Claudio (s. II) Astrónomo gr. *Almagesto.*

TOLSTOI, Lev Nikolaievich, CONDE DE (1828-1910) Escritor ruso. *Guerra y paz.*

TOLUCA, *Nevado de* Volcán de México, también llamado Xinantécatl; 4 578 m.

TOLUCA DE LERDO C. de México, cap. del est. de México; 665 617 hab.

TOMÁS (s. I) Uno de los doce apóstoles.

TOMÁS de Aquino (1225-1274) Teólogo y filósofo it. *Suma teológica*.

TOMÁS Moro (1478-1535) Humanista ing. *Utopía*.

TOMBUCTÚ C. y puerto fluvial de Malí; 19 200 hab. Imp. centro comercial durante el s. XVII.

TONACATECUHTLI Padre mex. precolombino de los dioses. Señor de los alimentos.

TONATIUH Ant. personificación mex. del Sol.

TONGA Estado de Oceanía, en Polinesia; 748 km², 97 000 hab. Cap., Nuku'alofa. *(Tonganos)*.

TONKÍN Región histórica del Vietnam. Anexionada a la Indochina fr. y devuelta a Vietnam en 1946.

TOPEKA C. de EE UU, cap. del est. de Kansas; 119 900 hab.

TOPILTZIN (947-999) Rey tolteca en 977-999.

TORDESILLAS Acuerdo firmado en 1494 entre España y Portugal sobre los derechos de colonización de ambos países en el continente americano.

TORO, *David* (1898-1977) Político y militar bol. Presid. de la rep. en 1936-1937.

TORO y Zambrano, *Mateo de* (1724-1811) Militar y político chil. Elegido presid. en 1810.

TORONTO C. de Canadá; 612 300 hab.

TORQUEMADA, *Tomás de* (1420-1498) Eclesiástico esp. Nombrado inquisidor general en 1483.

TORRELIO, *Celso* (1933-1999) Político bol. Presid. en 1981-1982.

TORRE-NILSSON, *Leopoldo* (1924-1978) Director de cine arg. *La casa del ángel*.

TORRENTE Ballester, *Gonzalo* (1910-1999) Escritor esp. *Los gozos y las sombras*. Premio Cervantes (1985).

TORREÓN C. de México; 364 000 hab.

TORRES, *Camilo* (1766-1816) Político col. Presid. del congreso de las Provincias Unidas neogranadinas en 1812-1814, y jefe del gobierno en 1815.

TORRES Bodet, *Jaime* (1902-1974) Escritor y político mex. *Canciones y destierro.* Director general de la UNESCO en 1948-1952.

TORRES González, *Juan José* (1919-1976) Militar y político bol. Presid. en 1970-1971.

TORRES Villarroel, *Diego de* (1693-1770) Escritor esp., cultivador del género picaresco.

TORRICELLI, *Evangelista* (1608-1647) Físico it., inventor del barómetro de mercurio.

TORRIJOS, *Omar* (1929-1981) Militar y político pan. Presid. de la rep. en 1968-1978.

TÓRTOLA Isla brit. de las Pequeñas Antillas; 54 km² 13 600 hab. Cap., Road Town.

TORTUGA Isla de Venezuela; 220 km².

TOSCANA Región de Italia; 22 992 km², 3 529 900 hab. Cap., Florencia.

TOSCANELLI, *Paolo del Pozzo* (1397-1482) Astrónomo y geógrafo it. La expedición de Colón se basó en sus cálculos.

TOSCANINI, *Arturo* (1867-1957) Célebre director de orquesta it.

TOTONICAPÁN Dpto. del centro-oeste de Guatemala; 1 061 km², 324 225 hab. Cap., Totonicapán (78 800 hab.).

TOULOUSE C. de Francia, cap. de la región de Midi-Pyrénées; 358 688 hab.

TOULOUSE-LAUTREC, *Henri Marie-Raymond de* (1864-1901) Pintor y litógrafo fr. *Retrato de Van Gogh*. Carteles.

TOURS C. de Francia; 235 100 hab.

TOVAR, *Manuel Felipe de* (1803-1866) Político ven. Presid. de la rep. en 1859-1861.

TRACIA Región del SE de Europa; 51 000 km². Varias veces repartida después de la primera guerra balcánica y de la I Guerra Mundial.

TRAFALGAR Cabo de España. Escenario de la victoria brit. (1805) sobre la flota francoespañola.

TRAJANO, *Marco Ulpio* (53-117) Emperador rom. en 98-117.

TRANSCAUCASIA Región de Asia entre el Cáucaso y los montes de Armenia; 186 100 km², 15 132 000 hab.

TRANSHIMALAYA Sistema montañoso del Tíbet. Alt. máx., 7 225 m.

TRANSILVANIA Región natural e histórica de Rumania; 99 700 km², 6 250 000 hab.

TRANSJORDANIA Estado de Oriente Medio, fundado en 1921. En 1949 tomó el nombre de Jordania.

TRAVEN, Bruno (1890-1969) Escritor mex., de posible origen al. *La rebelión de los colgados.*

TREINTA AÑOS, guerra de los Lucha de varias potencias europeas contra los Habsburgo. Concluyó con la paz de Westfalia (24 octubre 1648).

TREBLINKA Campo de exterminio nazi en Polonia (1942-1945).

TREINTA Y TRES Dpto. del E de Uruguay; 9 529 km², 49300 hab. Cap., Treinta y tres (31 000 hab).

TREJOS Fernández, José Joaquín (n. 1916) Político cost. Presid. de la rep. en 1966-1970.

TRENTINO-ALTO ADIGIO Región del N de Italia; 13 607 km², 890 400 hab. Cap., Trento.

TRENTO C. de Italia, cap. de la región de Trentino-Alto Adigio; 101 500 hab. Escenario del concilio (545-1563) para organizar la Contrarreforma.

TRENTON C. de EE UU, cap. del est. de Nueva Jersey; 88 700 hab.

TRES CRUCES Cumbre chil. de los Andes; unos 6 700 m.

TRIESTE C. y puerto de Italia; 231 100 hab.

TRINIDAD C. de Bolivia, cap. del dpto. de Beni; 57 328 hab.

TRINIDAD Y TOBAGO Estado insular del mar Caribe; 5 123 km², 1 345 000 hab. Cap., Puerto España.

TRÍPOLI Cap. y puerto de Libia; 550 400 hab.

TRIPOLITANIA Región histórica del NO de Libia; 353 000 km², 1 300 000 hab. Cap., Trípoli.

TRISTÁN y Moscoso, Juan Pío de (1773-1860) Político y militar per. Presid. del Est. surperuano en la Confederación Peruboliviana (1838-1839).

TRONCOSO de la Concha, Manuel de Jesús (1878-1955) Político dom. Presid. en 1940-1942.

TROTSKI, Lev Davídovich (1897-1940) Político soviético. Impulsó la Revolución de octubre de 1917.

TROYA Ant. c. egea de Asia Menor, cap. de la Tróade, famosa por el enfrentamiento entre Troya y una coalición helénica, contado por Homero en la *Ilíada.*

TRUDEAU, Pierre Elliot (1919-2000) Político can. Primer ministro en 1968-1979 y en 1980-1984.

TRUFFAUT, François (1932-1984) Director de cine fr., figura de la «nouvelle vague». *Los 400 golpes.*

TRUJILLO Est. del O de Venezuela; 7 400 km², 520 292 hab. Cap., Trujillo (31 800 hab.).

TRUJILLO C. del Perú, cap. del dpto. de La Libertad; 537 458 hab.

TRUJILLO C. de Honduras, cap. del dpto. de Colón; 5 783 hab.

TRUJILLO, Héctor Bienvenido (n. 1908) General y político dom. Presid. de la rep. en 1952-1960.

TRUJILLO ALTO Mun. de Puerto Rico; 61 521 hab.

TRUJILLO, Julián (1828-1883) Militar y político col. Presid. de la rep. en 1878-1880.

TRUJILLO, Rafael Leónidas (1891-1961) Militar y político dom. Elegido presid. en 1930, instauró una dictadura que duró hasta su muerte.

TRUMAN, Harry Spencer (1884-1972) Político estadoun. Presid. en 1945 y en 1948-1952. Decidió lanzar la bomba atómica sobre Japón.

TSING Dinastía de origen manchú que gobernó China en 1644-1912.

TUCÍDIDES (h. 460-h. 400 a.C.) Historiador gr. *Historia de la guerra del Peloponeso.*

TUCUMÁN Prov. del NO de Argentina; 22 524 km², 1 142 247 hab. Cap., San Miguel de Tucumán. Sede del congreso que proclamó la indep. de Argentina en 1816.

TUCUPITA C. de Venezuela, cap. del est. Delta Amacuro; 27 300 hab.

TULA C. de Rusia; 532 000 hab.

TULA DE ALLENDE Mun. de México; 71 622 hab. Centro de la cultura tolteca.

TULANCINGO Mun. de México; 91 831 hab.

TULCÁN C. de Ecuador, cap. de la prov. de Carchi; 37 069 hab.

TULUÁ C. de Colombia; 141 490 hab.

TULUM Estación arqueológica maya en la pen. del Yucatán. Fundada h. el año 599.

TUMACO C. de Colombia; 87 448 hab.

TUMBES Dpto. del Perú; 4669,36 km², 173600 hab. Cap., Tumbes (72 616 hab.).

TUNAS, *Las* Prov. del NE de Cuba; 6 854 km², 478 000 hab. Cap., Las Tunas (86 800 hab.).

TÚNEZ Cap. de Tunicia; 774 400 hab.

TUNGURAHUA Prov. de Ecuador; 3 334,8 km², 361 980 hab. Cap., Ambato.

TUNICIA Estado del N de África; 163 610 km², 8 293 000 hab. Cap., Túnez. *(Tunecinos).*

TUNJA C. de Colombia, cap. del dpto. de Boyacá; 113 994 hab.

TUÑÓN de Lara, *Manuel* (1915-1997) Historiador esp. *La España del siglo xx.*

TÚPAC Amaru (?-1572) Último soberano inca en 1571-1572. Inspiró varias revueltas contra los esp.

TÚPAC Amaru, *José Gabriel* (1740-1781) Caudillo per., descendiente de Túpac Amaru. Derrotó a los españoles en Sangarará.

TÚPAC Huallpa (m. 1533) Rey inca por nombramiento de Pizarro en 1533, murió al poco tiempo.

TÚPAC Inca Yupanqui (m. 1493) Rey inca en 1471-1493.

TUPUNGATO Volcán apagado de los Andes chileno-argentinos; 6 800 m.

TURBAY Ayala, *Julio César* (n. 1916) Político col. Presid. de la rep. en 1978-1982.

TURCAS y CAICOS Colonia brit. de las Antillas; 430 km², 7 000 hab. Cap., Cockburn Town.

TURENNE, *Henri de la Tour D' Auvergne,* VIZCONDE DE (1611-1675) Militar fr. La victoria frente a Condé propició la vuelta de Luis XIV a París.

TURGOT, *Anne-Robert Jacques* (1727-1781) Economista fr., ministro de hacienda de Luis XVI.

TURÍN C. de Italia, cap. del Piamonte; 962 500 hab.

TURINA, *Joaquín* (1882-1949) Compositor esp. *La procesión del Rocío.*

TURINGIA Est. de Alemania central; 16 252 km², 2 610 000 hab. Cap., Erfurt.

TURKMENISTÁN Estado de Asia central; 488 100 km², 3 714 000 hab. Cap., Ashjabad.

TURQUESTÁN Región de Asia central, dividida entre China de Kazakistán, Kirguisistán, Tadjikistán, Uzbekistán y Turkmenistán.

TURQUÍA Estado de Asia Menor; 779 452 km², 56 978 000 hab. Cap., Ankara. *(Turcos).*

TUTANKAMÓN (s. XIV a.C.) Faraón egipcio de la XVIII dinastía.

TUTMOSIS Nombre de cuatro faraones egipcios de la XVIII dinastía. Destaca *Tutmosis III* (ss. XVI-XV a.C.), que dominó Asia Menor.

TUVALU Estado del Pacífico central, en Polinesia; 25 km², 9 000 hab. Cap., Vaiaku.

TUXPAN DE RODRÍGUEZ CANO C. y puerto de México; 117 252 hab.

TUXTLA GUTIÉRREZ C. de México, cap. del est. de Chiapas; 433 544 hab.

TWAIN, *Mark* (1835-1910) Escritor estadoun. *Las aventuras de Tom Sawyer.*

TYLER, *John* (1790-1862) Político estadoun. Presid. de EE UU en 1841-1845.

TZARA, *Tristán* (1896-1963) Poeta fr. de origen rumano. *Manifiesto Dadá.*

U

UAGADUGU Cap. de Burkina Faso; 247 900 hab.

UAXACTÚN Estación arqueológica maya de Guatemala.

UBANGUI Río de África ecuatorial; 2 300 km.

UBATÉ, *Sabana de* Región fisiográfica de Colombia.

UBERABA C. de Brasil; 211 356 hab.

UBINAS Volcán activo del Perú; 5 672 m.

UCAYALI Río del Perú; 2 200 km.

UCAYALI Dpto. del E del Perú; 102 410,55 km², 366 900 hab. Cap., Pucallpa.

UCCELLO, *Paolo di Dono,* llamado *Paolo* (1397-1475) Pintor it. *Batalla de San Romano.*

UCRANIA Estado del E de Europa; 603 700 km², 51 944 000 hab. Cap., Kiev. *(Ucranianos).*

UGANDA Estado del E de África; 241 038 km², 16 830 000 hab. Cap., Kampala. *(Ugandeses).*

UGARTE, *Manuel* (1878-1951) Escritor arg. *Cuentos de la pampa.*

NP

ULAN BATOR Cap. de Mongolia; 470 500 hab.

ULATE Blanco, *Otilio* (1892-1973) Político cost. Presid. de la rep. en 1949 y en 1949-1953.

ULBRICHT, *Walter* (1893-1973) Político al. Presid. del Consejo de Estado de la RDA en 1960-1973.

ULIANOVSK C. de Rusia; 544 000 hab. Cuna de Lenin.

ULISES Héroe mit. gr., protagonista de la *Odisea*.

ULLOA, *Elías, Manuel* (n. 1922) Político per. Primer ministro en 1980-1982.

ULSTER Prov. histórica de Irlanda; 22 121 km², 1 734 797 hab. Cap. histórica, Belfast.

ULÚA Río de Honduras; 257 km.

UMANGO Sierra de Argentina; alt. máx., 4 500 m.

UMBRAL, *Francisco* (n. 1935) Escritor esp. *Memorias de un niño de derechas*. Premio Príncipe de Asturias en 1996 y premio Cervantes en 2000.

UNAMUNO, *Miguel de* (1864-1936) Escritor esp. *Del sentimiento trágico de la vida*.

UNÁNUE, *José Hipólito* (1755-1833) Político y médico per. Introdujo el uso de la vacuna en su país.

UNARE Río de Venezuela; 250 km.

UNDSET, *Sigrid* (1882-1949) Novelista nor. *Kristin Lavransdatter*. Nobel de Literatura en 1928.

UNDURRAGA, *Antonio de* (n. 1911) Escritor chil. *Hay levadura en las columnas*.

UNESCO *(United Nations Educational, Scientific and Cultural Organization)* Entidad cultural de la ONU, creada en 1946. Tiene su sede en París.

UNICEF *(United Nations International Children's Emergency Fund)* Organismo de la ONU fundado en 1946 para ayuda de la infancia en los países subdesarrollados. Nobel de la Paz en 1965.

UNIÓN, *La* Dpto. de El Salvador; 2 074 km², 251 143 hab. Cap., La Unión (36 900 hab.).

UNIÓN DE REPÚBLICAS SOCIALISTAS SOVIÉTICAS *(URSS)* o **UNIÓN SOVIÉTICA** Estado federal en 1922-1991.

UNIÓN Europea *(UE)* Organización constituida como *Comunidad Económica Euro-*pea o *Mercado Común Europeo* en 1957. Renombrada como Unión Europea a partir 1993. Objetivos: instaurar un mercado común, unión aduanera y política agr. unificada.

UNIÓN Panamericana Organización de Estados americanos creada en 1910. En 1948 se integró en la Organización de Estados Americanos *(OEA)*, en calidad de secretariado permanente.

UR C. mesopotámica de origen sumerio.

URAL Río de Rusia y Kazakistán; 2 500 km.

URALES Cord. de Rusia; unos 2 000 km de long. Alt. máx., Narodnaia (1 894 m).

URANO Séptimo planeta del sistema solar en orden creciente de distancia al Sol.

URANO Mito gr., personificación del cielo.

URBANEJA, *Diego Bautista* (1786-1855) Patriota ven. Vicepresid. en 1831 y en 1844-1848. Presid. provisional en 1848.

URBANO Nombre de varios papas. • II (h. 1042-1099) Papa fr. en 1088-1099. • V (1310-1370) Papa fr. en 1362-1370. • VI (1318-1389) Papa en it. 1378-1389. • VIII (1569-1644) Papa it. en 1623-1644.

URBINA, *José María* (1808-1891) Político ecuat. Presid. en 1852-1856.

URBINA, *Luis* (1868-1934) Escritor mex. *Bajo el sol y frente al mar*.

URBIÓN, *Picos de* Sierra del centro-N de España.

URDANETA, *Alberto* (1845-1887) Pintor col. *Jiménez de Quesada muerto*.

URDANETA, *Rafael* (1789-1845) Militar y político ven. Jefe prov. del gobierno de Colombia en 1830-1831, tras derrocar a Mosquera.

URDANETA, *Arbeláez, Roberto* (1890-1972) Político col. Presid. en 1951-1953.

URIARTE, *Higinio* (m. 1900) Político par. Presid. tras el asesinato de Gil en 1877-1878.

URIBE, *César* (1897-1953) Novelista col. *Toá*.

URIBURU, *José Evaristo* (1831-1914) Político arg. Presid. de la rep. en 1895-1898.

URIBURU, *José Félix* (1868-1932) Militar y político arg. Presid. provisional en 1930-1932.

URICOECHEA, *Ezequiel* (1834-1880) Filólogo col. *Mapoteca colombiana.*

URONDO, *Francisco* (1930-1976) Escritor y político arg. *La patria fusilada.*

URRACA (1077-1126) Reina de Castilla y León en 1109-1126.

URRACA (s. XVI) Cacique de Burica, en la actual Costa Rica. Combatió nueve años a los españoles.

URRIOLAGOITIA, *Mamerto* (1895-1974) Político bol. Presid., tras la renuncia de Hertzog en 1949-1951.

URRUTIA, *Francisco José* (1870-1950) Político col. Intervino, como ministro, en el tratado Urrutia-Thompson (1914), que solucionó con EE UU la cuestión de Panamá.

URRUTIA, *Manuel* (1901-1981) Político cub. Presid. de la rep. tras el triunfo de Fidel Castro; dimitió el mismo año (1959).

URUBAMBA Río del Perú; 730 km.

URUGUAY Río de América del S; unos 1 700 km.

URUGUAY Estado de América del S; 175 016 km², 3 164 000 hab. Cap., Montevideo. *(Uruguayos).*

USHUAIA C. de Argentina, cap. de la prov. Tierra de Fuego; 29 696 hab.

USIGLI, *Rodolfo* (1905-1979) Escritor mex. *El niño y la niebla.*

USLAR Pietri, *Arturo* (1906-2001) Político y escritor ven. *Las lanzas coloradas.*

USULUTÁN Dpto. de El Salvador; 2 130 km², 317 079 hab. Cap., Usulután (63 000 hab.).

USUMACINTA Río de América Central; 900 km.

UTAH Est. del O de EE UU; 219 889 km², 1 723 000 hab. Cap., Salt Lake City.

UTAMARO, *Kitagawa* (h. 1756-1806) Pintor y grabador japonés. Estampas policromas.

ÚTICA Ant. c. de África, fundada por los fenicios h. 1100 a.C. Fue cap. de la prov. romana de África.

UTRECHT C. de Países Bajos; 230 000 hab. Escenario de los acuerdos de paz que pusieron fin a la guerra de Sucesión española (1713).

UTRILLO, *Maurice* (1883-1955) Pintor fr. *Vistas de Monmartre.*

UXMAL Ant. c. maya del Imperio Nuevo (México), en la actual Santa Elena.

UZBEKISTÁN Estado de Asia central; 447 400 km², 20 708 000 hab. Cap., Tashkent.

V

VADUZ Cap. de Liechtenstein; 4 900 hab.

VALDELOMAR, *Abraham* (1888-1919) Escritor per. *Los hijos del sol.*

VALDÉS Pen. de Argentina, en la Patagonia.

VALDÉS, *Alfonso de* (h. 1490-1532) Humanista esp. *Diálogo de las cosas acaecidas en Roma.*

VALDÉS, *Juan de* (m. 1541) Humanista esp. *Diálogo de la lengua.*

VALDIVIA C. de Chile; 104 900 hab.

VALDIVIA, *Pedro de* (1497-1553) Conquistador esp. Fundó Santiago de la Nueva Extremadura en 1541, hoy Santiago de Chile.

VALDIVIESO, *José Félix* (h. 1780-1850) Político ecuat. En 1834 se autoproclamó jefe del Est. Presid. interino en 1845-1846.

VALENCIA C. de España, cap. de la Com. Valenciana; 746 683 hab.

VALENCIA C. de Venezuela, cap. del est. de Carabobo; 922 100 hab.

VALENCIA, *albufera de* Laguna de España, en el litoral mediterráneo.

VALENCIA, *Guillermo* (1873-1943) Poeta col. *Ritos.*

VALENCIA, *Guillermo León* (1905-1971) Político col. Presid. de la rep. en 1962-1966.

VALENCIA TACARIGUA Lago de Venezuela; 400 km².

VALENCIANA, *Comunidad* Nombre oficial de la com. autón. de Valencia (España); 23 305 km², 4 009 329 hab. Cap., Valencia.

VALENCIENNES C. y puerto fluvial de Francia; 223 800 hab.

VALENTE, *José Ángel* (1929-2000) Poeta esp. *Las palabras de la tribu.*

VALENTINO, *Rodolfo* (1895-1926) Actor de cine estadoun., de origen it. Mito del amante latino. *Sangre y arena.*

NP

VALENZUELA, Pedro José (1797-1865) Político guat. Presid. de la rep en 1838-1839.

VALERA C. de Venezuela; 109 100 hab.

VALERA, Juan (1824-1905) Escritor esp. *Juanita la larga.*

VALÉRY, Paul (1871-1945) Poeta simbolista fr. *La joven Parca.*

VALETTA, La Cap. y puerto de la isla de Malta; 14 100 hab.

VALLADOLID C. de España; 319 805 hab.

VALLE Dpto. de Honduras; 1 565 km², 115 218 hab. Cap., Nacaome.

VALLE, Andrés (s. XIX) Político salv. Pres. en 1876.

VALLE, Rafael Heliodoro (1891-1959) Escritor hond. *Ánfora sedienta.*

VALLE Caviedes, Juan del (h. 1652-1698) Escritor per. *Diente del Parnaso.*

VALLE DE LOS REYES Valle del Egipto Medio, donde se enterraba a los reyes del Imperio Nuevo egipcio, a partir de Tutmés I.

VALLE DE SANTIAGO Mun. de México; 69 900 h.

VALLE DEL CAUCA Dpto. de Colombia; 22 140 km², 3 474 695 hab. Cap., Cali.

VALLEDUPAR C. de Colombia; 247 942 hab.

VALLE-INCLÁN, Ramón María del (1866-1936) Escritor esp. *Luces de Bohemia.*

VALLEJO, César (1892-1938) Escritor per. *España, aparta de mí este cáliz.*

VALMIKI (h. s. v a.C.) Poeta indio, considerado autor del *Ramayana.*

VALPARAÍSO Región del centro-N de Chile; 16 396,1 km², 1 373 967 hab. Cap., Valparaíso (290 000 hab.).

VALQUIRIA Divinidad escandinava, que designaba los héroes que habían de morir.

VALVERDE Prov. del NO de la Rep. Dominicana; 580 km², 110 700 hab. Cap., Mao.

VALVERDE, José Desiderio (s. XIX) Político y militar dom. Presid. constitucional en 1858.

VAN Lago de la Armenia turca; 3 765 km².

VAN Allen, James Alfred (n. 1914) Físico estadoun. Descubrió los dos cinturones radiactivos que rodean la Tierra.

VAN Buren, Martin (1782-1862) Político estadoun. Presid. en 1837-1841.

VAN der Goes, Hugo (1435-1482) Pintor flamenco. *Tríptico Portinari.*

VAN der Meersch, Maxence (1907-1951) Escritor fr. Premio Goncourt en 1936 por *La huella del dios.*

VAN der Waals, Johannes Diderik (1837-1923) Físico neerlandés. Nobel de Física en 1910.

VAN der Weyden, Rogier (m. 1464) Pintor flamenco. *El descendimiento de la Cruz.*

VAN Dyck, Anton (1599-1641) Pintor flamenco. *Cristo muerto.*

VAN Eyck, Jan (1385-1441) Pintor flamenco. *Cordero Místico.*

VAN Gogh, Vincent (1853-1890) Pintor neerlandés. *Girasoles.*

VANCOUVER C. y puerto de Canadá; 414 300 hab.

VANCOUVER Isla de Canadá, en el Pacífico; 33 732 km², 410 200 hab. Cap., Victoria.

VAN'T Hoff, Jakobus Hendrikus (1852-1911) Químico neerlandés. Nobel de Química en 1901.

VANUATU Estado de Oceanía, formado por unas 40 islas; 12 189 km², 150 000 hab. Cap., Port Vila.

VARELA, Juan Cruz (1794-1839) Escritor arg. *Dido.*

VARELA y Morales, Félix (1787-1853) Sacerdote y filósofo cub. *Miscelánea filosófica.*

VARGAS Est. de Venezuela; 1 496,5 km², 308 000 hab. Cap., La Guaira.

VARGAS, Getulio (1883-1954) Político bras. Un mov. insurreccional le llevó al poder en 1930-1845 y en 1945-1954.

VARGAS, José María (1786-1854) Político ven. Primer presid. civil en 1835-1836.

VARGAS Llosa, Mario (n. 1936) Escritor per. *La ciudad y los perros.* Premio Príncipe de Asturias en 1986 y Premio Planeta en 1993.

VARNA C. de Bulgaria; 295 000 hab.

VARONA, Enrique José (1849-1933) Escritor y político cub. *Estudios literarios y filosóficos.* Vicepresid. de la rep. en 1913-1917.

VARRÓN, Marco Terencio (116-26 a.C.) Escritor latino. *Sátiras menipeas.*

VARSOVIA Cap. de Polonia; 1 649 000 hab.

VASARI, Giorgio (1511-1574) Arquitecto it. El palacio de los Uffizi, en Florencia.

VASCONCELOS, Doroteo (s. XIX) Político salv. Presid. de la rep. en 1848-1851.

VASCONCELOS, José (1882-1959) Escritor mex. *La raza cósmica.*

VASCONGADAS Nombre tradicional de la com. autón. esp. del País Vasco o Euskadi.

VASSEUR, Álvaro Armando (1878-1969) Poeta ur. *Cantos del Nuevo Mundo.*

VATICANO Palacio y sede de la curia pontificia.

VATICANO, Ciudad del Estado de Europa, al O de Roma; 0,44 km², 1 000 hab.

VAUPÉS Dpto. del SE de Colombia; 65 268 km², 22 199 hab. Cap., Mitú.

VAUPÉS Río de Colombia y Brasil; 1 126 km.

VAZ Ferreira, Carlos (1872-1958) Ensayista ur. *Los problemas de la libertad.*

VÁZQUEZ, Horacio (1860-1936) Político y militar dom. Presid. provisional en 1899. Presid. en 1902-1903 y en 1924-1930.

VÁZQUEZ Montalbán, Manuel (n. 1939) Escritor esp. *Los mares del Sur.*

VEDAS Ant. textos religiosos de la India.

VEGA, La Prov. de la Rep. Domicana; 2 425 km², 300 700 hab. Cap., Concepción de La Vega o La Vega.

VEGA ALTA C. de Puerto Rico; 31 500 hab.

VEGA BAJA C. de Puerto Rico; 52 900 hab.

VEGA REAL, La Gran depresión de la Rep. Dominicana.

VEGA y Carpio, Lope Félix de (1562-1635) Escritor esp. *Fuenteovejuna.*

VEINTEMILLA, Ignacio de (1830-1909) Military político ecuat. Dictador en 1876-1883.

VELASCO, José María (1840-1912) Pintor mex. *Valle de México.*

VELASCO, José Miguel (1795-1859) Político bol. Presid. en 1828-1829 y en 1839-1848.

VELASCO Alvarado, Juan (1910-1977) Militar y político per. Derrocó al presid. Belaúnde Terry. Reemplazado en 1975 por el general Morales Bermúdez.

VELASCO Ibarra, José María (1893-1979) Político ecuat. Presid. de la rep. en 1934-1935, 1944-1947, 1952-1956, 1960-1961 y 1968-1972.

VELÁSQUEZ Mújica, Ramón José (n. 1917) Político ven. Presid. en 1993, tras la destitución de Andrés Pérez.

VELÁZQUEZ, Diego de (1465-1524) Conquistador esp. En Cuba fundó varias c.

VELÁZQUEZ, Diego de Silva (1599-1660) Pintor esp. *Las meninas.*

VENCESLAO Nombre de varios reyes de Bohemia. • I (1205-1253) Rey en 1230-1253. • IV (1361-1419) Rey en 1363-1419 y emp. de Alemania en 1378-1400.

VENECIA C. de Italia, cap. del Véneto; 309 400 hab.

VÉNETO Región del NE de Italia; 18 365 km², 4 380 800 hab. Cap., Venecia.

VENEZUELA Golfo del mar Caribe.

VENEZUELA Estado de América del Sur; 912 050 km², 19 405 429 hab. Cap., Caracas. *(Venezolanos).*

VENIZELOS, Eleuterios (1864-1936) Político gr. Incorporó Creta a Grecia.

VENUS Segundo planeta del sistema solar. Es el astro más brillante después del Sol.

VENUS Diosa rom. del amor y la belleza.

VERA, Pedro Jorge (1914-1999) Escritor ecuat. *La semilla estéril.*

VERA y Pintado, Bernardo (1780-1827) Poeta arg. y patriota chil. Autor del himno nacional.

VERACRUZ Est. de México; 72 815 km², 6 901 111 hab. Cap., Jalapa Enríquez.

VERACRUZ LLAVE C. de México; 306 000 hab.

VERAGUA Parte occidental del istmo de Panamá.

VERAGUAS Prov. de Panamá; 11 239,3 km², 219 049 hab. Cap., Santiago de Veraguas.

VERAPAZ, Alta Dpto. de Guatemala; 8 686 km², 650 127 hab. Cap., Cobán.

VERAPAZ, Baja Dpto. de Guatemala; 3 124 km², 200 019 hab. Cap., Salamá.

VERDAGUER, Jacint (1845-1902) Eclesiástico y poeta esp., en lengua cat. *Canigó.*

VERDE Río de México; 200 km.

VERDI, Giuseppe (1813-1901) Compositor it. *La Traviata* (ópera).

VERDÚN C. y puerto fluvial de Francia; 26 900 hab. Escenario de la batalla entre al. y fr. durante la I Guerra Mundial.

VERISSIMO, Érico Lopes (1905-1975) Escritor bras. *Un lugar en el sol.*

NP

VERLAINE, *Paul* (1844-1896) Poeta fr. *Poemas saturnianos.*

VERMONT Est. de EE UU; 24 900 km², 563 000 hab. Cap., Montpelier.

VERNE, *Jules* (1828-1905) Escritor fr. *La vuelta al mundo en ochenta días.*

VERONA C. de Italia; 260 000 hab.

VERONÉS, *Paolo Caliari,* llamado *El* (1528-1588) Pintor it. *Bodas de Caná.*

VERROCCHIO, *Andrea di Michele Cioni,* llamado *Il* (1435-1488) Pintor y escultor it. *Tobías y el ángel.*

VERSALLES C. de Francia; 91 500 hab. Sede de la corte de Luis XIV y del tratado de paz (1919) para la I Guerra Mundial.

VESPASIANO, *Tito Flavio* (9-79) Emperador rom. en 69-79, fundador de la dinastía Flavia.

VESPUCIO, *Américo* (1454-1512) Navegante florentino. En 1501 demostró que las costas bras. eran un nuevo continente, al que llamó Nuevo Mundo.

VESTA Diosa rom., protectora del hogar.

VESUBIO Volcán de Italia; 1 277 m. En el 79 sepultó la c. de Pompeya.

VIAN, *Boris* (1920-1959) Escritor fr. y trompetista de jazz. *La hierba roja.*

VICENTE, *Gil* (h. 1465-h. 1537) Escritor port., también en lengua cast. *Don Duardos.*

VICENTE LÓPEZ C. de Argentina; 291 100 hab.

VICHADA Dpto. de Colombia; 100 242 km², 22 766 hab. Cap., Puerto Carreño.

VICHY C. de Francia; 34 000 hab. Sede del gobierno de Petain en 1940-1944.

VÍCTOR Amadeo III (1726-1796) Rey de Cerdaña-Piamonte en 1773-1796.

VÍCTOR Manuel III (1869-1947) Rey de Italia en 1900-1946.

VICTORIA Lago del E de África; 68 800 km².

VICTORIA Cataratas de África central; 100 m de alt.

VICTORIA Cap. de Hong Kong; 675 000 hab.

VICTORIA, *Gran Desierto* Desierto del SO de Australia; 300 000 km².

VICTORIA, *La* C. de Venezuela; 70 100 hab.

VICTORIA I (1819-1901) Reina de Gran Bretaña e Irlanda en 1837-1901 y emperatriz de la India en 1876-1901.

VICTORIA, *Miguel Fernández Félix,* llamado *Guadalupe* (1786-1843) Político mex. Presid. de la rep. en 1824-1829.

VICTORIA DE LAS TUNAS C. de Cuba; 126 600 hab.

VICTORIA Eugenia de Battenberg (1887-1969) Reina de España al casar con Alfonso XIII en 1906.

VICTORICA, *Miguel Carlos* (1884-1955) Pintor arg.

VICUÑA Mackenna, *Benjamín* (1831-1886) Político y escritor chil. *El ostracismo de O'Higgins.*

VIDAL, *Juan Francisco* (1801-1863) Militar y político per. Presid. de la rep. en 1842-1843.

VIDELA, *Jorge* (n. 1925) Militar arg. Presid. de la rep. en 1976-1981.

VIDOR, *King* (1894-1982) Director de cine estadoun. *El gran desfile.*

VIEDMA C. de Argentina, cap. de la prov. de Río Negro; 44 582 hab.

VIENA Cap. de Austria; 1 512 400 hab.

VIENTIANE Cap. adm. de Laos; 377 400 hab.

VIERA, *Feliciano* (1872-1927) Político ur. Presid. de la rep. en 1915-1919.

VIETNAM Estado del SE asiático; 329 566 km², 67 589 000 hab. Cap., Hanoi. *(Vietnamitas).*

VIGIL, *Diego* (1799-1845) Político centroamericano. Jefe del Estado de Honduras en 1829-1932, y de El Salvador en 1835-1839.

VIGNOLA, *Giacomo Barozzi da* (1507-1573) Arquitecto it. Villa Farnesio.

VIGO Mun. y puerto de España; 286 774 hab.

VILA-VILA Yacimiento paleontológico de Bolivia.

VILCABAMBA Ant. región del Perú, actual Machu Picchu.

VILCANOTA Nudo de los Andes; más de 6 000 m.

VILDOSO, *Guido* (n. 1934) Militar y político bol. Presid. interino de la rep. en 1982.

VILLA, *Pancho* Nombre tomado por *Doroteo Arango* (1878-1923) Revolucionario mex. Lucho con Zapata. Murió asesinado.

VILLA ALEMANA C. de Chile; 61 400 hab.

VILLA CLARA Prov. de Cuba; 8 662 km², 796 000 hab. Cap., Santa Clara.

VILLAHERMOSA C. de México, cap. del est. de Tabasco; 519 873 hab.

VILLALAR DE LOS COMUNEROS Mun. de España; 508 hab. Célebre por la batalla entre las fuerzas reales y los comuneros el 23 abril 1521.

VILLAMEDIANA, *Juan de Tassis y Peralta*, CONDE DE (1582-1622) Escritor esp. *Fábula de Faetón*.

VILLANUEVA, *Juan de* (1731-1811) Arquitecto esp. Museo del Prado.

VILLARRICA C. de Paraguay, cap. del dpto. de Guaira; 27 673 hab.

VILLARRICA Lago de Chile; 250 km².

VILLARRICA Volcán de Chile; 2 582 m.

VILLARROEL, *Gualberto* (1910-1946) Militar y político bol. Presid. de la rep. en 1943-1946.

VILLAURRUTIA, *Xavier* (1903-1950) Escritor mex. *Reflejos*.

VILLAVICENCIO C. de Colombia, cap. del dpto. de Meta; 273 511 hab.

VILLAZÓN, *Heliodoro* (1849-1939) Político bol. Presid. de la rep. en 1908-1913.

VILLEDA y Morales, *Ramón* (1909-1971) Político hond. Presid. de la rep. en 1957-1963.

VILLIERS de l'Isle-Adam, *Auguste*, CONDE DE (1838-1889) Escritor fr. *Cuentos crueles*.

VILLON, *François* (1431-después de 1463) Poeta fr. *Balada de los ahorcados*.

VILNIUS Cap. de Lituania; 544 000 hab.

VIÑA DEL MAR C. de Chile; 261 100 hab.

VIOLA, *Roberto* (1924-1994) Militar y político arg. Presid. de la rep. en 1981.

VIOLLET-LE-DUC, *Eugène Emmanuel* (1814-1879) Arquitecto fr. que influyó en Le Corbusier.

VIRACOCHA Dios inca, creador de todas las cosas. Llamado también *Huiracocha* y *Wiracocha*.

VIRACOCHA (m. h. 1430) Soberano inca. Formó una confederación de pueblos del altiplano.

VIRASORO, *Miguel Ángel* (1900-1966) Filósofo arg. *La lógica de Hegel*.

VÍRGENES Cabo de Argentina.

VÍRGENES, *islas* Arch. de las Pequeñas Ant. Parte estadoun. (344 km², 103 000 hab., cap., Charlotte Amalie) y parte brit. (153 km², 16 000 hab.; cap. Road Town).

VIRGILIO Marón, *Publio* (70 a.C.-19 a.C.) Poeta latino. *La Eneida*.

VIRGINIA Est. del E de EE UU; 105 586 km², 6 187 000 hab. Cap., Richmond.

VIRGINIA OCCIDENTAL Est. del E de EE UU; 62 759 km², 1 793 000 hab. Cap., Charleston.

VIRGO Sexto signo y constelación del Zodíaco.

VIRIATO (m. 139 a.C.) Caudillo lusitano. Luchó contra Roma en 147 a.C.

VISCONTI Noble familia gibelina de Milán, que gobernó en esta c. del s. XIII al s. XV.

VISCONTI, *Luchino* (1906-1976) Director it. de teatro y cine. *Muerte en Venecia*.

VÍSTULA Río de Polonia; 1 806 km.

VITEBSK C. de Bielorrusia; 335 000 hab.

VITIER, *Cintio* (n. 1921) Escritor cub. *Canto llano*.

VITÓRIA C. y puerto de Brasil, cap. del est. de Espírito Santo; 258 000 hab.

VITORIA-GASTEIZ C. de España, cap. de la com. autón. del País Vasco; 214 234 hab.

VITRUVIO Polión, *Marco* (s. I a.C.) Arquitecto rom. *De Architectura*.

VIVALDI, *Antonio* (1678-1741) Compositor y violinista it. *La stravaganza*.

VIVANCO, *Luis Felipe* (1907-1975) Poeta esp. Premio Crítica en 1974 por *Los caminos*.

VIVANCO, *Manuel Ignacio de* (1806-1873) Militar per. Presid. de la rep. en 1843-1844.

VIVES, *Amadeu* (1871-1932) Compositor esp. *Doña Francisquita*.

VIVES, *Juan Luis* (1492-1540) Filósofo esp. *Tratado del alma*.

VIZCAYA Golfo del mar Cantábrico.

VLADIVOSTOK C. de Rusia; 600 000 hab.

VLAMINCK, *Maurice de* (1876-1958) Pintor fr. *El estanque*.

VO Nguyen Giap (n. 1912) Militar y político vietnamita. Viceprimer ministro en 1976-1982.

VOLGA Río de Rusia; 3 700 km.

VOLGOGRADO en 1925-1961, *Stalingrado*) C. de Rusia; 974 000 hab.

VOLTA Río de Burkina Faso y Ghana; 1 600 km.

VOLTA, *Alessandro* (1745-1827) Físico it. Ideó el efecto que lleva su nombre.

NP

VOLTAIRE Seud. de *François-Marie Arouet*. (1694-1778) Pensador fr. *Ensayo sobre las costumbres, Cándido.*

VORONEZH C. de Rusia; 850 000 hab.

VOROSHILOV, *Kliment Efrémovich* (1881-1969) Mariscal soviético. Presid. del presidium del Soviet Supremo en 1953-1960.

VOSGOS Cordillera del NE de Francia. Máx. alt., Guebwiller (1 423 m).

VOSSLER, *Karl* (1872-1949) Filólogo al. *Positivismo e idealismo en la ciencia del lenguaje.*

VULCANO Dios rom. del fuego y de la forja.

VULGATA Traducción latina de La Biblia, obra de S. Jerónimo.

VYASA Personaje legendario de la India, supuesto autor de *Mahabharata.*

W

WAGNER, *Richard* (1813-1883) Compositor al. *El anillo de los Nibelungos.*

WALDHEIM, *Kurt* (n. 1918) Político austr. Secretario gral. de la ONU en 1971-1981. Elegido presid. de la rep. en 1986.

WALESA, *Lech* (n. 1943) Político pol. Nobel de la Paz en 1983. Presid. del país en 1990-1995.

WALKER, *William* (1824-1860) Aventurero estadoun. Presid. de Nicaragua en 1855-1857.

WALLACH, *Otto* (1847-1931) Químico al. Nobel de Química en 1910.

WALLIS Y FUTUNA Arch. fr. de Oceanía; 255 km², 14 000 hab. Cap., Mata Utu.

WALSH, *María Elena* (n. 1930) Escritora arg. *Cancionero contra el mal de ojo.*

WALSH, *Rodolfo* (1927-1977?) Novelista arg. *Operación masacre.*

WARHOL, *Andy* (1930-1987) Pintor estadoun., pral. figura del *Pop-Art.*

WASHINGTON Est. del NO de EE UU; 176 419 km², 4 867 000 hab. Cap., Olympia.

WASHINGTON Cap. de EE UU; 606 900 hab.

WASHINGTON, *George* (1732-1799) Militar y político estadoun. Presid. en 1789. Reelegido en 1793.

WASMOSY, *Juan Carlos* (n. 1938) Político par. Presid. de la rep. entre 1993 y 1998.

WASSERMANN, *August Paul* (1866-1925) Bacteriólogo al., diagnosticó la sífilis.

WAST, *Hugo* Seud. de *Gustavo Martínez Zuviría* (1883-1962) Escritor arg. *Flor de durazno.*

WATERLOO C. de Bélgica, donde Napoleón I fue derrotado por ingleses y prusianos en 1815.

WATSON, *James* (n. en 1928) Biólogo estadoun. Descubrió la estructura del ADN.

WATT, *James* (1736-1819) Ingeniero escocés. Inventó el regulador de fuerza centrífuga.

WATTEAU, *Antoine* (1684-1721) Pintor fr. *Finette.*

WAYNE, *John* (1907-1979) Actor de cine estadoun. *Río Rojo.* Oscar por *Valor de ley.*

WEBER, *Karl Maria Friedrich Ernst von* (1786-1826) Compositor al. *El cazador furtivo* (ópera).

WEBER, *Max* (1864-1920) Economista al. *Economía y sociedad.*

WEBER, *Wilhelm Eduard* (1804-1891) Físico al. Estableció, con Gauss, la teoría del magnetismo terrestre.

WEBERN, *Anton von* (1883-1945) Compositor austr. *Seis piezas para orquesta.*

WEISS, *Peter* (1916-1982) Escritor al. *Marat-Sade.*

WEIZMANN, *Chaim* (1874-1952) Político israelí. Presid. de la Org. Sionista Mundial y primer presid. de Israel en 1948-1951.

WELLES, *Orson* (1915-1985) Director de cine estadoun. *Ciudadano Kane.*

WELLINGTON Cap. y puerto de Nueva Zelanda; 343 200 hab.

WELLINGTON, *Arthur Wellesley,* DUQUE DE (1769-1852) General brit. Derrotó a Napoleón en la batalla de Waterloo (1815). Primer ministro en 1828-1830.

WELLS, *Herbert George* (1886-1946) Escritor brit. *El hombre invisible.*

WESTFALIA Región histórica de Alemania. Napoleón I, en 1807, creó el reino de W., disuelto en el congreso de Viena (1815).

Sede de los acuerdos que dieron fin a la guerra de los Treinta Años en 1648.

WESTPHALEN, *Emilio Adolfo* (n. 1911) Poeta per. *Las ínsulas extrañas.*

WHITEHEAD, *Alfred North* (1861-1947) Filósofo y matemático brit. Autor, con Russell de *Principia Mathematica.*

WHITMAN, *Walt* (1819-1892) Poeta estadoun. *Hojas de hierba.*

WIEN, *Wilhelm* (1864-1928) Físico al. Nobel de Física en 1911.

WIESBADEN C. de Alemania, cap. del est. de Hesse; 267 500 hab.

WIFREDO I *el Velloso* (m. 897) Conde de Urgel y Cerdaña-Conflent en 870-897.

WILBERFORCE, *William* (1759-1833) Político brit. En 1807 logró la abolición de la esclavitud en Gran Bretaña y sus colonias.

WILDE, *Oscar Fingall O'Flahertie* (1856-1900) Escritor irlandés. *El retrato de Dorian Gray.*

WILDER, *Billy* (n. 1906) Director de cine estadoun. *El crepúsculo de los dioses.*

WILLEMSTAD Cap. de las Antillas neerlandesas, en la isla de Curaçao; 43 500 hab.

WILLIAMS, *Alberto* (1862-1952) Compositor arg. *Aires de la Pampa.*

WILLIAMS, *Tennessee* Seudónimo de *Thomas Lanier Williams* (1914-1983) Escritor estadoun. *Un tranvía llamado deseo.*

WILLIMAN, *Claudio* (1863-1934) Político ur. Presid. de la rep. en 1907-1911.

WILSON, *Harold* (1916-1995) Político brit. Primer ministro en 1964-1970 y en 1974-1976.

WILSON, *Thomas Woodrow* (1856-1924) Político estadoun. Presid. de la rep. en 1912-1916 y en 1916-1920. Nobel de la Paz en 1919.

WINDHOEK Cap. de Namibia; 96 100 hab.

WINNIPEG C. de Canadá; 594 600 hab.

WINNIPEG Lago de Canadá; 24 700 km².

WISCONSIN Est. del centro-N de EE UU; 145 436 km², 4 892 000 hab. Cap., Madison.

WITTGENSTEIN, *Ludwig* (1889-1951) Filósofo austr. *Investigaciones filosóficas.*

WOLLASTON, *William Hyde* (1776-1828) Químico y físico brit. Descubrió los rayos ultravioleta de la radiación solar.

WOOLF, *Virginia* (1882-1924) Escritora brit. *Las olas.*

WORDSWORTH, *William* (1770-1850) Poeta brit.

WOSS y Gil, *Alejandro* (m. 1932) Político y militar dom. Presid. en 1885-1887.

WOTAN Dios nórdico de la guerra y el saber. También llamado *Odín.*

WREN, *sir Christopher* (1632-1723) Arquitecto ing. Reedificación de la catedral de San Pablo en Londres.

WRIGHT Apellido de dos hermanos, pioneros de la aviación estadoun.: *Wilbur* (1867-1912) y *Orville* (1871-1948).

WRIGHT, *Frank Lloyd* (1869-1959) Arquitecto estadoun. Museo Guggenheim en Nueva York.

WROCLAW C. de Polonia; 636 000 hab.

WUHAN C. de China; 2 226 000 hab.

WYOMING Est. del NO de EE UU; 253 326 km², 454 000 hab. Cap., Cheyenne.

X

XALAPA ENRÍQUEZ C. de México, cap. del est. de Veracruz; 288 331 hab.

XAMAN Ek En la religión maya, deidad de la estrella polar, relacionada con el N. Protectora de los comerciantes.

XICOTÉNCATL *el Viejo* (m. 1522) Señor de Tizatlan, señorío de Tlaxcal.

XINGÚ Río de Brasil; 2 000 km.

XIPE Totec Ant. dios méx. de la vegetación, la primavera y los sembrados.

XIRGU, *Margarita* (1888-1969) Actriz teatral esp. Destacó en obras de García Lorca.

XIUHCÓATL Dios nahua del fuego y del sol.

XIUHTECUHTLI Ant. dios méx. del fuego.

XOCHICALCO Ant. c. fortificada tolteca en México.

XOCHIMILCO Ant. est. de Mesoamérica.

XOCHIQUETZAL Ant. diosa méx. de la fertilidad, las flores y del amor.

XÓLOTL Dios mex. prehispánico del rayo, los gemelos, abortos y monstruos.

XÓLOTL (ss. XII-XIII) Jefe chichimeca. Derrotó a los toltecas de Tula en 1224.

NP

Y

YAGUARÓN Río de Brasil y Uruguay; 217 km.

YAGUL Restos de la cultura zapoteca en México.

YAHWEH Nombre del Dios de Israel.

YAKARTA Cap. de Indonesia, en la isla de Java; 9 104 800 hab.

YALTA C. de Ucrania; 72 000 hab., sede de la conferencia entre Roosevelt, Churchill y Stalin en 1945.

YAMAMOTO, *Isoroku* (1884-1943) Almirante japonés. Dirigió los ataques contra Pearl Harbor (EE UU).

YAMOUSSOUKRO Cap. de Costa de Marfil; 120 000 hab.

YANAURCO Montaña del N de Ecuador; 4 583 m.

YANG Shangkun (n. 1908) Político chino. Nombrado presid. de China en 1988-1993.

YANG TSE-KIANG Río de China; 5 800 km.

YÁÑEZ, *Agustín* (1904-1980) Novelista mex. *Al filo del agua.*

YAQUE DEL NORTE Río de la Rep. Dominicana; 310 km.

YAQUE DEL SUR Río de la Rep. Dominicana; 200 km.

YAQUI Río de México; 555 km.

YARA, *grito de* Primer levantamiento cub., en 1868, contra la dominación esp.

YARACUY Est. de Venezuela; 7 100 km², 411 980 hab. Cap., San Felipe.

YAROSLAV C. de Rusia; 633 000 hab.

YAUCO Mun. de Puerto Rico; 38 800 hab.

YAUNDÉ Cap. del Camerún; 653 700 hab.

YAVARI Río del Perú y Brasil; 1 050 km.

YAXCHILÁN Yacimiento arqueológico de México. Restos mayas.

YDÍGORAS Fuentes, *Miguel* (1895-1982) Político guat. Presid. en 1958-1963.

YEATS, *William Butler* (1865-1935) Escritor irlandés. *El viento entre las cañas.* Nobel de Literatura en 1923.

YEGROS, *Fulgencio* (m. 1821) Político par. Presid. de la Junta de gobierno junto en 1812.

YELTSIN, *Boris* (n. 1931) Político ruso. Primer presid. de Rusia elegido por sufragio universal, en 1991. Reelegido en 1996, dimitió en 1999.

YEMEN, *República del* Estado de Asia occidental; 527 968 km², 11 493 000 hab. Cap., Sana. *(Yemeníes).*

YENISÉI Río de Rusia; 4 000 km.

YEPES, *Narciso* (1927-1997) Guitarrista esp. Inventor de una guitarra de 10 cuerdas.

YEREVÁN Cap. de Armenia; 1 133 000 hab.

YI Río de Uruguay; 240 km.

YOKOHAMA C. de Japón; 3 220 400 hab.

YOPAL C. de Colombia, cap. del dpto. Casanare; 46 124 hab.

YORK, *Ricardo*, DUQUE DE (1411-1460) Aspirante al trono ing., motivó la guerra de las Dos Rosas.

YORO Dpto. del N de Honduras; 9 416 km², 320 067 hab. Cap., Yoro (4 300 hab.).

YOURCENAR, *Marguerite* (1903-1987) Escritora belga. *Memorias de Adriano.*

YPANÉ Río de Paraguay; 275 km.

YRIGOYEN, *Hipólito* (1852-1933) Político arg. Presid. de la rep. en 1916-1922 y en 1928-1930.

YUCAMANÍ Volcán del Perú; 5 497 m.

YUCATÁN Península de América Central.

YUCATÁN Est. del SE de México; 39 340 km², 1 655 707 hab. Cap., Mérida.

YUGOSLAVIA Ant. estado del S de Europa. Comprendía los est. actuales de Yugoslavia, Eslovenia, Croacia, Bosnia-Herzegovina y Macedonia.

YUGOSLAVIA Estado de Europa meridional, integrado por las rep. de Serbia y de Montenegro; 102 173 km², 10 337 000 hab. Cap., Belgrado.

YUNA Río de la Rep. Dominicana; 220 km.

YUPANQUI, *Héctor Roberto Chavero*, llamado *Atahualpa* (1908-1992) Cantautor arg. *El arriero.*

YURÚA Río de América Meridional; 3 283 km.

YUSCARÁN C. de Honduras, cap. del dpto. de El Paraíso; 2 091 hab.

Z

ZACAPA Dpto. de Guatemala; 2 690 km², 171 146 hab. Cap., Zacapa (47 500 hab.).

ZACATECAS Est. del centro-N de México; 75 040 km², 1 351 207 hab. Cap., Zacatecas (123 207 hab.).

ZACATECOLUCA C. de El Salvador, cap. del dpto. de La Paz.; 57 000 hab.

ZACULEU Centro arqueológico de Guatemala.

ZAGREB Cap. de Croacia; 763 300 hab.

ZAID, *Gabriel* (n. 1934) Poeta mex. *Campo nudista*.

ZAIRE Act. Rep. Dem. del ⇨ Congo.

ZALDÍVAR, *Rafael* (1843-1903) Político salv. Presid. de la rep. en 1876-1885.

ZAMBEZE Río del S. de África; 2 600 km.

ZAMBIA Estado del S de África; 752 614 km², 8 023 000 hab. Cap., Lusaka.

ZAMBRANO, *Maria* (1907-1991) Filósofa esp. *Senderos*. Premio Cervantes en 1989.

ZAMORA C. de España; 63 783 hab.

ZAMORA CHINCHIPE Prov. de Ecuador; 23 110,8 km², 66 167 hab. Cap., Zamora (8 100 hab.).

ZANZÍBAR Isla de Tanzania.

ZAPALERI Pico de Argentina; 5 653 m.

ZAPATA, *Emiliano* (1879-1919) Revolucionario mex. Dirigió revueltas campesinas. En 1914 se unió a Pancho Villa en la lucha.

ZARAGOZA C. de España, cap. de la com. autón. de Aragón; 601 674 hab.

ZARATUSTRA (660-583 a.C.) Reformador religioso iraní, fundador del zoroastrismo.

ZARDOYA, *Concha* (n. 1914) Escritora chil. *Los signos*.

ZAVALETA, *Carlos Eduardo* (n. 1928) Escritor per.

ZAYAS, *Alfredo* (1861-1934) Político y escritor cub. Presid. en 1921-1924.

ZEA, *Leopoldo* (n. 1912) Filósofo mex. *El positivismo en México*.

ZEDILLO Ponce de León, *Ernesto* (n. 1951) Economista y político méx. Presid. entre 1994 y 2000.

ZEITLIN, *Israel* (1906-1980) Escritor arg., conocido como *César Tiempo*. *Pan Criollo*.

ZELAYA Dpto. de Nicaragua; 60 035 km², 298 900 hab. Cap., Bluefields.

ZELAYA, *José Santos* (1853-1919) Político nic. Presid. en 1893-1909.

ZENÓN de Citio (h. 335-h. 264 a.C.) Filósofo gr.

ZEPEDA, *José* (m. 1837) Político nic. Jefe del Estado en 1835.

ZEPPELIN, *Ferdinand*, CONDE DE (1838-1917) Aeronauta al. Construyó el primer dirigible rígido.

ZEUS Dios supremo gr., padre de los dioses.

ZHAO Zi-yang (n. 1919) Político chino. Primer ministro en 1980-1987.

ZIMBABWE Estado de África austral; 390 759 km², 10 402 000 hab. Cap., Harare.

ZOLA, *Émile* (1840-1902) Novelista fr. *Germinal*.

ZORRILLA, *José* (1817-1893) Dramaturgo esp. *Don Juan Tenorio*.

ZUBIRI, *Xavier* (1898-1983) Filósofo esp. *Sobre la esencia*.

ZULIA Est. de Venezuela; 63 100 km², 2 387 208 hab. Cap., Maracaibo.

ZULOAGA, *Félix* (1814-1876) Político mex. Presid. en 1858-1859.

ZULOAGA, *Ignacio* (1870-1945) Pintor esp.

ZUM Felde, *Alberto* (1890-1976) Ensayista ur. *Evolución histórica del Uruguay*.

ZÚÑIGA y Guzmán, *Baltasar de*, MARQUÉS DE VALERO Y DUQUE DE ARIÓN (1668-1727) Administrador esp. Virrey de Nueva España en 1716-1722.

ZURBARÁN, *Francisco de* (1598-1664) Pintor barroco esp. *Virgen con niño*.

ZURICH C. de Suiza; 357 800 hab.

NP

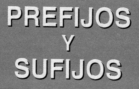

PREFIJOS
Y
SUFIJOS

PREFIJOS

A

a- Expresa falta o negación (ante vocal adopta la forma *an-*). Indica así mismo semejanza de aspecto o proximidad. Interviene en la formación de verbos parasintéticos.

ab- Indica intensidad, exceso o separación.

abs- Expresa deducción.

acant- o **acanto-** Significa espina.

acet- o **aceto-** Significa vinagre.

acr- o **acro-** Expresa en el punto extremo o más alto.

actin- o **actino-** Significa radio o rayo.

acu- o **acuo-** Forma parte de voces compuestas con el significado de agua.

ad- Denota proximidad, encarecimiento, tendencia o cercanía.

adelfo- Forma parte de palabras con significado de hermano.

adelo- Significa invisible.

aden- o **adeno-** Partícula que forma parte de voces con significado de glándula.

adip- o **adipo-** Interviene en la formación de palabras con significado de grasa.

aero- Hace referencia a lo relativo al aire.

afro- Significa africano o perteneciente o relativo a África.

agam- Expresa falta de diferenciación de los sexos.

agon- o **agono-** Forma términos relacionados con la lucha.

agr- o **agri-** Hace referencia al campo.

agro- Forma parte de términos relacionados con el campo.

al- Significa alimentar o enriquecer.

al- o **alo-** Hace referencia al o a lo otro.

alti- Forma parte de voces con significado de alto.

alv- Interviene en la formación de términos relacionados con el vientre.

amigdal- Forma términos relacionados con la almendra o que guardan cierta semejanza.

amil- Interviene en la formación de términos relacionados con el almidón.

amni- Hace referencia a lo relativo a río o corriente.

ampel- Forma términos relacionados con la vid.

an- Sirve para formar derivados del año.

ana- Expresa hacia arriba, en alto. Significa contra, hacia atrás, de nuevo; y expresa conformidad o separación.

andr- o **andro-** Forma términos que hacen referencia al varón.

anemo- Se refiere al viento o a lo relativo a él.

anfi- Indica alrededor de, a ambos lados. Expresa así mismo ambigüedad.

ang- Significa estrechar.

angio- Hace referencia a lo relacionado con los vasos sanguíneos.

angl- Hace referencia al o a lo inglés.

angui- Significa serpiente.

aniso- Expresa desigualdad.

ante- Indica antes o delante de. Es de uso acomodaticio.

anti- Significa en lugar de, expresa oposición.

antrop- o **antropo-** Significa hombre.

aper- Significa abrir.

api- o **apic-** Hace referencia a la abeja o lo relativo a ella.

apico- Significa ápice o vértice.

apne- o **apneo-** Expresa falto de respiración.

apo- Indica lejos de o separado de.

aracn- Se refiere a la araña o lo relativo a ésta.

arc- o **archi-** Expresa preeminencia. Significa muy. Puede adoptar las formas *arci-*, *arce-*, *arz-*, o *arqui-*.

arce- V. *arc-*.

arci- V. *arc-*.

argent- Significa plata.

argir- o argiro- Significa plata.

argo- Tiene el significado de blanco o brillante.

aristo- Indica el mejor.

aritm- o aritmo- Hace referencia al número o al cálculo.

arqueo- Se refiere a lo antiguo.

arqui- V. arc-.

art- o arto- Significa pan.

arteri- o arterio- Hace referencia a la arteria.

artr- o artro- Se refiere a la articulación.

arund- Significa caña.

arv- Hace referencia al campo o lo relativo a éste.

arz- V. arc-.

aster-, astero-, astr- o astro- Se fiere a los astros o estrellas.

atmo- Significa vapor.

atr- Significa negro.

atto- Indica la trillonésima parte de algo.

auc- Significa aumentar. Puede adoptar las formas au-, aug-, y aux-.

audio- Significa sonido o audición.

auri- o auro- Se refiere al oro o lo relativo a éste.

auto- Tiene el significado de mismo o propio.

ax- Significa eje.

<h1>B</h1>

bapt- Hace referencia al bautismo.

bar- o baro- Significa pesantez. Hace referencia al peso o presión.

bat-, bati- o bato- Tiene significado de profundo.

beli- Hace referencia a la guerra o lo relativo a ésta.

bent- o bento- Significa fondo del mar, indica lo que está bajo el agua.

bi- Significa dos o dos veces. Puede adoptar las formas bis- o biz. (V. -di)

biblio- Hace referencia al libro o lo relativo a éste.

bio- Se refiere a la vida o lo que está vivo.

bis- o biz- V. bi-.

bradi- Expresa lentitud.

braqui- o braquio- Significa corto.

bronco- Hace referencia a los bronquios. Ante i adopta la forma bronqui.

bronqui- V. bronco-.

<h1>C</h1>

caco- Significa malo. Ante e adopta la forma caqu-.

cal-, cali- o calo- Tiene significado de hermoso.

calami- o calamo- Hace referencia al cálamo, caña o que guarda relación con ello.

calco- Significa cobre o bronce.

cap- Hace referencia a la cabeza o al cabello. Significa también capa. Expresa la idea de coger o caber.

capil- V. cap-.

capn- o capno- Se refiere al humo.

capr- Hace referencia a la cabra o lo relativo a ésta.

caqu- V. caco-.

carcico- Hace referencia al cangrejo y a lo relativo o semejante a éste.

cardi- o cardio- Se refiere al corazón o lo relativo a éste.

carfo- Significa copo o brizna.

cario- Se refiere al nódulo, núcleo, nuez o hueso de las frutas.

carn- o carni- Hace referencia a la carne.

carpo- Significa fruto.

cata- Indica hacia abajo.

caten- Se refiere a la cadena o lo relativo a ésta.

catoptr- Significa espejo.

caud- Tiene significado de cola.

caul-, caule-, cauli- y caulo- Significa tallo.

cefal- o cefalo- Se refiere a la cabeza o lo relativo a ella.

ceno- Denota nuevo, vacío o común.

centi- Significa ciento. Indica la centésima parte de algo.

cer-, cera-, cerat- o cerato- Hace referencia al cuerno. Adopta a veces la forma querat-.

cet- Significa monstruo acuático.

cha- V. sub-.

demono-

cian- o ciano- Hace referencia al color azul.

cicl- o ciclo- Tiene significado de círculo o rueda.

cil-, cili- o ciliati- Significa ceja o pestaña.

cimo- Se refiere a las olas. Tiene también el significado de fermento.

cin-, cine- o cino- Hace referencia a lo relativo al perro.

cine-, cinema-, cinemato- o cinet- Se refiere al movimiento y todo lo relativo a éste.

ciner- Significa ceniza.

cir- Se refiere a todo lo relacionado con la mano.

circum- o circun- Tiene el significado de alrededor.

cirri- o cirro- Significa fleco.

cis- Indica lo que está en la parte de acá.

cist-, cisti- o cisto- Hace referencia a la vejiga.

cito- Tiene el significado de cubierta.

citra- Indica lo que está en la parte de acá.

civ- Significa ciudadano, hace referencia a lo relativo a la ciudad.

cla-, clado- o clast- Expresa la idea de romper o de roto.

cleido- Hace referencia a lo relacionado con la clavícula.

clepto- Expresa la idea de robar.

cloro- Se refiere al color verde.

co- Denota unión o compañía y participación con otro. Puede adoptar las formas con- y com-.

col- o cole- Hace referencia a la bilis.

colomb- o columb- Se refiere a las palomas o lo relacionado con éstas.

colp- o colpo- Tiene el significado de pliegue, seno o vagina.

com- V. co-.

con- V. co-.

condr-, condrio- o condro- Significa grano o cartílago.

coni- Significa cono.

conqui-, conquil- o conquilio- Se refiere a la concha o lo relativo a ésta.

contra- Expresa oposición o contrariedad. También duplicación o refuerzo. Indica así mismo segundo lugar en categoría o grado.

copr- o copro- Significa excremento.

cordi- Hace referencia a lo relativo al corazón.

cori- o coris- Indica separación.

corn- o corni- Significa cuerno e indica la existencia de una notable dureza.

cortic- o cortico- Significa corteza.

cosm- o cosmo- Tiene el significado de mundo.

cresto- Significa útil o bueno.

crin- Se refiere al cabello.

crino- Expresa la idea de separar.

cript- o cripto- Hace referencia a lo oculto.

cris- o criso- Se refiere al oro o a lo relativo a éste.

crom-, cromat, cromato- o cromo- Interviene en la formación de voces con significado de color.

croni- o crono- Interviene en la formación de términos con el significado de tiempo.

cruci- Tiene el significado de cruz.

cuadri- o cuadru- Significa cuatro o cuatro veces. Adopta a veces la forma *cuatri-*.

cuasi- Equivale a casi.

cuatri- V. cuadri-.

cub- o demo- V. cumb- Expresa la idea de acostarse.

D

dacr-, dacri- o dacrio- Hace referencia a las lágrimas.

dactil-, dactili- o dactilo- Se refiere a los dedos y a lo relativo a éstos.

dafn- Significa laurel.

daso- Tiene el significado de bosque.

de- Denota disociación o dirección de arriba abajo. (V. des-).

deca- Confiere el significado de diez.

deci- Indica la décima parte de algo.

dei- Interviene en la formación de términos con significado de dios o divinidad.

dem- o demo- Sirve para formar voces con significado de pueblo.

demono- Significa demonio.

dendr-, dendri- y dendro- Tiene el significado de árbol.

dent-, denti- y dento- Interviene en la formación de voces con significado relativo al diente.

derm-, dermat- o dermato- Sirve para formar términos con significado relativo a la piel.

des- Expresa acción inversa. Negación o privación. Exceso. Indica así mismo la idea de fuera de. Denota también afirmación e intensificación. Equivale en ocasiones a mal. Sirve para el desarrollo del significado de la raíz.

desider- Interviene en la formación de voces con significado de desear.

deuter-, deutero- o deuto- Tiene el significado de segundo.

dexio-, dextr- o dextro- Significa diestro, derecho.

di- Tiene el significado de dos.

di- o dia- Denota separación. Indica a través de o entre. Equivale a con.

di- o dis- Expresa oposición o contrariedad. Origen o procedencia. Extensión o dilación. Denota también separación.

diali- Confiere el significado de disolver.

dico- Tiene el significado de en dos partes.

didact- Interviene en la formación de términos con el significado de enseñar.

digit- o digiti- Forma parte de voces con significado relativo a los dedos.

dinam- o dinamo- Expresa fuerza.

dino- Confiere el carácter de terrible.

diplo- Tiene el significado de doble.

dips- o dipso- Forma parte de voces de significado relacionado con la sed.

dis- Equivale a mal o trastornado.

dodeca- Significa doce.

dolico- Expresa la condición de largo.

dom- Forma parte de voces de significado relativo a la casa u hogar.

domin- Indica dueño de algo.

doxo- Denota opinión o doctrina.

drom- Conlleva el significado de correr.

duc- Tiene el significado de conducir.

E

e- V. **es-**.

ec- Equivale a fuera de, sin o aparte.

ec- o eco- Forma parte de voces con significado de casa.

eco- Hace referencia al eco.

ecto- Indica extremo.

ecu- Interviene en la formación de términos relacionados con el caballo.

edaf- Forma parte de voces relativas al suelo o fundamento.

ego- Significa yo. Hace referencia así mismo a voces relacionadas con la cabra.

elaio-, elayo- o eleo- Forma parte de términos con significado relativo al aceite.

electro- Significa electricidad o eléctrico.

em- V. **en-**.

en- Indica dentro de. Ante *p* o *b* adopta la forma *em-*.

endeca- Tiene el significado de once.

endo- Indica dentro.

enea- Expresa la idea de nueve.

eno- Forma parte de la formación de voces de significado relativo con el vino.

ent- o ento- Expresa la idea de dentro.

enter- o entero- Hace referencia al intestino.

entom- o entomo- Se refiere a los insectos.

entre- Indica situación intermedia, en sitio intermedio. Expresa también cualidad o acción no completa.

eo- Significa aurora.

ep- o epi- Indica sobre.

episcop- Sirve para la formación de voces que hacen referencia al obispo.

equ- Interviene en la formación de términos relativos al caballo.

equi- Significa igual.

equino- Significa erizo.

erio- Hace referencia a la lana o lo relativo a ésta.

eris- V. **erit-**.

erit- Conlleva el significado de enrojecer. A veces adopta la forma *eris-*.

eritr- o eritro- Tiene el significado de rojo.

erot- o **eroto-** Forma parte de voces de significado relativo al amor.

es- Expresa fuera o más allá. Privación. Atenuación.

escaf- Interviene en la formación de voces de significado relacionado con los barcos.

escler- o **esclero-** Conlleva la condición de duro.

escol- Forma parte de voces de significado relacionado con la escuela.

escot- Conlleva un significado de oscuridad.

escut- Forma voces de significado relativo al escudo.

esfén- o **esfeno-** Significa cuña.

esfero- Interviene en la formación de términos de significado relacionado con la esfera.

esfigmo- Forma parte de voces de significado relacionado con el pulso.

eso- Indica dentro.

espel- Forma términos relativos a cuevas o cavernas.

esplacn- o **esplacno-** Se usa para formar voces de significado relacionado con las vísceras.

espor- o **esporo-** Tiene el significado de semilla.

esquiz- o **esquizo-** Expresa la idea de disociar o dividir en dos.

estat- o **estato-** Contiene la idea de paro o reposo.

estear-, esteat- o **esteato-** Interviene en la formación de términos de significado relacionado con la grasa o el sebo.

esteno- Significa estrecho.

estereo- Forma voces de significado relativo a lo sólido.

estesio- Interviene en la formación de términos de significado relacionado con los sentidos o sensaciones.

estet- o **esteto-** Forma términos relacionados con el pecho.

estilo- Hace referencia a términos relativos al estilo o punzón.

estomat- o **estomato-** Se refiere a voces relacionadas con la boca.

etimo- Denota sentido real.

etio- Expresa causa.

etno- Indica raza.

eu- Confiere el carácter de bueno o bello.

euro- Significa europeo o perteneciente o relativo a Europa.

exa- Significa un trillón de veces lo que se expresa.

ex- Indica fuera, más allá. Expresa negación o privación. Encarecimiento. Separación.

exo- Indica fuera de.

extra- Expresa fuera de. Equivale a sumamente.

F

fag- o **fago-** Forma términos relacionados con el comer.

falc- o **falci-** Interviene en la formación de voces de significado relacionado con la hoz.

fanero- Conlleva la condición de visible.

femto- Indica la milbillonésima parte de un todo.

feno- Tiene el significado de aparecer.

ferr- o **ferro-** Interviene en la formación de términos relacionados con el hierro.

fico- Significa alga y también higo.

fil- o **filo-** Significa amante. Indica raza.

fili- Forma voces de significado relacionado con el hilo.

filo- Significa hoja.

fisio- Interviene en la formación de términos relacionados con la naturaleza.

fito- Significa vegetal.

flag- Indica delito. Significa llama.

flag- o **flagelo-** Significa azote.

fleb- Forma términos de significado relacionado con el llorar.

fleb- o **flebo-** Interviene en la formación de voces relacionadas con las venas.

flog- Tiene el significado de inflamar.

flori- Forma voces relacionadas con las flores.

fluvio- Interviene en la formación de términos de significado relativo al río.

fol- Significa hoja.

fon- o **fono-** Forma términos relacionados con el sonido.

for- Equivale a fuera.

fos- Significa luz.

foto- Sirve para formar términos relacionados con la luz.

freno- Interviene en la formación de voces de significado relacionado con la inteligencia.

front- Equivale a frente a.

fum- Forma voces relacionadas con el humo.

G

galact- Significa leche. A veces adopta la forma *galax-*.

galax- V. galact-.

gamo- Expresa unión.

gastero-, gastr-, gastri- o gastro- Forma términos relacionados con el vientre o el estómago.

gemi- Significa yema.

gen- o gene- Forma voces de significado relacionado con el género o el linaje.

geo- Interviene en la formación de términos de significado relacionado con la Tierra.

geront- o geronto- Forma voces relacionadas con lo anciano.

giga- Significa gigante. Indica la milmillonésima parte de un todo.

gimn- o gimno- Equivale a desnudo.

gin-, ginec- o gineco- Interviene en la formación de términos relativos a la mujer.

gingiv- Forma voces relacionadas con la encía.

giro- Significa giro.

glad- Tiene el significado de espada.

glic- o glico- Conlleva la característica de dulce.

glipto- Interviene en la formación de voces relacionadas con el grabado.

glos- o gloso- Forma voces relacionadas con la lengua.

glot- o gloto- Forma términos relativos a la lengua.

gluc- o gluco- Significa dulce.

gnos- Forma términos relacionados con el conocimiento.

gon- o gono- Tiene el significado de esperma.

gonio- Significa ángulo.

grafo- Forma términos relativos a la escritura.

gram- o grama- Interviene en la formación de términos relacionados con la letra o lo escrito.

H

hagio- Sirve para la formación de voces relativas a los santos.

halo- Significa sal.

haplo- Indica simple.

hebdom- Forma términos relativos a la semana.

hect- o hecto- Indica cien o ciento.

heli- o helio- Sirve para la formación de voces relacionadas con el sol.

hem-, hema-, hemat-, hemato- o hemo- Forma términos relativos a la sangre.

hemer- o hemero- Interviene en la formación de voces relacionadas con el día.

hemi- Significa medio.

hepat- o hepato- Se usa para la formación de términos relativos al hígado.

hepta- Indica siete.

herb- Significa hierba.

heter- o hetero- Equivale a otro.

hex- o hexa- Indica seis.

hial- o hialo- Significa cristal.

hidr- o hidro- Interviene en la formación de términos relativos al agua.

hier-, hierat- o hiero- Forma voces relacionadas con lo sagrado.

higro- Significa húmedo.

hil- o hilo- Denota materia.

himeno- Tiene significado de membrana.

hip- o hipo- Forma términos relativos al caballo. Indica debajo. Expresa asimismo inferioridad o disminución.

hiper- Denota exceso o superioridad.

hipn- o hipno- Interviene en la formación de voces relativas al sueño.

hipso- Significa altura.

histo- Indica tejido.

hog- Expresa conceptos relacionados con el fuego.

holo- Significa todo.

homeo- Denota semejanza.

homo- Indica el mismo o lo mismo.

hoplo- Tiene significado de arma.

horo- Forma términos relacionados con la hora. Significa también límite.

hue- o **hui-** Pertenecen a voces americanas y corresponden al castellano *güe-* y *güi-*.

hur- Significa ladrón.

I

i- V. **in-**.

icno- Tiene el significado de huella o traza.

icono- Interviene en la formación de términos relacionados con la imagen.

icter- Significa amarillo.

icti- o **ictio-** Forma voces relativas a los peces.

ideo- Expresa conceptos relativos a la idea.

idio- Indica propio o especial.

idol- o **idolo-** Interviene en la formación de voces relativas a la imagen.

ign- o **igni-** Significa fuego.

im v. **in-**.

in- Equivale a en. Expresa privación o negación. Indica lugar en donde. Sirve para la formación de verbos o derivados verbales. Ante *b* o *p* adopta la forma *im-*; ante *l* o *r*, *i-*.

infra- Expresa debajo de.

inter- Indica entre o en medio.

intra- Expresa interioridad.

iso- Equivale a igual.

J

jorn- Significa diurno.

jud-, **juic-**, **jur-**, **juris-** o **juzg-** Intervienen en la formación de términos relacionados con la justicia, lo justo o el juzgar.

K-L

kili- o **kilo-** Significa mil.

lact-, **lacti-** o **lacto-** Forma términos relacionados con la leche.

lacu- Significa lago.

lamel- o **lameli-** Significa lámina.

laring- o **laringo-** Forma términos relativos a la laringe.

later- Significa lado.

lati- Tiene significado de ancho.

latría- Expresa adoración.

leg- Forma términos relacionados con la ley.

lep- o **lepido-** Hace referencia a las escamas.

lept- o **lepto-** Significa delgado.

leuc- o **leuco-** Se refiere al color blanco.

levo- Significa izquierdo.

lexic- o **lexico-** Forma términos relativos al lenguaje.

linf- o **linfo-** Interviene en la formación de voces relacionadas con el agua.

lio- Significa liso.

lip- o **lipo-** Hace referencia a la sustancia grasa.

lipe- Significa tristeza.

lit- o **lito-** Forma términos relativos a la piedra.

loc-, **loco-** o **log-** Indica lugar. Forma términos relacionados con el hablar.

logo- Forma términos relacionados con la palabra. Expresa persona versada o especialista en lo que el primer elemento indica.

longi- Significa largo.

lum- Interviene en la formación de relativos a luz.

lup- Significa loba o ramera.

M

macro- Significa grande.

mal- Tiene el significado de manzana y de mejilla.

malac- o **malaco-** Conlleva la característica de blando.

mast- o masto- Significa pezón.

mater-, matern- o matr- Hace referencia a la madre.

med- Se refiere a lo relativo a gobernar o curar.

mega- Denota grandeza. Indica un millón.

megalo- Significa grande.

mel- o meli- Forma voces relacionadas con la miel.

melan- o melano- Hace referencia al color negro.

melo- Significa música.

men- Hace referencia al mes.

mero- Tiene el significado de parte.

mes- o meso- Significa medio.

met- o meta- Expresa más allá, después, por el medio, cambio o mutación.

meteor- o meteoro- Indica la condición de elevado, en el aire.

metri- o metro- Hace referencia a la madre.

metro- Indica medida y matriz.

mi- o mio- Se refiere al músculo.

mice- Significa hongo.

micro- Tiene el significado de pequeño. Antepuesto a una unidad, designa la milésima parte de ella.

miel- o mielo- Hace referencia a la médula.

mili- Designa la milésima parte de un todo.

mini- Significa pequeño, breve o corto.

mio- Significa ratón.

miria- o mirio- Denota innumerabilidad. Equivale a la diezmilésima parte en el sistema métrico decimal.

mis- o miso- Denota odio.

mit- o mito- Significa fábula.

mix- o mixo- Hace referencia a la mucosidad.

mnemo- Interviene en la formación de términos relacionados con la memoria.

mon- o mono- Indica uno solo.

monit- Tiene el significado de amonestar o avisar.

morf- o morfo- Interviene en la formación de voces relativas a la forma.

moto- Hace referencia al motor.

multi- Expresa idea de multiplicidad, equivale a mucho.

N

nano- Significa pequeñísimo. Equivale a la milmillonésima parte de la unidad que antecede.

necro- Hace referencia a la muerte o lo muerto.

nefel-, nefelo- o nefo- Se refiere a lo relativo a las nubes.

nefr- o nefro- Interviene en la formación de términos relativos al riñón.

nemat- o nemato- Significa hilo.

nemo- V. mnemo.

neo- Hace referencia a lo nuevo.

neumat- o neumato- Indica aliento, aire, espíritu.

neumo- Hace referencia al pulmón. Forma términos relativos al aire.

neur- o neuro- Interviene en la formación de voces relacionadas con los nervios.

noct- o nocti- Se refiere a la noche.

nomen- o nomin- Interviene en la formación de voces relacionadas con el nombre.

nomo- Hace referencia a lo relativo a la ley.

noso- Se refiere a la enfermedad.

nov- Significa nuevo.

O

o- V. ob-.

ob- Equivale a por causa de, en virtud de, en fuerza de. Puede adoptar la forma o-.

octa-, octe-, octo- u octi- Significa ocho.

odo- Forma términos relativos a camino. Puede adoptar la forma hodo-.

odont- u odonto- Interviene en la formación de términos relacionados con el diente.

ofi- u ofio- Significa reptil.

oftalm- u oftalmo- Forma voces relacionadas con el ojo.

olig- u oligo- Equivale a poco.

omni- Significa todo.

on- Tiene el significado de asno.

onco- Hace referencia al tumor.

oner- Expresa pesantez.

onir- u oniro- Hace referencia a lo relativo al sueño.

onoma- Interviene en la formación de términos relativos al nombre.

onto- Se refiere al ser.

oo- Significa huevo.

op- Tiene el significado de riqueza.

oper- Hace referencia a la obra.

opo- Se refiere al jugo. Expresa aspecto.

or- Hace referencia a lo relativo a la boca.

ornit- u ornito- Forma voces relacionadas con los pájaros.

oro- Se refiere a las montañas.

orto- Significo recto, derecho.

oste- u osteo- Hace referencia a los huesos.

ot- u oto- Forma términos relacionados con las orejas.

ova-, ovi- u ovo- Significa huevo.

oxi- Tiene el significado de agudo. Designa óxidos o ácidos.

P

paido- o ped- Hace referencia a lo relativo al niño.

palato- Se refiere al paladar.

paleo- Forma términos relativos a lo antiguo.

palin- Significa nuevamente, de nuevo. Ante b- o p- adopta la forma palim-.

pan-, pant- o panto- Significa todo. Ante p puede adoptar las formas pamo pan-.

paqui- Confiere el carácter de grueso o espeso.

para- Indica junto a, próximo, a un lado. Expresa también contrariedad.

pari- Significa igual.

pato- Hace referencia a la enfermedad.

patri- Se refiere al padre o lo relativo a los padres.

patro- Forma parte de términos relacionados con el padre.

pauper- Significa pobre.

peco- o pecu- Hace referencia a lo relativo al ganado o bienes.

pectin- o pectini- Tiene significado de peine.

ped- V. paido-.

ped- o pede- Se refiere a lo relativo al pie.

pedr- Forma derivados de piedra.

pen- o peni- Equivale a casi.

peni- o penni- Hace referencia a las alas o plumas. (V. pinni-).

pent-, penta- o pente- Significa cinco.

peps- o pept- Forma términos relativos a digerir.

per- Expresa intensidad. Falsedad, infracción.

peri- Significa alrededor, cerca de.

petr-, petri- o petro- Forma derivados de piedra.

pico- Tiene el significado de pequeño. Equivale a la millonésima parte de una unidad.

pinni- V. pinni-.

pir- o piro- Interviene en la formación de términos relativos al fuego.

piret- o pireto- Forma voces relacionadas con la fiebre.

pisc- Significa pez.

pitec- Hace referencia al mono.

plasma- o plasmo- Se refiere a la formación.

plat- o plati- Significa ancho.

ple- o plei- Expresa plenitud, equivale a más. (V. pli-).

pleo- Tiene el significado de lleno.

pli- o plio- Equivale a más.

plumb- Hace referencia al plomo.

pluri- Significa más, varios.

pluto- Denota riqueza.

pluv- Interviene en la formación de derivados de lluvia.

pneumo- V. neumo-.

pobl- Hace referencia al pueblo.

pod- o podo- Forma términos relativos al pie.

poli- Denota pluralidad.

porta- Indica la persona, artefacto, utensilio, etc. que sirve para sostener o llevar una cosa.

pos- o post- Indica detrás o después de.

PS

potam- o **potamo-** Hace referencia al o a lo relativo al río.

pre- Indica delante o delante de. Denota antelación, prioridad o encarecimiento.

preter- Indica fuera o más allá de.

pro- Expresa por, en lugar de. Indica ante o delante. Denota publicación, continuidad de acción, impulso, negación o contradicción, sustitución. Equivale a ser partidario de.

proct- Significa ano.

prosop- o **prosopo-** Indica cara o aspecto.

prot- o **proto-** Expresa prioridad, preeminencia o superioridad.

pseudo- V. seudo-.

psic-, psico- o **psiqu-** Hace referencia al alma. Pueden adoptar las formas *sic-, sico-* o *siqu-*.

ptero- Se refiere a las alas.

ptom- Significa cadáver.

pueri- Forma términos relativos a niño.

punc-, punch-, pung- o **punz-** Tiene el significado de pinchar.

Q

quili- o **quilo-** Significa jugo y labio. (V. kili-).

quin- o **quincu-** Indica cinco.

quir- o **quiro-** Se refiere a las manos o lo relativo a éstas.

R

radi- o **radio-** Interviene en la formación de todo lo relativo a radio, ya sea el hueso, metal, radiotelefonía, radiotelecomunicación o rayos X.

radic- o **radici-** Hace referencia a la raíz.

raqui- o **raquio-** Se refiere a la columna vertebral.

re- Denota repetición, aumento, oposición o resistencia, movimiento hacia atrás, encarecimiento, negación o inversión del significado. Añadiendo *te-* o *quete-* se encarece el valor superlativo.

ren- o **reni-** Forma términos relativos al riñón.

requete- o **rete-** V. re-.

res- Atenúa el significado de la voz a la que se une. Expresa así mismo encarecimiento.

retro- Indica hacia atrás. Hace referencia al tiempo anterior.

rin- o **rino-** Forma términos relativos a la nariz.

rizo- Interviene en la formación de derivados de raíz.

rodo- Significa rosa.

roto- o **rotu-** Significa rueda.

S

sa- V. sub-.

sacar-, sacari- o **sacaro-** Indica que contiene o es relativo al azúcar.

sapon- Significa jabón.

sapr- o **sapro-** Significado de podrido.

sarc- o **sarco-** Forma voces relacionadas con la carne.

sax- Significa piedra.

sec- o **seg-** Expresa la idea de cortar.

secr- Equivale a segregar.

sect- o **secu-** Tiene el significado de seguir.

secul- Forma términos relativos al siglo.

selen- o **seleno-** Interviene en la formación de términos relacionados con la Luna.

sem- Significa semilla.

sema- Forma términos relativos al signo.

semasio- Sirve para la formación de voces relacionadas con el significado.

semi- Significa medio o casi.

semio- Interviene en la formación de términos relativos al signo.

seps- o **sept-** Significa podrido.

sept-, septi- o **septu-** Encierra el significado de siete.

sequ- Conlleva la idea de sequedad.

seric- o **serici-** Forma términos relacionados con la seda.

sero- Interviene en la formación de voces relativas al suero o la sangre.

sesqui- Indica una mitad más. Antepuesto a un ordinal, significa la unidad más una fracción cuyo numerador es la unidad y el denominador está formado por el número ordinal.

seudo- Expresa la idea de suposición o falsedad.

servo- Interviene en la formación de términos técnicos, indicando subordinación de un dispositivo con respecto a otro u otros.

sico- V. psico-.

sex- Significa seis.

sial- Tiene el significado de saliva.

sider- o **sidero-** Forma términos relativos al hierro.

silic-, silici- o **silico-** Indica la presencia de sílice.

simil- o **simili-** Expresa la idea de semejanza.

sin- Denota unión o simultaneidad.

so- V. sub-.

sobre- Sirve para aumentar o reforzar la significación de la voz simple a la que se antepone. Indica así mismo posición superior o anterior en el tiempo.

socio- Hace referencia a la sociedad o relativo a ésta.

sof- Interviene en la formación de términos relativos a la sabiduría.

sold- Significa sólido.

solen- Tiene el significado de tubo.

somat- o **somato-** Forma términos relativos a cuerpo.

somn- o **somni-** Interviene en la formación de términos relacionados con el sueño.

son-, sor- o **sos-** V. sub-.

sota- o **soto-** Indica debajo o bajo de.

soz- o **su-** V. sub-.

sub- Equivale a debajo. Expresa acción secundaria, inferioridad, atenuación o disminución. Puede adoptar las formas *cha-, sa-, so-, son-, sor-, soz-, su-, sus-, za-* o *zam-*.

sud- V. sur-.

sulf- o **sulfo-** Indica que contiene o que es relativo al azufre.

super- Equivale a sobre. Denota preeminencia, grado sumo, exceso o demasía.

supra- Indica sobre, arriba o más allá.

sur- Hace referencia al punto cardinal.

sus- o **sub-**.

suspec- o **suspic-** Conlleva la idea de examinar.

sut- Significa coser.

T

talaso- Interviene en la formación de términos relacionados con el mar.

taqui- Confiere idea de velocidad.

taur- o **tauro-** Forma términos relativos al toro.

tauto- Significa lo mismo.

taxi- o **taxo-** Expresa orden o colocación.

tecn- o **tecno-** Hace referencia a arte o industria.

tel- Expresa la idea de fin, cumplimiento o culminación.

tele- Denota lejanía.

temper-, tempes-, templ-, tempor- o **tempr-** Intervienen en la formación de términos relativos al tiempo.

tenebr- Significa tinieblas.

teo- Forma términos relacionados con Dios o los dioses.

ter- o **terc-** Expresa la idea de tres.

tera- Expresa la idea de prodigio o monstruo (V. terato-). Antepuesto al nombre de una unidad, la multiplica por un billón.

terato- Significa prodigio o monstruo. (V. tera-).

term- o **termo-** Interviene en términos relacionados con el calor.

test- Tiene el significado de testigo y testículo.

tetra- Significa cuatro.

text- Expresa la idea de tejer.

tinc-, ting- o **tint-** Contiene la idea de teñir.

toc- o **toco-** Forma términos que están relacionados con el parto.

topo- Interviene en la formación de voces relativas a lugar.

toxi- o **toxo-** Conlleva la idea de veneno.

tra- V. trans-.

trans- Indica del otro lado o a la parte opuesta. Indica a través de. Expresa

PS

cambio o mudanza. Puede adoptar las formas *tras-* o *tra-*.

tras- V. trans-.

trema- Conlleva la idea de abertura o agujero.

tri- Significa tres.

tribo- Conlleva el significado de frote o rozamiento.

trof- Forma términos relativos a la alimentación.

trombo- Significa coágulo.

U

ulm- Hace referencia al olmo.

ult- Se refiere al o a lo último.

ultra- Expresa la idea de más allá o al otro lado de. Con adjetivos denota exceso. En sentido figurado tiene significación ponderativa e indica exageración o demasía.

und- Que presenta o es relativo a las ondas.

ungu- Hace referencia a las uñas.

uni- Significa uno solo.

urano- Interviene en la formación de términos relacionados con el cielo. Forma relativos de paladar. Significa también óxido de uranio.

urb- Hace referencia a ciudad o lo relativo a ésta.

uro- Forma términos relacionados con la orina.

urtic- Tiene el significado de ortiga.

V

vent- Sirve para la formación de voces relacionadas con el viento.

ventr- Significa vientre.

vermi- Forma vocablos relativos al gusano.

vi- V. vice-.

vice- Equivale a en vez de. Adopta las formas *vi-* o *viz-*.

video- Forma términos referentes a la televisión y a la imagen.

viz- V. vice-.

vulp- Significa zorra.

X-Y

xeno- Confiere la idea de extranjero o extraño.

xero- Significa seco.

xilo- Forma términos relacionados con la madera.

yuxta- Equivale a junto, cerca de o junto a.

Z

za- o **zam-** V. sub-.

zoo- Interviene en la formación de términos relativos a los animales.

Sufijos

A

-a Denota privación o negación.

-áceo Interviene en la formación de adjetivos de aproximación.

-acho Interviene en la formación de despectivos.

-aco Interviene en la formación de diminutivos despectivos y gentilicios. Denota relación o pertenencia.

-ada Significa afluencia, abundancia, contenido, golpe, hecho de, propio de y acción y efecto de.

-ado Significa aspecto, conjunto, dignidad, empleo, jurisdicción, semejanza, tiempo, acción, conjunto, abundancia. (V. **-do**).

-agogia o -agogía Denota conducción o dirección.

-agogo Significa el que conduce.

-aico Denota cualidad o condición. Interviene en la formación de términos geográficos y gentilicios.

-aina Significa multitud. Interviene en la formación de adjetivos.

-ajar Junto con *-ajo*, interviene en la formación de verbos.

-aje Denota acción y efecto, conjunto, derechos e importancia.

-ajo Interviene en la formación de diminutivos y despectivos (a veces adopta la forma *-strajo*). (V. **-ajar, -ón,** y **-oso**).

-al Denota lugar, plantación; conjunto; abundancia; árbol, planta de; variante del objeto designado por el nombre primitivo; relación o pertenencia.

-ales Confiere un matiz humorístico que forma algunos adjetivos de uso familiar o vulgar.

-algia Significa dolor.

-alla Tiene un valor entre colectivo y despectivo.

-alo Interviene en la formación de nombres derivados.

-alti Tiene el significado de alto.

-alv Significa vientre.

-ambre Interviene en la formación de sustantivos colectivos o que indican abundancia. (V. **-ambrera** y **-mbre**).

-ambrera Resulta de la combinación de *-ambre* y *-era*.

-amen Indica conjunto.

-an Interviene en la formación de derivados del año.

-án Forma sustantivos, adjetivos y gentilicios.

-ana Significa sobre.

-anco Tiene un valor despectivo. (V. **-nco** y **-ón**).

-andria o -andro Hace referencia al varón o lo relativo a éste.

-áneo Denota relación, pertenencia o condición.

-anga Se añade a sustantivos dándoles un carácter despectivo.

-angio Interviene en la formación de derivados que aluden a los vasos sanguíneos o linfáticos.

-ango Confiere un valor despectivo.

-aniso Significa desigual.

-ano, na Indica procedencia, pertenencia o adscripción. Interviene en la formación de gentilicios.

-ano Designa hidrocarburos saturados.

-ante Indica anterioridad. (V. **-nte**).

-ántropo Forma términos relativos al hombre.

-anza Denota acción y efecto, conjunto, cualidad, agente, instrumento o medio.

-aña V. **-año**.

-año Tiene el mismo significado que *-áneo*. Interviene en la formación de sustantivos y adjetivos.

-ar Constituye la terminación del infinitivo de los verbos de la primera conjugación. Indica, así mismo, condición, pertenencia, lugar en que abunda algo, numeral colectivo, conjunto, e interviene en la formación de variantes del nombre primitivo.

-arca Significa mandar o el que manda. Ante *e* o *i* adopta la forma *-arqu-*. (V. **-arquía**).

-ardo Interviene en la formación de adjetivos. Confiere significación aumentativa.

-areda Resulta de la combinación de *-ar* y *-edo*. Significa acumulación.

-ario Indica pertenencia, relación a, profesión, persona a quien se cede algo, lugar, conjunto, adhesión o adscripción y confiere un valor despectivo. (V. **-az**, **-ín** e **-izo**).

-aro Interviene en la formación de nombres. Poco usual en España.

-arquía Tiene el significado de mandar.

-arracho Resulta de la combinación de *-arro* y *-acho*. Confiere un valor despectivo.

-arraco Resulta de la combinación de *-arro* y *-aco*. Confiere un valor despectivo.

-arrar Resulta de la combinación de *-arro* y *-ar*.

-arro Confiere un valor despectivo. (V. **-aco**, **-ado**, **-arrar**, **-arrón**, **-uscar**, **-uto**).

-arrón Interviene en la formación de aumentativos.

-astenia Denota debilidad.

-astre v. **-astro**.

-astro Confiere un carácter despectivo.

-ata Terminación de algunos términos de origen italiano, generalmente indicativas de acción.

-atario Indica persona a cuyo favor se realiza la acción o a la que afecta la acción. (Se une a verbos de la primera conjugación.)

-ate Se une a nombres relacionados con la comida o la bebida.

-aticio Denota aptitud.

-ático Indica relación o pertenencia.

-átil Expresa disposición, posibilidad o semejanza.

-ato Indica agente; cría; empleo, jurisdicción; acción, o calidad de.

-atura Indica empleo o jurisdicción. Interviene en la formación de nombres abstractos. (V. **-ura**).

-avo Interviene en la formación de numerales partitivos.

-az Significa cualidad.

-aza Indica producto, confiriéndole idea de residuo.

-azar Interviene en la formación de verbos de la primera conjugación equivalentes a *-ecer*.

-azgo Denota acción, dignidad, jurisdicción o tributo.

-azo Interviene en la formación de aumentativos. Confiere carácter aumentativo y despectivo. Significa, así mismo, golpe.

B

-baro Expresa pesantez y, por extensión, presión atmosférica.

-bilidad Indica merecimiento, posibilidad o propensión.

-bio Forma términos relativos a la vida.

-ble Indica merecimiento, capacidad o aptitud para recibir la acción expresada por el verbo, posibilidad o propensión. (Con verbos de la primera conjugación toma la forma *-able*, con los de la segunda y tercera adopta la forma *-ible*. A veces se usa acomodaticiamente.)

-bundo Expresa condición.

C

-cardio Significa corazón.

-cárpeo, **-carpio** o **-carpo** Se refiere al fruto.

-cefalia Hace referencia al estado o cualidad de la cabeza.

-céfalo Significa cabeza.

-cele Tiene el significado de tumor.

-ceno Confiere el significado de nuevo.

-cia Indica cualidad.

-ciclo Conlleva la idea de círculo o rueda.

-cida o **-cidio** Expresa la idea de matar.

-ción Expresa acción y efecto o estado. (Los verbos de la primera conjugación toman la forma *-ación*, los de la tercera *-ición*, y los de la segunda, unos *-ición* y otros *-miento* o *-dura*.)

-cisto Significa vejiga.

-cito Interviene en la formación de diminutivos.

-co Constituye la terminación común de voces en -aico, -iaco, -ico, -nco, -sco, -tico o -uco.

-cola Significa habitar.

-colomb, o -columb Significa paloma.

-cordio Significa cuerda.

-cosmo Forma términos relativos a mundo.

-cracia Denota fuerza o dominación.

-crata Indica fuerza o el que la ejerce.

-crono Significa tiempo.

-culo Confiere carácter diminutivo.

-cultor Significa cultivador.

-cultura Expresa cultivo o cuidado.

D

-da Sirve para formar derivados de otros sustantivos o de verbos. Adopta las formas -ada en los verbos de la primera conjugación e -ida para los de la segunda y tercera. La forma -ada forma derivados que significan conjunto, contenido, período, golpe, acción (a veces con matiz peyorativo), abundancia o exceso. Los derivados de verbos suelen denotar acción y efecto. La forma -ida forma sustantivos que significan acción y efecto.

-dáctilo Forma términos relacionados con los dedos.

-dad Constituye la terminación común de voces en -edad o -idad. Forma nombres abstractos de cualidad.

-delo Forma voces de significado relacionado con pueblo.

-demia Significa pueblo.

-dera Significa utensilio.

-deras Constituye la terminación común de voces en -aderas, -ederas e -ideras, que indican facilidad, facultad o poder.

-dermis o -dermo Hace referencia a la piel.

-dero Expresa agente, susceptible de, utensilio, instrumento, lugar o cualidad.

-dextro Significa diestro, derecho.

-dizo Indica susceptible de.

-do Forma adjetivos y sustantivos derivados de sustantivos y verbos. Adopta las formas -ado para los verbos de la primera conjugación e -ido para los de la segunda y tercera. La variante -ado forma adjetivos que indican presencia de lo que se expresa, o forma sustantivos que denotan acción y efecto o dignidad y cargo. La variante -ido forma adjetivos de cualidad o sustantivos que significan sonidos.

-dor Constituye la terminación común de voces en -ador, -edor e -idor, que indican agente. Expresa empleo, profesión, lugar, utensilio, e interviene en la formación de derivados. (V. -duria).

-doxia, -doxo Indica opinión o doctrina.

-dromo Expresa la idea de carrera o relativo a ésta.

-dura Forma sustantivos verbales. Adopta las formas -adura, -edura o -idura, dependiendo de la conjugación de los verbos. Expresa acción y efecto, medio o instrumento y conjunto.

-duria Constituye la terminación común de voces en -aduria, -eduria, e -iduria, que indican acción o lugar. (Se derivan de voces terminadas en -dor.)

E

-e Denota acción, efecto, estado, miembro colectivo o utensilio. (Constituye la terminación de ciertos nombres populares.)

-ear Interviene en la formación de verbos, dándoles valor frecuentativo.

-ececico, -ececillo, -ececito o -ecezuelo Interviene en la formación de diminutivos de nombres y adjetivos monosílabos terminados en vocal.

-ecer Interviene en la formación de verbos derivados de nombres o adjetivos de acción, generalmente, paulatina.

-ecico, o -ecillo Interviene en la formación de diminutivos.

-eco Confiere carácter despectivo y sirve para la formación de gentilicios.

-ectomía Denota la idea de corte o amputación.

-eda Expresa abundancia, conjunto o acción.

-edal Resulta de la combinación de -edo y -al, indicando lugar.

-edo Indica lugar de árboles o plantas.

-edro Significa cara.

-ega Interviene en la formación de nombres. Poco usual en castellano.

-ego Indica cualidad. Sirve para la formación de gentilicios.

-ejar Se utiliza para la formación de verbos. Equivale a -ear.

-ejo Interviene en la formación de diminutivos dándoles cierto carácter despectivo. (V. -ón).

-el Se utiliza para la formación de sustantivos y algunos adjetivos.

-ela Denota acción, conjunto o actitud.

-elo Sirve para la formación de sustantivos que en su lengua de origen, generalmente latín o italiano, eran diminutivos. (V. -uelo).

-ema V. -ma.

-emento V. -mento.

-emia Forma vocablos relativos a sangre.

-ena Interviene en la formación de numerales colectivos.

-eno Se utiliza para la formación de numerales ordinales y gentilicios. Indica también semejanza o naturaleza. Hace referencia a hidrocarburos. Significa de, hecho con.

-ense Interviene en la formación de gentilicios. Indica propio de.

-ento Expresa cualidad o condición. (Suele adoptar las formas -iento, -olento y -ulento.)

-eña V. -ño.

-eo Expresa acción, estado, cualidad, aspecto o semejanza. Significa propio de y sirve para la formación de gentilicios.

-er Constituye la terminación propia del infinitivo de los verbos de la segunda conjugación. Expresa, así mismo, agente.

-era Indica lugar o recipiente.

-eral Designa lugar.

-erio Indica acción, estado o lugar.

-erizo Expresa oficio.

-ero Refiere a árbol. Indica causa, lugar, agente, posibilidad, utensilio o pertenencia, con este significado adopta a veces las formas -er o -el. (V. -ón).

-erón Interviene en la formación de aumentativos.

-érrimo Forma superlativos. Es variante culta de -ísimo.

-és Se utiliza para la formación de gentilicios.

-esa Constituye la terminación femenina propia de nombres que indican empleo, dignidad o profesión.

-esca Expresa conjunto con matiz despectivo.

-esco Indica pertenencia, confiriéndole a veces cierto carácter despectivo. (Puede adoptar las formas -asco, -isco, -usco o -uzco.) Interviene en la formación de derivados de nombres propios o apellidos. (V. -iano y -sco).

-estre Denota pertenencia.

-ete Forma diminutivos con valor despectivo o jocoso.

-eto Se utiliza para la formación de diminutivos. (V. -ín).

-etón Se usa para formar aumentativos. (V. -ón).

-ez o -eza Forman nombres abstractos que indican cualidad.

-ezno Interviene en la formación de diminutivos que generalmente hacen referencia a animales jóvenes.

-ezuelo V. -ecico.

F

-fagia Significa comer.

-fago Hace referencia al comer o al que come.

-fano Significa claro, manifiesto.

-fero Que lleva o produce lo que se expresa.

-ficar Interviene en la formación de verbos que significan hacer, convertir en o producir.

-fícea o -fíceo Hacen referencia a nombres de algas.

-ficio Significa hacer.

-fico Forma adjetivos que guardan relación con el verbo hacer.

-filia Forma términos con el significado de amigo o amante de lo que se expresa.

-filo Que ama lo que se expresa.

-fito Significa vegetal.

-floro Forma términos relacionados con las flores.

-fobia o -fobo Denotan aversión.

-fonía Forma vocablos relativos al sonido.

-fono Significa sonido.

-forme Significa en forma de.

-foro Indica que lleva.

-fugo Significa que ahuyenta.

G

-gamo Denota la idea de unión.

-génesis o -genia Denota origen, principio o proceso de formación.

-geno Indica que produce.

-geo Interviene en la formación de términos relativos a la Tierra.

-ginia o -gino Forma términos relacionados con la mujer.

-gloto Hace referencia a la lengua.

-gnosia Significa conocimiento.

-gnosis o -gnóstico Hace referencia al conocimiento o que conoce.

-gono Tiene el significado de ángulo.

-grafía o -grafo Significa escribir.

-grama Indica escrito, letra o línea.

H-I

-hídrico Designa ácidos que no contienen oxígeno.

-í Se utiliza para la formación de gentilicios, generalmente de países árabes.

-ia Indica nombres abstractos.

-ía Expresa lugar, acción, conjunto, cualidad, dignidad o cargo, jurisdicción o multitud.

-iaco o -íaco Forma adjetivos derivados de sustantivos, así como gentilicios. Indica perteneciente o relativo a.

-iano Interviene en la formación de gentilicios y de derivados de nombres propios o apellidos.

-iatría Designa la parte de la medicina que estudia la curación de lo que se expresa.

-ica Forma sustantivos. Poco usual en castellano.

-icia Denota cualidad.

-icio Expresa acción, cualidad o dignidad.

-ico Interviene en la formación de diminutivos. Equivale a -ito, -illo, o -uelo. Expresa también adhesión a doctrinas u opiniones, y relación o pertenencia. Se usa así mismo para formar gentilicios. (V. -aco y -oso).

-icón Confiere un valor entre aumentativo y despectivo.

-ido Se utiliza para la formación de adjetivos o nombres que indican familia zoológica. Expresa también sonido. (V. -do).

-iente Hace referencia a nombres o adjetivos verbales de agente. Denota condición, empleo, adhesión a doctrinas u opiniones. Expresa así mismo abundancia. (V. -nte).

-iguar Confiere valor causativo o factitivo.

-ificar Sirve para la formación de verbos derivados de nombres y adjetivos.

-ijo Interviene en la formación de despectivos y diminutivos.

-ijón Forma sustantivos y adjetivos con matiz aumentativo.

-il Denota pertenencia o lugar. Se usa en la formación de algunos sustantivos.

-illo Se utiliza en la formación de diminutivos.

-ilo Designa un radical químico.

-imbre Expresa resultado de la acción.

-ín Indica agente. Forma diminutivos y gentilicios.

-ina Expresa propio de, insistencia o intensidad. Se usa para la formación de nombres informales derivados de verbos.

-ino Sirve para la formación de gentilicios y diminutivos. Expresa relación o pertenencia.

-iño Se utiliza para formar diminutivos.

-io Indica pertenencia, dignidad o lugar. Se usa para la formación de adjetivos. (V. -orio y -torio).

-ío Denota aptitud, conjunto, cualidad o ejercicio.

-ión Expresa acción y efecto. (V. -ción o -sión).

-ir Constituye la terminación propia del infinitivo de los verbos de la tercera conjugación.

-irrítico, -irritillo o -irritín Interviene en la formación de diminutivos de *chico*.

-isa Constituye la terminación propia de femeninos que indican ocupación o dignidad.

-iscar Expresa acción incompleta.

-ismo Indica actividad, adhesión a una doctrina u opinión, cualidad, modo o actitud.

-ista Forma sustantivos y adjetivos derivados de palabras en *-ismo* o de otras que indican dedicación, empleo o profesión.

-ístico Sirve para formar adjetivos correspondientes a sustantivos acabados en *-ismo* o *-ista*.

-ita Forma gentilicios o voces que expresan pertenencia.

-itis Significa inflamación.

-ito Interviene en la formación de diminutivos. Es de uso acomodaticio, a veces tiene un carácter afectivo. (V. *-ín*).

-itomo Significa boca.

-iva Expresa facultad.

-ivo Se utiliza para formar adjetivos derivados de verbos.

-iz Expresa agente.

-iza Indica lugar.

-izar Interviene en la formación de verbos derivados de nombres o adjetivos. Equivale a *-ejar*.

-izo Indica aspecto, proximidad, parecido; propensión; lugar (V. *-iza*); empleo, ocupación; hecho de. (V. *-al*).

J-L

-jar Forma verbos, generalmente despectivos.

-landia Indica sitio de o lugar de.

-látero Significa lado.

-lisia o -lisis Conlleva la idea de disolución.

-lito Forma relativos de piedra.

-logía Denota tratado teórico, ciencia.

-logo Indica que versa en.

M

-mancia o -mancía Significa adivinación.

-mano Tiene el significado de apasionado, inclinado excesivamente o que tiene obsesión o hábito patológico.

-mbre Constituye la terminación común de voces en *-ambre*, *-edumbre*, *-umbre*, que indican acumulación, conjunto o cualidad.

-menta Denota conjunto. (A veces toma la forma *-mienta*.)

-mente Terminación propia de los adverbios de modo. Suele ser de uso acomodaticio y se pospone siempre a adjetivos.

-mento Expresa acción y efecto. Equivale a *-miento*.

-metría o -metro Significa medida.

-miento Expresa estado, acción o efecto. (V. *-mento*).

-mnesia o -mnesis Significa memoria.

-morfo Expresa forma.

N

-nca Expresa colectivos.

-ncia Denota acción, actitud, cualidad, empleo y estado.

-nco Es la terminación común de *-anco* y *-enco* que expresan valor despectivo y sirven para la formación de gentilicios.

-ndero Indica agente o capaz de realizar la acción.

-ndo Sirve para la formación de adjetivos. La forma femenina suele tener cierto carácter despectivo. Indica así mismo objeto o sujeto en que ha de realizarse la acción expresada por el verbo.

-neo Se utiliza para formar adjetivos.

-ngo Da un valor despectivo. Expresa relación o pertenencia.

-nomia o -nomía Significa ley.

-nte Constituye la terminación común de *-ante*, *-ente* e *-iente*, que indican nombres o adjetivos verbales de agente, condición, empleo, adhesión a doctrinas u opiniones y abundancia.

O

-o Indica nombres verbales y gentilicios.

-oche Confiere un valor despectivo.

-odia, -odía u -odo Hace referencia a cantar o canto.

-odinia Expresa dolor.

-oide Significa forma. Puede adoptar las formas -oides, -oideo u -oidal.

-ojo Interviene en la formación de despectivos.

-ol Se usa para formar diminutivos y gentilicios.

-oma Significa tumor.

-ón Sirve para la formación de aumentativos, a veces con matiz afectuoso, despectivos y gentilicios. Denota abundancia exagerada o falta de algo. Expresa también acción brusca y rápida. (V. -ardo, -azo, -ción y -sión).

-oncho Se utiliza para formar aumentativos.

-onimia Significa nombre.

-ónimo Hace referencia a nombre.

-or Forma nombres abstractos; equivale a -ura. Expresa agente o instrumento; equivale a -dor. Denota acción y efecto. Indica estado y lugar.

-ope u -opía Forma vocablos relacionados con la vista.

-opia Expresa riqueza.

-orama Expresa la idea de visible.

-orexia Significa apetito.

-orio Se usa para la formación de despectivos. Expresa acción y efecto, lugar que sirve para y relación o pertenencia.

-orrio Forma despectivos. Equivale a -orio y -orro.

-orro Sirve para formar despectivos. (V. -al, -ín y -ón).

-osis Significa enfermedad.

-oso Denota presencia de, acción, estado o cualidad.

-ósteo Hace referencia al hueso.

-ote Interviene en la formación de aumentativos despectivos. A veces tiene un matiz afectivo; otras, diminutivo. (V. -azo).

-otear Sirve para formar despectivos derivados de verbos. Expresa también acción informal.

P

-paro Significa parir.

-patía Se refiere a enfermedad.

-pedia Hace referencia a educación.

-peler Significa empujar.

-pepsia Significa digerir.

-peya Se refiere a hacer.

-pirético Significa fiebre.

-plasma Expresa formación.

-plastia Denota modelado.

-plejía Indica golpe.

-podo Significa pie.

-poli o -po¹¹s Hace referencia a la ciudad.

-pótamo Significa río.

-ptero Que presenta o es relativo a las alas.

R

-ría Constituye la terminación común de -aría, -ería, -oría y -uría, que expresan abundancia o conjunto, pluralidad o colectividad, condición moral casi siempre con matiz peyorativo, acción y efecto, oficio y lugar.

-rio Se utiliza para la formación de despectivos.

-rragia Significa brotar.

-rrea Hace referencia a fluir, lo que fluye.

-rrino Significa nariz.

-rrizo Significa raíz.

-rro Confiere un valor diminutivo y despectivo. Puede adoptar las formas -arro, -orrio u -orro.

-rse Es la terminación propia de los verbos pronominales.

S

-sarca o -sarcia Hace referencia a la carne.

-sceles o -scelio Significa pierna.

-scender Significa escalar, subir o bajar.

-scio Se refiere a la sombra.

-sco Terminación propia de términos con valor despectivo acabados en -asco, -esco, -isco y -usco, que indican propio de.

-**scopia** Significa examen, vista o exploración.

-**scopio** o -**scopo** Designa instrumento para ver o examinar.

-**semia** Indica signo.

-**sepsia** o -**séptico** Expresa putrefacción.

-**sión** Se usa para formar sustantivos abstractos. Expresa acción, equivale a -*ción*.

-**sis** En medicina expresa estado irregular o enfermedad.

-**sofía** Forma términos relativos a la sabiduría.

-**soma** Significa cuerpo.

-**sporio** o -**sporo** Que tiene o es relativo a las semillas.

-**stasia** o -**stasis** Expresa detención.

-**stático** Expresa relación con el equilibrio de lo que se expresa.

-**stenia** Denota debilidad.

-**stilo** Hace referencia al tallo, punzón para escribir o columna.

-**stomía** o -**stomo** Forma términos relacionados con la boca.

T

-**tad** Se utiliza para formar nombres abstractos. Equivale a -*dad*.

-**teca** Tiene el significado de caja, depósito.

-**tecnia** Significa técnica.

-**terapia** Expresa curación.

-**termia** o -**termo** Significa calor o temperatura.

-**ticio** Significa capaz o susceptible de.

-**tico** Interviene en la formación de gentilicios y diminutivos.

-**timia** Hace referencia al alma, al sentimiento.

-**to** Precedido de una vocal confiere carácter despectivo.

-**tomía** o -**tomo** Expresa porción, división.

-**topia** o -**topía** Indica lugar.

-**tor** Denota agente. (V. -*dor*).

-**torio** Expresa aptitud o lugar.

-**triz** Indica agente. Terminación femenina propia que expresa profesión o dignidad.

-**trofia** o -**trofo** Hace referencia a la alimentación.

-**tud** Expresa actitud, estado o cualidad.

U-V

-**uallo** Sirve para formar despectivos.

-**ucho** Sirve para la formación de despectivos y atenuativos.

-**uco** Terminación que forma diminutivos despectivos, aunque puede tener cierto matiz afectuoso.

-**ud** Interviene en la formación de nombres abstractos.

-**udo** Expresa abundancia.

-**uelo** Sirve para formar diminutivos.

-**ueño** Indica agente.

-**ugio** Confiere carácter despectivo.

-**ujo** Sirve para formar despectivos, aunque es poco usual. Equivale a -*ucho* o -*ugio*. (V. -*ado* y -*ón*).

-**ullar** Resulta de la combinación de -*ullo* y -*ar*.

-**uno** Expresa propio de, generalmente, con carácter despectivo. Indica clase de animales.

-**uoso** Sirve para la formación de adjetivos.

-**ura** Terminación propia de las voces en -*adura*, -*edura*, -*idura*, -*atura* y -*tura*, que indican cosa hecha. Significa también que sirve para. Forma derivados de verbos, variantes de lo designado por el nombre primitivo y nombres abstractos.

-**urgia** o -**urgo** Significa obra.

-**uria** o -**uro** Hace referencia a la orina.

-**urría** Forma nombres y adjetivos despectivos.

-**urrón** Sirve para la formación de aumentativos despectivos.

-**uzco** Expresa propio de. Equivale a -*sco*.

-**uzo** Confiere carácter despectivo.

-**valente** Pospuesto a algún elemento de valor numeral designa la valencia de un elemento o radical.

-**voro** Significa devorar.

Z

-**zoico** o -**zoo** Hace referencia al animal.

-**zón** Indica acción y efecto. Equivale a -*ción*.